2024—2025
国资国企改革创新成果案例汇编

2024—2025 GUOZI GUOQI GAIGE
CHUANGXIN CHENGGUO ANLI HUIBIAN

（上册）

《企业管理》杂志社 ◎ 编

企业管理出版社
ENTERPRISE MANAGEMENT PUBLISHING HOUSE

图书在版编目（CIP）数据

2024-2025国资国企改革创新成果案例汇编. 上 /《企业管理》杂志社编. -- 北京：企业管理出版社，2025. 3. -- ISBN 978-7-5164-3199-3

Ⅰ. F279.241

中国国家版本馆CIP数据核字第20256KX818号

书　　名：	2024—2025国资国企改革创新成果案例汇编（上册）
书　　号：	ISBN 978-7-5164-3199-3
作　　者：	《企业管理》杂志社
责任编辑：	宋可力　黄　爽　赵　琳
策　　划：	百朗创新（北京）咨询顾问有限公司
出版发行：	企业管理出版社
经　　销：	新华书店
地　　址：	北京市海淀区紫竹院南路17号　　邮　　编：100048
网　　址：	http://www.emph.cn　　电子信箱：emph001@163.com
电　　话：	编辑部（010）68701638　　发行部（010）68417763　68414644
印　　刷：	三河市荣展印务有限公司
版　　次：	2025年3月第1版
印　　次：	2025年3月第1次印刷
开　　本：	880mm×1230mm　1/16
印　　张：	31
字　　数：	880千字
定　　价：	518.00元（上、下册）

版权所有　翻印必究　·　印装有误　负责调换

编 委 会

主　任： 刘　鹏　　中国企业联合会、中国企业家协会党委委员、原副理事长

副主任： 黄群慧　　第十四届全国政协委员、经济委员会委员，中国社会科学院经济研究所原所长、研究员

　　　　　陈小洪　　国务院发展研究中心企业所原所长、研究员

　　　　　曾　坚　　国务院国资委直属机关党委原常务副书记，全国党建研究会特邀研究员

　　　　　韩久根　　北京市委党史办副主任、一级巡视员，全国党建研究会特邀研究员

　　　　　彭建国　　国务院国资委研究中心原副主任

　　　　　王仕斌　　《企业家》杂志社社长、《企业管理》杂志社副社长

　　　　　周宏春　　国务院发展研究中心研究员

　　　　　刘　岩　　工业和信息化部国家无线电监测中心原主任，中国无线电协会理事长

　　　　　毛一翔　　国务院国资委新闻中心原主任

　　　　　文宗瑜　　财政部中国财政科学研究院研究员、博士生导师

　　　　　杨继东　　中国人民大学国有经济研究院副院长、经济学院教授

　　　　　许光建　　中国人民大学公共管理学院教授，中国价格协会副会长

　　　　　徐思力　　中国企业文化研究会党建与文化部主任

委　员： 汪少根　王　黎　王向阳　黄敬怡　张　炎　李　丹　邱　菲
　　　　　杨　帆　高　原　王丹丹　张　燕

序

当下，全球经济格局加速演变，科技革命浪潮汹涌澎湃，国有企业作为中国特色社会主义经济的"顶梁柱"，肩负着引领创新、推动改革、稳定发展的重大使命，是推动我国经济高质量发展的核心力量。值此关键时刻，《2024—2025国资国企改革创新成果案例汇编》应时而出，恰似一盏明灯，照亮了国资国企奋进前行的改革之路。

《2024—2025国资国企改革创新成果案例汇编》集纳了141家企业在改革创新征程中的璀璨成果。这些成果不仅体现了国有企业在国家经济发展中的关键支撑作用，更为我国经济的转型升级和高质量发展提供了强大动力。本书所呈现的案例，从体制机制创新到产业布局优化，从科技创新突破到数字化转型探索，面面俱到。这些案例宛如一颗颗璀璨的明珠，串联起国有企业在新时代背景下的发展脉络，生动诠释了国有企业如何在复杂多变的市场环境中，坚守初心、勇担使命，以创新为引领，不断突破自我，实现高质量发展的华丽蜕变，充分展示了国有企业在企业管理、科技创新、党建、财务等方面加快创新的特色与亮点，为广大读者，尤其是国资国企从业者、研究者提供了宝贵的借鉴和启示。

在国务院国资委最新国资国企监管政策法规的指引下，国有企业正朝着更加规范、高效、可持续的方向迈进。这些政策法规如同一把把精准的刻刀，为国有企业的发展刻画出清晰的轮廓与路径。

本书紧密结合相关政策法规，深入剖析了国有企业在改革过程中如何精准把握政策导向，将政策红利转化为发展动力，确保改革举措落地生根、开花结果。从健全国有企业发展新质生产力的体制机制到推进现代化产业体系建设，从营造良好的创新环境到以深化国有企业改革促进投资增长，每一个案例都精准对接政策要点，展现了国有企业在政策引领下的创新实践与积极探索。

如今，数字化转型已成为不可阻挡的时代潮流。国有企业凭借其雄厚的实力与资源优势，在数字化转型的赛道上奋勇争先，积极拥抱新技术、新模式、新业态。本书中的案例充分展现了国有企业在数字化转型方面的卓越成就，无论是通过大数据、人工智能等前沿技术提升企业管理效能，还是借助数字化平台拓展市场空间、优化业务流程，都彰显了国有企业在数字化时代的创新活力与强大竞争力。这些实践成果不仅为国有企业自身的发展注入了强大动力，更为经济社会的数字化转型提供了有力支撑，引领着行业发展的新方向。

企业管理出版社作为策划、出版经管类图书的专业出版社，始终秉持"专业、权威、前沿"的出版理念，致力于为读者提供高质量的经管类图书产品。《2024—2025国资国企改革创新成果案例汇编》的出版，正是出版社在国资国企领域深耕细作的又一力作。本书的编写团队汇聚了众多行业专家、学者及资深编辑，他们以严谨的态度、专业的视角，对每一个案例进行精心筛选、深度剖析与精准呈现。从案例的选取到内容的编排，从数据的核实到观点的提炼，每一个环节都力求做到精益求精，确保本书能够真实、客观、全面地反映国有企业改革创新的全貌，为读者提供一份极具参考价值与借鉴意义的专业读物。

《2024—2025 国资国企改革创新成果案例汇编》的出版，是对国有企业改革创新成果的一次集中展示。我们相信，这本书将成为广大读者了解国有企业改革动态、汲取创新经验、探寻发展路径的重要窗口，为国资国企改革事业的持续深入推进提供有力的思想支持与智力保障。

展望未来，国资国企改革将继续深化，国有企业将在国家经济发展战略中发挥更加重要的作用。我们将继续推动国有企业在科技创新、数字化转型、绿色发展等方面取得更大突破，不断提升国有企业的核心竞争力和可持续发展能力。同时，我们也将进一步加强国资国企监管，优化政策环境，为国有企业的发展创造更加有利的条件。我们相信，随着国资国企改革的不断深入，国有企业必将在新时代的征程中创造更加辉煌的成就，为实现中华民族伟大复兴的中国梦贡献更大力量。

2025 年 1 月

目 录

党建创新篇

"数字党建"
　　——党建管理模式的创新与实践 …………………………………………………………………（3）
大型能源集团"一三五"全面从严治党体系的构建与实施 …………………………………………（12）
突出"五抓四促三融合"，以高质量党建引领企业高质量发展 ……………………………………（21）
红色"小网格"推动供水服务"大提升" ………………………………………………………………（26）
党建与业务深度融合，助力财务战略改革实践 ………………………………………………………（31）
实施"一轴四化六维一监督"，助力高质量党建工作 …………………………………………………（37）
高站位、低重心、新思维，打造党建特色品牌助推企业高质量发展 ……………………………（46）
国企党校新型智库建设策略研究
　　——以胜利油田党校为例 ………………………………………………………………………（52）
探索构建"1257"党建与业务融合模式，引领保障东线公司高质量发展 …………………………（58）
以党建品牌价值创造赋能党业融合共促，引领推动超大城市排水基层治理新格局 ……………（61）
国网江苏省电力有限公司"丹心行动"党员教育培训体系构建 …………………………………（67）
探索国有企业打造使命驱动型组织
　　——以海康集团文化体系为例 …………………………………………………………………（76）
甘肃铁投集团"三融入、三促进"推进党建与生产经营深度融合 …………………………………（87）
党建引领农村合作金融机构薪酬体系改革研究 ………………………………………………………（92）
坚持"3333"党建工作法，以高质量党建引领高质量发展 ………………………………………（101）
构建"五网三格一赋能"罗盘图，提升基层网格化党建管理效能 ………………………………（106）
打造区域"红色驿站"，推动企业党建与业务"双融共促"
　　——驻外企业党建工作创新探索与实践 ……………………………………………………（114）
以"四标"融合推动渤海油田高质量发展走深走实 …………………………………………………（119）
基于国有企业治理体系和治理能力现代化建设的融合考评体系研究与实践 …………………（125）
"三心三服务"党建品牌引领企业"国龙燃气"品牌创建探索与实践 ……………………………（133）
以"1+6+9"党建工作法激发传统水企"新动能"，绘就高质量发展"新画卷" …………………（140）

I

"党建+3+X"工作新模式助推企业高质量发展 （145）

"'宁'心聚力"党建引领，发展赋能"筑梦'西'望" （153）

创新党建"红培"，助力乡村振兴 （159）

三心为农绿映红，党旗领航促发展
——以党建品牌创建推动企业高质量发展的探索与实践 （164）

党建强基，主业强企，产业富民，守土固边
——边疆民族地区一线党建工作经验与启示 （169）

培育"两路魂"党建品牌，激活企业高质量发展动能 （176）

以党建引领推动企业生产经营发展和 ESG 治理的路径探索
——基于南海东部油田连续两年稳产 2000 万吨以上的实践案例 （183）

党旗领航，风光无限
——构建"四个机制"，赋能绿色高质量发展 （190）

"提升服务质效，优化营商环境"党建引领主题宣传策划案例 （193）

以"党建红"引领"生态绿"的"1234"党业融合创新体系 （197）

现代化新国企发展新质生产力，基层党支部"五个一"工作法建设实践 （203）

点燃鑫达党建红色火焰，引领绿色销售行稳致远 （212）

以"六个提升"激发企业活力，深化改革实现高质量发展 （219）

基于"煤改电"温暖工程增强民生"六心六感"核心功能 （226）

火电厂发电党支部党建与业务融合"一组一品"创新案例 （230）

"六维廉动"打造"清廉物装"，护航采购供应链高质量发展 （238）

"点线面体"四维发力，互融互促，推动党建与业务同频共振 （245）

加强和改进新时代企业青年思想政治工作研究
——以中盐京津冀公司为例 （248）

"四强化四提升"推动党建与业务双融共促 （258）

打造特色党建品牌，引领企业高质量发展 （264）

构建"11611"党建工作管理体系，以高质量党建引领企业高质量发展 （268）

党建+文化深度融合，推动农商行高质量发展路径探析
——以荔浦农商行"普裕"企业文化打造为例 （275）

国企基层党建与企业生产经营互融互促探索与实践 （279）

"1+2+3+N"人才工作法激活企业高质量发展"强引擎" （285）

党建引领，依创发力，昔日老矿再换新颜 （291）

"塞上丹心·绿能先锋"党建品牌的探索与实践 （295）

以 3M 工作模型赋能混合所有制企业高质量发展 ………………………………………………（298）
以"提质增效"为目标激活企业发展内生动力的构建与实施 …………………………………（306）
"红色太行·绿色晋电"品牌聚力促发展，"四项工程"靶向施策创新篇 …………………………（311）
创建智慧党建新平台，激发基层党建新活力 ………………………………………………（317）
初心使命筑红途，向新而进促发展
　　——四川镇广高速公路有限责任公司党建品牌打造案例 …………………………………（322）
党建赋能一线，以"五融三创"助力乡村金融高质量发展 …………………………………（328）
以高质量党建引领商圈发展万千新"汽"象 ………………………………………………（334）
"五向发力"点燃高质量发展红色引擎 ………………………………………………………（339）
"党建+"模式引领企业主营业务逆势增长 …………………………………………………（346）
打造"中煤先锋，勇担使命"党建品牌，推动企业高质量转型发展 …………………………（351）
国有企业机关党建"走在前"的实践探索 ……………………………………………………（355）
打造"四个堡垒"，推动基层党建与生产经营深度融合 ……………………………………（362）
"三化"工作法提高党建效能的探索与实践 …………………………………………………（367）
"红马甲"引领新时尚，"大讲堂"激发新活力
　　——广西平乐农村合作银行党建项目载体创新案例 ………………………………………（372）
五彩在线，筑强堡垒 …………………………………………………………………………（377）
强化"筑见恒心"党建品牌建设，推动党业深度融合 ………………………………………（381）
湖南旅游集团强化党建赋能，答好两道"融合命题" ………………………………………（386）
深入实施"党建引领"融合工程，以高质量党建引领动力工作高质量发展 …………………（391）
中煤新集公司"三位一体"融合党建工作机制的创新与实践研究 …………………………（395）
聚焦"八大工程"，发挥"红色引擎"牵引作用，汇聚转型升级"澎湃动力" ………………（402）
党建领航激发改革发展动力，市场对弈中打造水务城市服务"尖兵" ………………………（410）
打造"1234"高质量党建工作体系，以党建"软实力"助推公司经营"硬发展" ……………（415）
擦亮"红色物业"品牌，全力交出"满意答卷" ……………………………………………（419）
刘庄矿业增强"心"动力，写好"人"文章
　　——关爱职工"1+4"工作法 ………………………………………………………………（427）
国有建筑施工企业党建引领下的科技创新实践
　　——以中建三局保利天汇项目"住宅造楼机"应用为例 …………………………………（433）
筑牢高质量党建之基，引领高质量发展之路
　　——甘肃省民航机场集团党建创新成果 ……………………………………………………（438）
以新时代廉洁文化建设为着力点，助推企业实现高质量发展 ………………………………（443）

以文化深度融合推动国企重组质效倍增 …………………………………………………（449）

"党建红"筑牢矿区"安全墙" ……………………………………………………………（455）

以打造"聚力党建"品牌为核心的区域化党建工作管理 ……………………………（461）

"345"党建与业务融合管理，促公司高质量发展 ……………………………………（468）

打造党建经营双品牌，赋能企业高质量发展 …………………………………………（473）

"五融五打造"激发高质量发展红色引擎 ………………………………………………（483）

党建创新篇

"数字党建"

——党建管理模式的创新与实践

创造单位：中国中煤能源集团有限公司

主创人：张波　郭志伟

创造人：于淼　徐婧　侯美美　张旭　刘卓识　王京京　刘春鹏

【摘要】党的十八大以来，以习近平同志为核心的党中央坚定不移推进全面从严治党，并高度重视党建信息化工作。党的十九大报告中首次将"建设数字中国"写入党和国家的纲领性文件。国务院国资委部署加快中央企业数字化转型发展。中国中煤能源集团有限公司（以下简称中国中煤）将数字党建系统建设列为第一批数字化转型典型推进项目。

党的基层组织是党的全部工作和战斗力的基础，是确保党的路线方针政策和决策部署贯彻落实的基础。建设符合国家、社会和企业信息化发展要求的党建系统，已成为中国中煤党建工作提质增效与创新发展的必由之路。党建工作数字化是系统建设最基础的工作，是对党建工作的创新。

【关键词】中国中煤　"数字党建"　"互联网+党建"　管理模式　党建大数据

一、实施背景

中国中煤是国务院国资委监管的国有特大型重点骨干企业，其前身是1982年经国务院批准成立的中国煤炭进出口总公司，经过多次兼并重组，2009年改制成为国有独资公司，并更名为"中国中煤能源集团有限公司"。自2016年以来，中国中煤深入推进供给侧结构性改革，牵头推动央企煤炭资源整合，先后接管10余家央企煤炭资源，成为唯一的煤炭全产业链央企，肩负着保障国家能源安全的重要使命。主营业务包括煤炭开发利用及相关贸易和服务，电力、热力生产供应及相关服务，煤基新材料及相关化学品开发利用，相关装备制造及工程技术服务。现有可控煤炭资源储量超过770亿吨，生产及在建煤矿70余座，煤炭总产能超3亿吨，煤炭年贸易量近4亿吨。生产及在建煤化工项目10个，总产能1000余万吨，产品主要包括烯烃、甲醇、尿素、硝铵、焦炭等。在运在建电力装机规模超5000万千瓦。拥有中煤能源（A+H）、上海能源、新集能源3家上市公司，5家科研院所，7个国家级实验室或中心，产业分布在全国27个省（自治区、直辖市）及国外10余个国家和地区，连续5年获得国务院国资委经营业绩考核A级，连续5年上榜"《财富》世界500强"。目前，管理资产总额6000亿元，职工12.3万人，各级党组织2634个，党员31579名。

党的十八大以来，以习近平同志为核心的党中央坚定不移推进全面从严治党，并高度重视党建信息化工作。网络时代以云计算、大数据为核心的新一代信息技术迅猛发展，互联网的应用不断改变着世界的面貌，国内大型企业都在积极探讨适合自身的党建系统建设模式，不断提升企业的综合管理能力。由于中国中煤下属企业众多，党建工作面临系统重复建设、数据标准不统一的情况。过往党建工作也存在一定的不足。一是党建日常工作中有大量事务性工作与重复性工作，较多占用了基层党务人员的工作时间与精力；年度党建工作考核时效性、及时性滞后，不利于日常指导和过程管控；年度重点工作任务下达后，对于落实进展及难点、问题点调度掌握不够及时。二是日常党务工作中对快速、准确地获取数据、信息与材料的要求较高，但现有数据、信息与材料的获取途径不明确，数据、信息与材料传递的流转环节多、审批级次长，影响了相关工作的开展，数据、信息与材料主要依赖线下沟通获取，数据、信息与材料的权威性、准确性、时效性难以保障。推进"互联网+党建"是中国中煤提升党建工作质量、落实全面从严治党的客观需要，也是顺应新时代党建工作的必由之路。中国中煤党建工作依托所属企业的资源支持，借助"数字党建"系统通过局域网、互联网实现高效检索，构建集中部署应用、分级管理模式的立体式"数字党建"平台。实现"党组建网、党委用网、支部上网、党员在网"为集团各级单位党建、统战、工会、共青团、帮扶的管理工作提供便捷高效的支撑和保障。

二、实施目的

随着信息技术的不断发展，以现代信息网络为载体，以大数据、云计算等技术为支撑，能够实现党建工作效率提升和质量提高的数字化党建已成为推进党建工作的重要手段。根据中国中煤"数字党建"系统建设的总体目标，充分考虑集团党建业务现状、业务需求等特点，"数字党建"系统建设主要内容包括党组织管理、党员管理、组织活动、组织生活、"七抓"工程、评优评先、督办任务、知识库、培训教育、移动端党建、前置事项研究、落实党管安全责任、统战、工会、团委、乡村振兴、党建云展馆等。系统建设满足集团及各单位党工团的管理工作需求，有效推进党委发挥领导作用和公司其他治理主体依法行权履职有机统一，党组织设置与企业组织架构运行有机统一，思想政治工作与企业文化建设有机统一，党内监督与企业内部监督有机统一，党建责任与经营责任有机统一。目前系统已覆盖集团公司2600多个党组织、30000余名党员及专兼职党务工作人员，实现党建工作数字化全层级全覆盖，是对党建管理工作的一次重大创新。

（一）实现党建工作的全面信息化和智能化

"数字党建"平台致力于实现党建工作的全面信息化和智能化，这意味着党建工作将通过网络平台的集成、电子化、线上化和数字化进行。具体来说，党组织的建设、党员的管理服务等各项工作将实现网络化和智能化。这种转变不仅为党员和党务工作者提供了规范便捷的党务管理、创新多样的组织活动、一站式党员服务、多角度的数据支持，而且，通过对数据的收集、整理和分析，还可以实时获取党员和党组织的最新情况，及时调整党建工作内容和重点，实现实时协同，从而更有效地改进党的自身建设。"数字党建"平台不仅方便了党员和党务工作者在线管理、服务，同时提高了党建工作的便捷性和透明度。此外，它还为党建工作提供了科学依据和智慧支持，使党的建设更具时代性、开放性、互动性、民主性，最大限度地激发网络空间的正能量。

（二）提供党建大数据中心和决策研判能力

"数字党建"平台通过对党组织、党员、换届等各类数据的收集、整理、分析、挖掘，建立党建大数据应用模型，提供党组织党员画像，助力基层党建管理进一步精细化、智慧化。同时，该平台还通过对大数据的可视化展示和智能推送，实时反映党建工作的广度、深度、精度，为各级党组织和领导干部提供科学依据和智慧支持，提高党建工作的决策水平和执行力。

（三）促进党建资源的优化配置和再生

"数字党建"平台的建设和应用，使各级党组织的沟通协调得到有效加强，党建信息的共享和传播效率提高；同时，也降低了信息获取和管理的成本，增强了党建工作的科学性和透明性。具体来说，"数字党建"平台实现了四大优势。一是资源整合。通过统一的平台，各级党组织能够将各种党建资源整合在一起，有效避免了资源的重复建设和浪费。二是信息共享。数字党建平台的推广和应用，使党建信息的传播效率大大提高，降低了信息获取和管理的成本。不仅可以实现党组织内部的信息共享，也可以使党建工作的信息更加透明，让更多人了解到党的工作情况。三是提高效率。通过智能化的管理工具，党员和党务工作者可以更加方便地进行党务管理和服务，提高了党建工作的便捷性。四是决策支持。对大数据的分析和挖掘，可以为各级党组织和领导干部提供科学的决策依据，提高党建工作的决策水平和执行力。

三、实施过程

中国中煤"数字党建"系统，是以集团信息化建设为契机建立的分级管理、上下一体的党建系统。首先，对集团现有党建工作资料进行全面的规范化整理，通过建设资源共享平台，实现资源与信息的交流共享，构建统一、高效的信息系统。其次，完善集团管理类党建规范体系，开展数字化党建管理系统工作，通过数据平台建设，对集团及所属企业的党建资料或其他数字资源进行收集、整理、归档、保存，形成一个有序的党建资料信息库，提升工作效率，实现资源共享，确保党建工作管理的规范性、安全性、可靠性和完整性。最后，通过建设党建分析平台，对党建系统数据进行实时统计分析，不仅可以提高数据报送的时效性和准确性，还可以对企业党建工作进展状况进行数据分析和全面展示。

（一）明确"数字党建"框架思路

为更好地强化党建工作，促进集团公司党建的深化和提高，中国中煤决定建设集团级的"数字党建"系统。该系统支持多层级分级管理的党建工作系统，实现党建基础信息的全方位采集、标准业务流程的全方位管理、党员全周期管理及党的建设成效全景式呈现。在党建基础信息采集方面，通过系统的数据采集功能，对党员的个人信息、任职情况、奖惩情况等进行全面、及时的采集。在标准业务流程管理方面，建立一套标准的党建工作流程，确保党组织、党员的日常工作按照规定的标准流程进行，并监控工作进度。在党员全周期管理方面，实现对党员入党申请、积极分子、发展对象、预备党员、正式党员等各个阶段的全方位管理，并提供指导和支持。在党的建设成效全景式呈现方面，通过系统的数据分析功能，实现对党建工作的成效进行全方位的评估和展现，进一步提高党建工作质量和水平。最终，"数字党建"系统成为党建工作的数字化平台，为集团公司党建的深化和提高提供强有力的支持。

根据中国中煤"数字党建"系统建设的总体目标，充分考虑集团党建业务现状、业务需求等特点，采用总体设计，分步实施的策略，共分为三个阶段完成系统建设。

第一阶段，完成集团公司党建信息系统建设。主要包括党组织管理、党员管理、基层动态、组织活动、组织生活、评优评先、督办任务、党员学习教育、统计分析、党费管理、党建考核等功能，满足集团各级单位党务管理工作的需求。

第二阶段，完成帮扶工作、统战工作、工会工作、团青工作及配套移动端等。满足集团各级单位帮扶、统战、工会、团青的管理工作需求；通过可视化分析看板，掌握党工团工作开展整体情况，为管理者提供更精准的统计分析。

第三阶段，完成党建与业务融合设计，落实党管安全责任、"七抓"工程、基础业务协同等。实现以高质量党建引领保障企业高质量发展。

（二）优化党建组织机构，构建数字化党建体系领导工作组

随着信息技术的不断发展和应用，数字化党建已经成为推进党建工作的重要手段和途径。

优化党建组织机构，是数字化党建的前提和基础。党建组织机构应该根据实际情况和工作需要，合理设置各级党组织和党员组织，建立科学、规范、高效的党建工作体系。同时，注重党建工作的数字化建设，加强信息化建设和管理，提高党建工作的信息化水平和效率。

构建数字化党建体系领导工作组，是数字化党建的重要保障和推动力量。数字化党建体系领导工作组由专业人员和业务骨干组成，负责数字化党建体系的规划、建设、管理和运营。同时，注重数字化党建体系的人才培养和队伍建设，提高数字化党建体系的专业化水平。数字化党建体系的建设主要从以下几个方面入手。

一是加强数字化党建平台建设。数字化党建平台是数字化党建的核心，应该建立全面、开放、安

全、稳定的数字化党建平台，为党建工作提供信息化、智能化、高效化的支持和保障。"数字党建"系统提供完善的党组织关联信息数据维护机制，能够有效地进行分级管理，打造上下一体的党建系统。各级党组织根据自身管理要求，确认对应接口人及党支部书记，确保党建工作系统化、全面化，让管理职能精确到人、管理到人。

二是推进数字化党建应用。数字化党建应用是数字化党建的重要内容，"数字党建"平台注重数字化党建应用的创新和实践，推广数字化党建应用的成功经验和模式，提高数字化党建应用的普及率和效果。针对不同的党建管理应用要求，拓展各类上下级组织管理、关联公司管理、关联共同管理人等多重应用场景，满足各类管理需求。

三是加强数字化党建管理。数字化党建管理是数字化党建的重要保障，应该建立数字化党建管理体系，加强数字化党建管理的规范化、科学化和有效性。"数字党建"将责任与待办任务精确到人，明确党建数字化信息流的传递路径，确保信息流转完整高效，配备独立双重验证密码机制，确保数据安全。

优化党建组织机构，构建数字化党建体系领导工作组，是推进数字化党建的重要任务。通过"数字党建"系统的建设与应用不断加强数字化党建的推广，更好地服务于党和职工群众，推动党建工作不断创新和发展。

（三）建立多部门协同、高效运转的党建工作机制

一是实现党建信息数据联动。数字化党建平台要实现适时更新升级，实现与各类数据的对应动态管理，特别是与中国中煤人力 ERP（Enterprise Resource Planning，企业资源计划）系统实时对接更新，帮助各级党建部门对党员数据及时更新，落实线上协同，充分发挥系统间唯一数据的监督职能，满足人员信息的双向更新与监督。同时"数字党建"系统积极持续优化，"数字党建"平台建设是一项持续性的系统工程，坚持长期维护，定期升级改造，不断完善系统功能，将系统建设、组织数据与党员数据的在线应用作为一项长期性、持久性的工作加以落实。

二是实现完整性覆盖。"数字党建"平台实现了全集团总部各部门、各公司、各级党委、各支部全员参与使用，实现所有党内统计数据全部上线操作，从党组织关联数据到党员基础信息数据，均通过系统线上管理，将党建工作完全融入系统当中，并对日后持续完善大数据党建奠定坚实基础。

（四）建设数字化党建管理平台

党的基层组织是党的全部工作和战斗力的基础，是确保党的路线方针政策和决策部署贯彻落实的基础。网络时代以云计算、大数据为核心的新一代信息技术迅猛发展，互联网的应用不断改变着世界的面貌。为落实新时代党的建设总要求和新时代党的组织路线，以落实全面从严治党为根本，全面建好党组织库、党员库，运用最新的信息化手段建设党建信息系统，进一步规范党建业务，打通党委、党支部、党小组三级管理通道，为基层党组织和广大党员提供管理、工作和学习平台，为各级党组织及时掌握党建管理各方面情况提供便利，为议事决策提供辅助支持。

系统基于"一套系统，两个平台，十三大核心业务"的设计思路持续优化升级，并将核心业务与集团其他核心系统进行关联打通，达到完整数据线上流转的目标。

系统根据集团公司党建工作内容不同、角色分工不同、组织类型不同的情况，为党委、党支部、党员个人分别提供不同的工作终端。自上而下的党组织管理体系，允许党组织联系人及领导班子成员对多级组织进行统一管理及数据完整度监督，同时允许对党组织与单位组织进行绑定关联，对联合党支部进行识别并与行政组织体系进行关联绑定，在转移复制关系时，同时完成组织关系与行政关系的共同维护与管理。系统实现对组织领导班子的信息管理，支持对领导班子成员的职务信息、换届时间、换届情况、换届材料进行管理记录。通过系统可查看延期状态，支持预警功能。

系统对各支部人员进行统一管理及信息维护，全面接入人力 ERP 系统，具有信息自动生成和自动更新功能，提高了信息的准确性和及时性，避免了手工录入导致的错误和延误，帮助基层党建工作者减轻人员信息维护工作量。

系统支持各级党委全线上化的组织转移和介绍信办理，自动生成标准化的电子介绍信，免去了传统手写介绍信的烦琐过程，使集团各级党委在组织转移和介绍信办理方面的工作变得更加便捷和高效。同时，极大地助力了无纸化办公的推广，不仅降低了办公成本和环境负担，还实现了信息的快速流转和准确记录。

系统支持党员发展管理，提供 5 大环节、25 步的全流程管理，能够精确管理至每一个环节，包含被发展人、发展联系人、入党介绍人、组织联系人等各个职责的工作成果的在线处理和审核工作，在线归档，在线查询。

系统支持在线化"三会一课"、组织生活会、主题党日管理，帮助快速完成信息收集，并支持转为纸质文档留存。

系统支持全线上化的民主评议功能，支部发起民主评议活动，各党员进行自评。党员也可以根据评议表中的指标对其他党员进行评价和打分。这样就为支部提供了便捷的评议管理工具，保障了评议过程的匿名性和公正性。

系统支持党费管理，主要是针对集团及所属单位，实现党员党费交纳信息管理，各级组织可查看党费缴费信息、党费统计情况、党费收支情况和党费收支结存情况信息。系统可引用上月党员缴费记录作为数据基础进行数据快捷填报，减少了重复填写的工作量，提高工作效率。

系统支持党建工作考核管理。党组织建立了共性指标库和个性指标库，设置了考核基本信息、考核对象、考核年度、考核比重等。上级党组织可进行考评打分，查看和下载组织自评报告及材料清单等。系统设置综合评定规则和考评等次，实现组织综合评定结果的汇总统计功能。支持查看上级下发给本级的考核任务，支持进行组织自评，并查看自评结果和详情。

系统支持从组织、书记、党员、活动、制度、培训、保障七个维度进行汇总梳理（即七抓），对完成数据进行计算，实现各维度数据直观查看，按层级进行诊断数据呈现，贯彻落实基层党建提质增效七抓工程任务（见图1）。

图 1　七抓工程数据诊断

将落实党管安全责任嵌入系统，以实践探索持续为落实党管安全责任注入源源不断的丰富内涵和日益清晰的落地方案，通过系统功能建设，对涉及安全相关的各项工作进行数字化管理（见图2）。

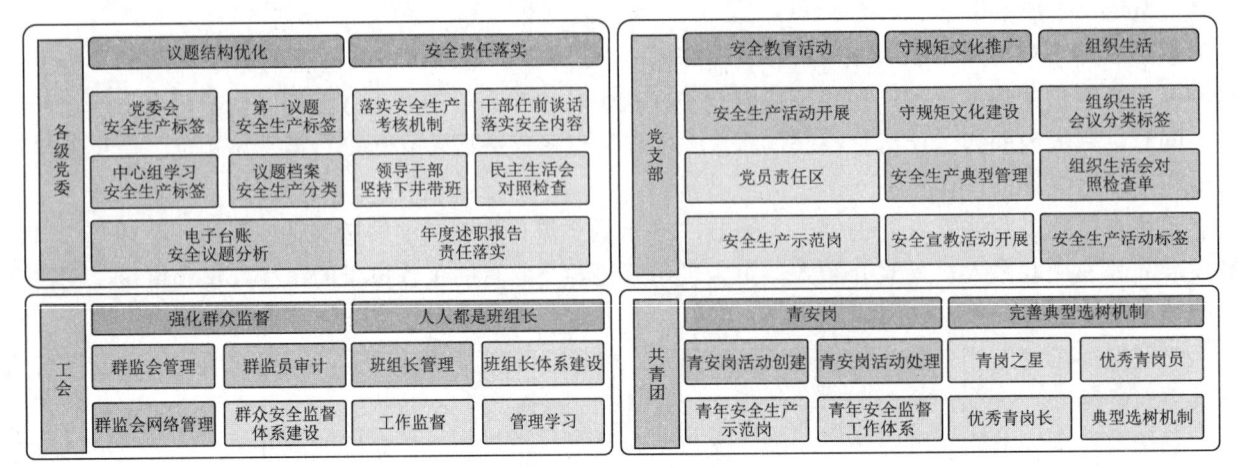

图 2　安全数字化管理

系统支持工会业务管理，主要是对集团所属二级企业及其所属企业工会相关组织人员、班组建设、群众安全工作、职工技术创新、产业工人队伍建设、企业民主管理、职工技能竞赛、困难职工帮扶、工会经费使用管理等信息进行线上管理，具备信息的统计、登记、项目申报、成果评选、困难申请、经费申请、审批经费申请、审批、查询、导出数据表等功能。

系统支持团青工作管理，主要是对集团及所属二级企业团青相关组织、换届选举情况、青年创新创效信息、青马工程管理等进行线上管理，具备信息的统计、登记、项目申报、成果评选、审批、查询、导出数据表等功能。

系统支持乡村振兴管理，主要是对集团（股份）及所属二级企业定点帮扶地区、定点帮扶地区数量、帮扶填报、帮扶动态、数据汇总等进行线上管理，加强党建引领乡村振兴。建立地区信息数据库，全面了解各个帮扶地区的情况，为制订科学的帮扶计划提供依据。发挥基层党组织的作用，带领村民深入贯彻落实国家乡村振兴战略，积极推进农村经济发展。加强党员之间的互动，增强党员的凝聚力和组织力。

（五）打造基于数据驱动的持续党建大数据检查模式

大数据技术对党建工作的支撑是高效、精准、及时的，能够支持党建部门快速发现党建风险，快速锁定党建工作及数据疑点，对增加党建管理及时性具有重要意义。从内部管理看，有了大数据带来的及时监督，能够及时把握业务动向，为内部党建决策提供基础。同时，使用大数据平台关联，按照预置的模型自动检查数据的真实性、准确性、合规性，达到快速的数据式检查，及时生成可供参考的大数据分析结果，在很大程度上控制了党建管理风险。

在大数据时代，数据分析的改变不仅体现在数据规模的增加和计算速度的加快上，更重要的是能够利用数据从整体视角对党建进行立体式、全方位、多角度的全面描述，党委工作人员可以直接从各基层单位获取所需的数据，摆脱了被监督组织对数据的限制，从而使掌握的信息更为全面、视野更为开阔，有效改善了传统数据收集模式下信息不对称的缺陷。

通过大数据分析技术在党建系统中的应用，以全面防控风险为目标，以丰富的数据解析与模型建立为手段，增强党建数据计算、关键指标过程分析及风险研判的实时性，满足党建工作需要。

（六）建立健全完善的数字化党建信息体系

"数字党建"系统采用标准化党建信息采集与数据输出，满足"规范收集，标准报批"的理念，以标准数据建立完善的数字化党建信息体系。

（1）数据采集标准。"数字党建"系统采用《国资委中央企业党建信息采集指标表》作为核心数据采集标准，将集团内关联数据与标准数据进行绑定与转译，确保数据的准确性和一致性。

（2）报表输出标准。"数字党建"系统采用《党内统计报表》作为标准化数据输出依据，将数据与各项党内统计数据转译为《党内统计报表》的格式，以确保数据的标准化输出。

"数字党建"系统不仅可以提高数据的准确性和可信度，还能够方便集团内部的数据比对和综合分析，为党建工作的决策和管理提供科学依据。同时，也为上级部门的党建工作监督和评估提供标准化的数据支持。

（七）加强数字化党建培训和人才培养，提升党员技能水平和党建工作能力

通过"数字党建"的建设，细化数字化党建培训计划，对党员和党务干部进行全面的数字化党建知识和技能培训，确保每位党员都具备基本的数字素养，提高党建工作的专业性，辅助支撑教育培训学时制度。建设党建云展馆，着力打造主题突出、导向鲜明、内涵丰富的创新教育学习内容。

（八）构建数字化党建评估与激励机制

充分运用数字化手段，为党建工作提供科学、实时、客观的评价依据，推动党建工作不断自我完善。在评估过程中，坚持党建工作与业务工作的有机结合，激发党员干部工作积极性，实现党建工作与经济社会发展的协同推进。通过设立评优、表彰等激励机制，激发党建工作者的积极性和创造性，推动数字化党建工作取得更大突破。

四、主要创新点

（一）数据汇聚，实现党建工作全周期实时化、全级次标准化

推进数据信息收集与党建考核由时点、节点工作向实时化、常态化工作转变，助力集团党委全方位、全周期掌握基层党组织建设情况与工作情况，在线监控预警，实时发现问题、提前预防问题、及时解决问题。以系统建设为抓手，推动党建领域管控规则、数据标准与管控环节全级次纵向到底，提升党建工作标准化水平。

（二）管理创新，推进系统应用向支持、服务党员转变

持续推进数字党建系统建设，深化管理创新，持续党建赋能，在实现了党员信息管理、线上发展党员全流程、党组织关系转接统一管理等功能的基础上，拓展优化移动党建、党员教育管理、党建云展馆、党员活动等功能模块，从侧重支持党务工作者工作向支持、服务集团公司全体党员转变。

（三）协同联动，支持跨部门、跨级次协作

利用系统建设实现与各部门、各级单位的业务联动、数据互通，便于实时获取可用信息、抓取数据亮点，提高工作效率。通过信息与数据的汇聚，在充分利用集团现有数据资源的基础上，在系统中部署任务分派、督办、反馈、评价的线上协同流程，降低数据与信息的收集成本，同时大幅提升跨部门沟通效率和减少文件传送时间，实现信息资源的共享。

（四）科技赋能，提升党建工作质效

通过系统建设实现数据打通，从而倒逼流程打通，促使工作任务各环节的人、责、权划分更为清晰，推动各部门之间有效沟通，同时针对任务进度、堵点难点，落实到人、责任到人，对问题及时调整、及时反馈，提高工作质量。同时借助信息化手段，依托大数据共享，减少事务性工作的时间占用，推动党务工作者将更多时间投入前瞻性思考及价值创造性工作。

五、实施效果

（1）有力助推企业数字化转型，以高质量党建引领保障企业高质量发展。作为中国中煤"数字中煤"第一批数字化转型典型推进项目，"数字党建"系统加强对基层党组织和党员的管理，建设党委前置研究功能，不断推动党建工作与业务深度融合，推动以高质量党建引领保障企业高质量发展。

（2）贯彻落实基层党建提质增效"七抓"工程，有效提升基层党建工作效率。利用"数字党建"实时统计功能，全面掌握基层党组织的数据信息，不断倒逼基层党组织提高数据信息质量，减少基层党组织重复统计数据信息的工作量。通过系统数据直观可见"七抓"工程各项业务的开展情况，同时通过数据分析对基层党组织开展情况进行诊断，辅助排查落实相关工作。

（3）实现数据信息标准化、规范化。全面采用中央组织部及国务院国资委标准化字段和标准业务流程，实现党建工作线上化、扁平化、精细化、动态化管理，全面提升基层党建工作标准化、规范化水平。

（4）充分共享各平台数据信息。"数字党建"系统与人力 ERP 系统、党员教育平台、内部网站、协同办公等系统实现数据共享，有效发挥系统协同作用，不断推动完善大党建工作格局。

（5）强化党建工作督办能力。通过融入大数据、自定义报表等技术，突出党建工作过程管理，实现党组织党员信息、换届、数据统计等全面督办和预警，推动基层党组织全面加强、全面过硬。

（6）实现了党委工作的数字化、精细化。党委工作管理模块显著提高了党委工作的组织和协调能力，使党委成员更加高效地完成工作，为党建工作提供了强有力的支撑和保障。

（7）加强党建工作引领乡村振兴管理。通过数字化平台和工具，实现对定点帮扶工作的线上管理，促进党中央关于乡村振兴工作的重要指示和国务院国资委关于定点帮扶工作要求的贯彻落实。

（8）提升党建工作智能化水平。通过引入智能化工具和算法，实现对基层党组织工作的智能化辅助，提供数据分析、决策支持、学习教育等功能，进一步提高党建工作效益和科学性。

（9）加强对党员教育管理的支持。通过数字党建系统，实现党员教育培训的在线管理和指导，提供个性化学习资源和学习进展跟踪，落实学时制度，提高党员教育管理水平。

（10）推动党建文化建设创新。通过数字党建系统的互动功能和社交平台，促进党员之间的交流和互动，营造良好的党建氛围和文化，增强党组织的凝聚力和向心力。

（11）提高党建工作的数据安全保障能力。加强数字党建系统的安全防护和权限管理，针对不同数据内容进行安全定级，确保党组织和党员的数据安全，防止信息泄露和滥用。

（12）积极探索党建工作的创新发展路径。利用数字化技术的优势，不断在实践中创新党建工作的方式和方法，探索符合时代要求的党建新路径，为企业数字化转型提供新的党建支撑。

（13）加强党建工作的监督和评估。通过数字化工具，实现对党建工作的全程监测和评估，及时发现问题和不足，并采取相应措施加以改进，确保党建工作方向正确，成效显著。

六、下一步计划与探讨

下一步，中国中煤将继续深入推进数字党建系统建设，不断完善系统功能，提升党建工作的科学化、规范化、智能化水平。

（1）持续推动创新发展：积极探索数字党建的新模式、新技术、新方法，不断推动党建工作创新发展。

（2）深化系统应用：进一步拓展数字党建系统的应用范围，实现与经营管理工作的深度融合，推动党建工作与业务工作的协同发展。

（3）强化数据分析：加强对党建数据的分析和应用，通过数据挖掘和可视化展示，为党建工作提供更加精准的决策支持。

（4）优化用户体验：根据党员使用反馈，不断优化系统界面和操作流程，提高系统的易用性和便捷性。

（5）加强安全保障：进一步强化系统的安全防护措施，确保党建数据的安全和保密。

（6）提升智能化水平：引入更多的智能化技术和工具，如人工智能、大数据分析等，提升党建工作的智能化水平。建设党建 AI（Artificial Intelligence，人工智能）助手，通过该助手可进行规章制度快速查询，党务知识随时可查，结合特色党建工作，注入 AI 助手模型，能够为基层党员提供准确、全面的党务信息。

（7）加强培训交流：加强对党员和党务干部的培训，提高其数字素养和党建工作能力；同时加强与其他企业的交流与合作，学习借鉴先进经验。

大型能源集团"一三五"全面从严治党体系的构建与实施

创造单位：北京能源集团有限责任公司

主创人：孟文涛

创造人：张姜涛　张瑞　王凯丽　商增琪　李茜希　吕岩　田川　王冠

【摘要】 本课题以习近平新时代中国特色社会主义思想为指导，紧扣党的二十大提出的"落实新时代党的建设总要求，健全全面从严治党体系"的要求，从国有企业具体实际出发，指出了当前北京能源集团有限责任公司（以下简称京能集团或集团）党建工作面临的挑战和问题，分析了推进健全全面从严治党体系的关键要素，通过打造"一把手"监督、"三个全覆盖"、"五个下沉"的"一三五"全面从严治党体系，在顶层设计上契合国有企业特点，运转机制上贯彻"四全"要求，工作成效上注重企业高质量发展，形成了首都能源国企"一三五"全面从严治党体系管理实践，以期为广大国企管理者、党务工作者提供思考和借鉴。

【关键词】 全面从严治党　"四全"　"一三五"全面从严治党体系

一、实施背景

京能集团成立于2004年，由原北京国际电力开发投资公司和原北京市综合投资公司合并而成，2011年、2014年先后又与北京市热力集团有限责任公司、北京京煤集团有限责任公司实施合并重组，实现了产业链条融合互补。经过多年的资源整合，集团由单一能源产业发展为热力、电力、煤炭、健康文旅等多业态产业格局。截至2023年年底，集团全资及控股企业620余家，参股企业120余家，拥有员工3.4万余人，投资区域遍布全国31个省（自治区、直辖市）及海外，控股京能清洁能源、京能电力、昊华能源、京能置业、北京能源国际、京能热力六家上市公司，盈利水平长期稳居北京市属企业前列。

京能集团围绕"四个中心"的首都城市战略定位，实施"能源为主、适度多元、产融结合、协同发展"的业务组合战略，以及"立足首都、依托京津冀、拓展全国、走向世界"的空间布局战略，以"传递光明、温暖生活"为企业使命，以"以人为本、追求卓越"为核心价值观，以"创新驱动、绿色生态、开放互联、智能共享"为发展理念，着力建设成为管理模式先进、盈利能力稳健、人才队伍精干、绿色安全高效，具有中国特色、国际一流的首都综合能源服务集团。

健全全面从严治党体系，是党的二十大提出的新时代加强党的建设的重大举措。习近平总书记在二十届中央纪委三次全会上明确提出深入推进党的自我革命，牢牢把握"九个以"的实践要求，其中之一是"以健全全面从严治党体系为有效途径"。随着国有企业改革深化提升行动的深入实施，京能集团党委坚持做强做优做大国有企业的总目标不动摇，积极探索推进全面从严治党体系建设，在健全党务机构人员，完善全面从严治党制度机制，推进全面从严治党述职、检查、考核"三个全覆盖"和责任、制度、任务、督导、力量"五个下沉"的基础上，继续深入完善管党治党方式方法，提出打造"一三五"全面从严治党体系，将"一把手"监督、"三个全覆盖"和"五个下沉"相互结合、协同推进，形成首都国企全面从严治党工作特色品牌，切实以全面从严治党推进全面从严治企，助力"绿色京能、数字京能、创新京能"建设，为加快推进集团高质量发展提供坚强保障。

国有企业是中国特色社会主义的重要物质基础和政治基础，是中国特色社会主义经济的"顶梁柱"，是党执政兴国的重要支柱和依靠力量，承担着推动经济转型升级发展、弘扬社会责任等使命职责。

（一）贯彻党中央全面从严治党战略方针的有力保证

习近平总书记在二十届中央纪委二次全会上强调，构建全面从严治党体系是一项具有全局性、开创性的工作。要在新时代新征程上一刻不停推进全面从严治党。要深入推进新时代党的建设新的伟大工程，坚持内容上全涵盖、对象上全覆盖、责任上全链条、制度上全贯通。国有企业作为党的基层组织的重要组成部分，通过深化全面从严治党体系建设，能够打通管党治党"最后一公里"，避免全面从严治党向基层延伸层层递减、打折扣现象，及时发现解决基层党组织在压实管党治党责任、营造良好政治生态等方面存在的问题，督促各级党组织增强"四个意识"、坚定"四个自信"、做到"两个维护"，有效保障党和国家方针政策、重大决策部署在国有企业全面贯彻落实。

（二）落实国有企业改革的有效途径

近年来，党中央坚持以建设世界一流企业为引领，推动国企改革在更广范围、更深层次开展，取得了一批有代表性的成果和经验。尽管如此，对于大型国有企业来讲，党组织链条仍然相对较长，党员队伍庞大。对于这样一支规模庞大、层级多重、与社会各方面联系密切的队伍，在管党治党上必须有战略的谋划、系统的设计、完备的制度，否则就难以实现健康发展和整体优化，最终就难以巩固和发展党的政治优势、组织优势。在国企改革的大浪潮下，京能集团不断深化融合改革，成功改组为国有资本投资运营公司，搭建了"集团总部－平台公司－实体企业"三级管控体系，推行分级管理的扁平化管理模式，全面深化融合改革、创新发展。截至2023年年底，集团党委下辖党组织745个，其中党委71个、党总支30个、党支部644个，共有党员1.18万名。打造"一三五"全面从严治党体系，能够适应京能集团三级管控需要，将主体责任一竿子插到底，有效推动企业高质量党建、高效能治理和高质量发展同频共振。

（三）推动企业高质量发展的创新实践

京能集团制定"十四五"规划，确定了"建设成为具有中国特色、国际一流的首都综合能源服务集团"的愿景使命，提出打造"三个京能"目标，即绿色京能、数字京能、创新京能，明确"千百目标""三个50%"发展目标，即到2025年年底，总资产规模超过5000亿元，年营业收入超过1000亿元，年利润总额突破100亿元，集团投资服务京津冀占比50%，全市供热市场占有率50%，集团内可再生能源发电装机占比50%。其中涵盖领域的广泛性、涉及矛盾问题的复杂性、各项工作任务的艰巨性等，都前所未有。管党治党要适应当前新形势新要求，还有不少短板弱项需要补上，还有一些重点问题亟待解决。打造"一三五"全面从严治党体系，就是更加全面地把握现状、查找问题，更加深入地剖析原因、摸清症结，更加系统地完善制度、采取措施，使全面从严治党更加体系化，更好地以党的自我革命推进党的自我净化、自我完善、自我革新、自我提高，保证能够战胜现实和潜在的一切风险挑战，将党的政治优势转化成企业发展优势，推动企业实现高质量发展。

二、实施过程

"一三五"全面从严治党体系是贯彻落实党的二十大报告中提出"健全全面从严治党体系"的创新实践。单兵突进难以奏效，京能集团党委通过紧盯"一把手"、深化"三个全覆盖"、着力推进"五个下沉"，全力打造"一三五"全面从严治党体系，逐级压实主体责任，加强基层组织建设，把主体责任落实到职责最细、队伍最基层的单位和党员身上，实现管党治党的规范化、精细化、体系化，从而推动全面从严治党扎根基层、打通"最后一公里"，为新征程上一刻不停推进全面从严治党提供坚强保障。

（一）"一三五"全面从严治党体系建设思路

1. 突出党的全面领导

党政军民学、东西南北中，党是领导一切的。"一三五"全面从严治党体系既体现了党的领导的内在统一性，又体现了党的建设的整体性、系统性、目的性，将京能集团党的政治建设、思想建设、组织建设、纪律建设等方面有机衔接、联动集成、协同协调，体现了一种共建共享的党建思维，推动党的领导一贯到底，党的建设环环相扣，既各成体系，又浑然一体，在作用发挥上促"单体"之功，成"组合"之效。尤其在全党开展党纪学习教育之际，"一三五"全面从严治党体系建设坚持全面从严，体现系统观念，做到科学立规，不断扎紧制度笼子，使全面从严治党思路举措更加科学、更加严密、更加有效。

2. 突出贯彻"四全"要求

京能集团党委"一三五"全面从严治党体系坚持内容上全涵盖，体系内容不局限于正风、肃纪、反腐，而是将组织建设等七方面工作全部涵盖。坚持对象上全覆盖，抓好"关键少数"，管好党员领导干部，特别是"一把手"，确保在管党治党上没有特殊党员、不留任何死角和空白。坚持责任上全链条，推动各级党组织书记扛起第一责任人责任、领导班子其他成员切实担负"一岗双责"，确保压力层层传导，责任环环相扣，切实增强管党治党的责任感、使命感。坚持制度上全贯通，把制度建设要求体现到全面从严治党全过程、各方面、各层级，用制度促进全面从严治党体系贯通、联动，真正实现制度治党、依规治党。

3. 突出企业高质量发展

京能集团党委"一三五"全面从严治党体系在推动企业高质量发展中，坚持党委统筹谋划、支部创新实践和党员干部主动作为相结合，各级党组织和党员干部积极投身于改革发展的实践，形成党建与企业发展横向到边、纵向到底的领导机制，党的组织功能得到发挥，党员干部能力得到提升，企业建设发展取得新的成绩，党的领导和党的建设得到巩固和加强。

（二）突出"一把手"监督，紧盯"关键少数"

国有企业"一把手"和领导班子成员，被赋予重要权力，担负着管党治党重要政治责任。近年来，京能集团党委坚定不移推进全面从严治党，紧盯"一把手"监督，发布了《集团党委深化落实对"一把手"和领导班子监督的实施意见》，开展"关口前移、防范风险、预防腐败"专项行动，紧紧围绕加强对"一把手"的监督、对同级领导班子的监督、对下级领导班子的监督，全面落实党内监督各项制度，强化自上而下的监督，做实做细同级监督，在集团全系统构建一级抓一级、层层抓落实的监督工作格局，推动监督制度优势更好地转化为企业治理效能。

1. 着力加强对"一把手"的监督

京能集团党委在前期落实对"一把手"和领导班子监督的基础上，进一步深化"一把手"监督实效，指导下属企业制定个性化"一把手"监督方案及清单并严格落实。通过全面从严治党（党建）工作检查、述职、考核、谈心谈话、政治生态分析研判和巡察等方式，有重点地开展对"一把手"的日常监督和专项督查。强化"一把手"述职监督，坚持抓好"一把手"全面从严治党述职工作，针对述职问题建立整改台账，确保年内述职整改问题完成率100%。每年全覆盖对所属二级企业开展全面从严治党检查，对重点三级企业开展动态抽查，对企业"一把手"落实管党治党责任情况进行监督。积极开展全面从严治党（党建）年度工作考核，增强考核指标体系的科学性和可操作性，深化考核结果运用，将考核结果作为对"一把手"选拔任用、实绩评价、激励约束的重要依据。加强"一把手"巡察力度，将"一把手"履行第一责任人职责情况作为巡察监督重点，了解被巡察企业"一把手"工作情况。每年至少与下级"一把手"开展1次谈心谈话，全面掌握"一把手"履职状态和思想动态，及时发现问题并报告，确保将"关键少数"管住用好。

2. 着力加强同级领导班子监督

健全党组织书记与班子成员定期谈话机制，将业务沟通与谈心谈话有机结合，定期沟通提醒。完善"一把手"和领导班子同级监督信息反馈机制，确定反馈的方式、内容、周期、频次，及时准确掌握发现的问题线索和处置情况，对具有苗头性、倾向性的风险提出警示意见。完善领导班子成员之间相互提醒、相互监督机制和情况报告制度，发现重要问题的及时向上级党组织报告。领导班子成员结合日常工作中需要关注的问题及民主生活会的召开等，经常开展谈心谈话，及时咬耳扯袖。完善领导班子成员之间相互提醒、相互监督机制和情况报告制度，强化领导班子成员相互监督。

3. 着力加强对下级领导班子的监督

综合运用监督检查、巡察、谈心谈话、指导民主生活会、受理信访举报、督促问题整改、政治生态分析研判等方式，加强对下级领导班子及其成员特别是"一把手"的监督。每年全覆盖开展检查、述职、考核，对企业"一把手"落实管党治党责任情况进行监督。健全完善检查、考核"下沉"机制，将年度检查与企业重点工作紧密挂钩，推动全部二级企业将全面从严治党考核结果与书记、副书记、纪委书记个人绩效挂钩，保障考核实效。深入开展提级巡察。继续在二级平台全面推开对三级企业的巡察工作，对重点三级企业、存在待改进党支部的企业、党员职工教育管理薄弱的企业党组织开展提级巡察，向三级企业传导压力，形成环环相扣的责任链。建立由"离任"向"任中"转变、审计关口前移的审计新模式。健全离任经济事项交接工作制度，加大对"一把手"任中经济责任审计力度，督促做好审计整改落实，强化主体责任和监督责任层层传导的力度。

自2023年以来，各二级企业根据实际情况，突出重点，强化落实。一是注重防风险。京煤集团对《"一把手"违规用权和担当作为不足专项治理对照检查清单》中的违规插手干预重大事项、利用职权谋取私利相关条款结合京煤实际增加"以明显低于市场价租赁经营性内部房屋"等内容，方案更具针对性。二是注重强作风。北京热力领导班子带头开展"转观念、强管理、促提升"工作，发扬斗争精神，从高层到基层结合中心工作全面开展深刻反思，广泛征集意见，开展自我批评。三是注重常提醒。京能电力"一把手"以身作则，将监督"探头"深入下一级，以安全、生产、经营、管理、发展、党建六项目标为导向，上半年"一把手"下沉基层15次，覆盖所属企业11家，开展监督谈话30人。

（三）深化落实"三个全覆盖"

京能集团全面从严治党"三个全覆盖"如图1所示。

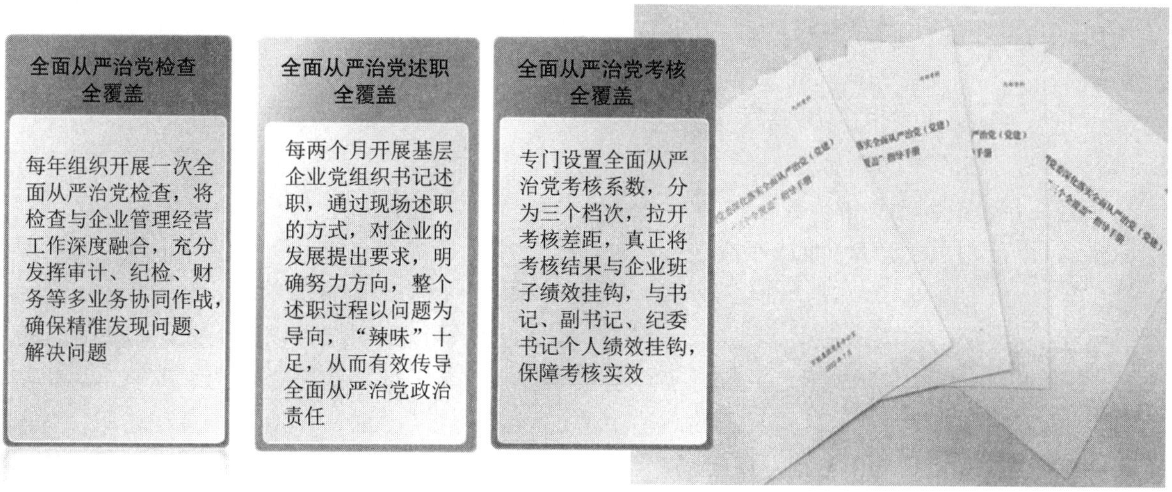

图1 京能集团全面从严治党"三个全覆盖"

1. 坚持融入中心，抓好检查全覆盖

每年组织开展一次全面从严治党检查，将检查与企业管理经营工作深度融合，充分发挥审计、纪检、财务等多业务协同作战，确保精准发现问题、解决问题。检查结束后，督导形成整改措施台账，逐条逐项完成整改，促进企业管理水平提升。同时，进一步分析研判，梳理检查共性典型问题，形成重点问题清单，指导开展自查自纠工作，将检查成果转化为管理效能，全面压实主体责任。

2. 坚持问题导向，抓好述职全覆盖

每两个月开展一次二级企业党组织书记述职。会前，组织召开研判会，对述职单位的意识形态、基层党建、企业管理等工作进行把脉会诊，全面梳理薄弱环节和短板问题，切实把被检查单位最重要的"穴位"点准。述职中明确要求"述问题"，问题占比不少于70%，"辣味"十足，从而有效传导全面从严治党政治责任。述职后列出整改清单，建立整改台账，2个月内上报整改落实情况，定期督办、动态更新，压茬推动问题整改到位。

3. 注重成果运用，抓好考核全覆盖

研究制定全面从严治党考核表，将企业全面从严治党工作全部量化，明确为7类主要任务、30项考核指标，逐条逐项细化预期目标，明确评分标准，真正做到目标任务有清单、责任落实有归口，确保评价标准导向鲜明、有效管用。同时，专门设置全面从严治党考核系数，分为三个档次，拉开考核差距，真正将考核结果与企业班子绩效挂钩，与书记、副书记、纪委书记个人绩效挂钩，保障考核实效，形成"抓住关键人、带动一班人"的良好局面。

2024年以来，集团党委对所属19家二级企业、12家三级企业2023年度全面从严治党（党建）情况检查指导，8家二级企业党组织书记进行了述职；各二级平台对所属129家三级企业开展了全面从严治党（党建）检查，88家三级企业党组织书记进行了述职。用全闭环管理方式，切实形成一级抓一级、层层抓落实的责任链条。一是坚持问题导向，全方位开展政治体检。昊华能源围绕述职企业实际，专职副书记主持，党委办公室牵头召开研讨会，根据述职企业各项工作完成情况邀请法务合规部等相关部室参加，做到"1+4+N"集中发力，共同分析研判企业深层症结。二是强化协调推进，突出查改有效衔接。京能电力将上一年度问题整改情况作为检查"第一动作"，对上一年度党委巡察、检查问题整改闭环情况进行核实，阶段性检查结束后立即配套开展全面从严治党述职工作。三是加强考核成果运用，与企业绩效考核紧密挂钩。京能置业在开展全面从严治党（党建）检查基础上，对直属企业党组织书记、副书记、纪检负责人的考核实现全覆盖，对所属企业考核拉大档次差距，设定五档，实行分级分类考核，进一步压实领导干部责任。

（四）推进"五个下沉"拓展延伸

1. 责任下沉，沉到"关键少数"

京能集团党委层层签订全面从严治党责任书，制定印发《对"一把手"和领导班子监督的具体措施》，抓牢"一把手"监督管理，细化研究27方面74项"一把手"监督清单。连续5年召开全系统警示教育大会，点名道姓指出问题，形成警示震慑，以案示警、以案明纪、以案促改，督促"一把手"带头廉洁自律，以上率下形成示范效应，引导全集团各级党员干部特别是"一把手"筑牢思想防线，提高拒腐防变能力，着力营造风清气正的政治生态。创新实施了全面从严治党检查、述职、考核"三个全覆盖"，通过检查把脉问诊，发现问题，通过述职传导压力，强化责任，通过考核运用成果，整改提升，把责任一贯到底。

2. 制度下沉，沉淀标准规范

一是着力抓好党的领导制度体系贯通联动。集团一至三级企业全部把党建工作总体要求纳入企业章程。修订完善党委会、"三重一大"决策制度，制定《党委前置研究讨论重大事项清单及程序》，将党的领导嵌入企业治理体系。不断优化"三重一大"决策管理运行机制。制定印发《集团党委常委会、董事会及总经理办公会审议决策事项"多单一表"》，进一步明确集团党委、董事会、经理层在法人治理结构中的权责，理顺决策流程，提高各治理主体的运转效率和决策质量。推动提升"三重一大"决策信息化管理水平，广泛推行"三重一大"监管信息系统，创新党委会、董事会、总经理办公会议案数字化提报系统，指导规范所属企业三会决策权限和"三重一大"事项决策的基本程序。

二是着力抓好党建制度体系贯通联动。结合企业生产经营实际工作形成丰富实用的党建制度体系，研究制定"8+3"全面从严治党工作制度，印发《党的建设工作指南》《党的建设制度汇编》，全部清单化明责、台账式管理，结合基层实际形成丰富实用的党建制度体系，对制度落实关键因素、标准要求等列出工作清单、形成操作模板，严格制度执行的刚性约束，切实形成以制度管人、以流程管事的工作导向。督促指导所属企业完善党的建设制度规范体系，因地制宜将制度内容与实际工作精准衔接，确保各级企业能够使用，且可行管用。比如，形成"第一议题"制度、细化一系列指引表单等，让基层党组织一看就懂，通过下沉制度建设，形成党建制度重心的下沉，督导企业全面修订完善全面从严治党、党建、干部人才队伍、思想宣传等方面制度，做到查缺补漏、符合实际，不断提升基层党建工作规范化、精细化水平。

3. 任务下沉，沉出发展实效

京能集团党委以全面从严治党任务安排为统领，将年度任务量化为 7 个方面 35 项重点任务 145 条具体举措，将经营任务纳入任务下沉之首，推动任务下沉体系不断在优化中发展、在丰富中完善，进一步打通党建、战略、业务三者的循环，着力推动体系的运用与企业改革发展、生产经营深度融合，用党建管理实践去破解难题，又及时总结提炼，不断把新的做法、思路融入体系中，进一步在全局工作中提升党建管理实践的协同性。通过抓任务进度确保全年任务目标实现，进而确保生产经营任务全面落实。比如，在坚持党的全面领导方面，制定涵盖了不断完善党的领导治理体系，确保集团全面完成各项经营管理目标任务，促进各项重点任务在落实中切实发挥把方向、管大局、保落实等作用。

重点深化研究个性化"任务下沉"的分解清单，找准机关、生产、科创等不同类型企业中心工作的发力点。比如，有的生产型企业重点在数字化转型、党员创新力激发上谋实策；有的科技型企业重点在开展产业链、供应链、创新链党建，牵头产学研单位、上下游企业开展党建联建求实效，在全局工作中提升党建管理实践的协同价值功能，推动党建任务与企业改革发展、生产经营深度融合。

京能集团党委发起成立党建引领老字号产业创新联盟，开展"党建+双碳"行动，成立区域党建共同体，持续发挥首都绿色能源产业链自身优势。

4. 督导下沉，沉浸落实质效

京能集团党委充分发挥大督查机制作用，建立重大事项督查督办工作制度，健全党委会决策事项督办清单，实行全过程跟踪管理。坚持党组织重大决策部署必督办、关键环节重要节点必把关、党组织重要会议必参加、基层企业情况必掌握，确保集团党委各项决策部署浸透在基层，各项工作任务"事事有回音、件件有落实"，形成有力闭环，着力推动决策部署和中心工作高质、高效落实。

一是大力开展数字化督办。以"智慧党建"为抓手和突破口，大力推动"数字督办"，搭建完成资金管理、招投标、审计等关键业务环节的监管"三中心"，把全面从严治党融入经营管理关键环节。依托党建数字化考核管理系统建立数字督办管理平台，推动督办工作向多维度、全覆盖、智能化方向发展，改变了操作繁冗、信息反馈低效的线下纸质督导工作方式，形成一站式督查督办管理流程，解决督查工作内容繁杂、效能不高等管理痛点，确保实时督查，及时发现和解决问题，提高实际工作成效。

二是深入开展巡察工作。完成一届党委任期内巡察全覆盖任务，不断拓宽巡察深度，在二级平台全面推进对三级企业的巡察工作，对 2 家重点三级企业及存在待改进党支部的企业开展提级巡察。加强巡察工作制度化、规范化水平，健全完善"六位一体"监督协同机制，规范巡察工作制度，进一步提高巡察工作质量。

三是着力完善"大监督"体系。坚持以党组织统筹政治监督、法律监督、社会监督、群众监督，构建企业全方位、立体化监督格局。2022年，京能集团实行各监督主体联动处置、督查督办、成果共享工作机制，充分发挥职能监督和协同监督作用，跟进监督、精准监督、全程监督一体发力，梳理历年各类监督检查发现的问题近千个，提升齐抓共管监督实效，巩固监督治理效能，推动问题整改清仓见底。

5.力量下沉，沉积力量保障

京能集团党委坚持以优化党务部门设置、创新设置党务干部定点联系企业机制、开展以干代训促进干部横向纵向交流为"支撑点"，不断充实党的建设力量。

一是优化党务部门设置，培养锻炼高素质党务干部。结合集团三级管控体系架构及生产经营特点，就所属企业党务部门设置及人员力量配备开展调查研究，科学规范设置机构，保障专职人员数量，设立精干高效、力量充足的党务工作机构，破解单户法人企业党务工作人员力量不足与全面从严治党工作高标准、严要求的矛盾，减少基层党务工作负荷，推进解决"不知道干、不会干、干不好"的问题。

二是创新设置党务干部定点联系企业机制。党委工作部门通过内部培训的方式，加强业务交流，挖掘内部潜力，对部门负责的各项工作统一工作思路、方法，实行党群工作联系人机制，每人对接3～4家所属企业，对定点联系企业的党群工作进行系统、全面、专业的指导。通过实行党务干部定点联系企业机制，一方面对所属企业加强系统指导，减轻基层负担，提升公司整体党建工作水平；另一方面为党务干部了解基层企业项目建设、经营管理搭建平台，促进党建与生产经营深度融合。

三是开展以干代训促进干部横向纵向交流。为适应改革发展需要，加强人才队伍建设，多岗位培养锻炼员工，开阔员工视野，丰富任职经历，积累基层工作经验，研究制定以干代训工作方案，采用以干代训的方式，分阶段、分批组织集团总部机关党员干部赴集团各重点项目，到项目上去，到现场去，锤炼本领，再建新功。

京能集团党委通过"五个下沉"落实全面从严治党责任，充分调动发挥各级党组织和党员干部的积极性和创造性，各二级企业分级赋能、下沉管理，不断提高党建工作质量。一是平台落实各有特色。京煤集团研究制定《构建京煤集团"1121+N"党建工作体系，深化党支部规范化建设的实施方案》，进一步明确党支部规范化建设目标和路径，形成京煤上下贯通联动工作机制。二是基层责任持续压实。各二级企业持续推动基层企业选优配齐书记、助理等党务干部，不断充实党的建设力量。清洁能源围绕张家口绿电工程创优，成立了揭榜挂帅党员技术攻关队，风机可靠性大幅提升，有效保障了冬奥会延庆赛区综合能源项目稳定运行。三是全面从严治党不断延伸。京能电力领导班子成员既挂帅又出征。上半年，10名领导班子成员协调重点事项25项，统筹形势任务教育、重点任务安排、督导指导等工作，积极发挥"头雁"表率作用。昊华能源制定《进一步加强作风建设的意见》，加大本部职能部室服务一线、深入基层的力度。实行本部管理人员驻企不少于1个月，部门副职驻企不少于15天，部门正职驻企不少于7天，利用总部下基层对问题整改情况验证闭环，及时答疑解惑、帮扶指导，平均每人下沉18天，深入了解基层实际情况，充分发挥服务、指导、协调、监督职能。

近年来，集团党委牢固树立大抓基层的鲜明导向，逐步构建起了"一三五"全面从严治党体系，以"关键少数"引领"绝大多数"，以全面从严治党带动全面从严治企，全力以赴打造"三个京能"。各企业党组织主体责任逐步压实，基础工作、规定动作扎实开展，"一把手"重视程度不断提高，基层党务工作者的认识和理解日益深刻，党建工作水平持续提升。

三、实施效果

京能集团党委坚持以习近平新时代中国特色社会主义思想为指导，坚持以服务新时代首都发展为统领，牢牢把握高质量发展根本要求，坚持和加强党的全面领导，牢固树立大抓基层的鲜明导向，通过建立"一三五"全面从严治党体系，以全面从严治党带动全面从严治企，团结带领广大干部职工，踔厉奋发、笃行不怠，全力以赴打造"三个京能"，努力在新征程上一马当先、走在前列，奋力开创集团高质量发展新局面。

（一）党的领导作用有力发挥

京能集团通过打造"一三五"全面从严治党体系，不断完善党委会、"三重一大"决策制度，形成《党委前置研究讨论重大事项清单及程序》，将党的领导嵌入企业治理体系，更好发挥党委把方向、管大局、保落实作用，促进各级党组织和党员干部发挥思想融合、资源整合、力量聚合的一体化优势，经济效益逐年攀升，从2017年至2023年年底，营业收入从634亿元增长至920亿元，资产规模从2628亿元增长至4641亿元，全员劳动生产率突破100万元/人·年，销售利润率、盈余现金保障倍数均超过行业良好水平，实现了质的有效提升和量的合理增长，连续五年蝉联北京市国资委经营考核A级企业序列，职工收入连续6年大幅提升。产业链韧性不断增强，完成2400万平方米智慧供热改造任务，充分发挥了能源供应"稳定器""压舱石"作用。全国首个培训疗养机构转型普惠养老示范项目颐寿嘉园开业运营，建设以乐多港为代表的城市旅游商业文化综合体，加快"一线四矿"落实落地，王平矿文化旅游度假酒店项目启动建设，助力北京国际消费中心城市建设，展现了首都国企的使命担当，实现了以党的全面领导推动企业高质量发展迈出新步伐。

（二）绿色转型发展成效显著

绿色转型是京能集团高质量发展的未来方向。在落实"双碳"目标中，集团党委通过"一三五"全面从严治党体系这个关键抓手，充分调动发挥各级党组织和党员干部的积极性和创造性，分级赋能、下沉管理，通过风光战略实施，加强绿电进京大基地项目规模化开发，深耕河北张家口、承德、内蒙古乌兰察布、锡林郭勒盟、通辽、吉林等大基地、协同化项目，打好"风光火"协同组合拳，建设源网荷储一体化项目，全力"储备一批、开发一批、建设一批"，2023年发电总装机规模突破4800万千瓦，其中，可再生能源装机2118万千瓦、占比44%。新增可再生能源装机594万千瓦、增速58%，超过全国平均水平。7个"百万级"项目取得实质性进展，岱海150万千瓦、通辽238万千瓦风电项目开工建设，京大150万千瓦风光基地获批。"张北的风，点亮北京的灯"，张家口—北京可再生能源综合应用示范工程荣获"国家优质工程金奖"。

（三）改革创新赋能更加明显

京能集团坚持"绿色京能、数字京能、创新京能"战略目标，聚焦创建世界一流示范企业目标，京能集团把"一三五"全面从严治党体系和精益精细化管理理念应用到高质量党建和企业高质量发展中，促进"5+2"党的建设和企业发展全要素协同、全流程管控、全方位监督，各级党组织结合生产经营实际不断创新党建工作方法，在项目上建立发展党的组织，在关键核心技术突破中培养考察干部，有力推动国企改革任务落地落实，形成了一批"神形兼备、质量双优"的制度成果和实践成果，国企改革三年行动考核成绩位居全市第一，在国务院国资委"双百企业"评估中考核优秀。研发投入连续4年达到全国同行业优秀值以上水平。搭建完成数字底座，"京能云"投入服务运营。开辟"电力+算力"新赛道，4个月内上线运营500P算力，助力北京全球数字经济标杆城市建设。智慧电厂建设与研究示范项目全面落地，智慧矿山建设自动化率、产量处于国内领先水平。虚拟电厂聚合容量突破1.6吉瓦，跃居成为华北地区最大的虚拟电厂聚合商。数字技术赋能传统能源产业发展初见成效，增强了产业链、供应链自主可控能力。

（四）政治生态更加风清气正

京能集团坚持大抓基层的鲜明导向，体系化推进全面从严治党，以"一三五"全面从严治党体系充分发挥全面从严治党的政治引领和政治保障作用，连续6年召开全面从严治党大会，分析研判形势，研究解决集团党风廉政建设工作的瓶颈和短板，深入推进集团全面从严治党工作。举办警示教育大会，对集团系统受到党纪政纪处分的党员干部点名道姓通报，把严的基调、严的措施、严的氛围长期坚持下去，持续健全完善资金调度中心、审计中心、招标集采中心监管"三中心"，持之以恒正风肃纪，开展私车公养、"四风"问题清零等11项专项整治行动。释放全面从严、越往后越严的强烈信号，实现业务监管与纪律监督同向发力，发现问题、整改问题与提升企业治理水平高效融合，企业风清气正，干事创业氛围日渐增强。

（五）党的基础建设全面提升

京能集团通过打造"一三五"全面从严治党体系，将构建全面从严治党体系与高质量推进党的建设同步谋划、同步推进、同步落实，将全面从严治党体系贯穿政治建设、思想建设、组织建设、作风建设、纪律建设、制度建设和反腐败斗争等党的建设各方面，通过"建点、拉线、拓面、联网"，构建起立体化、网格化的全面从严治党体系，基本实现全面从严治党内容上全涵盖、对象上全覆盖、责任上全链条、制度上全贯通，进一步夯实了基层基础建设，打通了全面从严治党"最后一公里"，让责任压力传导到基层，将责任落实一贯到底，不断提高了党的建设质量，做到管党有方、治党有力、建党有效。

京能集团党委打造"一三五"全面从严治党体系，是关于"健全全面从严治党体系""抓基层、打基础、管长远"的重要实践。今后，京能集团将深入贯彻落实好党中央、北京市委和市政府各项决策部署，持续推动"一三五"全面从严治党体系建设往深里抓、往实里走，向基层延伸、向末端发力，确保上级党委各项决策部署在京能集团落地生根，形成生动实践，推动全面从严治党扎根基层、开花结果，焕发出高质量党建引领保障高质量发展的强大生命力。

突出"五抓四促三融合",以高质量党建引领企业高质量发展

创造单位：酒泉钢铁（集团）有限责任公司
主创人：赵同辉　魏永波
创造人：闫鑫　马军生　李雅婷

【摘要】 为深入贯彻习近平总书记关于党的建设的重要思想，认真落实党的二十大及二十届二中、三中全会精神，扎实推进甘肃省委关于组织工作"五大工程"的重大部署要求，酒泉钢铁（集团）有限责任公司（以下简称集团公司或酒钢）党委按照"党建统领、战略引领、改革统揽、创新驱动、转型升级、提质增效"的工作思路，围绕企业改革发展中心工作，结合自身实际探索提出"五抓四促三融合"党建引领工程，把坚持党的领导、加强党的建设贯穿生产经营和改革发展全过程，持续锻造基层党组织坚强的战斗堡垒，激励党员发挥先锋模范作用，不断提升基层党建工作质量，切实以高质量党建引领企业高质量发展。

【关键词】 国企党建　党建品牌　党建引领　高质量发展

一、实施背景

近年来，集团公司各级党组织坚持以习近平新时代中国特色社会主义思想为指导，深入学习贯彻党的二十大及二十届二中、三中全会精神，全面贯彻新时代党的建设总要求和新时代党的组织路线，以党的政治建设为统领，持续推动党的领导融入公司治理各环节，推动党建工作深度融入企业生产经营，不断丰富创建形式内容，搭建载体平台，以点带面，示范引领，促进基层党组织战斗堡垒作用和党员先锋模范作用发挥具体化、实效化，推动党建工作与生产经营中心工作目标衔接、过程融合、落实同步，切实以高质量党建引领企业高质量发展。尤其是自2021年以来，集团公司开始在全公司范围内开展党建工作品牌化管理，集团公司各级党组织紧紧围绕本单位职能定位、生产经营中心任务和重点工作，对标"十四五"规划目标，积极挖掘和总结基层党建工作的好经验、好做法，探索加强和改进基层党建工作的新方法、新机制，先后开展党建品牌管理，在全公司掀起了"抓创新、重特色、出品牌、争一流"的热潮，为基层党建工作注入了新的生机与活力，但在集团公司党委层面，还没有总结提炼出有特色的党建品牌，亟须选树培育党建融入生产经营的典型案例，以便更好地发挥示范带动作用。

二、实施过程

为总结提炼集团公司党委层面的党建特色品牌，2022年，集团公司党委组织部结合企业实际，研究提出了《关于开展"五抓四促三融合"党建加强年活动的实施方案》，并将之作为巩固和提升基层党建工作的重要举措，作为适应新形势、应对新挑战、展现新作为的重要途径予以推进；2023年、2024年，集团公司党委组织部分别下发了《关于进一步深化"五抓四促三融合"开展党建质量年活动的实施方案》《关于深化"五抓四促三融合"开展党建质量巩固提升年活动的实施方案》，要求持续深化"五抓四促三融合"党建引领工程，结合学习贯彻习近平新时代中国特色社会主义思想主题教育、党纪学习教育、"三抓三促"行动，持续推动党建工作思路升级、方法升级、载体升级，不断开创以高质量党建引领高质量发展的新局面。

（一）突出"五抓"强基固本，全面锻造基层坚强战斗堡垒

1. 抓思想教育

深入实施凝心铸魂工程，严格落实"第一议题"制度，建立跟踪督办制度，全面落实党中央重大

决策部署和甘肃省委工作要求。健全党员干部政治理论学习机制，认真落实党的创新理论学习教育计划，分层分类开展党员轮训培训，围绕习近平新时代中国特色社会主义思想等举办专题培训班9次。扎实开展党纪学习教育，教育引导广大党员学纪知纪明纪守纪。强化对党忠诚教育，每年引导各基层党组织开展重温入党誓词、为党员过"政治生日"、"红色寻访"等活动。

2. 抓党员队伍

深入实施先锋引领工程，落实党员"三培养"工作机制（把生产经营骨干培养成党员，把党员培养成党员骨干，把党员骨干培养成经营管理人才），编印《发展党员工作指导手册》，严把发展党员入口关和质量关，加大高层次人才和产业工人队伍党员发展力度，建立党员领导班子成员与发展对象、入党积极分子"一对一""一对多"联系培养机制，推动生产一线班组实现党员全覆盖。加强基层党组织带头人队伍建设，选优配强基层党组织书记，加大支部书记储备、选拔、交流力度。注重引导广大党员担当作为，有效激发1311个党员责任区、1177个党员示范岗、295个党员突击队、271个党员服务队作用，推动中心工作发展。

3. 抓阵地建设

加强酒钢党校、酒钢展览馆、"铁山精神"纪念馆等党员教育基地建设，全覆盖推进党员活动阵地建设进作业区、进班组，以"活动阵地规范化、上墙内容规范化、设施配备规范化、基础台账规范化、使用管理规范化"为标准，建设基层党组织规范化党建阵地354个。加强党建网络阵地建设，做好"酒钢党建"网站、酒钢内网党建专栏等线上阵地建设维护，有效发挥"学习强国""甘肃党建"信息化平台作用，持续推进党建工作信息化。

4. 抓政治生活

发扬党内民主，坚持集体领导制度，建立完善议事规则和决策程序，严格按程序决策、按规矩办事，尊重党员主体地位，保障党员民主权利，落实党员知情权、参与权、选举权、监督权，畅通党员参与讨论党内事务的途径，拓宽党员表达意见渠道，营造党内民主讨论的政治氛围。严格执行民主生活会、组织生活会、党员领导干部双重组织生活等制度，严肃开展批评和自我批评，开展经常性的谈心谈话，规范开展"三会一课"、主题党日，不断增强党内政治生活吸引力、感染力。坚持开展"党课开讲啦""学习身边榜样"等活动，引导各级党员干部讲党课532次、党组织书记讲党课758次、先进典型讲党课89次。

5. 抓基础保障

深入实施强基固本工程，进一步建立健全党建工作规章制度，编制基层党建工作规范化手册，推进工作任务清单化管理。规范党建工作机构设置，推行内设机构负责人和党支部书记"一肩挑"，严格按照"两个1%"要求计提党组织工作经费、配备党务干部，加大党务工作人员与经营管理人员轮岗交流力度，使党务岗位成为发现、培养复合型人才的平台。常态化开展基层党建现场观摩交流活动，集团层面组织观摩交流4次，基层党委组织观摩交流6次。

（二）突出"四促"提质增效，把握改革发展的前进方向

1. 促安全生产

实施"党建+安全生产"，开展"安全生产、党员先行""人人讲安全、个个会应急、党员做表率""人人讲安全、个个会应急、党员争先锋"主题党日、"党员身边无事故"等活动，引导党员带头参加"我为安全生产献一计""我当一天安全员"等实践活动，使"生命至上、安全第一"的安全理念内化于心、外化于行，进一步增强全员安全生产意识、提升安全生产技能、提高本质安全管理水平。

2. 促改革创新

坚持以党建促改革，以改革强党建，持续推动党的建设与公司改革创新互融互促、同频共振，聚

焦集团公司确定的改革创新思路，在分类施策、精准施策上下功夫，不折不扣落实各项改革举措，引领广大党员干部积极参与国企改革深化提升行动、"强工业、强科技"行动等攻坚任务，在重点课题攻关、基础性前瞻性技术研究、新产品研发等重大改革攻坚任务中"揭榜挂帅"、勇当先锋，集团公司以党员骨干为主实施的"难选铁矿石悬浮磁化焙烧关键技术开发与工业应用"等42个项目荣获"甘肃省科技进步奖"等省级以上奖项。

3. 促转型升级

深入实施选贤任能、人才赋能工程，建强干部人才队伍，紧盯集团公司主要方向具体任务，抢抓产业调整、"三化改造"、"碳达峰、碳中和"、新能源产业布局等机遇，推动积极融入"一核三带"发展格局，加快钢铁产业延链、补链、强链，坚定不移推动传统产业高端化、智能化、绿色化，推动能源结构绿色转型，加快资源保障结构、产业产品结构和能源支撑结构转型升级，大力发展前沿性、战略性新兴产业，全力推动炼轧厂工艺装备提升及产品结构调整等重大项目建设，实施的西沟矿5G+智慧矿山被认定为国家智能制造示范工厂。组织开展形式多样的主题攻关、突击行动、劳动竞赛活动，进一步激发全体干部职工攻坚克难、锐意进取、创新创效的活力。

4. 促作风转变

纵深推进"三抓三促"行动，持续开展"转作风、强担当、促落实"行动，紧盯工作落实中的作风顽疾、基层存在的"微腐败"和不正之风、形式主义、官僚主义等问题，制订两个专项工作方案，大力开展党员领导干部作风突出问题专项整治、基层"微腐败"及作风建设专项整治，制定《持续推进整治形式主义为基层减负正负面清单》，深化整治形式主义为基层减负，驰而不息整治作风顽疾，推动作风建设工作取得实效。

(三) 突出"三融合"守正创新，发挥党建融合独特优势

1. 推动与治理体系有机融合

坚持党的领导与完善公司治理相统一，将党组织的机构设置、职责分工、工作任务纳入企业的管理体制、管理制度、工作规范，明确党组织在企业决策、执行、监督各环节的权责和工作方式，以及与其他治理主体的关系，使党组织发挥领导作用组织化、制度化、具体化。坚持和完善"双向进入、交叉任职"领导体制，进一步建立健全制度流程，依法依规依章履行任职程序。修订完善党委会议事规则、"重大事项"决策制度，明确各治理主体决策范围，推动党的主张和重大决策转化为公司的战略目标、工作举措，着力构建与现代化经济体系和高质量发展要求相适应的治理体系。成立集团公司党委全面深化改革委员会、财经委员会、内部审计委员会等议事机构，深入推进现代公司治理示范创建行动，全面评估所属企业"四项清单"运行情况，动态优化调整"三会一层"权责清单，推动党的领导贯穿公司治理全过程各方面。

2. 推动与生产经营深度融合

牢固树立抓好党建是最大政绩的理念，坚持党建工作和生产经营同谋划、同部署、同推进，把党组织工作目标与生产经营发展目标相结合，深入推行"党建+"工作模式，把党建工作融入生产经营整个链条、各个环节，扎实开展党建工作与生产经营融合不够问题专项整治，持续深化推广党建品牌，目前集团公司各级党组织创建党建品牌457个，基本实现所有党组织全覆盖。积极引导"一区一岗两队"开展技术攻关、创新创效、破解难题等项目，自2023年以来累积创效约4亿余元。

3. 推动与重点任务全面融合

积极发挥党委"把方向、管大局、保落实"作用，针对深化改革、推动发展、化解矛盾、维护稳定、应对风险等重点任务特点和目标要求，找准基层党组织党建工作与业务工作在重点任务上的结合点，将党建工作重心放在推动重点任务落实上。建立督办机制和跟踪问效机制，推动重点任务有效落

实。引导广大党员干部职工在防范化解风险、意识形态、信访维稳、平安建设、重点项目推进、推动乡村振兴、保障和改善民生等重点领域上当先锋、做表率、勇担当。开展"支部建在项目，党员冲在一线"活动，在项目中全覆盖成立党组织，推动重点项目建设高质量完成。

三、主要创新点

（1）将品牌管理的理念和方法嵌入党建工作。改变党建工作固有的思维模式，注重在党建工作的历史传承和深入挖掘中、融入中心和结合实际中、问题导向和提升质量中积极进行思考，探索创新党建工作的抓手和平台，创建并实施"五抓四促三融合"党建品牌，用品牌理念带动党建，用品牌标准评估党建，用品牌技术推进党建，用品牌形象展示党建，用品牌效应衬托党建，为抓好我们国有企业党建工作提供了一个新的视角、新的思路和新的路径。

（2）有效凝聚基层党建工作的好经验、好方法。实施"五抓四促三融合"党建引领工程，通过"五抓"强基固本，着力把基层党组织建设成为宣传党的主张、贯彻党的决定、领导基层治理、团结动员群众、推动改革发展的坚强战斗堡垒，为做强做优做大国有企业提供坚强组织保证；通过"四促"提质增效，不断创新党组织融入企业中心工作的方式和途径，着力发挥党组织的政治优势、组织优势和群众优势，切实把党建工作成效转化为企业高质量发展的动能；通过"三融合"守正创新，坚持在深化改革中同步推进党的建设，把提高经济效益、提高竞争实力、实现国有资产保值增值作为党建工作的出发点和落脚点，推动企业改革发展行稳致远。

四、实施效果

（1）党员干部政治能力不断提升。坚持读原文、悟原理，持续深入学习贯彻习近平新时代中国特色社会主义思想，广大党员理论武装进一步强化、思想境界进一步升华、党性观念进一步增强、工作作风进一步改进，从党的创新理论中找思路、找方法、找措施的意识不断得到提升。

（2）基层党建工作基础持续夯实。紧盯提升集团公司各级党组织政治功能和组织功能，不断严密上下贯通、执行有力的组织体系，持续加强党员教育管理监督，大力开展党支部建设标准化，"三会一课"、组织生活会等党内组织生活更加规范，党组织的凝聚力和战斗力不断得到提升。

（3）企业改革发展任务有效落实。把党的领导有机融入公司治理之中，推动党中央重大决策部署和全省"强科技、强工业"、"三抓三促"行动、"五大工程"、国企改革等重要工作在公司落实落地，确保了企业始终沿着正确方向前进。

（4）企业改革发展根基更加牢固。牢固树立大抓基层的鲜明导向，层层压实党建工作责任，推进全面从严治党，不断健全完善与公司战略目标相一致、发展模式相适应、管理机制相协调的党建工作机制，进一步激发了党建工作的动力活力，基层党组织的政治功能、组织功能不断增强。

（5）企业改革发展质量得到提升。推动党建工作与生产经营深度融合，切实把党的政治优势、组织优势转化为企业的竞争优势和发展优势。2023年，集团公司完成工业总产值1086.5亿元，同比增长8.4%，实现利税50.3亿元，其中利润25.3亿元，同比增长10.8%。2024年完成各项经营任务。

五、下一步规划与探讨

下一步，集团公司党委将坚持以习近平新时代中国特色社会主义思想为指导，认真贯彻习近平总书记关于党的建设的重要思想，深入落实新时代党的建设总要求和新时代党的组织路线，把党的政治建设摆在首位，不断深化"五抓四促三融合"党建引领工程，紧紧围绕企业生产经营中心工作，持续提升党建工作质量和水平，切实以高质量党建引领集团公司高质量发展。

（1）始终把握国企党建工作的正确方向。要认真落实"两个一以贯之"要求，把企业党组织内嵌到公司治理结构之中，把党的领导融入公司治理各个环节，不断坚持党的领导，加强党的建设，有效发挥各级党委"把方向、管大局、保落实"作用，切实为企业高质量发展提供根本动力和坚强保证。

（2）始终坚持用党的创新理论凝心铸魂。要深化班子成员领学、党委督学、党支部研学、党小组促学、党员自学"五学联动"，不断学懂弄通做实习近平新时代中国特色社会主义思想，引导党员干部自觉从党的创新理论中找思路、找方法、找措施，创造性地转化为做强做优做大企业的具体规划、具体任务。

（3）始终压紧压实强基固本的政治责任。要层层压实党建工作责任，构建"明责履责、考责问责"的党建工作责任体系，强化党组织书记抓基层党建工作的主责主业意识，做到权责对等、失责必问，不断用责任传递压力，用压力推动落实，确保基层党建工作做实做细，不断提高党建工作规范化标准化水平。

（4）始终推动党建与生产经营深度融合。要坚持在党建理念、机制、载体上守正创新，不断探索深化"党建+"模式，将党建工作触角延伸至企业内部管理、安全生产、技术革新、履行社会责任等方方面面，切实把党建工作的政治优势、组织优势转化为企业的发展优势，以高质量党建引领高质量发展。

红色"小网格"推动供水服务"大提升"

创造单位：中共广州市自来水有限公司委员会
主创人：林立　黄绍明
创造人：陈丽虹　严文婕　闫磊　聂璐

【摘要】 广州市自来水有限公司（以下简称广州自来水公司）针对供水服务需求日益精细化的挑战，通过党建引领，打造"星级水管家"服务品牌。公司领导牵头挂点网格靠前指挥、企业内各支部共建引导全体党员下沉一线、建立"部室+基层"联动机制提升服务效能，在供水网格化管理基础上，激活"红色引擎"，实现供水服务从"最后一公里"到"最后一米"的细化提升。

【关键词】 党建引领　供水服务　网格化管理　星级水管家

一、实施背景

2024年7月18日，党的二十届三中全会通过《中共中央关于进一步全面深化改革、推进中国式现代化的决定》，将"坚持以人民为中心，尊重人民主体地位和首创精神，人民有所呼、改革有所应，做到改革为了人民、改革依靠人民、改革成果由人民共享"列为进一步全面深化改革的原则之一。随着经济社会的飞速发展，广州中心城区供水版图逐渐扩大，作为一家集自来水生产、销售、服务和多种经营于一体的国内特大型供水企业，广州自来水公司供水服务人口已逾1100万。如何更好满足人民群众对美好生活的向往需求成为公司党委检验为民服务成效的试金石。

近年来，广州自来水公司全力推动供水片区化、网格化改革，并以此为基础，通过党建引领打造"星级水管家"服务品牌，为供水网格注入源源不断的"红色动能"。

二、实施目的

广州自来水公司以党建引领打造"星级水管家"供水服务品牌，旨在落实广州自来水公司作为超大城市中心城区供水服务"总管家"职责，扎实融入基层治理格局，坚持走好群众路线。对外以群众期盼对标，以民生诉求对照，探索一条与市民沟通"无碍"，服务"有爱"的工作路径；对内以问题为导向，激发广大党员干部主动作为，全面提升企业管理能力和党业融合水平。通过内外兼修两手抓，提升人民群众获得用水的安全感和幸福感，奋力书写为民服务"星"篇章。

三、实施过程

（一）夯实基础："智慧"水管家为网格注入"新质力量"

近年来，广州自来水公司党委坚持用数智技术改造提升传统产业，统筹推动"科技标杆管理项目三年行动"，立足生产一线，开展"合理化建议""五小成果"等系列创新创优活动，激活党员职工创新动能。2022年，搭建集建设、生产、管网、营业、服务管理于一体的智慧供水云平台，平台贯穿水源到终端供水全流程，落地30多个智慧厂站网端应用场景，涵盖"源厂站网端、人财物事数"27大类业务，流程上线率90%，业务效率提升30%。在微信公众号等创新开设"水质地图"功能，市民通过互联网即可查询定位水质情况，让水质安全更透明、公开，提升用户自来水用水知情权和幸福感。

（二）以点带面："贴心"水管家为网格补充"红色力量"

为全面推动供水服务提档升级，广州自来水公司党委先行先试探索打造高品质精品示范网格。选优配强供水服务改革一线的先锋队伍，将既精通党务工作又熟悉网格业务的党、团员优先选配为一线网格员，以分公司网格化管理需求为导向，由分公司党组织在供水服务中发现问题"点单"，共建党组织"接单"的形式，组织公司全体党、团员青年分批定期下沉供水网格。强化共建共联，结合广州市网格化服务管理规划，持续优化供水网格管理体系，牵头建立"小网格、大统筹"服务联合体，以分公司所属党支部为"战略支点"，建立完善"供水分公司—供水片区—供水管理网格"三级管理模式，将中心城区划分成28个供水片区、422个供水网格，借助所在网格街道、居委会、物业等力量，摸清网格用户群体特征、小区重点难点情况、市民普遍用水诉求等网格底数，成功打造60个"星级水管家"精品示范网格，约占总网格数的14%，涵盖老旧小区、城中村、企事业单位等不同供水区域和用水行业，覆盖用户超50万人，为"星级水管家"精准供水服务全面铺开奠定了坚实基础。

（三）全面铺开："高效"水管家绘制供水服务"一张图"

广州自来水公司党委充分总结前期工作经验，结合供水网格特点，创新性引入供水服务"党建+服务"地图概念，逐步推动"星级水管家"在422个网格全面铺开。横向上，供水服务"一张图"清晰地展示了各个网格分布，以及各分公司党组织之间的距离和分布，方便查看各网格与街道、居委会等的位置；纵向上，供水服务"一张图"既厘清了网格与分公司党组织之间的关系，也便于各分公司党组织及时掌握网格情况，进行工作指导。公司党委将"星级水管家"作为"水善旗红润万家"党建品牌提升的落脚点，持续丰富"服务至善"品牌内涵，开展"双带双促"活动，即"党员干部带头服务、带头解决问题""促进服务提升，促进管理提效"，利用星级水管家"人熟、地熟、情况熟"的优势，摸准用户需求、靶向精准施策，通过代办、领办、协办、现场办等工作模式，缩短居民的办事周期，构建高效服务体系。

（四）持续提升："星级"水管家为网格激活"共治力量"

广州自来水公司党委以"星级水管家"打造为契机，与街道、社区、物业等多方协同联动，建立"划片管理、网格服务、定点管控、责任到人"的"星级水管家"管理服务模式，形成高效协同的"小网格、大统筹"服务联合体，通过不断提升水电气协同联办效能，创新推出水、电、气、网等市政公用基础设施"六联办"服务（包括联合报装、联合踏勘、联合检验、联合账单、联合缴费和联合过户），将"水电"建设纳入"一张蓝图"。推动跨部门、跨层级、跨区域信息共享，主动探索出一条"政、企、民"三方联动的服务新路径。与街道、社区、物业等形成常态长效化沟通，通过党团员志愿者、网格员扎根社区，认领居民需求，确保"星级水管家"服务范围内用水问题解决在群众家门口，为基层治理注入"星"力量，走出贴心高效的服务新路径。

四、主要创新点

群众幸福感来自身边的一件件"小事"。广州自来水公司党委以"星级水管家"品牌打造为契机，延伸党组织服务触角，通过发挥领导班子头雁作用、部室干部指导作用、党团员示范作用等，以书记项目、"揭榜挂帅"、支部共建等为抓手，将党旗插在网格上，让群众用水诉求有人听，遇事有人管，困难有人帮，以"小网格"推动供水服务"大提升"。

（一）党旗飘扬，织密"力量网"，激活供水服务"红色引擎"

自上而下联动。广州自来水公司坚持"一张网"谋划部署，形成"公司党委—各级党组织—分公司党组织"三级联动机制，32个党组织同向发力，夯实"水管家"的力量网。搭建"1+2+N"服务矩阵。在供水网格内，搭建由1名党员/团员青年加2名网格员，对接N户市民的"1+2+N"的网格服务矩阵，通过组建党员先锋队、划分责任区，以清单化、具体化、制度化、责任化举措，推动供水服务提档升级。共建攻坚补充力量。公司党委加强统筹部署，各基层党组织全力配合，与各供水分公司党组织建立"攻坚队伍"，抓实"水善旗红"党员志愿服务队和青年突击队两支队伍。主动认领服务需求。以分公司网格化管理需求为导向，由分公司在服务中发现问题"点单"，共建党组织"接单"形式，组织全体党员、团员下沉网格一线，协助开展用户基础信息摸查、供水服务进社区等工作，将问题解决在群众的"家门口"。

（二）党徽闪耀，下好"先手棋"，党员干部带头领题破题

主动出击，公司领导"揭榜挂帅"。由全体公司领导牵头，总经理助理、各部室党支部书记参与"挂帅"行动，累计认领20个问题较多、情况较复杂的网格，年内落实"四个一"工作要求，即开展1次用户拜访、落实1次现场调研、参与1次专项活动、解决1个用水难题，每年下网格次数不少于4次，带动网格服务再提升，直接服务市民超70000户。头雁领航，各级书记领题破题。由公司党委书记带头立项，以"党建引领推动打造'星级水管家'供水服务品牌"为年度书记项目亲自抓服务提升，带动所属基层党组织书记，以解决供水服务短板为导向，年内累计立项智能水表安装、漏损压降治理、二次供水质量提升、供水服务到终端改造等服务类项目约44项，带动全体党员、团员冲锋在前，形成供水服务的强大合力。

（三）党业融合，拧成"一股绳"，多部门协同服务"量体裁衣"

广州自来水公司通过开展"揭榜挂帅"活动、"星级水管家"启动仪式、撰写"党委给全体党员、团员的一封信"，营造齐心协力、创先争优的良好氛围。形成党委统一领导，水质安全、供水保障、公关客服、工程建设等部室积极响应落实，各区分公司分板块对接解决用户需求的管理格局，为市民提供贴心的管家式服务。水质安全精细到网格。接管的3万多个居民生活用水二次供水水池，定期开展清洗保洁工作，并率先在国内实行水质指标全公示体系，从水源覆盖至用户终端；相关业务部室"星级"党员为先锋骨干，全国首推"免费上门水质检测"服务，至今已为近2000名用户提供免费的水质检测服务。提高城市供水韧性。加大力度推进内街管网、超50年管网及高风险管网改造；开展供水服务到终端改造，针对部分未纳入供水服务到终端改造的老旧楼宇，且居民短时难以自行集资维护公共用水设施的，实行先行垫资超3200万元为700多栋老旧楼宇更换安装水泵、水箱等二次供水设施，以解用水燃眉之急，惠及市民近4万户。2024年第二季度，市民反映的缺水缺压问题数量较上年同比下降11.81%。24小时不间断贴心服务。广州供水热线96968全天运作、全年无休，是广州市民另一个"水管家"，热线与12345、110等形成协同联动工作机制，实现一号受理、一键转办、全程督办，年接电量超60万个，办结率达100%，在一次次"民生接力"中，确保市民用水诉求第一时间得到响应。夯实城市应急供水安全。始终以"务实惠民"为落脚点，承建国家供水应急救援中心华南基地，筑牢城市供水的安全防线。基地占地约2500平方米，配备移动式应急供水车等专业设备，最大救援距离达540千米，服务范围约90万平方千米，在紧急情况下最多可将水送到12万人的"家门口"。近年来，在抢修抢险工作中，党团员主动作为，"点对点"联系特殊困难群体，开展送水上门专项行动，用心用情解决市民用水难事。

（四）党建联动，打好"组合拳"，推动"节水进社区""惜水入民心"

广州自来水公司党委始终恪守国企姓党政治基因，站稳人民立场，积极履行社会责任，打好"宣讲+宣传""请进来+走出去"组合拳，推广节水科普。由党、团员组成"金牌宣讲员"队伍，走到基层一线宣讲"星级水管家"服务理念，深入网格宣讲"节水理念"和"节水方式"；打造"自来水学堂"科普品牌，邀请社会公众，尤其是中小学生参观拥有百年历史的"自来水展示馆"，宣讲广州供水事业发展历程，加强水资源保护意识；通过建立与学校、社区对接机制，结合线上、线下形式，开展科普宣传服务活动，结合世界水日、中国水周、科普一日游等全市大型科普活动，向社会大众普及节水、用水知识，发放节水宣传手册，推广节水器具安装使用，鼓励大型用水企业更新节水技术等。其中，"红领巾爱广州——同饮珠江水，童护绿美林"、惠民"六送"活动之"夏日冰纷宝·健康总动员"等丰富多彩的活动进入供水网格和社区，反响热烈，吸引超30万市民关注。

五、实施效果

以党建引领打造"星级水管家"不仅有效提升大型供水企业服务质量，还通过贴心的供水服务打造共融共享的服务圈。2024年，广州自来水公司供水服务满意度连续12年稳居省内第一，连续12年荣获"水业最具社会责任服务企业奖"，连续3年荣获12345政务服务便民热线公共服务企业考核第一，"星级水管家"供水服务品牌得到市领导认可。

（一）党建引领基层治理增活力，供水服务前置为民解困纾忧

随着党建引领"星级水管家"服务的逐步推广，探索出一条"政、企、民"共联服务模式，化"被动响应"为"主动出击"，有效将用水问题解决在群众家门口。活动自开展以来，企业接收投诉工单量同比下降6.17%，走出了贴心高效的用水服务新路径。

一是关注特殊群体，供水服务接地气、有温度。在梅花街、逢源街等试点网格，"水管家"为独居老人免费安装用水量智能监测系统，实现系统24小时远程监测用水量，当出现12小时内用水量出现异常情况时，系统将自动报警，"水管家"将第一时间对接社区，及时排除风险隐患，实现对特殊群体的"一对一"服务。

二是打破坐等上门服务模式，探索"向前一步"服务方法。联合网格、街区、社区协同织密"治理网"，构建基层治理联动机制，主动加强与街道、社区、物业等协调联动，争取市民对供水基础设施建设、老旧管网改造等民生工程的理解和支持，累计成功为13万户供水服务到终端改造，完成老旧管网改造超530千米、城中村改水73条，智能水表改造超120万台，智能水表覆盖率近50%。有效保障市民用水安全的同时，公司产销差率五年持续下降，降幅5.53%，在副省级及以上供水企业中排名前三。年漏损水量对比2018年减少8758万立方米（相当于1/50个太湖、1/4个流溪湖水库），日均减少漏损水量23.99万立方米，按单位成本2.632元/立方米计算，全年降低成本约2.31亿元，治理成效显著。

（二）党建赋能供水服务再提速，一网通办助力营商环境优化

打造"指尖上的水管家"服务模式。广州自来水公司大力推进"互联网+业务办理"服务模式，供水服务业务全程网办，现已开通微信公众号、微信小程序、App、网上服务厅、支付宝小程序等多个业务办理渠道，实现水费查缴、用水申请、自报行度、过户申请、银行划扣等用水业务全流程网办，用水服务事项网上办、掌上办、一次办，全程"零"跑，全城"零"跑。通过类型多样、互为补充的一体化"全程网办"服务体系，进一步提升供水服务便捷度，用水报装流程进一步优化，迈向"21000"新目标，即2个环节、1天通水、0材料、0费用、0跑腿，实现由"群众跑腿"升级为"数据跑腿"，自实现全程网办以来，线上受理各项用水业务超100万宗。

拓展市政公用基础设施联合服务模式。创新水、电、气、网等市政公用基础设施"六联办"服务（联合报装、联合踏勘、联合检验、联合账单、联合缴费、联合过户），进一步提高市政公用基础设施接入服务效率，推动跨部门、跨层级、跨区域信息共享，制定水、电、气、网联合服务规范及标准，以及业务办理指引。2024年，公司获广州市首张水务数据资产登记凭证，标志着其在数据资产管理与应用领域取得的突破性成就，助力营商环境提升。

（三）党建共建供水服务见行动，创新宣传倡树全民节水新风

"星级水管家"及党员志愿服务队伍作为供水服务的"移动哨兵"和"传播者"，与"自来水学堂"品牌形成互动效应，例如"服务进社区，用心惠民生"大型供水服务进社区活动，直播吸引超15万人次收看；开展"童心彩绘自来水""自来水的奇妙之旅科普展"等大型活动，整体曝光量超1500万，供水服务品牌知名度和美誉度持续提升；"自来水展示馆"接待市民累计超5万人次，推动全社会形成"爱水、护水、惜水、节水"的良好风尚；"自来水学堂"概念融入少先队校外教育基地实地研学、社会实践等项目，丰富"自来水学堂"内涵。2024年，广州自来水展示馆荣获"广州市少先队校外实践教育基地"称号。公司大坦沙岛、芳村地区公司合同节水管理项目作为广东省入选的3个案例之一入选水利部39个合同节水管理典型案例，并获水利部推广。

六、下一步规划与探讨

广州自来水公司将继续全面贯彻落实党的二十大及二十届三中全会精神，积极探索做实"星级水管家"全覆盖的有效方式，构建"家门口"服务体系，高标准、高效率提升超大城市中心城区供水服务质量，为广州高质量发展注入源源不断的"水活力"。

党建与业务深度融合，助力财务战略改革实践

创造单位：中国海洋石油集团有限公司财务共享服务中心

主创人：孙红丹

创造人：赵芳　李政　李振岭　李飞跃　徐恒利　牛艺璇

【摘要】 中国海洋石油集团有限公司（以下简称中国海油）财务共享服务中心（以下简称中国海油财务共享服务中心）是中国海油深入践行新发展理念，深化国有企业改革，围绕"建设中国特色世界一流能源公司"目标，驱动数字化转型，推进财务管理从传统模式向战略财务、业务财务、共享财务"三位一体"的管控模式迈进的重要部署。中国海油财务共享服务中心以党的政治建设为统领，形成"三融三抓三转"党建工作方法，创立了一批富有财务共享特色的党建理念、机制和载体，以高质量党建引领保障中心快速实现了中国海油境内外财务共享业务全覆盖，打造了以流程机器人为代表的数字化"金名片"，成为中国海油财务领域合规管理守门员、落实"三大工程""一个行动"提质增效贡献者和数字化转型实践样本。结合新形势下企业现状，提出进一步强化深度融合的方法建议，从而助力国有企业特别是深化改革背景下其他新成立、新转型企业和其他组织在党建引领保障发展方面进一步凸显实效，筑牢"根"和"魂"，更好地发挥"顶梁柱"和"压舱石"的作用。

【关键词】 融合　国有企业转型　数字化　改革

一、实施背景

国有企业是中国特色社会主义的重要物质基础和政治基础，是我们党执政兴国的重要支柱和依靠力量，在为实现中华民族伟大复兴提供坚实的物质基础上面具有不同替代的重要作用。坚持党的领导、加强党的建设，是我国国有企业的光荣传统，是国有企业的"根"和"魂"，是我国国有企业的独特优势。党的二十届三中全会把"坚持党的全面领导"摆在进一步全面深化改革必须贯彻的重大原则首位。国有企业党建工作与改革发展和业务深度融合，是国有企业党建工作的生命力所在。深化国有企业改革，必须坚定不移推进党建工作与业务深度融合，促进互融互进、同频共振，以党建新成效开创国有企业改革发展新局面。

（1）党的建设与改革发展和业务深度融合，是落实全国国有企业党的建设工作会议精神的题中之义。习近平总书记指出，国有企业党建工作要坚持服务生产经营不偏离，围绕企业生产经营开展党建工作，促进企业改革发展，是"抓好党建"的成果体现；国有企业抓好业务，提高企业效益、增强企业竞争实力、促进国有资产保值增值，为更好地坚持党的领导，巩固党的执政基础提供重要的物质支撑。要处理好国企改革的重大事宜，必须处理好二者之间的关系，全面推进党建和生产的融合，为国企深化改革行稳致远提供保证。

（2）党的建设与改革发展和业务深度融合，是完善国有企业各级党组织发挥作用的必要手段。党的基层组织是党在社会基层组织中的战斗堡垒，是党的全部工作和战斗力的基础。《中国共产党国有企业基层组织工作条例》规定，国有企业党组织必须突出政治功能，提升组织力，强化使命意识和责任担当，推动国有企业深化改革，完善中国特色现代企业制度，增强国有经济竞争力、创新力、控制力、影响力、抗风险能力，为做强做优做大国有资本提供坚强的政治和组织保证。要实现这一作用，随着国有企业改革的持续深化，坚持党建工作与生产经营深度融合，以企业改革发展成果检验党组织工作成效是工作基本遵循之一。

（3）党的建设与改革发展和业务深度融合，是促进国有企业政治优势转化为发展优势的内在要求。新形势下，要求国企在自身发展的过程中不断对生产经营工作形式进行完善，提高综合实力，以此壮大其在竞争激烈的市场经济中的地位，创造更大的利益空间。党建工作与生产经营的深度融合是促进企业健康发展的重要举措，对企业改革发展具有重要的现实意义。坚持党建引领与改革发展"双轮驱动"，可以充分发挥员工和党组织的力量，最大限度地调动一切积极因素，凝聚共识、汇聚力量，突破发展瓶颈，创新工作思路，进而提升国企综合竞争力。

二、实施过程

中国海油伴随改革开放而生而兴，40多年来深入践行党中央和习近平总书记关于深化国有企业改革决策部署，坚定"创新、协调、绿色、开放、共享"的新发展理念，锚定世界一流能源企业目标，不断变革发展模式。按照国务院国资委加快建设世界一流企业和世界一流财务管理体系的部署要求，2018年集团党组做出由传统财务管理模式向战略财务、业务财务、共享财务的"三位一体"战略模式转型的改革策略，中国海油财务共享服务中心应运而生。其主要定位于集团公司的"财务服务支持中心、标准规范推动中心、数据价值实现中心和财务人才培养中心"，主要负责集团公司内部各层级单位的财务核算、报表和资金结算等业务，是集团公司数字化、智能化跨越在财务领域的具体实践。其成立五年以来，始终坚持党的领导，不断深化党的建设，形成"三融三抓三转"党建工作方法，在其中创立了"党组出题，共享答题"等一批党建理念、"三学三讲三覆盖"等一批党建机制和"享"字号工程等一批党建载体，促进了党建工作水平进一步提升，队伍凝聚力进一步增强，三年内用计划人数的一半人员快速实现了境内财务业务全覆盖，并成为央企首家实现境外财务共享业务穿透的企业，引领保障中心从无到有、从有到好，成为集团公司财务领域合规管理"守门员"、落实"三大工程""一个行动"提质增效贡献者和数字化转型实践样本。

（一）以政治建设为领，融目标抓全局，把党的政治优势转化为发展优势

党的政治建设是党的根本性建设，决定党的建设方向和效果。没有离开政治的经济，政治工作是一切经济工作的生命线。国有企业作为中国特色社会主义经济的顶梁柱，必须旗帜鲜明讲政治，把党的政治建设摆在首位，增强"四个意识"、坚定"四个自信"、做到"两个维护"，牢记"国之大者"，始终成为党和国家事业发展的重要依靠力量。中国海油财务共享服务中心党委坚决贯彻落实习近平总书记重要讲话和指示批示精神、党中央决策部署及集团党组要求，把中国海油财务共享服务中心发展目标融入集团公司和国家发展大局及党的事业中思考和谋划，牢牢把准把稳发展方向，切实把总书记重要指示批示和党中央重大决策部署贯彻落实到改革发展和党的建设全过程，坚定发展定力，确保中国海油财务共享服务中心始终沿着习近平总书记指引的方向前进。

一是坚持"党组出题，共享答题"的理念，以讲政治的高度坚决落实中国海油党组部署，以实际行动践行"碧海丹心能源报国"。中国海油财务共享服务中心党委深入贯彻落实党中央关于深化国企改革的决策部署，按照中国海油党组推进财务向"三位一体"管控模式迈进的布局任务，提出"党组出题，共享答题"的理念，会议必提、调研必讲、汇报必述，从上到下传输巩固，克服承接业务量大和人员紧缺的双重困难，摸索出"边推广、边运营、边优化提升"的"三边工程"战略，仅用两年半时间，实现了中国海油境内业务全级次核算、结算、报表业务全面覆盖，跑出了财务共享"加速度"，同步搭建了"一总五分"的专业服务结构，服务海油员工近9万人，完成了中国海油党组交办的优化三个标准、提升四种能力、完成一个转型的建设任务。上下一心，推动海外业务上线取得重大进展，为中国海油境外合规管理扎上了一道稳固的篱笆，受到了党组领导的高度肯定。根据建设过程编纂而成的《中国海油财务共享建设实践》一书顺利出版，成为石油石化行业共享服务领域首部著作。

二是坚持"逢学必研讨"的理论学习中心组学习机制，以理论的清醒促进政治的坚定，以政治

上的坚定保持数字化高质量发展方向的稳定。以"政治学习"为根本，以"缺什么补什么"为导向，建立中心组学习计划，每年学习15期以上，党委班子"逢学必研讨"。着眼习近平总书记新发展理念，特别是习近平总书记关于数字经济的重要论述和讲话精神，中国海油财务共享服务中心党委组织多期专题学习，专题学习习近平总书记《把握数字经济发展趋势和规律，推动我国数字经济健康发展》重要讲话精神，邀请外部专家教授围绕企业数字化转型与前沿案例、财务共享领域数字化转型经验等开展辅导讲座等，通过深入学习研讨、融入思想、付诸决策、见之行动，坚定中心数字化转型方向和道路，自力更生蹚出了一条流程机器人（以下简称RPA）自主研发、部署、运维之路，不断加入RPA+OCR、NLP、Python等创新技术，截至目前累计开发RPA 2664个，累计处理单据2030万笔，自动化替代率达67%，年节省人力成本约2亿元。同时不断挖掘深化数据价值应用，建立财务管理驾驶舱，实现财务管理数据全链条穿透跟踪，形成了以"一云一码一屏一人"为内涵的"海享数智"产品及服务体系，成为中国海油数字化转型的一个具体实践。

三是坚持"三学三讲三覆盖"机制，推动党的二十大精神转化为中国海油财务共享服务中心的发展任务和实践成果，助力中国海油"三大工程、一个行动"。聚焦学习贯彻党的二十大精神和二十届二中、三中全会精神，建立了"三学三讲三覆盖"机制，以"学"为基，织密自学、集中学和走出去请进来学之网，构建以党委委员带头讲、支部书记跟进讲、群团组织带动讲为一体的三维模式，层层覆盖干部、党员和群众；以"学"带"研"，深悟精神本质与内涵，党委班子亲自拟定研讨会主题，处级以上干部立足分管领域和业务谈心得、找短板、提思路，进一步统一和凝聚了共识，深化了对中心建设规律和发挥作用的认知，加深了对融合工程的认识，形成了加强党的领导、充分依靠群众、为中国海油新征程贡献力量和价值的共识；以"践"为本，聚焦"四个中心"，推进完成了关联交易平台建设、久其报表自动化、RPA开发等年度重点任务，将大会精神转化为推动中国海油财务共享服务中心高质量发展的具体行动，做集团财务领域合规管理的守门员和重大经营风险的吹哨员、提质增效的价值贡献者和数字化转型实践者。"以极致标准为引领的财务管理数字化转型实践"获得中国海油和石油石化企业"管理现代化创新优秀成果"一等奖。

（二）以思想建设为魂，融文化抓凝聚力，把党的思想优势转化为动力优势

习近平总书记强调，思想政治工作是国有企业的传家宝；要把思想政治工作作为企业党组织一项经常性、基础性工作来抓。在新形势下，国有企业所处的社会环境、经营环境发生很大变化，职工队伍结构呈现出许多新特点，思想政治工作如果跟不上，就会散了人心、乱了队伍。必须通过抓好思想政治工作，为国有企业改革发展加油鼓劲、凝心聚力。中国海油财务共享服务中心党委以习近平新时代中国特色社会主义思想为指引，坚持"抓生产从思想入手，抓思想从生产出发"，扎实开展党史学习教育、党纪学习教育，从百年党史中汲取智慧和力量，融入中国海油财务共享服务中心企业文化建设，引领员工不断增强"四个意识"、坚定"四个自信"、坚决捍卫"两个确立"，红色基因底色愈加鲜明，红色引擎作用更加强劲，为改革发展提供了蓬勃动力。

一是创立"共享精神"，以精神驱动事业进步。作为中国海油财务领域改革"吃螃蟹的人"，在推进党史学习教育、传承海油精神过程中，中国海油财务共享服务中心党委班子研究和汲取伟大建党精神的智慧和力量，提炼形成以"创业、创新、协同、奉献"为核心的"共享精神"，为共享高质量发展注入持久动力。党委书记利用专题党课为干部员工阐释，纳入班子成员和领导干部形势任务教育、新员工入职培训、党支部主题党日活动的必选项。同时，通过主题征文和视频等形式不断丰富共享精神内涵，深入员工内心。以"共享精神"为引领，广大党员群众勇毅前行，攻坚克难完成了中国海油党组"三位一体"财务转型要求，用向中国海油党组报告人数一半的人员实现了财务共享从"无"到"有"的快速发展，并正在由"有"向"好"持续前进。

二是创新思想阵地，以典型带动奋进氛围。以党建为高线，以融合为主线，以廉政为底线，中国海油财务共享服务中心打造了《享说》季刊，精心选材策划实施，围绕主题教育、三种能力、党纪学习教育、数字化实践与成效和共享人奋进故事等主题编发季刊。通过有高度的理论政策学习、有力度的案例警示、有亮度的经验推广及有温度的共享故事，深入贯彻落实全面从严治党要求，对内对外宣传共享经验、传播共享声音，持续凝心聚力，广受好评。下好"育、选、树、学"整盘棋，打造"两优一先""青年先锋""两红两优"等示范典型，特别是坚持以"感动共享 助力转型"为主题开展"享誉之星"评选表彰，聚焦中心业务推广上线、运营效率提升、技术创新应用、标准规范推动、数据价值创造等多维度，每年深入挖掘、选树10名具有时代气息、共享特色的先进标杆，聚焦一线，点赞平凡，为人才选拔、梯队建设增添了赛马场和瞭望台。打造"下沉两级谈话"机制，在重大节点节日前各级领导干部下沉两级与下属面对面谈话，实现全员覆盖，切实关注员工的思想，为员工不断充电蓄能。

三是设立作风建设准线，为"数智铁军"立下军规。中国海油财务共享服务中心成立初始正处于爬坡过坎的关键时期，针对阶段现状，落实中国海油"严、实、快、新"作风要求和作风建设"十坚持十反对"行为规范，建立了务必胸怀大局、务必求真务实、务必执行有力、务必开拓创新、务必联系群众、务必服务到位、务必公道正派七条作风建设准线，针对政治作风、思想作风、学习作风、工作作风、群众作风、领导作风、职业作风和为人处事作风等释义，以56个"是否"作为对照要求，引领干部员工以过硬的作风勇攻发展痛点难点，助力圆满完成"固本强基年"和"质量提升年"任务目标。中国海油财务共享服务中心作风建设准线是建党精神、石油精神、海油精神在财务共享的重要体现，是以"创业、创新、协同、奉献"为核心的财务共享精神内涵的延展与丰富，更是党的作风建设与业务深度融合的实践，为数智铁军立下"军规"，为构建思想统一、目标明确、团队协作无间、行动高度一致的数智铁军，争做集团数字化转型生力军和管理领域数字化转型主力军提供了坚强的作风保障。

（三）以组织建设为基，融落实抓战斗力，把党的组织优势转化为能力优势

严密的组织体系，是马克思主义政党的优势所在、力量所在。习近平总书记强调，基层党组织是党执政大厦的地基，地基固则大厦坚，地基松则大厦倾。全面从严治党要在国有企业落实落地，必须从基本组织、基本队伍、基本制度严起，为做强做优做大国有企业提供坚强组织保证。中心贯彻落实新时代党的组织路线，及时健全组织，打造堡垒，培养人才，凝聚队伍，不断提升队伍战斗力，全面增强高质量发展能力。

一是坚持改革事业发展到哪里，党的组织就建设到哪里。坚持"四同步、四对接"，中国海油财务共享服务中心党委在成立后立即快速完成了分中心和总部党组织的组建和班子配备，随着境外业务项目组的成立，第一时间成立了临时党支部，成为境外业务的"主心骨"，通过健全的组织全面保障党的政策和中国海油财务共享服务中心党委的要求及时在基层得到有效传达、贯彻落实。注重抓基层强基础，连续三年中国海油财务共享服务中心党委领导带队深入基层进行党建专项调研督导，100%覆盖所有党组织；在深入联系点调研基础上列席参加党支部的组织生活，实现100%覆盖；开展为期一个月的"党建服务下基层，一线直通促提升"活动，到一线与各基层党组织及其书记、委员和党员进行面对面交流，进一步规范和指导了基层党建工作方式，提升了支部的政治力和组织力。

二是建立和落地融合载体，打造党建品牌提升党建引领保障作用。大力弘扬"支部建在连上"的优秀传统，基层党组织以融合筑堡垒。抓实"书记项目"作为融合切入点，实行立项验收闭环管理机制，三年间围绕一站式商旅平台建设、流程优化、久其报表自动化等重要项目立项完成87个项目，助力中国海油财务共享服务中心七大任务和八项重点工作全部完成，2025年42个项目正在推进中；推广

"支部共建"作为融合突破点，以"共筑基础、共享资源、共建队伍、共谋发展"为导向，31个党组织与属地政府、业内同行、集团内部单位结成57个共建对子，共建60余次，打破组织壁垒，提升中心影响力，有效解决基层业务的实际问题，取长补短破解发展中的难题。环渤海分中心党委与天津市宝坻区林亭口镇党委共建，为村小微企业免费提供各项办税、出表等财务服务，为乡村振兴贡献企业力量，经验在"学习强国"发表；推进"队、亮、带"作为融合支撑点，围绕报表、年结等重点任务创建一批"青年护航先锋队""年结亮剑攻坚队""决算应急党员突击队"，展现了强大的战斗力；打造"党建品牌"为融合提升点，聚焦工作内容和特点，基层党组织由"一党委一品牌，一支部特色"逐步发展为党建品牌矩阵，以中国海油财务共享服务中心"融领数智"党建品牌为示范，基层党组织建成"湾区数智财享""党建引领，智享中山""数智应收，e心向党"等一系列党建品牌，深度提升党建工作的影响力、凝聚力、战斗力，以高质量党建引领保障高质量发展，助力集团提质增效。

三是提出"三种能力"建设思路，打造助推高质量发展的复合型人才队伍。中国海油财务共享服务中心党委牢牢把握"四个中心"职能定位，聚焦"党建、财务、数字化"三种能力建设，出台培养方案，着力打造与"三位一体"财务战略转型、数字化转型相匹配的员工队伍。培养党建能力，筑牢成事之基。每年举办为期一个月的中层干部培训班，设置"红+蓝"课程，组织全覆盖的"新任党支部书记""党务工作者""党员教育""党内法规"等专题线上培训班，全力提升领导干部和党员的"政治三力"；培养财务能力，夯实立身之本。组织员工自主制作800余门财务能力课程体系微视频课程及配套题库，推广"11点课堂、三点考场"良好实践，组织跨部门处理业务的集体"岗位大练兵"，连续每年举办会计技能大赛，70%以上员工参赛，全面提升员工财务能力，打造中国海油财务人才高地；培养数字化能力，塑造创新之源。建立青年智能化工作室，每周举办海享数智大课堂，开展"青春+数字化"主题活动，同时创新党建数据智能化和可视化管理工具，建立了党建可视化大屏、人才招聘流程机器人、团费收缴流程机器人等，全面提升数字化水平。

三、下一步规划与探讨

中国海油财务共享服务中心将持续探索、深化党建与改革发展和业务融合，在目标管理、工作运行和考核评价三个维度，结合中心改革发展实际特点和业务推广、运营提升、数智转型3大具体业务，做好融合切入点顶层设计，夯实融合责任，创新融合载体，以融合实效促进其加快建设成运营水平世界一流、服务中国海油全球业务的卓越财务共享服务中心，在助力中国海油建设中国特色世界一流能源公司、推进中国式现代化进程中展现新担当新作为。

（一）分类定级实现融合机制标准化，精准定位融合发力点

以系统思维推动党建工作和业务工作深度融合，坚持围绕中国海油财务共享服务中心抓党建、抓好党建促业务，坚持党建工作和业务工作目标同向、部署同步、工作同力，以高质量党建引领高质量发展，使二者在融合发展中相互促进。党建目标与改革发展和业务经营目标统一部署标准化，建立党组织的党建"责任清单、任务清单、问题清单"标准化模板，形成潜移默化的思维行动。各级党委建立实施专题议党和上级党组织督导列席机制，每个季度至少研究、部署和交流一次党建工作。完善"书记项目"立项和验收闭环机制，以优秀项目评选和展播等方式扩大宣传范围，以先进带后进。建立党组织班子成员落实"一岗双责"备案机制，专人督导，倒排日期，确保落实。在工作运行上构建标准化治理体系、组织体系和督导体系，明确党员突击队、党员先锋队和党员"四亮五带头"等普遍先锋模范作用机制和流程，实现党建责任可知、形象可视、行为可感、以有形促有效。在考核评价上加大组织考评、书记述评等比重，与经营绩效考核有机融合，促进党对国有企业的领导进一步夯实，各级党组织履职能力进一步提升，真正做到以改革发展成果检验党组织工作成效。

（二）创新探索实现顶层党建数字化，科学提升融合效能

党建工作要主动适应信息时代新形势和党员队伍发展的新变化，将新一代信息技术应用到党建工作中，推进党建智慧化。智慧党建既是解放党务工作者的迫切需要，也是提高工作标准化规范化水平和提升融合效能的必然要求。加强数字化智能化党建顶层设计，构建可视化党建工作体系，围绕核心业务建立一套系统化、标准化、智能化的党建管理大屏。推动基础党务全面上网上线，将"三会一课"、发展党员、党费管理、组织关系转接等基础工作全部嵌入系统，制度流程化，流程表单化，表单信息化，将功夫下在平时，以工作效率的提升切实为基层减负，让基层党务工作者将更多精力投入融合实践中。与时俱进、守正创新，探索运用新信息技术手段，探索基层党建数据化的实践。构建基层党支部"大党建"的智能化管理图谱，推动基层党支部党建工作的标准化、信息化及数字化的转变，探索打通党建工作的"最后一公里"新路，抓住党务、党建学习等功能"点"的开发，在党建业务板块间的"线"的延伸和业务联动等"面"的拓展，推动基层党组织工作质量再提升，以数字化融合助力基层生产经营进一步提质增效。

（三）精细打磨实现基层党建品牌化，持久赋能企业发展

将基层融合典范和融合经验，打造成辨识度高、可复制度高、群众认可度高，具有较强的示范作用、导向作用和辐射带动作用的党建品牌，让融合工作看得见、摸得着、学得会、用得好。要正确认识品牌的创建底层逻辑，品牌建设不是一蹴而就的，必须立得住、立长久，成熟一个、创建一个。每年要结合工作实际不断丰富内涵，持续深化内容，做到符合时代性和规律性。要注重把握品牌质量，必须有机制、有内涵、有沉淀，必须紧密结合工作实际才有生命力。在此基础上才能叫得响，才能传得远、传得开，以点带面，步步为营，通过一段时间的努力，让特色党建品牌遍地开花。要加大品牌的宣传。品牌创建后不可束之高阁，要在企业内部通过巡回展览、报告会、对标会等一系列形式扩大品牌的知悉面和影响面，以企业涵养品牌，以品牌为企业长久赋能。

实施"一轴四化六维一监督",助力高质量党建工作

创造单位:中国国际航空股份有限公司天津分公司

主创人:阎非　曹勇

创造人:穆锦　辛昕　陈鹏翾　张孟宇

【摘要】 高质量推进党员队伍建设,是以高质量党建引领保障高质量发展的基础和关键。本文系统梳理和分析了中国国际航空股份有限公司天津分公司(以下简称国航股份天津分公司)实施的"一轴四化六维一监督"党员教育管理工作机制,即把党员成长档案作为党员教育管理的一个轴心,坚持科学化、规范化、精益化、人本化四个基本原则,抓好理论武装、教育培训、从严管理、关心爱护、融入中心、组织实施六个维度的工作,将党员教育管理纳入"大监督"体系,有效破解了党建与业务工作"两张皮"的问题,全面提升党员教育管理工作的质量和水平。这些做法的启示在于:要加强党员队伍建设,必须坚持把政治引领作为首要任务,把理论武装和锤炼党性作为重中之重,把发挥支部作用作为基本途径,把落实全面从严治党要求作为根本保证,把服务党的中心任务和工作大局作为价值所在。

【关键词】 党员教育管理　党员成长档案　高质量党建　高质量发展

一、实施背景

党员队伍建设是党的建设重要组成部分,高质量推进党员队伍建设,是以高质量党建引领保障高质量发展的基础和关键。近年来,国航股份天津分公司党委深刻把握党员队伍建设的重要意义,实施"一轴四化六维一监督"党员教育管理工作机制,全面加强党员队伍建设,以党员队伍释放的巨大活力和强大动能推动高质量发展不断迈上新台阶。

加强党员队伍建设是新时代党的建设的重要要求。党员是党的肌体的细胞,是党的活动的主体,是党联系服务群众的桥梁和纽带。习近平总书记指出,加强党的建设,首要任务是加强思想政治建设,关键是教育管理好党员、干部,强调要把全面从严治党落实到每个支部、每名党员。《中国共产党党员教育管理工作条例》提出党员教育管理是党的建设基础性、经常性工作。党员队伍建设的重心要放到加强教育管理、提高质量、发挥作用上来。加强党员队伍建设是落实全面从严治党政治责任,推动管党治党从"关键少数"向"绝大多数"拓展,夯实党的组织基础,用实际行动践行习近平总书记关于党的建设的重要思想的重要举措。

加强党员队伍建设是保持党组织生机活力的现实需要。党的力量直接体现在基层党组织的战斗堡垒作用上,体现在广大党员的先锋模范作用上。党的十八大以来,党中央健全党的组织体系,推动基层党组织全面进步、全面过硬,各领域党组织政治功能和组织功能显著提高。但是,现实中仍有一些问题值得重视。有些地方和单位的党建工作存在上热中温下冷问题,越往下,虚化、弱化、淡化问题越突出;有的基层党组织开展党内政治生活不够严肃、不够认真,质量不高;有的基层党组织凝聚力、战斗力不强,甚至处于软弱涣散的状态;有的党员有名无实、没有党员样子,甚至长期游离于党组织之外、脱离组织管理。这些问题的存在与党员教育管理不严不实有直接关系。为避免和克服这些问题,必须抓住党员队伍建设这一要素,强化从严管理的基调,坚持教育、管理、监督、服务相结合,突出针对性和实效性,把培养造就一支信念坚定、政治可靠、素质优良、纪律严明、作用突出的党员队伍作为激发党组织生机活力的切入点,探索从提高党员队伍建设质量入手增强党组织生机活力的新路径。

加强党员队伍建设是发挥党建引领保障作用的关键环节。党建工作要围绕中心服务大局，对经济社会发展发挥引领保障作用。党组织在服务中心工作上能否发挥作用，党员是关键，要靠党员凝聚力量、带领群众、树立形象。在实践中，有的党组织作用发挥不明显，融入中心、推动发展能力不够，与党员责任心不强、能力不够、作风不硬有很大关系。通过增强党员政治意识、提升党员党性修养、提高党员素质能力、锤炼党员过硬作风，把党员开发成最优秀的人力资源，把党组织锻造成最可靠的治理力量，能够确保党建引领保障高质量发展具备牢固的组织基础和强大的内生动能。

二、实施目的

国航股份天津分公司党委始终把政治建设放在首要位置，把学习宣传贯彻习近平新时代中国特色社会主义思想和党的二十大精神作为首要政治任务，通过深化学习，全体干部员工坚定拥护"两个确立"，进一步牢固树立"四个意识"、坚定"四个自信"、坚决做到"两个维护"。将"两个一以贯之"重大要求坚决贯穿于企业的生产经营和改革发展各项工作之中，做到党的建设与企业改革发展同频共振。积极履行社会责任，承担着重要会议等运输保障任务，在历次国内抢险救灾等紧急运输飞行任务中发挥了独特而重要的作用，力尽中央企业的职责，彰显了载国旗航空公司的庄严使命与美好形象，得到了社会的广泛赞誉和认可。

国航股份天津分公司党委下设 5 个党委（飞行部党委、客舱服务部党委、地面服务部党委、综合保障部党委、机关党委），1 个党总支（生产指挥中心党总支），22 个在职党支部、1 个离退党支部，现有党员 675 人。把加强党员队伍建设作为实现以高质量党建引领保障高质量发展目标的重要切入点，主要基于以下考虑。

提高站位，履行光荣使命的需要。"人民航空为人民"是民航人的初心和使命，政治性、人民性是航空业的突出要求。民航不同于一般的服务行业，它承担着保障人民群众生命安全、服务国家经济社会发展战略、践行社会责任的重要任务，在外交、应急处突、重大活动保障中发挥着重要作用，具有极为特殊的使命。安全责任重，服务要求高，社会关注度高，是民航工作的突出特点。1965 年 4 月 10 日，国航股份天津分公司的前身——民航北京管理局飞行训练中队成立，主要负责飞行训练业务，向民航系统培养输送了大量优秀人才。1976 年 7 月，中队扩编为飞行训练大队，完成了唐山大地震抗震救灾等重要保障任务。1990 年 8 月 8 日，国航股份天津分公司宣告成立。经过几十年的发展，当前已经成为国航旗下执管波音 737-800 客机 28 架，在北京（大兴）、天津两地运营，同时承担国内国际双线任务的重要分公司。2024 年 4 月 10 日，实现了持续安全飞行 59 年。可以说，国航股份天津分公司拥有红色的基因和光荣的历史，承担着党和国家赋予的重大使命，承载着人民群众的深切期待。为此，必须通过加强党员队伍建设，进一步提升党员职工的政治意识、宗旨意识、安全意识、廉洁意识，进一步提高他们的综合能力，改进工作作风，筑牢安全底线，推动国航股份天津分公司更好地履行使命任务。

凝聚力量，做好民航工作的需要。民航工作虽有光荣和光鲜的一面，但是同时也具有要求高、标准严、任务重、压力大的特点，需要高度的敬业和奉献精神。近年，受新冠疫情和经济下行压力过大等外部形势的影响，整个民航业面临着比较大的经营压力，对坚定发展信心、保证服务质量、稳定人才队伍等带来很大考验。同时，航空公司是一个包含众多业务部门的复杂系统，不同部门的工作性质差异较大。以国航股份天津分公司为例，下设事业管理单位 5 个，分别是飞行部、生产指挥中心、客舱服务部、地面服务部、综合保障部；管理支持部门 9 个，分别是办公室、计划财务部、人力资源部、航空安全管理部、飞行技术管理部、运行质量管理部、保卫部、党群工作部、纪委办公室。显然，要保持这套系统安全高效顺畅地运行，必然对团结协作提出很高要求。通过加强党员队伍建设，发挥党员吃苦在前、享受在后的先锋模范作用，用好思想政治工作和群众工作的"传家宝"，发扬顾全大局、团结奋斗的优良作风，对于凝聚人心、鼓舞士气、稳定队伍，推动部门与部门、人与人之间协同配合、相互支持，具有重要意义。

从严管理，提高党员队伍建设质量的需要。民航系统的党员队伍建设工作自党的十八大以来取得显著成效，许多过去长期存在的难题得到了破解，但也有一些深层问题需要解决。比如，部分党员对党的创新理论武装工作的重要性、必要性认识不到位，对党的创新理论的内涵外延认识不够清晰、把握不够精准，按部就班学习多，主动学习少，深入交流研讨少，学习得不够及时。有的党组织解决实际问题的能力不强，在党员队伍管理方面没有找到有力抓手，缺乏科学有效的应对办法，存在管不了就不管了的心态。有的党组织没有建立有效的党员作用发挥机制，党员发挥作用的平台和渠道缺乏。有的党组织对党员八小时之外的情况掌握得还不够清晰，管理的方法还不够有效，队伍中违纪违规甚至涉嫌违法的问题偶有发生。有的党员计较个人得失，不愿意承担自己岗位职责之外的工作，党员先锋模范作用发挥得不够充分。有的党员受多元思想和价值观影响，容易产生思想波动，甚至被"带偏节奏"。解决这些问题，必须落实党中央和习近平总书记对党员队伍建设工作的重要指示和要求，从严把入口、科学管理、健全机制、创新方法入手，以党员队伍建设的高质量保障改革发展的高质量。

三、实施过程及主要创新点

近年来，国航股份天津分公司党委树立大抓基层鲜明导向，把党员队伍建设作为党的建设基础工程，坚持从严管理，以"一轴四化六维一监督"为主要路径（见图1），全面提高党员队伍建设质量，为高质量发展提供强大保障和动能。"一轴"，就是把党员成长档案作为党员教育管理的轴心，贯穿党员教育管理的全过程。"四化"就是党员队伍建设必须坚持的四个基本原则：科学化、规范化、精益化、人本化。"六维"就是抓好理论武装、教育培训、从严管理、关心爱护、融入中心、组织实施六个维度的工作。"一监督"是将党员教育管理纳入"大监督"体系。

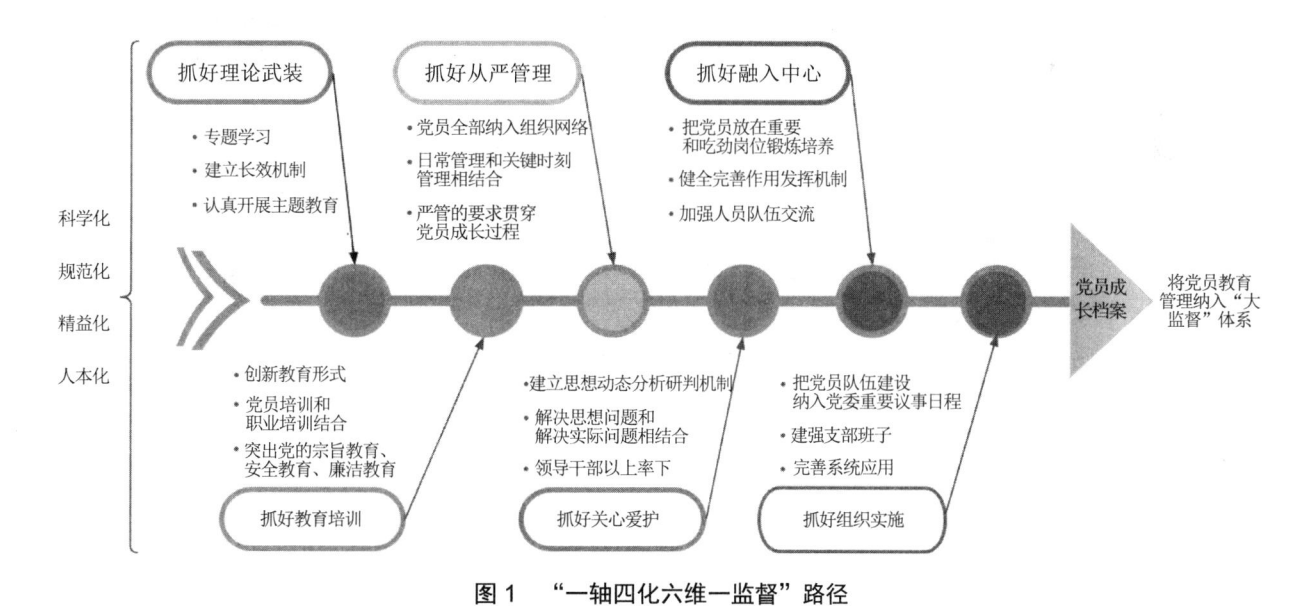

图1 "一轴四化六维一监督"路径

（一）"一轴"：把党员成长档案作为轴心贯穿党员队伍建设全过程

党员成长档案主要解决党员教育管理缺乏抓手和手段的问题。近年来，国航股份天津分公司在党员队伍建设上扎实推进，党建工作的实际成效和党员对党建工作的评价都处在非常好的状态。国航股份天津分公司2024年组织开展的问卷调查显示，77.93%的党员认为其所在党组织党建工作做得很好，17.12%的党员认为较好；72.97%的党员认为党组织开展的党建活动与党员的工作内容、工作岗位结合得很好，21.62%的党员认为较好。

但是，正如前面已经提出的，国航股份天津分公司当前在党员队伍建设上存在的一个突出问题是，党组织对党员的教育管理缺乏有力抓手，特别是对党员的表现、作用发挥情况缺乏有效的分析研判手段，在管理上存在着主观化、粗放化、随意化等不足。建立党员成长档案，正是为了克服这些弊端，提升党员教育管理的科学化、精益化水平而实行的一套科学管理方法。

党员成长档案是党员日常表现和作用发挥情况的忠实记录。通过建立党员成长档案，把国航股份天津分公司每一名党员自递交入党申请书之日起的成长工作经历、政治思想、品德作风、业务能力、工作业绩记录在案，客观、全面地反映党员的日常表现和发挥作用的实际情况与效果。档案记录的具体内容包括党员所属支部、入党时间、党龄等基本信息，以及参加志愿服务、获得个人荣誉、参与的急难险重任务、党内奖惩、兼职岗位经历等情况。

党员成长档案管理是党建工作中的重要组成部分。国航股份天津分公司党委制定《国航股份天津分公司党员成长档案管理实施细则》对党员成长档案的日常管理做出全面规定。明确分公司党群工作部为党员成长档案工作的主管部门，负责发布分公司党员档案管理的规定、标准，监督、指导和不定期检查各党委（总支）党员档案管理的执行情况；下属各党委（总支）负责日常管理，各级党组织选派成长档案管理人员，对党员成长档案进行动态维护，党支部书记对档案管理的主要工作环节进行监督、指导和检查。各单位党员成长档案管理人员严格按照有关制度规定及时收集、规范制作本单位形成的档案材料，确保记录真实、完整、齐全，各管理支持部门每季度集中向党群工作部提供录入资料，党群工作部汇总整理后发各党委（总支）。整个过程依托国航之翼3.0党员成长档案系统进行，确保工作便捷、高效。

党员成长档案主要发挥三个方面的作用。一是激励作用。党员在个人成长档案中能够实时看到自身的表现情况，优点和短板在档案中一目了然，便于及时查缺补漏，不断进步。党支部通过党员成长档案能够全面掌握党员现实状况，对表现优秀的党员加以鼓励，对表现欠佳的及时提醒帮助。二是画像作用。党员成长档案能够对每位党员的成长情况和现实表现进行精准画像，对每个支部的党建工作做出重要反馈，解决过去简单依靠印象或票数评价党员和党支部的问题。三是考评作用。党员成长档案是民主评议党员、评优评先、晋升奖励的重要依据，在考评中发挥着基础和关键作用。

党员成长档案作为轴心贯穿党员队伍建设的全过程。党员是党建工作的主体，党建工作的开展情况和效果要靠党员的行为直接体现。党员成长档案不但是党员个体日常活动和表现的记录，也是党组织开展工作和活动的直接反映，是衡量党组织开展党建工作的重要维度。因此，党员成长档案是贯穿党建全部工作的轴心。

（二）"四化"：党员队伍建设必须坚持的四个基本原则

根据当前党中央对党员教育管理工作的要求，结合国航股份天津分公司党员队伍的特点和实际情况，我们明确把"四化"作为指针，指导党员队伍建设工作向更高质量和更高水平迈进。

优化一套考核体系，实现党建科学化。进一步理顺年度综合考核各项工作间的内在联系，将干部考核、党建工作责任制考核、党委（总支）书记抓基层党建述职评议考核与领导班子综合考核和"四好"班子创建活动密切挂钩。简化考核流程，整合并压减测评表数量，统筹好日常检查、专项检查与年度考核的关系，切实为基层减负。创新计分机制，充分体现差异化职能职责，将领导班子考核得分来源由党建责任制和民主测评改为班子成员个人综合成绩的平均分，班子成员个人综合成绩由党建工作责任制考核、党委（总支）书记考核、组织绩效考核按不同权重计算得来。注重发扬民主，在民主测评中听取各方面意见，特别是将统战对象纳入参评范围，充分发挥统一战线的重要法宝作用。促进工作提升，每年年初在制定年度党建工作要点时，确定部分重点推进工作为考核加分项，激励各党委

（总支）充分发挥主观能动性。加强结果应用，将领导班子综合考核、"四好"班子创建结果与年度党建奖励挂钩，对获评"四好"领导班子前三名的单位进行阶梯式奖励，充分发挥考核的"指挥棒"作用。

健全一个管理标准，实现党建规范化。从严管理是新时代党员管理的重要要求。国航股份天津分公司把规范化作为一项重要原则，从思想到行为，从工作到生活，从8小时内到8小时外，对党员进行全方位的教育、管理和监督。严把党员入口关，加强发展党员过程管理，建立统一的党员档案盒，明确专人专柜管理。坚持问题导向，将党建检查中发现的问题作为党建业务培训的重要内容，不断推动各级党务工作者从会干、能干到干好、干优转变。深入开展基层党组织规范化建设，打造以"一旗一牌一板"为基础的党支部活动阵地，提高了党组织的可视化；结合年度组织生活会和民主评议党员，同步组织党支部和党支部书记考核，不断夯实基层党建工作基础；将规范化建设与创先争优相结合，把年度党支部和党支部书记考核作为年度"两优一先"推荐评选的重要依据，"两优一先"荣誉称号又作为每3年一度的"四强"示范党支部、"四佳"示范党小组创建活动的基础条件之一，形成更好发挥基层党组织战斗堡垒作用、党员先锋模范作用的激励链条。进一步在生产工作中发挥组织力量，根据飞行运行特点，在执飞航班的空勤组中成立临时党小组，作为党支部发挥战斗堡垒作用的"前沿阵地"，当好讲政治把方向的"指南针"、抓学习帮思想的"先遣队"、管队伍抓运行的"监督哨"，进一步激活党组织"神经末梢"，助力中心工作。积极探索8小时以外管理监督举措，对分公司领导、高级经理、关键岗位人员每月1日推送廉洁提醒，要求分公司领导主动汇报配偶、子女及其配偶新从事经商办企业的情况，其他人员主动汇报家庭内近期婚丧喜庆事宜情况，督促党员领导干部在8小时外做到"三个自觉"，即自觉遵章守纪守法、自觉注意言行举止、自觉正家风严家教。

建立三支兼职队伍，实现党建精益化。建立党建兼职教员队伍，根据教员队伍建设方案及业务需求，定期组织教员选聘，分公司党委为教员提供培训、进修和交流的机会，不断提升教学能力、课程研发能力、理论研究能力和实践工作能力等。建立教员档案记录，档案包括基本信息、教学经历、培训经历、课程开发经历、授课质量评估结果等。每年组织"党课开讲啦"实操性培训，形成教员上讲台，专业老师进行点评，党员进行课程反馈，教员再上讲台的良性循环机制，把党务兼职教员培养成理论宣讲的先锋。2024年，开展首批党建讲师选聘工作，经层层选拔，最终确认12位党建讲师并举办聘任仪式。建立党建兼职检查员队伍和攻坚队伍，每年抽取分公司各单位、不同层面的专兼职党务工作者，成立检查组和攻坚队，检查组负责在年度固有的党建检查基础上，围绕可能存在的短板弱项工作，就各党委（总支）开展实效进行检查，通过台账检查和实地调研等方式，进一步梳理明确存在的共性问题和个性问题；攻坚队负责将检查组梳理发现的共性问题作为课题进行立项研究，探索解决短板弱项问题的创新办法。通过检查和攻坚，充分调动各单位各层面的专兼职党务工作者，提升队伍能力。建立健全三支兼职队伍的选聘及退出、使用和奖励机制等，确保三支队伍良性发展。

形成一个良性循环，实现党建人本化。每名党员都是党组织的一分子，都需要组织的帮助、认同和关爱。民航系统的党员，肩负着重要的使命和责任，同时也面临着各种各样的压力。对党员的管理，除了要从严以外，还要按照严管与厚爱相结合的原则，坚持以人为本，尊重党员主体地位，下大力气从政治、思想、工作生活上激励关怀帮扶党员。建立分公司"一把手"接待日工作机制，分公司党政主要负责人每月到各基层单位进行接待日工作，及时掌握和督办工作推进情况，关注员工思想状态，解决员工问题。自递交入党申请书之日起，为每一名党员建立成长档案，全面立体、客观真实地体现党员在履职尽责和发挥先锋模范作用方面的实际情况。优化党员民主评议流程，将党员成长档案内涉及的情况在支部内进行通报，同时要综合考虑党员本年度内在安全、服务等工作中是否存在不安全事件和有效投诉等因素，加强民主评议党员结果运用，被评为"优秀"的党员才可被评为当年的优秀党务工作者或优秀党员。鼓励干部职工承担党工团等工作，承担兼职的党务工作者、班组长、团干部等满1年以上的，一方面在晋级选聘、干部选拔时算作多岗位经历，另一方面在兼职期间，荣获集团级（含）以上优秀党务工作者、优秀班组长、优秀团干部称号的，可在晋级选聘、干部选拔时在总分的基础上，予以加分。国航股份天津分公司党委还在持续探索并拓展党员成长档案的应用，档案记录里面的每一项内容也同样成为每位党员持续前进的不竭动力。

（三）"六维"：抓好党员队伍建设六个维度的工作

1. 抓好理论武装，突出政治要求

专题学习习近平新时代中国特色社会主义思想。国航股份天津分公司党委把用习近平新时代中国特色社会主义思想武装头脑作为党员教育管理的首要政治任务，除了组织党员读原著、学原文、悟原理，全面把握习近平新时代中国特色社会主义思想的精神内核和实践要求外，还结合工作实际，专题学习习近平总书记关于民航和安全工作的重要指示批示精神，把习近平总书记关于以人民为中心的发展理念和安全第一的要求落实到民航具体工作中，体现在实际成效上。

建立学习贯彻习近平新时代中国特色社会主义思想主题教育长效机制。采取集中轮训、党委理论学习中心组学习、理论宣讲、组织生活、在线学习培训、个人自学等方式，推动学习习近平新时代中国特色社会主义思想常态化、长效化。坚持把贯彻落实习近平总书记重要讲话和重要指示批示精神作为重大政治任务抓紧抓实，列为党委会"第一议题"，纳入理论学习中心组学习计划和党支部"三会一课"内容。

认真开展学习贯彻习近平新时代中国特色社会主义思想主题教育。主题教育开始后，两级党委（总支）班子成员带头，沉下心来读原著，组织了7个整天的读书班，进行了10次专题研讨，把自己摆进去、把职责摆进去、把工作摆进去，学以致用、知行合一。开设主题教育宣传栏目，组织形式多样的主题学习等活动，迅速掀起学习热潮。

2. 抓好教育培训，突出素质养成

创新教育形式，提升学习效果。国航股份天津分公司组织党员干部赴井冈山、古田、遵义、西柏坡等革命圣地开展现场教学，组织党务工作者、新党员等开展有针对性的专题培训，组织全体党员参加党史系列专题培训班。日常通过举办干部大讲堂、庆祝建党主题党日、"党课开讲啦"、知识竞赛、经验交流等系列活动，增强学习吸引力和学习效果。针对空勤党员难集中的情况，利用国航之翼3.0等网络平台，开展线上学习，解决工学矛盾突出的问题。

把党员培训与职业培训结合起来，推动党性修养和职业素养相互融合、互为促进。一方面，在各项业务培训中，安排习近平新时代中国特色社会主义思想、党章党规党纪、形势政策等政治思想理论的内容，教育引导党员胸怀"国之大者"，从政治上认识做好运行服务和安全生产工作的重要意义。另一方面，把党员学习教育与班组会、主管会、领班会、全体会相结合，利用会议期间人员集中的机会及时组织党员进行政治学习和理论学习。

突出党的宗旨教育、安全教育、廉洁教育等重点内容，增强针对性和实效性。针对民航业服务要求高、安全责任重、社会关注度高的特点，国航股份天津分公司在党员教育中通过强化党的宗旨教育、安全教育、廉政教育等提升党员的服务意识、安全责任和作风形象。

3. 抓好从严管理，突出从严基调

严密组织体系，把全部党员纳入组织网络，实现全覆盖管理。坚持队伍拉到哪里，党的组织就跟到哪里，党组织的教育管理就覆盖到哪里。飞行部以发挥党支部的战斗堡垒作用为目的，按照有利于促进安全生产、有利于党员参加活动、有利于教育管理的原则，把党小组嵌入班组，班组按照技术实力均衡、人员能力互补、激发骨干作用的原则进行分组，建立党小组，将全部党员纳入网格化管理，推进党组织与一线融合，党员在一线行动。

日常管理和关键时刻管理相结合，行为管理和思想管理同发力，实现全方位管理。生产指挥中心党总支牵头组织多次分公司应急处置演练，编制《不正常航班应急处置预案》、修订《大面积航班延误处置流程》，提高党员和职工关键时刻的应急处突能力。客舱服务部党委开展负面行为人员"回头看"工作，加强与航班中出现问题的员工、App分值较低人员、参加安全员初训人员、未签到人员和未进行网上准备等作风不扎实人员谈心谈话，强调养成良好的工作作风。

把严格管理的要求贯穿党员成长发展全过程，实现全周期管理。国航股份天津分公司党委持续加强对年轻干部和青年人才的"选育管用"，持续组织青年人才训练营和干部能力提升班，着力提升干部人才的"八种本领""七种能力"。飞行部党委实施"飞行员种树计划"，指导4个中队建立《飞行员成长作风档案》，详细记录飞行员的思想状况、训练进度、工作情况、谈话情况和年度鉴定，做到一人一案、一人一策，努力实现预防性管理。优化离退休干部职工党组织设置，加强对离退休党员的政治思想引领和服务保障。

4. 抓好关心爱护，突出激励关怀

建立思想动态分析研判机制，加强人文关怀和心理疏导。飞行部党委提出要把飞行员作为家人，以爱心与飞行员相识、相处、相谈、相助，做到有问题早知道、早解决。地面服务部党委制定并落实《关于规范落实地面服务部党建例会暨思想形势分析会制度》，定期分析党员和职工群众思想情况，在晋级、转制、薪酬调整等重要时期、重点项目，积极主动做好思想疏导工作。

把解决思想问题与解决实际问题结合起来，为职工群众办好事、解难事。飞行部党委把新干部、新机长、新学员列为思想政治工作的重点对象，要求老机长带好新机长，做好传帮带，助力新人成长。地面服务部党委推动主管、领班、骨干的岗位交流，丰富员工工作经历，满足员工成长需要。客舱服务部党委针对因飞行小时数锐减导致收入减少等问题，加强形势教育，缓解员工压力，激发员工工作热情，有效提振队伍士气。

领导干部以上率下，发挥示范带动作用。客舱服务部党委班子成员深入基层联系点，及时掌握队伍情况，找准问题点及时回应员工关切。飞行部干部带头执行好传统，如值班干部送组、解封后的首班干部飞、短航线和苦航线干部多飞等。生产指挥中心的干部在疫情防控中带头履职尽责，两名留守的经理级干部承担值班经理的职责，带动指挥室和现场室留守员工连续多天坚守工作岗位。

5. 抓好融入中心，突出作用发挥

把党员放在重要和吃劲岗位上锻炼培养，树立重视和重用党员的导向。一方面，国航股份天津分公司始终坚持国航优秀传统，在成熟一个发展一个的原则下，力争做到"机长队伍党员全覆盖"。另一方面，把党员身份作为部分岗位的硬指标，在部分岗位的竞聘要求中，明确将党员身份作为岗位条件之一。

健全完善作用发挥机制，为党员建功立业创造条件。在国航股份天津分公司普遍设置"党员示范岗"，建设"党员责任区"，成立"党员突击队"，开展党员志愿服务，引导党员亮身份、作表率。开展专项攻坚行动，围绕年度生产经营重大任务、急难险重、问题短板，阶段性开展先锋攻坚岗专项行动、深化岗位建功行动。国航股份天津分公司党员亮身份、亮职责、亮承诺，比效率、比质量、比奉献的做法蔚然成风。

加强人员队伍交流，为融入中心提供组织保障。在领导体制上，各支部推选一线单位经理级正职干部担任党支部书记，经理级干部及主管级干部担任纪检委员，从组织形式上保证党建工作与中心工作融合。加大年轻干部培养选拔、轮岗交流和监督管理力度，督促一线岗位经理将办公地点搬到现场，积极营造有利于干事创业的良好环境。注重突出有利于工作、相对稳定、梯次配置、合理流动的原则，推动党务干部与业务干部"双向交流"，使党务干部既了解党务，也了解业务，既能成就事业，也能成就人才。

6. 抓好组织实施，突出责任落实

把党员队伍建设纳入党委重要议事议程，加大领导和工作力度。国航股份天津分公司党委切实扛起党员队伍建设主体责任，定期研究讨论、加强领导指导，提出有针对性的措施，全面加强党员队伍建设。在开展党建工作责任制考核、班子考核、党委（总支）书记抓基层党建工作述职评议考核等工作中，把党员队伍建设情况作为重要内容，督促党组织和领导干部履职尽责，落实党员队伍建设的各项要求和任务。

建强支部班子，为党员教育管理提供组织依托。国航股份天津分公司全面落实支部书记由部门主要负责人或其他负责人担任的要求，配强支部书记。吸收政治素质好、热心党务工作的青年骨干加入支委班子，担任组织委员、宣传委员、青年委员等职务，充实支部班子力量。在活动中精准识别出有能力、有活力、有干劲儿的工作苗子，将政治素质好、热心党务工作的青年骨干确定为党小组长或者"党群助理"协助基层党支部做党务工作，进一步在工作实践中培养锻炼。

完善党建信息化系统应用，开展党员信息管理、党组织活动指导管理等业务应用，深化各级党组织上下贯通，提升党员教育管理工作的质量和效率。设立职工书画作品长廊和企业文化长廊，建设党群服务阵地，打造低调而有格调的企业文化氛围。

（四）"一监督"：将党员教育管理纳入"大监督"体系

国航股份天津分公司党委构建以党内监督为主导、各类监督贯通协同的监督体系，成立党风廉政建设和反腐败工作领导小组、协调小组和"大监督"委员会，在分公司党委的统一领导下，进一步推进主体责任和监督责任贯通协同，将巡视巡察、审计、法律、财务、组织人事、党建等监督力量有效整合起来，形成定期会商、信息报告、协同监督、专项整治、巡视整改联动、成果共享、宣传教育、线索移交、整改督办、监督促进的有效机制。对分公司各党委（总支）学习贯彻习近平总书记重要讲话和指示批示精神，以及党中央重大决策部署情况进行指导检查，推动落实党建工作主体责任，对各党委（总支）教育、管理和监督党员情况进行监督检查，落实党的意识形态工作责任制，加强分公司意识形态和舆情管理工作督导检查。

四、下一步规划与探讨

从国航股份天津分公司的实践探索可以看出，民航系统的党员队伍建设有其自身特点和要求，要做好党员教育管理工作，有以下几点启示值得注意。

（1）必须坚持把政治引领作为加强党员队伍建设的首要任务。民航单位具有政治属性，一端对接党和国家的重要使命任务，一端连接千家万户幸福生活，让党和国家放心，让人民满意，是民航工作的终极标准。承载如此千钧重担，必须把讲政治作为党员的首要要求，把学习贯彻习近平新时代中国特色社会主义思想作为首要政治任务，从政治立场、思想品德、工作表现、生活作风等方面入手，引导广大党员以党和国家利益为大，以人民为重，不断提高政治判断力、政治领悟力、政治执行力，增强"四个意识"、坚定"四个自信"、做到"两个维护"。

（2）必须坚持把理论武装和锤炼党性作为加强党员队伍建设的重中之重。我们党的队伍之所以能够不断发展壮大，党的事业之所以能够取得辉煌成就，根本在于有马克思主义科学理论的指导。加强民航系统党员队伍建设，必须用好思想建党这个传家宝，同时要结合时代特点和民航系统的实际情况，丰富创新理论学习的形式途径，创新理论学习的方式方法，着力提高党员的马克思主义理论水平。共产党员的党性，是党员立身、立业、立言、立德的基石。要把加强党员党性锤炼作为推进党员队伍建设的实现途径，教育引导党员加强党性修养，传承红色基因，站稳人民立场，始终牢记第一身份是共产党员、第一职责是为党工作、第一约束是党的纪律，把改造主观世界同改造客观世界统一起来，不断清除党员队伍中各种错误意识和行为，使党员的党性在党组织这座熔炉中得到升华。

（3）必须坚持把发挥支部作用作为加强党员队伍建设的基本途径。党支部是党的基础组织，担负直接教育党员、管理党员、监督党员的职责。要着眼于织密组织网络，健全完善党支部的设置，实行支部应建尽建，做到支部建在部门、党小组建在班组。坚持"一切工作到支部"的鲜明导向，将党员队伍建设的责任落实到支部，把党员队伍建设情况纳入支部书记述职评议的重要内容，纳入支部书记的党建工作责任制考核。必须弘扬"支部建在连上"的光荣传统，激励和约束并举，指导推动党支部守好责任田，把做好教育管理的经常性工作扛在肩上，把党员教育管理基本制度落在实处。

（4）必须坚持把落实全面从严治党要求作为加强党员队伍建设的根本保证。全面从严治党，基础在全面，关键在严，要害在治。要坚持"严"字当头，严格教育，严肃纪律，严密制度，把全面从严治党要求落实到党员队伍建设的全过程、各方面。加强民航系统党员队伍建设，必须继续保持彻底的自我革命精神，真管真严、敢管敢严、长管长严，把严的标准、严的措施、严的纪律贯穿到党员队伍建设各环节中去，及时清扫思想政治灰尘，及时清除侵蚀党的健康肌体的病毒。坚持严管和厚爱相结合，发挥党的思想政治工作和群众工作优势，加强对党员的人文关怀，关心关爱困难党员，激发党员干事创业的积极性和主动性。

（5）必须坚持把服务党的中心任务和工作大局作为加强党员队伍建设的价值所在。党的组织路线从来都是服务于党的政治路线的。加强党员队伍建设，归根结底要看服务党的中心工作成效如何。要始终围绕民航工作中心任务，创新平台载体，突出融合赋能，组织引导广大党员通过统一思想认识、提高能力素质，在高质量完成中心工作中当先锋、作表率。要把抓党员队伍建设，同抓安全、抓服务、抓运行一体推进，切实把党员队伍的组织优势转化为发展优势，为实现民航工作高质量发展提供坚强保证。

高站位、低重心、新思维，打造党建特色品牌助推企业高质量发展

创造单位：华润江中制药集团有限责任公司
主创人：刘为权　刘立新
创造人：彭婷　刘一多　钟良

【摘要】华润江中制药集团有限责任公司（以下简称华润江中）的前身是江西中医学院1969年10月创办的"红旗制药厂"，1990年更名"江中制药厂"，1998年组建江中集团，2019年3月华润战略重组江中集团，更名为华润江中。作为习近平总书记亲自视察过的中医药企业，公司党委牢记总书记关于"中医药是中华民族的瑰宝，一定要保护好、发掘好、发展好、传承好"的殷殷嘱托，将"对党忠诚、为党分忧、为国奉献"的核心要素贯穿党建工作的始终，坚持以"高站位、低重心、新思维"党建工作法为指导，逐步完善形成了"五微一体"、"双指数"创评、"面心实"、"党建＋精益"、"青红剧场"、"成事方法论"系列党建特色品牌，以品牌引领力助推企业高质量发展。

【关键词】党建品牌　引领力　高质量发展

2016年，习近平总书记在全国国有企业党的建设工作会议上强调，坚持"两个一以贯之"，强化党建工作与生产经营深度融合，是加强国企党建工作的必然要求。党的二十大强调要坚持大抓基层的鲜明导向，推进以党建引领基层治理。这些都为国有企业党建工作指明了方向、提供了遵循。华润江中党委坚持把加强党的建设作为推动企业改革发展的原动力，坚持围绕中心抓党建、抓好党建促发展，以党建品牌引领力助推公司发展新质生产力。自2019年以来，华润江中连续五年实现营业收入、利润额复合增长率在双位数以上，党建助推经营发展持续向着价值创造更强、效率效益更高、结构布局更优转变。

一、"高站位"打造党建特色品牌，领航企业高质量发展方向

坚持"高站位"，就是党建工作站位要高，要从政治的高度去把握，思想上、认识上高度重视。对于上级党组织各项工作要求和部署，要全面落实到位，行动上高度一致。近年来，华润江中党委通过开展微党课、微阵地、微创新、微公益、微故事等活动，打造"五微一体"党建品牌，坚持党对国有企业的全面领导，坚持全面从严治党，不断提高政治站位，领航企业高质量发展方向。

（一）主要做法

（1）"微党课"讲学。对标先进找差距，把讲党课作为思想政治建设和业务知识传授的重要载体，常态化围绕学习心得分享、专业技能提升讲授"微党课"，将"大理论"和"眼前事"相结合，见微知著、指导实践。

（2）"微阵地"行动。结合深入学习贯彻习近平总书记对华润回信的指示精神和视察江中药谷重要讲话精神，组织开展"微阵地"对标提升行动，聚焦年度商业计划中的关键工作任务，开展项目化、清单化管理，党员带动身边群众攻坚突破。

（3）"微创新"提质。组织党员带动身边群众开展小改善、小革新、小创意、小发明，提高工作效率、改善服务质量、优化工艺技术、提升管理效能、增强安全系数。

（4）"微公益"服务。深入组织开展"我为群众办实事"活动，由公司领导班子带队进行走访调

研、摸排基层实情，关心关爱科技人才、一线产业工人、偏远地区驻守职工、家庭困难职工。

（5）"微故事"宣传。举办"微故事"大赛，通过身边人讲述身边事，以身边的榜样带动干部职工争先创优，并在"润心学苑"、微信公众号等平台开展先进典型事迹宣传。

（二）实施效果

自"五微一体"党建品牌创建实施以来，华润江中全体党员干部、员工在红色旗帜的引领下坚定捍卫"两个确立"、坚决做到"两个维护"，始终围绕党建与业务融合增效、人才队伍建设强基提质，深入推进"四个重塑"。

一是以"微党课"讲透大道理。各基层党组织每季度在支部党员大会上紧扣党的创新理论，结合党员所需掌握的业务知识、所需解决的关键问题讲授"微党课"，以"小课堂"讲透"大道理"。

二是以"微阵地"展现大担当。加强党建示范带动效应，引领党员干部立足岗位创先争优，在研发创新突破、生产智能制造、项目达产达标、营销提质增量等重要任务中当先锋、作表率。2023年，华润江中联合华润三九、江西中医药大学完成国家实验室重组，获批"经典名方现代中药创制全国重点实验室"，成为中央企业在中医药领域的第一家。以全国重点实验室为依托，积极推动科研成果转化应用，2024年6月，"优良乳酸菌种质资源挖掘与产业化关键技术创新及应用"项目获"国家科技进步奖"二等奖。

三是以"微创新"引领大作为。2023年，华润江中各级党组织围绕提高生产质量、工作效率、安全指数等方面，申报实施"微创新"项目135项，其中56项创新成果投入生产，产生直接经济效益350余万元。

四是以"微公益"承载大格局。针对职工群众需求，开展技能提升和新员工培养带教、胃肠健康讲座等公益实事项目，切实为基层员工解决实际困难，传递组织温暖关爱，凝聚团队强大合力。

五是以"微故事"彰显大榜样。举办"微故事"大赛，演绎基层党员在"突破研发关键技术促进生产转化、钻研技术难题提升产品质量、投身乡村振兴产业帮扶"等领域的真实故事，在微信公众号、宣传栏等平台开展先进典型事迹报道，贯穿融合红色教育、华润文化、江中精神，传承好红色基因，激发干事创业精神。

二、"低重心"激发基层组织活力，凝聚企业高质量发展合力

保持"低重心"，就是要把企业党建工作的重心放到基层，夯实基层组织基础，落实"四下基层"要求，在充分激活和发挥基层组织作用的同时，深入了解和服务基层员工。近年来，华润江中党委通过创新开展"双指数"创评、实施"面心实"暖心服务工程，充分激发基层组织活力，凝聚企业高质量发展合力。

（一）"双指数"创评夯实党建基础

1. 主要做法

为下沉党建工作重心，紧贴实际夯实基层党建工作基础，华润江中党委自2020年起开展党支部堡垒指数和党员先锋指数"双指数"创评活动，不仅强化基础党建工作规范性，营造良好的比学赶超氛围，也让党建工作便于追溯、总结和分析，为支部考核、民主评议、评优评先等工作提供了量化依据，充分激发了基层组织活力。党支部"堡垒指数"坚持一切工作到支部的鲜明导向，着力从"强体系、强效能、强活力"三个维度锻造支部组织力，对支部建设规范性、融合促进实效性和组织生活丰富性3方面16个指标进行评价。党员"先锋指数"围绕政治过硬、作风过硬、业绩过硬、本领过硬4个维度，对党员政治意识、作风建设、担当践诺、攻坚克难、能力锻造、服务群众6方面17个指标进行评价。在党建信息化平台设计专门的"双指数"创评功能模块，采取党员、支部线上即时申报，指定专人审核，定期结果公示，鼓励相互监督，适时安排抽查等措施，保证评价结果真实客观。

2. 实施效果

"双指数"创评通过对支部党建工作进行内容、场景、积分和排名信息的即时获得与内部公开，激发了党员的进取意识和争先心理，为创新支部工作注入了活力，取得了良好成效。

一是激发了争先意识。指数管理具有即时性、可视化、可比较等特点，能精准呈现每个参与主体的工作开展情况，组织和个人能够随时掌握自身的积分情况和具体排名，充分调动了广大党员晋位争先的意识，使基础党建工作得到进一步夯实。

二是推进了数智建设。"双指数"创评通过信息化的数智平台，实现了党建工作大数据统计分析，推进了党建工作信息化和"互联网+"的有机融合。

三是提升了创效能力。对被设定为加分项的融合促进工作，及时公开其活动内容、评分结果和支部排名，打造了支部间相互借鉴的"学习园地"和争先恐后的"比拼赛场"，推动党建特色创新工作取得了较为明显的成效。

（二）"面心实"温暖服务基层职工

1. 主要做法

自 2012 年起，华润江中党委每年组织开展"面心实"服务职工下基层活动，让基层干部职工切实感受到组织的温暖与关怀，不断增强干事创业的凝聚力。面对面开展帮扶服务。每年由华润江中领导班子成员带队深入基层一线，面对面倾听一线人员关于劳动权益、职业发展、生活保障等方面的需求心声，解决一线人员反映的社保异地缴纳、差旅补贴、住房补贴等诉求，精准帮扶服务，传递暖心关怀。常态化开展"春送健康、夏送清凉、金秋助学、冬送温暖"慰问活动，切实把暖心帮扶做到职工群众心坎上。心贴心传递组织关爱。推进"会、站、家"一体化模式，建设爱心驿站、妈咪小屋、润心坊、职工书屋等服务站点，关爱员工身心健康。广泛开展职工喜闻乐见、寓教于乐的文化体育活动，培养一支有专业特长的职工文化队伍，推广一批有影响力的职工文化项目，提供多层次的文化服务。实打实保障职工权益。定期开展职业健康现场评价，组织员工进行职业健康体检，建立员工健康档案，构建职业健康管理体系。在员工参加基本医疗保险和大病医疗救助保险的基础上，增设企业内部的爱心医疗互助基金，进一步健全员工医疗保障体系。

2. 实施效果

通过多年坚持与深化开展"面心实"服务职工下基层活动，华润江中党委积极践行党的群众路线，指导工会有效发挥了党联系职工的桥梁纽带作用，取得了良好成效。

一是解决了职工实际问题。通过座谈了解一线员工需求，着力解决市场一线员工反映的社保异地缴纳、差旅补贴、住房补贴等诉求，举办工会销售专场活动慰问销售人员，开展线上及现场心理健康课堂，用精准服务回应职工需求。

二是保障了职工劳动权益。近三年工会共计慰问困难职工、大病特殊病职工 358 人次，开展爱心基金职工互助帮扶 414 人次。通过实施多项薪酬激励举措，有效保障了技能人才的劳动权益，实现收入水平合理稳步增长。2021—2023 年，华润江中一线员工人均产值三年复合增长率为 3.8%，人均收入三年复合增长率为 8.5%。

三是得到了社会各界认可。华润江中坚持改革为了产业工人、依靠产业工人、造福产业工人的经验举措，取得了较好的社会反响。2022 年 7 月，江西省产业系统产改工作现场推进会在华润江中召开。华润江中借机向全省推广产业工人队伍建设改革工作经验，得到省总工会及省内同行的一致认可。《人民日报》、人民网、新华社客户端、《中国工业报》、《江西日报》等媒体纷纷聚焦公司产业工人队伍建设改革工作，发布专题报道 10 余篇，全网阅读量破 300 万。

三、"新思维"探索融合发展实践，增强企业高质量发展动力

党建工作要有新视野和"新思维"，要开拓系统化、标准化、品牌化的党建工作新路径，增强党建工作的时代性。华润江中党委积极开展"党建＋精益"深化党建业务融合发展，创办"青红剧场"传承华润红色基因，举办"成事方法论"引导青年成长成才，增强企业高质量发展动力。

（一）"党建＋精益"提升卓越运营能力

华润江中湾里制造基地党总支坚持以高质量党建引领高质量发展，通过积极开展"党建＋精益"模式探索与实践，在实施精益改善、精益生产的过程中以"红色旗帜"领航、"红色堡垒"聚力、"红色先锋"赋能，建立思想、机制、质效"三融合"工作模式，推动党建工作与精益生产资源整合、力量汇合、功能聚合，打造精益文化标杆示范生产基地，系统提升卓越运营能力。

1. 主要做法

（1）"红色旗帜"领航，强化思想融合。深入学习贯彻习近平总书记视察江中药谷重要讲话精神，着力推动湾里制造基地智能制造产业升级，将精益理念根植于生产管理各个环节。通过月度PDCA[即计划（Plan）、执行（Do）、检查（Check）和处理（Act）]例会、专题培训、精益知识竞赛、精益案例评选、精益生产简报等方式，常态化开展形势任务教育与精益生产宣讲培训，推动精益理念入脑入心。在生产区布置精益制造宣传展板，定期组织开展学习，创设"党建园地"，建立通讯员队伍积极宣传投稿，营造浓厚氛围，推动思想融合。

（2）"红色堡垒"聚力，实现机制融合。注重发挥党支部战斗堡垒作用，构建五星班组评比体系，推动精益管理指标层层分解落地。突出组织凝聚力，制定《党员积分制考核管理办法》，将党员履行岗位职责、发挥先锋模范作用与党员承诺践诺相结合。聚焦融合增效，将精益生产管理融入党支部工作中，纳入党支部年度考核指标，每季度评选党员标兵。每年组织开展"十佳"精益改善案例评选表彰，并汇编成册，为党建与精益融合积累经验。

（3）"红色先锋"赋能，促进质效融合。建立党员责任区、党员示范岗，积极开展合理化建议、QC（Quality Control，质量控制）活动，引导党员深度参与生产体系优化、标准作业制定、进口设备自主维护保养、生产工艺优化布局等重点工作，推动精益项目落地。坚持将人才培养作为精益管理的关键任务，建立六西格玛精益带级人才培养体系，充实精益管理人才库，形成全员精益改善管理体系。

2. 实施效果

通过"三个融合"，把党建优势转化为精益生产的要素，把党建活力转化为推动精益生产的动力，促进了抓党建"第一责任"与抓发展"第一要务"融合互促，激活了企业发展动力。

一是助推了生产降本增效。通过深化"机制融合"，生产管理中产销衔接、计划排产、质量管控等难点逐步得到化解，工作效率大幅提升。五年来，基地共实施精益改善提案183项，产生经济效益3000余万元。

二是培养了一批技能人才。通过深化"质效融合"，推进全员日常改善、项目管理，营造精益文化氛围，培养了一批精益骨干人才，实现了"精益带级人才班组"全覆盖。截至2023年年底，湾里制造基地通过中国质量协会黄带认证321人、绿带认证45人、黑带认证6人。基地团总支获得2021年"中央企业'五四'红旗团支部"荣誉称号。

三是输出了精益管理体系。涵盖质量管控、效能提升、人才培养等内容形成精益管理体系，并通过总结精益管理方法、工具、成果等内容，编制华润江中精益制造管理体系，先后向公司内部的其他二级单位复制推广，打造了智能型、绿色型、品质型、经济型制造模式。

（二）"青红剧场"传承华润红色基因

在华润江中党委的带领下，团委自2022年起打造"青红剧场"青年精神素养提升平台，通过情景

剧、相声、演讲、歌舞等喜闻乐见的"剧场化"形式，引导团员青年深刻理解华润文化的精神内涵与企业发展所需的正确价值导向。

1. 主要做法

把个人成长融入"角色"理解。"青红剧场"参演者以团员青年为主，在自编自导自演的同时，边学边想边做，由内及外使理论学习转化为行动学习，加深参演青年的沉浸式学习体验，把发展需求融入"脚本"核心。"铸匠计划"是近年来华润江中制造板块青年人才培养的新目标、新举措，"青红剧场"把"工匠精神""数智赋能"等业务需求融入剧本设计，进一步统一制造青年聚焦中心工作提升个人本领的共识。把青年活力融入"舞台"诠释。"青红剧场"跳出刻板的课堂说教式学习，用青年人自己的话语，用"听故事"代替"讲道理"，不断激发青年的想象力与创新活力，营造青年员工"向上生长"的良好氛围。

2. 实施效果

"青红剧场"团青品牌自创建以来，得到了青年员工的广泛参与，获得公司上下的一致好评。

一是打造了团员青年乐于参与的学习平台。"青红剧场"既丰富了制造基地青年的文化生活，又为团员青年打造了一个兼顾学习与交流的展示平台，充分展示了青年员工的精神活力。

二是培养了善于讲好企业故事的有志青年。"青红剧场"充分发挥各团支部团干部的作用，分头组织具体节目的剧本设计、选角及排练，进一步增进了团支部的凝聚力与执行力，锻炼了一批善于讲好企业故事的文化青年。

三是增添了丰富企业文化内涵的生动底蕴。"青红剧场"既是青年文化交流的平台，也是公司企业文化建设的一部分缩影，把身边人身边事搬上舞台，让企业文化传播喜闻乐见、入脑入心，传承华润红色基因，汲取砥砺奋进力量。2023年，华润江中湾里制造基地片剂车间被共青团中央评为"第21届全国二星级青年文明号"。

（三）"成事方法论"引导青年成长成才

"成事方法论"青年沙龙聚焦"成事"这个关键点，在嘉宾访谈式的轻松氛围下，帮助青年总结成事方法、交流成长心得、统一目标共识，塑造"青年品格、栋梁气魄"。

1. 主要做法

（1）邀请嘉宾讲述故事。每场活动一般邀请公司青年骨干、专家能手或先进典型等不同层次人员作为嘉宾，主持人与每位嘉宾互动讲述身边亲历的真实事例，并邀请现场听众提问互动。

（2）真心实意交流情感。嘉宾用接地气的语言讲述每个事例，真心实意交流情感。主持人充分发掘嘉宾事例中见微知著之处，提炼总结嘉宾的成事方法或精神特质，升华主题内涵。

（3）紧贴工作传授经验。嘉宾在分享内容时将事例中干事成事的奋斗进取精神与公司业务发展紧密结合，适时融入体验式活动，增进青年参与感。

2. 实施效果

"成事方法论"青年沙龙自2012年开办以来，紧跟新时代青年特点，选择环境简约、简洁的场地，以交流沙龙的形式，引导青年做"向上的自己"。

一是化"虚"为"实"。严格遵循党建工作"去虚求实"的理念，以贴近青年员工迫切"成事"需求为价值导向，为青年员工指路引航，让团青工作看得见、摸得着、有实效。

二是由"点"及"面"。活动从最早发起的营销板块逐步扩展至制造、研发、职能各个条线，聚焦不同板块的特点，引导青年找"捷径"寻"窍门"，由点及面，举一反三，为青年干事成事拓宽思路、创新举措。

三是从"有"到"精"。"成事方法论"既服务青年成长成才，更为业务发展赋予了强劲的青春动能，提升青年组织"建功育人"的实效。2020年4月，华润江中"成事方法论"青年沙龙被共青团江西省委授予"2019年度全省共青团'一品一特'项目"。

"高站位、低重心、新思维"党建工作法是贯彻落实习近平总书记关于国企党建工作重要要求的具体实践，是我们坚持和加强党的全面领导、纵深推进全面从严治党必须严格遵循的党建工作基本方针。华润江中党委将持续深入贯彻党的二十大精神、党的二十届三中全会精神和习近平总书记对华润回信的指示精神及视察江中药谷重要讲话精神，全方位全链条深化公司党建品牌创建机制，传承红色基因，发挥示范效应，不断注入党建品牌新特质、新动能，以品牌引领力助推企业高质量发展。

国企党校新型智库建设策略研究

——以胜利油田党校为例

创造单位：中共胜利石油管理局有限公司委员会党校
主创人：郑玉奇　王科
创造人：张瑞安　王锦成　马志伟　孙慧君

【摘要】 国有企业党校新型智库建设在党校改革发展及推动企业高质量发展中发挥着关键作用。剖析中共胜利石油管理局有限公司委员会党校（以下简称胜利油田党校）新型智库建设现状及问题，从深化国有企业改革的新形势下提出对策建议，包括坚定政治立场、加强顶层设计、强化研究攻关、创新过程管理、培育复合人才、注重建章立制六个方面，进一步加强新时代国有企业党校智库建设。

【关键词】 国企党校　新型智库　策略研究

国有企业党校作为全国党校智库体系的重要组成部分，具有党校智库姓党的政治属性，同时也具有紧贴企业运营实际、聚焦改革发展特殊需求的独特属性。在全面深化改革、推进国家治理体系和治理能力现代化的时代背景下，国有企业党校智库建设的重要性日益凸显。因此，建设具有中国特色的新型国有企业党校智库，输出高质量的党建研究成果，优化决策咨询服务工作，既是党的政治优势和优良传统的具体体现，也对推进新时代党的建设、坚持和完善党的领导具有重要作用。

胜利油田党校作为胜利油田党委的重要部门，在培训国企党员领导干部方面发挥着主要渠道和主要阵地的作用，承担着党的理论研究宣传及党委决策咨询思想库的重要责任。在此基础上，不断完善党校智库决策咨询研究体制机制，深入开展具有全局性、根本性、战略性、前瞻性的决策咨询研究，建设基础雄厚、特色鲜明、影响力卓越的党校新型智库，从而充分彰显国有企业党校"红色智库"的独特价值与作用。

一、胜利油田党校新型智库建设现状

胜利油田党校自成立以来，紧紧围绕党在不同历史时期的路线方针政策和油田党委的各项战略部署，始终坚持用党的指导思想武装和教育各级党员干部。在认真履行职责的同时，胜利油田党校自身建设也不断得到加强。特别是改革开放以来，在胜利油田党委的领导下，得到省委党校的指导，胜利油田党校在培养党员领导干部和理论队伍，学习、宣传党的路线、方针、政策，加强干部党性锻炼，提高干部素质等方面做了大量工作，为胜利油田的生产建设和改革发展做出重要贡献。

（一）胜利油田党校新型智库的主要特征

胜利油田党校坚持党校姓党的立场和原则，以决策咨询研究为核心，长期为国企党委、机关部门及基层单位提供决策服务，根据"党委出题、科研做题、成果转化、决策资政"的方式，进行理论政策实践研究，提出切实有效的成果方案，充分发挥智库在决策咨询、理论创新、舆论引导等方面的重要作用。

1. 鲜明的政治性

胜利油田党校新型智库的政治性表现为其作为党委下属机构，强调上级领导的首要地位。其首要任务是为胜利油田党委提供决策支持，确保其政策和决策符合党的总体方针，研究方向、咨询服务均紧密围绕党的中心工作，为党的事业发展提供有力的智力支持。其在胜利油田高质量发展中扮演着至关重要的角色。首先，作为党的培训机构，胜利油田党校新型智库直接参与党的干部培训工作，为党提供高素质的领导干部。其次，作为胜利油田的哲学社会科学研究机构和智库，胜利油田党校新型智库在思想理论建设方面承担着重要使命，通过深入研究，为党的决策提供理论支持，推动胜利油田思想理论建设。最后，胜利油田党校新型智库以党的方针为导向，运用政治引领优势，实现决策的科学性、民主性、程序性与规范性。

2. 适度的自主性

胜利油田党校新型智库具有强烈的政治性，在坚持党校姓党的原则的同时，也注重实事求是、与时俱进。胜利油田党校新型智库适度的自主性是结合自身属性和职能来生产高品质研究成果维系自身发展与壮大的具体体现。在政策研究过程中，研究人员对政策进行独立研究，致力于实现政策的科学化与治理的现代化，受个别领导干部意图影响的可能性不大。在不偏离政治方向的基础上，逐步探索一种既受到党委和行政机关的影响，又能维护自身独立的平衡状态。

（二）胜利油田党校新型智库建设经验

胜利油田党校新型智库聚焦提高国有企业全面深化改革和解决经济社会发展中的重大问题，通过对油田转型发展等现实问题的对策性决策咨询研究，取得了显著成效。

第一，坚持开放协作原则，以"完善制度、构建平台、强化合作、提升能力"为目标，积极参与集团公司、党校系统的重要调研课题的申报、立项和研究工作，初步形成中石化、省级、局级和校级课题研究结构体系。

第二，在推进智库作用发挥的过程中，在强化智库组织建设和整体推进的基础上，探索多形式研究决策咨询的方法路径。通过参与上级部门、各直属单位合作，借助培训项目、教学专题和基层调研，形成了一套多层次的研究决策咨询的方法体系。加强校内成果转化载体建设，充分利用胜利油田党校主办的综合性哲学社会科学学术期刊《胜利油田党校学报》，发表研究调研成果和决策建议，为油田的决策提供了有力的智力支持。

（三）胜利油田党校新型智库建设存在的问题

胜利油田党校新型智库在体制内地位相对较弱，与地方党校、高校和民间智库相比，研究水平和影响力有待提升。内在问题显著，如综合学术水平、舆论引导力和一手资源利用率的差距，需要系统解决。经过调研发现，目前影响胜利油田党校新型智库建设所存在的问题，主要有以下几点。

（1）国企党校体制机制先天性缺陷对智库建设产生的约束性。国有企业深化改革，整合内部培训资源，采取党校与培训中心合并运行的模式，引入市场化考核机制。这一模式在一定程度上导致办学资源向培训业务倾斜，忽视了党校智库建设的核心职能。党校在体制内的地位相对较弱，缺乏足够的自主权和资源支持，难以有效开展高质量的决策咨询研究。此外，现有的体制机制未能充分激发党校教职工的积极性和创造力，导致智库建设缺乏持续的动力和活力。

（2）国企党校学科专业零散化布局对智库建设带来的低端性。当前中央党校（国家行政学院）下辖马克思主义学院、哲学教研部、经济学教研部、科学社会主义教研部、政治和法律教研部、中共党史教研部、党的建设教研部等教学科研部门。与地方党校相比，国有企业党校学科体系相对零散，教学科研部门设置较为简单，缺乏系统的科学布局和深入的理论研究。这就导致智库建设的专业性、理论深度和前沿性方面存在明显短板，难以形成具有影响力的研究成果。

（3）国企党校科研资源粗放化管理对智库建设的滞后性。国有企业党校的科研管理部门往往处于边缘化地位，缺乏一套科学、系统的管理体系。对教师没有一定的科研工作量的考核指标，导致科研工作的随意性和无序性。科研项目及其经费的申请缺乏统一规划和统筹谋划，往往基于教学、培训部门的意愿和兴趣进行分配，这种资源配置方式不仅效率低下，而且难以保证科研项目的质量和成果转化。同时，科研成果的转化机制不健全，缺乏有效的应用渠道和转化平台，对成果转化未建立有效的激励措施，使研究成果难以转化为实际的生产力或决策支持，且科研人员缺乏动力，导致成果转化工作难以推进。

（4）国企党校科研项目随性化选题对智库建设的低效性。国有企业党校的研究力量相对分散，研究团队往往根据学术偏好从事课题研究，智库与企业改革转型发展的热点问题结合不够，对提供决策服务的对策类成果支持不足。此外，由于选题随性化，造成智库研究成果的质量参差不齐，致使提供决策服务的针对性和实效性不强。

二、推动胜利油田党校新型智库建设的对策建议

目前，胜利油田党校新型智库发展仍面临着一些困境，因此，要遵循国有企业党校发展规律和智库建设规律，聚焦中心工作，明确战略定位，坚持党校姓党的原则从具体路径出发，规范和引导胜利油田党校新型智库建设，注重整体协同发展，产出高质量的党建研究成果、优化决策咨询服务，对加强新时代党的建设、坚持和完善党的领导具有重要作用，为推进胜利油田高质量可持续发展提供强有力的理论支持和智力支撑。

（一）坚定政治立场，坚持以党的创新理论为指导的思想引领

思想引领机制直接决定着智库建设的发展方向和成果的研究导向。一是坚持党管智库。党校姓党是胜利油田党校新型智库建设必须遵循的根本原则，牢牢把握政治方向，增强"四个自信"、牢固树立"四个意识"，以党的领导为指引，将马克思主义的立场、观点和方法等与研究课题及研究方法相结合，将习近平总书记关于智库建设的论述贯彻到胜利油田党校新型智库建设的具体工作环节中，加强党对智库的全面领导，保持政治本色，确保建设高质量智库。二是明确价值取向，紧紧围绕大局。明确以服务油田党委决策为宗旨，以研究油田重大决策部署和实际问题为主要方向，以提高研究能力和加强咨询决策为重点，更好地服务油田中心工作，解决基层关注的热点、难点、焦点问题，着力提高综合研判和战略谋划能力，为胜利油田可持续高质量发展提供坚强的智力支撑。三是坚持高端定位，突出特色优势。树立围绕中心、服务大局的意识，把为决策咨询服务作为党校新型智库的首要任务，加强战略思维，拓展研究视野，捕捉工作的中心、重点、亮点，探索党委所关心、所期待、所需求的方向，积极承担党委交办的调研任务，组织各方面力量联合攻关油田发展建设的重大理论和实践问题，不断推出理论水平高、现实针对性强的研究成果，使党校的新型智库与党委工作决策形成相互渗透、相互融合的关系，最大限度地发挥党校的智力支持作用。

（二）加强顶层设计，推动教学培训和科研咨询立体化发展

为构建定位清晰、特色鲜明、规模适中、布局合理的中国特色新型智库体系，胜利油田党校应主动发展成为服务油田全面可持续高质量发展的智库。一是要把智库建设纳入全校整体规划，明确发展的大方向，通过顶层设计形成制度性规划，与油田干部培训、理论建设、思想引领等规划相结合，构建党校整体规划体系，促进教学培训、科学研究和决策咨询的协同发展。二是要创新党校组织架构设置，以业务性质为标准，把专业技术培训业务和专业技能培训业务合并设立职业培训事业部；党校业务作为一个事业部。职业培训按照市场化考核，党校按照职能作用发挥进行考核，实现市场化条件下党校业务职能相对独立运行。三是争取党委的大力支持。油田应重视和加强党校新型智库建设，党校要主动争取赢得局党委的重视和信赖。通过争取调研课题、参与决策调研、提交高质量解决方案等方式，确保党校新型智库得到足够的人员和经费支持，进一步提升其研究水平和影响力。

（三）强化研究攻关，优化以课题研究为抓手的成果转化路径

课题研究作为党校决策咨询的核心驱动力，同时也是教学培训的重要基石。推行课题带领战略，是实现教学培训与科研咨询立体化深度融合发展的必由之路。紧紧围绕油田中心工作和基层的热难点

问题，精准定位校内重大课题项目，组织力量集体攻关，深化调查研究，形成一批针对性和可操作性强的决策咨询报告，提出有价值的对策建议。一是在选题导向上，突出问题导向，坚持理论联系实际，从注重理论探讨、注重论文成果发表，向为油田党委及相关各领域提供决策咨询服务转变。二是在选题途径上，根据集团公司和油田重点工作，聚焦决策制定及执行过程中遇到的关键问题，作为课题研究的重点和焦点。同时，可以依托机关职能处室和各直属单位，在全油田范围内征集，提供选题信息；也可以通过培训中主体班次座谈研讨、交流互动、经验分享、成果展示等活动，发现并选择调研的线索和课题主题。三是在选题内容上，坚持以研究油田为主，致力于解决油田创新发展过程中的实际难题，推动党校科研从偏重一般性理论研究向注重应用性研究的转型。特别是以党建项目为引领，追求精而非多，着力研究和解决具体问题。四是在选题审定上，探索建立由主要领导、校内外相关专家组成的选题评审委员会，打破以往自行选题的惯例，形成"党委决定、专家论证、领导决策"的选题审定运行机制，全面优化课题研究领域和选题方向。

（四）创新过程管控，构建系统完备、响应迅速的协同管理机制

健全管理运行机制，形成内外联合、快速反应、协同攻关工作模式。一是建立智库信息获取与支持机制。积极拓展党校与油田党委及有关业务部门的信息传递和联系渠道，主动加强与职能部门的联系和合作，紧扣油田总体工作、阶段重点工作共同进行专题研究，实现沟通协调的常态化与制度化。充分利用学员优势，建立与学员的沟通交流机制、联合调研机制，获取有利于更好开展研究的信息资源，促进焦点难度及时转化为研究项目。二是建立调研反映机制。加大调研力度，深入基层，深入有引领性、典型性的单位项目中去，深入情况复杂、工作进展缓慢的地方，掌握大量材料事实，梳理汇总，去提出问题、发现问题，力求提出有较强针对性和可操作性的对策和建议。三是探索建立团队合作、联合攻关的工作机制。将具备攻关能力和丰富研究经验的人员有机组织起来，成立专业课题组，以建立统一领导、分工明确、协调一致的工作格局为目标，逐步实现从独立且分散的个体研究向团队合作、协同创新研究的转变，构建联合攻关、高效反应的工作机制，营造有序而高效的工作氛围。

（五）培育复合人才，夯实多元化高素质科研人才队伍根基

聚焦"之"字形人才发展策略，注重培育复合型人才，打造高素质的科研团队。一是加大培养力度，专注于提升校内人员的咨询研究能力。引导教师明确理论研究方向，树立专业意识，积极与职能部门对接，使党校教师融入重要决策讨论和相关会议，深入了解第一手情况，提升决策咨询的反应灵敏度。二是强化人才队伍的综合素质。通过加强基础学科建设，实施名师工作室、培训学习、基层锻炼、课题资助、传帮带等多元化措施，不断提高科研人员的研究和咨询水平。三是建立多元化的党校专家库。邀请相关业务部门负责人、校内外专家学者共同参与咨询研究，发挥好对决策咨询工作有情怀、敢担当、善建言的专家的作用，形成强大的决策咨询网络和人才体系。

（六）注重建章立制，构建配套、完善的科学运行保障机制

一是优化组织架构与保障机制。在胜利油田党校整体发展战略框架下，明确校党委的核心领导地位，细化各职能部门的职责划分，成立专项决策咨询服务机构，负责智库的规划发展、信息宣传、成果提交及对外交流等核心任务，确保决策咨询功能深度融入党校的长远规划。同时，借助《胜利油田党校学报》的权威平台，拓宽沟通渠道，及时向外界及油田输送高质量的调研报告。二是畅通信息流通与共享机制。针对信息流通障碍，需建立信息共享机制，并着力加强信息资源的整合与开发利用，构建涵盖信息统计、专题研究成果及案例分析等多维度的数据库，以加速信息传递，保障各部门信息的及时获取与利用。三是革新科研管理与激励机制。设计一套科学合理的科研评价体系，通过将科研成果与个人荣誉、职称评定、绩效考核等紧密关联，同时注重提升高层领导批示率、增强社会影响力及促进成果转化率，有效激发科研人员的创新热情，提升科研工作的实际成效。四是健全经费支持保

障机制。积极争取上级部门的支持，申请设立专项研究经费，并将其纳入年度财政预算，为新型智库的建设及决策咨询研究提供坚实的资金保障，确保智库运营与研究活动的顺利进行。

三、胜利油田党校新型智库建设实践创新

结合提出的对策建议，胜利油田党校从扩大研究成果影响力、探索理论实践经验、发挥党建专家人才优势、为基层党建提供支持服务、深度开展油地融合等方面创新国企党校智库实践载体，旨在进一步彰显党校智库的创新活力与责任担当。

（一）创办《胜利油田党校学报》

《胜利油田党校学报》由中国石化集团胜利石油管理局有限公司主管、中共胜利石油管理局有限公司委员会党校主办、国内外公开发行的综合性哲学社会科学学术期刊（双月刊）。从创刊起，始终坚持将党校姓党的原则落实在办刊工作中，设置专题栏目、实行栏目主持人制度，回应国有企业重大改革发展需求，搭建学术平台，为企业发展和社会进步提供了有力的理论借鉴和强大的精神支撑。目前已由《中国人文社会科学期刊 AMI 综合评价报告》2022 版 A 刊库、中国学术期刊（光盘版）、中国知网、"万方数据库—数字化期刊群"等平台共同收录，进一步扩大了思想引领力、学术影响力、理论阐释力和话语塑造力。

（二）设立胜利油田党建引领打造中国特色现代油公司理论研究与实践基地

胜利油田在油公司建设方面取得了显著成效，形成了具有中国特色的现代化油公司管理体制与运营机制。为深入贯彻习近平总书记"两个一以贯之"的重要指示批示，胜利油田与中国石油企业协会签订战略合作框架协议，建立长效合作机制，充分发挥协会在智库专家团、重大课题研究、创新成果推介及组织筹备交流活动等方面的优势丰富智库资源，在党建引领培育发展石油行业新质生产力战略研究、现代企业治理体制下油公司目标同向党建机制研究、中国特色现代油公司党建价值管理模式研究和中国特色现代油公司党建工作标准化体系研究四个方面合作开展重点研究攻关。

（三）建立胜利油田党建思想文化重大课题"揭榜挂帅"联合攻关机制

为发挥油田党校和油田的党建专家人才的优势，以胜利油田党建研究所为平台创新开展"党委命题、专家领题、攻关破题"的党建重大课题立项攻关行动，由上到下，协作推动破解党建难题。结合重大课题研究特点，选聘油田相关领域党建专家担任课题组技术首席。全面实行技术首席负责制，由技术首席在全油田范围点将选兵、组建团队，自主统筹做好课题组成员分工、方案制定、运行实施、成果发布等工作。各课题组根据实际需要，灵活采用驻点调研、交流学习、集中办公等方式，切实提高运行效率。党建研究所通过举办党建论坛、参加学术交流、固化制度标准、集成刊发出版等方式，拓宽课题研究成果发布、转化渠道，推动成果应用，从而有效破解了当前党建工作中面临的难点，发挥了党校智库作用。

（四）设立胜利油田党建专家工作站

为了统筹油田党建工作人才资源，完善党建专家工作通道，成立了胜利油田党建专家工作站，通过建立驻站轮值、定期研讨、基层巡检等运行机制，围绕油田党委重大决策部署，开展决策咨询服务；聚焦油田党建重点工作和需求，开展项目联合攻关；畅通油田党建专家为基层服务通道，为基层党建把脉问诊、答疑释惑；通过课题研究等途径，发挥高端引领和传帮带作用；总结梳理基层党建工作中的好做法、好经验，组织开展党建方面学术交流等职责任务。

（五）胜利油田党校和东营市社科联共同组建"智库联盟"

胜利油田党校新型智库组织油田党建专家围绕保障国家能源安全、企业绿色转型升级、油地融合发展、党建引领乡村振兴、基层治理、基层组织建设和跨村联建、村企共建发展模式等选题，深入

河口区、垦利区、广饶县和利津县的基层一线,帮助基层提升理论思维能力和调查研究水平,指导基层形成高质量调研成果,尽力推动基层解决一批群众急难愁盼的问题,不断提出真正解决问题的新理念、新思路、新方法,旨在用高质量调查研究成果构建和谐共赢新型油地关系,为保障国家能源安全提供强大支撑。

探索构建"1257"党建与业务融合模式，引领保障东线公司高质量发展

创造单位：中国南水北调集团东线有限公司党委
主创人：冯旭松　倪鹏
创造人：柴艳娟　裴旭东　史经纬　胡文新　张恩泽　杜乐东

【摘要】南水北调工程事关战略全局、事关长远发展、事关人民福祉。2020年11月，习近平总书记在江苏考察时强调，确保南水北调东线工程成为优化水资源配置、保障群众饮水安全、复苏河湖生态环境、畅通南北经济循环的生命线。中国南水北调集团东线有限公司（以下简称东线公司）作为南水北调东线工程运行管理的责任主体，在中国南水北调集团党组的正确领导下，认真学习贯彻全国国有企业党的建设会议精神，积极探索构建"1257"党建业务融合模式，推进党建工作与公司生产经营、改革发展重点任务深度融合，把党建优势转化为公司治理效能，以高质量党建引领保障公司高质量发展。

【关键词】南水北调　党建业务融合　治理效能

一、贯穿"1条主线"，坚持党建与业务工作"一盘棋"

东线公司党委强化"融入中心抓党建、抓好党建促发展"理念，并将这一条主线贯穿党建与业务工作全过程。一是注重夯实思想基础。通过党委会"第一议题"、党委理论学习中心组、"三会一课"，引导党员干部正确认识党建与业务工作的辩证统一关系，牢固树立"一盘棋"思想，从"物理捆绑"到"化学反应"，不断增强党建与业务工作融合发展的思想自觉、政治自觉和行动自觉，解决"为什么融"的问题。二是注重强化顶层设计。统筹思想、组织、机制、责任、考评5个方面的融合要求，把党建要求落实到业务工作各环节中去，解决"融什么"的问题。三是注重强化载体路径。立足主责主业，以公司中心任务、重点工作为载体，结合实际实施"党建+"工程，解决"怎么融"的问题。

二、贯通"2个责任"，深耕党建与业务融合"责任田"

1. 一体贯通公司党委和党支部两个主体责任

东线公司党委充分发挥"把方向、管大局、保落实"作用，走好"最先一公里"。严格落实党建工作"四同步""四对接"要求，制定东线公司"三重一大"决策实施细则和党委会议事规则，加强对重大经营事项的前置研究，推动党的领导与公司治理紧密结合。每年制定落实全面从严治党主体责任任务清单，并将其中的党建重点任务纳入公司年度工作要点和督办事项，按月跟进反馈；党支部充分发挥战斗堡垒作用，激励党员发挥先锋模范作用，打通"最后一公里"。将支部组织生活与助力公司高质量发展相贯通，设立党员责任区、示范岗、突击队等，党员干部带头干、带领职工攻坚克难。

2. 压紧压实管党治党和治企兴企两个责任

东线公司党委书记带头履行"第一责任人"职责，班子成员履行"一岗双责"，以上率下，推动各级党组织把管党治党政治责任、治企兴企责任一并抓在手上、扛在肩上，带动公司各级干部职工知责履责、担责尽责，努力在保供水、强安全、抓改革、提能力、促发展等方面取得新进展新成效。南水北调东线一期工程通水11年多来，累计抽引长江水量近457亿立方米，向山东省供水近77亿立方米，惠及沿线8500多万人口（含北延应急供水工程），实现了显著的经济、社会、生态效益。

三、立足"5个方面",构建党建与业务融合"新维度"

1. 凝聚思想引领融合

坚持从抓思想入手,从上到下全面凝聚党建业务融合的共识。一是坚持讲政治与抓业务相统一,牢固树立"没有脱离政治的业务,也没有脱离业务的政治"的理念,落实"第一议题"制度,完善研究部署、推动落实、跟踪问效的工作机制。二是坚持理论学习与解决问题相统一,认真落实党委理论学习中心组学习制度,开展学习研讨,形成解难题、促发展、保安全、抓改革、强党建的思路举措。三是坚持思想政治教育与企业文化建设相统一,弘扬社会主义核心价值观,加强廉洁文化建设,编制廉洁文化手册,凝练形成"水澈人清,廉行致远"公司廉洁文化理念、干部职工"十要十不要"廉洁承诺和项目管理廉洁从业"六不准",员工自己制作电子视频在公司范围内传播,自编自导制作《歌唱祖国》MV视频,展示了良好的精神风貌。

2. 建强组织支撑融合

严格落实"四同步、四对接"要求,从完善组织体系着手,塑造融合"共同体"。党组织内嵌到公司治理结构中,党建工作要求写入公司章程,健全党组织、选优配强班子,把党的领导融入公司治理各环节,结合公司组织架构变化动态调整党组织设置。党政主要负责人"一肩挑",坚持和完善"双向进入、交叉任职"领导体制,党委书记、董事长一肩挑,总经理担任党委副书记,设专职党委副书记,党支部书记兼任部门(单位)负责人。建设党建、业务"双强"队伍,加强复合型干部培养,分层分类组织开展培训,既学党建知识,又学业务知识。加大党务和业务人员双向交流力度,把党务工作岗位作为培养企业复合型人才的重要平台。

3. 健全机制保障融合

深入推进现代国有企业制度建设,确保党建和业务融合有章可循。构建治理融合机制,制定决策事项清单并迭代完善,重大经营事项党委前置研究,确保党委领导核心和政治核心作用组织化、制度化、具体化。构建工作融合机制,坚持党建工作和业务工作一起谋划、一起部署、一起落实,构建监督融合机制,推动财务、审计、法律等各类监督更加贯通融合。

4. 强化责任共促融合

从书记抓、抓书记入手,形成党建与业务两手抓、两促进。强化融合意识,加强宣传引导,大会小会经常讲,学习培训重点讲,推动融合理念内化于心。明确融合内容,坚持党建工作重点与业务工作要点高度统一,编制公司年度党建重点任务清单,重点聚焦公司重点工作的任务分解。压实融合责任,紧紧牵住党建责任制这个"牛鼻子",编制全面从严治党主体责任清单,压实各级党组织管党治党和治企兴企责任。

5. 完善考评加固融合

以考评传递责任,以责任传导压力,以压力推动落实。组织层面,支部党建考核结果纳入部门(单位)绩效考核的一部分;个人层面,个人党建考核结果占个人绩效考核的一定比例;奖惩层面,将党建工作考核与绩效考核挂钩,把党建工作成效作为干部选拔任用、激励约束、问责追责的重要依据。

四、依托"7个路径",跑出党建与业务融合"加速度"

1. 围绕"党建+调水护水",谱写东线调水新篇章

从习近平总书记关于治水、南水北调重要讲话和重要指示批示精神中找方法,开展"党旗在调水一线高高飘扬"主题党日活动,成立调水现场管理"党员先锋岗",巡查现场"红心护水青年突击队",在调水一线充分发挥支部战斗堡垒作用和党员先锋模范作用。2023—2024年,积极协调推动增加用水计划,苏鲁省界调水量14.16亿立方米,过黄河5.6亿立方米,再创新高;首次明确江苏、安徽净增供水量,实现突破;北延工程效益显著发挥,自2019年应急试通水以来,累计向黄河以北调水

8.89亿立方米，向河北、天津调水7.61亿立方米，自2022年以来连续四年助力京杭大运河实现全线水流贯通，有力推动华北地下水压采综合治理和华北地区河湖生态环境复苏行动。

2. 围绕"党建＋安全生产"，全力保障南水北调"三个安全"

深入贯彻落实习近平总书记关于安全生产重要论述精神，通过讲授安全生产党课、开展安全生产事故案例警示教育、举办安全生产主题党日活动等，不断提高思想认识。设立党员责任区，打造党员示范岗，压实安全责任，将党员责任区与安全检查相结合，定期向责任区党员反馈安全检查问题，责任区党员负责落实问题整改、销号工作。在重大工作节点，党员干部加班加点值班值守，打赢了台风"杜苏芮"等攻坚战，保证"三个安全"各项任务顺利完成。

3. 围绕"党建＋防汛度汛"，确保东线工程安全度汛

党建引领，坚持"预"字当先，将防汛工作纳入支部工作计划，与党建工作同部署、同谋划，下好防汛"先手棋"。党员先行，支部书记以身作则，带领党员全力落实防汛责任；党员带头下沉一线，对工程防汛重点部位等进行隐患排查，筑牢防汛"安全堤"。党旗飘扬，强化认识，做好防汛预警、演练、汛情信息报送、问题整改工作，吹响防汛"冲锋号"。

4. 围绕"党建＋科技创新"，助力公司智慧绿色转型

党员科技攻关团队，发挥博士、硕士党员专业特长，积极承担国家级和省部级科研项目，稳步推进"东线工程多水源均衡配置与输水智能调控技术""长距离调水工程水质安全保障关键技术研发与应用"等4项国家重点研发计划项目研究，深度参与"泵站数字孪生关键技术""生态友好型贯流泵""智能泵站"3项水利部科技项目，推进数字孪生南水北调东线北延、东线一期和东线水网先行先试工作，让党旗在科技创新前沿高高飘扬。

5. 围绕"党建＋后续工程"，推动后续工程前期工作

加强理论学习，深入学习贯彻习近平总书记关于治水的重要论述、关于南水北调和国家水网的重要讲话和重要指示批示精神，激发党员干部推动南水北调后续工程高质量发展的政治热情；深化调查研究，形成南水北调东线二期工程建设的必要性和紧迫性调研报告；成立工作专班，全力支撑《南水北调工程总体规划》修编和南水北调东线二期工程可研深化论证。锚定"十四五"期间开工建设目标，提出南水北调东线后续工程近期实施方案建议；党员攻坚克难，组织开展南水北调东线一期工程、北延应急供水巩固提升工程可行性研究并形成初步成果。

6. 围绕"党建＋经营发展"，提升公司发展质效

分子公司党组织注重把党的政治优势、组织优势转化为企业的竞争优势和发展优势，积极融入国家水网建设、拓展涉水经营。智能水务公司确立了"一体两翼"发展定位，天津分公司提出"强服务、抓质量、求效益、谋未来"改革举措。与济宁、菏泽、沧州市人民政府签订战略合作协议，成功中标北京密云水库调蓄工程运行管理与设备设施维修养护项目。

7. 围绕"党建＋人才培养"，打造东线人才高地

成立东线公司泵站联合调度集成技术创新中心，鼓励青年科技人才创新创效；加强实践锻炼，成立东线公司应急抢险青年突击队和红心护水青年突击队，动员公司团员青年积极投身公司改革发展实践；创新培训形式，举办党建业务大讲堂，既讲党建又讲业务；坚持以人为本，深入开展"我为群众办实事"实践活动，不断增强员工的获得感、幸福感、安全感。截至目前，东线公司硕士以上学历占比39.47%，中高级职称占比73.14%，入选"中央企业顶尖人才培养计划"1人，中国科协工程领域评审专家1人，集团公司科技领军人才1人，集团公司青年科技英才1人。

党的二十届三中全会吹响了进一步全面深化改革、推进中国式现代化的奋进号角。治水筑安澜，兴水润民生。新时代、新征程，东线公司党委将不断深化实化党建与业务深度融合重要课题，进一步打造东线公司党建品牌，完善企业价值链，为中国式现代化提供水安全保障做出新的贡献。

以党建品牌价值创造赋能党业融合共促，引领推动超大城市排水基层治理新格局

创造单位：广州市城市排水有限公司
主创人：周军 关杨
创造人：林晓莲 杨修月 张颖 张妍雯 谢苗

【摘要】为全面落实新时代党的建设总要求，广州市城市排水有限公司（以下简称广州排水公司）党委立足超大城市排水一体化高质量发展战略需求，结合新生的成长型企业组织发展实际，积极探索新形势下推进基层党建理念创新、机制创优、手段创效的方法和路径，高标准构建"360全域嵌入式"大党建工作模式，一体化培育塑造"水善旗红畅万家"1+5+N党建品牌矩阵体系，打造具有更强引领力、战斗力、向心力的党建堡垒。特色党建品牌价值创造融入中心工作成效显著，排水设施管养和应急保障能力跃居全国前列，成为超大城市高质量排水治理"广州样本"。本文从党建品牌价值创造引领企业党业融合共促实施各方面展开论述，探索形成国有企业可复制、可推广的品牌创建模式，持续推动高质量党建引领企业高质量发展取得新突破。

【关键词】国企党建　党建品牌　党业融合　高质量发展

一、实施背景

党的十九大全面部署了推进新时代中国特色社会主义伟大事业和党的建设新的伟大工程，并提出新时代党的建设总要求。党的二十大强调要深入推进新时代党的建设新的伟大工程。

2018年，为全面打赢污染防治攻坚战、建设绿美生态广州，广州市深化排水管理体制改革，广州排水公司应运而生。作为广州水环境治理的新兵和新成立的大中型成长型国有企业，广州排水公司面临成立之初产业工人队伍快速壮大思想黏合力不够、城市水环境治理水安全保障任务重、排水公共服务市民获得感不强等突出问题。面对高质量发展新征程、新挑战，如何发挥党建引领作用，找准党建引领中心工作、凝聚职工群众、参与基层治理的着力点和抓手载体，打造更具引领力、战斗力、向心力的党建发展堡垒，从而全面有效落实新时代党的建设总要求，以高质量党建引领排水事业高质量发展成为摆在广州排水公司面前重要的发展命题。

对此，广州排水公司党委高标准构建"360全域嵌入式"大党建工作模式，全面焕新培育"水善旗红畅万家"1+5+N党建品牌矩阵体系，充分运用党建品牌价值创造赋能高质量发展载体抓手，深入推动公司党业融合创新探索，充分发挥12个党组织的政治核心作用和325名党员先锋模范作用，引领带动2700多名职工攻坚破局，党建品牌价值创造赋能高质量发展成效显著。

二、实施目的

习近平总书记在全国国有企业党的建设工作会议上强调，坚持党的领导、加强党的建设，是国有企业的"根"和"魂"。全面落实新时代党的建设工作总要求，充分塑造党建品牌价值理念赋能党业融合共促，走出新时期党建工作赋能企业高质量发展特色之路，既是加强和改进党建工作、推进党建工作创新发展的有益探索，又是以改革创新精神全面推进新时代党的建设的伟大工程的实践尝试，有着十分重要的现实意义。

（1）实施党建品牌价值创造，是推动党建工作创新创优，实现固本强基工程的重要途径。以党

建品牌创建过程中调研发现的问题和不足为切入点，坚持目标和问题导向，系统梳理党建融入中心工作的着力点，将推进党建品牌创建与党建工作标准化、规范化建设结合起来，用品牌的标准化，来推动党建工作标准统一、质量提高、成果检验，从而实现党建工作在思路上有创新、内容上有特色、机制上有突破、方法载体上有变革，将党建品牌创建成为党建工作创新的助推器，充分发挥党建工作在超大城市排水基层治理工作中的领航效能和作用，实现固本强基、以高质量党建保障引领企业高质量发展。

（2）实施党建品牌价值创造，是推动党业深度融合，实现以高质量党建引领高质量发展的关键抓手。作为新组建成立的大中型国有企业，广州排水公司在成立之初，党建工作存在引领大局、服务中心尚未形成合力，与生产经营融合缺乏载体和抓手不足等问题。党建品牌建设是促进企业党建和生产经营深度融合的重要载体，把业务、创新、服务、人才、廉洁等纳入党建品牌价值核心创建内容，使品牌建设与企业发展同向发力、相互促进、深度融合，推动党建工作抓出生产力、抓出凝聚力、抓出战斗力，实现以党的建设推动企业改革发展谋篇破局。

（3）实施党建品牌价值创造，是推动队伍凝聚共识，实现汇聚国企改革发展动能的有效方法。广州排水公司作为广州水环境治理的新兵，城市排水公共服务的社会认同感和群众"获得感"尚未充分，党建品牌建设更有助于塑造企业形象，凝聚思想共识，强化价值引领，激活党员干部在国有企业战略跃进、坚守初心服务为民中的创造力，铸造具有战斗力的干事创业主力军，实现对外具有更大知名度、更优美誉度、更强竞争力；对内具有更高凝聚力、更强战斗力、更大忠诚度的双重价值赋能目标，为国企充分发挥党员先锋模范作用、激发基层党组织的活力、树立国有企业党组织的良好形象提供了新的视角、新的思路和新的路径。

三、实施过程

（一）以全域党建顶层设计，高位统领品牌价值创造新格局

在广州市水务投资集团有限公司（以下简称广州水投集团）"水善旗红"大党建引领下，广州排水公司全力聚焦水环境治理地下硬仗，高标准构建"360全域嵌入式"大党建新模式，把党的领导和党的建设充分融入公司治理和中心工作中，充分发挥党建领航效能。"360"，是"纵向到底、横向到边"全域式嵌入核心理念，代表推动党建360°全方位立体式覆盖至超大城市排水治理引领模式的全过程、各领域，主要围绕"三大使命、六个维度、全域覆盖"创新党建体系，通过把党建最坚实的力量用在与政治、经营、创新、民生、人才和廉政等工作融合升级的刀刃上，充分打通党建效能嵌入"最后一公里"：其中，"3"是指以"为党固基业、为民护善水、为穗添光彩"三大使命为价值引领；"6"是指将党建嵌入"政治高度、经营深度、创新精度、民生温度、人才厚度和廉政力度"六个维度，着力带动党业融建共促，构筑国有企业党建引领企业高质量发展工作体系的"四梁八柱"，充分发挥党建统领改革发展的效能；"0"是指以"全域推进、整体提升"为目标，构建全要素聚力、全方位提质、全闭环管理、零死角覆盖的"全域大党建"管理模式，实现强轴心、优治理、提服务的良好效果，推动党建与业务深度融合取得显著成效。

（二）以一体思维系统推进，全力打造立体化多维品牌新矩阵

基于党建品牌创建调研发现党业融合共进程度不够、载体不多等问题，广州排水公司党委从党建深度嵌入中心工作出发，坚持用体系化思路开发党建品牌体系设计与建设，深入培育创建"水善旗红畅万家"1+5+N党建品牌矩阵体系，即"1个"党委党建主品牌＋"5个"主链子品牌＋"N"个功能型子品牌矩阵，形成立体化、融合化纵横发展的党建全矩阵体系。以子母品牌相互呼应、紧密联动的一体化品牌发展格局，构建起集聚共享、优势互补、辐射联动赋能的党业融合共促高质量发展共同体，党建品牌引领力、号召力与凝聚力全面强化。

"1"：代表公司党委党建主品牌。"水善旗红畅万家"以突出排水主业价值目标追求的"畅"为核心，在"水善旗红"和"万家"间承上启下，对上传承了集团党委"水善旗红"党建品牌及"水善惠万物"治水精神，启下彰显了城市排水服务广州高质量发展中心大局、服务羊城千家万户的初心使命。

"5"：指"源、锐、和、贤、廉"五大方面品牌核心价值内涵，也是支撑新时代新阶段排水事业高质量发展的五大核心动能，即"改革开源、创新争先、服务为民、培贤强基、廉洁正本"五个方面，将党建融入改革、创新、服务、育才、廉洁全域带动党业融建共促；采取"点面结合—党业融建——体呈现"工作法，以主营业务统一，地域分布为东西南北中的五个运营分公司党支部承建为依托，以相应业务板块职能部室联系共建为支撑，把五个方面的核心内涵分别延伸拓展为二级主链子品牌，结合已深入人心的"排长"形象，打造成"源心排长、锐心排长、和心排长、贤心排长、廉心排长"的"初心排长"品牌矩阵。

"N"：指功能型子品牌。结合业务资源优势，打造了"书记有约""排长大讲堂""防汛急先锋""水善旗红·城市排水党员先锋车组"等以功能型为主的企业党建品牌体系N+矩阵。

（三）以党业融合共促落地，充分激发品牌价值赋能新活力

以"源、锐、和、贤、廉"五大方面品牌核心价值内涵，将党建融入改革、创新、服务、育才、廉洁五个方面带动党业融建共促。

1. 畅"源"价值理念与行业改革相融合，党业共进优势转化为排水发展竞争力

畅"源"代表广州城市排水体制改革开源创先河，也代表源头治理、畅通循环的生态治水理念。广州排水公司党委立足改革开源创先河、生态治水抓源头，坚决贯彻落实习近平新时代中国特色社会主义思想，服务广州生态治水战略大局，党建引领现代排水治理改革升级，坚持以"党建+中心工作攻坚"为抓手，实施48个书记项目和30个深调研成果破题攻坚，改变了中心城区排水设施"市、区两级+雨污分割"的多头管理模式，全面实现中心城区排水设施"一体化"管理。组建现代化排水设施运营维管队伍规模近2700人，高效管养排水管网2万余千米。率先探索并创新实践城市排水管网"片区化+网格化"管理模式，构建45个"智慧片区"，建立起"源头到末端全覆盖+可追溯+可倒查"的精细化排水管网管养机制，推行"厂—网—河"流域化联控联调机制，开启广州"一城一网一主体"现代排水设施一体化管理新征程。全面啃下鸦岗国考断面水体达标的"硬骨头"，全市147条河涌全面消除黑臭，助力广州治水取得历史性成效。2021年广州新排水案例入选国务院国资委、广东省国资委粤港澳大湾区"国有企业社会价值蓝皮书'守护生态文明'十佳案例"，为大湾区城市治理提供了"广州样本"。超大城市排水运维创新实践经验被国家住房和城乡建设部全国推广，为全国治水提供了"广州方案"。

2. 畅"锐"价值理念与创新管理相融合，党业共进优势转化为排水发展牵引力

畅"锐"代表广州排水高质量发展要以科技创新、智慧治理为先，也代表着广州排水公司坚持刀锋所向、锐意创新、攻坚最前沿的进取精神。广州排水公司党委深入践行习近平总书记关于国企国资创新发展的重要论述，持续创新基层党组织和党员干部发挥作用的载体平台，创建"红（党员骨干）+蓝（产业技术骨干）"创新工作室，开展"一支部一品牌、一书记一项目"长效机制活动，切实将基层党组织的凝聚力和战斗力发挥在破题攻坚最前沿。广州排水公司坚持以信息化创新驱动排水管理方式的变革和效率提升，在广东省率先搭建数智化排水管理平台，为城市排水管理装上"智慧大脑"，相关成果荣获2020年度"广东省市政行业协会科学技术一等奖"，入选第七届"'粤治·治理现代化'优秀案例"，并被行业主管部门在全市范围内推广应用。党员饶虹创新工作室国内首创不停产清淤机器人，实现清淤"人不下井，水不断流，泥不落地"，作业时长较传统方式缩短近50%，荣获"广东省市

政行业协会科学技术特等奖"等近10项省市级科技奖项和国家专利，经鉴定属国际领先水平。行业首家研发大批城中村中小型新能源清疏装备，实现城中村排水管网机械化养护全覆盖。公司累计获超40项科技创新成果、76件国家专利授权、参与编制8项行业标准规范，荣获37项省市级奖项。2023年广州排水数智化实践荣获"全国国企管理创新成果一等奖"。

3. 畅"和"价值理念与民生保障相融合，党业共进优势转化为排水发展服务力

畅"和"代表广州排水秉持人水和谐、人民至上、生命至上的为民情怀，也彰显国企姓党、国企为民、造福百姓的使命担当。广州排水公司创新培育"书记有约"品牌项目，以"约会、约定、约束"三约工作机制为抓手，通过书记建言堂、书记宣讲团、书记解忧坊、书记项目等载体平台，实现党建工作和为民服务工作的"同频共振"。创建"水善旗红先锋示范车组""防汛急先锋"等党建品牌，成立一批水善旗红排水保障先锋突击队、党员志愿服务队、青年突击队，构建面向社会、服务民生的"红色前沿阵地"。广州排水公司自成立以来有效处置超强台风"山竹"、历史性"龙舟水"、天文大潮等极端天气导致的城市内涝，共响应市区防暴雨内涝应险响应超1600次，处理水浸风险3200次。突击队在抗洪抢险、疫情防控等关键时刻冲锋在前，多次临危受命完成驰援江西、湖南、广西等省（自治区）内外抗洪抢险和应急救援任务，多次接受了国家部委、省委、市委主要领导的检查指导并获充分肯定。以"防汛急先锋"为支部党建品牌的维护应急管理中心党支部被评为市国资系统首批五强五化示范党组织。广州排水公司党委开展"广排枫桥"创新实践活动，以"接诉即办、码上快办、未诉先办、书记约办""四办"融合打通服务基层、服务群众"最后一公里"和城市排水公共服务"神经末梢"。其中广州排水公司党委牵头搭建"码上办"智慧排水公共服务平台，构筑起市民仅需掌中"扫码""云端"即可直接派单跟踪处理的智慧服务新模式，以"优管降诉"实现诉求工单接得快、分得准、办得实。"码上办"服务平台响应效率较广州市政务服务热线12345转办提速近60倍。广州排水公司自成立以来累计解决市民排水"忧心事"超8万宗，连续四年在市12345热线全市40家公共服务性企业排名中稳居前两名。公司近年来连续荣获广东省"最美应急集体"、广东省"应急救援先进集体"称号。

4. 畅"贤"价值理念与人才发展相融合，党业共进优势转化为排水发展原动力

畅"贤"代表广州排水公司珍才重贤的治企理念，也规划了广州排水公司作为年轻态企业重视人才培育、引才聚贤赋能高质量发展的强企路径。广州排水公司党委锚定高质量发展目标，立体搭建"头雁领航""英才启航""精匠远航"三类人才培育机制，构建集党建综合、排水运维、科技创新等"N"个专项的"3+N"人才培育体系。聚焦管理领军人才实施"内外兼修"，联合中山大学开展中高层管理干部研修班，量身定制"对标研学"，赴北京、天津、深圳等行业领军企业对标一流互鉴共振。聚焦青年强基人才广泛开展"师带徒"工作机制，开展新青年特训营、成果孵化工作坊等系列培训促进新青年成长与公司发展同频共振；成立排水特色青年宣讲团，理论宣讲精品荣获全市团课大赛冠军、市国资系统习近平新时代中国特色社会主义思想学思践悟活动特等奖。聚焦产业工人队伍改革和劳模工匠团队塑造，以创新工作室、技能竞赛、岗位练兵等为抓手，着力提高排水现代化产业队伍整体素质，在推进城市排水应急管理体系和能力现代化建设中发挥主力军作用。广州排水公司获2023年"羊城工匠杯"全市十佳安全管理创新项目第一名等多个优秀奖项。在2024年"羊城工匠杯"劳动技能大赛包揽团体、个人一二三等奖。广州排水公司连续三年获得"广州市安全生产先进（标兵）单位"称号。广州排水公司被列为省第二批职业技能等级认定试点，先后培育出"广东省先进女职工集体""广州市女职工创新工作室"等先进集体，荣膺"2023年度广州最佳雇主"。

5. 畅"廉"价值理念与全面从严治党相融合，党业共进优势转化为排水发展续航力

畅"廉"代表广州排水公司以廉为盾、护航保障企业高质量发展的治企方略，也彰显了正本清

源、治污达清的决心和态度。广州排水公司党委坚持以廉为盾、护航保障企业高质量发展的治企方略，以正本清源、治污达清的决心和态度，创新打造"水沐清廉""排长大讲堂""排长说廉"广州排水公司特色廉洁品牌矩阵，聚焦"查缺、补漏、清污、提质"，创造性地开展"未巡先查"，高位推动谋划纪检、审计、法务、财务协同全流程监督闭环，健全风险管理"三道防线"，高效形成"大监督"管理格局和依法治企"大风控"管理体系，举一反三推进现代化企业治理体系和治理能力提升。

四、主要创新点

（1）创新打造"全域大党建"工作模式，构筑城市排水治理超强内生动能。立足城市排水高质量发展战略需求，结合新生成长型企业组织发展实际，把党的领导充分融入公司治理各环节，将党的建设全面融入企业改革、创新、服务、育才、廉洁各领域，高标准构建起全要素聚力、全方位提质、全闭环管理、零死角覆盖的"360全域嵌入式"大党建模式，以高质量党建引领现代排水机制改革与产业升级。

（2）实践丰富"水善旗红畅万家"1+5+N党业融合抓手平台，畅通党业融合共促"最后一公里"。深入调研摸清企业品牌建设"家底"情况，精准把握各品牌培育的共性问题与个性特色，一体化、立体化的品牌赋能发展战略改变了传统的各自为战的空心化、形式化、盆景化的品牌建设思路，以"水善旗红畅万家"领航整个体系建设，有效整合公司5大主链子品牌、N个功能型子品牌创造不同价值的内生资源，充分释放了各品牌赋能排水治理发展的差异化潜力，牢牢抓稳了企业党建品牌价值创造赋能发展的破题关键，最大限度地释放党建品牌价值创造赋能党业融合共促效能，让品牌成长更高效更具活力，品牌体系建设与企业高质量发展融合互促展现出澎湃的生命力。

（3）融合发力"业务部室＋基层党支部"品牌共建形式，激活党建赋能排水治理战斗力。如何破解党建与中心工作"两张皮"问题，一直以来是党业融合实现赋能发展的困境难题。突破党建搭台、业务参与的模式，广州排水公司党委以"部室＋支部"共建形式，将业务部门从被动参与者变为融合共促的主动推动者、践行者，将"多方给力"升级提档为"融合发力"，实现从以往的"党业共商"到"党业共促"的关键一跃，形成了党建引领、共谋发展的良性互动，构建起"组织共建、资源共享、融合发力"的崭新品牌赋能工作新格局，最终实现1+1＞2的组织发展效能提升，排水高质量发展增量潜力得以挖掘激活，持续激发着公司高质量发展的动力和活力。

五、实施效果

1. 党建活力全面迸发，党建成效屡获殊荣

深入推动党建品牌赋能党业融合创新探索以来，广州排水公司党委积极将党建引领创新攻坚的突破与实践转化为推动行业改革破局的强劲动能，稳步做实"水善旗红畅万家"党建品牌，品牌效应显著提升，得到《人民日报》、"学习强国"等媒体深度报道。广州排水公司"360全域嵌入式"大党建模式案例获"全国国企管理创新成果一等奖"，党建创新实践入选第三届"广东省基层党建创新精品案例"，党建品牌获评"广州国企十佳党建品牌"，"书记有约"特色项目案例作为市国资系统唯一党建创新案例获评第二届广州市区直机关"金穗杯"工作创新大赛二等奖。广州排水公司党组织先后获评"广州市先进基层党组织"、市国资系统首批"五强五化"示范党组织。

2. 战斗堡垒全面激活，国企担当再树标杆

城市排水管网治理体系更加健全。排水管网"片区化＋网格化"管理更加精细，"一城一网一主体"排水一体化管理格局持续拓深。2023年5月，城市排水运维实践工作经验被住房和城乡建设部列入全国推广的治水经验中，为全国治水提供"广州方案"。2023年3月，广州城市排水数字化管理实践荣获"全国国企管理创新成果一等奖"，成为超大城市高质量排水治理的新标杆。城市内涝处置效能再获升级。"点—线—面"三级防内涝布防体系更加健全，形成"三预""三提"保障机制，科学布局中心城区12座抢险基地，构建起超大城市"半小时布防抢险圈"，应急抢险队伍布防速度大幅提升。

排水设施养护及应急保障能力位居全国前列，城市排水能力和灾备能力显著提升，防内涝韧性明显增强。2022年10月，广州排水公司荣获"广东省应急救援先进集体"称号。

3. 人民群众全域点赞，社会效益领跑华南

市民群众对排水公共服务的满意度持续攀升。市民群众水浸诉求得到及时响应，有效减少"落雨大，水浸街"的困扰，群众的获得感、幸福感、安全感持续增强。尤其是2024年"龙舟水"期间，广州市平均降雨量较常年平均降雨量偏多41.9%，降雨量一度打破历史极值，但中心城区均未出现严重内涝险情，人民群众生命财产安全得到有力保障。多年来广州排水公共服务群众满意度稳居全市前二，获企业社会责任"犇牛奖"新秀奖，"排水为民服务实践"被列入"广州市主题教育典型案例"加以推广，获得《人民日报》、"学习强国"等媒体报道和社会广泛赞誉。

六、下一步规划与探讨

1. 以有力机制保障党业深融互促

党建品牌创建要紧密融入中心服务生产经营，探索构建起党建发展部门与企业经营职能部门、运营机构相互支撑联动工作模式，搭建全方位、全闭环、零死角"全域覆盖"大党建模式，依托科学可行、合理的理论与实践相结合的机制牵引凝聚各方智慧合力，提升全员党建品牌意识，压实创建责任分工，推动党建与业务深度融合取得良好成效，实现党建工作与中心工作的高度融合、深度契合、密切配合。

2. 以系统思维推进党建品牌顶层设计

发挥党建统领改革破局的效能，国有企业创建党建品牌要切实立足实际，紧扣中心，围绕服务生产经营中心工作这一角色做好定位，瞄准基层党建组织实际状况，依托业务资源优势，科学规划党建品牌体系结构，构建起立体化、融合化纵横发展的党建全矩阵体系，深入拓展贴合企业实际的党建品牌的内涵和外延，打造紧密联动的一体化品牌发展体系，通过强化创建的稳定性、连续性，不断提高党建品牌的辐射和带动效应，全面彰显国有企业党建品牌影响力和推动力。

3. 以深融载体构建双向驱动平台

党建品牌创建要坚持目标导向、问题导向，搭建党建、业务双线互促互进平台，形成一个融思想碰撞、项目推进、实战学习、经验交流为一体的工作场机制，建设起党建品牌建设"指挥所"、党建品牌创新"智囊团"、党建品牌落地交流"学习场"，畅通党建与业务互融互促"高速路"，全面拓宽党建品牌创新发展的可能空间，全力发挥"场效应"的最大效能，真正成为提升基层党建品牌高质量建设新抓手。

4. 以品牌文化激活高质量发展战斗力

开展全面有效的党建品牌落地推广，打造独具企业特色的党建品牌文化，是实现党建品牌内化于心、外化于行，品牌价值赋能作用得到充分发挥的重要内容。要在品牌创建过程中，制定适合本企业的党建品牌宣传推广方案，搭建起线上线下双线联动的党建品牌宣传矩阵，实现品牌推广对内对外全覆盖。同时，与现有企业文化建设体系深度融合，创建特色党建品牌文化推广活动，让党建品牌在党业融合共进中真正发挥价值效能。

国网江苏省电力有限公司"丹心行动"党员教育培训体系构建

创造单位：中共国网江苏省电力有限公司委员会党校
主创人：侯俊　夏伟文
创造人：王晓瑜　符晓怡　刘春苓　闫思卿　李振宇　刘康鸿

【摘要】 为深入学习贯彻党的二十大精神，全面贯彻习近平新时代中国特色社会主义思想，落实习近平总书记关于党员教育培训的重要论述，落实国家电网公司关于党员教育工作的部署要求。不断提高新时代党员教育培训工作质量，国网江苏省电力有限公司（以下简称国网江苏电力或苏电）紧扣分众理念，遵循"三有"（有形、有质、有新）方法路径，突出"问题导向、目标导向和结果导向"，聚焦不同党员群体的不同能力需求，精准设置差异化的课程模块和课程内容，构建了五位一体的"丹心行动"党员教育培训体系，有效促进了党建类教育培训标准、质量、效果"三个提升"，为公司在具有中国特色国际领先的能源互联网企业建设中站排头、当先锋、作表率提供了坚强队伍保障。

【关键词】 分众式理念　丹心行动　党员教育培训体系

一、实施背景

（一）全面推进党建工作质效的重要保障

习近平总书记在国有企业党的建设工作会议上指出，坚持党的领导、加强党的建设，是我国国有企业的光荣传统，是国企的"根"和"魂"，是我国国有企业的独特优势。国有企业改革发展必须持之以恒推进全面从严治党，深入推进新时代党的建设新的伟大工程，以党的自我革命引领社会革命。

在新时代、新形势下，高质量发展对党建工作提出了更高要求，具有品牌影响力的党员教育培训是提高企业党员队伍整体素质，提升企业核心竞争力、战斗力、凝聚力，推动企业高质量发展的重要保障。基于新时代党的建设总体要求，全力打造新时代"丹心行动"党员干部教育培训体系，持续加强和改进党员干部教育工作，不断谱写新时代党员干部教育工作新篇章。

（二）支撑党员干部队伍建设的关键举措

国企党员干部作为党活动的主体，是推动企业发展的中坚力量，是加强企业党建的骨干力量，党员干部作用发挥得好不好，直接关系到党组织在企业改革发展中的影响力、凝聚力和战斗力。党员干部领导能力不强、基层党员素质有待提高等问题，不仅会直接影响着党建队伍建设，还会严重阻碍企业自身的顺利发展。通过构建具有影响力和吸引力的党员干部教育培训体系，提升党员干部对理论教育和党性教育培训的有效性培养，打造一支符合新时代要求的高素质党员干部队伍，对新形势下加强党的建设、不断提升党建工作质量至关重要。

（三）提升党员培训工作质效的有效手段

党员教育培训是党的建设基础性、根本性、经常性任务，是党的建设永恒的课题。近年来，针对党员培训形式较为单一、内容宽泛粗放等问题，国网江苏党校（管培中心）不断创新党建类教育培训，通过科学的学习理论和方法，探索"课堂+基地+研讨"等实训模式，注重丰富实践锻炼形式，突出典型引领，打造"丹心行动"教育培训体系，为公司在具有中国特色国际领先的能源互联网建设中提供了坚强的人才保障。

二、实施目的

紧扣分众理念，聚焦不同党员群体的不同能力需求，精准设置差异化的课程模块和课程内容，增强培训针对性，有效促进党建类教育培训标准、质量、效果"三个提升"，为在具有中国特色国际领先的能源互联网建设中的公司提供坚强的人才保障。

三、实施过程

（一）丹心·领航：基层党委书记培训

党委书记是各级党委抓党建工作的领航员，也是管党治党的第一责任人。本次培训以学习贯彻习近平新时代中国特色社会主义思想为主线，以"学思想、强党性、重实践、建新功"为总体要求，坚持目标导向、问题导向、结果导向，从"以学铸魂、以学增智、以学正风、以学促干"四个方面设计课程内容。培训邀请公司主要负责人讲授主题教育专题党课，特邀中共中央党史和文献研究院、国务院国资委、中央党校、清华大学等知名专家学者前来授课，并组织开展主题教育学习沙龙、心得交流，切实引导广大党员干部当好政治坚定的表率、履责担当的表率、作风过硬的表率，以更加饱满的精神状态、更加务实的工作作风，履行电力保供责任，全力服务江苏经济社会发展，加快建设具有中国特色国际领先的能源互联网企业，切实把抓好党建工作的成效体现在落地实践上，体现在"凝聚人心、促进发展"的使命要务上，为发展实体经济、实现乡村振兴、提高人民生活品质，以中国式现代化实现中华民族伟大复兴贡献力量。丹心·领航：基层党委书记培训框架如图1所示。

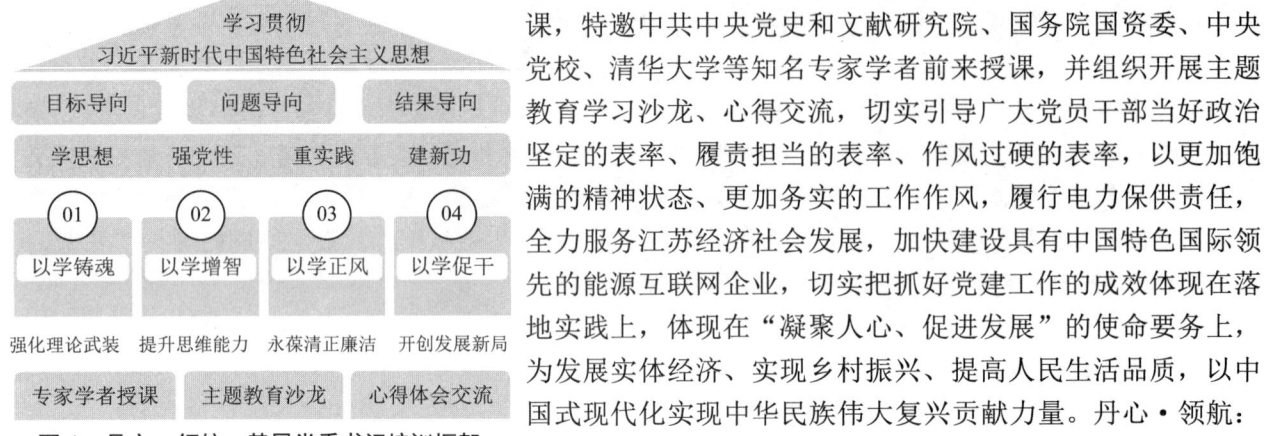

图1 丹心·领航：基层党委书记培训框架

（二）丹心·堡垒：党支部书记培训

以培养一批"懂党务、懂业务、懂管理，政治过硬、能力过硬、作风过硬"的基层党支部书记为目标，通过精心设计一套培训课程、创新组织一场交流沙龙、策划开展一次党务测验的"三个一"方式，围绕习近平新时代中国特色社会主义思想、党建工作实务、公司战略、廉洁文化、党建制度规定等内容设置课程，结合专家授课、交流沙龙、实景教学、党务测验、网络展播、云共享学习等教学方式，提升党支部书记履职能力，建设守信念、讲奉献、有本领、重品行的基层党支部带头人队伍，切实发挥基层党支部书记"头雁"效应，筑牢支部战斗堡垒。丹心·堡垒：党支部书记培训框架如图2所示。

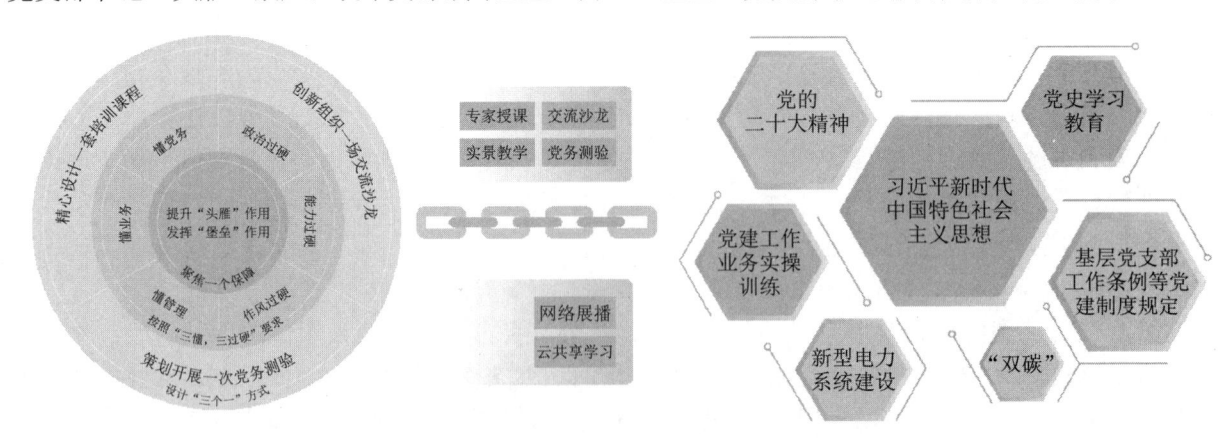

图2 丹心·堡垒：党支部书记培训框架

（三）丹心·赋能：千名支部书记讲党课

围绕全面提升基层党支部书记理论素养、党性素养和履职能力，提高基层党建工作标准化、规范化水平目标，借助公司培训资源，依托公司党建全交互系统进行网络展播，采用"讲党课专题培训+

微党课现场展示+精品党课线上展播"混合式模式开展"千名支部书记讲党课"活动，引导基层党支部书记带头讲党课，讲历史、诉初心、谈责任使命，全面提升党支部书记理论素养、党性素养和履职能力。

活动共征集优秀党课讲稿70余篇、优秀支部书记讲党课视频35个，覆盖13家地市公司和9家直属单位，制作支部书记讲党课精品课件20个，向公司系统推广支部书记讲党课先进经验，展示支部书记群体智慧力量。引导基层党支部书记带头讲党课，讲好光辉历史、讲出初心使命、讲出责任担当。

（四）丹心·记忆：百名老党员忆党史

"丹心·记忆"百名老党员忆党史活动以执行党中央开展党史学习教育的决定为目的，针对党员特点，创新引入"老党员忆党史+出版专著"新模式，展示国网江苏电力在党的领导下的发展历程，引领广大员工从中汲取智慧、传承力量，切实增强爱党爱国和爱企兴企的行为自觉。

通过寻访苏电老党员回顾讲述苏电党史故事形式，组织拍摄记录视频，在公众号"苏电先锋"推送《丹心·记忆：百名老党员忆党史》系列视频共20期。在此基础上，编辑出版《初心永恒——中国共产党在江苏电力的百年》（人民日报出版社）一书（该书获评江苏省党员教育培训"优秀教材"），围绕"百年刻度、初心如磐、激情年代、不负人民、聚力登高"五个篇章，展示国网江苏电力在党的领导下的发展历程，引领广大员工从中汲取智慧、传承力量。

（五）丹心·洗礼：万名党员进党校学党史、强党性

组织党员到公司党校接受党性洗礼，全面锤炼苏电党员党性意识，增强党性修养。以"赓续红色血脉、凝聚奋进力量"为目标，以学史明理、学史增信、学史崇德、学史力行为导向，针对中国共产党百年奋斗史、论共产党员的修养、做新时期合格党员等内容，创新设计"一次入党誓词重温""一场百年党史回望""一轮党性修养锤炼""一课形势任务解读""一台实训场景教学""一段红色之旅感悟""一篇入党初心分享""一部经典电影赏析""一张先锋红卡体验""一项知识竞答嘉奖""十个一"培训活动，通过丰富的课程内容和多样的培训方式，激发党员参与党性教育热情，凝聚全体党员人心人气。丹心·洗礼：万名党员强党性培训主题如图3所示。

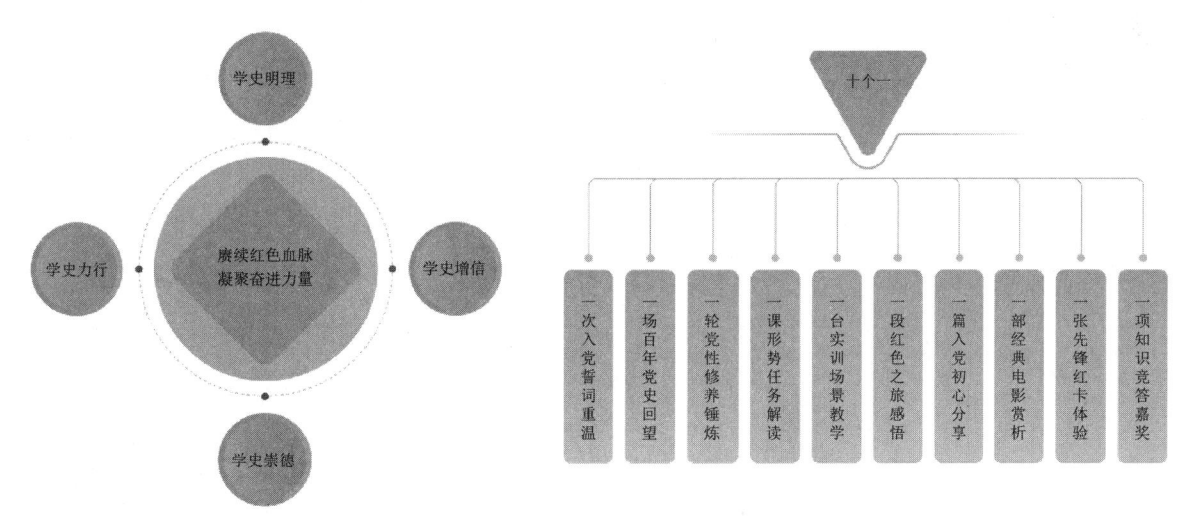

图3 丹心·洗礼：万名党员强党性培训主题

（六）丹心·先锋：优秀党员示范培训

"丹心·先锋"优秀党员示范培训以深入学习贯彻党的二十大精神，全面贯彻习近平新时代中国特色社会主义思想，深化落实"旗帜领航"党建工程，推动公司党员教育培训再上新台阶为目的。创新引入"3+X"培育模式，围绕"学党史 悟初心""学理论 筑信仰""学战略 担使命"三个模块，通过

专家讲授、实景课堂、场景教学、故事发布等多元化学习形式，开展了一系列特色教学活动。带领学员重温入党誓词、走进延安精神无锡学习天地，为学员赠送党性辅导学习书目及专属优秀党员先锋红卡，同时邀请学员以"开盲盒"的形式随机抽取特别定制的优秀党员主题留言卡片，写下培训感悟。

10期895人次的优秀党员示范培训，共发布榜样力量先锋故事近百个，全方位、立体化强化了党员能力素质，锤炼了党员党性修养，为公司广大党员树立了典型标杆，形成了弘扬先进、崇尚先进、学习先进、争当先进的良好氛围，通过优秀党员带动公司全体党员以踔厉奋发、勇毅前行的奋斗状态，开新局、谱新篇、创新绩、建新功！丹心·先锋：优秀党员示范培训模式如图4所示。

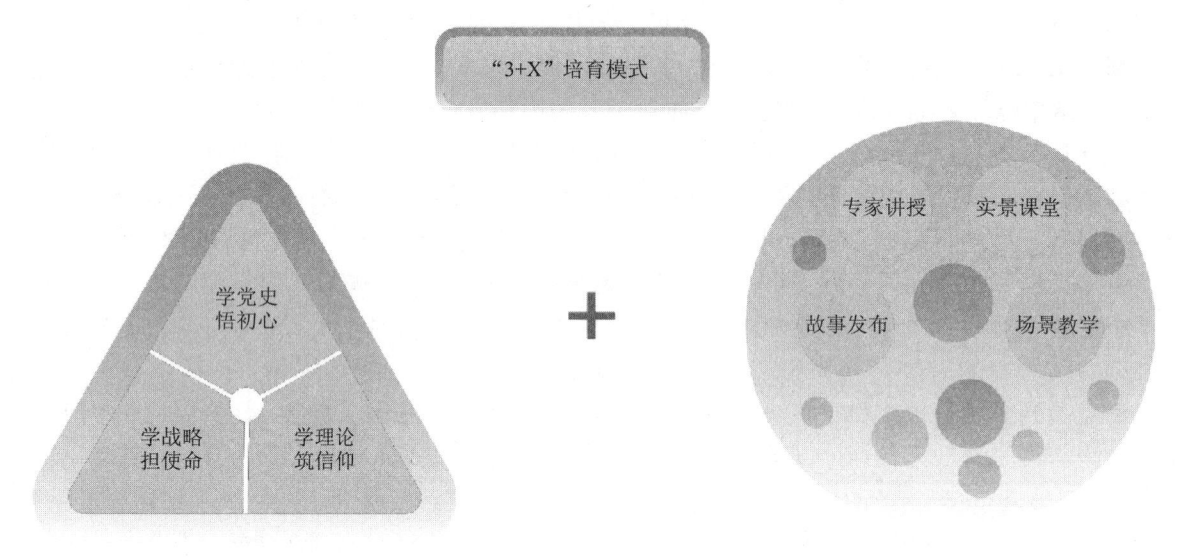

图4 丹心·先锋：优秀党员示范培训模式

（七）丹心·提能：基层党建专业管理人员培训

为推动"旗帜领航"党建工程重点任务落地见效，"丹心·提能"基层党建专业管理人员培训针对各单位党建部主任、新上岗的党务工作者和党支部组织委员，以提升党建专业管理人员的岗位胜任力为目标，采用"线上+线下"分阶段培训，围绕"强化专业供给 提升能力素养"开展系列培训，线上依托党建全交互系统实现"智慧共享"，特别编制党建工作"口袋书"突出清单式应知应会，线下培训科学设置"专家解读、专业会议、专题研讨、答疑解惑、交流分享、结业测试"六个环节，检验党建专业管理真实素质和能力，为提升基层党建专业管理人员的政治素养和履职能力提供支撑。丹心·提能：基层党建专业管理人员培训思路如图5所示。

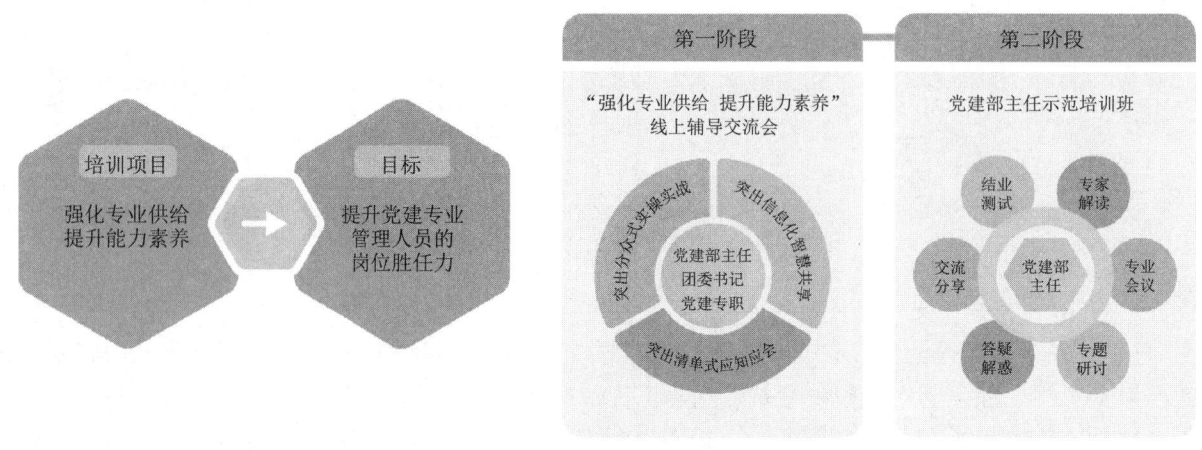

图5 丹心·提能：基层党建专业管理人员培训思路

1. 第一阶段：开展"丹心·提能"线上辅导交流会

（1）以"问题、目标、结果"为导向，分专业进行宣贯，重点围绕公司党委一号文、党建工作要点、专业党务知识做分析提醒和案例讲解，结合巡视巡察、党建考评中发现的问题讲授在党建专业管理工作中的注意事项、薄弱环节等。

（2）组织七家基层单位，围绕党组织标准化建设、党员服务队管理、"党建+"工程实施、红色实景教育、先进典型培育选树、新时代文明实践、青年创新创效等主题进行经验交流。

2. 第二阶段："丹心·提能"党建部主任示范培训班

培训紧扣"强化专业供给 提升能力素养"主题，科学设置"专家解读、专业会议、专题研讨、答疑解惑、交流分享、结业测试"六个环节，邀请省委、省政府及省委党校资深专家学者，系统阐释国有企业党的建设相关理论，组织参培人员围绕迎接和学习宣传贯彻党的二十大精神、深化实施"旗帜领航·提质登高"行动、提升青年精神素养等方面展开深入思考和深度交流，并采用书面考试方式检验学习成效，有效提升参培人员的政治素养和履职能力。

（八）丹心·为民：共产党员服务队培训

为落实习近平总书记"善小而为之""架起党群连心桥"的重要指示精神，聚焦标准化建设、品质化提升、品牌化传播，采用"理论学习+实景教学+交流分享"的培训方式，深入开展"强国复兴有我"体验教学，科学设置相关课程，学习"时代楷模精神"、服务队建设要点、公司战略形势等，增设驻村"第一书记"分享、共产党员服务队工作经验分享沙龙，激励参培学员把满腔热血融入共产党员服务队建设，投身电力事业，进一步擦亮共产党员服务队"金色名片"，助力强富美高新江苏建设。丹心·为民：共产党员服务队培训内容如图6所示。

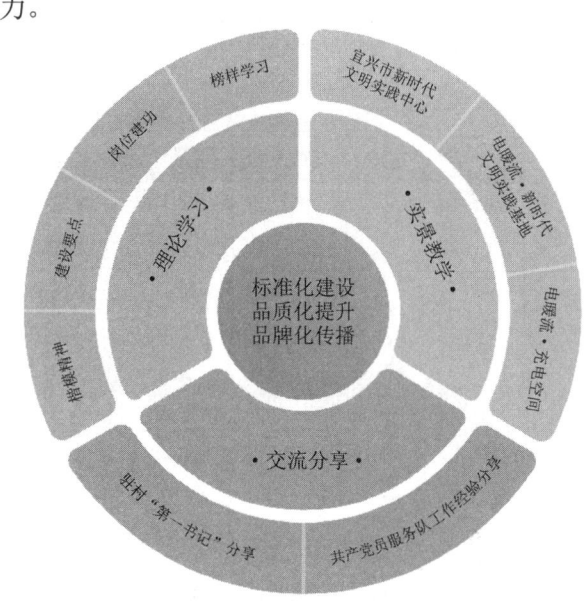

图6 丹心·为民：共产党员服务队培训内容

四、主要创新点

（一）加强体系建设，培育党建品牌，让党员教育有形

1. 开展"三走进"工作，提升党员教育标准化、实效化水平

贯彻落实中央政治要求，仔细对照《2019—2023年全国党员教育培训工作规划》和国网公司、国网江苏电力党员教育培训要求，开展"三走进"工作。走进省公司部门及专业，关注公司战略发展形势，找到党员教育同企业发展的结合点，科学安排学习内容和学习形式，促进参培学员融合融入，切实提升政治向心力、文化传导力、思想引领力和业务融合力。走进兄弟单位和学员，完善培训需求调研机制，切实通过培训提升学员解决实际问题的能力。例如，2023年国网江苏电力面向2000多名基层党支部书记，提出了"三层三色三先"的培训模式，其中"三色"指的就是针对性的培训内容设计：红色代表党史党性内容、绿色代表战略落地内容、蓝色代表创新实践内容，通过三色现场实景教学活动，让党支部书记争先、领先、率先的意识得到有效激发。走进公司党员与员工，党员教育面向范围广泛、培训学员同质性较高。随着全面从严治党的要求和公司新型电力系统建设，多个业务板块处于快速发展期，公司面临着复杂的新形势要研判、新的理念要求要广泛传播，这给每名党员和党务工作者在处理党建和业务融合方面提出了新课题，这些就需要深入党员员工一线，进行培训研讨，让参培学员能够充分交流、互通有无、快速提升。

2. 做好庖丁解牛，深入调研各类对象的差异需求

国网江苏电力的党员教育培训体系主要面向党委书记、支部书记、党建专业管理人员、党员、共产党员服务队五类人群。针对每个人群不同的能力需求进行了能力模型构建，并给每类人群提出了九个字的培训发力点：针对基层党委书记培训提出了"丹心·领航"的总目标，明确了"把方向、管大局、保落实"的九字要求；针对党支部书记培训提出了"丹心·堡垒"的总目标，明确了"懂业务、懂党务、懂管理"的九字要求；针对党员培训提出了"丹心·先锋"的总目标，明确了"学理论、学党史、学战略"的九字要求；针对党建专业管理人员提出了"丹心·提能"的总目标，明确了"强供给、提能力、有输出"的九字要求；针对共产党员服务队提出了"丹心·为民"的总目标，明确了"标准化、品质化、品牌化"的九字要求，针对每一类人群的培训要点，配套相应的课程内容和教学活动，让每个培训都能够量体裁衣、有的放矢。国网江苏电力"丹心行动"党建类教育培训体系如图7所示。

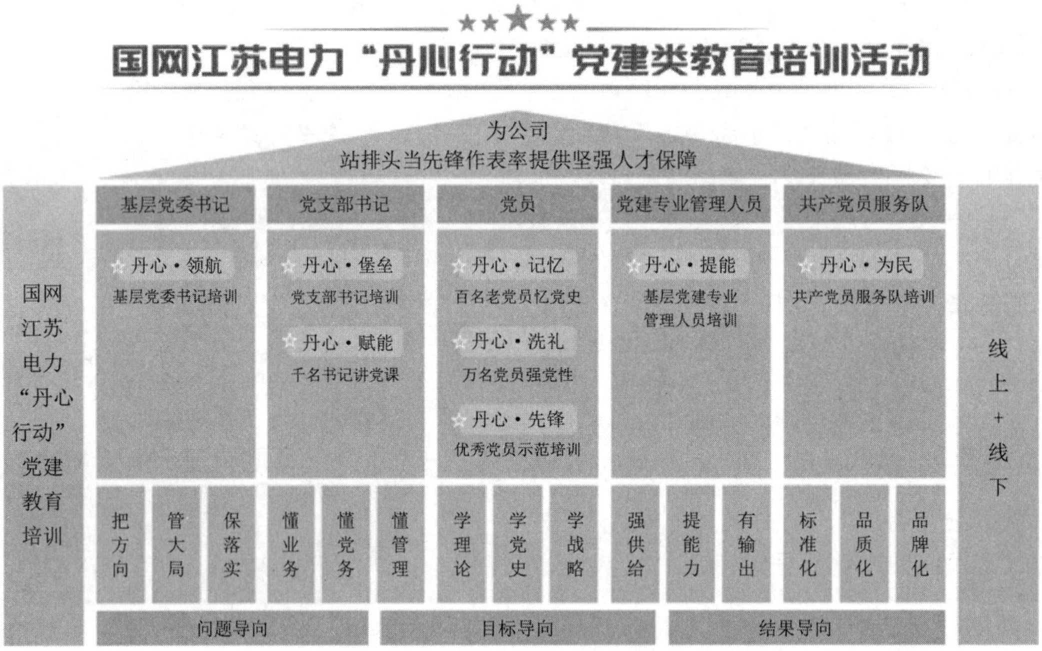

图7 国网江苏电力"丹心行动"党建类教育培训体系

3. 加强品牌建设，培育深入人心的党建教育品牌

一个党建项目能不能深入人心，内容很重要，品牌建设也同样重要。"丹心行动"有着其独特的品牌名称、品牌标识、品牌内涵、品牌内容、品牌宣传和品牌荣誉。"丹心行动"中的"丹心"寓意着国网江苏电力全体党员一心向党。"丹心行动"也拥有其专属的Logo，主要包含党徽、司徽、"丹心"设计字样、品牌名称，党徽代表坚持中国共产党的领导，司徽体现国网公司主体形象，"丹心"代表国网江苏电力的党员以一颗赤诚忠诚之心不断推进工作创造价值，文字"丹心行动"突出强化品牌意识，"丹心行动"品牌影响力、辐射力不断提升。

（二）坚持内容为王，汇聚优质资源，让党员教育有质

1. 坚持优秀课程是第一生产力

国网江苏电力构建了包括三大模块八个单元的党建类培训的课程库。其中三大模块分别为党的理论教育（包含党的基本理论、毛泽东思想和中国特色社会主义理论体系、习近平新时代中国特色社会主义思想三个单元）、党史党性教育（包含党史学习教育、理想信念教育、党纪廉政警示教育三个单元）和国企党务党建（包含党务实操和特色党建两个单元），每个单元均储备了二十门以上的理论课

程，形成了约 330 门课程的党员教育培训课程库，充足的优质课程资源给高质量培训的开展提供了重要基础。

2. 坚持优秀师资是第一竞争力

国网江苏电力坚持系统内和系统外师资相结合，储备了包含 283 名外部师资、23 名内部师资的资源库。外部师资方面，聘请了来自中央党史文献研究室、中央党校等机构的名师进行专题讲座。内部师资方面，利用国网江苏电力特有的书记专家团和党建研究员队伍，开发"让党课更生动""支部书记谈心谈话"等二十余门课程，形成了党建、企业文化、纪检三大门类共计 46 门师资课程储备。"基于场景的支部成员能力训练""基于场景的党委成员能力训练"等 26 门课程已认证为版权课程，为特色经验提炼和品牌课程打造提供基础，多位自有师资获得"中国企业杰出内训师""国网公司优秀培训师""国网党校名师"等荣誉称号。

3. 坚持优秀项目是第一影响力

体系的成功离不开每一个项目的优秀。近年来，国网江苏电力也致力于把丹心系列的每一个子项目都打造成精品项目，以"丹心洗礼：万名党员进党校学党史强党性"（见图 8）为例：培训班以"赓续红色血脉，凝聚奋进力量"为目标，创新设计"一次入党誓词重温""一场百年党史回望""一轮党性修养锤炼""一课形势任务解读""一台实训场景教学""一段红色之旅感悟""一篇入党初心分享""一部经典电影赏析""一张先锋红卡体验""一项知识竞答嘉奖""十个一"培训活动，通过丰富的课程内容和多样的培训方式，激发党员参与党性教育热情，凝聚全体党员人心人气，"丹心行动"品牌先后获得"电力行业教育培训领域影响力项目""第十八届中国企业培训最佳学习项目""全国企业党建优秀品牌"等荣誉。

图 8 "丹心洗礼：万名党员进党校学党史强党性"培训项目

（三）拓宽思路维度，丰富形式手段，让党建培训有新

1. 开阔视野，延伸培训的范围广度

国网江苏省党校充分挖掘省内外红色实景党课资源、战略实践资源、示范创新资源，坚持到党史的发生地学党史到战略的实践地学战略，促使学员融合成功经验，持续提升发展动能。组织专题研

讨培训走进新时代文明实践基地、乡村振兴示范基地，借鉴其组织管理经验和转型发展经验等。组织专业提升培训走进红船共产党员服务队等示范团队，学习其在志愿帮扶、创新成果孵化方面的优势做法。扩大战略思维视野，以知促行、以行促知，激发学员争先领先率先、务实创新奋进的苏电精神，为开创三全三有六示范党建工作格局再燃奋斗激情。

2. 开拓创新，丰富培训的内容深度

国网江苏电力不断挖掘和丰富教学形式，尤其是案例教学、场景教学等，并以案例为基础，以能力训练为目标，以互动研讨为平台，充分体现"素质与能力相结合培训"的党建人才培养特征和要求。通过建好用好党建综合实训中心，依托其智慧型、全交互、沉浸式的特点，开发了党员服务队实训、员工积极心态养成、领导力评鉴、案例研究、党性体验、党建业务场景实训六位一体的丰富内容，在各级各类党员领导人员培训中得到充分运用。

3. 开疆拓土，提升解决实际问题效度

建立"三结合"机制，提升解决问题的效率。聚焦公司发展将党建专业会议同现场培训相结合，将党建专题培训与专业研讨相结合，将线下培训和线上学习相结合，构建以点带面、全面对接培训业务关联机制。重点围绕公司"三全三有六示范"发展目标，参照中央党校、浦东干部学院举办"脱贫攻坚研讨班、大气污染防治研讨班"专题研讨班模式，策划专业专题研讨班，加强具体案例研究，让公司战略部署传导到基层一线。深化"两带来"模式，培训中成立专题研究小组，碰撞思想、开拓思路，对带来的问题进行深入剖析、研讨，形成切实可行的措施方案并进行成果汇报。培训后要求学员在本单位进行转训或学习成果分享，收集整理学员应用中产生的新问题，纳入下期培训班研讨课题，形成"问题－措施－实践－跟踪－评价－问题"闭环体系。

五、实施效果

（一）发挥品牌效应，高标准提升党建培训质效

面对新时代、新要求，公司抓住党员教育培训本质和本源，采用分众式培训，分层分类设计培训方案，融入专家授课、堡垒沙龙、实景教学、交流研讨、红色观影、故事发布、练兵比武等形式，打造了"丹心行动"这一党建类教育培训品牌，让党员干部在"学中做""做中学"，焕发了新时代党员教育培训的生机与活力。截至目前已累计完成160余期40000余人次"丹心行动"系列党员教育培训，党委书记培训项目获评"全国企业设计大赛成都决赛"第一名（金奖），"丹心行动"先后被人民日报、新华网、"学习强国"、中国电力报等媒体报道20余次。

（二）丰富实景资源，高品质打造网格化教育"矩阵"

"丹心行动"培训的顺利实施，需要大量精品培训资源的支撑，国网江苏电力公司以此为契机，挖掘了一批优秀的内外部师资，同时大力开发实景教育资源，在原有党建综合实训中心基地的基础上，升级打造了"时代楷模"馆，并积极拓展党校校外资源，如宜兴新时代文明实践中心、电暖流·新时代文明实践基地、延安精神无锡学习天地、新四军江南指挥部纪念馆等，以资源建设助力打造有品质的党员教育培训。仅2023年，党建综合实训中心已承接来自新疆、河北、安徽等省级电网1000余人次现场教学，完成国家能源局、深圳供电局、雨花台干部学院等系统内外各级领导与专家60余批次调研交流。

（三）突出学以致用，高要求培养优秀党员干部

"丹心行动"系列党建类教育培训具有针对性和吸引力，充分调动了党员干部干事创业的积极性和主动性，提升了党建专业管理人员的履职能力，有效助力党支部书记发挥基层战斗堡垒作用，引导共产党员服务队队员及广大党员积极主动投身电力事业，为公司培养造就了一支政治合格、执行纪律合格、品德合格、发挥作用合格的党员干部队伍，党员始终冲锋在前，在推进安全生产、迎峰度夏、新

型电力系统建设、"双碳"目标落地中做出重大贡献，实现了对公司战略落地的全面支撑。

六、下一步规划与探讨

（一）通过精准调研，有效提升培训学以致用的生命力

加强培训的前期调研和顶层设计是开展好培训的前提基础。因此，培训前要广泛征求公司党委、党员所在支部、党员本人的意见建议，对接党员教育培训需求，紧紧围绕国网省公司中心工作，科学制订党员教育培训计划，针对不同班次和不同类型党员的需求开设不同课程，满足差异化、多样化培训需求，有效提升培训实效性。

（二）通过互动学习，推动释放课堂由表及里的吸引力

合适的培训方式可以提升培训实施的效率效益。在一些研讨班中心，可以通过党员领导干部党课领学、优秀学员分享互学、学员自习自学相结合的方式，加强教与学的互动交流。在部分培训班中可安排解答交流环节，并积极开展模拟实践式教学，帮助解决党员工作中存在的问题，提高学习热情和学用转化率，力求学有所获。

（三）通过闭环管理，切实彰显党校从严从实的公信力

要把党员教育培训工作纳入党委落实全面从严治党主体责任目标责任书，督促各级党组织落实抓党员教育培训责任，保障教育培训工作扎实有序开展。要坚持和完善学习考核机制，科学分析教育效果，查看学用转化情况。全面实行学习培训情况通报反馈和跟踪监督制度，制定完善党员教育培训纪律细则，将党员学习情况和评优评先结合起来，督促支部党员加强学习。

探索国有企业打造使命驱动型组织

——以海康集团文化体系为例

创造单位：中电海康集团有限公司
主创人：傅柏军　陈庆圆
创造人：王恒　仵明

【摘要】本文以中电海康集团有限公司（以下简称海康集团）"1354"文化体系建设为例，就国有高科技企业如何通过文化体系建设，打造使命驱动型组织这一课题开展了具体研究。文章以习近平文化思想为指导，从企业文化建设与文化强国、公司使命、形势应对等方面的深度连结作为切入，阐明了国有企业以企业文化建设打造使命驱动型组织的必要性和紧迫性。作为这一类组织中较有代表性的国有高科技企业海康集团从承续电科和传承历史中提炼"使命宣言"，并以此为核心，逐步构建完善了海康特色的"1354"文化体系。近年来，通过这套体系的运行实践，海康集团取得了较为显著的文化建设成效，有力支撑了建设强使命驱动型组织的需要。我们认为，这是一套既符合理论要求，又具有较强实践价值的企业文化建设模型，希望以此为例，为国有企业打造使命驱动型组织提供有效的路径参考。

【关键词】习近平文化思想　使命驱动型组织　企业文化体系

一、实施背景

文化建设在打造使命驱动型组织中具有重要的现实意义。国有企业的文化建设工作，是国家文化软实力全面提升的重要组成部分，也是打造使命驱动型组织的重要路径。作为具备整个数字经济底盘的智能物联的中国电科骨干企业，党和国家需要海康集团在更多领域挑起大梁、做出贡献，通过文化建设实现文化赋能、文化凝心就成为当务之急。

（一）深入学习贯彻习近平文化思想，指引企业文化建设与发展

党的十八大以来，习近平总书记把宣传思想文化工作摆在治国理政的重要位置，就文化建设提出了一系列新思想新观点新论断。党的十九届五中全会中通过的《中共中央关于制定国民经济和社会发展第十四个五年规划和二〇三五年远景目标的建议》，提出到2035年建成文化强国的远景目标，并强调在"十四五"时期推进社会主义文化强国建设。2023年10月7日至8日，全国宣传思想文化工作会议在京召开，会议传达了习近平总书记对宣传思想文化工作做出的重要指示。习近平总书记指出，宣传思想文化工作事关党的前途命运，事关国家长治久安，事关民族凝聚力和向心力，是一项极端重要的工作。这次会议首次提出习近平文化思想，为我们开展新时期企业文化建设工作提供了科学行动指南。

建成文化强国，是提升国家文化软实力的重大举措，也是实现中国共产党初心使命的重要基石。党的二十大报告指出，要"增强文化自信，围绕举旗帜、聚民心、育新人、兴文化、展形象建设社会主义文化强国"。一个国家如此，对于一个企业也是如此。当前，国际国内宏观经济环境正发生着深刻复杂的变化，海康集团作为一家具有特殊使命的全球化国有高科技企业，面对百年未有之大变局和当前日益严峻复杂的发展环境，只有深入贯彻落实习近平文化思想，坚定履行党和国家赋予我们的崇高使命，持续走文化立企、强企、兴企之路，才能充分激发全体员工的责任感和使命感，为实现更高质量发展提供持久的精神动力和思想指引。

（二）承接中国电科使命文化，坚定履行海康集团使命责任

中国电子科技集团有限公司（以下简称中国电科）继承了我国电子工业科技"衣钵"，拥有电子信息领域相对完备的科技创新体系，在电子装备、网信体系、产业基础、网络安全等领域占据技术主导地位，肩负着支撑高水平科技自立自强、加快数字经济发展、服务社会民生等重要使命。

多年来，中国电科始终把初心和使命体现在服务党和国家战略的具体行动上，体现在谋划重大战略、制定重大政策、部署重大任务、推进重大工作的实践上，体现在捍卫国家主权、安全、发展利益的责任担当上，体现在对实现高水平科技自立自强的矢志追求上，全面加强党的领导、党的建设，忠诚履行使命责任，加快提升战略能力，高质量发展迈出新步伐。

文化是历史的积淀，更是血脉的传承。在与共和国共同成长的征程中，中国电科始终与国家发展齐心律动，与民族复兴同频共振。长久以来，中国电科传承红色基因，履行使命责任，逐渐孕育形成了宝贵的文化成果，留下了难以磨灭的文化印记。这些承载重要使命的文化印记也同样在海康集团的改革发展史中镌刻下重要的时代坐标，引领和驱动全体海康人艰苦奋斗、锐意进取，在浙江这片混合所有制经济异常活跃的改革沃土上，用四十年时间凝结绽放新的文化之花、发展硕果。积极、全面、系统承接好中国电科与时俱进的文化内涵与精髓，传承吸收中国电科红色和蓝色的文化基因，是海康集团全体职工的共同价值取向和价值标准，为打造海康使命驱动型组织提供了基本遵循。

总体来说，作为一家国有高科技企业，海康集团要始终以履行央企使命为己任，以科技创新为手段，以文化建设为灵魂，展现使命传承的现代表达。通过建设特色文化体系，打造使命驱动型组织，引导广大干部职工，特别是青年员工树立正确的价值观和世界观，为实现中华民族伟大复兴的宏伟使命目标贡献力量。

二、实施目的

习近平文化思想和习近平总书记关于中央企业做好文化工作发表的系列重要讲话，是海康集团构思并提出以文化建设为核心路径，打造使命驱动型组织的重要指导。牢记使命意味着时刻铭记"我是谁"，始终坚持党的领导，走创新驱动发展之路，不断思考"要去哪"，按照习近平总书记2015年5月视察海康集团时提出的殷切期望，以文化为牵引，争当创新驱动发展先行军。

（一）打造使命驱动型组织的必要性

作为具有特殊使命的央企，海康集团企业文化建设首先必须明确"举什么旗、定什么向"。2015年5月26日，习近平总书记视察海康集团，充分肯定了海康集团持续改革、持续创新的发展思路，并做出"企业持续发展之基、市场制胜之道在于创新""创新驱动依靠人才""要争当创新驱动发展先行军"等重要指示。总书记视察为海康集团后续发展举旗定向，海康集团也以持续稳健的高质量发展回应总书记殷切期望，并快速形成了"发展必须坚定履行央企使命、必须服务于党和国家大局"的坚定共识。

海康集团拥有6.5万余名员工，企业对员工的文化认同、员工对企业的文化关怀，两方的需求都非常迫切。部分基层员工对企业缺乏归属感、获得感和使命感，致使在实际工作中出现价值错位、协调不畅、执行不力等情况。部分员工对于文化建设的感受度较低，对公司60多年发展宝贵的历史文化积淀"不感冒、不来电"；文化建设活动本身"接地气"也不够，对员工的需求、群体的特征、传播形式等研究运用不足，致使上下同心、工作走心的文化基础还不扎实，高质量发展的内生动力还有待进一步加强。

近年来，国内外经济环境发生深刻变化，越来越多的国内企业已开始认识到，核心竞争力不仅仅依赖于技术创新和资本运作，更取决于组织内驱力和人的潜能发挥。文化建设正是引领深层次内驱力和激发人的潜能的重要动力，越来越多企业正在或已经通过优秀的文化建设，完成从传统的"利益驱

动型"向"使命驱动型"的转变,并通过实践证明了这类组织能够清晰认知企业发展的核心目标,在国家发展战略中找准自身发展主航道,持久有效地激发和保持员工的工作热情,提高组织凝聚力和战略执行力。

使命是最大公约数。使命驱动在全球化竞争加剧的今天,是传统思想政治工作借助新文化元素,更好推动企业以高质量发展坚定履行社会责任,提升员工幸福感和获得感,助力实现中国式现代化的有效路径。对于国有高科技企业而言,其使命往往与国家战略、国家安全紧密相关,通过提升核心功能和核心竞争力"两个路径",充分发挥"三个作用",以科技创新推动企业发展、员工获益、国家强大一脉相承,不仅充分体现了企业价值,更能从源头激发员工工作热情和创新活力。

在企业治理层面,使命驱动型组织有助于构建一种高效协同的工作氛围。员工个人使命如果与组织使命高度契合、相互联结,使命感就是强大的"黏合剂",有效减少组织内耗和内部壁垒,以更高效率实现组织目标。同时,在这种组织文化的影响下,员工的个人发展与企业发展相互融合、相互促进,能够实现良性循环。同时,使命驱动型组织也在一定程度上促进了决策的科学和民主,将决策本质统一于"是否有利于使命实现"这一根本上来,提高了决策效率,也减少了执行阻力。

在个人发展层面,使命驱动充分激发人的个体内驱力,是"以人为本"的真正体现。它满足了员工在价值感、认同感、归属感及自我实现等方面的需求。马斯洛的需求层次理论指出,人的需求从低到高分为生理需求、安全需求、社交需求、尊重需求和自我实现需求。自我实现需求位于需求层次的最高点,它代表了人的内在潜能的实现。使命驱动型组织使员工在追求个人发展的同时,感受到自己工作的价值感,提升对组织的认同感,进而产生较强归属感,把推动企业的发展作为自我实现的目标,这样更能激发员工的主观能动性。

综上所述,海康集团作为习近平总书记亲自关怀、具有特殊使命的国有高科技企业,一定要以使命原点为员工奋斗初心,以使命情怀为持续发展信仰,以使命兑现为终极追求目标,努力打造使命驱动型组织,不断提升文化的软实力;以更强的文化软实力不断赋能使命驱动型组织持续提高核心竞争力,在贡献经济价值的同时,坚定企业初心、彰显使命追求、展现央企担当。

(二)海康集团文化基因的历史沿革

1962年9月4日,海康集团前身"无线电工艺研究所"在北京学院路甲5号成立,几经辗转变迁,1984年从太原分立迁杭。从1984年至今的40年发展是一部多轮持续创业史、改革创新探索史、融合发展史、数字化网络化智能化演进史、全球化拓展史。发展史中蕴含着海康集团成功的密码,也流淌着宝贵的文化基因。

从1984年迁杭到20世纪末的艰苦奋斗阶段,海康集团顺应和平发展的时代主流,坚持"稳住一头、放开一片"的经营原则,积极探索科研院所企业化经营,开启了以"生存与摸索"为特征的第一次创业。2001年,海康集团深刻洞见视频监控数字化的战略机遇,掌握视频编解码核心技术,以海康威视为标志的产业化开启了以"理性和持续创业"为特征的第二次创业。2024年,海康集团以第三次党代会精神为指引,正式开启第三次创业新征程。回顾第一次和第二次创业成功的核心机理,海康集团都是通过掌握颠覆性、战略性核心技术,在产业发展最佳点切入并坚持顺势而为,持续深耕所在行业,支撑引领行业发展。在这个过程中,企业文化发挥了至关重要的作用。例如,在1984—2000年的艰苦创业阶段,海康集团坚持思维转变,摒弃"等靠要"思想,自主求生存求变革,从被动执行任务到主动探索,萌发了探索精神和市场化的思维;在2001—2015年的持续发展阶段,又随着对市场的深入研究和对外学习形成了守正创新、转型升级的思维,同时还具备了科研人员专注执着的特质和企业家外向求进的格局,在高度关注市场的同时,能站在用户和市场的角度谋篇布局,面对问题及时纠错,坚守底线。由此提炼出了海康集团的"三色基因"文化元素。

"三色基因"，即不忘初心的红色基因、扎根市场的绿色基因、改革创新的蓝色基因。红、绿、蓝三色基因在公司的发展历程中深度融合、相辅相成，构成了海康人最为深刻的文化烙印，它既是对过去成功经验和失败教训的凝练总结，也是对未来企业改革、创新和发展各项工作的最佳借鉴和指导。

"三色基因"作为传承研究所优良文化传统的纽带和桥梁，使海康集团文化秉承以"善抓机遇、主动求变、艰苦奋斗、讲究实效"为文化底蕴，遵循"开放协同、标杆引领、持续创新、分享成长"的经营理念，通过寻找文化的起源，充分挖掘和总结发展历程中积累的"海康经验"，并以此为基础凝聚形成新时代"海康精神"。

（三）海康集团使命愿景的内涵

海康集团是中国电科核心骨干企业、智能物联领域龙头企业和全球化企业，旗下拥有三家上市公司、一家国家一类研究所、多个专业化业务单元，形成了智能物联领域较完整的产业布局，产品涵盖了智慧城市、高端存储芯片、数字安防、数字存储、智能控制、机器人、智能照明、光学仪器等业务。基于海康集团从发展历史中沉淀的文化基因，以及打造使命驱动型组织对国有高科技企业所具有的重大意义，海康集团通过一系列访谈、调研和诊断分析，最终确立了企业使命愿景与核心价值观。海康集团的使命是：用科技与智慧，构建万物互联的智能世界，服务于人类的幸福安康。海康集团的愿景是：启智开物，善见行远——成为值得信赖的世界一流国有高科技企业。

"用科技与智慧，构建万物互联的智能世界"清晰定义了海康集团专注智能物联的产业布局和全球化定位。通过在人工智能、大数据、信息存储、微纳技术等领域的投入和创新，助力全人类构建万物互联的智能世界，让万事万物连接更智能更高效，将海康人的智慧转化为影响全球、改变世界的产品和服务。"服务于人类的幸福安康"是贯穿始终的"以人为本"理念的体现。希望海康集团的技术产品能够服务更多人，改进人与物、人与人、人与组织之间的连接方式，让更多个人、家庭和组织享有更加幸福、安全、健康的生活。

海康集团的使命对应了国家、客户、员工、股东四个维度。在服务国家战略层面，海康集团关注企业发展的社会效益，维护国家利益，承担社会责任，促进地域经济发展，带动行业进步，推动产业繁荣，坚持可持续高质量发展战略，致力于引领智慧物联产业，为社会进步持续注入动能。在成就客户层面，海康集团视客户为真诚的伙伴、命运的共同体，持续创新产品与合作模式，为客户提供更优质的体验，为合作方相互尊重、紧密协作；关注品牌发展，扩大品牌影响力，提升客户长期价值。在成就员工层面，海康集团致力于为每一位员工提供施展才华的广阔平台，成为员工干事创业的坚实依靠，使员工在为海康集团创造价值的过程中实现自身价值。在回馈股东层面，海康集团坚持以稳定的盈利表现赢得股东的信任和支持，以良好的经营业绩保障国有资产价值的最大化和稳健性，关注股东长期、持续的收益和回报，不断创新盈利模式，完善公司治理，提升经营业绩，防范经营风险。

"启智开物，善见行远——成为值得信赖的世界一流国有高科技企业"是全体海康人的共同愿景。启智开物，"启智"意味着启迪智慧，"开物"的本意在于通晓万物的道理。海康集团的"启智"与"开物"就是长期深耕于物联网领域，用技术投入创造出赋能用户、引领行业的高质量产品。善见行远，"善见"的背后是善念，海康集团的善念就是长期秉持商业道德和伦理、怀有社会责任心；"善见"的眼前是社会进步的需要和市场用户的需求。"善见行远"就是坚守底线、深入市场和用户，追求可持续、有效益、可预期的健康发展。通过不断加强以技术创新体系为核心的国有高科技企业能力建设，推动与世界一流对标、加快向世界一流迈进，以数字化和物联网化助力全人类拥抱无限可能的未来。

三、实施过程及主要创新点

一个优秀的使命驱动型组织需要一套优秀的企业文化体系作为承载，通过文化力量实现使命愿景与战略落地相融合，逐步实现使命与员工个体的有效联结、深度绑定。经过探索实践，海康集团创新构建了"1354"企业文化体系（见图1），逐步强化了员工对企业的归属感和对工作的使命感。

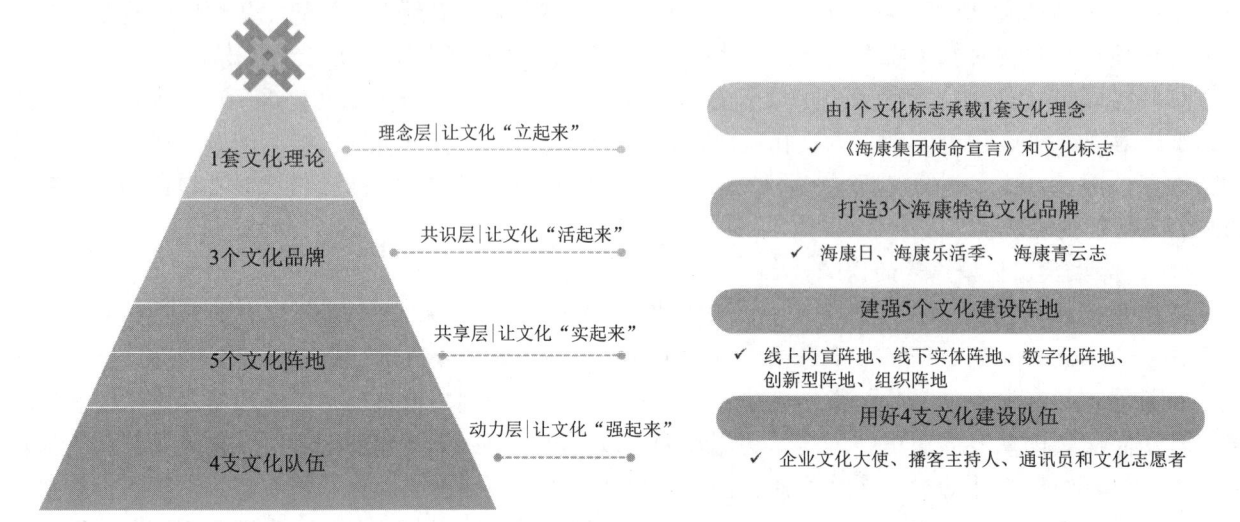

图1 "1354"企业文化体系

（一）由1个文化标志承载1套文化理念，让文化"立起来"

以《海康集团使命宣言》为主要内容的文化理念，是"1354"文化体系的统领，完整确立了以文化建设打造使命驱动型组织的路径总图。

这一文化理念包含了海康三色基因、企业使命愿景，以及由此凝练而成的五大核心价值观。核心价值观承接中国电科文化，脱胎于海康三色基因与使命愿景，是整个文化理念中最为核心的内容，也是全体海康人必须长期普遍遵循的基本价值准则。

五大核心价值观，是指以人为本、聚焦市场、持续改革、创新驱动、简单务实。以人为本，即人是企业最宝贵的资源，坚持构建企业与员工之间的命运共同体，凝聚广泛共识，培养、支持有闯劲、敢拼搏的企业家专注经营、引领发展，助力员工成就事业、追逐梦想。聚焦市场，是指高度市场化，基于市场环境把技术转化为产品和商业价值是海康集团成功的关键，要相信市场、敬畏市场、研究市场、引领市场，持续完善经营结构和治理结构，提升海康集团的核心竞争力。持续改革，改革是保障海康集团发展的关键动力，要持续深入研究经济规律和经营之道，为海康集团的高质量发展探索实践经验。创新驱动，创新是海康集团发展的原动力所在，海康集团发展得益于新技术的应用、新业务的开拓、新模式的探索，唯有坚持创新驱动才能确保可持续发展。简单务实，是海康人长期以来的工作风格，要倡导务实做事、善于成事，构建和谐单纯的人际关系，高效协同互助，深耕专业领域。

与传统文化传播形式有所不同的是，为加快这套文化理念的传播分享，海康集团结合自身体量规模、员工结构等因素，选择以鲜明特色的文化符号来承载文化理念的丰富内涵和深刻意义，通过设计可视化文化标志，并通过各类文创周边演绎和设计应用的变化来呈现企业文化的多样性、包容性和兼容性。

海康集团文化标志包含红、绿、蓝三种颜色，由4个"H"环抱而成"X"，并通过榫卯结构紧密联结组合而成（见图2），表达了在《海康集团使命宣言》的引领和驱动下，一群充满活力、年轻而专业的海康人，高举文化之力勇攀科技高峰，传承电科文化，弘扬海康精神，探寻无限可

图2 海康集团文化标志及其榫卯结构示意

能，创新发展共赢未来的丰富寓意。

红、绿、蓝三色象征海康三色基因。红色为圆心，是点燃初心的奋斗之火，承载着公司对坚持党的全面领导、发扬艰苦奋斗优良传统的坚定信仰；绿色在内圈生根发芽，体现对市场的尊重和洞见，以及服务客户和成就客户的理念；外圈的蓝色，犹如创新之波涌，是推动改革创新的浩荡潮流，展现了海康集团磅礴发展的动力引擎。

"H"既是海康的汉语拼音首字母，同时也是英文Hero（英雄）的首字母，象征着心怀"国之大者"的英雄般使命，激励每一位海康人着力培育和践行五大核心价值观，努力成为勇担使命、砥砺创新的时代"英雄"。四个"H"手拉手，传达了海康集团立足新时代，开启全面创新、同心创业，追求更高质量发展的坚定决心。

文化标志中的神秘"X"是海康集团对未知市场的豁然洞悉和对技术创新的无尽探求与实践。只有将市场成功作为技术创新成功的唯一标志，坚持新经营主线和创新"三要素"，不断完善技术创新体系，释放企业家群体活力，激发人才动力，强化"三军建设"，才能在第三次创业的未知征途中实现更高质量的发展。

海康集团文化标志组合形式来源于中国古代的榫卯结构，这一连接结构简单而坚固，饱含古代工匠的创新智慧和守正创新的奥义。同时也寓意海康集团肩负以智能物联助力实现万物互联的宏伟使命，要以新时代海康文化作为联结，在传承与创新之间，用科技与智慧，构建万物互联的智能世界，服务于人类的幸福安康。

（二）打造3个海康特色文化品牌，让文化"活起来"

文化品牌是文化理念与员工之间的情感纽带，能够塑造鲜明和独特的文化形象，通过提升品牌认知度，吸引员工积极参与品牌建设，因其灵活生动的触达效果，目前是大型企业中较常采用的一种文化深植落地模式。首先，文化品牌以激发员工对核心价值观的认同和共鸣为目标，力争让员工在参与过程中，实现个体价值观与企业核心价值观的趋同，进而影响员工的日常行为，正向影响个体与组织的绩效。其次，文化品牌有助于实现使命驱动、上下同欲，增强员工归属感和忠诚度，形成对组织的向心力。基于文化品牌的特殊影响力，海康集团目前共打造了3个主要的特色文化品牌，分别是海康日、海康乐活季和海康青云志。

1."海康日"——打造海康人共同的节日

海康集团的"海康日"设立于2022年9月4日，当年也恰好是庆祝建所60周年的重要年份。随着时代发展，一路走来的艰难困苦和宝贵经验都凝聚成了海康人的一笔巨大财富，海康人早已将艰苦创业、扎根市场、持续改革、持续创新的特质熔铸于血脉之中，并形成了海康集团独特的精神力量，汇聚起推动高质量发展的磅礴动能。"海康日"在企业创立60年后的9月4日这天正式设立，正是为了能让全体海康人不忘初心、牢记使命、砥砺前行、再创佳绩。截至目前，海康集团已成功举办两届"海康日"系列主题活动，分别包含了文化主题论坛、文化标识发布会、文化游园会、海康播客圆桌会、海康展厅启用仪式等内容，重点突出对公司发展历程的回顾和对文化建设工作的共创、分享、互动，与企业使命和愿景再次对表。这种对表能加强员工对使命驱动型组织的认同感，加快理解和内化核心价值观，加速形成对企业文化的认同感。因此，"海康日"不是简单的庆典活动，而是激发团队活力、弘扬企业精神的重要文化工具，对员工个体成长有着积极影响，是作为使命驱动型组织，传播使命愿景与核心价值观的重要载体。

2.海康乐活季——传统活动迸发文化新元素

海康乐活季以年为单位，文艺年和体育年交替举办，系列活动平均跨6至8个月，与当年公司全年工作主题紧密结合、相得益彰。文艺年主要包括了文艺会演、艺术团巡演、文创征集、青年辩论赛等活动；体育年主要包括田径、羽毛球、篮球、足球等各类比赛项目，为青年员工搭建展示自我的平台，激发员工创造力，锤炼团队协作能力，服务员工身心健康，传播海康正能量，使员工在文体活动中增强荣誉感和归属感，是对企业使命与文化内核的再理解、再吸收。与此同时，每一届文体年上都会涌现出一批才华横溢、敢于展示的优秀人才，他们经过培养逐步成为文化建设队伍中的中坚力量，有的已成长为优秀的企业管理者，在更广阔的舞台上继续为文化建设发声，为使命驱动型组织持续提升文化软实力赋能。

3. 海康青云志——青年文化品牌

海康青云志致力于融入青年"潮"生活、服务青年新需求，打造了"青年辩论赛""青年脱口秀""青年歌咏会"等年轻人喜闻乐见的系列精品文化工程，以一场场舌战群儒、一个个即兴表演、一台台展演节目，吸引数万名青年积极参与，满足了平均年龄不足 31 岁的海康庞大青年群体的文化需求。海康青云志在吸引更多青年员工关注、参与的基础上，逐步聚焦公司战略部署和发展需求，创新了"三军"研学营、围读会、"青年+"发展论坛等平台，邀请杰出青年等先进典型，围绕技术创新经营主线畅谈奋斗足迹，共话时代建功，厚植家国情怀，彰显海康青年朝气蓬勃、自信满满的青春气质。面对青年人日益增长的新的文化需求，形成了"大手拉小手，海康进课堂"、亚运志愿服务、"余杭塘河支河环保"公益行动等一批特色志愿品牌；打造了"缘分天空"青年联谊品牌，为单身青年搭建了平等、友好、交流互动的平台。

（三）建强 5 个文化建设阵地，让文化"实起来"

优秀的文化建设阵地是务实推进文化建设工作，提升使命驱动型组织战斗力的重要载体。海康集团的文化阵地建设主要包括以 OA（Office Automation，办公自动化）为主的线上内宣阵地，以咖啡馆、临展和园区大屏为主的线下实体阵地，以海康播客为主的数字化阵地，以"文化海康"小程序和双创工作室为主的创新型阵地，以党建奋斗者之家为主的组织阵地。文化阵地的打造为文化品牌从形成走向成熟提供了传播力和影响力方面的保障，通过阵地间形成的文化矩阵效应，加快形成使命驱动型组织的使命愿景与核心价值观深植落地的良好氛围，形成每个员工愿意共同遵守和践行的行为规范。值得注意的是，一套成熟稳定的文化阵地通过长期积极的文化传播，将对公司的内外部形象产生重要的影响。员工在参与文化活动中的积极经历和正向感受，往往会转化为对组织的忠诚和正面的口碑。这种正面的文化影响力有助于吸引潜在人才、建立良好的商业关系，提升公司在社会责任方面的形象。

1. 线上内宣阵地

线上内宣阵地主要以公司内部 OA 等办公系统作为主平台。以海康集团的在线 OA 系统为例，包含智慧党建（文化建设）、海康工会、员工交流等文化建设子门户页，及时向内部员工发布各类信息。以智慧党建（文化建设）模块为例，其内部包含了正式公告类信息发布区域、重要党建新闻板块、海康播客新媒体板块、以基层组织特色工作为主要推广目标的基层党组织风采模块、以树立员工榜样为主要宣传对象的海康正能量模块等。内宣阵地是官方信息"发声筒"，是使命驱动型组织文化宣传工作的核心阵地。

2. 线下实体阵地

海康集团根据总部园区的结构特征，以园区咖啡馆等作为文化建设新阵地，打造了更为轻松活泼的线下实体阵地。首先在全公司范围内征集园区咖啡馆命名和 Logo 设计方案，以体现公司企业文化核心内涵为前提，给予员工充分的自主创作空间。在为期一个多月的征集活动中，收到近 20 个名称及 Logo 创意设计方案。在确定了"海咖时间"的名称和 Logo 设计方案后，继续对咖啡馆内部的招牌、杯子、大屏等进行了更新，并增加了海康集团内部刊物和宣传物料放置空间，悬挂承载着诸多在文化建设过程中值得铭记和感动瞬间的摄影、书画等作品。此外，还改造墙面，专门用来作为文化共创的空间，员工可以将日常所思所想及对文化建设的意见建议留言于此，为文化理念的自省和互鉴提供了平台。

3. 数字化阵地

海康集团于2022年重磅推出"海康播客"全新数字化阵地，该阵地是利用互联网直播（录播）技术手段，打破多年以来的内宣单项传播模式，脱胎于传统企业自办电视台的一种新形势。"海康播客"这类数字化阵地具备资金投入少、受众覆盖广、内部影响力强等特点，特别适合像海康集团这样公司员工数量众多、员工平均年龄较为年轻、成员单位办公地点较为分散的子集团化管理模式。"海康播客"由"高管零距离""康康而谈""青出于蓝""'制'地有声"等子栏目组成，旨在为全体海康人创造学习、交流和分享的机会，使公司战略、经营管理思想、文化理念和其他民生工程等深入人心。2022年6月17日节目首次开播就邀请海康集团党委书记、董事长陈宗年与大家现场互动交流，分享有关于"三军建设"的所思所想。"海康播客"经过近两年的运行，已推出近50期直播栏目和20多期播客微课堂，以强有力的使命感和责任感驱动核心价值观的践行和发扬，让员工在聆听和对话过程中获得更多归属感、幸福感和成就感。

4. 创新型阵地

为了能让海康集团全员进一步了解公司发展史，明确企业文化核心内涵，加深各成员单位之间的了解，同时也利于各类主题教育和其他领域的宣传内容更好地覆盖和渗透，海康集团自2020年开始就在微信端建设"文化海康"小程序。通过每日上线打卡，只需要不到两分钟就能快速了解党史国情、企业历史文化等相关知识并获得相应文化积分，整个文化阵地建设的核心思想就是要在凸显趣味性和竞技性的同时，强调获得感和归属感。经过多年尝试、总结和升级，小程序已具备新闻发布、话题互动、积分兑换、纪念品商店、错题集、多模式答题等功能，成为目前覆盖全部成员单位的重要文化阵地，参与人数也从最初的4000多人跃升至近16000人，整体的参与反馈也较为积极、正向。"文化海康"小程序呈现形式较为年轻化和轻量化，参与相关活动和互动的总成本较低，更方便文化活动在年轻员工群体中开展。

职工双创平台是海康的另一个特色阵地。为落实习近平总书记视察海康集团时关于"企业要把创新牢牢抓住，加强创新平台建设"的重要指示，2017年，海康集团启动了职工双创平台建设。海康集团成立了相应的组织机构，推动公司内部跨专业、跨部门、跨单位的技术创新协同；参考改革创新和创新业务快速发展的实践经验，制定发布双创管理制度，保障创新成果的分享机制，充分激发职工创新热情；鼓励职工结合工作实际提出创意并给予支持与保障，全面覆盖了各业务单位的全部岗位。平台自建成以来，直接参与活动人数超过3000人，申请专利27项，产生了超过2150万元的经济效益。通过大量从创意到项目孵化、再到产业化推进的全流程实施案例，也发现并完善了公司创新链中的薄弱环节，促进公司技术创新体系进一步完善。2020年，平台建设工作荣获"中国电科集团管理创新成果"一等奖、"中国国防工业企业管理创新成果"二等奖。2021年，平台获评"浙江省第一届工会改革创新优秀成果"。

5. 组织阵地

海康集团部署实施打造有温度的"奋斗者之家"，从组织建设、机制建设、活动载体建设三个方面制定11条具体措施，以基层党组织作为打造有温度的"奋斗者之家"的坚强组织阵地，引导党员、干部着重加强对基层一线的关心关爱，维护员工身心健康。如研究所共性党总支以红色"党建引领＋网格"，绿色"服务基层＋网格"，蓝色"管理创新＋网格"三色网格为阵地，在践行使命首责、汇聚民心民意、传递关心关爱、支持人才发展、防范化解风险等方面取得一定的实践成果。

（四）用好4支文化建设队伍，让文化"强起来"

文化软实力是使命驱动型组织的核心竞争力之一，持续提升软实力，做强做优企业文化的关键在人，主要看队伍。目前，海康集团的文化建设队伍主要包括了企业文化大使、播客主持人、通讯员和文化志愿者。企业文化建设需要每位员工的亲身参与、用心感受、不断践行，这样才能使文化真正回归经营管理本质，实现使命与人的内驱力的高度合一。因此，员工始终是文化建设最重要的主体，员工主动参与的文化建设队伍才具有持久生命力，才能使企业文化更具包容性和共鸣力。

1. 企业文化大使——海康文化的最佳代言人

2022年，我们开展了首届企业文化大使聘任工作，聘任了各成员单位共计19位文化大使。文化大使是企业文化工作深入各单位的传播者，担负着"温度计"和"风向标"的作用，带头为海康集团企业文化站台发声，带头传播企业文化的核心理念、践行核心价值观、激发企业文化融入中心工作。同时，文化大使还需要带动各单位员工积极参与到文化建设工作中来，及时反馈来自基层一线对文化建设的意见建议，打通文化建设决策端与落实端的双向反馈渠道，为推进企业文化工作提供重要依据和遵循。

2. 播客主持人——海康文化的生动演绎者

播客主持人是一支较为特殊的文化队伍。通过对员工政治素养、业务能力、文化参与热情等多维度的评价，我们遴选出了一支优秀的主持人队伍，主要服务于"海康播客"这一文化建设阵地。主持人是这一阵地区别于其他阵地的最大亮点，他们在推动主题展开、把握节目进度、管控传播风险、带动受众情感等方面起到重要作用。为了加强播客主持人的专业性，我们定期开展专业培训，并通过录播节目开展实战演练。通过近年来的实践，我们发现播客主持人在服务文化建设深度推进方面的作用在进一步放大，例如文化品牌类活动、企业文化内训师队伍建设等，也需要充分发挥主持人专长，为企业文化传播贡献更大的力量。

3. 通讯员——海康文化的深度传播者

通讯员队伍是文化建设工作扎根基层、感知员工、传播文化的重要触角。打造使命驱动型组织不能是无根之木，需要时刻关注和发掘来自基层的鲜活故事，通过典型的人物和事迹所折射出的文化建设内核，更加生动、深入传播组织所倡导的核心价值观，达成实现使命愿景的统一目标。在2022年庆祝海康集团成立60周年之际，海康集团以通讯员队伍为基础，主动深入基层访谈员工代表，采编创业故事，提炼海康精神，策划实施了新一轮"溯源"计划，从不同群体、不同时代、不同岗位挖掘出大量与海康集团使命宣言相互映照的感人事迹，在员工中形成强烈共鸣。

4. 文化志愿者——海康文化的坚定践行者

海康集团文化志愿者队伍的构成较为多元，主要根据文化建设工作的实际需要，吸收来自海康志愿者协会、文化艺术团和体育协会的成员，以及各成员单位设计师等，服务保障特色文化品牌与文化建设阵地运营的需要。例如，文创周边IP设计、文体节等活动的策划、组织与保障，实体阵地、创新阵地的支撑与服务等。

总体来看，海康集团通过"1354"文化体系建设及其具体实践深刻体会到：要使文化建设工作立起来、活起来、实起来、强起来，其核心还是在于始终坚持和加强党的全面领导，使文化建设工作始终有清晰的使命目标作为指引，确保我们的思想政治工作始终沿着党和国家需要的方向前行，认真落实中国电科党组决策部署，保持旺盛的生命力。2015年，习近平总书记视察海康集团使我们更加深刻体会到，使命驱动型组织是新时期新形势下，确保实现高水平创新、高质量发展的最优路径。总书记视察以来的九年时间里，海康集团克服各种挑战风险，始终坚守创新经营主线，持续构建和完善创新体系，保持核心竞争力，取得较好的发展业绩。我们深刻体会到，要坚定以《海康集团使命宣言》这一文化理念为统领。"1354"体系的核心在"1"，区别于任何文化体系的最大优势也在"1"，整个文化体系在其统领下实现纲举目张，从各个维度交织出海康特色的文化矩阵图，在不断实践探索中凝聚新的文化优势。

四、实施效果

针对"1354"文化体系建设的具体成效，2023年年底，海康集团在全公司范围内以此为专题，通过文化建设满意度调查问卷的形式开展了综合评估。该问卷围绕体系建设具体内容，共设置46项问题，最终回收有效问卷2009份。从问卷的数据统计情况来看，"1354"文化体系总体实现了打造使命驱动型组织的预期目标，取得了较好的文化建设成效。

问卷结果显示，员工对2023年全年文化建设工作整体满意度为93.63%，文化体系总体运行情况得到多数员工肯定。从分项问题的统计结果看，有82%的调查对象认为海康文化建设工作发挥了凝聚人心、形成共同价值观的重要作用，打造使命驱动型组织目标逐步深入人心。对于"1"套文化理念和"1"个文化标志，87%的调查对象清楚《海康集团使命宣言》的主要内容；96%的对象非常认同文化标志的丰富内涵，认为文化标志是对抽象文化理念的具象化体现，便于员工记忆和理解；89%的对象认为核心文化理念在公司经营管理、员工行为层上有充分体现，文化影响力持续提升。对于"3"个文化品牌和"5"个文化阵地，86%的对象认为现有的品牌、阵地的文化推广方式新颖，渠道丰富；93%的对象对第二届海康日等品牌的参与范围、互动性表示认可；92%的对象认为"海康播客"数字化阵地内容形式有吸引力、现场氛围较好、互动性较强。对于"4"支文化队伍，94%的员工能切身感受到文化队伍在氛围营造、深植落地、宣传推广、建言献策等方面发挥的积极作用。

我们应当看到，文化工作如何在快速变化的市场环境中，助力企业提升核心竞争力并实现可持续高质量的发展，已成为当前国有高科技企业的文化建设工作面临的重要挑战。打造使命驱动型组织更不能忽视对文化建设的投入，它是企业开展政治思想建设工作的重要组成部分，也是确保员工始终在状态、敢担当的重要载体，更深刻影响着组织推动改革创新、履行使命责任的质效。

我们从调查问卷的数据统计中，也发现了一些文化体系建设中需要进一步关注的问题，对后续完善体系建设具有重要意义。一是要进一步丰富核心价值观的内涵外延，强化深植落地，确保能够准确反映海康集团第三次创业新时期新征程的共同目标愿景，使之成为统一员工行为的政治思想基石。二是要进一步强化文化的有效传播与培训工作，通过更为精准有效的内部沟通和培训，加强不同群体、不同层面员工对企业文化理念的高度认同，使文化建设更加深入基层、深入人心。三是要进一步加强顶层的示范引领作用，通过各级领导身体力行，将使命驱动这一根本目标融汇在决策和实践全过程，树立践行企业文化的示范表率。四是要进一步提升员工参与度，结合组织实际与员工群体特征，持续拓宽文化参与模式，增进员工归属感和满意度。五是进一步完善激励机制，实现员工积极贡献和实践企业文化的正强化。六是进一步关注文化的创新与发展，深入对表和践行习近平文化思想，与时俱进丰富文化内涵，持续保持文化建设的活力和吸引力。

企业文化不是一系列价值观念和行为准则的简单叠加，它能够从源头引领和激励员工，特别是青年群体，使他们积极投身于企业创新和发展之中。对于使命驱动型组织而言，守正创新是其文化建设面临的最大考验。例如，如何使"国之大者"等崇高使命深入理想信念根基尚不深厚的广大青年员工心底；如何在确保企业核心价值观定力的前提下，不断丰富内涵外延，满足新时代新发展需要；如何在深入实施全面创新的时代背景下，保证企业文化的连续性和稳定性，保持价值观的一以贯之等。

五、下一步规划与探讨

展望未来，使命驱动型国有高科技企业的文化建设工作应当更加紧密围绕增强战略能力、推动科技创新和实现高质量发展等核心要求，文化建设能与时俱进、全面创新，符合时代特征和员工期望。从企业文化管理和使命驱动型组织打造的维度，我们提出以下几方面的设想。

一是大力推进"国之大者"理念的内化，更加立足于强化国家意识和战略思维。面对当前错综复杂的国内外形势，强化员工对"国之大者"使命担当的深度认同已是当务之急。应通过定期举办文化培训、讲座、研讨及员工互动等形式，突出国家宏观战略与企业使命责任之间的紧密关联性，不断加深广大员工特别是青年员工对"国之大者"的深刻理解，营造与党和国家同心同向，与公司发展同心同行的文化氛围，持续激发员工的责任感和荣誉感。

二是构建开放包容的文化创新思维，更加关注员工的个人成长和内在需求。不断提升文化与经营管理工作的融合互促，通过完善个人发展规划、专业素养能力提升等，帮助员工更好地实现自我价值，增强员工的满意度和归属感。同时，创新有利于员工交流互助的文化空间，真正从文化层面落实以人为本的核心价值观，实现参与文化建设的广度与深度，实现知行合一。

三是以文化力量进一步激发员工的创新精神。习近平总书记对海康集团提出的"争当创新驱动发展先行军"的殷切期望，需要我们通过企业文化不断加以传播和弘扬。基于海康集团庞大的青年员工群体，文化工作要依托创新阵地等载体，鼓励更多跨界交流，给予员工接触更多前沿知识领域的机会和解决复杂问题的方法论，不断激发员工创新意识、丰富创新知识、投身创新实践的热情。

四是形成更具使命驱动特征的文化软实力。聚焦"1354"体系中的"人（队伍）、事（品牌）、物（阵地）"三个文化承载载体，进一步增强文化感染力，以听得懂、听得进的方式讲述海康文化故事，推动使命驱动特征的文化内核能够成为每一位员工的价值认同和行为规范，最终形成推动公司发展强大的文化合力。聚焦文化成果、文创产品、文艺作品等载体，推动内容、形式创新，切实让全体员工积极深度参与文化建设工作，实现文化实力的深层转化。

五是打造行之有效的文化激励机制。强化文化建设4支队伍的"事上练"，不断增强文化工作者的岗位认同。形成了一套文化管理机制，在文化建设、文化管理、文化传播、活动开展等一整个链条上，构建责任落实、安全保障、联动推动、考核评价、激励提升等完备的机制，并用一到两年实践探索，逐步建立相应的标准要求，促使文化建设成效进一步巩固。

六是推动文化与技术的深度融合。坚持用好"数字海康"底盘，实现企业文化传播和实践的与时俱进。在现有数字化和在线传播基础上，加强大数据的分析统计运用，建立更多行之有效的数字化看板，深刻洞察员工诉求，精准化加强文化阵地建设，推动文化品牌跃升新高度。

综上所述，国有高科技企业的文化建设需要以使命驱动型组织为基石，在锚定使命目标的基础上，以习近平文化思想为引领，与时俱进、不断创新，使这一体系始终保持蓬勃生机。同时，一套行之有效的文化建设体系模型，更是国有高科技企业走向世界一流，在严峻复杂的形势挑战中保持核心竞争力、实现可持续高质量发展的重要保证，以企业文化软实力的跨越式发展助力国家文化软实力提升，为社会主义文化强国建设做出更大的贡献。

甘肃铁投集团"三融入、三促进"推进党建与生产经营深度融合

创造单位：甘肃省铁路投资建设集团有限公司
主创人：王锋　杨渺　武建成
创造人：刘续军　陈玲

【摘要】 国有企业与生俱来的"红色基因"决定了其政治属性和经济属性两者互为依托，是一体两面的统一关系。甘肃省铁路投资建设集团有限公司（以下简称甘肃铁投集团）认真总结党建工作经验，遵循党建工作规律，积极探索党建与生产经营深度融合机制，建立形成了"三融入、三促进"工作机制，构建了"六大工程"党建工作格局，增强党建与中心工作融合的系统性、深入性与实效性，为进一步提升党建质量、引领保障企业高质量发展做出了有益的探索与实践。

【关键词】 党建融合　三融入、三促进　六大工程　高质量发展

一、实施背景

2016年，习近平总书记在全国国有企业党建工作会议上发表讲话时指出，国有企业党组织要坚持服务生产经营不偏离，把提高企业效益、增强企业竞争实力、实现国有资产保值增值作为工作的出发点和落脚点，以企业改革发展成果检验党组织的工作和战斗力。2017年，党的十九大明确了新时代党的建设总要求。2020年党的十九届五中全会通过的《中共中央关于制定国民经济和社会发展第十四个五年规划和二〇三五年远景目标的建议》着眼于推动高质量发展，提出了"不断提高党的建设质量"的要求。2020—2022年，国家推动深入实施国企改革三年行动，以改革创新引领国资国企高质量发展。2022年，党的二十大明确要求增强党组织政治功能和组织功能，坚持大抓基层的鲜明导向，把基层党组织建设成为有效实现党的领导的坚强战斗堡垒。2023年全国组织工作会议总结了新时代十年党的建设和组织工作重大成就，正式提出和系统阐述了习近平总书记关于党的建设的重要思想。2024年7月15日至18日召开的党的二十届三中全会从3个方面部署了党的领导和党的建设制度改革，要求持续深化党纪学习教育。这些重要论述和要求为国有企业推进改革发展和党的建设工作提供了纲领性指南、根本性遵循，也对我们开展党建工作提出了原则性标准、具体化要求。高质量发展是企业的中心大局，提高党的建设质量也是高质量发展的题中应有之义和有机组成部分。融入中心抓党建、抓好党建促发展是相辅相成的，建立融入中心服务大局的党建工作机制是提高党的建设质量的重要基础，具有"四梁八柱"的支撑作用。

1. 建立并实施"三融入、三促进"工作机制，是甘肃铁投集团落实新时代党的建设总要求和全国国有企业党的建设工作会精神的生动体现

国有企业是中国特色社会主义的重要物质基础和政治基础，是中国共产党执政兴国的重要支柱和依靠力量。甘肃铁投集团于2018年8月挂牌成立，属于省属公益类国有企业，省政府授权履行铁路出资人代表职责，为甘肃控股铁路项目建设主体。自成立以来，甘肃铁投集团始终心怀"国之大者"，认真落实党中央、省委、省政府的各项决策部署，实施"三融入、三促进"工作机制，把抓党建工作与服务中心大局结合起来，紧扣国家铁路发展规划和全省"一核三带"战略布局及"四强行动"要求，聚焦主责主业，带领所属基层党组织和广大党员全力以赴投融资，聚精会神搞建设，推动全省铁路从

"鱼刺型"向"网格型"转变、从数量型向质量型、效益型转变,甘肃铁投集团自成立以来参与投资建设铁路项目16个,累计完成投资1095.7亿元,完成融资758.66亿元,新增高铁里程655千米、普速铁路里程385千米,铁路网已覆盖全省12个市州52个县区,为全省基础设施建设做出了应有的贡献。

2. 建立并实施"三融入、三促进"工作机制,是破解党建工作与中心工作"两张皮"这一难题的有效方法

全国国有企业党的建设工作会议提出,要加强和改进国有企业党的建设,坚持党建服务生产经营不偏离,推动党建工作与生产经营深度融合,把党建工作成效转化为企业发展优势。甘肃铁投集团坚持党建工作全方位全过程融入中心、服务大局,围绕生产经营改革发展中心任务,横向全过程建立"党建引领+"重点攻关项目和党员责任区、党员示范岗,并以党委规范化、党支部标准化、党员"亮身份"等为载体,从党委、党支部、党员三个层面,纵向全方位检验党委领导作用、基层党支部战斗堡垒作用、党员先锋模范作用是否发挥到位,切实把党建做实为生产力、做强为战斗力。

3. 建立并实施"三融入、三促进"工作机制,是提升基层党组织组织力的内在要求

坚持党的领导,加强党的建设,是我国国有企业的光荣传统、是国有企业的"根"和"魂"、是国有企业的独特政治优势。基层党组织是基层党建工作的重要基础,提升基层党组织的战斗力是提升企业整体实力的重要基础和重要引领。甘肃铁投集团通过建立与实施融入中心大局的纵横相交的"三融入、三促进"工作机制,从机制顶层设计到载体具体抓手,确保党建工作的开展始终融入中心工作,确保在企业生产经营、改革发展各个环节有效发挥党组织的领导作用、党员的先锋模范作用,为企业发展提供坚强的政治保证和组织保证。

二、实施过程

甘肃铁投集团党委深入学习贯彻习近平总书记关于国有企业改革发展和党的建设的重要论述,全面贯彻落实党中央和省委关于加强党的建设的决策部署,在完善公司治理中始终坚持党的领导、加强党的建设,坚持服务生产经营不偏离,创新建立党建"三融入、三促进"工作机制,推进党的建设融入业务、融入一线、融入人心,充分发挥党委领导作用、党支部战斗堡垒作用和党员先锋模范作用,促进党群关系、干群关系、职工与企业的关系更加和谐同向。

1. 推进党建融入业务,促进基层党建与生产经营目标同向,切实引领提升工作动力

实施"领航工程",确保党中央、省委重大决策部署落地落实见效。严格落实"第一议题"制度,及时跟进学习习近平总书记重要讲话和重要指示批示精神,健全完善传达学习、研究部署、贯彻落实、跟踪督办、报告反馈、评估考核"六位一体"管理体系,通过党委带头学、支部跟进学、党员参与学,推动上下贯通、规范落实,确保企业生产经营和改革发展始终保持正确的政治方向。坚持党建与生产经营目标"三融合",围绕甘肃铁投集团第二次党员大会确定的未来五年奋斗目标,深入推进凝心铸魂、选贤任能、人才赋能、强基固本、先锋引领"五大工程",推动新时代党建工作高质量发展,做到与企业的长远目标相融合。制定党建年度工作要点,做到与企业的年度目标相融合。组织签订党建、党风廉政建设及安全环保责任书,做到与生产经营责任目标相融合,推动压力层层传递、动力级级提升。实施"铸魂工程",以习近平新时代中国特色社会主义思想武装头脑、指导实践、推动工作。紧紧抓住党委理论学习中心组这一载体,坚持"五有四带头"机制,做到学习有安排、有资料、有考勤、有研讨、有体会文章,中心组成员"带头学习、带头宣讲、带头调研、带头实践",以上率下发挥引领示范作用。创新探索"强机制+全覆盖+严督查"党委理论学习中心组列席旁听工作机制,通过统筹谋划、注重实效、严督实查三个环节,不断推动各级党委理论学习中心组学深走实,促进党的创新理论成果深入人心、落地见效。

2. 推进党建融入一线，促进党组织活动与生产经营过程融合，切实推动提升工作质量

实施"赋能工程"，促进党组织和党员作用充分发挥，推进党建与生产经营活动有机契合。开展"党建引领+"重点项目攻关，建立"党委牵头+支部主体""支部党员大会（支委会）研究推动+全体党员有效参与"的工作机制，实施资金保障、安全生产、深化改革等攻关项目37项，在项目建设、筹资融资、风险防控、信息化管理等方面取得了显著成效。把支部建在项目上，开展覆盖技术攻关、安全质量保障等方面的攻坚行动，全体党员主动靠前，聚焦高质量发展的瓶颈问题和技术攻关"卡脖子"问题揭榜挂帅。地方铁路公司成立现场办公室，党员干部带头驻守现场，强化施工过程管控，面对30余项交叉点、10多家施工单位，将会议开在现场，常态化面对面研究协调解决问题，制定质量互检共认实施方案，推进各交叉作业面按期移交，保证了铁路、机场、市政等工程同步实施。中兰客专公司党员在桥梁方面摸索出一些小革新、小工法，研发的自动喷淋养护施工工法、挂篮悬臂浇筑施工工艺和自升降安全操作平台，在有效避免高空作业安全风险的同时，大大降低了施工成本。天陇公司党委引导党员干部攻坚在一线，由党员牵头研发的二衬跟模养护设备提高了衬砌养护效率，锁脚定位卡具、钢筋定位卡具及止水带定位卡具等大大提高了现场施工质量精度，监控量测标保护装置有效解决了监控标污染损坏问题。创建安全生产责任区，深化"党员身边无事故无隐患"等活动，确保重点控制性工程安全平稳推进。开展党员承诺践诺，将项目建设、筹融资和经营发展等指标任务落到每名党员，做到人人有指标、人人有行动。实施"素质工程"，建设高素质专业化人才队伍。扩大年轻干部队伍"蓄水池"，制定经营管理、党务和专业技术人员"三支人才队伍"培养计划，有计划地把政治素质好、有能力、有责任感的年轻干部放到改革发展一线，放到关键吃劲岗位磨炼。深入实施人才强基工程，建强铁路运营管理、科技创新方面的专兼职董事及党建群团人才队伍，推行员工职业规划双通道和导师帮带、业务骨干登讲堂等。建立党务和业务人员双向交流机制，拓宽人才成长通道，37人持有职（执）业资格证书59本，涉及17个种类，取得职称人员占员工总数的82%。

3. 推动党建融入人心，促进党群关系、干群关系、职工和企业的关系和谐同向，切实增强凝聚力向心力

实施"聚力工程"，推动形成内顺外和的良好氛围。加强形势任务教育，结合学习贯彻习近平新时代中国特色社会主义思想主题教育、党纪学习教育，深入开展"问题导向+一线调研+成果交流"解放思想大家谈活动，围绕"民生项目公益类企业如何破解投融资困境""集团公司可持续发展的路在哪里"等主题展开讨论，形成调研报告26篇、研讨材料40多篇。突出对重点对象的纪律培训，组织新提拔干部、年轻干部和关键岗位干部进行党纪学习教育，开展党支部"微讲堂"等研讨式、互动式学习、讨论，为高质量发展凝聚合力。发挥群团组织优势，引导职工积极投身创新创效，组织开展党、团组织及个人创新创效活动。截至目前，甘肃铁投集团建设项目共获得省（部）级工法6项、实用新型专利48项、省质量管理小组二等奖1项、BIM大赛奖10项、计算机软件著作登记证12项。实施"暖心工程"，推动思想稳定与队伍稳定内在结合。制定关心关爱干部营造干事创业良好环境37条措施和领导干部联系服务专家制度，以严管厚爱激励年轻干部担当作为。扎实开展"我为群众办实事"活动，解决了职工单身宿舍、建设职工书屋和母婴室等职工群众急难愁盼的问题。为基层工会组织配备饮水机、微波炉、电冰箱等，发放配备健康包、针线包等生活用品，互助补充医疗保险全覆盖，持续打造管理有力度、关爱有温度的企业。甘肃铁投集团2人荣获"全省工会系统基层优秀工会工作者"称号，天陇公司天水指挥部荣获2024年全省"工人先锋号"称号。

三、实施效果

自建立形成"三融入、三促进"工作机制以来，甘肃铁投集团所属2个党委、11个党支部、102名党员积极落实要求，建强基层党组织，围绕企业中心工作，党建引领攻坚克难，把党委、党支部、

党员的积极作用有效发挥在企业高质量发展中。

1. 激发干事创业内生动力，赋能集团公司高质量发展

甘肃铁投集团深入贯彻落实习近平总书记关于国有企业改革发展和党的建设重要论述，以促进集团公司工作提质增效、推动全面改革发展为落脚点，深入推进"三融入、三促进"工作机制，形成了经营发展"挂牌出题"、党组织"揭榜破题"、党员"亮牌解题"的创效发展氛围，为加快推进一流企业创建提供了坚强保障。甘肃铁投集团自组建以来，始终聚焦铁路投资建设主责，全力推进我省铁路项目投资建设，自成立以来累计完成投资1095.7亿元，推动铁路建设实现了"十三开工九开通"。融入中心工作建立"项目建设""资金保障""深化改革""创新创效"等党建引领+攻关项目，在首个控股建设的银兰高铁中兰段（甘肃段）项目上创新管理制度，在全国同行业率先出台"项目公司+委托代建"模式下铁路项目建设全过程管理六项制度。在首条自主投资建设的天陇铁路项目上创新建管模式，大胆改革按照造价额度划分标段的传统做法，将项目全线划分为两个大的标段，采用联合体参与招投标形式，项目招标降造5000万元。在铁路系统内首次实施"F+EPC+全过程咨询"建设管理模式，有效推动项目顺利实施。攻坚克难拓宽融资渠道，全面推进债务风险化解工作，甘肃铁投集团连续两年获得"省长金融奖"，连续四年获得"AAA"主体信用评级，并于2023年首次获得双"AAA"评级，已然形成了党建助推中心工作的攻关项目矩阵效应。

2. 引领党建工作品牌打造，基层党建质量得到提升

甘肃铁投集团积极探索新形势下加强和改进党建工作的新方法，探索发挥党员先锋模范作用的新途径，把党建工作融入生产经营管理全过程，坚持用品牌理念带动党建、用品牌形象展示党建。中兰客专党支部坚持以党建为引领推动技术创新，在甘肃省第一条控股建设的银兰高铁中兰段项目上，积极立项开展科研课题，其中深厚湿陷性黄土性质深入研究成果获国家专利，为项目建设提供了有力的技术支撑和数据支持；地方铁路公司党支部开展立足本职岗位作表率、执行规章制度作表率、完成工作任务作表率、直面急难险重当先锋"三表率一先锋"活动，成功签订40年超长期银团贷款，按期完成项目验收评估取得国铁开通令；天陇公司党委以攻克现场难点问题为抓手，与各参建单位党组织建立了联合攻坚党员突击队，在工程技术上解决了衬砌质量控制、断面侵限等质量管控难点，有效提升了工程实体质量；路衍公司党支部坚持党建引领+"挂牌出征"，压实党员领导干部开拓市场的主体责任等，2024年营业收入同比增长31%，利润总额同比翻番。各基层企业党建工作形成了一批有亮点、有影响力的特色经验，打造了铁投党建引领"1+N"品牌。甘肃铁投集团党群工作党支部获省政府国资委"先进基层党组织"荣誉称号，中兰客专公司党支部被评为省属企业"党建与生产经营融合示范点"。

四、主要创新点

1. 推进党建与生产经营深度融合，要始终坚持目标同向

把谋划党建工作与中心工作摆在同等重要的位置，纳入一体通盘考虑。把经营发展重点难点作为党建工作突破口，把中心工作薄弱环节的强化作为党建工作主要目标，通过将党的领导、党建要求融入生产经营、改革发展等重大决策部署全过程，形成全面系统的工作思路，确保党建与中心工作同向同行。

2. 推进党建与生产经营深度融合，要坚持用好党建载体

围绕制约企业经营管理、改革发展和安全生产的重点难点问题，有效运用党员示范岗、责任区、突击队、"党建引领+"重点项目攻关和揭榜挂帅、承诺践诺等工作载体，使党建与业务工作有效结合，充分发挥党建价值创造能力。多年实践表明，党建工作载体丰富，关键是要找准贴合企业实际、富有实效的做法，不断地调整优化，久久为功地坚持下去。

3. 推进党建与生产经营深度融合，要着重优化工作机制

与时俱进修订完善融合的制度机制，做到党建工作与生产经营工作制度相对接、相适应、相协调。把加强党的建设与完善公司治理结合起来，建立完善"三会一层"规范运行机制，持续增强党组织的影响力、凝聚力，增强企业治理能力。建立职责对等、责任突出、内容具体的考核评价体系，既考"经济账"又考"政治账"，既考核生产指标完成情况，也考核党建基础、队伍稳定等工作。强化结果运用导向，将党建考评结果与评先评优、职务晋升、薪酬激励等进行"强挂钩"，促进各级党员干部增强推进党建"三融入、三促进"的自觉性。

4. 推进党建与生产经营深度融合，要始终坚持以人民为中心

将发挥党员先锋模范作用与完成重大任务、破解重大难题紧密结合，把党员先进性体现在岗位上、体现在工作业绩上。坚持优选人才，发挥党组织在选优配强干部队伍方面的作用，让队伍建设融入改革发展的每个环节。要加强对职工的教育引领与关心关爱，团结群众、动员群众、组织群众、依靠群众，推进党建"融入人心"。加强党组织书记和党务工作者队伍建设，把优秀党员选拔到党支部书记岗位上来，形成"头雁效应"；加强党建岗位与业务岗位之间的交流，培养复合型人才，增强党建岗位的吸引力。

党建引领农村合作金融机构薪酬体系改革研究

创造单位：广西农村商业联合银行股份有限公司
主创人：罗军　范树育
创造人：钟景聪　廖娅希　王涛　黄军红

【摘要】党的十八大以来，党中央科学谋划、部署和推动国有企业改革，劳动、人事、分配三项制度一直是国企改革的重点，而科学合理的薪酬体系是企业吸引人才、保留人才和激励人才的最重要的因素之一，也是深化落实三项制度改革的关键举措，关系到员工切身利益。为此，广西农村商业联合银行股份有限公司（以下简称H农商联合银行）牢牢把握习近平总书记对国有企业改革的总体要求，以"党建＋三项制度改革"强化党建引领改革，积极探索适配有效的薪酬管理模式，研究提出建立基于统一职级体系、以能力和绩效贡献为导向的薪酬体系，打破员工职业发展"天花板"和薪酬分配的"大锅饭"，真正实现"干部能上能下，员工能进能出，薪酬能增能减"目标，从而激发员工活力，牵引员工成长，发挥价值贡献，促进组织高质量发展。

【关键词】农商联合银行　薪酬体系　改革

一、实施背景

党的十八大以来，党中央科学谋划、部署和推动国有企业改革，搭建形成国企改革以《关于深化国有企业改革的指导意见》为统领的"1+N"政策体系，支撑新时代国有企业改革发展的落地。习近平总书记针对国有企业改革发展和党的建设发表一系列重要论述，特别是在2016年全国国有企业党的建设工作会议上，习近平总书记深刻阐明了关于国有企业改革发展和党的建设一系列重大理论和实践问题，为新时代坚持和加强党对国有企业的全面领导、做强做优做大国有企业提供了根本遵循。劳动、人事、分配三项制度一直是国企改革的重点，是全力破除影响和制约企业高质量发展的顽瘴痼疾的必由之路，也是实现企业质量更高、效益更好、结构更优、更可持续、更为安全的发展必经之路。

近年来，随着信息科技进步突飞猛进，各行各业大力推进科技应用数字化转型，快捷支付业务迅猛发展，传统银行业务不可避免地受到冲击，对银行业金融机构经营效益产生了重大影响，导致银行业人才流失问题日益突出，如何引才、聚才、留才、用才成为各银行业金融机构亟待解决的问题，而具有较高市场竞争力的薪酬待遇水平与管理机制往往在吸引和长期留住人才方面起到关键作用。长期以来，H农商联合银行采用以行政等级为基础的薪酬体系，薪酬结构比较单一，没有体现岗位价值、专业能力的差异，暂无科学的定调薪机制，激励制度不够完善，存在平均主义，"大锅饭"现象较为突出，奖惩力度落实不足，缺乏公平性，对员工无法产生足够的激励作用。面对制约长期发展的突出矛盾，急需设计一套科学合理的薪酬体系和多元化激励机制，健全薪酬管理制度，将激励与约束机制有机融合，进行有效的薪酬管理，同时用好绩效考核指挥棒，才能吸引集聚优秀人才，激发广大员工干事创业的积极性和创造性，凝聚合力努力达成企业经营战略目标，将人才资源转化为企业可持续发展的动能，实现自身竞争力的提升。在此背景下，H农商联合银行深刻理解和把握习近平总书记对国有企业改革的总体要求，以"党建＋三项制度改革"强化党建引领改革，以坚强有力的党组织和过硬的党员队伍引领保障三项制度改革走深走实，取得良好成效。

二、实施目的

党的二十大报告中提出了"人才是第一资源""坚持尊重劳动、尊重知识、尊重人才、尊重创造""完善分配制度、规范收入分配秩序"等关于人才和分配的重要论述。为深入贯彻落实党的十九大和十九届二中、三中全会精神，全面落实党的二十大、二十届二中、三中全会精神，以及国家、地方政府关于深化国有企业改革的有关要求，H农商联合银行坚守支农支小支微、服务县域、服务乡村振兴的发展定位，加快推进高质量发展，在新的征程中，需要进一步激发内部人才潜力，发挥人才价值，凝聚优秀人才共谋农信事业发展新篇章。为此，通过强化党建引领，进一步深化推进"三项制度"改革，加快构建正向激励的薪酬体系，科学合理设计薪酬体系和多元化激励机制，调动员工积极性，激发队伍活力，成为H农商联合银行当前急需解决的战略性核心任务。

三、实施过程

（一）高质量党建引领全面深化改革，确保高质量改革成效

薪酬改革事关员工切身利益，事关农信系统事业长远发展。H农商联合银行党委始终坚持"两个一以贯之"原则，牢牢把握习近平总书记对国有企业改革的总体要求，提出"党建+三项制度改革"项目总体改革思路，强化党建引领改革，将改革工作与党建深度融合，像做工程项目一样实行"项目化"管理，制订路线图、时间表，倒排工期、分工作战，系统性推进党建+改革工作，并将该项目作为当前及今后一段时期的"一把手"工程和民心工程，工于匠心、精于品质。

1. 发挥党组织保障作用

成立党委书记、董事长挂帅组长的项目领导小组，党委组织部、人力资源部、战略规划部等相关部门的党员干部担任各具体工作小组组长，亮出党员身份，牵头攻坚克难，从组织架构和人员配置上体现党员先锋模范作用。

2. 发挥党委会决策掌舵作用

坚持问题导向，注重将改革中遇到的重点难点堵点问题提请党委会前置审议研究，充分发挥党委"把方向、管大局、保落实"的领导作用，确保改革方向不走偏。

3. 坚持目标导向，强化考核问效

将内部三项制度改革重点任务融入各职能部门党支部年度目标任务清单并纳入部门年度重点工作任务考核，注重将改革任务、改革成果作为各支部"三会一课"研究学习内容，让广大党员率先理解改革、支持改革、推动改革。

自2020年7月项目启动以来，工作小组优化调整薪酬改革方案30余稿，召开党委会专题研究审议有关事项10余次，面向全系统农合机构召开各类研究会、说明会及改革成果宣讲会、宣贯会10余次，深度访谈各层级中高层干部和一线员工7000余人次，与各业务线分管领导和部门负责人沟通研究方案细节20余次，与第三方机构咨询讨论60余次。同时，注重借鉴先进经验，与工商银行、建设银行、浙江农商联合银行、福建省农商联合银行、云南省农商联合银行、平安银行等区外金融同业开展调研交流，深入分析行业发展趋势，全面剖析各业务线实际情况，确保薪酬改革方案科学、合理、可行、有效。

（二）H农商联合银行薪酬体系现状分析

通过对各级干部员工进行现场调研访谈、问卷调研及相关资料分析，我们发现H农商联合银行现行薪酬体系主要存在以下问题。

1. 重物质激励，轻发展激励

H农商联合银行对员工的激励措施主要停留在工资、福利等物质激励层面，而对员工职业发展方面的激励较为缺失，没有为员工搭建专业序列职业发展通道，管理岗位晋升仍然是员工晋升涨薪的主要渠道。参与调研的人员中，56%的人员不认为H农商联合银行为员工开辟了除行政通道外的专业序列通道，并建立了运行良好的评聘机制（见图1）。

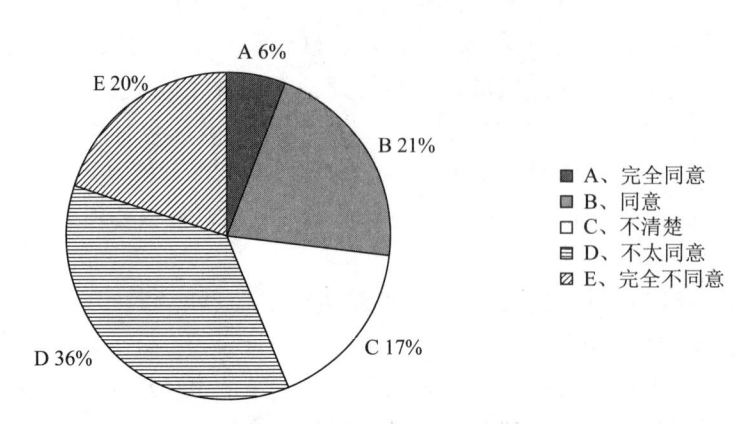

56%的人员不认为H农商联合银行为员工开辟了除行政通道外的专业序列通道，并建立了运行良好的评聘机制

A 6%
B 21%
C 17%
D 36%
E 20%

A、完全同意
B、同意
C、不清楚
D、不太同意
E、完全不同意

图1 员工职业发展方面调研访谈情况

2. 分配"大锅饭"，缺乏价值导向

目前的员工薪酬模式是按行政级别分配，职称可以小幅影响员工薪酬水平，但维度单一且影响极小，员工之间薪酬差异小，不能有效体现岗位价值和专业能力的差异。参与调研的人员中，41%的人员认为H农商联合银行薪酬未体现不同岗位的价值差异（见图2）。

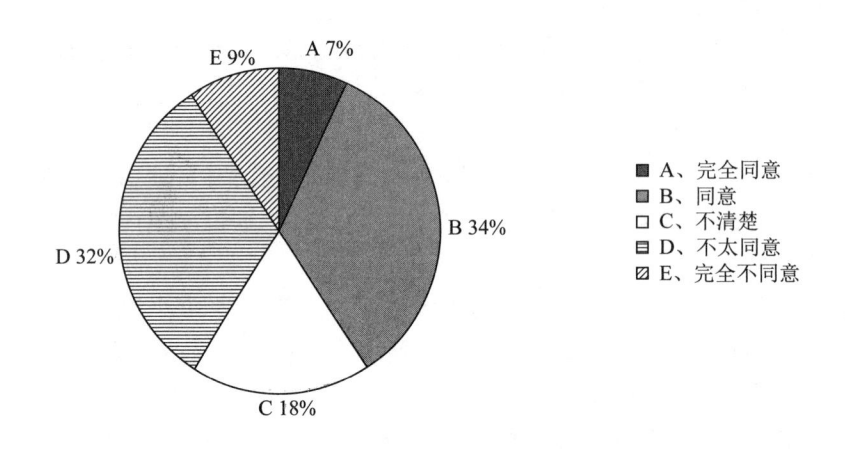

41%的人员认为H农商联合银行薪酬未体现不同岗位的价值差异

A 7%
B 34%
C 18%
D 32%
E 9%

A、完全同意
B、同意
C、不清楚
D、不太同意
E、完全不同意

图2 薪酬方面调研访谈情况

3. 绩效关联小，激励性不足

员工绩效考核机制不健全，缺乏有效赛马机制，未做到奖优罚劣。考核以定性评价为主，无法体现出员工的业绩贡献。绩效考核结果应用不足，员工薪酬主要看个人的行政级别，绩效高低影响不大，薪酬激励性严重不足。参与调研的人员中，52%的人员认为现行绩效体系未能够体现工作优劣（见图3）。

4. 定调薪欠佳，管理不规范

缺乏清晰的薪酬管理策略、常态化的员工薪酬检视调整机制及科学合理的定薪机制、"可升可降、岗变薪变"的薪酬激励机制。薪酬管理不规范，未来的涨薪空间不明朗，员工不知道怎么样才能升职加薪。参与调研的人员中，46%的人员认为现行薪酬体系的激励效果不足（见图4）。

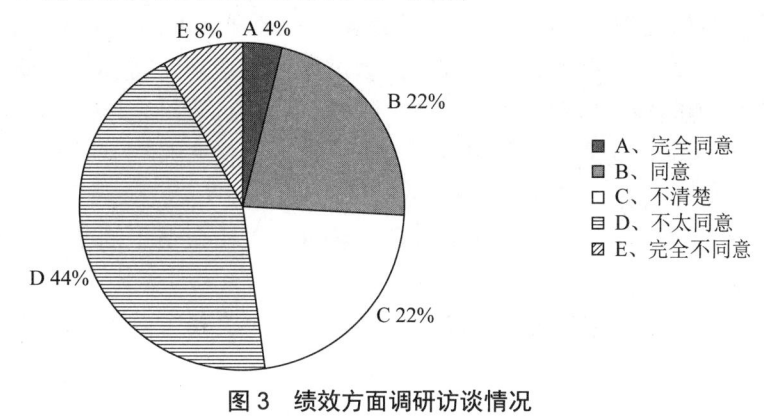

52%的人员认为现行绩效体系未能够体现工作优劣

- A、完全同意
- B、同意
- C、不清楚
- D、不太同意
- E、完全不同意

A 4%, B 22%, C 22%, D 44%, E 8%

图3　绩效方面调研访谈情况

46%的人员认为现行薪酬体系的激励效果不足

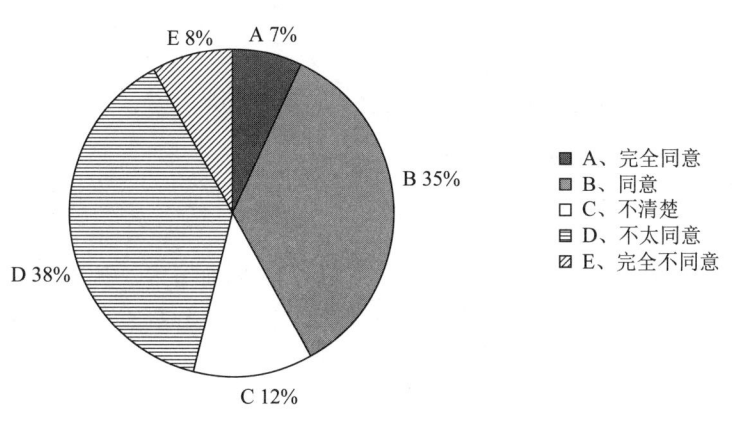

- A、完全同意
- B、同意
- C、不清楚
- D、不太同意
- E、完全不同意

A 7%, B 35%, C 12%, D 38%, E 8%

图4　激励方面调研访谈情况

（三）H农商联合银行薪酬体系改革思路

1. 薪酬体系改革目标

基本建立起与社会主义市场经济相适应、与企业功能定位相配套的收入分配管理体系，形成企业内部干部（管理人员）收入能增能减的机制，激励约束机制更加健全，收入分配秩序更加规范，企业市场化程度显著提高。

（1）结合国家和地方政府关于国有企业工资改革要求，对农商联合银行薪酬结构进行优化，根据前中后台各业务条线不同岗位设计员工职级序列，建立公平合理的薪酬体系。

（2）建立基于统一员工职级体系，以能力与绩效贡献为导向的目标薪酬管理模式，设计富有灵活性、导向性和激励性的薪酬体系来吸引、保留、激励关键人才，不断牵引H农商联合银行人员结构优化和人才效能提升。

（3）建立有效的激励约束机制，制定科学合理的部门、员工绩效考核体系，开展360°全员绩效考核，考核结果与绩效薪酬强挂钩。合理划分基本薪酬和绩效薪酬的比例，其中绩效薪酬占比达65%以上，注重发挥考核指挥棒对薪酬分配的导向作用。

（4）建立管理岗位和专业岗位双通道并行的员工职级序列矩阵，构建"条条大路通罗马"的多通道员工职业发展体系，丰富人才晋升通道和涨薪途径，增强员工获得感和归属感。

2. 薪酬管理方针

按照"以岗定级、以级定薪、人岗匹配、易岗易薪"管理理念进行薪酬管理制度设计。

（1）以岗定级。建立职位和职级的对应关系。通过职位职级表，将每一个职位对应一个职级，表示每个岗位对企业贡献的价值评估。

（2）以级定薪。界定薪酬范围，建立职级工资表。每一职位职级都有一个对应的薪酬范围，可以根据员工能力贡献在薪酬区间进行相应的薪酬调整。

（3）人岗匹配。评估员工与岗位责任之间的匹配程度，以确定员工的个人职级及符合度，确保把合适的人放在合适的岗位上。

（4）易岗易薪。根据人岗匹配情况检视调整员工薪酬定位，员工薪酬随着职位职级及其符合度变化而变化，体现多劳多得，鼓励奋斗。

3. 薪酬管理遵循原则

（1）市场化导向原则。根据H农商联合银行整体薪酬策略定位，对标金融同业劳动力市场情况确定薪酬水平，保持市场竞争力，吸引和留住优秀人才。

（2）战略导向原则。薪酬分配以H农商联合银行战略目标实施、竞争力提升、人才培养、风险控制等维度为导向，坚持向关键业务、关键岗位、关键人才倾斜。

（3）突出业绩导向原则。薪酬分配与员工的岗位价值、能力素质、业绩表现和贡献大小挂钩，充分体现"按劳分配、按贡献分配、按业绩分配、优绩优酬"。

（4）效率公平兼顾原则。员工薪酬按照价值贡献分配的同时，保持不同岗位、不同职级、不同业绩员工收入的合理差距，促进收入分配公平、公正。

（5）激励与约束相结合原则。充分发挥工资分配的正向激励作用，调动员工的积极性、主动性和创造性。同时根据岗位性质实行差异化的绩效考核体系，员工的薪酬高低与其绩效考核结果挂钩，将员工自身利益与H农商联合银行长远发展紧密联系。

4. 薪酬体系改革的理论依据

薪酬体系改革要体现H农商联合银行的价值分配理念，在设计薪酬体系时，必须明确薪酬分配要体现员工个体价值、岗位价值和贡献价值，体现"创造价值越高，员工得到的回报越高"的价值付薪理念。同时要结合金融同业市场薪酬水平进行对标分析，保持H农商联合银行薪酬水平的外部竞争力。因此，H农商联合银行在薪酬体系改革时提出遵循"3P+1M"理论薪酬管理理念。

（1）依据岗位价值付薪（Position），体现岗位价值：根据岗位职责、管理要求等，参考金融同业实践经验，通过岗位价值评估，设置差异化的岗位标准序列等级，以体现岗位价值差异对员工薪酬水平的影响。

（2）依据个人能力付薪（Person），体现个体价值：为员工设计标准明确、"阶梯式"的职业发展通道，员工可以通过提升个人综合能力素质，实现持续的职级晋升，体现个人能力素质差异对员工薪酬水平的影响。

（3）依据绩效表现付薪（Performance），体现贡献价值：将员工年度绩效考核结果应用于职级晋升、薪级薪档的调整，充分体现"薪酬可增可减、激励约束并重"。

（4）参考市场薪酬付薪（Market）：参考劳动力市场薪酬水平，结合H农商联合银行现状，设计科学合理、有效激励的薪酬水平和薪酬结构。

（四）构建基于职级体系的、以能力和绩效贡献为导向的薪酬体系

1. 树立全面薪酬激励理念，全方位多元化激励员工

H农商联合银行推行全面薪酬激励理念，全面薪酬激励既包括工资、福利等物质激励，也包括学

习和发展、认可等发展激励。既建立健全薪酬管理制度，也完善员工职业发展体系，并且将员工职业发展体系与薪酬体系紧密结合，以岗位、能力和贡献作为付薪依据。实施全面薪酬激励策略，全方位多元化地激励员工，最大限度地激发员工潜能，发挥员工价值。

2.强化同业市场薪酬对标，保持薪酬水平竞争力

为了解金融同业市场不同职务职级的员工对应的薪酬水平，准确把握行业整体薪酬分布情况及H农商联合银行员工薪酬在同业市场中的位置，开展了金融同业市场薪酬调研。经调研发现，H农商联合银行处于成长期，经营效益相对较好，薪酬支付能力相对较强，有较多的市场机会，对专业化高素质人才需求迫切，因此整体薪酬定位采用金融同业市场中等偏上水平，以同业市场55分位水平作为薪酬水平设计参照标准，适度保持员工薪酬的外部竞争力，以吸引、保留和激励优秀人才。

3.建立员工"双通道"职级管理体系，激发员工队伍活力

（1）规范职级体系顶层设计。职级即员工的等级序列，也称行员等级，体现员工的学历履历、业务能力、工作贡献，是确定员工薪酬福利待遇及职务调整的重要依据，科学规范的职级体系是薪酬体系设计的基础。H农商联合银行参照公务员职务职级体系改革思路，改革现行行政级别体系，实施职务与职级并行制度。改革后的职级不再与行政职务挂钩，而是与员工个人的专业技能、素质、经验和管理能力挂钩。

（2）规范岗位设置，明晰岗位职责。划分"管理序列＋专业序列＋操作序列"三大岗位序列，各序列分别划分通用的岗位序列等级、职等，明确管理序列各职位与专业序列、操作序列的职位对等关系，评估岗位价值，建立"双通道"职业发展体系。根据人才发展规划和岗位性质特点，H农商联合银行建立"横向三大序列、纵向十三职级"的职务职级体系，员工可以根据组织发展需要和个人能力优势选择相应的发展通道。

（3）建立科学化评聘机制与流程。综合考虑H农商联合银行岗位编制数量、工资总额等因素，管理序列职数按照科学合理、精简高效原则，专业序列职数按照结构合理、梯次递减、从严控制原则，进行职数比例管理。实行岗位聘期制，通过严格考评、胜任续聘、刚性退出等规定，实现"管理人员能上能下，员工能进能出"，职级体系与薪酬体制挂钩，使H农商联合银行人才队伍发展和薪酬体系更加科学合理，做实员工职业发展，激发人才队伍活力。

4.采用宽带薪酬制，拓宽员工薪酬晋升通道

H农商联合银行薪酬设计参照金融同业薪酬水平进行市场对标，提高薪酬福利的市场竞争力水平，探索H农商联合银行高管人员薪酬的市场化，改善限薪现状；结合职级体系建立统一的基薪标准，学历、职称、地区等差异则通过津贴、补贴体现；采用目标薪酬制模式，建立差异化的薪酬结构，适度降低总薪酬中的固定部分薪酬比例，提高浮动部分比例，实现总薪酬与绩效考核挂钩。同时为保持各级中位值级差相等，采用市场对标中位值的回归值作为H农商联合银行各层级目标薪酬的中位值水平。

实行宽带薪酬制将每一个职级的薪酬浮动范围拉大，员工不一定要向管理岗位晋升才能涨薪，在同一职等做专做精，也能不断提高薪酬水平，体现了为能力和贡献付薪的理念。H农商联合银行采用宽带薪酬的设计理念，按照职级将薪酬等级分为13个等级，将职级、薪级一一对应。考虑到薪酬管理和激励需要，将每一等级划分13个薪档，按照"小步慢跑"的思路设置，保障员工薪酬动态检视和自然晋升，使薪酬激励更加精准有效。

5.强化绩效考核，合理拉大绩效薪酬差异

建立健全绩效考核体系，根据国企工资改革相关政策精神，H农商联合银行坚持按劳分配、以绩取酬原则，建立工资与效益联动机制，以及薪酬分配与绩效考核联动机制，并将绩效考核作为员工晋降、岗位调整和薪酬待遇增减的依据。在薪酬结构设计时，适当加大绩效薪酬比率，加大绩效薪酬与

考核结果的挂钩力度。绩效薪酬是支付给员工的业绩报酬和增收节支报酬，包括岗位绩效工资和效益工资，非刚性兑现，与H农商联合银行当年的经营效益情况和员工绩效表现挂钩，多劳多得，合理拉大绩效薪酬差异，充分调动员工积极性和内在动力。实施绩效考核工作按照"客观公正、实事求是、全面考核、注重实绩"的原则，客观反映各内设职能部室的工作业绩和工作目标执行情况，以及员工的工作表现和工作成果。

6. 规范薪酬管理，实现员工薪酬能增能减

H农商联合银行薪酬体系改革是一项长期系统工程，本次薪酬体系改革不仅要优化设计薪酬标准与结构，完成员工薪酬套改，还要全面规范员工定薪、调薪、绩效联动和薪酬支付等薪酬管理机制，建立一套长期的、动态的薪酬检视调整机制，充分调动广大员工工作的积极性、主动性和创造性，持续发挥全面薪酬激励人才、盘活人才、保留人才、吸引人才的作用，实现员工与组织共同成长，保障H农商联合银行可持续高质量发展。

四、主要创新点

（一）重构组织架构体系

优化组织架构设置和专业委员会设置，明确部门职责和专业委员会议事规则，控制管理幅度，进一步加强党的领导和公司治理深度融合，明晰"三会一层"职责边界和议事规则，进一步梳理完善业务管理职能，厘清牵头部门职责，理顺体制机制，提高扁平化、专业化治理水平。

（二）新建岗位"三定"体系

制定岗位及编制管理办法、农村合作金融机构岗位设置和编制管理指导意见等制度文件，编制岗位说明书478份，明确各岗位职责和管理边界，因事设岗，以岗定编，以编配人，按照市场化、成本化原则，市县农合机构人员编制核定以"产能指标核定＋网点数量核定"为主，合理控制用工数量，进一步发挥人岗匹配效能。中层管理人员采取竞聘上岗方式，全体"起立坐下"，部门科室经理和业务骨干人才队伍通过组织调整轮岗及内部遴选上岗方式进一步优化。

（三）新建全行统一的职级管理体系

制定员工职级管理办法、农村合作金融机构职级体系管理指导意见等制度，建立起全系统统一的职级管理序列、专业技术序列、操作序列并行的职级管理体系。从工作年限、职称、学历、工作表现和业绩等多维度对人才进行综合评价。

（四）建立差异化的薪酬结构

新建目标薪酬和全员目标考核体系，采用目标薪酬制模式，建立差异化的薪酬结构，合理拉开各职级职等的薪酬差距。制订农合机构工资总额管理办法和领导班子薪酬和绩效考核办法，逐步建立起反映劳动力市场价位与企业经营效益、个人绩效紧密挂钩的工资增减决定机制，改变按人头核薪问题，工资总额与经营利润、人均经营利润、综合考评得分等挂钩，综合体现盈利能力、劳动生产率、整体运营发展水平，打破薪酬"一刀切""吃大锅饭"问题。

五、实施效果

薪酬体系改革关系到员工切身利益，在落地实施过程中需要周密部署、充分论证和有序推进。采取"初始定级定档＋薪档调整"的思路，本着"平稳过渡、成本可控、职薪匹配、适度修正"的原则，经过反复测算分析与研讨论证，H农商联合银行现已顺利完成薪酬体系改革，并推动落地实施，大大提高了员工积极性，激活了员工队伍活力。基于职级体系的、以能力和绩效贡献为导向的薪酬体系对H农商联合银行人才队伍建设有着积极、深远的影响。

（一）建立全系统统一的职级体系，解决员工职业发展通道受限的问题

参照公务员职务职级体系改革思路，改革现行职务级别体系，出台《H农商联合银行／市县农合

机构组织架构设置管理办法》《H农商联合银行部室岗位说明书》《H农商联合银行/市县农合机构岗位设置和编制管理办法》《H农商联合银行/市县农合机构员工职级管理办法》等一系列制度办法，建立"横向三大序列、纵向十三职级"的职务职级体系，员工可以根据组织发展需要和个人能力优势选择相应的发展通道。改革后的职级不再与行政职务挂钩，而是与员工个人的专业资质、技能、素质和经验挂钩，牵引员工加快职业成长。建立员工职级晋降管理机制，规范员工职级初始定级、晋升、降级、退出机制，通过严格考评、胜任续聘、优秀晋级、刚性退出等规定，实现职位能上能下，薪酬能增能减，为优秀员工打开职务和薪酬上升通道，更好地吸引、保留和激励人才，不断牵引人员结构优化和人才效能提升。全体2.5万名员工目前已统一套转到新的职级体系和薪酬体系中运行，有效解决员工晋升通道单一、员工流动缺乏统一任职标准的瓶颈，套转整体平稳，在近期开展的后评估中，职级体系改革方面获得了员工100%的满意度。

（二）配套职级体系建立全新的宽带薪酬体系，解决薪酬激励不足和定级、调薪不规范的问题

经深入调研和广泛征求意见，按分类分级的管理理念，研究制定《H农商联合银行薪酬管理办法（含定级、调薪规则条款）》《H农商联合银行岗位薪点表》《市县农合机构领导班子薪酬管理办法》《市县农合机构工资总额管理办法》等，强化工效联动机制，鼓励提高用人效率，全面树立"工资是挣出来的"核心理念，建立差异化目标薪酬管理及绩效考核体系，完成全部员工薪酬套转，打破了原来相同职级员工薪酬相同的大锅饭局面。在构建统一的13级员工职级管理体系的基础上，建立13级13档宽带薪酬，对考核优秀的员工进行积分调档，充分保证薪酬的激励性。分步推进市县机构薪酬改革，市县机构工资总额核定不仅与综合考评结果挂钩，也与经营效益效率挂钩。对市县农合机构班子成员采取目标薪酬制，优化薪酬结构，将班子成员薪酬与个人分管业务挂钩，绩效年薪与所在机构及个人考核结果挂钩，充分体现个人工作质效。同时，工资总额核定按预算总额进行管控，增强市县机构内部分配自主权，引导建立以岗位价值为基础、以绩效贡献为依据的薪酬管理机制。在近期开展的后评估中，薪酬体系改革方面获得了员工的普遍满意。

（三）建立激励约束相配套的绩效考核体系，解决激励有效性不足的问题

结合监管部门管理要求和改革激励目的，持续优化H农商联合银行本级及市县农合机构考核机制。研究出台《H农商联合银行部门绩效管理体系设计方案》《H农商联合银行绩效考核管理办法》《市县农合机构绩效考核指导意见》等，对H农商联合银行部门分类考核，将"监管三率"等核心业绩指标压实到部门，重点关注业务条线年度关键事项完成情况，实行360°评价，强化考核结果与部门和员工的绩效分配、岗位职级挂钩，充分发挥考核指挥棒作用，激活人力资源内生动力。对市县机构针对不同类型机构设置差异化绩效考核指标，其中合规经营类和风险管理类指标权重明显高于其他类指标，经营利润、质量效益评价充分体现上级部门"四增一稳四提升"的指标，考核和评价指标均设置与全区水平对标、与上年进步度两个维度进行考评，更好地体现考核对标、先进性要求。在近期开展的后评估中，考核体系改革方面获得了员工的普遍满意。

（四）薪酬体系改革后H农商联合银行整体业绩稳步增长，业务规模及发展质量不断提升

2019—2023年，H农商联合银行资产总额、存款余额、营业收入、贷款余额稳步增加，成为当地首家资产总额、存款余额"双万亿"金融机构。2023年年末，资产总额达13000亿元，存款余额达10700亿元，贷款余额达8000亿元。2024年入围中国企业500强，各项"三农"小微企业贷款占当地市场份额均位列第一，资产总额、存款余额连续13年居当年当地银行业第一位，存、贷款当地市场份额居全国农信系统第三位、第六位。2023年减费让利20多亿元后实现利润总额近74亿元，缴税近40亿元，排名当地金融机构第一。2023年年末，全员劳动生产率较上年增幅达3.56%，企业综合实力不断提升，员工获得感、幸福感进一步增强。

六、下一步规划与探讨

H农商联合银行将认真贯彻落实党的二十届三中全会精神，坚持人才引领发展的战略地位，整合各项资源要素，探索制定更加积极、更加开放、更加有效的人才激励政策，完善人才培养机制，自上而下全方位激励人才，推动落实各项激励措施。一是进一步加强党的全面领导，持续发挥党在深化全区农合机构三项制度改革中的引领作用，强化H农商联合银行党委垂直领导本系统的党组织作用，以党组织的"五基三化"建设为抓手，促使党建工作有效融入改革、引领改革，做好三项制度改革后评估和优化升级工作。二是继续深化市县农合机构内部三项制度改革，不断优化员工职级管理体系、薪酬体系等制度。三是加强指导市县农合机构员工职级管理体系优化调整，加强对市县农合机构工资总额管理办法、领导班子薪酬管理办法等制度的落地实施指导，指导市县农合机构做好内部薪酬制度体系设计，全面强化树立"工资是挣出来的"核心理念，鼓励提高用人效率，增强市县农合机构内部自主分配权，引导市县农合机构持续健康发展。四是持续抓细抓实全员绩效考核管理，对达到调薪条件的考核结果积分及时运用到薪酬分配上，研究提出员工考核调薪方案，促使薪酬改革成果落地见效，以坚强的党的全面领导和完善的组织治理结构助推企业高质量发展。

坚持"3333"党建工作法，以高质量党建引领高质量发展

创造单位：中共甘肃省公路航空旅游投资集团有限公司委员会
主创人：袁得豪　黄铮
创造人：周志强　常大河　范鸿龙　裴强强

【摘要】"五大工程"是学习贯彻习近平总书记关于党的建设的重要思想的重要载体，是贯彻全国全省组织部长会议精神、推动党建工作高质量发展的有效抓手。甘肃省公路航空旅游投资集团有限公司（以下简称公航旅集团）党委以贯彻落实"五大工程"为契机，始终坚持高质量党建引领，在落实凝心铸魂、选贤任能、人才赋能工程的基础上，聚焦强基固本、先锋引领工程，总结基层党组织和党员队伍建设、发挥党组织积极作用的典型经验做法，推动党建工作与生产经营深度融合、互促共进，为实现高质量发展蓄势赋能。

【关键词】国有企业　高质量党建　高质量发展　蓄势赋能

一、实施背景

公航旅集团党委下设子公司党委31个、机关党委1个、党支部216个（含直属党支部7个）。2024年以来，公航旅集团党委认真落实全面从严治党政治责任，巩固主题教育成果，深化党纪学习教育，认真抓好"五大工程"实施，深入开展党建工作提质增效行动，上半年实现营业收入341.04亿元，利润8.43亿元，抢抓"三大高速公路新通道"机遇，合力筹划推动10个重点项目落地，全面落实甘肃省委、省政府公路投融资建设和管理体制改革部署，高速公路收费权移交后，经受春运"大考""首考"，实现高速公路通行费收入50亿元，扎实推进新一轮国企改革提升行动，推动两批次32户子企业整合重组，有效发挥了党建引领作用，不断为集团公司改革发展赋能增效。

二、实施目的

公航旅集团党委深入推进"五大工程"，以习近平新时代中国特色社会主义思想为指导，全面贯彻党的二十大和二十届三中全会精神，深入学习贯彻习近平总书记关于党的建设的重要论述、关于国企改革发展和党的建设的重要论述精神，全面贯彻落实新时代党的建设总要求和新时代党的组织路线，坚持围绕中心、服务大局，坚持锚定目标、争创一流，坚持守正创新、注重实效，推动基层党建的整体效能明显提升，党员先锋模范作用充分发挥，服务保障集团公司大局更加有效。集团公司党建工作走在省属国企前列、进入第一方阵，实现党建工作从"有形"向"有效"的全面突破，将党建优势转化为发展优势、创新优势和竞争优势，服务保障高质量发展。

三、实施过程

（一）以深入实施基层党支部建设标准化筑基

认真落实省委、省委组织部和省政府国资委党委的工作部署，在全集团深入实施党支部建设标准化，推进党支部政治建设、组织设置、党内组织生活、班子队伍建设、党员教育管理、基础保障建设、考核评价机制标准化。通过学标议标、对标达标，提升党建质量，规范支部工作，堵塞党建漏洞，建强基层堡垒。

（二）以深入开展党建工作融入生产经营聚力

坚持把党建工作与生产经营深度融合作为推动高质量发展的有效抓手，深入开展"党员争先锋、融合促发展"、党旗在基层一线高高飘扬主题实践活动和党建与生产经营融合不够专项整治、党建融入

生产经营典型创建活动、党建融入生产经营推进年行动，丰富创建形式载体，以点带面，示范引领，促进基层党组织战斗堡垒作用和党员先锋模范作用发挥具体化、实效化，实现党建工作与生产经营目标衔接、过程融合、落实同步，以高质量党建促进高质量发展。

（三）以深入推进党建工作提质增效行动赋能

按照省政府国资委党委的部署安排，持续深入贯彻落实习近平总书记在全国国有企业党的建设工作会议讲话精神，坚持实施党建质量提升行动、党建质量提升行动"回头看"、典型创建选树活动和党建工作提质增效行动，坚持一年一个专题，压茬推进专项行动，连续开展党建目标责任制考核，有效发挥考核"指挥棒"作用，推动国有企业党的领导、党的建设全面严起来、实起来、强起来，为集团公司改革发展提供了坚强保证。

四、主要创新点

（一）以"三张清单"为牵引，推动党建引领常态化

一是建立党建工作责任清单。落实《党委（党组）落实全面从严治党主体责任规定》《党建与党风廉政建设"一岗双责"责任清单》，每年召开党建暨党风廉政建设工作会议，签订目标责任书，层层传导责任压力，党组织书记认真履行职责，定期研究、督促落实党建工作、班子建设、干部人才等工作。班子成员既抓业务又管党建，经常到分管单位部门讲党课、作宣讲、督党建，真正把党建工作放在心上、扛在肩上、抓在手上，做到真管真严、敢管敢严、长管长严，形成主体责任明确、责任界限清晰、责任内容衔接，横向到边、纵向到底的党建工作责任落实机制。

二是建立党建工作任务清单。落实"五大工程"、提质增效行动、年度党建工作和巩固深化主题教育成果任务清单，以项目化、清单化的方式，明确工作任务、时限、责任，使各级党组织和党务干部抓党建工作更加明晰，抓党建任务更加明了，抓党建责任更加明确，确保各层级党组织在履行党建责任中能够找准定位，抓有目标、干有方向。

三是建立党建工作决策清单。在党建工作要求"进章程"、干部交叉任职"进班子"、重大经营事项"进前置"的基础上，修订完善《贯彻落实重大事项决策制度实施办法》《重大决策事项清单》《参股公司重大事项决策清单》《独立法人企业党支部（党总支）重大事项集体研究把关管理办法》，明晰"定"与"议"的事项，有效解决"前置什么、怎么前置"的问题，有效规范决策行为，提高决策水平，推动基层党组织实施差异化治理，真正管好大局、把好方向、保好落实，有效发挥党委的领导作用，推动制度优势更好地转化为治理效能。

（二）以"三支队伍"为抓手，推动党建工作规范化

一是抓基层党组织带头人队伍。把能力提升作为夯实基层党建基础的"先手棋"来抓，聚焦改革发展和中心工作，把项目、站所、班组一线"能人"35名党员选配到党组织书记岗位进行锻炼，全力打造"三懂三会三过硬"的党组织书记队伍，发挥好"头雁"作用，保证在思想上"合心"、工作上"合力"、行动上"合拍"，真正用核心力量激发支部活力。

二是抓党务干部队伍建设。按照习近平总书记提出的"培养政治上的明白人、党建工作的内行人、干部职工的贴心人"要求，着眼"优"字抓选配，着眼"强"字抓培训，着眼"严"字抓考核，让269名党员骨干从事党务工作，激励党务干部主动作为，奋发有为，努力建设一支党性坚强、业务精通、能力过硬、群众信任的高素质专业化党务干部队伍，助推集团公司党建工作创先争优、晋位升级。

三是加强党员队伍建设。坚持把重心放到加强教育管理、提高质量、发挥作用上来，以学习贯彻习近平新时代中国特色社会主义思想为主线，巩固主题教育成果，深化党纪学习教育，始终抓好党员培训轮训，运用好甘肃党建平台，严肃组织生活，突出政治标准发展党员，发挥政治仪式浸润作用，

开展党的二十届三中全会精神分级培训，推动新思想进企业、进机关、进项目、进站所、进头脑，做到全面覆盖、入心见行。

（三）以"三个作用"为根本，推动党建工作实效化

一是有效发挥党委领导作用。公航旅集团党委旗帜鲜明讲政治，把坚决做到"两个维护"作为第一政治要求，把学习贯彻落实习近平总书记重要指示批示精神和党中央重大决策部署作为检验党的政治建设成效的第一重要标准，始终在政治立场、政治方向、政治原则、政治道路上同以习近平同志为核心的党中央保持高度一致，切实发挥党委领导作用，把省委、省政府赋予的使命任务转化为集团公司改革发展的行动纲领，确保党中央重大决策部署全面贯彻落实，为改革发展提供坚强的政治保证、思想保证和组织保证。

二是有效发挥支部战斗堡垒作用。围绕项目建设、高速运营、旅游景区、国际贸易等窗口单位和服务行业，持续抓好党支部建设标准化工作，深入开展星级支部创建、支部联建共建、支部结对共建等活动，多方筹措资金443万元，建成标准化先进党支部示范窗口59个，高标准选树全省标准化先进党支部4个，公航旅集团40%的党支部达到先进水平，有效发挥了党支部战斗堡垒作用，增强了基层党组织的政治功能和组织功能，基层党建工作整体水平迈上新台阶，为基层改革发展和生产经营注入强劲动力。

三是有效发挥党员先锋模范作用。深入开展党建融入生产经营典型创建等活动，围绕重大项目建设、旅游提质增效等重要任务，广泛开展创先争优活动，通过承诺践诺、"双报到"、志愿服务活动，特别是在积石山地震抢险救灾及灾后重建等急难险重工作任务中成立党员突击队120个、先锋岗746个、责任区409个，组织党员分层分类向群众亮身份、亮职责、亮承诺，比技能、比作风、比业绩，带动岗位技能竞赛，发挥党员先锋模范作用，带头创佳绩、做贡献。集团1家子公司被确定为"省属企业党建融入生产经营示范点"，10家子公司被《国企》等杂志评为"优秀党建品牌案例"，形成了"党徽铸魂·品质公建""丝路陇中·支部家""高原堡垒·五心先锋""党建领航·臻心救援"等一批有特色、有成效、有影响力的党建品牌。

（四）以"三个体系"为关键，推动党建工作长效化

一是健全党的组织体系。根据党支部设置规范和板块发展需要，及时跟进，同步建立党的组织，动态调整组织设置，理顺组织隶属关系，切实做到"四同步四对接"，做到与公航旅集团战略规划、改革发展同频共振。积极探索地域相邻、板块相近的党组织设置形式，通过板块化管理、片区化组建等方式，在重大项目、产业重点布局区域建立党组织，使党的组织有效嵌入公司各板块，有效实现党的领导贯通各层级、覆盖各领域。自2023年以来，撤销党组织4个，新成立党组织9个，调整党组织4个，有效保证党的组织和党的工作全覆盖。

二是健全党建目标体系。按照公航旅集团阶段战略目标确定党建中心任务，明确并量化指标，推进党建工作目标效益化，通过日常、抽查、半年、年终考核的方式，督促基层党组织整改提高、整体提升。落实党建工作定期报告和党组织书记抓基层党建工作述职评议考核制度，改进"述考评"方式，围绕企业党建工作重大决策部署和党建主体责任、党组织书记第一责任人职责、班子成员"一岗双责"等重点任务开展检查，把过程督导和结果考核结合起来，真正做到既看"怎么干"，又看"怎么样"。

三是健全党建考评体系。用好考核这个指挥棒，完善党建工作和生产经营考核联动机制，强化考核结果应用，构建"明责履责、考责问责"的党建闭环。强化考核结果运用，将考核与调薪、晋升、评优、选先等直接挂钩，督促和推动各级党员干部把管党治党责任和兴企治企经营责任一体落实，推动党建工作与生产经营融合走深走实，以改革发展成果检验党建工作成效。近年来，6名党组织书记考评"较好"等次的，取消年度评优资格。

五、实施效果

（一）党建责任落实更加有力

围绕党组织书记第一责任人职责、班子成员"一岗双责"落实不够有力，通过责任、任务、决策清单，推动"一岗双责"具体化、清单化，形成责任清晰、分工明确、纵向到底、横向到边的责任体系，推动党建工作全面进步、全面过硬。各级党组织和党组织书记把党建工作作为应尽之责、分内之事，32个党委、216个党支部（含7个直属党支部）逐级签订党建及党风廉政建设目标责任书，连续五年开展党组织书记抓基层党建述职评议考核，逐级压实责任，传导责任压力，激发了抓党建、强党建、促发展的内生动力，推动基层党建工作从"要我干"向"我要干"转变，基层党建工作有特色有亮点，党建品牌影响不断扩大，实现了从"有形"向"有效"的全面突破。

（二）三支队伍培养更加有效

注重选优配强党组织书记、党务工作人员，建强一线党员队伍，激发党组织书记头雁作用、党务干部表率作用和党员骨干作用，提升党组织的凝聚力和战斗力，推动党建工作持续改进、根本加强。近五年来，公航旅集团先后有28名同志获得全国交通运输系统、甘肃省"劳动模范"等荣誉称号，1名党员获得"全省优秀党务工作者"荣誉称号，有273名同志获得厅级"优秀共产党员"称号，109名同志获得厅级"优秀党务工作者"称号，96个基层党组织获得厅级"先进基层党组织"荣誉称号。同时，严格执行干部能上能下相关规定，落实经理层任期制和契约化管理制度要求，激励干部担当作为，加大对不作为、不称职、不胜任干部的调整力度，对连续两年考核为"基本称职"等次的3名中层管理人员进行组织处理，营造心齐气顺、风正劲足的干事创业环境。

（三）推进改革发展更加有为

结合板块实际和公司需要，坚持围绕中心、服务大局搭建载体，真正把组织资源转化为发展资源，把组织优势转化为发展优势，把组织活力转化为发展活力，实现党建工作与生产经营深度融合、互促共进。公航旅集团每年完成固定资产投资占省列重大项目投资的五分之一以上，建成高速公路5581千米，运营高速公路5308千米，设立甘肃省首家地方法人财产保险公司——黄河财险，实现金融业务全牌照布局，建成张掖丹霞、庆阳华池、武威民勤等通用机场，逐步形成集机场建设、运营服务、航空培训、应急救援、旅游观光于一体的现代化低空经济生态体系，旗下有张掖丹霞、崆峒山2个5A级景区，天池、焉支山、遮阳山、贵清山4个4A级景区，汉唐天马城、天水古城2个城市旅游运营项目和12家"明珠"系列酒店，其中张掖丹霞成功在中小板上市。公航旅集团推动景区、酒店、露营地、汽车运输、旅行社、研学、会展等旅游业态协同发展，构建了以兰州为中心的"一点三向"文旅产业新格局。

（四）确保发展成效更加有质

完善党建考核评价机制，把党的建设考核和领导班子综合考评、经营业绩考核相衔接，与领导人员任免、薪酬、奖惩相挂钩，有效发挥党建引领作用，发展成效更加突出。公航旅集团在全省"国企改革三年行动"考核评估中获评A级；金融资本公司、丹霞公司在全省"综合改革示范工程"专项评估中获评A级；金融资本公司入围国务院国资委国企改革"双百企业"和省政府国资委"现代公司治理示范创建单位"，先后11次荣获"省长金融奖"，被省委、省政府授予"先进企业"荣誉称号，在2024年"中国企业500强"中位列173位，保持国内AAA级和国际BBB+级信用评级，为全省经济社会发展做出重要贡献。

六、经验启示

（1）注重顶层设计。国企党建涉及党建工作全领域，必须正确把握全面与重点、树木与森林的关系，运用系统思维、全局视野统筹谋划，切实在顶层设计上谋好篇、布好局。

（2）坚持问题导向。以严的标准审视现状、发现问题，以求真务实的态度分析问题、解决问题，对症下药、精准施策，推动党建工作整改提高、晋位升级。

（3）做到责任到人。结合国企党建工作规律和特点，结合公司实际，不断丰富载体、搭建平台、激发活力，把党建工作责任分解到部门、落实到个人，确保党建工作有人抓、有人管、有成效。

（4）做到融合共进。树立融入经营抓党建、抓好党建促经营的理念，在重大项目、重点任务和重要工程等方面推进党建与经营深度融合、互促共进，以改革发展成果检验党组织工作成效。

七、下一步规划与探索

下一步，公航旅集团党委将以习近平新时代中国特色社会主义思想为指导，落实党的二十大和二十届三中全会精神，始终聚焦省属企业前列、第一方阵，深入开展党建工作提质增效行动，以党支部建设标准化为抓手，以党建融入生产经营为路径，增强党组织的政治功能和组织功能，以点带面、补齐短板、整体推进，不断推动集团公司党的建设质量实现新提升。

（1）坚持分类指导基层党建工作。坚持分类指导原则，总结提炼党建工作经验，制定印发公路建设施工、高速公路运营、旅游景区酒店、金融保险贸易等党建工作分类指导的办法措施，突出板块党建工作特色，推动争先进位、提质升级，提升党建工作整体质量水平。

（2）坚持党支部建设标准化建设。对照新修订的党支部建设标准规范，督促常态化学标用标、对标达标，深入开展标准化先进党支部选树工作，积极争创省级、省政府国资委党委级别标准化先进党支部，有效发挥示范引领作用，以点带面推动集团公司基层党建全面过硬、整体提升，探索党委工作标准化建设。

（3）坚持党建融入生产经营创建。紧扣深化改革、创新驱动、转型升级、提质增效、生产经营设计实践载体、搭建活动平台，持续开展党建融入生产经营典型创建活动，动态选树命名一批基层党建融入生产经营示范点，打造"1+N"的党建品牌体系，扩大集团公司党建工作影响力。

（4）坚持开展党建工作专项整治。坚持夯实基层基础不动摇，认真对照年度党建工作，持续巩固拓展主题教育成果，深化党纪学习教育，深入推进"五大工程"实施，持续深化党建工作提质增效行动，完成发展党员工作专项整治，确保发现问题整改清仓见底、销号清零。

构建"五网三格一赋能"罗盘图，提升基层网格化党建管理效能

创造单位：国家石油天然气管网集团有限公司广西分公司
主创人：吴锡合　赖少川　杨伟
创造人：齐丽　孙禹　赵志　梁凡　常赛　马玉宝　伍星光　商羽欣

【摘要】 党的二十届三中全会提出，党的领导是进一步全面深化改革、推进中国式现代化的根本保证。国有企业作为中国特色社会主义的重要物质基础和政治基础，必须坚持"两个一以贯之"原则，加快完善中国特色现代企业制度，把制度优势转化为治理效能。然而在实际的基层党支部建设过程中，很多基层党务工作者多为兼职或新转岗人员，存在不知道如何抓党建和怎么融入中心发挥党建价值。本文以国家石油天然气管网集团有限公司广西分公司（以下简称广西公司）两级改革党支部建设为例，针对新成立的基层党支部，通过创建"五网三格一赋能"壮乡国脉党建网格化罗盘，构建基层党建管理体系，为基层党建在统筹、做实、创新、融合、强基上提出新思路、新措施、新成效，做到人人懂党建、人人抓党建、人人贡献党建价值的目的。

【关键词】 党建　安全生产　网格化管理　数字化转型

一、实施背景

习近平总书记对国有企业党的建设工作提出"对党忠诚、勇于创新、治企有方、兴企有为、清正廉洁"的要求，强调要做好国有企业党建工作，将党建工作与生产经营深度融合，把党的政治优势、组织优势转化为企业的竞争优势、创新优势和发展优势，实现生产经营高质量可持续发展目标。进入新发展阶段，面对新形势、新任务、新要求，要坚持以高质量党建引领高质量发展，提升中国式现代化管网基层党建治理效能。

国家管网集团党组提出要一体构建大党建、大业务、大监督、数字化"四大体系"，是贯彻"两个一以贯之"、推动党的建设与中心工作有机融合、打造新时代具有管网特色的现代企业治理体系的重要探索。坚持以"坚持党的全面领导、全面加强党的建设"为主线，构建以"四个全面"和"学思践悟验"党建工作五步法为核心内容的"4+5"大党建体系，落实党建责任，贡献党建价值，不断提高党的建设质量，切实把公司党的建设抓出新成效，实现国家管网"两大一新"战略目标和建设中国特色世界一流能源基础设施运营商的目标。

古人云："欲筑室者，先治其基。"因此广西公司要实现这一目标首要是做到基层管理的世界一流，只有基层做强才能实现公司的真正做强。但目前基层党支部建设，特别是新成立党支部的基层党建工作水平难以得到有效的提升，党建工作由于缺乏统筹和融合，导致没有把党建工作做实，不能形成有效的创新方法，党建工作仍存在碎片化、形式化、融合不够等问题。具体表现为以下几个方面的问题。

（1）新成立的党组织对党建工作不熟悉。新成立的党支部在组织建设、支部选举、党员教育管理、思想文化建设、群团工作等党支部建设方面工作内容不熟悉，通过对党内规定的学习无法在短时间内做到对党建工作全面系统的掌握，不能有效全面覆盖基层党建工作。

（2）缺乏对基层党建工作的统筹实施。在推进基层党建工作的过程中，基层党支部书记缺乏系统

思维，开展工作只是对照党建工作清单或指标逐条落实，不能对基层党建工作进行统筹安排，导致基层党建工作繁重，不能有针对性地开展基层党建工作。

（3）基层党建工作与业务融合不够。开展基层党建工作不能与安全生产有效融合，在编制党建工作计划、过程实施、考核测评等方式中，只考虑完成党建工作任务，没有与生产经营的目标任务相融合，往往只注重实现党建在基层治理中的"有形覆盖"，而忽略了党组织对基层治理工作的领导力提升，没有真正做到党建对基层治理的"有效融合"。

（4）基层党建工作没有真正做实。基层党建为了应付考核，单方面过度强调应付上级检查，单纯为检查而留痕，编造资料，工作上蜻蜓点水，不能深入理解党建工作目标，无法发挥党建工作的实效。

针对以上基层建设问题，广西公司党委在成立初期，深入所在区域18个作业区进行深入调研，结合基层作业区安全生产的中心任务，全面整合基层党建工作内容，构建了壮乡国脉党建网格化罗盘体系，通过"五网"（物理网、载体网、价值网、角色网、监督评价网）和"三格"（方格区域、表格清单、落格岗位）的精细化管理，实现基层党建与安全生产工作的高效、协同和一体化。

二、实施目的

该体系的所有内容始终聚焦一个中心目标，广西公司的中心目标就是创建世界一流管道企业，所有内容既全面覆盖了基层党支部党建的工作内容，让党务工作人员知道需要干哪些党建工作；又着重于将党建工作与生产经营深度融合，实现党建工作统筹、做实、创新、融合、强基的目标，具体探索与实践如下。

1. 构建"五网"体系，确保党建工作全覆盖

（1）"物理网"是基层党建治理的物质基础，聚焦"物理网"，促进党建与中心工作融合。基层企业通过物理网，确保党建工作与企业核心业务紧密结合，将党建工作融入生产、安全、管道、经营、市场、科技、工程七大方面主业内容，确保党建活动与安全生产等中心任务相辅相成，一切党建工作从中心工作实际出发，服务中心发展，以创建世界一流管道企业为目标。比如，设立党员责任区，让党员在生产一线发挥先锋模范作用，确保安全生产。

（2）"载体网"要坚持改革开放和创新理念，搭建"载体网"让党建服务中心工作有抓手（见表1）。按照国家管网集团在"统筹、做实、创新、融合、强基"上狠下功夫的要求，用"点线面网"的创新方法对大党建体系和大监督体系进行历史性的变更、系统性重述和整体性重构，通过每个网格具体的点，组合成党支部建设、青年工作等专业线条，每一个专业线条连成网状分布，从而让载体网统筹涵盖上级党组织对党建工作的全部内容，作为实现党建与业务融合的桥梁，让党建服务中心工作有抓手、有措施。

表1 载体网内容

名称	党建	工会	女工	宣传思想文化	纪检	统战	青年
载体网	岗区队	一人一事思想工作	三八红旗手	管网品牌引领行动	壮乡清风	壮乡同心共网	青年志愿者
	双建	"我为群众办实事"	巾帼建功行动	壮乡国脉品牌	专项监督	党委"一对一"联系	青年岗位能手
	岗区队	安康杯竞赛	巾帼文明岗	铁军站队特色文化	日常监督	"爱企业、献良策、做贡献"活动	青年安全生产示范岗

续表

名称	党建	工会	女工	宣传思想文化	纪检	统战	青年
载体网	双模	技能竞赛	—	媒体走进壮乡管网	巡视巡察	—	突击队
	支部示范行	创新工作室	—	形势任务教育（理论武装）	—	—	青年文明号
	模范支部	—	—	英模示范行	—	—	—

（3）"价值网"是文化强企的体现，实现"价值网"真正符合党建价值要求（见表2）。要坚持以人民为中心的发展思想，突出角色网的价值创造，确立工作标准，确保载体活动符合党建价值导向，通过列清党建工作价值内容，明确对载体网完成情况的评价标准，如通过"三化"党支部标准来衡量模范支部。这有助于提升基层党支部的规范化水平，确保党建工作质量。

表2 价值网内容

名称	党建	工会	女工	宣传思想文化	纪检	统战
价值网	基层三化	五必访七必谈	职业能力	视觉形象手册	零四风	推动发展
	三先	群众满意度	公益贡献	五铁	零事故	构建和谐
	三个零	三专两精	社会影响	三化	零整改	凝聚共识
	—	五融入五竞赛	—	两个100%	零追责	促进民主
	—	—	—	管网价值	落实批示指示100%	—

（4）抓住"角色网"，推动做实载体网和价值网（见表3）。明确不同角色在网格中的定位和职责，确保载体网和价值网的有效实施。通过角色的互动和作用发挥统筹和融合物理网、载体网、价值网，促进整体党建价值的发挥。比如，设立安全生产监督员，由党员担任，负责监督安全生产规章制度的执行情况。

表3 角色网内容

名称	党建	工会	女工	宣传思想文化	纪检	统战	青年
角色网	全体党员	各部门、各单位负责人	女工个体	各级党组织	重点岗位	少数民族员工	青年员工
	党支部书记	—	—	宣传人员	关键少数	高级知识分子	先进示范员工
	—	—	—	党委、支委、先进人物	全体岗位	留学归国人员	号长、队长

（5）建立"监督评价网"，评价党的政治功能和组织功能的发挥（见表4）。建立考核评价机制，考核角色网价值发挥程度，通过评先选优、责任清单等手段，考核角色网在推动党建价值创造上的表现，以持续提升效能。比如，通过定期的安全绩效考核，评选出优秀党员和先进集体，给予表彰和奖励，激发全员参与安全管理的积极性。

表4 监督评价网内容

名称	党建	工会	女工	宣传思想文化	纪检	统战	青年
监督评价网	两优一先	劳动模范	巾帼文明岗	标准化手册、铁军文化行为准则	廉洁文化方案、廉洁风险清单	推优入党	评先评优
	全面从严治党清单	管网工匠	三八红旗手	文明单位评价标准、宣传计划	全面从严治党清单	评先选优	青年文明号创建
	—	维稳信访考核	—	第一议题、中心组学习成效	意识形态清单	推优加入民主党派	—

2.形成"三格"管理，确保责任落实全方位

（1）"方格区域"是"三格布局"中的基础内容。它将工作区域划分为网格，每个网格对应特定的任务、标准、执行人及评价清单。这种划分使得工作责任得以细分，确保每个网格内的任务都有明确的责任主体，形成全业务的闭环管理。例如，在安全生产管理中，将管道运营、设备维护、应急响应等不同任务细分到各自的网格，确保每个环节都有专人负责，从而避免责任模糊不清，提升管理效率。

（2）"表格清单"是"三格布局"中的关键环节。它将工作任务细化为具体清单和工作标准，明确责任归属和职责内容，确保任务的可执行性和可追踪性。通过制定标准化的表格清单，任务被进一步分解，每个小任务都有清晰的操作指南和完成标准，便于跟踪与考核，也方便基层党务工作人员执行。比如，为党员责任区设定的活动清单，明确了每次活动的主题、时间、地点、参与人员和预期成果，确保每次活动都能按计划进行，实现预期目标。

（3）"落格岗位"是"三格布局"中的执行保障。它确保了每个网格中的任务最终落实到具体的岗位和人员，通过将责任落实到具体岗位，确保每项工作都有明确的责任人，增强责任意识。这意味着每位基层党务人员都清楚自己在网格中的职责，知道在面对特定任务时应采取何种行动，使用何种载体，以及预期达到何种标准。例如，安全管理人员的岗位职责中包含了定期进行安全隐患排查，这不仅明确了工作内容，也强化了个人对安全生产的重视。

3.运用"数字化"赋能，确保实现管理现代化

数字化赋能是"三格布局"与"五网"体系中不可或缺的部分，它通过引入数字化工具，如在线记录系统，大幅减少了纸质记录的负担，实现了活动即记录，提高了工作效率和信息的实时性。数字化赋能具体体现在以下几个方面。

（1）活动即记录，提供智慧服务。数字化工具的应用使得工作过程能够即时记录，无须事后补录，避免了过度留痕的问题。例如，党员参与志愿服务的活动可以通过移动应用实时上传照片和活动总结，既节省了时间，又保证了记录的准确性和真实性。

（2）数据驱动决策。数字化工具收集的数据为决策提供了有力支持，管理者能够基于实时数据进行分析，做出更加科学合理的决策。比如，通过数据分析，可以识别出安全生产中的薄弱环节，及时调整策略，预防潜在的风险。

（3）提高透明度与协同性。数字化平台促进了信息的透明流通，增强了跨部门、跨层级的沟通协作，所有相关人员都能在平台上查看任务进度、反馈意见，大大提高了协同工作的效率。例如，一个安全生产项目可以通过数字化平台实时更新进度，相关部门可以随时掌握项目状态，及时提供所需支持。

4."网格"旋转组织，丰富赋能方式，形成动态响应机制

"五网"之间相互交叉、协同工作，根据企业实际需要灵活组合、联动配置，形成动态响应机制，确保中心工作的高效推进。比如，当管道出现紧急情况时，通过角色网迅速调动相关责任人，借助监督评价网快速评估事件影响，同时依托物理网和载体网实施应急响应，确保问题得到及时妥善处理。

总之，通过构建"五网三格一赋能"党建网格化管理体系，国有油气管道企业有效提升了党建工作与安全生产的融合度，在基层安全生产和党建工作的融合上实现了质的飞跃，不仅提升了安全管理的精细化和智能化水平，还加强了党建工作的针对性和实效性，为企业的高质量发展提供了强有力的政治保障和组织保障。

三、实施过程

运用"五网三格一赋能"体系，在全面掌握基层党建工作外，更重要的是在强化党建与业务的深度融合，提升党建工作效能，以及通过数字化手段和制度创新，实现党建工作的现代化转型。

（一）深化党建与业务融合，构建"五网三格一赋能"体系

（1）深化"物理网"与业务联动，促进"物理网"中安全生产工作的有效实现。将党建工作与生产、安全、管道运营等核心业务紧密结合，确保党建活动直接服务于企业中心任务，促进党建工作与业务目标的协同一致。

（2）优化"载体网"设计，促进"载体网"具体工作体现党建价值。创新党建活动载体，如党员责任区、技能竞赛、志愿服务等，使之成为连接党建与业务的桥梁，让党建在服务业务中找到抓手和措施。

（3）明确"价值网"导向，促进"价值网"衡量党建工作是否符合价值贡献。确立党建工作的价值标准，确保各项活动符合党建价值导向，通过"三化"党支部标准等评价体系衡量党建成效，确保党建活动的实质性和导向性。

（4）强化"角色网"责任，促进"角色网"落格岗位履行主体责任。明确不同角色在党建与业务融合中的定位和职责，确保党建活动由具体责任人推动，通过角色互动促进党建价值在业务中的实现。

（5）完善"监督评价网"机制，促进"监督评价网"激励其他网格作用发挥。建立科学的考核评价体系，通过评先选优、责任清单等方式，定期评估党建活动对企业核心业务的支持效果，确保党建工作的实效性和导向性。

（二）提升工作统筹与执行效能，推进"五网三格一赋能"有效运转

1.加强党支部书记的培训，强化网格化罗盘思维体系

一是构建网格化罗盘思维。培训基层党支部书记，通过学习理解罗盘图提升统筹能力和系统思维，使其能够从整体视角规划党建工作，确保党建活动与业务目标相契合。

二是明确工作职责和任务清单。细化基层党支部书记的工作职责，确保其在推进党建工作时能够紧密结合业务目标，避免党建工作与业务工作的脱节。列清和完善工作任务清单，避免形式主义，确保每个网格任务清晰明确，每一项党建工作都与业务目标紧密相关。

三是强化数字化转型过程管理。加大数字化工具的投入，如在线记录系统、智能分析平台等，提升党建工作的智能化水平，实现活动即记录，提高工作效率和信息实时性。将数字化转型纳入党建工作计划，通过数字化手段提升党建工作的精准度和效率，实现党建工作的现代化管理。通过数字化工具，实现党建活动的即时记录与监控，确保活动的透明度和真实性，减少留痕现象。

2.做实基层党建工作，加强对党建价值创造的输出和成效

一是目标导向要实：明确党建工作目标，确保每一项党建工作都有明确的业务目标支撑，避免形式主义和留痕现象。

二是考核激励要实：建立健全党建工作考核机制，将党建工作成效与个人绩效挂钩，通过奖惩机制激励基层党组织和党员积极参与党建工作。

三是成果提炼要实：定期收集和整理党建工作成果，提炼成功经验和案例，形成标准化的工作成果报告。

3. 建立基层党建数字化思维，强化基层党建价值输出

一是强化数字化思维理念，增强以数字化赋能基层党建工作的主动性。将数字化嵌入公司基层党建工作，不仅要引入先进的数据采集、挖掘、分析、可视化等技术手段，更重要的是要变革认知图式和思维方式。要教育引导公司管理者、政工干部和职工涵养数字文化，提升利用大数据的内在动能。

二是打造数字融通、要素完备的基层党建工作数字堡垒。加强数字技术基础设施建设，以数字化赋能基层党建工作，需要建立网上党建平台，通过不同网格对工作的需求列出工作清单，确定相应的"归属网层"，依据不同网层的差异性表征采取分众化策略，提升基层党建工作效果。

三是加强数字技术应用场景研究，在思政教育方面，可基于党建数字化平台构建"五网三格一赋能"工作数据库，将有利于基层党建工作数据纳入人工智能数据库管理，提高人工智能数据库的内容层次性和灵活运用性，打破"信息茧房"，真正形成活动即记录，从而推动人工智能与基层党建的协同发展。

（三）典型实践案例场景

2024年6月13日—19日，广西地区出现持续性强降雨，为当年广西龙舟水最强降雨时段，整个降雨过程持续时间长、暴雨范围广、累计雨量大、强降雨区高度集中，管道沿线出现前所未有的特大暴雨，给处于桂林、柳州、河池、贵港、梧州等地区管道带来了严峻的安全考验。

1. "物理网"联动：从汛情保安全出发发挥党建作用

为深入贯彻落实习近平总书记关于安全生产及防汛抗旱的重要指示批示精神，桂林、河池、柳州、梧州等作业区党支部坚持党建融入中心，提高政治站位，坚决以高度的政治责任感和使命感，把防汛减灾作为当前压倒一切的头等大事，积极向管道防汛吹响冲锋号，充分组织党员干部、员工在管道防汛大战大考中充分发挥支部战斗堡垒作用和党员先锋模范作用，以战斗状态确保高质量完成天然气管道防汛抢险重要任务，在冬夏一体化保供中彰显管网担当。各作业区党支部根据《广西公司防汛减灾应急响应部署会纪要》要求，按照广西公司管道防汛工作总体安排部署，将大党建嵌入管道防汛抢险工作，积极召开党员大会，分析研判当前的防汛形势，号召支部党员干部化身防汛"急先锋"、当好抢险"特种兵"。各作业区党支部根据汛情的严峻形势，组建了管道防汛抢险突击队，组织党员干部在实施管道防汛抢险过程充分发挥好先锋模范带头作用，以实际行动展示党员先锋模范作用、基层党组织战斗堡垒攻关作用和党建动力支持作用，推动党建和中心工作深度融合，为汛期广西境内管道的安全平稳运行打下坚实的基础。

2. "载体网"优化：在管道防汛抗洪中贡献党建价值

各作业区党支部对管道防汛抢险工作高度重视，始终牢记安全生产工作先于一切、高于一切、重于一切，清楚地认识到做好当前汛期管道防汛抢险工作的极端重要性，以"时时放心不下"的责任感，全力筑牢安全生产防线，坚决把"最讲政治、最有信仰"体现到保障安全生产、推动公司高质量发展上，并视为促进各作业区推进壮乡国脉铁军文化建设的一个重要举措和抓手，主动思在前、谋在先，增强责任感和担当意识，激发党员群众勇于担当作为、奋战在管道防汛抢险一线的战斗热情。各作业区党支部面对突如其来、多年未遇的汛情险情，谋定而后动，积极发挥支部强大的组织力、动员力和党员干部的战斗力，保持紧迫的战斗节奏，以"汛"为令、闻"汛"而动，并成立以作业区经理为队长，以管道副经理和管道工程师为骨干，以党员和青年员工为基础的各作业区管道防汛抢险突击队，青年骨干组成青年突击队，女工组成后勤保障队。大家做好分工，明确责任、各司其职、闻令而

动、行动迅速。各作业区党员干部冲锋在前，配合默契，应急资源调配保障到位，齐心协力共同做好管道防汛抢险工作。

3."价值网"导向：管道防汛零伤害体现党建价值

面对防汛，经常会出现滑坡导致漏管和漏缆的险情，本次强降雨导致部分江河高位运行，土壤含水量饱和，广西公司管道沿线山体滑坡、泥石流、岩溶性塌陷等地质灾害风险显著增加，桂北、桂中地区2100多千米管道受到不同程度的影响，新增地灾水毁69处，2处阀室被洪水淹没，强降雨导致12处阀室断电，雨水冲刷导致漏管7处，漏缆14处，管道安全管理面临前所未有的严峻挑战。各支突击队携带防汛物资即刻出发，各路人马行动起来后，进发抢险现场，路上随处可见的滑坡挡住前进的路，大家一起拿起铁锹铲除障碍物，清理进场道路。到达险情现场，各突击队队员一刻没有耽搁，立刻投入抢险准备工作，面对现场漏管险情，各作业区管道防汛抢险人员在摸清实情后即刻采取措施安排力工队伍修建简易水坝引导水流打桩固土，经过暴雨中的奋力鏖战，终于控制住险情，确保了广西全线管道安全。

4."角色网"责任：落实党员主体责任

各作业区党支部把防汛抢险工作视为做好员工思想建设、提升安全意识、提高应急能力、推进壮乡国脉铁军建设、凝聚升华党建品牌建设、夯实党建根基的良好契机，提高站位，高度重视，坚守住安全生产的红线和底线，全力以赴组织好管道防汛抢险工作，全面推动党建与中心工作相互融合、相互促进，不断提升，共同发展。

（1）思想动员提斗志，凝心聚力筑堡垒。各作业区党支部牢牢把握形势任务教育"抓整改、固根基、促发展"总要求，坚持不懈用习近平新时代中国特色社会主义思想凝心铸魂，坚持学思用贯通、知信行统一，突出"实"的导向，把握"悟"的深度，抓好"行"的关键，以形势任务教育实绩实效赋能作业区在防汛抗洪中发挥党支部作用。各作业区党支部在险情来临之前即要求时刻关注汛情雨情、加强防汛物资准备、联系抢险保障队伍和力工队伍及机械手，在例会上组织学习上级管道防汛文件精神和分享防汛抢险案例，从思想上武装、从物资上准备、从应急上谋划，全方位做好汛期应急抢险思想总动员，加油鼓劲提斗志，凝心聚力筑堡垒。抢险作业前紧急召开抢险作业思想动员，要求参战突击队员冲得上、稳得住、守得牢，以十二分的战斗意志，坚决守护管道安全。

（2）勇战汛情争先锋，靠前指挥保安全。险情就是命令！作业区值班党员在接到险情汇报后，立即组织人员抢险，党员突击队第一时间冲锋在前，同时，作业区领导坚持率先垂范，以上率下，靠前指挥，现场督战；党员干部主动带头、示范引领，奋战在一线，以身作则发挥"火车头"作用。在作业区的统一组织安排下，区段长立即联系附近应急民工队伍，并将抢险物资运往险情现场。先遣组党员率先抵达险情现场，立刻对坡面滑移点进行勘察，并依据现场状况制定可行的前期处置方案，组织力工队伍立即投入抢险。一级带着一级干，一级做给一级看，一个党员一面旗帜。危急时刻，更显英雄本色；管道抢险，更显铁军风采。

（3）以干代练提能力，现场抢险强铁军。各作业区党支部聚焦主责主业，各作业区党支部以广西公司铁军文化建设的实施方案为指引，以壮乡国脉铁军建设为载体，以管道防汛抢险突击队为抓手，推动政治思想建设、团队建设、执行力建设。各作业区党支部充分发挥攻坚克难任务中的党员先锋模范作用，在管道防汛抢险作业期间，党员干部带头冲锋在前，组织做好现场勘察、民工队伍召集、防汛物资调配等工作。各作业区党支部坚持实践是检验真理的唯一标准，理论联系实际、实践再提升理论，不断提高铁军文化建设水平。通过管道防汛现场抢险和锻炼，检验了各作业区党支部壮乡国脉铁军文化建设成果，达到了以干代练的目标，实现队伍执行力提升、应急能力提高，以行动诠释使命担当，升华队伍的战斗情谊，提升团队的凝聚力和战斗力，使支部战斗堡垒作用得到大大强化，铁军文化建设获得很大促进。

（4）让党员坚守在风险第一线，以行动诠释使命担当。各作业区党支部开展"党建+"网格化管理，聚焦做出特色、走在前列、形成品牌的目标，守住安全红线和底线，擦亮"让党员守在风险第一线"的安全底色。哪里有风险，哪里就有党员冲锋一线；哪里有难关，哪里就有支部战斗在前沿。各作业区党支部以党员为主体，以岗位为依托，以支部为基础，以岗区队建设为抓手，以"平安管道"建设为愿景，突出围绕"让党员站在风险一线"这一中心点，集中精力抓党建、围绕业务抓党建，用党建引领全局，以行动确保安全，用管道防汛抢险任务检验党建工作成效。通过强化党员的先锋模范作用，推动党员在抢险工作中不畏艰险、冲锋在前、攻坚克难，消除了风险隐患，确保管道安全平稳运行，助力公司高质量发展。

5."监督评价网"机制：评价党建价值作用效果

各党支部坚持以习近平新时代中国特色社会主义思想武装头脑、指导实践、推动工作，坚定贯彻落实集团公司"五个坚持"总体方略，坚持党建引领，聚焦主责主业，以"五网三格一赋能"网格化罗盘运用为指导，促进党建和中心工作双提升、互促进，打造"听党指挥、能打胜仗、作风优良"、堪当管网事业发展重任的管网铁军。

（1）总体目标实现。各作业区通过出色完成多次管道防汛抢险任务，保障了广西沿线管道汛期安全和地方用气的平稳，为壮乡国脉铁军建设提供了一份真实的写照，也为汛期管道安全贡献了一份力量，是广西公司服务国家战略、服务行业发展、服务人民需要的有力体现。

（2）应急能力提升。各作业区通过管道防汛抢险任务锻炼，作业区的应急动员、组织协调和现场管理等方面的能力得到较大提升，对细节把控不断提升。通过现场踏勘、力工组织、物资保障等具体事项以干代练，各作业区的整体应急反应时间、组织能力、处置能力和协调能力都有了较好提升。

（3）发挥党建价值。各作业区通过管道防汛抢险任务，把"五网三格一赋能"网格化罗盘运用在实际工作中，指导工作实践。在抢险工作中，党员突击队以大无畏的精神冲锋在前，凸显支部战斗堡垒作用和党员先锋模范作用。每个现场抢险的党员都是一面旗帜，激发了大家敢打敢拼、勇于斗争的战斗热情。

通过防汛抢险任务，从实战中检验党建与中心工作融合、推动形势任务教育与铁军文化在基层的深入开展和落实落地，实现学有榜样、评有标尺、赶有方向，进一步彰显"让党员守在风险第一线"的忠诚担当。

四、实施效果

"五网三格一赋能"是以习近平新时代中国特色社会主义思想为指导，深入贯彻大抓基层的鲜明导向，以建强基层实现公司的高质量发展，为实现"创建世界一流管道企业"创造必要条件。该体系不仅涵盖基层党支部建设的全部内容，让基层党建工作有方法、有思路、有具体工具，还将目前基层党建普遍存在的问题得到有效的解决。该网格化体系的建立再加上数字化赋能，特别是当今AI（Artificial Intelligence，人工智能）快速发展，用AI的手段建立党建数字化驾驶舱，所有安全生产工作通过党建数字化手段智能化地将党建工作与中心工作融合互促，真正彻底解决基层党建的薄弱问题，让人人懂党建、人人抓党建、人人贡献党建价值，对党建工作的现代化转型具有很大的运用价值。

打造区域"红色驿站",推动企业党建与业务"双融共促"

——驻外企业党建工作创新探索与实践

创造单位:物产中大集团股份有限公司
主创人:许强 邵燕奇
创造人:葛军燕 钱婷婷 戴尚东 程思宇 张蔻蔻 刘静

【摘要】物产中大集团股份有限公司(以下简称物产中大集团)党委实施"全企一体、双融共促"工程,以高质量党建引领企业高质量发展。针对业务多元、区域分散、员工人数多等特点,近年来,在驻外企业和驻外员工相对集中的区域建设"红色驿站",打造党员之家、员工之家、职工书屋、心灵港湾等功能模块,进一步加强驻外企业的党员教育、员工服务和业务协同。在"红色驿站"广东区域示范点建设成果的基础上,以点带面,在其他区域进行复制推广,构建党建工作"网格化"体系,促进了党建工作质量全面提升,推动了企业持续高质量发展,同时为国企加强驻外企业党建工作提供了有益经验。

【关键词】红色驿站 驻外企业 党建与业务 双融共促

物产中大集团党委坚持以习近平新时代中国特色社会主义思想为指导,贯彻落实党的二十大和二十届历次全会精神、浙江省第十五次党代会和历次全会精神,忠实践行"八八战略",深入实施"红色根脉强基工程","全企一体、双融共促"工程和清廉国企建设"八大行动",结合企业实际,创新党建工作机制,全面加强党的建设,全力推进改革发展,取得了显著成效,使集团连续14年入围《财富》世界500强(2024年列第150位)。

一、实施背景

物产中大集团是浙江省属特大型国有控股上市公司,致力于打造"大而强、富而美"受人尊敬的优秀上市公司。物产中大集团党委充分发挥"把方向、管大局、保落实"作用,秉承"企业中心工作是什么党建就重点聚焦什么、困难问题是什么党建就重点解决什么、员工需求是什么党建就重点服务什么"的理念,以问题为导向,努力把基层党组织战斗力转化为推动企业高质量发展的强大动力。

(一)业务特点对企业党建工作提出挑战

集团聚焦"一体两翼"发展战略,涵盖智慧供应链集成服务、金融服务、高端制造板块,产业呈现多元化,业务覆盖全国各地,以及90多个国家和地区,形成了业务模式多元、区域分布广、人员流动性强等特点,基于业务特点企业党群工作面临"六多两难"的情况:"六多"指子公司多、外地企业(网点)多、驻外员工多、驻外党员多、流动党员多、员工出差多,"两难"指规范组织生活难、员工文化凝聚难。驻外企业落实党建工作要求的"最后一公里"存在薄弱环节,驻外企业党建工作机制创新方面还需要思考和探索。

(二)党建与业务"双融共促"机制有待创新深化

国企党建在企业改革发展中发挥引领保障作用,要把党建工作深度融入经营管理,融入工作场景,内化为员工的思想和行为。物产中大集团面对复杂严峻的市场环境,坚持稳中求进工作总基调,近年来保持良好的发展势头。集团业务市场化程度高、行业竞争白热化、员工结构多元,在党建工作融入经营管理,尤其是驻外企业党建工作创新、针对员工特点加强教育管理等方面还需要思考和探索。

（三）集团各成员企业在区域的业务协同有待加强

物产中大集团拥有各级企业500余家。以广东为例，有6家一级成员企业在广东设有14家子公司（网点），分布在广州、佛山、东莞、深圳、湛江等地。为"攥指成拳"提升区域影响力，集团倡导区域业务协同，出台了相关制度，确定区域牵头单位，明确协同事项，开展协同奖评选，与此同时鼓励区域党建联建共建、共筑"红色朋友圈"推动资源共享、业务共拓等，在系统规划和具体路径等方面需要思考和探索。

二、实施目的

（一）加强驻外企业党建工作

加强党的政治建设，推动基层党组织全面建强、全面过硬。着眼跨地区党组织和党员管理这个难点，促进驻外企业党组织规范化、组织生活常态化，加强党员教育管理，为驻外党员、流动党员和出差党员参加组织生活提供便利。打造党员理论学习和思想提升的平台，全面增强基层党组织政治功能和组织功能，团结带领全体干部职工不断把党的政治优势、组织优势转化为推动高质量发展的强大动力。

（二）加强驻外员工关爱

焕发群团活力，弘扬国企"新风尚"，凝聚奋斗力量。以党建带动区域群团建设，践行"办实每件事，赢得万人心"的工作宗旨，全力打造"物产中大幸福家"品牌，全方位关怀员工生活、关爱员工成长，不断提升驻外、出差员工的归属感和向心力，使集团企业文化深入一线、深入人心，引导广大干部员工形成共识，为高质量发展凝聚力量。

（三）加强区域业务协同

激发区域合力，创新业务模式，塑造企业核心竞争优势。通过区域内各单位党建联建共建，加强业务交流，加强产研融合，深入挖掘和匹配需求，整合优势资源，发挥内部协同作用，完善集团产业布局和网络建设，强化行业前瞻性、战略性和引领力。联合创新人才培养的新机制，打造雇主品牌，建强"三支队伍"，构建高质量发展的人才支撑。进一步优化区域组织"联"生态，加强区域内各组织优势发挥，增强赋能业务发展的内生动力。

三、实施过程

（一）搭建"红色驿站"管理体系

1. 做好"红色驿站"顶层设计

集团党委在成员单位驻外企业（业务网点）和业务相对集中的广东地区开展"红色驿站"试点，由下属国际公司牵头，金属公司、云商公司、化工公司、物流公司、环境公司等成员公司共同参与，打造党员之家、员工之家、职工书屋、心灵港湾等功能模块，进一步加强驻广东区域企业的党员教育、员工服务和业务协同。2020年开始进行项目调研，2021年形成运行方案，2022年至今持续推进实施。三年来，"红色驿站"广东区域示范点在组织架构、阵地建设、工作机制、活动载体等方面进行了有益探索，助力集团区域党建工作和业务工作深度融合、双向赋能，使党建工作和党员教育管理全覆盖、无死角，以点带面，发挥辐射效应和示范作用，项目取得了良好实效。

2. 实施"一会一制一证"组织体系

"一会"即示范点建设协调小组会议，由集团党群部门、相关公司党群部门、区域站长组成，研究讨论"红色驿站"建设思路、阶段性重点工作、人员经费保障等。"一制"即站长负责制，集团聘任"红色驿站"（广东区域）站长，站长全面主持"红色驿站"工作，牵头协同区域内各成员单位的相关工作。"一证"即身份认证，对广东区域（包括出差到广东的）的党员和员工身份进行识别，作为参加"红色驿站"活动的依据，同时对参与活动情况进行记录和管理，相关情况报送其所在单位的党组织。

（二）建设"红色驿站"数字化平台

1. 开发线上小程序

建设"红色驿站"小程序平台，主要实现人员管理、活动管理、理论学习和风采展示等功能。在人员管理方面，对区域党员和员工进行身份识别，实现人员在线动态管理；在活动管理方面，通过系统开展线上报名与线下签到，记录活动数据并发送给党员所在党组织；在理论学习方面，开辟学习专栏和党课回放，为党员创造线上学习的平台；在驿站展示方面，实时发布新闻动态，展现党员、员工风采。

2. 创建微信群

建立"红色驿站"微信群，动态管理群内广东区域党员、职工，及时对新进入区域、离开区域内的人员进行更新，定期在群内发布学习和活动信息，党员、员工在群里发表学习心得、活动体会；开展业务互动、交流渠道资源等信息；提出意见建议及生活工作面临的困难和需求。管理员根据情况将信息发送至相关公司、部门，推动问题解决。

（三）打造"红色驿站"活动阵地

1. 建设党建和清廉阵地

物产中大集团党委结合党建、清廉国企建设、企业文化展示等要求，建设"红色驿站"宣传展示阵地。设计驿站专属Logo，集团领导为"红色驿站"授牌，打造驿站专属活动区域，建设党建和清廉文化展示墙、企业文化展示墙、党员活动室等场所，加强思想政治教育，弘扬物产中大集团"物通全球、产济天下"的企业使命，"大而强、富而美"受人尊敬的优秀上市公司的企业愿景，不断增进属地党员和员工、驻外党员和员工的文化融合和文化认同，进一步倡导"党建引领、阵地联建、服务联动、资源共享、凝聚人心"的驿站文化。

2. 建成"红旗书屋""职工书屋"

与红旗出版社合作开展职工书屋建设，目前藏书500余册，涵盖政治理论、历史文化、名人传记、经济管理、社会科学等不同类别；配备智能交互设备和丰富的软件学习资源，实现观看时政头条、名人语录、党史学习、文化展播等功能，依托书屋开展读书会、座谈会、沙龙活动等，深化驻外企业职工教育管理，丰富职工精神文化生活。

（四）形成"红色驿站"工作载体

1. 固化"三项活动"

一是党员学习教育活动，定期开展区域内学习教育活动，党员按照"就近、便利"原则自主选择参加活动，截至目前已开展十余次专题学习活动。二是员工交流活动。开展篮球友谊赛、毅行等员工集体活动，组织员工交流座谈，员工为企业发展和"驿站建设"献计献策。三是业务对接活动。围绕区域内各公司业务开展需求，不定期开展行情分析、业务对接等，开展跨成员公司业务交流活动，为业务部门、子公司赴广东开展业务的人员，提供业务信息咨询、生活和交通咨询等，推动业务发展。

2. 实施"两项机制"

一是"联合主题党日"机制。面向集团在广东区域全体党员，多个成员单位党组织联合开展主题党日活动，组织党员开展跨公司跨组织集中学习研讨、讲党课、参观实践等形式的学习教育，党员报名即可参加活动。近三年累计开展联合主题党日活动十余次，有300余人次参加。"红色驿站"广东示范点组织集体观看集团红色直播间党课讲座、与上下游客户单位党组织联合开展清廉共建、参观红色基地等主题党日活动。在党史学习教育中前往佛山市南海博物馆组织"回首征途学党史、红心向党践真知"联合主题党日活动；在学习贯彻习近平新时代中国特色社会主义思想主题教育中赴佛山市顺德区黄龙村开展"循迹溯源学思想促践行"联合主题党日活动；2024年开展"学习贯彻党的二十届三中全会精神"联合主题党日活动。

二是"党建合创"机制。充分发挥党建赋能经营工作和带动群团建设的作用，将不同主题和载体的活动相融合，以多变的"组合拳"更好地推动党建和业务工作"双融共促"。党建与业务工作相结合，2021年以"立足华南、互助共赢"为主题，开展高质量发展专题学习和业务交流研讨会；党建与职工发展相结合，2022年组织党员、职工共同开展循迹溯源暨"红色路程"主题活动，学习区域改革发展历史的同时以毅行促进职工强身健体、锻炼意志；党建与青年引领相结合，2024年集团赴广东开展党的二十届三中全会精神主题党日暨送宣讲、送清凉、送慰问、送服务的"四送"活动，强化青年员工理论素养的同时引导青年深入了解集团发展战略，增强文化认同。

四、主要创新点

（一）按照"业务发展到哪里，党建工作就延伸到哪里，员工关爱就覆盖到哪里"的思路，创新驻外企业党组织建设

在物产中大集团党委的领导下，各成员公司协同推动，打造严密的组织体系，形成"集团党委——成员单位党组织——基层党支部"上下联动、区域党建联建、管理服务联合、重点热点问题联办的"四联"工作机制，实现组织设置"全覆盖"，教育管理"无死角"，联建共建"零距离"。

一是上下联动。通过"集团党委部署—成员公司党委执行督促—基层党支部落地"的联动机制，有效保障上级决策部署在基层落地执行，全面夯实三四级企业党建工作。广东区域党组织设置进一步完善，党建人员队伍进一步力量建强，独立法人党支部前置研究重大经营事项制度进一步落实。

二是区域党建联建。"红色驿站"各参与单位实现党建经验共享、党建阵地共用、廉洁诚信共建等，进一步加强联学联建、思想交流，实现党员干部政治素质提升和职工归属感、获得感增加。

三是管理服务联合。加快区域融合发展，有效促进业务协同。金属、国际、物流公司广东区域分子公司在大宗商品贸易仓储物流环节加强合作，降本增效、优化管理，保障货物安全和运输效率，为提升业务质量起到重要作用。

四是重点热点问题联办。各单位在人才培养、雇主品牌打造等方面持续加强合作，针对新员工缺乏业务渠道、归属感不够强等问题，开展联合教育培养和职工关爱行动，帮助拓展区域内客户资源，激发年轻员工内生动力和干事热情。

（二）按照"夯实基础、固化模式、创新载体、复制推广"四步走思路，创新驻外企业党建工作机制

在成员单位驻外企业（网点）和业务相对集中的区域建设"红色驿站"，重点面向"属地党员、驻外党员、流动党员、属地员工、驻外员工、出差员工"六类人群开展工作，构建区域内党组织和党员员工对话交流、信息互通、资源共享的平台，发挥"党员教育、员工服务、业务协同"三大作用。

（三）拓展"党建+"，促进区域业务协同发展，提升党建与业务"双融共促"实效

一是把经营管理的难点热点作为党建工作的出发点和着力点，充分发挥党组织和党员在攻坚克难中的战斗堡垒和先锋模范作用。推进党支部创新项目和党员实事项目，党员领导干部挂帅，党员冲锋在前，"红色驿站"整合资源有效赋能，各单位进一步优化业务模式、深耕区域市场，完善网络布局，深化上下游合作，区域经营业绩稳步增长，重点项目相继落地，打牢集团智慧供应链集成服务、金融服务和高端制造"一体两翼"战略布局的基石。

二是区域各党组织开展与属地机关、企业、事业单位党组织的联建共建，各单位共同参与，推动资源、信息、市场共享，促进党建共建、业务协同、企业发展。金属公司业务七支部与首钢公司鼎联支部以产业链为纽带，通过红联共建方式，党建与业务联建、政策与技术联通，探寻出了更深层次的联营合作模式；国际公司广东瑞鸿党支部与中国银行顺德乐从支行党支部开展共建，努力形成互带互

动、优势互补、资源共享、共同发展的基层党建工作新格局；环境公司粤绿党支部联合湛江市生态环境局遂溪分局党支部开展党建共建活动，共同研究污染防治，坚持绿色发展理念，为建设美丽中国贡献力量。

五、实施效果

（一）提升了驻外企业党组织的战斗力

自"红色驿站"项目实施以来，广东区域各企业基层党组织建设进一步规范，各单位落实应建尽建原则，实施把党员培养成业务骨干、把业务骨干培养成党员的"双培养"机制，开展"堡垒指数""先锋指数"考评，把党的领导融入业务工作全过程，推动党建工作和业务工作深度融合。"红色驿站"广东示范点项目成果先后在《国企》杂志、国企网等媒体上宣传报道。

（二）激发了驻外党员和员工干事创业活力

"红色驿站"各参与单位党组织全面实施基层党组织书记"领办项目"、班子成员"攻关项目"、基层党组织"创新项目"和党员干部"实事项目"等攻坚克难的行动，形成了基层党建引领发展的示范项目。员工自觉践行物产中大集团的企业文化，增强了归属感、认同感、自豪感，汇聚了团结一心、共谋发展的强大正能量，共同提升经营管理水平。

（三）扩大了"物产中大幸福家"的影响力

"红色驿站"项目的实施将文化赋能、员工关爱的扎实举措带到了基层一线，导师带徒、共富市集等在广东区域有效落地。对新进入广东区域的员工和新入职员工，通过资源渠道共享、培训教育提升、心理关怀关爱等方式，加强思想文化引领；对属地员工，加强与本部和广东区域其他子公司员工的互动，进一步提升区域党员、职工凝聚力。

（四）促进了区域业务协同发展

区域各公司常态化开展跨子公司的业务协同，推动达成跨成员单位合作项目，通过区域业务交流、经验分享活动，促进业务信息互通有无，推动业务资源整合、渠道共享，形成良好氛围。同时，推动区域业务携手共进，联合各单位协同开展与当地高校、人才机构的校企合作、人才引进，提升集团在区域内的整体形象和影响力。

六、下一步规划与探讨

（一）以点带面，打造区域"红色驿站"矩阵

总结梳理广东区域"红色驿站"建设成果经验，在华北、西北、东北等业务相对集中的区域建设"红色驿站"，把党建工作要求落实到一线业务单元，把关爱措施延伸到一线员工，进一步落地见效。以点带面，示范引领，系统谋划，打造集团区域"红色驿站"矩阵，把党建工作成效转化为推动企业发展的生产力、竞争力。

（二）夯实内功，完善区域"红色驿站"工作机制

深入调研驻外企业经营管理实际情况和驻外党员、员工的现实需求，分析地域经济社会环境，完善区域"红色驿站"总体架构和实施路径，塑造"纵向细分、横向多跨"的基层组织新形态，创新"党建合创"活动载体，落实"全企一体、双融共促"要求，健全党建和业务双向融合的考评机制，提升建设成效。

（三）激发动力，以区域"红色引擎"推动企业持续高质量发展

加强区域"红色驿站"建设，进一步激发党支部战斗堡垒作用和党员先锋模范作用，推动驻外企业改革发展。丰富区域文化活动载体，加强对驻外员工的文化宣贯和思想引领，细化员工关爱，不断增强员工的使命感、责任感和归属感，引导党员、员工主动担当、攻坚克难，在推动公司改革发展中建功立业、贡献力量。

以"四标"融合推动渤海油田高质量发展走深走实

创造单位：中海石油（中国）有限公司天津分公司
主创人：曾建　王富东
创造人：任文　吴军　邓腾霄

【摘要】 党的十八大以来，习近平总书记多次就坚持党对国有企业的领导、加强国有企业党的建设、做强做优做大国有企业做出重要指示。特别是在全国国有企业党的建设工作会议上，习近平总书记深刻回答了国有企业要不要加强党的建设、怎样加强党的建设等重大理论和实践问题。中国海油各级党组织全面落实新时代党的建设总要求，不断提高党的建设质量和水平，积极探索党的建设与改革发展、生产经营、安全生产深度有效融合新路径，推动基层治理走深走实，以高质量党建引领保障高质量发展。本文通过对渤海油田党的建设和企业高质量发展有效融合的路径进行分析，以期达到进一步提升国企党建工作水平，促进油田稳步向前发展。

【关键词】 渤海油田　党建　融合　高质量发展

加强党的建设是国有企业的"根"和"魂"，面对世界百年未有之大变局，国企必须充分发挥党组织"把方向、管大局、保落实"的政治核心和领导核心作用，坚持党的全面领导，主动适应新形势和新任务，运用党的创新理论成果，积极探索党的建设与改革发展、生产经营、安全生产深度融合新路径，推动党的建设与企业中心任务相互融合、相互促进、相互提升，是国有企业党组织落实新时代党的建设总要求的具体实践。渤海油田是中国海洋石油工业发源地，是中国海油精心培育的产量规模最大、经济效益最好的主力油田。作为国有企业，特别是能源企业，中国海油在关系国家安全和国民经济命脉的主要行业及关键领域占据重要地位，是国民经济的重要支柱。近年来，渤海油田按照国有企业党的建设总要求，有序推进党建融合深化工程，通过打造"立标准、建标尺、树标杆、亮标识"党建融合"四标"工作法引领保障"三大工程、一个行动"和"四个中心"建设落实落地。各级党组织和广大党员充分发挥战斗堡垒作用和先锋模范作用，守正创新、笃行实干，推动中海石油（中国）有限公司天津分公司（以下简称中国海油天津分公司）多项经营业绩创历史新高。2021年渤海油田顺利建成我国第一大原油生产基地，2022年跃升为全国第二大油气田，目前正向2025年上产4000万吨当量战略目标奋进。党建引领保障作用得到充分发挥，切实为渤海油田高质量发展持续注入了红色动力。

一、实施背景

（一）深入推进党建融合的重大意义

国有企业开展党的建设工作，就是要围绕改革发展稳定这个中心，建设高质量高水平的人才队伍，服务基层群众，推动党建和业务深度融合。通过在目标管理上推进融合深化、在工作运行上推进融合深化、在考核评价上推进融合深化，最终达到党建与企业高质量发展的目标相容，过程相融，结果相融。中国海油天津分公司在推动加快建设中国特色世界一流能源公司新的历史进程中，必须进一步深入探索党建与业务深度融合，最大限度地提升企业核心竞争力和凝聚力，为打造中国式现代化央企新典范积极贡献力量。

1.深入推进党建融合是渤海油田高质量发展的必然需要

党的建设是党的生命线，是开展各项工作的前提和基础，是党的灵魂所在。加强和改善党对全面深化改革统筹领导是改革工作蹄疾步稳的"定盘星"，改革工作助力党建工作探索创新是进一步提高党的整体执政能力的"助推器"。国有企业党组织作为全面深化改革工作的具体实践者，党的建设工作将直接影响群众对改革的满意度和获得感，全面深化改革的实际效果也是党建走在前、作表率的具体体现，高质量的党建助推企业高质量发展，企业高质量发展提升高质量党建。这就要求国企党组织必须加强党建与生产经营、与改革发展、与安全生产深度融合，花更多的精力、时间去探索党建和全面深化改革工作、高质量发展的融合点，采取更多切实可行的方法确保党建和改革两手抓、两手硬。目前，中国海油天津分公司已研制渤海油田高质量发展行动方案，明确七大发展路径和32项重点工程，开启高质量发展新征程。

2. 深入推进党建融合是基层组织力提升的必然需要

党的力量来自基层组织单元，其组织力的强弱直接关系到党的领导力、凝聚力、战斗力和号召力，关系到基层治理的成效。如何把党组织的领导核心、政治核心作用体现到渤海油田发展的实际中，引导各级党组织把以推动高质量发展为主题的深刻内涵和重大意义理解透彻；如何把实现渤海油田高质量发展的路径梳理清楚，确保企业发展不偏离正确方向；如何把在渤海油田高质量发展中"把方向、管大局、保落实"的职责履行到位，促进企业步入创新成为第一动力、协调成为内生特点、绿色成为普遍形态、开放成为必由之路、共享成为根本目的的发展轨道。这些问题的解决，要求各级基层党组织建设必须坚持以党的政治建设为统领，直面问题、改革创新，通过提升组织力解决基层党组织在建设中存在的突出问题，使每个党组织成为坚强的战斗堡垒。

3. 深入推进党建融合是企业文化建设的必然需要

企业文化作为企业的灵魂，既是企业的发展动力和源泉，也是党建工作的重要内容，加强企业文化建设能有效提升企业自身的软实力，继而激发企业的生机与活力，为实现企业的健康可持续发展保驾护航。在企业全面深化改革的大背景下，坚持理想信念，需要我们用新思想武装头脑，用新理论指导工作实践，将意识形态工作摆在首位，用企业文化创造的软实力服务企业管理，通过党建与企业文化建设融合，从经济层面向文化层面递进拓展，达到企业价值的认同感，提升党员干部员工的政治思想觉悟，激发企业文化活力，聚人心、兴文化、树形象。在继承国有企业党建和文化建设的传统下，坚持与时俱进，以文化搭台，不断创新工作方法，将中国化的马克思主义理论与"碧海丹心，能源报国"的海油精神相融合，最大限度地推动国有企业党建与文化建设创新工作的顺利开展。

（二）面临的主要问题

渤海油田在探索党的建设与改革发展、生产经营、安全生产深度融合实践中始终坚持问题导向，通过利用领导基层联系点调研、党建责任制考核、所属单位党委副书记联席会议、支部达标升级考核等契机，多场合多形式对中国海油天津分公司党建融合工作推进情况进行深入调研，总体看来党建融合成效显著，但在党务基础、融合强度和党务人才建设方面还存在一定的差距。

1. 党务基础弱化制约党建融合深入推进

在近期开展的调查研究中，我们发现部分党组织的党建工作仍存在重形式轻内容、重数量轻质量的问题，或是精力不足，或是专业能力不强，在党员发展、党务公开、党费收缴、支部换届等基础党务工作中仍存在较为典型的问题，很大程度影响着基层党组织党建融合工作深入推进。例如，有的支部还存在未认真研究制订年度党费使用计划的现象，或虽然研究制订了年度党费使用计划，但计划不具体、不细化、不完善；在支部换届工作中，个别支部对于换届工作没有做到严格按照流程提前谋划准备，所属单位党委也没有定期、及时督导，导致个别支部换届工作出现"手忙脚乱"现象。出现以上问题的一个重要原因是，一些单位未能建立本级党委抓、所属党组织主抓、机关部门专抓、基层党支部具体抓的责任体系，压力传导横向到边、纵贯到底的决心略显不足，个别单位党建工作责任传递层层衰减，党组织活动仍浮于表面、流于形式。基础党务工作的不扎实不完善直接影响党建融合深化工作的质量水平和全面推进。

2.融合强度不够制约高质量发展成效

部分党组织仅仅做到了形式上的融合，但未能充分发挥基层党组织战斗堡垒和党员先锋模范作用，对融合深化的理解还不深，党建与业务工作结合不紧密，党建工作内容单一、形式呆板、实效不突出，融合工作"形"有余但"效"不足，工作落实机制有待进一步创新。例如，部分党组织的创新创效能力发挥不足，通过技术革新、流程优化等方式推动提质增效的手段不多，对党建品牌的重视程度不足，没有及时加以总结提炼，尚未形成典型经验和突出亮点，未充分重视发挥党建品牌引领作用，与打造立得住、叫得响、传得远的党建品牌目标还有差距。主要原因是各基层党组织在全面打通"最后一公里"，将党中央和上级党组织决策部署一贯到底方面的效果参差不齐；"为了做而做""只求做到不求做好"的心态时有发生；结合实际工作有针对性地落实上级要求的主观能动性不强；缺乏工作学习的计划性和自主性；党建与生产经营融合成效不足；政治优势转化为发展优势还有较大提升空间。

3.党务人才建设缺位与新时代党的建设总要求不适应

在新形势下，高质量党建面临更高要求，业务广度、难度、高度不断增加，党务工作者压力较大，需要不断提升综合能力。但是，就目前情况来看，基层单位党务工作者存在业务水平和工作能力参差不齐等问题。例如，一些单位缺乏较高水平的党务工作者，领会上级文件精神不深入，执行文件规定存在偏差，党建工作水平的提升受到一定制约；部分兼职党务工作者，时间和精力有限，很难做到同时兼顾、全情投入，最终往往导致抓业务工作多、抓党务工作少的结果，仅停留在完成上级的规定动作，不能主动围绕企业的中心任务谋划党建工作；部分党务工作者思想陈旧，缺乏创新思维，党建工作跟不上企业改革发展的步伐，党建工作不能与生产经营工作相辅相成，久而久之不能发挥党组织的战斗堡垒作用，不能彰显党建工作的引领作用。究其原因，是对于如何加强新时代党务人才队伍建设研究力度还不够，落实措施还不够多，没有为专兼职党务工作者提供明确的晋升路径，导致优秀党务人才队伍流失，既不利于基层党组织党建工作效能的发挥，也不利于公司党建队伍建设的"稳定性"。

二、实施过程

中国海油天津分公司深入贯彻落实新时代党的建设总要求，通过积极推动党的建设与改革发展、生产经营、安全生产相互融合、相互促进、相互提升，进一步释放国有企业党的建设"生命力"。中国海油天津分公司党委坚持以引领保障高质量发展为主题主线，聚焦党建融合"141体系"，积极探索党的建设与"三大工程、一个行动"融合深化有效路径，通过立标准、建标尺、树标杆、亮标识"四标工作法"，在各级党组织深入学习党的二十大精神的浓厚氛围中，以更高标准、更高要求、更高质量进一步推进"融合深化工程"走深走实。

（一）顶层设计"立标准"，构建融合长效机制

自中国海油党建融合"141体系"建立以来，中国海油天津分公司积极加强政策宣贯解释，主动将政策解读送达最基层，确保上级党组织要求"一贯到底"，确保大家认识统一"不走偏"，减少了政策传递"时间差""温度差"。

在此基础上，中国海油天津分公司围绕党建融合"141体系"，聚焦生产实际，制定"五融合五突出"党建融合方案。推动党建工作与增储上产深度融合，突出攻坚赋能作用；推动党建工作与科技创新深度融合，突出创新驱动作用；推动党建工作与绿色发展深度融合，突出战略保障能力；推动党建工作与提质增效深度融合，突出激活内生动力；推动党建工作与安全生产深度融合，突出安全第一本质。"五融合五突出"党建方案确定重点任务和具体工作，在党建工作与其他各方面工作深入融合的

过程中发挥了明确的导向作用。

压实日常督导机制，不定期收集所属单位党建深度融合典型案例并择优推广，把工作融入日常、抓在经常，确保各项任务落实落地，推进基层党建融合从"有形"走向"有效"。建立长效考核机制，将党建深度融合工作开展情况作为年度党建工作责任制考核、党组织书记述职评议考核、党支部达标升级考核的重要内容，形成用制度激励、靠制度管理、按制度办事的长效机制。

（二）规范运行"建标尺"，打造融合示范项目

中国海油天津分公司坚持"抓生产从思想入手、抓思想从生产出发"理念，引导各基层党组织党建融合同谋划、同部署、同推进、同落实。一方面，强化目标管理融合，以渤海油田重点工程、重大项目、专项工作为抓手，明确指标任务，以高标准、严要求形成党建深度融合"贯彻落实10项具体措施任务清单"，全力推进"融合深化工程"实施方案落地。另一方面，强化工作运行融合，以勘探开发等7个部门和13家所属单位为主力，围绕"安全指数""提效指数""增产指数"等关键指标奋力攻坚，各单位生产经营呈现"你追我赶"的良好态势，打造培育出一系列融合党建示范品牌。渤海石油研究院"4型5策3过硬"融合党建模式，推动首个海上大规模超稠油热采一期项目投产，首口井高峰日产油突破百吨。矿区管理中心打造"三直"融合工作法将"为老服务"落到实处，将"保障维稳"做到实处。曹妃甸作业公司打造"四步融合法"，助力海洋石油112安全生产3000余天。各基层党组织融合党建特色项目有声有色地开展，有力推动"三大工程、一个行动"落地实施。

（三）榜样引领"树标杆"，营造浓厚融合氛围

中国海油天津分公司党委不断提升党建工作的精品意识，重点关注党建和中心工作成绩较为突出、在本领域较有引领效应的党支部，将其选树为具有公司特色的"红星党支部"。2024年选树公司"红星党支部"31个，其中10个支部被集团公司选树为"中国海油标杆党支部"，5个支部被集团公司选树为"基层示范党支部"。围绕企业生产经营、管理及技术攻关共立"书记项目"221个，及时跟踪督导推进，破解企业发展难题，不断发挥基层党支部示范引领作用。

以公司高质量发展党的建设行动方案为指南，扎实推进党建融合"141"体系落实落地，指导各级党组织总结上报党建优秀成果或案例百余篇，深入推进公司"十佳"党建品牌、"十佳"书记项目选树。通过评比交流，进一步夯实各级党组织书记的项目成效，统筹打造党建特色品牌，集中展现党建融合成果，整体提升公司党建引领保障工作水平，为进一步推进党建融合深化工程营造积极氛围，《中国海油天津分公司党委织牢"三网"推动网格管理"末梢"变"前哨"》等多项党建典型工作经验在集团公司《基层党建》专篇发布，中国海油天津分公司30余项党建成果荣获石油石化行业奖励，其中获得一等奖6项。

引领生产一线设立"党员先锋队""三八红旗岗""青年文明号"等，开展"我是党员我先上""四亮五带头""党员安全员""两优一先"表彰等特色活动，通过大力宣传优秀经验做法，在各个领域形成了良好的比、学、赶、超氛围，做到生产"急难险重"在哪里，党员"攻坚克难"就跟进到哪里，引导广大党员学习先进、担当作为，将先锋引领行动转化为党组织推进融合发展的内生动力。

（四）坚固堡垒"亮标识"，创建特色融合阵地

中国海油天津分公司党委将阵地建设标准化作为融合党建的坚固堡垒，确保党员群众学习有场所、活动有阵地、作用发挥有舞台。在活动场所规范设置公开专栏、宣传专栏、文化专栏，将融合项目进展情况通过海报、展板等形式在专栏展示，以思想先导引领行动实践，时刻激励党员群众向目标冲锋。

各级党组织在融合阵地建立"党员责任区""党员示范岗"，将党员落实融合任务"亮相"、摘得融合成果"上墙"，进一步推动党员示范引领。中国海油天津分公司党委高度重视融合阵地的精神价

值、文化价值、宣传价值，深入推进渤海油田科技文化中心（陈列馆）建设，充分发挥渤海石油研究院和秦皇岛32-6作业公司首批海油精神（党性教育）践行示范基地作用，统筹推进示范基地建设升级，引导党员干部定向学、交流学，不断提升党建能力与融合能力。

各级党组织以融合阵地为依托，积极开展"支部选举情景剧""红船载初心"等主题党日活动，凝聚起干事创业的红色动力，为巩固渤海油田国内第一大原油生产基地位置战略目标蓄力奋进。

三、主要创新点

（一）聚焦夯基固本，以高质量党建推进公司融合治理

坚持把党的领导融入企业治理各环节，把党组织内嵌到公司治理结构之中，明确党组织在企业法人治理结构中的地位，做到组织落实、干部到位、职责明确。要按照"双向进入、交叉任职"的要求，企业经营层全部担任党组织委员，实现党组织领导班子与企业管理层的融合衔接；当前能源企业各级基层党组织基本上建立了党建工作制度，但这些制度大多是延续多年形成的，只有部分内容围绕党建工作流程做了简单的修订完善，很多制度并不能完全适应新时代党的建设总要求。例如，在党建工作责任制落实方面，很多党组织虽然有责任制实施办法，但对于如何考核、考核指标如何量化、考核结果如何运用有所欠缺，不能很好地指导基层加强组织力、提升实践。在解决党建与中心工作"两张皮"方面，应该将深度融合体现在制度中，体现在抓重大任务落实方面，制度中应该将年度党建任务进一步量化，对党建基础相对偏弱的党组织，在年初确定目标时，重点确定年内开展的党建活动与中心工作紧密结合的载体活动；党建基础较强的党组织要以中心工作目标中体现的党组织和党员贡献比例作为考核目标。同时，要严格落实党组织审议前置，制定"三张议事清单"，要修订完善党组织议事规则，厘清党组织、董事会和管理层的职责权限，对落实"三重一大"决策进行制度性规定，明确党组织集体研究是决策重大问题的前置程序。要在考核内容上，推行党建述职评议制度，把是否落实"一岗双责"党建责任制、"三会一课"制度，是否做到"两手抓、两促进"，是否克服"两张皮"等问题作为重要内容进行考评。在考核办法上，执行党建与改革并重，不片面考核改革，也不片面考核党建作用，要互相依托，互为促进，确保生产、经营和改革发展推进到哪里，党的组织和活动就开展到哪里。

（二）聚焦激发活力，以建强人才队伍筑牢融合发展根基

要坚持"党管干部、党管人才"的原则，以党的政治建设为统领，发挥党组织在人才选拔和任用上的组织把关，建立并完善员工能进能出、管理人员能上能下、收入能增能减的工作机制，持续深化三项制度改革。要充分发挥党组织在企业科研创新和高质量发展中的保障作用，切实紧盯急难险重任务不放松，创新设置党员示范岗、责任区，通过开展党组织和党员立功立项项目，带动群众聚焦企业改革发展难题，做到年初立项、年中回头看、年底验收，夯实党建引领的示范作用。要在党组织权限内用好激励机制，鼓励党员群众"撸起袖子加油干"。在推荐干部、评选先进、薪酬绩效等方面发挥党组织的作用，真正让干事者有收获、让奉献者被肯定，形成能者上的赶、学、比、超的氛围，尤其对一线基层默默无闻但尽职尽责的优秀党员群众，党组织要给予精神或物质上的鼓励，让员工在做出贡献的同时也得到肯定。对于在生产经营等中心工作中有直接推动作用的，应该在制度保障的基础上授予各层次奖励。真正通过正向激励机制激发党组织中人的活力，通过党组织聚人心、展形象，最大限度地提升党组织的组织力。要坚持按需设岗、依岗择人，注重把人品端正、素质优良、业绩突出的干部选拔到所属单位党组织负责人岗位和党务工作者队伍中来，确保岗位编制人岗适配，人尽其才。要扎实稳步推进基层党组织书记抓基层党建述职评议考核工作，通过述、评、考，增强责任感，强化使命感。层层压实党建责任制，实现到岗到人，将党建工作内嵌到领导班子成员业绩考核指标之中，与个人绩效直接挂钩。加强日常考核督导力度，围绕上级党组织党建工作重大部署的贯彻落实和各级党组织党建主体责任、书记第一责任、班子成员"一岗双责"等重点，定期或随机采取查资料、看现场、集中谈、个别访等形式开展日常督导检查，列出问题清单，督促限期整改。

（三）聚焦服务大局，以推动机制创新持续强化融合动能

要坚持党的建设与改革发展、生产经营、安全生产目标同谋划同部署。一是要创建任务清单，各级党组织按照上级党组织年度工作要点和任务分解表，依据党建工作责任制实施细则，明确工作要点和具体任务清单，分类建立问题清单与整改台账。二是要建立党委定期专题研究党建工作的专项工作机制，即每年召开一次党的建设工作会议；每年开展一次党建工作责任全面考核和一次书记述职评议考核；坚持每次党委重要会议必提党建要求、下基层调研必指导党建工作、督查基层工作必督查基层党建；每个季度要召开一次党建专题会议，听取党的建设工作汇报，研究重点工作推进情况。三是要建立安全生产教育融入党组织日常教育机制，各级党组织通过党的组织生活强化安全生产，通过党的日常教育强化安全教育，将安全生产教育纳入"三会一课"和党日活动，以"查隐患、促整改、保安全"为目标，搭建掌握员工思想动态、工作状态、安全意识的安全生产思想保障体系。四是要明确各级党组织班子成员落实"一岗双责"要求，深入基层开展全面从严治党工作情况督查，着力解决一批改革发展、生产经营、安全生产重点难点工作。五是要立足工作实际、融入中心任务，加强对党建重点难点问题的研究探索和先行实践，按照思想建设有新提升、组织建设有新优化、队伍建设有新加强、载体建设有新举措、制度建设有新突破的标准，选树党建融合标杆典型，助力油田高质量发展。

四、下一步规划与探讨

要深入推进党建工作与企业高质量发展相融合，就需要企业领导班子及成员、各级基层党组织、专兼职党务干部齐心协力，在思想上同心，做好党建工作与做好改革工作目标统相一；在责任上同肩，抓住"一岗双责"这个关键；在目标上同向，把党建纳入企业整体工作中通盘考虑，统筹安排，做到党建工作与改革发展同规划、同部署、同实施。在保持工作目标一致、推进工作过程对接、注重考核评价相结合上共同发力，有效促进渤海油田党建与全面深化改革高质量发展工作协同发展和全面融合，引领各级党组织和广大党员充分发挥战斗堡垒作用和先锋模范作用，守正创新、笃行实干，用实际行动为集团公司加快建设中国特色世界一流能源公司、打造中国式现代化央企新典范贡献一份力量。

基于国有企业治理体系和治理能力现代化建设的融合考评体系研究与实践

创造单位：中国石油长庆油田分公司第二采油厂
主创人：张祺　杨玉军　郭超　田浩
创造人：成佳忆　周维东　刘重阳　马彬翔　李永杰　刘辉　余小林　张彦鹏

【摘要】 习近平总书记在国有企业党的建设工作会议上首次明确提出"两个一以贯之"的方针，即坚持党对国有企业的领导是重大政治原则，必须一以贯之；建立现代企业制度是国有企业改革的方向，也必须一以贯之。中国石油天然气集团有限公司（以下简称中国石油）创造性地提出推进基层党建"三基本"建设与石油传统"三基"工作有机融合，推动基层党建与基层管理全面融合、全面进步、全面过硬。中国石油长庆油田分公司第二采油厂（以下简称第二采油厂）在推进党建"三基本"建设与"三基"工作有机融合实际应用的过程中，深入分析了推进有机融合方面存在的困难和挑战，以国有企业党委"把方向、管大局、保落实"的领导作用为切入点，开展党建"三基本"建设与"三基"工作有机融合考核评价，进一步提升融合成效，把党对基层管理的领导优势转化为推进企业治理体系和治理能力现代化建设的强大动能，实现基层组织坚强有力、基层管理科学高效、基层业绩显著提升。

【关键词】 党建"三基本"　"三基"工作　融合考评　研究　实践

一、实施背景

习近平总书记在全国国有企业党的建设工作会议上提出，坚持党对国有企业的领导是重大政治原则，必须一以贯之；建立现代企业制度是国有企业改革的方向，也必须一以贯之。在各大油田企业积极探索党建工作与生产经营融合的方法路径的关键时期，中国石油党组把抓基层打基础作为长远之计、固本之策，创造性地提出推进基层党建"三基本"建设与石油传统"三基"工作有机融合。基层党建"三基本"建设，源于习近平总书记在全国国有企业党的建设工作会议上提出的"全面从严治党要在国有企业落实落地，必须从基本组织、基本队伍、基本制度严起"。"三基"工作，源于1964年会战工委提出的基层工作全面发展、全面提高的方针，是大庆石油会战时期形成的抓好基层工作的基本经验之一，是夯实管理基础、推进队伍发展的"传家宝"。"三基"工作的基本要义是"以党支部建设为核心的基层建设、以岗位责任制为中心的基础工作、以岗位练兵为主要内容的基本功训练"。推动二者有机融合，是推动全面从严治党向基层延伸、提升基层党组织政治功能和组织功能的必然要求，是推动管理提升、推进公司治理体系治理能力现代化的有效途径，是弘扬"石油精神"建设高素质干部员工队伍的有力保障。

第二采油厂结合近年来油田范围内推进党建"三基本"建设与"三基"工作有机融合实际，从进一步提升有机融合成效、评价有机融合成效的角度，进行深入探索实践，为石油企业高质量党建引领高质量发展提供启发和思考。

（一）开展融合成效评价的意义

知之愈明，则行之愈笃。推进基层党建"三基本"建设与"三基"工作有机融合是国有企业党建工作的政治优势、组织优势和人才优势转化为基层治理效能的必由之路，这样才能筑牢企业高质量发展的基石，激发不竭动力。

1.开展融合成效评价是石油企业坚持党的领导，加强党的建设的现实需求

习近平总书记在全国国有企业党的建设工作会议上强调，全面从严治党要在国有企业落实落地，就必须从基本组织、基本制度、基本队伍严起，这为加强新时代国有企业基层党建工作提供了根本遵循。基层党建"三基本"建设着眼于加强党的建设，"三基"工作着眼于加强企业管理，二者的目标方向都是抓基层、打基础、促发展。加强"三基本"建设是提升"三基"工作水平的基础保障，"三基"工作是党建工作融入中心、进入管理的重要载体。抓好基层党建"三基本"建设和"三基"工作有机融合成效评价，本质上就是进一步推动党建工作与生产经营在基层的深度融合，把党的政治优势、组织优势、制度优势、群众优势厚植为企业的竞争优势、发展优势，进而体现在企业改革发展成果上，以高质量党建推进高质量发展。

2.开展融合成效评价是全面建设基业长青世界一流企业的重要举措

党的二十大报告指出，要坚持大抓基层的鲜明导向，把基层党组织建设成为有效实现党的领导的坚强战斗堡垒。基层是企业发展的细胞，活力的源泉，企业的经营决策、生产任务和各项工作都要落实到基层。基础不牢、地动山摇。建设现代化企业管理体系，以科学化、规范化、制度化提升管理水平，最根本的是要落实到基层，其成效也要在基层检验。基层党建"三基本"建设和"三基"工作虽然有所不同，但都是面向基层、立足基层，出发点和落脚点都在基层，目标方向是一致的。因此，开展基层党建"三基本"建设和"三基"工作有机融合成效评价是石油企业将"两个一以贯之"要求向基层延伸的落脚点，是实现企业基业长青坚强而有力的支撑。

3.开展融合成效评价是破解党建工作和中心工作"两张皮"的重要手段

党建工作做得好，为生产经营服务得好，企业的发展效益就好。要引导聚焦提高发展质量和效益，聚焦提高企业核心竞争力，要把党建工作成效体现在推动生产经营持续向好中，把党建工作成效体现在不断提高管理水平、攻坚创效上。因此，在寻找"三基本"建设和"三基"工作两者相融互促的有机契合点时，要把提高工作本领、强化基础管理、加强基层建设等基本环节定为基层组织建设的着力点和工作重心，通过"三基本"建设取得的显著成效，不断提升企业的综合能力、竞争实力和发展活力，循序渐进地形成党的建设与生产经营工作互促共进、有机融合的良性循环，使党建工作在生产经营中充分发挥"服务全局、助推发展"的引领作用，全方位、高质量推进企业做大做强做优。

4.开展融合成效评价是弘扬石油精神建设高素质干部员工队伍的有力保障

大庆石油会战时期，"宁可少建几个钻井队，也要把支部建立起来"，坚持在钻井队、采油队、基建队等基层站队设立党支部，通过继承和发扬"支部建在连上"这一建党建军的基本原则和制度，大力开展以党支部建设为核心的基层建设，形成了加强"三基"工作的基本经验，历经时代变迁，中国石油始终将其作为"传家宝"。党的十九大以来，随着全面从严治党的持续深入，国企党建工作显得愈发重要，坚持党的领导、加强党的建设，是国有企业的光荣传统，是国有企业的"根"和"魂"，中国石油是党的中国石油、国家的中国石油、人民的中国石油，深知加强党建"三基本"建设与传统"三基"工作，两者相辅相成、互为促进，这既是传承发扬石油精神的具体做法，也是锻造高素质队伍的有力抓手，更是永葆企业长久稳健发展的现实需求。

（二）推进融合存在的困难和挑战

经过两年多的探索和实践，第二采油厂在推进有机融合方面取得了一定的成效，基层组织更加健全，基本制度更加健全，员工队伍素质持续提升，基层管理务实高效，基层业绩持续攀升。但是，在对标党中央和习近平总书记的指示要求，对标兄弟单位、对标企业高质量发展战略需求，深化有机融合，提升工作实效方面还存在一定的困难和挑战。

1. 两级机关推进有机融合抓手不多

两级机关作为企业决策、管理、运行中枢，在政策制定、推进落实、规范管理等方面发挥着重要作用。同时，两级机关党组织作为加强国有企业党的建设的重要着力点，抓好机关党组织建设对企业党建工作具有示范带动和风向标作用。但是，从目前有机融合推进情况看，由于机关部门党建和业务工作各自相对闭环运行，难以有效接轨，普遍存在着有机融合的切入点不知道怎么找，生搬硬套"融不实"的问题，表现为形式化、标签化、口号化。同时机关党建与业务的结合点上交叉不深、融合不透，存在着重业务、轻党建现象，以党建促业务、以业务强党建的工作成效有待加强。

2. 部门共同推进有机融合的合力没有形成

党建"三基本"建设与"三基"工作有机融合是一项系统工程和长期工作任务。按照第二采油厂党组明确的有机融合8个方面27项机制，推进有机融合涵盖了多个部门的大多数乃至全部业务范畴，需要各部门配合协调推进。但是在日常运行过程中，各单位往往存在着把有机融合看作组织部门和企管部门的事情，缺乏统一的领导和统筹推进的合力，其他部门参与度不高，落实工作不够积极主动，融合落地效果不佳。

3. 有机融合考评体系建设还不够完善

各单位在推进基层党建"三基本"建设与"三基"工作有机融合过程中，只注重推进，却忽视了效果考评，大部分单位目前依然执行党建工作责任制考评体系和三基工作考评体系，存在考核运行"两张皮"、考核结果不够科学、无法评价融合成效等问题，尤其是，党建责任制考评检查、三基工作考评、基层领导班子考核、党风廉政建设责任制履职考核、QHSE（即质量、健康、安全、环境）体系审核等各项检查考核在年底开展较多，导致基层疲于应对，将大部分精力放在迎检上，影响了正常生产运行组织的开展。

二、实施过程

成效评价是管理者对在组织中实施管理活动的能力和效果进行评估和判断的过程。通过开展党建"三基本"建设和"三基"工作有机融合成效评价，可以帮助企业发现问题、改进管理方法和提高工作效率，从而推动基层党建与基层管理全面融合、全面进步、全面过硬。

（一）成效评价标准设定

开展党建"三基本"建设与"三基"工作有机融合成效评价，要将党的政治建设摆在首位，坚持以加强基本组织、基本队伍、基本制度建设为核心，以夯实基础管理为重点，以提高队伍素质为根本，强化党对基层管理的领导，提升企业基础管理水平。党建"三基本"建设考核评价以党建工作责任制考核为核心，重点突出基层党组织战斗堡垒作用发挥和党建责任落实；"三基"工作考核评价以岗位责任制落实为核心，重点突出业绩指标完成、规章制度执行落实、各项业务工作开展等方面。对于基层党建"三基本"建设与"三基"工作有机融合成效的考核评价，不仅要对基层党建"三基本"建设进行考核评价，还要对"三基"工作进行考核评价，更要让党建"三基本"建设考核评价和"三基"工作考核评价相互兼顾、相互促进、相互统一。

1. 成效评价的切入点

如何选取基层党建"三基本"建设和"三基"工作的考核评价的融合点，是开展成效评价的关键。通过现场调研、座谈讨论、问卷调查、翻阅资料等方式，对基层党建"三基本"建设和"三基"工作的考核评价全面系统学习、认真梳理分析、深入研究思考，确立以国有企业党委"把方向、管大局、保落实"的领导作用为切入点开展融合成效评价。

"把方向"就是要把"自觉在思想上政治上行动上同党中央保持高度一致，坚决贯彻党的理论和路线方针政策，确保企业改革发展的正确方向"的要求具体化。简而言之就是要把准政治方向、把准发展方向、把准改革方向、把准经营方向。"管大局"就是要把"坚持在大局下行动,议大事,抓重点,加强集体领导,推进科学决策,推动企业全面履行经济责任、政治责任、社会责任"的要求具体化。简而言之就是要管好重大决策、管好重大责任、管好重大风险、管好重大协调。"保落实"就是要把"管干部聚人才、建班子带队伍、抓基层打基础,领导群众组织并发挥其作用,凝心聚力完成企业中心工作,把党中央精神和上级部署不折不扣落到实处"的要求具体化。简而言之就是要确保思想保证落实、确保组织保证落实、确保人才保证落实、确保监督保证落实。

2.成效评价体系设置

评价考核围绕"党总支(作业区、大队)—党支部(中心站、中队)—党小组(班组、小队)、党员(岗位)"三个层面,采取"定量考核(基本考核、激励约束)+定性考核"的方式开展考核。考核指标以第二采油厂为例具体设置。

(1)基本考核。按照"把方向、管大局、保落实"3个方面进行设置,明确考核项目11类、一级指标36项、二级指标167项、评价标准225项,考核细则469个。

第一,把方向,包括项目3类一级指标5项:把准政治方向(基层领导班子建设),把准发展方向(生产业绩),把准经营方向(经营业绩、财务管理、物资采购)。

第二,管大局,包括项目4类一级指标22项:管好重大决策("三重一大"决策、重点工作完成),管好重大责任(全面从严治党、油田开发、采油工艺、生产运行、井下作业、技术监督、工程项目、土地外协、天然气开发管理),管好重大风险(安全环保、合规管理、新闻舆情、文件保密、信访稳定、综合治理),管好重大协调(人才强企、基础管理、数字化管理、企业文化、后勤事务)。

第三,保落实,包括项目4类一级指标9项:确保思想保证落实(宣传思想工作、工会工作、青年及共青团工作),确保组织保证落实(党组织建设、基本队伍建设、基本制度建设),确保人才保证落实(三支队伍建设、劳动薪酬管理),确保监督保证落实(党风廉政建设及反腐败)。

(2)激励约束。包括加分、减分两个项目。

第一,加分。出现下列情形的予以加分:重大理论创新、重大工作实践创新、工作管理方式创新,党建或其他业务工作受到油田公司级以上表彰或奖励,党建及其他工作取得显著成效。

第二,减分。出现下列情形的予以减分:违反党的政治纪律、政治规矩,发生意识形态事件或对重大舆情处置不当,发生严重违纪和腐败案件,综合治理维护稳定工作不达标,安全环保工作不达标,生产经营指标综合完成率低于90%,对党建工作责任制或"三基"工作落实不力,党委所属党组织工作明显不到位,出现《党委落实党建工作责任制实施细则》所规定的追责内容。

(3)定性考核。针对"四力"开展多维度测评,重点评价被考核单位党(总)支部班子的凝聚力、党员干部的执行力、基层队伍的战斗力、油田发展的成长力。

(4)考核指标设置。

基本考核类的36项一级指标按照指标性质可以分为业绩指标、党建管理、生产经营3类,权重按照业绩指标10%、党建管理指标35%、生产经营指标55%进行分配,单项指标权重根据类别权重由牵头部门进行分配。激励约束类的加分或减分一般按照10分设置。

定量考核与定性考核的权重分配,可以分别设置权重,例如定量考核权重占85%,定性考核权重占15%;也可以合并设置。例如将定性考核纳入党建管理指标一并考核,即党建管理定量指标权重25%,党建管理定性指标权重10%。

方式一:综合得分=业绩指标得分×10%+党建管理指标得分×25%+定性考核得分×10%+生产经营指标得分×55%+激励约束分

方式二:综合得分=(业绩指标得分×10%+党建管理指标得分×35%+生产经营指标得分

×55%+激励约束分）×85%+定性考核得分×15%

指标及指标权重的设置需结合单位生产实际进行设置。

（二）成效评价职责分工

党建"三基本"建设与"三基"工作融合检查由党委组织部、企管法规部牵头，由企管法规部具体实施。

企管法规部负责融合检查的方案制定、组织实施、资料整理、评比通报、考核奖惩等，负责融合检查考核标准的收集整理、集中评审、发布实施等，负责以岗位责任制建设、基层示范建设、"五型"班组创建、合规管理为主要内容的检查标准制定。

党委组织部（人事部）负责基层党的基本组织、基本队伍、基本制度建设和员工素质与能力提升，负责党建"三基本"建设工作成效的总结与提升、考评措施的落实与执行。

厂职能部门及附属单位根据其职能和职责范围，负责参与对各基层单位党建"三基本"建设与"三基"工作的考核评审，负责对关联业务的衔接、专业技术标准、检查标准、考核标准进行规范。

各基层单位是党建"三基本"建设与"三基"工作的责任主体，负责党建"三基本"建设与"三基"工作措施的落实与执行、相关资料的统计报告、工作成效的总结与提升。

（三）成效评价工作实施

1. 评价工作原则

（1）坚持全面考核与重点考核相结合。坚持"大抓基层、大抓基础"的导向，围绕基本组织、基本队伍、基本制度、基础工作、基本功训练五个方面开展全面系统的现场检查。党建"三基本"建设检查采取查阅资料、走访了解、座谈交流等方式，重点对基层党组织战斗堡垒作用及党员干部先锋模范作用发挥情况开展检查；"三基"工作检查采取查阅资料、现场检查、岗位提问等方式，重点对制度修订、现场标准、业务管理、示范建设、岗位责任制建设等情况进行检查。

（2）坚持过程考核与结果考核相结合。对工作成效进行分析，与实施过程相互印证，查找工作改进空间，进一步提升工作效果和质量。对业务的日常管理、组织落实等情况开展检查，与工作效果进行比对，优化工作管理流程，进一步提升业务运行效率。

（3）坚持定量考核与定性考核相结合。半年检查以定量考核为主，注重基础性、制度性、长效性工作的量化考核。年度检查采取"定量考核+定性考核"的方式，不仅对基层单位单项业务开展和整体业绩完成情况进行考核，还对领导班子建设、党组织建设、员工队伍建设等进行评价。

（4）坚持统一量化评分与分级分类评定结果相结合。充分考虑油田各单位工作性质、管理难度的差异性，统一量化评分、分级进行评价，确保考核评价客观准确。

2. 评价工作实施

定量考核从相关业务部门抽调人员成立考核组深入现场进行考核。执行半年、年度对标检查，采取现场抽查、听取汇报和查阅资料相结合的方式，重点深入基层中心站（队）、班组、站点生产现场检查，听取各单位党建"三基本"建设与"三基"工作开展情况、自检自查、整改考核情况说明，查看各单位业务组室工作资料、台账。检查考评依据《党建"三基本"建设与"三基"工作融合检查考核标准》进行量化排名评比，每年由各业务部门根据阶段性重点工作进行修订，企管法规部负责汇编、评审、发布。

定性评价采取对基层单位开展多维度测评的方式进行，每年年底进行一次，一般与年度领导班子考核同时进行。

3. 评价结果应用

各单位融合成效评价以最终得分及排名作为业绩兑现、干部考评、评先选优的重要依据。一是融合检查考核评价结果，纳入各单位年度业绩综合考评，占领导班子年度业绩考核分数的40%，与本单位领导班子业绩奖金挂钩，也作为厂党委管理干部任免、奖惩的重要依据。二是将融合检查考核评价结果纳入专项奖励范畴，设置党建"三基本"建设与"三基"工作先进单位、优秀党支部（中心站）、优秀党小组（班组）、先进个人等奖项。

三、主要创新点

第二采油厂在推进基层党建"三基本"建设与"三基"工作有机融合中进行了积极探索，结合有机融合成效评价研究和实施，主要有以下几点认识和启示。

（一）开展融合成效评价的认识

1. 坚持党的领导是提升融合成效的根本原则

坚持党的领导、加强党的建设是国有企业的"根"和"魂"，是国有企业的独特优势，必须毫不动摇地巩固加强。要始终把坚持和加强党的领导作为首要原则，遵循"四个坚持"兴企方略和"四化"治企准则，充分发挥党委"把方向、管大局、保落实"的领导作用，构建完善"大党建"工作格局，锚定"建设世界一流大油气田"的目标踔厉奋发、勇毅前行。推进党的建设理念创新、机制创新、方式创新，把党的基层组织内嵌到生产经营各领域，推动"基层建设+基层工作+基层管理"落地见效，在决策、执行、监督各环节发挥作用，坚决扛起保障国家能源安全的责任使命。

2. 坚持系统观念是提升融合成效的基本要求

坚持系统观念是习近平新时代中国特色社会主义思想世界观和方法论的重要内容，是以习近平同志为核心的党中央自觉运用辩证唯物主义和历史唯物主义，从新的实际出发，在思想和工作方法上做出的新概括、新提升。推进党建"三基本"建设与"三基"工作有机融合是一项规模性的系统工程，必须将其看成一种整体联动过程，把各项目标任务和实施举措统筹管控、系统分析，坚持资源整合，党群工作纵横集成、党政工团力量集合、重大任务项目化运行，有效解决存在的问题，补齐管理短板，形成长效机制。

3. 坚持聚焦基层是提升融合成效的基本前提

着眼增强政治功能和组织功能，将党组织内嵌到企业生产经营各领域，把员工群众紧紧团结凝聚在党的周围，服务企业生产经营、改革创新等重大任务。充分发挥基层党组织保证监督作用，把党建工作优势融入推进基层管理提升各个环节，强化全员制度意识，确保企业各项规章制度、工作部署执行到位。推进基层党建"三基本"建设与"三基"工作相融互促，补齐基层党组织领导企业基层治理的各种短板弱项，实现基层组织优势和管理优势互补叠加、互促提升。

4. 坚持以人为本是提升融合成效的核心关键

牢牢抓住"人"这个发展的第一要素、发展的领导主体、主干阵营和动力因素，传承弘扬"石油精神""大庆精神""铁人精神"，大力倡导"干字当头、实字托底，事不避难、力戒浮华"，坚持党员干部带头，发挥"一把手"的权威效应、委员的放大效应、党员骨干的模范带头效应，最大限度地调动企业广大党员、员工的积极性、主动性和创造性。用党组织和企业的关爱凝心聚力，使得员工爱企如家，推动全员统一意志、统一行动、步调一致，自觉践行新思想、适应新时代、展现新作为，使党建工作转化为看得见的"生产力"。

5. 坚持推动发展是提升融合成效的根本目标

推进党建"三基本"建设与"三基"工作有机融合的根本目的在于坚持和加强党的全面领导，推动党中央决策部署落实落地，圆满完成生产经营任务。必须坚定政治方向，把准发展方向，以改革创新为第一动力，贯彻落实新发展理念，创出新业绩，实现新发展。营造高质量发展的文化氛围，组织动员广大党员立足岗位，创新创造，提质增效，高质量履约，高效率生产，在关键岗位上、在急难险重任务中，扛大旗、挑重担。

（二）开展融合成效评价的启示

1. 在有机融合的组织运行上做好三个"减法"

（1）在教育培训及活动组织形式上做"减法"。各职能部门应当加强沟通协调，杜绝各自为政，各类教育培训、活动一体策划，统筹安排，达到最大效应。在推进有机融合的过程中，应当围绕基层主要生产单位，辅助生产及机关工作特点推进工作，因地制宜运用好各类党建活动载体，切忌多部门组织、多载体重复用、同类多活动同时开展、造成融合不深入融合效果不好的问题。对于一些条件特殊的党委、党支部，比如党员数量少的科研单位、后勤部门，要采取联合共建的方式开展融合工作。在给全体员工开展思想教育、技能训练的过程中，各职能部门建立党员、员工，技术骨干、操作员工分层次培养的导向，应注重因材施教，在课程设计、培训师培养、体验式培训上下功夫，减少形式化、普及化、"填鸭"式的学习教育。

（2）做好资源铺设"减法"。在活动阵地上共享共建，集成集合班组文化墙、企业文化墙、党员活动室、技师工作室、三基教育展厅等内容，推动资源融合建、融合用，防止"为了亮点找亮点"、"为了检查'抄作业'"、阵地建设过多过滥等问题出现。在工作要求上协同统一，比如在标准化党支部、QHSE标准化基层站队、"五型班组"建设中，党支部资料、岗位练兵工作记录本、现场目视化标识等，可以采取职能部门统一标准、统一要求的方式，既能实现标准化、体系化的管理，还能在一定程度上节约资源，为基层党支部、班组减少工作量。

（3）做好资料留痕"减法"。进一步精简、整合、优化考核项目，减少资料留痕，对于各职能部门日常掌握、可录入铁人先锋信息平台的不再重复查阅资料，对于必要的纸质资料应提前编发清单并提前对基层予以指导，避免过度"留痕"现象发生。在进行学习交流、工作考核与指导的过程中，采取现场查看、员工访谈与资料查阅相互补的方式开展，不以记录留痕、资料多寡等作为评判工作好坏的唯一依据。

2. 在有机融合的实践创新上要做好三个"加法"

（1）在"党建+"活动创新上做"加法"。在组织形式上，通过区域党建联盟、机关党支部与主要生产单位党支部合作共建、党建活动轮值等方式，丰富各类党建活动的组织形式。在活动内容上，持续把以"党建+安全保供""党建+科研创新""党建+提质增效""党建+智能化建设"为主要内容的活动融入"三基"工作，既传承石油工业优良传统，又解放思想、探索创新，把传统管理与现代管理相融合，在融合中开辟新径，在创新中形成特色。

（2）在打通"信息孤岛"上做"加法"。加强信息共享交流，打通铁人先锋党建资讯，抖音、微信公众号等平台资源共享壁垒，进一步加快实时分享好的经验、案例，实现党建工作互学互联，共同进步。党建活动、思想政治教育与员工基本素质技能培养工作的融合，对党建工作计划、党建活动经费审批、员工培训立项和费用核销等业务整合、内容整合、流程优化提出了新课题，下一步需要在统一集成协同上下功夫。

（3）在提升工作成效上做"加法"。对照党章党规和管理流程，严格标准、强化管理，大胆引进企业管理的工具与方法，引导基层形成先进的管理理念，推进基层基础工作水平再上新台阶，把服务关怀作为管理的关口，把方便送下去，把麻烦揽上来，践行"马上就办、担当尽责"的理念。既注重有机融合的必要载体，也坚决反对形式主义，推动基层工作更加规范高效，让基层干部员工把更多的精力投入抓工作落实上。

3. 在有机融合的考核上要做好三个"提升"

（1）提升考核的导向性。向中心聚焦，朝大局聚力，强调"考大事、考要事"，党中央、集团公司党组、油田公司党委部署什么、强调什么，企业的发展目标是什么，考核的重点就是什么，个性指标设置紧扣发展目标，对单位年度工作要点、工作会精神明确的任务要求，优选牵引性、支撑性指标，不断提升考核的导向性。

（2）提升考核的针对性。坚持问题导向，主攻堵点难点，突出"强弱项、补短板"，注重锻长板与补短板相结合，既考特色强项，又考短板弱项，着力改善和提升薄弱环节和领域，把精准贯穿考核全过程各方面，注重分类设置考核内容。横向依据实际情况，强调区域发展差异化，按照单位的业务特点分类制定目标，分类定级考核，避免粗犷式考核，纵向围绕各层级人员责任清单落实情况进行精准考核，不断提升考核的针对性。

（3）提升考核的持续性。建立健全指标"过程管控"和"结果考核"相统一的科学考评体系，不断优化完善考评程序，推动考核结果更加客观、公平、公正，从"一次性考核"转向"全过程监测"，加强对指标推进情况的跟踪监测，半年评估结果作为个性指标年终考核的重要参考，避免年底考核"一次算总账、一锤定结果"，形成"平时有监测、年终有印证"的闭环链条。在考核的全过程充分运用 PDCA 循环管理方法，加强问题整改和检查提升，不断提升有机融合的质量。

"三心三服务"党建品牌引领企业"国龙燃气"品牌创建探索与实践

创造单位：河南省煤气集团国龙燃气有限公司
主创人：邓峰　胡岩
创造人：孙利峰　范方园　赵红琴

【摘要】 河南省煤气集团国龙燃气有限公司（以下简称渑池国龙燃气）在创建"三心三服务"党建品牌的基础上，积极推动党建工作与中心工作融合促进，以高质量党建引领企业高质量发展，以"专心服务社会、用心服务群众、贴心服务员工"为三条提升主线，从党员个人上升到企业全员，从企业内部管理外延至社会大众服务，通过党建品牌引领创建企业"国龙燃气"品牌，以"守护万家安全，做实'三'心服务"为品牌口号，以"追求本质安全、打造服务标杆、满足客户期望"为企业价值观，以"服务质量标准化管理、服务质量现场管理、服务质量成效管理"为创建主线，推动"国龙燃气"品牌在燃气行业熠熠生辉。

【关键词】 三心三服务　党建品牌　国龙燃气　企业品牌　燃气

一、实施背景

（一）党建工作与中心工作融合互促的政治要求

习近平总书记提出，国有企业党建工作要坚持服务生产经营不偏离，把提高企业效益、增强企业竞争实力、实现国有资产保值增值作为国有企业党组织工作的出发点和落脚点，以企业改革发展成果检验党组织的工作和战斗力。这一重大要求，明确了企业党建朝向、路径和评价标准。党建工作与中心工作是相互促进、相辅相成、有机统一的关系，党建工作可以引领中心工作，中心工作是党建工作的依托。通过党建工作的引领带动，渗透到中心工作的方方面面，才能真正实现同频共振。

（二）专业化燃气管理是地方政府安全管理的目标方向

近年来，随着城镇化进程的不断推进，城镇燃气市场的发展迅猛，燃气供应呈现多样化，各类供应企业和商户管理的不规范、各类用户安全用气知识的短缺和燃气器具的质量标准不统一，导致燃气事故频发、多发，对广大人民群众生产、生活造成诸多不利影响。因此，地方政府急需专业化团队提高燃气市场的安全管理。在燃气企业品牌的影响下，地方政府在燃气施工管理、用气安全管理和用户安全意识提升上对燃气企业更加放心。

（三）提高服务质量是满足人民群众美好生活的基本需求

城镇燃气作为人民群众日常生产、生活接触比较多的行业，城镇燃气企业的服务质量、服务标准和服务水平成为影响人民群众幸福感的重要因素。而燃气企业的服务效果主要由燃气企业的广大员工来实施，因此燃气企业员工的价值定位、业务素质、业务水平和工作态度成为主要影响因素。通过党建品牌的引领和带动，凝心聚力统一全员思想，由党员个人带动企业全员，树立规范的服务体系和良好的服务态度，能够给人民群众带来更好的用户用气体验。

（四）企业品牌建设是城镇燃气企业发展的迫切需要

企业品牌是企业的一种无形资产，品牌的特征能给产品、服务带来重要的价值；企业品牌是企业形象的塑造，是企业知名度和美誉度传播的载体，能为企业和产品赋予许多特殊的意义；企业品牌则可以通过与顾客建立品牌偏好，有效降低产品宣传和市场开发的成本。随着城镇燃气企业的发展，单纯的燃气销售已经满足不了企业发展的需要，针对燃气企业燃气增值服务的推出和推广，企业品牌和口碑显得更加重要。

二、实施目的

积极践行党建工作引领保障企业高质量发展责任，通过党建品牌进一步深化和提升，发挥党员先锋模范带头作用，引导全体员工提高服务意识、建立标准化服务流程、提升员工服务的能力和水平，提高顾客满意度，从而创建企业品牌，提升企业知名度，树立企业良好的社会形象。

三、实施过程

（一）明确党建品牌引领企业品牌思路，建立长效机制

渑池国龙燃气以党建品牌引领企业品牌创建思路框架如图1所示。

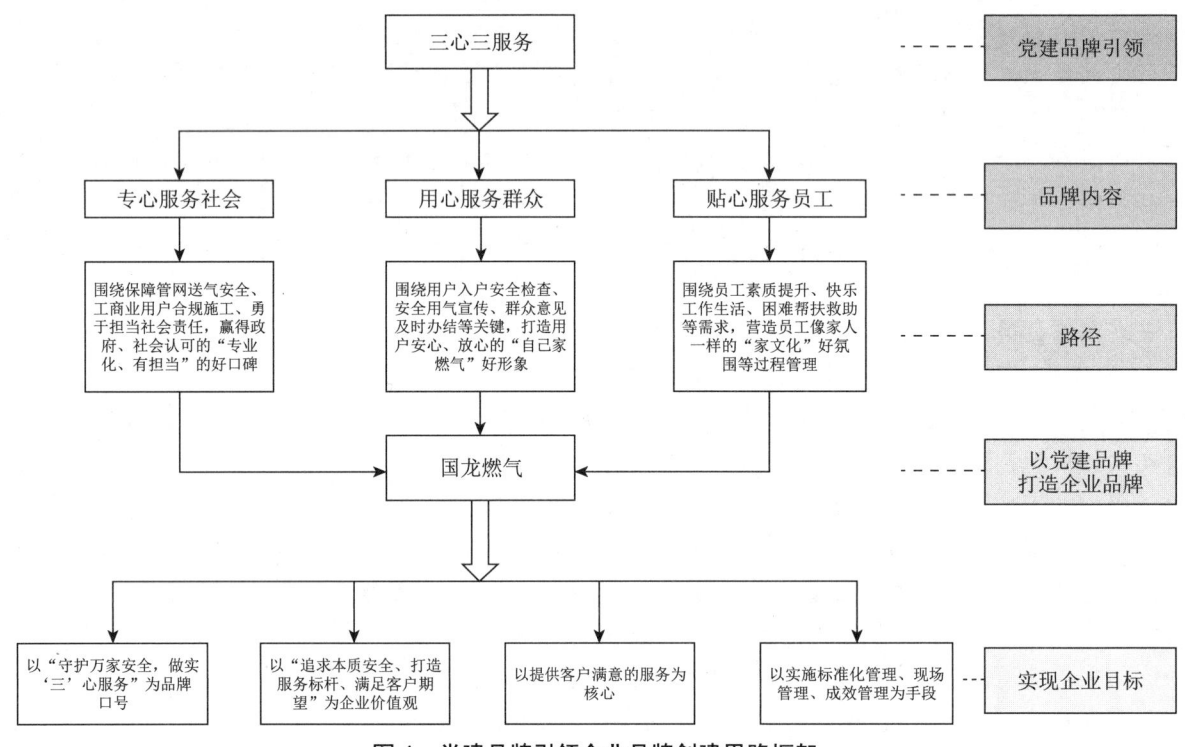

图1 党建品牌引领企业品牌创建思路框架

1.建立工作机制，完善企业品牌建设体系

成立了以支部书记挂帅创建企业品牌的指挥部为决策机构，负责党建品牌引领"国龙燃气"品牌创建的规划、设计和奖惩，统筹指挥企业品牌创建工作；设立综合协调办公室，负责创建工作领导小组意见细化、发布和标准制定，以及创建工作的组织、安排和实施；相关业务部门负责主管业务系统的具体实施，以及各项要求、命令的传达、贯彻和工作落实；设立督办评价组，负责对各单位活动开展情况进行督查、考评和奖惩。同时，进一步完善党建品牌引领企业品牌创建制度，建立以公司领导班子、部门负责人和具体岗位人员为主要人员的"三级"品牌创建的沟通纠偏体系，多途径提升全员品牌创建意识；对入户检查、礼仪服务、标准用语等内容进行建章立制，实现业务制度化、流程化、标准化和规范化；把落实企业品牌创建工作作为绩效考核内容，每月对实施进度、标准执行、工作态度、质量要求等进行考核；机构、职能、人员、责任和制度的"五落实"，积极推动党建品牌引领企业品牌创建项目的实施。

2. 组织全员讨论，统一企业品牌创建思想

"三心三服务"党建品牌创建形成，达成了全体党员的共识，引领企业"专心服务社会、用心服务群众、贴心服务员工"的目标方向，但是要转化成全员的共识，落实到企业品牌创建具体工作中，首先要抛弃国有企业员工自有的优越感。解决企业员工自身的思想问题，需要加强员工的思想认识，组织全员进行深入讨论，统一思想。紧紧围绕"我代表的谁？我的服务对象是谁？我的服务内容是什么？我的服务标准是什么？我的服务要达到什么结果？怎样提升服务标准？怎样提升服务对象满意度？我的服务能为公司带来什么？"8个方面展开深入讨论，进一步激发员工"抓服务、树品牌、促发展"的工作热情，在党员的引导和带动下，广大员工把想法释放，把问题谈透，把思路谈明，把前景谈清。分层级分部门开展面广度深的大讨论，管理人员进一步统一思想、明确目标、凝心聚力、开拓思路，全体员工进一步统一思想、明确路径、出谋划策、制定措施，岗位人员解决思想难题、推动措施落实、严格执行标准。广大员工在品牌创建上，思想空前统一、热情空前激发、工作效果空前提升。

3. 找短板补弱项，明确企业品牌创建思路

渑池国龙燃气按照部门职责分工，认真梳理在"三心三服务"党建品牌引领下，创建公司"国龙燃气"品牌方面存在的问题，重点解决在长期发展中存在的用户需求解决不及时、服务意识淡薄、业务流程不紧凑、服务质量不高、管理不严、服务态度不好、标准质量不高、员工技能不高等问题。根据近年来的工作实际对各自的工作流程、职责职能、服务标准进行再梳理、再重塑，以"提高工作效率、提升服务质量"为根本原则，围绕企业安全管理、运行服务、市场开发、工程建设、财务管理、企业长期规划、企业内部提升等方面，立足"提升现场作业安全风险管控水平""持续优化营商环境提升营业厅服务标准""提高点火流程标准化水平""提高入户安检标准化水平""优化提升加气作业标准化流程"等18项提升课题，进一步压缩或减少工作流程环节，潜心打造"一站式服务""终身制服务"的服务体系，以此作为树立企业品牌形象的切入点，全面提升企业综合实力。渑池国龙燃气品牌建设服务提升方向如图2所示。

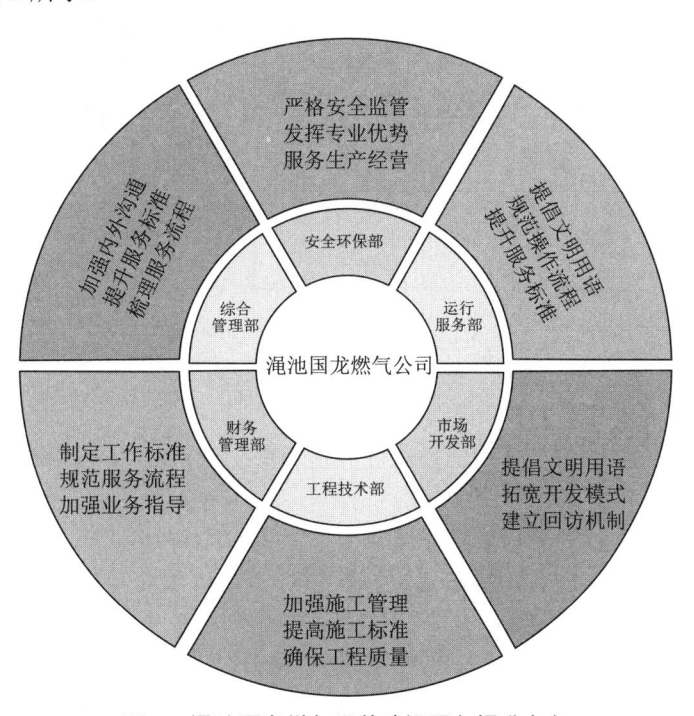

图2 渑池国龙燃气品牌建设服务提升方向

（二）加强品牌建设细节管控，提升品牌服务水平质量

1. 落实党管安全责任，提高管网安全运行水平

燃气安全关系到千家万户，与人民群众生命财产安全息息相关，更是燃气企业树立品牌的基础，提高燃气人员的安全素质、保障燃气设施安全是抓好燃气安全的重中之重。

渑池国龙燃气党支部严格落实党管安全责任，督促进一步完善双预防体系建设，实现双预防风险清单和管控清单动态更新，持续开展安全随手拍、风险巡查、现场巡检人员使用今日水印相机等线上安全管理活动，抽调党员对安全隐患日查日销。落实员工安全教育措施，提升企业员工安全技能，深入开展习惯性违章检查，完善开展各类应急演练，引导员工取得各类安全证书，实现生产运行岗位人员人人持证上岗。

强化网格化管道巡检，轮流替换互补，及时发现盲点，加大乡镇巡检频次，保障设备设施安全；建立第三方施工沟通机制，现场签订告知函、张贴安全提示贴、人员现场监护等，确保第三方施工期间燃气管网运行安全；党员带头强力督导完成燃气管道占压、穿越密闭空间、擅自改造等问题整改，维护燃气安全稳定运行。进一步优化《居民燃气入户安全检查作业制度》《居民燃气入户安全检查规范》等制度，每年对居民用户燃气设施进行规范安全检查；通过投放电梯广告、微信公众号文章推送、通气小区悬挂安全宣传条幅、用户厨房张贴安全用气告知书等形式开展安全宣传，时时处处提醒用户安全用气。

主动承担社会责任，积极推动燃气安全设施安装，加快推进全省非居民用户"瓶改管"工作部署，重点推进居民燃气自闭阀安装工作和各类机关、企事业单位等社会服务机构"瓶改管"改造，实现全县95个小区居民用户自闭阀安装使用和社会服务机构"瓶改管"工作落地。

2. 提高服务质量效率，保障用户享受服务效果

燃气服务是在客户与服务人员、燃气网络或服务系统之间发生的，可以解决顾客与燃气需求相关的一种或一系列行为。因此，燃气企业作为服务行业中的一员，客户是否满意是衡量、检验燃气企业服务工作的重要标准。对企业当前存在的点火流程不规范、入户安检程序不统一、加气作业不标准等情况，完善服务标准、优化工作流程、开展擂台赛等举措，提升服务标准规范，促进企业服务能力不断改进。

将"提升服务质量、优化服务流程、提升服务标准"贯穿企业发展的全过程，建立客户服务组织体系，规范员工服务礼仪，统一安装、通气、收费、维修、热线服务等工作要求及业务流程；尽力为用户用气提供便捷服务，将用户报装、现场踏勘、出具方案归为一个环节；将工程验收与整改，通气点火归为一个环节；最大限度地缩短各项流程的办理时间，压缩设计方案周期。

从满足客户需求出发，在坚持每年为用户提供24小时免费抢维修服务的同时，引导地方政府逐步形成"政府主导，企业协同"的燃气普及机制，在售、新建小区燃气安装费由开发商全额缴纳或开发商统一收取后缴纳，燃气企业统一设计、统一施工、统一安装入户。同时，通过划分党员责任区，党员带头为居民服务、为工商业用户提供"一对一"红色服务。

建立完善的服务质量管理系统，制定客户投诉处理制度、客户回访工作管理制度等。高度重视客户意见收集和客户满意度测评，针对用户意见建议进行分析、研究，找出服务管理短板，不断完善服务管理措施；通过发放调查表、第三方测评等服务质量调查，多角度、全方位地收集反馈和评价，及时调整企业经营方针和管理措施；建立用户用气回访机制，对办理的用户做到"凡办结，必回访"，每天安排专人对用户进行回访，积极主动听取顾客和员工的意见，及时指导、帮助、激励员工做好服务工作。

3. 深化品牌创建标准，提升企业内部管理水平

企业品牌影响虽然主要在企业外部，但是企业内部管理部门的品牌意识和管理职能也会影响企业

整体的品牌建设，因此企业内部管理部门也需要提高品牌创建意识，提升管理能力。

通过观察工业产品的市场形势、建设情况，建立燃气工程项目标准化管理体系，明确工程管理主要工作程序和内容，确定工程建设施工标准和工程施工管理制度；制定合理的工程项目建设总控制计划和施工组织方案，发动党员开展"揭榜挂帅领项目，点面突破强党建"的"党建＋项目"行动，加强施工管理，解决工程技术难题；加强公共关系协调，由党员组成公共关系组主动与属地政府紧密协调，积极与政府职能部门完善县域内燃气规划和推动老旧小区改造。

内部管理部门涉及对内对外综合沟通协调和服务，制定涉外接待、会务服务、劳资纠纷、人力资源、招标管理等各项对内对外服务的工作标准，在坚持原则底线的前提下，做到灵活变通；认真做好资金结算和财务业务服务，对财务工作流程进行梳理，编制财务工作流程使用手册等，为办理外来客户和财务业务的员工，提供可视化便捷服务，对收费系统数据进行整合，对公司项目建立、施工、会计核算等项目名称统一规范命名，让用户满意、让上级满意、让员工满意。

在对内履行管理职责工作中强化服务意识，开展"庸懒散慢拖瞒"专项排查治理，做到"四快三提高"，即文件办理快、流程审批快、决策落实快、进度反馈快，提高部门服务质量、提高执行力、提高内外部的满意度；实施"三短四改一简化"，即开短会、发短文、讲短话，改会风、改文风、改话风、改事风，简化办事流程，努力为员工办实事、为客户解难题，从内到外创建"国龙燃气"品牌。

（三）加强品牌建设监督考核，推动品牌创建走深走实

1. 强化内部监督考核

建立"三心三服务"党建品牌引领创建"国龙燃气"品牌活动内部监督体系，设立监督意见箱，每月定期组织纪检人员对各部门的活动开展情况、进度、差距等进行工作督察，对品牌创建过程中发现的问题，下发纪律检查建议书和监察建议书。同时，对收集到的品牌创建过程中的问题逐一进行调查核实，情况属实的依规依纪严肃处理；对品牌创建过程中出现的重视程度不够、标准制定敷衍应付、工作服务标准"形式主义"等作风问题，对相关责任人进行约谈或走问责程序。

2. 建立社会监督机制

为推动和落实服务标准化，更好地接受社会监督，完善和扩大社会监督网络，建立社会监督员队伍，包括地方人大代表、党代表、劳动模范、政协委员、主管局委工作人员，以及工业、商业和居民用户等作为服务质量社会监督员。借助监督员先进的意识和理念，开放的思维和视野，有效地审视和评价渑池国龙燃气在用户服务、客户开发、项目施工、外部形象等方面的工作水平和服务质量，从而更好地推动企业品牌建设。

3. 完善激励评先机制

对活动开展过程中涌现出来的先进典型、先进事迹进行总结提炼和表彰宣传，在全公司范围内掀起向先进看齐、抓服务提升、亮国龙品牌的热潮，全力营造向标准要质量、向服务要市场、向品牌要效益的浓厚氛围。建立切实可行的长效推动机制，将"国龙燃气"品牌创建活动纳入干部选拔、评优评先和年终考评内容，切实引导广大干部职工把企业品牌创建作为企业头等大事来对待，时时刻刻以创建企业品牌、树立企业良好形象作为工作的出发点和落脚点。

四、主要创新点

（1）探索党建工作与企业中心工作深度融合路径。当前，如何推动党建工作与企业中心工作深度融合，大多数国有企业在探索和尝试，该创新成果通过"三心三服务"的党建品牌引领企业"国龙燃气"品牌的创建，提供了一种党建工作与中心工作深度融合的有效路径和方式。

（2）能够更好地展现党员的先进性。党员作为先进分子的代表，无论是在思想上、意识上，还是在行动上都走在前、想在先，"专心服务社会、用心服务群众、贴心服务员工"的党建品牌凝聚了全体

党员的意志和思想，在全体党员对党建品牌进行深化的同时，带动全体员工实现企业品牌的树立，更好地展现了党员先进性，发挥了党员模范带头作用。

（3）积极发挥党的建设凝聚共识、汇集力量的作用。作为国有企业，党的建设工作主要是推动党中央决策部署落地见效和加强全体人员思想政治工作，国有企业的使命就是保障国有企业资产保值增值、推动地方经济发展等。思想政治工作就是掌握干部职工思想动态，理顺情绪、凝聚共识。通过党建品牌制定企业品牌建立的目标，把解决思想问题同解决实际问题结合起来，汇聚起团结干事的强大能量。

（4）纠正部分人员对党的建设工作的错误认识。部分人员错误地认为开展党的建设就是开展学习、参加活动、记记笔记等，通过此项创新成果的实施，更好地推动企业管理的提升、企业形象的树立、企业成效的提升，以此有力地证明了"党建工作抓实了就是生产力，抓好了就是凝聚力，抓细了就是竞争力"。

（5）探索出一种企业品牌创建的方式。积极发挥党建工作引领和保障作用，综合运用党建工作方式方法，探索出"思想凝聚统一、明确创建方向、建立监督体系"等企业品牌创建流程，为企业创建品牌提供一套系统化创建流程和创建方式；同时能够积极发挥党员的模范带头作用和先进的思想共识，带动全体员工参与企业品牌创建工作，为企业品牌创建提供思想支持和人才保障。

五、实施效果

（1）满足了城镇用户用气需求，赢得了社会认可。一是燃气管网更加优化。先后建成了多个项目，对城区管网进行优化、老旧钢制阀门进行更换，消除了历史积弊的安全隐患，解决停气检修时造成大面积停气的现状。二是客户开发更加有效。逐步形成"政府主导，企业协同"的市场开发机制，气量、利润与营业收入逐年攀升，营业收入从2021年的2.12亿元增长到2023年的2.46亿元。三是用户办结更加高效。答疑解惑做好服务，缩短用户办结流程，工商业用户发展逐年攀升，从2021年开始居民用户每年增幅29%，商业用户每年增幅27%，更好地服务人民群众生活。

（2）落实燃气企业服务宗旨，赢得了群众满意。一是全力推动民生政策落地。给燃气工业用户和商业用户全部安装安全装置，居民用户安装自闭阀覆盖率达95%以上，居民用气量从2020年的88万立方米，上升到2023年的160万立方米。二是强力改善隐患治理成效。对使用燃气的商住混合体、农贸市场、学校医院等人员密集场所拉网式全面排查，重点整治了管道占压、穿越密闭空间、擅自改造等突出问题。三是致力于提升企业良好口碑。在用户不知情的情况下主动退还多付款项，收到了用户的亲笔信和写有"服务一流品德高、诚实可信美名扬"的锦旗感谢，政务大厅的燃气服务窗口多次荣获县"红旗窗口""巾帼文明岗"等荣誉称号。

（3）推进了企业高质量发展，赢得了职工称赞。一是加强培训提素质。通过拓展培训渠道、擂台赛比拼、点餐式培训、师徒传帮带等举措，创新"走出去+引进来"等五种培训方式，推动员工成长成才。二是岗位练兵激活力。积极开展"四比一创"劳动竞赛和"擂台赛+燃气杯"技能竞赛，员工"比学赶帮超"氛围浓厚。三是关爱员工聚人心。通过开展文化活动、困难职工走访和民生实事办理等职工关爱活动，真正把企业的温暖和关怀送到职工的心坎上，大大提升了企业职工的获得感与幸福感。

六、下一步规划和探索

（1）以党建品牌保证企业品牌创建方向。切实发挥"把方向"作用，以"专心服务社会、用心服务群众、贴心服务员工"的党建品牌引领保障企业品牌创建方向不跑偏、不走样，切实做到企业品牌围绕服务社会、服务群众、惠济员工的方向开展，彰显国企责任担当。

（2）以党建工作优化企业品牌创建路径。切实发挥"管大局"作用，进一步完善党员带头发力构建"服务客户全覆盖、服务时间全天候、服务方式要创新、服务效果要用心"的党建工作机制，带动企业燃气市场开发、工程项目建设、燃气管网运行与用户服务等管理机制的进一步完善和优化，促进企业品牌创建过程不懈怠、标准不降低。

（3）以党的建设凝聚企业品牌创建合力。切实发挥"保落实"作用，通过将企业品牌建设成效作为对党员模范带头作用的检验，持续引领全体党员展示先进性；用全体员工对企业品牌建设的执行力检验党组织的战斗力和凝聚力，进一步提高党建工作水平，进一步凝聚企业品牌创建合力，不断推动企业高质量发展。

（4）探索党的建设与企业中心工作融合新路径。该创新成果只是提供了一种从思想文化层面进行党建工作与中心工作融合的路径和平台，下一步将探索新的党的建设工作与企业中心工作融合的路径，比如从安全管理、工程项目施工、团队建设等方面，在更加深入、更加细致、更加全面的融合方面进行探索。

以"1+6+9"党建工作法激发传统水企"新动能"，绘就高质量发展"新画卷"

创造单位：广州市花都自来水有限公司
主创人：杨熙　陈世海
创造人：胡千辉　伍淑英　何永杰

【摘要】党的二十大报告中指出，坚持大抓基层的鲜明导向，把基层党组织建设成为有效实现党的领导的坚强战斗堡垒。在新时代的征程中，党建工作已成为推动企业高质量发展的核心引擎。特别是在广州市花都自来水有限公司（以下简称花都自来水公司）这样的传统老牌国企中，党建工作不仅承载着传承红色基因、弘扬优良传统的重任，更肩负着引领企业创新、促进业务发展的历史使命。本文全面梳理花都自来水公司党委抓基层党建工作的整体脉络，以党建创新工作机制推动花都供水事业开启高质量发展新篇章的实践为例，探究将党的政治优势、组织优势、群众工作优势不断转化为推进企业发展的创新优势、发展优势和竞争优势的对策，也为新时代国有企业抓基层党建工作提供花都供水经验。

【关键词】基层党建　党建引领　党业融合　高质量发展

一、实施背景及目的

习近平总书记指出，国有企业要搞好就一定要改革，抱残守缺不行，改革能成功，就能变成现代企业。党的二十届三中全会通过的《中共中央关于进一步全面深化改革、推进中国式现代化的决定》指出，要提高党对进一步全面深化改革、推进中国式现代化的领导水平，并突出强调要发挥党总揽全局、协调各方的领导核心作用，把党的领导贯穿改革各方面全过程，确保改革始终沿着正确的政治方向前进。

花都自来水公司前身为花县新华供水站，成立于1969年，1986年正式登记成立为政府投资的国有直属企业，前后曾隶属于新华镇、建设局、市政局、国都控股公司、公资办、区水务局，是一家传统老牌国企，现为广州水务投资集团有限公司（以下简称广州水投集团）下辖二级企业。

近年来，花都自来水公司坚决贯彻落实《国企改革三年行动实施方案》《广州市国企改革三年行动实施方案》《广州市水务投资集团有限公司国企改革三年行动实施方案》等，持续推动国企改革，虽然取得了一定成效，但在产业拓展、管理创新、互助互惠、品牌建设项目等运营管理方面的可行性探索不够，信息化建设和科技创新工作活力不足，企业薪酬体系没有竞争力，公司基层单位班子、干部"等、靠、要"的思想仍然存在，干事创业精气神不强，企业的内部管理水平与现代化制度标准差距依然很大。

2023年以来，花都自来水公司党委全面贯彻落实党的二十大精神，深入学习贯彻习近平总书记关于国企改革发展和党的建设的重要论述，秉持广州水投集团"用上善若水的品格做最好的水"的核心理念，牢固树立"强党建就是强发展"理念，发挥先行先试精神，积极探索并实践"1+6+9"党建工作法，深化打造"水善旗红·点滴有我"供水为民党建工作体系，进一步建立健全党建与生产经营深度融合的体制机制，按照"强落实—打基础—抓融合—促提升"基本路径抓实抓细党建举措，推动党建工作向精益管理、提质增效、价值创造的更高阶段迈进，以做强做优主业、增强核心功能、提高核心竞争力为总目标，着力解决人民群众"急难愁盼"问题，紧扣对标世界一流价值创造行动，以党建引领、深化改革、优化机制、创新举措为抓手，乘势而上描绘发展蓝图，聚势而为打造供水标杆，奋力谱写花都供水高质量发展新篇章。

二、实施过程

花都自来水公司党委根据国企改革深化提升行动目标要求，以广州水投集团高质量发展为契机，争做发展排头兵，主动围绕提供高品质供水服务、延伸核心产业链、开展价值创造等方面谋篇布局，将党的建设与企业机制改革、技术创新、工程建设、生产经营等中心工作相结合，以"一个中心、六大行动、九项工程"的"1+6+9"党建工作思路，高站位擘画出践行"水善为民，投身为民"的企业发展蓝图，全面激发公司基层党员勇于担当、开拓进取精神，提升公司基层党组织的向心力和凝聚力，为实现高质量发展目标奋力前行。

（一）匠心培育，奋力打造以"水善旗红，点滴有我"党建品牌为中心的党建工作体系，全情践行为民初心

花都自来水公司党委紧扣"民以水为先，我为民尽责"的企业服务宗旨，坚持党建引领企业发展全过程，深化打造"水善旗红，点滴有我"党建品牌，调动公司基层党组织和广大党员干部主动投身企业改革发展主战场，把解决企业发展中的热点难点堵点作为党组织活动的重点，充分发挥党建品牌的影响力和推动力，让党建号召力成为看得见的生产力。

（二）强基固本，深入构建"六位一体"党建工作格局，全面创建行业先锋

花都自来水公司党委以实施"固根、铸魂、强基、育贤、正风、同心"六大行动为重要抓手，全面推进公司政治建设、思想建设、组织建设、作风建设、纪律建设、文化建设，不断增强党组织的创造力、凝聚力和战斗力，集聚起强大的党组织领导力、党员队伍战斗力、党建工作引领力，让党的建设成效转化为推动企业高质量发展的强大动力。

（三）深度融合，实施"九项工程"做实党业双融双促，全线构筑高质量发展引擎

花都自来水公司党委紧密结合供水主责主业，聚焦"提升党建引领基层治理效能"主题，积极引导党员干部职工锤炼工匠精神和创新精神，更加主动地把党建工作融入发展大局、融入中心工作、融入为民服务，充分发挥基层党组织的政治功能和党员、团员、青年群众的先锋作用，推动基层党组织成为破解难点难题、推动改革发展的主心骨，激励广大党员干部职工在生产经营一线竞标争先、赛龙夺锦、攻城拔寨，为公司重点工程、重点工作、重要任务提供强有力的组织保障，构筑供水事业高质量发展新支撑。

三、实施效果

花都自来水公司党委通过将建党精神中的创新意识融入企业运营策略和企业文化建设中，将建党精神中的理想信念、责任担当体现在日常管理和决策中，以解放思想破题，以搞活机制立题，以创新发展解题，通过实际行动展现"融入中心抓党建，抓好党建促发展"的价值创造行动，激发公司党员干部职工攻坚克难、担当作为，在强化制度建设、规范项目管理、深化机构改革、优化人力资源、提升公司资质等工作中持续发力，打造基于二次供水全流程、全生态的产业链体系，形成健康可持续发展的良性循环供水业态，走出一条城市建设、企业发展和民生保障的政企民"共赢"之路。公司治理成效和服务水平获得政府、行业和广大市民的高度肯定，获评"广东省诚信企业""广东省AAA级信用企业"等称号；公司案例《推动供水"最后一公里"工作深化，打造二次供水"建管服"新模式》入选《粤港澳大湾区国有企业社会价值蓝皮书（2024）》的"做强做优主业"十佳案例；发布的首份社会价值报告经中国企业社会责任报告评级专家委员会评定获得"四星半"评级；"花都水厂"与"建管服"供水新模式列入全过程人民民主典型案例等。2023年以来，公司获得国家级荣誉9项，其他荣

誉 20 余项，党建引领、凝心聚力助力企业改革发展成效显著。

（一）城市供水保障能力韧性更强

花都自来水公司党委注重从老百姓急难愁盼中找准改革发力点和突破口，秉持钉钉子精神落实各项供水保障"为民"工程。聚焦市民百姓身边的用水问题，通过党支部书记挂帅领航、党员先锋带头、干部职工责任先导发挥作用，大力抓好供水服务到终端工作，推进二次供水设施维护一条龙服务，同时结合花都区管网、水表等设施设置情况，有序加强供水基础设施精细化管理。2023年日均供水量约49万立方米，最高日供水量达到约56万立方米，全年总供水量约1.78亿立方米，同比增长2.97%，供水范围内市政消火栓、供水制井盖完好率100%，城市供水水质综合合格率达到100%，供水紧急抢修及时率100%，管网压力合格率超98%以上，管网爆漏抢修时间有效缩短，全年管网探漏长度超1600千米，管网漏损率同比下降17%。建成花都首座供水一体化智慧泵房——天贵路加压站，自投产以来周边管网输配能力显著提升，管网流量由原来的600立方米/小时提升至约1000立方米/小时，提升幅度达67%，管网压力亦较之前大幅提升，有效化解附近4千米以内区域用水高峰期用水紧张局势，惠及周边约10万名居民，在有效夯实的供水基础设施建设的同时，切实优化区内水资源配置格局。

（二）城乡供水"一张网"新格局初见成效

通过成立"百县千镇万村"高质量发展工程领导小组，积极落实实施城乡区域协调发展的总体部署，按照"成熟一个整合一个"的原则，于2023年年底圆满完成花都区8家镇级水司100%股权无偿划转工作，公司供水面积由原来的400平方千米增至约970平方千米，管网总长度延长至3400千米，服务人口翻一倍增至约200万人。花都自来水公司党委牢固树立供水"一盘棋"全局观念，坚定"一管到底"的决心，对镇级供水业务实施垂直管理，构建对镇级供水子公司全链闭环的管理体系，同时组建专班人员对全区5个镇、36个行政村、85处农村小型集中式供水设施进行接管维护，陆续完成19个行政村的管网改造敷设，建立相应的水源保护区域；全面执行现场水质监测工作，完成85处安装使用消毒设施、66处环境整治，定期清洁蓄水池，防治水质二次污染，配合农村供水"三同五化"改造提升，进一步巩固农村用水基础设施安全保障，为乡村振兴赋能加码，促使镇级供水服务在最短时间内达到花都区中心城区管理水平。

（三）供水服务质量展现新气象

花都自来水公司党委坚持站稳人民立场，以提高客户服务能力为着力点，成立客户服务中心，一站式提供咨询、业务办理等全方位便捷服务。通过提高供水数字化、智慧化管理水平，实现32项便民服务措施全流程线上办理，"花都供水"缴费平台成为全国首个数字人民币一体化分账解决方案的落地试点，大大节省了用户缴费时间，安全高效、简便快捷，为推进供水服务提质提速贡献花都供水"样板"。持续深化获得用水业务全流程网办，让用户办理用水报装业务"零跑腿"，同时通过简化业务流程和按规定实行"零证办水"容缺受理，进一步提升用水报装办理速度和服务质量，以高效、优质、暖心服务切实优化花都供水营商环境。打造水质中心实验室，顺利通过由生态环境部环境标准样品研究所组织实施的"IERM T23-68 水质总大肠菌群检测""IERM T23-69 水中氰化物检测"两项能力验证，检测参数评价结果均为"满意"。深入探索建立未诉先办工作机制，完善供水服务全流程监控机制，建立健全工单监察台账，实时监控居民用水情况，确保供水问题及时发现，坚持"防治"走在"投诉"前，有效优化对外服务工作，公司信访生态持续优化。

（四）民生重点工程进度条持续刷新

北江引水工程是广州市水务发展"十四五"规划中的璀璨明珠，也是广州市"百千万工程""攻城拔寨"重点建设项目，旨在将优质的北江水从清远输送至广州，再通过取水泵站、输水管道及隧洞引入花都区集贤村新建的花都水厂内，经水厂制水后供给花都全区。该工程包括了北江水源工程和花都水厂（及配水管道）工程两部分，花都自来水公司以公益性国企应有的社会责任和担当，奋勇当先致力将花都水厂建设成为广州市花都区有史以来规模最大的自来水厂。在工程建设中，花都自来水公司党委高站位谋划，高起点部署，高质量推进，领导班子成员充分发挥头雁领航作用，通过召开誓师大会、先锋授旗等，激励党员先锋队带头突击、承诺践诺，持续刷新项目进度条，项目进度获广州市水务局发表扬信表扬。同时工程以质量、进度、投资、安全"四控"为核心，创新实现智慧建造，通过搭建全过程BIM+GIS协同管理平台和智慧工地平台管理，将花都水厂打造成为集"绿色生态、低碳环保、智慧创新、稳健高效"于一体的灯塔水厂、韧性水厂和供水安全保障示范水厂。2023年12月月底，花都水厂项目首期一阶段24万立方米/日规模建设已完成并具备通水条件，通过工艺优化和提升，花都水厂首期生产能力由原来的40万立方米/日提升到48万立方米/日，产能增加20%。2024年，历经15年谋划建设的广州北江引水工程和花都水厂整体投产，随着北江水的引入，花都区形成国内区县级城市罕有的"三源并举"供水安全保障格局，有效解决了困扰花都多年的水源性缺水和水质性缺水难题，并随着二阶段及二期工程持续建设运行，花都水厂远期设计规模将达到100万立方米/日，未来将为空港经济区、白云区等广州北部片区的用水需求发挥举足轻重的作用。

（五）智慧水务建设跑出加速度

围绕"数智赋能、创新驱动"核心理念，综合运用人工智能控制算法、大数据、云计算等先进技术，着手搭建囊括智慧运营、智慧决策、智慧调度、智慧安防建设为一体的"智慧水务"综合信息管理平台，持续提升从"源头"到"龙头"全流程供水运营效能与安全保障。2023年获得三项国家知识产权局实用新型专利授权，并完成成果转化应用，实现污泥浓缩含固率提高2%、节能降耗25%以上的技术目标及生产废水全部回收利用，每年节约用水超500万吨。花都水厂BIM技术应用先后获得第五届"市政杯"BIM应用技能大赛设计组二等奖、第十二届"龙图杯"全国BIM大赛施工组二等奖和设计组优秀奖、第六届"优路杯"全国BIM技术大赛施工组铜奖、第四届"智建杯"智能建造创新大奖赛设计组金奖5个全国性奖项。建设"水工艺全流程智慧控制系统"、智慧能源监控系统、水量智能控制系统、智能调度系统，实现智慧投放、智慧消毒、智慧排泥、智慧反冲、水量智慧控制、智慧污泥处理等精细化控制管理，创建无人水厂、熄灯水厂，使生产环节无人化。目前在花都水厂即可远程控制公司其他3间水厂7座加压站，生产综合管理平台调度实现"一张图"管理，从水源取水到水厂制水、管网供水实现全流程自动化、信息化管理。此外营抄系统、供水服务全网办、二次供水管理系统等平台也陆续上线应用，目前已安装居民智能水表约17.9万个，免费更换到期水表超4200个，完成新安装注册智能水表超7400个，在提升智能水表覆盖率的基础上，建立统一的智能水表物联网平台，将分散的智能水表系统整合为统一平台，实现抄表信息化，为广大市民提供统一、安全、便捷、智慧的供水服务。

（六）产业链拓展亮点纷呈

面对错综复杂的外部环境和当前经济形势持续承压，花都自来水公司以全产业链为突破口，通过创新推出"建管服"供水模式，先行先试分类推进，稳步推进老旧小区二次供水改造，联手多个小区在建项目推动统建统管示范小区和全屋高品质水示范小区建设，成功打造出价格低、质量优、专业化程度高、市场适配度好的二次供水设施建设样板。2023年以来承接新建小区和安置区项目共15个，惠及约2.07万户、近8.3万人口，合同总金额超过2.86亿元，营业增长逆势走强；同时充分利用公司市政公用工程施工总承包二级资质，承接政府牵头的招商引资项目配套供水、迁改管、微改造二次供水服务等项目建设，积极拓展市场份额，进一步增强造血盈利能力，固定资产投资完成年度计划的136%，工业投资完成年度计划的112%，花都自来水公司整体业绩保持向好态势。此外，强化技术创新，构建多元化的现代化产业体系，推动产业转型。掌握行业新技术、新工艺、新材料动态，稳步推广区分质供水并提供直饮水服务，为有需要的用户提供个性化服务；盘活企业人、财、物等资源，积极开展智能水表厂建设研究；充分利用梯面水厂的富余用地及产能，探索配套建设应急包装饮用水生产线；积极响应国家"碳达峰、碳中和"的政策号召，致力于打造节能、低碳、绿色、智慧型的现代化生产基地，计划在水厂及加压站加装光伏设施……诸如这些"跳出供水发展供水"的现代化产业发展新思路，为公司高质量发展开启新的里程碑。

四、下一步规划与探讨

未来花都自来水公司党委将坚定向"新"，以"质"取胜，聚焦人民群众急难愁盼问题，坚持以高质量党建引领保障供水事业高质量发展，以做强做优主业、增强核心功能、提高核心竞争力为总目标，全面打造新质生产力，加快实现将花都自来水公司打造成为国内知名、机制先进、技术创新、服务一流的供水品牌，成为国际一流的优美城市环境综合服务商。

（一）以水兴旅，构建多元化生态水文化

以党建引领一手抓供水设施建设，一手抓水文化基因建设，依托水文化体验馆，深挖当地水文化价值内涵，引入现代化、智慧化供水发展理念和方向，增加文旅体验深度和层次，普及水知识、推广水文化，营造节水、惜水、爱水、护水、亲水的浓厚氛围，做好水美乡村与乡村振兴结合的文章，将花都水厂打造成为集"生产、办公、参观、研学"于一体的"绿色生态、低碳环保、智慧创新、稳健高效"的灯塔水厂，为推动绿美广东生态建设增添水元素。

（二）以水兴业，培育未来水务新业态

统建统管二次供水，加强与相关产业的合作，推动差异化、高端化发展，延伸核心产业链，挖掘内在增长点；持续推行"水务+光伏"绿色低碳高质量发展模式，加速能源转型变革，盘活厂区闲置土地资源，有效推动生产管理降本增效，持续推进经济效益与生态效益协同发展。

（三）以水惠民，坚定践行国企担当

持续推进花都水厂等民生工程建设，扩大产能，优化布局，打造更为高效、安全、具有韧性的供水系统，提升供水安全保障能力，以实际行动继续擦亮"水善旗红·点滴有我"党建品牌底色，充分展现党组织的战斗堡垒作用和党员先锋模范作用，用智用心用情写好"百千万工程"的"水文章"。

（四）以水强企，立标杆树典范创一流

强化党建引领，以党业融合作为加强党建工作的着力点和突破口，以公司发展成果检验党组织工作成效和战斗力。锚定国际一流、灯塔工厂等发展目标，积极研究稳投资、提质效、促创新、补链强企等方面的工作思路、举措，精准补齐短板并挖掘潜力领域，推动企业实现质量更高、效益更好、结构更优的可持续发展。

"党建+3+X"工作新模式助推企业高质量发展

创造单位：陕西陕煤黄陵矿业有限公司
主创人：王鹏飞　孙鹏
创造人：赵应升　贺小军　常昱　高怡　尚彦龙　张敏

【摘要】 陕西陕煤黄陵矿业有限公司（以下简称黄陵矿业）坚持以习近平新时代中国特色社会主义思想为指引，以高质量党建推动企业高质量发展，创新实施"党建+3+X"工作模式，充分发挥基层党组织战斗堡垒作用和党员先锋模范作用，在推动安全、生产、经营工作中不断提升党建工作引领力，实现党建工作和企业中心工作的双融合、双促进，企业安全基础更加稳固，生产组织持续优化，经营管理再创新高。本文围绕黄陵矿业"党建+3+X"工作模式的实施背景、实施目的、实施过程、主要创新点、实施效果和下一步规划与探讨对党建工作新模式助推企业高质量发展做进一步研究探索。

【关键字】 党建　融合　安全　生产　经营

一、实施背景

（一）加强党对国有企业的全面领导是完善中国特色现代企业制度的重要内容

习近平总书记在全国国有企业党的建设工作会议指出，坚持党的领导，加强党的建设，是我国国有企业的光荣传统，是国有企业的"根"和"魂"，是我国国有企业的独特优势。党政军民学，党是领导一切的。中国特色现代国有企业制度，"特"就特在把党的领导融入公司治理各环节。国企改革发展首先要坚持党的领导，没有党的坚强领导，国企改革发展就会偏离正确方向。当前，国企改革高标准高质量持续推进，深化国有企业改革，推动国有企业做强做优做大，无论领导体制如何调整、治理机制如何变化、监管模式如何创新，党对国有企业的领导决不能动摇。要把加强党的领导同完善公司治理统一起来，把企业党组织内嵌到公司治理结构之中，明确党组织在公司法人治理结构中的法定地位，做到组织落实、干部到位、职责明确、监督严格，从组织、制度、机制上有力保障国有企业党组织的领导地位。

（二）推进党建工作与中心工作深度融合是实现国有企业高质量发展的内在动力

党建工作做实了就是生产力、做细了就是凝聚力、做强了就是竞争力。国企党建绝非"虚功"，是实实在在同业务紧密结合，管全局、管根本、管长远的中心工作。要充分发挥企业党委"把方向、管大局、保落实"的领导作用，将党和国家重大方针政策、重大决策部署贯穿企业改革创新发展的顶层设计、战略定位、管理模式、机构职能的全过程，实现政治领导、思想领导、组织领导的有机统一，为国有企业建功立业提供强有力的政治保障。当前受国际形势、宏观经济、能源转型等多重因素的影响，煤炭企业改革发展任务十分艰巨，生产经营面临很大压力和挑战，越是在攻坚克难的关键时候，越要毫不动摇地坚持党的建设，推动党的建设与中心工作同向聚合、相融并进，不断提升各级党组织的政治功能和组织力，充分调动各级党组织和全体党员的积极性、主动性和创造性，以高质量党建引领保障企业高质量发展，真正把国有企业党建优势转化为创新优势、竞争优势和发展优势，为企业持续健康发展提供坚强的政治保障。

（三）坚持全面从严治党是新时代国有企业加强自身建设的核心任务

全面从严治党是新时代国企党建的主旋律，是国有企业各级党组织的重要政治责任。坚持全面从严治党，必须从制度机制上全面加强党对各项工作的领导。2023年8月，陕西煤业化工集团有限责任公司（以下简称陕煤集团）党委书记、董事长张文琪在黄陵矿业干部大会上对公司提出"以五型要求，建一流班子；以智慧赋能，强一流管理；以破解难题，促一流成效；以共赢思维，创一流模式；以大局意识，展一流作风"的发展思路。伴随着黄陵矿业经营规模的持续扩大，管理方式转型升级，基层党建的功能、作用、标准与活动方式发生了很大变化，党组织在不同程度上存在弱化、淡化、虚化、边缘化的问题，导致企业党建工作目标与生产经营目标未能深度融合，党建工作在中心任务的主体作用和统领作用发挥不明显。对于黄陵矿业来讲，面对环境发展大势、国家政策方向和上级党组织要求，需要强有力的党建创新模式引领企业向"高质量发展"的目标坚实迈进。

二、实施目的

"党建+"，是指把党的建设融入党的各项事业、各项工作，通过构建以党建为引领、统筹推进各项工作的新机制，推动党建工作与中心工作深度融合，充分发挥党的领导核心作用、基层党组织的战斗堡垒作用和党员的先锋模范作用，更好地推动党的事业发展。其核心在于确立党建工作在各项工作中的主导引领地位，其关键在于将党建工作与中心工作相互融合，其目的在于推动党建工作效能最大化，实现党的建设和党的事业相互促进。

三、实施过程

习近平总书记强调，国有企业党建工作要坚持服务生产经营不偏离，把提高效益、增强企业竞争力、实现国有资产保值增值作为国有企业党组织工作的出发点和落脚点，以企业改革发展成果检验党组织的工作和战斗力。近年来，黄陵矿业党委坚持以习近平新时代中国特色社会主义思想为指引，深入贯彻落实国有企业党建工作会议精神，创新实施"党建+3+X"工作模式，实现党建同国企安全生产效益各项工作的同频共振、相融互动，为推动企业高质量发展提供了思想保障、组织保证和动力支持。

（一）党建+安全，为企业稳定发展聚力

安全是企业发展的生命线。黄陵矿业各级党组织牢固树立红线意识，紧绷安全环保之弦，从"零"开始，向"零"奋斗，着力构建安全环境，营造安全氛围，提高安全能力，持续抓好安全管理提升。

一是明确责任，狠抓安全落实。严格执行"安全第一议题"制度，深入贯彻习近平总书记关于安全生产重要指示批示精神。党员领导干部落实"党政同责、一岗双责、齐抓共管、失职追责"要求，深入落实安全承诺制，做到安全压力层层传导，安全责任层层负责。党员职工发挥党员先锋模范作用，把先进榜样树起来，把优秀成绩"晒"出来，发挥评先树优作用，让广大职工在安全工作中学有榜样、赶有目标，带动广大职工完成公司安全目标。

二是构建平台，把好安全抓手。扎实开展安全生产活动，不断加强安全基础管理，充分发挥"AI+NOSA（南非国家职业安全协会）"、风险一体化防控平台及智能安全保障系统作用，持之以恒推进"四治理一优化"和NOSA安健环管理体系建设，突出抓好重大灾害超前治理，持续抓好人的安全行为治理，充分利用智能安全监控系统，健全安全生产长效机制，为公司安全高效发展营造良好的安全生产环境。

三是强化教育，构筑安全防线。加强安全形势任务宣传教育，强化安全生产标准化建设，确保标准化全面覆盖、常态化达标。加强人的安全行为治理，扎实开展干部走动管理，加强现场考核监督，切实抓好"双素质"提升工作，持续加强职工日常培训和基本功修炼，加大管理干部业务能力考核，提高全员安全管控能力。利用"四员"（群监员、青岗员、党员安全员和家属协管员）健全协管群安全监督网络机制，群防群治共同筑牢安全生产防线。

案例1：党建安全深融入，保驾护航促生产

瑞能煤业党委紧紧围绕"党建+3+X"工作模式，牢固树立"安全至高无上"理念，创新思路、创新机制、创新载体，打造"党建+安全"品牌，把党建工作内嵌到矿井安全管理工作的各个环节当中，充分发挥党支部的战斗堡垒作用和党员的先锋模范作用，为矿井安全生产提供了坚强的政治保障。

1. 实施背景

作为黄陵矿业四对矿井之一，近年来，瑞能煤业全矿干部职工沉着应对各种困难和挑战，抓党建、聚合力，抓安全、保生产，进一步夯实党建基础工作，将党建融入企业中心工作当中，切实把党建工作成果转化为推动矿井高质量发展的新动能。

2. 具体做法

（1）安全+"110工法"。为进一步提高矿井资源回收率、延长矿井服务年限、减少回采巷道掘进量、降低煤炭开采成本，自2017年6月以来，瑞能煤业成立了"110工法"党员攻关小组，围绕"学、研、探、传、帮、带"等方式，发挥党员先锋模范作用，开展"党建+110工法"技术大讲堂，由公司党员轮流授课，使"110工法"在瑞能煤业成功应用。截至目前，通过实施"110工法"成功留巷3040米，减少掘进量3520米，回收煤柱煤量约9.3万吨，累计产生效益4562.96万元，该项目荣获陕煤集团"科技创新二等奖"。

（2）安全+NOSA。深入推行集"人的不安全行为治理、灾害超前治理、安全环境治理、安全生产标准化动态达标治理和生产系统优化"于一体的安全管理模式，全面推进"四治理一优化+AI+NOSA"安全管理体系落地落实，提升矿井安全管理水平，先后抽调6名党员和6名业务骨干成立NOSA管理工作专班，针对NOSA工作存在的不足与短板，制定改进措施和推广方案。同时，在矿区设立"NOSA党员明星岗""NOSA党员示范区"，提炼总结出"12321"NOSA工作管理模式，形成了"人人讲安全、事事为安全、处处要安全、时时想安全"的氛围。

（3）安全+"654"班组管理法。在各班组积极推行"654"班组安全管理法。"六有"，即安全有保障、生产有效益、管理有规范、学习有目标、创新有成果、员工有素质；"五无"，即现场无隐患、人员无"三违"、工作无失误、材料无浪费、班组无纠纷；"四提升"，即提升班组管理水平、提升团队协作意识、提升班组长管理能力、提升员工综合素质，不断推进"五型"班组建设。探索班组管理新途径，充分调动和发挥党员在班组中的示范作用，以常态化开展党员安全承诺践诺，党员讲安全小故事，党员查隐患、反"三违"，党员安全素质提升等一系列工作为抓手，有效提升班组安全管理水平。

（4）安全+"1+4"包保管理工作。"1+4"包保是一名党员帮带4名职工，围绕"四带一创"开展工作。"四带"，即带思想提升、带扎实作风、带安全行为、带业务技能；"一创"，即创岗位业绩。由于职工文化程度参差不齐，为了让有丰富实践经验、有较深理论知识的党员带领职工学习，实施一级带一级、机关包区队、党员带群众的有力举措，全面提升职工队伍综合素质，为矿井安全生产提供坚实有力的基础保障。

3. 取得效果

瑞能煤业以党建为引领，努力提高矿井安全管理水平，先后被陕煤集团授予"文明单位"和"安全生产5000天矿井"荣誉称号，被陕煤股份授予安全生产"零死亡"一级示范矿和特级示范矿，被中煤政研会授予全国煤炭工业"企业文化示范矿""文明煤矿""五精管理样板矿""企业文化品牌矿"和"煤炭行业党建思想政治工作示范单位"等荣誉称号。目前，安全生产周期已突破7100天。

（二）党建+生产，为企业创新发展聚智

生产是企业管理的核心。黄陵矿业各级党组织找准党建工作融合生产的切入点，在科技创新、人才培养、管理优化三个方面创新融合手段，做好党建工作和生产工作的深度融合，从而促进生产工作。

一是加强创新，加快智能兴企。把科技创新作为促进企业生产的引擎，以科技赋能，在智能化常态运行上求实效，持续做好智能化建设的后半篇文章。充分发挥培训中心、技能大师、劳模创新工作室作用，不断开展原始创新、集成创新、引进消化吸收再创新，健全考核制度，鼓励技能大师和劳模在创新创效、科技攻关、传帮带方面发挥更大的作用，着力破解影响公司高质量发展的难题。

二是健全机制，坚持人才强企。不断加强人才培养力度，拓宽人才培养通道，坚持开展党员技术授课、"师带徒"传帮带，定制化开展岗位技能提升培训，培养一批技艺精湛、掌握绝活的"黄矿工匠"。认真做好"三秦工匠""首席工程师""首席技师"等高层次技能人才的培养和推荐工作，造就了一批主体专业的领军人才。选拔优秀技术技能人才参加国家级、行业级职业技能竞赛，带动全公司人才队伍整体素质提升。

三是提升效率，坚持管理兴企。充分发挥党支部战斗堡垒作用，以党支部为单位，结合实际贯彻落实"八个聚焦"实施方案，突出各自特色，率先在"五个一流"上有所作为，有所突破，培养了一批示范标杆项目，形成一批创新创效成果，实现了以党建促管理，以管理促生产，同步提升企业的软实力和硬实力。

案例2：围绕生产抓党建，抓好党建促生产

一号煤矿创新实践"党建+生产"，以创新为引擎，以机制为支撑，以提效为目标，推动党建与安全生产工作深度融合，为矿井高质量发展提供了坚强的组织保障及政治保障。

1. 实施背景

对于煤炭企业来说，深化党建工作，有效助力企业生产，无疑是非常关键的。近年来，一号煤矿以习近平新时代中国特色社会主义思想为指导，全面贯彻党的二十大精神，将矿井发展成果作为检验党组织工作和战斗力的重要指标，坚持"围绕中心抓党建，抓好党建促发展"的党建工作思路，在"党建+生产"上下功夫，取得了良好的实践效果。

2. 具体做法

（1）以创新为引擎，建设智慧矿山。一号煤矿各党支部积极建设"五创革新"攻关党小组，开展党员突击队、党员攻关项目、党员责任区等活动，鼓励党员针对影响安全生产的困难问题及生产过程中产生的突发性、制约性灾害开展课题研究，在煤矿智能系统化建设、5G+透明地质智能开采技术研究、智能快速掘进等重点项目研究中发挥先锋带头作用。建立党员创客联盟，依托"三室"（劳模创新工作室、技能大师工作室、青年创新创效工作室）为矿井优秀创新达人搭建创新平台，每年年底根据矿井"五小"活动创新成果综合获奖情况评选出矿井"优秀创客"。2023年党员共参与科技项目9项，完成创新成果283项，获奖63项。

（2）以机制为支撑，实施人才强企。大力开展企、校、研三方合作，搭建多元化合作平台，促进企、校、研全方位、多角度、多层次的长期稳定合作，培养出更多优秀智能化技术人才，力争使智能化开采、智能矿山最新技术工业实验落户矿井。充分利用劳模工作室平台，大力开展党员师带徒、党员与职工帮扶结对活动，发挥大国工匠、行业技能大师、高级技师"传帮带"作用，积极开展讲"小故事"、创"小成果"、编"小案例"、练"三绝"的"三小一练"职工文化建设活动，定制化开展岗位技能提升培训，培养一批技艺精湛、掌握绝活的"一矿工匠"。

（3）以提效为目标，坚持管理兴企。各党支部每季度围绕"生产工艺优化、作业工序优化、劳动组织优化"工作，定期开展建言献策活动，广泛征集职工合理化建议，使职工深度参与到各个生产环节的优化、探索和具体实践中，激发职工主人翁精神和聪明才智。以"挑战习惯、查漏补缺、降本增效"为目标，持续开展"金点子"意见征集活动，及时排查发现成本超支的出血点、制度的漏洞、不良的习惯，党支部定期召开分析会，形成问题整改清单，2023年党员共提出"金点子"87条。开展党员先锋岗创建活动，党员立足岗位，亮身份、树形象，带动、监督身边职工从减少系统空转，提升设备运转效率，解决跑冒滴漏等现象入手，做好岗位节能减排工作；从带头修旧利废、回收复用等各项工作入手，做好开源节流工作。

3. 取得效果

通过多年实践，一号煤矿党建工作与安全生产等中心工作相融互动，激发了党建活力，矿井连年实现重大风险"零"失误、瓦斯"零"超限、安全"零"目标，2023年实现营业收入60.4亿元，创造利润36亿元，先后获评"煤炭行业特级安全高效矿井""首批国家智能化示范煤矿"，在全国煤矿采煤工作面智能创新大赛厚煤层智能综采赛道获特等奖，荣获陕西省首批"双重预防机制和安全生产标准化管理体系示范矿井"等荣誉称号，真正将党建工作成效转化为矿井发展优势。

（三）党建＋效益，为企业高效发展聚能

效益是企业生存的根本。黄陵矿业各级党组织牢固树立用"紧日子"过"好日子"的思想，在稳产、降本、增效上下功夫，围绕成本管控、煤质提升和管理提效精准施策，确保经济效益最大化。

一是提高质量，增强抵御风险能力。坚持以质量为根本，加强"三品"建设，维护好黄陵煤金字招牌，做到以质保价、以质稳产。坚持市场导向，优化产品结构，根据市场变化及时调整销售比重，实现产值利润收益最大化。坚持以客户为中心，主动树立"乙方"思维，积极分析和回应客户需求，巩固老用户，开发新用户，根据客户需求提供个性化服务、提供定制化产品，稳定客户群体，增强抵御市场风险能力。

二是降本增效，提高企业经济效益。从"提质增效"和"成本管控"两方面着手，树立"千斤重担人人挑、人人头上有指标"的理念，积极开展"两带两创"（党组织带党员创效、党员带职工创新）活动，调动党员职工在"挖潜力"和"强实力"上下功夫，通过细化成本管控、强化过程管控、修旧利废、节支降耗等措施，引导全员树立成本管控"大格局"，形成人人降成本、全员提效益的良好氛围。

三是发挥优势，创造良好社会效益。在做好安全环保、生产经营等中心工作的同时，结合自身优势，抓好意识形态工作，利用好宣传这一利器，宣传黄陵矿业经验，唱响主旋律，凝聚正能量。进一步提升乡村振兴帮扶实效，加快推进民生工程，提升后勤服务水平，让职工群众快乐工作、幸福生活。同时，在陕煤集团及各相关行业进行创先争优，广泛传播黄陵矿业的优秀做法和先进经验，进一步提升企业影响力。

案例3：凝聚党建工作合力，助力企业提质增效

二号煤矿党委坚持"融入中心，提质增效"的工作思路，充分发挥基层党组织作用，深入推行"党建+3+X"工作模式，推动党建工作与矿井经营效益深度融合，为矿井实现高质量发展提供了坚强的政治保障和组织保证。

1. 实施背景

坚持党的领导，加强党的建设，是我国国有企业的光荣传统，是国有企业的"根"和"魂"。作为黄陵矿业公司骨干矿井之一，近年来，二号煤矿党委大力推行"党建+3+X"工作模式，积极探索新形势下党建工作与中心工作良性互动、共同提升的方法途径，凸显了党建工作对各项工作的引领推动和保障作用。

2. 具体做法

（1）开展全员创新，提质增效取得实绩。二号煤矿以支部引领，党员带头，职工全员参与，围绕企业经营各环节，以提质增效为目的开展全员创新工作。各党支部积极建立"创新创效"党小组，开

展党员攻关活动，鼓励党员围绕提质增效开展创新活动，在智能开采、智能快掘、煤质管理等工作中发挥先锋模范带头作用。掘进二队党支部围绕快掘系统优化，组建党员攻关小组，引入两套拱形超前迈步支架，实现掘进与支护的连续作业，掘进进尺提升30%，创造了月进尺680米的纪录。每两年根据矿井"五小"活动创新成果综合获奖情况评选出"创新能手"进行表彰奖励。2023年，党员共参与科技项目2项，"五小"成果430项，取得国家专利33项。复杂条件下掘支运一体化技术及锚索机器人荣获中国煤炭协会"科学技术二等奖"。

（2）实施修旧利废，节支降耗成果丰硕。各党支部围绕"优化煤质、优化能耗、优化效益渠道"开展党员当先锋活动。发动广大党员立足岗位带动、监督身边职工自觉遵守践行煤质管理相关保障制度，进一步巩固"黄灵煤"品牌优势。从做好设备强制检修、解决管路跑冒滴漏等工作入手，做好岗位节能减排工作；从带头修旧利废、回收复用、把关材料出入库等各项工作入手，做好开源节流工作。建立党支部创新工作室，组建党员创新小组，在修旧利废、"五小"革新、科技创新等工作中，积极发挥党员模范作用。2023年，通过加强修旧利废管理创效821.3万元。

（3）强化成本管控，降本增效成效显著。各党支部坚持每月在支委会上分析上月区队经营情况，对各岗位进行考核、兑现，真正做到预算到岗位、考核到岗位、激励到岗位。加强水、电、材料费用考核，党员带头，着力在节支降耗、深挖内潜上下功夫，做实修旧利废小项目，拓展降本增效大空间。开展党员示范岗、党员先锋岗创建活动，鼓励党员亮明身份冲在前，主动担当作为，带头在工作岗位上攻坚克难，敢于担当，提振广大党员职工精气神，发挥党先锋模范作用。大力开展"三小一练""三功两素"修炼活动，开展"五个一"活动（即提一条合理化建议、学一门新技术、创一项新成果、改革一项新工艺、修复一个旧物件），不断提升经营管理水平。

3. 取得效果

二号煤矿"党建+效益"工作模式在推动过程中既注重中心工作"看得见"的效果彰显，又注重党建在整个过程中"看不见"的价值发挥，党的政治建设、思想建设、组织建设等得到了加强，进一步找准了党建与生产经营的融合点，为增强企业发展后劲提供了强有力的政治保障、思想保证和精神动力。矿井经营业绩连年刷新历史纪录。2023年，矿井累计产销煤炭1151.6万吨，销售收入75.51亿元，实现利润40.69亿元，原煤成本211.36元/吨，切实将党建工作成效转化为企业发展优势。

（四）党建+X，为企业长远发展聚识

党建融合企业中心工作要有灵活性。黄陵矿业各级党组织抓住党建引领的"牛鼻子"，瞄准安全、生产、效益三项根本工作，围绕不同时期、不同阶段的中心任务，因地制宜确定"X"自选项目，找准党支部切入点和党员发力点，依托党支部战斗堡垒作用和党员先锋模范作用，带领职工群众建功立业，凝聚发展共识，助推公司努力争创"一流"企业。

案例4：聚焦党建引领，推动创新发展

煤矸石发电公司党委按照"党建+3+X"工作模式的要求，将"X"自选项目"创新"作为党建和中心工作融合的切入点，推动"提质增效"和"成本管控"两项重点任务落地落实，让党建工作更有效地融入企业高质量发展的具体实践中。

1. 实施背景

作为黄陵矿区电力板块的重要支撑，煤矸石发电公司在黄陵矿业实现"三做一打造"战略实施过程中发挥着不可或缺的重要作用。煤矸石发电公司党委积极应对并主动顺应电力市场化发展趋势，聚焦困扰企业发展的突出问题，深入推进"融合式"党建创新模式，促进党建工作与中心工作同轨并行、同频共振，为企业高质量发展提供坚强的政治保障。

2.具体做法

（1）强化党建引领作用，促进生产优化提升。广泛利用党员责任岗、党员先锋岗、党员技术攻关小组等平台载体，不断破解生产中的技术难题，并取得良好成效。围绕"1426"智慧电厂创建工作，在"智慧安防""智慧运行""智慧检修""智慧经营"等项目中创建并投入使用，发挥党员勇挑重担、敢打硬仗的模范带头作用。以"党员创新工作室"等平台为载体，实施党员创新，激发工作干劲。2023年，党员参与"五小"创新218项，发表论文54篇，申报专利17项，"基于云平台与人工智能技术智慧电厂的研究与应用"获得2023年度"中国设备管理协会技术类创新成果"一等奖，"智慧燃料管控与采制化设备协同系统核心技术开发及应用"项目荣获"中国电力行业质量创新成果"一等奖。

（2）打造党建特色品牌，引领发展提质增效。结合各支部生产经营工作实际，因地制宜为各支部量身定置特色品牌，总结提炼特色工作方法，积极发挥党支部战斗堡垒作用。围绕"安全、生产、效益"三项中心任务，结合"党员班组全覆盖"，将党员划分为"劳模工匠、燃煤掺配、创新创效"三个攻关党小组，着力开展"NOSA安健环四星、智慧运行建设、小指标竞赛"三项重点工作，实现"零污染、零事故、零非停"三个目标，总结提炼出"四个三"工作法，打造了以"创效型"为特色的支部品牌，让党建工作变成看得见的生产力。以"五个一"支部管理体系（一张表格、一份清单、一个对子、一月审签、一季评比）和"三抓一保障"工作法（抓学习教育、抓创新创效、抓素质提升、保障机组安全运行）为亮点，打造了以"保障型"为特色的支部品牌，将党支部领导优势、政治优势、组织优势转化为经济优势，发挥保障作用。

（3）搭建党员示范平台，凝聚高质量发展合力。为引导党员立足岗位，主动作为，发电公司党委围绕中心，完善措施，搭建平台，调动广大党员的积极性和主动性，为安全生产保驾护航。组建以党员技术骨干牵头的技术攻关小组，在机组大修、技术改造等工作中带头攻坚，促进企业提质增效；开展党员"技术党课""一对一结对帮扶""仿真机演练"等活动，以"三个一"（每日一题、每周一案例、每月一考试）学习活动为载体，由党员牵头带领全体职工不断加强业务知识学习，提升岗位技能，发挥战斗堡垒作用；设立党员示范岗，结合人的行为治理和NOSA安健环要求，针对生产过程中的各项操作，总结提炼党员精优作业法，规范岗位操作；开展"党员身边无事故""党员承诺践诺"等主题活动，切实把党员模范带头作用转化为安全生产的引领力和推动力，实现党建工作与安全生产双向促进。NOSA安健环管理达"四星"标准，荣获黄陵矿业"NOSA管理先进单位"。

3.取得效果

通过实施"党建+创新"工作模式，在火电行业普遍亏损的大环境下，煤矸石发电公司迎难而上，逆势突围。2023年，全年发电34.81亿度，超发4.81亿度，机组设备运行工况不断优化，在全国同类型机组能效对标中，三期1号机组获得"AAAAA级"优胜机组、2号机组获得"AAAA级"优胜机组，绿色发展案例成功入选全国第九届绿色发展论坛"2023绿水青山就是金山银山实践案例"，获评"2023年碳达峰碳中和行动影响力企业品牌"，打造了绿色低碳发展新标杆。

四、主要创新点

黄陵矿业不断探索，大胆创新，结合新时代党的建设新要求和企业发展新形势，逐渐摸索出"党建+"创新工作模式，通过对市场形势、产业结构、经营模式的不断验证，对干部职工不同时期思想动态的深入分析，对党组织建设中遇到问题的认真研判，探索"党建+"新模式，将"安全、生产、效益"作为企业发展的中心工作，将不同时期、不同阶段的重点工作作为"X"自选动作，形成了"党建+3+X"工作模式。"党建+3+X"工作模式中的"党建"即党建基础工作，属于规定项目；"3"指的是中心任务，即安全、生产、效益；"X"指的是自选特色工作选项。三者之间的关系是：在党建工作引领下，围绕"3"这个中心工作，根据不同时期、不同阶段的中心任务和重点工作找准"X"这个党建与中心工作融合的切入点，进一步增强党建工作的渗透力、凝聚力、驱动力，推进党建与企业中心相融互动，同频共振，把党建工作成效实实在在地转化为企业发展优势。

五、实施效果

黄陵矿业党委坚持党建工作模式创新，把党的领导、党的建设有效融入公司管理各个环节，党的政治优势实实在在地转化为企业发展优势。

（一）党建工作影响力明显增强

随着新工作模式的深入推行，黄陵矿业党建工作和中心工作深度融合实效明显，真正把新时代国有企业党的建设要求落到实处。广大党员干部职工对党建工作的认识和支持热情进一步增强，黄陵矿业上下同心同德共谋发展，投身矿区建功立业氛围日益浓厚。

（二）基层组织建设更加坚强有力

随着新工作模式的深入推行，党支部战斗堡垒作用更加凸显，黄陵矿业108个党支部全部达到集团"四好六有"支部标准化建设水平。广大党员政治意识进一步增强，党务工作者积极适应党建工作新要求，履职尽责能力进一步提升。

（三）党建助力生产经营成效显著

自"党建+3+X"工作模式推行以来，黄陵矿业安全形势平稳向好，所属四对矿井全部达到国家一级安全生产标准化水平，其中两对矿井实现安全生产十年以上。产值连续五年突破百亿元，煤炭产量连年递增，经济效益屡创历史新高。2022年，黄陵矿业完成销售收入225亿元，实现利润103亿元，主要经营指标均创历史最好水平。2023年，黄陵矿业发电量翻一番，超过70亿度，铁路运量首次突破1600万吨，取得销售收入208亿元、利润84.8亿元的经营业绩，获得了集团高质量项目建设奖和亏损企业治理奖。智能化矿井成为全国示范，"黄陵煤"金字招牌享誉行业内外，企业营业收入利润率、吨煤利润率、人均利润水平持续居于全国煤炭行业前列。先后获得"全国文明单位"、全国"五一劳动奖状"、"中国工业大奖"、"陕西省质量奖"、陕西省"国有企业'四好'领导班子"等荣誉。黄陵矿业"党建+3+X"工作模式被评为陕煤集团"组织工作创新项目"一等奖和陕西省"国企改革三年行动优秀案例"，在陕西省国资委系统推广交流，并入选陕西省委组织部编写的《陕西省基层党建优秀案例选编》。

六、下一步规划与探讨

党建工作融入业务工作的关键在于如何在具体业务层面找到党建工作与生产经营工作的最佳结合点，并搭建相互连接的桥梁。黄陵矿业"党建+3+X"工作模式经过一段时期的实践推行，虽然取得了一些经验和成效，但也存在一些不足，例如，因考核机制与生产经营考核结合不够紧密，导致党建工作考核的促进作用没有完全发挥；黄陵矿业顶层设计的融合体制、机制不够完善，与企业改革发展大局没有紧密结合等问题。在今后的工作中，黄陵矿业将以习近平新时代中国特色社会主义思想为指引，深入贯彻落实新时代党的建设总要求，积极探索，大胆实践，健全全面从严治党体系，进一步把党建工作融入企业发展，不断拓宽党建工作辐射面，奋力打造新时代国企党建新标杆，持续为黄陵矿业打造煤电联产、绿色发展示范园区提供坚强的政治和组织保障，为助推陕煤集团打造世界一流企业贡献黄陵矿业力量！

"'宁'心聚力"党建引领，发展赋能"筑梦'西'望"

创造单位：四川宁西高速公路建设开发有限公司
主创人：雷良　岳鹏
创造人：皮小松　李浩　邱琳凯

【摘要】 四川宁西高速公路建设开发有限公司（以下简称宁西公司）以习近平新时代中国特色社会主义思想为指导，紧扣中心、服务大局，坚持党建引领促发展，以企业生产先进经验和高速公路项目建设成效检验党组织工作成效，着力推动党建与中心工作双向融合、互相促进，在实践中科学搭建品牌体系、创造发挥品牌价值、充分激发品牌效能，打造"'宁'心聚力·筑梦'西'望"特色党建品牌，以"1+4+6"三级党建品牌体系不断夯实基层党建实效，全面系统地提升党建质量，逐步实现党建内容由"虚"转"实"、党建形式由"散"到"融"、党建引领由"弱"变"强"的转变，以高质量党建助推宁西公司高质量发展。

【关键词】 党建引领　双向融合　品牌

一、实施背景

宁西公司于 2021 年 11 月 27 日在凉山彝族自治州（以下简称凉山州）西昌市注册成立，2022 年 10 月由四川高速公路建设开发集团有限公司（以下简称川高公司）划转至四川蜀道高速公路集团有限公司（以下简称蜀道高速集团），并于 2023 年年初组建运行。公司主要负责 S71 西昌至宁南高速公路项目（以下简称西宁高速）投资建设、运营管理等工作。该项目是由蜀道高速集团牵头（股权占比 65.8%），与成都建工、成都交投、四川路桥、广西路桥、川交路桥、路桥盛通 6 家单位组成联合体。西宁高速全长 105.017 千米，概算总投资约 239.86 亿元，批复总工期（自开工之日起）5 年，力争 2027 年建成通车。宁西公司党委于 2023 年 1 月 18 日成立，现有党支部 2 个，共有党员 40 人，发展对象 4 人，积极分子 4 人，党员覆盖率占公司全体职工的 63.5%。近年来，宁西公司面临着工程建设难度大、安全环水保压力加大、创新创造抓手不足等问题。在此背景之下，宁西公司党委不断思考和推进党建工作理论创新、机制创新、方式创新，积极践行"立足生产经营抓党建，紧扣项目建设干党建"的工作理念，紧紧围绕企业生产经营、高速项目建设、创新创效高质量发展等中心工作，积极探索基层党建工作创新载体，以创新党建品牌体系助推企业高质量发展。

宁西公司党委以党为旗帜，用象征着新生力量的"红、黄、蓝"为底色，红色是国有企业的政治本色，代表宁西公司将以党为指引，不怕艰难困苦、矢志艰苦奋斗、敢于开拓创新，积极投身凉山州乡村振兴浪潮之中；黄色是党徽的主色调，代表宁西公司全体党员将坚定信念跟党走，积极作为、甘于奉献，在绘就新时代凉山发展画卷中留下靓丽的宁西足迹；蓝色是天空与海洋的颜色，不仅代表着新生事物的朝气与活力，也代表着对未来的憧憬与向往，体现了宁西公司全体党员的活力与动能，更代表着西宁高速建成通车的新征程。

独创标识（见图 1）将"1+4+6"党建工作体系用三条线条表现在标识之中，用两条形似火苗的曲线象征着凉山州民族特色节日"火把节"，代表民族地区的团结融合与宁西公司青春蓬勃、积极向上的热情活力；以一条蜿蜒的道路象征着未来西宁高速的"通途"，底部用火箭象征着月城—西昌市，寓意着西宁高速将承载着地区向上生长的希望，显著促进彝、苗民族地区经济文化交流，提高区域内少数民族生活水平，充分发挥宁西公司党委的党建理念、发展信念和价值追求。

图1 独创标识

二、实施过程

（一）聚焦"一个品牌"，绘就党建名片

宁西公司党委创新设计"1+4+6"三级党建品牌体系，以"'宁'心聚力·筑梦'西'望"为1个党建主品牌，以"凝心聚力筑党建希望、凝心聚力筑廉洁希望、凝心聚力筑建设希望、凝心聚力筑群团希望"设置4个党建副品牌，延伸打造"铸魂新力量""强基新力量""人才新力量""倡廉新力量""融合新力量""群团新力量"6大党建子品牌，以党的政治建设为统领，以高质量党建引领保障高质量发展为主题，以党建品牌体系为抓手，围绕中心、服务大局、务实创新、主动作为，全力推动基层党建工作高标准谋划、高质量推进、高起点开局，推动西宁高速建设和公司发展取得较好成效。

凝心聚力党建引领，发展赋能筑梦希望。宁西公司党委根据少数民族地区特点、工作难点、薄弱环节，以公司党委为党建主体，将"宁""西"二字融入党建品牌建设之中，凝聚人心、汇聚力量，齐心协力、团结协作，以全国第一条全线处于Ⅷ度以上高烈度地震区、平行线路交错于多条活动断裂带的高速公路建设项目为党建品牌建设亮点，以实现"投建一体出效益、要素保障出效率、建设管理出品牌、品质提升出成效、本质安全出成果"的建设目标，为早日实现西宁高速建成通车而努力奋斗，开拓新的希望。

（二）创新"四个方向"，筑牢战斗堡垒

宁西公司党委树牢"围绕业务抓党建，抓好党建促发展"的"一盘棋"思维，全方位推动"凝心聚力筑牢发展方向"模式落地生根、开花结果，推进党的建设深入一线、全面覆盖、取得成效。

1. 凝心聚力筑党建希望

将"引领方向"始终贯穿公司党的建设，以"强党建"为核心，加快推动党建"融入中心、融入业务、融入教育、融入日常、融入廉洁"。通盘考虑各方面情况，统筹兼顾、一体推进，把稳思想"主心骨"，坚持开展"三会一课"、主题党日、讲党课等活动，丰富学习形式，坚持党建工作和业务工作目标同向、部署同步、工作同力，以高质量党建引领高质量发展，使二者在融合发展中相互促进。

2. 凝心聚力筑廉洁希望

将"清正廉洁"始终贯穿公司党风廉政建设，深入推进全面从严治党，提高党的作风建设质量，必须始终坚持"严"的总基调，针对业务工作中的廉政风险点，在党建工作中有的放矢加强思想建设、作风建设、制度建设，使党员干部不敢腐、不能腐、不想腐，确保党员干部干净干事，推动形成求真务实、真抓实干的浓厚氛围。

3. 凝心聚力筑建设希望

将"匠心筑路"始终贯穿公司项目建设，精于工、匠于心、品于行，把党建工作作为宁西公司统领项目建设的"导航仪"，以"党旗飘在工地上"为载体，协同开展"党建联建"，采用"攻坚金点子""建设大比拼"等形式，有效促进不同施工单位主体间的思想相融、文化相融、行动相融，激活红色细胞，凝聚项目战斗攻坚合力，使党建工作与项目建设同频共振。

4.凝心聚力筑群团希望

将"关心关爱"始终贯穿公司群团建设，紧密结合主题教育，深刻领会、准确把握习近平总书记关于群团工作的重要论述。自觉把工作放在宁西公司建设发展大局中去谋划，把准职工素质提升、员工关爱行动等重点工作，从根本上为公司及员工解决实际问题。深入职工群体倾听群众呼声，关心员工生活，努力做好各项建设发展保障工作，为公司发展提供群团力量。

（三）发挥"六种力量"，夯实发展之基

宁西公司党委把握定位、明确主题，以党建工作与业务工作高度融合的创建理念，按照围绕中心、服务大局、务实求效的原则，以政治性为根本属性，紧扣上级工作要求、工作重点，结合工作实际和党员干部思想状况，提出了具体化、个性化的党建品牌，在内容、载体上寻找与企业经营管理的结合点，坚持品牌引领，装上高质量发展的"红色引擎"。

1.加强思想政治建设，凝聚"铸魂新力量"

突出党员干部思想政治教育，坚持把党的政治建设摆在首位，以习近平新时代中国特色社会主义思想为指导，严格执行重大事项请示报告制度，就项目管理方案、安全环水保工作、干部队伍建设等重大事项请示或报告上级组织。一是组织开展多样学习，严格落实"第一议题"制度，制订2024年党委理论学习中心组年度计划，通过中心组理论学习、党员干部教育培训、"三会一课"等形式，组织全体党员认真学习近平新时代中国特色社会主义思想、党的二十大精神、新质生产力等内容40余次，召开党委中心组学习8次、专题研讨12次。二是落实意识形态工作主体责任，坚持把意识形态工作作为党建工作责任制考核重要内容，专题研究意识形态工作7次，统筹谋划，整体推进，确保责任落实。建立公司办公群台账，清查登记各部门互联网工作群32个，实时掌握西宁高速施工项目工作动态、思想动态，通过强化自身建设不断化解舆论风险。围绕"学党纪、明规矩、强党性"等主题组织开展集中学习、研讨、自学10余次，形成学习心得体会40余篇，2个党支部100%全覆盖开展学习，不断提升运用党的创新理论指导实践、推动工作的能力。组织公司党员干部通过"国资e学""蜀道学苑""学习强国"等平台进行不少于50学时的线上学习，并在微信群、公众号定期推送《中国共产党纪律处分条例》修订条文对照表、"党史上的纪律教育"等学习内容30余次。

2.夯实改革发展基础，凝聚"强基新力量"

一是扎实推进重点工作，坚持重心下移，以抓紧抓实"五个基本"为重点，深入推进党建"六大行动"，巩固深化"党建提质行动"工作成果，及时修订党员积分制管理方案，严格落实党员教育管理各项工作，有效激发党员内生活力，加强党支部规范化建设，开展支部"分类定级"活动，推动基层党支部全面过硬、全面进步。二是健全党建工作推进机制，按照"工作项目化、项目清单化、清单责任化、责任时限化"的要求，印发宁西公司党委《2024年党建工作要点》，制定并完善《党建工作联系点制度》《党建工作责任制考核办法》，将年度重点工作分解细化为8类25项具体任务，严格清单化、目标化管理，明确措施路径、高效抓好落实。健全年度工作会、半年推进会、季度调度会等工作机制，及时传达学习蜀道集团、蜀道高速集团2024年工作会、党建纪检工作会精神，专题研究党建、干部人才、宣传、党风廉政建设等工作共7次，开展党建工作检查，查找并整改问题15项，进一步健全完善党建责任考核体系，充分发挥党建考核"指挥棒"作用。三是全面从严管好党员队伍，坚持党章规定的党员标准，始终把政治标准放在首位，严格执行《发展党员工作指导手册》，落实年度发展党员计划，积极参与集团"育苗计划"发展党员培训，推动党员队伍结构持续优化，严把党员入口关、规范发展党员程序，2024年吸纳4名发展对象，6人转为入党积极分子。四是深化党员先锋作用发挥，围绕项目建设、降耗增效等重点工作，持续深化宁西公司党委"降耗增效"先锋党支部、"党务队伍赋能"党员先锋岗、"团聚宁心"党员责任区与"隧道攻坚"党员突击队作用的发挥，在西宁高速各联合临时党支部研究制定"党员先锋岗、党员责任区、党员突击队"创建活动方案，谋划9项重点工作，共创建29个党员先锋岗、9个党员突击队、9个党员责任区，80余名参创党员，实现各支部全覆盖，引导广大党员立足岗位创先争优、建功立业。

3. 做好人才选育管用，凝聚"人才新力量"

一是抓好干部选拔任用。坚持德才兼备、以德为先、任人唯贤原则，严格按照集团干部选拔任用工作纪实办法要求，制定《宁西公司中层管理人员竞聘上岗工作方案》，完成公司13名中层管理人员竞争上岗工作。建立干部动态管理机制，每季度对干部情况进行调研和盘点，建立并更新优秀年轻干部库等"三大台账"。二是强化干部监督管理。严把干部任前审核关，前移监督关口，征求党风廉政意见13人，防止干部"带病提拔"。加强干部人事档案管理，上半年审核档案50余卷，干部信息管理更加规范。按照集团党委部署要求，建立干部政治素质档案22册，扎实开展干部因私出国、兼职管理、公务回避与任职回避清理。三是推动人才培养工作。制定并完善宁西公司三年（2024—2027年）人才递进培养"青蓝计划"方案，采取"线上＋线下"理论学习、实践锻炼等方式开展培训，提高年轻干部综合能力，把艰苦地区和复杂环境作为干部人才培养的主阵地，推荐11名青年干部到基层一线开展"接地气"式培养。打破部门横向间的隔阂和界限，试推行工程、安全、代表处等部门人员工作岗位轮换机制。鼓励符合条件的职工申报职称、职业资格考试，大力开展职称聘任工作，上半年累计超10名员工取得专业技术职称并被公司聘任。

4. 落实管党治党责任，凝聚"倡廉新力量"

将"清正廉洁"始终贯穿公司党风廉政建设，深入推进全面从严治党加强思想建设、作风建设、制度建设，推动形成求真务实、真抓实干的浓厚氛围。一是做实政治监督，压实"两个责任"。严格落实党风廉政建设责任制，细化责任分工，明确责任内容，推动召开全面从严治党专题党委会，对党风廉政建设和反腐败工作进行研究部署，协助领导班子落实党风廉政建设"一岗双责"。深刻领会习近平总书记关于安全生产重要论述和重要指示精神，按照公司安全生产工作任务制度要求，立足"监督再监督"职能定位，开展安全领域专项监督4次，及时跟进、动态问效，督促整改西宁高速项目沿黑水河流域环水保问题58项，持续压紧压实生产安全责任。二是聚焦监督首责，紧盯关键环节。推动"三重一大"事项监督常态化，参督办议题落地落实34项，杜绝打折扣、搞变通行为，抓好同级领导班子成员监督。把牢选人用人关口，紧盯关键节点和重点岗位，审慎出具廉洁意见3份。推动召开新入职员工干部集体廉洁谈话6人次，完成中层干部廉洁承诺书签认工作，同步建立、滚动更新廉洁档案14份，督促"关键少数"严于律己、严负其责、严管其辖。聚焦"四风"问题和廉洁从业专项整治，督促中层干部对13项问题进行全面自查。三是健全完善"地企廉洁共建"实施办法。加快与普格县纪委、监委沟通进程，不断拓宽公司廉洁文化建设资源。四是深挖本地红色资源。通过彝海结盟纪念馆正面教育引导，将纪律规矩转化为全体党员行动自觉。五是部署推动以案促改。用好用活反面教材，案例警示与现场教育双线并行，通过党委会专题学习集团内部典型案例，观看警示教育片，组织公司全体党员赴凉山监狱强化法纪教育。

5. 围绕中心、保障大局，凝聚"融合新力量"

围绕建设发展的难点和堵点，聚焦目标任务，探索党建新思路，促进党建与项目建设双轮驱动更加融合。坚持服务生产不偏离，把"提高支部战斗堡垒作用和党员先锋模范作用"作为党建工作的出发点和落脚点；把"党建＋"作为助推中心工作"升级补钙""强身健体"的头号工程，探索建立"党建＋工程"持续促进西宁高速工程建设质效，"党建＋服务"持续提升中心工作保驾护航能力，"党建

+安全"持续保持安全稳定态势,"党建+文化"持续增强职工幸福指数等党建形式载体,丰富党建工作内涵,提升党建工作质效,推动党建与西宁高速建设相融相促、同频共振。

坚持"党建统领、融入中心,资源共享、一体发展"总体思路,创建西宁高速联合临时党组织。一是做好谋划部署。组织召开2次西宁高速联合临时党组织建设专题会,与14位项目经理面对面交流,制定《西宁高速联合临时党组织建设方案(试行)》《西宁高速联合临时党组织工作实施细则(试行)》等4项制度,在项目建设一线建立起共计150余名党员,3个以管段包保领导为党总支书记的联合临时党总支,7个覆盖业主代表、监理、监理试验室、项目经理部、工地试验室、劳务队伍等党员队伍的联合临时党支部。二是抓好实施载体。定好项目建设"路线图",在联合临时党组织创建16个党员先锋岗、8个党员突击队、8个党员责任区,以品质工程、安全生产、乡村振兴为抓手,充分发挥基层党组织战斗堡垒作用,实现各支部党员全参与、重点全覆盖。三是突出作用发挥。制定完善西宁高速联合临时党总支联席会议、党员定点联系点、考核激励等工作机制,召开联合临时党总支会议6次,讨论研究重大事项,高效推进设计变更、工期管理、安全保障、征地拆迁、以工代赈等方面的重点难点工作13次,集中研讨项目网格化管理、"关键工序带班"制度6次,参与对班组的教育培训、监督考核等工作,实现现场管理"一竿子插到底",形成"难题共解、经验互享"的良好机制。

6. 发挥桥梁纽带作用,凝聚"群团新力量"

以职工为中心,为职工解难题。真切关心职工诉求,落实"思想关爱、健康关爱、生活关爱和困难帮扶"五大关爱体系。推动工作规范化、长效化目标,提升服务企业、服务职工的能力水平,抓好工会系统党风廉政和作风建设,切实为广大职工群众解难题、办实事、做好事。一是致力于思想政治引领,持续深入学习贯彻党的二十大精神,健全常态化、长效化学习机制,用"三种精神"鼓舞职工,用舆论阵地引领职工。坚持不懈抓好职工文体活动,充分发挥9支兴趣小组作用,因时因地组织开展职工书画摄影、征文演讲、趣味运动会等丰富多彩、喜闻乐见的文体活动,为推动公司高质量发展提供凝聚人心的引导力和向心力。二是致力于建功舞台打造,持续深化劳动竞赛活动,组织参建单位开展2024年度劳动竞赛,高质量地做好竞赛的筹划运行、评价考核、评比表彰等环节。积极备战2024年省技能比武财务预算管理和工会安全监督两大竞赛,着力提升职工职业技能。深化"降耗增效·我在行动"系列活动,发挥青年生力军、党外人士智囊团的作用。深化青年人才培养机制,持续开展好"导师带徒"活动。三是致力于职工权益维护,严格落实工会劳动安全监督职责,常态化对公司、参建单位进行全覆盖做好监督检查。认真开展"复工复产送安全"活动,组织全员参加"安康杯"竞赛等活动,不断加强群众性安全生产宣传教育。推动厂务公开、职工提案、集体合同和集体协商等民主管理常态化、规范化,深化民主管理建设。四是致力于服务品质提升,精准做好职工普惠服务,以职工需求为导向,做好"春送安全、夏送清凉、金秋助学、冬送温暖"和节日、生日、阵地普惠等。关爱女职工特殊权益,做好职工未成年子女关爱活动和暑期子女关爱服务工作,营造职工家庭文明新风。五是致力于群团组织建设,完成团组织组建工作,增强团组织的凝聚力、向心力。完善规范管理机制,加强制度执行。建强工会干部队伍,选拔配齐工会小组组长。同时落实好蜀道高速集团群团工作部署,落实好社会责任,做好上级及公司党委安排的定点帮扶、乡村振兴发展等工作。

三、实施效果

"党建品牌"聚动能,"筑路先锋"促发展。宁西公司党委牢牢把握新时代党的建设总要求,持续深化特色党建品牌打造,不断提升党建工作水平,切实把党建工作优势转化为企业竞争优势和发展优势,全面系统地提升党建质量,以高质量党建助推公司高质量发展。

(一)持之以恒加强顶层设计

要更广更深落实"两个一以贯之",持续完善并加强党的领导与公司治理相统一的制度机制,全面规范"党建入章"内容等相关顶层设计。动态优化党组织前置研究讨论重大经营管理事项清单,解决清单未及时修订、内容"上下一般粗"等问题。坚持"双向进入、交叉任职"领导体制和党委书记、董事长"一肩挑"体制,持续优化董事会建设,规范民主决策机制,完善"三重一大"制度、"两会一层"议事规则和权力运行清单,厘清不同治理主体的权责边界。深化内部产业协同,坚定服务集团产业协同发展战略,实现资源效益和整体利益最大化,压降管理成本,转变惯性思维,牢固树立过"紧日子"思想,切实做好"降本增效""开源节流"。注重发展导向"谋势",主动适应全面从严治党新形势,把握党建质量提升新要求,以更高标准更严要求,谋势而动,坚持问题导向"谋局",树立"大党建"理念,着力解决企业基层党建工作中普遍存在的"一般化""两张皮"问题,推动党建事业融合发展。要突出效果导向"谋篇",紧扣标准化建设目标要求,聚焦组织力提升,坚持围绕中心、服务大局,制定"规划图",明确"路线图",绘好"施工图"。

（二）持之以恒找好党建抓手

建好建强"1+4+6"三级党建品牌体系,党建品牌建设要突出国有企业的使命与担当,更加关注和回应时代关切,聚焦服务和满足社会需求,确保国有企业的基层党建工作始终走在前、做表率,在夯实党执政的物质基础和政治基础的征程中不断发挥新的更大作用。有了好的抓手,党建工作就有了质和效,就有了提质增效的"新引擎",始终把党的建设作为武装头脑、指导实践、推动工作的落脚点和出发点,形成一套符合建设实际、适应时代要求、切实可行的品牌建设标准,内容要具体、操作要简便,从而不断推进企业党建工作的制度化、规范化、科学化建设。

（三）持之以恒深化党业融合

党建深化了就是生产力,建强了就是战斗力。要明确贯穿党的建设与生产经营深度融合的基本要求,抓党建从业务出发,抓业务从党建入手,以党建促业务,以业务促党建。坚持服务生产经营不偏移,持续丰富"党建+""+党建"的新模式、新载体,紧扣集团"蜀高征程·先锋引领"行动要求,开展"三亮三比"（亮身份、亮职责、亮承诺,比实干、比创新、比实效）、"党员建功战一线"等活动,让党旗飘在一线、堡垒筑在一线、党员冲在一线,增强与中心工作的融合度和贡献度。抓好党建品牌宣传推广,积极打造具有鲜明特色的党建示范点,适时组织观摩交流活动,持续提升党建品牌的认可度和影响力。

创新党建"红培"，助力乡村振兴

创造单位：中国康辉旅游集团有限公司
主创人：张楠　郭怡
创造人：龚媛　邱安琪　颜词

【摘要】中国康辉旅游集团有限公司（以下简称康辉集团）将履行社会责任与公司发展深度融合，紧扣文旅融合点，聚焦新场景，致力新体验，以新体制、新机制、新业务为抓手，创新党建"红培"，助力乡村振兴。项目以帮扶中央组织部红色村试点房山区霞云岭乡堂上村为契机，研发北京地区红色村试点党建"红培"课程，积极落实帮扶任务，助力全国党员教育，不断推进乡村振兴呈现新图景。康辉集团自项目开展以来，推出北京地区抗战历史"党史课件""党建活动手册""党建活动任务书"等资料近十万字，研发移动端电子课件，打造活力IP，使党员教育鲜活生动，吸引更多党员走进红色试点村，接受爱国主义教育。

【关键词】党员教育　党建"红培"　乡村振兴　爱国主义教育

一、实施背景

为进一步巩固国有企业改革成果，推动产业结构调整与转型升级，大力发展创新项目，康辉集团积极贯彻落实党中央决策部署，寻求发展契机，开辟出党建"红培"的新赛道。在北京首都旅游集团有限责任公司（以下简称首旅集团）"十四五"规划指引下，康辉集团秉承首旅集团"协同共赢、服务精进、创新卓越、使命担当"的企业文化核心价值观，项目聚焦"红培"新场景，推动资源优势转化为发展成效，统筹开展此项目，把党建"红培"作为新增长点、文旅融合的新突破点，以新体制、新机制、新业务模式为抓手，创新开展党建"红培"，助力乡村振兴，走上了一条守正创新、追求卓越的新道路。

项目具有庞大的市场需求、利好的政策导向和有待深度发掘的发展潜力，本文从政策背景、行业背景和项目背景3个方面分析了项目实施背景。

（一）政策背景

党的十八大以来，以习近平同志为核心的党中央秉承党的优良传统，高度重视党建工作，明确提出把党支部建设放在更加突出的位置，加强党支部标准化、规范化建设，推动党建与业务工作深度融合。《2019—2023年全国党员教育培训工作规划》《中华人民共和国爱国主义教育法》《党史学习教育工作条例》《中国共产党纪律处分条例》等重要法律法规及文件为项目提供了强有力的理论支持，更为今后党建"红培"发展指明了方向。

2019年，中共中央办公厅印发《2019—2023年全国党员教育培训工作规划》，规划中明确提出，"从2019年开始，用5年时间，有计划分层次高质量开展党员教育培训，把全体党员普遍轮训一遍"，可见党和国家对党员教育提出了新要求和新希望。

2023年10月24日，第十四届全国人民代表大会常务委员会第六次会议通过《中华人民共和国爱国主义教育法》，强调开展新时代爱国主义教育，传承和弘扬爱国主义精神，凝聚全面建设社会主义现代化国家、全面推进中华民族伟大复兴的磅礴力量。

2024年2月19日，中共中央印发了《党史学习教育工作条例》，提出开展党史学习教育，充分发挥党史以史鉴今、资政育人的作用。

2023年12月27日，中共中央印发了修订后的《中国共产党纪律处分条例》，自2024年4月至7月，在全党开展党纪学习教育。

（二）行业背景

习近平总书记强调要"以钉钉子精神抓好改革落实"，国有企业是党和国家事业全局的"国之大者"，深化国资国企改革，是提升国资监管效能、扎实推进国有企业高质量发展的重要抓手。要时刻保持政治清醒，坚定不移做强做优做大国有资本和国有企业，推动国有企业不断增强核心功能、提升核心竞争力。首旅集团以"十四五"规划为引领，聚焦"需求侧"变化，推动各企业供给侧结构性改革取得新成效，使改革发展落实落细。康辉集团依托重要的行业背景，凭借第一批旅行社的资源背景，为项目提供了坚实的发展动力。

（三）项目背景

长久以来，康辉集团坚持红色旅游发展方向，以红旅为切入点和业务基础推动文化和旅游深入融合。2016年，参与国家旅游局（2018年变为文化和旅游部）"纪念红军长征胜利80周年"活动；2017年，组织"南北康辉会六安，千人走进大别山"的红色旅游专列；2021年，为庆祝中国共产党成立100周年，主办"庆百年，开启红色旅游新篇章"系列活动，为项目积累了资源优势和发展势能。

在2021年，项目迎来了契机。3月，北京市委组织部、市委农工委和市财政局联合下发了《关于开展2021年推动红色村组织振兴建设红色美丽村庄试点工作的通知》，康辉集团在着力完成帮扶任务的同时，进一步思考工作落地的操作性和长效机制。经过市场调查、深入研讨、反复商榷后，决定以帮扶房山区霞云岭乡堂上村为契机，对北京地区红色资源，特别是北京地区的红色村试点，进行广泛而深刻的摸底考察，最终在走访大多数红色场馆、革命纪念地后，形成了推动"创新党建'红培'，助力乡村振兴"项目落地，大力开展爱国主义教育的发展方向，切实帮扶红色村试点，推进乡村全面振兴取得新突破。

二、实施目的

项目以中央组织部红色村试点对接帮扶任务为出发点，研发北京地区党建"红培"课程及路线，将谋求创新发展与助推全面乡村振兴深度融合。从2021年年底起，项目围绕中央组织部红色村试点建设工作，结合各村红色资源研发党建"红培"线路及课程，以公司专研的新体制、会企合作的新机制、科技赋能的新模式为抓手，打造乡村生态旅游和文化宣传阵地，研发"创新党建'红培'·助力乡村振兴"项目。现有试点村案例不仅展示了项目的实施效果，验证了项目的可行性，更展现了乡村振兴的美好前景。

三、实施过程

项目先后推出了中央组织部北京地区红色试点村、京畿红迹、党风党纪等系列主题课程及线路近50个。以《中国共产党章程》《中国共产党支部工作条例（试行）》《中华人民共和国爱国主义教育法》为根本遵循，深入贯彻落实党的二十大和二十届三中全会精神，用足当地红色资源，用好生动教材，传承革命精神。

2021年12月，红色试点村建设季度例会暨"1+4"对接帮扶工作启动会召开，会议确定了首旅集团对口帮扶房山区霞云岭乡堂上村的工作任务，由康辉集团具体承接帮扶任务。

康辉集团的领导层不等不靠，针对如何结合自身优势完成帮扶任务、如何落地项目开展了多次讨论。经多次实地走访、考察调研、开会研究等，最终确定以"开展红色旅游、助力红色试点村实现乡村振兴"为工作方向。坚持"一村一品"，针对中央组织部3批、17个村自身特点和资源禀赋，开发差异化党建红色路线。结合该村实际情况，通过开发党建"红培"课程、打造特色教学模式、推出红色旅游产品等方式，提高红色教学吸引力，以专业能力回馈老区人民。

党建"红培"具有庞大的市场需求、利好的政策导向。在疫情期间，传统旅游业务几乎停摆，这个方向的研究和拓展也成为公司转型升级的一个新思路。调研数据显示，截至2022年年底，全国共有党员9804.1万名、党的基层组织506.5万个；北京市共有党员253.7万名、党的基层组织11.7万个。

党建"红培"有待深度发掘的市场。调研发现，目前市面上存在的党建培训产品良莠不齐，有的是停留在简单的参观、听讲解的相对传统阶段，仅仅把教室内的学习搬到了现场，其呈现度也很难吸引参观学习者的深度注意与思考。有的追求"科技感"，加入高科技的设施投入，资金投入大；但"浮光掠影"的"快餐式"展现方式，没有赋予时代感，缺乏情感认同，与参观学习者有心理距离，难以引起心灵震动，产生情感共鸣。面对有待深度发掘的市场，康辉集团对项目有足够的信心，决定在完成对口帮扶任务的同时，抓住机会，将康辉党建"红培"业务发扬光大。

康辉集团有常年深耕红色旅游的业务基础。自2006年起，红色旅游就是康辉集团非常重要的业务板块，分布全国的康辉各分子公司，在当地都有获取红色资源的优势。康辉集团还有参与大型红色活动的经验。2016年康辉集团参与了国家旅游局（2018年变为文化和旅游部）"纪念红军长征胜利80周年·重走长征路"的活动，邀请首旅集团10名优秀支部书记参与了"红培"活动，至今康辉集团仍与长征沿线的一些纪念馆依然保持着很好的合作关系，长征专家都说康辉集团是唯一一个在这次活动后仍一直坚持做长征红色品牌的公司；2017年5月19日是第七个"中国旅游日"，康辉集团在安徽省六安市组织了"南北康辉会六安，千人走进大别山"的红色旅游专列，可以说康辉集团做党建"红培"是有深厚基础的。

康辉集团开展的第一个中央组织部红色试点村就是房山霞云岭的堂上村，这里距市区100多千米。村里的"没有共产党就有没有新中国"纪念馆是一个国家级的馆，每年接待参观者近10万人，但是村书记却说村里留不住游客，大家参观完就走了，红色教育课演变为走过场似的红色旅游。他们现在是"捧着金饭碗要饭"。如何帮堂上村留住人在村里消费，这是康辉集团需要"破冰"的。想要留住人，就需要增加大家在村里的参观、活动时长。康辉集团组织专家、创作团队多次前往、实地调研，深入研究了堂上村的特点——红色文化，设计了红歌挑战赛、红色情景剧等党建活动，组织大家开展"党章""支部工作条例""党史""党的二十大精神"主题知识闯关活动，这些活动融知识性、趣味性、艺术性、科学性于一体，形式多样，内容丰富，让大家在互动中学有所获。活动一经推出，就受到了参训党员的好评，为村里留住了人，也促进了村集体经济增收。

为了吸引更多的年轻党员参与活动，提高学习效率，康辉集团也不断创新，对时下最受年轻人喜爱的活动进行了深入的研究。研究发现，代入性强的故事和剧情会使人沉浸其中，如果能再增加一些推理设定，引导参与者不断地倾听、思考、探讨，就能让人全心投入，甚至在结束之后还能记忆深刻。基于这样的想法，康辉集团多次走进有着千年历史、打响长城抗战第一枪的古北口村，想通过情景再现的形式将散落在村里的红色遗迹和历史遗迹串联起来，深入探讨了将情景体验式教学运用到党建活动中的可能性，尝试将历史文化与村里的红色文化融合，调整与红色村历史更加贴切的情景设定，筛选每个板块适合添加的问题和知识点，最终形成了能够通过手机派发任务的情景化教学软件。通过手机派发任务，参与者在村内获取任务信息，寻找答案，完成任务。这样就将情景化教学、沉浸式体验融入党建活动，通过互动式和自发探索式的学习，了解北京地区和红色村的抗战历史，轻松完成培训任务。

在课程的开发中，项目致力于走内容化路线，开发了2款H5电子助学课件。在实际应用中，将代表康辉集团的小鹿形象与红色试点村周边名优特产元素融入特色助农理念，打造IP形象和文创产品，实现助农增收，为乡村振兴注入更多的创新和活力。

项目在课程中打造了包括展馆教学、现场教学、沉浸教学及情景教学等教学模式。同时，利用科技赋能课程，以技术系统平台为载体，借助数字技术和信息技术等现代科技手段改造这种看得见与看不见、摸不着与体验不了的资源，让参观学习者深度体验、深刻解读其蕴含的内涵。通过展馆教学的方式带领参与者踏入庄严而充满历史沉淀的纪念馆，探索中国共产党波澜壮阔的奋斗历程。现场教学不仅要带领参与者身体力行地锻炼体魄、增强体质，更要使他们在团队合作中学会相互信任、有效沟通与协作，团队凝聚力与向心力显著增强。这种实践中的学习，让理论知识具象化，团队成员间的默契与友谊也在一次次挑战中悄然生长。更为重要的是，这些活动巧妙地融入了红色文化与革命精神的元素，让参与者在亲身体验中深刻理解并传承红色基因，进一步坚定了理想信念，强化了对党的忠诚与热爱。在回顾历史的同时，也激发了党员们在新时代背景下勇于担当、奋发有为的责任感和使命感，为实现中华民族伟大复兴的中国梦凝聚起更强大的精神力量。

沉浸教学则让党员在活动中"身临其境"，不再是被动接收信息的听众，而是成为其中的一部分，直接参与其中。这种教学模式更是增强了红色课程的吸引力和感染力，使党的理论知识和光荣传统以更加鲜活、直观的方式植根于每位参与者的心中，为新时代党的建设提供了有力的支持与保障。

四、主要创新点

项目对党建"红培"创新路径的探索分别聚焦于以下三个方面。

一是体制创新。作为专业从事党建"红培"和研学业务的公司，康辉集团北京教育科技有限公司应运而生，走上了专业化的道路。

二是机制创新。康辉集团积极与首都体育学院进行合作，为团队发展和业务创新的可持续性提供有力支撑。同时，坚持走专业化的发展道路，与中华人民共和国国史学会达成战略合作，由国史学会的专家为项目进行学术把关。以"会企合作""校企合作"的机制，从党建线路、培训课程、人才培养方面解决了专业性不足的问题。

三是业务模式创新。康辉集团业务创新在很大程度上体现在自身经营模式与身份的转变上，从组织红色旅游的服务运营商转变为内容制造商，从做好人员组织、现场协调升级为开发专业化课程、创新教学方式，从而推进自下而上的业务模式改革。

经过这两年持续推动发力，康辉集团的党建"红培"项目获得了许多新成果。康辉集团根据中央组织部红色村试点建设和帮扶工作，深入研究各村庄红色历史和文献资料，并在中华人民共和国国史学会专家的学术把关下，撰写了近十万字的"北京地区抗战历史课件"。项目结合《中国共产党章程》《中国共产党支部工作条例（试行）》《中华人民共和国爱国主义教育法》《党史学习教育工作条例》《中国共产党纪律处分条例》内容要求，编写了"党建活动手册""党建活动任务书""引导员活动指南及讲解词""党建活动汇编"等课件，推出了50多条党建活动路线，形成了行前沟通需求、精心策划，行中参观学习、互动体验、沉浸式教学，行后成果小测、学习小结的标准化党建活动流程。

在深刻理解、挖掘资源的基础上，康辉集团进一步围绕参训者潜在需求，以情景式教学、沉浸式体验为着力点，自主研发电子助学课件，积极探索科技赋能乡村振兴新思路，丰富党建"红培"的新场景。依托各村红色文化和历史背景，通过智慧化、系统化规范设计，筛选每个板块的问题和知识点，以手机派发任务，将学习的知识点嵌入到活动中，实现传统基因和创新基因的有机集合。

在拓展创新项目的同时，康辉集团也在不断尝试通过宣传途径赋能优质资源。利用文创热潮，将红色试点村周边名优特产元素融入特色助农理念，以康辉的小鹿为灵感源泉，为村里创造更多增收机会，进一步扩大业务领域。同时凭借科技手段，设计探索生动的IP形象，将动漫、动画VR（虚拟现实）和实景深度融合，打造党建学习的新场景和新方式。

五、实施效果

自开展党建"红培"业务以来，截至2024年年底，项目已累计接待400多个党支部、10000余名党员。

本项目在助力红色村建设的同时，也为红色村做了引流，尤其是一些红色景点相对零散的村，在国史学会的帮助下,我们对这些分散的景点进行发掘和信息完善,并逐步将其收录到"全国红色景点信息服务平台",让这些景点能在全国范围内获得展现和宣传的机会。

党建"红培"项目获得了多方肯定。在项目开展过程中,得到了北京市委组织部、北京市国资委及康辉集团领导的关心和帮助。2022年6月康辉集团宣教部与国资委宣教处支部共建,参加了党建活动,此次活动获得"国资京京"的推介。同年10月,首旅集团公众号"首旅生活"也报道宣传了本项目。

北京市委组织部对项目给予了高度评价。2023年年初,北京市委组织部在全市书记视频会上,邀请首旅集团书记就红色美丽乡村帮扶工作进行经验交流。同年9月,北京市委组织部召开红色试点村建设工作调度会暨新一轮"1+4"对接部署会,会上迟部长高度赞扬了首旅集团帮扶红色试点村开展党建"红培"的工作。

康辉集团党建"红培"项目先后入选"2023年中国旅游创业创新产业融合示范案例""文旅赋能乡村振兴精品案例""2023年度北京企业党建优秀案例"等,并获得北京市国资委高度认可,目前康辉集团将1个对接帮扶村增加到3个村。项目带头人代表团队被文化和旅游部评为"2023年度乡村文化和旅游带头人"。

六、下一步规划与讨论

目前,情景教学电子课件已经申请了软件著作权、外观专利和美术版权。康辉集团的目标是将已经建设完成的每条线路都设计出电子课件,走内容化路线,打造党建"红培"专属IP,将知识产权转化为其他形式的商业价值,向其他党建活动基地、企业、单位等进行市场化销售,进一步提升盈利空间、扩大影响力。

康辉集团"红培"研学专委会的会员单位有将近30家,大都常年深耕"红培"领域,预计2025年,全国康辉党建"红培"业务营业收入将超过2亿元。康辉集团将进一步优化和完善项目内容和模式,将课程体系、教育模式、工作方法输出到各地子公司,依托当地特色红色资源,共同推进党建培训线路的串联,打造党建"红培"领域的全国知名品牌。

第一,持续输出"党建促乡村振兴"发展模式。在进一步优化项目内容的基础上,将我们成体系的党建标准化流程、教育模式和工作方法输出推广到康辉各地的分公司。引导分公司发挥地方特色,共同助力党建培训线路的串联,向全国铺开新赛道,形成内外联动独创布局,打造党建"红培"领域的全国知名品牌。

第二,实现首旅集团内部互联互通。目前,正在与香山饭店联合推出"赶考之路"课程、与首旅集团洽谈雄安地区产品线路、与首汽集团长期合作市内车务接待运营工作,合作互通初见成效。未来,打算继续依托集团内部优势,在产品业务与销售方面推动深度合作,资源共享。如今,康辉集团又迎来红军长征胜利90周年的重要时刻,康辉集团致力于从过去的参与方转变为主导策划方,目前正在与各相关单位积极沟通与接洽。

第三,康辉集团将进一步巩固中央组织部红色美丽乡村试点工作所取得的帮扶成效。致力于紧密围绕各村的红色资源,深入挖掘和弘扬革命传统,因地制宜地开展具有地方特色的党建活动。同时,康辉集团期望与全国其他入选红色美丽试点的村庄展开项目交流,共同分享经验和教训,实现更广泛的交流互鉴。通过创新党建"红培",致力于促进农村经济的繁荣发展,推动乡村红色文化的传承与兴盛,为实现乡村振兴贡献力量。

以创新党建"红培"的方式助力乡村振兴,是文化和旅游融合发展的重点方向,受到各方的持续关注和大力支持,为乡村发展注入新的动力和活力。现有试点村的案例不仅展示了项目的实施效果,验证了项目的可行性,更展现了乡村振兴的美好前景。通过创新党建"红培",促进农村经济发展,推动乡村红色文化繁荣,实现乡村振兴。

三心为农绿映红，党旗领航促发展

——以党建品牌创建推动企业高质量发展的探索与实践

创造单位：南昌农业发展集团有限公司
主创人：程经纬　何姗
创造人：鞠欣　涂青青　陈颖洁

【摘要】作为红土地上成长起来的国有企业，南昌农业发展集团有限公司（以下简称南昌农发集团）始终坚持把党的领导和加强党的建设作为高质量发展的"根"和"魂"，集团党委坚持以习近平新时代中国特色社会主义思想为指引，坚持学习贯彻习近平新时代中国特色社会主义思想、党的二十大精神和习近平关于"三农"工作、关于国有企业改革发展的重要论述，以及习近平总书记视察江西时的重要讲话精神，坚定发挥党委领导作用，把方向、管大局、保落实，积极探索党建品牌创建路径，不断深入推进集团党建与业务深度融合，以推动企业的高质量发展。

【关键词】"三农"工作　国有企业　党建品牌　高质量发展

一、实施背景

南昌农发集团坐落于素有"文章节义之邦，白鹤鱼米之国"之美称的江西鄱阳湖畔。2022年，南昌市加速推进市属国有企业集团战略性重组、专业化整合，将市属国企的农业、林业、粮食类企业进行战略性重组、专业化整合，并以原南昌市政生态农业有限公司为主体，在2023年5月8日揭牌成立了"南昌市政农业集团有限公司"，自此集团开启了集投资运营、研发生产、加工销售、供应链批发、仓储配送等于一体的农业全产业链现代农业发展之路。2024年4月11日，经南昌市委、市政府批准，公司更名为"南昌农业发展集团有限公司"，向着2025年实现"双百亿"（即资产总额超百亿元，营业收入超百亿元）和全力进入"中国农业企业500强""农业产业化国家重点龙头企业"的目标奋力前进。

自整合成立以来，南昌农发集团党委结合企业实际，始终坚持深入贯彻落实习近平总书记关于国有企业改革发展和党的建设的重要论述精神，深入探索党建工作与生产经营深度融合新路径，通过积极实施党建工作"领航"计划，广泛开展党建品牌创建活动，凝心聚力，提效益、增实力、保增值。

二、实施目的

坚持党建引领，聚焦产业发展，通过开展"党旗领航，三心为农"党建品牌创建活动，让每一名党员都成为一面旗帜，致力于打造一支"政治过硬、业务精通、勇于担当、甘于奉献"的党员干部和专业技术队伍，为推进实现"双百亿"目标及"农业产业化国家重点龙头企业"远景目标提供强大的精神动力和坚强的组织保障。

三、实施过程

在企业生产经营主战场，南昌农发集团党委始终以党的政治优势、组织优势推动国企改革在基层一线走深走实，以农业党建品牌的创建与实践为抓手，用"初心、民心、匠心"及"一条主线、两轮驱动、三项建设、四大工程"的1234党建工作法，激活企业腾飞"红色引擎"，做大规模量级、做优产品质量、做强企业品牌，逐步形成了从田间到餐桌的全产业链条和一、二、三产业融合发展的全产业格局。

（一）贯穿"一条主线"，发挥党建先锋带头作用

南昌农发集团党委牢固贯彻习近平总书记关于"三农"工作、关于国有企业改革发展的重要论述，以及习近平总书记视察江西时的重要讲话精神，以党建"三化"建设为引擎，推动南昌农发集团党建工作全面提升、全面过硬，为不断提升集团发展效率及发展质量提供坚强的组织保障。

一是加强政治理论学习。坚持把习近平新时代中国特色社会主义思想、党的二十大精神和习近平关于"三农"工作、关于国有企业改革发展的重要论述，以及习近平总书记视察江西时的重要讲话精神等重要理论列为学习的"第一议题"和党员学习的第一任务，第一时间学习传达、研究部署、推动落实。

二是发挥党委引领作用。每月按时印发《思想政治工作要点》，充分运用"一张清单"，从党建、宣传、工会、团委等方面做出指导性要求，并将工作完成情况纳入党建工作考核，规范各级党组织的思想政治工作，推动党组织建设提质增效。

三是建设"三化六好"支部。严格执行"三会一课"等党内组织生活制度，认真做好党费收缴、发展党员、党员教育管理、民主评议党员等工作，确保支部建设各项工作在制度的轨道上规范运行。截至2024年7月，南昌农发集团各级党组织均已荣获"六好党支部"荣誉称号。

四是强化党员示范引领。创建党员志愿服务岗、党员示范责任区、党员突击先锋队，以志愿服务岗为"点"、党员突击先锋队为"线"、党员示范责任区为"面"，形成"点、线、面"有机结合的整体创建格局，在农忙、汛期等特殊时期，组织党员冲锋在前，同时带动其他干部职工，开展助农抢收、防汛值守等活动，解决人民群众的燃眉之急，在营造关爱帮扶良好氛围的同时当好产业发展的守护者。

五是扎实开展志愿服务。结合"我为群众办实事"实践活动，打造"党建＋志愿服务"，深入合作企业、深入市场、投身企业发展、乡村振兴、环境整治、文明创建、无偿献血和慈善捐赠等各项志愿服务中，组织开展"浓情端午聚合力，志愿服务递爱心""党员互助一元行动"等党员志愿活动，深入田间地头、深入群众，办好事、办实事，为定点乡村振兴村的脱贫户送上了米面粮油等慰问品，以为人民服务的实际行动和员工、群众的幸福感获得感满意感擦亮党建品牌，促进企业与乡村振兴发展。

六是筑牢意识形态阵地。严格落实意识形态工作责任制，并将意识形态工作纳入党建工作考核中，与其他工作同安排、同部署、同落实，全面提升了干部职工对意识形态工作重要性的认识；严格落实上级关于宣传工作的总体思路，加强对重要敏感信息的监督管理。同时，充分利用"线上＋线下"的宣贯方式，通过公司官网、微信公众号＋宣传海报、LED展示屏等形式对公司党群工作、项目建设、党风廉政建设、企业文化等工作信息进行动态宣传，向外界传递好、传播好集团声音，不断将意识形态工作成果转化为职工队伍奋力攻坚的"精气神"和"战斗力"。

七是树立宣传先进典型。拍摄党员电教片《从"新农人"到"兴农人"，领跑产业振兴路》宣传优秀党员的先进事迹；开辟"你好！市政新农人"专栏，发布《你好！市政新农人——在赣鄱红土上扎根发芽》等稿件，讲述"新农人"群体的耕耘故事；积极投报《榜样的力量——科技耕耘，赋农强农》等专题稿件，弘扬奋勇争先的精神。通过发掘产业发展中的模范典型，充分发挥身边的榜样示范引领作用，引导干部职工在产业发展的过程中做出更大的贡献。

（二）坚持"双轮驱动"，推进党建与业务双融合

南昌农发集团党委坚决贯彻市委、市政府提出的"双百亿"的目标要求，把发展新质生产力摆在突出位置，积极在推进乡村振兴战略及建设"农业强市"战略部署中找位置、挑大梁、做贡献，围绕"大保供、大产业、大服务"的发展战略，以党建"链"接农业产业集群，聚焦驱动产业链、打通供应链、完善服务链、提升价值链，推动各项生产经营任务落地落实。

一是营造"红色氛围"。立足驿站服务功能，建立集"党建宣传、教育管理、一线关爱、便民服务、文明引导"于一体的党群驿站，开通"带您学习""帮您解忧""为您服务"三大项目区，做好便民服务，进一步拉动园区"周末经济"，为集团开拓新的经济增长点。同时通过党史知识再现、组织生活制度上墙、党员风采亮相、主题党日活动等内容的展示，打造沉浸式、立体化的党建阵地和宣传阵地，同时将"三农"政策法规、精神文明建设等内容放进党建文化宣传栏，进一步丰富充盈党建宣传栏内容。

二是激活"党建引擎"。与系统内兄弟单位及行业合作伙伴牵手共建，通过联合开展"携手共建，'植'得期待"等主题党日、工作座谈、党员互动交流等活动，构建起优势互补、资源共享、协同发展的基层党建新格局。积极探索合资子公司基层党建新思路，深入研究分析合作单位企业性质、党员管理模式及企业实际情况，做好合资子公司的党组织成立工作。对于条件已经发展成熟的合资子公司，督促指导其尽快实现党支部的应建尽建，做到"企业发展到哪里，党的建设就跟进到哪里"，进一步构建集团全方位、立体化、全覆盖的党建工作矩阵，有效落实全面从严治党，促进党建工作与企业生产经营的两促进、两提高、双丰收。

三是搭建"四大平台"。在农产品保供服务平台方面，紧盯农产品保供，立足自身资源优势，调整优化农业生产结构，积极构建以粮油、果蔬、生猪、禽蛋、水产及特色农产品等为重点的六大产业链，大力发展农产品精深加工产业及食品配送业务，持续推进一、二、三产业融合发展，共同发力构建农业产业链支撑体系、多元农业供给体系。在乡村振兴示范引领平台方面，主动融入南昌市农业高质量发展的大局，通过园区循环农业生产示范区、高标准高科技农业项目及田园休闲项目等农业设施建设，积极创新现有机制模式，进一步提升优化，做到品种培优、品质提升、品牌过硬，打造江西省"休闲农业＋乡村旅游"农业发展示范点，不仅提升了农业现代化水平，也为新农村建设提供了新的思路，有效促进了乡村振兴的发展。同时，积极与产业链上下游生态合作伙伴及广大农民共同分享产业链价值提升带来的成果，做到了一方水土培育一方产业，带动周边村民实现家门口就业，每年为周边乡镇提供400多个工作岗位，开展"公司＋合作社＋农户"运营模式，带动农户1770户，实现企业与"三农"共同发展的目标。在一、二、三产业融合转化平台方面，在成果转化上，与农业院校、农科院等科研院所在人才培养、科研合作、成果转化上开展合作交流，拟构建跨省产学研合作新模式，与农产品加工研究所在农产品精深加工上进行深入合作；在农产品深加工上，通过"以定代产"，用订单形式让产销之间形成稳定的供应关系，推动农产品标准化、精细化、品牌化改造，发展数字农业的大农业产业，惠及上下游产业链企业。在跨界融合上，以生态研学为亮点，布局高端研学业务，提供现代农业特色科普教育活动，推动全市研学教育发展稳步前进，2019—2023年科普对象已突破10万人。在国有资本农业运营平台方面，以自身产业发展需求为基础，围绕果、蔬和米、面、粮、油、肉、蛋、奶等农业产业，稳步筛选优质企业作为并购标的，先后增资入股行业头部企业，进一步盘活国有资产存量，夯实农业产业链肉制品加工、粮食批发、水果产业基础，引导和带动社会资本共同发展，形成优势互补、相互促进的产业格局。

（三）推进"三项建设"，打造独特"农发"身份标识

集团党委全力推进"企业文化、勤廉农发、品牌赋能"三项建设，搭阵地，聚共识，形成企业独特的身份标识，促进企业的长期发展。

一是构建新兴企业文化。明确"成为国内知名、行业领先的现代农业全产业链综合服务运营商"的企业愿景与"成就美好生活"的企业使命，让员工明白自己工作的意义和价值；提炼出符合企业特点和行业特性的"绿色健康、阳光质朴、担当有为、锐意进取"的核心价值观，成为员工行为准则，强化团队协作、注重员工成长与发展、倡导创新思维、践行社会责任、营造积极向上的工作氛围，以

及建立有效的沟通机制。

二是推进勤廉农发建设。首先，严格按照南昌市国资委、市政公用集团党委关于党纪学习教育的部署安排，扎实开展"学习研讨、警示教育、解读培训、检视提高"活动，推动党纪法规入脑入心。同时，丰富警示教育形式，组织全体党员干部参观地方监狱的狱史馆和警示教育馆，提升警示教育效果。其次，坚持文化"育廉"，结合党建文化宣传栏建设，积极融入廉洁元素，依托办公环境打造好党建廉洁文化阵地。同时，在微信公众号平台开辟"勤廉农发""党纪学习教育·每日一课"专栏，通过新媒体的形式将党员干部日常碎片化学习时间充分运用起来。最后，坚持开展政治家访，强化对党员干部的关心爱护和监督管理，让崇尚勤廉成为营造家庭美好生活的奠基石。同时，探索举办趣味廉运会，以廉洁文化与趣味运动相结合的方式，更进一步弘扬廉洁文化。

三是汇聚"一城之鲜"。依托本地农业资源禀赋和产业发展基础，以"全城人民足不出户，便能悦享从种子到筷子，从田园到餐桌的'一城之鲜'"为使命，围绕米、面、粮、油、肉、蛋、奶和果、蔬等农产品，搭建集团品牌体系1.0，构建"1+1+N"的多元化农产品结构体系，不断引领南昌农业品牌新潮流。2024年7月28日，南昌农发集团在南昌会议中心举行品牌发布会，来自全国80余家客商齐聚一堂，加大农业流通网络布局，促进农业产业链升级，助力品牌走出江西，走向世界。

（四）落实"四大工程"，培养"三农"工作人才队伍

南昌农发集团认真贯彻落实习近平总书记关于加强人才建设工作的要求，坚持需求导向，围绕"双百亿"发展目标，不断探索创新"三农"人才培养方式，深化人才体制机制改革，坚持人才强企，深入落实"引、育、留、用"四项工程，充分激发企业高质量发展的内生动力。

一是坚持将引才作为活水源头。坚持引才引智并举，综合运用市场化公开招聘及对口高校招聘，畅通招聘渠道，及时填补队伍"短板"和"缺口"，将农业专业技术人才和综合管理人才引进来，深入田间地头、产业园区，培养"下得去、留得住、干得好"的市政新农人，激发企业发展动能，加速人才"百木成林"。同时，切实发挥"关键少数"的示范引领作用，择优选择政治素质好、党性原则强、有党务工作经历、善于沟通协调的同志担任党支部委员及党务工作者，不断优化党务干部队伍结构，提升党建工作质效，为公司高质量发展提供了坚实的人才支撑。

二是坚持将育才作为关键链条。从"突击式"培训到"常态化"培训，从"零散式"培训到"系统式"培训，集团党委不断转变干部职工培训工作方式，建立健全了干部管理、培训的系列制度，做到日日有学习、周周有培训，常学常新、常态长效，培训工作更加科学规范，为人才成长提供了制度保障。同时，在基地建设、研学内容、队伍培养等方面狠下功夫，进一步完善基地建设，加强品牌赋能、品质赋能，以高标准培训、高效能服务助推集团各项培训工作高质量完成。

三是坚持将留才作为基础保障。进一步完善人力资源体系建设，制定、修订了集团用工、薪酬等15项制度，不断完善公司福利计划，探索具有竞争力的薪酬体系，提高员工的满意度和忠诚度。同时，充分发挥工会委员的作用，积极开展群众喜闻乐见的文体活动，并及时收集职工普遍关心的热点问题，对重要的情况通过职工大会及时反映，不断增强工会组织的吸引力和凝聚力。

四是坚持将用才作为核心要义。在干部职工成长方面，坚持党管人才原则，坚持公开透明的晋升渠道，做好干部选拔、任用及考核工作，推动管理队伍向年轻化、专业化、素质化转变，为企业高质量发展提供有力的人才支撑。同时，为员工提供晋升、轮岗等机会，并设置"优秀员工""优秀团队"等荣誉奖项，激发员工的工作热情，帮助他们实现职业目标。在整合"旧人"发展新产业方面，面对集团组建之初整体亏损的局面，秉持"旧人"新用、妥善安置理念，开展亏损子企业整合焕新行动，通过内部招聘、面谈考察等方式，对经营困难的子企业的部分职工合理分流；在优化队伍结构方面，开展干部选拔工作，面向全集团员工，通过公开讲演和外部评委投票的方式，选拔出年轻（后备）干

部,为农发集团干部队伍的梯队建设供给必要的人才储备,不断激发管理干部活力。在培养乡村振兴工作人才方面,根据省、市、县的有关要求,积极选派优秀党员到集团定点乡村振兴村驻村,深入田间地头,通过走访听取民情、建设农村公路、发展合作社、加强生态管护等方式,延伸了村集体增收致富的渠道,实现生态环境优美、产业富强的乡村愿景。

四、主要创新点

市属企业集团化是国企改革重塑的大跨域,标志着市属企业改革发展迈上新台阶、开启新征程。作为一家整合重组的新企业,怎么融合企业文化、增强企业的向心力和凝聚力至关重要。为了充分发挥好党建工作在思想引领方面的优势、企业文化建设在凝聚力量方面的优势,探索两者的有效结合点,最大限度地发挥融合优势,为国企重组的企业文化整合和发展提供有力保障。南昌农发集团党委充分发挥党的政治优势和组织优势,坚持以高质量党建工作,推动形成新质生产力,提振干部职工干事创业精气神,实现产业高质量发展的工作路径,在农产品保供及农业产业化方面勇担当、做贡献,激活企业腾飞"红色引擎"。

以初心引领,坚定政治方向;以民心为本,履行社会责任;以匠心精神,深耕农业产业。"三心为农"是南昌新农人对现代农业事业的承诺和追求,品牌赋能是南昌农发集团对企业发展、企业产品、企业服务品质的坚守与信心。

南昌农发集团党委以创建及深耕"党旗领航,三心为农"党建品牌内涵,探索运用"1234"工作法,运用党群一盘棋思维,聚沙成塔,以党建品牌力撬动企业的产品力和营销力,以党建工作与生产经营深度融合为国企重组改革发展提供有力的基础保障。同时,通过分级推进、分层实施、分类领航,全面构建起"集团党委总品牌、基层支部子品牌"的品牌矩阵,打造了一批如"党建引领,智种未来"及"党旗所指,心之所向,行之所及"等子党建品牌,实现了各层级党组织在党建业务双融合上都有榜样、有标杆。

五、实施效果

通过实施党建赋能"1234"工作法,南昌农发集团一年收获颇丰。在党建工作方面,南昌农发集团党委荣获"先进基层党组织"荣誉称号,"党旗领航,三心为农"党建品牌成功入选市政公用集团"十佳党建品牌"。在生产经营方面,集团成功跻身"江西2023年度领军企业",获评"国家3A级旅游景区""全国县级优质农民田间学校";成为"省级研学实践教育基地""江西省乡村振兴村级实践交流基地""高素质农民培育省级实训基地";"自研蔬菜水果B2B交易平台""市政优选平台"两大数据资源成为全国首例国有农业企业公证模式下数据确权登记入表范例,推动农业生产向智能化和精准化迈进,实现了党建与生产经营的高协同聚合,实现企业的高质量发展。

六、下一步规划与探讨

在农业全产业链化发展的新时代,探索建立党建与生产经营深度融合的新路径势在必行,要坚持不断地从农业全产业链的角度探索丰富业态,持续讲好"三农"故事,释放"三农"能量,不断赋予党建品牌新的时代内涵和农业特色,激活党建品牌根植于企业改革发展中的"向心力",推动党建工作完成从"多点出彩"到"全面开花"、生产经营工作完成从"业务增量"到"质量提升"的提档升级。只有坚持及时跟进党的建设新要求,吸收党的创新理论新成果,融合企业高质量发展新任务,不断注入党建品牌新特质,才能使党建品牌持续焕发新的生命力和引领力。

党建强基，主业强企，产业富民，守土固边

——边疆民族地区一线党建工作经验与启示

创造单位：中国内蒙古森工集团莫尔道嘎森林工业有限公司党委

主创人：慈勤智　马森

创造人：张太雷　朱瑞金　耿超　汪媛媛　刘烈峰

【摘要】中国内蒙古森工集团莫尔道嘎森林工业有限公司（以下简称莫尔道嘎森工公司）地处祖国最北疆，作为重点大型国有森工企业，莫尔道嘎森工公司守土有责、守土负责，始终以铸牢中华民族共同体意识为主线，把党建工作融入边疆中心工作各方面，积极践行党的民族政策，推动公司各民族职工交流融合、手足相亲、守望相助，把党的政治优势和组织优势延伸到基层治理方方面面，在励精图治中培育打造了以"党建强基、主业强企、产业富民、守土固边"为核心内涵的边疆民族地区党建工作机制，并以此为统领，以高质量党建推动边固疆稳、边强民富、边安业兴，成为林区一面新时代历久弥新的党建"旗帜"。

【关键词】党建强基　党建工作机制　基层治理

一、实施背景

大兴安岭是黑龙江、松花江的主要发源地，用森林生态系统维护着呼伦贝尔草原、松嫩平原乃至整个东北粮食主产区的生态安全，是祖国北疆的重要生态安全屏障和安全稳定屏障，生态建设成果居四大国有林区之首。莫尔道嘎森工公司作为重点大型国有森工企业，生态功能区位于大兴安岭西北麓，面积455225公顷，与俄罗斯依额尔古纳河相望。生态功能区内有林地面积435363.44公顷，森林蓄积量53561136.6立方米，森林覆盖率96.47%，活立木总蓄积54651247.8立方米，树木以落叶松、白桦、樟子松等树种为主，繁衍生息着1046种动物，1688种野生植物，蕴藏着40多种矿产资源，被誉为祖国版图鸡冠之顶的"绿宝石"。

莫尔道嘎森工公司前身为莫尔道嘎林业局，1967年建局，1996年实行公司化改革并于当年11月成立莫尔道嘎森林工业有限公司，按照国家授权经营国有森林资源。莫尔道嘎森工公司党委团结带领一代代务林人弘扬"艰苦奋斗、无私奉献"的大兴安岭精神，扎根茫茫林海、矢志艰苦奋斗，把这里建成国家重要木材生产基地、重要战略资源储备基地、重要生态保护基地、重要生态产品基地、重要文化创作基地、重要森林康养基地。

莫尔道嘎森工公司党委始终坚持党的领导核心，把党的政治优势和组织优势延伸到基层治理方方面面，在励精图治中培育打造了以"党建强基、主业强企、产业富民、守土固边"为核心内涵的边疆民族地区党建工作机制，并以此为统领，以高质量党建推动边固疆稳、边强民富、边安业兴，成为林区一面新时代历久弥新的党建"旗帜"，一张雕刻务林人光辉岁月的历史"名片"。莫尔道嘎森工公司各项事业蓬勃发展，莫尔道嘎林区欣欣向荣，公司党委、公司先后荣获"全国先进基层党组织""全国五一劳动奖状""全国文明单位""中国企业文化建设先进单位""中国企业文化建设十大杰出贡献单位""全国封山育林先进单位""全国森林资源管理先进单位""全国绿化先进集体""全国环保先进企业""全国重合同、守信用企业"等荣誉，莫尔道嘎这颗"北疆绿星"熠熠生辉。

莫尔道嘎林区位于额尔古纳市北部、额尔古纳河平安——古林子段右岸，沿河与俄罗斯交界段约

116千米。在这片广袤、寒冷、人迹罕至的土地上，历史上各民族轮番登场，东胡、匈奴、鲜卑、蒙古、女真等分别统治过这片区域。大兴安岭开发之前，莫尔道嘎林区只有蒙古、华俄、鄂温克等少数民族游牧部落或聚居群落，以及"闯关东"的移民和一些淘金采矿人的聚居点，总人数不足1000人。1956年，莫尔道嘎林区成立安格林、古纳、奇乾三个经营局，自此开始了林业生产建设开发的历程。1967年建局后，随着各项生产建设的发展，地区人口迅速增加，通过安排其他林业局支援建设调入、转业军人安置、毕业生分配、知青落户、外来人口迁入等方式，到1990年，地区人口达到17000余人，其中少数民族约占16%。2000年以后，随着国家棚改政策落实、天然林全面停伐，林区人口数量逐渐退潮，目前公司现有职工2144人，其中少数民族333人，占比15.5%。

由于地处祖国最北疆，莫尔道嘎森工公司党委历任均高度重视地区民族工作，始终以铸牢中华民族共同体意识为主线，积极践行党的民族政策，结合公司实际，推动公司各民族职工交流融合、手足相亲、守望相助，营造了团结和谐稳定的各民族一家亲氛围，民族工作硕果累累。公司下属单位太平林场荣获"内蒙古自治区民族团结进步模范集体"称号，胜利林场、森防站荣获"内蒙古大兴安岭林区民族团结进步模范单位"称号，职工赵建新荣获"内蒙古自治区民族团结进步先进个人"荣誉称号。

二、实施过程

（一）以党建为基，让党旗更红

习近平总书记指出："党政军民学、东西南北中，党是领导一切的。"不论是林业开发建设的艰辛岁月，还是国企改革行动中的砥砺攻坚，莫尔道嘎森工公司党委始终坚持"红色引领绿色，绿色筑牢红色"，坚持林区的事业在哪里，党的旗帜就在哪里，坚定不移发挥领导核心作用，既当林区经济社会的建设者，又当祖国北疆安全稳定的守卫者。

1. 忠诚信仰雕刻时光

旗帜指引方向，道路决定命运。林区开发建设初期，老一辈务林人在伟大建党精神的指引下，先生产、后生活、战严寒、斗酷暑，渴饮雪融水、饿啃冻窝头，开始了扎根林海、建设北疆的光辉征程，谱写下"艰苦奋斗、无私奉献"的务林赞歌，"献了青春献子孙，老死林下不留坟"成为几代务林人的思想共鸣，并逐渐发展成为薪火相传、潜移默化的林区精神和价值谱系。进入新时代，莫尔道嘎森工公司党委在习近平新时代中国特色社会主义思想的指导下，牢牢把握"增强党组织政治功能和组织功能"，发挥"把方向、管大局、保落实"作用，坚定不移引领新一代务林人感党恩、听党话、跟党走，牢记"国之大者"，以实际行动拥护"两个确立"，形成"拥护核心、党群同心、上下一心"的政治氛围。在主题教育、党史学习教育中，莫尔道嘎森工公司党委依托"石榴籽志愿服务队"，遴选组建宣讲组，运用"田间+课堂"学习模式，把热气腾腾的理论知识送到瞭望塔、管护站、造林地、驻防点，从思想上进一步坚定干部职工团结拼搏的信心和决心，为自治区"闯新路、进中游"贡献森工力量。

2. 组织源头绽放活力

党的力量来自组织，党的全面领导、党的全部工作要靠党的坚强组织体系去实现。莫尔道嘎森工公司党委始终高度重视提升基层党组织的政治功能和组织功能，从打造"标准党支部"到"特色党支部""最强党支部""模范党支部"，结合不同时代的要求和实际，一步一个脚印精心夯筑起坚实的基层战斗堡垒。2022年，莫尔道嘎森工公司党委提出"两带三共四引领"党建工作思路，围绕"全域精品、全面进步"的创建目标，深入推广"一支部一品牌"创建活动，引导基层党组织以"党建+"为载体，在"党建+森林防火""党建+生态保护""党建+产业发展"等一系列生动实践中，砥砺初心使命，厚植责任担当，在全面建设社会主义现代化国家的新征程中建功立业。莫尔道嘎森工公司各级党组织积极行动，围绕"绿海党旗红"打造出一批各具行业特色的党建子品牌。如"践行者·贮木先锋""绿海红帆、胜利远航""兴安啄木鸟、北疆担先锋""立志林海、当好先行"等，使"绿海党旗红"党建品牌从"一枝独秀"到"万山红遍"。

3. 榜样力量点亮星火

榜样凝聚力量，奋斗成就梦想。在"绿海党旗红"党建品牌影响下，莫尔道嘎森工公司党委提炼出"思想坚定、旗帜鲜明、廉洁奉公、率先垂范"的党员形象标准，营造出崇尚进步、锤炼党性的人文环境，积淀了党员深层次的精神力量，在各级党组织中逐步形成了一套科学的制度、一种竞赛的氛围、一系列优良的传统和一往无前的蒙古马精神，像火炬不断向前接力传递，成为企业发展的原动力。在这种精神传承下，企业培育出一支英勇无畏、攻坚克难的干部职工队伍，党员成为这支队伍的脊梁，近年来先后涌现出2022年"全国林草系统劳动模范"慈勤智、"2022中国内蒙古好人"蔡锁明、"自治区第十次民族团结进步模范个人"赵建新等一批杰出代表，汇聚起推动高质量发展的磅礴力量。2021年5月，莫尔道嘎森工公司党委抽调20名灭火精英组建起林区首支空降特勤中队，在2023—2024年林区扑打集中暴发的雷击火战斗中，切实担负起"首战用我，用我必胜"的战斗使命。在城镇疫情防控中，莫尔道嘎森工公司党委先后出动上千名党员干部组建多支"党员突击队"，立下"疫情不退、党员不退"的军令状，以信仰坚守初心、以无畏诠释使命，成为抗"疫"大旗下最靓丽的"一抹红"。

（二）以主业为根，让森林更绿

习近平总书记考察内蒙古大兴安岭林区时指出："历史有它的阶段性，当时砍木头是为国家做贡献，现在种树看林子也是为国家做贡献。"在国家开发建设初期，内蒙古"东林西铁"为国家经济建设做出巨大贡献；进入新时代，内蒙古大兴安岭林区作为全国最大的重点国有林区，更是义不容辞要在生态文明建设事业中争当先锋、做好主力军。

1. 无私奉献铸就丰碑

林业木材生产的历史，同时也是一代代务林人在林海雪原展开艰苦卓绝、英勇拼搏的奋斗史。在莫尔道嘎林区的开发建设历程中，莫尔道嘎森工公司党委带领工人从锯拉斧砍、马拉人扛开始，累计为国家提供商品材1147.19万立方米，实现利润59128.3万元，林业产业总产值累计实现917965万元。这里建成了"亚洲第一大贮木场"，被称为祖国的"绿海明珠"和"聚宝盆"，涌现出"全国十大能工巧匠"吴燕、"全国青年岗位能手"高慧玲等一大批优秀技能人才，他们在零下50多摄氏度的寒冬中每天都在创造着木材生产奇迹。经过接续奋斗，企业的发展经历了由原始作业到半机械化、机械化的生产过程，逐渐实现由单一木材生产到林产工业、综合利用、多种经营多元化发展的飞跃，昔日人迹罕至的大兴安岭林区，已建设发展为基础设施完善、工业设备配套的大型森工企业，1991年，莫尔道嘎森工公司首次获得"全国五一劳动奖状"。2015年3月31日，随着最后一声"顺山倒了"号子响起，最后一根天然落叶松原条装车下山，林业工人"挂锯封车"，莫尔道嘎林区进入了全面生态保护和绿色高质量发展的历史新时代，2021年，莫尔道嘎森工公司再次获得"全国五一劳动奖状"，成为在林业两个发展时期都获得这一殊荣的单位。

2. 植绿护绿扮靓北疆

在开发建设之初，莫尔道嘎森工公司就牢记"青山常在、永续利用""采育结合""一手砍树、一手栽树，左手砍树、右手栽树"，始终保持森林生态系统完整性，推动可持续发展，做到了"守住绿色、平衡生态"。莫尔道嘎森工公司党委提出"栽一片、活一片、成一片"的生态建设理念，培育出多处"党员示范林"。自"天保工程"实施以来，莫尔道嘎森工公司党委更是把建设祖国北方重要生态安全屏障作为压倒性任务，全地域加强生态环境保护，全方位推进生态系统保护和修复力度，全领域推动发展方式绿色转型，厚植"北疆绿"，增色"中国蓝"。自 2010 年以来，莫尔道嘎森工公司累计完成森林抚育 538.79 万亩，植被恢复 10176.14 亩，退耕还林 7927.7 亩，植树造林 27.61 万亩，病虫害防治 580 万亩，活力木蓄积增加 945.12 万立方米，森林蓄积净增长 887.05 万立方米，森林覆盖率在 1989 年时为 82.5%，到 2023 年，已达到 96.47%，为祖国北疆增添了"新绿"，莫尔道嘎森工公司先后获得"全国森林资源管理先进单位""全国封山育林先进单位""全国绿化先进集体"等荣誉称号。

3. 护巡结合永葆绿色

莫尔道嘎森工公司党委按照"近山巡护、远山管护"的方针建设 3 个森林经营管护中心，31 座管护站，配有 698 名管护、巡护人员，46 名专业森防队员；全面完成了森林火险高危区综合治理工程，强化了"预防、保障、扑救"三大体系建设，建有森林防灭火专业和半专业扑火队伍各 200 人，14 座瞭望塔，55 名瞭望人员，连续 19 年未发生人为森林火灾；开展"林长制"试点工作，建立了"林长+警长""林长+检察长""林长+法院院长"协作机制，与森林公安合作开展一系列守林护绿行动，严厉打击破坏森林资源和野生动植物违法犯罪，有力促进了人与自然和谐共生，让祖国北疆森林更绿、山川更美。

（三）以产业为要，让职工更富

习近平总书记指出："我们党来自人民、扎根人民、造福人民，全心全意为人民服务是党的根本宗旨，必须以最广大人民根本利益作为我们一切工作的根本出发点和落脚点。"多年来，莫尔道嘎森工公司党委始终坚持以人民为中心的发展思想，不断为民生"加码"、为幸福"加速"、为生活"加温"，把民生这个"国之大者"做大，用行动交出一份沉甸甸的民生答卷。

1. "两山"转化重振雄风

"绿水青山就是金山银山"，冰天雪地也是金山银山。2015 年内蒙古大兴安岭林区全面停止商业性采伐，我们的"伐木人"转身成为"看林人"，何去何从是摆在林区人面前的严峻问题。面对考验，莫尔道嘎森工公司几届领导班子紧跟时代步伐，结合林区实际不断开拓"绿水青山"和"金山银山"的双向转化实践路径，探索从"砍树挣钱"到"看树挣钱"的发展之路，着力打造森林旅游业和绿色生态产业，逐步构建起旅游康养、林业碳汇、苗木培育、绿色食药等多元发展、多极支撑的现代森林产业体系，初步走出了一条"生态产业化、产业生态化"的绿色高质量发展新路子，林业发展从单纯的"利用"变成了可持续的"经营"。2000 年，莫尔道嘎国家森林公园成立，建设景点 14 个、旅游环线 100 余千米，经过 20 余年的持续打造，白鹿岛成为呼伦贝尔标志性的旅游景点，森林观光小火车成为呼伦贝尔旅游独家特色，额尔古纳界河游成为呼伦贝尔最大水上项目，森林公园晋升国家 AAAA 级景区，连续 4 年获得"中国最令人向往的地方"金牌单位，带动莫尔道嘎向着打造国家级旅游度假区大步迈进。旅游业成长为公司经济发展的"龙头"产业，创造了更多文旅结合的看点、亮点、卖点，接待人数和营业收入连年快速逆势攀升，"中国内蒙古大兴安岭莫尔道嘎"旅游宣传广告亮相美国纽约时代广场，"南有西双版纳，北有莫尔道嘎""21℃的夏天"等旅游品牌的知名度和影响力越来越大，推动绿色生态产业呈现出强劲的发展势头。

2. "文旅"促进，"创意"增收

文化是灵魂，文化亦可赋能。莫尔道嘎森工公司党委始终坚定适应时代和林情发展要求，延续森工文化、森林文化，结合地区蒙源文化、鄂温克民族文化，明确高质量、高标准、高水平、高品位的旅游文化定位，引领开展具有森工松香味的绿色企业文化建设和旅游文化开发，成立莫尔道嘎林业文学艺术界联合会及 6 个分会，发展成为国内著名文化创作和摄影基地，电影《紫日》《夜宴》《莫尔道嘎》在此拍摄，台湾作家席慕蓉在此创作了《父亲的草原母亲的河》，大大提高了莫尔道嘎的知名度。着力挖掘森林工业、森林产业与森林旅游的结合点，推出具有森林文化、展现粗犷"森林"气息的文化旅游产品，打造安格林工队风情园、"鄂温克"使鹿部落体验园、全地形丛林穿越、"白鹿岛"森林康养、醉美"G331国道"边境线体验等特色文化旅游项目，带动周边一系列小景区、小项目发展，让投身旅游的职工群众受益。与地区流量网红合作，开展"网红打卡促增收"活动，开展景区益鸟"兰大胆"寻踪、童话树屋、草熊驯鹿松鼠等特色动物景观、网红桥、网红兔、网红秋千，形成网红矩阵进行落地宣传，提升景区影响力，促进从事景点经营职工增收。在推进文旅整合的同时，莫尔道嘎森工公司企业文化建设取得丰硕成果，先后荣获"全国企业文化建设示范基地""中国企业文化建设先进单位""全国企业文化建设百家重诚信单位""中国企业文化建设十大杰出贡献单位"等称号。

3.民生工程果硕花红

民生无小事，枝叶总关情。莫尔道嘎森工公司党委始终坚持把每一项民生实事和民心工程办好、办实、办出成效，不断把人民对美好生活的向往变成现实，把增进民生福祉落到实处。社会保障大幅提升，2023年职工工资收入较2000年增长了13倍，"五险二金"达到全覆盖并与属地缴纳比例持平，实现基本公共服务均等化。"文明城镇"建设成就斐然，自2008年以来，莫尔道嘎森工公司新建楼房2440户、平房1300户，维修改造旧房3610户，拆除危房983户，完成了道路、供水、供热、供电等基本城镇设施改造。修建林区大型"绿星"综合文化广场、"不忘初心、牢记使命"党建文化广场、职工图书馆、职工活动中心，把莫尔道嘎建设成为总体布局合理，森林气息浓郁，建筑风格独特，基础设施完备，服务功能齐全的生态型现代文明城镇，被国家四部委评为全国首批127个特色小城镇。莫尔道嘎森工公司先后获"自治区级文明单位标兵""全国精神文明建设先进单位""全国文明单位"称号。社会服务大步迈进，建立"职工服务中心"，常态化开展"春送岗位、夏送清凉、秋送助学、冬送温暖"帮扶行动，投保职工意外伤害险和女职工特病险，开展职工医疗互助保障，为全体职工免费体检，织紧编牢职工群众基本生活的兜底保障网。按照"更加充实、更有保障、更可持续"原则，推动"精准扶贫"硕果显著，累计为309户职工家庭经济户发放小额无息贷款602万元。现在，工人们在冬季开展森林抚育和森林可持续经营，春、夏、秋季从事森林管护、森林防火、植树造林，特别是许多职工积极发展家庭经济，搞旅游、忙产业，一年四季都有活儿干，收入比以前稳定且大幅提升，增强了职工群众的幸福感、获得感。

（四）以守土为任，让边疆更美

习近平总书记赴内蒙古调研考察时，深刻阐述了内蒙古在全国发展大局中的战略地位。莫尔道嘎森工公司党委时刻牢记总书记嘱托，以党建为引领，深入开展思想筑边、组织固边、富民兴边、帮扶强边、共建稳边"五边"行动，筑牢"两个安全屏障"，加强企地军警民深度融合，改善社会民生、推动经济发展、促进民族团结、保障边疆稳定，成为北疆基层党建长廊中重要的一环。

1.握指成拳筑牢边疆

在林区开发建设历史上，林业职工一直是居民构成主体，"大企业、小政府""先企业、后政府"一直是社会构成主流。多年来，莫尔道嘎森工公司党委始终担起边疆治理和地区事务的"主心骨""稳定器"作用，扛起守卫祖国北疆生态安全和安全稳定的光荣使命，让党的旗帜在祖国北疆高高飘扬。莫尔道嘎森工公司发挥大企力量，彰显大企担当，牵头开展地企军警党组织联建共创，与驻地政府、军警、单位、企业党组织牢固树立"一盘棋"思想，围绕"一片林、一家人、一个目标、一条心"的目标，深入贯彻执行"共商、共建、共享"的党建一体化工作机制，着力构建地区一体化大党建格局，形成"人人有责、人人尽责、人人享有"的以党建引领地区事务和边疆治理模式，以"守望最北疆、忠诚党中央"的责任担当，共同筑牢祖国北疆"两个屏障"。党委深入推进基层党组织和党员到社区"双报到"，将所属11个党组织、834名党员与莫尔道嘎镇5个社区紧密衔接，形成网格化基层治理模式，在边疆治理、社会稳定、疫情防控、志愿服务等工作中发挥主力军作用。经过与"三队两所一局"（32108部队、空军雷达部队、森林消防大队、边境派出所、地方派出所、森林公安局）深度融合，合力推进设施共建、资源共享、人员共训、责任共担，将职工队伍爱国主义教育同固边行动一体推进，党员带头在"警企协同巡护""军企协作巡边"等活动中发挥作用，不断建强"一名职工就是一个信息情报员，一座瞭望塔就是一个观察哨，一个管护站就是一道安全关卡，一个基层党组织就是一个民兵连"等群防力量，"天空地"一体化预警监测体系建设取得突破性进展，形成群防群控、巡边护边的强大合力。

2. 民族团结共兴繁荣

林区第一代务林人来自祖国四面八方，各地域、各民族群众在这里汇聚交融，逐渐形成文化上兼容并蓄、经济上相互依存、情感上相互亲近、你中有我、我中有你、谁也离不开谁的共同体。他们有着共同的历史条件、共同的价值追求、共同的物质基础、共同的身份认同、共有的精神家园，几代务林人始终胸怀忠于党、忠于人民、报效祖国的赤子之心，既当林区经济社会的建设者，又当祖国北疆安全稳定的守卫者。多年来，莫尔道嘎森工公司党委始终坚持铸牢中华民族共同体意识，倡导各族群众节庆上互庆、风俗上互适、婚姻上互通、生活上互助，培养各族群众血脉相通、同心共济、守望相助的民族情感。莫尔道嘎森工公司为回族群众修建清真寺，与回族群众同过开斋节，与华俄后裔共同举办巴斯克节活动，与地区各族群众连续17年举办森林文化艺术节，增强各族群众对中华文化的认同，促进各民族文化繁荣交流，使各族职工群众始终像石榴籽一样紧紧地抱在一起，把中华民族共同体意识扎根群众心中，凝聚成团结一心、众志成城筑牢边疆的不竭动力。

3. 深化改革保障稳定

"企业办社会"曾经是国企计划经济时期"抱在怀中"的任务职能，但随着社会主义市场经济的发展，历史遗留问题逐渐变成国企沉重的包袱，"放下包袱轻装上阵"势在必行。自2008年开始，莫尔道嘎森工公司通过剥离企业办社会、主辅分离辅业改制、社会职能移交等一系列措施，坚持用改革手段清除壁障，迈出了向产权明晰、权责明确、政企分开、管理科学的现代企业制度转变的关键一步。特别是自2020年以来，莫尔道嘎森工公司党委把党的领导融入公司治理各环节，把企业党组织内嵌到公司治理结构之中，构建起以公司章程为基础，党委会、董事会、经理层"三位一体"相互支撑的管理决策体系，引领公司走出一条以生态优先、绿色发展为导向的高质量发展新路子。在改革中，莫尔道嘎森工公司党委始终坚持"人民至上"，积极应对改革中出现的信访和矛盾问题，在防范化解重大风险上"精准拆弹"，切实维护群众利益。党委大兴调研之风，真心把参与改革的职工始终当作家人，深入倾听群众呼声，设身处地和尽己所能为他们解决问题，在政策支持、资金扶持、项目落实等方面，用一系列积极有效的政策举措从源头上化解了社会矛盾，在推进改革任务顺利完成的同时有力维护了边疆和谐稳定。

三、主要创新点

党的二十大报告中提出，"加强边疆地区建设，推进兴边富民、稳边固边"。深化党建引领边疆地区基层一线发展稳定工作，努力走出一条符合国家安全与发展要求、富有时代特征、具备区域特色的现代化治企发展之路，是内蒙古大兴安岭林区贯彻落实好习近平总书记"把内蒙古建设成为我国北方重要生态安全屏障、祖国北疆安全稳定屏障"重要指示精神的重要举措。莫尔道嘎森工公司党委推动基层党建重点任务全面落实、难点工作取得突破、薄弱环节有效加强，在探索中不断前进并取得了丰硕成果，也带给我们一些经验和启示。

1. 必须要加强党的领导

干任何工作，做任何事情，方向不能偏，指针不能移，这个方向就是要坚持和加强党的领导。莫尔道嘎森工公司党委在边疆党建工作中首先强调"党建强基"，始终突出党的领导核心地位，坚持党委把航定舵这一政治原则，带领几代务林人坚定理想信念，党的路线方针政策得到很好的贯彻落实，在各历史时期均创造出骄人的成绩。这启示我们，坚持党的领导、加强党的建设，是国有企业的"根"和"魂"，是国有企业的独特优势，坚持党对国有企业的领导是重大政治原则，必须一以贯之。中国特色现代国有企业制度，"特"就特在把党的领导融入公司治理各环节，把企业党组织内嵌到公司治理之中，只有坚持和加强党的领导，才能确保各项工作始终沿着正确的道路前进。

2. 必须要紧扣中心工作

"围绕中心抓党建、抓好党建促发展"，这是党一贯的工作思路。莫尔道嘎森工公司党委坚持问题导向、价值导向，围绕"主业强企"，突出生态保护建设主体功能和实现高质量发展这个中心任务，把党建工作融入边疆中心工作各方面，提升了基层党组织的凝聚力和战斗力，成为守土固边的坚强战斗堡垒，引领企业逐步走出一条以生态优先、绿色发展为导向的高质量发展新路子。这启示我们，融入中心工作是基层党建工作的基本前提。只有服务于中心工作，与企业各项事业发展相结合、与解决职工群众利益诉求相结合、与突出党组织的政治功能和组织功能相结合，才能真正把党的组织资源转化为发展资源，组织优势转化为发展优势。

3. 必须构建有效载体

党的路线、方针、政策都需要通过基层党组织以多种形式的党建活动来被广大职工群众所理解、认同和贯彻执行。莫尔道嘎森工公司党委坚持把构建活动载体作为"铺路""架桥"工程，开展了"最强党支部""一支部一品牌""红色初心、绿色使命"主题实践等一系列特色主题活动，注重营造党建工作氛围，打造特色党建文化，通过口号、文字、图标、载体上的引导和表现，在广大党员群众心中深深烙下光荣职责使命的印记。这启示我们，边疆地区基层党建要凸显企业职能特点、边疆地区特点，科学设计出紧贴实际、紧贴群众、切实适应职工群众需求的党建工作组织载体、制度载体和活动载体，推动基层党建工作由封闭式向开放式转变，由被动型向主动型转变，由单一性向多样性转变，以理论创新推动党建工作实践创新。

4. 必须注重兴办实事

唯物辩证法告诉我们，想问题、办事情，要善于抓住主要矛盾、突出工作重点。莫尔道嘎森工公司党委突出"产业富民"，树牢全心全意为人民服务的理念，建立"我为群众办实事"长效机制，大力推动产业发展、精准扶贫、民生工程、矛盾化解等工作，持续奋斗使交通、信息、生态、城镇、人居等环境极大改善，从根本上提升了人民群众对美好生活的获得感、幸福感、满足感，成为"守土固边"的核心"稳定器"。莫尔道嘎森工公司守土有责、守土负责，莫尔道嘎森工公司的发展带动了地区经济社会发展，加强了基础设施建设，切实做到了兴边富民。这启示我们，党建工作最终的落脚点和工作重点仍要放在为职工群众办实事、办好事上。党的各级党组织都要把群众满意不满意、认同不认同作为评判工作的唯一标准，把惠民生的事办实、暖民心的事办细、顺民意的事办好，把党建工作"润物细无声"的融合转化过程同步为推动中心工作、服务基层群众、转变机关作风、提升企业形象的过程。

培育"两路魂"党建品牌，激活企业高质量发展动能

创造单位：四川藏区高速公路有限责任公司

主创人：王莉

创造人：顾容　严绪青　李友英

【摘要】 四川藏区高速公路有限责任公司（以下简称藏高公司）坚持以习近平新时代中国特色社会主义思想为指导，深入落实新时代党的建设总要求和新时代党的组织路线，坚持"两个一以贯之"，以"两路"精神为指引，深挖所辖道路沿线的历史文化资源，构建"两路魂"党建品牌体系，围绕一个理念、四个阶段、五项措施"145"实施路径落实党建品牌建设具体举措，积极开展党建品牌建设，将党建引领融入公司生产经营、改革发展各个环节，充分发挥"两个作用"，切实增强基层党组织的组织力、战斗力，促进党的建设与企业高质量发展相协调，擦亮藏高公司涉藏地区高速公路建设运营主力军名片。

【关键词】 国有企业　党建品牌建设　"两路魂"

一、实施背景

藏高公司是以四川涉藏地区高速公路项目的投资、建设、营运管理为主业的国有企业，现有职工1900余名，基层党委6个，党支部22个，党员近500名。藏高公司打造"两路魂"党建品牌是贯彻新时代党的建设总要求和习近平总书记在全国国有企业党的建设工作会议上的重要讲话精神的具体实践，根植于深厚的红色基因和丰富的实践经验，旨在解决生产经营、企业治理、组织建设等领域突出困难和加强党的建设薄弱环节，促进党的建设与企业生产经营深度融合，发展新质生产力，为公司高质量发展提供坚强的政治保证和组织保证。

1. 坚持和加强国有企业党的建设是党建品牌建设的理论基础

2016年，习近平总书记指出，坚持建强国有企业基层党组织不放松，确保企业发展到哪里、党的建设就跟进到哪里、党支部的战斗堡垒作用就体现在哪里。习近平总书记还在全国国有企业党的建设工作会议上明确指出，坚持党对国有企业的领导是重大政治原则，必须一以贯之；建立现代企业制度是国有企业改革的方向，也必须一以贯之。国有企业作为中国特色社会主义的重要物质基础和政治基础、党执政兴国的重要支柱和依靠力量，党的领导和党的建设是国有企业的政治优势，在全面加强党的领导的形势下推进党建品牌建设，既顺应了时代发展潮流，提升了党建工作质量和水平，进一步增强基层党组织政治功能和组织功能，还能有力促进我国国有企业将政治优势转化为经济优势、发展优势，推动国有企业改革发展，巩固党的执政基础。

2."两路"精神丰富内涵与价值是党建品牌建设的红色基因

藏高公司所投资、建设、营运的高速公路与川藏公路南线、北线高度重合，沿线红军长征、川藏公路修筑、抗震救灾等历史遗迹和红色资源丰富，红色基因和历史文化底蕴深厚，特别是川藏公路史料和"两路"精神资源丰厚。"两路"精神作为中国共产党人精神谱系的重要组成部分，是伟大民族精神的生动体现，也是民族精神和时代精神在交通运输实践中的生动体现，为藏高公司开展党建品牌建设提供价值引领和精神指引。

3.基层党建创新路径探索和尝试是党建品牌建设的实践基础

围绕传承、弘扬、践行"两路"精神，藏高公司坚持以党建带工建、党建带团建，持续推进基层

党组织标准化、规范化建设，探索开展基层示范党支部创建、学习型党团组织建设，开展"一路一特色，一支部一品牌"特色党建工作，实施"两路"薪火工程培养干部人才队伍，建成了雅康高速、汶马高速、久马高速等超级工程，结束了甘孜州、阿坝州不通高速公路的历史。藏高公司自2013年成立以来荣获"古斯塔夫·林登少金奖""鲁班奖""詹天佑奖"等国内外工程建设大奖8个，获"全国交通运输行业文明单位""全国五一劳动模范"等省部级及以上集体和个人荣誉30余项，党建引领公司生产经营成效显著，为党建品牌建设积累了丰富的实践经验和创新做法。

4. 高质量党建引领企业行稳致远是党建品牌建设的现实需求

党的二十大报告提出，深化国资国企改革，推动国有资本和国有企业做强做优做大，提升企业核心竞争力。完善中国特色现代企业制度，弘扬企业家精神，加快建设世界一流企业。党建品牌建设是适应公司发展战略和国企改革的创新举措。此外，藏高公司投资、建设、营运的高速公路项目主要位于四川盆地西侧丘陵区向川西北龙门山、青藏高原东缘的梯形过渡带，具有地形条件极其复杂、地质条件极其复杂、气候条件极其恶劣、生态环境极其脆弱、建设条件极其艰巨"五个极其"的显著特点，工程项目建设面临较多的困难和挑战，开展党建品牌建设，有利于充分发挥党建引领作用，引导广大职工形成"两路"企业文化共识和思想共识，解决党的建设和工程建设现实困难，推动党建工作与主责主业深融互促。

二、实施目的

1. 全面加强党的领导

坚持党的领导、加强党的建设，是国有企业的"根"和"魂"，是我国国有企业的独特优势，给新时代的党建工作提出了新的要求。通过党建品牌建设，将党的领导融入公司治理各环节，将品牌建设具体举措融入企业改革发展、生产经营具体业务，夯实基层党组织建设，充分发挥党建引领作用。

2. 赓续红色精神血脉

坚持以"两路"精神为指引，通过党建品牌标识、党建品牌理念和体系的构建，形成党建文化缩影和具体的表现形式。与企业文化相互融合，将"两路"精神的传承弘扬贯穿党建品牌建设的具体环节，融入党员干部职工党性教育，凝聚思想共识，引导党员干部职工形成价值认同和情感认同，凝练并打造以"两路"精神为核心的企业文化。

3. 着力服务生产经营

坚持把提高企业效益、增强企业软实力作为开展党组织建设的出发点和落脚点，把党建品牌建设与生产经营具体业务相联系，围绕生产经营制定措施，通过建立基层党建联系点、成立党员先锋队、划定党员责任区、命名党员示范路等形式，开展技术攻关、科研攻关、先锋行动、通车攻坚等，抓实措施服务生产经营，逐渐破解党建工作与业务工作"两张皮"的难题，发挥党员先锋模范作用，服务藏高公司高速公路投资、建设、运用及其他相关产业。

4. 提升党建工作质效

通过党建品牌建设，引导基层党组织充分认识和理解新形势下国企党建工作的新要求，使广大党务工作者及时跟进学习党的基层组织建设新要求、新标准，能够充分地利用近年来党中央出台的各项制度、准则和条例指导实践，提高标准化、规范化水平，结合实际开展探索实践，打造标杆，树立典型，与时俱进提高党建工作质量和水平。

5. 塑造企业良好形象

党建品牌是指结合单位生产、服务和运营实际，通过党组织和党员队伍建设，充分发挥党组织和党员的先进性，促进党建与中心工作的融合，并结合具体内容和形式用品牌名称方式加以命名的、具有推广价值的党建工作模式。党建品牌建设的关键环节就是强化对外的品牌推广，把党建品牌作为企业的无形资产，将党建品牌建设的过程作为不断提高和树立良好行业形象的过程，打造一批典型，孵化一批示范基地，加强宣传推广，塑造并提升企业形象。

三、品牌情况

1. 党建品牌主题及内涵

品牌主题为"两路魂"；品牌内涵紧紧围绕藏高公司中心工作，牢牢把握"政治引领、党建先行"原则，以"两路"精神为核心，以涉藏地区高速公路南线、北线两路为载体，以争当"两路"精神天然传承者、坚定践行者为使命，在推动涉藏地区高速公路事业高质量发展中发挥"两路魂"的党建引领作用。

2. 党建品牌标识

藏高公司"两路魂"党建品牌Logo的整体布局、颜色搭配、文化元素都以"两路"精神为内核，紧密联系行业、地域、企业、管理的实际情况，由公司员工自行进行设计。

Logo整体颜色以红色为主，突显党建品牌政治属性。白色雪山映衬金色阳光背景，突出藏高公司奋战雪域高原的地域风貌及民族特色；Logo正中间形如阿拉伯数字"2"，寓意"两路"精神，"两路"精神的红色旗帜引领新时期涉藏地区高速公路建设。下方由汉藏双语"两路魂"字符组成，突出了党建品牌主题，又体现了藏高公司自身特色；Logo形象也是字母Z字造型，整个轮廓是字母G字造型，寓意藏高公司（即"藏高"的拼音首字母"ZG"）专属品牌；Logo雪山下由远及近延伸出道路，寓意新"两路"——G4217蓉昌高速、G4218雅叶高速，代表藏高公司"跨世界屋脊，筑高原天路"的使命担当，寓意了藏高公司的战略定位和发展方向。

3. 党建品牌体系

藏高公司党建品牌体系以"两路魂"为核心品牌，构建"1+4"党建品牌矩阵，下设4个子品牌，即"格桑花"服务品牌、"萤火虫"学习品牌、"雪域先锋"党员先锋品牌、"高原红"志愿服务品牌。藏高公司所辖企业根据不同项目地域环境、行业特点、管理模式等工作实际，提出并实施具有个性化、差别化的工作举措，推动党建子品牌在一线生根发芽、开花结果、落地落实。各子品牌的具体内涵如下：

（1）"格桑花"服务品牌。发扬格桑花坚韧的品格，像格桑花一样美丽而不娇艳，柔弱但不失挺拔，喜爱高原的阳光，也耐得住雪域的风寒，艰苦不怕吃苦，缺氧不缺精神。以满足人民群众对美好出行条件的向往为核心，培树"能服务"的标杆，提升"会服务"的能力，形成"常服务"的机制。以"车畅通、路容美、服务好、从业廉"作为"格桑花"服务品牌的出发点和落脚点，打造一支优质的服务队伍，在雪域高原绽放最美丽的服务之花。

（2）"萤火虫"学习品牌。聚沙成塔，聚水成渊，点滴学习，照亮一生，将日积月累的持续学习汇聚成璀璨星光，点亮璀璨人生。号召全体党员职工群众坚持学习永远在路上，以学习成就人生发展，打造全员参与的学习型党组织，建设学习型企业，不断培育、发现、锻炼涉藏地区高速公路事业干部人才队伍，助推公司高质量发展。

（3）"雪域先锋"党员先锋品牌。传承"两路"精神，弘扬"敢于担当、勇争一流"的蜀道精神，在攻坚四川涉藏地区高速公路建设运营面临的"五个极其"挑战，当好藏高公司涉藏地区高速公路建设运营主力军的过程中，号召全体党员争做"敢为人先、锐意进取"的先锋，争做"脚踏实地、拼搏奉献"的先锋，争做"责在人先、利在众后"的先锋，做群众的表率，在平凡岗位上做出不平凡的业绩。

（4）"高原红"志愿服务品牌。弘扬藏高人纯正的红色基因，以奉献、友爱、互助、进步的志愿服务精神，号召全体党员聚焦安全生产、情满旅途、爱心助学、慰问帮扶、生态环保等方面，围绕中心、服务大局、助推发展，在雪域高原激发志愿活力，共同塑造藏高人可亲、可敬、可爱的红色互助形象，为涉藏地区高速公路事业高质量发展贡献志愿力量。

四、实施过程

藏高公司"两路魂"党建品牌的建设主要坚持一个理念，从四个阶段出发，重点落实五项措施，逐步探索形成"145"实施路径。

1. 一个理念

坚决落实公司党委把方向、管大局、保落实作用，秉持"育品牌，融主业，促发展"的理念，立足发展战略和长远目标，将党建品牌建设寓于公司生产经营、改革发展、组织建设、乡村振兴和服务社会等各项工作，把品牌建设的具体措施体现在高速公路项目投资、建设、营运、相关多元产业及科技创新等环节，充分发挥党建引领作用，以高质量党建推动公司高质量发展。

2. 四个阶段

将品牌调研、品牌定位、品牌塑造和品牌推广等品牌建设基本流程运用于党建品牌建设全过程，按照"品牌谋划——培育发展——考核评估——宣传推广"四个阶段，分阶段、分主体、分任务进行创建，广泛动员各基层党组织和党员，遵循不断创新、持续优化的基本逻辑，保障党建品牌建设有序、有效、有力。

3. 五项措施

把握"四个阶段"的重点任务，抓好以下"五项措施"。

（1）品牌谋划，抓统筹规划。通过问卷调查、座谈交流、个别访谈等形式征求广大干部职工对党建品牌主题、内涵和体系建设等的意见建议。在摸底调研的基础上，依据各基层党组织近年来示范党支部创建、学习型组织建设情况，根据所辖高速公路沿线的历史背景和文化基因，制定《"两路魂"党建品牌建设方案》，明确指导思想、领导机构、品牌内涵、主要内容、实施步骤等总体要求，成立以党委书记为组长，党委副书记为副组长，其他班子为成员的党建品牌建设领导小组，设立品牌建设办公室，各基层党组织成立工作领导小组和工作专班，构建"党委统筹、基层党组织执行、党员参与"的建设格局，构建"1+4"党建品牌体系，制定指导意见，开展党建品牌标识设计，拍摄品牌介绍宣传片，召开品牌发布会，营造良好的品牌建设氛围。

（2）培育发展，抓示范建设。藏高公司党委将党建品牌建设纳入年度重点工作，层层压实工作责任，按照"示范建设，全面推广"的步骤先行开展"党建品牌建设示范年"行动，确定4个党建子品牌的示范建设单位，在1个年度内抓好示范点建设。"高原红"志愿服务品牌示范建设以"全面参与、全心服务"的"两全"目标为指引，开展"我为群众办实事"、"两路"精神宣讲、文旅志愿等志愿服务；"格桑花"服务品牌示范建设坚持"出行安心、环境舒心、关怀暖心、便民省心、服务贴心"的"五心"理念，以优质服务为重点，统一服务标识、建立服务规范，旨在打造规范化、标准化水平高的，具有少数民族特色的优质文明服务团体；"雪域先锋"党员先锋品牌示范建设以争当效益先锋、智慧先锋、担当先锋、服务先锋为主要内容，通过设立党员示范岗、成立攻坚先锋队、划定党员责任区、命名党员示范路等形式发挥党员先锋模范作用；"萤火虫"学习品牌示范建设以机制佳、部署佳、落实佳、成效佳"四佳"为目标，将品牌建设与学习型组织建设、干部教育培训、党员教育管理相结合，通过党员积分制管理、制定配套学习考核与激励实施办法等方式取得品牌建设成效，巩固深化学习型党团组织建设。

（3）考核评估，抓总结验收。藏高公司党委将各基层党组织党建品牌建设成效纳入年度党建考核、履职评价、党组织书记抓党建和经营业绩考核，强化过程监督和动态管理，同时把广大党员职工参与品牌建设的综合表现融入党员考核评价、教育考察、民主评议及评优评先，在"两优一先"评选推荐和党员发展中予以运用。每年对各单位品牌建设工作进行验收评估，挖掘、收集、整理在品牌建设过程中的好经验好做法、典型案例及经验启示，形成可推广、可复制、可借鉴的指导手册和参考指南。同时，注重党建品牌建设的社会认可度，通过问卷调查、社会公众满意度调查、高等院校课题研究开发等方式，逐步由自我培育向社会认可过渡和提升。

（4）宣传推广，抓推介迭代。加强宣传，通过公司官网、微信公众号、学习读物、视频号、抖音等载体，借助融媒体宣传方式，广泛宣传品牌建设过程中的好经验、好做法。加强推介，积极对接中央省级媒体，参加行业主管部门、行业协会、学术年会等组织的评选、推介活动，向社会各界推介"两路魂"党建品牌。围绕各示范建设单位建设成效，邀请行业内、系统内各基层党组织开展参观学习、研讨交流等活动，开展课题研究，推动品牌建设全面铺开、推广运用。主动适应行业发展趋势和国企改革的大局，加强动态调整和迭代管理，使党建品牌的优势和特色更加凸显。

（5）服务全程，抓要素保障。加强阵地联动，充分利用党员活动室、职工活动中心、职工书屋、学习专栏、创新工作室等阵地，发挥现有硬件设施的作用。加强制度保证，总结提炼品牌建设过程的经验和教训，建立健全党建品牌管理制度，不断提升党建品牌建设制度化、规范化水平。

五、主要创新点

（1）兼具政治属性与品牌属性。藏高公司"两路魂"党建品牌根植于"两路"精神，主要以加强国有企业党的领导和党的建设为根本宗旨，具有很深的红色基因和政治底色，同时，将企业营销管理中的"品牌管理"理念和方法融入基层党组织党建工作，用品牌管理的技术和方法推动党建、展示党建，实现了品牌管理与党的建设的融合，是基层党的建设的生动探索和实践，也是基层党建工作的积极创新与跃升。

（2）凸显行业特色与地域特色。藏高公司"两路魂"党建品牌体系的构建和品牌标识、品牌内涵的设计紧扣交通建设行业的行业特点和发展趋势，充分结合涉藏地区的自然环境、历史人文等特征，具有较强的行业特色和地域特色。品牌的实质就是可辨认的、持续的，是功能性价值和情感性价值的统一，藏高公司"格桑花""高原红""雪域先锋"等的命名，便具有丰富的内涵、深厚的寓意和较强的传播性，能够被企业职工和沿线群众广泛认同和遵从，对形成藏高公司的企业文化也具有积极意义。

（3）统筹示范建设与全面推广。群众路线是党的根本工作路线，国有企业党建品牌建设更应该注重企业职工群众的首创精神，使党建品牌接地气、有活力。藏高公司始终在调研了公司前期党建工作经验的基础上，充分发挥基层党组织、党务工作人员和党员的作用，动员党委、党支部、党员"三级主体"的力量，提炼构建品牌体系，以点带面抓示范建设，在进一步形成参考指南和经验的基础上进行全面推广和运用，有效避免子品牌多而不响、响而不亮、不精不深的问题。

（4）融合党的建设与生产经营。藏高公司始终遵循"坚持党建工作与生产经营深度融合，以企业改革发展成果检验党组织工作成效"的原则，将"两路魂"品牌建设和中心工作系统部署，有序推进，把品牌建设工作与基层党组织建设紧密衔接、与企业当期重点工作深度融合、与干部队伍能力需求相互匹配，如"格桑花"服务品牌旨在提升涉藏地区高速公路运营管理服务水平，"雪域先锋"党员先锋品牌旨在项目建设、安全环保、科技创新等领域发挥党员先锋模范作用，推动生产经营自始至终都是党建品牌建设的出发点和落脚点。

六、实施效果

1. 党建引领生产经营成效显著提升

通过设立党员示范岗、划定党员责任区、命名党员示范路、授旗践诺等方式，开展"雪域先锋"党员先锋品牌，持续打造"双示范"工程，加快建设全省平均海拔最高的久马高速和挑战工程禁区的

"红色之路"泸石高速，奋力掘进世界进出口海拔高差最大的康定过境段隧道，攻坚克难推动康新高速穿越"川藏第一关"折多山，全力投资川汶、川红、郎川、邛芦荥等高速公路，奋力打通西北出川大通道、完善四川省高速公路网，不断擦亮藏高公司涉藏地区高速公路投资、建设、运营主力军名片，先后荣获"四川省优秀基层党组织""四川省国资委党委系统国有企业'四心一高'基层思想政治工作示范点""四川天府国企党建示范引领工程第一批示范企业"等称号。培育"格桑花"服务品牌，牢固树立"出行安心、环境舒心、关怀暖心、便民省心、服务贴心"的"五心"理念，结合实际制定高速公路收费（站）服务标杆化口袋书3本，开展岗位技能及文明服务培训，2个示范创建收费站以"着民族服饰、展风土人情、送温馨提示、有贴心服务"为抓手，为往来司乘人员提供政策解答、路线指引、安全提示、旅游咨询等"微"服务，促进了交旅融合服务。探索智慧、绿色服务，保障营运高速全时段畅行，为社会大众提供高速信息、安全与应急等服务，仅2023年至今就发放宣传资料1.5万余份，救援救助车辆2800余辆次，开展培训130余次，运营高速公路的管理服务水平不断迈上新台阶。持续打造优质文明服务团体和五星级服务区，全面打造涉藏地区高速公路营运"畅、安、舒、美、廉"亮丽名片，藏高公司所辖高速团队荣获"最美中国路姐团队""四川省'五一'巾帼标兵岗"等称号，雅康高速天全服务区被评为四川省唯一的交旅融合示范基地，两次获评"四川省第一批五星级服务区"。

2. 党建创新持续激发企业发展活力

以"萤火虫"学习品牌为载体，挖掘项目沿线红色资源，打造以川藏公路馆为核心的"两路"精神教育阵地，积极与省市州干部学院联合挂牌成立党员干部教育基地，强化干部职工思想教育引领。将学习型组织建设融入干部培养、职工教育培训、科技创新、技术攻关等领域，搭建"红色泸石夜校""薪火大讲堂""青年大讲堂""萤火虫课堂"等内部学习平台，实施领导班子上讲台行动，围绕工程管理、工艺工法、人力资源等内容开课100余期，深入打造"两路薪火"年轻干部培养提升工程，成立创新工作室2个、川藏铁路研究中心1个，加强技术技能人才培养。注重创新创效和成果转化，承担国家重点研发计划课题、交通运输部建设科技项目、省重点研发项目等11项，依托高速公路项目建设及科技攻关，取得国家专利63项、软件著作权10项、论文190余篇、专著7部，获得省部级以上科学技术奖11项。加强内部知识管理与萃取，开发2门精品课程，创新活力持续激发。

3. 主动担当作为塑造企业良好形象

成立藏高公司"高原红"党员志愿服务队15支，建立规范的组织体系，围绕抢险救援、助学助农、情暖旅途等开展志愿服务活动130余次，助推阿坝县查理乡乡村振兴，积极投身四川甘孜"9·5"泸定地震、汶川泥石流等自然灾害抢险救援第一线，主动参与"3·15"雅江山火应急救援道路保障，捐建四川甘孜"9·5"泸定地震灾后应急通道重建道路近20千米，仅用58天恢复四川康定"8·3"山洪泥石流灾害致损的雅康高速日地沟大桥双向通行能力。探索开展"两路"精神志愿宣讲、道路交通安全知识进校园、党的二十大精神藏羌双语宣传志愿服务活动等特色志愿服务活动20余次，切实践行为民服务的宗旨和志愿服务精神，不断提升志愿服务能力和水平，以"党旗红"引领"志愿红"，彰显国企担当，树立良好的企业形象。

4. 品牌建设实践赋能基层党建工作

藏高公司党建品牌建设着眼于扬优势、强弱项、补短板，聚焦党建工作特色不鲜明、重点不突出、作用发挥不充分等问题，将品牌建设的具体举措融入业务环节，在一定程度上防止了党建工作与业务工作相脱离的问题。将品牌管理理念融入党建品牌建设，促进了基层党建工作标杆化、示范化，掌握和了解了新形势下国有企业党的建设新要求和新趋势，开拓了党务工作人员的眼界和思维，推动党组织和党员创新党建工作方式方法。

七、下一步规划及探讨

（1）强基固本夯实党建基础。以夯实党建基础为关键，持续巩固国有企业党组织的核心领导地位，一以贯之地深化国有企业改革，持续推动党的建设，将党的领导融入企业治理的各个环节，落实"党建入章""一肩挑"，坚持"双向进入、交叉任职"的领导体制，进一步厘清不同治理主体的权责界限。要夯实基层党组织建设，持续开展好党的政治、思想、组织、队伍、作风和党风廉政建设，抓牢抓实"五个基本"建设，持续推动基层党支部标准化、规范化建设，严肃干部队伍、党员队伍建设，为党建品牌建设提供支撑。

（2）守正创新突出品牌建设实效。牢固树立品牌意识，将品牌打造的思维贯穿党建品牌建设全过程，积极借鉴和学习央企、其他省份国企的前沿理论和先进理念，特别是在党建品牌验收考核方面加大探索力度，结合公司实际建立党建品牌评分标准，将品牌管理技术运用到考核验收阶段，建立定性与定量、过程与结果相结合的评价体系，提高党建品牌建设质量，打响擦亮党建品牌，打造知名度高、美誉度强、影响力大的优秀党建品牌，充分发挥"两个作用"，提升党的建设与公司发展深度融合实效，着力让党建品牌"品质"高度逐级攀升。

（3）系统推进遵循品牌建设规律。综合诸多的案例和藏高公司"两路魂"党建品牌实践发现，国有企业党建品牌创建要在严格落实新时代党的建设总要求和新时代党的组织路线的基础上，尊重品牌管理的规律，遵循"系统谋划—培育建设—考核评估—推广提升"的发展逻辑，注重全过程推动和全时段的提升，主动适应发展大势、行业形势、公司战略，才能实现标准化党建与标准化业务"双标共建"、党建品牌与企业品牌"品牌共创"、组织文化与企业文化"文化共融"、党建效益与发展效益"双效共赢"。

以党建引领推动企业生产经营发展和 ESG 治理的路径探索

——基于南海东部油田连续两年稳产 2000 万吨以上的实践案例

创造单位：中海石油（中国）有限公司深圳分公司

主创人：赵春明　邓常红　吴华

创造人：匡帅　高雅　吴东胜　裴洋　刘荣　贾明

【摘要】党的二十大报告中指出要"加大油气资源勘探开发和增储上产力度""加强能源产供销储体系建设，确保能源安全"，指明了当前和今后一段时间油气事业发展的方向。中海石油（中国）有限公司深圳分公司（以下简称中海油深圳分公司）坚决贯彻落实习近平总书记关于国有企业、能源行业相关重要讲话精神和重要指示批示精神，以党建引领保障生产经营发展，在思想政治教育建设、考核激励体系建设、干部作风能力提升、基层基础精益管理和党建品牌创建升级等方面推出一系列创新举措，建立党的建设与生产经营、改革发展有效深度融合的样本，在油气增储稳产和公司 ESG（Environmental, Social and Governance，环境、社会和公司治理）管理上取得突出成效。其运营的南海东部油田 2023 年产量达 2077 万吨油气当量，创历史最高纪录，连续两年稳产 2000 万吨以上，工业增加值贡献率在深圳市工业企业排名第二、南山区排名第一。

【关键词】能源安全　党建　融合　ESG 治理

一、实施背景

（一）时代发展命题："两个大局"背景下充分把握能源行业发展大势的内在要求

能源矿产等初级产品是整个经济最为基础的部分，我国石油对外依存度超过 70%，自给能力较差。特别是近年来一些国家和地区出现了供给紊乱和短缺的问题，能源行业成为推进中国式现代化的战略性领域。当前，世界局势加速演变，局部地区冲突呈长期化态势，全球极端天气事件频发，国际油价宽幅震荡，多重风险挑战交织叠加，世界进入急速变革期。中国特色社会主义进入新时代，我国社会的主要矛盾已经转变为人民日益增长的美好生活需要和不平衡不充分的发展之间的矛盾。以习近平同志为核心的党中央统筹中华民族伟大复兴战略全局和世界百年未有之大变局，部署推动加大油气资源勘探开发和增储上产力度，并就油气勘探开发做出多次重要指示批示，以党建引领推动企业生产经营发展和 ESG 治理，蕴含鲜明的时代内涵。

（二）政治建设课题：贯彻落实习近平总书记重要指示精神和重要论述的必然要求

从 2018 年起，按照习近平总书记关于今后若干年要加大国内油气勘探开发力度、保障我国能源安全的重要批示精神，我国启动油气资源勘探开发"七年行动计划"。中国海油党组深入落实该行动计划，全力推动企业生产经营高质量发展，制定"1534"总体发展思路，勇当增储上产主力军。2021 年，为深入贯彻落实习近平总书记建设海洋强国、加快深海油气资源勘探开发重要指示精神，中国海油党组做出"三大工程""一个行动"重要部署。2022 年，为认真贯彻落实习近平总书记连线中国海油"深海一号"生产平台重要讲话精神，中国海油党组制定实施了"四个中心"建设总体行动方案。2023 年，围绕党的二十大关于"加快建设世界一流企业"的部署要求和习近平总书记系列重要论述，中国海油党组做出"六个一流"部署。作为中国海油国内四大油气生产基地——南海东部油田的运营者，中海油深圳分公司认真贯彻中国海油党组决策部署，提出"建设中国特色世界一流深水油气田"

战略目标，在新时代、新征程掀起南海东部海域大勘探大开发的火热场面，切实把对党忠诚、为党尽职、为党分忧、为民造福作为根本政治责任和担当，以党建引领推动企业生产经营发展和ESG治理，蕴含鲜亮的政治底色。

（三）企业变革主题：中央企业实现可持续治理管理和充分价值创造的应有之义

随着我国经济进入高质量发展阶段，ESG治理在国内进入加速发展期，推动着我国企业在环境、社会责任和公司治理方面的管理意识不断增强，成为企业进一步全面深化改革的重要部分。中央企业承担着政治、经济、社会三大责任，与ESG的理念内在相通。围绕ESG理念，中海油深圳分公司大力实施绿色发展跨越工程、科技创新强基工程，推进油气资源供给保障中心、人本理念践行示范中心建设，积极助力乡村振兴、社会公益，推动自身ESG水平不断提升。新时代，新征程，如何在环境、社会和公司治理三个重要维度中，充分发掘和考量社会公益性和企业商业性两方面责任，以厚重的责任感助力可持续管理与价值创造，在积极响应国家战略、保障经济安全和能源安全、促进科技创新、落实"双碳"目标、参与公益慈善、保障员工权益等方面下功夫，争当ESG领域的示范引领者，是公司面向未来发展的一项重要议题，以党建引领推动企业生产经营发展和ESG治理，蕴含鲜活的变革意蕴。

二、具体内涵

（一）内涵指向

1. 逻辑指向：经济基础与上层建筑的唯物辩证关系

强调经济基础与上层建筑的辩证关系是唯物史观的重要内容。从整个人类社会历史发展规律来看，经济基础决定属于上层建筑范畴的政治活动；但从历史横向上来看，政治的发展也具有相对独立性，社会的政治结构并不是紧跟着社会经济生活条件的变革立即发生相应改变的，在一定条件下对经济的发展起决定性的反作用。特别是作为中国特色社会主义经济的顶梁柱，国有企业必须首先明确政治工作是一切经济工作的生命线，旗帜鲜明讲政治，充分在生产经营活动中强化政治定力，以党的领导引领组织生产，以政治生活引领经济生活，以政治功能助推生产经营，以政治优势激活企业治理，这是本研究报告的根本逻辑指向。

2. 历史指向：中国共产党百年奋斗征程的重要经验

从新民主主义革命时期开始，中国共产党领导革命根据地进行生产大建设就成为党建引领企业生产经营工作的生动写照。毛泽东同志在《必须注意经济工作》中指出："只有开展经济战线方面的工作，发展红色区域的经济，才能使革命战争得到相当的物质基础。"到中华人民共和国成立时，国营经济已经在工业、交通运输、金融等领域处于主导地位，为社会主义革命提供了坚实的物质基础。进入社会主义建设时期，党的八大确立了党委领导下的厂长负责制；党的十四届三中全会提出建立"产权清晰、权责明确、政企分开、管理科学"的现代企业制度，为国有企业生产经营和改革发展提供了基本遵循。进入新时代以来，习近平总书记对国有企业党的建设和生产经营做出一系列指示批示，特别是2016年在全国国有企业党的建设工作会议上发表的重要讲话，为新时代坚持党对国有企业的全面领导、做强做优做大国有企业指明了方向、提供了根本遵循。可以说，党建引领企业生产经营发展和ESG治理这一命题内含于党的百年奋斗征程和时代使命任务中，具有丰富的实践特征和历史内涵。

3. 价值指向：增强国有企业核心竞争力的重要优势

2022年，党的二十大审议通过的党章明确规定："国有企业党委（党组）发挥领导作用，把方向、管大局、保落实，依照规定讨论和决定企业重大事项。国有企业和集体企业中党的基层组织，围绕企业生产经营开展工作。"国有企业的核心竞争力就在于能够"把方向、管大局、保落实"，能够充分发挥社会主义集中力量办大事的优势性，能够依托共同信念保持旺盛持续的组织奋斗力和精神凝聚力。也只有通过高质量党建引领企业各项工作的开展，才能巩固已有改革成果，进一步深化国资国企改革，实现国有经济布局优化和结构调整，推动中国特色现代企业制度和市场化经营机制长效化制度化，提升企业治理现代化水平；才能围绕更高质量效益和更强国际竞争力，支持引导企业不断提升核心竞争力，加快推动建设世界一流企业。这也是党建引领推动企业生产发展和ESG治理的现代价值内核。

（二）鲜明特征

1. 有形性：务虚工作与务实工作的融合

一般来讲，党建工作具有务虚性质，党建工作之"虚"不是"虚无"，是相对企业发展和治理实体措施而言的，因在作用、效果上难以直观感受，而用"虚"作概括。将国有企业的党建工作与发展工作强行归结为务虚与务实的一对相互对立的概念，在实际公司治理中将演化为独立的两条轨道，难以形成企业发展的真正合力。中国海油开展"融合深化工程"，通过党建引领推动企业生产发展和ESG治理，建立起虚和实、上位和下位、包容与被包容的辩证统一关系，从政治高度和内生动力出发谋划和推进生产工作，从实际问题和市场经济角度巩固和发展党建工作，既能以科学理论方法为指导，贯彻战略思维、系统统筹、顶层设计，又能以具体项目为牵引，推动学习变体会、体会变思路、思路变措施，达成务虚与务实的有形融合，成为"党建工作做实了就是生产力，做强了就是竞争力，做细了就是凝聚力"的生动注脚。

2. 有力性：定性工作与定量工作的结合

伴随时代的变化和发展，企业的架构和功能总是呈现出多变、复杂、多元、矛盾等线性、非线性及模糊变化，生产业务性质和数量也总是随之而变。在国有企业中，党建工作恰恰提供了"万变"之中的"不变"，即发挥本质定性、举旗定向的功能，发挥"把方向、管大局、保落实"的作用，这些功能和作用的发挥为经营生产定性与奠基。通过党建引领企业发展和治理则是将定性工作融入生产定量环节，这不仅体现在当前国有企业的党建工作朝着量化、精细化和制度化的管理模式推进，将政治建设、思想建设、组织建设、作风建设、纪律建设和制度建设进行统一考核评价，更体现在将生产经营产出和ESG治理指标作为检验党建工作成效的重要指标。

3. 有机性：党的领导与公司治理的耦合

习近平总书记强调，"中国特色现代国有企业制度，'特'就特在把党的领导融入公司治理各环节，把企业党组织内嵌到公司治理结构之中"，要"推进国有企业、金融企业在完善公司治理中加强党的领导"。国有企业肩负着完善现代企业公司治理结构、建立现代企业制度的时代使命。而近代企业治理实质上是18世纪第一次工业革命的产物，其作为西方的一种基本的社会生产组织和经济单位管理模式登上历史舞台。200多年来，董事架构和效率理念一直是西方国家企业治理的核心所在，而中国特色现代企业制度建设则从根本上打破了"现代化＝西方化"的范式束缚和迷思，成为"中国式现代化"建设中不可或缺的重要部分。这集中体现在党组织实现将"思想"的改造、"人"的发展、人文主义色彩融入"产品"的生产、"物"的管理、工具主义色彩之中，集中体现在党组织将党员与群众、党员干部与管理领导者、科研技术人员与一线工人凝聚在一起形成有机互动体系，集中体现在以党的建设引领企业发展任务，集中体现在党建责任与生产经营责任有机融入企业治理体系，充分释放治理效能，实现党的领导与公司治理的有机耦合。

三、实施过程

中海油深圳分公司在以党建引领企业发展的实践探索中，形成了以思想政治教育建设、干部作风能力提升、考核激励体系建设、基层基础精益管理和党建品牌创建升级的五条有效路径，确保作用有效发挥。

（一）以党建领航铸魂，抓生产从思想政治入手

思想政治工作是经济工作和其他一切工作的生命线，党建工作保证企业的性质和方向，为经营发展提供内生精神动力；企业整体经营发展为思想政治工作提供环境、条件和对象，整体经营发展成绩也是党建的具体化表现。基于这一点，中海油深圳分公司从思想政治工作入手，通过建立"三项机制"全面提升生产经营和ESG治理的思政引领水平。

一是聚焦公司战略，建立大恳谈谋划发展定向机制。习近平总书记指出，战略问题是一个政党、一个国家的根本性问题。战略上判断得准确，战略上谋划得科学，战略上赢得主动，党和人民事业就大有希望。为赢得更多的战略主动权，中海油深圳分公司把握大势、谋求未来，充分贯彻落实党的二十大"加大油气资源勘探开发和增储上产力度"精神，提出"2000万吨以上稳产十年"任务目标和"建设中国特色世界一流深水油气田"战略目标，进一步凝聚干事创业发展信心，干部员工精神状态得到极大振奋。

二是强化理论提升，建立领导干部读书研学机制。围绕加强党的政治思想建设，中海油深圳分公司探索建立了以中层副职以上领导干部理论研学机制，通过"个人自学＋读书班"的形式，夯实全体领导干部向更高发展目标团结奋进的思想基础，聚焦贯彻党的十九届六中全会精神、贯彻党的二十大精神、学习贯彻习近平新时代中国特色社会主义思想主题教育等相关内容。围绕党纪学习教育，重点突出"原文精学、解读导学、探究研学"层层深入的进阶特点，分三个阶段举办党纪学习教育读书班，推动广大党员领导干部在学纪知纪中锤炼党性，在明纪守纪中奋发作为。近年来，中海油深圳分公司领导干部读书研学机制逐步完善，成为推进党的政治建设与企业改革发展深度融合、提升党员领导干部政治能力的重要手段。

三是展示企业形象，建立发展成果宣传多元化机制。构建党委领导、政工搭台、全员参与、上下联动、内外协同的宣传工作格局和流程化、制度化、体系化工作模式。统筹运用"传统媒体＋新媒体""大屏＋小屏""中央媒体＋地方媒体"等形式进行建造投产全过程报道。同时，注重加强与外部媒体的联系合作，重点深化与中央媒体和广东省、深圳市宣传主管部门、主流媒体的合作，南海东部油田高质量发展成果在主流媒体得到大篇幅、长时间的报道，进一步扩大企业的影响力、美誉度。自2023年以来，中海油深圳分公司聚焦贯彻党的二十大精神、增储上产、科技创新、绿色低碳等重点，获中央媒体报道132项，10次登上中央电视台《新闻联播》，12次登上《人民日报》，极大地鼓舞了员工士气。

（二）以党建统揽促效，提升能力服务生产大局

2020年，习近平总书记在中央党校中青班开班仪式上勉励年轻干部提高七种能力。中海油深圳分公司以此为基准点，以提高干部政治能力为主线，以提升调查研究能力为切入点，在党建工作的引领下着重选拔、培养优秀人才干部，着重建设、提振人才干部作风，为提升干部工作能力和效率提供机制保障。

一是改进调查研究工作机制。近年来，中海油深圳分公司将调查研究作为推动公司改革发展的先行一招，开展"百名干部献百策"活动，领导班子带队，组织全体新晋中层干部集体前往海上设施、陆地终端和工程建造现场研学，示范调研带动中层领导干部系统掌握调查研究方式方法。结合学习贯彻习近平新时代中国特色社会主义思想主题教育相关内容，2023年中海油深圳分公司党委确立年度调查研究课题共11项，围绕课题调研近80次，实行问题大梳理、难题大排查，真正把情况摸清、把问题找准，为现行工作难点堵点对症下药、整改提升打下基础。

二是健全干部人才培养机制。中海油深圳分公司突出政治标准，以三项制度改革为契机，着力加强干部人才队伍建设。充分发挥干部竞聘的导向作用，营造"公平、公正、公开"的氛围。推进优秀年轻干部储备机制，为公司中长期高质量发展提供干部储备和人才保证。完善人才分层分类培养机

制，建立五类青年人才库和油气田优才库，制订"一人一策"培养方案，为人才搭建干事创业平台。完善高层次人才和成品人才引进机制，结合战略发展需要引进海外成品人才。优化绩效评价指标体系，差异化设置业绩考核目标，实施分类分层考核，全面推行"两制一契"管理。

三是建立干部作风提振机制。中海油深圳分公司以党的光荣传统和优良作风开题，全面加强干部员工作风建设。开展大力学习弘扬"大庆精神""铁人精神""'两弹一星'精神"活动，广泛宣传奋战在大勘探、大开发主战场第一线的基层典型鲜活案例。两年多来，"心系祖国、甘于奉献、以企为家、尊崇创新、敢于攻坚"的良好氛围在中海油深圳分公司基本形成，干部员工担当作为和干事创业的精气神有效提升，成为南海东部油田取得连续两年稳产2000万吨以上历史性突破的重要保障。

（三）以党建善治赋能，形成考核激励融合体系

中海油深圳分公司围绕"绩效可考"目标，强化考核、督导，用好党建责任制考核、支部达标考核和党支部书记述职评议"指挥棒"，逐步形成科学高效、公平合理、与时俱进的考核激励融合体系，最大限度地激发党员群众积极性、主动性、创造性、创新性，加速推动生产经营发展和ESG治理高效化。

一是完善党建工作成效与支部书记个人绩效挂钩的机制。建立健全考核机制，切实解决各级领导干部及广大党务工作者抓党建工作存在的内在动力不足的问题，以外因驱动向内因主导转变，更好地增强干部员工抓好党建工作的创造性、积极性和主动性。特别是在年度个人绩效指标设定环节，要求正副职将党建、党风廉政工作落实情况反映在绩效计划设定中，权重不低于10%，将管党治党责任进一步压紧压实。

二是修订《海上标杆生产设施考核办法》。按照"产品卓越、品牌卓著、创新领先、治理现代"16字要求，扎实开展加快建设世界一流企业专项行动。深刻认识海上标杆生产设施考核机制，完善基层基础管理提升的运行载体，对世界一流企业建设的阶段目标进行了细化和压实责任。同时，一体推动落实基层基础管理提升，把党建作用发挥情况作为标杆设置评选的重要指标，将基础扣分项和进阶加分项相结合，合理设置评分标准，既做到客观公正，又能够拉开差距，将中心任务完成情况作为检验基层党支部发挥战斗堡垒作用的重要标准，推动组织力提升。

三是深化分配制度改革。在薪酬体系上体现分配向科研与生产一线倾斜的改革导向。为积极探索员工奖励机制，从强化考核分配绩效导向作用和调动广大员工积极性的角度出发，深入探索薪酬分配制度改革的可行性措施，在对各部门单位进行充分调研和意见征集的基础上，改革科技创新激励机制，对"十三五"原创科技理念与技术追溯奖励，搭建"十四五"1+2+N科技创新激励体系，推进分类分级的"揭榜挂帅"机制，大幅提高公司"科学技术奖"和"总经理嘉奖·储量发现奖"奖励标准，激发专业技术人员创新创造活力。

（四）以党建固本强基，凝心聚力建成战斗堡垒

中海油深圳分公司以完善党建基础管理体系为主线，以解决基层党建中存在的突出问题和薄弱环节为重点，上下联动、同题共答，完善解决党建工作基础薄弱的系列举措，提高各级基层党组织工作标准和工作质量。

一是完善体系建设，增强固本强基的系统性。建立党务工作清单和党建工作责任清单的"双清单"管理体系，为基层党组织日常工作开展提供标准性的参照；建立"发现问题—分析问题—解决问题"三个环节的工作闭环和充分发挥"共商—共建—共治"在加强党建基层基础工作中的作用的"三环三共"处理问题机制；建立"三四五一"党员教育机制，明确党员"重温入党誓词、重忆入党经历、重问入党初心""自觉亮身份、敢于亮承诺、工作亮标准、担当亮作为""带头强党性、带头提能力、带头抓落实、带头优服务、带头转作风""完成承诺践诺"等责任。

二是贯通上下标准，增强固本强基的主动性。在实现基层党组织书记、党务工作者开展年度全覆盖轮训的基础上，持续打造"红色基石"实训营，以情景演练的形式，加强党务干部的实践。不定期印发《党建通讯》，打造解释党建政策的"核心期刊"，编制党建制度汇编，为公司各级党组织全面规范基层党的建设工作强化制度支撑。同时，以党建信息化平台为工作主载体，推动基层党建向数字化、智能化方向发展，实现基础党务进一步上网上线、各类流程全面嵌入系统、工作过程实现智能监控，以信息化手段提高基础工作质量。

三是聚焦一线难点，增强固本强基的针对性。全面总结具有倒班制、流动性大等特点的海上一线、科研一线、工程工技一线党建问题，科学回答好"组织生活如何有效开展、选举工作如何规范完成，党员教育如何提升质效""党总支作用如何有效发挥、支部基础工作流程化建设、提级管理支部如何更好发挥示范作用""书记项目如何引领攻坚、党建品牌如何为项目赋能、派出项目及监督组党员如何规范开展组织生活"等问题，首创1个"实施意见"+9大"操作指引"立体式矩阵，开拓出上下协同的党建治理空间，实现基层党建穿透管理和跟踪管理，推动基层党组织"两个功能"有效提升，打造强大的战斗堡垒集群，为南海东部油田实现连续两年稳产2000万吨以上做出重要贡献。

（五）以党建聚力提势，创建品牌鲜活企业形象

自2014年起，各基层党委以"书记项目"为抓手，探索建立各具特色的党建品牌。自2017年以来，中海油深圳分公司党委共组织三次党建品牌评估工作，进一步完善基层党建品牌建设。在中海油深圳分公司党委的推动和支持下，各基层党组织以原有的党建品牌为切入点，对党建品牌进行整合和"扩容"。以下是较有典型意义的几个党建品牌。

一是"四区联动党旗红"。西江油田作业区从党委层面对基层党建品牌进行整合和升级，创建了"四区联动党旗红"党建品牌。在"思想"责任区，支部做形势政策任务的宣讲人、员工生产生活的暖心人及思想动态的监护人；在"安全"责任区，党员积极担任安全监察员、管理员、教导员，筑牢平台安全生产的基础；在"质量"责任区，党员以设计者、引领者、把关者的身份，推动安全生产标准化水平；在"生产"责任区，党员积极担任生产的组织官、保障官和执行官，联合党员先锋队、党员技师创新工作室等，积极带动广大职工攻坚克难，高质量完成各项生产任务。

二是"安全生产我负责"。"安全生产我负责"党建品牌是白云天然气作业公司结合天然气生产设施和陆地处理终端对安全风险管控的特殊需求，在充分发挥支部战斗堡垒作用和党员先锋模范作用方面进行的有效探索。党支部层面，以"制度体系，我执行""隐患治理，我领办""作业安全，我管控"，"应急处置，我战备"四项着力点，结合"五有"工作法，做到"工作有计划、作业有方案、实施有组织、过程有监管、完成有总结"，充分发挥党支部在安全生产中的战斗堡垒作用。党员层面以"安全责任，我落实""质量管控，我尽责""专业技能，我争先""安全文化，我践行"落实全员责任，明确该做什么、如何做，充分发挥党员先锋模范作用。

三是"三定四动"党建有效化方案。该方案是南海东部石油研究院开发一所党总支根据新形势、新任务、新要求进行的一次全新探索。面对近年来勘探作业量和难度逐步加大，人员特别是勘探骨干紧缺等实际困难，坚持"定角色"明职责，坚持"定目标"把方向，坚持"定计划"抓落实，以"宣传发动"提士气，以"引导促动"鼓干劲，以"示范带动"强作风，以"评议推动"促落实。从结构上看，"三定四动"党建有效化方案，从责任分工、目标设置、落实推动和管理考核等方面进行了全方位、全流程的制度设计，实际构成了一套支部层面的党建和业务工作相融合的责任考核体系。

四、实施效果

（一）探索了一条ESG目标下国有企业治理新路径，实现经济责任与社会责任有机融合

围绕ESG目标，中海油深圳分公司有力推动企业绿色发展、高质量发展和可持续发展。治理因素

方面，深入围绕贯彻落实习近平总书记关于坚持"两个一以贯之"的重要论述精神，坚持党的领导与公司治理有机统一，推动中国特色现代企业制度更加成熟定型。环境因素方面，中海油深圳分公司积极响应"双碳"政策和保障能源安全，采取一系列技改措施，配套恩平15-1油田群海上二氧化碳封存示范工程正式投产，在目前我国2000万吨级以上的大油田中，成为唯一一家整体获评国家级"绿色工厂"的油气生产企业。社会因素方面，中海油深圳分公司致力于产业发展与地方经济社会发展深度融合，成功推动南海西部海气直通深圳项目立项，成功开启"双龙入粤"模式。积极响应乡村振兴战略，致力于产业发展与乡村经济发展深度融合，落实G207部分国道路段人居环境提升项目、湛江市下桥村集体耕地辣椒种业及健康种植示范基地项目、信桥村蚕丝被厂项目等各项帮扶工作，以厚重的社会责任感助力企业价值创造。

（二）建立了一套以战略目标为中心，导向更加突出、责任更加落实、内容更加系统完备的党建工作体系

中海油深圳分公司在充分实现党建引领保障作用的过程中，高质量党建工作体系逐步健全，对提高分公司党建与改革发展、生产经营深度有效融合具有重要意义。中海油深圳分公司基层党委充分发挥"把方向、管大局、保落实"作用，党支部作为落实主体，组织党员队伍带领、带动周边群众为企业改革发展服务，激发了基层创新活力，推动基层党建升级提档，进一步增强了基层党组织的政治功能和组织功能。

（三）提高了油气资源增储上产力度，逐步推进油气资源勘探开发技术自立自强

2023年，中海油深圳分公司油气产量创历史新高，连续两年稳产2000万吨以上。中海油深圳分公司克服勘探难度加大、开采对象日益复杂等难题，斩获国内首个深水深层亿吨级轻质油田群、全球首个规模变质核杂岩商业发现、国内首口近海深层原油测试产能千吨井。中海油深圳分公司率先掌握了海洋水合物钻探装备，并掌握一套水合物矿体识别技术。大位移钻井逐步达到世界领先水平，具备了海洋深水钻井部分关键技术与装备自主创新能力，为保障国家能源安全、建设海洋强国发挥重要作用。

（四）强化了区域能源供给能力，积极服务地方经济，融入粤港澳大湾区发展大局

中海油深圳分公司通过制定南海深水开发战略和南海万亿方大气区建设目标，各产业板块协同发展，切实把大湾区、先行示范区建设历史机遇转化为发展优势。仅白云气田已经连续5年天然气产量超60亿立方米，连续7年完成冬季保供任务，累计外输量突破650亿立方米，占广东省天然气历年消费总量的1/5。低碳、安全、高效的清洁能源惠及中国经济最具活力的大湾区，广州、深圳、珠海、中山、湛江等10余个城市、100余家企业和8000多万人口获得了源源不断的清洁能源保障。2023年，中海油深圳分公司工业增加值贡献在深圳市工业企业排名第二、南山区排名第一。

党旗领航，风光无限

——构建"四个机制"，赋能绿色高质量发展

创造单位：华电新能源集团股份有限公司安徽分公司

主创人：杜来会　杨巨山

创造人：刘正　徐丽君　崔洪倩　汪勇　董瑞

【摘要】华电新能源集团股份有限公司安徽分公司（以下简称新能源公司或公司）党委按照集团公司党组实施"四力四推"党建工程的工作部署，聚焦新能源绿色发展主题，围绕公司"11233"工作思路，细化具体措施，精心谋划实施，以创新"双挂钩"机制，在加强党组织领导力上下功夫；完善"深实细"机制，在激发党组织创造力上求突破；健全"双倾斜"机制，在增强党组织战斗力上做保障；强化"文化落地"机制，在彰显党组织凝聚力上见成效，全力打造"四力四推"党建工程的皖新实践，以高质量党建引领保障绿色高质量发展。

【关键词】党建引领　绿色发展　四力四推

一、实施背景及目的

新能源公司党委按照集团公司党组实施"四力四推"党建工程的工作部署，聚焦新能源绿色发展主题，围绕公司"11233"工作思路，细化具体措施，精心谋划实施，全力打造"四力四推"党建工程的皖新实践，以高质量党建引领保障绿色高质量发展。

自2024年以来，新能源公司党委坚持以习近平新时代中国特色社会主义思想为指导，全面落实党中央决策部署和集团公司党组、安徽公司党委的工作要求，针对公司"前期、运营、基建"三期叠加的特殊时期，紧盯"四力四推"党建工程"上水平"目标，坚持"稳基础、抓规范、促发展"的整体思路，探索建立"四个机制"并以此为抓手，把党的建设重要思想转化为推动工作的具体任务、具体措施，公司党组织领导力、创造力、战斗力、凝聚力得到增强。自项目实施以来，公司安全生产基础得到进一步夯实，2024年上半年完成发电量7.45亿千瓦时，同比增加1亿千瓦时，新能源装机突破100万千瓦，为完成全年目标任务奠定坚实基础，切实以党建引领高质量发展。

二、实施过程及效果

（一）创新"双挂钩"机制，在加强党组织领导力上下功夫

在党建、中心工作完成考评上，施行公司党委领导班子和党建联系点支部挂钩、党支部书记和风光电场站、项目部挂钩的"双挂钩"机制，通过计划平衡会、专业工作分析会等进行月考核、季通报，并纳入年度绩效目标考核和党建工作考评内容，形成"上下联动、左右协调、跟踪监督、同向发力"的工作格局。强化"头雁"效应，发挥示范表率。持续开展"四树四提升"领导干部结对项目。结合"奋勇争先，百日攻坚"专项活动，督导各片区持续开展"皖新优选""皖新优建""皖新优运"劳动竞赛，充分激发一线职工创优争先的积极性和主动性。自项目实施以来，公司完成了华电在皖首个平原混塔濉溪一期11万千瓦风电项目，实现全容量并网，创造了"一巩固、两新高、八突破"的业绩。

"一巩固"：固本强基年工作成效明显，公司基础管理得到强力巩固。发电量完成12.88亿千瓦时；综合厂用电率完成年度目标1.01%；资产负债率完成70.09%，较年初降低2.21%；实现安全生产3300天。

"两新高"：公司质量、效益双双创历史新高。全年实现利润总额2.08亿元，较年度目标值1.88亿元增加2000万元；实现项目开工建设127.57兆瓦，投产115.12兆瓦，在建4个项目122.45兆瓦，管理规模900兆瓦，较年初容量690兆瓦增加210兆瓦，增长30%。

"八突破"：在公司高质量发展中，实现了八个突破。第一次开展了资产出售，砀山项目盈利3419万元；第一次开展了绿电交易，增加利润1408万元；第一次进入户用光伏领域，淮南潘集项目备案49MW；第一次高质量完成混塔施工，临涣项目高质量全容量并网；第一次系统开展风机整治，完成55台风机95支叶片修护工作；第一次完成年度绩效管理工作，月度、年度绩效管理实行了全周期闭环管理，公司管理水平再上新台阶；第一次管理创新获得最高荣誉，公司"13456工作法保障混塔项目建设质量"首次获得分公司"管理创新"一等奖，另各有1项QC（Quality Control，质量控制）成果和质量成果获得行业类一等奖；第一次高质量完成集团公司党组提级巡视，公司政治体检答卷较好。深化一线调研，提升工作质效。以开展第二批主题教育为契机，公司领导班子成员领题深入挂钩区域，建立个人调查研究"一表三单"（"一表"指调研计划表，"三单"指调研问题清单、责任清单、进度清单），坚持"三进三听三问"（进管理片区、进重点项目、进一线场站；听相关单位、听基层党员、听职工群众意见建议；问所期所盼、问突出困难、问创新思路），聚焦最突出最迫切问题定思路、明举措、抓落实。

（二）完善"深实细"机制，在激发党组织创造力上求突破

全面落实"想在深处、干在实处、落在细处"的务实作风，紧密结合新能源企业"小散远"和管理力量薄弱的特点和实际情况，在企业管理中全面推动"深实细"管理机制建设，推动职能管理在创新发展中规范提升。明确问题症结，培育创新动能。针对新能源并购业务过程复杂、风险点较多的实际，财务资产部探索制订项目并购"清单化"管理模式，制定"项目合规清单、支付条件分解清单、支付条件确认清单、接产项目确认清单"4张清单，有效预防并控制并购风险。针对建设项目合同管理链条长，廉洁风险点贯穿整个建设周期的实际，计划合同管理部门坚持抓好"项目立项、开展采购、结果审核、合同谈判、价款结算"5个关键环节，建设"招标采购格式""典型合同文本"两套范本，推动"管理制度化、制度流程化、流程表单化、表单信息化"四化管理，有效防范化解风险。提升规范管理水平，争创一流企业。深化三项制度改革，健全以关键业绩指标和重点任务为核心的分类差异化考核机制。开展规章制度建设、绩效管理建设、素质能力建设三项工程，全力推动公司管理升级。制定印发《部门绩效目标管理办法》，持续优化考核指标，充分调动全员创效的积极性，推动重点工作有效落实。

（三）健全"双倾斜"机制，在增强党组织战斗力上做保障

公司党委坚持把党建工作重心全面向管理片区、场站项目部倾斜，推动党的建设从基层一线全面融入生产经营。压实工作责任，党建提质增效。强化理论武装，截至2024年年底组织党委会、中心组集中学习32次，举办党员、积极分子红色教育活动4期，参培人员50人次，实现应训人员全覆盖。开展"新能源党建规范化"活动、围绕"五个基本"工作标准，提升党支部党建规范化水平，推进党建工作提质增效。持续深化公司党委"五优联创"大党建体系升级，强化送理论、送思想、送管理、送文化、送温暖，以服务一线、服务职工为主要职能的皖新党建工作服务站功能发挥，将党建品牌的"软实力"转化为绿色发展的"硬势能"。坚持"三化两突出"，"岗区队"创建扎实有效。成立党员先锋岗15个、党员责任区13个、党员突击队10个、党员服务队2个，从履职实施、指导监督、检查验收等环节明确创建办法与实施步骤，实现了党员带动职工，支部带动片区，形成以点带线、以线带面的工作格局。深化党建联建共建，推动年度任务完成。创新党建联建共建载体，打通产业链、稳定供应链、衔接创新链、塑造价值链，与安徽省电力质检站、电科院山东分院、电网公司、中科大MBA

管理学院等单位开展党建联建共建，切实推动党建融入生产经营做实做深做细，有关经验做法在安徽省直机关党建工作第九联系片交流会上得到一致好评。

（四）强化"文化落地"机制，在彰显党组织凝聚力上见成效

自"创新奋进、奋勇争先"企业文化建设实践活动开展以来，通过LED大屏、微信公众号、场站宣传栏、会议室标语等广泛宣传，营造浓厚氛围，全面启动公司企业文化建设。以进一线、面对面、点对点方式，充分运用主题党日、政治学习、班前班后会等载体，围绕"如何厚植奋斗情怀""如何树立风险意识""如何发扬进取精神""如何树立忧患思维""如何践行务实作风"等内容，广泛开展大讨论、红色教育、"身边的皖新榜样"选树等活动，凝聚"创新奋进、奋勇争先"的文化共识，激活"创新奋进、奋勇争先"文化催人奋进的影响力和推动力。加强"皖新优家－职工之家"工会品牌建设，抓牢员工"关切点"，进行"差异化""定制化"慰问，提升职工认同感。在公司鏖战并网和保电的关键时期，公司领导每月开展工程建设一线慰问。建设落地风光场站"生活舱"、组织职工子女假期托管班，将公司党委的关爱送到员工心坎上。强化"廉洁皖新 亲清你我"分支文化管理。运用覆盖全部场站和项目部的"亲清"廉洁文化微平台，以安徽公司"皖松清风"廉洁文化理念体系发布为契机，把廉政教育和专项监督搬到现场。公司广泛运用技能大赛等平台，激发职工内生动力，在安徽公司2023年度纪检业务大赛中荣获团体一等奖。深化"皖新优才——青年素养提升"。持续实施《风光电场站"青马"人才培养计划》，激发团员青年立足岗位、全面提升、投身发展、回报社会，公司"皖美风光志愿行"志愿服务项目获得安徽省直机关志愿服务优秀项目，无为风电场场长程飞荣获安徽省直机关第六届道德模范，推动工团组织发挥"服务职工成长，服务企业发展"的作用。

三、下一步规划与探讨

（一）坚持党的创新理论武装，在讲政治抓落实中坚定推动绿色高质量发展信心

要持续学懂弄通做实习近平新时代中国特色社会主义思想，正确处理好党建和业务的关系，把党的领导体现和贯彻到具体业务工作各领域、全过程，做到党建工作和业务工作一起谋划、一起部署、一起落实、一起检查，使各项举措在部署上相互配合、相互促进、相互印证，切实将新能源公司全体干部职工党员紧紧凝聚在党的旗帜之下，画出绿色发展的"同心圆"。

（二）坚持人民至上、一切为了人民，在服务中心大局中做实推动绿色高质量发展工作

从企业实际来说，要把服务职工群众作为党建工作的出发点、落脚点，紧紧围绕中心工作找准切入点、结合点，要客观分析新能源发展的实际特点，紧密结合工作任务和队伍建设实际找准着眼点、着力点，做到中心工作推进到哪里、党建就跟进到哪里，以切实有效、高质量党建引领服务和保障高质量发展。

（三）坚持问题导向，在创新工作实践中提升推动绿色高质量发展水平

"党旗领航，风光无限，赋能绿色高质量发展"实践案例的策划落地和取得的初步成效，都深深启示我们，要正确处理好目标引领和问题导向的关系，新能源"零散""欠规范化"等问题和困难，正是我们可以创新的契机和着力点。要通过吸收借鉴系统内外、兄弟单位的好经验好做法，发展丰富已有的"五优联创""皖新党建工作服务站"等创新载体，因地制宜积极探索新能源党建和业务工作深度融合、一体落实的新途径新办法、新载体新举措，让职工群众喜闻乐见、便于参加，真正感受到变化和成效。

（四）坚持完善组织体系，在抓实党建责任制落实中营造推动绿色高质量发展氛围

要坚持从领导干部抓起、从党员抓起，要突出党的组织体系有形有态有效，抓好党建责任贯彻执行，坚持责任制＋清单制＋通报制工作法，把各级党组织锻造得更加坚强有力。为干部职工党员以学促干创造有利条件、拓宽实践渠道，引导他们积极发挥先锋模范作用，在示范带头作用发挥中检验学习成效，为新能源发展弘扬正气、增添正能量。

"提升服务质效，优化营商环境"党建引领主题宣传策划案例

创造单位：内蒙古电力集团呼和浩特供电公司
主创人：罗昊旻　苏明
创造人：申镇　王梦圆　曹皓琛

【摘要】 内蒙古电力集团呼和浩特供电公司（以下简称呼和浩特供电分公司）深入贯彻落实习近平新时代中国特色社会主义思想和党的二十大、二十届三中全会精神，以铸牢中华民族共同体意识为主线，高扬主旋律，弘扬正能量，发挥理论武装的感召力、主流舆论的引导力、对外宣传的影响力、价值引领的塑造力、文化建设的驱动力、统一战线的向心力、意识形态的凝聚力，为奋力书写好新时代国有企业的新答卷提供坚实的坚强思想保证、强大精神力量、有利文化条件。呼和浩特供电分公司围绕"提升服务质效，优化营商环境"主题，开展党建引领下的宣传策划，把握正确的政治导向，通过上下联动、突出特色、媒体融合等方式，唱响主旋律、传播正能量，全方位展现出公司在优化电力营商环境方面所做出的努力、取得的成效，从而彰显出新时代国有企业的实干担当，为企业树立良好形象。

【关键词】 党建引领　国有企业　主题宣传

一、实施背景

呼和浩特供电分公司担负着呼和浩特市区及周边五个旗县的电力供应、电网运行管理及建设任务，供电面积1.72万平方千米，服务用户202万户。随着客户用电需求的逐步提升，电力服务各专业都面临了新的挑战和问题。呼和浩特供电分公司主动承担国有企业的政治责任、经济责任和社会责任，以服务地方经济社会发展为己任，勇于担当，真抓实干，不断提升服务质量和企业形象，为内蒙古自治区首府地区政治经济社会发展提供坚实供电保障。

近年来，呼和浩特供电分公司全面推动改革创新，以改革促发展、以创新解难题，走出了一条亮点纷呈的高质量发展之路。其中，在优化电力营商环境领域的成绩点尤为亮眼。坚持人民电业为人民的服务宗旨，全力满足首府群众对美好用电的期盼。以客户需求为导向，以客户满意为目标，在持续深化"三零三省"服务、提升供电服务水平、优化营商环境工作中形成共识与合力，用心、用情、用力解决好群众用电方面的急难愁盼问题，打通服务"最后一公里"，赢得用户和社会的认可。

在此背景下，呼和浩特供电分公司围绕"提升服务质效，优化营商环境"主题，开展党建引领下的主题宣传策划，通过上下联动、突出特色、媒体融合等方式，形成文字类宣传作品1536篇、视频类宣传作品38条，在国家级、自治区级、市级媒体广泛刊发，全网点击率达5000万，全方位展现出呼和浩特供电分公司在优化电力营商环境方面所做出的努力、取得的成效，从而彰显出新时代国有企业的实干担当。通过恰当的新闻宣传，服务于企业的中心工作，促进企业发展，为企业树立良好形象。

二、实施目的

（一）发挥党建"引领力"，在旗帜领航上体现价值

在旗帜领航、推动发展的过程中，最大化彰显党建工作的价值创造力和引领力，为企业高质量发展提供坚强保障。充分发挥党建引领作用，坚持围绕中心、服务大局，以铸牢中华民族共同体意识为主线，聚焦构建新型电力系统新形势、新任务，持续强化企业党组织政治功能和组织功能建设，不断

拓展党建工作与生产经营工作深度融合的方法举措，引导各级党组织和广大党员在团结拼搏中凝聚共识，在感恩奋进中尽职履责，在服务各族客户和地方发展中展现担当、体现价值。

（二）凝聚党建"向心力"，在践行使命中体现价值

持续服务地方经济社会发展。结合工作实际，谋划党建工作着力方向，找准党建引领宣传工作的切入点，集中有效资源攻坚克难，全力化解电网和企业实现高质量发展进程中的突出矛盾和问题，更好发挥服务民生、保障地区经济社会发展作用。持续激发职工创先动能，坚持党建带动工建、工建服务党建，引领职工坚定不移听党话、矢志不渝跟党走，让职工获得感、幸福感有形有感有实。

（三）激发宣传"推动力"，在提升质效上体现价值

充分发挥党建引领下的新闻宣传"定音鼓""风向标"作用，构筑主流舆论宣传态势，通过分阶段、有重点的主题宣传、形势宣传、政策宣传、成就宣传、典型宣传，全方位宣传好公司在加快构建新型电力系统、持续优化用电营商环境中的"呼供故事"，全景反映公司服务地方经济发展、广大干部职工干事创业的生动实践。

三、实施过程

（一）精心组织，聚焦主线突出主题

呼和浩特供电分公司紧密围绕主题，不断提升宣传的力度、深度、广度，把握重点、紧扣节点，组织开展质量高、分量重、影响大的宣传采访活动，将落脚点放在优势特色工作，深挖优质选题、精心策划方案，推出立意高、创意足、形式新、传播广的优秀主题报道，全面展示了公司为全力打造高效率办电、高品质服务、高质量供电的用电营商环境所做出的实际行动。

从实际工作出发，重点关注生产经营具体工作，将镜头对准一线，直观展示工作动态。采用"一对一"的方式，安排专人主动对接各业务部门，提前建立新闻选题线索库，有计划地开展专题宣传策划，形成了特色鲜明的专题报道，完成《内蒙古新增1.3万个公共充电桩》《内蒙古电力集团：加快构建蒙西新型配电系统》《内蒙古电力集团全力推动新能源汽车充电设施及其配电网建设》等专题报道，在新华网、《中国电力报》、内蒙古卫视《新闻联播》节目广泛播出。

（二）多点发力，协同推进全面开花

呼和浩特供电分公司坚持线上与线下相结合，实施全媒体传播工程，用好集团融媒体平台，协同公司14个供电分公司、4个营销服务机构共同开展宣传。组织各基层党组织聚焦优化营商环境各项目标任务动态，挖掘工作中涌现出的典型人物、事迹，及时总结成为可推广宣传的经验、案例，打造具有首府供电特色的宣传文化品牌故事，例如：呼和浩特新城供电分公司不断推动"供电服务网格"和"社区网格"的双网融合，打造同心圆服务驿站和同心圆流动驿站，通过"双驿站"运行模式，协助街道、社区解决辖区居民最关心的用电问题，全力构建枫桥式供电服务品牌，发挥好典型引领示范作用，激发全员干事创业的工作热情，有力提升公司良好的社会责任形象和蒙电品牌的影响力、美誉度。不断强化与社会主流媒体的深度沟通对接，联合开展重大新闻主题策划，聚焦重点工作和行业特色，把握时间节点，有序有力组织专题报道、重点报道、深度报道，推动蒙电宣传品牌转型升级。

（三）形式多样，分级分类广泛融合

呼和浩特供电分公司围绕既要"叫得响"又要"传得远"的目标，全景式开展形式多样的新闻宣传。通过建立齐抓共管、共振式、立体化的工作机制，实现资源整合、覆盖式、贯通式的宣传效果，形成上下联动、合力式、发力式的宣传工作格局。聚焦"党的喉舌"政治属性，通过提升主题宣传策划能力、完善常态化主题宣传选题策划机制、激活新闻宣传队伍人才蓄水池等，统筹推进主题宣传、形势宣传、政策宣传、成就宣传、典型宣传，唤醒读者的强烈共鸣，给主题注入新的生命力。强化

周、月、季选题报送制度，构建"宣传部门＋专业部门＋所属单位"工作格局，提升内容生产格调，提高传播效率，打造宣传工作特色亮点品牌，力争形成品牌效应。

四、主要创新点

（一）策划先行，主题鲜明

呼和浩特供电分公司认真学习贯彻落实党中央的各项决策部署，立足当下、立足实际，积极探索党建引领下的宣传工作模式，精准施策，真正找到打开问题之锁的"金钥匙"。

聚焦优化营商环境，是内蒙古推动高质量发展的关键一环，也是公司服务地方经济社会发展的重要支撑。2023—2024年，呼和浩特供电分公司大力推进各项服务举措落实落细，处处体现了公司打造一流电力营商环境的信心与决心。同时，呼和浩特供电分公司紧跟形势、迅速行动、积极策划相关主题宣传，宣传部门与业务部门齐心协力，确定报道方向、明确采访对象、积累实例素材、制定报道方案，有组织、有计划地开展主题宣传。

（二）用户视角，真实生动

习近平总书记深刻指出："要把抓落实作为开展工作的主要方式。"呼和浩特供电分公司严格按照总书记提出的政治要求和科学方法，增强意识、提高能力、务实作风、抓出成效，强化保障体系，确保不折不扣落实好各项工作。

在宣传策划过程中，呼和浩特供电分公司侧重于以用户体验感检验工作举措，以用户满意度作为评价标准，通过用户采访与企业自述相结合的表现方式，在使宣传作品更加生动灵活的同时，让主题立意更加有说服力。呼和浩特供电分公司以"讲述老百姓自己的故事"的方式，贴近基层，贴近一线，通过对企业用户、居民用户进行采访，得到他们对于企业服务质量的评价，真实地反映出电力服务质量的提升，实现了新闻价值最大化。

（三）以"小切口"展现"大主题"

呼和浩特供电分公司坚持以习近平新时代中国特色社会主义思想为指导，围绕主题，往实里走、往深里做，在宣传工作的质效上显著提升，也为进一步将优质的蒙电服务送往千家万户提供了重要启示。

在宣传策划过程中，呼和浩特供电分公司抓住"关键小事"，办好"民生大事"，从用户最关心的问题入手，用一件件实事汇聚成提升"获得电力"水平、增强企业核心竞争力、服务地区经济社会高质量发展的重要支撑。以"小切口"展现"大主题"，聚焦落实五大任务、全方位建设模范自治区，建设充分体现蒙电高质量服务自治区经济社会发展、有效彰显蒙电影响力传播力的舆论高地。

五、实施效果

（一）"蒙电担当"导向正确，有效传播正面声音

充分发挥新闻宣传"定音鼓""风向标"作用，构筑起主流舆论宣传态势，加快建设现代服务体系，不断优化用电营商环境，全力解决群众用电方面急难愁盼问题，把发展成果惠及千家万户。弘扬主旋律，传播正能量，全方位体现了集团助力自治区全力办好两件大事，凝心聚力闯新路、进中游的"蒙电担当"，有效传播公司"服务城乡美好生活，点亮万家璀璨灯火"的正面声音。

（二）"蒙电行动"备受好评，获得用户支持理解

呼和浩特供电分公司牢记"人民电业为人民"的初心使命，秉承"换位思考，感悟客户需求；主动服务，超越客户期待"的服务理念，展现公司作为现代服务企业、能源国有企业的服务属性、人民情怀和政治责任。全力把满足广大人民群众美好生活用电需求作为工作的出发点和落脚点，把群众需要的、媒体关注的、企业想说的内容有机融合，巧妙运用文字、镜头予以展示，起到宣传引领、树立形象的作用，也让广大用户更加了解电力企业、了解供电服务。

（三）"蒙电故事"广泛传播，树立企业良好形象

在呼和浩特供电分公司的有序组织下，主题策划《电力服务更优化，营商环境再提升》《优质服务让供电更有"温度"》《电靓首府美好生活》等多篇作品在《中国电力报》《内蒙古日报》等媒体刊发，全媒体阅读量超5000万，充分发挥新闻宣传的优势，实现了以新闻宣传促企业发展的目的，为推动企业发展提供强大的舆论阵地。

六、下一步规划与探讨

在"提升服务质效，优化营商环境"的主题策划中，呼和浩特供电分公司成立了专项工作组，构建"大宣传"工作格局，制定专项宣传方案，有计划、有步骤，分阶段、分层次地开展宣传报道，充分结合融媒体特点，聚焦优化营商环境主题宣传，着力打造新闻宣传"亮点品牌"，推出了一系列的深度报道，持续讲好蒙电故事，起到了总结经验成果、树立正面典范、加强宣传引导、扩大服务影响力的积极作用，让蒙电好声音传播得更远更广更响亮。

下一步，公司将胸怀"国之大者"，从人民所盼、政策所向、发展所需的大局出发，主动服务和融入新发展格局。充分发挥蒙西电网重要区位优势和企业特点，积极融入"一带一路"和全国统一电力市场，主动服务自治区经济社会发展，着力打造向北开放电力桥头堡，在全国、全区发展大局中奉献力量，服务自治区走好高质量发展新征程，建设亮丽内蒙古。发挥党建引领下宣传工作的积极作用，有针对性地拓展媒体宣传渠道，与各级媒体建立良好的沟通协调机制，及时报道公司在优化用电营商环境、助力地区经济社会发展、保障民生及社会各界用电需求中取得的新进展、新成效。聚焦一线，服务基层，以直观的视角传递工作现场真实的一线声音、讲述呼和浩特供电人为首府人民群众优质服务的奋斗故事，以小故事为切入点，讲述优质服务大主题，切实增强宣传报道的代入感、吸引力、感染力。坚决扛起举旗帜、聚民心、育新人、兴文化、展形象的使命任务，推动公司宣传思想文化工作提质增效，凝聚企业高质量发展的思想合力。

以"党建红"引领"生态绿"的"1234"党业融合创新体系

创造单位：广州环保投资集团有限公司
主创人：李水江　吴宁
创造人：彭嘉臻　郑汇川子　丁珂　崔俊然

【摘要】习近平总书记指出，坚持党的领导、加强党的建设，是我国国有企业的光荣传统，是国有企业的"根"和"魂"，是我国国有企业的独特优势。作为广州市政府直属的全资国有企业，广州环保投资集团有限公司（以下简称广州环投集团）始终坚持以习近平新时代中国特色社会主义思想为指导，不断强化党对国有企业的全面领导，深化创新"1234"党建工作体系，即围绕"1"条主线，紧扣"2"个定位，做到"3"个必须，实施"4"大行动，持续有力推进党建与生产经营深度融合，大力发展新质生产力，充分激发企业创新活力，切实把党的领导优势转化为国企治理效能，以高质量党建引领企业高质量发展。

【关键词】国企党建　党业融合　高质量发展

一、实施背景

国有企业是中国特色社会主义的重要物质基础和政治基础，是党执政兴国的重要支柱和依靠力量。党的二十届三中全会审议通过的《中共中央关于进一步全面深化改革、推进中国式现代化的决定》提出，"坚定维护党中央权威和集中统一领导，发挥党总揽全局、协调各方的领导核心作用，把党的领导贯穿改革各方面全过程，确保改革始终沿着正确政治方向前进"。要全面深化改革，加速建设一流国企，必须始终坚持以习近平新时代中国特色社会主义思想为指导，不断巩固强化党对国企的全面领导，充分激发国企新质生产力和发展创造力，切实把党的政治优势、组织优势转化为企业的竞争优势、创新优势和发展优势，以高质量党建引领国企高质量发展。

广州环投集团是广州市政府直属的全资国有企业，总资产超300亿元，下属各级企业超50家，致力于生态环境治理领域的综合性业务，构建了以清洁能源生产、固废资源再生、智慧环卫服务、环保装备制造、环境治理服务为核心的五大业务板块；拥有覆盖环卫收运、终端处置、设施运营、设备制造、环境检测等领域的环保全产业链，打造国际科技领先的综合性一流环保环卫产业集团。广州环投集团以发挥国有企业党组织的领导核心和政治核心作用为重点，以实现党对国有企业的政治领导、思想领导、组织领导为基础，以推动集团高质量发展为出发点和落脚点，通过打造"1234"党建工作体系（围绕"1"条主线，即推动党建工作与生产经营深度融合；紧扣"2"个定位，即基层党组织要坚守"战斗堡垒"政治定位、找准"再造环投"职责定位；做到"3"个必须，即必须围绕中心、精准切入，必须结合实际、因地制宜，必须齐抓共管、构建大党建格局；实施"4"大行动，即领航行动、强基行动、先锋行动、聚力行动），推进党建与生产经营深度融合，为实现"再造环投"工作目标提供坚强政治保证和组织保障。

二、实施目的

2024年是深入实施国有企业改革深化提升行动承上启下的关键一年，广州环投集团践行"1234"党建工作体系，是加强党对国有企业全面领导、发挥国有企业优势的必然要求，是牢牢把握国有企业改革深化提升行动方向目标的必然要求，也是破解集团高质量发展制度机制障碍和生产经营难题的必然要求。

（一）巩固加强党的全面领导

国有企业不仅在国民经济的关键领域和重点行业中发挥着不可替代的作用，对于保障国家安全、促进经济社会发展、改善人民生活等方面都具有重要意义，理应把党的领导融入公司治理各环节，把企业党组织内嵌到公司治理结构之中。广州环投集团"1234"党建工作体系，通过严格执行"两个维护"制度机制，强化落实"第一议题"和政治要件闭环管理机制等举措，全面加强企业政治建设，把党的领导融入公司治理各个环节的要求向下延伸、向基层拓展，实现党的组织全覆盖带动工作全覆盖，确保党对企业的全面领导地位持续深化、落到实处。

（二）突出党组织职责定位

国有企业党组织是开展企业基层党建工作与生产经营工作的基础，即国企党组织既要有开展党建工作、落实党的路线方针政策的功能定位，又要兼具推动企业高质量发展的职责定位。广州环投集团深入推进集团"1332"工作举措（1个目标，即力争通过3年到4年的时间，在市场化业务上再造一个环投；3个步骤，即一年大改革、两年抓落地，三年开新局；3个方面，即优存量、提增量、谋变量；2个抓手，即投资和科研两手抓，做大集团发展推动力），以践行集团"抓落实年""市场化年"为主线，着力强化基层党组织"2"个定位：坚守"战斗堡垒"政治定位，找准"再造环投"职责定位。充分发挥党组织引领全局作用，做到夯实党建基础，让党建工作强起来；锚定"再造环投"工作目标，推动党建工作赋能集团高质量发展。

（三）明晰实现路径与方法

在准确把握新时代国企党组织职责定位的基础上，广州环投集团找准方式方法，压实责任、强化举措，将集团党建工作的实现路径概括为"3"个必须：必须围绕中心，精准切入；必须结合实际，因地制宜；必须齐抓共管，构建大党建格局。以牢固树立围绕中心、服务大局理念，切实找准通过党建开展业务工作的最佳切入点，避免偏离方向、脱离靶向；根据集团下属不同企业所处的发展阶段和实际特点，因时因地因势创新形式开展党建工作，避免生搬硬套、固化僵化；坚持党建业务同步落实、通盘考虑，把党建工作抓在具体业务工作的各个环节，避免党业分离、工作脱节。

（四）促进党建业务深度融合

当前，党建与业务在融合过程中还存在融合度不高、成果转化不够，党建优势发挥不明显等有待解决的问题。广州环投集团探索实施领航行动、强基行动、先锋行动、聚力行动"4"大行动，重点在提升党建引领力、增强组织保障力、提高工作执行力、聚合动能促发展4个维度，充分发挥集团党委"把方向、管大局、保落实"作用，瞄准企业发展的根本问题聚焦发力，确保抓投资稳增长、抓项目强招引、抓创新聚人才、抓改革活机制，让深入推进市场化转型突破、改革提升管理效能等工作落地见效，实现"业务出考题，党建来答题"，将党建优势转化为攻坚创效的发展优势。

三、实施过程

广州环投集团于2022年首次探索出"1234"党建工作体系，经修改完善，于2024年深化创新原有工作体系，重点实施"4"大行动确保党建工作体系落实落细。

（一）实施领航行动，全面提升党建引领力

1. 加强政治建设

用党的创新理论凝心铸魂，着力提高党委理论学习中心组学习质量，大力弘扬理论联系实际的学风，将集体深学、个人自学、实践调研、研讨交流相结合，既邀请专家学者作专题辅导，又落实领导干部领学、带学、讲学、促学机制；坚持把党性理论学习融入各下属党组织的"三会一课"中，将"请进来"与"走出去"培训相结合、知识性培训与技能性培训相结合、课堂讲学与实践研学相结合，提高党组织的凝聚力和战斗力。严格执行"第一议题"制度，建立学习贯彻落实台账，完善落实要点、责任单位、责任人"三大清单",定期跟踪落实情况,促进"第一议题"学习落实取得实效。

2. 强化思想引领

深入学习贯彻习近平文化思想,坚持以文化人、以文兴企,利用微信公众号、视频号等宣传阵地优势,把思想引领融入先进宣传、荣誉宣传、主题宣传、生产宣传,坚持内宣外宣双驱动、新媒体传统媒体相结合。加强精神文明建设,培育和践行社会主义核心价值观,以主题党日、群团活动为载体,开展"庆祝新中国成立75周年""我们的节日""学雷锋""爱国卫生运动"等系列主题活动,大力传承和弘扬中华优秀传统文化。坚持把加强企业文化建设作为推动高质量发展的文化支撑,举办"身边人讲身边事"演讲比赛、党纪学习教育主题摄影作品征集、"传承好家风,春节晒年味"征集等活动,提升职工文化素养,凝聚思想共识。选树模范先进典型,围绕党建、群团、安全、技能、创新等维度选树典型,大力营造学习先进、崇尚先进、争当先进的浓厚氛围。

(二)实施强基行动,全面增强组织保障力

1. 夯实基础建强堡垒

深入打造"五强五化"示范党组织,开展"星耀环投"党支部评选等工作,打造一批叫得响、过得硬的示范标杆,以点带面推动广州环投集团党建提质增效。加强队伍建设,实施发展党员"双选双育"工作,大力在高知识群体、一线骨干、经营管理人才中为党的蓬勃发展注入"新鲜血液";用好"智慧党建""环投E课堂"线上平台,上传党建百科、党课视频、理论课件,方便随时随地学习理论知识,并设置考核模块,及时检验学习成效;落实"全员大学习,知识大考核,能力大提升"人才培育工程,通过增设员工线上线下培训、岗位应知应会考学等活动,加强学习型组织建设。开展"两优一先"表彰,推动集团广大党员以优秀共产党员、优秀党务工作者、先进党组织为榜样,凝聚奋进力量。

2. 持之以恒推进全面从严治党

严格落实中央八项规定精神,推进作风建设常态化、长效化。持续深化"廉洁国企"建设,开展"廉润国企"主题系列活动;大力营造崇廉尚廉的浓厚氛围,创建具有环投特色的廉洁文化阵地,将其打造为廉洁教育示范窗口。开展纪律教育学习月、"清风廉韵"书画比赛系列活动,营造风清气正的发展环境,弘扬求真务实、团结奋斗的时代新风。

(三)实施先锋行动,全面提高工作执行力

1. 深化党业融合

探索以"条"为主的"产业链党建"工作,以党建链引领赋能产业链、供应链、创新链深度融合、互融互促。引导各级党组织创新设立市场拓展先锋队、科技创新先锋队、管理提效先锋队等,在集团开拓东南亚等海外市场、探索建设废弃物循环体系、补链延链强链等重点工作中勇立新功。设立党员责任区、党员示范岗、党员突击队,由党员带头立项攻关,领衔"揭榜挂帅""党建+"攻关等活动,引导党员在攻关项目中勇挑重担、担当主力。

2. 强化品牌引领

深化广州环投集团"六先"党建品牌和各下属企业党建品牌建设,特别是深入挖掘下属党组织党建特色亮点,打造各具特色的党建品牌,进一步形成"总品牌"统领、"子品牌"支撑的党建品牌大格局。强化党建品牌示范引领作用,从党建融入公司治理、党建品牌创建、党群阵地建设、党务工作队伍建设、党管统战群团、党建联建共建等方面分类选树一批品牌示范标杆,打造一批有内涵、有亮点、有实效的党建工作示范点。

(四)实施聚力行动,全面聚合动能促发展

1. 群团组织聚合力

充分发挥群团组织的政治性、先进性和群众性,持续开展青年文明号、青年安全生产示范岗、青年突击队、青工五小等创新创效活动，推动广大青年在集团高质量发展中发挥生力军和突击队作用；探索开展"团建+"活动，塑造青年志愿服务品牌，组织参与乡村振兴、为民办实事相关工作，彰显新时代青年的责任担当和家国情怀。依托工会举办技能比武、文体活动，锤炼专业能力，丰富精神文化生活，增强职工凝聚力和向心力。

2. 对口帮扶担使命

充分发挥国有企业乡村振兴主力军作用，把实施"百千万工程"作为释放县镇村发展潜能的"突破口""主抓手"，聚焦党建共建、产业帮扶、为民办事，持续开展清远市连南瑶族自治县三排镇、英德市、增城区仙村镇、从化区鳌头镇潭口村结对帮扶工作；加强东西部协作，为对口支援的贵州省毕节市赫章县"一镇八村"和西藏波密县打造系列帮扶项目，助力改善当地人居环境，提升村民生活水平。把积极参与乡村绿化工作与开展"百千万工程"聚力攻坚行动结合，把帮扶工作纳入企业转型升级发展的"大盘子"统筹谋划，建立"党委带头、支部联动、党员行动"工作模式，通过企业"齐参与"、干部"作表率"、党员"八带头"，开展"绿美广州·国企在行动"义务植树、"厂区绿化美化大提升"、"千企兴千村"绿化联建共建等活动，用实实在在的行动助力乡村振兴，展现国企担当。

四、主要创新点

（一）创新学习方式，让理论学习"新"起来

一是集成线上、线下学习形式。用好"智慧党建""环投E课堂"线上学习平台，将习近平新时代中国特色社会主义思想、党的二十大精神、党的二十届三中全会精神等党的创新理论作为"第一课"和"必修课"。在全市打造6大生态环境科普教育基地及广州环投集团初心铸绿党建基地，先后开展环保科普研学、联学共建、理论培训、知识竞赛、"公众开放日"等公益活动，广泛发动集团员工、社会公众积极参与到各项学习活动中来。自开放以来，线上、线下累计接待社会公众超700万人次。二是开展互动化、多样化的理论宣讲。组建一支由集团党委领导班子、各级党组织班子成员、基层宣讲员等构成的理论宣讲先锋队。先锋队成员在全面准确理解习近平新时代中国特色社会主义思想的基础上，用人人听得懂的话语对党的创新理论进行准确解读与阐释，推动党的创新理论进车间、进一线、进头脑，让理论学习更"接地气"。宣讲员还充分汲取工作中的实践经验，自发成立兴趣协会，开展演讲比赛、经验分享等活动，持续培养发掘热爱宣讲的人才，奏响基层理论宣讲最强音。

（二）创新工作载体，让党建工作"活"起来

探索设立"网上党组织"，依托"智慧党建"平台PC管理后台系统发布功能，实现云上办公，高效完成"三会一课"、收发报告材料、发布会议通知、形成会议记录及电子台账等工作，有效提升党建工作标准化与规范性。通过设立灵活可选的"审核人""任务督办"等模块，实现对党建工作多方面情况分级监督管控，帮助党务工作者跟踪各项流程，提高党组织工作效率。发挥新媒体作用，在"智慧党建"平台发布高质量微党课视频，以主题演讲、情景演绎、歌唱新编等形式，进一步增强理论吸引力、感染力和影响力，助推先进理论"声"入人心。自2021年上线至今，"智慧党建"平台已累计发布学习材料1694篇，党员人均学习1269篇次。

（三）创新工作形式，让组织生活"亮"起来

广州环投集团把主题党日作为党业融合、廉洁教育、为民办事的重要途径，围绕主责主业，创新开展形式多样的主题党日活动。一是突出队伍建设，让主题党日更有"高度"。开展安全环保知识竞赛、岗位技能竞赛、应急处置竞赛，实施思想淬炼、能力锤炼、岗位锻炼三项工程，让广大党员干部职工勤于钻研技术、练就过硬本领，争做新时期的学习型、知识型、技能型人才。二是坚持为民服务，让主题党日更有"温度"。组建志愿服务队，走进社区、校园、村镇，宣传垃圾分类、环保科普知识；组织参与无偿献血、清捡垃圾、帮扶支援等活动，做到服务于心，便民于行。三是举办结对共

建，让主题党日更有"深度"。与机关、企业、社区、学校建立结对共建关系，围绕党务人才培养、增强党组织政治功能和组织功能、党建品牌建设等工作展开交流，通过经验分享、相互借鉴，为党建工作提供新思路和新方法。

五、实施效果

（一）生产经营业绩持续向好

一是经营效益稳中向好。广州环投集团2023年主要经营指标保持稳健，实现收入和利润"双增长"：营业收入同比增长6%，净利润同比增长7%，均超预算指标。2024年上半年，广州环投集团继续保持主要经济指标稳步向好的基本趋势，积极探索市场化转型发展新路径，实现在抓运营、稳增长中持续巩固"进"的态势，在谋新局、拓市场中加快集聚"新"的动能，在优管理、深改革中不断凸显"实"的成效。

二是重点工作成效突出。广州环投集团主营的垃圾焚烧发电业务迈出资本化关键一步，负责经营该板块业务的广州环投永兴集团股份有限公司在上海证券交易所主板成功上市，成为广州国资准公益性国企第一股。环卫一体化改革完成全市11区协议签订。固废资源再生板块聚焦细分领域拓展项目，推动固废全产业链布局初具规模；环保装备制造业务加快推动环卫装备新能源化转型，累计完成13款环卫新能源车型开发；环境治理服务板块持续抓好品牌塑造，市场地位逐步提升。

三是新兴业务加速推进。积极布局医废处置、建废处置、布草洗涤、锂电池梯次利用等新领域。正式运营福山医疗废物处置项目，标志着广州环投集团正式具备全种类医疗废物处置资质和能力，进一步拓展固废处置产业链；投产广州城市资源绿色路材研究制造中心，每年可处置装修废弃物60万立方米、生产用于道路建设的再生水稳料50万立方米，是广州市第一个实现装修废弃物100%利用的项目；成功运营广州市首家移动储能供热项目，以移动储能供热车的形式实现对用户的供热，拓展"发电+"绿色发展新模式。由此逐步形成了生活垃圾、餐厨垃圾、市政污泥、医废危废、建筑垃圾等"多废共治"的局面。

（二）党建质效同步提高

一是谋融合促发展，增强党组织战斗力。自2023年以来，累计组织开展75个"书记项目"和"党建+"攻关项目，特别是对新技术、数字化等新生产要素在业务环节的广泛应用开展攻关，增强科技创新对集团发展的支撑与引领作用。环服公司党支部"超大型垃圾填埋场堆体智能巡检与风险评估技术研究"项目，将传统的5~6人填埋场步行巡检缩减为2人，成功开发覆膜病害图像智能识别软件。环境集团党总支"压缩车型升级协同研发"项目升级现有主力垃圾运输车辆为大吨位车型，使车辆更适应广州市中心城区的部分狭窄路况；智慧环卫平台系统升级项目，完成车辆画像、人员画像、一车一码功能基础开发，进一步优化车载预警信息，误报率降低40%以上。设备公司党支部"自主实施汽轮机A修"项目，培养汽轮机A修技术工匠3名，工程费用降低约26%，A修后一次性启动成功率升至100%。

二是强队伍树品牌，增强党组织凝聚力。创建2个"五强五化"示范党组织，以点带面推动集团党的建设全面进步、全面过硬。环服公司党支部"党建引领生态梦"品牌，获得广州市国资委评选的"广州国企十佳党建品牌（党总支、党支部类）"称号。永兴股份党委党建创新典范案例荣获第九届"国企管理创新成果"二等奖，入选《国企管理创新成果年度报告（2023—2024）》专刊；《"四个融合"筑牢思想政治工作"生命线"，助推广州生态文明建设高质量发展》工作案例荣获广州市"基层思想政治工作优秀案例"三等奖。

三是建阵地搭平台，增强党组织号召力。打造总展示面积约5000平方米的广州环投集团初心铸绿党建基地，获评"广州国企十佳党建基地"称号。依托党建基地，与多个党组织建立结对共建关系，在组织建设互促、党员干部互动、结对帮扶互助等方面开展交流合作；举办全面从严治党、党纪学习教育、党的二十届三中全会精神主题展览，把基地建设成为集团党员干部职工教育培训"主阵地"；邀请《广州日报》《羊城晚报》《新快报》等主流媒体走进基地，报道集团党建工作的经验举措及成效，打造国企党建"特色名片"。

（三）践行国企担当成果丰硕

坚持党建引领，与对口帮扶村党组织建立党建共建关系，深入乡村党员和群众，了解其思想、生产和生活情况，帮助谋划增收致富之路。广东省内，实现对口支援帮扶的清远市连南瑶族自治县三排镇10个建制村的村集体经济收入均达15万元以上，在连南全县率先并提前两年实现了壮大村集体经济的目标。累计投入约1.2亿元帮扶广州市从化区鳌头镇潭口村，改善当地道路交通环境和教育资源配置，每月平均增加村民收入约4000元，达到村落经济与村民经济双提升的良好效果。广东省外，投入180万元显著改善贵州省毕节市赫章县"一镇八村"村容村貌，有效补齐当地安全饮水短板，营造宜居、宜业的生产生活条件。对口支援西藏自治区林芝市波密县生活垃圾处理技术服务，为当地垃圾填埋场管理、渗滤液和污水处理等难点痛点问题提供解决方案；并制定《波密县建筑垃圾收运处用一体化示范项目方案》，助力提升波密县建筑垃圾规范化处置和资源化利用水平。2023年，广州环投集团获评《粤港澳大湾区国有企业社会价值蓝皮书（2023）》"赋能民生福祉议题十佳优秀案例"，荣获"广东扶贫济困红棉杯"铜杯奖。

六、下一步规划与探讨

党建工作是引领国有企业高质量发展的重要保障。新时代新征程下，必须坚持以党的先进理论武装头脑，坚定不移推进党建工作与企业经营深度融合，以党的组织优势凝聚力量，以党的纪律作风规范行为，为推进中国式现代化贡献力量。

一是持续加强党员教育。打造"车间课堂"作为加强党员教育、提升能力素质的有效途径，结合员工擅长领域，探索"竞聘讲课"模式，让每一位党员都能成为主讲人，结合自身实际，讲出属于他们的一线经验、生产故事。探索"点单式"理论宣讲形式，员工想听什么就点什么，宣讲活动就讲什么，做到从实际需求出发，让党的先进理论真正走到心坎里。

二是用活"智慧党建"平台。设置工作互动模块，让广大党员的思想诉求"即时表达"、各党组织"即时响应"、办理反馈"直通个人"，不断提高新时代国企党建工作效率。建设多媒体数字化党建展厅，让党员随时随地线上参观，并举办形式多样的线上活动。建立合规高效的数据流通机制，打通各党组织之间的数据资源壁垒，进一步挖掘党建领域的数字应用新场景。

三是创新党业融合方式。根据生产经营实际，不断优化党组织设置，将基层党组织建立在科技创新、重大项目攻坚一线，确保党组织全覆盖、工作全覆盖。以结对共建为契机和桥梁纽带，与行业知名企业建立关系、凝聚共识、共享资源，将各自企业的优势、资源与需求对接，发挥"1+1>2"的作用，推动研发一批技术成果、建设一批重大项目、培育一批创新人才。

现代化新国企发展新质生产力，基层党支部"五个一"工作法建设实践

创造单位：内蒙古岱海发电有限责任公司
主创人：于沛东
创造人：王丽艳　薄辉　王姣姣　卜元悦

【摘要】在新时代新征程上，现代化新型国有企业必须坚定不移地遵循"两个一以贯之"的原则，即坚持党对国有企业的领导是重大政治原则，必须一以贯之；建立现代企业制度是国有企业改革的方向，也必须一以贯之，充分发挥党委把方向、管大局、保落实的领导作用。党支部是党的全部工作和战斗力的基础，是贯彻落实党中央重大决策部署和上级党组织重要决策落地的"最后一公里"，只有基层党组织坚强有力，党员作用发挥到位，党的根基才能牢固，党的组织才能焕发战斗力。内蒙古岱海发电有限责任公司（以下简称岱海发电）坚持大抓基层的鲜明导向，开展基层党支部"五个一"工作法建设实践，有效推进党支部标准化、规范化建设，有力推动企业党建高质量发展，为企业发展新质生产力提供坚实保障。

【关键词】标准化　规范化　基层党支部　新质生产力

一、实施背景

岱海发电位于内蒙古自治区乌兰察布市凉城县境内岱海湖南岸，是国家实施"西部大开发"和"西电东送"战略的重点工程之一，由北京京能电力股份有限公司和内蒙古蒙电华能热电股份有限公司按51%、49%的比例合资建设。目前，岱海发电总装机容量为2580兆瓦。其中：一期两台600兆瓦湿冷燃煤机组分别于2005年10月、2006年1月竣工投产，后经核准分别增容至630兆瓦；二期两台600兆瓦空冷燃煤机组于2010年12月投入商业运营，后经核准分别增容至660兆瓦。岱海发电始终秉承"创造价值、成就职工、回报股东、奉献社会"的企业使命，全力向环境友好、资源节约、效益领先、社会和谐的新型工业化企业迈进。岱海发电成立以来，先后获得"中国电力优质工程奖""国家优质工程奖""全国五一劳动奖状""中华环境友好企业""全国文明单位"等殊荣。

（一）加强基层党支部建设是企业落实新时代党的建设的必然要求

《中国共产党支部工作条例（试行）》明确，党支部是党的基础组织，是党在社会基层组织中的战斗堡垒，是党的全部工作和战斗力的基础，担负直接教育党员、管理党员、监督党员和组织群众、宣传群众、凝聚群众、服务群众的职责。国有企业和集体企业中的党支部，要保证监督党和国家方针政策的贯彻执行，围绕企业生产经营开展工作，按规定参与企业重大问题的决策，服务改革发展，凝聚职工群众，建设文化，创造一流业绩。

全国国有企业党的建设工作会议和中央企业基层党建座谈会都提出，要让支部成为团结群众的核心、教育党员的学校、攻坚克难的堡垒。党的基层组织是党的肌体"神经末梢"，是贯彻落实党中央决策部署的"最后一公里"，是党的全部工作和战斗力的基础。新时期基层党支部建设要求如图1所示。

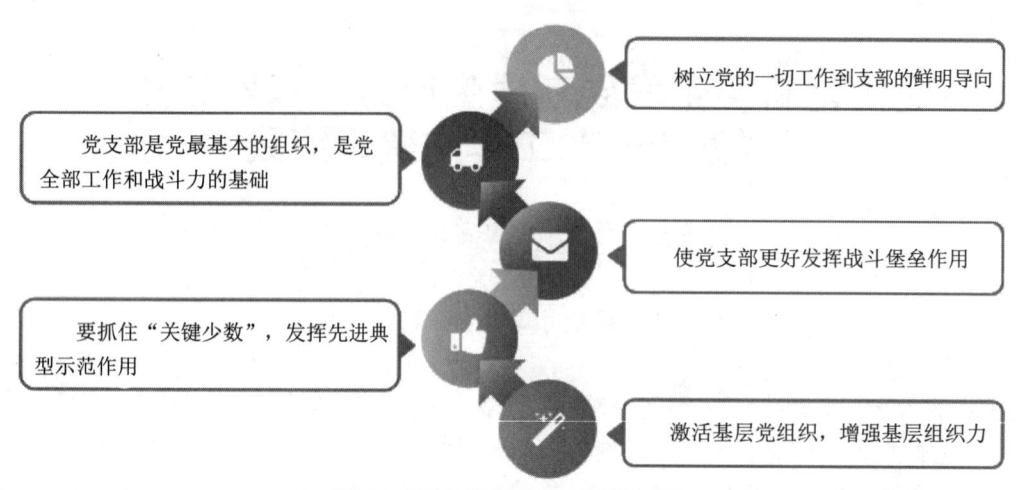

图1 新时期基层党支部建设要求

（二）加强基层党支部建设是企业践行"党建+'双碳'"战略的必然要求

实现"碳达峰、碳中和"（即"双碳"），是党中央统筹国内国际两个大局做出的重大战略决策，是着力解决资源环境约束突出问题、实现中华民族永续发展的必然选择，是构建人类命运共同体的庄严承诺。

京能集团作为首都综合能源服务集团，以服务首都发展为统领，将促进首都高质量发展和建设国际一流和谐宜居之都作为发展目标，构建了"党建+'双碳'"体系，即"一个目标，两个突出，三级联动，四个协同，五个载体"。"党建+'双碳'"体系中的"两个突出"明确要求"突出发挥党组织战斗堡垒作用，突出发挥党员先锋模范作用"。图2所示为京能集团的"党建+'双碳'"战略管理体系框架。

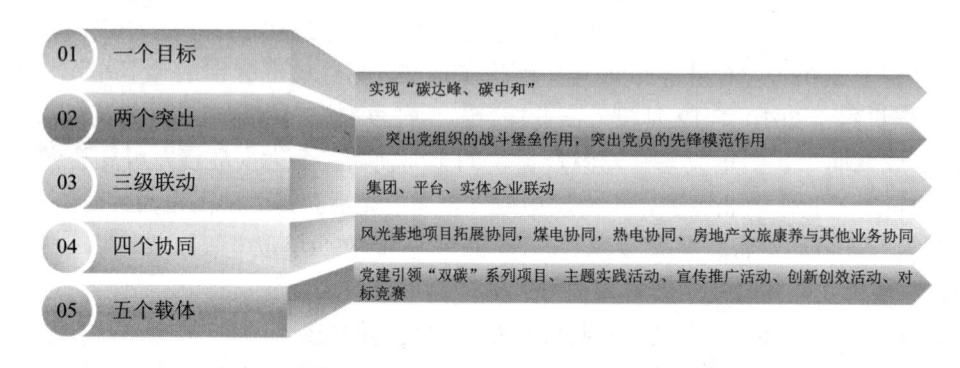

01	一个目标	实现"碳达峰、碳中和"
02	两个突出	突出党组织的战斗堡垒作用，突出党员的先锋模范作用
03	三级联动	集团、平台、实体企业联动
04	四个协同	风光基地项目拓展协同，煤电协同，热电协同，房地产文旅康养与其他业务协同
05	五个载体	党建引领"双碳"系列项目、主题实践活动、宣传推广活动、创新创效活动、对标竞赛

图2 京能集团的"党建+'双碳'"战略管理体系框架

岱海发电党委坚持党建引领，团结公司各级党组织、党员群众，积极投身企业"党建+'双碳'"相关工作，将党建工作与生产经营深度融合，实现与"双碳"目标的深度融合，着力促进《京能集团"碳达峰"行动计划方案》落地，促进党的建设质量整体提升，高站位践行新时代"绿色使命"党建蓝图。

（三）加强基层党支部建设是企业发展新质生产力的必然要求

大力推动新质生产力发展是党中央在新时代新征程提出的政治任务，新质生产力是指通过科技创新、管理创新、制度创新等手段，实现生产要素的优化配置和高效利用，从而形成的高科技、高效能、高质量的先进生产力。新质生产力需要新型生产关系，新型生产关系需要高质量的党建。图3所示为高质量党建在新质生产力发展中的作用。

党的建设——考核激励
通过监督激励考核措施激发员工的工作热情和创新精神

党的建设——文化建设
激发员工的创造力和潜力，推动新质生产力的形成和发展

党的建设——人才培养
为企业培养具备创新能力的高素质人才

党的建设——组织保障
为企业实施科技创新、管理创新和制度创新提供了组织保障

党的建设——思想引领
为新质生产力的形成提供了思想基础和动力源泉

图3　高质量党建在新质生产力发展中的作用

现代化新国企必须坚持"两个一以贯之"。服务国家战略既是国有企业的天然使命，也是有别于民营企业的突出特征。国有企业必须充分发挥党委把方向、管大局、保落实的领导作用，健全权责法定、权责透明、协调运转、有效制衡的公司治理机制，切实把中国特色现代企业制度优势转化为治理效能。

（四）加强基层党支部建设是加强党支部组织建设的必然要求

岱海发电党委深化支部"一年创达标、两年创示范、三年创标杆"的三级争创体系建设，推动支部"党建+经营"双达标，党员履行"政治责任+岗位职责"两合格，结合企业经营形势和中心工作，将"支部选课题解难题、党员学先进当先锋"工作机制嵌入三级争创体系建设中，持续压实党支部的战斗堡垒作用和党员的先锋模范作用。但是，基层党支部建设还存在一些问题：存在对党支部的功能和作用认识不全面，党支部工作简单化形式化，党支部工作向中心任务聚焦不够，基层党支部组织生活活力不足、质量不高，导致党性"熔炉"作用发挥不够等问题。加强基层党支部建设，必须盯住这些问题，一个一个解决，一项一项提升，在解决问题中推动基层党建工作持续改进、不断加强，将组织工作同发展新质生产力紧密结合。

二、实施目的

（一）把创建"四强"党支部明确为党支部建设的基本目标

岱海发电党委明确把建设政治功能强、支部班子强、党员队伍强、作用发挥强的"四强"党支部作为建设目标。岱海发电党委坚持党支部建设始终要把提升政治功能作为最重要的任务来抓，树牢政治建设统领地位，建设政治功能强的党支部；坚持支部书记是党支部工作的"领头羊"，选齐配强党支部委员会，建设支部班子强的党支部；坚持全面提高党员队伍素质能力，充分激发党员干事热情，建设党员队伍强的党支部；坚持党建工作和业务工作是相互依托、相互促进的关系，推进党建业务深度融合，建设作用发挥强的党支部。

（二）把创建标准化、规范化党支部明确为党支部建设的科学路径

岱海发电党委把加强党支部标准化、规范化建设明确为贯彻落实习近平新时代中国特色社会主义思想的科学路径，是把全面从严治党落实到"最后一公里"的根本举措，是进一步提升基层组织力的工作需要。图4所示为基层党支部"五个一"工作法构建思路。

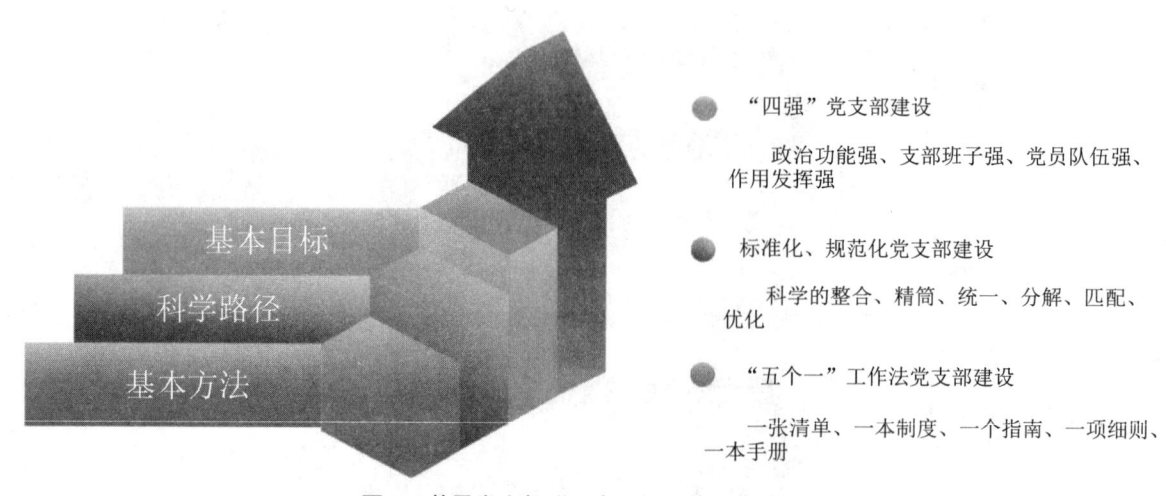

图4　基层党支部"五个一"工作法构建思路

加强基层党支部标准化、规范化建设，就是进一步明确抓基层党建工作的科学化路径和方法，立起检验基层党建工作成效的标尺，细化基层党建考核的具体指标。通过科学地整合、精简、统一、分解、匹配、优化等手段，对基层党建工作的实践经验进行提炼，实施步骤进行规范，对党支部各项工作的目标、程序、步骤、要领、关键等进行标准化、规范化设定，弥补工作中的短板、弱项和漏洞，以科学合理的标准增强基层党建工作的政治性、严肃性和规范性，为推动党组织全面进步、全面过硬提供"硬抓手、硬支撑、硬保证"。

（三）把实施"五个一"工作法明确为党支部建设的基本方法

岱海发电党委贯彻落实全国组织会议精神，始终坚持党的领导，加强党的建设，高起点谋划"最强党支部"建设，把抓基层、打基础作为全面从严治党的长久之计和固本之策，全面提升党的政治建设质量、干部人才建设质量、基层党组织建设质量。岱海发电党委推动党建与业务融合互促，设立管理党支部、安全经营党支部、发电运行党支部、设备管理党支部，按照达标、示范、标杆的要求，推动党支部抓基础、创特色、重实效，推动"达标变示范、示范变标杆"建设。

岱海发电管理党支部对支部各项工作的目标、程序、步骤、要领、关键等进行标准化、规范化管理，通过"抓规范、定标准、促创新"的实施步骤，提出基层党支部建设"五个一"工作法，即："一张清单、一本制度、一个指南、一项细则、一本手册"，为公司党支部建设提供了可参考、可实施、可落地的实践方法指引（如图5所示）。

图5　基层党支部"五个一"工作法具体内容示意

三、实施过程

岱海发电党委以问题导向，变全面开花为先行先试。针对公司党支部推进不平衡、体制机制不顺畅、基本队伍建设有差距、党建和生产经营存在"两张皮"现象等短板弱项，开展支部标准化、规范化建设，把党支部建设作为最重要的基本建设抓紧抓实。以党支部"五个一"工作法为抓手，2021年，开展党支部标准化、规范化建设试点工作，实施"规范行动"；2022年，全面推进党支部标准化、规范化建设，实施"巩固行动"；2023年，深化党支部标准化建设成果，实施"提升行动"，形成常态化、长效化的基层党支部标准化、规范化建设机制（如图6所示）。

探索期
党支部标准化、规范化建设探索期

规范行动
开展党支部标准化、规范化建设试点工作

提升行动
将"五个一"工作法确定为支部建设长效化机制

2019　2020　2021　2022　2023

实践期
党支部标准化、规范化建设实践期

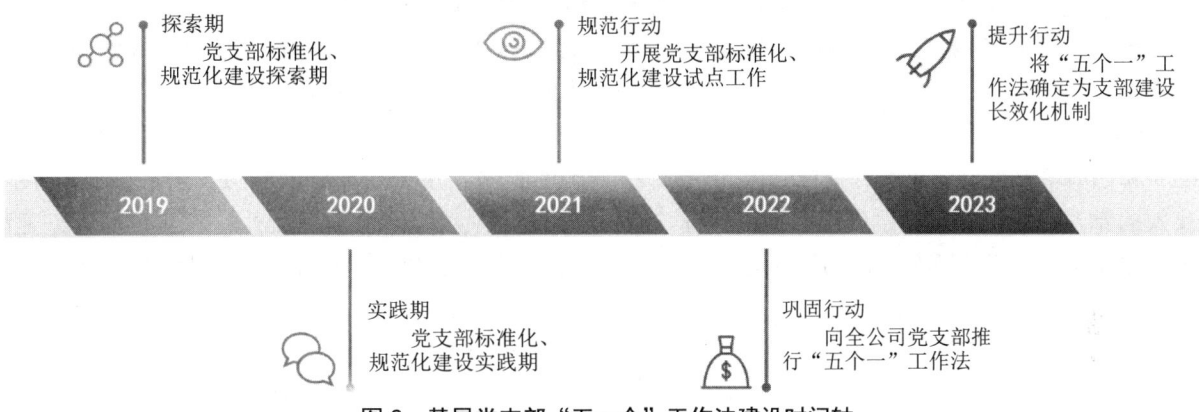

巩固行动
向全公司党支部推行"五个一"工作法

图6　基层党支部"五一个"工作法建设时间轴

（一）抓布局、建体系，支部党建标准化、规范化建设"规范行动"

岱海发电管理党支部（以下简称管理党支部）首创党支部"五个一"工作法，岱海发电将管理党支部作为标准化、规范化建设试点，开展公司支部党建"规范行动"。管理党支部着力开展"六个规范化建设"，即推进政治建设规范化、推进组织建设规范化、推进党内生活规范化、推进党员教育管理规范化、推进基本基础规范化、推进考核评价规范化。

管理党支部在标准化、规范化试点建设中，已经形成"一人一单一档""一季四个一"（党务公开一季一公开、党员群众谈心谈话一季一记录、党课一季一专题、廉洁教育一季一警示）等典型示范模式，支部试点建设成效彰显，为"五个一"工作法在全公司范围内推广奠定良好基础。

（二）抓集成、出效果，支部党建标准化、规范化建设"巩固行动"

"五个一"工作法在管理党支部的深入实践中发挥了典型的示范带动作用，帮带指导后进支部，着力解决突出问题，补齐工作短板，形成"聚焦问题、指导培训、示范带动、巩固交流"于一体的支部党建工作提升机制，岱海发电党委推动"试点变示范，示范变规范、标杆变标准"建设，促进基层党支部全面进步、全面过硬。

岱海发电党委以支部建设标准化、规范化建设"巩固行动"为抓手，确保"五个一"工作法能够在公司党建工作中扎根，巩固支部党建标准化、规范化建设成果。岱海发电党委组织专题会议，确定在"党建+'双碳'"行动中深入推进"五个一"工作法，在其他各党支部全面推广管理党支部的经验做法；把"五个一"工作法建设作为年度基层党建工作重点任务，召开专题会议，安排部署，分层分类制订党支部建设标准化"巩固行动"责任清单，结合"岗位大练兵、业务大比武"活动，将重点工作细化、量化为具体目标任务；将支部标准化、规范化建设"巩固行动"融入党员日常学习教育管理，对标、对表找差距，以责任促落实、以落实促推进；召开支部建设标准化"巩固行动"座谈会，落实"一对一"帮扶指导，面对面找问题、手把手教方法；以"一个支部一个支部过、一个支部一个支部查"为基本要求，重点围绕"三会一课"、组织生活会、民主评议党员、发展党员等基层党建工作重点任务进行督查，以督查推落实；紧紧围绕党建工作重点、生产经营难点、员工关注热点，开展支部带课题、解难题；发挥以点带面、典型引路的作用，推动公司的党支部建设全面提升。

（三）创特色、树品牌，支部党建标准化、规范化建设"提升行动"

"五个一"工作法在岱海发电各支部的深入实践中推动支部党建从典型示范向标准引领转变，从条块分割向相融共生转变，形成全局统筹、多方联动、集群发力、共建共享的高质量党建工作格局。岱海发电党委以党建标准化、规范化"提升行动"为抓手，着力建设有定位、有名称、有形象、有内涵、有方法、有价值的"一支一品"特色支部党建品牌，深化示范引领作用和辐射带动作用。

岱海发电坚持党委统领、全线参与、全面推进，坚持把品牌创建作为当前党建的一项重点工作，将"党建+'双碳'"党建总品牌作为增强党员意识、发挥战斗堡垒作用的重要引擎和有效载体，按照品牌申报、品牌培育、品牌评选、品牌推广4个阶段明确任务目标、统筹推进；聚焦任务细化、分类指导、打造精品，从有名称、有标志、有理念、有阵地、有制度、有成效、有影响、有亮点、无违纪"九标准"和创新培育、整合重塑、提档升级"三途径"，因地制宜，分层、分类培育打造有特色、有内涵、有实效的党建品牌；聚焦激励保障，提供支撑、激发动力，强化党建考核结果运用，将党建品牌创建纳入年度党建考核，将考评结果作为评先选优和职级晋升等依据，确保党建品牌创建工作取得实效。

岱海发电管理党支部以学习型、服务型、职能型的"三型"党支部为特色创建了支部"融"品牌，安全生产经营党支部以创建安全生产、经营创效型企业为特色创建了支部"益"品牌，生产设备第一党支部以树立工匠精神、提高机组可靠性创建了"匠"品牌，发电运行党支部以精细管理、精准操作、精确调度创建了支部"精"品牌，如图7所示。

图7 基层党支部"一支一品"党建品牌体系

四、主要创新点

（一）一张清单推动党支部任务清晰化

一张清单，即党员年度任务清单。按照《中国共产党章程》要求，依据每一名党支部成员的岗位，定制每一名党支部成员年度任务清单，明确内容、明确时间、明确落实，从构成基层党组织的元素抓起，从源头进行治理，杜绝支部党员义务不清楚、党员权利不知道等问题，强化党员的身份责任意识。2020年，党员年度任务清单覆盖到管理党支部，占公司党员总数20%。2024年年初，党员任务清单已覆盖公司所有支部，公司党员100%已收到来自各个支部的任务清单。

（二）一本制度推动党支部建设制度化

一本制度，即《管理党支部制度汇编》。依据《中国共产党支部工作条例（试行）》《中国共产党国有企业基层组织工作条例（试行）》，编制《管理党支部制度汇编》，为新时代国有企业加强党支部标准化、规范化建设提供了根本遵循。管理党支部坚持系统观念，加强统筹规划，全面对标对表，不断健全完善党支部建设相关制度，为全面推进党支部标准化、规范化建设奠定坚实基础。

管理党支部加大制度宣贯力度，确保党支部标准化、规范化建设制度体系健全完善，党支部工作有章可循、有规可依。

（三）一个指南推动党支部建设规范化

一个指南，即《新时代北京国有企业党建工作指南》，作为管理党支部委员的教科书，要求每名支委对重点章节进行研读，提高管理党支部委员的党建业务水平，在管理党支部形成一种"有问题查指南"的求真务实工作作风。

2023年10月，京能集团党委下发了《京能集团党的建设工作指南》（以下简称《指南》）。《指南》指导性更强，更有利于集团内党建工作业务的提升。《指南》将党的建设理论与京能集团党建工作实践紧密结合，既有党的建设各项具体工作的制度要求，又有对"党建+'双碳'"行动、党支部星级评定、"千人培养计划"、企业文化建设"三项工程"、党建数字化建设等党的建设创新举措的深入解析，为全面加强党的建设、推动全面从严治党向基层延伸提供重要依据和具体指导。通过学好用好《指南》，使每一名党务工作者快速成为行家里手，有效提升了基层党建工作标准化、规范化水平，为基层抓实党建工作提供了"锦囊集"。

（四）一项细则推动党支部建设精细化

一项细则，即《中共内蒙古岱海发电有限责任公司管理支部委员会党员及党小组量化积分管理实施细则》。管理党支部在该细则的编制中坚持"围绕中心、服务大局，立足岗位、重在日常，分类管理、量化计分，周期考核、奖优罚劣，民主公开"的基本原则，引导党员在推进公司发展中当先锋、做标杆，为民主评议党员、为"争先创优"评比提供重要依据。

积分遵循重日常、重过程、重实绩、重积累的原则，基础积分侧重于党员义务履行，以党章规定的党员义务为基础，主要体现党员履行基本义务方面的情况；贡献加分侧重于先进性，以引导党员创先争优为目的，主要体现党员在生产经营中发挥先锋模范作用方面的情况；违规扣分侧重于约束性，以规范党员日常行为为主线，主要体现党员违规违章、违反有关制度和秩序规定方面的情况；一票否决侧重于强制性，以全面从严治党为遵循，主要体现党员违纪违法和"不在组织、不像党员、不起作用、不守规矩"等其他严重背离党员标准的情况。共设置八大项32小项评价细则。

（五）一本手册推动党支部建设示范化

一本手册，即《党支部工作手册》（以下简称《手册》）。《手册》是党支部各项工作和活动的真实反映，是党支部工作的重要资料档案，是检查评估党支部工作的重要依据。

《手册》是党支部工作的书面呈现，按照"模块化"的思路管理，每一模块确定具体负责人、检查人，内容分为党支部"基本情况概要篇"和"党支部工作记录篇"两个部分。其中，党支部基本情况概要包括党支部基本情况、党员基本情况、发展党员情况、年度工作计划、年度工作总结、支部大事记和党费收缴单等；党支部工作记录包括"三会一课"、主题党日活动、组织生活会、民主评议党员记录等。《手册》全面记录了各支部组织生活情况，反映了支部各项活动的开展成效，可有效评估工作动态，推进党支部标准化、规范化建设。

五、实施效果

岱海发电党委深入推进基层党支部"五个一"工作法，推动基层党支部标准化、规范化建设，立起工作标尺，强化薄弱环节，持续对标提升，构建了运作依标准、过程可监控、结果能评估、效能易考核、改进有目标的体系，把基层党建工作与各项任务串联起来，与中心工作有效衔接。公司党建工作质量全面提升，形成"一个支部一座堡垒、一个小组一块阵地、一名党员一面旗帜"的生动局面。

（一）企业组织感召力有效强化，形成合力集聚的党建新体系

岱海发电党委把政治标准放在首位，正确处理数量与质量的关系，源源不断地把先进分子吸收到党内来，发展壮大党员队伍，持续提升整体素质，使得党的政治领导力、思想引领力、群众组织力、社会号召力不断增强，按照坚持标准、慎重发展、程序规范、手续完备的要求，坚持把"党员培养成骨干，把骨干发展成党员"的总思路。岱海发电目前有党员127名、积极分子32名，公司总人数为259人。

岱海发电党委按照京能电力有关工作要求，对党支部设置进行优化调整，在党支部的建设过程中形成以"党建＋'双碳'"为引领，通过"思想引领体系建设、素质提升体系建设、项目攻坚体系建设"，推动党建工作与中心工作紧密结合，让党建成为看得见的生产力的"三大体系"建设模式。通过建设形成党委把方向、党支部抓落实、党员严执行的合力集聚党建新体系。通过党支部的持续特色建设，支部党建取得丰硕成果：管理党支部于2020年成为"京能电力首批达标党支部"；生产设备第一党支部于2021年获得"北京市国资委先进基层党组织"，2022年获得"京能集团先进基层党组织""京能电力先进基层党组织""京能集团首批五星级党支部"；等等。

（二）企业工作实效性全面提升，形成守正创新的党建新格局

岱海发电党委全面领会党和国家的方针政策，坚决执行上级决策部署，充分履行思想引领、组织建设、意识形态、品牌文化等职能，助力打造守正创新的党建工作新格局，为推进企业高质量发展强化了政治保障、营造了和谐氛围、凝聚了奋进力量。

一是议事制度落实更加严格。坚持落实"第一议题"制度，探索贯彻落实习近平总书记重要讲话、重要论述长效机制，将有关内容融入公司党委会、中心组理论学习和党支部"三会一课"中，形成以党委会、中心组学习为引领，以及"三会一课"、党员培训教育为支撑的纵向党内思想政治建设宣贯体系。

二是党员学习教育持续深入。将集中教育和经常性教育相结合、组织培训和个人自学相结合，坚持把学习宣传贯彻党的二十大精神作为首要政治任务和工作主线，突出特殊节点学习、突出重要精神学习、突出提升能力学习，做到常学常新，推动党史学习教育常态化、主题教育深入化。通过党员集中学习、党员集中轮训、党支部书记讲党课、班子成员讲党课，形成习近平新时代中国特色社会主义思想的学习教育长效机制。

三是主体责任有效落实。狠抓全面从严治党（党建）各项年度任务落实，与领导班子成员、各部室、各党支部签订《全面从严治党责任书》。印发年度全面从严治党（党建）任务安排、推进全面从严治党"五个下沉"任务清单分解，与京能集团、京能电力党的建设工作指南和制度汇编对标对表，区分"新建、修订、自有"3个类型，梳理制订"对照清单"，修编发布制度，形成《岱海发电党的建设工作制度汇编》下发各党支部。

四是正风肃纪，全面从严。紧盯经营管理薄弱环节，推动大监督体系建设，深入分析查找经营管理的薄弱点和风险点。参照上级党委、纪委要求，新增督查督办、重大事项请示报告、助力乡村振兴、"深化党建专项促提升"、"五个下沉"专项及信访维稳等7类18次监督计划，新增18项监督"关注点"和54项"负面清单及典型表现"，做实"监督第一职责"，逐级传导压力，推动"三级清单化监督"落地生根，共同营造风清气正的政治生态。

（三）企业管理效能逐年向好，形成活力焕发的发展新动能

岱海发电党委在京能集团、京能电力党委的坚强领导下，积极应对电力市场竞争激烈、煤炭价格高位运行、能源行业大变革等严峻挑战，锚定目标、攻坚克难，抓基础、控成本、提效益，以高质量党建引领高质量发展。各支部发挥战斗堡垒作用，深入落实"党建＋业务"的"双轮驱动"，下好"一

盘棋"。深入整合科技创新资源，推动产业深度转型升级，加快形成新质生产力。

一是企业生产经营质量全面提升。管理效能与企业发展同步提速，安全生产水平与企业经营效益同向提升，圆满完成各项经营指标，公司经营业绩远超预期、生产形势持续向好、企业发展阔步向前。2023 年，岱海发电的发电量为 122.74 亿千瓦时，同比增加 2.57 亿千瓦时，创近 5 年新高，利润总额在京能电力位列前茅；供热量为 191.59 万吉焦，同比增加 46.3 万吉焦；实现"十不发生"安全目标、"四不发生"环保目标；全年机组未发生非计划停运事件，连续安全生产天数实现 6101 天。

二是企业发展新质生产力动能强劲。岱海发电党委牢牢把握科技创新的核心要素，大力提升研发投入，有序统筹内部创新力量，有效聚合外部创新资源，有力提升成果转化，科技创新不断收获新荣誉，在提升知识产权储备、强化科技成果转化等方面下功夫、做文章，仅 2023 年就获得授权发明专利 3 项、授权实用新型专利 8 项，参与发布国家标准 1 项。"600MW 亚临界燃煤机组升级改造技术及工程应用"获得"中电联创新一等奖"，同时获得"内蒙古自治区科技进步二等奖"，四号机组荣获"全国电力 600MW 级亚临界纯凝空冷机组对标 AAA 级荣誉"称号。岱海发电申报的《燃煤机组深度调峰性能评估及优化关键技术研究与应用》等 2 项案例，被中电联评为 2023 年煤电机组"三改联动"技术改造示范案例。岱海发电自治区级企业研究开发中心通过复审，国家级高新技术企业通过科技部认定。岱海发电全面提升科技创新能力和水平，以科技创新推动新质生产力跃迁升级。

六、下一步规划与探讨

岱海发电将持续深化基层党支部"五个一"工作法建设，从党建与业务融合、载体建设、组织保障、考核制度等方面构建一套党建工作特色模式，契合时代精神，压实全面从严治党责任，以高质量党建引领企业高质量发展。

点燃鑫达党建红色火焰，引领绿色销售行稳致远

创造单位：北京昊华鑫达商贸有限公司
主创人：耿小利　崔锡宝
创造人：冯含卓　张峰　陶成克　杨丹丹

【摘要】 北京昊华鑫达商贸有限公司（以下简称鑫达商贸）2023年提出了"党建红"引领"绿色销"工程，明确了鑫达商贸"一二三五七"党建体系。与北京能源集团有限责任公司（以下简称京能集团）的"一三五"党建体系和北京昊华能源股份有限公司（以下简称昊华能源）的"一三五七"党建体系相比，鑫达商贸针对自己公司提出的党建体系更为具体、更有针对性。

【关键词】 鑫达商贸　党建引领　绿色销售

一、实施背景

"党建红"，顾名思义，就是用习近平新时代中国特色社会主义思想指导工作、武装头脑，认真学习党的二十大精神，坚持以党建为引领，全面落实京能集团、昊华能源党委决策部署，结合新形势、新任务、新要求，进一步推进党建工作与经营工作深度融合，找准党建与中心任务的结合点、切入点、着力点，扎实推进全面从严治党及巡察整改工作。发挥支部战斗堡垒作用和党员先锋模范作用，高质量推进"党建＋'双碳'"工作，加快合规管理体系建设，形成党建、业务"一盘棋"，把组织优势转化为销售力和竞争力，实现党建与中心工作深入融合、相互促进。

"绿色销"有几层含义：一是安全稳定、绿色发展；二是开拓市场、数智销售；三是营销文化、廉洁鑫达；四是开拓创新、高销高效；五是五精管理、合规建设。其中包括：转变职能，加强管理，增加市场煤销量；落实内部协同，助力能源保供，体现国企担当；发挥优良传统，做好销售服务，培育忠实客户；推进服务业务，增加铁路销量，提高经营收益；准确研判市场，满足客户需要，向市场要效益；推动绿色发展、加快数字转型、助力"三个京能"建设；高效推进遗留问题解决、化解风险、共克时艰等九项具体工作，确保各项工作取得实效。

一段时期以来，鑫达商贸对标对表，突出党建引领，开展"党建红"引领"绿色销"工程，深化鑫达商贸"一二三五七"党建体系，自觉承担"举旗帜、聚民心、育新人、兴文化、展形象"的使命任务，各项工作取得重大进展，2022年"脱帽"，2023年"摘帽"。面对成绩，鑫达商贸戒骄戒躁，砥砺前行。

二、实施目的

鑫达商贸通过强化党建引领作用，深度融入"一二三五七"党建体系，充分发挥党组织的战斗堡垒作用和党员的先锋模范作用，提升全体员工的凝聚力和创造力，从而在市场竞争中树立良好的品牌形象，提高销售业绩和市场份额，增强企业的核心竞争力。同时，积极承担"举旗帜、聚民心、育新人、兴文化、展形象"的使命任务，为社会经济发展贡献力量，推动企业实现可持续发展，不断创造新的辉煌成就。

三、实施过程

（一）加大人才调整和使用培养力度，消除企业内耗，建立薪酬绩效管理办法，实现"被动跟跑"向"主动领跑"转变

企业的竞争归根结底是人才的竞争，鑫达商贸打破成立以来无人才提拔和调整的现状，让池中水

活起来。

1. 坚决消除企业内耗

鑫达商贸领导班子客观总结部分年轻人身上存在的"十种现象",明确选人用人"八看八重"标准,下力气消除企业内耗。

具体而言,破除以下"十种现象":以自我为中心,缺少团队协作精神和团队意识;对人生无规划,采取"躺平"态度,问题归罪于外;工作作风不实、热情不高、劲头不足,眼高手低;得过且过,满足于完成常规性动作,遇困难躲着走;按部就班,循规蹈矩,消极被动,等靠现象严重;领导安排什么就做什么,无主见,推推动动,不推不动;固步自封,本位主义严重,事不关己,高高挂起;长期在一个岗位,工作打不开局面,工作中推诿扯皮;不注重世界观改造,组织观念淡薄,计较个人得失;服务意识淡化,群众基础差,群众认可度不高。

深刻剖析总结"十种现象",党支部对症下药,采取针对性措施,在选人用人上体现讲担当、重担当的鲜明导向,明确选人用人"八看八重"标准:看态度、看品行、看视野、看学习、看过程、看结果、看担当、看能力;重培养、重激励、重考核、重规则、重诚信、重实践、重合作、重责任。

选用在困难中经受磨砺、经过锻炼的优秀人才,激发全体干部员工干事创业的积极性。

2. 调整关键岗位,激发内生动力活力

高标准调整关键岗位(党建、纪检、办公室、部分销售岗),选拔"有认识、有高度、有责任、有活力、有目标"的"五有"人员进入关键岗位,坚决破除"干与不干一个样、多干少干一个样、干好干坏一个样"的风气,深化绩效考核,激发人才队伍体制机制活力,让"实干者"得实惠,让"太平岗"不太平,形成能者上、庸者让、劣者汰的工作常态。经过考评,取得了理想效果,极大提升了公司管理水平,更好地把战略思想转化为主责主业来落实。

3. 加大人才培养,打造人才成长环境

两年来,鑫达商贸精心设计人才成长规划,严格按照《鑫达商贸中层领导人员管理规定》《鑫达商贸选拔任用工作流程》要求,提拔使用3名中层管理人员担任主要部门负责人,社会招聘了1名中层正职和1名副总会计师,把4个操作岗位转为管理岗,提拔了1名业务主管,选优配强部门人员;发展预备党员1人,吸收入党申请人2人,吸收入党积极分子7人,坚持把党员培养成骨干、把骨干发展成党员。

(二)确立"党建红"引领"绿色销"工程,高质量推进"党建+'双碳'"工作,形成党建、业务"一盘棋"

1. 确立指导思想

鑫达商贸坚持以习近平新时代中国特色社会主义思想为指导,全面贯彻落实党的二十大精神,按照新时代党的建设总要求始终坚持党的领导、加强党的建设,以党的政治建设为统领,严格落实集团党委和昊华能源党委工作部署,以坚定理想信念宗旨为根基,以全面从严治党带动全面从严治企,为打造能源清洁高效利用的卓越上市公司目标愿景而努力奋斗。

2. 确立基本原则

鑫达商贸坚持党要管党、全面从严治党,坚持制度治党、依规治党,坚持目标导向和问题导向相结合,坚持守正和创新相统一,实现党建引领企业高质量发展的能力全面增强、党组织工作体系健全完善、党员干部素质显著提高、党员作用充分发挥、党支部标准化规范化建设全面加强的"高质量党建"工作格局,为打造能源清洁高效利用的卓越上市公司目标愿景提供坚强的政治保证和组织保证。

3. 构建"一二三五七"党建体系

"一"是明确"一个中心"。即:坚持党对一切工作的领导,坚持全面从严治党,立足公司实际,以经济效益提升为中心，把党建工作推动中心工作、促进各项任务完成作为重要内容，谋划党建引领发展同心圆，真正实现把方向、管大局、保落实。

"二"是树立"两个思维"。即：树立"融入中心做工作，进入管理起作用；融入中心抓党建，抓好党建促发展"的"党建观"。破解"两张皮"，形成"两促进"，党建工作从销售管理工作的局外转变为局内，把提高企业效益、增强企业竞争实力、实现国有资产保值增值作为党支部工作出发点和落脚点，以改革发展成果检验党支部工作成效。

"三"是提升"三种能力"。以学增智，从党的科学理论中悟规律、明方向、学方法、增智慧，把看家本领、兴党本领、治企本领学到手，提升政治能力、思维能力、实践能力。把所学所悟转化为应对风险、解决问题的智慧力量，转化为锐意进取、担当有为的能力本领，转化为知难而进、顽强斗争的务实行动，推动高质量发展。全面推进党支部标准化规范化建设，提升党支部政治功能和组织功能，自觉承担起"举旗帜、聚民心、育新人、兴文化、展形象"的使命任务。

"五"是深化"五精管理"。动态提升"五精管理"水平，做好创建"三基九力"团队内功。坚持问题导向，扎实推进全面从严治党及巡察整改工作，实施审计、巡察与纪检联动，发挥监督合力；推动合规向主业纵深，开展煤炭采销专项监督、检查，切实将"党建之魂"筑牢"营销之基"、将"服务之本"根植"销售之责"、将"五精管理"融入管理日常。

"七"是加强"七个建设"。加强政治建设，健全全面从严治党领导和责任体系，压实责任。加强思想建设，抓好党支部理论学习中心组学习，牢牢把握意识形态工作领导权、管理权和话语权，推进文化落地。加强组织建设，抓学习、提素质、强班子、带队伍，抓规范、强作风、倡人和、创高效。加强作风建设，坚持党的群众路线，持之以恒纠治"四风"，稳步推进巡察整改，做好信访维稳、接诉即办和乡村振兴工作。加强纪律建设，持续保持高压态势，深化体制机制创新，一体推进不敢腐、不能腐、不想腐，营造良好政治生态。加强制度建设，建立健全相关配套制度，扎紧"制度的笼子"，强化合规管理。加强群团建设，推进"会、站、家"一体化建设，强化作用发挥，突出销售特色，提升服务品牌。

（三）党建融入中心，以"三金"价值理念、"先锋·先进"争创和全面从严治党巡察检查为抓手，助推整体工作上台阶

1. 文化赋能，"九位一体"推进

鑫达商贸按照京能集团和昊华能源《加强企业文化和思想政治工作》的相关文件要求，在企业发展之间成功找到文化支点，发挥承上启下和桥梁、纽带的作用。

领导班子从"鑫达"的"鑫"字入手，拆"鑫"为"金"，分别给予3个"金"字特别的含义，形成鑫达商贸"三金"价值理念，分别是：服务是"金"、诚信是"金"、效益是"金"。

"三金"价值理念的形成，在全体干部员工中间引起强烈反响，全体员工认识到："鑫达商贸的文化活了，鑫达商贸的管理思路打开了。"这是文化管理的无穷魅力，不仅打开了员工的心灵之路，更间接提升了公司的管理水平。"三金"价值理念潜移默化间成为鑫达商贸"对标一流、追求卓越"的"试金石"。

2. 活动支撑，形成长效机制

开展"先锋·先进"争创活动，形成长效机制，引导激励全体党员履职尽责"争先锋"、全体群众立足岗位"争先进"，"以党建促业务，以业务强党建"，为高质量发展提供坚强的组织保证，活动自开展以来，收到了良好效果。在此基础上，深入开展"师带徒"和"手拉手"结对子活动，由领导班子成员担任师傅、业务人员做徒弟，签订"师徒合同"，履行师徒责任；深入开展"销售业务"技能比武活动，发挥典型示范作用，极大地推动了业务人员的素养和技能的提升，营造人才发展的良好

环境。

3.巡察整改，整体推动上台阶

鑫达商贸以京能集团和昊华能源全面从严治党检查、延伸巡察、全面从严治党述职、审计反馈问题整改为契机，专题研究，制订解决方案，源头防范，2023年修改完善制度104项，涉及党建、销售、合规、廉政建设等科目，加大问题整改力度，制订整改措施，明确责任人、整改措施及整改时限，确保所有问题见底清零。目前，全面从严治党检查发现46个问题，已全部整改完成，整改率为100%；巡察反馈问题98个，已全部整改完成，整改率为100%。

四、主要创新点

在锚定新年目标任务的同时，坚定不移贯彻"创新驱动，绿色生态，开放互联，智能共享"的发展理念，着力提高核心竞争能力，扎实推动高质量发展。今后，鑫达商贸将积极贯彻落实京能集团和昊华能源职工代表大会精神，持续开展"党建红"引领"绿色销"工程，继续深化鑫达商贸"一二三五七"党建体系，巩固"煤矿＋智慧物流"产业链，继续争取优惠政策，拓展铁路物流业务，为京能集团和昊华能源高质量发展贡献更大力量。

五、实施效果

2023年，煤炭市场整体运行偏弱，鑫达商贸主动顺应市场变化，坚持集团利益最大化，抢抓市场机遇，创新性地开展营销工作，创利增效。

（一）提高政治站位，勇挑保供责任，加大协同力度

鑫达商贸用实际行动践行国企担当，成为首都能源保供的主力军，以高度的政治责任感和使命感，全力以赴投入到电煤保供工作中。2023年度内完成保供任务950.54万吨，其中集团内部完成751万吨，为集团内部电厂提供了优质煤炭。

（二）优化营销策略，统筹产销联动，实现协同增效

秉持以终端客户为中心的营销服务理念，改变由坑口自提到"一票到厂"的终端销售模式，通过延伸服务赢得了客户的信任，实现了效益提高的目标。2023年度，"一票到厂"供应量达47.92万吨，实现增收600万元，吨煤单价提高12.5元。2024年1—6月，"一票到厂"业务销售煤炭87.74万吨，实现营业收入60095.23万元，创造利润700.76万元。

在稳定电煤运量的基础上，整合铁路运力，打破了之前被动的合作模式，提高了昊华能源与铁路部门合作权重，争取到了"一口价"优惠政策，向创新要效益，实现利润1525.67万元；2024年1—6月，"铁路计划"运输业务创造收入4303.93万元，开展铁路运输代理服务收入服务费155.64万元。

（三）调整销售策略，精准调控煤种，满足用户需要

准确把握市场节奏，提高峰值期间市场煤销售比例，增加了企业效益。同时，注重与客户的合作共赢，建立长期稳定的合作关系。积极主动与用户沟通，了解客户需求，提供个性化的用煤方案，赢得了客户的信赖和支持。2023年，开发直销客户16家，市场煤销量增加134万吨，实现增利4.68亿元；2024年，直销客户增加到41家。

落实京能集团和昊华能源"党建＋'双碳'"工作强有力举措，深化"煤矿＋智慧物流"产业链销售模式，将"安全、绿色、环保、数智"贯穿煤炭销售的全过程。2024年4月13日，正式启动红庆梁煤矿"公转铁"业务，上半年通过铁路物流发运红庆梁煤矿煤炭9.11万吨，实现增收增利126.96万元。

2024年，鑫达商贸继续拓展铁路物流和市场要效益，同年8月初完成全年6000万元的利润指标，预计2024年完成利润总额8000万元。

六、下一步规划与探讨

（一）聚焦党建引领，推进高质量发展

实现党建与销售深度融合，共谋发展大局。坚持以党建为引领，认真贯彻落实京能集团、昊华能源党委决策部署，结合新形势、新任务、新要求，进一步推进党建与经营工作深度融合，找准党建与中心任务的结合点、切入点、着力点，扎实推进全面从严治党及巡察整改工作。积极推进"党建红"引领"绿色销"工程，发挥支部战斗堡垒作用和党员先锋模范作用，高质量推进"党建＋'双碳'"工作，加快合规管理体系建设，形成党建、业务"一盘棋"，把组织优势转化为销售力和竞争力，实现党建与中心工作深入融合、相互促进。

抓班子带队伍，推动高质量发展。坚持抓班子、带队伍，强作风，克服外部形势复杂多变的影响，积极作为，努力做到思想政治上高度一致、组织行动上高度统一，把领导班子建设成为政治坚定、勇于改革、务实创新、团结协调、廉洁勤政、群众拥护、全面贯彻党的基本路线的坚强领导集体，推动公司实现高质量发展。

夯实基础管理，筑牢安全保障防线。持续贯彻"安全第一、预防为主、综合治理"的安全原则，以"五精管理"和"三基九力"团队建设为抓手，严格落实企业安全生产主体责任，深入开展"补短板、强弱项、夯基础、抓落实、保安全"活动，持续开展安全管理和各种隐患大排查、大整治工作，有效管控安全风险，夯实管理基础，筑牢安全管理防线，切实扛起安全经营销售管理主体责任。

抓好意识形态，纳入重要日程。建立健全意识形态和思想政治工作领导体制机制，把意识形态和思想政治工作纳入重要议事日程，纳入党建工作责任制，纳入党的纪检监督范围，纳入领导班子和领导干部目标管理，与公司采购、销售和党的建设工作深度结合，同部署、同落实、同检查、同考核，突出销售文化特点，加强对党员干部职工的全方位培训，促进"党建＋N"有所突破，并取得实实在在的效果。

（二）聚焦经营管控，稳步推进营销业务

降低销售服务费，转向市场要效益。秉承"服务为本，追求卓越"的销售理念，全力做好昊华能源所属煤矿销售代理服务工作。2024年，改变服务费收费标准，由按销售收入的0.8%收取服务费改为按1元/吨收取，预计可为三矿节约服务费4447万元。

全力做好保供，增加市场煤销售。作为昊华能源的重要营销平台，鑫达商贸认真贯彻京能集团及昊华能源工作会议精神，准确把握时机，坚定信心，抢抓机遇、拓展业务。面对复杂的煤炭保供形势，进一步增强使命感和责任感，提前谋划，精心部署，紧盯市场、资源、运力和用户，做好煤炭保供工作，增加市场煤销售，加强产销同步协调，多措并举扩大煤炭销售面和销售量。2024年，把定价机制和销售指标完成引入个人考评，同各驻矿销售管理部部长绩效工资挂钩，实行绩效考核，将销售价格同市场同期价格整体趋势对比，定期进行考核评价。

瞄准市场需求，实施精准营销。树立产品质量意识，加大煤质管理力度，确保产品质量。密切关注煤炭市场变化，加强与煤矿配合，及时调整产品结构，多生产效益高、销量好的产品，实现效益最大化。在提升服务质量和品牌形象上勇担当、显作为，坚持"以诚相待、公平交易、合作共生"的理念，为客户提供多元化服务，巩固老客户，发展大客户，开发新客户，建立紧密稳固购销关系，持续提高用户满意度。积极开拓市场，向市场要效益，销售人员分批次走访客户，直面客户需求，扩大销售覆盖面，为客户提供多元化服务，培养公司忠实客户。

（三）聚焦销售创新，提升经营业绩

探索产业链延伸，提高利润增长。继续加强与呼铁局的沟通，借助协同发展之力撬动铁路运输政策红利。以煤炭主业发展为基础，深化巩固"煤矿＋智慧物流"产业链，以集团内部火运发运量为基础，争取丰镇、七苏木、福巨等"一口价"铁路运输优惠政策。拓展铁路物流业务，探索直销客户物流总包形式，实现"一口价"送到，形成新的利润增长点。

积极主动作为，稳步开展贸易。主动适应煤炭市场新形式，完成昊华能源下达的利润指标，经过市场调研和与下游客户沟通，改变现有销售格局，积极探索新的销售模式，从王家塔煤矿直接采购煤炭，在确保没有经营风险的前提下，与下游客户签订一票送到合同，提供一票送到业务，增加公司营业额。

扩大对外影响，提升"昊华品牌"。在提升服务质量和品牌形象上勇担当、显作为。细分煤炭产品，深入挖掘用于冶金、喷吹配煤、煤化工"两低一高"（低硫、低灰、高品质）特性背后的高附加值。满足客户各项需求，持续提高客户满意度，开展客户满意度调查，扩大对外影响，提升"昊华品牌"。

加快数字转型，推动阳光销售。抢占煤炭运销"智"高点，打造数智运销生态圈，努力实现数字经济与传统销售的融合新突破，持续完善和优化销售系统，依托统一销售管理平台，构建数字化销售体系，用数"智"赋能，实现昊华能源销售管理业务流程的统一，提升数字化销售水平，使销售业务更加公开化和阳光化，实现降本增效。

明确改革重点任务，践行使命担当。在新一轮国有企业改革深化提升行动中，鑫达商贸要着重强化"提质、增量、创效"的使命担当。尽己所能，实现一季度"开门红"，完成全年各项指标任务，服务集团和昊华能源发展大局，更好发挥战略支撑作用。深入推进"党建红"引领"绿色销"工程，既要增强煤炭销售核心功能，又要提升核心竞争能力，履职尽责，发挥作用。

（四）聚焦合规管理，全面化解经营风险

强化合规建设，提升综合抗风险能力。加强法治培训和普法宣传教育，增强全员法律风险防范意识。将法治建设工作纳入重要议事日程，完善运行机制，明确法治建设的目标任务，将每项重点任务详细分解到部门。形成合力，开展法控、风控、内控、合规工作检查，进一步落实内控管理手册和评价手册要求，认真做好法律风险和隐患排查，有效防范和化解风险。持续把合规合法性审查作为经营管理行为的追溯前置程序，严格落实规章制度、合同、重大决策事项合规合法性审查，确保审核率达到100%。

强化款项支付审核，降低资金风险。强化煤炭采购款项支付审核，严格执行"先款后货"原则，确保资金在计划内付款，降低交易风险。加强业务费用报销审查，确保合规合理，防范业务风险。

落实包案制度，有效推进历史遗留问题解决。针对历史遗留案件，落实主要领导包案制度，建立考核机制，将遗留案件化解情况纳入领导班子绩效考核管理，激励班子成员在面对遗留问题时敢担当、勇作为，全力以赴把当前面临的历史遗留问题解决在当下。

加强廉政建设，防范化解风险。充分运用监督执纪"四种形态"，贯彻落实"惩前毖后、治病救人"的方针，坚持严管与厚爱相结合，持续加大对煤炭采购、销售、招标、合同等事项的监督检查力度。发挥主动自查、敢于自查、善于自查的示范引领作用，精准查找存在的短板弱项和问题根源，及时发现并解决潜在风险。精准把握"四风"新动向，常态化开展纪律教育，增强教育的针对性，运用正反两方面典型案例，进一步营造良好政治生态。

（五）聚焦精选优育，打造高素质人才队伍

加强人才培养，提升市场竞争力。打造一支政治可靠、作风优良、素质过硬的销售团队是全面推动高质量发展的关键。树立"市场竞争就是人才竞争"的用人观念，明确选人用人"八看八重"标准，拓宽选人用人视野，选拔任用认同公司企业文化、在困境中磨砺成长的优秀干部。激发全体干部员工的主动性，充分发挥示范引领作用，在选人用人上彰显讲担当、重担当的鲜明导向，大力发掘、培养、选拔、任用优秀年轻干部。

优化绩效考评，激发员工创业热情。推进薪酬与绩效考核制度落地，调整考核评价体系，强化薪酬管理，提高绩效考核的激励作用，切实调动员工工作热情，激发员工潜能。

坚持文化育人，提升企业发展软实力。坚持全心全意依靠职工发展企业，持续推进企业文化建设，推进鑫达商贸"三金"价值理念宣贯落地，提升文化软实力。积极营造员工干事业、支持员工干成事业的良好氛围，创造学习、提高、发展、进步的平台，提升核心竞争力，让广大员工共享企业改革发展的成果。

以"六个提升"激发企业活力，深化改革实现高质量发展

创造单位：中海石油南海西部（海南）有限公司
主创人：黄鸿光　王凯
创造人：鲁冬超　王芸　周涵　郑香伟　杜洋　宋岩

【摘要】 中海石油南海西部（海南）有限公司（以下简称海南公司）最初是中国海洋石油南海西部有限公司（以下简称西部公司）在海南省的办事机构，由3家公司重组而成。尽管其经营范围有限、营业能力较弱且长期处于亏损状态，但海南公司在国有企业深化改革的浪潮中，通过实施"提升士气、提升动力、提升业绩、提升质量、提升实力、提升责任"等6个方面的改革举措，成功扭转累计年度亏损6000余万元的局面，并在2023年取得营业收入2.39亿元、利润4325万元、纳税2025万元的不凡业绩，成为海口市龙华区纳税十强企业之一。这些成绩的取得标志着海南公司在深化改革高质量发展方面取得了显著成效，探索出一条国有企业通过自身改革创新激发企业活力、实现高质量发展的道路。

【关键词】 管理提升　精准激励　市场开拓　党建引领

一、实施背景

海南公司原为西部公司在海南省的办事机构，主要承担行政接待、房地产资产管理及矿区服务等职能。长期以来，海南公司不仅负责生产经营任务，还需兼顾海口和三亚两个矿区的社会服务工作，导致长期亏损，累计年度亏损额一度高达6411万元。为落实好全国国有企业党的建设工作会议精神，海南公司于2017年11月成功改制为国有独资公司，在2018年完成了"三供一业"分离移交工作。这一转变使海南公司成为一个依法自主经营、自负盈亏、自担风险、自我约束、自我发展的独立市场经济主体。然而，改制后的海南公司面临着严峻的挑战——若连续3年亏损，将面临破产清算的风险。

顺势而为，在激烈的市场竞争中寻找生存空间。海南公司积极响应党中央号召和中国海油战略部署，充分利用党中央将海南省打造成具有世界影响力的中国特色自由贸易港和中国海油全面加大海洋油气勘探开发的有利契机，在央地深化合作中明确自身发展定位——成为央企在琼最大的油气田后勤支持服务保障企业。为打造一流后勤保障企业，海南公司深入开展深化改革管理提升行动，以实施"提升士气、提升动力、提升业绩、提升质量、提升实力、提升责任"的"六个提升"措施为抓手，引入倒逼机制，提升管理能力和水平，激发企业内生动力和活力，实现企业使命价值、经济增加值显著增加，走上了高质量发展之路。

二、实施目的

国有企业改革是提升国有企业国际竞争力、推动国家经济高质量发展的关键举措，对于构建开放型经济新体制、实现国家长远发展目标具有重要意义，在推进中国式现代化、全面建成社会主义现代化强国中发挥重要牵引作用。海南公司实施本次深化改革的目的主要有以下4点。

（1）履行政治责任。围绕"加大勘探开发力度，保障国家能源安全"主责主业贡献海南公司价值，履行好能源央企的使命与担当。

（2）履行经济责任。提高海南公司的营业收入和盈利能力，实现扭亏为盈，在激烈的市场竞争中生存下去，推动国有资本和国有企业做强做优做大。

（3）履行社会责任。在实现自身发展的同时，切实承担起更多的社会责任，为实现共同富裕、为

地方经济发展做出贡献。

（4）探索管理创新。通过优化管理流程、创新管理模式、实施精准激励等方式，进行体制机制创新，激发内生动力，增强企业竞争力，加快完善中国特色国有企业现代化公司治理，推动中国特色国有企业现代公司治理效能充分显现。

三、实施过程

（一）统一思想认识，提升士气

在长期亏损的困境中，海南公司通过统一思想认识，充分调动全体员工的积极性，凝聚了奋进的合力与士气。这一举措是确保高效执行的第一步。

（1）班子团结做表率，带头示范。一是明确职责分工。海南公司健全领导班子，明确职责分工，积极履行职责。二是坚持民主集中制。领导班子内部经常组织交流沟通，形成浓厚的民主氛围，决定重点事项前均要前期充分沟通、酝酿。三是发挥示范带动作用。班子成员注重在工作中发挥模范带头作用，为做好全年工作发挥关键性的引领作用。四是倾听基层声音。重视下基层，倾听一线员工心声，了解一线难题，为基层解决了绿化设备老旧、办公设施和环境较差等实际问题，先后引进割草机等设备提高工作效率，统筹推进办公场所改造，更新办公设备，增加冰箱、微波炉、咖啡机等设施，为员工提供温馨、舒适的工作环境，赢得了员工的普遍认可。

（2）千斤重担人人扛，传递压力。一是开展形势任务教育。海南公司为新员工上的第一课就是宣讲石油精神、海油精神，经常性组织开展"让党旗在应对低油价挑战攻坚战中高高飘扬"等研讨会，让过"紧日子"深入人心，制订了"降本增效措施清单"，每月报送降本增效具体目标完成情况，将该项工作纳入年终绩效考核指标。二是让认识转变为行动。为落实勤俭办企理念，海南公司制订了39项"勤俭办公"具体行动方案，形成了办公室和客房人走灯灭空调关、水龙头关紧、办公废纸做草稿纸等节约一度电、一滴水、一张纸的好习惯，做到人人讲节约、事事求节约、处处想节约，切实将生存压力传递到每一个单位、每一名员工。组织员工积极与66家服务商友好协商下调合同费率，减少了约408万元服务费用，有效降低了经营成本。

（3）努力争先创优，奋发进取。员工"有激情""在状态"是做各项工作的原动力。一是明确任务，跟踪落实。海南公司在与员工充分沟通的基础上，制订年度挑战目标，激发员工主动性。为落实好各项任务，海南公司做到每月有任务、有跟踪推动，工作环环相扣，做到事事有落实、件件有人跟。二是积极选树典型。在公司显著位置设置先进集体和优秀员工光荣榜，增强员工荣誉感，营造积极争先创优氛围。三是激发员工潜能。为完成各项任务，基层单位主动增加工作量，调动员工的主动性和创造性。在提高客房入住率工作中，推出了食堂早餐明档、增加开胃小菜，前台提供消暑解渴茶饮，客房配备新鲜时令水果盘和手提袋等优秀做法，成效显著。四是落实以人为本的理念。建立"现场调研＋问题反馈＋解决措施＋解决问题"的模式，倾听员工心声，凝聚员工共识，高效完成为员工租赁健身房、开设自助餐、设置电动自行车充电桩和车棚、更新绿化设备、门禁系统智能化建设等"我为群众办实事"项目，极大地提高了员工的满意度、幸福感和获得感，切实提高员工幸福生活指数。

（二）精准激励，提升动力

海南公司为长久激发员工干事创业热情，建立了精细激励机制、月度考核机制、结果导向机制、"能上能下"机制，加大向一线岗位、关键岗位、做出突出贡献单位倾斜力度，有效激发员工潜能。

（1）建立精细激励机制。海南公司通过设立基于绩效的奖金体系，激励员工在经营和节支方面积极进取，彻底改变过去平均发放和单纯按系数发放的做法，确定了坚持绩效优先、淡化系数、倾斜基层、兼顾公平的原则，把全年的效益奖金分为基本奖、经济责任奖、安全奖、考核奖和总经理嘉奖等5

个部分，根据考核结果兑现奖励。具体方法是根据月度考核和年终考核结果，将激励奖金额度与经济指标完成情况、工作质量好坏直接挂钩，兼顾公平，适当提高基层一般员工的系数。

（2）建立月度考核机制。海南公司对各单位实行月度考核制，成立专门考核小组开展考核工作。在考核过程中建立"三看"工作法，即看工作量多少、看工作质量如何、看工作效果好坏，坚持公正公开原则，将考核结果向各单位反馈，接受大家监督。对考核分数最高的单位，海南公司工会授予流动红旗，每月评比兑现一次，实现物质与精神奖励同步。

（3）建立结果导向机制。一是坚持绩效考核结果与评先评优挂钩。员工年度考核绩效考核分数大于等于85分，方可具备评先评优的资格，做到"肯干者优先"。二是坚持绩效考核结果与绩效奖金挂钩。积极开展先进集体和岗位能手的评选工作，将年度考核结果与先进集体、个人绩效奖励挂钩，做到"多劳者多得"。三是坚持服务质量与奖金挂钩。对收到甲方表扬信/感谢信、锦旗的单位，进行额外奖金奖励，做到"优质服务者光荣"。

（4）建立"能上能下"机制。打破"大锅饭"思维，坚持"不竞聘不上岗、业绩不完成不提拔"的原则，对关键岗位人员及时进行轮岗调整，激发员工干事创业动力。2023年，顺利完成公司10名骨干岗位调整工作，促进干部队伍的合理流动和资源配置，提高干部的工作能力和综合素质，为推动工作创新和发展提供有力保障。

（三）全力开拓市场，提升业绩

经营业绩是衡量一个企业经营成果和效率的重要指标。海南公司围绕主责主业，积极拓展市场，寻找增长点，实现了经营业绩的显著增长。

（1）拓宽经营范围，提升发展底色。为了进一步开拓市场，海南公司历经52次经营变更，经营范围从成立之初的2个经营项目拓展到2024年的52个经营项目，注册资本也从成立之初的0.1万元提高到了目前的7000万元。通过增加经营项目，海南公司涉足了更多的业务领域，形成了更多的利润增长点，提高了整体盈利能力，经营收入显著增加；通过增资，海南公司提升了公司对外的品牌形象，在激烈的市场竞争中增加了市场竞标机会，增强了抗风险能力。

（2）围绕主责主业，做大基本盘。一是发挥协调优势。海南公司充分发挥数十年在海南省建立的良好地方关系资源优势，为中国海油在琼各企业服务，协助解决棘手问题，贡献海南公司特有的服务价值。例如，海南公司加强与海事渔政部门沟通，为在琼进行石油勘探作业的企业解决渔民干扰船舶作业等难题；克服油气长输管道占压专项排查清理工作涉及地方政府主管部门多、管线周边村民不理解不配合等困难，走村入户多方协调，累计完成补偿协议签订49份、占压清理36项、制止新增占压27项、干预第三方施工20项、管道安全普法宣传2项等工作。二是扩大传统优势。形成一体化后勤保障服务机制与优势，持续为海上平台提供优质的倒班支持、防台风避台风等后勤服务，做强做大在海南码头、东方终端、南山终端的业务，提供优质的保安、绿化、保洁、场地、配餐、修缮等后勤支持服务，为海上油气田勘探开发生产贡献价值。

（3）主动求新求变，扩大辐射面。一是敢闯敢干。积极大胆承揽海南分公司物业和配餐服务，形成重要业务板块和利润增长点。二是扩展业务范围。经过长期不懈努力，海南公司成功承揽了油气田上游的钻井倒班、通航办理、车辆船舶协调服务、废旧物资处置、钻完井器材维保等业务，极大地拓展了业务范围，营业能力显著增强。三是打造一体化服务。拓展南山终端服务业务，紧密跟踪甲方服务需求，编制详尽服务方案，做好南山终端保洁、绿化、安保、会务、维保等一体化支持服务。四是充分参与市场竞争，向市场要增量。不断开拓外部维保市场，将维保服务延伸到非关联公司和外国石油公司，在竞争中不断成长。

（四）管理精益求精，提升质量

在激烈的市场竞争中，高质量的管理能够帮助企业更快地适应市场变化，提升产品和服务的竞争力。通过精细化和规范化管理，海南公司迅速适应市场变化，增强了整体竞争力和可持续发展能力。

（1）物业服务精细化。在承接西海岸写字楼物业服务之前，海南公司没有专业的物业和配餐管理人才，也没有大型物业配餐服务经验。面对物业服务领域的新挑战，海南公司采取创新的管理策略。一是选派骨干员工到行业内优秀单位深入学习，积累了宝贵的物业和配餐管理经验之后，结合自身情况，编制了一系列"人性化、标准化、规范化"的物业管理和配餐服务手册。这些手册的编制，标志着海南公司服务流程的全面标准化和规范化，为做好服务奠定了坚实的基础。二是广泛开展师带徒、传帮带，加强员工岗位培训，提升员工技能。在细节服务、用心服务方面做足文章，做到耐心倾听意见、细心处理问题、全心服务顾客、精心塑造品牌，为各单位提供优质的后勤服务。

（2）餐饮服务多样化。一是建立"时刻整理到位、环境责任到位、全体员工培训到位、人人事事执行到位、天天检查到位"的5D员工餐厅厨房管理机制。二是推出配餐服务"荣城小厨房"公众号，每周进行菜单推送、创新菜式推广和满意度调查，不断提升餐饮质量，实现配餐服务水平小步快跑、迭代升级。三是追求餐饮品质精益求精，推出的"潮式酥"和"海南糯米糍粑"获得中国旅游美食大赛"旅游特色小吃"银奖，得到广大员工的高度认可。

（3）倒班服务人性化。一是建立钻完井倒班服务流程。对需求响应、信息整合通报、车辆行车路线、酒店食宿指引、食品安全卫生管理、撤台复原、服务满意度调查、总结提升等工作实施标准化管理。二是建立防台风服务标准化流程。实现防台风信息收集、酒店协调入住、员工接待、交通安排、现场复员、应急处置、费用结算等工作标准化管理。2023年，做到海陆交通、酒店食宿等环节紧密衔接，圆满完成接待倒班人员3.56万余人次，安排协调飞行3796架次，提供车辆接送4374车次，接待避台风人员1235人次。全程实现"零等待、零停留"，全年平均服务满意度98%。

（五）坚持科技强企，提升实力

国有企业要积极发挥在科技创新自立自强中的作用，为实现中国式现代化注入动能。海南公司通过引入高端技术，推动智能化和绿色化转型，提升企业的核心竞争力。

（1）科技赋能维保业务。一是抢占被系物维保业务。海南公司经过深入市场调研，发现海南省在自动化喷漆工艺装置方面存在空白，同时面临被系物维保加工需求量大和物流流失率较高的现状。针对这一市场机遇，海南公司引入先进技术，优化了被系物维保加工流程，显著提高效率和安全性，同时降低了物流损失，为公司在维保加工和租赁市场赢得了竞争优势。二是注重科技赋能。开展被系物维保智能化建设，建设一条包括抛丸机、喷漆机和烘干机在内的智能生产线，实现被系物自动喷砂除锈、自动喷漆和烘干，有效提高被系物维保工作效率、减少人员职业病危害。2023年，海南公司成为海南省首个获得CCS被系物工厂认可证书的企业，拥有了被系物加工制造市场的"敲门砖"，正努力打造公司专属品牌，抢占更大的市场份额。

（2）智能化赋能巡检业务。海南公司引进陆地管道巡检系统，陆地管道巡检人员的巡检路径信息（轨迹、时间、时长）、巡检工作日志等日常巡检工作均可通过陆地管道巡检管理系统以可视化、工作集成化的形式展现出来，有效提高管道巡检的自动化、智能化水平。以陆地管道巡检为主题的论文《基于物联网技术的油气管道可视化巡检及智能分析系统探索》获"中国石油学会石油经济专业委员会第七届青年论坛征文"优秀论文一等奖。

（六）坚持发展共享，提升责任

海南公司在不断做强做优做大过程中，也积极履行社会责任。

（1）推动海口金牛岭土地开发利用项目取得关键突破。中国海油海口金牛岭基地占地约43亩（1

亩＝666.67平方米），土地性质为划拨用地，始建于1976年，建筑面积4.94万平方米。其中，公有物业建筑面积4.23万平方米，3栋职工房改房建筑面积0.71万平方米。该基地建设年代久远，设施环境差，是典型的集办公、住宅、仓库为一体的老旧单位大院，与海口城市发展严重脱节，国有存量资产盘活利用率低。为彻底改善海口老矿区人民居住环境，实现国有资产保值增值，海南公司不断加强与地方政府及多家地产央企沟通，创新性推动"政府引导，央企合作"的城市更新开发方式，组织精干力量，做好前期资料调查和收集工作，完成职工改造意愿调查，同意率96.5%，引进专业的规划咨询、法律咨询单位，做实做细更新路径和准备。2023年，通过积极沟通协调，海口市龙华区政府同意将海口金牛岭基地列入城市更新计划。2023年10月16日，海南公司与深圳招商房地产有限公司完成《中国海油海口金牛岭基地更新改造项目前期服务协议》签约，标志着中国海油在琼民生工程取得关键性突破。

（2）助农惠农，巩固拓展脱贫攻坚成果。保亭黎族苗族自治县农副产品出现滞销，海南公司积极与该县乡村振兴农户保持联系，采购滞销的农副产品，如红皮鸡蛋、四角豆、秋葵、黑猪肉和肉鹅等，降低农户的经济损失，收到保亭黎族苗族自治乡村振兴局的感谢信和该县农户集体送的锦旗。海南公司还帮助农户拓宽农副产品销售渠道，在各食堂组织该县农产品展销活动，推荐该县优质百香果、红毛丹、芒果等水果，提高该县优质农副产品的知名度，助力农产品销售，为乡村振兴贡献力量。

四、主要创新点

（一）党建品牌促生产

（1）绘制"一张党建任务蓝图"，扎实开展"三基"工作。为了确保压实责任，从严从实落实各项工作要求，确保执行不漏项、不走样，海南公司党支部将日常经营的重点工作、全面从严治党主体责任清单、"一岗双责"清单、上级党委重要工作部署进行分析归纳，形成一张涵盖工作部署、支部日常管理、过程监督、反馈提升、政治引领、攻坚赋能、作风保障、创新驱动等8类73项内容的"蓝图"，明确每项工作的时限和责任分工，每月跟踪落实情况。

（2）营造"一种思想引领融合氛围"，凝聚共识形成磅礴力量。海南公司党支部积极探索党建与业务融合的着力点，创新推动与业务关联单位开展联合主题党日活动，通过参观中共琼崖第一次代表大会旧址等红色革命教育基地重温革命历史事迹，接受红色教育洗礼，并就海南公司的业务职能、发展规划、党建与生产深度融合等情况进行深度交流，从而拓展双方党建思路，加强业务沟通，增进相互了解，实现了党建与生产经营业务双融合、双促进、双提升。

（3）下好"一盘深度融合攻坚克难棋"，将党的政治优势转化为公司发展优势。海南公司党支部努力破解党建业务"两张皮"的现象，下了一盘"书记亲自抓，党员做示范，群众勇争先"的组合棋。

（二）唯才是举促动力

（1）加大市场化及公开选聘力度。海南公司面对不断拓展的业务且没有专业管理人才的难题，积极探索建立内部的职业经理人制度，每个单位由2～3人组成精干管理团队，对各单位负责人积极推进竞争性选拔。海南公司招聘人才采用内部人员选拔和外部人才引进两种方式，在公开选聘过程中，不唯出身、不唯年龄，不唯学历，只看干事创业的能力和业绩，岗位有能者居之。实施公开选聘后，产生了良好的"鲶鱼效应"，充分激发了老国企人才队伍活力，队伍干事精气神焕然一新。

（2）积极实施重点人员的差异化精准激励。海南公司坚持精准激励，建立了具有市场竞争优势的核心关键人才薪酬机制，加大收入分配向基层关键岗位、做出突出贡献的一线"苦、脏、险、累"岗位倾斜力度，将年底考核变为月度考核，确保全体员工时时紧盯目标，一直保持高昂的干事热情。

（3）创新学习培训模式，促进干部成才成长。海南公司不断加大员工培养锻炼的工作力度，创新学习培训模式，全面提升员工综合素质。一是坚持走出去、引进来。对标国内行业一流，对多家高档酒店、写字楼现场学习考察。先后开展主动迎、微笑迎、温馨送的"两迎一送"服务和设置便民服务点等一系列服务细节提升工作26项，服务质量显著提升。二是坚持问题导向。针对新拓展的业务，结合"业务新、人员新、队伍技术薄"的实际情况，海南公司建立了"维保大讲堂"学习机制，通过"干什么、学什么、缺什么、补什么"，组织党员带头授课，传管理、传技术、传经验，快速增强维保一线生产作业人员的安全意识，提升维保服务技术水平。

（三）过程把控促落实

（1）坚持监督提效。为确保各项任务落实到位，海南公司建立了"月跟踪督促、季检查通报、年终总结报告"的强落实工作机制，每月跟踪"蓝图"取得进展情况，每季度召开推进会通报"蓝图"完成情况，年底盘点全年各项工作执行情况——总结不足、制订整改措施，促进工作提升。在此过程中，充分支持纪检机构监督问责问效，对行动慢、落实差、干劲不足的人员进行约谈提醒，确保全体员工履职尽责。

（2）建立与供应商沟通的机制。海南公司自2021年起建立了定期与供应商交流的机制，供应商按照要求报送周报、月报，海南公司每半年组织召开一次重要供应商沟通交流会，双向沟通意见建议，不断提升服务质量。搭建的沟通交流机制成为各业务单位与供应商有效沟通的桥梁纽带，既提高沟通效率、降低沟通成本，也建立了良好"亲""清"的关系。

（3）建立内控合规管理矩阵。一是加强合同订单管控，编制公司采购订单操作手册，优化SAP（System Applications and Products，企业管理解决方案）下单流程，规范采购订单流程；建立合同订单执行台账，及时跟踪订单执行情况，实时分类汇总各基层单位合同执行情况，及时发布合同预警。二是精细化管理经营项目，将公司的8个成本中心优化分解为87项内定订单项目，进行精准化管理，全面掌握各基层单位经营状况。三是强化月报表机制，及时掌握各基层单位收支盈利情况，分析异常数据，发现问题及时通报，强化月度财务预警分析，确保收支数据合理合规。

五、实施效果

（一）经营业绩和核心竞争力显著提升

通过建立一体化服务体系，海南公司显著提升了企业竞争能力。海南公司逐步形成包括企地协调、倒班服务、码头陆岸终端服务、维修维保服务和大型物业配餐服务在内的五大业务板块，服务范围覆盖海口、澄迈、东方、三亚、琼海等地。海南公司已成功实现扭亏为盈，营业收入逐年攀升。2021年，营业收入为1.55亿元；2023年，营业收入达到2.39亿元，利润为4325万元，缴纳税额2025万元，总资产规模达到3亿元，核心竞争力显著增强。

（二）党的建设全面加强

海南公司党支部的绩效考核和党建考核连续多年名列西部公司各所属单位第一名，近年来共计获得中国海油二级单位及以上集体荣誉称号20余项，获得个人荣誉称号70余人次。2018—2020年，连续3年被中国海油评为"标杆党支部"，被评为"基层示范党支部"。2023年，被中海石油（中国）有限公司湛江分公司授予"先进基层党组织"称号。在引领基层治理方面，2019年荣获海南省"模范劳动关系和谐企业"称号，是中国海油唯一获此殊荣的驻琼企业。

（三）对中国海油在琼发展的支持力全面提升

围绕中国海油的战略部署，海南公司的战略定位更加清晰明确，以党的建设为引领，以开拓市场为根本，以安全生产为基础，以提升服务质量为核心，以创新管理与强化绩效考核为动力，以提高企业效益为目标，围绕主责主业全面加大海洋油气勘探开发做贡献，充分发挥桥梁、纽带作用，锐意进取，守正创新，把自身打造成中国海油在琼最大的后勤支持服务保障企业。

六、下一步规划与探讨

（一）围绕中国海油在琼各单位所需，全方位做好后勤保障服务

（1）助力海上油气田增储上产，全方位服务好后勤保障服务。海南公司将继续发挥其在地方关系协调、后勤支持和维修维保等方面的优势，为油气田公司提供全方位的后勤保障服务，持续巩固拓展东方终端和南山终端两大基础阵地，在目前的基础服务业务上，拓展业务范围，做到强化优势、多元布局、提质增效，全力支持海上油气田增储上产。

（2）延长业务服务链，增强营业能力。一是加强与在琼的中国海油系统内单位的沟通，根据海上钻井生产需要，提供新的服务项目，不断拓宽服务领域。二是为新能源公司提供后勤一体化服务，承揽了新能源公司海南东方CZ7海上风电示范工程项目Ⅰ期办公及后勤支持一体化服务。三是承接海南码头三期项目建设的场地平整、建筑拆除垃圾清运等工作，不断扩大后勤支持服务体量。

（二）围绕企业管理提升，打造服务品牌

（1）推进物业管理标准化体系建设，打造一体化后勤保障服务品牌。海南公司物业服务点多面广，为打造物业服务品牌，在充分借鉴业内先进物业管理体系的基础上，海南公司将建立专项工作组，结合自身情况，聘请优选第三方顾问团队，旨在建立涵盖5个工作手册、28个管理制度、73个操作程序且内容完备的高质量物业服务标准化管理体系，全面提升海南公司物业服务管理水平，打造一流的物业服务品牌，持续提升竞争力。

（2）加强软硬件投入力度，提升旅业客房服务水平。加强服务能力培训，不断提升服务人员的细节服务意识。对标行业标杆酒店，完成海油大厦客房用品及配套设施更新升级。引进北方面点师，严控食材新鲜度，定期推出创新菜品，丰富客房早餐种类，为入住客人提供丰富可口餐食。加强市场推广，打破服务系统内用户惯性思维，积极与市场主流旅游平台合作，加大外部市场宣传推广力度，提升外部客源入住率。

（三）围绕国有资产保值增值，实现土地盘活利用

海南公司有海口、三亚两个矿区基地，这两个基地始建于20世纪70年代，近几十年都没有进行更新建设，属于低效无效资产。初步估算，如果两块土地成功实施初步开发，将产生至少约10.49亿元的固定资产投资。

（1）加快海口金牛岭土地改造项目建设。在海口金牛岭基地列入海口市年度城市更新计划的基础上，加强统筹协调工作，成立项目组，加强与政府职能部门沟通，推动安置补偿、还建物业业态调研分析和地上建（构）筑物资产置换项目经济评价、实施路径优化等工作，推动海口金牛岭基地城市更新改造项目实施方案通过政府审批，实现项目落地实施，进入开发阶段。

（2）积极推进三亚吉阳土地开发利用。紧密跟踪三亚市"三区三线"交通规划和三亚市吉阳区控规修编情况，努力争取相关规划修编工作实现最有利于三亚地块商业开发利用的结果。在吉阳区政府已同意将吉阳基地纳入年度城市更新项目储备库的基础上，积极与意向合作房地产企业开展合作，推进实地调研、相关项目测算和资产评估工作，争取早日实现项目开工建设。

基于"煤改电"温暖工程增强民生"六心六感"核心功能

创造单位：内蒙古电力（集团）有限责任公司巴彦淖尔供电分公司
主创人：马国胜　杨开龙
创造人：陈超　胡波　王跃

【摘要】聚焦国有企业改革深化提升行动，切实发挥国有企业在新发展格局中服务国计民生的功能与作用，在"煤改电"温暖工程建设过程中深化改革、优化机制、寻求突破。内蒙古电力（集团）有限责任公司巴彦淖尔供电分公司（以下简称巴彦淖尔供电分公司）深刻把握国有企业的政治属性和人民立场，主动担当"煤改电"项目建设的主力军，凝聚"政、企、民"合力，构建管住数量、管住质量、管住进度和创新新型政企格局、创新新型服务套餐、创新新型责任体系"三管三创"工作机制，以暖心电、放心电、便宜电赢得人民群众舒心、贴心、开心、暖心、安心、放心和归属感、幸福感、获得感、安全感、满足感、认同感"六心六感"的认同支持，努力把惠民生、暖民心、顺民意的"煤改电"工作做到群众心坎上，绘就了北疆大地温暖人心的乡村新画卷。

【关键字】"煤改电"　国企改革　乡村振兴　人民　温暖工程

一、实施背景

巴彦淖尔供电分公司秉持"国之大者、区之大计、蒙电责任、巴电示范"的政治站位和使命担当，努力把惠民生、暖民心、顺民意的"煤改电"工作落到实处。

（一）守初心、担使命，深刻领悟"煤改电"发展背景

1. 乡村振兴与人民美好生活的现实向往

巴彦淖尔市2022年被列为全国第5批北方地区冬季清洁取暖项目试点城市，全市28万户乡镇居民超过60%的有安装意向。民有所呼、我有所应，巴彦淖尔供电分公司以"蒙电深情暖万家"供电服务品牌为引领，坚决扛牢民生服务大旗，主动参与美丽乡村建设，举全力书写"煤改电"暖民心的民生大文章。

2. 生态建设与能源绿色转型的形势所趋

内蒙古电力公司提出"1469"中长期发展战略，确立了"四个蒙电"发展定位，主动服务民生用电需求、地方用电需要、新能源发展建设。巴彦淖尔供电分公司认真落实上级工作部署，主动担负起能源服务企业的社会使命与责任，以扎实有力的工作为发展尽责、为人民服务，通过组织实施"煤改电"项目，全面升级主配网架构，真正将绿色能源、优质服务送往千家万户，增进电力与各民族人民群众的交流、交往、交融，助推降碳、减污、扩绿、增长协同发展，最终实现空气污染治理与民生温暖工程双赢局面。

3. 国企改革和为人民服务的功能要求

2024年是实施"十四五"规划和国有企业改革深化提升行动的攻坚之年，内蒙古电力公司乘改革之势、借改革之力，坚持有解思维，主动应对"煤改电"用户多、需求密、变量大这一最现实、最迫切的课题，从固有的经营理念、生产方式上解放出来，在温暖工程的民生实践中深化改革、优化机制、寻求突破，力求让老百姓用上暖心电、放心电、便宜电，切实将电价优势转化为开启人民群众美好生活的"金钥匙"。

（二）察民情、暖民心，积极响应"煤改电"重大意义

巴彦淖尔供电分公司作为"煤改电"项目建设的主力军，深刻把握国有企业的政治属性和人民立场，坚持"人民电业为人民"的服务宗旨，凝聚"政、企、民"合力，构建"三管三创"工作机制（"三管"即管住数量、管住质量、管住进度，"三创"即创新建立新型政企格局、创新建立新型服务机制、创新构建新型责任体系），以暖心电、放心电、便宜电赢得人民群众"六心六感"（"六心"即舒心、贴心、开心、暖心、安心、放心，"六感"即归属感、幸福感、获得感、安全感、满足感、认同感）的认同支持。

二、实施过程

（一）创新建立新型政企格局，实现数量管理精准

1. 建立"三双三共"协同机制，做到精准确村

巴彦淖尔供电分公司加强政企联动，建立"政府＋电力"双进入－人员共组、双摸排－数据共享、双推进－规划共建"三双三共"协同机制。2022年至今，累计出动5374人次，奋战170余天，实地走访4174个自然村。主动对接政府部门，全量收集建设规划，避免因集中供暖、整村搬迁等因素导致的数据摸排不精准的问题。按照"电网安全、以供定改"的原则，与巴彦淖尔市住房城乡建设局共同编制发布《巴彦淖尔市冬季清洁取暖项目实施方案（2022—2024年）》，促请7个旗（县、区）政府出台"煤改电"接入指导意见，确保政府规划与电网建设双向融合、同步实施、精准有序，最终确定集中接入自然村4902个，真正做到知民意、顺民心，切实让人民群众感到舒心，增强归属感。

2. 创新"双网融合"服务模式，做到精准确户

社会层面，巴彦淖尔供电分公司创新"社企共建＋双网融合"服务新模式，建立一名客户经理＋一个服务网格＋一套产品标准＋一种运行机制＋一个评价体系的"五个一"服务新载体，做到终端服务融合互补、网格合一，实现扁平化管理，有效提升服务效率；公司层面，建成以"小前端、大后台"为核心的客户经理网格化服务模式，组建889名前端客户经理、158名全专业后端客户工程师服务团队，形成"一个工作人员在跑、所有部门在动"的服务格局。组织户户走访摸排，累计走访32余万户，联动村组党支部书记复核用户数据超过4万户，修正有户无房、外出务工等不具备安装条件用户3648户，经3次修订发布11.92万户"确村确户"名单并进行张榜公示，做到了底数清、用户明，信息透明公开、数据清晰准确，为加快推动"煤改电"工程提供了强有力的数据支撑。重点关注"一老一小"等特殊群体，5463户被纳入优先改造范围，真正做到察民情、解民忧，切实让人民群众感到贴心，增强幸福感。

（二）创新建立新型服务机制，实现质量管理精细

1. 提供设备选型"服务策略"，保证经济节能

巴彦淖尔供电分公司着力解决群众在接入、使用"煤改电"过程中对清洁取暖设备安全性和经济性不了解、不清楚的问题，主动担起"煤改电"的社会调研员和讲解员，在调研1200户的基础上，连续3年出具《清洁能源情况分析报告》，清晰列举4类主流清洁取暖设备的购置价格、电费支出、使用寿命、节能环保等指标，协同巴彦淖尔市政府出台《"煤改电"设备技术标准》，管住了设备准入关。广泛宣传"煤改电"优惠电价，以100平方米房屋供暖季花销为例，将清洁取暖电费与集中供热、燃煤散烧费用进行比对，供村民参考选型，超过80%的用户选择能耗低、质量优的空气源热泵，使用寿命为普通取暖设备的1.5倍，整个供暖季平均使用电费1536元，较普通取暖设备节约费用14%～51%，相比集中供热、燃煤散烧分别节约费用20%和44%，精准释放电力红利，实现让利于民、服务为民，确保村民"用得起"，真正做到暖民心、惠民生，切实让人民群众感到开心，增强获得感。

2. 制订专属供电"服务套餐"，保证质优效佳

巴彦淖尔供电分公司主动响应各类用电场景，细分"煤改电"等5类用电服务套餐，制订《"煤改电"产品服务手册》，强化"煤改电"接入前质量把关、接入中高效受理、接入后安全服务的全过程管理。联合政府召开旗（县、区）、乡（镇）、村组"三干会"与电采暖经销商座谈会，明示清洁取暖设备接入标准。联动巴彦淖尔市市场监督管理局开展"三无"产品、淘汰产品的核查与打击，清理劣质取暖设备371套，严把设备入网入户安全关，源头保障安全取暖。把"群众呼声"作为温暖工程的第一信号源，建立知识库，出具常见问题8问8答，明确职责分工、一次性告知内容、办理流程和渠道，从源头上消除了居民疑问。开设"电力驿站"，提供跑办代办上门办服务，平均接电时间较标准时限压减65%，群众满意率达100%。开展"煤改电"安全用电专属服务，建立"煤改电"用户台账，动态监测变电站、线路、台区负荷并预警消缺，优化负荷检修与互联转带策略，延伸提供到户安全服务32405户，协助村民规范用电安全问题371项，真正做到优服务、保安全，切实让人民群众感到暖心，增强安全感。

（三）创新构建新型责任体系，实现进度管理精益

1. 创新"区块责任链"协同机制，推动提质增效

巴彦淖尔供电分公司紧密契合国企改革深化提升行动，通过体制机制改革，优化生产经营关系，构建"区块责任链"协同联动机制，设置59个链条、39个区块，保证责任更加明晰、力量更加聚焦、质效更加突显。采用"'链长'制＋区块化"模式，聚集营销、计划、基建、生产"人、机、料、法、环"力量，通过"链长"统筹调度、区块并行落地的方式，做到全链条支撑、多维度协同、高效率落地，全面压缩设计与施工周期，45日完成2024年"煤改电"5.95万户的设计任务，2024年建设工期较2023年提前62日，为有序施工腾出黄金期。成立"煤改电"领导小组，按日召开调度会议，统筹推进施工进度和物资供应，创下60日送电5.32万户"煤改电"的蒙电最优速度，真正做到急民所急、想民所想，切实让人民群众感到安心，增强满足感。

2. 执行"挂图作战"温暖计划，推动按期取暖

巴彦淖尔供电分公司认真落实内蒙古自治区政府提出的"供暖季结束之日就是温暖工程开工之时"的要求，在前期精准掌握"煤改电"数量关和质量关的基础上，制订全链条里程碑推进计划，"挂图作战"。制订第一年以供定改、第二年扩线扩变、第三年扩站增线3年分步实施策略。2022年至今，新建220千伏、110千伏变电站各1座，完成23个变电站29.6万千伏安的增容工作，新建改造10千伏及以下线路5279千米，增容变压器5013台，累计投资24.2亿元，做到站、线、变同步升级，提升电网负荷接带能力，顺利接入"煤改电"11.5万户。2023—2024年供暖季，约19万吨的散煤转为6.11亿千瓦时的绿色电能，真正做到扛责任、强功能，切实让人民群众感到放心，增强认同感。

三、实施效果

（一）温暖工程更加深入民心

巴彦淖尔供电分公司建立新型服务"生态"，率先开设"电力驿站"，创新"社企共建＋双网融合"的服务新模式，组建3109个网格，进一步拉近了"政、企、民"协同服务关系，收到政府表扬信14封、客户锦旗43面，呈现出政府全力支持、企业主动保障、人民拥护满意的工作局面。服务需求密度下降12%，未发生"煤改电"引发的投诉，荣膺"全国民族团结进步示范单位"。矢志让人民群众用上暖心电、放心电、便宜电，14.5万户村民彻底告别了"打炭烧煤"的传统生活方式，一个供暖季的取暖费用由过去用煤的2500元左右降低至现在用电的1536元，仅2023—2024年一个供暖季向社会让利电费3821.3万元，谱写了"乡村振兴民更富、住有温度心更暖"的民生新面貌，将"人民电业为人民"的服务承诺兑现为人民群众挂在脸上、念在嘴边、暖在心里且最快乐、最幸福、最踏实的民生答卷。

（二）清洁能源引领低碳生活

"煤改电"清洁取暖项目的落地，让巴彦淖尔市率先成为北方唯一实现市域内"煤改电"需求全覆盖的地级市，年替代散煤46.21万吨，约6.44亿千瓦时绿电实现就地消纳，节约标煤25.12万吨，减排二氧化碳143.48万吨、减排二氧化硫458.49吨、减排氮氧化物399吨、减排颗粒物1051.83吨，$PM_{2.5}$年均浓度下降至29毫克/立方米以下，做到"发、供、用"全过程零碳、零能耗、零污染的能源绿电接力，促进了以煤为主向以电为主的能源供给和消费体系发展，天气优良天数的比例提升至90%以上，基本消除重度污染天气，谱写了"民生工程暖万家、绿色电能惠百姓"的能源新篇章，将绿色发展理念兑现为内蒙古电力公司服务地区各族人民群众最深情的告白。

（三）国企改革再塑发展优势

在新一轮的国企改革深化提升行动引领驱动下，巴彦淖尔供电分公司主动践行"三个集中"的改革导向，全面加强党的领导和党的建设，经营局面得到根本性转变，更加注重服务政治、服务经济、服务民生，实现从"用上电"到"用好电"的蝶变。重塑改革体系4项，创建服务机制6种，成立44个志愿服务队，与乡（镇）、村社开展党日共建32次，支持"煤改电"落地配套电网投资24.2亿元，在新华网等公众媒体发布"小蕊说'煤改电'"等系列宣传159次，电网接带能力、安全保障能力、供电服务能力全面升级，客户满意度显著提升，谱写了"温暖工程新河套、党心民心心连心"的改革新画面，将"蒙电深情暖万家"供电服务品牌兑现为国有企业不遗余力奉献社会、服务千家万户最重要的使命。

四、下一步规划与探讨

民之所需，行之所至。巴彦淖尔供电分公司将认真落实党的二十届三中全会明确国资国企要秉持"人民有所呼、改革有所应，做到改革为了人民，改革成果由人民共享"的改革导向，将始终践行以人民为中心的发展思想，紧密围绕黄河"几"字弯河套平原富集农业、农村、农民的"三农"工程，以"煤改电"温暖工程为先导，全面推广、共享共用"煤改电"典型服务经验，实施"摸底－受理－实施－送电"一站式上门集中办理、全过程精准提速，全力服务乡村振兴，一体化推动"三农"建设"向绿聚变"，以事事用心的责任与情怀，让"煤改电"等工程在内蒙古自治区的大地上蜕变为暖身暖心暖万家、暖政暖城暖经济的大温暖工程，不断为民生"加码"、为幸福"加速"、为生活"加温"。

火电厂发电党支部党建与业务融合"一组一品"创新案例

创造单位：京能（赤峰）能源发展有限公司
主创人：赵忠正　李明柱　田正彬
创造人：郭晓敏　高建文　夏午炎　常祯

【摘要】 京能（赤峰）能源发展有限公司（以下简称赤峰能源）是北京能源集团有限责任公司（以下简称京能集团）所属北京京能电力股份有限公司（以下简称京能电力）的子公司，发电党支部是赤峰能源党委所属党支部。近年来，发电党支部按照上级党组织要求，以"达标""示范""标杆"党支部和"五星"党支部争创机制为抓手，结合支部所属部门实际工作，探索形成"一组一品"创新案例，通过打造党小组品牌，不断夯实党小组职能，不断创新党小组建设，不断促进党小组提升，从而建强党支部战斗堡垒，落实全面从严治党向纵深发展、向基层延伸的要求，将外委辅控协作单位纳入一体化管理，保障机组连续6年"无非停"，安全生产超过5400天，以高质量党建引领高质量发展。

【关键词】 火电企业　基层党支部　党小组　品牌

一、实施背景

党的十八大以来，以习近平同志为核心的党中央高度重视国有企业改革发展和党的工作，做出了一系列重大论述和重要部署。强调国有企业是中国特色社会主义的重要物质基础和政治基础，是我们党执政兴国的重要支柱和依靠力量。坚持党的领导、加强党的建设，是我国国有企业的光荣传统，是国有企业的"根"和"魂"，是我国国有企业的独特优势。

赤峰能源作为北京市属企业下属的国有火电企业，严格按照上级党组织各项部署，落实党要管党、全面从严治党的要求，全面提升党支部组织力，强化党支部政治功能，充分发挥党支部战斗堡垒作用，积极推动高质量发展。

发电党支部作为赤峰能源党委所属的基层党支部，其所属部门是发电运行部，作为火电企业最主要的生产部门之一，特点是人员基数大、专业性强、非标准工时制等。

（1）人员基数大。截至2024年5月31日，赤峰能源下设11个部门，在册员工共计161名。其中，发电运行部在册员工54名，占比33.5%。赤峰能源现有党员共计100名，其中发电党支部现有党员30名，占比30%。不同于其他党支部，发电党支部是赤峰能源党委所属党支部中唯一仅覆盖单一部门人员的党支部，这是由发电运行部人员多、党员多这一客观事实所致。

（2）专业性强。发电运行部是电厂中的关键部门，其职能涵盖了火电厂生产运行的全过程。除部门管理人员外，主要由一线集控运行人员负责赤峰能源两台机组集控运行、应急响应等工作，对汽机、锅炉、电气进行统一管理，一般一个值设一个值长，每台机组设主值班员、副值班员、巡检员，在生产现场的主控室的DCS（Distributed Control System，集散控制系统）上实现汽机、锅炉、电气的统一操作。该工种对生产技能要求较高，人员专业性较强。

（3）非标准工时制。火电厂集控运行工作都需要倒班，倒班是由于火电企业本身社会责任、行业性质、生产规律决定的，电力行业有很多倒班制度，赤峰能源集控运行人员采用"五班三倒"非标准工时制。"五班三倒"中的"五班"就是指这份工作共有5个班组轮番替代工作；"三倒"就是一天中24小时的时间分为3个时间段，白班（8时—17时）、前夜班（17时—次日1时）、后夜班（1时—8时），5天为一个周期，每个班在5天中有3天时间在上班，一天中有3个班分别在3个时间段工作、两个班在休息。员工上班顺序为前夜班、白班、后夜班，每个班工作约 8 个小时（交接班时间不算在其中）。

基于上述背景，如何增强火电企业基层党支部战斗堡垒作用及发挥党员先锋模范作用遇到了一定的难题。

二、实施目的

基于上面列举的 3 种实际情况，发电党支部以党委部署为指导，以支委会设计为指引，以党小组职能为指南，发挥所属发电运行部部门特色，打通支部和党员中间党小组这一关键通道，探索形成了"一组一品"建设创新工作法，通过打造党小组品牌，不断夯实党小组职能，不断创新党小组建设，不断促进党小组提升，从而建强党支部战斗堡垒，落实全面从严治党向纵深发展、向基层延伸的要求，以高质量党建引领高质量发展。

三、实施过程

通过一系列分析、研判和实践，立足打通党小组这一支部与党员间的要塞通道，形成了以下做法。

（一）找准问题现象

按照上级党委印发的年度全面从严治党检查问题清单及党支部述职评议反馈的结果来看，问题主要集中在以下几个方面。

一是党支部标准化、规范化建设有差距。主要体现在党支部发展党员工作程序不规范、党支部落实组织生活会程序还不够严格。

二是党建工作与生产经营的深度融合有差距。党支部"三会一课"、主题党日形式比较单调，将部门中心任务纳入支部党建工作统筹考虑比较少。

三是党务干部队伍建设有差距。部分党支部委员特别是党小组长过于"重业务、轻党建"，党建业务能力有所欠缺，党务干部队伍建设投入的精力还不够。

（二）深挖根源本质

基于上述问题现象，经过与上级党组织的要求进行纵向对标，以及与同级党支部的情况进行横向对比，发电党支部的问题根源与其所属部门的构成密不可分。

1. 因人员基数大导致的管理盲区大

一是管理难度增加。这不仅仅是因为需要管理的个体数量增多，更是因为每个人的背景、能力和需求都不同，需要更多的时间和精力去了解和协调。

二是信息流通不畅。在人数较多的党支部中，信息传递的路径变长，信息的传递和流通往往会受到阻碍，可能导致信息失真或延迟，进而影响决策的有效性和及时性。

三是职责划分不明确。在人员众多的情况下，职责划分可能会变得模糊。这可能导致某些工作被重复执行，而另一些工作则被忽视，从而产生管理盲区。

2. 因专业性强导致的过于"重业务、轻党建"

一是深度专业追求。由于发电厂集控运行专业性较强，大家往往需要投入大量的时间及精力来掌握和精通相关知识、技能。这种对专业的深度追求往往使得党支部和党员将主要精力集中在业务发展和技术进步上。

二是生产业务压力。在促进生产经营发展过程中，为了保持和提高机组运行期间的盈利能力，党支部和党员的业务压力往往很大，这种压力促使其将更多的资源投入业务活动中，以完成全年目标任务。

三是党建活动缺乏。由于过于关注业务，导致党建工作被忽视或边缘化。这表现为党建活动的数量和质量不足，党员参与党建工作的积极性和主动性不高。

四是党建意识淡薄。在集控运行领域，党员可能过于注重专业技能的提升，而对党建工作的重要性和必要性认识不足。这导致他们在思想上对党建工作缺乏足够的重视和认同。

3.因非标准工时制导致的组织生活简单化

一是时间安排冲突。发电党支部参加集控运行倒班人员共计15人，占比50%，工作时间相对分散。由于非标准工时制的工作时间不确定，导致多数情况下党员难以统一参加党内组织生活。例如，某些党员可能在组织生活时间需要工作，或者由于工作性质需要频繁调整工作时间，从而无法稳定地参与组织生活。

二是参与度降低。由于时间安排上的冲突，一些党员可能无法经常参加党内组织生活，导致他们的参与度降低。这不仅影响了党员之间的交流和互动，也可能削弱了党组织的凝聚力和向心力。

三是组织生活内容简化。为了应对非标准工时制带来的挑战，党支部有时不得不简化组织生活的内容。例如，可能减少集中学习、讨论和交流等环节，以适应党员的工作时间安排。这虽然在一定程度上解决了参与问题，但也可能降低了组织生活的质量和效果。

（三）明确制度依据

一是规范党支部工作。根据相关文件，依照正确率高、可行性强的原则，选取发展党员、支部换届、"三会一课"、组织生活会等党内工作和组织生活，系统梳理党支部换届、发展党员等重点工作流程，形成标准化模板70余个，共约2.5万字，形成内部教材，统一制订标准化、规范化清单及其配套模板，在保证流程完整正确的基础上提高工作效率，减少重复性工作量。

二是优化党小组设置。按照《中共北京京能电力股份有限公司从委员会关于加强基层党组织建设暨进一步优化基层党支部、党小组设置的意见》的要求，从发电党支部党员人数较多的实际情况出发，按照便于组织开展活动的原则，划分为3个党小组并设立党小组组长。按照便于组织开展活动的原则，根据工作需要以"值"为单位划分党小组。党小组长为正式党员，由所在班组主要负责人（值长）担任，熟悉党的基本知识，有较强的事业心和责任感，能够团结带领党员完成党支部交办的各项任务。

三是强化人员管理。按照京能电力《北京京能电力股份有限公司关于加强安全环保工作的决定》中有关深入推进外委单位"一体化"管理的要求，发电党支部针对外委单位党员人数少、个别班组无党员的情况，为提升辅控运行单位的政治力、组织力，将外委单位辅控运行人员纳入支部一体化管理，创新开展与外委单位党建共建活动。

（四）搭建创新体系

1.体系框架

以党委部署为指导，以支委会设计为指引，以党小组职能为指南，充分考虑和发挥发电运行部人员结构和业务工作特色，将发电党支部所属3个党小组分别打造一个基础党建品牌，即思想引领型、大局保障型、拓展实践型的发电党支部"一组一品"体系，其具体框架如图1所示。

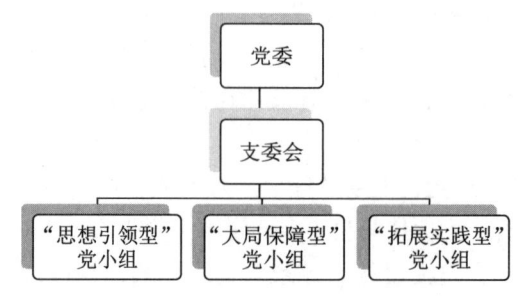

图1 发电党支部"一组一品"体系框架

2. 工作机制

支委会统筹、全体党员配合，由各党小组每月轮值一个支部特色主题党日活动，涵盖理论学习、现场工作、技能实操、志愿服务、拓展实践等内容。

一是由支委会研究确定方案，包括确定主题党日时间。将每月最后一周设置为相对固定的"主题党日活动日"，如遇特殊情况可在3天内"补课"，根据实际工作情况和"月结月清"项目，灵活调整活动时间。研究党日活动主题，围绕中心工作，开展特色党建工作品牌创建活动，发挥品牌的示范引领作用。协调负责轮值主题党日活动的党小组，根据上级党组织要求和业务工作开展情况灵活确定当月的轮值单位。确定活动形式，通常以党小组形式开展，也可根据活动需要，以党支部为单位组织开展活动，或联合其他党支部、外委辅控单位共同开展，活动形式由3个党小组具体确定。及时总结提炼，活动结束后要及时总结经验和不足，为下一次活动提供参考和借鉴。

二是由党小组认领工作任务，包括明确活动内容和要求。党小组长组织小组成员研究支委会制订的主题党日活动方向，确保每位成员都清楚活动的内容、目的、时间、地点等具体要求。根据活动方案，党小组长进行任务分工，明确每个人的职责和任务，确保活动能够有序进行。准备相关资料，根据活动方案的要求，提前准备好学习材料或活动器材，确保具备活动条件。记录活动情况，在活动过程中，做好活动记录，包括时间、地点、参与人员、活动内容、讨论情况等，拍摄活动照片，记录活动过程和成果，为后续总结和宣传提供素材。总结活动经验，活动结束后，组织小组成员进行总结，回顾活动过程和成果，总结经验和不足。加强监督管理，对活动进行监督管理，确保活动按照方案要求进行，防止出现偏差和失误。

三是由党员密切配合完成，包括提前了解活动信息，关注活动通知，了解活动的主题、时间、地点、目的和具体安排。根据活动主题，提前学习相关的党的理论、政策、文件等，为活动做好知识储备。按照活动通知的要求，准时到达活动地点，不迟到、不早退。在集中学习、讲座等环节，认真听讲，做好笔记，积极思考和提问。在分组讨论、交流发言等环节，积极发言，分享自己的观点和看法，与其他党员进行深入交流和探讨。落实活动要求，积极参与志愿服务、政策宣传、主题教育等实践活动，将学习成果转化为实际行动。发挥先锋模范作用，在活动中带头执行党的决定，带头完成各项任务，为活动的顺利开展贡献自己的力量。活动结束后，进行个人总结，回顾自己在活动中的表现，总结经验和不足，为今后的活动提供参考。根据自己的参与体验和观察，向支委会或党小组提出对活动的建议和改进意见，促进活动的不断完善和优化。

3. "一组一品"

发电党支部第一党小组打造"思想引领型"党小组（如图2所示）。主要负责牵头开展集中学习、研讨，负责精选、精读月度学习材料中的精华部分等。其品牌理念与定位有二：一是政治引领为核心，坚持以习近平新时代中国特色社会主义思想为指导，确保品牌建设的政治方向正确，强调党的全面领导，确保各项工作的政治性、先进性、群众性；二是思想建设为基础，通过品牌创建，强化党员的政治理论学习，提升党员的政治素养和思想觉悟。

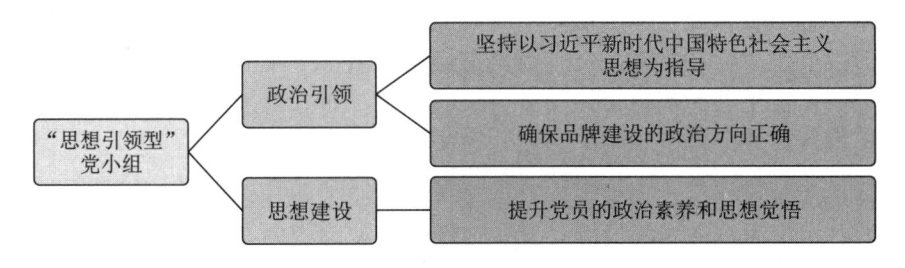

图2 发电党支部"思想引领型"党小组品牌内容

发电党支部第二党小组打造"大局保障型"党小组（如图3所示）。主要负责牵头开展与部门职责相关的党日活动，比如"两票"检查、新能源项目运行管理、专项疑难问题攻关等。其品牌核心与定位有二：一是聚焦中心任务，明确部门的中心任务和全年目标，确保党小组的品牌建设紧密围绕这些任务展开，为部门业务和赤峰能源发展提供有力的支持和保障；二是服务大局发展，将党小组的工作放在赤峰能源整体发展的大局中考虑，通过品牌建设促进党支部与其他支部横向的协同合作，共同推动赤峰能源高质量发展。

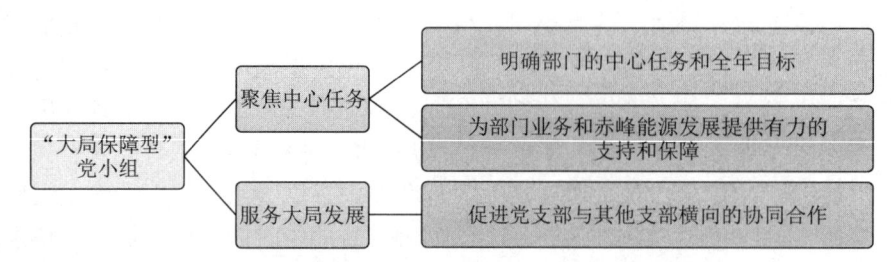

图3 发电党支部"大局保障型"党小组品牌内容

发电党支部第三党小组打造"拓展实践型"党小组（如图4所示）。主要负责牵头开展配合公司群团工作的党日活动，比如志愿服务、外出参观学习等。其品牌核心与定位有二：一是以群众为中心，确立以群众需求为导向的品牌理念，将群众满意度作为衡量工作成效的重要标准；二是以服务群众为核心，明确品牌的核心价值在于服务群众，通过具体行动体现对群众的关心和支持，根据群众需求和支部实际，确定品牌创建的目标和愿景，明确要达成的具体成效。

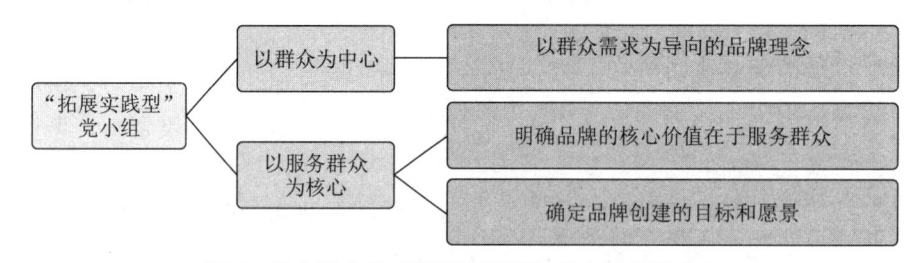

图4 发电党支部"拓展实践型"党小组品牌内容

（五）提供组织保障

为确保党小组各项工作活动有序开展，发电党支部将支委会5名支委分配至3个党小组中，作为"一组一品"建设联络员，直接发挥督促指导作用。

发电党支部书记对3个党小组的"一组一品"建设工作负总责。作为抓基层党支部全面从严治党（党建）工作的"第一责任人"，发电党支部书记将党建工作与所属部门业务工作有机结合，通过创建"党员先锋队""党员示范岗"等方式，合理划分"党员责任区"，结合党员"三亮三比三评"，凝聚党员智慧和力量，擦亮党小组党建品牌，从而发挥党支部的战斗堡垒作用。

组织委员联络"思想引领型"党小组。按照党支部的月度学习安排，负责精选学习资料，创新学习形式，保障学习效果。与党委对接，及时为党小组长提供官方来源的学习材料，并对学习内容进行把关；为创新学习形式提出必要的建议，并监督执行情况；对党员的学习笔记进行抽查，确保学习的实际效果。

纪检委员联络"大局保障型"党小组。负责监督各项活动的开展情况，与纪委对接，研究确定赤峰能源党委、纪委对重点领域的关注情况，有针对性地开展围绕中心、服务大局的主题党日活动，同时结合部门工作开展好专项监督。

青年委员联络"拓展实践型"党小组。按照党委和党支部的统一要求，负责与群团组织的对接工作。发挥党支部在分工会和团支部工作中的统领作用，以支部党建工作带动工建和团建工作，对接工会和共青团组织在人力、物力上的需求，协助承办好技能竞赛、青工赛等相关活动。

宣传委员对"一组一品"建设的开展情况进行全面总结和跟踪报道。负责进一步加大对党小组工作的宣贯力度和对各党小组工作的激励力度，积极利用赤峰能源内网中的党支部宣传专栏，对宣传阵地进一步升级完善。遴选各党小组专门人员加入支部宣传队伍，组织人员参加视频制作、摄影摄像、公文写作等培训，通过提升人员专业素养进而提高宣传质量。

四、主要创新点

通过将发电党支部的党小组均打造成特色品牌，各有侧重、互促互补，不断夯实党小组职能，不断创新党小组建设，不断促进党小组提升，从而建强党支部战斗堡垒，落实全面从严治党向纵深发展、向基层延伸的要求，以高质量党建引领高质量发展。

五、实施效果

发电党支部实施"一组一品"创新工作法以来，坚持发挥党小组的作用，科学整合资源力量，健全完善体制机制，构建横向到边、纵向到底的党小组中枢体系，着力打通基层党支部建设治理"神经末梢"。

（一）发挥党支部的"神经中枢"作用

明确党支部作为建设主体，主动地、自发地开展建设工作。优化支部组织建设，做好支部委员的教育培训工作和党小组的划分、党小组长的选配工作。制订年度工作计划，根据需要进行修编，确保完成质量。

政治思想教育能够"一插到底"。发电党支部坚持把学习宣传贯彻党的二十大精神作为首要政治任务，严格完成学习贯彻习近平新时代中国特色社会主义思想主题教育工作，支部的政治思想教育思路能够通过党小组有效传导到每一位党员，增强"四个意识"、坚定"四个自信"、做到"两个维护"。

党支部建设成效能够"立竿见影"。通过加强党小组建设，抓实抓细党支部换届、发展党员、"三会一课"等党建工作。围绕赤峰能源"党建+'双碳'"行动重点工作项目，发电党支部以严格落实"三会一课"为基础，积极探索党建工作与生产工作的融合，组织支部党员，针对设备升级改造、机组"防非停"、深度调峰等方面存在的问题，组织开展了特色党课、交流研讨、主题调研等一系列特色活动。先后开展了"两票"检查、运行经济性竞赛、"防非停"应急演练等主题党日活动。2023年，发电党支部以"三会一课"开展支部学习教育，组织6次党课学习、51次党小组学习活动，开展主题党日活动15次。发电党支部先后获得京能集团、京能电力、赤峰能源"先进基层党组织"荣誉称号。

党建与业务工作能够"融合互促"。结合企业转型发展中心任务，深入开展"党建+'双碳'"行动，实现了党建工作与生产经营互融互促、同频共振。赤峰能源归蒙东调度后，机组参与深度调峰频繁，存在的问题也逐渐明显：调峰操作频繁，调峰深度影响调峰收益。2号机组完成切缸改造后，发电党支部立即组织支部专业骨干成立攻关小组，开展深度调峰切缸运行准备工作，组织开展了2号机组深度调峰切缸运行最小负荷试验。经过试验，2号机组切缸能够有效投运，并使2号机组调峰期间最小负荷下降至16MW，同比降低10MW，实现深度调峰新低，发电煤耗大幅下降150g/kWh。同时，支部总结切缸操作经验，对各值进行切缸操作培训，保证了全年调峰切缸运行操作安全，增加了调峰收益。2023年，机组调峰运行3678个小时，较上一年度增加1157个小时；实现调峰收益1.1亿元，较上一年度增加37%，调峰收益创历史新高。

基层纪律建设能够"常抓不懈"。坚持全面从严治党永远在路上，开展"党员先锋工程"，制订促进党员模范遵纪守法"6+N"动作，持续加强党员"八小时以外"教育管理。持续加强党员的党章、党规、党纪教育，落实季度廉洁警示教育，引导党员干部强化作风建设，筑牢拒腐防变的思想道德防线，营造风清气正的干事创业氛围。

基层党建责任能够"层层压实"。严格贯彻落实《京能电力基层党支部2023年落实全面从严治党（党建）主体责任清单》，党委书记与党支部书记签订全面从严治党责任书，强化党支部书记第一责任人职责。扎实开展党支部书记抓党建工作述职评议考核，严格执行日常检查与年度考核相结合的督查机制，运用好考核"指挥棒"的作用。

（二）打通党小组的"神经末梢"作用

作为党支部的组成部分，发电党支部各党小组具体地组织、推动和指导每个党员的日常活动，保证党支部及其上级党组织的各项指示、决议的贯彻落实，发挥"神经末梢"的作用。

高质量召开月度党小组会。以往由于党小组召开会议时方向性不强，导致多数情况下每月以集中学习为主，产生了"党小组会内容单一"的问题。在实施"一组一品"创新工作法后，每个党小组每个季度至少需要研究一次品牌建设的相关事项、至少需要复盘一次承办活动的优点与不足，参会党员均能集思广益，会上可以研究主题党日活动，也可以研究业务工作推进情况，增加了党员对党小组会的耦合度，大大提高了党小组会的质量。

高标准承办主题党日活动。在大家积极参与党小组会的基础上，党小组研究设定的主题党日活动标准越来越高，发电党支部主题党日活动由最初的集中学习、义务劳动等内容逐步转变成"强党建，融业务，查'两票'，保安全""学党纪，强党性，知敬畏，立新功"等内容，将部门业务工作与党建工作巧妙地联系起来，大大提高了主题党日活动的标准。

高效能开展党建基础工作。在党小组这一"要塞通道"彻底打通之后，一些需要党小组和党员配合开展的工作更加顺畅，特别是将重要流程、重要工作模板化、清单化之后，发电党支部发展党员、支部换届、组织生活会等工作流程模板大大提升了支部工作效率，大大提高了党建基础工作的效能。

高水平完成业务融合工作。按照赤峰能源党委的要求，发电党支部深入推进脱硫、除灰、化水等辅控外委单位"一体化"管理，全面推行"五个统一"管理模式，创新开展党支部与外委单位党建共建活动，组织关系在发电党支部的领导干部通过"定点联系"外委单位，每月至少参加一次班组安全日活动，实现"主控＋辅控"协同安全。

（三）激活党员的"神经元"作用

发电党支部党员严格执行党支部及其上级党组织的各项指示、决议，自觉融入党小组和党支部，服从党支部的各项管理规定，积极参加党支部"三会一课"等组织生活，以实际行动建设党支部，发挥先锋模范作用，实现党员履行政治责任与岗位职责"双合格"。

在设备技改和机组防非停方面，支部党员树立起先锋模范作用，活跃在各项重大操作现场，编制技术措施，研究试验方案，重大操作升级监护。在DCS系统升级改造中，部分设备不具备停运条件，措施涉设备多，措施复杂，危险点可控性低，发电党支部组织支部党员、各专业负责人带领操作人员在技改前后多次与设备技改人员研究，对设备逐个确定措施方案，反复核对图纸、设备，逐项建立操作预案，在改造操作中现场监护，完成各项技术措施。在DCS系统升级改造后的传动过程中，组织专业人员对每个设备单独确定传动方案，采取不同传动方式，逐项核对改造后的DCS指令。在2023年度10次机组检修启停操作、DCS改造、切缸改造投运、UPS（Uninterruptible Power Supply，不间断电源）改造、220kV母差保护改造传动等重大项目操作中，支部党员骨干主动担任各项操作的主要操作人员，在操作过程中严格落实操作或监护各项制度，逐项制订技术措施、编制标准操作票、开展操作培训，用严谨的工作态度和细致的操作执行保证了各项重大操作安全。

在设备巡检和隐患排查方面，多次成功完成设备异常处理。2023年，全年发现缺陷1545次，未发生设备缺陷未及时发现的情况。及时发现并处理 #1 锅炉 MCC 失电、#21 高流风机电流突变、#2 机轴封供汽电动门故障导致 #2 机组真空异常降低、高调门异常关闭及 #2 机高加疏水汽液两相流阀体泄漏、空压机房 #5 空压机闭式冷却水泄漏、#2 锅炉 #23 冷渣器冷却水软管脱落、#2 机启动高旁减温水电动门漏气等重大缺陷，得到肯定与嘉奖。结合生产缺陷、异常、特殊运行方式等具体问题，发电党支部共组织制订下发了 75 项技术措施。2023 年，实现全年操作"零失误"，实现两台机组连续 5 年"无非停"。

在理论研究和创新创效方面，发电党支部党员不仅加强党的理论学习，还不断钻研专业技术，不断摸索节能运行方式，总结经验，创新创效。发电党支部组织党员骨干积极开展专业授课，促进全员技术经验提升。2023—2024 年，开展公开授课 80 班次，编写培训课件 64 篇，修编规程 7 个，绘制图纸 8 张，完成专题技术培训 5 次，为发电党支部技术队伍建设打下坚实基础。发电党支部党员"用于 CFB 锅炉供热机组宽负荷脱硝技术的给煤系统""一种用于循环水多层次滤网阻污系统""一种循环水与热网水在线切换的供热系统"3 项实用技术获得国家级"实用新型专利"。

六、下一步规划与探讨

国有企业是我党执政兴国最可信赖的依靠力量，火电企业作为电力的"压舱石"，在我国能源建设中承担着极为重要的使命。当下，国有火电企业基层党支部必须始终以高质量党建为引领，不断挖掘党小组作为最小管理单元的保障作用，通过打造特色品牌助推党小组发挥好在党支部和党员中的中枢作用，为国企发展"把好脉"，推动国企高质量发展行稳致远。

"六维廉动"打造"清廉物装"，护航采购供应链高质量发展

创造单位：中海油物装采购中心
主创人：魏宝生　宋云中　王俊光
创造人：巩蕾蕾　胡金鹏　曾杨

【摘要】为深入贯彻党的二十大精神和习近平总书记关于加强新时代廉洁文化建设的重要论述，破解采购招投标一路顽瘴痼疾，高质量完成中国海洋石油集团有限公司（以下简称中国海油）党组赋予的供应链改革重任，中海油物装采购中心（以下简称物装采购中心）党委从教育宣廉、文化倡廉、制度固廉等6个维度建设"清廉物装"，推动廉洁文化融入采购供应链建设，探索出一套推进新时代廉洁文化建设的实践方法路径，构建业务全口径、工作全流程、风险全识别、措施全方位、责任全链条、制度全覆盖的廉洁从业全面监督体系，形成抓廉洁、扬正气、促发展的全员参与、全域覆盖、上下联动、齐抓共管工作格局，提升了合规管理水平和综合治理效能，为推进中国海油采购供应链高质量发展、服务支撑"三大工程、一个行动"和"四个中心"建设注入了"廉动力"。

【关键词】"清廉物装"　全面监督体系　采购供应链　高质量发展　"廉动力"

一、实施背景

党的二十大报告指出，腐败是危害党的生命力和战斗力的最大毒瘤，反腐败是最彻底的自我革命，强调要加强新时代廉洁文化建设，教育引导广大党员、干部增强不想腐的自觉。国有企业是中国特色社会主义的重要物质基础和政治基础，是中国共产党执政兴国的重要支柱和依靠力量，同时也是深化改革和反腐败斗争的重要战场。物装采购中心作为中国海油供应链改革的重要一环，聚焦采购招投标领域政策性强、敏感度高、资金密集、资源富集、廉洁问题易发多发的特点，着眼破解采购招投标一路顽瘴痼疾，通过搭建顶层设计，从教育宣廉、文化倡廉、制度固廉、责任筑廉、监督促廉、家庭助廉6个维度打出"组合拳"，聚力打造政治生态清明、机制体系清晰、从业环境清朗、干部队伍清正、文化氛围清润的"清廉物装"，探索出推进新时代廉洁文化建设的实践方法路径，搭建了系统完备的供应链体系建设廉洁防控网，夯实了干部员工忠诚干事创业的廉洁基石和合规底线，为推进中国海油采购供应链高质量发展、服务支撑"三大工程、一个行动"和"四个中心"建设注入了"廉动力"。

（一）加强新时代廉洁文化建设是学习贯彻习近平新时代中国特色社会主义思想的有力行动

党的十八大以来，党中央开展了史无前例的反腐败斗争，不敢腐、不能腐、不想腐一体推进，反腐败斗争取得压倒性胜利并全面巩固，中国共产党对"反腐败斗争形势依然严峻复杂"的判断一以贯之，坚定不移反对腐败的态度一以贯之，坚持祛腐必净、除恶务尽的立场一以贯之，保持惩治腐败的强大力量一以贯之，彻底铲除腐败滋生的土壤和条件、实现海晏河清依然任重道远。

加强新时代廉洁文化建设，是一体推进不敢腐、不能腐、不想腐的基础性工程。在一刻不停的反腐败斗争道路上，迫切需要企业加强新时代廉洁文化建设，为高质量发展提供坚强政治保障。

（二）加强新时代廉洁文化建设是落实中国海油党组供应链改革部署的有力举措

中国海油党组按照"管办分离"原则组建物装采购中心，在体制机制上实现采办招投标管理决策与操作执行的相对独立、相互制约，强化集中物资采购和招标管理，是破解制约高质量发展、保障供应链安全稳定的重要举措。

物装采购中心作为中国海油创建世界一流示范企业的重要参与者和供应链改革的先行者，在构建

中国海油采购供应链政治生态、廉洁防控体系方面承担着重要责任，必须坚定不移贯彻中国海油党组关于供应链的改革部署和中国海油采购招投标领域的各项管控要求，将廉洁合规作为改革发展、经营管理的生命线，大力加强廉洁文化建设，发挥廉洁的支撑保障和固本培元作用，助力中国海油物资供应链合规管理，当好中国海油采购招投标领域的合规"护航员"。

（三）加强新时代廉洁文化建设是应对采购招投标领域风险挑战的有力抓手

物装采购中心承担统筹中国海油重点工程建设项目供需融合和实施一级集中采购、集中招标、采购电商、拍卖、推进数字化建设等重要职能，是中国海油供应链改革的重要一环，在中国海油推进实施"三大工程、一个行动"和"四个中心"建设中发挥着重要支撑保障作用。

采购招投标领域具有政策性强、敏感度高、资金密集、资源富集的鲜明特点，从中央纪委国家监委网站通报的案件可以看出，采购招投标领域廉洁合规风险高，是腐败问题易发多发的重点领域，近年来查处的不少党员领导干部违纪违法问题都与采购招投标有关，解决"靠油吃油""靠企吃企"等顽瘴痼疾、提升采购招投标领域整改整治效能、营造风清气正的干事创业环境是当前和今后一个时期的重点工作任务，结合物装采购中心实际抓实廉洁合规、打造"清廉物装"是形势所趋、使命所系、发展所需，也是进一步激发企业发展活力、提升企业凝聚力和竞争力的必然要求。

二、实施过程

为推动"清廉物装"建设上下联动、同频共振、取得实效，物装采购中心明确了"清廉物装"建设的六项原则。

第一，坚持党的领导，突出政治建设。各级党组织毫不动摇坚持党的领导、加强党的建设，坚决贯彻党中央全面从严治党战略方针和中国海油党组关于党风廉政建设和反腐败工作的部署要求，严明政治纪律和政治规矩，确保党的路线方针政策和重大决策部署不折不扣贯彻落实。

第二，坚持以上率下，突出示范引领。各级领导干部充分发挥"头雁效应"和辐射作用，做好廉洁文化建设的践行者、推动者、示范者，自觉提高政治觉悟，坚持怀德自重、严于律己，带头做到廉洁从业、廉洁用权、廉洁修身、廉洁齐家，增强拒腐防变能力，一级做给一级看，一级带着一级干。

第三，坚持围绕中心，突出深度融合。紧紧围绕中心工作，立足主营业务建设"清廉物装"，明职责、建机制、抓落实、强管理，确保"清廉物装"嵌入主营业务全流程各环节，推动"清廉物装"与业务工作"双融双促"，充分释放"廉动力"，为高质量发展保驾护航。

第四，坚持统筹兼顾，突出系统思维。把加强"清廉物装"建设与改革发展、经营管理相结合，与党风廉政建设和反腐败工作相统一，做到有机融合、统筹推进、贯通落实，形成抓廉洁、扬正气、促发展的齐抓共管强大合力。

第五，坚持全面覆盖，突出重点施治。明确全面覆盖、全员行动是"清廉物装"建设的基础，既抓住领导干部这个"关键少数"和新员工这个"新苗"，又扭住采购招标业务这个重要环节，聚焦领导干部、新员工、招标经理、评标专家等重点群体制订针对性措施，做到有的放矢、重点施治、实处着力。

第六，坚持问题导向，突出精准发力。加强调查研究，强化监督检查，经常对标对表、检视差距、查找问题，及时发现经营管理中存在的廉洁风险点和薄弱环节，通过完善制度机制、制订防控措施、加强廉洁教育等途径推动整改、补齐短板，全面提升工作的针对性和实效性。

三、主要创新点

坚持不敢腐、不能腐、不想腐一体推进，统筹实施教育宣廉、文化倡廉、制度固廉、责任筑廉、监督促廉、家庭助廉的"六维廉动"，推动清廉思想、清廉制度、清廉作风、清廉纪律、清廉文化融入物装采购中心改革发展、经营管理各方面全过程。"清廉物装"建设导图如图1所示。

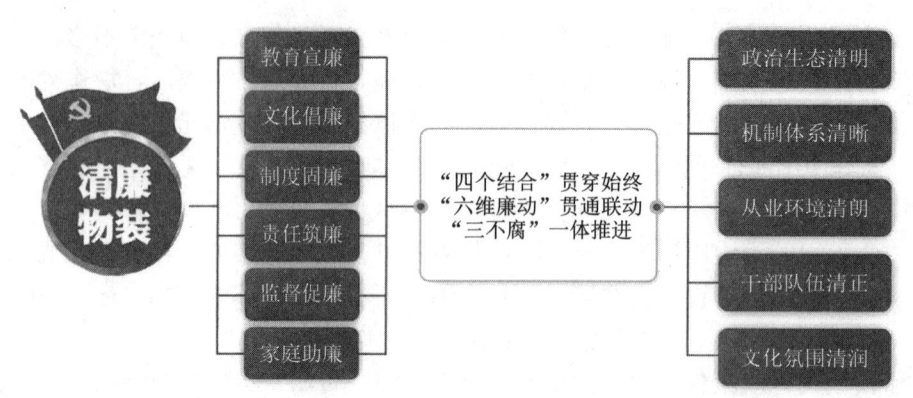

图1 "清廉物装"建设导图

（一）以教育宣廉为基石，扣紧廉洁"风纪扣"

聚焦各级党组织和全体党员干部员工，固化"学习思廉"、常态化警示教育和学纪学法等教育机制，引导大家认清形势任务、守好纪律规矩、防范廉洁风险。

（1）固化"学习思廉"机制。坚持"三必"原则，将党中央和中国海油党组关于党风廉政建设和反腐败工作的决策部署作为重点班次"必修课"，党员领导干部必讲廉洁党课，党支部主题党日必选廉洁内容开展学习，教育引导党员干部勤掸"思想尘"、多思"贪欲害"、常破"心中贼"，守住拒腐防变防线。

（2）固化常态化警示教育机制。通过参观廉洁文化教育基地、观看廉政警示教育片、召开警示教育会等形式经常性地开展警示教育，加强关键节点的警示教育，及时与新提任干部开展廉洁谈话，做好对评标专家的廉洁合规提醒，经常敲警钟，引导大家算好政治账、经济账、名誉账、家庭账、亲情账、自由账、健康账。

（3）固化学纪学法机制。扎实开展党纪学习教育，结合采购招投标工作创新学习形式，分层级分篇章分专题开展学习研讨，依托中心组学习、读书班、党委会等开展专题学习，通过重点领学、上下联学、党课辅学、专家导学、交流研学、现场考学、实地践学、案例教学等丰富学习形式、提升学习质量，引导党员干部学纪、知纪、明纪、守纪。通过中心组学习、"三会一课"等形式加强应知应会党内法规和国家法律常态化学习，定期开展"廉洁文化暨纪法宣传教育月"活动，聚焦团员青年开展"纪法与青春同行"活动，推动党纪法规刻印于心、见之于行。

（4）固化领导班子成员"四廉并举"机制。各级领导班子成员每年讲授一次廉洁党课、观看一部廉政警示教育片、约谈一次分管部门负责人、阅读一部党风廉政书籍，自觉在履职尽责、遵规守纪、廉洁从业方面发挥"头雁"作用。

（5）固化新员工廉政教育"四个一"机制。紧盯新员工入职"起跑线"，讲授一次廉洁教育课、开展一次入职廉政谈话、组织一次关联制度系统学习、配备一名"廉洁导师"，帮助新员工扣好职业生涯"第一粒扣子"。

（二）以文化倡廉为引领，增强廉洁"辐射力"

把廉洁文化建设融入宣传思想文化工作，结合实际打造看得见、摸得着、能感受的阵地场所，让廉洁意识潜移默化地扎根于员工内心深处。

（1）搭建文化"矩阵"。在OA（Office Automation，办公自动化）网页开辟"党纪学习教育""党风廉政建设""曝光台"专栏，在微信公众号、视频号设置"链语廉音""纪法小课"栏目，依托办公场所因地制宜设立廉洁图书角、开展廉洁作品展、打造廉洁文化长廊，搭建多元化、立体式、全覆盖的

"廉洁文化矩阵",使每名员工置身廉洁文化"生态圈"中,自觉做到修身慎行、怀德自重、清廉自守。

(2)打造文化作品。发布"清廉物装"LOGO标识并贴置在醒目位置,制作廉洁从业手册和采购招投标领域典型案例集,聚焦采购招投标业务拍摄廉洁微电影和纪法微课,厚植"清于心,廉于行,悟规矩,装底线"的廉洁文化理念,多角度、立体化弘扬廉洁合规文化,使之可触、可视、可感,润物无声地让清正廉洁成为干部员工日用而不觉的行为准则。

(三)以制度固廉为根本,架起廉洁"高压线"

发挥制度管根本、管长远的作用,搭建严密的制度体系和约束机制,用制度刚性防止权力任性。

(1)筑牢制度屏障。按照管理制度化、制度流程化、流程表单化、表单信息化思路,加强风险管理和内控体系建设,强化重点领域和新业务领域制度供给,建立健全覆盖采购供应链管理全链条的内控制度文件,将风险防控固化到制度流程中,建成具有物装特色、基本完备的内控制度体系,压缩任性用权的空间,减少设租寻租机会,把权力关进制度的笼子。

(2)合理配置权力。抓住定政策、定标准、定方案、评审、审批、决策、监管等关键权力环节,对各种工作的管理流程和机制优化,建立健全"三重一大"决策事项清单和党委前置研究讨论重大经营管理事项等清单,动态修订发布《物装采购中心权限手册》,厘清权责事项,优化决策流程,完善权力配置和运行制约机制,确保权责边界清晰、决策程序规范、有效协调运转。

(3)规范授权管理。健全授权管理内控体系,规范授权事项审批程序,按照依法合规、科学适用、权责对等、动态调整原则加强授权管理,定期跟踪掌握授权事项的决策、执行情况,并对行权效果进行评估,动态调整授权事项,提升运营效率和风险防控水平,保障依法合规经营。

(四)以责任筑廉为关键,加固廉洁"防波堤"

抓住责任制的"牛鼻子",强化制度定责、清单明责、对标履责、常态督责、考核评责,压实第一责任、"一岗双责"等各责任链条,加固廉洁"防波堤"。

(1)全面压实责任。建立健全党委落实全面从严治党主体责任规定、主体责任清单和各部门党风廉政建设和反腐败工作职责,细化党委书记、副书记、委员履责清单并作为班子成员的"案头书",全覆盖签订党建工作责任书、党风廉政建设责任书和廉洁从业承诺书,定期召开党委会,听取班子成员履行管党治党责任汇报,扎实开展党组织书记抓基层党建述职评议和党建责任考核,推动各级党组织主体责任和党组织书记第一责任人责任、班子成员"一岗双责"、职能部门监管责任、纪委监督责任同向发力,构建"五责协同"、合力落实机制。

(2)全局谋划推进。把建设"清廉物装"、助力构建供应链廉洁防控体系作为建设"五个物装"、助力构建"四个供应链体系"的重要组成部分,纳入党风廉政建设和反腐败工作布局进行系统谋划,经常性召开会议研究部署党风廉政建设和反腐败工作,确保主体责任和监督责任贯通协同,对内抓清廉建设、对供应链领域抓合规护航有机统一。

(五)以监督促廉为保障,织密廉洁"防护网"

以数智化、标准化、阳光化为抓手,紧贴主营业务加强监督管理,为采购招投标业务合规高效开展提供保障。

(1)筑牢监督管理"防火墙"。一是出台《一级集采操作规范》《全流程集中招标工作规范》等规范指南,制订一级集采品类采购标准和标准化招标文件,以标准化建设保障源头合规。二是实行"活水计划",推动重点领域、关键岗位轮岗交流,破除因干部员工在岗任职时间过长而形成的关系网、利益圈。三是建立应届毕业生签约前、新招员工录用前填报员工及亲属持股经商办企业情况的机制,将防范廉洁风险端口前移。四是紧盯集采、招标、电商等重点领域加强监督,针对集采业务建立"一协议一复盘、一季度一回顾"机制,围绕招评标过程建立"一单一审核、一月一检查"机制,聚焦电商服务开通监督热线、开设监督邮箱，结合发现问题对违规评标专家和违规供应商进行处理。五是优化《物装采购中心关于对插手干预重大事项进行记录的管理细则》，围绕物装采购中心主营业务分类细化插手干预情形，为员工列出"负面清单"，保障员工正常履职、不受外界干扰的同时推动依法用权、秉公用权、廉洁用权。

（2）打造智慧阳光"生态圈"。一是建成投用智慧评标基地。按照"全程封闭、数字协同、智能管控、合规高效"的总体思路，建成业内一流智慧评标基地，将物理隔绝、智能监控、轨迹倒查、预警监督、远程异地评标等功能植入评标基地，实现评标全过程实时监控，从源头杜绝评标环节的跑风漏气风险。二是推进供应链数字化平台上线。加强数字化管控手段应用，将合规管控要求嵌入供应链数字化平台，优化平台在线审核审批监督功能，逐步实现从"人防"到"技防""智防"的转变，提升本质合规水平。

（3）擦亮专项治理"探照灯"。一是深化重点领域专项整治。聚焦集采、招标、电商等重点领域，紧盯关键岗位、重点人群，深入开展专项整治，系统梳理各类监督检查中的"屡查屡犯"问题清单并重点推动解决，切实防范化解治理风险。二是深化以案促改、以案促治。发布《物装采购中心深化以案促改、以案促治工作实施细则》，针对查处的违纪案件深挖问题根源，找准监督管理空白区、薄弱处，及时制订整改落实方案、细化措施清单，加强警示教育和制度宣贯，建立防控机制，开展专项整治，确保查处、整改、治理贯通融合，做到查处一案、警示一片、治理一域。

（4）织密"关键少数"监督网。把各级"一把手"和领导班子成员及关键敏感岗位作为监督重点，建立健全领导干部廉政档案，严格执行领导干部个人有关事项报告制度，针对班子成员和各部门"一把手"全覆盖开展廉洁谈话，综合运用政治生态研判、班子成员"画像"、述责述廉、督导民主生活会、提醒谈话、意见交换等方式，紧盯重要事项、重要节点、重要领域强化监督，督促各级领导干部严于律己、严负其责、严管所辖，确保公权力在正确轨道上运行。

（5）构建"大监督"工作格局。一是构建全面监督体系。组织开展全流程廉洁风险识别与防控，聚焦权力运行的"关键点"、内部管理的"薄弱点"、问题易发的"风险点"，识别廉洁风险1100余项，制订防控措施2000余项，出台《廉洁从业全面监督管理办法》，构建业务全口径、工作全流程、风险全识别、措施全方位、责任全链条、制度全覆盖的廉洁从业全面监督体系，为各类监督主体做实日常监督、防控廉洁风险打好基础。二是有效统筹各类监督。以系统思维贯通协调纪检、巡察、审计、财会、职能、业务等各类监督，党委和纪委加强沟通会商，在中国海油党组巡视期间联动完成巡察，优化专项审计，强化财会监督功能，聚焦集采、招标、电商等重点领域制订年度专项监督计划，充分发挥管理部门的职能监督作用，释放监督治理综合效能。

（六）以家庭助廉为纽带，守好廉洁"幸福门"

把家庭家教家风建设作为预防和抵制腐败的重要抓手，大力弘扬廉洁家风。

（1）加强教育引导。引导员工守好纪律规矩、管好家属子女、防范廉洁风险。

（2）共筑廉洁屏障。为全体员工和家属发送廉洁家书，通过双向联动，引导员工修身律己、廉洁齐家，倡导家属常念"廉洁经"、常吹"廉洁风"、常算"廉洁账"，推动企业、员工、家庭三者形成合力，构筑拒腐防变的家庭防线。

（3）创树清廉家风。组织员工及亲属观看反腐倡廉警示教育片、参加廉洁文化作品征集活动，常态化开展员工及亲属持股经商办企业排查，推动廉洁教育融入家庭日常生活，使广大员工及家属认识到清廉对家庭幸福的重要性，共同建设清廉家庭。

四、实施效果

通过"清廉物装"建设实践，物装采购中心探索出一套党建引领、融入主业、系统有效的推进廉洁文化建设的实践方法路径，形成抓廉洁、扬正气、促发展的全员参与、全域覆盖、上下联动、齐抓共管工作格局，实现制度约束、警示教育、惩治震慑一体发力，提高了一体推进"三不腐"的能力和水平，为护航采购招投标领域合规管理、推进采购供应链高质量发展注入了"廉动力"。课题研究成果获评中国海油2023年度"党建政研课题优秀研究成果"一等奖，相关经验做法在《国企》杂志官网等平台发布。

（1）权力制约得到强化。建立健全覆盖采购供应链管理全链条的内控制度文件近150项，完善了采购招投标领域的权力配置和运行制约机制，采购招投标全业务链条各个环节的合规管理要求逐步嵌入供应链数字化平台，进一步规范了自由裁量权，减少了设租寻租机会。以一级集采为抓手，广泛开展市场寻源和供应商开发，一级集采潜在供应商增幅超过30%，竞争度更加充分。

（2）风险防控有效提升。构建了业务全口径、工作全流程、风险全识别、措施全方位、责任全链条、制度全覆盖的廉洁从业全面监督体系，从源头上防控权力失控、行为失范、环节失察等问题。建成投用业内一流智慧评标基地，杜绝了开评标过程中评标专家违反评标纪律的问题，数字化赋能廉洁合规治理作用彰显，增强了为中国海油采购供应链合规护航的保障力。标准化建设迈出坚实步伐，逐步统一了集采、招标活动行为标准，保障源头合规。扭住供应商这一利益输送链条上的关键纽带，加强监督管理，优化违规处理流程，自2022年以来共提报处理违规供应商200余家。

（3）廉洁文化深入人心。通过持续的文化浸润，创作了"清廉物装"LOGO标识和《廉洁从业手册》《亲清有道》《物装廉洁"三字经"》廉洁微电影等文化产品，搭建了集廉洁图书角、廉洁文化长廊、"曝光台"、"党风廉政建设"、"链语廉音"、"纪法小课"等于一体的线上线下"廉洁文化矩阵"，形成"1+N"的"清廉物装"品牌格局，增强了干部员工遵规守纪、廉洁从业的思想自觉和行为自觉，提振了干事创业精气神，为构建风清气正的采购供应链生态提供了保障。

（4）清廉动力充分释放。2023年，物装采购中心在高质量保障中国海油重点生产和工程建设项目顺利建设的同时，实现一级集采规模提升10.5%、品类采购标准增长129%、招标时效提升38%，平均节资率超过10%，收到客户感谢信50余封，支撑集团战略的主动性、服务需求单位的专业化、助力集团供应链建设的协同力得到增强，廉洁合规对经营管理的保障护航作用充分发挥。

五、下一步规划与探讨

（一）经验启示

物装采购中心党委将"清廉物装"建设作为"五个物装"建设的重要组成部分，不断丰富"六维廉动"载体，在探索新时代廉洁文化建设实践方法路径上充分发挥"红色引擎"作用，为高质量发展提供廉洁合规保障。结合"清廉物装"建设具体实践，得出4点经验启示。

（1）党的全面领导是根本保证，必须一以贯之。坚持党的全面领导、加强党的建设，是我国国有企业的光荣传统，是国有企业的"根"和"魂"，是我国国有企业的独特优势。只有坚持党的全面领导不动摇，不折不扣贯彻落实党的路线方针政策和重大决策部署，才能方向正确、行稳致远，从容有效应对改革发展、管党治党中的难题和矛盾，推动"清廉物装"建设落地见效、走深走实。

（2）深度融合是基本遵循，必须始终坚持。清廉既是企业依法合规经营的前提，也是企业激发内生动力、提升经营管理水平的重要保障，是企业发展的"风向标"。只有将"清廉物装"建设深度融入主营业务，做到同谋划、同部署、同推进、同考核，确保目标同向、工作同步、落实同力，才能更好地激活企业发展"廉动力"，为高质量发展保驾护航。

（3）廉洁合规是生存所依，必须毫不动摇。只有把廉洁合规作为企业发展必须坚守的生命线和干部员工不得触碰的高压线，才能更有效地提升企业抗风险能力，增强企业的竞争力、凝聚力和生命力，助力企业稳健发展。

（4）自我革命是动力源泉，必须坚定不移。《中共中央关于党的百年奋斗重大成就和历史经验的决议》将"坚持自我革命"凝练为我党百年奋斗的历史经验，揭示了我党百年风华正茂的基因密码和动力源泉。只有深入学习贯彻习近平总书记关于党的自我革命的重要思想，发扬自我革命精神，刀刃向内检视差距，及时发现突出问题和薄弱环节并推动解决，不断补短板、强弱项，实现守正创新，才能把"清廉物装"名片越擦越亮。

（二）关于深化成效的思考

物装采购中心党委将全面贯彻党的二十大和党的二十届三中全会精神，坚持一体推进"三不腐"，在做深做实"清廉物装"上下功夫，进一步巩固深化"清廉物装"建设成果，在打造政治生态清明、机制体系清晰、从业环境清朗、干部队伍清正、文化氛围清润的"清廉物装"方面聚力用劲、久久为功，持续提升护航采购供应链高质量发展的能力水平，以扎实成效建设一流采购供应链中心，当好中国海油采购招投标领域的合规"护航员"。

（1）练好内功，筑牢拒腐防变的坚固防线。在政治生态清明方面，各级党组织全面从严治党政治责任进一步压紧压实，党内政治生活严肃规范，选人用人公道正派，党员干部严守政治纪律和政治规矩，干部员工树立正确的世界观、人生观、价值观。在机制体系清晰方面，本质合规建设取得突破性进展，实现廉洁合规制度体系系统完备全覆盖，廉洁风险防控机制务实管用全覆盖。在从业环境清朗方面，健全事前、事中、事后各阶段监督机制及协同监督机制，综合运用现场监督、在线监督、交叉检查、随机抽查等监督手段和方法，构建同频共振、相互支撑、衔接顺畅、协同高效的大监督格局。在干部队伍清正方面，深化"活水计划"，廉洁合规教育常态化开展，党员干部知敬畏、存戒惧、守底线，做到公正用权、依法用权、廉洁用权。在文化氛围清润方面，大力弘扬"清廉物装"文化理念，形成一套可复制、可推广、可借鉴的清廉企业建设实践方案。

（2）胸怀大局，助力中国海油物资供应链合规管理。围绕服务构建新发展格局和中国海油发展大局推动"清廉物装"建设，坚决落实好中国海油采购招投标领域的各项管控要求，通过合规审查、专业把关、靠前指导等方式，助力物资供应链合规管理，当好中国海油采购招投标领域的合规"护航员"。

（3）数智赋能，增强"本质合规"水平。随着中国海油供应链改革不断深化及供应链数字化智能化发展，深入探索推进合规监管的数字化模式，建立风险防控"数字探针""电子围栏"，推动"需、采、储、配、运、处"一体化管理，完成从人防为主到人防、技防、智防相互支撑的转变，实现源头合规、过程合规、结果合规、本质合规。

"点线面体"四维发力，互融互促，推动党建与业务同频共振

创造单位：甘肃省化工研究院有限责任公司
主创人：刘晓乐　何斌
创造人：赵存清　刘润君

【摘要】 2020年，甘肃省化工研究院有限责任公司（以下简称省化工院公司）入选全国首批"科改示范"企业，在改革政策的牵引下，以提升民用爆破科技创新和服务能力为核心，在所属独立法人子公司甘肃兰金民用爆炸高新技术有限责任公司（以下简称兰金公司）试点推行股权多元化改革。锚定"高质量党建引领保障企业高质量发展"目标，使党建工作服务科研生产经营中心工作不偏离，实现党建工作与中心工作深入融合、同频共振，兰金公司党支部积极探索以党员示范岗为"点"、党员突击队为"线"、党员责任区为"面"、党员创新工程为"体"的"点线面体"立体协同机制，有力发挥了党支部的战斗堡垒作用和党员的先锋模范作用，成功将党建工作优势转化为企业竞争优势、创新优势和发展优势。

【关键词】 立体协同　党建创新

一、实施背景

党建与业务融合是发挥基层组织、做好基础工作、提升基本能力的必然要求。2020年，在甘肃科技集团的正确领导支持下，省化工院公司作为甘肃省科研院所转制企业代表入选全国首批"科改示范"企业。立足公司发展实际，省化工院公司明确坚持把改革发展作为"第一要务"，聚焦市场经营和安全生产"两个中心"，围绕公司"精细化工、民用爆破、技术服务"主业板块创建"三个品牌"，打造协同推进一体化、服务中心项目化、提升质量标准化、挖掘特色品牌化"四化党支部"，推动实现干部职工队伍信念过硬、政治过硬、责任过硬、能力过硬、作风过硬"五个过硬"的"12345"党建品牌创建工作思路，逐步构建"党委主品牌带动、主业板块品牌拓展"两级共建融入中心的党建新模式。在此背景下，兰金公司以"科改示范"为契机，坚持党建工作服务科研生产经营中心工作不偏离，充分发挥全体党员的先锋引领作用，探索以党员示范岗为"点"、党员突击队为"线"、党员责任区为"面"、党员创新工程为"体"的"点线面体"立体协同机制，实现了责任主体网格化、组织建设标准化、管理流程规范化、融入中心具体化、党建工作品牌化，有力发挥了党支部的战斗堡垒作用和党员的先锋模范作用。

二、实施过程

（一）"党员示范岗"践行实干担当

兰金公司党支部明确以工作岗位为单元，按照"七个示范"（政治思想示范、专业技能示范、业务成效示范、服务群众示范、遵章守纪示范、团结协作示范、作风形象示范）的"党员示范岗"创建标准，累计创建党员示范岗8个，擦亮"我是党员我争先"的名片。结合"岗区队创"达标建设要求，兰金公司党支部健全了党员日常教育管理机制，形成了以"四讲四有"为评价标准的党员管理办法，对参与"岗区队创"情况可感知、有标准、能对比，为党员规范言行、争创先进提供了标准和方向。兰金公司坚持党建工作和节能降耗等工作有机融合，开展以"节能减排当先锋、提质降耗做表率"为主题的党员争先实践活动，全体党员在关键时亮身份、在履职尽责中当表率，汇聚起企业发展的强大合力。2022年，康略高速6标段路基石方爆破项目示范岗党员运用国内首例岩石膨胀致裂新技术、新

材料，实现火工材料成本降低，爆破有害效应降低，全年节约成本30万元；天陇铁路二标土建三分部隧道爆破项目示范岗党员使用爆破聚能管新材料，降低钻孔成本，节约火工品用量，缩短工期，提升施工效率，提升爆破质量，全年节约成本20余万元。通过全体党员主动作为、勇于担当，各标段降耗增效成果显著，为兰金公司高效完成生产经营任务提供了有力支撑。

（二）"党员突击队"展现先锋力量

兰金公司围绕履约交付、关键核心技术攻关等，共创建"党员突击队"5支，全体党员在"急难险重"任务中担负攻坚克难排头兵的重任。公司新疆奎屯河引水工程项目，2020年9月底开工至今，已服务6家单位，完成14个隧道施工爆破任务，使用炸药1070吨、雷管46.775万发。由于该项目爆破开挖工期长、难度大，兰金公司党支部先后派出由多名党员骨干组成的"党员突击队"深入一线担任项目管理和技术攻关工作，他们全天24小时待命，不畏艰难、冲锋在前，战胜从零下30摄氏度到高温42摄氏度的极端天气，克服距离远、地质复杂多变等难题，圆满完成各标段爆破任务，为公司积累了不良地质条件、有瓦斯隧道爆破、复杂环境下爆破施工的宝贵经验，进一步提升了公司爆破技术水准和业务质量。

（三）"党员责任区"夯实发展基石

兰金公司围绕"十四五"规划提出的目标，对标行业一流企业，聚焦制约公司高质量发展的关键问题，真抓实干、破解难题，结合年度工作任务建立"党员责任区"2个。通过"亮身份"公开挂牌接受监督，做到管控安全质量工作全覆盖、无死角，严格控制风险，切实发挥责任区作用。兰金公司"大新公路项目责任区"每月开展安全培训和技术交底，对火工品的采购、入库、出库、使用、退库、安全处置过程进行闭环管理，做到本质安全。项目部责任区全体党员带头落实全员安全责任制，尤其在工艺环节的规范操作和事故防范等方面起到关键作用，为筑牢兰金公司安全发展基石贡献力量。兰金公司"金昌项目部责任区"在落实安全第一、预防为主的前提下，对炮孔装药结构优化设计，采用公司发明的空气间隔装药技术，现场爆破施工大块率由35%下降至8%，而且单耗降低10%，为公司矿山开采降本增效打下坚实基础。

（四）"党员创新工程"激发创新活力

兰金公司紧扣科技创新、管理创新"双轮驱动"，把党的先进性体现在创新驱动最前沿。近年来，兰金公司聚焦关键技术和战略新兴技术，已实施8项党员创新工程。在西气东输四线项目天然气管道管沟安全精准爆破过程中，为有效解决石油天然气输送领域远距离输送石油天然气管道的铺设施工周期长、强度高的问题，兰金公司党支部通过"书记认领项目""党员攻关项目"的方式，组建以党员为核心、青年为支撑、群众共奋进的技术攻关专班团队，以党员攻坚队的组织模式集中开展项目研发、技术攻关、技能研究等科技创新工作，采用专用导向扶正装置发明专利技术及不耦合装药法进行创新性施工，有效提高了爆破效果和起爆网路殉爆传爆的稳定性。近年来，依托"党员创新工程"项目，兰金公司已申报7项专利，其中发明专利1项、实用新型专利6项，发表科技论文5篇，获得甘肃省专利奖二等奖1项，获得甘肃省专利奖三等奖1项，并且连续3年荣获甘肃省总工会职工成果奖。通过"党员创新工程"项目的推行，党员在项目实施过程中团结协作、主动配合、奋力攻坚，不断激发职工创新活力，加速公司转型发展。

三、实施效果

通过兰金公司党支部"岗区队创"的有效开展，一是从最深层唤醒党员的身份意识，党员教育管理从"宽松软"转向"严紧实"，提高了政治素养，增强了"四个意识"；二是营造了良性的竞争氛围，党员干事创业的劲头从"要我做"转向"我要做"，培养造就了一批先锋模范；三是充分发挥了党支部融入中心、进入管理、服务大局的作用，支部工作从"被动做"转向"主动想"，支部引领基层治理能力显著提升；四是有效推动了兰金公司经营管理体制机制、项目建设开发力度、创新研发能力水平提升和完善，党建工作与中心工作融合从"两张皮"转向了"二合一"。在此过程中，兰金公司先后产生了2名甘肃科技集团劳模、3名甘肃科技集团工匠，兰金公司党支部连续4年荣获"甘肃科技集团先进党组织"称号。通过"岗区队创"的创建，有力推动兰金公司战略部署和转型发展要求。近3年，兰金公司实现营业收入年均增速36.62%、利润总额年均增速44.09%，主要经营指标保持两位数增长，画出逆势上扬发展曲线，党建工作优势成功转化为企业竞争优势、创新优势、发展优势的"红色堡垒"。

通过"点线面体"四维发力，互融互促，推动党建与业务同频共振，企业转型升级取得实效。一是"岗区队创"要紧密联系实际。"岗区队创"要与生产经营任务紧密结合，根据不同工作领域、不同岗位职务、不同专业背景等具体情况，确定"岗区队创"的内容、目标与举措，扬长避短，合理规划，才能有效将党的政治优势和组织优势转化成为企业的竞争优势和发展优势。二是"岗区队创"要明确工作目标。"岗区队创"应以目标为导向，制订合理计划，量化考核指标，防止出现"雷声大雨点小"和"干到哪里算哪里"的情况，确保"岗区队创"取得应有实效。三是"岗区队创"要注重宣传选树。把宣传选树工作贯穿"岗区队创"全过程，加强先进典型事迹挖掘，及时准确地将"岗区队创"中好的做法提炼出来、宣传出去，让身边人讲好身边事，让身边事激励身边人，营造学先进、做先进的浓厚氛围。

加强和改进新时代企业青年思想政治工作研究

——以中盐京津冀公司为例

创造单位：中盐京津冀盐业有限责任公司
主创人：岳志勇　张思睿
创造人：岳志勇　蓝明　王妍　张思睿

【摘要】思想政治工作是一切工作的生命线，是中央企业的"传家宝"。做好新时代思想政治工作面临新要求、新任务、新挑战，亟须加强和改进思想政治工作，不断提升思想政治工作质量。青年既是新时代党和人民事业的接班人，也是中央企业高质量发展的生力军，这说明做好青年思想政治工作尤为重要，必须将其放在关键性位置。本研究坚持以习近平新时代中国特色社会主义思想为指导，全面贯彻落实党的二十大精神，梳理总结中央企业青年思想政治工作研究现状，聚焦存在的共性问题，以中盐京津冀盐业有限责任公司（以下简称中盐京津冀公司）为例，进行充分调查分析，重点论述加强和改进青年思想政治工作的实践、成效和建议，为做好新时代青年思想政治工作做出有益探索。

【关键词】新时代　青年思想政治工作

一、实施背景

（一）研究的背景和意义

党的十八大以来，以习近平同志为核心的党中央高度重视思想政治工作。2021年7月，中共中央、国务院印发的《关于新时代加强和改进思想政治工作的意见》明确指出，要提升基层思想政治工作质量和水平。2022年，国务院国资委党委印发相关实施意见，要求把思想政治工作贯穿中央企业党的建设和治企兴企各环节，牢牢掌握工作领导权和主动权。这些新要求都为中央企业做好思想政治工作指明了前进方向、提供了根本遵循。

（二）研究的重要性

1.加强和改进新时代青年思想政治工作是确保党的事业后继有人的政治需要

中央企业既是中国特色社会主义的重要物质基础和政治基础，也是我党执政兴国的重要支柱和依靠力量。新时代中国青年能否接好接力棒，能否担负起历史赋予的重任，关乎国家的未来、民族的希望、企业的前景。因此，加强和改进新时代中央企业青年思想政治工作，有助于引导新时代中国青年树立正确的世界观、人生观和价值观，坚定理想信念，增强为党和人民事业奋斗的责任感和使命感。

2.加强和改进新时代青年思想政治工作是加快建设世界一流企业的战略需要

党的二十大对加快建设世界一流企业做出了重大战略部署。前进道路上，中央企业要在加快建设世界一流企业的战略中走在前列，就必须要有一流的人才队伍，特别是一流青年人才队伍。中央企业青年作为党和国家最可信赖的先锋骨干力量，是加快建设世界一流企业的生力军和突击队，建设好这支队伍的任务重要而紧迫。加强队伍思想政治建设，提高队伍理论素养水平，是做好一切工作的基础，必须要把加强和改进新时代青年思想政治工作当成现在及未来的重要战略任务，激发新时代中央企业青年干事创业的饱满热情和磅礴力量，为中央企业实现高质量发展、加快建设世界一流企业提供强大思想保证。

3. 加强和改进新时代青年思想政治工作是促进青年全面发展的现实需要

新时代中国青年生逢中华民族发展的最好时期，要实现全面发展，在满足更高品质的物质生活需求的同时，必然追求更高品位的精神享受、更加丰盈的精神世界、更加自信的精神状态。新时代青年是在全球化飞速发展的时代背景下成长起来的，受世界文化多样性影响大，对实现人生发展有着强烈渴望，但也容易从个人角度、从理想状态的角度来认识和理解世界，难免产生局限性。在这样的客观背景下，思想政治教育就显得尤为重要。因此，加强和改进新时代青年思想政治工作，有助于让青年铸就信仰之魂、夯实思想之基、激发奋进之力，促进青年得到全面发展。

（三）中央企业青年思想政治工作的研究现状

当前，中央企业青年思想政治工作的研究主要是从青年思想政治工作的重要性、现状及原因分析、对策启示等方面展开的，从研究成果看，青年思想政治工作在中央企业发展的各个时期发挥了至关重要的作用，但与新时代党中央的新部署新要求相比、与新时代社会变革的新形势新挑战相比、与新时代企业发展的新环境新任务相比，还需进一步充分发挥青年思想政治工作的作用，一些问题仍然存在，主要体现在以下3个方面。

（1）工作认识还需提高。一些中央企业在构建思想政治工作大格局中缺少系统思维，特别是对新时代思想政治工作的变化认识停留在表层，习惯于上级布置、按部就班地执行，习惯用"老办法"解决"新问题"，缺乏新认知、新思路，不能很好地适应企业和青年的发展需求。此外，部分中央企业在与青年思想政治工作相关的文化建设上力度还不够强，对企业文化建设与思想政治工作结合上缺乏有效认识，忽略了企业文化建设的现实意义，给企业的可持续高质量发展造成了一定影响。

（2）工作落实还需强化。当今世界正处于百年未有之大变局，全球竞争日趋激烈，国内改革发展稳定任务仍然艰难繁重。一些中央企业为了追求生产经营管理的效率和成绩，忽略了对思想政治工作的整体规划和关注，尤其是基层单位对青年思想政治工作落实力度还不够大，有关青年思想政治工作方面的成本投入和工作力度还不够，在与企业中心工作的结合上融合还不够，导致思想政治工作流于形式，重点不够突出。

（3）工作载体还需创新。当前，越来越多的青年加入中央企业职工队伍中，新时代青年思想活跃、思维敏捷、观念新颖、兴趣广泛，探索未知劲头足，接受新生事物快，主体意识、参与意识强，对实现人生发展有着强烈渴望，传统的思想政治工作缺乏行之有效的形式、载体、方法和手段，缺少知识启迪、文化熏陶，感染力和渗透力不强，不能适应现代学习的需要，难以激发青年的兴趣和参与热情，青年思想政治工作没有实现因事而化、因时而进、因势而新。

（四）中盐京津冀公司青年思想政治工作的现状分析

为做好本课题研究工作，课题组以中盐京津冀公司为例开展调查研究。

中盐京津冀公司成立于2016年12月，是中国盐业集团有限公司在国家盐业体制改革方案出台后投资组建的第一家跨行政区域、产销合一的区域性盐业企业。中盐京津冀公司在国家有关部委及京津冀三地政府的大力支持下，努力为京津冀地区1亿人口提供安全放心健康食盐，同时承担着北京、天津地区政府食盐储备的任务，储备库存共计11700吨。一直以来，中盐京津冀公司党委高度重视青年思想政治工作，坚持以习近平新时代中国特色社会主义思想为指导，在中盐集团党委和中盐股份公司党委的领导下，坚决扛起责任、狠抓思想建设，定期研究分析思想政治工作形势，听取思想政治工作情况汇报，注重引领青年提升精神素养、聚力价值创造，为公司稳定发展提供了强大的精神动力。

为进一步深入了解中盐京津冀公司青年思想政治工作现状，课题组通过线上匿名形式向公司所属全级次单位40岁以下员工发放了青年思想政治工作调查问卷，问卷共计29道题，其中单选题16项、多选题11项、问答题2项。调查问卷的主要内容分为以下4个部分：第一部分为调查对象的基本信息，包括调查对象的性别、年龄、政治面貌、学历等情况，主要了解公司青年的结构特点、工作态度；第二部分为青年思想政治工作效果评价，主要了解公司青年的思想状况、对思想政治工作的评价和认同程度；第三部分为共青团和青年工作，主要了解年龄35岁以下的公司青年对共青团在发挥桥梁纽带作用、开展思想政治工作的认识；第四部分为开放题，主要了解公司青年对加强和改进思想政治工作的意见或建议。本次调查共发放并收回有效问卷74份，课题组对调查结果进行了数据梳理，分析了深层次原因。

1. 青年构成特点

课题组通过调研发现，公司青年构成特点体现在以下3个方面。

从年龄结构层面分析，参与问卷调查的调查对象中，35岁及以下青年员工占比58.11%，这说明现阶段公司职工结构整体呈年轻化，青年队伍日渐壮大，如图1所示。

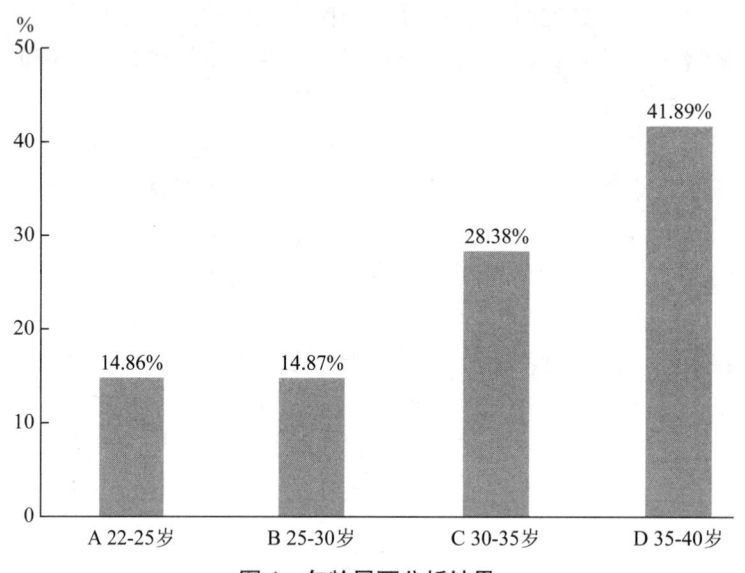

图1 年龄层面分析结果

从学历背景层面分析，参与问卷调查的调查对象中，本科及以上学历占比77.03%，其中本科学历最多，这说明现阶段公司青年呈高学历化趋势，知识型青年人才比重稳步上升，如图2所示。

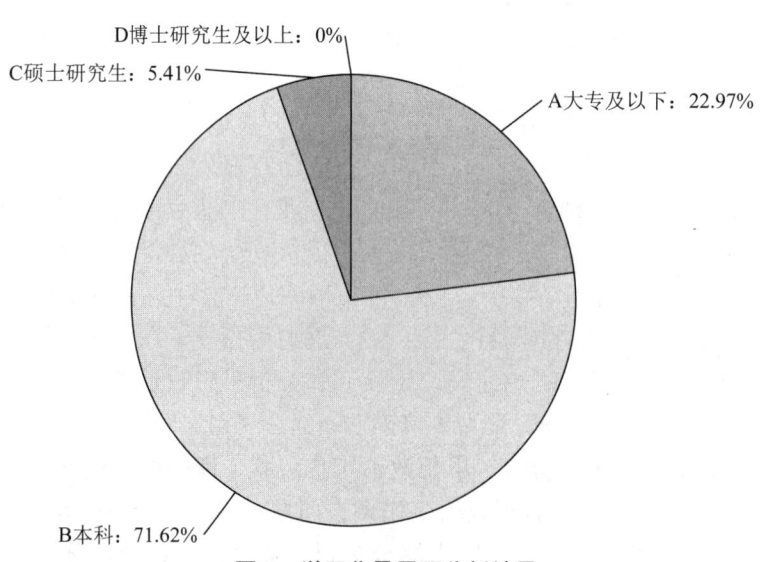

图2 学历背景层面分析结果

从岗位类型层面分析，参与问卷调查的调查对象中，销售类、运营类、管理类分别占比33.78%、39.19%、27.03%，3种岗位数量、结构较为均衡，覆盖各领域、多专业、全层级，基本形成了一支覆盖一线到机关的青年队伍，如图3所示。

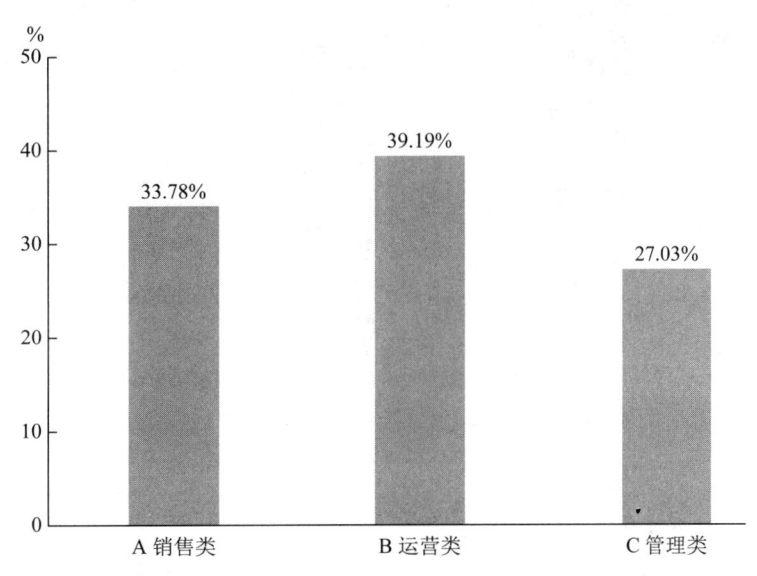

图3 岗位类型层面分析结果

2. 青年思想状况特点

课题组通过调研发现，公司青年思想状况呈现3个特点。

（1）政治立场坚定，但思想易波动。青年对党和国家方针政策积极拥护，始终用习近平新时代中国特色社会主义思想武装头脑，自觉在思想上、政治上、行动上同党中央保持高度一致，听党话、跟党走思想根基更加牢固。但是，在如今这个信息大爆炸的时代，青年获取信息的途径越来越多，信息量也越来越大，难免会受到良莠不齐的信息干扰，加之青年思想比较活跃，会导致自身思想出现波动、情绪出现起伏，暴露出影响个人思想认识水平的显性风险和隐性风险。

（2）学习兴趣浓厚，但学用结合不紧密。接近91.89%的青年选择主动通过集体培训、个人自学等各种途径提升思想政治素质，这说明公司青年有较高的理论学习积极性，有强烈的自我成长意愿，普遍是乐于学习、会主动学习的，初步形成了坚持学习努力提升自身思想政治素质的良好氛围，但青年对党的创新理论钻研深度不够，没有深入思考理论内涵，对学习成果的转化把握不到位，在融会贯通、知行合一上还需要进一步下功夫。

（3）工作态度端正，但职业价值感不足。在"您对工作的态度"这项调查中，选择"以企业为家，有积极进取的工作热情"的占比44.59%；选择"干一份工作尽一份责任，踏实做好本职工作"的占比54.05%，这说明青年对工作的态度是积极端正的，在踏实做好本职工作的同时也为企业高质量发展蓄能储力。有75.68%的青年认为"畅通晋升渠道，提供机会和平台"是目前最希望公司为自己所做的，这说明青年职业价值感尚未得到充分满足，希望得到公司的重视，为自身提供成长环境和发展空间。

3. 青年思想政治工作问题分析

调查显示，有97.3%的青年（如图4所示）认为青年思想政治工作在公司发展中有很大促进作用或能发挥较大作用，有83.78%的人认为青年思想政治工作有利于促进青年员工思想政治素质提高。除此之外，大多数青年认为应该在制订学习培训计划、创新活动内容形式、提供发展规划指导、积极选树先进典型、开展文体活动和交友平台等方面加强和改进思想政治工作。

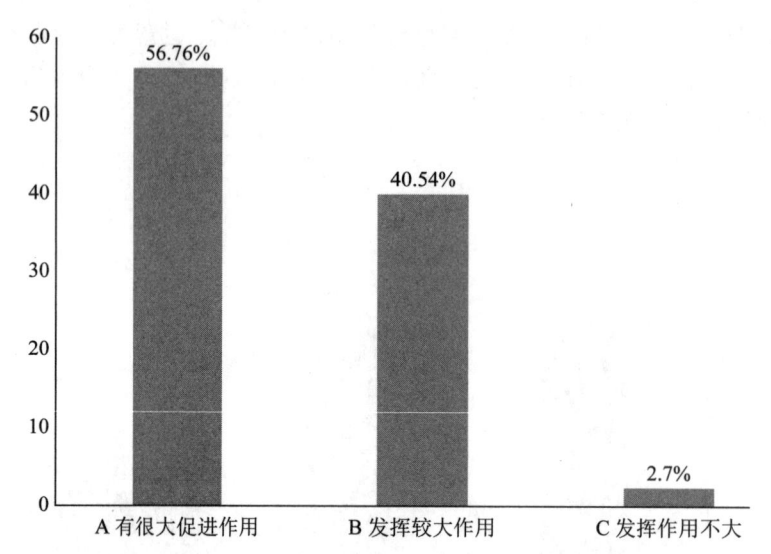

图4 对青年思想政治工作对公司发展作用的调查结果

课题组综合调查数据及上述分析认为，中盐京津冀公司青年思想政治工作取得了一定效果，但也面临一些问题，体现在以下4个方面。

（1）青年思想政治工作大格局需进一步完善。思想政治工作是一项长期工程、系统工程，当前的公司思想政治工作在工作机制建设上与各所属单位之间的工作协同联动还不够，未能实现整体谋划与企业战略决策推进配套同步，需要增强推动思想政治工作实施的协同性，共同促进思想政治工作创新发展。有的思政工作者在专业背景、工作经验、知识素养等方面存在差异，影响了工作的深入开展，需要进一步加强思想政治队伍建设，造就一支高素质的思想政治工作队伍。

（2）青年思想政治工作在支撑企业高质量发展作用上需进一步提高。现阶段，思想政治工作的着力点主要放在"说、讲"上，而没有放在如何贴近青年、贴近工作上，不能很好地适应青年的发展需求，与生产经营工作之间的结合还不紧密，思想政治工作对企业产生引领和保障作用的实际效果还不明显。需要找准思想政治工作和生产经营工作的结合点、契合点，提升思想政治工作的效果，更好地把思想政治工作的优势转化为企业生产经营工作的优势。

（3）青年思想政治工作的实效性、针对性需要进一步提升。青年思想会因个人所处的客观环境不同而不同，这也赋予了思想政治工作新时代的新特征，但现阶段公司青年思想政治工作在聚焦青年员工最关切、最直接、最现实的问题上还需更有针对性，对青年的内在潜能、理想追求等深刻剖析和分类引导还不到位，运用思想政治工作的立场、观点、方法分析解决问题的水平有待提高，需要准确把握青年的思想特点，进一步提升思想政治工作的实效性。

（4）青年思想政治工作载体设计需要进一步丰富。在信息大爆炸时代，各种思潮、观点、声音在网络世界里交错汇聚，使得青年的关注点不断被分散，青年思想观念和价值追求日趋多元多变，更倾向于自主学习和多元化的知识获取方式。现阶段，青年思想政治工作依然是以传达学习文件精神、组织学习研讨等方式为主，对广大青年的吸引力不够，对如何发挥青年思想独立性、差异性特点的思考还不够细。迫切需要进一步聚焦青年，在思想、文化等领域创新载体，充分调动青年职工的积极性和主动性，将青年队伍凝聚成推动企业发展的强大能量。

综合考虑以上问题的原因，课题组认为主要是公司开展新时代青年思想政治工作的方法和手段还需创新、各级党（团）组织协同落实思想政治工作的力度还需加大、青年思想政治工作服务青年发展的作用还需提升等，这为中盐京津冀公司加强和改进青年思想政治工作提供了重要依据。

二、实施过程和实施效果

中盐京津冀公司党委高度重视青年工作和青年作用的发挥，加强对新时代思想政治工作的统筹谋划，将其纳入企业整体工作部署和党建工作要点，持续深化党建带团建，把加强和改进青年思想政治工作与理论学习相融合、与建立协同联动机制相融合、与企业中心任务相融合、与青年个人发展相融合、与企业文化建设相融合，加好"理论、联动、品牌、服务、文化"5种"思政之盐"，注重创新工作内容和方式方法，把青年思想政治工作做出有"真理、实践、奋斗、人情、价值"的5种"好味道"，着力增强青年思想政治工作的实效，为企业改革发展提供坚强的思想政治保障。

（一）加好"理论盐"，学出思想政治的"真理味"

中盐京津冀公司党委始终把青年理论学习放在青年思想政治工作的首位，深入学习习近平新时代中国特色社会主义思想，坚持用党的创新理论武装青年头脑。所属党总支、党支部也将其列为"三会一课"、主题党日活动的必备内容。一是坚持思想引领，加强经常性学习教育。充分利用好思想政治课程，如"学习强国"和"国资E学"等平台，及时跟进学习习近平总书记最新重要讲话、重要文章，同党中央要求对标对表，用习近平新时代中国特色社会主义思想统一思想、统一意志、统一行动。广大青年聚焦"三个问题"大讨论，开展交流学习，引导其深刻感悟和把握党的创新理论所蕴含的真理力量，确保广大青年职工有正确的政治方向、舆论导向和价值取向，以一往无前的奋斗姿态和永不懈怠的精神状态，坚定不移地沿着党指引的正确方向阔步前行。二是丰富宣讲形式，打造互动式学习教育。深入推进"青年大学习"行动，围绕学习贯彻党的创新理论、党的十九届六中全会精神和党的二十大精神，采取邀请党（团）校教师授课详细讲、党委书记和基层党组织书记带头讲、专家学者分域讲等系列宣讲活动，不断扩大宣讲覆盖面，提升宣讲影响力、增强宣讲吸引力。扎实推进青年精神素养提升工程，积极选派团青干部参加中盐集团组织的"青马工程"培训班并在培训后做好宣讲工作，以实际行动带动、影响身边青年，充分践行了"点亮一盏灯，照亮一大片"的理念。三是注重知行结合，开展全景式学习教育。以开展历次主题教育为契机，走进中国共产党历史展览馆和铁军纪念馆等爱国主义教育基地，缅怀革命先烈，赓续红色血脉，汲取精神力量，切实增强公司青年永远跟党走的信念信心。组织三地青年前往中盐龙祥公司开展"学习党的二十大精神"主题教育活动，实地参观制盐采卤现场及生产工艺流程，结合自身工作岗位和职责实际，从不同角度畅谈学习体会、履职思考，激发青年的主观学习动力，凝聚起青年的智慧和力量，为中盐京津冀公司下一步产销一体化的业务对接、信息共享打下了良好基础。

通过加好思政之"理论盐"，公司青年的理论功底更加夯实，理想信念更加坚定，学识学养更加深厚，持续深刻领悟党的创新理论中蕴含的真理力量。

（二）加好"联动盐"，调出思想政治的"实践味"

《关于新时代加强和改进思想政治工作的意见》强调，要构建共同推进思想政治工作的大格局。企业青年思想政治工作的基础在基层，中盐京津冀公司党委坚持构建上下联动、全员参与的思想政治工作大格局。一是强化组织领导，协同推进工作。坚持党对思想政治工作的领导，认真贯彻落实思想政治工作责任制，成立思想政治工作领导小组，统筹做好青年思想政治工作。研究制订《中盐京津冀公司党委关于新时代加强和改进思想政治工作的实施意见》，将思想政治工作纳入绩效管理体系中，与党建工作和中心工作同部署、同检查、同考核。要求各级党组织认真落实抓思想政治工作的主体责任，各部门有计划、有步骤、有措施地按照年度目标任务将思想政治工作融入日常工作中，使领导体制与工作机制密切配合形成合力。二是加强队伍建设，提升整体素质。着力培养以党务工作者、群团干事、宣传信息员等为主体的专职思政工作者；培育以"青马"讲师、基层宣讲骨干等为重点的兼职思政工作者，在实践中不断改进工作作风，提高工作水平，努力建设起一支政治过硬、素质优良、专兼结合的思想政治工作队伍。三是对标业务学习，共促工作提升。坚持问题导向，加强与中盐系统内企业的成果共享和学习借鉴，认真查摆不足，积极补短板、扬优势，将好经验、好做法落实到各项工作中，把学习成果转化为实际成效，使思想政治工作更加丰富、更有特色，增强工作的感召力和凝聚力。

通过加好思政之"联动盐"，企业各单位间协同机制更加健全、思政队伍素质更加过硬、交流互动更加紧密，持续推动新时代青年思政工作在联动中聚力、在实践中加强。

（三）加好"品牌盐"，干出思想政治的"奋斗味"

青年人最有朝气、活力，思维活跃，体力充沛，中盐京津冀公司为持续发扬年青一代吃苦耐劳、自力更生、艰苦奋斗的精神，依托共青团的桥梁纽带作用，结合中心工作，在公司上下开展了系列青年品牌建设行动。一是打造"青年突击队"品牌，努力建设关键时刻拉得出、顶得上、打得赢的青年政治铁军。公司组建了食盐保障、物流供应、融雪剂保障等各类青年突击队，共有成员43人，其中党员29名、团员8名，年龄均在35岁以下，由公司本部、所属及代托管企业的生产部门、业务中心、业务部门和职能部室的一线年轻骨干组成，具有政治过硬、思维活跃、反应快速、处理突发事件能力强等优点。在面对京津冀区域连续出现的降雪天气等情况，公司青年突击队迅速行动，不怕疲劳，连续作战，保障首都地区铲冰除雪等工作顺利推进，用实际行动践行了新时代青年的使命担当。二是打造"青年岗位能手"品牌，将思想政治教育与提升专业技能相结合。深化青春建功"十四五"行动，以对标管理和岗位争先为抓手，动员青年积极参加低钠盐知识讲座专项劳动竞赛、全员理货劳动竞赛等各项活动，公司3名同志获得中盐集团"青年岗位能手"称号，中盐龙祥公司团支部在第十一届中国（河北）青年创业创新大赛、第九届"创青春"大赛（河北赛区）上申报的项目"循环冷却水除藻除泥方法的研究"获得三等奖，在展现职工风采、冲刺目标任务、提升个人素质等方面起到积极的作用，促进青年掌握技术和业务成为行家里手的同时，有效帮助青年在企业站稳脚跟、不断进步。三是打造"青年志愿者"品牌，推进"我为群众办实事"常态化、长效化。广大青年胸怀"国之大者"，以"我为群众办实事"为主线，结合"3·5"学雷锋纪念日及"5·15"防治碘缺乏病日等重要活动时间节点，组织开展了"青年志愿者服务社区行动"主题活动、"健康中国"换盐行动、"五进"低钠盐宣传推广等一系列志愿服务活动，全力营造浓厚的志愿服务氛围，进一步教育和引导广大青年志愿者继承和弘扬志愿服务精神，扩大了中盐京津冀公司青年志愿服务的影响力，塑造了良好的企业形象，擦亮了公司青年品牌，形成了多载体引领、青年广泛参与的生动建功局面。

通过加好思政之"品牌盐"，公司青年敢担当、能吃苦的精神品质更加出众，生力军和突击队的作用更加彰显，能力本领更加过硬，也为企业高质量发展不断汇聚起强大的奋斗精神。

（四）加好"服务盐"，突出思想政治的"人情味"

中盐京津冀公司始终用情用心做好青年思想政治工作，把青年所思所盼、所需所忧放在企业发展大计中思考、解决，更好地服务青年职业发展，使青年思想政治工作更加贴近企业要求和青年需求。一是坚持以人为本，体现正向引导。积极利用青年座谈会和微信群等形式，引导广大青年结合自身工作经历和工作感受建言献策、畅所欲言，提出意见和建议，为青年提供思想交流平台的同时，也便于公司充分了解青年个性特点，全面掌握青年的思想发展动态，做好意见建议的跟踪办理，确保及时消除不稳定思想因素。二是着眼实际需求，关心关爱青年。把思想政治工作贯穿青年培养全过程，积极在职业规划、生活成长等方面为青年提供指导帮助，把公司的温暖送到青年身边。健全青年培养、使用、评价、激励制度，研究制订《公司后备人才开发与管理办法》《公司优秀青年干部培养选拔工作实施细则》等制度，持续发现、培养、凝聚优秀青年人才。组织公司青年积极参加交友联谊活动，为青年搭建工作、学习、生活交流的平台，进一步拓宽了青年的"朋友圈"和"社交圈"。三是突出培育典型，释放榜样效应。把选树宣传先进典型作为加强和改进思想政治工作的有力抓手，定期开展"两优一先"、优秀团干部团员等评选活动。近年来，公司青年、青年集体多次荣获各级次年度"五四"评选表彰，其中中盐天津公司团支部获"中央企业'五四'红旗团支部"。公司团总支获"中盐集团'五四'红旗团支部（总支）"、中盐龙祥公司制盐车间获"中盐集团青年文明号"等称号。充分利用公司内网宣传先进集体和优秀个人事迹，号召公司青年以先进为榜样，立足岗位拼搏进取，努力争当工作中的生力军，营造比学赶超、争先进位的向上氛围。

通过加好思政之"服务盐"，公司青年成长成才舞台更加广阔，对企业的归属感更加强烈，新时代青年思想政治工作的"人情味"也更浓。

（五）加好"文化盐"，品出思想政治的"价值味"

企业文化建设是提高思想政治工作的重要载体，中盐京津冀公司党委深入学习贯彻习近平文化思想，紧紧围绕企业文化建设增强企业文化软实力和核心竞争力出实招、下实功。一是坚持理论学习、制度建设同步推进，第一时间组织党委理论学习中心组专题学习习近平文化思想，领导班子围绕学习心得做了交流发言。所属党总支、党支部也将其和《中盐企业文化大纲》列为"三会一课"、主题党日活动的必备内容，持续加强青年对习近平文化思想的学习，深刻理解把握其中蕴含的丰富内涵和实践要求。研究制订《关于进一步加强中盐京津冀企业文化建设的实施方案》，把企业文化建设纳入公司"十四五"规划中，按期向中盐集团党委做好评估报告。二是把红色基因融入企业文化，积极参加中盐集团组织的青年能力提升培训班，赴新疆和丰宏达盐业公司青年实践教育基地开展"同吃、同住、同学习、同劳动"的青年党性教育和"民族团结一家亲"结对认亲活动，引导青年在聆听红色故事中厚植爱国情怀、在共同学习实践中加深对中华民族历史文化联系的理解和认识、在学习一线职工的先进典型事迹中感悟盐业精神和光荣传统。三是打造在中盐企业文化下一脉相承的中盐京津冀企业特色文化，制作企业文化建设专题展板，结合重要主题和时间节点，定期组织企业文化主题活动，如主题征文、主题团建、读书沙龙和节日联欢会等各类文体活动，满足青年多层次、多样化的文化需求，积极调动广大青年参与企业文化建设的积极性，主动融入心系企业、团结奋斗、敬业奉献、干事创业中，在更大范围内掀起企业文化建设的热潮。

通过加好思政之"文化盐"，企业青年的凝聚力变得更强，企业文化氛围更加浓厚，助力公司高质量发展作用更加明显，使得文化建设的价值得以真正凸显。

三、下一步规划与探讨

为使新时代青年思想政治工作做到目标明确、措施扎实、实施有力、效果显著，不断的向前发展，要着重把握好以下5个方面的工作。

（一）坚持党建带团建，让青年思想政治工作有"高度"

党建是思想政治工作的龙头和依靠力量，共青团思想政治工作是党的思想政治工作的重要组成部分。加强和改进新时代青年思想政治工作，必须旗帜鲜明讲政治，坚持以党的建设带动团的建设，牢牢掌握思想政治工作的领导权和主动权，确保青年有正确的政治方向，做到始终对党绝对忠诚，始终在思想上、政治上、行动上同以习近平同志为核心的党中央保持高度一致。要以习近平新时代中国特色社会主义思想为指导，着力提升青年的理论和实践水平，对青年进行系统的马克思主义理论教育，坚持不懈地用党的创新理论构筑广大青年的精神支柱、信仰根基。要在青年群体中注重、加强思想引导，倡导勤奋学习之风、廉洁自律之风，引导广大青年正确对待各种利益关系，有效解决青年队伍的思想困惑、模糊认识等问题，树立正确的世界观、价值观、人生观。

（二）坚持强化协同联动，让青年思想政治工作有"深度"

新时代构建思想政治工作大格局是一项基础性、系统性和战略性工作，需要企业各方力量协同推进。青年思想政治工作成效如何，很大程度上取决于企业的思想政治工作协同联动机制设立的好不好。在明确责任方面，必须压实党委政治责任和领导责任，压实各级党组织抓思想政治工作的主体责任，通过党委高度重视、各级各部门齐抓共管一体化协同推进，使领导体制与工作机制密切配合形成合力，做深青年思想政治工作。在队伍建设方面，坚持高标准、严要求配齐配强思想政治工作者队伍，持续加强培训力度，切实激发队伍活力，努力建设起一支政治过硬、素质优良、专兼结合的思想政治工作队伍，同时树立重视基层、紧贴一线的鲜明导向，增强思想政治工作者的使命感和紧迫感，做实青年思想政治工作。

（三）坚持围绕中心工作，让青年思想政治工作有"力度"

党的二十大报告提出，实现高质量发展是中国式现代化的本质要求，高质量发展是全面建设社会主义现代化国家的首要任务。中央企业各级党组织要紧紧围绕这一首要任务做好中心工作，结合企业发展的内外部形势，依据中心工作确定青年思想政治工作的总体思路、工作重点和实际举措，把青年思想政治工作与中心工作同研究、同部署、同检查、同考核，通过深化改革、提升管理，不断迎接挑战，推进思政工作，促进企业发展。在增强事业信心环节，要围绕中心、服务大局，把思想政治工作融入企业正在做的事情里，鼓励青年在基层一线岗位上创新创效、在急难险重任务中建功立业，充分地把青年的生力军和突击队作用发挥出来，全力保证企业中心工作完成。在增强本领素质环节，要围绕青年成长成才履职尽责，鼓励青年参加青年岗位能手、劳动竞赛等活动，不断激发青年的学习热情和钻研精神，更好地在服务企业高质量发展的过程中展现自我价值、实现个人成长，把青年思想政治工作成效转化为企业高质量发展的强大动力。

（四）坚持聚焦发展需求，让青年思想政治工作有"温度"

青年思想政治工作从根本上说是做人的工作，既要关心其思想，也要关心其工作生活。要在继承上进行创新，在创新中不断总结提高，丰富工作手段，更好地服务青年发展。要持续塑造青年品牌效应，鼓励广大青年立足本职岗位积极创新，持续激发青年投身创新的积极性、主动性，不断增强岗位建功本领。要加强调查研究，及时跟进青年思想动态，破解工作困惑和实践难题，千方百计为青年办实事、解难事，努力提升广大青年的获得感、幸福感。要加强对青年的联络和服务，把引领青年发展、促进青年成长作为出发点，认真落实"青马工程"和"青年精神素养提升工程"方案，加强青年职业发展辅导，广泛开展职业成长教育，源源不断地为党组织输送新鲜血液、为企业发展输送骨干人才。

（五）坚持以文化育人，让青年思想政治工作有"厚度"

企业文化建设是新时代加强青年思想政治工作的重要载体，企业要以习近平文化思想为指引，结合自身生产经营实际，不断强化企业文化建设，提升思想政治工作的时代感，塑造企业精神，提升文化自信，使企业文化建设成为推进青年思想政治工作的有效途径。做好文化建设在青年思想政治工作中的融入，要充分抓住青年的特点，与青年关注的热点现象相结合，借助加强文化引领、创新文化活动等潜移默化的方式渗透于企业青年头脑中，使青年思想政治工作鲜活起来。在文化引领上，要创新宣传方式方法，运用微信、短视频等平台，及时宣传关于企业文化的建设情况和先进青年事迹，用身边事教育身边人，让青年能够积极参与到企业文化建设当中，借助企业文化建设于无形中激发青年追求进步的宝贵特质，形成学习先进、争做先进的良好氛围。在形式开展上，要广泛开展青年喜闻乐见、有益身心健康的企业文化活动，加深其对企业肩负的社会责任的认识与理解，将自身发展与企业发展联系在一起，用企业文化引领青年、感召青年、凝聚青年，提升企业的凝聚力与向心力，营造浓厚的企业文化氛围。

新时代新征程，中盐京津冀公司将牢记习近平总书记对思想政治工作的重要论述和对青年的殷殷嘱托、殷切期望，结合企业实际情况，不断增强对青年思想政治工作的研究，从青年的特点与需求等角度出发，以充满活力和创造性的新举措，加好思想政治工作这把"盐"，做青年"精神大餐"中不可或缺的"调味剂"和"营养品"，推动思想政治工作守正创新发展，把思想政治工作优势转化为事业发展优势，让青年能够主动投身到企业发展当中、投身到思想政治工作当中，促进青年的学习与成长。

"四强化四提升"推动党建与业务双融共促

创造单位：淮南矿业（集团）有限责任公司选煤分公司
主创人：毕昌红
创造人：刘海　杨龙生　汪涉洋

【摘要】淮南矿业（集团）有限责任公司选煤分公司（以下简称淮矿选煤）历经66年发展，始终坚持党的领导，不断强"根"铸"魂"，有力推动了公司健康发展。面对新形势新任务新要求，淮矿选煤党委坚持党的领导不动摇，围绕加强基层党建工作、推动党建与安全生产经营深度融合进行一系列的探索与创新，形成"135"党建工作思路举措，构建"1648"绩效管理模式，创新性开展"揭榜领题"党支部项目课题攻关，推行党务工作"四个一"工作法，聚焦"五个维度"服务职工群众，以"四强化四提升"为抓手，推动党建与业务双融共促，切实将党建优势转化为淮矿选煤专业化高质量发展的强大推力。

【关键词】企业管理　基层党建　机制创新　双融共促

一、实施背景

2007年，根据企业管理转型需要，淮矿选煤实行选煤专业化管理，是国内第二家实行选煤专业集成管理的煤炭洗选加工利用企业。目前下辖8座选煤厂，年入选能力6910万吨，2019年成功建成投用亚洲单体最大炼焦煤选煤厂——潘集选煤厂。淮矿选煤党委在公司治理上坚持党的全面领导，统筹各类资源，发挥科技创新、产业控制、安全支撑作用，以精益、精细、精准的专业品质，着力打造创新领先、功能突出、治理高效、充满活力的现代新国企。一代代淮矿选煤人坚定不移听党话、跟党走，不忘初心、牢记使命，红色基因在接续奋斗中不断传承、发扬和升华。

针对新形势下党建工作新要求，淮矿选煤党委积极构建"党建引领+推动高质量发展、服务职工群众、防范化解风险、科技创新、进一步深化改革"的工作格局，充分发挥企业党组织的领导核心和政治核心作用，坚持在服务大局中坚守政治方向、在聚焦主业中把握职责定位、在稳中求进中积极担当作为，积极探索党建与中心工作深度融合新模式，创新举措，全面提高党的建设质量，不断把党的政治优势、组织优势转化为企业创新优势、发展优势，为淮矿选煤专业化高质量发展提供坚强保证。

通过"四强化四提升"推动党建与业务双融共促。2019年以来，完成炼焦精煤产量3549万吨，精煤溢价增收170亿元，连续6年实现安全生产，为华东和长三角区域经济发展提供了重要的基础性能源保障。公司党委入选安徽省国资委党委基层党建工作"领航"计划培育库。公司党建品牌入选2023年度"全国企业党建优秀品牌"。

二、实施目的

推进党建工作与企业生产经营深度融合，是国企党建工作生命力所在。在实际工作中，部分党支部存在着基层党建工作与生产经营"两张皮"、凝聚力和战斗力不强、战斗堡垒作用发挥不够的问题，部分党支部书记尤其是新任党支部书记存在着党建实践经验不足、理论基础相对薄弱、群众工作本领不强等短板。针对以上问题，公司党委以"四强化四提升"为抓手，进一步夯实基层党组织党建工作基础，提升党支部书记队伍工作能力和水平，积极推进党建工作与生产经营深度融合，增强基层党组织的凝聚力、战斗力，以高质量党建推动企业高质量发展。

三、实施过程

（一）强化思想引领，提升实干之能

把学习贯彻习近平新时代中国特色社会主义思想作为首要任务，坚持把学习党章党纪党规党史作为广大党员干部的必修课、常修课。健全学习制度，坚持党委会"第一议题"、党委理论学习中心组学习"首要内容"和党支部"三会一课"制度。搭建学习平台，建设学习型组织，定期开展"选煤课堂""选煤学堂"，在"选煤素质提升"App上建立党员学习教育知识库，定期编发应知应会学习题、举行知识测试。丰富学习形式，建立、完善党员教育培训机制，党委层面每季度组织党员集中轮训，党支部层面每月利用"三会一课"、主题党日、"党员微党课"等形式，推动理论学习进基层、进一线，覆盖全员。积极将学习成果转化为推动企业高质量发展的新动能，聚焦主业主责，在全力保障安全生产的基础上加速数智赋能升级。公司潘集选煤厂入选"煤炭行业数字矿区（园区）建设重点推荐案例"，公司入选2023年"数字矿山融合发展提升本质安全水平优秀案例"。我公司顾桥选煤厂智能化建设通过国家验收。推进煤泥清洁高效利用工程，大力开展现场环境整治和工厂文明创建等工作。公司获得"省级文明单位""省级劳动保障诚信示范单位""省国资委先进基层党委"等荣誉称号，并被中国煤炭加工利用协会授予"常务理事单位"。淮矿选煤专业化管理取得的成果，被中国煤炭加工利用协会、中国矿业大学、安徽理工大学等总结为"淮矿选煤模式"并在全国选煤行业提倡、推广。

（二）强化党建基础，提升保障之力

基层党支部标准化建设全面升级。建立完善基层党组织考核机制，季度考核、半年度会诊、年度分类定级，结合日常督查发现的问题，及时通报，限期整改，办结销号，压实党建工作责任。进一步严格基层党的组织生活，开展"三会一课"旁听，不断提升基层党组织生活质量。建设高素质党务工作人员队伍，着力提升能力素质和思想政治工作水平，编制党务工作应知应会工作手册，坚持集中教育培训。严把党员发展政治标准，严肃规范工作流程，强化日常教育培养，进一步提高生产一线和业务骨干党员比例。加强党建信息化建设，探索党员教育管理新形式，管好、用好、维护好党建管理系统，强化监督检查，助推基层党建工作提"智"增效。所属基层党组织经上级党组织评估验收，现已全面实现标准化、规范化。

清单式管理压紧压实党建工作责任。探索推行年规划、季分析、月清单、周调度、日写实的清单式党建工作机制，压实党建工作责任。①年规划。年初印发党建工作要点，配套任务清单，签订党建工作目标责任书，确保各项任务有序落实。②季分析。建立健全分析点评机制，对照年度任务清单，结合日常督导情况进行分析，利用季度书记例会通报点评。③月清单。月度编发党建工作任务清单及党组织生活安排计划，明晰党支部工作重点、学习要点，2020年以来共印发党建工作清单50余个。④周调度。党群部门每周总结复盘、精心谋划，结合党委工作安排，编制形成党建工作"四定表"，明确工作任务、责任人员、完成时限。⑤日写实。依托自有信息化平台，推行工作日写实制度，通过工作复盘，进一步提高员工工作的统筹性、计划性和落实力度。

党建品牌矩阵建设激发基层党建活力。倾力打造公司党委"精益智选"党建品牌，其中"精益"——代表精益生产理念、"智选"——代表智慧选煤方向。以公司党委党建品牌为统领，分层级建立了47个党总支（支部）品牌，实现基层党组织品牌创建全覆盖。召开党建品牌创建交流会，通报党建品牌创建情况，开展示范库、培育库评选等，不断提升党建品牌创建质效。公司党委每季度开展"星级党总支（支部）"和"金银铜牌党员"创先争优评选表彰，争创"攻坚创效红色堡垒"，在机关党支部开展"'五心'服务先锋"创建，在基层党支部开展"党员示范岗""党员责任区"创建，充分发挥"两个作用"。公司党委"精益智选"品牌入选安徽省国资委"领航计划"培育库和2023"全国企业党建优秀品牌"，"紫荆花""精工智选""智领同心"等微品牌先后入选上级党建品牌示范点。

（三）强化融合共促，提升发展之质

与构建本质安全体系融合。在党建引领实践中形成安全管理"七大体系"——以党政负责人为首的安全全面管理体系、以技术负责人为首的安全技术支撑体系、以专业负责人为首的安全自管体系、以党群负责人为首的安全培训宣传体系、以经营负责人为首的安全费用管理体系、以安监负责人为首的安全监管体系、以纪检负责人为首的安全作风督导体系。严格落实"重大风险隐患排查与分级管控、重点单位专家会诊、防范较大以上事故"的"三重一大"安全管控体系，全面筑牢"八位一体"安全管理体系，常态化开展"党员无三违""党员先锋岗""党员责任区""党员安全承诺践诺"等活动。行业首创智能工位，采用工位替代岗位，推广应用电子防护、视觉捕捉、巡检机器人、智能远程停送电等先进技术，打造现场无人值守模式。全面推进"三违"综合治理，开展事故隐患排查治理，常态化开展安全宣传教育，深化安全管理体系建设，层层落实安全生产责任，实现"零工伤"安全目标。

与推动科技创新融合。科技创新是企业生存之根、发展之本、效益之源。深入实施创新驱动发展战略，构建完善的创新工作体系。创新开发煤泥水"一段自沉降浓缩＋二段絮凝沉降浓缩＋三段净化浓缩"工艺；积极研发"脱泥池脱泥、一次煤泥粗选、二次精选"的高灰细泥煤泥浮选新工艺。开发浮选闭环智能控制系统，解决了浮选过程参数检测数字化与透明化的这一世界性难题。自选煤专业化以来，公司共取得了20多项科研技术成果，其中4项被中国煤炭工业协会鉴定为具有国际领先或先进水平、4项被安徽省科技厅鉴定为具有国内领先水平。推进"全洞见、全感知、全链接、全场景、全融通、全智能"智慧企业建设，以智能化处于全国领先水平的潘集选煤厂作为样板厂，推进数智赋能建设，建成智能生产、智能安全、智能监控、智能管理和智慧电能管理系统，构建完善的综合信息化管理应用平台，构建三维数字孪生平台，引入人员精准定位与智慧照明、智能安全监控及机器视觉捕捉、视频AI（Artificial Intelligence，人工智能）分析等技术，实现机械化替代劳动、自动化替代岗位、可视化替代监管、信息化替代跑腿。搭建多网融合智能选煤管控平台，一键准备、一键启车，轻松实现全厂1400余台设备的智能化控制。建成数据资源湖，自定义多种选煤分析模型，选煤专家库对数据进行深度分析和建模，做到数据业务化、业务数据化，实现数据驱动的高效管理和决策支持。

（四）强化机制创新，提升服务之效

创新服务职工工作机制，打造"三心"选煤家文化。以让职工工作舒心、生活顺心、精神开心为主题，积极构建家文化服务机制，探索建立"群众工作三项制度"，坚持开展职工取得成绩必谈、思想波动必谈、生活遇困必谈、工作错误必谈，坚持职工生病住院必访、家庭纠纷必访、发生意外必访、出勤不正常必访。坚持"群众利益无小事"，季度组织机关部门深入基层开展"服务群众办实事"主题实践活动，面对面交流、现场答疑释惑。公司先后建立"群众工作三项制度""'会后五分钟'咨询答疑交流""民主接待日""支部书记进宿舍、进班组、进家庭""码上提、马上办"等制度，及时了解职工思想动态，解决职工实际困难，职工满意度显著提升。

提升服务职工工作质效，用心用情书写职工幸福账单。以推进生产方式转变为目的，大力推动智能化选煤厂建设，不断提高系统自动化、智能化水平，减少人为干预，降低职工劳动强度，创造良好的生活环境，把职工从生产现场中解放出来。持续推进降尘降噪治理，应用新型雾化降尘装置、全密封抑尘装置等各类除尘降尘设备108台。目前的生产现场，职工坐在干净整洁的区域监控室随时观察生产运行状况，告别了过去靠两条腿来回奔波的局面。建立班前"健康驿站"，测血压、测血糖、量体温，配备应急药品药具。投入2000多万元，实施"两堂一舍"升级改造，硬件软件齐发力，菜品丰富，池水清澈，宿舍整洁，让职工吃得放心、洗得舒心、睡得安心。职工生日、退休等节点赠送纪念品，开展欢送座谈活动、安排疗休养。深度挖掘职工精神需求，建成"尚书选煤"职工书屋，上线智

慧借阅系统，线上+线下配备各类书籍1万余册。

四、主要创新点

淮矿选煤党委坚持党的领导不动摇，围绕加强基层党建工作、推动党建与安全生产经营深度融合进行了一系列创新。

（1）"135"党建工作举措，契合企业实际推动企业高质量发展。公司在党建工作实践中总结形成了"135"党建工作思路举措，即围绕一条主线"坚持以习近平新时代中国特色社会主义思想为指引，深入学习宣传贯彻党的二十大精神"，聚焦3个重点——聚焦安全绿色发展、聚焦创新高效发展、聚焦依法合规发展，加强5项工作建设——持续加强党的政治建设、思想建设、组织建设、作风建设、纪律建设。

（2）"1648"绩效管理模式，实现与主业发展双融共促。在推深做实党建工作与企业生产经营深度融合上积极构建"1648"绩效管理模式。1——围绕"一个定位"——建设现代化煤炭清洁利用加工企业。6——建立"六效"点评机制——效率、效益、效果、效能、效应、效绩。4——推进"四大战略"——精煤战略、人才战略、创新战略、低成本战略。8——构建"八大体系"——本质安全的防控体系、科学精细的生产管理体系、全员参与的技术创新体系、依法合规的现代企业管理体系、德才兼备的人才培养体系、双效优先的薪酬分配体系、高度自觉的党建引领保障体系、以家文化为中心的服务职工群众工作体系。

（3）"揭榜领题"工作机制，提升基层党组织攻坚克难战斗力。在推动基层党建工作实践中，探索开展"揭榜领题"党支部项目课题攻关，形成"专业部门出题、基层支部领题、一线党员攻关"的工作机制，书记领办、党员攻关，聚焦安全生产难点、堵点问题，整合资源全力攻坚，激活"党建+安全生产"内生动力。机关党总支组织职能部门针对生产一线安全生产难点、堵点问题，研究确定攻关课题，在攻克"卡脖子"技术上形成协同优势。基层党支部结合生产实际主动认领"必选题"，自主申报"自选题"，书记带头、党员骨干申领，逐个形成攻关方案，做到计划、目标及措施明确。推行"揭榜领题"项目化管理，明确时间表、路线图，实施挂图作战，压紧、压实攻关责任。项目实施完成后，对攻关成效进行量化评估，对项目创新性较好、具有显著价值的党支部，公司党委予以表彰并定期推广经验做法。近年来，基层党支部立项攻关305项，经专业评审，具有推广应用价值的67项，在公司大力推广应用。

（4）"四个一"工作方法，提升基层党务工作能力。通过推行"四个一"（即"一册、一单、一试、一课"）工作法提升基层党务工作者的工作能力。一册——结合阶段性工作重点和党建工作新任务、新要求组织编制《选煤分公司党务工作应知应会简明手册》，让基层党务工作人员抓好党建工作有了"说明书"。一单——针对性制订《选煤分公司党支部书记思想政治工作任务清单》，将思想政治工作细化为7项、29条任务，通过"三必学""四必宣""六必清""四必谈""四必访""五必帮""三必改"，为基层党组织开展思想政治工作打制一把"金钥匙"。一试——结合阶段性工作任务，每季度开展党务工作应知应会测试，每月编发应知应会学习题，不定期转发各类党务知识，月度学习，季度测试，推动学用结合。一课——在基层党支部推行党支部"微党课"，组织党支部书记、党员骨干围绕党的创新理论，结合单位业务工作，上台分享交流，变被动"听"为主动"讲"，提高广大党员的参与度。公司优秀微党课作品荣获安徽省国资委党委微党课征集二等奖、全国煤炭行业第四届"微党课"大赛三等奖。

（5）"五个维度"服务职工群众，实现职工群众对美好生活的向往。聚焦救助性服务，坚持"一户一策"精准帮扶、分类施助，实现"一人一档"，为在岗职工办理医疗互助保障。聚焦成长性服务，完善人才评价体系，常态化开展岗位练兵、技能竞赛、师徒对子，建设职工书屋，落实"学习力+思考力＝能力"。聚焦成就性服务，努力增创效益，保持工资水平与效益效率同向联动，同步增长。建成劳模创新工作室1个、技能大师工作室2个，实施学历提升、技能等级提升激励，常态开展"五小"科技竞赛。聚焦权益性服务，建立安全管理七大体系，维护职工生命安全和健康权益；加大数智赋能投入，提高职工幸福指数；推行"五班三运转"，维护职工休息休假权益；严格厂务公开，维护职工知情权和监督权。聚焦普惠性服务，推进"两堂一舍"软硬件升级、工厂文明创建"六化""7S"现场管理，营造良好的生产生活环境。职工健康体检标准由过去的690元/人次提高至785元/人次。全员办理生态农品卡保障职工生活所需。

五、实施效果

（1）党的建设坚实有力。基层党组织政治功能持续增强，找到了党建工作与企业发展的"最大公约数"，探索形成"135"党建工作思路。2023年以来，淮矿选煤获得"第七届省属企业文明单位"和集团公司"先进党委""先进集体""安全生产先进单位""资源环保先进单位"等荣誉称号；淮矿选煤党建引领成果荣获2023年全国国企党建创新成果二等奖。领导班子连续3年被上级考核评定为"好班子"。

（2）战斗堡垒建强筑牢。具有淮矿选煤特色的党建品牌矩阵初步形成，培育党总支（支部）品牌47个，淮矿选煤党委"精益智选"品牌成功入选2023年"全国企业党建优秀品牌"。实现基层党支部组织设置、班子队伍建设、党员教育管理、党内组织生活、发挥作用途径、工作运行机制、基本工作保障7个方面的标准化建设，5个党总支（直属党支部）获评一类标准化党支部。"中国好人""煤炭行业技能大师""全国五一巾帼标兵""全国三八红旗手"等党员榜样纷纷涌现。

（3）技术创新成果丰硕。2项成果获得"国家级科学技术奖"，先后完成23项重点科研项目，其中5项成果被中国煤炭工业协会鉴定为具有世界领先水平、3项科研成果被安徽省科技厅鉴定为具有国内领先水平。8篇技术创新论文在2024年晋皖冀三省煤炭洗选利用加工专业学术交流会上获奖，其中一等奖2篇。近3年申请专利项目27项，授权实用新型专利15项。潘集选煤厂数字工厂建设荣获煤炭行业"两化"深度融合优秀项目，顾桥选煤厂智能化建设顺利通过国家验收，公司中心化验室荣获国家级实验室认可证书。

（4）人才队伍更具活力。目前，管理人员中"80后"占比56%，本科及以上学历占比77%，拥有市级劳模创新工作室1个，煤炭行业技能大师3人，安徽省煤矿智能化建设验收专家1人，省属企业"538"英才2人，煤炭行业技能大师3人，7名职工获国家级煤质检验资格证，5名职工取得国家注册安全工程师，技能等级持证率由2019年的61.7%提升至94.2%。公司获评"中国煤炭工业协会人力资源工作先进单位""安徽省劳动保障诚信示范单位"。

（5）安全管理稳中向好。始终坚持"人民至上、生命至上"的安全理念，落实五级事故隐患排查，对照排查安全、机电、生产、工程建设单元57项内容，持续管控选煤厂较大安全风险13个项目。近3年开展安全整治项目95项，投入资金约2592万元。连续6年杜绝轻伤以上事故，连续两年实现"零工伤"。

（6）效率效益稳步提升。克服安全生产等压力，实现精煤产量连续5年创历史新高，2023年精煤产量752万吨——同比增产79万吨，溢价增收47.5亿元——同比增长150%，炼焦精煤合格率99%，动力精煤车运稳定率95.82%。

（7）绿色低碳发展成效显著。坚持"绿水青山就是金山银山"理念，生产用水循环利用率达100%，清水洗煤达国家环保要求，煤炭清洁高效利用水平显著提升，煤泥转化为优质资源，实现了增产创效，全年创收约6500万元，实现环保和增效"双赢"。

六、下一步规划与探讨

国有企业要想在激烈的竞争中取得优势,必须坚持党的领导、加强党的建设,找准党建工作与企业生产经营的结合点和着力点,以高质量党建推动高质量发展。

(一)积极探索党建与业务工作融合发展的方法路径

淮矿选煤在党建工作实践中探索通过组织领导保障企业目标的落实,在历次重要关头、重大考验面前坚持把党的领导融入发扬优良传统、凝聚干事创业的强大力量,但在实践中还需思考党建与安全生产经营的深度融合。

思考一:增强党组织的领导力,落实党组织研究讨论是董事会、经理层决策重大问题前置程序这一要求,使党组织的意志在企业治理中得到充分贯彻。

思考二:把党建工作制度纳入企业管理制度体系,把党组织的地位、作用和运行机制等嵌入企业治理结构之中,实现党建与企业生产经营制度无缝对接、有机融合,确保在企业管理体制机制和制度中发挥作用。

思考三:深入分析、准确把握党建与业务工作的特点和规律,把党组织的要求与企业的实际紧密结合起来,找准切入点和突破口,通过一系列行之有效的措施,以党建促业务、以业务强党建,使二者在相辅相成、相互促进中实现共同发展。

(二)党支部战斗堡垒作用如何在基层工作中有效发挥

淮矿选煤在推进基层党建工作中推行"红色攻坚创效堡垒"党支部课题项目攻关活动,党支部出题,党员做题,针对安全生产难点、难题开展项目攻关,一定程度解决了部分影响安全生产的问题,但还存在实效不够、党员主动攻关意识不足的情形,在基层党建工作中如何实现党务与业务的有效融合还需在实践中进一步探索。淮矿选煤坚持把抓基层、打基础作为长远之计和固本之举,把重大任务落实作为"试金石"和"磨刀石",在加强基层党建工作上持续探索,不断增强党组织的政治功能和组织功能。从企业实际出发,深入开展创先争优、增产创效、技术攻关等活动,党员干部带头挑重担、攻难关,不断增强基层党组织的创造力、凝聚力和战斗力,为企业的持续稳定发展提供强有力的组织保证。

打造特色党建品牌，引领企业高质量发展

创作单位：吉林省交通实业发展有限公司
主创人：张亮
创造人：徐晗　韩家广　李欣雨　张晶

【摘要】伴随着吉林省交通运输行业高速发展，交通材料生产、研发、制造成为行业发展的重要推手，特别是在实施国企改革深化提升三年行动的大背景下，不断增强国有企业基层党组织政治功能和组织功能，如何更好地实现以高质量党建赋能企业高质量发展，党建引领作用再深化、再加强；如何运用党建引领作用加快产业转型升级，推动培育和形成吉林省交通材料产业向新质生产力发展成为吉林省交通实业发展有限公司（以下简称交通实业公司）的重要发展课题。交通实业公司以打造特色党建品牌为载体，将党建与生产经营、党建与业务管理、党建与企业文化建设等方面深度互促融合，形成以党建引领企业高质量发展的新模式。

【关键词】主责主业　党建引领　活动品牌　深度融合

一、实施背景

成立于 2017 年 12 月的交通实业公司是国有独资公司，是吉林省高速公路集团有限公司下属的全资子公司，主要从事交通工程材料研发、生产、加工及销售、物资贸易等业务。公司党支部于 2020 年成立，隶属于吉林省高速公路集团有限公司党委。目前，公司党支部实有党员 28 名，其中预备党员 1 名，是一支有活力、敢担当、讲学习、讲创新、锐意进取的国企基层党员干部队伍。

为深入贯彻落实新时代党的建设总要求和新时代党的组织路线，坚持党对国有企业的全面领导，全面推进吉林省高速公路集团有限公司"1+N"发展战略布局，切实提高基层党组织的凝聚力、战斗力和创造力，引导党员立足岗位、攻坚克难、敬业奉献、勇于担当，于 2022 年打造了独具特色的党建品牌"生'材'建业·引领先锋"，让党建工作在与生产经营融合中彰显价值。

根据吉林省国资委"十四五"规划编制工作的总体要求，交通实业公司坚决贯彻落实吉林省委、省政府和吉林省国资委的决策部署，立足国有功能类企业使命和公路基础设施投资、建设、运营的主业定位，深入贯彻落实党的二十大精神，不断加强党组织建设，促进党建工作与生产建设深度融合，品牌聚焦主责主业，围绕沥青混凝土、标志牌、防眩材料、标线涂料等高速公路建设材料的生产项目，以"科学管理、精益求精、超越自我、同步科技"的发展理念，以服务吉林省"一主六双"发展战略为主线，以深化改革实现高速公路全产业链高质量发展为目标，打造"生'材'建业"主题；同时，充分发挥党建引领航向的先锋作用，将党的引领贯穿公司发展全过程，充分发挥党组织把方向、管大局、做决策、促改革、保落实的领导作用，生产一流材料，打造一流品牌，不断提升企业的经营活力，实现公司高质量发展，保证国有在建高速公路项目交通材料的及时供应，助推吉林省交通建设事业高质量发展，实现党建创新与经济效益双丰收。

二、实施目的

交通实业公司党建品牌的实施目的主要包括：深化党建与生产建设工作融合、深化党建与业务管理工作融合、深化党建与企业品牌建设融合。规范化、标准化落实党建工作任务，创新党建活动平台建设，提升企业形象，切实增强基层党组织政治功能和组织功能，充分发挥国有企业的政治优势，引领企业高质量发展。

（1）深化党建与生产建设工作融合。通过党建品牌的创建和落地，与产业园拌合站及材料生产车间等一线生产单位联合创新开展联学共建活动，进一步强化职工思想政治引领，激发职工工作热情，提升公司运营管理质效，推动企业高质量发展。以共促队伍建设、共享党建资源、共解群众急难、共推事业发展等一系列活动为抓手，深化党建品牌建设，为公司发展提供了具体、生动的"平台"。

（2）深化党建与业务管理工作融合。党建品牌创建有助于夯实基层组织的战斗堡垒作用，通过不断完善党建管理制度、规范党员组织生活、强化党员思想教育工作等一系列措施并与企业精细化管理、标准化建设相结合，确保党的政治领导力、思想引领力、群众组织力、社会号召力得到有效发挥，从而增强基层党组织的政治领导力和思想引领力。

（3）深化党建与企业品牌建设融合。党建品牌不仅是公司内部的凝聚力象征，也是公司外部的形象代表，具备落实全面从严治党的政治责任，是确保国有企业始终沿着正确的方向发展的有力保障。通过党建品牌的建设，能够提升企业的社会形象和信誉，增强公司的市场竞争力。能够充分发挥公司的政治优势，确保公司始终承担起时代使命和担当，以强大的正能量助推交通材料行业发展。与此同时，国企党建品牌的实施能够不断助推基层党组织充分发挥战斗堡垒作用；推动公司内部管理的规范化、制度化；提升企业的市场竞争力和社会影响力，同时确保公司始终沿着正确的方向健康发展。

三、实施过程

围绕公司的材料研发、生产、销售工作，发挥基层党支部的战斗堡垒作用，发挥党员的先锋模范作用。打造"红色前线"生产品牌、"红色堡垒"党组织标准化建设品牌、"红色驿站"文化品牌和"红色加油站"活动品牌。

（一）打造"红色前线"生产品牌

开展"岗位标兵"流动红旗评比活动，组织安全生产知识培训、竞赛，一位优秀党员带出一批优秀工人，让党旗在车间飘起来、让党员身份在一线亮起来，发挥党员的先锋模范作用和先进代表的引领示范作用。

以服务吉林省"一主六双"发展战略为主线，以深化改革实现高速公路全产业链高质量发展为目标，开展"三亮、三比、三评"特色主题实践活动。聚焦主责主业，围绕沥青混凝土、标志牌、防眩材料、标线涂料等高速公路建设材料的生产项目，举办劳动技能大赛，大赛共设置理论基础知识与技能操作两个竞赛单元。全方位考验了一线职工的操作能力和职业技能。不仅为广大职工搭建了展示风采、提升技能的平台，同时也在全公司再次掀起勤练技能、学好技能的良好氛围，充分发挥了党建工作示范引领和激励发展的作用，用脚踏实地的实践活动深入践行新时代党的建设总要求和新时代党的组织路线。

交通实业公司聚焦主责主业，坚持目标导向，把党的领导贯穿到生产经营重难点任务上。吉林省交通材料产业园项目建成了沥青混凝土拌合站、料仓、变电所、沥青检验车间、波形护栏板生产厂房、轻钢生产厂房、喷涂车间、消防泵房及配套的工程和设备设施，拌合站项目实现当年招标、当年建设、当年投产、当年赢利。完成合资公司波形护栏生产线招标、建设、设备安装、调试，为合资公司生产经营业务的顺利开展提供基础硬件保障。

（二）打造"红色堡垒"党组织标准化建设品牌

落实《吉高集团党建工作标准化指导手册》，通过日常管理、内业文档、流程标准化等，规范组织建设、主题活动、"三会一课"等12类标准化党建工作，形成统一的标准化基层党组织工作体系。

不断加强基层党组织建设，完善党建规章制度，构建科学、民主、规范化的党建新格局。满足加强党的执政能力建设和先进性建设、学习型党组织建设的需求，首先要深抓党建工作责任制落实，制订《党建工作责任清单》，形成党要管党，全面从严治党，统一领导、紧密配合、一级抓一级的工作格局。加强工作制度建设，制订督促检查机制，确保工作落实，为生产经营提供坚强的组织保障。

立足基层，成立优质服务党建工作领导小组，由支部书记任组长，支部委员任副组长，党群纪检人事部门人员为组员。深入到基层单位及一线职工中探索符合时代特点的党建工作新办法，使创建党建品牌工作成为加强和改进党建工作的重要抓手；探索党建工作服务于公司管理工作发展的新途径，充分发挥党建工作对经营管理的推动作用，使创建党建品牌工作成为促进公司各项工作发展的强大动力；探索党员发挥先锋模范作用的新领域，使创建党建品牌工作成为深受职工和客户信任的党建工作亮点工程。

（三）打造"红色驿站"文化品牌

通过开展学习贯彻习近平新时代中国特色社会主义思想主题教育、党纪学习教育等一系列主题活动，深入学习党的最新理论成果，进一步用党的创新理论武装头脑、指导实践、推动工作。充分发挥图书室、标语、展示栏等公共文化资源和设施的作用，打造党建文化长廊，以拓展党建、红色教育平台阵地为定位，以夯实党建基础为主线，构筑靓丽红色风景线，使之成为建设"红色驿站"文化品牌的重要推手。

紧密结合公司党建工作的实际，以因地制宜、务求实效的原则，创建品牌阵地、划分党建责任区，搭建党建会议室，建立党建图书室等阵地活动场所，求真务实，遵循规律，讲究方法，扎实推进，不断增强党建工作的实效性和针对性，使创建党建品牌与公司各项工作相互促进、协调发展。

（四）打造"红色加油站"活动品牌

深化、巩固学习贯彻习近平新时代中国特色社会主义思想主题教育活动，积极探索发挥党组织战斗堡垒作用和党员先锋模范作用的有效机制和载体，邀请党校教授进行专题授课培训。认真领会党的二十大的精神实质和丰富内涵，切实把学习宣传贯彻精神转化为锐意进取、真抓实干的工作动力。党员领导干部带头开展冲锋一线、调查研究、难题共解等行动，组织开展形式多样的主题党日活动，努力把党的组织和党的工作覆盖到工作生活的各个领域各个环节，打造有深度、有内涵、有成效的"红色加油站"活动品牌。

采取多种形式宣传开展党建品牌活动，扎实开展"我为群众办实事"实践活动。全年周密部署深入长德社区开展党支部联系点"双百共建""微心愿""一老一小"慰问活动，建立长效机制。围绕"奋斗十四五、建功新时代"主题实践活动，结合生产经营实际，将党建工作与生产经营深入融合，打造独具特色的品牌理念，充分发挥党组织的战斗堡垒作用及党员的先锋模范作用。

四、主要创新点

（一）工作目标与党建任务深度融合

交通实业公司把工作中的重点难点作为党建和业务工作的最佳结合点，围绕重难点把党的领导融入到公司发展的各个环节、全过程，确保目标统一。党支部结合中心工作开展"立项攻坚"活动，党支部紧盯公司改革发展和生产经营方面的重点难点及堵点和疑点问题"立项"，党员围绕支部立项内容，制订个人年度"立项攻坚"目标，建立健全推动落实的责任体系，明确项目实施和发展路径。签订了"立项攻坚军令状"，使立项工作形成"以点带线，以线带面，以面阔体"的良好引领带动作用，真正使项目"立得住、有分量、出效果"。将党建工作完成情况，如党员理论学习时间、学习质量、日常参加组织活动出勤情况等与业务工作一同作为绩效考核项，并将中心工作的考核结果作为党建考核的重要依据，双项考核。明确党建与生产经营同研究、同部署、同落实、同考核、同述职，真正聚焦企业经营发展，激发攻坚克难"新动能"，树立国企担当"风向标"。

（二）在组织生活与团队建设上深度融合

交通实业公司充分发挥国企党建政治优势，创新理论学习方式，严肃开展集中学习和保质保量完成个人学习。同时，每天利用碎片时间向党员分享"学习强国""新时代e支部"等平台中的精选文章、特色短视频、业务知识等，将传统集中教育延伸为"指尖上"的学习，实现党建培训随时、随地、随学、随用，将组织生活深入融合到党员学习工作日常。抓实主题党日创新学习阵地。主题党日活动是党内政治生活的一项重要制度，是党员磨砺党性、提高政治思想觉悟的重要阵地。交通实业公司抓住重要时点，开展了系列主题党日活动，活动不仅仅局限于党员，面向全体员工开展党日活动，以党建带团建，以团建聚人心。有效增强了党组织的战斗力和凝聚力，成为全体党员干部职工的加油站、组织生活的红色窗口及党员理想信念教育的重要支撑。

五、实施效果

（1）加强党员教育培训，提高党员整体素质。交通实业公司党支部通过搭建党建品牌平台，充分发挥党员活动室的阵地功能，定期对党员进行教育管理。根据自身实际，制订年度培训计划、学习方案，重点抓好对党的二十大精神及习近平总书记系列重要讲话和重要指示批示精神的培训学习，切实强化创先争优、"比、学、赶、超"意识，推动公司各项工作有效开展。通过培训，全体党员的政治素质和业务能力得到了全面提升。

（2）围绕生产经营，深化党支部品牌建设。围绕主责主业，以交通材料产业园为基层党建活动阵地，充分发挥生产一线党员干部的先锋模范作用，以精细化管理为保障，不断开拓市场，提高产品质量，强化品牌效应，以生产一线工人干部为主体保安全、促生产，以先进典型为引领，崇尚敬业精神、规范安全生产活动。开展系列党建品牌活动，促进党建与企业中心工作同频共振，充分发挥党组织的战斗堡垒作用及党员的先锋模范作用，真正起到了以党建促发展的重要职能作用。

（3）以品牌建设为平台，树立了公司良好形象。党建品牌创建活动围绕"生'材'建业·引领先锋"创建的生产经营、党组织标准化建设、文化和活动四大品牌文化板块，在全公司范围内开展形式多样的党建文化活动，充分发挥党建品牌的示范带动效应，形成具有特色亮点、代表性强的党建品牌文化。树立公司良好的社会信誉和形象，进一步推动党支部履行职责创先进、全体党员立足本职争优秀，切实把党的组织资源转化为科学发展资源，进而把公司各方面力量动员和凝聚起来，全面提升公司的核心竞争力，推动交通事业又好又快发展。

六、下一步规划与探讨

（1）强化领导，确保品牌质量。在创建党建品牌的过程中，公司党支部要提高对品牌创建活动的领导力和执行力，公司全体党员要提高凝聚力、号召力和创造力，制订健全党建管理制度和有效工作机制，结合集团公司党建工作要点，制订方案，在制度上保证品牌建设的有效开展。

（2）宣传动员，统一思想认识。创建活动是塑造党支部先进文化、构建核心价值体系、提升服务水平的重要载体，要把创建活动列入重要议事日程，充分调动支部党员的积极性、主动性和创造性。全体党员要维护党建品牌形象，在工作中依照品牌创建的标准和要求认真落实。

（3）立足实际，注重工作实践。在党建品牌创建活动中，要立足行业特点。突出实践特色，创新活动主题，用鲜活的形式和内容确保活动取得实效。全体支部党员干部要以求实的态度去工作、以务实的作风当先锋，创建党建品牌，创造一流业绩。

构建"11611"党建工作管理体系，以高质量党建引领企业高质量发展

创造单位：中国铝业股份有限公司连城分公司
主创人：康会林　张永强
创造人：李海莉

【摘要】坚持党的领导、加强党的建设，是国有企业的光荣传统，是国有企业的"根"和"魂"，是国有企业的独特优势。中国铝业股份有限公司连城分公司（以下简称连城分公司）党委坚持以习近平新时代中国特色社会主义思想为指导，深入学习贯彻党的二十大精神，按照新时代党的建设总要求，坚持党建引领，强化管理创新，结合实际，不断探索研究，全面推行"11611"党建工作管理体系，有效促进党建工作质量提升，有力推进党建和业务工作双向融合，为企业高质量发展提供坚强有力的政治保障和组织保障。

【关键词】党的领导　"11611"党建工作管理体系　党建引领　双向融合

一、实施背景

坚持党的领导、加强党的建设，是我国国有企业的光荣传统，是国有企业的"根"和"魂"，是我国国有企业的独特优势。

（一）坚持党的领导、加强党的建设的重要意义

中国特色社会主义最本质的特征是中国共产党领导，中国特色社会主义制度的最大优势是中国共产党领导。中国共产党是中国特色社会主义事业的领导核心。党的领导是做好党和国家各项工作的根本保证，是战胜一切困难和风险的"定海神针"。坚持党对一切工作的领导，在新时代坚持和发展中国特色社会主义基本方略中处于首要，在我国国家制度和治理体系中位居统领，是党和国家的根本所在、命脉所在，是全国各族人民的利益所在、幸福所在。

国有企业作为中国特色社会主义经济的"顶梁柱"，必须旗帜鲜明讲政治，把党的政治建设摆在首位，增强"四个意识"、坚定"四个自信"、做到"两个维护"，牢记"国之大者"，始终成为党和国家事业发展的重要依靠力量。

（二）连城分公司加强党的建设的实践探索

2016年的全国国有企业党的建设工作会议召开后，国有企业党的建设迎来新的时代，国有企业基层党组织牢记初心使命，基层党建工作不断高质量推进。近年来，连城分公司深入贯彻全国国有企业党的建设工作会议精神，认真落实《中国共产党国有企业基层组织工作条例（试行）》，把握高质量建设的基本要求，肩负高质量建设的使命担当，拓展高质量建设的途径方法，树立高质量建设的总体标准，启动高质量发展的传动引擎。

坚持党的领导、加强党的建设，关键是加强国有企业基层党组织建设，夯实基础，筑牢根基，把国企基层党组织建设成为坚强战斗堡垒，从而为巩固党长期执政的组织基础、夯实执政根基做到守土有责，让党放心。如何加强基层党组织建设，连城分公司党委不断探索实践，从建立健全、完善优化管理体系入手，强化政治引领，突出政治功能和组织功能，将党的领导落实到基层的方方面面，确保党的路线方针政策部署在基层落地生根。

2023年以来，连城分公司党委坚持以习近平新时代中国特色社会主义思想为指导，深入学习贯彻党的二十大精神，在中铝集团党组、中铝股份党委和兰州铝业党委的坚强领导下，认真落实全面从严治党责任，充分发挥党委"把方向、管大局、保落实"的领导作用，坚持党建引领，创新发展，着力构建"11611"党建工作管理体系，有效促进党建和业务工作深度双向融合，为企业生产经营提供坚强有力的政治保障和组织保障。

二、实施目的

"11611"党建工作管理体系是适应新时代党的建设总要求，不断加强连城分公司党的建设，提高党建工作规范化、科学化水平，进一步发挥高质量党建对企业高质量发展引领保障作用的创新路径和有效方法，旨在深入贯彻落实党的二十大精神和习近平总书记的重要指示批示精神，切实强化党组织政治功能和组织功能，聚焦生产经营、改革发展重点任务，不断彰显党建价值创造力，对不断拓展"居山沟，创一流"企业文化内涵、赓续连铝精神、推动电解铝卓越标杆企业打造具有显著成效。

三、实施过程

连城分公司党委立足实际，学习借鉴兄弟单位的方法模式，不断拓宽思路，把握党建工作管理体系的核心内容和重点工作，强化系统性、全面性和针对性，着力融入党建日常工作和创造性活动，严格落实党建工作责任制，深化党建和业务双向融合。

（一）发挥党委"把方向、管大局、保落实"的领导作用

就连城分公司党委而言，当前乃至今后很长一段时期，就是要把"把方向、管大局、保落实"这9个字的定位真正落到实处。把方向，就是要始终同党中央保持高度一致，坚决贯彻党的理论和路线方针政策，确保企业改革发展的正确方向。管大局，就是要坚持在大局上见行动，议大事、抓重点，加强集体领导，推进科学决策。保落实，就是要通过抓关键少数、抓重点突破、抓班子带队伍、抓监督促落实，确保中央精神落实、上级部署落实、中心工作落实。"把方向、管大局、保落实"，辩证统一于新时代国企党建工作具体实践，是新时代加强与改进党对国有企业领导的重要法宝。

连城分公司党委深入贯彻落实新时代党的建设总要求，巩固深化全国国企党建会议精神贯彻落实情况"回头看"成果，始终坚持发挥"把方向、管大局、保落实"的领导作用，在实践中探索有效路径，通过健全公司治理结构、完善企业领导机制、完善党委前置研究程序、完善选人用人机制、加强企业民主管理、构建大监督机制、加强企业文化等7个方面牢牢把准企业的政治方向、改革方向和战略方向，保障发展任务目标全面落实，推进企业高质量发展。

（二）坚持"围绕中心，服务大局"的工作定位

"围绕中心，服务大局"是党组织增强凝聚力、向心力和战斗力的重要体现。党建工作必须聚焦"围绕中心、服务大局"来谋划推进，牢固树立围绕中心抓党建、抓好党建促发展的理念，引领基层党组织和党员干部积极投身连城分公司"扛标创标"、打造"四个特强"、建设"新中铝"的生动实践。

围绕生产经营中心工作，各基层党组织用好党建工作全要素对标提升、"共学互促"活动和"三型六化"党支部创建达标"三抓手"，深入推进基层党建提质增效"七抓"工程，不断提升工作质效，助力标杆企业打造，实现了党建优、业绩优。各基层党组织坚持党建引领，聚焦500kA电解系列达标创标，把党建融入全要素对标、价值创造、科技创新、智能化绿色工厂创建等各项工作，找准党建与业务工作深度融合的突破口和连接点，打造富有企业特色的"党建+"系列创新实践，推进"两带两创""一单位一品牌""连铝创新论坛"等党建品牌建设，充分发挥党支部的战斗堡垒作用和品牌辐射带动作用，不断推动连城分公司标杆企业打造和高质量发展行稳致远。

各级党组织通过主题教育调查研究，深化践行"四下基层"制度，破解生产经营、改革发展任务难题，破解业务薄弱环节反映出的思想观念问题、工作作风问题和能力问题。通过服务职工岗位建

功,以多项劳动竞赛、四级技能比武开展、"智能数控创新工作室"创建和合理化建议征集评比等,促进职工技能提升,推进基层创新创效。通过服务职工生产生活,创建标准化班组活动室,为中铝股份提供样板模型与数据支撑,在所属企业推广;开展全员健康体检、工会会员生日慰问、关爱帮扶等"我为群众办实事"实践活动百余项,提升职工获得感、归属感和幸福感;组织趣味运动会、排球赛、文艺演出等文体活动,丰富职工业余文化生活。通过落实党建带团建十六条重要措施,强化青年思想教育和职业规划引导,深入实施"青年精神素养提升工程"和"青马工程",开展新入职青年主题活动、微宣讲、"青字号"创建等活动,有效培育和提升青年队伍动能。通过全面加强领导,凝聚统战对象思想共识,切实提升党建工作群众满意度。

（三）加强"6个方面"建设

新时代党的建设的总要求指出,要全面推进党的政治建设、思想建设、组织建设、作风建设、纪律建设,把制度建设贯穿其中。连城分公司党委坚持以党的政治建设为统领,把政治标准和政治要求贯穿党的思想建设、组织建设、作风建设、纪律建设及制度建设、反腐败斗争始终,以政治上的加强推动全面从严治党向纵深发展,引领带动党的建设质量全面提高。

连城分公司各级党组织不断加强政治建设,提高政治站位,深入学习习近平新时代中国特色社会主义思想,深刻领悟"两个确立"的决定性意义,增强"四个意识"、坚定"四个自信"、做到"两个维护",确保在政治立场、方向、原则和道路上同党中央保持高度一致。不断加强思想建设,用马克思主义理论和党的路线方针政策武装党员,增强党性观念和政治意识,坚持理论联系实际,通过主题党日活动等方式加深理解和认识。不断加强组织建设,加强党员教育管理,建立健全党员档案和制度;严格组织生活,规范开展"三会一课",抓好基层党组织书记抓党建工作述职评议等工作,推动基层党组织全面过硬、全面进步。不断加强作风建设,开展"改进作风建设,提升执行力"专项行动,进一步增强广大党员干部的政治自觉、规矩意识、纪律观念,形成求真务实、真抓实干、务求实效的工作作风,把作风大转变转化为工作大落实,促进生产经营各项工作高质量完成。不断加强纪律建设,扎实开展党纪学习教育,强化纪律意识,严守党的政治纪律和政治规矩;加强党风廉政建设,营造风清气正的政治生态;发挥党员的先锋模范作用,积极为党和人民服务。不断加强制度建设,建立健全各项制度,包括基本制度、业务制度、考核制度等,保证党支部工作的规范化、标准化、严实化。

（四）构建"11356+N"双向融合模式

党建与业务工作双向融合,是国有企业党建工作的生命力所在。《中国共产党国有企业基层组织工作条例（试行）》明确指出,国有企业党组织应坚持党建工作与生产经营深度融合,以企业改革发展成果检验党组织工作成效。立足连城分公司实际,以推进党建和业务工作双向融合为目标,通过机制构建、载体创建、"双百分"考核等方面的研究,探索连城分公司促进双向融合的新路径、新方法、新措施,构建"11356+N"双向融合模式,以高质量党建赋能企业高质量发展。

1. 抓好"1条主线"

坚决落实"两个一以贯之",紧紧围绕深入实践"党建经营双融双促"这一主线,拓宽党建工作思路,树立抓党建、强党建的工作理念。紧密围绕中心工作制订年度党建工作计划、编制重点任务清单,每年初下发党建和思想政治工作要点,召开党建工作会议、"两优一先"表彰会,对先进集体和优秀个人进行宣传示范,对党建工作进行总结评估、系统谋划和布置安排,从源头上做到党建工作与业务工作目标同向、部署同步、工作同力。

2. 坚持"1个保障"

深入贯彻落实全面从严治党要求,深化政治监督,构建完善以党内监督为主导的"大监督"体系,强化监督保障。坚持推动贯通融合,着力推动完善党委全面监督、纪委专责监督、职能部门专业监督、党的基层组织日常监督、职工群众民主监督五位一体的"大监督"体系，持续加强重点领域监督，扎牢织密监督网，进一步提升监督合力，强化对权力运行的监督和制约，为连城分公司党建和业务工作双向深度融合提供坚强保障。

　　3. 健全"3个机制"

　　一是健全党建运行机制，提升党建科学化管理水平。着重抓党建工作制度体系建立，将党建制度建设纳入企业制度体系建设整体规划，形成较为完善的党建工作制度体系，为提升党建管理水平、促进党建和业务工作双向融合提供制度依据。二是健全党建考评机制，强化党建责任落实。连城分公司党委创新落实中铝集团党建与生产经营"双百分"考核机制，制订实施党建工作责任制考核实施方案，突出政治引领，突出双向融合，执行"4+1"党建工作考核模式，发挥考核"指挥棒"作用。三是健全党建与业务工作"四同步"机制，促进深度融合。坚持党建工作与业务工作同谋划、同部署、同推进、同考核，把推进党建"第一责任"和推动发展"第一要务"有机融合，以高质量党建促进高质量发展。

　　4. 抓好"5个融入"

　　一是融入公司治理各个环节。坚持把党的领导与完善公司治理相统一，努力构建协调运转、有效制衡的公司治理机制，持续推进企业治理体系和治理能力现代化。二是融入企业生产经营。坚持把党建工作与生产经营管理一体化同步推进，聚焦中心工作，引导各级党组织将党建融入价值创造、全要素对标、科技创新、安全环保、风险防控等方面，提升党建价值创造成果，使党建工作"软实力"转变成生产经营"硬支撑"。三是融入企业文化建设。以"居山沟，创一流"为统领，不断丰富连铝精神谱系，协同打造富有亮点特色的企业文化示范单位，发挥企业文化引领人、凝聚人、带动人的作用。四是融入品牌建设。充分发挥党建引领作用，持续深入开展党建"一单位一品牌"创建活动，打造了以"五优五强"电解尖兵党组织、"三像"队伍、"动力先锋"、"三抓三比三有"支部工作法等为代表的党建品牌，切实用品牌建设的理念、方法和机制加快推进党建与业务互促共进，把党建工作优势转化为企业竞争优势。五是融入群众需求。持续推进职代会制度，深化厂务公开，抓职工提案落实、抓量化目标落实、抓代表履职落实。切实将民主管理融入日常管理工作当中，打造由"春送健康""夏送清凉""金秋助学""冬送温暖"等组成的"温情你我他"品牌，进一步增强职工群众的安全感、获得感、幸福感。强化职工技能提升，促进青年成长成才，关心员工职业规划，确保人才梯队建设工作稳中有进。创新开展线上线下形式多样的文体活动，加强职工文化阵地建设，丰富职工的生活，满足职工的精神需求。

　　5. 发挥"6个作用"

　　一是充分发挥党组织政治引领作用。以政治建设固本，坚持政治统领，把牢高举旗帜的"定盘星"，筑好听党指挥的"压舱石"。二是充分发挥党建引领作用。加强思想引领，把全体干部员工的思想统一到党中央和上级党组织部署上来，找准党建与业务工作深度融合的突破口和连接点，积极开展"党建+现场提升""党建+科技创新""党建+管理改革""党建+乡村振兴"等"党建+"活动，进一步促进双向融合，推动连城分公司高质量发展。三是充分发挥党支部的战斗堡垒作用。坚持从实际出发，积极探索基层党建工作新途径，通过"两带两创"项目攻坚等，有效地把党建工作贯穿和渗透到基层班组、党员岗位及安全生产、经营等各项活动中去，为充分发挥基层党支部的战斗堡垒作用铺路搭桥。四是充分发挥党员的先锋模范作用。通过建立党员突击队、志愿服务队，开展"党员示范岗"、"红旗责任区"、党员"双提升"等活动，着力调动广大党员干部的积极性和创造性，强化示范引领。五是充分发挥服务保障作用。基层党组织持续深化党史学习教育常态化、长效化，结合"我为群众办实事"实践活动，创新服务载体，拓展服务内容，整合服务资源，提升服务水平，凝聚人心，积聚力量，为连城分公司"扛标创标"奠定良好的群众基础。六是充分发挥共建和谐作用。努力构建

"资源共享、组织联建、相互促进、共同提升"的结对共建工作格局，推动结对党支部和广大党员带头履责，推进支部和谐共促，增强党支部的凝聚力和战斗力，为连城分公司高质量发展提供强大的组织保障。

6. 拓展"N个载体"

在具体实践过程中，各级党组织通过"N"个载体平台拓展"双向融合"新成效。建立"一单位一品牌"示范平台、"手拉手"结对共建平台、"我为群众办实事"党组织服务平台、"双提升"党员争优平台、"两带两创"项目成果发布平台、"连铝创新论坛"发展平台、"党旗在一线高高飘扬"党员奉献平台等"双向融合"载体平台，同时鼓励和支持各级党组织根据新形势、新任务，拓展多维度的新载体、新平台，使党建与业务融合始终站在时代前沿、发挥法宝作用，不断推动双向融合创新发展。

（五）实现1个目标

新时代党建工作的创新是提高党建工作内在活力和促进各项工作协调发展的重点，通过创新实践充分发挥党建赋能的优势，推进党建与中心工作融合发力，从而带动激发企业干事创业活力，进而推动企业高质量发展。

连城分公司党委坚持以习近平新时代中国特色社会主义思想凝心铸魂，通过"11611"党建工作管理体系的实施，推动党建引领强基铸魂，凝心聚智服务大局，强化监督全面从严治党。全公司上下围绕年度工作思路，把"四个零容忍"贯穿始终，扎实推进强基固本、提标创标中心工作，取得了亮眼的工作成效。经营业绩创下历史新高，实现建厂以来最好的经营业绩；科技创新取得丰硕成果，为铝电解综合电耗稳居行业第一提供了有力支撑；生产管控水平持续提升，各项指标稳步优化，产品质量稳步提升；现场面貌得到极大改善，打造窗口形象，提升了本质安全水平。设备梯级提升取得成效，现场设备环境大幅改善，生产保障能力得到提高；改革发展持续走深走实，实现员工增收、企业增效。

四、主要创新点

（1）理念上的创新，发挥党建引领作用。适应新时代党的建设总要求，就要在理念上有所突破、有所创新。连城分公司党委积极转变观念，更新理念，集中精力探索研究指导党建工作科学化的管理体系，以更加宏观的视野和开阔的思路，坚持以政治建设为统领，既把握全面，又统筹兼顾，为创建新型党建工作管理体系把舵领航。

（2）方法上的创新，提升党建工作实效。研究表明，传统意义的党建工作模式已不适应高质量发展的要求，对此，连城分公司党委高度重视，认真研究，不断创新载体、丰富平台，积极创新党建工作法和发展模式，构建实施了"11611"党建工作管理体系和"11356+N"双向融合模式，为实现高质量党建奠定基础。

（3）机制上的创新，强化党建工作保障。创新机制是从制度方面着手，建立健全管理制度，与创新机制结合，有条不紊推进党建工作的开展，党建创新水平和保障发展能力进一步提升。强化党建工作责任考核与监督，建立党建工作考核评价机制、基层党组织书记抓党建述职评议等做法，加强对党建工作责任落实情况的检查监督。加强党内法规制度学习贯彻，抓好党内法规制度的执行，确保全面从严治党各项要求落实、落地。

五、实施效果

（1）政治建设有高度。始终把政治建设摆在首位，持续深入学习贯彻党的二十大精神，坚持把学习贯彻落实习近平总书记的重要指示批示精神作为加强党的建设和加强党的政治监督的首要任务，深刻把握其科学体系和丰富内涵，不断提高理论素养，夯实思想基础，强化担当作为，突出成效检验，不断提高从政治上观察问题、分析问题、处置问题的能力，确保习近平总书记的重要指示批示在连城分公司落到实处，形成推动落实连城分公司改革发展的重要举措。

（2）企业影响力有提升。以党建管理体系的运行，推动党组织围绕提升企业核心竞争力和增强核心功能，有效发挥支部战斗堡垒作用和党员先锋模范作用，形成连城分公司价值创造力强、科技创新力强、管理引领力强、文化软实力强的"四梁八柱"远景规划，拓展"居山沟，创一流"企业文化内涵，创新企业文化建设，以企业宣传片、复产纪录片、复产故事集、《先锋100》图册等文化产品凝心聚智。注重先进典型引路，2023年以来，积极争取45项中央企业及省市县各级荣誉，营造了崇尚先进、学习先进、争当先进良好氛围。

（3）打造行业标杆有成果。2023年以来，在"11611"党建管理体系的推动下，连城分公司管理效能不断提高，人才队伍建设成效显著，经营业绩成色十足，生产管控水平持续提升，各项指标不断优化，其中铝液综合交流电耗在行业内处于领先水平，被中铝股份列为2023年电解铝标杆企业，并被评为2024年（第三届）中国优质电解铝生产厂商。职工共享改革发展成果，实现了企业增效、员工增收。

（4）科技创新有成效。坚持党建引领科技创新，以创新驱动发展，加快培育企业新质生产力。强化技术攻关和成果转化，铝电解直流电耗12300千瓦时/吨铝技术获得中铝集团科技进步一等奖，3个项目获得甘肃省有色冶金工业协会科技进步一等奖，2个项目分别被评价达到国际、国内先进水平。自主开发人力工资系统、技能等级管理系统、外包方按订单发货系统等，推进智能工厂建设，智能信息化管理水平稳步提升。坚持能源先行，2024年上半年水电、新能源电力占比达到了75%，为连城分公司打造绿色产品奠定了基础。

（5）现场管理有亮点。以"党建+现场管理"为载体，攻克现场治理难点痛点问题，提升现场管理水平，打造了以机修二厂组装一、二作业区为代表的示范窗口，提升了现场定置管理素养和本质安全水平。各单位以点带面提升现场管理，用实际行动践行"新中铝"建设大讨论成果和主题教育调研成果。承办中铝股份"五标一控"管理模式现场推进会，展示了连城分公司良好的企业形象，得到了业内同仁极高的评价。

（6）能耗指标有降低。主要能耗指标达到电解铝行业能效标杆水平，顺利组织通过2023年度省级节能监察，500kA铝液综合电耗提前完成2025年电耗限值目标，全年碳排放强度完成考核目标任务；顺利通过能源管理体系认证，获得绿电铝产品评价证书，并荣获2023年绿色"双碳"目标下砥砺奋进的中国铝工业代表企业和"2023年中国铝产业节能降耗标杆企业"称号。"无废工厂"创建工作取得实效，连城分公司已成为兰州市首批"无废城市细胞"命名单位，开展厂区绿化美化，四季有绿、三季有花的花园式绿色工厂初显成效。

（7）安全环保有提升。认真贯彻落实习近平生态文明思想和安全生产重要论述，坚持"从零开始、向零奋斗"，按照"两再"的要求，全面落实各级安全管理责任，组织开展"四铁"反违章、深井铸造安全专项排查整治、炭素现场达标创建等专项行动，不断夯实安全管理基础；实施叉车雷达防护、抬包自动清理、天车智能防撞、磷铁清理机器人等设备改造，提升了本质安全水平；加大违章行为治理力度，施行安全累进激励政策，发动全员开展违章行为辨识，从根本上减少违章及安全事故的发生，保持了安全形势总体平稳的良好态势。

六、下一步规划与探讨

下一步，连城分公司党委将在中铝集团党组、中铝股份党委和兰州铝业党委的坚强领导下，以"扛标创标"为己任，坚持党建引领聚力、深化融合赋能，进一步做优党建管理创新，实施好、完善好"11611"党建工作管理体系，在推动连城分公司打造卓越标杆企业的新征程中凝聚力量，在"新中铝"建设中建功立业。

（1）明确工作目标，有的放矢落实。在"11611"党建工作管理体系的指导下，进一步明确今后的工作目标,即在融合融入上突出"准"、在对标提升上突出"实"、在创优品牌上突出"新",坚持党建引领强保障、文化塑形促发展、全面从严治党树新风、工会服务提效能、青年建功展作为、统一战线聚合力,做到党建守正,宣传创新,纪检聚焦,群团提质。

(2)拓展工作思路,精准施策发力。坚持以习近平新时代中国特色社会主义思想为指导,秉持"惟实励新、聚智超越"的强企理念,巩固拓展主题教育成果和全国国企党建会精神成果,抓好"新中铝"建设各项工作,聚焦党建引领赋能、党建对标提升和党建价值创造,紧紧围绕年度工作思路,坚持和加强党的全面领导,贯彻党建工作责任制落实,抓细党建全要素对标提升,全面系统整体提升党建工作质量。

(3)完善工作体系,全面对标提升。对标对表新时代党的建设总要求,深化贯穿落地中铝股份党委"113467"党建工作格局,持续构建高质量的党建工作指标体系、考核体系、制度体系和对标体系。完善并严格落实四级责任清单,健全责任链条,优化连城分公司党建责任制考核机制,以月度跟踪反馈机制和季度、年度党建工作责任制考核,持续深化党建全要素对标提升工作、"三型六化"党支部创建达标和党建工作"共学互促",重点打造一批具有先进性、示范性、引领性的优秀党组织和标杆党支部。

"11611"党建工作管理体系,是连城分公司深入学习贯彻党的二十大精神,落实新时代党的建设总要求,坚持"融入融合、对标提升、创优品牌"工作方针,牢记国企使命担当,融入中心抓党建,抓好党建促发展,在实践中创新摸索出的一套实用管用的管理体系,对推动连城分公司党建工作高质量发展起到积极作用,为连城分公司打造电解铝卓越标杆企业、实现内涵式高质量发展增添新动能。

党建＋文化深度融合，推动农商行高质量发展路径探析

——以荔浦农商行"普裕"企业文化打造为例

创造单位：广西荔浦农村商业银行股份有限公司
主创人：范树育　梁建华　王涛
创造人：王登富　余业飞　黄志琛　张雪婷

【摘要】 在当今的经济形势下，高质量发展转型已成为许多农村中小银行追求的目标，要实现高质量发展转型，党建和企业文化的深度融合显得尤为重要。本文从探析广西荔浦农村商业银行股份有限公司（以下简称荔浦农商行）的"普裕"企业文化打造及发展转型路径角度出发，详细探讨党建和企业文化深度融合带来的推动力和作用。

【关键词】 荔浦农商行　党建　"普裕"　企业文化

一、实施背景

新时代，农商行如何加快推动党建与企业文化有机融合实现业务高质量发展是贯彻落实习近平新时代中国特色社会主义思想的实践要求和必然选择。

推动党的建设和企业文化深度融合是农商行坚守金融工作政治性和人民性的内在要求，是提升农商行服务乡村振兴效能的现实需要，是助力农商行高质量发展的必然趋势。

二、实施过程及效果

近年来，荔浦农商行创新了思想政治建设"五心"工作法，融合广西农信"挎包精神"和本地实际提炼出"普裕"企业文化及"普裕"系列党建品牌，通过实施"思想共融、组织共建、清廉共创、活动共促、品牌共铸"等"五共"措施，统一员工思想、强化攻坚克难，初步探索出一条党建培根铸魂、文化凝心聚力，赋能企业发展的转型之路。

（一）思想共融，凝聚发展"认同感"

从多年党的建设和思想政治工作实践中，荔浦农商行总结提炼出以习近平新时代中国特色社会主义思想为指导，厚植爱国忠心、恪守廉洁本心、激发实干信心、深植合规修心、涵养为民初心的"五心"工作法。围绕"学懂弄通新思想"的目标任务，坚持以党的思想建设为引领，推动企业文化建设。一是丰富思想教育形式，扎实推进思想政治教育、"党建联建共创"活动，引导全员做党内政治文化传播者、优秀文化的倡导者，与荔浦市纪委、法院、公安局等联合开展思政教育活动，进一步提升员工纪法意识。二是创新理论学习方式方法，通过"线上＋线下"相结合的方式，认真落实"第一议题"制度，利用理论学习中心组、"三会一课"、新时代文明实践所等线下平台及国资e学、学习强国、八桂先锋等线上平台，创新开展"领导班子讲党课""云党课""读书会"等主题鲜明的特色活动，提高全行员工的政治理论水平。

（二）组织共建，描绘发展"路线图"

为打造新型"浸染式"服务型党组织，荔浦农商行动员各党支部"走出去"，与辖区各类型党组织常态化开展"三会一课"、主题党日、党性教育、志愿服务等，推动跨单位党建、业务同向提升。通过联建共建了解群众金融需求，差异化制定"金融夜校""金融知识小讲堂"等宣传方案，常态化开展"万名农信党员进万村""亮岗组队联建""整村授信、户户有信"工程，推动"我为群众办实事"

实践活动走深走实，累计开展"金融夜校""金融知识小讲堂"等宣讲活动300余场次，已采集"白名单"7万余户。

通过改善服务载体、优化服务功能、打造先锋队伍、创新服务模式，荔浦农商行不断把广大群众凝聚在基层党组织周围，着力打通联系服务群众的"最后100米"。根据荔浦农商行首创"浸染式"服务型党组织打造实例撰写的《农商行新型服务型党组织研究——以荔浦农商行"浸染式"党建为例》获评2023年"全国企业党建优秀课题成果"。

（三）清廉共创，涵养发展"廉动力"

荔浦农商行将2022年、2023年分别确定为该行的"清廉文化建设探索丰富年"与"清廉文化建设深化落实年"，聚焦"品牌树廉""教育守廉""制度固廉""宣传倡廉""监督促廉""活动助廉"6个方面全力发力，旨在推动"廉文化"建设转化为高质量发展"廉动力"。

"六廉"行动主要举措包括：开展勤廉榜样选树活动，强化正向引领作用，累计推选出4名"勤廉"榜样，通过树立典范，引导党员干部职工见贤思齐、廉洁奉公、奋发作为；组织党员干部职工参观广西农信清廉馆、开展系列思政教育之理想信念和纪法教育课程，组织到杜莫张村廉政文化馆等开展"现场+课堂"教育，深化党性教育；结合实际落实党风廉政建设相关制度，签订《员工廉洁从业承诺书》《清廉家庭承诺书》等，进一步筑牢廉洁从业防线；在微信公众号平台上线"清风廉音""清廉金融文化建设"专栏，利用线上媒体诠释清廉金融文化，建设清廉金融文化宣传栏、清廉文化长廊，以"润物无声"的方式弘扬崇德尚廉良好风尚；开展廉洁"家访"、家庭"助廉"座谈会，发放清廉家风倡议书，全面构筑廉洁防线；创新开展清廉建设系列活动，读清廉名言、讲清廉故事、绘清廉漫画，进一步厚植清廉沃土。

（四）活动共促，深挖发展"新动能"

荔浦农商行积极组织辖内各党支部与外部各类基层党组织开展"党建引领促发展，联学共建助振兴"主题活动，探索实施"党建共建+特色支行+集中授信"的金融服务乡村振兴新模式，通过建设服务个私主体、花卉苗木、食品药品、光电科技、衣架家居、建材行业、全域旅游、汽车行业、超市批发、名特优农产品等十大主题银行，以专业化和特色化的营销理念和服务方式，逐步实现向"小、专、精、特"绿色普惠稳健银行转型。

荔浦农商行通过"党委融合共建、支部结对共建、党员互助共建"模式，依托座谈会、"金融夜校"、送金融知识下乡活动等载体，主动与村两委、供销社、致富带头人、种养大户、专业合作社及各商会、产业协会对接，开展摸底排查，详细了解客户生产经营情况，精准对接特色农业融资需求，筛选出一批优质、具有代表性的专业大户、"致富带头人"、特色产业上下游产业链公司等，已累计开展近60场产业/行业集中授信活动，向荔浦市兰花协会会员、荔浦市双江商会会员、"名特优"农产品荔浦芋、砂糖橘、马蹄专业大户代表及上下游产业链公司、乡村振兴致富带头人等授信总额超16亿元，助力荔浦芋、罗汉果、马蹄、粮食水稻等特色产业集群发展及全产业链建设及延伸。"特色支行+集中授信"模式破解"三农"金融痛点案例荣获2022年度"广西农村合作金融机构工作亮点特别奖"，入选"桂林市金融服务乡村振兴优秀案例"。

（五）品牌共铸，厚植发展"引领力"

荔浦农商行在广西农信"挎包精神"母文化的引领下，结合实际打造了富有荔浦特色的"普裕"文化理念（一方面与"荔浦芋"同音，另一方面意指推动实现普惠金融、共同富裕）。以"普裕"企业文化建设为契机，荔浦农商行各党支部将网点重点服务产业与党建品牌相结合，打造了10个"普裕"系列党建品牌。

近年来，荔浦农商行深入推进"党建品牌引领+企业文化建设+清廉金融护航"工程，该行双江党支部深入挖掘兰花淡泊名利、只争朝夕的品格与广西农信人默默付出、服务"三农"的共通点，以双江镇特产"兰花"为党建品牌载体，以"廉"为党建品牌基因，创建了"普裕·清兰"党建品牌，同时打造花卉苗木产业主题银行。通过深入推进党建+业务发展、党建+清廉农信、党建+民族融合、党建+政银企合作的"四双"工程，荔浦农商行双江党支部充分凝聚地方发展合力，推动廉文化建设成效转化为发展的"廉动力"。

三、下一步规划与探讨

目前，荔浦农商行推动党建与企业文化融合，助力企业发展尚存不足：思想政治建设活动单向式灌输的现象较为普遍，易引发员工的排斥，在党建、企业文化系列活动中表现不积极、不主动；党建+企业文化建设中的创新不足，重复建设现象仍较为普遍，建设活动流于表面，整体效果未达预期。

针对党建、企业文化建设推动业务发展转型方面存在的问题，下一步，荔浦农商行将继续从深化"五共"措施方面着手，实现党建引领、文化聚力深度融合，推动业务高质量发展转型取得实效。

（一）提升"思想共融"

一是深入推进思想政治建设"五心"工作法落地、落细，实现思政建设与金融服务"三大振兴"（乡村振兴、工业振兴、科教振兴）紧密结合、一体推进。二是坚持党建业务融合学，依托组织生活，强化党建工作部门与业务部门的融合沟通交流，打破思想壁垒，推动党建+企业文化建设与业务发展转型在全员思想上的高度重视。三是坚持守正创新，大力推广"沉浸式""互动式""分众化"思政教育形式，夯实心贴"三农"、造福社会、勤廉敬业、爱岗奉献的企业精神。

（二）强化"组织共建"

一是结合荔浦农商行铺开的政银企党建结对共建示范点，以及退伍军人、巾帼先锋、青年创业示范基地及乡村振兴示范点（区、基地）等打造工程，落实"党建搭台、业务唱戏"，深入打造"浸染式"新型服务型党组织，扎实推进"万名农信党员进万村"工程，组织金融先锋继续按片区、按村屯网格化采集信息，推动形成镇村、家庭及个人的精准服务基础数据，全方位开展各类金融服务工作，推进"整村授信、户户有信"工程走深走实。二是在全辖推广"走出去、送到家、优服务、两助力"，引导基层党支部和党员参与村委会议、深入开展走访、解决群众难题，实现服务"整群、整批、整圈、整村"，将金融先锋为民办实事与业务高质量发展各项指标全面挂钩，切实将"双基联动"工作成效转化为业务发展驱动力。

（三）丰富"清廉共创"

深入推进"六廉行动"落地落细，通过建好清廉金融文化的"墙、廊、场、室"，完善相关制度、选树勤廉典型、推广全覆盖"廉洁宣讲"活动、开展"专题教学+现场教学+体验互动"活动，做好宣传倡廉，举办"我为反腐倡廉谏言"、"清廉文化短课"线上学习及"廉洁合规讲堂"活动，创新"活动助廉"形式，培育"亲清"银企关系等，推动"廉文化"建设转化为高质量发展"廉动力"取得更好成效。

（四）创新"活动共促"

结合荔浦农商行与各乡镇、各行政事业单位全面推进新时代文明实践结对共建工程的契机，创新开展系列党建+企业文化特色活动，深入推进党建共建+整镇/村授信（集中授信）+全面用信工程，持续开展系列集中授信活动、"金融知识进万家"活动、"走万企提信心优服务"活动等，不断探索深化"党建+公益、党建+文化、党建+产业"的党建共联共建模式，引导全体党员当好服务地方发展和产业转型升级的"勤务兵"、普惠金融和优化营商环境的"服务员"，实现党建固根、文化铸魂，持续推动业务高质量发展。

（五）深化"品牌共铸"

一是拓宽"党建+文化+N"的建设路径，在现有"挎包精神"母文化和"普裕"子文化的基础上，引导基层党支部和党员干部职工进一步厚植"以农为本、以社为家，为党分忧、为民解困"的农信情怀。二是丰富党建+文化+学习活动、团队建设、工程打造、宣传运用、制度建设等N条路径，灵活采取"线下课堂+云课堂""室内课堂+移动课堂"，将个人党性修养与团队文化建设相辅相成，推动党建引领文化建设与业务发展的深度融合。三是聚焦打造多个党建示范点，助力基层党支部党建品牌建设与地方乡村产业振兴有机融合，实现同频共振。

荔浦农商行通过以上措施强化党建+文化深度融合，推动高质量发展取得实效的探索做法，具有一定的现实效应。该模式总结出的值得推广的措施，或提供给读者复制运用的部分做法，能给其他同类型企业在党的建设、企业文化建设和业务发展等方面带来积极成效。

国企基层党建与企业生产经营互融互促探索与实践

创造单位：海油总节能减排监测中心有限公司
主创人：朱卫菊　张臣
创造人：张海滨　卢迪　曹保久　张龙　曹兴涛

【摘要】 海油总节能减排监测中心有限公司（以下简称监测中心）坚持以习近平新时代中国特色社会主义思想为指导，深入贯彻党的二十大精神，在践行"双碳"目标的背景下，结合海洋石油领域特点和节能低碳业务实际，探索在党建工作与生产经营中实现互融互促，逐步形成以党建品牌建设为引领、以"123"党建工作法为抓手的党建工作实践，不断增强基层党组织的创造力、凝聚力、战斗力，凝聚助推党建引领下公司全面高质量发展的强大合力，在建设美丽中国征途中展现企业担当与社会责任。

【关键词】 国企党建　生产经营　互融互促　探索实践

一、实施背景

监测中心成立于2011年，是中国海洋石油集团有限公司（以下简称中国海油）唯一专门从事节能减排监督监测及节能低碳、绿色发展技术支持服务的独立第三方专业技术机构。成立以来，监测中心始终秉承绿色发展理念，以专业的技术、优质的服务，积极承担企业生态环境保护社会责任。监测中心党支部现有共产党员36人，占公司总人数的58%，大学及以上学历占比97%，35岁及以下党员占比28%。监测中心坚持以高质量党建为抓手，围绕绿色低碳发展主责主业，以高质量发展为主线，着力加快形成绿色低碳新质生产力，聚焦践行"双碳"目标，持续深化核心技术能力建设，充分发挥在绿色低碳领域的战略保障和节能减排技术支撑机构作用，不断完善"监督监测"和"咨询服务"双发展引擎，为中国海油实现绿色低碳转型贡献力量。

2022年6月，为落实党中央重大战略部署，中国海油发布《中国海油"碳达峰、碳中和"行动方案》，作为中国海油"双碳"领域的生力军，监测中心肩负着光荣而艰巨的历史使命。面临近年来高速发展的"双碳"技术和迅速增长的工作量，监测中心如何进一步激发动能，为"双碳"目标落实贡献专业价值，成为公司亟待解决的问题。

在践行"双碳"目标的背景下，监测中心聚焦主责主业，紧密结合海洋石油领域特点和节能低碳业务实际，通过探索行之有效的党建工作方法，不断完善解决国有企业党建引领企业发展融合深化等问题，进一步推动党的建设与战略发展高度契合、与生产经营深度融合，以高质量党建引领保障"双碳"业务高质量发展，把党的优势体现到海洋石油事业发展的重要实践中。

二、实施目的

（一）基层党建与企业生产经营深度融合，是忠诚拥护"两个确立"、坚决做到"两个维护"的必然要求

对于国有企业而言，坚守"两个确立"不仅仅是新时代党的建设的基石，更是引领国有企业改革发展的明灯；同时，"两个维护"强调了国有企业与党和国家的紧密联系程度，充分显示对可持续发展的不懈追求。监测中心党支部以党的政治建设为统领全面推进国有企业新时代党的建设，推动党的政治优势更好转化为公司的发展优势，是忠诚拥护"两个确立"、坚决做到"两个维护"的必然要求，充分彰显央企姓党为民的政治本色。

（二）基层党建与企业生产经营深度融合，是紧握新时代大有作为战略机遇期的重要抓手

新时代新征程，面对错综复杂的国际国内形势、艰巨繁重的改革发展稳定任务、各种不确定难预料的风险挑战，面对百年变局加速演进，需要积极抢抓经济全球化、国家区域发展、科技强国、"双碳"、数字化转型等重要战略机遇，企业的改革发展是高度前瞻性、全局性、基础性、针对性的重要实践。党建工作与企业生产经营深度融合，是以习近平新时代中国特色社会主义思想为指导，推动党的理论优势更好转化为能力优势的根本举措，是牢牢把握当前大有可为的战略机遇期的重要抓手，充分彰显了"央企强国"的使命担当。在当前践行"双碳"目标的背景下，能源结构、产业结构等方面将面临深刻的低碳转型，能源技术也将成为引领能源产业变革、实现创新驱动发展的原动力，给节能环保产业带来广阔的市场前景和全新的发展机遇，这对节能环保业务的发展是机遇也是挑战。面对"双碳"业务发展的关键期和窗口期，监测中心要扎实做好业务发展规划，坚持以市场需求导向，深度聚焦节能降碳领域，强化科研驱动，加快打造核心技术体系，加速市场开拓与业务布局，塑造高质量发展新业态。

（三）基层党建与企业生产经营深度融合，是推动公司聚焦主责主业、实现高质量发展的现实需要

近年来，监测中心坚持以习近平生态文明思想为指导，抢抓"双碳"机遇，加快绿色低碳产业高质量发展，坚定走好生态优先、绿色发展之路，奋力在绿色低碳高质量发展上打头阵、当先锋，努力实现经济发展与生态保护"双赢"。

三、实施过程

监测中心党支部通过实施党建工作与改革发展、生产经营"融合深化工程"，落实中国海油"三大工程"、"一个行动"和"四个中心"建设，推动党建工作与安全生产、企业文化深度融合，确保党建工作与企业发展同频共振。

（一）与改革发展深度融合，确保党建工作与发展目标同频共振

坚持党的建设与改革发展、生产经营目标同谋划、同部署。一是把稳把牢政治方向。持续坚持和加强党的全面领导，及时修订完善公司"三重一大"决策管理办法及决策事项清单，每月至少召开1次支委会，审议讨论涉及人事、财务等重大决策，切实发挥支委把方向管大局。二是强化主体责任落实。持续完善贯彻落实习近平总书记重要指示批示精神和党中央重大决策部署工作台账，支委会每半年召开专题会议进行研究部署并定期进行跟踪落实；积极落实全面从严治党主体责任，制订"一岗双责"主体责任清单，细化重点工作和具体工作任务；落实党建工作责任制，支委会对书记述职报告进行审议，严肃开展党组织书记述职评议考核，标准化开展支部达标升级考核工作。三是明确规划任务目标。结合中国海油"十四五"规划，围绕中国海油"三大工程"、"一个行动"和"四个中心"建设，监测中心分解、落实规划目标、重点任务等，编制了翔实的《监测中心"十四五"规划实施方案》及《监测中心规划实施方案任务分解清单》，结合具体工作任务完善滚动规划，为监测中心高质量发展明确路径，为中国海油绿色低碳发展贡献价值。四是推动"双碳"方案落地。监测中心党支部坚持以习近平新时代中国特色社会主义思想、党的二十大精神及党中央关于"双碳"行动重要部署安排为指导，围绕落实中国海油"1534"总体发展思路，建设完成中国海油"双碳"数字化平台，标志着中国海油成为首批使用"双碳"数字化平台的中央企业，助力中国海油绿色低碳与数字化转型。

（二）与生产经营深度融合，确保党建工作与生产任务同频共振

一是党建赋能引领技术创新。监测中心深入学习贯彻习近平总书记关于科技创新的重要论述，聚焦国家重大战略需求，牢牢把握关键核心技术研发，不断激发技术人员科技报国的责任感和使命感，使党支部真正成为攻坚克难的战斗堡垒。通过承担科研项目，党支部攻克了CO_2泄漏监测方法及环境影响核心技术、海洋石油排海关键因子自动化监测一体化技术、海洋石油行业碳排放评价技术体系、

"碳中和"目标下关键监测技术等核心技术和设备研制关键技术，其中1项研究成果达到国际领先水平、2项研究成果达到国际先进水平。二是书记挂帅攻坚重点难点。针对重难点项目，支部书记挂帅、全程参与，通过"书记项目"等方式，深入一线调研，谋划方案、推动实施、督导跟进，努力破解改革发展、生产经营重点难点问题。三是党员带头争当先锋模范。围绕推动完成公司年度改革发展和生产经营目标任务，通过持续开展划分党员责任区、党员承诺践诺、党员示范岗评选等工作，真正做到"自觉亮身份、年初亮承诺、工作亮标准、担当亮作为"，在重难点项目中发挥先锋模范作用，真正做到"带头强党性、带头提能力、带头抓落实、带头优服务、带头转作风"。

（三）与安全生产深度融合，确保党建工作与责任落实同频共振

一是积极落实安全生产主体责任。认真贯彻落实习近平总书记关于安全管理的重要指示精神，切实担负起"党政同责、一岗双责、齐抓共管"的政治责任，推动党建工作责任与安全生产"六个责任"共同压实，紧紧围绕安全生产责任制建设和落实目标，将党建工作与其一并谋划、一并推动、一并考核，用安全生产的实效检验党建工作的成果。二是扎实开展安全生产教育培训。结合"安全生产月"主题，党支部组织开展"安全生产大讨论"，党支部书记讲安全主题党课，与组织生活会同步召开安全案例反思会，实现党建工作与安全生产目标同向、工作同步、责任同担。三是持续推动安全文化走深走实。把安全宣传作为宣传工作的重要组成部分，常抓不懈，抓出成效，形成强有力的安全宣传攻势，在全体职工中营造"我要安全、我会安全"的浓厚氛围。通过安全生产例会，加强安全生产先进典型与安全环保执行文化的宣传，开展安全案例警示教育等，不断探索以党建文化浸润营造良好安全氛围的实践路径。

（四）与企业文化深度融合，确保党建工作与思想建设同频共振

监测中心高度重视党建文化与企业文化的有机融合，结合实际工作深化塑造"碳路先锋 蓝海哨兵"党建品牌。其中，"碳路先锋"旨在践行"双碳"目标的绿色低碳发展之路，通过岗位建功，争当时代先锋；"蓝海哨兵"指在海洋石油工业驰骋的蓝色海洋疆场上，立足节能减排监督监测主责主业，坚守监督监测的哨兵职责。通过党建品牌的深化塑造，持续加强模范带头和思想引导，营造和谐融洽、积极向上的团队氛围，不断增强党组织的创造力、凝聚力、战斗力，以高质量党建为引领，为中国海油绿色低碳高质量发展和践行"双碳"目标蓄力赋能。

四、主要创新点

监测中心党支部深入贯彻习近平生态文明思想，以党的政治建设为统领，落实国家"双碳"目标，坚定走好生态优先、绿色发展之路，奋力在绿色低碳高质量发展上打头阵、当先锋，实现了经济发展与生态保护"双赢"。持续打造"碳路先锋 蓝海哨兵"党建品牌，充分发挥支部战斗堡垒作用和党员先锋模范作用，进一步推进党建与生产经营、科技攻坚互融互进，逐步形成了"123"党建工作法，即："1带""2同""3融合"，强化组织创造力、凝聚力、战斗力，争当能源绿色低碳转型生力军。

（一）模范带头，筑牢支部建设"基本盘"

充分发挥党支部的火车头带动机制，始终坚持党的领导，旗帜鲜明领航定方向，在改革创新中求发展，不断提升党建价值创造力，开创企业发展新局面。一是支部书记率先垂范。支部书记深入基层，对重点项目参与把关，将重点项目、困难项目作为"书记项目"参与，全力保障项目高质量完成。二是坚持支委把方向、管大局。严格落实"三重一大"决策管理，在党的建设、发展规划、生产经营等关键环节"把好方向"，充分当好公司发展的"舵手"。三是党员干部冲锋在前。通过不断完善党员"四亮五带头"机制，持续开展党员亮身份、划分党员责任区、明确攻坚项目、评选党员示范岗等方式，激发党员的创新活力，调动党员干部干事创业热情。针对年轻党员多、思想活跃的特点，采

取多种形式灵活开展学习讨论，积极宣传身边先进事迹，树立示范典型，形成了向先进模范学习的良好氛围。

（二）同心同向，凝聚团队文化"主阵地"

1. 思想同心，不断凝聚团队共识

深入贯彻落实党的二十大精神，聚焦公司主责主业，围绕绿色低碳发展开展理论学习，努力做到统一目标、统一思想、统一行动，巩固拓展主题教育工作成果，通过开展形势任务教育、党纪学习教育等专题学习活动及课堂讲学、知识竞赛、演讲比赛等形式丰富的活动，进一步提升干部员工思想认识。围绕习近平生态文明思想，结合公司环境监测业务，建设生态环境文化长廊、海洋生态环境保护展厅和红色文化墙，进一步宣传习近平新时代中国特色社会主义思想，打造成生态环保文化宣传窗口，提升公司品牌形象。加强对公司"1234"发展战略的宣传和宣讲，明确未来发展思路，不断凝聚文化共识和思想共识。通过运营"海油绿色低碳"公众号，及时分享政策法规专业解读、优化管理模式等方式，提升公众号的影响力，营造中国海油绿色低碳文化，为公司绿色发展之路凝聚思想共识。

2. 工作同向，持续形成工作合力

坚持公司上下一盘棋，团结一心为公司建设和发展凝聚力量。监测中心认真落实党中央、国务院关于"碳达峰""碳中和"的重大决策部署及国家有关部门的"碳达峰""碳中和"指示精神，多次参与中国海油集团层级会议交流及公开授课，为中国海油多个二级单位开展节能低碳专项培训，为中国海油绿色低碳发展贡献力量。不断强化协同合作意识，针对公司项目"数量多、周期短、人员少"的特点，实施"小快灵"为主的项目负责制，结合业务实际跨部门组合项目团队，充分发挥团结协作、和谐发展的团队精神，围绕公司发展目标统一行动，形成高质量发展的合力。

（三）深度融合，共谋公司发展"一盘棋"

1. 理论学习与工作实践深度融合

坚持"抓思想从生产入手，抓生产从思想出发"，严格落实"三会一课"制度，不断丰富学习形式，充分利用线上数字化服务平台，打造便捷高效的学习课堂。创建支部云端学习课堂，及时上传学习资料和视频课程，每周推送一条学习快讯，便于党员干部随时学、及时学，潜移默化提升党员干部的理论素养。通过开展党建共建活动等方式，加强支部沟通和业务联动，做到互联互通、互学互鉴，推进党建工作同进步、共提升，在学习和工作中关注员工思想动态，把思想教育和理论学习融入日常、抓在经常、落在平常。

2. 党建工作与生产经营深度融合

党建工作与业务工作同部署、同落实、同监督，同频共振、齐头并进。在例会中同时制订业务和党建工作计划，下次例会时反馈完成情况，通过监督检查及时发现工作过程中存在的问题，通过整改再追溯思想根源，形成闭环机制，结合党建工作推动解决业务问题；通过开展"四亮五带头"，发挥党支部的战斗堡垒作用，在重点难点项目的关键节点成立党员突击队，鼓励党员干部担当作为、冲锋在前，引领职工群众攻坚克难。尤其是2023年成立的中国海油"双碳"数字化平台建设项目党员突击队，在项目建设关键阶段担当作为、攻坚克难，保障项目高效推进和顺利落实，得到中国海油党组领导高度认可，充分体现了党建工作和生产经营互融互促，保障中国海油"双碳"数字化平台高质量建设。

3. 党员干部与职工群众深度融合

支部书记围绕重点项目、难点项目深入基层开展调研，及时了解项目工作进展、掌握员工思想动态、协调解决难点问题。结合部门职能划分8个网格，建立党员网格员制度，设置党员网格员，通过网格日常工作的开展，充分做好政策形势宣传员、职工群众服务员、情绪矛盾调解员、风险隐患巡防员和攻坚克难战斗员。通过网格化管理，确保党员联系身边职工群众实现"全覆盖"，以党员点振带动网格面振，形成同频共振，持续提升党组织政治领导力、思想引领力、群众组织力。通过扎实开展"我为群众办实事"活动，积极为基层职工排忧解难。通过组织开展团建、党群共建主题活动等方式，增进党员群众间的交流互信，增强团队凝聚力。

五、实施效果

通过提质塑造党建品牌，实践"123"党建工作法，紧紧围绕支部高质量建设，促进了党建与业务深度融合，通过"理论学习－思想引导－工作落实－取得成效"的流程机制，全面准确理解党中央精神，切实履行保障中国海油绿色低碳发展的职能职责；通过模范带头和思想引导，营造和谐融洽、积极向上的团队氛围，不断增强党支部的向心力、凝聚力和战斗力，为公司发展提供了强劲动力和不竭源泉。

（一）党的建设工作成效显著

监测中心始终坚持和加强党的全面领导，聚焦党建引领赋能、党建品牌提升塑造，压实党建责任制，不断增强党组织的创造力、凝聚力、战斗力。近年来，先后获得"中国海油标杆党支部""海油发展、渤海地区先进基层党组织"等荣誉称号，支部党建工作案例入选海油发展特色党支部案例汇编。

（二）党建与生产经营互融互促

始终坚持党建引领，助力生产经营再上新台阶。近年来，党建工作获得各级高度认可，生产经营连年实现跨越式发展，近5年利润总额复合增长率超过34%，2023年经营业绩绩效考核、党建责任制考核均被评定为"优秀"。

（三）聚焦"双碳"主责主业贡献专业价值

通过书记项目挂帅督办、党员突击队攻坚克难等方式，保障重难点项目高质量建设，核心业务能力不断增强。近年来，先后入选工业和信息化部第一批全国工业节能和绿色发展评价中心，被认定为石油和化工环境保护海洋石油环境监测服务中心，连续被评为"十一五""十二五""十三五"全国石油和化工行业节能减排优秀服务单位。通过十余年如一日深耕"双碳"领域，为中国海油"查碳"及"降碳"提供了标准化思路及工具，先后形成国家标准2项、行业标准5项、集团公司标准26项，形成专利11项、软件著作权11项，"中国海油'双碳'监控关键支撑技术突破和评价体系研究"经天津市科学技术评价中心专家鉴定达到国际领先水平，"中国海油'双碳'管控核心技术研究"和"海洋石油排海关键因子数智监测技术开发应用研究"两项成果达到国际先进水平。

（四）"党建+"模式创造争先创优良好氛围

通过党建赋能提高党员的荣誉感、责任感和归属感，党建品牌发挥引领保障作用初见成效。监测中心党员群众积极响应号召，发挥绿色低碳领域专业价值，积极参与国家发展战略和行业变革趋势研究，为国家绿色发展建言献策。碳资产管理主题学术论文获得行业学术研讨会征文一等奖，并受邀在中国统计学会主办的第二十二次全国统计科学讨论会上做汇报。

六、下一步规划与探讨

（一）全面夯实政治理论学习

始终坚持党的政治建设，深入学习贯彻落实党的二十届三中全会精神，全面深化生态文明体制改革，持续强化对习近平新时代中国特色社会主义思想的理解和领会，把进一步全面深化改革的战略部署转化为推进中国式现代化的强大力量，把党建成果转化为新质生产力，坚持监测中心"1234"发展思路，做强做优4个环保监测与咨询技术体系，突出发展环境监测与咨询一站式综合服务能力，推动公司健康、稳定、持续发展。

（二）持续推动党建融合深化

以党建品牌建设为契机，按照"123"党建工作法，把党的领导和党的建设充分融入公司治理和各项工作中，不断创新丰富学习形式，通过"党建＋治理"融合，提升企业基础管理水平；通过"党建＋科技"，打造企业核心能力；通过"党建＋考核"，促进党建和经营双提升，真正把党的政治优势、组织优势转化为推动企业生产经营的强大动力。

（三）增强为民服务意识与能力

始终站稳人民立场，强化服务宗旨意识，践行群众路线，重点落实好党员网格员制度，确保党员联系身边职工群众实现网格"全覆盖"，进一步加强与一线员工的沟通和联系，从群众意见建议中汲取营养，结合"我为群众办实事"活动，扎扎实实为群众办实事、解难题，把服务工作做深、做精、做实。

（四）始终坚持全面从严治党

持续加强作风建设，持之以恒纠正"四风"，提高工作效率和服务质量。深化党风廉政教育，提高全体党员干部的廉洁自律意识和风险防范意识；总结运用党纪学习教育的好经验、好做法，把党纪学习教育成果持续转化为推动高质量发展的强大动力；做好关键岗位廉洁风险排查，进一步细化监督工作举措，强化政治监督，做实日常监督；加强新时代廉洁文化建设，营造风清气正的政治生态，推动党风廉政建设和反腐败斗争不断取得新成效。

"1+2+3+N"人才工作法激活企业高质量发展"强引擎"

创建单位：内蒙古电力集团内蒙古电力通信公司
主创人：翟小珂　赵艳军
创造人：焦建衡　邵瑞

【摘要】 坚持党对人才工作的全面领导，是做好人才工作的根本保证。近年来，内蒙古电力集团内蒙古电力通信公司（以下简称通信公司）坚持党管人才原则，用好人才这个"第一资源"，深入贯彻落实"人才强企"战略和"科技兴电"行动，以党建为引领，创新提出"1+2+3+N"人才工作法，依托"草原英才"创新创业基地、"青年拔尖人才"等人才工程，全方位支持、保障、激励、服务、成就人才，做好人才的"选育管用"闭环管理，充分激发各类人才在多领域创新创造活力，为加快构建新型电力系统、推动企业高质量发展提供坚强人才支撑。

【关键词】 国企党建　人才队伍建设　高质量发展

一、实施背景

功以才成，业由才广。党的二十届三中全会提出：教育、科技、人才是中国式现代化的基础性、战略性支撑。必须深入实施科教兴国战略、人才强国战略、创新驱动发展战略，统筹推进教育科技人才体制机制一体改革，健全新型举国体制，提升国家创新体系整体效能。在国家创新体系的诸多要素中，人才是最根本、最活跃的要素，也是培育和发展新质生产力的重要支撑和保障。

一直以来，通信公司始终坚持党管人才原则，深入贯彻落实"人才强企"战略和"科技兴电"行动，以铸牢中华民族共同体意识为主线，抢抓发展机遇、主动担当作为，加快构建支持全面创新机制，以高质量党建助推人才工作提质增效，切实将"国之大者""区之大计""蒙电之大事"落在"通信之实处"。

二、实施目的

科技是第一生产力、创新是第一动力、人才是第一资源。通信公司以习近平新时代中国特色社会主义思想为指导，深入学习贯彻党的二十大、党的二十届三中全会和内蒙古自治区党委十一届八次全会精神，认真贯彻落实上级党委关于科技、人才、创新工作的部署要求，牢固树立"抓基层、夯基础、苦练基本功"的鲜明导向，以"建一流队伍、创一流业绩、树一流形象"为目标，充分发挥党的思想政治优势、组织优势和密切联系群众优势，积极探索"1+2+3+N"人才工作法，全面打造高素质人才培养热土，为助力内蒙古自治区科技"突围"工程落实落地、加快构建蒙西新型电力系统提供生动实践。

三、实施过程

（一）把握一条主线，定牢人才培养"主基调"

坚持党对人才工作的全面领导，是做好人才工作的根本保证。通信公司牢牢把握党管人才这条主线，压紧压实"一把手"抓"第一资源"责任，紧抓人才这一"关键变量"，充分发挥党建引领作用，推动党建工作与人才工作深度融合。

1. 构建齐抓共管的人才工作局面

成立党委人才工作领导小组，定期组织召开人才工作推进会，加强顶层设计和宏观指导，明确人才工作"时间表""路线图"，建立完善党委统一领导，职能部门牵头抓总，各部门、各党支部齐抓共管、密切配合的"一心多点"人才工作格局。坚持把人才工作作为"三重一大"研究事项纳入重要议事日程，将人才重点工作列入年度党建工作要点和业绩考核指标体系，不折不扣推动人才工作落到实处。

2. 建立"五轴驱动"党委联系服务人才工作机制

印发《关于进一步完善党委联系服务人才工作机制的通知》，把党委联系服务人才工作与人才的选、育、管、用紧密结合起来，全方位打造"联系领导＋人才＋项目"包联责任制、政治引领吸纳、专业技能指导、分类定制培养计划、加强人文关心关怀的"五轴驱动"联系服务人才工作机制，结合实际给人才出"题目"、交任务、压担子，在学习、工作等方面帮助他们适应角色、提升本领，做到政治上充分信任、思想上主动引导、工作上创造条件、生活上关心关照，切实把联系服务人才的过程转变为党员领导干部与各类人才友谊升华的过程、促进人才成长和发挥作用的过程。

（二）用好两个载体，建好人才培养"加油站"

加大高层次人才开发培养载体建设力度，将"草原英才"创新创业基地，"青年拔尖人才""百优人才"等人才工程项目建成高层次人才发挥技术优势、展现技能特长、实现个人发展的有效载体，进一步发挥人才工程项目引领示范作用。

1. 深入落实"草原英才"科技创新人才培养工程

通信公司切实发挥好内蒙古自治区"草原英才"创新创业基地的载体优势，以"请进来，送出去，融起来"的培养模式，充分激活人才发展"引擎"。一是"请进来"办好人才培养"大讲堂"。以"大交流、大培养"的工作思路，邀请华北电力大学、内蒙古工业大学等科研院校的专家教授，围绕人工智能、数字孪生、智能电网及科技创新等内容进行授课，以讲促学、以学促干，不断提高专业技术人员的综合素质和业务水平。二是"送出去"打造人才培养"助推器"。强化专业技术人才基本功训练，围绕内蒙古电力集团通信测试与仿真中心联合实验室重点项目，与中国电力科学研究院信息通信研究所科技研发中心开展通信测试与仿真技能培训和技术交流，以理论实践相结合的学习方式，掌握通信设备检测的基础理论、检测流程、实际操作等技能，为蒙电通信设备稳定运行提供有力技术支撑。三是"融起来"营造人才培养"优生态"。聚焦通信专业技术及前沿科技发展内容，搭建平台与呼和浩特供电公司等5家单位共同学习交流、比武练兵、互融互促、聚慧致远，累计500余人次受益，营造"比学赶帮超"的学习氛围。

2. 深入落实"青年拔尖人才""百优人才"等青年人才培养工程

以凝聚青年、服务青年、培养青年为导向，选拔一批基本素质好、创新意识强、发展潜力大的青年人才进行重点培养、动态管理，不断畅通青年人才成长通道，为青年人才在重大任务和重要岗位锻炼成长创造条件，全面构建"青创"生态体系。目前，通信公司拥有"青年拔尖人才"5名、"百优人才"3名，通过阶段培养使其逐步成长为通信公司各专业领域的骨干力量，成为蒙西电网青年创新人才选拔培养的重点对象。一是注重严格选拔程序。采取个人自荐、组织推荐、党委选拔的方式，广泛征求职工群众和专业人才的意见建议，对推荐人选的思想政治表现、业务水平、工作实绩等情况进行综合考量。二是注重跟踪式伴随式培养。加强青年人才职业生涯规划，根据其专业特长和发展方向定制精准化、个性化培养计划，完善潜力发现、培养锻炼、科学评价、成长路径设计等支持措施，实行"双导师"引领，选聘业务精湛、能力突出的专业人才作为"业务导师"和"职业导师"，促进青年人才快速成长。三是注重实践锻炼。有计划地安排青年人才参与或承担重大任务、重大项目、重点工程，支持人才围绕蒙西电网发展的重点领域，跨区域、跨部门、跨学科组建团队、开展科技攻关。选派青年人才赴科研院校、同行先进企业进行学习进修和挂职锻炼，充分发挥高层次人才的示范带头作用。

(三）建强"三支队伍"，激发人才成长"新活力"

推动企业高质量发展，关键在人、关键在队伍。通信公司全面加强高素质干部队伍、高水平技能人才队伍、高素养党员队伍"三支队伍"建设，不断激发全面深化改革的活力动力，奋力谱写中国式现代化蒙电新篇章。

1. 全面加强高素质干部队伍建设，以务实之风蓄足年轻干部"源头活水"

树立选人用人鲜明导向，出台《旗（县）公司级管理人员选拔任用管理标准》《旗（县）公司级管理人员竞争上岗实施细则》等多项制度，以"阳光选聘、比武挂帅"为原则开展干部竞争上岗，采取"3+1"考评方式，通过综合笔试、现场面试、公开考察，结合民主测评，让公认的优秀人才脱颖而出。目前，"85后"年轻干部占干部队伍整体的52.17%，干部队伍结构得到进一步优化。用好"四下基层"金钥匙，把解决职工群众急难愁盼问题作为提升能力的"训练营"，把处理一线工作的难事大事要事作为考察干部的"练兵场"，将通信干部的正面形象立起来、宣传出去。以考评"指挥棒"激励干部担当作为，组织开展干部队伍"精准画像"，加强日常履职评价，强化能力素质提升，形成综合立体、全面多维的干部考评体系，坚持"远观"和"近看"相结合，在小事上察德辨才，在大事上看德识才。

2. 全面加强高水平技能人才队伍建设，以"匠人之心"汇聚创新发展强劲动能

聚焦知识储备和技能提升，以科技项目研究、新兴技术交流、同行企业对标等方式，全方位打造一支适应企业数字化智能化转型需求，本领扎实、能力过硬的内蒙古蒙电力通信专业标杆人才队伍。出台《人才管理标准》《员工培训管理标准》等一揽子规章制度，加强专业技能职称动态评聘管理，持续发挥职业技能等级认证导向作用。建立全职业生涯技能培训制度，以专题理论研修、前沿技术培训、创新成果分享、专家技术讲座为主要培养方式，全面提升高技能人才能力水平，对技术功底过硬、积极创新突破的优秀人才在先进典型评选、高等级人才选拔等方面给予重点支持和倾斜。加大与高等院校、科研机构、先进企业的交流合作力度，创新产学研合作模式，探索建立联合通信实验室，打造"青峰""乐享"等技术交流品牌。坚持开展"师带徒"活动，充分发挥技术骨干、业务能手的"传、帮、带"作用，帮助和指导新入职职工立足岗位成长成才，搭建专业技能人才成才快车道。

3. 全面加强高素养党员队伍建设，以责任担当激发干事创业的"红色引擎"

通信公司认真贯彻落实内蒙古电力集团"价值党建·领航赋能"党建工作体系和"固本强基·三级进阶"行动要求，树立"抓基层、夯基础、苦练基本功"的鲜明导向，突出增强基层党组织政治功能和组织功能，以星级化亮晒比、创建堡垒支部和"岗区队建设"为抓手，在重大任务、急难险重、攻坚克难中充分发挥基层党组织战斗堡垒作用和党员先锋模范作用，推动党建与业务工作双融双促双提升。特别是在保电等大战大考中，通信公司广大党员主动亮身份、做表率，坚决扛起扛牢国有企业的责任担当，扎实做好封闭值班、保电值守，全力保障通信网安全，守护万家灯火，让"国企姓党"在基层得到真正彰显，让"我是党员我先上"成为党员标签，让"有困难找组织"成为职工群众的第一选择，以实干担当践行"蒙古马精神"。

（四）强化N项举措，涵养人才发展"生态圈"

1. 强化政治引领吸纳

加强对人才的政治引领，人才所在党支部围绕上级党委重大决策部署，通过"三会一课"、专题讲座、主题党日活动、实地研学等载体，及时对人才进行政策宣贯、理论学习和形势政策教育，引导广大人才坚定理想信念，不断增强政治认同感和向心力。落实落细"思政导师"定向联系人才机制，为非中共党员人才确定党员指导员，结对帮带助力人才提升政治素养、专业技能。加强对人才的政治吸纳，加大在人才群体中发展党员的工作力度，积极引导他们向党组织靠拢，充分发挥好"红色领路人"作用。

2. 强化考评激励

多措并举探索人才考评激励机制，实行人才工作目标责任制，将抓好本业务领域人才队伍建设情况作为各部门业绩考核的重要内容，考核结果作为激励奖惩、评先评优的重要依据，充分激发员工干事创业热情。突出价值导向，坚持开展薪酬体系改革，制订《薪酬管理标准》《奖励薪酬管理标准》，科学运用薪酬激励工具组合，加强正向激励力度，打破平均主义"大锅饭"。不断健全创新成果按要素参与分配制度，加大对科技创新、管理创新课题项目的奖励表彰力度，对获奖项目和个人进行薪酬奖励和荣誉鼓励，让创新人才既有"票子"也有"面子"。

3. 强化作风建设

坚持将作风建设贯穿人才队伍建设的全过程，塑造人才实干担当有为的执行品格。树立"以学为本、以干为要、以德为先"的理念，制订《通信公司落实纠"四风"树新风细化作风建设、提升工作质效、展现团队形象30条措施》，力戒形式主义，为基层减负松绑，坚决纠治防范"三多三少三慢""慢粗虚"等问题，从严从实转作风、提效能、促发展，让干部职工把更多时间和精力放在抓落实上。加强新时代廉洁文化建设，打造"六廉六进"（六廉指思想引廉、谈话促廉、文化育廉、媒体传廉、家风树廉、警示醒廉；六进指廉洁文化进班子、进机关、进基层、进一线、进岗位、进家庭）廉洁文化品牌，创新制作节日"纪"语微视频、廉政微信表情包，通过举办廉政知识测试、参观廉政教育基地、开设廉政课堂等形式多样的廉洁文化创建，切实营造崇廉拒腐、风清气正的良好氛围。

4. 强化人文关怀

以敏锐感知人才、密切联系人才、竭诚服务人才为导向，从帮助人才解决现实困难出发，加大人文关怀力度，用心用力用情做好人才工作。通过召开座谈交流会、邀请人才参加重大活动和重要会议、领导干部直接联系等方式，广开言路，收集倾听人才最直接、最实际的感受，鼓励人才通过汇报、面谈等方式反映情况、提出意见建议，让人才工作舒心、生活无忧、心无旁骛地干事创业，引导人才立足岗位建功成才。

5. 强化典型宣传

利用新闻门户、微信公众号平台、楼宇视频和有关工作会议，对先进典型、荣誉项目获得者进行宣传表彰，对做出突出贡献的管理技术技能人才进行专题报道，尊重首创精神，及时总结推广典型经验，增强人才成就感、归属感和获得感，形成企业依靠人才发展、人才与企业共同成长的浓厚氛围。

四、主要创新点

（一）建立"联系领导＋人才＋项目"包联责任制

搭建"联系领导＋人才＋项目"培养平台，联系领导亲自包联各类人才及科技创新类、管理创新类项目，紧盯重点工作、重要环节沉下去指导，既督进度、督质量，又要协调、帮助解决实际问题，形成"以项目带动人才培养，以人才促进创新攻关"的培养模式。联系领导充分利用基层调研、指导检查、走访慰问、谈心谈话等机会面对面联系人才，了解和掌握人才的思想、学习、工作和生活情况，定期听取、指导联系人才个人成长和项目推进情况的阶段性工作总结，定期根据联系人才个人业绩、课题研究、技术攻关等情况开展整体评价。

（二）厚植"项目＋团队"人才培养沃土

以实践为抓手、以项目为突破，聚焦通信技术改造项目、科技创新项目、管理创新项目、QC（Quality Control，质量控制）课题等载体，实施"人才＋项目""人才＋工程""人才＋挑战性任务"等人才发展与平台联动模式，大力推行创新项目"揭榜挂帅制"和"项目负责制"，不断在寻题、领题、破题上下功夫。破除部门壁垒、专业壁垒，破除学历、资历等背景限制，围绕关键战略及重要核心技术研究领域，组建科技创新、管理创新团队，积极探索融合通信在电力通信网运维管理中的实质化应用，主动研究新型电力系统"源、网、荷、储"要素融合应用，推动通信网设备再升级、技术再提升。

（三）打造人才培养学习交流品牌

以"思想大讨论、技术大比武、岗位大练兵"的培养方式，丰富学习内容，畅通交流渠道，形成"青峰""乐享""技研"等一系列学习交流品牌。通过"传"知识、"晒"能力、"秀"业务，让中层干部、拔尖人才、技术骨干等各类人才围绕专业领域、业务知识上讲台、当老师，实现不同领域、不同专业人才的思想碰撞、学习交流、经验分享，形成"我的业务我来讲""人人都能上讲台"的浓厚学习氛围。定期开展业务技能考试、知识竞赛、岗位练兵等活动，以考促学、以赛促学，鼓励职工通过竞赛比武脱颖而出，实现纵向统计、横向比较，从而发现、培养和储备一批"想干事、敢干事、会干事、干成事"的优秀人才。

（四）构建"内外双循环"实践锻炼体系

加大人才走出去力度，加强双向合作交流，开展多层次、多元化、多形式的干部人才挂职锻炼，有计划、按程序地选派优秀干部人才到其他先进企业进行学习交流，全面提升人才实战本领，充分适应现代企业治理和高质量发展需求。切实考虑实践锻炼人才的专业特长、自身优势，积极与去向单位沟通联系，明确培养方向和实践岗位，制订实践锻炼培养方案，落实实质性的工作分工，确保人才有职有责，支持人才在产业政策、行业规划、关键项目、技术标准等的研究评价中发出通信声音。

五、实施效果

通信公司自实施"1+2+3+N"人才工作法以来，通过一系列举措推动企业高质量发展取得了显著成效，1部作品获2023年中国能源传媒"能源奥斯卡"奖项，荣获"呼和浩特市民族团结进步示范企业"称号，相关经验做法、成果举措在学习强国、内蒙古新闻网等平台刊载，得到了社会的广泛关注。

（一）标杆人才队伍不断壮大

通过创新"1+2+3+N"人才工作法，以党建凝聚人才、服务人才、培育人才，为企业高质量发展提供不竭人才动力。先后培养内蒙古电力集团级及以上"劳动模范"4人，内蒙古自治区"草原英才"1名；内蒙古电力集团级"蒙电担当作为好干部""蒙电英才""最美一线职工""最美蒙电人"各2名，"蒙电工匠""蒙电楷模"各1名；多项成果获国家级、自治区级、内蒙古电力集团级"创新成果类""管理创新类""技术改进类"奖项。

（二）业务支撑能力显著提高

以实际行动践行"电网所至、通信必达"庄严承诺，跨区域的大型电力通信网络已经从"规划图"落地为"实景图"，内蒙古电网的各项业务数据传输由单车道变为多车道、由慢车道变为快车道。坚决扛起重大保电和各类会议保障政治责任，多次获评"安全生产突出工作奖""保电工作突出贡献单位"等荣誉，以高质量通信网全力保障高水平电网安全稳定运行。

（三）服务保障水平稳步提升

搭建坚强软交换技术体系架构，承载客户总量达6000多部和60多条行政中继业务，为蒙西电网数字化办公提供有力支撑。做好全系统各类会议保障工作，目前已建成4套视频会议系统，覆盖多个主会场、二级分会场、三级分会场，为无纸化、智能化会议系统推广应用提供了坚实保障。

（四）组织凝聚力不断增强

充分发挥党的领导核心和政治核心作用，切实将党建优势转化为企业发展活力，形成纵向联动全系统党支部、社区党组织，横向打通业务机构支部与职能部门支部的人员壁垒、专业壁垒，打造集实践教育、思想交流、党业融合于一体的"党建联盟圈",实现蒙电示范群体、最强党支部精品示范点、青年安全示范岗创建的"零突破"。

六、下一步规划与探讨

通信公司将牢固树立人才工作"一盘棋"思想,大兴识才爱才敬才用才之风,加快解决人才队伍建设与发展形势要求不相适应等问题,多层次、多措施、全方位激活"人才发展引擎",为加快构建新型电力系统、推动蒙西电网高质量发展展现"通信作为"、提供"通信智慧"、贡献"通信力量"。

一是着力于"育",加快打造高质量人才队伍。深入贯彻落实党中央和内蒙古自治区、内蒙古电力集团对人才工作的部署要求,积极推进实施"1+2+3+N"人才工程,厚植队伍年轻化优势,不断强化职工素质建设和人才培养,力争打造一支数量充足、结构合理、素质优良、作用突出的通信"精兵强将"。

二是着眼于"领",健全完善人才发展机制。切实发挥主体作用,强化顶层设计,加强通信公司人才发展规划研究,从全方位支持、保障、激励、服务、成就人才的目标出发,形成科学规范、运行高效的制度体系,引领青年人才主动自我提升、不断突破。

三是致力于"用",发挥人才载体平台作用。充分利用"草原英才"创新创业基地项目开展人才培养工作,进一步发挥"青年拔尖人才""百优人才"等高层次人才的引领示范作用,鼓励引导他们在开展重要技术攻关、推动科技成果转化上下功夫。

党建引领，依创发力，昔日老矿再换新颜

创造单位：山西朔州平鲁区茂华东易煤业有限公司
主创人：苏传云
创造人：何学明　张强　侯文彬

【摘要】 山西朔州平鲁区茂华东易煤业有限公司（以下简称东易公司）是中国中煤能源集团有限公司（以下简称中国中煤）所属中煤资源发展集团有限公司（以下简称资源发展集团）的控股企业（股比70%）。东易公司党委高度重视党的建设工作，自划转中国中煤以来，紧紧围绕打基础、抓规范、强效能，充分发挥党委"把方向、管大局、保落实"的作用，持之以恒将党的建设与企业治理、安全生产、经营管理、文化建设等相融合，党建工作成效有效发挥。

【关键词】 "创在东易"　文化引领　创新发展

一、实施背景

东易公司于2021年12月由华电集团划转至中国中煤，正式成为中国中煤旗下资源发展集团所属企业的一员。在东易公司的发展历程中，历经村办、乡镇办、县域集体办、个人私营、混合所有制等种种转换。

划转后，面对过去东易公司在华电集团管理12年期间仅生产3年，生计困难迫使员工不得不通过各种途径维持生活的窘迫局面，东易公司党委在资源发展集团党委的坚强领导下，组织复工复产，抓安全、强效益、树文化，用15个月时间完成从初始阶段经由二级向一级标准化迈进之路，彰显东易速度，真正做到了昔日老矿再换新颜。

二、实施目的

将东易公司打造成创一流效益、创一流效率、创一流管理、创一流队伍、创一流文化、创一流模式的企业。

三、实施过程和实施效果

划转以来，东易公司党委结合企业实际，认识到必须构建独具特色的现代化企业文化，一是充分激活"人"的作用，从激活单个人辐射到调动全员的力量和智慧，集众力、汇众智。二是充分发挥"组织"的作用，通过升级、改造，使组织从"乌合之众""弱势群体"成长为"绩效组织""卓越组织"，进一步开创东易公司高效自主工作新局面，逐步实现"自驱动、自修复、自涌现、自组织、自赋能"的组织建设目标，更好地推动完成企业高质量发展任务。三是切实增强文化的作用，通过不断提升文化软实力，影响带动东易公司广大干部员工不断提升思想认识水平、业务技能素养，促进形成并不断建立健全高效、集约的现代化企业管理制度和组织机构，加速推动东易公司实现高质量发展。

东易公司党委继承一代代东易人的艰苦奋斗精神，立足自身使命任务和发展战略，梳理一个阶段的具体工作举措，坚定"以必成之心，创未有之业"的强大信念、顽强斗志，提出了独具特色、符合实际的企业文化"创"文化。以振兴东易为公司己任，以"非常之策""非常之力""非常之速""非常之效"对内深化改革化解发展矛盾、对外据理力争谋求长远效益，妥善化解历史遗留的债务负担、全力完成能源保供任务。

（一）坚持党建引领

东易公司党委紧紧围绕建立健全现代化企业治理模式和落实全国党建工作会议精神，立足国资控

股的混合所有制这一客观实际，厘清"权""责""利"关系，不断加强东易公司党委在生产经营管理各方面的履职担当能力、引领示范能力、组织保障能力。一是深入推进法人治理结构改革，召开新一届股东会、董事会，建立健全《董事会议事规则》《董事会授权管理办法》，公司经营、决策的风险防范和化解能力得到有效发挥。二是制订公司党委会研究事项清单、规范党委会流程制度，突出强化了公司党委在决策、生产、经营、管理、执行过程中"把方向、管大局、保落实"的作用，确保改革攻坚任务平稳有序推进。三是将企业文化建设纳入一把手工程，积极创新构建东易企业文化体系；充分利用好整治安全生产领域形式主义、官僚主义及巡视整改、机构改革等契机，加强干部队伍作风建设、人才队伍建设和合规经营管理，建立健全合规发展、采购招标、煤炭销售、工程建设、安全生产等方面的制度198项。四是扎实开展党管安全工作，通过划分"党员责任区"、开展"我是共产党员"、推行党员双联保机制、签订党员联保责任书等各项举措，巩固提升基层党组织和党员在生产一线的战斗堡垒作用和先锋模范作用。

（二）聚焦安全管理创新

近年来，东易公司深入学习贯彻习近平总书记关于安全生产的重要论述，面对企业安全管理的难点、痛点与重点，以"成为行业安全管理模式的创造者与输出者"为使命，全面构建东易公司"大安全"管理模式：以习近平总书记重要讲话和重要指示批示精神为引领，严格落实"防风险""控隐患"等十大重点工作，围绕"人、机、环、管、文、法"六大要素，找准"立足本质、关口前移、终端制胜、科技兴安、文化久安"五大定位，坚持"管理科学、装备先进、素质过硬、系统优化"四大并重，全面开展"专业保安""标准化""智能化""双重预防机制""班组建设""党管安全"六大板块建设，狠抓安全生产责任落实，强化风险隐患排查整治，系统性提升重点专业领域本质安全水平，为实现"打造一流本质安全现代化矿井"的安全管理目标不懈奋斗。

"易安"安全文化体系的构建，凝聚历史、基于现实、着眼发展，全方位诠释了东易煤业安全管理的精髓，通过安全理念引导、创新安全管理文化、规范安全行为文化、建一流员工队伍、创一流安全业绩，构筑自保、互保、联保的安全长城，使员工内心的力量得以释放，将每个员工坚守安全的点滴行动汇成推动企业安全发展的强大保障力。

全面深化特色安全管理机制，建立完善安全生产技术管理"七会"流程，发挥好专业技术指导和管理职能。严格实施"六位一体"安全管理模式，压实安全生产管理责任；积极推行机电现场管理"六个一"（配齐机电现场管理1把安全锁、1支验电笔、1根接地线、1个停电操作牌、1个瓦检便携仪、1个工具包）、机电管理"二十条"、"人人都是风险辨识师"等特色举措，形成了安全管理强有力的抓手。集中强化安全管理效能，开展隐患大排查、风险大辨识、内业资料大整改等专项检查活动。构建从上到下的隐患排查之力体系。完善升级"三违"治理体系，制订"三下岗、过三关"三违帮教流程，隐患排查治理效果显著提升、标准化作业能力显著加强、员工"三违"行为得到显著遏制。充分激活全员安全责任意识，创新"安全工资是挣出来的"理念，设立安全结构工资，按级按岗按类调整安全结构工资权重，建立全员安全生产责任制及考核评价体系，激活全员安全生产责任意识、担当意识。全年未发生轻伤及以上人身事故，未发生二级非伤亡事故，习惯性违章作业情况明显改善，安全生产被动局面得到彻底扭转、安全管理新格局正在深化。

2024年，持续丰富"易安"文化内涵，不断创新、巩固安全管理举措，确保每位员工的生命安全和身体健康。同时，通过深化班组建设和党管安全，实行安全结构工资与积分制相结合的新体系，将安全责任与个人收入挂钩。目前，正在积极推动"易安"2.0项目的实施落地。

（三）聚焦经营管理创新

东易公司党委秉持"东易的饭碗要牢牢端在自己手里"这一核心利益、发展刚需，着力抓牢销售、采购两个"抓手"，稳妥化解法律纠纷和企地紧张关系两项"积病"。夯实企业经营内控体系，构建内控管理制度体系，形成台账管理和流程管理新局面；夯实标准成本体系建设，成立工作专班、制订实施方案并完善标准成本定额体系，有序推动标准成本各项工作，提升成本精细化管理水平；夯实预算、结算体系建设，发挥全面预算管理对企业经营发展的支撑和管控作用，做实、做细预算目标；不断加大业务经营成本分析与管控，成本控制力度。夯实风险监测防控体系，加强法律风险管控。一是建强销售抓手，成立公司销售中心，销售的主导权和管理权得到充分保障；建立三方煤质联合化验机制，开展多次、多点、多维度的联合煤质化验，以"质"建立煤质考核机制，严控生产环节中水、矸、杂物含量，从生产源头严控煤质，提高煤质化验各项指标的精度要求，杜绝因煤质参数争议论价，为客户提供更优质的煤炭，提升客户预期，化解销售环节纠纷风险，赢得市场信任、提升市场竞争价，增加效益增长点。二是建强采购抓手，成立采购中心，践行"采购零成本"理念，科学合理编制"技术规范书"等招投标环节的基础性文件，选派对应级别的专业人员参与评标，确保所购买的物资或服务"价优质高"；加强供应商资质审查，做到"能用生产商、不用中间商"。坚持"节约供货商成本，就是降低东易成本"的理念，降低供货商在采购全流程，即招标、供货、验收、付款的成本投入。三是妥善扭转社会评价。成立由党委班子成员组成的工作协调专班，多次赴村民家中开展协调疏通工作，妥善处理了周边7个村庄的青苗补偿和占地补偿，村企紧张关系得到大幅缓解。开展各项内部改革工作苦练"内功"的同时，认真策划实施历次迎检工作，东易公司"不放心"印象彻底改变，驻地政府的认可和好评逐渐增多。

创新采购、销售、经营管理体制机制，构建起高效的经营管理新格局。通过节约供货商成本、严格煤质考核、构建内控管理制度体系、强化成本管理等措施，不仅确保了煤质优质，也赢得了市场信任，为公司的高质量发展奠定了坚实基础。

（四）聚焦组织管理创新

1. 创新人才队伍建设机制

一是精简机构设置，以落实资源发展集团机构改革为契机，东易公司完成了扁平化、精简化的机构设置，已经形成管办分离、沟通畅通、责权分明、精简高效的组织运行架构。二是推进薪酬分配机制结构性改革，建立了"岗位工资、绩效工资、安全结构工资、综合津补贴"四板块构成的薪酬结构，设立生产（行政）管理、一线、二线、三线、矿科室五大岗级序列，明确员工晋升"三体系"和"三通道"，确保每一名干部员工都有畅通、合适的进步渠道。三是建立以绩效为核心的考评机制，对安全结构工资和绩效工资实行全员考核，建立健全积分制度，"绩效工资不是福利，而是干出来的"这一理念更加深入人心。

2. 创新两项提拔机制

东易公司党委立足充分激活员工专业年龄结构优势，不断深化机制创新。一是建立双向培养交流机制，与托管单位合作搭建人才交流培养机制，选派学历背景专业对口的骨干力量赴生产一线任职锻炼培养，不断充实做优生产技术、安全管理核心人才队伍。二是明确建立两项提拔机制的思路，建立以基层班组长任职履历为基本要求和必要条件的技术员晋升成长路径，建立以基层区队长任职履历为基本要求和必要条件的干部选拔任用机制。三是以薪酬结构刺激人才流向，薪酬分配比重向一线岗位和关键岗位倾斜。设立管理序列、专业等级序列、职业技能序列3条晋升通道，3条通道纵向贯通、横向交叉，让有理想有抱负的员工总能适时调整自己的角色。

四、下一步规划与探讨

（一）企业使命

打造"九个东易"，推进产业革命、打造行业模式、创造美好生活。

打造"高效东易",通过生产高效化、经营高效化、管理高效化的"三维"工程推进,提供国资控股混合所有制企业运营的"东易模式"。

打造"安全东易",通过"易安"安全文化为抓手,以及夯实基层安全管理多项举措,提供安全管理的"东易模式"。

打造"智能东易",通过推动"六化"建设为基础,提供装备、系统建设的"东易模式"。

打造"创新东易",激活广大干部员工智慧力量,提升员工技能素质、推进技术创新和员工创新,不断推进管理创新、提升管理效率,提供基层管理、产业工人建设、防大险治大患的"东易模式"。

打造"文化东易",通过构建文化谱系,提供文化建设、组织提升的"东易模式"。

打造"幸福东易",通过提升薪资福利待遇、实施惠民工程、畅通晋升成长通道,提供实现员工价值提升的"东易模式"。

打造"廉洁东易",通过"创廉"文化落地,传承传统文化精髓,搭建"三悟""三遵"廉政教育平台,提供廉政建设的"东易模式"。

打造"文明东易",通过管理指标化、场馆楼堂功能化、办公生活舒适化、企业秩序现代化、员工素养职业化,提供现代化能源企业改革发展的"东易模式"。

打造"百年东易",通过完成产业链拓展与布局,提供转型发展、多元发展的"东易模式"。

(二)企业愿景

打造地区最具影响力的综合能源企业,实现高效率、高安全、高智能、高效益、高福利、高文明的新"六高"企业。

(三)企业目标

建设两区四翼,即:现代化生产基地+舒适化生活园区,打造"煤+洗煤厂""煤+外域扩能""煤+化工""煤+新能源"的多能互补型产业格局。

"塞上丹心·绿能先锋"党建品牌的探索与实践

创造单位：中国大唐集团有限公司宁夏分公司

主创人：申镇

创造人：康森林　王旭　高杰　陆阳　李艳杰　徐玉慧

【摘要】"塞上丹心·绿能先锋"党建品牌在中国大唐集团有限公司宁夏分公司（以下简称中国大唐宁夏分公司）的落地，既展现了党建工作新成效、新作为，又为企业发展注入新动力、新活力，激发了企业高质量发展的红色引擎。

【关键词】塞上丹心　绿能先锋　示范项目创新　清洁能源

一、实施背景

党的二十大报告中强调，要落实新时代党的建设总要求，健全全面从严治党体系，全面推进党的自我净化、自我完善、自我革新、自我提高，使我们党坚守初心使命，始终成为中国特色社会主义事业的坚强领导核心。

中国大唐宁夏分公司勇担央企使命，成立党建品牌研究课题组，把品牌引入党建工作，将品牌管理的理念与落实新时代党的建设总要求相结合，分析党建品牌建设中存在的问题及原因，归纳总结特色做法，继承中国大唐集团有限公司（以下简称中国大唐）"红帆领航·卓越大唐"党建品牌精神，从理念、形式、载体、机制上进行探索与实践，创建了"塞上丹心·绿能先锋"党建品牌，有效推动基层党建工作质效。

二、实施目的

引领广大党员干部红心向党、不忘初心、勠力同心，围绕"双碳"目标和国家加快构建新型电力系统的新要求、新方向，充分发挥"科技创新、产业控制、安全支撑"三大作用，积极主动抢抓宁夏发展大好时机、大好环境，系统实施"核心技术创新、商业模式创新、示范项目引领"3项支撑发展的"差异化"举措，坚定信念，志存高远，不惧挑战，追求卓越，勇争一流，走好科技创新赋能绿色发展之路，服务地方经济发展，助力中国大唐加快建设世界一流能源供应商。

三、实施过程

（1）品牌名称：塞上丹心·绿能先锋。

（2）品牌释义。"塞上丹心·绿能先锋"体现了宁夏特色、党组织主体、公司特点、职工期盼，表述上简洁有力、朗朗上口。

"塞上"即万物并秀、风光无限的"塞上江南"，"丹心"即红色赤诚之心。"绿能"即践行中国大唐企业使命"提供绿色能源"，"先锋"即各项工作"当先锋、做表率"。

"塞上丹心·绿能先锋"品牌标识以极富美感的形式传递着丰富而深刻的内涵。红色旗帜，寓意弘扬伟大建党精神，坚持党对国有企业的领导，贯彻落实中国大唐党的建设和组织工作"145"总体要求，传承艰苦奋斗红色基因，不断激发推动高质量发展的红色引擎，推动中国大唐在宁夏事业乘风破浪、扬帆远航；风机、光伏板、储能装置，蕴含强烈的生态价值追求，洋溢着高质量发展的生机活力；绿色波涛寓意守正创新、能量转换、动力形成，彰显团结合作、优质高效、绿色环保、创新奋进的品牌形象。

（3）推进举措。"塞上丹心·绿能先锋"党建品牌是激发企业各级党组织的战斗力、塑造党建工作的整体形象、提高在宁影响力和社会美誉度的有力抓手。在党建品牌建设中要重点做好以下工作。

一要提高政治站位。坚持从讲政治的高度深刻认识、全面谋划、扎实推进党建工作，把准正确政治方向，站稳正确政治立场，推动党建工作全面进步、全面过硬。

二要增强创新思维。各基层党组织可根据自身实际创建党建特色品牌，推动党建工作高质量开展。

三要树牢大局意识。创建党建子品牌，必须积极宣传中国大唐"红帆领航·卓越大唐"、中国大唐宁夏分公司"塞上丹心·绿能先锋"党建子品牌，突出总品牌、子品牌的统领地位。

四、主要创新点

"塞上丹心·绿能先锋"党建品牌创建紧紧围绕"一条主线、两个护航、三个引领、四项机制"为重点工作，不断推动品牌创建走深走实，取得成效。

贯穿"一条主线"。坚持党的领导，抓准党建品牌定位、把牢党建品牌创建方向。始终把学习贯彻习近平新时代中国特色社会主义思想作为首要政治任务，贯穿学习宣传贯彻党的二十大精神这条主线，积极用好宁夏地区红色教育宝贵资源，赓续红色精神，在固本培元中筑牢信仰之基、补足精神之钙、把稳思想之舵。

把准"两个护航"。一是组织护航，注重在政治建设中打造品牌。突出抓好政治建设，持续深化落实习近平总书记重要指示批示精神"四个第一"工作机制，落实"第一议题"制度，引导党员干部坚定拥护"两个确立"，做到"两个维护"，推动党中央重大决策部署在中国大唐宁夏分公司落实落细。坚持和加强党的全面领导，对"三重一大"清单进行修订完善，保证党的领导融入公司治理的各环节、各领域，持续提升现代企业治理效能。深化理论武装筑根基，特别是班子成员结合分管工作开展加强党的建设、全面从严治党、干部队伍建设、人才队伍建设、经营管理研究、绿色发展、智能电站等"模块理论研究"，找出解决问题的新办法、新路径。二是强基护航，注重在规范提升中培育品牌。扎实推进党建"三年提升"工程，围绕习近平总书记重要指示批示精神、党中央重大战略部署、国务院国资委党委工作要求、集团公司发展战略和重点任务"四个围绕"谋划党建工作，同时要不局限于中央企业、不局限于电力能源行业、不局限于企业性质、不局限于集团内部、不局限于党建工作本身"五个不局限于"谋划党建工作。运用好上下贯通、左右联通、内外沟通、央地接通、政企畅通、点面融通"六通"党建工作法，坚持以习近平新时代中国特色社会主义思想为指导"一条主线"，秉承追求卓越"一个理念"，实现党建工作高质量发展"一大目标"，用好红色大唐"一个平台"，抓好党建共建联建、党建引领+、党建示范点创建等"一系列"年度重点工作，创建一批党建创新案例，有形有感有效系统谋划推进党建工作，有力推动党建与业务与中心工作"双轮驱动"，同频共振。

推进"三个引领"。一是引领项目发展不松劲，注重在推动高质量发展中深化品牌。坚持以习近平总书记关于能源革命重要论述为科学指引，围绕"双碳"目标和国家加快构建新型电力系统的新要求、新方向，准确把握宁夏回族自治区党代会赋予能源电力企业的使命任务，认真落实中国大唐"1264"发展战略，充分发挥"科技创新、产业控制、安全支撑"三大作用，积极主动抢抓宁夏发展大好时机、大好环境，系统实施"核心技术创新、商业模式创新、示范项目引领"3项支撑发展的"差异化"举措，全面打造亮点优势，奋力提速中国大唐在宁高质量发展。二是引领安全生产不动摇，注重在落实"国之大者"中深化品牌。坚持"安全第一、预防为主、综合治理"的方针，把能源保供作为最直接的"国之大者"，坚决扛起压实能源电力安全保供的"顶梁柱"和"压舱石"责任。坚持底线思维和极限思维，健全安全生产制度、责任、风险风控和管理体系，提升安全生产治理能力、风险管控能力和本质安全水平，杜绝重大安全隐患和失泄密事件，创建本质安全型企业，为高质量发展奠定安全生产基础。三是引领提质增效不停歇，注重在发挥实效中深化品牌。实施成本领先专项行动，加强生产费用与能耗管控，切实降低采购成本，努力降低融资成本，着力降低人工成本，有效降低综合成本。开展提质增效专项行动，增发有效益的电量，提高机组利用效率，提升电产品价格及服务收益，开展亏损企业治理专项行动。

抓牢"四项机制"。一是建立完善管理机制。为党建品牌创建提供相应的专项经费，保证专款专用，保证每一分钱都花在品牌建设的"刀刃"上。二是强化考核问效机制。将品牌建设情况纳入党组织年度党建工作责任制考核和书记述评考核，对工作推进不力进行提醒督导。三是坚持联系群众机制。品牌名称内涵的确定、创建方案的完善、载体落地的实施，均征求职工群众意见、听取职工评价。四是完善宣传推介机制。丰富品牌宣贯推广形式，以品牌视觉形象系统推动内容展示的规范化、多样化，形成党建品牌内在主题与外在形式的有机统一，提高品牌的美誉度和影响力。

五、实施效果

2024年，随着"塞上丹心·绿能先锋"党建品牌的推广与应用，中国大唐宁夏分公司以习近平新时代中国特色社会主义思想为指导，贯彻落实党的二十届三中全会关于国有企业高质量发展和改革的新要求，以高质量党建引领保障建设区域一流清洁能源供应商，传承中国大唐"红帆领航·卓越大唐"党建品牌，积极推广实践"塞上丹心·绿能先锋"党建品牌，聚焦党的"政治、思想、组织、作风、纪律、廉政、制度"建设，把准高质量发展的正确方向，凝聚高质量发展的共识合力，筑牢高质量发展的坚实根基，激发高质量发展的强劲动力，涵养高质量发展的良好生态，逐步形成了党建工作与改革发展、生产经营相匹配相融合的机制，激发了广大干部职工电力报国、忠诚奉献、自力更生、艰苦奋斗、勇攀高峰的激情和热情，紧紧围绕中国大唐"1264"发展战略，积极抢抓构建新型电力系统新机遇及建设黄河流域生态保护和高质量发展先行区机遇，全面落实宁夏回族自治区"六新六特六优+N"战略部署，形成了"中心辐射、两翼齐飞、中卫发力、多元发展"的新发展格局，有力推动公司装机容量翻一番，经营利润屡创新高，实现了国有企业保值增值，企业竞争力不断攀升，以敢为人先的胆识催生出一条从"风光火"多轮驱动到"源网荷储"多元发展、从仅有一席之地到举足轻重的跨越式绿色发展之路，竭力为宁夏回族自治区清洁能源高质量发展及经济建设贡献更多的"科技支撑"和"大唐方案"，以时不我待的紧迫感、干事创业的精气神，自觉忠诚担当，勇于拼搏奋进，为奋力谱写中国式现代化宁夏篇章贡献大唐力量。

六、下一步规划与探讨

中国大唐宁夏分公司坚持以习近平新时代中国特色社会主义思想为指导，全面贯彻落实党的二十大精神，认真落实中国大唐"1264"发展战略和工作会议部署，把"同心聚力，追求卓越"的企业精神注入血脉，传承中国大唐的卓越文化，全面实践"塞上丹心·绿能先锋"党建品牌，不断谋求新发展，实现新突破，勇担"提供绿色能源、点亮美好生活"的企业使命。

以3M工作模型赋能混合所有制企业高质量发展

创造单位：中海油安全技术服务有限公司
主创人：汪丹丹
创造人：孙万岭　于海永　刘英凡　李荣飞　孙克强

【摘要】 探索混合所有制企业思想政治工作路径，是混合所有制企业在实践中面临的重要课题。中海油安全技术服务有限公司（以下简称安技服公司）构建3M工作模型，探索混合所有制企业开展思想政治工作的规律，形成对混合所有制企业思想政治工作有指导意义的研究成果，提升了思想政治工作的规范化、科学化，实现了企业的高质量发展。

【关键词】 混合所有制　思想政治工作　3M工作模型

一、实施背景

安技服公司成立于2008年，是国有企业控股的混合所有制企业。该公司大力推动混合所有制改革，从主营业务的系统外发展到资本的系统外运作，坚持产业协同、专业化与一体化相融合的发展战略，按市场化原则整合内外部资源，实现优势互补，目前已成长为国内规模较大的安全技术服务专业公司之一。该公司作为中国海油绝对控股的改革试点单位，2018年被列入国企改革"双百企业"，在2020年"双百企业"三项制度改革专项评估中被评为A级企业，在中央企业所属"双百企业""科改示范企业"2021年度专项考核和2022年度专项考核中均被评为标杆"双百企业"，得到国务院国资委肯定，成为中国海油深化改革的良好实践。

作为中国海油改革特区，安技服公司要寻求促进安全生产、加强队伍建设、提升优质服务的更高目标实现，那么思想政治工作就是破盾之矛。思想政治工作如何建立高效的运行机制、如何丰富内容和形式、如何更好地发挥作用，维护企业的和谐稳定，促进公司又好又快地发展，成为新形势下安技服公司思想政治工作着力解决的问题。

基于混合所有制企业思想政治工作如何更好发挥作用的实际问题，安技服公司创新性引入3M工作模型，构建混合所有制企业思想政治工作3M工作模型并通过实例进行验证分析，希望可以为提升混合所有制企业思想政治工作带来理论指导和参考价值，以解决现实工作中的实际问题。

二、实施过程

3M工作模型即将思想政治工作分为思想、体系和方法三大模块（Module），把行为意识、宣传对象及受众群体三者有效结合，以3M模式创建思想政治工作阵地，以此取得巨大效应。

思想模块（1M），主要围绕思想政治工作与生产经营工作之间的关系，强化思想政治教育，夯实党性修养，推进生产经营工作与思想政治工作深度融合。

体系模块（2M），建立思想政治工作体系，基于思想政治工作的关键要素构建思想政治工作所必备的框架体制。

方法模块（3M），以创新思维优化思想政治工作方法、机制，使思想政治工作开展符合工作实际。

思想模块（1M）、体系模块（2M）和方法模块（3M）三者有效结合，相互作用。三者的有效融合是加强混合所有制企业思想政治工作的创新实践，即3M工作模型，如图1所示。

3M工作模型每个维度的关键指标设置情况如表1所示。

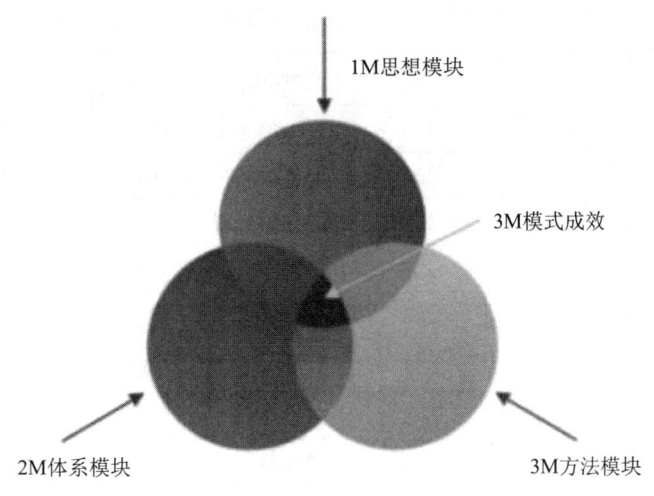

图 1　3M 工作模型

表 1　模型关键指标

序号	类别	指标名称	释义
1	思想模块（1M）	XA1 领导认知	领导干部对思想政治工作的认识程度
2		XA2 政工人员认知	政工人员对思想政治工作的认识程度
3		XA3 员工认知	普通员工对思想政治工作的认识程度
4	体系模块（2M）	XB1 工作者素质	思想政治工作者业务水平、协调能力等
5		XB2 工作执行	思想政治工作水平及效果
6		XB3 管理贡献	思想政治工作对公司管理的贡献程度
7		XB4 队伍建设贡献	思想政治工作对队伍建设的贡献程度
8	方法模块（3M）	XC1 理论学习	理论学习教育工作开展情况
9		XC2 精神文明建设	精神文明建设情况
10		XC3 企业文化建设	企业文化建设情况
11		XC4 阵地建设	阵地建设情况
12		XC5 服务员工	服务员工理念践行情况

根据模型关键指标设计《混合所有制企业思想政治课题调查问卷》并开展问卷调查。调查问卷分思想模块、体系模块、方法模块三大部分，共 52 道题目。依托问卷调查法开展有效性验证，发放调查问卷 331 份，其中能够为研究提供帮助的问卷 305 份，有效率为 92.1%。

（一）数据分析

思想模块各维度的平均值介于 3.840～3.950，接近或略高于量表中点值 3，表示受访者对思想模块各维度评价较高。体系模块各维度的平均值介于 3.781～3.916，接近或略高于量表中点值 3，表示受访者对体系模块各维度评价较好。方法模块各维度的平均值介于 3.768～3.892 之间，与体系模块相近，表示受访者对方法模块各维度的评价较为积极。

从标准差来看，多数维度的标准差介于 0.920～1.053，表示受访者对该维度的评价意见较为一致和集中。各维度的中位数多集中在 4 分左右，与均值相符，进一步显示受访者的评价倾向于积极。表 2 所示为各维度得分情况。

表 2 各维度得分情况

维度	样本量	最小值	最大值	平均值	标准差	中位数
XA1 领导干部对思想政治工作的理念	305	1.000	5.000	3.895	0.926	4.333
XA2 政工人员对思想政治工作的理念	305	1.000	5.000	3.840	0.982	4.000
XA3 普通员工对思想政治工作的理念	305	1.000	5.000	3.950	0.958	4.333
XB1 思想政治工作者素质	305	1.000	5.000	3.916	0.862	4.143
XB2 思想政治工作执行	305	1.000	5.000	3.875	0.922	4.143
XB3 思想政治工作对企业管理贡献	305	1.000	5.000	3.869	0.855	4.143
XB4 思想政治工作对企业队伍建设贡献	305	1.000	5.000	3.781	1.003	4.286
XC1 理论学习教育	305	1.000	5.000	3.867	0.959	4.000
XC2 精神文明建设	305	1.000	5.000	3.860	1.053	4.000
XC3 企业文化建设	305	1.000	5.000	3.768	1.051	4.000
XC4 阵地建设	305	1.000	5.000	3.892	0.934	4.000
XC5 服务员工	305	1.000	5.000	3.825	0.971	4.000

（二）信度分析

为了解思想模块的内部一致性和信度，采用 Cronbach α 系数法对题项进行分析（如表 3 所示）。结果显示，思想模块各维度 Cronbach α 系数介于 0.750～0.801，说明题项具有较好的内部一致性。各维度题项相关性 CITC 介于 0.558～0.656，说明各题项都对构成相应维度做出贡献。

表 3 思想模块 Cronbach 信度分析

维度	名称	校正项总计相关性（CITC）	项已删除的 α 系数	Cronbach α 系数
领导干部对思想政治工作的理念	领导重视程度	0.558	0.689	0.750
	经费支持	0.580	0.663	
	考核态度	0.596	0.645	
政工人员对思想政治工作的理念	职责明确度	0.656	0.720	0.801
	指导情况	0.637	0.741	
	服务意识	0.649	0.727	
普通员工对思想政治工作的理念	理念理解度	0.650	0.682	0.786
	参与积极性	0.605	0.731	
	建言情况	0.619	0.715	

同理可得，体系模块、方法模块量表均具有良好的内部一致性，题项与所属维度相关性较强。

（三）探索性因子分析

对思想模块量表进行探索性因子分析（如表 4 所示），采用最大方差旋转法提取出 3 个公共因子，累计方差贡献率为 69.776%，充分反映变量信息。KMO 值为 0.800，巴特球形检验 p<0.001，样本适合进行因子分析。

表4 思想模块指标探索性因子分析

指标名称	思想模块指标因子载荷系数		
	因子1	因子2	因子3
领导重视程度	0.041	0.168	0.799
经费支持	0.208	0.061	0.792
考核态度	0.166	0.159	0.790
职责明确度	0.844	0.101	0.120
指导情况	0.794	0.167	0.188
服务意识	0.823	0.175	0.113
理念理解度	0.111	0.852	0.078
参与积极性	0.122	0.799	0.158
建言情况	0.211	0.785	0.165
特征根值（旋转前）	3.559	1.373	1.348
方差解释率%（旋转前）	39.540%	15.258%	14.977%
累计方差解释率%（旋转前）	39.540%	54.799%	69.776%
特征根值（旋转后）	2.164	2.105	2.011
方差解释率%（旋转后）	24.043%	23.391%	22.342%
累计方差解释率%（旋转后）	24.043%	47.434%	69.776%
KMO值	0.800		
巴特球形值	878.366		
df	36		
p值	0.000		

根据旋转后的因子载荷，可以看出：因子1，领导重视程度、经费支持、考核态度等题项在该因子上的载荷较高，与领导层对思想政治工作的理念相关，可以命名为"领导认知"；因子2，职责明确度、指导情况、服务意识等题项在该因子上的载荷较高，与政工人员对思想政治工作的理念相关，可以命名为"政工人员认知"；因子3，理念理解度、参与积极性、建言情况等题项在该因子上的载荷较高，与普通员工对思想政治工作的理念相关，可以命名为"员工认知"。

同理可得，体系模块因子为队伍建设贡献、工作执行、工作者素质、管理贡献；方法模块因子为精神文明建设、服务员工、阵地建设、理论学习。

本研究从描述统计、因子分析和信度分析3个层面验证了3M工作模型在思想、体系和方法3个模块的合理性与有效性，充分证明该模型具有科学性和实证基础，为混合所有制企业开展思想政治工作提供了可靠的指导框架。

（四）实践探索

安技服公司作为中国海油绝对控股的改革试点单位，连续两年在专项考核中被评为标杆"双百企业"，得到国务院国资委肯定，成为中国海油深化改革的良好实践。在依托3M工作模型加强思想政治工作方面，安技服公司做了积极探索并取得了良好成效。

1. 思想模块（1M）

（1）提升领导干部理念，加强领导。安技服公司领导班子成员以"品牌正名工程"为抓手，明确要求各级党组织承担起思想政治工作主体责任，各级领导班子成员则应当履行"一岗双责"职责，共同构建职责分明、协同合作的工作格局，确保思想政治工作的高效实施。

（2）提升政工人员理念，强化指导。安技服公司政工人员明晰其思想政治工作职责，深入了解基层需求，确保思想政治工作紧密结合实际，提高工作实效性和针对性，为所属单位提供切实有效的思想引领。

（3）提升普通员工理念，积极参与。安技服公司鼓励员工积极参加各类思想政治活动，依托领导接待日、基层联系点调研等解决员工急难愁盼问题，推动思想政治工作再上新台阶。

2. 体系模块（2M）

（1）提升思想政治工作者素质。安技服公司将思想政治工作完成情况纳入员工绩效考核办法中，以此提升思想政治工作者的工作能力。

（2）提升思想政治工作成效。安技服公司积极开展正面宣传，通过发现、培育、大力宣传先进典型，充分发挥典型的示范引领作用，凝聚奋进力量；通过开展形势任务教育，引导广大干部职工把思想、行动统一到公司决策部署上，聚焦到推动高质量发展目标上，凝聚发展共识。

（3）提升思想政治工作对企业管理的贡献度。安技服公司依托领导接待日、党委委员到支部、基层联系点调研、员工信箱、职代会提案征集等途径征集员工意见建议，鼓励支持员工参与公司治理；通过青年大讲堂、"企业之声"、"英语角"等活动鼓励员工之间交流经验与知识，实现共同进步。

（4）提升思想政治工作对企业队伍建设的贡献度。安技服公司依托职业技能竞赛、五小金点子创新创效、青年创新工作室等助力员工技能及创造力提升，提升队伍建设战斗力；依托"党员一带一""党员先锋队""四两五带头"等活动助力员工任务完成度提升，提升队伍建设胜任力；依托特色企业文化活动、各类文体活动助力员工企业文化认可度提升，提升队伍建设凝聚力。

3. 方法模块（3M）

（1）坚持开展理论学习教育，推动形成共同的精神基础。调查结果显示安技服公司十分重视理论学习对员工行为的促进作用，重视思想政治工作方式方法的创新及学以致用。从员工角度看，理论学习为员工解决问题提供了新的思路。从公司发展的角度看，理论学习有利于指导公司发展。员工和公司均从理论学习中得到了全面发展，有利于形成共同的精神基础，助力公司高质量发展。理论学习教育效果得分比例如图2所示。

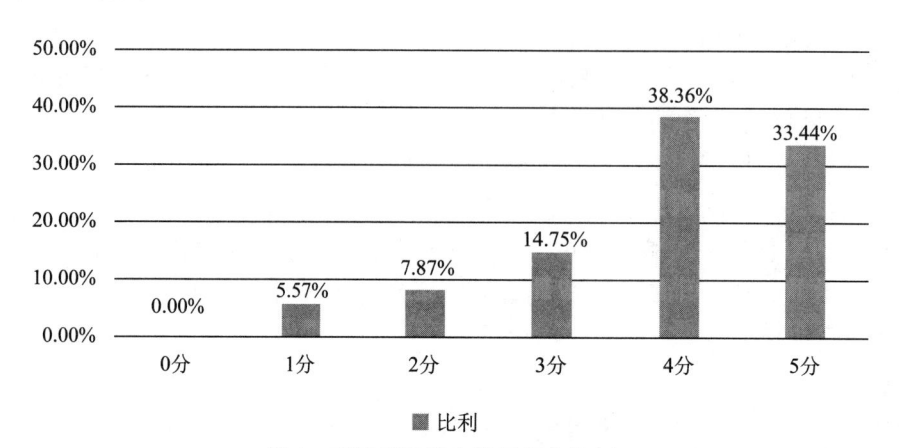

图2 理论学习教育效果得分比例

（2）树立先进典型，加强精神文明建设。调查结果显示受访者对宣传工作的满意度较高，安技服公司精心构建了包括外宣、内宣和专题宣传在内的多元化宣传平台，确保思想政治工作信息能够迅速、准确地传达给每位员工，有效畅通了企业内部的沟通渠道。此外，公司还高度重视宣传人员的专业知识培训，将其作为提升宣传平台质量的关键环节，通过一系列切实可行的措施，不断提升思想政治工作的质量和效率。先进典型宣传及推介力度得分比例如图3所示。

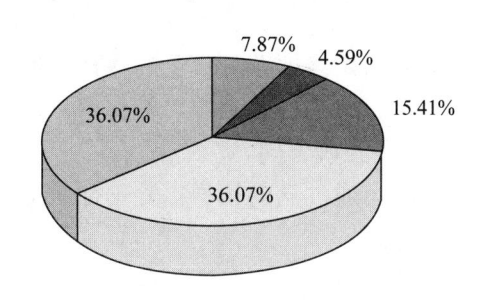

图3　先进典型宣传及推介力度得分比例

（3）增强企业文化建设，提升员工认可度。企业文化建设是一个多维度、全方位的过程。安技服公司注重"正物安人、和合自然"企业精神的践行，充分利用各种渠道和方式，广泛宣传企业文化，让员工深入了解并认同企业的核心价值观和发展理念，确保企业文化得到全面、有效的推进。

（4）完善保障措施，强化思想政治阵地建设。安技服公司通过线上（微信公众号、微博、网站、楼宇大屏、邮箱等）线下（党员活动室、心理健康室、健康角、公示栏、读书角等）相结合的方式加大思想政治阵地建设力度，打造员工接受度高的思想建设工作阵地，不断扩大思想政治工作辐射力。

（5）强化员工服务理念，保障员工合法权益。调查结果显示安技服公司在践行服务员工理念、保障员工合法权益方面得到大部分员工认可。安技服公司通过完善职工代表大会制度、设置员工信箱、召开领导接待日等途径，拓宽员工表达意愿渠道，尽力解决员工的难事、急事，在维护员工权益的同时贯穿思想教育。保障员工权益得分比例如图4所示。

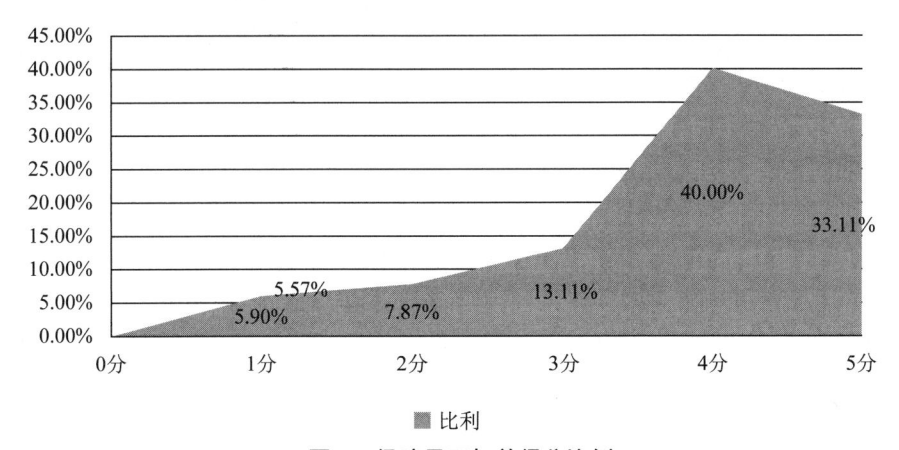

图4　保障员工权益得分比例

三、主要创新点

本文通过对混合所有制企业思想政治工作如何更好地服务生产、服务员工的现实问题开展研究，提出了基于3M工作模型的研究方法，使得混合所有制企业思想政治工作开展情况能够进行定量分析评估。

（1）运用3M工作模型建立了一种科学合理的评价指标体系，该体系可以使管理者在推动混合所有制企业思想政治工作的过程中把握主要因素，对推进企业高质量发展具有重要的指导意义。

（2）创新性引入理论研究模型，对量化混合所有制思想政治工作考评具有重要意义，可以使管理者能够清楚地了解混合所有制企业思想政治工作开展情况，以便提出相应的改进措施，不仅能够解决现实工作中的实际问题，还能为企业可持续发展提供更有价值的数据。

四、实施效果

（1）增强了政治领导力。安技服公司始终把新时代党的建设总体要求作为思想政治工作的基本指导思想，充分发挥公司党委"把方向、管大局、保落实"的作用，发挥各级党组织和党员的战斗堡垒作用和先锋模范作用，切实保障公司发展正确方向。

（2）提高了核心竞争力。安技服公司通过党的领导提升干部职工综合素质，实现了公司核心竞争力稳步提升，进一步推动公司高质量发展。

（3）提高了团队凝聚力。安技服公司在深化改革遇到阻力时，思想政治工作发挥了重要作用，帮助组织营造了干事创业的良好氛围，提升了团队凝聚力和向心力。

（4）提炼了精细化考核指标体系。安技服公司以3M工作模型为基础，从思想、体系、方法模块提炼混合所有制企业思想政治工作精细化考核指标体系，提升了思想政治工作的规范化、科学化水平，打造了富有创新性、实践性和可操作性的思想政治工作路径。

五、下一步规划与探讨

中国特色社会主义进入新时代，混合所有制企业思想政治工作只有不断改进提升，坚持守正创新，才能跟上新时代、迈向新未来。

（一）坚持党的领导

尽管混合所有制企业与国有企业在投资主体、利益导向等方面存在差异，思想政治工作所面对的对象与内容也更显繁复，但我们仍须坚定不移地拥护党的领导核心地位，严格执行党的决策与政策导向。首先，要提升政治意识高度，深刻领悟并践行习近平新时代中国特色社会主义思想，切实贯彻习近平总书记关于党的建设的重要论述精神，旗帜鲜明地坚守政治立场，把准政治航向，强化政治能力的锻造。其次，要加强政治理论研习，不断深化对党的理论精髓的把握，在日常工作中主动运用马克思主义的立场、观点、方法来剖析问题、化解难题。领导干部应率先垂范，以理论为指引，走在学、讲、用的前列。最后，要将党建工作置于企业发展的核心位置，依托双向进入、交叉任职机制，以及党建工作纳入公司章程等制度安排的落实，积极探索党建与生产经营深度融合的创新路径。

（二）拓展方式方法

混合所有制企业在思想政治工作上的成效，往往取决于其途径与策略的多样性和创新性。首先，实现从单向灌输到多向互动的跨越，应积极探索主题实践、互动对话等多元化思想政治工作方式方法，激发员工主动吸纳理论精华，并将其转化为实际行动，从而大幅提升思想政治工作的实际效果。其次，要将思想困惑的解决与实际难题的攻克紧密结合，混合所有制企业应紧密围绕工作核心，精准捕捉干部职工关心的热点、难点，以及制约企业发展的关键环节，不断更新思想政治工作的内容，借助案例剖析、圆桌讨论等手段，深化干部员工的思想认识，使思想政治工作更具指向性，进一步强化其针对性与实效性。

（三）健全工作机制

为确保思想政治工作的稳步开展，一套健全的制度架构是不可或缺的基石。首先，搭建领导指挥与调控体系。混合所有制企业中的党组织需发挥更加主动与前瞻的角色，精心规划思想政治工作，并将其无缝融入目标管理的框架之中，通过高效的调控机制，为思想政治工作的顺畅推进保驾护航。其次，构建科学评价体系亦至关重要。此评价体系需紧密贴合混合所有制企业的实际运营状况，通过实施季度或年度的评估考核，将思想政治工作的实施成效纳入常规考核范畴，确保评价的时效性和针对性。最后，强化监督与激励并行机制亦不可或缺。混合所有制企业应深化群众监督与舆论监督机制，推动监督流程更加规范、高效，同时，应积极构建并完善激励机制，通过增强企业内部凝聚力，进一步激发思想政治工作的实际成效。

（四）完善保障措施

完善保障措施，能确保混合所有制企业的思想政治工作保质保量地开展。首要任务是激活共青团与工会的潜能。思想政治工作在混合所有制企业中不应仅依赖于政工团队，而应携手共青团与工会，共同发力，以此拓宽工作覆盖面，提升工作实效，为思想政治工作的高效开展注入强劲动力。再者，深化思想政治工作研究同样不可或缺。思想政治工作的内容并非一成不变的，而应根据公司的发展态势、员工特性进行动态调整，不断丰富其内涵，创新其方法。混合所有制企业应加大对企业思想政治工作的探索力度，敏锐捕捉企业发展中的痛点难点，将其转化为研究课题，提出针对性强、操作性好的解决方案，并积极推广有价值的研究成果，持续提升思想政治工作的整体水平。

以"提质增效"为目标激活企业发展内生动力的构建与实施

创造单位：广西鹿寨农村商业银行股份有限公司
主创人：陈世健　蒋德炜
创造人：韦俊强　金洋　何怡丽　梁龙芬　刘天明　黄煜媛

【摘要】 广西鹿寨农村商业银行股份有限公司（以下简称鹿寨农商行）党委立足党的二十大精神和国家"十四五"规划，围绕广西壮族自治区党委创建现代化中国广西篇章战略部署，全面强化企业的党建工作，并把扎实抓好群团工作作为党建中最重要的一环来抓。党委书记推动、布置，班子成员分工协作、挂点带面，各负其责。在实施过程中，鹿寨农商行党委坚持以党建引领为抓手，组织、引导密切联系群众的工会、女工委、共青团等群团组织充分利用自身密切联系群众的优势，组织员工持续开展一系列主题实践活动和争先创优活动。鹿寨农商行党委对参与活动的优胜者，均给予表彰和奖励。这不仅极大地推动了本行群团组织参与本行民主管理的积极性和主观能动性，更加凸显群团组织的桥梁和纽带作用，而且极大增强了广大员工的主人翁意识。鹿寨农商行员工心往一处想、劲往一处使，共同营造了温馨、和谐、奋进的经营氛围，共同推动企业持续稳定发展。

【关键词】 党建引领　群团并进　齐心协力　共创佳绩

一、实施背景

为深入学习贯彻习近平总书记关于党的建设的重要思想和指示精神，全面贯彻落实党中央、国务院加强企业党建工作的部署，扎实推进新时代新征程国有企业的党建工作，为企业高质量发展提供有力保障，鹿寨农商行党委充分发挥党建引领的中流砥柱作用，提升群团组织的凝聚力、战斗力和创新力，以此充分发挥群团组织的桥梁和纽带作用，以适应经济社会发展的新要求和人民群众的新期待，推动农村金融提质增效，助力乡村振兴。

二、实施目的

（1）夯实党的执政基础。鹿寨农商行是县域服务"三农"的地方性金融机构，毫无疑义，要不折不扣地贯彻落实习近平总书记关于群团工作的重要指示精神，把优化群团工作作为党建的重要一环来抓，在加强政治理论学习、提高思想认识的基础上，还组织工会、共青团、女工委等群团组织持续开展争优创先、送温暖、送爱心等活动，不断增强广大员工的主人翁意识和创业意识，从而使鹿寨农商行形成了"听党话，跟党走"和"比学习、比进步、比业绩"的浓厚经营氛围，有效地夯实党的执政基础。

（2）提升企业核心竞争力。通过加强党建带群团工作的有效开展，鹿寨农商行的整体管理水平和服务质量得到了不断提升，企业形象大大改观，经济实力也大大增强，从而为提升自身核心竞争力提供了坚实的物质保障。

（3）促进县域农村经济发展。扎实做好党建带群团工作，必将极大地调动广大员工服务"三农"的积极性、主动性和创造性，送金融知识下乡入村、金融服务上门到家将成为鹿寨农商行服务县域经济的常态，从而为乡村振兴、农村经济发展注入活力，进一步推动农村产业升级和农民增产增收。

三、实施过程

（一）书记挂帅，干群同心协力

鹿寨农商行历届党委对抓好党的群团工作历来十分重视，尤其是2022年以来，党委书记挂帅出征，担任群团优化工作的第一责任人，其他班子成员各负其责、分工协作，切实抓好以点带面的工作。党委将群团工作纳入党建工作的总体布局，定期研究群团工作，定期听取群团组织工作汇报。每年年初，党委在研究全年工作规划时，必然把加强群团工作列入议事日程，坚持做到与其他业务同研究、同布置、同检查、同考核。党委每年还定期以学习会、现场会、经验交流会等形式，培训各群团组织的骨干，党委书记组织、讲课，并时时注意帮助基层群团组织解决实际问题。据统计，2023年以来，鹿寨农商行党委就急基层群团之所盼、所需，先后投入60万元，帮助拉沟、平山、中渡等8个基层网点工会修缮、改造员工食堂、宿舍和文体活动中心等，为基层群团工作的顺利开展创造了更优的条件。鹿寨农商行党委有作为、有担当的作风，得到了鹿寨农商行员工的一致好评，也极大地激发了广大员工扎根基层、干事创业的坚强信念。

（二）推进理论学习，提高思想认识

为统一全行员工尤其是群团骨干的思想和行动，鹿寨农商行党委班子成员在抓好理论学习的基础上，还采取蹲点包片的做法，将全行18个网点置于监管之下，加强指导、加强监督、加强学习，持续不间断地组织工会、共青团、女工委开展政治理论专项学习，学习党的二十大精神，学习习近平总书记的一系列重要讲话精神。组织各群团持续开展专题党课、主题党日，以及青年大学习、职工读书分享会等活动，引导全行广大员工增强"四个意识"、坚定"四个自信"、做到"两个维护"，确保员工在思想上、政治上、行动上始终同党中央保持高度一致，自觉维护党中央的权威，坚定不移贯彻执行党中央的路线、方针、政策。

（三）开展主题教育，增强服务意识

2023年以来，鹿寨农商行党委在组织全体员工开展"不忘初心、牢记使命"主题教育时，还与群团组织共同策划、共同组织，利用当地红色资源，组织员工到教育基地开展主题教育，缅怀革命先烈，传承红色基因，激发干部职工的爱国情怀和奋斗精神。除此之外，在开展主题教育实践中，鹿寨农商行党委还利用自身优势，组织各群团开展文艺演出、知识竞赛、演讲比赛等活动，将党的理论知识和方针政策融会贯通，传播到广大群众中，营造了良好的社会氛围，同时也激发了全行各群团组织争先创优的激情。人数最多、涉面最广的工会迅速在全行掀起创建"模范之家"和送温暖、送爱心活动；鹿寨农商行团支部组织开展了"学习贯彻党的二十大，讲好新时代雷锋故事"的主题演讲比赛活动，激发了全行青年员工向雷锋学习的热情。每年"3·5"学雷锋日，鹿寨农商行团支部都组织团员、青年员工上街为群众做好事实事，弘扬了新时代的雷锋精神。除此之外，鹿寨农商行团支部还通过微信公众号推出"雷锋精神我要说"专栏，激励员工乐于助人、甘于奉献，用实际行动弘扬雷锋精神。

（四）加强群团建设，夯实工作基础

鹿寨农商行党委高度重视群团组织建设，每年员工大交流、大换岗和两委换届选举一结束，鹿寨农商行党委就立即根据各网点人员配备情况，着手抓好各级群团组织架构工作。该调整的调整，该合并的合并，该撤销的撤销，尽量把那些年纪轻、有冲劲、敢担当、肯奉献的员工适时选拔到群团组织中担任骨干，使群团组织干部队伍建设更加年轻化、知识化。同时采用集中培训、轮岗交流、实践锻炼等方式，不断提高群团干部的业务能力和综合素质。据统计，近年来，鹿寨农商行从优秀团员青年和女职工中培养发展党员38名。

（五）围绕乡村振兴，推进普惠金融

鹿寨农商行党委根据当地党委、政府关于振兴乡村的工作部署，顺势而上，组织和发动各党支部、各群团组织持续开展"党建＋金融服务"活动。组织大批党员和群团业务骨干深入农村、社区、街道、企业，扎实推进"万名党员进万村"工程和"亮岗组队创牌"活动。一方面大力宣传党的农村金融政策，一方面派出大批业务骨干深入农村千家万户，调查了解客户的需求，便于提供个性化的金融服务。这种党建引领、众人参与、齐头并进的做法，不仅实现了党建工作与业务发展的良性互动，还极大地促进了金融业务发展和服务质量的提高，助推县域农村经济进入发展新阶段。据统计，2024年，鹿寨农商行选派64名金融专员深入全县4乡5镇的村屯、街道、社区的千家万户和田间地头，开展送金融服务下乡活动，既发挥了党组织的战斗堡垒作用，又充分发挥了农信党员的先锋模范带头作用，而且也凸显鹿寨农商行的责任和担当。

四、主要创新点

（一）突出重点树典型

在加强和完善群团组织的架构、思想、作风等建设的过程中，鹿寨农商行党委始终把工会组织的建设放在突出的位置并作为重点来抓，下大气力抓好。

一是不断完善职代会和股东代表大会制，以此推动企业的民主决策、民主监督、民主管理进程。鹿寨农商行党委坚持每年召开职工代表大会2次、股东代表大会1次，审议行政工作报告、工会工作报告和全行的重大决策问题，包括年度目标计划任务、财务收支计划、人事任命、用工制度、工资分配等。同时，鼓励员工对开展的各项业务出谋划策，提建议、出良策。2022年以来，先后收集了员工60多条意见和建议，为促进鹿寨农商行的民主管理奠定了坚实的基础。

二是以建家活动为载体，为企业注入新的活力。为了把鹿寨农商行建设成为高效、温馨的职工之家，鹿寨农商行始终坚持党委领导、行政负责、工会实施的建家格局，放手让工会在诸多方面唱主角，并在人力、物力、财力等方面给予大力支持。在具体实施中，利用工会紧密联系群众的优势，让工会在加强员工思想政治工作方面唱主角。每当员工之间产生矛盾或员工情绪低落及有其他思想问题时，都由工会出面，以谈心交心、登门看望等形式，找其谈话，然后对症下药化解矛盾，从而达到"家和万事兴"的目的。仅2022年以来，工会出面解决职工思想"疙瘩"就达27次。

三是发挥工会干部"员工贴心人"的作用，让工会在"送温暖、献爱心"活动中唱主角。大到员工生病住院慰问，小到员工过生日祝贺，以及帮助员工解决实际困难，都由工会去组织实施，及时把党组织的关怀送到职工的心坎上。

四是发挥工会"人多面广"的优势，让工会在组织开展各种文体活动中唱主角。2022年以来，工会先后组织开展了汽排球比赛、文艺汇演、演讲比赛、业务技能比赛等活动18次之多。通过开展这些活动，既丰富了企业的文化生活，又大大增强了员工的争先创优意识，使鹿寨农商行形成了比学习、比业务、比奉献的良好氛围，促进各项业务工作开展。

（二）以点带面，全面推进

在工会组织标杆作用的引领下，鹿寨农商行各群团组织奋起直追，共创佳绩。鹿寨农商行团支部积极组织团员青年开展思想政治教育，引导团员青年树立正确的世界观、人生观、价值观。与此同时，鹿寨农商行团支部还通过举办读书分享会、青年座谈会等形式，加强对青年员工的思想引领；举办"金桂青语"读书会和领导与青年面对面座谈活动，激励青年员工勇担时代使命，在工作中发挥生力军和突击队作用；组织青年员工开展"青年文明号"创建活动，引导青年员工立足岗位、创先争优，为客户提供优质高效的金融服务。通过开展一系列活动，团组织的精神面貌大大改观，涌现出一批先进集体和先进个人。薛柳慧等多位员工分别获得柳州市、鹿寨县"优秀共青团干部""优秀共青团员"荣誉称号；鹿寨农商行团支部多次获得柳州市"五四红旗团支部"荣誉称号、柳州市"青年文明号"荣誉称号、柳州市"青年文明号创建集体"称号。

（三）关心女工，展现巾帼风采

鹿寨农商行女工委积极维护女职工的合法权益，关注女职工的特殊需求。建立健全女职工权益保护制度，确保女职工在孕期、产期、哺乳期等特殊时期的合法权益得到保障。与此同时，组织女职工开展"巾帼文明岗"创建活动，引导女职工立足岗位、建功立业。不仅如此，每年还组织女职工开展"最美女职工"评选活动，激励广大女职工学先进、赶先进，在业务经营中展现巾帼风采。此外，每年还积极响应上级党委工作安排，组织开展"春蕾计划""母亲邮包"慰问女童和贫困母亲等公益志愿服务活动，以及女性健康知识讲座、评选"巾帼文明岗""三八红旗手"活动等。每年妇女节都组织开展丰富多彩的文娱活动，如花艺沙龙、徒步、茶艺讲座等。通过开展一系列活动，极大地增强了女职工的集体观念和爱行如家的情愫，使女职工在业务经营中充分发挥"半边天"作用，涌现出一批先进集体和先进个人。

鹿寨农商行党委在加强和优化群团组织建设的过程中，不仅采取加强领导、精心组织等措施，而且还时时注意提供精神食粮。对群众组织搞得好的网点和个人，除了及时召开现场推广外，每年年终还授予优秀工会组织和优秀工会积极分子称号，并给予表彰；对共青团、女工委工作中评选出来的优秀团员、"三八红旗手"等，都一一给予表彰和奖励。这些举措不仅使全行群团组织充分发挥了党委联系员工的纽带和桥梁作用，而且极大增强了员工争先创优意识，推动鹿寨农商行业务经营快速高效的发展。

五、实施效果

（1）员工思想素质显著提升。通过党建带群团工作，广大员工的政治意识、大局意识、核心意识、看齐意识不断提高，更加自觉地在思想上、政治上、行动上同党中央保持高度一致，对党忠诚、服务人民的意识更加坚定，为鹿寨农商行高速度、高质量发展提供了坚强的政治保障。

（2）群团组织活力充分激发。在党组织的带领下，群团组织的工作积极性和主动性得到了极大提高，各项活动丰富多彩、富有成效，鹿寨农商行形成了"党有号召、群团有行动"的良好局面，群团组织的凝聚力和战斗力不断增强。

（3）金融效益取得新突破。党建带群团工作有效地促进了鹿寨农商行各项金融业务稳健发展，经济效益得到质的提升，为持续服务当地经济发展提供有力的金融支持。截至2024年6月末，鹿寨农商行资产总额135.25亿元，比年初增长3.50亿元；各项存款余额111.19亿元，比年初增加5.19亿元，增幅4.90%，各项存款余额市场占有率44.37%，增量占比38.76%，在鹿寨县金融机构存款占有率排名第一；各项贷款余额94.81亿元，比年初增长2.69亿元，完成全年增量目标任务的64.14%，各项贷款余额市场占有率32.12%，增量占比25.96%，在鹿寨县金融机构贷款占有率排名第一。

（4）企业形象得到新提升。通过开展志愿服务、扶贫帮困等活动，鹿寨农商行的社会形象得到了进一步提升，多年来在鹿寨县服务行业评选中均获得好的成绩，赢得了社会各界的广泛赞誉和好评。

六、下一步规划与探讨

经过进一步的学习和研究，鹿寨农商行党委和经营班子决定在今后的经营管理中，扎实认真地做好如下工作。

（1）坚持党的领导。坚持党的领导是做好群团工作的根本保证和前提条件。只有始终坚持党的领导，才能确保群团组织始终保持正确的政治方向，才能充分发挥群团组织的桥梁和纽带作用，为鹿寨农商行的发展和乡村振兴战略的实施贡献力量。

（2）服务中心大局。紧紧围绕党和国家的中心工作，服务经济社会发展大局，积极参与乡村振兴、脱贫攻坚、生态文明建设、社会治理等重点工作，为实现中华民族伟大复兴的中国梦贡献力量。

（3）关注群众需求。继续加强和优化群团组织工作，继续坚持以人民为中心的发展思想来指导工作，关注群众需求，维护群众利益。深入基层、深入群众，了解群众的所思所想所盼，为群众提供更加精准、更加贴心的服务。

（4）加强自身建设。进一步加强和优化群团组织的建设，包括政治建设、思想建设、作风建设、制度建设等，才能不断提高群团组织的工作水平和服务质量，才能不断增强群团组织的凝聚力、战斗力和创造力，才能最大限度地发挥群团组织的桥梁和纽带作用。

（5）创新工作载体。积极探索适应时代要求的工作方式和方法，不断创新工作载体和活动形式。结合实际情况，开展具有特色的群团活动，激发群团活力，为鹿寨农商行的高质量发展注入新的活力和动力，为不断谱写中国式现代化广西篇章而贡献力量。

"红色太行·绿色晋电"品牌聚力促发展，"四项工程"靶向施策创新篇

创造单位：中煤华晋集团有限公司
主创人：柴鑫
创造人：李小光　张阳

【摘要】中煤华晋集团有限公司晋城热电分公司（以下简称晋城热电分公司）党委紧跟新时代党的建设总要求，激发基层党组织内生动力，以党建品牌建设为抓手，深入研究和推进新形势下党的建设新的伟大工程高质量发展。

【关键词】内生动力　党建品牌　高质量发展

一、实施背景

抓实基层党建工作，是推动落实"党要管党、全面从严治党"的关键举措，是提升基层干部队伍能力素质的必要途径，是凝聚人民群众的有效手段，是企业高质量发展的重要保障。随着经济社会快速发展和国有企业面临的新形势、新要求的变化，必须加强基层党建工作，不断巩固党的战斗堡垒和执政根基，推动基层党建工作高质量发展、党建与业务工作深度融合发展。中煤华晋集团有限公司（以下简称中煤华晋集团）党委先后编制印发《关于建设基层示范党支部的指导意见》《党建品牌提升行动实施方案》《关于破解"两张皮"问题推进党建与业务工作深度融合的指导意见》等系列制度文件，指导基层党组织精准发挥作用，提升党建工作质量。国有企业在坚持抓基层强基础、推动基层党组织全面进步全面过硬的工作过程中，积极创建具有企业特色、能叫得响和引领力强的党建品牌，是国有企业基层党组织在党的建设过程中始终体现时代性、把握规律性、富于创造性的一项重要举措。

二、实施目的

创建党建品牌，目的是提升党组织形象、增强组织凝聚力、推动党建与业务融合、提升工作实效性、形成示范效应，充分发挥党组织的战斗堡垒作用和党员的先锋模范作用，引领和服务企业发展。晋城热电分公司党委深入贯彻落实中国中煤党委"一流党建引领世界一流能源企业建设"和中煤华晋集团党委"一单位一品牌、一支部一特色"的建设要求，紧紧围绕安全生产经营中心工作这一核心做好定位，确保党建品牌建设始终沿着正确的方向推进，真正做到紧扣中心、服务大局，彰显品牌影响力和推动力，助推企业高质量发展。

三、实施过程

（一）紧扣品牌建设"核心点"，做好顶层设计

晋城热电分公司党委根据中煤华晋集团党委党建品牌创建、促进党建与生产经营相融合的工作思路及具体安排，紧扣公司高质量发展脉搏，结合晋城热电分公司基层党建工作的实际情况，梳理、细化和完善党建工作目标、思路、重点和保障措施，明确党建品牌建设的推进节奏、关键节点和阶段任务，制订党建品牌创建实施方案、党建"1+6"特色党建创建方案等，高标定位，做好党建品牌建设的顶层设计和整体指引。统筹考虑企业所处发展阶段、改革发展任务和企业文化特点等因素，持续厚植党建品牌建设的根基与底蕴。

（二）畅通基层调查"纵贯线"，确定党建品牌

晋城热电分公司党委深入基层开展调研，从实践中来到实践中去，与广大党员群众座谈交流，积极听取支部书记、支委委员、党务工作者、党员群众代表意见，把真实、客观、全面的党建情况汇总上来，把特色、鲜明、成熟的党建做法提炼出来，打通基层党建"最后一公里"，集思广益，头脑风暴，主动探索党建品牌建设突破口，并将调研和座谈获得的资料进行归集整理，针对党建中的重点、难点、热点问题，把党建品牌建设成效聚焦到创新工作思路、提高工作效率、促进企业发展等方面上来。最终确定"红色太行·绿色晋电"党建品牌。晋城热电分公司党委党建品牌Logo如图1所示。

图1 晋城热电分公司党委党建品牌Logo

（三）突出政治引领"覆盖面"，定位品牌内涵

党建品牌要突出政治性，强化政治引领，提高政治站位，贯彻党的初心与使命，同时要促进党建工作与生产经营深度融合，切实找准工作亮点，突出工作特点，紧贴工作重点，增强党建品牌建设的针对性、可操作性。为确保党建品牌主题突出、特色鲜明、内涵丰富、员工认可，能够时刻被想得起、记得住、叫得响、做得到，生动展现党建品牌所蕴含的企业精神和内涵特质，晋城热电分公司党委经过认真研究，确定了"发扬太行精神，继续艰苦奋斗、迎难而上、不畏艰辛，以党建为引领，开拓晋城热电绿色发展、节能发展、高质量发展之路"的党建品牌内涵，并将最终以晋城热电分公司改革发展成果检验党建品牌建设成效。

（四）构建党建品牌"多维矩阵"，助推党建工作见实见效

党建品牌的确立和形成不是党建品牌建设工作的全部，如何在实际工作中不折不扣贯彻落实党建品牌的要求与内涵才是党建品牌建设的重中之重。晋城热电分公司党委研究制订了《"红色太行·绿色晋电"党建品牌创建实施方案》，将党建工作的思路、方法和做法推行到每一个基层党支部，并深入每位党员的心中。通过开展"六个引领"党建工作机制、党员干部"三个清单"、"一个月解决一个突出问题"、党建品牌建设"四项工程"，全方位构建党建品牌"多维矩阵"，实现党建与业务工作深度融合，全面推进各项工作高质量发展。

1. 把方向、管大局，"六个引领"把舵定向

为充分发挥党委"把方向、管大局、保落实"的领导作用，推动上级公司及公司党委各项决策部署得到有效落实，晋城热电分公司党委建立"六个引领"党建工作机制。即以贯彻落实党中央、国务院国资委、中国中煤、中煤华晋集团党委的决策部署引领公司党委工作；以中国中煤、中煤华晋集团党委确定的"十四五"规划、"双碳"目标行动计划引领企业总体发展和年度工作任务目标的确定及完成；以党委工作引领经理层安全生产等工作；以党委工作引领公司运行中出现的新情况、新问题的

解决；以党委会定项目、定目标、定方向引领基层党支部建设；以重点工作推进会引领安全生产、经营管理等工作。

晋城热电分公司党委以"六个引领"为核心开展工作。一是强化思想提升，筑牢思想根基。组织党员赴河南省林州市红旗渠开展"弘扬红旗渠精神，砥砺奋进建新功"活动，践行党的二十大精神，组织党员进党校学习教育。二是强化学习教育，巩固党支部建设成果。党委书记为全体党员讲授党纪学习教育专题党课，开展"迎七一，强理论，铸党魂"党建应知应会学习教育活动、"传承红色信仰，学思践悟党的二十大"主题活动、《回首南下路漫漫，领航助力新征程》沉浸式微党课等。三是开展燃煤保供"揭榜挂帅"专项攻坚行动。成立了以党政"一把手"为组长、班子成员为副组长、相关人员为成员的燃煤保供"揭榜挂帅"攻坚专班，开展专项攻坚行动。"揭榜挂帅"领导积极协调地方职能机构、供应煤企，深入现场进行工作调研和指导，协调解决工作中遇到的困难。各成员围绕工作职责，压实工作责任，强化工作措施，切实发挥党员领导干部在攻坚克难方面的表率作用，全力破困生产经营和燃料供应、拉运、接卸、化验等方面的难题，确保燃煤供应稳定。四是创新"党管安全"管理模式。每季度开展"党管安全"责任落实问题隐患专项检查并下发检查通报。利用生产的"瓶体微瑕"饮用水，以"以水为媒，与'安'相伴"为主题，通过设计安全用电、消防器材使用、有限空间作业等8个安全小常识贴标派发基层班组及工作人员，做到"饮用水"再利用和安全知识再普及，多措并举将"党管安全"工作落地落实。五是加强党风廉政建设，营造风清气正工作氛围。组织开展了"守底线、知敬畏、存戒惧、转作风"警示教育活动、"廉韵凝心扬正气，携手奋进干劲起"端午廉洁团建活动、廉洁寄语主题活动等。六是坚持党对群团领导，发挥群团组织优势。运行一值、运行五值被中煤华晋集团团委先后命名为"青年安全生产示范岗"，组织开展了"春暖花开，诗情花意"主题插花活动、"情系职工，夏送清凉"慰问活动等。

"六个引领"找准了党建工作与生产经营在企业基层的有效结合点，把基层党建的政治优势与基层管理的独特优势有机结合起来，为党建与生产经营融合指明了方向。

2. 定目标、明责任，"三个清单"破圈出新

为切实加强基层党支部领导班子和干部队伍建设，晋城热电分公司党委对照岗位职责，建立党支部职责清单、党员干部职责清单和党支部年度任务清单"三个清单"。一方面，围绕各党支部如何更好发挥在基层治理中的"战斗堡垒"作用这一工作重点，着重从增强战斗能力、为民服务能力、议事协商能力、应急管理能力、平安建设能力，以及加强规范建设、健全机制、增强组织动员能力、优化服务格局、规范管理、全力完成工作任务等方面，通过座谈交流、征询职工群众意见等方式，深入查找存在的突出问题，制订形成党支部职责清单和党支部年度任务清单；另一方面，党员干部围绕思想认识、宗旨意识、职责定位、工作标准、工作作风等方面，建立党员干部职责清单。为确保工作落地落实，建立了年度党建工作任务清单表和完成情况目视清单表，通过"挂图作战"，倒排年度、季度、月度各项工作部署情况，动态检测工作落实进度。以"清单化"管理，明确支部及党员职责，打破"舒适圈"，激发实干担当新动能，使支部各项工作指标化、路径清晰化、责任明确化、考核简单化，有力促进了支部党建工作水平提升。

3. 强意识、补短板，"一个月解决一个突出问题"赋能提效

晋城热电分公司全体党员强化党员意识，立足岗位创先争优。各党支部围绕"安全、效率、效益"核心工作，结合支部实际，坚持问题导向，聚焦聚力安全生产、降本增效、管理创新、服务民生等重点工作，按照"找准问题—解决问题—评价效果"的工作流程，开展"一个月解决一个突出问题"实践活动，切实将党建与生产经营融合工作落小落细落实。各支部书记深入一线、深入现场、深入职工群众，围绕本支部安全管理、生产组织、经营增效、缺陷隐患、队伍稳定等中心工作，找出急

需解决的短板和问题点，并针对问题现状和产生的原因进行客观具体的分析，制订解决问题的详细工作举措，集中资源力量解决#2机组脱硝系统氨逃逸量大、空压机系统排气温度高等安全生产难题。

4. 找定位、聚合力，"一支部一品牌"亮点纷呈

（1）聚焦"党建+生产"，生产第一党支部形成"党建融合，运暖万家"党建品牌。以10个党员示范岗为依托，以保发保供、绿色经济为落脚点，扎实推进运行全面管理及风险分级管控和安全生产隐患排查治理专项行动，强基固本、精准操作，圆满完成历年机组保电供热任务，为晋城市民生保电供热保驾护航。借助"刘永君创新工作室"平台，由党员牵头，先后出台了《单侧风机跳闸防止锅炉MFT》《干排渣规定》《尿素水解系统运行注意事项》等有力举措，针对机组技术改造情况，及时完善锅炉逻辑定值修订并组织大家开展相关内容学习，实现机组启动并网一次成功并稳定长期高效运行，展现共产党员在急难险重工作中的表率作用。

（2）聚焦"党建+检修管理"，生产第二党支部形成"星火聚力"党建品牌。围绕检修技改重大项目、消缺维护难点项目，开展党员先锋示范岗行动。围绕设备巡检、检修保养、隐患排查、消缺维护等重点任务，组建机组稳发党员保障队。聚焦中心工作，组建党员课题攻关、创新队，攻克"#1机热网站加热器水位优化""无热再生吸附式干燥机微热再生改造""提高电除尘效率"等创新课题，圆满完成历年机组检修工作。

（3）聚焦"党建+安全"，生产第三党支部形成"守护安全"党建品牌。以11个党员责任区为依托，严格落实安全生产责任制，坚定践行安全"双预控"，扎实推进安全生产标准化，深入开展"党员身边无事故"、"党员零非停"、"我是党员，安全有我"、"无违章班组"创建评比、"事故分享会"、"我为安全献良策"等专项活动，通过发挥党员的示范带头作用，强化员工的"安全第一"理念，杜绝"三违"现象。通过月度党员自主检查、巡查，季度组织开展以安全大检查为核心的主题党日活动，查处现场安全隐患并跟踪整改情况，年度组织支部所含部门主要负责人参加的支委会扩大会议，就安全工作进行研讨，探索安全管理新思路、新方法，确保安全形势持续稳定。

（4）聚焦"党建+发展"，围滩水电厂党支部形成"乘风破浪"党建品牌。围滩水电厂因水而生，因清洁能源而兴，绿色是围滩水电厂发展的"底色"。支部紧紧围绕水电站、水厂、水库安全运行，带领支部党员冲锋在前，积极踊跃投入水产品的生产、装车配送及水电站科学调度、维修维护工作当中。2022年，围滩水电厂被山西省水利厅评为"水库运行管理标准化一级单位"，连续两次被晋城市水务局评为"农村水电站安全生产标准化二级单位"。2024年销售瓶装水120.56万瓶，完成发电量622.47万千瓦时，双双创历史新高。

（5）聚焦"党建+管理提升"，机关第一党支部形成"一心"党建品牌。以"党建+管理"为创建目标，从强化宣传、强化人才队伍建设、强化群团特色创建三方面持续发力。通过为员工发放福利和开展夏送清凉、金秋助学等活动，一心为群众服务。通过发挥纪委的监督检查作用，营造风清气正的政治生态环境。为员工宣传补充医疗保险知识，协助员工办理保险赔偿，一心为职工护航。通过积极正面宣传引导，讲述好热电故事。做好党员发展工作及优秀团员青年推优入党工作，一心为公司发展注力。

（6）聚焦"党建+经营增效"，机关第二党支部形成"五心领航"党建品牌。组建以党员为引领的燃料协调攻坚小组、经营合规攻坚小组、财务管理提升攻坚小组，全面落实燃料采购、财务成本、采购成本、后勤保障等工作，细化各项措施，在坚持收益最大化的同时，始终以减亏为导向，持续抓好提质增效工作。通过责任党员强挖潜力，发挥示范带头作用，在电量争取、煤炭协调工作上取得重大突破。

四、主要创新点

晋城热电分公司党委以"红色太行·绿色晋电"党建品牌及"创享"企业文化品牌为依托，以"六个引领"党建工作机制、党员干部"三个清单"、"一个月解决一个突出问题"、党建品牌建设"四项工程"为工作基础，突出党建品牌建设，各党支部形成了"党建融合，运暖万家""星火聚力""守护安全""乘风破浪""一心""五心领航"等围绕工作实际的特色支部品牌，围绕中心工作，突出建设"党建+生产""党建+检修管理""党建+安全""党建+发展""党建+管理提升""党建+经营增效"等管理模式，激活基层党建生命力。广泛搭建党员先锋队、党员示范岗、党员责任区等载体，不断强化安全生产责任，消除安全风险隐患，保障机组可靠稳定运行，圆满完成历年发电、供热、瓶装水生产销售等重要任务。

五、实施效果

在中国中煤、中煤华晋集团党委的正确指引下，晋城热电分公司党委以提升组织力为重点，严格落实党建工作责任制，用好考核"指挥棒"，以党委引领为出发点、支部执行为指引线、党员落实为工作面，全力发挥"以点引线，以线带面"的总体作用，发挥"大党建"工作战略引领，通过"四项工程"建设全力推进落实，充分发挥党支部的战斗堡垒作用、党员的先锋模范作用，各项重点工作稳步推进，干部职工队伍思想稳定、积极向上，工作作风明显改善。在品牌创建和完善的过程中，支部党员、基层职工统一思想、形成共识、凝聚人心，激发了内在动力和活力，党建品牌的辐射和带动效应不断提高，党建与业务工作进一步融合发展，为中国中煤、中煤华晋集团高质量发展奠定了坚实基础。

晋城热电分公司党委获得2021年度晋城市"先进基层党组织"称号；公司选送的"新时代党建引领发展，新征程'四项工程'助力提升，全力突破党建与业务工作深度融合发展"项目获得中国企业文化管理协会"党建强企优秀案例一等奖"、中国中煤第四届"'创青春'青年风采展示大赛"团队组三等奖；拍摄制作的廉洁文化微电影《坚守》《百年家训》获得山西省2023年度"清风晋韵"作品展映活动入围奖、中煤华晋集团"华晋杯"微视频大赛一等奖。

六、下一步规划与探讨

晋城热电分公司党委将持续探索党建与业务深度融合新的举措，以问题为导向、以目标为导向、以结果为导向，注重实效、注重过程把控，积极探索党员、党支部在基层工作中发挥引领作用的机制，以具体工作为出发点，以基层党支部发挥平台作用为落脚点，以责任部门具体执行为任务点，以党员示范岗、党员责任区为执行点，完善融合的制度机制，让融合成为党建工作新常态。不断丰富和完善党建品牌内涵，全面提高党建工作科学化、规范化水平，更好打造国企软实力名片，在新的起点上引领和保障公司生产经营、高质量发展取得新成效。

新时代、新征程对发展提出新要求，为切实将党建品牌建设和党建与业务工作深度融合具体工作做实做细、走深走实，结合企业工作实际，围绕今后发展目标，将重点"破困"以下5个方面的具体工作。

思想认识方面，继续全力提升全体党员领导干部的思想认识，强化基层职工思想政治学习力度，提升公司全员对党的理论、方针、政策的学习宣贯力度，从而达到全员思想上、行动上同各级党组织要求步调一致、同频共振。

体系制度方面，在落实好现有制度的基础上，结合工作实际及时对制度进行调整优化，同时从党委层面、党支部层面做好制度体系的搭建，针对党支部管理方面严格按照中国中煤"四强五好六有"及中煤华晋集团"三对标三提升"工作要求做好基层党组织管理提升工作。

引领保障方面,以落实"六个引领"为基础,强化党员领导干部的示范带头作用,以点带面、层层落实,确保党建与业务融合工作全方位落实。

执行落实方面,以制度为依托,以年度工作任务目标为工作总基调,强化任务执行,注重考核奖惩,以细的措施、严的基调保障各项工作有效落实。

总结提升方面,以月度党建考核与经营考核为基础,及时对党建工作进行总结分析,认真查找不足,及时完善制度及工作方式方法,以月度、季度、年度总结为抓手,做好经验总结、短板提升、优化落实等方面的举措,全力保障党建引领作用落到实处、取得实效。

创建智慧党建新平台，激发基层党建新活力

创造单位：北京昊华能源股份有限公司
主创人：董永站　郝红霞　胡国富
创造人：杨传勇　张新发　杨茜　吴媛媛　闫小丽　王培　王淼

【摘要】新时代党建工作的新要求、煤炭行业党建工作的新特点、发挥党建引领作用的新挑战，对北京昊华能源股份有限公司（以下简称昊华能源）全面从严治党（党建）工作提出了新的更高要求。昊华能源党委自觉加快党建工作标准化、信息化、智能化进程，建立智慧党建培训程序，应用党建微课堂，形成了打造党建工作信息化的具体实践，在推动基层党建工作规范化标准化科学化建设、激发党员干部学习热情、实现党建为组织赋能等方面取得了较好成效。

【关键词】智慧党建　微课堂

一、实施背景

（一）落实新时代党建责任，要求加强基层党组织建设

在新时代的背景下，以高质量的党建推动高质量发展，已成为党的建设伟大工程的关键要求。作为国有企业，昊华能源深刻领会并全面贯彻习近平新时代中国特色社会主义思想和党的二十大精神，坚定不移地坚持和加强党对国有企业的全面领导，必须持续增强企业基层党组织的政治功能和组织功能，推进全面从严治党（党建）工作与企业生产经营的深度融合，提升基层党务工作者的工作能力，这已成为当前刻不容缓的任务。

（二）立足企业发展的行业特征，要求加强党建信息化工作

作为煤炭生产型企业，昊华能源分公司、子公司分布于内蒙古、宁夏等地，分布广、管理难度大，安全生产经营管理压力大，抓业务、轻党建现象突出；部分一线党支部书记、党务人员能力不足，缺乏抓好党建工作的思路和载体；制度建设流于形式，没有真正运用和掌握好工作流程，简单地转发给基层自行消化、揣摩等，行业特性给党建工作带来的挑战，迫切需要推进党建工作标准化、规范化实践与研究，引入"互联网+""智能+"等信息化手段，运用新质生产力推动党建与业务在信息化、智能化方面的融合，着力推进从上到下、贯穿各层级的齐抓共管党建工作格局，不断提高党的建设质量，促进党建工作与企业发展的同频共振。

（三）实现高质量发展目标，要求利用信息技术提高生产力

巩固拓展学习贯彻习近平新时代中国特色社会主义思想主题教育成果，坚持以学铸魂、以学增智、以学正风、以学促干，奋力在新征程上推动改革发展和党的建设取得新成效。新一轮国企改革的成果能否落地、对标世界一流的成效能否固化、提质增效举措能否见效，关键看企业党组织的领导作用发挥得如何。深入检视企业全面从严治党工作，仍存在一些不足和差距，主要表现在："三重一大"事项决策清单划分不明确，对重大事项请示报告内容不清楚，部分党支部书记、党务人员对党章党规把握不准、对党建工作要求不清晰，导致党组织作用发挥不明显。以上存在的突出问题，需要各级党组织充分运用信息化手段，将基层党务干部从繁重的内业工作中解放出来，从而有更多的精力和时间抓党建、抓业务、抓落实。

二、实施过程

2023年，昊华能源党委正式启动智慧党建培训程序工作，组织党委办公室、党委组织部、党群工

作部、纪检室和所属三级企业党务人员进行充分调研，搭建起智慧党建平台的总体架构，建立智慧党建培训程序。

（一）坚持制度先行，推进党建制度体系建设

坚持制度上全贯通，2023年对党的建设制度进行梳理，编订《昊华能源党的建设工作制度汇编》6册，形成全面从严治党、党建、干部管理、宣传、工会、共青团六大方面130个制度，构建了系统完备、权责明晰、简洁适用的制度体系。为真正将党的建设工作制度延伸到基层、规范到支部，督促指导所属企业完成制度汇编，结合各企业实际，因地制宜将制度内容与实际工作精准衔接，确保三级企业能够使用、可行管用，真正用制度促进全面从严治党体系贯通联动，真正实现制度治党、依规治党。

（二）坚持培训现场化，创新"制度下沉"方式

制度宣贯是规范制度建设的启动器。为了让所属企业全体党务工作人员更好地掌握、理解公司的各项制度和规定，提高工作执行力，保障各项工作制度化、规范化，开展制度宣贯培训活动，探索本部"党务干部上讲台"，进行"带课下基层"，与所属企业党务人员面对面进行深入交流，了解工作开展过程中存在的问题，为其进行现场业务培训和指导。以党委办公室为例，针对所负责的工作内容，结合本部制度要求和岗位工作经验，制作制度培训宣贯课件40余个，把讲台搬到基层一线，引用大量事例，用通俗生动的语言分享岗位工作经验，用互动互学的方式分层分类做好培训工作，推动所属企业党组织和党务工作者掌握制度内容，规范工作流程。

（三）坚持党建信息化，搭建平台创新培训载体

为了使各级党务干部"随时随地学习制度，时时刻刻提升水平"，让党务干部学习掌握规定动作和最新制度成为常态，开发智慧党建培训程序，运用信息技术创新党建制度学习方式，设立专题培训、线上课堂、知识社区、考试板块、排行板块、论坛板块、满意度测评七大板块。为更好监督督促党务干部学习，检验学习成果，智慧党建程序开设考试板块，基于各专业设计考试题目，利用小程序定期开展线上考试，组织相关部门创建考试试题1000余道，随着制度的变化不断更新完善题库。同时制订专题培训工作计划，有计划、有针对性、全方位地开展培训与考试工作，以考促学，以学促建，进一步提高党务人员的基础业务知识和能力水平。

（四）坚持情景模拟重实效，让党建工作"活"起来

为真正学习掌握党建各类制度，昊华能源打破传统单向输出说教的局限性，开展"学业务、强本领、夯基础、促提升"为主题的全面从严治党（党建）微党课大赛，坚持让党员参与，成为讲师、视频主角，用鲜活的剧情和新颖的表现手法呈现内容，从脚本创作到事实拍摄，把视角转向基层一线，呈现新的工作思路、方法措施、特色亮点。所属企业共征集25个主题任务视频，其中鑫达商贸拍摄的《党员发展全过程示范片》，通过情景模拟加图片文字的方式对党员发展全过程进行介绍；西部能源拍摄的《党员教育管理》，以动画加文字展示的形式对党员教育管理从概念到基本任务进行详细解读，清晰明了，使人印象深刻；企业管理分公司拍摄的《接诉即办全流程》，通过情景再现的方式把接诉即办工作的全流程进行详细介绍。不仅提升党建工作教育深度，同时也提升互动交流黏度，用严肃认真又生动活泼的方式沟通，互相学习借鉴，用新模式培养人才新技能。

三、主要创新点

（一）智慧党建培训程序

智慧党建培训程序是以微信为载体，依托成熟的云端平台进行设计和搭建，形成新媒体轻应用程序，是移动端应用程序之一，它不同于App应用，无须下载安装，通过搜索微信公众号和微信小程序就可以快速应用。

智慧党建培训程序共分为三端：平台管理端、公司管理端、会员端（如图1所示）。平台管理端与公司管理端只是功能权限的区分；会员端为小程序，党员可实现移动学习，通过手机就可以完成学习、考试等学习活动。在PC端和移动端均可操作，打破地域和时间的限制，为党务人员学习提供更多的自主选择，提高党务工作者的工作学习效率，这对于基层党组织来说无疑是一个巨大的便利，是实现基层党组织工作向移动端延伸的重要转折，实现了"用完即走"的工作模式，不仅将党建工作高效融入党务人员的日常生活中，也为基层党组织提供了全新的学习形式。

平台管理端
拥有系统全部的功能权限，对公司内的数据不可见，不可进行操作，属于运营者

公司管理端
管理本公司下的试卷、会员、学习、题库，属于具体使用者

会员端
公司职工通过小程序进行专业性的学习，还可参加考试

图1 程序的三端功能

智慧党建培训程序目前已开发七大板块，主要包括：专题培训、线上讲堂、知识社区、考试板块、排行板块、论坛板块、满意度测评。

（1）专题培训：包括专题培训与专题考试。设有专题培训列表，学习培训课程、考试，可记录培训时长。每年年初，各专业可结合实际需求制订专题培训计划，并于每月末前根据培训内容开展专题培训考试，按照"每月一专题，每月一考试"，将智慧党建培训程序应用效果实现最大化，真正推动公司党务管理工作有效提升。

（2）线上讲堂：涵盖了70项国家行政学院出版的基础党务课程，其中课程包括中共北京市委党校（北京行政学院）党史党建教研部教授的"如何提高国企'三会一课'的质量"、各行业专家组的"党支部的职责定位和基本任务是什么""不同领域党支部的重点任务是什么""党员教育管理工作应遵循的基本原则是什么"等课程，用于日常党务知识学习。以学促建，通过赋能党务人员赋能公司党务管理。

（3）知识社区：覆盖全面从严治党（党建）、干部管理、团青管理、工会管理、行政管理、信访维稳等九大类管理制度，基层党员通过智慧党建小程序可以随时随地打开手机进行相关制度的学习，突破传统党建工作形式的限制，实现移动化办公，让党建融入生活，致力于打造"指尖上的党建平台"。

（4）考试板块：包括模拟考试与正式考试，并设有错题库和错题列表。基于全面从严治党（党建）、干部管理、团青管理、工会管理、行政管理、信访维稳等分专业设计九大类，包含800多道题的考试题库，党务部门可分专业组织公司及所属企业不同专业进行考试，同时可通过错题库进行复习，以考促学，提高党务人员基础业务水平。

（5）排行板块：包括企业排行与个人排行。企业排行分为企业综合排行与单项考试排行。个人排行仅包括单项考试排行，程序从多维度进行数据展示，排名情况一目了然。

（6）论坛板块：党务人员可以利用论坛更好地进行党务知识交流。

（7）满意度测评：用于全面从严治党（党建）工作满意度等测评，测评后生成统计数据。

（8）智慧党建培训程序的运用与所属企业全面从严治党（党建）绩效考核挂钩。每季度对智慧党

建培训程序中综合平均分进行排名和相应的加分、扣分。由公司党务部室每季度将各单位的考试排名情况表汇总后发给公司党委办公室备案，应用于季度通报、年度考核。

（二）党建微课堂

（1）打造指尖上的"云宣传"，让党的声音深入人心。党建微课堂打造了党建新舞台，是党员视频学习的新尝试，作为党务工作者教育培训拓展延伸的重要载体，充分聚焦党务知识、基层治理、产业发展等方面，定期对具体业务进行课程分享，不断提高党务工作者的能力素质。党建微课堂把加强思想教育建设作为夯实党员阵地工作的重要基础，以基层需求为切入点，统筹资源、灵活服务，打造集学习、服务、练习等功能为一体的党员群众身边的无形载体，切实提升基层党员思想水平，让小课堂发挥大作用。

（2）打造指尖上的"云课堂"，让理论学习随时随地。党建微课堂充分发挥新兴媒体方便快捷、互动性强等优势，解决了传统培训空间受限等问题，打破时空壁垒，提高实效性、趣味性和吸引力。依托党建微课堂，实现理论政策"掌上搜索"。同时，按照党员"要什么、想什么"原则，及时更新调整学习内容，让理论宣传和思想教育更接地气、更富活力、更有温度，确保学习教育"不掉线"、党员思想"不掉队"。

四、实施效果

（一）党务工作人员能力素质进一步提升

2023年以来，运用智慧党建培训程序开展全面从严治党（党建）、干部管理、党建管理、宣传意识形态管理等九大类党务专业月度考试，开展了17次专题培训，包括全面从严治党（党建）、信访维稳、干部管理、宣传意识形态等党务专业，共计870余人次参加了培训与考试，覆盖昊华能源基层党组织专职副书记及所有党务人员。通过运用智慧党建程序，对党务人员进行经常化业务培训，进一步提升党建业务水平，推进党的建设各类制度下沉，提升党务人员整体业务水平，以创新性党建赋能生产经营，推动党务工作者实现知识和能力"双提升"。

（二）党组织作用发挥更加明显

全面从严治党（党建）工作标准进一步统一，全体党员群众可直观感受党内生活的活跃性，在"刷一刷"中增强党组织的凝聚力、增强党员身份意识。智慧党建程序还是学习交流的"新家园"，有效激发了党务干部的学习热情，变"要我学"为"我要学"，成为党务人员的"活字典"。更好深入推进"党建+'双碳'"行动、党建融入安全生产等工作，引导支部和党员在安全生产、智慧矿山建设等工作上勇于作为、奋勇争先。

（三）党组织赋能企业高质量发展不断深入

一年来，公司安全生产绩效保持同期较好水平，经营业绩再创新高，未发生重伤及以上事故，也未发生环境污染事故。煤炭产量完成1706.35万吨，同比增加216.08万吨，增幅14.50%，再创历史新高，甲醇产量完成32.47万吨；商品煤销量完成1705.18万吨，同比增加216.68万吨，增幅14.56%，其中内部长协煤发运750.84万吨，甲醇销量完成32.08万吨；营业收入完成84.35亿元（不含代管企业）；实现利润24.76亿元（不含减值），超过年度考核目标值30%；总资产298.34亿元，较上年末增加0.29亿元，净资产145.42亿元，较上年末增加8.19亿元，企业资产质量和盈利能力稳步提高；资产负债率51.26%、净资产收益率14.09%、营业现金比率43.25%、盈余现金保障倍数2.13，同比稳步提升。

五、下一步规划与探讨

一是提高认识，转变观念，持续推广运用好智慧党建程序及党建微课堂。智慧党建培训程序是打通昊华能源服务各所属企业、实现制度下沉的重要渠道，也是昊华能源通过技术创新来提高党务工作水平的一次重要尝试。公司上下要及时把思想和行动统一到昊华能源党委的决策部署上来，既要高度重视此项工作，更要主动作为、全力配合，推广运用好智慧党建程序。

二是积极运用，狠抓落实，推动程序运行常态化。要积极运用，狠抓落实，全力以赴把推广运用智慧党建程序工作抓实、抓细、抓出成效，让智慧党建程序的建设和运行常态化，将智慧党建程序效用最大化，真正推动公司党务管理工作有效提升。

三是压实责任，奖惩结合，切实提升全面从严治党（党建）工作。将各单位、各部室智慧党建程序运用情况与全面从严治党（党建）考核挂钩，各单位需要压实责任，用好、用活智慧党建程序，切实提升全面从严治党（党建）工作。

四是立足本职，对标一流，发挥自身岗位的作用，加强对标一流企业党建，借鉴优势经验做法，把更多一流企业党建工作先进经验做法融入本企业、岗位党建工作活动，创新党建工作形式，不断提高自身党建业务工作能力水平，为提升公司全面从严治党（党建）工作整体水平，争创一流先进贡献自己的力量。

五是优化程序，开发功能。昊华能源党委将全力保障智慧党建培训程序系统全面覆盖，不断完善系统功能，优化用户体验，同时计划将智慧党建培训程序与星旗联创党建考评系统进行对接，构建一站式党员管理、组织管理、支部任务管理、党员任务管理的党建工作平台，让智慧党建培训程序成为推动党建工作创新发展的重要引擎，让每一位党务工作者都能体验智慧党建培训程序带来的便捷与高效，推动昊华能源党建工作迈向新的高度。

初心使命筑红途，向新而进促发展

——四川镇广高速公路有限责任公司党建品牌打造案例

创造单位：四川镇广高速公路有限责任公司
主创人：廖春泉　张彬
创造人：谢倩　刘金姣　贾识椿

【摘要】 四川镇广高速公路有限责任公司（以下简称镇广公司）党委坚持党建引领，围绕中心大局，把推进党的建设和建设运营高速公路主责主业融会贯通，找准特色亮点，创新工作思路，打造出旗帜鲜明、内容全面的党建品牌"党建136·畅红途"。一年来，党建品牌在全体党员的不懈努力下得到具象化升华，三色课堂深入人心，6个先锋队各司其职，品牌效应得到广泛关注。公司中心工作在党建品牌的加持下开展得有条不紊，出色地完成各项目标任务，在建段工程质量大力提升、安全环保成绩突出，通车段服务质量广受好评，为基层党组织党建品牌打造模式、创新方式探索出可复制的新路径，积累了可延伸的好经验。

【关键词】 "党建136·畅红途"　三色课堂　先锋　高速公路建设

一、实施背景

镇广高速全长约251千米，总投资约489亿元，造价高、规模大，既有在建段又有运营段，其建设运营涉及多个单位、群体，穿越多个生态保护区，在征地拆迁、安全管理、质量控制、生态环保等方面，无不困难重重。镇广公司发挥党建在项目建设中的引领作用，用红色资源凝心聚力，围绕经营管理各环节中心工作，打造出"不留遗憾、传承百年"的品质工程，"党建136·畅红途"品牌应运而生。

二、实施目的

"党建136·畅红途"的内涵如下："1"，建一条老区乡村振兴之路。"3"，打造"红色党建""黄色警示""绿色服务"三色课堂，凝心聚智学思想、谋发展。"6"，创建6个先锋队，形成"一支部一品牌"。"畅"，秉承"创新品质、平安智慧、红色清廉"的企业宗旨，着力创建平安百年品质工程，建设安全顺畅、平安舒畅的红色高速。"红途"，弘扬"团结、奉献、拼搏、阳光"的企业价值观，红心铸魂，匠心筑路，绘老区新坦途，将镇广高速建设成品质路、红色路、致富路，让一代一代人赓续歌颂红色革命精神，沿着中国特色社会主义道路阔步前行。

其实现路径为：以红色文化为纽带，开展企地共建，定点帮扶，建设一条既富老区又富老乡的红色高速；以红色清廉为宗旨，打造三色课堂，开展思想政治和宣传阵地建设；以创新品质、平安智慧为宗旨，争创6个先锋队，紧紧围绕降耗增效、创新、环境保护、安全生产、品质工程、优质服务等工作重点，推进中心工作高质量发展。

三、实施过程

2022年年底，镇广公司党委以习近平新时代中国特色社会主义思想为指导，在蜀道集团"蜀道红"党建品牌体系下，全面启动属于自己的党建品牌打造工作。为集思广益，镇广公司党委在全公司征集了许多党建品牌建议，其中"党建136·畅红途"脱颖而出，它寓意深远，贴合公司实际：建1条老区乡村振兴之路，打造红、黄、绿三色课堂，创建6个先锋队，建设安全顺畅、平安舒畅的红色高速，为老区绘新坦途。党建品牌敲定后，镇广公司第一时间制订了品牌创建方案，开展创建活动，落实各项措施。经过一年多的接续奋斗，镇广公司党委以党建品牌为帅旗，从锚定目标、坚定信念到稳扎稳打、一步一印，在建设红色高速的路上，以红心铸魂、匠心筑路，收获了品牌效应"硕果"。

（一）三色课堂，多角度开展思想政治建设

1. 红色党建课堂

统一思想、树强信念。充分利用党委中心组理论学习，"三会一课"和线上等教育平台，持续开展理想信念教育。组建党委班子、支部书记、优秀党员和外聘专家为主力军的"讲师团"，定期开展思想政治、红色故事、业务知识、经验分享等学习活动，锤炼党性、树强信念。打造"红途润心"党建文化展厅并开设"红途润心大讲堂"，成功创建四川省国企"四心一高"基层思想政治工作示范点（如图1所示）。开发了4条红色教育现场教学精品线路，构建了立体化、常态化、情景化、浸润化红色教育格局。2023年，镇广公司上下开展红色党课30余次，公司党委共开展支部"三会一课"和主题党日上百次，组织干部群众学思想、强党性，学红色历史，传承红色精神。镇广公司在"川企学习""国资 e 学"等线上平台定制丰富多彩的课程，供职工工作之余随时随地线上学习，持续开展理想信念教育。此外，镇广公司在高速沿线、服务区、收费站房等建设中点缀红色元素，设置红色文化艺术挡墙、摩崖石刻、隧道洞门装饰、LED 灯光景观、雕塑等，打造出全方位红色文化宣传阵地。

图 1　思想政治工作示范点

2. 黄色警示课堂

黄灯亮起，观察通行。为提前防范，预先警示教育，维护镇广高速顺利建设和运营，预防质量安全、党风廉洁等风险，保护优秀技术人才，黄色警示课堂应运而生。为打造好黄色警示课堂，镇广公司党委多次召开党委会，充分研究课程设置，提炼出"廉洁警示""安全警示""质量警示"三方面内容，囊括了镇广高速建设中最容易发生、后果最严重的点位。镇广公司纪检办公室负责"廉洁警示课堂"，多次组织党员群众开展廉洁警示教育、集体廉洁谈话、观看警示教育片，到廉洁教育基地参观学习等，增强党员干部廉洁意识，筑牢拒腐防变思想防线。镇广公司公众号发布廉洁教育专刊，公司驻地设置廉洁文化挂画和展板，营造风清气正的干事创业氛围。镇广公司安全环保部负责"安全警示课堂"，组织召开安全环保方面例会近30次，组织参建人员开展瓦斯隧道施工安全、应急技术与管理等专项培训6次，学习各级安全环保法律法规、规章制度，邀请行业和地方应急管理部门专家讲授专业知识，切实提高各参建单位安全管理水平。镇广公司工程管理部负责"质量警示课堂"，学习部颁质量检验评定标准、各级质量管理相关规定，邀请行业专家为参建人员讲解路基滑坡病害、隧道光面爆破等质量知识和实操，促进全员质量意识和水平提升。此外，别开生面的现场警示大会，组织施工单位和监理单位观看破除不合格工程，展现出公司贯彻质量管理理念的决心。黄色警示课堂内容全面，责任部门清晰，目标明确，指导性强。一年来，镇广公司未发生一起廉洁问题和质量安全责任事故，多次承办行业主管部门的质量安全观摩交流大会，工程质量受到广泛好评，获得多次表彰。

3. 绿色服务课堂

志愿服务，用心为民。镇广公司以"党建+志愿服务活动"形式，将志愿服务融入项目建设运营中，组建志愿服务队，参与急难险重、抗洪救灾、公益帮扶等志愿服务活动，彰显党员队伍模范带头作用。收费站、路巡队的志愿队秉持"优质、安全、高效、便捷"的服务理念，用心对待每一位司乘人员，持续树立起"红色高速"品牌形象。镇广公司的志愿队利用"五四"青年节、学雷锋日、重阳节等时机，围绕社区和沿线村社，组织陪伴老人、扶贫帮困、文化推广、环境保护等活动，助推公司"团结、奉献、拼搏、阳光"的企业价值观深入人心。

（二）6个先锋队，多维度支撑品牌专业特色

1. 降耗增效先锋

通力合作，效益提升。镇广公司第一党支部积极响应蜀道集团号召，联合公司工程管理部开展混凝土提质增效专项行动，充分研讨可行性措施，通过优化混凝土配合比设计、加强原材料质量控制、严格控制施工过程等技术措施，有效提高了混凝土的性能和质量，降低施工成本、提高工程效益。目前，共完成混凝土配合比优化533组，初步预计节约工程造价5918万元。

2. 创新先锋

人才济济，创新创优。镇广公司第二党支部拥有2名博士、1名硕士，拥有多名中高级工程师、一级建造师、注册安全工程师、监理工程师等，支部还有省级劳模、公司党委副书记、总经理廖春泉成立的"劳模工作室"和工学博士、公司副总经理王凯成立的"青年创新工作室"加持（如图2所示），第二党支部把创建工作开展得卓有成效。支部多次召开创建工作推进会，明确任务使命，开展2次"红色文化融设计，党建引领创先锋"系列活动，带领施工单位实施"示范工程"培育，根据公路工程质量通病项目，组成多个攻关小组，提升工程实体质量。斗转星移，支部在创新工法、作业指南、科技兴安、"四新应用"等方面的成果遍地开花，形成示范工程作业指南、质量通病治理手册10余份，形成隧道二衬钢筋定位、梯笼装配式基础施工创新工法20余项（如图3所示），一种基于无人机载平台和视觉感知技术的桥梁支座垫石平整度测量技术获得第五届全国公路微创新大赛金奖。

3. 环境保护先锋

严查严管，护牢环境。因地处多个自然保护区，施工过程中环保风险大、难度高，为牢牢守护通江革命老区的绿水青山，第三党支部当之无愧地拿下环境保护先锋这个称号。为了实至名归，当好"守护神"，第三党支部脚踏实地地推进各项环保工作，现场检查、指导督促成了每天的必修课。永安隧道出口弃渣场、月潭河弃土场、B6项目二号拌合站……支部多次组织检查环水保敏感点，督促施工单位贯彻落实相关措施。全线边坡开挖一级复绿一级，施工废水经过处理达到"零污染"排放，封闭式拌合站，防止空气污染。B3项目中水回用系统、B2项目引进污水处理车，杜绝污水排放；B5项目永安隧道引进雾炮扫地一体机，改善作业环境。各种施工行为都是在践行绿色发展理念，保障镇广高速建成通车后穿梭在绿水青山中。

4. 安全生产先锋

培训宣传，狠抓安全。面对C1～C6项目复杂的地形、施工难度大的高墩、桥隧比高、瓦斯隧道多等安全风险，第四党支部挑起了安全生产先锋的重担。段内广纳隧道是四川省在建高速中唯一的高瓦斯隧道，长3425米，属于特长隧道；平昌隧道是全线的控制性工程之一，为低瓦斯特长隧道，长5262米。针对段内安全风险，支部常态化开展安全学习、安全检查，以强化宣传、科学发展、提高实效为抓手，激发参建单位"安全第一"的主观能动性。支部还组织参建单位召开"安全生产先锋"

特色党建品牌推进会，总结工作经验，持续推动安全生产工作。为了响应蜀道集团"机械化减人"号召，施工均要求双臂或三臂凿岩台车、二衬台车等智能化大机配套。广纳隧道顺利贯通，平昌隧道双洞累计掘进5000余米，段内项目建设工作正平安稳步推进着，未发生一起安全生产责任事故。

图2 劳模工作室和创新工作室

图3 创新工法

5. 品质工程先锋

"桥"见端倪，"基"中生"质"。"不留遗憾，传承百年""平安百年品质工程""匠心筑品质""新建高速公路路面10年内不产生坑凼"……这些都是第五党支部创建品质工程先锋的座右铭。第五党支部对工程质量的监督管理敢于"碰硬"、不掺杂念，牢牢把握着质量管理命脉。目前，所辖C、D项目的桥梁墩柱已鳞次栉比。根据现场特点，从方案交底、现场布局等入手，推进工点标准化施工，以达到"标准品质"。C、D项目的路基施工严格使用台阶工艺，并按要求控制各项质量技术指标。空中俯瞰，像梯田一样的路基接头处或挖方边坡就像艺术品一样美观，也展现着路基优良的质量。

6. 优质服务先锋

身先士卒，为民服务。"三尺"岗亭迸发着热情服务的熠熠光芒，"小小"巡逻车满载着安全畅行的美好愿望。坚守在维护高速公路安全运营第一线的路产管护队，无论巡查排障还是帮助司乘脱险，始终冲锋在前，收到的多面锦旗见证了每一个完成使命的时刻。国庆中秋期间、春节春运期间，路产管护队党支部党员在节假日组织收费站职工在收费广场开展"情满镇广·温馨旅途"志愿服务活动，为司乘人员送上过节物资、派发安全传单，一声声真诚的"谢谢"便是对优质服务先锋的最好诠释。

（三）刚柔并济，齐构建团结互补新质格局

1. 竞争促进"赶、帮、超"

为促进各支部围绕品牌打造工作，持续注入"登高"动力，增强支部创造力、凝聚力、战斗力，镇广公司党委在每年党建考核中设立品牌打造成效独立分值，挂钩"两优一先"评选，以竞争求提升。同时，按照"五好四强"基层党组织标准，以"抓两头促中间，以点促线成面、推进整体发展"为原则，开展党支部"三分类三升级"活动。年初确定各支部定级类别和晋位升级目标，年底开展考核工作，分析评估支部晋位升级情况，总结工作经验和成效，查找薄弱环节和问题，营造"先进有压力，中间有活力、后进有动力"的争创氛围。

2. 共建提升聚合力

各党支部的工作内容因为党建品牌的不同而有所侧重，形成了在各自领域的宝贵经验，为了加强支部之间的联系，从互相学习中进步、从资源共享中发展，把"溪流"汇聚成"江海"，形成"品牌+"效应，镇广公司党委在定期召开的党建工作推进会上，组织各支部分享交流党建品牌打造情况，在汇报、点评中广开思路、常学常新。各党支部以结对共建为主要形式不定期开展交流活动。降耗增效先锋与创新先锋联动开展混凝土提质专项活动；创新、环境保护、安全生产、品质工程4个先锋联动，在工程建设方方面面加大监管力度，优质服务先锋为其他先锋传授运营经验、提供优化设计思路。此外，各支部还在清明节、植树节、重阳节等传统节日一起开展传统文化活动，在融洽的氛围中，支部党员之间联系更加紧密，业务能力有了快速提升，支部工作得到很好促进。各支部在互动中拧成一股绳，更具"战斗力"。

四、主要创新点

（一）品牌内涵新

"党建136·畅红途"中用数字"1""3""6"表达品牌内容，含义鲜明、一目了然，用公司自身特色，总结提炼既精炼又旗帜鲜明的"畅红途"三字传达出品牌的红色血脉。品牌Logo更是将高速公路当地文化特色和党的领导完美融合，让人耳目一新。

（二）品牌成果新

镇广公司以"党建136·畅红途"党建品牌为引领，围绕高质量发展中心大局，把推进党的建设和建设运营高速公路主责主业融会贯通，找准自身亮点，创新工作思路，打造出"党建136·畅红途"党建品牌。一年以来，党建品牌在全体党员的不懈努力下得到具象化升华，三色课堂深入人心，6个先锋队各司其职，品牌效应得到广泛关注，成为引领公司发展的新"引擎"。

五、实施效果

自党建品牌创立以来，品牌活力得到显著彰显，品牌效应获得广泛认可。在基因优良的硬核"引擎"带动下，公司的高质量发展跑出"新速度"，党的建设有新加强、人才队伍有新提升、企业文化有新突破，各项目标任务优质出色完成。在建段工程质量大力提升，受到业界好评，集体和个人多次获得上级主管部门和地方表彰，多次荣获四川省交通运输厅红榜，多次举办广安市、达州市观摩大会，高校学子纷纷到现场参观。安全环保成绩突出，工程零事故平稳推进，施工场地依旧绿水青山，王通段获得交通运输部、应急管理部、中华全国总工会公路水运建设平安工程冠名，安全技能比武多次获得省级表彰。通车段服务质量广受好评，树立起优质服务的镇广"金字"招牌。"党建136·畅红途"为基层党组织党建品牌打造模式、创新方式探索出可复制的新路径，积累了可延伸的好经验。

六、下一步规划与探讨

（一）未来规划

下一步，镇广公司党委将持续发挥品牌抓手作用，持续深化党建品牌赋能，在工程建设和运营方面发挥积极作用。按照"一流设施、一流技术、一流管理、一流服务"的标准，秉承弘扬革命文化、传承红军精神的理念，从工程设计、项目管理、质量管理、安全管理、绿色低碳、智能建造、科技创新、运营服务以及软实力提升等方面入手，大力规划布局，争创"四项典范"。

一是投建一体模式下项目精细管理典范。为高速公路投建一体模式提供转型方式，利用内部渠道畅通、各方高度融合的优势，充分整合多方资源，促进产业协同发展，摸索一套适用于投建一体模式的高速公路建设管理经验和管理指南。

二是经济高效的山区高速智能智慧建造典范。紧扣工程建设特点，以轻量化智能智慧建造为导向，围绕工业化生产、智能监测、智能装备、智能检测，打造智慧梁场和智慧工地标杆，推广小型构件装配化施工，提升项目工业化、智能化建造水平，达到施工过程可测、可视、可控，形成高速公路智能建造体系的行业引领。

三是川陕革命老区生态环境保护与交旅融合发展典范。以服务川陕革命老区振兴发展为己任，推进各类资源集约利用，加强环境保护举措，提升服务区的旅游功能，加强旅游交通信息服务，结合红色景点局部打造特色路域景观，提升交通安全防护水平，争创交旅融合示范高速公路。

四是山区高速公路机电工程耐久实用、节能降耗典范。吸取四川省内乃至全国已通车高速机电设备常坏常修的教训，对全线机电工程从研发、设计到施工，全过程优化与技术创新，摒弃传统"重土建轻机电"的管理思想，提高机电施工队伍素质，从设备开箱、检查、安装、调试到验收，全程监督管理，杜绝机电质量问题，打造耐久实用、少修少补、节能降耗的机电工程典范。

镇广公司党委将带领各支部，以党的建设为纲领，以公司总体规划为抓手，以高质量发展为目标，全力推进工程建设，立足长远勇进取，忠诚担当立潮头，争取早日将镇广高速建成通车，助力老区振兴发展，让这条康庄大道成为名副其实的"畅红途"。

（二）探讨

党建品牌是一个主心骨，带动着党建推进和中心工作，党建品牌打造得好，可以推动工程建设高效，实现工程优质、干部优秀。国有企业在改革和发展中，利用好党建品牌这个"法宝"，可以提升党的组织力、增强党的凝聚力、提高党的创造力。它能够使党的基层组织更好地发挥战斗堡垒作用。因此，党建品牌的打造是国有企业的"必修课"。此外，品牌定位要准，特色要符合企业特点，传播要得当，质量要高，才可事半功倍。

党建赋能一线，以"五融三创"助力乡村金融高质量发展

创造单位：广西贺州桂东农村合作银行
主创人：莫训武　黄绍章
创造人：潘虹

【摘要】 广西贺州桂东农村合作银行（以下简称贺州桂东农合行）深入学习贯彻习近平新时代中国特色社会主义思想，扎实推进新时代国企党建工作，高举党的旗帜，以"五融三创"工作法，践行"金融为民"的初心使命，坚守"支农支小支微"的战略定力，以高质量党建助力地方乡村金融高质量发展，有效提升农村群体的金融可得性和幸福感。

【关键词】 党建赋能　乡村金融　乡村振兴

一、实施背景

自党的十九大报告提出乡村振兴战略以来，乡村金融工作就被赋予了更为重要的使命意义，各金融机构纷纷响应国家号召，积极投身到乡村振兴的伟大事业中。贺州桂东农合行的前身为具有70年历史的贺州市农村信用社，自成立之初就自带"农姓"基因，旨在为农村群体提供可负担、可获得、可持续的金融产品和服务，弥补农村地区金融服务的盲点和短板，但在发展过程中也面临着调整适应能力受限、风险防控压力增大、金融服务效能不足等困境。

贺州桂东农合行现有党员210人、基层党支部21个。近年来，贺州桂东农合行坚持把"党的领导"放在首位这一根本遵循，加强新时代金融机构党的建设。

二、实施目的

党建工作是国有企业独特的政治资源，党建赋能业务发展，业务成效检验党建工作成效，党建与业务是深度的有机统一体。党建强则业务强，农村合作金融机构作为乡村振兴的主力银行，在巩固拓展脱贫攻坚成果、全面推进乡村振兴上具有重要使命。近年来，贺州桂东农合行积极探索"党建+业务"融合模式，以"五融三创"党建工作法把党的政治优势和组织优势转化为助力乡村金融发展优势，走出了一条符合自身实际的党建引领路径，以高质量党建推动乡村金融高质量发展，为助力乡村全面振兴提供强劲金融动力。

三、实施过程

（一）思想融合，让党的创新理论入脑入心

思想就是力量。历史实践证明，越是攻坚发展，越要高举旗帜，越是改革创新，越要理论坚定。金融是国民经济的血脉，农村合作金融机构是乡村振兴战略的重要支撑力量，只有加强金融员工对新时代党的创新理论的认识，强化对党的创新理论的政治认同、思想认同、情感认同，才能在服务国家乡村振兴战略全局上展现出更加坚定的信念、更加有效的行动和更加显著的成效。

1. 以"第一议题"入脑

严格落实"第一议题"制度，充分发挥"学习强国""共产党员网""登塔学苑""青年大学习""八桂先锋"等学习阵地的作用，通过党委理论学习中心组、"三会一课"、理论宣讲的形式，原原本本、逐词逐句深入学习习近平新时代中国特色社会主义思想、党的二十大精神等内容，全面学习领会党的创新理论的科学体系、精髓要义、实践要求，突出对贯彻新发展理念、构建新发展格局、推动高质量发展的理解与掌握，让党员、职工服务乡村金融的头脑"活"起来、"灵"起来。

2. 以"专题研讨"入心

把研讨交流作为提升学习效果的重要途径。以调查研究、"书记领办事项"为抓手,针对服务乡村振兴中发现的问题,结合党的创新理论精心设计研讨专题,如"坚定人民立场""发挥党员作用""坚守纪律底线"等专题。党员结合工作实际围绕专题进行深入思考,1~2名党员做中心发言,其余党员自由讨论,碰撞思想火花,深入研究乡村金融推动工作的"干货"和硬招,相互借鉴,内化于心。最后梳理服务乡村振兴方面的好想法、好策略、好经验,总结归纳,整理共享。

(二)文化融合,以党的优秀基因凝聚内核

企业文化是企业的精神内核,是企业价值观的体现,是党凝心聚力的重要载体。贺州桂东农合行将党的优秀基因与企业愿景、价值观形成高度有机统一,实现党建与文化的双轮驱动。

1. 凝聚为民服务的初心文化

中国共产党的根本宗旨是全心全意为人民服务,最鲜明的政治本色是以人民为中心。贺州桂东农合行提炼"以农为本,以行为家,为党分忧,为民解困"的立行宗旨,通过打造网点场景化服务,让金融服务更贴心。优化营业网点功能分区,丰富网点自助化、智能化、舒适化服务功能,积极布设各类智能机具,设置智能服务区,有效提高金融服务效率。近年来,贺州桂东农合行布设自助填单机30台、自助回单机6台、智慧柜台25台,完成12个网点的升级改造、5个网点的装修迁址,为客户营造了更为智能、舒适的金融环境。通过提升网点特色化服务,让金融服务更暖心。根据支行网点地域特征、业务发展重点、客群融资需求,将地方传统文化、适老化服务、新市民服务等融入网点建设,打造示范性特色网点,进一步提升金融服务质效。目前,贺州桂东农合行共打造绿色信贷特色网点、客家文化特色网点、乡村振兴特色网点等7家特色网点。通过提升网点真诚化服务,让金融服务更用心。践行"相伴多年,您身边的银行"的服务理念,为小微企业和绿色信贷客户开通绿色通道。设置多语言服务专窗、金融知识宣传区、消费者公众教育专区,进一步提升群众的金融获得感和幸福感。开展"我为群众办实事"系列活动,积极开展捐资助学、节日慰问、志愿服务等活动,聚焦对弱势群体的人工服务、远程服务和上门服务,以实际行动践行"金融为民"的初心使命。

2. 凝聚艰苦奋斗的作风文化

艰苦奋斗是党在长期的革命和建设过程中形成的优良作风,是党不断战胜困难、取得胜利的重要法宝。贺州桂东农合行贯彻"一名党员就是一面旗帜"的精神,设立党员示范岗40个、党员责任区17个、党员乡村振兴服务队17个、党员志愿服务先锋队4个,党员冲在一线,深耕岗位职责,密切与村书记、村干部的联系,通过资源共享、信息互通、困难共帮为村民排忧解难,做好人民群众"金融服务员"。党委领导班子成员组建调查研究课题组,定期开展"乡村振兴"专题调研、"促进村镇中小企业发展"专题调研等活动,扑下身子、沉到一线,把脉问诊、解剖麻雀,发现问题、找出对策,着力打通农户、新型农村经营主体融资堵点、淤点和难点。最后通过集体研究审议,形成决策,建立"问题销号"制度,形成问题处理的完整闭环。

3. 凝聚刀刃向内的清廉文化

党委书记落实党风廉政建设第一责任人职责,制订《"一把手"权力清单和负面清单》《加强对"一把手"和领导班子监督的工作方案》,组织召开党支部书记抓基层党建及党风廉政建设工作述职述廉会议。开展"清廉家风家教"系列学习活动,将廉洁文化上墙;在职工书屋上架党廉类书籍;推送廉洁过节倡廉信息;专题研究全面从严治党工作;召开党风廉政建设和反腐败工作会议;开展清廉农信建设推进会;选树"勤廉榜样";打造党建示范点和清廉示范点。在各网点任命40名纪律监督员,及时监督排查员工异常行为;通过家访、举报访谈、公开评议等,切实加大对党员干部在"八小时以外"的监督。定期组织开展党风廉政教育活动,通过参观警示教育基地、观看警示教育片、开展

以案促改专题民主生活会、举办清廉书画摄影展等，强化党员干部的"红线""底线"意识，筑牢廉洁底线。

（三）制度融合，让党的领导贯穿全过程

贺州桂东农合行充分发挥党组织的领导核心作用，将党建工作融入企业规章制度，强化党对金融工作的全面领导，确保党中央及广西壮族自治区各项决策部署在贺州桂东农合行不折不扣地得到贯彻落实，推动乡村金融高质量发展。

1. 制度贯穿全过程

近年来，贺州桂东农合行不断完善公司治理，把党建工作要求写入公司章程，明确党组织参与企业决策、执行、监督的基本原则、具体内容、实现方式和执行程序，实现党的领导制度化、规范化、程序化，使党的领导和党的建设工作与企业管理制度实现相互贯穿和有机统一。

2. 机制贯穿全过程

贯彻民主集中制原则，制订《广西贺州桂东农村合作银行党委会议事规则》等10项制度，厘清权责边界，明确前置讨论范围，在"重大事项决策、重要干部任免、重要项目安排、大额资金使用"上，由党委集体做出决定。通过规范党建工作运行机制，让党建工作与业务工作融合更紧密、流程更顺畅、落实更具体。

3. 体制贯穿全过程

坚持"双向进入、交叉任职"的领导体制，党委班子成员与董事会、监事会、管理层成员之间通过法定程序交叉任职。建立党委书记、董事长"一肩挑"的领导体制，提高党组织对企业经营管理的监督和指导，自上而下得到全面贯彻，提升决策效率和政策执行力。

（四）智慧融合，以党的管育激发助农活力

坚持党管干部、党管人才的原则。充分发挥党对人才队伍的管育作用，推动党员队伍更好服务于乡村金融事业。

1. 以严格标准"选"

采取党支部推荐、党员自荐等方式，综合考量党员、职工知识水平、道德修养、党性修养等方面内容选拔金融先锋，由地方政府党委行文聘任，并派驻到共建村挂职村主任助理。截至2024年8月末，贺州桂东农合行累计派驻金融专员135名，实现金融专员挂点村屯100%全覆盖。

2. 以多元维度"育"

通过岗前培训、轮岗培训、岗位练兵、师徒结对等形式，加强党员、职工服务乡村振兴的业务技能。将培育课堂延伸到红色教育基地，通过特色"主题党日活动"就近就便参观红色基地学习、重温入党誓词、过"政治生日"，开展"现场教学""微党课"等，筑牢党员理想信念。通过举办"经典诵读比赛""党建知识竞赛""主题演讲""书画展""新媒体宣传设计文案大赛"等，以赛促学，激发党员内生动力。3年来，累计开展各类培训超过230场次，培训党员近6000人次，投入党员教育培训经费近65万元。

3. 以网格包干"管"

对区域乡镇进行网格划分，金融专员网格包干，挂点驻村，由网点党支部书记、网点负责人担任一级网格员，客户经理担任二级管理员，责任到人。绘制区域网格地图，精准定位，挂图作战，金融专员通过"一格一图一表"，逐户上门，确保金融服务不断档、不掉档。将"助力乡村振兴"工作纳入年度党建工作考核，作为党支部书记抓基层党建工作述职评议考核、各网点评优评先、各党支部评星定级的重要考核指标。采取召开座谈会、查阅资料、个别访谈、入户走访、实地查看及地方干部群众代表走访等方式对金融专员进行满意度测评。对挂职期间工作成绩突出的予以表彰，并作为金融专员评优评先、提拔任用、绩效奖励的重要依据。对不认真履职，群众反映较差、考核等次低的，及时进行批评教育或予以召回。2023年以来，贺州桂东农合行荣获"广西壮族自治区国资委党委系统优秀共产党员"称号1人、"广西农合机构优秀党务工作者"称号1人、"广西农合机构优秀共产党员"称号2人。

（五）服务融合，让党的先锋队伍走入千家万户

1. 普及金融知识，提升村民金融素养

党员先锋依托乡村党员活动室、村广场、便民服务点等，通过"金融夜校"、"金融大讲堂"、发放宣传单等方式，积极宣传党在农村的路线、方针、政策，积极向群众解读乡村振兴、脱贫攻坚、强农惠农、购置补贴、扶贫小额信贷等相关政策和产品，宣传人民币反假、防电信网络诈骗、防非法集资等知识，让村民在家门口学知识、受教育。积极推广手机银行、微信银行、云闪付、第三方支付、信用卡等便捷金融服务普及使用，加大拓展传统POS机收单和"农信易扫"业务，加强理财投资、信贷融资等应用，提升村民的金融运用能力。

2. 开展"整村授信"，优化农村信用体系

贺州桂东农合行积极破除农村地区"金融排斥现象"，探索多元化担保、信用抵质押方式，拓宽涉农主体融资渠道，党员先锋骑上"助力乡村振兴"电动车，以"整村授信"为抓手，上山下乡，全面铺开农户信用信息建档和评级授信。通过"政府搭台、村银共建、百姓受益"的模式，在村、镇举办"整村授信"启动会、授信宣讲会，宣传"整村授信"文件，解读"备用金"理念，采集客户信息，对信用良好、有贷款需求的农户建档立卡，根据实际情况进行整体而有差别的授信。目前，贺州桂东农合行累计评选信用镇14个、信用村157个，走访建档白名单18.30万户，农户授信率提升至47%，农户授信金额111.31亿元，农户累计用信211.45亿元。切实将农户信用变为真金白银，帮助农户在创业、耕种、改善生活上化解融资难题。

3. 健全服务体系，延伸金融服务触角

贺州桂东农合行积极破除地域限制，聚焦乡村"门口服务"，让村民足不出村就能享受到快捷的金融服务，通过打造261个"便民服务点"、138个"三农金融服务室"、39个农村金融综合服务站，为广大村民提供查询、转账、小额取款等业务，有效满足村民日常金融服务需求，打通乡村地区金融服务的"最后100米"。

四、主要创新点

（一）创新工作格局

充分发挥"支部建在连上"的光荣传统，将党支部建在网点一线。落实党内结对帮扶机制，建立党委班子成员基层党支部工作联系点制度、机关部室党员挂片帮扶制度、党员师徒结对传帮带制度，形成总行领导包片、机关部室挂点的帮扶督导工作机制，及时解决网点一线遇到的困难和问题，推动党建工作向乡村基层延伸、力量向基层汇聚、组织向一线靠拢的良好工作格局。

（二）创新支部建设

充分发挥党员指挥在前、冲锋在前的战斗堡垒作用。2022年，抽调精兵强将成立改制化险特色党支部，打响改制化险攻坚战。改制化险党支部以"强党建、严管理、转作风、求实效、促改革"的工作主基调，着力解决清收难度大、时间跨度长、相对集中的不良资产清收问题。改制化险党支部于2023年6月成立"大额风险贷款管理中心"，对50万元以上不良贷款实施"换手"集中统一管理，让不良贷款压力大的网点卸下历史包袱，把精力集中到助力乡村振兴上来。支部定期召开"周例会"，出台不良资产清收处置工作方案及工作考核办法，实行"一户一策""一户一党员"的工作机制，采取现金清收、"诉讼＋辅助"清收、续贷重组等方式开展清收处置。建立"目标清单"，落实详细的时间节

点，做到每周有进展、每月有通报、每季有突破。改制化险党支部荣获"广西壮族自治区国资委党委系统2021—2023年度先进基层党组织"称号，贺州桂东农合行荣获"广西农村合作金融机构2023年度风险控制优胜（进步）单位"称号。

（三）创新品牌矩阵

构建"3+N"党建品牌矩阵。"3"即"党旗领航""清廉金融""助力乡村"3个模块，"N"即在每个模块下按照"一支部一特色"原则淬炼党建品牌。按照品牌制度化、内涵深刻化、标识形象化、阵地可视化、成效具体化的标准，现已打造"党旗领航"体系党建品牌2个，"清廉金融"体系党建品牌1个，"助力乡村"体系党建品牌2个。其中，营业部党支部的"党旗红、产业兴、青山绿"党建品牌，以"党旗领航"为旗帜，以服务乡村绿色产业为方向，创建绿色信贷示范网点，以实际行动践行"双碳"目标，支持地方林业产业发展。3年以来，营业部党支部所辖网点发放绿色信贷2.70亿元。近年来，营业部党支部所辖网点先后获得"广西工人先锋号""贺州市八步区东融发展贡献奖"等荣誉称号，以金融力量守护绿水青山。

五、实施效果

贺州桂东农合行在辖区各项贷款余额市场占有率为20.8%，其中个人贷款余额市场占有率为37.4%。3年来，贺州桂东农合行的资产总额、各项存款余额、各项贷款余额稳步增长，对地方税收贡献逐年增加，多次获得"贺州市纳税大户""贺州市纳税企业20强"等称号。不良贷款余额和不良贷款率持续实现"双降"，三率指标均优于监管要求，持续向好向优，2023年度监管评级从4A提升到3C。"十四五"以来，贺州桂东农合行累计发放各项贷款370.6亿元，其中累计发放涉农贷款53975笔——金额共计97.48亿元。累计发放脱贫人口小额信用贷款8127笔，金额3.68亿元，发放扶贫小额信贷占辖区银行同业的99%以上，贷款资源持续向涉农领域倾斜。

近年来，贺州桂东农合行荣获"贺州市脱贫攻坚先进集体奖""贺州市乡村振兴工作先进集体""广西农村合作金融机构人才强行（社）成效显著先进单位""广西农村合作金融机构十佳经营先进单位""广西农村合作金融机构市场拓展优胜奖"等奖项。在党建引领下，贺州桂东农合行以有力有效的举措与行动推动地方乡村金融发展，助力乡村振兴。

六、下一步规划与探讨

（一）进一步强化党建引领，充分发挥基层党组织的战斗堡垒作用

全面增强党组织的组织效能，坚持大抓基层的鲜明导向，把党支部建设作为最重要的基本建设，围绕中心，服务大局，做到乡村振兴工作重心在哪里，贺州桂东农合行工作就跟进到哪里，力量就汇聚到哪里，作用就发挥到哪里。不断压紧压实党建工作责任，突出增强党组织的政治功能和组织功能，完善党建和业务"同部署、同考核"双向影响工作机制，优化完善党建工作考核制度，不断发挥考核的"指挥棒"作用。以"党建引领"大提升、"能力素质"大提升、"数字赋能"大提升、"基础保障"大提升为抓手，抓好组织体系、体制机制、能力提升、基层保障等方面的工作，切实把基层党组织建设成为有效实现党的领导的坚强战斗堡垒。

（二）进一步建强党员队伍，激发党员服务乡村振兴干事创业热情

以鲜明的用人导向引领干事创业导向，激励党员、干部重实干、重实效、重担当。坚持有为者有位、优秀者优先，老中青结合的梯队配备，统筹兼顾年龄、专业、诉求等因素，选优配强服务乡村振兴党员队伍。大力培养选拔优秀年轻党员、干部，对德才兼备、历练扎实、群众公认的优秀年轻党员、干部，及时大胆使用，不断完善党员、干部跟踪培养、管理监督常态化机制，科学建立服务乡村振兴后备人才库。健全科学考核评价制度，完善激励约束机制，形成能者上、优者奖、庸者下、劣者汰的良好局面。

（三）进一步践行服务初心，深化助力乡村振兴服务型党支部建设

持续完善"3+N"党建品牌矩阵，结合地方特色，按照"一支部一品牌"的原则，深入挖掘特色党建品牌，找准品牌亮点，将党建品牌与服务乡村振兴有机结合起来，充分发挥党员干部"冲锋在前、实干为先"的示范引领作用。创新拓展"党建+"模式，深化服务型党支部建设，围绕服务乡村振兴开展党建联建，持续深化"亮岗组队联建创品牌"，以党建共建为切入点，深度发掘党建联建内涵与形式，与辖区内单位、村委、企业签订乡村振兴战略合作协议，通过嵌入金融服务，实现市、区、镇、村四级联动。

以高质量党建引领商圈发展万千新"汽"象

创造单位：广西物港投资有限公司
主创人：刘焱　韦佳欣
创造人：郭潮瑞　卢巧燕　龙薇　潘镱匀　庞威

【摘要】南宁五象汽车生活广场是广西壮族自治区直属大型国有企业广西现代物流集团有限公司所属广西桂物机电集团有限公司的全资子公司——广西物港投资有限公司（以下简称物港公司）于2021年建成运营广西首个一站式汽车文旅生活综合体。作为广西现代物流集团有限公司机电板块的首个转型项目，其承担着构建现代汽车流通体系、推动区域经济发展、满足人民群众对美好汽车文化生活需要等使命。为充分发挥南宁五象汽车生活广场的经济社会效应，推动商圈经济、地方经济乃至全区经济的发展，物港公司党支部坚持党建引领，联合商圈多家单位党支部，以凝聚、创新、发展、共荣为价值追求，创建五象汽车生活广场商圈"红色引擎·汽象万千"党建联建共建品牌，以"八联八创"为抓手，充分发挥党组织的引擎作用，以高质量党建引领商圈发展万千新"汽"象。

【关键词】"红色引擎·汽象万千"　"八联八创"　党建引领　发展

一、实施背景

南宁五象汽车生活广场由物港公司建设运营，于2021年12月全面开业运营，有以下几个特点。一是位置优越。项目位于中国（广西）自由贸易试验区南宁片区核心区域，周边配套成熟，临近地铁、住宅区、大型商业综合体。二是规模庞大。项目占地面积232亩，建筑面积20万平方米，总投资超过10亿元，是广西首个一站式汽车文旅生活综合体。三是业态丰富。相对于原有的单一汽车市场，五象汽车生活广场以"汽车+"主题型商业嫁接"城市现代生活"各种主题。以汽车服务、汽车文化、汽车文旅、生活配套、汽车科技、时尚潮流六大全新体验，通过人与车、人与文化、人与科技、人与乐趣的碰撞与融合，为广大消费者提供学车、考车、买车、卖车、玩车、车检、车管、年审、司法拍卖、金融保险等一站式汽车生活服务，以及售后、维权等保障服务。四是模式新颖。项目以沉浸式、体验式完整呈现现代汽车生活场景，多层次地满足消费者对专业性、社交性、娱乐性等需求，打造不落幕的汽车博览会。五是行业主流。作为广西首批新能源汽车示范基地，汇聚了30多个新能源汽车品牌，是广西品牌最全、配套设施最优的新能源汽车聚集区。作为广西现代物流集团有限公司机电板块首个转型项目，具备新规模、新场景、新业态、新趋势的它，必须承担新的使命：一是要出经济效应，要在带动广场内的投资者、商户、经营者发展的基础上推动商圈经济、地方经济乃至全区经济的发展；二是要出社会效应，要全面满足人民群众日益增长的对美好汽车生活的向往；三是要出行业效应，要发挥行业示范效应，引领行业健康发展；四是要出模板效应，要推动汽车产业跨界融合发展，形成"汽车+"运营模板；五是要出人才效应，要通过五象汽车生活广场的运营孵化出一大批优秀人才。

物港公司现有干部职工67名，公司党支部党员20名，入党积极分子7名，入党申请人5名。要实现五象汽车生活广场新的使命目标，单靠物港公司单打独斗显然难以完成，要集聚整个商圈的力量，做到"众人拾柴火焰高"。因此，物港公司党支部以习近平新时代中国特色社会主义思想为指引，深入贯彻落实习近平总书记关于国有企业改革发展和党的建设的重要指示批示精神，充分发挥党组织的红色堡垒作用和党员干部的先锋模范作用，联合商圈多家单位党支部，以凝聚、创新、发展、共荣为价值追求,创建五象汽车生活广场商圈"红色引擎·汽象万千"党建联建共建品牌,将党的组织优势转化为商圈发展优势,以高质量党建引领商圈发展的万千新"汽"象。

二、实施目的

(1) 做现代服务业的引领者,打造万千家庭多姿多彩汽车文旅生活的新气象。
(2) 做多业态融合发展的引领者,打造万千产业和谐共生欣欣向荣的新气象。
(3) 做时尚生活潮流的引领者,打造万千集美缤纷多元的文化新气象。
(4) 做开放式产学研的引领者,打造万千学子体验式课堂教学的新气象。
(4) 做美好和谐商业体的引领者,打造万千消费者流连忘返的景区式商城新气象。

三、实践过程

(一) 支部联建,创先锋引擎型商圈

组建商圈党建联建共建委员会,明确党建联建共建工作机制,定期组织召开联席会议,共同商讨发展大计。委员会设立"联防联治组""政策服务组""金融项目组""汽车生活服务组""研学助学组""商圈互助组"6个共建小组,每个小组充分发挥自身在本职责领域内的行业优势、业务优势,为商圈发展护航。例如:"联防联治组"的目标是确保五象汽车生活广场内平安和谐,无安全生产、维稳、交通等事故发生;"政策服务组"以服务企业发展为大局,通过政策进园区、政策解读等形式,推动园区的经营企业稳健发展。同时,成员单位共同组织系列对商圈、对社会有积极影响力的联建活动,如组织开展主题党日活动和各类大讲坛、读书会、观影会等。另外,为推动党建工作与经营管理深度融合,以高质量党建赋能园区高质量发展,组建成立五象汽车生活广场非公企业联合党支部,抓好国企党建带非公党建,规划党员活动室、象话大讲堂、象话书吧等阵地,派出党建工作指导员帮助非公党支部提升日常管理。

(二) 产业联兴,创繁荣发展型商圈

充分发挥各成员单位的作用,推进党建工作与经营工作紧密结合。一是发挥"智囊团"作用。发挥党建联建共建品牌的引擎作用,发挥"政策服务组"的先手优势。开展"以旧换新"、二手车新政、税收政策等政策解读及专业市场运营、异业联盟、夜间经济、文旅经济等商圈经济发展专题研讨,共同商讨商圈繁荣发展大计。二是发挥"强链接"作用。借助商圈资源整合能力,形成产业互联互动的生态发展格局。如链接异业资源,开创"汽车+"展会模式,打造广西(国际)汽车文化生活节、汽车博览会等展会品牌,举办汽车下乡、汽车文旅、异业联动等活动,推动"汽车+文旅+房产+百货+文化"融合,带动全产业链协同发展。三是发挥"后盾"作用。充分发挥金融单位在商圈中的作用,为园区商户提供"租金贷""供应链金融"等产品,破解商户发展资金不足难题。充分加强与成员单位中兄弟企业和其他商圈的融合问题,解决发展中资源不足的问题,联合各二手车商户开展二手车入统、新车巡展,与辖区万象汇、祖龙等商圈合作,扩大商圈影响力。四是发挥"叠合"作用。挖掘五象汽车生活广场商圈影响力,发挥商圈的"叠合"效应,整合各类资源,运用全媒体视角,与商圈进行宣传资源互换,相互推广、相互促进,营造繁荣发展的良好氛围。

(三) 资源联享,创智慧生态型商圈

充分发挥商圈资源叠加优势,实现资源共享。一是硬件资源共享。充分利用五象汽车生活广场的大园区、多功能、配套齐全等优势,在园区内建立以党建教育为主题的红色教育基地、以技能实训为主要内容的劳动实训基地、以推进行业争鸣与发展的行业论坛,实现教培设施设备、会议设施设备、文体设施设备、直播设施设备的共享,如共享会议室、活动室、职工书屋、体育场地等。二是信息资源共享。推进园区的信息化建设,建立五象汽车生活广场信息化服务平台,开发五象汽车生活广场小程序、供应链金融平台等,建设数字化、智慧化商圈,实现联建共建单位内部"一触即达"和信息、流量的定投定推。三是教培资源的共享。集零为整，克服园区内单家企业或商户培训难的问题，根据行业发展趋势和业务发展需要，组织开展不同形式的业务培训或行业论坛。例如，政策解读类培训有二手车入统、税务、以旧换新政策等培训，员工业务类培训有如何做好网络直播及行业趋势类解读的论坛等。

（四）环境联治，创和谐美好型商圈

充分发挥商圈联动作用，全面践行社会主义核心价值观，在综治维稳、环境建设、诚信市场建设上下功夫，打造富强、文明、和谐、平等、公正、守法、诚信、友善、美好的新型商圈。一是建设安全稳定型商圈。与所在辖区的社区、派出所、交警大队、安委办等共建单位合作，共同打造综治维稳联动圈，共同联防联治，做到发生治安、交通、安全等事故时，相关部门能第一时间到达现场处置；与辖区内商户、经营企业互帮互联，共同做好安全园区的各项管理工作，打造安全稳定型商圈。二是建设诚实守信型商圈。把商户、经营企业、运营企业、服务企业及工商、税务、市场监督等单位组织起来，共同打造诚实守信型商圈，自觉接受工商、税务及市场监管部门的监督。大力推进二手车进场必检、逢车必检机制，继续扩大二手车猎人联盟的签约范围，把诚信经营列为党员经营户公开践诺的内容，大力开展诚信商户、诚信经营企业评选活动。大张旗鼓地宣传表彰诚信经营，共同营造良好的营商环境。三是建设美好花园型商圈。全面推进园区环境的优化、美化，增强园区的文化辨识度，结合五象谷楼顶露营区，打造沉浸式汽车主题公园、样板式城市空中露营花园。

（五）人才联育，创持续赋能型商圈

加强人才培育，全力打造持续赋能型商圈，推动商圈的持续健康发展。一是开展能力提升系列培训。搭建行业培训平台，面向商圈类的企业主和经营户，组织行业的专家、学者，聚焦商圈发展，开展包括行业政策解读、行业趋势研判、行业问题应对等行业高端专业论坛；面向商圈类的经营管理人员，组织开展诸如新媒体销售、客户维系、品牌推广等管理技能类培训，为商圈内企业、经营业主的经营发展提供智力支持。二是打造产学研实训基地。通过与社会各界广泛合作，成立产教融合实践中心、就业实习基地、应急救护培训基地、研学实践基地等，为社会各界提供教学实习、研学、技能培训等服务。同时，强化校企合作，为商圈可持续发展提供人才支撑。三是组织开展园区劳动技能竞赛。聚焦服务质量和车辆维修技术等方面的技能提升，组织开展服务竞赛和技术大比武等劳动竞赛活动，在商圈内营造比、学、赶、帮、超的良好氛围。

（六）服务联动，创优质便捷型商圈

利用商圈互联互动优势，打开各业务板块的管理壁垒，推进服务管理的便捷高效。引入全国一等车辆管理所、全国工人先锋号——南宁市车管分所，建设全国最大、南宁市唯一的机动车驾驶人科目一理论考场，聚焦"放管服"改革，联合车管、驾考、牌照中心、市监、税务、金融机构等部门，为广大人民群众提供学车、驾考、买车、卖车、车检、车管、年审、金融保险等一站式汽车生活服务及售后、维权等保障服务，让广大人民群众享受优质、便捷、舒心的便民服务。

（七）文化联融，创多彩活力型商圈

充分释放商圈的活力与创造力，打造丰富多元的商圈文化。一是独具特色的党建文化。融合五象汽车生活广场园区特色，结合商圈亮点特色，整体设计，打造独具特色的党建文化教育基地。二是主题鲜明的街区文化。结合"汽车"元素，开展形式丰富的汽车主题活动，如风潮车展、汽车尾箱集市、汽车音响大赛、汽车改装大赛、汽车露营装备展、汽车影院、引擎音乐节等，打造活力、时尚、潮流的汽车主题街区文化。三是活力四射的社区文化。充分调动成员单位的积极性，加强交流。组织开展形式多样的"汽象万千"杯文体活动。组建商圈篮球队、足球队、文艺队，开展文、体、娱活动等，打造活力四射的社区文化。

（八）公益联担，创温暖友爱型商圈

充分发挥商圈的引擎作用，主动承担社会责任。一是成立"抱抱象"志愿者服务队。集合共建单位的人力、物力、财力在乡村振兴、扶贫济困、孝老敬老、法治宣讲等领域贡献力量，充分发挥各经营企业、商户在汽车领域的专长，组织技术力量进社区、进商圈，大力开展"汽车下乡"、汽车公益服务进社区、公益检测等便民服务活动。二是打造面向社会的"汽车主题"研学助学基地。整合园区内资源，打造广西最具特色的"汽车主题"研学基地，面向全区中小学校的青少年群体，全面科普汽车、新能源、户外露营、户外探险、交通安全等知识，以实体资源帮学助学。

四、实施效果

（一）新时代文明实践的新基地

五象汽车生活广场成为党的理论宣讲和文明实践活动的重要基地，为广大商户、群众提供党的理论学习场所，为商圈开展丰富多彩的文明实践活动提供平台载体。先后获评"广西青年文明号"、辖区"新时代文明实践基地"，"抱抱象"志愿服务入选"广西新时代文明实践典型案例"。

（二）区域经济发展的新引擎

五象汽车生活广场自2021年12月全面开业以来，场内汽车销量超过12.6万台，销售额超过248亿元，为社会提供就业岗位3000多个，带动区域汽车产业发展，为广西壮族自治区稳增长、稳就业做出积极贡献。

（三）引领行业发展的新标杆

（1）打造广西首家一站式汽车文旅生活综合体，园区汇聚汽车品牌、二手车企、配套企业110家，多层次地满足消费者对专业性、社交性、互动性、娱乐性等全方位的需求，实现一站式汽车生活消费新体验。

（2）打造新能源集聚区，汇聚了36个国内外知名新能源汽车品牌，是全区品牌最多、功能最全、场景最好的新能源汽车服务聚集区和新能源汽车交付中心，广西首批新能源汽车推广应用示范点。

（3）打造广西首家二手车销售入统专业市场试点单位，推进广西二手车行业规范化、品牌化、规模化发展，已为全区8家二手车市场、超过100家头部车商提供供应链金融服务，服务金额9.39亿元，二手车入统金额15.9亿元。入统模式得到中国汽车流通协会充分认可，并在全国进行推广。

（4）打造全新自媒体展销模式，积极探索网络直播、网上车展等销售渠道，直播团队线上销售车辆超亿元。

（5）打造助力乡村振兴新模式。扎实开展广西"汽车下乡"惠民巡展活动。在全区14个地市开展"汽车下乡"惠民巡展活动，促成乡村汽车消费近3000台，成交金额超过3亿元。

（四）汽车文旅生活潮流的新势力

（1）成功筹办南宁、北海、崇左、南宁、梧州五届广西汽车旅游大会。共吸引人流50多万，促成交易金额100多亿元，受到100多家媒体关注报道，助推广西"汽车＋文旅"产业提质升级。

（2）打造了五象汽车生活广场研学实践教育基地，获评广西第六批中小学生研学实践教育基地、南宁市中小学劳动教育实践基地、南宁市第三批中小学生研学实践教育基地、辖区中小学劳动教育实践基地、辖区道路交通安全宣传教育实践基地，研学课程"工程师的造车日记"线路入选广西"2024年工业文化与科技创新优质研学旅行线路"。

（3）建成广西最大的屋顶汽车营地——五象谷营地，打造了汽车文旅融合夜间消费新样板。

（4）房车户外业务持续火爆，带动汽车旅游行业不断升温。

（五）二手车行业诚信规范的新表率

成立了车辆检测中心，坚持二手车专业市场"每车必检、进场必检"，建立商户诚信评星体系、二手车猎人诚信联盟、消费者维权站等，累计为消费者提供免费检测服务超过1.8万次，排除问题车辆800余部，助推全区二手车诚信市场建设。连续3年获评中国汽车流通行业优秀会员、诚信经营单位。2024年，首次登上"中国汽车流通行业二手车交易市场百强榜"前十，并入选中国汽车流通协会评选的"全国二手车行业社会责任榜样"名单，行业内的品牌影响力进一步扩大。

（六）多产业融合发展的新聚力

利用商圈异业资源优势，大力推进多产业融合发展，联合筹办广西（国际）汽车文化生活节、广西（国际）汽车博览会、南宁惠民车展等大型汽车主题展会48场，创新"汽车+"展会模式，促进"汽车+文旅+房产+百货+文化"等产业链融合发展，受到了中央广播电视总台广西总站、《光明日报》、《经济日报》、央广网、人民网、广西卫视、《南国早报》等50多家媒体的广泛关注，促进汽车及其他异业销售超过52亿元。

（七）党员干部发挥先锋作用的新阵地

在党建联建共建品牌创建过程中成立的先锋岗、突击队、志愿服务队，不断涌现出一批优秀的党员，在服务发展、服务社会、服务群众上展现出了党员的先锋模范作用和"头雁"作用，园区内党员分别获得"广西中小学研学实践教育工作先进个人""广西壮族自治区国资委党委优秀共产党员""广西现代物流集团十佳桂物人""勤廉榜样"等荣誉。

（八）社会各界高度关注的新视点

自党建联建共建品牌创建以来，积极助力商圈和区域经济发展，以创新的运营模式、优质的服务、良好的社会效应赢得了各级领导和社会各界的关注，如广西壮族自治区党委、政府主要领导和班子领导等分批次实地调研，并给予高度评价；全国超过25个省份的有关商务部门和知名汽车专业市场，如北京花乡、上海旧机动车交易市场等分别到五象汽车生活广场进行考察。作为广西壮族自治区委党校、国资委的党建现场教学点和中国汽车流通协会等行业权威部门的指定考察点，每年接待社会各界的参观考察超过100批次。2021年全面运营以来，接待人数超过30万人次。

五、下一步规划与探讨

物港公司党支部坚持党建引领，将党建与生产、经营、管理工作深度融合，结合周边商圈的发展需要，创建了五象汽车生活广场商圈"红色引擎·汽象万千"党建联建共建品牌，通过"八联八创"，充分发挥了党组织引擎作用，实现了党组织蓬勃发展和商圈繁荣发展，引领了圈内汽车和其他产业的气象万千发展。未来，物港公司党支部将继续以习近平新时代中国特色社会主义思想为指引，深入贯彻落实习近平总书记关于国有企业改革发展和党的建设的重要指示批示精神，进一步促进党建与生产经营深度融合发展，全面打响"红色引擎·汽象万千"党建联建共建品牌，发挥1+N的资源叠加效应，为打造商圈发展的万千新"汽"象积极贡献力量。

"五向发力"点燃高质量发展红色引擎

创造单位：广州环投从化环保能源有限公司
主创人：张斌　吉刚
创造人：马云东　黄小容　黎立成　杨茜

【摘要】 在新时代的浪潮中，广州环投从化环保能源有限公司（以下简称环投从化公司）深知党建工作不仅是传承红色基因、弘扬优良传统的方式，更是引领企业创新、促进业务发展、践行国企担当的关键驱动力。面对企业产能富余、生产规范化基础薄弱的双重挑战，环投从化公司党支部积极探索党建工作新路径，聚焦思想根基、规范化建设、队伍建设、党建与业务融合和作风建设5个维度，探索出"五向发力"的党建工作模式，全面提升党建工作质量，推动企业高质量发展。

【关键词】 企业创新　业务发展　国企担当　"五向发力"　党建工作质量　高质量发展

一、实施背景

环投从化公司于2014年5月成立，是广州环保投资集团有限公司下属广州环投永兴股份集团有限公司的全资子公司，注册资本7.65亿元，主要承担从化循环经济产业园的投资、建设与运营。从化循环经济产业园位于从化区鳌头镇潭口村，规划面积589亩，总处理规模6450吨/日。产业园由广州市第七资源热力电厂（一期、二期）、污水处理厂、餐厨处理厂、炉渣处理厂、从化生活垃圾填埋场、废矿物油再生利用项目、生态环境科普教育基地等项目组成。其中，第七资源热力电厂一期项目设计日处理生活垃圾1000吨，二期项目设计日处理生活垃圾3000吨；餐厨处理厂日处理能力100吨；污水处理厂日处理能力1350吨；炉渣处理厂日处理能力1000吨。园区以"温泉画廊，山水明珠"为主题，打造"循环经济产业园＋生态景观公园"模式，入选广州市公园名录，致力将生活垃圾处理设施打造成为集园林景观区、休闲活动区、办公区及生产区等功能区域为一体的生态旅游景区，从而实现生产、生活、生态的完美结合。

环投从化公司党支部成立于2017年3月，支部委员会现有委员3名，其中设书记1名、副书记兼任纪检委员1名、组织委员1名。下设3个党小组，共有党员40人，党员占比约为19.8%，同时有入党积极分子15人、入党申请人5人，党支部队伍结构合理，素质良好。

面对新时代新挑战新机遇，环投从化公司党支部坚持以习近平新时代中国特色社会主义思想为指导，以紧扣公司业务工作抓党建为中心，以党支部标准化建设为载体，遵循"围绕业务抓党建，抓好党建促发展"的理念，大力推进"五向发力"党建工作新模式，以党建领航汇聚奋进力量，为公司的持续稳定发展提供了坚强的政治保障。

二、实施目的

开启"五向发力"党建工作新模式，旨在紧紧围绕公司中心工作，把党建工作与业务工作紧密结合起来，充分发挥党组织的核心领导作用、战斗堡垒作用和党员的先锋模范作用，以"闯"的精神、"创"的劲头、"干"的作风，积极应对企业生产经营难题，内挖潜能、外拓市场，降本增效，坚持"自转""公转"同发力，积极开辟高质量发展新局面。

三、实施过程

（一）夯实思想根基，提升"走在前列"的意识

环投从化公司党支部始终坚持党对国有企业的全面领导，紧紧围绕学懂弄通新思想、鼓舞士气

聚人心、塑造企业好形象的目标任务，加强宣传引导、深化理论武装，进一步提升"走在前列"的意识。

一是旗帜鲜明讲政治。坚持以党的政治建设为引领，持续深化"第一议题"制度，坚持把学习习近平新时代中国特色社会主义思想作为首要政治任务，及时跟进学习习近平总书记最新重要讲话，扎实开展党内主题教育，通过党支部委员带头示范学、党支部引导深入学、党员跟进全面学"三学"举措，引导党员干部深刻领悟"两个确立"的决定性意义，自觉增强"四个意识"、坚定"四个自信"、做到"两个维护"，为推动公司奋进新征程、实现新一轮大发展指明了前进方向、提供了根本遵循。

二是坚持党的全面领导。明确落实党组织在公司法人治理结构中的法定地位，将党的建设工作写入公司章程，把企业党组织内嵌到公司治理结构之中，彰显"国企姓党"的根本属性；同时持续完善支委议事决策机制，规范支委会前置研究讨论重大经营管理事项的要求和程序，严格执行"三重一大"决策原则和程序，确保党组织决策部署抓实、落细、见效。

（二）突出规范化建设，夯实"行稳致远"的基础

环投从化公司党支部坚持以提升组织力为重点，完善基层组织建设，夯实基层工作基础，进一步加强党组织规范化建设，筑牢战斗堡垒作用。

一是组织建设"无死角"。根据公司发展及党员分布情况，建立党小组管理模式，为各党小组配备经验丰富的党小组长，推动党组织建设不断完善。围绕年度工作重点任务，制订党支部工作计划、党员教育培训工作计划、精神文明建设工作方案等，做到按计划促进党支部全面建设。认真做好发展党员工作，近年来发展预备党员8名，保质保量完成发展指标，为党组织注入了新鲜的血液、增添了新的活力。对党支部各项工作做到"一事一档"，全方位实行"台账化"管理，进一步提高党支部规范化建设水平。

二是制度建设"不留白"。不定期开展党支部制度自查，对不适用事项进行修改、完善，使各项工作逐步制度化。组织修订完善《党务公开制度》《党支部委员会议事规则》《"三重一大"决策管理制度》等党建制度，为夯实党建工作基础、促进党建工作与中心工作深度融合提供了制度保障。

三是工作责任"再压实"。进一步明确公司党支部领导班子成员的党建工作责任分工。组织党支部委员不定期到分管部门和一线班组开展基层调研、开展书记接待日活动等，了解群众反映强烈的急难愁盼问题，为提升基层党建工作质量夯实了基础。

（三）加强队伍建设，擦亮"先锋模范"的底色

环投从化公司党支部积极开展"学做"活动，从严从实加强党员队伍管理，打造一支政治鲜明、立场坚定、带头能力强的队伍。

一是丰富教育形式。以主题党日为载体，开展学习贯彻习近平新时代中国特色社会主义思想主题教育，政企、社企、村企互联共建有温度有特色的主题活动，通过"走出去共建，引进来研讨"的模式，引导广大党员感受传统文化魅力、增强文化自信，进一步加强党员学习教育管理，增强党员队伍的生机活力。

二是坚持党性锤炼。党支部组建成立了党员突击队，由党支部书记牵头挂帅，充分发扬"我是党员我先上，我是书记跟我上"的精神。党员突击队员带领职工群众坚守岗位、主动担当，在二期工程建设一线、生产项目攻关等关键领域，党员领导干部下沉到基层一线靠前指挥、以上率下，由领导班子轮流带班夜间巡查、攻克技术难关，党员群众带头落实安全责任，确保安全生产、生产经营、项目建设等工作有序进行。在暴雨、台风极端天气来袭期间，党员突击队迅速集结，奋战在防汛抢险的前线，巡查重点区域、开展防汛安全检查、清理积水区域、准备防汛物资，筑牢汛期安全墙，让党旗在防汛抢险一线高高飘扬。

三是为群众办实事。党支部组建成立了党团员志愿队，持续开展党团员志愿服务活动，承接"民生微项目""群众微心愿"，落实"双报到"机制。2023年，党支部共完成民生微项目2个、社区微服务48人次、群众微心愿46个，不断发挥党组织服务群众的纽带作用。坚持党建引领，开展多渠道、多层次、多形式的对口帮扶广州市从化区鳌头镇潭口村的工作，坚持真情扶贫，办好实事，注重实效，强化服务，用实际行动彰显国企担当。在潭口村开展了乡村振兴志愿服务活动、"共建和谐邻里"年节慰问、建立联农带农惠农惠民产业、农村人居环境整治行动及村庄基础设施提档升级等重点帮扶项目10余项，总投入帮扶资金超过1000多万元，着力打通服务群众的"最后一公里"，帮扶成果获得了潭口村干部群众的一致好评。

（四）深化党建与业务融合，凝聚"双融双促"的合力

环投从化公司党支部始终坚持把党建工作与生产经营深度融合，牢固树立"党建与业务两手抓"的大党建思想，找准党建工作和业务工作结合点、发力点，充分发挥党组织优势，把党建工作优势转化为推动党员干部立足岗位，向中心聚焦、为大局服务的发展优势。

一是提升党员先进意识。根据各党员岗位属性，在厂区建立了23个"党员示范岗"、6个"党员责任区"，努力营造党员带头干事谋发展、带头创新建佳绩、带头服务比奉献的良好氛围，引导党员干部在生产经营、科技创新、后勤管理等方面发挥先锋模范作用，从而使得生产经营中急难险重问题得到有效解决。

二是党员攻关促提升。党支部充分发挥基层党支部委员的引领作用，建立了以党支部委员为核心及先进党员、技术骨干为基础保障的攻关团队，进一步强化党建工作对各项工作的主导引领地位，不断提升企业精细化管理水平，以切实有效的措施攻克生产经营重难点问题。

2023年，环投从化公司坚持以降本增效为导向，全力拓展宽燃料掺烧新业务，全年累计拓展处置生活垃圾以外的宽燃料总量50.79万吨，补充焚烧发电机组35%的富裕产能，在确保拓展燃料安全环保处置基础上增加发电量约2.2亿度，增加营业收入约1.28亿元；与广州市净水公司签署从化区再生水项目合作协议，正式引入明珠工业园污水处理厂的再生水，从而解决公司自来水供应不能满足环投从化公司生产用水的"卡脖子"问题，减少吨垃圾自来水消耗量，降低生产供水成本，积极响应推进国家"双碳"政策，做好减碳工作，年平均可减少自来水使用约250万吨，减少的碳排放约400吨，实现减污降碳、再生利用的生态效益和降本增效的经济效益双赢。

（五）抓牢作风建设，严守"清正廉洁"的底线

环投从化公司党支部从净化政治生态、维护发展稳定的大局出发，落实全面从严治党主体责任，扎实推进党风廉政建设工作。

一是压实全面从严治党主体责任。每年年初，党支部组织各领导班子、部门负责人签署党风廉政建设责任书，党员干部和重点岗位廉洁自律承诺书，坚持层层压责、严字当头，构建全面从严治党一级抓一级、层层抓落实的工作格局。编制公司落实全面从严治党"两个责任"清单、同级监督重点任务清单、领导班子成员权力清单，明确工作重点，狠抓任务落实。

二是加大党风廉政教育力度。坚持组织公司全体党员、中层及以上领导干部观看廉政警示教育片，开展党纪法规知识学习、党纪+安全知识竞赛，在公司内部营造了廉政教育的浓厚氛围。促进廉洁教育进公司例会、进一线班组，不定期通过微信群、邮件推送廉洁信息，开展企业、职工、家属"三位一体""廉盟"系列活动，多渠道、全方位促使党员干部受警醒、明底线、知敬畏。教育引导广大党员干部发扬革命传统和优良作风，努力把初心使命变成党员干部锐意进取、开拓创新的精气神和埋头苦干、真抓实干的自觉行动。

三是深化作风建设。针对公司经营采购、选人用人、竣工结算等腐败问题易发多发的重点领域开展

监督检查，对重点岗位深入开展谈心谈话活动，通过督促提醒，抓早抓小，防微杜渐。定期开展领导、党员干部及重点岗位"八小时外"监督，切实做到纠"四风"树新风并举，推动作风建设走深走实。

四、主要创新点

（一）以党建与业务融合为发力点，提升企业发展"硬实力"

环投从化公司始终坚持党建工作围绕中心、服务大局，把党建工作目标与生产经营目标相融合，坚持"围绕生产抓党建，抓好党建促发展"的总基调，切实把党建政治优势厚植为企业管理优势、发展优势、竞争优势，着力用高质量党建引领保障企业高质量发展。

1.将"大党建"理念与企业生产经营管理理念相融合，增强引领力

充分发挥党建的引领和助推作用、党组织的红色引擎作用、党支部的战斗堡垒作用、党员的先锋模范作用，让党建的一马当先带动企业发展的齐头并进。公司从领导班子到部门负责人、基层党员群众树牢"讲融合、深融合、会融合、能融合"鲜明导向，共同商议党建与生产经营、安全环保、内挖潜能、外拓市场、降本增效等工作中的大事，精准对接党建工作与生产经营工作融合互促关键节点衔接，为实现党建与生产经营工作"各管一摊"到"同挑一担"根本转变夯实思想根基。

2.将党建工作与中心工作相融合，增强企业高质量发展驱动力

结合新时期党建工作的新特点和新要求，紧紧围绕中心抓党建、抓好党建促发展，创新"党建+"思维，围绕生产经营、降本增效等方面存在的重点、难点、薄弱环节"立项"，由党支部书记牵头"挂帅"，成立"党员项目攻关"小组"接单"，充分发挥党支部书记的"头雁"作用，带领攻关小组成员选好"党建+"项目、制订项目实施方案、组织协调和督促检查，同时通过定期召开项目部署动员会、攻关工作推进会、党支部书记下基层指导等形式，确保项目各项任务落到实处，生产经营急难愁盼问题得到有效解决。①高参数垃圾焚烧发电设备（13MPa/485℃/420℃）稳定运行项目：国内垃圾焚烧发电行业首台高参数机组实现满负荷运行，热效能跨越性地提高了近10%，将垃圾焚烧热效能发挥到了极致，这一顶尖机组引领了国内垃圾处理行业转型的高参数时代。②存量垃圾掺烧处理与控制技术项目：率先研究、试验存量垃圾掺烧工作，逐步根治垃圾填埋场污水、臭气、邻避等"旧病"，盘活土地资源，助力区域环境治理，此项工作已形成"环投经验"，为行业内其他企业提供了宝贵的经验基础，先后有厦门市国资委、厦门市政集团及其下属企业，佛山市城管局、佛山绿能环保公司，北京环境集团及其下属企业等政府领导及企业代表前来交流学习。③再生水回用项目：目前为广东省最大的中水回用项目，引入从化区鳌头明珠污水处理厂的中水作为机组生产冷却用水，有效减少自来水使用量，降低双方生产成本，做好"自转"与"公转"，同时对水资源保护和再利用起着深远的意义。通过聚焦主责主业，点燃"红色引擎"，用"党建链"赋能"业务链"，引导党员提高政治站位，充分发挥先锋模范作用，带领全体职工在关键岗位、重点区域、重要工作、重大活动中激发干事创业的新活力，熟练运用专业知识、业务技能为公司发展大局服务，推动公司工作跨越发展积聚蓬勃力量。

3.将党建引领与技术创新相融合，增强竞争力

以党建引领，创新驱动，促进科技工作提质增效，以党支部委员为科技带头人，在高质量发展的主航道上带领党员、技术骨干时刻树立和增强务实创新的观念与意识。启动垃圾电厂垃圾吊智能全自动控制系统的设计研发工作，智能全自动技术升级具体呈现在工作场景3D建模、各项功能互联互通、多台设备同时协同作业无人值守、全自动安全运行保护功能增补等方面。多项研发成果和国产垃圾吊融合，解决了国产垃圾吊运行稳定性不如进口设备的技术"痛点"，在带动国内垃圾吊行业技术发展的同时，让国内设备相比进口设备更出色的满足国内生产需求，技术研发期间引进的硬件设施实现95%以上国产化，促进了上下游向上良性发展，解决目前国内垃圾焚烧行业垃圾吊控制技术"卡脖子"的问题。设计研发工作完成并落地，通过智能全自动无人值守运行验收，全自动投入率达

到98.82%。

垃圾吊智能全自动控制技术的投入，受到社会及业内广泛关注，累计接待参观人群80批次，共计2232人。该项技术在第四届"全国垃圾焚烧发电项目运营管理创新高峰论坛会议"上进行了分享。环投从化公司先后荣获"创新发展电厂"称号、2023年第七届广州市职工发明创新大赛"优胜奖"、2023年第九届国企管理创新成果二等奖。

（二）以社会责任为出发点，全面彰显国企"强担当"

履行社会责任是国企的使命，也是国企与生俱来的社会属性。环投从化公司积极响应中央、省、市对实施乡村振兴战略的决策部署，紧紧结合实际，开展对口帮扶广州市从化区鳌头镇潭口村工作。环投从化公司荣获广东百佳爱心帮扶企业，乡村振兴事迹入选广东"千企帮千镇，万企兴万村"典型案例。

1. 以基层党建发展为引领，赋能乡村振兴之路

新时代走好乡村振兴之路，党建引领是根本。开展帮扶以来，环投从化公司始终坚持"以党建促振兴"方针，组织党支部委员多次到潭口村专题调研乡村振兴工作，并与村委就村容村貌、基础设施、村民就业等方面进行座谈交流，梳理乡村振兴痛点难点，研究制订帮扶计划，确定帮促工作方向和工作重心。与对方党支部结成结对共建关系，开展主题党日、党课等共建活动，有力推动了基层党建从"有形覆盖"向"有效覆盖"转变，给潭口村基层党建工作注入新鲜血液，探索新方向、新路径，进一步加快推进"千企帮千村"工程落地生根。

2. 以开展志愿服务为载体，走好乡村振兴之路

项目落地以来，环投从化公司高度重视营造村企之间和谐良好的邻里关系。每逢春节、中秋节等传统节日都组织党团员志愿者一同走进潭口村走访慰问村里老人和困难家庭，与大家亲切地拉家常，并送上节日问候和米油等慰问礼品。在潭口村成立了"境善境美"爱心志愿服务站，并不定期组织党团员志愿者到服务站重点开展新时代文明实践、农村垃圾分类宣传和关爱农村未成年人等方面的志愿服务活动。启动"点亮微心愿、传递正能量"新学年爱心募捐活动，发动集团全体职工认领全村小学生新学期开学心愿和捐赠图书，累计筹得3.9万元爱心款用于购买爱心礼包和图书。坚持深入细致做好村民群众工作，以实际行动走近村民生活，争取"多角度、全方位"开展帮促工作，以实际行动助推乡村全面振兴。

3. 以推动潭口村基础设施提档升级为契机，点亮乡村振兴之路

公司坚决贯彻落实习近平总书记关于乡村振兴的重要讲话精神，从潭口村实际情况出发，实施六大基础设施提档升级工程，助力点亮潭口村"乡村振兴"之路。

（1）实施乡村公共交通设施升级工程：参照从化区中心城区公交站亭设计，为潭口村建设了7座公交候车亭，为村民提供一个遮风挡雨的场所，解决候车日晒雨淋问题。

（2）实施乡村道路亮灯工程：建设了19盏路灯，并把路灯接入公司厂用电线路，在确保潭口村不因亮灯工程增加额外公共电费支出的同时，解决潭口村X286道路夜晚出行无照明及夜间出门不便的问题，点亮百姓安全出行的放"心"路。

（3）实施农田水利设施修建工程：对潭口村内300米淤积比较严重的灌溉渠道开展清淤整治和硬化工程，新修建的排洪渠既可使周边230亩农田在雨季来临之际免受洪水影响，也让周边耕地得到了灌溉的保证。

（4）实施爱心书屋建设、升级工程：建设爱心书屋，配齐课桌椅、电脑、书架标签，更新屋内外文宣品及体感游戏专用电脑，推动"书香潭口"建设方面取得更多良好成果。

（5）实施农村自来水保障工程：协助潭口村将自来水管道连接到供水能力更为充足的公司供水专网，初步解决了潭口村供水困境。针对原潭口供水管道老旧情况，环投从化公司调整了供水管道铺设

路线，合理规划了泵房位置，在靠近潭口村口处预留接口，确保全村村民用上方便、安全的自来水，提高生活用水质量。

（6）实施道路升级改造工程：制定X286道路升级改造工程项目，对X286县道路段进行拓宽、黑化、绿化等升级改造，改造后的道路极大地便捷村民的出行，进一步提升群众的幸福指数。目前，环投从化公司正在加快推进X286改弯取直、民乐桥加固拓宽工程，进一步惠民利民，为乡村振兴贡献更大力量。

五、实施效果

环投从化公司党支部牢固树立党建引领、业务紧跟的"大党建"观念，围绕高质量党建引领企业高质量发展这一主线，紧扣党建工作"强不强"和生产经营"好不好"两个关键，形成党支部、部门、班组、党员责任区（示范岗）4个层级同向发力、同频共振的良好局面，全力打造"五向发力"党建工作新模式，引领企业在高质量发展之路行稳致远。

（一）党员先锋模范作用进一步发挥

环投从化公司党支部党员干部团结带领职工群众立足本职岗位，用脚踏实地的行动践行初心，凝聚成共产党人代代相传的精神血脉，汇聚推动公司高质量发展的磅礴力量。近年来，党支部中有1人荣获"全国党史知识竞赛优胜奖""广州市国资系统学习强国知识竞赛团体一等奖""广州市国资系统党的二十大精神知识竞赛先进个人"，2人荣获广东省"创新达人"称号，2人荣获广州市城市管理和综合执法局"生活垃圾终端处理先进工作者"，5人荣获广州环投集团"优秀共产党员"，3人荣获广州环投集团"优秀党务工作者"等，党员干部率先垂范，形成争先创优的良好氛围。

（二）党支部堡垒战斗作用进一步加强

作为国有企业，环投从化公司深入贯彻落实党的二十大精神，以习近平新时代中国特色社会主义思想为指引，在周边村镇基础设施提升、安老扶弱等方面做了大量工作，大幅提升了区域人居环境质量，帮扶解决周边村镇人员就业问题，以企业发展带动周边经济发展。环投从化公司2022年获得"广东百佳爱心帮扶企业"荣誉称号；2023年荣获广州市从化区鳌头镇"税收贡献奖"，获"热心教育，造福社会"好评。

以生态环境科普教育基地为载体，充分向社会公众拓展科学环保知识、垃圾分类知识、低碳生活方式等，彰显国企担当。环投从化公司以五星级标准打造城市环保新名片，引领环保新时尚，先后获评广东省环境教育基地、电力科普教育基地、广州市少先队校外实践教育营地（基地）、广州市城市管理和综合执法普法教育基地、中共广州市委党校广州行政学院教学基地等称号。累计接待政府部门、社会公众、同行超过7000人次参观学习，为广州市生态环境科普教育做出较大贡献。

（三）高质量发展成果显著

环投从化公司紧密围绕上级集团重要战略部署和新质生产力发展要求，深刻把握发展面临的新机遇新挑战，以"闯"的精神、"创"的劲头、"干"的作风，攻坚克难，在高质量发展道路上行稳致远。

1. 建设精品工程方面

项目从设计到施工，一贯坚持"铸就精品"的建设观念，设计全过程采用BIM（建筑信息模型）正向三维技术，施工多维度地采用20多项新技术，广州第七资源热力电厂二期工程项目及配套设施先后荣获中国电力建设企业协会"电力建设工程智慧工地管理二等成果"、2023年"广东省建设工程优质结构奖"、2023年"广州市建设工程优质结构奖"等6项省、市级荣誉。

2. 生产经营管理方面

环投从化公司坚持以打造绿色工厂为抓手，通过实现焚烧炉ACC、烟气处理的自动化、实行精细化管理、建设五星级厂区等有力措施，多举措推动绿色低碳高质量发展。环投从化公司先后荣获了工业和信息化部颁发的国家级 2023 年度"绿色工厂"、2022 年度"广东省生态环境保护优秀示范工程"，以及广州市工业和信息化局颁发的广州市 2023 年度"绿色工厂"等 10 余项国家、省、市级荣誉。

3. 科技创新工作方面

环投从化公司始终秉持勤奋、诚信、求真务实的理念做科学研究工作，让更多"科研之花"在环投从化公司结出"发展之果"，目前取得发明专利 7 项、实用新型专利授权 51 项、软件著作权 1 项。荣获广东省科学技术厅、广东省财政厅、国家税务总局广东省税务局联合颁发的"高新技术企业"证书。

六、下一步规划与探讨

（一）在政治建设上持续下功夫

持续抓好思想教育，要坚持不懈用思想凝心铸魂，严格落实"第一议题"制度，持续深入抓好习近平新时代中国特色社会主义思想、党的二十大精神的学习贯彻，采取"三会一课"、专题辅导、专题培训，持续掀起学习热潮。

（二）在压实责任上持续下功夫

进一步健全完善党建工作制度，压实党建工作责任。建立党建工作责任清单，做到责任内容具体、工作要求明确、奖惩机制到位。以顶层设计推动党支部夯实党建工作、党员互帮互学，推动党建工作与业务工作同谋划、同部署、同落实，确保党建工作掷地有声。持续深化"我为群众办实事"实践活动，加快推进 X286 改弯取直、民乐桥加固拓宽工程，进一步惠民利民，为乡村振兴贡献更大力量。

（三）在推动发展上持续下功夫

结合党支部实际，深入挖掘自身的特色和优势，积极探索创新党建工作模式。深化建设党建品牌，使党建品牌具有鲜明的特色和较高的辨识度，进一步提升党组织的凝聚力和号召力。深入推进"国补吨垃圾售电量管控提升研究""一、二期渗滤液厂运行方式优化研究"等攻关项目，促进基层党建工作抓出特色、突出亮点，进一步推动党建与业务深度融合，以高质量的党建成果推动公司高质量发展。

（四）在作风建设上持续下功夫

深入贯彻落实党风廉政建设责任制，落实全面从严治党和党风廉政建设工作，大力开展警示教育、纪律教育、家风教育，用好正反面典型，及时通报违纪违法典型案例。不定期组织个别谈话、抽查检查、专题研究、廉洁谈话及开展"廉洁家访""旁听公职人员职务犯罪案件公开庭审"等活动，打牢党员干部廉洁自律的思想防线。以党纪学习主题教育为契机，继续强化作用建设，组织广大党员深入学习《中国共产党纪律处分条例》、观看廉政警示教育片、参观廉洁教育基地，教育引导党员干部学纪、知纪、明纪、守纪，始终做到忠诚、干净、担当。

"党建+"模式引领企业主营业务逆势增长

创造单位：清远市广州后花园有限公司
主创人：利英博
创造人：陆敏　江祺明　符月祝　陈结儿

【摘要】清远市广州后花园有限公司（以下简称后花园公司）认真贯彻落实习近平总书记关于国有企业改革发展和党的建设的重要论述精神，勇担政治、经济、社会三大责任，坚持将高质量党建引领作为保障企业高质量发展的风向标。后花园公司聚焦主责主业，探索实施具有美林湖特色的"党建+"工作机制，以铸魂强基、队伍建设、社区运营、文旅融合、配套提升为抓手，促进党建与发展同频共振，为企业生产经营与参与市场竞争创造良好的内部环境和发展优势。近年来，在高质量党建引领下，企业房地产主营业务逆势增长。2023年，房地产合约销售额同比增长86%，在广清片区份额提升至52%。2021—2023年，连续3年蝉联片区销冠，首次问鼎清远市排名第一，成为所在片区标杆项目，以优异成绩彰显了党建引领企业发展的工作实效。

【关键词】党建引领　"党建+"　品牌赋能　高质量发展

一、实施背景

后花园公司成立于1999年12月，以房地产开发、经营、投资等为主营业务，主要负责美林湖项目的建设开发运营。后花园公司党支部坚持以高质量党建引领高质量发展，党员干部带头深入市场调研，把提高企业效益、增强企业竞争实力、实现国有资产保值增值作为党建工作的出发点和落脚点，探索创新党建工作载体，持续推进党建工作与生产经营融合发展，助力企业在新发展阶段实现高质量发展。

二、实施目的

推进深化党业融合是加强党对国有企业全面领导、发挥国有企业政治优势的必然要求。后花园公司要坚持围绕中心抓党建、抓好党建促业务，自觉将经营中的重点和难点问题作为创造性开展党建工作的出发点，将提升经营效益作为党建工作的着力点，将生产经营实际成效作为党建工作的检验标准，促进党建工作与生产经营有机融合、协调发展，为企业突破发展难题、实现经营发展目标任务和国有资产保值增值提供坚强保障。

三、实施过程及创新点

后花园公司党支部积极探索企业党建工作与业务发展深度融合的路径和方法，通过实施"党建+"工作机制，将党建工作融入企业生产经营各领域、各环节，切实把党的政治优势、组织优势转化为企业的竞争优势、创新优势和发展优势，以高质量党建引领企业高质量发展。

（一）坚持以"党建+铸魂强基"为引领，构建企业高质量发展新格局

面对新时代党建工作的新要求，后花园公司党支部坚持把思想政治建设贯穿于企业各项工作中，确保公司全员在思想上意志统一、在行动上步调一致，将党组织的政治优势充分转化为企业的发展优势，推动企业战略目标扎实落地，向着更高质量、更有效益的发展方向迈进。

一是坚持把党的政治建设摆在首位。持续深入学习习近平新时代中国特色社会主义思想，推进"两学一做"常态化、制度化，通过专题研讨、主题党日、线上线下等学习形式，帮助广大党员干部深刻领会党的创新理论，有效提高广大党员干部的政治判断力、政治领悟力、政治执行力，真正推动

理论学习成果转化为具体发展思路。

二是坚持"两个一以贯之"。积极推进落实"党建进章程"工作，为党组织发挥作用提供制度保障；建立科学合理的三级决策体系（股东会－董事会－班子会），结合公司实际制订《"三重一大"事项管理办法》及《"三重一大"事项决策清单》，进一步完善党组织前置研究讨论事项清单。系列举措明确了党组织在企业决策中的地位和作用，有效实现党组织"把方向、管大局、保落实"的领导核心作用，确保公司重大决策符合党的路线方针政策。

三是坚持发挥"两个作用"。在后花园公司攻坚克难的关键时刻，党支部设置党员示范岗、责任区，组建党员先锋队，广大党员干部冲锋在企业改革攻坚、市场拓展、项目营销、品牌宣传等行动第一线，勇于开拓新局面。在项目营销活动里，组织党员先锋队开展多渠道拓客活动，助力项目宣传和销售目标实现。在品牌宣传工作中，党员带头在社交媒体平台开展宣传，通过抖音直播、小红书热点讨论等，提高项目品牌可见度、美誉度，吸引潜在客户关注。"两个作用"的充分发挥，为推动企业高质量发展提供了坚强组织保障，形成了以党员干部带头、公司全员共同奋进的良好发展氛围，有效发挥了基层党组织和党员在重大任务落实中的战斗堡垒作用和先锋模范作用，为推动企业高质量发展提供坚强组织保障。

四是坚持联建共建不断深化。积极与业务关联单位、股东业务部门开展共建活动，同广清纺织服装产业有序转移园、广州市潮汕商会、清远市潮汕商会、（广清）中大时尚科技城签署《党建共建合作协议》，开创政商企"五方党建共建"模式。参建各方定期交流党建工作经验，深化组织建设互促；共同组织党员培训、研讨等活动，强化党员干部互动；共同分享党建学习资料，丰富党建资料内容，促进党建资源共享；围绕中心工作和重点任务，共同开展主题实践活动，实现党建与业务良性互动。以党建共建为载体，提升参建各方党组织的凝聚力和战斗力，有效实现合作共赢、成果共享，进一步促进党业深度融合，打造资源共享、信息互通的高质量发展平台。

（二）坚持以"党建＋队伍建设"为支撑，夯实企业高质量发展新基石

后花园公司党支部始终坚持党管干部、党管人才，充分加强党建引领激发基层活力，持续深化完善激励约束机制，着力打造一支业务精、作风硬的干部人才队伍，为企业更好更快发展提供坚强的人才团队支撑。

一是深化考核制度体系。以赋能业务发展为目标，推行管理岗位下沉一线制度，推动党员干部带头深入基层，了解实际情况。持续分类完善员工工作评价和绩效考核体系，特别是强化营销职能、销售系列员工与业绩强关联的考核体系，实现"岗位能上能下、薪酬能增能减"的动态管理。坚持目标导向，在考核中融入党建工作指标，助推形成争先创优的浓厚氛围，持续提升业务一线队伍的战斗能力。

二是提升队伍能力素质。坚持党建引领人才发展，分类完善人才培养机制。在策划、销管、市场、销售、渠道五大职能条线开展专业培训，将党的思想教育与职业道德教育融入其中，培养员工的责任感和使命感。建立"美林湖三人行""美林湖私塾营""美林湖精英社"三大内训制度，设置"考核－内部认证－储备培养－晋升"销售人才梯队培养四大路径，人才培养过程中设置党建专题课程，引导员工以党员标准严格要求自己，发挥先锋模范作用。以三人成群打造销售内训师人才池，党员带头互帮互助，提高销售技巧，促进客户转化率，提升团队销售力。

三是强化廉洁自律教育。扎实开展述职述廉工作，引导党员干部自觉接受党组织和群众的监督。深入开展纪律教育学习月活动，组织党员干部深入学习党规党纪，提高政治站位和纪律意识。组织全体员工签订廉洁从业承诺书，让廉洁自律成为党员干部的自觉行动。定期组织观看警示教育片，教育广大党员干部时刻保持警醒，用党的廉洁标准规范自身行为。运用"学习强国""廉洁广州"线上平台

学习等形式，警示广大党员干部知敬畏、明戒惧、守底线，积极营造全面从严治党的良好氛围和风清气正的从业氛围，为企业健康可持续发展保驾护航。

（三）坚持以"党建＋社群运营"为载体，凝聚企业高质量发展新活力

后花园公司坚持"我为群众办实事"常态化、长效化，积极构建"党建＋社群运营"工作模式，充分发挥基层党组织的战斗堡垒作用和党员的先锋模范作用，主动肩负起万人社区的使命担当，持续将业主对美好生活的期盼与向往的图景变为实景。后花园公司党支部书记充分发挥"领头雁"作用，坚持以人为本，带领团队积极创新，精心打造"湖主公社"美林湖社群，建立社群大会员体系和社群运营管理体系，构建和谐的邻里文化，全面提升人民群众的获得感、幸福感，进一步赋能美林湖品牌价值，为企业高质量发展蓄势赋能。

一是搭体系，打造企业品牌新名片。让业主在美林湖过上"更好的日子"一直以来都是公司不变的初心与坚持。后花园公司一方面积极践行党的群众路线，发挥党组织联系群众的优势，充分整合美林湖3万多名业主资源，以"2023年美林湖17岁城年礼"开启品牌起势元年，提出"来美林湖，到生活里去"的年度品牌主张，彰显党支部对社区群众美好生活向往的关注；另一方面创新打造"社·学·商"社群运营模式，党员带头调动，社区群众广泛参与，形成以兴趣、爱好集结而成的不同社群。社群运营过程中，党支部积极做好思想引导，让社群成为传播党建思想、弘扬社会主义核心价值观的新阵地，让美林湖生活成为企业品牌新名片的同时，也成为党建引领社区建设的优秀样板。

二是扩规模，全面提升品牌知名度。美林湖社群共创大会充分发挥党组织凝聚群众、服务群众的作用。社群主理人高达50多名，包括已经成立的30个社群及即将成立的20多个社群，累计发展社群会员约3000人，举办各类社群活动300多场。在活力运动类活动中弘扬团结拼搏的精神，这也是党在发展历程中展现出的宝贵品质；在亲子教育类活动中传播红色家风故事，传承党的优良传统；在生活美学类活动中融入红色文化元素，展现党建引领下的美好生活；在个人成长类活动中以党员先进事迹激励群众追求进步。这些活动涵盖了不同类别，覆盖社区全年龄段业主，不断丰富人民群众的文体生活，让人民群众在享受丰富活动的同时接受党建文化熏陶，绘就幸福民生画卷。

三是创IP，助推业务跑出加速度。"湖主公社"成立后，秉持以人民为中心的发展思想，持续共创了万人湖主春晚、戏剧节、社群共创大会、非遗文化节、中秋万人家宴、全民运动会等大型活动。系列活动中，巧妙融入党建主题节目，如戏剧节上表演红色经典剧目，让社区群众在欣赏戏剧的同时接受革命传统教育。丰富多彩的各类活动，形成了美林湖社群独有的IP，将美林湖社群的人文价值可视化展现出来，让美林湖成为华南节庆活动盛宴第一高地，全面提升品牌影响力。

（四）坚持以"党建＋文旅融合"为抓手，激活企业高质量发展新引擎

后花园公司党支部坚持以党建为引领，着力激发广大党员干部在文旅项目挖掘开发、品牌宣传推介、配套服务创建等方面的积极性、主动性、创造性，探索文旅融合有效机制，推动企业销售业绩不断攀升、品牌美誉度不断提升。

一是深度开发旅游资源。充分挖掘美林湖优质自然生态禀赋和规模化土地集中优势中蕴含的发展机遇。在打造集酒店＋景区＋物业服务于一体的文旅融合格局过程中，将党的绿色发展理念贯穿其中，始终坚持生态优先，确保开发与保护并重。党员干部深入一线调研游客需求，建立"第一居所＋微度假＋周边游"的服务体系。成立党员突击队，助力三大休闲公园等文旅项目建成落地，构建形成以日常居住、休闲度假为代表的新业态。以党建赋能旅游品质提升，党员干部想游客之所想，急游客之所需，不断丰富旅游服务体系内涵，营造宜居宜游宜玩的浓厚氛围，打造真正的广州"后花园"，每年吸引人流超百万人次，全面推动企业高质量可持续发展。

二是深度拓展文旅融合。后花园公司党支部充分发挥党组织的领导核心作用，深入践行"美好生活"理念。以特色活动赋能企业跨界融合，通过创新开展潮流运动、岭南特色文化、中国传统节日文化及本土艺术等活动，培育文旅产业新地标。活动过程中坚持以党建引领，植入红色元素，如在中国传统节日文化中传播中华优秀传统文化背后的民族精神和家国情怀，引导社区群众在休闲之余了解党的百年奋斗历程，潜移默化地接受红色文化熏陶。持续举办"美林湖半程马拉松比赛""首届国际木偶戏剧节""首届龙舟节""首届华南国际文创节"等活动，党员带头积极参与组织协调，保障活动顺利开展，累计开拓100多个特色市集摊位驻点、吸引人流达3.3万人次，以文旅繁荣提升企业品牌影响力和知名度，强化品牌营销吸引力，推动项目销售业绩不断攀升。

（五）坚持以"党建+配套提升"为突破，塑造企业高质量发展新优势

后花园公司党支部坚持在发展中保障和改善民生，持续引入优质资源合作，聚焦丰富配套内涵，提升配套品质、突出品牌竞争力等重点，推动教育、文旅、商业配套落实落地，不断满足人民群众的需求，为企业高质量发展注入新动能、塑造新优势。

一是教育配套持续提升。在主动融入广清一体化发展的大局中，党组织充分发挥协调各方的核心作用，以美林湖项目教育配套规划为载体，党员干部积极主动作为，协同清城区政府、广大附中创办"广清教育帮扶美林湖示范区"，全面有序推进广清帮扶工作。累计完成3亿元投资建设两所九年一贯制公立学校（合计108个班），合力引入广大附中合作托管，持续为产业人才生根落地清远提供优质教育配套支撑。

二是文旅配套持续丰富。后花园公司党支部充分发挥"把方向"的领导核心作用，准确把握美林湖项目区位、生态、资源优势，统筹规划文旅配套建设，新增"美林湖星湖里"露营基地、水上乐园皮划艇文旅项目，集露营、景观、休闲、娱乐等功能于一体，针对游客、家庭或企业等不同客群设置自然营地体验、活动场地、亲子活动项目、湖滨露营、特色网红打卡区及创意集市等项目，有针对性地设置党员示范岗，持续提升服务质量，进一步带动吸引客流和增聚项目人气，全年预计可吸引近2万人次入园；带动提升美林湖温泉大酒店竞争力及溢价，2023年"五一"期间收入同比2022年收入增长256.5%。

三是商业配套持续完善。积极打造集餐饮、超市、美容美体、培训、甜点咖啡等多业态的三大邻里中心，积极践行党的为人民服务宗旨。2023年，新增乐卖特超市及面包奶茶店等商业业态，填补项目内大型生鲜超市空白，进一步满足美林湖社区居民多样化的生活需求，提升居民幸福感和归属感。

四、实施效果

（一）勇担当、敢作为，推动广清一体化高质量发展

后花园公司党支部以党建工作为统领，以满足人民对美好生活向往的需求为根本目的，主动融入大局，积极响应广清两地政府有关"广清深度融合发展"的部署和要求，投资建设两所九年一贯制公立学校（合计5040个学位），合力引入广大附中合作托管，办学成效显著，获广清两地政府支持创建"广清教育帮扶美林湖示范区"。引入优质民办普惠性幼儿园提供学位540个，并在开园后半年内达到学位满编，全龄教育在社区全面实现。秉持为人民服务的宗旨，投资建成美林湖医院并无偿移交政府，由清远市人民医院（三级甲等医院）运营。持续丰富文旅内涵，打造美林湖欢乐水世界、高尔夫运动休闲中心、露营及亲水基地，进一步助推项目获评"省级旅游度假区""广东省职工疗休养基地"，扎实推进优质教育、医疗、文旅、商业等民生配套建设，为清远市吸引高端人才和优质产业提供全方位的优质生活配套，以高度的使命感和责任感坚定不移推动广清一体化高质量发展。

（二）拓载体、破困境，企业生产经营业绩持续向好

在房地产市场下行不利环境的困境下，后花园公司党支部始终坚持把企业发展和党的建设工作同

步谋划、深度融合，助推生产经营业绩持续向好。2023年，实现房地产合约销售额15.03亿元，同比增长86%，在广清片区份额提升至52%。2021—2023年，连续3年蝉联片区销冠，首次问鼎清远市排名第一。通过开展"党员服务标兵"评选等活动，持续提升服务水平，强化客户关系维护，老业主复购率达到8%，中介成交占比从2022年的91%下降至43%。通过创新发展思路，以党建促发展，在市场下行中为企业逆势而上提供强大支撑。

（三）兴特色，拓文旅，品牌赋能发展优势持续放大

后花园公司党支部将党的宗旨和企业经营理念相结合，聚焦产品和服务两大核心要务，持续优化经营业务。党员干部主动发挥协调作用，带动提升各业务板块协同效率，深入探索"酒店＋景区＋物业"的服务模式，打造美林湖特色经营优势。持续开展各类党建活动，助力产业良性发展，获取众多荣誉。目前，共获评国家3A景区、省级旅游度假区、广东省职工疗休养基地、清城区"文旅杯"酒店服务技能竞赛团队优秀组织奖、中国旅游住宿业金光奖、年度温泉旅游度假区等荣誉。党员带头遵守服务规范，积极参与服务技能培训与提升活动，酒店服务质量和经营水平不断提升，酒店住房平均出租率常年保持在同区域竞品酒店第一。后花园公司党支部积极践行群众路线，群防群治效果显著，300万平方米美林湖大社区公共区域安保服务及超过4万人常住人口的物业服务管理井然有序，被清远市公安局评为"群防群治先进单位"，多名员工被评为"群防群治先进个人"。

五、下一步规划及探索

实干成就梦想，奋进创造未来。后花园公司党支部"党建＋"工作机制的实践，成功激活了党的组织功能、组织优势和组织力量，让党建工作特色凸显，实践载体更加丰富，IP品牌辐射效力更强，助推企业主营业务逆势上扬，为企业高质量发展提供了有力保障，也为房地产开发同行提供了立足企业实际、以高质量党建引领高质量发展的宝贵经验。

未来，后花园公司党支部将坚定不移用习近平新时代中国特色社会主义思想指引企业改革发展，深入学思践悟党的二十大精神，把党建工作置于企业高质量发展战略的高度谋划、定位、推动，切实把党委的领导核心作用融入企业深化改革创新、推动高质量发展实践中，引领广大党员干部职工在改革创新、市场开拓、品牌营销、文旅融合、提升服务等工作中创造佳绩、做出亮点，努力为国有资本做强做优做大贡献力量。

打造"中煤先锋，勇担使命"党建品牌，推动企业高质量转型发展

创造单位：天津中煤进出口有限公司
主创人：张建军　孙凤国
创造人：刘洋　康健　李世钊

【摘要】 天津中煤进出口有限公司（以下简称天津公司）成立于1988年，位于天津市和平区，为中国中煤销售集团全资子公司。成立以来，天津公司坚持以党建引领为核心，打造"中煤先锋，勇担使命"党建品牌，推动党建工作转化为服务企业经营管理的"红色引擎"。天津公司积极践行中国中煤"存量提效、增量转型"发展思路和销售集团建设中煤特色煤电化新综合能源提供商战略目标，充分利用天津市深厚的历史底蕴、良好的营商环境和优越的区位优势，坚持做强做大煤炭贸易主业，积极推进"两个联营"，不断拓展煤电及新能源项目等新业务，探索推进碳交易等新模式，全面构建"煤电化新"一体化发展新格局。

【关键词】 中煤先锋　党建品牌　高质量发展

一、实施背景

坚持党的领导，对于国有企业而言具有重要意义，不仅巩固了国有企业的政治根基，也为国有企业在新时代背景下深化改革、提升竞争力、实现高质量发展提供了根本保障和强大动力。天津公司面向新时代新征程，需要不断创新党建工作方法，积极探索党建与业务发展的有机融合，通过打造党建品牌、转变工作机制、创新考核体系等方式，将党建优势转化为国有企业的发展优势。

二、实施目的

天津公司通过党建品牌创建行动，进一步提升广大党员的身份意识、担当意识、责任意识和奉献意识，进一步增强新时代、新担当、新作为的行动自觉。以党建品牌创建为契机，充分发挥党委的领导作用、党支部的战斗堡垒作用和党员的先锋模范作用，持续提升党建工作水平。紧密结合公司实际，找准结合点，选准切入点，把党建工作融入生产经营各环节，努力做到公司工作重点在哪里，党建活动就延伸到哪里，做到"两手抓、两手硬"，实现党建和业务同频共振、互促共进。

三、实施过程

（一）品牌名称

品牌名称为"中煤先锋，勇担使命"。

（二）品牌内涵

坚持以习近平新时代中国特色社会主义思想为指导，贯彻落实"四个革命、一个合作"能源安全新战略，践行中国中煤"存量提效、增量转型"发展思路、销售集团建设中煤特色煤电化新综合能源提供商战略和天津市"三新""三量"目标，打造央企先锋党建品牌，履行央企责任使命，加速构建"煤电化新"一体化高质量发展格局。坚持弘扬"忠诚、求实、创新、奋进"的中煤精神，全方位发挥党委"把方向、管大局、保落实"的作用、党支部的战斗堡垒作用、党员的先锋模范作用，打造"思想、队伍、廉政、业务、创新"五边形党建品牌，构建党建与发展一张图、党员与群众一条心、高质量党建推动高质量发展的"大党建"格局。

（三）主要特征

（1）坚持党建引领，夯实组织基础。牢牢把握新时代党的建设总要求，坚持党的领导，把加强党的政治建设作为党建的首要任务，充分发挥党组织"把方向、管大局、保落实"的作用，将先锋模范力量转化成发展合力，推动高质量发展达到"最大公约数"。

（2）坚持问题导向，建强战斗堡垒。抓好基层党组织建设，强化组织功能，重在坚持问题导向，盯住矛盾困难、薄弱环节、差距不足，精准发力，补短板、强弱项，科学构建党支部组织架构，严格落实各项基本制度，使一线战斗堡垒迸发出旺盛的生命力和强大的战斗力。

（3）坚持融合发展，推动创新驱动。凝聚党委的旗帜向心力、支部的星火战斗力、党员的表率示范力"三股力量"，聚焦业务提升、立标引领，不断推动党建工作、经营管理工作双向融入、同向发力，持续激发党建工作的生机与活力。

四、主要创新点

（一）党建＋思想建设，铸就绝对忠诚的政治品质

始终将党员思想政治建设放在突出位置，努力建设政治合格、纪律合格、品德合格、作用合格的党员队伍，使党员更好地履行责任与使命。一是推动基层拓展，强化基层党组织"三个基本"建设，树立党的一切工作到支部的鲜明导向。严格"三会一课"、主题党日、组织生活会等工作，不断提高基层党组织的执行效率和质量，打通"最后一公里"。二是创新学习方式，注重将传统学习方式与现代信息技术相结合，将集中学、会上学、领导讲和自主学、网上学、党员谈等方式相结合，将党员思想教育与理论提升、管理提升、技能提升相结合，让党员学习既具"党味"，又有"营养"。三是注重学习效果，不断优化丰富学习内容，将经营管理、业务技能等列入学习范畴，使主题更加贴近工作与实际；开展轮流式学习宣讲，主讲人围绕当期主题自行收集资料、宣贯学习，提升主讲人的思维能力、语言能力等，增强党员个体能力建设；实行互动式学习研讨，通过"人人发言、综合点评、课后巩固"的模式活跃活动气氛，不断提升学习成效，使学习变得"听得懂""悟得深""说得明"，提升党员群体素质。

（二）党建＋队伍建设，打造担当有为的战斗集体

始终将队伍建设与业务工作统筹谋划，抓好党员干部队伍高质量建设，抓好业务工作高效率执行，造就一支来之能战、战之必胜的队伍。一是抓好组织建设，把党员发展作为基础性、日常性的重要工作，既注重将业务骨干、工作能手培养成党员，又注重将党员锻炼成为业务骨干、工作能手。二是抓好素质提升，把支部学习策划成为党员思想碰撞、观念交流、业务研讨、工作协调的会议，既强化支部组织生活建设，又提升党员的业务水平和综合素质。三是抓好制度执行，坚持组织生活会和民主评议党员常态化，每半年召开一次专题组织生活会，通过交流思想、总结经验、批评与自我批评等，永葆支部肌体健康；坚持每年进行一次民主评议工作，加强对党员的管理和监督，增强党员的党性和先进性。

（三）党建＋廉政建设，营造风清气正的工作氛围

始终牢记作风好坏关系工作成败、关系企业发展，将党风廉政建设作为党建工作的关键环节，高度重视工作氛围的营造，注重企业政治生态建设。一是严格落实"一岗双责"，深化党风廉政建设责任制和惩防体系建设，细化岗位分工，落实责任到人，强化反腐倡廉建设工作职责，强化廉洁自律意识，杜绝以权谋私、吃拿卡要和靠企吃企等行为。二是深化党纪学习教育的常态化和长效化，增强党员干部遵纪守法意识，教育引导党员干部特别是年轻干部和业务骨干廉洁奋进、担当作为，算好"七本账"、守住"五道关"，时刻做到自重自省、谨慎用权，始终筑牢拒腐防变的思想防线，为推进公司高质量发展提供坚强保证。三是加强对重要岗位特别是"关键少数"的监督，让党员干部自觉接受监

督，习惯在监督下工作，强化追责问责力度，让制度"长牙、带电"，始终保持惩的力度和严的氛围。

（四）党建+业务开拓，构建互融互促的发展格局

始终将党建工作和业务开拓充分融合，运用丰富的党建载体推动业务持续开拓，以"两优一先"评选，"示范党支部"创建，"党员示范岗""党员先锋岗"亮身份为手段，进一步提升党员干部在生产经营全过程中的作用，提高党支部的凝聚力和战斗力，促进党建与经营深度融合。一是践行央企责任，组建"党员攻坚队"，抽调骨干充实保供队伍，科学制订华北保供工作方案，在合同签订、运力协调、煤炭发运等方面跑出"中煤加速度"，有力保障电厂运营和民生供暖需求。高效落实"双碳"目标，积极推动绿色低碳转型发展，大力推动"两个联营"，成立京秦热电二期工作专班临时党支部，驻守现场一线，紧盯项目申报、资金划拨、人才招聘等重点工作，实现火电项目高质量开工建设，海光、青龙陆光等新能源项目陆续完成立项，"煤电化新"一体化营销新格局初具雏形。二是创建"教学式"微党课，以现场质量管控经验分享、天津港车板业务管理、碳市场知识普及等为题材，通过一堂堂生动的微党课，使党员和业务骨干在党课分享中引发思索和感悟，补足精神之"钙"，筑牢业务之"髓"。三是推动支部共建活动，按照以共建促党建、促合作、促发展的原则，组织开展与总部、区域公司、外部单位的结对共建活动，建立党建与业务融合互促的沟通交流机制，努力形成"互帮互助、优势互补、资源共享、共同发展"的党建工作新格局。通过对照对方找差距、对标先进找短板、对标典型找不足，提升党建和业务工作质量，不断提升基层党组织的创造力、凝聚力和战斗力。

（五）党建+改革创新，推动量质并举的转型升级

始终坚持以强党建促发展为抓手，发挥党建对生产经营的引领和保障作用，有效发挥党委"把方向、管大局、保落实"的作用。一是不断深化"三项制度"改革，实行"内部赛马"，通过轮岗交流、竞聘上岗、末等调整等方式，促进人员专长与岗位职能相匹配，实现"人配其位、位得其人"，强化复合型人才培养，锻炼一支高素质、高水平、高能力的人才队伍。二是坚持做优做强直达煤炭业务的同时，利用区域营销网络做好"三个协同"，即做好新旧能源协同，加大与地方政府、终端客户联系，推进新能源开发落地；做好煤炭、化肥协同，开展"黑加白"销售，大力提升工业化肥销售规模；做好自产外购煤炭的协同，加大外购直达煤开发力度，提高保供稳供能力。三是加强信息化建设，逐步建立全业务模式、全资源品种、全质量数据的信息库，用数字化手段优化业务、提升管理。

五、实施效果

（一）凸显党建引领成效

在党的组织建设上发挥党建引领保障作用。坚持和加强党的领导，把党组织建设嵌入公司治理各领域各环节；修订完善"三重一大"制度及实施决策前置程序，有效推动党建与企业发展同向协同、同增质效。基层党支部建设质量明显提升，坚持"四同步、四对接"，建立"公司党委、基层党支部"党建责任体系，确保上下贯通、执行有力；积极探索"党委领航、支部攻坚、党员先锋"的党建融合新路径，为公司发展提供坚强政治保障。

（二）凸显经营业绩成效

夯实煤炭贸易主责主业，立足国内国际两个市场，拓采增销、提质增效。近年来，天津公司年均贸易规模超过4000万吨、营业收入超过220亿元、利润总额超过5000万元，企业综合实力和核心竞争力持续提升，获评和平区及天津市"五一劳动奖状"，和平区"功臣企业""招商大使单位"，入围"天津市百强企业""京津冀百强企业"。履行央企使命担当，自2021年煤炭保供以来，累计兑现长协电煤1000万余吨，长协兑现率98%，高质量完成保供工作，累计收到各类表扬信函27封。拓展"两个联营"，推动中煤京秦二期火电项目，多域多地开发新能源项目，拓展京津冀电力市场交易，代理售电业务突破1亿度，打造华北区域化产品销售平台，天津公司"煤电化新"多元转型发展初具雏形。

（三）凸显凝心聚力成效

坚持以职工群众为中心，构建和谐企业，营造"家的感觉"，获评和平区"精神文明单位"。厚植特色企业文化，打造公司展示墙、荣誉榜、"书香中煤"读书区、职工活动中心等，营造浓厚企业氛围。关心关爱职工，开展全民阅读、户外团建、"三八节"畅游、工会慰问等活动，开设球类、八段锦、瑜伽等健身课程，优化职工食堂、单身宿舍等，增强全员幸福感和归属感。

六、下一步规划与探讨

（一）转变工作机制，形成融合合力

积极发挥党委领导和党群部门统筹的职责功能，整合党建和业务工作资源，党建工作融进业务工作的全过程，渗透到业务工作的各个环节，转变工作机制，抓好党建促业务，确保业务工作得到坚强的政治、思想保障，力争使党建业务资源相融合。

（二）聚焦工作创新，打造融合品牌

党建是引领发展的"红色引擎"，深化党建创新是国有企业高质量发展的强有力保障。天津公司党委围绕上级党建工作要求和指示精神落地见效进行工作创新，突出融合、服务、特色的主旨，打造集政治性、规范性、专业性、实用性为一体的统一党建品牌，促进人员的合心合力，提升党建工作的认知度、知名度。

（三）建立考评机制，落实融合责任

考核是最好的指挥棒，使用是最好的培养。在党建创新模式实践探索中，改进年度综合考核工作体系和指标体系，厘清党建工作与业务工作关系，适度提高党建工作指标权重，把考评结果与党员干部的绩效、奖惩、调整等结合起来，引导基层党组织和党务干部立足主业、聚焦主业。

国有企业机关党建"走在前"的实践探索

创造单位：中煤建设集团第五工程处
主创人：曹伟
创造人：袁志科　杨虹

【摘要】"走在前、做表率"，是习近平总书记对机关党建的要求。近年来，中煤建设集团第五工程处（以下简称五处）党委在推进机关党建创新创效上下功夫，实施"篝火行动"志愿者计划，打造"烽火矩阵"党建品牌，开展"星火讲堂"融合教育，编著"参考法则"激励创新实践，持续引领机关党员干部发挥先锋模范作用，为企业改革发展拓展机关党建"走在前"的引领空间和实践路径。

【关键词】国有企业　机关　党建　引领　实践

一、实施背景

（一）国有企业机关党建"走在前"是落实习近平总书记重要讲话精神的具体体现

近年来，五处作为中央企业基层单位，注重以高质量党建引领改革发展，探索"公益+"正能量激励创新企业管理等项目实践，注重谈心谈话融合思想，激励机关党员干部"走在前、做表率"的思想自觉和行动自觉。实施"篝火行动""星火讲堂""烽火矩阵"等项目，编著管理专著，用向善向上的行为理念激励干事创业，用爱心开展志愿活动，用集体智慧打造品牌文化，寻找规律法则指导实践运用，助推企业管理持续稳定向好发展。

（二）国有企业机关党建"走在前"是加强新时代国有企业党建工作的迫切需要

党的十八大以来，习近平总书记高度重视国有企业改革和企业党建工作，围绕企业党建发表了系列重要论述，为做好新时代国有企业改革发展和党的建设提供了根本遵循。

近年来，全国各地企业按照中央关于企业党建的有关要求，与时俱进实施制度废改立，逐渐建立健全了党建管理机制。一些企业开始研究加强和改进党建工作的方式方法，创新管理路径，推动工作取得新成效。

国有企业机关党建，如何立足机关基层实际，切实发挥"走在前、做表率"的作用，已经成为探索基层党建与企业执行力建设的时代课题。2022年以来，五处以身边的案例为基础，注重研究机关党建与企业管理的共性规律特征，深刻剖析党建工作的实质内涵，编著《企业党建实务参考》《执行力六大法则》等管理书籍，以实践成果验证企业党建机制改进和实务案例运用的价值意义，取得了较为明显的效果。

（三）国有企业机关党建"走在前"是发挥先锋模范作用推动企业改革发展的实际需要

如何加强国有企业管理，与时俱进推动管理创新创效，发挥党建引领优势，体现融合效能，推动保障企业改革发展，已成为新时代企业管理和党建研究的重要课题。五处坚持机关党建"走在前"，把握新需求，积极探索应时代之需、企业发展之要和管理创新之道的基层实践尝试，持续探索推动高质量发展的路径空间，为国有企业党建创新带来一些新启发、新思考。

二、实施目的

（一）发挥引领效能，激发机关建设的正能量

"村看村，户看户，群众看干部"。在企业，机关是党员干部最多的地方，也是职工群众最关注的地方。机关党建"走在前"的根本目的，就是让党员干部走在前，发挥引领带动作用，引领更多的

人，充分激发干事创业的正能量。五处注重弘扬凡人善举，结合实际实施"篝火行动"志愿者计划，发扬志愿者精神，让爱心引领"行动在前"，从凝聚平凡而伟大的志愿者力量开始，持续"滚大"正能量的"雪球"。通过一些发生在身边的实实在在的人和事，让善良、大爱和正义的力量触发心灵传递，持续推动各方面工作向好发展。

（二）打造党建品牌，厚植企业文化的软实力

品牌就是人无我有、人有我精的特色亮点。品牌建设，是新时代企业文化建设的创新需要。梳理特色，提炼亮点，做强核心优势，持续深耕内涵，可以激发企业文化的亮点聚集效应。用文化自信鼓舞人，比空洞的说教更能够增加行动的落实力，对于促进改革发展具有重要意义。近年来，五处党委不断挖掘和丰富矿山"野战军"文化内涵，以厚植企业文化软实力，凝聚推动各项工作的磅礴力量。在矿山"野战军"大党建品牌架构下，机关各党支部突出"一支部一特色"，打造形成"烽火矩阵"，充分涌动引领"创新在前"的发展魄力。

（三）发挥表率作用，提高任务落实的执行力

星星之火，可以燎原。如果能够让更多的人站起来，发挥表率作用，那么机关建设的诸多难题就会迎刃而解。五处坚持以人为本理念，开展"星火讲堂"公益活动，惠聚更多的学习成长机会，以思想政治与业务学习的融合效应实现同频共振、人心齐泰山移的理想状态。通过整合党建教育、业务培训等日常资源，联合大讲座与小课堂，让教育融合引领"学习在前"的思想自觉和行动自觉，切实提高各项任务落实的执行力。

（四）持续改进风气，营造企业发展的好环境

养成好习惯，就会带动形成好风气。机关党建"走在前"，就是要引领新风气、形成新风气，从带动身边的人开始逐渐影响开来，以更加优良的作风带动环境持续改善。以好风气教化育人，以守规矩履职尽责，营造风清气正的发展环境。五处组织人员结合实际，围绕提高党支部工作质效和规范化建设，编著《企业党建实务参考》；围绕拢人心、做引领、带队伍等管理课题，编著《执行力六大法则》等管理书籍，推出24个工作法和系列案例，坚持理论联系实践，追求让风气引领美好生活，为企业管理和党建研究前瞻性探索"实践在前"的参考蓝本。

三、实施过程

（一）实施"篝火行动"，让先锋引领"行动在前"的表率

只有树旗帜，才好做引领。志愿者，是一支平凡而伟大的力量。五处坚持机关人员"走在前、做表率"，大张旗鼓地实施"篝火行动"志愿者计划，鼓励凡人善举，汇聚心灵感动，成就大爱力量，触发心灵传递，辐射主业内外，推动向好发展。

1. 以志愿优势聚集向善亮点

2020年以来，五处干部职工在响应国家应急救援等急难险重的重大实践中，主动发扬志愿者精神，取得了显著成效，获得地方政府和群众好评。近年来，五处以党员带头做先锋，系统组织引导，结合专业特点，发起成立"领路者""追光者""掌灯人""公益家""突击队"等5支志愿者服务队，迅速凝聚起一股干事创业的正能量。

2. 以"一心为民"坚定价值取向

坚持以人为本，倡导"奉献、友爱、互助、进步"的志愿者精神，鼓励干部职工不限时间、不限地点、不限人员，开展利于企业、益于社会的志愿服务活动，努力打造"政治过硬、组织有力、作风顽强、能打胜仗、纪律严明、一心为民"的矿山"野战军"。秉承"让爱传递美好生活能量"行动理念，宣传"聚是一团火，散是满天星。寻找，你就会发现；点燃，你就会照亮；奔跑，我就会追随"的励志情怀，开展各具特色的志愿服务活动。

3. 以5支队伍激励更多善举

"领路者"志愿者服务队，以"师带徒""技术组"等模式，助推团队业务技能水平提升，多次组织开展安全检查、"机电大拿"推荐、危房改造技术攻关等活动，有力保障了项目安全、技能提升和部分困难群众生活质量。"追光者"志愿者服务队，倡导党员示范、日行一善、扶危济困、见义勇为等好传统好做法，多次组织参加社区共建、党员报到、卫生扫除等活动，获得地方居民好评。"掌灯人"志愿者服务队，以爱心劝导等形式，组建信访调解志愿者小组，主动上前协调解决问题，化解多起矛盾隐患，维护了邻里守望、和谐稳定的发展氛围。"公益家"志愿者服务队，以爱心建家、99公益日、书香志愿者等形式，组织或主动参与单位内外的公益活动，助推爱心企业建设，多次组织公益日募捐、青年联谊、金秋助学、节日慰问、联欢会演等活动，营造积极向上的"家""和"文化氛围。"突击队"志愿者服务队，坚持应急与预防相结合原则，以常态化备战形式，组建应急突击队和市场开发突击队，重点组织夏季防汛、冬季除雪、节日值守、重大活动迎检和重点项目开发等任务，均交上满意答卷。

4. 以"三个坚持"传递爱心能量

一是坚持自愿认领原则建立队伍。从自愿认领任务计划开始，集结志同道合者，或结合实际联合其他队伍共同组织，职工自愿报名，推荐牵头联系人，根据需要发布活动项目。二是坚持双向融入原则开展活动。各志愿者服务队组建后，按照企业与社会、党建与业务双向融入原则，重点组织引领推进"五型机关"建设和社会实践等项目。三是坚持志愿精神，推进企业文化建设。讲清楚志愿者精神，讲清楚为他人着想的善良，积极寻求"人人需要帮助，爱心需要接力"的情感认同和行动自觉，让大爱在履职敬业和奉献援助中传递美好生活能量。

（二）打造"烽火矩阵"，让品牌引领"创新在前"的能量

坚持党建创新引领效能，让品牌发挥重要影响作用。2022年以来，五处开始着手加强品牌建设，注重从实际出发，统筹布局，凝聚集体智慧，系统挖掘矿山"野战军"文化及系列品牌。机关党总支凝聚集体智慧，7个党支部率先形成"一支部一特色"，多品牌联合发力，突显"烽火矩阵"品牌集聚效应。

1. 顶层设计，以光辉历史构建文化蓝图

五处40多年来的施工现场遍布全国，犹如一支"野战军"，驰骋在祖国大江南北矿山建设领域。从1976年成立伊始，"政治过硬、组织有力、作风顽强、能打胜仗"等文化特征就成为五处人蕴藏在骨子里的企业文化共识，潜移默化影响着人们的工作生活。2023年，经过大量调研，多方挖掘精神内涵，广泛征求意见建议，形成了矿山"野战军"的文化理念共识，提炼并明确"政治过硬、组织有力、作风顽强、能打胜仗、纪律严明、一心为民"的文化特征，得到干部职工的支持。

2. 统筹谋划，以矩阵思路引领品牌打造

在前期矿山"野战军"文化基本形成的基础上，2023年9月，五处机关党总支制订《基于矿山"野战军"文化为中心的机关党建品牌矩阵创建方案》，明确提出主要创建目标：建设基于矿山"野战军"文化为中心的机关党建品牌矩阵，形成一批群众支持、组织认可、向上向善的"特色型"组织，引领带动干部职工，为推进五处战略目标砥砺前行。同时，选取试点，制订创建案例模板，推动品牌创建氛围尽快形成。

3. 逐一研究，以品牌个案突显特色价值

在矿山"野战军"文化共识下，机关7个支部纷纷利用"三会一课"、头脑风暴等形式，逐步明确创建主要方向和思路，分别形成具有自身特色的品牌创建初步方案。经"两上两下"沟通修改后，机关党总支报五处党委审定。2023年12月，五处召开党建品牌发布会，发布五处党委矿山"野战军"

品牌，同时机关党支部书记纷纷走上讲台，依次发布"蓝海红旗""同心炬力""组织融炉""项目金盾""联营联动""联保联控""拓路先锋"等系列子品牌。

4. 突出效应，以矩阵合力激发堡垒作用

经多方努力，机关党建品牌形成"烽火矩阵"架构，即：前有"先锋+"（先锋+红旗+火炬）、中有"联动保"（联营联动、联保联控）、后有"金盾炉"（金盾+融炉）的"野战军"机关矩阵。寓意为：以矿山"野战军"为中心任务，建设五型管理服务保障机关，努力打造"中心明确、团结协作、前后呼应、一体两翼、智慧联动"的机关管理服务品牌组合。以矩阵汇能，以品牌代言，激励机关各党支部充分发挥战斗堡垒作用。按照"说出来、记下来、做出来"的原则，精心设计品牌文化墙，常态化展示品牌定位、工作法及活动情况。开展抖音短视频党建品牌展播活动，大力营造党建领航的蓬勃氛围，吸引一些兄弟单位前来学习交流。

（三）建立"星火讲堂"，让培训引领"学习在前"的自觉

五处探索共享式公益讲堂"星火讲堂"活动，整合多条块教育培训资源，发挥资源集约化优势，提升干部职工队伍能力素质。以政治与业务学习同频融合，为职工提供更多的学习成长机会，促进企业与人才"依靠学习，走向未来"的双向奔赴。

1. 明确目标任务，以统筹组织发布"精神粮食"

依据"书香中国"建设精神及中国中煤"全民阅读发展规划"倡导，整合教育培训资源，以共享式公益大讲堂形式，组织机关"星火讲堂"，让更多的人收获学习的快乐，为改革发展储能蓄力。教育培训项目，主要定位为党课党日、技术培训、廉洁合规、综合素质教育四方面。具体项目实施：由机关党支部协调相关部门筹备，每月统筹信息发布，机关人员根据培训要求及个人需求参加学习。鼓励党员干部"人人上讲台"，立足专业特长，分享交流经验，带动引领"书香企业"建设。

2. 精细项目管理，以分类实施丰富"特色菜单"

一是党课党日，推优分享。推荐优秀党课党日活动案例，进一步提升党员干部教育质效，激励充分发挥先锋模范作用。二是技术培训，重在研讨。根据工作安排，开展技术培训活动，在一定范围内共享技术培训资源，交流研讨课题，营造学技术、比技能、共提升的科技成才环境。三是廉洁合规，坚守底线。坚持清正廉洁的价值导向，开展警示教育、案例教育，深化廉洁从业意识、合规意识和守规矩文化建设。四是综合素质，德才兼备。坚持以人为本，开展有关专业化、人才素养、综合类素质教育培训。

3. 突出简约模式，以抓实成效持续改进提升

一是简明流程，有序组织。培训组织方每月及时报送"培训计划信息条"，简要写明培训时间、地点、课题、人员要求等。经统筹汇总后，利用"机关群"等形式，每月发布《"星火讲堂"活动预告单》，便于人员调配时间参学。二是简捷筹备，突出实效。坚持精文简会、精严细实作风，将学用结合放在首位，培训组织重在突出实效。本着"干什么学什么"原则，明确培训主题和受众群体，鼓励适当地拓展研学，丰富培训内涵，不走形式，不走过场。三是简要总结，持续提升。按照闭环管理原则，结合实际总结培训信息，适时召开"星火讲堂"研讨会，研讨培训需求，总结经验和短板，持续改进提升。

（四）编著"参考法则"，让规则引领"实践在前"的文化

工作要有方法。探索机关党建"走在前"管理，需要案例实践，也需要制度参考、系统的方法论和理论支撑。方法来源于实践和认知。好的方法来自对事物内部联系、发展规律的深刻认识和把握。近年来，五处注重探索"以高质量党建引领企业高质量发展"的规律法则，为机关党建"走在前"提供了实践参考蓝本。

1. 突出引领力，用理论联系实践，编著《企业党建实务参考》

五处突出提高党建激励引领工作质效，充分发挥党员的先锋模范作用和党支部的战斗堡垒作用，结合实际编著《企业党建实务参考》。该书提供贴合实际的党务工作参考，共分为四章，分别为党支部的职责任务、党支部的工作机制、党支部的组织生活、党员队伍建设与活动等。重点简述党员教育管理，如何开展"三会一课"，以及党员示范岗、责任区、突击队创建的方法和程序，并附参考模板及典型案例。该书紧密结合新规定，融合新需求，在介绍党支部制度规定、实务常识的同时，重点简述最新要求与落实办法。

2. 加强执行力，用规律指导运用，编著《执行力六大法则》

注重以党建引领与企业管理的融合视角，研究党建激励与企业管理并轨机制，探索总结普适性规律方法。经综合数十家单位典型做法，汲取大量案例经验，总结提炼并编著了《执行力六大法则》。执行力六大法则是旗帜法则、初心法则、因果法则、群众法则、融合法则、提升法则。在每个法则下，展开叙述4个典型工作法；在每个工作法后，推出一个典型案例，综合形成"学习引领工作法"等24个工作法和24个典型案例。试图以规律法则为框架，以方法案例为工具，以基础实务为材料，构建基层党建与企业管理的"工具箱"。以"旗帜法则、初心法则、因果法则"干事创业，以旗帜为引领，以初心聚人心，以因果把握规律做事；以"群众法则、融合法则、提升法则"提升质效，深入群众实践，融合智慧力量，提升能力水平。

四、主要创新点

（一）"篝火行动"，解决"谁先走"的领路人问题

让想干事的人走在前，是团队引领之道。机关党建"走在前、做表率"，就必须让想干事的人站出来，成为表率的镜子。"篝火行动"给想干事、能干事的人搭建组织实践的平台，用向善的行动和力量，引导更多的人向上而行。结合实际和团队特长，以喜闻乐见的形式、适当创新的方法，开展益于社会、利于企业的活动，能够实现企业发展与个人成长的双赢成效，继而获得更广泛的支持和影响力。

（二）"烽火矩阵"，凝聚"走得好"的同路人愿景

"一支部一特色"，是新时代党支部建设的品牌追求。在品牌建设上，谋篇布局，循序发力，持续深化，是实现企业党建引领和运用集体智慧的通常做法。"烽火矩阵"，就是敢于第一个将"珍珠"串起来，最终成就更好的精彩。在矿山"野战军"大品牌指导思想引领下，系统组织7个子品牌创建方案，形成机关党建品牌矩阵，有利于凝心聚力，坚定目标愿景，发挥"一起走"的团队效应和组织协同作用。

（三）"星火讲堂"，提升"走向哪"的前行者能力

"星火讲堂"就是立足企业实际，利用身边的资源，建立身边的小讲堂，发挥资源集约化优势，争取学习教育的最大化成效。通过学习提高担当本领，适应形势变化，掌握发展主动，保持始终"走在前"的能力素质，开创事业发展新局面。

（四）"参考法则"，明确"怎么走"的精进者路径

站出引领者，就有追随者。当越来越多的人聚集起来，如何持续迈好坚定步伐，如何引领走好发展之路，成为体现党建引领的要义和实现企业管理精髓的现实课题。《企业党建实务参考》应企业党建之需，以"制度＋实务＋案例＋模板"的方法，为引领者提供一部书签式的"工具书"。《执行力六大法则》应企业管理之要，以"规律法则＋工作法＋典型案例"的形式，构建了一个基层党建与企业管理的"工具箱"，编织出"拿来就用"的"走在前"锦囊。

五、实施效果

（一）正能量引领作用明显增强

"篝火行动"计划实施以来，"领路者""追光者""掌灯人""公益家""突击队"5支志愿者队伍，骨干志愿者网络注册50余人，积极开展30余项公益活动，开展活动81场次，参与人数800余人次，迅速带动形成干事创业的正能量好风气。在国家卫生城市评估迎检、应急救援、99公益日活动、社区公益及地方联创共建中，多次获得地方政府、兄弟单位和群众好评。相关志愿人员及项目被授予徐州市"百姓学习之星""新时代文明实践点"等称号。

（二）企业发展势头越发强劲

机关人员"走在前、做表率"，提升管理服务质效，有力保障企业全年目标任务顺利完成。2023年，五处全年累计中标工程量、完成营业收入、回收账款均创历史最高水平。2023年以来，率先在山东新城金矿项目试点模拟股份制，在华能南通（通州湾）2×100万千瓦大型清洁高效煤电项目输煤系统投建运项目运作，在微山湖畔完成大屯新能源光伏发电项目相关标段施工，深入推动"两个联营"等重大战略落地。

（三）改革激励效能持续提升

坚持以企业改革发展成果检验党组织工作成效，也检验机关党建"走在前"的引领效能。五处印制《企业党建实务参考》，在机关和基层支部试行，引领指导实践运用，获得较好反馈。《执行力六大法则》等阶段性成果，获得中央党校、延安干部学院、徐州市委党校等的专家教授好评，推荐入选"中央企业智库联盟课题成果"。"星火讲堂"等项目常态化开展，以"润物细无声"的形式，普遍营造出好学精进、创新发展的励精图治氛围，企业矿山"野战军"文化逐渐深入人心，不断激励改革发展的强劲势能。

（四）职工群众满意度持续提升

坚持"知行合一"理念，运用"篝火行动"等举措解决危房改造等历史遗留问题，以拉家常消除管理隔阂，用爱心打通沟通障碍，走好新时代的群众路线。坚持敢"啃硬骨头"，从改造心中的"危房"入手，建设企业和美家园，践行社会责任的央企担当。2022年以来，五处配合地方政府完成多个老旧小区改造工程和办公楼修缮工程，解决了部分住房困难者的生活压力，提升了居住和办公环境质量，职工群众幸福感满意度进一步提升。

（五）企业综合影响力显著提升

"篝火行动""烽火矩阵""星火讲堂"等系列举措陆续发力，引领企业内部单位多方学赶热潮，文化活动丰富多彩，各项施工业绩飙升，经营业绩持续向好，多次收到行业及地方贺信表扬。2023年，获煤炭行业最高奖"太阳杯"2项，煤炭企业优秀"五小"技术创新成果5项及QC（Quality Control，质量控制）成果奖3项，《清风沐中煤》原创歌曲、视频等作品被评为中煤建设集团廉洁文化作品奖，获得社会各界好评，企业矿山"野战军"品牌影响力持续提升。

六、下一步规划与探讨

综合机关党建"走在前"的管理实践，凭借向善激情、组织信任和群众支持，循序渐进，探索方法，在志愿活动、教育培训、党建品牌和文化建设等方面取得了一些阶段性成绩。但是，也应该清醒看到实践中存在的一些不足，影响着"走在前"引领力发挥，束缚和制约着机关党建能量的进一步释放。一是在紧密结合企业改革发展需求方面，贴心服务保障和助推破题攻关的"走在前"引领力有待加强。二是在研判应对行业前沿发展形势方面，前瞻研究和先行先试的"走在前"创新力还需提高。三是在紧跟国家倡导发展新质生产力方面，机关党建"走在前"的主动探索、深刻调研的执行力还需提升。综合以上情况，针对有关不足，将致力在以下方面探讨改进提高。

第一，紧抓重点实效，推进机关党建实践。坚持"不忘初心、牢记使命"，反思引领初心和执行源头，围绕中心工作任务，深思考、多行动，保落实、促发展，以攻坚克难的生动实践验证法则方法的落地成效，切实提高机关党建"走在前"的管理质量。

第二，紧盯发展趋势，拓展机关党建创新。实施"走出去""接天线""接地气"的实践理念，瞄准行业前沿管理革新，在对标对表下，寻求变换赛道和敢于领跑的天时地利，探索理论创新与实践突破的融合案例，努力实现机关党建"走在前"管理创新创效。

第三，紧跟战略导向，丰富机关执行力文化。在国家创新驱动发展战略下，新质生产力、科技创新交叉融合不断涌现的突破成果，带来强烈的企业生存压力，深入思考企业生存发展的严峻形势、机关建设的深远意义，寻求机关党建"走在前"的行动自觉和"自我革命"的实践勇气。

第四，融合集体智慧，打造特色管理文化。始终坚持在机关基层实践中依靠集体智慧，发现问题、解决问题，发现规律、完善法则，健全实用的方法体系。持续鼓励机关干部职工做困难事，立大格局，在不断的干事成事中，让自己的故事成为别人的案例，践行引领"美好生活动力源"的理想实践。

打造"四个堡垒"，推动基层党建与生产经营深度融合

创造单位：中煤建设集团九十二公司

主创人：李玲

创造人：王香云　刘军

【摘要】近年来，中煤建设集团九十二公司（以下简称九十二公司）党委积极探索基层党建工作融入生产经营中心工作的方法途径，围绕企业年度重点工作及本单位生产经营目标，坚持服务生产经营不偏离和建强基层党组织不放松这条主线，努力打造项目党支部"四个堡垒"，即项目履约"攻坚堡垒"、生产经营"创效堡垒"、凝心聚力"形象堡垒"、风清气正"廉洁堡垒"。2020年，九十二公司党委以平朔项目部党支部为试点，开展了"四个堡垒"党建创新项目。2021年，九十二公司党委在总结平朔项目部党支部创建经验的基础上，在全公司范围内打造项目党支部"四个堡垒"，构建了党建工作与项目发展互促共进的良好局面。

【关键词】"四个堡垒"　基层党建　生产经营　融合　创新

一、实施背景

九十二公司作为施工企业，基层项目部（厂）是最基本的单元，基层项目部（厂）党支部处于施工生产最前沿，是企业党建工作的基础和重点所在。但是，基层项目部（厂）党支部在具体的工作中存在的共性问题是：党建工作与生产经营结合不紧密，党支部战斗堡垒作用和党员先锋模范作用未能充分发挥。

为解决上述问题，进一步找准基层党建引领保障生产经营、凝聚党员职工的着力点，推动基层党建工作与生产经营中心工作深度融合，九十二公司党委群策群力，积极探索，选定加强基层项目部（厂）党建工作的4个抓手——项目履约、创新创效、品牌建设、廉洁建设，形成"四个堡垒"创建路径：强化品质建造，打造项目履约"攻坚堡垒"，促进项目滚动发展；强化创新创效，打造生产经营"创效堡垒"，提升项目效率和效益；强化品牌塑造，打造凝心聚力"形象堡垒"，展示企业良好形象；强化廉洁建设，打造风清气正"廉洁堡垒"，营造良好发展氛围。通过创建"四个堡垒"，努力把党建工作转化为生产经营中的生产力、凝聚力和战斗力，切实把项目党建与生产经营"两张皮"拧成"一股绳"，实现同向发力、同频共振。

二、实施过程

（一）把准方向，加强引领

九十二公司党委结合企业改革发展和各项目施工生产实际，确定将"四个堡垒"作为创建党建特色品牌的有效载体，并将其作为项目党支部一项长期性、基础性的工作和加强项目党建工作的有力抓手，持之以恒，常抓不懈。九十二公司党委注重从公司层面总结"四个堡垒"创建经验，制订并印发"四个堡垒"实施方案，完善和增强方案的针对性和可操作性，持续建强基层项目党支部"四个堡垒"，夯实党建基础工作，提升党建工作质量，使项目党支部的整体功能不断增强、党员队伍整体素质不断提高、党支部的战斗堡垒作用和党员的先锋模范作用更加突出，以项目生产经营成果彰显党组织工作成效。

坚持优化布局提升科学谋划水平，注重以公司经验总结为重点，从"目标管理、工作运行、考核评价"等方面进一步完善"四个堡垒"实施方案的制度指引和推进路径，更要注重基层首创，充分发

挥基层党支部的创建活力，着力做到与生产经营深度融合，增强"四个堡垒"创建工作的针对性和实用性，切实将"四个堡垒"的创建成效转化为各党支部的竞争优势和发展优势。同时，根据各党支部"四个堡垒"工作开展的情况，表彰年度"四个堡垒"示范创建党支部，发挥典型示范引领作用。

（二）典型培育，示范带动

平朔项目部有着20多年的发展历史，存续时间较长，原来为施工项目部，后转为运维项目部，因此兼具运营厂人员队伍稳定、设施条件完善及施工项目人员较为分散、施工点较多的特点，发展态势良好，具有较强的代表性。据此，2020年年初，九十二公司党委研究决定，以平朔项目部党支部为试点，开展打造"四个堡垒"工作，确保创建工作取得实效。九十二公司党委结合项目实际，制订了打造平朔项目部党支部"四个堡垒"方案。平朔项目部党支部按照方案认真组织实施。在项目履约"攻坚堡垒"方面，平朔项目部加强原煤提运管理，产量屡创新高，2020年提前76天完成全年生产任务，收到了业主方送来的锦旗和感谢信，并顺利承接了安家岭原煤运输系统，展现了良好的履约能力；在生产经营"创效堡垒"方面，通过采取开源节流、创新创效等系列措施，圆满完成与公司签订的目标责任书考核指标；在凝心聚力"形象堡垒"方面，以项目部成立22周年为契机，制作文化长廊，组织工程观摩会，召开成立22周年座谈会，进一步增强了项目部的凝聚力和向心力；在风清气正"廉洁堡垒"方面，认真贯彻落实全面从严治党要求，扎实推进廉洁文化建设，营造了风清气正、廉洁从业的工作氛围。平朔项目部党支部打造"四个堡垒"试点工作取得了良好效果，为下一步在九十二公司各项目开展"四个堡垒"创建工作提供了可借鉴、可参考的经验。

（三）总结经验，全面推广

2021年，九十二公司党委在总结平朔项目部党支部打造"四个堡垒"的经验基础上，制订了《中煤九十二公司党委关于打造基层党支部"四个堡垒"的实施方案》，确定了总体要求、主要任务及工作路径和措施，细化了"四个堡垒"11项考核内容。其中：项目履约"攻坚堡垒"考核目标为标准化管理水平突出、品质建造能力突出、诚信履约能力突出；生产经营"创效堡垒"考核目标为目标责任创效突出、技术创新创效突出；凝心聚力"形象堡垒"考核目标为央企政治责任突出、品牌传播成效突出、"和"文化成果突出；风清气正"廉洁堡垒"考核目标为主体责任落实突出、廉洁宣传教育突出、监督巡察成果突出。《中煤九十二公司党委关于打造基层党支部"四个堡垒"的实施方案》的印发，标志着项目党支部"四个堡垒"打造工作在全公司范围正式启动。"四个堡垒"创建是九十二公司提升项目党建工作质量的重要抓手，是推进党建工作和生产经营融合的有效载体，是九十二公司2020年度党建工作创新项目的延续，是各党支部年度党建工作的重要内容。

（四）加强督导，持续改进

在创建过程中，各项目党支部将打造"四个堡垒"与示范党支部创建结合起来，做到一并考虑、一体推进、一起落实。九十二公司党委通过到项目现场指导、检查督导、日常调度、经验交流、听取汇报、评选表彰等方式，了解掌握各党支部"四个堡垒"创建工作的开展情况，发现主要存在两类问题。一是"四个堡垒"创建工作尚处在探索起步阶段，机制还不够完善，部分党支部在一定程度上存在研究落实不够、具体措施不实、路径方法不多、创建成效不明显等问题。二是各党支部工作开展情况还不均衡。选煤厂及一些体量大的项目部工作开展比较扎实，打造"四个堡垒"的效果相对较好。个别项目部由于施工点多、合同工期紧及项目人员分布广、流动快，活动开展较少、活动形式单一，工作开展存在形式化和简单化的现象。根据掌握的情况，九十二公司及时进行了总结分析，结合各党支部"四个堡垒"创建实际进行了有针对性的指导，并为各党支部活动开展提供经费支持，确保其在原有创建基础上持续改进。

三、实施效果

（一）履约攻坚能力有效提升

九十二公司各项目党支部通过成立党员突击队、开展劳动竞赛等形式，奋力攻坚施工生产重点、难点问题。洗选运营项目均提前完成年度生产任务目标，连续3年完成煤炭洗选、原煤提运1亿吨，以实际行动响应国家煤炭能源保供工作，展现了国有企业使命担当。其中，图克项目部党员干部身先士卒，在零下20摄氏度的冰天雪地中冲锋陷阵，24小时不间断盯紧现场施工进度，确保输水管线项目顺利穿越天然气、公路、铁路。经过全体人员的共同努力，该输水管线成功实现60天全线贯通、16天完成设备调试工作目标，在如期交付工程项目后顺利通过多项施工工程质量认证，项目履约"攻坚堡垒"作用得到充分彰显。蒙东项目部带领职工日夜鏖战，顺利完成神华北电胜利能源有限公司长距离曲线"煤来灰去"输送系统和胜利一号露天煤矿选煤系统智能风选工程安装及调试任务。府谷项目部施工的靖边集运站工程顺利通过竣工验收。准格尔项目部施工的西营子集运站交付投入使用。蒙陕项目部实现施工+运营双丰收，2021年顺利完成阳坡泉、沙坪洗煤厂等施工项目全年新承接施工项目合同金额5200余万元。创建工作开展以来，九十二公司共收到业主发来的表扬信、感谢信40余封，彰显了各项目良好的履约能力。

（二）生产经营创效成果不断涌现

各项目坚持每月召开成本分析会，加强全过程成本管控，成本管控能力有效提升，仅2022年上半年，各项目部党支部累计节约成本百余万元。在科技创新方面，新疆天池南矿运营厂充分激发职工创新创效热情，营造良好创新创效环境。先后完成给煤机吊挂点改造，节省人工费用1万元；完成可逆胶带机打滑保护技术改造实现可逆胶带机正转、反转时打滑保护动作的灵敏性和可靠性，降低设备运行综合故障率近10%；完成胶带机三合一防纵撕PLC点位改造，提升了近50%的胶带机故障排查效率，进一步彰显"创效堡垒"建设成效。此外，蒙东项目部根据施工实际自主研发的"长距离多曲线双向运输带式输送机安装调试技术研究与应用"被中国煤炭建设协会评价为国际领先水平；成功完成国内最大处理能力风选机——胜利一号露天煤矿选煤系统智能风选工程安装任务。禾草沟选煤厂以打造"双创"品牌党支部为依托，积极开展创新创效工作，自"创效堡垒"建设以来，共有17项技术革新荣获中煤陕西公司"五小"科技成果。

（三）凝心聚力形象更好彰显

各党支部扎实开展"我为群众办实事"实践活动，用心用情用力解决好职工急难愁盼问题，14个项目部完成50余项办实事项目清单任务，进一步增强了职工的获得感、幸福感。蒙陕项目部党支部及时了解基层职工群众的意见和建议，增加食堂菜品数量，改善用餐环境；针对职工"探亲难"的问题，协调增设探亲房增强职工归属感；开设职工影院及职工健身房有效丰富职工业余生活。图克项目部通过"三会一课""主题党日"等形式，强化党员干部党性修养，凝聚思想合力，激发党员干部的爱国情怀与责任意识。

宣传能力持续提升，微电影《秋蝉》《我们和父辈》在中国中煤微信公众号展播，《我们和父辈》斩获"能源奥斯卡"一等奖；百余篇优质稿件在《中国中煤报》《中国煤炭报》《建筑时报》及"学习强国"等行业主流平台刊载，展示了企业良好形象，企业品牌影响力不断提升。

（四）风清气正廉洁氛围持续形成

各党支部以"做廉洁企业、建廉洁工程"为主线，党风党纪和廉洁从业教育（见图1）扎实推进，不断筑牢项目广大干部职工拒腐防变的底线。扎实开展廉洁示范党支部创建工作，深化廉洁文化建设，"廉洁文化宣传月"活动期间，各项目职工及家属共计报送廉洁绘画、书法、家书、视频等100件，有力营造了风清气正、干事创业的良好氛围。九十二公司联合禾草沟煤业有限公司开展廉洁共建协同监督主题党日活动，通过听取微党课、现场教学、实地参观等形式强化基层党员干部警示教育和法纪教育，增强一线党员干部拒腐防变的思想自觉和行动自觉。禾草沟选煤厂党支部定期开展廉洁知识、法律知识、诚实守信教育培训，学习警示教育文章，开展廉洁党课，观看廉洁警示教育片，定期对合同履行、现场管理、资金使用及廉洁教育、廉洁责任、廉洁承诺、廉洁防控等进行全面排查，开展风险预警，切实将廉洁风险消除在萌芽状态。新疆天池南矿运营厂党支部组织领导班子与关键岗位签订廉洁承诺书并进行专项廉洁谈话，听取廉洁党课，设置群众监督意见箱，听取群众心声，及时纠正苗头性、倾向性问题，切实树牢职工廉洁意识、规矩意识，全面营造风清气正、干事创业的良好氛围。

图 1　党风党纪和廉洁从业教育

四、下一步规划与探讨

（一）建好"四个堡垒"要加强协同督导

自"四个堡垒"创建项目开展以来，九十二公司党委坚持"年初有部署、年中有督导、年终有考核"的工作机制，通过"看、查、问、讲、导"五步法督导基层支部堡垒建设。其中：看，就是要看党支部规范化建设，看基层支部结构和看公示公开情况；查，就是要查"三会一课"与制度落实，查党员教育管理和党费使用情况；问，就是要问党建业务知识、"四个堡垒"创建难点和换届后基层支部书记履职情况；讲，就是要将创建"四个堡垒"的创建方法、经验和创建过程中存在的问题及解决办法、意见建议讲出来；导，就是要常态化开展现场督导，以督促改，对创建过程中的问题形成台账，及时反馈并进行跟踪指导，将"四个堡垒"创建项目纳入年度考核范围，切实增基层支部书记抓党建工作第一责任人的责任，激发基层支部干事创业的激情和动力，切实推动"四个堡垒"建设工作的常态、长效。

（二）建好"四个堡垒"要坚持问题导向

要从基层一线了解和掌握第一手材料，坚持具体问题具体分析，结合各项目特点，找准亟须解决的重点、难点问题，确定各党支部创建"四个堡垒"的工作目标和有效措施。要制订指导工作计划，深入项目开展督导工作，坚持问题导向，针对存在问题提出切实可行的改进措施，督促跟进整改工作。同时，根据项目情况，持续加强党支部书记队伍建设，在"合同期限较长、用工数量较大、人员队伍相对稳定"的洗选运营项目，注重选优配强专职党支部书记。对于项目规模较大、滚动发展能力较强、人员相对稳定的施工项目部要设立专职党支部书记，通过持续提高专职党支部书记的数量和素质，充分调动党支部书记干事创业的积极性，深化项目党支部"四个堡垒"建设。

（三）建好"四个堡垒"要着力品牌打造

九十二公司党委将继续把项目党支部"四个堡垒"打造作为推进党建特色品牌的重要支撑，立足工作实际，大力实施典型培育工程，按照"体现特色、培育一个、带动一批"的思路抓好相关工作。积极创建体现行业特点、突出企业特质的党建品牌，组织开展以王家岭选煤厂党支部"四共"（阵地共建、党员共管、资源共享、发展共担）党建联建、禾草沟选煤厂党支部"双创"（创先争优、创新创效）等有效载体，着力打造"一支部一特色"的基层党建品牌，不断激发基层项目党建活力，推动党建工作与生产经营更好融合。

"三化"工作法提高党建效能的探索与实践

创造单位：大唐苏州热电有限责任公司
主创人：蔡洪武　尹信子
创造人：杜成龙　姬永福　付山　王之然

【摘要】 坚持党的领导、加强党的建设，是国有企业重要的政治优势和组织优势。加强基层党组织建设，着力提升基层党组织的组织力和领导力，把基层党组织建设成为统揽全局、服务大局、推动发展的坚强战斗堡垒，是国有企业需要研究思考的重要课题。大唐苏州热电有限责任公司（以下简称苏州公司）以中国大唐集团有限公司（以下简称集团公司）"两年强基、三年提升"实施方案为指引，深入宣贯习近平总书记在国有企业党的建设工作会议上的重要讲话精神，深入推进"三化"党建工作法，坚持以"标准化"夯实党建基础工作，以"融合化"促进党建融入水平，以"特色化"提升党建工作效能，切实以高质量党建赋能高质量发展。

【关键词】 "标准化"　"融合化"　"特色化"

一、实施背景

（一）落实党中央决策部署的客观要求

贯彻落实好习近平总书记关于国有企业改革发展和党的建设的重要论述，就必须紧紧围绕企业党建工作和企业经营发展的本质和规律，切实从国有企业党建工作的内容、形式、路径和方法论上着手，系统谋划、整体推进，寻找到突破难题的办法。

（二）落实集团公司"两年强基、三年提升"工程的有力保障

2021年10月，集团公司党组深化贯彻落实习近平总书记关于国有企业改革发展和党的建设的重要论述，立足"二次创业"目标任务，召开2021年基层党建工作会议，启动党建提升工程"两年强基、三年提升"，以高质量党建引领保障高质量发展。通过"两年强基"，集团公司党的领导、党的建设得到进一步加强，系统上下凝聚力、战斗力、向心力进一步增强，政治生态和面貌风气明显好转，生产经营和改革发展取得新业绩，为实施"三年提升"提供了政治保证、组织基础和精神动力。

2023年3月，集团公司党组印发了《中共中国大唐集团有限公司党组党建"三年提升"工程实施意见》的通知，要求全面实施铸魂、强基、聚力、赋能、提效"五个工程"，持续推进抓党建的领导、组织、工作、制度、考核"五个机制"向基层延伸，努力实现党的自身建设、干部人才队伍、党建引领作用、履行央企责任、企业文化软实力"五个一流"，在中央企业层面形成认可度高、影响力大、示范性强的中国大唐党建品牌，引领"二次创业"和高质量发展，建设"中国最好、世界一流"能源供应商，以党建工作"三年提升"实现集团公司提质、提效、提形象。

苏州公司积极部署落实集团公司关于党建工作的各项部署安排，但对照集团公司"三年提升"的要求，仍存在不足与问题，需要在党建提质、增效、升级上持续发力，需要在党建引领"二次创业"实绩、实效上持续提升，更好服务、支撑、保障"三年促发展"目标的实现。

（三）推进企业高质量发展的必要手段

苏州公司是集团公司首家自主建设的燃机发电企业，作为集团公司燃机项目的先行者，肩负着为系统燃机企业培养合格燃机人才的重任。随着电力体制改革的不断深化，苏州公司面临经营压力大、安全环保风险大、转型发展难等挑战，也蕴含着地处长三角一体化示范先行区，以及"碳达峰、

碳中和"带来的能源变革发展机遇。在复杂的市场竞争中，苏州公司要继续当好江苏公司创新发展的探索者，实现高质量发展"跨越切换"，时时保持加压奋进的"精气神"，处处体现争先率先的"加速度"。

在各级党组织的坚强领导下，经过努力，苏州公司党建工作质量有了较大提升，组织生活扎实开展，党员主动进位争先，工作开展取得较好成效，但对照集团公司"三年提升"的要求、对照企业高质量发展的迫切需求，在党建基础、融促作用发挥等方面仍然存在差距，主要表现在党建工作标准建立不够完善、督办考核管理机制在落实上存在不足、党建融入中心工作机制不够健全和契合不够紧密、"急难险重"任务中党建引领保障作用发挥不够显著、各党支部工作重点不突出——"左右一般粗"等方面。综上所述，以"三化"党建工作法对症下药，对苏州公司来说正当其时、十分必要。

二、实施目的

通过开展课题研究，一是进一步夯实基层党建工作基础，提升基层党组织规范化、标准化水平；二是切实发挥党建融入中心、推动工作的作用，真正在企业的"急难险重"任务中和重点工作中起到"开路先锋"的模范作用；三是以点带面，建立自上而下、上下一体的党建品牌矩阵，突出责任、展现亮点，发挥品牌聚集效应，深化党建工作成效。

三、实施过程

（一）"标准化"夯实党建工作基础

1. 抓好党员思想政治建设

及时跟进学习习近平总书记的最新重要讲话和重要文章及上级各项工作部署与会议精神，抓好"三会一课"制度建设和统筹规划，将落实情况作为党支部书记抓党建述职评议考核的重要内容，确保党员干部在思想上与上级同频共振。

2. 推动党建工作责任落实到位

党委会不定期研究专项议题，每月开展党建例会、党支部书记例会等，分析党建工作面临的新形势、新任务、新要求，研究部署党建工作。发挥考核指挥棒作用，制订党建责任制考核增补条款，建立年度、季度、月度检查评比机制，以集团公司基层党支部标准化建设为抓手，每月开展党支部基础工作自查、每季度组织各党支部互查、每半年领导班子成员到所联系的党支部开展检查指导，形成问题清单、整改清单，定期开展清单落实情况"回头看"，不断巩固"两年强基"的工作成效。

3. 推进党建工作扎实开展

面对党务工作水平参差不齐、专兼职混合的党务工作队伍，苏州公司结合检查出的问题，对标对表拟定选定支部换届选举、党员发展等重点培训课程，切实做好党务人员培训。制订了"两清单一模板"，即公司党委和党支部的年度、月度、日常党建工作任务清单，以及涵盖党员发展、组织换届等40多项党建工作的标准化模板，明确了党建工作"干什么""怎么干"，解决了部分党务工作者对党建基础工作流程细节把握不够精准、标准不够统一的问题。

（二）"融合化"提升党建融入水平

1. "党建引领+"助推"双融双促"

苏州公司党委聚焦对标一流、降本增收、战新产业发展、安全生产治本、监督质效提升等重点任务，发布了5项党委级"党建引领+"项目，党委委员挂帅督办，明确任务目标，制订多项行之有效的保障措施，落实责任到人，确保各项工作按期完成。5个党支部找准党建融入工程建设的着力点，围绕提升服务保障能力、全面提升供热管理水平、运行管理提升、科技攻关、专业问题库攻关、杨巷一期（800MW）"渔光互补"项目全容量并网中心工作，发布了6项支部级"党建引领+"项目，支部书记作为主要负责人，细化责任分工，明确重点任务，确保组织发力与中心工作在节奏上同频共振、在主题上相互呼应、在内容上相互渗透，实现党建工作与中心工作的深度融合。

2."岗区队日网"实现联动联创

5个党支部结合工作实际，设立"凝聚'心动力'、开启'心服务'"、采购全流程规范化、运行创效、安全文明双达标、创建"四优"工程5个党支部责任区，明确责任目标，详细制订党员包干区域责任分解表，充分发挥战斗堡垒作用，发动全体党员群策群力，全面提升党支部的凝聚力、向心力、战斗力。设立8个党员示范岗，充分发挥党员在破解安全生产、提质增效、绿色发展、科技创新等重点难点工作中的先锋模范作用。以"党员突击队""党员服务队"建设为抓手，紧紧围绕企业发展中的重点、难点和发展瓶颈等关键任务作为攻坚目标，形成了"哪里有需要，哪里就有党员突击队"的工作新模式，在解决问题、促进发展中凸显党组织的作用，增强突击队的使命感和责任感。"党员突击队"积极踊跃地投身企业生产经营发展一线，战斗在前沿。提前谋划部署，结合年度重点难点工作排定主题党日活动，不断丰富活动形式，通过观看教育视频、实地参观教育基地、立足岗位学习研讨等方式，寓教于乐，扎实开展好党员活动日工作。根据党支部所辖党员群众的分布情况及工作实际情况，将党员群众划分为若干网格，每个网格设置一名党员负责人，党员负责人优先由党支部委员、党小组长担任。依托网格建立结对机制，党员群众结成"一对一"或者"一对多"的定期联系关系，将网格化管理细化到人，针对性地开展工作。通过多种形式，将党支部网格化管理的划分情况、负责人情况、结对联系情况向党员群众公示，明确网格化管理的要求，方便党员和群众对口联系，接受党员和群众的监督。

3.坚持"支部建在连上"

为了在企业重点任务中发挥党建引领作用，苏州公司党委结合实际设立杨巷光伏项目临时党支部，制订"发挥两个作用、成立三个攻坚小组、做到四个带头"的"2+3+4"争先创优方案，党员驻点项目，克服距离单位驻地较远、建设鱼塘分散等不利条件，逐个破解35kV集电线路、鱼塘生态化改造等难题。2024年4月28日，杨巷一期（80MW）"渔光互补"项目顺利全容量并网，杨巷二期"渔光互补"项目也取得积极进展。

（三）"特色化"提升党建工作效能

为进一步开拓党建工作新格局，解决各党支部党建工作"眉毛胡子一把抓"的现状，切实做到党建赋能有重点、有特色，苏州公司党委着力打造"一党委一品牌，一支部一特色，一专业一亮点"的党建品牌矩阵。

1.党委统筹谋划

按照集团公司"卓越文化"的理念，苏州公司谋划了"环境美、素质高、管理精、后劲足"的"美丽苏热"文化主线，分"提升颜值，涵养气质，创造价值"3个阶段予以实施。在提升颜值方面，苏州公司积极与地方政府沟通对接，由政府出资实施了冷水塔亮化工程。重新规划厂区布局，不断提高绿化面积，形成了春樱绽放、秋桂飘香、暑期格桑遍野、隆冬寒梅点缀的勃勃景象。优化办公环境，更新桌椅、电脑等办公用品，实现办公条件新升级。打造职工停车场、智慧食堂结算系统、自助食品售卖机等便民工程，创建了职工书屋，铺设了健身步道，改造了文体活动中心，重新铺设了室外篮球场、足球场，真正把以人民为中心的发展思想落实到具体行动上。在涵养气质方面，苏州公司依托"美丽苏热"的良好硬件，建立了文体协会活动制度，通过常态化开展健身"打卡"等系列活动，形成了月度有活动、季度有比赛、年度有歌声的文体活动机制。积极组织职工加入志愿者队伍，参与捐资助学、无偿献血、旧衣捐赠、爱心扶贫等社会志愿服务活动。同时，苏州公司依托获得中电联、集团公司、江苏省行协、江苏公司相继认证的燃机培训基地，创立了"精准培训"人才培养模式，以培训计划岗位化、培训内容模块化、培训实施在线化、培训评价实时化为抓手，推进岗位全面达标。

在创造价值方面，苏州公司大力发展光伏产业，在苏州市吴江区对国家首批整县屋顶分布式光伏试点项目进行开发。吴江屋顶光伏项目一期（50MW）已并网21.21兆瓦。构建"渔光互补"的无锡杨巷能源项目，一期80兆瓦项目已顺利并网。二期重型调峰燃机项目已列入《苏州市能源发展"十四五"规划》。调研推进苏州南站高铁科创新城综合能源供应、厂区储能、移动数据中心"黑启动"等战新项目，为高质量发展注入新动能。"美丽苏热"企业文化成果获评2022—2023年度"全国企业文化优秀成果二等奖"。

2. 党支部亮点纷呈

综合管理党支部主要由服务部室组成，通过打造"凝聚'心动力'，开启'心服务'"的服务型党支部，利用直通车、党群工作例会等途径收集职工的建议、解决职工的合理诉求，推进"幸福大唐"走深走实。发展经营党支部主要由发展经营部门组成，重、难点工作多，支部围绕新能源资源获取和建设、高质量供热、提质增效等工作，发挥作用，深耕"一个党员一面旗"的旗帜型党支部建设，助力企业实现发展经营目标。发电党支部围绕运行创效，建立"'1+2+3'促进运行创效"的效益型党支部，将个人绩效与指标优化结果挂钩，调动干部职工的积极性，持续激发内生动力。设备党支部围绕设备管理，推进"当好设备'红管家'"的安全型党支部构建，开展专项隐患排查治理，助力安全生产稳定运行。

3. 党委职能部门、群团组织积极响应

党委办公室建立了一个"工作体系"、两个"工作基础"、三个"关键环节"的闭环管控督查督办"123"机制，对各部门定期开展横向对比和工作成果评价，推进重点工作有效落实。党委组织部以素质工程为引领，围绕"培训计划岗位化、培训内容模块化、培训实施在线化、培训评价实时化"，全面建设"岗位达标、精准培训"体系，提升全员能力素质。纪委办公室围绕廉洁风险点、监督要点、工作难点，打造"三点三力"纪检品牌，不断提升防控能力、管控能力、攻坚能力，为企业高质量发展营造风清气正、干事担当的良好氛围。围绕思想"聚心"、生活"关心"、安全"挂心"、成长"倾心"，扎实推进"心"型工会建设，为职工办实事、解难题，争创"幸福大唐"标杆。落实"青合力、热动力"团青品牌建设，继续与地方国企成立"苏青young"团建联盟，营造团结向上、奋发有为的干事创业氛围。

四、主要创新点

（一）确保党建工作以稳定且有序的方式推进

用"标准化"夯实党建基础工作，制订"三个清单"，实现党建工作"挂图作战"；在"融合化"促进党建融入水平方面，聚焦重点任务，以"党建引领+"和"岗区队日网"为载体，分层分级领办生产经营发展攻坚任务；在"特色化"提升党建工作效能方面，构建"一党委一品牌，一支部一特色，一专业一亮点"的党建品牌矩阵，开拓党建工作新格局。

（二）企业的凝聚力不断提升

在企业生产经营发展工作中，实现党员的形象具体化、党员的作用岗位化、党员的贡献进一步量化，党员用实际行动影响群众，大家拧成一股绳让党组织的"神经末梢"脉络通畅，使党的组织体系"毛细血管"更富活力。

五、实施效果

（一）党建工作质量显著提升

通过推进党建工作"清单化"管理，党建工作开展更加顺畅、过程更加标准。通过每月党支部自查、每季度各党支部互查、每半年领导班子成员到联系点检查，以及定期开展的"回头看"工作，党建基础进一步夯实，形成了前段有布置、中段有落实、末端有闭环、全程有监督的良性循环，提高了党建工作的质量和效率。苏州公司党委获评集团公司"先进基层党组织"。

（二）党建融、促生产经营发展作用更加明显

党建工作与生产经营等业务工作融合得更加紧密。苏州公司安全生产实现 4 年半"零非停"；落实气热价格联动增利、"两个细则"收益、各类政策红利争取、压降财务费用，提质增效成果显著；吴江屋顶光伏项目一期（50MW）已投产 21.21MW；无锡杨巷一期（80MW）"渔光互补"项目已并网，杨巷二期（60MW）"渔光互补"项目已进入实施库；二期重型调峰燃机项目已列入《苏州市能源发展"十四五"规划》。苏州公司高质量发展工作稳步推进。

（三）职工队伍更加团结

在党建示范引领带动下，苏州公司逐渐形成了工作上个个奋勇争先、生活中彼此关怀有爱、同事间作风清清爽爽的良好氛围，职工的获得感、幸福感、安全感普遍提高，干事创业精气神显著提升，为建设"环境美、素质高、管理精、后劲足"的"美丽苏热"注入深厚的内涵，各项工作也获得上级单位的认可，获评集团公司 2021—2022 年度"文明单位"，"美丽苏热"企业文化成果获评 2022—2023 年度"全国企业文化优秀成果二等奖"。

六、下一步规划与探讨

（一）必须毫不动摇地坚持党的领导，持之以恒地加强党的建设

通过开展党建课题研究，苏州公司党建工作基础得到进一步夯实，党建的引领保障作用得到进一步发挥，为保障企业安全生产、提质增效、高质量发展等工作汇聚了磅礴力量。因此，必须持之以恒、毫不动摇地坚持党的领导，驰而不息地加强党的建设，把国有企业的"根"和"魂"建设得更加坚强有力。

（二）精细化管理是提高党建融、促作用的有效手段

苏州公司深入分析现状，扎实开展调研，及时收集反馈意见，找到了管理方面存在的症结，这些症结在一定程度上阻碍了党建融入作用的发挥。因此，结合工作实际，用好管理手段，完善工作机制，抓好跟踪问效，是推动工作扎实开展的有效手段。

（三）"靶向发力"有助于提升工作效果

通过调研分析，各党支部及部分职能部门和群团组织，在工作中有重点不突出、"眉毛胡子一把抓"的现象。在做好基础工作的同时，通过品牌化突出重点，有助于厘清工作思路，提升工作开展的成效。

"红马甲"引领新时尚，"大讲堂"激发新活力

——广西平乐农村合作银行党建项目载体创新案例

创造单位：广西平乐农村合作银行
主创人：何坚勇　蔡静
创造人：曹文科　黄旭文　余玮玮　唐曾甜

【摘要】 为进一步发挥"党旗引领＋金融先锋"模式的引领作用，2020年6月以来，广西平乐农村合作银行（以下简称平乐农合行）积极选派基层党员到村兼任金融专员，他们身着红色马甲、肩背背包，干在前、当表率，冲锋在服务"三农"、攻坚克难、发展经营的第一线，开展形式多样的"金融大讲堂"活动，为广大客户破难题、解难事，打通农村金融服务"最后一公里"，全面激发营销服务新活力，助力乡村振兴。本案例介绍平乐农合行党委实施"党旗引领＋金融先锋"模式以来，在党建引领业务发展中抓出实效，进一步探究党建与业务深度融合的最佳途径，对下一步的工作进行规划。

【关键词】 党旗引领　"红马甲"　金融　"大讲堂"　联建共建

一、实施背景

党的十八大以来，在以习近平同志为核心的党中央坚强领导下，农业农村发展取得新成就。作为因农而生、为农而变、助农发展的地方性银行，2020年以来，平乐农合行在广西农商联合银行的统一领导下，强化党建引领，贯彻落实历年的"中央一号文件"精神，积极探索农村金融与地方基层治理相结合的党建共创共建模式，创新党建项目载体，紧紧围绕"强党建、促发展"目标，始终坚守"支农、支小、支微"的战略定位，积极推进普惠金融服务乡村振兴，切实提升金融服务质效，把党的建设、政治思想工作等学习成果转化为金融机构业务高质量发展的行动力。

随着经济社会不断发展，提供更好更优质的农村金融服务是农合机构面临的巨大挑战。平乐农合行推广的"党旗引领＋金融先锋"模式、实施的"万名农信党员进万村"活动，是指由平乐农合行党委选派优秀党员干部到各行政村（社区）挂职并兼任金融专员，充分发挥资金、人才、资源优势，联合地方基层组织优势，为乡村（社区）提供更深入、更有效的金融政策、融资服务、项目咨询及风险评估等金融服务，推动金融供给与需求间更精准对接，巩固脱贫攻坚成果，为乡村振兴提供有力支持，打造更接地气的乡村振兴金融服务模式。

二、实施目的

平乐农合行党委与本地党政部门、组织部门加强沟通协调、深入推动，共同把"党旗引领＋金融先锋"打造成党建共建合作平台、普惠金融服务平台、金融知识宣传平台、消费者权益保护平台、信贷投放管控平台。

（一）党建引领更加有力

坚持以党建凝聚磅礴力量，切实发挥"党旗引领＋"的优势，通过积极促进乡镇（街道）、村（社区）党组织和平乐农合行基层党组织双向联动，合力解决脱贫攻坚、乡村振兴战略中缺人才、缺资金的瓶颈难题，推动党组织建设在改善农村金融服务、助力脱贫攻坚、发展壮大集体经济、实施乡村振兴战略等工作中落实落地，使党建从"无形"到"有形"，再到"有效"，助推平乐农合行各项业务大促进、大发展。

（二）金融服务更加精细

着力提高农村金融服务覆盖面和渗透率，推动更多金融资源进一步向"三农"、特色产业倾斜，对各乡镇辖区内村级集体经济组织、新型农村经营主体和商户、农户进行综合授信，简化条件和程序，扩大评级、授信面，坚持不懈做好脱贫攻坚金融服务，持续加大脱贫贷款精准投放工作力度，有效满足资金需求，使集体经济不断发展壮大、农民收入持续增长，为乡村振兴提供有力的金融支持。

（三）业务发展更加稳健

实施"党旗引领＋金融先锋"模式，是平乐农合行服务网络的有效延伸，真正实现网点下沉、人员下沉和服务下沉的有机结合。派驻金融专员，便于第一时间掌握当地最新投融资和其他金融服务需求，有利于改善农村移动支付服务环境，提升移动支付普及率，提高适龄持卡客户移动支付覆盖率，有助于辅导手机银行、微信银行、云闪付、信用卡等便捷金融服务普及使用，推广"桂盛卡"绑定第三方支付业务，推送和普及理财投资、信贷融资等投融资知识，提高城乡客户的投资理财意识，从而巩固平乐农合行在城乡业务方面的优势和市场份额占比的优势，有助于其推进业务经营范畴、保持持续健康发展态势，推动平乐农合行高质量发展。

（四）队伍作风更加务实

实施"党旗引领＋金融先锋"模式，是新时代农信有情怀、有责任、有担当精神和践行初心使命的集中体现，是新时代传承"背包银行"优良传统的有力载体，有利于改进工作作风、转变服务理念、提高服务意识、提升办事效率，打造务实精干的人才队伍，让城乡客户从内心深处更加认同"平乐人自己的银行"。

三、实施过程

（一）在业务宣讲上做"加"法

4年来，平乐农合行全行金融专员开展"金融大讲堂"累计1856场次，切切实实将创新农村金融与基层社会治理有机结合，实现助力脱贫攻坚与服务乡村振兴的有效衔接。

金融专员充分利用春耕、秋收等时间节点深入村组、农户、合作社、企业、超市，通过开展"金融大讲堂"，广泛宣传反假币、反电信诈骗等金融知识，收集群众意见建议累计300余条，积极当好党的金融政策"宣传员"。

创新宣讲推广形式，改变以往的集中宣传方式，金融专员通过走访农户、发放宣传折页、"大喇叭"播放金融知识，把党的各项政策宣传好、宣传透，拉近银行与群众的距离，做好普惠金融的"推广员"。4年来，全辖155台POS机商户覆盖无空白，各建制村机具覆盖率100%。

针对农村地区群众金融意识薄弱、金融参与度较低的状况，以向基层党组织赠阅报刊活动为契机，金融专员使用"E挎包"，现场为他们办理相关业务，引导农户提升金融参与度，真正做到"服务上门"，做好乡村振兴的"联络员"。4年来，累计向平乐县78个基层党组织免费赠阅《光明日报》《红旗文稿》《中国农村金融》《农村金融时报》等报刊累计31000余期。

把握春耕春种时机，金融专员重点宣传农户信用贷款及"易农宝"信用卡，全力支持农户春耕春种，积极推进"整村授信"项目，当好服务"三农"的"信贷员"。4年来，平乐农合行累计开展整村授信活动630余场，累计走访农户93347户，授信5215户，授信金额7.55亿元。

（二）在不良风气上做"减"法

做好"减法"，减的是工作不良风气，减的是廉政风险漏洞，减的是人民群众难题。一是对"金融大讲堂"宣讲活动中出现的故意刁难、怠慢客户及"吃拿卡要"等行为进行严肃问责，通过开展廉洁承诺签名、警示教育会、典型案例分析会等活动，减少农村金融服务的不正之风，进一步持续推进优质文明服务建设，优化金融生态环境，创造良好的营商环境。二是结合元旦、春节、清明、三月三、

五一、中秋、国庆等关键节点，在节日前夕，为开展"金融大讲堂"的金融专员发送廉政提醒短信、廉政推文等，对各种可能发生的不正之风问题及早打好预防针，减少各类节日腐败事件发生的概率。三是定期开展"廉政小课堂"，教育金融专员严格遵守"中央八项规定""党员干部九条禁令"等纪律规定，带头恪守组织纪律，争做遵纪守法模范，以纪律要求自我，以纪律规范自我，以实际行动抵制歪风邪气。

（三）在服务本领上做"乘"法

充分利用每日的晨会、例会，各基层党支部书记带领金融专员学习"金融大讲堂"的主要宣讲内容，包括各项基本业务、法律法规、规章制度，切实解决党员干部本领不足、本领恐慌、本领落后的问题。

借助远程教育、微信、QQ、"学习强国"、"八桂先锋"等平台开展在线学习，通过举办业务技能大赛提升金融专员的专业技能，切实将"金融大讲堂"与"党建大讲堂"紧密结合，进一步增强学习金融业务、党建知识的开放性、针对性和灵活性。组织金融专员发扬优良传统，立足做好本职工作，以"金融大讲堂"为重要活动载体，开展好"万名农信党员进万村"活动，实施"智慧金融，兴八桂；信用城乡，惠三农"工程，打造便民普惠金融品牌，全力助推乡村振兴；扎实开展"亮岗组队联建"品牌创建工作，通过亮身份、亮职责、亮承诺的方式，组建营销服务队、清收压降攻坚队、改革化险攻坚队、乡村振兴服务队、志愿服务先锋队、防汛抗灾应急队，推动基层党支部与党政机关、村镇社区党支部进行联建共建活动，推动落实"党建搭台，业务唱戏"。

（四）在思想警示上做"除"法

一是在"金融大讲堂"宣讲中穿插警示教育，通过金融专员的讲解，将警示教育再次入耳入心，去除浮躁、骄奢之气，切实转变金融专员的工作作风。二是加强"金融大讲堂"制度管理，通过定期开展谈心谈话，了解掌握金融专员的思想动态，去除工作扯皮、推诿现象，引导和教育金融专员进一步提高政治站位、强化责任担当。三是对外公开设置举报箱、征求意见簿、举报电话、电子邮箱"四位一体"的举报渠道，及时接受社会各界对金融专员的监督。

四、主要创新点

（一）"红马甲＋背包精神"内容丰富化

"红马甲"的内核是热情服务，"背包精神"的内核是甘于奉献与艰苦奋斗。通过邀请退休老党员以真实经历讲述老一代"背包精神"，以真人实事为金融专员上党课，在讲述中重温老一辈农信人十年如一日，靠着一双脚、一个包、一辆自行车"走千村进万户"，为农民提供上门金融服务的精神；在讲述中传承老一辈执着无私、艰苦奋斗的农信精神和用心服务"三农"的优良作风；在讲述中重温农信社由小变大、由大变强的光辉历程，以新旧时期鲜明对比，进一步激发了全员扛起使命、继续前行的责任意识，不断赓续"红马甲"与"背包精神"的传统红色基因。

（二）"红马甲＋背包精神"建设主题化

严格按照基层党组织标准化规范化建设，结合基层党支部"党旗引领＋金融先锋"实际，为各基层党支部打造主题鲜明的党建园地。依托微信、QQ等现代网络平台宣传载体，广泛开辟形式新颖、内容丰富的党建宣传专栏，配备党建书柜，做到"一行一特色、一部一亮点"，为金融专员营造浓厚的党建文化氛围。

（三）"红马甲＋背包精神"教育常态化

对金融专员进行教育培训方面，建立健全教育常态化机制，不拘泥于党支部书记定期上党课的传统形式，还鼓励各支部金融专员，尤其是青年金融专员轮流讲授专题党课。根据支部党员的年龄结构、学历层次、工作阅历等不同特点，建立支部微信群，每日分享党建知识、政策法规等内容，充分发挥新时代文明实践中心、"学习强国"广西学习平台、"八桂先锋"等系列平台的作用，通过开展"重温入党誓词，传承红色基因"等丰富多彩的主题党日活动，进一步实现学习教育形式的多样化和常态化。

五、实施效果

（一）以"土"为本，措施上用心

平乐农合行党委想企业之所想、急企业之所急、帮企业之所需，制订了一系列企业急需、务实管用、精准到位的制度措施，为本土企业或落地项目提供优质服务；还以"政采贷"为切入点，提供银企对接机会和相关服务支持，缓解企业融资困境。

平乐宏源农业发展有限公司是广西壮族自治区农业产业化重点龙头企业，主要从事马蹄种植、收购和马蹄淀粉加工及销售业务。

2020年以来，平乐农合行累计向平乐宏源农业发展有限公司发放（含续贷）绿色信贷资金4.75亿元。该公司通过"公司+合作社+基地+农户"的模式，发展马蹄种植基地15000多亩，马蹄粉年产量达2300多吨，带动农民实现增收。同时，该公司与平乐县汇龙农产品产销专业合作社、桂林车田河牧业有限公司形成"马蹄种植、马蹄粉加工、马蹄渣饲料化发酵、肉牛养殖、牛粪有机肥生产、马蹄种植"的循环产业模式，其主导创建的平乐县车田河肉牛循环农业（核心）示范区有力推动全区农业向生态循环种养模式转型、提质、升级。

（二）以"特"为魂，行动上贴心

平乐石崖茶，2014年获得国家农产品地理标志登记保护，其生长在云雾萦绕的悬崖之上，种植石崖茶的地方均为高海拔地区。

为支持当地茶叶产业发展，平乐农合行党委全程关注、全力支持，主动服务、细致服务、高效服务，为农民排忧解难。

（三）以"产"为旗，情感上暖心

平乐县二塘镇牛角村是一个以柿子种植、柿饼加工等全产业链发展的农业大村。目前，该村参与柿子相关产业链的农户达1500户，年产柿饼总量10万吨，总产值近20亿元。

为支持农副产品产销，平乐农合行二塘支行推出了特色信贷产品"金柿贷"，有针对性地为客户提供更加贴心的服务。截至2024年8月月末，平乐农合行二塘支行共发放"金柿贷"286笔、金额3912万元。此外，平乐农合行二塘支行还支持牛角村委冷链仓储综合体集体经济项目，不断增强村级集体经济"造血"功能，助力优势特色农业产业集群。数据显示，2024年，二塘镇月柿种植面积达25000亩，从事柿子产业相关的农户达到10000多户。

随着柿子全产业链的发展，"金柿贷"又衍生出"烤箱贷""冷库贷"，平乐农合行以实际行动践行"妈妈式"的服务理念，呵护农户、个体工商户及企业茁壮成长。

六、下一步规划与探讨

党的十八大以来，各级党委政府高度重视农村金融工作，从顶层设计上把农村金融工作作为重要工作之一谋篇布局。4年来，平乐农合行将"党旗引领+金融先锋"作为党建工作服务乡村振兴的基本模式，"红马甲"与"金融大讲堂"俨然成为平乐农合行服务县域经济和农村金融的纽带和标志。2024年，平乐农合行党委探索创新的"党旗引领+金融先锋"模式也进入了第五个年头，从"整村授信"到"白名单采集"，从"增户扩面"到"走百企、访千户、进万家"，平乐农合行党委在不断推陈出新，变的是激活农村发展潜力的方式，不变的是服务乡村振兴的初心和使命。

（一）不断完善农村金融党建工作机制

一是完善两个机制。确立党组织在企业法人和公司治理的地位及作用，将党建工作写入公司章程，以公司"大法"形式树立党建工作核心地位。完善"双向进入，交叉任职"机制，确保党的工作和公司治理同频共振。二是落实一个前提。严格执行"三重一大"决策制度，制订"三重一大"决策事项建立全过程留痕和可追溯管理机制。明确重大事项党委前置研究清单，全面细致的梳理重大人事、重大决定、重大项目和重大资金使用范畴。三是建立健全党委统一领导、组织部门牵头抓总、相关部门各司其职、一级抓一级、层层抓落实的工作机制。党委书记认真履行"第一责任人"的职责，抓谋划、抓协调、抓推动、抓督促落实，既挂帅又出征。坚持把党建与业务工作同部署、同落实，明确职责分工，强化责任考核，层层传导压力。

（二）发挥党委的领导作用，加强农村金融基层党组织建设

认真贯彻落实《中国共产党支部工作条例（试行）》，选优配强基层党组织班子，持续推进党员学习教育常态化、制度化。同时，通过帮扶、业务竞赛、联建共建等活动，真正做到贴近员工、贴近客户。坚持全面从严治党，认真抓好党风廉政建设和反腐败工作。

（三）积极开展"党建+金融"活动，服务乡村振兴

深化党史学习制度化、长效化，积极开展"我为群众办实事"实践活动。充分发挥党员的先锋模范作用，围绕乡村振兴战略重点工作，在服务乡村振兴、普惠金融、小微企业等方面主动作为，带动广大员工投身乡村振兴战略实践。

金融专员充分利用春耕、秋收等时间节点深入村组、农户、合作社、企业、超市，通过开展"党建+金融大讲堂"，广泛宣传党建基本知识、最新政策及反假币、反电信诈骗等金融知识，以支部"党建共建"、学雷锋活动、群众性活动等为契机，采用会议传达、方言阐释等群众喜闻乐见的方式切实将党的惠农富农政策讲好、讲透、讲明白。

金融专员从室内走向产业车间、农家小院，与农户唠家常、同劳作，在与农户闲谈间将党的政策知识潜移默化地传达给党员和群众。充分利用"党建+金融大讲堂"的党建、金融宣传折页等将新时代农村金融工作中的党建力量注入宣讲服务当中，把党的各项政策宣传好、宣传透。

针对农村地区群众金融意识薄弱、金融参与度较低的状况，以深入开展"我为群众办实事"实践活动和向基层党组织赠阅报刊活动为契机，聚焦群众操心事、烦心事、揪心事，聚焦群众春耕备播，以及化肥、良种农业生产资料储备工作情况，确保春耕备播工作顺利开展。同时使用"E挎包"现场为他们办理相关业务，真正做到"服务上门"。

（四）不断创新党组织活动方式，为服务乡村振兴提供更好的载体

按照"围绕中心、服务大局，因地制宜、务实创新"的原则，不断丰富党组织的活动方式，探索推行"党旗引领+金融先锋"模式，引导党员干部参与到乡村振兴、普惠金融等重点工作中来，在服务乡村振兴战略中发挥先锋模范作用。

如果说引领时尚的"红马甲"是"党旗引领+金融先锋"党建模式的外在表现形式的话，那么"金融大讲堂"就是助力乡村振兴的重要内容载体。"金融大讲堂"讲的都是通俗易懂的本地话和方言，提供的都是实实在在、高效便捷的优质金融服务，推动解决的都是老百姓最关心的现实利益问题。

在"党旗引领+金融先锋"党建模式的助推下，"红马甲"就像一件潮牌服饰，引领着平乐农合行党建工作的新时尚，"金融大讲堂"就像一泓"金融活水"，源源不断助力乡村振兴工作。

五彩在线，筑强堡垒

创造单位：中建二局安装工程有限公司
主创人：孙顺利
创造人：李蔓妮 谭美玲

【摘要】 中建二局安装工程有限公司（以下简称中建二局安装公司）开展"建证·五彩在线"党建品牌活动，以红色先锋、白色廉洁、绿色增长、蓝色活力和橙色关爱为主题，推进党建工作紧密融入项目施工。"三亮三比"、联建共建编织"红色先锋线"，"三廉"举措、"清安鼎"廉政建设拉紧"白色廉洁线"，坚持"党建+履约"铸精品、"党建+安全"筑防线、"党建+科创"助增长画好"绿色增长线"，"三聚工程""三个出来"描绘"蓝色活力线"，"三个到位"谱写"橙色关爱线"，全面提升基层党支部战斗堡垒作用，成功助力世运会主场馆、世界能源大会会展中心等项目顺利竣工，保障第31届世界大学生运动会圆满召开，荣获"全国工人先锋号""全国职工职业道德建设标兵单位"等荣誉，成功创建示范性创新工作室2个，自研业界领先的钢结构、机电和金属屋面智慧建造平台，年平均创效超过5000万元。

【关键词】 五彩在线 "红色先锋线" "白色廉洁线" "绿色增长线" "蓝色活力线" "橙色关爱线"

一、实施背景

一是发挥党支部战斗堡垒作用的需要。党支部是党的基础组织，是党组织开展工作的基本单元，是党在社会基层组织中的战斗堡垒，是党的全部工作和战斗力的基础，担负直接教育党员、管理党员、监督党员和组织群众、宣传群众、凝聚群众、服务群众的职责。

二是对项目党支部特色党建工作经验的总结。2019—2022年，中建二局安装公司参建了成都大运会场馆项目，并建立了由公司党委直管的项目党支部。该支部结合项目施工节点和任务，创新开展五彩在线党支部创建活动，充分发挥项目职工的引领和保障作用，成功助力该项目圆满履约。

三是具备在全公司推广的条件和价值。按照项目支部的成功经验，中建二局安装公司制订了项目党支部工作手册，在全公司进行推广，进行全面开展五彩在线示范党支部创建活动，并制订了活动实施方案，开展命名表彰，成为公司一项创新党建品牌活动。

二、实施目的

为落实新时代党的建设总要求，坚持和加强党的全面领导，强化党建引领，坚持"支部建在项目上"的工作重心，全面提升党支部组织力，推进党建工作紧密融入项目施工，助推项目圆满履约，一体推进党建业务双融合、双提升。

三、实施过程和主要创新点

（一）编织"红色先锋线"，推动党建融入中心

1."三亮三比"强担当

中建二局安装公司党委在各项目组织开展"三亮三比"（亮身份、亮形象、亮承诺；比学习、比技能、比创新）活动。在重点项目开展"党建引领，聚力攻坚""开门红""攻坚有我，势必过半""决战三季度""决胜全年目标"主题活动，服务生产经营。采用以施工进度、工程质量、安全生产为主要考评指标、各班组根据实际情况增设考评指标的"3+X"劳动竞赛模式，丰富竞赛内涵。广泛开展技能比

武。坚持精准练兵，有针对性地强化项目职工业务技能水平。

2. 党员先锋聚力量

在各项目广泛成立以党员为队长的党员突击队、党员先锋队或攻坚小组，汇集众智解决难题。在各项目办公区、生活区和施工现场划分党员责任区，定党员、定范围、定任务、定职责，将"四定"内容进行党务公开，在现场悬挂或放置党员责任区牌。加强榜样事迹推广，开展"每月一星"攻坚榜样宣传活动，开展"建证·先锋"榜样评选，凝聚攻坚力量。

3. 联建共建促发展

组织开展"七个一"联建共建活动，以开展一次学习交流活动、一次志愿服务活动、一次主题教育活动、一次文体竞技活动、一次协同攻坚行动、一次青年联谊活动、一次宣传策划活动为主要内容，加强与中建二局安装公司大客户、大业主、总包及地方政府平台机构和行业协会的沟通、联络，推动企业融入地方、融入行业，实现党建引领、多方联动、共建共享。

（二）拉紧"白色廉洁线"，营造风清气正生态

1. 廉洁文化沁人心

开展党风廉政品牌和Logo设计征集活动，确定了公司党风廉政建设品牌"清安鼎"，全面打造公司党风廉政品牌。组织项目学习公司《廉洁风险防控手册》，重点是学习项目层面的廉洁风险防控知识。在项目一线开展"践行廉洁承诺、创作廉洁作品、开设廉洁课堂、打造廉洁阵地、实施廉洁共建、倡导廉洁读书"的"六廉"活动。开展"青廉"工程进项目，在重点项目开展案例警示教育、成立"青廉宣讲团"、张贴"廉洁十知"宣传板、开展廉洁从业宣誓，把纪法教育贯穿年轻干部工作学习全过程。

2. 精准监督重实效

围绕权力运行，紧盯重点人、重点事，编排公司、分公司、项目三级《廉洁风险防控手册》，聚焦项目"三重一大"、物资管理、财务资金等监督工作重点，建立"全生命周期风险管控清单"，促进项目合规管理、深化运营。启动"'清安鼎'走基层"系列活动，吹响全生命周期风险管控第一哨。重大节日前给项目领导人员及关键岗位人员发廉政短信，做好节前监督。组织示范点调研，设立项目廉政监督员，设置信访举报邮箱，与项目"一把手"和关键岗位人员开展"一对一"廉政谈话，护航工程建设廉洁高效。

（三）画好"绿色增长线"，护航项目优质履约

坚持开展"党建+"活动，以圆满履约为目标，以护航安全为重点，以科技创新为支撑，推动党建工作深度融入施工生产。"党建+履约"铸精品，公司党委把项目履约作为"稳增长"的重要抓手，指导各级党组织紧紧围绕生产经营，在项目策划、项目履约、分包采购监督管理、安全质量管理等关键环节开展系列主题活动，助推项目生产经营中心工作。"党建+安全"筑防线，深入贯彻安全生产"党政同责、一岗双责、齐抓共管、失职追责"的总体要求，各级党组织严格落实施工现场领导带班制度，扎实开展安全生产大检查、"党员身边无事故"、"安全生产月"等活动。各项目部严格落实"十个一"规定动作，组建农民工安全督察队，开展优秀农民工安全督察队评选，提升项目工人监督安全生产的主动性和能动性。"党建+科创"助增长，中建二局安装公司党委深入实施创新驱动发展战略，以"加大布局·智慧建造·转型升级"为着力点，在各重点项目构建起"分管领导挂帅、支部书记负责、党员骨干带头、党员职工参与"的协同创新机制，狠抓项目"科技攻关小组""党员示范岗"建设，围绕机电、钢结构、金属屋面、智能化主营业务，打造工匠创新工作室。

（四）描绘"蓝色活力线"，营造蓬勃向上氛围

1. 唱响安装主旋律

中建二局安装公司成立"知筑"创新工作室，凝聚融媒力量；创作"征途"文化故事集，总结公司发展成果；创办《安装风采》内部刊物，对外畅通融媒渠道，把项目好的施工方法、技术和经验及时"晒"出来，把项目优秀职工的先进事迹、发生在项目的动人小故事讲出来，把施工各节点的圆满完成和获得的荣誉及成效喊出来，通过宣传助力履约和市场开拓。

2. 奏响青春正能量

指导各项目党支部以党建带团建，开展"三聚"工程。青春聚心工程，各基层团支部组织"青年大学习"，开展"讲团课、听心声、解难题"和项目青年员工座谈，解决青年员工难题40余项。青春聚才工程，落实"导师带徒"，开展工地小课堂、党员上讲台活动，举办劳动竞赛和技能比武，培育工匠人才。青春聚爱工程，动员项目青年积极参与属地文体活动及志愿服务活动，组织开展职工联谊活动，团结带领广大团员青年贡献青春力量。

（五）谱写"橙色关爱线"，打造职工幸福空间

1. 服务到位有"温度"

中建二局安装公司党委设立"建证·安美"文化艺术节，规定每年5月23日前后各项目部组织多彩文体活动，丰富职工业余生活。要求项目根据条件设立党建文化室、职工活动室和职工书屋，配备相应书籍和器材，打造红色文化阵地。在项目一线推行"四必有、一主题"活动（即对职工生日必有祝福、困难必有慰问、生病必有探望、节日必有聚餐及探亲"小候鸟"亲子主题活动），让职工工友充分感受到"家"的温馨。

2. 关注到位有"深度"

多渠道收集群众意见建议，设立"线上+线下"意见箱，建立"定期查看、梳理呈报、转交办理、结果反馈"工作机制。落实领导班子基层联系点制度，开展"走基层、进工地"青年调研座谈，深入调查了解了项目员工特别是青年员工和海外员工在思想、学习、工作生活等方面的普遍诉求。通过举办联谊会、发放住房补贴、开展心理疏导等举措，为一线职工干事创业加油鼓劲。

3. 关怀到位有"速度"

针对项目工程进度，组织开展各类慰问关爱活动，邀请当地医护人员进行免费"义诊"，组织义务理发，开展"冬送温暖，夏送清凉"活动，在"五一劳动节"、中秋节、国庆节等重大节日期间慰问工友，实现"爱心送福"。

四、实施效果

（一）党业融合成效明显

项目党员干部在高效履约、科技创效等工作中奋进担当。延庆冬奥"海陀塔"项目获北京冬奥会及冬残奥会组委会张家口运行团队感谢信；德阳世界能源大会会展中心项目组建党员突击队，两个月实现现场交付，为世界清洁能源装备大会召开贡献安装力量。圆满完成成都大运会钢结构、机电和金属屋面工程建设，大运会召开之际，成立保赛突击队，成功保障第31届世界大学生运动会圆满召开。成功创建北京市示范性创新工作室2个，自主研发的钢结构智慧建造全生命周期管控平台、机电智慧建造全生命周期管理平台、金属围护系统智慧建造平台连续上线。特别是钢结构智慧平台作为建筑业钢结构首个全生命周期智慧平台成功亮相服贸会，登陆央视新闻直播、CCTV13《朝闻天下》，企业荣获建筑钢结构行业"科技创新优秀企业"称号。

（二）联建共建形成矩阵

各级党组织纵向联络业主、总包和分包单位，横向联络地方、协会和行业组织，共开展联建活动

30余次，为企业经营发展搭建坚实桥梁。中建二局安装公司机关党总支与全国总工会劳动与经济工作部、北京经济技术开发区总工会开展三方联建，共同成立"亦安"党员志愿服务队。各项目党支部与项目所在地党组织主动开展联建共建，积极开展志愿服务工作，拓展属地"朋友圈"，为业务对接等工作赢得有力支持。重庆江北机场项目与业主、总包单位开展联建共建，共同打造"三无两优"项目，获业主举办的"两单两卡"竞赛活动优胜奖、获业主表扬信。与成都大运会业主联合宣传策划，5次登上央视（含一次新闻联播）、6次登上省级卫视，在新华社、人民网等媒体宣传60余次，与《四川工人日报》合作开设"大运故事"专栏，连续刊发项目建设故事，形成宣传长效机制。

（三）创先争优落地开花

中建二局安装公司先后获得"全国'五一'劳动奖状""全国工人先锋号""全国职工职业道德建设标兵单位""全国五四红旗团委""全国青年安全生产示范岗""北京市优秀基层党组织""北京市青年突击队"等一批省部级及以上荣誉。在2022年度全国"安康杯"竞赛中，中建二局安装公司获优胜单位、优胜班组和先进个人3项国家级荣誉。"五彩在线，筑强堡垒"党建案例获评2024年"工程建设企业党建工作一等成果"。

五、下一步规划与探讨

推动党建与生产经营深度融合，以高质量党建推动高质量发展是企业党建工作的目标。中建二局安装公司开展"建证·五彩在线"特色党建活动，是推进党业融合的实践和探索，是解决党建业务"两张皮"现象的尝试和创新。中建二局安装公司将持续打造"建证·五彩在线"党建品牌，深化活动内容，结合公司党委年度重点工作，融入主题教育，探讨全产业链党建联建机制和项目全生命周期党建指导手册等，让"红色先锋线"作用更突出。将结合中建集团"崇德善建，尚廉筑基"廉洁文化理念，继续深化"清安鼎"廉洁品牌，做实做细项目全生命周期监督，打好"四查""六廉""清安哨"等党风廉政"组合拳"，让"白色廉洁线"防范更严密。将全面创新活动载体，丰富活动方式，举办"总工上讲台"、职工技能五小创新大赛，推动智慧建造成为企业竞争优势，让"绿色增长线"效果更明显。将持续开展"青年员工三年成长专项行动"，推进"建证未来"青年精神素养提升工程，提升职业技能水平和能力；创新举办"诵读红色经典""好书伴成长""圳青春"等主题活动，推动"建证·安美"文化艺术节持续开展，让"蓝色活力线"氛围更浓郁。将做实做细"三个到位"工作，创新开展"组织在身边，有事找书记"活动，丰富和基层点对点、面对面交流沟通形式，探索行之有效的职工群众诉求反馈机制，增强对基层实情和诉求的了解，让"橙色关爱线"服务更精准。通过五彩在线党建品牌活动的深化，推动公司各基层和项目党支部充分焕发"五彩"光芒，激扬"五彩"力量，有效推动项目高产满产、圆满履约。

强化"筑见恒心"党建品牌建设，推动党业深度融合

创造单位：广州市恒盛建设集团有限公司
主创人：江均赞　曾广庆
创造人：曾佳　周艳芬　谭昭彦　梁茵茵

【摘要】 广州市恒盛建设集团有限公司（以下简称恒盛集团）成立于2000年，是世界500强广州建筑集团的全资国有子公司。恒盛集团党委坚持以习近平新时代中国特色社会主义思想为指导，深入贯彻落实党中央的路线方针政策和上级党委的重要决策部署，绘就了公司高质量发展"蓝图"，着力推进党建与企业生产经营中心工作深度融合，以"筑见恒心"党建品牌建设为抓手，提出了"1+2+N"党建工作法，即紧扣一条主线、抓实两个作为、建强N个品牌，以"初心兴企""同心笃行""匠心铸造"见证"恒心24载盛启新章"，切实促进党业融合赋能公司高质量发展的强劲引擎。

【关键词】 高质量发展　党建品牌　党业融合

一、实施背景

恒盛集团是世界500强广州建筑集团的全资国有子公司，在原广州国际工程公司的基础上筹建了广州市恒盛建设工程有限公司，即恒盛集团的前身，成立于2000年3月，至今已走过20余年的辉煌历程。2023年8月升级集团化管理，正式更名为恒盛集团。成立以来，恒盛集团先后承建增城少年宫、广州地铁十四号线、广州白云国际会议中心、广州国际会议展览中心、广州市交通信息指挥中心、东方电气三期工程等重点工程，获得"国家优质工程奖""国家AAA级安全文明标准化诚信工地"等百余项国家级和省部级荣誉。现拥有建筑工程施工总承包壹级、市政公用工程施工总承包壹级专业资质，还有建筑装修装饰、机电安装、水利水电、钢结构等专业资质。业务区域覆盖广东、湖南、湖北、江苏、浙江、重庆、四川、海南、新疆等地。

在20余年的发展征程中，恒盛集团从单一的传统施工企业逐步发展成为大型的综合性施工总承包企业。"十四五"期间，随着宏观环境的快速变化，建筑企业旧有的发展模式和客户需求都在发生转变。新的环境下，对企业的战略机会识别能力和风险管控能力都有新要求，必须对企业的融资能力、人才储备、技术变革、风险管控等做出战略性调整。在新的发展阶段，恒盛集团绘就了公司高质量发展"12345蓝图"：一个定位，坚持"打造一流的工程总承包企业"战略定位；两个转型，推动"规模与效益、服务与能力"的转型升级；三个创新，推进"经营开拓创新、机制改革创新、科技驱动创新"；四大结构，持续优化"产业结构、资质结构、组织结构、人才结构"；五治并举，重点实施"自主经营、整合治理、安全创优、风险管控、人才兴企"。

二、实施目的

坚持党的领导、加强党的建设，是我国国有企业的光荣传统，是国有企业的"根"和"魂"，是我国国有企业的独特优势。恒盛集团党委始终坚持旗帜鲜明讲政治，把党的政治建设摆在首位，增强"四个意识"、坚定"四个自信"、做到"两个维护"。

恒盛集团立足新发展阶段，面临着市场竞争、结构调整、安全生产、项目履约、合规管控、风险防控、作风建设等挑战，必须在抓基层、打基础、强管理上下大力气。推进党业有机融合，将"全面从严治党"和"两个一以贯之"要求向基层延伸，部室、分公司、项目部是企业发展最基本的组织机构、是一切工作的落脚点和切入点，各项业务工作是党业融合发展的有效结合点，引导全体员工牢

固树立"服务、指导、检查、监督"管理八字方针,在夯实基础、做细机制、创新方法、盘活载体上下真功、下苦功,努力破解高质量发展难题。因此,恒盛集团党委认真学习领会党中央的路线方针政策,严格贯彻上级党委关于加强基层党建的重要部署,着力推进党建与企业生产经营中心工作深度融合,以"筑见恒心"党建品牌建设为抓手,提出了"1+2+N"党建工作法,即紧扣一条主线、抓实两个作为、建强N个品牌,以"初心兴企""同心笃行""匠心铸造"见证"恒心24载盛启新章",切实促进党业融合赋能公司高质量发展的强劲引擎。

三、实施过程

（一）品牌标识及释义

品牌标志如图1所示。

图1 品牌标志

品牌标志由党徽、建筑、红带等元素有机融合而成,整体呈现出"HS"字的样式,即"恒盛"汉语拼音的首字母组合,主体颜色由红色、金色构成。党徽代表党对企业的全面领导,恒盛集团党委发挥"把方向、管大局、保落实"的领导作用,在传承红色基因中汲取奋进力量。党徽下方的两栋建筑物展示H字样,直观体现了行业特征,诠释着"筑见恒心"的品牌内涵。轻盈飘动的彩色丝带展示S字样,象征着快乐和愉悦的心情,倡导快乐工作、健康生活,寓意着增强员工的获得感和幸福感,体现企业发展与员工发展在目标上是一致的,融合创新、联动发展,共向美好前程。

（二）品牌理念

筑见："筑"是指创造、建设及建筑物,突出了行业特性；"见"意为见证恒盛集团加强党的建设,见证企业高质量发展的进程；"见"的谐音为"建",意即建设精品工程,助力城市更新。

恒心：创建"初心兴企、同心笃行、匠心铸造"等3个"恒心"工程,寓意持之以恒、久久为功的韧劲,坚持达到目标的决心；"恒"又指企业属性,还寓意"恒久兴盛"的发展前景。

"筑见恒心"表示恒盛集团党委始终坚持党的领导、加强党的建设,坚持党建引领促进高质量发展,以"建广厦千万、留美景人间"的企业精神当好产业发展的推动者、城市更新的建设者,以恒盛之为助力广州建筑集团之进,服务广州和广东的发展之稳、发展之好。

四、主要创新点

恒盛集团党委围绕公司发展战略落地实施"1+2+N"党建工作法（如图2所示）,"筑见恒心"党建品牌主要体现在"初心兴企、同心笃行、匠心铸造"3个"恒心工程"上,以业务建设与突破为支撑,以员工队伍建设为要点,以"支部建在项目上"为依托,不断延伸党组织触角、扩展基层党建触点,丰富党建品牌内涵与外延,积极促进党业融合发展。

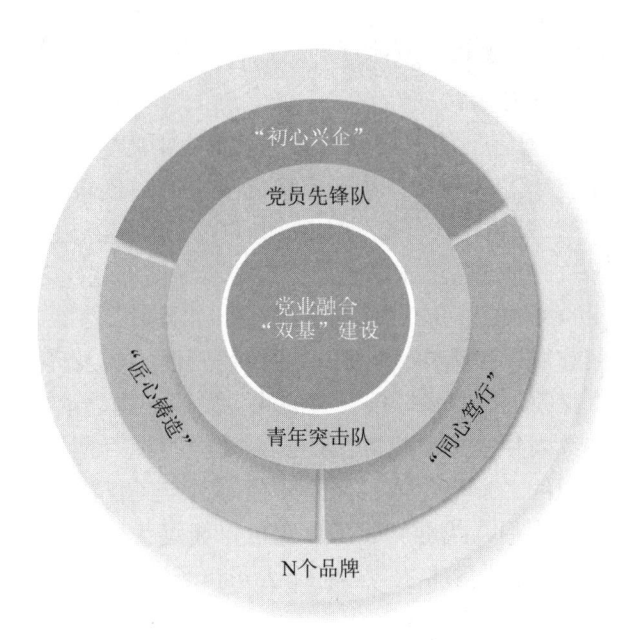

图2 "1+2+N"党建工作法

（一）紧扣一条主线，"筑基·初心兴企"

一是打造主线。始终坚持党建引领，紧跟广州建筑集团世界500强的发展步伐，绘制公司高质量发展"12345蓝图"。将党建规划纳入公司"十四五"战略布局，打造"党业双融双促"主线，统筹推进"双基"建设，坚持围绕中心任务抓党建、抓好党建促业务，使二者在融合发展中相互促进、共同发展。

二是绘就蓝图。2024年3月，恒盛集团党委召开全体党员大会，总结了上一届党委的工作成效，提出了当前和今后一个时期的目标任务，谋划了以实现"产值上百亿元、资质升特级、问鼎'鲁班奖'"为目标，全面实施"12345"发展战略，切实推进战略部署、全民经营、履约品质、全面预算、管理优化、风险防控等"六大攻坚行动"，为企业高质量发展指明了前进方向。

三是"双基"建设。围绕党业融合发展，建立"双基"融合机制，即党建基本建设与公司高质量发展基础建设有机融合，党建基本建设是指党组织建设、制度建设、党员队伍建设、党务建设；公司高质量发展基础建设是指组织机构建设、制度体系建设、员工队伍建设、业务链建设。

（二）抓实两个作为，"筑梁·同心笃行"

深入开展党建项目化管理，以党员、团员为主体，组织策划"党员＋青年"合力攻坚行动，通过"党员攻坚项目""青年创新创效"等活动载体，引领党员干部、青年员工在"急难险重"任务中勇挑大梁、冲锋在前，逐步构建"业务骨干/技术骨干－专业管理－复合管理－优秀领导"的人才发展路径，从而积蕴人文薪火相传。

一是抓实党员先锋"高"作为。恒盛集团在高起点上实现新跨越，需要党员干部以更高站位、更高标准、更高质效，自觉打头阵、当标杆、做表率。开展"党员攻坚项目"，以党支部为实行主体，充分发挥书记责任和支部责任，形成书记抓落实、支委班子分工负责、支部党员认领任务的三级工作模式，发挥党员队伍示范引领作用，抓实"高"作为、实担当。

二是抓实青年先锋"新"作为。高度重视团员青年建设工作，持续开展"师带徒"，以青年突击队作为平台，给青年员工压担子、搭梯子；积极推动青年干部"向外求学"与"向内求学"并举，开展"青年创新创效"，组织青年员工交流研讨，鼓励青年员工积极参加各级各类的技术比武、岗位练兵、宣讲赛等活动，提高专业技能和综合素质，实现"新"发展、"新"作为。

（三）建强 N 个品牌，"筑柱·匠心铸造"

大力弘扬"精益求精、匠心力行"的工匠精神，在恒盛集团党委的引领下，实施"一支部一品牌"创建工作，各支部因地制宜、量体裁衣，结合市场、安全、科创、质量、合规、效益、管理、人才、文化等工作，以"党建+"为载体，广泛探索实践和研究总结各自特色的党建品牌，从而促进各党支部构建"一条主线、各放异彩"的党建工作局面，逐步塑造"支部党建名片"。

五、实施效果

随着企业发展目标战略的实施，恒盛集团紧盯行业市场发展趋势及环境变化，积极布局产业链结构上下游，从单一链条环节的业务正在向多链条环节的业务发展，构建"1+1＞2"多环节专业组织叠加优势，不断提升韧性和可持续发展能力。恒盛集团党委充分发挥"把方向、管大局、保落实"的领导作用，抓实市场拓展、项目履约、安全生产、风险防控等重点工作，公司保持健康发展良好态势。恒盛集团党委坚持围绕中心服务大局，找准党建工作定位，通过优化经营环境、加强人才队伍建设、创新联建联创机制、完善管理体系建设等方式，服务于公司市场开拓"筑巢引凤"。因此，聚焦主责主业、聚力中心任务，在党业融合的机制上、载体上、方法上出实招、下实功、见实效。

（一）战略双融"建链"

恒盛集团党委积极探析新时代国有企业党组织有效衔接政治属性和经济属性的实践路径，进一步推进"党业双融双促"，不断增强核心功能、提升功能价值。围绕公司高质量发展"12345 蓝图"，恒盛集团党委对业务板块发展、区域市场拓展、赋能科技创新、合规强化管理等做出明确部署，要求实施"全民经营、全面预算、全员安全、全面履约"。同时，锚定公司发展目标，促进发展战略与党建规划双融双促，规划了"1+2+N"党建工作法，转变"就党建抓党建"的传统思维，坚持把党建工作向中心聚焦、为大局聚力，由"被动结合"向"主动融入"转变，推进党建工作与中心工作同谋划、同部署、同推进、同考核。

（二）组织双融"固链"

持续完善公司治理体系，促进支部建设科学合规管理，强化党建治理能力和业务提升能力，积极打造党业融合的新样板。恒盛集团以建设高效、务实、开拓的组织格局为导向，重新调整总部部室及分公司的组织机构，完善总部部室、分公司综合岗位配备党员干部，并进一步推动党组织设置与组织机构深度融合，调整公司第一、第二党支部所辖部室，推进党业同部署、齐推进。恒盛集团党委、党支部完成换届选举，逐步建立"一分公司一党支部"的党建工作局面。初步建立分公司"先支委决策后办公会执行"的管理机制，引导分公司实体化运行时在工作部署和执行层面打通融合壁垒。

（三）制度双融"补链"

结合分公司实体化运行、基层党组织书记抓党建述职考评，率先制订《广州市恒盛建设集团有限公司党委关于推动党业深度融合工作方案（试行）》，探索党支部书记抓党建工作与业务实效双向检验机制，试点推行"分公司的党建工作与实体化运行双融考评"，通过"政治建设、组织建设、廉洁建设、品牌建设、团青工作"5 张考卷，促使党建和业务工作可操作、可测量、可评价，实施"平时检查、年度考核"两种方式，让"软任务"变"硬指标"，全面提升考核实效，形成党建和业务合心合力、同频共振的工作格局。

（四）人才双融"强链"

坚持以完成中心工作、重大项目建设作为支部党建工作的出发点和落脚点，以生产一线为人才培育基石，紧紧围绕公司"全员经营、全员安全、全面预算、全面履约"，在双校、康纳小学、广州体育馆、建研大厦、海珠湾等重点项目开展党员先锋攻坚、青年创新创优"两大实战行动"。聚焦老、中、青优势特点，实施"培根工程"，为青年成长"搭台架梯"，即面向入职 5 年内的青年员工，按照"1年入门、3 年熟练、5 年进阶"的培养思路，实施分年分类培训培养的计划，促进青年员工不断纵深全面掌握专业技能、横向拓展职业发展之路。加大力度推进年轻干部选任、职级职称晋升、重要岗位交流、分公司班子配备、支部委员增补选、推评推优等工作。通过交流学习、科技项目研究、劳动技能竞赛等形式，一批优秀青年骨干脱颖而出，35 岁以下青年主管占比 80% 以上，逐渐成长为中坚力量。

（五）业务双融"延链"

坚持以党建链串联业务链，以固本为抓手，建设"支部在线"，通过活动分类、流程设计对支部开展"三会一课"、主题党日活动、发展党员、换届选举等工作明确了时间点、任务线、流程图，抓好党支部标准化、规范化建设。以强基为关键，依托"党建进工地"为载体，推进党建工作管理清单化、项目化，进一步推进支部工作做实做细，增强透明度。通过顶层设计、支撑保障，与产业链结构的上中下游企业联学联建联创，推动重点项目建设从"单打"到"群策"的转变，形成以党建联建引领带动各项工作的生动局面。以创优为契机，着力加强"智慧建造"，总结重点项目经验成果。推动校企合作、产教融合，初探"党建+"育才机制的建设路径。

六、下一步规划与探讨

（一）推进党的组织优势转化为治理效能

坚持党的领导融入公司治理，进一步健全党委领导、董事会决策、经理层执行的法人治理结构，充分发挥党委"把方向、管大局、保落实"的作用，发挥党的组织优势，确保公司治理正确方向。恒盛集团党委高位推动，加强顶层设计与系统谋划"四个纳入"，即将党建工作总体要求纳入公司章程、将党的建设总体规划纳入公司发展目标战略、将党业融合纳入公司整体工作部署、将基层党组织建设纳入公司组织机构设置。通过定期专题研究、制订总体方案、搭建制度框架、部署重点工作、强化述职考核，突出抓基层、强基础、固基本的工作导向，为实现公司高质量发展"12345 蓝图"提供坚强有力的政治保障和动力支持。

（二）推进党业深度融合转化为发展动能

坚持积极探索党建工作创新，立足党业发展现状，积极探研针对性的有效措施，将党建"神经末梢"融入企业管理链条，围绕当前公司"总部部室－分公司－项目部"的管理矩阵，推动"支部建在项目上"，建立"党委－党支部－党小组－党员"的组织链条，并延伸建立起"党工团一体化"的组织格局，进一步实现党建链、组织链、人才链、业务链的衔接发展，提升实现党建引领发展无缝"链"接，确保全面完成稳定发展各项工作任务。

（三）推进党建工作务虚转化为务实举措

坚持推进党建工作以务虚谋思路、以务实求举措，借鉴经营生产管理机制，以实实在在的目标、措施、载体推动党建工作项目化、目标具体化、任务清单化，让看似抽象的党建成为一项看得见、摸得着、有实效的工作。搭建"支部在线"整合党建资源，通过基础党务、理论学习、宣传工作、活动资讯等模块，促进党建管理从模糊走向规范化、从传统走向智能化、从零散走向系统化，进一步全面深入推进党支部标准化建设。

湖南旅游集团强化党建赋能，答好两道"融合命题"

创造单位：湖南旅游发展投资集团有限公司
主创人：李域
创造人：黄得意　黄飞

【摘要】 旅游业是新兴的战略性支柱产业和具有显著时代特征的民生产业、幸福产业。2024年3月，习近平总书记考察湖南时提出两道"融合命题"。湖南旅游发展投资集团有限公司（以下简称湖南旅游集团）进行党建工作与生产经营创新融合实践探索，找准服务生产经营、凝聚职工群众、参与基层治理的着力点，推进基层党建理念创新、机制创新、手段创新，以高质量党建工作推动企业各项生产经营任务落实，从党建与业务融合的原则、任务、载体、方法、路径5个方面形成"12345"党建工作体系，取得6项阶段性成效，进一步扛牢了湖南全域旅游产业链"链主"企业重任，用心答好两道"融合命题"。

【关键词】 国企　党建　融合　文旅产业　高质量发展

一、实施背景

2024年3月，习近平总书记考察湖南，在听取湖南省委、省政府工作汇报时，提出两道"融合命题"：一是探索文化和科技融合的有效机制，加快发展新型文化业态，形成更多新的文化产业增长点；二是推进文化和旅游深度融合，守护好三湘大地的青山绿水、蓝天净土，把自然风光和人文风情转化为旅游业的持久魅力。

湖南旅游集团是湖南省委、省政府为实施全域旅游战略，于2022年7月批准成立的省管大型酒店旅游企业。湖南旅游集团注册资本100亿元，拥有三湘集团、华天集团等12家二级子公司，以及湖南华天国际旅行社有限责任公司、韶山旅游发展集团景区经营有限公司等71家三级子公司。湖南旅游集团总部设置综合管理部、党群工作部等10个职能部门。湖南旅游集团现有党组织93个，基层党组织根据二级子公司、三级子公司行政架构和党员实际分布设置，其中集团总部党委10个、党支部83个，现有党员1382名，职工10000余人。湖南旅游集团聚焦酒店餐饮、文化旅游、会展经济、生活服务、投融资和湖南省政府驻港联络窗口的定位，强化党建赋能、改革赋能、数字赋能、文化赋能、人才赋能，构建吃、住、行、游、购、娱及生活服务于一体的旅游产业链"生态圈"。湖南旅游集团党委坚决贯彻落实习近平总书记重要讲话和重要指示批示精神，坚持党建工作与生产经营有效融合，持续实施"12713"党建工作与生产经营创新融合工程，强化"五个赋能"，打造"五型"企业，推进"十百千"攻坚活动迭代升级，打造"一区一岗两队四争当"党建品牌，奋力答好两道"融合命题"，致力成为全国一流的综合性文旅产业集团。

二、实施目的

湖南旅游集团组建之初，面临原成员企业亏损面较大、主业不聚焦、负债率偏高等困境，基层党组织对党建工作创新不够，基层党组织凝聚力不强，党组织活动枯燥平淡、质量不高。面对此局面，集团党委强化党建引领，坚持党建工作与生产经营创新融合，以企业改革发展成果检验党委工作成效。一是凝心聚力。调动集团全体员工的积极性，提振集团党员干部干事创业的精气神，提升基层党组织攻坚克难的战斗力，实现新组建企业同心同德、同频共振、同题共答，形成发展合力。二是提质增效。聚焦"521"战略布局发展实体经济，在扭亏增盈的基础上持续巩固盈利态势，提升持续创新能力和价值创造能力，加快向高质量、高效率、可持续的发展方式转变，增强核心功能，提升核心竞争力，建设一流文旅企业。三是唱响品牌。打造特色党建品牌，以党建品牌助力企业品牌建设，唱响湖南旅游集团"一湘山水赋青春"品牌，培树优秀企业文化，扩大企业知名度、美誉度，提升品牌影响力。

三、实施过程

组建两年多来，湖南旅游集团党委进行党建与业务创新融合实践探索，找准服务生产经营、凝聚职工群众、参与基层治理的着力点，推进基层党建理念创新、机制创新、手段创新，以高质量党建工作推动企业各项生产经营任务落实，从党建与业务融合的原则、任务、载体、方法和路径5个方面形成"12345"党建工作体系，发挥了"1+1>2"的效应。

（一）"1"：坚持一个"根本原则"——党业创新融合原则

坚持党对国有企业的全面领导这一根本原则，把党的领导贯穿深化国资国企改革各方面、全过程。围绕中心抓党建、抓好党建促业务，坚持党建工作和业务工作一起谋划、一起部署、一起落实、一起检查，推进党建工作与生产经营创新融合。

（二）"2"：答好两道"融合命题"——党业创新融合任务

（1）推进"文化+科技"，培育文旅新质生产力。积极探索文化和科技有机融合、双向赋能的有效机制。聚焦新功能，加快推广湖南省"又湘游"智慧文旅服务平台运用，搭建智慧文旅省、市（州）和景区"三级架构"，推动湖南省线上文旅资源整合。聚焦新场景，推动湘绣云上博物馆、移动博物馆、湖南省工艺美术交易平台等系列数字项目落地，让数字科技赋能文旅融合发展。聚焦新产品，推动传统产业数字化转型，加快打造一批智慧景区、智慧酒店、智慧物业等项目，助力文旅产业转型升级。

（2）推进"文化+旅游"，提升文旅持久吸引力。加强规划布局，组团推动湖南省内五大旅游板块文旅融合发展，与6个市（州）达成战略合作，梳理84个文旅投资项目纳入储备项目库，完成雪峰山一期项目投资。加强产品开发，推进"我的韶山行"一体化运营，依托旗下湘绣所、工美所推动非遗技艺进校园、进课堂，打造非遗研学品牌。加强交流合作，积极与德国斯图加特展览集团、湖南高速集团、湖南省演艺集团等企业合作，深化对非文旅产业合作，发挥三湘集团驻港窗口作用，在"湘品出湘、湘企出境"中彰显国企责任与担当。

（三）"3"：打造三维"党建模型"——党业创新融合载体

（1）x轴，横向到边的"一区一岗两队四争当"党建工作品牌。立足酒店、物业公司等安全生产重点单元，设立"一区"——党员责任区，推动党员扛起责任担当，关键区域党员带头管。立足引导党员创先争优，发挥模范作用，设立"一岗"——党员示范岗，在担当作为等"十个方面"党员带头示范做。立足发挥党员带头作用、骨干作用和表率作用，立足服务现场党员抢先行，强化精细服务，成立"两队"——党员突击队、党员服务队，从重点项目方面突破，迎难而上，勇挑重担，奋勇争先；把服务做成产品，把产品做成品牌。立足"拼作风、拼技能、拼创新、拼贡献"，集团上下"四争当"——争当生产经营能手、争当创新创业模范、争当提高效益标兵、争当服务群众先锋。

（2）y轴，纵向到底的"12713"党建工作与生产经营融合工程。在湖南旅游集团总部成立1个党员服务总队，服务保障基层党建和生产经营工作。全集团组建20支党员突击队，深度融入生产经营、重大项目攻坚工作，推动质量党建向价值党建转型。在基层党组织中，成立70支党员服务队，推动提质增效。在全集团选树100名党员示范岗，举起党员先锋的"模范之旗"。在全集团推选300个党员责任区，扛起重点任务的"责任之旗"。

（3）z轴，迭代升级的"十百千"攻坚行动。"十户党委当示范"，充分发挥10户党委"把方向、管大局、保落实"的领导作用。"百名书记攻难关"，系统内100多名各层级党组织书记（副书记），紧盯企业生产经营、市场开拓等重点内容，每人确定一个操作性强、可量化的年度重点任务攻关,切实抓出成效。"千名党员创佳绩",系统内1300多名党员,根据岗位职能和个人职责,制订党员承诺书、党员践诺表,公开工作目标,确保重点区域党员"管"、攻坚克难党员"上"、行为示范党员"先"。

(四)"4":聚力"四个关键节点"——党业创新融合方法

湖南旅游集团党委着力找准"四个关注点",结合"六大发展优势",聚力做好党建工作与生产经营1+1＞2的融合发展文章,切实解决企业发展中的瓶颈问题、短板问题和遗留问题,全力引领企业高质量发展。

(1) 紧盯"重点",明确目标攻关。每年根据年初的湖南旅游集团工作会议,确定若干项重点工作,分解工作目标,形成目标责任书,每月定期督办,把重点变成工作的支点。2023年,湖南旅游集团党委全力推进湖南省旅游资源市场化整合、湖南智慧文旅平台建设运营、湖南省会展龙头企业打造、湖南旅游研究院组建等8项战略性全局性工作和N项重点工作,确定攻关目标,党委书记牵头挂帅,班子成员分工负责,形成目标任务书,在集团系统内公示公开,自觉接受监督。分管领导每周督办一次,总经理每月调度一次,确保攻关目标按计划完成。

(2) 攻克"难点",明确专班破局。在推进工作中遇到难以解决的问题,成立工作专班,制订实施方案、专题调度推进,集中力量进行突破,把难点变成改革的亮点。成立"一码游湖南"工作专班,与合作伙伴成功中标该项目,并取得湖南省智慧旅游服务平台经营运维的资质。针对韶山旅游发展集团有限公司(以下简称韶旅集团)存在的管理松散问题,成立韶旅集团高质量发展工作专班,明确七方面工作的牵头部门和分管领导,明晰责任清单,厘清职责边界,确保工作不挂空挡,全力推进韶山全域旅游一体化运营。

(3) 消除"痛点",明确策略解忧。对制约发展、影响效率的关键问题,精心研究策略,靶向发力,优化服务和管理,加强沟通协作,把痛点当成改革创新的起点。针对华天集团、韶旅集团负债率高、有息债务多,以及工美湘绣产品销售渠道不畅、市场竞争激烈等问题,湖南旅游集团制订更具竞争力的市场策略,优化产品和服务,通过明确党员身上的担子任务,压实工作专班排忧解难的责任措施。

(4) 疏通"堵点",明确政策纾困。湖南旅游集团重组期间,"521"战略布局中的多个板块遇到政策、法规、制度障碍,对企业的经营和发展造成较大影响,通过寻找政策法规依据,协调政府相关部门,打通落实落地的"最后一公里",把"堵点"变成改革创新的增长点。湖南旅游集团专门成立工作组,协调地方政府和价格主管部门,探讨企业纾困政策,按照"一人一座"原则全面替换升级环保车辆,提升游客舒适度,解决韶旅集团交通环保车换乘车辆票价倒挂问题。成立邵阳华天土地垫付款返还突击队、娄底华天股权转让突击队,通过寻找政策法规依据,协调政府相关部门,严格落实政策规定,创新性解决了邵阳华天和娄底华天多年来的"堵点"问题,进一步推进企地和谐发展。

(五)"5":突出"五个双向赋能"——党业创新融合路径

(1) 突出党建赋能,打造融合型企业。深学笃行习近平新时代中国特色社会主义思想和党的二十届三中全会精神等,用党的创新理论武装头脑、指导工作,将国企的政治优势转化成发展优势。集团党委严格落实党委理论学习中心组学习和"第一议题"制度,组织举办主题读书班、党组织书记和党务工作者培训班、入党积极分子培训班,推动政治学习纵深推进。湖南旅游集团党委把深入学习领会习近平总书记在湖南考察时的重要讲话和对旅游工作做出的重要指示精神作为首要政治任务,切实提高政治站位,扛牢主体责任。湖南旅游集团党委多形式、多层级、多场合学习宣传贯彻党的二十届三中全会精神,切实把学习成果转化为发展实效。

(2) 突出改革赋能,打造创新型企业。集团围绕新一轮国企改革深化提升,加快优化国有经济布局结构，完善公司治理机制，创新产品研发，用改革的办法推动企业高质量发展，努力建设创新型企业。湖南旅游集团及二级重要子企业均已制订完善党委前置研讨事项清单和"三重一大"决策制度实施办法。制订《湖南旅游集团党委决策事项清单》，进一步厘清了党委会、董事会和经理层权责边界，完善了各治理主体的决策议事范围、内容及流程。推进10家子企业"三定"工作，严格控制人员编制、机构数量，管理人员由384人精简为327人，机构由70个精简至59个。加快法人压减步伐，采取"一周一督办、两周一调度、一月一总结"，完成44户企业法人压减工作。实施"消灭一切亏损源"专项行动，深挖效益潜力，减少23户亏损企业。

（3）突出数字赋能，打造智慧型企业。湖南旅游集团紧紧抓住数字化转型这一重要引擎，推进文旅产业数字化管理、服务和产品研发，以数字化赋能文旅产业高质量发展。出资6000万元设立了湖南省智慧文旅科技有限公司，启动湖南智慧文旅指挥调度平台暨"又湘游"服务平台。建设"一码通"（湘旅相伴）数字化营销平台，推出餐饮美食、酒店民宿、出行服务等12个板块，上线500余件产品。建设非遗数字化平台，完成湖南湘绣博物馆馆藏文物数字化保护和利用项目，积极推进"绣文宝——湘绣生产数字化管理与数字化营销综合服务平台"。布局一批数字文旅新业态，打造智慧酒店、智慧物业，在住宿全流程、餐饮成本管控等方面开启智能化建设，实现舒适化、便捷化、精细化，在降本增效的同时实现服务品质的提升。

（4）突出文化赋能，打造和谐型企业。加强企业文化建设，不断增强企业的凝聚力、战斗力、生命力，提升员工的归属感、荣誉感、成就感，以文化的力量推动企业的健康发展。丰富职工文化，健全成立集团工会、团委、妇工委等群团组织，开展职工群众喜闻乐见的文体活动，凝聚人心、鼓舞斗志。组织"华天杯"职工篮球赛和华天酒店第一届职工"环洲跑"大赛等活动，参加了湖南首届农民工运动会并荣获团体二等奖。集团选派员工参加湖南省国资委"弘理强企，典亮时代"第三季"品牌强企"读书分享会，摘得桂冠。利用湖南省内丰富的红色资源，赴毛泽东故居、杨开慧故居、刘少奇故居、雷锋纪念馆等红色教育基地就近就便开展革命传统教育，弘扬革命精神，传承红色基因，赓续红色血脉。

（5）突出人才赋能，打造效能型企业。湖南旅游集团坚持党管干部、党管人才的原则，实施人才强企战略，加快"六类人才"引进培育的步伐，扎实做好"聚才、育才、用才"工作。建立湘绣、湘菜、工美等大师人才库，构筑酒店旅游、文化会展、生活服务、投资融资人才"蓄水池"。培育"四个一批"人选173人，精准识别"四类干部"98人。规划建设"四个人才库"——100人的"景区运营人才库"、100人的"智慧旅游人才库"、500人的"酒店管理人才库"和500人的"生活服务人才库"。健全人才使用机制，拓宽人才成长空间，建强企业家、技术骨干、工匠技师"三支队伍"，充实人才总量，优化人才结构，为建设全国一流文旅企业提供坚强的人才支撑和智力保障。

四、实施效果

党的湖南旅游集团党委坚持以习近平新时代中国特色社会主义思想为指导，深入学习贯彻党的二十大精神和党的二十届三中全会精神，坚决执行湖南省委、省政府和湖南省国资委各项决策部署，锚定湖南省全域旅游产业链"链主"定位，围绕"1645"行动计划和"8+N"战略性、全局性重点任务，靶向发力、狠抓落实，组建资产公司、智旅科技两家子企业，整合工美、湘绣两所，打造会展龙头，加速推进湖南省文旅资源整合，企业改革发展和党建各项工作取得了扎实成效。

一是党建引领更加有力。集团党委扛牢主体责任，加强党的全面领导，狠抓班子建设，严格执行《关于新形势下党内政治生活若干准则》，切实发挥"把方向、管大局、保落实"作用。严格落实"第一议题"、党委理论学习中心组学习制度，坚定不移用习近平新时代中国特色社会主义思想凝心聚魂、武装头脑。自湖南旅游集团组建以来，集团党委理论学习中心组开展集体学习24次。2023年，湖南旅游集团党建考核被湖南省国资委党委评为"好"等次，其做法被人民网、新华网、《中国经济时报》、"学习强国"等10余家媒体报道。高标准开展主题教育，湖南旅游集团党委领导班子带头"走找想促"，深入26个单位调研，完成81项问题整改，推动解决韶山游客换乘中心换乘体验升级等多项民生问题。湖南旅游集团主题教育、党纪学习教育做法先后5次受到湖南省委主题教育办简报、《湖南日报》和湖南卫视推介。集团"'三抓三促'推进'清廉旅游'建设"在湖南省纪委监委和国务院国资委网站推广，在2023年"清廉湖南"建设考核中被评为"优秀"。

二是经营业绩更加突出。2023年，湖南旅游集团实现营业收入21.92亿元，同比增长39.74%；利润总额2495万元，突破性实现扭亏增盈。2024年1—6月，湖南旅游集团实现营业收入10.45亿元，同比增加4856万元，增幅4.9%；实现利润总额1213万元。湖南旅游集团获评2023年"中国饭店业卓越价值文旅集团"。

三是发展平台更加坚实。打造文旅投融资平台，设立规模30亿元的湖南省首支全域旅游产业母基金和20亿元的首支市（州）文旅子基金，助推湖南省文旅产业升级和结构调整。建设运营"又湘游"湖南省智慧文旅服务平台，搭建智慧文旅省、市（州）和景区"三级架构"，目前已接入湖南省3A级以上景区共计574家、文博图场馆200家、在营酒店2万余家，初步实现"10秒找房、30秒入住"。进一步完善湘旅湘伴营销平台，扩大会员体系。扎实推进酒店业轻资产输出计划，新拓展酒店项目28个。狠抓各业务板块产品与服务质量提升，发力线上线下营销，湖南旅游集团主营业务经营利润同比增加3.66亿元。举办湖南省属企业酒店旅游品牌发布暨产品推介会，开行"一湘山水赋青春"主题地铁列车，发布集团品牌标志，加入全国省级国有旅游集团联盟。

四是群团动能更加强劲。坚持党建带群建，发挥群团组织的桥梁纽带作用，组织14场省直女职工主题素质教育和"湘直恋"异地交友联谊活动，获得"全国五一巾帼标兵岗""全国模范职工之家"等20项省级以上荣誉，集团工会获评省直"工会先进单位"。成立60支青年突击队，打造"一湘山水，青春有为"青年工作品牌，成功获评"全国青年文明号"。

五是对外合作更加深化。深化湘、港合作，积极推进"湘菜入港"，新开湘菜馆6家。推动"湘品出海"、重要资源设备进口、出入境游服务等。稳步推进国际化布局，在韩国首尔启动"沁潇湘"餐饮项目，推动"湘"字号文化品牌"湘"飘海内外，进一步讲好湖南文旅故事。深化对非文旅产业合作，加快酒店餐饮、会展品牌、数字文旅在非洲布局，旗下会展集团在肯尼亚、坦桑尼亚、南非三国挂牌设立3个联络处。

六是社会责任更加彰显。湖南旅游集团组建两年多来共解决2000余人的社会就业问题，2024年完成校招大学毕业生300人。落实乡村振兴战略，帮扶张家界市黄家坪村乡村振兴220余万元，对口捐赠吐鲁番市高昌区新城西门村20万元，援建绥宁县上堡村文旅项目30万元、泸溪县文明实践活动中心站20万元。对口支援资兴市彭公庙村灾后重建60多万元。多次开展"旅游集团慈善助学募捐"等活动，以实际行动彰显国企社会责任。

五、下一步规划与探讨

下一阶段，湖南旅游集团党委将坚定不移推进党建与业务深度融合，坚持以文塑旅、以旅彰文，进一步明确新方向、开辟新路径、激发新动能、培育新能力，发挥好全域旅游产业链"链主"作用，助推湖南省旅游业高质量发展。

未来，湖南旅游集团党委将坚持党建引领，深入贯彻落实党的二十届三中全会精神，全力推进新一轮国有企业改革深化提升行动，切实担负起湖南省文旅资源整合、产业投资、智慧服务、品牌培育、战略合作"五个平台"角色，积极融入湖南省"4×4"现代化产业体系建设，推动文化旅游优势产业和智慧文旅新兴产业融合发展，奋力交出两道"融合命题"的优秀答卷。

深入实施"党建引领"融合工程，以高质量党建引领动力工作高质量发展

创造单位：金川集团镍钴有限公司动力厂
主创人：马成文　伏勇宏
创造人：蔺雅芳　张方

【摘要】 如何统筹抓好生产经营和党的建设，实现融合发展，是国有企业高质量发展必须解决好的问题。为顺应高质量发展要求，金川集团镍钴有限公司动力厂（以下简称动力厂）坚持以高质量党建引领动力工作高质量发展为主线，切实发挥党委"把方向、管大局、保落实"的领导作用，以强化基层党组织政治功能和组织功能为重点，深入实施"党建引领"融合工程，将企业生产经营工作的重点、难点作为党建工作的出发点和着力点，真正做到党建工作与生产经营工作同向发力、同频共振，切实把党的政治优势、组织优势和群众工作优势转化为企业的创新优势、竞争优势和发展优势，达到了"融入中心抓党建，抓好党建促发展"的深度融合效果。

【关键词】 决策融合　执行融合　监督融合　"党建引领"　"一支部一品牌"　"一区一岗两队"

一、实施背景

近年来，动力厂始终把深入学习贯彻习近平总书记在全国国有企业党的建设工作会议上的重要讲话精神作为根本遵循，全面落实新时代党的建设总要求和《中国共产党国有企业基层组织工作条例（试行）》，把党的领导全面融入企业治理体系，推动党建工作与生产经营深度融合，坚定不移推进全面从严治党，坚定不移深化改革创新，企业综合竞争实力和创新能力不断增强。

二、实施目的

推动党建工作与生产经营深度融合，是国有企业保持正确发展方向的关键，是国有企业党建工作的生命力所在。

金川集团股份有限公司（以下简称金川集团）是甘肃省唯一一家进入世界500强的大型国有企业。动力厂自1961年成立之初的水电供应业务拓展为现在生产所需的水、电、氧、风、天然气供应，以及工业废水、生活污水的回收处理和电气设备安装、检修、调试等业务。动力厂党委下属7个支部、27个党小组，在册党员221人，占职工总数的25%。

2023年以来，动力厂紧扣为金川集团生产经营提供安全稳定、优质高效能源服务的职责定位，坚持以高质量党建引领企业高质量发展为主线，以强化基层党组织政治功能和组织功能为重点，根据动力厂点多、线长、面广和系统复杂的特点，充分发挥党组织的"主心骨"和"连心桥"作用，以"决策、执行、监督三个有效融合"为主线，深入实施"党建引领"融合工程，有效地将企业生产经营工作的重点、难点作为党建工作的出发点和着力点，努力把动力厂两级党组织打造成宣传党的主张、贯彻党的决定、领导基层治理、团结动员职工、推动改革发展的坚强战斗堡垒。

三、实施过程

强化"党建强则企业强"的意识，通过深入开展金川集团提出的党建提升"八大行动"，扎实开展"一区一岗两队"创建活动，把党组织的政治引领力、监督保障力和组织执行力充分体现到安全环

保、生产经营、深化改革、科技创新、项目建设等动力厂生产经营的重点工作中。

（一）决策融合，做到战略目标上同向发力

一是发挥党组织的领导作用。落实"第一议题"制度，修订完善党内重要制度，同时实行清单式管理、销号式跟进落实的方式，全方位推进厂内重点工作落实落地。坚持生产经营重大事项必须经过党委会前置研究讨论，充分发挥党组织"把方向、管大局、保落实"的领导作用。

二是加强领导班子队伍建设，起好带头作用。坚持压实责任促融合，两级领导班子成员带头深入一线调查研究，解决制约生产经营的"卡脖子"问题。落实党组织书记第一责任人责任、班子成员"一岗双责"，把基层党组织打造成为宣传党的主张、贯彻党的决定、领导基层治理、团结动员群众、推动改革发展的坚强战斗堡垒。

三是用好考核指挥棒，打好激励组合拳。科学设立考评标准，将KPI（Key Performance Indicator，关键绩效指标）纳入党支部工作考核，实施双向挂钩考核机制，做到党建工作和业务工作同谋划、同制订、同实施，引导支部聚焦中心开展工作。

（二）执行融合，做到措施落实上同频共振

紧扣动力厂专业化服务保障的职责定位，始终把做好党建工作放到优质高效服务集团高质量发展的大局中来思考、谋划、推进，切实把党建优势转化为发展优势、把党建活力转化为发展活力，增强企业的执行力。

一是扎实开展"三抓三促"行动。把"找差距、补短板、提素质、强作风、创一流"作为落实行动的重要目标，形成了"六个一"（成立一套班子、制订一个计划、下发一个公告、开通一个信箱、完善一本台账、落实一个榜单）举措，认真梳理"规定工作"，融入特色鲜明的"自选内容"，围绕"抓学习促提升、抓执行促落实、抓效能促发展"，建立健全"周通报、月督促、季调度、年评估"工作机制，建立了《动力厂"三抓三促"行动情况简报》，每周一早调会对各车间、各部门"三抓三促"开展情况进行通报，确保行动开展不跑偏、有抓手、好落实，推动"三抓三促"行动与动力能源工作高质量发展深度融合。围绕两级职代会重点任务，聚焦厂高质量发展目标，选定调研课题，聚焦重点工程项目施工、标准化班组建设、职工队伍培养等方面存在的困难，集思广益，制订工作举措，扎实推动整改落实。

二是扎实开展提质增效攻坚战。加强对行业政策研究应用和外部市场开拓，积极适应国家电力体制改革，争取新水销售简易征收和环保税减免等，为企业降低用能成本。党支部主导落实经营主体责任，党员带头拓展市场业务，发挥动力系统规模和专业优势，积极与公司内外各单位联系承担各类电气检修任务，对外市场迈出"新步伐"，不断探索新的经济增长点。

三是扎实开展"一支部一品牌"阵地建设。动力厂党委坚持以党建铸魂、品牌塑形，以"一区一岗两队"为抓手，通过两个"最"（即最有利于党组织发挥战斗堡垒作用，凝聚全体党员力量推动动力厂各项工作向前发展；最有利于党员发挥先锋模范作用，服务动力厂高质量发展），找准党建工作与生产经营深度融合的结合点，打造了一批立得住、叫得响、推得开、有特色、有影响的党建品牌。

污水处理车间党支部开展"红色引领·绿色发展"党建品牌创建活动，通过加大废水有效治理，积极践行"绿水青山就是金山银山"的理念，开展"亮明党员身份，争做环保先锋"主题实践活动及党员技术攻关活动，为金川集团废水处理提供技术服务和达标处理。以"党员责任区""党员示范岗"等为载体，党员带头定期开展事故案例培训、现场安全隐患发现及消除交流活动，切实提高党员职工发现隐患和解决现场实际问题的能力，持续增强职工安全意识。不断深化以"除砷技术研究"为主的党员先锋岗建设活动，支部党员及团员青年积极配合开展重金属废水站除砷药剂生产性试验，通过投加除砷A、B两种药剂，最终的砷离子去除率为89.2%、达标率为95.3%，为重金属废水除砷技术研究奠定了基础。深化党员先锋队活动，组织党员职工开展了二厂区、三厂区污水站水池清泥工作，进一步提升了系统运行效率，降低了岗位职工劳动强度；组织党员书法爱好者为车间职工写春联、送祝福，增强了岗位职工的归属感与幸福感；利用支部主题党日，组织党员职工在二厂区、三厂区开展"党旗引领，植树添绿"活动，美化了厂区职工的工作环境，进一步提升了车间党员职工保护生态环境的意识和责任感，为打造"绿色动力"做出积极贡献。

电修车间党支部开展"电气医生"党支部品牌创建活动，围绕集团供电系统、架空线路、电力电缆、电机变压器、自动化系统的检修维护等任务，打造金字服务招牌。开展党员身边无事故和党员安全零隐患活动，组建党员检修服务队，定期开展设备专业点巡检、维护保养、定期检修、故障处理等日常活动，以实际行动践行宗旨、履行岗位职责；创建党员应急保障突击队，在恶劣天气、特殊抢修及特殊时期（如中高考期间、动力厂及厂职代会期间、动力厂各类重要会议及活动期间等）等"急难险重"任务面前，党员带头值班，确保24小时开机；组建党员先锋队，定期对动力厂电力系统危险源点防控进行排查分析，队员带头认领各类电气系统运行危险源点，确保安全风险有人抓、有人管。积极开展质量改进与攻关活动，各党小组党员作为班组核心骨干成立QC（Quality Control，质量控制）攻关小组，各小组及时解决各类问题，将检修质量隐患扼杀在苗头。

动氧车间党支部开展"旗帜引领、保障先锋"党支部品牌创建活动，充分发挥技术骨干的"传帮带"作用，为金川集团主流程单位提供持续、高质量的氧氮风能源供应。立足"系统运维党员先锋岗"和"技术创新党员先锋岗"，在冶金炉窑系统年修期间，深入开展"亮身份、比贡献、践承诺"党性实践活动，为党员在岗位生产工作中发挥先锋模范作用搭建了平台，通过创先争优、先进选树等方式激励党员在"急难险重"工作任务中站排头、当先锋，推进各阶段目标任务优质高效完成。选用政治素质高、技术过硬的党员高技能人才深入生产现场示范讲解设备状况和工艺控制要点，带动生产一线职工尽快掌握设备运行及工艺控制技术。充装班党小组瓶装气体配送和市场化运营中，主动了解用户需求，用好钉钉预订配送平台，尽量做到让"信息多跑路"、让"客户少跑路"，提升配送效率，打造动力优质服务品牌，树立更"佳"的动力形象。

供电车间党支部开展"对标一流·争创一流"党支部品牌创建活动，对标国网标准化管理，通过"联学联建"，学习借鉴地方电力企业运行管理模式，提供优良的供电服务环境，为集团发展"送光明"。开展"我为党员讲一课"和车间领导班子"党课大讲堂"活动，讲解内容是党的政治理论、党史、专业技术、管理技术、安全环保技术等，让每一位党员不断完善自身知识结构，给每一位党员展示自我的机会。大力实施"党员身边无事故"、党员"千次操作无差错"活动，强化党员队伍综合素质建设，夯实业务基础，积极做好党建强基固本工作，党员骨干带头深入开展技术创新、技术改进、先进操作法等职工技术创新项目。大力开展"千次操作无差错""整流系统零故障"党员先锋岗活动，目前实现操作票填写正确率100%、倒闸操作正确率100%，坚决杜绝出现大面积停供电、坚决杜绝出现人为操作故障，为集团高质量发展提供安全可靠的供电保障。

供水车间党支部开展"红色堡垒"党建品牌创建活动，通过"三强化三提升"，认真履行安全责任和社会责任，确保金川集团各单位生产生活用水安全和冶金炉窑冷却循环水系统安全稳定运行。采取"党员责任区"形式，划定责任区域，确定工作内容，使得工艺、设备和现场基础工作进一步夯实，促进了系统优化、管理提升。各工序以生活饮用水水质指标为质量控制中心点，生产一线党员发挥骨干带头作用，严抓运行调节工艺纪律，实时监测浊度指标，精准控制混凝剂投加量，及时打捞露天水池水面漂浮物，确保供水水质。充分发挥"党员应急保障突击队"作用，党员职工用实际行动顺利完成"急难险重"重点工作任务，充分展现了党员的先锋模范作用和担当尽责的精神。

机关第一党支部开展的"红色引擎"服务高质量发展党建品牌创建活动，将党建工作和业务工作深度融合，切实发挥机关党员在动力厂改革发展中的骨干和中坚作用，全面提升党员素质和机关工作质量及服务水平，为动力厂高质量发展贡献"红色"力量。牢记全心全意为人民服务宗旨，深入践行党的群众路线，发挥党员先锋队伍攻坚克难的作用。技术装备室党小组围绕动力厂重点项目建设开展技术攻关活动；行政办公室党小组围绕办公室业务，完成了相关制度的修订；党委工作室党小组紧扣"我为群众办实事"实践活动，为班组配置微波炉、饮水机等生活设施，不断增强职工的归属感、成就感和获得感。

机关第二党支部开展了"服务中心促发展，保障有力做贡献"党建品牌创建活动，创新工作方法，让党员干部融入生产一线，进行跟班写实，让全体党员走进生产一线，体验一线工作艰辛，激发党员做好工作的责任感、使命感。支部各党小组根据品牌建设要求和业务管理范畴，制订了工作计划，扎实有序推进各项工作，为动力事业的高质量发展提供了坚实的组织保障。

（三）监督融合，形成合力促发展

一是实施三级联动党员监督。聚焦生产经营中心工作，充分发挥纪检委员、厂作风建设监督员、班组特约监督员的作用，增设"厂长信箱"，安排厂领导信访接待日（月轮值），畅通职工群众建言献策和监督的渠道。建立事前、事中和事后全过程监督体系，形成监督合力。

二是实施重点工作督查清单。通过建立纪检工作月纪实机制，全面掌握各党支部日常情况及重点监督任务执行情况，及时了解和发现存在的苗头性问题，让监督更加深入、精准、有效。

三是实施纪律作风建设与风险内控相结合。建立健全管理规章制度，加强合规经营，防止资金风险，建立有效的内部风险防控机制，增强企业资金安全管控。下发廉洁提醒函及《动力厂党风廉政建设学习资料汇编》《动力厂党风廉政建设警示教育案例汇编》，签订廉洁承诺书175份。

四、主要创新点

一是紧紧围绕"融入中心抓党建、抓好党建促发展"的工作思路，通过"决策、执行、监督三个有效融合"，找准抓实党建工作与生产经营工作深度融合的着力点，充分发挥基层党支部的战斗堡垒作用和党员的先锋模范作用。

二是持续深化党建引领行动，根据每个党支部的服务对象、供应产品、技术特长等因素，打造了一批极具动力特色的党建品牌，真正做到以高质量党建引领企业高质量发展。

五、实施效果

推动党建与业务工作的深度融合，不断发挥党建引领作用，深挖党建工作与生产经营工作的结合点、着力点，把党建"软实力"转化成企业发展的"硬支撑"，为高质量发展注入"红色动能"，实现了高质量党建引领企业高质量发展。

动力厂先后获得甘肃省"文明单位"、"五四"红旗团支部、"最美家庭"，金昌市"全国文明城市创建先进单位"、"五四"红旗团委，金川集团思想政治工作先进单位、安全生产先进单位、工会工作先进单位、女工工作先进单位等荣誉称号。

六、下一步规划与探讨

下一步，动力厂将深入学习贯彻习近平新时代中国特色社会主义思想，持续把党的领导贯穿动力厂改革发展的各方面、全过程，坚持固根铸魂，坚定不移扛指标、扛任务、扛责任，持续优本创效，将党建工作和生产经营紧密结合。秉持以客户为中心、为客户添动力的理念，始终保持精益求精的态度、实干笃行的精神，真正做好"完成任务、带好队伍"，确保动力能源安全、稳定、优质、高效地供应。

中煤新集公司"三位一体"融合党建工作机制的创新与实践研究

创造单位：中煤新集能源股份有限公司
主创人：王伟　张武文
创造人：赵常鸿　王丽娟　赵婕华　靳军

【摘要】 实现国有企业党建工作与生产经营融合发展，是做强做优做大国有企业的根本保证和重要举措。中煤新集能源股份有限公司（以下简称中煤新集公司）党委深入贯彻习近平总书记关于党的建设的重要思想，深刻把握"深度融合"的内涵，从"治"上融入、"业"上融合、"心"上融聚3个方面构建"三位一体"融党建工作机制，通过思路、方法和体系创新，有效推动党建工作与企业发展同频共振、相互促进，为推动企业高质量发展提供了根本保证和强劲动能。

【关键词】 国有企业　党的建设　深度融合

一、实施背景

中煤新集公司是中煤集团控股的以煤炭采选为主、煤电并举的国家大型一档企业，是安徽省四大煤企之一。矿区规划总面积852.9平方千米，资源储量101.6亿吨，1989年12月矿区开发建设，2007年12月公司上市，2016年9月划入中国中煤。现有5对生产矿井、控股运营和在建电厂5个及多个区域新能源项目。中煤新集公司党委深入贯彻新时代党的建设总要求，加强党的基层组织体系建设，现有基层党组织231个，党员3677名。深化党建管理创新，构建融合党建工作模式，以高质量党建引领保障企业高质量发展，取得了明显成效。

（一）遵循党中央部署要求

《中国共产党国有企业基层组织工作条例（试行）》明确，"坚持党建工作与生产经营深度融合，以企业改革发展成果检验党组织的工作成效"。国有企业必须提高政治站位，以党的自我革命引领社会革命，增强党建工作"软实力"，在企业保障改革发展稳定中发挥"硬作用"。

（二）做强做优做大国有企业的现实需要

实现国有企业党建工作与生产经营融合发展，是做强做优做大国有企业的根本保证和重要举措。要将党建工作与生产经营深度融合，把党的政治优势、组织优势转化为企业的竞争优势、创新优势和发展优势，实现生产经营高质量可持续发展目标，为推进企业改革创新、促进企业高质量发展提供坚强有力的政治保障和动力支持。

二、实施目的

（一）提升党建科学化水平

坚持党的领导、加强党的建设，是我国国有企业的光荣传统，是国有企业的"根"和"魂"。国有企业党建工作只有发挥独特优势，深度融入安全生产经营等各项工作，才能更好地团结带领广大党员干部职工奋力攻坚克难，通过干事创业有力深化改革创新、推动提质增效。

（二）解决发展"一盘棋"问题

从思想认识和工作实践上看，国有企业党建工作在融入生产经营、推动改革发展等方面还存在融合意识不强、融合方法不活、融合载体不足、融合效果不佳等现实问题，必须创新党建融合机制，下好"一盘棋"，防止"两张皮"，实现相互促进、相得益彰。

（三）促进企业高质量发展

发展是第一要务。国有企业必须用"第一责任"推动"第一要务"，坚持以高质量党建引领保障高质量发展，不断激发党组织和党员干部职工的创新创效活力，最大限度地调动各方面的积极性和创造力，进一步促进企业安全稳定、提质增效、改革创新和转型升级。

三、实施过程

（一）准备阶段（2023年1月—2023年2月）

筹建课题研究小组，建立由公司党委专职副书记为组长、党建工作部主要负责人为副组长、相关党建工作人员为成员的课题研究小组，对相关工作落实进行责任分工。

（二）申报与立项阶段（2023年3月—2023年4月）

围绕党建工作在融入生产经营、推动改革发展等方面的工作实际，深刻把握"深度融合"的内涵，通过充分研究讨论，确立了从"治"上融入、"业"上融合、"心"上融聚3个方面构建"三位一体"的融党建工作机制。

（三）实施阶段（2023年4月—2024年7月）

深入开展调查研究，通过开展调查问卷、实地调研采访等形式，开展素材和经验梳理，通过开展基层党组织党建品牌交流会，不断完善公司党建品牌内容，通过思路、方法和体系创新，有效推动党建工作与企业发展同频共振、相互促进，为推动企业高质量发展提供根本保证和强劲动能。

四、主要创新点

（一）从"治"上融入——有力加强党的全面领导

坚持党的领导、加强党的建设，是我国国有企业的光荣传统，是国有企业的"根"和"魂"。中煤新集公司党委聚焦党的领导融入企业治理，完善制度、决策、管理、堡垒融合工作机制，将以高度的政治自觉和实际行动将国有企业制度优势更好地转化为治理效能，以高质量党建引导保障公司高质量发展。

1. 制度融入，有力完善党的领导体制

完善中国特色现代企业制度，在公司章程中建立党委专章，印发《公司在完善公司治理中加强党的领导的实施办法》，修订公司的《党委工作规则》《董事会议事规则》《总经理工作规则》，明确《"三重一大"决策事项清单》《党委研究决定事项清单》《党委前置研究讨论事项清单》并与《董事会决策事项清单》和《总经理办公会议决策事项清单》等制度衔接，编印《公司职权配置手册》和《治理制度汇编》，完善以"一章程、一办法、三规则、五清单、一手册、一汇编"为主要内容的"113511"公司制度体系，从机制上推动党的领导充分融入企业治理，充分发挥国有企业的制度优势。

2. 决策融入，有力突出党委把关、定向

坚持党委总揽全局、协调各方，细化"报阅、审批、审议、审核、审阅、组织、协助、参与"全类别决策权责，规范决策会议管理及上会材料审核，对安全稳定、改革创新、提质增效、转型发展、队伍建设等重大事项抓好前置研究，落实党的路线方针政策和重大决策部署，把牢企业发展的正确方向。精细完善科学决策操作落实机制，健全党委会和党委中心组学习会议纪要制度和督办管理办法，围绕能源保供、安全生产、科技创新、经营管理、深化改革、项目建设等重点工作开展政治监督，有力监督、保证党中央的重大决策部署和上级党组织的决议在本企业贯彻落实，将国有企业的制度优势更好地转化为治理效能，被国务院国资委评为国有企业公司治理示范企业。

3. 管理融入，有力强化工作推动落实

深入贯彻落实习近平总书记的重要批示精神，深入落实党中央国务院关于能源保供、国企改革、科技创新、风险防控等的重大决策部署，做到政治同向。召开公司党代会和年度工作会议，统筹谋划推动党的建设和企业发展工作，做到部署同步。聚焦企业高质量发展的中心任务，同步印发并落实党委及各项业务工作安排意见，做到工作同心。签订《党建目标考核责任书》和《安全生产经营目标责任书》，推动党建工作与生产经营 KPI（Key Performance Indicator，关键绩效指标）差异化考核"双挂钩"，做到责任同考。完善"双向进入、交叉任职"的领导体制，明确领导班子成员的党内分工和业务分工并建立深入联系点定期报告制度，做到分工同定。强化工作落实，对企业改革发展和党的建设重点任务进行分解并定期督办，同步修订企管和党建规章制度，做到落实同抓，实现各项相融共促。

4. 堡垒融入，有力提升基层治理水平

深入贯彻《中国共产党支部工作条例（试行）》，推动规范企业治理向基层延伸，创新制订《基层党支部研究决定和参与重大问题决策议事规则》，明确党员大会"五项职责"和支部委员会"双十条"决策事项，从机制上有效保障党支部融入业务有抓手、行使职权有保障，使党支部成为团结群众的核心、教育党员的学校、攻坚克难的堡垒。制订《建设基层示范党支部的实施方案》，对"四强五好六有"标准进行百分量化考核，推动党支部建设与推动改革发展深度融合、相互促进，增强了党组织的政治功能和组织功能。近年来，选树中国中煤和淮南市示范（品牌）党支部 15 个，把基层党组织建设成为有效实现党的领导的坚强战斗堡垒。

（二）从"业"上融合，有力促进安全生产经营提质增效

推动党建融合，组织党员是关键，动员职工是根本。中煤新集公司党委找准党建与业务融合的切入点、结合点、着力点，构建"四融体系"，切实增强党组织的政治功能和组织功能，有力保障安全生产经营，有效促进改革发展稳定。

1. 融方法建模式，创新党建项目运作机制

围绕深度融合、相互促进的要求，落实《关于坚持党建工作项目化与安全生产经营深度融合推进公司高质量发展的指导意见》，采用项目化管理的方式，促进党建赋能企业改革发展。推动动态管理流程化，明确党建项目化"五个流程"，细分"五型项目"，定期做好评估、验收、授牌等节点工作。推动争星晋级动态化，建立"五星争创"机制，立项党建项目 220 余个，实现"全覆盖"。推动落实保障体系化，扩大党员参与，开展"争星、创星、评星、树星"活动，发挥项目典型引领示范作用。推动提质创效深入化，通过党建项目化管理，助推企业高质量发展，"以党建项目化精准融入生产经营的创新实践"经验做法荣获煤炭行业党建工作品牌示范案例。

2. 融基础管安全，创新引领支持保障机制

践行"人民至上、生命至上"的理念，制订《关于落实党管安全责任工作的实施意见》和《关于强化党管安全责任落实的实施方案》，明确党委、党支部"双 7 条"重点任务，完善"季度跟踪、年度报告"工作机制，做实"安全保障"工程，推动党建有力有效融入安全管理。印发《关于推动党建引领支持保障安全生产工作的实施意见》，以实现长治久安为工作目标，紧扣党建引领、支持、保障安全生产工作主线，构建"1+3+9+25"工作模式，推动党建有力有效融入安全管理。凝练"严狠细盯"安全理念，培育"守规矩"安全文化，加强干部包保、党员联保、职工互保，公司获评"煤炭工业安全高效集团"，两个矿井获评"煤矿安全文化建设示范矿井"。

3. 融根本提效益，创新党员主题实践机制

坚持围绕中心、服务大局，创新拓展发挥党员作用的方法和手段，助推公司提质增效稳增长。实施岗位建功、党员先锋、文化润心、激励关怀等行动，选树"党员责任区""党员示范岗""党员突击手""党员先锋队""党员志愿者"，大力开展"党旗在基层一线高高飘扬""学习身边典型""劳动竞赛""巾帼建功""青年创新创效"等主题实践活动，提升经济运行质量。下足"育、训、评、管"功

夫，组织党员带头开展科技攻关创新，2023年荣获省级行业协会科学技术奖7项、优秀"五小"创新成果7项。所属刘庄煤矿党委通过打好教育、赋能、关怀、民生"组合拳"激发全员创造力，实现年度产量、进尺、营收及职工收入"四提升"。2024年上半年，中煤新集公司多项经济指标实现同比增长。

4.融中心树品牌，创新党建品牌建设机制

制订落实加强品牌创建的安排意见，提升党建工作融入企业发展的实效。明确"五项标准"和"四个流程"，构建公司党委示范带动、所属单位积极联动、基层党支部全面培育的"三级联创"工作模式，聚焦融合打造党建+安全生产等"十类品牌"，有力推进党的建设与企业发展深度融合。定期对党建品牌创建进行指导、督促、考核，推动品牌"创"在平常、"建"在机制、"新"在特色，助力企业提质增效。2023年，中煤新集公司改革发展呈现稳中向好、稳中有进、稳中提质的良好态势，保持安全、生产、秩序、队伍"四个稳定"，实现商品煤产量、销量、掘进进尺、全员劳动生产率、资产总额、营业收入、利润总额、经营性现金流、职工工资"九提升"和资产负债率、商品煤完全成本"两下降"。"三融三强"党建品牌和"关爱职工'1+4'工作法"获评"全国企业党建优秀品牌"。

（三）从"心"上融聚，有力保障队伍和衷奋进

党建工作做实了就是生产力、增强了就是竞争力、做细了就是凝聚力。中煤新集公司党委完善党的基层组织体系，践行以人民为中心的发展思想，激发活力、提升合力，"六措并举"促进企业稳定和谐，以强劲的内生动力助推公司高质量发展。

1.组织融通筑堡垒，为高质量发展提供有力"红色引擎"

围绕"强党建促发展"的主线，深化"三基"建设。完善"创建有方案、工作有计划、考核有标准"的工作机制，创建基层示范（品牌）党支部48个，通过示范引领促进支部建设整体提升。印发《基层党支部研究决定和参与重大问题决策议事规则》，健全班子成员"五个联系点"并建立了定期报告制度，把基层党组织建设成为宣传党的主张、贯彻党的决定、领导基层治理、团结动员群众、推动改革发展的坚强战斗堡垒。创新全程纪实管理办法，精准规范发展党员各环节要求，构建严明标准、严格要求、严肃纪律的"严管模式"。坚持"双培养一输送"，年均发展党员100余名，巩固党的执政基础。开展党员承诺践诺、志愿服务、主题实践等活动，创建党员责任区、党员示范岗、党员突击手、党员服务队，引导党员争当生产经营的能手、创新创业的模范、提高效益的标兵、服务群众的先锋。

2.心理融通保稳定，创新思想政治工作促进"润物无声"

坚持在思想上解惑、在精神上解忧、在文化上解渴、在心理上解压，聚焦一人一事，深入推行"五六七"思想政治工作法，明确信息收集、分级响应、处置方式、保障措施等工作要求，做到职工性格爱好等"五必清"、职工大病住院治疗等"六必访"、职工思想较大波动等"七必谈"。突出事前预防和过程管控，坚持将思想引领和责任落实、办好实事和发挥功能、解决问题和促进长效"三个结合"，开展走访谈心、慰问帮扶5000余人次，将组织的温暖送到职工群众的心坎上，促进职工队伍稳定。该成果获得"安徽省思想政治工作研究优秀成果奖"，为淮南市唯一获奖成果。强化创新成果转化，构建长效机制，印发《关于加强和改进思想政治工作的实施意见》，做实做深职工思想政治工作，进一步强信心、聚民心、暖人心、筑同心。

3.监督融通育清风，打造优良政治生态的"绿水青山"

加强研究协调，有力支持保障，推进监督融入经济运行全过程。系统集成纪检专责监督、巡视政治监督、审计经济监督和相关部门职能监督的"大监督"格局，完善工作会商、信息报告、协同监督、成果共享、整改督办工作机制，印发《加强政治监督实施办法》等制度。坚持有的放矢，一体推

进"三不腐"。聚焦不敢腐，严守中央八项规定纠"四风"，紧盯权力集中、资金密集、资源富集领域的关键少数、关键岗位、关键环节，强化对权力运行的制约和监督，打好廉洁从业"预防针"；聚焦不能腐，围绕制度空白点、权力风险点、监督薄弱点，以精准监督推进风险纠治和制度建立，加强合规体系建设，着力从源头上防治腐败问题；聚焦不想腐，构建"清廉新集"文化体系，按照"一季一主题"全面开展"警钟长鸣"案例警示教育、"有知有畏"党纪法规教育、"立心立德"党性政德教育、"清廉家庭"家教家风教育。

4.队伍融通建体系，聚焦人才强企着力强化"选育管用"

一是建强经营管理人才队伍。坚持培正育强、识准用对，突出政治标准，看品行修养、看工作表现、看业绩实效、看群众基础识人选人。依托知名院校合作办学，开办"基石工程""远航工程"等5个专题培训班；加大优秀年轻干部培养选拔力度，优选12名大学生等年轻干部到区队挂职实训。坚持严管厚爱，加强干部教育管理监督，修订政治谈话实施细则，完善正向激励和容错纠错机制，促进干部担当作为。

二是建强专业技术人才队伍。设置首席专家、副总师、首席师、总监等10个职级，聘任首席师（专家）及专业技术ABC岗400余人。完善专业技术人才考评机制，健全技术创新、发明创造等激励办法，深入实施"项目+人才"工程，坚持开展"五小"成果、"双创"项目评选，激励专业技术人才创新创效，促进科技兴企。

三是建强操作技能人才队伍。设立首席技师、资深技师，开展"名师带高徒"活动，培养工匠型技能人才，选树市级以上名师40人，100余人获评首席技师、资深技师。完善学历、技能提升激励机制，技师、高级技师人才总量突破1000人，技能人才体系更健全。

5.宣教融通增动力，思想建设与企业文化"有机结合"

聚焦"人"字抓宣传教育，推动集中学习、交流研讨、专题党课、组织宣讲、教育培训、宣传报道"六个到位"。强化融机构精干高效、融内容精准传播、融平台精彩发声、融队伍精兵强将的"四融四精"机制建设，年发稿1万余篇，获评全国煤炭行业党建工作创新优秀案例。大力践行社会主义核心价值观，实施新时代精神文明建设思想铸魂、素质提升、文化滋养、环境整治"四大工程"，育文明职工、建文明矿区，选树"全国文明家庭""中国好人""安徽好人"10多个。学习中华优秀传统文化，践行社会主义核心价值观，修缮新集创业史教育展馆，开展文化信物征集、为劳模技师留影等10余项活动，编撰《我与新集故事》《煤海华章》《新锐评》和企业画册，守正创新凝练了"艰苦奋斗、改革创新、争创一流"的优良传统等文化理念，进一步增强家国情怀。

6.党群融通聚民心，坚持不懈精心建好企业"职工之家"

坚持以习近平新时代中国特色社会主义思想开展理论宣讲活动，深入学习贯彻党的二十大精神，建好"红色之家"。每年开展"我为群众办实事"实践活动，在岗职工收入增长超过10%，推动年节福利、劳保标准、医疗互助和全员体检、意外保险"三提升两覆盖"，部署宿舍改造工程和文体中心建设，2023年组织先进骨干疗休养1088人次，开展"四送"和慰问活动——去出1000多万元。促进职工岗位建功和青年创新成效，举办技能竞赛、劳动竞赛和"名师带高徒"等活动，成功选树18个市级以上大师（创新）工作室，建好"成才之家"。加强先进典型选树，获评全国劳动模范、全国青年岗位能手标兵、全国青年安全生产示范岗、全国五一巾帼标兵岗等先进典型100余项，建好先锋之家。举办"国企开放日""投资者走进央企""大学生走进新集"等活动，开展群安群监、"好矿嫂"、"青安岗"等青年联谊活动，凝心聚力促发展，建好"活力之家"。

五、实施效果

中煤新集公司党委通过创新党建管理方法，聚焦创新实施"三位一体"融党建工作机制，切实下好"一盘棋",充分发挥党的政治优势、组织优势和密切联系群众的优势,以抓党建促融合的实干实效实绩,在推动企业高质量发展中充分发挥党的领导、党的建设独特优势。

(一)党委领导作用有力发挥

坚持以习近平新时代中国特色社会主义思想为指导,加强党对国有企业的全面领导,将拥护"两个确立"、做到"两个维护"的政治要求有力转化为推动公司改革发展稳定的生动实践。完善贯彻督办制度、"第一议题"、学习细则"三项机制",全面推行坚持自学、集体研学、干部领学、党员互学、先进带学、上级督学"六学"工作法,始终同以习近平同志为核心的党中央保持高度一致。编印《公司职权配置手册》和《治理制度汇编》,完善以"一章程、一办法、三规则、五清单、一手册、一汇编"为主要内容的"113511"公司制度体系,确保权责法定、权责透明、协调运转、有效制衡,切实从组织、体制、制度上保证党组织的领导地位。

(二)基层党建质效有力提升

贯彻习近平总书记关于党的建设的重要思想,通过"三位一体"融党建机制强化组织赋能,公司多项经济指标创历史最高纪录。健全党建机制,构建"年有计划、季有调度、月有重点"的党建工作推进机制,以"三基"建设为牵引建强基层组织体系,推行深入党建联系点定期报告、发展党员全程纪实管理、党支部发挥作用"双十条"等创新举措,精准实施党建差异化考核模式。通过深入推进项目化有力推动党建引领和组织赋能,聚焦保安全,实施"安全保障"工程和党建引领支持保障行动,矩阵化创新党建工作品牌,全面推动党建与业务深度融合。中煤新集公司党委被评为"淮南市基层党建工作示范点",获评"全国企业党建创新优秀品牌""全国煤炭行业党建工作创新示范案例"及"党建类管理现代化创新成果"等7个奖项。实践证明,必须推动党建融入生产经营组织化、具体化,切实将党建优势转化为发展优势、竞争优势。

(三)改革发展动能有力增强

坚持"三个有利于",以融党建激发创造力,高效完成公司改革三年行动任务和"三项制度"改革,入选国务院国资委国企改革"双百企业"。24项科技创新成果达到国际国内先进水平,全员劳动生产率创历史新高。实践证明,要勇于创新突破,在党建融合上创新工作机制,以融合的创造力深化改革。充分发挥党建优势,有力促进提质增效,中煤新集公司2023年度利润总额提至34.38亿元,资产负债率降至59.15%,净资产收益率提至17.64%,全员劳动生产率提至68.62万元/人,营业现金比率提至29.55%,研发投入强度提至3.32%,实现"一利稳定增长,五率持续优化"。中煤新集公司新建4个电厂项目及多个区域新能源项目,新增煤电、新能源装机规模近800多万千瓦,构建煤炭、煤电、新能源"三业协同"发展新格局。实践证明,党建融合上要强化政治建设,将思想伟力转化为发展动能,着力推动企业转型升级,提升产业控制能力,有力保证产业链、供应链安全可靠。

(四)团结奋进基础有力夯实

坚持以人为本,创新党建和群团工作机制,优化干部结构和人才结构,同步提升职工工作环境和生活环境,以清风正气促进干事创业,统筹开展理论阐释、宣传报道、企业文化、形势宣讲和文明创建,做深做实"一人一事"的思想政治工作,全面提升队伍战斗力和凝聚力。建强管理、专业技术和技能人才,激发队伍创造力,近年来荣获35项科技进步奖。坚持以人民为中心的发展思想,在岗职工年收入持续提升,办成民生实事400余项,大力改善工作和生活环境。深入开展劳动竞赛、岗位练兵、技能比武、典型选树、帮扶济困等工作,做实"青马"培训、青安监督、青年联谊、青工创新等"青"字号工程,职工的获得感、幸福感、安全感明显增强。实践证明,推动党建融合要始终牢记党的根本宗旨,走好群众路线,在发展中保障和改善民生,凝聚起攻无不克、战无不胜的强大力量。

六、下一步规划与探讨

国有企业是中国特色社会主义的重要经济基础和政治基础，实现国有企业党建工作与生产经营融合发展是深化国有企业改革的时代需求和保障国有资产保值增值的重要举措。中煤新集公司党委将持续深入贯彻习近平新时代中国特色社会主义思想，把握新时代党的建设总要求，持续坚持在企业发展大局中谋划推动党建工作，发挥党组织在公司改革发展稳定等方面的独特优势，深刻把握"深度融合"的内涵，突出提升治理效能、服务生产经营、促进和谐稳定，做好党建工作定位，从"治""事""人"3个维度出实招、做实功、求实效，有力推动党建工作在治理上融入、在业务上融合、在保障上融通，全面构建"三位一体"融党建工作模式，使"深度融合"实现"体"和"用"的统一，实现党建工作与企业发展同频共振。下一步，将加强动态管理，将工作模式的完善过程转变成凝心聚力、增强动力、激发活力的过程，提升党建管理创新的科学性、系统性和稳定性，不断提高党组织的政治功能和组织功能，有效激发和增强各级党组织和广大党员在推动改革发展稳定中的凝聚力、战斗力和创造力。

聚焦"八大工程",发挥"红色引擎"牵引作用,汇聚转型升级"澎湃动力"

创造单位:中共广西桂物机电集团有限公司委员会
主创人:刘焱 温云钊
创造人:郭潮瑞 卢巧燕 龙薇

【摘要】 广西桂物机电集团有限公司(以下简称机电集团)是广西壮族自治区直属的大型国有企业广西现代物流集团下属全资二级子集团,深耕汽车行业70多年,是广西最早经营汽车及机电业务的企业,长期承担广西汽车及机电设备流通主渠道职能。主营业务包括汽车生活广场开发运营,广西汽车旅游大会筹办,广西汽车露营圈规划建设,新能源汽车、特种车辆、特种设备、医疗设备销售,房车租赁及托管,机动车车管业务,机动车年审年检,机动车评估鉴定,二手车交易及市场服务,二手车出口,汽车租赁,汽车展会,汽车供应链金融等。近年来,机电集团以习近平新时代中国特色社会主义思想为指引,全面贯彻新时代党的建设总要求,聚焦经营工作中的重点、难点,以"八大工程"为抓手,将品牌创建工作嵌入经营工作,与经营工作同部署、同落实、同考核,将党建工作与经营工作深度融合,实现了党建品牌创建工作与经营工作双融双促。在党建品牌"八大工程"的牵引下,催生了企业发展的"十大动力",抓党建抓出了企业的凝聚力,更抓出了千帆竞发、百舸争流的新气象。

【关键词】 "红色引擎" "澎湃动力" 党建引领 企业发展 党员先锋 汽车

一、实施背景

机电集团是广西现代物流集团下属全资二级子集团,其历史可追溯到1953年,主要负责供应和销售汽车、机床、电力电缆、摩托车等机电产品。机电集团从供应10辆汽车起步,1992年销售汽车8358辆,经营网点150个,成为当年"全国500强最佳经济效益企业"之一和"广西流通经济效益50强企业"之首。1996年,广西壮族自治区物资厅成建制转为企业,机电公司走向完全市场化运营的道路,率先实施"品牌+连锁"的发展战略,拥有汽车4S店和专卖店最高达到54家,汽车年销售3万多辆,汽车年维修4万多辆次,年营业收入40多亿元,一度成为广西汽车销售行业的龙头企业,成就了机电集团历史最为荣光的岁月。2009年,由于企业改制,机电业务分家,几乎所有代理品牌被分走,业务人才大批流失,企业走到了破产边缘。2015年,集团公司整合全区8家机电企业成立了广西桂物机电设备有限公司,2018年更名为广西桂物机电集团有限公司。经过多轮重组,企业略有起色。2018年年底,汽车行业遭遇断崖式下滑,以汽车销售为主营业务的机电集团再次遭遇重大的经营危机,转型升级、"二次创业"迫在眉睫。在这样的情况下,"活下去"成了企业最重要的目标。如何破解发展难题、重建队伍素质、重塑企业品牌形象,最终实现重回荣光之路,成为机电人苦苦思索的命题。机电集团党委进行了深刻的反思。机电集团现有员工280人,其中党员110人,有9个党支部。作为一家有着70多年历史和深厚"红色基因"的老企业,应该充分发挥党建工作的优势,充分激发基层党组织的战斗堡垒作用和先锋模范作用。在这样的使命下,机电集团启动打造"红色引擎·澎湃动力"党建品牌。

二、实施目的

2018年,机电集团启动打造"红色引擎·澎湃动力"党建品牌的1.0版本,提出了思想铸魂、管理奠基、党旗飘扬、青春闪光"四大行动",着重解决企业经营发展中思想不统一、管理效能低下、队伍人心涣散、业务拓展艰难等问题,让思想活起来、机制活起来、团队活起来。党建品牌的创建效果明显:2019年,企业就实现了扭亏为盈,持续向好;2020年,建成运营了广西最大的一站式汽车文旅生活综合体,实现了由销售型企业向平台型企业的初步转型,还承办了广西首届汽车旅游大会,重塑了企业形象。

目前,机电集团产业链已全面拓展延伸,主营业务包括汽车生活广场开发运营,广西汽车旅游大会筹办,广西汽车露营圈规划建设,新能源汽车、特种车辆、特种设备、医疗设备销售,房车租赁及托管,机动车车管业务,机动车年审年检,机动车评估鉴定,二手车交易及市场服务,二手车出口,汽车租赁,汽车展会,汽车供应链金融等。2023年,机电集团明确"1123"发展战略,提出了争当广西汽车生活服务潮流的领航员,奋力建设全国一流的汽车生活服务企业发展目标。

新形势、新任务对党的政治建设、党组织和党员干部的作用发挥提出了新的要求,因此,机电集团党委在1.0版本的基础上进行了升级改版,开始打造"红色引擎·澎湃动力"党建品牌2.0版本,明确2.0版本的创建目标:一是要全面建强党的组织;二是要实现经营业绩突破性增长;三是推动"1123"战略落地,转型升级取得实质上的突破;四是党员干部职工素质全面提升;五是企业物质文明与精神文明相融相促,繁荣发展,并将创建措施的"四大行动"升级为"八大工程"。希望通过以上措施和目标的实现,推动机电集团重回行业龙头地位、重回荣光之路。

三、实施过程

在党建品牌创建过程中,机电集团党委始终以习近平新时代中国特色社会主义思想为指引,全面贯彻新时代党的建设总要求,聚焦经营工作中的重点、难点,以"八大工程"为抓手,将品牌创建工作嵌入经营工作,与经营工作同部署、同落实、同考核,将党建工作与经营工作深度融合,在创建工作与经营工作的双融双促上全面发力。

(一)实施"思想铸魂"工程,在政治引领上提升品质

1. 建设"五力"好班子

一是强化理论学习。落实"第一议题"制度和党委理论学习中心组学习,持续运用"理论学习+重点工作"学习模式,全面提升领导班子的"五种能力",即把关定向的政治力、治企有方的领导力、开拓进取的创新力、攻坚克难的战斗力、清正廉洁的净化力,建设"五力"好班子。2024年,机电集团党委领导班子开展中心组学习5次、结合重点工作开展研讨会7次,突破性地解决了桂林象胤汽车生活广场开工、北海象胤汽车生活小镇土地招牌挂、沙井项目规划、二手车出口等重要工作,为企业的转型升级打好了基础。二是强化党建责任落实质量。把基层党建工作与经营业绩成效、党建考核结果挂钩,与党组织书记述职挂钩,每年两次党建工作考核检查,党建工作80分以上、90分以下的扣5%绩效,80分以下的扣10%绩效,对排名靠后的进行组织约谈,压实党组织书记"第一责任人"责任。

2. 建设"五星"好支部

在基础建设上,全面落实基层党组织"五基三化"深化年行动,以"七抓工作法"为抓手,即抓组织机构是否健全、抓党组织书记是否履职尽责、抓党员干部是否发挥作用、抓活动开展是否有质有味、抓制度建设是否完整且落地实施、抓培训工作是否常态持续开展、抓经费保障是否持续有力,推动基础管理提质增效。在品质提升上,以争创"五星党支部"为目标,持续开展"两化"达标、星级党支部评选,参加集团公司"十佳十优"党建品牌评选、示范党支部评选,提升支部建设水平。在"两个作用"发挥上,把学习教育与"揭榜挂帅"领办重点、难点工作相结合,推动学习成果转化。2024年,各党支部领办重点、难点工作20项。

3. 培育"五优"好员工

以"象话大讲堂""象话读书会"两个培训平台为抓手，突出政治培养，全面提升员工的能力素质，打造"象话大讲堂""五象"培训体系——红象（党史、党建、党风廉政、意识形态等课程育思想）、蓝象（转型升级类课程育格局）、白象（综合管理类课程育思维）、橙象（技术提升类课程育本领）、粉象（员工关爱类课程育情怀），开展教育培训169场，受教育人数6365人次，培训学时达到10000多个学时。打造"象话读书会"学习平台，通过"读书社群+21小时打卡+分享会"的形式，搭建闭环阅读管理体系，收到音频、视频和图文打卡记录6805条、阅读打卡总记录11000条，推动学习型企业建设。大力开展"争做担当作为好员工""争创干事创业好团队"活动，力求培育一批政治素养优、道德品质优、能力本领优、岗位业绩优、廉洁作风优的"五优"好员工。

（二）实施"提质增效"工程，在治理效能上提升品质

1. 落实党建进章程，实现横到边、纵到底

将党建工作总要求写入所属企业的公司章程，明确党组织的职责权限、机构设置、运行机制、基础保障等重要事项，坚持"双向进入、交叉任职"的领导体制，把党的领导融入公司治理各环节。

2. 深化国企改革，实现减包袱、增活力

完成5家企业工商变更，理顺产权关系，推进经营权与产权相统一。完成13家企业股权划转工作，提升10家公司管理层级，建立起了产权清晰、管理高效的集团化管控模式。完成两次组织机构改革，建立起权责明晰的两级管理体系，职工人数由2018年的582人缩减到2024年的280人，真正做到小体量大作为。

3. 强化资金管控，实现降成本、增效益

充分发挥国企优势，拓展融资渠道，授信总额由2020年的6489.8万元增加至9.98亿元，为公司发展筹集资金。积极开源节流，加强成本费用管控，提升资金运转效率。通过加强内部资金筹划和提升授信敞口等方式，贷款综合成本由2020年的10.5%下降至5.19%。

（三）实施"岗位建功"工程，在作用发挥上提升品质

1. 深化"岗位建功"工程

扎实推进党建"第一责任"和发展"第一要务"的有机融合，紧盯生产经营目标任务，深化拓展"书记领办项目""党组织服务项目""党员攻坚项目"。积极践行一线工作法，开展"党旗飘扬""文明有我""青春建功"行动，在项目建设、业务开拓、脱贫致富、志愿服务上"扬党旗"，争创文明单位和青年文明号，选拔了40名优秀党员干部到一线培养锻炼，设立"党员先锋岗"45个、"党员突击队"12支、"青年突击队"8支，激发党员干部立足岗位创先争优。

2. 强化"典型选树"行动

持续开展"争做担当作为好员工、争创干事创业好团队"活动、先进集体和个人等评选活动。5年来，评选先进集体（单位）162个、先进个人410余名，其中3人获集团"十佳桂物人"称号，3人获得自治区级荣誉表彰。

3. 推进"人才领航"行动

全面盘点机电集团现有人才状况，对重点岗位开展专项招聘，靶向引才超过120人。搭建"优秀年轻干部人才库"，入库年轻干部24人。落实"走出去"和"请进来"相结合的常态化培训机制，组织优秀人才到北京大学、浙江大学、哈尔滨工业大学等开展培训180余人次，前往华为、阿里巴巴、吉利汽车等知名企业参观18次。

（四）实施"品牌亮化"工程，在矩阵效应上提升品质

1. 深化创建内涵，提升品牌质量

以"红色引擎·澎湃动力"为母品牌，一体推进"1+9"党建品牌矩阵打造，以母品牌创建为牵引，同步带动9个子品牌创建，形成协同效应。组织开展党建品牌创建培训7期，重新梳理品牌创建方案10个，完善党建品牌阵地6个，全面推进党建品牌"迭代升级"，全面提升了品牌的内在品质与外在形象。

2. 发挥品牌效能，促进作用融合

充分发挥党建品牌在企业经营中的引领作用，指导各子品牌以党建品牌创建为抓手，推动党建与业务双融双促，如象大公司打造的"象管家360"党建品牌，在输出"3"心服务、做到"6"种满意，以及"0"式工作法上下功夫，3年来完成车检业务近3万笔，完成车管业务近16万笔。2023年，象大公司车管业务月总量跃居南宁市76个站点第一名。物港公司打造的"红色引擎·汽象万千"五象汽车生活广场商圈党建联建共建品牌，充分运用园区汽车产业资源、软硬件设施优势，整合辖区内政府、企事业单位等多元资源，推动了商圈的繁荣发展。

3. 擦亮品牌名片，扩大品牌影响力

充分用好各类展示阵地和宣传平台，如权威媒体、企业微信公众号、宣传栏等，对党建品牌进行全方位、多角度的宣传和推广。组织参与各类党建品牌评选、交流和参观活动，提升品牌的知名度和影响力。2024年以来，"红色引擎·澎湃动力"成效获人民网等媒体报道推介，"象管家360""红色引擎·汽象万千"党建品牌已连续多次成为广西壮族自治区国资委党委骨干培训班的现场教学点。

（五）实施"文明示范"工程，在文明创建上提升品质

1. 大力培育新时代文明实践新基地

持续深化"抱抱象"新时代文明实践活动，围绕党的理论宣讲、诚信二手车市场建设、美好车生活服务、汽车研学服务及社区服务等内容，开展理论宣讲、红色经典教育超过100场次，受教育人数超过1万人次，接待研学师生超过4万人次。以20万平方米的五象汽车生活广场为载体，充分发挥企业宣传阵地作用，通过大屏幕展示、抖音、微信公众号、现场宣讲教学、活动承办等方式，多矩阵开展社会主义核心价值观宣传，日均受众超过5000人。

2. 大力开展广西壮族自治区文明单位创建

积极抓好文明优质服务，联合园区内90多家汽车品牌商户，在商场、社区、政府、企事业单位等设立公益便民服务点，为群众免费提供车辆检测、评估、清洁等服务；落实"首问负责制＋一次性告知"制度，打造"象管家360"服务体系，提供包括上门接车、交钥匙服务、"周六不停歇审车"、拥军免费年审等服务。机电集团获评广西壮族自治区"文明单位"，五象汽车生活广场、象大机动车登记服务站获评第21届"广西青年文明号"。积极履行社会责任，与辖区内"两新"党组织、政府、派出所、工商、税务、银行等28家单位，在乡村振兴、疫情防控、扶贫济困、孝亲敬老、法治宣讲、联防联治等方面开展公益活动，累计服务群众3万人次。

3. 积极打造诚信市场标杆

建立商户诚信评星体系，评选出诚信商户186家、党员经营示范户2家；发起成立"二手车猎人"诚信联盟，推动二手车行业规范化建设，累计免费检测入场车辆11887次，免费评估车辆超过3000次，排除问题车辆400辆。

（六）实施"幸福家园"工程，在员工福祉上提升品质

1. 丰富企业文化建设

积极开展书香企业、清廉企业、活力机电、幸福机电等系列建设活动，常态化举办"机电节

日""机电活动""机电味道"等活动近百场次。

2.提高职工福利待遇

将发展成果切实惠及职工，职工年平均工资从4.92万元增至9.65万元，增长率高达96.14%。将传统的"五险一金"升级为"六险两金"，为职工提供更全面和完善的保障。

3.完善工作和生活设施

为职工提供装修时尚、功能齐全的开放式办公环境，打造包含"一屋一堂两馆一厅"的职工之家，即职工书屋、职工食堂、职工健身馆、职工球馆、文化展厅等活动设施，丰富员工的业余生活。

（七）实施"命运共同体"工程，在民族团结上提升品质

1.完善工作机制，加强组织领导

将统战、民族团结和宗教工作纳入党委会重要议事日程，与党建工作同研究、同部署、同考核。

2.加强民族文化交流，强化民族命运共同体意识

通过党委理论学习中心组、"三会一课"等形式，用好党建馆、规划馆等载体，将铸牢中华民族共同体意识宣传教育融入职工运动会、企业文化分享会、关怀慰问等活动，强化各民族职工的情感认同。

3.加强互助合作，构建多民族繁荣发展图景

围绕非公经济改革发展，在政策解读、资金纾困、展会拓客、业务培训、文化共建等方面，帮助和引导各民族商户的经营发展，推动非公经济健康发展，帮助二手车商解决发展资金达3.71亿元，开展各类政策宣讲及培训60多场。

（八）实施"清风护航"工程，在廉政建设上提升品质

1.强化"两个责任"，深化全面从严治党

通过专题研究、定期督查、专项检查等方式，推动党委主体责任和纪委监督责任一体贯通。

2.深化专项治理，营造风清气正氛围

持续开展融资性贸易、工程领域腐败、逾期应收账款清收等专项治理，巩固"清廉桂物"建设成效；加强常态化监督，防止"四风"问题和违反中央八项规定精神问题反弹。

3.丰富宣教形式，打造特色廉洁文化

通过打造廉政教育基地、组织演讲比赛、选树榜样、发放廉洁手册和发送短信提醒等，营造独具特色的廉洁文化氛围。

四、主要创新点

（一）设计系统科学，体系化、机制化解决"融合"难题，有效对治"两张皮"现象

"红色引擎·澎湃动力"是机电集团党委创建的党建品牌，党委作为企业的最高决策层具有站位高、格局大、保障足、落地实等优势。"红色引擎·澎湃动力"聚焦优秀企业的"八个维度"，即企业经营效益好、发展前景好、领导班子好、员工精神面貌好、精神文明建设好、企业文化氛围好、社会责任履行好、作风廉风好，在内容上系统性地提出了"八大工程"，将党建工作与经营发展、转型升级、人才队伍、企业文化建设、文明创建、安全生产、廉洁作风等重点工作结合起来，同研究、同部署、同考核，系统性地解决了"哪些工作可以融"和"融什么"的问题。在体制机制上，系统性地建立起了"五力"好班子、"五星"好支部、"五优"好员工建设标准，建立明确的责任清单和考核评价机制，使创建工作可以与经营工作融得进。例如，将"揭榜挂帅"的重大项目与"书记领办"结合起来，设立"红黑榜"，一方面解决了重难点工作推进难、突破难的问题；另一方面也解决了品牌创建成效评估难的问题，系统性地解决了"怎么融"和"融得好"的问题。党建品牌创建实现了系统化管理，创建过程有标准、可量化，创建效果可评估，创建模式可推广。

（二）载体丰富多样，多维度、多元化解决了切入点不多、抓手不足等问题

"红色引擎·澎湃动力"以"八大工程"为载体，既聚焦了党组织自身建设和党员思想政治问题，如思想铸魂工程；又聚焦了企业发展和转型升级问题，如"提质增效"工程、"岗位建功"工程、"品牌亮化"工程；还聚焦了企业的社会责任，全面回应职工期待，回应国家和社会的期待，如"幸福家园"工程、"文明示范"工程、"命运共同体"工程。在8个大载体下，又围绕着党组织和党员作用的发挥，嵌入了各种小载体，如"岗位建功"工程又与"党员先锋号""党员突击队"创建结合起来，将品牌创建织成了一张网，全体党员是"绳"，党支部就是这张网上的"结点"，党委就是"网"。通过品牌创建，各项工作都能扎实落地，企业管理实现了"纲举目张"，发挥出企业的"十大作用力"，经济上实现了持续向好，转型升级取得了重大突破，文明创建斩获众多荣誉，社会影响力不断增强，各项事业都显示出了勃勃生机。

（三）"1+N"矩阵式推进，全方位、立体式展现了品牌的孵化力

以"红色引擎·澎湃动力"母品牌创建为中心，一体推进9个支部的"红色引擎+"子品牌的创建，各子品牌根据自己的业务特点，找准切入点，形成了独有的品牌特色和强烈的品牌效应。例如，"红色引擎·汽象万千""象管家360"等品牌，其品牌的影响力已经超过了母品牌，机电集团党建品牌创建形成了千帆竞发、百舸争流的独有气象，全方位、立体式展现了品牌强劲的孵化力。

五、实施效果

在党建品牌"八大工程"的牵引下，催生了企业发展的"十大动力"，抓党建抓出了企业的凝聚力，更抓出了千帆竞发、百舸争流的新气象。

（一）党组织的生命力

1. 党组织的战斗力不断增强

机电集团连续5年完成经营目标，并保持每年千万元以上利润，连续3年获评集团公司"先进单位"。其中，5个党支部实现扭亏为盈，4个党支部实现业绩增长，老企业焕发新活力。

2. 党组织的吸引力不断增强

新增混合所有制企业4家，均实现党建进章程、党支部全覆盖。通过设立党支部，引领混改企业正确发展方向。其中，通过参加党的活动，混改企业干部职工感受到了党的凝聚力和号召力。2021年，象大公司共有17名职工递交了入党申请书，占当时职工人数的一半。

3. 党组织的影响力不断增强

开展"五象汽车生活广场"商圈党建联建共建，辖区内的社区、银行、学校、工商、税务等28个党支部组成联建共建单位，共开展活动68次，接待参观考察团超过320批次，接待人数超过2.6万人。

（二）区域经济增长的贡献力

1. 引领区域经济发展的新引擎

五象汽车生活广场累计带动汽车销量9.16万辆，销售额173.59亿元，提供就业岗位3000多个，首次登上"中国汽车流通行业二手车交易市场百强榜Top10"。

2. 贡献"汽车+展会"新模式

开创"汽车+文旅+房产+百货"等产业链的融合发展模式，累计举办广西汽车旅游大会等各类汽车文旅展会、"以旧换新"活动46场次，推动"展会经济""文旅经济""夜游经济"发展，带动全区消费80亿元。

3. 贡献二手车入统新模式

积极承担广西壮族自治区赋予的新使命，成为广西壮族自治区首家二手车入统试点单位，开创"供应链金融+二手车入统新模式"，实现入统规模8.12亿元，供应链金融规模4.99亿元，成为全国二手车行业入统的典型案例。

（三）转型升级的创新力

建成运营广西最大的一站式汽车文旅生活综合体——五象汽车生活广场，园区入驻汽车品牌37家，二手车商54家，配套服务企业29家。2021年，也就是运营第二年，招商率即达到95%。推广"汽车+"产业模式，打造"五象谷"营地，形成商、旅、展、学、研多产业链融合发展的良好局面。加速全区重点项目布局，开工建设桂林象胤汽车生活广场，成功签约北海象胤汽车生活小镇，累计完成项目投资24.79亿元，打造发展的"裂变模型"。积极拓展政府部门和企事业单位汽综业务，5年来合同金额累计超过7亿元。成功开展南宁市首单二手车出口业务，在新赛道实现"零突破"。司法拍卖业务进驻9个地市22家法院，建成使用7个法拍车线下服务中心。车管业务月总量跃居南宁市76个站点第一，成为南宁市标杆示范站点。

（四）引领行业的示范力

1. 成为资源整合标杆

成功主（承）办4届广西汽车旅游大会等各类汽车展会46场，开展汽车主题研学活动40余次，五象汽车生活广场入选广西壮族自治区、南宁市中小学生研学实践教育基地，荣获"2023年研学实践教育工作先进集体"等称号。

2. 成为行业诚信经营标杆

五象汽车生活广场连续3年获评"中国汽车流通行业优秀会员""诚信经营单位"，入选"中国汽车流通协会评选全国二手车行业社会责任榜样"名单。所属旧车公司二手车市场也多年蝉联"全国5A诚信二手车交易市场"，两次获评"中国汽车流通行业诚信经营单位"。

3. 成为新能源车推广应用示范基地

五象汽车生活广场引入特斯拉、比亚迪、蔚来、小鹏、广汽埃安等38个新能源汽车品牌，成为广西首批新能源汽车推广应用示范基地，获良庆区创建生态文明城市突出贡献奖。

（五）人才队伍的成长力

40名担当实干的青年干部在重点项目、重点工作中发挥重要作用，大力选拔28名敢于负责、勇于担当、善于作为、实绩突出的干部，调整处理了20名作风不严、工作不实、履责不到位的干部。

（六）和谐繁荣的幸福力

1. 民族融合齐头并进

积极吸纳和培养少数民族干部、员工及商户，在五象汽车生活广场，提供超过3000个就业岗位，其中少数民族员工和商户达600多人。在机电集团，280名职工中有94名少数民族职工，少数民族干部达20余人。

2. 幸福指数不断攀升

开展"机电节日、机电味道、机电活动"等各类文化活动近百场，形成了良好的精神文明创建氛围，先后获广西壮族自治区模范职工之家、广西壮族自治区文明单位称号。

3. 乡村振兴工作见成效

派出4名党员干部接力担任驻村第一书记，抓好特色产业增收，促进乡村产业兴旺，强化消费力度助农增收，获评广西壮族自治区"脱贫攻坚先进集体"。

（七）廉洁自律的净化力

打造"红色引擎·清廉护航"廉洁文化品牌，通过廉洁文化建设、廉洁制度约束、廉洁机制监督、廉洁人才实干举措，大力营造以清为美、以廉为荣的良好风尚，入选广西壮族自治区清廉国企建设示范单位。

（八）安全生产的保护力

压紧压实安全生产主体责任，扎实推进安全生产规范化管理，坚持日常安全巡查和重点整治排查相结合，强化安全教育和安全演练完善安全管理制度，5年来没有发生安全生产责任事故，先后3次被广西现代物流集团评为安全生产先进单位。

（九）社会责任的担当力

一是持续开展"抱抱象"志愿服务活动。累计开展各类活动158场，服务3万多人，获评2023年广西壮族自治区新时代文明实践典型案例，是广西壮族自治区国资委唯一入选案例。二是较好地完成政府及有关单位交办的任务。先后承办4届广西汽车旅游大会，先后2年组织完成广西14个地市的"汽车下乡"活动、广西国际汽车展等大型经济活动、体育活动、文化活动100多场次。

（十）党建品牌的孵化力

深化"红色引擎+"党建品牌并细化创建措施，孵化9个子品牌，形成"1+9"的矩阵效应，所属9个党支部全部上星，其中五星级党支部2个、4星级党支部7个。物港公司"红色引擎·汽象万千"、象大公司"象管家360"党建品牌创建成效获得广西壮族自治区党委组织部和广西壮族自治区国资委肯定，成为广西壮族自治区党委党校、广西壮族自治区国资委的现场教学点。

六、下一步规划与探讨

下一步，机电集团将进一步打造和完善"红色引擎·澎湃动力"党建品牌，使其在企业发展中发挥更加重要的作用，推动机电集团奋力建设全国一流的汽车生活服务企业，领航广西汽车生活服务潮流。

（一）深化品牌内涵，强化价值引领

一是丰富品牌故事，深入挖掘企业党建历程中的感人故事、先进事迹和成功案例，通过多种形式（如微电影、图文故事、讲座分享等）进行传播，使品牌故事更加生动、具体，增强品牌的感染力和吸引力。二是明确品牌理念，进一步提炼和明确"红色引擎·澎湃动力"的品牌理念，强调党建引领企业发展的核心作用，以及党员队伍在企业中的先锋模范作用，形成独特的品牌价值观和企业文化。三是强化价值引领，将品牌理念贯穿企业生产经营的全过程，引导员工树立正确的世界观、人生观和价值观，增强员工对品牌的认同感和归属感，形成积极向上的工作氛围。

（二）创新品牌活动，激发组织活力

一是开展特色党建活动，结合企业实际，创新党建活动形式和内容，如"书记领办项目""党员先锋岗创建""党建+项目攻坚"等，激发党员队伍的积极性和创造力。二是深化党建品牌项目。围绕企业中心工作，不断孵化、成熟一批具有影响力的党建品牌，将党建工作与业务工作深度融合，实现党建与业务同频共振、互促共进。三是强化品牌宣传与推广，利用企业内刊、网站、社交媒体等渠道，加大对党建品牌的宣传力度，提升品牌知名度和影响力。同时，积极参与上级党组织组织的党建品牌评选，不断提升品牌打造水平。

（三）完善品牌体系，确保持续发展

一是建立品牌管理机制，建立健全党建品牌管理机制，明确品牌管理的责任部门、工作流程和考核标准，确保品牌打造工作的有序开展和持续改进。二是加强品牌团队建设，选拔一批政治素质高、业务能力强、热爱党建工作的优秀人才加入品牌团队，通过培训、交流等方式提升团队的专业素养和工作能力。三是建立品牌评估与反馈机制，定期对党建品牌进行评估和反馈，收集员工、客户、合作伙伴等各方对品牌的意见和建议，及时发现问题并进行整改，确保品牌的持续发展和不断提升。

党建领航激发改革发展动力，市场对弈中打造水务城市服务"尖兵"

创造单位：中共广州水投城市服务有限公司支部委员会
主创人：梁伟杰　郑宝涛
创造人：龙燕　周著　王柯柯

【摘要】 作为广州水投集团所属企业，广州水投城市服务有限公司（以下简称广州水投城市服务公司）党支部始终坚持党的领导，深入领会习近平总书记关于全面深化改革的重要论述，坚持做大做优国有资本总目标，致力于资产经营、物业管理、土地开发、文化会展、研学服务、食品经营、绿化绿植等领域，开拓外部市场，创新多业态经营模式，坚持立足"内循环"、拓展"外循环"两步走战略，多维度向客户提供优质城市运营服务，努力打造成为粤港澳大湾区一流综合城市服务运营商。

【关键词】 城市服务　党的建设　高质量

一、实施背景

为充分发挥党支部的战斗堡垒作用和党员的先锋模范带头作用，切实推进党建与业务融合，广州水投城市服务公司以"党建引领、创新驱动、标准先行、质量护航、品牌赋能"为工作主线，确保党建工作与生产经营工作深度融合、同频共振，聚焦企业管理创新、服务创优、经营创效，开展100个项目的品牌精益打造，实施"百面党旗"专项行动，进一步完善党建管理机制，规范服务行为，提升服务水平，激发党员队伍活力与先锋模范作用发挥，通过抓党建工作、抓中心任务、抓党员群众思想建设，深层次突破短板，全方位提质增效，多维度挖潜对标，以强劲实力和硬核担当筑造一个个精品项目，深耕细作、精进臻善，为推动企业高质量发展提供坚强组织保障，持续推动高质量党建引领企业高质量发展。

二、实施过程

广州水投城市服务公司党支部始终坚持以习近平新时代中国特色社会主义思想为指引，紧紧围绕党建与业务"双轮驱动"这一核心问题，从"政治统领、组织率领、廉政建设、党业融合"4个维度推动党建工作与生产经营"双轨并行、相融共进"，以高标准的党建工作引领企业文化建设，推动企业保持创新发展的活力，在市场竞争中不断突破、持续成长。

（一）突出责任担当，强化政治统领引领力

1. 高举伟大旗帜，筑牢忠诚政治根基

广州水投城市服务公司党支部始终坚持把学习习近平新时代中国特色社会主义思想作为首要政治任务，贯彻执行党的二十大精神，把及时深入学习习近平总书记重要著作、最新重要讲话和指示批示精神作为"第一议题"，通过落实"三会一课"、主题党日活动、理论学习中心组学习、领导班子讲党课等方式做实线下固定时间学，通过廉洁广州、智慧党建、党建有声图书馆做实线上自主随时学。组织应知应会培训班，情景模拟和理论学习并重，推动全体党员干部筑牢思想根基时时处处讲政治、讲忠诚。

2. 聚焦党的领导，坚守统领政治方向

严格执行新形势下党内政治生活，坚决贯彻好、落实好民主集中制，认真贯彻落实党章和党内法规，将党纪学习教育与落实广东省委巡视反馈意见整改相结合，持续营造良好的干事创业氛围。坚持党对国有企业的绝对领导，严格执行集体研究、民主决策程序和主要领导末位表态机制，先后分层分类动态优化党组织前置研究和研究决定事项清单，配套制订了支委会议事规则、工作会议议事规则、"三重一大"等制度，企业战略规划部署、组织架构调整、重大经营投资项目、重要人事任免等必须经过支委会前置研究。

3. 坚持发挥作用，扛起示范政治担当

一是压实管党治党责任，制订全面从严治党"两个责任"清单、领导班子权力清单。二是强化阵地管理，充分利用公开栏、宣传栏、论坛、沙龙等形式，立足水务行业特色，大力宣传时代楷模、身边好人，发挥榜样的引领力量。三是在重点管理项目中创建党员示范岗、责任区，广州水博苑作为水文化展示宣传窗口，积极创建党员示范岗、服务之星评比等，强化党员在生态文明建设、水文化宣传、窗口服务等环节的先锋作用。四是以"百面党旗"专项行动工作为抓手，每名党员至少挂点1～2个物管项目，在物管服务、食品经营等重点项目创建党员责任区，明晰党员责任分工，定期跟进工作成效，共同推进公司物管水平提升。五是在履行企业社会责任过程中，把党的理论结合到生态文明宣传实践中。建立党员突击队，开展志愿服务活动，在水文化传承、生态文明实践、环境保护、安全生产等方面持续策划、开展各类水文化科普和实践活动，组织党员积极参与水文化周、水文化科普研学、生态文明建设成果宣教、世界地球日巡护、民间河长等公益活动。

4. 深入研究阐释，广泛应用理论成果

一是在重点业务板块通过成立重点项目工作专班、信访工作专班等，由党组织书记挂点工作专班负责人牵头推进重点重大项目改造、重点出租项目策划等工作，定期组织开展现场调研、工作进度专题会议，建立工作督办机制等措施推动重大项目并取得实效。二是围绕国企改革提升行动，着眼公司战略转型，开展公司"十四五"规划中期的制订和修编。建立核心指标体系，以经营指标为导向，完善绩效评价制度，围绕营业收入、利润总额、净资产收益率、全员劳动生产率等核心指标体系，建立考核结果与部门评价、员工岗位晋升、薪酬福利、培训交流等相挂钩的动态管理机制，推动经营效益提升。结合公司主业发展及全产业链布局，优化管理组织架构，推动公司质量管理体系和食品安全管理体系的落地，推进公司ISO质量管理体系建设、物业服务资质、保安服务资质、食品经营资质认证，通过制度优化、流程再造、标准重制、集中采购，提高公司服务能力和水平。

（二）锻造战斗堡垒，落实组织率领战斗力

1. 巩固基层建设，构建标准体系

一是组织建设标准化。根据业务板块划分下一级党组织并做好托管党支部考核管理工作，确保党建工作嵌入公司生产经营各环节；开展"五强五化"示范党组织创建工作，每月定主题、设情境，结合各部室、各分公司业务特点，把组织生活同业务工作融合起来；认真落实"三会一课"、主题党日、谈心谈话等党内组织生活制度，推进"一事一档"工作成为常态。二是队伍管理标准化。实施党员积分管理办法，通过正向行为基础分、工作贡献加分、违规行为扣分、一票否决4个方面对党员行为进行规范，实行"一月一积、年底统计"，进行创先争优、两优一先、民主评议；持续提高发展党员程序规范性，搭好党员"练兵场"，同时做好青年预备军推优工作，注重精培细育，建好人才"蓄水池"。三是各项保障标准化。持续加强党建阵地建设，打造新时代文明实践基地，开发学习交流、便民服务、"百县千镇万村"消费帮扶等功能；强化制度同生产经营工作有效衔接，加强调研、倾听民意，开通独立邮箱，统筹各方意见建议，在改革创新、项目推动、赛道拓展中不断完善补全各项制度；持续做好"拥军优属""关爱妇女""儿童友好"，强化多方联动，营造良好氛围。

2. 树正选用导向，加强队伍建设

一是严格执行党的政治纪律和组织纪律，严格执行干部选任有关文件，通过内部推选、竞聘上岗、人才引进、公开选拔等方式拓宽干部选拔渠道和人才晋升通道，激发干部职工干事创业的积极性；突出人才队伍年轻化和专业化，实现员工学历、能力、年龄"两升一降"。二是推动双向交流，有计划地推动年轻党务干部与业务干部开展双向交流，推动党务干部补齐业务短板和能力弱项、业务干部提高政治素养，增强融合能力，在"急难险重"的新业务板块开拓中成立突击队和项目、技术攻关小组，在党员发挥先锋模范作用中破解业务发展难题。

3. 强化人才建设，提升技能本领

以组织架构调整为契机，优化干部队伍结构，制订临退休干部转任管理办法和部长助理管理办法等制度，进一步优化干部梯队建设，推动干部队伍年轻化、专业化。大力培养经营性管理人才。注重在物管、园林绿化、食品项目合作等新开拓业务一线磨砺干部，新发展党员重点倾斜项目一线和年轻骨干。打造"管理＋技术"双通道体系，畅通员工职业晋升发展渠道。拓宽人才引进渠道，通过聘任制方式引入市场化经营人才。试点干部"不胜任退出"，探索实施"末位淘汰和不胜任推出"工作常态化机制，促进干部担当作为和推进干部能上能下。与职业学校开展校企战略合作，共建联合实践基地，大力宣传公司水文化，培养技能人才，提高职工技能，推动项目和企业人才需求无缝对接。

（三）推动廉政建设，锻造风清气正保障力

1. 深化四责协同，压实"一岗双责"

推进党组织主体责任、党支部书记第一责任、班子成员"一岗双责"与纪检监督责任有机协同、贯通联动。深化落实全面从严治党主体责任清单，建立健全领导干部落实党风廉政建设责任、权力"两个清单"，实现领导干部履责、行权、防险"一张图"管理，确保领导干部在公司改革发展进程中靠前指挥、站在一线，发挥主心骨和表率引领作用。

2. 加强腐败治理，敲响廉洁警钟

打造具有水文化特色的廉洁品牌，厚植水文化廉洁基因，组织赴廉政教育基地现场观摩，讲廉政党课，开展廉洁谈话，利用各类警示教育读本、影像资料、案件通报等经常性开展以案示警。纪检部门充分发挥监督职能作用，统筹审计、法务、财务等专业力量，紧盯资源集中、招标采购、物业出租、商务合作、工程建设、公务用车的重点领域，持续完善协同联动、信息共享、齐抓共管的"大监督"合力工作机制。

3. 深化作风建设，开展专项整治

以"解决营商环境领域痛点堵点问题"为主题，以开展作风转变为契机推动工作全面提升。紧盯企业高质量发展、基层减负等问题，设立检举信箱，加强调研走访，明察暗访结合从严纠治口号响落实差、搞本位主义、躺平甩锅等问题。持续做深做细重大节假日期间"四风"监督检查，督促细化奖惩制度、评价机制、考核方式，推动党员干部多在提升公司经营业绩上下功夫，少在应付形式上做无用功。

（四）促进党业融合，激活企业发展生命力

1. 聚焦主责主业，发挥平台优势

一是党支部高度重视如何将党建同业务深度融合，发动公司党员团员积极参与外拓、产品展销、生态文明宣传、水文化传承和转化等工作，把党建引领作为战略实施保障体系的重要内容，与经营工作一体实施。二是持续发挥平台优势，在物业管理、食品经营、花木绿植、电商平台等方面加强联建共建力度。将党建交流、业务合作工作一同推进，各业务板块与职业学校、中小学、国资国企、行业协会等开展共建交流，以党建交流为纽带，围绕研学交流、文化活动推广、会务服务提升、景区打造等工作进行业务交流和深度合作，促成新业务的拓展。三是与福建长汀、广西百色、从化鳌头、清远连南等地的农产品企业合作，通过"内购+展销"的形式，搭建展销平台，落实消费帮扶措施，深入推进"百千万"工程及对口帮扶工作。

2. 坚持深耕细作，擦亮品牌

一是形成极具生态文明特色的水文化品牌。以广州新时代生态文明主题展为窗口，大力宣传习近平生态文明思想，不断丰富水文化内涵；打造以水博苑为枢纽，以水科技、水工业、水文化为核心，融合水产业、非遗文化、"婚庆+"产业等一体的新文商旅融合体。持续拓宽"博学堂"文化品牌影响力，从品牌管理、品牌升级、品牌塑造等方面全方位加强宣传力度，打造"有热度、有温度、有深度"的宣传阵地，策划开展首届"广府水文化周"活动、"世界地球日定向巡护"主题活动、"非遗传统中式婚礼仪式"活动、"中法建交60周年体育文化季"活动。二是积极打造水务物管特色品牌。提升物业服务专业化水平，积极深化"租赁+"物业经营创新思路，改变单一的租赁模式，通过主题策划和物业改造，提升物业的外部形象和档次，实现产业赋能。拓展新的经营项目，强化招商策划，拓宽招商渠道，提升物业租赁价值和出租率，稳定租赁板块收益，提升外部收入。夯实品质、扩大业务，将物管业务范畴范围从绿化、保洁、食堂、安保等延伸到物业维修维护、会议和接待服务、办公辅助、活动策划和承接等其他服务业态，进一步扩大物管业务版图，打造"大物管"概念。

3. 服务绿色低碳，落实振兴战略

一是积极践行"绿美广州"常态化、长效化，围绕"十四五"规划，积极发展苗木花卉产业，开辟绿化绿植新业务板块，以纤力地块为试点基地，培育优质苗木，加大绿化工程承接力度，推动经营从企业端向用户端延伸拓展。二是高度重视"百千万工程"和东西部协作工作，打造水文化研学工业游等，积极为实施美丽乡村建设出谋划策；把拓宽食材源头采购等餐饮业务渠道作为推动乡村振兴的重要抓手，通过品质把控、供应链建设、线上推广积极搭建展销平台，大力宣传推介特色农产品。

三、实施效果

广州水投城市服务公司党支部深入实施党建工作"服务质量提升""数智水平提升""安全管控提升""从业队伍提升"，全面深化制度融合、科技融合、管理融合、队伍融合，确保在推动党建政治优势转化为企业高质量发展优势方面取得显著成效。

（一）深化"机制融合"，实现服务质量提升

广州水投城市服务公司连续5年获得"纳税信用A级纳税人"称号。2023年，广州水投城市服务公司经营战略从资产管理正式转型为城市服务，多项经营指标实现大比幅增长，营业收入同比增长42%，其中外部收入同期增长36%。利润总额同比增长19%，公司可租赁物业年平均出租率同比增长1.08%。广州水投城市服务公司顺利通过质量管理体系、环境管理体系及职业健康安全管理体系认证，顺利获得三大国际管理体系及物业服务五星级认证证书。大力拓展和延伸"水务物管"上下游产业链，积极发展食品经营、电子商务产业，推动经营从企业端向用户端延伸拓展。

1. 物业管理板块

2023年，新增物管服务面积88.12万平方米，同比增长46.4%，同时将物管业务范畴范围从绿化、保洁、食堂、安保等延伸到物业维修维护、会议和接待服务、办公辅助、活动策划和承接等产业链上的服务业态。

2. 食品经营板块

广州水投城市服务公司所属子公司取得食品经营许可证，在业务拓展过程中坚守食品安全底线，积极引入食材供应链智慧管理系统，数字化覆盖生鲜配送、食品安全溯源等板块。积极推动源头直采新鲜有机农产品，走绿色化、特色化、数智化发展路线，已分步承接各单位职工饭堂的食材配送和运营，目前已承接食材配送业务21家、饭堂管理工作7家。

3. 电子商务板块

广州水投城市服务公司积极探索电子商务多元化销售策略,以技术赋能叠加产业融合发展,打造"水博荟"线上电子商城,商品范围覆盖23个品类,以高质量、高效率、高标准引进一批品牌源头供应商与头部平台综合供应商。

4. 水文化产业板块

搭建研学、文创、经营"1+1+1＞3"的模式,打造高端会议会务,带动文创、文旅产品销售。获评广东省节水教育社会实践基地并成为广州市唯一获评单位。水文化产业创新融合工作室自行开发的课程获得广东省研学课程设计二等奖、三等奖。水文化传播的有关内容仅在2024年上半年就获得《人民日报》、"学习强国"等各级公众媒体平台报道71次,总阅读量超过千万,新媒体平台小红书有关话题阅读量近2万次。

5. 绿化绿植板块

积极发展苗木花卉产业,开辟绿化绿植新业务板块,以纤力地块为试点基地,培育优质苗木,加大绿化工程承接力度,目前自有苗圃种植面积达21000平方米,提供近100个时花和绿植品种。

(二)深化了"科技融合",实现数智管理水平提升。

加强创新驱动,加快推进管理信息化、数字化。建设数智物业管理系统,通过智慧租赁系统、电子商务平台数字化管理提升,全面赋能智慧城市服务。加大对物管设备自动化、科技化的投入力度,引进先进物管设备,针对"水务物管"特色进行小型清洁装备"微改造",广州水投城市服务公司自主研发的"一种城市园林绿化废弃物粉碎装置"获得国家专利,实现了园区内保洁、园区安防无人机、无人驾驶车辆智慧化管理。

(三)深化了"队伍融合",实现从业队伍素质提升

强化干部管理使用,从干部年龄、专业、技能等方面持续加强年轻干部培养使用力度,充分调动他们的干事创业热情。围绕企业产业链拓展,引进房地产开发、食品经营、绿化养护、法务企管等30余名专业技术人才,为企业发展注入"源头活水"。注重持续优化人才结构,实现员工学历、能力、年龄"两升一降",员工队伍本科及以上学历占比74%,研究生学历占比15.6%,员工平均年龄从2019年的41岁下降到38岁,职工群众对干部选用工作评价为"好"的比例95%以上。

(四)深化了"管理融合",实现风险管理水平提升

完善安全生产体系建设,全面梳理公司风险点,形成风险台账,分级分类制订管控、整改措施。全面排查治理各类安全隐患风险,成功解决了公司所辖物业因历史遗留问题而存在的多年安全生产事故隐患。食品卫生安全方面,建立食品安全管理制度和管理标准流程,严格按照标准执行,进一步提升了服务能力。

四、下一步规划与探讨

广州水投城市服务公司党支部将继续贯彻好坚持党的全面领导,以党建为引领,立足市场、融入市场、服务市场,努力打造成为水务城市服务"排头兵",坚持立足"内循环"、拓展"外循环"两步走战略,深化党建在生产、经营、管理等业务领域的落地,深化企业转型改革拓赛道,把增进人民福祉作为谋划推进业态融合发展工作的出发点和着力点,实现水文化传播、水务品牌提升、水业经营收益"三丰收",为公司加快建设成为粤港澳大湾区一流城市综合服务运营商蓄势赋能。

打造"1234"高质量党建工作体系，以党建"软实力"助推公司经营"硬发展"

创造单位：中广核（北京）新能源科技有限公司
主创人：王雁冰　蔡广和
创造人：杨薇锜

【摘要】中广核（北京）新能源科技有限公司（以下简称科技公司）是中广核新能源控股有限公司的全资子公司。近年来，科技公司党支部牢固树立价值思维理念，以经济效益为中心，以创先争优活动为载体，紧密围绕公司高端运维服务、新能源备件超市、科研转化成果推广、数字化等业务，坚持"强党建、深融合、聚人心、促发展"工作思路，打造"1234"高质量党建工作体系，即围绕一个中心、突破两个难点、明确三个目标、落实四项工程，因地因企制宜，扎实推进党建工作，党组织的政治核心和战斗堡垒作用得到充分发挥，有力促进了企业科学发展。科技公司已取得授权的专利72项、软著22项，通过三标体系、知识产权管理体系、数字化软件开发CMMI3过程体系、ITSS软件系统运维服务能力体系认证。2023年，科技公司产品"风机在线监测系统"获得"中国设备管理协会技术创新成果"一等奖，"海缆状态在线监测系统"获得"中国设备管理协会技术创新成果"二等奖。2024年被授予"北京市'专精特新'中小企业"等。

【关键词】新能源　价值思维理念　高质量党建工作体系

一、围绕一个中心，努力打造高质量发展"主引擎"

科技公司始终坚持贯彻习近平总书记关于国有企业党的建设的重要论述，牢固树立"围绕中心抓党建、抓好党建促发展"的理念，顺应新时代党建工作新特点，总结提炼公司党建经验做法，研究确定了"一个中心"发展主线，即党建引领促进公司经营发展为中心，以党的建设高质量带动新能源科技发展的高质量，努力打造党建与业务深度融合一体发展的全国一流新能源科技公司。

（一）聚焦加强党的领导，打造贯彻落实体系

始终把党的政治建设摆在首位，坚持目标同向、部署同步、工作同力，聚焦科技公司"4+X"的核心业务布局，持续强化公司党支部的战斗堡垒作用的发挥，引导党员干部坚定拥护"两个确立"，做到"两个维护"，按照"四项标准"抓好"第一议题"制度落实，充分运用好"三会一课"，通过集中研学、专题讲学、活动促学等方式，推动习近平总书记的重要指示批示成为科技公司党支部决策事项、部署工作的首要遵循。

（二）聚焦国家发展清洁能源，增强核心功能

科技公司党支部始终心怀"国之大者"，立足大局，服务国家重大战略，发挥党建引领科技创新的重要作用，按照"立足风光、科研应用、科技赋能、以内促外"的指导原则，紧密围绕新能源主业，建立成果孵化、应用推广等工作机制，在先进技术、核心产品、关键设备等领域进行深耕，建立智慧电站数字化系统、标准化运维服务体系、综合物资"智慧"保障的核心能力体系，打造中广核新能源"科技+"的智慧电站及智慧运维生态圈，全面助力提升中广核新能源全员劳动生产率。

（三）聚焦落实"两个一以贯之"，深化法人治理结构改革

充分发挥党支部对重大经营管理事项的实质性把关作用，进一步完善公司"三重一大"决策制

度，明确党支部在决策、执行、监督各环节的权责和工作方式。分类、动态优化党支部委员会前置研究、审议、讨论重大经营管理事项清单，合理区分重大事项和一般事项的边界，科学设定前置研究讨论事项的范围和标准，规范研究程序，提高研究质量和效率，确保党的领导融入公司治理各个环节，团结带领广大干部职工积极投身中广核新能源事业和科技公司健康发展实践。

二、突破两个难点，破解党建业务"两张皮"

通过深入调研，科技公司党支部发现党建工作存在与中心工作融合不够、党员攻坚队带头作用不明显等短板，研究确定党建品牌化建设和党员先锋模范作用发挥作为两大突破点，促进党建与业务工作从"物理组建"到"化学融合"的深度转变。

（一）聚焦品牌创建，持续发力

立足行业特点，结合新时代党建特点和科技公司实际，在承袭中广核"白鹭"品牌文化的基础上，找准党建与中心工作的最佳结合点，经过系统谋划、深入研讨、充分酝酿，最终确定科技公司特色党建品牌为"智鹭领航"。举办"智鹭党建大讲堂"，每位党员轮流讲授"微党课"，积极推动全体党员说、讲、评，形成"党员人人是学员、党员人人是讲师"的浓厚氛围，进一步带动全员综合能力提升。开展"智鹭清风"行动，发扬风清气正的廉洁文化，开展"廉洁文化进项目""廉洁文化进班子""廉洁文化进系统"等系列活动，职工清廉从业的意识更强，廉洁理念深入人心。深入开展"智鹭同行"活动，推进"党建+业务"深度融合，如"党建+技术创新""党建+提质增效"项目，将党建品牌优势转化为企业发展优势。

（二）聚焦作用发挥，持续发力

将党建与企业治理、经营发展、改革攻坚、科技创新、管理创新、文化建设等深度融合，聚焦技术、信息、产品、质量、安全、效益、信誉等，以"五比一争"活动（比党性、比学习、比担当、比作风、比实绩，争当广核出彩先锋）为载体，持续推进党员责任区、党员示范岗、党员攻坚队等融合途径在公司中心工作的深化运用，激发全体党员责任感和使命感，营造立足岗位、争先创优的浓厚氛围。近年来，科技公司先后涌现出一大批党员先锋典型，如"状元秀"3名、"匠人巨星"2名、"能人巧匠"3名、"进步之星"7名，广大党员的先锋模范作用进一步彰显。

三、明确三个目标，连通学用转化"桥和船"

明确三个目标，即"学习效果提升""综合能力提升""'头雁'效应强化"，强化学习成果深化、内化、转化。

（一）学习教育"常加码"，提升学习效果

建立健全以学铸魂、以学增智、以学正风、以学促干的长效机制，巩固拓展主题教育成果，深化立足岗位建新功、我为公司建言献策等活动，组织党员在科技创新、精益运维管理、数字化建设、市场开拓、内部管理等方面发挥作用。坚决贯彻落实中广核党委关于开展党纪学习教育的部署要求，精心筹划、周密部署，实施挂图作战、打表推进，聚焦公司职责使命、强化担当作为，坚持在核心能力建设、科技成果转化、"卡脖子"技术难题等重点工作中检验党纪学习教育成果，真正使党纪学习教育成果在科技创新工作中体现出来，为开创科技创新高质量发展新局面贡献力量。

（二）教育培训"常态化"，提升综合能力

坚持把党员教育培训工作作为重要任务，认真研究部署，成立党员教育培训工作领导小组，形成科技公司党支部牵头抓总、各党小组分工负责的领导机制，坚持用制度管人、用制度管事，完善学习管理制度，制订《党支部理论学习方案》，以制度保障、规范和深化学习，对原有规章制度全面补充、查漏补缺，严格党员培训和考勤制度，提高党员教育培训工作规范化水平。围绕党员教育工作要求，充分利用"学习强国"、新能源网络平台、微信公众号，向党员推送相关文章，开拓视野、提升政治素养。组织开展"红色故事宣讲"活动，邀请老党员、优秀党组织书记登台演讲，对年轻党员进行生动深刻的党性教育。抽调党员骨干力量组成"市场开发党员攻坚队"和"科技创新党员攻坚队"，在科技公司党支部的统一领导下，组成工作专班，协力开展攻坚，在各项任务中锤炼党员能力。

（三）先锋模范"显担当"，强化"头雁"效应

支部书记做善学善思、善谋善为的"头雁"，带头加强党建专业知识的学习，每季度讲授至少1次党课，教育带动整个队伍，成为懂工作、能工作、善工作的行家里手。带头探索科技公司如何更快更好地通过科研转化的方式，率领"一班人"、带动"一层人"、影响"一群人"，助力科技公司高质量发展。深化"党支部—支委—党员"三级联动机制，支委带头加强理论武装、带头提升专业技能，进一步加强政治素质、业务水平和解决实际问题的能力。同时，领导班子严格落实"一岗双责"，组织分管领域党员用好学习平台、中广核"红鹭计划"培训体系、权威官方微信公众号等载体，坚持自学的基础上教育好、引导好其他党员学习。

四、落实四项工程，筑造加速奔跑"硬路基"

大力推进"组织增强""干部人才""正风肃纪""桥梁纽带"等四项工程，不断凝聚公司高质量发展原动力，为公司加速提档升级筑牢坚实基础。

（一）落实"组织增强"工程，战斗堡垒作用日益显现

把抓基层、强基础作为长远之计和固本之策，夯实组织根基，推动公司党支部党建工作全面进步、全面过硬。选优配强支部班子，做好组织、宣传、纪检、青年工作的分工，确保支委会班子健全、团结协作、分工明确，党建责任充分落实。利用"红鹭"智慧党建系统和广东省党务系统等载体，将党组织建设、党员队伍管理、党费收缴、三会一课、主题党日等日常党建工作在党务系统中及时做好记录，建立基础数据收集常态化机制。认真做好党员发展工作，发展过程规范标准、严把"入口关"。建立党员花名册，建立预备党员、发展对象、入党积极分子、入党申请人台账，实时更新。

（二）落实"干部人才"工程，人才支撑作用持续增强

坚持党管干部、党管人才，积极做好人才配置工作，根据业务发展需要从行业优质企业引进各类人才，涵盖各类关键业务岗位，持续为科技公司核心主业提供人才支撑。积极践行人才"活水行动"，鼓励人员跨组织、跨岗位、跨专业进行交流和历练。动态推进公司基层后备干部和人才梯队工作，编制公司人力资源三年规划，搭建多层次多维度的人力资源体系。做好基层干部选聘和交流，按照"德才兼备、以德为先"的干部选聘标准，完成基层干部选聘，不断充实补强科技公司基层管理团队。做实员工发展工作，不断畅通员工发展通道，推进年度员工能力评价，坚持正向价值导向，根据评价结果做好贡献发展调薪工作，员工实干导向日益鲜明。

（三）落实"正风肃纪"工程，风清气正氛围更加浓厚

坚持履行党风廉政建设和反腐败工作的主体责任，持续深入开展廉洁从业教育，以廉洁筑牢发展底线。把党风廉政建设纳入重要议事日程，定期分析党风廉政建设形势，研究部署党风廉政建设工作，定期召开专题会研究党风廉政建设和反腐败工作议题。每年开展纪律教育学习月活动，完成"五个一"规定动作（即阵地宣传、警示教育、红线底线教育、纪法公开课、纪法知识竞赛），创新开展形式多样的自选动作（即"3个主题周"活动、纪检委员讲党课、参观警示教育基地等），确保科技公司全体员工学习教育全覆盖。持之以恒纠治"四风"问题，组织"四风"问题案例学习；不定期对公司业务拓展、科技创新开展情况等进行监督，定期与重点敏感岗位人员开展廉洁谈话，常态化实施员工行为管理，严格日常监督，涵养新风正气。

（四）落实"桥梁纽带"工程，党群干群关系更加密切

充分发挥思想政治工作"稳定器"作用，注重建立良好的党群、干群关系。组织主题涵盖主题团

建、亲子活动、观影活动、母亲节活动、员工慰问、健康讲座、体育活动等贴近生活、深受员工欢迎的各类活动 100 多次，进一步促进团队融合。指导工会继续用好"我为群众办实事"实践活动形成的良好机制，不断解决职工群众"急难愁盼"问题，深入开展"我为群众办实事""员工关爱"等活动，倾情打造"职工幸福之家"，提升工会服务力，做好问题清单整改跟踪闭环。运用好技能竞赛、青年创新创效等青年成长成才平台，深化公司青年精神素养提升工程，巩固拓展团员和青年主题教育成果，深入推进全面从严治团，持续培育团青工作新质生产力，不断增强团的政治性、先进性、群众性。

擦亮"红色物业"品牌，全力交出"满意答卷"

创造单位：中建壹品物业运营有限公司
主创人：方丽　陈杰
创造人：乐静　郭诗颖

【摘要】 社区是城市管理的"细胞"，物业是基层治理的"窗口"。中建壹品物业运营有限公司（以下简称中建壹品物业公司）党委坚持党建引领推动物业服务与基层社会治理融合发展，以围绕中心、服务大局、服务基层、服务群众、服务发展为宗旨，以人民群众满意为出发点和落脚点，深入贯彻推动"红色引擎工程"，积极探索"党建+物业"，打造"红色物业"党建品牌，搭建"壹品红""壹启品""壹点爱"品牌矩阵，持续提升居民获得感、幸福感、安全感，持续推进物业服务融入社会治理，不断推进基层治理能力和治理方式现代化，为企业发展带来不竭动力，以高品质服务铸就人民美好生活，共同缔造幸福家园。

【关键词】 "红色物业"　党建引领　基层治理

一、实施背景

党建兴则事业兴，党建强则治理强。党的二十大报告指出，要加强城市社区党建工作，推进以党建引领基层治理。当前，物业企业在服务提质增效方面还存在着不少挑战，比如物业服务标准化体系建设有待进一步优化，对标准化制度文件的执行力不足、执行效果存在差异，物业服务检查机制和客户服务评价机制监管作用未充分发挥；物业企业党组织和工作覆盖融合不够，实施"红色物业"机制缺乏均衡性，存在一定程度上的党建、业务"两张皮"问题；物业党组织与社区党组织沟通不畅，社区服务尚未实现资源利用最大化等。为有效破解此类问题，中建壹品物业公司党委深化"党建+物业"模式，充分发挥好党建引领作用，紧密结合物业公司实际，精心打造"红色物业"，持续赋能物业管理工作，显著提升物业服务品质，为深化基层社区治理贡献物业力量。

二、实施目的

党建品牌是党组织党建工作特色与亮点的集中、充分反映，也是党组织及其党员队伍整体素质与形象在群众心目中的综合体，更是实现党建工作功能和价值的有效载体。中建壹品物业公司精心培育"红色物业"党建品牌，始终以党建引领为鲜明主线，彰显"红"的特色，体现"治"的成效，旨在以物业企业为载体彰显党的政治属性，通过为社区群众提供优质服务，把党的声音、触角、关怀传递延伸到千家万户。

（一）打造"红色物业"品牌有助于深化基层治理

党的工作最坚实的力量支撑在基层，最突出的矛盾问题也在基层，必须把抓基层、打基础作为长远之计和固本之举。通过打造"红色物业"党建品牌能够更好发挥物业联系群众、深耕基层的重要作用，进而把物业公司打造成为基层党组织联系服务群众、推动基层治理体系和治理能力现代化的重要平台，从而持续推进物业服务融入基层治理，打通基层党组织联系服务群众的"最后100米"，更加高效地凝聚和调动党员投身到小区服务工作中，为消除社会隐患、提升群众服务满意度、增加生活幸福感创造条件。

（二）打造"红色物业"品牌有助于彰显国企担当

作为国有企业，必须始终把党的建设融入日常工作之中，以高质量的物业服务更好地满足群众多元化的需求。打造"红色物业"党建品牌能有效强化城市基层党建作为党和群众之间的桥梁作用，有力落实党中央关于加强和改进城市基层党建的要求，有效实现城市基层党建"升级"发展。

（三）打造"红色物业"品牌有助于提升物业品质

物业公司要想在激烈的市场竞争中立足，需要提供高品质的物业服务。打造"红色物业"品牌能够让党员职工转变工作角色，更好地倾听基层声音，以社区群众需求为最根本的出发点，在服务资源、服务力量、服务机制上不断提升，真正把服务群众、改善民生作为物业工作的出发点和落脚点，主动解决小区居民关心关注的热点难点问题，通过有温度、有感情的物业服务，把温暖传递到群众心中，搭建起物业、社区与居民之间的桥梁，推进"红色物业"更加深入人心，不断提高公司的知名度和影响力。

三、实施过程

物业服务关系着市民的切身利益，是重要的民生工作，是社区治理的重要组成部分，更是直接体现一座城市发展品质、服务内涵的窗口。长期以来，中建壹品物业公司党委以打造"红色物业"党建品牌为抓手，以党建引领促进物业服务提档升级，把社区物业力量打造成为党的工作队，将思想政治工作融入基层服务，密切群众关系，提升服务水平，为创新国有企业思想政治工作载体、提升企业党建品牌价值、完善基层社会治理贡献力量，逐步形成了"一条主线、三大矩阵、N项活动、多方支撑"的中建壹品物业党建品牌实施路径。

（一）坚持党的建设为主线，全方位深化党建品牌

多年来，中建壹品物业强化党建引领，创新服务模式，突出合力共治，多维联动，打牢"红色物业"阵地，积极塑造"红色物业"品牌，持续激发"红色力量"。

1. 强化组织保障

调整优化党支部设置，吸纳管理好流动党员，确保党组织100%覆盖。在项目管理手册编写中，同步明确成立项目物业服务中心和党支部，将"红色物业"融入司属项目管理评审和党建考核细则，明确各项目主体责任，明确考核标准及奖惩措施，强化责任落实和考核结果运用。结合项目管理经验，将"红色物业"工作纳入"三个标准"体系，作为基础管理工作内容，探索实施精准化服务模式。

2. 强化责任落实

统筹制订了党建品牌的实施方案、具体要求，制订了党群品牌视觉形象识别管理手册和党群品牌建设分解任务表，坚持工作项目化、项目清单化、清单责任化，把工作任务细化分解到每一个责任主体、每一个具体环节、每一个时间节点，真正把责任压紧、把措施抓牢，全力推动各项任务高效落实。

3. 强化体系建设

开展"党建＋业务创新"工作，以"群众点单、支部建单、党员接单"模式，将党的领导融入日常服务经营中，在街道和社区的支持下建立"应急救援驿站""党群服务驿站""智慧社区站点"等园区党建服务平台，为小区群众打造"15分钟服务圈"，着力提升物业"专"的程度，全力拓宽物业参与社会治理"红"的深度，全力打造集党建、服务、社会治理于一体的"红色物业"服务圈。

4. 强化渠道拓容

统筹制订"品牌影响力提升行动"方案，其中包括"品牌价值梳理、品牌持续推广、品牌深度传播"三大任务，全力打造"标杆项目、标志人物、标准规范"，联合街道、社区围绕相关主题建设统一的"红色物业"宣传视觉系统，营造邻里文化、楼栋文化、小区文化，传递党的声音，设立党员群众服务中心、物业党员干部服务公示栏、红色文化宣传栏等，对各类标识标牌进行规范，对标验收，增强宣传氛围，力争所有宣传点必见"红色物业"，推动基层"红色阵地"提档升级，用"红色力量"搭

建起联系服务群众的桥梁。

（二）坚持三大品牌矩阵为载体，全维度赋能品牌建设

坚持以党建品牌建设为指引，统筹制订三大品牌矩阵，搭建起党建品牌的"四梁八柱"，确保党建品牌有载体、有支撑、具体化。

1."壹品红"推动党建经营深度融合

社区是社会治理的基本单元，也是社会治理的主战场。"壹品红"坚持党建引领，将党的组织领导融入物业服务工作中，提高基层党建工作水平，形成多元共治、基层善治的美好局面，实现资源共享、优势互补，持续推动物业服务品质提升，促进城市社区治理体系和治理能力现代化。

2."壹启品"推动文化持续滋润人心

"壹启品"旨在将企业员工和业主居民的个人情操、文化底蕴与公司企业文化深度融合，在品味经典中寻求和重塑自我人生实践，用文艺赋能构建精神文明家园，在品味文化、解读思想中传递人文价值，铸就生活中的点滴美好，逐步形成极具"壹启品"风格的人文文化，不断丰富人民群众的精神文化生活。

3."壹点爱"推动志愿服务温暖人心

"壹点爱"旨在弘扬中华民族传统美德，举办各类志愿服务和阳光社群活动，引导人们热爱生活、关爱集体，共同缔造互助互惠幸福家，让点滴奉献汇聚成河流，让美好爱心播撒千里，幸福健康生活共同缔造出壹品同心圆。

（三）坚持N项活动为抓手，全链条厚植品牌实力

中建壹品物业公司立足项目管理实际，凝聚各方合力，在三大品牌矩阵的带动下，聚焦群众所需，充分发挥好物业项目的积极性和创造性，牵头构建起多方共治、多元共享、多措并举的"三多"工作机制，开展形式多样的社区活动，持续丰富三大品牌矩阵的内涵，真正实现居民有想法、社区有回应、党员有行动。

1.坚持党建引领，提升物业品质

（1）建设平台促提升。积极探索党建引领城市社区基层治理的有效路径，精心搭建"红色社区"活动平台，建设党群服务中心、物业党员干部服务公示栏、红色文化宣传栏等，有效推动基层"红色阵地"提档升级，并将项目品质提升、降本增效、人才队伍建设与党建主题活动结合，形成特色，打造品牌，推动服务品质再提升。找准党建工作和党员需求及业主需求的结合点，将党的组织领导有效融入项目基础服务、品质提升、队伍建设、文化宣传中，着力打造党建有活力、服务有活力、队伍有活力、文化有活力、宣传有活力的"红色社区"。

（2）深化党建聚合力。坚持把"红色物业"融合到项目建设的全过程，在项目管理手册编写中，同步明确成立项目物业服务中心和党支部，将红色物业融入司属项目管理评审和党建考核细则，明确各项目主体责任，明确考核标准及奖惩措施，强化责任落实和考核结果运用；结合项目管理经验，将"红色物业"工作纳入"三个标准"体系，作为基础管理工作内容，探索实施精准化服务模式。

（3）树立榜样共进步。制定党群服务驿站方案，持续推进"岗队区室"创建工作，把"树标杆、立榜样、抓典型、敢亮剑"作为党建工作重要抓手，创建18个"岗队区室"，建立10个党群服务驿站，并创新性开展公司内部"红色物业"项目星级评选工作，打造公司星级"红色物业"示范项目，倡导争先创优的良好风尚。大力推动岗位建功，评选岗位技能强、表率作用好、服务质量优的团队或个人，树立先进典型，在全司形成崇尚先进、学习先进、争当先进的良好氛围。

2.坚持服务人民，展现良好形象

牢固树立以人民为中心的发展理念，推动志愿服务活动科学化、制度化、长效化，推动志愿服务

队伍专业化、服务内容多元化、服务活动常态化、服务效应品牌化、服务成果普惠化。2023年共开展形式多样的志愿活动60余次，服务居民1万多人，获得湖北省青年志愿服务"社区计划"专项赛金奖和银奖。

（1）志愿队伍彰显担当。挖掘各项目特色培树出"红袖章""蒲公英""刘凯"等特色先锋志愿服务队，聚焦居民所需、群众所想，成立"壹品幸福家"服务驿站，聚焦社区治理、助老助残、便民志愿等重点领域，深入开展"免费义诊""爱心美发"等红色便民活动、"关爱空巢老人""党员护学岗""夏季送清凉"等红色关怀活动，至今已提供千余次"暖心"服务。在武汉遭遇多轮强降雨长江防汛形势异常严峻时，物业公司响应号召党员干部带头组织近百人的队伍，驻守武金堤，参与长江大堤防汛工作，实行24小时不间断、全覆盖巡逻，全力以赴应急抢险，为武汉抵御汛情贡献力量。

（2）多元活动促进和谐。紧密贴合社区运营活动，延伸物业服务内容，精心策划爱心植树节、"三八"妇女节、"六一"儿童节、"八一"建军节、中秋节、国庆节等传统文化活动，以文艺演出、亲子游戏、百家宴等形式关爱服务业主，传播社会正能量。累计在社区免费播放100余场"红色主题"露天电影，总观影人数达1.5万人次；组织300余名员工与湖北经视共同录制"家入武汉"大型专题公益栏目，获得良好社会影响。设置美好社区"志愿公益集市"项目，以"类型不重叠、项目不重复、月月有集市"为目标，形成极具特色的"义卖""便民""文化""科普"四类主题集市，全面覆盖老人、青年、儿童等各类人群，让居民在家中、在社区就能体验到最便捷、最有价值的公益集市，用更具人文情怀的社会活动为居民生活增添亮色。

3. 坚持共建共享，赋能基层治理

中建壹品物业公司秉承为小区居民服务的初心，坚持将打造"红色物业"与落实企业社会责任结合起来，推动社区资源与物业服务深度融合，真正让物业"红"起来，治理"专"起来，民心"暖"起来。

（1）网格联建聚合力。强化与业主的沟通联系，加强与社区、业主的沟通交流，聆听业主心声，建立物业公司、社区居委会、业主委员会"三方联动"的常态机制，搭建集党建工作集成、物业管理互动、社区活动服务、社会信息转换"一体化"的党建活动阵地，合力下好基层治理"一盘棋"。加强与社区、业主的沟通交流，聆听业主心声，共建平等对话平台，创建"项目经理接待日"，做好"朝送晚迎"服务工作，用实际行动为家园建设添砖加瓦。携手邮电社区、黎明社区、安厦花园等老旧社区开展常态化"结对帮扶"工作，制订帮扶计划、实施专业指导，分阶段深入做好老旧小区改造，促进广大业主生活品质改善，共建社区新风貌，惠及居民近千人。为有效解决小区停车难题，积极与社区、业主沟通协调，先后召开7次召开居民群众议事会，通过入户调查，征求居民的意见，并及时与街道、区直部门反映，争取政府的支持，拆除历史违建8700平方米，邀请设计院进行整体规划，增加停车位168个，得到业主一致好评。

（2）多元共享解难题。坚持民生导向与为民服务紧密结合，聚焦老年人最关心的"食"事，联合社区筹备"老年食堂"。为让老年人能够在家门口吃上放心、可口的"暖心饭"，先后多次征求老年业主的意见，并与社区召开5次专题会议，对场地设施、菜品设置及原材料采购等方面进行商定，确保"老年食堂"能够按期对外开放。根据老年人的喜好开发出更多健康营养的菜式，优化食堂管理，让食堂的饭菜香、情味浓，让辖区内老年人老有所养、老有所依、老有所乐、老有所安，让老年朋友得到实惠，"吃"出幸福晚年。

4. 坚持品质提升，切合业主需求

中建壹品物业公司强化前瞻性思考，全力打造智慧物业，持续提升服务品质，实现业主对美好生活的向往。

（1）完善体系流程。强化制度流程的梳理、完善、优化，实现管理专业化、服务标准化，紧跟市场变化，从单一向多元扩展管理体系，构建起三标管理体系、售后服务体系、企业诚信管理体系、安全管理体系和客户满意度测评体系，据此修订《中建壹品物业公司品质管理办法》和《中建壹品物业公司品质管理考核办法》，进一步加强对物业服务质量的监督，建立品质管理长效机制，以考核促落实，强化项目团队执行能力。组织品质推进会、"强技增能，创优提质"劳动竞赛、服务礼仪专项检查、品质播报等系列品质提升活动，把物业管理的重要节点、降本增效措施落实、人才队伍建设与廉政文化"五进""三号联创""三联建"等党建主题活动相结合，切实提高"红色物业"的服务能力。

（2）强化品质管控。建立公司品控团队，集中专业力量，共享技术资源，组织开展系列赋能指导活动，利用公司内部现有专业骨干和外部专业技术经验、人才资源，为公司品质管理提供智力资源、决策参谋和行动帮手。开展"一城一标杆"项目打造工作，稳步推进"i邦邻"系列品质提升工作，覆盖公司7个公建项目，20个住宅项目，26个案场，扎实推进"攻坚行动""入户服务"，观"四季网红景点"，享"一处空间升级""站点升级""身心舒缓站"和"能量补给站"7项活动，业主满意度持续提升。

（3）深化智慧建设。依托企业自主研发的智慧管理"1+3+N"体系架构，实现集中管控，分布式执行，为住户提供快速、精准、高效的服务。加强、引导项目维保上线，利用信息化手段监管区域公司的安全管理动作；建设邦邻400呼叫中心，实时掌握项目现场服务水平；升级视频监控系统，及时发现和解决安全问题，为外区安全管理提供有力支持和保障。搭建快速便捷的智慧社区线上服务渠道，绑定整合高频的使用场景，通过开展线上线下高品质的生活服务及到家服务，构建"中建邦邻生活服务体系"，实现业主与物业、业主与业主之间良性的互动闭环，为业主提供便捷、安心、信任的居住环境。比如重点打造的"中建·星光城"智慧小区，构建了清晰完善的社区智慧化应用体系，率先打造十大智慧场景，以"智能+"为方向，完善业务信息大数据平台，实现系统集成可视，构建在线监测、分析预测、应急指挥的智慧社区运行体系。引入人脸识别、手机App、二维码、刷卡等方式，让业主在园区及单元门禁无感通行；并且将电梯系统接入物联网平台，实现门禁刷脸时自动呼梯，免去等梯时间。并且，中建壹品物业公司设置了EBA（Electronic Brake Assist，电子刹车辅助）系统，可以实时对设备运行进行监管、对设备能耗进行监测，及时维保，减少故障，最优运行。同时，我们在小区各个角落安装智能摄像头，做到监控全覆盖、无死角，通过智慧天眼系统把摄像头全量上云，实现随时随地的远程监控查看和AI（Artificial Intelligence，人工智能）监控异常后自动报警；进一步增强了住户的安全感。无人快递车"小蛮驴"目前已与菜鸟驿站接通，业主可以通过App预约机器人24小时送快递等；星光城已完成五大类34个智慧场景的建设落地，用智慧场景给业主带来高品质居住体验，极大地提高了服务效率和居民满意度。

（四）坚持多方力量为支撑，全领域服务党建品牌

中建壹品物业公司在深化党建品牌的过程中，在对外宣传、队伍建设及廉政建设等方面持续发力，为党建品牌建设提供强劲的支撑力。

1. 广泛宣传，擦亮品牌

加强重点新闻策划，统筹利用好各大宣传平台，从多个维度立体化、全方位地加强宣传报道，突出重大节点宣传的时效性、常规主题的创新性、重大事件的真实性，推出更多的有思想、有温度、有品质的宣传作品，让更多群众了解中建壹品物业公司。推动资源下沉，多方宣传，主动将宣传的重点对准项目一线，选树更多榜样典型，以多元化的宣传、贴近人心的报道提高宣传工作的针对性和系统性，持续放大先进典型的引领示范作用，推动公司呈现模范辈出、先进不断的良好局面，塑造物业公司对外友好的形象。2023年，在中央、省、市、行业主流媒体等平台发布外宣文章70余篇，在省、市物业协会媒体发布外宣文章90余篇。

2. 队伍建设赋能增势

落地实施"宽带薪酬"体系，坚持以"价值、绩效、能力"为导向，提升薪酬激励的科学性、精准性、公平性，进一步激发党员职工的工作活力。扩充人才培养师资资源，建立中高级内训师队伍，创建"壹启品"书香活动品牌，打造"壹品物语讲堂"培训品牌，搭建"壹品酷学"网络学习平台，及时宣贯党建新思想、行业新形势、企业新策略、专业新知识，促进人才培养数字化转型。充分整合人才资源，实施红色基因培育，重点抓人才战略规划、人才引进和关键人才培养，拓宽招聘渠道，拓展和深化校企合作，构建后备人才体系，初步建立起项目管理及四大基础服务专业序列的后备人才队伍，为公司发展注入人才动能。设立金牌管家、品质之星等激励措施，制订公司劳动竞赛方案，形成"比学赶帮超"的企业氛围，开展"双渠培养"党员发展工作，以公司红色队伍质量提升促使物业服务品质提升。

3. 着力打造清廉队伍

坚持把党的领导融入各项工作中，严格落实全面从严治党责任，将党建工作与作风建设充分融入日常工作，年初召开党风廉政建设和反腐败工作会议暨警示教育大会，对年度党风廉政建设工作精心部署，切实增强党风廉政建设的责任感和紧迫感。以党纪学习教育为契机，把学习掌握党章党规党纪作为合格员工的基本要求，坚持个人自学与集中学习相结合，利用好"三会一课"、主题党日等，引导党员职工正确处理公与私、情与法、亲与清、说与做、知与止的关系。利用公司微信群，适时转发各类廉政信息，分享警示案例，用好用活身边人、身边事，因岗、因人、因时分析研判违纪违法问题和典型案例，利用春节等重要时间节点开展廉政提醒，切实把学习教育融入日常、抓在经常。创建廉洁文化示范点，坚持把开展廉政测试、就职宣誓、签订廉政承诺书、廉政教育谈话列为"常规动作""必选科目"，将鼓励鞭策和敲钟警示的思想渗入其中，为党员职工拧紧"廉政发条"，进一步增强纪律意识、法治意识、制度意识。注重把职工的配偶、子女、亲属纳入廉洁教育范围，紧扣中秋、春节等时间节点，组织开展各类廉洁教育活动，教育警醒职工自觉摆正位置，从严约束亲属子女和身边的工作人员。

四、主要创新点

（一）"红色引领"全覆盖

坚持把党组织建设作为深化"红色物业"的重要根基，建立党群工作制度，配强配齐支部委员，大力开展理论学习、创先争优、品质提升、降本增效等活动，凝聚基层力量，充分发挥党支部的战斗堡垒作用和党员的先锋模范作用，将党的组织领导融入项目日常物业服务工作中，先行先试，形成特色，打造品牌，推动服务品质的提升。打造"红色阵地"，坚持把基层党建工作融入物业服务，将"建证品牌"与"红色物业"相结合，深入挖掘项目特色优势。

（二）"红色队伍"暖人心

找准党建工作和党员需求及业主需求的结合点，将党的组织领导有效融入项目基础服务、品质提升、队伍建设、文化宣传中，着力打造党建有活力、服务有活力、队伍有活力、文化有活力、宣传有活力的"红色社区"。成立多支志愿服务队，累计提供100多次暖心服务，让业主群众在家门口就能够享受到有温暖、有品质、有内涵的物业服务和党建新体验。

（三）"红色机制"进社区

建立矛盾调解化解、社区事务民主决策、议事协商等机制。联合社区党组织召开民情恳谈会、问题协调会、共治共商机制，充分发挥社区、业主委员会、物业三方的各自优势。在物业服务园区统一执行"四公开一监督"，引导物业服务公开透明，畅通投诉举报途径。最大程度调动业主参与共治的积极性，让每位业主知晓，让每户业主参与，从"众口难调"中找出"最大公约数"。对涉及居民利益的重大决策问题采用"一征三议两公开"工作法，充分发挥党组织的指导监督作用。

五、实施效果

中建壹品物业公司先后被授予"中国物业服务百强企业""中国物业服务年度社会责任感企业""省级杰出贡献奖""省级卫生先进单位""红色物业五星级企业""武汉市物业服务行业综合实力50强企业""武汉市和谐企业""抗洪抢险先进单位"等荣誉称号，累计荣获市级及以上荣誉60余项。

（一）党建引领力持续增强

中建壹品物业公司充分发挥党建引领作用，立足物业公司实际，充分发挥贴近群众的优势，启动"一支部一特色"党建阵地建设，联合多个社区开展"共建共促"活动，显著提升了支部战斗力和执行力。中建壹品物业公司坚持把党的建设融入物业服务之中，建立了首问负责制、限时办结制、责任追究制、绩效考评机制，使项目党建工作由"软任务"变成"硬指标"，把党的政治优势、组织优势转化为企业的竞争优势、创新优势和发展优势，有效推动党建与物业服务深度融合。中建壹品物业公司坚持发挥好党支部的战斗堡垒作用和党员的先锋模范作用，大力开展了公司"两优一先"评选表彰工作，形成争先创优良好风尚，也激发起党员的工作积极性和主动性，在物业服务、困难解决、多方联动中走在前、做表率，真心实意为群众解难题、办好事。

（二）品牌影响力持续提升

中建壹品物业公司各项目以社区为中心，打造集党建、服务、社会治理于一体的"红色物业服务圈"，实现组织关系、物业关系、邻里关系的"三方互融"。发挥好志愿服务队的作用，积极开展扶贫解困、敬老爱幼等慈善类志愿服务，至今已提供千余次"暖心"服务，服务活动获武汉市江夏区住房和城乡建设局通报表扬。2024年上半年，开展各类青年志愿服务活动30多场、服务群众5000多人。设立党员群众服务中心、物业党员干部服务公示栏、红色文化宣传栏等，有效推动基层"红色阵地"提档升级。2024年上半年，综合客户满意度为91.17%，高于行业均值18.07%，切实将党建引领融入项目日常物业服务工作中，先行先试，打造突出品牌，提升服务品质。相继被国家级、省级媒体报道，围绕职业化团队建设、高质量发展、"红色物业"等，以"服务质量"为主线，结合公司生产经营展现公司成果，持续扩大宣传。

（三）社区共治力持续深化

强化党对物业工作的领导，积极回应群众对美好生活的向往，加强"红色社区"平台建设，将物业项目品质提升与"三联建"等党建主题活动有机统一的中建汤逊湖壹号项目成为武汉市江夏区"红色物业"试点小区之一，切实将企业打造成有口皆碑的"组织建设好、骨干队伍好、社区运营好、服务质量好、社会影响好"的五好红色物业，全面提升了物业服务品质；光谷之星、大公馆项目先后获得东湖高新区2022年度、2023年度"红色物业星级项目"荣誉；新时代商务中心被授予"武昌区新时代文明实践点"称号，公司集体获评省级住房和城乡建设系统"创建青年文明号先进集体"称号；培育选树了一批红色物业标准化服务示范项目，中建滨江星城获评重庆市巴南区"巴渝先锋"示范项目，中建光谷之星获评区四星级"红色物业"星级项目。

六、下一步规划与探讨

（一）凝聚"红色合力"，实现协同发展

引导党员、志愿者、业主委员会、社区街道、政府部门等力量的参与，凝聚资源，扩大效应，让更多力量加入"红色物业"体系，延伸"红色触角"，着力构建多方联动机制，合力解决基层治理的难点问题。

（二）激活"红色细胞"，实现均衡发展

集中各部门、各项目"红色细胞"力量，践行"一名党员就是一面旗帜"的理念，鼓励各部门、各项目培育竞争优势，破解关键领域和薄弱环节的发展难题，推动物业管理向现代物业服务业的转型升级，促进公司整体实力的增强。

（三）建立"红色公约"，实现共享发展

因地制宜建立不同类型的社区"红色公约"，积极引导社区居民加强自我管理和自我监督，增强居民群众参与社区治理的意愿，打造物业服务企业与居民群众共商、共治、共享的良好发展格局。

美好生活是社区治理的落脚点。中建壹品物业公司将持续做优做实"红色物业"党建品牌，聚焦群众所需所盼，盘活社区力量，以惠民为出发点，争做党组织引领力强、行业带动力强、社会影响力强的"红色物业"示范标杆企业，为居民提供更加优质、高效、便利的服务，切实提升居民群众的获得感、幸福感、安全感。

刘庄矿业增强"心"动力，写好"人"文章

——关爱职工"1+4"工作法

创造单位：中煤新集刘庄矿业有限公司
主创人：苏多云　焦金宝
创造人：王朝峰　王德超　汪勇　姜成成　仇宝嘉　石英格

【摘要】中煤新集刘庄矿业有限公司（以下简称刘庄煤矿）党委坚持以习近平新时代中国特色社会主义思想为指导，认真落实党建品牌创建工作部署，积极探索党的建设与中心工作融合的有效路径，结合矿井实际创建了关爱职工"1+4"工作法党建品牌，深化推动了党的建设与矿井高质量发展同频共振、互促共进，有力提升了企业发展质量和职工幸福指数，实现了强党建、促发展。

【关键词】关爱职工　融合　党建品牌

一、实施背景

刘庄煤矿是中煤新集公司在阜阳新建的特大型现代化矿井，被中央媒体誉为"中国第一对数字化矿井"。过去一段时间，因矿区远离市区等影响，职工对工作、生活的美好向往与矿井高质量发展还不能充分同频共振。其中，职工思想情绪化与矿井规章制度之间的矛盾、职工素质多元化与矿井高速发展之间的矛盾、职工队伍老龄化与矿井安全生产之间的矛盾、职工需求多样化与矿井后勤保障之间的矛盾和职工对美好生活的向往与煤矿行业特殊性之间的矛盾尤为突出，对矿井和谐稳定、实现高质量发展目标影响重大。

刘庄煤矿党委坚持党建做实了就是生产力、做强了就是竞争力、做细了就是凝聚力的工作要求，突出问题导向，研形势、寻良策，围绕矿井"安全生产、效率效益、队伍稳定"等中心工作，探索出关爱职工"1+4"工作法党建品牌作为治企的"良方"和"法宝"，落实全过程关心关爱，赋能企业发展，让职工放下各种思想包袱，轻装上阵，形成党群同心共进新局面。

二、实施目的

关爱职工"1+4"工作法围绕矿井"安全生产、效率效益、队伍稳定"工作目标导向。聚焦"1"，即以"密切联系群众，畅通职工话语渠道"工作为主线，主动与职工谈心谈话，了解民意、收集意见、反馈心声，缩短干群距离，为职工办实事搭建有效的平台。突出"4"，即着重抓好"舆情信息"和"重点人员"两个管控，深入开展"我为群众办实事"，让职工诉求有渠道、事情有处理、问题有解决，做到"心情愉悦，自觉工作"，最终实现"企业关爱职工，职工热爱企业"的"双爱"目标。

三、实施过程

在关爱职工"1+4"工作法党建品牌引领下，刘庄煤矿党委致力于将品牌建设的理念植入党建工作，助推基层党建全面进步、全面过硬，形成党建业务双向融合新型党建工作模式。

（一）以"畅通职工话语渠道"为主线，明确关爱职工的"出发点"

刘庄煤矿党委以"密切联系群众，畅通职工话语渠道"工作为主线，构建"3+1"工作模式，通过创新职工接访形式，组织好谈心谈话，及时反映和收集职工心声，调动职工的积极性和创造性，了解民意、收集意见、缩短干群距离，真正为民办实事搭建了坚实的平台。

一是开展好职工"3"访工作。建立矿、分口、基层党支部立体式接访平台，严格落实月度公开接

访制度，每月做好接访工作宣传，集中解决基层无法解决的困难问题；健全完善分口日常公开接访制度，设立便民服务牌，坚持开门接访、下沉走访，零距离为职工解决日常问题，同时发现、处理、解决不稳定因素，将问题消灭在萌芽状态。

二是全面开展"1"次谈心谈话。各党支部本着以职工利益和需求为谈话中心，在分析不同职工性格、家庭和工作岗位的基础上，采取"短信微信交流谈""办公场所见面谈""家庭宿舍走访谈""重点事项相约谈""工作现场主动谈"等方式，实现对职工的性格爱好、工作表现、思想变化、业余生活、家庭情况、身体状况"六必清"的谈话效果。通过这种谈话方式，也让职工主动将工作、生活中的大事小事找党支部书记交流谈心，把支部书记当作知心人、贴心人，与职工切实建立起深厚的感情。

通过"畅通职工话语渠道"，杜绝职工"有事不知道找谁"或是"出事了像无头苍蝇到处乱找"的现象，方便职工咨询政策，简化职工诉求的环节，真正做到想职工所想、急职工所急，树立服务意识，提高办事效率，缩短职工诉求周期。真正做到干群关系和谐，职工对企业的信任感、使命感持续增强，知无不言、言无不尽，促进信访稳定，实现"减存遏增"目标，推进凝心聚力工作取得切实成效。

（二）以"舆情信息管控"为抓手，抓住风气氛围的"着力点"

刘庄煤矿党委摒弃舆情管理工作"瞒、拖、拒、删"等消极处置方法，在"畅通职工话语渠道"工作的基础上，建立矿党委和基层党支部"两级"管控机制，利用积极主动、公开和沟通的手段，通过谈心谈话广泛收集信息，全面排查问题，妥善处理解决职工反映的各类问题，充分掌握职工队伍中的舆情信息动态，深入做好问题排查处置，把舆情引导向积极的一面发展，以此实现有效的舆情管理。

一是上下联动聚合力。矿党委建成"八屏联动"信息发布平台，成立了"网评员"队伍，适时发布一些弘扬社会"正能量"的宣传报道，强化"网络"舆情监督，保障网络舆情安全。各党支部通过谈心谈话、微信群、朋友圈、短视频、班组会议等形式的舆情信息排查，构建上下联动的舆情管控机制，形成"舆情"管控全覆盖的工作格局。

二是全面总结解问题。把发现、解决苗头性、倾向性问题作为工作的抓手，根据排查问题的具体内容、性质，对舆情信息总结细分七大类重点内容，按照普遍性易解决问题、易恶化苗头性问题、多发共性问题、突发重要问题、难解决协调问题、网络舆情问题及其他影响单位管理的问题，分层级制订切实可行的解决措施，保证所有问题解决有行动、有着落。

三是健全机制促管控。下发《关于进一步规范问题反映程序及加强舆情管理工作的通知》，不断规范问题反映程序及舆情管理工作，让职工反映问题有渠道、问题处理有回馈。同时，坚持即时报告制度，对突发事件、紧急重要问题第一时间报告矿党委，每周进行问题跟踪督办，每月进行全面总结分析研判，找准职工关注的聚焦点、基层管理的薄弱点，推动工作落到实处。

通过舆情信息摸排管控，建立健全信息摸排管控机制，对发生的各类问题能第一时间掌握、第一时间处理，将基层的问题解决在基层，将职工的问题解决在萌芽，彻底杜绝职工信访举报，职工队伍稳定，基层单位和谐，风气氛围持续向好。

（三）以"管控重点人员"为基础，把握队伍稳定的"关键点"

以"畅通职工话语渠道"工作为重点，全面掌握舆情信息，结合"四不放心"管理工作，建立健全"重点人员"管控台账，加强对"重点人员"的甄别建档、帮扶包保，着力解决"重点人员"给矿井安全生产等带来的不稳定影响，助力矿井安全效果提升和职工队伍持续稳定。

一是四项同步，甄别建档。围绕"身体、性格、工作、家庭"4个方面20类划定"重点人员"排查范围，通过党支部书记点对点谈心谈话、全面掌握职工个人信息，组织职工年度健康体检、深入掌握职工身体状况、建立人体健康检测中心、运用科技仪器分析掌握职工心理状况、坚持班前职工安全确认、排查掌握职工工作前综合情况，以四项强有力的举措及时准确全面地掌握每一名职工的具体情况，进而筛查甄别出"重点人员"，建立健全管控台账。

二是重点分析，帮扶包保。持续做好"重点人员"帮扶，严格程序化、个别化管理，针对"重点人员"的不同情况，月度组织开展"重点人员"管控分析会，针对"重点人员"形成的原因进行认真全面的分析，分类别、有针对性地安排帮扶和包保，化解矛盾。同时，常态化开展的"党员安全包保"活动，安排有责任心、工作能力强、业务素质高的人员对"重点人员"进行"一对一"的帮扶，签订帮扶协议，做好安全监护和"传、帮、带"工作。

三是健全机制，督导管理。建立健全协同管控机制，推行"爱心帮扶"工作法，对"重点人员"帮扶"转化"全过程实施监管，强化正面引导教育，对在党支部帮扶下长期未改善的人员进行"深度"管控，对连续3个月表现良好的人员实行"销号"管理，通过机制管控，最大限度地消除"重点人员"对安全生产和队伍稳定的影响。

通过强化重点人群管控，保证所有"重点人员"都得到切实有效的帮扶，完全消除不安全因素，最终达到人人安全的效果，解决不稳定人员对矿井安全生产等带来的安全隐患，保证职工队伍的持续稳定。

（四）以"践行党的宗旨"为依托，找准实事惠民的"切入点"

刘庄煤矿党委以"畅通职工话语渠道"为主线，以"双爱"活动和"重点人员管控"工作为推手，扎实开展"我为群众办实事"实践活动，集中力量解决重难点问题。

一是"主动办实事"。基层党支部按照"后勤保障、困难救助、职工福利、土建维修、防暑降温、业务办理、职工队伍稳定及其他民生实事"等类别广泛征集实事项目，分类整理，形成微实事项目清单，做到对点落实、跟踪办理，将办理结果及时反馈给职工，实现闭环管理，用心用情解决职工"急难愁盼"问题。

二是"有事找书记"。由各党支部建立微信工作群，明确职工"有事找书记"，把职工群众反映的"问题清单"变成解决问题的"履职清单"，解决一条划掉一条，解决不掉的及时向矿党委汇报研究解决。

通过开展"我为群众办实事"实践活动，提升全体干部职工对党组织的认可度，提升职工的幸福感，最终达到职工队伍稳定的效果。

（五）以"开展双爱活动"为目标，提升党建品牌凝聚力、向心力

刘庄煤矿党委以"畅通职工话语渠道"工作为基础，以"双爱"活动为载体，全面开展"一梳理两帮扶三引导"，实现关爱职工"六有"，做到职工热爱企业"六要"，进一步激发职工爱岗敬业、扎实奉献企业的热情，大力营造"向正向善向上、和谐稳定发展"的浓厚氛围。

一是真心真情，做好"一梳理两帮扶三引导"。"梳理"困难职工信息，健全困难职工档案。做好职工婚丧嫁娶、伤病住院、家庭变故的"慰问帮扶"；做好职工家庭矛盾、思想波动、工作变化的"疏导帮扶"，化解释放思想压力。"引导"职工积极参加"岗位大练兵、技能大比武"等劳动竞赛活动，争当技术能手；"引导"职工牢固树立"安全第一"的思想，严格遵守安全规章制度，主动增强安全意识；"引导"职工坚持正当合法途径合理表达诉求、依法依规信访，营造和谐共进的浓厚氛围。

二是关心关爱，实现职工"六有六要"。围绕家庭有关爱、成长有通道、后勤有保障、生产有安全、管理有民主、精神有关怀6个方面，常态化开展困难职工慰问，做大做强大师、创新工作室，强化对"两堂一舍"的考评监督，加强日常民主管理督查，开展好退休庆生活动。通过企业全方位对职

工的关心关爱，持续增强职工对企业的认同感、归属感，进而带动职工做到工作要敬业、技能要提高、经营要关心、纪律要遵守、安全要记牢、维权要理性。

通过开展"双爱"活动，真正做到职工凝心聚力，牢固树立企业主人翁意识，形成"心情愉悦、自觉工作"的良好氛围，主动地积极为矿井奉献拼搏。

四、主要创新点

通过关爱职工"1+4"工作法开展，建立刘庄煤矿"爱心帮扶"机制，每周召开一次解决职工"疑难杂症"专项"会商"会议，切实将"我为群众办实事"实践活动落到实处，建立了稳固良好的干群关系，稳定了职工队伍，让每一名职工都能找到可以倾诉心事的朋友，能够时刻感受到组织的关心，让职工在生产、生活中遇到的难心事、烦心事有倾诉的对象、解决的办法。营造出职工"心情愉悦、自觉工作"的良好风气氛围，职工良好的工作状态为矿井的安全生产提供了保障，激励全体职工为推动矿井高质量发展而努力奋斗。

关爱职工"1+4"工作法，通过理论上的丰富、实践上的总结，形成了在理论上可以指导实践、在实践上可以具体操作、在模式上可以复制推广并可不断丰富内容的工作法。其目的是通过"密切联系群众，畅通职工话语渠道"这条主线，着重抓好"舆情信息"和"重点人员"两个"管控"，广泛深入开展"我为群众办实事"，最终达到"双爱"目的。在这一实践过程中，要求党员干部要牢固树立为广大职工群众服务的意识，深入职工群众，在基层实践中补充营养，深刻认识到广大职工群众是矿井高质量发展的主力军，是安全生产实践的主体，推动落实关爱职工"1+4"工作法各项工作举措是激发职工干事创业活力、赋能矿井高质量发展的动力根本。

五、实施效果

（一）舆论氛围持续改善

一是"谈心谈话"达到全覆盖。累计开展谈心谈话10000余人次，为4400余名职工建立"一人一档"，职工基本需求能够得到及时回应。二是"三级"接访机制效果明显。在矿井东西区创建信访（诉求）接待室2个，制作"便民服务牌"100余块，实现"班子、支部、区队"信访接待"24小时"在线，职工诉求有效解决。三是舆情机制日趋完善。摸排报告各类舆情信息1000余条，根据跟踪反馈情况，采取有效稳妥的举措，各类舆情信息全部得到有效解决；同时，也让各类不正之风得到有效遏制，让信访举报"减存遏增"目标最终长期实现。

（二）职工队伍持续稳定

一是甄别建档成效显著。自"重点人员"管控工作开展以来，全矿共甄别排查"重点管控"人员279名，其中已销号173人，涉及人员有效管控，加强心理疏导，保障队伍思想稳定。二是科学帮扶效果明显。组织筛选出身体异常的职工105名，为基层区队配备电子血压仪180台，对"重点人员"相关"指标"情况进行长期监测和规范治疗，大大降低了因各类疾病导致突发性事件发生的风险。三是智能辅助保障到位。引进"沃克医生"人体健康检测仪，组织全员进行检测，共发现35名职工存在不同程度的身心健康问题，根据实际情况安排到医院进一步诊断，有效消除了"重点人员"对安全生产的影响。

（三）幸福指数持续攀高

一是真心倾力惠民。2022年以来，党委层面完成"我为群众办实事"三大类40余项；基层党支部完成"微实事"八大类千余项。建成梁庄公寓、湿地公园、平安园等"安居乐业"工程，采取办公和生活区域无线网全覆盖等一系列惠民举措。二是促进共同发展。坚持职工收益与企业效益同步增长，促进共同富裕。2022年，职工人均年收入14.67万元，2023年突破16.17万元，职工收入连创新高。

六、下一步规划与探讨

（一）目标

通过深化关爱职工"1+4"工作法党建品牌，进一步提升党建工作的内在动力和活力，增强党组织的凝聚力和创造力，全面激发矿井全体党员、干部干事创业的热情，进一步把党的旗帜举起来、让党的声音响起来、让党的形象树起来，以党建引领发展、促进生产、强化管理，凝心聚力不断推进矿井安全生产平稳向好、效率效益稳步提升、职工队伍和谐稳定，让职工"心情愉悦，自觉工作"，实现"企业关爱职工，职工热爱企业"的目标。

（二）规划与探讨

未来，刘庄煤矿将持续深入推动关爱职工"1+4"工作法始终落到实处、取得实效，更好地指导基层开展各项工作，切实增强工作的主动性、目标性，取得更好的工作成效。

1. 进一步"畅通职工话语渠道"，夯实干群关系

一是巩固成果。充分开展谈心谈话工作，做好公开接访、主动走访，健全完善"一人一档"，熟悉了解所有干部职工的个人情况、家庭情况、困难问题等，通过谈心谈话工作，真正收集、征集到职工反映的问题。二是抓实基础。在充分掌握了解所辖单位所有干部职工相关情况的基础上，有针对性地主动约谈干部职工，进一步谈心交心让干部职工感受到组织对其的关心，进而建立良好的人际交往关系，经常交流联系。三是提升成效。在与所辖单位干部职工建立良好人际关系和日常沟通的基础上，善待职工、关心职工、服务职工，职工遇到问题、发现问题第一时间向党支部反映，能主动向党支部书记进行倾述，党支部能及时收集问题、解决问题，形成良好的交流沟通循环。四是持续深化。通过开展"畅通职工话语渠道"、谈心交心活动，最终真正做到干群关系和谐，职工对企业的信任感、使命感大大增强，知无不言、言无不尽，促进信访稳定，实现"减存遏增"目标，推进凝心聚力工作取得切实成效。

2. 进一步健全舆情管控机制，营造良好风气氛围

一是巩固成果。根据舆情的内容、性质、载体等重点抓好七大类舆情信息的排查，全面仔细排查相关问题，做到及时准确不遗漏，严格执行落实即时报告与每周"零报告"工作机制，建立舆情信息管控台账，严格销号管理，做到全过程管控。二是抓实基础。针对排查出的各类舆情信息，及时做好总结分析，善于将多个舆情信息进行准确分类、举一反三、深刻分析，透过现象看本质，找准舆情问题背后的工作切入点，及时发现、解决苗头性、倾向性的共性问题或难点问题。三是提升成效。通过开展舆情信息管控，在所辖党支部、所辖单位建立健全信息摸排管控机制，对所辖单位发生的各类问题能第一时间掌握、第一时间处理，全面掌控基层动态，工作开展有的放矢，矛盾、问题处理迅速有效。

3. 进一步强化"重点人员"管控，持续稳定职工队伍

一是巩固成果。结合"四不放心"管理和日常"沃克医生"检测等工作，对所辖单位干部职工进行全面细致排查，甄别建档重点人群，形成系统的管控台账，达到全面了解、全面管控的效果。二是抓实基础。在全面排查、甄别建档的基础上，针对重点人群持续开展帮扶包保，制订切实有效的帮扶举措，做好安全监护和"传、帮、带"工作，进一步增强教育转化的力度和效果，达到切实有效的管控效果。三是提升成效。进一步加强对"脾气性格不好、思想过度活跃、负能量爆棚"等"重点人员"的监督、教育工作，将重点人群管控进一步延伸，在做深做实上下功夫，进而达到舆情监管到位、职工队伍稳定的效果。四是持续深化。通过强化重点人群管控，保证所有"不放心"人员都得到切实有效的帮扶，完全消除不安全因素，最终达到人人安全的效果，助力矿井安全生产提升的效果。

4. 进一步落实"为民办实事",做实做细民生实事

一是巩固成果。围绕"我为职工办实事"实践活动,聚焦职工"急难愁盼"的具体问题,倾心尽力解决职工面临的"疑难杂症",将"我为职工办实事"实践活动推向纵深,不断增强职工的安全感、归属感、幸福感。二是抓实基础。通过日常为职工办理的大事、小事,汇总提炼,有针对性地"立项",集中力量解决职工普遍关注的问题,主动出击帮助职工解决问题,形成常态化的工作机制。三是提升成效。根据各自的"立项",积极发挥主观能动性,充分调动可用力量,切实将确立的项目做好、做扎实,并能做到不断"立项"、真正完成,持续为职工群众做实事、做好事,将工作落到实处。四是持续深化。通过开展"我为群众办实事"实践活动,提升全体干部职工对党组织的认可度,提升职工的幸福感,最终达到职工队伍稳定的效果。

5. 进一步夯实"双爱"举措,提升职工幸福感

一是巩固成果。围绕"家庭有关爱、成长有通道、后勤有保障、生产有安全、管理有民主、精神有关怀"6个方面齐抓并举,从而深入推进人本管理,突出解决职工群众最关心的现实利益问题,不断提升的职工幸福感、获得感、安全感。二是抓实基础。各党支部要积极落实信访接待、困难职工帮扶救助、丰富职工业余文化生活及退休欢送、集体生日、疗休养等福利制度;通过合理化建议征集等方式,广泛听取职工在"两堂一舍"管理中的意见和建议;发挥先进典型感召、带动作用,积极引导广大职工技能提升。三是提升成效。通过日常的关爱职工举措,善于总结分析,积极建言献策,为刘庄煤矿的工作部署提供有力依据。要通过工作开展推动相关制度建设,不断健全完善相关工作机制,让关爱职工不仅仅是单纯的遇到问题解决问题,而是一项常态化工作。四是持续深化。通过开展"双爱"活动,全面提升职工的幸福感,提升全体干部职工对党组织的认可度、对企业的认可度,真正做到职工凝心聚力,牢固树立企业主人翁意识,积极主动地为企业奉献拼搏。

国有建筑施工企业党建引领下的科技创新实践

——以中建三局保利天汇项目"住宅造楼机"应用为例

创造单位：中建三局集团西北有限公司
主创人：罗德中　栗世伟
创作人：王贺　李子栋　马超　贺孟阳

【摘要】新时代背景下，建筑行业逐渐从劳动密集型向技术密集型转变，科技创新已经成为推动行业进步、培育建筑业新质生产力的必由之路。国有建筑企业作为行业排头兵，只有充分发挥"根""魂"优势，加速科技赋能，才能引领全产业创新，促进国有资产保值增值。本文以中建三局集团西北有限公司（以下简称中建三局西北公司）的保利天汇项目为例进行说明。项目党支部在施工过程中大力推行"党建＋科技创新"机制，以党的建设为引领，以"双榜"机制为核心，以"五榜联动"方式为路径，让"1+N"体系提供人才支撑，成功引入改进西北首台"住宅造楼机"，为国有建筑施工企业探索党建如何引领科技创新提供借鉴及参考。

【关键词】国有企业　党建引领　科技创新

一、实施背景

随着社会经济的快速发展和科技进步，建筑行业正经历着深刻的变革，科技创新已成为建筑行业转型升级的关键驱动力。在此背景下，国有建筑施工企业如何充分发挥党组织和党员在科技创新中的引领作用，推动企业向智能化、科技型转型，成为国企党建工作的重要课题。

（一）宏观背景

一是国有资产保值增收亟待科技注能。科技创新作为推动行业进步的新引擎，是国有建筑企业提升价值创造能力的必由路径，建筑企业只有不断创新工序工艺，提高科技赋能品质，才能不断扩充盈利空间，实现国有资产保值增值。

二是建筑行业深刻变革呼唤科技创新。建筑行业正在经历由劳动密集型转向科技密集型产业的革新历程，行业变革决定建筑企业必须把科技创新摆在发展全局的核心地位，紧跟行业发展形势，做好重大科技成果突破攻坚，推动企业发展方式由要素驱动向科技驱动转变，积极培育企业发展新质生产力。

三是企业科技创新需要先锋榜样引领。坚持党的领导、加强党的建设，是我国国有企业的光荣传统，是国有企业的"根"和"魂"，是我国国有企业的独特优势。新形势下，国有建筑行业要加强科技创新的关键在于人才，重点是要有一支善于创新的党员先锋队伍。党员干部冲在科技创新第一线，发挥"一名党员带动一片职工"的示范引领作用，才能有效凝聚职工团队力量，聚力实现科技创新目标，赋能项目优质履约，以创新科技助力打造精品标杆。

（二）微观背景

保利天汇项目位于兰州市七里河区，总建筑面积约267776.84平方米，总高度97.35米，是集商业、酒店、办公、住宅为一体的高档群体住宅小区建筑。项目工期紧、任务重，同时立项"智能建造成果示范点"，承担着以智能建造引领属地行业创新的重任。

造楼机技术是一项首先应用于摩天大楼的"大国重器"，其通过高周转装配式框架系统、系列化支承系统、多功能集成系统，能够有效为项目施工提供全天候作业条件及工厂化环境，提升作业质效。

保利天汇项目计划引入造楼机技术，根据项目特点对其进行轻量化、标准化、智能化改造，将造楼机技术从摩天大楼向高层住宅应用，探索适用于高层住宅类项目的施工集成平台（即"住宅造楼机"），力争实现项目建设速度与成本节约效率的同步提升，助力"好房子"建设。

二、实施目的

（一）促进党业融合，激发创新活力

构建党建引领下的科技创新平台，探索将党建工作深度融入项目管理和科技创新全过程，实现党建与业务工作同频共振。激发党员创新活力，推动业务工作与党建工作紧密结合，形成党建赋能业务、业务促进党建的良性循环。

（二）优化队伍建设，支撑科技创新

通过高效的科技创新体系，培养和引进高素质专业人才，为科技创新提供坚实的人才支撑。健全人才培养机制，实现人才快速成长和技能传承，形成可持续发展的智力优势，为建筑企业转型升级提供人才保障。

（三）塑造品牌形象，增强社会认同

以"住宅造楼机"引入改进为切入点，推动企业知识成果转化，展示项目成果和企业实力，提升企业品牌的知名度和美誉度。通过科技创新的全员参与机制，弘扬争先文化，增强员工的归属感和认同感，为企业发展注入新活力。

三、实施过程

（一）加强党建引领，筑牢发展之基

推动国有企业党的建设独特优势转化为核心竞争力和发展优势，是新形势下党组织功能价值的集中体现。为此，项目党组织围绕"把方向、管大局、保落实"作用的发挥，积极打造党建引领下的科技创新工作体制机制。

一是坚持把牢方向，夯实组织保障。支部将"住宅造楼机"有关科技创新事项作为党组织前置研究和决策事项，具体施工方案、工序工艺创新等重要事项都要经支委会集体讨论审议。成立"住宅造楼机"科技创新工作小组，项目党支部书记担任组长；制订项目科技创新发展规划，规范科技创新工作管理流程。工作小组每两周召开推进会，每月向项目党组织汇报工作进展，每季度向上级党委汇报开展情况，推进党业融合机构健全、体系完善、运行高效。

二是深化理论学习，凝聚思想合力。依托"三会一课"、主题党日等组织形式，支部组织党员骨干、业务精英学习习近平总书记关于科技创新工作的重要讲话和重要指示批示精神、建筑行业发展形势教育等近20次，促使党员职工了解科技创新的必要性和紧迫性，在思想深处由"要我创新"向"我要创新"转变，切实将理论成果转化为推动项目科技创新的实际行动。

（二）搭建多维载体，推进双融互促

新形势下，党建发挥作用，既要聚焦工作内容，更要注重载体创新。为此，项目党支部创新性推出"双榜"管理机制，即"创新攻坚榜"与"荣誉突破榜"。"创新攻坚榜"以"住宅造楼机"成功应用为目标，重点攻坚其框架系统、支承系统、动力及控制系统、挂架系统、附属设施系统等工艺难点。"荣誉突破榜"以提升企业影响力为目标，重点突破造楼机工法、专利等技术成果总结难题。"双榜"明确攻坚及突破目标后，支部以"岗队区室"为载体，细化任务分解，进行"五榜联动"，形成党建与科技创新双融互促的良好循环。

一是"任务上榜"，精准发力破难题。支部牵头把总，重点聚焦"双榜"总体目标，督促项目采用头脑风暴、外出学习等方式，直面造楼机应用过程中的重点、难点和痛点，建立造楼机轻量化、标准化适配，智能顶升模架监测等"创新攻坚榜"具体项目16个，承办省级科技示范观摩会等"荣誉突破榜"具体项目5个，对具体任务再进行细化分解，明确造楼机应用过程中亟待解决的重点任务，推动党建赋能更加聚焦精准。

二是"能者揭榜"，带动全员抓攻坚。项目"住宅造楼机"科技创新工作小组，将确定的党建赋能"创新攻坚榜""荣誉突破榜"进行张榜公示，采用竞争择优的方式遴选骨干与团队参与"揭榜挂帅"，邀请行业专家进行答辩评审，对揭榜方案的可行性进行论证，最终根据任务类型及难易程度选拔确认6支创新攻坚与荣誉争创团队。为确保任务顺利完成，支部从6支团队中选拔优秀党员技术骨干，成立1个党员创新工作室、2支党员突击队、3个党员先锋岗，攻坚工艺适配改进、承办省部级科技观摩会等难点任务，形成"党员先锋岗为点、党员突击队为线、党员创新工作室为面"的立体造楼机科技应用攻关体系。

三是"尽责履榜"，挂图作战促落实。支部指导项目建立揭榜任务"台账式管理"和"销号制落实"制度，确保各项任务高效有序推进。锚定造楼机高度适配、工艺适配改进及降本增效目标，党员创新工作室聚焦建筑轻量化、标准化、智能化施工作业集成平台开展技术研究；两支党员突击队分别承担智能顶升模架体系下的附着式塔司安全通道同步提升施工技术、"住宅造楼机"体系下铝模用变截面预留孔洞施工技术等突击任务；3个党员先锋岗立足工作岗位，亮明党员身份，带头攻坚做先锋、兢兢业业做模范、专业过硬做专家，发挥模范带头作用。明确重大节点5项，制订任务措施12项，形成工作任务清单3份，每周召开交流研讨暨任务督办会，先后攻克智能顶升模架体系下的附着式塔司安全通道同步提升施工技术、"住宅造楼机"体系下铝模用变截面预留孔洞施工技术、"住宅造楼机"新型支承与动力系统设计等4项新工艺，实现整栋楼节约工期1个月、外立面装修节约工期2个月，极大程度上节约工期成本。目前，通过"揭榜挂帅"机制认领的16个创新攻坚问题、5个荣誉突破任务全部完成销号，确保了造楼机平稳安全高效应用。

四是"多维亮榜"，先锋引领出实效。项目定期公布21个揭榜任务进度、完成效果，激励团队"内部赛马"，按月开展"建证•争先之星"评选，对推进过程中表现优秀的"岗队区室"、组织和个人进行表彰嘉奖，营造积极向上的竞争氛围。优化科技攻关组织体系，采用项目制方式进行人员管理及考核激励，联动公司制订《"住宅造楼机"重点课题任务攻关激励办法》，对揭榜任务的团队采用积分制形式进行量化考核，考核结果作为加分项融入绩效考核、选拔任用、评奖评优等工作中，激励全员投身创新创效。目前，有2名骨干成长为项目经理，5人成长为项目班子成员，科技创新氛围日益浓厚。

五是"推广学榜"，优秀经验促提升。针对党建赋能创新攻坚、荣誉争创两大任务完成情况，项目提炼形成"金点子"8个、经典案例2个，参与编制的《高层建筑施工集成平台技术标准》立项甘肃省地方标准，选派5名带头人赴陕西、新疆等地开展造楼机应用指导，巩固了中建三局西北公司在西北地区建筑行业的科技领先优势。党支部以党建为载体，以"住宅造楼机"应用为内容，先后与甘肃省土木建筑协会、华润地产等行业上下游开展联建共建，推进产业建圈强链。

（三）建强"1+N"人才支撑，蓄积发展动能

人才是一切工作的基础，项目党支部坚持党管人才，完善"1+N"科技创新人才发掘与培养机制，提供可靠的组织与智力支撑。

第一个"1+N"，指以党建为核心，带动团建、工建等N种方式，提升科技人才培养效果。围绕西北首台"住宅造楼机"应用主题，支部以党员"岗队区室"为牵引，赋能"青"字号作用发挥，采用党员骨干、青年精英结对培养机制，打造"青创先锋工作室"，开设青创微课堂，举办合理化建议成果发布会，激活团青活力。充分发挥工会服务大局的作用，围绕造楼机应用，根据施工区域搭建五大工

区工艺创新、精益建造擂台赛，吸纳24个班组参与，引领全体职工、工友主动参与科技创新及成果应用，培养适应行业发展的科技创新人才与产业工人队伍。

第2个"1+N"，指建立1名党员骨干指导2～3名项目其他员工与产业工人的"1+N"带徒机制，提升项目全员创新攻坚能力。推行"项目制"人才培养模式，将"住宅造楼机"应用具体问题划分为"具体项目"，由党员带头、管理人员与工人参与，加速创新人才培养与产业工人培育。目前，项目共有5人在省级劳动竞赛中获奖，1名党员荣获首届全国"红旗杯"班组长大赛建筑业赛道优胜选手，培育出"住宅造楼机"应用产业工人20余人。

四、主要创新点

（一）精准化任务管理与激励机制

项目党支部创新性设立"创新攻坚榜"与"荣誉突破榜"，以"任务上榜""能者揭榜""尽责履榜""多维亮榜"和"推广学榜"的"五榜联动"机制精准施策，激发全员创新活力，有效破解科技创新难题，推动党建赋能业务更聚焦、更精准、更有力。

（二）深层次产学研用结合与深度推广

借助"党建搭台、科技赋能、业务唱戏"模式，项目与高校、科研机构合作，建立产学研用深度融合的人才培养模式。这一创新举措不仅为项目引入了前沿技术和先进管理理念，还为企业发展注入新的活力，推动了项目的持续创新发展。通过合作研究、共同开发等方式，实现科技成果的快速转化和应用，提升了项目的科技含量和市场竞争力。

（三）企业实力与形象全方位塑造

通过科技创新打造企业差异化发展优势，展现企业文化和品牌形象，增强了企业的市场竞争力和社会影响力。以科技创新为切入点，加强了与地方政府、行业协会的合作，拓宽了企业的社会资源网络，为项目的长期发展奠定了坚实的基础。

五、实施效果

项目通过"党建＋科技创新"机制，将党的建设与企业科技创新有机结合，进一步明确了工作目标，明晰了实施路径，实现了项目经济效益、社会效益、品牌效益全面提升。

（一）经济效益显著提升

项目通过"住宅造楼机"技术革新建筑工艺，实现新技术成果创效率0.22%，图纸优化创效率0.67%，非线性工程方案比选创效率0.61%，整体创效近千万元。通过实施"党建＋科技创新"机制，实现项目所有工艺工序一次成活一次成优，平均合格率在98%以上，获得业主高度认可。成功承接保利天汇三期项目，开创"以科技创新促市场开拓"新模式。

（二）社会效益显著提升

支部及时总结造楼机应用经验，共计发表论文、受理专利、申报工法、QC（Quality Control，质量控制）一类成果23项，牵头编制的《高层建筑施工集成平台技术标准》立项甘肃省地方标准，规范高层建筑施工技术要求，引领甘肃省建筑行业科技发展。施工过程中培育出一批建筑行业高素质产业工人，对促进建筑科技标准化、现代化进程具有深远的社会意义。

（三）品牌效益显著提升

支部以项目技术创新骨干为依托的技术攻坚团队获评"全国青年安全生产示范岗"，成功承办甘肃省建筑行业科技示范省级现场观摩会，吸引百余家建筑企业、约4万人通过网络观看。项目荣获保利第三方过程飞检甘肃大区第一名，成为绿色智能住宅建设的标杆工程，企业品牌影响力有效提升。

六、下一步规划与探讨

（一）深化党建引领，强化组织力建设

一是持续深化理论学习。继续深入学习习近平新时代中国特色社会主义思想，确保理论学习常态化、制度化，通过定期组织专题学习会、研讨会，提升党员干部的理论素养和创新能力。二是优化党建活动形式。创新党建活动载体，结合项目实际，开展更多富有成效的党建活动，如"党建＋项目攻坚""党建＋技术创新"等，使党建工作更加贴近项目实际，增强党组织的凝聚力和战斗力。

（二）加大科技创新力度，推动成果转化

一是拓展创新领域。在现有创新成果的基础上，进一步拓展创新领域，聚焦行业前沿技术，如绿色建筑、智能建造等，开展深入研究和技术攻关。二是加速成果转化。建立更加完善的成果转化机制，加强与高校、科研机构及产业链上下游企业的合作，推动创新成果快速转化为实际生产力，加大市场推广力度，提升创新产品的市场占有率和竞争力。

（三）加强人才队伍建设，提升团队素质

一是优化人才结构。根据项目发展需要，进一步优化人才结构，加大高端人才引进力度，同时注重培养内部潜力人才，形成梯次合理、素质优良的人才队伍。二是完善人才发展通道。建立科技骨干全职业生涯周期管理激励机制，为优秀人才提供更多发展机会和晋升空间，加强人才梯队建设，确保项目持续发展有坚实的人才保障。

（四）强化品牌建设，提升市场影响力

一是加大品牌宣传力度。通过举办各类观摩会、交流会等活动，展示项目成果和企业实力，提升品牌知名度和美誉度，加强与媒体的合作，扩大品牌宣传的覆盖面和影响力。二是持续加强载体建设。深化"党建＋"机制应用，加强与地方政府、行业协会及产业链上下游企业联建合作，拓宽市场资源网络，通过参与行业交流、合作共建等方式，提升企业在行业内的地位和影响力。

筑牢高质量党建之基，引领高质量发展之路
——甘肃省民航机场集团党建创新成果

创造单位：甘肃省民航机场集团有限公司
主创人：王贵玉　刘光喜
创造人：杨清俊　施睿章　田雨凡

【摘要】近年来，甘肃省民航机场集团有限公司（以下简称甘肃机场集团）党委深入学习贯彻习近平新时代中国特色社会主义思想，全面贯彻落实党的二十大精神及全国国有企业党的建设工作会议精神，深入贯彻落实新时代党的建设总要求和新时代党的组织路线，在深入推进凝心铸魂、选贤任能、人才赋能、强基固本、先锋引领"五大工程"的过程中，结合企业实际，以"生产经营出题，党组织解题，广大党员答题"为载体，以高质量党建引领高质量发展，实施党建"八项行动"，取得了明显的成效。

【关键词】政治引领　凝心铸魂　党旗领航　选贤任能　人才赋能　强基固本　先锋引领　清廉民航

一、实施背景

甘肃机场集团党委围绕高质量发展主题，紧扣稳增长工作主线，聚焦强枢纽目标主旨，坚持稳中求进工作总基调，以政治建设为统领，以主题教育为引领，以党纪学习教育为要领，以服务"四强行动"和推进"三抓三促"为牵引，结合实际，以实施党建"八项行动"为载体，聚焦党建工作质量提升、党建融入生产经营、赋能企业高质量发展，努力实现党的领导融入公司治理，推动企业发展。

二、实施目的

甘肃机场集团党委坚持以习近平新时代中国特色社会主义思想为指导，全面贯彻党的二十大精神，全面落实新时代党的建设总要求和新时代党的组织路线，围绕集团第二次党代会提出的新要求、新目标、新任务，持续推进党建工作理念创新、机制创新、方式创新，以高质量党建引领和保障高质量发展，大力实施党建提升政治引领、凝心铸魂、党旗领航、选贤任能、人才赋能、强基固本、先锋引领、清廉民航"八项行动"。

三、实施过程

一年来，甘肃机场集团深入学习贯彻习近平总书记关于党的建设的重要思想，聚焦全面推进"五大工程"，启动实施党建质量提升"八项行动"，推进党建工作向基层延伸、向纵深发展、向重点领域拓展，努力将集团打造成为功能完备、运营高效、安全协同、服务一流的现代化机场集团。

（一）实施政治引领行动，全面提升政治引领力，不断强化国企"姓党属国"的政治属性

严格执行"第一议题"制度、党委理论学习中心组学习制度，深化"五学联动"机制。严格贯彻执行《中国共产党廉洁自律准则》等制度，着力查找整改党内政治生活随意化、形式化、平淡化、庸俗化的问题。督促党组织书记认真履行抓党建"第一责任人"的职责，班子成员抓好分管领域的党建工作，两级纪检组织切实履行好监督责任。全年，集团党委通过各类党委层面会议落实"第一议题"制度，组织学习71次，学习内容87项；开展党委理论学习中心组学习17次，其中专题研讨9次；各级党组织落实"第一议题"组织学习1415次，参加学习1.1万余人次，切实以理论上的清醒促进政治上的坚定。

（二）实施凝心铸魂行动，全面提升思想凝聚力，不断凝聚奋进新征程的强大动力

同心同力担负起"举旗帜、聚民心、育新人、兴文化、展形象"的使命任务，坚持"举旗帜·筑阵地·亮品牌"的理念和特色。深化"五史"教育及民航发展史教育，引导广大干部职工从思想深处树立危机意识、竞争意识、市场意识。健全完善职代会、平等协商制度，积极创建劳模（工匠人才）创新工作室，引领广大职工在生产经营、项目建设、产业发展等一线建功立业。加强集团主办相关媒体的管理，严格信息发布审核把关流程，守好意识形态主阵地，做好应对突发事件和舆情预案的相关机制。围绕重点工作开展阶段性选题策划报道，全年共对外发布宣传稿件5441篇次，其中，国家级媒体刊发338篇次，省级媒体刊发1148篇次；商业平台发稿678篇；甘肃民航客户端发稿2016篇，舆论氛围积极向好。

（三）实施党旗领航行动，全面提升党的领导力，不断强化党组织"把方向、管大局、保落实"的领导作用

把党的政治优势、制度优势、组织优势转化为公司治理效能，坚持和完善权责法定、权责透明、协调运转、有效制衡的公司治理机制。深入落实国企改革深化提升行动方案，动态优化完善"三重一大"事项决策制度，规范落实党委会前置研究讨论企业重大生产经营管理事项要求。全面落实党建工作责任制，进一步落实"一岗双责"，提升党建考核的针对性和实效性。基层党组织不断探索创新实践路径，聚焦"同一面党旗，同一个机场"，画出最大"同心圆"，推动基层党建工作与安全生产深度融合。2025年3月20日，兰州中川国际机场三期项目转场投运，"一夜转场""整体转场"技术难度极高、客观风险较大。集团坚持和强化党建引领，在转场投运中启动"党委领航、支部领路、党员领跑、部门领办"模式，进一步发挥"两个作用"，带动全员，顺利实现了"大协同、无差错、零事故"一次性成功转场。

（四）实施选贤任能行动，全面提升队伍战斗力，全面打造高标准的企业领导班子和干部队伍建设

甘肃机场集团党委发挥示范带动引领作用，坚持党管干部原则，严格干部选拔考核流程，选优配强所属单位领导班子。严格执行民主集中制，严格规范动议提名、组织考察、讨论决定等干部选拔任用程序。抓好《集团管理人员能上能下实施办法（试行）》制度的制订执行。制订实施《集团干部教育培训规划（2023—2027年）》，带动全员教育培训，结合集团实际，积极将"所学"转化为"所用"。全年累计选拔和进一步使用中层管理人员56人（其中"80后"占46.42%）、基层管理人员86人（其中"90后"占32.56%），管理人员队伍结构进一步优化，中层、基层管理人员平均年龄同比分别下降2.95岁、0.81岁。

（五）实施人才赋能行动，全面提升队伍战斗力，着力打造支撑高素质发展的企业人才队伍

召开人才工作座谈会，对集团人才工作进行了统筹规划。健全完善高技能人才、实用型人才、重点领域紧缺人才"引、育、用、留"制度，增强对优秀人才的吸引力。大力推进"技能民航"建设，针对民航特业人才、非航产业经营管理人才、高层次项目管理人才的特点，精准定向施策。加大紧缺急需人才和民航特业人才引进力度，努力实现人才资源配置效益的最大化。组织开展社会招聘和校园招聘，2024年以来，甘肃机场集团共招录应往届毕业生198人，其中大学本科毕业生185人、硕士研究生13人。

（六）实施强基固本行动，全面提升基层组织力，着力增强党组织的政治功能和组织功能

优化或调整党务工作机构设置，配齐配强基层党务工作人员，定期开展党务培训，提升履职能力。规范并优化基层党组织设置，合理设置并发挥好安全运行一线的党小组作用。紧跟甘肃省党支部标准规范修订完善的步伐，不断提高党支部工作水平，评选命名出10个"集团标准化先进党支部"，以点带面推动党支部建设全面规范。以学习牵引能力提升，以执行保证任务落实，以效能支撑事业发展,驰而不息改进作风,持续为集团高质量发展赋能增效。制订《主题党日工作制度及实施指导图》《党建共建工作制度》《基层党建负面问题清单》《主题实践活动规范指南》《党员突击队、党员服务队创建指南》等制度,汇总梳理基层党建负面问题,在持续健全完善党建工作相关制度中,进一步指导发挥好"两个作用"。

(七)实施先锋引领行动,全面提升先锋示范力,着力打造支撑企业高质量发展的共产党员队伍

通过"一月一课一(教育)片一实践"主题党日和"党课开讲啦""党员身边无差错""立足岗位做贡献""我为群众办实事"等活动,充分调动党员干部的主观能动性。广泛开展"一名党员就是一面旗帜""真情服务我示范,党员群众一起干""党员身边无差错,全员确保无隐患"等实践活动,让党旗在安全保障、运输服务、项目建设、运行管理一线高高飘扬。以"六个无差错"和"六个好"为目标,号召广大党员主动认领"党员责任区"、参与"党员服务队""党员突击队"、坚守"党员责任岗"。在强化典型引领中,引导基层党组织、党员、职工在做法上向先进对标,在思想上向模范看齐,带动广大党员在各个领域、各条战线争当先锋、争作表率。

(八)实施清廉民航行动,全面提升拒腐防变能力,持续营造风清气正劲足的干事创业环境

以党纪学习教育为契机,紧盯各级"一把手"、年轻领导干部和关键要害岗位人员,紧盯重点领域关键环节,发挥典型案例警示教育作用,大力培育廉洁文化,打造"清廉机场""清廉民航"。严格按照问题清单、责任清单、任务清单,逐条、逐项把整改措施落实到位,做到一届任期内政治巡察全覆盖。深化以案为鉴、以案促改、以案促治、以案促管,开展重点领域和突出问题专项治理,引导党员、干部树立和践行正确的政绩观,增强使命感和荣誉感。在党纪学习教育中,集团各级党委开展集中党纪学习2轮次,覆盖88个党支部,6个党总支,共计3512人次;集中研讨25次,交流发言140人。

四、主要创新点

立足推进凝心铸魂、选贤任能、人才赋能、强基固本、先锋引领"五大工程",结合集团党建质量提升,聚焦"五个着力",实施"八项行动"。着力提升党的政治建设质效,着力提升在完善公司治理中加强党的领导工作质效,着力提升党建引领保障企业高质量发展质效,着力提升基层党建基础建设质效,着力提升干部人才队伍建设质效。形成了目标明确、职责清晰、上下联动、齐抓共管的党建提质增效行动推进机制。

五、实施效果

甘肃机场集团党委结合实施党建"八项行动",持续巩固拓展主题教育,全面掀起学习宣传贯彻党的二十届三中全会精神的热潮,锚定以学铸魂、以学增智、以学正风、以学促干,结合大力开展党建提质增效行动,建立主题教育长效机制,把学真知、悟真谛、明真理的热情热潮转化成为集团高质量发展的实际成效。聚焦党建引领、提质增效,紧紧围绕"一核三带"区域发展格局和"四强"行动,大力改革创新,理顺体制机制,科学整合资源,在现代企业制度完善、安全水平提升、服务品质升级、航空运输生产、重点项目建设等方面均取得较好成效,甘肃省民航高质量发展迈出坚实步伐。2024年保障完成运输起降架次、旅客吞吐量、货邮吞吐量同比分别增长5.32%、10.72%、15.34%,实现历史最好发展水平,总收入等指标创历史新高。

六、下一步规划和探索

立足"生产经营出题,党组织解题,广大党员答题",进一步牢固树立"抓好党建是本职、不抓党建是失职、抓不好党建是不称职"的理念,聚焦巩固拓展主题教育长效机制,大力开展党建提质增效行动,切实加强系统谋划、统筹协调,以钉钉子精神推动基层党建各项任务落地落实。以实施"五大工程"为引领,以常态化纵深推进"三抓三促"为要领,发扬"忠诚担当、勠力同心、勤勉敬业、精

益求精"的企业精神，不断提升党建工作和队伍建设水平，切实把组织力量、组织优势转化为集团高质量发展的动力和活力。

（1）以高质量党建引领高质量发展，通过持续增强政治功能和组织功能，推动甘肃机场集团核心竞争力和核心功能提升。坚持"抓党建从工作入手、抓工作从党建出发"，持续提升政治功能和组织力。以提高甘肃机场集团核心竞争力和增强核心功能为重点，引导所属党组织围绕建设一流企业的目标定位，找准党建工作切入点，深入开展"一党委一品牌""一支部一特色"党建品牌创建，积极打造安全保障、生产经营、项目建设、运行管理等领域有特色、有亮点的党建品牌。

（2）以持续增强干部政治能力、持续完善理论学习长效机制、持续提升学习教育实际效果，深入开展凝心铸魂工程。巩固拓展主题教育成果，结合学习贯彻党的二十届三中全会精神，持续推进学习贯彻习近平新时代中国特色社会主义思想深化、内化、转化，教育引导广大党员干部深刻领悟"两个确立"的决定性意义、坚决做到"两个维护"。坚持把习近平总书记关于党的建设的重要思想纳入各级党组织学习内容和培训工作安排，突出党的创新理论在教育培训中的主业主课地位，分级分类抓好教育培训，确保实现党员干部全覆盖。坚持党建引领与深化改革"双轮驱动"，将学习党的二十届三中全会精神作为集团各类学习教育班次的开训"首修课"、培训"必修课"。

（3）以着力选优配强领导班子、着力加强干部教育培养、着力强化考核监督管理，深入开展选贤任能工程。持续优化干部选育管用工作，牢固树立正确的选人用人导向，严把政治关、品行关、能力关、作风关、廉洁关，持续强化党组织的领导和把关作用，真正把组织放心、群众满意、干部服气的干部选出来。着力解决干部乱作为、不作为、不敢为、不善为的问题，采取有效举措，充分调动广大干部抓改革、促发展的积极性、主动性、创造性。将优秀年轻干部的选拔培养使用提升到"人才兴企"的战略高度。

（4）以加大人才引进力度、坚持加强人才自主培养、坚持健全人才选用和退出机制、坚持完善收入分配和激励机制，深入开展人才赋能工程。认真落实《集团人才队伍建设发展规划（2024—2028年）》，结合实际情况聚焦集团高质量发展需要，突出导向需求，紧盯"急需紧缺"，分层分类精准引才。突出引才的实用性、针对性和匹配性，积极采用组团引才、以会引才、集中宣介等形式，加强急需紧缺人才队伍建设。

（5）以不断健全党的组织体系、不断提升基层党组织的政治功能和组织功能、不断推动党建工作与生产经营深度融合，深入开展强基固本工程。充分发挥基层党建的引领带动作用，切实把集团各级党组织建设成为有效实现党的领导、有力推动集团"11346"发展战略和高质量发展着力重点的坚强战斗堡垒，统筹推进党建工作、民航安全、生产经营和项目建设，奋力实现党建工作与中心工作的深度融合。将基层党组织的架构延伸到车间、班组和岗位，进一步细化基层党组织融入中心的架构载体，夯实党组织向一线延伸的路径平台，实现每个基层党委都有党员突击队、党员服务队和责任区，实现党小组应设尽设，党小组与班组、工会小组融合。

（6）以切实提高发展党员质量、切实加强党员日常教育管理、切实发挥党员先锋模范作用，深入开展先锋引领工程。积极巩固发展党员专项整治工作成果，把好发展党员的"入口关"和疏通处置不合格党员的"出口关"，健全完善规章制度，推进发展党员工作的制度化、规范化，始终保持党组织肌体健康；建立党员长期受教育的学习机制，高质量组织党员轮训，引导广大党员开展自学的主动性。广泛开展"一名党员就是一面旗帜"的实践活动，有效发挥党员先锋岗、党员突击队、党员服务队、党员责任区的作用，开展"党员身边无差错，全员确保无隐患"活动，让党旗在安全保障、运输服务、项目建设、运行管理一线高高飘扬。

（7）进一步完善党纪学习教育常态化、长效化工作机制，把党纪学习教育融入日常。全面从严治党永远在路上，纪律教育必须常抓不懈。甘肃机场集团将深入贯彻党中央和甘肃省委、省政府及甘肃省国资委的决策部署，结合集团安全生产和经营管理工作，着力推动党的纪律教育常态化、长效化，融入日常，抓在经常，引导党员、干部在遵规守纪的前提下勤奋工作、放手干事、锐意进取、积极作为，为谱写中国式现代化甘肃民航篇章贡献力量。

以新时代廉洁文化建设为着力点，助推企业实现高质量发展

创造单位：内蒙古电力（集团）有限责任公司内蒙古超高压供电分公司
主创人：付晓旭　吴增杰　张恩佑
创造人：王伟岩　潘志慧　樊瑞芬　段皓杰　吴彤　魏港

【摘要】内蒙古电力（集团）有限责任公司内蒙古超高压供电分公司（以下简称内蒙古超高压供电公司）以新时代廉洁文化建设为着力点，一体推进"不敢腐、不能腐、不想腐"反腐败斗争基本方针，以公司廉洁文化建设"四季行"活动品牌为根基，系统开展"五进五廉"工程，运用数据化分析和管理模式，助力公司新时代廉洁文化建设与中心业务相融合，推进全面从严治党向纵深开展，助推企业实现高质量发展。

【关键词】新时代廉洁文化建设　全面从严治党　数据化分析和管理模式

一、实施背景

（一）党中央和内蒙古自治区落实坚持全面从严治党的总要求

党的二十大报告中明确指出，"全面从严治党永远在路上，党的自我革命永远在路上""加强新时代廉洁文化建设，教育引导广大党员、干部增强不想腐的自觉，清清白白做人、干干净净做事，使严厉惩治、规范权力、教育引导紧密结合、协调联动，不断取得更多制度性成果和更大治理效能"。新时代廉洁文化建设，是一体推进"不敢腐、不能腐、不想腐"的重要基础性工程，同时也是我们党自我革命的重要内容。不断深化廉洁文化建设，对于继续深入全面从严治党的原则和方针具有重要意义。2022年，中共中央办公厅印发《关于加强新时代廉洁文化建设的意见》，首次提出新时代廉洁文化建设概念，要求把廉洁文化建设纳入党风廉政建设和反腐败工作布局进行系统谋划，切实推动新时代廉洁文化建设向纵深开展。

内蒙古自治区党委办公厅印发《关于加强廉洁文化建设的指导意见》，要求在强化不敢腐震慑、扎牢不能腐笼子的同时，着力加强廉洁文化建设，切实增强党员、干部特别是各级领导干部不想腐的自觉，从更深层次上净化和修复全区政治生态。

（二）国有供电企业发展特点和内蒙古电力（集团）有限责任公司的总体要求

国有供电企业作为新时代中国式现代化发展的重要力量与坚实保障，不仅在中国共产党执政兴国上提供着有力的政治保证，而且在贯彻党的发展路线、重要思想、方针路线上发挥着重要意义，是新时代中国特色社会主义发展的重要政治和物质基础。在持续深化推进"碳达峰""碳中和"发展战略过程中，积极顺应低碳经济发展是内蒙古自治区电力行业发展的必然趋势。发展新能源必然带来一大批工程项目的开工建设，国有供电企业资本密集、投资体量大的特点使供电企业廉政风险易发多发。

内蒙古电力（集团）有限责任公司党委坚定不移深化全面从严治党，全力推进党风廉政建设和反腐败斗争，加强新时代廉洁文化建设规划，于2021年12月印发了《内蒙古电力（集团）有限责任公司廉洁文化建设三年规划（2022—2024）》。2024年4月，印发了《内蒙古电力（集团）有限责任公司廉洁文化建设总结提升年活动实施方案》，把廉洁文化作为落实全面从严治党、一体化推进反腐倡廉工作的重要抓手，一体推进"不敢腐、不能腐、不想腐"重要举措，把廉洁文化融入公司治理的各个环节，防范化解重大经营风险，提升企业核心竞争力，助力企业高质量发展。

（三）内蒙古超高压供电公司的企业特点和文化建设要求

内蒙古超高压供电公司是内蒙古电力（集团）有限责任公司直属国有特大型供电企业，负责建设运营蒙西地区 500 千伏电网，供电区域 20.27 万平方千米，包括呼和浩特市、包头市等 5 个地级市，同时承担"西电东送"国家战略向华北地区供电的任务。目前，公司现有职工人数 1221 人，其中党员 596 人，占比达到 48.8%，在构建以光伏、风能为主体的新能源体系建设中发挥着关键作用。在新时代发展的实际背景下，国有供电企业现有财务、物资等关键领域面临廉政风险考验，风清气正的企业生态和一支技术本领过硬、廉政意识较强的干部职工队伍是公司高质量发展的重要保障。

内蒙古超高压供电公司紧跟上级工作部署，根据生产经营实际，全面强化新时代廉洁文化建设，细化分解、同步印发了《内蒙古超高压供电公司新时代廉洁文化建设三年工作方案（2022—2024）》（以下简称"三年工作方案"）、《内蒙古超高压供电公司廉洁文化建设总结提升年活动实施方案》，助推一体推进"三不腐"在供电企业的落地，助力企业高质量发展。

二、实施目的

（一）打造新时代廉洁文化建设"四季行"活动品牌

内蒙古超高压供电公司根据"三年工作方案"要求，持续在每年的每个季度开展一个主题鲜明的廉洁文化建设活动，即"学习季""文化季""活动季""成果季"。通过 4 个主题工作的开展，细化 21 个方面工作的开展，将新时代廉洁文化建设与党风廉政建设、纪检监察工作有效融入公司中心工作中，为推进全面从严治党向纵深发展提供重要支撑。

（二）以"五进五廉"为实施举措，保障廉洁文化建设成果

内蒙古超高压供电公司以实际生产经营工作为着力点，通过廉洁文化进班子、进部室（单位）、进班组、进岗位、进家庭的具体举措，厚植政治引廉、协同促廉、尽责守廉、履职践廉、亲情助廉的廉洁理念（即"五进五廉"），筑牢思想防线，涵盖该公司 16 个职能部门、9 个专业生产机构、1 个营销服务机构、7 个其他机构。

（三）通过"阵地建设"保障文化阵地载体丰富度

内蒙古超高压供电公司运维管理 500 千伏变电站 25 座、输电线路 93 条，丰富的班组（站）走廊、外墙等公共场所构成了公司廉洁阵地中的特色文化——"廉洁走廊文化"。公司利用现有资源，升级 1 个廉政教育基地，依托党建阵地、职工书屋等阵地建设，打造廉政走廊 29 个、廉政展室 2 个，推动廉洁文化有形、有效覆盖。

（四）建立"人才库""作品库"，实现廉洁资源高效利用

内蒙古超高压供电公司通过建立 92 人组成的具有超高压特色的廉洁教育"人才库"，以优秀人才创作激发职工积极性，广泛创作 165 部廉洁文化作品，建立"作品库"，打造一支廉洁文化精品创作专业化队伍，通过整合廉洁文化建设案例、人才、作品资源，实现廉洁资源共享和高效利用。

（五）运用数据化分析辅助决策

内蒙古超高压供电公司通过数据化党建工作管理模式，夯实数据基础，分析廉洁文化建设，初步形成"六大板块成果"——廉洁文化作品、阵地、队伍建设、评选表彰、警示教育和"五进"情况，涵盖 16 个廉洁文化建设具体方向，共汇总 255 个数据维度，分析各部门（单位）3315 个数据点，总结凝练了 20 类图表，共 53 个分析图，根据实际及时总结阶段成效，辅助指导下一步工作决策方向。

三、实施过程

公司以大数据分析为支撑，以图表为范例，多种手段拓宽分析逻辑，深度分析，灵活运用，将廉洁文化建设作为监督"触角"进行前移，促进廉洁文化建设与生产经营工作深度融合，助力企业实现高质量发展。

截至2024年6月（以下分析均参照此时间节点前），公司共创作新时代廉洁文化作品165部，其中包含了视频类作品23部（同系列作品按1部计算）、书画类作品57部、摄影类作品24部、手工及文创类作品41部，此外还有文学创作、H5作品和论文成果报告等优秀作品若干。

（一）动漫类和系列剧类作品

1. 成果分析

动漫类和系列剧类作品广受员工喜爱，在廉洁文化宣传方面有着较好的效果。3年来，公司创作了大量的短视频类作品，占总量的56%；创作动漫类作品3部，占总量的19%，其中一部作品获得国家级荣誉；创作系列剧类作品4部，占总量的25%，共50集，时长共计92分15秒，形成《小"室"界里的"廉"续剧》《说节气·话廉洁》等高质量的、具有"内超风格"的廉洁文化宣传作品。

2. 问题剖析和对策实施

动漫类和系列剧类作品对于创作人（团队）技术上要求较高，时间周期较长，故以上两类作品创作的数量不多。针对内部警示教育没以视频形式进行宣传引导的缺失情况，内蒙古超高压供电公司通过不断调整制度导向，从前期作品质量不尽如人意到后期针对员工关注点创新高质量作品，秉持不增加员工创作负担原则，逐步向"精品化"创作转变，由纪检监察等部门统筹拍摄发挥"集中力量办大事"的组织优势，增强作品教育宣传力度。

（二）微电影和短视频类作品

1. 成果分析

内蒙古超高压供电公司3年来短视频类视频创作数量最高为9部，占总量的56%，微电影类创作为空白。随着科学技术的不断发展，短视频、融媒体时代的到来使员工接收信息呈现"碎片化"趋势，以"随手记录""时刻分享"为特点的短视频创作数量开始增多，这是廉洁文化对员工真正产生了"入脑入心"的效果在"行为结果"上的体现，起到了较好的廉洁文化建设效果。

2. 问题剖析和对策实施

短视频类在创作方面受员工关注度较高，但其创作简单，难以产生较高质量作品。内蒙古超高压供电公司针对职工对短视频类的创作热情高的特点，对短视频的创作过程加强引导，使短视频类作品的创作呈现逐年上升的趋势（数据截至2024年6月），公司对创作成果进行严格审核，广泛激发员工创作积极性。微电影类视频创作成本高、技术难度大、制作周期长、参与人数较多，与现阶段人员储备情况不匹配，公司综合考量其特点，本着创作"精品"、节约成本的工作思路，不特别进行鼓励，而以官方微电影资源作为警示教育素材，待时机成熟后再组织开展微电影类视频的创作。

（三）摄影类作品

1. 成果分析

摄影作为广受大众喜爱的艺术创作形式之一，是廉洁文化建设的重要载体。随着科学技术的不断发展，手机等便携拍摄设备作为摄影记录的工具为大众青睐，内蒙古超高压供电公司鼓励员工发现身边的"廉洁文化"氛围点，实现廉洁文化与员工的"零距离"接触。3年来，员工创作摄影作品23件，月平均0.77件（统计截至2024年6月，共计30个月），数量较少且高质量作品不多。

2. 问题剖析和对策实施

针对摄影类作品，内蒙古超高压供电公司结合部室、班组间的日常活动广泛开展引导工作，让廉洁文化真正融入生产经营的方方面面。公司利用"网盘""云盘"等存储机制广泛收集摄影类作品，避免摄影类作品因储存不力造成的"流失"现象。该类作品的数量3年来呈现上涨趋势。后期，公司将加大人才发掘力度，增加活动开展次数，保证作品数量和质量双提升。

（四）书画类作品

1. 成果分析

内蒙古超高压供电公司创作的新时代廉洁文化作品中，数量最多的是书画类作品。廉洁文化作为中华优秀传统文化的重要组成部分，随着中华文明的不断发展一直有着新的内涵与表现形式，新时代的背景下，廉洁文化以书画类作品为载体，极大地反映了公司职工对悠久文化传承方式，如书法、国画等的热爱。内蒙古超高压供电公司在开展廉洁文化教育的同时，与中华优秀传统文化起到了很好的"同频共振"效果。

2. 问题剖析和对策实施

从书画类作品3年来的创作数量分析，该类作品创作情况较好。后续，公司将继续巩固和扩大廉洁文化在书画类作品中的影响度，鼓励优秀人才创作并加强作品收集工作，这是开展廉洁文化作品创作的有力保障。

（五）手工及文创类作品

1. 成果分析

手工类作品3年来共创作36件，其中公司某部门于2024年5月创作该类作品10件，占公司3年创作总量的27.8%，短时间内呈现"井喷"式增长。其原因是廉洁文化3年建设以来，在班组、部室等工作岗位上已有了较为深厚的积淀，"行为廉洁文化"初步展现。分析发现，该部门年轻女性职工较多且党政主要负责人为女性，故在该部门集中产生了一批有代表性的、高质量的手工类作品，如纽扣画、衍纸画等。

2. 问题剖析和对策实施

廉洁文化的宣传教育在一段时间内可能以文艺作品数量激增的形式体现，同时文化的受众也决定着作品的创作展现形式。内蒙古超高压供电公司积极鼓励和引导新时代廉洁文化人才创作，结合公司实际建立人才库，同时"以点带面"加强宣传引导，形成有温度、高质量、有品牌的新时代廉洁文化建设亮点。

（六）H5类作品

3年来，公司仅创作了2部H5类作品，综合分析认为：该类作品的创作需要一定的制作经验，并且应用场景较少，主要集中在公众号等平台的发布上，对创作质量要求较高，故数量较少。

后期，公司将结合H5类作品的创作特性，关注该类作品后续应用场景，增加其应用广度和深度，增强有效指导，在观感等效果呈现方面多下功夫。

（七）廉洁文化评选表彰

内蒙古超高压供电公司在"三年工作方案"总体部署下，根据实际开展情况及时统筹安排和调控各项工作，于2024年表彰"纪检监察先进集体"7个、"纪检监察先进个人"11名、"廉洁从业模范"16名、"家庭助廉模范"9名，表彰集体涵盖7个党支部，表彰个人涵盖22个部门。其中，A部门获表彰人次较多，其原因为A部门为机关党（总）支部，党员占比较高，以"五进五廉"为主要形式的廉洁文化工作落实成果显著，同时在文化建设过程中有较多的作品和人才涌现，这一现象也体现出国有供电企业党建工作在党员、干部和人才建设方面的成效，是从机关到基层落实全面从严治党各项工作和一体推进"三不腐"工程上先锋模范行的集中体现，有着较好的"辐射带动"作用。

（八）警示教育开展情况

1. 开展情况分析

内蒙古超高压供电公司以"五进五廉"为新时代廉洁文化建设警示教育开展的重要举措保障，开展警示教育次数、通报外部典型案例数呈先上升后下降趋势（2024年的数据统计时间节点为6月），内部通报案例数较少（见图1）。

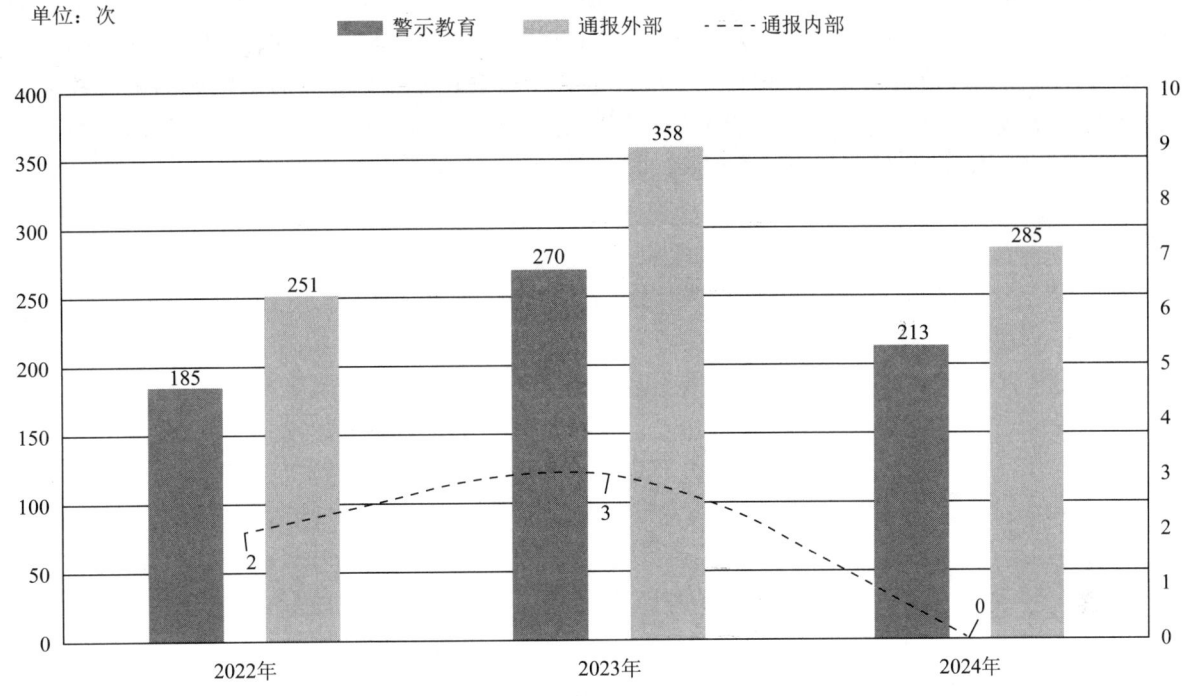

图1 警示教育开展次数、内外部通报数对比

2.产生问题和实施对策

3年来，公司内部典型通报案例数因员工违规违纪案例较少，相比于外部典型案例通报数差距较大。在后续警示教育活动开展中，公司将持续加强有针对性的典型案例警示教育。其中，针对"关键岗位"的覆盖情况，鉴于公司职工存在"倒班制"、长时间野外工作和出差的生产工作模式，随着警示教育次数上升和质量提升，以及覆盖率逐年提升，后续将更多采取线上教育等方式加强教育。

四、实施效果

内蒙古超高压供电公司始终坚持贯彻党中央和内蒙古自治区全面从严治党的方针政策，以内蒙古电力（集团）有限责任公司总体要求为指导，从公司实际生产经营角度出发，打造廉洁文化"四季行"品牌，以"五进五廉"为举措保障，加强"内引外联"不断探索新路径，以数据化分析和管理模式，创新开展新时代廉洁文化建设工作。截至2024年6月，公司资产总额达到105.39亿元，2024年上半年总营业收入为75.52亿元，同比增长37.21%。"清风主网、廉洁内超"的廉洁文化氛围和特色亮点品牌逐步成为该公司高质量发展的坚实保障，持续迸发着新时代廉洁文化助力企业高质量发展的生命活力。

3年来，内蒙古超高压供电公司新时代廉洁文化建设成果显著。

在引领性方面，内蒙古超高压供电公司紧跟时代步伐，着重关注新质生产力发展，以员工实际诉求为导向，以实际工作回答时代课题。

在创新性方面，内蒙古超高压供电公司多维度、分层次推出"四季行"品牌活动，以"五进五廉"为举措保障，综合运用数据化分析辅助决策导向，首次提出以"精品化"创作系列剧类视频的创作思路，在集团内成为典型。

在效益性方面，低成本、高效率、联合化的作品创作思路让廉洁文化作品"从职工身边来，到职工身边去"，高质量作品不断涌现且为公司节约了相关支出；加强公司规范化经营，提升企业的运营质效，极大地避免了因员工违规导致的国有企业经济财产损失，有形、有效地助力企业的发展。

在真实性方面，以季度为周期的调控模式保障了各项工作的开展基础，数据化的收集和分析能帮助公司实时调整对策实施，以"动态化"的理念不断夯实工作成效，有力保障廉洁文化各项建设落地开展。

在推广性方面，内蒙古超高压供电公司的文化建设工作在内部各单位中有着很好的推广效果，示范引领性地承办总结提升关键年的现场交流会；同时，内蒙古超高压供电公司在国务院国资委、企业内外部的实地调研中，获得较好的引领作用反馈。

以文化深度融合推动国企重组质效倍增

创造单位：唐山冀东水泥股份有限公司
主创人：孔庆辉　徐志刚
创造人：董宁　刘艺池

【摘要】 唐山冀东水泥股份有限公司（以下简称冀东水泥）作为国有企业重组的典范，坚持以习近平新时代中国特色社会主义思想为指导，以文化融合为先导，高度重视重组之后的企业文化建设，坚持以服务企业、服务职工为主线，探索实施文化深度大融合，凝聚推动企业发展的思想基础和精神力量，保障了改革发展各项工作的平稳有序进行，实现国有企业保值增值，为建材行业高质量发展和经济社会建设做出积极贡献。

【关键词】 文化融合　国企改革　发展质效

一、实施背景

2016年，在京津冀协同发展的大背景下，为深入落实京津冀协同发展国家战略和供给侧结构性改革要求，北京金隅集团和河北冀东发展集团成功进行战略重组，组建了全新的冀东水泥。自此，冀东水泥成为产能位列全国前三甲、世界第四位的大型水泥产业集团。公司业务范围涵盖水泥制造、危固废处置、技术咨询、现代信息服务等。产业布局国内13个省（自治区、直辖市）和南非。

冀东水泥契合京津冀协同发展、振兴东北、西部大开发等国家战略，充分发挥技术、人才、管理、产业链条等优势，引领和推动水泥行业高质量发展。冀东水泥持续推动水泥产业转型升级，建成并运行了具有自主知识产权的无害化处置工业废弃物示范线、飞灰工业化处置示范线、无害化处置城市生活垃圾示范线，综合消纳工业固体废物、生活垃圾、建筑垃圾、危险废物近4000万吨，成功打造了传统制造业向生产性服务业、服务型制造业转型的标杆。冀东水泥充分运用现代信息技术和数字化技术，整合产业链优势资源，搭建产业互联网平台，构建现代化绿色智慧物流体系，构筑了契合新时代的新业态、新模式。

两大企业的重组，不仅能够对双方的资产进行整合优化，还能够提高企业的整体竞争力，引导企业活力健康可持续发展。与此同时，重组后的企业也同样面临着更加复杂的内外部形势，面对这种形势，如何重塑并融合企业文化，"破而后立"成为重组后公司党委关注的课题。

重组初期，冀东水泥面临一系列亟待解决的问题：管理机制上的差异、企业文化上的冲突、员工心态上的疑虑等。如何迅速统一员工思想、形成发展合力成为保障重组效果的关键，成为检验企业改革发展成败的关键。

企业文化是引导企业员工行为的"看不见的手"，是推动企业不断向前发展的原动力，是企业的灵魂。重组以来，冀东水泥党委高度重视企业文化系统的建设，认真分析研究文化融合这一重大课题，坚持以习近平新时代中国特色社会主义思想为指导，以党的建设为引领，以文化融合为先导，凝聚了推动企业发展的思想基础和精神力量，保障了改革发展各项工作的平稳有序进行，实现了国有企业保值增值，为建材行业高质量发展和经济社会建设做出积极贡献。

二、实施目的

促进企业文化的深度融合，是增强重组后公司经济活力、控制力和影响力的关键，有利于有效提高广大干部员工的凝聚力和归属感，促进企业创新和发展，提高企业的形象和声誉，提高企业的竞争力和生产效率，提高企业的发展前景预期和长期利益。通过企业文化的系统性建设，有助于在复杂经济环境下帮助冀东水泥打造内部精神纽带和文化氛围，促进干部职工的凝聚力和创新力，突破传统发展模式的困境，增强企业的竞争力和发展能力，实现转型升级，为企业改革发展提供坚强保障。

三、实施过程

（一）坚持党的全面领导，系统推进文化深度融合

坚持党建引领，可以为企业的发展注入全新活力，引导广大干部职工树立正确的价值观念，形成良好的企业内部文明风尚，保障生产经营管理路线的正确，从而推动企业在激烈的竞争环境中坚守初心、勇于突破。作为大型国有企业，冀东水泥党委深入贯彻全国国有企业党的建设工作会议精神，坚持将加强党的领导和完善公司治理体系有机统一，所有全资、控股企业第一时间全面完成党建入章程工作，明确了党组织在公司治理结构中的法定地位。坚持"双向进入、交叉任职"体制，基层企业基本实现了党组织书记、董事长（执行董事）"一肩挑"。迅速实现党的组织全覆盖，党组织工作机构和党务人员配备到位，将党组织的政治优势、组织优势有效转化为公司治理优势，为各项工作的顺利推进奠定了坚实基础。

在推进文化融合的过程中，冀东水泥建立了党委领导下的文化建设机构，建立企业文化建设长效机制，构建以党建为核心，引领企业文化发展方向的创新化企业文化发展体系。冀东水泥党委每年两次专题研究企业文化建设，明确年度工作重点和建设方案，制订了完善的考核评价保障、制度保障、人才保障及物质保障措施，对所属企业的企业文化建设进行有效指导，鼓励基层党组织正视当前党建工作与企业文化融合的挑战，积极汲取成功经验，结合企业生产经营实际、人力资源，构建完善的党建与企业文化融合体系，形成了党委统一领导、宣传部门牵头、各部门配合、人人参与的工作格局。坚持党对一切工作的领导特别是对重要干部的管理权，着力培养一支高素质、高认知的基层领导干部队伍，凝聚出广大职工群众在企业党建与企业文化融合中的向心力。冀东水泥及所属各企业党组织书记为企业文化建设的第一责任人，承担企业文化工作各方面的责任，当好企业文化的设计师、指导员，全面负责更新党建工作思想及企业文化思想建设，打破陈旧观念框架的限制，适应国有企业党建工作与文化融合的全新需求，为文化融合的顺利推进提供坚强保证。

（二）聚焦文化共通点，增强文化融合同心力

北京金隅集团和冀东水泥都是建材行业有历史、有影响力的国有企业，在各自发展历程中都形成了深厚的文化积淀。要实现融合，必须最大限度地挖掘两者之间的共通之处，发掘内在相连的血脉。

在北京金隅集团"使命金隅、价值金隅、责任金隅"的发展理念、"信用、责任、尊重"的核心价值观、"重实际、重创新、重效益、争一流"的企业精神、"想干事、会干事、干成事、不出事、好共事"的干事文化的基础上，冀东水泥党委仔细梳理"金隅"和"冀东"的历史发展脉络，根据现代企业管理规范对冀东水泥企业文化进行新的理解和把握，将重组后的新型企业精神、发展理念、经营理念、质量理念和服务理念传达到每一名员工的耳中、脑中、心中。加强对广大干部员工心理转变的引导，将重组优势发挥到最佳。冀东水泥经过对公司高层及基层党委书记一对一专访、对广大干部职工发放调查问卷和对基层员工进行交流采访等方式，最终提炼出富有自身特色的冀东水泥企业文化——"敢为人先、追求卓越、创新发展、服务社会"的企业精神、"低碳化、智能化、融合化、服务化"的发展理念、"客户导向、聚能升级"的经营理念、"精工品质、臻于至善"的质量理念……两大集团在文化理念上有很多相通之处，为此，冀东水泥提出了"关键在继承、重点在融合、核心在发展"的推进思路，把两大集团的优秀文化进行组合、调整、优化，使之更能适应企业发展需要。重组之初，冀东水泥即在北京金隅集团核心文化体系的引领下，结合发展历史和未来需要，建立了子文化体系，提出了"发展建材事业，创享美好生活"的价值使命和"建设国际一流的科技型、环保型、服务型建材产业集团"的愿景目标。组织开展了"文化融合年"系列活动，凝聚思想共识，推动两大集团文化快速融合。近年来，持续做好文化融合提升工作，大力宣贯整合发展、契合发展、创新发展、高质量发展战略理念，引导广大职工从思想深处增强了身份认同、价值认同、情感认同。

（三）选准融合切入点，激发文化融合驱动力

推动企业高质量发展是文化融合的核心要义。推进企业重组的根本目的就是要提升全新冀东水泥的综合竞争力，实现生产经营管理的不断进步。冀东水泥在加强集团化管理过程中，将企业文化有机融入生产经营管理全流程，建立了符合社会主义核心价值观、契合公司价值理念和经营实际的管理制度和工作标准，促进两大集团生产、经营、管理各环节的深度融合。

1. 统一管理体制

规范了组织机构、职务职级和管理方式，打破原来两大企业人员的界限，统筹交流任职，赋予原冀东水泥人员政治身份，提高了大家的政治待遇和经济待遇，得到了广大员工的普遍认可。统一营销管理、统一品牌管理，提高了集团的管控力度。

2. 统一文化标识

冀东水泥在北京金隅集团的文化手册和视觉识别系统的基础上，充分总结、提炼，编制了冀东水泥《视觉识别手册》，全面统一了企业标识、标准色等元素，包括这些元素的建筑物、设备设施、宣传栏、文化用品、交通工具、代理商门楣，以及对外宣传、广告等介质上的应用，统一了基层企业工装制式，实现企业内、外部形象的高度统一，提高了企业的文化辨识度。

3. 规范行为习惯

员工的自觉自发行为是企业文化的重要体现。冀东水泥围绕文化的导向、凝聚、约束、激励、协调功能，建立了与北京金隅集团核心价值观有机统一的行为规范体系，贯穿于安全生产、经营管理、客户服务、社会责任等各方面，使企业文化更好地服务于企业发展。不断丰富和完善《员工行为手册》，深入开展员工行为规范教育活动，形成了想干事、会干事、干成事、不出事、好共事的鲜明行为风格。通过统一行为规范，增强了企业的凝聚力、向心力，打造了有追求、有活力的职工队伍。

（四）把握宣传节奏点，汇聚文化融合向心力

企业文化建设是具体的、实践的系统性工程，冀东水泥注重构建良好的传播机制，不断丰富传播形式、传播手段，逐步形成传播快捷、覆盖广泛的文化传播体系。

1. 搭建立体化宣传阵地

巩固壮大主流舆论阵地，充分利用自有资源，搭建了内部OA（Office Automation，办公自动化）平台、官方网站、企业内宣报纸、内刊杂志、微信公众号、微信视频号、官方抖音账号等宣传渠道，借鉴融媒体运行模式，和上级媒体、基层单位有机联动，多角度、全方位宣传公司在贯彻新发展理念、服务首都功能建设、推动行业发展等方面的生动实践，内聚正能量，外树好形象，每年通过内部媒介推送各类先进典型100多次，全系统39名员工被评为省部级以上"劳动模范"和"先进工作者"。每年组织参加北京金隅集团宣讲报告会，用典型人物或典范事件来引导、激励员工，推进企业文化内涵向更加广阔的领域延伸。公司所属唐山启新水泥有限公司、北京金隅琉水环保科技有限公司、河北金隅鼎鑫水泥有限公司建设了各具特色的水泥博物馆，提升了价值内涵。《人民日报》、新华社、中央电视台等国家级媒体对公司重组经验、绿色发展成就、国际产能合作等工作进行了报道，提高了冀东水泥文化的软实力和影响力。

2. 通过重大社会活动传播企业文化

积极参与脱贫攻坚，选派驻村第一书记，通过教育、就业、消费、捐赠等手段助力打赢脱贫攻坚

战，被评为"北京市扶贫协作先进集体"。旗下北水公司、红树林公司组建北京市环境突发事件应急大队，助力首都环境处置。积极参与大型权威展览，曼巴水泥作为"一带一路"典型项目，亮相"第一届中非经贸博览会"等大型展会。选拔优秀同志参加"一带一路"高峰论坛、世园会志愿服务等活动，在传播企业价值理念的同时，提升了干部职工的自豪感和荣誉感。利用"国企开放日"等契机，邀请市民走进企业厂区，展示了公司绿色、环保、现代的气质形象，改变了水泥企业在大众心中的传统形象，有力提升了公司的知名度和美誉度。

（五）注重文化动情点，增强文化融合渗透力

体察员工的关注点，以情感人、以情化人往往比说教更能直指人心。冀东水泥深入贯彻以人为本的发展理念，把增强员工归属感、获得感、幸福感作为企业文化建设的出发点和落脚点，打破传统企业文化建设过度聚焦文化理念重构的窠臼，注重激发员工的积极性、主动性和创造性。

1. 改善环境振奋人

按照北京金隅集团专项管理达标的要求，指导各企业不断改善职工工作、生活环境，通过身边环境的变化，坚定了员工对企业发展的信心。

2. 素质提升培育人

将文化理念融入人才引进培养全过程，树立重实干、重实绩、重创新的用人导向。加大人才教育培训力度，近3年，通过轮训班、专题研讨会、行业论坛等形式，累计培训6.9万人次。2024年，公司有新入职的143名高学历优秀年轻人才走上重要岗位。

3. 安心工程温暖人

各基层党支部普遍建立了沟通帮扶机制，注重加强与一线员工的经常性沟通，倾听员工的呼声，尽力为员工排忧解难，把企业文化理念渗透、融合、落实到业务工作的方方面面。从员工身心健康、劳动保护、节日福利等方面入手，更好地保障职工的合法权益。高度关心弱势群体，建立困难职工档案，坚持送温暖工作的制度化、常态化，增强了企业的向心力，提高了员工的归属感。

4. 文体活动凝聚人

开展丰富多彩的文体活动，提升职工幸福指数。组织参加北京金隅集团"金隅冀东一家亲"文艺汇演节目排练和选拔工作，指导各企业因地制宜开展寓教于乐的文体活动，持续开展以担当、敬业等为主题的篮球、羽毛球、乒乓球、乐跑、插花、书画等文化体育活动，既增进了企业文化的传播，也丰富了员工的精神文化生活，提升了员工的幸福指数。

四、主要创新点

（一）价值体系创新

价值体系是企业文化的核心，冀东水泥提炼全新并独具特色的企业文化理念词条并形成《企业文化手册》，就是要树立全新的价值理念，使冀东水泥及所属各企业上下对市场、质量、技术乃至客户服务等方面的价值观念不断更新，以适应市场竞争的需要。

（二）行为规范创新

对公司企业文化建设的规章制度、管理机制、组织结构等方面进行调整和优化。制订符合新价值观和企业精神的行为规范，以指导和约束干部职工的行为，促进企业文化的落地和执行。

（三）形象标识创新

企业的形象标识是企业形象的重要组成部分，冀东水泥更新《冀东水泥视觉形象识别手册》，规范符合新价值观和企业精神的形象标识，包括全新企业Logo、企业文化用品样式、经销商宣传物料等，以提升企业的品牌形象和市场竞争力。

（四）产品品牌创新

利用内外部宣传平台和渠道，联合主流媒体，对公司品牌进行正向宣传和推广，逐步提升品牌的个性、文化内涵和价值。通过品牌创新，更好地与客户和终端消费者建立情感联系，提升品牌忠诚度。

（五）组织氛围创新

大力鼓励、支持年轻员工的创新精神，打破思维定势，促进公司全方位创新发展，组织专题职工座谈会等形式，保持员工与公司之间沟通顺畅，为干部职工提供可以交流新想法、新信息的环境，激发广大干部职工的创造力。利用春节等重要时间点，组织联欢会、运动会、春游、秋游等团建活动，营造充满活力、开放包容、积极进取的组织氛围，促进员工之间的交流与合作，激发员工的工作热情，实现创新和发展。

五、实施效果

通过扎实有效的企业文化建设，充分发挥生产经营建设的"助推器"、凝聚职工行动的"导航器"、创建和谐企业的"减震器"、维护员工稳定的"稳压器"的作用，为企业改革发展提供了坚强的保障。冀东水泥保持稳健发展，为"十四五"高质量发展奠定了坚实基础。

企业文化建设是企业的铸魂工程，不可能一蹴而就，也不会一劳永逸。冀东水泥将学习借鉴先进单位的有益经验，勇于探索实践，推动企业文化建设"强基础、上水平、增活力"，为推动企业高质量发展提供强大的精神动力和思想文化支撑。

六、下一步规划与探讨

（一）完善顶层设计，将企业文化建设有机嵌入总体工作

作为大型国有企业，冀东水泥坚持以习近平新时代中国特色社会主义思想为指导，全面贯彻党的二十届三中全会精神，各级党组织用不断提高政治判断力、政治领悟力、政治执行力提升企业文化力。以党的领导力、企业文化力、核心竞争力"三力"统筹的方法开展企业文化建设创新，促进企业真正实现党建、企业文化、企业健康可持续发展一体化建设，以党的领导力打造企业文化力、以企业文化力打造核心竞争力，助力公司不断做强做优做大。

（二）坚持以人为本，提高企业文化建设软实力

企业文化建设来之于"人"也受之于"人"，构建高质量发展新格局，重点要突出"以人为本"，把尊重人、理解人、关心人、培养人、发展人作为企业文化建设的着力点，让企业文化建设接"地气"、有"人气"，同时还要让职工在企业文化的熏陶下有志气争先、有勇气创新。提高广大干部职工日常喜闻乐见的各项文体活动的开展的重视度，持续根据广大干部员工日益高涨的文化需求，完善公司网站、微信等企业文化传播载体和平台，丰富干部职工的精神世界，让广大职工不断学习进步的同时，将企业文化理念融入日常生产经营管理全过程，做到文化理念内化于心、外化于行，培养员工的良好修养和行为习惯。让广大职工都有自己的存在感和归属感，把职工的获得感、成就感和幸福感作为企业文化建设的切入点和着力点，不断改善生产生活的环境和条件，让职工在为公司创造价值的同时能够分享价值成果、享受企业文化建设的成果，让广大干部职工同公司一起持续高质量发展。

（三）坚持守正创新，提高企业文化服务发展战略的作用

创新是企业发展的第一动力，企业文化建设要随着企业发展、环境变化等因素进行创新、提升。冀东水泥党委将持续注重企业文化内涵的创新，紧紧围绕宣贯党的二十届三中全会精神这条主线，正确认识"双碳"目标；围绕高质量发展等，着重对现有的企业文化的理念体系、形象识别体系、行为规范体系等进行多方面的创新和提升。持续注重企业文化特征方面的创新，冀东水泥在转变经济发展方式、创新技术发展等战略转型升级路上任重道远,为契合新的发展战略,紧密结合企业文化建设实际,从实际发展需求出发,着力培育企业文化的先进性和创造性特征等,瞄准世界科技前沿,对标世界一流企业,持续创新升级企业文化体系,把企业文化创新的成果充分体现到推动公司高质量发展的实际行动上,体现到公司行稳致远和广大干部职工的精神成长上。

"党建红"筑牢矿区"安全墙"

创造单位：中共中煤新集利辛矿业有限公司委员会
主创人：杜星
创造人：贺恒　王克勇　孙茂如　郭守生　陈正飞　常丁文

【摘要】中煤新集利辛矿业有限公司（原为中煤新集能源股份有限公司板集煤矿，于2024年10月更为现名，以下简称利辛矿业）党委以习近平新时代中国特色社会主义思想为指导，把促进党建与安全生产工作深度融合作为发展壮大国有企业的重要法宝，以高质量党建引领高质量发展不动摇，依托党建工作的突出优势，以查找问题、解决问题为导向，打造独具特色的"党建红"筑牢矿区"安全墙"品牌。品牌建设以党建引领、文化建设、亲情守护3个方面为着力点，让党组织和党员在安全生产工作中发挥出更大的作用，以高质量党建引领企业安全稳定高质量发展，从思想上、文化上、行动上筑牢企业安全生产防线，促进矿井长治久安。

【关键词】国企　党建引领　文化建设　亲情守护　深度融合

一、实施背景

作为党领导下的国有企业，找准党建与生产经营的切入点、着力点，坚持围绕中心抓党建、抓好党建促生产，坚持党建工作和生产经营工作目标同向、部署同步、工作同力，使二者在融合发展中相互促进，是利辛矿业当前抓好党建工作的重点。利辛矿业只有立足于企业实际，进一步提升党建科学化水平，坚持目标导向和问题导向，夯实基础，提高能力，切实把党建优势转化为创新优势、竞争优势、发展优势，才能推动各项工作任务落地落实，用党建工作引领国有企业高质量发展，为打造一流企业创造良好环境。

二、实施目的

作为国有大型煤矿企业，安全就是"天字"号工程，面对当前国家对安全生产的要求越来越高、政策法规约束越来越大、行政处罚越来越重的形势，安全生产工作的重要性更加突出。没有安全就是没有生产，没有安全就没有效益，没有安全，职工的幸福感和获得感就都无从谈起。为此，利辛矿业党委从维护企业安全生产、守护职工生命财产安全的角度出发，把企业发展作为出发点和落脚点，将党建工作作为企业发展的"硬支撑"，依托党建工作的突出优势，用"三项"举措推进企业党建与安全生产深度融合，打造利辛矿业独具特色的"党建红"筑牢矿区"安全墙"党建品牌，以党建引领筑牢安全之魂，以文化建设筑牢安全之基，以亲情守护筑牢安全之堤，有力推动国有企业高质量发展。

三、实施过程

利辛矿业"党建红"筑牢矿区"安全墙"党建品牌，主要是从党建引领、文化建设、亲情守护3个方面出发，让基层党支部和党员在安全生产工作中发挥出更大的作用。一是党建引领。充分发挥党委的领导作用，定期听取、研究安全生产工作汇报和问题，同时大力开展党员先锋岗、突击队、责任区等主题实践活动。二是文化建设。建设安全教育基地，打造安全文化长廊，绘制企业安全文化墙等阵地，广泛凝聚安全生产思想共识，激发奋进力量，创建浓厚的安全生产文化氛围。三是亲情守护。通过开展安全家书征集、亲情嘱安宣教、井口协安慰问、女工协安帮扶、青年志愿服务等活动，大力实施亲情助安，让安全从心开始，亲情用心守护。

四、主要创新点

推进党建工作与安全生产深度融合是一项系统性、长期性、有效性工作，重点在落实落地、取得实效上。在推进深度融合的过程中，利辛矿业党委始终坚持"守正创新、注重实效"的原则，充分发挥基层活力和创造力，有效增强党建工作的针对性和适用性，做到与安全生产紧密结合，实现党的建设从"无形"向"有形"转变、"有用"向"有效"突破。

（一）突出党建引领"树"品牌

1.强化党的组织政治优势，实现"党建一盘棋"

把安全生产工作与党组织政治优势有机结合，是煤矿企业抓好党建工作的有效途径。一是充分发挥矿党委"把方向、管大局、保落实"的作用，每季度至少召开1次党委会，听取和研究安全生产工作，对重点问题及时决策，推进安全生产重点工程有效开展，促进矿井安全稳定。二是党委会、支部"三会一课"必提安全生产工作要求，按照"为安全生产破难题"的思路，推动党建与安全生产形成一致的目标体系，在目标管理上同谋划、同部署，在行动落实上同向发力、同频共振，形成"同耕一块田、同唱一台戏"的工作局面。

2.充分发挥党员先锋模范作用，激发"热情一团火"

一是根据基层党支部涉及相关业务工作的差异，特色化开展"一岗一区一之星"评选活动，即"党员先锋岗""党员责任区""党员安全包保之星"，注重先进典型选树，保持党员先进性和职工群众认可度。二是根据矿井安全生产阶段性工作要求，积极组织思想先进、执行力强、工作积极的党员组建党员突击队，深入一线，解决安全生产困难，切实为矿井安全工作提供坚强的组织保障。

3.全力推进实施"三基"同步，推动"党政一盘棋"

一是坚持"四同步、四对接"，紧跟矿井发展步伐，在调整机关科室机构的同时调整优化党组织设置，确保党的组织、党的工作全面覆盖。坚持"双向进入、交叉任职"，明确机关党支部书记兼任行政负责人的工作分工，其他班子成员落实"一岗双责"，实现两手抓、两促进。二是着力完善党建规章制度，修订《利辛矿业落实党管安全责任实施方案》《利辛矿业党建工作责任制考核评价办法》《利辛矿业2024年度"三项工程"建设实施方案》等制度，完善基层党支部党员大会议事决策、支委会讨论决定事项、支委会参与决定事项、支委成员主要职责"四个清单"。三是搭建思想教育平台，建立党史学习教育常态化、长效化机制，开展传承企业精神、弘扬新集传统活动，提升用优良作风提素质的思想和行动自觉。

（二）突出文化特色"亮"品牌

1.强化素质提升，建强队伍聚合力

现代化的企业发展离不开先进的企业文化，先进的企业文化是企业的软实力，是推动企业安全生产和健康发展的重要因素，是企业竞争力的重要组成部分。一是利用党委会、党委理论学习中心组和基层党支部"三会一课"、矿党校培训平台、党员干部上讲台等形式，认真学习习近平总书记关于安全生产的重要论述精神，及时跟进习近平总书记的重要讲话和指示批示精神。二是组织党员干部在职工群众中大力开展应知应会知识学习、安全宣讲、趣味性有奖问答等活动，让安全生产知识走进区队、来到班组、深入一线，切实在思想和业务上增加职工自保、互保、联保意识和安全能力。

2.丰富安全文化，增强矿井凝聚力

将安全文化工作从企业内网转向多媒体矩阵，推动安全宣教由书面化向视频化、趣味化、生活化转变。一是通过广播、视频、书法作品、安全文化长廊等途径，向广大职工持续投送安全知识，让职工每天享受安全知识"大餐"。通过矿区大屏循环播放安全事故警示教育视频，在潜移默化中提升职工的安全意识，推进职工由"要我安全"向"我要安全"有效转变。二是结合矿井整体布局，在矿区公园内建成企业文化长廊和企业文化墙，形成一体企业文化景观。在进矿路、工业广场、办公区域、副井上下口、井下主要巷道及生产头面等场所，布置各种安全理念牌板、灯箱、电子屏等，形成全方位、立体式的安全视觉识别系统。

3. 打造标杆组织，推动支部"过得硬"

一是根据党员分布状况，按照业务相近的原则，自上而下科学构建党建网格单元，合理建立基层党支部，并及时调整基层党支部设置，配齐配强支部书记、委员，确保党组织关系隶属明确，组织体系运行规范。二是在"选"上下功夫，把政治过硬、作风正派、德才兼备作为统一标准，选优配强党务干部。三是以树立标准为目标，以完善基层党支部组织设置、班子建设、组织生活、党员教育管理、基础保障及考核评价"六大"方面为抓手，引导基层党支部厘清党建责任清单和规范化标准清单，让其明白该做什么、如何做、做成什么样子。四是深入开展"一支部一品牌""一班组一特色"党建特色品牌建设，努力培育打造一批内涵丰富、亮点突出，能够彰显本单位特色的优秀党建品牌并持续擦亮。

（三）突出亲情教育"强"品牌

1. 建立亲情"教育线"，打造"和"谐安万家

一是广泛征集亲情寄语和安全家书，把亲情寄语与职工入井证件相融合，把安全家书与职工施工现场环境相融合，共同筑牢安全防线，充分发挥职工家属在家庭、企业安全生产工作中的重要性，让亲人的安全嘱咐伴随职工安全上岗全过程，通过安全家书让职工时刻谨记"亲人的安全嘱托"。二是结合"春节""端午""中秋""父亲节"等节日和"百日安全"活动等活动契机，以亲情做"药引子"，将夫妻情、儿女心融入安全教育的全过程，全力打造积极向上的安全声势。

2. 架设党群"连心线"，推动"和"润聚人心

没有安全，就没有发展；没有安全，就没有企业的明天。面对千米深井高地压、高地温、强采动影响，安全生产压力无时无处不在。一是广泛组织矿井团员和青年、女职工，发挥青年生力军和女职工的半边天作用，确保志愿服务活动围绕安全生产活动发展，让志愿服务助力"安全生产"，积极营造浓厚的安全生产氛围。二是让安全工作从心开始，用心用情做好一线职工的服务工作，切实解决职工"急难愁盼"问题，提升职工的满意度和幸福指数，共同筑牢坚实的安全壁垒，促进矿井长治久安。

3. 实施"四保"管理，推动党建"融中心"

一是充分发挥群监网员和青安岗员作用，群监网员和青安岗员按照"四率+"标准进行评分考核，最大化发挥群防群治作为。利用"小故事、小讨论、小微信、小舞台、小行动""五小"工作法，形成大舞台，发挥大作用，助力矿井安全发展。二是全面推进"我的安全我做主""安全诚信管理"为主题的安全知识竞赛，赛意识、比技能、促发展。持续向职工发放安全宣传手册，用正能量激励，用反面案例警示，筑牢全员安全意识。三是根据各班组工作的实际和特点，制订有针对性的班组工作实施计划，定期检查班组工作的进展落实情况。规范班组日常学习，按照以点带面、循序渐进、整体联动的原则，把班组纳入学习型团队的建设工作。四是以"创新工作室"为依托，以"名师带徒"活动为抓手，充分发挥劳模工匠、青年人才带头保安全的作用。争取打造3个创新工作室（其中1个为省级创新工作室），依托科技、网络、信息3个载体，打破传统作业的生产模式，全面提升安全生产的智能化水平。

五、实施效果

在"党建红"筑牢矿区"安全墙"党建品牌引领下，利辛矿业党委夯实基础增强功能，建强根本锻造队伍，举旗定向筑牢阵地，党建引领强化赋能，起到统一思想、凝聚共识、干事创业的作用，全体党员干部职工乘势而上、担当作为，向高质量发展迈出坚实步伐，实现了矿井安全稳定。

（一）夯实基础增强功能，推进党的建设与安全生产进一步融合

1. 深化落实党组织的政治功能

坚持党的领导，是国有企业的独特优势。利辛矿业2024年上半年开展党委理论中心组学习10次、支部"三会一课"268次，党员集中培训1次。建立党支部书记安全工作日志填报制度，积极探索"党建+安全"管控模式，形成"一岗双责"保安全、"主题党日"学安全、"党员带队"管安全、"支部监督"助安全的良好局面。深入学习习近平新时代中国特色社会主义思想和党的二十大精神，将习近平总书记关于安全生产的重要论述精神深深刻入脑海，筑牢思想之基。

2. 认真落实党组织的组织功能

高质量完成11家党支部换届选举，围绕"安全是一切工作之首"的理念，强力推行人的安全行为治理，逐级签订安全承诺保证书，确保责任落实到位。注重支部委员作用的发挥，委员包保班组，联保安全不放心人员。以开展好"一岗一区一之星"为切入点，分层级实施党员先锋工程，开展年度党员先锋授牌活动，评选出"党员先锋岗"24个、"优秀党员责任区"11个、"党员安全包保之星"20人、"优秀党员服务队"3个、"党员示范岗"16个、"先进基层党支部"3个、"优秀党务工作者"3名、"优秀党员创新创效岗"5个、"优秀共产党员"15名，积极引导党员发挥先锋模范作用。

（二）建强根本锻造队伍，推动广大干部与职工素质进一步提升

1. 稳步加强干部队伍建设

坚持党管干部、党管人才的原则，发挥好党组织对选人用人的领导和把关作用。开展党员干部先锋突击及服务志愿活动16次，探索实施党员"1+5"模式，即确保一个安全目标，坚持做到安全理念树在前、提升技能学在前、互监互保盯在前、稳产增效干在前、急难险重冲在前5个"在前"，促使党员干部在艰巨繁重的工作中增强党性，锻炼才干。

2. 全面强化职工队伍建设

更新完善《利辛矿业导师带徒实施方案》，2024年以来累计开展学历提升52人，完成高级工程师专业技术职称申报3人，专业技术职务聘任申报21人，首席技师申报1名；9人获评资深技师，技能提升120人，为矿井高质量发展提供强有力的人才支撑。

3. 有效推动生产"激活力"

一是组织党员佩戴党员徽章，亮身份、亮标准、亮承诺、亮行动，深化推进"英雄榜"活动，让各岗位骨干党员牵头"挂帅"挑大梁、攻难题，形成党员冲在前、员工比着干的工作氛围。二是有序出台职工创新激励制度，按照优秀"五小"成果奖励3000元/项、发明专利奖励20000元/项、授权新型专利奖励5000元/项的标准开展正向激励，对共性问题开展"点题式"攻关，对难点问题组织"揭榜式"攻关，对个性问题实施"定制式"攻关。三是根据生产现场、重点区域、关键岗位等划分安全责任网格，创建"党员责任区""党员安全包保之星"，按照区队设置，选聘群众安全监督员60名，持续深化"党员身边无事故、无隐患、无违章""我的安全我做主""我为安全做护卫"等全员行动，确保安全生产责任全覆盖、过程全受控。

（三）举旗定向筑牢阵地，推动安全生产与文化建设进一步融合

1. 强化宣传思想阵地

围绕中心工作，主动担当作为，打造四级文化体系，创新打造矿、区队、班组、岗位四级安全文化体系，着力建设矿井安全特色文化、区队安全管理文化、班组安全团队文化、岗位安全精细文化四级安全文化体系，从安全理念、安全目标、安全精神、岗位风格等方面全面规范各级人员应遵循的价值体系。服务大局、凝心聚力，发布积极正面宣传先进人物稿件61篇，"推进110502工作面生产准备"及"降本增效"系列报道260篇，"党纪学习教育"专题稿件53篇，凝聚了强大精神力量，营造

出干事创业的良好氛围。

2. 筑牢意识形态阵地

发挥思想引领作用，矿党委注重用社会主义核心价值观铸魂育人，大力宣贯"守规矩"的安全文化，通过将安全愿景理念制成灯箱、牌板，设置在文化一条路上，并在工业广场、办公楼、板集公园、副井等候室等公共场所布置各种安全理念牌板，形成全方位、立体式的安全视觉识别系统，使职工在潜移默化中接受安全理念。目前，矿区建成文化墙1100米，安装安全文化灯箱120个，布置安全警示语1400余条，实现区队班组牌板全覆盖，形成集板集公园、进矿路、工业广场、生产联建楼、副井上下口为一体的安全文化一条路，员工安全生产思想共识得到广泛凝聚，奋进力量得到有力激发。

（四）党建引领发挥作用，推动群众协安与技能提升进一步融合

1. 大力发挥党建的桥梁和纽带作用

树立"大党建"思维，聚焦职工技能素质提升，与属地工会联合持续举办3届"安康杯"竞赛暨煤矿职工劳动技能竞赛。利辛矿业联合亳州市工会承办市级煤矿竞赛，与亳州市另外4家煤矿单位"真对真""硬碰硬"，展示利辛矿业职工技能风采。持续开展"青"字品牌创建，选树典型、凝聚发展合力，选拔了一批金牌职工和能工巧匠，推荐产生了市级工匠5人、省级工匠1人。聚焦为职工办实事、解难事，完成"我为群众办实事"清单86项，顺利解决职工饮水难、健身场地不足、职工停车难、单身青年交友难等问题。

2. 大力提升职工安全思想意识

2024年以来，利辛矿业开展安全家书征集活动3次、井口亲情嘱安活动5次、班组志愿协安慰问3790人次。大力实施亲情助安，让安全从心开始，征集亲情寄语1400条，积极提升矿工家属在安全教育中的亲情感化作用，把安全教育融入家庭、亲情之中。持续开展"助力安全，四送四到"活动，送安全知识到基层、送安全祝福到现场、送安全经验到班组、送安全叮咛到心中，推动矿井"安全生产月""百日安全"活动全面扎实开展。截至2024年8月15日，利辛矿业连续实现安全生产2131天，呈现长治久安态势，营造出浓厚的安全生产氛围。

3. 大力推动工人队伍"双提升"

一是着力打造高素质工匠型技能人才队伍，成立以矿党政领导班子成员为首的技能人才评聘工作领导小组，设立初级工、中级工、高级工、技师、高级技师、资深技师、首席技师等7个聘用等级。根据不同岗位和工种，从初级工到资深技师，每月发放技能津贴50元至2500元不等；首席技师基本薪酬按照副总工程师的0.8倍系数给予奖励，福利待遇比照副总工程师级人员标准执行。二是大力推进职工学历能力双提升工程，制订职工学历提升工作实施方案，印发学历认定激励制度，每年对职工新取得的学历、学位进行审核认定，对初中提升至中专、中技的一次性给予1000元奖励，中专、中技、高中提升至大专的一次性给予2000元奖励。同时，与淮南开放大学（淮南电大）、淮南职业技术学院、安徽理工大学、中煤职业技术学院建立合作，每年开展学历提升计划，为职工提供学历提升的窗口。

六、下一步规划与探讨

利辛矿业党委通过积极探索和实践证明，促进党建与业务的深度融合是发展国有企业的重要法宝，推动党组织和党员在矿井安全生产过程中的作用发挥，以实干实绩交出了一份成色十足、厚重提气的成绩单，使党的组织成为建设企业的"稳定器"和"压舱石"，奋力开创企业高质量发展新局面。

（一）发挥党支部的政治核心作用

利辛矿业始终把党的政治建设摆在首位。在安全生产中心工作中，督促党支部充分发挥政治核心作用，围绕能源保供战略，抓好生产、效益两个布局，围绕采煤、进尺等环节进行全面分析和研究。

通过组织开展课题攻关等活动，激励广大党员深入开展调研，提出建设性意见和建议。党员尤其是党员干部在攻关中勇担当、做贡献，为企业积极破解生产提效难题。

（二）发挥党小组的示范作用

党小组在政治上、思想上、行动上始终与党支部保持高度一致。在安全生产中，党小组围绕本单位实际和安全生产工作重点难点问题，积极献计献策。通过强化党员队伍管理和教育引导，将党员职责与中心工作紧密融合起来。鼓励党员积极面对安全生产挑战，不断提升自身能力素质。通过党小组的示范引领作用，带动广大干部职工共同努力，为安全生产工作提供坚强的政治保障和支持。

（三）发挥党员的先锋模范作用

引导广大党员自觉坚定理想信念，提升政治意识和大局意识，在攻坚克难中彰显党员力量。督促广大党员结合安全生产实际，严格执行矿井制度和生产流程，在破解安全生产瓶颈中主动担当，敢于作为，认真把好每一道关口，不放过每一个环节。党员干部带头发挥表率作用，加强内外部沟通协调，把控现场生产，形成良好的工作氛围和团队精神。

以打造"聚力党建"品牌为核心的区域化党建工作管理

创造单位：内蒙古电力（集团）有限责任公司薛家湾供电分公司
主创人：刘超轶　刘建国
创造人：高慧芳　王志远

【摘要】 推动党建和生产经营不偏离是国有企业党的建设的重要工作，党支部建设的成效、党员作用的发挥直接影响到企业生产力、竞争力、凝聚力的发挥，对聚合力、鼓干劲、促发展、保稳定起重要作用。内蒙古电力（集团）有限责任公司薛家湾供电分公司（以下简称薛家湾供电公司）所辖工作区域具有"大分散、小集聚"的特点，基层单位与单位之间、组织与组织之间、党建与中心工作之间资源共享共建的意识不强，不能很好地形成互补优势。因此，薛家湾供电公司党委落实集团公司"价值党建·领航赋能"——蒙电"1435"党建工作体系的部署要求，致力于解决党建引领作用发挥不充分、资源利用不充分、党支部建设参差不齐、缺乏集约管控、缺乏协调发展等问题，创新开展以价值党建为引领的"聚力党建"区域化工作管理模式。以打造"聚力党建"品牌为核心，以开展"政治理论联学、优势资源联享、实践活动联办、党员队伍联建、中心工作联促、作风纪律联抓"的"六联"活动为主要内容，打造具有公司特色的党建工作管理模式。通过建立健全区域化党建组织架构，构建目标明确和责任明晰的组织管理体系，推动党建工作区域化、一体化和协同化，提升企业党建工作的针对性和实效性；凝聚党委、党支部、党员合力，有机整合阵地、人才和经验等优势资源，有效提升公司475名党员干部的积极性和参与率，有效推动企业各项生产经营任务落实。其中，"聚力党建"品牌化、"六联"党建工作管理等管理经验、做法具有良好的示范推广效应，为集团公司各子公司实施新时代党建工作提供了借鉴和参考。

【关键词】 区域化党建　"聚力党建"　"六联"

一、实施背景

（一）落实国有企业改革深化提升行动的客观要求

习近平总书记指出，坚持党的领导，加强党的建设，是我国国有企业的光荣传统，是国有企业的"根"与"魂"，是我国国有企业的独特优势。国有企业党组织既是党在国有企业中的战斗堡垒，也是激发各类要素活力、调动生产积极性、提升企业竞争力的动力源泉，是国有企业发展壮大的根基所在。如何提升国有企业基层党组织均衡发展、协调发展、一体发展的能力，不断增强党的组织优势，实现做强做优做大国有企业的宏伟目标，是国有企业基层党组织建设面临的重要课题。新时代加强国有企业党的建设，必须始终立足改革发展稳定这个大局，坚持把党建工作与企业中心工作深度融合，紧紧围绕建设世界一流现代化能源服务企业目标，将党组织强大的政治优势、思想优势、组织优势、作风优势、纪律优势和制度优势转化为企业发展优势，为推动国有企业改革深化提升、推进国家经济高质量发展贡献磅礴力量，为推动企业改革发展、高质量发展积蓄动力。

（二）服从、服务内蒙古自治区发展大局的现实要求

内蒙古自治区作为国家的重要能源和战略资源基地，头顶有风光、脚下有煤炭、手中有电网，承担着保障国家能源安全的重大责任。集团公司在国家"双碳"目标和内蒙古自治区"两率先、两超过"目标背景下，紧紧抓住内蒙古自治区能源电力发展机遇，提出"1469"中长期发展战略，推动"价值党建·领航赋能"——蒙电"1435"党建工作体系落实落地，通过开展"基础建设、对标管

理、创先争优"活动，全面形成与"1469"中长期发展战略相契合、与企业生产经营实际相融合、与"价值党建·领航赋能"工作体系相匹配的党建工作格局。薛家湾供电公司所处的准格尔地区正在努力推动能源结构转型升级，建设新能源科技产业基地，大力发展新能源及配套制造业，推动"风光氢储车"五大产业全链条发展，公司党委立足实际，将发扬党建融合优势、实现价值党建作为破解改革发展难题的"金钥匙"，提出以价值党建为引领，以"聚力党建"品牌为核心，以"六联"活动作为主要内容，打造具有薛家湾供电公司特色的党建工作管理模式，充分发挥党委的领导作用、党支部的战斗堡垒作用和党员的先锋模范作用，团结带领全体干部职工，凝聚各方力量，推动公司高质量发展，为助力集团公司创建世界一流能源服务企业提供坚强的政治保证和组织保证。

（三）适应形势变化，提升党建工作质效的必然要求

薛家湾供电公司所辖工作区域具有"大分散、小集聚"的特点，基层单位与单位之间、组织与组织之间、党建与中心工作之间资源共享共建的意识不强，不能很好地形成互补优势。因此，薛家湾供电公司党委致力于解决党建引领作用发挥和资源利用不充分、基层党支部建设不均衡、缺乏集约管控、缺乏协调发展等问题，积极贯彻落实集团公司"价值党建·领航赋能"——蒙电"1435"党建工作体系的要求，着力在党建工作与中心工作深度融合、互促共赢上下功夫，突破创新，提出构建"聚力党建"工作格局，组织基层党支部广泛开展"六联"活动，全面、系统落实党的领导，加强党的建设。对内，注重基层党组织之间的资源整合与紧密配合，建立跨部门党建工作协调机制，加强各基层党支部沟通协作，打破壁垒，共同研讨党建工作中的热点难点问题，寻求最佳解决方案，提高工作效率；对外，注重与产业链上下游企业党组织、属地政府开展联建共建，参与行业内外的党建工作交流活动，展示企业党建工作的成果和经验，推进党建工作、业务发展共同进步，增强企业的社会影响力。通过"党建领航、融入中心、凝聚合力"，实现党委、党支部、党员三级联动，共同推动企业各项生产经营任务落实落地，成为系统化、协同性实现价值党建的具体实践。

二、实施过程

（一）优化组织架构运行机制、实现"聚力党建"一体管理

一是建立区域化党建组织架构（如图1所示）。强化组织保障是打造"聚力党建"品牌为核心的区域化党建工作管理模式的前提，根据所属党支部（总支）具有"大分散、小集聚"的特点，基于各单位、部门工作相关度、位置区域相邻，以及先进带后进原则，打造大路地区、薛家湾地区、153地区、沙圪堵地区"四个区域"的党建工作格局。

二是明确区域化党建运行机制（如图2所示）。印发《薛家湾供电公司区域化党建工作实施方案》，建立健全区域化党建会议、党支部"轮值"制度，明确牵头支部与轮值支部的职责分工，采取召开区域党建工作会议、创办区域信息简报、定期走访、信息交流等方式，加强区域内支部交流互动，充分掌握跟踪党建计划落实情况，及时发现反馈解决问题，统筹推进区域内党建及业务工作，为各成员单位交流党建工作思路、分享特色做法、沟通解答难点困惑搭建平台，为信息和资源共享提供有效渠道，不断提升服务时效，共同提升区域联盟保障力，形成凝聚人心、服务群众、共享共进的党建工作环境。

三是基层党组织一体化管理。通过优化组织架构、工作流程、管理制度和考核评价体系，开展组织一体化、制度一体化、工作一体化、考核一体化管理，实现基层党组织内部各要素之间的无缝对接和高效协同。公司党委不断健全基层党组织体系，深入推进坚强堡垒"模范"支部创建工作，推行支部建设"星级化"管理、党支部标准化规范化建设，推行党建工作与经营业绩双效考核体系，统筹下拨党建活动经费，强化特色阵地建设运用，支持各区域开展各项工作，区域内各党支部开展业务交流、团队建设、集智攻坚，实现基层党组织的各项工作系统化、集成化、协同化管理，形成

区域整合、共享共商、共建共赢的纵横联动协同机制，实现从"单兵作战"到"协同攻坚"的"化合反应"。

图1 区域化党建组织架构

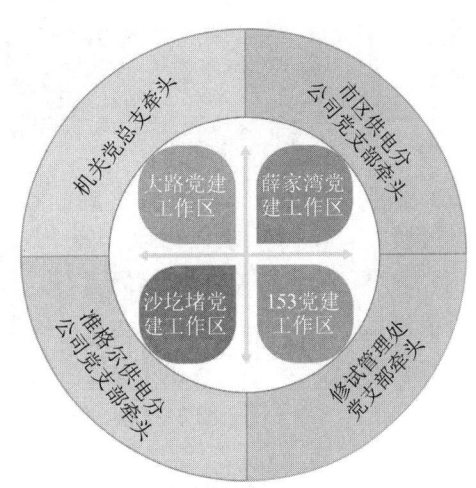

图2 区域化党建运行机制

（二）依托"六联"活动载体，激发"聚力党建"品牌活力

区域化党建以开展"六联"活动为抓手，深化资源整合，实施优势资源联享、党务力量共用制度。

一是党员共管。加强政企联动、企企合作、区域联动、部门协同，共同推动党员队伍的建设和管理。各党建工作区搭建基层党组织党员信息化管理平台，包括党员的基本信息、学历学位、技能等级等重要指标，供区域内党组织和党员查阅，实现对党组织和党员信息的集中管理和实时更新，达到党组织和党员信息管理、党建活动组织、党内交流互动、党建资源共享等效果。注重吸纳优秀人才、专业岗位能手，组建"无人机""运之魂""石榴籽"等特色志愿服务队、党员突击队18支，设立党员先锋岗43个、党员示范岗131个，划定党员责任区138个，党员参加科技创新、技术攻关、保供抢修等攻坚克难任务，党员队伍凝聚力、战斗力不断增强。4个党建工作区以区域为单位与社区党组织结成包联对子，由各区域牵头党支部统筹协调，组织475名在职党员到社区开展"双报到、双服务、双报告"，对党员作用发挥等情况实行积分制管理，"学习积分""报到积分"与本人评先评优挂钩，实现了关系在支部、学习在日常、活动在区域、奉献在岗位。

二是活动共联。实行党支部轮流主导，组织开展互动式、开放式、体验式主题党日活动，引导党员同过组织生活、同上生动党课、同受党性教育。结合巩固深化主题教育成果，常态化开展"感党恩、听党话、跟党走"群众教育实践活动，党员干部深入社区、街道、嘎查（蒙古族的行政村）、学校、企业等实地与群众进行面对面交流，开展优化用电营商环境、电力产品应用、电价改革、安全用电常识、电力市场化交易、客户办电流程等用电政策和知识宣传，宣传党的惠民政策和各族群众得到的实惠好处。

三是阵地共享。着力打造"聚力筑梦薛供"企业文化展厅、聚力长廊、"清风园"廉政公园、"清风廉韵"书屋，搭建"书香薛供"文化平台，建立实体书屋和电子书屋，不断丰富职工的精神文化生活。以"一室多用，共建共享"的党员活动阵地建设原则，优化整合阵地功能区域，打造薛家湾党建工作区共享党员活动阵地（如图3所示）、浩普设计公司党建阵地、"石榴籽"民族驿站（如图4所示）、薛家湾220千伏变电站"薛站足迹"等党建阵地，党员干部、统战人士、团员青年利用党建阵地，积极开展民族团结红色教育实地教学、读书分享会、实地践学、专题党课等系列活动，互通党员教育管理经验，互学支部班子建设经验，教育服务党员群众质效不断增强，为"聚力党建"品牌创建奠定坚实基础。

图3　薛家湾党建工作区共享党员活动阵地

图4　"石榴籽"民族驿站

（三）加强区域内外协同联动，推动"聚力党建"提质增效

一是区域内党支部互学互帮互建，通过"以强带弱""强强联手"，实现优势互补、资源共享、双向受益，构筑起一体联动、固强补弱、合力共建的"先锋矩阵"，推动形成后进赶先进、中间争先进、先进更前进的浓厚氛围。

二是区域外加强与政府部门、重要客户、兄弟单位的协同联动，深化党建对标管理，共同开展工作，协调解决问题。以区域化党建为纽带，积极与工程链、产业链、供应链、创新链中的内外部单位进行党组织结对共建，及时了解政策动态，共同推动重大项目建设，大力开展电力新技术研发，攻克电力技术难题，有效推动各项工作任务落实落地。

三是充分发挥区域党员干部的专业特长，聚焦重点任务推进、短板指标提升、难点问题攻坚，紧盯新能源消纳并网、电网安全运行、优化用电营商环境等重点任务，切实把区域内党员干部的智慧和力量凝聚到企业高质量发展上来，提升"聚力党建"品牌创建成效。

（四）聚焦主责主业提质增效，强化"聚力党建"赋能发展

一是沙圪堵党建工作区突出党建与工程建设融合互促，围绕重点工程建设持续发挥属地化作用，加强与外部单位党组织联建共建，实现互促互进。针对电网工程前期涉及土地、规划、青赔清障等难点，各项行政许可手续办理内容复杂、周期冗长，严重影响工程进度等突出问题，沙圪堵党建工作区积极对接政府，建立定期交流座谈机制，协调工程推进，形成友好互融的沟通协调工作氛围。着力推

动组织生活更加深度融入项目攻关，紧密结合重点工程项目、技术攻坚、质量管控等任务，以头脑风暴、圆桌沙龙等形式灵活设计"三会一课"、主题党日，集中推动解决工程建设中的青赔清障、信访等关键性问题，为工程建设清障开路。协同各党建工作区，狠抓安定壕220千伏输变电工程、准格尔旗纳日松光伏制氢产业示范项目配套220千伏接网工程，全力保障我国首个万吨级新能源制氢项目——内蒙古自治区纳日松光伏制氢产业示范项目成功制取第一立方米氢气，推动地区传统能源产业转型升级，实现党建价值赋能，切实将党的组织优势转化为企业的高质量发展优势，实现党建工作与重要工程项目同频共振。

二是薛家湾党建工作区突出打造优质服务品牌，推动党建工作与优化用电营商环境深度融合，主动服务政府、服务企业、服务群众方面持续做优做强，彰显党建价值。加强与政府联建共建，开展"党建+屋顶分布式光伏阳光暖心工程"，助力嘎查村集体公共设施清洁取暖，嘎查村集体经济进一步发展壮大。加强与上下游企业联建共建，党员业务骨干扎实推进工商业分时电价实施，持续提升服务客户响应能力，打造高效率办电、高品质服务、高质量供电的营商环境。在区域协同配合的努力下，圆满完成老旧计量更换、安全用电宣传、需求侧响应等中心工作。

三是大路党建工作区突出机关党建示范带动，在强化政治引领、推进国企改革深化提升行动、高质量完成上级党委重要任务方面"增星晋级"。结合各项改革任务实际，找准问题差距，明确措施，制订《国企改革三年行动"百日攻坚"任务清单》，挂图作战、对表销号，按期保质完成国企改革各项任务目标。以创建坚强堡垒"模范"党支部为抓手，在区域内开展互访调研、党员承诺践诺、党员示范岗、党员服务队等实践活动，做到"一个支部一座堡垒""一名党员一面旗帜"。认真做好资源全面节约集约工作，印发《资源节约集约工作方案》，23项指标管控成效明显。建立经营业绩与党建工作"双效"考核机制，差异化设置关键指标87项，精简基础指标202项。指导多经公司开展国企改革深化提升行动，完成3项资质证书有效期延续，全面助推多经企业转型发展、提升市场竞争力。

四是153党建工作区充分发挥创新联盟作用，把党员创新工作室作为党建融入生产经营的有力抓手，引导党员聚焦科研生产、技术创新、管理提效等方面发挥先锋模范作用。实施创新驱动发展战略，加大职工创新工作联盟辐射力度，引领职工苦练本领、钻研技术，成立"修试光明引领、输电星光璀璨、变电青春奋进、计量优质服务"4个专业特色的创新工作室，创建跨单位、跨专业的劳模和工匠人才创新联盟，打造共创互促阵地，使各级各类创新工作室由"点"成"面"、聚"线"成"网"，形成劳模和工匠人才创新工作矩阵，为促进企业的高质量发展起到聚能和赋能作用。充分发挥工作室带头人、劳模工匠的引领作用，打造模范引领、名师带徒、攻关创新、技术交流四大平台，激发广大职工参与创新工作的积极性，培育更多的科技创新人才，实现联盟各工作室之间资源共享、职工队伍整体素质和创新水平提升，为企业高质量发展提供强有力的支撑和保障。近年来，153党建工作区QC（Quality Control，质量控制）成果连续3年荣获国际赛事最高奖项，成为集团公司系统内唯一连续3年荣获国际质量管理最高奖项的单位。其中，"修试之光创新工作室"获评2023年集团公司首届"示范性创新工作室"荣誉称号及全国首届"卓越创新工作室"称号，职工创新、创造力热情不断被激发。

三、实施效果

（一）基层党组织党建系统工作能力持续提升

区域化党建作为薛家湾供电公司党建工作的一种方式和载体，有效扩大基层党组织工作覆盖面，切实让各区域党建成为资源共享、优势互补的平台，交流经验、展示特色的平台，解决难题、推动发展的平台。薛家湾供电公司党委通过建机制、配资源，区域牵头党组织重策划、搭平台，党支部强融入、促提升，连点成线，画线成面，打通党建引领共商、共享、共建的"最后一公里"，形成具有薛家湾供电公司特色的基层党组织建设集群。各党建工作区紧密围绕重难点项目及关键环节，持续深化和策划启动各具特色的党建主题活动，以固本强基为基础，以融入中心为重点，先后开展"赓续红色血脉，践行初心使命""项目一线党旗红"主题党日、党建知识竞赛、区域化学习交流等活动共计300余次，围绕变电站综自改造、库存压降、规范业务受理等关键指标，确立攻坚项目33项，不断将区域党建向业务工作配套合作单位延伸，搭建电力保供、优化用电营商环境、重点任务推进等工作交流沟通的平台，实现区域内资源共享、难题共解，以安全、生产、经营、质量、人才、党建资源的相互协调共享，形成"1+1>2"的实施效果，党建活动影响力持续扩大，党建价值不断凸显，大大提升了基层党建工作质量和水平。

（二）党建引领推动高质量发展成效更加明显

将统筹区域化党建作为统筹高质量发展的重要推手，在抓好组织建设、制度建设的基础上，加强企业党建和经营管理深度融合，将党的建设融入生产经营各个方面，推动党建工作与中心工作"四同步四对接"，做到"关键任务有党员引领、关键路径有党员盯守、关键问题有党员攻关、关键时刻有党员冲锋"。安全生产局面保持稳定，深化"两岗一区一队"作用发挥，开展安全法律法规、交通消防、应急救援等安全培训教育常态化，截至2024年9月月底，保持3600天长周期安全稳定运行。电网绿色转型持续推进，紧紧围绕内蒙古自治区"两件大事"和"六项工程"的要求，根据地方政府招商引资项目、新能源并网、绿色矿山建设、民生项目等用电需求，规划35千伏及以上输变电工程16项，全面保障重要项目用电。安定壕220千伏输变电工程、新创新材料配套供电工程等8项重点工程按期投产，获得电力水平持续提升。薛家湾供电公司各级领导包联、主动上门服务，积极探索虚拟电厂多场景建设，将北方魏家峁煤电有限责任公司、内蒙古玉晶科技有限公司、内蒙古伊泰煤制油有限责任公司、内蒙古准能龙王渠煤炭集运有限责任公司充电重卡及充换电站逐步接入，实现虚拟电厂实质化运营。创新实施"业扩报装"工单主人制，实现业务"一站式"办理，"三零、三省"服务温暖民心，助力鄂尔多斯市获得电力水平连续4年居内蒙古自治区第一名。企业经营管理质效同升。推进资源节约集约管理，以党建为引领，编制《2023—2025年战略行动方案》，开展"十大行动"，深化对标管理提升行动，与日照供电公司建立对标合作关系，组织70余名人才干部赴日照供电公司挂职锻炼、培训交流，加快企业高质量发展。数字转型发展稳步推进。深化云技术应用，实现无人机巡检照片、视频上传云存储。打造"集中监控+智能运维"的生产运检新模式。定点包联，持续助力乡村振兴（如图5所示）。开辟绿色办电通道，协助村集体创办煤矸石综合利用、氮气保鲜仓库项目（如图6所示），建设"蒙电爱心超市"，以消费扶贫为抓手，分批助力村集体、残疾人家庭销售水果8000余千克，为服务地方经济社会发展贡献力量。

图5 "乡村振兴·爱心助农"志愿服务　　图6 帮扶资金及免费电力助力保鲜仓库

（三）价值党建引领区域化聚力示范效应凸显

区域化党建能够充分发挥资源整合优势，将不同业务领域和不同规模的党组织联结成更紧密的党建共同体，实现"1+1>2"的共建效果。通过组织联建、事务联商、管理联动、活动联办等方式，将各领域党组织凝聚到一起，推动资源共享和优势互补。通过构建严密的组织体系，确保党的组织和工作有效覆盖到各个领域。区域化党建在基层治理中发挥了重要作用，通过网格化管理提升基层效能、精细化服务改善城区品质、多元化共治凝聚基层动能等方式，持续释放基层管理的"聚力效应"。

综上所述，价值党建引领区域化聚力示范效应凸显，不仅体现在组织体系的严密性和资源整合的优势上，还体现在基层党组织的创新、高质量发展的推动及干部队伍的培养等方面。

"345"党建与业务融合管理，促公司高质量发展

创造单位：北矿检测技术股份有限公司
主创人：袁司夷　李华昌
创造人：张琳　李日强　史烨弘　汤淑芳　韩晓

【摘要】 北矿检测技术股份有限公司（以下简称北矿检测）党总支聚焦高质量党建引领高质量发展目标，围绕主责主业和党组织功能定位，建立以"三面旗帜"为示范引领、"四个标准化"为基本抓手、"五大融合"为实现路径的"345"党建与业务融合管理方法，推动党的政治优势转化为推动公司做强、做优、做大的竞争优势。

【关键词】 党建与业务融合　标准化　国有企业

一、实施背景

党的二十大报告中指出：高质量发展是全面建设社会主义现代化国家的首要任务。党的十八大以来，特别是全国国有企业党的建设工作会议召开以来，在矿冶集团党委的坚强领导下，北矿检测党总支始终坚持党的领导，加强党的建设，深入推进全面从严治党，推进党建与业务深入融合，党建质量得到了全面提升，已从基础性阶段走向巩固成效、提高质量、彰显价值的阶段。但是，与新时代党的建设总要求相比，与形势需要和职工群众的期待相比，北矿检测党总支的党建工作依然存在着一些差距和不足，如党建工作推动业务发展的作用发挥不够明显、党的领导融入公司治理的体制机制有待进一步完善、党建责任落实存在上热中温下冷现象、重业务轻党建思想仍然存在等问题。新形势下，北矿检测党总支迫切需要在党建工作方法、党建活动载体、融入中心路径、凝聚合力抓手等方面持续创新，真正实现高质量党建引领保障高质量发展。

二、实施目的

以高质量党建引领高质量发展，增强党组织的政治功能和组织力，推动党建工作深度融合业务发展，在讲政治、顾大局、促发展中找准方向，充分发挥党组织的战斗堡垒作用和党员的先锋模范作用，推动党的建设优势转化为企业竞争优势、发展优势，为加快建设世界一流企业提供根本保证。

三、实施过程

北矿检测党总支现有党员66名，下设5个党支部。公司党总支坚持以习近平新时代中国特色社会主义思想为指导，深化落实矿冶集团"1153N"新时代党建工作体系建设要求，聚焦高质量党建引领高质量发展目标，围绕主责主业和党组织功能定位，建立"345"党建与业务融合管理方法，推动党的政治优势转化为推动公司做强、做优、做大的竞争优势。

（一）以"三面旗帜"为示范引领，培育锻造先锋队伍

北矿检测坚持以"党员先锋队、党员责任区、党员示范岗"的设立和创建为抓手，激励党员成为奋力推进改革创新发展的主力军，充分发挥党员的先锋模范作用，在实践中锻造优秀人才队伍。

一是在深化改革、科研攻关、生产经营重难点任务中建立党员先锋队，激励党员在日常工作尤其是急难险重任务冲锋在前，做到平常时候看得出来、关键时刻站得出来、危难关头豁得出去，在困难挑战中经风雨、长才干。例如，在公司重大科研项目和重大技术攻关过程中设立党员先锋队，主要负责项目立项前期调研、项目实施进度把控、重大难题及时解决。2023年，北矿检测科研攻关党员先锋队成员牵头成功获批国家、北京市、大兴区、集团科研基金等纵向科研项目（课题）7项，推进北矿

检测"十四五"国家重点研发计划重点专项顺利完成中期检查，智能在线分析检测技术和装备研发团队荣获"中国有色金属创新争先计划（团队）"。2024年，公司科研攻关党员先锋队成员牵头成功获批工业和信息化部产业技术基础公共服务平台——面向极端环境的设备适应性和可靠性公共服务平台等项目。北矿检测深化改革党员先锋队扎实推进"双百行动"综合改革、国企改革深化提升行动、对标世界一流价值创造行动、推进上市等各项重难点任务，部分党员连续72小时驻扎公司推进重点任务完成，助力实现公司在新三板挂牌并升为"创新层"企业。北矿检测各项改革任务进展走在前列，成为国务院国资委认定的首批"创建世界一流专业领军示范企业"。

二是结合业务领域和项目攻坚情况划分党员责任区，党员在责任区内做好思想政治引领，引导职工群众爱岗敬业、团结奋斗，促进公司完成目标任务、员工队伍素养提升。例如，北矿检测滴定组党员责任区的党员们签订履行责任承诺书，结合滴定组女职工多、青年多的特点，积极带领职工群众开展文明创建工作，在日常工作中积极进取、攻坚克难，创新提质，担当奉献，争创一流服务，推动滴定组荣获"全国青年文明号""全国巾帼文明岗"称号。

三是根据员工年度考核结果、民主评议党员、党员积分等，在设立"亮身份，明责任"共产党员岗的基础上，每年择优设立党员示范岗，进一步展示党员形象、发挥党员作用，增强党员创先争优、比学赶超的热情，激励党员冲锋在前、勇挑重担，营造奋发向上的浓厚氛围。北矿检测多名示范岗党员荣获"中央企业技能人才""中国有色金属创新争先计划"，以及大兴区"优秀青年人才"、矿冶集团"模范员工"等称号。

（二）以"四个标准化"为基本抓手，筑牢建强红色堡垒

北矿检测从基本建设抓起，落实落地全面从严治党要求，认真落实"七抓工程"要求，探索建立"四个标准化"，不断提升党建标准化、科学化水平，夯实党建基础，促进党建与业务深度融合，充分发挥党总支和党支部的战斗堡垒作用。

一是组织设置标准化。落实"四同步""四对接"。根据部门业务单元设置成立5个党支部，将"双向进入，交叉任职"机制延伸至支部，由各部门（领域）负责人担任书记和委员，确保党建工作和业务工作目标同向、措施同定、工作同步，推动党组织实现"有形覆盖"到"有效覆盖"的转变，有力有效凝聚职工群众，建设团结职工群众推进改革发展的坚强战斗堡垒。

二是队伍建设标准化。选优配强支部班子，制订责任清单，加强培训、考核，开展"书记项目"，锻造一支"三懂三会三过硬"的书记和委员队伍。落实"两培养一输送"，通过"三会一课""请进来＋走出去""以上率下学、上下联动学、丰富形式灵活学""微党课"等方式，加强党员教育。开展党员积分管理，合理设置组织生活、岗位业绩、志愿服务等指标，在急难险重任务中发挥好党员的模范带头作用。

三是制度流程标准化。以"联廉控工程"建设为抓手，按照"防范风险、提升管理、促进发展"的目标，结合公司内控及风险管理体系建设和质量管理体系等的要求，不断完善公司科研管理、选人用人、财务管理、检测业务等制度流程和表单，查找流程中的廉洁风险点、业务风险点并制订防控措施，加强动态管理，推进"管理制度化、制度流程化、流程表单化、表单信息化"，促进党风廉政建设与公司业务管理深度融合，在防范廉洁风险的同时有效提升公司管理水平。编制《党支部基础党务指导书》，建立起基层党建工作目录，打造党建制度标准化体系。细化完善党建责任制度，建立责任指标清单，压实支委委员、党小组长、专职党务工作者和党员的责任。

四是活动载体标准化。在落实"三会一课"等基本制度的基础上，北矿检测党总支积极探索优化促进党建与业务融合的有效载体，固化特色活动，形成长效机制。北矿检测建立岗位创新活动管理办法、微党课制度、导师带徒实施细则等制度机制，建立"党建＋安全月""党建＋质量月""党建＋节

能周"等"党建+"机制和党建共建、技术大讲堂、青年成长论坛等活动机制,促进员工成长成才、创新创效。北矿检测已连续多年开展"真抓实干抢先机,提质增效保双增""岗位创新助力高质量发展""创新创效,担当奉献"等主题岗位创新活动。岗位创新活动提倡"岗位创新、人人增效、事事节约"理念,党员做出"紧盯一个业务难题,解决一个业务难题"的承诺,支部党员带领群众结合岗位业务开展创新活动,充分调动基层员工干事创业的积极性、主动性和创造性,助力营造"创新报国"的企业文化氛围。近年来,北矿检测年均收到30余个岗位创新项目,每年评选出优秀项目并予以表彰。北矿检测岗位创新活动职工参与率保持在70%以上,员工创新创效热情持续高涨,翻转漏斗小发明、灰吹炉设备改进、检测技术创新、业务模式创新等提高检测准确度、缩短流程、提高效率的金点子层出不穷,有力促进了公司发展。

（三）以"五大融合"为实现路径,推动发展提质增效

北矿检测认真落实矿冶集团"1153N"党建工作体系要求,以"五大融合"为实现路径推进党建与业务融合,建立健全中国特色现代国有企业制度,不断推动发展提质增效,加快建设世界一流企业。

一是推动党的领导和公司治理有机融合。北矿检测落实党组织和党建工作要求进章程,强化党总支在公司治理中的法定地位。制订"三重一大"决策制度、总支委会、董事会、总经理办公会等议事规则及权责清单,加强董事会建设、规范董事会运行,完善以公司章程、"三重一大"制度为核心的"1+1+N"制度体系,明确各治理主体权责边界,确定由党总支进行集体研究把关的重大事项范围、内容、程序,推进党的领导融入公司治理,进一步完善各居其位、各司其职、有效制衡的公司治理体系。

二是推动思想政治工作与企业文化建设全面融合。构建包括企业愿景、使命、办企宗旨、核心价值观、企业精神、管理理念等在内的企业文化体系,结合公司传承多年的优良传统和业务特点,凝练独特合适的企业文化和廉洁文化理念。制订《表彰奖励实施办法》,评选和表彰"质量标兵""服务之星""青年科学家"等先进典型,以宣传片、宣传册、宣传报道等方式加强品牌推广和文化宣传,凝聚力量,传播能量。在企业文化建设中持续做好思想政治工作,打造廉洁、创新、奋斗、和谐文化,凝聚改革发展磅礴力量。强化廉洁、诚信教育,在业务开展中坚持"质量第一、科学、公正、准确、及时"的核心价值观,始终以诚信公正的数据和形象赢得客户信赖。在推进改革发展、技术攻关、实验室评审等重点工作中发扬"坚忍不拔、求实奋斗、创新发展"的北矿检测精神,积极开展岗位创新等活动,营造创新文化氛围,传承奋斗文化。在为群众解难题办实事中倾听员工心声、送上温暖关怀、增强员工主人翁意识,通过关键节点谈心谈话、每月集体生日会、领导接待日等活动,营造"德、勤、善、上"的和谐文化氛围。加强党建带群建、团建工作,结合公司女职工多、青年多的特点,以"巾帼文明岗""青年文明号""青年突击队"等创建为抓手,突出"政治、榜样、实践"三个引领、搭建"成长、交流、创造"三个平台、做实"畅通渠道、关心关爱、办好实事"三个服务,开展特色群团活动,在重难点任务中充分发挥年轻人敢打敢拼的冲劲和女职工精益求精的长处,为公司发展凝聚且贡献青春、巾帼的力量。

三是推动组织建设与企业管理深度融合。在企业管理中发挥基层党组织的政治功能和组织功能,全力锻造坚强有力的基层战斗堡垒,着力建设符合新时代要求的优秀党员队伍,持续强化党员干部能力建设,以上下贯通、执行有力的组织体系促进工作落实见效。持续优化完善党组织建设,深化"两培养一输送",把骨干培养成党员、把党员培养成骨干,把党员骨干输送到重要岗位。积极培养懂党务、懂业务、懂管理,会解读政策、会疏导思想、会解决问题,政治过硬、作风过硬、廉洁过硬的"三懂三会三过硬"书记和委员队伍。推进党管干部党管人才原则和市场化选人用人机制深度结合,深化"三项制度"改革,切实选用优秀敢为干部,集聚优秀人才队伍。积极推行经理层和中层干部任

期制和契约化管理，开展干部市场化选聘和竞聘上岗，加强干部培养。完善市场化薪酬与考核机制，实现以岗定薪、岗变薪变。健全激励约束机制，实行骨干员工股权激励，落实技术创新奖励，制订《表彰奖励实施办法》，选树并表彰"质量标兵""服务之星""青年科学家"等先进典型，激发员工的干事创业热情。

四是推动党内监督与业务监督高效融合。深化大监督体系建设，进一步完善以党内监督为统领，包括法人治理结构监督、业务监督和民主监督在内的大监督体系，用好监事会、审计、法律、财务等监督力量，发挥职工群众监督、社会监督和舆论监督作用，形成监督合力，提高监督效能。以"联廉控工程"为抓手，各监督主体按照职责分工从制度、流程的合理性、流程执行的准确性、风险防控措施的有效性等方面做好日常监督检查，做实日常精准监督。

五是推动党建责任与经营责任有效融合。牵住"责任制"这个牛鼻子，健全明责履责考责追责"四位一体"闭环责任体系，细化责任清单，健全履责机制，完善考评体系，严肃责任追究，推动管党治党责任与治企兴企责任"两手抓"、两促进，实现党建工作与生产经营同频共振。在责任分工方面，通过完善议事制度明确公司层面党总支、董事会、经理层权责边界，通过制度和表单等方式明确下属党支部主体责任、书记第一责任、支部委员分管责任、支部所在部门（领域）班子成员"一岗双责"、党员共同责任内容。在责任落实方面，从领导干部、党支部和书记、党员、群众层面分别搭建载体促进各层级责任落实，同时搭建督导指导、沟通交流等过程管控机制，确保责任抓在日常。在责任考评方面，细化指标完善制度，将生产经营指标融入党建考评指标，将党建考核和生产经营考核、干部员工考核同步组织、结果互证。强化考评结果运用，将考评结果与干部选拔任用、班子评价、评先选优、个人薪酬相结合，根据考评结果确定薪酬系数。在责任追究方面，严格遵循有关规定，完善公司责任追究制度，明确责任追究原则、主体、情形、程序，以严肃追责问责推动责任落实。

四、主要创新点

建立以"党员先锋队、党员责任区、党员示范岗"三面旗帜为示范引领、"组织设置标准化、队伍建设标准化、制度流程标准化、活动载体标准化"四个标准化为基本抓手、"党的领导和公司治理有机融合、思想政治工作与企业文化建设全面融合、组织建设与企业管理深度融合、党内监督与业务监督高效融合、党建责任与经营责任有效融合"五大融合为实现路径的"345"党建与业务融合管理方法，解决党建促进业务作用发挥不明显问题，提出党建与业务融合的路径、方法、机制，推动党的政治优势转化为推动公司做强、做优、做大的竞争优势。

五、实施效果

（一）党组织建设迈向更高水平

通过创新党建与业务深度融合管理方法，北矿检测各党支部战斗堡垒作用和党员先锋模范作用得到充分发挥，公司党总支和各党支部组织力、战斗力、凝聚力进一步提升，有力推动党组织的政治优势和组织优势转化为企业的发展优势。北矿检测连续多年获评集团党建责任制考核优秀，职工群众满意度评价在97%以上。近年来，北矿检测党总支荣获"中央企业先进基层党组织""中央企业基层示范党支部""矿冶集团先进基层党组织"等称号，检测部滴定组荣获"全国巾帼文明岗""全国青年文明号"等称号，团支部荣获"中央企业五四红旗团支部"称号，多位党员荣获"中央企业优秀共产党员""中央企业技能人才""大兴区优秀青年人才"等称号。

（二）公司经营业绩屡创新高

2023年和2024年，北矿检测营业收入、利润总额、净利润指标均创历史新高，实现连续22年业务收入和利润快速稳定增长。北矿检测全员劳动生产率、人工成本利润率、净资产收益率、人均产值、人均利润均居同行前列。北矿检测荣获"全国文明单位""全国三八红旗集体""中央企业先进集体""首都文明单位"等称号,连续多年获评矿冶集团先进单位。

(三)创新力、竞争力显著提升

北矿检测累计完成国家、行业及企业科技攻关项目数百项,牵头的"十四五"国家重点研发计划"战略性矿产资源开发利用"重点专项"战略性矿产选冶分析测试技术和标准体系研究与应用"项目顺利通过中期检查,并成功研发了国内首套达到国际领先水平的浮选LIBS在线分析系统,以及国内首套全自动高温水解仪、固废在线分析仪、宽波段高分辨光谱仪等先进仪器装备,实现了由"中国制造"向"中国创造"的质的飞跃,获批北京市新技术1项、新产品1项。至今,北矿检测获国家及省部级等科技成果及专利百余项;出版学术专著20余部;发布国家及行业标准600余项,牵头和参与研制国际标准10项。2023年,北矿检测牵头起草的首个国际标准——《硫化铜精矿、锌精矿中铊含量的测定:电感耦合等离子体质谱法》(ISO 3483:2023)和作为骨干参与起草的《首饰和贵金属极高纯度金的测定:ICP-MS差减法》(ISO 5724:2023)成功发布,2025年北矿检测牵头的《硫化镍精矿 火试金-ICP-AES法测定 铂和钯含量》国际标准成功立项,有力提升了中国国际话语权及北矿检测的国际影响力。

六、下一步规划与探讨

(一)进一步提升党建与业务融合的思想认识

党建强则业务精,业务强则党建实。党建和业务之间密切联系、有机统一,具有相互协助、相互促进的作用。党建工作为业务工作把准方向、提供保证,业务工作为党建工作提供了行动载体和检验平台。党建工作和业务工作的深度融合,是坚持全面从严治党的必然要求。党员干部要正确认识党建工作与业务工作之间的关系,提高对党建与业务融合的重要性的认识,推动党建工作渗透到业务工作中的点点滴滴,实现二者同频共振。

(二)进一步健全党建与业务融合的制度机制

夯实制度基础是推动党建工作与业务工作深度融合的长远之计、根本之策。要坚持党建工作和业务工作一起谋划、一起部署、一起落实、一起检查,加强制度建设,持续完善党建责任与经营责任融合的责任体系,完善党建工作和业务工作联动考核评价机制,发挥考核的指挥棒作用,使党建工作与业务工作相互促进。要及时将实践中党建工作与业务工作深度融合的成功经验和有效做法上升为制度,不断把党的政治优势、组织优势、密切联系群众优势转化为推动业务工作发展的优势。

(三)进一步创新丰富党建与业务融合的载体

要进一步拓展党建工作与业务工作融合的深度和广度,丰富发展已有载体,积极探索创新路径,实现党建与业务全方位、多层次的融合。持续深化党建共建、"书记项目"、"一支部一特色"、"党建+"、"岗位创新"等有效载体建设,进一步做精做深相关活动和品牌建设。积极探索创新路径,结合当前信息化、人工智能等发展,拓展更灵活有效的线上线下载体,推出"出圈"活动载体,推动党建与业务融合出实效。

打造党建经营双品牌，赋能企业高质量发展

创造单位：海油环境科技（北京）有限公司
主创人：陈袁袁　赵春雷
创造人：张曦元　刘书娟　田润泽　张增迎　关泽

【摘要】 国企高质量发展的最终目的是推动国有资产保值增值，在现代化企业管理中，品牌建设是企业高质量发展的重要支撑，国企高质量发展应该重视品牌建设。同时，为确保国企发展方向与党和国家的要求保持一致，国企必须加强党的建设，发挥党的领导作用，加强党风廉政建设。因此，探索国企党建经营双品牌建设路径，构建双品牌建设格局，丰富双品牌建设内容，更好地发挥党支部战斗堡垒作用、先进典型模范带头作用，调动国企员工积极性，从而促进企业高质量发展，具有非常重要的意义。海油环境科技（北京）有限公司（以下简称海油环境）党支部以问题为导向，逐步探索出一条适合国企基层单位的双品牌建设运行机制：通过党建和经营深度融合，以党建促经营，以经营强党建，打造党建经营双品牌，推动国企全面高质量发展。

【关键词】 党建经营　融合　双品牌

一、实施背景

党的十八大以来，国务院国资委先后印发《关于加强中央企业品牌建设的指导意见》《关于加强中央企业质量品牌工作的指导意见》等文件，推动企业做好品牌建设工作，引导企业优化资源配置，强化组织机构，做好全面品牌管理。2022年年底，国务院国资委印发《关于开展中央企业品牌引领行动的通知》，组织实施中央企业品牌引领行动，将其作为推动中央企业加快建设世界一流企业的"四个行动"之一，指导推动中央企业品牌建设再上新的台阶。打造世界一流国企品牌，是国有企业面向未来竞争的必然选择。

（一）坚持党的领导、加强党的建设，才能确保国有企业走向正确的发展道路

坚持党的领导，加强党的建设是国有企业的光荣传统，是国有企业的"根"和"魂"。坚持党对国有企业的领导是重大政治原则，必须一以贯之；建立现代企业制度是国有企业改革的方向，也必须一以贯之。坚持党的领导，加强党的建设，才能确保国有企业在正确的方向、正确的道路上发展。

（二）建强国有企业基层党组织，是国有企业高质量发展的组织保证

做强国企党建，党支部建设很重要。必须坚持党对国有企业的领导不动摇，坚持建强国有企业基层党组织不放松，为做强做优做大国有企业提供坚强组织保证。

（三）品牌建设是企业高质量可持续发展的重要内容

1. 品牌是一个企业存在与发展的灵魂

现在的市场竞争已经发展到了"品牌的战争"阶段，也就是重视"品牌核心优势的竞争"，没有品牌的竞争是无力的竞争，没有品牌支撑的商品是脆弱的商品，没有品牌根基的市场可以说根本就不是"已占领的市场"。品牌是一个企业的灵魂，是一个企业存在和延续的价值支柱。

2. 品牌代表着企业的竞争力

企业产品参与市场竞争有3个层次：第一个层次是价格竞争；第二个层次是质量竞争；第三个层次是品牌竞争。今天的竞争已经发展到了品牌的竞争。品牌意味着高附加值、高利润、高市场占有

率。品牌意味着高质量、高品位，是消费者的首选。好的品牌可以为企业带来较高的销售额，可以花费很少的成本就让自己的产品或服务更有竞争力。由此可见，品牌及品牌战略已经成为企业构筑市场竞争力的关键。

3. 品牌意味着客户群

品牌代表着一贯的承诺。品牌对于客户来说，不仅意味着他们消费的产品、享受的服务源自何处、出自谁手，而且也意味着他们消费的产品与一定的质量水准、品牌信誉始终相连。一个品牌代表着一定的产品、服务质量，凝聚着企业的形象和顾客、公众及社会对它的评价，吸引着相对稳定的、忠诚的客户群。对于广大企业来说，品牌意味着客户忠诚，意味着稳定的客户群，意味着同一品牌覆盖之下的持久、恒定的利益。

4. 品牌是一种重要的无形资产，有其特定价值

企业开发一个品牌、建立一个品牌、推广一个品牌，需要投入一定的人、财、物，并形成各项费用，这就构成了品牌的经济价值。另外，客户在与其他产品比较的基础上，产生的关于某产品在公众心目中的名气和声望，就构成了品牌的无形价值。品牌价值的大小，取决于客户对这种品牌特征的看法和评价，因此品牌是企业最重要的资产之一。品牌是凸显企业价值最直观的样本，是彰显企业文化和软实力的最有力体现。

海油环境通过打造凸显品牌价值的党建经营双品牌，不仅是企业应对市场竞争的迫切需要，也是企业提高管理水平的迫切需要，已成为海油环境提升竞争力、抢占话语权、扩大市场占有率的重要战略决策。

（四）加强国有企业品牌建设，是国有企业高质量发展的重要内容

品牌建设，一方面是强内功，提升综合竞争力；另一方面是锻外功，重视品牌战略。

中国海油集团在《关于印发〈中国海油党建工作与"三大工程、一个行动"和"四个中心"深度融合指导意见〉的通知》中明确要求，要推进创党建创新品牌选树与"揭榜挂帅""赛马"等深化科技体制机制改革重点举措深度融合、联动效用；各基层党支部要深化"一支部一品牌"，充分体现了党建品牌建设在国有企业高质量发展中的重要性。

党建品牌建设，既是企业高质量发展的需求，也是强化党组织功能、提升党建工作质量的有效途径。党支部是党的基础组织、党的组织体系的基本单元，是党在社会基层组织中的战斗堡垒，是党的全部工作和战斗力基础。支部党建品牌建设，是对基层党组织功能的强化，是对基层党建高质量发展的新要求。因此，品牌建设是党的建设和企业高质量发展的共同要求。

（五）品牌建设有利于解决基层企业推动高质量发展与高质量党建中的问题

当前，基层企业推动高质量发展与高质量党建工作中尚存在诸多的问题。

1. 对党建与经营业务二者关系的认识存在偏差

一是对党建工作的内涵认识不到位。一些同志对党建工作的理解还停留在学习文件、组织活动、发展党员、交纳党费上，还停留在针对党员开展的一系列活动上，不了解党的建设的内涵是宣传群众、组织群众、凝聚群众、服务群众。二是身份意识不到位。有的党员干部没有认识到自己的第一身份是党员，往往只是以部门负责人的身份去开展工作，不注重用党的理论引领人、用党的宣传鼓舞人、用党的活动感染人、用党的纪律约束人、用谈心谈话交流思想的方法团结人、用批评和自我批评的锐利武器教育人、用理想信念宗旨意识说服人。三是主责主业意识不到位。有的党员干部还没有牢固树立"抓好党建是最大政绩"的观念，把经营业务工作当作硬指标、硬任务，把党建工作当作软指标、软任务，导致党建工作"说起来重要、干起来次要、忙起来不要"。

2.对党建与经营业务融合发展切入点的把握不明确

党建与经营业务工作要实现深度融合，要善于把握矛盾的统一性，把握二者的共同处和连接点。在切入点把握上主要存在以下两方面问题：一是决策部署不同步。党建工作的安排部署有时仅仅局限于党建本身，没有围绕中心工作开展，没有把党建工作作为国企中心工作的延伸和任务的具体化并做到同布置、齐落实和共督查检。二是政治学习与经营业务提升融合力度不够。开展"三会一课"、党员集中学习等组织活动时，局限于党的政治理论学习，没有把国企经营业务、管理经验、创新思维等方面的内容纳入进去，未能实现思想理论武装与经营业务能力提升的有机统一。三是党建工作与国企职工需求相脱节。有的基层党组织对职工个性化、多样化、多层次的需求掌握得不够深入细致，跟踪了解和反映职工思想动态不够，党建工作优势没有充分发挥。

3.对党建与经营业务融合发展的发力点找不准

党建与经营业务结合的能力不足，找不到发力点，在促进党建与经营业务工作融合发展方面缺乏有效措施，导致党建和经营"自说自话"，甚至各项工作浮于表面、流于形式、停于应付。党建工作无力推进，经营任务无法完成，党组织功能不能有效发挥，严重阻碍企业高质量发展。

二、实施目的

国有企业是中国特色社会主义的重要物质基础和政治基础，是推动中国式现代化、保障人民共同利益的重要力量。国有企业必须牢记"国之大者"，旗帜鲜明讲政治，把坚持和加强党的全面领导贯穿于建设现代化企业的全过程各领域，持之以恒地用习近平新时代中国特色社会主义思想凝心铸魂，坚定不移拥护"两个确立"、做到"两个维护"。海油环境党支部在上级党委的领导下，深刻领会党的二十大精神，坚持和加强党的全面领导，在党和国家事业大局中找准定位，建设与中国式现代化相适应的现代化强企。海油环境党支部紧跟各级党委大抓基层的鲜明导向，不断增强党组织政治功能和组织功能，牢固树立抓党建与抓发展相统一、抓党建工作与抓生产经营相融合的理念，深入实施"旗帜领航"和"党建+"工程，通过打造党建经营双品牌，坚持不懈提质登高、赋能增值，逐步探索出党建与业务融合、做优做强双品牌的"海油环境模式"。

（一）明确双品牌建设导向，探索深化融合路径，推动高质量发展

完善具有中国特色的现代企业制度，必须强化党的全面领导。伟大的事业一定要由一个强大的政党来领导，要将加强党的领导与健全公司治理相结合，将企业党组织纳入公司治理体系，明确其在公司治理结构中的合法地位，从组织、制度、机制上有力保障国有企业党组织的领导地位。新时期国有企业要强化自身建设，必须坚持全面从严治党。要把"全面从严治党"这个重任扛在肩上、落到实处，用更高、更严的标准来强化自己，坚持和强化党的领导，绝不能让党在国企的政治、组织上动摇。增强国企党组织的政治职能，是实现国企改革发展的内在动力。

探索双品牌建设路径，有利于基层党组织在企业经营、发展中充分发挥党"抓方向、管大局、保落实"的领导作用，有利于实现政治领导、思想领导、组织领导的有机统一，是推动国有企业高质量发展强有力的政治保障。

（二）双品牌建设的重要指导价值

党建品牌建设具有长期性和挑战性的特点，与企业成长发展相生相伴、相得益彰，是党的建设坚强有力的直接呈现和鲜明展示，更是企业经营管理和改革发展情况的综合体现。切实加强和完善党对国有企业的领导，切实加强和改进国有企业党的建设，推动国有企业深化改革，提高经营管理水平，做强做优做大国有资本，达到新时代党对国有企业的建设提出的新的更高标准。

公司党建经营双品牌建设，对于贯彻落实新时代党的建设总要求和新时代党的组织路线，提高国有企业党的建设质量，推动国有企业高质量发展，具有重要的推动与促进作用。品牌是具有经济属

性的无形资产，呈现出价值性、抽象性、独特性和专有性等特征，能够在个人心智模式中占据重要地位。将品牌管理的理念和方法嵌入党的建设工作中，用品牌理念带动党建，用品牌标准评估党建，用品牌技术推进党建，用品牌形象展示党建，用品牌效应衬托党建，实现品牌管理与党的建设相互融合、相互促进，既是国有企业基层组织党建工作的生动探索与实践，也是国有企业基层组织党建工作的积极创新与跃升。

海油环境成立以来，在集团公司及各级公司党委的坚强领导下，按照安全环保公司工作会议部署和要求，紧密围绕"统筹区域发展、做强做优主责主业、追求高质量发展"的全年工作思路，以市场需求为发展导向，以"海油环境"双品牌建设为引领，扎实推进党建工作，深化"三项制度"改革，努力提升经营发展质量和各类指标水平，深入思考人才队伍建设，落实各项重点工作，确保顺利完成各项目标任务。

三、实施过程

（一）明确导向，构建双品牌建设总体格局

品牌建设，既是企业高质量发展的重要环节，也是高质量党建追求的目标。党建经营双品牌建设，要求党建经营在深化融合的基础上共同发展。一方面，通过品牌建设工作贯彻落实党建要求，遵循党的执政理念，体现党的执政方式，贯穿党的执政目标，突出政治性和原则性，体现鲜明时代特色，持续巩固党建成果，全面提升党建质量，打造党建品牌名片；另一方面，紧紧围绕企业定位与功能，把党的政治优势有效转化为企业发展优势，以党建为企业铸魂推动企业文化建设，为国有企业高质量发展提供强大动能，从而提升经营品牌影响力和竞争力。

党建经营双品牌建设是一项系统工程，其主旨是通过党建与经营的系统、深度融合，打造党建经营共有品牌，形成具有较强号召力、凝聚力、影响力、创造力的党建和经营工作理念、品牌内涵及管理体系。其总体格局如图 1 所示。

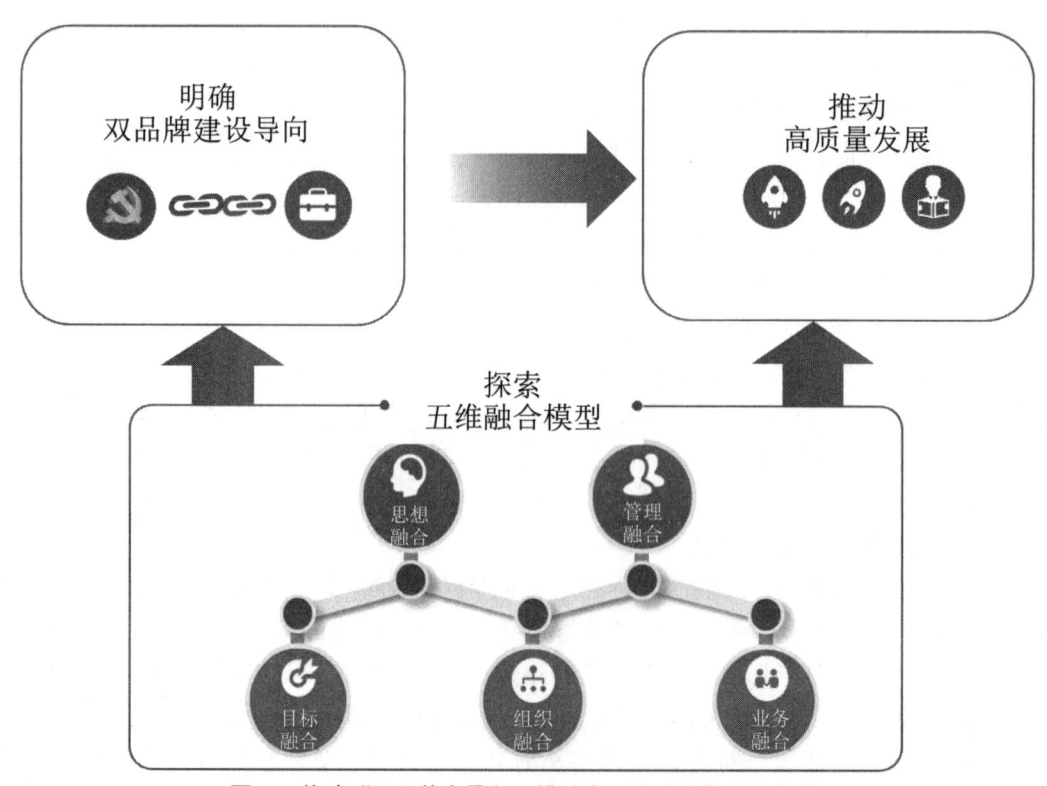

图 1　构建"双品牌为导向，推动高质量发展"总体格局

（二）探索党建经营五维融合路径，着力打造双品牌

海油环境党支部坚持处理好党建和业务的关系，坚持党建工作和业务工作一起谋划、一起部署、一起落实、一起检查，认真落实《中国海油党的建设与改革发展、生产经营"融合深化工程"实施方案》《中国海油党建工作与安全生产深度融合指导意见》《中国海油党建工作与"三大工程、一个行动"和"四个中心"深度融合指导意见》，以系统思维推动党建工作和经营业务工作深度融合，坚持围绕中心抓党建、抓好党建促业务，坚持党建和生产经营目标同向、部署同步、工作同力，逐步探索并形成五维深化融合模式（如图2所示）。

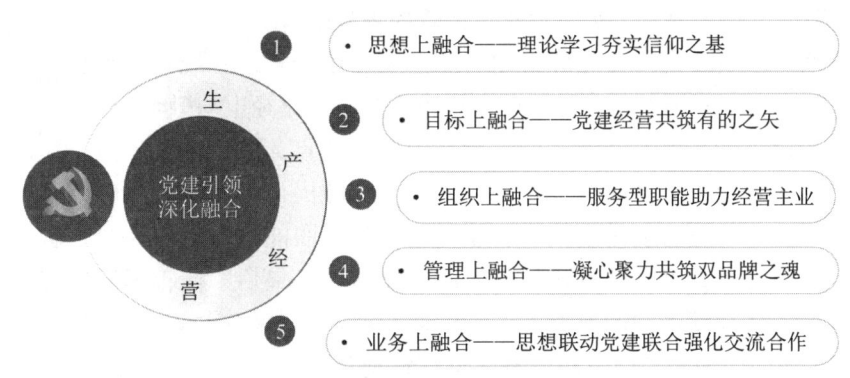

1. 思想上融合——理论学习夯实信仰之基
2. 目标上融合——党建经营共筑有的之矢
3. 组织上融合——服务型职能助力经营主业
4. 管理上融合——凝心聚力共筑双品牌之魂
5. 业务上融合——思想联动党建联合强化交流合作

图2 党建经营五维融合结构

1.坚持以政治建设为统领，实现党建与经营的思想融合

国企党建的实质，是从政治的角度围绕国企经营业务工作做好职工队伍的思想政治工作。积极探索新形势下思想工作融入日常业务和国企职工生活中的方式方法，把解决思想问题与解决实际问题相结合，增强思想工作的针对性、有效性，改进和创新思想工作的载体、手段和方法，以思想工作的成效提升国企工作的实绩实效。

一是要筑牢思想根基，深入学习贯彻习近平新时代中国特色社会主义思想。一方面，深入开展党史学习教育，严格落实"第一议题"制度，开好"三会一课"，严肃"组织生活会和民主评议党员"，严密推进党风廉政建设；另一方面，学习宣传国企发展历史长河中和身边的先进典型，引导党员、干部见贤思齐，切实用以武装头脑、统一思想、指导实践、推动工作，将"两个维护"体现在坚决贯彻党中央决策部署的行动上，体现在履职尽责做好本职工作的实效上，体现在党员干部的日常言行上。

二是要牢记初心使命，加强国企领导班子和职工思想建设，持续开展"读原著，学原文，悟真理"系列活动，持续开展党史学习教育系列活动，持续开展主题教育系列活动。加强对国企职工的思想教育，严格落实意识形态工作责任制，落实经常性的思想工作，引导职工提高思想觉悟、树立优良作风，经常了解分析员工的思想动态，及时发现带倾向性、苗头性的问题，做好心理疏导和思想化解工作。

三是结合公司生产经营业务特征，持续开展习近平生态文明思想学习，持续开展"石油精神"学习，促进党员干部群众统一干事创业的目标，达成"功成不必在我，功成必定有我"的思想境界，树立崇高职业理想。

2.坚持以高质量发展为导向，实现党建与经营的目标融合

通过三步走实现目标融合。一是使全体党员干部群众统一认识，形成党建经营同步发展共识，支部建设与企业发展同频共振。二是以习近平生态文明思想为指引，统一方向。三是以高质量发展作为企业党建、经营的目标，目标统一是党建与经营深度融合的基础。高质量党建与高质量发展是国有企业独特的发展目标和管理抓手，是进一步打造党建品牌的前提。

3.坚持以提高效能为关键，实现党建与经营的组织融合

以满足企业核心能力建设和党建高质量发展需求为公司组织建设的出发点，建立统一、高效、便捷的组织架构，实现党建与经营工作在组织上的融合。结合海油环境企业特征，分三步实现组织融合。第一，明确企业定位，围绕中心任务匠心打造专业技术服务团队，建设科研型生产企业，提升核心竞争力，打造企业经营品牌基础。第二，以提升组织运营效能为目标，围绕业务开展建立服务型职能部门，为业务部门提供有力支撑。第三，采取一岗双责上下贯通，通过扁平化管理模式，提升管理效能和运行效率，促进党建经营同步高质量发展。

4.坚持以管理路径清晰为原则，实现党建与经营的管理融合

通过顶层设计明确职责分工，使业务工作与党建工作统一管理、统一部署、统一实施，各项工作管理路径清晰、分工明确、责任明晰，实现党建与经营在管理路径上的融合。

通过深入剖析党建工作与生产经营工作，找准管理融合点。首先，对具体工作进行分类，明确职能类工作和业务类工作界面，将党建类工作分解到相关职能岗位。其次，明确不同类型工作的管理路径，建立一岗双责、上下贯通的工作模式，非业务类工作由职能部门工作人员一管到底，业务类工作由分管领导和部门经理一管到底，避免冗长低效的层层转嫁。最后，使管理流程在合规基础上实现简短高效，从而使技术人员从烦琐的职能类工作中解脱出来，提高生产力。通过顶层设计、一岗双责、上下贯通，强化同步考核，使职能岗位和业务岗位在管理路径上都能够立足本职，紧跟党建步伐。

以党建带动企业文化建设，带动团建、工建齐发力。党建是文化展现的根基，文化是党建内容的诠释，将党建工作与企业文化建设相结合开展工作，能够为国企整体营造积极向上、和谐友善的工作环境，助推各项工作高质量发展。党支部持续推动落实为群众办实事，每年征集职工需求，形成需求清单，各项工作落实由党员主动领办，逐项落实到人，定期向支委会和全体员工汇报进展。支部带领工会组织策划丰富多彩的职工文体活动和"送温暖、送清凉"等慰问活动，培育有温度的企业文化。

5.坚持以生产经营为牵引，实现党建与经营的业务融合

以发展经营为目标，分析难点、痛点、堵点；以党建为着力点，寻找破解方法、路径，使党建全面助力生产经营。一是"思想交流"，在支部内、外开展习近平生态文明思想宣讲、交流活动，统一认识；二是打造学习型党支部，助力业务开拓，通过"环保大讲堂"对内深化技术交流，加强人才培养，通过"环保公益讲堂"向外拓展技术交流，开拓潜在市场，以促进项目执行为目标，建立党员攻坚团队，充分发挥党员引领作用；三是"联合党建"深度挖掘市场需求，增加客户黏性；四是促进"双品牌建设"，以核心竞争力打造经营品牌，以支部影响力擦亮党建品牌。

（三）海油环境双品牌建设实践及举措

1.海油环境党建经营双品牌建立及发展

（1）加强组织领导，提练双品牌标识。

公司成立之初，海油环境党支部就充分发挥党建对生产经营的引领作用，充分分析了公司作为一家海油全资环境咨询公司的主责主业和发展目标。通过广泛征求意见，召开7次品牌创建动员会和推进会，落实创建工作任务，提炼出打造"海油环境"党建、经营双品牌的理念。

经过深度打磨，最终确立品牌愿景为："聆听深海，守护高山；环境保护，海油担当。"并把"创海油环境一流党建品牌，做绿色环保先进咨询企业"作为公司初级阶段的战略目标。海油环境不仅体现了"海油人"顽强拼搏、无私奉献、吃苦耐劳、敢打硬仗的碧海丹心，也表达了"环保人"践行绿水青山生态文明思想发展理念的雄心壮志。

（2）双品牌内容突出海油环境特色。

"海油环境"作为党建品牌和经营品牌名称能够快速加强认同感、增强团队凝聚力。"海油环境"

作为新公司的简称,通过不断重复使用,能够快速增强党员、员工的代入感和凝聚力,提升全体员工的归属感。同时,"海油环境"作为支部党建品牌,对于凝结党员和群众聚合力、公司品牌的开发和开拓具有较强的推动作用,更适合目前的团队规模。同时,"海油环境"具有深入、精准的品牌内涵。"海油"既点明了公司的来历,又点明了央企品牌属性;"环境"则点明了公司的经营属性。对于公众、市场和政府部门而言,央企品牌通常具备高度的信用属性,包括规范、严谨、高质量和足够的责任担当等,而这些属性正是开展环境咨询业务的核心竞争力,能够为环境咨询工作提供强力加持。因此,采用"海油环境"作为品牌名称,不仅有助于吸引对合规性和质量要求高的优质客户,也能够提升品牌的外部识别度和认可度,提升全体员工的自信和担当,定位和内涵直接体现了党建经营品牌的生命力、影响力和感召力。

(3)在发展中不断丰富品牌内涵。

海油环境党支部作为基层党组织,始终坚持在公司发展中把方向、管大局、保落实,充分发挥海油环境"蓝焰"精神,并对其进行充分诠释,"红心蓝焰跃动深海,凝聚精微专业智慧,燃烧一生敬业激情,守护蓝天绿水青山",为持续打造"海油环境"品牌发挥引领保障作用。

海油环境以建立学习型党支部、服务型党支部、开拓型党支部为导向,以培育"团队有温情、工作有激情、生活有热情"的企业文化为目标,持续优化管理方式,不断丰富品牌内涵,是构建海油环境党建经营双品牌建设的组织基础。

(4)守正创新,提高企业核心竞争力。

作为一家专业技术公司,海油环境始终倡导"匠人精神":"择一事终一生"的执着专注,"干一行专一行"的精益求精,"偏毫厘不敢安"的一丝不苟,"千万锤成一器"的追求卓越,力求在传承中守正,在守正中不断创新,提高企业核心竞争力。海油环境始终聚焦环保主责主业,品牌建设紧密与业务发展相结合,紧密与客户需求相结合,紧密与政策导向相结合。积极推进重点工作,积极打造企业文化、安全文化,推动企业核心竞争力不断提升。

2. 党建经营有机融合,支部特色为双品牌建设赋能

基层党支部引领基层企业发展,党支部的特色决定企业的特性,因此,持续建设党支部特色,同步打造双品牌,是推动企业高质量发展的有效路径。

(1)学习型党支部建设,为双品牌筑基。

理论上清醒,政治上才能坚定,行动上才能自觉。坚定的理想信念,必须建立在对马克思主义的深刻理解之上。党员、干部筑牢信仰之基、补足精神之钙、把稳思想之舵,就要用党的创新理论武装头脑。要深入学习习近平新时代中国特色社会主义思想,坚持不懈地用习近平新时代中国特色社会主义思想凝心铸魂,以崇高的理想信念激发干事创业的信心和勇气,把理想信念转化为实现中华民族伟大复兴的实际行动。

建设学习型党支部是海油环境党建经营品牌的目标和特色之一。通过学习型党支部建设,丰富学习资源,保障学习支持,在企业内部营造浓厚的学习氛围,使员工的政治理论水平与专业知识同步提升。党支部系统筹划组织党员学习教育活动,抓实"三会一课"理论学习,从"时间、人员、内容、质量"四方面抓好"四落实"。

坚持学习形式多样化,通过"以讲代学""以讲促学"激发党员学习主动性、积极性。经过不断积累,初步培育了"习近平生态文明思想系列专题学习"成果,并将该成果与环保专业课程深度融合,打通政治理论学习与专业技术学习壁垒,使海油环境"环保大讲堂""环保公益讲座"在习近平生态文明思想的引领下深入人心。

组织开展"学两论用两论"系列主题党日活动。支部书记、委员先行一步，做出示范。中层干部通过领学理论知识，武装头脑、汲取智慧，正确看待矛盾、分析矛盾、解决矛盾，突破工作瓶颈，推动各项工作持续开展。党员群众跟进学，全体员工共同交流探讨，做到学以致用，融会贯通，达到用理论指导实践、以实践提升理论认识的目标。将学习与生产实践紧密结合，充分发扬学习型党支部做学相长的优势。

(2) 服务型党支部建设，为双品牌铸魂。

海油环境党支部始终秉承服务党员群众的理念，促成企业搭建统一、高效、便捷的组织架构，采取扁平化管理模式，确保职能部门服务属性，保障企业核心能力建设和党建高质量发展需求。服务理念深入支部建设和企业运营，是"海油环境"品牌的灵魂，是高质量发展的核心动力。

党支部持续开展"我为群众办实事"活动，并与职能部门具体工作相结合，由职能部门专人负责、专人推进、定期汇报，确保群众合理诉求及时得到满足。职能部门将"为群众办实事"的服务理念融入日常工作中，以"为业务人员减负"作为工作目标，使职能类工作一插到底、一管到底，使业务人员尤其是技术骨干从烦琐的职能类工作中解脱出来，增加工作动能，提高生产效力。业务部门以提供优质、高效、专业的技术咨询服务为工作目标，努力提升"海油环境"品牌的市场影响力。

(3) 开拓型党支部建设，为双品牌注能。

海油环境党支部制订并不断修订《党员攻坚团队工作方案》，全力助力中国海油"增储上产""七年行动计划"及外部市场开拓。坚持发挥党支部的战斗堡垒作用，坚持发挥党员的先锋模范作用，坚持发扬服务奉献精神，坚持发扬求真务实精神，努力打造环境咨询服务行业一流品牌。结合重点项目、难点工作，成立党员先锋队、攻坚队等，带领大家冲锋在前，攻坚克难。先后打造美孚一体化项目党员攻坚队、保障"增储上产"党员先锋队、"两外市场"开拓党员先锋队、"海域使用论证项目"党员突击队、环评文件质量提升党员攻坚队、环境咨询一体化深度推进党员攻坚队等队伍，为品牌建设注入强劲红色动能。

经过不断探索，海油环境在党建思路上大胆创新，以联合党建为契机，以技术交流为方法，使"环保大讲堂""环保公益讲座"进企业、进车间、出海油，实现党建和经营互促共进的喜人效果，使"海油环境"党建、经营双品牌获得企业和市场的进一步认可，公司整体形象得到进一步提升。

四、主要创新点

海油环境通过在实践中不断摸索完善，探索出以双品牌建设为导向，以高质量发展为目标，以思想融合、目标融合、组织融合、管理融合、业务融合的全方位深化融合为具体路径，使党的建设与公司经营发展互促共进。通过党建与经营系统筹划，逐步明确"海油环境"双品牌特色，不断丰富品牌内涵，持续坚持守正创新，不断提高核心竞争力，以打造学习型党支部、服务型党支部、开拓型党支部为双品牌赋能，党建品牌与经营品牌同步推广、一体推进，双品牌建设成效显著。

(一) 活学活用推动理论学习走深走实

一是全面推进扎实学，聚焦学习范围，推广以讲代学、以讲促学模式，通过线下线上结合等方式灵活开展集中学习、主题党日活动，确保学习及时有效、覆盖全面的同时，切实增强员工参与感。二是突出重点深化学。聚焦学习深度，支部精准定位，矢志成为习近平生态文明思想的学习者、践行者与传播者。围绕"学思践悟、责任担当、共绘愿景"，全体党员共同深研《实践论》《矛盾论》，以"两论"哲学之光洞察产业风云，指引公司发展航向。通过多元学习模式，红色践学燃激情，主题联学促共鸣，交流共建拓视野，党员说课增实效，学习热潮涌动，员工获得感切实提升。三是学以致用出实效。聚焦社会责任，在习近平生态文明思想照耀下，通过支部联建、技术培训、专家讲堂等，深入企业一线，精准把脉环保难题，助力企业筑牢绿色防线，全方位提升环保管理水平。

（二）系统筹划制度推动党建业务融合

一是顶层设计把方向。支部精心谋划全面融合，《党支部"四亮五带头"工作机制》《党支部落实中国海油党建融合"141体系"工作方案》等11项方案计划持续迭代，构建党建与业务深度融合长效机制。二是书记带头"啃骨头"。支部书记挂帅冲锋，赴天津分公司、海南分公司、海南华盛等多家单位开展支部共建，交流支部建设经验，并成功搭建内外部市场开拓渠道。三是先锋团队勇攻坚。组建"增储上产攻坚队""海域使用论证先锋队"等党员先锋队，党员冲锋在前，直面"急难重"任务，以实际行动诠释了党建引领发展的强大力量。

（三）基层管理水平全面发力提质增效

一是深化服务内涵。以党员"四亮"活动推动透明履职，打破部门壁垒，搭建"横纵沟通桥梁"，在报表填写、职称晋升等日常职能工作中，职能人员前置服务，为业务一线减负增效，激发技术创新活力。二是拓宽服务广度。以"实事"为媒，党员主动领办。三是强化管理效能。全体党员亮诺践诺，拆分承接支部年度重点任务，"一表式"管理精准推进，协助集团公司开展环保督察、技术研究，制订环保标准、指南，参与制订国家级行业标准规范和导则，为中国海油绿色低碳发展贡献力量。

五、实施效果

3年来，海油环境积极贯彻落实党的二十大精神，努力实现高质量发展，党建与经营系统筹划，党建品牌与经营品牌同步推广、一体推进，促进党建深度融合生产落到了实处、落出了实效。2021—2023年，海油环境党支部蝉联"中国海油集团标杆"称号，荣获"基层示范党支部"桂冠，获得"海油发展特色党支部""十佳融合党建项目""示范党建品牌"等殊荣，品牌影响力跃升，彰显了党建引领的磅礴力量。

（一）树立绿色高质量发展理念，根植于心

通过双品牌建设，海油环境全体员工形成了高质量发展的共识和信心：高质量发展是海油环境持续向好发展的唯一路径。高质量发展必须在习近平新时代中国特色社会主义思想和党的二十大精神的指引下，紧跟行业动态，勇于面对挑战，兼顾传承、发展与创新，力促高质量发展落地生根。

（二）培育敢闯敢拼创业精神，成果丰硕

海油环境充分发挥党支部的战斗堡垒作用，充分发挥党员的先锋模范作用，发扬敢闯敢拼勇创业的精神，顺利推进完成多项任务。海油环境先后与海油8家二级单位签订长期服务协议，与美孚、恒力石化等17家外部企业长期合作，外部市场合同额占比30%以上，外部市场合同额累计破亿元；平均每年完成咨询项目超百个，助力新增产能超千万吨，涉及业务类型10余项；长期协助集团公司开展环保督察、技术研究，制订公司级环保标准、指南11项，参与制订国家级行业标准规范和导则14项，以实际行动诠释了党建引领发展的强大力量。

（三）铸就市场品牌信誉，赢得信赖

海油环境党建品牌影响力逐步沉淀积累，也使"海油环境"品牌更加沉稳、值得信赖。公司累计举办"环保公益大讲堂"20余场，精准把脉企业环保管理难点，助力企业筑牢绿色防线，全方位提升环保管理水平。凭借多年积累的信誉与技术实力，海油环境在质量与效率上均获认可，荣登"《环评观察》中国环境咨询公司百强榜"，综合实力得到业界肯定。

六、下一步规划与探讨

我国经济已转向高质量发展阶段，经济社会发展必须以推动高质量发展为主题。对于公司而言，党的建设水平是公司治理水平的一个维度，公司全面高质量发展应该是党建和生产经营的齐头并进，因此，必须持续推动党建与生产经营全面深化融合，必须使党建制度化融入公司治理，才能推动公司全面高质量发展。

通过实践，双品牌建设是推动党建与生产经营深化融合、党建制度化融入公司治理体系的有效路径，也是促进公司全面高质量发展的有力抓手。同时，其也面临现实的挑战：提升和推进党建深化融合的过程中，需要平衡经营成本（包括人力、物力、财力），需要持续推动形式创新的动力，需要不断深化双品牌内涵、扩展品牌外延。这些将是双品牌建设及深化融合制度建设需要进一步思考和创新的关键点，也是高质量党建和高质量发展的关键点。

"五融五打造"激发高质量发展红色引擎

创造单位：金川集团镍盐有限公司
主创人：龚继宝
创造人：李菲　李晓彤

【摘要】 金柯分厂党支部是金川集团镍盐公司（以下简称镍盐公司）党委下属党支部。2020年2月成立以来，金柯分厂党支部围绕金川集团"双创双争当"生产经营融合型党建示范品牌创建标准，把打基础、创品牌、增效益作为基层党建固本之举，扎实开展"五融五打造"项目建设融合型党员先锋岗创建。

【关键词】 生产经营融合　党建示范品牌创建　"五融五打造"

一、实施背景

镍盐公司金柯分厂主要以生产硫酸镍、氯化镍产品为主，产品不仅用于高端电镀行业，也是生产新能源电池的重要原材料。为全面贯彻党的二十大精神，深入落实"十四五"规划及国企改革三年行动，不断提高党建引领融合发展，提高企业核心竞争力和增强核心功能，以科技创新引领现代化产业体系建设，打造世界一流专精特新示范企业，金柯分厂党支部围绕金川集团"双创双争当"生产经营融合型党建示范品牌创建标准，设立"3.5万吨高端电镀用镍盐生产线自动化、智能化党员先锋岗"，以"目标融合、身份融合、绩效融合、创新融合、品牌融合"为创建思路，扎实开展"五融五打造"项目建设融合型党员先锋岗创建，把打基础、创品牌、增效益作为品牌创建固本之举，形成项目一盘棋、生产一条线、落实一根针、全员一条心的"党建+项目"工作模式，有效促进了金柯分厂产品质量和品牌的"双提升"。

二、实施目的

金柯分厂主要承担镍盐公司高端电镀用镍盐产品生产任务。2024年是镍盐公司实施"十四五"规划和创建世界一流专精特新示范企业的关键一年，金柯分厂党支部紧紧围绕"创建世界一流专精特新示范企业"总目标，抓实"保原料、降成本、拓市场、谋发展"的经营举措，坚持在"融"字上下功夫、在"实"处上建新功，扎实开展"五融五打造"项目建设融合型党员先锋岗创建，通过引入5G、人工智能、工业互联网、物联网等新型基础设施，不断提升现场装备的自动化、智能化水平，实现生产线智能化控制，以党员带头开展选题攻关、技术改造、献计献策等活动，形成"党建+项目"探索"专精特新"新模式，切实为镍盐公司全面开创加快建设世界一流专精特新示范企业新局面提供强劲动力，进一步促进党建工作与生产经营深度融合。

三、实施过程

（一）坚持目标融合，着力打造项目建设"同心圆"

目标融合是党建与生产经营深度融合的前提。金柯分厂坚持把"3.5万吨高端电镀用镍盐生产线自动化、智能化党员先锋岗"品牌创建与"3.5万吨镍盐产量、800万元利润"生产经营目标对接融合，抓住支部班子"关键人"，明确支部书记"六强"党员先锋岗和"3.5万吨高端电镀用镍盐生产线自动化、智能化项目"第一责任，以及班子成员"一岗双责"，通过创建促项目，通过生产促创建，党员先锋岗创建与项目建设同安排、同部署、同落实。积极开展"四个一"活动，支部委员每班与党小组成员交谈一次创建体会，每周督促一次党员创建工作，每月在党小组会上点评一次创建进展，每季度与重点岗位职工就创建工作沟通一次。坚持把"两个目标"创建纳入党政班子议事日程，一个节点一个节点抓落实，形成了分厂支部总抓、党员个人分抓的人人肩上有指标的动力传导机制。支部班子成员和党员骨干坚持强化目标导向和过程管理，工作在现场，问题解决在现场，发挥作用在现场，共建互促，同频共振，实现了金柯生产线项目短短2个月就产出合格产品，填补了市场空白。

（二）坚持身份融合，着力打造双向培养"新高地"

身份融合是党建与生产经营深度融合的根本。金柯分厂党支部按照"双培养一输送"的原则，始终把班组长、生产骨干培养成党员，把党员培养成劳模工匠，作为党员先锋岗创建的重要抓手，自项目启动以来培养生产骨干为入党积极分子5人，把一名优秀党员培养成为管理、业务、技术全面的大班长。注重班组长与党小组长双向培养、交叉任职。维修班班组长、党小组组长王金平利用自己的维修技术优势，频频攻克设备难题，保证了生产线的连续稳定。他培养的徒弟都走上了班组长岗位，他主创的"高效型振动流化床创新与应用"成果荣获集团"职工技术创新成果"一等奖。支部定期组织党员现场传经验、上台讲技术，开展"导师带徒"活动。鼓励每名党员结合项目建设提一条合理化建议、消除一项安全隐患、推广一项新技术、转化一项新成果，党员技术骨干提出合理化建议32条，参与实施的技术创新项目分别获得集团职工技术创新、"五小"优秀成果和QC（Quality Control，质量控制）小组活动成果一等奖、二等奖。

（三）坚持绩效融合，着力打造镍盐领域"领头雁"

绩效融合是党建与生产经营深度融合的动力。金柯分厂党支部围绕创效与融合两个关键环节，全面发挥党员先锋岗的头雁效应，以生产经营和项目建设成果检验先锋岗创建效果。支部坚持自下而上、业绩至上、口碑良好的原则，扎实开展先锋岗党员"创星"活动，每季度开展一次学习提高星、争创佳绩星、科技创新星、攻坚克难星、服务群众星"五星"评比，要求党员把工作目标提出来，把岗位职责摆出来，亮身份、树先锋、做表率。坚持以党建促发展，持续推进镍盐产业链的延、强、补，使党建工作的"软实力"转化为促进项目建设的"硬支撑"，保证了高端镍盐生产项目达产、达标。头雁作用的发挥使两条镍盐生产线提前3个月试生产，当年实现了达产、达标的任务目标，生产硫酸镍晶体29761吨，生产氯化镍晶体14990吨，生产液体硫酸镍30914吨，劳动生产率提升5%，可比成本降低8%。党员先锋岗的高质量创建和生产经营工作的高质量完成实现了绩效同升、互促双赢。

（四）坚持创新融合，着力打造攻坚克难"桥头堡"

创新融合是党建与生产经营深度融合的关键。金柯分厂党支部坚持把科技创新作为党员先锋岗示范品牌创建和促进项目建设达产、达标的"试金石"，紧盯生产工艺智能化、产业链现代化、产业基础高端化，成立创新团队，列出攻关课题和创新着力点，定期召开"诸葛会"，组织党员、工程技术人员、班组长、生产骨干拢指成拳创新攻关，集"点滴之力"聚"创效波澜"，在科技攻关中体现勇于担当、勇于负责、勇于作为，以及敢想、敢试、敢闯的"三勇三敢"过硬作风。党员骨干带动，先后突破了无人叉车、自动套膜、物料智能识别系统的创新研究与应用，打造出高效智能的高端产品生产线，使金柯生产线更加流畅，产品更加优质，职工劳动强度大幅降低。目前，申报实用国家新型专利2项，智能化生产线岗位人数从原来的20人缩减至9人，创造直接经济效益150万元。

（五）坚持品牌融合，着力打造党建产品"双亮点"

品牌融合是党建与生产经营深度融合的亮点。金柯分厂党支部以项目建设融合型党员先锋岗创建为契机，持续锻造产品和党建"双品牌"。分厂一班人立足金柯生产线高效优质特点和INCOmond®高端品牌优势，运用5G、3D物位成像等高科技技术，对系统工艺进行全方位技术更新和换代升级，让溶解工艺的快速性、生产工序的短流程、生产过程的低成本成为金柯产品的市场竞争力和品牌影响力，让金柯品牌成为高端市场的免检标志。分厂党支部在精心打造产品品牌的同时，不忘打造党建品牌，力争让每一个方面、每一个环节、每一个步骤都能体现出党组织和党员的引领示范作用。通过支部自身建设，以及党建与生产经营的持续深度融合，金柯团队成为"靠得住、顶得上、做得好"的代名词，金柯分厂"党建＋项目"党员先锋岗成为金川集团具有"党"字特色的标志性品牌。

四、主要创新点

金柯分厂党支部确定"目标融合、身份融合、绩效融合、创新融合、品牌融合"的创建思路，扎实开展"五融五打造"项目建设融合型党员先锋岗创建，坚持把品牌创建与生产经营目标相融合，着力打造项目建设"同心圆"；坚持把"双培养一输送"与班组长、生产骨干培养成党员，党员培养成劳模工匠身份相融合，着力打造双向培养"新高地"；坚持把全面发挥党员先锋岗头雁效应与扎实开展先锋岗党员"创星"创效相融合，着力打造镍盐领域"领头雁"；坚持把生产工艺智能化、产业链现代化、产业基础高端化与技术创新相融合，着力打造攻坚克难"桥头堡"；坚持把发挥INCOmond®高端品牌优势与持续锻造产品和党建"双品牌"相融合，着力打造党建产品"双亮点"。

五、实施效果

金柯分厂党支部"五融五打造"项目建设融合型党员先锋岗创建，助力分厂生产组织、产品质量、技术创新等工作稳步提升。2022年，金柯分厂生产硫酸镍9369.87吨、氯化镍3590.035吨，销售硫酸镍9383.5吨、氯化镍3600吨，分别完成计划指标的100.15%和100.28%。增加包装产线智能化无人叉车系统和自动裹膜机，不断提高3.5万吨高端电镀用镍盐生产线自动化、智能化水平。发挥INCOmond®高端品牌优势，提高产品的市场竞争力和品牌影响力，让金柯品牌成为高端市场的免检标志。金柯分厂"党建＋项目"党员先锋岗成为金川集团具有"党"字特色的标志性品牌，获得年度集团公司"红旗党支部"、2022年度"金昌市青年文明号"、2023年度甘肃省国资委"先进基层党组织"等荣誉称号。

六、下一步规划与探讨

金柯分厂党支部围绕中央、省市及两级公司对加强国企党建、深化改革发展提出的一系列要求，在"五融五打造"的基础上，进一步加强品牌引领，促进党建与业务深度融合，打造具有自身特色的党建示范品牌。

围绕金川集团"双创双争当"生产经营融合型党建示范品牌创建，巩固深化学习贯彻习近平新时代中国特色社会主义思想主题教育成果，切实发挥基层党组织的战斗堡垒作用和共产党员的先锋模范作用，在创建中做到带头学习技能、带头选题攻关、带头建言献策、带头拼搏奉献、带头争创佳绩，为全面加快建设世界一流企业、谱写镍盐公司高质量发展新篇章贡献力量。

金柯分厂党支部持续开展"一支部一主题一重点"支部品牌创建，在特色化上努力，在智能化上发力，在精品化上用力，在目标化上尽力，把国企党建优势转化为发展优势，打造一批"叫得响、特色强、成效优"的国企党建品牌。

2024—2025
国资国企改革创新成果案例汇编

2024—2025 GUOZI GUOQI GAIGE
CHUANGXIN CHENGGUO ANLI HUIBIAN

（下册）

《企业管理》杂志社 ◎ 编

企业管理出版社
EMPH ENTERPRISE MANAGEMENT PUBLISHING HOUSE

图书在版编目（CIP）数据

2024-2025国资国企改革创新成果案例汇编. 下 /《企业管理》杂志社编. -- 北京：企业管理出版社，2025. 3. -- ISBN 978-7-5164-3199-3

Ⅰ．F279.241

中国国家版本馆CIP数据核字第2025PD9659号

书　　名：	2024—2025国资国企改革创新成果案例汇编（下册）
书　　号：	ISBN 978-7-5164-3199-3
作　　者：	《企业管理》杂志社
责任编辑：	徐金凤　黄　爽　宋可力　田　天　练　瑞
策　　划：	百朗创新（北京）咨询顾问有限公司
出版发行：	企业管理出版社
经　　销：	新华书店
地　　址：	北京市海淀区紫竹院南路17号　邮　编：100048
网　　址：	http://www.emph.cn　电子信箱：emph001@163.com
电　　话：	编辑部（010）68701638　发行部（010）68417763　68414644
印　　刷：	三河市荣展印务有限公司
版　　次：	2025年3月第1版
印　　次：	2025年3月第1次印刷
开　　本：	880mm×1230mm　1/16
印　　张：	32.5
字　　数：	950千字
定　　价：	518.00元（上、下册）

版权所有　翻印必究　·　印装有误　负责调换

编 委 会

主　任： 刘　鹏　　中国企业联合会、中国企业家协会党委委员、原副理事长

副主任： 黄群慧　　第十四届全国政协委员、经济委员会委员，中国社会科学院经济研究所原所长、研究员

　　　　　陈小洪　　国务院发展研究中心企业所原所长、研究员

　　　　　曾　坚　　国务院国资委直属机关党委原常务副书记，全国党建研究会特邀研究员

　　　　　韩久根　　北京市委党史办副主任、一级巡视员，全国党建研究会特邀研究员

　　　　　彭建国　　国务院国资委研究中心原副主任

　　　　　王仕斌　　《企业家》杂志社社长、《企业管理》杂志社副社长

　　　　　周宏春　　国务院发展研究中心研究员

　　　　　刘　岩　　工业和信息化部国家无线电监测中心原主任，中国无线电协会理事长

　　　　　毛一翔　　国务院国资委新闻中心原主任

　　　　　文宗瑜　　财政部中国财政科学研究院研究员、博士生导师

　　　　　杨继东　　中国人民大学国有经济研究院副院长、经济学院教授

　　　　　许光建　　中国人民大学公共管理学院教授，中国价格协会副会长

　　　　　徐思力　　中国企业文化研究会党建与文化部主任

委　员： 汪少根　王　黎　王向阳　黄敬怡　张　炎　李　丹　邱　菲
　　　　　杨　帆　高　原　王丹丹　张　燕

目 录

管理提升篇

中航集团创新工作管理平台 …………………………………………………………（3）
大型综合能源服务集团基于绿色化、智能化的"1+3+N"战略管理体系构建与实施 ……（9）
新时期境外公共安全管理体系构建与实践 …………………………………………（19）
以"不饱和"营销模式落实营销改革创新 ……………………………………………（29）
深化政电融合，打造网格化智慧服务新模式 ………………………………………（45）
高质量发展目标下的石油企业经营管理创新与实践 ………………………………（55）
境外资产监管平台的构建与实践 ……………………………………………………（64）
电网企业打造以战略为导向、以价值创造为核心的多元激励体系创新与实践 ……（70）
人力资源管理提升"一个工程·五个统筹"集群模式构建与应用 …………………（80）
以"四位一体"合规综合管理体系助力国际一流轨交集团建设 ……………………（89）
新一轮国有企业深化改革背景下创新任期制契约化管理，赋能高质量发展 ………（98）
基于"双碳"目标的新疆绿色用能市场体系建设实践 ………………………………（109）
制造型企业绩效管理数字化转型与实践 ……………………………………………（122）
国有煤炭营销企业实施品牌战略，催生新质生产力的探索与实践 …………………（128）
基于组织力的全员创效体系在国企改革中的实践 …………………………………（138）
创新发展模式，打造一站式服务平台，促进基础设施高水平开放 …………………（146）
新形势下金融租赁高质量转型创新的实践探索 ……………………………………（153）
基于业财融合的电网工程项目全过程管控系统研究与应用 ………………………（166）
基于 Maven 多模块管理技术的合规信息化系统 ……………………………………（171）
基于全价值链的轨道交通装备企业质量管理 ………………………………………（178）
探索工程机械租赁新模式
　　——"泉程租"一站式租赁服务平台 ………………………………………………（186）
基于"双碳"目标的采油厂示范区建设与实践 ………………………………………（193）
大型汽车集团"双碳"目标行动的创新与实施 ………………………………………（204）
融合创新，打造产业投资领军品牌 …………………………………………………（214）

首旅如家"如LIFE俱乐部"会员体系项目的创新和实践 （221）
以定额管控促提升，推进"保安、提质"见实效 （228）
基于"1+5+6"的电力通信检修作业的标准化构建与实施 （239）
国有融资租赁公司"七维度"对标评价体系的创新与实践 （247）
以数据要素驱动的智能财务管理实践 （256）
大型国有集团化公路企业不动产管控体系的构建与实施 （265）
智能选煤厂"四化"协同运营管理探索与实践 （275）
"四动四抓"工作法在企业接诉即办主动治理中的应用实践 （287）
供电企业基于数字化转型的财务BP体系的构建与实践 （293）
大型能源集团数字化招标管理体系构建及实施 （303）
区域电网企业基于共建"一带一路"倡议的跨国供电服务管理 （312）
基于管控的集团企业内控体系建设实施 （320）
"双百"企业围绕新质生产力培育战新产业的综合改革 （329）
基于业财融合的供热企业绩效管理创新与实践 （337）
"13456"工作法保障风机混塔建设质量 （347）
致美斋"广府醋茶荟"项目 （352）
以某企业为例探讨"总部去机关化"改革实践问题的解决 （357）
实施"365管理"，打造铝工业精益管理新模式 （367）
"科改行动"助力云星宇公司高质量发展 （380）

科技创新篇

以企业管理提升为目标的数智化融合管理平台建设与应用 （387）
适用军工科研院所改革发展的"1+2+7"科技创新体系建设 （397）
国家级重要会议活动出行服务的平台建设与运营管理模式 （411）
"钛融易"钒钛产业互联网平台体系建设 （421）
以实践科技创新赋能北燃供热高质量发展 （429）
数字赋"廉"
　　——"清廉重咨阳光运行平台"助推企业高质量发展 （437）
北京轨道交通互联网票务平台 （441）
科技引领，创新驱动：科改赋能企业科技实力全面提升 （448）

科技领航，创新赋能
　　——中武电商综合改革创新成果 ....（461）
国有特大型企业自动驾驶公交发展实践 ....（468）
基于蒸汽一网的智慧供热多环联控体系 ....（476）
研究如何推进存量枢纽升级改造，探索高质量发展新路径 ....（484）
Mr.Car 以科技推动公车改革，打造用车模式的新场景、新应用 ....（497）
东铜铁路铁路专用线到发线防溜装置智能系统升级 ....（503）
"竖向盾构"新技术推动地下空间产业链变革 ....（508）

管理提升篇

中航集团创新工作管理平台

创造单位：中国国际航空股份有限公司
主创人：宁奕芸　曲波
创造人：牛一培　董娜　姜晶琨　李岱　黄永健

【摘要】 为提升中国航空集团有限公司（以下简称中航集团）创新管理工作效率、加大创新资源保障力度、强化创新信息交流共享，创新管理办公室提出建设创新管理平台的工作，并将其纳入集团改革三年行动的年度重点任务。该平台的研究目标是开发一套支持全周期研发项目与创新任务管理、数据信息统计与共享、创新活动与交流的综合性平台系统，并将系统功能覆盖中航集团所有科技创新工作，成为中航集团创新管理工作的重要支撑。中航集团是国航的母公司，由于集团、股份两级合并，管理双跨，此管理平台也面向集团内所有单位。

该平台现已实现创新项目全流程管理、科研创新专项经费管理与统计、创新任务事项管理、创新信息统计、创新资源信息共享、创新政策与活动查询，以及平台手机端"创空间"交流等核心功能，最大限度地实现集团创新工作的融合和共享，形成系统化、规模化的数据生态。

【关键词】 创新平台　创新项目　效率提升　生产需求　创新信息

中国国际航空股份有限公司（以下简称国航），其前身中国国际航空公司成立于1988年。根据国务院印发的《民航体制改革方案》，2002年10月，中国国际航空公司联合中国航空总公司和中国西南航空公司，成立了中国航空集团公司，并以联合三方的航空运输资源为基础，组建新的中国国际航空公司。2004年9月30日，经国务院国有资产监督管理委员会批准，作为中国航空集团控股的航空运输主业公司，国航在北京正式成立。2004年12月15日，国航在香港联合交易所和伦敦证券交易所上市。

国航是中国唯一载旗飞行的民用航空公司，是世界最大的航空联盟——星空联盟成员，也是2008年北京奥运会和残奥会官方航空客运合作伙伴、2022年北京冬奥会和冬残奥会官方航空客运合作伙伴，在航空客运、货运及相关服务诸方面，均处于国内领先地位。2023年，经世界品牌实验室测评，国航的品牌价值为人民币2351.62亿元，居中国民航首位。

国航连续第16年被世界品牌实验室评为"世界品牌500强"，是中国民航唯一一家进入"世界品牌500强"的企业，同时连续16年获得了"中国品牌年度大奖NO.1（航空服务行业）"和"中国年度文化品牌大奖"；2023年，国航被世界品牌实验室评为"中国500最具价值品牌"第24名，居国内航空服务业首位；国航荣获国务院国资委2013—2015年任期"品牌建设优秀企业"荣誉称号；国航品牌曾被英国《金融时报》和美国麦肯锡管理咨询公司联合评定为"中国十大世界级品牌"；在各类社会评选中多次获得"最佳中国航空公司""中国经济十大领军企业"等称号，以及"年度最佳航空公司奖""极度开拓奖""最佳企业公众形象奖""全国企业文化优秀成果奖"等奖项。

一、实施背景

党的十八大以来，以习近平同志为核心的党中央高度重视科技创新工作。作为骨干央企和载旗航空公司，中航集团认真学习贯彻习近平总书记关于科技创新的系列重要论述精神，坚决落实党中央关于科技自立自强和强化企业创新主体地位的决策部署，深入实施创新驱动发展战略，通过全面深化改革，充分发挥创新在集团实现高质量发展过程中的引领和带动作用。

"十三五"以来，中航集团全面启动创新体制机制改革，整体设计了覆盖全集团的科技创新管理体系，成立集团创新工作领导小组和办公室，组建"3+9"创新实验室，先后下发了集团《创新管理办法》等一系列制度文件，完成了科技创新管理模式的转型升级。

中航集团科技创新管理体系的建立拓展了传统科技工作的管理边界和业务边界。为适应创新管理工作的新变化，提升创新管理工作效率、加大创新资源保障力度、强化创新信息交流共享，创新管理办公室提出建设创新管理平台的工作举措，并将其纳入集团改革三年行动的年度重点任务。

为充分发挥员工创新潜力，创新管理办公室借助集团创新大赛平台，发布"科技创新管理平台建设方案"揭榜赛题，通过内外部专家评审打分，选出该赛题第一名方案，确定平台由创新大赛揭榜第一名项目组自主开发。

二、实施目的

中航集团创新工作管理平台（以下简称平台）的研究目标是开发一套支持全周期研发项目与创新任务管理、数据信息统计与共享、创新活动与交流的综合性平台系统，并将系统功能覆盖中航集团所有科技创新工作或活动，使之成为集团创新管理工作的重要支撑。

平台将对中航集团创新工作模式带来巨大的提升，一改过去人拉肩扛，闭门造车的阶段，推动创新管理工作进入数字化阶段，在项目过程管理、应用转化、信息与资源共享、经费及台账管理、科技人才等方面发挥系统优势，使创新工作实现资源共融，统一管理，打造科学、便捷、系统化的管理模式，为全面提升集团科技管理能力打造有效载体。

三、实施过程

（一）平台开展计划和实施情况

2021年10月，中航集团创新工作管理平台正式启动建设，由创新大赛"科技创新管理平台建设方案"赛题揭榜第一名团队与创新管理办公室组成项目组。由中航集团创新管理办公室（规划发展部）与地面服务领域创新实验室共同梳理创新管理相关需求及平台总体设计方案和解决思路；由项目技术负责人曲波（地服曲波工作室）与项目辅助研发及测试负责人黄永健（信息管理部应用开发中心）组成项目技术研发工作组，进行自主开发。

2021年11月，该项目正式立项，历时近四个月完成第一阶段开发。

2022年1月，平台电脑端通过阶段性验收并上线试运行，完成了科技创新项目全周期线上管理、经费统计监控、创新政策发布与查询、创新人才及评审专家入库、员工创意征集等核心功能开发，并面向"3+9"创新实验室（工程技术中心）举办平台使用培训。

2022年6月，平台完成创新资源、创新政策与活动、工作台等第二阶段主要功能模块开发测试，增加工会创新、创新基地两大类创新主体的独立模块，包括启动平台手机端开发。

2022年11月，完成平台手机端开发及测试优化。

2022年12月，地面服务领域创新实验室组织召开中航集团创新工作管理平台项目验收会。

2023年3月，组织平台上线运行及开展创新管理和平台应用专项培训。

依据项目实施开展情况，项目组于2022年10月26日、11月1日、11月24日组织3次内部工作研讨会（见图1），对平台手机端系统开发、需求细化、功能测试、平台运营、界面设计、功能优化和

图1 项目组成员工作交流场景

解决思路等工作进行沟通、研讨、纠正和反复测试，本着务实高效、集思广益、严谨论证的态度解决了研发过程中的一个又一个难题，实现了项目预期各项功能需求。

（二）平台主要组成

平台分为电脑端（面向实体管理员）和手机端（面向所有员工）两部分。

（1）电脑端：中航集团创新工作管理平台，如图2所示。

图2 中航集团创新工作管理平台电脑端界面

（2）手机端：中航集团创新工作管理平台（国航之翼入口：工作台—企业管理—创新管理），如图3所示。

图3 中航集团创新工作管理平台手机端界面

（三）平台关键成果

平台现已开通中航集团创新实验室、创新基地、工会创新、创新政策及活动、创新资源、任务事项管理六大主要模块，横向覆盖创新实验室（工程技术中心）、工会"五小"创新和创新基地三大创新渠道，纵向贯通从创意征集到创新成果转化的项目全生命周期管理，平台关键成果主要体现在利用数字化手段实现了以下支持创新管理的核心功能。

（1）创新项目全流程管理。可实现项目申报、项目立项督导人审核、项目任务书录入、项目实施进度跟踪及预警提示、项目投入（研发人员工时、项目经费等）实时统计等功能；项目状态如发生变化，需在系统中留下操作和管理痕迹，实现了创新项目过程管理的可视化、可追溯、可查询；建立起创新项目的电子档案，对立项批复、项目变更申请、验收报告等过程性文件进行留档备案。

（2）科研创新专项经费管理与统计。可实时监控创新项目的实际经费使用与预算的匹配情况，留存项目经费支出票据，可实现"报表号"的搜寻和查询功能，自动统计不同范围的经费支出情况。

（3）创新任务事项管理。创新管理办公室可通过平台向指定人员下达创新工作任务，如年度预算申报、年度综合考评、专项督查整改等，创新管理办公室可跟进各相关单位的任务完成情况。

（4）创新信息统计。平台首页呈现最新的创新申请和立项项目清单、历年创新项目数量、历年创新费用情况，实时统计创新项目人才库和专家库信息，包括性别、年龄、学历、职称职务及所在单位；实时呈现创新项目的合作情况，包括合作单位名称、合作次数、合作项目，并根据合作次数由高到低进行排序；支持自定义的数据统计及报表导出等功能，能够为中航集团整体创新工作提供有数据支撑的预判和决策支持。

（5）创新资源信息共享。平台根据创新领域对所在在册项目进行了标签处理，用户可点击感兴趣的领域查询相关项目、人才及专家信息，也能通过关键词检索进行查询。

（6）创新政策与活动查询。平台实时发布公司、行业及国家最新发布的创新管理制度及政策，发布各类创新主体组织的创新类活动。

（7）创空间。平台手机端"创空间"是交流创新工作的线上论坛，用户可关注感兴趣的话题，参与相关领域创新工作的讨论、交流、答疑等，创空间内所有留言经审核通过后方可发布。

该项目由项目组成员自主研发，平台系统源代码超1万行。目前平台已汇集登记254个创新项目、1000余位创新人才和100余位创新专家的数据信息，在平台的有力支撑下，构建起中航集团各类创新主体融通互动、创新信息交汇互通、创新资源高效配置的创新生态，为实现集团高质量发展助力蓄能。

四、主要创新点

（一）创新项目全周期管理，项目进度可视可查

面向12家创新实验室（工程技术中心）、工会设立的30家劳模工匠创新工作室和多家创新自管单位，平台可支持创新项目申报、立项备案、过程跟踪等环节的项目全生命周期线上管理，同时建立起完备的创新项目电子档案。为方便管理人员把控创新工作必须关注的各个关键节点，平台会根据录入的项目起始时间，在项目关键节点或项目长时间未有进展时，自动向管理人员推送提示通知，通过甘特图的形式展示项目计划与项目实际进展的匹配度，项目状态如发生变化，需在系统中留下操作和管理痕迹，实现了创新项目过程管理的可视化、可追溯、可查询。

（二）创新数据实时统计，连接各类数据主体

平台支持创新项目、研发投入、创新人才队伍、创新合作单位四大类基础数据的自动统计。以创新人才为例，平台通过采集项目电子档案中的项目成员信息，根据参与创新项目的次数，自动排列出创新项目人才"榜单"，全面详实记录创新人才的项目经验、核心技能和创新成果，有助于管理人员统筹把握科技创新人才队伍的现状、结构及动态信息，为推荐、选拔和培养创新人才奠定基础。此外，为解决公司各创新主体之间存在的信息不互通、协同不充分的问题，打通科技创新工作中的管理壁垒和信息障碍，平台具备与集团其他业务系统数据互联的能力，可实现创新信息共享浏览、跨实验室申报项目、多系统信息交互等功能，既能够更有效率地组织和调动创新主体和创新资源，也有利于不同平台数据的归拢，以及平台开发和运维后期的可持续发展。

（三）创新信息全员共享，打通多类创新渠道

平台内共享的创新信息主要包括在册的创新项目信息、创新人才信息、评审专家信息、创新政策信息和创新活动信息等。在平台的"创新资源"功能模块，用户可以使用搜索功能查找所有创新项目，点击项目名称查看项目简要内容，通过页面提供的联系方式和项目组沟通项目细节，了解项目详情和实际进展，避免重复立项的问题；用户也可以点击自己感兴趣的技术或技能领域，查找该领域具备丰富项目实践及评审经验的人才及专家，通过国航之翼3.0私信联系（在对方已授权的前提下），沟通创新的思路和想法，为创新爱好者打造沟通交流、相互学习的场景。此外，员工可以通过手机端向意向创新实验室投递自己的创意想法，借助创新实验室的平台，通过创新项目将想法落地。

五、实施效果

平台对集团创新工作模式带来了巨大的提升，一改过去人拉肩扛，闭门造车的阶段，进入了数字化阶段，满足了集团创新管理办公室及各创新实验室的管理和使用需求，为全面提升集团科技管理能力打造有效载体。

此项目是中航集团创新工作管理手段的创新，提高了工作效率，缩短了工作流程链条，使创新信息数据公开透明，增强了应对项目风险管控的能力。平台设计科学合理，兼具满足现阶段工作需求和可持续迭代能力。平台的主要价值体现在以下四个方面。

（1）规范科技创新项目管理。平台的建立强化了中航集团对创新项目的统一管控，加强立项、预算、过程、验收全生命周期管理及研发过程的投入统计，确保相关数据真实可靠，通过管理工具的升级换代，为集团构建规范科学的创新管理体系提供有力支撑。

（2）提升科技创新管理效率。创新工作管理平台从创新主体、创新项目、创新人才、创新活动四个维度全面呈现了中航集团创新工作开展情况的全貌，畅通了不同层级创新管理单位之间的工作交流与联系，解决了公司各创新主体之间存在的信息不互通、协同不充分的问题；平台支持自定义的数据统计及报表导出等功能，能够为集团整体创新工作提供有数据支撑的预判和决策支持。

（3）促进创新资源高效配置。平台拓宽了创新资源信息共享的宽度与深度，使员工能够一站式了解参与创新活动可获取的资源，比如创新实验室的平台资源，创新项目汇聚而成的技术成果资源、人才资源及专家资源，集团内部及上级单位最新发布的政策资源、活动资源和培训资源等，通过数据赋能促进创新资源高效配置。

（4）激发一线员工创新活力。一线员工对创新的痛点"痛不痛"、渠道"通不通"，有着最直接的体会，必须充分重视群众性的创新意识，调动广大员工的创新积极性。平台能够有效促进创新人才交流，支持建立"群"的交流机制，减少科技创新人才内部流动限制，为创新人才了解不同业务场景，发掘创新需求提供了窗口。同时，平台也有利于加大创新工作的宣传力度，加快创新价值与理念的传播塑造，推动营造尊重人才、尊重创造、鼓励探索、宽容失败的文化氛围。

平台不仅能满足项目本身的要求，而且能最大限度地实现集团创新工作的融合和共享，形成系统化、规模化的数据生态，同时还借助国航之翼3.0等渠道，加强平台与员工间的互动，以集团创新管理工作为基点，拓展至全员范围，节省人力，管理增效，激发创新活力带动创新项目的挖掘和应用带来的直接效益，最终满足集团对创新工作的各项要求，未来将成为支撑全集团创新管理、创新创意项目孵化、组织参与创新活动的综合性系统平台，以支持平台的长期稳定、可持续发展。

六、下一步规划与探讨

此项目除涉及"3+9"创新实验室的人员和项目数据外，还联合集团工会和信息管理部，计划将工会的"五小"创新、群众性创新、研发类项目的数据均纳入其中。届时，平台不仅能满足项目本身的

要求，而且能最大限度地实现集团创新工作的融合和共享，形成系统化、规模化的数据生态，同时还将通过"宣传引导""培训交流""活动开展""科普成果展示"四个环节的工作开展，推广"中航集团创新工作管理平台"系统和国航之翼 3.0 手机端的使用，增强全员创新意识、增进创新交流、提升创新能力，力求通过项目成果推广，探索出促进创新项目成果在企业发挥实效的机制，借助国航之翼 3.0、企业微信等渠道，加强平台与员工间的互动，以中航集团创新管理工作为基点，拓展至全员（员工人数近 10 万人）范围，共同将创新工作推向新的高潮，最终满足集团对创新工作的各项要求，以支持平台的长期稳定发展。

此外，作为中航集团创新管理提升的重要数字化工具，项目组也将积极申报参与国务院国资委等上级主管单位的创新成果评选及推广活动，了解与其他中央企业、高科技公司在科技创新管理工具、管理模式等方面的积极探索，通过调研、交流等形式汲取创新管理先进经验，进一步完善平台功能、提升创新管理效果，不断更新迭代。将中航集团创新管理平台系统及管理手段与经验推广至其他国有企业创新管理工作的应用之中，为提升国有企业自主创新能力和创新水平发挥示范作用。

大型综合能源服务集团基于绿色化、智能化的"1+3+N"战略管理体系构建与实施

创造单位：北京能源集团有限责任公司

主创人：田野　金立　马柘安

创造人：丁理峰　马力　吴琼　谢正和　李敬波　贾晨辉　娄家曦

【摘要】 北京能源集团有限责任公司（以下简称京能集团）坚持以习近平新时代中国特色社会主义思想为指导，坚决贯彻落实国家做好"双碳"工作的决策部署，紧紧围绕"四个中心"首都战略定位和新时代发展要求，深刻领略可持续发展理念，不断融合改革、创新发展。在充分把握当今时代绿色化、智能化发展的辩证关系的基础上，以践行新质生产力战略为起点，以实现"三个京能"建设为目标，依托"加快数字化转型、布局战略性新兴产业、践行碳达峰行动"三大战略，构建基于绿色化、智能化的大型综合能源服务集团战略管理体系，着力提升集团绿色化、智能化协同发展水平，为实现"建设具有中国特色的国际一流首都综合能源服务集团"企业愿景而不懈努力。

【关键词】 新质生产力　绿色化　智能化　战略管理体系

京能集团成立于2004年，由原北京国际电力开发投资公司和原北京市综合投资公司合并而成，2011年、2014年先后又与北京市热力集团有限责任公司、北京京煤集团有限责任公司实施合并重组，实现了产业链条融合互补。京能集团围绕"四个中心"的首都城市战略定位，以"立足首都、依托京津冀、拓展全国、走向世界"为空间布局，实施"能源为主、适度多元、产融结合、协同发展"的业务组合战略，2019年，京能集团获批开展国有资本投资公司试点改革，在北京市国资委的大力支持和指导下，京能集团以打造"多能互补"的首都能源产业链为核心，经过多年的资源整合，形成以电、热、煤为主业、康养和智算为培育业的"3+2"主业板块。京能集团以"传递光明、温暖生活"为企业使命，以"以人为本、追求卓越"为核心价值观，以"创新驱动、绿色生态、开放互联、智能共享"为发展理念，着力建设成为管理模式先进、盈利能力稳健、人才队伍精干、绿色安全高效，具有中国特色的国际一流首都综合能源服务集团。

截至2024年年底，集团资产规模超4900亿元，营业收入超970亿元，2020—2024年利润逐年增长，平均利润增长率超10%，全资及控股企业620余家，参股企业120余家，拥有员工3.4万余人，投资区域遍布全国31个省（区、市）及海外，控股京能清洁能源、京能电力、昊华能源、京能置业、北京能源国际、京能热力6家上市公司。2024年，京能集团在中国企业500强排名第247位，在中国服务业企业500强排名第87位。集团连续六年被评为北京市国资委A级企业，连续两年业绩考核位列北京市市管国企第一，成为北京市唯一的"两类公司"改革试点转正单位和"双百标杆"一级企业，并连续三年在北京市市管企业改革评估中位列第一。

京能集团坚决贯彻落实国家做好"双碳"工作的决策部署，紧紧围绕"四个中心"首都战略定位和新时代发展要求，深刻领略"创新、协调、绿色、开放、共享"新发展理念，在充分把握绿色化、智能化的辩证关系的基础上，以践行"新质生产力"国家战略为出发点，以实现"三个京能"建设目标为落脚点，依托"加快数字化转型、布局战略性新兴产业、践行碳达峰行动"三驾马车，构建基于绿色化、智能化的大型综合能源服务集团战略管理体系，着力提升集团绿色化、智能化协同发展水

平，为实现"建设具有中国特色的国际一流首都综合能源服务集团"企业愿景而不懈努力。

一、实施背景

智能化是产业发展新引擎，绿色化是产业发展新航道。通过大力发展新质生产力提升绿色化、智能化水平，是我国在新发展阶段构筑国家竞争新优势的战略选择，是针对当前传统生产力与生产关系所存在的重点和难点问题的靶向施策，是找到符合新发展理念、新发展阶段、富有时代特色的高质量发展路径。

2024年两会期间，"新质生产力"等热词的频繁出现，为我国在新的发展阶段打造经济发展新引擎、增强创新发展新动力和构筑国家高质量发展新优势提供了重要的思路与指引。在数字经济、绿色经济成为大趋势的时代背景下，跨领域技术深度交叉融合更加普遍，科技革命与产业联系更加紧密，产业数字化、智能化和绿色化融合发展成为主要趋势，因此更加需要产生具有高科技、高效能、高质量特征的新型先进生产力。新质生产力通过整合创新资源推动产业创新，形成绿色化、智能化新型生产关系，为企业高质量发展、实现中国式现代化提供着力点和新增长极，因此发展绿色化、智能化相融合的新质生产力是顺应新技术革命和产业变革趋势的必然选择。

目前我国绿色化、智能化已进入新的发展阶段，形成了互为牵引、相辅相成的关系。一方面，智能化对电力行业绿色化发展起到显著推动作用，通过运用人工智能手段，提升传统能源发电效率，助力企业实现低碳减排目标；另一方面，践行绿色发展理念也将推动信息基础设施升级，打造符合绿色逻辑与绿色模式的智能化基础设施，搭建新型"绿色+"智能平台应用场景，对企业加快实现"双碳"目标、赋能形成"新质生产力"、助力中国式现代化高质量发展具有重要意义。

为探索新型绿色化、智能化转型发展道路，积极响应国家绿色低碳发展潮流，结合当前形势，京能集团提高政治站位、强化大局意识，立足首都能源禀赋，紧紧围绕"新质生产力""中国式现代化"等国家战略目标，坚持新发展理念，紧抓能源结构调整和电力行业市场变革机遇，制定和实施了"1+3+N"绿色化、智能化战略管理体系，赋能集团高质量转型发展。

二、实施过程

"1+3+N"绿色化、智能化战略管理体系，即"1"个战略，以"三个京能"（绿色京能、数字京能、创新京能）为建设目标，加强顶层设计、统筹规划发展；"3"个纲领，以《京能集团碳达峰行动方案》《京能集团"十四五"数字化转型规划》《京能集团战略性新兴产业高质量发展行动方案》为三驾马车，驱动集团实现建设"三个京能"的战略目标；"N"个绿色化、智能化协同创新应用场景，以此为抓手，推动智能感应、数字孪生等人工智能技术与能源主业深度融合，助力集团走好智能创新、绿色低碳高质量发展之路。通过规划落实"1+3+N"绿色化、智能化战略管理体系（见图1），有效解决集团业态多、地域广、数字信息融合不充分而导致的智能化水平低、绿色低碳转型慢等问题，从而更好推动集团能源产业链、价值链向中高端发展，加快集团向绿色低碳综合能源服务商转型的前进步伐，管理效能与经营效益也持续稳步前进。

（一）以战略为导向，践行"三个京能"推动绿色化、智能化融合发展

"十四五"以来，国内电力行业持续高速发展。截至2023年年底，全国新增装机3.3亿千瓦，全国累计发电装机容量约29.2亿千瓦，同比增长13.9%。其中新能源新增装机容量2.93亿千瓦，同比增长138.0%，新能源累计装机容量达10.51亿千瓦，同比增长38.6%。面对电力行业新能源装机比重不断增长的新形势，急需企业结合"新质生产力"等国家战略发展方向，积极发挥主观能动性，构建以创新引领、绿色低碳为核心的新型绿色化、智能化管理体系。目前，发展新质生产力已成为推动高质量发展的内在要求和重要着力点，企业必须坚持"以新促质"，以高效能、高质量为基本要求，以智能化高新技术应用为主要特征，以绿色化新产业新业态为主要支撑，推动企业管理体系能级跃升。

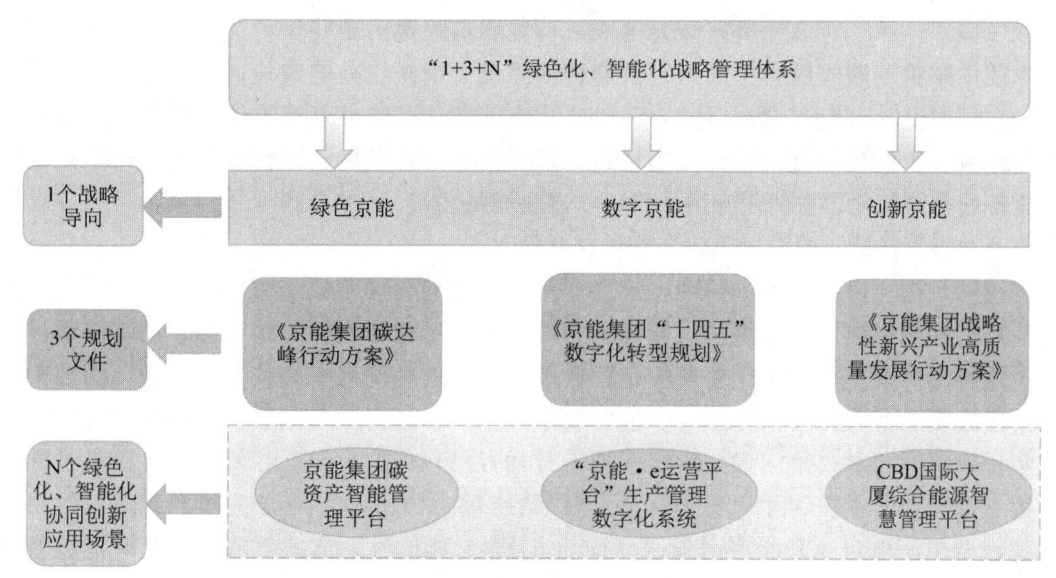

图1 "1+3+N"绿色化、智能化战略管理体系

面临当前新形势、新要求，京能集团紧紧围绕"新质生产力""中国式现代化"等国家战略，着力破除一切制约战略管理发展的阻碍，加强体制机制顶层设计，提出了建设"三个京能"战略目标（见图2），以此为目标制定绿色低碳、数字化转型、创新发展相关集团层面战略规划，形成协同管理体系推动绿色智能协同创新应用场景搭建，为努力构建基于绿色化、智能化协同发展的战略管理体系提供方向指引和强大动能。

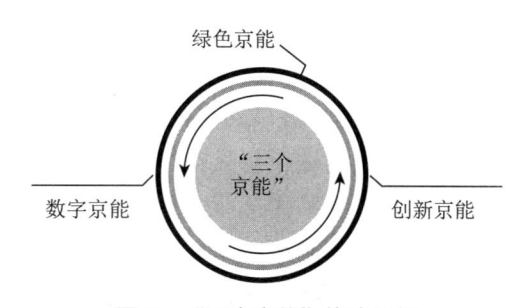

图2 "三个京能"战略目标

发挥"三个京能"战略目标头雁效应，既有助于扩大智能化技术对产业绿色化的聚合倍增作用；同时充分利用绿色化技术赋能集团智能平台建设，推动智能化产业实现可持续绿色健康发展。此外，集团通过构建"绿色京能、数字京能、创新京能"指标评价体系，推动"三个京能"发展目标落到实处，将"新质生产力"战略要求融入"三个京能"建设体系，引领集团积极推进能源产业智能化、绿色化协同发展。其中，"绿色京能"重点关注集团可再生能源装机占比、平均能耗指标（煤耗、气耗、热耗）、年度碳排放强度等指标，加快推动集团绿色低碳转型；"数字京能"侧重数字化投入占比、智慧平台应用系统规模及网络信息安全等指标，加速提升集团数字化转型高质量发展；"创新京能"重点考虑研发投入强度（科技投入占比）、战略性新兴产业营业收入占比及首台（套）应用情况等指标，以实际行动践行国家"新质生产力"发展要求。集团通过发挥"三个京能"耦合效应，科学性、前瞻性、系统性地凝练出集团绿色低碳、智能高效发展主线，以智能化、绿色化为设计理念，加强创新、绿色、智能等要素协同管理，为未来京能集团绿色化、智能化融合发展筑牢高质量发展根基。

（二）以规划为指引，多措并举推动绿色化、智能化高效协同

京能集团主动将发展"新质生产力"内涵融入"三个京能"战略建设，出台《京能集团碳达峰行动方案》《京能集团"十四五"数字化转型规划》《京能集团战略性新兴产业高质量发展行动方案》三个重要发展纲领，驱动集团夯实基础设施建设、培育新型产业发展、加快绿色低碳转型，创新培育一系列新产业新业态绿色化、智能化应用场景，实现高质量发展。

1. 落实"双碳"目标，提升绿色化、智能化赋能水平

"双碳"目标的提出彰显了中国积极应对气候变化、实现经济高质量发展的决心，并将从多个维度对电力行业产生深刻影响，能源供给、能源消纳、能源信息化、能源结构调整、新兴能源技术利用等方面都需要做出新的调整和部署，企业的绿色低碳转型已成为不可逆转的主流趋势。而这种调整和部署，将紧扣可持续环境收益这个主题，并将"双碳"目标与绿色化、智能化有机地联系起来。

京能集团深入贯彻中央关于做好"双碳"工作的决策部署，落实北京市政府及市国资委碳达峰行动方案有关要求，坚持首善标准、国企担当、系统观念等原则，结合集团"十四五"规划及"三个京能"建设要求，出台《京能集团碳达峰行动方案》。通过推动方案实施，搭建碳排放智能管控平台，严格监管集团能耗强度、碳排放强度，合理控制碳排放总量，有力、有序推进集团智能绿色低碳转型发展。同时，集团坚持"风光战略"，全力推动集团主业绿色低碳转型，充分发挥北京受端市场优势，从集团层面组织持续推动京津冀及周边区域间能源合作，推进区域清洁能源供应，推动绿色低碳转型发展，加快"绿电进京"步伐，全力以赴构建清洁低碳安全高效的现代能源体系。在企业产业布局方面，优先落实保障京津冀区域能源类项目，大力开拓京津冀电力市场，提高装机容量，推动跨省、跨区大型基地项目开发，如加快推进内蒙古锡林郭勒盟南部、河北张家口等"绿电进京"基地项目落地；作为2022年北京冬奥会配套基础设施，"张家口—北京可再生能源综合应用示范工程"是国内首个复杂环境下的大规模智慧化风电场集群，实现了工程规划、勘察、设计、建造、运行全过程数字化，也建成了国内首个碳中和风电场，成为国内新能源领域探索碳中和的先驱。项目通过张北柔性直流工程和张雄特高压交流输变电工程将绿电送至北京市及冬奥场馆，与京能集团同期建设的延庆赛区综合能源、房山区绿电制氢和丰台区绿电供热项目，形成了上游风电、下游制氢供热的产业协同模式，为首都提供综合性的清洁能源保障。

此外，集团通过强化数智技术赋能，构建绿色化、智能化应用场景，提升碳排放管控能力，积极稳妥推进集团碳达峰行动。通过建立并完善集团碳资产管理信息系统，及时准确监测集团重点企业碳排放数据，不断提升碳减排力度，推进绿色化、智能化融合项目不断提升价值创造。大力推动节能减排，全面提高资源能源利用效率，把绿色低碳、智能高效发展理念融入工程建设的各环节、全过程，助推集团坚定不移走生态优先、绿色低碳高质量发展之路。

2. 加快数字化转型，夯实绿色化、智能化发展基础

在数字技术与实体经济融合的大背景下，利用人工智能、物联网、大数据等新一代信息技术拓展生产和制造边界，从而全面提升企业资源配置效率、创新水平和竞争能力。目前，国家和地方高度重视数字化转型。国家"十四五"规划纲要提出，加快数字化发展，建设数字中国，以数字化转型整体驱动生产方式、生活方式和治理方式变革；党中央、国务院明确要求，推动新一代信息技术与制造业深度融合，打造数字经济新优势等决策部署，促进国有企业数字化、网络化、智能化发展。与"十四五"规划有关要求相比，京能集团数字化、智能化发展还存在一定差距。一是集团层面缺少对所属企业经营状态和运行指标的全景式穿透。二是集团总部管理手段较为传统，智慧化水平偏低。三是集团及平台公司的信息化融合尚不充分，存在同质化系统重复建设的现象，存在大量信息孤岛，互联互通困难。

因此，京能集团在"三个京能"发展战略指引下，主动求新求变，围绕北京市及集团"十四五"规划，统筹谋划顶层设计，结合自身实际生产管理特点，出台《京能集团"十四五"数字化转型规划》，以集团现行数字管控体系为基础，凝练形成"集团管总，平台管运，三级应用"的数字化、智能化工作原则及"五统一"（统一中台建设、统一数据治理、统一技术栈、统一安全架构、统一运维体系）数字化、智能化建设要求，拓展人工智能、云计算、物联网等智能化技术在集团业务领域内的推广应用，挖掘应用潜力，创新商业模式，创造综合效益。其中"集团管总"即在集团统筹规划下，基于统一的基础设施和治理体系强化全集团数字化、智能化项目的一体化管控，实现基础设施整合拉通、共性能力开放共享、管控类应用集约化建设，全面提升管控效率和整体建设效能。京能集团数字化建设架构如图3所示。

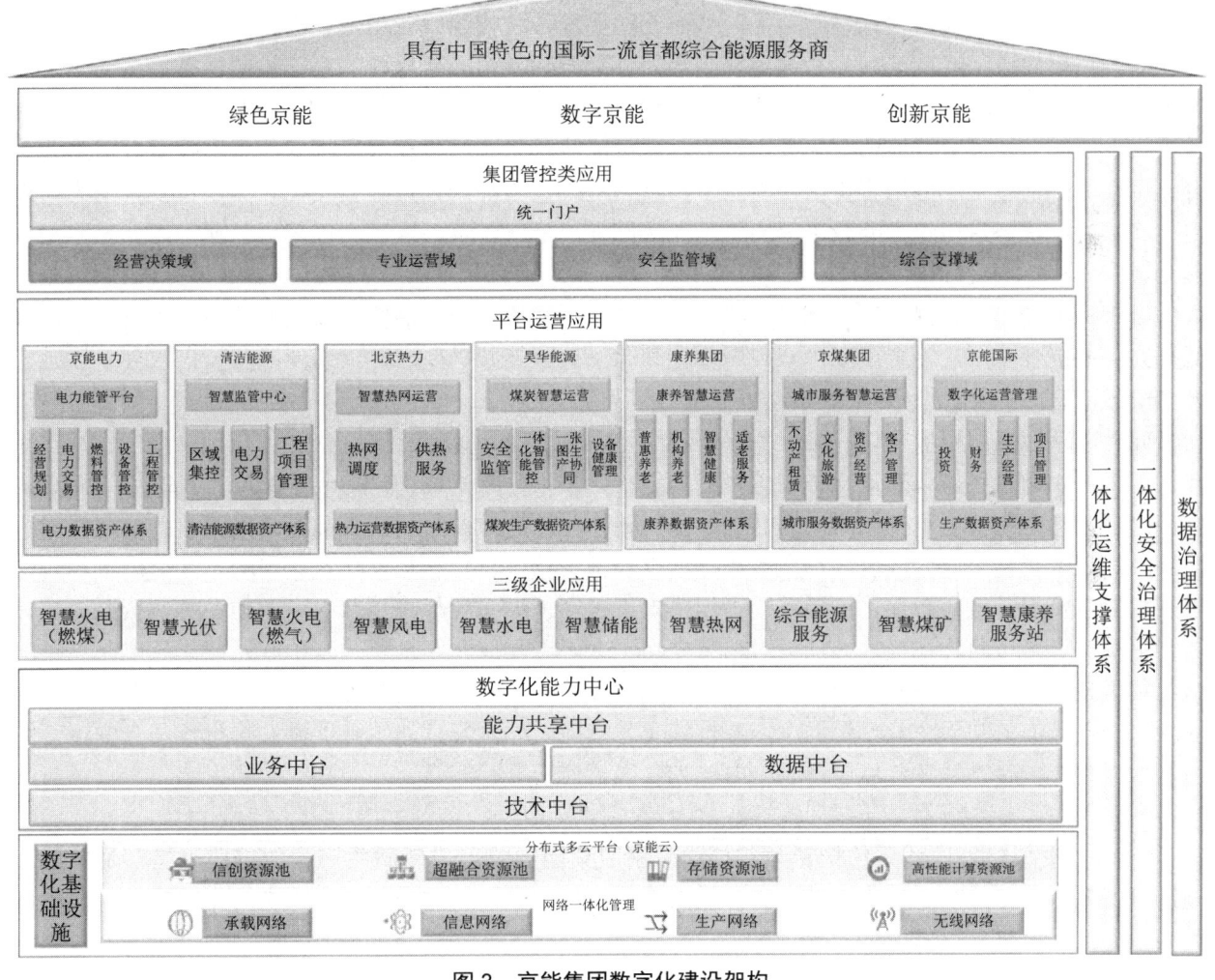

图3 京能集团数字化建设架构

在以数字化、网络化、智能化新技术为支撑的新质生产力背景要求下，新一代信息、生物、能源、材料等领域颠覆性技术不断涌现，呈现深度交叉融合、高度复杂和多点突破发展态势。同时，支撑社会发展的基础设施也在新技术的作用下进一步扩充与延伸，形成数字化、智能化的新型基础设施。集团积极践行"五统一"建设要求，以信息基础架构建设为依托，通过5G、数字孪生、人工智能、大数据分析等先进技术，对存量核心系统共性需求进行数字化、智能化改造和重构，建设适应集团业务特点和发展需求的统一数字底座、数据中台等基础架构，提高存量系统核心业务能力的复用效率，提升生产侧能源供给水平和生产效率，降低建设成本，避免因数字信息融合不充分而造成各平台项目重复性建设及数据孤岛发生，推动集团数字化、智能化基础架构落地和系统建设，促进能源数据与智能化技术融合应用，为集团绿色化、智能化融合发展打下坚实基础。

3. 推进产业转型，优化绿色化、智能化发展布局

新质生产力的"新"，核心在于以创新推动产业高质量发展。当前正值国内构建新型能源体系、能源结构向清洁低碳转型的关键时期，新的经济增长空间不断开辟，跨领域技术不断深度交叉融合，技术创新呈现多点突破和群发性突破的态势。京能集团深谙"新质生产力"的重要意义，紧紧围绕中央及北京市战略性新兴产业规划，立足国有资本投资试点定位，结合"三个京能"战略目标，制定出台《京能集团战略性新兴产业高质量发展行动方案》，通过着力布局风电、光伏、新一代信息技术等战略性新兴产业，深耕细分领域，将创新成果应用到优势产业链上，以培育新业态推动能源行业发展模式和业态重塑，催生产业新模式、新动能，从而改造提升传统能源行业生产效率，完善清洁能源产业体系，提升产业链绿色化、智能化程度，保证产业体系智慧高效、绿色低碳。

在新一代技术与数据要素共同作用下，新业态新模式不断涌现，京能集团按照北京市委市政府关于推动人工智能产业发展的有关要求，立足自身能源资源禀赋，积极发挥国有资本投资公司产业培育作用，聚焦前瞻性业务培育价值，积极参与算力基础设施等未来产业投资建设。通过发挥电力、土地、冷热协同优势，构建"能源＋算力"产业协同发展模式，发展人工智能算力新业态。同时协助构建全市一体化算力调度平台，提供安全可靠的算力服务，满足城市数字化治理需求，为助力北京全球数字经济标杆城市建设提供有力支撑。此外，通过采用液冷、余热回收、太阳能等绿色先进技术，降低算力中心能耗水平，符合国家"双碳"目标和北京市节能减排要求，借助能源科技自主创新提升能源产业链价值，实现能源业务绿色化、智能化创新融合。

此外，京能集团积极开拓战略性新兴产业金融服务，着力打造集团现代绿色金融服务体系。改革开放以来，中国金融体系有效支撑中国经济高速稳定发展，年均GDP（Gross Domestic Product，国内生产总值）增速超9%。结合新质生产力的发展要求，集团创新金融产业发展模式，利用数字技术手段满足绿色融资需求，加快以现在金融服务助推能源主业绿色化、智能化发展。一是深化产融结合，用好智能融资服务工具，优化协调并购管理模式，积极扩大面向战略性新兴产业的绿色融资服务，提高绿色贷款、融资租赁规模，如加大对乌兰察布150万千瓦风光基地、通辽100万千瓦风电等项目的绿色贷款投放力度。二是发挥投资基金行业研究前瞻性、资金运用灵活性优势，加大对符合集团战略性新兴产业方向的初创企业投资力度，并持续智慧赋能，如做好京能绿色能源并购投资基金的运营管理，加强氢能、高效太阳能电池、充电桩等业务培育。

（三）以改革为动力，助推产业发展向"新""质"转化

"1+3+N"战略管理体系的构建与实施，是京能集团加快形成新质生产力的重要举措，是发展命题，也是改革命题。京能集团通过持续深化国有企业改革，推动构建与新质生产力相适应的新型生产关系，使绿色化、智能化发展取得实绩与实效。

1. 推动科技创新体制机制改革

根据北京市国资委国企科技创新改革要求，结合企业科技创新方面的短板和弱项，京能集团引导开放式讨论，研究体制机制，创新改革思路，细化举措。一是联合北京工业大学、华北电力大学等高校院所、科学机构成立北京市碳中和学会，并推动集团科协委员会和科普教育中心（基地）、集团"科技工作者之家"建设工作；二是科技项目实施基于企业能力的差异化授权管理；三是从实际出发，集团科技项目实施应用创新和探索创新两类项目差异化管理；四是针对基建投资类项目、生产运营科技项目，以及企业经营状态，确定"一企一策"的研发投入"503"原则；五是统筹安排央企、国企创新

制度办法的调查研究工作，结合华电集团、中煤集团及相关央企、地方政府关于"揭榜挂帅"实施经验，启动京能集团"揭榜挂帅"科技攻关行动；六是结合短板弱项，完善科技创新奖励机制和揭榜挂帅机制，如主持修编完成《科技项目管理办法》《科技创新奖励管理办法》《全员创新管理办法》《科技创新考核管理办法》4项管理标准，新编《"揭榜挂帅"制科技项目管理办法》并印发。

2. 高水平打造集团科技创新平台

以实现基层科技创新工作便捷、高效、好用为核心，创造数字化转型典型案例为目标，结合京能集团科技工作实际需求，打造京能集团科技创新平台。先行先试启动线上全员创新征集评比工作，首次实现全员创新评比在线填报和专家评审；科技立项模块正在线上试运行，科技项目陆续录入线上平台，实现科技项目在线管理。逐步开发科技研发投入统计、科技创新考核、科技成果管理、巡视检查问题督办等功能模块，实现科技资源整合化、项目管理精细化、科技组织互联化和成果转化系统化，形成基层科技人员喜欢用、方便用，充分支撑科技人员的日常工作平台，进一步提升集团科技管理效率。

3. 加大科技创新考核评价力度

为确保绿色化、智能化战略管理体系有效实施，京能集团不断完善保障工作机制，发挥考核评价"指挥棒"，最大限度提升企业社会责任意识和主观能动性，将绿色化、智能化战略管理体系扎实推进、落实到位。一是强化考核激励机制，京能集团以国家及北京市相关部门考核要求为"指挥棒"，建立健全考核激励机制。坚持共性和个性相结合，由集团牵头，建设指数评估考核机制，指导主责主业相同或相近的企业围绕绿色化、智能化建设情况实行"一业一策"，其他企业实行"一企一策"，从而有效评估集团绿色化、智能化发展水平，助力集团绿色低碳水平持续向好发展。例如，鼓励所属企业提高站位，加大绿色低碳及智能制造类首台（套）重大技术装备采购力度和应用程度，对应用情况符合北京市国资委考核加分要求的企业，在企业负责人年度经营业绩考核中给予双倍考核加分。二是增强集团所属企业绿色化、智能化发展意识，以中长期激励为手段鼓励企业践行绿色智能战略规划，将绿色化、智能化纳入相关岗位职责及考核要求，强化契约目标科学性、挑战性和刚性考核、兑现。

4. 完善科技创新人才培养机制

京能集团加快建设集团人才培养战略，通过发挥内部培训和外部人才引进"双轮驱动"效应，积极开展高水平人才高地和吸引集聚人才平台建设。加大绿色化、智能化相关人才培养力度，从集团到各级企业开展挂职交流、内部培训等专项活动，提升内部员工绿色化、智能化领域意识。依托产学研合作机制，强化与重点院校开展战略课题研究及科技成果转化，探索"英才计划"人才培养改革试点。探索柔性引才用才，加强绿色化、智能化融合性人才引进力度，支持高校和科研院所科研人员按照"双聘"等有关规定到集团从事绿色化、智能化建设。对集团绿色化、智能化发展中做出突出贡献的团队和个人，按照相关规定给予工资总额单列等特别奖励及制度倾斜。

（四）以实践为驱动，打造绿色化、智能化高效协同应用场景

京能集团通过搭建"1+3+N"绿色化、智能化战略管理体系，即在"1"个战略导向，"3"个规划方案出台的基础之上，打造了"N"个绿色化、智能化协同应用场景。结合集团"三级管控"数智化工作原则，充分调动和发挥集团层面引领性，聚焦场景化应用，开展一系列智能绿色平台项目建设。

1. 京能集团碳资产智能管理平台

集团通过集成应用智能传感等智能化技术，搭建可靠安全的碳资产智能管理平台，建立集团企业级碳资产管理体系，统筹管理集团旗下火电、热力、煤炭、化工、清洁能源等板块碳资产，加快集团发展低碳节能工程、绿色加工生产，建设低碳工厂，构建碳排放管理体系。

该平台结合集团碳资产管理需求，研究相匹配的碳资产智能管理技术体系（见图4），依托"141"

架构，即"一个目标、四大技术、一个平台"，全方位支撑集团碳资产管理标准实施落地，规范集团碳资产管理工作，推动集团绿色低碳发展。"一个目标"指企业碳管理总体目标，即实现集团绿色低碳发展，包含规范碳资产管理工作，完成碳减排指标，经营碳资产获利三个方面。"四大技术"包括碳排放管理技术、碳配额管理技术、碳减排管理技术及碳交易管理技术。"一个平台"指企业碳资产管理平台：提升集团企业碳资产信息化管理能力，积极应对即将到来的全国碳交易市场，利用集团的现有环保平台数据，根据国标要求，建设具有温室气体核算、统计、查询、交易等功能的企业碳资产管理平台。

| 一个目标 | 01 企业碳管理总体目标：实现集团绿色低碳发展，包含规范碳资产管理工作，完成碳减排指标，经营碳资产获利三个方面。 |

| 四大技术 | 01 碳排放管理技术包含碳排放管理、排放数据监测、排放信息统计等。 | 02 碳配额管理技术包含配额动态测算、配额发放登记、配额盈缺分析等。 | 03 碳减排管理技术包含办公节能管理、清洁能源消纳、挖掘碳减排资产。 | 04 碳交易管理技术包含月度交易记录、市场交易行情、交易规则解析等。 |

| 一个平台 | 01 企业碳资产管理平台：提升集团企业碳资产信息化管理能力，积极应对即将到来的全国碳交易市场，利用集团的现有环保平台数据，根据国标要求，建设具有温室气体核算、统计、查询、交易等功能的企业碳资产管理平台。 |

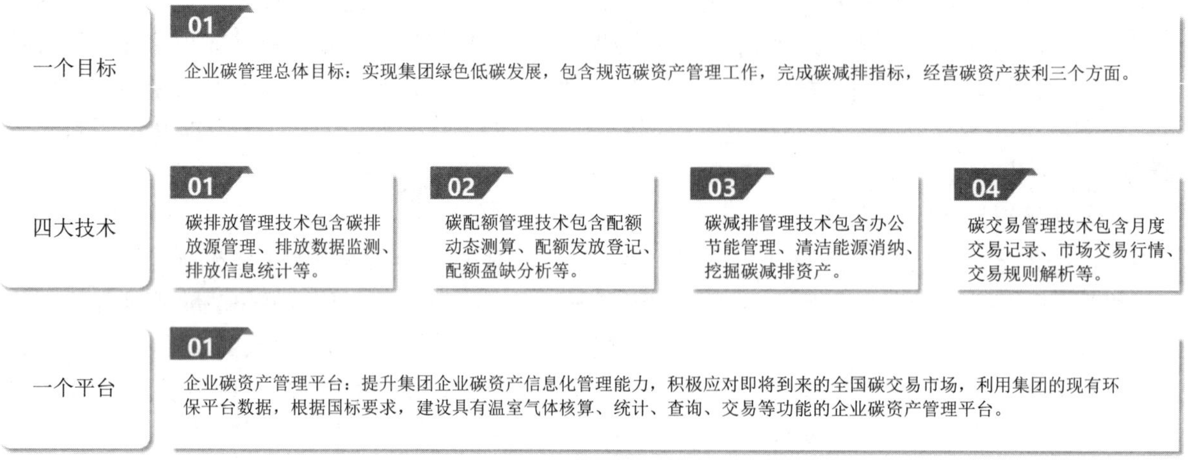

图 4　碳资产智能管理技术体系

通过强化碳资产"数智化"管理，赋能公司低碳绿色转型。平台最终可实现碳达峰管理、碳交易履约管理、碳资产管理、碳排放管理等功能。对集团下属单位实现碳排放数据日常采集，全流程追踪、分析、核算生产经营中的碳排放情况，打造企业碳评估及碳监测的能力。在集团总部层面进行碳配额与碳盘查结果的分析，统筹分析企业的碳排放优化与减排空间，制订整体减排计划，制定合理的减排项目，提高企业碳资产管理效率。

2."京能·e运营平台"生产经营管理数字化系统

该系统以数据中台为依托，加强对集团可再生能源绿色生产经营数据监测，实现三级管控，打造"四大中心"（智能管理中心、智能监测中心、智能协同中心、智能决策中心），实现 2 个转型目标（以高水平全要素智慧管控推进新治理，以高效率一体化绿色低碳驱动新运营），升级集团智能化、绿色化管控水平，助力"三个京能"建设。

该系统从生产经营分析需求出发，结合"改革创新、数字创效、对标创优、价值创造"的工作主线，设计六大工作任务。一是计划管理方式创新，实现集团计划经营的全流程在线升级管理，包括对可再生能源发电项目的目标分解、计划下达及上报，动态预测、结果分析等；二是经营分析方式创新，以集团的经营分析需求为抓手，构建绿电生产经营分析模型，进行集团定量经营分析；三是数据共享数字创效，全面监测各类生产经营指标，实现对可再生能源发电等指标"看得见、管得住、可分析、可追溯"，防控企业生产经营风险；四是对标创优精准提升，可实现对绿电行业及区域的季度对标与分析，通过比、学、赶、超，争创行业一流；五是内部协同创造价值，增强绿色可持续发展协同效应，引导企业实现"电煤、电热、科创"绿色化、智能化协同价值创造，实现 1+1>2 的效应；六是大模型价值赋能，加快大模型落地，赋能京能集团发展，如基于可再生能源经营数据的区域及行业盈利分析模型，为投资决策投资参考。

3. CBD 国际大厦综合能源智慧管理平台

该平台以"智慧、能源、管理、控制、控碳"为核心价值体系，应用智能感知、物联网、数据孪生等智能化技术，积极搭建 CBD（Central Business District，商务中心区）国际大厦综合能源智慧管理平台，及时监测京能集团总部办公楼所在地 CBD 国际大厦的每日碳排放量、供暖季与供冷季节能率、绿色用电占比等低碳运行监测数据，实时计算并预测年能耗总量、年碳排放总量及年减排中和量，并通过与国家、北京市及行业碳达峰、碳中和指标进行对比，及时分析调整当前 CBD 国际大厦的能耗情况，形成了一个"智能调节、绿色环保、高效便捷、以人为本"智慧能源管理平台。

该平台构建了基于绿色化、智能化为核心的新型智慧能源管理平台应用场景，利用智能技术价值赋能，为大厦物业管理人员提供第一手能耗数据，便于管理人员能够及时响应减排减碳，提高工作效率，推动大厦节能环保绿色化、智能化发展，实现从事务管理向价值创造的转型，为实现集团"三个京能"战略愿景提供巨大助推作用，也是践行国家新质生产力，从自身碳减排做起，为实现国家"双碳"目标提供鲜活案例。

三、实施效果

京能集团作为首都能源企业中的"排头兵"，通过深入贯彻落实"三个京能"发展理念，加快绿色化、智能化产业融合，产业转型发展成果显著，经营效益持续稳步向好。

1. 经济效益

通过构建并实施"1+3+N"绿色化、智能化战略管理体系，京能集团经济实力稳步增强，实现了质的有效提升和量的合理增长，2023 年资产总额为 4641 亿元，较上年末增加 422 亿元，同比增长了 10%；资产负债率 64.20%，较上年末降低 0.48 个百分点；营业总收入突破 1000 亿元，利润总额突破 76 亿元，实现营业收入利润双增长。

战略性新兴产业营业收入及比重逐年递增，截至 2024 年上半年，集团战略性新兴产业营业收入超 100 亿元，占集团同期营业收入比重 23%，预计 2024 年战略性新兴产业全年营业收入超 200 亿元；集团 2024 年全年战略性新兴产业投资计划逾 300 亿元，占集团年度投资比重超 60%。连续四年被北京市国资委评为 A 级企业，2022—2023 年经营业绩考核在 42 家市管企业中排名第 1 位，取得历史最好成绩，2024 年在中国企业 500 强排名第 247 位，中国服务业企业 500 强排名第 87 位，做强做优做大国有企业进步显著。

2. 生态效益

从低碳环保角度看，绿色化、智能化战略管理体系的构建与应用，对集团肩负社会责任、绿色低碳发展具有深远意义。一是智能技术能有效缓解资源错配问题从而降低能耗。通过借助互联网、大数据、云计算等技术，集团能够实现人机的有效融合，缓解市场失灵引发的资源错配，提升不同企业之间的信息交流效率，高效的信息沟通有助于缓解资源在地区和行业之间的配置扭曲，实现生产要素配置的集约高效。二是通过及时优化生产管理方式减少污染排放量。智能技术能够通过精准检测，及时调整不符合比较优势的生产方式，引进更先进环保的生产技术和污染物末端处理设备，大大降低污染的排放量。集团为维护自身的社会形象，也将积极采取主动治污的方式降低自身污染排放，从而对其形成正向的治污激励。

截至 2023 年年底，集团可再生能源装机 2118 万千瓦，占比 44%。其中，2023 年新增 594 万千瓦，增速 58%，高于全国平均增长水平，利润总额逾 30 亿元。在地方能源企业中，集团可再生能源装机和占比均位于前列。集团所属清洁能源北京分公司投资建设的"张家口—北京可再生能源综合应用示范工程"荣获"国家优质工程金奖"。该工程持续为北京市供应绿色能源，每年发出绿电 30.64 亿度，可满足 90 万个家庭一年的用电需求，减排二氧化碳 305 万吨，节约标煤约 100 万吨。

3. 技术突破

在"双碳"目标推动下，企业绿色发展进入新时代。京能集团秉承绿色发展理念，不遗余力构建新一代绿色智慧电厂，推动火电清洁化、智能化发展。所属京泰发电二期工程建设规模为2×660兆瓦超超临界燃煤空冷机组，同步配套建设烟气脱硫和脱硝设施，以单回1000千伏线路接入蒙西至天津南特高压交流通道。该项目以技术创新为核心，以"建设绿色智能电厂，深化信息技术应用"为方向，把京泰二期打造成为技术超前、高度自动化控制、全方位智能运行和管理的"六控一中心"——绿色数字化电厂。

此外，工业和信息化部、水利部联合公告《国家鼓励的工业节水工艺、技术和装备目录（2021年）》，京能集团组织所属锡林发电、涿州热电申报的"褐煤发电机组节水技术"（见图5）、"燃煤火力发电厂全厂零排放智慧水网"2项技术成功入选目录，成为整个电力行业入选的3项技术中的2项。此次入选是京能集团首次入选工业和信息化部目录，取得重大突破，是对京能集团在智能化、绿色化技术领域持续开展应用创新的充分肯定。

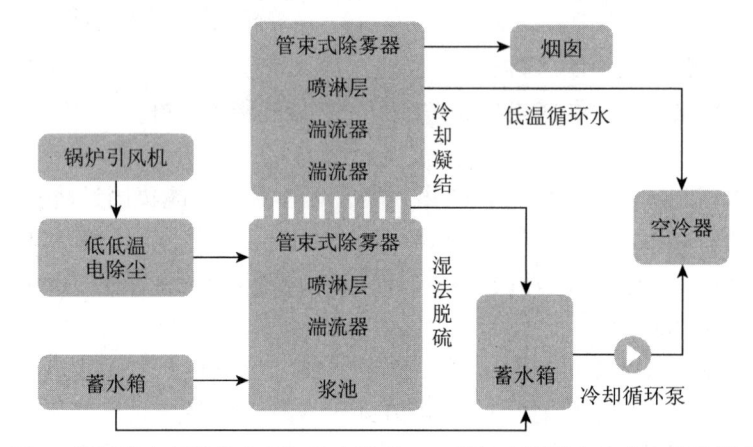

图5 锡林发电褐煤发电机组节水技术——烟气冷凝提水技术工艺流程图

新时期境外公共安全管理体系构建与实践

创造单位：中国海洋石油集团有限公司法律与外事工作部
主创人：安文忠　耿旭占
创造人：谭梦熊　韩静

【摘要】 中国海洋石油集团有限公司（以下简称中国海油）作为特大型中央直属国有企业，业务遍布全球六大洲40余个国家和地区。面对世界百年未有之大变局与中华民族伟大复兴的战略全局，中国海油矢志建设世界一流能源企业，做好境外公共安全管理，以应对日益严峻的国际公共安全形势，有效管控当前面临的多维度风险，确保境外人员人身财产安全，防控重大运营安全风险。经过近三年的探索实践，中国海油境外公共安全管理团队从无到有，创建"5+2"境外公共安全管理体系，从管理文化、机制体制、制度标准、基础研究及信息化方面系统提升集团范围内境外公共安全管理能力，为中国海油国际化征程保驾护航。

【关键词】 境外公共安全　风险管理　创新实践　数字化

一、实施背景及目的

（一）贯彻落实中央部署要求，加强境外安全风险防范

党的十八大以来，以习近平同志为核心的党中央高度重视全球安全治理能力建设，从总体国家安全观的高度统筹谋划境外安全风险防范。党的二十大为推进国家安全体系和能力现代化建设指明前进方向，提出更高的要求。习近平总书记指出，我们要坚持以人民安全为宗旨、以政治安全为根本、以经济安全为基础、以军事科技文化社会安全为保障、以促进国际安全为依托，统筹外部安全和内部安全、国土安全和国民安全、传统安全和非传统安全、自身安全和共同安全，统筹维护和塑造国家安全，夯实国家安全和社会稳定基层基础，完善参与全球安全治理机制，建设更高水平的平安中国，以新安全格局保障新发展格局。习近平总书记的重要指示精神为中国海油统筹发展和安全，持续加强境外安全管理提供了根本遵循。

（二）助力高质量国际化发展，保障境外人员生命安全

中国海油坚持以习近平新时代中国特色社会主义思想为指导，认真贯彻落实习近平总书记"四个革命、一个合作"能源安全新战略，集团党组围绕全面贯彻党的二十大精神和"加快建设世界一流企业"要求，进一步明确了加快建设中国特色世界一流能源公司的战略目标。集团党组建设世界一流企业的战略谋划，为中国海油境外公共安全管理指明了前进方向，为统筹发展和安全，不折不扣贯彻落实"人民至上、生命至上"发展理念，坚持"危地不往、乱地不去"原则，全力保障境外人员生命安全和身心健康等明确要求提供了行动指南。

（三）适应境外安全复杂形势，持续完善管理体制机制

当前，世界百年未有之大变局正在加速演进。中国海油境外业务面临的公共安全形势日趋严峻复杂。

1. 公共安全管理范畴不断扩大，管理体制机制变革迫在眉睫

在当前国际局势下，境外项目运营安全风险、员工人身财产安全风险日益凸显，迫使境外公共安全管理范畴在传统单一社会安全管理的基础上，向非传统的政治波动和政策监管风险管理、军事武装冲突风险管理、社会经济风险管理、自然环境公共卫生风险管理和基础设施风险管理转变，管理范畴

不断加大。不断扩大的公共安全管理范畴不仅要求中国海油不同职能部门统一协调配合，还要求不等层级、区域的组织机构上下联动、及时响应，管理复杂程度显著增加。仅仅专注于境外社会治安和刑事犯罪风险的传统社会安全管理体系模式已不再适用于新时期公共安全管理需求，要求中国海油打破相关职能机构既有边界，创新管理体制机制，建立一套"多维一体、上下联动"的境外公共安全风险管理体系，以充分调动集团内外不同职能、层级、地域的机构组织协调一致，综合管控各类境外公共安全风险。

2. 公共安全风险因素错综复杂，管理体系标准创新尤为必要

新时期公共安全管理范畴涉及的安全风险因素显著多于传统社会安全管理。各类公共安全风险因素性质往往不同，却又相互影响制约，形成错综复杂、相互勾连的风险图景，导致风险辨识和评价难度增加。例如，境外某国政治军事风险事件往往导致该国社会经济和治安事件数量增加，危害程度加大；自然灾害风险事件则会放大老旧基础设施风险，加剧社会资源分配不均和阶层矛盾，对社会稳定和治安水平带来负面影响。因此，仅仅专注于社会治安和刑事犯罪的传统社会安全风险识别和评价体系，已不再适用于多因素影响下的新时期公共安全风险识别和评估。中国海油亟待创建一套适合国有企业特点的境外公共安全风险识别评估标准体系，对项目和人员所在的境外国家地区的各类公共安全风险进行系统性识别评价，形成完整风险图景，突出重要风险特征，为境外公共安全管理提供准确参考。

3. 公共安全风险趋势瞬息万变，数字化、信息化转型势在必行

在当前国际局势下，各类公共安全风险因素错综复杂、相互影响，国际政商环境不确定性持续上升，各类公共安全突发事件日益增多，国家地区公共安全风险水平由于各类突发事件的影响，呈现频繁波动态势。传统单一离线风险信息收集、分析和发布模式难以满足当前形势下信息采集传送时效性要求。与此同时，境外公共安全管理往往要求跨地区多组织机构协调配合，传统邮件、电话沟通协作方式难以做到对突发风险事件及时有效沟通响应。中国海油急需借助数字化、信息化手段，建设深度植入境外公共安全管理创新体系机制及横向到边、纵向到底的在线管理平台，提高境外公共安全管理质量效率，提高风险信息收集、分析、共享速度，提高远距离协作配合效率，为有效应对突发事件及做好应急响应提供保障。

4. 公共安全管理难度不断加大，急需理论创新与实践相结合

当前国际公共安全局势错综复杂，各种风险因素相互交织，新局面、新问题、新挑战不断产生，要求中国海油在习近平外交思想和总体国家安全观的指引下，不断加强境外公共安全管理理论学习研究，并与实践应用相结合，破解境外多风险因素影响下整体运营安全风险管控挑战，解决国家地区公共安全风险评价难题，找准境外合规、风险和绩效整合一体化管理的最优解，通过理论创新与实践结合，确保中国海油始终站在业界前沿，具备解决新问题、新挑战的能力。

二、实施过程及主要创新点

面对境外公共安全新形势、新挑战，中国海油坚决贯彻落实习近平总书记重要指示精神和党中央决策部署，全面推进境外公共安全管理提质增效，以基础研究为支撑，以信息化技术为引领，做实安全文化、体制机制、制度标准创新实践。中国海油创建"5+2"境外公共安全管理体系（见图1），其中，"5"指境外公共安全的"管理制度、管理架构、安全文化、管理机制、管理标准"；"2"指境外公共安全管理的"基础研究平台、数智管理平台"。

在管理文化创新方面，中国海油切实践行"人民至上、生命至上""危地不往、乱地不去"等管理理念，从思维方式和价值观念上优化境外项目投资、人员动（复）员决策模式，实现极高风险国家和地区人员在整体境外人员中占比小于1%、极高风险国家和地区项目在整体境外项目中占比小于2%目标，确保境外重大运营风险得到有效管控。

在管理体制创新方面，中国海油建立国务院国资委、集团公司、所属单位、驻外单位四级协同管理架构，横向贯通"境外项目安全、人员安全、证照安全"三条业务主线，有效管理境外中方外派员工、国际雇员及当地雇员超万人。

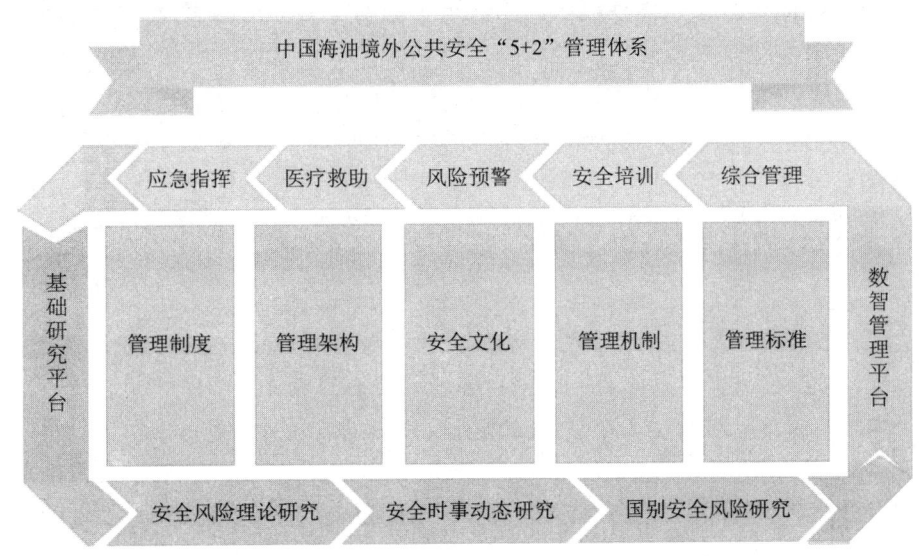

图 1 中国海油"5+2"境外公共安全管理体系

在管理机制创新方面，中国海油建立"事前积极预防、事中快速响应、事后恢复提升"三阶段管理闭环，形成"管理过程全覆盖，风险等级全覆盖，管控措施与风险等级实时调整"的境外公共安全动态闭环管理机制。

在管理制度创新方面，中国海油建立"管理办法＋操作细则＋最佳实践"三级境外公共安全管理制度体系，做到"管理内容全覆盖、风险场景全覆盖、物理环境全覆盖"，为各级单位落实境外公共安全管理要求提供完善制度体系保障。

在管理标准创新方面，中国海油创建自有国别公共安全风险评价标准，对全球161个国家和地区近10年公共安全风险等级进行标准化评价，发布适用于不同风险等级的安防安保标准指南，为加强中国海油境外公共安全风险辨识、规范风险管控措施奠定坚实基础。

在数字信息化转型方面，中国海油创建深度植入境外公共安全管理创新体制机制、横向到边、纵向到底的数智管理平台，包括综合管理、安全培训、风险预警、医疗救助、应急指挥5个模块，大大提高境外公共安全管理效率效果。

在基础研究支撑方面，中国海油已在国别安全风险、安全时事动态、安全风险理论研究等方面做出实际成果，先后在国际期刊上发表多篇文章，以及在国际会议上发表多篇会议论文，并持续推动研究成果付之于管理实践，为境外公共安全规章制度和标准体系制定奠定坚实理论基础和支撑。

经过近三年的构建与实践，中国海油境外公共安全"5+2"管理体系在境外运营合规管理、重大风险防控、数字化转型方面取得重大成效。

（一）党建引领安全文化建设，营造境外公共安全良好氛围

中国海油持续加强党对境外公共安全工作的集中统一领导，在境外疫情防控、区域联防联控、困难员工帮扶、危机应急处置、反腐倡廉、反渗透、反策反、反窃密等方面，充分发挥各级党组织战斗堡垒作用和党员先锋模范作用，持续营造互帮互助、团结奋进、积极向上的境外公共安全管理文化氛围。中国海油牢固树立"人民至上、生命至上"发展理念，坚持"危地不往、乱地不去"原则，从思维方式和价值观念上推动项目投资、人员动（复）员决策模式转变，实现从"重项目、重利润"向"重安全、重健康"转变，原则上不允许在极高风险国家地区进行新项目进入，高风险国家地区新项目需严格审批，严控高风险及以上国家地区员工外派，驻守员工能撤尽撤，从源头上降低风险敞口。

中国海油要求境外项目公共安全管理措施一律按上限适配当地风险等级，要求各项目单位做好安防安保人员配备，完善安防安保基础设施，做好应急资源储备，实现高风险及以上国家地区项目公共安全管理投入占项目总投资预算5%以上，中风险国家地区项目公共安全管理投入占项目总投资预算3%以上，确保境外公共安全管理资源配置到位。新冠疫情期间至今，中国海油突破重重困难，多措并举，大批量接返因受疫情影响滞留境外员工超千人次，召开新冠疫情防控专项会议300余次。截至目前，中国海油境外项目无境外敌对势力策反、刺探和窃密事件发生，无群体性事件和负面舆情发生。

截至2023年2月底，中国海油境外共有项目69个，中方外派员工1039名，处于极高风险国家和地区项目1个，占比1.4%，员工有8名，占比0.77%，后续将持续降低高风险及以上国家和地区项目和人员数量，在有效保障中国海油国际化战略落地实施的同时，实现境外公共安全风险整体可控目标。

（二）完善四级协同管理架构，横向贯通三条安全管理主线

面对日益严峻复杂的境外公共安全管理形势，中国海油建立国务院国资委、集团公司、所属单位、驻外单位四级协同管理架构，构建国家相关部委、境外牵头单位（使领馆、牵头企业）、中国海油三维响应机制，横向贯通"境外项目公共安全、境外人员公共安全、外事公共安全"三条业务主线，形成"多维一体、横向联动"的境外公共安全创新管理体制。

中国海油畅通与国家相关部委沟通对接渠道，及时传达贯彻落实上级境外公共安全管理决策部署，有效协同法律与外事工作部、质量健康安全环保部、党建工作部、人力资源部、财务资金部等总部部门，为境外公共安全制定集团层面管理制度标准，夯实人力、财务、资金、党建、宣传等支持保障。要求各所属单位指定专人专岗负责境外公共安全管理事务，与集团公司进行有效对接，统筹协调管理资源。要求公司驻外项目单位认真落实各级主管部门相关指示要求，做好驻地现场各项公共安全管理工作，并及时反馈现场情况。组建公司境外区域党工委，协调推进区域内各项目单位公共安全管理工作。境外区域党工委同时负责代表中国海油所有驻地单位，做好与驻地政府部门、我驻外使领馆、中资企业商会等有关公共安全管理资源共建共享、应急响应协同配合等对接工作。中国海油作为墨西哥重点国别牵头企业，积极推动属地联防联保管理体制建设，有效配合其他国别牵头企业构建联防联保机制。通过创建多级联动管理机制，中国海油形成集团内外、上下各级协同配合、资源共建共享、风险齐防共担的境外公共安全管理体制。

（三）优化动态闭环管理机制，实现境外公共安全全程管控

针对复杂多变的境外公共安全形势，中国海油建立"事前积极预防、事中快速响应、事后恢复提升"的境外公共安全三阶段闭环管控，覆盖境外公共安全管理全过程、各环节。重塑与境外公共安全相关的核心管理业务流程，强化各类业务之间的流程和数据对接，形成"项目公共安全管理、人员公共安全管理、外事公共安全管理"三个相互联动的核心管理流程；设定"极高、高、中、低"四个等级的境外公共安全管控级别，对应涵盖不同公共安全风险等级，形成"管理过程全覆盖、风险等级全覆盖、管控措施与风险等级实时调整"的境外公共安全动态闭环创新管理机制，如图2所示。

1. 项目公共安全管理

以境外具体项目为管理单元，专注项目公共安全常态化管理以及应急响应管理和资源储备建设实施，包含新项目准入备案前公共安全风险评估、存续项目安保安防与应急预案风险适配度评估、项目安保安防常态化管理和应急响应管理、项目常态化管理和应急响应资源储备管理等方面。

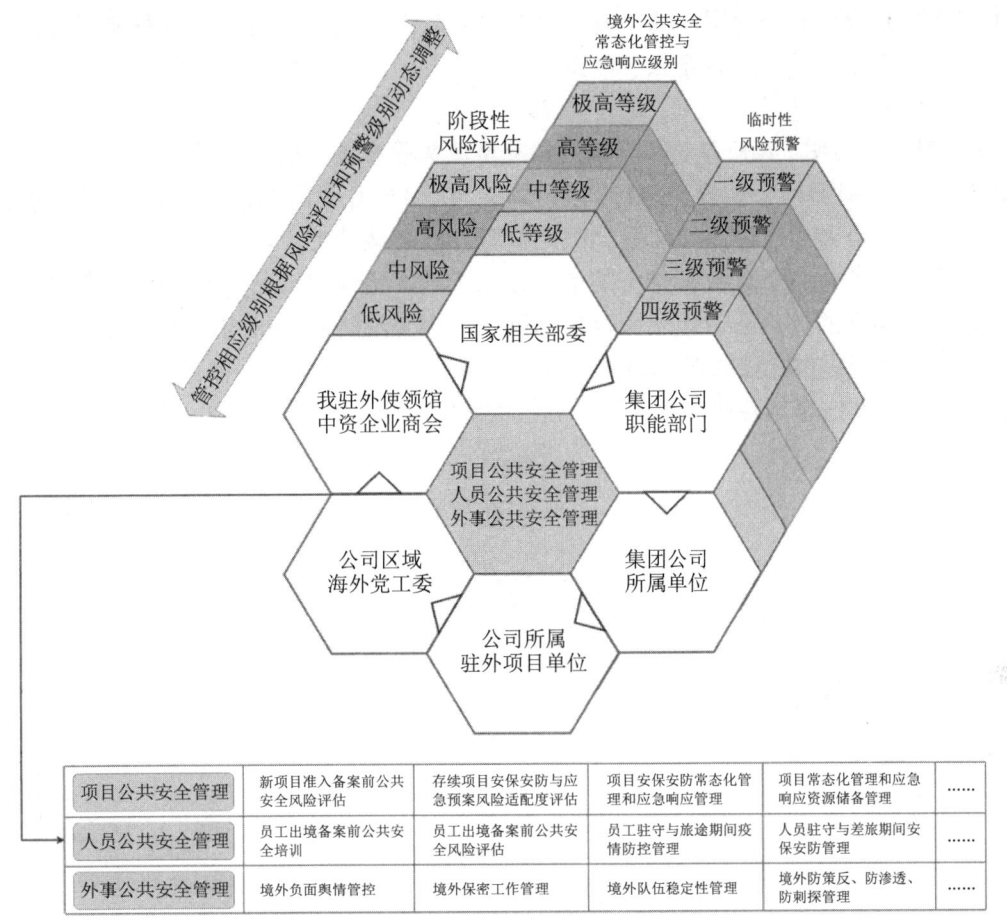

图 2　中国海油境外公共安全创新管理机制

2. 人员公共安全管理

以确保境外员工人身财产安全为重点，以境外员工个人为管理单元，包含员工出境备案前公共安全培训、员工出境备案前公共安全风险评估、员工驻守与旅途期间疫情防控管理等。

3. 外事公共安全管理

同时涉及项目和人员公共安全管理，以境外项目为管理单元，注重境外负面舆情管控、境外队伍稳定性管理，以及境外防策反、防渗透、防泄密管理等。

重构后的三个核心管理流程之间相互联动，确保公共安全风险管控措施在各流程之间执行顺畅，有效加强项目和人员安全风险源头及过程管控。

（四）创建三级管理制度体系，规范境外公共安全管理流程

中国海油建立"管理办法＋管理细则＋最佳实践"三级境外公共安全管理制度体系，管理办法明确管理体制机制要求，操作细则规定业务流程办理要求，最佳实践推荐典型风险场景下的响应措施标准。制度体系覆盖境外公共安全风险预警、应急保障、医疗救助、培训资质、资金管理、安保安防多个管理内容，涵盖群体事件、负面舆情等风险场景，涉及境外陆地作业、境外海上作业、境外差旅途中多个物理环境。

截至目前，中国海油累计发布制度体系文件50余份，形成"管理内容全覆盖、风险场景全覆盖、物理环境全覆盖"的完备境外公共安全管理制度体系，实现上下贯通、逐级分解，为各级单位细化落实境外公共安全管理要求，提供完善制度体系保障。

根据上述管理制度体系，中国海油已开展境外公共安全相关各类巡查巡检专项行动超百起，要求各单位对照制度体系整改管理不符合项500余项。对提升中国海油集团范围内公共安全管理综合水平起到提纲挈领的作用。

（五）构建国别公共安全风险评价体系，分级分类源头管控安全风险

中国海油自主编制国别公共安全风险评价体系，在综合考察国内外国别公共安全风险评价体系和实践的基础上，充分考虑中国海油国际化战略规划及业务运营特点，采取定性与定量相结合的分析评价方法，定量评价着重基于大数据分析的信息提取归纳，定性评价着重基于历史事件的宏观分析研判，定性与定量相结合的评价结论提供被评价国别公共安全局势总体描述，同时也为各国别各项风险等级之间细化对比分析提供定量数据基础。

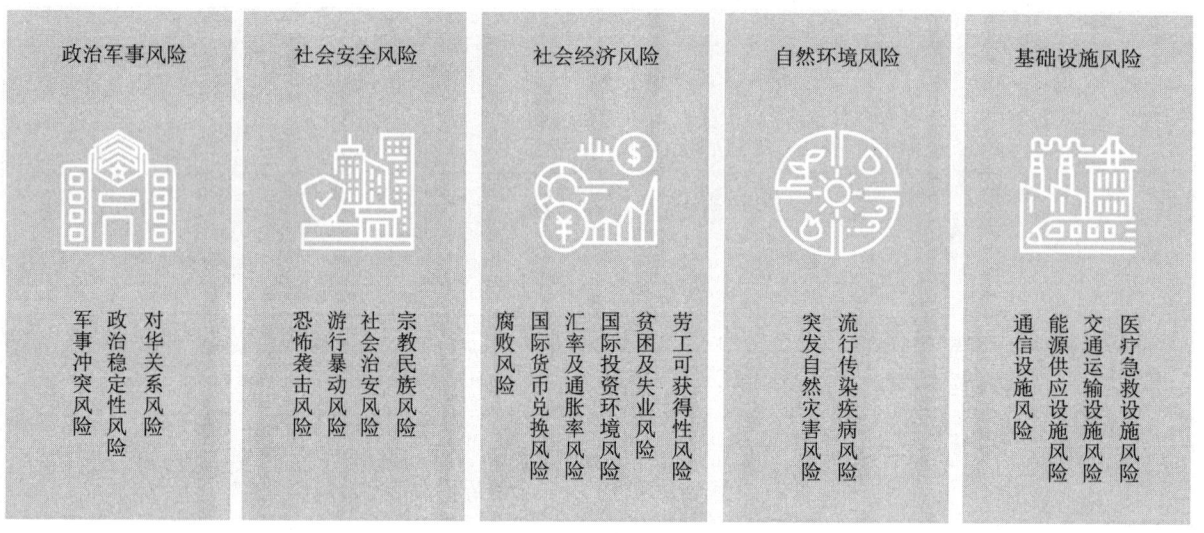

中国海油国别公共安全风险评价体系包含五大类风险，细分为十九小类风险，如图3所示。

图3 中国海油国别公共安全风险评价体系

定性评价方面，中国海油国别公共安全风险等级分为"极高、高、中、低"四个第一维度风险等级，每个第一维度风险等级又分为"高、中、低"三个第二维度风险等级。定量评价方面，中国海油国别公共安全风险值按10分制赋分，0分为最低风险，10分为最高风险。定性与定量评价结果对照如表1所示。

根据上述国别公共安全风险评价体系，中国海油对全球230个国家和地区2012—2022年的10年间公共安全风险进行综合评价，基于自主研发的公共安全大数据分析模型，对相关国家综合风险、大类风险值和细分小类风险进行全息画像，并对各类风险特征和变化趋势做出分析。

结合国别公共安全风险评价结果，中国海油共组织境外项目公共安全风险深度分析超50次，组织境外新项目准入备案前公共安全风险评估超80个，对存续项目安保安防与应急预案风险适配度评估超200个，员工出境备案前公共安全风险评估超3000人次，在风险评级的基础上，中国海油颁布不同风险级别安保安防措施标准，将风险评价体系标准落到实处，为中国海油加强风险辨识，规范防控措施奠定基础。

表1　中国海油国别公共安全风险等级对照表

风险等级（第一维度）	风险等级（第二维度）	对应分值
低风险	低	0～1
低风险	中	1～2
低风险	高	2～3
中风险	低	3～3.5
中风险	中	3.5～4.5
中风险	高	4.5～5
高风险	低	5～5.5
高风险	中	5.5～6.5
高风险	高	6.5～7
极高风险	低	7～8
极高风险	中	8～9
极高风险	高	9～10

（六）构建综合数智管理平台，培训预警应急医疗无缝衔接

中国海油创建深度植入境外公共安全管理创新体制机制，以及横向到边、纵向到底的数智管理平台，实现国家相关部委、中国海油内外部单位、境外员工个人之间公共安全管理资源、流程和数据的共享直连。境外公共安全数智管理平台包括综合管理、安全培训、风险预警、应急指挥、医疗救助5个模块，已实现境外公共安全95%管理流程和数据采集数智化，持续融合境外公共安全管理体制、机制、制度、标准创新成果，显著提升境外公共安全管理效率效果。

1. 综合管理模块

立足于中国海油国际化发展战略，将系统建设为中国海油境外公共安全管理一站式服务平台，实现集团范围内境外项目、人员、证照一体化管理，所属单位业务流程、数据全线贯通，境外国家地区项目、人员全面覆盖。

2. 安全培训模块

根据境外人员所处国别、项目风险级别，通过系统自动匹配员工所需各类公共安全培训，生成阶段性或临时性培训计划，并将员工培训状态实时传递至出境审批等各类相关业务办理流程，落实"不培训不派出，培训不合格不上岗"管理要求。截至目前，中国海油共有境外公共安全相关在线培训课程30余门，累计培训人数超5000人次。

3. 风险预警模块

收集汇总各类境外公共安全风险事件信息数据，并通过邮件、短信、手机App等方式发布风险预警提示，实现风险事件信息、预警提示双向直达传输，大幅提高信息收集、发布时效和覆盖范围。中国海油积极联动国际SOS、化险集团等多家国际专业智库咨询和服务机构，夯实境外公共安全管理资源网络。截至目前，风险预警平台已收集境外公共安全风险事件近50万条，发布风险预警及提示30余条。

4. 应急指挥模块

按照国务院国资委相关要求，结合中国海油境外公共安全应急管理实际，构建直抵境外作业单位的应急响应和资源调配体系，实现应急响应信息资源多端汇聚、分发、分析、展示，应急指挥系统应用集中部署、运行、调配，手机物联网实时对接，远程巡查巡检音视频直连。

5. 医疗救助模块

根据国务院国资委统一部署，建立远程监测、预警、防控、救治"四位一体"的线上医疗保障体系，结合境外线下急救、诊疗设备设施，为中国海油境外员工提供线上线下相结合的医疗救助资源。中国海油有69家驻外单位的境外中方员工100%接入系统，有效实现国内优质医疗资源与境外共享，有效提升境外新冠疫情防控能力。同时，依托海洋石油医院，组建境外应急医疗队，储备应急医疗物资和药品，搭建数智问诊平台，开通境外心理咨询热线，持续提升境外应急医疗保障能力。

截至目前，中国海油数智问诊平台共开展近4千人次的远程心理健康筛查及咨询服务，远程问诊近百人次；中国海油驻伊拉克单位所属医务救助中心共接诊急救、诊疗病例近100例，开展境外员工新冠疫情核酸检测万余次。

（七）构建基础研究应用平台，夯实境外公共安全管理基础

中国海油在境外公共安全管理体系创新实践过程中，始终坚持以基础研究为支撑，形成基础研究与创新实践良性循环。基础研究平台主要分为国别安全风险研究、安全时事动态研究，以及安全风险理论研究三个部分，并将研究成果运用到国别安全风险评估和境外风险管控实际工作中，为境外公共安全规章制度和标准体系制定、境外投资运营决策等奠定坚实理论基础。

1. 国别安全风险研究

专注于对国别公共安全整体风险特征及变化趋势的分析研究，截至目前，中国海油已自主研发基于大数据分析的国别安全风险定量评价模型一套，发布两版《中国海油境外公共安全评价体系》，发布《中国海油海外安全风险年度报告》，为中国海油国别安全风险评级提供重要定性定量依据。

2. 安全时事动态研究

专注于分析各国即时安全动态，通过对即发性公共安全事件的短、中、长期影响进行汇总分析，科学研判当前境外公共安全形势，对特定风险进行深度综合分析。截至目前，中国海油已发布《境外公共安全（半月报）》50余期，专题研究报告20余部，为各单位研判境外项目公共安全形势、制定风险防控措施提供有效有益参考。

3. 安全风险理论研究

专注于对境外公共安全风险理论研究，通过对多风险因素影响下的风险决策理论、高风险环境中运营管理理论深入研究，为国别风险分析和管控措施制定提供理论依据。截至目前，中国海油相关工作人员已在国际期刊上发表多篇相关学术论文。

三、实施效果

中国海油积极探索境外公共安全管理体制机制创新实践，在防范化解境外重大公共安全风险方面取得显著成效，为推动公司国际化发展战略落地、加快建设中国特色世界一流能源公司保驾护航。

1. 党建融合安全文化建设，提升员工归属感、获得感

中国海油始终坚持"人民至上、生命至上"发展理念，认真落实"危地不往、乱地不去"要求，持续营造"以人为本"企业安全文化氛围，着力在境外项目人员安全风险管控、新冠疫情防控、境外员工关爱、困难员工帮扶等方面做好做足工作。新冠疫情全球蔓延以来，中国海油未发生中方外派员工境外集体性感染、重症和死亡病例事件，未发生中国海油外派员工归国后将疫情输入国内事件，未发生群体性负面舆情事件，大幅减少因疫情和其他原因导致的外派人员境外超期服役情况，员工归属感、幸福感、获得感显著提升，有效保障员工队伍稳定，相关境外公共安全管理工作得到国家相关部委表彰。

2. 注重体制机制创新实效，管控境外重大运营风险

中国海油通过境外公共安全管理体制机制创新实践，构建"上下联动、多维一体、内外协同"

境外公共安全管理体制，形成"项目安全、人员安全、外事安全"一体协同管理机制，实现"事前预防、事中响应、事后提升"三阶段闭环管理，将境外政治军事、社会安全、社会经济、自然环境和基础设施风险纳入统一管控。自2021年以来，有效管控境外综合性运营风险，未发生大型装备和员工滞留战区安全险情事件、未发生因境外公共安全事件导致的外派员工伤亡和项目资产损失事件、未发生境外员工被策反等外事安全事件，境外重大运营风险得到有效管控，充分发挥境外公共安全"后盾"作用、境外国别风险"触角"作用和境外新冠疫情防控"稳定器"作用。

3. 管理制度标准全面覆盖，优化管理决策界面

中国海油通过创新完善境外公共安全管理制度体系，构建"管理办法+操作细则+最佳实践"三级管理制度体系，实现境外公共安全管理场景全覆盖，为各单位提供境外公共安全管理标准依据。中国海油通过自主研发管理标准体系，已掌握具有自主知识产权、适合中国海油境外运营特点的国别公共安全风险评价体系和评价模型，能够自主评价境外不同国家地区、不同项目公共安全风险水平，能够提供专业定制化安全风险深度调查分析，并在中国海油形成统一标准。通过完善境外公共安全管理制度和标准体系，科学研判新形势下全球境外公共安全风险普遍性和差异性，"一国一策""一项目一策"动态调整国际化投资运营和风险管控策略，有效促进境外公共安全综合管理能力水平提升，境外公共安全管理科学化、专业化、精细化程度大幅提高。

4. 做实数字化、智能化转型，提高管理效率服务质量

中国海油通过建设国际事务管理平台，搭建深度植入境外公共安全管理创新体系和机制的线上管理平台，实现跨地域和组织机构的业务流程与数据贯通，有效提升总部部门对一线单位服务支持能力，大幅提高跨职能部门、跨国别地区业务办理效率，持续增强应急情况下信息传递和协调响应能力。通过将管理流程和数据在线化，实现管理标准化和数据有效利用。据测算，通过数字化、智能化手段，集团范围内相关业务运营成本节省近1000万元/年；前期通过线下办理的申请审批业务改为线上办理后，节省差旅成本近100万元/年；通过跨组织机构业务流程标准化贯通和数据中台构建，节省各所属单位和境外单位线上系统重复建设成本近500万元；通过系统电脑端和手机端实现内外部数据收集、分析、共享功能，节省第三方信息采集、分析、发布服务费用400万元/年。中国海油国际事务管理平台对境外公共安全管理起到重要提质增效作用，系统建设工作获得国家相关部委表彰。

5. 研用结合促进成果转化，提高管理专业能力水平

自2020年以来，中国海油已在国别安全风险研究、安全时事动态研究、风险理论研究等方面取得了系列研究成果。建立了具有自主知识产权的"中国海油国别公共安全风险评价体系"，搭建了具有自主知识产权的基于大数据分析的国别安全风险量化评价模型，持续强化中国海油境外公共安全风险管控理论支撑；发布近百份公共安全风险分析报告，为各单位科学研判境外项目公共安全形势提供即时、有效、专业咨询及指导；系统总结创新管理方法理论，撰写发表多篇相关学术论文。经过近三年的境外公共安全管理理论研究和实践运用，中国海油已培养锻炼出一批"懂理论、精分析、重实践、强管理"的境外公共安全专业化管理人才队伍，在深入探索研究中不断夯实理论基础，在创新实践应用中持续提升专业水平。

四、规划与探讨

2022年2月，俄乌冲突爆发后，中国海油在境外面临的公共安全风险更加复杂严峻，管理难度不断加大。中国海油法律与外事工作部在总结过去三年取得的成绩的基础上，分析境外公共安全面临的新形势、新挑战，要求在"5+2"管理体系的基础上，全面推进境外公共安全管理提质增效，以基础研究为支撑，以信息化技术为引领，做实安全文化、体制机制、制度标准创新实践。要切实落实境外公共安全管理"四个强化"。一是强化制度体系建设。做好境外公共安全管理体系建设，各级管理专人负

责，决策链条清晰，层层压实责任，各项工作扎实推进，确保境外公共安全管理工作基本盘牢靠。二是强化应急能力建设。境外公共安全应急能力建设应下沉至驻外应急单位、项目现场。创新开展无脚本演练，做好应急演习失误分析，发现管理漏洞，能力短板，总结经验教训，完善应急预案和方案。三是强化管理实操培训。加强境外公共安全培训工作，强化境外人员个人风险防范意识，严格落实培训要求，提升个人应急处置技能，形成海油公共安全培训品牌效应。四是强化风险敞口防控。切实践行"人民至上、生命至上""危地不往、乱地不去"等管理理念，做好境外项目投资、人员动（复）员决策风险管理，降低高风险及以上国家和地区项目和人员占比，落实安保管理实施细则，有效管控境外运营风险敞口。

在落实境外公共安全管理"四个强化"的基础上，坚决做到"三个有效"：一是做到境外公共安全管理体系有效，做到管理界面清晰，责任节点落实到位；二是做到境外公共安全资源配置有效，做到资源灵活调动，及时响应；三是做到人员公共安全应急行为有效，通过有效培训演练等手段，提升境外人员单兵作战和协同作战能力，夯实应急基础能力，不断推进中国海油境外公共安全管理向更高水平迈进。

以"不饱和"营销模式落实营销改革创新

创造单位：北京同仁堂股份有限公司

主创人：邱淑兵　张春友

创造人：李晨　刘佳玉　张润红　何川　蔡杰

【摘要】 北京同仁堂股份有限公司（以下简称同仁堂股份）在国家政策和功能布局调整、中医药行业市场细化及企业同质化的激烈竞争、生产成本增加同时降本增效要求提升的背景下，提出了"不饱和"营销模式，以应对市场变化和企业内部管理挑战。

该模式以"六控"（控库存、控发货、控渠道、控终端、控价格、控秩序）为手段，通过精细化管理和内外部资源协调，实现了产品供应稳定、市场库存合理、渠道布局健全、终端运作升级、价格体系稳定和市场秩序良好的目标。实践结果表明，同仁堂股份的主要经济指标逐年向好，内部运营质量不断提升，品牌影响力进一步增强，为中医药行业的可持续发展提供了有力保障。

【关键词】 不饱和　六控　降本增效　渠道布局

一、实施背景

同仁堂股份成立于1997年并在上海证券交易所上市，是中国北京同仁堂（集团）有限责任公司（以下简称同仁堂集团公司）旗下的首家上市公司。同仁堂股份是集生产、销售、科研、配送为一体的现代化企业，拥有生产基地、经营单位、研发单位、物流配送单位，以及天然药物公司、蜂业公司、安国加工公司、安国物流公司、吉林人参公司、内蒙古中药材公司、陕西麝业公司、山东天一公司等多家子公司。

同仁堂股份以生产和销售传统中成药为主业，常年生产的中成药超过400个品规，产品剂型丰富，有丸剂、散剂、酒剂及胶囊剂、口服液、滴丸剂等20余个产品剂型，形成了以安宫牛黄丸、同仁牛黄清心丸、同仁大活络丸为代表的心脑血管系列，以同仁乌鸡白凤丸、坤宝丸为代表的妇科系列，以国公酒、骨刺消痛液为代表的酒剂系列等12个不同系列品种群。同仁堂股份自主研发的中药新药巴戟天寡糖胶囊，在中药治疗中轻度抑郁症领域打开了新的局面。

近年来，同仁堂股份聚焦党建创新，以政治建设为统领，落实全面从严治党主体责任，加强党的领导；以深入开展"四带四促"党建创新文化传承行动为载体，充分发挥各类榜样引领作用，弘扬工匠精神，以高质量党建引领高质量发展。

二、中医药行业的市场环境和特殊性

（一）中医药行业的市场状况

1. 国家政策支持

近年来，国家对中药行业的政策支持力度明显加大，《中医药发展战略规划纲要（2016—2030年）》《"健康中国2030"规划纲要》和《中华人民共和国中医药法》等文件及法律的颁布，为中药行业的发展奠定了良好的基础。但这些政策的实施也带来了一定挑战，如DRG/DIP（按疾病诊断相关分组付费和按病种分值付费）政策、中成药集采政策及中药材价格波动较大，不可避免地给中药企业带来了较大压力。

2. 市场较为分散

目前，中药行业的市场集中度相对较低，尽管市面上的头部企业，如白云山、云南白药等凭借自身较大的营收规模和广泛的市场布局在市场中占据了一定的优势地位，但从整体来看，中医药行业市场仍然较为分散，如此市场格局也使得中小企业和新兴企业面临较大的竞争压力。

3. 中药企业布局极不均衡

为了以体量获胜，中药企业均在努力扩大自己的规模，不断探索空白市场，并尝试在全国范围内编织销售网络，部分企业如昆药集团等还积极拓展海外市场。同仁堂股份也不例外。2022年我国中药市场整体规模接近1万亿元，2023年整体规模稳定在1万亿元以上，其中中药材、中成药、中药饮片市场规模实现了逐年增长。但受部分中草药的供应商数量有限、购买方集中程度较低等因素的影响，供应商的议价能力虽然也在逐年提升，但议价能力参差不齐。从整体来看，中药行业的供应商议价能力处于中等水平，且两极分化现象较为严重，市场上的中药企业在营销布局与竞争态势中的离散分布极不均衡。

4. 市场竞争激烈

目前，国民对健康的需求日益增长，中药行业的市场地位也越发重要。中药行业整体市场规模虽然保持着持续增长的态势，但行业竞争格局不可避免地受到不断变化的市场需求的影响，在市场上表现为阶段性供需波动。受中药材价格波动、中成药集采政策实施、消费者健康意识提高等因素影响，中药企业需要不断以营销改革创新的方式调整策略，以应对市场的快速变化。这也导致中药企业在激烈的市场竞争中呈现出两极分化态势，尤其面对KA化（大客户重点化）、去中间商化、区域经销商化及窜货严重的市场实际，中医药行业过度竞争现象屡见不鲜，中药市场按照良性竞争曲线发展较难，要真正实现中医药行业"传承精华、守正创新"的目标更是难上加难。

5. 中药行业应对经济转型

当前，中国经济面临着世界百年未有之大变局，呈现出产业结构优化升级、科技创新与智能化建设加快、新能源和碳中和备受重视、政策多方支持、改革开放深化等发展趋势。对中医药行业来说，挑战与机遇并存，尤其在产业结构全链条优化、科技逐质求新、重点领域国企改革深化提升、区域协调发展的情势下，中医药的发展具有极大的发展潜力与空间，健康可持续发展是行业共同的目标。

（二）中医药行业品牌品种的特殊性

1. 药品品种的独特性

医药在市场上的商品属性决定了其经济属性，而中药质量涉及安全性、有效性和稳定性三个关键元素，其商品使用价值主要体现为防治疾病，且与医疗卫生工作密切相关。中药绝大多数由自然界的植物、动物、矿物经独特的生产工艺加工炮制而成，在资源上，传统野生药材的稀缺性使药品具有不稳定性；在管理上，药品品种繁多，其自然属性与药源性具有一定复杂性；在药效上，药品因品种各自独特的配方和病人的病情而差异较大，具有或显著或不明显的治疗效果。

2. 药品流通的特殊性

在市场流通领域，中药材的属性会由农产品转为商品、再转为工业品，但在这种属性的变迁过程中难以形成品牌，导致药品的来源无法追溯，质量参差不齐；在药品的品牌化流程中，药品品种必将经历标准化、工业化、商品化、品牌化的环节，这也让药品品种具备独特的社会属性。中药品种的治疗效果决定了其具备独特的质量要求和复杂的生产加工工艺要求，也因此奠定了药品品牌在市场流通中特殊性的基础。从品牌视角来看，药品已由简单制造向数智创造、由数量取胜向质量取胜、由扩增品种向深化品牌发展。但药品品牌维度的变化仍以经济效益为核心，仍将具备向品牌所有者输送溢价的能力。未来，在以消费者为中心的市场中，药品品牌将对创造性品类更青睐，这有助于药品品牌思维的转变，也是药品品牌转化为企业数字资产的必经之路。

综上所述，中药药品因其自身具有的独一无二的商品属性，在大健康行业中也拥有独一无二的重要地位。但是中药行业目前存在诸多问题，如市场秩序较为混乱，中医药品经销商利润空间各不相同，行业整体水平不高等。中药行业人士在解决生存问题、努力向上成长的路上不断探索，有的取得了一定的成绩，也有的经历了失败。抓住潜在的机遇，应对大环境的挑战，对每一位中药行业人来说都责无旁贷。

为了践行国企担当，承担必须履行的社会责任，近年来，同仁堂股份结合国内市场情况与公司发展存在的困难，积极探索并寻求一条解决发展瓶颈问题，极力提升综合管理水平，促使公司事业高质量发展的新路子。

三、"不饱和"营销模式的内涵和特征

（一）"不饱和"营销模式的含义

面对中医药品市场品种饱和、各类品牌饱和、竞争饱和、赛道饱和而上等品质的中医药原材料不饱和的状态，同仁堂人在2019年首次提出"不饱和"营销理念。

"不饱和"营销模式区别于"饥饿"营销，既不是人为调低工业产量，制造"物以稀为贵"、供不应求的"假象"，也不是有意控销来维持其较高售价和利润率的策略。"不饱和"营销模式是根据市场实际情况，整体协调自有资源，维护良好的市场秩序，构建并维持合理的价格体系，最大可能保持产品稳定供应，以满足消费者对药品与健康需求的一种营销模式。

"不饱和"营销模式既是同仁堂股份在原材料资源、产能资源、人力资源均相对缺乏的严峻形势下做出的积极应对，又是在激烈的市场竞争环境下，为实现公司"管理做优、品种做大、渠道做实、市场做透"的营销目标而做出的改革创新。"不饱和"营销模式以全员营销理念贯穿产供销全链条，通过控库存、控发货、控渠道、控终端、控价格、控秩序这6个方面来落地，主要以实现产品供应稳定、市场库存合理、渠道布局健全、终端运作升级、价格体系稳定、市场秩序良好为目标，确保营销改革创新得以贯彻落实。

为了全系统贯彻"不饱和"营销模式，同仁堂股份在宣贯、执行方面做出了诸多努力。

（二）"不饱和"营销模式产生的背景

同仁堂人秉承解决难题、发展自我的总体思路，在外部环境中求生存、求发展，在内部环境中求破题、求创新，上下求索，通过几年的努力，逐步以同仁堂式"不饱和"营销模式落地中药品种发展工作。

1.服务新时代首都发展的时代需要

2020年，北京市委办公厅、市政府办公厅印发《北京市国企改革三年行动实施方案（2020—2022年）》，聚焦推动高质量发展。同仁堂股份作为制药工业企业，主动担当、全力响应，坚决贯彻党中央及北京市委、市政府对北京市统筹疏解，提升首都功能，不断优化中央政务服务保障的要求，不断对原有生产基地进行重新布局、改造升级或直接关停。在工业重新布局阶段，新冠疫情的影响加大，极大地增加了医药产品的保供压力。在产业布局升级的过程中，在坚持传承传统制药工艺的同时，结合营销创新，让传统制药工艺和传统中药文化得以发扬，承担起医药企业的社会责任，更好服务首都发展大局，同仁堂股份仍可不断提高。

2.提升企业行业竞争力的市场需求

从《中共中央 国务院关于促进中医药传承创新发展的意见》到《"十四五"中医药发展规划》，再到《中医药振兴发展重大工程实施方案》，行业政策为中医药行业的快速发展提供了有力保障。"行业百年未有之大变局"的机遇与挑战，带来了异常激烈的市场竞争，目前我国有中成药企业4500多家、商业公司13000多家、"三终端"97万多家、药店门店66万多家，下场的企业数量众多、规模各异，导致市场的竞争秩序、流通秩序、交易秩序都存在不同程度的混乱。在市场细化、行业分化、企

业同质化的竞争环境中，同仁堂股份要在众多的同业中保持高质量发展的势头，压力巨大。但是，同仁堂股份也深刻认识到：只有主动站在潮头，接受市场竞争的洗礼，才有可能争做行业"弄潮儿"，获得稳步前进的好前景。

3.落实同仁堂集团公司战略目标的发展要求

同仁堂股份是一家特殊的国有企业，是传统的、有口碑和品牌的、国有的、上市的中药制药企业，所行所为均是在确保合规、确保稳中求进的框架下，借助深化国企改革的东风，向下深扎根、向上奋开花。

2019年，同仁堂集团公司提出"打造具有全球影响力的世界一流中医药大健康产业集团"的战略定位，坚持传承精华、守正创新。同仁堂股份作为同仁堂集团公司旗下的首家上市公司，积极推进大品种战略、精品战略、高质量发展战略这三大战略，坚持立足主业，坚定增强内驱动力，通过不断完善经营模式，誓要以创新思维推动企业发展，不断焕发新活力、展现新作为，谱写中华老字号高质量发展新篇章。

同仁堂股份坚持统一部署，以"三一四五"营销理念为指导，在党建经营融合发展中，不断丰富内涵，始终秉承"业绩不必在我，营销必定有我"的"全员营销"理念，为同仁堂集团公司大愿景的实现不断蓄力。

4.精细管理、提质增效的内在需求

管理内粗、市场外放的"躺赢"时代已经一去不复返，行业和市场都已经进入向精细化、精益化管理要效益的高质量发展阶段。2020年，国务院国资委启动国有企业对标世界一流管理提升行动，同仁堂股份面对一线人力资源匮乏、发展任务艰巨的难题，以精品战略为指导，通过精益制造、精准营销、精细管理，着力构筑管理优势、增强发展韧性，以高质量党建引领为根本抓手，逐步构建强健有力、科学规范、合规高效的管理体系，促进企业稳健、长期、可持续发展，走出一条树品牌、优品种、强品质的精品之路。

综上所述，为了净化中医药市场，跻身中医药行业头部企业，践行国企的社会责任，同仁堂股份以生存底座为基，以品牌思路为方向，向外求助力，向内生驱动，开启了以"不饱和"营销模式落实营销的改革创新之路。

（三）"不饱和"营销模式改革的目标

1.自上而下，思想与行动步伐一致

面对严峻的市场竞争形势，同仁堂股份自上而下统一思想，把管理创新作为提升竞争力的重要抓手，通过"不饱和"营销模式的实施，不断强化管理、加强创新、提升内功，在推动自身高质量发展的同时，满足人民高质量健康生活的需求，也更好地服务于国家发展新质生产力的要求。同仁堂股份以"十四五"规划为指导，持续深化"不饱和"营销模式，优化以事业部、项目组及区域管理为基础的矩阵管理模式，通过实施内部订单制的项目管理方式，从年度政策、营销方案、客户管理等多方面，实现单兵作战与协同资源的深度融合，实现内部管理高效协同，逐步加大营销改革创新力度。"不饱和"营销模式逐步渗入每一个细节，从上至下精心布局，步调一致，稳步前行。

2.纵横结合，系统谋划"三个同步"

基于当前面临的问题和长远考虑，同仁堂股份着力提升四种营销意识，即经营质量意识、品种意识、终端意识和指标意识，借"不饱和"营销模式的统一谋划，意在实现"三个同步"。

（1）管理同步。为了适应股份公司"十四五"发展要求，进一步提升生产、质量及财务工作的整体管控水平，同仁堂股份成立了生产、质量、财务三大管控中心，三个中心的成立将更好地促进专业化管理向纵深发展，通过矩阵式管理模式，横向管理与垂直管理并行，逐步做到"八个统一"（即统一制度、统一标准、统一流程、统一指挥、统一调度、统一管理、统一系统、统一队伍），从而提升决策、监督、执行及管理四个环节工作的效率和质量，提高信息共享水平，降低管理成本，保持各环节协同高效运行，持续推动同仁堂股份管理工作的高质量发展。

（2）资源同步。在产供销全链条资源协调中，同仁堂股份以项目管理理念灌注，以内部订单制为手段，不断强化内部单兵作战与全产业链协同资源的深度融合，实施一系列提质增效的措施。同仁堂股份经过循序渐进地贯彻、宣导、渗透，逐层级延伸，全领域覆盖，引导鼓励内部人员营造"业绩不必在我，营销必定有我"的氛围，使"不饱和"营销模式在同仁堂股份深植生根，企业整体经营管理能力和水平得到有效提升，管理机制、管理模式不断完善升级，资源协同更加有效。

（3）发展同步。同仁堂股份提出的"不饱和"营销模式是通过深入分析市场大数据，结合实际提出的创新思路，是从市场计划需求、在库商品管理、市场库存管控到营销渠道建设、终端门店管理、商品价值链设立、流通秩序管理的全链条营销管理，有力增强了同仁堂股份的发展韧劲和发展后劲，使同仁堂股份的发展质量进一步提高，高质量发展的基础条件更加坚实巩固，最终实现高质量发展的目的。

3. 以点带面，有效推动"三个一"

面对当前复杂严峻的外部形势和挑战，国务院国资委提出国有企业加快发展新质生产力，切实增强价值创造能力的要求。同仁堂股份坚持聚焦主业与全面提升相结合，以产业布局、质量管控、品种培育、营销服务、宣传推广等工作为重点，以点带面，将"不饱和"营销模式延伸至经营管理服务各领域，对标先进、找准差距，细化专项提升措施，不断提高产品服务质量和企业效益效率，切实增强国企竞争力、创新力、控制力、影响力和抗风险能力。

（1）下好党建经营"一盘棋"。同仁堂股份一直坚持以高质量党建引领高质量发展，将党建、经营深度融合，做到"一岗双责"，既有党建责任，又有经营责任。为弘扬"责任、担当、创造"的新时代同仁堂精神，同仁堂股份以"四带四促"特色党建行动为抓手，充分发挥党员、师傅、先进、上级的引领和辐射带动作用，通过"选题立项""带学帮学互学"等实践活动汇聚强大发展合力。

（2）做好产品服务"一条龙"。实施大品种战略是提升企业核心竞争力的战略举措，是提升品牌影响力的迫切需要，是有效抵御风险的"护城河"。大品种战略通过有效整合利用资源，打造一批有市场号召力的重点品种，不断发展培育品种和潜力品种群，形成差异化竞争优势，成为打造千亿级企业的战略支撑。"不饱和"营销模式有利于落实大品种战略，通过丰富产品组合，完善营销服务，实现创新稳态，既满足了终端消费者的健康需求，也强化了同仁堂产品在消费者心目中的清晰形象，有力提升了企业竞争力。

（3）织好宣传推广"一张网"。品牌建设作为推进高质量发展的重要抓手，有利于同仁堂股份在市场竞争中把握主动权。作为老字号中药企业，在传播中医药文化的同时讲好同仁堂故事，是同仁堂股份的重要职责。同仁堂股份以品牌保护和改革创新为抓手，建立并完善、整合营销协作机制，充分运用新业态、新渠道、新平台，多维度输出同仁堂品牌文化，全方位触达受众，建设"精准+N"有机结合的多元传播矩阵。

四、"不饱和"营销模式的内容和实践

"工欲善其事，必先利其器"，为推进"不饱和"营销模式，同仁堂股份借营销改革创新之机，从组织架构、人力资源配置、药品品种分级分类管理与营销市场区域管理入手，以提升基础管理水平来突破营销业务发展难点。

"他山之石，可以攻玉"，在人工智能（AI）水平发展与企业发展关系逐步深入的过程中，"不饱和"营销模式的落实与内涵的不断丰富，有赖于数智可视化平台的加入。以数据直连为基准的可视化平台的出现，让"不饱和"的"六控"过程与效果具象化，让模式"操盘手"更直观、更系统地策划、执行。

以定制的"数智可视化"平台（见图1）直接把控库存、控发货、控渠道、控终端、控价格落到实处，使中医药市场开始踏出实现控秩序的第一步。

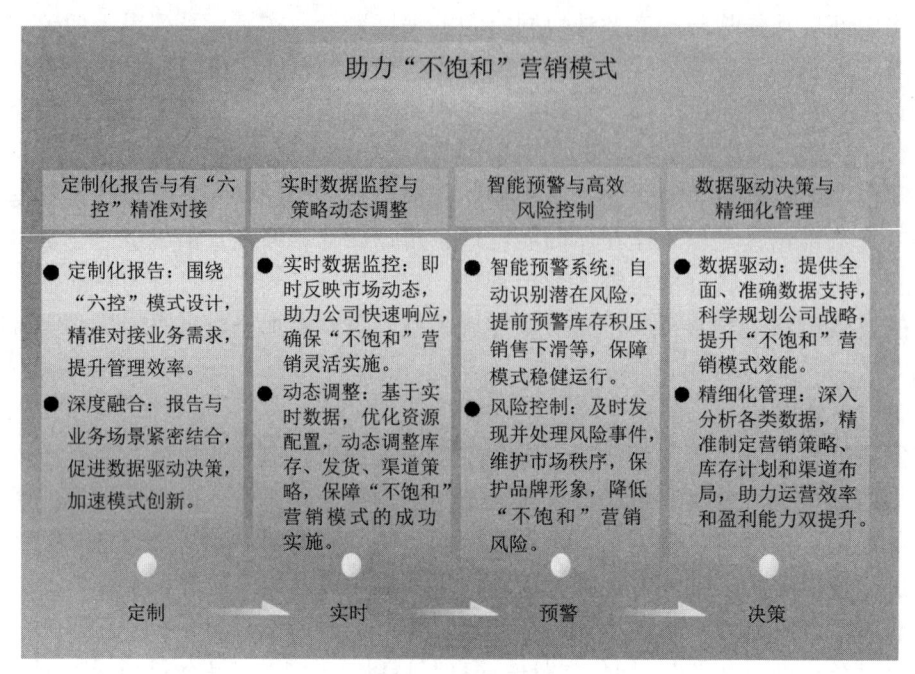

图1 定制的"数智可视化"平台

当前，同仁堂股份的线上线下稳价工作持续推进。线上平台，以五子衍宗丸、同仁牛黄清心丸、同仁大活络丸为代表的多个大品种，在京东、淘宝两平台均能以合规价格开展日常零售及促销活动。2024年上半年同仁堂股份引入线上巡查软件，对线上终端门店的价格开展了1.8万次巡查。线下，以寰通项目为依托，通过渠道插件、数据直连运维不断提升进销存数据的管理水平，2022年扩大二级客户范围，2024年所有一级经销商与重点二级经销商均已纳入，实现了对销售库存、价格和流向的实时查询。严格按照管控品种目录及管理原则，责任到人，条块分工不留死角，加强终端门店巡查，提高跨区域联合整治效率，即诉即办，2023年每月沟通稳价次数已超4000次，对重点品种开展了清网行动。通过价格巡查和维护，市场秩序得到持续性关注和改善，推动了不同渠道和不同合作方的良性竞争，稳步建立了生态环境良好的市场秩序，有效维护了同仁堂品牌与品种形象，也逐步构建起坚实的市场秩序共同体。

（一）控库存，动态平衡力提周转率

1. 生产端，系统管控生产链条

一是成立生产管控中心。为实现"八统一"目标，同仁堂股份通过生产管控中心协调指挥生产全过程，对年度需求、生产调度、产品储备、生产计划执行管理等进行现代化系统管控。以订单完成考核制有效加强工商联动，切实发挥生产管控中心的作用，在降本提质增效的同时保障产品供应。

二是建立供应链长效沟通机制。同仁堂股份与产供销链条前端共享原料需求、市场供应等方面信息，明确原料分类，定期摸排反馈半成品药粉供应情况，盯紧商业销售速度、产品生产进度，通过关注商业产品流速，及时反馈生产计划有效性，重点协调、精准调度产品排产，不断提高有效沟通力度。

三是夯实半成品管理基础。同仁堂股份完善《北京同仁堂股份有限公司半成品管理办法》，捋顺半成品管理流程，对半成品计划、生产、储存提出明确的管理要求，加强季度考核，提高半成品储备风险预警能力。同时，通过整理、分析，对冷备原料、特殊药材、带效期等40余种药材设定安全存储线，根据原料供货周期、半成品使用情况、成品生产情况合理排产，不断提升原料与半成品库存周转率与产能利用率。

四是建立生产流程监控体系。同仁堂股份以市场需求为导向，结合生产基地产能，对商业需求计划进行调配，科学制订可行性生产计划，结合市场需求、库存实际合理排产并及时调整生产计划，利用好政策通道，推进产品多地址生产工作，重点推进蜜丸、水蜜丸生产线的多地址生产工作，确保各生产基地、生产线充分利用工时，最大限度释放产能，提升各品种整体供货效能。

2. 成药储备端，科学调整库存结构

一是规范库存存货管理。完善《北京同仁堂股份有限公司经营分公司存货管理办法》，从制度上确保库存管理有据可依。

二是科学制订采购计划。从销售数据、库存情况、计划完成情况、销售增长率等方面进行多维度分析，综合考量制订品种年度需求计划；以品种生产特点、库存情况、销售节点、往期采购计划执行情况及工业产能等因素作为参考，合理制订季度采购计划，推动大品种、重点品种的销售与生产高质量融合。

三是分类管理在库商品。将在销产品分成四类进行管理，并按照年度销售情况建立各品种库存预警线，及时反馈至产供销链条前端，确保采购计划与生产计划实时联动，实现品种在库管理的动态平衡。

四是追踪管理商品效期。分阶段监控商业库存，并按效期节点重点提示品种业务部室加快销售进度，以期在下一效期节点前尽可能消化库存，有效减少近效期产品；同时谨慎提出新的采购计划，避免出现品种积压情况。

在实操端，通过数智可视化平台，定期生成库存监控报告，对各区域库存、各品类库存、特殊情况预警等进行深度分析，帮助管理者实时了解库存状况，优化产品及渠道商库存，促进生产供应链协同，避免库存积压或缺货现象。

（二）控发货，良性循环促链条管理

1. 严格把握发货节奏

以各销售区域每月发货情况、重点客户的实销情况为基准，通过了解市场信息、掌握品种信息、制定市场库存标准、建立品种部门分货标准、实施周期分级分货制、加强运营监督复核等手段，聚焦区域市场需求，关注发货时机，确定发货数量，明确发货品类，不断提高发货的科学合理性，完善部门分货管理制度，为发货提供标尺，根据市场经销商画像，有理有度地及时调整发货节奏，确保发货满足市场预期。

2. 明确保供顺序

为了满足消费者用药的及时性要求，对货源紧张的品种，明确保供梯次：首先，保障医院及社区门诊用药，积极承担国有企业社会责任；其次，保障零售终端门店用药，维护市场稳定，确保产品市场份额不丢不弃；最后，保障流通渠道供货，保持产品渠道通畅。

3. 分级管理数据直连

从2020年年底开始，加大市场秩序监管力度，为重点客户安装系统插件，实现数据直连，对重点品种进行监测，从源头上控制，保障经销商库存合理，满足区域市场的需求。

从2021年开始逐步升级，通过为全国一级经销商和签订分销协议的二级分销商安装系统插件，对经销商进行分级分类管理，充分利用经销商数据直连系统核查品种流向，保终端、控渠道。

2023年启动寰通系统渠道建设模块，实时掌握一级经销商、二级分销商及不同区域产品线上线下销售情况及市场货源分配合理合规情况，逆向确认对经销商的发货频次、品种数量与实销数据的匹配度。

在实操端，通过数智可视化平台，定期生成库存监控报告，实时掌握各级经销商（一级经销商、二级经销商）的库存情况，分析库存周转率、库存状态，以设定的库存标准核算推荐进货数据，助力科学制订发货计划，确保市场货源的合理分配。

（三）控渠道，分级分类织营销网络

1. 择优共建营销渠道

挑选价值理念相同的合作伙伴，共建营销渠道，鼓励直做终端，进一步缩短渠道链条，理顺利益链，帮助经销商伙伴向市场要利润，提升获利能力，充分发挥其主观能动性，深耕区域品种开发、渠道建设。完善《北京同仁堂股份有限公司经营分公司经销商管理制度》，通过了解重点客户在二级经销商准入、管理、考核等方面采取的举措，确认一级经销商、二级经销商、终端门店在渠道网络编织过程中的操作难度，深层次剖析渠道管理难点，不断缩短产品供应到终端的链条，提高产品输送效率。

2. 梳理渠道构建体系

一是梳理各级销售渠道，全面构建结构科学、权责清晰、指标合理、管控有力的渠道体系，以协议为依托，对经销商进行分级管理，重视终端占比与头部连锁合作率，定人、定品、定策、定量，采用网格化管理，深化渠道布控，实现指标任务有序推进。

二是以年度销售政策为引导，为销售渠道分级设定不同的年度考评奖励，最大限度地调动一级经销商的积极性，加强一级经销商与同仁堂股份的紧密合作关系；有效引导二级经销商的市场行为，归拢梳理区域内的二级渠道，对一级经销商终端覆盖不足的区域进行补充，以此构建并完善同仁堂股份与各级经销商携手发展的利益共同体。

3. 网格管理聚焦覆盖

一是纵深发展各级销售渠道网格化管理，2024年落实"3+2+6"矩阵管理模式，不断提高重点品种在市场的覆盖率与植入质量。逐步精细化管理经销商、二级商业和终端（三终端）三条线，在经销商的配合下，聚焦渠道梳理和品种培育，通过流量品种带动新品植入，以点带线、以线连面，深耕城市市场，确保各级经销商"守土有责"。

二是以营销数据可视化项目为依托，建立以市场需求为导向的决策机制，以渠道信息的真实、及时反馈为目标，对渠道商营销数据进行深入挖掘和分析、可视化报告展示，以发现市场趋势和机会，提升数据的可读性、决策效率及准确性。同时，出台"市场秩序管理办法"，进行渠道管理，各销售区域将渠道监管纳入日常重点工作，实行专人责任制，为市场实施网格化精细管理奠定坚实的基础，力求市场渠道监管无死角，确保渠道可控且能高效运转。

在实操端，通过数智可视化平台，以终端和批发销售数据帮助管理者了解各渠道的销售表现，采取有效措施，提升可控渠道占比，缩短销售链条。同时，关注线上线下销售占比、各区域销售业绩及趋势，持续监控重点管控品种在渠道内的销售情况，确保线上销售与管控品种的健康可持续发展。

（四）控终端，发力连锁提实销占比

1. 注重提高终端市场占比

持续推进终端管控，以提高终端市场占有率而非铺货率为目标，签订终端销售协议，加强终端网络建设，设置增量奖励，强化终端实销，鼓励经销商直销终端，通过健全的终端网络，不断提高终端销售占比。在销售终端，以点带面，根据区域特色与门店特点，通过不同的促销方案，充分利用合适的品种引流转销，尝试不同类型的样板市场，打造销售新方式，提高样板市场的整体适应性与调试度。

2. 鼓励直供终端品种开发

以品种为基础，强调增量奖励。对市场，保成熟市场稳定增长，加大半空白市场开发力度；对品种，发挥区域业务人员和客户的主观能动性，开发区域特色品种。注重终端市场的开发，合并终端品种，设立终端专销品种，并将之纳入终端销售管理体系，一级经销商直接覆盖终端，缩短供应链条，提升运维质量。

3. 精细管理建设终端系统

一是通过寰通数据赋能终端，充分利用经销商数据直连系统，加强对终端渠道的管控，以"一级管理、二级覆盖"为指导理念，以统签地采连锁监控报告为基础，实时掌握年度指标完成进度、合作连锁采购、连锁Top产品销售等情况，促进各区域与合作连锁的沟通协作，为区域市场精准施策提供可靠的数据参考。

二是结合终端营销模式，充分发挥精品政策优势。充分发挥"平台＋平台"、直供终端模式的优势，通过个性化营销策略，增强社会影响力和美誉度。以同仁堂走进社区、走进企业、走进校园为契机，扩大消费群体，并与目标消费者建立深度沟通和情感共鸣，促进终端活动的顺利落地，有效赋能终端实销。

三是加强终端建设精细管理，以系统化思维运营，以月、周、日报告为频次跟进工作，从发货、库存、实销、区域任务达成等多维度确认销售工作落地情况，构建终端管理系统。

4. 创新推广"御药传奇"系列

一是筹办精品战略之"御药传奇"系列上市及发布会，以精品的资源性、稀缺性价值为切入点，尝试走高端运营的路子，制定精品战略销售政策和零售价格政策，明确遴选经营伙伴的准入原则，有序推进"御药传奇"项目。

二是重视"御药传奇"系列发展，根据时间、地域、季节、消费人群和市场即时情况等打"组合拳"，通过品牌定位、终端陈列、终端促销、消费者引流来实现"御药传奇"系列由文化属性向品种属性转变的目标，让蕴含高价值的"御药传奇"系列从"典籍"走进故宫、走进目标消费人群，以创新营销推广模式创造更高价值。

三是坚持以重点品种带动系列品种共同发展，不断提高整体销售规模，将动销范围扩大至所有御药品种。通过系内系外优质单体店为销售造势，精选重点样板终端门店，突出精品差异化营销，以期实现既能培育品种又能贡献利润的复合型终端销售模式目标。

5. 丰富线上终端专项运营

一是归拢线上渠道，供货运营一体化，提升电商流通效率。以品种、品类、平台等维度作为运营推广考核指标，确保在京东、淘宝、抖音平台的电商运营和站内广告投放顺利开展。

二是紧密协同电商平台，将其视为线上终端并给予政策支持，合作开展品种专项运营。瞄准线上市场增长趋势，与京东、淘宝等电商平台深度合作，探索同仁堂品牌、品种与平台间的协同发展关系，开展重点专销品种运营，如针对"五子、锁阳、坤宝"等核心品种，集中优势资源，提高运营效率，为其注入增长动力。

三是丰富主题促销，精细化运营推广，充分带动营销节奏，让产品惠及更多消费者。整合多方资源，全面参与各类平台活动，定期组织"同仁堂药王节""同仁堂好物节"等原创主题促销活动，利用各类节点开展大促及主题活动。运营推广不断精细化，资源形式与利益点不断丰富，加速品种市场培育；开展竞品追踪，全力维护头部品种优势地位，实现提升产品销售并辐射更多消费者的目标。

四是拓展O2O渠道运营，终端连锁合作共建，实现线上可控数据持续增加。从2023年开始启动O2O渠道拓展工作，在"即时购药"场景下加强对同仁堂品牌及核心品种的市场引导。

在实操端，通过数智可视化平台，实时掌握合作连锁的统签地采购情况、年度指标完成情况、Top产品销售情况、样板连锁销售情况，促进各区域与合作连锁的沟通协作，协助管理者制定精准的市场策略，确保对终端市场的有效覆盖和管理。同时，借助终端批发销售看板，分析各区域、各产品的终端销售占比对市场货源分配的影响，以终端销售数据为参考，优化资源配置，为货源分配更契合市场需求保驾护航。

（五）控价格，双线维护价格体系

1. 构建并完善价格体系

一是执行《中国北京同仁堂（集团）有限责任公司价格管理办法（试行）》，完善《北京同仁堂股份集团产品价格管理办法》，建立公开透明、科学合理、监督制约的价格管理体系，确保价格管理的有序高效。

二是整体布局，构建并逐步建立完善的价格体系，通过价格管理，规范终端市场秩序，提高产品利润空间，提升各级经销商开发终端市场的积极性。

三是制定线上价格监控体系和线下区域价格维护网络。线上，通过平台巡查、运营抽查和价格预警等形式开展综合治理，按照各事业部的秩序管理办法对扰乱市场秩序的行为予以及时制止。线下，采取区域划分、条块结合并细化责任分工，明确区域价格管理责任和市场秩序要求，结合日常考核，确保产品价格机制正常运行。

2. 强化共赢，提升获利水平

通过与经销商高频次、多维度的有效沟通，统一思想、强化共识，推动经销商从通过政策获利逐步转向通过市场实销获利，不断提高其获利水平，增加客户黏性，增强经销商的合作意愿与合作深度。经销商和品牌对价格体系的共同维护，有效避免了价格战对市场的冲击，保护了渠道的利润空间，增强了经销商对同仁堂股份的信任度和忠诚度，促进了产品市场的稳步发展，也提升了同仁堂股份的品牌形象。

3. 引导电商平台价格维稳

维护电商各平台价格体系稳定，倡导良性竞争，有助于维护品牌、品种形象及多方利益。日常在主销平台进行价格巡查，对长期扰乱价格秩序的商户，锁定相应实物进行流向溯源，并根据渠道政策及相应措施对商户进行合规引导。大促期间则重点维护平台自营店铺的价格秩序，通过互利沟通、政策激励、有序供应等多种举措，与平台达成重形象、稳价格、保供应的合作共识。

在实操端，通过数智可视化平台，实时监控渠道商的低价销售行为，进行及时预警、稽查并采取措施，确保产品按指导价进行销售，防止价格混乱，维持良好的市场经营秩序。

（六）控秩序，纵深拓展提升营销力

1. 科学分解，优化布局

一是高度重视销售策略的制定和优化，多方沟通，确保策略合理，加大向终端转移的力度，通过严格考核标准确保策略落地。多维度组织培训，对策略内容进行宣贯，加大与各经销商沟通的频次，助力提振其经营产品的积极性。

二是强调指标的严肃性，根据销售策略，科学分解指标，直面年度任务，正视机遇与挑战。动态跟进各区域经销商的直销数据、实际发货数据、实际库存数据，结合区域特色精准施策，设计个性化年度任务指标方案。

三是坚持预防为主、奖惩为辅的原则，加强区域经营质量管理。各事业部制定市场经营秩序管理办法，强化一级经销商和销售区域的责任意识，严格维护市场秩序的总体稳定，鼓励开发区域市场，进一步优化渠道布局，扩大终端需求。

2. 数智管理，直联市场

充分利用信息化手段，借助营销数据可视化项目，在寰通系统设置预警稽查（控价格、控秩序）模块，预警稽查模块拟设计市场流通秩序报告（区域维度）和市场经营秩序（价格维度），各区域实时掌握各级经销商的价格和渠道，激发经销商积极性，鼓励其维护责任市场价格，营造良好局部市场氛围，确保药品市场经营秩序稳定，实现健康可持续发展。

3. 细化管理，专人负责

落实专人责任制，不断细化品种并开展分类管理，为方便产品培训和消费者教育，部分品种仅能销售给备案终端和协议二级商业，确保渠道可控。各销售区域重点进行线上线下价格维护，设定责任人进行巡查，定期反馈秩序核查情况，确保渠道价格稳定，为区域特色品种的销售增长奠定坚实基础。

4. 纵深运营，护航O2O

为了更好、更快地拓展O2O渠道市场，同仁堂股份与连锁药店的运营合作逐渐细化深入，共同完善O2O运营合作机制，加速营造线上渠道稳定秩序。在日常运营秩序层面，加强对品种上架率和连锁单品种销售数据的监测力度，不断优化数据监测的项目及频率，并尝试针对连锁下属核心门店制订单独的营销方案，充分发挥核心门店的市场价值。在连锁店秩序管理方面，尝试建立连锁分级评价机制和退出机制。以此不断完善合作机制，营造良好的渠道秩序，持续为同仁堂股份O2O渠道拓展工作保驾护航。

在实操端，通过数智可视化平台的预警稽查模块监控渠道商的跨区、低价销售行为，及时处理违规销售情况，确保品种营销按区域销售原则、按指导销售价格开展，对市场流通中的混乱情况防微杜渐；同时，监控重点管控品种是否在规定渠道内销售，防止窜货，在合法合规框架下，全力维护品牌形象，确保市场营销环境的稳定有序。

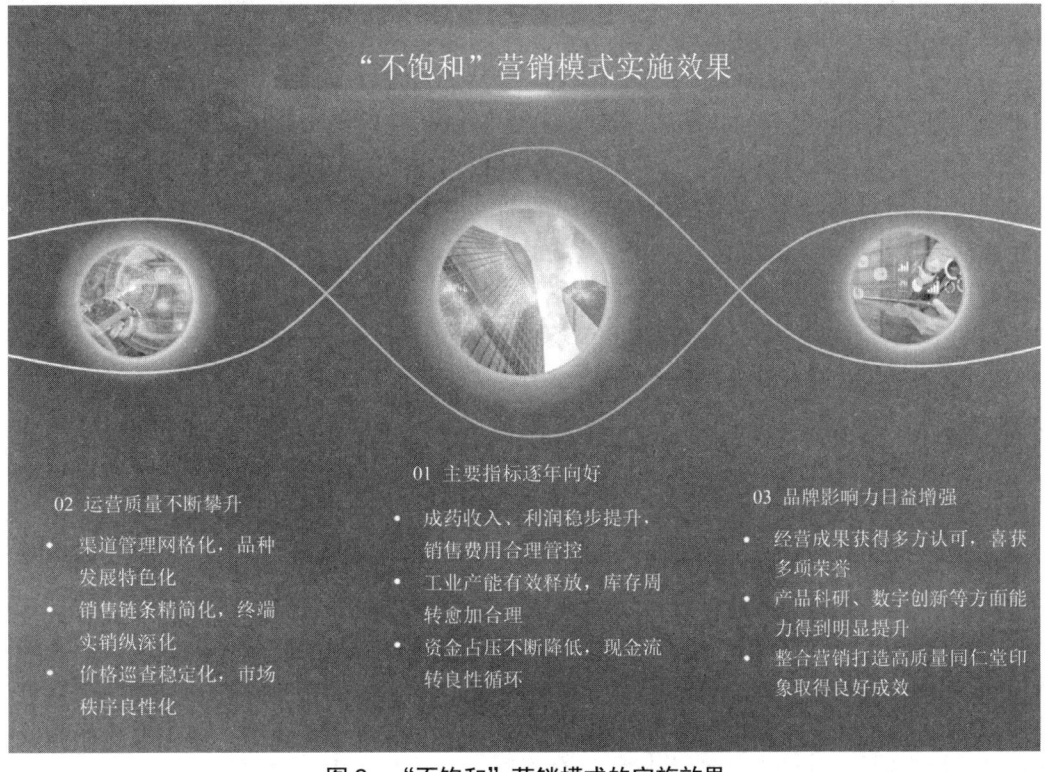

五、"不饱和"营销模式的效果

"不饱和"营销模式的实施效果如图2所示。

图2 "不饱和"营销模式的实施效果

（一）主要指标逐年向好

1. 成药收入、利润稳步提升，销售费用合理管控

"不饱和"营销模式下的经营指标变化情况如表1所示。

表1 "不饱和"营销模式下的经营指标变化情况

指标	2023年	2022年	2021年	同比增减	增减幅度
成药销售收入/万元	405444.17	367807.08	337014.06	68430.11	20.30%
销售费用/万元	40679.84	41715.91	38780.35	1899.49	4.90%
利润/万元	171958.66	153994.93	134071.54	37887.12	28.26%
存货周转率	10.26	6.96	5.48	4.78	87.23%
现金回款率	98.03%	93.62%	83.03%	上升15个百分点	
两年内到期存货占比	0.82%	3.35%	13.89%	下降13.07个百分点	

注：成药销售收入、销售费用、利润均为不含税金额。

从公司三年主要经济指标对比可以看到，公司成药销售收入三年内增长20.30%，费用仅增长4.90%，利润增长28.26%，利润增幅远高于收入增幅，公司通过高质量管理合理使用并管控销售费用实现了较好的经营成果。公司严格执行年末应收账款清零制度，2023年现金回款率已经达到98.03%，现金流较为充足，为生产经营提供了有力保障。

2024年经济指标持续向好，销售收入对比同期增长19.27%，回款率达到99.60%，同比上升1.96%。

同仁堂股份通过科学的库存管理方式，配合以销定产原则编制生产计划，使库存结构更加合理，2023年年末两年内到期存货基本清零，既减少了近效期减值的风险，也减少了仓储费用支出。同仁堂股份在完成各项经济指标的基础上，实现了北京市国资委提出的强化资产运营质量，切实做好"降杠杆、降两金、降成本、提高经济效益"的工作要求，实现了同仁堂股份的健康可持续发展。

2. 工业产能有效释放，库存周转愈加合理

一是生产端生产链条逐年完善。2021年至2023年年底，合规的生产场地有效增加并得以合理利用，亦庄厂坤宝丸增加生产线后产能提升一倍；小丸线产能优化后，制剂能力提高15%；增加全自动灌装线后灌装能力提升一倍。大兴分厂9g生产线完成认证后产能提升约30%。

二是周转率逐年提升，库存利用率得到有效释放，库存结构更加合理。在确保产品供应的情况下，2021年库存周转率达到5.48；2022年在库存的科学性与合理性上取得了更大突破，面对新冠疫情造成的艰难局面，库存周转率仍提升至6.96；2023年库存周转率更是提高到10.26，相比2021年上升了87.23%。

三是极大提高了工商协同效能。生产管控中心建立以来，通过定期或不定期的会议沟通，实现了更科学的品种排产，沟通频次从2020年的一月一次提升至2023年的一周至少一次。同仁堂股份高层专题例会也保证至少一季度一次，确保在原料供应、生产排产、库存结构调整等方面的沟通更高频、更高效。

四是较大程度降低了仓储成本。由于在库药品在效期节点得到有效关注与提示，近效期产品的在库率大幅下降，在库破损率也大大降低，仓储成本有效降低，市场库存保供能力也相应提升。

3. 资金占压不断降低，现金流转良性循环

"不饱和"营销模式开展以前，渠道市场库存管理较为混乱，市场库存量较大，占压经销商库容及

资金，经营秩序无法主动控制。2020年起，同仁堂股份逐步落实"不饱和"营销模式，从库存周转和资金流转两个方面有力提升了经营质量。

一是合理把控市场存量，保证各经销商库存量保持在3个月以内，其中大品种市场库存周转期为2个月左右，发展品种市场库存周转期为3个月左右，终端植入品种市场库存周转期在1个月左右。从数据直连、实时分析实销流到引入寰通数智可视化科学分析面板，实时掌握市场货源匹配度，确保市场库存可控，有效提升品种市场循环。寰通数据显示，2021年，OTC（非处方药）品种市场年度周转次数为4.7次，周转期为2.6个月；2023年年度周转次数为5.8次，周转期为2.1个月。

二是经销商合作收益得到大幅提高，品种周转频率逐年加快，资金占压周期大幅缩短。2023年应收账款开始实现半年清零、全年清零，品种的产品力不断提高，产品供应市场的反应周期也相应缩短，较大程度上提升了企业的核心竞争力，进一步提振了经销商的信心。

（二）运营质量不断攀升

1. 渠道管理网格化，品种发展特色化

一是梳理渠道，编织渠道网络，将全国销售规模达3000万元的连锁纳入渠道管理，通过定人、定品、定策、定量，开启了渠道建设网格化精细管理模式，大幅提升了营销效能，形成了双赢的利好局面。合理优化了资源配置，改善了各区域人力布局不平衡的现状，确保市场覆盖面的广度与深度，有效提高了各区域空白市场的开发力度与老客户的黏性。

二是聚焦品种培育与发展，关注品种植入数量。同仁堂股份品种植入在2022年累计超1000个品次，2023年在各级经销商中累计植入品种超1600个品次。同时，注重品种植入与运营质量，坚持发挥品种群优势，大力培育发展植入品种中的潜力小品种，集聚线上线下区域资源优势，开展特色运营，共管市场、孵化培育、健全渠道、扩展终端，为大品种战略不断输送逐步强壮的中小品种，助力品种群的健康可持续发展。

2. 销售链条精简化，终端实销纵深化

以品种运营事业部为例。

一是终端协议签署占比逐年提高。自2022年以来，各区域逐步加强协议管理，重视终端发展；截至2024年，二级协议指标占一级经销商指标的比例提升了28.7%，全国各区域二级协议额占一级经销商协议额的比例均超过50%。在业务运营过程中，通过协议管理，加强各级经销商的黏性；以打造样板、模式运作、动销活动方案设计等形式，不断提升终端门店经营同仁堂股份产品的热情，终端协议占比明显提升，大大利好高质量营销。

二是可控终端实销占比持续提升。2023年已逐步形成清晰的各级渠道定位和利益分配，达到以头部连锁为代表的终端"了解股份品种、愿意卖股份品种、会卖股份品种"的结果，实现各尽所能、按值获利、达到共赢的目标。自2022年以来，可控终端实销数据与所占比例逐年攀升，至2024年6月，可控终端销售占比提升了13.1%。

三是连锁终端工作纵深发展。加强终端队伍建设，加大客户培育力度，2023年开展大型培训750余场，500余家终端门店共开展系列动销活动1250余场，联动终端药店，传达广告宣传动态，确保终端品种深度植入。2023年与H连锁深度合作后，成功植入多个品种，持续保持了销售上量的良好局势，2023年30个主销品种在H连锁实销超3000万元；在O2O板块的合作中，11个主流品种品规合计GTV（平台总的交易金额数）同比增长68.08%。

2021—2023年H连锁采购数据如表2所示。

表2　2021—2023年H连锁采购数据

年份	采购额/万元	采购品规数/种	年采过百万的单品数量/种	年采过百万品种的采购额/万元
2021年	2635.2	115	7	1234.1
2022年	2956.7	115	8	1361.5
2023年	4204.9	97	14	2842.4

同仁堂股份2024年开展全国统签地采模式后，重视营销突破，纵深终端成效更加显著。以D连锁作为样板连锁深度合作，开展统签地采、为各地独选供应商保供货源、全国统一价格统一动销等多项措施，实现不低于20个品种的全国性铺货，在营品种超过100个。从2021—2023年D连锁的采购情况也可见终端销售成绩，如表3所示。

表3　2021—2023年D连锁采购数据

年份	采购额/万元	采购品规数/种	年采过百万的单品数量/种	年采过百万品种的采购额/万元
2021年	7647	133	13	6910.2
2022年	7436.9	124	15	6575.2
2023年	9459.1	134	15	8479.2

四是"御药传奇"系列表现亮眼。2022年"御药传奇"系列正式亮相乌镇健康大会，2023年"御药传奇"系列部分品种上市。2024年"御药传奇"系列推广项目正式启动，从品牌升级、服务模式、终端动销、品牌传播4个维度造势宣传，借助"身边中医药""同仁堂日"等契机开展营销活动；更与故宫永和宫的御药房深度合作，开启世界级博物馆平台推广的序幕，成就了"御药传奇"系列的高起点。与同仁堂系内药店签署战略合作协议，重点陈列推广"御药传奇"系列，并以精选的苏州、广西、上海等地部分优质系外单体店为点，以多维服务引流扩面，创下了系内门店单笔销售超26万元的记录。

五是线上C端开发效果显著。电商平台运营规模逐年扩大，通过节点大促及主题活动不断优化推广策略，实现了同仁堂股份全品种GMV（商品交易总额）2020—2023年复合增长率超18%，实现了同仁堂股份在电商平台业务的平稳向好发展。在淘宝、京东两大平台，同仁堂股份全品种183个品规，2021年实现销售额同比增长26.87%，2022年实现销售额同比增长33.4%，2023年实现销售额同比增长1.50%。2023年，25个重点推广品规在淘宝、京东7个主营店铺累计实现销售额同比增长9.82%，且节点大促效果显著，仅"618"大促期间，五子锁阳合计销售额就同比增长42%，五子衍宗丸销售额第五年蝉联天猫OTC男科类目销售第一名。

3. 价格巡查稳定化，市场秩序良性化

一是实施价格巡查制度，有效减少了扰乱市场价格行为的发生，维护了渠道价格的稳定。合理的价格维护措施保障了渠道利润，激发了经销商的积极性，促进了销售渠道的健康发展。与同仁堂股份合作的经销商，目前的获利空间远超行业平均水平。

二是线上线下稳价工作持续推进。线上平台，以五子衍宗丸、同仁牛黄清心丸、同仁大活络丸为代表的多个大品种，在淘宝、京东两平台均能以合规价格开展日常零售及促销活动。2024年上半年同仁堂股份引入线上巡查软件，对线上终端门店的价格开展了1.8万次巡查。线下，以寰通项目为依托，通过渠道插件、数据直连运维不断提升进销存数据的管理水平，2022年扩大二级客户范围，2024年所有一级经销商与重点二级经销商均已纳入，实现了对销售库存、价格和流向的实时查询。严格按照管控品种目录及管理原则，责任到人，条块分工不留死角，加强终端门店巡查，提高跨区域联合整治效率，即诉即办，2023年每月沟通稳价次数已超4000次，对重点品种开展了清网行动。通过价格巡查和维护，市场秩序得到持续性关注和改善，推动了不同渠道和不同合作方的良性竞争，稳步建立了生态环境良好的市场秩序，有效维护了同仁堂品牌与品种形象，也逐步构建起坚实的市场秩序共同体。

（三）品牌影响力日益增强

1. 经营成果获得多方认可

同仁堂股份积极承担国企责任，ESG（环境、社会和公司治理）履责实践入选"北京市属国有控股上市公司ESG实践优秀案例"及"国务院国资委国有企业上市公司ESG·先锋100指数榜单"，获得北京市认可。

作为上市公司，"不饱和"营销模式取得的经营成绩使得同仁堂股份在资本市场的关注度和认可度持续提升，股票（同仁堂600085.SH）被纳入"上证180指数""明晟中国指数"和"富时罗素全球股票指数"。同仁堂股份获第十三届香港国际金融论坛暨中国证券"金紫荆奖——最具品牌影响力上市公司"称号，获第十五届中国上市公司投资者关系"天马奖"（股东回报奖），董事长邸淑兵先生入选"福布斯2023中国最佳CEO"榜单。

2. 科研、创新能力得到明显提升

"北京同仁堂知识图谱"取得"北京同仁堂中医药知识图谱系统"计算机软件著作权，获颁《计算机软件著作权登记证书》，并入选《证券日报》的《2023数字经济发展典型案例（转型类）集》。同仁堂股份的项目"中药抗抑郁的作用基础与新药创制"获"2020年度国家科学技术二等奖"提名；巴戟天寡糖胶囊的研发弥补了中药行业在治疗抑郁症领域的空白，获得了三项国内发明专利、四项港澳专利，并于2015年获得北京市"科学技术进步一等奖"。

3. 整合营销工作取得良好成效

同仁堂股份多维度打造高质量同仁堂印象。同仁堂股份多个品种通过乌镇健康大会、全国药交会、全国糖酒会、中国品牌博览会"正装"亮相；与各类协会或公益组织，联合开展"国医名师进社区公益大讲堂"、"心灵呵护，快乐生活"家庭心理健康系列宣教项目、"清心倾力，活络人生——心脑健康关爱项目"，通过公益项目宣传企业公益形象，传播健康知识与相关品种信息；"身边的中医药"IP结合品牌文化与多方内容共创，荣获第十五届（2023—2024）"虎啸奖"银奖（IP营销类）。由此，同仁堂股份不断提升品牌声量，提高品牌竞争软实力，有效增加同仁堂品种背书分量。

六、复刻"不饱和"营销模式的可能

同仁堂式"不饱和"营销模式，由同仁堂股份以一己之力推动，在自身团队精心运营下，在经销商团队的积极配合下，于营销改革创新中，实现了如下效果：完善"4+2"至"3+2+6"矩阵管理模式，创新管理夯基础；贯彻四种营销意识，创新理念提业绩；产供销全链条紧跟市场需求，创新模式、全员营销；编织渠道网络规范市场，创新管控提秩序；分类施策鼓励直营，创新终端强实销；科学分配指标方案，创新分解转精细；加强线上线下融合，创新营销借平台；精准定投营销宣传，创新推广保销量；优化组织体系架构，创新改革再深化；加强人才梯队建设，创新团队高水平。

同仁堂式"不饱和"营销模式纵深推广，通过深入分析市场、梳理渠道、编织网络、精品谋划、策划创新，开展了全链条创新型营销管理，进一步深化了营销改革创新，让"北京同仁堂"品种知名度更高、"北京同仁堂"品牌声量大幅提升，也让同仁堂股份公司走出了一条以营销模式创新实现企业稳中求进的新路子。

同仁堂式"不饱和"营销模式，在落实营销改革创新中不断丰富内涵，以多重创新成果印证了模式的正确性，内生驱动、外借助力，以己正身，在相对混乱的中医药市场中获得了清明的流通，在中药行业形成了较强的正向辐射影响力，从生产、库存、发货、梳理渠道、重视终端实销、双线维护价格的全链条、全环节、全过程管理中，在适当的时间、适当的地点对适当的消费者卖适当的产品，以品种为基，以品牌为头，精准定位。此模式存在可复刻的可能。

"道阻且长，行则将至"，同仁堂式"不饱和"营销模式为营销改革创新提供了一个新方向，也为净化中医药行业市场，为挣扎在生存与发展困境中的中医药企业提供了一条新思路。在政府调控的大框架下，结合企业实际改造复制，大健康赛道上的"不饱和"将为中医药市场竞合共赢赢得更多发展空间，成就品种、成就品牌、成就稳固有序的市场未来可期。中医药传统文化也将在传承中守正创新，底蕴愈加深厚。

作为中医药行业命运共同体的一分子，同仁堂股份将永葆"闯"的精神，铆足"创"的劲头，发扬"干"的作风，凝聚聚合力、增动力、激活力，画好中医药传统文化事业的"同心圆"，在改革浪潮中坚定向"新"，追"新"逐"质"！

深化政电融合，打造网格化智慧服务新模式

创造单位：国网江苏省电力有限公司南京供电分公司
主创人：唐建清　陈杰
创造人：贾劲颂　申张亮　徐然　郭冬妮

【摘要】国网江苏省电力有限公司南京供电分公司（以下简称南京供电公司）以"网格化运营改革"作为"国企改革深化提升行动"的重要抓手，全力推动网格治理、选人用人、薪酬激励"三项机制"改革，建立政电融合网格化供电服务支撑体系，促进"网格党建"与经营深度融合，有效激发基层动力活力。目前，政电融合网格化供电服务模式已在南京市全面实行，将供电服务有效延伸至基层末端，范围覆盖906个城市社区、352个农村社区，服务500万余户电力客户。江苏省率先推动"电水气信"联办在市、区两级全面贯通，实现"电水气信"信息"一址共享"、业务"一网通办"。公司荣获"全国用户满意标杆（五星）星级服务"和"全国市场质量信用AAA级（标杆级）企业"等称号。"网格+电力"服务模式获江苏省政法委高度肯定，为其他大型供电企业和其他公共服务行业提供了可复制、推广的典型样板。

【关键词】政电融合　网格化治理　供电服务

一、实施背景

南京供电公司是国家电网有限公司（以下简称国家电网公司）下属的大型供电企业，负责向南京市11个区的500万余户电力客户提供安全、经济、清洁、可持续的能源供应服务。南京供电公司秉持新发展理念、服务新发展格局，率先推动城市级新型电力系统建设，建成500千伏"O"形双环、220千伏"四片六环"的坚强网架，供电可靠性保持全国领先，助力南京"获得电力"连续两年成为全国标杆，打造全球首个模块化多电平换流技术统一潮流控制器、首个全域覆盖的电力无线专网等一系列示范工程，公司近年来先后获得"全国质量奖""亚洲质量卓越奖""第二届国有企业深化改革特等成果""国家电网公司对标世界一流管理提升标杆企业""国家电网公司先进集体"等荣誉。

（一）网格化服务是党中央推动基层治理能力现代化的重要部署

党的二十大报告提出，要完善网格化管理、精细化服务、信息化支撑的基层治理平台，健全城乡社区治理体系。近年来，南京市深入实施"精网微格"提升工程，深化"网格+"治理体系建设，迫切需要电力等公共服务行业融入政府综合治理，发挥供电公司在社会治理中的电力价值。

（二）网格化运营改革是推动国有企业改革的重要举措

网格化运营改革是南京供电公司将"国企改革深化提升行动"重点改革举措向基层穿透，在一线释放改革红利、增强发展动力的关键策略。通过建立健全市场化经营机制，进一步放权赋能到基层网格，让员工直面市场、凭业绩说话，有效解决了以往电力客户需求了解不够深入、属地化供电服务响应不够迅速等问题，使"能增能减、能上能下、能进能出"在网格得到落实。

（三）网格化服务是推动公司发展的重要动力

国家电网公司党组提出，"要因地制宜推进城区网格化管理和低压供电业务融合，积极融入街道、社区治理网格，提升服务能力"。国网江苏省电力有限公司发布《国网江苏省电力有限公司关于开展网格化服务深化提升的通知》，强调"五深化"（深化网格合理布局、规范服务、资源配置、营配融合、政电协同）、"五提升"（设备管理向更加精益提升、业务办理向更加高效提升、诉求响应向更加精准

提升、综合治理向更加统筹提升、服务体验向更加满意提升），全面增强网格化服务质效，不断提高人民群众的获得感、幸福感、满意度。

二、实施目的

国企改革重在活力和效率。《中共中央关于全面深化改革若干重大问题的决定》提出，以网格化管理、社会化服务为方向，健全基层综合服务管理平台。南京供电公司坚持"人民电业为人民"，深化党建引领、优化组织机制、迸发网格动能，着力打造"网格+民生服务"的政电融合新模式，持续增进民生福祉。

随着经济社会快速发展，电力服务需求已经从简单的"办上电、用上电"向"快办电、用好电、不停电"转变，用户对电力服务的需求日益多样化和个性化，基于以上背景，供电服务主要面临3个方面的变化和挑战。一是客户对专人化、时效性的要求越来越高，传统集中办理的服务模式无法满足。据统计，2023年南京市全口径电力服务工单量达4.98万张，平均每日服务客户166次，客户服务需求大、频次高，而且客户期待获得专人服务、用电服务诉求能够得到迅速响应和解决。传统电力服务模式难以满足所有业务一口对外的需求，在申请、审批、设计、施工、验收等每个环节中都存在一定的流转审批和时间要求，服务能力与客户诉求之间存在不平衡。二是城市不同板块发展对电力需求存在差异，需要以网格化形式提升服务精细度。在城市发展过程中，不同板块发展方向存在差异，其对电力服务的需求和要求各有侧重。例如，南京市鼓楼区无产权车位的老旧小区居多，关于充电桩安装的诉求占比最高；南京市秦淮区景点多，保电诉求较多。差异化需求要求供电公司在网格化服务方面加强精细度管控。三是营配专业垂直管理与末端业务融合存在壁垒，需要优化前端服务方式。电网服务涉及多个岗位和专业，跨部门工单的协调时长占总处理时长的60%以上。服务半径过长、末端业务分散等问题制约了供电服务质效提升。前端网格化，是打通服务"最后一百米"、敏捷响应客户诉求、有效增强客户感知、主动为客户创造价值的有效途径。

为更好发挥国有企业"六个力量"，南京供电公司加快构建现代服务体系，推进组织机构和业务流程优化变革，深化政策突破和技术赋能，打造更贴近客户、更绿色经济、更高效协同的新型供电服务模式，当好服务国计民生的"电力先行官"。

三、实施过程

在上述背景下，南京供电公司成立工作专班，多渠道收集行业内外先进企业管理实践经验，采用现场调研访谈、管理资料收集、总结分析挖掘等方式开展研究。借鉴枫桥经验和南京市玄武区政府的相关实践做法，结合南京"网格+"工程和南京供电公司实际情况，探索并提出了适应于公司实际的可操作、可执行的基于政电融合的网格化智慧服务管理体系。

（一）研究情况

枫桥经验的重要内容为"紧紧依靠人民群众，把问题解决在基层、化解在萌芽状态""小事不出村，大事不出镇"，多年来一直是社会治理的重要学习经验。枫桥经验提出了"1+3+X"等网格精细化管理思路，同时枫桥镇先行先试，将电力服务与社会治理结合，探索打造"电娘舅""电卫士""电参谋"等政电服务品牌。

南京市玄武区政府近年来深化利用数字化手段赋能基层网格治理，依托智慧玄武城市运行综合管理平台、全域融合智慧调度平台、"玄武一网通"App、全区政务数据共享交换平台等业务系统，利用大数据等技术手段创新研发了城市运行"一网统管"平台，该平台归集和整合区域群众需求，以问题为出发点，对问题进行痕迹化闭环治理，可实现线上线下高效协同、指挥调度智能高效。

枫桥经验在社会综合治理方面给出了网格化管理先进经验，南京市玄武区政府在数字化赋能社会治理方面有着很大优势。随着客户服务需求的日益多元化和个性化，当前的网格服务体系面临着重大的挑战。南京作为省会城市，军、政、院校较为集中，南京供电公司作为大型供电企业，在服务企业民生、社会治理中需担当更大的责任和使命。

（二）总体目标

南京供电公司聚焦助力提高社会综合治理和民生服务水平，围绕以客户为中心的新时代卓越供电服务体系，确定本次融合创新的总体目标：建成政电融合为基础的供电网格服务标杆，推动多元网格共建、共治、共享，解决供电服务"最后一百米"。在深化营销内部、营配业务两个融合，以及做强网格服务前端的基础上，突出政电融合基调，引入多元服务主体，形成"2+1+X"的"四类融合"协同服务共治生态，以组织机构和运营体系为保障，以数字化网格服务平台为载体，以网格服务质量"四维管控"体系为支撑，建成基于政电融合的智慧服务管理体系，如图1所示。

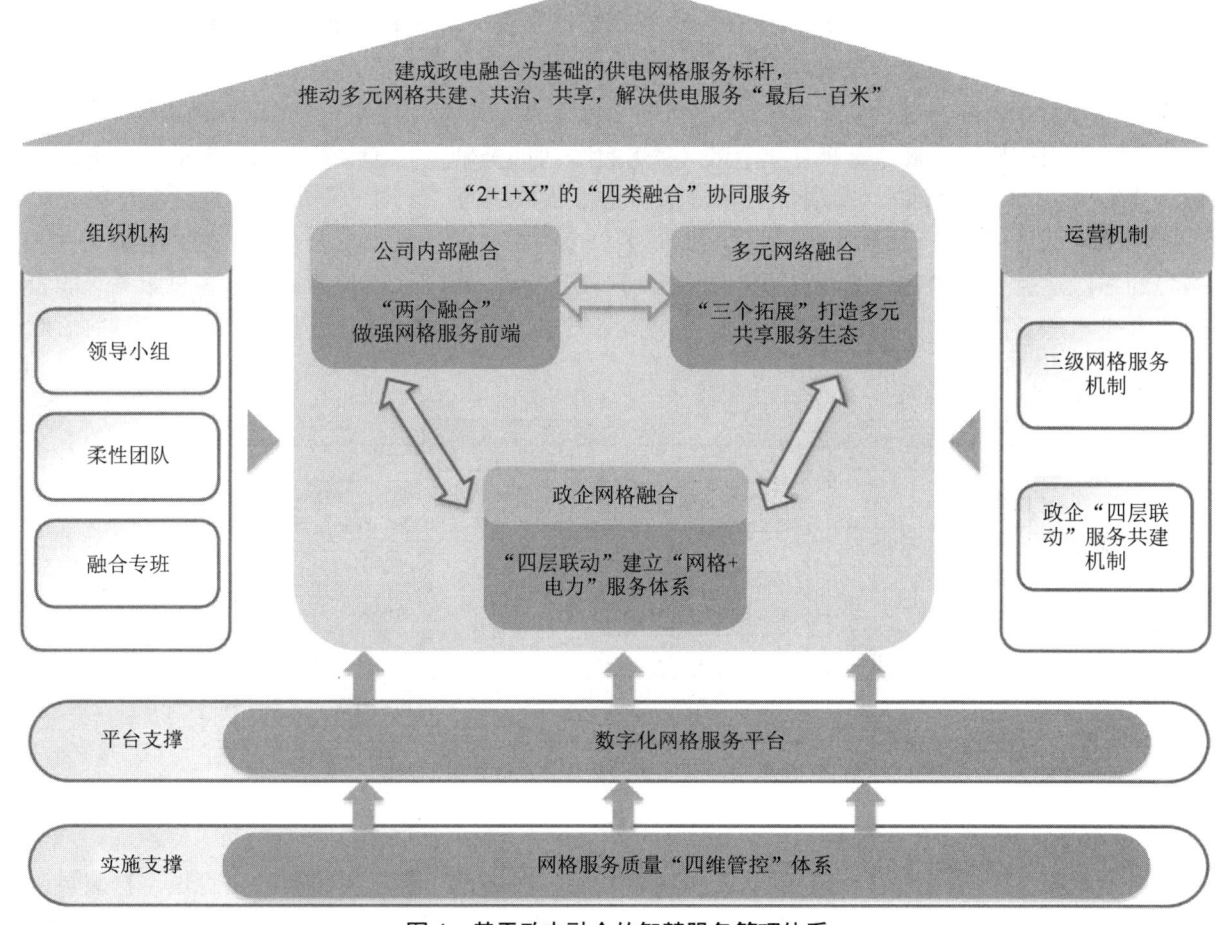

图1 基于政电融合的智慧服务管理体系

（三）方法路径

一是做强网格融合的服务前端。研究营配网格融合机制，探索构建电力网格服务布局模型，明确网格人员工作职责、业务服务流程、服务评价标准，形成公司营配网格融合的建设方案。

二是构建政电联动的服务模式。结合南京实际，以政电服务前端融合为抓手，开展"综合网格+电力网格"融合方案研究，探索电力网格员"进网入格"组织模式，构建政电网格融合的联动体系。

三是建设数字化网格服务渠道和管理平台。明确数字化网格服务渠道建设思路，设计面向客户、网格客户经理、运营管理人员的数字化网格服务平台，打造基于AI（Artificial Intelligence，人工智能）技术的数字化员工，从技术上实现电力服务"进网入格"，赋能网格服务能力提升。

四是构建多元服务主体共建、共治、共享局面。研究枫桥经验多方共同参与社会治理体系及形成共建、共治、共享局面的做法和思路，结合南京实际，引入其他公共服务网格，积极探索构建多元网格共建、共治服务生态。

四、主要创新点

南京供电公司以"网格化运营改革"作为"国企改革深化提升行动"的重要抓手，推动网格治理、选人用人、薪酬激励"三项机制"改革，完善政电融合网格化供电服务支撑体系，促进"网格党建"与经营深度融合，有效激发基层动力活力。

（一）深化"三项机制"改革，激发网格动力、活力

1. 完善网格治理机制

过去，南京供电公司运营管理体系分为市公司、区（县）分公司两级架构。随着人民群众对美好生活用能需求的不断提高，客户对供电服务响应时效性要求越来越高，电力客户的属地特点明显增强，需要推动营销和服务能力进一步下沉，精细化服务客户需求。南京供电公司实施网格化运营改革，优化供电服务机构设置，在原有4个区（县）分公司的基础上，在南京主城区增设了4个区域供电服务中心（6个区域分部），实现了区域分部与全市各板块的"一对一"服务，进一步在区县分公司、区域供电服务中心下设网格。改革后，形成了"市公司+区（县）分公司、区域供电服务中心+网格"的三级运营管理体系，将供电网格作为公司基层经营单元，承担业务拓展、客户服务等职责，全面提升供电服务能力，更好地支撑经济社会高质量发展。南京供电公司运营管理体系改革前后对比如图2所示。

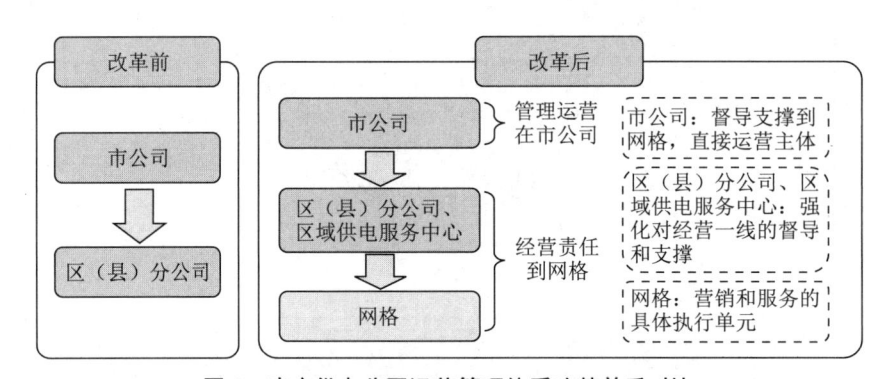

图2 南京供电公司运营管理体系改革前后对比

2. 推行市场化选人、用人机制

（1）选优配强"网格长"。南京供电公司探索基层"网格长"聘任制和契约化管理，打破员工职级、资历、身份等限制，通过"揭榜挂帅"选聘"网格长"，明确其业绩目标和考核标准；建立"网格长"不胜任退出机制，对能力跟不上、考核未达标、业绩排名靠后的"网格长"及时予以动态调整。自实施网格化运营改革以来，优秀"网格长"走上区（县）公司管理岗位比例同比提升28%，同时也有10余名不胜任的"网格长"被解聘。

（2）创新"网格长"培养机制。通过内外部培训相结合的方式对"网格长"进行复合式培养，实现从"业务精"向"管理优"转型。引导公司范围内不同网格的"网格长"互学互促。建立面向新任"网格长"的师带徒培养机制，在业务经营、团队管理、客户服务等方面跟踪辅导。

3. 健全市场化激励约束机制

（1）促进网格员工收入能增能减。建立向网格一线倾斜、以业绩贡献为导向的薪酬激励机制，充

分下放网格员工收入决定权，部门、班组有权自行设置奖项、确定标准，弱化岗级、工龄等固化因素影响，实现工资总额分层分级差异管控，打破收入分配"大锅饭"。通过构建灵活高效的工资总额管理模式，基层自主分配资金占比可达员工总收入的60%以上，网格内同岗级员工年度绩效工资最大差距超过20%，实现网格人员收入能增能减。

（2）打好"物质＋精神"激励组合拳。在物质激励的基础上，综合运用多种精神激励方式，广泛开展"名人堂""宁电好榜样"等评优评先活动，加大对先进网格、先进网格员工的宣传表彰力度。公司先后涌现出4名"中国好人"、4名"江苏好人"、35名"南京好人好市民"，9人获得了"全国道德模范提名奖""全国向上向善好青年""国家电网公司劳动模范"等高级别荣誉。

（二）健全支撑保障体系，高效赋能网格一线

1. 做强网格服务"前端"，构建机制运转新模式

建立健全"后台精益管理、中台专业支撑、前台业务融合"的供电服务组织机构新模式，通过推进"指挥前移、管控上移、治理下移"，实现业务融合、专业支撑、管理高效，切实提升供电服务质效。

（1）成立领导小组，高效组织部署。成立供电网格化服务工作领导小组，逐级分解目标任务、落实责任主体，审定供电网格化服务实施方案，组织做好"两个融合"统筹工作，积极对接南京市政法委和其他服务行业，探索构建政电融合、多元网格融合服务模式。对内，组建跨专业柔性团队，建立常态沟通协调机制，共同推进网格内服务诉求处理；对外，成立网格融合专班，成立由公司领导牵头的网格融合领导小组，配建工作小组，明确工作职责，加强网格共融方案实施的统筹协调，确保各项工作有效落地。

（2）强化"两个融合"，构建高效协同服务前端。整合营销内部和配电侧对外服务资源，融合客户经理制和设备主人制，根据网格服务客户规模、客户敏感度、设备健康情况和供电可靠性及所属街道、社区政府网格等关键要素，在南京市区建立电力"网格长"对接行政区、电力网格经理对接街道、电力网格员对接社区的三级服务网格体系，向客户提供基础服务、延伸服务、志愿服务和应急服务在内的"20项服务"，构成"1+4+X"的三级网格运营服务模式（1个统筹管理中心，4个电力"网格长"，多个电力网格经理和电力网格员），实现网格服务的精细化管理。

（3）培养全能型服务人员，推动服务响应"一口对外"。以"一专多能"为核心，培养同时具备客户经理和网格主人素质的电力网格经理。鼓励网格经理学习并获取营销和配电两个专业的技能等级证书，培育其综合业务能力。督促外协单位培养一批能同时承接营销和配电业务工作且责任感强、服务意识优的电力网格员。通过培养全能型业务人才，向客户提供专人化的"一口对外"服务。

（4）突出数字赋能，打造统筹协调管控后台。打造适配网格化服务的统筹协调管控体系，由供电服务指挥中心担任，通过统筹调度网格工单派发、监督网格工单闭环管理、统一协调自动化抢修资源，实现供电业务、客户服务、配网运营的网格化精准调度，赋能网格服务前端。

2. 多维融合强化合作，增强服务发展新动能

（1）协同政电优势，促进融合共建服务。首创实施"市级层面、区级层面、街道（乡镇）级层面、社区（村）级层面"的"四层联动"（见图3），建立区域供电服务中心对接区级层面、低压综合服务班组对接街道（乡镇）级层面、电力网格员对接社区（村）级层面的三级服务网格体系，形成政电双方服务共建、信息共享的"网格＋电力"融合服务新模式。促请南京市委、政法委和南京市11个区委、政法委下发"网格＋电力"支撑文件，部署电力网格员全量进入政府综合网格，畅通一线服务渠道，实现"网格＋电力"融合全覆盖。

市级层面	强化顶层设计和整体统筹		
	主动汇报"创新制"	集中商讨"融共识"	统一发文"建架构"
区级层面	构建政电网格融合联动体系		
	成立网格融合专班	构建网格融合机制	构建信息共享模式
街道（乡镇）级层面	打造多层次连接场景		
	全面部署"进网入格"，织密网格"服务网"	规范网格服务内容，上好网格服务"紧箍咒"	服务街道综合治理，构建协同共治"桥头堡"
社区（村）级层面	响应政电网格服务诉求		
	人员协同作业，服务不缺位	工单协同流转，服务不掉单	畅通一线服务渠道，服务不掉线

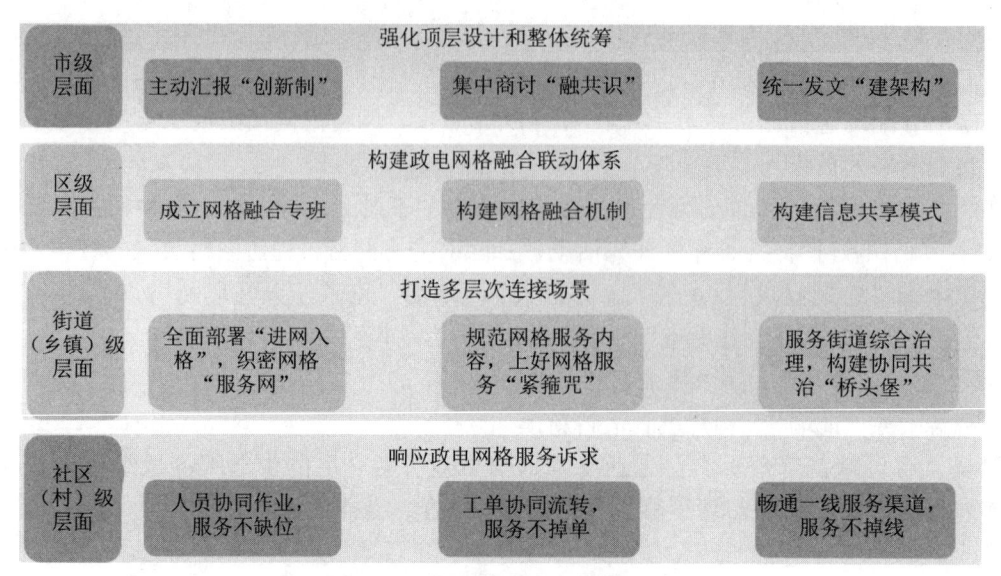

图3 政电"四层联动"服务架构

一是市级层面，强化顶层设计和整体统筹。公司向南京市委、政法委提出"网格+电力"建设构想，在现有政府综合网格的基础上，建设"综合网格+电力网格"服务管理架构。经反复论证沟通，最终确定"局部先行先试，总结经验推广"的建设思路，以区为单位，因地制宜，通过试点先行、以点带面，推动政电双网在人员力量、组织机制和数据资源等方面整合，为全面开展融合共建奠定基础。通过市级层面的引领和支持，统一发文落实电力网格融入综合网格的相关政策和规划，明确政电网格共融服务形式、服务内容、服务举措。目前，南京市各区已出台政策支持，实现全国首个市级层面政策全覆盖。

二是区级层面，构建政电网格融合联动体系。成立网格融合专班，设立政电网格融合领导小组，配套建立工作小组，明确工作职责，加强网格共融方案实施的统筹协调，确保各项工作有效落地。构建网格融合机制，分区建立与领导班子挂钩的政电融合对接关系，与各区签署区域战略合作协议，建立区域供电服务中心对接区级层面、低压综合服务班组对接街道（乡镇）级层面、电力网格员对接社区（村）级层面的三级服务矩阵。构建信息共享模式，如江苏省首创区级政电数据贯通服务模式，综合网格员对涉电隐患事项上报通过社会治理一体化平台经区级事件流转至供电公司处理，同时电力网格员通过平台对责任网格内电力诉求查看、签收和处理，推动用电诉求的双向沟通和一体化管理。

三是街道（乡镇）级层面，打造多层次连接场景。党建结对服务共建，公司二级单位牵头主动对接街道（乡镇），签署服务共建合作协议，建立双方快速联动、信息共享机制。精准配置网格力量，全面部署"进网入格"，每个街道安排1名电力网格经理负责区域内电力事务的协调处理，主动融入街道治理网格。服务街道综合治理，建立江苏省首个"银发关怀"云平台，开展关爱独居老人、平安小区建设等多项行动，提供用电安全检查、隐患消缺、电量异常波动预警等个性化关怀服务。

四是社区（村）级层面，响应政电网格服务诉求。安排电力网格员主动对接社区，全面下沉社区、"进网入群"，在社区粘贴统一规范的电力网格员服务公示牌，公示电力网格员职责、联系方式、监督电话等信息。在南京市各区和95个街道、6个镇、906个城市社区及352个农村社区构建政电融合全覆盖网格，电力网格员依托政电网格群紧密对接，实时响应用户故障抢修、报装接电、缴费咨询等用电需求。

（2）融合多方力量，共筑服务生态。推进多元网格融合，在"网格+电力"全覆盖的基础上，引入"电水气信"、公安、物业、消防等主体,打造"网格+公共服务"融合治理示范点。率先推动"电水气信"联办在市、区两级全面贯通,探索"电水气信"信息"一址共享"推动业务的"一网通办",为客户提供"一站式"业务受理、"一键式"缴费服务。打造江苏省首支"电水气信"石城共产党员服务队,签署服务共建协议,开展联合专项行动,协同解决群众关心关注的重点民生问题。

推进多元服务网格融合。与公安、民警、消防、市场监管等政府部门建立联动模式,围绕民生服务事项协同开展网格服务。通过"一网多员"的信息共享推动问题的"一次解决"和服务的"一网共建",切实提升群众服务感知。定期配合公安部门开展居住区群租房、私拉乱接检查。发生火灾时,按需向消防部门提供电量数据,辅助事故原因排查。

(3) 整合服务资源,筑牢网格阵地。强化网格化综合服务,促请政府在国内首家针对夏季极端高温情况下的困难群体用电需求出台电量补贴政策,配合政府完成南京3万余户低保户、1万余名供养困难对象的一次性高温电费(65度电费)补贴发放工作。运用电力大数据技术开展"银发关怀"智慧助老服务,基于居民家中的智能电表,自动采集用电数据,建立老人用电行为习惯模型,实施"一户一策"动态智慧监测,提供定制安全保障服务。建立全国首个"能量立方"驿站体系,拓展网格服务场景。利用闲置的政府房产等资源,在市、区、街道建设"聚光站、追光站、微光站"三级"能量立方"智慧绿能驿站,面向公共群体和新业态群体提供电力增值服务,推进绿色能源共享、智慧数据共通、网格服务共融。目前,已建成江北、江宁极客空间聚光站,雨花台区、高淳区追光站,梅园新村、茶亭东街等微光站,共计15家能量立方驿站。

3. 数智赋能提升"质效",创造服务形态新价值

(1) 创新建设网格化智慧服务管理平台。以政企融合服务网格为载体,打造面向政府、居民、网格员等各方的服务小程序,推动各方需求"平台汇集、线上流转、结果留痕"管理。建设"石城"配网数字化管理平台,实现配电网故障抢修精准定位、停电事件实时监测、运营工单主动预警、保电设备全面感知,推动客户诉求高效响应。配网故障处置时长已缩减至分钟级,抢修15分钟到达,供电可靠性提升至99.9944%。

一是发挥数字赋能作用,科学统筹规划应用架构。以政电融合服务网格为载体,通过平台支撑客户、政府、公司三方信息融合贯通,构建客户诉求一站式受理、服务资源一体化协同、服务过程数字化管控和政电网格精细化管理等多维数字化能力。嵌入基于AI(Artificial Intelligence,人工智能)的数字员工为客户提供24小时实时智能化服务。平台总体架构如图4所示。

二是连接网格多元主体,精心设计典型服务场景。打造面向客户、面向网格员和面向管理人员的数字化网格服务平台,推动客户需求"平台汇集、线上流转、结果留痕"的全过程数字化管理,形成客户"问题诉求指尖填、服务响应端到端"的网格化服务体系。

三是综合考虑服务需求,全面开展轻量化流程设计。结合实际服务需要,以轻量化的服务流程设计为导向,构建以场景为重构重心的数字化功能连接网络,设计诉求提报、工单派发、工单转派、工单处理、服务评价、工单归档环节在内的网格服务流程,支撑供电网格服务高效开展,如图5所示。

(2) 首创区级政电数据贯通服务模式。推动与政府网格化管理平台深度融合,网格员对涉电隐患事项进行上报,通过社会治理一体化平台经区级事件流转至供电公司处理,实现用电诉求的双向沟通和一体化管理。

(3) 创新研制政电联合服务应用程序。联合区委、政法委研发政电综治服务系统,率先打造集政务咨询、用电诉求、志愿服务于一体的互动服务平台,实现用电状态诊断、隐患一键上报、电力咨询、涉电矛盾处理等民生涉电及其衍生事项联动办理、快速解决。

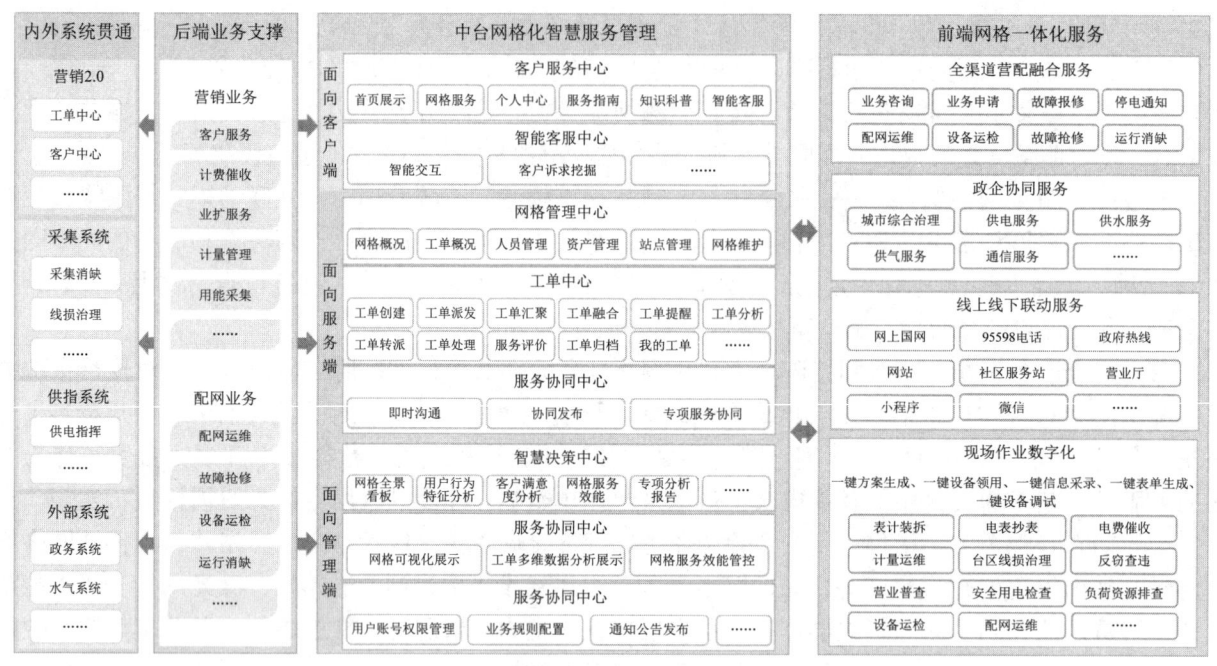

图4　数字化网格服务平台总体架构

（三）坚持党建引领聚力，小网格融入发展大格局

1. 加强网格组织体系建设

结合网格化工作实际，因地制宜成立功能型党组织，通过模式共创、服务共建、资源共享，提升网格综合服务能力。派驻党建指导员帮助建立党建工作制度，组建联合攻关小组，开展党员突击队、党员示范岗创建。

2. 深化网格党员队伍建设

建成江苏省首支"电水气信"石城共产党员服务队，调派优秀党员骨干，积极参与"网格＋公共服务"融合治理体系建设。党员带头在急、难、险、重任务中冲在前、干在前，帮助群众排忧解难，促进公共服务领域末端融合、为民服务品质提升。探索"电水气信"信息"一址共享"推动业务的"一网通办"，为客户提供"一站式"业务受理、"一键式"缴费服务。联合组建和运行"电水气信"共产党员服务队，制订服务清单，开展联合专项行动。

3. 党建与网格业务深度融合

加强"电水气信"党建联盟单位间互融互通，以"能量立方"绿能驿站为基地，开展公共服务行业联合服务行动，零距离响应客户需求。探索居民公共服务"首问负责""一网通办"模式，提供更加便捷、高效的服务。

五、实施效果

（一）优质服务持续升级

一是打造江苏省首个"网格＋电力"融合共建服务标杆。促请南京全域各区出台政电融合支撑政策，电力网格全量融入政府网格。服务模式范围覆盖1200余个社区，建成153个"村网共建"电力便民服务点，打造4个国网级示范点。相关成果在江苏省委、政法委信息专刊，以及国家电网公司要情等刊发。

二是供电服务更精准。推广"未诉先办、接诉即办、一次办好"的主动服务模式，网格化服务开展以来，通过网格微信群等渠道累计受理网格诉求2万余起，客户网格诉求答复及时率达100%，服务

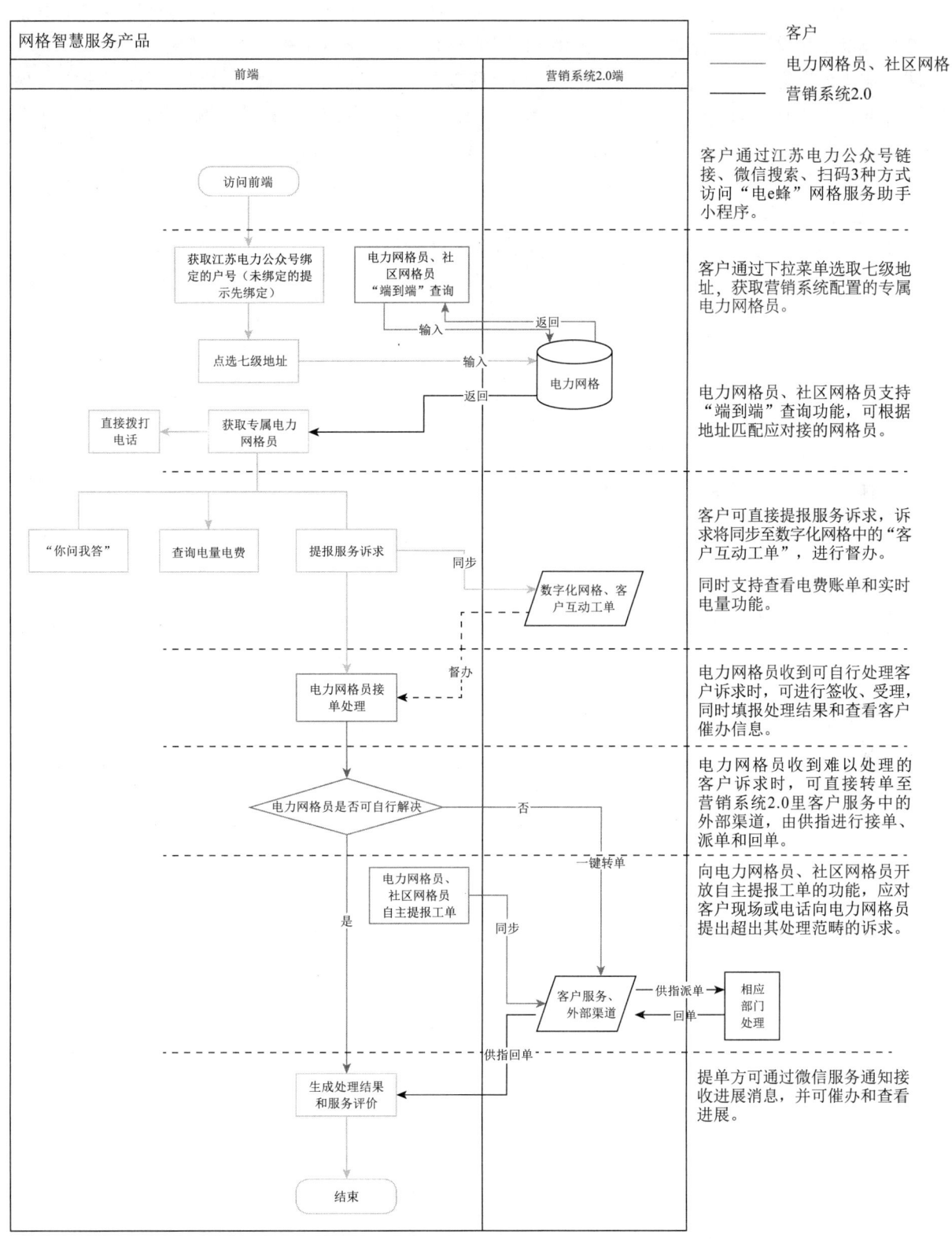

图 5　轻量化流程设计图

满意率同比提升 2 个百分点，服务工单数量同比压降 32.6%。

三是办电时长再压缩。电力网格员化身为一个个"移动营业厅"，随时随地向客户提供用电报装、更名过户等低压用电服务，充电桩平均办电时长下降至 0.9 个工作日，较之前下降 81.3%。

四是响应速度再提升。利用"小网格"聚起优质服务"大能量"，打造全国首个"能量立方"绿能驿站服务体系，累计建成 15 座"能量立方"驿站。南京高淳供电公司共产党员服务队获评"全国学雷锋活动示范点"。公司荣获"全国市场质量信用 AAA 级（标杆级）企业"和"全国用户满意标杆星级（五星）服务"称号。

（二）经济运营卓有成效

一是增强网格服务运维协同能力，降低管理成本。网格融合后，运营管理由专业化向网格化转型，促进公司各项指标提升。客户平均停电时间压降 41%。低压综合线损率降低至 1.4%，经济运行达标率 95%，处于电力行业领先水平；高损台区占比压降至 0.04%，同比压降 70%。

二是推动政府与电力企业资源联动，降低服务成本。联合公安局、住建局、消防支队、城管支队等政府部门，完成对全地区的现场督察，累计排查小区 300 余个，发现和报送私拉乱接问题 29 处，消除电气安全隐患 61 条，减少各项重复人力资源投入，降低服务成本投入。

三是通过数据的精准分析和监测，确保经济利益。及时发现电力设备的异常情况，提前预警，减少电力损耗和故障，促进能源的高效利用。网格及时发现异常情况，提前预警处理，2023 年营销稽查和反窃查违挽回经济损失 1800 余万元。

（三）营商环境全面提升

一是"网格+电力"精准高效响应，做出服务表率。通过"网格+电力"协同联动，畅通社区一线供电服务渠道，有效解决供电服务的"最后一百米"问题，全面提升基层治理效能。"网格+电力"相关经验和做法得到南京市委政法委肯定，推广至其他公共服务行业，助力南京建立"网格+公共服务"模式。

二是获新华社等媒体报道，塑造央企形象。网格化工作在新华社、"国资小新"、"学习强国"、《新华日报》等媒体上报道 30 余篇。推出电力网格员系列报道，塑造了负责任央企品牌形象，充分彰显了"人民电业为人民"的企业宗旨，同时网格员工拍摄的作品获"中国电力新闻奖"一等奖。

三是"网格+电力"服务模式获得政府认可，树立标杆示范。江苏省委、政法委高度认可南京供电公司将电力网格化融入政府网格的工作。

四是打好便民利企"组合拳"，注入营商环境"新能量"。成立重大项目服务工作组，实施省级重大项目领导挂钩机制，顺利接电 86 个省、市重大项目。深入落实"三零三省"服务，累计节省高低压客户办电成本 6.5 亿元。联合南京市发展改革委构建电力外线政企共担"红黄绿"预警机制，全年累计推动 46 个小区项目落地外线资金 4.8 亿元。联合成立"电水气信"联办窗口 23 个，率先推动"电水气信"联办平台市、区两级全贯通。率先实现国网系统跨省办电全覆盖。建成 912 个"开门接桩"小区，惠及居民 13.58 万户。

六、下一步规划与探讨

下一步，南京供电公司将加强先进经验的学习引入再创新，依托现有政府综合网格，建成基于政电网格融合的智慧服务管理体系，推进政电联动，同频共振分级构建服务模式；深化营配融合，做强、做优、做实网格服务前端；推动数智赋能，开放拓展网格数字服务平台，解决供电服务群众"最后一百米"难题，持续提高广大客户获得感、幸福感、满意度。

高质量发展目标下的石油企业经营管理创新与实践

创造单位：中国石油长庆油田分公司第二采油厂
主创人：李彦兵　田震
创造人：刘轶青　王金鑫　王文杰　李玲　闫鑫　张倩　郭晓东　韩金霞　王霖　王佳璇

【摘要】近年来，中国石油长庆油田分公司第二采油厂（以下简称第二采油厂）认真贯彻油田公司决策部署，以率先实现高质量发展、建设基业长青的百年长庆为指引，突出价值创造、低成本发展、"四精"管理，持续推进技术和机制创新，科学优化成本，着力打造"13446"精益管理体系，探索更高质量、更有效率、更可持续的发展新路子，高质量完成了油气企业政治使命、经济使命和社会使命，全面迈向基业长青的世界一流采油厂目标。

【关键词】高质量采油厂　精益管理　创新与实践

一、实施背景

（一）做实精益管理，深化集团公司提质增效专项行动的需要

2014年起，中国石油天然气集团公司（以下简称集团公司）连续10年开展提质增效专项行动，与国务院国资委开展的世界一流企业价值创造行动有机结合、统筹安排，逐步推动企业从生产型向经营型转变。集团公司要求坚持把提质增效作为推动高质量发展的长期性战略举措，以"量效兼顾、效益优先"为价值导向，按照"四精"要求，强化责任落实、过程管控和工作督导，抓紧、抓细、抓到位，力争原油完全成本和自营天然气完全成本控制在设定范围以内。

2022年，在国企改革三年行动收官完成后，集团公司把提质增效、低成本发展作为四大战略举措中的两大举措，提出要对提质增效、亏损企业治理和法人压减工作长期坚持、常抓不懈。在新形势下，长庆油田与"油公司"相配套的组织职能、制度标准、合规管理、风险防控等体系全面建立，突出对标管理，启动勘探、评价、开发、基建等专业对标体系建设，精益管理逐步深化。第二采油厂作为基层生产经营单位，要进一步把国家和集团公司、分公司的系列"规划图"变为"施工图"，更加系统和深化提质增效行动方案。

（二）提升发展质量，打造油田公司世界一流大油气田的需要

党的二十大报告提出，要加快构建新发展格局，着力推动高质量发展。国务院国资委提出世界一流企业"三个领军、三个领先、三个典范"的标准，集团公司进入创建世界一流示范企业名单。2022年，中央全面深化改革委员会审议通过《关于加快建设世界一流企业的指导意见》。2022年2月，国务院国资委印发《关于中央企业加快建设世界一流财务管理体系的指导意见》。

第二采油厂认真落实集团公司、专业公司、油田公司一流企业工作部署，用行动践行采油大厂"大样子、大担当"的工作作风，持续保持公司领跑地位，大力提升勘探开发力度，全力践行"134发展方略"（即始终贯穿坚持党的领导、加强党的建设"一条主线"，协同推进资源勘探、油气开发、新能源"三大主业"，持续强化改革创新、提质增效、风险防控、凝心聚力"四项保障"），突出价值创造，着力增储上产、绿色转型、创新驱动、提质增效、强化管理、防范风险，统筹油气资源低成本开发和增强油气保障能力，不断开创高质量发展新局面，为建设世界一流大油气田努力奋斗。

（三）深化业财融合，探索技术管理协同创新降本路径的需要

2015年，国务院国资委发布相关文件，开展"降本增效、提质升级"主题活动。2018年，集团公

司财务要求研究制订集团公司管理会计体系建设总体实施方案，研发符合集团公司业务实际的管理会计方法工具，有力落实低成本发展战略。第二采油厂按照集团公司特色管理会计体系的工作部署，以"效益优先，提升效率"为原则，落实"四个转变"理念，主动出击，上产增量，坚持纵向一条线，从公司层面至采油厂等各级单位，从源头优化资金配置，狠抓"选井选层、工艺优化、过程管理、效益管控"重点环节，努力打造有效降低成本的科学路径，加强措施全过程精益化管理。

第二采油厂由于建厂时间长、规模体量大，投资成本"双控"难度持续增大，资源品位与提质增效、规模与效益、数量与质量等矛盾日益凸显。该厂深化投资计划管理、精益成本管理、资产价值管理、产销协同管理，从战略规划、投资决策、成本管理、营运管理、绩效管理、内部控制等方面，系统实施储量、产量、投资、成本、效益"五位一体"管控，强化技术与管理协同创新，让支出的每一分钱都创造价值，实现油气生产全流程精益管理。

二、实施过程

第二采油厂围绕共绘"大强壮美长"新发展图景，锚定"挺进500万吨，高质量建设现代化示范采油厂"总目标，储量勘探、产能建设、生产运行、技术研发等风险和价值管理需求急速增加，以行政指令、增量预算、PDCA（P代表计划，D代表执行，C代表检查，A代表处理）循环等为主要工具的管理模式已呈现出机械僵化、粗放简单、反应较慢的问题。该厂坚持抓当下与谋未来并重、转观念与建机制并行、促上产与提效益并进，将保障国家能源战略的底线思维、遵循市场经营的价值思维和追求卓越的战略思维相统一，遵循党建引领、突出三大关键内容，深化四项机制、开展四项提升、聚焦六大要素，形成了以迅速适应外部不确定性环境，且全面涵盖油田勘探、开发、生产等流程的"13446"精益管理模式（见图1）。该模式的基本含义如下所述。

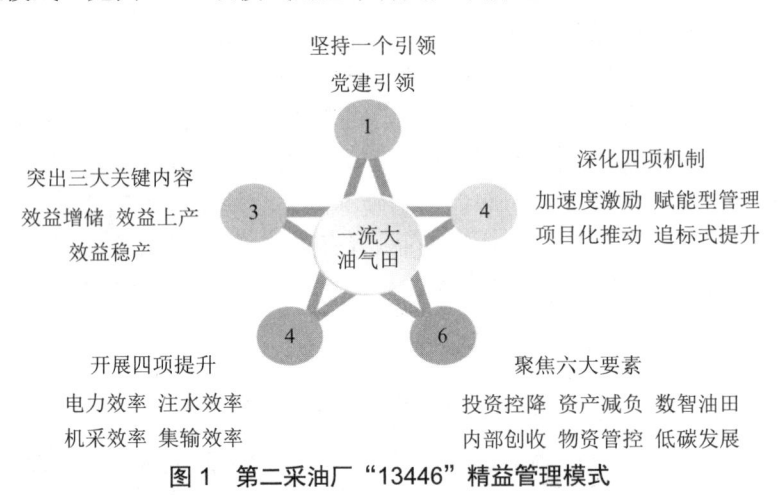

图1　第二采油厂"13446"精益管理模式

（1）坚持一个引领，这是国有企业的使命要求。坚持党对国有企业的绝对领导，全面贯彻新发展理念和新时代国家油气战略，"把能源的饭碗牢牢端在手里"，践行国有企业的政治使命，奋进高质量发展，保障国家能源安全。

（2）突出三大关键内容，这是生产运营的价值理念。企业要加强以效益增储为前提、以效益上产为抓手、以效益稳产为路径的全流程油气藏经营管理，将价值实现前后端全要素管控结合起来，贯通油气藏价值发现和价值实现全生命周期经营，充分发挥市场机制功能。

（3）深化四项机制，这是机制搞活的管理驱动。以油公司改革为契机，进一步打破计划指令管理的相关瓶颈，做优激励制度，强化利润导向的全面预算，赋能团队组织，打造项目管理，实施对标追标，目的是破解长期计划经营带来的老问题，以及应对不断变化的外部环境和内部状况面临的新问题，以目标愿景为导向，以提升组织效率为抓手，循序渐进，追求卓越。

（4）开展四项提升，这是技术创新的科技驱动。结合集团公司和公司对标世界一流管理提升行动部署，坚持精细油藏管理，突出技术和工程创新，聚焦提质增效重点内容，全面分析电力、注水、机采、集输等的成本、效率与效益关系，打造安全、绿色、质量、合规"四个"精品工程。

（5）聚焦六大要素，这是持续发展的重点领域。针对生产经营中的难题、瓶颈，仔细梳理，重点突出，坚持低成本发展，从投资控降、资产减负、数智油田、内部创收、物资管控和低碳发展6个重点领域开展精益管理。

综上，第二采油厂"13446"精益管理模式是将国有企业的初心使命、市场经营的价值思维和追求卓越的战略思维有机协调起来，以党建引领、价值管理、机制改革、过程管理和要素管理为框架，以精细油藏管理为手段，有力破解生产经营瓶颈和难题，持续创新，提升价值，推动第二采油厂世界一流企业的创建。

（一）坚定不移跟党走：坚持党建引领

第二采油厂党委充分发挥把方向、管大局、促落实的作用，突出抓好党的政治建设、组织建设、作风建设，以及文化培育，为"十四五"末奋进500万吨提供坚强的政治保证。加强政治建设，提高政治判断力、政治领悟力、政治执行力；加强组织建设，以"五同步"为抓手，强化基层党建"三基本"建设与"三基"工作深度融合；加强作风建设，持续开展"十破"专项行动，打造"讲政治、勇担当、善团结、勤沟通"的干部队伍。

（1）以"四个四"常态化工作夯实队伍政治思想（见图2）。坚持以习近平新时代中国特色社会主义思想为指导，落实公司"学精神、谋发展"大讨论部署要求，以"四个四"为抓手，成立宣讲宣传、教育培训、实践研究等7个专项小组，周密组织、挂图作战，持续推进中央精神学思践悟热潮。

图2　"四个四"常态化工作夯实队伍政治思想

（2）以"四个向"激发高质量发展内生动力（见图3）。当前，深刻领悟党的二十大精神实质与核心要义，对标高质量发展要求，围绕主责，聚焦主业，立足当下，着眼长远，通过"四个向"找短板、议方向、提思路、谋对策，激发高质量发展内生动力。

（3）"八化五联"运行推进"八化融合"落地。坚决落实国企改革提升行动总体部署，稳步推行以"数智化生产指挥中心"为管理核心，将管理层级由"作业区、中心站、车组"三级精简至"作业区、运维班"两级，

图3　"四个向"激发高质量发展内生动力

探索建立数智化新架构下"4+1+N"的机构设置模式，探索形成"八化五联"管理运行机制，如图4所示。

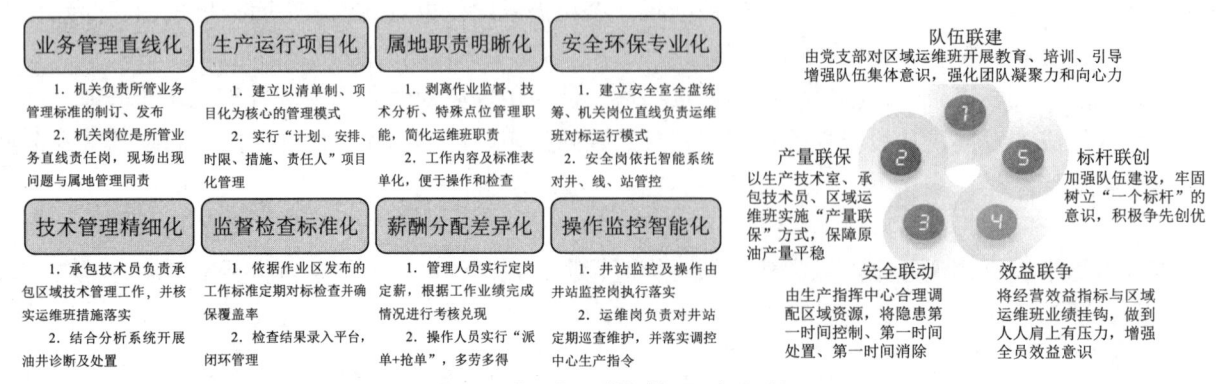

图4 "八化五联"管理运行机制

（二）生产上精耕细作：突出三大关键内容

围绕风险勘探、规模勘探、效益勘探总体布局，建立勘探、评价、开发一体化攻关机制，加速推进资源向储量、储量向产量转化，率先实现资源发现的高质量。坚持"产量是效益的源头"理念，加强效益增储、加快效益上产、强化效益稳产，实现了增产又增效的良性循环。

（1）效益增储。一是以"提产、提速、提效"为核心，深化多学科综合研究，推进典型油气藏规模化勘探。二是侏罗系按照"上山下河"找油理论，全面应用三维地震成果，精细古地貌刻画、成藏规律研究，加大研究评价力度，精准指导部署。三是围绕主力层系，依据区域储层特征，开展不同井网、井型、储层改造等差异性开发试验。

（2）加快效益上产。一是产能建设加速度。按照"效益建产、算赢再干"原则，深化以新井产量为核心的"六保"组织模式，优化建设方案、细化生产组织，加大提速提效工艺应用，提升建设效率。二是轻烃上产提效益。以"零排放、零火炬、零燃油"为目标，按照"应集尽集"原则，综合挖潜"轻烃+干气"效益。三是优化方案设计，优选产建目标区，实现方案技术经济最优。

（3）强化效益稳产。一是狠抓油井措施增产、低产低效井捞油和套损井治理，深挖单井潜能。二是精细单砂体刻画，开展水井小层注采优化、补孔、隔采、调剖、调驱等措施。三是推广"周期采油、周期注水、轮注轮采"脉冲采油技术。

（三）管理上精雕细刻：深化四项机制

以深化四项机制为牵引，解放思想、更新观念，优化资源配置，形成了"干多干少不一样、干好干坏不一样、干与不干不一样、贡献大小不一样"的浓厚氛围，充分拉动全员提质增效积极性与创造性，为高质量发展充分赋能。

（1）加速度激励。建立重效益、强对标、讲业绩、硬兑现的薪酬考核体系，按照"产量超欠、预算节超、利润贡献"实施薪酬加速度激励，全厂上下"干得好、多拿奖、快发展、受尊重"的价值创造导向愈发鲜明。图5所示为加速度激励作法与模型图。

（2）赋能型管理。深化"基层责权利对等、机关放管服同步"管控体系改革，将基本运行费100%下移至基层单位，实行"总额控制、分项调整、自求平衡"预算管理模式，前端优化实现"三个下移"（即预算下移、权限下移、责任下移），过程管控做到"三个全面"（即全面计划、全面预算、全面执行），管控范围延伸"三个内部"（即内部利润、内部银行、内部市场），靠实管控主体责任，提升基层自主管理能力。

（3）项目化推动。按照"预算倒逼、利润倒算"的工作思路，强化预算管控、目标成本管理和绩效考核等管理会计工具方法的应用，按照投资全生命周期管理法，实行预算管控与提质增效一本账，成立以投资控降、折耗控降和成本压减为核心的10个项目化管理专班，即效益增储（地质研究所）、效益建产（产建项目组）、效益开发（地质研究所）、工艺提效（工艺研究所）、运行提效（生产运行部）、修旧利废（生产运行部）、内部创收（财务资产部）、新能源（规划计划部）、资产轻量化（财务资产部）和管理提升（财务资产部），明确指标、细化任务、限定节点，旬度跟踪、月度通报、季度夺杯。推进厂级和作业区级责任清单，精准化实施目标细化到班组，措施细化到点位，时限明确到岗位，考核明确到个人。

（4）追标式提升。完善三级经营对标管理体系（厂级对标、基层对标、油藏对标），建立横向、纵向、目标三维对标模型，结合战略地图、成本分析、风险矩阵等管理会计工具，严格执行"对标、分析、计划、执行、再对标"的闭环管理，用对标结果查问题、找差距、寻对策，以对标促管理，以管理促提升。

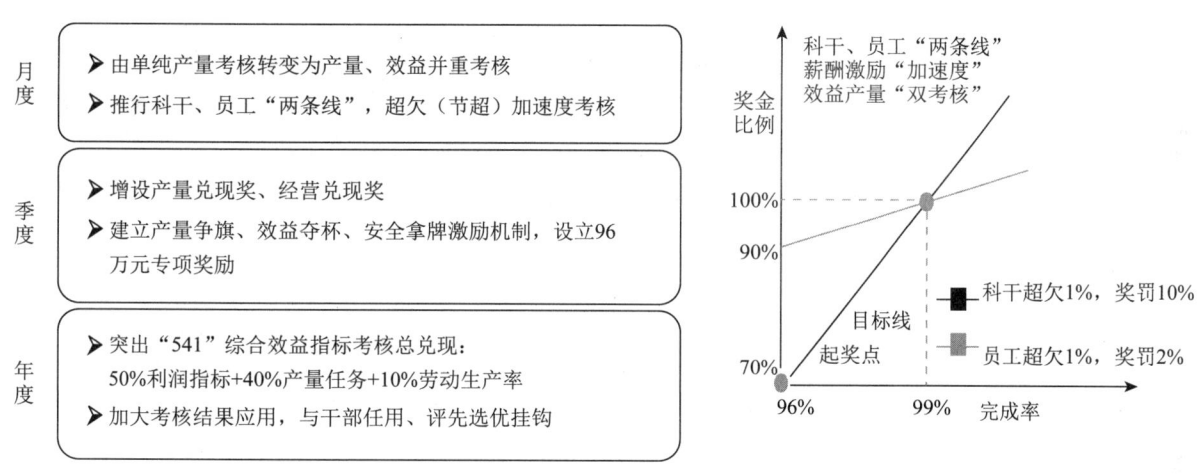

图5 加速度激励作法与模型图

（四）技术上精益求精：开展四项提升

践行低碳效益发展理念，从生产工艺前端入手，突出"电力、注水、机采、集输"四大效率提升。

（1）提升电力效率（见图6）。坚持开发降耗、工艺节能、运行挖潜、管理堵漏全方位节能降耗，实施4类12项挖潜措施，优化生产工艺流程、提高用电设备效率、降低供电系统损耗、实施严格用电管理。

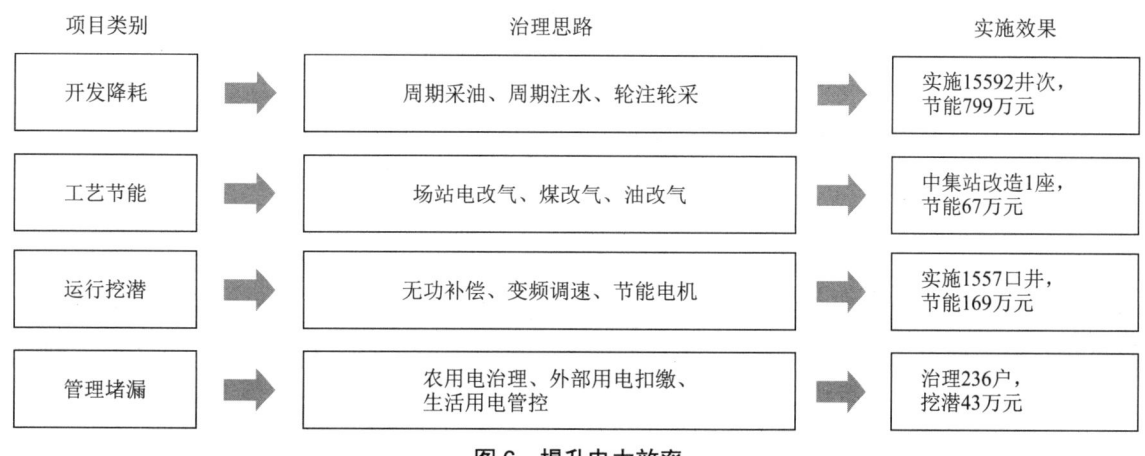

图6 提升电力效率

(2) 提升注水效率（见图7）。以油藏需求为导向，践行效益注水理念，坚持"八个一"精细管理法，开展"井筒改善、水质达标、保障能力"三大提升工程。

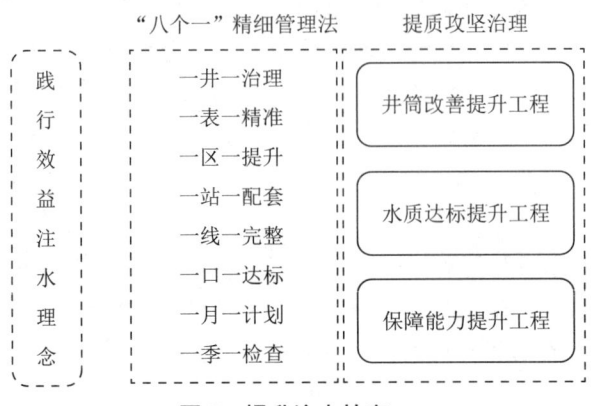

图 7　提升注水效率

(3) 提升机采效率（见图8）。围绕"降频次、提效率"两个目标，扎实开展西峰油田智能间开示范区建设并向全厂推广，加强清防蜡、防腐、防磨和防气等专项治理，通过开展调整冲次、冲程、平衡和节能配套提高机采效率，通过一井一法一工艺管理，提升质量管理。

(4) 提升集输效率（见图9）。围绕"提效率、增效益、降风险"目标，从"低效站点治理、拉改输治理、管道完整性治理"三方面开展工作。

图 8　提升机采效率

图 9　提升集输效率

（五）经营上精打细算：聚焦六大要素

深化精细成本和低碳管理，聚焦六大要素，调整管理思路，优化管控方法。

(1) 聚焦投资控降。牢固树立"今天的投资就是明天的成本"的理念，按照"先算后干、事前算赢、指标倒逼、效益优先"的原则，进一步优化顶层设计、强化生产管理、调剂闲置设备，持续以"技术优化＋管理提升"为抓手，强管理、深挖潜、严落实，确保全年控降指标高效完成。一是细化方案设计。优化储层改造参数，优选低成本压裂液。二是盘活土地资源。通过探评井场共享、井场道路优化、井站合建等措施，进一步盘活存量，做到"寸土必尽其用"。三是加大修旧利废。加快发展油田设备物资再制造及修旧利废，为产能建设和生产运维提供精良的再制造产品，将再制造与设备精益管理相结合，健全修旧利废再制造长效机制。四是深化工程总包。以"互利共赢"为目的，进一步扩大总承包模式应用，开展钻井、固井、录井、试油、试气、压裂、投产投注总承包，以累计投资进尺0.9万米、降幅2%为基准，投资进尺每增加0.5万米，造价下浮增加0.5%，控制上限6%，通过阶梯降价，实现投资最大化控降。五是执行标准造价。严格落实油田公司标准化造价指标。

（2）聚焦资产减负。压实资产"源头、过程、报废、处置"全链条管理措施，全面深化资产轻量化管理，减轻"重资产"负担，实现生产经营"轻装上阵"。一是完善负效、无效、低效资产评价标准，分类开展负效、无效资产专项清理。二是探索资产规模与生产能力挂钩的考核机制，激发各级经营主体主动控降资产规模，提高资产利用效率，推进资产轻量化的内生动力。三是加快方案、费用审批节奏，加大监督考核力度，对历史遗留已报废未封井进行全面清理。加强报废资产评估、处置、销案过程管控，通过加速折旧、移交和资产报废，依法合规加快处置。

（3）聚焦数智油田。以"油公司"模式改革为引领，以数智化建设为手段，全面推进新型劳动组织架构，提高劳动生产率。一是推进"四新"作业区建设。探索"作业区、运维班"的劳动组织架构，实行"集中监控、集中调度"管理模式，提升基层独立作战能力。二是坚持"优化管护模式、统筹区域资源、推进服务共享"的工作路径，配套生产运营数智化升级，探索工作量与薪酬定额包干，有序控制业务外包人员。三是充分发挥数字化流程控制、视频监控、监测预警等特征，将原中心站的管理职能上移至作业区进行集中监控和调度，运维班只负责辖区内井、线、站巡检维护、应急抢险等注、采、输业务。

（4）聚焦内部创收。牢固树立效益和市场意识，持续完善"内部市场、内部价格、内部结算"管理模式，拓宽3个内部单位业务范围，配套利润节超分段累进考核激励制度，倒逼内部单位盘活人力资源，主动拓展市场、承揽业务。一是内部市场。拓展水平井措施、页岩油井大修、井站拆除恢复、温变压变检定、烟气检测等业务。二是内部价格。以市场化价格为基础，制订规范9项内部劳务的结算标准和程序。三是内部结算。配套月度利润节超分段累进考核制度，内部作业结算价格不计入作业区成本。

（5）聚焦物资管控。以"控增量、降存量、利废旧"为重点，强化物资管控。"控增量"包括整合三级库、建立区域共享中心和推行工厂直达现场；"降存量"包括开库设计、调剂调拨和报废处置；"利废旧"指"1+10+1"修旧利废管理模式（即1个修旧利废中心、10个作业区修旧利废"超市"、1个修旧利废综合利用平台）。由此进一步完善了内部结算标准、价格和流程，建设修旧利废综合利用平台，实现统一入库、统一调拨和统一结算，提高全厂废旧物资使用效能。

（6）聚焦低碳发展。秉承绿色发展理念，坚决贯彻习近平生态文明思想，积极践行"双碳"目标，先瘦身强化节能降耗减碳，后健体实施清洁能源替代，再因地制宜布局新能源业务，打造绿色低碳示范采油厂。

三、实施效果

（一）油藏管理卓有成效，稳产形势持续向好

坚持"产量是效益的源头"的理念，效益增储、加快效益上产、强化效益稳产，实现了增产又增效的良性循环。

（1）效益增储有力度。新增浅层高效储量1636万吨，效益区块15个，可建产能20万吨；落实三叠系规模储量1125万吨，扩边建产西峰东侧板19区长8等整装规模油藏4个，可建产能20万吨。

（2）效益上产有强度。新井日产突破1000吨，预计年产油突破30万吨，内部收益率达13.6%；轻烃日产由283吨上升至346吨，净增63吨。

（3）效益稳产有高度。生产能力达到每年400万吨，2022年6月底油气当量突破1万吨/天，10月突破1.1万吨/天。年自然递减9.8%，较2015年下降4.1%，老井综合产油平均月度递减率0.26%，油藏保持Ⅰ类开发水平。

（二）经济技术协同实施，提质增效成果显著

坚持全厂上下"一盘棋"管理思路，全力推进提质增效工程，持续深化成本对标管理，任务指标

更精细，节点目标更明确，工作措施更具体，督促落实更有力，按照"低效变有效、中效提高效、高效再创效"的思路，突出区域连片治理，突出开发方式转变，强化精益管理落实。

（1）成本控制有效果。①投资控降。通过技术提效、管理增效等多项措施，突出"油气并举"，抓实源头设计优化，创新管控模式。②资产减负。全面深化资产轻量化管理，将"优化成本结构、聚焦资产减负"作为成本控降重点，制订《第二采油厂资产轻量化实施方案》，成立9个专项工作小组，实现生产经营"轻装上阵"。③物资管控。常态化推行物资直达采供和大宗物资采供业务一级管理，深化供需合作降低采购成本，优化物资质量检验程序，打造物流中心，提高闲置库房、设施使用效率。以2023年为例，投资控降2832万元，控降成本6263万元，折旧折耗控降203.82元/吨，存货周转率同比下降0.5%。

（2）技术创新有效能。①电力。2023年实现综合节能1927余万元，节能效果显著。②注水。减少注水29.3万立方米，实现采出水100%循环利用，全年实现效益挖潜604余万元。③机采。全年工作5803井次，实施后机采各项指标明显提升，抽油泵效提升0.4%，系统效率提高0.2%，每口井维护性作业频次下降0.04次/年，节约成本400万元。④集输。全年关停优化低效站点10座，减少拉运液量160立方米，治理隐患管道162条，节约成本330万元。

（3）改革创新有效率。加强数智技术应用，配套生产运营数智化升级，积极应对自然减员（年均200人左右），大力推进"作业区直管到井站"管理模式，压缩管理层级，探索工作量与薪酬定额包干，有序压减业务外包人员，劳动生产率年均提高130吨/人以上。

（三）业财融合加速推进，价值理念共享共赢

以生产经营一体化管理思路为指导，围绕财务管理、业务管理和生产管理3个业务领域展开信息化融合提升，在标准化体系和安全体系支撑下，依托集成平台和数据共享中心，实现各部门、基层单位之间业务流程贯通和信息贯通，把分散在各个业务部门的信息系统无缝衔接，完成采油（气）厂的业务流、信息流有机整合。基于业财融合管理平台，充分发挥资源共享、协同办公、智能运营和数据分析几项核心能力，支撑采油（气）厂一流企业管理。图10所示为业财融合管理平台框架。

通过业财融合管理平台，实现了经营思路、价值理念、财务职能、监管方式的全面转变：经营思路由成本向效益转变；价值理念由守护价值向创造价值转变；财务职能由核算型会计向管理型会计转变；监督方式由事后监督向事前监督、事中监督转变。

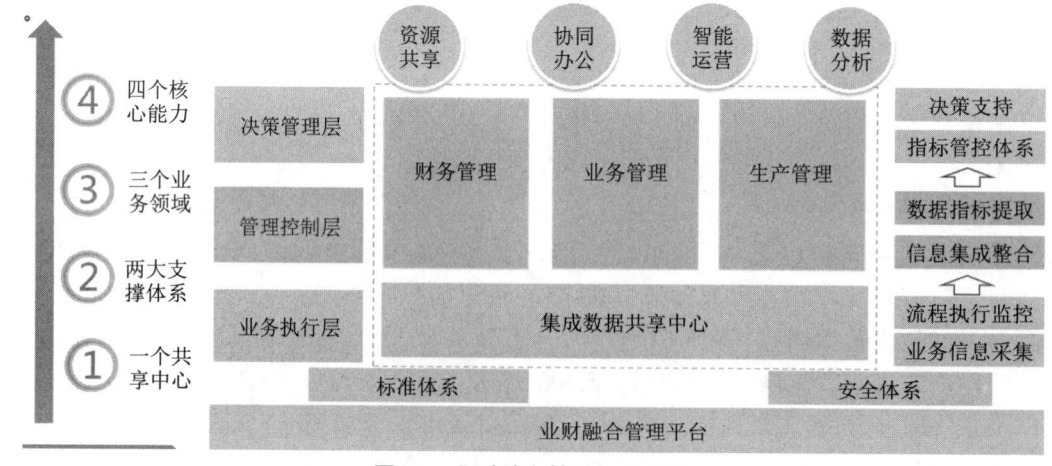

图10 业财融合管理平台框架

（四）对标管理扎实落地，卓越运行示范引领

一流企业对标管理模式，解决了油气生产开发建标、立标、对标、达标、创标等诸多难题，把复杂问题简单化、标准化、数量化、直观化，使对标管理易操作，管理效能大幅改善。同时采用数字化赋能，研发开发指标数字化平台，实现自动计算、预警报警和协调督办功能，指标分析效率和问题发现与分析处理时效性均较以往提升 10 倍以上。开发对标的相关管理人员和技术人员也从烦琐的数据准备、处理和指标计算中解放出来，将更多的精力放在了指标分析、树标追标措施制订上，极大地提高了工作效率。

境外资产监管平台的构建与实践

创造单位：首信云技术有限公司
主创人：邢博　刘素华　李虹霖
创造人：陈然　古籽饶　苏佩瑶　陈颂雷　刘策

【摘要】 基于北京市国有资产管理的专项审计工作中有关境外企业相关审计问题，首信云技术有限公司开发了境外资产监管平台。经过前期调研，我们发现目前业务系统、监管平台中并未对境外资产设立单独的监管板块，存在境内外业务不区分监管的情况。究其原因，是境外企业都是集团的下属企业，企业的情况多数靠汇报的方式传达到集团或国务院国资委，这种层层上报的信息报送机制造成了数据口径不一致、数据及时性不足等问题。为了更好监管企业的境外资产，助力境外企业发展，经过各级领导决策，确认通过构建境外资产监管平台来监管境外企业的成立、决策、投资及经营分析状况。通过平台的建设，完成了对境外企业的多维度监管风险模型的设立，形成境外企业风险处理机制，借助境外大数据及各委办局数据聚合能力，增强模型预警能力，形成企业风险评级，助力境外企业监管。

【关键词】 境外资产　风控模型　企业画像　业务协同

一、实施背景

（一）境外国有资产监管信息化支撑现状

一是在境外实际开展再投资或实体经营业务的子企业多数管控层级较深，此部分企业的经营和投资活动是监管的重点和风险高发环节。目前市管企业的信息化建设，主要覆盖集团本级和下属二级企业，境外子企业的经营数据主要依托其上级企业进行汇总上报。

二是多数企业建立了关于境外投资管理的专项管理办法和负面清单，但关于境外企业经营活动的主要方面，大多参照集团境内企业相关制度执行。虽然个别企业在财务、投资、人事档案等领域面向境外企业开发了海外版或单独的报表功能，但信息化层面缺乏专门的系统支撑，缺少针对境外企业监管数据的专项汇集和分析。

三是境外企业地域分布广、数量多、业务形态各异、地方环境差异大，管控策略难以统一。在加强制度体系建设、规范境外企业管控的初期阶段，信息化建设也需循序渐进、由粗到细，与监管要求和管控规则同步落地，从而使平台建设更具可操作性和应用实效。

（二）境外国有资产监管信息化支撑现状痛点和需求

一是目前企业自身对国有资产监管的信息化支撑手段不多，仍主要依托北京市国资委出资人现有监管系统或下发了明确建设要求的在线管控系统进行管控。企业侧在线管控平台仍需持续深化应用，压实市管企业在境外企业监管及相关领域的主体责任。

二是境外企业缺乏统一的命名规则或组织机构编码，目前各业务各系统中对境外企业的命名不统一，难以快速匹配和准确筛选境外企业台账和全集数据。由于涉及覆盖面广、数据量大，统一规范命名和编码规则，并对现有历史数据进行全面治理和应用的难度和工作量极大。

三是受限于境外不同国家对网络安全、数据跨境和个人隐私保护层面的法律法规要求，以及技术和网络条件差异，境外企业在账号授权、系统访问、经营数据的披露、共享和回流等方面，目前存在较多障碍。对境外企业经营数据，多数采用简单报表、邮件传递等低频且简易的方式实现数据收集和管控。

四是由于全市多家委办局对市管企业境外资产投资负有监管职责，导致境外企业需频繁上报大量数据，企业反馈工作压力较大，希望通过平台建设一定程度上解决数据共享和充分填报的问题。

五是企业获取境外当地政治、经济、法律等方面服务信息的渠道较为零散，目前市面上提供支撑的服务机构有限。希望平台能够提供有关于境外投资环境、法律法规方面的集中培训和咨询指导，以及便捷查询境外企业信息的途径。

二、实施目的

境外资产监管平台以兼顾境外投资监管和境外企业服务需求为目标，依托信息化手段提升监管效率，支持企业"走出去"服务能力。依托市大数据平台与北京市发展改革委、市商务局等外部单位加强数据共享和协同监管，助力境外企业良性发展。

（一）监管层面建设目的

结合有关政策要求，我们通过初步分析研判，以市管企业自身建设的在线管控平台为抓手，加强委企协同、数据共享。以改造市管企业在线管控平台做境外数据收集上报，支撑市管企业出资人监管平台做数据汇总分析。构建委企协同、监管与服务并重的境外资产监管平台，压实市管企业境外国有资产监管责任，支持境外企业良性发展。

（二）服务层面建设目的

结合各相关主管部门间的数据共享、境外机构第三方的采买、互联网及舆情信息的抓取等手段，聚合全球政经数据，提供热点信息，构建服务境外企业知识库，方便查询、提供前瞻服务，依托企业办事大厅面向企业提供"走出去"服务支撑。

三、实施过程

境外资产监管平台的实施过程从两个方向进行，一是各业务系统实施，通过对业务系统优化，深化北京市国资委对境外企业监管深度、广度和颗粒度，实现对境外资产监管的风险防控；二是服务能力实施，境外资产监管平台的服务能力是通过对境外大数据资源的聚合，依据境外关注点的不同，对大数据资源进行分类，提炼，将结果供给监管模型，辅助进行监管决策。

（一）境外资产监管平台业务系统实施

1. 建立统一命名和编码规则，形成市管企业境外子企业统一台账

以北京市国资委国有企业产权登记编码为参考，拟定一套境外子企业的编码规则，将这套编码规则作为全部市管企业境外子企业的统一编码规则。通过统一编码、统一名称，将全市全域国有企业境外子企业数据进行梳理，形成境外子企业一本台账，台账的范围一致、数量一致、命名一致，促进各业务系统数据归集和有效监管。通过与对市商务局企业境外投资备案信息数据共享，不仅强化了协同监管，还加强了对企业产权数据的整合和治理，摸清了境外企业数量及产权关系，有效解决境外资产底数不清的问题。

2. 进一步完善企业法治建设管理，加强境外法律风险防范

进一步完善企业法治建设管理系统中的合规管理模块，督促市管企业落实境外合规管理体系建设的相关要求，在具备条件的境外企业设立法律合规机构、配备法律合规人员，提升境外合规管理水平。进一步完善企业法治建设管理系统中的案件管理模块，督促市管企业对境外法律纠纷案件按案件要求上报和督办，推动市管企业压实境外企业案件管理主体责任，切实防范境外法律合规风险。

3. 推进"三重一大"、董事会等系统深化，加强境外企业重大决策管理

在"三重一大"决策监管、董事会管理等系统中，应用境外企业统一编码和规范命名，标识境外企业重大决策事项，完善企业审议决策过程的管控规则。加强境外企业重大事项决策、重要人事任

免、重要项目投资、大额资金使用等决策过程留痕记录，发挥三会决策机制在境外企业决策中的管控作用，实现对市管企业境外子企业决策过程的"穿透式"监管。

4. 建设完善投资管理系统，强化境外投资的全过程监管

完善企业年度投资计划中关于境外投资备案和调整的管控规则、境外企业再投资项目的管控规则，内容包括但不限于投资方向、投资计划、投资决策、投资风险等方面。补充投资前论证评估资料和投资实施完成后评价资料的记录。应用境外企业统一编码和命名规则，重点标识企业在境外的重大投资项目及境外企业再投资项目。对境外投资活动进行专项汇总、动态监测、分析与管理，及时发现和提示重大损失风险，落实企业境外投资事前、事中、事后全过程管控。对接共享市商务局企业境外投资备案信息，强化协同监管。对接董事会管理系统，加强境外投资决策管理。

5. 完善财务快报、预算等系统，建立资金账户管理机制，加强境外财务资金监督管理

在财务快报、预算等系统中，全面应用境外企业统一编码和命名规则，落实境外子企业（包括特殊目的公司）全面预算管控、日常财务数据规范报送和财务决算报表的单独编制上报，内容包括但不限于：资产负债状况、利润状况、现金流量状况等监管指标。加强对境外企业银行账户开立、撤销、变更等信息的管理。对外汇管制、汇率大幅波动、通货膨胀率变化等风险因素进行自动采集和监控，提升资金风险应急预警能力。

6. 全面收集企业境外国有产权相关信息，规范境外国有产权管理

完善境外企业产权管理，标识个人代持国有产权、特殊目的公司、境外上市公司，对境外企业产权关系的占有、变更和注销等信息和指标进行完整记录，促进境外国有产权专项管理。结合境外企业管理层级和实际产权层级的管控规则，严控境外产权层级、压减特殊目的公司。

7. 建设完善人员管理系统，严格境外企业派出人员管理

建设完善人员管理系统，全面应用境外企业统一编码和命名规则对境外企业派出人员进行标识和管理，备案境外企业主要负责人、财务负责人等关键岗位人员信息。补充关于境外企业派出人员基本信息、任职岗位、任职时间和地点、履历信息、亲属关系等监管指标，结合市外办人员出入境信息，发现和提示长期同地同岗等异常情况。

8. 综合利用境外投资环境信息，提升企业海外投资抗风险预警能力

整合境外相关政策法规、投资环境及当地政局变化、恶意抵制、禁售禁运、汇率波动、大宗商品价格波动等风险信息，对高风险地区的境外企业和项目纳入高风险管控清单，及时为境外企业提供风险提示。动态跟踪海外风险变化趋势，加强与境外企业的沟通联动，结合境外企业（项目）所在地、行业、经营范围等特点，对境外政策法规、投资环境和经营风险信息进行分类分级管理，在当地法律法规允许的情况下进行采集和利用。同时，注意严控境外敏感信息的取用范围，确保数据安全和信息保密要求落实到位，并提供风险处置决策支持。

9. 建设境外国有资产监管驾驶舱

境外国有资产监管驾驶舱作为境外资产监管平台监管关键数据指标的可视化集中展示平台，能够及时掌握境外国有资产宏观情况，发现潜在风险和问题，形成一企一档，将境外企业的企业信息、境外投资、派出人员、经营情况、行业排名、区域分布、境外舆情、投资风险、财务预（决）算、党建信息等关键指标和数据集成展示到驾驶舱中，实时反映境外企业的运行状态，将采集的数据形象化、直观化、具体化。通过数据收集治理、模型计算，预测境外风险，达到预警、管控和阻断目的。

（二）境外资产监管平台服务能力实施

1. 聚合全球互联网数据资源，为境外企业服务打基础

利用全球互联网分布式智能采集技术，面向境外智库、百科、主流媒体和官方媒体等包含网站在

内的各类信息源，以信息应用和发布为目的，构建融合统一的内容管理体系，汇集北京国资企业境外经营活动相关的地理信息、政策法规、资料文献、专业分析、新闻动态和互联网信息，实现全方位的收集工作。

2. 关注新闻热点和海外舆情，提供最新的国际形势信息支持

利用专业互联网舆情监测分析工具，及时合规监测国内外门户网站、新闻媒体、国外智库机构及重点社交媒体账号（如推特、YouTube、Meta、抖音海外版、微博等），重点关注北京市国有境外企业主要活动的国家地区动态新闻和舆情，第一时间掌握关注区域内发生的热点事件，基于境外地理位置和权重标签进行智能热点资讯推荐，便于北京市国资委和市管企业及时发现负面舆情，降低企业负面评价的潜在危害，助力维护中国企业境外整体形象。

3. 构建企业服务知识库，为境外企业提供专业化支撑

（1）政策法规知识库：涵盖我国自身的对外政策动态，以及市管国有企业海外投资所在国家的政策法规、合作项目、国别政局形势等关键信息。这些海外数据重点涉及地方政策的实施细则、"一带一路"共建国家近期合作项目，以及双边关系的动态变化。此外还包含了领事服务、当地安全规划、风险评估、应急预案等实用信息。帮助企业更好地了解投资国家的政策形势、安全状况和市场风险，从而制定出更加精准有效的业务策略。

（2）投资合作项目知识库：涵盖全球范围内的投资动态资讯和年度投资合作发展报告。助力企业拓展新的投资机会和合作伙伴，优化投资组合，降低投资风险。

（3）案例资料知识库：涵盖丰富的专题案例研究、行业报告、海外资料文献等资源，这些资源不仅能帮助企业更深入地了解各种问题的背景和现状，还能指导企业找到解决问题的方法和途径。通过研究知识库中的专题案例，可以学习到各种行业的最佳实践经验，了解成功的案例背后的关键因素。行业报告则可以了解市场动态，把握商机，规避风险。海外资料文献的引入可以拓宽企业的视野，让企业从全球的角度去思考问题，汲取不同文化背景下的智慧，提升企业的国际视野和竞争力。

4. 提供海外企业数据个性化查询，为深入了解境外企业全面信息提供服务渠道

为企业提供海外企业的公司规模、业务范围、服务质量、发展状况等详细信息的个性化查询。同时，按需求为企业提供政策环境、优势产业及合作机会等多方面的相关数据。通过多维度的数据，深入了解目标企业的运营状况、竞争优势及市场地位。

5. 提供投资趋势、市场需求个性化报告，为企业制定前瞻性策略提供信息支持

基于全球数据资源的全覆盖，以及深度挖掘和智能分析技术，实现全球数据资源的动态感知，为企业构建个性化风险评估模型，预判投资可行性，形成可行性分析报告，实现全球资源的提前预测、预警感知。

四、主要创新点

（一）实现跨委办局数据共享、形成协同监管合力

通过境外资产监管平台建设，建立市管企业境外子企业的统一编码规范和统一企业台账，实现数据共享和协同监管的数据标准统一。结合北京市国资委对境外国有资产监管要求和其他相关委办局对境外企业投资管理的职责分工，依托北京市大数据平台，共享企业境外投资备案及核准结果信息，投资及经营过程的监管数据，提高对境外企业的监管效率，促进境外企业高质量发展。

（二）构建境外企业监管模型、形成风险预警

构建境外企业监管风险模型，预警境外企业的风险情况，提示境外企业运营中的弱点从而助力管理层进行决策。

1. 产权层级管理风险预警

依据针对境外企业的设立目的和境外企业产权层级，形成境外企业的产权层级图谱，结合北京市商务局共享的境外企业的备案、变更或注销情况，相互稽核业务数据，同步对企业决策和落实的情况进行逻辑上比对，对应退未退企业进行预警提示，境外资产监管平台将预警提示推送至北京市国资委内部监管业务处室。通过信息化手段，跟进风险发现后各企业的后续整改措施和整改落实情况。

2. 境外外派人员风险预警

境外资产监管平台自动汇总外派人员基本信息分析，形成企业外派人员图谱，将监管红线转化为校验逻辑，固化在外派人员风险预警模型中。对各个境外企业外派人员形成外派人员风险预警，在一定时间内，对外派人员的超期情况进行提示，也同步校验截止到当前外派人员的任职超期情况。

3. 投资项目风险预警

依据项目投资地点、投资金额、投资前论证、投资回收情况等信息，结合企业先前投资历史项目状况，对境外企业投资能力进行评分，形成境外企业投资能力排名。结合境外大数据的风险预警，对境外企业的投资项目进行逐一评价，针对有风险的投资项目进行提示，避免资产损失。

（三）新增业务协同模式，形成风险处置闭环

境外资产监管平台针对每个境外企业输出业务监管风险预警和境外环境风险预警，以上两种预警提示将通过三个不同的渠道反馈给不同的对接人。一方面，通过北京市国资委内部的消息待办，将企业的风险预警依据不同的业务维度推送给对应的业务监管处室，作为业务需要处理的业务待办。业务处室可通过系统推送的预警反馈，了解境外企业风险状况信息。另一方面，通过企业办事大厅，将涉及企业端确认或反馈的预警下发给各集团，集团可及时关注下属子企业的风险情况，及时采取监管措施，减少境外资产损失。

五、实施效果

（一）形成境外企业一本台账

境外资产监管平台结合境外企业的统一编码，形成以境外企业的统一标准。依据统一标准对数据库中境外企业相关业务数据进行梳理，形成产权、投资、"三重一大"、财务等全方位一本企业台账，清晰呈现企业具体情况。境外企业的统一标准是境外资产监管平台的风险模型的基础，同时也是业务深化、优化的基础。

（二）提升境外企业风险主动发现能力

针对境外投资国家和地区政策法规、社会局势、公共安全、武装冲突、自然灾害、事故灾难、管控管制、疫情等风险的发现，进行数据采集和推送，推动企业境外风险防控从被动向主动转变，进一步提升了企业境外风险主动发现能力。

（三）增强对境外企业和人员监管能力

通过全球企业信息查询、风险预警提示、目标管理、流程管理等能力的提升，建设数据智能服务及智能应用服务，为企业境外风险防控提供共性应用支撑，增强了对境外企业和人员的监管能力。

（四）建立业务协同模式，形成问题风险闭环

在业务监管领域，无论是风险模型的建立，还是风险预警的产生都是业务监管深化的第一步。发现问题是业务深化的基础，而风险预警的监管能力是发现风险的核心根本。境外资产监管平台将模型发现的预警和风险通过信息化推送给监管者和决策者。通过对风险类型情况的分析，一是辅助监管者和决策者进行决策，指导企业发展；二是倒逼企业制度完善，依据制度来增强企业运营中风险防控能力。

六、下一步规划与探讨

（一）设立境外资产监管 App 小程序，互联互通、数据双向反馈

通过建设 App 及小程序作为客户端接入，可为赴境外工作的北京市各驻外机构、企业和个人提供时事、政策、舆情等方面的信息查询，实现信息的有效发布，及境内外点对点的互联互通。在企业获得服务保障的同时，又能向监管者和决策者进行及时反映当地突发情况，实现境外投资风险的实时掌握。

（二）探索企业全息画像，形成全面关联和主动预警

对市属境外投资企业，融合各类数据形成企业全息画像，涵盖股东、投融资情况、高管及高端人才、政治倾向等信息。构建股权结构、经营往来、投融资等全面关系，以及与境外企业、NGO（Non-Governmental Organizations，非政府组织）、政府机构的关联关系。同时，对境外投资风险、境外投资经营受损、企业政治倾向信息进行动态预警。

（三）探讨建立市属企业重点涉外人员重点监测模型

针对市属企业重点涉外人员、境外投资企业内部高管人员异常行为进行监测预警，重点关注外籍高端人才、境外企业内部高管的异常行为。构建多维度风险分析模型，对重点人员出入境、网络异常言论、网络异常通联活动、政治倾向等进行动态预警。支持与相关业务系统进行数据对接，风险信息同步到业务系统，实现业务流程的全闭环。

针对市属企业及外籍高端人才，关联其境内外网络身份，获取其国内负面舆情及举报信息，以及其境外社交平台活动信息，服务于企业涉外风险管理。支持投资风险、投资受损等风险类型；支持政治倾向、网络异常言论等风险类型；支持风险智能化分析，构建重点关注企业、重点关注人才基础数据库，服务企业及人才风险预警。

（四）增加智能算法，实现智能风控

建立算法中心，构建境外企业风险防控模型库，强化智能算法管理功能，深化智能算法应用，服务企业及人才风险预警和分析智能化应用。

电网企业打造以战略为导向、以价值创造为核心的多元激励体系创新与实践

创造单位：南方电网深圳供电局有限公司
主创人：吴海涛　蔡丛楠　白雪峰　吴迪
创造人：邱方驰　林思远　张业勤　陈伟　陈艺超

【摘要】 为贯彻落实党的二十大精神，南方电网深圳供电局有限公司（以下简称深圳供电局）坚持以新时代党的创新理论指导新的实践，坚持"以人民为中心"的思想，始终坚守"强动力、增活力、提效率"目标，坚持短期激励与中长期激励相结合、物质激励与精神激励相结合，系统深入开展调查研究，对标世界一流企业价值创造，聚焦关键人才，创新探索了电网企业以战略为导向、以价值创造为核心的多元激励体系，健全了从"客户为中心"的价值创造到以"结果为导向"的价值评价，再到以"人才为本"的价值分配全流程，聚焦"五力"，丰富完善了崇尚实干、带动担当、加油鼓劲的正向激励机制，打破"以岗定薪"，实现"以岗量能、以能促效、以效定薪"，增强了员工队伍凝聚力、战斗力、创造力，有效支撑电网企业高质量发展。

【关键词】 战略导向　价值创造　价值评价　价值分配　多元激励

一、实施背景

深圳供电局是中国南方电网有限责任公司（以下简称南方电网公司）的全资子公司，承担着深圳市及深汕特别合作区的供电任务。深圳供电局2024年全员劳动生产率人均每年275.7万元，年人均售电量2271千瓦·时，全国最高。2024年最高负荷2332万千瓦；全社会用电量1128亿千瓦·时；负荷密度1.16万千瓦/平方千米，位居全国大中城市首位；变电站突破300座，每百平方千米15.8座变电站，布点密度全国最高；基本建成全国首个获国家能源局认可的坚强局部电网，建成国内首个高质量自愈型配电网。

为贯彻落实党的二十大精神，深圳供电局坚持以新时代党的创新理论指导新的实践，坚持"以人民为中心"的思想，系统深入开展调查研究，做好对标世界一流企业价值创造，创新探索电网企业以战略为导向、以价值创造为核心的多元激励体系，打破"以岗定薪"，实现"以岗量能、以能促效、以效定薪"，全面增强员工队伍凝聚力、战斗力、创造力。

（一）贯彻落实党中央关于完善分配制度、促进共同富裕的必然要求

党的二十大报告指出，扎实推进共同富裕，完善分配制度，构建初次分配、再分配、第三次分配协调配套的制度体系。这为我们指明了在全面建设社会主义现代化国家新征程中迈向共同富裕的目标任务、改革举措和政策取向。2015年中共中央、国务院印发《关于深化国有企业改革的指导意见》。基于此，"1＋N"国有企业改革配套文件基本形成，对国有企业收入分配制度改革提出建立健全与劳动力市场基本适应、与企业经济效益和劳动生产率挂钩的工资决定和正常增长机制，完善既符合企业一般规律又体现国有企业特点的分配机制的基本要求，以增强国有企业活力和创造力。深圳供电局作为全国首个"双百企业"中的供电企业，是南方电网公司的改革试验田，要加紧持续完善收入分配格局，既有自身改革发展的要求，更是贯彻国家收入分配制度改革要求的切实需要。

（二）落实对标世界一流企业价值创造行动的关键举措

2023年3月，国务院国资委启动国有企业对标世界一流企业价值创造行动，强调用好提升核心竞争力和增强核心功能这两个途径，以价值创造为关键抓手，扎实推动企业高质量发展，加快建成世界一流企业，为服务构建新发展格局、全面推进中国式现代化提供坚实基础和战略支撑。深圳供电局提出要朝着实现"四个走在全网前列""中国第一、世界最好"的目标迈进。因此，革新收入分配理念、重构价值分配流程、优化收入分配管理成为推动深圳供电局落实对标世界一流企业价值创造行动、实现高质量发展的关键举措。

（三）实现人力资源管理转型升级的迫切需要

南方电网公司党组高度重视人力资源管理工作，提出构建现代人力资源管理体系是对新发展阶段人力资源管理的科学定位，是"十四五"乃至更长时期人力资源管理创新的主题。以此为契机，深圳供电局将人才作为企业核心竞争力的核心，坚持人是价值创造的主体，按照人力资源管理"三支柱"理论，从"三性三化"的战略视野出发，通过分配制度改革提升人力资源管理效能作为深圳供电局特色、"先行先试"战略人力资源管理体系升级转型的重点和难点，急需在实践中得到创新突破。

（四）不断满足员工对美好生活向往的必然选择

企业要紧紧依靠职工办企，职工是企业的主人，也是企业发展最重要的依靠力量。企业要实现发展，一个关键因素就是干部员工队伍的活力、动力及获得感、幸福感和安全感。随着输配电价机制改革的不断深入及电网建设的快速发展，员工工作压力和工作量快速增长，同时受工资总额管控模式的影响，深圳供电局人均工资增幅仅与深圳市 CPI（Consumer Price Index，居民消费价格指数）累积增幅基本持平，人才吸引力持续走弱，内部员工的满意度和获得感有降低趋势。在新形势下，深圳供电局急需在现有的工资总额管控模式下创新多元激励举措，不断满足员工对美好生活的向往，多措并举激发干部员工干事创业的热情。

二、实施目的

本成果是以强动力、提效率、增活力为根本出发点，以价值创造为关键抓手，革新收入分配理念，创新构建以价值创造为核心、具有电网企业特色、符合战略发展战略、可复制推广的多元激励体系，健全以"客户为中心"的价值创造、以"结果为导向"的价值评价及以"人才为本"的价值分配全流程，丰富正向激励工具包，打破"以岗定薪"，实现"以岗量能、以能促效、以效定薪"，有效破解"能增能减"痛点、难点问题，明显增强市场化改革意识，大幅提升员工获得感、幸福感、安全感，为创建具有全球竞争力的世界一流供电企业提供坚强的人力资源支撑。

三、实施过程

深圳供电局多元激励体系建设累计经历了重视成果产出的基础建设期（2012—2015年）、重视专项工作的动态调整期（2016—2020年）及重视价值创造的深化完善期（2021年至今）3个阶段。期间，深圳供电局坚持理论政策学习指导如何健全共享机制，以战略为导向强化顶层设计和系统谋划，以问题为导向深入调查研究全面深化收入分配制度改革，发挥基层首创精神，逐步推进价值分配全流程管理机制，不断做大"蛋糕"的同时注重分好"蛋糕"，顺应员工对美好生活的向往，激发干部员工活力，支撑企业高质量发展。

（一）坚持以新时代党的创新理论指导新的实践，从完善分配制度上促进共同富裕

一是坚持学习新时代党的创新理论，充分认识初次分配、再分配、第三次分配制度在促进共同富裕中具有不同的功能和作用，相互协调配套。党的二十大报告指出，坚持按劳分配为主体、多种分配方式并存，构建初次分配、再分配、第三次分配协调配套的制度体系。这对正确处理效率和公平的关系、在发展的基础上不断增进人民福祉、逐步缩小收入差距、扎扎实实朝共同富裕的目标迈进具有非

常重要的意义。

二是坚持理论指导实践，充分发挥初次分配的基础性作用，健全生产要素由市场评价贡献、按贡献决定报酬的机制，推动拓展和创新收入分配方式，优化内部收入分配格局。优化生产要素的配置，提高生产效率，更好地做大"蛋糕"，为分好"蛋糕"提供基础，这是实现共同富裕的前提。努力提高劳动报酬在初次分配中的比重，坚持多劳多得，完善工资制度和奖励奖金制度，健全工资合理增长机制，增加一线劳动者劳动报酬。完善按要素分配制度，健全劳动、知识、技术管理等要素由市场评价贡献、按贡献决定报酬的机制。

（二）坚持以战略为导向，设计多层次激励体系驱动人力资源战略

一是构建CSG-POCA（南方电网POCA战略管理体系。CSG是南方电网的简写；P指战略制定、O指战略分解、C指战略实施、A指战略回顾）战略管理体系。坚持战略引领，深圳供电局全面贯彻落实南方电网公司的发展战略，积极融入和服务深圳"双区"建设，构建涵盖制定、分解、实施、回顾4个环节构成的CSG-POCA战略管理体系，推动企业中长期战略走深、走实，以卓越绩效的理念、思想、方法指导具体工作实践，加快推进全面建成具有全球竞争力的世界一流企业。

二是制定深圳供电局的"十四五"战略性现代人力资源管理体系发展目标。通过SWOT（优势、劣势、机会、威胁）分析得出，深圳供电局已初步具备世界一流企业的显著特征，具有全面建成世界一流企业的条件。围绕按平衡计分卡理论通用架构的世界一流企业基本内涵要素框架，制定深圳供电局的"十四五"发展战略和战略目标。基于其发展战略，围绕"企业第一资源，发展竞争之本"的人才理念，制定深圳供电局的"十四五"战略性现代人力资源管理体系发展目标，建设忠诚、干净、担当又充满活力的干部人才队伍，以打造能源电力领域战略人才力量。

三是构建"崇尚实干、带动担当、加油鼓劲"的深圳供电局特色正向激励体系。树立"让实干者实惠、为担当者担当、让优秀者优先、让有为者有位"的理念，强化顶层设计，聚焦关键群体，完善分层分类激励举措3类16项，建立健全"重奖、保障、津贴"的正向激励体系。通过职业化员工发展、市场化薪酬分配和多元化情深关爱三大承接子体系有效协同贯通、系统集成，实现各激励举措协同贯通，进而驱动人才发展战略。持续完善市场化、差异化分配机制，持续细化目标考核方案，持续提升考核指标针对性、可行性。同时，在战略执行过程中持续运用PDCA（即计划——Plan、执行——Do、检查——Check和处理——Act）优化闭环，强化过程管控、结果分析，及时发现问题、解决问题，持续推动企业战略目标达成，实现企业与员工价值双赢。

（三）坚持以问题为导向，深入调研建立价值分配全流程管理机制

一是加强过程管控，深入开展内部调研，推进收入分配改革工作走深、走实。通过"督导帮帮团"调研18家直属单位不同岗位员工，现场交流、重点访谈收集意见，诊断发现：通过近几年来"三项制度"改革深化推进，大部分员工已经有了市场化竞争意识，有必要持续完善考核评价体系和薪酬激励体系，以价值贡献分配薪酬，建立价值贡献与收入水平联动机制和薪酬激励长效机制。

二是带着问题找答案，广泛开展外部调研，革新收入分配理念。调研学习华为、腾讯等优秀企业的优秀实践做法，明确"以价值创造为核心"的收入分配理念。健全了"以客户为中心"的价值创造、"以结果为导向"的价值评价、"以人才为本"的价值分配全流程的循环管控机制（见图1）。以战略引导价值创造，以考核评价价值贡献，激励员工自我价值实现，实现从"发工资"到"创价值"、从"要我干"到"我要干"的转变。

四、主要创新点

（一）创新价值创造主体差异化激励制度，聚焦"原动力"夯实"以客户为中心"的价值创造基础

对企业价值创造不同关键群体，实施"一岗一薪、易岗易薪"的差异化薪酬激励体系，分类施策，

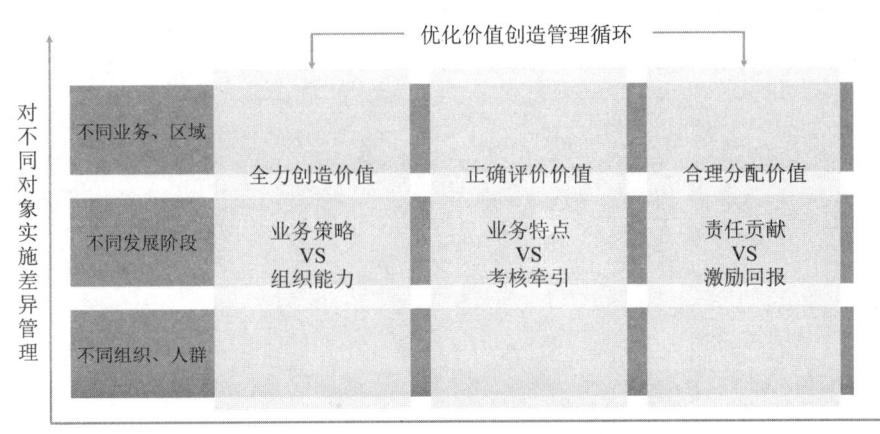

图1 循环管控机制

充分挖掘企业内部价值创造潜力。对中高级管理人员，实行任期制和契约化管理，按照年度及任期经营业绩完成情况直接兑现价值分配。对专业技术和技能人员，在薪点制的基础上，构建以"工资总额承包制"为主体、多层次奖金共同激励的薪酬差异化分配机制。对高精尖专业技术人才，实行协议工资制，通过与高精尖专业技术人才签订个性化的高层次人才协议，实现"一岗一薪"。对技术技能专家人才，采取岗位和专家独立考核、独立兑现薪酬的方式，解决岗位和专家考核分配界面模糊的问题。对一线易量化考核管理岗位人员，通过推进全面班组量化积分考核工具，实现一线班组按业绩贡献获取报酬，营造"多劳多得"的氛围。对下属能源技术公司职业经理人，实施"市场化选聘、契约化管理、差异化薪酬、市场化退出"，推动收入能增能减，促进新兴业务公司全面走向市场化管理。

（二）创新、完善多维度综合评价机制，聚焦"控制力"确保"以结果为导向"的价值评价合理

完善覆盖经营责任、超额贡献、量化积分、专项业务结果等维度的综合评价体系，互为条件，相互验证，确保"以结果为导向"的价值评价科学、公正、客观，包括基于经营责任的任期制与契约化管理机制，基于超额贡献指标的新型生产经营责任制，基于量化绩效积分和关键绩效指标的绩效管理机制，基于专项工作和关键事件的业务评价机制。

1. 创新建立全员新型经营责任制和契约化管理

全员新型经营责任制和契约化管理"扩大"契约化管理范围，以上率下、全员覆盖，如图2所示。按照"五个不低于、一个赶超"（不低于集团考核值、历史完成值、战略分解值、计划预算值、行业对标年度目标值，赶超国际先进水平）科学设置契约目标，从源头激发队伍活力。围绕影响力、沟通难度、解决问题能力、任职条件、风险大小5个维度评估岗位价值并设置岗位系数，如经理层岗位价值系数为1～1.15，真正实现岗位与岗位不一样。提升浮动工资占比至70%以上（其中经理层达80%），业绩考核结果强制分布，刚性兑现薪酬，不打折扣、不搞变通。

2. 探索实施新型生产经营责任制

"划小"生产责任单元，以内部模拟承包落实经营主体责任、充分授权放权调动积极性、主动性、创造性为切入点，以鼓励基层开展组织模式、制度机制、业务流程、作业标准、技术装备、人才培养创新为着力点，建立超额贡献核算方法，以超额贡献分享为激励手段，在基层构建坚强权责利体系，大力实施市场化管理，促进员工把"公家事"当"自家事"，提高全要素生产率，推动高质量发展。例如，所属龙岗供电局一次性打包解决中低压、营销服务等全部现场问题，效率提升超35%；为客户提供一条龙服务，同时开展"业扩、报装"全业务流程工作，中压"业扩"时长比以前的12.3天缩短约3天。图3所示为新型生产经营责任制模型。

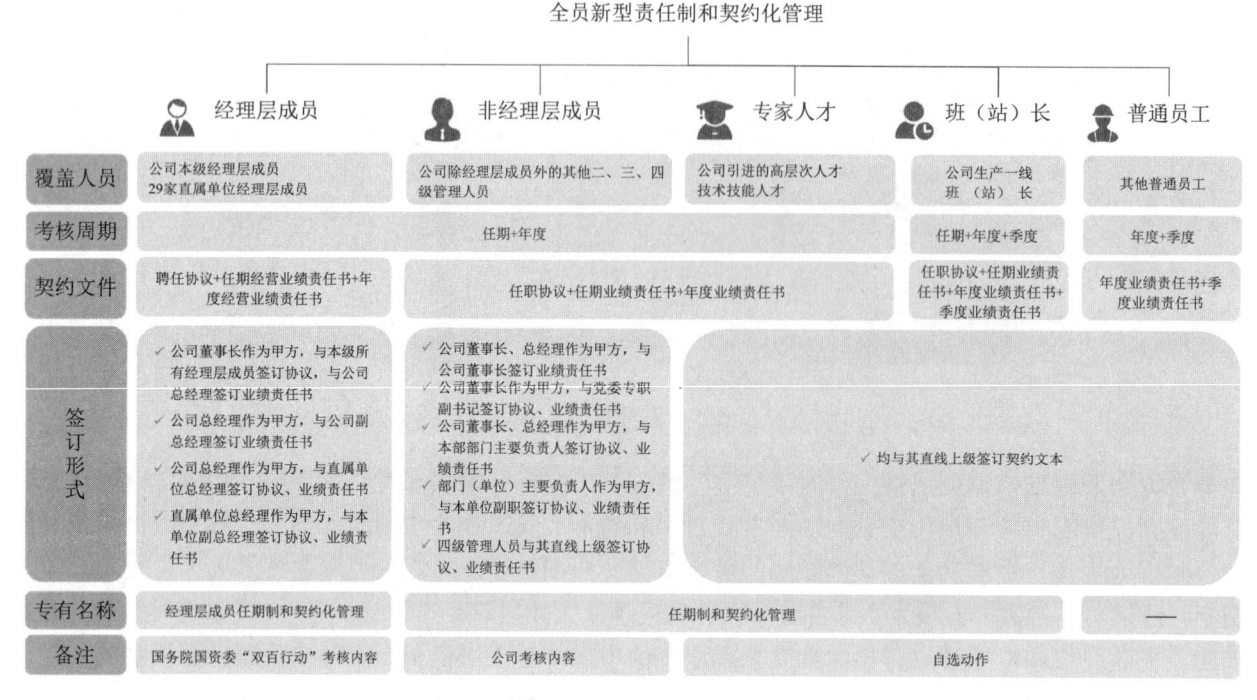

图2 全员新型经营责任制和契约化管理

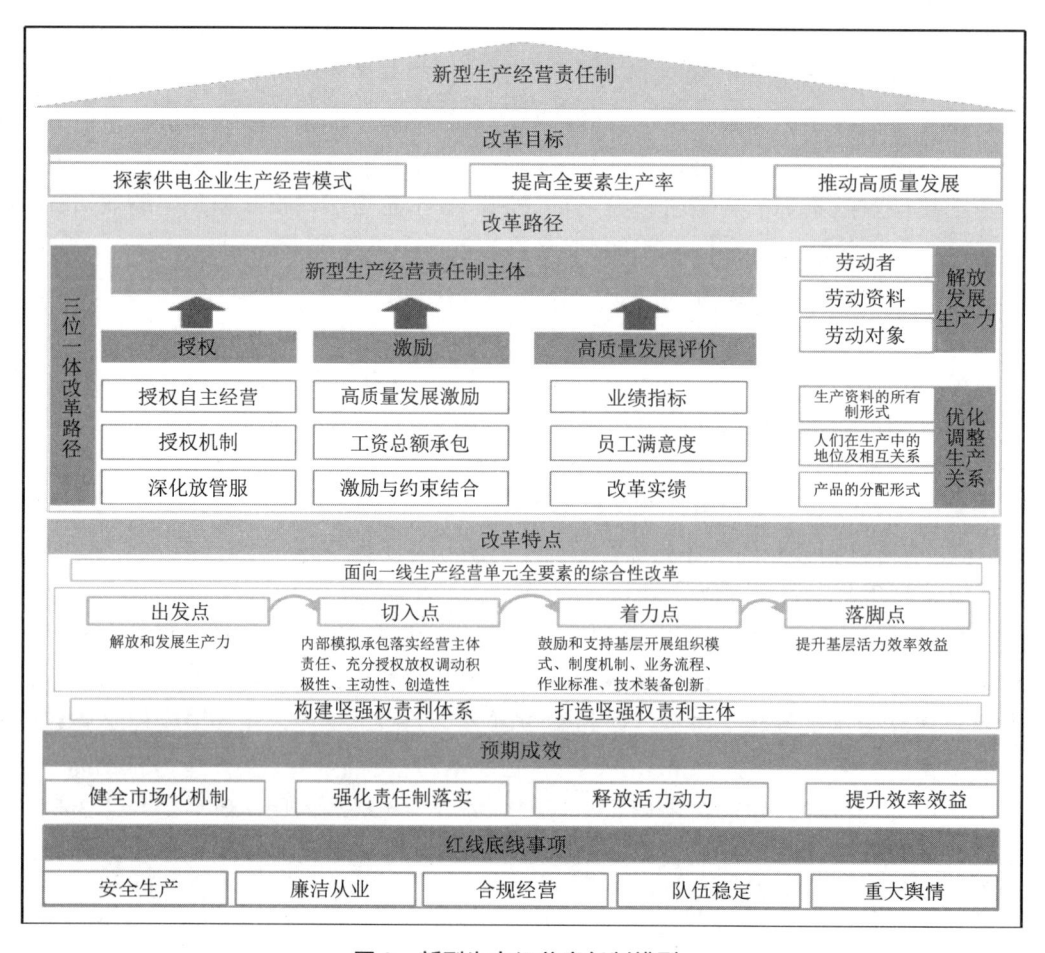

图3 新型生产经营责任制模型

3.建立一线班组员工量化绩效考核管理模型

通过"工作任务""个人素质系数""综合素质""加减分"维度进行班组量化绩效计算（见图4），为直线经理进行绩效评估提供依据，并结合管理实际给出反映组织效能的员工画像和组织画像；通过信息化手段，实时取数分析，在提升工作效率的同时帮助员工了解自己的位置，督促员工提高。应用数字化模型促进业务管理工作的规范化和评价结果的可见、可感、可算、可比。

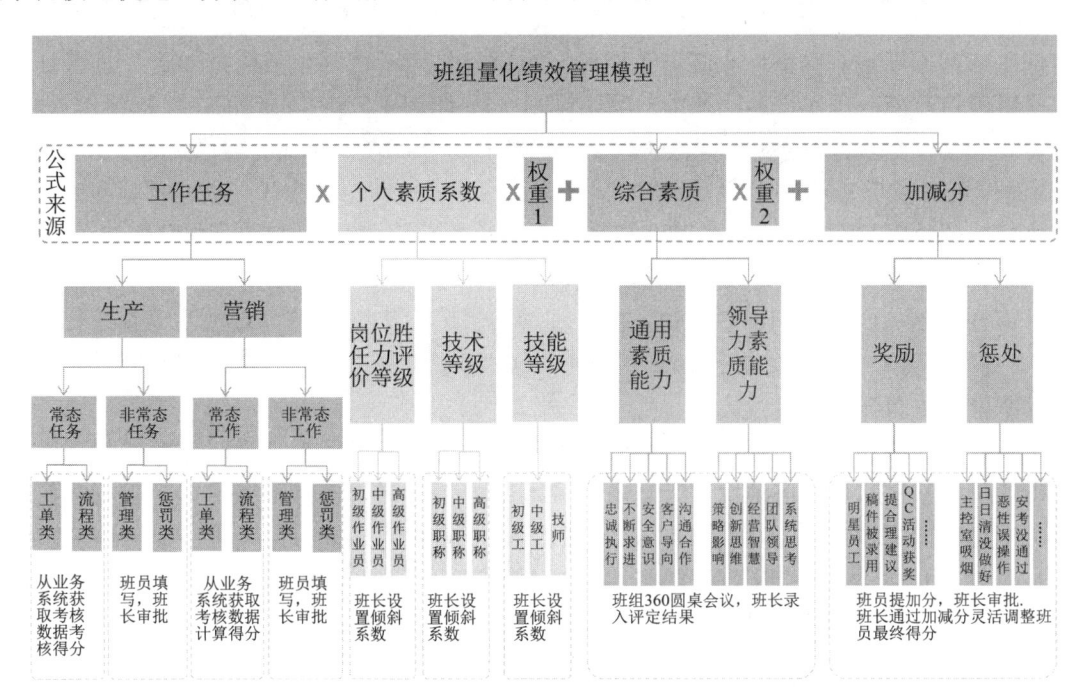

图4 班组量化绩效计算公式

4.建立基于专项工作和关键事件的攻坚克难业务评价机制

基于年度重点工作任务设置专项考核指标"蹦一蹦，够得着"，深入研究分析考核指标与企业各项经营管理指标之间的联动关系，细化分解指标任务，将其纳入各部门（单位）的业绩评价体系。一方面，指标应与集团公司组织绩效或公司战略目标强相关，战略突破应满足"两个不低于"——不低于集团公司组织绩效指标要求、不低于公司战略目标要求；另一方面，重点工作任务应对职能部门和基层单位进行差异化考核，职能部门要完成集团公司组织绩效或公司战略目标相关指标考核的满分值，基层单位要完成公司分解下达的年度考核指标满分值，两类考核相互独立。

（三）坚持效率效益优先、兼顾公平、可持续发展的原则，聚焦"公信力"提升"以人才为本"的价值分配全流程精准

借鉴马斯洛的人类需求理论，深圳供电局坚持效率效益优先、兼顾公平、可持续发展的原则，针对不同业务和不同岗位的特点，创新探索与价值创造直接关联的获取分享制和服务价值创造、核心能力提升等隐性价值的评价分配制，覆盖多业务域，解决"拉车人"与"坐车人"的问题，助力价值精准分配，增大"拉车人"的奖励力度，抑制"坐车人"的利益享受。

1.创新探索与价值创造直接关联的获取分享制

坚持效率效益优先原则，以获取分享制（见图5）为根本，重点激励业务拓展创造利润和主动节约可控成本等价值创造业务中有突出贡献的人员。通过超额贡献核算方法，超额价值贡献部分按照一定的比例折算，与业务团队分享，额度按照相应的规则线性计算，与人数不关联。鼓励减员增效，激

发业务部门主动降本增效、员工全力为公司创造价值，如管制性业务基于年度利润目标的超额贡献专项奖励、基于降本增效的高质量发展激励、新兴业务拓展专项奖及在科技型子企业的超额利润分享、"非股东利润占比"指标考核、科技成果转化等中长期激励，通过"利益分享、风险共担"促进各业务部门共赢。

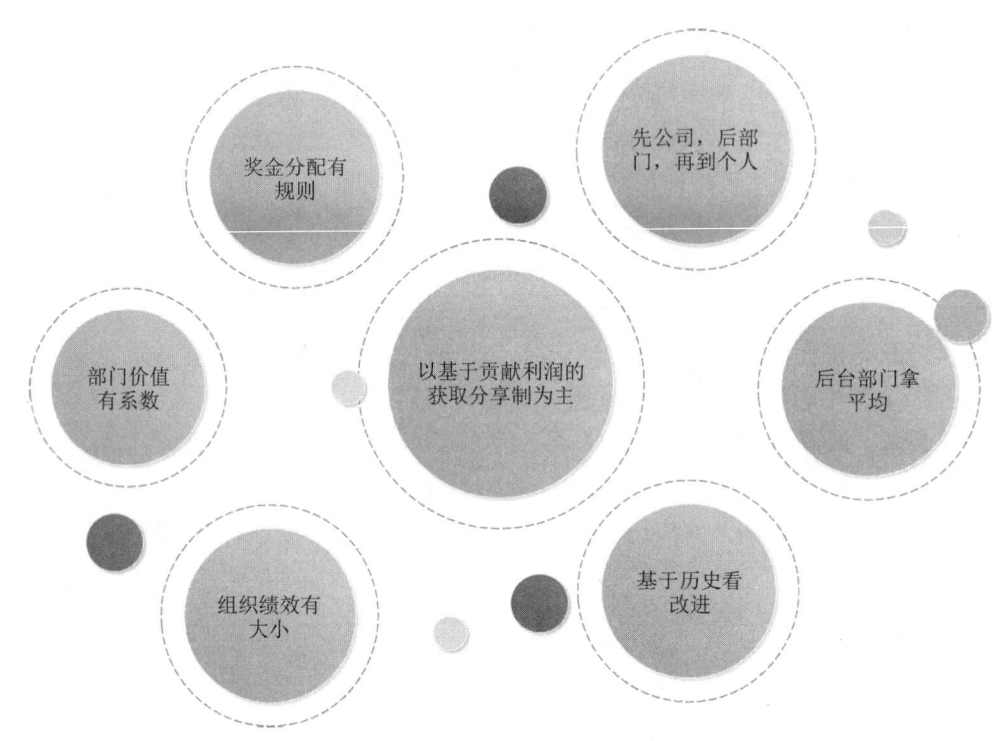

图5 基于贡献利润的获取分享制

2. 创新探索兼顾自上而下评价和隐性价值分配的评价分配制

坚持兼顾公平原则，作为获取分享制的互补激励机制，评价分配制应用于没有直接经济效益或者暂时无法直接评价经济效益的攻坚克难业务场景，有效平衡在员工创造价值过程中展现出来的工作态度、能力、责任及阶段性的贡献。事先约定在完成关键事件和关键指标后，根据事后评价的结果来进行激励分配，如岗位工资、定额奖金、专项奖、津（补）贴、晋升发展、荣誉评选等。

（四）创新短、中、长期一体化多层次激励体系，聚焦"推动力"完善"正向激励组合拳"

1. 拓宽激励维度，突出创新，持续发力

持续优化奖励管理机制，建立健全三大奖励子机制24类奖励，对在公司创先发展中做出创新和贡献的组织及个人给予一定的物质奖励，形成全员干事、万众创新的良好导向。

（1）聚焦科技创新，营造创新氛围，完善成果评选奖励机制。明确科技进步奖、成果转化应用奖（价值创造奖）、专利奖、职工技术创新奖、管理创新成果奖、标准创新奖6类创新成果评选奖励等级及标准，持续提升创新项目骨干成员奖励比例，激发全员创新活力，形成知识创造价值、价值创造者得到合理回报的良性循环。深圳供电局累计获得南方电网公司创新奖励90项，获得省部级及以上政府、行业奖励45项，连续6年获得集团公司"科技进步一等奖"，首次获得"中国电力科学技术二等奖"，连续5年获得"深圳市科技进步奖"，连续3年获得"中国专利优秀奖"。目前，深圳供电局拥有超过2900项的有效专利，其中发明专利超过1500项。

（2）以荣誉激励奋进，让典型引领前行，完善荣誉表彰奖励机制。充分发挥先进典型示范引领作用，明确个人综合荣誉、劳动竞赛奖、记功奖、星级班站所奖、集体综合荣誉5类表彰等级及标准，激励广大员工不断进取、追求卓越，增强突出贡献的团队和个人的责任感和使命感。多名员工荣获"全国'五一'劳动奖章"等荣誉称号，在全国及行业竞赛中斩获佳绩。2023年，深圳供电局基层一线员工王其林荣获"全国五一劳动奖章"，这是建局40多年来，深圳供电局基层一线员工首次获得该荣誉。

（3）鼓励基层首创，激励全员创新，完善大众创新奖励机制。明确优秀职代会提案、合理化建议、QC（Quality Control，质量控制）成果奖、工作室交流优秀成果、创客、优秀星级工作室、精益项目、重点科研项目攻关、人才工作贡献、政策研究成果等13类表彰等级及标准，鼓励员工或集体在日常生产经营管理活动中提出并经实践检验对提高企业价值创造能力、管理效能或社会效益有成效的有关工作方式、方法、措施的创新提升。设置政策研究成果奖励，鼓励开展软课题政策创新成果研究，为公司战略决策提供建议。增加人才引进奖励，支撑创新人才保障。目前，深圳供电局职创成果获省部级及以上奖项200多项。

2. 延伸激励层次，突出重点，靶向施策

以重奖激励支撑公司发展，聚焦公司重点战略任务，创新探索董事长奖励金专项奖励机制，鼓励"从零起飞"式战略突破和价值创造贡献，不搞普惠，激励攻坚克难、突出贡献，多劳多得、有突出贡献的多得。

（1）按照"重点专项+特别贡献"设置奖项类别。重点工作奖励主要由各归口管理部门每年按流程申报；特别贡献奖励主要由董事长在专项奖励金总额范围内根据工作需要，给予在单项工作或重大抢险救灾等急难险重、攻坚克难工作中表现优异的团队及个人预兑付一次性即时奖励。

（2）奖励范围全覆盖七大核心业务领域。每年经广泛征集、多层次综合评选确定纳入奖励金的重点工作任务，兼顾安全生产、电网建设、客户服务、提质增效、创新驱动等各个业务领域的攻坚克难任务及推动党建工作与改革发展生产经营深度融合等企业形象方面的工作。随着战略目标导向和机制完善，从2016年开始探索的3项重点任务到2024年的15项重点任务基本覆盖了七大核心业务领域，涉及13个职能部门（归口管理部门），进一步激发干部员工攻坚克难的积极性。

（3）"有言在先"，确保奖励科学精准性。考核方案明确评价规则、分配机制和约束机制，考核目标"蹦一蹦，够得着"，考核指标与集团公司组织绩效或公司战略目标强相关，满足"两个不低于"。细化分解工作目标，聚焦落实到具体关键骨干岗位，明确各团队参与度和团队成员贡献度，强化员工预期管理，进一步激发员工积极性。

（4）向基层一线倾斜，以贡献论英雄，打破"平均主义"。每年各专项奖励金在任务结束后，即时考核并制订分配方案，根据贡献兑现，不搞普惠，合理拉开收入差距，体现"干多干少不一样，干好干坏不一样，突出贡献不一样"。

3. 拓展激励周期，突出长效，多措并举

落实国家政策和集团公司中长期激励工作要求，结合实际应建尽建，灵活开展中长期激励，将中长期企业发展目标与激励对象的利益有机统一。

（1）用好出资企业政策优势，因企制宜，实现"3类激励100%"。符合条件的科技型子企业100%实施分红激励，符合条件的新兴业务子企业100%推行超额利润分享机制，科技成果转化项目收益分红机制100%延伸至管制业务。2022年，深圳供电局实施分红激励项目6项共41人，100%覆盖科研人员，实现员工与企业共享改革发展结果、共担市场竞争风险，在吸引和留住人才、激励人才创新创业意识、促进业务拓展与业绩提升等方面发挥了作用。

（2）围绕科技成果转化，推动科技型子企业分红激励。2022年，科技型子企业能源技术公司印发《基于辅助服务的虚拟电厂平台研究与应用项目科技成果转化激励实施方案》，实现了科技型企业科技成果转化中长期激励户数零的突破，推动了科技型子企业中长期激励机制建设，丰富了正向激励工具，激发了骨干科研人员创新创业热情，也体现了深圳供电局推进国企改革的力度。

（3）推进中长期激励扩面延伸，系统内率先实现管制业务中长期激励零的突破。结合战略目标，研究制订高质量发展奖励、提升劳动生产率、供电质量管理、卓越绩效管理、创新项目投入等11项中长期激励方案，与员工分享企业价值增值，调动一切资源激励担当作为、干事创业，实现企业和员工"价值共享、风险共担"，精准聚焦高端人才、创新人才和特殊岗位，激发骨干员工的积极性、主动性和创造性。

（4）完善福利保障型中长期激励机制，有效保障企业人才队伍稳定。完善人才积分激励住房机制，印发《人才激励住房试点工作方案》，5年内推出60套人才激励住房，每年通过积分入住形式实施，进一步完善优秀人才住房保障体系。其中，每年按照预留10%的比例房源用于引进高层次人才的激励。同时，从团体意外险、疗（休）养、子女托管、休假、弹性福利等方面缓解员工压力，保障员工及其家庭成员中长期健康和谐。

（五）创新关爱员工"情深工程"品牌，聚焦"牵引力"健全多元激励机制

深圳供电局坚持"以员工为中心"和"以业绩为导向"的工作原则，党政工团齐抓共管，与"我为群众办实事"有机结合，倾听大多数员工的需求，解决急难愁盼，服务成长发展，凝聚基层力量、群众力量，历时14年打造员工关爱"情深工程"品牌，从"医食住行帮、德智志体美"10个方面共191项举措解决员工关心关爱的问题，并以此为载体构建了体系化、科学化、多元化的正向激励体系，在国企、央企中树立了关爱员工管理标杆。据统计，近年"十件实事"满意度均在90分以上。

（1）突出用户思维，建立"十件实事"运作机制。每年年初由员工出题并投票评选10件最关注的事项，深圳供电局党委牵头解题，年底员工闭环满意度评价，近年满意度超过90%，有效打造了品牌中的标杆。深化"幸福南网——职工之家"体系建设，为青年员工提供"一站式"住宿服务，优化职工子女假期托管服务，建立入职礼、拜师礼、生日礼、退休礼的"文化四礼"。推进建立以基本保障、人才激励、困难帮扶三方面为核心的住房保障体系，搭建"政府房源信息平台"，形成"三位一体一平台"的住房保障体系。

（2）突出产品思维，创新开展电励计划等非物质激励。以"电励徽章"虚拟量化价值贡献，强业绩、挣徽章、兑奖品，强化业绩贡献和跨部门团结协作导向，即时奖励、多渠道应用，用"多劳多得赚徽章＋自选奖励"的方式，将员工福利发放转化为正向激励举措，破解了员工心中福利平均分配的"应得"思维牢笼，"积极挣徽章""合作得激励"蔚然成风，有效缓解了"躺平"和"内卷"；把员工当客户，强化运营服务，"电励周年庆""情深优惠兑"等活动广受欢迎，活动当日同时在线人数众多，员工获得感、幸福感和安全感明显提升。

（3）突出互联网思维。以数字化转型为契机，创新升级情深工程平台，通过情深论坛通畅自下而上的员工与公司的沟通渠道，同时健全民主管理机制，招募情深体验官参与平台日常管理，收集员工需求，实现问需于群众、问计于基层，提升员工参与度和主人翁意识。创新设置"许愿树"，让员工表达自己的需求愿景，实现公司管理与员工信息沟通。创新引用"给到"App，与美团、京东、山姆等市场化平台打通，实现了原"定点"服务向现在更开放的"多元"市场化优质服务转变，满足员工在不同工作生活场景中的弹性福利需求，免垫款便捷自主选购极大改善了员工体验感。

（4）突出数字化运营思维。2023年年初，首次线下开展"情深工程"12周年启动仪式，结合线上直播与2500余名员工充分互动，完成公司首例人力资源领域科技成果孵化探索市场化运作，立足新发展阶段创新品牌运营，提升服务质量。2024年，首次刊发《"情深工程"年纪》内刊并首次入选"公司十大新闻事件"。据统计，员工满意度从2020年的87.7%提升到2024年的98%，达到历史最好水平，员工普遍反映"情深工程"对日常工作生活帮助多、提升快、服务好。

五、实施效果

深圳供电局历时14年打造的以战略为导向、以价值创造为核心的多元激励体系不断促进企业文化塑造，提高人力资源效能，推动企业高质量发展，示范作用不断加大，获得了国务院国资委、南方电网公司和其他电网企业的认可

（一）经济效益

经营效益全国领先，价值创造能力不断取得新突破。经营指标均达到集团公司挑战值考核目标，经营业绩在省级电网排名第一。截至2024年年底，深圳供电局全员劳动生产率人均每年275.7万元；年人均售电量2271千瓦·时，全国最高；单位电产值达30.3元/千瓦·时，全国领先。

（二）社会效益

市场化经营机制取得积极成效。深圳供电局用电营商环境全国最优，供电服务连续14年位居深圳市40项政府公共服务满意度第一位，深圳"获得电力"指标自2019年开展营商环境评价以来始终保持全国第一，连续三年在广东省21个地市中排名第一。客户平均停电时间2024年仅为7.5分钟，保持全国领先，优于纽约、伦敦等国际城市。2021年12月，"深圳供电局市场化改革简报"由国务院国资委专刊印发。数字化"情深工程"案例获评2021年"企业人力资源管理数字化转型优秀案例"，荣获2023年（第十一届）"全国电力企业管理创新论文三等奖"和"南方电网公司管理创新二等奖"，被《管理的支点》一书收录。《党建引领办实事，"情深工程"暖民心》案例获评2023年度"国企党建品牌建设优秀案例"，被《国企》增刊收录。多元激励案例获评"中国企业改革发展优秀成果奖"和"2024年国企改革创新成果一等奖"，并被《中国企业改革与发展优秀成果2023（第七届）》收录，为人力资源行业贡献国企经验。

（三）管理效益

科研创新能力明显提升。2022年，深圳供电局联合9家单位成功牵头申报国家重点研发计划1项，实现其历史上零的突破。2019年成为南方电网公司首家获得由国家知识产权局"贯标"的分（子）公司，2022年成为南方电网公司首批由国家知识产权局认定的国家知识产权优势企业。累计获得南方电网公司创新奖励90项，获得省部级及以上政府、行业奖励45项。深圳供电局获"中国电力科学技术二等奖""机械工业科技进步一等奖"，连续6年获"南方电网科技进步一等奖"，在同一年获得2项"深圳市科技进步一等奖"；在超导电缆、国产绝缘料等领域实现关键装备100%国产化，填补了国内技术空白，近5年共有41项核心技术达到国际领先或先进水平。

六、下一步规划与探讨

实践证明，电网企业以战略为导向、以价值创造为核心的多元激励体系是一套具备电网企业特色、可复制、可推广的管理模式，为电力企业及其他能源行业企业的高质量发展提供了有益借鉴。

深圳供电局将继续落实国务院国资委和南方电网公司的工作部署，坚持以新时代党的创新理论指导新的实践，坚持价值共创共享理念，以价值管理视角深化收入分配机制改革，以现代人力资源管理体系理论指导新的发展，升维以薪酬包为特征的高维"四化"薪酬模式，持续完善"崇尚实干、带动担当、加油鼓劲"正向激励体系，引导用人部门（单位）优化劳动力要素结构与质量配置，推动劳动用工格局转变，强化人力资本价值贡献，深入推进提质增效，奋力实现南方电网公司党组赋予的"四个走在全网前列""中国第一、世界最好"目标，以共享机制鼓励共同奋斗、促进共同富裕。

人力资源管理提升"一个工程·五个统筹"集群模式构建与应用

创造单位：中海石油（中国）有限公司湛江分公司
主创人：李茂　袁鑫
创造人：武二亮　董钊　王升　田宇　杨炳华　陈晓武　黄礼祥　庞启华　周文鹏　刘一博

【摘要】 中海石油（中国）有限公司湛江分公司（以下简称中国海油湛江分公司）党委，认真落实习近平总书记关于人才工作的重要论述，创新产生一系列人力资源管理新方法、新体系，并聚合形成"高中低多层次人员全面提升、老中青全年段干部活力激发、技研管分领域人才持续培优"的人力资源管理提升"一个工程·五个统筹"集群模式。在此架构下，统合构建含11项子工程的人力资源管理总体提升工程，形成5个统筹提升模块。于2022年形成总体方案并逐步推动各子工程实施，2023年全面推进各子工程在中国海油湛江分公司干部管理、人才开发、队伍建设、正向激励、管理提升等相关领域落地，取得了良好效果。本成果为行业内各领域人才队伍建设和人员素养全面提升提供实践案例和有益参考。

【关键词】 人力资源管理　人才开发　统筹管理　高质量发展

一、实施背景

党的二十大报告提出，"人才是第一资源""坚持为党育人、为国育才"。党的二十大报告将"实施科教兴国战略，强化现代化建设人才支撑"作为专章加以深刻阐述。党的二十届三中全会审议通过的《中共中央关于进一步全面深化改革　推进中国式现代化的决定》提出，教育、科技、人才是中国式现代化的基础性、战略性支撑，深化人才发展体制机制改革。作为中央企业的重要骨干组成部分，中国海洋石油集团有限公司（以下简称中国海油集团）深感使命在肩，愈发重视人才工作，中国海油集团党组强调，习近平总书记对党的建设和组织工作的重要指示精神，为新时代人才工作进一步指明了方向，各单位各部门要牢固树立"人才是第一资源"理念，从海洋能源事业发展全局高度充分认清做好人才工作的重要性，深化研究人才发展规律，积极服务人才成长需要，一步一个脚印地抓好工作落实。

2021年，为贯彻新发展理念，积极推进南海大气区建设，按照中国海油集团的规划与部署，中国海油湛江分公司与中国海油海南分公司独立运营。中国海油湛江分公司考虑两家的业务划分、工作量等因素，并充分尊重员工个人意愿，高效完成人员划转，极大地提升了员工的获得感，期间未收到任何负面信息反馈，为组建工作奠定了重要基础。但与此同时，也造成了中国海油湛江分公司技术、技能和管理等各领域人才队伍的摊薄与稀释。

新形势下，中国海油湛江分公司人力资源管理面对诸多新挑战，主要包括以下几点。

第一，新时代背景下的严峻挑战。全球能源转型和国际环境变化影响，国际能源市场竞争激烈，国际石油巨头公司在全球范围内展开竞争，石油勘探技术也在不断更新，中国海油湛江分公司作为南海海域能源开发的主力军之一，需要在技术和市场等方面不断提升自身实力，要求科研人员加快技术创新，攻克"卡脖子"技术，提高勘探效率和降低成本，以保持在市场中的竞争优势。

第二，技能人才培养仍需发力。习近平总书记强调：技术工人队伍是支撑中国制造、中国创造的重要基础。如何真正将"党管人才"方针、上级的"人才兴企"战略进一步落地生根，开花结果，如何进一步完善技能人才的培养、评价、使用、激励、保障等措施，实现技高者多得、多劳者多得，增强技能人才的获得感、自豪感、荣誉感等都是技能人才培养亟待突破的难题。作为中央企业的重要骨干组成部分，中国海油湛江分公司深感使命在肩，不容推卸。

第三，干部年龄结构仍需优化。虽然中国海油湛江分公司通过一系列积极措施优化了直管干部年龄结构，即一个任期内将直管干部年龄结构调整到4∶3∶3，但依然面临很大的压力。中国海油湛江分公司将大力选拔42岁以下的干部，严格落实领导人员"下"的渠道，包括考核性退出、制度性退出、问责性退出、不适宜性退出和"非优必转"退出，但一个任期内所有干部年龄会自然增长3岁，年龄结构增大的趋势依然严峻。而且以往中国海油湛江分公司对年轻干部的培养主要依托每年1期的优秀年轻干部调训班，培养措施不够丰富。

二、实施目的

海洋油气勘探是多专业交叉、多领域覆盖的复杂系统工程，对技术领域、技能领域和管理领域的人才开发管理都有很高要求。

中国海油湛江分公司党委组织部、人力资源部以习近平新时代中国特色社会主义思想为引领，提高政治站位，彰显政治属性，坚持党管干部和党管人才的原则，以建设中国特色世界一流能源公司为目标，紧密围绕中国海油湛江分公司发展规划，建立以"人力、定力、能力、动力、活力"并驾齐驱的"五力"人力资源管理体制机制。

中国海油湛江分公司党委坚决贯彻落实集团党组要求，坚持党管干部、党管人才原则，汇集"技能领域""技术领域""管理领域"人才合力，创新干部人才培养、选拔、管理、激励机制，在全面深化改革进程中，深刻认识到人才队伍培育模式创新突破是充分发挥人才战略性作用的关键一招，针对中国海油湛江分公司与中国海油海南分公司独立运营对人才队伍数量、队伍结构带来的冲击，瞄准油气增储上产主战场，突出统筹人才"积蓄、培育、平台、全局、效果"要素，形成并实施人力资源管理提升"一个工程·五个统筹"集群模式，夯实全面深化改革人才支撑，并成功应用于中国海油湛江分公司的高质量发展之中。

三、实施过程

（一）统筹"三池"人才积蓄，强化领域互联互通

国有企业党管干部原则，就是要发挥党组织及其职能部门在干部选拔任用等环节中的把关作用。例如，需要强化党组织在推荐、考察、识别、使用干部中的责任；推动人才互通走深走实，畅通党的组织建设。中国海油湛江分公司统筹海上一线、科研一线、退出领导岗位及专家三大人才池建设，聚焦人才群体长短板，强化领域人才交互流动。

1. 纵深推进科研+生产互通模式升级

既有的"双程观察员"机制，为科研人员前往一线提供了渠道，但缺少海上一线优秀人员了解和转向科研领域的途径。中国海油湛江分公司成立专门项目，通过遴选的海上员工，由研究院根据工作需要和员工特质制定《实践锻炼工作计划书》，明确实践锻炼以科研工作为主的工作内容，由研究院党委审批后实施，每年上半年启动实践锻炼工作，原则上实践周期为一年，不影响海上员工的本职工作。

资深工程师及以上科研业务骨干通过重点项目合作、协同技术攻关、联合人才培养等形式，鼓励科研单位与生产单位开展青年技术骨干"双向挂职""结对子"锻炼，接收单位要根据既定锻炼计划，按照人岗相适原则，为接收的资深工程师及以上科研业务骨干安排工作岗位。

针对加强科研业务骨干锻炼和交流工作，促进一线技能员工多角度、多方面培养，解决科研与生产一线存在的"业务壁垒"问题，中国海油湛江分公司人力资源部探索实践"科研与生产一线人才互联互通"人才培养模式，将"加强科研业务骨干基层实践锻炼和交流"与"海上生产一线员工科研实践锻炼"有机结合，构建长效机制，促进人才培养与业务工作双提升。通过精选科研与技能人才、精编交流锻炼计划、精耕人才培养内容，坚持把"拓宽成才路径，打破业务壁垒"作为实践主题，打造

"产研结合"长效机制,锻造业务精、能力强的先进员工。经过探索实践,在"科研与生产一线人才互联互通"人才培养模式下,坚持员工发展工作和业务工作一起谋划、一起部署、一起落实、一起检查。在内容上将拓宽人才培养路径和提升业务水平统一起来,在举措上将科研人才奔赴生产基层实践和一线技能员工参加科研实践锻炼统一起来,为优化人才结构,促进业务融合、打造技能技术型人才队伍提供了可借鉴、可复制、可推广的人力资源管理工作方法。

2. 着力激发"智囊团"活力促进作用发挥

根据中国海油集团三项制度改革实施方案和健全干部能上能下的管理机制的相关要求,明确考核性退出、制度下退出、问责下退出、不适宜下退出和"非优必转"退出等"下"的途径,中国海油湛江分公司将部分年龄偏大,但经验丰富的干部退出领导岗位,从事专项工作。中国海油湛江分公司高度重视高层次人才的培养,通过创新培养举措,以各层级技能技术比武平台挖掘人才,选拔人才,营造良好的比学赶超的积极氛围,高层次人才队伍建设取得较好成绩,两级专家的数量与日俱增。另外,在职业卫生要求愈发严格和海上人员平均年龄日益增大的背景下,部分职业禁忌和高龄人员将不适宜从事海上作业,随着退出原岗位人员数量增多,探索发挥此类人才的智慧和力量对中国海油湛江分公司发展极为重要。

围绕充分挖掘退出领导岗位人员的专业智慧和管理心得,充分发挥两级专家在攻坚克难、成果提炼等方面的智慧力量,充分利用不适宜出海人员的一线丰富经验的优势,挖掘这几类人才的潜在活力,建设"智囊团"人才池。立足人才队伍现状,结合中国海油湛江分公司未来发展规划,依托人本理念践行示范中心建设平台,坚持以人为本、人尽其才、事得其人、人事相宜,充分调动上述"智囊团"人员的积极性,激发干事创业的热情,提升归属感、成就感和幸福感,传承技术技能专业成果,帮助现场解决急难险重问题,为中国海油湛江分公司高质量发展提供强有力的后备支撑。

(二)统筹"四维"人才培养,推进能力靶向提升

构建以培育科技英才为目标的"年轻科技人才培优计划"、以培育后备管理干部为目标的"年轻干部人才培优计划"、以培育领军技术专家为目标的"高端技术人才倍增计划"及以培育领导干部为目标的"战略管理人才培养计划"共同组成的"两优两高"四维培养体系,在培养周期内,精细化识别成长提升需求,制订丰富靶向提升措施。

1. 科技培优,人才倍增

以打造具有创新活力、具备领军潜质的科技人才和创新团队为目标,强化重大科研项目、工程项目和关键核心技术攻关等项目历练,加强理论培训、突出实践锻炼、推行导师带培、实施课题研究、开展科研立项、组织学术交流等,全面开拓年轻科技人才的创新思维,提升创新能力,加速年轻科技人才成长成才,提高成才率,实现人才的接替有序。

(1)盘点分析。根据中国海油集团对年轻科技人才相关要求和分公司业务发展需要,利用EHR(e Human Resource,电子化人力资源管理)信息数据,综合档案核查等途径对年轻科技人才情况摸排筛查,初步确定遴选条件。

(2)择优筛选。根据盘点分析,结合考核评优,必要时组织面试答辩,经过基层党组织推荐和党委研究确定等层层遴选,做好源头筛选,注重品行和能力,把好入口关。

(3)客观评价。通过查阅人事档案、征求纪检意见、填表调研等形式丰富的评价手段,广泛深入了解科研人员情况,对拟入库人员使用专业人才测评软件,对政治素养、廉洁从业、专业素质、发展潜力等方面客观立体反映遴选人员基础信息。

(4)理论培训。优先通过组织年轻科技人才调训班,深刻认识中国特色社会主义进入新时代的特征和需求,激发其政治责任感和历史使命感,激励其在新时代的科技创新工作中有新的担当、新的作

为。同时根据中国海油集团的统一部署或直接与国内高等院校沟通交流，有针对性地结合专业知识的短板、弱项。

（5）实践锻炼。以结果为导向，强化课题研究，旨在提高培养质量，消化培养内容，提高专业技术人员研究能力。针对本职工作中急难险重问题，如中国海油湛江分公司"上产一千万方"目标等开展课题研究与攻关。依托"科创工场"和"专家项目"，促进年轻科技人才主动承揽项目，实现由不敢用向大胆用转变、由满足近期需要向重视梯队建设转变、由偏重"选"向统筹"选育管用"的转变。

2. 干部培优，战略管理

（1）坚持党管人才。健全党管人才组织机构，人才工作领导小组每年研究优秀年轻干部人才工作不少于1次，切实加强和改进党对人才工作的统一领导。强化人才工作向所属单位纵向延伸，不断增强各级党组织的人才意识、责任意识和人才管理能力。

（2）盘活存量人才。用好干部信息数据，综合档案核查、考核评优等信息对年轻干部情况摸排筛查。加强年轻干部建设现状分析研判，通过定向培养、无任用推荐等方式，有计划遴选一批素质优、能力强、潜力大的优秀年轻干部。

（3）丰富评价手段。通过开展集中调研，采取个别谈话、发放征求意见表、查阅人事档案等形式，广泛深入了解年轻干部情况。使用专业人才测评软件，对拟入库人员开展测评。例如，按照政治素养、廉洁从业、群众基础、专业特长、业绩经历、发展潜力、短板弱项等方面对年轻干部基础信息进行客观立体反映。

（4）坚持源头筛选。根据人才盘点和分析，针对重点领域和人才匮乏专业，面向"985""211"院校、石油能源类等重点院校引进应届毕业生，把好入口关。丰富多岗锻炼形式，培养复合型干部。建立健全培训体系，培养造就忠诚、廉洁、担当的高素质专业化干部。

（5）综合实践锻炼。一是实行"跨部门、跨专业轮岗锻炼"，在同一职位、同一类岗位累计工作时间较长且任职经历比较单一的人员，进行跨部门交流锻炼；二是实行"部门内多岗位交流"，尤其是关键岗位、吃劲岗位和艰苦岗位的历练，量身安排工作任务，着重解决工作中的痛点、堵点、难点；三是实行"机关和基层双向挂职"，把基层经历比较丰富但需要在宏观层面提高能力的干部，侧重选派到机关部门实践锻炼，对综合素质好，但缺乏基层工作经历的优秀年轻干部，有计划安排所属单位实践锻炼；四是实行"重点培养"，有计划安排年轻干部参与重点工程、重点项目，将高质量的培训教育落实成培养优秀年轻干部的重要抓手。

"两优"计划已完成三批次共135人次的入库培养，2023年新提任党委统一领导，40岁以下100%来自库内人员，2023年库内人员岗位、级别晋升占比59%，切实选出了"优"，培出了"优"。"两高"着眼于专家队伍和领导干部的培养，设计视角更为宏观的培训措施，突出专家科学家精神培育、领导人员战略视野和政治素质训练。

（三）统筹"双域"创新平台，促进技术技能创新孵化

面向技术领域建设线上"科创工场"交流创新平台。"科创工场"构建五大组成模块，分别为"金点子"模块、"任务发布"模块、"知识问答"模块、"情报中心"模块、"知识库"模块。

"金点子"模块可以让创意产生更加有针对性和规律性，帮助企业或团队快速筛选出最有创新性、最具价值的创意，针对性提高创意产出效率。"任务发布"模块可以帮助研究院更好地规划和管理任务，使组织者或个人更好地跟踪任务进度和完成情况，降低人力与物力成本。科研人员可以通过"知识问答"模块了解所求知识的专业意见和解答，能有效帮助科研人员快速、准确地解答科研疑惑，做到联手共创科研，有助于获得更多的学术资源和机会，共同提高学术标准和水平，形成完整的技术研讨链，从而推动学术创新。"情报中心"模块可以通过搜集、整理和分析各种信息资源，为科研人员

提供信息支持，帮助科研人员更好地了解研究领域的最新进展和动态，实现不同科研机构和团队之间科技信息、学术思想、科研活动和科技人员的信息共享，为科研工作提供有力支持。通过建立"知识库"模块，可以积累和保存信息和知识资产，加快内部信息和知识的流通，实现组织内部知识的共享。所有模块都面向全体科研人员、技术人员，人人可参与，并提供了匿名功能、积分功能，让科技人员在分享经验、分享想法、分享信息时，不因"社恐"或怕说错而丧失热情。同时将"科创工场"积分作为年轻科技人才培优、专家考核的得分项，促进优秀科技人员分享经验知识。该平台上线近一年时间，活跃度与日俱增，累计发布、上传1462人次。

面向技能领域以国家级技能大师工作室和产学研中心建设为抓手，推动形成创新工作室联盟，畅通技能人才作用发挥和成才平台，同时在各层级技能大赛基础上，创新推行"全员竞赛"，搭建出彩平台。中国海油湛江分公司成功搭建中国海油集团（行业部级）赛前选拔赛、中国海油湛江分公司大赛和作业单位大赛"三级技能竞赛"机制，形成良好的选拔和竞争机制，为技能领域员工搭建更高、更大的展现舞台。但是，这些竞赛都是"精英赛"，是经过层层选拔的技能精英。而在海上平台，需要培养一支技能过硬的高素质劳动队伍，在海上平台就地取材、实地操作，打造技能竞赛"全员赛"模式，实现全员训练、全员参与、全员出彩的目的，通过"比、学、赶、帮、超"，营造争先创优、提质增效的浓厚氛围。依托平台现场，按照"短、平、快"方式，推动全员参与，自2023年11月启动以来，公司生产平台、油气终端已实现竞赛全覆盖，参赛700余人次，现场员工参赛率超75%。

（四）统筹"全局"人力势态，推动基于数据决策参谋

党的领导是人才工作的方向所在、力量所在、优势所在，要不断发挥党把方向、管大局、促落实的作用。习近平总书记指出，善于获取数据、分析数据、运用数据，是领导干部做好工作的基本功。中国海油湛江分公司党委积极创新，把好人才列车的"方向盘"，抓好人才信息化的"指挥棒"。

不谋全局者，不足谋一域。统筹干部人才队伍全局，数据获取、分析与运用居于先行地位。中国海油湛江分公司建设完善人力资源适时跟踪机制，以深入推进三项制度改革为动力，以建设高质量人力资源数据体系和提升数据管理能力为目标，坚持问题导向、目标导向、结果导向，扎实推进干部人事、干部监督、员工发展和薪酬绩效等主体工作，构建标准统一、系统融合、操作便捷的人力资源适时跟踪系统，充分挖掘数据价值，为建设高素质干部人才队伍提供有力支撑。

人力资源适时跟踪系统每季度更新，内容涵盖日常人事、干部管理、人才发展、考核激励4个模块，涉及岗位编制等11个方面内容，同时更新中层领导人员花名册、机关部门及所属单位岗位经理及以上级别人员配置图。系统主要分为4个模块，在保持基本内容不断完善的基础上，每期根据当期工作重点和阶段性工作需要动态调整更新。一是日常人事，重点呈现岗位编制、劳动用工、年龄结构、三支队伍、人员增减等情况；二是干部管理，重点呈现领导人员配置、年龄、干部平级交流、晋升、退出等情况；三是人才发展，重点呈现研究院科研人员、海上专业技能人才等情况；四是考核激励，重点呈现"两制一契"管理、员工绩效考核、中国海油湛江分公司正向激励等情况。

通过多维动态跟踪分析，实现全面分析、定时报告，摸清人力资源情况，掌握干部人才队伍最新数据，为中国海油湛江分公司党委决策部署提供实时便捷全面的大数据分析支持。自人力资源适时跟踪系统运行以来，已编制5期人力资源适时跟踪报告，对干部人才信息进行分类梳理，及时整合，为科学合理使用干部提供真实可靠的基础性资料，为党委决策分析和开展人力资源规划提供实时和详尽的数据。

（五）统筹"指挥棒"精准发力，加强考核激励效果发挥

针对组织绩效考核在内容上相对固定，考核过程中存在形式化趋势，考核结果的分配方式不能很好地体现对员工正向激励作用的问题。自2021年以来，中国海油湛江分公司深入推进干部人事、劳动

用工和收入分配三项制度改革，将推动员工"收入能增能减"作为提升中国海油湛江分公司内部管理水平的重要抓手，通过两年时间，将"差异化"考核模式完成从试点运行到全覆盖的跨越，并全面构建实施了"三位一体"的正向激励机制，充分发挥薪酬分配杠杆的导向激励作用，为中国海油湛江分公司连续高水平完成经营业绩，以及高质量实现"上产一千万方"目标贡献力量。

1. 健全完善"差异化"的考核分配机制

为尽可能发挥员工的潜力，中国海油湛江分公司根据 5 家党委单位的功能定位和业务特点建立了"差异化"的业绩考核和薪酬分配机制，将班组、研究室、子公司的经营效益和员工薪酬收入高度关联、深度联动，实现组织与员工的责任共担、利益共享，用"差异化"代替"一刀切"，真正发挥绩效考核对中国海油湛江分公司治理的导向作用。坚持融入"全方位"的党建考核引领。以党支部年度党建责任制考核指标为准，由党委工作部门组成考核组，加强基层党组织的思想政治建设，提高基层党建工作质量，全方位加强考评中的党建考核比重。

（1）聚焦年度目标，以"五化"工作法激发海上油田活力动力。3 家作业公司聚焦年度经营业绩考核目标，重点从考核单元划分类别化、指标体系构成差异化、考核管理分级化、考核结果等级化、结果运用多元化 5 个方面开展工作。根据与核心业务指标的关联度，将每个油田、终端作为一个独立的考核单元参与考核，根据各考核单元设备设施、生产任务等方面的不同特点，制定了"一个考核单元一套考核指标"的个性化指标体系及评价体系，差异化指标覆盖综合、安全、生产、维修四大类，并根据工作量及工作难度分配不同的权重。

（2）突显角色价值，以"职级分离"模式激发科研人员干事创业积极性。中国海油湛江分公司通过创新体制机制，推动南海西部石油研究院实现组织机构优化，将原有 36 个项目组整合为 24 个研究室，重构科研人员角色，并以差异薪酬激励为导向。按照"职级分离、分类考核、精准激励"的原则，突破原有的薪级限制，优化年终奖分配方式，强化个人所在"室组织"绩效及角色价值系数关联性，实现收入分配与承担角色、研究室考评结果、个人绩效的三维联动，实现收入向核心科研人员倾斜，为科研人员赋能。

（3）着力考准考实，让"老西部"焕发新生机。2022 年，因中国海油集团改革工作部署，将原西部公司改革为后勤支持服务中心及矿区管理中心的两个所属单位并入中国海油湛江分公司，其中后勤支持服务中心下辖 4 家子公司。为建立健全激励有效、导向鲜明的用人机制，打造一支高素质、高绩效的员工队伍，后勤支持服务中心设立差异化考核领导小组，以目标导向、可行性、正向引导、激励约束并重为工作原则，有序开展针对 4 家子公司的差异化考核工作。将考核结果应用于年终奖的二次分配，收入分配向业绩考核好、价值贡献大的考核单元倾斜，合理拉开员工收入差距。

2. 探索推行"精准式"的正向激励模式

差异化考核模式的推行使得中国海油湛江分公司的内生动力不断激发，但考核从本质上来说是一种约束，是必须完成的硬性目标和任务，如果只有约束没有激励，员工干事创业的积极性将无法得到长久性保证。为此，中国海油湛江分公司探索推行考核与激励并行模式，构建了包括中国海油集团专项奖励、中国海油湛江分公司正向激励、荣誉表彰激励在内的"三位一体"精准式正向激励体系。

正向激励体系重点奖励在储量重大发现、油气生产、工程技术、工程建设、科技创新、现场安全、降本增效、管理提升等方面表现突出的团队或者个人。由中国海油湛江分公司党委研究设立"年度正向激励资金"，通过制度化、规范化和体系化运作管理，不断激励干部职工担当作为，近三年年均兑现正向激励奖金超 2000 万元，为中国海油湛江分公司经营业绩指标完成提供了有力保障。

四、主要创新点

在高质量"上产一千万方"目标的新征程上，中国海油湛江分公司党委坚决贯彻新时代党的组织路线和党的二十大精神，认真落实习近平总书记关于人才工作的重要论述。聚焦人才队伍建设现实难题，围绕技能、技术和管理三个领域人才队伍高质量建设，通过"解剖麻雀"、系统分析、深入研究，深度总结多年实践经验，结合人才队伍建设现实需求，创新产生一系列人力资源管理新方法、新机制、新体系，并聚合形成"高中低多层次人员全面提升、老中青全年段干部活力激发、技研管分领域人才持续培优"的人力资源管理提升"一个工程·五个统筹"集群模式（见图1）。在此架构下，统合构建含11项子工程的人力资源管理总体提升工程，形成5个统筹提升模块：一是统筹"三池"人才积蓄，建设完善"科研一线""海上一线""智囊团"三大人才池，并构筑三池互联互通机制；二是统筹"四维"人才培养，推进能力靶向提升，开展以"年轻科技人才培优计划""年轻干部人才培优计划""高端技术人才倍增计划""战略管理人才培养计划"共同组成的"两优两高"四维培养体系，进一步把优秀干部人才培养好、选拔好；三是统筹"双域"创新平台，促进技术技能领域创新孵化平台，打造"科创工场"创新平台、创新工作室联盟、技能比武全员赛，激发基层首创精神，持续推进产学研深度融合；四是统筹"全局"人力势态，推动基于数据决策参谋，实现适时跟踪、全面分析、定时报告，为党委选人用人提供大数据支持；五是统筹"指挥棒"精准发力，加强考核激励效果发挥，强化党委把关作用，加强差异化考核分配激励，确保各项措施落到实处、产生实效、催生动力。

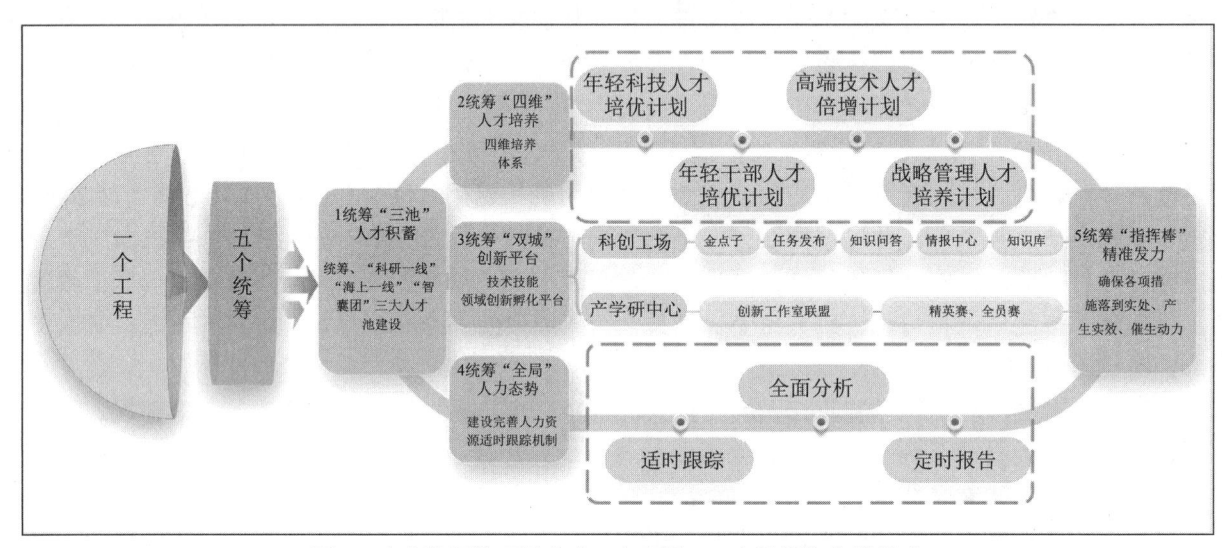

图1 人力资源管理提升"一个工程·五个统筹"集群模式

五、实施效果

中国海油湛江分公司人力资源管理提升"一个工程·五个统筹"集群模式在多年探索和经验总结的基础上，于2022年形成总体方案并逐步推动各子工程实施，2023年全面推进各子工程在中国海油湛江分公司干部管理、人才开发、队伍建设、正向激励、管理提升等相关领域落地，取得了良好效果。

（一）干部人才培养机制更加全面科学

中国海油湛江分公司党委立足于后继有人这个根本大计，统筹谋划干部人才培养机制，构建四维培养体系，切实提高了年轻科技人才、年轻干部人才、高端技术人才、战略管理人才的能力素质。

"年轻科技人才培优计划"聚焦"四个中心"建设新要求，瞄准科技创新主战场，加大对优秀年轻科技人才的培养力度。2023年完成1.0版本工作方案制订、人选推荐、人选测评、党委研究，确定31人入库，安排到清华大学开展集中培训并进行汇报、分享学习心得。

"年轻干部人才培优计划"在1.0版本的基础上，进一步完善选拔培养机制、丰富培养措施。经所在部门、单位的推荐、资格审核、谈话考察、能力素质测评、书面述职、档案审核、征求纪检意见、党委会审议通过等严格选拔机制，最终确定 51 人入选 2023 年度年轻干部人才库。先后组织开展"培优计划启动会"；北京大学集中培训并完成理论研究课题开题汇报；将 51 名学员分配至 19 个部门、单位交流锻炼。通过培训锻炼，已有 30 名培优学员获得岗位晋升或级别调整，不断提升年轻干部素质能力。

"高端技术人才倍增计划"旨在进一步加强高层次技术人才队伍建设，激励高端技术人才在科研生产业绩、人才培养、技术成果方面发挥关键作用，充分发挥高端技术人才的技术引领和骨干示范作用，实现高端技术人才队伍建设的倍增，2023 年完成方案编制，推动高端科技人才在增储上产主战场上实战锻炼。

"战略管理人才培养计划"旨在进一步增强中层干部的履职能力、丰富中层干部解决复杂难题的能力，2023 年完成方案编制及审议、人选酝酿、考察入库等程序，组织 1 期座谈交流，每人开展 1 项专题研究。推动所属单位兼职总助岗位设置及实践锻炼，促使干部多岗位锻炼、培养复合型干部，2023 年完成方案编制及审议、人选酝酿、考察谈话、党委会审议、任前公示、发文等程序，4 名中层干部按要求开展兼职工作。

（二）干部人才成长平台更加丰富多元

中国海油湛江分公司牢固树立"科技是第一生产力、人才是第一资源、创新是第一动力"理念，让广大人才在丰富多元的平台上获得更多让人生出彩的机会。

创办"科创工场"，搭建创新平台。通过高层次、高水平的科技论坛活动，激发科研人员的自主创新意识，达到活跃科技创新氛围、优化自由研讨环境、开创科技创新新局面的目的，使科研人员开阔视野、增长知识，激发广大科研人员的积极性、主动性和创造性，推动科技成果加快向现实生产力转化。

打造"创新联盟"，搭建一体平台。建立产学研中心是落实国家和地方政府关于加强产业工人队伍建设要求、落实中国海油集团"人本理念践行示范中心"建设的有力抓手。通过找准"五好"定位、打造"五大"基地、释放产学研综合优势、畅通技能人才作用发挥和成才平台、渠道，将产学研中心建设成为推进中国海油湛江分公司创新发展的重要抓手、高技能人才培养的有效载体。同时将产学研中心作为与地方沟通交流的平台和载体，成为企地共荣共生共建的介质，打造成央企担当的窗口。

（三）干部人才队伍建设更加精干高效

中国海油湛江分公司坚持党管干部、党管人才原则，为打造"对党忠诚、勇于创新、治企有方、兴企有为、清正廉洁"的干部队伍而努力奋斗。

优化干部年龄结构。通过党委酝酿动议、民主推荐、确定考察人选、民主测评、考察谈话、确定拟任人选、任前公示、任前谈话等程序，2022 年提任党委直管领导干部平均年龄 42.8 岁，新任直管领导干部 40 岁左右占比为 75%，达到中国海油集团规定目标。2023 年新任党委直管领导干部 40 岁左右占比为 83.33%，达到中国海油集团规定目标。

推动干部交流任职。为优化干部资源配置、增强干部队伍活力，中国海油湛江分公司稳步有序推进干部交流，充分激发干部潜力，建立岗位交流预警机制，2022 年干部整体换岗交流率占比 31.9%，2023 年度干部整体换岗交流率为 20.6%，超过中国海油集团要求的不低于 20% 的目标。

（四）干部人才发挥作用更加积极有效

中国海油湛江分公司积极促进干部人才发挥更大作用，国家级工作室、国家级技术能手喜讯连连，人才交流、人才培养硕果累累。

技师工作室建设迈上"新台阶"。陈可营技能大师工作室跻身成为中国海油集团首批国家级技能大师工作室，工作室建设迈上国字头"新台阶"。

全国技术能手数量实现"新突破"。2023年，中国海油湛江分公司6位员工获评全国技术能手，加上往年获评的3人，现有全国技术能手9人，数量实现"新突破"，位于中国海油集团前列。此外，技能竞赛获奖层级取得"新高度"，参赛选手荣获第十七届"振兴杯"全国青年职业技能大赛（职工组）电工赛铜奖，这是中国海油湛江分公司首次在国家一类大赛中获奖。

人才交流互联互通开发"新路径"。进一步盘活"科研一线"与"海上一线"人才两大"人才蓄水池"，坚持科研、生产和人才培养"一盘棋"，探索人才交流"新路径"，制订科研与生产一线人才互联互通系列方案，形成一套科研与生产一线人才互联互通的工作机制，畅通跨序列（W-B-T）发展的路径和渠道。

新员工双融全链式培育开展"新探索"。传承红色基因、赓续红色血脉，感悟"爱国、担当、奋斗、创新"海油精神，感受"碧海丹心，能源报国"海油文化。按照海洋油气勘探开发过程，构建一条覆盖物探、钻完井、测井、室内实验、油藏工程、海洋工程、油气开采等关键环节的技术技能"全链式"培训矩阵。

（五）人力资源管理效能更加显著提升

中国海油湛江分公司构建人力资源管理提升"一个工程·五个统筹"集群模式，致力于提升人力资源管理效能，实现管理决策更加智慧、专项人员更有成就、激励策略更具活力。

管理决策更加智慧。搭建一个覆盖全面、功能集成、精准规范、智能分析的人力资源适时跟踪系统，是打造一体化业务工作平台的重要基础，对人力资源数据进行深度挖掘、高度整合，构建干部人才信息资源池，为干部队伍建设提供有力决策依据，让管理层决策更加科学、智慧。

专项人员更有成就。退出领导岗位人员和技术技能专家是中国海油湛江分公司的宝贵财富，积攒了丰富的管理和技术经验，需要良好的机制促进经验分享与传承。探索开展"智囊团"人才池建设，在已有的"科研一线""海上一线"两个"人才池"的基础上，进一步发挥专项工作人员的智慧才智，传授知识经验，解决急难险重问题，为中国海油湛江分公司高质量发展贡献力量，让专项工作人员充满成就感。

激励策略更具活力。深入贯彻落实探索创新市场化考核激励机制的相关要求，充分发挥考核"指挥棒"激励引导作用，持续深化中国海油湛江分公司内部收入分配制度改革，不断完善职工工资能增能减机制。在5家设党委的所属单位全面开展差异化考核分配工作，实现5家党委单位全覆盖。鼓励各单位创新完善不同业务类型的差异化、制度化考核激励模式，让差异化激励策略催生源源不断的干事创业动力，为中国海油湛江分公司高质量发展注入强劲动能。

六、下一步规划与探讨

中国海油湛江分公司党委坚持党管干部和党管人才原则，持续打造高素质人才队伍，建设人本理念践行示范高地。下一步工作思路与计划：统筹资源积蓄，推动人才互通走深走实，提升干部人事选拔任用管理水平，不断完善体系运行机制，畅通党的组织建设；统筹接续培养，发挥党组织及其职能部门在干部选拔任用等环节中的把关作用，加大对优秀年轻干部和科技人才的发现、培养和使用力度；统筹孵化平台，把人才的积极性和创造性引导好、保护好、发挥好，充分激发人才的创新活力，不断提升技术技能研发能力；统筹全局势态，进一步做好人力资源数据治理工作，把好人才列车的"方向盘"；统筹管理效果，建立健全激励有效、导向鲜明的用人机制，打造一支觉悟高、素质高、绩效高的员工队伍。

全面提升中国海油湛江分公司人力资源管理水平，不断深化构建人力资源管理提升"一个工程·五个统筹"集群模式，推动新时代党的建设新的伟大工程向纵深发展。

以"四位一体"合规综合管理体系助力国际一流轨交集团建设

创造单位：北京市基础设施投资有限公司
主创人：魏怡　李毅
创造人：李洋　刘宁娜

【摘要】北京市基础设施投资有限公司（以下简称京投公司）认真贯彻落实党中央全面依法治国战略部署，按照北京市国资委关于法治国企建设总体部署要求，积极开展合规体系建设，公司依法治企能力显著增强，为企业改革发展提供了坚实的法治保障。

京投公司作为北京市国资委第二批合规试点企业，在北京市国资委指导下，结合企业自身实际，建立了涵盖"法务管理、合规管理、内控管理、风险管理"四位一体的"大合规"管理模式。在具体的建设路径上，以"合规建设五个一行动"为切入点，以"重大风险有效化解"为着力点，以"合规建设三力合一"为落脚点，有效推进了法务、合规、内控、风控"四位一体"管理工作融合管理，有力推动公司法治合规水平和风险防控质效向高水平迈进。

该"四位一体"的合规管理模式，在创新性、实用性、效益性等方面都取得良好的成效，实现了以合规管理促进公司高质量发展的战略目标，也为其他企业进行合规体系建设和深化法治合规管理提供了可借鉴的模式和思路。

【关键词】"四位一体"　合规管理　风险防控

一、实施背景

京投公司成立于2003年，是由北京市国资委出资成立的国有独资公司，承担以轨道交通为主的基础设施投融资与管理职能，公司主业为轨道交通投融资、建设管理与运营服务、轨道交通沿线土地开发经营、轨道交通装备制造。2020年8月4日，经北京市委、市政府批准，京投公司与北京市轨道交通建设管理有限公司合并重组，保留京投公司名称不变。

在北京市委、市政府、市国资委的领导下，在相关委办局和社会各界支持下，京投公司以习近平新时代中国特色社会主义思想为指导，深入学习宣传贯彻党的二十大精神，完整、准确、全面贯彻新发展理念，着力推动高质量发展，深入贯彻习近平总书记对北京一系列重要讲话精神，稳步推动"一体两翼、三大支撑"战略落实，加速实施"三个转型升级"，全力建设"四个轨道交通"，全面提升首都轨道交通服务综合保障能力。

京投公司目前管理的北京轨道交通运营线路29条，总计879千米；在建地铁线路10条，在建线路总长177.4千米。

京投公司旗下拥有全资及控股子企业150家，其中境内135家，境外15家。截至2023年年底，京投公司资产总额达到8747.33亿元，净资产达到3005.16亿元，全系统职工8424人，累计实现净利润284.65亿元。京投公司国内信用评级为AAA级，国际信用评级A+级。

（一）全面贯彻落实习近平法治思想和依法治国方略，深化国企改革的总体要求

依法治国是中国特色社会主义的基本方略，也是国家治理的基本原则。国有企业是社会主义市场经济的重要组成部分，国有企业开展合规建设，是全面贯彻落实习近平法治思想，积极响应党和国家全面推进依法治国的号召。深化国企改革是推动国有经济健康发展、提高国有资本运营效率的重要任务。合规管理作为推动法务管理与企业经营管理有效融合的重要抓手，通过建立健全的合规管理机

制,可以有效防范和化解企业风险,全面提升企业的法治建设能力和依法治企水平,推动国企改革向纵深发展。

(二)全面贯彻落实北京市国资委对合规管理体系建设部署,推动市属国有经济高质量发展的客观要求

2018年12月,北京市国资委印发《市管企业合规管理工作实施方案》。根据该实施方案,2020年6月起,京投公司作为市属国企第二批合规试点企业启动合规体系建设。京投公司合规管理体系建设是立足于合规管理的趋势背景,全面贯彻落实北京市国资委关于合规管理的部署要求,力求通过合规管理体系建设,进一步完善公司治理,促进协同创新,增强法治保障能力,实现对风险的有效预防和化解,推动企业实现高质量发展。

(三)建设世界一流企业,推动国有企业完善价值创造体系、提升价值创造能力的必由之路

加快建设世界一流企业,是以习近平同志为核心的党中央统筹中华民族伟大复兴战略全局和世界百年未有之大变局,着眼党和国家事业发展需要作出的重大战略决策。具备一流的现代治理体系和治理能力,是世界一流企业典型的特征之一,也是示范创建工作必须要抓好的重点任务。作为北京市属重要国企,京投公司积极贯彻落实中央及北京市政府重大决策,在创建世界一流示范企业中勇于担当、积极作为,持续完善价值创造体系,强化风险意识,打造决策科学、运转高效、管控有力的"四位一体"合规管理体系,以应对经营发展中遇到的各种风险挑战。

(四)解决公司高速发展面临的问题

近年来,京投公司经历了业务高速发展期,业务形态多元、体量规模倍增,受新冠疫情影响、行业发展放缓等外部因素,一方面多元化的业务形态对集团法治合规管理水平和法务支撑保障能力提出更高的要求;另一方面,受新冠疫情等外部因素影响,公司系统内诉讼案件呈现出数量增多、金额增大的趋势,法律纠纷风险凸显。为了解决上述现实困境,京投公司本着健康高质量发展宗旨,开展合规体系建设,坚持依法合规经营,不断完善内控和风控管理机制,提升全面风险防控质效。

二、实施过程及创新点

京投公司作为北京市国资委第二批合规试点企业,在北京市国资委指导下,结合企业自身实际,深入开展了企业合规建设及全面风险防范管理(见图1)。公司法治合规建设以"合规建设五个一行动"为切入点,以"重大风险有效化解"为着力点,以"合规建设三力合一"为落脚点,持续推进法务、合规、内控、风控"四位一体"管理工作有效融合,有力推动公司法治合规水平和风险防控质效向高水平迈进。

(一)以"合规建设五个一行动"为切入点,构建合规管理长效机制,打造"京投特色"合规体系

1. 搭建一个合规管理体系,完成合规管理融入公司治理,从顶层设计建设合规体系"四梁八柱"

坚持合规建设"统筹管理"。京投公司党委、董事会和经营层三位一体齐抓共管法治合规建设,党委、董事会高度重视,定期听取合规工作专项汇报,及时提出指导要求;成立合规管理工作领导小组,由党委书记、董事长担任组长,领导部署合规管理体系建设的各项工作;公司经营层积极落实,将依法合规严控风险的意识贯穿经营管理工作中,法治合规建设引领作用成效显著。

坚持合规建设"强化治理",京投公司董事会成立合规委员会,与审计和风险管理委员会合署办公,发挥合规管理职能;京投公司将"构建合规体系,防范控制经营风险"列为公司"十四五"规划战略保障措施、响应国企改革三年行动实施方案要求及年度董事会重点任务,高位部署并能动铺开落实;公司任命总法律顾问为首席合规官,全面负责合规工作开展。

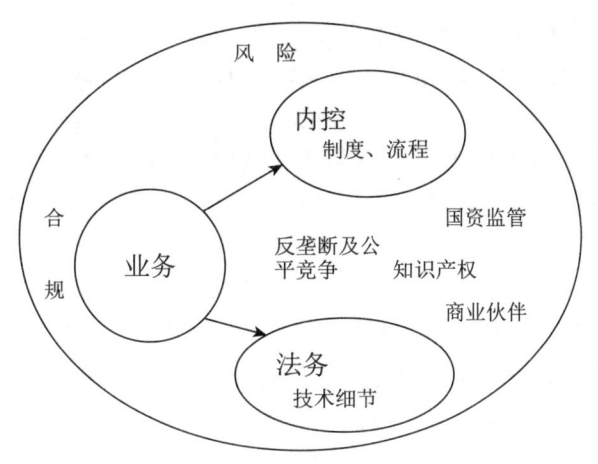

图1　京投公司合规建设及全面风险防范管理

坚持合规建设"全面执行",京投公司将法律合规部设置为合规领导小组办公室日常办事机构,全面承担"四位一体"合规管理职能;配备合规专职及兼职人员,全面推动合规建设要求落实;全系统上下勠力同心,各部门领导和分(子)公司领导对法治合规建设工作高度重视,积极参与各项法治活动,大力支持法治合规工作质效提升,助力法治建设落地有声。

该合规管理体系,建立了一套系统完备、科学规范、职责清晰、协调有序、监管到位的组织管理架构,明确了在合规体系建设过程中从决策管理层、一线执行层、监督层各层级的职责任务和行为规范,为合规管理的有效落地提供了有力指导和坚实支撑。

2. 构建一套合规运行保障制度,初步搭建合规管理制度体系,实现合规运行保障制度基本到位

为确保合规管理体系有效运行,公司合规管理部门在梳理现有制度、筛查部门职责、访谈重点单位等基础上,结合公司管理实践,制定了一系列合规运行保障制度(见图2)。例如,公司合规运行保障制度以《合规管理试点工作实施方案》为统领;以《合规管理规定》《合规联席会议管理机制》《员工合规义务手册》等合规基本制度为支撑;以《法律合规审核实施细则》《法治合规考核评价管理办法》《法律意见书管理办法》等合规专项制度为重点,为合规建设全面开展提供了坚实的制度支撑。

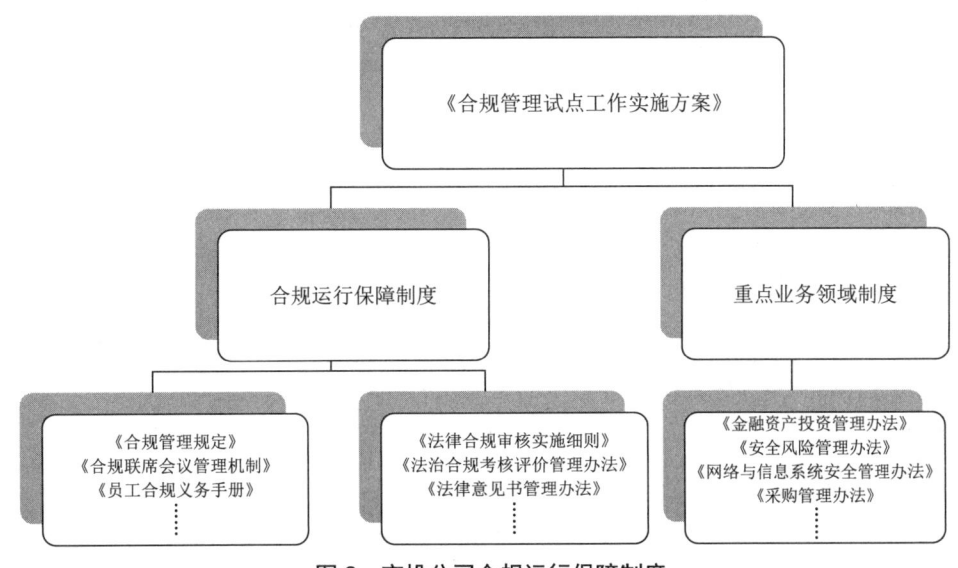

图2　京投公司合规运行保障制度

3. 开展一系列重点领域合规专项工作，重点业务示范先行，实现对重点合规领域闭环管理

按照北京市国资委关于企业合规建设相关要求及京投公司《合规管理试点工作实施方案》，结合公司业务实际，在推动全面合规的基础上，突出重点领域合规专项工作，针对"积、难、险、重"业务，有针对性的以专项合规建设强化风险防控水平，如针对公司投资业务开展"股权投资合规"专项建设，详细梳理股权投资业务流程、控制节点、风险管控要求，制定《项目经营投资管理办法》，有效强化了投资项目的风险防范水平；针对地铁建设管理业务，开展"安全生产合规"专项建设，完善安全管理的各项要求，制定了《相关方安全管理办法》，确保安全生产管理有计划、有举措、有落实；针对轨道交通路网数据安全，制定《个人信息处理全流程保护管理办法》等专项合规指引，为企业行为合规提供了有效指引；此外，公司针对招采管理、知识产权管理、劳动用工管理、涉外业务及自持物业经营管理，均开展专项合规建设，实现对重点业务领域强指引、强监管。

4. 建立一个法律合规融合审核机制，坚持四位一体融合审查管理，实现法务合规对公司业务全方位高标准支撑

京投公司合规建设坚持"四位一体"融合管理，坚持"法务、合规、内控、风控"体系机构合一，坚持对每一个投资事项、项目合同、制度文件"四位一体"融合审查合一。公司全系统法务人员通过为重大决策出具法律意见书、在各层级会议发表专业意见、作为项目组成员全程跟进项目、审核各类文件材料等方式，从"四位一体"角度全面提示风险、积极研究对策，实现法务合规对公司业务全方位高标准支撑，全面推动企业依法决策、依法经营、依法管理，为法治国企建设构筑坚实保障。

同时，京投公司积极探索合规信息化建设，公司搭建经营决策事项审核平台、风险管理平台，实现对合同审核、制度审核、决策事项"四位一体"流程化审核管控；建立公司案件管理信息系统，完善案件报告、处置和指导流程，实现诉讼纠纷实时高效管理；开通线上法律合规信息检索平台、天眼查平台，实现合规人员信息检索渠道顺畅，充分运用信息技术助力合规建设；目前京投公司正在开展合规信息化专项建设，整合内控和风险管理、合规评估、法治考核、律师团队管理、法务人员队伍管理、法治培训学习等板块，形成合规信息化系统，向着过程环节全覆盖、合规要素化审核目标持续推进，有效推动法治合规建设向数字化、智能化转型。

5. 推动一体化多层面合规试点工作，以总部统筹、分层试点为方针，实现集团整体合规水平提升

2021年至今，京投公司指导集团内下属企业分四批次开展合规试点建设（见图3），截至目前已经实现集团内56家分、子企业合规体系建设全覆盖。

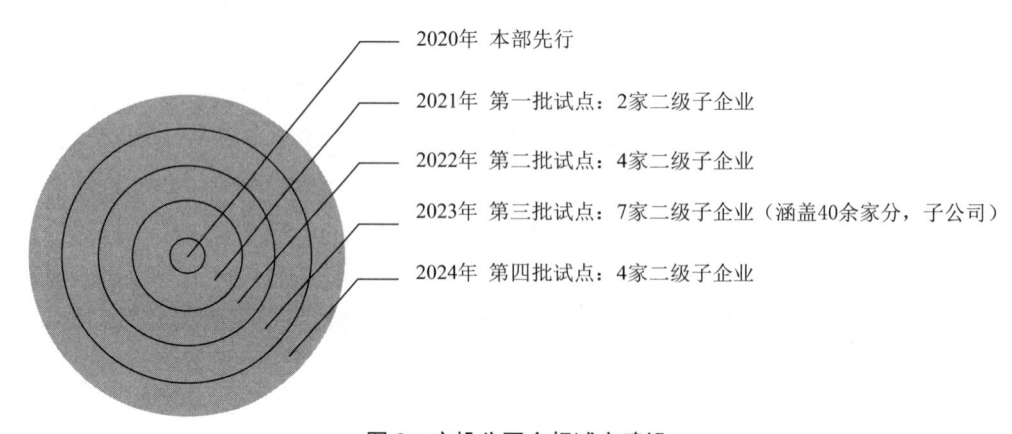

- 2020年 本部先行
- 2021年 第一批试点：2家二级子企业
- 2022年 第二批试点：4家二级子企业
- 2023年 第三批试点：7家二级子企业（涵盖40余家分、子公司）
- 2024年 第四批试点：4家二级子企业

图3 京投公司合规试点建设

子企业合规建设过程中，由集团本部指导子企业拟定合规建设思路，指导各试点单位在合规建

设过程中突出问题导向和企业特色，查找企业治理、管控、组织、制度、流程、执行、监督等合规建设方面的突出问题和薄弱环节，充分依托原有可行、有效的风险防控体系，推进合规管理与法务、内控、风控等体系的有机融合。经过四批子企业的合规建设，集团整体法治合规水平有了较大幅度的提升，全员的法治合规意识进一步增强，风险事项得到有效化解。京投公司在北京市国资委法治考核中，也连年取得优秀成绩。

针对已完成合规建设的试点单位，集团法律合规部通过书面评估加现场评估相结合的方式开展对试点单位合规体系建设评估，从合规组织架构建设、合规制度体系建设、重点领域合规专项建设、合规管理运行机制效用发挥、合规管理保障情况等方面深入评估试点单位合规建设成效，有效推动试点单位合规管理质效提升。

（二）以"重大风险有效化解"为着力点，坚持风险管理主动出击，提升全面风险防控质效

1. 落实风险防控关口前移，防微杜渐提升全面风险防控质效

京投公司合规内控人员全面落实风险防控关口前移，合规法务人员从解决问题的"最后一棒"变成解决问题的"第一棒"，从事中、事后的修修补补变为事前预防的未雨绸缪。在项目立项阶段第一时间介入，在项目实施过程中全程跟进，对存在风险隐患项目进行刨根问底式探究，主动审视纠纷背后涉及的管理决策、制度流程的缺陷漏洞，调整前端业务模式，完善风险防控体系。

京投公司全面提升风险管理的主动性和前瞻性，紧跟市场及时预警。针对海航事件、上海电气事件、华夏幸福债务危机、"中植系"系列风险事件、恒大集团债务危机等典型市场风险事件，公司法律合规部对上述事件暴露风险与京投公司系统内业务相关的基金、租赁公司开展风险专项调研，核查投前、投后风险管控措施落实情况，抽查重点项目、既有诉讼并进行专项风险分析，推动相关下属单位提高风险防控意识、优化风险防控措施。

京投公司法务人员提前介入、全面参与项目论证及风险管控研究，如在某合资设立项目中，法务人员就拟合资设立项目公司未来管控模式、股权架构设计、员工持股平台、知识产权管理、同业竞争、关联交易、利润分配等事项先行梳理风险点，为后续业务架构设计和开展提前设计合理的风险管控措施。

京投公司本部风险管理部门持续强化对下属企业风险化解指导，如针对下属基石国际融资租赁有限公司（以下简称基石租赁）近年来因外部风险事件叠加、市场环境深刻变化，导致基石租赁的融资租赁项目经营风险持续暴露。基石租赁近三年重大案件数量、涉案金额均位居京投公司系统前列，其在风险控制化解、推动转型发展方面面临较大压力。

针对上述情况，基石租赁以合规管理为抓手，压存控增推进风险化解处置。基石租赁一手抓逾期项目处置化解，善用法律诉讼手段，创新债权处置方案，有力推进存量风险去化。一手抓合规内控管理，以风险处置经验反哺内控升级，及时完善风险事件中发现的内控缺陷，对经营性租赁等新业务前置开展审慎的法律合规风险研究，确保公司转型发展战略平稳实施，不出重大风险。

一是有效建立合规管理体系。基石租赁作为京投公司全系统第三批合规试点单位，科学制订、稳步落实合规管理体系建设方案，正式任命总法律顾问兼任首席合规官，对法律合规条线队伍赋能充分、责任压实。二是善用法治手段推进风险化解。除常规现场、非现场催收、高层访谈外，基石租赁善用法律手段维护自身合法权益。通过发送律师函、提起诉讼等方式多措并举推进风险项目化解，创新运用司法审计措施、依约履行合同义务。三是积极探索抵债资产处置办法。基石租赁针对应收账款债权、股权、信托受益权和实物资产等存量抵债资产精准制订管理和处置方案，认真开展法律风险评估，确保处置方案合法合规。自2023年以来，基石租赁高度重视抵债资产整合管理工作，建立抵债资产管理台账，编制抵债资产管理情况年度报告并制定《抵债资产管理办法》，有效完善了抵债资产

管理方面内控制度机制。四是建立完善经营性租赁特色风险管理体系。基石租赁在业务开始初期就及时跟进配套风险管理体系建设，制定《经营性业务管理办法（试行）》，全面规范经营性租赁业务流程管理；通过全流程摸排经营性租赁业务操作风险，形成全流程风险控制矩阵；根据不同项目的风险权衡，探索优化合同范本，分别采用自主管理、分项委托管理、厂商合作托底和厂商回购等不同业务模式，从交易结构设计上实现风险与收益的科学平衡，有效控制法律风险。

京投公司通过指导基石租赁建立合规体系、调整治理结构权限、重树关键制度机制、强化风险案例分析和反思提升，基石租赁公司的诉讼案件和风险项目在近三年得到有效化解，业务人员主动进行风险防范的意识明显提升，法务人员进行风险把关和提前化解的能力进一步增强。

2.完善风险管理内控体系，精准施策推动重大风险有效化解

京投公司建立事前风险识别预警机制，针对重点工作环节、重点业务领域强化监测预警；建立事中风险报告机制，针对预警风险及时处置、层层落实；建立事后风险防范缺陷分析机制，补短板、堵漏洞、强弱项，强化风险闭环管控。针对重要风险岗位人员建立风险岗位清单，促使重要风险岗位人员发挥风险防范职责作用。

近年来，京投公司进一步深化风险、合规、内控、法务"四位一体"的风险防范工作格局，推动风险管理与业务深度融合，风险评估和管理体系不断优化、精细，合规经营及风险排查、防范、应对机制日益完善。每年度开展全系统全面风险评价工作，针对与公司业务密切相关的安全生产、投资管理等风险，确定风险管理主责部门、完善风险管控流程、制定风险管理策略，建立风险化解长效机制，有效防控全系统重大风险的发生。

3.强化诉讼纠纷管理机制，齐抓共管全面推动案件化解工作

京投公司近年来对案件管理始终坚持贯彻落实北京市国资委案件管理"三个目标"任务，加快结案、提高胜诉率、提高案件执行率；同时，结合实质降风险、追损失的考核精神，着眼公司内部风险化解和机制完善，拟定"当诉则诉、积极应诉、全力止损"的诉讼管理策略，按照"解决存量、严控增量"的案件管理目标，全面推动风险化解工作。

一是落实重大案件"领导包案制+专人负责制"，以闭环管理推动风险防控机制完善。京投公司建立包案领导定期听取案件进展机制，重大案件定期向党委会、董事会报告。公司董事长、总经理、主管副总在案发后第一时间听汇报、对案件处理亲自指导，对涉案企业风险管控和战略调整亲自研究部署。公司总法律顾问牵头，专项应对重大案件处理工作，就每一起重大案件，均组织案件专题研究会和专项工作组，统筹内部法务人员、业务人员、外部律师，深入项目实质，合力推进、标本兼治，有效促进重大案件的化解。

二是建立重大案件"总部主导+全系统协力"化解机制，着力推动案件结案工作。公司系统内重大案件均由总部统一主导，由总部牵头进行律师选聘，通过内部专题会定方向、外部律师论证会定策略、法务与业务联动会定落实、总部法务人员案发第一时间赴一线，最大限度调动系统内外相关资源，全力推动案件结案工作及争议纠纷化解。此外，京投公司建立案件管理信息系统，实现下属公司案件进展及时上报、案件经办实时跟进、主管领导高效指导、集团法务部全流程管控，切实提高公司案件管理效率。

三是重点聚焦"案件高发+风险重大"领域，开展案件化解专项研究及处置工作。针对噪声振动案件高发及地铁站前广场餐车清退、与邻接地管理争议等轨道交通线路周边资源利用项目历史遗留问题，坚持问题导向、目标导向、结果导向，追根溯源查找问题症结，建立机制解决风险敞口，开展一系列案件化解专项研究及处置工作。

四是建立"以案促鉴+以案促效"机制，开展风险案例汇编工作。京投公司法律合规管理部门每

年度开展风险案例筛查汇编工作，通过认真分析公司内部典型案例和外部市场近年来广受关注的相关案例，从内控合规、投资管理、风险预警、制度机制等方面总结分析业务中的问题与不足，提出风险应对措施，形成《京投公司内外部风险案例选编》，向各部门发放宣贯，发挥案例的警示启发功能。

（三）以"合规建设三力合一"为落脚点，建设合规人才专业队伍，厚植企业合规法治文化

1. 打造专业精良合规队伍，以专业团队"凝聚力"统筹集团法治合规建设进展

京投公司合规工作由集团总部统一领导、统一部署，全系统共有实体企业20余家，均设有独立的法务合规部门或法务合规岗。同时，京投公司积极推动在具备条件的下属企业中设置总法，通过向下属公司外派总法、建立年度总法述职交流机制，逐步实现集团法律部对下属企业法律合规业务垂直管理。京投公司每年度开展下属二级企业总法律顾问述职评议工作，组织下属企业总法进行书面述职及现场述职评议，参与述职交流的总法律顾问围绕本人年度参与重大经营决策情况、建立健全企业法律风险防范机制、企业法律纠纷案件管理、企业内部法律事务机构、合规管理工作、完善内控建设执行及提高重大风险防控能力、履行指导及监督下属企业法治建设工作等方面的履职尽责情况逐一进行报告。公司总法律顾问、组织人事部及相关部门领导组成评议组，评议组成员通过随时追问质询、逐个点评总结、现场打分评价的方式对述职总法律顾问上一年度的履职表现进行当场评议，通过强化考核提升所属企业总法律顾问的责任意识和履职能力。京投公司建立法务人才培养机制，持续强化对法务合规人员的培训，通过指导全系统合规人员开展年度合规建设重点工作、参与本公司重大决策法律审核、参与案件纠纷化解、开展合规宣传培训等工作，锤炼合规人员素质，打造专业精良的合规团队。京投公司全系统专兼职法务人员80余人，专职法务人员资格覆盖率达80%以上，近年来引入法官7人、社会律师3人、清华北大等高校优秀毕业生8人，法治合规人员为公司业务发展提供了有效的法律支撑保障，京投公司法律合规团队于2020年获得第三届"一带一路"十佳优秀法务团队。

2. 选聘顶尖优质律师团队，以专业力量"支撑力"赋能公司业务发展

京投公司建立律所"入库——选聘——使用——评价——更新"的全流程管理机制，以良性竞争促进律所的响应积极性、服务及时性、价格合理性，在降低成本的同时，有效提升了外聘法律服务质量。京投公司选聘多家业务相关领域顶尖律师事务所和团队扩充公司常年法律顾问服务队伍，持续对法律类合格供应商名录进行增补，目前公司供应商律师事务所名录数量为50家，常年荣获钱伯斯、**ALB CHINA、LEGALBAND**等评比奖项的红圈律师事务所及高水平律师事务所都基本纳入名录；近年来，公司对常年法律顾问服务的计费模式进行了优化调整，从固定费用模式调整为律师事务所工时计费模式，大大提升了法律咨询服务质量；在外聘律师管理上，由公司法律合规部对所有专项项目外聘法律顾问从选聘、使用到考核进行归口管理，定期组织评价团队对项目律师服务质量进行打分评价，如出现法律服务质量严重不达标的情况将采取"一票否决制"，剔除出合格供方名录库，考核机制有效提升了专项法律顾问的选聘质量和服务质量；同时，公司制定《诉讼仲裁案件办理指引》《外聘法律顾问管理指引》并下发执行，为下属企业规范、高效应对处理诉讼仲裁案件提供有效指导，有效提升整个集团对外聘法律顾问的管理水平。

3. 创新法治合规培训方式，以合规文化"感染力"带动法治国企建设

京投公司董事长、总经理主持召开合规管理工作推进会，带头签署合规承诺书，以身作则倡导公司合规文化建设。公司组织开展多维度合规培训工作，邀请法院法官、相关业务领域内顶尖律师、行业内业务专家开展专题讲座，不断提升法律合规人员的专业能力；同时，指导集团内下属企业开展典型诉讼案例解析、开辟合规专栏、组织合规知识问答等一系列宣传活动，通过点面结合的多渠道宣贯，将合规意识传导到各管理层级、各工作岗位，构建全系统上下"人人学法、自觉守法、遇事找法、化解问题靠法"的合规文化氛围。

2023年度，京投公司在全系统内组织开展法治文艺大赛，大赛以鼓励原创、融合法治为原则，将文艺作品的创作、排演作为学法、宣法、普法的重要途径，以提升广大员工对法治活动的参与感和对法治理念的认同感。例如，下属公司京投科技歌曲《我是如此相信》，以法治信仰填词，展现了法治理念的源远流长；下属京越公司的小品《轨道融汇京越情——绍兴地铁一号线的故事》，以北京轨道交通的优秀管理经验走入江南水乡，促进两地融合为背景，展示了崇德尚法、规范运营、安全生产的重要意义；下属路网公司歌曲《法治的力量》表演人员以路网公司在"十四五"期间法治建设措施和成效填词，气势磅礴，展现了依法合规为企业发展保驾护航的重要意义；下属京丽航公司的音乐诗朗诵《聚力实干守方圆，筑梦城航立新功》突出了法治建设在服务保障"四个中心"功能建设，以及提高"四个服务"水平方面发挥的重要作用；下属资产公司的合唱《法治》，从公司领导到基层员工广泛参与演出，积极倡导法治建设、合规经营的重要意义；机关本部的朗诵《同唱法治一首歌》、下属轨道运营的朗诵《法律，我们不能失去》、下属河北京车轨道交通车辆装备有限公司的诗朗诵《宪法之光》均展现了法治精神的重要引领。京投公司在北京市国资委法治文艺大赛中为获得优秀组织奖的6家单位之一，推选的两个节目均获得优秀作品奖。

三、实施效果

（一）实现合规管理协同联动、质效提升，助力提升企业高质量发展软实力

通过职能整合，实现对"法务、合规、内控、风控"体系机构合一。一方面，减少了多个部门各自负责的沟通成本和管理成本，有效精简管理机构、优化管理流程、减少管理环节；另一方面，有效提高管理的统筹协调性和管理效能，实现对"法务、合规、内控、风控"工作的一体化协同管理。

通过"四位一体"融合审核，实现公司法务人员对每一个投资事项、项目合同、制度文件做到从法律法规要求、合规要求、内控机制符合性及风险防范"四位一体"角度融合审查，有效提高审核效率、效果。通过从"四位一体"角度全面提示风险，不仅不局限于项目的合法依规，更穿透式审视针对类型化业务及具体项目，公司的内控、流程、机制是否健全，风险防控是否存在漏洞，并提出有效的完善建议，实现法务合规对公司业务全方位高标准支撑。从法务、合规、内控、风控"四位一体"角度全面推动企业依法决策、依法经营、依法管理，为法治国企建设构筑坚实保障。京投公司法治建设质效大幅度提升，连续多年在北京市国资委年度法治考核中获评"优秀"等级。

（二）促进诉讼纠纷有效解决、风险事项前端化解，持续推动企业高质量发展行稳致远

京投公司持续深化"四位一体"风险化解工作，坚持风险管理主动出击，聚焦重点领域、重点项目、重大风险，持续开展风险防范化解工作，集团管控力逐步加强，案件数量明显减少，风险防控能力大幅度提升。例如，京投公司2023年度全系统诉讼纠纷案件胜诉率实现93.75%，年度新发案件涉案金额同比下降29.34%，实现新发重大案件数量、金额"双降低"的效果。又如，京投公司以合规管理体系建设为契机，指导下属公司基石租赁针对案件高发情形，修订《经营性业务管理办法（试行）》《抵债资产管理办法》等制度规范，以合规管理为抓手，压存控增推进风险化解处置。2023年度基石租赁共完成7个逾期项目风险化解工作，逾期项目合计收回现金4.33亿元，基石租赁存在风险或潜在风险需重点关注项目应收租金金额较上年同期大幅减少42.64%，风险项目数量显著减少，项目风险化解成效显著。通过指导资产经营开发事业部开展轨道交通站前广场及沿线资源经营项目风险专项研究治理，实现对轨道交通站前广场及沿线资源经营项目风险清单化管理，各项风险分级分类有序化解，为公司下一阶段的业务拓展和发力扫清了障碍、奠定了基础。

（三）全员学法守法意识大力提升，法治文化阵地建设进一步夯实，为建设国际一流轨交集团提供坚实支撑

自2020年以来通过在全集团系统性地开展合规体系建设，积极营造尊法、学法、守法、用法的浓

厚氛围，强化了全系统员工对法治精神的认同感和法治建设的参与感，进一步推动法治精神向企业经营不断渗透融入，有效提升公司治理体系和治理能力现代化，国企法治文化阵地建设进一步夯实，为建设国际一流轨交集团提供坚实支撑保障。

四、下一步规划与探讨

京投公司将全面贯彻落实党的二十大精神，以习近平法治思想为指引，深入贯彻党中央法治建设精神，根据北京市委、市政府、市国资委法治建设相关部署，紧紧围绕集团高质量发展提出的新需求，补短板、强弱项，稳步推进法务、合规、内控、风控"四位一体"建设工作，有力提升风险防控质效，为公司战略实施提供更加坚实有力的法治合规保障。

（一）坚持顶层设计，强化合规管理统筹性、全面性、保障性、创新性

全面贯彻落实习近平法治思想及党中央、国务院依法治国战略，严格落实北京市委、市政府法治国企建设及国企改革相关要求，有效发挥各级领导法治合规建设引领作用，把法治合规建设纳入全局工作进行统一谋划和部署，将强化合规管理作为企业发展的内生需求和动力，将"四位一体"合规体系建设服务于公司依法经营、防范风险的总目标，为公司业务发展提供坚实的支撑保障。

（二）深化合规管理，实现合规管理由点到面、层层推进、协调联动

推动合规管理建设不断深化，进一步提升合规管理能力，巩固合规体系建设成果，督促落实合规管理职责，保障合规管理体系有效运转，真正把各项规定落实到日常经营管理之中；通过分层试点在全集团实现合规体系建设全覆盖，以重点业务领域专项合规建设为着力点有效辐射全业务领域，通过机制衔接融合实现合规管理三道防线的协同联动。

（三）聚焦风险防范，推动风险防控早预警、早出击、早化解、早落实

进一步深化法务、合规、内控、风控"四位一体"的风险防范工作格局，推动风险管理与业务深度融合，风险管理体系不断精细，合规经营及风险排查、防范、应对机制日益完善，建立风险防控长效机制。强化子企业风控能力建设，提高各级单位对风险的认知，引导子企业有针对性地开展各具特色的风险评估工作和防范化解举措，切实发挥好风险管理反哺企业稳定和业务发展的抓手作用。

（四）培育合规文化，建设尊法、学法、守法、用法的企业法治合规氛围

持续厚植法治合规文化，优化完善公司风险管理生态建设，通过强化普法宣传、法治培训等方式进一步将法律合规、风控理念融入公司战略规划和企业文化内涵，积极营造尊法、学法、守法、用法的浓厚氛围，推动法治精神向企业经营不断渗透融入。

合规建设任重道远，京投公司将继续全面落实习近平法治思想及党中央、国务院法治建设精神，根据北京市委、市政府法治建设相关部署，围绕公司"十四五"规划，稳步推进法务、合规、内控、风控"四位一体"有效融合，持续提升集团合规建设工作质效，为轨道交通高质量发展提供有力保障，以合规带动法治国企建设向更高水平迈进。

新一轮国有企业深化改革背景下创新任期制契约化管理，赋能高质量发展

创造单位：福建第一公路工程集团有限公司
主创人：宋珲　何建华
创造人：邹新婷　刘康顺

【摘要】 在新的经济发展背景下，国有企业迎来新一轮的改革，管理制度相应发生变化。经理层成员任期制和契约化改革是国有企业管理制度的一次创新，是建立国有企业市场化经营机制，深化劳动、人事、分配三项制度改革，实现管理人员能上能下、员工能进能出、收入能增能减的重要举措，是激发企业活力的实际行动，也是激发国有企业发展动力的重大实践。

【关键词】 任期制　契约化　国有企业　高质量

一、实施背景

（一）推行经理层成员任期制和契约化管理，是集团公司落实国企改革三年行动方案的重要举措

2015 年，中共中央、国务院印发了《关于深化国有企业改革的指导意见》。2020 年 6 月，中央全面深化改革委员会第十四次会议审议通过《国企改革三年行动方案（2020—2022 年）》（以下简称《方案》），并相继出台了多个配套文件。《方案》要求，到 2022 年，国有企业子企业全面推行经理层成员任期制和契约化管理。经理层成员任期制和契约化管理改革是三项制度改革的"牛鼻子"。准确把握任期制和契约化管理改革的实质，对推动国企改革三年行动取得实在成果意义重大。

面对国企改革三年行动的新任务、新要求，集团公司积极发挥政治核心作用，紧紧围绕改革发展中心任务，高标准定位、高起点布局，聚焦于治理机制、用人机制、激励机制"三大机制"，结合自身实际制订任期制和契约化管理方案，制订更加清晰明确的、自上而下的"全覆盖"改革推进计划，联动相关组织人事、考核分配、改革等部门，形成促进彼此工作的良性循环。

（二）实行经理层成员任期制和契约化管理，是集团公司实现国有企业高质量发展的必然要求

2019 年，国务院国有企业改革领导小组办公室印发《关于支持鼓励"双百企业"进一步加大改革创新力度有关事项的通知》（以下简称《通知》），就"双百企业"推进综合性改革过程中遇到的一些共性问题，提出了具有操作性的"双百九条"，其中，针对市场化用人机制问题，《通知》要求各中央企业和地方国资委要指导推动"双百企业"全面推行经理层成员任期制和契约化管理，加快建立职业经理人制度。推行经理层任期制和契约化管理有利于激发企业内生动力、有利于完善国有企业领导人员分类分层管理制度，更好地解决三项制度改革中的突出矛盾和问题。

集团公司通过市场化手段，实现组织效能突破，人力资源科学配置，切实落实领导干部岗位的契约化、业绩合同化，明确责权利，通过任期制和契约化管理模式，让考核层层落实、责任层层传递、激励层层衔接，以业绩目标，实现人员"能进能出"、干部"能上能下"、收入"能增能减"，持续整合优化经营业务，盘活企业人才和资产。有效、高质地推动任期制和契约化管理模式创新，是集团公司实现国有企业高质量发展的必然要求。

二、实施过程

集团公司是市属国有企业，虽然有"国字招牌"和"体制内身份"，但自成立以来其从事着高

度竞争性的业务，实现了运营与业务的市场化。近年来，集团公司抓住当前经理层成员任期制和契约化管理改革的重要"窗口期"，率先推进改革，着力破除体制机制障碍，打破企业经理层成员"铁交椅""大锅饭"，为推动国有企业在健全市场化经营体制方面取得实质性进展，形成了特色明显的"1+2+2+5"的模式，即以市场化为中心（一个中心）、简政放权＋以简御繁（两简）、动态管控＋全程管控（两控）、岗位任期化＋绩效契约化＋薪酬市场化＋权责明晰化＋监控常态化（五化），如图1所示。

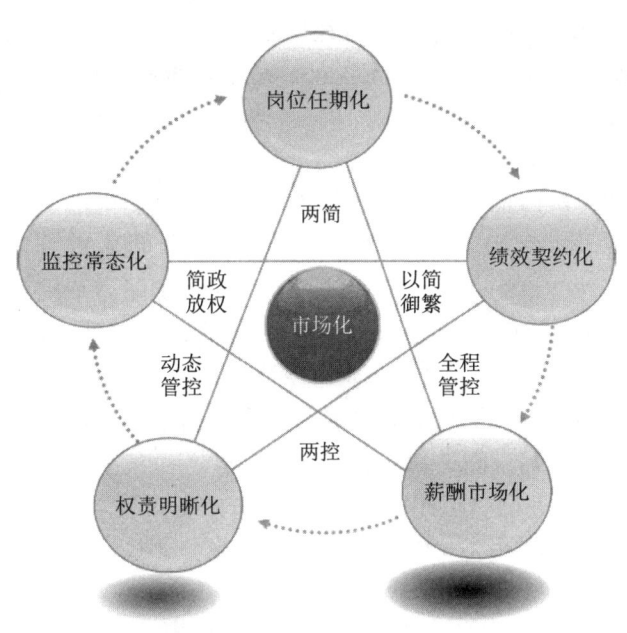

图1 "1+2+2+5"模式

（一）强化顶层设计，布局高质量改革路径

1. 学习考察政策体系，明确改革基本规则

做好任期制和契约化管理，需要对政策全面把握，明确改革的基本原则。集团公司通过认真学习国务院国有企业改革领导小组办公室印发的《"双百企业"推行经理层成员任期制和契约化管理操作指引》《"双百企业"推行职业经理人制度操作指引》，以及泉州市委办公室、市政府办公室制定印发的《泉州市国企改革三年行动实施方案（2020—2022年）》文件精神，研究《国有企业改革深化提升行动方案（2023—2025年）》的部署，明确了任期制和契约化管理的基本概念、范围和职责，基本操作流程，各主要环节和操作要点，以及监督管理的相关环节。

2. 始终坚持党建引领，把握改革发展方向

集团公司在改革过程中坚决落实党委前置程序，涉及"三重一大"的事项必须由集团公司党委会集体研究讨论，形成决策意见，充分发挥党委定方向、控大局、抓落实的领导作用。严格把关政策取向、做好顶层设计，为集团公司的持续、健康、高质量的改革保驾护航，确保国有资产增值保值。

集团公司将党建工作作为权属各级、各类子公司任期制与契约化管理的必考项目，并作为任期内年度效益奖金（含任期激励）的发放依据。通过理顺党组织链条与业务管理链条间的关系，推进党建工作与生产经营有机融合，严格落实意识形态工作责任制，积极开展特色党建活动，坚持将党的领导与公司治理有机统一。

3. 主动探索创新求变，科学设计改革路径

任期制和契约化管理是一项强调系统性、整体性、综合性、协同性的国有企业改革专项工程，集

团公司坚持问题导向、目标导向、效果导向，聚焦管理改革。为了突出重点、探索创新、精准发力、务求实务、科学合理地推进任期制和契约化管理，集团公司内部成立专项改革小组，同时聘请外部高校专家团队进驻企业调研，共同研究政策文件、管理理论与实践，确保在更高起点、更新赛道上推动更深层次的改革，以期通过任期制和契约化管理激发企业内生活力，取得新进展、新突破、新成效。前期研究过程、内容和方法如图2所示。

（二）以任期制管理为抓手，增强竞争优势

1．"一个中心"：以市场化为中心，激活企业经营活力

（1）运营市场化。通过契约化管理、"百名骨干人才暨职业通道建设"等系列化的专项改革行动，集团公司在资产经营体制、公司治理、激励机制、要素获取、价格确定、市场开拓等方面纵向推进改革，建立了现代化的企业制度。

（2）业务市场化。集团公司内部业务上下游关联度较大，虽然内部交易能够降低交易成本，但会影响企业活力、竞争力，容易滋生"等、靠、要、拿"的思维。为了提升整体市场竞争优势，集团公司在业务上区分内部市场、外部市场，根据产业趋势、企业资源能力基础和各子公司在价值链中的位置、作用，制订集团公司年度经营目标、明确集团外业务量占比，鼓励开发集团外市场。

2．"两简"：简政放权＋以简御繁，提高企业运行效率

（1）简政放权。管理机构冗杂、管理职能重叠是大多数国有企业面临的问题，根本原因在于没能充分、有效放权。在"权、责、利、能"对等、匹配的基础上，集团公司将子公司的人权、财权和事权充分下放，由子公司经营管理团队"组团队、定战略"，业务流程之间形成了"点对点"对接，消除中心环节，大大提高工作效率。集团公司针对一般性业务充分放权，减少了审核和决策之间的环节，缩短各个层级之间内部沟通的时间。

（2）以简御繁。科学合理的目标具有凝聚作用、激励作用，为企业管理提供方向，也为绩效考核提供依据。在集团公司战略目标分解、内外风险管控的基础上，以营业收入和净利润为核心契约指标，通过指标链的传导和经营团队自我管理，释放经营团队的能动性、创新性和创业精神，提高了集团公司管理效能。

3．"两控"：动态管控＋全程管控，提升组织管理效能

当前，大型国有企业正处在加快做强、做优、做大，实现高质量转型发展的重要战略机遇期。在项目开发、工程建设等企业改革发展领域中的不确定因素较多，存在风险隐患的可能性也随之增大，对内控及风险管理的要求也越来越高，管控能力的薄弱对企业经营带来了严重甚至毁灭性的影响，显现出管控体系建设的必要性和紧迫性。

没有信任的控制和没有控制的信任都会影响公司治理和集团管控。集团公司通过"两简"增强权属子公司经营灵活性的同时，也制订了匹配性的管控措施。

（1）动态管控。任期动态化，经营目标动态化。通过契约规定聘期并执行聘期年度考核制度，任职期满，符合条件的经理层人员将考虑对其重新签订聘任协议，对考核不合格的将予以解聘，经理层实现动态任期制。考核目标实施滚动制定法，根据上一年目标的实施情况，制订下一考核周期的收入和利润目标，确保管理团队的能力充分发挥。

（2）全程管控。集团公司通过契约对子公司经理层人员的成长过程、权属子公司的运营进行全程管控，从聘任、业绩责任、权利义务、奖惩措施、违约和退出等方面进行全过程契约化，如图3所示。

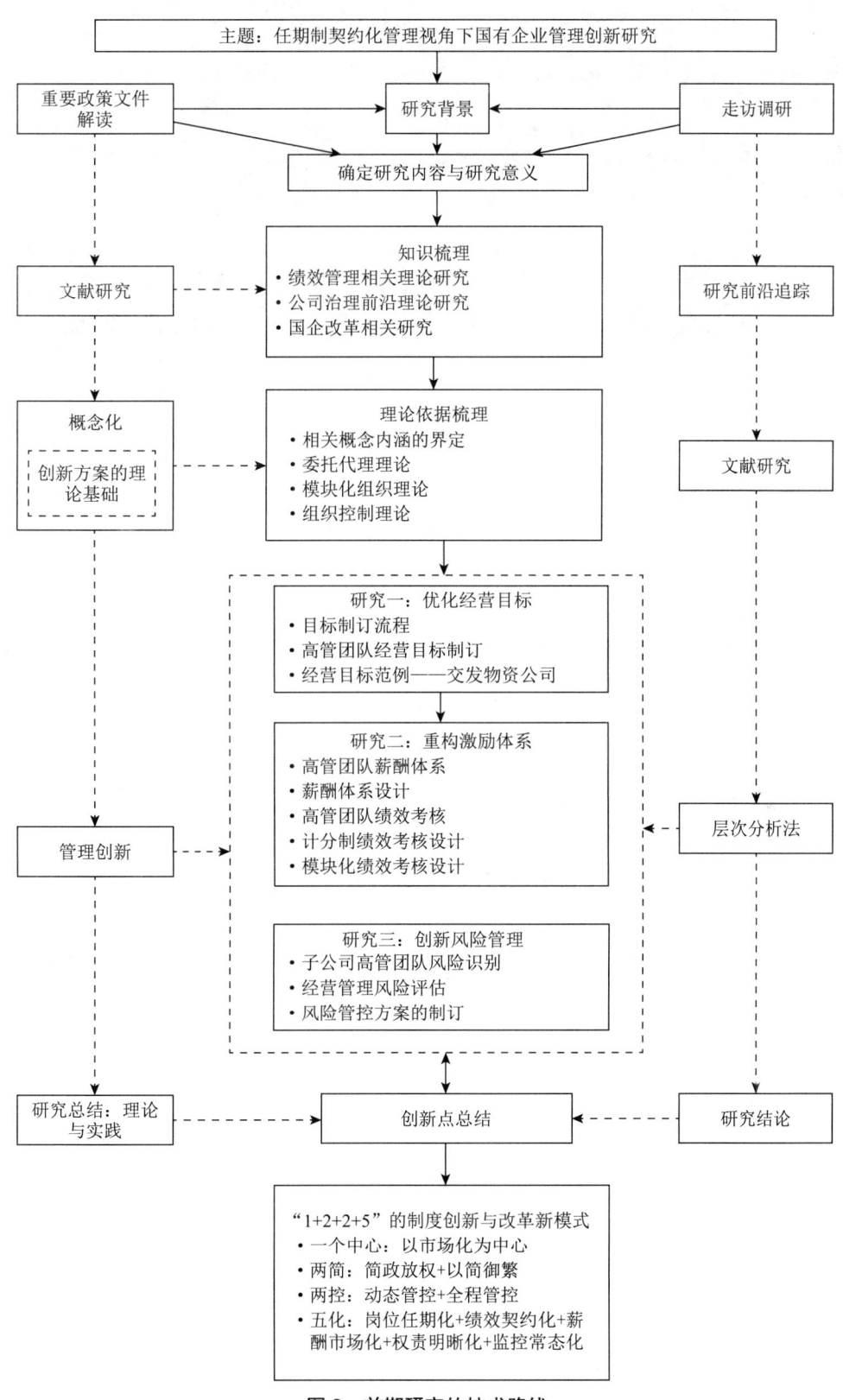

```
┌─────────────────────────────────────────────────────┐
│  主题：任期制契约化管理视角下国有企业管理创新研究  │
└─────────────────────────────────────────────────────┘
```

图2 前期研究的技术路线

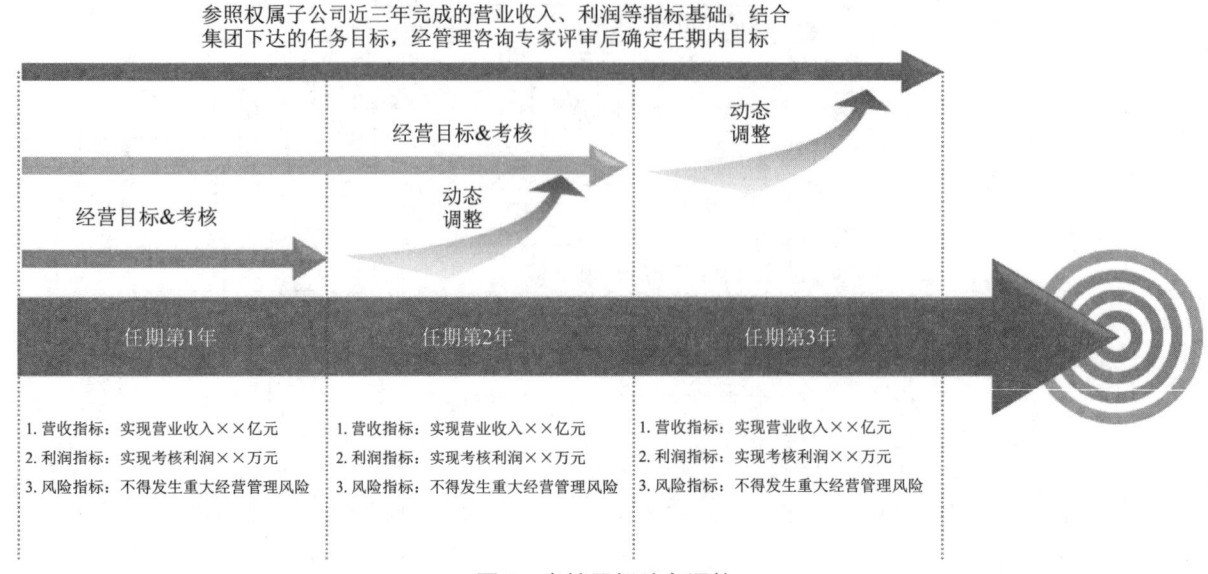

图3 考核目标动态调整

（三）以契约化管理为目标，改革管理模式

1. 岗位任期化，搭建高效经营团队

集团公司在建立系统化的任期考核目标体系下进行人事制度任期制改革，破除看身份、看级别的传统观念，树立看岗位、看贡献的市场导向。明确并细化经理层成员岗位职责和分工，一人一岗签订差异化的岗位聘任协议。根据择优机制、人企匹配、人岗位匹配原则，搭建了一支高效能的经营团队。以制度化的方式明确权属子公司经营管理团队的任期目标、任期长度、任期终止事项，破除"终身制""铁饭碗"，最大限度地确保国有资产保值增值，股东利益最大化，降低代理成本。通过岗位任期化，激励经营管理人员增强任期意识、岗位意识、权责意识和危机意识，主动提升经营管理能力和业务水平，提升经营管理人员的市场观念和竞争意识，将以往的"要我干"转变为"我要干"，将"需担当"转变为"敢担当"，吸引了一批有志之士加入集团公司（目前，集团公司已拥有市高层次人才10人，高级职称100余人，中级职称200余人；注册人员130余人，其中一级注册建造师60余人）。同时，完善董事会向经理层授权的管理制度，保障经理层依法行权履职，有效发挥经理层谋经营、抓落实、强管理的经营管理作用，调动经理层成员积极性。

2. 绩效契约化，强化精准绩效考核

集团公司坚持业绩导向，按照企业项目（包括工程项目和奖罚事项）及各个经营主体（子公司、分公司、区域公司）分类分层展开考核，在绩效考核改革体系中引入了精准绩效考核、计分制绩效考核、模块化绩效考核、高管团队岗位目标考核的四位一体多维度考核体系，尤其是精准绩效考核以质量与安全、关键指标有效运行为核心，将计分制绩效考核、模块化绩效考核、高管团队岗位目标考核有机结合起来，推动精准绩效考核的高效运行（见表1）。为了做好精准绩效考核工作，集团公司领导班子多次召开专题会议，从质量与安全的考核项目、考核标准、考核方法，到关键指标项目的制定、目标的确立、分值计算方法的制定，进行了反复深入的讨论，将"二八原则""激励相容理论"有效融入精准绩效考核管理当中，实现从注重考核结果向注重考核过程的转变，引导职业经理人从关注结果向关注问题的解决转变。坚持精准绩效考核，解决收入"能高能低"问题。

表 1　集团公司考核情况

案例	契约化奖惩与成本管理
契约化激励与处罚	专项考核过程管理
区域（分）公司领导班子薪酬结构包括月度岗位基本工资、月度岗位绩效工资、年度效益奖金（含任期激励）等	专项考核过程管理主要为相关资料台账的编制和报送，该项直接与月度岗位绩效工资挂钩，如未符合报送要求，将暂缓发放区域（分）公司领导班子成员月度岗位绩效工资，待按要求整改完成后返还暂缓金额
（一）月度岗位基本工资	（一）成本管理
（二）月度岗位绩效工资	（二）社会信用评价
（三）年度效益奖金（含任期激励）	（三）质量安全管理
1. 市场中标奖励	（四）税收筹划管理
2. 营收奖励	（五）资金使用成本管理
3. 考核利润奖励	（六）合同工期管理
4. 社会信用评价考核	（七）科技创新管理
5. 质量安全管理考核	
6. 税收筹划考核	
7. 资金使用成本考核	
8. 合同工期管理考核	
9. 科技创新考核	
10. 党建工作考核	
11. 日常管理考核	
12. 其他考核要求	

3. 薪酬市场化，建立科学激励机制

结合市场水平制定薪酬标准，依据年度经营业绩考核结果，并结合任期内综合评价确定薪酬，将固定薪酬、短期激励薪酬、长期风险薪酬和福利等薪酬形式有机结合，并确定其合理的构成比例。市场化薪酬体系既能够对员工进行中、长期激励，又能提升集团公司整体经营绩效。2020—2021 年，公路建设物资供应行业的薪酬增长趋势稳定，行业内中高层管理者对现有工资较为满意。因此，若想调动高管积极性，必须适当转变计薪方式，加强计薪方式的灵活性、差异性。

集团公司内部子（分）公司高管的原有薪酬构成形式较为单一，影响了薪酬结构的实际激励效应。因此，集团公司充分考虑影响高管薪酬结构的多方面因素，建立科学系统的高管薪酬组合模式，将固定薪酬、短期激励薪酬、长期风险薪酬和福利等薪酬形式有机结合，并确定其合理的构成比例。推动建立与企业功能定位相匹配的差异化薪酬分配体系，考核结果与薪酬挂钩，充分调动职业经理人工作积极性、主动性，深化市场化薪酬改革，建立起以业绩为导向的员工绩效考核机制，有效解决"干好干坏一个样"问题，激励员工不断提升业绩和能力，增强创收动力，如图 4 所示。

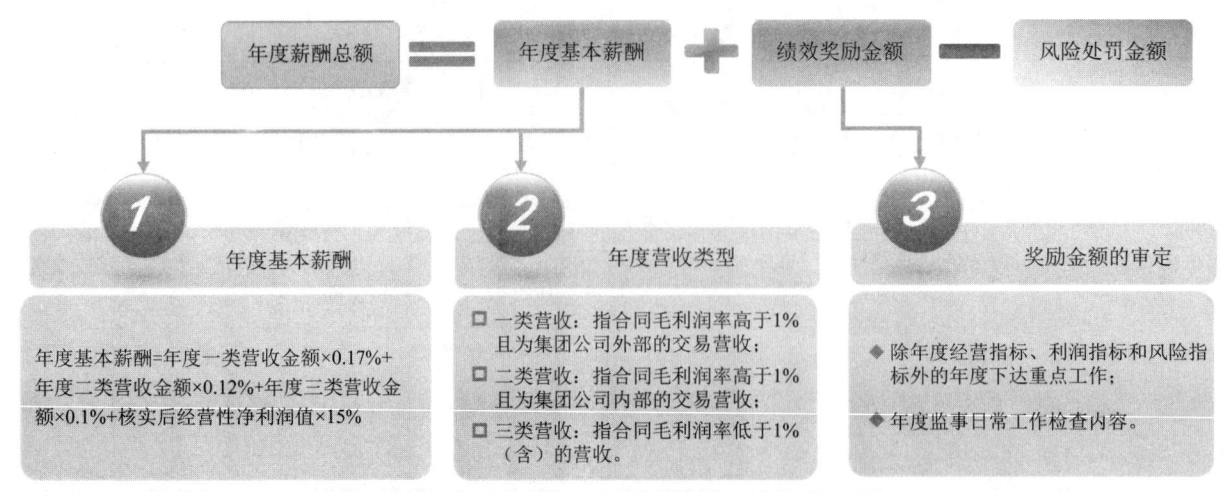

```
年度薪酬总额 = 年度基本薪酬 + 绩效奖励金额 - 风险处罚金额
```

1 年度基本薪酬

年度基本薪酬=年度一类营收金额×0.17%+年度二类营收金额×0.12%+年度三类营收金额×0.1%+核实后经营性净利润值×15%

2 年度营收类型

- 一类营收：指合同毛利润率高于1%且为集团公司外部的交易营收；
- 二类营收：指合同毛利润率高于1%且为集团公司内部的交易营收；
- 三类营收：指合同毛利润率低于1%（含）的营收。

3 奖励金额的审定

- 除年度经营指标、利润指标和风险指标外的年度下达重点工作；
- 年度监事日常工作检查内容。

图4 契约化后交发物资公司薪酬结构（权属子公司）

4. 权责明晰化，落实监督制约措施

依法依规建立契约关系，明确经理层成员的任期期限、岗位职责、权利义务、责任追究等内容，明确经理层成员的合法地位，强化责权对等、不滥用职权的要求，让经理层成员清楚"自己需要干什么"，依照集团公司章程关于职权的规定进行监督检查。为对经理层成员的管理成果进行监督，集团公司在年薪结构设计上部署年度绩效奖励金额，用绩效考核的薪酬设置，明确了管理实施过程中需要遵循的流程和相关规则，以此对集团公司管理团队的管理行为进行监督、反馈与纠偏。通过明确经理层成员的责任和权利，在赋予权利的同时进行考核问责，充分调动了管理者的积极性，让管理者分享企业效益增长带来的红利，尺度明确、奖罚分明，对业绩突出者给予充分的肯定，增强管理者对集团公司的向心力。

5. 监控常态化，构建动态反馈机制

集团公司通过调查，全面了解子、分公司各方面的基本情况，及早发现经营管理存在的问题。通过构建风险指标体系，针对各项指标情况制订相应的风险管控方案。同时制订与绩效考核相连接的行为控制指标，落实风险预防措施，从而实现风险监控、防控的规范化及常态化，强化项目全过程施工管理，对项目实施整体化、跨职能全方位管理（见表2）。发挥平台效应，进一步强化了质量、安全、工期、成本等维度的监督和管理，做到有问题"及时反馈""动态反馈"，加强对各在建项目的过程管理及风险防控专项调研，查摆问题狠抓整改，推动项目建设提质增效，进一步优化内部资产监管制度，促使内审制度化、实质化、权威化，行使监控管理的职能部门成员能履行其职责，协助监事会、董事会提高依法管理、科学监控的水平。

表2 主要风险防控体系

案例	主要风险
1. 合同管理风险	被政府部门批评通报、列入黑名单等企业社会信誉风险；法律诉讼纠纷等
2. 资金管理风险	资金回笼率；合同应收账款逾期；"四流不一致"、虚开发票等税务风险
3. 服务管理风险	供货不及时或货物质量等问题
4. 专项管理风险	恶性竞争导致项目亏损；设备参数选型不符；合同中对设备技术性能描述不清、未按约定条款验收等情况
5. 内部管理风险	用工纠纷；年度管理费用超出预算总额等问题

三、实施效果

集团公司涉及的产业门类众多，业务齐全，关联性强，为了更好地推进改革，集团公司选择交发物资公司（权属子公司）作为任期制和契约化管理改革试点单位，进而在全集团内全面铺开。开展改革试验是进一步深化改革的新举措，通过以点带面、区域实验多点开花的方式梯次推进各项改革任务落地。经过持续深化改革，激活了集团公司发展内生动力，取得了良好的效果。

（一）试点集团公司改革成果显著，形成明显示范效应

1. 经营业绩持续提升

交发物资公司是集团公司权属企业中第一家推行任期制契约化管理试点单位。2019年该公司营业收入为2.83亿元，净利润287.94万元，2020年度和2021年度实现营业收入分别为9.02亿元和13.99亿元，同比增长了218.73%和55.10%，净利润分别为461.93多万元和758.83万元，同比增长了60.43%和64.27%（见图5、图6）。通过试行任期制契约化后，交发物资公司营业收入和净利润方面都有较大幅度的增长。刚性兑现薪酬的激励方式大大激发了组织活力，真正做到有职务就落实考核、有业绩就兑现奖励。

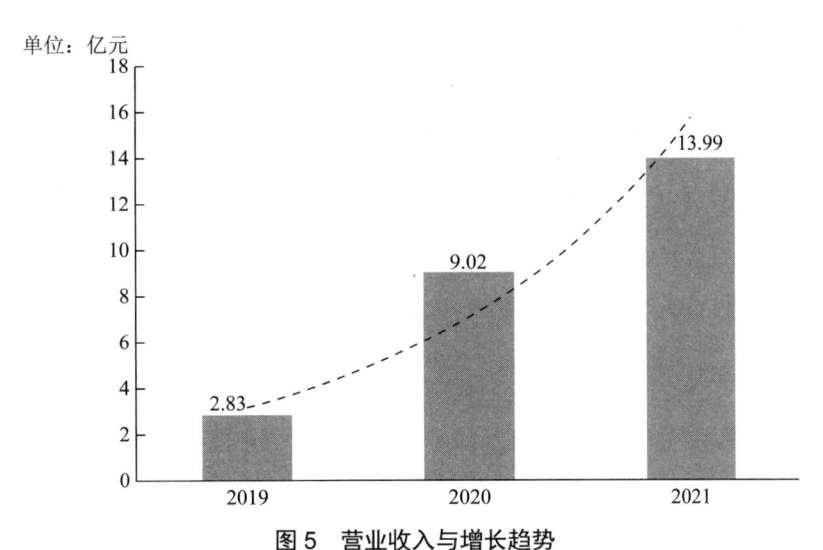

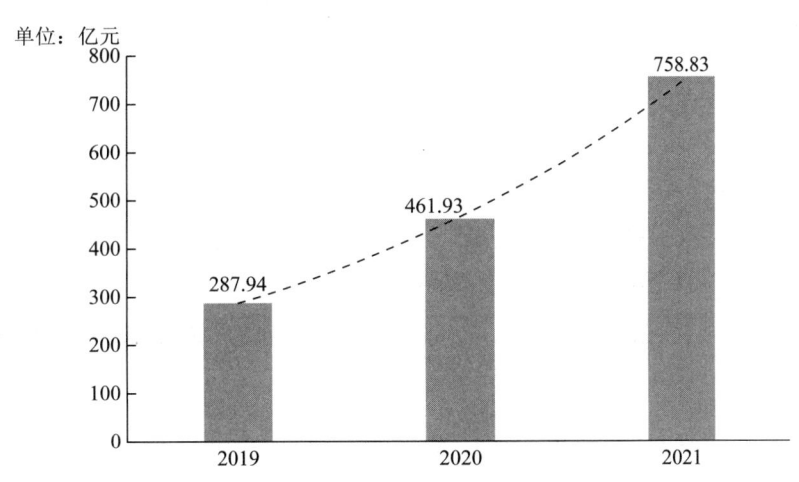

图5 营业收入与增长趋势

图6 净利润与增长趋势

2. 企业活力充分激发

（1）完善内部制度，保障业务实施。交发物资公司在内部管理和项目运行中推行契约化管理，进一步激发了企业内部团队管理的活力，调动企业职工工作的主动性和积极性。2019—2020年，集团公司组织综合部、财务部，对公司各项制度进行梳理，先后制定了《基本管理制度汇编》《薪酬管理制度》《绩效考核制度》《合同管理办法》等规章制度，进一步完善公司制度管理，夯实管理基础、明确岗位职责，进而提高管理效率，使公司管理更为科学、高效，并在日常工作开展和实施中做好监督作用，保障公司各流程、各事项有章可循，为完成计划目标任务提供了保证。在综合行政管理上，完成营业执照增项，实现公司经营范围扩大，"三标一体"认证审核顺利通过为核心业务投标提供有力保障，保证了公司业务规范管理和标准化操作。

（2）活力释放，成就显著。2020年集团公司共参与招投标项目16次，中标5项，签订合同金额1.18亿元；拓展集团公司外业务10项，签订合同77份，累计合同金额10.3亿元。2021年集团公司积极主动对接上游生产商和客户，全年拓展集团公司外业务12项，签订合同91份，合同金额超12亿元，对外拓展业务比例达88.63%；顺利通过"三标一体"认证审核，取得"3A信用等级认证""食品经营许可证""进出口贸易许可"，并获批油品贸易特种经营许可，是泉州除专业油品贸易公司外首家获批的国有企业，为提升市场竞争力提供保障。

3. 改革任务超额完成

实施任期制和契约化改革后，科学、规范的绩效管理体系，差异化的薪酬体系和刚性兑现原则，营造了全员进取、进步，大都能超额并提前完成部门、公司和集团下达的任务指标。2020年、2021年交发物资公司的营业收入和税后净利润实现高增长、双超额，如表3、表4所示。

表3　交发物资公司营业收入连续两年超额完成

指标	2020年	2021年
下达目标/亿元	2.68	9.5
实际完成/亿元	9.02	13.99
完成率/%	336.57	147.26

表4　交发物资公司税后净利润连续两年超额完成

指标	2020年	2021年
下达目标/亿元	240	332
实际完成/亿元	461.93	758.83
目标完成率/%	192.47	228.56

（二）集团公司持续深化任期制、契约化改革，改革红利加快释放

集团公司作为泉州市国资委、泉州市交发集团的契约化管理第一个试点单位，是国有企业改革的排头兵。集团公司坚持契约化、任期制改革，向改革要效应、向管理要效率，全力做到目标不变、任务不减、标准不降，各项指标、任务高效高质完成。

1. 经济指标持续向好

通过持续深化契约化任期制综合改革，集团公司被赋予了更加充分的经营自主权，组织活力有效释放，市场化经营机制更加高效，经营效率显著提升，2021—2023年分别实现营业收入25.67亿元、29.2亿元、45.19亿元，同比增长了13.75%、54.76%；利润总额分别实现3964万元、4648万元、5628

万元，同比增长了 17.26%、21.08%，实现大幅度提升。连续两年均超额完成上级主管部门下达的目标任务，如表 5、表 6 所示。

表 5　集团公司营业收入连续两年超额完成

指标	2022 年	2023 年
下达目标 / 亿元	26.5	35
实际完成 / 亿元	29.2	45.19
完成率 /%	110.19	129.11

表 6　集团公司利润总额连续两年超额完成

指标	2022 年	2023 年
下达目标 / 万元	4000	5500
实际完成 / 万元	4648	5628
目标完成率 /%	116.2	102.33

2. 发展动力更加强劲

通过改革后的积极作为，集团公司逐渐形成了主业突出，产业链配套，可持续发展的现代化产业体系，有效提升了公司的竞争力。

（1）产业布局优化。集团公司进一步加强工程设计、施工、检测及养护等业务统筹管理，积极拓展产业链条，推动权属子公司、专业分公司在"专业化、精细化、特色化、新颖化"方面积极进取，不断提升市场核心竞争力。集团公司主营产业链逐步形成"5×3"格局（3 家主业区域公司、3 家专业分公司、3 家全资子公司、3 家控股子公司、3 家参股子公司）。

（2）资质实力显著提升。集团公司成为省内第一家成功取得公路工程施工总承包特级资质和公路工程行业设计甲级资质这项"高端市场准入资格"的省内市属国企。权属子公司交发设计公司荣获"国家级高新技术企业""省级高新技术企业"双认定，以及设计甲级、养护全类别等资质的成功申报。大力推进产学研合作，与华侨大学土木工程学院共建"华侨大学研究生工作站"，与中国工程院院士陈湘生、深圳大学未来地下城市研究院成立"福建第一公路工程集团有限公司陈湘生院士专家团队工作室"，与深圳大学土木与交通工程学院签订专业学位研究生专业实践协议，与俄罗斯工程院院士贺维国成立"福建第一公路工程集团有限公司贺维国专家团队工作室"，与中国中铁地下空间研发中心签订企研合作共建地下空间研发基地合作协议。

3. 市场开拓稳步提升

集团公司建立建强"大市场"开发团队，2022 年市场中标实现新突破，年度中标合同总额 81.45 亿元，其中，政永项目中标金额 72.73 亿元，该项目是泉州首个社会投资人投资建设的经营性高速公路，对集团公司开启县市基础设施建设新模式，推动区域公司做大做强意义重大。2023—2024 年，使用新的建设模式"基金＋施工"，推动中标福厦高速公路晋江至石狮支线（彭田连接线）施工总承包项目，中标价约为 35.58 亿元。

4. 技术创新成果涌现

集团公司高度重视科技创新工作，鼓励员工发挥工匠精神，解决施工过程中遇到的实际问题，以雄厚的技术力量、先进的机械设备、丰富的施工经验和过硬的施工队伍，先后承建了国内外大批颇具影响的大型工程项目，在国家建设中锻造出响亮的路桥名片。集团公司通过持续推进科技创新工作，创新成果转化效果明显。

2022年，集团公司泉州台商投资区海湾大道双山段道路及景观工程、泉州公交丰泽综合场站二期工程等2个项目年度获评"刺桐杯市级优质工程"；"检测混凝土孔隙溶液中氯离子光纤传感器的敏感膜的制备方法"1项发明专利和"一种模板支架悬臂支撑结构""一种水泥搅拌桩钻头"等2项实用新型专利，均获得国家知识产权局授权；QC（Quality Control，质量控制）成果"提高深挖路堑石质边坡的一次性成型率"获省级二等奖、市级二等奖，"提高桥梁铺装层、路面一体式施工平整度合格率""提高雨水管道沟槽回填质量一次验收合格率"分别获市级二等奖、市级三等奖。

2023年，集团公司获得专利授权7项；QC小组活动成果获得市级奖6项，市级"刺桐杯奖"1项。"一种模板支架悬臂支撑体系及其安装方法""一种预制箱梁预防横隔板错位的施工方法"2项发明专利获得国家知识产权局授权，"一种桥梁支座安装结构""一种竖直度测量仪""一种预制梁封锚模具""一种预制梁浇筑台车""一种横坡度检测仪"5项实用新型专利获得国家知识产权局授权。"研发预制T梁混凝土浇筑作业台车""降低预制T梁混凝土表面气泡率""提高室内装修导管、线槽安装质量合格率""降低模板工程对现浇混凝土施工质量的不良影响""提高顶板板底极差合格率""提高现浇混凝土楼梯结构施工合格率"6项QC小组活动成果并参与市级交流发布，其中"研发预制T梁混凝土浇筑作业台车""提高室内装修导管、线槽安装质量合格率"2项成果荣获市级一等奖，"降低预制T梁混凝土表面气泡率""提高顶板板底极差合格率""提高现浇混凝土楼梯结构施工合格率"3项成果荣获市级二等奖。"加强模板工程施工质量提高混凝土观感合格率"成果荣获市级三等奖。集团公司承建的福建第一公路集团交通科研大楼1号楼获得"刺桐杯奖"及"闽江杯奖"。

5.党建引领高效改革

集团公司坚持传承红色基因，强化国企党建引领，凝聚改革和发展新动能，将党建与生产经营融合为纽带，把党建优势转化为企业提质增效、转型升级的动力，为高效改革营造了良好的企业文化和氛围，并取得丰富成果。

2022年集团公司党委《推行"4567"党建工作机制，构建党建业务融合体系》、第二区域分公司党支部的《打造六大平台，争创精品工程》党建工作案例获评中国施工企业管理协会"工程建设企业党建工作优秀案例"，形成了党建与业务工作融合发展、协同共进的发展态势，不断开创所属企业党建工作新局面。2023年，集团公司严格落实党建工作责任制，全面推行"4567"党建工作机制，推动党建与业务工作深度融合，案例《支部建在项目上，党建引领促发展》《围绕六个"第一"，谱写"一路"篇章》分别获评中国施工企业管理协会"工程建设企业党建工作最佳案例"和"工程建设企业党建工作优秀案例"，获评"2023年泉州市基层思想政治工作示范点"。

基于"双碳"目标的新疆绿色用能市场体系建设实践

创造单位：新疆电力交易中心有限公司 国网新疆电力有限公司经济技术研究院
主创人：程方亮 王晓斌
创造人：杨永利 吕盼 宋学强 李昌陵 贺成铭 钟锐

【摘要】新疆电力交易中心有限公司（以下简称新疆电力交易中心）、国网新疆电力有限公司经济技术研究院（以下简称国网新疆经研院）基于国家和新疆维吾尔自治区"双碳"目标，坚持"保供应、促转型、稳价格"基本原则，建立了基于"双碳"目标的新疆绿色用能市场体系。实施过程如下：做好绿色用能市场顶层规划，突破痛点创新绿色电力市场规则体系，完善适应新能源特性的市场运营方式，助力新型主体发展激发市场活力，健全市场评估体系落实可再生能源消纳责任。主要创新点包含：以灵活、高效、便捷、智能的电力交易平台为支撑，依托绿电交易、绿证交易、权重交易等市场化交易机制，构建事前建章立制、事中高效组织、事后精准评估的"1+3+3"绿色电力市场建设体系，提升新能源消纳潜力，引导全社会绿色电力消费，推动能源绿色低碳转型，助力"双碳"目标实现。

【关键词】"双碳"目标 绿色用能市场 能源转型 绿电 绿证

一、实施背景

新疆电力交易中心是不以营利为目的、在政府监管下按照政府批准的章程和规则为市场主体提供公平规范电力交易服务的专业机构，是集发电企业、电力用户、售电公司各类型市场主体广泛参与的电力交易平台。公司主要负责业务包含电力交易平台的建设、运营和管理，组织中长期市场交易，提供结算依据和服务；负责市场主体注册和管理，汇总电力交易合同，披露和发布市场信息等；配合调度机构组织现货交易。2019—2020年，实施两轮股改，引入除国网新疆电力有限公司外共计15家股东，形成混合所有制公司。

国网新疆经研院为国网新疆电力有限公司分公司，系公司业务支撑单位。公司主要负责业务包含负责新疆电网规划和工程设计技术归口管理；负责新疆电网发展总体规划和专项规划的研究与编制；支撑企业战略和公司发展规划编制；负责能源发展战略、新型电力系统、电力与能源供需、能源互联网、电力市场空间与电力流、能源生产与消费、碳市场、国资国企改革、电力体制改革、电力市场机制建设、能源效能及经济效益、国家及国网公司重大战略等研究；负责授权项目的可研评审、初设评审和结算监督。

（一）贯彻国家经济社会发展全面绿色转型重大战略的必然选择

2020年，习近平主席在第75届联合国大会一般性辩论上宣布中国二氧化碳排放力争于2030年前达到峰值、努力争取2060年前实现碳中和。电力部门是我国碳排放的主要来源，并且电力部门实现碳中和目标甚至负碳排放的难度相对较低，因而被视为推动全社会低碳转型的核心部门。从长远来看，实现碳中和目标会迫使化石能源的利用大幅减少，大部分的用能需求将由非化石能源以电能的形式来满足。这意味着电力部门将要开展更深度地低碳转型，构建绿色用能市场体系，构筑足以支撑高电气化社会庞大用能需求的清洁电力系统。

"双碳"目标的提出为我国能源绿色低碳转型进程按下了加速键，构建绿色用能市场体系，运用市场手段推动能源加快转型，有效保障能源供应安全稳定，是落实国家绿色发展重大战略的必然选择。

（二）推动新疆能源行业和特色产业绿色转型升级的客观需求

近5年来，新疆第二产业在GDP（国内生产总值）中的占比平均值为40.47%，近20年来的平均值为41.78%，呈现出第二产业在GDP中占比较高的特点。以消耗化石能源为动力的第二产业是经济不断增长的重要支柱，环境承载压力大，优化经济结构尤为迫切。

基于以上现实情况，以新能源带动电力、电力促动能源、能源驱动产业、产业推动全社会达峰，构建兼顾新疆经济持续稳定增长和增强国家能源安全保障能力的特色减碳路径，成为落实新疆维吾尔自治区"双碳"目标的可行路径。建立绿色用能体系，促进新能源行业稳健发展，是推动新疆维吾尔自治区绿色产业转型升级的客观需求。

（三）践行能源央企改革战略部署和履行驻疆央企责任的可靠路径

新疆作为我国重要的能源基地，其绿色用能市场体系的健全对推动地区乃至全国的绿色发展具有重要意义。现阶段，新疆能源结构尚不均衡，长期以来依赖煤炭等传统能源，清洁能源的开发和利用潜力尚待激发。新疆绿色用能市场体系尚未完全形成，缺乏有效的市场激励机制，导致绿色能源的开发利用缺乏动力，还需要公众的广泛参与和支持，普及绿色用能意识。

作为能源电力行业的驻疆央企，应深刻领悟党在新时代新征程赋予国有企业的使命任务，践行能源央企改革的战略部署，紧抓能源安全本质要求，坚持绿色低碳发展导向，履行驻疆央企责任，建立绿色用能市场体系，服务全国统一大市场建设，为中国式现代化新疆特色实践创造可靠路径。

二、实施过程与主要创新点

（一）统筹多方资源，做好绿色用能市场顶层规划

1. 规划设计目标

坚持贯彻落实"四个革命、一个合作"能源安全新战略和"双碳"目标，服务新型电力系统构建，牢牢把握新疆新型电力系统建设的总体要求，充分发挥"有为政府、有效市场"作用，逐步完善健全绿色用能市场电力能量价值、容量价值、调节价值、环境价值市场体系，以"保安全、稳供应、促转型"为根本目标，满足新疆维吾尔自治区经济社会高质量发展和能源电力清洁低碳转型需要，推动新能源高质量发展，提升全社会绿色能源消费水平。

2. 聚焦新疆绿色用能市场存在的主要问题

新疆绿色用能市场是以绿色环保新能源为供给主体，以保障能源电力安全为基本前提，以满足新疆维吾尔自治区社会经济发展为首要目标，具有清洁低碳、安全高效、智能友好、开放互动特性的新型用能市场。其中，安全、经济、绿色三要素相互关联、相互影响，结合新疆维吾尔自治区能源电力发展现状，新疆绿色用能市场存在的主要问题如下所述。

一是保障电力可靠供应安全基础不稳。燃煤火电投资高、建设周期长，受煤炭供应及价格影响大，燃煤火电收益难以保障，新增装机严重滞后，容量占比呈下降趋势。随着新能源持续高速发展，出力波动性、随机性对电力平衡造成了很大影响，且电网运行季节性、时段性电力短缺。

二是调节性资源整体稀缺。新型储能处于建设初期，技术路线较单一，标准不健全，新能源企业配建储能调节能力无法满足电网调节需求。储能投资建设形式单一，独立储能成本高，共享共建、租赁购买等多种商业模式不健全，未形成长效激励机制促进新型储能建设，系统灵活调节性资源稀缺，与电网调频调峰需求矛盾突出。

三是绿色清洁发展体系不健全。绿电市场受价格制约影响较大。由于绿电交易的绿色环境溢价尚无标准，受价格因素影响，疆内市场用户对绿电、绿证需求量不足。随着新疆维吾尔自治区大量平价上网新能源项目投运，新能源企业更倾向疆外绿电市场高价外送。新疆维吾尔自治区可再生能源消纳权重指标考核措施不明确，各类市场主体落实指标主动性不足。

四是各类市场融合度不够。从市场融合角度来看，绿电、绿证、可再生消纳权重市场、碳市场政策及市场机制尚未完全衔接，碳、电价格传导不顺畅。绿色市场与碳排政策双轮驱动机制尚未健全，绿电、绿证与新疆维吾尔自治区碳排挂钩的具体政策措施有待进一步完善。

3. 制订新疆绿色用能市场顶层规划总体思路

新疆电力交易中心和国网新疆经研院全面贯彻新疆维吾尔自治区创新驱动发展战略，聚焦新疆维吾尔自治区产业发展所需，立足区情、能情、网情、企情，建立新疆绿色用能市场体系，助力新疆维吾尔自治区能源装备、硅基、氢能、碳基新材料等重点领域高质量发展。新疆绿色用能市场体系建设的总体思路为：以灵活、高效、便捷、智能的电力交易平台为支撑，依托绿电交易、绿证交易、权重交易等市场化交易机制，构建事前建章立制、事中高效组织、事后精准评估的"1+3+3"绿色电力市场建设体系，实现新疆绿色电力市场制度化、常态化、精准化，提升新能源消纳潜力、引导全社会绿色电力消费，推动能源绿色低碳转型，助力"双碳"目标实现。始终坚持以高质量发展理念为指导，以建立绿色用能体系、加快推动能源绿色低碳转型、服务"双碳"目标为聚焦点，坚持绿色低碳、保供、稳价的基本原则，落实新型电力系统市场体系建设要求，围绕电力中长期市场、现货市场、绿电和绿证市场，通过推动分时段带曲线运营、创新绿电交易品种、完善储能市场机制、建立可再生能源消纳责任体系等方式，统筹源、网、荷、储各方面资源，建立基于"双碳"目标的新疆绿色用能市场体系，通过市场建设有效推动能源绿色低碳转型，助力新疆维吾尔自治区重点产业和社会经济高质量发展。图1为绿色电力市场体系建设顶层规划。

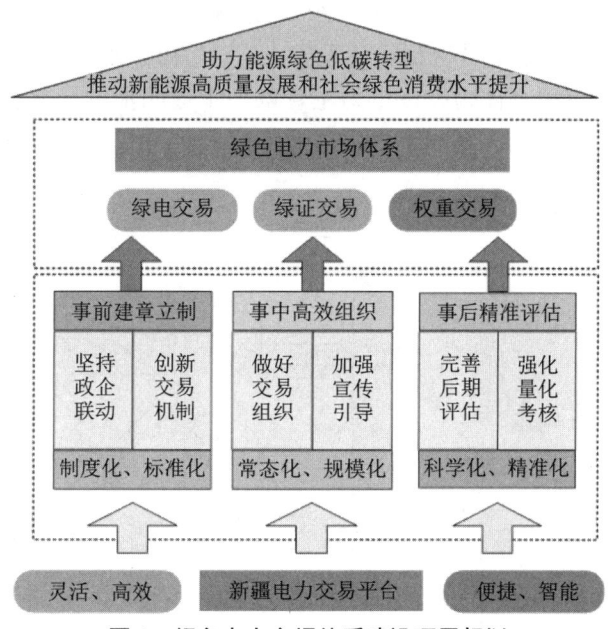

图1 绿色电力市场体系建设顶层规划

例如，事前建章立制，推动工作制度化、标准化，坚持政企联动，推动"有为政府"和"有效市场"同向发力，主要做法如下所述。

一是加强政策引领。积极与新疆维吾尔自治区发展改革委、国家能源局新疆监管办公室沟通对接，主动汇报新疆电力市场建设情况，为政府了解绿色电力市场发展趋势及出台政策建言建策。结合新疆电网运行实际和电源负荷特性，配合新疆维吾尔自治区政府开展绿色电力市场政策机制体制设计，推动相关工作有规可依、有章可循。在绿电交易方面，2022年8月，新疆组织开展绿色电力交易，明确交易参与范围、组织流程、执行结算等具体内容。在可再生能源消纳责任权重（权重交易）

方面，新疆将可再生能源消纳责任权重落实到电力用户，相关工作走在全国前列。

二是公司合力推进。推动国网新疆电力有限公司将绿电、绿证交易纳入公司2023年年度重点工作任务，明确绿色用能专项行动工作目标、职责分工及时间节点，多方推进绿色电力市场建设。

新疆电力交易中心、国网新疆经研院严格落实国家和新疆维吾尔自治区、国家电网有限公司的相关工作部署，深入研究、制订新疆绿电交易、可再生能源超额消纳量交易实施细则，推动绿色电力市场建设体系相关工作有据可依，为市场主体提供公平、公正的市场化环境。在绿电交易方面，根据新疆维吾尔自治区发展改革委批复的绿电交易实施方案，推动新疆绿电交易有序开展。在可再生能源消纳责任权重方面，组织开展2020—2021年度可再生能源电力超额消纳量交易，推动市场主体可再生能源消纳责任权重指标完成。

（二）着力突破痛点，创新绿色电力市场规则体系

1. 打造绿色用能市场交易体系

构建包含环境价值的绿色电力交易体系。在平价新能源项目大规模、高质量发展背景下，建设具有绿电"环境溢价"的绿电与绿证市场、可再生能源消纳责任权重市场。一方面，提高新能源企业收益，推动新能源可持续发展由政策保障逐步过渡到市场驱动；另一方面，满足企业绿色用能需求。国家规定，绿证是我国可再生能源电量环境属性的唯一证明，是认定可再生能源电力生产、消费的唯一凭证。绿证交易以绿证为标的物开展，不受地理和物理限制，为"证、电分离"的交易方式。图2为新能源参与电能量交易种类及绿电、绿证交易。绿色电力交易是以风电、光伏等绿色电力产品为标的物，在电力中长期市场机制框架内设立的交易品种，在提供电能量的同时提供绿证，属于"证、电合一"的交易方式（绿电交易、绿证交易机制设计见表1）。超额消纳量凭证交易是指新疆区域承担可再生能源电力消纳责任的各类市场主体为完成电力主管部门下达的消纳量权重要求，未完成可再生能源电力消纳量权重的市场主体向已超额完成可再生能源电力消纳量权重的市场主体购买其超额消纳量权重的凭证交易。

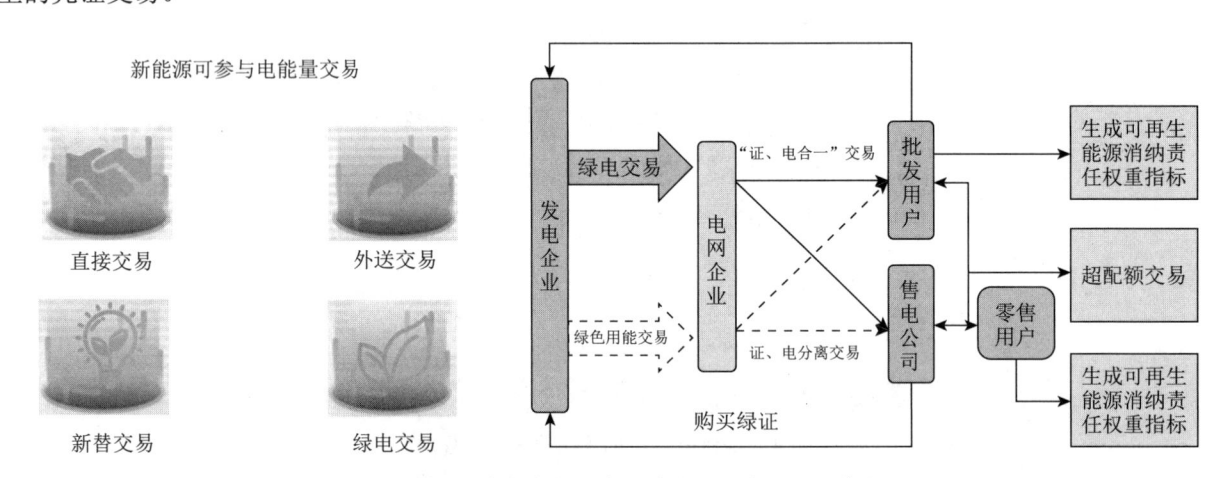

图2 新能源参与电能量交易种类及绿电、绿证交易

表1 绿电交易、绿证交易机制设计

交易机制	绿电交易	绿证交易
交易组织方	电力交易机构	电力交易机构
交易平台	"e-交易"APP	"绿证交易"PC平台

续表

交易机制	绿电交易	绿证交易
交易主体（发电侧）	平价新能源	平价新能源
交易主体（用户侧）	已入市工商业用户	不限
交易标的	电能量+绿证	绿证
交易方式	挂牌、双边协商	挂牌、双边协商
交易周期	年度、月度、月内	工作日常态化开市
交易价格	电能量和环境价值	环境价值
交易结算	按月结算	及时支付
交易特点	"证、电合一"	证、电分离
交易范围	省间、省内	不受地理范围限制

2. 创新提出绿色电力交易品种

结合新疆电网高比例的新能源装机特点与负荷特性，创新提出绿色电力交易品种，促请政府印发新疆绿色电力交易方案，建立绿色交易市场体系，发挥政府引导推动作用，让绿电交易动力更足。构建多品种、多维度、多周期市场交易体系，推动新能源参与市场交易，提升交易活跃度，多途径提升新能源消纳水平。围绕"抽水蓄能+新型储能+新能源"的联合运行工作思路，全力服务新型市场主体参与电力市场交易和系统运行调节，不断提高市场参与度，促进电力供需平衡和适应新能源电力运行。针对传统的新能源及水电企业等可再生能源，建立以双边直接交易、电网代理购电交易、新能源企业与燃煤自备电厂调峰替代交易、省间交易中电网购入可再生能源交易等交易品种。提供市场主体消纳可再生能源电量数据的统计及证书，促进新疆新能源消纳，创建较为完备的市场交易体系。市场主体在绿色用能交易体系中超额完成的权重指标，在可再生权重市场开展市场交易。针对以集中建设的未纳入国家可再生能源电价附加补助政策范围内的风电和光伏企业参与"证、电合一"交易，由北京电力交易中心有限公司依托区块链技术形成可溯源、可跟踪的绿色电力消费凭证，由国家可再生能源信息管理中心生成划转绿色电力交易证书，即绿色电力消费凭证和绿证。

3. 研发柔性迭代绿色交易市场服务平台，构建绿色交易全场景服务渠道

设计电力交易"云、台、链、智"架构技术支撑体系，提出基础数据原子化、计算逻辑可编译的高性能高可靠结算技术，基于区块链的绿色电力交易溯源与认证技术，研发"交易、溯源、绿证申领"PC+移动端平台，实现了"直通式批发交易、网购式零售交易、一站式绿电交易、聚合式资源互动"，全面支撑统一电力市场高效运营。

4. 构建一站式绿色交易服务机制，实现绿色交易常态化

基于区块链可信、防篡改的特性，构建链上、链下全业务系统协同贯通服务模式，建立可再生能源电力消纳交易平台，提供绿电OTC交易（即场外交易）、绿电交易申报、绿电消费认证及溯源功能，有效解决绿电供需信息查询、在线洽商及双边协商交易等意向沟通难题，充分支撑绿电交易、结算等信息查询业务所需，切实克服用户担忧电能源头不清、降碳无从证明的客观担忧。

5. 做好交易组织，持续扩大绿色电力消费规模

深入梳理市场注册、交易组织、结算管理、信息披露等各方面环节，优化交易流程，缩短入市注册等时间，推动新能源、电力用户等常态化参与绿色电力市场，持续扩大绿色电力市场规模。

一是加强市场注册管理。优化市场注册工作，注册过程中引入OCR（Optical Character Recognition，

光学字符识别）识别，减少用户注册必填字段，提高注册效率。采用人脸校验等新技术，实现大数据信息互通，提高注册信息可靠性。新增注册过程状态显示，做到注册全过程可视化，提升注册便捷性。

二是做好电力交易组织。在疆内绿电交易组织中，明确市场主体电能量价格和绿色环境价格形成机制，保障新能源企业绿色权益收益。

三是推动结算精益管理。绿电交易采用发电企业上网电量、电力用户实际用电量、合同签订电量"三者取小"方式，保障电力用户绿色权益。根据统一结算科目设置结算单样式，实现交易结算科目和结算单通行通用。提高结算时效性，助力市场主体及时兑现市场收益。利用一图看懂、公众号宣传等方式，服务市场主体看懂、读懂结算单。

四是提升信息披露质效。持续丰富信息披露内容，满足用户信息获取新需求。拓展信息披露方式，增强信息披露深度、广度。分类整合披露内容，增加信息披露渠道，确保市场信息可获取性和易读性。强化技术保障，完善信息披露平台信息查阅、提醒等功能，实现信息统一对外发布。

（三）适应新能源特性，完善绿色用能市场运营方式

电力中长期交易是电力市场主体规避市场风险、平抑市场价格、保障电力供应的重要手段，也是电力市场稳定高效运行的"压舱石"。随着新能源装机规模的不断扩大，传统的以合同周期电量为标的中长期交易方式难以适应新能源发电波动特性。

一是推动实现高比例新能源电力系统带曲线交易。新疆电力交易中心和国网新疆经研院立足新疆实际，在全面调研国内外新能源参与电力市场的模式、框架及具体机制的基础上，结合新疆电网实际运行情况，对新能源带负荷曲线交易策略关键问题进行深入研究，考虑到新疆新能源高占比的特性，绘制春、夏、秋、冬四季典型日负荷曲线及扣减新能源＋水电典型出力曲线后的净负荷曲线，提出适应新疆特性的峰谷时段划分调整建议，创新性提出"总电量交易＋分时曲线""分时段电量交易"中长期分时段签约交易模式，推动实现高比例新能源电力系统带曲线交易。

二是实现中长期按日连续开市运营。促请新疆维吾尔自治区政府出台相关政策，实现中长期按日连续开市运营。

（四）助力新型主体发展，激发绿色用能市场活力

在"双碳"目标驱动下，新型电力系统建设和能源转型提档加速。随着新能源跨越式发展，电源结构和出力特性更加复杂多样，新型储能、负荷聚合商、虚拟电厂等新型用户不断涌现，产业发展需求和经济效益水平之间的矛盾也逐步显现，需要完善新型主体参与绿色用能市场规则，调配源、网、荷、储各方资源保障电力安全可靠供应，激发绿色用能市场活力。

为推进新能源与储能协调发展，有效解决市场主体激励不足等问题，新疆电力交易中心和国网新疆经研院推动优化储能规划、服务、盈利模式，助力储能规模化、市场化发展。2023年新增并网储能351.15万千瓦，同比增长755%。

一是加强规划引导。综合考虑新疆资源优势、负荷特性、电源出力等情况，分区测算新能源与储能发展规模，规划多元化储能年度、10年发展路径，动态评估系统接入空间，引导政府合理规划储能规模和建设时序。

二是优化并网服务。发布储能并网服务工作指南，细化各专业在并网服务、工程调试、并网运行3个阶段的职责分工；基于"i国网"开发全过程可视化管控平台，准确掌握并网审批、储能配套送出工程等进度，组织专业技术人员"一对一"现场帮扶指导，协同开展并网调试工作，保障储能电站如期并网。

三是争取政策支持。促请政府出台新型储能支持配套政策，对全网弃风、弃光时段参与调峰的储能电站，给予0.55元/千瓦·时充电补偿；建立新能源企业共建储能项目容量租赁机制，推出容量租赁协

议参考价 300 元 / 千瓦·年，调动企业储能电站投资建设积极性。2023 年，储能结算均价达 0.564 元 / 千瓦·时，企业收益率提升 3 个百分点。

四是持续完善市场机制。建立独立储能"峰谷价差＋辅助服务＋容量补偿＋容量租赁"的市场化盈利模式。结合系统峰谷差率变化拉大峰谷价差，动态优化峰谷时段划分，助力储能每日全容量、满时长"两充两放"。

（五）健全市场评估体系，落实可再生能源消纳责任

1. 完善可再生能源消纳中枢机制

从顶层视角出发，制定《可再生能源电力超额消纳量市场化交易规则》，结合新疆新能源错综复杂的发展特性，研究设计《新疆可再生能源电力消纳保障机制实施方案》，包含消纳责任权重指标确定及分解、消纳保障机制组织实施、消纳责任权重计量核算、信息报送等，有效指导新疆维吾尔自治区消纳保障机制的组织开展。图 3 为可再生能源电力消纳保障机制实施方案流程图。

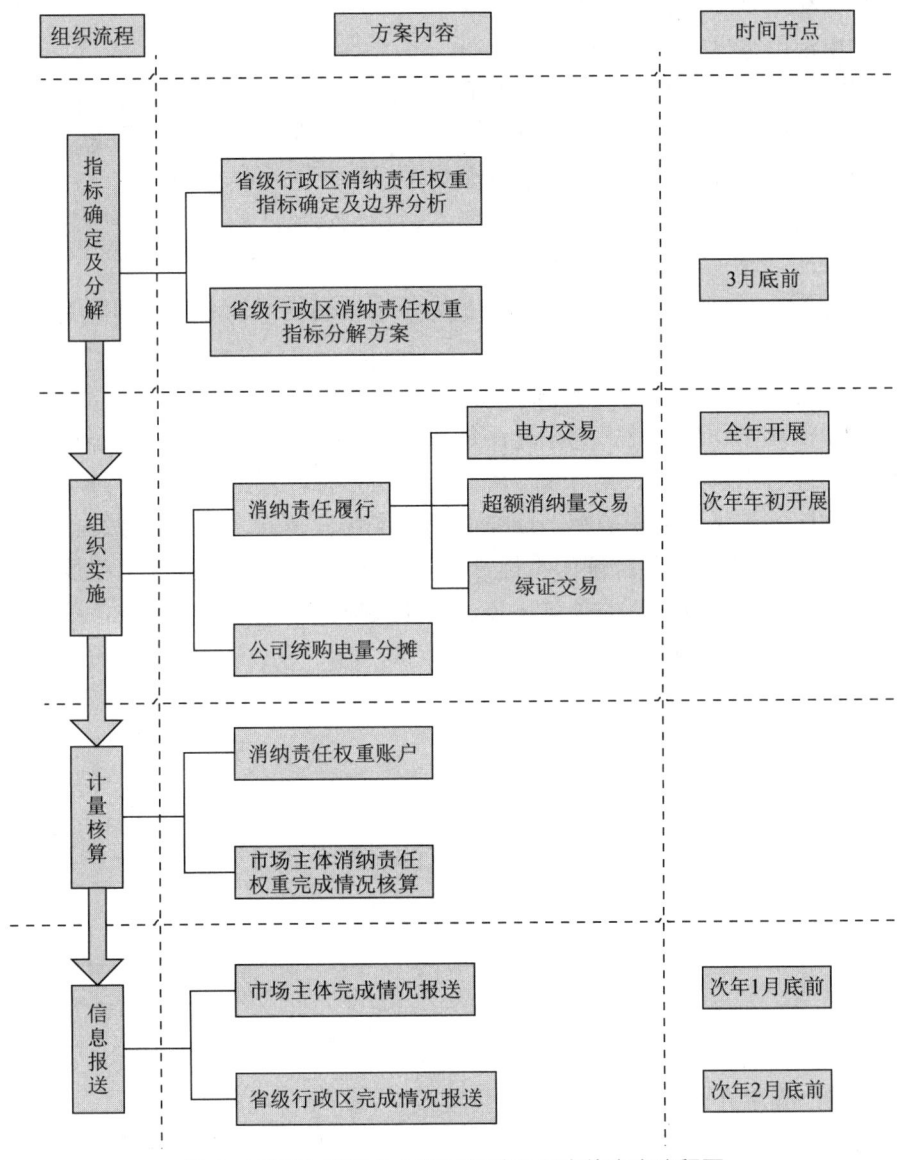

图 3 可再生能源电力消纳保障机制实施方案流程图

2. 聚焦供给侧，创新开展"消纳权重市场"建设

优化统计分析规则，建立市场主体按月统计可再生消纳量机制，开展常态化统计信息发布，促请政府进一步完善可再生权重指标考核体系，推动可再生能源消纳责任权重指标落实到电力用户。同时将兵团电网、自备发电企业、孤网运行电力用户同步纳入全疆消纳统计，进一步落实全疆市场主体考核责任，优化平台功能，提升可再生能源电力超额消纳交易便捷度，促进市场主体积极完成可再生责任权重消纳指标。

3. 聚焦需求侧，着力构建市场运营服务矩阵

编制《一图读懂绿电、绿证交易》《绿电、绿证交易技术指南》等指导手册。深入政府单位、校园、景区、园区、企业，发放宣传资料3.5万份，推动更多用户了解绿电。发挥供电单位属地优势，促成各大文体赛事活动主办方与能源企业合作，鼓励在各大赛事活动中使用绿电。推动外向型企业高比例使用绿电，积极推动绿色试点新突破，以点带面，引导用户参与绿电市场。紧抓春晚在新疆喀什设立分会场的机会，全力协调服务喀什春晚分会场通过购买绿证实现全绿色用能，展示新疆践行"绿色低碳"生活理念的良好形象。亚运绿电央视报道，春晚分会场全绿电全球同步直播，抢抓机遇扩大绿电消费的"知名度"和影响力。图4为需求侧绿色运营矩阵。

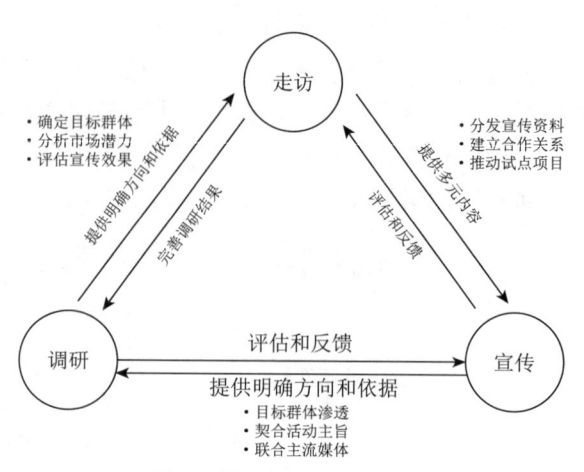

图4 需求侧绿色运营矩阵

4. 深入挖掘市场运行规律，健全市场评估体系

为推动绿色用能市场工作精准化、科学化，针对市场运行的关键环节建全了市场评估体系，包括市场结构、市场经济性、市场风险3类市场运营监控一级指标，根据一级指标细化分解，细分发电企业准入率、市场供需比、市场主体覆盖率、成交金额、市场竞争性、信息交互、价格波动、交易组织力度等11项二级指标，建立了科学合理的指标分析体系（见图5），掌握绿电市场波动，及时解决市场存在的隐患及问题，量化市场运行的关键环节，整体反应绿电市场运营情况，并将评估结果以负反馈的形式用于指导后续进一步完善绿色用能市场体系。

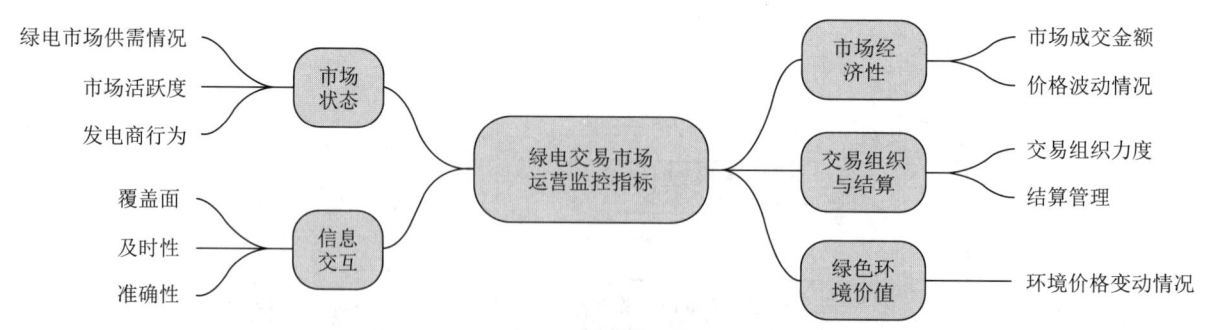

图5 绿色电力市场监控多维指标体系

5. 强化量化考核，凝聚合力推动绿色用能市场建设

在电力用户方面，新疆维吾尔自治区出台相关政策，将可再生能源消纳责任权重细化落实到具体电力用户，定期统计通报用户消纳数据，其中承担消纳责任的第一类市场主体为各类直接向电力用户

供（售）电的电网企业、独立售电公司、拥有配电网运营权的售电公司（简称配售电公司，包括增量配电项目公司）；第二类市场主体为通过电力批发市场购电的电力用户和拥有自备电厂的企业。新疆维吾尔自治区发展改革委建立可再生能源消纳月度监测、季度预警制度，对完成年度目标任务困难的市场主体进行预警，督促其限期整改，通过购买可再生能源电力超额消纳量或绿证补齐目标任务。在公司内部，印发《关于扩大2023年绿电绿证交易规模工作的通知》（新电交〔2023〕75号），分解绿电、绿证交易指标至各地供电公司，定期通报指标完成情况。将年度指标完成率纳入国网新疆电力有限公司业绩考核体系，层层压实责任，共同推进绿电、绿证交易。

三、实施效果

（一）管理效益

1. 绿色用能供给能力稳步提升

新疆新能源发展"增量稳率"，绿色用能供给充裕。截至2023年年底，全疆总装机1.49亿千瓦，新能源装机6443万千瓦，占比超四成。近10年，新疆新能源发展规模和发电量均呈倍速增长态势，2023年新疆新能源累计装机容量6443万千瓦，新增新能源并网2251万千瓦，是2022年的5.6倍，较2022年新增装机（404万千瓦）同比增幅位居全国第一，相当于过去30年发展总和的一半、过去8年新增装机规模。2023年，新能源发电量889亿千瓦·时（风电发电量643亿千瓦·时、光伏发电量246亿千瓦·时），是2013年的近10.5倍。新能源利用率由2016年的63.1%提升至96.1%，累计提升30个百分点，阶段性实现了新能源发展"增量稳率"，绿色用能供给充裕。

2. 服务全国绿色用能保障

富余电能应送尽送，服务全国绿色用能保障。发挥跨省级行政区市场连续运营优势，采用"年、月、周、日多周期全覆盖"与"绿电援疆多品种结合"的交易方式，促进新疆富余能力应送尽送，2023年实现疆电外送1263亿千瓦·时（见图6），位居国网经营区第三，连续4年突破千亿千瓦·时大关，为全国电力保供提供坚强支撑。其中，新能源外送电量418亿千瓦·时，占新能源总发电量47%，占外送电量三成。交流、天中、吉泉外送电量中，新能源占比分别为30.2%（51.8亿元）、39.3%（185.6亿元）、28.3%（175.1亿元）。外送省份从最初的7个省级行政区扩展到20个省级行政区，真正实现了"能源空中走，电送全中国"的目标，有力服务全国绿色用能保障。

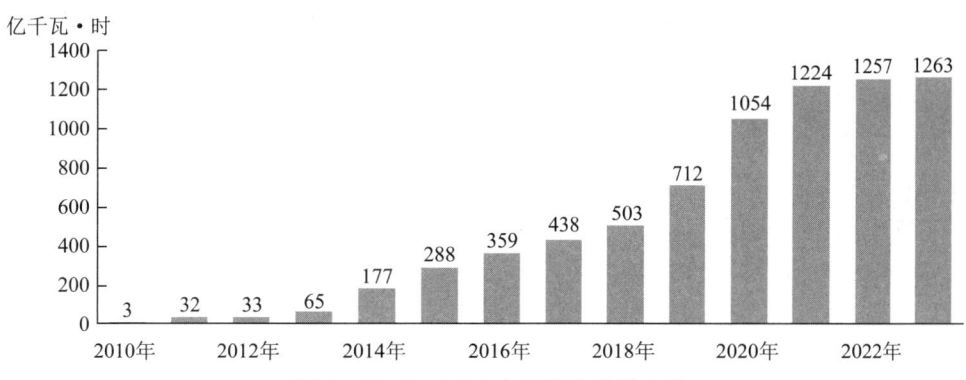

图6 2010—2023年的疆电外送电量

3. 实现中长期按日连续运营

促请印发《新疆维吾尔自治区2023年电力中长期交易按工作日连续开市实施方案》，实现了按日连续开市。2023年10月，首次按工作日开展月内合同交易，为中长期市场与现货市场衔接奠定坚实基础。融合直接交易、转让交易、回购交易等多交易品种，创新开展新疆电网月内合同滚动撮合交易，增加市场主体调整合同偏差手段，完善新疆电力市场中长期合同市场化调整机制，不断激发市场活力。2023年，疆内交易频次提升2倍以上，市场化规模1265亿千瓦·时，疆内中长期交易规模创新高。

4. 达成绿色用能市场规模化发展

克服新疆外向型企业少、用户电价敏感、绿电消费需求低等困难，聚焦内供外送两级市场，制订绿电、绿证"五进"专项行动方案，建立"走访+宣传+培训"的市场拓展机制。2023年，新疆参与绿电、绿证交易市场主体累计达到178家，同比增长790%，电力用户绿色消费意识有效提升。2023年，完成绿证交易215万张、疆内绿电交易4.28亿千瓦·时，分别是上年交易规模的7倍、35倍。以中东部省级行政区外向型企业及大型赛事绿色用能需求为抓手，积极促成绿电外送意向达成，持续推动新疆绿电外送，全年外送绿电10.37亿千瓦·时，外送江苏、浙江、安徽、上海等16个省（直辖市），为这些地区经济发展注入澎湃动能。围绕重大赛事、会议绿色供应，着力打造"绿色疆电"新名片，2023年向杭州亚运会场馆送电1.7亿千瓦·时，占总交易电量43%，以"丝绸之路的风光"点亮"杭州亚运的美"，新疆成为杭州亚运会、亚残运会绿电最大供应自治区，首次竞赛场馆实现100%绿色电能供应，"绿色疆电"正成为新疆新的名片。

（二）经济效益

1. 新疆维吾尔自治区新能源产业蓬勃发展

（1）新疆维吾尔自治区八大产业用电稳步增长。2023年，八大产业重点企业相关行业用电量1022.13亿千瓦·时，同比增长5.26%。2023年，八大产业集群用电同比均为正增长，增速较高的分别为棉花和纺织服装产业集群（26.98%）、新能源新材料等战略性新兴产业集群（12.86%）、绿色有机果蔬产业集群（12.25%）。2023年，35条产业链中有23条同比正增长，增长面65.7%，增速较高的分别为低阶煤分质分级利用产业链（54.7%）、棉花产业链（50.4%）、硅化工产业链（50.2%）。

（2）新疆维吾尔自治区新能源产业蓬勃发展。2023年，新疆新能源累计发电量888.6亿千瓦·时，同比增长15.6%。从新疆各地看，发电量排名前三的地区是哈密、昌吉、乌鲁木齐，分别是326.4亿千瓦·时、172.3亿千瓦·时、98.8亿千瓦·时。其中，哈密较上年增量最多，达24.5亿千瓦·时，同比提升8.1%。2023年，全疆工业硅产量190.8万吨，同比增长27.3%；多晶硅产量43.4万吨，同比增长26.8%。2023年，国网新疆电力有限公司统调范围内19家硅基企业用电总量181.14亿千瓦·时，同比增长15.32%。

2. 大幅增加新能源企业收入

新能源市场化消纳电量935亿千瓦·时，为新能源企业增加收入217亿元；绿电交易为新疆新能源企业增加环境价值收入0.88亿元。

3. 实现调节性电源规模化发展

促请印发《新疆电力市场独立储能参与中长期交易实施细则（暂行）》，推动独立储能企业（新疆沃能新能源公司）通过12月交易获取充电合同1080万千瓦·时、放电合同980万千瓦·时，充放电价差0.36元/千瓦·时，获取收益约300万元。随着储能政策体系优化完善，新疆新型储能项目规模逐年攀升。截至2023年年底，全疆新型储能规模达到398.2万千瓦/1224.45万千瓦·时（其中独立储能9万千瓦/18万千瓦·时），同比增加821%。目前，通过峰谷价差+容量补偿项目盈利水平能获得保障，随着容量租赁市场、调频辅助服务市场逐步完善，盈利水平将稳步提升。

（三）社会效益

1. 引导全社会主动消费绿色能源

用户绿色用能意识转变为责任驱动。促请新疆维吾尔自治区政府出台相关政策，将可再生能源消纳责任权重落实到电力用户、售电公司、自备企业等，工作走在全国前列，推动电力用户由被动消纳新能源转变为责任驱动。

2. 实现可再生能源绿色价值市场再分配

实现 61.9 亿千瓦·时可再生能源绿色价值市场再分配。组织超额消纳量凭证交易 619 万张，交易金额超过 2500 万元，新疆成为国家电网有限公司唯一可再生能源消纳凭证交易金额突破千万元的自治区市场。

（四）生态效益

电力行业降碳结果显著。2023 年，全疆碳排总量同比增长 4.59%。碳排强度下降 2.97%，表明新疆能源经济低碳转型初见成效。从清洁发电减碳趋势看，清洁发电减碳量从 2018 年的 4112 万吨增长到 2023 年的 7015 万吨，年均增长约 11%（见图 7）。减碳规模持续增长，2023 年，减碳量占全疆碳排量的 14%，已超新疆大部分地区碳排总量。这说明新疆大力推进新能源开发建设和提升清洁能源消纳规模，助力清洁发展取得一定成效。从区域清洁发电减碳看，哈密、昌吉地区清洁发电减碳量较大。其中，哈密地区减碳成效尤为突出，清洁发电占比较高约 76%，减碳量规模约 1876 万吨，约占全疆清洁发电减碳量的 27%。说明哈密作为千万千瓦级新能源基地，推动能源转型和低碳发展发挥出重要作用。

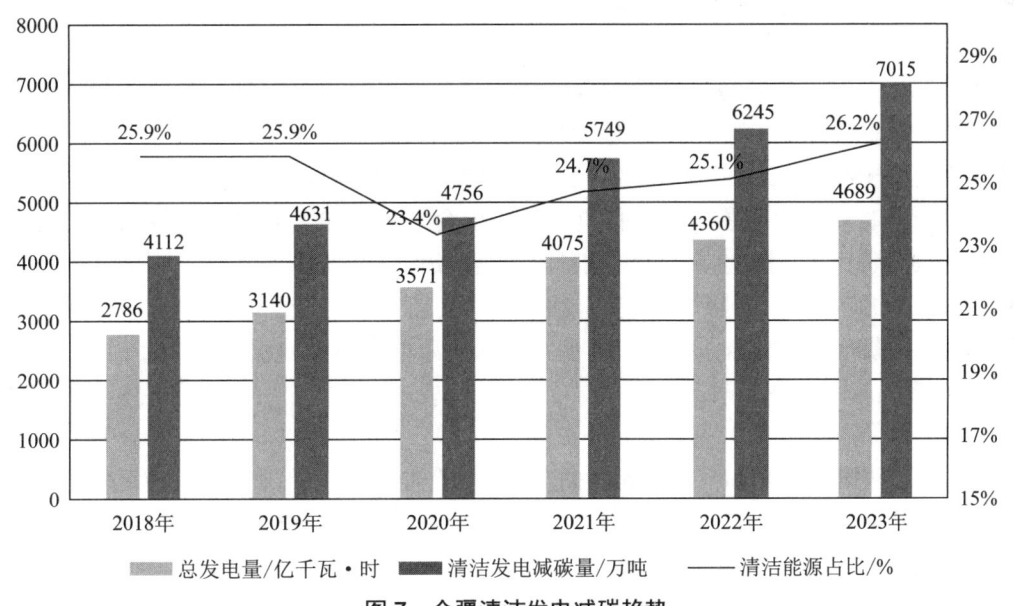

图 7 全疆清洁发电减碳趋势

自项目实施以来，新能源市场化消纳电量 935 亿千瓦·时，相当于减少燃烧标准煤约 2266 万吨，减排二氧化碳 6117 万吨、二氧化硫 19 万吨、氮氧化物 17 万吨，对推动能源转型和低碳发展具有重要促进作用。

四、下一步规划与探讨

（一）加强政策引领与制度保障

1. 完善政策法规

新疆作为我国能源资源丰富的地区，构建绿色用能市场体系对实现"双碳"目标具有关键意义。为了推动新疆绿色用能市场的健康发展，先要完善政策法规。

出台和修订更具针对性、前瞻性的绿色用能政策法规，应充分考虑新疆的能源资源特点、产业结构及生态环境状况。明确各方责任和义务，包括能源生产企业、能源消费企业、能源交易机构及政府监管部门等。出台可再生能源优先消纳、绿色能源补贴政策的细化规定。在可再生能源优先消纳方面，制定具体的消纳保障机制，建立可再生能源电力消纳监测、评估和考核体系，确保可再生能源电力得到优先消纳。

2. 建立健全监管机制

（1）加强对能源生产环节的监管，重点监管能源生产企业的能源开发活动是否符合环保要求、是否遵守可再生能源开发的相关规定、是否存在浪费能源资源的行为等；同时，建立能源生产企业的信用评价体系，对守信企业给予激励，对失信企业进行联合惩戒。

（2）强化对能源消费环节的监管，建立能源消费监测系统，实时掌握能源消费企业的能源消费情况，对能源消费超标的企业及时发出预警，并进行跟踪监督和整改。加强对重点用能单位的能源审计，推动其提高能源利用效率，降低能源消耗。

（3）加大对能源交易环节的监管力度，规范能源交易市场秩序，防止虚假交易、内幕交易和操纵市场等违法行为的发生。建立能源交易信息披露制度，要求交易主体及时、准确地披露交易信息，保障交易的透明度和公正性。

（4）设立专门的监管机构，明确其职责、权限和工作流程，配备专业的监管人员和设备，提高监管的专业性和权威性；同时，加强监管机构与其他相关部门的协作配合，形成监管合力。

3. 优化激励政策

（1）促请政府加大对绿色能源项目的财政支持力度，设立绿色能源发展专项资金，用于支持可再生能源发电项目、储能项目、能源效率提升项目等的建设和运营。

（2）对绿色能源技术研发给予税收减免，鼓励企业加大研发投入，提高自主创新能力。

（3）建立绿色能源项目的绿色信贷支持机制，引导金融机构加大对绿色能源项目的信贷投放，降低绿色能源项目的贷款利率，拓宽绿色能源项目的融资渠道。

（4）探索绿色能源项目的碳排放权交易机制，将绿色能源项目产生的减排量纳入碳排放权交易市场，使企业通过减排获得经济收益，激发企业参与绿色能源项目建设的积极性。

（二）推动能源技术创新与应用

1. 加大研发投入

（1）鼓励企业、科研机构和高校建立紧密的产学研合作机制，共同开展绿色能源技术的研发。政府可以通过设立产学研合作专项基金，对合作项目给予资金支持，引导各方资源的有效整合。

（2）加大对关键技术瓶颈的研发投入，建立多元化的研发投入机制，除了政府的财政投入外，还可以引导社会资本进入能源技术研发领域。可以通过设立能源科技创新投资基金、鼓励企业上市融资等方式，拓宽研发资金的来源渠道。

2. 促进技术成果转化

技术成果转化是将研发成果转化为实际生产力的重要环节。建立绿色能源技术创新成果转化平台，为技术研发方和需求方提供信息交流、技术评估、交易撮合等服务，促进技术成果的快速转化和应用。加强示范项目的建设，完善技术成果转化的政策支持体系，对技术成果转化项目给予财政补贴、税收优惠、贷款担保等政策支持，降低技术成果转化的风险和成本。

3. 培养专业技术人才

加强能源领域的人才培养和引进，建立多层次的人才培养体系，包括本科教育、研究生教育、职业教育和继续教育等，针对不同层次的人才需求，制订相应的培养方案和课程内容，满足绿色用能市场对不同层次人才的需求，为绿色用能市场的发展提供技术支撑和智力保障。

（三）促进产业协同与融合发展

1. 构建绿色能源产业链

整合上下游产业资源，打造涵盖能源开发、装备制造、储能、输配电等环节的完整绿色能源产业链，提高产业整体竞争力。

（1）加强能源开发环节的整合，鼓励企业开展多元化的能源开发，包括风能、太阳能、水能、生物质能等，实现能源供应的多样化和稳定化；同时，推动能源开发企业与装备制造企业的合作，提高能源开发装备的本地化制造水平。

（2）优化储能环节的布局，发展多种储能技术和产品，如电池储能、飞轮储能、超级电容储能等，提高储能系统的能量密度、循环寿命和安全性；同时，加强储能与电网的协同发展，提高储能系统在电网中的应用水平。

（3）完善输配电环节的建设，加强电网基础设施建设，提高电网的输电能力和智能化水平。推进特高压输电工程建设，实现能源的远距离输送和优化配置。

2. 推动能源与其他产业融合

促进绿色能源与农业、工业、交通、建筑等领域的深度融合，实现能源的高效利用和产业的绿色转型。

（1）在农业领域，推广农业废弃物能源化利用技术，如沼气发电、生物质成型燃料等，为农业生产提供清洁的能源；同时，利用太阳能、风能等可再生能源为农业灌溉、温室大棚等提供电力和热力，促进农业的可持续发展。

（2）在工业领域，鼓励企业采用绿色能源进行生产，推动高能耗、高污染企业的能源替代和节能改造。发展绿色能源驱动的工业流程和工艺，提高工业生产的能源利用效率和清洁化水平。

（3）在交通领域，加快新能源汽车的推广应用，完善充电基础设施建设，提高新能源汽车的市场占有率。推广氢能燃料电池汽车在公交、物流等领域的应用，推动交通领域的能源转型。

（4）在建筑领域，推广绿色建筑技术和标准，提高建筑的能源效率。发展分布式能源系统，为建筑物提供电力、热力和制冷服务，实现建筑能源的自给自足。

3. 加强区域合作与协同发展

加强新疆与周边地区在绿色能源领域的合作，实现资源优势互补和市场互联互通。通过跨区域的能源调配和合作项目，共同推动绿色用能市场的发展。

（四）强化公众意识与社会参与

1. 加强宣传教育

利用多种渠道和形式，如电视、广播、报纸、网络、社交媒体等，开展绿色用能的宣传活动。针对不同群体开展有针对性的宣传教育，如对企业开展节能减排培训、对社区居民开展家庭节能知识讲座等，提高宣传教育的效果。

2. 鼓励公众参与

建立公众参与机制，如设立公众意见反馈渠道、开展能源政策听证等，让公众能够参与到绿色用能政策的起草和决策过程中，充分表达自己的意见和建议。建立志愿者服务体系，组织志愿者开展绿色用能宣传、能源节约监督等活动，形成全社会共同参与绿色用能市场建设的良好氛围。

3. 开展绿色能源示范社区和企业创建活动

树立绿色用能的典型示范，引导更多的社区和企业采取绿色能源解决方案，形成良好的社会风尚。制订绿色能源示范社区和企业的创建标准和评价指标体系，对创建成功的绿色能源示范社区和企业给予表彰和奖励，激发社区和企业参与创建的积极性。总结和推广绿色能源示范社区和企业的成功经验和做法，为其他社区和企业提供借鉴和参考，推动更多的社区和企业采取绿色能源解决方案。

制造型企业绩效管理数字化转型与实践

创作单位：中车株洲车辆有限公司
主创人：高红梅 胡晖
创造人：王伟 杨冬艳 王雅婷 谭家梁 江琼 谢恒武

【摘要】 中车株洲车辆有限公司（以下简称中车株辆公司）以企业战略性绩效管理体系为基础，以绩效管理数字化转型为抓手，充分挖掘企业数据资源，构平台、建模型、自核算、可视化、促改善、优管理。重点解决传统绩效管理中效率不高、不直观、不透明、信息壁垒等突出问题，推动绩效管理由专业纵向垂直向立体贯通转变，由单一专业性分析向综合集成化分析和趋势预测转变，让企业管理者能够快速发现问题、解决问题，不断提升企业运营效率与效能，提高核心竞争能力。作为中车株辆公司绩效管理数字化转型升级的重要实施路径，既充分发挥指标的约束性、激励性和有效性作用，指引和评价公司的数字化转型建设，同时也是企业进行数字化转型的有益探索和实践。

【关键词】 绩效管理 数字化 核心竞争力

一、实施背景

中车株辆公司始建于1958年，是中国中车旗下重点二级企业，位于湖南省株洲市，拥有60余年研发、制造铁路货车历史，具备敞车、平车、罐车、棚车、漏斗车等全系列铁路货车研发制造能力，产能7500辆/年。具有和国际标准接轨的制造体系和管理体系，通过了ISO/TS 22163、ISO 3834、EN 15085、能源、环保、安全、两化融合等体系的认证，通过了高新技术企业、省级企业技术中心认证。产品远销欧洲、美洲、非洲、东南亚等国家和地区。中车株辆公司先后荣获"全国质量效益型先进企业""科学技术先进集体"等国家级荣誉称号；获评"国家绿色企业""国家级劳模创新中心""湖南省制造企业百强"，是国家安全生产标准化一级达标企业。

（一）落实"数字中国"战略的需要

以习近平同志为核心的党中央高度重视数字化发展，明确提出"数字中国"战略。中国中车2018年成功入选国务院国资委10家"世界一流示范企业"，成为高端装备制造业的唯一一家入选企业。为全面落实"数字中国"战略，中国中车提出了"产业数字化、数字产业化"目标，加快推进企业数字化转型建设，为夯实创建世界一流示范企业提供数字化支撑。中车株辆公司作为中国中车货车板块的成员企业，更应立足自身数字化基础建设水平，以高效的数字化绩效管理体系为抓手，以"效率、效益、成本、质量"为目标，以精益化、自动化、信息化"三化"融合为路径，统筹规划公司数字化转型升级建设，实现"数字株辆"。

（二）推进企业数字化转型升级的需要

数字化转型是企业利用新一代数字化技术和业务深度融合来推动生产服务运营方式变革创新的过程，对企业来说无异于脱胎换骨、洗经伐髓，是一场持久战，但在初期必须要有着力点。由于各企业起点不同，数字化转型没有一套通用的现行标准和解决方案，需要根据自身的数字化基础、转型前景和转型需求分析来决定建设方向。中车株辆公司提出以推进产品服务、制造技术、运营管理升级为主要任务，实施数字化转型战略，打造以"数字化创新驱动"为代表的可持续发展引擎，推动数字化转型发展，从而实现以数字化技术驱动制造型企业转型升级的目标，提升企业内部管理协同能力，提升运营效率和经济效益。

（三）企业增强持久市场竞争力的需要

铁路新造货车是中车株辆公司多年资源和经验积累的成熟业务，国际上受中美贸易摩擦、单边主义等因素持续产生负面影响，发展不容乐观。当前，国家铁路货车装备处于产品生命周期的成熟期，国内呈现较为单一的"买方"市场，且国内货车产业产能严重过剩，市场竞争进一步加剧，产品价格持续降低，企业盈利空间逐步压缩。公司资产周转率、劳动生产率等效率指标与国内外先进企业存在较大差距，经营品质有待持续提升。公司要妥善应对全球格局之变、国内发展之变、轨道交通行业之变，就需要抓住绩效管理数字化转型这个突破点，以数据为核心，进行集成、共享、挖掘，发现问题，驱动创新，促进技术融合、业务融合、数据融合，不断增强公司的持久市场竞争能力。

（四）实现企业数据资源整合的需要

数据作为新型生产要素，是数字化、网络化、智能化的基础，数据共享、信息透明、全面的数据支撑是确保组织高效运转、责任落实的重要基础。中车株辆公司运用的业务系统如企业资源计划系统（ERP系统）、制造执行系统（MES系统）、业务流程管理系统（BPM系统）等，涵盖大量的历史数据和实时数据，未被有效挖掘、应用，公司过去的绩效管理无法从各应用系统中实时采集数据进行分析决策。传统的"手工操作"模式往往造成内部信息流动不畅，数据信息不直观、不透明，条块割据、层级不通，因此公司需要整合资源，探索绩效管理数字化转型，运用信息化技术逐步实现用数据说话，动态分析生产经营情况，为决策层提供数据支撑。

二、实施过程

应用建立企业"数据中台"的理念，以战略性绩效指标体系为基础，建设流程管理＋关键业绩指标＋可视化数据运营分析的数字化绩效管理平台，通过定义目标和适时衡量关键结果，推进绩效管理数字化转型。一是建立集运营管理和流程控制相结合、可动态维护的信息化指标管理平台，自建指标核算通用数据模型，由系统自动抓取和计算，客观真实反映指标运行情况，实现指标自动核算；二是从公司业务应用系统中抓取数据，搭建数据集成分析平台，打破职能部门与各业务应用系统之间的数据壁垒，以图表的方式显示指标运行动态，实现数据资源共享和指标目视化管理。对关键指标进行可视化数据分析，查找与指标目标值的差距，为管理改善方案的策划提供依据。

（一）构建战略性绩效指标体系，夯实绩效管理数字化转型基础

1."战略—绩效"一体化管理路径

绩效指标体系是实现绩效管理数字化转型的基础。该阶段主要目标是将战略绩效考核指标贯穿生产经营的全过程，通过梳理业务流程，明确责任，设定目标、任务，开展绩效考核工作并将结果及时反馈，形成"指标＋考核＋反馈＋改进＋提升"的"战略-绩效"一体化管理路径，并有效融入战略管理中。

在指标设置时，公司紧扣发展战略和年度经营目标，综合考量经营管理涉及的各个条线，以问题为导向，聚焦效益效率，绘制绩效指标管理体系建设导图。采取突出重点、目标管控、层层分解的方式，设置战略目标类、年度经营类、管理提升类、党建管理指标四大类90余项指标，并且每年根据公司经营目标和管理要求进行不断优化，在充分满足集团对公司运营管理要求的同时，融入公司自身运营需求，做到内外兼顾、双向发力。

2.科学设置绩效指标目标

为推动实现公司整体管理目标，建立更为完善的绩效管理体系，以四个特性为指引，确定各项指标值。一是具备合理性，指标值不宜过高或过低，力求接近实际，确保部门通过自身努力可以实现。二是具备公平性，实施第三方评价，由第三方完成指标评价工作，一般不做"自我评价"。三是具备发展性，参考集团效绩评价相关要求，对涉及市场、盈利和效益等与未来长期发展密切相关的主要经

营指标，设置基本目标T1（三年实际均值）、达标目标T2（公司最优值）、奋斗目标T3（行业最优值），引导和保证公司实现未来发展目标。四是具备价值创造性，以效率效益逐年提升为导向，设置指标目标，推动管理能力逐年跃升。

3. 合理编制绩效指标标准

根据公司绩效管理体系建设导图的指标框架、指标目标，编制相应的指标标准，形成指标管理手册，详细描述指标定义、目标输出内容、计算方法、考核标准、考核周期、考核信息来源、考核方式和考核主体等要素及指标评价方式。指标标准的编制充分运用了流程分析法，将多个综合性的业务转换成若干个核心的流程类指标，有助于全面梳理业务流程，界定清楚其职责和输出标准，并据此进一步提炼设计绩效指标。

（二）以数字化转型为抓手，进一步深化绩效管理

该阶段主要目标是架设以生产数据为信息流，数据库为智能处理核心，可视动态化输出为导向的数字化绩效管理体系。在平台建设过程中，主要遵循以下三大基本原则：一是"需求导向、注重实用"。从绩效管理的实际出发，收集公司各部门间的业务过程与绩效的信息，将电子化办公的方法融入公司绩效管理当中，改变手工操作的传统模式，实现绩效指标自动核算，为公司绩效管理带来精准的基础信息，保障数据的真实性、准确性，进而提高工作效率。二是"互联互通、资源共享"。有效综合制造过程中的相关数据，打破各职能部门及应用系统之间的数据壁垒，实现数据共享，引导员工树立数字化运营出效益的观念，为公司数据驱动运营管理提供有益的实践经验。三是"分析运用、提升管理"。通过建立数字化分析平台，整理和归纳指标原始信息库，持续优化绩效指标体系，进而在设置考核指标时能够实现科学化、规范化设计，并借助数字化分析平台优势，为公司运营管理提供预（决）策分析支持，进一步提升公司基础管理水平。

1. 聚焦管理效率提升，构建指标信息化管理平台

基于生产管理的绩效考核，涉及制造体系中的生产、计划等方面，需要统计分析大量的生产数据，而数据来源的准确性，直接影响考核结果。在完成绩效指标体系构建的基础上，为加强绩效指标管理和数据分析，公司借助BPM平台，系统分析指标管理的业务流程，建立集运营管理和流程控制相结合的指标管理信息化平台。遵循"信息渠道从无到有，信息采集由繁到简"的原则，充分利用现有生产平台和技术，建立指标体系构建、授权访问、数据采集、集成处理、自动核算、结果发布等全过程管理功能模块，让数据获取公正便捷、准确化，并有效整合公司内部的各大系统，减少信息冗余录入，实现定期数据采集、实时计划汇报，推动指标管理信息化。简化绩效考核流程，提供了KPI（Key Performance Indicator，关键绩效指标）从定义、建模到优化分析的一体化信息化管理平台，减少因考核数据不正确而产生的部门间摩擦与分歧。

与以往手工填写、逐个核算相比，指标信息的管理平台更加高效、协同。不同的绩效管理人员能够针对各不相同的指标、考核兑现方式在同一个平台系统实现统一的自动核算、多维度统计，并且所有数据从业务系统中提取，实时、真实（见图1）。同时，系统有效规范了KPI考核兑现方式的定义，以及KPI管理相关业务人员的操作，切实提高了核算准确性和透明度，充分体现了绩效考评"公平、公正、公开"原则，避免人为主观因素的干扰。

2. 聚焦数据动态集成，搭建指标数据化分析平台

为充分运用绩效指标"指挥棒"作用，公司搭建指标数据化分析平台（见图2），选取了关键绩效指标、员工行为考核管理两类指标进行总体的运营情况分析。完成了两类指标9个建模维度、2个层级的自助分析，开发了数据自助分析程序20余个，可视化管理驾驶舱20个，包括大屏分析型管理驾驶舱3个，二级追溯分析管理驾驶舱17个。

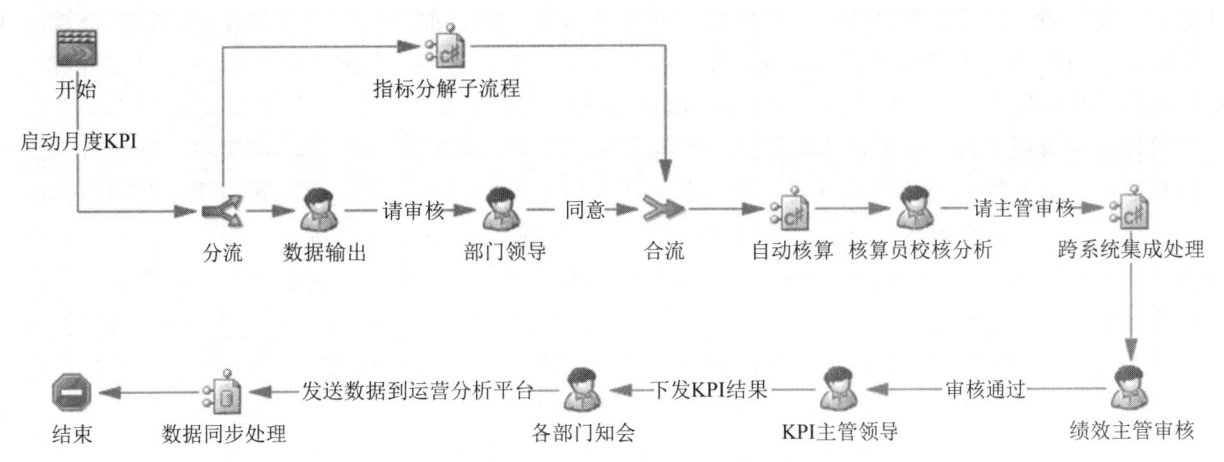

图 1　指标信息化管理平台工作流程

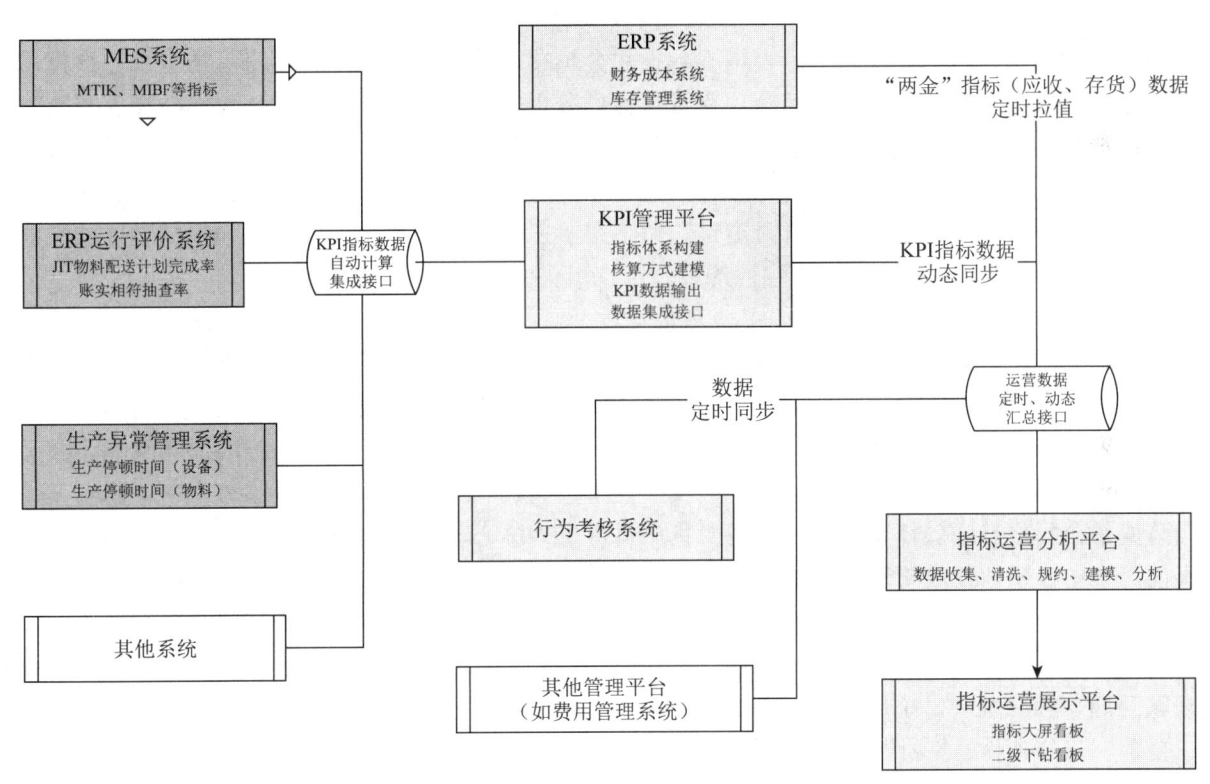

图 2　指标数据化分析平台架构

（1）关键绩效指标分析。主要从年度指标奖罚概览、月度指标奖罚概览等 7 个维度对关键绩效指标奖罚进行可视化分析，可分别按年、按月、按指标、按部门分类了解奖罚情况。

例如，公司"两金"指标从应收账款概览、应收账款账龄、月末应收账款对比等 8 个维度进行可视化分析，将"两金"压降管理贯穿生产经营全过程，同时解决了各业务人员手工获取存货账龄，手工区分客户、手动更新应收账款金额和账龄等问题，提高了月度清收效率，进一步压实"两金"责任，有效加强源头管控，实现动态管理，确保"两金"存量得到有效清理，增量得到有效控制。

通过数据分析平台，实现了 ERP、BPM、MES 等业务系统的无缝集成与信息共享，消除信息孤岛，打通数据壁垒，冲破各业务部门的职责边界，同步实现了系统自动取数分析，将直观简洁的数据进行可视化展示，用客观数据说话。特别是通过历年数据比对、部门比对、分类比对，让各级管理者快速知晓绩效状态和生产运营情况，并能根据指标奖罚的变化趋势、共同思考分析、优化完善管理问题，进而不断地提高公司运营品质，为数据驱动运营管理提供了有益的实践经验。

（2）行为考核分析。主要从年度行为考核奖罚概览、当月考核奖罚概览、年度部门奖罚额 Top 排行等 8 个维度对 KPI 奖罚进行可视化分析，从考核时间、部门类别及考核原因等方面了解奖罚详情，通过具体、准确的数据呈现各考核维度情况，反映公司当前阶段的管理情况，了解员工各方面行为考核情况，成为公司管理的晴雨表。通过建立公司行为考核数据分析库，可将各分类考核金额作为职能部室的管理参考，以制度固化优秀做法，以考核规范管理行为，逐步由"粗放管理"转变为"精细管理"，全面提升公司整体管理水平，引导并推动员工建立数字化运营出效益的理念。

平台能够自动分析，全程跟进，实施控制与协调。通过数据采集、共享、集成、核算、统计、自助分析、可视化展示、改善等过程，形成绩效指标的 PDCA 循环的正反馈机制，对今后 KPI 指标的设定和优化分析起到促进作用。

（三）建立系统评价反馈机制，进一步提高绩效管理科学性

为充分运用指标信息化管理平台和指标数据化分析平台的反馈信息，公司每月结合平台数据，召开绩效分析会议，针对平台反馈的问题项点进行梳理分析，对其加以改善和优化，不断加强绩效管理结果运用，优化全过程绩效管理链条，实现绩效管理既有尺度，也有精度，更有力度。同时针对"战略—绩效"一体化的绩效体系，中车株辆公司建立年度考核指标预警机制，提取营业收入、净利润、项目成本管控等考核指标，对其进行月度红、黄、绿"三色"监控预警，切实加强指标运行监控，通过指标牵引，为年度目标的实现提供刚性约束。

三、实施效果

中车株辆公司绩效管理数字化转型的实践，是深入贯彻习近平总书记关于数字经济发展重要指示精神的体现，是公司运营管理创新模式的初步探索。中车株辆公司以数据管理和数据应用为抓手，发掘数据创新驱动潜能，推进经营管理数字化，进一步实现信息、资源、平台的融合共享和协作共赢。

（一）运营品质及效率有效提升

改变了公司原有绩效体系，由以完成"生产目标"为中心转变为实现"经营目标"为中心，建立了事前、事中、事后绩效管理闭环系统，实现全过程管理。通过搭建数字化平台，有效减少数据核算时间，降低管理人员的工作强度，提高了指标核算效率和数据准确性。指标数据的多系统采集，打破了"信息壁垒""信息孤岛"现象，构建了横向到边、纵向到底的运营数据资源池，实现多业务数据的互联互通、标准统一、统一集成、共享应用。指标执行情况的目视化，改变以往数据统计分析的烦琐、复杂，充分实现了各项指标全面可视化动态展示，为指标运行管理提供了有效分析依据。

（二）价值创造成效显著

中车株辆公司围绕价值最大化，深挖提质增效潜能，强化成本管理责任，针对性地设置产品项目成本管控等指标，有效增强产品盈利能力，实现铁路新造货车产品综合边际贡献提升 2 个百分点以上，轨道工程机械产品综合边际贡献率逐步提升。设置工艺优化、劳务费管控、人力资源效能、生产节拍率等指标，推进工艺技术的持续优化和单位产能的逐步提升，实现主产品 C70EH 敞车单车用工从 2021 年逐年递减，至 2023 年降幅达到 13.78%。2023 年批次 X70 集装箱平车单车用工较 2022 年降低 5.27%。通过公司年度质量损失率、产品质量指标约束作用，进一步压实质量管控要求，近年来未发现批量质量问题，无 A 类质量问题。

（三）社会效益日益彰显

该系统模型在组织目标落实、班组建设、员工激励、生产改进方面取得良好效果，同时也为行业

企业如何因地制宜实施绩效管理开拓了新的思路，为制造企业如何进行卓有成效的绩效管理提供了一种新的实验平台。针对公司绩效管理数字化转型成效，多家行业企业前来学习交流，均表示有意向购买该系统，形成了良好的社会示范效应。同时该数字化平台的指标调整及核算方式十分多样性，均可通过灵活的指标模型进行自动更新、核算，具备较高的成熟度和能够标准化共享的规模效应。2021年中车株辆公司"数字化绩效管理系统"获得国家计算机软件著作权登记证书、"人机协同作业"获工业和信息化部智能制造优秀场景。2022年"铁路货车车体钢结构精益数字化产线"获"金砖国家工业大赛优秀奖"。2023年"生产作业－制造技术升级"获工业和信息化部智能制造优秀场景、"铁路货车整车智能制造车间"获湖南省智能制造标杆车间。

　　2023年年末的中央经济工作会议提出，必须把坚持高质量发展作为新时代的硬道理。中车株辆公司通过绩效指标管理数字化实践，打通数据壁垒，实现了信息共享，而且作为高新技术企业，不断提升自身信息化水平，为企业增值，为工作减负，也为承担社会责任贡献力量。后续中车株辆公司将持续扩大项目广度，不断优化界面和用户体验，加快形成同新质生产力更相适应的生产关系，助力轨道交通装备主业及新产业业务升级发展，为高质量发展塑造新优势、增添新动能。

国有煤炭营销企业实施品牌战略，催生新质生产力的探索与实践

创造单位：陕煤运销集团榆林销售有限公司
主创人：王建　裴同军
创造人：崔育晨　李博天

【摘要】 品牌建设是一个企业质量、服务与信誉的重要标志。作为国有大型煤炭运销企业，必须充分认识品牌建设的重要作用，打造出国内领先、世界知名的品牌，进一步增强企业核心竞争力。为此，陕煤运销集团榆林销售有限公司（以下简称榆林销售公司）聚焦品牌战略实施，通过找准关键品牌要素，验证品牌的可行性、科学性，结合实际煤炭产品特性和行业市场，得出了符合自身实际品牌战略建设的关键词，即绿色清洁、高端化、智能化、培育发展，这4个关键词对应的英文（Green、Advanced、Intelligent、Nurturing）首字母组合，成为一个符合行业发展、积极向上且易识别的名称——GAIN。

【关键词】 煤炭营销　品牌建设　GAIN品牌体系

一、实施背景

随着品牌时代的来临，品牌建设愈来愈被重视。在科技强国、质量强国、能源强国成为新时代的显著特征之际，习近平总书记对品牌建设高度重视，强调"推动中国制造向中国创造转变、中国速度向中国质量转变、中国产品向中国品牌转变"，"做强做大民族品牌"。这些为我国企业的品牌建设提供了依据，确定了方向。品牌建设愈加受到重视，品牌战略成为企业的战略选择和重要战略组成。

作为陕西煤业化工集团有限责任公司（以下简称陕煤集团）陕北区域最早建立的专业化销售公司，榆林销售公司围绕"八个聚焦"主题，以高质量发展为导向，围绕品牌建设建立起了一套成熟的品牌战略体系，并全面融入企业管理各个方面，取得了一系列成效、产生了较大影响力。

（1）实现企业高质量发展的必然要求。国有煤炭企业作为国家安全和能源供应的主力军，关系着国民经济的命脉。因此进入新时代，找准发展的目标和定位，贯彻落实好习近平总书记关于文化品牌建设的指示批示精神，是国有煤炭企业义不容辞的责任。做好品牌建设工作，才能实现企业的高质量发展。

（2）响应国家新质生产力的生动实践。发展新质生产力的关键在"质优"，而强化品牌建设，更好发挥品牌作用，是推动新质生产力"质优"发展的必经之路。大型煤炭运销企业肩负着国家改革和发展的使命，在此背景下，更应该转变思路，树立适应新质生产力高速发展与经济增长稳中求进要求的品牌建设思维。

（3）结合煤炭市场环境的现实需要。2023年，我国原煤产量达47.1亿吨，同比增长3.4%，较2022年10.5%的增幅下降势头明显。2024年，面对国内能源格局深度调整、煤炭市场震荡下行等复杂形势，煤炭运销企业需要持续强化产品竞争力，以应对日益复杂的市场环境。可以预见，煤炭行业竞争日益加剧，构建高效品牌体系迫在眉睫。

（4）提升企业竞争力的前提条件。当前，全球市场已经由原来的价格竞争、质量竞争上升至品牌竞争。据联合国发展署统计，世界知名品牌在全球总品牌数中不超过3%，但市场占有率超过40%、

销售额超过50%。其中，发达国家20%的强势品牌占据了80%的市场份额。陕煤集团当前位于《财富》世界500强第169名，但持续多年未上榜世界500强品牌榜，可见煤炭企业的品牌建设依然任重道远。

当前，品牌建设是企业质量、服务与信誉的重要标志，也是企业参与市场竞争的重要资源。为推动我国经济高质量发展，建设现代化经济体系，作为大型煤炭运销企业，必须充分认识品牌建设的重要作用，打造出国内领先、世界知名的品牌，进一步增强企业核心竞争力。为此，榆林销售公司聚焦品牌战略实施，通过找准关键品牌要素，验证品牌的可行性、科学性，结合实际煤炭产品特性和行业市场，得出了品牌战略建设的关键词，即绿色清洁、高端化、智能化、培育发展，这4个关键词对应的英文（Green、Advanced、Intelligent、Nurturing）首字母组合，成为一个符合行业发展、积极向上且易识别的单词——GAIN。

GAIN翻译为增值、提升，与公司品牌战略实施，煤炭产品深加工，创造品牌价值的需要不谋而合。作为新时代的煤炭营销企业，"绿色清洁"是整个煤炭行业在未来发展离不开的主题，特别是在"双碳"目标提出后；"高端化"象征着公司各统销矿井具有代表性的化工煤产品；"智能化"代表了产业技术创新、产业升级的发展大势；"培育发展"说明了品牌建设工作需长期运营维护及配套的人才队伍建设，并由传统营销向定制化、品牌化转变的必经之路。

二、实施过程

（一）煤炭品牌的力量：定位与塑造的艺术

在这个充满挑战和机遇的时代，煤炭企业必须认识到品牌的力量。对榆林销售公司这样一个专业化销售企业而言，以品牌的定位与塑造为抓手，联合各统销矿井产品，通过长期的探索与实践，使产品品牌能够在市场中独树一帜，为企业的长足发展和经济效益增长带来贡献。

陕煤集团把建设世界一流企业作为下一步和未来的一项全局性、战略性、引领性重大任务来抓，并融入"十四五"后半期和"十五五"的目标体系之中，致力建设世界一流企业的七项布局（产业格局、体制机制、科技创新、人才支撑、党建引领、文化生态、生活需求），到"十五五"末，全面跻身"产品卓越、品牌卓著、创新领先、治理现代"的世界一流企业。在充分理解世界一流企业建设内涵的基础上，持续秉承安全、高效、创新、绿色和共享的建设思路，坚持以产品卓越支撑世界一流、以品牌卓著锻造世界一流、以创新领先引领世界一流、以治理现代夯实世界一流。陕煤集团建设世界一流企业实施路径如图1所示。

一是追求产品卓越，提供优质煤炭产品和服务。产品是企业发展的基础，产品虽有各式各样，但质量第一、以质取胜始终是产品赢得市场的不二法宝。煤炭企业必须形成一流的产品和服务，加快我国经济社会绿色低碳转型，助力实现"双碳"目标，这既是煤炭企业的使命也是未来发展的趋势，同时应推动煤炭供应端、消费端向绿色化、智能化升级，进一步满足企业顺应时代发展的需要。

二是致力品牌卓著，塑造熔铸企业特色文化。品牌是企业重要的无形资产，是世界一流企业软实力的重要体现。品牌策略应与企业文化深度融合，放大品牌效应，充分展示企业的良好形象。近年来，榆林销售公司持续加强品牌建设，实施"增品种、提品质、创品牌"系列举措，立足陕北资源优势，加强质量精细化管理，精准定位目标市场，确保商品煤优质稳定供给。树立品牌经营理念，确立品牌定位和品牌价值，以个性化、差异化为公司的品牌重点，同时做好品牌的设计、宣传、培育等工作。

三是坚持创新领先，加快科技自立自强步伐。自主创新是增强煤炭企业核心竞争力，推动企业爬坡过坎、发展壮大的根本。近年来，在运销集团的指导下，榆林销售公司作为试点单位，通过充分调研上下游企业，根据用煤需求和生产工艺，结合各矿井煤质赋存等因素，针对用煤的产品名称、质量等级、技术要求、试验方法、质量检验与验收规则、标识、运输及储存等要求，进行了四级分类命名，突显化工煤价值特性；持续开展了"陕煤陕北化工用煤研究与应用"项目、参与制定陕煤集团《水煤浆气化用煤》《干煤粉气化用煤》《兰炭用洗块煤》三项化工用煤企业标准和三项化工煤国家标准等工作，调整化工煤计价方式，规避了动力煤限价政策。项目、标准的落地实施有效填补了陕煤集团在企业标准化方面的空白，也对行业标准的出台做了积极探索尝试，体现了煤炭销售"以质计价、优质优价"定价原则，为陕煤集团在化工煤领域提升品牌影响力做出贡献。

四是聚焦治理现代，接轨建设卓越管理体系。作为国有企业，加快完善中国特色现代企业制度，全面落实"两个一以贯之"，把加强党的领导和完善公司治理统一起来，将企业党组织内嵌到公司治理结构中，使党组织"把方向、管大局、保落实"的领导作用在公司治理机制改革上持续发力，是建设一流企业的有力举措。榆林销售公司通过"党建引领＋品牌建设"的工作思路，进一步明确产品品牌的市场定位和转型方向，以党支部为单元，充分调动发挥党员先锋模范作用。同时，创新开展党建活动形式，将品牌建设融入主题党日、舆论宣传等工作中，增强品牌的影响力，激发全体职工"建立品牌、维护品牌、打造金牌"的营销意识，促进中心工作持续向好向快发展。

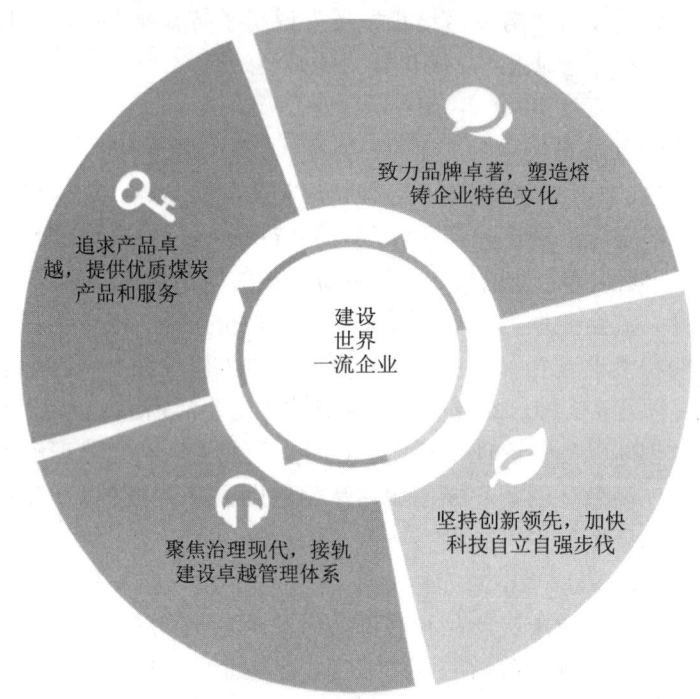

图1　陕煤集团建设世界一流企业实施路径

（二）品牌传播策略

榆林销售公司通过广泛调研、宣传品牌定位、丰富品牌内涵结构等措施，将传播工作划分为企业品牌传播、产品品牌传播和服务品牌传播三个层次。立足红柳林、柠条塔、张家峁三大主力矿井资源优势，不断优化产品结构，引导生产、加工适配产品，实现市场份额的扩大和效益最大化，持续提高客户黏性。同时，利用不同形式的传播途径，如网络、报纸、展览会、订货会等线上线下多渠道开展品牌传播，根据不同传播工具的特点精准锁定目标客户群体，努力让客户群体从不同的传播渠道听到一个声音，坚持认准"一个运销、一个标准"为原则，使各个传播渠道的营销宣传形成整合传播的效果和累计的传播效应，不断扩大销售"朋友圈"。据统计，从2022年至今，共收到来自不同行业、不同地域的多家客户感谢信、锦旗超200封（面），年均商务纠纷控制在3起以内，赢得了业界良好的口碑。

三、主要创新点

（一）成立领导小组

为实现"GAIN"品牌战略探索与实践，榆林销售公司成立了以党总支书记、执行董事、总经理为组长，其他领导班子成员为副组长、各部门负责人为成员的品牌战略实施小组。所属各业务、职能部门按照分工划分责任和重点工作，以年度品牌建设工作方案为依据，层层推进落实，确保品牌战略落实见效。

品牌战略实施小组负责的工作包括市场调研、品牌策划、质量监测、公关传播、客户服务等，确保从多角度、全方位对品牌建设工作进行统筹规划和落地实施。该小组的设立，标志着公司将品牌建设提升到了一个新的战略高度。通过这一举措的持续性落实，为分析市场需求、定位品牌形象、创新营销策略、加强公关协同等工作提供了机构保障。此外，小组还将负责监督和评估品牌建设的成效，从而在市场竞争中占据有利地位。

（二）制定管理办法

为提升市场竞争力，增强客户认知度，以及建立良好的企业形象、加强品牌建设，榆林销售公司结合运销集团年度总体工作思路及"十四五"发展纲要等战略思想，经过深入研究和市场分析，制定了一系列关于加强品牌建设的管理办法和工作方案。

这些管理办法和工作方案的核心目标是通过系统化的品牌管理策略，确保企业的品牌形象、品牌价值和品牌影响力得到全面提升。主要内容包括：行业背景分析、品牌战略目标设定、管理准则、市场定位、品牌传播、组织架构及团队建设、销售渠道开发、人才队伍管理、质量管理体系、品牌监控机制、品牌绩效评估、改进及创新等。

通过管理办法和工作方案的实行与完善，切实提升了品牌影响力和市场地位，为企业的长远发展奠定了坚实基础。

同时，榆林销售公司深入贯彻"质量是企业的生命线"原则，在践行"双碳"目标的环境下，坚持以高质量发展为主线，以品牌战略实施为抓手，扭转"电煤独大"的传统局面，实现榆林销售公司产品结构的重塑升级，为陕煤集团煤炭产品"金字招牌"贡献力量。

（三）实践层面

1. 建立场景级煤质管理监控体系

通过与矿业公司销售部门、生产部门和下游客户的分析研究、实时对接，决定从技术和管理两方面出发，充分发挥各级管理人员和专业技术人员在销售组织中的关键作用，及时发现、有效解决影响煤质的问题，达到"保煤质、促销售、带发展"的效果。煤质管理具体方法如下。

一是制定煤质管理制度，从制度上做到有据可依、考核合理。二是预测好下月煤质信息，从技术上给出理论数据。三是制订好末采、初采期间的配采方案，协调矿方保证煤质稳定。四是做好煤质临时预测预报工作，实现煤质波动提前响应、按需调配。五是建立煤质管理联动机制，达到"产—运—销"步调一致。六是做好月初煤质总结，从结果中查找问题的所在。

根据制订的煤质管理方案，在矿井的生产过程中充分落实，具体的做法如下。

一是做好生产前期的预测分析。根据采掘计划，月初做好本月的煤质分析，协调生产部门、销售部门提前了解煤质情况，及早做出响应。二是结合矿井实际情况，积极探索复杂地质条件下提高煤质管理的新方法、新途径，完善煤质管理体系。开展原煤质量控制以"抓源头、控灰分、出好煤、减杂物"，商品煤质量控制以"强洗选、提煤质、促销售、增效益"为工作目标的质量提升活动。强化过程控制，严把重点环节，实现商品煤质量的总体稳定，从而提高商品煤质量，实现经济效益和客户黏性的最大化。三是完善煤质管理体系，提高全员质量意识。联合矿井成立了煤质管理小组，制定了专项煤质管理制度，完善了煤质管理体系。明确涉及煤质管理单位的相关职责，确保原煤生产运输、加工、储存和销售等各个环节有章可循，同时煤质管理制度也规定了相关人员的职责，保证煤质管理的有效运行。强化全员的质量管理意识，重视煤质管理工作。加强煤质管理相关知识的培训，督促全员做好理论知识和实际技能的学习与提升，并积极学习煤炭生产的相关标准，明确生产过程中质量控制的重点环节，实现生产过程标准化。

2. 引入第三方认证，提高品牌建设成效

为确保煤炭产品的质量和安全性，榆林销售公司按照运销集团工作要求，引入了力鸿检测公司作为第三方检测机构。这一策略的实施旨在通过专业权威的检测服务，加强对煤炭检测的监控和评估。

自从引入第三方检测机构以来，煤质管理得到了显著的提升。首先，在质量控制方面，不合格率有了明显下降，这意味着煤炭产品更加符合市场标准和客户的需求。其次，由于煤质的提高，使用效率得到了改善，这为客户节省了能源成本，同时也减少了环境污染。最后，第三方检测机构的专业报告为公司提供了宝贵的数据支持，帮助公司不断优化生产工艺，提升产品质量，以保障煤炭产品的高质量标准，满足市场和客户的多元化需求，从而在市场上获得了更好的竞争力和声誉。

3. 目标市场和市场定位

榆林销售公司各统销矿井均位于驰名中外的神府东胜侏罗纪煤田聚煤中心，具有特低灰、特低硫、特低磷、特低硝和特高热值、特高富油量的"四特低两特高"品质，是优质的环保动力煤和化工原料煤。立足运销集团"六线四区域"战略布局（即沿包西线巩固省内电、省内化工；沿襄渝线、宝成线立足重庆辐射云贵川；沿靖神—浩吉线做大"两湖一江"，依托江陵港辐射长江黄金水道与海进江无缝衔接；沿蒙冀线、瓦日线实现沿海七大化工基地全覆盖，并增供冀鲁豫皖苏优质化工煤用户），终端用户遍布华北、华东、西南、华中及省内等全国多个区域，与电力、化工、建材、钢铁、冶金等行业的近千家客户建立了长期稳定的合作关系。

4. 优化产品结构，实现矿井经济效益最大化

榆林销售公司积极以市场为导向，以运销集团"13615"战略规划为主线，全面做好产品结构优化工作。一是统筹处理好电煤保供和巩固非电煤市场的关键问题。一方面，积极贯彻落实各层上级单位关于民生保供的工作要求，加强组织协调，严格落实兑现，在大局工作中不打折扣、尽责担当。另一方面，深刻认识非电煤市场的重要性，坚持以"定制化"和客户需求为导向，强化煤质源头管控，健全完善与矿方、第三方检测机构的沟通机制和考核办法，有效巩固现有非电煤市场份额，提高用户黏性和抵御市场波动的能力。二是提升品牌核心竞争力。树立"创品牌难，维护品牌更难"的观念，始终坚持立足客户角度，以订单式供应，为客户提供最优煤炭产品采购方案。持续加强与矿业公司的衔接和信息互通，做好煤质监督、预测及煤质下滑时的销售方案和解决预案，强化现场和售后服务，确保重点化工客户需求，做好"增品种、提品质、创品牌"的三品建设工作，进一步打响陕煤品牌，用实际行动维护好品牌影响力。三是以化工煤企标、国标为基础，进一步提高话语权和影响力，持续推进化工煤市场精准营销，为满足化工煤市场的精准营销提供理论指导。四是进一步细化"精煤优先、提质增效、发运优化、保障生产"的大煤质管理理念，不断细化和规范专项考核办法和实施细则，强化政策激励引导，努力确保煤炭发运和洗选工作满足正常生产和市场需求，实现产销平衡，努力实现矿井经济效益最大化目标。

5. 建立一体化产品服务体系

在当今竞争日益激烈的市场环境中，煤炭行业正面临着前所未有的挑战。作为陕煤集团煤炭营销的专业化公司，要想在众多竞争者中脱颖而出，就必须不断提升自身的服务水平，以满足客户的多元化需求。榆林销售公司本着提供"客户至上"的原则和精神，提出了打造"五星级店小二"的服务理

念，致力于为客户提供优质的售前、售中和售后服务，积极探索和实施订单化、定制化的服务体系。这种服务模式的核心在于，从传统的煤炭营销主动求变，不再仅仅提供标准化、甚至是粗放管理下的产品，而是根据客户的具体需求，提供个性化的解决方案，这意味着销售需要对客户所需所想进行更加深入的了解，从而能够提供更加精准、更加符合客户需求的服务。

一是建立了产品服务体系，提供一体化、全方位的客户经理制度。传统营销中，客户往往在复杂烦琐的各类合同手续中"疲于奔命"，服务质量直线下降。榆林销售公司自提出客户经理制以来，提倡"点对点"对接服务，站在客户角度，从签订合同到装车拉煤等环节，关注客户需求，做好跟踪手续服务，每一项工作环节都有专人负责、随时答疑解惑，这样形成一套特色服务体系可以区别于其他竞争对手，增加竞争优势。

二是建立了客户电子资料库。对客户所采购的煤炭产品相关信息进行统计，建立个性化电子档案，实现"专户管理"，对接客户经理完成定制化营销服务，确保信息及时共享互通，运行情况及时留底备案。

三是定期进行"线上＋线下"服务回访，通过问卷调查、廉洁回访、定期电话、举办交流会、座谈会等方式，及时听取客户需求及意见，充分了解客户自身运行和市场行业情况。同时畅通服务反馈渠道，以进一步改进营销服务水平，提高客户服务的归属感、满意度和忠诚度。

6. 数字化与技术创新

围绕陕煤集团、运销集团数字化建设的总体要求，榆林销售公司立足发展数字经济的新理念、新思想、新技术，作为试点单位，以数智运销"112N"（一个运销云、一个中台、智慧运销和智慧零售双系统、多个数字化应用场景）战略为指引，坚持重构运销业务模式，增强大宗商品供应链管理企业的影响力和竞争力，着力构建"双碳"背景下安全高效的大宗商品供应链体系，推动公司的专业化、数字化创新发展。

"智慧零售"项目作为公司实现数字化转型的有力抓手，始终作为公司"天字号工程"从严、从细、从快落实。2022年，"智慧零售"项目一期智能调度平台先后在红柳林、柠条塔、张家峁三大主力矿井实现了全覆盖，持续优化开发了智能预约、电子磅单、车货匹配等系统功能，并成功打通了外购煤业务8家网货平台的数据对接。同时在区块链技术应用、电动重卡、整合资源等领域取得了实质性突破，在提升拉运效率、实现智能配送、无接触新冠疫情防控、"零碳转型"等方面起到积极的推动作用，为秦岭数字公司顺利运营奠定了坚实基础。

2023年，在运销集团的统一部署下，榆林销售公司于3月完成了与秦岭数字公司"智慧零售"系统的主体迁移；9月，各统销矿井地销煤业务实现了电商平台全覆盖，大大提高了地销煤销售效能，推动阳光营销的实现。紧密结合物流外购重点工作，积极试点站台产销存数据的可视化运行，以数字化转型赋能业务运行效能的提升。

榆林销售公司坚持聚焦数字产业化、产业数字化、数据价值化发展方向，确保了秦岭数字公司高标准起步运行，承接"智慧零售"项目建设，保障了项目专业化运营。目前，平台业务规模快速增长。全年一站式配送近6000万吨，平台已注册货主超1700家，承运商390家，司机约11万人，拉运量近1.5亿吨，公路运输装卸效率提高约40%。

（四）保障措施层面

一是自主培养与外部引进并重，扩大煤炭营销与品牌战略、数字技术兼具的高技术人才，以及懂技术、懂业务的高端管理人才的规模；配套人才激励机制与持续性培养模式，提升品牌数字化发展的人才支撑能力；探索与高校、技术服务企业共建培养基地，持续开展员工分级分类培训，整体性提高煤炭销售行业的数字理论知识和应用技能水平。二是定期开展专项培训，通过"请进来＋走出去"的方式，择优选取行业优秀头部企业，在品牌建设、煤质管理、数字化转型、场景应用、系统运营、标准数据管理等方面开展针对性培训，逐步培养出一批既懂业务又懂技术的复合型人才。三是近年来运销集团结合实际，按需招聘入职人员，符合企业发展趋势，侧重软件工程、计算机、数字营销等专业人员的选配，对各单位数字化工作给予了大力支持。

四、实施效果

随着榆林销售公司"GAIN"品牌体系的深入推广与实际应用，有效保障了陕煤品牌在陕北地区的持续覆盖。通过"GAIN"品牌体系建设，榆林销售公司体系化的品牌实践和品牌战略持续推进落实在数字化技术、客户管理、绿色转型等方面成果显著，逐步形成企业文化主内、品牌主外的格局，使得企业集团硬实力、软实力实现融合提升。

（一）关键指标逐年增长

近三年，榆林销售公司立足陕北地区资源禀赋，通过"GAIN"品牌体系的构建，各项数据指标全面飘红。当前在煤炭市场价格波动的不利影响下，公司能够灵活调整购销价格，立足陕煤大品牌优势整合优质资源，精准匹配用煤需求，助力总资源量可持续增长。2020—2023年，煤炭总销量增长1200万吨，铁运量增长600万吨，物流收入增长45亿元，其中净资产收益率、总资产报酬率、利润率仅2022年便分别提高37.19%、2.35%、0.28%，多项指标均实现跨越式三连涨（见图2）。

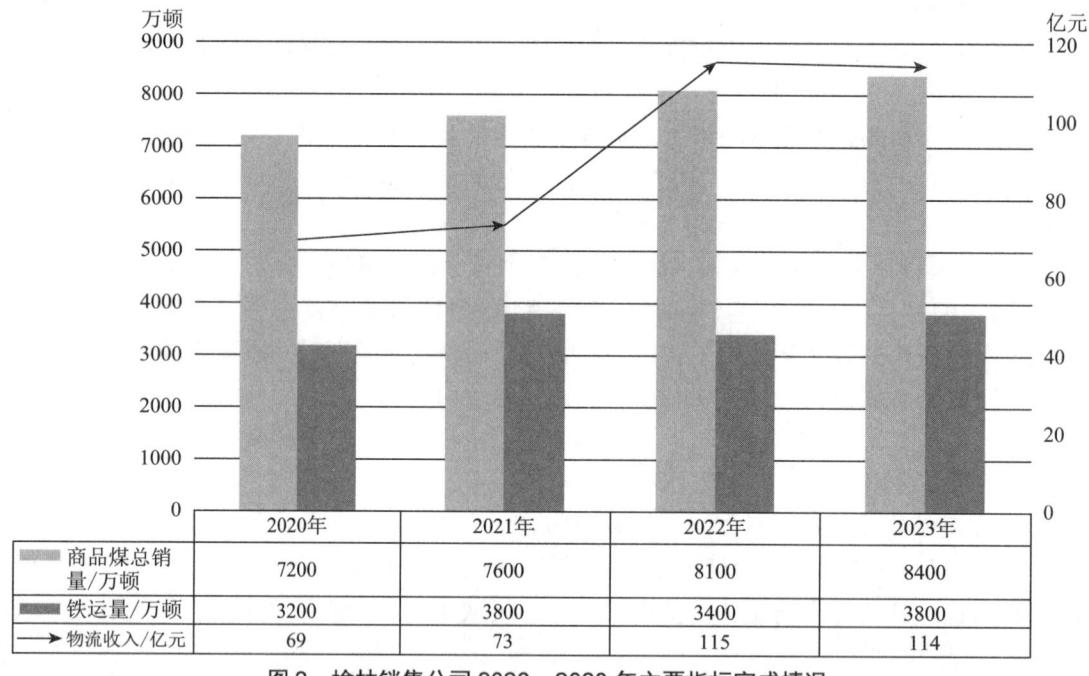

年份	2020年	2021年	2022年	2023年
商品煤总销量/万吨	7200	7600	8100	8400
铁运量/万吨	3200	3800	3400	3800
物流收入/亿元	69	73	115	114

图2 榆林销售公司2020—2023年主要指标完成情况

与此同时，公司在电煤兑现最困难的时期，能够严格履行电煤保供中长期合同，充分发挥国企能源供应"压舱石"作用，进一步做大"GAIN"品牌体系。榆林销售公司坚持供需"两手抓、两手硬"，切实提高重点长协用户兑现率和重点区域的电煤保供量。2023年公司以铁路运输方式在省内电煤发运215.38万吨、省外电煤发运216.96万吨，全力保障了重点区域的民生用煤需求，送去了"陕煤温暖"。

（二）化工用煤标准的制定与实施

近年来，榆林销售公司立足"GAIN"品牌体系，紧跟化工用户原料煤需求，积极探索标准化建设之路，按照陕煤集团统一安排部署，积极牵头，配合中国煤炭学会做好化工煤企业标准的制定工作，切实满足下游市场煤炭销售需要，精准指导各统销矿井定制化、标准化生产适销对路的煤炭产品，实现煤炭产业效益最大化。当前，由榆林销售公司参与制定的《煤化工用煤技术导则》《商品煤质量——直接液化用煤》《商品煤质量——气流床气化用煤》三项标准已获批发布。该三项化工用煤企业标准实施后，将有助于企业快速找准产品定位，及时优化产品结构，适时调整产品质量，实现化工原料煤市场精准营销，推动煤炭绿色转型清洁低碳发展。实现煤炭产品从燃料煤向燃料、原料煤的转型，如图3所示。

图3　榆林销售公司参与制定的三项化工用煤国家标准发布现场

此次三项化工煤企业标准的研究制定印发，有效填补了陕煤集团在企业标准化方面的空白，也对行业标准的出台做了积极探索尝试，将衔接上下游供应与需求，满足用户对化工煤高标准要求，体现煤炭销售"以质计价、优质优价"定价原则，打造陕煤集团优质化工煤品牌的影响力。

（三）数字化技术的探索应用

为响应国家"互联网＋"相关要求，榆林销售公司以数智运销"112N"战略与"GAIN"品牌体系为指引，深入开展数字化转型。一方面，公司积极配合秦岭数字公司，做好"智慧零售"项目的推进与维护，自有煤业务在秦岭数字公司顺利启动；另一方面，公司通过与"秦岭云商"平台的深度融合，加快推进传统销售业务的数字化转型，充分发挥线上平台价格发现、活跃市场等功能，配合"秦岭云商"平台的落地，积极推动各线上模块在煤炭销售场景中的应用，以数字化转型推动煤炭销售方式的进一步完善，如图4所示。

目前，榆林销售公司所负责的陕北统销区域煤炭"智慧零售"模式已初具规模，不仅打破了传统产、运、销、需之间的壁垒，实现了资源的高效统一和整合，同时通过全链条覆盖、效率的提升，实现了自营业务及平台撮合业务线上化。当前陕北各统销矿井地销煤业务已实现了电商平台全覆盖，大大提高了地销煤销售效能，推动阳光营销的实现。紧密结合物流外购重点工作，积极试点站台产销存数据的可视化运行，以数字化转型赋能业务运行效能的提升。

（四）煤炭检测质量提升

榆林销售公司在运销集团的正确领导下，积极发挥三大主力矿井品质优势，在煤炭高效、清洁利用上作文章。通过加强煤质管理，提升商品煤质量，2023年三大主力矿铁销化工煤平均质量在5800大卡/千克以上；同时积极协助矿方开展品牌建设，"红柳林""柠条塔""张家峁"牌混煤先后通过陕西省质量技术监督局的认证并获得"陕西省名牌产品"称号；着力调整产品结构、用户结构，提升化工煤占比，在2018年柠条塔矿铁销化工煤占比便达到了100%，获得了下游市场的一致认可，如图5所示。

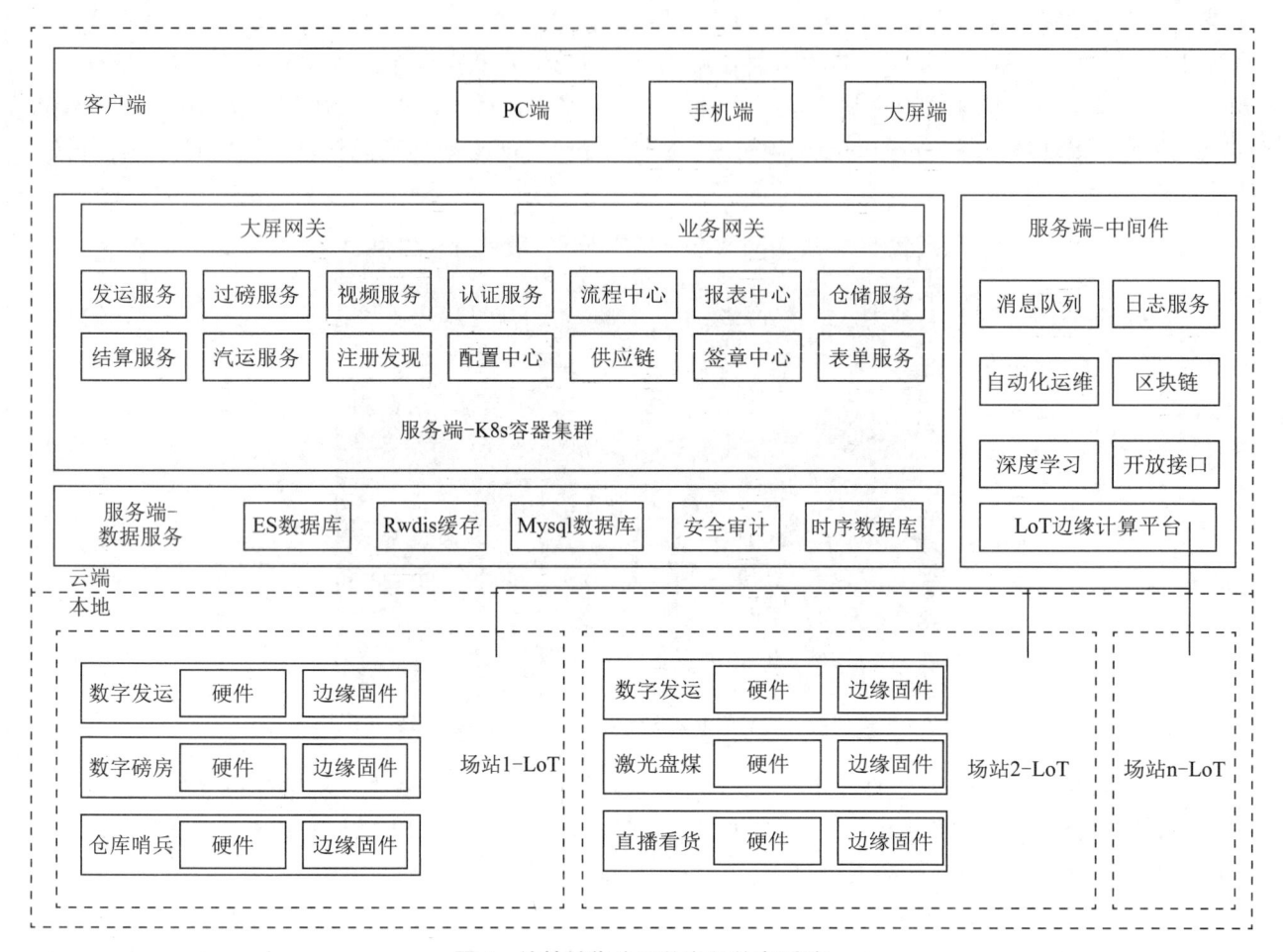

图 4　榆林销售公司数字化信息系统

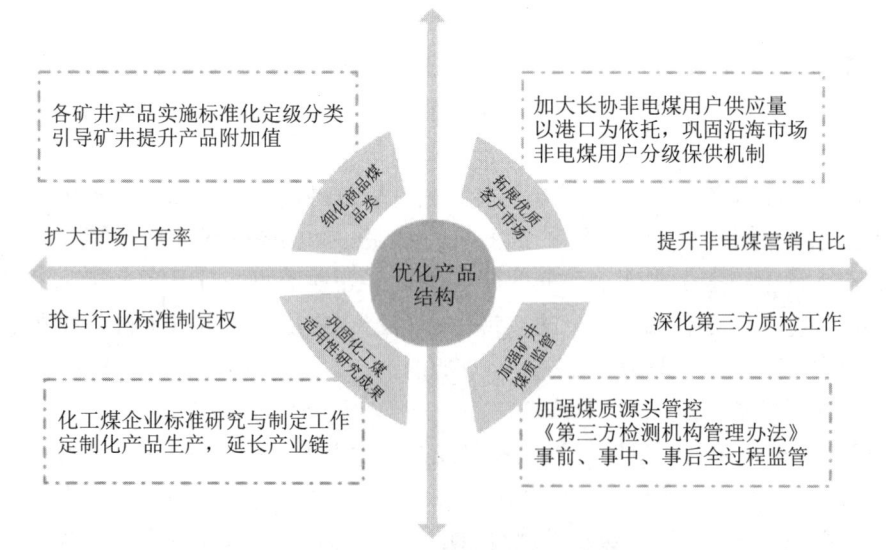

图 5　榆林销售公司煤质管理机制框架

榆林销售公司加强矿井煤质监管，深化第三方质检工作，督促协调矿井加强煤质源头管控，强化原煤洗选加工，提高非电煤可装车资源量和质量的稳定性，确保非电煤资源量和质量满足销售需求，不断提升煤质管理水平。

（五）绿色环保与可持续发展

按照运销集团"专业化运营、区域化保障、定制化线路"的思路，榆林销售公司围绕"GAIN"品牌体系，积极构建低碳环保运输新赛道，赋能优质煤炭延链强链，进一步扩大陕煤品牌的影响力，通过"公转铁""散改集"等方式增强了区域市场竞争力。

在日常运营中，榆林销售公司以优化运输结构为支撑，充分发挥"分公司+办事处""专业化+区域化"管理模式优势，上下联动内外协同，发挥矿区专线、物流园区、港口运输互补优势，提升大型矿区装运能力，探索集疏运新举措，强化优质环保煤炭跨区域保供能力。同时榆林销售公司进一步规范业务流程、明确职能划分，加强集装箱日常运输管理，提升运行周转效率，促进煤炭集装箱运量的快速增长，为集团公司强基数增运量目标筑牢了根基。

五、下一步规划与探讨

面对全国能源市场的新形势、新变化、新要求，榆林销售公司将时刻保持高度的责任感和使命感，进一步做实做强"GAIN"品牌文化战略，在绿色清洁、高端化、智能化、培育发展四个方面紧密围绕公司工作部署，重点通过整合优质资源、构建绿色供应链、数智赋能等举措，持续提升核心竞争能力，在陕煤集团奋力实现"18765"战略目标的宏伟蓝图中书写浓墨重彩的一笔。

基于组织力的全员创效体系在国企改革中的实践

创造单位：北京京能能源技术研究有限责任公司

主创人：薛长站　胡玉春

创造人：郭怡

【摘要】 组织力是把一切人力、物力组织起来，组织内部充满活力，一起把事情干成的能力。基于组织力的全员创效体系，是北京京能能源技术研究有限责任公司（以下简称京能能源研究院）为了摆脱企业发展困境，结合新一轮国企改革深化提升行动而开展的一项管理创新活动。该体系的内涵是紧紧围绕企业战略规划，通过实施全面的管理重塑，优化岗位、薪酬、绩效体系，重塑企业运营体系，做强公司人才队伍，营造良好的企业文化，使业务线岗位聚焦规模扩大、利润提升、竞争力增强开展工作，管理线岗位聚焦效率提升、节降成本开展工作，进而支撑实现公司战略规划目标。该项管理创新使企业的全员创效能力实现根本好转，个人价值贡献与回报匹配度实现根本好转，企业价值创造能力实现根本好转，使企业摆脱了亏损状态，步入了发展的快车道。

【关键词】 创新驱动　创效体系

京能能源研究院成立于2019年4月，由京能集团（股比74%）与首航高科（股比26%）投资设立，是京能集团的能源智库和科技创新及技术服务载体。公司设有4个管理部室，5个业务中心，拥有一支学历、职称、专业结构合理的高层次人才队伍和管理团队。截至2024年3月，共有员工48人。其中，大学本科及以上学历人员占比100%，博士5人，硕士25人，学士16人；有教授级高级工程师、研究员4人，高级工程师、高级会计师、副研究员21人。拥有多名电力、热力、煤炭、清洁能源、节能环保等领域内专家人才为京能集团及其系统单位提供技术服务、技术咨询、大数据分析应用服务，是京能集团实施创新驱动战略的重要支撑。

一、实施背景

（一）构建基于组织力的全员创效体系是高质量发展的必然要求

党的二十大报告强调，高质量发展是全面建设社会主义现代化国家的首要任务。推进高质量发展，必须提高全要素生产率，深入实施科教兴国战略、人才强国战略、创新驱动发展战略，推动教育优先发展、科技自立自强、人才引领驱动。在此背景下，企业要想获得长远发展，单靠堆积某一种资源形成竞争长板的边际效应已经无限降低，必须将资金、技术、市场、人才、管理等资源进行有机组织起来，以合成制大兵团协同作战。与此同时，人民群众对美好生活的追求日益强烈，从文化和价值观层面对企业的组织建设提出更高的要求。实施基于组织力的全员创效体系，是京能能源研究院立足于自身定位，着力提升人力资源要素产出，积极承接集团战略落地，推进高质量发展的必然要求。

（二）构建基于组织力的全员创效体系是深化国有企业改革的必然要求

深化国企劳动、人事、分配三项制度改革是提升企业活力、效率的关键环节，是国企改革需要攻坚的关键一环。要更广更深落实"三项制度改革"，全面构建中国特色现代企业制度下的新型经营责任制。健全更加精准灵活、规范高效的收入分配机制，激发各级干部员工干事创业的积极性、主动性、创造性。实施基于组织力的全员创效体系，目的是将组织力打造与三项制度改革有机结合，持续推进以业绩和贡献为导向的内部薪酬分配管理和绩效管理制度变革，通过收入的能增能减，为人员的能上能下、能进能退提供客观依据，形成人人皆可为企业发展作贡献，人人尽展其才为企业发展作贡献的良好氛围。

（三）构建基于组织力的全员创效体系是企业摆脱困境的必然要求

京能能源研究院是一家以技术咨询和技术服务为主营业务的轻资产型企业，人力资源是公司的核心资源，人力成本是公司最大的成本，人员的创效能力事关公司生死存亡。自2019年成立以来，因企业定位自相矛盾、主营业务不定型等原因，京能能源研究院经营情况一直不太理想。2022年下半年，京能集团批复了京能能源研究院的集团"能源智库"、集团科技创新及技术服务载体定位。要实现"二次创业"，企业还面临着主营业务不够突出、服务意识不强、业绩与收入匹配度不高等问题。实施基于组织力的全员创效体系，是京能能源研究院立足企业当前面临的棘手问题主动创新求变，推动企业转型脱困的必然要求。

二、实施过程

京能能源研究院建设基于组织力的全员创效体系，其内涵是紧紧围绕公司战略规划，通过实施全面的管理重塑，优化岗位、薪酬、绩效体系，重塑企业运营体系，做强公司人才队伍，营造良好的企业文化，使业务线岗位能够聚焦规模扩大、利润提升、竞争力增强开展工作，管理线岗位能够聚焦效率提升、节降成本开展工作，进而支撑公司战略规划目标实现，使企业对内具有凝聚各种资源的聚合力，对外具有适应环境的进化力。

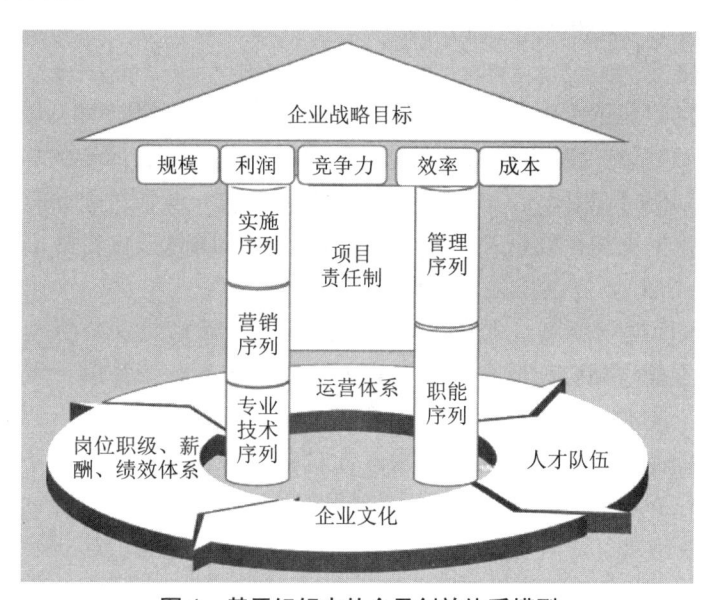

基于组织力的全员创效体系模型如图1所示。在这一体系中，岗位职级、薪酬、绩效体系，运营体系，人才队伍，以及企业文化位于底盘位置，它们彼此关联，相互影响，形成基座，支撑起业务线岗位（实施序列、营销序列和专业技术序列）和管理线岗位（管理序列、职能序列）立足岗位或柔化成项目组中的一员发挥作用。

图1 基于组织力的全员创效体系模型

（一）谋战略，定目标，确保全员创效"方向明"

1. 明确企业发展定位

通过SWOT分析法（SWOT分析法是一种广为人知的分析工具，其中S——Strengths，优势；W——Weaknesses，劣势；O——Opportunities，机会；T——Threats，威胁），发现京能能源研究院最大优势在于熟悉京能集团的应用场景，能够为集团众多的应用场景注入更多的科技元素；最大劣势在于成立时间短，尚不具备核心竞争力；最大的机会在于京能集团推进高质量发展，科技创新被提高到非常重要的位置；最大的威胁在于同类型企业的相互竞争。确定采用"充分利用机会，发挥优势"的SO战略（增长型战略）。一是坚持服务集团。充分发挥熟悉京能集团应用场景的优势，了解集团各层级的深层次需求，以满足需求为立足点去谋划业务，进行资源配置，遵循企业发展的普遍规律，先内后外，不盲目追求面向市场，追求高大上。二是坚持技术立足。招聘集团内外具有专业特长的技术人才，开展攻克制约集团发展的关键共性技术研究，产出一批能够落地转化的技术成果，通过技术的力量，赋能京能集团高质量发展。三是坚持客户至上。摆正服务型企业的乙方定位，将客户需不需要、客户满不满意作为检验自身实力的唯一标准，始终坚持贴近客户、服务客户，为客户提供物超所值、质量过硬的产品和服务。四是坚持整合资源。专注于发挥平台作用，通过聚合各方资源，促进资源的优化配置，形成自己的影响力和商业模式。

2. 建立多维度创效目标

作为京能集团的能源智库和科技创新及技术服务载体，京能能源研究院必须建立与自身定位相吻合的创效目标。经过慎重地思考，京能能源研究院从三个维度建立了创效目标。一是在财务层面，到"十四五"末，营业收入达到1.5亿元/年，利润总额实现800万元/年，企业经营进入良性的发展轨道。二是在业务层面，将业务收缩定型为技术服务、技术咨询、大数据分析应用三大业务，围绕核心业务匹配人财物资源，逐步形成技术服务体系，在锅炉、化学、电气专业形成局部竞争优势，可推广、可复制、能支撑公司稳定发展的业务大幅提升；京能能源研究院的专家优势得到发挥，能源大数据分析应用平台初步建成；围绕集团产业领域的痛点、难点、热点问题，开展3～5项高水平的课题研究，当好集团发展新质生产力及高质量发展的眼睛。三是在科技层面，形成核心技术研发管理体系，研究产生能够有效转化应用的科技成果，打通集团内外科技成果引进、转化、应用的有效途径，形成成熟的商业模式，年均研发投入不低于15%。

3. 规划执行战术路径

明确坚持"一个定位"，拓展"两个市场"，突出"三个面向"，注重"四个创新"的战术实现路径。

坚持"一个定位"，即坚持"建设具有首都特色行业一流的能源智库"的功能定位。

拓展"两个市场"，即拓展集团内、外两个市场，重点在突出集团内部协同，加强业务沟通，畅通服务集团、服务兄弟单位的渠道，实现高效的内部市场开发，同时强化对外交流合作，充分利用北京区位优势，充分发挥市场机制，拓展集团外部市场。

突出"三个面向"，即面向北京、面向主业、面向未来。紧扣北京"四个中心"功能定位，加强与政府部门业务对接，主动承担咨询服务，塑造京能集团影响力和美誉度，发出京能声音。围绕集团主业（煤电热）、主责（技术方案咨询）、主战场（服务集团），做好生产现场调研，把握、理解现实生产应用场景与市场痛点，找准生产实际需求，针对应用需求有针对性地开展能源技术咨询、集成创新、协同创新、联合创新，努力拓展应用需求。同时适度超前布局，紧盯行业前沿趋势，结合"双碳"行动、新型电力系统构建、智慧能源等开展技术研发，夯实发展潜力。

注重"四个创新"，即注重专业服务创新、技术集成创新、商业模式创新和体制机制创新。充分沟通对接业主，深度、真实了解业务需求本质，创新服务模式，提升专业服务能力。扎实开展技术集成应用研究，发挥好集团科技创新平台和科技成果转化平台作用，结合客户需求打造发展动力。基于技术服务、技术咨询、大数据分析应用等业务特性创新商业模式，促进业务推广。探索业绩与薪酬强挂钩的绩效考核机制，激发员工创新活力，深挖公司发展潜力。

（二）抓改革，建机制，确保全员创效"规则清"

1. 改革岗位职级体系

改变原有粗放的岗位分类方式，按照工作类型和岗位价值，建立了管理、专业技术、实施、营销、职能 5 序列 13 级岗位职级体系，不同序列在全员创效体系中承担不同任务。

管理序列的任务是承接公司战略落地，带领团队完成公司经理层分解制定的各分项目标。岗位包括副部长、部长、主任、总助 4 个级别，岗级对应 9、11、12、13 级。

专业技术序列的任务是开展技术集成创新，持续研发能够满足客户需求的产品和技术方案，提升公司的核心竞争力。设置一般专家、资深专家、高级专家、首席专家 4 个级别，岗级对应 7、9、11、13 级。

实施序列的任务是落实各项收入合同要求，确保各个项目按要求交付，实现项目回款。设置助理、初级经理、中级经理、高级经理、总监、副主任 6 个级别，岗级对应 2、4、6、8、9、10 级。

营销序列的任务是搭建公司与客户沟通的桥梁，将公司产品和服务销售至消费者。设置助理、初级经理、中级经理、高级经理、总监 5 个级别，岗级对应 2、4、6、8、9 级。

职能序列的主要任务是保证公司各项管理工作高效运转，降低企业运营成本，通过降本实现创效。岗位包括会计、出纳、人力资源、党建、宣传、行政、合规、合同采购、项目管理等，设置助理、初级经理、中级经理、高级经理 4 个级别，岗级对应 1、3、5、7 级。

通过改革岗位职级体系，实现了岗位归类，纵向分级，岗位创效任务与岗位序列相互匹配，如表 1 所示。

表 1 不同岗位序列创效任务情况

序号	岗位序列	典型岗位	对应职级	创效任务
1	管理序列	副部长、部长、主任、总助	9、11、12、13	承接公司战略落地，带领团队完成公司经理层分解制定的各分项目标
2	专业技术序列	一般专家、资深专家、高级专家、首席专家	7、9、11、13	开展技术集成创新，持续研发能够满足客户需求的产品和技术方案，提升公司的核心竞争力
3	实施序列	助理、初级经理、中级经理、高级经理、总监、副主任	2、4、6、8、9、10	落实各项收入合同要求，实现各个项目按要求交付，实现项目回款
4	营销序列	助理、初级经理、中级经理、高级经理、总监	2、4、6、8、9	搭建公司与客户沟通的桥梁，将公司产品和服务销售至消费者
5	职能序列	助理、初级经理、中级经理、高级经理	1、3、5、7	保证公司各项管理工作高效运转，降低企业运营成本，通过降本实现创效

2. 改革员工薪酬体系

坚持按业绩和贡献分配薪酬原则，建立由岗位薪酬、绩效薪酬、单项奖金、专项津贴构成的薪酬体系。其中，岗位薪酬以岗位、能力为主要付薪依据，采用宽带薪酬形式，在员工定岗定薪时确定；绩效薪酬是体现各岗位人员业绩贡献差别的浮动薪酬单元，具体形式有绩效工资、项目执行绩效、营销绩效、年度绩效，不同序列岗位人员执行不同的绩效薪酬制度；单项奖金是发放给为公司发展做出贡献的团队和个人的奖金，主要包括科研成果奖、评优评先奖、项目参与奖、专项营销奖、总经理嘉奖；专项津贴包括司龄津贴、资格证书津贴，培训津贴。

根据在全员创效体系中起到的不同作用，不同岗位序列执行不同的薪酬结构（见表 2）。其中，实施序列和营销序列人员彻底打破岗位定薪限制，全面执行提成制，岗位只能决定收入的下限，无法决定收入上限，员工收入多少由业绩和贡献说了算。与此同时，通过项目执行奖励、营销奖励、科技专项奖励等单项奖设置，鼓励各个序列人员在完成本职工作以外，能够有效承接公司重点工作，积极参与到项目执行、业务营销等工作中，充分发挥人力资源的最大功效，形成了全员创效的体制和机制。

表2 不同岗位序列的薪酬结构图

序号	岗位序列	薪酬策略	年度薪酬构成
1	管理序列	中保障+中弹性	职能管理序列=月岗位工资×3.33×12+月绩效考核总和+月岗位工资×3.33×2×年度绩效考核系数+单项奖金+专项津贴。其中，0.6≤年度绩效考核系数≤1.5。总经理嘉奖多用于奖励该序列
			业务部管理序列=月岗位工资×2.92×12+月绩效考核总和+月岗位工资×2.92×4×年度绩效考核系数+单项奖金+专项津贴。其中，0.6≤年度绩效考核系数≤2.5。总经理嘉奖多用于奖励该序列
2	专业技术序列	中保障+高弹性	月岗位工资×1.8×12+月绩效考核总和+月岗位工资×1.8×2×年度绩效考核系数+个人项目毛利润贡献值×10%+单项奖金+专项津贴。其中，0.6≤年度绩效考核系数≤1.5，单项奖金中的科技成果奖多用于奖励该序列
3	实施序列	低保障+高弹性	月岗位工资×1.8×12+月绩效考核总和+月岗位工资×1.8×2×年度绩效考核系数+个人项目毛利润贡献值×10%+单项奖金+专项津贴。其中，0.6≤年度绩效考核系数≤1.5
4	营销序列	低保障+高弹性	月岗位工资×1.8×12+月绩效考核总和+月岗位工资×1.8×2×年度绩效考核系数+个人营销提成绩效+单项奖金+专项津贴。其中，个人营销提成绩效由总经理办公会研究确定
5	职能序列	高保障+低弹性	月岗位工资×3.33×12+月绩效考核总和+月岗位工资×3.33×2×年度绩效考核系数+单项奖金+专项津贴。其中，0.6≤年度绩效考核系数≤1.5

3. 优化绩效考核体系

推行绩效目标制定、执行、评价、兑现、反馈全过程闭环管理。一是科学制定绩效考核目标。采用关键绩效指标法（KPI）、重点工作考核法（GS）、关键绩效事件考核法（KPA）相结合形式，建立全面承接公司战略落地、满足上级考核要求的"公司-部门-个人"三级指标体系。二是科学过程管控。执行月度考核和年度绩效考核相结合的考核。月度考核以承接公司战略落地的重点工作任务考核为主，对每一项重点工作设置4个考核等级。得分7分以下为不合格，触发考核扣款；得分10分为工作圆满完成，触发奖励；得分7~9分为工作合格，不考核，但工作质量还有提升的空间，由分管领导进行绩效提升辅导。在年度绩效考核中，公司高管按照任期制、契约化年度责任书进行考核；部门负责人全面承接所在部门（中心）考核结果，部门年度考核权重占比80%，民主测评占比20%；部门（中心）副职个人年度指标考核占比50%、部门年度考核占比30%、民主测评占比20%；其他员工个人年度指标考核占比60%、部门年度考核占比20%、综合测评占比均为20%。三是严格考核结果兑现。在月度绩效考核实施细则中对中层管理人员、普通员工因工作不合格调岗调薪、退出岗位等进行了制度性安排，将工作做在平时，将重点抓在平时。在年度绩效考核中，员工绩效等级按优秀15%、良好30%、合格50%、基本合格及不合格5%强制分布，明确了考核结果与绩效薪酬兑现、薪酬调整、岗位调整、评先评优与合同解除的关系。通过绩效考核，真正打通了收入能增能减、岗位能上能下、员工能进能出的实现路径。四是做实绩效反馈。由公司分管领导对部门负责人、部门负责人对所辖员工进行"一对一"的绩效反馈，肯定工作成绩，指出工作差距和不足，明确下一步改进方向，实现管理闭环。

4. 全员重新定岗定薪

组织开展定岗定编，组织编制发布54项岗位工作标准，修订劳动合同、员工奖惩、考勤和休假制度，编制发布《员工手册》，通过OA（Office Automation，办公自动化）推送及线下签署两条路径，实现员工签收率100%。为了确保薪酬改革平稳落地，公司高管、中层、重要骨干员工深入参与薪酬改革过程，组织开展不同层级研讨3次、薪酬绩效政策讲解3场，使改革的必要性得到全体员工的充分理解，三项重要改革制度一次性通过职工大会审议。牵头开展人才盘点，对员工（不含高管）进行重新定岗定薪，定岗定薪表签订率100%，劳动合同变更率100%，实现了薪酬改革的平稳过渡。

（三）塑体系，顺流程，确保全员创效"路径通"

1. 建立更柔性的组织结构

在直线职能式基础上，增加横向领导系统，打破职能界限，全面实施项目制管理，建立了内部人才市场，使中心负责人绩效目标与项目执行实现深度绑定。通过制度设计，使企业能更快速组织人员开展跨部门的沟通和协作。在不同项目转换过程中，员工能力得到了提高，潜能和工作热情得到激发。在完成组织变革基础上，先后赴大唐研究院、北咨公司、浙能研究院等单位调研，制定了项目管理办法和项目质量管理办法，明确了项目组组建、项目经理选聘、项目安全、质量、工期及经济管理等具体措施，使横向的组织各项工作亦有章可循。

2. 建立更高效的运营流程

结合标准化体系建设、内控体系建设、合规体系建设，对公司标准、制度、流程进行全方位梳理，在合规基础上关注效率提升，对审批链条过长，同类事项重复审批的流程进行全面优化。规定紧急公文6小时之内必须到达办理者，物资采购周期必须低于22个工作日，招聘不得晚于集团需求批复后20个工作日进行，推进管理提速。针对矩阵式组织结构双线领导可能带来的沟通协调问题，建立了领导班子碰头会、员工行政例会、专项工作沟通协调会等机制，员工发起专项沟通协调需求，公司领导及相关部门必须响应。

3. 建立更科学的服务机制

明确"客户至上、服务第一、技术立足、质量为本"的客户服务理念，制定了客户服务管理办法和客户管理正负面清单，推行客户满意度"一票否决"，倒逼工作质量改进、服务品质提升。安排员工常驻关键客户现场，及时接受、反馈工作任务，主动提供增值服务。采用差异化竞争策略，在集团同类型企业中率先提出了"先予后取、风险自担"的业务推广策略，推进京能能源研究院自研产品物联网系统、工业AI底座等在集团系统单位免费试用。安排员工常驻关键客户现场，及时响应客户需求，提供超值、超前服务，增强客户黏性。

（四）多举措，强队伍，确保全员创效"主体强"

1. 建设专业化人才队伍

开展人才盘点，形成组织盘点一览表、人才地图（九宫格）、部门继任者计划、关键人才测评结果报告、9号格员工处理建议等成果。通过盘点，系统审视了组织设置、人才梯队建设等方面存在的突出问题。以价值创造、创新创效为目标，聚焦重点领域和关键环节，着力建设"大数据分析应用""火电厂经济运行""技术经济分析与评价""锅炉系统诊断与优化"专业团队。科学测算业务团队人才空缺，基于岗位说明书，建立拟招聘岗位人才画像，通过社会招聘、员工举荐、项目合作发现等途径发现人才；通过笔试、行为面试、背景调查等，招聘能够精准匹配岗位的人才，充实专业化人才队伍；通过引进人才薪酬自选、无产值项目、揭榜挂帅项目特别奖励等，为专业化人才创新创效、建功立业提供支持。

2. 实施精英培育工程

建立公司各岗位序列能力模型，面向全员开展员工能力自评、360度测评，掌握员工能力现状。围绕公司战略落地和全年经营目标，找准制约公司发展的能力欠缺要素。本着"缺什么补什么"的原则，通过自下而上和自上而下相结合的方式，形成个人专业能力提升任务书，确定员工年度个人能力提升目标重点工作任务。针对公司发展需要匹配的战略适应能力、目标管理能力、沟通协调能力、卓越交付能力和岗位专业能力，分门别类设置能力提升框，实施能力提升系列行动，通过师带徒、项目锻炼、能源讲堂、送出外培等形式，提升员工整体能力素质。

3. 充实外部"智囊团"

加强人力资源横向整合、纵向联合及内部整合，与产业链上下游企业、机构建立紧密合作关系，扩大战略合作伙伴，共同推动价值链发展。以揭榜挂帅项目、集团重点难点技术问题攻关为抓手，依托北京碳中和学会、京能集团科协等，聚集高水平专家114人，促进关键技术问题解决。发布《灵活用工管理办法》，建立外聘专家、劳务外包、实习生等用工体系，集聚各类人才资源，为公司人才队伍创新创效提供外部支撑。

（五）文化领，润无声，确保全员创效"氛围正"

1. 建立企业文化体系

在遵循京能集团母文化的基础上，经过企业文化调研和诊断，打造"守·拓"之道文化体系。明确了"科技赋能，启迪未来"的企业使命、"致力于成为具有首都特色行业一流的能源智库"的企业愿景、"艰苦创业，客户为先"的企业精神，以及"客户第一，服务至上，技术立足，质量为本"的客户服务理念；在完善企业文化理念系统的基础上，统筹制度识别体系、员工行为识别体系、视觉识别体系建设，将需求就是市场、服务创造价值，以贡献者为傲的企业理念贯穿制度和员工行为要求中，实现文化落地。

2. 打造企业文化品牌

一是打造职工行动学习品牌。围绕"困境之下的能源研究院应该如何生存与发展"这一主题，公司领导、中层管理人员、骨干员工集体共创，找出发展不合意点并进行问题重构，找出难题背后的真正问题，确认现状与目标之间的差异，按照SMART原则（SMART原则是一种目标管理原则，其中：S——Specific，具体；M——Measurable，可衡量；A——Achievable，可达成；R——Relevant，相关；T——Time-bound，有时限），确定解决问题的目标，集体研究提出具体举措。采取项目管理的方式，按计划实施解决方案，分阶段评估实施效果，多次开展行动学习，确保预期目标达成，公司重点工作任务、关键行动措施由员工共创产生。二是打造企业民主管理品牌。在按期召开职工大会基础上，建立公司行政例会、项目协调会、合理化建议等沟通机制，畅通信息沟通、项目协调、问题解决渠道，公司管理者的门永远为员工敞开，建立起员工、主管、组织之间透明互信的机制，让受信任的员工充满创新的力量与担责的勇气，进而形成"力出一孔"的强大组织活力。三是建设"能研少年"品牌。结合企业成长阶段、员工队伍典型特征，打造象征昂扬向上、真诚勇敢、灵动智慧的"能研少年"IP形象，通过企业微信公众号等传播媒介，及时传递"能研少年"奋力开拓市场、竭诚服务客户、团结共谋发展的良好形象，通过一个季度一次的"能研少年"活动，增强"能研少年"对企业的归属感。

3. 实施榜样领路工程

开展领导班子揭榜挂帅，围绕供热企业专业技术、智慧水务业务、煤电大数据分析与应用、智慧煤矿业务推广应用，公司领导每人认领一个急难险重任务，亲自下场带着员工干，做给员工看。班子成员带头开展客户拜访、项目现场办公100多次，通过党建共建、联合攻关等形式，与集团系统单位需求对接、资源共享、深度链接，"有技术问题找能源研究院"逐渐在实体企业形成共识。制定中层"能上能下"管理办法，明确了5种经考核不宜担任现职的情形，在员工奖惩管理规定、绩效考核管理规定中对认真履职、工作取得重大突破的员工明确了奖励细则，引导中层管理人员对部门创效成果负总责。建立员工个人创效模型，引导员工开展"创效之星""开拓之星""服务之星""能力提升之星"争星行动。对涌现出来的优秀员工，给奖励、给荣誉、给重用，激励更多的员工向榜样看齐，创造突出的工作业绩。

三、实施效果

（一）全员创效能力实现根本好转

2023年，京能能源研究院项目成本较预算节约13%，利润率提升5.4%；项目延期率降低12%；年初应收账款回收率80%，同比增长32.75%，年度新增应收账款回款率60.01%，同比增长21.87%；全年人工成本较预算降低319万元，降幅9%；行政费用降低100余万元；营业收入同比增长57.08%；利润总额同比增长107%；全员劳动生产率同比增长77.42%；薪酬利润贡献率同比增长106.11%；人事费用率同比下降20.19%；项目储备量同比增长200%。在实现扭亏为盈工作目标的同时，企业经营实现可持续、可预期的好转。

（二）个人价值贡献与回报匹配度实现根本转变

通过大刀阔斧开展薪酬和绩效体系改革，员工固定工资比例下降至不超过30%，绩效工资比例提升至70%以上。业务中心因全面实施项目提成制，多劳多得，不劳不得，进一步促进了薪酬向高创效的岗位倾斜。2023年，京能能源研究院中层正、副职两个级别最高薪酬差均超过30万元，实施序列薪酬差额超过40万元；员工收入最高增幅达197%，最高降幅26%，建立了鲜明的靠业绩和贡献取酬导向，打破了以岗定薪的传统，个人价值贡献与回报匹配度得到大幅提升。

（三）企业价值创造能力实现根本好转

形成以科技成果（含四新）转化与应用、厂级深度节水技术集成、供热系统问题解决与优化、磨煤机运维综合治理技术服务、电力技术监督、火电厂经济运行为主体的技术服务体系，解决了热力燃气锅炉低氮改造后产生的锅炉振动、长输供热管线高负荷下管道振动、电厂循环水零排放等问题，为企业创造了良好的经济效益，客户二次开发率得到很大提升；研究的集团基建项目造价分析与管控等课题贴近实际，各项实用建议被嵌入基建工程管控等系统中，为集团降本增效做出了贡献；贴近客户需求开发完善的集团科技创新工作平台、煤矿作业规程智能工作平台得到客户好评，在各实体企业降本增效、技术进步等工作中发挥作用，创造了"被需要"的空间；企业自主研发的NES-812物联网智能终端一次性通过国家物联网通信产品质量检验检测中心21项测试；《基于RCM的磨煤机设备运维策略研究及应用》成功入选"国家能源局以可靠性为中心的电力设备检修策略研究"第二批试点项目；《防爆危险气体探测巡检机器系统的研究与应用》获得"中电联电力科技创新二等奖"；天然气升压站巡检机器人、煤矿回风巷道巡检机器人被中电联鉴定为国内领先水平。

通过实施基于组织力的全员创效体系，京能能源研究院员工围绕聚焦主营业务、找准客户需求、提升服务质量、管理降本增效等方面埋头苦干、务求实效，主观能动性被极大激发，仅用一年时间便完成了"扭亏为盈"目标，企业接连亏损、价值创造能力不强，功能作用发挥欠缺等制约发展的棘手问题得到解决，企业重新焕发出了生机和活力，步入了健康发展的轨道。

创新发展模式，打造一站式服务平台，促进基础设施高水平开放

创造单位：中海石油气电集团有限责任公司
主创人：金淑萍　武洪昆　季元旗
创造人：魏琳　王欣　肖胜楠　任娜娜　陈颖

【摘要】中海石油气电集团有限责任公司（以下简称气电集团）为响应国家油气改革和基础设施开放政策要求，同时结合产业发展目标及任务，通过创新商务模式，搭建共享平台进行LNG（Liquefied Natural Gas，液化天然气）接收站开放——在现有模式的基础上，发挥海油LNG接收站沿海整体布局优势，以气电集团统一向第三方转让窗口期的方式，新增接收站共享、共用模式，助力中国海洋石油集团有限公司（以下简称中海油）实现基础设施率先开放、创新开放，有利于公司在LNG接收站向第三方开放过程中能够有效发挥产业链协同优势，在基础设施开放领域处于引领地位，推动公司从"能源供应商"向"能源服务商"转型。

【关键词】"一站通"综合服务模式　线上电子化交易　产业链协同　高水平开放

一、实施背景

2018年8月30日，国务院印发的《关于促进天然气协调稳定发展的若干意见》，提出健全天然气多元化海外供应体系、推动天然气管网等基础设施向第三方市场主体公平开放。气电集团作为在国内率先布局进口LNG接收站的企业，近年来着力推动发展战略转型，创新引领市场化开放模式，积极搭建"资源供应＋进口保障＋提货服务"的一站式综合服务平台，为基础设施开放加快实现采购进口、通关、检测、船期调度、储存、发货全链条服务，创新实现"集聚需求、现代高效、全链跟踪、专业服务"的"一站通"综合服务贸易平台，为天然气行业率先推出市场化开放服务标杆，助推上下游企业从传统购销合作关系逐步拓展至全产业链合作，同时借助交易中心等线上电子交易系统，加快企业现代化应用与市场化运营机制的有机结合，助推构建公平高效、标准统一的能源贸易营商环境。创新实施"一站通"商务模式，获得了良好的经济效益，实现销售收入、业务价值的增长，减轻了中海油独自承担高价历史长协的包袱。截至2024年6月，"一站通"产品（含拼单）共锁定39船长协资源（约合250万吨），已实现销售29船（约合183万吨），该产品长协资源出站平均价高于气电集团销售平均价约600元/吨，创造业务模式价值增利约12亿元。

（1）国家鼓励油气管网设施公平开放。2014年起，国家陆续出台基础设施剩余能力公平开放政策，包括《油气管网设施公平开放监管办法》《天然气基础设施建设与运营管理办法》《加快推进天然气利用的意见》等，鼓励油气管网设施公平开放。2019年年末，国家石油天然气管网集团有限公司（以下简称管网公司）成立，向社会第三方灵活开放接收站窗口期。管网公司成立和接收站开放是大势所趋，但不考虑历史长协分摊机制的接收站开放模式，将导致已落实长协资源的进口主体（中石油、中石化、中海油）在激烈竞争中面临亏损。

（2）进口LNG行业竞争愈发激烈。2019年年初，国际资源处于供大于求的市场形势，在国际现货价格下行周期时，LNG接收站现货窗口属于稀缺资源，但在LNG逐步成为国家主力气源、接收站建设周期长、资源掌握在国际资源商手中的情况下，上下游分离导致天然气成本难以控制，同时国内以大力建设单体接收站来扩大LNG供应能力，再次增加了LNG成本，加之众多LNG接收站经营主体独自、无序冲向国际市场采购资源，极易被国际资源商利用，导致国际LNG资源价格暴涨，让国内天然

气市场终端用户被迫承受高价，以上问题都不利于国家天然气产业政策落地，也不利于LNG行业健康可持续发展，难以持续发挥LNG产业在国家能源战略转型中的核心作用。

（3）气电集团已具备接收站统一对外开放的条件。气电集团已形成了东部沿海串联式的接收站联保联供模式，具备快速实现行业稳定、健康发展前提下统一开放的条件，以及中海油已形成相对完备的产业链，形成了贸易、生产、销售为一体的大盘运作能力。

二、实施目的

气电集团旨在通过创新商务模式探索一条风险低收益稳的进口LNG经营模式，应对资源与市场分离传统模式带来的巨大风险，防范化解经营风险，提升核心竞争力。

（1）通过市场化手段提高竞争效率，化解经营风险，通过与用户共担历史长协资源，共同享受未来新增市场空间，促进存量资源与增量资源的平稳有序衔接，化解无序开放可能对企业带来的负面影响。

（2）重塑产业价值链，创新盈利增长点，通过搭建一站式服务平台，降低LNG进口市场参与门槛及中间环节成本，增强用户高效、便利体验，提高国内市场竞争力，进而增加公司盈利水平。

（3）实现由单纯贸易商角色向综合服务商角色转变。现有经营模式贸易色彩浓厚，在激烈竞争环境中大亏大赢，难以实现公司可持续高质量发展，以服务商角色面对市场，可以获得政府、客户更大的支持与依靠。

（4）立足中海油优势，尝试建立接收站开放的标准和规则。发挥中海油LNG接收站和中海油可用国网接收站沿海整体布局优势及国际资源专业化、规模化运作优势，为用户提供国际现货询价、采购、进口报关等全链条一体化贸易服务，实现统一标准、统一模式、统一管理、统一服务的平台模式。

（5）拥抱改革，积极引领行业发展。响应国家政策要求，全面实现中海油LNG接收站向第三方使用，通过全新商业模式运营，再次引领LNG行业发展，树立新标杆，为国家未来接收站开放提供经验。

（6）促进资源多元供应，提升市场活力。通过开发高价值用户，引导更多第三方主体有序参与LNG全产业链，增加市场参与积极性，提升市场活力。

三、实施过程

为贯彻落实基础设施向第三方开放要求，气电集团就具体方案前期组织多轮内部研讨并组织召开专家研讨会，在向相关主管部门多轮汇报后，通过上海石油天然气交易中心公开推出"进口LNG窗口一站通"系列产品及窗口期拼单产品等创新产品，由双方共同推进产品上线、组织用户报名及资质审核，最终通过上海石油天然气交易中心交易平台与入围用户进行了产品销售合同的线上交易。

自2018年搭建一站式服务平台以来，上述产品已经在多个方面展现出显著的实施效果，对国内天然气供应安全、产业结构调整、市场化改革等方面产生了深远影响。其主要优点在于通过与上海石油天然气交易中心合作，利用交易平台和数字化手段，以竞拍方式开展单个窗口期招标，建立了中长期窗口期开放合作的一整套机制。产品从单个窗口期到长协产品经历了市场的选择和探讨，形成了多点提气、热值计量、流程便利的商务模式，得到监管机构和客户的认可；同时，长协问题一直是制约接收站开放的重要因素，通过资源优化组合的方式，对各参与主体而言更加公平、更加透明，有利于形成长效机制，促进天然气产业链健康发展。中海油创新一站式服务平台，是主动拥抱改革、身体力行探索出的一条新路子，是增强企业活力，满足用户多元化需求的新思路。

（一）创新产品介绍

1."进口LNG窗口一站通"系列产品

"进口LNG窗口一站通"系列产品通过共担长协的模式实现接收站的公平开放，实现资源池优化、降本增效，助力高质量发展和企业转型。基本商务安排为长协与现货按一定比例搭配，"单点卸载，多点提气"，多团队为客户提供从资源进口到国内提货过程中的一系列打包服务，包括报关、报检、海事协调、船期安排、船岸匹配、协调各接收站的使用和资源调配、统一委托接收站代加工及现货资源采购，通过上述"一站式"服务，搭建"共享平台"。系列产品分为三部分——短期、中短期、长期产品。

（1）短期产品是将年内临时的LNG现货窗口期在上海石油天然气交易中心采用竞价模式交易。2018年销售2单短期产品，通过公开竞价方式开放2个现货窗口，共销售资源约12.8万吨。短期产品实施是气电集团创新商业模式项下的新举措，是实现中海油LNG接收站向第三方开放的首次试点，开创了中海油接收站开放的先河，为未来接收站开放提供经验。

（2）中短期产品相比于短期产品，延长合同执行周期，并将LNG接收站第三方使用与已签长协LNG资源消纳相结合，按照"先资源池长协后现货"原则，2019年6月起每连续三个月安排一船长协资源，4船长协之后开始执行现货窗口，达到一定标准后赠送一个现货窗口，采用线下协商、上海石油天然气交易中心线上交易模式。2019年6月与两家用户签约了中短期产品并落地执行，在合同期内向用户共销售资源约110.5万吨。中短期产品继续提升了"一站式"服务的规范化与规模化，并逐步探索出了符合我国国情的油气管网设施公平开放服务模式。

（3）长期产品按照"资源池长协和现货"1∶1配比组合原则，每标准产品包为2船长协+2船现货，按季度长协与现货交叉均匀分布，采用线下协商、上海石油天然气交易中心线上交易模式，合同期5年，成功签署三家用户，于2021年1月开始执行，截至2024年6月累计向用户销售资源约166万吨。

长期产品是气电集团在窗口期系列产品优化升级后的又一突破创新，进一步鼓励更多行业内企业参与到LNG产业链中，助力行业进一步市场化，促进产业健康发展，在保障国有资源压舱石作用的前提下，创新途径实现国家基础设施开放要求，最终助力中国天然气产业发展。

2.窗口期拼单产品

为了活跃市场、丰富交易主体及交易模式，鼓励更多中小型用户参与窗口期业务，探索实践"一点卸载，多点提气"运营模式，气电集团联合上海石油天然气交易中心共同推出"国际LNG拼单交易"。交易模式为气电集团提供接收站使用窗口并提供采购服务，符合资质条件的用户通过线上申报需求气量组成拼单团体，在采购需求汇总后由气电集团完成资源采购、调配安排的业务模式。

2020年进行该产品的商务模式设计及开发，通过交易中心发布交易公告，组织用户报名并开展资质审核工作，气电集团开展首笔国际LNG拼单交易，通过线上挂单、拼团申请、线上审核等数字化方式，满足中小用户国际LNG贸易需求，共计12家用户实现拼单成团并与气电集团签署相关协议，该产品2021年4月开始具体执行，合同期内向用户共销售资源约12万吨。

（二）管理经验实践及总结

为应对多变的市场形势，气电集团资源与市场部执行团队发挥统筹管理作用，多面协调各方资源，包括气电集团总部相关职能部门、下属分公司及运营管理中心、各提气接收站、用户、上海石油天然气交易中心，协调范围广、协调层级多、处理信息量大，不断积累管理经验并付诸实践，促进合同平稳执行。

1.建立多点提气的下游供应计划管理机制

气电集团"总管"天然气资源配置、库存计划和销售计划，为通过平台模式向用户提供全国供气服务奠定了管理基础。气电平台模式类合同涉及多点提气，通过平台模式在单一合同项下明确计划管理规则并纳入多个分公司销售计划的一部分，增强单点供应安排的变化与多点供应安排的联动性，进一步加强了资源的互联互通。为更好地发挥总部全盘管理作用,气电集团建立多点提气的下游计划管理机制、组件专业化执行团队,细化至管理平台模式合同下的年度计划、月度计划及日计划,促进用户在国内多个区域稳定提气。

2. 协同下游用户,助力落实公司销售策略

结合平台类合同用户执行稳定的特点,与用户基于共赢原则,结合各自诉求,协调用户开展提气计划调整,积极配合气电集团销售策略实施,充分发挥出资源池的统筹协同作用。例如,为保障天然气供应工作,双方通过调整提货顺序、提货区域或提货周期发挥了较强的资源保供协同作用,为保供区域实现资源量腾挪。

3. 坚持内外联动,共同探索国际大通道

自2024年3月以来,国际现货价格走低,4月JKM(天然气指数)价格已在8～10美元/百万英热徘徊,国内第三方3—5月已采购多船低价现货资源进入国内市场,第二季度国内市场价格竞争加剧。为提升"一站通"产品竞争力,提升高价值客户与中海油长期合作信心,维护与高价值用户合作关系,气电集团增加更为灵活的提货方式:由用户先支付延期提取费后,可在约定的递延期内分批国内提取或整船国际提取第二季度长协资源,促进双方平稳执行合同。2024年第二季度,气电集团与相关用户已试点完成第二季度长协资源国际整船提取交易,进一步打通国内国际两个市场,为未来持续优化长协执行机制提供了实践经验。

四、主要创新点

(1)坚持总部统筹,集合产业链核心团队力量,搭建一站式服务平台。气电集团统筹新商业模式规划,"一站通"平台模式纳入公司上述规划清单,相关创新方案实施纳入公司提质增效专项行动方案,加强总部统筹管理,集合上中下游各专业团队、集中研究创新商务模式,对交易客户选择、定价机制、资源配置、交易模式等进行明确,总部统筹设计合同文本,制定发布《商务创新管理办法》《进口LNG窗口一站通服务管理细则》,加强上下协同,突出化解重大经营风险导向,主动拥抱国家改革政策方针,全面梳理各环节流程,集聚上中下游服务资源,优化客户体验。

(2)围绕核心竞争力,推出了具备气电集团大盘运作优势的"一站通"服务产品。将LNG市场交易中的核心价值要素商品化,通过搭建一站式服务平台,不断挖潜、巩固公司核心竞争力,向客户提供优质服务,提高销售附加值,助力实现高价值销售,气电集团核心优势融入创新产品设计,随着合作的具体推进,公司产业链优势、专业化优势得以显现并持续巩固。

(3)坚持创新方案与规则搭建并举,健全交易规则,引入交易中心联合创新。2018年创新产品正式上线以来,气电集团通过上海石油天然气交易中心网站统一发布交易公告、组织线上交易,构建企业公开透明、高效便利的合作氛围和企业文化,坚持合同标准化、交易电子化。同时上海石油天然气交易中心通过数字化手段,为境内外LNG市场主体提供了公开、公平、透明、高效的交易和交流平台,推动了各方国际合作与交流。

(4)"单环节"到"全链条",加强核心价值要素的综合运用,助推企业战略转型升级。气电集团与国内用户的合作关系从传统的下游购销合作延伸至全产业链,公司发展定位加速从贸易商向能源服务商转型,在积极向中介角色、服务商角色转型过程中,挖掘产业链各环节核心价值,重构生态链和利益分享机制。

(5)优化下游客户结构,传递"收益共享,风险共担"理念。LNG市场属于完全竞争市场,供需形势始终作为影响企业定价的主导因素,在国内普遍执行随行就市定价机制的环境下,气电集团结合自身特点及资源禀赋,聚焦主责主业,坚持先立后破,积极围绕化解照付不议经营风险和高成本压力在全国范围主动寻求优质平台合作伙伴与服务对象,以实现成本顺价为目的与多家用户建立了相对稳

定的合作关系，在应对国内国际市场波动中，双方均体现了较好的共赢意识。

（6）提升现代化管理水平，推进无纸化贸易。对标高标准经贸规则，气电集团在创新过程中积极利用上海石油天然气交易中心电子交易系统，自觉引入第三方监管平台，推进无纸化交易和线上办公系统操作，提升服务市场质量。2018年9月"窗口期"专场交易正式在上海石油天然气交易中心电子交易系统上线，合同模板自动嵌入交易系统，在双方谈判达成一致后，双方便可登录交易系统进行网签，实现了成交监管和效率可控，大大提升了交易便利水平和客户体验。

五、实施效果

1. 市场化改革加速

气电集团坚持以市场化手段为主做好供需平衡，推进基础设施向第三方市场主体公平开放，促进了天然气市场化改革，符合"做大做强国企、要有市场意识"的精神。通过上海石油天然气交易中心这一第三方平台进行交易，整个交易流程更加透明化，有利于国资监管机构进行有效监管，确保交易的公正性和合规性。自2018年国内首个对第三方公平开放的"进口LNG窗口一站通"产品推出以来，中海油和上海石油天然气交易中心在实践中不断改造完善产品体系，按照精细化、规模化和长效化要求，大力推动LNG接收站公平开放迈上更高水平。

2. 服务国家能源战略

通过"进口LNG窗口一站通"产品，探索通过产品创新实现资源优化配置，推进全国天然气多元供应体系持续完善，从分散式开放转为集中式开放，为打造天然气"全国一张网"奠定基础，为推动国家"X+1+X"天然气市场化改革、天然气产供储销体系建设发挥积极作用，并为后续市场规则制定起到标杆示范效应

3. 创新成果助力化解经营风险

气电集团资源结构中，高价历史长协及其照付不议风险始终是困扰企业经营的重大风险。为防范化解上述风险，2018年至今，"一站通"创新商务模式通过开发高价值用户及艰苦谈判实现了部分历史长协的高价值销售。截至2024年6月，"一站通"产品（含拼单）共锁定39船长协资源（约合250万吨），已实现销售29船（约合183万吨），销售价格对比国内销售均价高出约600元/吨，增加收益约12亿元，有效化解气电集团历史长协照付不议风险，实现了高价值销售。

4. 企业创新活力带动市场活力持续增强

通过提供灵活的交割方式和多元化服务，"进口LNG窗口一站通"产品增强了企业的市场响应能力和竞争力。国内企业通过使用"进口LNG窗口一站通"产品，积极探索LNG业务产业链纵向一体化战略的应用，加强上游资源的拓展和布局，提升自有资源采购的能力。此外，"进口LNG窗口一站通"产品具有独特竞争优势，盘活了LNG接收站资产并提升了使用效率，带来了新的商业模式和收入来源，进一步丰富了盈利模式。

5. 原创性、引领性创新成效显著

"一站通"产品的推出为后来国内同行企业及国家管网的创新经营提供了较为成熟的借鉴经验，2024年管网公司联合上海石油天然气交易中心多次开展LNG接收站仓储服务、管网通、峰谷通等产品竞价交易，涉及多个LNG接收站，提供多种服务期。充分发挥管网LNG接收站等基础设施能力，为客户提供优质LNG资源存储服务，帮助客户应对天然气不平衡增长的市场情况。多家接收站运营企业也纷纷探索线上窗口期交易模式。

6. 供应保障模式创新

一站式服务平台作为一项创新探索，为用户提供了一站式服务，包括资源代采、报关报检、船岸匹配等，创新了天然气供应保障模式，同时产品的长期稳定性及多主体供应也为天然气保供多元化奠

定了基础。

7. 资源配置持续优化

该产品通过提供长贸气和现货按一定比例搭配的方式，帮助用户实现资源的多元化配置，增强了资源调配的灵活性和效率。通过资源优化组合，形成了更加公平、透明的长效机制，吸引更多市场主体参与上游采购环节，促进了天然气产业链的健康发展，为持续构建优质资源池提供新路径。

8. 统一计量标准，促进交割便利化

一站式服务平台对标国际标准，推广热值计量，提供了多点提气、气量调度高效便捷的商务服务，使得交割方式更加灵活，客户体验感增强。这种模式不仅提高了LNG接收站的使用效率，还为下游客户提供了更多的选择和便利。

9. 通过市场化手段推动基础设施的公平开放

实现了LNG接收站的共享共用，推动了天然气基础设施的公平开放，让更多的第三方市场主体能够参与到LNG的进口和使用中。通过独立第三方交易中心形成标准合同后，一站卸货、多点提货的覆盖面会更广，受益用户会更多。

10. 促进基础设施建设

一站式服务平台的搭建促进了LNG接收站和其他基础设施的建设，增强了储气调峰能力，为天然气供应安全提供了坚实的物质基础，促进了市场交易主体多元化发展，使下游客户切实享受到窗口期开放带来的收益，更好地满足不同客户的需求，同时也让越来越多的资本愿意投入，原本在这个市场中的参与方也希望通过接收站的开放，扩张自己的产业链条，向更上游的资源提供方探索。

11. 提升国际议价能力

通过"进口LNG窗口一站通"产品，中国在国际天然气市场上的议价能力得到提升，有助于稳定国际采购价格，减少地缘政治风险的影响。通过市场化、数字化手段，为境内外LNG市场主体搭建了公开、公平、透明、高效的交易和交流平台。

12. 产业链健康发展

气电集团通过搭建一站式服务平台在国家管网开放中与第三方合作共赢，共同培育做大市场，引领行业发展，为国家管网"一站通"服务产品的设计提供了有力借鉴，以及为其他民营接收站单一窗口开放提供了参考。通过资源优化组合，形成了更加公平、透明的长效机制，吸引更多市场主体参与上游采购环节，促进了天然气产业链的健康发展，实现供应主体多元化，助力产供储运销体系建设，对促进我国天然气行业健康稳定发展具有重要意义。发挥央企在行业的引领作用，积极响应加快建设全国统一大市场要求，有效促进国内国际资源要素顺畅流动。

六、下一步规划与探讨

1. 坚持和落实"两个毫不动摇"，塑造行业发展新动能

持续强化核心竞争力，发挥国有企业资源禀赋优势，秉承强链、延链的宗旨，重组各类先进生产要素，实践互联网、大数据、人工智能和LNG产业链融合，构建全国统一大市场，发展新质生产力，塑造行业发展新动能，引领行业可持续健康发展。一是深化"联保联供""一点卸载、多点供应"的模式应用，提高各区域协同效率，保障能源安全；二是带动上下游企业协同开拓国内国际市场，实现内外贸一体化发展、培育内外贸一体化企业；三是发挥上海石油天然气交易中心国内国际双交易平台优势，联合上海石油天然气交易中心开展"跨境电商+产业带"发展模式，带动下游企业组团参与LNG资源运作。

2. 打造能源服务品牌，推动能源贸易交流

创建交流平台，组织或参与国内国际大型LNG行业高端论坛，推动国内国际优质企业的高端服务

交融互通，深化能源贸易服务领域合作，积极引导行业秩序平稳有序发展，建立健全与国内同行企业间的多元化合作关系。

3. 坚持市场运作，完善平台服务

强化平台建设，巩固改革创新成果，加快服务体系建设，进一步向能源服务商转型，推动专业化LNG能源综合服务公司成立，向目标客户提供一揽子LNG能源综合服务，通过引入公司化管理，让平台模式和相关业务的结合更直观、更清晰。随着国家油气体制机制改革逐步落地，LNG接收站已向第三方逐步开放，现货窗口已逐渐成为常规的社会资源，气电集团将继续凭借深耕行业多年积累的采购经验，加快打造全球最大进口资源池，加强市场化运作，提升话语权，维护行业影响力，助力气电集团由贸易商角色向综合能源服务商转变，围绕天然气、电力、热能、氢能、冷能等LNG产业延伸能源，打造中海油能源综合服务品牌，为客户提供能源应用一体化解决方案，满足用户多元化、个性化需求。

4. 坚持市场培育，促进转化应用

强化宣传推介，加强高价值需求调查和供需对接，打造优质客户群，协同上海石油天然气交易中心与目标客户批量签署整船销售主合同及LNG能源综合服务合同，扩大客户群，完善整船LNG进口合作渠道。引入第三方信用评估，着力发挥上海石油天然气交易中心在交易监管、信息服务方面的功能，为创新增值服务提供参考。

5. 对标国际一流，打造专业团队

提升中海油天然气销售运营管理人员专业能力，加大高端人才培养引进，涵盖国际贸易、商务谈判、运营管理、售后服务等领域，整合服务资源，及时高效服务客户，对接市场诉求，为开发LNG能源综合服务项目提供有效支持，推动LNG能源综合服务成为新兴客户的主流合作诉求，增强服务产品的市场流动性。

6. 进一步整合资源，提升综合服务水平

充分发挥平台资源集聚优势，探索与国内主流供应商、贸易商建立常态化交流机制，推动上海石油天然气交易中心完善功能，建立第三方评估中心，持续提升LNG贸易服务平台在资源进口、政策引领、资源对接等服务板块的服务广度和深度，为能源领域各环节经营主体提供风险保障服务和相关融资服务。

新形势下金融租赁高质量转型创新的实践探索

创造单位：交银金融租赁有限责任公司

主创人：徐斌

【摘要】 在进一步全面深化改革、推进中国式现代化的关键时期，金融租赁作为金融领域重要细分行业，把握国内国际形势，适应政策导向，推动自我革新，对行业高质量发展具有重大现实意义。金融租赁行业要精准聚焦行业发展过程中面临的诸多机遇和挑战，主动实现更高质量发展。作为金融租赁行业的领军企业，交银金融租赁有限责任公司（以下简称交银金租）立足本源，深入学习贯彻习近平新时代中国特色社会主义思想，以服务"国之大者"为战略基点，以"高质量党建引领、高效能机制创新、高素质人才队伍建设、高水平风险管控"为实践支点，以"服务制造强国战略、服务高水平科技自立自强、服务绿色低碳循环经济、服务高水平对外开放"作为发展重点，充分诠释了国有金融企业发挥主力军作用的生动实践，开创了金融租赁行业高质量发展的创新样本，以头部示范引领作用为当前行业转型创新、全面服务新质生产力发展做出典范，具有鲜明的行业特征和实践价值，有助于行业进一步坚持思想引领，全面深化转型创新，助力经济高质量发展再上新台阶。

【关键词】 金融租赁　高质量发展　转型创新

一、实施背景

2018年至今，在多方面因素影响下，行业发展迎来新的机遇和挑战，不少金融租赁公司主动采取了深化改革、调整结构的举措，不再片面盲目追求规模扩张，聚焦租赁本源，深刻思索未来转型创新发展之路。特别是"十四五"规划的出台，为我国金融租赁行业在以国内大循环为主体、国内国际双循环相互促进的新发展格局中迎来了新的发展机遇，无论是传统行业的转型升级，还是新兴行业的蓬勃发展，无论是民生基础设施建设，还是内生循环促进消费，都对金融租赁行业提出更新、更高的要求。作为行业领军企业的交银金租，坚守功能定位，扎实服务国家战略、支持新质生产力发展，深化转型创新研究和实践探索，取得积极成效。交银金租的成功经验，对整个行业的转型发展具有很强的示范引领作用，将有助于进一步梳理行业转型发展脉络与路径，对金融租赁行业高质量发展具有鲜明的参考和借鉴意义。新时代赋予了金融租赁行业新的发展机遇，也赋予了其更大的使命和责任，在进一步全面深化改革、推进中国式现代化的关键时期，金融租赁行业要善于运用党的创新理论观察时代、把握时代、引领时代，积极识变，应变求变，以改革促发展，进一步深化转型创新，着力发挥自身功能优势，推动实体经济实现更高质量发展。

（一）金融租赁行业转型创新的现实意义

近年来，金融租赁行业所处的政策与市场环境发生深刻变革，行业正站在一个关键的十字路口。金融租赁行业需要坚守初心与使命，深刻思索自身转型发展的目标、方向与路径，准确识变、科学应变、主动求变，聚焦本源、发挥特色、展现专长，坚定不移地推进高质量发展。

1. 金融租赁行业转型创新是顺应国际复杂形势的必然要求

当前，全球经济复苏乏力，全球产业链调整、通胀高企、地缘政治冲突加剧、国际贸易不振等多重因素相互交织，导致经济增速进一步下降。联合国经济和社会事务部及国际货币基金组织（IMF）等权威机构的报告显示，全球经济增长速度在未来几年将有所放缓。发达经济体主要受到前期高通胀、高利率水平的惯性影响，经济增速放缓；新兴经济体出口普遍承压，但依靠提振内需保持经济增速大致稳定。2024年以来，在供给端持续改善与货币政策紧缩的共同作用下，欧美国家的通胀水平已有大幅回落，但地缘政治冲突对全球能源供给的扰动、劳动力市场持续紧张使得发达国家的通胀具有较强黏性，回落势头逐渐放缓。新兴经济体中，亚洲尤其是东南亚国家经济活力相对充足，在政府支出增加、国际旅游业强劲复苏和外国投资快速增长等因素的支撑下，经济增速小幅升高。在全球经济增速放缓的背景下，各类企业均面临转型升级的压力，特别是产业链、供应链的深化重构和对外开放战略的进一步深化，以及产能的输出转移、内循环体系的健全完善等，随之产生大量的生产与融资需求。而金融租赁作为产融结合、兼具"融资"与"融物"属性的金融工具，能够有效帮助企业实现设备更新和技术升级，提高市场竞争力。金融租赁公司通过不断创新产品和服务模式，可以更好地支持企业的转型升级，以适应国际政治经济形势变化，为实体经济的发展提供更加有力的支持。

2. 金融租赁行业转型创新是推动我国进一步深化改革的必然要求

随着国家政策的支持和市场环境的调整，金融租赁行业正在不断探索新的业务模式和发展方向，以适应市场需求和行业变化，金融租赁发挥产融结合、融资融物功能，支持实体经济、服务国家战略、做好金融"五篇大文章"的意义更加凸显。一方面，可以通过支持传统产业的升级改造和绿色低碳转型，助力经济发展效能提升；另一方面，可以通过支持新质生产力和战略性新兴产业的发展，为经济转型升级做出贡献。对金融租赁行业而言，坚持学习贯彻习近平新时代中国特色社会主义思想，积极锚定"七个聚焦"，贯彻"六个坚持"，立足主责主业，把准功能定位，突出租赁特色，强化专业优势，紧密围绕党中央进一步全面深化改革的重大战略部署，扎实做好金融"五篇大文章"，持续激发新质生产力、绿色低碳等领域发展动能，以钉钉子精神抓好行业创新转型发展，就需要把握其中蕴含的改革发展理念，需要不断创新业务模式，顺应金融监管要求，切实防范金融风险，以适应经济发展的新常态。通过金融租赁行业的改革和创新，可以更好地服务于实体经济，推动产业结构的优化和升级，积极推动我国进一步全面深化改革，从而实现经济的持续健康发展。

3. 金融租赁行业转型创新是服务中国式现代化的必然要求

推进中国式现代化的建设，需要坚实的物质技术基础，需要通过由传统生产力到新质生产力的转换，培育新动能、新活力、新优势，这也必然要求与之相适应的高水平金融体系。金融租赁作为金融业的重要组成部分，其发展水平直接关系到金融体系的完善度和对实体经济的支持力度。在中国式现代化的进程中，金融租赁行业需要不断转型创新，以更好地服务新质生产力发展，以及适应经济发展的新要求和人民群众的新期待。党的二十大报告在擘画新时代、新征程的宏伟蓝图时，概括提出并深入阐述中国式现代化理论，着重强调了中国式现代化5个方面的中国特色、9个方面的本质要求和必须牢牢把握的5个重大原则，这是党的二十大的一个重大理论创新，是科学社会主义的重大成果。金融租赁作为最贴近实体经济、聚焦产业生态链的新兴金融力量，为以设备为代表的社会化生产工具的"生产者"与"使用者"搭建了坚实的连接平台，已成为金融服务民生和经济社会高质量发展的重要组成部分。金融租赁行业通过转型创新，能够为实体经济提供更加多样化的融资支持，这有助于推动产业升级、促进科技创新、增强经济活力，进一步促进生产力的现代化转型。为此，金融租赁公司必须认清形势，避虚就实，切实帮助实体企业特别是制造型企业、科技型企业、中小微企业等克服发展瓶颈、调整业务结构、实现持续健康发展，从而筑牢自身发展根基，赢得市场竞争主动权，为服务好中国式现代化提质、增效。

4. 金融租赁行业转型创新是适应监管政策导向的必然要求

金融租赁的行业监管政策导向更加明确，旨在引导行业聚焦租赁本源，坚守功能定位，充分发挥与银行信贷产品的"错位""补位"功能，贯彻落实好"真做租赁、做真租赁"的发展理念。金融租赁公司是金融市场的重要参与者，也是实体经济和产业发展的重要支持者。为促进金融租赁行业健康发展，监管部门不断加强监管制度建设，完善监管规则和标准，加强对金融租赁公司的监管，保障其合规经营和风险管理。随着相关文件的发布，2024年金融租赁公司业务发展鼓励清单、负面清单和项目公司业务正面清单的印发，以及新修订的《金融租赁公司管理办法》的发布，都将促进金融租赁行业聚焦国家重大战略、优化业务布局，调整业务结构，集中优势资源推动现代化产业体系建设，支持新质生产力发展。近年来，地方政府针对金融租赁行业的配套政策不断优化，一方面，出台行业发展综合性政策，强化政策支持和保障，包括专项财税优惠政策、系列配套措施、资金来源支持等，如上海市出台《上海市促进浦东新区融资租赁发展若干规定》，为金融租赁行业进一步释放发展潜力、活力和动力提供了优渥土壤；另一方面，出台实体产业政策，对行业进行引导和支持，如鼓励金融机构与实体产业合作，推动金融租赁业务发展，促进产业转型升级，并不断简化行政审批流程、提供便捷的注册登记服务等，以降低企业成本、提高市场效率。此外，地方还出台各项人才政策，支持金融租赁行业人才培养引进，为行业发展汇聚智慧与力量。

5. 金融租赁行业转型创新是行业高质量发展的必然要求

截至2023年年末，国内共有金融租赁公司68家。以股东背景看，主要分为银行系和产业系两类，其中43家为银行系——占比约为63%。银行在金融领域具有得天独厚的优势条件，无论是渠道建设、客群规模、融资成本、集团协同，还是公司治理、风险控制、内部控制等方面都具有比较优势，而金融租赁则可以突破地域限制，在全国乃至全球范围内广泛布局，特别是在航空、航运、设备租赁等重要细分领域具备专业化优势，成为银行系金租公司重点关注并介入的核心领域。目前，前十大金融租赁公司的主要股东有9家均为银行，在获得母行充分支持的同时，金融租赁公司也对母行相关业务形成了有益补充，充分发挥了集团协同优势。《中国金融租赁行业发展报告（2024）》显示，截至2023年年末，金融租赁行业总资产规模为4.18万亿元，同比增长10.49%；租赁资产余额3.97万亿元，同比增长9.27%，金融租赁公司整体保持稳中求进，释放出发展的韧劲和活力，为夯实和巩固经济基础、推动经济高质量发展赋予了金融租赁行业的时代烙印。近年来，金融租赁行业积极响应国家号召，回归租赁本源，突出"融物"特色，积极开拓专业化、差异化、特色化的发展道路，无论是在市场竞争中赢得先机，还是掌握主动实现高质量发展，金融租赁公司都要展现自身特色与专长。一方面，既要对市场精准把握、敏锐感知，通过转型创新，提高服务质量和效率，不断满足客户的需求；另一方面，也要有成熟配套的风险识别和经营管理能力，通过转型创新，提高自身的风险管理能力和合规水平。随着金融市场的不断变化和风险管理难度的增加，金融租赁行业需要更加注重风险管理和合规管理，以保障业务的安全和稳定，改革创新已势在必行。

（二）金融租赁行业转型创新面临的机遇与挑战

随着国内经济发展模式的转变与产业结构的调整，以及国际形势的加速演变，面对百年未有之大变局，金融租赁行业发展正进入深刻变革期，正跨越过去同质化、粗放式、被动型的发展模式陷阱，经历从量的增长到质的提升的转变，以及由"融资为主、融物为辅"到"融资、融物并重"的转变，金融租赁供给侧结构性改革任重道远。面对新时期行业发展的诸多机遇和挑战，行业必须深入研判、谋远求变，对自身定位、功能、产品等方面进行重新审视，从强化自身专业能力入手，以主动作为实现更高质量发展。

1. 金融租赁行业转型创新面临的外部压力

从行业发展的外部环境来看，经济结构调整和发展方式的转变对金融租赁公司提出了更大的考验。社会融资需求的形式和内容都发生了深层次变化，企业经营的商业逻辑和市场特征也在变化，新经济蓬勃发展，需要金融租赁行业转变发展思路，顺应发展形势，对新的经济业态和产业特征有更加深入的理解和把握，主动增强产品与服务的适配性。国际政治经济形势的错综复杂，对金融租赁公司机船租赁业务的全球化展业布局也产生了深远影响，地缘冲突也对机船资产的运营管理形成严峻考验。此外，支持行业转型创新的配套政策支持整体而言还不够。交银金租在支持实体经济方面发挥了巨大作用，但与传统银行相比，在政策支持方面仍存在一定差距，未体现统一性和适配性。例如，在绿色金融方面，尚未将交银金租纳入金融支持绿色低碳发展专项政策体系；在支持中小企业融资方面，交银金租尚未享受支持中小微企业再贷款、再贴现等优惠政策。金融租赁行业应主动联合行业协会、研究机构等，深入分析行业现状、挑战及未来趋势，积极向政府及监管机构建言献策，推动出台更多支持金融租赁行业发展的专项政策，特别是在绿色金融、中小企业融资等领域，实现资源的均衡和市场竞争的充分有效。

2. 金融租赁行业转型创新面临的内部挑战

从行业自身发展来看，前期，个别金融租赁公司发展战略发生偏离，业务出现异化，"类信贷"特征明显，特别是参与地方政府隐性债务扩张、变形等过程中，背离本源和初心，在一定程度上积累了金融风险，反映在落实金融工作"三项任务"方面理解不深刻、执行不到位。从前期行业暴露出来的个别公司风险事件来看，部分主体的公司治理能力需要提升。鉴于行业本身和个体的复杂性与多样性，个别金融租赁公司在摸索现代化公司治理道路的过程中出现了董事会及管理层战略定位不清晰、职责不明确、制衡失效、决策不科学、执行不到位等问题。而在经营管理上，同质化问题还比较突出。个别金融租赁公司仍带有"类信贷"的烙印，经营特色不鲜明。在业务结构特点上，产品模式较为单一，体现"真租赁"特征的直租和经营性租赁业务占比还偏低，较监管要求力争在2026年实现年度新增直租业务占比不低于50%的目标还有一定差距，在设备租赁领域的创新探索还有待持续深化；同时，业务结构调整还需进一步加强，传统领域业务占比仍偏高，对战略性新兴产业的支持还需要进一步深化，租赁物的风险缓释作用发挥不充分。行业内企业亟须增强对新业态、新产品的前瞻布局，积极探索新的业务模式和发展方向，全面提升自身的竞争力，根据自身特点在做强、做优和做精、做专等方面做好平衡。

3. 新发展格局孕育广阔前景和无限机遇

（1）中国经济长期向好的基本面为行业发展提供了稳定基石。中国经济经受住了国内外多重超预期因素的冲击，继续保持强大的发展动能和自我修复能力，发展韧性和潜力依然强大，社会生产保持恢复性态势。当前，国内产业链、供应链现代化水平有效提升，特别是装备制造业稳定增长，高新技术产业保持强劲的投融资需求，新兴产品和新动能产品有效激发生产需求，从而有力引领和促进工业增长，这些因素都为金融租赁行业发展提供了广阔的业务空间及发展潜力，金融租赁的产融结合功能将得到进一步激发和应用。

（2）中国经济发展进入新常态为金融租赁行业的发展提供了前所未有的发展机遇。经济发展新常态是中国经济进入新时代的一个重要标志，意味着经济发展的速度、方式、结构和动力都将发生深刻的变化，具体表现为经济从高速增长转向中高速增长，经济结构不断优化升级，从要素驱动、投资驱动转向创新驱动。在这一背景下，金融租赁行业要充分认识、把握、顺应、引领新常态，充分利用其融资与融物相结合的优势，为实体经济提供更加灵活多样的金融服务。一方面，随着产业升级和结构调整的深入，新兴产业和高端制造业对金融租赁服务的需求日益增加，为金融租赁行业拓展了新的市场空间；另一方面，经济新常态下，政策层面对中小微企业、科技型企业等领域的支持力度加大，金融租赁行业可以通过创新产品和服务，为这些领域的企业提供更加精准的金融支持，助力经济发展新旧动能转换。

（3）金融租赁行业发展的政策环境将更加健全完善。行业监管和外管、财税、法律、海关等领域配套政策，以及金融租赁所涉及各类产业的支持发展政策环境处于不断完善过程中，政策体系的系统性和连续性持续增强，都为行业发展提供了坚强保障。金融监管创新互动协调机制持续优化，为产品与制度创新提供积极支撑。《金融租赁公司项目公司管理办法》将项目公司租赁物包括集装箱、工程机械、车辆等设备资产，《金融租赁公司管理办法》将租赁物类型明确为设备资产、生产性生物资产等。这有利于金融租赁公司更好发挥特色功能和专业优势，丰富和完善业务模式，持续丰富设备租赁业务内涵。金融租赁公司业务发展鼓励清单、负面清单和项目公司业务正面清单为行业发展提供了坚实有力的政策支撑，监管导向更加清晰、明确、精准，有助于行业准确把握目标，有的放矢开展转型创新。同时，积极鼓励非银行金融机构支持大规模设备更新和消费品以旧换新行动，聚焦产业高质量发展和人民美好生活需要的关键领域，赋能助力发展新质生产力，不断提升服务实体经济高质量发展和中国式现代化的能力和水平。

（4）金融租赁行业转型发展的内生动力更加充沛。面对压力和挑战，金融租赁行业切实增强危机意识，主动识变、求变、应变，积极积势、蓄势、谋势，坚持"向内生长、向外探索"，对转型发展在认知观念、业务方向、展业模式等各个方面达成较为普遍共识。各主流金融租赁公司不断加强对市场的精准把握和敏锐感知，着重在建设成熟配套的风险识别与管理经营体系上下苦功，主动探索改革创新，积极培育发展的新动能，通过完善"产品+服务+解决方案"，深化金融租赁场景应用，持续提升行业竞争力。

二、实施过程及实施效果

作为于 2007 年 12 月经国务院批准成立的首批 5 家银行系金融租赁公司之一，以及"百年交行"金融品牌和服务的延伸，自成立伊始，交银金租始终秉承"金融报国"的担当与情怀，坚持"专业化、国际化、差异化、特色化"的发展战略，秉持"创新金融、智慧租赁"的企业使命及"全球视野、稳健专业、协同共赢"的经营理念，坚定不移锚定服务"国之大者"、服务新质生产力发展，在转型创新各个方面积极保持深度思考和长远谋划，历经 19 载稳健发展，已成长为中国最大的金融租赁公司，也是交银集团内综合贡献最大的子公司。公司深入学习贯彻习近平新时代中国特色社会主义思想，以服务"国之大者"为战略基点，以"高质量党建引领、高效能机制创新、高素质人才队伍建设、高水平风险管控"为实践支点，以"服务制造强国战略、服务高水平科技自立自强、服务绿色低碳循环经济、服务高水平对外开放"作为发展重点，充分诠释了国有金融企业发挥主力军作用的生动实践，开创了金融租赁行业高质量发展的创新样本，为当前行业转型创新、全面服务新质生产力发展做出典范，具有很强的启示意义，具有鲜明的行业特征和实践价值。

（一）交银金租转型创新的主要做法和创新突破

在新时代背景下，交银金租作为行业领军者，积极响应国家发展战略，以服务"国之大者"为战略基点，不断探索转型创新之路，特别是通过高质量党建引领、高效能机制创新、高素质人才队伍建设及高水平风险管控等方面的实践探索，引领金融租赁行业创新发展不断取得新的突破。

1. 以服务"国之大者"为战略基点，引领高质量发展的正确方向

近年来，交银金租全力打造业务特色，强化服务"国之大者"的金融担当，坚定发挥主力军作用，围绕重大战略、重点领域和薄弱环节精准发力，在服务实体经济中持续彰显战略特色，推动金融供给总量增、结构优，为做好金融"五篇大文章"打下坚实基础。公司坚持将服务"国之大者"融入发展战略和经营策略，并将其深植企业文化之中，以"民之所需、国之所向"为经营发展的基本着力点，主动强化政治引领，履行政治担当，全力以赴参与国家重大战略实施、重大产业布局和重大项目建设，坚定走好中国特色金融发展之路。公司总资产在业内率先突破 4000 亿元，截至 2024 年年末，公司资产总额为 4436 亿元、租赁资产规模 3978 亿元；公司总资产、租赁资产、营业收入、营业净收入等指标均保持行业领先，公司还是中国银行业协会金融租赁专业委员会主任单位及上海市银行同业

公会金融租赁专业委员会主任单位。近年来，交银金租已累计获得政府机构、监管机构及国内外协会或权威媒体颁发的外部荣誉奖项130多个。公司连续多年荣获交通银行总行颁发的"年度经营管理优胜奖"，荣获上海市浦东新区政府颁发的"2023年度浦东新区金融业突出贡献奖"，连续4年蝉联金融时报"中国金融机构金牌榜金龙奖"年度最佳金融租赁公司。公司通过聚焦金融强国建设目标，以推进高质量发展为主题，以进一步全面深化改革为主线，统筹高质量发展和高水平安全，自觉践行服务重大国家战略的责任和使命，统筹推进、协调部署，充分发挥落实好各个重大国家战略的联动效应、整体效应、集聚效应、协同效应和辐射带动效应，始终保持"闯"的精神、"创"的劲头、"干"的作风，当好服务实体经济的主力军和维护金融稳定的"压舱石"，为推进中国式现代化做出积极贡献。

2. 以"四高"建设为实践支点，牢筑高质量发展的坚实底座

（1）以高质量党建引领为实践支点，奏响高质量发展"最强音"。交银金租作为行业领军企业，持续深入学习贯彻习近平新时代中国特色社会主义思想，有力激发全体干部员工干事创业的热情，为积极推动公司"二次创业"、扎实服务金融租赁行业高质量发展、进一步深化改革创新提供了强大的精神动力和思想基础。

一是持续拧紧责任链条，扎实推进全面从严治党。交银金租坚持党要管党、从严治党，健全全面从严治党体系，公司不断夯实全方位、多层次责任体系，紧密结合公司实际，认真修订完善各类落实全面从严治党责任清单、年度任务安排、工作要点和意见等制度文件，持续完善制度约束和监督保障，坚持重点工作清单化管理，突出抓好作风建设，积极营造风清气正、干事创业的浓厚氛围。

二是班子率先垂范，让"关键少数"发挥"关键作用"。公司健全完善并深入抓好"第一议题"制度，持续压实党委班子成员及具体议题主办部门责任，进一步完善贯彻落实工作部署，加强对"第一议题"的跟踪督办，确保"第一议题"的研究部署实现闭环管理。公司还持续丰富学习形式，通过集中学习研讨、专家辅导、现场参观、联学联建、个人自学等多种方式，切实提升理论学习中心组学习质效，通过持续强化理论和专业知识学习，不断加强自身建设，持续增强对党和国家重大方针政策的理解领会与贯彻执行。

三是基层全面开花，实现党建与经营管理同向发力。交银金租创新设立"交银·领航"基层党建与经营管理论坛，深入推动党建与业务全面融合、同频共振，有效探索了新时代党建工作创新路径。积极鼓励基层党支部开展丰富多彩的志愿服务、参观学习、党建联建、知识竞赛活动，激发支部工作活力，切实将党建促进业务发展日常化、特色化、专业化，以高质量党建引领高质量发展。

（2）以高效能机制创新为实践支点，锻造高质量发展"定盘石"。构建科学高效的公司治理与组织架构是高质量发展的基石。交银金租通过持续优化公司治理机制，强化创新职能布局，深挖发展潜力。

一是优化公司治理，提升决策效率。公司早在2017年就将党的领导明确写入公司章程，作为集团内首家试点单位，制订股东对董事会、董事会对总裁的授权方案，并持续优化完善，进一步健全完善"两会一层"授权体系。公司设立战略委员会、风险管理和关联交易委员会、预算和审计委员会、人事薪酬和提名委员会，持续提升决策效率和专业性，在全资金融租赁公司中首家聘任独立董事，由独立董事担任董事会相关专门委员会主任委员，发挥其专家智库作用，进一步优化董事会架构。

二是强化创新职能，布局重点区域。交银金租坚持创新驱动战略，制订实施《产品创新管理办法》，专门成立发展研究部具体负责创新职能管理和创新工作落地并组建多个跨部门创新课题小组。一方面有助于日常管理，提升各部门对创新业务的积极性；另一方面也有助于集中力量分析重点产业，探索创新模式，做好风控合规，推动创新项目的研究、孵化与落地。公司还创新组建上海主场业务团队，并进一步明确上海主场业务团队组成及职责，推动上海主场建设持续深化，立足交通银行总部在沪优势地位，以重点产业、重点区域的协同推进，促进业务快速发展，实现上海地区租赁业务占比有

效提升。

三是成立专业部门，深挖发展潜能。为全力推进二次创业和转型发展，交银金租明确了新基建、新能源、科技租赁、普惠租赁等新赛道方向，成立新基建（新能源）租赁业务中心、普惠（科技）租赁业务中心，并进一步优化整合成立新基建（新能源）、普惠（科技）两个专业部门，明确专营领域和产品，优化专属机制和产品，搭建普惠类科技租赁业务模式。

（3）以高素质人才队伍建设为实践支点，构建高质量发展"蓄水池"。人才是企业发展的第一资源，交银金租在人才发展战略方面不断推陈出新，树立正确选人用人导向，打破论资排辈、隐形台阶、部门壁垒，加快高端专业人才培养，打造一批素质过硬的领军人才、管理英才、专业骨干和创新人才，有效激发全体员工干事创业的热情。

一是创新设立"四位一体"客户经理激励机制。"四位"是指客户经理队伍奖金发放、等第评定、评先评优、职级晋升，"一体"是指全要素计价考核，动态打造满足业务发展需要、高质量、可持续的客户经理队伍，推动盘活内部人才资源，引导广大干部员工牢固树立正确业绩观。

二是构建持续激活的人才发展机制。有序推进"校招＋社招＋集团内选聘"的全渠道引才，注重员工的个人成长与职业发展，鼓励人才合理流动，促进知识与经验的交流融合，从而培养出一批既精通专业领域又具备跨领域协作能力的复合型人才。

三是打造一支复合型、国际化的人才队伍。公司创新国际化发展策略，以同业交流、内部培训、"以老带新"等方式加快培养新进人员，合理调整和搭配专业力量，优化团队设置，形成科学合理的人才储备梯队。

四是进一步推进校企共建，共筑金融人才培育新高地。与上海财经大学滴水湖高级金融学院签署"政产学研"人才培养合作协议，充分发挥各自优势，共同探索金融人才培养的新模式、新路径，持续赋能高质量金融人才培育。

（4）以高水平风险管控为实践支点，夯实高质量发展"防火墙"。作为金融租赁行业的领军者，交银金租深刻认识到，必须牢牢把握风险防控的主动权，要在复杂多变的外部环境中稳健前行，为可持续发展奠定坚实基础。公司资产质量保持优良，截至2024年年末，不良融资租赁资产率0.95%，较年初下降0.1个百分点；拨备覆盖率264.11%，同比提升8.37个百分点；各项风险监测指标均在风险偏好容忍限额范围内，扎实做好"量、价、险"的动态平衡。

一是持续强化全面风险管理。交银金租制订全面风险管理制度，修订"十四五"风险管理规划，坚持前瞻性防控，针对4种境外业务极端场景推动制订风险应对预案，充分发挥"三道防线"作用，加强各类风险识别、计量、监测、排查、预警、化解和处置，全面优化自身业务流程与内控制度，通过产品优化创新、精细化运营管理、数字化转型、全过程风险防控等，不断强化租前、租中、租后风险控制。

二是创新机船系统，数智化赋能风险监控。交银金租创新研发航空航运风险管理平台，是行业内首创的集人工智能、大数据模型和物联网三项技术为一体且专为机船业务数字化转型而打造的承租人信用风险管理平台。通过整合海量的机船定位、航线、利用率等机船资产数据和航空航运经营管理数据，结合公司独创的数据分析模型，充分挖掘数据价值，从资产风险监控延伸到信用风险管理，实现对承租人信用风险和资产风险的全方位监控与评估。

三是高度警惕市场和流动性风险。交银金租持续密切关注金融市场，特别是美元资金市场的走势，加强外币流动性风险管理，提前布局，研究多渠道、多品种的融资方案，合理摆布负债产品和期限结构，切实平衡好公司流动性安全和负债成本的关系。

四是进一步深化内控合规管理。交银金租积极持续加强关联交易及内部交易、规章制度、授权、反洗钱等合规管理工作。坚持巡视、审计和监管反馈问题整改一体推进，深刻反思问题产生的深层次原因，有效建立健全长效机制，举一反三，规范授权、完善制度、优化流程，确保依法合规稳健经营。

（二）交银金租转型创新实践的主要成效

近年来，交银金租作为行业的头部企业，立足本源，准确把握功能定位，深入推进转型创新，以产融结合思维深化展业模式创新，坚持将发展新质生产力与做好金融"五篇大文章"有机融合，以金融租赁转型创新之力助力经济高质量发展再上新台阶。特别是以服务制造强国战略、高水平科技自立自强、绿色低碳循环经济及高水平对外开放为发展重点，积极抢占新高地、打造新引擎、引领新浪潮、构建新格局，以"四新"为发展重点，为金融租赁行业的可持续发展树立了标杆，展现了服务国家重大战略、深度把握服务新质生产力发展重点的深厚底蕴与强大动能。

1. 以服务制造强国战略为发展重点，积极抢占推动实体经济跨越式发展的"新高地"

作为中国金融租赁行业的领军者，交银金租紧密围绕国家重大战略部署，通过强化航运、航空及设备租赁三大核心业务板块，为助力"中国制造"迈向全球价值链中高端积极贡献金融力量。

一是行稳致远，进一步巩固航运租赁业务行业龙头优势。交银金租航运租赁资产余额稳居行业首位，积极支持民族船舶制造业发展，深度服务"国货国运""国轮国造""国能国运"，持有各类船舶超过470艘，持续加大与境内船厂合作力度，在国内船厂订造船舶的累计金额达900亿元。作为中国航运融资领域的领跑者和国际航运市场的重要参与者，公司以金融租赁力量赋能实体经济，携手航运产业链各方为"中国制造"走出国门提供"中国方案"，持续打造可靠、高效、专业的"交银航运"品牌，牵头创立首届中国航运租赁创新联盟。

二是提质增效，有力赋能航空租赁业务可持续发展。作为中国商飞首批启动用户，首创通过海外租赁平台与中国商飞签署C919和ARJ21飞机购买意向书，以1000多亿元的航空租赁资产规模，跻身全球前十，积极推动民族航空制造业的发展壮大。公司"金融助力C919大飞机项目"入选"央视财经金融之夜"科技金融优秀案例。

三是产融结合，推进设备租赁业务阔步发展。交银金租集中优势资源推动现代化产业体系建设，支持新质生产力发展，积极培育核心客群，持续优化业务结构，扩展业务规模，有效推动市场渗透，深度参与各类先进制造领域重大项目建设，特别是聚焦新基建、新能源、科技等新赛道，加大对金融租赁在制造业领域多场景引用的研究推广，积极参与新能源汽车、动力电池、光伏设备等"新三大件"提质增效，公司制造业租赁业务占比持续提升，形成覆盖"空、铁、水、陆"的智慧交通业务体系，为"中国制造、中国智造、中国质造"不断提供金融租赁解决方案。

2. 以服务高水平科技自立自强为发展重点，科技赋能打造产业升级"新引擎"

交银金租深刻洞察时代脉搏，坚持创新驱动发展战略，不断探索金融租赁服务的新模式、新路径，致力于打造科技创新的新引擎，以服务科技创新促进新质生产力发展。

一是落实"三新一高"，擦亮科技租赁品牌。公司在第五届进博会上揭牌成立专班性质的科技租赁业务中心，并进一步整合为普惠（科技）租赁业务部，积极推动数智化转型，在行业内首创推出并落地"主动授信、模型核额"的普惠类科技租赁业务模式，构建"快易租""信易租""智易租"等科技租赁系列产品。

二是坚持先行先试，深化科技租赁业务布局。交银金租作为唯一一家入选原上海银保监局科技金融试点机构的金融租赁公司，牵头成立上海金融租赁服务集成电路创新实验室，成功落地行业首单自贸区SPV（Special Purpose Vehicle，特殊目的机构）集成电路设备直租项目，推动临港新片区集成电路产业集群的加速形成，并得到中央电视台《焦点访谈》栏目的重点宣传报道。公司在物联网科技租赁领域实现"破冰",首单人工智能GPU（Graphics Processing Unit,图形处理器）芯片算力直租项目、首单超级算力租赁业务相继落地,为行业转型发展、创新升级贡献金融租赁智慧。

三是突出多点发力,打造多元创新客群。公司不断规范完善创新工作管理,积极构建"5+1"科技企业长尾客群体系,聚焦专精特新、科技型中小企业和制造业单项冠军等过去金融租赁行业关注度不高的科技型企业,用新思路引领新发展,为业务转型发展、创新升级贡献金融租赁智慧。2024年上半年,公司实现科技租赁业务投放88.16亿元,约占设备租赁业务投放规模的30%；截至2024年年末,公司科技租赁业务余额265.42亿元,累计服务科技类企业171户。

3. 以服务绿色低碳循环经济为发展重点,引领绿色金融可持续发展"新浪潮"

公司强化绿色金融顶层设计,聚焦"十四五"发展规划中绿色租赁业务发展目标,先后制订《推动绿色金融发展、服务"双碳"目标行动方案》等文件,将绿色低碳理念融入公司重大战略实施进程,着力打造"交银绿金"绿色租赁品牌。

一是绿色引领发展,持续推进航运航空绿色转型。重点在气体船、油轮、散货船、集装箱船等主力绿色船型上发力,2024年,绿色船型新增投放金额近200亿元；作为《上海市转型金融目录（试行）》子目录《水上运输业转型金融目录》制订的成员单位之一,推进目录标准制订工作。通过交付低碳新机型及助推飞机采用可持续航空燃料（Sustainable Aviation Fuel,SAF）两种形式,推动对产业及绿色转型的精准赋能。2023年以来,航空租赁业务投放均为新技术绿色机型；截至2024年年末,公司绿色机型占比达47%。

二是顺应"双碳"目标,加快绿色租赁业务布局。交银金租成立新基建（新能源）租赁业务部,聚焦重点领域,持续优化绿色租赁产品体系,积极打造和迭代绿色租赁专属产品"优能租1+N"产品模式,完成行业首笔支持钢铁行业低碳转型融资租赁项目。重点布局"风光储氢"等领域,加快在新模式、新客群方面的推动和孵化,结合市场发展和客户的全生命周期需求场景,强化分布式光伏、储能和氢能等新能源细分领域研究。公司还成功发布首份社会责任报告,全面展现公司在经济、环境、社会及公司治理等责任领域的主要实践和成果,全力做好"绿色金融"大文章,共绘"绿色新质生产力"发展的美好蓝图。

三是发行绿色债券,拓宽绿色金融国际视野。公司是行业内首家获得Vigeo Eiris及香港品质保证局的绿色和可持续发展双认证函的金融租赁公司,2024年还分别发行了15亿元和9.5亿美元对标中欧《可持续金融共同分类目录》的绿色金融债券和标准S条例境外绿色债券。

4. 以服务高水平对外开放为发展重点,聚焦双循环,构建国际化发展"新格局"

交银金租依托航空与航运租赁领域的专业优势,在促进高水平对外开放、服务"一带一路"倡议及国家重大发展战略中发挥着重要作用。

一是积极服务"一带一路"建设。公司始终积极践行"一带一路"倡议,截至2024年年末,航空租赁业务服务涉及共建"一带一路"国家16个、客户24个,业务余额超230亿元,航空租赁国际影响力不断提升。在航运租赁领域,公司与11个共建"一带一路"国家和地区的29个客户建立合作关系,相关航运租赁资产余额超560亿元。在金融市场业务方面,公司与9个共建"一带一路"国家的金融机构开展融资业务合作,融资余额超40亿美元。

二是服务互联互通和对方开放,打造国内国际双循环战略链接。多年来,交银金租在持续壮大自身业务的同时,有力支持上海打造开放高地,特别是国际航运中心的建设。在上海自贸区设立之初,交银金租便成为首家设立SPV的租赁公司,也是国内首家成立航空航运专业子公司的租赁公司。通过主动适配经济金融与产业政策的战略高地,公司扎根上海、立足全国、辐射全球,立足国际市场需求谋篇布局,全力服务国内国际双循环的发展格局,聚焦租赁本源,发挥专业优势,在国际化经营发展的实践中不断历练成长。近年来，交银金租积极与船厂、船级社、船管公司、研究机构、保险公司、律所、设备厂商等多方加强合作，共同助力上海打造航运产业生态圈，促进上海在政策和航运服务、司法、人才、金融、船舶制造、船舶管理等方面形成完善的产业生态体系。公司牵头举办首届中国航运租赁创新联盟大会，深度参与上海高能级国际航运中心建设，并积极参加北外滩国际航运论坛等顶尖论坛，促进上海国际航运中心高能级建设。

三、主要创新点

在当今世界百年未有之大变局中，金融租赁行业也正经历一场深刻的转型蜕变之旅，正摒弃往昔同质化竞争、粗放经营与被动跟随的旧有模式，转而迈向以质量为核心、创新驱动的崭新发展阶段。这一转型之路虽布满荆棘，伴随着剧烈的市场波动与未知的挑战，宛如穿越狂风骤雨与惊涛骇浪，但正是这些考验铸就了行业坚忍不拔的品格，预示着其即将迎来前所未有的发展机遇。作为金融租赁行业转型创新实践的典范，交银金租的实践经验为行业提供了诸多启示，对金融租赁行业67家机构及全部从业人员和所管理的4.2万亿元资产规模均具有较好的借鉴意义，具有很强的头部示范引领作用，也为当前正探寻转型创新之路的同业提供了非常好的实践路径和成果展示，有助于将行业的共识与发展趋势进行明确，推动行业转型创新提速扩面。同时，对全部融资租赁公司乃至整个金融行业也具有较强的启示意义，具有鲜明的行业特征和实践价值。而从更深远的视角来看，交银金租作为国有金融企业，转型创新的成功经验也为广大国资国企聚焦主责主业和功能定位、服务中国式现代化提供了借鉴，对如何更好地发挥"主力军"和"压舱石"作用、参与新质生产力发展、有效构建现代化产业体系等方面提供了现实参考。

（一）坚持党建引领，强化公司治理，引领促进高质量发展

金融租赁行业应当切实加强党的领导与公司治理深度融合，不断完善治理体系、提升治理能力。

一是深刻领会并全面践行习近平新时代中国特色社会主义思想，提升政治敏锐性和战略眼光，确保各项工作始终沿着正确方向前进。要积极构建多层级、全方位的理论与知识学习运用体系，充分利用多种学习形式，有的放矢强化战略思维和决策能力的提升，深入研究国家金融政策、国际经济形势等，为推动经济高质量发展提供科学决策思路，全面提升广大干部员工"取势、明道、优术"的整体素质和能力水平。要全面深入贯彻落实党的二十届三中全会精神，进一步增强全面深化改革的紧迫感和主动性，有效激发奋发有为的热情动力，积极参与大规模设备更新、服务新质生产力发展。

二是进一步强化全面从严治党，形成推进中国式现代化的强大动力和合力。要坚持责任全链条，分层分类建立健全责任体系，抓好管党治党各项任务落实，巩固拓展主题教育成果，深化党纪学习教育，有力推动全面从严治党向纵深推进。积极培育和弘扬中国特色金融文化，加强金融文化建设宣传与教育等措施，切实推动金融租赁行业高质量发展稳步前行。

三是多措并举推进基层党建均衡发展。将党建引领发展的认识落实到实际行动中，增强党组织政治功能和组织力，推动基层党组织全面进步、全面过硬，深入推进党支部规范化建设。围绕经营管理重点工作需求，积极开展创先争优主题活动，强化党员先锋队、攻坚队、示范岗建设，引导党员增强政治意识，立足岗位担当作为，推动党建与业务进一步深度融合。

四是完善公司治理，坚持和完善"双向进入、交叉任职"的领导机制，建立涵盖各治理主体的治理架构，明确各治理主体的职责边界和履职要求，发挥各司其职、各展所长的优势，持续完善战略决策、监督评价、授权执行的制度体系，丰富战略管理、风险治理、数据治理、科技治理等各维度内涵，持续夯实公司治理整体效能。

（二）进一步深化转型创新理念，强化内部体制机制改革

作为金融行业与实体经济结合最紧密的细分行业，金融租赁行业应始终把服务实体经济作为出

发点和落脚点，加大对重点领域和薄弱环节的金融支持力度，要严格落实监管关于"真做租赁、做真租赁"的最新部署，紧密结合近年来陆续出台的一系列新制度、新要求、新导向，准确把握好金融租赁行业的本质要求和功能定位，进一步深化改革创新，有效执行好新近发布的金融租赁公司业务发展鼓励清单、负面清单和项目公司业务正面清单的相关要求，特别是要准确理解《金融租赁公司管理办法》修订的背景意义、目标要求与深刻内涵，将转型创新进行到底。金融租赁公司要加快适应和参与金融机构体系、金融市场体系、金融监管体系的优化完善，提高服务实体经济的能力和效率。特别是要积极推动金融产品和服务创新，找准金融"五篇大文章"与金融租赁行业特性的契合点，满足实体经济多样化的金融需求，不断优化业务投向、创新产品供给、提升服务的便捷性，有效丰富市场选择，充分降低企业的融资成本和门槛，为经济高质量发展提供有力支撑。同时，要加强自身能力建设，主动优化发展战略、经营策略、风控机制、展业模式、人才机制、评价体系等，不断增强与监管要求和市场环境的适配度，强化各项基础支撑力度，切实找准自身改革发展路径，找准自身资源禀赋和专业特色，着力在专业化、差异化、特色化等方面下真功夫、见真成效。

（三）聚焦"真科技、硬科技"，增强服务高水平科技自立自强的创新力度

党的二十届三中全会提出，要健全因地制宜发展新质生产力体制机制。发展新质生产力是推动高质量发展的内在要求和重要着力点。随着科技的不断进步和全球产业格局的深刻变革，航空、航运、设备等先进制造业逐渐成为未来新质生产力的主战场之一。无论是推动大国重器"上天、入地、下海"，还是助推传统制造业智能化、绿色化转型，金融租赁都大有可为。在航运租赁领域，金融租赁行业可加强与各大造船集团的深度合作，支持其自主研发各类具有前沿高端技术、高附加值的新一代船舶，为国内船舶制造企业突破"卡脖子"关键技术、领跑全球做出积极贡献，支持航运产业打造新质生产力，向全球价值链高端进阶。在航空租赁领域，金融租赁行业应加大对国产民用飞机制造的支持力度，积极创新与中国商飞的合作模式，深化新一代技术机型的投放力度，加强宣介和资源整合，持续助力C919走出国门，为航空产业打造新质生产力提供长期资金支持，促进航空产业新质生产力发展质效不断凸显。在设备租赁领域，金融租赁行业应在集成电路、算力设施、生物医药、人工智能、物联网等重点领域加强布局，以打造战略性新兴产业集群为切入点，因地制宜培育和发展新质生产力，基于区域科技型企业发展特色，加快释放区域高质量发展新动能，通过建立高效审批机制，通过数智化转型策略，批量化向科技型小微企业提供主动授信服务，全方位服务科技型企业设备资产"买、用、修、卖"4类需求。

（四）坚持向"绿"而行，持续加大对绿色低碳循环经济的支持力度

2024年4月，中国人民银行等七部门印发《关于进一步强化金融支持绿色低碳发展的指导意见》，特别强调要激励与约束并重，发挥市场在资源配置中的决定性作用，引导金融资源支持高排放行业绿色低碳转型和可再生能源项目建设，支持绿色低碳交通和绿色建筑发展。全国首个绿色融资租赁地方标准《绿色融资租赁项目认定规则》在上海正式发布，进一步提升和拓展了上海绿色金融服务平台的特色和功能，为发展"绿色新质生产力"夯实了政策基础。在航运租赁业务方面，金融租赁行业要持续加大对LNG、LPG（液化石油气）、氨等替代燃料船舶的投入力度，把握内河航运超大市场规模机遇，积极参与内河船舶电动化、智能化改造，参与各类技术路线的研究推广，并深度参与现有船舶脱硫塔安装改造。在船舶减排技术元件升级方面，聚焦基于气泡减阻、船体整流鳍、桨毂消涡鳍、风力助推、轴带发电机、船载碳捕集系统（Onboard Carbon Capture System，OCCS）、余热回收等船舶减阻、助推、回收绿色船舶技术的建造、改造，持续加大金融供给力度。此外，积极助力港口"风光氢储"一体化、新能源自动运载车等项目，不断完善数字脱碳工具，通过船舶能耗监控、碳足迹、碳排放强度计算、碳减排航线优化等功能，减少船舶在港口和航道中的拥堵和中转次数，有力实现碳

减排。各头部企业还应充分利用自身在航运、港口、制造、能源、电力、装备等领域业务全覆盖的优势，在绿色航运领域积极寻求复制推广与扩容，共同探索建立航运低碳转型价值链体系，积极打造绿色航运生态圈。在航空租赁业务方面，以垃圾、废弃物为原料的可持续燃料较传统化石燃料碳排放量最高可减少85%，金融租赁行业应积极推动加注可持续生物航空燃料飞机的项目落地，全力支持绿色飞机融资，推动新能源交通工具应用，不断提升新技术机场的占比。在设备租赁业务方面，金融租赁行业要深入挖掘绿色产业全链条、各环节的租赁场景，积极布局"风光储氢"各领域，持续深耕绿色能源垂直产业链，强化分布式光伏、储能和氢能等新能源细分领域研究，持续优化绿色租赁产品体系，在工商业分布式电站、用户侧储能电站、新能源充电桩、光储充换一体站、储能生产企业端等细分领域创新实践。同时，在重卡换电、绿色公交等方面加大投入力度，实现绿色低碳交通全领域、全天候覆盖。

（五）发挥专业优势，积极助力高水平对外开放

航空业、航运业均具有高度的国际化特征，也是资金高度密集的行业，在国内外开放互通的过程中发挥着关键作用。由于机船资产具有权属明确、标准化高、流动性强、交易市场活跃、定价机制清晰等特征，其成为金融租赁公司专业化发展的重要载体。而设备租赁领域由于权属复杂、法律财务政策差异大、标准化程度参差不齐等因素限制，尚未形成广泛的规模市场。2024年11月1日，《金融租赁公司管理办法》正式实施，明确对境外业务实施分类管理，要求金融租赁公司从事境外融资租赁业务应当以项目公司形式开展，并且以飞机、船舶之外的其他设备资产为租赁物的境外业务，符合条件的金融租赁公司可在申请获取相关业务资质后，在境内或境外设立项目公司开展此类业务。该政策为交银金租设立境外SPV开展境外设备租赁业务提供了便利，可解决境外法律、税务、外汇管理等诸多问题，为交银金租更好服务企业的境外融资需求创造了良好政策环境。金融租赁行业应充分利用航空、航运领域积累的国际化展业经验，聚焦车辆、工程机械、算力等重点领域，优选重点细分资产标的，如采矿设备、铁路机车、集装箱、新能源装备等，积极开展跨境设备租赁和境外设备租赁业务，大力支持中资企业和国产设备"走出去"。此外，境内企业参与国际航空、航运市场最迫切的需求之一便是资金在境内外间的便利化流动。近年来，国际经济金融形势复杂严峻，西方发达国家普遍呈现经济"高通胀、高利率、低增长"态势。在此背景下，国内金融租赁行业应积极应对市场风险，通过加大跨境业务的互通，协调境内外资源，确保本外币融资通畅，授信额度充足，并在租金收取、支付结算、离岸债券、衍生产品等领域积极探索人民币国际化。目前，国际机船租赁仍采取美元定价模式，人民币业务还主要集中在境内设备租赁领域。未来，金融租赁行业需要探索在出租人、承租人和制造商三者间构建更加标准、完善和有效的定价机制，在资金支付结算、金融衍生品应用、余值风险管理等方面加强创新研究，并可先从离岸人民币方面突围，持续扩大人民币在全球的流通范围，进一步提升人民币的国际化水平。

（六）强化风险防控，统筹兼顾发展与安全，构建金融租赁行业稳健发展基石

金融安全作为国家安全体系的坚固支柱，是维系经济持续繁荣与稳定的基石。在金融租赁领域，防范与化解金融风险应被置于前所未有的战略高度。行业需构建更为严密的风险监测网络，强化预警机制，确保能够及时发现并有效应对潜在风险点，坚决守护住不发生系统性金融风险的底线，为金融租赁行业的稳健运行及国家经济的整体安全提供坚实保障。一是要基于行业国际化发展特性，积极应对包括美元持续强势导致的流动性与市场风险、国际地缘政治紧张可能引发的制裁风险等各类风险，抓好洗钱风险、制裁风险、国别风险等重点领域风险防控。二是要加强全面风险管理，严把项目审查关口，主动退出产能过剩行业相关业务，积极加强租后管理，持续监测机船资产价值波动。三是要持续筑牢合规经营根基，持续加强租赁物适格性和价值评估管理，增强租赁物的风险缓释作用。

"长风破浪会有时，直挂云帆济沧海。"面对异常复杂的国际环境和艰巨繁重的改革发展稳定任务，金融租赁行业在习近平新时代中国特色社会主义思想的指导下，在推动经济高质量发展、建设"金融强国"的征程上任重道远。大道至简，实干为要。唯有始终坚持政治引领，强化服务实体经济、深化机制改革、激发创新活力、筑牢风险防线能力，方能推动金融租赁行业成为推动我国经济高质量发展的坚实后盾与强劲引擎。展望未来，金融租赁行业将坚定不移地提升核心竞争力，构建更加创新、高效、稳健且充满创新力的行业生态。交银金租坚信，通过不懈努力，金融租赁行业将焕发出蓬勃生机，为经济社会的高质量发展注入源源不断的新动能；同时，也将为中国式现代化的美好蓝图提供更加坚实的金融支持与保障。

基于业财融合的电网工程项目全过程管控系统研究与应用

创造单位：海南电网有限责任公司

主创人：高军

创造人：鲁玗　罗程　吴锦芳　钟德龙　许红丽　李婷　赵文萍　王晓莹　史云　唐华华

【摘要】电力工业是国民经济发展的重要组成部分，电网工程建设是支撑地方经济高速发展的基础，是提升居民、工商业供电服务水平的关键，但实际中，电网工程项目管理普遍存在"管理链条长、责任主体多、重投产轻转固、时间跨度久"等特点，容易导致责任不清、计划刚性执行不到位等问题，对电网企业财务预算、投资计划、资金使用的准确执行造成不良影响，工程财务问题突出。海南电网有限责任公司（以下简称海南电网）从工程项目管理不善导致的财务问题出发，立足业财融合，构建电网工程项目全过程管控系统：一是创新建立包含业务节点及财务节点的18个节点的项目全过程管控模型；二是系统性建立围绕工程财务关键节点的时空交叉分析模型，通过融合应用对比分析、趋势分析、聚类分析、地域分析等一系列科学分析方法，充分发挥工程过程监控数据的价值，挖掘财务数据背后的业务问题，从根源上解决问题。该系统在海南电网应用以来，工程财务关键指标大幅改善，系统应用成效显著，管理效益、行业效益、社会效益突出，具备良好的推广价值。

【关键词】电网工程项目　全过程管控　时空交叉分析　业财融合

一、实施背景

电网工程建设包括施工、验收、投产等业务节点，同时包括暂估、结算、转固等财务节点。财务节点属工程项目管理的末端节点，直接关系电网企业有效资产形成，对电网企业财务预算、投资计划、资金使用的准确执行都有巨大影响。从财务节点出发，发现工程项目管理主要存在项目重投产轻转固、转固前置的投产等节点滞后、转固内部暂估结算等环节滞后、增资金额未达预期等问题。究其原因，工程项目管理普遍存在"管理链条长、责任主体多、重投产轻转固、时间跨度久"等特点，容易导致责任不清、投产后转固节点不可控、计划刚性执行不到位、计划未按实际进展进行动态更新等问题。过程管控一般采用"按数量管控"，并未进行点对点管控，容易造成片面追求总体数量，忽视滞后项目的情况，难点项目滞后至下半年扎堆开展，出现前松后紧的工作局面，导致项目投产目标完成及施工安全风险大大增加，不利于电网企业有效资产的及时形成，对电网企业的长远发展造成不利影响。此外，项目实际管理过程中，涉及多部门、多节点、多口径等问题，管理复杂，项目管控数字化程度较低，基础数据质量差且跨部门获取难度高，导致转固分析难以开展或深度不足，无法支撑高质量工程财务工作的要求。

二、实施目的

海南电网聚焦以上痛点，从项目管控出发，建立项目全节点监控模型，以项目监控数据为基础，建立项目过程管控时空交叉分析模型，精准定位问题，有力改善工程财务现状，支撑电网企业财务预算、投资计划、资金使用的准确执行。

三、实施过程

（一）电网工程项目全过程管控模型

立足电网企业工程项目特点，创新建立电网工程项目全过程管控模型，从业务节点、财务节点、时间节点、金额节点等维度定义具体节点，对18个节点开展全面监控，并建立点对点管控、计划动态调整等机制,针对性解决工程项目"管理链条长、责任主体多、重投产轻转固、时间跨度久、过程按数量管控"等问题。

1. 全节点管控

聚焦解决过程管理责任不清的问题,通过细化工程项目过程节点(见表1),开展全过程管控。结合项目分类差异化设置管控颗粒度,针对主网基建工程建立物资到货、停电施工、工程投产、暂估入账等18个节点的全过程管控模式,明确节点责任主体,避免出现管控盲点。

表1 工程项目全节点明细

节点	节点类别		具体节点	管理责任主体
1	业务节点	时间节点	投资计划下达	规划部门
2			初步设计批复	基建部门
3			物资需求申报	基建部门
4			物资到货	供应链部门
5			工程开工	基建部门
6			停电施工	调度部门
7			验收完成	生产技术部门
8			电子化移交	基建部门
9			工程投产	基建部门
10	财务节点	时间节点	暂估单据推送	基建部门
11			暂估入账	财务部门
12		金额节点	增资金额	财务部门
13		时间节点	竣工结算	财务部门
14			财务决算报表编制	财务部门
15			竣工决算审计	财务部门、审计部门
16			正式转固单据推送	财务部门
17			正式转固入账	财务部门
18		金额节点	转固金额	财务部门

2. 点对点管控

优化"按数量管控"的过程管控模式,按项目进行点对点管控。按数量管控,即以完成项目总数进行投产率等指标的计算,容易导致各责任主体片面追求总体完成数量,不按计划时间节点开展项目,提前完成全年较容易的项目,上半年指标较好,但较为困难的项目滞后情况严重,大量积压至下半年扎堆开展,造成数据繁荣假象,严重影响项目管理。

海南电网创新采用均衡管控按项目点对点进行管控,即对统计周期内计划完成项目的实际完成情况进行统计,以此作为考评依据,引导建设单位严格按照计划开展工作,避免出现下半年难点项目扎堆的情况,具体措施如下所述。

(1)按月统计各单位每个节点的完成情况,每个节点完成率=该节点本月计划完成项目中实际完成项目数/本月内计划完成项目数,分子为"该节点本月计划完成项目中实际完成项目数",而以往管控模式为"该节点实际完成项目数",管控模式完全不同。

(2)对超前完成的项目节点,虽然不在完成率中体现,但予以额外的加分激励,鼓励各单位在完成计划内项目的基础上积极进取,超前完成计划外项目。

(3)依据节点完成率计算各单位完成率,单位完成率=各单位本月涉及所有节点的完成率。

(4)形成月度考核得分。依据各单位完成率基本得分及超前完成的项目奖励加分,形成单位月度考核得分。

3. 工程项目计划动态调整机制

按目前的管控方式,项目管控计划按年度投资计划调整,每年调整约1~2次,导致项目滞后以后长时间没有目标。建议建立动态调整机制,每月根据滞后情况开展项目动态调整,对滞后节点考核后重新设置目标,避免项目节点长时间失去目标,结合公司下达的年度投资及调整计划,对项目计划进行即时调整。另外,为及时对滞后节点进行纠偏,确保项目后续节点有效管控,建议建立项目滞后节点计划调整机制,于次月对上月滞后节点进行计划调整,若计划调整后仍未完成,对节点开展二次考核。计划调整需由公司分管领导决策,避免无序调整,实现项目计划与投资计划、实际情况相匹配。

(二)电网工程项目业财融合分析

依托全节点监控的数据,对转固环节开展分析,转固环节具体包括5个节点(暂估、结算、决算、审计、转固),另外涉及2个转资金额(暂估金额、转固金额)。通过以上数据的分析,精准定位增资问题所在,提升增资水平,有力改善工程财务现状,支撑电网企业财务预算、投资计划、资金使用的准确执行。

1. 时间节点分析模型

通过对比分析与趋势分析两种分析方法,定位具体症结节点,将其作为重点关注对象,开展进一步聚类分析,判断属于共性问题还是个性问题,然后结合区域分析,进一步发掘涉及地域的深层次业务因素。

(1)对比分析。通过对转固环节5个节点(暂估、结算、决算、审计、转固)完成率横向对比分析,定位完成率比较差的节点,作为重点关注节点。

(2)趋势分析。通过对转固环节5个节点(暂估、结算、决算、审计、转固)完成趋势进行对比分析,定位完成率趋势持续表现比较差或者持续下滑的节点,作为重点关注节点。

(3)聚类分析。通过对比分析和趋势分析,发现明显存在问题的节点,并对该节点各单位的情况进行聚类分析,通过聚类分析定位这个问题属于共性问题还是个性问题。如果是个性问题,大概率是个别单位管理上的问题,可以定点提升;如果是全省共性问题,那可能就存在制度流程方面的缺陷,要全面提升。此外,还有一种情况,就是区域共性问题,那可能就存在与地域性相关的深层次原因。

2. 金额节点分析模型

分别对转固中涉及的暂估金额、转固金额进行对比分析,发现暂估金额与转固金额之间的差异,进而开展暂估金额的结构分析,对暂估金额的组成部分进行逐项拆解分解,定位具体问题,进而开展关联性分析,发掘存在的业务动因。

(1)结构分析。通过对暂估金额和转固金额数据对比,发现二者存在的差异,进而对暂估金额进行拆解细化,包括物资费、施工费、设计费和监理费。通过对这几类费用的暂估金额和转固金额进行逐项对比分析,以施工费用为例,暂估金额与转固金额差距最大,问题进一步定位在施工费用未及时归集这个方面。

(2)关联性分析。通过建立暂估金额与付款进度的关联,开展关联性分析。一般工程在投产后要付出80%左右的施工费用，实际中，这80%的确是投产后就准备付出了，但是并没有那么快，因为涉及大量资料归集，一般是在投产后1~2个月才能付出这笔费用，但是暂估工作却要在投产后20天完成，这就出现了时间差——本该在投产后就增资的施工费用因为支付效率的问题而未能实现，而支付效率低主要是业务部门、施工单位相关支付材料没有按时提供，导致这部分金额没有进入暂估，进而影响暂估金额。

以上提出应用一系列分析方法对时间节点和金额节点开展系统分析，实现从财务的数据一步步挖掘到业务动因，发现项目全过程管控中的业务症结，最终通过业务纠偏实现财务数据提升，全面提升项目全过程管控水平。

四、主要创新点

该模型的建设，以高效、精准和科学的管理方式，对公司战略执行、公司总体运营和专业管理进行全方位监测预警及均衡管控，辅助公司各级管理人员掌控战略实施成效和公司业务运营状况，确保公司生产经营目标、资源配置方案、重点工作任务有效跟踪。以此及时推动解决公司业务运营过程存在的问题，加快推动战略重点实施落地，促进公司管理水平和运营管控效率提升。

一是为工程项目精益化管理提供重要抓手。通过项目全节点、点对点及计划动态调整等机制，细化项目过程管控，实现工程项目数据信息的全面掌握。通过监控分析，使每一个节点能被监控到具体实施情况，实现工程项目数据信息的全面获取和掌握，达到透明化、穿透式管理的目的，推动工程项目均衡推进，实现精益化管理。

二是为工程项目转固提出分析模型。对转固环节的各个节点完成率、增资金额进行分析，在此基础上进一步深入挖掘节点用时维度，并对节点用时超时情况进行原因统计分析，提供更为丰富的分析及解决问题的视角思路。

三是为经营水平提升提供思路。通过项目全过程管控的数据及分析，推动公司总体经营计划制订更为精准。首先，可以支撑企业投资计划制订，结合工程项目管控节点平均用时，可以更为精准安排项目工期，为年度及中长期项目总体数量的安排提供参考。其次，可以支撑企业预算计划的制订，结合投资项目安排项目总体预算，同时也可以为项目各类费用预算安排提供参考。最后，还可以支撑企业资金计划制订，通过对资金使用情况的统计，合理制订资金计划，提高资金使用效率，优化企业融资管理。

五、实施效果

项目全过程管控监控分析系统目前已在海南电网全面推广使用，应用覆盖海南电网省、地两级29家单位，对公司近4000个工程项目进行全过程分析管理，实现项目的全节点及点对点管控，提升了工程项目管理精益化水平。

应用成效较为显著，目前，各项关键指标对比上年同期数据均大幅转优。其中，暂估平均用时大幅下降30%，各项关键指标均改善明显。从单位层面看，以29家单位为例，其中6家单位月度节点平均完成率达到90%以上，15家单位月度节点平均完成率达到80%以上，仅有3家单位月度节点平均完成率低于60%。项目全过程管控监控分析系统的实施有力激发了各单位做好工程项目建设的热情，选树了一批工程项目建设标杆单位，机制管控效果明显。

一是项目全过程管控方面，以下达计划的项目为主体，加强项目全过程管理，统筹全年工作计划，设置合理的时间节点，加强工作策划，促进业务流程改进，减少工作被动性，降低管理成本和安全风险，助力公司持续提升经营质量。

二是项目高效执行方面，应用及时告警异常项目及其责任主体，反向促进执行单位及时发现项目风险，合理调配资源、优化执行策略、提高执行效率。

三是分析能力方面，通过体系化分析模型开展全面分析，应用科学有效的分析方法发现问题、解决问题，推动从源头、从业务解决财务指标表现不佳的现状，实现了工程财务水平质的提升。

该系统综合应用各种先进的可视化软件技术，提高了各业务域的管理水平，实现了差异化、流程化的管理，提升了企业运营管控和分析决策能力，使企业业务系统成为业界的标杆，对内实现企业运营管控预警与深入分析；对外面向社会各界展示企业经营绩效，增强了企业的社会认可度，提升了企业形象。其运用数字化手段支撑管理层、辅助决策层，持续为基层减负，提高各层级工作满意度，为树立公司行业良好央企形象提供了助力。

六、下一步规划与探讨

海南电网针对工程项目管理存在的诸多问题，立足业财融合，从财务视角出发，构建工程项目全过程管控系统：一是创新建立包含业务节点及财务节点的18个节点的项目全过程管控模型；二是系统性建立围绕工程财务关键节点的时空交叉分析模型，系统应用成效显著。

2024年，国务院国资委全面部署了新一轮大规模设备更新工作，提出未来5年央企大规模设备更新改造投资将超过3万亿元。大量投资带来的工程项目建设压力进一步增大，需要进一步强化业财融合，树立项目全过程管理思维，注重全过程管理模式的研究和应用，强化对工程业财数据分析模型的应用，以确保电网工程项目建设管理的全面性、针对性和有效性，不断提升大规模投资带来的社会效益和经济效益。

下一步，将依托现有的工作成果继续开展项目投资后评价等内容，统筹投资的目标、项目、过程、结果、考核等环节，逐步完善"发现问题（运营监控）、解决方案（形成项目）、解决问题（成效评价）"的投资闭环管控机制。

基于 Maven 多模块管理技术的合规信息化系统

创造单位：北京京能信息技术有限公司

主创人：胡耀宇　梁锦华

创造人：胡玮明　徐瑞博　王佳茗　刘凯　丁邦林　孙岩　黄剑　田震　宋大为

【摘要】 2022 年 8 月 23 日国务院国资委发布《中央企业合规管理办法》，提出深入贯彻习近平法治思想，落实全面依法治国战略部署，深化法治央企建设，推动中央企业加强合规管理，切实防控风险，有力保障深化改革与高质量发展。

北京京能信息技术有限公司（以下简称京能信息）提出依托合同管理体系，建设合规信息化系统，构建合规模型，实现合同从项目立项、采购执行、合同签订、合同履约到合同结项的全生命周期管控；实现智能合规审查；实现合规预警，使企业能够及时发现和应对潜在风险，提高风险防控能力。该系统可以帮助企业提高整体运营效率和合规管理水平，从而更好地应对市场竞争和监管要求。该系统于 2023 年 6 月开始上线试运行，目前该系统运行良好，符合用户的需求场景。

【关键词】 合同管理　多模块管理技术　兼管

一、实施背景

京能信息成立于 2006 年 5 月，是国家高新技术企业，获得"北京市级企业科技研究开发机构""北京市科创企业""中关村高新技术企业"等荣誉称号，并先后通过 CMMI3、ISO 27001 信息安全管理体系、ISO 14001 环境管理体系、ISO 9001 质量管理体系、CCRC 信息安全服务资质、涉密信息系统集成、IDC 互联网数据中心、知识产权管理体系等资质认证，获得 ISP 接入资源管理系统资质。

京能信息自成立以来，利润持续增长，致力于在能源行业发挥技术优势和资源优势，提供信息咨询、软件开发、系统实施、系统维护等服务，自主研发了基于互联网＋大数据技术的智慧楼宇综合管理平台、能源管控智慧运营云平台、智慧能源综合服务平台、基于边缘智能的园区安全监控系统等平台。截至目前，共取得软件著作权 198 项、实用新型和发明专利 20 项，10 项新产品通过北京市新技术新产品认证。在 ERP（Enterprise Resource Planning，企业资源计划）领域，服务于超过 200 多家企业的 SAP（System Applications and Products，企业管理解决方案）、ERP 运维与技术支持。

获得中国信息化协会颁发的"2018 中国信息化和软件服务年度杰出企业"称号。与清华大学互联网产业研究院等院企，在北京信息化和工业化融合服务联盟发起成立了"智慧供应链专委会"，并成为副会长单位。另外，还曾获得"发电行业两化融合领域杰出服务商""中国大数据电力行业最佳创新应用""海帆企业"等荣誉称号，以及"智能电站领域最具创新价值解决方案奖"。

（一）合规信息化系统实施的必要性

1. 推动合规管理改革创新，实现合规业务数字化

依托数据中台，算法模型等手段，实现集团全类型合同的全流程在线监控，包括合同事前查看（立项签报信息、采购结果信息），合同事中签署履约（合同起草、合同签订、合同登记、合同履约），合同事后归档评价（电子归档、合同评价）。

2. 实现合规在线管理，降低合同风险

全面监测各类型合同，防范企业合同风险。通过数字体系建设和集团管控要求，基于合同管理体系，逐步实现合规管理标准化，提升合规化，加强数据赋能。

降低违规风险，内置的合规审查功能可以帮助企业及时发现并纠正可能违反法律法规或行业标准的合同条款，从而避免潜在的法律责任和罚款。

强化风险预防和控制，通过对合同内容的法律合规性智能分析，可以在合同签署前预见和规避潜在的法律风险，加强对企业利益的保护。

3. 提升生产经营能力，降低风险

增强业务协同，实现合规业务全流程化。集成集团门户、移动审批、流程中台、招采系统、SAP系统、财务共享系统、4A系统、主数据系统、案件系统，确保信息流和业务流的顺畅，加强各部门间的协作和信息共享。

4. 推进内部协同和价值创造，赋能集团高质量发展

通过内部协同增强组织的协同效应，引导企业实现协同的价值创造，实现 1+1>2 的效应。

（二）合规信息化系统实施的目标

京能信息按照京能集团"数字京能"的整体战略，结合自身现状和管理需求，建设合规化管理系统，通过抓重点、全覆盖、补短板、防风险等手段，解决 5 类问题，实现合规管理水平的提升。

1. 合规审核智能化程度不高的问题

合规审查属于新提出的要求，既要实现合规审查与现有系统的有机结合，又要提升合规审查的智能化水平，最大限度地降低合规检查对现有工作的负面影响，需要通过功能嵌入与数据分析相结合的方式，通过数据标准化建设，模型的开发与训练，逐步解决合规审核智能化程度不高的问题。

2. 职责不清晰，分工不明确，岗位定位模糊的问题

在系统建设前，项目开展时，组织存在职责不清晰、分工不明确，岗位定位模糊，以至于在工作效率方面出现工作任务延误、重复工作、决策迟缓。在资源分配方面出现资源浪费、需求不匹配、预算超支。在团队协作方面出现沟通障碍、目标不一致等问题。

3. 合同信息的收集困难，风险难以规避的问题

合同管理是企业运营中非常重要的一环，它涉及企业的经济活动、法律风险、合同执行等方面。随着企业规模的扩大和业务复杂性的增加，传统的合同信息管理方式需要人工录入和整理，效率低下，容易出现错误和遗漏。合同管理缺乏有效的风险预警机制，无法及时发现潜在的风险和问题。在合同执行过程中可能会出现各种问题和困难，无法及时发现和处理问题，导致企业承担法律风险。

4. 各系统数据分离，项目无法集中管理的问题

京能信息统建了 OA（Office Automation，办公自动化）系统、SAP 系统、费用报账系统等应用系统，由于各系统数据的分离问题，导致企业各系统之间存在数据孤岛和信息不畅通，以至于数据使用价值和决策支持能力下降。同时，合同管理信息和预算信息散落在各系统中，没有有效集成，存在着大量的冗余工作，管理流程低效，缺乏透明度，管理沟通成本高，随着企业规模的扩大和业务复杂性的增加，这种情况可能会更加严重，因此需要进行解决。

5. 三会决策与项目实施脱节的问题

在系统建设前，议案（议题）、决策等信息通过人工记录，在信息处理的过程中存在效率低下、耗时耗力、消息不透明、决策信息滞后、难以实现跨部门协作等问题，以至于影响整体工作效率，导致工作滞后，项目延期等风险，并且传统的决策信息的手工记录难以和合同数据进行挂接，导致合同数据的来源没有依据，审查时寻找依据困难等问题。

二、实施过程

随着京能信息近年来业务的增长，面对庞大、复杂、多源的信息处理有着前所未有的挑战，在合规信息化系统建设伊始，在京能集团领导的统筹部署下，提出"安全、高效、合规"的目标，树立

"协同管理、安全和谐、系统管理"的核心理念。在决策阶段,创建扁平化、开放式组织管理模式,保证项目高效实施;在建设阶段,建立分层次管理系统的架构,合规信息化系统建设依靠京能信息自身建设优势和京能集团的协调优势,优势互补、协同作战,形成技术进步与管理创新的良性互动;利用进度目标优化方法,解决信息整合难、信息处理难、项目管理难等问题,科学推进系统建设进程,保证项目整体目标的实现。

(一)基于项目特性的传统项目管理模式的创新优化策略

鉴于京能信息所面临的内外部制约条件,必须在利用传统项目管理工具基础之上,结合项目自身特点进行创造性改进,以满足项目目标的实现。管理是由多个环节组成的过程:提出问题、策划方案、决策、执行、检查。以上为传统管理模式,在传统项目管理模式的基础上,针对项目特点,必须进行创造性改进,深入挖掘影响本质的因素,不落项,并突出问题重点而加以解决。

(二)项目关键目标及影响因素总结

关键目标识别:根据京能集团的总体安排,计划项目应于2023年6月底完成,因此在确保工程质量和安全的前提下,所有工作均围绕进度目标来开展。

关键影响因素识别:针对项目实施时间较长,从项目立项、项目采购、合同签订、合同登记、合同履约、合同结项的执行,存在时间审批链路长,跨越系统多,信息处理分散等问题,在项目实施过程中,业务人员无法把控项目整体进度,对提交的项目材料无法提供风险分析、预警提示,以至于对项目实施潜在风险无法规避,和对项目复盘和审计的准确和效率出现更多阻碍。

(三)分析问题寻找解决途径

1. 充分利用组织措施,建立高效系统的组织管理模式

合规信息化系统的首要问题是解决组织架构问题,组织是目标能否实现的决定性因素,项目管理组织是项目管理目标能否实现的决定性因素。针对××项目的特点及进度目标实现的可能性,系统对京能集团所有的组织人员信息进行系统集成,充分强化组织措施,进而确保项目进度目标的实现。合规信息化系统组织模式主要有线性组织模式、职能组织模式及矩阵组织模式,在总部领导的总体部署下,按照各自分工,执行相应职责,解决在项目执行阶段出现的分工不明确、职责不确定等问题。

2. 集成项目全生命周期信息,建立健全的项目回溯管理

京能集团统建了OA系统、SAP系统、费用报账系统等应用系统,由于各系统数据的分离问题,导致企业各系统之间存在数据孤岛和信息不畅通,业务人员在项目实施过程中,从各个业务系统之间反复跳转登录,导致工作效率降低,信息不统一,存在着大量的冗余工作,数据核对困难等问题。

3. 建立项目预警机制,规避项目风险

企业需要实施合同信息的集成、分析和预警,帮助企业了解自身的合同状况,发现潜在的问题和风险,并及时采取相应的措施,提高企业的管理效率,降低企业的风险和损失。通过合同信息的整合和共享可以更好地了解企业的合同状况,避免信息孤岛和重复工作,进而可以促进企业内部各部门之间的沟通和协作,提高工作效率。通过合同信息的风险预警与分析可以及时发现潜在的风险和问题,降低企业的风险和损失,提高企业的竞争力;通过分析合同执行过程中的数据和信息,帮助用户及时发现存在的问题和困难,并采取相应的措施进行处理和改进,帮助企业提升经济效益。

4. 合同和议题决策的挂接,解决合同签订依据问题

合规信息化系统通过合同和议题的挂接,可以快速获取议题的相关信息,避免审查时找不到相关议题,提高审查效率;通过合同和议题的挂接,可以实现跨部门之间的信息共享和协作,提高工作效率,确保合同及项目能够如期进行;通过合同和议题的挂接,使合同和议题能够确保数据的准确性和可靠性。提议议案挂接合同系统可以更好地使其遵循法规政策,提高整体效率和效果,实现合规化运

营、提高整体竞争力。

（四）确定系统建设目标及范围

京能信息积极响应集团"数字京能"的整体战略，结合自身现状和管理需求，建设合规化管理系统。旨在解决合同信息的集成、分析和预警问题，提高办公效率，提升组织管理水平，促进团队协作，增强企业竞争力；解决预算数据与预算执行数据分离的问题，实现生产预算的执行情况分析。

合规信息化系统通过数字化集成和标准化合同信息，提升管理效率，预警潜在风险，增强企业决策和组织管理能力。合同是企业运营的重要基础，涉及的信息量庞大且复杂。传统的管理方式容易出现信息孤岛和错误，影响办公效率和企业决策。合规信息化系统将通过数字化手段，将合同信息进行集成和标准化，方便管理者进行查阅和分析。同时，该系统具备预警功能，对可能出现的风险和违规行为进行提前预警，提高组织管理水平和风险应对能力。

合规信息化管理系统将实时共享并同步更新预算数据，确保管理者准确掌握生产预算执行情况，优化管理决策，增强企业竞争力。合规信息化管理系统将解决预算数据与预算执行数据分离的问题，实现生产预算的执行情况分析。预算是企业管理的重要指标，但在实际执行过程中常常出现数据分离的情况，导致管理者无法准确掌握生产预算的执行情况。合规信息化管理系统将实现预算数据的实时共享和同步更新，使得管理者可以随时掌握生产预算的执行情况，及时进行调整和优化，有助于提高企业的竞争力。

（五）制订系统方案

1. 功能架构

合规信息化系统主要包括六个功能模块，分别是决策管理、预算看板、预算执行、项目一览、预警提示和运维管理。这些模块共同构成了系统的核心，为企业提供了一个全面、高效、安全的合规化管理平台。

（1）决策管理：提供企业议题决策的上传和复核功能，实现跨部门之间的信息共享和协作。

（2）预算看板：提供了可视化的预算数据展示功能，使管理层可以直观地看到预算的分配和使用情况。通过这个模块，管理层可以轻松地了解预算的执行情况，及时发现和解决预算使用不当的问题，从而更好地管理预算。

（3）预算执行：预算执行模块是合规化管理系统中的关键模块之一。它实时收集和更新预算执行数据，使管理层可以实时了解预算的执行情况，从而做出相应的调整和优化。

（4）项目一览：提供了对所有项目的集中管理，使管理层可以轻松地查看所有项目的进度、办理时间、预算分类情况等信息。这个模块有助于管理层更好地管理项目，有助于对项目全生命周期的了解和管控。

（5）预警提示：预警提示模块通过数据分析，对可能出现的风险和违规行为进行提前预警，帮助管理层及时发现和解决问题，有助于减少违规行为的发生。

（6）运维管理：运维管理模块负责系统的日常维护和管理，确保系统的稳定性和安全性。

2. 功能描述

（1）系统首页。首页为不同角色用户提供不同的待办事项、预警提示、议题、项目信息。例如，预警首页提供对预警的查阅功能，通过系统内置的预警规则，触发预警规则后会在首页提醒，点击可跳转对应的项目一览，查看该项目的问题。

（2）决策管理。议题（案）管理版块为用户提供提报议题的功能，包括党委会议题、总经理办公会议题、董事会议题、股东会议题、签报等的录入及审批，各部门业务员将需要提报的议题数据填写后提交，按照系统配置的审批流程进行审批。

（3）合规模型。通过各类合规规则的审查模拟，系统自动检查合规异常事件，通过预警模块联动预警。

（4）研究决策。研究决策提供党群部专责与综合部专责创建相应决策会议的功能，包括党委会、总经理办公会、董事会、股东会、监事会、其他会议的录入及复核，党群部专责将已上会的党委会时间、内容、议题讨论结果、议题纪要、会议纪要等上传至系统。综合部专责将已上会的总经理办公会、董事会、股东会、监事会等会议的时间、内容、议题讨论结果、议题纪要、会议纪要等上传至系统。

（5）预算执行。预算执行提供不同维度的预算执行情况查看功能，包括生产成本、资产化、管理费、研发投入、财务费用、部门控制预算。用户可查看不同维度下项目的期初预算、已占用预算、已使用预算、剩余预算、预算执行进度条、月度进度预算执行进度条。

可选择末级预算科目发起项目立项，也可在当前页面快速进入 SAP 提报需求计划、进入费用报账系统进行费用报销等操作。

预算看板提供不同维度的预算执行情况查看功能，包括成本性态预算分析、变动成本预算、利润预算分析、人工成本预算、安全生产费分析、部门控制预算分析。用户可查看不同维度下项目的期初预算、已占用预算、已使用预算、剩余预算、预算执行进度条、月度进度预算执行进度条。

预算维度主要查看不同预算科目下的项目情况，以及项目关联的合同信息。

（6）预警一览。预警一览为用户提供了查看预警的功能，包含项目节点倒置、项目节点缺失等预警信息。用户在收到预警后进行资料补充后，可以关闭预警提醒。

（7）合同台账。合同台账为用户提供了关联项目的合同台账查询功能，用户可以通过合同维度和预算维度来查看合同详细信息和当前预算下的项目及项目关联的合同信息。为企业提供了便捷、高效、准确的合同查询方式。

合同维度主要查看关联了预算项目的合同详细信息，包括合同金额、签订时间、执行情况等。用户可以通过该维度了解关联项目的合同执行情况。

（8）知识库管理。知识库管理提供了议题、项目、合同等在审批流转时，针对各个节点审批人审批关键事项、审批需关注内容的知识维护，包括知识分类管理、知识内容维护，知识库维护后可选择配置审批表单，其中涉及标准或制度、内控流程、各节点审批事项，配置完成后，各审批人可在审批过程中查看需本人审核事项。

议题创建时，关于党委会、总经理办公会、董事会、股东会、监事会、三重一大决策的相应决策事项及决策类别均可在知识库进行维护。

（9）项目节点配置。项目节点配置提供了不同项目类型、不同预算区间、不同采购方式、不同代采单位对应项目所需节点的配置，此处配置完成后，业务人员立项后，可查看项目在立项阶段、采购阶段、合同签订阶段、合同履约阶段所需的节点及要求上传的要素文件，方便业务人员查看及跟踪。

（10）流程配置。流程配置为系统管理员提供了议题、决策、项目等需要审批的流程自定义功能，系统管理员在创建流程后，可自定义各个审批节点的审批人，可通过角色、岗位、用户等进行配置。

（六）系统开发

1. 设计原则

（1）系统架构微服务化。传统的三层架构（表示层、逻辑层、数据层）应用程序打包成一个压缩包，部署在一台服务器上，整个系统的并发能力不足。并且随着代码量的增大，模块间依赖关系更加错综复杂，导致代码的可读性、可维护性和可扩展性越来越差，无法很好适应日益频繁的需求变动。

相对单体架构（三层架构）来说，微服务架构具有分布式、服务化、松耦合、易扩展、独立部署等特点，更适合开发高并发、分布式的系统，并且已经成为当下最热门的IT（Information Technology，信息技术）开发架构。

（2）恰如其分的架构。以解决实际问题为导向，充分考虑现状，使用成熟的、合适的系统架构，而不是一味追求最新的、互联网企业的架构。

（3）可演进的架构。充分考虑系统架构的可演进，为将来系统升级预留空间和弹性。该项目核心功能采用组件化、服务化，并封装一系列的微服务（如文件上传下载、文档格式转换等），系统架构将来能够平滑地升级为容器云架构。

2. 系统架构设计

围绕京能信息合同合规化的目标，以"整体规划、统一标准、互联共享、安全可靠、先进适用"为原则，应用信息化新技术，构建柔性化综合服务平台，以信息技术创新驱动业务发展，形成技术与业务的深度融合，以合同平台为媒介，通过"外部集成、内部管控"完成合同链路的合规化。

3. 系统性能要求

（1）要求系统性能稳定、可靠。人机界面友好，易操作性强，输入输出方便，图标生成美观，检索查询简单快捷，帮助信息完成。

（2）安全性能：通过安全认证和授权控制等实现授权访问；同时，整个系统具备数据备份、容灾恢复和应急响应功能。出现异常情况，应有应急解决方案。此外，网络数据传输要满足信息中心统一的安全要求，保护信息在网上传输的机密性、完整性。软件应符合信息安全有关规定，提供必要的应急响应机制，网络断线、死机、断电等意外情况不得造成数据逻辑和约束关系错乱。

（3）数据处理能力需求：一般查询及浏览，在网络状况允许的情况下，应做到即时响应（2秒以内）。在数据导入、导出等长事务处理中，应提供详细进程报告信息显示。

（4）软件应满足24小时×365天的不间断稳定运行要求。

4. 数据备份

数据是系统的血液，在任何情况下，保障数据的安全对系统保持健康运行都具有决定性的意义。完善的数据备份机制，是保障数据安全的重要手段之一。

数据备份，通常采用的有完全备份、增量备份、差量备份、完全备份和增量备份组合及完全备份和差量备份组合等机制。但考虑到自然资源管理业务的特点，每天产生变化的数据量不会很大，在需要数据恢复时，要求恢复时间尽可能短；而每次所产生的业务数据量又很大，但更新高，因此，建议系统采用增量备份组合的机制。每一天一个备份循环。

这种备份机制，轮巡方式简单明了，易于实施管理。系统可将自动备份时间设定在每日晚12时，通常此时开始备份已经不会影响正常工作。

为防止诸如地震、火灾、水灾及战争等不可抗拒的外来因素对数据备份介质的永久性损坏而带来的数据损失，备份数据的硬拷贝介质应该进行周期性的复制存放，以最大限度地保障数据的安全性。

三、实施效果

（一）管理水平

一站式合规化项目管理平台，实现项目立项、项目采购、合同起草、审批、履约等全流程业务线上化，对项目整个生命周期进行全部电子化记录与留痕，清晰地记录合同相关信息与数据，满足项目监管部门、承办部门等管理需求，实现项目执行全程管理，确保项目全程操作有效、合规，实现了对各项业务流程的精细化管理和监控，减少管理漏洞和风险，提高管理效率和执行力。

根据项目业务环节，显示当前项目的进度，根据计划进行超期合同预警，根据风控结果进行合同风险预警，可实现软控或硬控，软控即提供审批流程，审批通过后继续推进，硬控即暂停当前业务事项，为企业多次规避法律风险。

通过数据报表统计方式，方便业务人员快速搜索定位对应项目信息，通过对合同签订及履约相关的内、外部数据分析，方便决策者及时掌握企业运营状况，随时随地获取企业关键数据信息，多次辅助领导做出正确的决策。

合规信息化管理系统提供灵活方便的集成中心，对接集团内部的各类业务系统，包括招采电子商务平台、SAP 系统、案件管理系统等都可以方便被集成和集成，实现合同数据与业务系统互联互通。减少了重复工作和浪费，提高了工作效率和准确性。

（二）经济效益

信息化合规项目优化了企业的生产流程和管理方式，提高生产效率。例如，通过合规化信息系统，企业实现了数据和信息的共享，避免资源浪费和重复投入。根据相关数据统计，引入合规化信息系统后，企业的生产效率平均提高了 30%，降低了成本，提高经济效益。

信息化项目的经济效益体现在提高生产效率、降低成本费用、提升决策能力和提高客户满意度等方面。通过引入先进的信息技术和系统，企业实现了资源优化配置决策的准确性和客户需求的个性化满足。这些都带来了经济效益的提升，提高了企业的竞争力和盈利能力。

（三）社会效益

合规信息化系统的应用给企业带来经济效益的同时，也带来了社会效益。通过建设合规信息化系统，企业更加透明地展示了企业经营情况，提高了社会信任度。合规信息化的建设有助于企业自身的合规经营，推动了整个行业的规范化发展。

基于全价值链的轨道交通装备企业质量管理

创造单位：中车长春轨道客车股份有限公司
主创人：刘长青　吴帆帆
创造人：金剑峰　宋楠　王卓　李核　毛润杰　赵巍

【摘要】 作为国家轨道交通运输重大技术装备的提供者，轨道交通装备制造业是直接关系国家和社会安全的重要行业，中车长春轨道客车股份有限公司（以下简称中车长客）始终牢记"连接世界、造福人类"的使命，以国家质量强国、交通强国、"一带一路"为契机，积极应对复杂多变的国内外市场环境带来的风险挑战，坚持创新驱动，紧紧抓住技术演进和产业发展的机遇，走以质取胜的发展道路，经过不断地总结和实践，实现基于全价值链、全过程的质量管理。成果实施以来，提质增效成果突出，实现产品智能化与制造智能化的相互迭代，实现了虚拟制造与现实制造的融合，工作效率显著提高，制造成本大幅降低；品牌影响力显著提升，企业知名度、美誉度大幅度提升，公司连续5届荣获"中国质量奖提名奖"；推动中国铁路技术装备现代化进程，填补了国内技术空白，也打破了世界发达国家的技术壁垒和垄断；赢得了用户和国内外旅客的认可和称赞，打造中国装备制造业靓丽名片。

【关键词】 轨道交通　全价值链　质量管理

一、实施背景

（一）积极落实国家质量强国战略的必然要求

轨道交通作为国家大力倡导并推介的项目，在"一带一路"中占有重要位置，轨道交通装备制造业更是担负着主力军和形象大使的角色，党和国家对中国中车打造中国轨道交通装备"永不褪色"的金名片充满着殷切期待和要求。质量强国、交通强国、"一带一路"为行业发展带来了新机遇。要实现"一带一路"的经济互通，交通战略要先行，而轨道交通是其中的重头戏，特别是轨道交通装备制造，必然在整个创新驱动的战略中发挥引领作用。这必然要求企业以"高质量发展"为方向，促进产品技术、安全标准全面达到国际先进水平，从而实现从制造大国到制造强国的"中国梦"。

（二）加快形成新质生产力的必由之路

质量提供新质生产力"新"的保障，只有质量的不断提升，才能推动科技创新的活力迸发，并催生新产业、新模式、新动能，进而形成新质生产力。质量推动新质生产力"质"的优化，需要通过加强全面质量管理，以生产经营全过程、各环节的充分协作和高效沟通来实现资源的最佳配置和利用，提高全要素劳动生产率。质量促进新质生产力"力"的合成，通过全面提升质量管控水平，推动企业质量管理的数字化、集成化、协同化和智能化。质量在统筹推进传统产业升级、新兴产业壮大、未来产业培育、完善现代化产业体系、形成促进新质生产力发展的合力方面具有重要意义。只有质量稳定性和一致性得到持续保障，企业才能加快推动传统制造业升级，引领发展战略性新兴产业和未来产业，加快形成更多新质生产力，为高质量建设制造强国提供持久动能。

（三）引领产业链共同发展的必然选择

当前，世界面临"百年未有之大变局"，确保产业链、供应链的安全稳定，提升全链条产品质量水平，是构建行业高质量新发展格局的基础。中车长客作为轨道交通装备行业领头羊，推动改变供应链质量水平参差不齐局面，引领产业链高质量发展的责任重大、使命光荣。必须加快统筹推进供应链建设，补齐短板、锻造长板，加强顶层设计、应用牵引、整机带动，实施好关键技术领域攻关提升，强化技术和最佳管理实践供给，深入推进行业质量提升行动，实现行业高质量共同发展。

（四）持续满足客户需求的必然之举

随着轨道交通行业的发展，客户关注点已不仅限于产品功能的满足，更对质量问题趋于"零容忍"。只有不断满足客户日益增长的追求高速度、高可靠性、无人驾驶、智能化、轻量化、绿色化等高质量要求，才能在未来赢得市场。另外，国际竞争对手加速整合、联合围堵，国内轨道交通装备市场日益放开，外资、民企和其他国企进入新造、检修和配件业务，产品质量竞争日益加剧。适应和满足不同行业的客户需求，快速形成质量核心竞争力，是对中车长客管理工作提出的新要求和新任务。

（五）推动企业高质量发展的必然需要

伴随国内铁路建设和城市轨道交通市场发展，产品质量安全压力持续加大。中车长客要持续强化战略导向的驱动理念、自主创新的发展理念、客户至上的营销理念、全产业链的立体化竞争理念、全寿命周期管理的产品理念、依法合规的跨国经营理念、可持续经营的成本理念、崇尚奋斗的人才价值理念，通过建立先进、科学、创新、过硬的以车辆安全为核心的、覆盖产品实现全过程的质量管控模式，解决全价值链、全过程质量管控能力与企业高质量发展目标要求不适应的问题，实现产品研发设计、采购控制、生产制造和售后运营四大环节的优化管控，将质量工作真正融入前期策划和工作流程中，全面提升产品质量，提升企业持续改善能力，促进企业高质量发展。

二、实施目的

为了确保产品和服务的卓越品质，增强客户忠诚度，提高企业声誉，优化运营效率、降低成本，促进创新与发展，满足法规和标准要求，建立协同合作的生态系统，增强市场竞争力，实现可持续发展，中车长客实施了基于全价值链、全过程的轨道交通装备企业质量管理，在全价值链过程强化质量管理，促进企业全方位持续改善，带动产业链持续发展，着力打造中国轨道交通装备"永不褪色"的金名片。

三、实施过程

中车长客始终牢记"连接世界、造福人类"的使命，以"高质量发展"为方向，以质量强国、交通强国、"一带一路"为契机，明确基于全价值链、全过程的质量管理（见图1）总体思路，即通过以战略为牵引，以技术创新、管理创新为驱动，以体系、人才、文化为保障，打造数字化赋能新模式，实现覆盖所有经营过程的运营管控和覆盖全生命周期的质量管控，持续改善，追求卓越，实现管理提升、效率提升、效能提升、效益提升，进而实现企业高质量发展，铸造强大的市场竞争力和生命力，打造中国装备制造业靓丽名片。

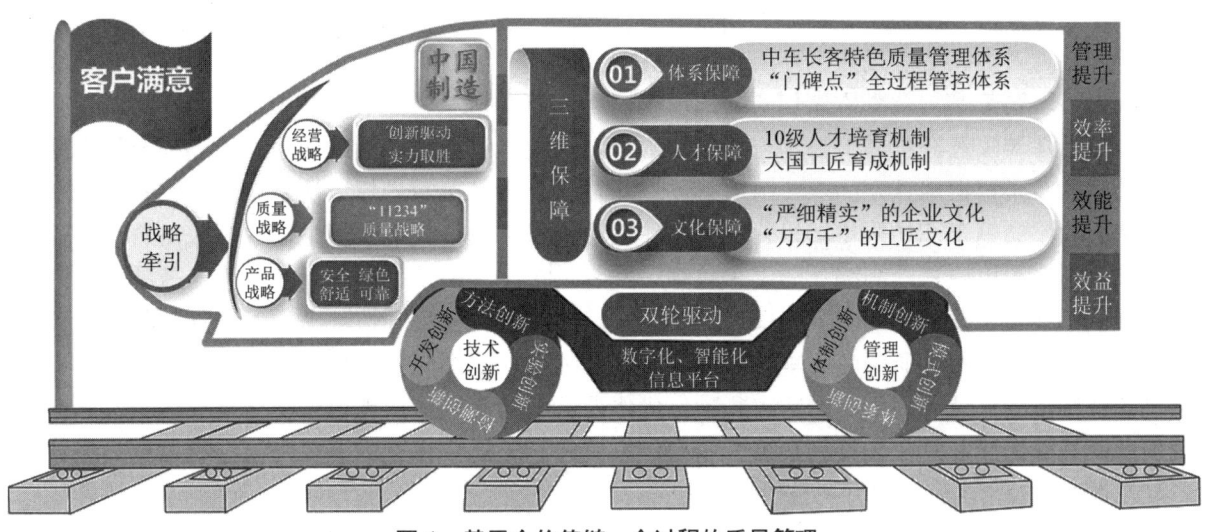

图1 基于全价值链、全过程的质量管理

（一）以战略为牵引，激发高质量发展内生动力

中车长客始终致力于为客户的需求寻找更好的解决方案，围绕企业的愿景，洞悉发展机遇，制订满足并引领客户需求、引导行业发展、指导企业方向的战略规划，确定了"创新驱动、实力取胜"的经营战略、"11234"的质量战略、"安全、绿色、舒适、可靠"的产品战略。实施"11234"质量战略，即明确1个质量工作目标，以提升顾客满意度、支撑公司市场开拓和战略落地为目标；构建1个质量工作基础，推进全价值链区域化质量管理体系建设；围绕2个质量工作核心，致力于提升工作质量、产品质量；筑牢3个质量工作保障，在质量业务数字化转型、质量人才队伍建设、质量文化氛围营造方面提供保障；抓住4条质量工作主线，依据技术线、产品线、采购线、管理线4条工作主线开展质量工作，激发公司高质量发展内生动力，助力公司成为世界一流轨道交通企业标杆。

（二）以技术创新为驱动，实现科技自立自强

以"自主创新、深度掌控、正向设计、根在长客"为技术发展路线，围绕企业战略，建立基于全寿命周期服务的技术与研发管理的组织架构、核心流程、协同运营体系，凝聚创新资源，完善创新功能，不断提升企业技术创新能力。

1. 建设研发技术平台，提升自主创新能力

中车长客构建了高速列车系统集成国家工程实验室、国家级企业技术中心、国家轨道客车系统集成工程技术研究中心、博士后科研工作站、院士工作站、国家技能大师工作室"六位一体"的技术创新平台。构建覆盖全球的国际化研发体系，以工程研究中心（长春总部）为核心，建成北京、重庆、上海和美国、澳大利亚5个研发分中心，并积极筹建俄罗斯和欧洲研发分中心，利用海内外研发资源及人才优势，加强技术研发与应用，形成服务型技术输出，为市场开拓、技术创新提供全过程支持，支撑公司国际化运营。深入推动"产学研"合作，联合中国铁道科学研究院、西南交通大学等20余所高校、科研院所及相关配套企业开展协同创新，充分发挥各自优势科技资源，攻克多项关键技术难题，全面提升了企业的自主创新能力。与美国密歇根大学等院校及西门子、阿尔斯通等公司建立了长期合作关系。中车长客建立了基于全寿命周期正向设计的全过程、标准化研发设计流程体系，以客户需求为导向，以结构性产品向功能性产品研发转型为推进路径，以平台化、模块化、系列化、标准化设计为基础，建设了动车组、高档客车、城际及市域车、地铁列车、有轨电车、磁浮列车和新制式列车七大产品线25个产品平台，形成了全类型、全品种轨道车辆研制能力，有效缩短车辆交付的时间，更好满足全球不同用户多样化、定制化的需求。

2. 建设技术方法平台，提升工艺优化能力

中车长客通过加大资金投入、开展立项攻关、技术方法创新大赛、将创新成果与岗位晋升挂钩等措施，大力鼓励员工参与技术方法创新，涌现出搅拌摩擦焊技术、高端不锈钢车体激光焊制造技术、牵引电机节点压装工艺等优秀的技术方法创新成果，大力推进创新成果的应用，促进公司技术能力的不断提升。针对不锈钢地铁产品，在国内首创性开发出采用搭接激光焊方法制造不锈钢轨道车辆的新产品，从而使不锈钢车体结构更加优化，其车体钢结构焊接质量也达到了最高水平。引进激光焊自动化生产线，形成了国内首个高端不锈钢车体制造平台及技术体系，显著提高产品生产效率，提升产品品质。建立了涵盖焊接装备要求、焊接过程控制、焊后质量检验等制造环节的不锈钢车体制造工艺体系及质量控制标准体系。研制包含单车智能调试、故障自动识别、信号模拟、网络检测等一系列智能调试设备，同时细化试验项点、删除重复项、优化调试工艺文件，实现调试工序减员增效，单车调试每台车可以节省4～5小时，大大提升了调试效率。

3. 建设实验技术平台，提升科技研发能力

中车长客依托轨道交通车辆系统集成国家工程实验室，搭建了虚拟现实中心、列车网络控制试验

平台、仿真分析平台、RAMS（可靠性、可用性、可维护性、安全性）工程平台的设计验证平台。围绕IEC 61133 规定的整车 32 项型式试验测试技术开展系统性技术研究，通过空气动力学、强度、疲劳、震动模态、限界、碰撞、噪声等多项试验项目，为高速动车组前沿性技术研究提供保障，确保高速动车组整车运营安全达到行业技术领先水平。国家工程实验室具备 23 个类别 100 个项点的 CNAS（中国合格评定国家认可委员会）检测资质，实现了轨道车辆领域 IEC 61133 标准要求的整车型式试验能力的全覆盖。具备自主、权威的实验室检测能力。为提升设计可靠性、可用性、可维护性、安全性，降低全生命周期产品维护成本，公司大力推广产品研发过程智能化仿真分析技术，目前仿真分析技术基本涵盖轨道车辆各个领域，具备了强度、疲劳、动力学、碰撞、声学等 12 个领域的智能化虚拟验证能力。搭建了统一的 SDM（系统设计与建模）协同仿真平台，与 PLM（产品生命周期管理）和 TDM（试验数据管理系统）系统建立仿真与设计、试验间数据交互，实现了基于多学科耦合分析的仿真分析与设计、试验、仿真分析各领域间的协同。利用高度集成化的流程引擎，快速搭建仿真流程，实现仿真过程的可视化。

4. 建设检测技术平台，提升产品验证能力

以"树立行业检测标杆，展现企业技术实力"为目标，建立了理化计量检测中心、无损检测大师工作室。在建立 CNAS 认证认可实验室的基础上，系统化导入高端的检测技术和智能化的检验手段，提升检验检测能力。通过开发或引进智能扭矩检测系统、内窥镜、激光跟踪、热成像、合金分析、转向架落成自动检测装备、动车组运行故障动态图像检测系统、三坐标检测等检测手段，提高了生产效率，保证产品高品质、高安全、高可靠。针对高速动车组转向架螺栓力矩施加风险高、操作难度大的问题，创新性地引入动车组智能扭矩系统，实现了对操作过程智能监控、数据无线传输，有效地控制了质量风险。基于机器视觉的激光焊缝余高检测技术通过重建焊缝表面点云，进行图像校正与分析，获取特征点并计算得到余高信息。其检测精度优于 0.05mm，解决了传统的表面余高测量方法无法满足激光焊部件的焊缝余高检测精度及交检节拍要求的问题，该技术获得发明专利。

通过技术创新，中车长客研制开发了一系列新产品，填补了多项国内空白。高速动车组产品涵盖运营 160～400km/h 等级，可适应不同环境条件、不同运输需求的产品平台，实现了动车组产品的全覆盖。中车长客实现了城市轨道车辆产品的全覆盖，是国内唯一能够生产全部 8 种类型城铁车辆产品的主机厂，也是国内唯一一家掌握高寒地铁技术、单轨技术、100% 低地板车辆技术、市域车技术的主机厂；实现了车体技术、转向架技术、列车网络控制系统、全自动驾驶技术核心技术不断突破。"复兴号"动车组实现了国外标准、国内试验数据双重设计控制，逐步由依靠标准设计向制定标准的转变。中车长客是国内唯一完全掌握网络控制技术、全自动驾驶技术的主机厂。

（三）以管理创新为驱动，实现企业可持续发展

按照"客户主导、管控集中、业务协同、权责明晰"的原则，以推进管理进步和管理绩效为切入点，结合专业特点，开展创新工作。通过体制创新、机制创新、模式创新、体系创新，建立运营管控型的集团化跨国经营体系，实现管理提升、效率提升、效能提升、效益提升。

1. 推进机制创新，提升员工工作质量

为引导激励员工提高工作质量，保证产品质量，中车长客构建了质量业绩评价机制。分为单位和员工两个评价维度，对体系过程、工作质量、实物质量三个方面进行评价，通过建立单位和员工的质量业绩档案，基于 QMS（Quality Management System，质量关系系统）平台进行数据的收集、汇总、分析、评价，实现基于信息化平台的质量评价。针对质量业绩好的单位，每月以"质量奖"的形式进行奖励，将生产一线员工利益与产品实物质量结果进行关联，切实贯彻"好质量"就是"好收入"。员工质量业绩档案用于对员工进行客观评价，评价结果与个人评先评优、岗位晋升等挂钩，形成人人参

与质量、人人敬畏质量、自我检查、自我纠正、自我改善的质量氛围。

2. 推进模式创新，提升企业管理水平

在消化吸收国际先进的管理理念和方法的基础上，中车长客结合自身实情，进行了创新，涌现出一批适合企业实情、促进企业管理提升的优秀管理模式。融合"直线职能业务框架"和"项目体系业务框架"的"矩阵式管理模式"，矩阵管理中的员工以双线汇报的形式开展工作，整合了资源，公司各系统的经营意识、服务意识和执行力都得到了强化。"轨道客车制造企业基于平衡矩阵的多项目资源配置管理"获评第十七届"国家级二等企业管理现代化创新成果"。

基于新一代信息技术和先进制造技术，围绕数字化设计、智能化制造、信息化管理，建立支持公司核心业务一体化运作的信息化、数字化平台。以数字化贯通全制造过程，通过智能装备、智能物流、制造执行系统的集成应用，实现整个生产过程的优化控制、智能调度、状态监控、质量管控等功能。构建企业经营管理主链条的数字化和网络化格局，打造企业新型能力。"轨道交通装备企业面向产品全生命周期的智能化改造"获评第二十四届"国家级一等企业管理现代化创新成果"。

3. 推进体系创新，提升集团化质量管理水平

建立跨国经营下集团化质量管理体系，通过集团化质量管理的总体规划，确定原则，通过搭建集团化质量管理机构、建立集团化质量流程制度体系、建立集团化质量管理机制、建立集团化质量监督机制、建立质量改进机制、强化资源集中统一管理和分享等，打造一整套科学、专业、规范、实用的轨道交通企业跨国经营下集团一体化质量管理体系，实现集团化质量管理的优化管控，围绕产品全寿命周期，提高效率，降低成本，进一步打造中车长客高端装备品牌影响力，提升企业国际国内市场知名度。"轨道交通企业跨国经营下质量管理模式的构建和实施"获评第十六届"部级一等全国交通企业管理现代化创新成果"。

4. 推进体制创新，提升经营管理水平

中车长客按照全球战略布局、技术布局、产业布局和经营布局要求，建立"集团化＋区域化＋产业化"的管理体制。通过"产品＋技术＋服务＋资本＋管理"五要素合一的全方位国际化经营，建立全资控股子公司18家。国内设置东北、华中、西北、西南、华北、大湾、华东、全国单轨车基地8个区域，国外设置欧洲及中亚区域、亚太区域、美洲区域、中东及非洲4个区域，为区域内客户提供全寿命周期服务业务。发挥主机厂核心作用，带动产业链发展，形成了自主研发、配套完整、设备先进、规模经营的集研发、设计、制造、试验和服务于一体的轨道交通装备制造体系。与产业链上下游供应商、客户、合作伙伴、友商等重点企业形成产业联盟，推动轨道装备行业的快速发展。

通过管理创新，实现了企业管理的持续改善，实现了企业智能化水平的持续提升，实现了从整车、系统、关键零部件研发制造到运营维护的全产业链协同快速提升，实现了全球市场全覆盖，在国内国际双循环格局下实现了企业可持续发展、塑造中车长客品牌，开启了集团化管控下的跨国经营新时代。

（四）以体系为保障，实现管理成熟度持续提升

1. 建立中车长客特色质量管理体系，持续提升质量管理水平

中车长客立足高端装备制造产业实际，通过深度分析影响质量提升的核心问题、对标先进企业成熟经验、融汇国际标准共性要求、集成公司优秀质量成果，建设以质量安全风险管理为核心、独具中车长客特色的质量管理体系，坚持"3个回归"（即质量管理体系回归经营管理体系、质量要求回归管理流程、质量职责回归流程所有者）一体化管理思想，建立以中车长客质量管理体系为基础的一体化业务流程工作机制，提供了可复制、移植、评价的管理框架平台，高度契合了提升质量是"中国制造"第一追求的国家战略要求，有力推动了轨道装备"走出去"国际化战略的实施。中车长客特色质量管理体系融合了 ISO 9001、ISO/TS22163、EN 15085、DIN 6701、ISO 17025、ISO 10012、"中车 Q

质量管理标准"等质量管理标准，以集中统一、覆盖全面、注重管控、增强实效、动态管理、持续改进为原则，将业务流程管理方法和质量安全防控融入八大主要业务过程，明确了"横向倒边、纵向到底"的质量责任体系，通过在公司的贯彻，有效提升了公司整体质量管控水平。

2. 建立"门碑点"管控体系，持续提升产品质量管控能力

中车长客建立了覆盖产品全生命周期的"门碑点"产品质量管控体系，同时运用实施产品安全特性分级管理、"技术、管理双归零"、RAMS 管理、FEMCA（故障模式、影响及失效性分析）、8D 报告、供应商十步阶梯管理等方法，形成立体式覆盖产品全生命周期的质量保障体系。

（1）"门碑点"管控。依照产品全生命周期过程中设计、采购、生产、运维等环节的不同特点，在每个环节的重要节点和子过程，分别设置了质量门、里程碑、控制点。通过质量门控制"入口"，评审是否具备生产合格"产品"的能力；通过里程碑控制"出口"，判定"产品"是否符合要求、是否可以转序；通过控制点控制执行过程，确保执行过程各环节符合策划要求。该管理模式荣获"国家级企业管理现代化成果二等奖"，获评"2014 年度工业企业质量标杆"。

（2）供应商十步阶梯管理。依据质量管理体系，识别供应链管理特征，建立起十步阶梯质量管理法，涵盖供应商质量保证能力管理、技术质量管理、制造质量管理、产品质量管理等全过程质量要素。有效提升供应商质量管理水平，提高采购产品实物质量，满足轨道交通运输装备整机产品质量，进一步增强企业核心能力。

（3）"三全两性一提升"运维服务管理。以精准高效满足顾客需求为宗旨，以全寿命管理、全链条参与、全要素覆盖，以及顾客响应及时性、问题处理高效性和工作机制持续提升的目标，通过在全球设置 115 个标准化售后服务站，坚持 24 小时全天候服务，响应时间不超过 10 分钟，1 小时之内到达现场，为用户提供及时周到的售后服务；建立故障预测与健康管理平台，通过大数据管理，实现了动车组运行状态监测、故障预警、数据分析、故障诊断、故障预测、健康评估和运维决策功能，确保动车组运营安全，并提供精准维修服务。

通过体系保障，企业质量管理体系的成熟度越来越高，促进了企业在管理水平上的不断提升，同时产品质量也不断提升，获得了用户及供应商的认可，中车长客特色质量体系在子公司得到同步贯彻，收到了良好的效果，"门碑点"管控、供应商十步阶梯管理得到了供应商和中车集团兄弟单位的认可，并得到推广使用。

（五）以人才为保障，实现企才融合共赢

坚持"战略优先、业绩导向、双赢原则"，中车长客建立十级人才培育机制、大国工匠育成机制，拓宽员工职业生涯发展通道，实现专业技术人员与经营管理人员同步发展。丰富人才培养方式，提供人才岗位技能展示舞台，培育"大国工匠"，筑造企业领军人才高地。

通过夯实人才基石，不断输入与企业发展相适应的各类人才，加快了公司国际化、集团化发展进程。近年来，涌现出一大批领域内的领军人才，包括"中华技能大奖"获得者 3 人，"中国中车科学家"1 人，享受国务院政府特殊津贴者近 20 人，"全国技术能手"10 余人，"茅以升科学技术奖""詹天佑铁道工程师奖"获得者 10 余人，为企业的发展提供了坚实的人才支撑。

（六）以文化为保障，实现高铁工匠文化的赓续传承

中车长客以"管理求严、工作求细、产品求精、作风求实"为企业文化，以"万万千"活动为工匠文化，为企业发展提供正向动能。在全体职工中开展了"万万千"活动，即"万众参与、万众创效、千岗竞赛"，倡导"一次做对"的理念，鼓励职工精益求精地做好本职工作。"万万千"活动实现了单人操作近 23 万米焊缝无缺陷、近 83 万米窗打胶无缺陷、57710 根管路安装无差错，以量的积累实现产品质量和工作质量的全面提升。实现个人发展与轨道交通装备事业的"同频共振"，最终在全公司

形成全员参与的工匠文化。

通过文化载体，建立了带有浓厚工匠精神的工作信念，激发了员工的内生动力。"万万千"数据一次又一次刷新纪录，用实际行动践行"产业报国、勇于创新，为中国梦提速"高铁精神的具体体现。

四、主要创新点

本模式以轨道交通装备产业为核心，覆盖产品全生命周期，覆盖经营全过程，有效整合了组织内部及供应链资源，推进业务协同、产业链协同，提升企业协同化、国际化管理能力，不断夯实基础管理，提升公司整体水平，增强公司软实力。本模式具有可复制、可移植、可评价的特点。

推广本模式具有积极的意义。目前，本模式已得到推广：在中车长客子企业方面，质量管理模式已经推广到长客装备、武汉长客、重庆长客、成都新筑等控股或参股子企业；在中车集团方面，"门碑点"管理模式得到中车集团的肯定，被固化到"中车Q质量管理标准"中，成为集团级质量管理标准，并要求中车集团各级子企业执行和推广。此外，在产业链方面，切实担负起产业链链长的职责，将"门碑点"质量管理模式向供应链推广，并得到欧特美公司、研奥集团等大部分供应商的肯定，促进了轨道交通装备制造业质量管理整体水平的提升，收到了明显效果，为公司走国际化、集团化的经营之路探索出了可借鉴的经验，具有巨大的社会意义。

五、实施效果

（一）提质增效成果突出，产品受到广泛认同

中车长客综合实力得到明显提高，实现了对产品设计、工业布局、工艺设计、生产制造、维修维护的产品全生命周期管控，实现产品智能化与制造智能化的相互迭代，实现了虚拟制造与现实制造的融合，缩短了产品的试制周期，降低了管控的风险。同时，工作效率显著提高，制造成本大幅降低。公司ISO/TS 22163质量管理体系成熟度达到"金牌绩效"水平，外部客户满意度连续达到97分以上，外部产品质量监督抽查合格率达到100%，动车组运用故障率下降33%，城铁车辆运用故障率行业最低。企业经济效益稳定增长，近5年年均销售收入328亿元，2020年达到最高峰380亿元，近5年年均利润24亿元，利润稳居轨道交通行业第一，连年上缴中车集团利润排名第一。产品服务巴西奥运会、巴西世界杯和哈大高寒高铁运营期间等，凭借一流的产品质量和优质的售后服务赢得了世界用户的认可，舒适的乘车环境、便捷的旅客设施也赢得了广大旅客的赞同。中车长客产品也得到了客户和相关组织机构的认可，公司连续5届荣获"中国质量奖提名奖"，CRH380B高寒动车组项目荣获"全国质量奖卓越项目奖"，先后两次获得"香港地铁质量铜奖"。

（二）市场竞争力大幅提升，促进本地产业和经济发展

中车长客产品已出口到美国、澳大利亚、巴西、泰国、沙特、伊朗、新加坡、新西兰、阿根廷、埃塞俄比亚等20个国家和地区，出口车数量累计超过9500辆，签约额超过130亿美元，出口产品数量稳居全国同行业之首。客户对订单的满意度不断提高，中车长客的核心竞争力得到大幅提升，市场份额持续提升。争当产业链链长，本着合作共赢的宗旨，与具备产业合作能力和协同能力的产业链上下游企业深化合作，以高速动车组B平台和"产品+"平台为主要抓手，开展产业链摸底和链长建设工作，确立自身在产业链中的主导地位。以提升物资敏捷管理为目标，推进本地产业链建设。通过对133家重点供应商系统梳理和逐家谈判，推动97家供应商完成本地化公司注册，2022年实现本地签约22亿元，在促进本地产业和经济发展的同时，增强了产业链主控主导能力。

（三）打造"卓著品牌"，擦亮"国家名片"

中车长客锚定"产业报国、装备强国"的时代责任，坚持"为民族铸品牌、为国家塑名片"的初心使命，持续领先领跑，铸就大国重器，擦亮"国家名片"。随着"一带一路"的深入推进，以中车长

客为代表的中国轨道交通装备企业正在凭借关键核心技术的掌控和卓越的本地化服务能力，满足世界各地多样化需求，服务了北京奥运会、北京冬奥会、阿根廷G20峰会、上海世博会等20余项国际重大活动或盛会，为世界提供了"中国方案"和"中国智慧"。研制的美国波士顿地铁，针对美国波士顿百年地铁线路工况和超出常规的美国标准要求提供了"中国解决方案"，被中宣部、国务院国资委评选为"国企海外形象建设优秀案例"。

（四）从"追赶"到"领跑"，轨道交通装备技术水平迈入世界先进行列

中车长客坚持"创新驱动、智能转型、强化基础、绿色发展"，放眼全球，加紧战略部署，固本培元，化挑战为机遇，提升国际分工和全球价值链地位，抢占轨道交通制造业新一轮竞争制高点。坚持向创新体系发力、向创新机制发力、向创新资源发力、向创新成果转化发力，研制"拳头"产品，锻造"硬核"产业链。成功研制了以高速动车组为代表的完整产品谱系。产品知识产权的自主，中国标准动车组、京张智能动车组等代表性产品的上线运营，不仅填补了国内技术空白，也打破了世界发达国家的技术壁垒和垄断。中车长客研制的时速400km/h跨国互联互通动车组的运营速度世界第一，自主研制的京沪高铁荣获"国家科技进步奖特等奖"。服务北京冬奥会和冬残奥会的京张高铁智能动车组展现了"安全、可靠、绿色、智能、高颜值"的中国高铁新形象，是世界首次以350km/h速度等级实现自动驾驶的智能动车组，首次搭载PHM（健康管理系统）、首次为PIS系统设置5G天线和板卡、首次采用智能列车安全监控系统、首次采用应急自走行系统五大世界领先智能化技术。轨道交通装备不再仅仅是交通运输产品，更像是工业的符号、国家的符号、民族的符号。

六、下一步规划与探讨

在当今全球化竞争日益激烈的环境下，企业对质量的要求不断提高，全价值链质量管理是提升企业综合竞争力的关键手段，中车长客将围绕数字化与智能化应用、供应链协同质量管理、客户导向与持续改进、人才培养与引进及法规政策与行业标准变化等方面展开。通过这些措施的实施，可以进一步提升质量管理水平，增强市场竞争力，实现可持续发展。

（1）强化数字化与智能化应用。随着大数据、人工智能等技术的快速发展，企业应充分利用这些先进技术，推动全价值链质量管理的数字化与智能化转型。通过构建智能质量管理系统，实现质量数据的实时采集、分析和反馈，提高质量管理的精准度和效率。

（2）深化供应链协同质量管理。全价值链质量管理不仅局限于企业内部，还需扩展到供应链上下游企业。企业应加强与供应商、分销商等合作伙伴的协同，共同建立统一的质量标准和管理体系，实现供应链各环节的无缝对接和高效协同。通过供应链协同质量管理，企业可以及时发现并解决质量问题，降低质量风险，提升整体供应链竞争力。

（3）注重客户导向与持续改进。全价值链质量管理的核心在于以客户需求为导向，通过持续改进提升产品和服务质量。企业应建立客户反馈机制，及时了解客户需求和满意度，针对客户反馈的问题进行快速响应和改进。同时，企业还需建立持续改进的文化和机制，鼓励员工积极参与质量管理活动，不断追求卓越。

（4）加强人才培养与引进。人才是全价值链质量管理实施的关键。企业应加大人才培养和引进力度，培养一支具备专业知识和实践经验的质量管理团队。通过内部培训、外部交流等方式，提升员工的质量意识和技能水平。同时，企业还需积极引进外部优秀人才，为全价值链质量管理注入新的活力和思路。

（5）关注法规政策与行业标准变化。随着法规政策和行业标准的不断更新和完善，企业应密切关注相关变化，及时调整和优化全价值链质量管理策略。企业应确保自身质量管理活动符合法规政策和行业标准要求，避免因违规操作而引发质量风险。

探索工程机械租赁新模式

——"泉程租"一站式租赁服务平台

创造单位：泉州市路桥发展集团有限公司
主创人：林志鹏
创造人：蒋杰忠　陈志卿　郭杰斌　吴文桂

【摘要】 2020年8月，国务院国资委印发《关于加快推进国有企业数字化转型工作的通知》，就推动国有企业数字化转型做出全面部署，提出四个转型方向、三个赋能举措、三个实施策略，要求国有企业加快推进产业数字化创新和数字产业化发展。泉州市路桥发展集团有限公司（以下简称泉州路桥集团）结合自身运营资源优势，发挥产业链龙头作用，建设泉州首个机械租赁平台——"泉程租"工程机械租赁平台。以数字技术赋能，为工程机械供需双方搭建高效便捷的链接平台，盘活闲置设备资源，规范交易，深度参与，以租赁交易为切入点逐步优化提升，构建工程机械产业互联网平台，为"不断创新和发展'晋江经验'"，提供工程机械租赁的新智服务支撑，助力行业在工程机械迭代升级的数字化领域，打造行业模板。

【关键词】 机械租赁　数字化　平台

一、实施背景

（一）行业环境分析

近年来，中国工程机械租赁行业渗透率稳步攀升（见图1），2022年渗透率达57.5%，较2014的37.4%及2018年的51.3%有显著提升（数据来源于华经情报网）。工程机械设备租赁服务市场涵盖建筑、道路、矿山、水利、电力、通信等领域。随着基础设施建设和城市化进程的加速，市场需求持续增长，推动工程机械租赁行业快速发展。

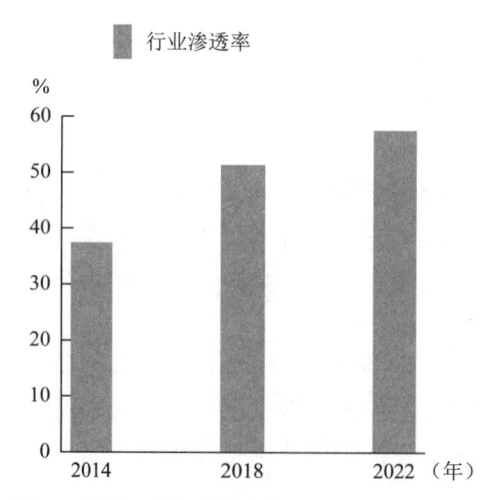

图1　中国工程机械租赁行业渗透率稳步攀升

工程机械租赁行业的产业链及上下游发展主要围绕建筑行业的租赁市场展开，主要包括周转材料租赁和工程机械租赁两大核心部分。产业链上游主要包括工程机械和周转材料的制造与生产环节；产业链下游主要为各类建筑工程项目的实施方，如房地产开发商、基础设施建设方等。

（二）行业上游产业分析

中国工程机械行业在过去几年经历了波动与增长，近年来中国工程机械行业营业收入变化情况（见图2）。数据显示，2022年由于宏观经济增速放缓、工程有效开工率不足等因素影响，工程机械行业面临下行调整压力，市场需求出现较大幅度下滑，营业收入降至7977亿元，同比下降12%；2023年工程机械行业收入回升至8490亿元，预计2024年将持续增长为8766亿元（数据来源于华经情报网）。

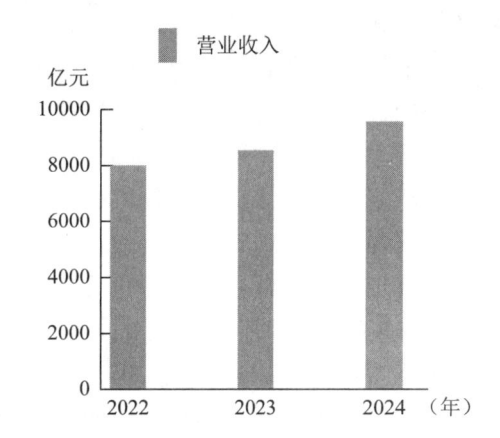

图2 近年来中国工程机械行业营业收入变化情况

（三）行业现状分析

相关数据显示，中国工程机械租赁行业市场规模近年来呈现出稳步增长的趋势。随着国家对基础设施建设的不断投入和城市化进程的加快，工程机械租赁市场的需求持续增长。此外，租赁工程机械设备相比购买设备能为企业降本增效，提高灵活性，因此得到许多企业青睐。2022年，中国工程机械租赁行业市场规模达6276亿元（数据来源于华经情报网）。

（四）行业竞争格局

工程机械租赁行业国内市场极度分散，竞争格局日趋激烈，参与企业众多，龙头市场占有率仍有较大提升空间。分散的市场格局导致竞争无序，缺乏统一的行业标准。同时，随着市场的逐渐成熟和行业的规范化发展，预计未来将出现更多领军企业，推动行业的健康发展。

（五）行业痛点

中国工程机械实物权属分布情况零散，导致现阶段处于市场两端的机械需求方和机械拥有方痛点长期并存。

（1）对于机械需求方来说，其主要关心工期、质量、安全和成本四个因素，存在以下三个问题：由于利益链的存在，机械设备的租赁来源往往相对固定，机械使用费用无法合理压缩；在新环境施工或应急施工时难以及时寻找到合适的机械，耽误工期造成损失；不了解机械的实际状况和机械操作手的操作熟练程度，难以确保工程质量和工期要求，在施工安全方面存在隐患。

（2）对于机械拥有方来说，其主要关心工程真实性、付款及时性和价格三个因素，存在以下两个问题：工程需求信息严重不畅通，导致机械闲置率高；由于没有统一的组织、管理平台，大部分机械的租赁使用都处于松散状态，安全、结算无保障。

基于上述现状，中国目前的工程机械租赁市场运作仍不透明、不规范，无法适应社会主义市场经济的发展。

（六）发展前景分析

（1）市场需求与规模。中国是全球最大的工程机械市场之一。近年来，随着共建"一带一路"国家建设的推进及国内基础设施建设的持续投入，工程机械租赁市场迎来了前所未有的发展机遇。据数据显示，中国的工程机械租赁市场规模已达到全球领先地位，但市场集中度相对较低，行业内部竞争激烈。随着行业逐步走向成熟，预计未来几年内，市场规模将进一步扩大，行业整合加速，形成几家大型企业主导的竞争格局。

（2）技术创新与智能化。在技术创新方面，中国工程机械租赁企业正积极拥抱数字化转型，利用物联网、大数据、人工智能等先进技术优化设备管理、提升服务效率。智能化设备的普及不仅能降低运营成本，还能提高作业安全性和准确性，满足客户对高效、精准施工的需求，为租赁企业提供差异化竞争优势。

（3）环保与可持续性。面对日益严格的环保法规，工程机械租赁行业正向绿色低碳方向转型。越来越多的企业开始采用符合环保标准的机械设备，推广节能技术，减少施工过程中的碳排放。此外，二手设备再利用和再制造业务的兴起，也为行业开辟了循环经济的新路径，促进了资源的有效利用和环境保护。

（4）专业化与服务质量。为应对复杂多变的工程需求，租赁企业越来越重视服务的专业化和精细化。包括提供定制化的解决方案，如根据工程特性选择合适的设备类型、规格和数量；提供操作培训和技术支持，确保设备的正确使用和维护；建立快速响应机制，及时解决设备故障，保证工程进度等。随着客户对服务质量要求的提高，提供全方位、高品质的服务将成为企业赢得市场份额的关键。

二、实施目的

为深度契合国家"新质生产力"的发展要求，深入践行国有企业数字化转型战略，聚焦国有资本"三个集中"推进国有经济布局优化和结构调整，争当现代化产业体系建设的引领者、保障者，紧密围绕福建省委"深学争优、敢为争先、实干争效"行动部署，持续巩固深化国企三年改革成效，泉州路桥集团立足自身禀赋与职能要求，建设"泉程租"工程机械租赁平台，为不断创新和发展"晋江经验"，提供工程机械租赁的新智服务支撑，助力行业在工程机械迭代升级的数字化领域，打造行业模板。

（1）响应政策号召。积极响应国家关于推动大规模设备更新和消费品以旧换新行动，践行国企社会使命，通过平台盘活区域内的闲置工程机械资源为社会应急抢险救灾提供"一键召集"能力，真正实现"平急两用"，服务民生所需。

（2）解决行业痛点。针对工程租赁市场存在的供需双方信息不对称、设备资源分散、业务款拖欠、设备质量参差不齐；应急施工时机械调配不及时，延误工期；机械状况与操作水平不透明、影响工程质量等行业痛点，提供一站式解决方案。

（3）助力企业转型升级。探索业务新领域，打造营收利税增长极，实现泉州路桥集团业务模式的创新升级，增强市场竞争力，以适应日益变化的市场需求和竞争环境。

（4）服务实体经济。利用大数据和智能算法，精准匹配供需，提高设备使用效率，优化资源配置，降低企业运营成本，助力实体经济高质量发展。

三、实施过程

通过前期详细的市场调研，结合对需求、竞争与合作等市场综合因素的深入摸查、分析，经研究梳理及探讨，泉州路桥集团最终确定打造数字技术与工程机械深度结合的机械租赁平台——"泉程租"平台。

（一）设立工作专班

泉州路桥集团牵头设立工程机械租赁项目工作专班，充分利用自身运营资源优势与搏浪科技集团紧密合作建设"泉程租"平台，实现供应商管理、租赁客户管理、工程机械设备管理、设备信息发布、租赁需求匹配、保证金管理、结算服务、服务评价、数据分析与报告等核心功能。

在运营方面，建立有效运营机制，前期以泉州路桥集团自身资源推动平台上线试运营，实现第三方工程机械设备入驻平台并进行线上租赁交易，通过前期在集团内部扩大推广范围，形成市场化供需市场雏形，良性循环吸引更多社会资源入驻平台。

（二）确定业务模式

（1）直租模式。针对泉州路桥集团自有设备的租赁，在该模式下，由平台方直接向需求方开展租赁设备业务。

（2）转租模式。该模式主要是公司洽谈工程机械租赁业务后，需求方通过平台发布租赁需求，供应商响应，需求方选取符合项目要求的供应商设备进行项目交付。

（3）撮合模式。平台方在该模式下主要起链接作用，帮助促成双方交易，但不参与其交易过程。

（三）完善运营机制

在建设方面，基于迭代现有功能的同时，实现"一键召集""工程机械监管""作业调度与监控""数据分析大屏"等核心功能。在运营方面，预期在泉州交通发展集团有限责任公司（以下简称泉州交发集团）领导及政府有关部门支持下向全市范围推广，吸引更多设备供应商加入平台，扩大第三方工程机械资源的入驻数量，提高设备供应的匹配度，促进租赁效率的提高和租赁成本的降低，进而实现供需双方之间的良性互动，提升企业社会影响力。在此基础上实现"一键召集"功能的真正落地。

（四）拓展平台服务

在建设方面，以"泉程租"平台功能及数据积累为抓手，深入服务工程机械租赁市场产业链、服务工程机械后市场，引入泉州交发集团金融服务资源，同步开发建设相应功能，为各类服务提供平台功能支撑，助力工程机械租赁市场稳步健康发展。在运营方面，通过设备资源管理功能，管理各类设备资源的信息；通过工程机械租赁业务管理功能，了解工程机械的租赁情况、使用情况、租赁收入等市场信息，为政府有关部门提供经济运行参考数据，实现对工程机械租赁市场的健康运行监管，规范设备使用，保障设备质量，降低安全风险，引导"泉程租"平台整体的良好发展。

（五）分段建设推进

工程机械租赁平台的建设是庞大而复杂的系统工程，为确保系统的稳定性、可靠性和延续性，通过平台建设促进企业数字化转型，建立科学高效的运营管理机制，支撑与保障向交通全产业服务向纵深拓展的企业战略落地，解决工程机械租赁和管控的难题，主要分两步走，具体如下。

（1）一期建设目标。根据市场调研结果分析业务需求，梳理关键业务和指标，建设工程机械租赁交易平台，实现核心功能，保障工程机械租赁业务快速进入运营阶段。同时能够有效赋能 G（政府）端，一方面实现对工程机械租赁业务的监管，确保租赁过程的规范性和合法性。另一方面通过"一键召集"功能快速召集各类应急救援设备，提高"应急抢险"作业效率。

（2）二期建设目标。依托一期建设成果和沉淀的业务数据，构建"后服务市场"，包括设备维修、保养、升级、配件购买等后市场服务。用户可以在平台上找到所需的后市场服务，方便快捷地解决设备使用过程中的问题。

四、主要创新点

（一）平台功能

1. "一键召集"功能

"一键召集"功能的实现是平台端开发的一大亮点。该功能专为应对紧急情况设计，能够在关键时刻快速调配所需设备，极大地提升了平台的响应速度和服务质量。

在实际操作中，"一键召集"通过结合设备的实时位置和状态信息，快速匹配并调度资源，大大缩短应急响应时间。此功能的实现，不仅提高了应急抢险作业的效率，也体现了平台技术的先进性和对社会责任的承担。通过"一键召集"，政府和相关部门能够在灾害和其他紧急情况下迅速获取所需的工程机械设备，为救援工作赢得宝贵的时间。

2. 承租端开发

承租端涵盖网页版、小程序、App三个渠道，实现用户接入的多样化和便捷化。承租端开发通过简洁明了的注册登录流程，以及严格的身份认证机制，确保用户信息真实性和交易安全性。

在需求发布上，用户可以根据自身项目的具体情况，发布详尽的租赁需求，包括但不限于设备类型、设备规格、租赁期限等。需求管理功能允许用户实时跟踪需求状态，实时了解掌握从发布到响应的每个环节。

设备搜索与展示功能利用先进的搜索引擎技术，根据用户需求搜索设备，大幅提高了设备匹配的效率。

订单管理和合同管理功能则为用户提供了标准化、电子化的管理工具，确保了租赁流程的规范性和合法性。

收付款流程确认和发票管理功能进一步保障了交易的透明性，减少了用户在财务管理上的成本。

3. 出租端开发

出租端网页版的上线为设备所有者提供了一个全面展示和管理租赁服务的平台。

新用户通过入驻申请功能能够快速加入平台，提交必要的资质证明通过审核后，成为合格的出租方。

需求报价功能为出租方提供了响应市场报价的渠道，通过这一功能，出租方可以根据承租方的具体需求，提供个性化的报价服务。

设备上传与管理功能让出租方能够详细展示自己设备的参数、状态和租赁条件，同时对设备信息进行实时更新和维护。

订单管理和合同管理功能则为出租方提供了强大的后台管理支持，确保了出租业务的高效运作。

4. 平台端开发

平台端开发是整个租赁交易平台的核心。平台端网页版的开发集成了供需双方的入驻审核和管理，确保了平台用户的合法性和服务质量。在平台端，特别强调了信息的准确性和实时性，通过实时更新的机械设备管理功能，平台能够对设备的状态进行精确监控。

需求管理、订单管理、合同管理功能为平台的运营管理提供了强大的后台支持。投诉管理、权限管理、后台人员管理和角色管理等模块则确保了平台的规范性和安全性。特别值得一提的是信息推送和通知功能，它们能够及时将重要信息传达给用户，保持平台与用户的良好互动，提高了信息传递的效率。

（二）创新点分析

1. "一键召集"，彰显国企担当

首创"一键召集"功能，在面对突发应急事件时，平台能够迅速启动应急机制，调配工程机械资源，保障受灾地区的救援工作。通过与政府、救援组织紧密合作，确保救援设备及时到达，以实际行动保障人民群众的生命财产安全，彰显国企在关键时刻的积极作为和社会担当。

2. 营收增长，贡献税收力量

通过整合资源、优化租赁服务流程，提高运营效率和服务质量，实现了营收规模的显著增长，为泉州路桥集团贡献更多营收利润，助力国企转型升级。同时，平台严格遵守国家税收法规，确保所有收入依法纳税，为国家财政做出积极贡献。

3. 业务规范，创建行业标准

利用平台优势，优化工程机械资源的调配机制，建立严格的监管和约束机制（实施透明的信息披露措施，确保交易双方的权益。建立信用评价体系，对供应商进行信用评级），对租赁市场中的信息不透明和交易不规范等乱象进行整治，协助解决供应商机械欠款问题，维护市场秩序，促进工程机械租赁行业规范化发展。实现工程机械租赁线上交易和管理，达到降低工程项目运营成本、缩短工期、促进工程机械产业迭代升级的智能化、数字化转型目标。

4. 数据赋能，引领智能转型

构建智能化工程机械租赁平台，深度整合供需双方资源，显著降低双方成本投入。平台汇聚海量设备信息，运用先进的大数据分析技术，将这些信息转化为高价值的数据洞察。这些数据不仅可以为项目精准定额提供了强有力的科学依据，还极大地提升了决策速度与效率，让每一个决策都基于精准的数据分析，引领行业向更加智能化、高效化的方向发展。

5. 金融创新，促进产业升级

依托集团 AAA 主体长期信用等级，为供需双方解决融资难题，基于工程机械线上交易平台的基础上构建金融服务平台，拓宽融资渠道，吸引金融机构合作，汇聚投资者与合作伙伴，推动市场响应大规模设备更新的政策和需求，共促内需增长、产业升级，推动经济循环健康发展。

6. 链上发力，拓展关联市场

以租赁为核心，构建一个完善的后服务市场体系，将租赁与售后服务结合起来，提供各种增值服务，包括设备维修、设备更新、备件供应、油品销售、人员培训等，向上下游产业链延伸，形成完整的产业生态。

五、实施效果

（一）平台稳定运行

"一键召集"功能成功上线，正与当地应急系统进行对接，实现快速应急响应功能；实施了全面的数据安全措施，包括数据加密、访问控制、定期备份及脱敏处理，以确保信息安全和用户隐私；有效改善供需双方关系，用户体验良好。

（二）平台初具规模

平台试运营期间，已有三一重工、徐工集团、卡特彼勒等世界知名的 500 强企业入驻平台，供应商设备库存达 4265 台，涵盖了土石方机械、混凝土机械、起重机、路面机械、专用车辆等多种类型的机械设备。

（三）业务稳步增长

目前平台已与泉州市区金屿大桥、百崎大桥、政永高速公路等重大项目总包单位、分包班组展开深度接洽，达成合作协议，促成多笔租赁交易落地，平台上线两个月累计落地合同额 1230 万元，预计利税 164 万元。

（四）重视产权保护

平台于 2024 年 7 月 15 日取得国家版权局颁发的计算机软件著作权登记证书，有效巩固了技术成果的法律地位，成为防范侵权、激励创新的坚实保障。此外，特色创新功能"一键召集"以《一种机械装置调度系统及其调度方法》于2024年11月获国家知识产权局发明专利授权。

六、下一步规划与探讨

展望未来，平台将持续优化现有功能，并根据运营业务的具体情况，逐步向泉州市、全省乃至全国范围推广，吸引更多设备供应商加入平台，扩大第三方工程机械资源的入驻数量，提高设备供应的匹配度，进一步拓展平台的服务范围和深度。

（一）功能全面升级与优化

平台致力于对"一键召集"功能进行持续的技术迭代与优化，引入大数据分析与AI（Artificial Intelligence，人工智能）算法，实现更精准的需求预测与资源匹配，显著提升应急响应的即时性与效率。注重用户反馈，不断收集并分析使用数据，以用户为中心，对界面设计、操作流程进行人性化改造，确保每位用户都能享受到流畅、便捷的使用体验，进一步增强用户的忠诚度与黏性，为平台的长期发展奠定坚实的基础。

（二）市场全面拓展与深化

实施"三步走"市场拓展战略，旨在逐步扩大影响力，实现全球化布局。首先，稳固根基，深耕福建。通过精细化、定制化运营和服务升级，巩固并扩大本地市场份额。其次，区域联动，辐射全国。依托成熟的运营模式和技术优势，加强区域间的协同合作，形成联动效应，通过区域市场的逐步覆盖，构建全国性的服务网络。最后，放眼全球，走向世界。寻求国际合作机会，与国际知名企业建立战略伙伴关系，共同开拓国际市场，实现全球化布局。

（三）产业链全面协同与共赢

致力于深化产业链合作，注重促进信息流通与资源共享，优化资源配置，布局全产业链，鼓励共同参与技术创新与模式创新，降低各方运营成本，实现产业链上下游企业的紧密连接与协同发展，构建高效、协同、共赢的产业生态系统。

（四）产学研全面创新与落地

加强研发合作，与高校及科研机构携手，共建研发平台，攻克行业关键技术难题，注重技术交流与合作，加速技术创新成果的产出与转化。定制化人才培养计划，在高校建立实习实训基地，邀请高校专家学者担任企业顾问或兼职教师，打造双向团队互动，为平台的技术创新与人才培养提供有力保障。

（五）资本运作全面探索与驱动

紧跟国内外资本市场动态，深入研究行业发展趋势与投资者偏好，结合平台自身特点与长远规划，量身定制上市策略。持续深耕技术创新引领、研发投入、市场拓展与品牌建设、平台规模增长和社会责任担当等方面。探索企业上市路径，通过资本市场融资，加速平台发展，扩大市场份额，实现更大规模的市场拓展与品牌影响力提升，为社会创造更大的价值。

综上，未来平台将在现有基础上，不断优化功能，提升用户体验，拓展服务范围，并加强风险管理，以期打造一个高效、安全、便捷的工程机械租赁生态系统，为推动行业发展做出更大的贡献。

基于"双碳"目标的采油厂示范区建设与实践

创造单位：中国石油长庆油田分公司第二采油厂
主创人：朱玉峰　杨少武　郭超　田浩
创造人：何静　武翔　李文娟　代仁军　马文波　慕浩东　侯龙才　贾秋茜

【摘要】 深入贯彻习近平生态文明思想，执行中国石油天然气集团公司（以下简称中国石油）"清洁替代、战略接替、绿色转型"三步走总体部署，坚持"既做国家能源的开发者，也做美好环境的保护者和绿水青山的再造者"的发展理念，中国石油长庆油田分公司第二采油厂（以下简称第二采油厂）开展"节能低碳型、环保减排型、绿色生态型"示范区建设，从生产运行、技术应用、安全环保、生态环境、管理机制、提质增效、生活方式、行为习惯8个方面稳步推进效率提升、节能减排，将"绿色、低碳、环保"贯穿原油生产全过程、经营管理全流程、生产生活全领域当中，让资源节约、环境友好成为主流生产生活方式，以绿色低碳转型实现企业与社会共同发展、人与自然和谐共生，为建设高质量现代化示范采油厂奠定良好运行基础。

【关键词】 "双碳"目标　示范区　建设　实践

一、实施背景

（一）实现"碳达峰、碳中和"是一场广泛而深刻的经济社会系统性变革

党的二十大报告指出，要推进美丽中国建设，坚持山水林田湖草沙一体化保护和系统治理，统筹产业结构调整、污染治理、生态保护、应对气候变化，协同推进降碳、减污、扩绿、增长，推进生态优先、节约集约、绿色低碳发展。实现"碳达峰、碳中和"目标是党中央统筹国内国际两个大局做出的重大决策，是着力解决资源环境约束突出问题、实现中华民族永续发展的必然选择，是构建人类命运共同体的庄严承诺。实现"碳达峰、碳中和"目标是贯彻新发展理念、构建新发展格局、推动高质量发展的内在要求。要适应时代要求，把握发展机遇，完整、准确、全面贯彻新发展理念，坚定不移走生态优先、绿色低碳的高质量发展道路，朝着"双碳"目标稳步迈进。

（二）实现"双碳"目标是国有企业履行"三大责任"的重要内容

实现"碳达峰、碳中和"目标是中国向国际社会做出的庄严承诺，也是实现高质量发展、满足人民美好生活需要的重要途径。在实现"碳达峰、碳中和"目标过程中，能源行业扮演着重要角色，承担着国家能源供应和消费低碳转型重任。能源高质量发展是经济社会高质量发展的重要内容。构建新型能源体系，增强能源供给的稳定性、经济性，努力实现人与自然和谐共生，将为经济社会高质量发展提供强大的绿色动力，为中国式现代化奠定坚实基础。

作为国有企业，中国石油致力于成为实现中国"双碳"目标与保障能源安全的中坚力量，先后发布了《中国石油绿色低碳发展行动计划3.0》，推动中国石油从油气供应商向综合能源服务商转型。提出按照"清洁替代、战略接替、绿色转型"三步走总体战略，实施绿色企业建设引领者行动、清洁低碳能源贡献者行动、碳循环经济先行者行动，力争2025年左右实现碳达峰，2035年外供绿色"零碳"能源超过自身消耗的化石能源，2050年左右实现"近零"排放。致力于成为绿色企业创建引领者、清洁低碳能源的贡献者、碳循环经济的先行者，为国家"碳达峰、碳中和"目标的实现贡献力量。

（三）实现"双碳"目标是企业可持续发展的重要举措

全面准确认清"碳达峰、碳中和"带来的经济社会系统性变革，将有助于形成碳共识，进而立足

中国能源资源禀赋，坚持先立后破，有计划分步骤实施碳达峰行动，完成碳中和目标。"碳达峰、碳中和"目标是高碳行业去产能的过程，是传统产业的升级过程，是新型工业化的推广过程，是绿色生活方式普及的过程，必将引起利益调整、社会重组、政府改革，改变现有的生活生产方式，给经济社会带来广泛而深刻的影响。在"双碳"背景下，提高能效、降低资源消耗和污染排放，实现智能化、绿色化的高效安全发展，探索企业效益与生态环境效益同步提升，实现油田的可持续发展显得尤为重要。第二采油厂作为基层采油厂，认识到在工业文明向生态文明时代转变的背景下，油田安全生产与环境保护协调发展是实现采油企业高质量可持续发展的重要途径和必由之路，是企业发展内在的迫切需求；认真履行企业生态保护责任，自觉对标党中央及集团公司的绿色发展要求，积极转变开发方式，坚持环保优先，实现在保护中开发、在开发中保护，做到既要金山银山又要绿水青山。

二、实施目的

坚持以习近平新时代中国特色社会主义思想为指导，全面贯彻党的二十大精神，深入贯彻习近平生态文明思想，立足新发展阶段，完整、准确、全面贯彻新发展理念，加快构建新发展格局，第二采油厂根据公司发展实际，落实"154"工作路径，实施"四步走"战略，实现"五大"示范目标。

（一）落实"154"工作路径

按照"154"工作路径，积极践行绿色低碳战略，开展"节能低碳型、环保减排型、绿色生态型"示范区建设，通过示范带动，稳步推进全领域效率提升、节能减排，最终实现由"高能耗、高物耗、用工大"的传统发展模式向"创新发展和绿色发展"双轮驱动模式转变。"154"即树立"一个理念"、坚持"五种思维"、明确"四个方向"。

（1）树立"一个理念"：牢固树立"绿水青山就是金山银山；绿水青山既是自然财富，又是经济财富；人不负青山，青山定不负人"的理念。

（2）坚持"五种思维"：坚持问题思维、创新思维、底线思维、法治思维、系统思维"五种思维"。

（3）明确"四个方向"：明确绿色生产、清洁环保、创新管理、低碳生活"四个方向"。

（二）实施"四步走"战略

全程降碳，清洁替代，全面推行绿色生产；绿水青山，生态固碳，全面践行绿色环保；机制拉动，精准管控，全面升级绿色管理；低碳理念，阳光心态，全面倡导绿色生活。

（三）实现"五大"示范目标

经济效益更加显著，生态效益更加凸显，社会效益日益彰显，示范引领效应体现，持续推进第二采油厂高质量发展。

三、实施过程

在示范建设中选取西峰采油三区为示范区，坚持走生态优先、绿色低碳的发展道路，按照中国石油"清洁替代、战略接替、绿色转型"三步走的总体部署，以油田公司"134"工作路径为指引，围绕厂部"1286"发展规划，立足资源条件、生产基础和队伍优势，发扬"敢闯敢试、敢为人先"的改革精神，突出创新引领，围绕"绿色生产、清洁环保、创新管理、低碳生活"4个方面，大力推动绿色低碳转型和高质量发展，主动担当作为，勇于攻坚克难，坚定不移开展绿色低碳示范建设，为第二采油厂实现"挺进500万、奋进高质量、建设基业长青现代化一流采油厂"目标贡献更多力量。

（一）全程降碳，清洁替代，全面推行绿色生产

1.探索产建新模式，做到源头"零碳"

在产建过程中应用"技术节能、工艺减排、清洁替代"3类10项节能减排技术，探索形成"零碳"产建新模式。一是技术节能。以液压式抽油机变频智能控制为核心，配套无功补偿、节能变压

器、加热一体化集成装置，实现井场能耗由1637千瓦·时下降至1113千瓦·时，节电率32%，产生经济效益11.86万元，二氧化碳年排放量减少190.7吨。二是工艺减排。坚持密闭集输理念，使用"井口定压集气、场站密闭集输、湿气集中处理、干气综合利用"4项工艺体系，推广应用井口含水仪、动液面连续监测仪，取消井口取样，实现VOCs（Volatile Organic Compounds，挥发性有机物）零排放。三是清洁替代。建设分布式模块化光伏项目，装机总容量600千瓦，实现年发电量81万千瓦·时，达到"绿电"自给自足，产生经济效益50.22万元，二氧化碳排放量减少807吨。通过在西50-331产建井站应用，日能耗下降31%，与常规产建井站相比，年碳排放减少近1000吨，实现增产增效不增碳，年经济效益增加166.08万元，建成了第二采油厂首个"智能、高效、零碳"产建井站。

2. 优化运行方式，推动生产减碳

以严控化石能源消耗、优化开发生产模式为突破口，开展6个"清零"，实现年生产减碳0.08万吨。一是拉油点清零。通过优化集输流程，配套密闭增压装置，将作业区现有的12座拉油点全部改为集输运行，日消减拉运液量190立方米，挖潜用工4人。二是燃煤炉清零。将作业区4台井场燃煤加热炉全部停用，应用原油冷输理论，严格执行管道投球制度，保障原油管道正常运行。三是中水排放清零。将生活基地的生活污水进行无害化处理，产生的中水全部进行草坪绿地浇灌、道路冲洗保洁、卫生间冲洗等有效再利用，节约拉水罐车210车次/年。四是柴油机清零。通过转变生产模式，将采取柴油机拖动的低产低效偏远单井全面改为捞油运行，3台柴油机全部停用。五是伴生气排放清零。采用三项流量仪密闭计量，停用井场火炬与大罐单量，实现伴生气综合有效利用。六是高耗能设备清零。摸排大功率及高耗能设备设施，通过更换、停用等方式节能降耗。目前，更换高耗能电机411套，停用大功率电伴热2台。

3. 应用节能科技，试验替能降碳

推广以永磁电机、星光摄像机为核心的10项节能与替代能源技术，实现降碳0.41万吨/年。一是永磁电机应用。试验抽油机无轴永磁电机，降低能耗50%，单井年节约电费0.78万元/台、材料费0.3万元/台。注水泵无轴永磁电机在满负荷工况下，永磁电机日节电量约600千瓦·时，节能率7.8%，节约电费12.7万元/年。二是星光摄像应用。试验星光摄像仪，解决了井场夜间照明不足、无法视频监控的问题，减少投光灯使用，降低能耗。三是液压抽油机应用。配套液压式抽油机15台，相比于传统的游梁式抽油机，液压抽油机的机身机构更加简化，取消了传统抽油机外露机械结构，消减常规风险源18处；同时通过在线监测、远程操作，消减风险源5处，实现安全效益最大化。液压式抽油机采用"跷跷板"原理，节电率30%，节约电费8.25万元/年；液压抽油机无常规易损件，降低物料及运维成本4.3万元/年，合计实现经济效益12.55万元。四是光伏发电应用。充分利用基地、站库、井场闲置空间，规划装机10兆瓦，全部建成后年发电量约1400万千瓦·时。目前，在西二转生活基地、西50-331井场、西29-19井场、西42-28井场等安装分布式光伏发电，装机总量286千瓦，日均发电量1400千瓦·时。五是节能灯具应用。采油作业区井场、站库等生产场所的投光灯的功率普遍较大（大部分为400瓦），照明时间较长（12～14小时），夜间投光灯适用导致耗电量较大。将现有的卤光灯全部替换成LED节能泛光灯，有效降低电能消耗。六是光伏照明应用。井场、站库、生活基地的夜间照明大部分采用市电供电，通过将传统照明系统改造为光伏照明系统，不仅有效节约电能，还消减了地面施工对传统照明系统破坏带来的安全隐患；对未接市电的偏远井场减少住井看护人员配置，实现减员增效。七是节能电机应用。配套节能电机411套，将30千瓦的抽油机电机更换为15千瓦的电机，综合能耗降低约25%，实现了高耗能电机清零。八是智能变频调速。降低设备工频运行时造成的电能浪费，设备总能耗下降20%。九是空气能设施推广。空气能热泵比传统的热泵节约用电70%，同时使用寿命长达 7～10 年。十是无功补偿应用。全区的功率因数超过 0.9，设备及线路故障率降低 30%，综合能耗降低 3%。

4. 优化措施工艺，促进技术降碳

实施以脉冲采油为代表的 8 项技术挖潜措施，降低化石燃料消耗，实现技术降碳 0.09 万吨 / 年。一是推广脉冲采油。执行井数由 169 口增加至 431 口，占开井井数的区块 71.4%，实现年自然递减由 6.4% 下降至 4.0%，年节约电量 180 万千瓦·时。二是精细注采调整。白马中区块整体微球调剖，暂关高含水井 17 口，含水上升率由 4.6% 下降至 2.5%，无效液量日减少 135 立方米。三是精准注水施策。践行"注好水、注够水、精细注水、有效注水"及"效益注水"理念，油田注水 4 项指标实现逐年提升，日均减小无效注水 115 立方米。四是深化井筒治理。一日一措施，六项配套工艺、十项日常技术，维护性作业频次 0.25 次 / 年·口下降至 0.17 次 / 年·口。五是提高机采效率。开展参数优化和调平衡工作 316 井次，泵效提升 4.6%，系统效率提升 0.7%，抽油机平衡率由 91% 提升至 98.5%。六是低产低效挖潜。对 68 口低产井分类治理，优化生产方式 39 口，关停 16 口，捞油 13 口。七是治理管道回压。持续开展投收球治理，恢复投球管线 42 条，减少扫线作业 146 次 / 年。八是改良流程伴热。充分利用站内热水循环管线，将低效电伴热改为水循环伴热，停用电伴热 11 条，不仅消除安全隐患，而且更加节能。

（二）绿水青山，生态固碳，全面践行绿色环保

1. 规范废物排放，降低环境污染

一是废水合规处置。按照"升级配套、关停并转、管理提升"的原则，完成站库采出水处理工艺升级改造，配套采出水精细处理装置。实施后，处理水质大幅度改善，平均含油由 87 毫克 / 升下降至 17 毫克 / 升，悬浮物由 115 毫克 / 升下降至 26 毫克 / 升，综合达标率由 60% 提升至 98%。加强措施返排液站的日常管理，达到措施返排液集中处理、集中回注，水质达标率 100%；采用"多级沉降＋生物降解"的处理方式，生活污水 100% 无害化处理。二是危废减量治理。应用钢制作业平台、密闭清蜡热洗技术、高分子防渗软体平台等清洁技术，年减少井下作业落地油泥 150 吨、废液 0.36 万立方米；配套油泥减量化装置，年减少清罐油泥 780 立方米；应用热化学处理、污泥调剖、微生物降解等手段，实现油泥 100% 处理；开展管道防护治理，消减破漏风险隐患，减少油泥产生；按月下达油泥产生指标，督促运维班加强管理，油泥产生量同期相比下降 15%。三是废气源头整治。加装低氮燃烧器 +FGR（烟气外循环）对加热炉实施烟气改造，烟气排放浓度控制在 30～60 毫克 / 米^3；加大定压放气阀、套气阀门日常检查维护，确保设备设施完好率、有效率达到 100%；推广"定压集气＋憋压生产"井口集气模式，完善"站间串接、区域互补、湿气回收、干气返供"管网布局，全面采用"功图计产＋三项流量仪对比单量"模式，年回收伴生气量增加 164.3 万立方米，减少碳排放 0.36 万吨，伴生气回收率 100%。

2. 消除历史欠账，改善生态环境

一是开展历史油泥清理。扎实开展 147 座井场的历史油泥整治，排查及清理油泥 750 吨，完成率 100%。通过编制《历史遗留油泥排查与治理行动实施方案》，组织员工有序开展历史油泥探查治理，采取 2.5 米间距菱形布点法，对井口、储罐、井场两池周边、泥浆池旧址重点排查，并使用洛阳铲等探测工具，平均探测深度 1.5 米，遇含油污泥层，直至净土层为止。将排查结果汇总，形成"一井场一档案"，确保历史油泥整治工作有序开展。加强日常巡护检查，对 29 座破损双池（雨水蒸发池和污油回收池）及时维护，清理油泥 600 余吨，实现双池油泥清零。全面规范历史油泥的处置程序如图 1 所示。

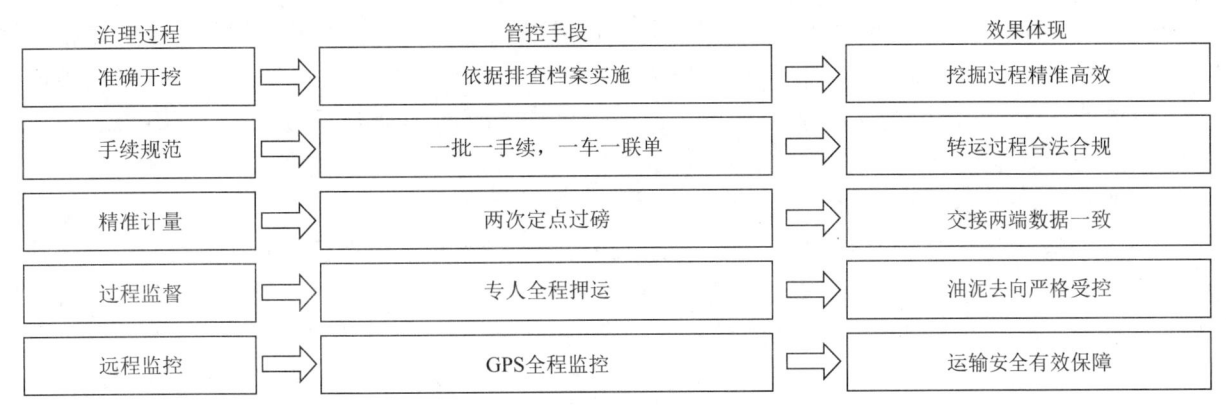

治理过程	管控手段	效果体现
准确开挖	依据排查档案实施	挖掘过程精准高效
手续规范	一批一手续，一车一联单	转运过程合法合规
精准计量	两次定点过磅	交接两端数据一致
过程监督	专人全程押运	油泥去向严格受控
远程监控	GPS全程监控	运输安全有效保障

图 1　全面规范历史油泥的处置程序

二是开展环保隐患治理。全面梳理可能因破漏、外溢、泄漏导致的环境污染事件的风险点位，建立重点油气站库、工艺集输管道、高风险封堵井、高压暂关井等管控责任清单，明确具体执行标准，确保环保风险受控。为准确及时掌握环保隐患治理工作存在的问题，扎实开展了基层普查、资料查询、现场走访、实地开挖等调查摸底工作，根据管线运行现状、外协处理难度、恢复难易程度，按照先易后难的治理策略，实施 ABC 分类治理，针对性地开展了腐蚀管网更新、管线内衬修复、外露管线下放、悬空管线加固、二次封井、暂关井泄压等工作，作业区按照实施进度，采取"治理一项、销项一项"的跟进措施，有力地促进了治理质量和效率。

3. 强化日常管理，提升环保水平

一是源头防范，确保"有人管"。全面摸排 11 座站库、9 条高后果区管道、4 类作业活动、6 类承包商队伍、27 口暂关井、105 口封堵井危害因素，建立"站库、管道、作业、承包商、暂关井、封堵井"6 类风险管控责任清单（见图 2），实行分类分级管理。

6类风险管控责任清单：

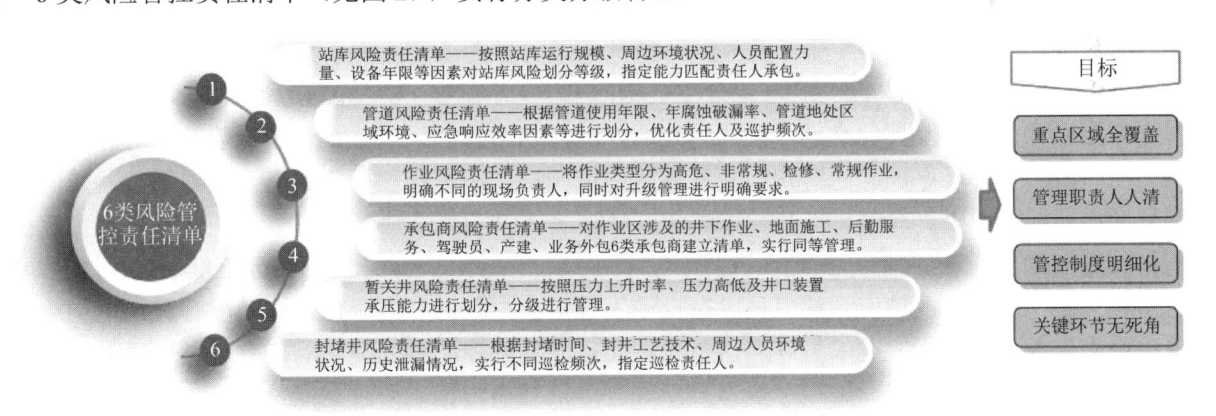

1. 站库风险责任清单——按照站库运行规模、周边环境状况、人员配置力量、设备年限等因素对站库风险划分等级，指定能力匹配责任人承包。
2. 管道风险责任清单——根据管道使用年限、年腐蚀破漏率、管道地处区域环境、应急响应效率等因素进行划分，优化责任人及巡护频次。
3. 作业风险责任清单——将作业类型分为高危、非常规、检修、常规作业，明确不同的现场负责人，同时对升级管理进行明确要求。
4. 承包商风险责任清单——对作业区涉及的井下作业、地面施工、后勤服务、驾驶员、产建、业务外包6类承包商建立清单，实行同等管理。
5. 暂关井风险责任清单——按照压力上升时率、压力高低及井口装置承压能力进行划分，分级进行管理。
6. 封堵井风险责任清单——根据封堵时间、封井工艺技术、周边人员环境状况、历史泄漏情况，实行不同巡检频次，指定巡检责任人。

目标：重点区域全覆盖；管理职责人人清；管控制度明细化；关键环节无死角

图 2　6 类风险管控责任清单

二是问题闭环，确保"不脱管"。以"四不两直"为督查形式，扎实开展"隐患问题检查、销项问题复查、履职情况督查"三类检查，坚持"三管三必须"要求，强化升级管控，进一步压实岗位职责落实，典型问题不放过，形成问题闭环销项，开展问题追溯。查改问题 2404 项，整改率 100%，确保安全环保平稳受控。

三是从严追责，确保"管得住"。压紧压实安全生产责任，采取问题曝光、安全记分、业绩考核、约谈提醒、调离岗位等方式，严肃整治"三违"现象，严格兑现安全履职责任，有效推动安全生产隐患消除在萌芽状态。

四是强化培训，确保"管得好"。依托作业区"阳光讲堂""点餐式"培训，结合中心站干部"轮训"制度，建立"一岗一案"培训机制，充分贴切岗位员工培训需求，扎实开展"一对一""现场实训"、特殊时节、特殊岗位专项培训等，全面提升各层级人员安全环保履职能力。共计开展各类培训25项，培训场次80余次，培训人员720余人次。

4. 加强绿化管理，厚植生态底色

一是加强规划引领，筑牢绿化基础。按照油田公司、厂部《年度生态植被恢复方案》等中长期绿化规划，结合实际分解任务，制定工作措施，明确责任领导、完成期限，保证工作有效落实，确保目标顺利完成。根据油田公司、厂部下发的《关于做好油区春季生态植被恢复工作的通知》等文件，将绿化工作与绿色矿山、绿色企业、碳汇林建设相结合，明确作业区机关、基层单位及相应岗位职责，确保工作落实。严格按照《长庆油气田绿化技术规定》《油气厂站绿化技术标准》开展绿化养护工作，确保绿植成活率。

二是积极植树绿化，实现生态固碳。通过"闲置土地自主绿化＋企地合作碳汇林建设"相结合的方式，开展景观式井场、清洁型场站、生态化基地、碳汇型油区建设，目前绿化面积151亩（1亩≈666.67平方米），吸收碳排放0.36万吨，实现生态效益、经济效益相统一。①景观式井场。把井场边坡空地、封堵井场作为绿化主战场，在25个井场种植苜蓿等绿植，绿化面积达16000平方米，形成"景井互融"的油区环境。②清洁型场站。对全区各站库的草坪及树木及时进行修剪、浇水，加强日常养护管理，补植绿植2450平方米，持续保持"绿化清洁"良好态势。③生态化基地。在生活基地的2950平方米闲置空地上种植三叶草、树木或者蔬菜，基地绿化面积超过45%，"循环生态"生活基地基本建成。④碳汇型油区。针对碳汇林种植地的天气、温差、季节等特点选用"速生慢生、针叶阔叶"结合的乡土树种，采用鱼鳞整地、雨水蓄集、地膜覆盖等抗旱技术，建成近自然雨养型人工混交林，保护生物多样性，持续增加碳吸收量。

（三）机制拉动，精准管控，全面升级绿色管理

1. 健全管理机制，奠定运行基础

通过党建引领、完善职责、能力提升、机制配套4项措施，为示范建设奠定良好运行基础。一是党建思想引领。突出发挥党支部引领、凝聚的作用，利用宣传报道、文化墙等载体，引领全员建立"节能降碳、绿色发展"的思想意识。二是完善岗位职责。在原岗位职责的基础上，增加"减碳"相关职责，让员工由"被动响应"变"主动发力"，为"绿色低碳"贡献个人力量。三是业务能力提升。邀请相关专业人员开展碳知识培训35人次，让业务岗位知碳、懂碳；组织"绿色低碳"阳光讲堂12场次，让员工谈认识、谈措施，帮促员工在日常生产生活中积极开展降碳。四是配套奖惩机制。设立"绿色低碳"专项奖励，对在安全环保、节能降耗、成本管控等方面提出的好建议、好想法，经作业区采纳后进行奖励。同时在业绩指标中增设"降碳"扣减项指标，通过对能耗用量、物资浪费、节能措施落实等方面进行考核，督促员工践行"碳责任"。

2. 强化创新管理，实现提效管碳

一是推行新型架构，达到减员降碳。以"数智化软硬件配套完善"为切入点，撤销中心站编制，探索"作业区直管井站"扁平化劳动组织架构，岗位由52个减少至44个，主营业务用工由300人降低至274人，劳动生产率由607吨/人提升至803吨/人，减员降碳0.17万吨/年。

二是精准费用管控，降低能源消耗。围绕电费、运费、材料费、化学药品费、井下作业费等各项费用制订挖潜措施31项，减少物资和能源消耗，达到减碳目的。2021年，实现账目控降682.96万元，完成率100.5%，完全成本由43.61美元/桶下降至36.07美元/桶。主干费用提质增效措施如图3所示。

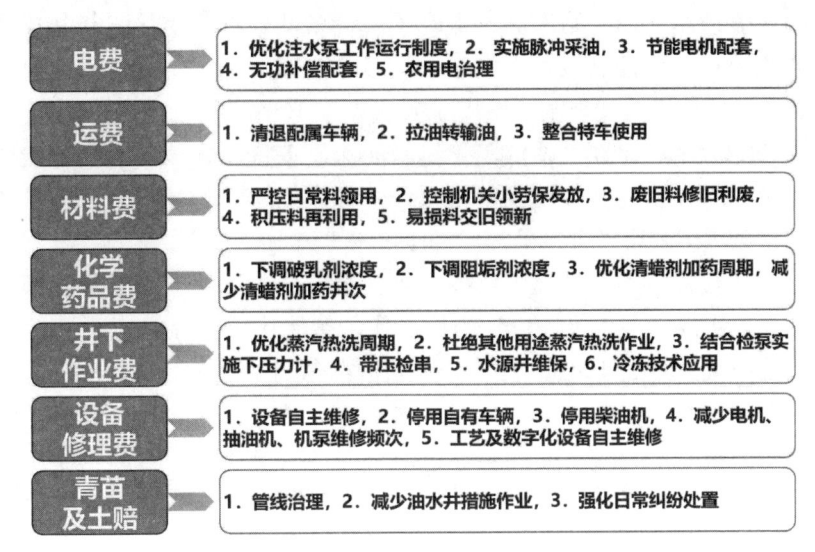

费用类别	措施
电费	1. 优化注水泵工作运行制度，2. 实施脉冲采油，3. 节能电机配套，4. 无功补偿配套，5. 农用电治理
运费	1. 清退配属车辆，2. 拉油转输油，3. 整合特车使用
材料费	1. 严控日常料领用，2. 控制机关小劳保发放，3. 废旧料修旧利废，4. 积压料再利用，5. 易损料交旧领新
化学药品费	1. 下调破乳剂浓度，2. 下调阻垢剂浓度，3. 优化清蜡剂加药周期，减少清蜡剂加药井次
井下作业费	1. 优化蒸汽热洗周期，2. 杜绝其他用途蒸汽热洗作业，3. 结合检泵实施下压力计，4. 带压检串，5. 水源井维保，6. 冷冻技术应用
设备修理费	1. 设备自主维修，2. 停用自有车辆，3. 停用柴油机，4. 减少电机、抽油机、机泵维修频次，5. 工艺及数字化设备自主维修
青苗及土赔	1. 管线治理，2. 减少油水井措施作业，3. 强化日常纠纷处置

图 3　主干费用提质增效措施

三是开展修旧革新，减少资源浪费。成立自主维护中心，立足自我、不等不靠，充分利用废旧物资，自主开展"修旧利废、创新创效、管线更换、双池维护、环保隐患治理、拦油坝制作、环保围堰制作、井场维护、生产设备维修、后勤设施维修"10类业务（见图4），进一步提高员工劳动效率，减少物资资源浪费，积极助力减碳降碳。

业务类别	成效
自主修旧利废	自制短丝等427个，修复闸门等128个，节约费用16万元
自主创新创效	自主研发制作套管气泄压消声器，节约费用1.7万元
自制环保围堰	自制土围墙8座、土围堰45座，节约费用9.2万元
自主更换管线	自主更换管线1.8千米，节约费用12.6万元
自制拦油坝	自主修建拦油坝2座，节约费用1万元
自主维护井场	自主维护井场328座，节约费用19.7万元
自主双池维护	自主维护双池29座，节约费用2.9万元
自主设备维护	自主维护小型机泵、数字化设备68次，节约费用15.7万元
自主隐患治理	自主开展管道隐患治理14处，节约费用3.2万元
自主生活后勤维护	自主维修桌椅48张、自主绿化养护12次，节约费用1.6万元

图 4　自主开展 10 类业务

3. 推进数智升级，助力低碳发展

以数智化转型助推运行模式转变，通过完善前端数据采集、升级中端自动控制、强化后端智能应用三方面工作，构建以值班长为"中枢"、井站监控岗为"眼睛"的智能采集、智能分析、智能决策生产运行体系，缩短信息处置时间，提高生产运行效率。

一是完善前端智能配套。按照"数据采集精准化、智能联动自动化"的思路，增设油井动液面、井口含水、系统效率在线监测及自动投球仪等数字化设备，升级数字化抽油机控制柜执行自动间开生产，工作制度及平衡调节自适应优化，代替人工操作，提高了措施精度及效率，提升了现场智能化水平，降低了员工劳动效率。

二是升级中端智能控制。通过站库关键点、关键设备的数据采集，配套PID变频连续输油装置，集成应用电动三通阀等自动化控制设备，实现全站设备互联互通、智能远程巡检、异常情况一键切换处理，消除站库安全环保隐患，实现全区站库无人值守率100%。

三是强化后端智能应用。建立"站点、管线、河流"三位一体油气泄漏智能监控防范体系，应急响应及处置时间缩短60%；依托智能视频分析系统，健全安全管控体系，全面杜绝无票作业、违章作业。西峰采油三区连续两年荣获"第二采油厂QHSE管理金牌单位"。

四是生产运行智能指挥。实行"集中监控、集中调度、集中决策"生产指挥运行模式，采取"发现问题—措施安排—落实反馈—效果评价"的信息化、智能化闭环管理（见图5），重点工作完成率由85%提升至98%，信息处置率达100%，生产效率进一步提升。

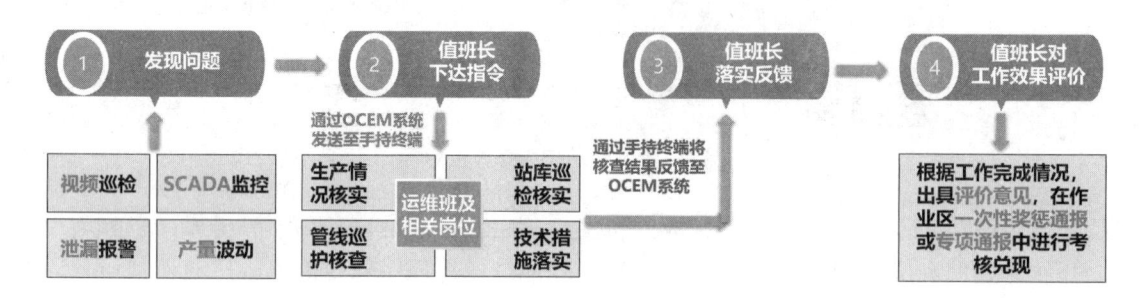

图5 生产运行闭环管理模式

（四）低碳理念，阳光心态，全面倡导绿色生活

1. 推行降碳措施，建设生态基地

通过"生态菜园建设、中水综合利用、电磁炉灶改造、照明灯具升级、供热系统优化"等措施，降低能耗和资源浪费，减少碳排放量。一是生态菜园建设。利用闲置空地开展菜园子建设，增加菜品种植种类，降低食堂蔬菜采购成本，丰富员工餐桌菜品，让员工吃得健康、吃得放心。二是中水综合利用。将处理合格的中水用于生产场站和生活基地的绿化浇灌、院坪降温降尘、道路冲洗等方面，减少水资源浪费。三是电磁炉灶改造。将生活基地厨房使用液化气灶和伴生气灶改为电磁炉灶，进一步降低安全风险隐患，减少碳排放量。四是照明灯具升级。对全区4个生活基地、14个看护点的照明灯更换为LED（发光二级管）灯，共更换LED吸顶灯、灯管300套，更换后亮度提高，节能效果明显。五是供热系统优化。利用生活基地与站库相邻的优势，将两套供热系统合并供热，降低能耗，减少碳排放。

2. 培育良好习惯，践行低碳理念

采取"低碳知识普及、垃圾分类处理、生态环境保护、绿色交通出行、倡导节约行为、鼓励义务植树"（见图6）的方式，引导全员强化文明意识，养成良好的"绿色"生活习惯，为实现"双碳"目标贡献自身力量。一是低碳知识普及。以节能宣传周等活动为载体，从"衣食住行用"等方面开展节能降碳知识的普及，为健康习惯的养成奠定基础。二是垃圾分类处理。充分发挥区位优势，加大生活基地垃圾分类处置，培养员工良好生活习惯，提高垃圾的资源价值和经济价值。三是生态环境保护。不定期组织员工开展生活基地、生产场站油污及垃圾清理，杜绝随地吐痰、乱扔垃圾等不良行为。四是绿色交通出行。利用银西高铁建设，合理安排通勤车，降低员工私家车使用频次。计划在生活基地配套充电桩，鼓励员工使用电动车。五是倡导节约行为。营造浪费可耻、节约为荣的氛围，倡导全员养成"节约用电、随手断电""光盘行动"等良好习惯，为节能降碳做出表率。六是鼓励义务植树。采取"线上＋线下"相结合的方式，发动全员开展参与"我为碳中和种棵树""蚂蚁森林植树"等植树活动，将低碳理念与实际行动相结合。

| 低碳知识普及 | 垃圾分类处理 | 生态环境保护 |
| 绿色交通出行 | 倡导节约行为 | 鼓励义务植树 |

图 6　培育良好习惯，践行低碳理念

3. 创新工作载体，打造一流队伍

以"两册管理、创新创效、一线工作法、阳光活动"为载体，着力打造"担当、创新、包容、阳光"的员工队伍，积极推进示范区的创建。一是强化"两册"管理。以"两册"管理为载体，以"十破"整顿为抓手，以"新八项岗位责任制"落实为主要内容，通过岗位考核、薪酬兑现等手段，督促岗位员工职责履行。使全员思想境界有提高、工作作风有转变、履职能力有加强、综合素质有提升。二是开展创新创效。鼓励一线干部员工进行实践创新，开展革新发明、工艺改造解决现场问题。建立创新创效工作室，先后开展 8 项生产一线难题攻关，形成 20 余项"五小成果"，使个人价值得到充分发挥，实现了个人与企业齐发展的良好局面。三是推行一线工作法。推行机关一线工作法，机关岗位定标准、教方法、给资源，帮促基层整改问题，由"帮管扶"取代"以罚代管"现象；作业区领导及岗位定期下沉一线开展政策宣传和谈心谈话，有针对性地开展思想疏导，缓解员工思想压力，使得包容、团结、友爱的理念深入人心。四是组织阳光系列活动。开展"阳光讲堂"200 余次；组织文娱活动 12 次，户外活动 4 次；组织心理、健康讲座 3 次，关爱员工身心健康，让更多的员工成为更加乐观、积极、向上、充满热情与希望的人。

四、实施效果

（一）经济效益更加显著

健全完善成本管控机制，将成本管控由事后向事前转变，基本运行费管控率达 105.59%。完全成本由 43.61 美元 / 桶下降至 38.07 美元 / 桶（降幅达 12.7%），吨油利润 1260.7 元 / 吨、投资回报率 27.5%，位列全厂第一。制订费用挖潜措施 31 项，实现账目控降 682.96 万元，完成率 100.55%，超额完成厂部下达的全年提质增效目标。配套分布式光伏、永磁电机、液压抽油机、节能电机等节能设备，年节约电费 169.25 万元。节能设备配套明细及经济效益见表 1。

表 1　节能设备配套明细及经济效益

序号	项目	数量	年节电（发电）量 / 万度	经济效益 / 万元
1	抽油机永磁电机	2 台	4.12	2.55
2	注水泵永磁电机	1 台	69.35	43.00

续表

序号	项目	数量	年节电（发电）量/万度	经济效益/万元
3	分布式光伏	286千瓦	40.04	23.22
4	液压式抽油机	15台	12.05	7.47
5	节能电机	411台	150.02	93.01
合计			275.58	169.25

（二）生态效益更加凸显

加大"三废"治理，关停封堵自然保护区、水源保护区油水井，开展植树造林，严格落实"管道长""河道长"制，伴生气回收利用率、采出水水质达标率均达100%，措施返排液全部规范处理，污染土壤修复治理全面清零，油区生态环境质量不断提升，逐步呈现出一幅"水清、山绿、天蓝、景美、生态"的和谐美丽画卷，生态环境的持续改善吸引了众多珍稀鸟类、动物前来栖息安家。绿化井场210余座、站库12座、保障点5座，主要站库绿化面积超40%，生活基地绿化面积超过45%，井场及道路绿化面积超过300余亩，成材树木15000余株，改善了作业区周边区域的生态环境，降低了滑坡、泥石流等水土流失灾害发生，促进了区域内的生物多样性。通过各项措施落实，实现年减碳0.624万吨，总能耗量由13980吨标煤下降至12830吨标煤，降幅达8.23%。

（三）社会效益日益彰显

第二采油厂的油田开发建设成果和环保成果受到了有关媒体的广泛关注，《"种"在花园里的抽油机》《"黑色能源"低碳开发享"绿色红利"》《多能互补降碳方略实现"黑色"资源绿色开发》等一系列反映"绿色低碳发展"的新闻被新华网等国内主流媒体竞相报道，展示了第二采油厂新形象，绿色发展的示范性与引领力不断增强。同时，第二采油厂为当地贡献税收1亿多元，累计提供就业岗位10余万个；投资8000余万元用于当地引黄工程、母亲水窖、人饮工程、抗旱工程、校舍改造等公益；大力开展绿植种植养护，在当地购买种植苗木，发放劳务费人均约5800元，让周边村民就近、就地就业，有利于增加农民收入、改善农民生活品质。

（四）示范引领效应不断增强

采取基层横向沟通交流和典型经验做法推广应用，充分借鉴西峰采油三区"节能低碳型、环保减排型、绿色生态型"示范区建设成功经验，发挥示范辐射效应，带动全厂锚定"双碳"目标，围绕"光伏+"、节能降耗、降碳固碳、伴生气综合利用4个方面，紧抓"零碳、用碳、低碳、固碳"4项工作，绿色低碳转型加速推进。淘汰更换了450台低效高耗能电机、26台变频调速装置，年可节电866万度，积极推广高效电机、液压抽油机等节能设备，实施电煤油改气工程，年节能5630吨标煤；推进光伏发电应用，建成投运124处井站，装机规模达17.55兆瓦，累计发电量达到1342.8万度，减少CO_2排放约8958吨；稳步推进CCUS（碳捕集、利用与封存）试验项目，在西233区首口页岩油CO_2吞吐补能试验井累计注入$CO_2$12000吨；建成轻烃厂6座，混烃厂3座，全面实施定压集气、密闭集输，伴生气回收利用率达到97.8%以上，多产LNG（Liquefied Natural Gas，液化天然气）6400吨，生产轻烃7.7万吨，占油田近四分之一，年减少碳排放26万吨；积极推进黄河流域生态保护，产建源头集约用地，利用老井场、共享探评井场，百万吨产能节约土地460亩。

（五）高质量发展成效日趋明显

第二采油厂在持续推进油气与新能源"三个融合"、积极探索新能源与油气能源多能互补的同时，有效实现油田开发与生态保护协同发展。开发技术体系不断完善，自然递减连续8年控降至10.3%，连续5年新增储量4000万吨以上，稳产效果公司领先；全年生产油气当量357.5万吨，净增30.5万吨，实现产量、增幅"双第一"；坚持低成本发展，用公司7.6%的用工贡献了12.7%的原油产量、创造了

16.3%的利润，保持公司领跑地位；开展历史油泥清零、管道泄漏防治、生态问题整改、土壤污染修复和采出水达标治理5项工程，连续5年获公司"QHSE管理金牌单位"；陆续打造了樊家川"四新"数智化示范作业区、南梁"高质量发展"示范作业区等示范品牌，已成为长庆油田新窗口，企业美誉度和影响力不断提升；建设教子川碳汇林、马岭碳汇林、地企青年林、周祖陵长庆林、环县碳汇林、南梁碳汇林等公益林6000余亩，西峰、南梁油田入选国家级"绿色矿山"，城壕、樊家川、华池等5座油田入选省级"绿色矿山"；企业获评"全国绿化模范集体""全国绿化先进集体"，用实际行动践行了国有企业的"大样子、大担当"，"大而强、快而优、可持续"高质量发展的现代化采油厂已然建成。

大型汽车集团"双碳"目标行动的创新与实施

创造单位：北京汽车集团有限公司
主创人：张建勇　胡汉军
创造人：杨钧　于晓艳　安永德　张晨航　张先喆　贾苗苗　张一博

【摘要】大型汽车集团"双碳"目标行动的创新与实施成果是北京汽车集团有限公司（以下简称北汽集团或北汽）经过3年来的"双碳"目标管理实践总结而成，主要内容是以国家和北京市"双碳"目标、汽车产业转型升级、企业"高新特"发展、国际化发展要求为背景，详细介绍了北汽集团从"BLUE卫蓝""双碳"目标的研究、制定、发布，到建立两层级"双碳"目标管理工作组，以"产品降碳、技术降碳、制造降碳、供应链和物流降碳、低碳生态、管理降碳"六大行动为抓手，全集团、全价值链、全产品生命周期推进集团"双碳"目标行动实施，实现了全集团经营效益持续改善、管理水平全体系大幅提升、全价值链全产品生命周期明显减碳等良好的经济和社会生态效益。

【关键词】"双碳"目标　全价值链　闭环管理　科技赋能

一、实施背景

北汽集团成立于1958年，是中国主要的汽车集团之一、北京市第一大国有企业，在国内汽车行业排名第九位。北汽集团拥有员工10万余人，总部位于北京，在北京、天津、烟台、广州等多地建立生产基地，已发展成为涵盖整车（包括新能源汽车）研发与制造、汽车零部件制造、汽车服务贸易、汽车金融、产业投资等业务的国有大型汽车企业集团。北汽集团自成立以来，建立了改革开放后中国汽车产业第一家整车制造合资企业；中国加入WTO（世界贸易组织）以后，收购了瑞典萨博汽车相关知识产权，开启发展自主品牌汽车新篇章。在汽车行业进入电动化的转折时代，北汽集团前瞻性地率先布局新能源汽车，连续9年成为国内新能源汽车产销首位。随着行业由持续高增长向中低速增长转化，北汽集团也经历了销量下滑的过程。在经过一系列改革后，2023年，北汽集团实现竞争性增长，全年销售整车170.8万辆，同比增长18%，跑赢行业5个百分点，市占率提升0.24个百分点；实现营业收入4803亿元，同比增长5%，位列2023年世界财富500强193位；在行业利润水平大幅下滑情况下，实现利润总额240亿元。

（一）国家和北京市实现"双碳"目标的战略要求

随着全球气候变化对人类社会构成的重大威胁，越来越多的国家将碳中和上升为国家战略，提出了无碳社会的愿景。党的二十大报告提出，要积极稳妥推进"碳达峰、碳中和"。国务院印发《2030年前碳达峰行动方案》，进一步明确时间表、路线图。2022年10月，北京市发布《北京市碳达峰实施方案》及30项专项政策，形成北京市"碳达峰、碳中和""1+N"政策体系，确保如期实现2030年前碳达峰目标。

实现"双碳"目标不仅可减少温室气体排放、应对气候变化，还可以调整中国产业结构、保证能源安全。同时，"双碳"目标的实现也是应对大国博弈、贸易摩擦的先手，是促进生态文明建设、共创"美丽中国"的重要抓手。因此，国家"双碳"目标不仅是对汽车企业的使命要求，也为企业的高质量发展指明了方向与路径。

（二）汽车产业转型升级、实现绿色发展的需要

从全球碳排放结构看，交通领域碳排放占比达到24.6%，位居能源类以外第一。国内交通领域碳

排放约为13%，虽然较全球水平低，但仍处于能源以外各领域碳排放前三位。当前主要发达国家每千人汽车保有量多数达到500辆以上，而中国才刚刚达到200辆。这不仅意味着中国汽车产业仍有较大的发展空间，同时也意味着发展传统汽车产业，难以实现碳达峰。因此，"双碳"目标下，汽车产业必须迈入新能源与智能网联汽车的转型之路。

中国汽车产业已提出2028年先于国家碳减排承诺提前达峰，2035年碳排放总量较峰值下降20%以上。汽车行业"双碳"目标的提出，不仅为汽车产业转型升级、实现绿色低碳高质量发展提供了一个重要契机；同时，对于汽车企业的技术进步、产业升级、供应链管理、成本控制等也提出了严峻挑战。"双碳"目标是硬约束，将倒逼汽车企业从能源使用、原材料选择、技术路线、产品生产、商业模式等各个环节都要满足低碳要求，必须通过全方位的技术与管理创新才能达成目标。发展新能源汽车，汽车企业就要探索如何将整车、动力电池、充换电站等进行深度融合，同时要研究储能、电池梯次利用等商业模式的综合应用，实现新能源汽车全生命周期能源资源高效利用和可持续发展，探索出最佳节能减排路径。

（三）企业"高新特"发展、国际化发展的需要

北汽集团作为国内最早进入新能源汽车研发与产业化的企业之一，已经形成了鲜明的产品特色与企业形象。2003年，北汽福田即开始了新能源商用车的技术研发。2009年，北汽集团建立国内第一家新能源汽车公司，正式开启了新能源汽车低碳发展的拓荒之旅。"十三五"期间，北汽集团大力发展纯电动汽车，引领全国新能源汽车产业链建设，累计销售纯电动汽车62万辆，连续7年纯电动乘用车销量全国第一。今天，面对"碳达峰、碳中和"目标及不断突破的汽车行业技术创新，北汽集团需要进一步深化"高新特"发展战略，发挥新能源汽车领域的整体优势，乘、商并举，全面推进高质量绿色低碳发展。

北汽集团顺应中国汽车海外出口强劲的大好形势，积极推进国际化战略，2023年出口汽车17万辆，北汽福田商用车出口多年保持国内第一。但是，近几年，全球贸易呈现出区域化、小圈子化等逆全球化趋势，叠加美国《2022通胀削减法案》及欧盟2023年《新电池法》、碳边境调节机制的实施，碳排放权已经成为各国争夺发展话语权、生产资料和产品属性博弈与竞争的焦点，这将直接影响汽车企业海外业务。因此，北汽集团加强国际化业务，必须突破欧盟碳边境税壁垒，通过"双碳"目标的实施实现产品全生命周期碳减排，以应对国际市场挑战，提升竞争力。

二、实施过程

"双碳"目标作为国家战略与北京市的政策要求，北汽集团坚决执行，责无旁贷。但是，"双碳"行动绝不仅仅是节能减排降碳的一种技术性工作，同时，它更是贯彻新发展理念、推动企业高质量发展的战略行动，是企业用实际行动满足人民日益增长的美好生活需要的使命任务。北汽集团不仅要通过实施"双碳"行动，实现从设计研发、生产制造、运营服务等各环节的节能降碳，更要以"双碳"工作为切入点，以"双碳"行动的深入推进，促进企业的质量变革、效率变革与动力改革，促进企业生产方式、管理模式的深刻转变，促进汽车产业的绿色低碳转型，以更加绿色低碳的产品与服务为用户创造价值，也为整个社会创造更加健康美好的绿色生态环境，这也是北汽集团积极践行国务院国资委倡导的ESG管理理念的一个具体抓手。

（一）系统谋划，科学制定"双碳"行动方案

2022年6月，北汽集团研究、制定、发布了《"BLUE卫蓝计划"——北汽集团"双碳"行动方案》。该方案明确了全集团"双碳"目标的指导思想和工作原则、减碳目标、六大行动、组织及保障措施，旨在通过"双碳"目标行动促进企业转型升级、提升企业管理效能，提升北汽集团在低碳、绿色、智能化方面的竞争力。

1. 贯彻新发展理念，描绘北汽"双碳"愿景

"BLUE 卫蓝计划"明确了北汽集团"双碳"目标行动的指导思想和原则，就是要深入贯彻习近平生态文明思想，立足新发展阶段，贯彻新发展理念，全面落实国务院《2030 年前碳达峰行动方案》和北京市相关政策标准，充分发挥北汽集团高质量发展理念的引领作用，以务实高效的思维，将"双碳"工作与集团高质量发展结合起来，依照北汽"十四五"发展既定目标和发展节奏，坚持降碳与发展并重，系统谋划、持续推进，兼顾发展成本与"双碳"目标，同时加强外部合作与协同，实现上下游产业链的转型升级和绿色低碳发展，确保如期完成上级主管部门和北汽集团内部制定的各项"双碳"目标。

"BLUE 卫蓝""双碳"目标诠释了北汽致力碳中和的全新理念。其中，B 为 Belief，代表低碳理念；L 为 Life，代表美好生活；U 为 User，代表用户导向；E 为 Ecology，代表生态模式，表明蓝色不仅是地球母亲与美好生活的本真底色，也是北汽集团"双碳"目标与出行使命的主题色。"BLUE 卫蓝""双碳"目标愿景，就是深入推进北汽集团全面新能源化与智能网联化，打造乘用车、商用车全系列绿色低碳产品，为广大消费者更加美好的出行生活及人类社会可持续发展不断贡献力量。

2. 务实设定全集团"双碳"目标

按照中国汽车工业协会提出的汽车行业优先实现碳达峰的倡议，北汽集团 2028 年实现碳达峰，2050 年实现产品全面脱碳、运营碳中和。

设定销量基础目标是到"十四五"末，北汽集团实现销量 243 万辆，自主品牌乘用车新能源汽车销量占比达到 68%。能效指标设定在"十四五"期间单位产值能耗下降 13%，单车能耗下降 17%，达到国内先进水平；远期展望——2030 年能效达到国际先进水平。降碳指标设定在"十四五"期间单位产值碳排放下降 20%，单车碳排放下降 24%，达到国内先进水平；远期展望——2030 年碳排放强度指标达到国际先进水平。

3. 提出全价值链降碳六大行动

围绕"双碳"目标，北汽集团明确了全价值链推进"碳达峰、碳中和"的六大行动目标，即通过产品降碳、技术降碳、制造降碳、供应链和物流降碳、低碳生态、管理降碳六大行动，推进北汽集团"双碳"目标实施。北汽集团"BLUE 卫蓝""双碳"目标六大行动框架如图 1 所示。

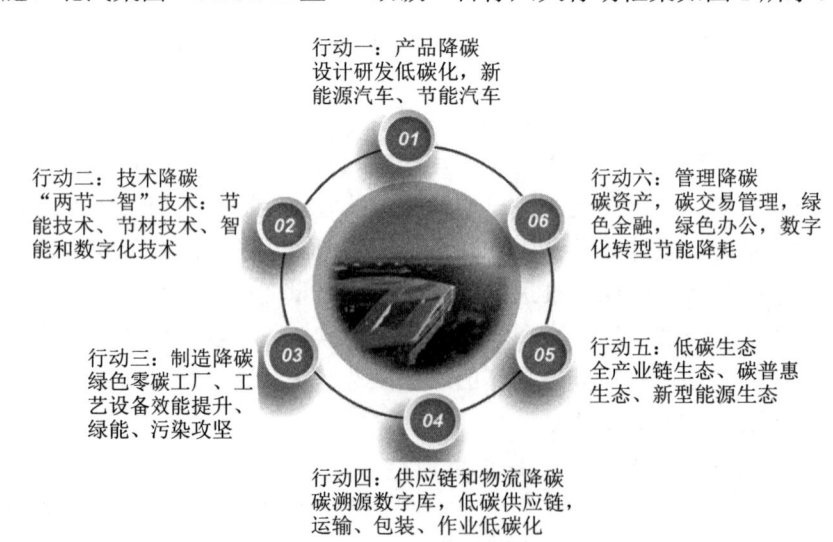

图 1 北汽集团"BLUE 卫蓝""双碳"目标六大行动框架

（二）成立两级管理组织，推进"双碳"目标落地

为保障北汽集团"BLUE卫蓝""双碳"目标有效落地实施，全集团成立自上而下的专项组织管理机构，即成立北汽集团"双碳"领导小组，强化工作组织落实责任。北汽集团"双碳"领导小组由集团董事长和总经理作为组长和副组长统领，由集团各业务分管副总经理、各下属企业总经理担任组员，负责统筹全集团"双碳"管理工作。在领导小组之下设立集团"双碳"管理工作组，由集团分管战略的副总经理担任工作组组长，研究、制定、发布"BLUE卫蓝""双碳"行动方案，组织全集团所属企业根据各自情况制定具体方案并落地实施，统筹推进各项工作，定期评估降碳成就，督促改进和提升，协调解决重大问题，并由集团战略与投资管理部、技术与产品管理部、经营管理部、质量与安全环保部等部室参与，下属企业协同。北汽集团"BLUE卫蓝""双碳"目标组织管理机构如图2所示。

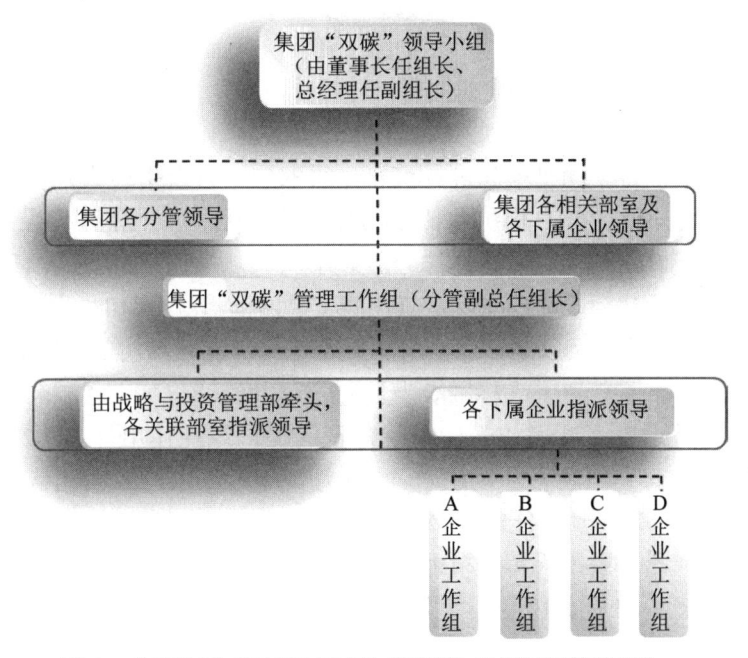

图2 北汽集团"BLUE卫蓝""双碳"目标组织管理机构

（三）全价值链推进"双碳"目标六大行动，提升经营管理水平

1. 从设计、产品布局、材料应用等方面推动产品降碳

北汽通过加强研发设计环节的低碳化，全面布局新能源与智能网联产品，打造绿色产品。一是从最实的设计开始，就做好产品全生命周期降碳框架。二是产品和技术路线定位上，大力发展以纯电技术为主的新能源汽车，氢燃料电池和混动技术协同推进。乘用车方面，以市场为导向，开发高端智能网联纯电动汽车ARCFOX，2023年推出极狐αS和αT、极狐全新车型αT5多款新能源车型上市；北京奔驰旗下全新电动车型EQE正式上市；北汽新能源推出满足亲子出行需求而设计的纯电动智能SUV——极狐考拉，打造行业内首个健康汽车理念。商用车方面，加大新能源全新产品开发，同步加快氢燃料、电驱桥等核心技术战略布局，大力推动氢燃料汽车发展。三是材料上，推动轻量化技术、低碳材料的应用。例如，极狐森林版运用自动喷涂型液态阻尼胶取代传统沥青阻尼垫，优化车内气味；以环保型小性PVC（聚氯乙烯）皮革作仪表台包覆，实现零重金属、零甲醛。北京海纳川零部件产品全部采用轻量化。电动化领域已开发出高效率、混动专用变速箱（DHT）及电驱动单元（AI-EDU）产品，实现产品低碳运行，有效降低整车使用过程中的碳排放。

2. 从尖端工艺和数字化等方面推动整车、零部件技术降碳

乘用车方面，北汽新能源积极研发创新工艺，实现技术降碳。在极狐产品上，依托IMC（智能模块标准）架构，通过加入专用钢铝结合的自攻螺钉、自冲铆接等尖端工艺，打造了上钢下铝的钢铝混合车身，实现车身极致轻量化降碳。智能数字化方面，通过虚拟仿真、数字化等技术，在研发环节有效降低企业层面碳排放。北汽研究总院参与国家院士工作站项目"典型零部件碳排放先进技术及示范应用项目"，通过开展绿色电池与生命周期评价、新能源材料的碳排放项目研究，建立了企业典型零部件碳排放核算内部标准，建立了支撑相关产品设计、供应商选择等的工作能力，助力整车碳排放限额达标。商用车方面，北汽福田重点加强低碳材料开发应用及新型低碳材料技术研究，通过对短流程钢、电炉废钢、回收铝合金、再生复合材料、生物基材料等进行研究，建立低碳材料库，形成公司低碳材料技术路线图，并重点在车身、车架等模块中进行验证。零部件方面，北京海纳川通过低碳结构设计实现技术降碳。例如，北京海纳川基于结构拓扑优化，细化一体压铸件材料分布，完成了一体压铸轻量化减震塔、后纵梁等产品的开发，实现减重约10%，大幅降低减震塔产品碳排放。

3. 通过能效提升、打造绿色工厂等推进生产制造降碳

（1）能效提升。一是优化产业结构和布局，生产运营集中化和高效化，提升产能利用率，提升能效指标。北京现代北京工厂将发动机车间进行整合，采取集中排产生产方式，提升能源使用效率。北汽自主品牌整合产业基地，2023年产能利用率比2022年提高10%。二是开展设备、工艺优化减碳、能效提升、能源回收利用减碳。北汽股份通过株分涂装车间大功率循环泵节能项目、越野车涂装车间生产管理优化项目，节约标煤1054.7吨，减排二氧化碳2332吨。北汽福田推进设备能源一体化，生产基地所有用能设备均达到二级能效及以上，主要用能设备达一级能效，实现年降碳1500吨；大力推进余热余能利用，已建成回用余热1228tce（标准煤当量）/年，可降碳1996吨/年。

（2）使用绿能。一是通过不断增加光伏绿能建设，提升绿能使用量。2023年，北汽股份新增光伏发电装机17.4兆瓦，光伏发电装机总量达48.15兆瓦。通过推进分布式光伏发电项目建设及绿电采购消纳，减碳41530吨。二是增加新能源供热减碳。北京奔驰将空气源热泵技术用于北京奔驰前驱车工厂装焊车间、顺义宿舍热水系统，实现节能1226吨，减碳1992吨；北汽福田在沙河厂区等地逐步开始实现空气源热泵供暖。三是集团企业大量购置、使用绿能。2023年，集团各单位绿电购置2.32亿度。

（3）打造绿色工厂。近几年，北汽集团积极进行国家级绿色工厂创建。截至2023年，北汽集团累计创建了20家国家级绿色工厂，最大力度提升碳减排。一是自建光伏发电减碳。北汽越野车自建光伏发电绿色工厂，年发电量可达1096.91万度。通过绿电使用，累计节约标煤约4134.66吨，减少碳排放约2.03万吨。北汽新能源蓝谷麦格纳工厂大量使用清洁能源，工厂主体建筑采用节能设计，屋顶大面积使用通透采光条，减少照明用电。停车场顶棚铺设了10兆瓦分布式光伏面板，实现年发电量1200万度，年节能量达到3576吨标准煤，减少7007吨碳排放。二是通过节能减排措施减碳。如北汽越野车通过空压机节能改造，年节电约46万度，减排碳约280吨。三是降废减污节水降碳。北京奔驰在喷漆工艺中采用干式喷漆、免中涂等绿色工艺，实现零碳排放。在物流领域，零件使用循环包装比例接近85%，极大提升物料使用效率，累计减少工业固废量超10万吨。在日常精细化管理上，利用数字化管理手段开展月度跟踪，实现单车危废率降低5%。

4. 供应链和物流降碳

（1）供应链节能降碳。建设企业碳溯源数据库，发展集约型供应链体系，打造北汽绿色低碳高质量供应链管理体系，推动关键零部件领域低碳化采购和低碳零部件技术储备。如北汽股份协同研究总院完成碳数据管理系统采购流程及上线运行工作，开展"双碳"能力提升活动。北汽福田以主机企业

带动供应商一起脱碳，打造绿色低碳的供应链管理体系；引入供应链碳足迹制度，要求供应商企业提供碳资产或碳足迹的报告，作为企业碳供应链管理的基本依据；实施绿色供应链制度，优先采购供应链企业中碳排放低的产品，淘汰高碳排供应商。

（2）生产、销售、运输物流降碳。北汽越野车生产物流降碳从新能源设备投入、推广无纸化单据、物流资源整合、推动循环包装、货车排放管控、减少危废产生6个方面开展。北汽越野车物流运输低碳化举措如图3所示。

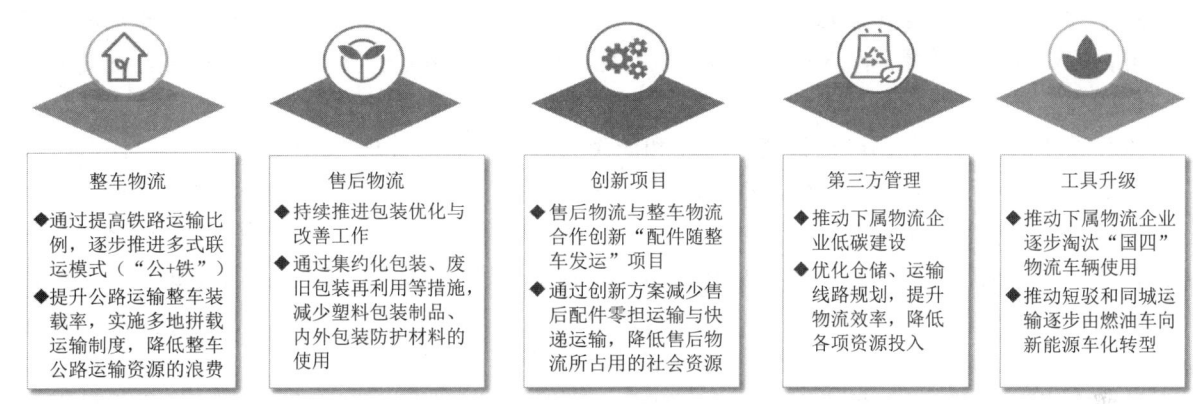

整车物流	售后物流	创新项目	第三方管理	工具升级
◆通过提高铁路运输比例，逐步推进多式联运模式（"公+铁"） ◆提升公路运输整车装载率，实施多地拼载运输制度，降低整车公路运输资源的浪费	◆持续推进包装优化与改善工作 ◆通过集约化包装、废旧包装再利用等措施，减少塑料包装制品、内外包装防护材料的使用	◆售后物流与整车物流合作创新"配件随整车发运"项目 ◆通过创新方案减少售后配件零担运输与快递运输，降低售后物流所占用的社会资源	◆推动下属物流企业低碳建设 ◆优化仓储、运输线路规划，提升物流效率，降低各项资源投入	◆推动下属物流企业逐步淘汰"国四"物流车辆使用 ◆推动短驳和同城运输逐步由燃油车向新能源车化转型

图3　北汽越野车物流运输低碳化举措

作为专业物流公司，北汽中都物流从物流模式优化、低碳包装推进、属地化开发、智能化物流仓储管理等维度全面推进供应物流减碳。主要降碳措施有3项。一是结合实际经营情况，推进"公转水"，持续落实干线低碳运输。2023年，结合主机厂碳达标和经营发展目标、销售模式、销售策略等因素，中都物流"铁、水"干线发运占比达30%。二是探索建立基于氢能源物流车辆构建智慧交通的"双碳"减排量化模型。三是分步推进数智化应用。中都物流持续推进大兴绿色智能仓储建设，完成线束料箱机器人、专线无人自动驾驶小车等引进和应用。

5. 打造低碳生态，实现系统降碳

北汽集团围绕产品全生命周期，以全场景视角开启广泛的生态化协同合作，全力实施系统性降碳。

（1）加快换电、超充桩基础设施建设，探索新型能源生态。北汽集团以换电为基础，融合充电站、超充站、加氢站及电池租赁模式，实现新能源汽车全生命周期能源资源高效利用和可持续发展。

北汽新能源加快推进换电模式，依托北汽蓝谷在北京、厦门、兰州、广州等15个主要城市投放的换电车辆，以及在相应城市落地的换电站，提供快速换电服务，高效满足车辆运行的换电需求。利用换电模式可降低约1/3购车成本，换电站具备储能功能，快速实现资源的集约化利用。2023年，北汽新能源聚焦绿色低碳科技创新前沿，将电池、整车、充电基础设施、电网企业多个环节融合，打造了国内首批采用液冷充电线缆示范运营的高压大电流超充桩。目前，已在北京城郊形成自营充电网络，截至2023年，已经投运超充站61座，起到加快科技成果转化和产业化推广、促进绿色低碳产业发展的重要作用。

（2）加强电池回收等能源综合利用，推动循环经济发展。近几年，北汽鹏龙承担汽车生产企业作为动力电池回收主体的责任，积极布局动力电池回收、拆解、梯次利用业务，提升能源综合利用，推动循环经济发展。北汽鹏龙和新能源汽车公司已经建立动力电池回收利用体系，完善动力电池回收渠道，扩大回收新能源汽车使用及报废后产生的废旧动力蓄电池规模。采用市场化机制，加大对动力电池拆解、梯次利用等关键核心技术攻关，提高技术创新能力。在回收利用方面，强化与动力电池产业链上下游企业合作，促进废旧动力电池循环利用产业发展。同时，北汽鹏龙加强动力电池租赁商业模式创新，开拓电池租赁业务。北汽鹏龙与维骑动力（深圳）有限公司签订的180组三元锂电池租赁协议，进一步扩展动力电池梯次利用租赁模式的有效实施，拉动上下游配套产业链发展，实现新能源汽车全生命周期能源资源高效利用和可持续发展。

（3）打造绿色出行生态降碳。北汽集团一方面加强出行车辆的低碳化水平，利用国家加快分时租赁、网约车、出租车等公用车辆的电动化政策，大幅提升北京蓝谷、北京奔驰、北京现代等集团各下属企业新能源车型比例，逐步降低传统燃油车在新车领域的产销占比。依托华夏出行，布局网约车业务和城市物流业务。通过提升网约车、公务车电动化出行比例，华夏出行年减排25万吨，显著降低出行车辆碳排放。

（4）开展新能源汽车使用阶段碳资产开发和应用尝试，开展碳普惠生态降碳。北汽集团分阶段建立出行碳资产开发应用综合管理平台，打通并建立贯穿"生产制造-销售服务-运营管控-碳减排数据监测-碳资产积累-碳交易"的高效管理模式。首先，集团已优先整合自有氢燃料电池物流车辆和北汽福田氢燃料电池车辆销售客户资源，形成标准化的绿色碳资产管理服务产品；其次，将碳普惠工作扩展至北汽新能源小客车领域，基于北京市既有方法，量化、认证北汽新能源小客车出行碳资产，并与绿色营销有效结合，推动北汽新能源产品销售；最后，待平台用户体量、规模进一步壮大后，拟尝试与政府探讨实现平台转型的可能性，逐步由企业平台向社会平台推广，形成政府主导-企业主办的联合开发模式，使更多社会车辆接入平台管理，帮助平台用户实现碳资产变现。

6. 管理降碳

（1）通过数字化碳溯源管理全生命周期循环，推动最优化低碳。首先，推进核算工具数字化。北汽研究总院成功引进"中国工业碳排放信息系统（CICES）"和系列化软件"产品碳足迹标准管理工具与生命周期评价工具（PCFst+OBS）"，有效实现了原材料获取阶段、生产阶段、使用阶段和回收阶段的全生命周期碳排放数据的高效收集、核算、分析、管理和规范报送。其次，2023年起，集团逐步搭建绿色低碳信息管理平台，目前，平台已经逐步接入了5家企业的实时能源数据及11家企业的污染物在线排放数据，并搭建了节能减排技术平台及案例库。

北汽集团所属企业也建立了能源计量管理平台。如北汽福田通过计量器具硬件改造及子系统对接实现水、电、气、热等能源消费数据、用能数据及能效参数数据在线采集，搭建集团、工厂两级能碳管理信息系统平台，实现能源消费监控、预警等功能，2024年6月正式上线。北京奔驰数字化能源计量系统全面应用，2023年实现了从车间入口计量至某一重点用能设备的能源计量，全面实现车间能源绩效指标管理、重点能耗设备绩效管理、节能措施与实施效果的追踪与监测，并以此为基础建立起了绿色、智慧型北京奔驰园区综合能源系统。通过系统平台提升能源加工转换侧的利用效率与能源调蓄能力、精准预测能源需求侧的需求量提高整体能源管理水平。

（2）积极争当碳排放和碳交易试点企业。针对北京市"双碳"示范试点企业，集团通过严格筛选，报送北汽新能源、北京奔驰、北京福田戴姆勒等3家企业作为北京市第一批碳管理和碳交易试点企业。截至2023年，3家试点企业均按要求完成碳管理碳交易试点项目填报与数据核算信息采集，进入企业碳账户和绿色项目库，并按要求上报试点企业月度、年度工作报告。

（3）推动绿色金融，完善投融资渠道。集团旗下北汽产投联合北京市相关机构，出资6亿元成立安鹏绿色（北京）能源产业投资基金（有限合伙），重点布局新能源汽车、氢能、储能及燃料电池为代表的绿色低碳产业。

（4）开展绿色办公，增强环保意识。一是全集团构建绿色低碳的企业文化，鼓励员工节约能源、绿色办公、低碳出行、绿色会议等。二是绿色办公贯穿各管理模块。集团通过开展集团"减碳日"等一系列绿色创建活动,将绿色办公理念贯穿生产、营销服务、经营管理、改革创新、党建等各个领域,加快形成符合绿色、健康、可持续发展要求的生产、生活方式,推动办公环境持续向好改善。三是务求实效,加强过程督导检查,充分调动员工主动性。四是打造企业智能办公系统。通过推行远程办公、无纸化办公,改变原有办公模式,做到低碳环保。

三、主要创新点

（一）践行"5个结合"

"5个结合"是指：一是将落实国家战略与实施企业战略相结合；二是将企业战略实施与公司治理提升相结合；三是将培育绿色低碳观念与具体实施行动相结合；四是将日常"双碳"管理与数字化建设、科技赋能相结合；五是将提升企业经营业绩、质量与创造社会效益、生态效益相结合。其中：在"双碳"目标的设定上,北汽集团综合了国家"双碳"的目标要求与北京市的政策要求,结合行业和企业实际,提出了"北汽集团2028年实现碳达峰,2050年实现产品全面脱碳、运营碳中和"的目标,充分体现了落实国家战略与实施企业战略相结合。

在"双碳"目标的制定与实施过程中,北汽集团既注重目标的前瞻性与引领性,又注重战略管理的系统性与规范性。"BLUE卫蓝计划"在经过前期专项课题研究与论证,对标企业调研,专业机构咨询,确保了各项指标的科学性与可行性。同时,战略行动方案又经过集团党委常委会、董事会、总经理办公会、专题工作会等决策机构的充分讨论与审批,并且设立了专门的"双碳"工作领导小组与工作组,将"双碳"管理纳入全集团、全价值链环节和产品全生命周期,将"双碳"目标纳入集团"十四五"规划的战略管理体系。通过设定目标、全部主体、全价值链组织、落实、推进,定期评估,改进提升,形成完整的"双碳"管理闭环。这些都充分体现了将企业战略实施与公司治理提升相结合。

在宣传"双碳"理念上,北汽集团形成"'双碳'工作,人人有责"的观念。从"双碳"目标行动公开发布、广泛新闻传播,到推行无纸化办公、正反面打印、绿色出行；从生产环节降碳,到营销搞碳普惠积分、品牌宣传发布北汽社会责任报告等,都充分体现了将培育绿色低碳观念与具体实施行动相结合。

在"双碳"管理上,北汽集团非常重视管理工具的创新,充分利用数字化手段,建立专门的"双碳"业务管理平台,对企业的能耗、排污等进行严格监测,同时有效积累碳资产,提升管理效能。积极研发、利用最新的节能降碳技术,以科技手段实现"双碳"目标,充分体现了将日常"双碳"管理与数字化建设、科技赋能相结合。

在"双碳"的更高层面上,北汽集团追求兼顾企业、员工、供应商、用户和全社会的利益与诉求,将企业的政治责任、经济责任与社会责任相统一。"BLUE卫蓝计划"中就将低碳理念、美好生活、用户导向与生态模式4个关键词作为集团"双碳"行动的理念与原则,并在实施过程中加以落实,将为用户提供更多低碳智能的新能源汽车产品与服务作为实现"双碳"目标的核心手段,充分体现了将提升企业经营业绩与质量和创造社会效益、生态效益相结合。

（二）战略管理模式创新

通过"5个结合"的系统性创新和"6大行动"的扎实推进,北汽集团"双碳"目标行动的创新与实施非常系统性地规划、践行了企业战略管理理论,在管理模式上形成以集团"双碳"目标为引领,集全集团研发、零部件采购、物流运输销售服务、整车企业于一体的全价值链闭环管理模式,同时各个企业又形成以企业为主体的有针对性的降碳行动,实现了从上至下、从中心至外围的"全集团、全价值链、全生命周期""双碳"目标实施路径,保证了集团"双碳"目标行动的成功实施,取得了满意的效果。北汽集团"BLUE卫蓝""双碳"目标行动的创新实施管理模型如图4所示。

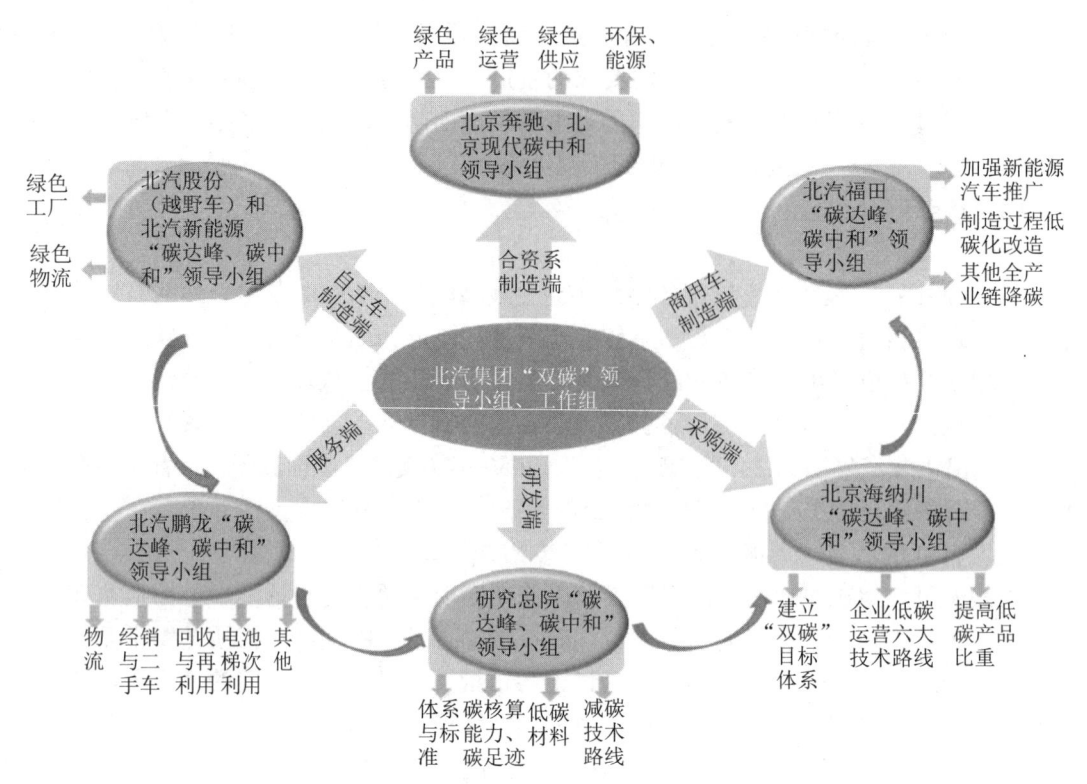

图4 北汽集团"BLUE 卫蓝""双碳"目标行动的创新实施管理模型

四、实施效果

在3年"双碳"目标行动引领的实践中，北汽在推动产品、价值链与供应链全领域转型升级、绿色低碳、智能化和数字化等方面取得了相当可喜的成绩，强有力地支撑集团"双碳"目标的实现，为北京市和国家"双碳"目标实现贡献了汽车企业的一份力量。

（一）"双碳"目标引领，获得经济效益显著竞争性增长

自集团2022年6月发布"双碳"目标以来，全集团积极行动，努力践行绿色低碳发展理念，全面布局新能源与智能网联产品，加大新能源与智能网联推广力度。企业经济效益获得明显提升，集团整车业务合并收入占比从2020年的87.5%增长到2022年的92%。企业利润持续增长，由2020年的129.12亿元增加到2022年的186.44亿元，3年复合增长率20.2%。新能源汽车业务快速发展，2023年，北汽集团实现整车销量170.8万辆，其中新能源车为17万辆，同比增加4.4万辆。新能源汽车投资成为重中之重，2022年集团整车业务投资125.5亿元，其中新能源项目投资93亿元，占比74%。

（二）通过"双碳"目标行动，提升全集团体系化管理能力

北汽集团以"BLUE 卫蓝""双碳"目标作为一个系统性、先导性的企业战略管理体系，全价值链推进低碳、绿色管理理念，促进集团管理体系化、精细化和数字化，管理能力显著提升。研发领域，建立了产品全生命同期碳溯源管理体系，具备乘用车生命周期碳排放核算技术能力，从设计、原材料源头提升精益管理水平；在供应链领域，建立基于低碳、环保、安全、绿色的上下游产业链协同的供应链管理能力，提升了与产业链企业合作、协同攻坚能力；在制造领域，通过数字化智能零碳工厂建设，提升了基于数字化信息管理的高效生产制造智能化管理能力。集团多家企业参与制定了北京市地方清洁生产标准体系、管理手册，进一步提升了集团整体绿色低碳管理水平。在营销服务领域，建立了数字化、绿色化、智能化的线上线下结合的销售服务体系，提升了服务贸易业务竞争力。在数字化

管理提升方面，通过集团"双碳"管理运行，营销、制造的数字化管控平台运行效率和管控能力明显提升。聚焦核心业务系统的横向联通、纵向打通，实现北汽集团企业及上下游生态的系统协同，辅助经营决策。

（三）全体系降碳成效显著，取得明显的社会和生态效益

通过集团践行"BLUE卫蓝""双碳"目标行动，北汽集团通过推出多款新能源汽车产品，多技术路线同步发展新能源汽车技术，所属企业结合各自不同具体情况多领域全方位地实践"BLUE卫蓝""双碳"目标六大行动，全体系降碳工作取得了很大成效。一是高端新能源汽车产品多款上市。近几年，北汽陆续推出极狐品牌系列汽车，推出业内首款健康理念汽车考拉，与华为合作打造高端行政版纯电动汽车等新产品。氢燃料客车服务2022年冬奥会，获得好评。二是绿电广泛应用，减碳降碳成效显著。2023年，集团绿电购置量跨越式提升，从2022年3300万度扩大至2.32亿度；新增光伏32兆瓦，截至2023年，北汽集团累计光伏装机容量151兆瓦。2023年，集团整车企业碳排放103万吨，总减碳1.2万吨。三是绿色智能制造持续提升。目前，北汽建成20家国家级绿色工厂，建立了绿色供应链体系，大幅应用数字化和智能化运营模式，提升效能。四是开展碳积分交易，实现额外收益。2023年，北汽新能源进行NEV（新能源车）积分和CAFC（企业平均燃油消耗量）积分交易，实现收益达434.8万元。

融合创新，打造产业投资领军品牌

创造单位：青岛军民融合发展集团有限公司
主创人：张金楼　李蓉蓉
创造人：仝颂　王志远　王会千　李兴雷　殷世界　袁灵秀

【摘要】山东省青岛市是国家融合创新示范区，青岛军民融合发展集团有限公司（以下简称融发集团）是专门服务国家（青岛）融合创新示范区开发建设和投融资的地方国有企业，肩负着践行融合创新国家战略的历史使命。2018年起，为实现企业自身转型发展，融发集团主动对接国家品牌战略，以习近平新时代中国特色社会主义思想为指导，在品牌建设的探索中寻找发展机遇，坚持在"融"字上下功夫，聚焦融合创新，打造产业化投资品牌——"融发"品牌：融心铸魂，在文化引领品牌上拓渠道，将企业文化融入企业发展和员工行为，构筑以企业文化为内核的品牌价值体系，形成主题突出、个性鲜明的品牌文化；机制融通，在品牌高效管理上搭矩阵，加强品牌建设的顶层设计，明确品牌角色定位，提高治理效能，促进品牌管理的系统化、规范化；产业融新，以资本运作、科技创新、质量信誉为抓手，不断提高品牌竞争力；积极融入社会，塑造良好的品牌形象，安全绿色发展，助力乡村振兴，保障改善民生，彰显了履责、担当、有温度的品牌形象。扎实有效的品牌建设为国有企业聚焦高质量发展提供了强大的动力。2018年以来，融发集团总资产从不足10亿元增长到目前的1003亿元，营业收入、利税每年高位增长，助力西海岸新区古镇口完成了小渔村到融合创新核心区的腾飞蜕变，吸引一流的高等学府和科研院所入驻，城市配套日趋完善，一批拔尖人才在这里汇聚。融发集团立足青岛，面向山东，在青岛、烟台、蓬莱等地打造高端装备制造、贸易等千亿元级产业链，累计带动产业增加值300亿元、新增税收10亿元，助力胶东经济圈一体化全面起势。企业入选"2022年中国服务业企业500强"（位列338名），获评"全国诚信示范单位""全国五星级诚信企业""山东省品牌培育企业""山东省社会责任企业"，获得"全国企业管理现代化"创新成果奖、"国企品牌卓著工程"创新成果奖、"山东省企业品牌"创新成果奖、"山东省文明单位"等荣誉百余项。

【关键词】品牌培育　管理提升　产业结构　资本运营

一、实施背景与目的

（一）展现国企使命担当，主动对接国家品牌战略的需要

青岛市强化引导企业重视品牌建设，不断培育世界一流企业品牌，开创了极具特色的品牌发展模式，品牌产品和品牌企业数量位居全国同类城市前列。国有企业是贯彻落实党的方针政策的主要阵地，融发集团作为青岛西海岸新区专门承接融合创新国家战略成立的国有企业，应当发挥"稳定器""压舱石"的重要作用，积极贯彻落实青岛市关于品牌建设的决策部署，构建具有国有企业特色的品牌责无旁贷。

（二）企业自身转型发展的需要

融发集团成立之初，集团总资产不足10亿元，净资产不足5000万元，员工总人数不到50人，经济基础薄弱，业务开展单一，底子薄基础差。为实现多元化发展，必须将品牌建设作为调整优化结构、加快做强做优、实现可持续发展的重要抓手，树立"质量强企、品牌兴企"理念，把品牌建设上升为重要战略选择，坚持以自主创新为内核，以高品质为基石，以精致管理为保障，逐步建立健全国有企业品牌培育、保护和发展的体制机制，抓好关键事、管好关键人，让企业品牌更好地体现员工整

体共同追求的理念与价值观念，提升凝聚力，不断引导在品牌建设的探索中寻找发展机遇，拓展发展空间、增强发展后劲，提升企业高质量发展动力。

（三）响应国企改革，提高市场化经营水平的需要

国有企业必须在统筹"两个大局"中敢挑重担，在走中国式现代化新道路上勇当先锋。融发集团高质量做好品牌建设工作，能更好地以品牌引领国企改革发展凝聚强劲动力，是以品牌信誉和优势作为企业自主创新能力、市场竞争力和可持续发展能力的重要保障，是在企业产品与服务竞争日益同质化的环境下赢得差异化、个性化、难以替代的竞争优势的法宝，为展现国企担当提供重要支撑和保障。

二、实施过程

（一）明确思路，确定品牌建设的基本原则

1. 注重整体规划

坚持"一盘棋"思想，不局限于生产经营中的局部领域或者个别职能部门，从企业市场化经营、项目建设、融资发债、投资纳统的全局考虑，在各业务流程和环节中予以落实和保障，实现设计、研发、生产、营销、售后服务等环节的相互协同，形成合力。

2. 找准突破口

结合企业实际情况，准确把握现有工作长处，选准切入点，固化推广现有优势，量身定制鲜活的品牌。突出抓好"文化、管理、产业、社会"等重点环节，找准品牌建设的突破口和着力点。鼓励企业做好自主创新和品牌创新，注重在内在品质和服务质量上下功夫，侧重在企业日常的生产、经营管理过程中加强品牌的管理，促进品牌推广和应用，确保从服务质量和产品质量上强化品牌忠诚度、美誉度建设。

3. 实行分类管理

根据集团涉及的开发建设、金融投资、高端装备、文化旅游、舰船修造等不同领域，在坚持统一规范的前提下兼顾品牌成长的个性环节对不同类型的品牌进行分类管理。根据品牌发展阶段，将各子品牌划分为培育品牌、上升品牌、成熟品牌，分步实施，循序渐进，统一指导各品牌的建设方向，共同推动品牌发展。

（二）融心铸魂，在文化引领品牌上拓渠道

1. 企业文化融入企业发展血脉

融发集团着力构筑以企业文化为内核的品牌价值体系，打造主题突出、个性鲜明、奋发向上的品牌文化。作为服务融合创新国家战略的主力军，融发集团在探索发展中孕育形成了"激情、高效、创新、共赢"的企业精神和"阳光融发，奉献有我"的党建品牌。以"激情"创业推动企业裂变式发展，始终以昂扬向上的精神状态做好各项工作，一如既往地保持创业奋斗的姿态；以"高效"落实推动企业领跑式发展，面对急难险重任务，尤其是在重大项目推动、产业培育、融资发债、社会责任等方面，发挥"排头兵"和"压舱石"作用；以"创新"突破推动企业集聚式发展，在全国首发融合创新信用债，在烟台、青岛布局打造高端装备制造基地；以"共赢"合作推动企业市场化发展，与50多家央企、国企、行业领军企业和机构战略合作，不断提高市场化经营水平。

布局建设"一园"（海军公园）、"一船"（中国第一艘科考船"科学一号"船）、"五馆"（古镇口展览馆、退役军人荣誉馆、海军军史展览馆、海洋科技馆、总体国家安全观主题展馆）、"七基地"，推动文化地标建设，打造了一批专注党性教育、传播海洋文化、弘扬社会主义核心价值观的红蓝筑梦主题实践教学基地，为践行融合创新国家战略孕育精神文化土壤。党建品牌引领，阵地建设赋能，不断激励广大"融发人"牢牢把握正确政治方向、价值取向，在党的领导下冲锋在前、拼搏奉献。阳光文化、奉献文化不断深入人心，企业文化融入企业发展的血脉之中，成为"融发人"的价值

坚守与行为准则，也成为融发集团高质量发展的内在动力。

2.品牌价值理念融入员工行为

融发集团修订员工日常行为规范，形成了工作日报、工作周报、每日"战报"等制度，连续6年开展"创新、创业、创造"劳动竞赛、"每月之星"评选和动态考核，结合不同时期的重点工作，开展"大干100天""双月大会战""激情大干""效益突破创佳绩""创新突破年"等活动，养成了"事不过夜、马上就办、真抓实干"的工作作风。这些举措夯实了"融发"品牌的内在文化基因，反过来又为"融发"品牌对外彰显提供了源源不断的内生动力。集团上下的干部职工心里都有一团火，燃烧激情，拼搏奉献，在省市重点项目建设、承接融合创新国家战略、打造国家融合创新示范区建设典范和胶东经济圈一体化样板的过程中，涌现出"全国五一劳动奖章""全国诚信企业家""山东省优秀企业家""山东省劳动模范""山东省诚信企业家""青岛市劳动奖章""西海岸新区金凤凰工匠""山东省三八红旗集体"等不同领域的先进典型200余人次，为融发集团的品牌形象注入了鲜活的内涵。

3.品牌文化内涵与企业发展同频共振

伴随企业不断发展壮大，融发集团不断梳理企业理念体系，聚焦主责主业，创新运用好产业资源，针对国企肩负经济、政治、社会三大责任的特点，不断弘扬符合先进文化前进方向、具有时代特征和自身特点的阳光文化、奉献文化，将公司使命和员工的价值追求有机结合起来，为公司改革发展汇聚强大而持久的正能量。在此基础上，让企业文化在企业发展中传承、创新、发展，树立"打造全国一流的融合创新专业化投资平台"的企业愿景，形成"阳光融发、奉献有我"和"激情、高效、创新、共赢"的核心价值观，确立国企市场化理念、吃"休克鱼"理念、"嗑瓜子"理念、核心竞争力理念、信任管理理念、用未来思考今天理念等经营理念，创新"十大坚持，五化经营，五项精进"的管理原则……不断发展的企业文化承载着"融发人"的初心和使命，成为干事创业、扛起责任担当的强大精神力量和宝贵精神财富，为品牌注入了源源不断的精神内涵。

（三）机制融通，在品牌高效管理上搭矩阵

1.加强顶层设计，强化品牌制度化

品牌建设是一项长期性的系统工程，融发集团及时将品牌建设过程中的优秀做法和典型经验转化为经常之举，用制度与标准的形式固定下来、坚持下去，持之以恒地探索实践。聚焦完善品牌管理体系，搭建起组织保障机制，明确总部和子公司的职责，有效调动各相关部门的力量，部门与部门之间无缝对接、协同推进，把品牌建设工作纳入单位重点工作计划，制定品牌管理办法等系列管理制度和管理流程，保证有制度可循、有规范可行，将品牌建设扎扎实实作为企业的管理行为落地生根，利用制度和流程的自我驱动能力，使品牌建设在企业全价值链过程中得以体现，品牌的精神与内涵植入广大党员和职工群众深处，成为广大干部职工共同追求的目标，并具有历久弥新、与时俱进的精神凝聚力。

2.明确角色定位，凸显品牌特色

融发集团深刻把握省市对国有企业的要求和期望，清醒认识自己作为地方国有投资运营企业的角色和定位，把"融发"的品牌形象与区域发展紧紧联系在一起，通过整体品牌建设管理，制订企业品牌的中长期规划及实施计划，突出品牌的特色和亮点，把具有发展潜质的典型确定为品牌培育对象。统一品牌属性、结构和价值，规范品牌创建和应用，近年来，在强化"融发"母品牌的基础上，致力于品牌驱动业务发展，让每个产品和每项服务都找到精准的品牌定位，塑造清晰的品牌形象。围绕终端产品、服务、工程建设规范建设各类子品牌，企业先后推出"融发工程""融发市政""华鲁公路"等城市运营品牌，"融发核电"上市品牌，"京鲁船业"产品品牌，"华安驾校""融发物业""融发文旅"等服务类品牌。这些深入人心的子品牌在品牌领域不断发挥价值，有效促使品牌与业务、发展深度融合，促进"融发"品牌与各子品牌同频共振、互补发展，提升母、子品牌价值关联度，有效发挥了子品牌对"融发"品牌的增值、提质、优化、美誉的反哺作用，推动集团品牌资产价值提升。

3. 提高治理效能，赋能品牌创建

融发集团将品牌建设扎扎实实作为企业的管理行为落地生根，将品牌建设要求横向覆盖公司全领域的管理流程，分级分类做好制度顶层设计、管理衔接、条款制定，制定完善100余项规章制度，建立量化指标的综合监督制度、市场化经营管理制度及业务流程管控制度，赋能品牌创新。提高企业治理效能，坚持"两个一以贯之"，探索完善党的领导融入公司治理的有效机制，不断提升公司运营效率。党组织权责、工作方式、融入治理结构和决策前置程序等明确写入公司章程，确保党组织在公司法人治理结构中的法定地位。坚持双向进入、交叉任职的领导体制，认真落实党委书记、董事长"一肩挑"，领导班子成员进入董事会、监事会、经理层。充分发挥党组织在企业发展过程中"把方向、管大局、保落实"的作用，对重大事项决策均实行党委决策前置化，集思广益、民主讨论，营造了开诚布公、阳光透明的工作环境。每周召开党委会，每年平均完成议事事项270多件，实现决策、执行、监督的有效制衡。

（四）产业融新，在品牌竞争力提升上闯新路

1. 聚焦资本运营，以市场竞争强品牌

以资本运作赢得市场的主动选择，提升品牌的文化价值和品牌忠诚度，才能够形成核心竞争优势。为提升"融发"品牌的底气和内涵，融发集团立足山东省唯一的融合创新专业化投资平台的角色定位，抢抓鼓励支持国企改革发展的政策机遇，与保利、中交等50多家央企、国企及行业领军企业和机构战略合作，推进企业并购、股权投资、混改，做大市场化业务，快速提高企业整体实力。

近年来，集团控股京鲁船业，成为上市公司石大胜华、台海核电的第一大股东，大大提高了资本市场话语权。此外，先后投资了开投供应链、德盛利、昆仑绿建等5家拟上市企业，盘活利用10000余亩土地，集聚了优势资源和资本，快速提高企业整体实力。与中国科学院工程热物理研究所合作成立中科航星、中科国晟动力、中科方舟、中科睿航4个合资公司，推动轻型航空动力发动机、燃气轮机、舰船发动机、高端无人机系统等研发生产落户山东省。

通过一系列企业并购和资本运作，融发集团拥有2家"AA+"资质企业（融发集团、融发腾达），其中融发腾达构建了以船舶制造业务为主、以商业物业租赁为辅的综合业务体系，致力于打造集现代化船舶制造、商业运营租赁于一体的国际一流综合型产业化平台。京鲁船业、华鲁公司以前连年亏损，被融发集团并购后加快转型升级，一年后便扭亏为盈。其中，京鲁船业成为全国一流的舰船修造企业、山东省制造业高端品牌培育企业。台海核电（现为融发核电）重组后履行股东职责，做强做大做优国有资本，多举措化解历史债务，一季度并购，不到6个月完成"脱星摘帽"，实现多个涨停，多个项目相继入选"山东省新材料创新示范项目（创新平台示范项目）""山东省制造业单项冠军拟认定名单""山东省重大产业公关储备项目名单"等。石大胜华成为山东省个股股价最高的上市公司，在全球碳酸酯高端溶剂市场份额已超过40%。开投供应链旗下中国北方地区最大、山东自贸区青岛片区唯一的木材交易中心，年吞吐量40万～50万立方米，年交易额达60亿～70亿元。

2. 聚焦科技自主，以技术创新强品牌

创新是企业发展的第一动力，是品牌建设的核心。为大力推进品牌建设，融发集团突破关键核心技术，掌握竞争和发展的主动权，开展重大技术攻关，潜心攻克"卡脖子"技术难题，在高端装备、舰船修造、化工新材等领域不断取得突破进展，抢占科技创新制高点。

京鲁船业完成从舰船研发设计、生产设计、建造、维修、改装到报废退役的船舶修造工业全产业链搭建，建成总投资过百亿元、拥有35000吨举力浮船坞的舰船修造基地，自主研发的7米秋刀鱼/鱿鱼钓船、59.6米超低温延绳钓船和1200GT金枪鱼围网船多项技术填补国内空白。融发核电在高端装

备制造领域持续发力，完成从高端装备制造、设备安装、运营到退役及后处理的高端装备制造全产业链搭建，在耐压、耐腐蚀、高强度等金属材料领域填补了国内空白，突破了多项"卡脖子"技术。控股公司石大胜华成为全球唯一能够同时提供锂离子电池电解液溶剂、溶质、添加剂产品的全产业链公司。中科系企业突破国外对核心技术的封锁，实现了轻型航空发动机、燃气轮机、舰船发动机的自主研发、自主生产。此外，集团积极与高校建立"产学研"合作关系，不断提升产品竞争力。建设协同创新平台，设立山东省院士工作站、山东省船舶与海洋工程装备创新中心等5个省级研发创新平台，引进中国两院院士、泰山产业领军人才、国外船舶专家，通过"传帮带"的方式，培养各类创新人才，帮助企业解决关键技术难题，以实际行动实现平台自主、技术自主和品牌自主，为持续保持竞争优势、提升"融发"品牌影响力注入了生命力。

3. 聚焦项目建设，以质量信誉强品牌

融发集团坚持开展质量提升行动，提升服务、工程质量，不断增加优质供给。集团累计承担300余个省市重点工程项目，总投资过千亿元，涉建范围达30平方千米，点多、面广、任务重。融发集团坚持一项目一精品，提高项目履约率，不断创造"融发速度"，仅用不到半年时间，把原处于停工状态的中国科学院海洋大科学研究中心项目做成市重点项目和省重点项目；仅用20天的时间就完成了水下无人平台基础设施配套工程项目，从方案到设计再到施工完成，比平常项目缩短半年甚至一年工期；仅用40天提前完成融合创新成果展项目所有钢构件加工及网架吊装，仅用80天使项目具备布展条件；仅用3个月就高质量完成大村镇后尹家沟村、大村镇胡家前夼村、六汪镇东下泊村、六汪镇塔桥村和海青镇富园村5个帮扶村庄的基础设施施工；仅用45天实现中国（北方）特种装备维保基地完工。

融发集团承建的项目既要速度更要质量，其中融发大厦、中国科学院海洋大科学研究中心、大学城公共场馆等近20个项目属于极具挑战性的项目。总投资19.24亿元的中国科学院海洋大科学研究中心项目外立面复杂，单体多、楼层多、无标准层，具有学院特色同时又融合海洋元素，施工难度大；大学城公共场馆项目单体多，图书馆内部为70米大跨度鱼腹梁结构，是全国单体面积最大的图书馆；融发大厦是西海岸新区在建第一高的超高楼层。面对工程体量大、工艺复杂、施工难度大、工程程序多等诸多困难，工程管理部带领团队研究方案，建设初期，采用Tekla软件完成钢结构深化设计工作并以深化成果指导管理，完成施工全过程材料采购、构件加工制作安装及计量等工作；应用倾斜摄影技术、AI（Artificial Intelligence，人工智能）视频危险源识别技术和BIM（建筑信息模型）可视化交底等新技术、新工艺，细化分解各项目进度目标，统筹调度，将项目细节做到最精、最细。企业承建的项目获得"中国钢结构金奖""山东省工程建设泰山杯奖""山东省安全文明示范工地""山东省优质结构工程"等40余项荣誉，有效提升了"融发工程"的品牌地位。

（五）融入社会，在品牌形象塑造上聚合力

1. 安全、绿色发展，塑造履责形象

良好的企业品牌形象与企业形象密不可分，融发集团积极融入本地区域发展，把安全生产、绿色发展作为打造公司品牌价值的关键要素，塑造品牌的安全形象和绿色形象。安全方面，定期随机抽查在建的项目安全生产情况，对现场发现的问题实行闭环整改管理，建立当日查、当日改、当日反馈的"问题清单"，年均督导检查各类安全问题200余项，整改率达100%。深化"查保促"安全生产专项行动，不间断加大职工安全检查，坚定不移地确保人身安全，改善安全设施，每年组织职工积极参与安全隐患排查合理化建议优秀案例申报，累计提出安全生产合理化建议80余项，获得各类荣誉30余项。

集团在青岛打造全国最大的装配式木结构产业基地，注重节能产品的应用与研发，京鲁船业开展船舶制造电力系统节能改造，实现了日节约电能2.2万千瓦·时，被列为烟台市循环经济及节能重点项目；对造船用压缩空气系统节能装置进行改造，优化空气系统能效，年压缩空气资源节能率约25%。华鲁公司推出沥青拌合机提升"油改气"技术，引进热再生设备，同比降低碳排放30%～50%。依靠不断加强管理，有效改善供给体系质量和效率，融发集团的品牌含金量不断得到提升。

2. 助力乡村振兴，塑造担当形象

近年来，融发集团成立乡村振兴扶持小组，因地制宜、发挥优势，累计投资3亿多元，通过政府引导、国企主导、市场运作，撬动社会资本有序参与乡村振兴，规划建设杨家山里乡村振兴青岛示范片区，初步探索出一条独具本地特色的乡村振兴发展道路。搭建人才返乡、资本下乡、产业融合发展的创新创业平台。推进美丽乡村建设扩面提质，发挥其资源"原乡、原水、原生态"的特色，打通了10余千米的对外交通道路，建成了田园共创学堂、田园会客厅、田园旅居院落、田园工坊等田园综合板块，不断完善"吃住行游购娱"等商服配套。每到春季，漫山遍野的樱桃花竞相开放，为杨家山里带来源源不断的人气，成了杨家山里的立体名片，推动了文旅产业发展，更吸引了大量游客前往"打卡"。抓住产业振兴"牛鼻子"，大力发展集体经济，带动乡村旅游，做大做强农村主导产业。以"种植-采摘-品鲜-观光-住宿"的现代化生态农业、观光农业、休闲农业为发展主体，通过融入红色文化的元素，让现代农业和文化传承、民俗艺术在这里完美呈现。产业带动，联农带农，让杨家山里致富路越走越宽。2023年，杨家山里游客数量超过50万人次，区域内农民人均年增收同比增长20%。

3. 持续保障和改善民生，塑造有温度形象

以居住为"点"，推进完成5处产业园博士邨、中国科学院青岛科教园教职工公寓、古镇口人才服务中心、融合嘉园等项目，为园区高端产业人才提供优质的创新创业、生活居住环境。以路网为"线"，打通龙门顶路西段，完成海军路"南延北拓"，串联起中国科学院大学海洋学院、中国海洋大学西海岸校区、哈尔滨工程大学青岛创新发展基地等10余所高校道路网，完善区域海洋科教创新区市政设施配套。目前，累计完成高压架空线、电缆敷设及迁改1000多千米，道路建设100多千米，绿化170万平方米，敷设各类管道500千米，治理河道20万平方米。以游园为"面"，建设运营全国首个海军主题的开放公园——海军公园。加快推进古镇口海岸线集中整治工程，改善沿海生态环境，形成可循环调节的"城市绿肺"。

三、实施效果

（一）企业综合实力和核心竞争力显著提升

扎实有效的品牌建设为国有企业聚焦高质量发展提供了强大的动力。近5年来，融发集团在品牌的引领下，勇担国家战略，抢抓融合创新示范区建设重大机遇，全力推动总投资超过千亿元的重大工程项目，2018年以来，累计完成固定资产投资350多亿元。山东省重点项目中国科学院海洋大科学研究中心、中国（北方）维保基地、海军公园等200多个重点项目投入使用，中国石油大学（华东）古镇口校区西区项目、融发大厦、三沙路综合管廊、国际生命康养示范区等100余个重点项目正在加快建设。集团聚力搭建的胶东半岛海洋船舶修造全国一流协同创新产业发展平台，胶东半岛高端装备制造、贸易等千亿元级产业链，正在成长为极具综合优势和发展活力的国家海洋产业战略力量，为山东省区域经济发展"创一流、当排头、走在前"提供源源不断的动力。京鲁船业深远海装备保障基地、融发成海高端装备制造基地等项目成为国家融合创新示范区建设典范和胶东经济圈一体化样板。建成古镇口融合创新区展览馆、国内首个海军公园、古镇口国防教育基地，年接待参观5800余批次，吸引游客年均20万人次。

（二）经济效益稳步增长，提升了品牌知名度、美誉度

2018年以来，融发集团总资产从不足10亿元增长到1003亿元，营业收入、利税每年高位增长，在西海岸新区经济社会发展大局中的战略支撑作用进一步凸显。立足青岛，面向山东，集团在青岛、

烟台、蓬莱等地多点布局，打造高端装备制造、贸易等千亿元级产业链，累计带动产业增加值300亿元、新增税收10亿元，助力胶东经济圈一体化全面起势。企业入选"2022年中国服务业企业500强"（位列338名），获评"全国诚信示范单位""全国AAA级信用企业""山东省品牌培育企业""山东省诚信建设示范企业""山东省诚信企业""青岛年度最具影响力企业"，获得"山东省科技进步奖""山东省三八红旗集体""青岛市文明单位标兵""青岛市工人先锋队""青岛市经济卓越成就单位""西海岸新区首批红旗党组织"等百余项荣誉。

（三）树立典型标杆，为行业发展贡献"融发标准"和"融发智慧"

品牌建设成果激发了融发集团在行业领域内敢于"领跑"、勇于"领跑"的精神动力，打造了一批特色鲜明、竞争力强的工程项目和产品，为行业发展贡献提供"融发标准"和"融发智慧"。"融发"品牌被评为"国企品牌卓著工程"创新成果。由中国船舶工业综合技术经济研究院、京鲁船业等联合起草的国家标准计划《小艇　电力推进系统》上报国家标准化管理委员会，并批准执行。累计获得实用新型和发明专利200余项，拥有授权专利150多项。自主研发的新型舰船，多项技术填补国内空白。各类新型渔船设计与建造技术获得"中国工业大奖表彰奖""山东省科技进步奖""山东省首届省长杯工业设计大赛奖"。融发集团响应国企改革，混改民营企业的经验做法获得"全国企业管理现代化创新成果"二等奖、"中国企业改革发展成果奖"。集团承建的工程项目获得"中国钢结构金奖""山东省工程建设泰山杯奖""山东省建筑施工安全文明标准化工地"等荣誉。打造的"阳光融发，奉献有我"党建品牌，荣获2022年"山东省品牌战略创新成果"二等奖。利用古镇口教育阵地和资源打造的融合创新主题园，2024年获评全国首批"大思政课"实践教学基地、国防大学的现场教学基地、山东省国防教育示范基地、青岛市爱国主义教育基地等。企业发展经验做法和先进人物事迹被新华社、中央电视台、《中华英才》、人民网、《科技日报》、《大众日报》、山东电视台等国家级、省级主流媒体报道超过200次，在全国树立起较高知名度和美誉度。响应国企改革，混改民营企业的经验做法获得"全国企业管理现代化创新成果"二等奖、"中国企业改革发展成果奖"。

四、下一步规划与探讨

（一）必须坚持文化创新

品牌建设非一日之功，企业品牌建设是一个持续过程，在当前行业竞争愈发激烈的背景下，企业要想获得竞争优势，就必须注重文化建设，以文化立根。融发集团通过树立企业的精神品格、价值体系，成为企业发展和员工行为的鲜明标识，激情、高效、创新、共赢的文化特质为打造集团品牌注入强大动力。

（二）必须坚持管理创新

融发集团实行"统一品牌"管理模式，不断建立与集团公司品牌战略相适应、与行业特点相符的品牌理念、品牌架构和品牌策略，提出产品和服务品牌规划，有利于品牌驱动业务发展，让每个产品和每项服务都找到精准的品牌定位，塑造清晰的品牌形象。

（三）必须坚持产业创新

品牌建设必须找准角色定位，发掘和培养能够在市场竞争中脱颖而出的核心优势，拥有品牌技术，打造品牌项目，实现品牌服务，可以充分激发市场主体活力，将核心竞争力外化为品牌竞争力，才能为企业实现高质量发展、构建新发展格局提供重要支撑。

（四）必须坚持责任创新

履行社会责任是企业实现可持续发展的重要保障，也是打造品牌的必由之路。多年来，融发集团始终坚守初心，勇于担当、积极作为，在乡村振兴、安全生产、绿色发展、社会公益等不同领域积极履行自身责任，推动企业与品牌在西海岸新区、在青岛深入人心，树立了良好的企业形象。

首旅如家"如 LIFE 俱乐部"会员体系项目的创新和实践

创造单位：北京首旅酒店（集团）股份有限公司

主创人：张淑娟

创造人：徐文兰　袁梦伊　王永祺

【摘要】 蓬勃的酒旅消费需求带来的是酒店行业更激烈的存量竞争。在此背景下，北京首旅酒店（集团）股份有限公司（以下简称首旅酒店集团）一方面需要不断打磨产品以给用户带来更优质的体验，另一方面要提升服务、多场景经营好会员来满足其更多元场景的需求。首旅酒店集团如 LIFE 俱乐部会员体系创新项目，在"源于酒店，不止于酒店"的中心理念和方向的启发下，通过为俱乐部会员生活"食住行游娱购"的全方位需求提供一站式解决方案，实现会员价值的全生态贯通，同时也为酒店会员体系的变革之路树了一座亮眼的里程碑。

【关键词】 跨界　忠诚度　全生态　多场景　如愿豆　全球购

一、实施背景

会员为本是首旅酒店集团的四大核心经营战略之一，是集团最有价值的资产之一。

我们在回顾和制定未来的会员制度时，进行了市场调研、顾客意见调研，尤其是针对主力客群以及未来 3～5 年的主力客群进行了研究，我们发现：不同品牌酒店的会员体系大同小异，竞争如同一片红海。其次，酒店业是个低频消费的行业，各品牌酒店会员对于自己的会员身份无感，除了入住酒店时享有房价折扣、免费早餐等权益，其余未入住酒店的 300 多天，酒店会员身份没有任何意义，因此造成会员的活跃度和黏性很低。而顾客想成为会员，大都是为了体现与非会员身份的差异，有备受重视的优越待遇。从顾客的反馈及复盘来看，原有的会员权益体系，并没有让会员感受到与众不同的尊享和优越。蓬勃的酒旅消费需求带来的是酒店行业更激烈的存量竞争。

当前消费市场正在逐步进入体验经济的时代，酒店行业同样如此。与其他消费者相比，新一代年轻消费者注重体验、寻求长周期的价值和情感的满足。基于此背景，首旅酒店集团在"如 LIFE 俱乐部"基础上焕新升级，旨在全面打通会员酒店住宿、生态消费和互动社交场景，在提高会员互动频次，增加会员黏性和忠诚度的同时，全方位提升会员价值权益感知。

二、实施目的

1. 解决用户入住痛点

（1）权益多不代表权益好。当下很多会员的权益体系过于复杂，消费者很难直接找准核心权益，也就是酒店折扣多少、最晚几点退房、是否提供早餐等住酒店的核心需求在会员体系中并不明朗。

（2）新一代年轻人客群既要好的体验，又要更省钱。免费升房成为年轻人入住时最期待的惊喜福利，但当下大多数酒店会员体系要么对升房规则讳莫如深，要么直接限定次数等。

（3）升级保级方法单一且难度越来越大。事实上，酒店会员的升级保级主要是依托间夜的累加而形成，入住基本上是提升积分的唯一路径。但这一模式消费者已不愿意买单，简单来说就是这种积分累积的方法太单一，而且积分累积的速度太慢，消费者没有"即时反馈的获得感"，这在快节奏消费的当下显然尤为重要。

2. 打破低频消费行业的限制，让会员的价值能体现在会员日常生活的每一天

首旅酒店集团发展了一个新的概念，就打通会员在乎的日常生活中需要的"食住行游娱购"全生

态的权益，让会员可以从如 LIFE 俱乐部得到的价值，不只限于酒店。我们想卖给会员的概念，还不只是交易类的优惠和权益，我们想塑造一个可以激发会员向往的生活方式和场景，让如 LIFE 俱乐部带给会员们追求美好生活的愿景和向往。

在此背景下，首旅酒店集团一方面需要不断打磨产品以给用户带来更优质的体验，另一方面要提升服务、多场景经营好会员体系项目来满足其更多元场景的需求。

三、实施过程

如 LIFE 俱乐部会员体系创新项目，在"源于酒店，不止于酒店"的中心理念和方向的启发下，通过为俱乐部会员生活"食住行游娱购"的全方位需求提供一站式解决方案，实现会员价值的全生态贯通。

在如 LIFE 俱乐部的会员体系中，"成长值"是会员保级和升级的重要衡量指标，"如 LIFE"俱乐部会员就拥有多元的成长值积累渠道。比如通过首旅酒店集团官方渠道预订酒店或在旗下跨境电商平台——首免全球购消费来积累。此外，如 LIFE 俱乐部将"如愿豆"作为权益积分的流通"货币"，将权益自主权转交给消费者，消费者不仅可以线上线下等多元会员活动中积累如愿豆，还可以自由使用如愿豆进行免费升房和延迟退房，且不限次数。也就是说只要消费者积累足够多的如愿豆，就可以实现全年不限次数免费升房的愿望。

（一）项目节点

2021 年 3 月，会员卡升级——增加 230 多项跨界生活权益，提高会员价值。

2021 年 9 月，如 LIFE 俱乐部正式成立——打造"美好生活，如你所愿"，围绕商务人群的兴趣爱好展开本地生活。

2022 年 4 月，"星期五系列"活动上线——每周五，花式会员活动打造俱乐部福利心智。

2023 年 3 月，如 LIFE 俱乐部二阶段升级——"如愿豆"会员体系全新上线，革新行业会员体系认知。

2023 年 7 月，打造全新年度会员日。如 LIFE 俱乐部与电影 IP "超能一家人"合作年度会员日活动，总量同比增长 3 倍，活动收入同比增长 2.6 倍。

2023 年，如愿豆会员体系全新升级，如愿豆会员体系全新上线，革新行业会员体系认知。

2024 年，推出"15 会员日"系列活动，具备强互动属性和高话题度的会员活动成为会员体系提升官渠会员活跃度的新增长。

（二）项目重点

1. 美好生活，如你所愿

如 LIFE 俱乐部的使命不仅仅是成为会员美好生活方式的引导者，它更是一种承诺，一种对会员生活品质提升的不懈追求。俱乐部致力于通过精心设计的服务和体验，引导会员发现和享受生活中的美好，无论是在旅行中的舒适住宿，还是在日常生活中的点滴享受。这种引导不仅限于物质层面，更包括精神和情感的满足，旨在帮助会员实现更加丰富和有意义的生活体验。

我们的愿景是多元化经营会员，这不仅意味着提供多样化的服务和产品，更强调对会员个性化需求的深刻理解和满足。我们的目标是为合作伙伴、股东和会员创造更多价值，这包括但不限于经济价值，更涵盖了社会价值和文化价值。通过与合作伙伴的紧密合作，我们能够为会员提供更广泛的权益和服务，同时也为合作伙伴带来更广阔的市场机会。

"如 LIFE 俱乐部"的"源于酒店，不止于酒店"作为我们的服务核心，是我们所有服务和活动的灵魂。我们围绕这一核心，对尊享酒店权益、精彩跨界权益、多元化本地生活和精准圈层运营等板块进行了全新的定义和升级。这些板块的升级不仅仅是服务内容的增加，更是服务理念和方法的革新。

我们通过这些板块的升级，旨在为会员提供更加个性化、多元化和高质量的服务，让会员在享受服务的同时，也能感受到俱乐部的用心和专业。

2. 精彩跨界生活权益

我们凭借着通过深入细致、科学严谨的核心商务人群调研所获得的极具权威性的洞察，在精心设计的会员权益中，紧紧围绕着食、住、行、游、娱、购等人们日常生活中极为高频的生活场景需求，全面而精准地为其匹配、融入了多达 230 多项丰富多样的生活类权益。这一举措，是整个行业首次以前瞻性的视角聚焦于用户住宿之外的全价值生态挖掘，同时，也是酒旅行业首次以积极主动的姿态实现与本地生活休闲、经济业态的双向紧密连接。此次极具创新性的大胆尝试，不仅为如 LIFE 俱乐部的广大会员带来了令人耳目一新的旅行住宿的全新体验，更为整个中国广阔的酒店市场树立了一座"酒店 + 文化 + 美食 + 多元体验"的标杆。

如 LIFE 俱乐部通过精心策划和实施的跨界生活权益，为会员提供了远超传统酒店会员服务的价值。目前，俱乐部提供的 230 多项跨界生活权益，覆盖了会员日常生活中的方方面面，从娱乐充值到美食餐饮，从出行便利到购物优惠，几乎涵盖了"食住行游娱购"的全生态需求。这些权益不仅极大地丰富了会员的生活体验，也显著提升了他们的生活品质。

目前，如 LIFE 俱乐部的跨界生活权益年使用人次已超过 120 万，会员对这些权益的高度认可和积极参与。更令人鼓舞的是，会员对这些权益的满意度达到了 99%，这是一个几乎完美的满意度指标，它不仅反映了会员对权益本身的满意，也体现了他们对俱乐部服务的高度信任和支持。在众多的跨界生活权益中，娱乐充值和美食餐饮权益尤其受到会员的青睐。娱乐充值权益让会员在享受文化娱乐活动时能够享受到更多的优惠和便利，而美食餐饮权益则满足了会员对高品质餐饮体验的追求。这些权益的受欢迎程度，不仅反映了会员的个人喜好，也揭示了当前消费者趋势和市场需求。

3. "如愿豆"会员体系

2023—2024 年，首旅酒店集团对会员体系进行了一次全面的升级，推出了创新的"如愿豆"会员体系。这次升级不仅是对积分制度的一次革新，更是对会员体验的一次全面提升。

随着消费者行为的不断演变和市场竞争的加剧，传统的积分体系已无法完全满足会员的需求。为了更好地适应市场变化，提升会员的参与度和忠诚度，我们推出了"如愿豆"会员体系。这一体系的推出，标志着我们对会员价值的重新定义和对会员体验的全面优化。

"如愿豆"会员体系的核心在于全面打通会员在酒店住宿、生态消费和互动社交等场景的体验。这意味着会员在享受酒店服务的同时，也能在其他消费场景中获得价值，实现了会员权益的全场景覆盖。通过"如愿豆"会员体系，我们鼓励会员更频繁地与我们互动。无论是通过预订房间、参与活动，还是在社交平台上点赞评论，会员都能获得"如愿豆"。这种互动不仅增加了会员的参与度，也增强了他们与品牌的联系。"如愿豆"会员体系通过提供更多样化的积分获取和使用方式，全方位提升了会员的价值感知。会员能够更直观地感受到积分的价值，从而提高了他们的满意度和忠诚度。

"如愿豆"不仅仅是一个积分概念的替代品，它代表了一种全新的会员价值体系。会员通过参与各种活动和消费，能够获得不同种类的如愿豆，这些如愿豆可以在多个场景中使用，提供了更多的灵活性和便利性。我们持续监控市场动态和会员反馈，不断优化"如愿豆"会员体系。我们的目标是通过不断地创新和优化，为会员提供更加丰富、更加个性化的体验，从而提升会员满意度和忠诚度。

自如 LIFE 俱乐部焕新升级以来，会员们开始更加注重会员权益的应用尽用。他们不仅将"如愿豆"视为积分，更是将其视为提升旅行和生活品质的工具。在预订酒店时，使用"如愿豆"进行免费升房和延迟退房已成为会员们的主流习惯，这不仅体现了会员对权益的深度理解和应用，也反映了他们对俱乐部服务的高度认可。

223

4. 美好会员活动

近年来，酒店客群年轻化的趋势越发明显，这一代人对酒店会员体系表现出更高的接受度和参与度，数据显示有超六成的Z世代（Z世代，通常指1995—2009年出生的一代人，也被称为"网生代""互联网世代"）消费者更青睐于通过品牌会员渠道直接预订酒店，其也更喜欢钻研酒店会员体系的玩法以获得更好的住宿权益和体验。

作为如LIFE俱乐部的一项长期会员活动，塑造会员每个星期五、每月15日会员日、年度会员日都来俱乐部领福利的心智，旨在通过提升会员的高频互动进而带动入住。每个星期五会员仅需5个"如愿"豆即可抽取食、住、行、娱、购等各类生活福利，还能秒杀全球好物、参与话题PK（对战），在如LIFE俱乐部感受美好生活。通过多元定制玩法打破时空限制，高频互动带动入住机会提升，同时塑造会员福利感满满的心智。美好星期五上线以来累计举办超过50场，满意度95%，最受会员喜欢的主题是赢机场尊享特权、赢酒店房晚等。

如LIFE俱乐部与《超能一家人》电影IP（成名文创作品）和开心麻花合作，共同打造为期三个月的美好会员季。首次尝试跨界联名的方式，通过联名活动提升会员活跃及复购，强化会员对俱乐部的认知。美好会员季以"超能加持，美好如愿"为核心，包含超能电影周、月度会员日、超能开心月三个阶段。

年度会员日推出的"成长值"翻倍机制，为会员们提供了额外的激励。在这一天，会员们通过参与活动和消费，能够获得比平时更多的成长值，这不仅为他们带来了实实在在的福利，也进一步增强了他们对如LIFE俱乐部的归属感和认同感。这种机制有效地加速了高级别忠诚会员的养成和积累，提升了会员体系的整体活跃度和忠诚度。为会员创造多元化的生活方式价值一直是如LIFE俱乐部最核心的竞争力和优势。通过提供丰富多彩的会员活动和权益，俱乐部成功地将自身打造成为会员生活中不可或缺的一部分。年度会员日期间，会员们每天都可以使用账户中的彩虹如愿豆参与"大冒险冲刺"游戏，为会员们提供了参与趣味抽奖的机会。抽奖中的奖品种类繁多，包括周天王演唱会入场券、《神偷奶爸4》电影票、德克士手枪腿套餐、霸王茶姬饮品代金券、酒店房金券、滴滴快车券、高额如愿豆和首免全球购无门槛红包等。这些奖品不仅覆盖了会员的多种生活场景，也体现了俱乐部对会员个性化需求的深刻理解。

通过这些活动和机制，如LIFE俱乐部确保了会员能享受到持续的美好体验。无论是通过游戏获得的奖品，还是通过积分兑换的权益，会员们都能感受到俱乐部的关怀和用心。这种持续的、多元化的美好体验，不仅提升了会员的满意度，也加深了他们与俱乐部之间的情感联系。

5. "免费会员活动"打造全新生活方式

在首旅酒店集团会员体系的发展脉络中，会员的情感归属一直十分重要。为了满足年轻一代商务人群的兴趣爱好，我们创新性地引入了多种本地生活业态进入酒店空间。这些活动不仅丰富了会员的休闲选择，也为他们提供了一个社交平台，让他们能够在享受高品质服务的同时，也能够拓展社交圈，享受社交的乐趣。我们引入的本地生活业态包括但不限于以下几点。

（1）脱口秀：为会员提供轻松幽默的娱乐体验，让他们在紧张的工作之余得到放松。

（2）咖啡课：教授会员如何品鉴和制作咖啡，提升他们的生活品质。

（3）读书会：提供一个分享阅读体验和交流思想的平台。

（4）品鉴会：让会员有机会品尝和学习各种美食和美酒。

（5）潮酷电竞赛：满足年轻会员对电子竞技的兴趣，提供竞技和观赏的机会。

（6）还有更多有深度、有乐趣的活动深受会员们的喜爱，让会员拥有更加缤纷的生活体验。

至今已举办了超过2000场线下"免费会员活动"，覆盖21个城市，包括北京、上海、广州、深圳、杭州、南京、成都、重庆、武汉、西安、海口、苏州、青岛等地，活动满意度超过98%。

我们持续创新和优化活动，以确保我们的服务始终能够满足会员的需求和期望。我们相信，通过不断地努力和创新，我们能够为会员提供更加丰富、更加个性化的生活体验。

6."首免全球购"为最独特会员好物权益

如LIFE俱乐部通过整合旗下跨境电商平台——首免全球购，为会员提供了一个全新的购物体验。这一举措不仅丰富了会员的权益，也体现了俱乐部对会员需求的深刻理解和对市场趋势的敏锐把握。通过这一平台，会员能够轻松购买到全球各地的优质商品，享受更加便捷和高效的购物体验。

如LIFE俱乐部创新性地引入了如愿豆抵扣机制，使得会员在购买全球跨境商品时能够享受到更多的优惠。这种机制的引入，不仅提高了会员的购物体验，也增加了会员对俱乐部的忠诚度和活跃度。会员通过参与俱乐部的各种活动和消费，积累如愿豆，进而在购物时抵扣现金，实现了会员价值的最大化。

首免全球购平台为会员提供了零关税的优惠政策，这在很大程度上降低了会员购买跨境商品的成本。同时，平台还承诺所有商品均为正品，保障了会员的权益。这种正品保障和零关税的优惠政策，使得会员在享受购物乐趣的同时，也能够放心购买，无须担心商品的质量和价格问题。

为了进一步吸引和回馈会员，如LIFE俱乐部不定期推出会员独享的特价爆品。这些特价爆品通常都是市场上的热门商品，具有很高的吸引力和竞争力。通过这种方式，俱乐部不仅能够吸引更多的会员参与购物，也能够提升会员的购物满意度和忠诚度。

四、主要创新点

如LIFE俱乐部，围绕尊享酒店权益、精彩跨界权益、多元化本地生活和精准圈层运营等板块做了全新的定义和升级。全面打通会员酒店住宿、生态消费和互动社交场景，在提高会员互动频次，增加会员黏性和忠诚度的同时，全方位提升会员价值权益感知。创造性地焕新积分体系，以全新的"如愿豆"打通会员在酒店住宿+生态消费+互动社交等链路的全生命周期价值。

通过这一会员的矩阵，打造酒旅行业首个创新用户增长的忠诚度体系。"如LIFE俱乐部"作为行业内首个创新用户增长的忠诚度体系，一方面，会员体系的升降级不再仅以住酒店产生间夜作为衡量标准，而是围绕集团全生态消费贡献和全链路互动社交而产生的综合价值；从而体现出对会员的多维度价值：会员有更多方法升级和保级，驱动会员更有动力去升保级。另一方面，得益于如愿豆可以在集团多元生态和互动场景中获取和消耗，因此会员拥有更加清晰的全场景权益玩法和全流通积分打通机制，更加灵活、有趣、主动，更具价值感与获得感。

（1）全生态价值流通。全新的会员体系以全新的"如愿豆"打通会员在酒店住宿+生态消费+互动社交等链路的全生命周期价值，颠覆积分无用论的传统用户认知。借助"如愿豆"这一行业首创概念，全场景打通首旅酒店集团旗下所涵盖的酒店住宿、餐厅美食、线上互动、线下活动及跨境电商首免全球购、独立品牌如咖啡等全生态消费场景。在核心产品端、创新业务端、营销推广端和会员运营端等维度形式合力，共同打造一套区别于传统、领先于行业的全新会员成长体系，真正实现万千会员跟首旅酒店集团全场景业务的共生共融。

（2）精彩跨界权益。如LIFE俱乐部为会员提供了230多项跨界生活权益，覆盖吃住行游购娱；同时，如LIFE俱乐部会员还可购买独享全球好物，既有会员专属折扣，还可享受会员专属抵扣；如LIFE俱乐部会员还可享受各类型专属会员活动，参与活动领取超多优质福利。

（3）多元化本地生活。为提升酒店与会员日常的互动，会员可在日常居住地，光临周边首旅酒店集团旗下酒店，参加酒店内举办的各类型本地生活线下活动，提升自己、丰富生活，脱口秀/即兴剧、插花艺术、茶/咖啡品鉴、理财/读书会、健身瑜伽、游戏电竞等，活动类型丰富多样，周周有惊喜。

（4）酒店尊享权益。回归服务本质，如 LIFE 俱乐部会员可享受多重酒店尊贵权益。每位会员可以享受专属预定折扣，以最优价格预订酒店、房型；入住期间，还可享受专属免费早餐；不同会员等级可享受不同延迟退房时长；会员还可享受免费房型升级权益；每次入住，酒店会为高等级会员奉上贴心伴手礼；会员生日/升级还有专属权益宝箱可以开启，"我的权益我做主"，会员自主选择心仪权益。

通过实现会员价值的全生态贯通，并为会员打造积分场景全流通的创新体验，进一步激发会员体系的澎湃势能。

五、实施效果

如 LIFE 俱乐部会员体系自推出后，会员规模再突破、会员活跃再提升。截至 2024 年 6 月，如 LIFE 俱乐部会员规模达 1.73 亿元，核心客源间夜贡献领先行业。会员积分使用率大幅提升，整体会员留存率再创新高，客户好评率再突破。

2022 年 11 月"如 LIFE 俱乐部"荣获"2022 年度文旅会员体系创新典范"，由知名行业媒体劲旅网颁发，以行业视角，肯定如 LIFE 俱乐部对酒旅行业会员体系的革新引领性。2024 年"如 LIFE 俱乐部"，荣获《新京报》颁布年轻人消费榜单"消费者体验和口碑品牌"奖项。在 Z 世代的年轻人消费浪潮中，如 LIFE 俱乐部把握市场动向，进驻年轻人的消费心智。

区别于传统的酒店会员体系，如 LIFE 俱乐部不断升级的过程中，会员的价值也更具层次感。

第一，会员不再需要理解传统酒店会员积分的计算方式，也不用担心会员权益使用局限于酒店场景，更不用焦虑不消费时会员权益的流失。在如 LIFE 俱乐部的框架中，"如愿豆"的应用让会员积分的积累和使用更加灵活方便，会员在全场景内所有触点的互动和分享行为也可获得如愿豆奖励，让会员迸发的每个情绪瞬间都有回应，首旅酒店集团丰富多元的产业形态也为会员提供线上线下使用的多种场景，让会员更有价值感与幸福感。

第二，对于首旅酒店集团而言，持续创新升级的会员体系可以进一步盘活存量会员，其通过搭建"酒店+"的生活场域，将会员的生活场景纳入会员体系的适用范围内，在提升会员参与度、认可度和忠诚度的同时，还能进一步提升首旅酒店集团的影响力。长远来看，会员价值的跃升不仅可以赋能品牌，同样还能为投资人带来真金白银的收益。

对于行业而言，如 LIFE 俱乐部的焕新升级重塑了酒店会员体系"源于酒店、不止于酒店"的底层逻辑，如愿豆的多元化应用场景更是重新定义了会员价值的生命周期，打破了传统酒店会员体系中酒店与会员的单向连接。

如 LIFE 俱乐部的成功推出，标志着首旅酒店集团在会员价值创新的道路探索上更进一步。同时也象征着酒旅行业的会员管理体系管理由粗泛到精细、由借鉴逐步走向自我创新之路。

六、规划与研讨

首旅酒店集团总经理孙坚表示："近两年，酒店集团商业模式的竞争也在发生变化。过去是将经营产品作为核心竞争力，酒店的经营、服务都是围绕客房展开。现在我们更着力于经营用户，让酒店充分发挥社群联结功能。而会员就是我们最忠诚的用户，所以我们以经营会员为落点，从纯粹经营产品向经营用户转化。但是，酒店是一个低频产品，品牌与用户之间的互动相对较少。成立如 LIFE 俱乐部的初衷，就是搭建一个平台，通过内容来形成一个高频互动的社群。本质上，就是经营用户的升级。"

在推出了如 LIFE 俱乐部后，随着如 LIFE 俱乐部的持续优化，未来会员价值还会在深度和广度上得以继续扩大。

一是个性化权益策略的创新。随着市场的不断变化，我们认识到个性化是吸引和维系会员的关键。因此，我们将深入研究不同消费群体的需求，特别是 Z 世代、亲子家庭和新中年人群。我们将通过数据分析和市场调研，了解他们的喜好、消费习惯和生活方式，从而设计出更符合他们需求的权益策略和营销玩法。

二是公益与社会责任的融入。在 ESG（Environmental，Social and Governance，环境、社会和公司治理）公益方面，如 LIFE 俱乐部将发挥更大的作用。我们将设计和实施一系列公益项目，让会员参与到环境保护、社会关怀等活动中来。这不仅能够提升俱乐部的品牌形象，也能让会员在参与中获得精神上的满足和成就感。

三是紧跟市场趋势和热点。我们将密切关注市场趋势和热点话题，及时调整俱乐部的营销策略和活动内容。例如，针对演唱会和音乐节等文化娱乐活动的火热趋势，我们将为会员提供更多参与这些活动的机会，从而增强会员对俱乐部的好感度和对品牌的忠诚度。

我们深知，会员的反馈是优化服务的关键。因此，我们将持续监控会员的反馈，及时调整和增加新的权益。这种以会员为中心的服务理念，确保了我们能够持续提供符合会员期待和市场需求的服务。

秉持着"源于酒店，不止于酒店"的理念，如 LIFE 俱乐部致力于为会员生活提供一站式解决方案，实现会员项目价值的全生态贯通，同时也为酒店会员体系的变革之路树立了一座亮眼的里程碑。

以定额管控促提升，推进"保安、提质"见实效

创造单位：鄂尔多斯市昊华红庆梁矿业有限公司
主创人：房平　张闯
创造人：高琨　赵丹锋　王鹏飞　李炎　段晓杰

【摘要】 建立工资与效益联动的工资增降机制，生产一线及井辅单位实施承包考核和管理，通过"吨煤、进尺完成量×结算单价"的方式确定承包单位工资，同时根据产量、质量、安全、智能化等方面综合评定效益，调整结算单价，进一步提高薪酬使用效能，促进员工绩效的提高和员工队伍的稳定。

【关键词】 定额　计件工资　安全风险薪

一、实施背景

杭锦旗西部能源开发有限公司下属的鄂尔多斯市昊华红庆梁矿业有限公司（以下简称红庆梁煤矿）位于内蒙古自治区鄂尔多斯市达拉特旗境昭君镇，井田总体位于东胜煤田的北部。矿权面积48.58平方千米，设计生产能力600万吨/年，煤质为低灰分、特低、特低磷的不粘煤和长焰煤，是理想的动力及化工原料用煤。

红庆梁煤矿采用主斜井、副立井混合开拓方式，建成实现了安全本质化、装备现代化、监测数字化、控制自动化、管理精细化、矿区文明化的高产高效矿井，同时配套建设了600万吨/年选煤厂和与运煤专线（解柴线）连接的矿区公路，总投资达32.59亿元，企业员工共计973人。

项目主体工程于2012年5月开工建设，2018年竣工，各生产系统具备联合试运转条件，已建成安全避险"六大系统"，实现安全可靠，2021年成功取得内蒙古自治区自然资源厅颁发的《中华人民共和国采矿许可证》，同年取得了内蒙古自治区能源局颁发的《安全生产许可证》，标志着红庆梁煤矿建设、生产的行政许可手续全部完成，正式走向高质量发展的快车道。

制定科学、合理的定额标准，是煤矿降低成本、提高经济效益的重要手段，是实施精细化管理、全面预算管理的基础，是提升管理水平，完善管理体制的重要措施。煤矿井下定额管理的过程，对于煤炭企业实现高效、持续、健康发展具有重要的意义。定额控制不能狭义地理解为单纯对生产耗费的节约，而应理解为通过投入资源的合理耗费，转化为企业经济效益的提高。应以单位耗费所获效益最大为目标进行定额控制。煤矿地质条件复杂，属于弱冲击地压矿井，因井下巷道底板起鼓、巷道压力大、施工卸压孔、腰巷施工、副立井提升等条件复杂多变，导致经常工作难度增加，被迫调整工作计划，通用定额适用性不大，需要采用分项定额。

二、实施目的

经济政策制定精准化，以结果为导向，为提质提效服务。

（1）发挥经济杠杆"保安全"作用。计件单位每月根据安全绩效情况，确定当月单价，拉开不安全生产单位收入差距，奖励安全绩效好的单位享受安全效益；同时对安全副职实施风险抵押，每季度的次月进行结算，切实发挥安全副职内生动力达到自主管理目的。

（2）发挥经济杠杆"抓标准"作用。对安全标准化达到一级计件单位给予单价提高，鼓励大家持续改进现场环境，不断优化施工标准，为安全生产奠定坚实基础。

（3）发挥经济杠杆"提质效"作用。计件单位每月超计划完成任务给予单价增加，未完成任务，下调单价。通过此方法，激励生产单位提前进行预防性检修，提高设备完好率，减少不正常影响，促

进正规循环，提升回采和掘进效率。

（4）发挥经济杠杆"精管理"作用。进一步精细二次分配和收入明细，让员工清楚为什么受奖，为什么受罚，发挥薪酬激励作用。

三、实施过程

（一）严控人力资源总量

生产及辅助区队操作岗工资总额按照各部门定员人数投入，承包小组人员工资按照实际操作岗人员平均工资乘以系数投入；生产及地面其他部室岗位绩效工资按照各部门定员人数投入，岗位工资、安全绩效工资按照各部门实际在岗人数投入。定员范围内减人不减薪，增人不增薪。

鼓励和支持各部门通过机械化、自动化、智能化等手段减少和优化岗位设置，减人增效。岗位优化后达到减人增效及其他方面良好效果，根据实际效益情况列入管理创新范围内评奖，或给予一次性奖励。

（二）定额管理薪酬体系

1. 总体原则

（1）建设基于岗位、能力为导向的科学的薪酬体系，建设基于业绩、贡献为导向的科学的薪酬考核体系。增强薪酬的激励作用，提高薪酬使用的效用。推行宽带薪酬，提高薪酬管理实际效能。

（2）修订和完善以绩效为导向的经营承包政策。在与公司整体效益同步挂钩的前提下，根据各部门的工作重点、工作性质和生产目标的不同，制定相应的经营承包政策，根据公司经济运行情况及各部门管理状况的不同，进行阶段性调整。

（3）强化薪酬分析工作，提升薪酬内部、外部公平性及激励效果。通过对经营承包政策完成情况月度审核、分析和对比，以及经常性了解行业薪酬水平，提升薪酬内部、外部公平性和激励效果，进一步提高薪酬使用效能，促进员工绩效的提高和员工队伍的稳定。

（4）建立工资与效益联动的工资增降机制。坚持"市场化改革方向""战略引领导向""效益决定、效率调整、市场对标导向""提升人效导向""分配结构优化导向"等原则。

（5）工资发放与资源量、利润指标挂钩考核办法。实行工资总额指标与利润指标挂钩的考核办法。季度利润指标未完成，减发季度工资总额的××%；年度完成时补发。

2. 区队薪酬计价形式

第一，综采部门计算方法

（1）计件工资 = 资源量 × 单价（资源量按照销售量计算，不增加煤泥量、矸石量，也不剔除掘进煤量，下同）。

（2）基本结算单价：××× 元/吨。

①实现智能化回采的，在基本结算单价基础上上浮××%，发现弄虚作假的，在基本结算单价基础上下浮××%，由技术部门审核并提供相关证明材料。

②月度标准化取得一级品的，结算单价上浮××%。由安全部门审核并提供相关证明材料。

③未发生轻微伤及以上事故的，在基本结算单价基础上上浮××%。发生轻微伤及以上事故的，在基本结算单价基础上下浮××%。由安全部门审核并提供相关证明材料。

④超矿下达月度生产计划，超出部分在基本结算单价基础上上浮××%。由于区队管理等自身原因未能完成矿下达月度生产计划，实际完成量在基本结算单价基础上下浮××%。非因区队管理等自身原因造成的上工资结算会进行决策。

（3）计件工资中包含全部人员的岗位职务（等级）工资、年休假工资、休加班工资、有薪假工资（自治区内工伤护理、探亲假、婚丧假及六个月以内的工伤、病假、脱产培训、外出学习等工资）、岗位绩效工资等。安全绩效工资、各项津贴及补贴不纳入单价中,按实际考核情况发放。

(4)其他规定。

①综采工作面末采××米,按照××系数调整(产量核算依据:按照实际长度及采高计算,容重值为1.37吨/立方米)。

②综采工作面末采挂网给予××万元补贴。

③回采过腰巷期间,按照××系数调整。

④综采工作面夹矸厚度超过0.3米,依据技术部门核定夹矸量按吨煤单价××%给予补贴;工作面无夹矸时,矸石率超过××%部分按照吨煤单价给予××%考核。

⑤综采工作面内连续××个架子顶煤厚度大于××米或者架后间隙可见范围内遗煤超过三分之一的,由技术部门测算丢煤量,经营部门结算时依据技术部门测算的丢煤量扣减。

(5)未按要求完成本职范围内工作,安排其他部门完成的,相关结算费用由本部门承担,立约工程除外。

(6)立约工程按照《零星工程立约管理办法》文件执行。

第二,综掘部门计算方法

(1)计件工资=进尺×标准单价×差异化系数调整+进尺×差异化单价调整。

(2)结算单价。

①综掘标准巷道延米单价,如表1所示。

表1 综掘标准巷道延米单价

序号	巷道类型	巷道形式	普通掘进机延米单价/(元/米)	掘锚机延米单价/(元/米)	备注
1	切眼	矩形断面	××××	×××	放置××液压支架,若分次掘进按照断面大小折算
			×××	××	放置××液压支架,若分次掘进按照断面大小折算
2	回风顺槽	矩形断面	××	××	沿空掘巷,执行标准断面、支护参数依据技术部门设计
3	机头硐室	矩形断面	××	××	执行标准断面、支护参数依据技术部门设计
4	胶带顺槽、副撤架巷	矩形断面	××	××	
5	腰巷	矩形断面	×××	××	
6	回撤通道	矩形断面	××	××	
7	倒车硐室、联络巷	矩形断面	××	××	

注:开拓巷道参照胶运顺槽单价执行,联络巷长度小于××米按照倒车硐单价执行。若遇新工艺等特殊情况,应本着激励原则给予调整,结算单价上工资结算会确定。

②差异化单价系数调整,如表2所示。

③差异化单价调整,如表3所示。

④实现智能化掘进,结算单价在综掘标准巷道延米单价基础上浮××%,发现弄虚作假的,在综掘标准巷道延米单价基础单价下调××%。由机电部门审核并提供相关证明材料。

⑤月度标准化取得一级品的,结算单价在综掘标准巷道延米单价基础上浮××%。由安全部门审核并提供相关证明材料。

表2 差异化单价系数调整

序号	巷道类别	调整系数	备注
1	支护排距（1m）	××	调整为×时按照标准单价××倍执行； 调整为×时按照标准单价××倍执行； 调整为×时按照标准单价××倍执行； 调整为×及以下时按照标准单价××倍执行
2	全岩巷道	××	-5°至0°及正坡施工。掘锚队执行××系数
3	全岩巷道	××	负坡施工（-5°至-8°）。掘锚队执行××系数
4	全煤巷道	××	汽运出货，运至井下其他转载点进入运输系统
5	半煤岩巷道	××	岩石占60%～80%（分装分运，未分装分运按照××系数调整）
6	铲车出货	××	未安装皮带之前（不包含联巷），超过（0.8米皮带××米，1米皮带××米）仍不安装皮带不予调整；铲车出货系数调整包含运输部门铲车司机工资
7	淋水	××	淋水连续呈线状，影响员工正常作业，需要采取防护措施
8	顶板破碎	××	采用"短掘短支，掘一支一"且顶板破碎；顶板破碎段加强支护工作量包含在此系数中
9	顶板砾岩	××	顶板砾岩厚度1～2m，胶带顺槽执行××系数，回风顺槽执行××系数；顶板砾岩厚度2～3m，胶带顺槽执行××系数，回风顺槽执行××系数

注：系数调整时，由经营部门根据现场实际情况确定。同时符合以上2项或2项以上系数调整且影响进度的，经营部门核定后，可适当上调。

表3 差异化单价调整

序号	巷道类别	调整单价	备注
1	底鼓清底	×××元/米	正常掘进底鼓××以下不予调整，底鼓××以上×××元/米。以技术部门通知单为准
2	断面大小	×××元/米	断面大小增减××不予调整，增减超过××（含）时，增减×××，增减××元/米
3	防冲措施	×××元/米	人员限员，卸压孔、物料固定均满足。正常掘进设计范围内卸压孔包含在单价内，设计以外的按照通用定额执行
4	皮带调整	××元/米～××元/米	责任区皮带长度：70～1000米，增加50元。1000～2000米，增加××元。2000～3000米，增加×××元。3000～4000米，增加×××元。4000～5000米，增加××元。5000～6000米，增加××元。大于6000米，增加××元；机头和机尾折合××米，电滚筒、刮板机按照自身长度双倍计算

注：单价调整时，由经营部门根据现场实际情况确定。同时符合以上两项或两项以上系数调整且影响进度的，经营部门核定后，可适当上调。

⑥未发生轻微伤及以上事故的，结算单价上浮××%。发生轻微伤及以上事故的，结算单价下浮××%。由安全部门审核并提供相关证明材料。

⑦超矿下达月度生产计划，超出部分在综掘标准巷道延米单价基础上上浮××%。由于区队管理等自身原因未能完成矿下达月度生产计划，完成的进尺在综掘标准巷道延米单价基础上下浮××%。非因区队管理等自身原因造成的，上工资结算会决算。

（3）计件工资包含工资种类。计件工资中包含全部人员的岗位职务（等级）工资、年休假工资、休加班工资、有薪假工资（自治区内工伤护理、探亲假、婚丧假及六个月以内的工伤、病假、脱产培训、外出学习等工资）、岗位绩效工资等。安全绩效工资、各项津贴及补贴不纳入单价中，按实际考核情况发放。

（4）其他规定。

①设备安装（回撤）补贴。安装一部40T刮板输送机（电滚筒）、DSJ80皮带运输机、DSJ100、DSJ120皮带（包含运输机机头、机尾、二运）、永磁皮带机头、永磁皮带机尾（自移机尾），分别给予×××元、×××元、×××元、×××元、×××元、×××元补贴。新安装工作面给予××万元补贴，包含配电点、通风设施以及其他准备性工作，回撤给予×××万元补贴。

②工作面回撤补贴。顺槽皮带回撤××元/米（包含皮带机头、机尾，需要回撤的风筒、电缆、风水管路等），40吨溜子回撤××元/米，综掘机、钻车爬行距离500米以下按××元/米、××元/米，500米以上××元/米、××元/米；掘锚机爬行按××元/米，爬行500米以上按××元/米，皮带回撤后巷道淤泥清理、掘进过程中配合铺底皮带调高及淤泥清理××元/米（半幅巷道，标准厚度××，其他根据标准厚度折合计算）。

③刷帮、拉底补贴。根据工程实际需要，综掘机施工刷帮、拉底的，根据实际施工宽度、厚度折合成标准巷道给予补贴，因拉底减少支护环节，故不再考虑全岩或半煤岩系数调整。铺设地坪后因底鼓需要再次拉底处理时予以结算，未铺设混凝土地坪拉底不予结算。

④其他补贴。其他挑顶、拉底、施工基础坑，以及单项、零星等工程由技术部门、经营部门、安全部门根据施工难易程度、工程质量、完成情况核定为准。

⑤冲击地压防治。由于工作面压力集中、应力显现，落实解危性措施导致工作面被停产的，月度累计影响超过××个小班，超出部分按日计划进尺给予补贴。

⑥竣工巷道移交前巷道巡视、排水、片帮清理、加强支护、液压支柱补液和更换等巷道维护工作按照×××元/天补贴。

（5）未按要求完成本职范围内工作，红庆梁煤矿安排其他部门完成的，相关结算费用由本部门承担，立约工程除外。

（6）立约工程按照《零星工程立约管理办法》文件执行。

第三，机电部门计算方法

（1）计件工资＝资源量×单价＋进尺×单价。

（2）结算单价。

①资源量单价×××元/吨；进尺单价×××元/米。

②月度标准化取得一级品的，结算单价上浮××%。由安全部门审核并提供相关证明材料。

③未发生轻微伤及以上事故的，结算单价上浮××%。发生轻微伤及以上事故的，结算单价下浮××%。由安全部门审核并提供相关证明材料。

④超矿下达月度生产计划，超出部分（资源量或进尺）在结算单价基础上分别上浮××%。未完成矿下达月度生产计划，若资源量未完成，完成量或完成进尺在资源量单价基础上下浮XX%；若进尺未完成，完成进尺量在进尺单价基础上下浮××%。

（3）承包小组人员：承包小组工资＝承包小组系数×××人（从检修班、电修班、皮带机修班、皮带电修班中选取）操作岗平均工资。

（4）计件工资包含工资种类。计件工资中包含全部人员的岗位职务（等级）工资、年休假工资、休加班工资、有薪假工资（自治区内工伤护理、探亲假、婚丧假及六个月以内的工伤、病假、脱产培训、外出学习等工资）、岗位绩效工资等。安全绩效工资、各项津贴及补贴不纳入单价中，按实际考核情况发放。

（5）未按要求完成本职范围内工作，红庆梁煤矿安排其他部门完成的，相关结算费用由本部门承担，立约工程除外。

（6）立约工程按照《零星工程立约管理办法》文件执行。

第四，运输部门计算方法

（1）计件工资＝资源量×单价＋进尺×单价＋固定投入＋零活补贴。

（2）结算单价。

①辅助运输队操作岗人员：资源量单价×××元/吨；进尺单价×××元/米。

②生产准备队操作岗人员：固定投入×××元/人·月，按照定员×××人投入，区队根据贡献大小进行二次分配。

③运输部门承包小组人员：按辅助运输队和生产准备队实际操作岗人员平均工资乘以承包小组系数进行投入。

④月度标准化取得一级品的，在资源量单价、进尺单价、固定投入基础上各上浮××%。由安全部门审核并提供相关证明材料。

⑤未发生轻微伤及以上事故的，结算单价上浮××%。发生轻微伤及以上事故的，结算单价下浮××%。由安全部门审核并提供相关证明材料。

（3）计件工资包含工资种类。计件工资中包含全部人员的岗位职务（等级）工资、年休假工资、休加班工资、有薪假工资（自治区内工伤护理、探亲假、婚丧假及六个月以内的工伤、病假、脱产培训、外出学习等工资）、岗位绩效工资等。安全绩效工资、各项津贴及补贴不纳入单价中，按实际考核情况发放。

（4）未按要求完成本职范围内工作，红庆梁煤矿安排其他部门完成的，相关结算费用由本部门承担，立约工程除外。

（5）运输部门料车司机协助生产区队卸料、码料的，给予××元/车补贴，费用由生产区队承担，运输部门提出申请，生产区队负责人确认，经营部门在月底定额工资中补贴。

（6）井下垃圾清运服务费××万元/月。

（7）立约工程按照《零星工程立约管理办法》文件执行。

第五，通风部门计算方法

（1）计件工资＝固定投入＋零活补贴。

（2）结算单价。

①操作岗人员结算单价：×××元/人·月，按照定员××人投入，区队根据贡献大小进行二次分配。

②月度标准化取得一级品的，结算单价上浮××%。由安全部门审核并提供相关证明材料。

③未发生轻微伤及以上事故的，结算单价上浮××%。发生轻微伤及以上事故的，结算单价下浮××%。由安全部门审核并提供相关证明材料。

④承包小组人员：按实际操作岗人员平均工资乘以承包小组系数进行投入。

⑤计件工资包含工资种类。计件工资中包含全部人员的岗位职务（等级）工资、年休假工资、休加班工资、有薪假工资（自治区内工伤护理、探亲假、婚丧假及六个月以内的工伤、病假、脱产培训、外出学习等工资）、岗位绩效工资等。安全绩效工资、各项津贴及补贴不纳入单价中，按实际考核情况发放。

未按要求完成本职范围内工作，红庆梁煤矿安排其他部门完成的，相关结算费用由自己部门承担，立约工程除外。

第六，销售部门计算方法

（1）计件工资＝固定投入＋零活补贴。

（2）操作岗人员结算单价：×××元／人·月，按照定员×××人投入，区队根据贡献大小进行二次分配。

①月度标准化取得一级品的，结算单价上浮××%。由安全部门审核并提供相关证明材料。

②未发生轻微伤及以上事故的，结算单价上浮××%。发生轻微伤及以上事故的，结算单价下浮××%。由安全部门审核并提供相关证明材料。

（3）承包小组人员：承包小组工资＝承包小组系数×操作岗平均工资（扣除销售管理部综合班人员××人）。

（4）计件工资包含工资种类。计件工资中包含全部人员的岗位职务（等级）工资、年休假工资、休加班工资、有薪假工资（自治区内工伤护理、探亲假、婚丧假及六个月以内的工伤、病假、脱产培训、外出学习等工资）、岗位绩效工资等。安全绩效工资、各项津贴及补贴不纳入单价中，按实际考核情况发放。

（5）其他规定。

①销售客户投诉。为提高销售服务质量，设置销售环节投诉电话，客户每投诉一次，核实属实，减发承包小组人员××元／次。

②销售环节违规奖惩。发现装车煤种与提煤单不一致，以优充次，损害矿利益，责任追究司机×××元、销售部门×××元，拉煤车司机考核款上交财务管理部后奖励查处者×××元／次。

（6）未按要求完成本职范围内工作，红庆梁煤矿安排其他部门完成的，相关结算费用由本部门承担，立约工程除外。

（7）立约工程执行《零星工程立约管理办法》。

3. 装卸班薪酬计价形式

为方便区队，减少物资供应和回收中间环节，提高服务意识和服务质量，物资供应部成立装卸班，负责全矿所有入井、升井设备、物资的装卸工作，废旧物资回收复用工作，并执行计件承包工资。

（1）定员：装卸工××人，司库员××人。

（2）投入标准：装卸工××元／人·月，司库员××元／人·月，第一年大学生按薪酬基础表工资标准投入。计件工资中包含全部人员的岗位职务工资、年休假工资、休加班工资、有薪假工资（自治区内工伤护理、探亲假、婚丧假及六个月以内的工伤、病假、脱产培训、外出学习等工资）、岗位绩效工资。安全绩效工资、各项津贴及补贴不纳入计件工资中，按实际考核情况发放。

（3）物资供应满意度评价。为方便区队、服务员工、减少物资供应和回收中间环节，增强服务意识和服务质量，综采部门、综掘部门、机电部门、通风部门、销售部门每月对物资供应进行满意度评分，经营部门负责汇总，按照各部门平均分值对物资供应部进行激励奖惩。

标准：85分（含）及以上为合格。90（不含）～95分（含）奖励计件工资××%，95分以上奖励计件工资×××%；85分以下为不合格，70（含）～85分（不含）减发计件工资××%，70分以下减发计件工资××%。

评分办法：各部门当月28日前报送物资供应满意度评分表。评分表上报时，经营部门做好记录即可，各部门均为不记名评分。物资供应满意度评分如表4所示。

表4 物资供应满意度评分表

评分要素	物资装卸的及时性	物资保障供应	物资质量	服务质量	总分	备注
分值	0～40	0～20	0～20	0～20	100	
得分						

（4）物资供应不及时考核：因物资供应不及时，被安全生产分析会通报或考核办调查处理的，每出现一次减发计件工资的××%。

（5）回收、分解物资按照红庆梁煤矿《材料管理办法》执行，奖励标准如表5所示。

表5 奖励标准

序号	物资名称	规格型号	单位	原值/元	奖励金额/元
1	通信线缆	MHYVP1×4×7/0.52	米	××	××
2	工作面编号牌	⌀120（铝板反光膜）	块	××	××
3	锚杆托盘	150mm×150mm×10mm（孔25mm）；200mm×200mm×10mm（孔25mm）	块	××	××
4	锚索蝶形托盘	300mm×300mm×16mm 孔径⌀24.5	块	××	××
5	钻孔应力计	15m机械部分	台	××	××
6	皮带卡子		个	××	××
7	接线盒	JHH3	个	××	××
8	矿用管路柔性快接头	DN100/2.5Mpa（管外径108）	个	××	××
9	传感器	速度传感器	个	××	××
10	锚杆螺母	20mm	个	××	××
		22mm	个	××	××
11	管路挂钩	GD-PVC/ST120	个	××	××
12	电缆钩	100	个	××	××
		68	个	××	××
		38	个	××	××
		28	个	××	××
13	球形截止阀	Dn19/20（普通型）	个	××	××
		DN10（普通型）	个	××	××
		DN32（普通型）	个	××	××
		KJ25（普通型）	个	××	××
		KJ10（普通型）	个	××	××
		DN32（普通型）	个	××	××

续表

序号	物资名称	规格型号	单位	原值/元	奖励金额/元
14	直通	方 DN19/DN20	个	××	××
		圆 DN32	个	××	××
		DN10	个	××	××
		方 DN32	个	××	××
		DN13	个	××	××
		DN19	个	××	××
15	E形销	—	个	××	××

注：上表中未列出的，可按物资价格的××进行结算，单项最高奖励不超过××元。

4. 安全监察人员薪酬计价形式

为了调动安全监察人员工作积极性，全力做好红庆梁煤矿的安全监察工作，安全监察人员实行安全风险工资制。

（1）薪酬标准。正职×××元/月，书记×××元/月；井下副职×××元/月，地面副职×××元/月，工会主席×××元/月，主管技术员××元/月、井下一般管理人员×××元/月，地面一般管理人员×××元/月，小班安监员×××元/月，地面安监员、环保专员×××元/月，内业员×××元/月。

（2）薪酬标准70%为基薪，按月发放（出勤不足时折合发放）。薪酬标准30%为安全风险薪，实施按月抵押，季末的次月考核兑现。

（3）安全风险薪季度兑现办法。①月度内未发生轻微伤及以上事故（含一般及以上涉险），安全风险薪上调××；每发生一起安全风险薪下调××。季度内发生××起轻微伤及以上事故（含一般及以上涉险），不再兑现季度安全风险薪。②发生轻伤事故不再兑现季度安全风险薪，发生轻伤以上事故不再兑现年度安全风险薪。③较大涉险事故参照轻伤事故考核；安全部门及主管安全领导查出的工伤瞒报事故、较大涉险事故追查处理的不算指标。

（4）安全目标绩效奖励。①季度内无轻微伤及以上事故、环保事件的，人均奖励×万元。②年度未发生轻伤以上事故（含较大、重大涉险）且轻微伤（含一般涉险）指标控制在×起（含）以内，安全风险薪减发部分予以返还，人均再奖励×万元。年度未发生重伤及以上事故（含重大涉险），轻伤指标控制在×起且轻微伤（含一般涉险）指标控制在×起（含）以内的，人均奖励×万元。年度发生轻伤××起及以上，无奖励（出勤不足按月折合发放）。

（5）工伤事故类型、等级按照工伤事故报告及相关材料执行，未下发文件的以安全办公会通报为准。

（6）安全部门人员由执行年薪人员兼职的，按照年薪人员薪酬办法兑现和考核，不执行本办法。

（7）安全部门根据安全监察重点、工伤事故类型，结合包片管理等需要，制定详细的二次分配方案，严禁采用"大锅饭"形式进行风险薪兑现。

（8）安全副职考核管理办法。综采部门、综掘部门、机电部门、通风部门、运输部门、销售部门安全副职或安全负责人岗位绩效工资薪酬标准和安全绩效工资薪酬标准执行抵押制，每月抵押各区队安全副职或安全负责人两项绩效工资的50%作为风险抵押，党委组织部（人力资源部）依据安全部门提供的季度打分表《安全副职管理办法》按比例奖惩，上下限100%[例如，综采部门安全副职季度打分为±10%，季度返还计算方式：安全副职抵押工资返还=（当月岗位绩效工资薪酬标准+安全绩效工资薪酬标准）×50%×3个月×（上下限100%±10%）]，季度兑现。

5.加工车间薪酬计价形式

为实现物件统一标准加工，成立机修加工车间，主要职能为按时完成各单位所需材料的加工工作；设备、配件的维修工作；按照红庆梁煤矿要求，完成各种临时性工作以及各类单项、零星工程。

（1）劳动定员。机加工车间定编XX人，其中电焊工XX人，其他辅助工XX人。在工作内容（工作量）不变的情况下，本单位增减人员，不增减投入。

（2）工资结算方式。①固定薪酬结算：固定投入标准XXXX元/人·月，按照定额实际在册人数结算。②投入方式：按照XX%固定投入，XX%浮动投入。③浮动薪酬结算：根据设备维修、机加工等完成情况，计件单价浮动结算。

（三）增加特殊奖励申请

（1）申请条件：根据各部门在安全、生产、经营、技术创新、"节流"降耗等方面做出特殊贡献时，部门申报奖励事由，由党委会、经理办公会通过后执行。

（2）特殊奖励标准：一般贡献奖励上调2%、较大贡献奖励上调5%、重大贡献奖励上调10%或由会议确定奖励范围及奖励金额。

（3）设立"降成本"热心奖、优秀奖，其中热心奖被采纳并实施的奖励100元/条、优秀奖年底根据节约金额的5%作为奖励发放，上限2万元。

四、主要创新点

（1）改变以往以"单价"核定计件工资的计算方式，由原来考核进尺、产量，扩展到工作效率的全方位考核，有效激励工效提高。

（2）实施定额精准管控，定额员管理实现从原来的"算定额"到"管定额"的转变，区队管理实现从原来的"要人员"到"要工效""找活干"的转变。让大家认识到通过提高劳动效率，才能提高区队效益，进而提高职工的收入。

（3）对重点项目进行立约，并定期监督项目推进情况，对阶段重点工作、零星工程等采取随干随验的方式，确保定额验收准确。

五、实施效果

此制度实施后，安全、标准化和智能化在企业绩效中的重要性更加凸显。定额管控制度增强了员工的安全和标准意识，促使员工在思想上对这些要素有了更深刻地认识。实际应用中，各单位在安全绩效上取得进步，生产过程中安全意识增强，生产效率进一步得到提升。

首先，这一制度强调了引导作用。在保障安全生产、严格执行标准及智能化应用方面取得了实效，与同期相比，一级品的数量增加了7个。

其次，制度强调了分类结算的重要性。辅助区队发挥了主观能动性，主动寻找工作，为一线提供优质的服务保障。

最后，制度强调了精准分配的原则。实现了减人不减资，增人不增资的目标，根据岗位的性质、工作任务、技术要求、劳动强度和风险特性等因素进行二次分配，实行优绩优酬，激发了员工的工作活力。同时也激发了企业活力，推动企业向安全、高效、智能、标准化方向发展，提升了企业安全生产经营管理水平。

六、下一步规划与探讨

定额管控作为我国管理创新的重要突破口之一，已经在我们前进的道路上取得了显著的成果。这些成果的取得离不开我们的坚定决心和不懈努力。展望未来，我们将继续优化定额管控机制，使其更加科学、合理和高效。我们将进一步加强定额员的培训和指导，确保定额管控制度制定的准确性和公正性。我们深知，只有通过不断提升定额员的业务水平和专业素养，才能更好地服务于定额管理的工作。

此外，我们将根据生产实际情况，适时调整定额标准。我们明白，只有紧密贴合实际生产情况，定额管理才能发挥出最大的效益。我们将密切关注生产过程中的变化和需求，以确保定额管理的科学性和合理性。在这个过程中，我们将充分发挥团队的合作精神，凝聚全体成员的力量，共同为定额管理的发展贡献力量。

总之，我们将一如既往地致力于定额管理的优化和提升，使其更好地服务于我公司的生产和发展。

基于"1+5+6"的电力通信检修作业的标准化构建与实施

创造单位：国网新疆电力有限公司信息通信公司
主创人：梁钢　崔力民　杨建
创造人：陈建新　张振杰　张美晨　何伟　罗永玲

【摘要】国网新疆电力有限公司信息通信公司（以下简称信通公司）以电力通信检修作业为研究对象，聚焦解决通信检修现场易出现的管理粗放、检修质量把控不严、责任追溯不到位、检修质量难以提高等问题，构建具有数智化特点的电力通信检修作业框架体系与实施路径，提出基于"1+5+6"的电力通信检修作业安全管理方法。

【关键词】风控平台　"五个维度"　"六统一"

一、实施背景

信通公司负责省调核心通信站 2 座、备调核心通信站 1 座、特高压换流站 2 座、750 千伏通信站 28 座、750 千伏中继站 3 座，共计 36 座核心通信站通信设备及附属设施的运行维护；负责全疆 1034 座省调直调场站和省公司下属 23 家单位的通信设备、省级及以上骨干通信网的实时监视和调度指挥；负责 87 套各类应用系统和信息化设备的运行维护及网络安全防护，包括信息主机网络设备 1701 台、终端设备 2028 台、数据库 93 套、中间件 153 套、工具软件 10 套；负责网络安全、应急通信、会议技术保障，为电网运行和企业经营管理提供数字化支撑。

信通公司在 750 千伏凤渠破口接入蒋家湾变重大通信检修工作、国网二平面设备安装调试、西北分部光放网管网设备安装调试等重大通信过程检修作业中，开展基于"1+5+6"的电力通信检修作业标准化构建与实施，取得了"五个零"（检修零失误、保障零差错、工作零违章、业务零中断、安全零事件）的良好效果。

（一）大电网安全对通信检修作业提出更高要求

新疆电网是我国规模最大的地区电网，新疆电网目前已形成了"内供四环网、外送四通道"主网架格局，全疆通信网规模也在不断扩大，大量设备的集中投运，使电力通信检修数量快速增长，大规模的电网互联对线路的实时控制要求极高，通信网检修工作量逐年增多，因通信原因导致的输电线路保护装置全部退出，极易引发大面积停电事故，进而给地区经济发展和社会稳定带来巨大影响。电力通信检修作业与电网设备检修作业相比，具有频次多、时间短、风险传递机理复杂、软件作业量大等特点，电力通信检修作业安全已经成为大电网安全的重要组成部分。

（二）全面打造安全管理体系建设的必然选择

安全管理体系建设，是贯彻落实安全发展理念的重要措施，是贯彻落实党在新时期安全发展观的重要体现，是贯彻落实《中华人民共和国安全生产法》，落实企业安全生产主体责任的重要举措。安全体系建设就是完善安全管理各个环节，要求电力通信检修作业现场各环节必须符合法律、法规、规章、规程等规定，因此，建立电力通信检修作业现场严密、完整、有序的安全管理体系就显得迫在眉睫，也是满足安全发展的必然要求。

（三）全面提升电网通信本质安全的客观需要

通信网络作为源网荷储各类资源灵活调度与良好互动的重要环节，已从被动的需求满足，逐步转变为主动的需求引领。新疆电网作为全国规模最大的送端电网，在共建"一带一路"国家建设和地区经济发展中承担着重要的能源供应任务，随着通信网与电网结合日趋紧密，大量的电力通信系统检修作业给电网安全运行带来的潜在影响不容忽视，因通信检修作业不规范导致的电网安全事件呈逐年上升趋势，通信检修作业安全已经成为大电网安全的重要组成部分。面对新形势、新背景下对通信专业支撑信通公司"能源互联网"建设提出的新要求，全面提升电力通信检修现场标准化作业管理水平，也是提升本质安全的客观需要。

二、实施目的

（一）总体思路

坚持以习近平新时代中国特色社会主义思想为指导，认真学习领会习近平总书记关于安全生产的重要论述精神，重点针对通信检修现场经常出现的管理粗放、检修质量把控不严、责任追溯不到位、检修质量难以提高等问题，为进一步提升电力通信检修综合管控水平，信通公司构建具有信通专业特点的电力通信检修作业框架与路径，提出基于"1+5+6"的电力通信检修作业安全管理方法。其中："1"代表一个平台，即安全生产风险管控平台。"5"代表作业安全标准化管理的五个维度，即检修计划标准化管理、作业风险标准化管理、到岗到位标准化管理、检修流程标准化管理、监督检查标准化管理。"6"代表电力通信检修作业现场六方面统一，即统一现场着装、统一工作标识、统一工器具管理、统一现场布置、统一质量标准、统一作业流程。

（二）管理目标

以"1+5+6"促电力通信检修质效提升，强化科技兴安，实现公司安全事件数量下降和检修成本下降的"双降"目标，进而实现电力通信作业"五个零"，即"检修零失误、保障零差错、工作零违章、业务零中断、安全零事件。电力通信检修作业安全"1+5+6"框架体系与实施路径如图1所示。

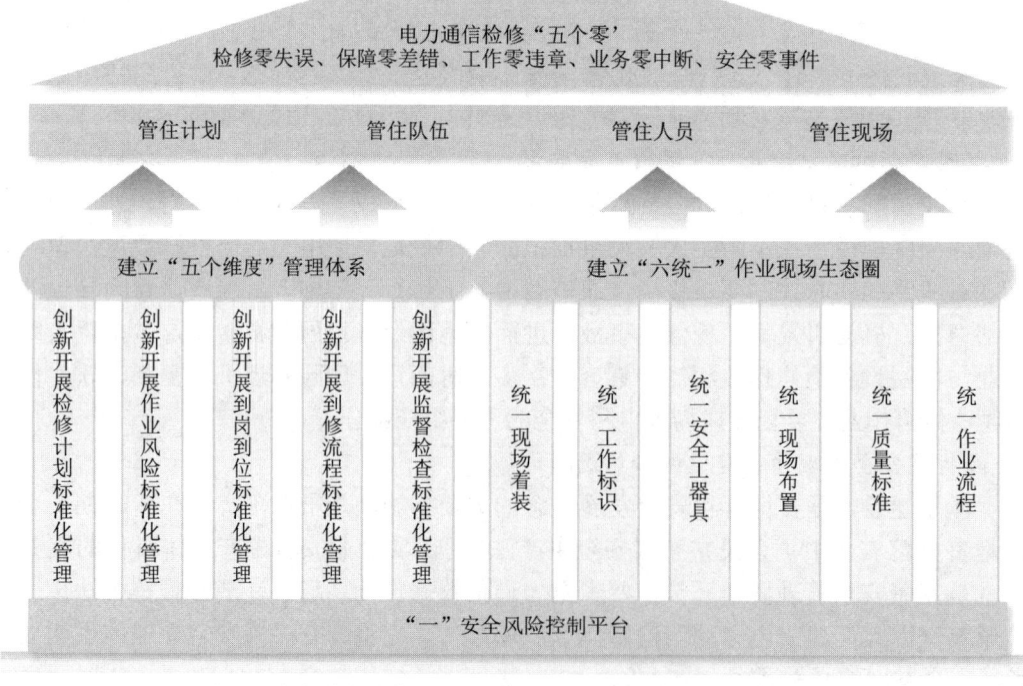

图1 电力通信检修作业安全"1+5+6"框架体系与实施路径

三、实施过程

（一）强化科技兴安，探索电力通信检修价值模型

以国家电网公司和国网新疆电力有限公司安全生产工作要求部署为纲领，强化科技兴安战略，推动公司安全体系规范化建设，充分应用大云物移智链技术，基于安全风险管控平台建设，构建"1+5+6"电力通信检修体系，实施多级全覆盖安全检修，提升全流程通信检修安全管理水平。重点是以安全风险管控平台为支撑，推进检修计划标准化管理、作业风险标准化管理、到岗到位标准化管理、检修流程标准化管理、监督检查标准化制度安全管理提升，以及作业现场统一现场着装、统一工作标识、统一工器具管理、统一现场布置、统一质量标准、统一作业流程，强化安全管理穿透力，强化现场管控力。

电力通信检修作业安全"1+5+6"标准化构建与实施，构建电力通信检修作业安全管理"双循环"模型，如图2所示，一方面是日常安全管理制度循环，另一方面是一线作业现场安全管理循环，核心交汇点为"检修流程"。

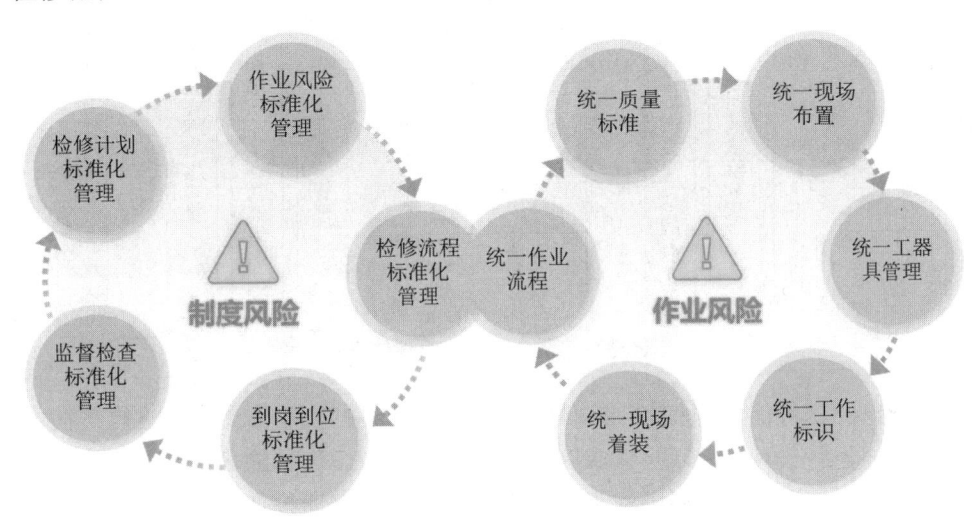

图2 电力通信检修作业安全管理"双循环"模型

"1"代表建设安全风险管控平台，将此平台作为公司推进信息技术与安全生产融合的具体举措，也是强化科技兴安、提升公司安全生产管控能力的重要手段，要求所有电力通信检修计划必须全量纳入安全风险管控平台，实现作业现场全覆盖、人员行为全监督、检修过程全管控，提升电力通信检修安全管理数字化、信息化、智能化、现代化水平。平台建设与应用主要包括作业安全智能化管控、作业人员安全准入、现场安全监督可视化、检修作业计划管控、风险预警管控、风险全景感知和大数据分析等功能要点，构建各类检修事件"事前风险预控、事中应急处置、事后分析评估"全流程可视、可控提供坚强技术支撑。

（二）强化制度支撑，建立"五个维度"管理体系

信通公司从五个方面创新开展电力通信检修作业标准化制度的建设与完善，分别为检修计划标准化管理、作业风险标准化管理、到岗到位标准化管理、检修流程标准化管理、监督检查标准化管理。"五个维度"管理体系如图3所示。

1. 以管住计划为统领，创新开展检修计划标准化管理

（1）检修安全责任到位。电力信息通信检修作业经常涉及多方联动，既有运维人员、厂商技术支持，也有自动化、保护专业和电网用户。为落实检修安全责任，编制设备责任清单和岗位安全责任

清单，以此为基础，结合检修作业风险点，编制检修责任清单及"三种人"典型安全责任清单，通过"三个清单"明确多个参与主体的安全责任，使检修作业的安全做到人人有责、有责必担。制定《国网新疆信通公司安监部关于印发2024年安全监督管理现行有效制度清单的通知》（电信通安〔2024〕5号），确保各级人员执行制度标准到位。

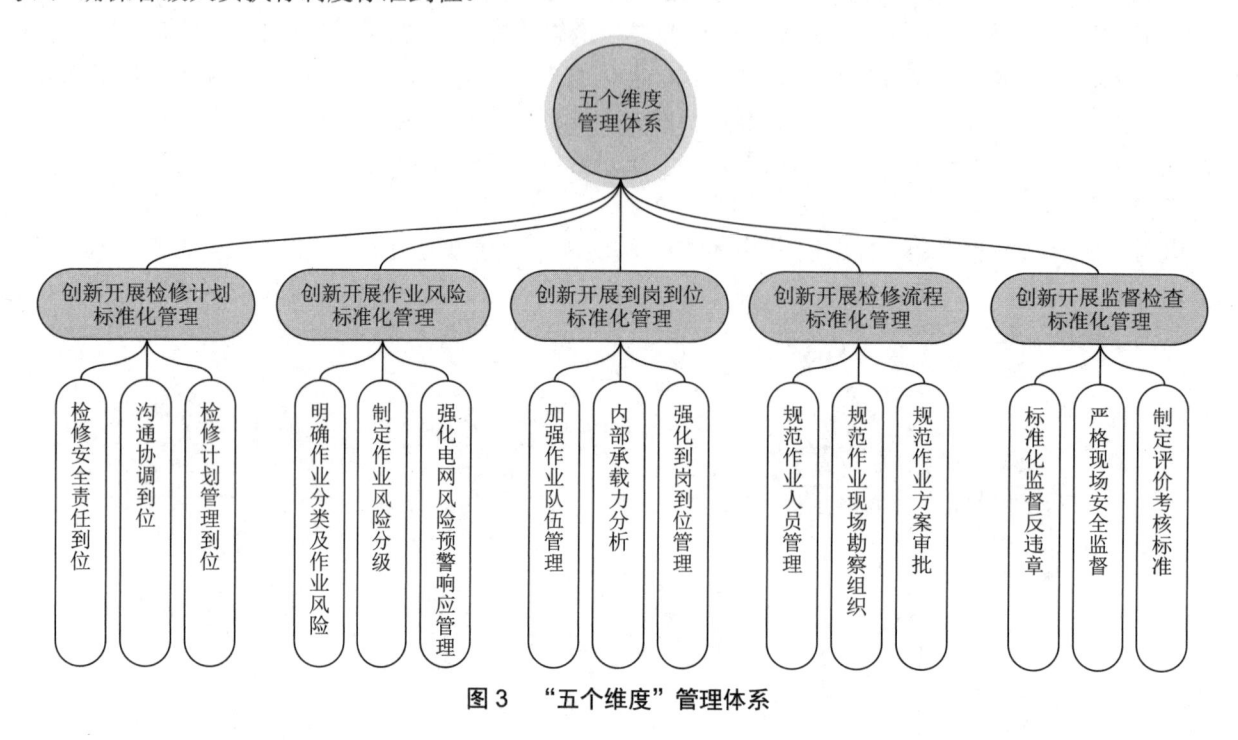

图3 "五个维度"管理体系

（2）沟通协调到位。将信息通信检修计划列入电网安全生产例会、电网检修平衡会、信通专业月度检修会、公司安全生产例会、风险管控例会等会议内容，使信息通信检修计划更为合理。跨专业横向沟通协调，建立多专业检修计划协同工作机制，信通专业定期参加电网安全生产例会和电网检修平衡会。信通公司对上述每一种跨专业协调会议都明确了具体的参会内容，提出了"四落实"工作要求，即参会人员落实、会议资料落实、内容传达落实、工作措施落实。建立专业内部检修计划协同工作机制，定期参加国网、西北分部和新疆公司的信息通信检修平衡会，坚持"下级服从上级，局部服从整体"的原则，强化风险预警管理和检修计划变更管理，落实检修计划管理的各项工作措施。

（3）检修计划管理到位。结合安全风险管控平台和平台应用，明确计划管理人员，健全计划编制、审批和发布工作机制，严格计划编审、发布与执行的全过程管控。根据设备状态、电网需求、基建技改及保供电、承载力等因素，配合电网运行检修实际，统筹协调通信作业，综合分析风险管控和作业承载能力，科学编制通信生产施工作业计划。严格落实"月计划、周安排、日管控"要求，严禁无计划作业，以周为单位进行统筹部署安排，统筹考虑月度通信检修计划、管理和作业承载能力等情况，按"周"进行平衡安排，细化分解到"日"，形成作业计划，明确周内每日作业内容及其作业风险，并按周进行汇总统计和审核发布。每日作业计划信息包括专业类型、作业内容、作业时间、作业地点、作业人数、风险类型、风险等级、风险因素、作业单位、工作负责人及联系方式、到岗到位人员信息等内容。作业计划实行刚性管理，要按照规定时间在安全风险管控平台编制、审核、发布，明确作业时间、地点、内容、工作负责人等，并履行发布及风险公示程序，已发布的作业计划严禁随意增减，确属特殊情况需追加、调整的，严格履行计划调整审批手续。

2. 以管住风险为牵引,创新开展作业风险标准化管理

(1)明确作业分类及作业风险。按照《电力通信现场标准化作业规范》(QGDW 10721-2020)规定,制定通信现场作业定义,即通信人员在变电站通信机房、独立通信站(含中心通信站)、通信管道、通信专用杆路,对运行中通信光缆、通信设备、通信网管、通信电源等进行巡查、修理、测试、实验等,开展设备软件、硬件、业务数据配置操作或巡视工作的,以及新增加通信业务通道或停役通信业务通道,需要对设备硬件进行操作或数据配置的工作为通信现场作业。制定《通信光缆现场作业风险库》《通信设备现场作业风险库》《通信电源现场作业风险库》《通信网管现场作业风险库》《通信动火作业风险库》等,强化通信作业现场风险管控,提升电力通信现场作业安全风险管控能力和事故(事件)防范水平。

(2)制定作业风险分级。制定《通信专业典型作业风险定级表》,明确电力通信作业风险分级全流程差异化管控措施,主要集中在三至五级及其他,按照作业类型分为通信光缆作业、通信设备作业、通信电源作业、通信网管作业、通信动火作业、通信周期性巡视作业等。根据作业环境、作业内容、气象条件、重大保电等实际情况,对易造成人身、电网、设备、网络信息安全事故(事件)的通信现场作业进行提级管控。

(3)强化电网风险预警响应管理。协同专业管理部门、一线中心班组,成立电网风险预警响应联合工作小组,及时响应电网风险预警,全面落实各项管控措施。持续支撑上级单位对电网风险预警管控平台建设需求,定期召开推进会,研究制定解决措施,通过完善系统功能、开展操作培训等方式,进一步提升电网风险管理水平。

3. 以管住人员为重点,创新开展到岗到位标准化管理

(1)加强作业队伍管理。依托风控平台,严格执行按年度审核业务承包企业安全资信备案材料、施工单位业务资质以及施工单位负责人身份证件等资料,审核无误后在风控平台完成相关资料录入,作业队伍的项目管理人员和核心骨干人员与投标文件、承包合同保持一致,严禁随意变更投标承诺人员信息,遇到特殊情况确需变更项目管理人员或核心骨干人员时,严格履行变更审批手续。实施队伍人员绑定管控,严格队伍人员准入审查管理,严格队伍人员跨项目作业审批,严格人员准入信息变更审批,严格执行队伍准入退出清理机制。

(2)内部承载力分析。针对突发情况带来的检修承载力变化,主要通过信通公司安全生产例会来进行协调解决,这类会议主要包括信通公司安全生产例会、安全生产月度例会、风险管控会、安全监督网月度和公司安全生产周例会。检修管理部门主要通过季度、月度和周安全生产例会进行承载力协调;检修监督部门重点通过月度安全监督网例会和现场督查进行承载力监督;检修执行部门主要通过周安全生产例会和班组晨会对检修承载力进行协调,确保承载力合理。

(3)强化到岗到位管理。制定通信专业到岗到位工作方案,落实到岗到位管理制度,提升安全生产管控能力和效果。通信专业作业风险等级分为三级至五级及其他,各级通信现场作业到岗到位工作原则、工作标准、履职内容及工作要求结合《国家电网有限公司作业安全风险管控工作规定》行。按照"管业务必须管安全"和"分层分级"的原则,制定国网新疆信通公司到岗到位记录表。

4. 以管住流程为核心,创新开展检修流程标准化管理

(1)规范作业人员管理。每月制定印发《国网新疆信通公司安监部关于发布作业人员"严入、强训、必考"工作月报的通知》,从事通信现场作业人员除符合《国家电网公司电力安全工作规程(通信部分)(试行)》要求基本条件外还完成安全准入考试和人员安全资信备案。工作负责人在作业前明确作业人员工作状态,对作业人员交底工作内容,重点强调作业范围、作业风险及管控措施,确认每个工作班成员都已清楚并在工作票、工作任务单或其他书面记录上签名。检查所需工器具及现场环境准

备落实情况，（人员充足的情况下）指定作业执行人员及复核人员，做好电力通信现场作业过程中的风险分析及安全控制措施。

（2）规范作业现场勘察组织。制定《国网新疆信通公司典型通信作业项目》，根据作业类型、作业内容，规范组织开展现场勘察、风险因素识别等工作，现场勘察时，核对作业设备台账，核查设备运行状况及存在缺陷，明确作业现场的条件、环境及其他风险点、需要采取的安全措施等，并对作业风险分级的准确性进行复核。制定《通信作业现场勘察记录》，作为作业风险评估定级、编制修改"三措一案"和填写、签发工作票的依据。

（3）规范作业方案审批。检修执行部门将检修计划录入TMS（运输管理系统）和I6000系统检修计划管理模块，同步录入安全风险管控平台。检修管理部门在系统中对检修计划进行审核，许可检修工作。检修监督部门通过安全风险管控平台、TMS和I6000系统审查检修计划审批手续是否齐全，并对不合规项进行及时通报。

5. 以开展监督检查为抓手，创新开展监督检查标准化管理

（1）标准化监督反违章。公司采用"互联网＋安全监督"手段，对通信现场作业采用"现场＋远程视频监控"方式开展反违章，及时发现和纠正违规作业行为。针对检修作业不规范问题，将作业规范要求与反违章相结合，梳理制定《信息通信检修作业违章库》，修编《国网新疆信通公司关于印发〈国网新疆信通公司安全生产反违章工作实施细则〉的通知》（新电信通安〔2023〕21号）文件，提高电力信息通信检修作业的规范性。

（2）严格现场安全监督。制定各级领导人员、职员现场监督大纲，明确现场安全监督重点：作业时间、作业地点、作业内容、工作负责人（监护人）、作业人员数量、作业风险信息是否与工作票及相关要求一致。现场工作人员准入资质、证件资质信息，人员信息是否与工作票人员信息一致（作业人员姓名、单位名称、准入信息、特种作业证等）。工作票填写是否规范，工作票安全措施是否正确完整，作业时间是否在计划时间内。现场安全组织技术措施落实情况。多专业、多部门工作协同情况。现场作业环境是否与施工方案、勘察记录一致，作业内容是否超出作业计划内容范围。

（3）制定评价考核标准。信通公司修订《国网新疆信通公司安全奖惩实施方案》（新电信通安〔2024〕16号）和《国网新疆信通公司关于修订安全生产正向激励实施方案的通知》（新电信通安〔2024〕18号）文件，每月对通信现场作业管控要求的落实情况进行检查考核。检查考核采用资料评审与现场检查相结合的方式开展。检查考核内容包括作业质量、计划、方案等，重点关注作业风险分级是否准确、安全管控措施是否有效、到岗到位要求是否落实。

（三）践行"六统一"理念，建立作业现场生态圈

信通公司共从六个方面创新开展作业现场六统一管理，分别为统一现场着装、统一工作标识、统一安全工器具、统一现场布置、统一质量标准、统一作业流程，建立起作业现场的生态圈，如图4所示。

图4　电力通信检修现场"六统一"

（1）统一现场着装，实现作业人员可视化管理。结合国家电网公司电力安全各项工作规程相关章节的要求及通信检修作业的现场实际，严格作业人员的着装管理，所有进入现场作业的人员必须正确佩戴安全帽、执法记录仪，穿全棉长袖工作服、绝缘鞋，电源系统工作时佩戴护目镜、绝缘手套等安全防护，工作负责人在检修作业时全程在左大臂佩戴"工作负责人"袖标。电源作业时，还佩戴护目镜和佩戴合适手套。在每台执法记录仪中安装4G物联网卡，采用加密策略，利用运营商无线网络将作业现场资料、音频、视频实时上传到安全管控平台，公司在安全管控中心设置监控终端，实现作业现场远程全视频、全流程实时安全监督管控。

（2）统一工作标识，强化现场标识规范管理。《中华人民共和国安全生产法》中不止一次提到标识的问题，但在检修现场，由于标识存在的问题而造成的安全隐患或引发的人身和设备事故事件时有发生，现场检修作业安全离不开安全标识，安全标识可以明确周边环境信息，强化现场管理，使身边的安全隐患和风险一目了然，从而提高现场检修人员的安全警惕意识。信通公司严格把关各类工作标识正确使用，防止标识随意化。在工作地点或检修的设备上悬挂"在此工作！"标识牌。在全部或部分带电的运行屏（柜）上工作时，将检修设备与运行设备前后以明显的标识隔开，作业地点相邻屏柜悬挂"运行设备"红布幔。工作前携带"由此进出""在此工作""禁止合闸""在运设备"等工作标识，数量充足。

（3）统一安全工器具，加强安全工器具智能管控。打造安全工器具管理系统，将电力安全工器具全生命周期管控体系业务架构分为基础信息数据管理业务、采购入库管理业务、出入库管理业务、使用过程管控业务、定期检验管理业务以及辅助决策与统计分析业务六个部分，实现安全工器具的全生命周期智能管理。依据《国网新疆信通公司安全工器具配置标准》（电信通安〔2023〕18号）购置种类、数量充足的安全工器具，核实通信作业必需的工器具和个人安全防护用品是否齐备、合格、有效，各类工器具及仪器仪表根据现场实际需求，分类摆放整齐。安全工器具定期送到具有检测资质的检测机构进行检验，由检测机构出具检测试验报告，经检测合格的安全工器具方可正常使用。

（4）统一现场布置，统筹检修区域科学规划。牢固树立"现场为王"安全管控思路，对于作业现场布置，既要保证检修安全，又要方便作业人员开展检修。因此，根据作业内容、检修对象和机房内机柜分布情况，将机房分为检修区和非检修区，通过工作负责人检查现场安全措施布置是否正确完备，必要时进行补充完善；工作开工前，对工作班成员进行工作任务、安全措施和风险点告知，并确认每个工作班成员都已清楚并签名。在安全措施未布置完成前，禁止开工作业。针对检修风险等级、检修内容的不同，制定作业现场布置图：用不同颜色明确作业现场区域、工器具布放区域、备品备件堆放区域、废品废件堆放区域等，使现场检修作业人员对作业现场布置情况一目了然，提高现场文明施工水平。

（5）统一质量标准，推动现场检修质量有序提升。组织各作业班组认真学习标准文件，严格按照通信专业相关技术标准、运行维护规程等要求，对机柜设备安装及拆除、光缆敷设、线缆绑扎、标识标牌等施工工艺严格进行把关。设备、线缆标识标签命名、选用参照《国网新疆电力有限公司通信设备标识标签规范（2019年修订）》执行；光传输设备及光路子系统检修参照《电力光传输网运行维护规程》执行；电源设备检修参照《通信电源技术、验收及运行维护规程》执行；光缆检修参照《电力系统光纤通信运行管理规程》执行；动环类检修参照《国家电网通信管理系统规划设计第18部分：动力环境监控》执行；基建工程验收参照《国网新疆电力有限公司信息通信公司750千伏通信工程验收规范》执行。

（6）统一作业流程，促进检修人员履职担当。制定30项电力通信检修标准化流程卡，将各类通信作业风险分为三至五级，开展全流程差异化管控，依据《国家电网有限公司作业安全风险管控工作规定》《电力通信现场作业风险管控实施细则（试行）》相关章节的要求等关于作业流程工作相关规定制度，检查录入平台的各类资料完整性和准确性。针对需要延期的作业，通过手机 App 程序在平台申请延期。构建现场危险点预控流程图，包括检修危险点、操作危险点、运行方式危险点、可能造成的后果及预防办法等，对检修作业人员提出安全警示。构建人员职责流程图，明确检修期间涉及各类作业人员的职责，分工细致，责任到人，便于各类人员的工作协调与联系。根据检修方案，用不同颜色标明当天检修范围及检修人员工作安排，帮助相关人员掌握现场情况。

四、实施效果

（一）持续发挥战略支撑，有序推进安全管理体系建设落地

通过"1+5+6"电力通信检修作业标准化构建与实施，印发 13 项通信管理程序文件，制定 30 类通信检修现场作业的标准化流程管控卡，有序推进了安全管理体系建设落地，树立了信通公司对职工安全与健康负责的良好形象，切实保障了广大员工的人身安全，对信通公司的经济效益和生产发展也具有长期的积极效应。在 750 千伏凤乌线破口接入青格达变等重大通信检修，国网二平面工程建设等重大通信建设，在规格最高、影响最大的"哈密—重庆 ±800 千伏特高压直流工程"开工动员大会通信保障任务中，获国调中心领导、国网信通公司各级领导和国网新疆电力调控中心各级领导的肯定。

（二）专业管控水平不断优化，电力通信检修管理水平显著提高

通过"1+5+6"电力通信检修作业标准化构建与实施，进一步健全信通公司安全体系，进一步完善安全生产责任制，进一步提升电网服务支撑能力。2023 年，信通公司通信系统开展通信检修 384 项，较去年同期增长 29.3%；执行电力通信工作票 847 张，检修计划合格率达到 100%，较去年同期分别增长了 5.63%；检修执行合格率达到 100%、通信业务运行率达到 100%、通信通道运行率均为 100%，通信业务保障率在国网支撑机构对标中达到 A 段。全年未发生八级及以上安全事件，实现通信专业"五个零"，实现"三杜绝、四防范"安全生产目标，为疆电外送、内供和新能源消纳提供了坚强的信息通信保障。

（三）有力支撑电网安全发展，切实提升本质安全水平

通过"1+5+6"电力通信检修作业标准化构建与实施，现场违章数量同比减少 79.3%，其中省信通公司及以上单位查处违章 0 起，同比减少 100%，信通公司"无违章员工"成功创建 293 人，"无违章班组"成功创建 47 个。信通公司安全目标指标体系评价在支撑单位中排名第一，其中反违章、党建＋安全生产、安全生产标准化、外包管理、安全投入等安全指标"一分未失"。截至 2023 年 12 月 31 日，信通公司实现长周期安全运行天数 3960 天，达到历史最好水平。

国有融资租赁公司"七维度"对标评价体系的创新与实践

创造单位：北京京能融资租赁有限公司
主创人：侯凯　李文
创造人：王力彪　张卓　李静　周岳阳　侯哲　蒋京瑜

【摘要】 在全球经济竞争激烈的大背景下，通过对标实现价值创造已成为国有企业迈向高质量发展的关键路径，是企业竞争的核心动力。本文阐述了对标管理在国有融资租赁公司中运用的基本思路，重点介绍了实施以"七维度"指标评价为核心的对标评价体系的实践经验及成效，为融资租赁行业实施对标管理提供借鉴与参考。

【关键词】 国有　融资租赁　对标评价　价值创造

一、实施背景

北京京能融资租赁有限公司（以下简称京能租赁）于 2011 年成立，是北京能源集团有限责任公司（以下简称京能集团）全资子公司，现有职工 51 人。公司主营业务是融资租赁业务，业务模式包括直接租赁、售后回租、经营性租赁等。截至 2023 年年末，公司资产规模突破 114 亿元，年营业收入 2.71 亿元，利润总额超 6000 万元。

自 2022 年起，京能租赁启动了对标管理提升项目，旨在通过对标管理和价值创造推动公司向一流企业看齐。在公司领导大力支持下，将对标理念融入日常经营管理中，对标管理工作取得显著成效。尽管如此，公司在对标评价领域仍面临着挑战和亟待解决的问题，尤其在如何科学地设置对标考核与评价方面。面对这些挑战，京能租赁不断自我审视，积极探寻如何进行对标评价：在范围上"评多广"，在内容上"评多细"，在维度上"评多深"，这些问题的探索与解答，将为我们构建更加精准和全面的对标评价体系提供关键指导。

（一）贯彻落实价值创造新发展理念的迫切需要

近年来，国务院国资委高度重视对标世界一流价值创造行动，在不同场合均提出要加快建设世界一流企业，为央国企开展对标管理提供了契机。

京能租赁以习近平新时代中国特色社会主义思想为指导，立足新发展阶段、新发展理念，深刻认识价值创造行动的重大意义，坚定建设成为能源领域国内先进融资租赁公司的总体思路，坚持目标导向与问题导向，以对标一流为抓手，把价值创造作为公司战略性任务，锚定"三强一扩"总体策略，在专业条线、风险管控、激励约束和运营规模等方面取得实质性成果，加快实现从数量规模型向质量型转变，从注重短期绩效向注重长期价值转变，从单一价值视角向整体价值理念转变。

（二）完善"五位一体"价值创造体系的必然要求

价值创造行动是一个系统工程，围绕效率效益相关指标树立正确的价值理念是基本前提。京能租赁建立了诊断体系、责任体系、执行体系、评价体系、保障体系的"五位一体"价值创造体系（见图 1）。

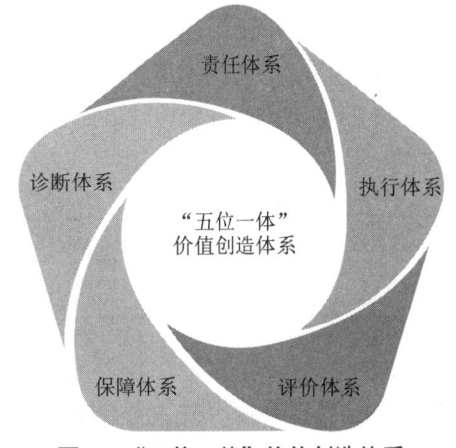

图 1　"五位一体"价值创造体系

诊断体系是科学识别公司生产经营过程中各领域各环节的价值创造的关键要素，找准短板弱项，制定针对性强的改进目标和工作举措。责任体系要求明确任务分工，提升跨层级、跨部门、跨业务的价值协同，确保责任到人、齐抓共管。执行体系是将价值创造任务目标分解为具体举措，持续健全制度机制、优化工作流程、提升管理水平，增强价值创造的落地落实能力。评价体系的要求是加强日常监督检查和动态评估评价，及时纠偏补漏，形成价值创造工作的闭环。保障体系旨在强化激励约束，综合运用多种手段，有效调动全员参与价值创造的积极性、主动性。

其中，评价体系是"五位一体"价值创造体系中重要的一环，更是确保整个体系高效运转和持续优化的核心驱动力。评价体系扮演着监督者和指导者的角色，通过科学、客观的评估方法，对公司的运营状况、管理效能及价值创造能力进行全方位的审视和诊断。

（三）激发公司实现价值创造的创新驱动

对标评价通过对公司各层级、各环节的绩效进行定期的检查和反馈，确保每一项决策和行动都能够与企业的长期发展战略和价值最大化目标保持一致。对标世界一流价值创造行动开展以来，京能租赁积极响应国务院国资委、北京市国资委及集团对标管理要求，结合自身迫切的发展需要，重点聚焦效率效益、创新驱动、国家战略落实、治理效能提升、可持续发展、共享共建等方面，围绕价值创造形成系统能力。及时调整对标对象，更新对标指标库，形成不断自我完善、追求卓越的内在动力。通过不断优化和创新对标评价体系，京能租赁正在不断激发内在潜力，形成了自我修正和持续进步的机制，不断从优秀向卓越迈进。

二、实施目的

国际及国内经济环境复杂严峻且充满挑战，融资租赁行业发展进入新阶段，面对新形势，国有融资租赁公司必须把价值创造融入公司治理的各个环节，持续完善"五位一体"价值创造体系，用好对标工具，切实将价值创造的提升转化为发展优势与竞争优势。

京能租赁构建对标评价体系，坚持瞄准行业先进企业，坚持突出重点，聚焦价值创造中体现质量效益效率的核心指标和要素，确保过程可检查、考核可量化。

三、实施过程

自2020年以来，地方国有重点企业逐渐开展对标世界一流价值创造行动，为深入剖析国有融资租赁公司对标世界一流企业的绩效表现，京能租赁构建了一套系统化、科学化的国有融资租赁公司对标评价体系。

（一）设计顶层架构

京能租赁对标评价体系采用的是自上到下构建的方式，将集团的对标考核指标向公司再向各部门延伸，逐渐拆解为N个评估指标。

京能租赁对标评价体系涉及四个层级：集团、公司、部门、岗位，即集团对公司考核、公司对部门考核、部门对岗位考核，将对标任务纵深层层下达，实现上下联动。

（二）成立组织机构

京能租赁成立以董事长、总经理双组长牵头的对标领导小组（以下简称领导小组），分管领导任副组长，各部门负责人担任小组成员。领导小组发挥"把方向、管大局、保落实"的领导作用，负责价值创造行动的组织领导和整体推进，统筹协调工作推进中的重大问题，确保价值创造行动各项举措有效执行、落到实处。

领导小组下设对标工作办公室（以下简称工作办公室）。工作办公室由对标管理主责部门牵头，主责部门负责人及相关人员组成工作办公室成员。工作办公室负责及时收集分析国务院国资委、京能集团关于开展对标世界一流企业价值创造相关政策和工作要求；制定公司价值创造行动实施方案和工作台账；做好与上级单位的沟通协调工作，指导并落实相关工作任务；定期组织各部门进行对标评价等。

工作办公室设置对标管理专职岗位，各部门设置对标工作联络员。对标工作联络员负责传达对标领导小组及工作办公室关于对标的工作部署，并负责督促、统计部门季度及年度对标任务的落实情况。

（三）开展差异考核

京能租赁对各部门的对标考核旨在充分调动全员的积极性与参与意识，使对标工作与日常经营管理相互渗透、相互促进。公司将对标工作测评与部门绩效考核相结合，对标工作是部门绩效考核的子项。京能租赁坚持分部门施策，在对各部门下发对标单项工作权重时，综合考虑各部门的职能定位及差异性，不搞"一刀切"，切实增强工作的针对性、有效性。

京能租赁合理划分各部门考核权重，根据其任务台账数量设定绩效考核中对标单项工作权重，如表1所示。

表1 部门绩效考核对标单项工作权重设置

任务台账数量	对标单项工作权重 / %
$\leqslant 5$	5
$5 < X \leqslant 10$	10
10个及以上	15

此外，京能租赁以绩效考核为抓手，建立由各部门和工作办公室共同评价的测评机制，其中部门自评权重占比50%，工作办公室评分权重占比50%，如表2所示。

表2 部门对标工作测评表

考核周期： 年 月 日— 年 月 日				
对标任务	成果和目标	完成情况	部门自评	工作办公室评分
小计				
合计				

工作办公室于每季度末结束前5日组织各部门开展对标工作测评，测评内容主要是任务台账完成情况。工作办公室统计、复核各部门对标任务完成情况并进行评分，一般于季度次月初出具对标评价报告、组织召开对标领导小组会议并披露各部门得分情况。领导小组负责审定各部门得分情况，审定后的得分落实在部门季度绩效考核中。

（四）设置专项奖励

京能租赁对标工作测评设置加分项，鼓励各部门进行主动对标，发现与优秀企业之间的差距，积极提出改进措施并付诸实施，给予加分奖励。

此外，京能租赁制定《专项奖励管理办法》，设定管理专项奖，对于在完善公司管理体系、经营机制、风险管控、组织建设等方面做出重要贡献的团队或个人进行奖励。

（五）完善指标体系

京能租赁不断探索"对标"与"业务"相互交融的途径，从组织体系、业务管理、融资管理、风险防范体系建设多角度剖析与业务融合方面的结合点和着力点。通过科学分析，京能租赁围绕"产品卓越、品牌卓著、治理现代、创新领先"四个一流标志为核心的"七维度"对标评价指标体系，包括规模增长、盈利能力、创新效能、卓越运营、资本运作、治理高效、品牌与影响力，如图2所示。在七个价值驱动维度上，又通过13项价值动因将28个核心指标有机结合串联起来，形成一个完整的对标评价指标体系，如表3所示。

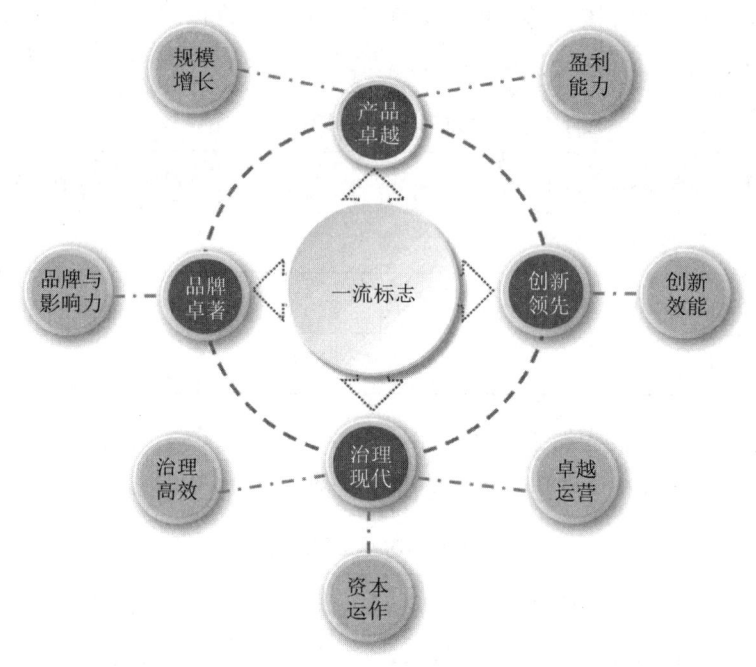

图2 京能租赁"七维度"对标评价指标体系

表3 京能租赁"七维度"对标评价指标

一流标志	价值驱动	价值动因	核心指标
产品卓越	规模增长	业务规模	资产总额
			绿色租赁资产规模
	盈利能力	利润贡献	营业利润率
			应收租息
创新领先	创新效能	商业创新	数字化经费投入占比
			集团、行业、北京市创新奖项

续表

一流标志	价值驱动	价值动因	核心指标
治理现代	卓越运营	资产效率	总资产增长率
		资金效率	营业现金比率
		人力效率	全员劳动生产率
			人力资本贡献率
			人工成本利润率
			管理人员竞争上岗比例
			管理人员退出比例
		法律风控	融资租赁不良资产率
			企业内部控制重大及重要缺陷数量
			境内重大法律诉讼案件数量
			境内重大法律诉讼案件涉案金额
			重大监管处罚数量
			重大监管处罚金额
	资本运作	资本保值增值	总资产收益率
			净资产收益率
			权益乘数
		资本结构	资产负债率
	治理高效	党的领导	党支部前置研究讨论重大经营管理事项占比
		文化建设	员工满意度
品牌卓著	品牌与影响力	品牌与责任	客户满意度
		影响力	能源企业融资租赁公司排名
			市属融资租赁公司排名

1. 产品卓越

从业务规模和利润贡献综合衡量产品卓越。从业务规模角度看，主要包括资产规模和绿色租赁资产规模。资产规模最直观地反映一个公司的融资业务规模，基于能源集团特色，公司创造性地加入绿色租赁资产规模这一指标，更好地彰显国有融资租赁公司特殊的功能定位，为国家"双碳"目标贡献融资租赁力量。ESG（Environmental，Social and Governance，环境、社会和公司治理）越来越多地成为众多公司的战略目标，国企融资租赁公司不应仅仅追求经济绩效，更应考虑环境责任、社会责任和公司治理等方面的因素，以实现公司的可持续发展。

从盈利能力角度看，聚焦营业利润率和应收租息两个指标。营业利润率是用来衡量公司从主营业务中获取利润的能力，营业利润率越高，说明公司在每单位营业收入中获得的利润越高，进而说明公司运营效率和营业能力较强。应收租息则指的是应向承租人收取的租金。通过营业利润率和应收租息可以衡量京能租赁在一定时期内的盈利水平。

2. 创新领先

创新包括商业模式创新、管理创新等维度，价值创造评价体系中创新主要指数字化经费投入占比及集团、行业、北京市创新奖项。创新领先指的是京能租赁在商业模式、服务方式、信息技术或者管理方法等方面具备新颖、独特且具有竞争力的创新，从而在市场中占据领先地位。数字化经费投入占比是衡量京能租赁数字化转型发展的重要指标，公司结合自身战略目标和业务需求合理规划数字化经费投入，以实现数字化转型长远目标赋能业务发展。集团、行业、北京市创新奖项包括多元化的创新，通过不断创新可以抓住新的商机，吸引更多的合作伙伴，在复杂多变的市场竞争中保持竞争优势。

3. 治理现代

治理现代将党的领导、文化建设、资本保值增值、资本结构、资产效率、资金效率、人力效率、法律风控纳入考虑范围。其中党的领导主要体现在党支部前置研究讨论重大经营管理事项占比。

文化建设主要体现在员工满意度。员工满意度是衡量员工对工作环境、公司文化、管理方式等方面满意程度的一个重要指标。资本保值增值聚焦总资产收益率、净资产收益率及权益乘数。总资产收益率和净资产收益都是衡量公司盈利能力的重要财务指标，它反映了公司利用资产产生净利润的效率，净资产收益率越高，说明公司利用资产产生利润的能力越强。净资产收益率反映公司利用股东资产产生净利润的效率，净资产收益率越高说明公司有良好的管理、有效的资本且具备竞争优势。权益乘数用来衡量公司使用财务杠杆的程度，反映了公司每单位股东权益所控制的资产数量。权益乘数越高，说明公司使用财务杠杆的程度越大，即公司借债对于自有资本的比例越高。这可以增加公司的盈利能力，同时也增加了财务风险。权益乘数是评估公司财务结构和风险承受能力的一个重要指标。通过分析权益乘数，管理层可以了解公司是否过度依赖债务融资，以及这种融资策略是否对公司的长期财务健康和盈利能力有正面或负面的影响。

资本结构主要以资产负债率衡量。资产负债率反映了京能租赁财务杠杆和偿债能力的财务指标，表示公司总负债占总资产的比例。资产负债率越高，说明公司的负债占资产的比例越大，财务杠杆越高，可能面临的财务风险较大。

资产效率主要通过总资产增长率体现。总资产增长率是衡量公司资产规模增长速度的财务指标，反映京能租赁在一定时期内总资产的增长情况，是分析公司扩张能力和资产增长潜力的重要指标之一。京能租赁近2年总资产增长率均超70%，公司在"三强一扩"对标总策略指导下，资产规模正加速增长。

资金效率主要以营业现金比率衡量。营业现金比率是一个衡量公司通过其主营业务活动产生现金流量的能力。京能租赁近2年营业现金比率超过75%，公司通过主营融资租赁业务活动产生的现金流正在稳步提高，偿债能力和财务稳定性越来越好。

人力效率主要通过全员劳动生产率、人力资本贡献率、人工成本利润率、管理人员竞争上岗比例及管理人员退出比例。全员劳动生产率、人力资本贡献率、人工成本利润率都是用来衡量公司人员效率的重要指标，反映员工对公司价值创造的贡献程度。管理人员竞争上岗比例及管理人员退出比例是国企改革中人事改革的重要内容，旨在通过市场化的用工制度提升公司的组织效能、竞争力。

法律风控方面的指标主要是融资租赁不良资产率、京能租赁内部控制重大及重要缺陷数量、境内重大法律诉讼案件数量、境内重大法律诉讼案件涉案金额、重大监管处罚数量及重大监管处罚金额。

4. 品牌卓著

品牌显著指的是某个品牌在客户心中具有很高的认知度和辨识度，有助于帮助公司建立竞争优势，吸引客户，提高市场份额。品牌卓著主要体现在客户满意度、能源企业融资租赁公司排名、市属融资租赁公司排名。客户满意度是衡量承租人对公司服务满意程度的一个指标，通过了解承租人的需求和期望，以便公司不断改进融资租赁服务，提高"京能租赁"品牌声誉。能源企业融资租赁公司排名和市属融资租赁公司排名，主要是根据京能租赁的产业背景定位和在北京市属融资租赁公司的排名衡量公司的综合品牌水平。

国有融资租赁公司价值创造评价指标体系目前共28个定量指标，指标实行动态调整，根据国务院国资委最新政策及公司发展的实际情况定期优化。

京能租赁根据国务院国资委对中央企业提出的"一利五率"及价值创造核心指标，选出7个引领性关键指标。根据公司"十四五"规划、同行业先进水平及集团公司绩效考核要求，提出目标建议区间，原则是把握稳中求进的总基调，到2025年完成体现公司价值创造能力提升的奋斗目标。

7个引领性关键指标是公司前行路上的"仪表盘"，公司保持日常关注，若发现异常，及时分析原因并进行干预。此外，公司年度编制对标关键核心指标（见图3）评价报告，深入剖析公司与头部融资租赁间的差距。

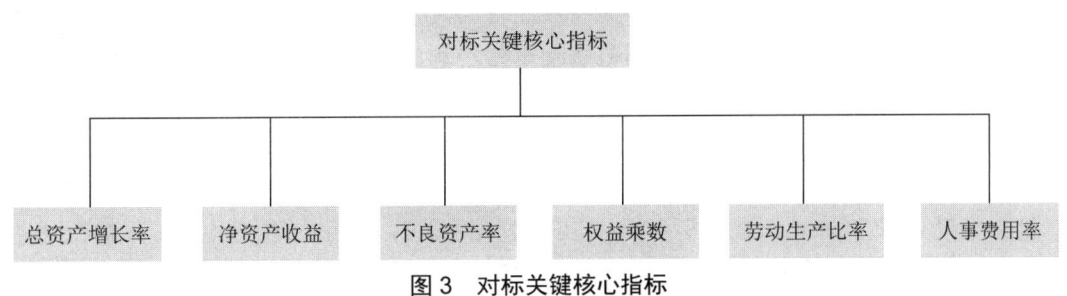

```
                        对标关键核心指标
    ┌──────┬──────┬──────┬──────┬──────┬──────┐
 总资产   净资产  不良资  权益   劳动生  人事费
 增长率   收益    产率   乘数   产比率  用率
```

图3　对标关键核心指标

在数据来源方面，京能租赁采用多元化渠道获取同行业财务数据及经营指标，包括公开披露的年度审计报告、债券募集说明书、各家公司官媒等。同时也采用"走出去"与"引进来"相结合的方式与同行业进行交流。在数据标准方面，涉及敏感指标，采用国务院国资委与第三方专业咨询机构评价标准综合评判。

对标关键核心指标构成了价值创造的基石，是推动公司价值增长的引擎。这些指标都可细分为经营管理的具体行动点。通过构建国有融资租赁公司的对标评价指标体系，为后续价值创造活动提供了数据参考和行动指南。国有融资租赁公司在追求自身价值最大化的同时，更肩负着重要使命——促进其所在的集团乃至整个国有资本体系的价值增长。这一使命要求我们不仅要关注单一指标的表现，而且要着眼于整个价值的优化和协同，确保每一项业务决策和管理实践都能够为实现更广泛的价值目标做出贡献。

（六）数字化赋能

1.对标任务实现线上化

对标任务与信息化技术深度融合，目前已实现任务台账一站式管理。对标管理日常任务及考核全部固化在OA（Office Automation，办公自动化）系统中，各项任务责任人定期上传支撑材料及证明文件，工作办公室通过系统督促、检查、评价各项任务完成情况。通过对标线上化管理，任务负责人、工作办公室及领导小组可实时了解各部门对标任务的进展及评价情况。

2.任务调整体现灵活性

工作办公室在年初建立年度对标任务台账，各部门根据实际工作情况，将年度对标任务细化分解为季度任务，并设置可衡量、可考核的任务目标。季度对标任务台账根据各项任务推进的实际情况可进行动态调整，对标任务调整单经过申请部门、相关部门（如涉及）、申请部门主管领导、总经理及董事长审批后，对标任务调整信息知会对标管理岗专责人员，申请流程结束，申请部门自行调整相关的对标任务。该举措的实施，增强了在年度总体目标指引下实际工作的灵活性。

四、主要创新点

对标世界一流价值创造行动正逐渐获得企业界的广泛认可和实践。然而，尽管这一行动本身受到推崇，如何构建一个形成闭环的评价体系却仍处于探索阶段，尚未形成普遍共识。面对这一挑战，京能租赁立足自身实际，积极推动全员参与、全过程考核，对价值创造评价体系进行了深入探索。致力于通过这一创新实践，为国有资本发展和融资租赁行业的整体进步贡献新的力量。这一评价体系不仅响应了时代的呼声，更将对标理念深植于公司的日常经营管理之中，确保其落地生根。

相对于更关注经营业绩的传统对标评价体系，京能租赁所构建的对标评价体系，则采取了更为全面和综合的方法，将公司对标评价与多领域软实力相结合。京能租赁对标评价体系创新主要体现在以下四个方面。

一是构建了"七维度"评价体系。京能租赁跳出传统思维，实施了多维度的对标评价，将考核对标与管理工作相融合，促进了全公司范围内的共识，构建了相融相促的一体化对标评价体系。

二是设置了差异化对标任务。京能租赁根据各部门的特点和需求，制定了差异化的对标任务及权重分配，确保评价体系既有重点又全面，分阶段推进。

三是建立了动态调整机制。在对标任务的实施过程中，京能租赁允许根据实际情况进行灵活调整，确保对标评价体系具有敏感性，能够及时响应外部环境和内部需求的变化。

四是实现了线上化管理。京能租赁充分利用信息化手段为对标评价体系赋能，实现了所有评价工作的线上管理，确保了对各项对标任务进展的实时监控和有效控制。

通过这些创新措施，京能租赁的对标评价体系不仅提升了公司在经营管理上的深度和广度，也为整个融资租赁行业在加快建设一流企业的创新和发展方面树立了新的参考示范。

五、实施效果

京能租赁锚定各指标目标建议区间，发挥组织优势，凝聚发展合力，价值创造体系进一步完善，做强做优做大国有资本，为融资租赁行业发展、国有资本市场发展、服务实体经济做出新的更大的贡献。

（一）价值创造评价能力迈上新台阶

京能租赁价值创造体系聚焦重点领域、关键环节、核心要素，把体系能力建设作为重点任务和关键内容，结合公司实际，制定科学合理、精准高效的评价体系，确保价值创造行动取得实效。

对标无止境，通过科学规范的对标评价体系夯实了公司价值创造的长效机制，确保价值创造行动的有效落地落实，有利于进一步学习借鉴标杆企业先进的管理模式，创新商业模式，推动公司在速度、质量和效率上的全面提升。这一评价体系，进一步激发了公司追求卓越的精神，鼓励我们主动发现寻找并缩小与行业领先者之间的差距。

（二）经营业绩实现新突破

自京能租赁实施对标管理以来，公司稳中向好、稳中求质的发展态势更加巩固。2023年年末，公司资产规模首次突破100亿元，总资产增长率超70%，净资产收益率提升了2个百分点，融资租赁业务投放超60亿元，支持制造业企业超200余家。各项重要经济指标稳中求进，综合实力明显增强，公司发展速度明显增快。京能租赁通过对标评价体系引导鼓励全员对标，公司在业务发展、融资管理、租后管理、风险管控及组织管理等方面，均取得显著成绩。

（三）行业影响能力取得新提升

京能租赁紧跟政策导向，不断优化价值创造核心指标。着眼于公司实际情况，构建的对标评价体系助力公司在对标世界一流价值创造行动中高标准地完成。京能租赁以开放的心态与行业领先融资租赁公司进行对话，勇于直面挑战，汲取优秀的同业先进经验。

京能租赁的对标评价体系使考核更有效、执行更有力,价值创造活力动力不断增强,能力水平显著提升,价值创造能力理念深入人心。通过对标一流价值创造行动,京能租赁的角色逐渐从"我要对标"向"要我对标"转变,从"我去调研"到"我被访谈"转变,从"跟随者"向"引领者"转变,从"跟跑者"向"领跑者"转变。对标一流价值创造体系逐渐成为京能租赁的新名片。

六、下一步规划与探讨

(一)增加跨行业多元化对标元素

京能租赁遵循国务院国资委及京能集团关于对标世界一流价值创造行动的指导文件,结合公司实际情况,将定性与定量评价融合,将考核对标与管理对标融合,建立了具有国企及融资租赁行业特色的对标价值创造评价体系。实践证明这一体系不仅体现了国有企业的特色,也融入了融资租赁的实际需求。展望未来,京能租赁计划进一步丰富和完善这一评价体系,引入跨行业对标评价元素。加入跨行业对标评价元素,将为公司提供全新视角和解决方案,有助于破解制约公司发展的"瓶颈"问题,推动公司在价值创造的道路上实现质的飞跃。

(二)构建对标价值创造数字化平台

为深化对行业发展的理解并优化决策过程,京能租赁在集团统筹安排下,将进一步利用数字化技术,构建一个先进的对标价值创造数字化平台。对标价值创造数字化平台将实现标杆企业的经营数据自动化抓取、梳理对比、实时监控等,为公司战略规划、业务发展策略、融资管理及领导决策等提供有力的数据支持。

对标管理是当前国有企业实现价值创造的重要举措。对标价值创造体系为京能租赁加快建设成为一流企业和助力集团实体产业发展提供坚实支撑,使公司和集团在激烈的市场竞争中保持领先地位。京能租赁在开展对标管理工作中积累了很多实践经验,本文系统阐述了京能租赁通过对标评价实现对标管理体系闭环的做法,以期为同业实施对标管理提供可借鉴的思路。

以数据要素驱动的智能财务管理实践

创造单位：中国海洋石油集团有限公司财务共享服务中心
主创人：曹玮　陈儒　应洁　张默
创造人：沙桐　贾雪宁　卢苗　张沛然

【摘要】 在数字经济时代，数据要素作为新型生产要素，是推动经济社会发展的重要引擎。中国海洋石油集团有限公司财务共享服务中心（以下简称中国海油财务共享服务中心）坚持以创新为引领，以数字技术为支撑，建立以数据驱动的智能财务管理模式，从"数据贯通、机制保障、队伍建设、场景实践"四个维度出发，建设敏捷高效的数据应用体系，以"揭榜挂帅"方式开展数据应用课题研究，打造融"培训、实践、评价"于一体的数据人才培养模式，最终形成以"财务会计智能化、管理会计智能化、业务支持智能化、决策支持智能化"为核心的数据服务体系，有效提升财务体系的提质增效能力、业财融合能力、风险控制能力、决策支持能力和价值创造能力，以智能财务推动企业全面数字化转型，加快培育新质生产力。

【关键词】 数据驱动　智能财务　数字化转型　业财融合

一、实施背景

中国海油是中国最大的海上油气生产运营商，主要业务板块包括油气勘探开发、专业技术服务、炼化与销售、天然气及发电、金融服务等，在 2024 年《财富》世界 500 强中排名第 56 位，连续 20 年获评国务院国资委中央企业经营业绩考核 A 级。中国海油财务共享服务中心共承接全球近 400 个公司代码的财务业务，服务全集团近 9 万名员工，有力地支撑了集团的稳健运营。中国海油业务板块与中国海油财务共享服务中心的关系如图 1 所示。

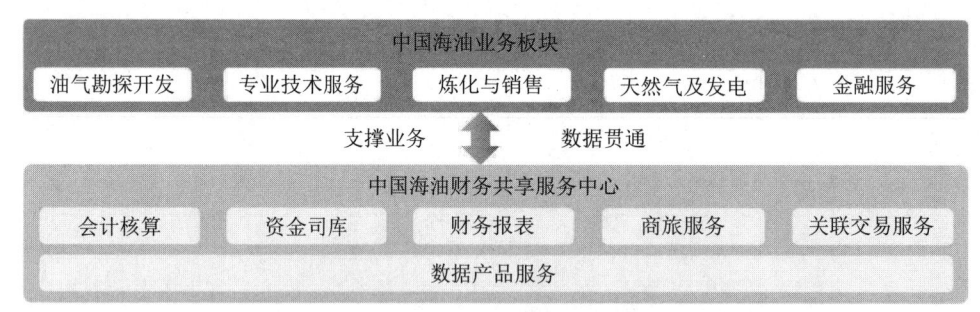

图 1　中国海油业务板块与中国海油财务共享服务中心的关系

（一）发展数字经济、推进数字化转型的时代要求

《"十四五"数字经济发展规划》明确指出，数据要素是数字经济深化发展的核心引擎，要坚持应用牵引、数据赋能，充分释放数据要素价值。《"数据要素×"三年行动计划（2024—2026 年）》提出，要发挥数据要素乘数效应，促进数据多场景应用、多主体复用，培育经济发展新动能。中国海油深入贯彻落实党中央、国务院关于发展数字经济的决策部署，扎实推进数字化转型、智能化发展，将智能化管理融入集团公司"1534"总体发展思路，力求实现从传统管理模式向现代化、数字化、智能化的跨越。财务管理是企业管理的中枢，串联企业全价值链，具有天然的"数据仓库"属性，要以数据流促进生产、经营、销售、管理各个环节的贯通，以智能财务推动企业全面数字化转型，加速企业

释放数智新动能、打造新质生产力。

（二）建设世界一流财务管理体系的内在诉求

国务院国资委发布《关于中央企业加快建设世界一流财务管理体系的指导意见》，要求中央企业着力推进财务管理变革，主动运用大数据、人工智能、移动互联网、云计算、区块链等新技术，推动财务管理从信息化向数字化、智能化转型，完善智能前瞻的财务数智体系。中国海油全面落实国务院国资委工作部署，制定《中国海油建设世界一流财务管理体系实施方案》，指出将以财务数智化转型为核心，以数字技术作为关键驱动力量，推动数字技术与财务管理深度融合，支撑财务管理职能落地。在一流财务体系建设的大趋势下，"智能化"成为财务管理转型的主要方向，智能财务以数字技术为基础，以数据驱动为核心，注重业财融合与价值创造，更加突出财务管理支撑战略、支持决策、服务业务、创造价值、防控风险的功能作用，是对传统财务职能边界的扩展和工作方式的颠覆。

（三）财务共享服务模式升级拓维的实际需求

为加快中国海油财务管理向战略财务、业务财务和共享财务"三位一体"管理模式迈进，中国海油于2018年启动财务共享建设工作，在六年的发展历程中，中国海油财务共享服务中心立足于"财务服务支持中心、标准规范推动中心、财务人才培养中心、数据价值实现中心"四个中心的职能定位，坚持以"极致标准化"为引领，形成以"会计标准化、流程标准化、操作标准化、数据标准化"为核心的极致标准化体系，建设以报账系统、运营系统、关联交易系统、商旅系统等为核心的财务云系统，自主开发1800余个机器人流程自动化（Robotic Process Automation，RPA）以实现财务单据自动处理，顺利完成境内外财务核算、结算、报表业务的承接。企业数字化转型应遵循标准化、信息化、数字化、智能化的发展路径，目前，中国海油财务共享服务中心已建立较为坚实的标准化和信息化基础，初步实现业务数字化，具备了建立智能财务管理模式、推进数字业务化的条件，共享服务模式亟待升级拓维。因此，应全面统筹数据资源，利用大数据技术深入挖掘数据价值，建设敏捷高效的数据应用体系，以数据价值驱动企业经营管理决策，推动"核算型财务"向"决策支持型财务"转型升级，推动中国海油财务共享服务中心向数据价值实现中心演进。

二、实施目的

建设数据要素驱动的智能财务管理模式主要目的：提升会计信息质量，加强财会监督工作；提高财务工作效率，推进降本提质增效；激发数据要素潜能，实现财务价值创造。

三、实施过程

中国海油财务共享服务中心坚持以创新为引领，以需求为牵引，以数字技术为支撑，遵循数据驱动的基本原则，以实现智能财务为目标，从"数据贯通、机制保障、队伍建设、场景实践"四个维度出发，汇聚内外部数据资源，建设敏捷高效的数据应用体系，以"揭榜挂帅"方式开展数据应用课题研究，打造融"培训、实践、评价"于一体的数据人才培养模式，最终形成了以"财务会计智能化、管理会计智能化、业务支持智能化、决策支持智能化"为核心的数据服务体系，真正实现了从"流程驱动"向"数据驱动"的转变。

（一）数据贯通，建设数据应用体系

中国海油财务共享服务中心通过一系列技术手段和管理策略，整合和管理数据的采集、存储、处理和应用等环节，形成了一套高效、稳定、安全的数据应用体系。在数据采集与整合方面，采用系统集成和"外挂式"RPA相结合的方式实现数据贯通，财务云系统已实现与24个业财系统之间的集成，有效促成多源数据的融合统一，"外挂式"RPA擅长处理跨系统交互与数据交换，以灵活敏捷的方式打通了数据采集的"最后一公里"。在数据存储方面，搭建专用的可视化数据库作为企业级数据仓库，采用ETL（Extract-Transform-Load，抽取、转换、加载）技术实现数据流的精准控制，实现多源数据的集中存储和管理。在数据处理与挖掘方面，基于统一的集团人工智能（Artificial Intelligence，AI）平台和灵活的个人终端，实现高效自动化的数据清洗，充分运用统计学、机器学习、深度学习等技术开发智能分析与预测模型，探查数据中潜在的模式与趋势。在数据应用方面，依托可视化大屏、数据报告、API接口、可执行程序等载体推出数据服务产品，基于集团商业智能（Business Intelligence，BI）平台开发可视化大屏，利用Python生成批量化财务报告，部署可执行程序解决用户个性化需求。该数据应用体系具有三个显著特点：一是运用RPA、Python等工具打通流程和数据断点，真正实现数据处理全流程的自动化；二是坚持"以用促治，治用并举"的数据治理理念，以数据质量提升倒逼管理和流程的优化；三是采用敏捷部署的模式推行轻量级小工具，提供定制化、个性化的数据服务。

（二）机制保障，构建"揭榜挂帅"课题管理机制

中国海油财务共享服务中心把握数字经济发展趋势，坚定不移走科技创新和高质量发展之路，坚持自主研发以保持技术创新优势，以"揭榜挂帅"形式开展数据应用课题研究，以解决问题为导向，聚焦经营管理中的痛点、难点、堵点设立课题，通过发布《数据应用课题"揭榜挂帅"管理细则》进一步明确"张榜、揭榜、竞榜、定榜"的规则与流程，建立"阶段性审查、周期性验收、长期性运营"的课题管理机制，并基于集团低代码平台实现了课题管理的全面线上化，采用"研用产营"（研究—试用—量产—运营）的渐进式课题推广策略，不断推进"揭榜挂帅"机制迭代升级。自2022年以来，"揭榜挂帅"课题管理机制已稳步运行三年，技术工具从单一化向全面化发展，数据服务从散点式向体系化迈进，累计立题85个，通过验收进入运营期的课题40个，共有200余人参与课题研究，极大地激发了团队的创新活力，形成了一大批具有示范效应的数据应用案例，真正实现了以数据价值赋能财务管理及经营决策。

（三）队伍建设，打造全闭环数据人才培养模式

在财务数字化转型的背景下，企业亟须兼具财务能力与数字化能力的复合型人才，打造一支数智化财务铁军是实现智能财务的必由之路。中国海油财务共享服务中心坚持人才引领发展的战略地位，打造集"培训、实践、评价"于一体的全闭环数据人才培养模式。一是加强人才培训，促进知识积累。通过组织多层次的数字化知识与技能培训、深入基层开展数字化技术宣讲、依托内外部课堂平台开发数字化课程等方式，不断增强数据团队的数字化能力。二是搭建实践平台，挖掘数据价值。以数据类项目和数据应用课题为核心，以内外部数据类比赛为辅助，以干促学、比赛促学，在实践中提升数据团队对数字化技术的认识。三是推动人才评价，实现精准识人。创造性地建立了以技术能力和应用价值为导向的数据人才综合评价体系，以健全的指标体系和科学的分析研判方法，切实提高识人辨人的精准度，并实现了从分数申请到构建人才画像全流程的自动化管理。截至2023年年底，中国海油财务共享中心共有409人通过数据人才认证，整体数字化人才占比已接近50%，为中心建设数据价值实现中心奠定了坚实的人才基础。

（四）场景实践，建设数据服务体系

中国海油财务共享服务中心以业务和管理需求为牵引，不断拓展数字技术的应用场景，形成了以"财务会计智能化、管理会计智能化、业务支持智能化、决策支持智能化"为核心的数据服务体系（见图2）。

1. 财务会计智能化

通过研发光学字符识别（Optical Character Recognition，OCR）和自然语言处理（Natural Language Processing，NLP）算法实现智能单据审核，可自动识别非结构化文档中的稽核要点，查准率高达99.9%，极大地提升单据审核质效。在财务共享单据审核场景中，财务人员需要人工校验报账单和其附件（收入确认单、发票、合同等文档）中的稽核要素，人工审核效率较低且准确率无法保证。为解决

该问题，财务共享自主研发 OCR、NLP 算法来实现对附件文档的智能识别与处理，并利用 RPA 串联数据采集、智能识别、数据校验三个环节，实现了单据审核的全流程自动化，如图 3 所示。经验证，该智能审核工具的查准率高达 99.9%，其应用显著提升了单据审核效率，相关部门单据处理自动化率提升约 1.9%，有效缓解员工工作负荷。为保障算法识别的准确率、可靠性和安全性，数据团队制定了一系列风险控制措施，包括加强数据预处理、多模型集成、构建异常情况预警机制等，有效控制了预测误差风险，为智能技术在财务领域的应用探索了可行路径。

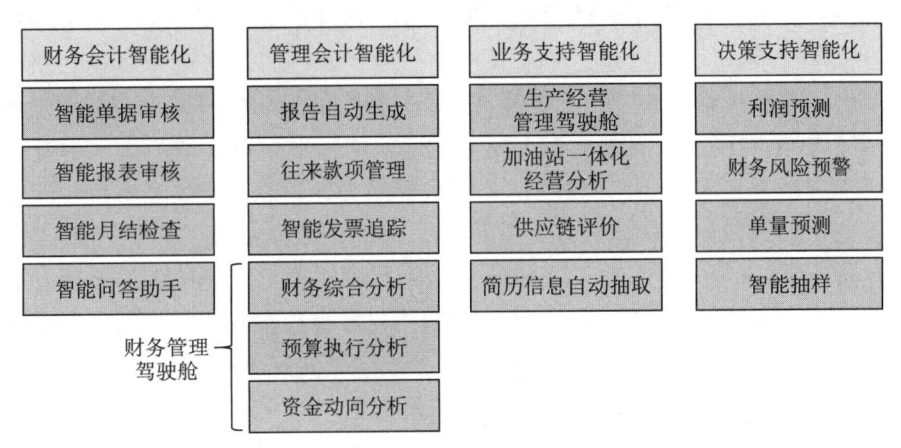

图 2 数据服务体系

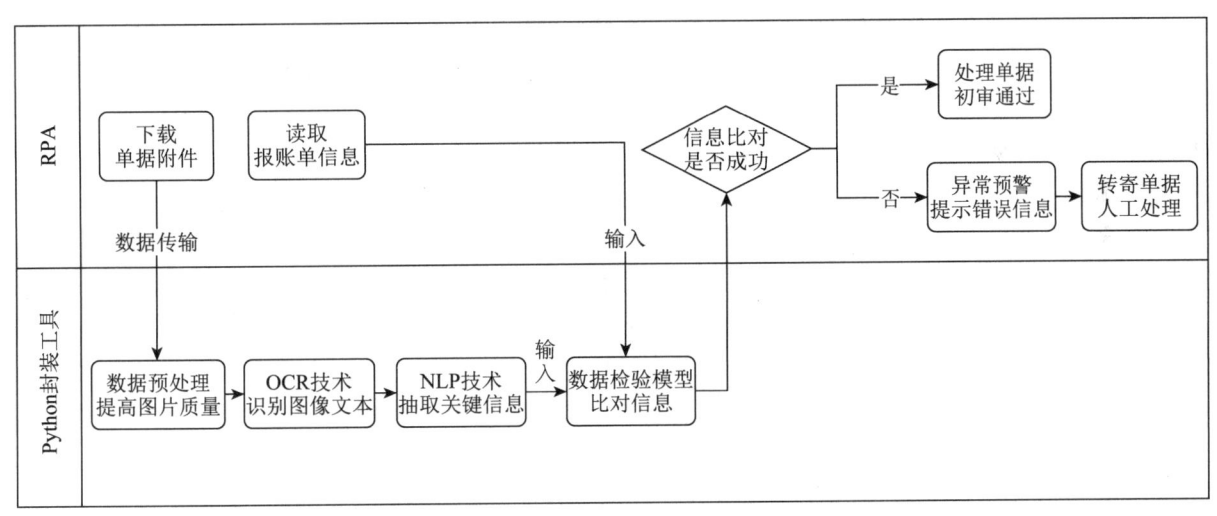

图 3 智能单据审核的流程图

基于 Python 数据清洗技术与异常检测算法实现智能报表审核，可实现久其报表的一键式批量化审核与问题预警，推动财会监督提质增效。财务报表是企业经营情况的重要展示窗口，其数据质量直接影响到企业管理层的决策制定和外部利益相关方的判断。为确保报表数据的准确性和合理性，财务人员常常需要对数据进行多轮稽核与验证，由于报表间勾稽关系复杂，人工审核耗时耗力。为解决该问题，财务共享基于 Python 开发智能报表审核工具，可一键式生成待稽核报表的审查结果清单，支持批量化操作与穿透式查询，可从清单中的问题项直接链接到对应的报表单元格，方便用户查看和分析问题来源，从而进行及时的更正或深入的调查，在实际应用中，该工具极大地提升了报表审核效率和会计信息质量。此外，还通过异常检测方法对关键财务指标进行了合理性分析，帮助企业及时发现潜在风险与问题，切实发挥财会监督职能。

利用Python数据清洗技术实现智能月结检查，显著提升了月结效率及会计信息的准确性、合规性。财务月结是指企业在月末对财务数据进行汇总、核对、调整和整理，为制作月度财务报表做准备的过程，是财务管理中极为关键的环节。月结期间，财务人员需要对大量财务数据进行整理与核对，在时间紧、任务重的情况下，常常面临巨大压力和挑战。为解决该问题，财务共享基于Python开发智能月结检查工具，该工具将月结流程与核对规则库固化在代码中，以财务系统中的原始数据为输入，以月结检查结果清单为输出，将数小时的检查时间压缩至几秒，极大地减轻员工工作负担，为月结效率带来实质性改进。在技术层面，搭建了一套灵活高效的代码框架，通过解耦设计使校验规则"即插即用"，具备高度可复用性与兼容性，便于实现"一企一策"的定制化开发。在应用层面，创新性地设置"红绿灯"预警机制，实现了从问题穿透至财务凭证层的精准定位功能，大大提升问题响应速度与处理精度，由此形成了一张财务质量"监控网"，有效促成会计信息质量的全方位、深层次提升。

基于AI大模型和报销知识库构建智能问答助手，可提供准确高效的报销知识查询服务，大大缩短问题响应时间，解放财务人员生产力。以ChatGPT为代表的人工智能技术的迅速发展，为许多领域带来了范式变革与颠覆性创新，如何利用AI大模型重构财务管理模式、推进智能财务建设成为热门议题。中国海油财务共享中心紧抓时代机遇，基于通用大模型构建专用于报销场景的智能问答助手，通过搭建报销知识库，综合通用大模型的泛化能力与向量数据库的文本检索功能优势，实现了报销知识的快速查询、解答、溯源与总结，问答准确率可达到85%以上，相较人工客服，问题响应速度大大提升，间接提高了报销场景的单据处理时效，解放了财务人员的生产力，具有很强的应用价值与广阔的推广前景。在技术层面，设计问答助手调优迭代流程，使用RPA自动测试与反馈模型效果，有效提高开发效率、降低开发成本，是RPA自动化技术和大模型智能化技术相结合的率先实践。

2. 管理会计智能化

运用Python数据清洗技术及其文档编辑功能实现报告自动生成，具备一键式批量化生成管理报告的功能，显著提升报告编制速度。企业管理报告是指企业在一定时期内对经营管理情况进行总结分析的综合性文书，旨在向管理层决策提供科学依据，是重要的管理工具。经营管理情况常常需要以数据尤其是财务数据作为支撑，因此，报告编制往往涉及大量数据整理与分析工作，人工制作耗时较长且容易出错。为应对这一问题，财务共享基于Python开发报告自动生成工具，该工具借助Python强大的数据处理能力和便捷的文档编辑功能，实现了从数据抓取、清洗、分析及形成报告的全流程自动化，通过与企业ERP系统对接，实现数据同步与更新，确保报告的时效性和准确性。该工具上线后，广泛应用于财务管理报告、经营管理报告、业绩管理报告等领域，显著提升报告编制速度与准确性，将原本数天的编制周期缩短至几秒，极大地降低人力成本，增强了企业的管理效能。

通过Python数据清洗技术和BI平台开发往来管理可视化大屏，助力企业清理往来款项，提升管理透明度与风险管控能力。往来款项是企业在经营活动中形成的债权债务关系，主要包括应收/应付账款、预收/预付账款、合同资产/负债等。往来款项直接影响着企业资金运作和风险管控，因此，加强往来款项管理具有重要意义。财务共享以数字化手段赋能集团往来款项管理，设计高效算法实现全集团千万级往来账目的处理，基于BI平台开发往来管理可视化大屏，聚焦客商维度和账龄维度，直观展示每家单位未清理款项的整体情况，通过明细数据钻取帮助各单位清晰追踪未清款具体信息，推动各单位及时清理长账龄无动态款项，增强合同往来收付款期限管理，优化往来结构，降低坏账风险，及时清欠中小企业款项、减少逾期风险，提升资金使用效率。可视化大屏的上线推动往来管理工作由手工账务整理向全面自动、即时可见、层层穿透的线上化模式转变，以数字技术助力企业实现降本提质增效。

运用 VBA（Visual Basic for Applications）技术比对税务系统数据与报账系统发票数据实现智能发票追踪，帮助企业及时跟踪未提报发票，实现开票/用票风险的前置和主动管控。发票是会计核算的原始凭证，将发票及时入账可以确保财务记录的准确性和完整性，避免潜在的合规和税务风险。因此，企业应重视发票管理工作，采取有效措施确保发票的规范开具、及时入账与归档。财务共享利用 VBA 技术开发智能发票追踪工具，通过比对税务系统数据与报账系统发票数据的一致性，帮助企业及时跟踪未提报的增值税发票，监控发票流转状态，预防发票遗失，避免税务风险，提高财务报表的准确性和可靠性，增强企业信誉与合法权益。同时，通过让供应商在发票中备注合同号的方式，创造性地以合同号为线索串联起"供应商开票、购方接收发票、发票提单审批、做账、资金付款"的整个流程，实现发票全生命周期的监控与管理，有效促进资金运作与管理，有助于推进拖欠账款的清理。

基于 BI 平台搭建企业财务管理驾驶舱，可实现对资产负债、收入成本、预算执行、资金动向的实时展示和追根溯源。管理驾驶舱是一个集成的信息平台，可以整合、分析和显示各种来源的数据，通过动态的交互式视图为管理层的经营决策提供有力支持。为加强精益化财务管理，提升财会监督效能，财务共享基于 BI 平台开发财务管理驾驶舱，以财务综合分析、预算执行分析、资金动向分析三大主题为核心，以丰富多样的图表直观全面地展现了企业的财务状况。财务综合分析大屏主要包括资产负债、经营成果、考核指标等信息，同时可链接到关于固定资产、使用权资产、合同及收款情况的子屏，真正做到了"一屏展经营全貌"；预算执行分析大屏主要包括预算整体执行情况、重点指标执行情况和资本性支出计划完成情况，帮助管理层及时跟进预算执行进度；资金动向分析大屏主要包括总览指标、资金计划和流向分析，可从资金端穿透到成本费用端，帮助管理层直观了解资金动向。财务管理驾驶舱具有三个创新之处：一是支持"钻取式"查询，可实现对指标的逐层细化与深化分析，比如可以从收入费用指标穿透至项目订单层级的明细信息；二是以 BI 平台为中介整合多源数据，实现了财务与业务的深度融合，例如，在收入合同模块，能从收款情况连接到合同的签订详情与主体信息，在使用权资产模块，能从财务核算数据连接到使用权资产的使用面积、期限等业务信息；三是功能齐全，可根据预设的阈值对指标变动进行预警提醒，通过数据线上化填报功能规范数据口径、实现数出同源，能根据管理需求基于大屏自动生成各类管理报告。财务管理驾驶舱的应用增强了企业的财务透明度与管理效能，是管理层决策的重要辅助工具，为企业可持续发展提供了强有力支撑。

3. 业务支持智能化

通过整合业务数据与财务数据搭建生产经营管理驾驶舱，可直观展现生产经营状况及其与财务指标间的依赖关系，极大地提升业财一体化管理能力。对于从事勘探、开发、生产的上游石油公司而言，精准控制成本是保持竞争优势的关键，然而，生产经营数据与财务数据之间常常存在壁垒，数据价值难以实现共享与发挥。为解决该问题，财务共享基于 BI 平台开发生产经营管理驾驶舱，利用 RPA 采集和汇聚来自不同系统的数据，结合业务专家经验设计了一套科学、完整、精细的指标体系，并通过指标拆解识别生产经营指标与财务指标之间的逻辑关系，实现了业财的融合与统一。生产经营管理驾驶舱具有"1 总 13 分"的结构，主屏直观呈现了管理者重点关注的各类指标概览，同时提供文字总结方便管理层快速获取信息，在主屏中可点击任意页签进行数据钻取与联动，例如，可钻取至经营指标明细大屏，观察不同作业单元的桶油五项成本及其利润贡献度，为作业资源的调配提供数据参考，达到高效辅助管理决策的作用。

基于业财融合的运营模式实现加油站业务一体化经营分析，为精细化运营管理、精准化客户营销提供数据支撑。对于下游销售公司来说，高质量的运营管理是确保企业高效运作和持续盈利的关键，而运营管理往往离不开对经营情况的深入分析。财务共享全面整合销售数据和财务数据，搭建经营指标与财务指标之间的桥梁，实现了对加油站业务的一体化经营分析，一方面开发可视化大屏，全面展示加油站的整体经营情况和财务状况，内容涵盖产品销量、成本、售价及量利平衡分析；另一方面提供定制化分析报告，为销售公司和加油站这两类关键用户制作有针对性的数字化经营分析报告，侧重对重点问题的深入研究与趋势性预测。加油站业务一体化经营分析的实现，使运营管理更加精细化、客户营销更加精准化、经营决策更加科学化，这种用数据驱动决策的运营模式可以增强企业面对外部变化时的灵活响应能力，助力企业实现可持续发展。

利用大数据技术构建供应链评价模型，从供应商集中度、依赖度等维度评估供应链风险，助力企业规避供应商风险、提升议价能力。控制供应商风险是供应链管理中的重要环节，企业应建立稳定的供应商关系、多元化供应来源、定期评估供应商风险，以保障供应链的稳定运行。财务共享利用大数据技术构建多维度的供应链评价模型，从供应链集中度、供应商影响力、供应商依赖度三个维度评估供应链安全性。供应链集中度是指一家企业的前几名供应商的采购额占采购总额的比例，集中度过高会给企业带来风险，因为一旦供应商出现异常，很容易造成供应链断裂。通过计算企业的供应链集中度，对集中度过高的单位或部门进行预警提示，帮助企业规避风险。供应商影响力是指某家供应商在企业采购体系中的重要程度，通过构建影响力评估的乘法模型，从采购总额、覆盖度等7个维度对供应商影响力进行全面系统的评估，提示采购部门重点关注影响力高的供应商，必要时可通过统一采购来增强议价能力，降低整体成本。供应商依赖度是指某家供应商在企业的销售总额占该供应商年营业收入额的比例，对企业依赖度过高的供应商可能存在经营不善等问题，需重点考察其资信情况和经营状态。通过计算企业各供应商的依赖度，对依赖度过高的供应商进行重点关注与调查，帮助企业提前规避风险。供应链评价模型为企业采购部门的决策制定提供了科学依据，降低了供应链风险和采购成本。

通过研发 OCR 和信息抽取算法实现简历信息自动抽取，可从大批量简历中自动提取、梳理关键信息，极大地提升人力工作效率。在招聘场景中，人力资源常常需要从大量简历中提取关键字段（例如姓名、年龄、学历、专业等）并进行汇总，以便更高效地进行候选人筛选和比较，然而，从海量简历中手工摘取关键信息耗时耗力且效率低下。为解决此问题，财务共享利用 OCR 和 NLP 信息抽取技术开发了简历信息自动抽取工具，可以从简历文件中自动提取关键字段并整理为表格，并根据选人标准自动推荐合适的候选人，该工具支持批量化操作，兼容多种文件类型，人力资源可根据需求自定义目标字段和选人标准，具备很强的交互性、灵活性和扩展性。简历信息抽取工具不仅极大提升了人力工作效率，还为选人用人提供了全面、详细的数据支持，助力企业做出更加明智的招聘决策。

4. 决策支持智能化

基于发票数据搭建机器学习模型实现利润预测，可实现企业净利润的精准预测与影响因素分析，辅助企业进行战略决策、洞察利润增长点。企业经营的根本目标是实现利润最大化，精准的利润预测可以帮助企业更好地规划其财务和经营策略，确保在激烈的市场竞争中保持竞争力和盈利能力。财务共享基于海量发票数据搭建月度利润预测模型，运用 Lasso 回归解决特征共线性问题、缓解过拟合，在训练样本有限的条件下仍旧取得了较高的预测精度（平均误差率10%以内），预测的利润值可以指导企业在产品定价、成本控制、资源配置、市场拓展等方面做出更明智的决策。此外，还通过相关性分析找到了影响净利润的主要因素，通过研究企业的产业布局结构，并同业务人员深入沟通，基于分析结果提出了一系列经营管理方面的建议，比如建议加大某业务模块的投入和布局、加大技术研发力度等，这些通过挖掘数据价值得到的有效信息可以辅助管理层进行战略调整和经营决策，有利于激发新的利润增长点。

利用机器学习算法搭建财务风险预警模型，从海量数据中探查潜在风险模式，以数字化手段赋能企业风险防控。财务风险管控是财务管理中的重要内容，利用大数据技术进行财务风险预警有助于企业及时识别、防范和化解潜在的风险，提高财务管理水平，保障企业的经营稳健和合法合规。财务共享基于上市公司财报数据搭建机器学习模型，以公司是否被证监会"特别处理"（Special Treatment，ST）作为风险判断依据，实现了企业财务风险的精准预测（准确率超95%），训练数据来源于A股能源行业上市公司，数据总量大，模型可迁移性强，通过此模型对中国海油各上市公司的财务风险进行了评估，并从财务角度进行深入分析与解读，提出相应的风险控制措施，帮助企业增强抗风险能力、提升内控管理水平。

基于运营数据搭建时间序列分析模型实现单量预测，协助运营人员精准识别提单规律，有助于合理安排资源分配和任务调度。在财务共享核算场景中，属地单位提单特征各异，核算人员无法准确把控各单位提单进度，难以合理安排资源分配与任务调度，常常出现到月底、年底单据大幅提升、工作量骤增的情况，严重影响工作进度。为解决该问题，财务共享深挖运营数据价值，通过Python搭建可视化实时预测分析框架，用户可以按需以分中心、业务部门、二级单位、单位条线、预测时长等多种维度定制分析结果，基于Prophet时间序列分析模型实现千万级数据的秒级处理与单量的实时预测，预测粒度精确到日，靶向定位各属地单位的提单规律，自动绘制单量预实分析对比图，在月结、年结期间，协助核算人员精准提醒某一家属地单位各业务类型的提单进度，帮助财务共享合理进行资源配置与工作分工，避免单据积压，保障月结、年结工作的顺利开展，以数据驱动的决策方式助力财务共享建设运营水平世界一流的智慧运营管理体系。

基于质量检查要求运用统计学、运筹学知识实现智能抽样，可自动选取抽样单据并匹配质检人，有助于提升会计信息质量、加强财会监督。在财务共享工作中，需定期开展质量检查以提升会计质量和服务水平，由于单据数量大、抽样条件多，人工抽选单据效率极低。为解决该问题，财务共享利用统计抽样技术和运筹学最优化算法开发智能抽样工具，利用Python对单据信息底稿进行数据清洗，按照单据服务目录类型进行分层随机抽样，根据质检人匹配要求建立指派模型实现质检人与已抽取单据的精准匹配。智能抽样工具支持自定义设置抽样条件和指派方式，比如不同类型单据按一定比例出现，在单据指派时保证质量检查人与核算人员不重复等。智能抽样工具带来了工作质量与效率的双提升，成为质检工作中的重要辅助工具，其同样适用于内部控制、审计等场景，具备很强的实用意义和推广价值。

四、主要创新点

一是建立了数据驱动的财务管理新模式，强调利用大数据等先进技术深度挖掘数据价值，发现数据间的关联性和规律性，为企业提供更准确的财务预测和决策支持，以"数据决策"代替传统的"经验决策"；二是形成了数据融合的业财协同新格局，强调业务数据与财务数据的整合与共享，加强不同部门之间的协作，以一个更加全面的视角来观察企业运营，确保信息一致性和透明度，从而提升企业价值创造能力和整体治理水平；三是打造了"研用产营"的科创管理新机制，强调"研究——试用——量产——运营"的渐进式课题推广策略，加强技术研发投入力度，从小规模试验开始，逐步扩大实施范围，降低成本与风险，打通创新链条，有力地推动了科技创新成果的转化和应用。

五、实施效果

在经济效益方面，通过推动全员数字化实现各管理环节转型的自主研发与运营，为中国海油提供数据增值服务，减少开发投资3000万～5000万元，以五年预测节省数据运营费用约2500万元。通过自动化、智能化技术将烦琐的手工操作转化为自动化流程，提高了工作效率和精确度，累计节省约5000～8000人·天，节省成本超千万元，如图4所示。

经济效益测算角度/时间		已上线三年 2022—2024	未来两年 2025—2026	减少效益合计
由于独立自主研发投资减少而带来的经济效益	开发投资	减少3000万~5000万元	不适用	3000万~5000万元
	数据运营	1500万元	1000万元	2500万元
由于质量效率提升人工节省而带来的经济效益		节省5000~8000人·天，超千万元	不适用	节省5000~8000人·天，超千万元

图4 五年经济效益测算

在社会效益方面，通过深度挖掘数据价值提高整个经济体系的透明度和稳定性，如往来款项清理、智能发票追踪可助力拖欠账款的清理、缓解中小企业资金压力，供应链评价可提高供应链整体效率、降低风险，有助于营造良好的营商环境，财务共享为集团各单位提供电子化管理报告超5000份，减少了纸张使用和能源消耗，符合环保理念和可持续发展的目标。

在风险防控方面，通过智能化手段监控财务数据变化、检测异常模式，以数字技术赋能合规经营，提升管理透明性和风险防控水平，切实发挥财会监督作用，如智能报表审核可以自动检测关键财务指标的异动，帮助企业及时发现潜在风险与问题，供应链评价可以规避供应风险，智能财务风险预警模型可以帮助企业增强抗风险能力。

在决策支持方面，通过业财数据融合赋能业务决策，如生产经营管理驾驶舱、加油站业务一体化经营分析等；通过大数据技术构建智能分析模型，帮助企业做出更科学的经营决策、战略规划与资源配置，例如，利润预测可以帮企业更好地规划其财务和经营策略，单量预测可以辅助企业优化资源配置。

《中国海洋石油集团有限公司财务共享数字赋能实践》项目获得2024年"中国数据生产力大赛"铜奖，财务共享数据应用案例入选《数智时代，财务共享中心的蝶化之路》白皮书，展现了其在财务共享领域的创新与领先地位，往来款项清理工作成果入选中国海油基层基础管理提升案例集。

六、下一步规划与探讨

在推进财务智能化变革的过程中，中国海油财务共享服务中心认识到因地制宜制定数字化战略是成功的一半，未来，我们将从以下几个方面进一步拓展智能财务的广度和深度。一是推动财务共享向多业务领域延伸，形成企业级的数据管理中心和数据价值实现中心，为企业提供更深入的业务洞察和决策支持，从而推动企业全面数字化转型；二是打造共连共创共享的数字生态圈，构建一个开放、协作、共赢的数字化环境，使得企业、合作伙伴、政府等各参与方能够联合开发、创新和分享资源，实现数据链之间的联动，发挥数据要素乘数效应；三是推动数据服务模式向专业化、个性化方向演进，ChatGPT的出现将对财务人员的工作模式产生重大影响，数字技术的开发难度和成本在不断降低，要大力发展个性化、定制化的数据服务，促进数据、技术和场景的深度融合，提升数字化转型价值效应，实现企业的高质量发展。

大型国有集团化公路企业不动产管控体系的构建与实施

创造单位：北京市首都公路发展集团有限公司公路资产管理分公司

主创人：王建春　蔡凤龙

创造人：侯永奇　张驰　杨剑宾　范嘉芸　王强　翟瑞林

【摘要】结合现代化管理目标、党的十九大报告中对国有企业的相关要求和集团发展需要，全面分析北京市首都公路发展集团有限公司（以下简称首发集团）不动产管理的现状，发现存在问题。根据国有资产经营的目的和目标设计需要考虑的要素，为实现国有资产的保值、增值与合理配置国有资产，努力实现资产经营效益的最大化，制定首发集团资产管理目标体系。在目标体系的总体引导下，展开具体的管理方式探索，分为制度化、标准化、信息化、系统化、市场化、流程化管理六大模块。不断总结经验，将理论研究与实践相结合，逐步完善和优化不动产管控的方案。加快推进房产土地信息化建设，打造资产智能管理新引擎，引入资产经营化发展思路，提高资产管理水平及资产收入，使资产市场化发展取得成效。

【关键词】不动产管控　体系建设　国有企业

一、实施背景

（一）现代化管理的目标

现代化管理是指企业运用现代自然科学和社会科学的研究成果，使管理适应现代科学技术的发展水平。现代化管理符合现代化大生产的要求，主要包括以下几方面内容：一是在管理思想和人们的精神状态上要适应现代的要求，从产品经济观念和自然经济观念向商品经济观念及市场经济观念转变，树立人本思想、民主管理思想、现代经营思想、公开竞争思想等；二是在管理技术和方法方面适应大生产发展的需要，采用各种科学的管理方法和管理手段；三是在组织机构方面，要适应现代大生产的要求，采用符合生产发展要求的组织形式。

（二）国有企业改革的要求

党的十九大报告强调，要完善各类国有资产管理体制，改革国有资本授权经营体制，加快国有经济布局优化、结构调整、战略性重组，促进国有资产保值增值，推动国有资本做强做优做大，有效防止国有资产流失。深化国有企业改革，发展混合所有制经济，培育具有全球竞争力的世界一流企业。国有企业改革是中央实施做强做大国有企业方针的重大战略步骤，推进国有企业改革，要有利于国有资本保值增值，有利于提高国有经济竞争力，有利于发挥国有资本功能。

（三）集团发展的需要

首发集团资产规模庞大，但管理粗放，即管理粗疏、不细致，不重视成本与效益。粗放管理实际上是一种短暂的管理，企业没有进行足够的长期规划，不利于企业的长期发展。通过不动产管控制度与方法的研究，借鉴先进的思想与管理理念，改善资产管理现存的问题，减少资产的流失与浪费，提升企业效益，从而逐步实现首发集团管理由"运营"向"经营"的转变。

二、实施目的

公路作为综合运输体系的基础，在国民经济发展中具有不可替代的作用。在改革和尝试过程中，我国对经营性公路资产的管理存在着政企职能混淆、机构设置重叠、建管分离、重建轻养等问题，在一定程度上制约了公路的可持续发展。因此，随着市场经济的发展和完善，公路资产管理的市场化已迫在眉睫。加强对公路资产的管理已成为提高公路网运输效率、确保资产保值升值、促进经济建设的关键。近年来我国在公路资产管理市场化运作过程中摸索出许多有益的经验。因此，首发集团通过对企业现状系统、全面的分析，查找存在的问题，借鉴其他北京市属国企和地方政府的做法，制定不动产管控方案，逐步推进落实，使首发集团的不动产经营管理走上规范化、可持续发展道路，与高速公路建设运营相辅相成、相得益彰，形成良性循环，充分实现国有资产的保值增值。

三、实施过程

（一）分析集团不动产管理现状

1. 梳理集团资产总量

通过调研和数据资料收集，掌握首发集团资产总量。首发集团资产包括集团公司总部资产、集团下属四家分公司资产、集团现有全资、控股、参股公司资产。根据首发集团2024年工作报告，截至2023年年末，首发集团资产总额2850.69亿元，负债率58.99%。全年实现营业总收入177.72亿元，净利润1.78亿元。

2. 划分集团资产类别

按照不同的划分依据，对首发集团资产进行分类，如图1所示。

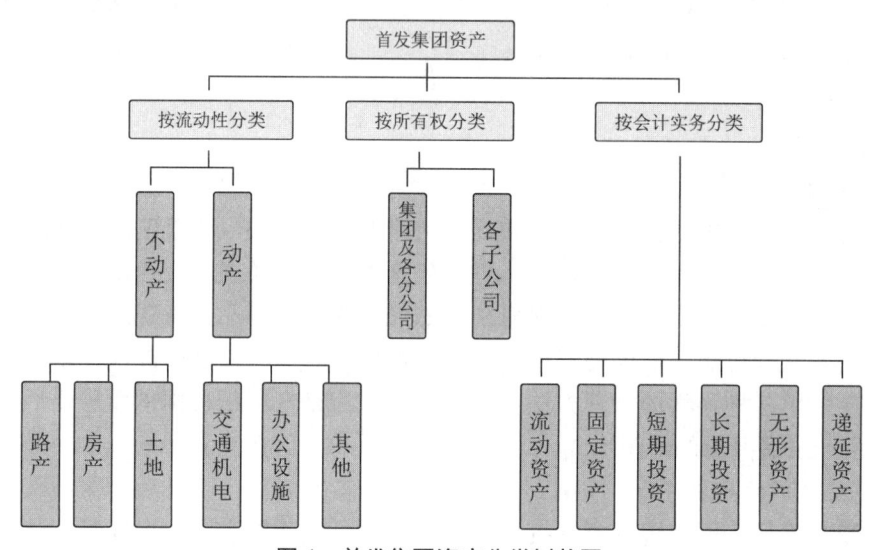

图1 首发集团资产分类树状图

3. 归纳集团不动产规模

截止到2024年1月，首发集团公司及所属各分、子公司共有土地302宗，面积为7472.86万平方米，约11.21万亩。首发集团公司拥有房产总面积36.55万平方米，土地总面积7058.49万平方米，约10.59万亩。

截至2023年年底，首发集团共建成高速公路759.95千米［不含PPP（Public-Private Partnership，公共部门与私人企业合作模式）项目］、城市道路982.89千米，建成北京南站、西苑、宋家庄、四惠、天通苑北、清河、东夏园7个综合交通枢纽，天通苑、通州北苑两个P+R（停车换乘）停车场，西直门外、儿童医院、五棵松、国学中心4个停车楼（场）。

首发集团负责管理养护的高速公路为880.68千米，包括延崇高速、京台高速、京昆高速、京港澳高速、京藏高速、京哈高速、通燕高速、京开高速、京承高速（一期、三期）、机场北线、机场南线、京津高速、京新高速、机场第二高速、京密高速和六环路，以及政府委托管养的五环路、京平高速、京秦高速，共计19条；负责养护城市道路641千米，包括三环路、四环路等城市快速路、主干路及部分公路,共计98条;运营管理东直门、天通苑北、四惠等9座综合交通枢纽,四惠、六里桥、赵公口、天通苑北4座省际客运站,运营10处P+R停车场及全市1134处停车场(其中路侧停车408处)。

4. 总结集团不动产管理模式

首发集团不动产管理模式如图2所示。

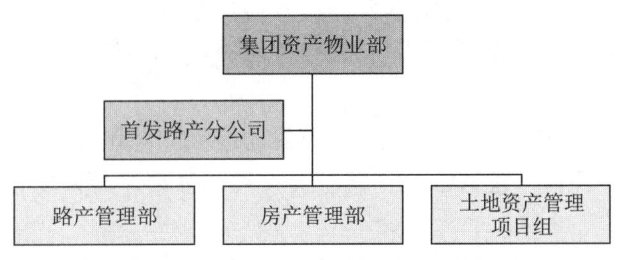

图2 首发集团不动产管理模式示意图

根据集团任务职责划分,由集团资产物业部负责集团资产的统筹管理与计划监督。首发路产分公司隶属于首发集团,设立路产管理部、房产管理部、土地资产管理项目组,分别负责路产、房产、土地的经营管理,确保国有资产保值增值。然而由于资产规模庞大,人力、物力等管理投入有限,使得管理相对粗放、资源合理配置程度较低。

5. 分析集团不动产管理存在的问题

(1)资产档案资料不完整。档案齐全、完整归档,对于企业的发展壮大十分重要。由于历史遗留问题,首发集团现有部分资产档案归档不全,缺少文件材料,不能为企业提供全面、翔实的依据,在为企业管理提供优质服务方面造成困难。例如,在不动产权证的办理过程中,由于缺少相关材料,手续无法办理,耗费了大量时间与精力。

(2)土地法制化管理不健全。涉及土地权属的争议不断,由于土地不具备合法、合规的手续,给维权造成极大困难;涉及土地的工程越来越多,在收取补偿时缺少关键性数据资料,给补偿收益的最大化造成障碍。土地侵权纠纷,具体包括:侵犯土地所有权,如超过批准征地数量占用土地,构成对国家土地所有权的侵害;侵犯土地使用权,如在集团管辖的土地上建设违章建筑等;侵犯他项权利,如对已设定抵押权的土地进行任意处置等。

(3)管辖土地边界、数量不明晰。首发集团管辖的土地权属界线不清,没有明确土地使用权的划线范围,包括图纸划线和实地划线范围,在产生土地纠纷时缺少必要的依据,且易造成土地被侵权而不知情的情况。由于土地边界不明确,使土地面积不明确,在对外出租时造成收益减少。

(4)资产管理团队专业化水平需进一步提高。随着首发集团规模的不断扩大,资产数量的持续增加,资产管理服务的需求也随之增加。然而首发集团内现有资产管理团队所具备的专业资产管理知识与技能相对较少,使首发集团现有资产缺少科学管理与长期规划。因此,提升资产管理水平、优化资产配置成为目前急需解决的问题。

(5)资产账面价值与市场价值不完全一致。首发集团某些资产在账面上反映的资产总值,与公司进行兼并、重组、合资、收购、交易等所有活动中体现的价格总量不符。资产评估不准确,对国有资产的保值增值指标造成一定影响。由于财务会计资料无法真实地反映和有效控制固定资产的增减变化,久而久之,单位会计无法确认盘存资产数量的多与少、价值的增与减,从而失去了对实物的控制。

(6)市场化经营理念有待进一步提升。首发集团资产还处于运营阶段,未进行市场化经营,许多资产没有充分发挥应有价值，特别是土地资源。部分土地闲置、利用率低，未能充分产生效益，造成资产浪费。且闲置土地的管理及人工成本耗费量大，增加企业支出。

（二）制定不动产管理目标

1. 国有资产经营的目的

一是实现国有资产的保值增值，这是国有资产经营最直接的目的。国有资产的保值，是指在资产经营过程中，要保持价值形态上的规模不变。从发展的角度来讲，国有资产不仅要保值，还需要增值，即从国有资产收益中拿出一部分，用于国有资产投资，进行扩大再生产，以发展和壮大国有经济。

二是合理配置国有资产，努力实现资产经营效益的最大化。国家为提高人民的物质文化生活水平，需要有效开展国有资产经营，根据国家经济社会发展的需要，合理配置各种国有资产，最大程度地发挥其效用。

首发集团作为国有企业，也应有效地进行资产的管控与经营，合理利用资源创造收益。

2. 目标制定应处理好的几个关系

（1）要处理好效率与效益的关系。效率与效益既相互统一，又互相矛盾。效率是效益的前提和基础，而效益则是效率的目标。但有时效率和效益会互相冲突，如过于追求高效率可能会造成效益的低下。因此，在制定国有资产管理效益评价指标时，既要有效率指标，又要有效益指标，在判断国有资产管理效益的高低时，要把效率指标和效益指标结合起来。

对于首发集团而言，目标是要构建"业务有进有退、企业优胜劣汰、板块专业化经营、管控精干高效"的集群化产业发展格局，实现结构优化和转型升级，全面提升发展的量与质。

（2）要处理好经济效益和社会效益的关系。国有资产管理效益既有经济效益，也有社会效益。对于经营性国有资产来说，通常关注其经济效益，而对非经营性国有资产而言，由于其主要目标不是盈利，而是为了弥补市场失灵，所以其经济效益通常低下，但其社会效益却很高。所以进行国有资产效益评价时，一定要分清国有资产性质，从而判断其效益的高低。一般来说，应做到经济效益服从社会效益，社会效益兼顾经济效益。

首发集团主要负责首都高速公路、城市道路及配套设施投融资、建设、运营管理，公路属于非经营性国有资产，因此资产管理在实现经济效益的同时，要实现资源配置优化，更好地围绕首都城市战略定位，提升服务保障能力，提高首都道路及相关配套基础设施的承载能力。

（3）要处理好宏观效益和微观效益的关系。国有资产管理宏观效益是指通过对国有资产总量和结构的安排与调整所产生的有关国民经济和社会发展全局，以及国民整体利益、长远利益的经济效果，如国民经济的稳定均衡发展、充分就业等。国有资产管理的微观效益通常指一项国有资产所带来的具体效果。二者的关系表现为：宏观效益具有主导决定作用，它是实现微观效益的前提条件；微观效益是实现宏观效益的现实途径。二者有时会存在矛盾，比如某项国有资产宏观效益很高，但微观效益却很小，在这种情况下，微观效益应服从宏观效益。

首发集团作为北京市属大型国有企业，应深入落实京津冀协同发展国家战略，通过资产管理的统筹规划，加快促进京津冀交通一体化率先突破。在确保国家宏观效益的基础上，提升企业微观效益。

（4）要处理好长期效益和短期效益的关系。国有资产管理效益有长期和短期之分，与私人相比，国有资产管理更看重长期效益。

因此，要以深化改革为动力，不断完善现代企业制度和市场化经营机制，资产管理注重长期效益，进一步发现市场机遇，推进结构优化、产业升级，融合发展，努力实现"百年首发"战略。

(三) 建立集团资产管理目标体系

加强资产管理制度化建设，推动资产管理更加合理化、科学化；完成土地房屋路产管理标准化制度建设，逐步实现资产管理规范化、精细化；打造成熟的首发集团资产管理平台，全面实现集团所有分子公司资产管理信息化，推进科技化、数字化；完善资产系统化管理模式，实现资产全生命周期管理；推进市场化经营理念，盘活资产，开发利用，努力实现经营效益最大化；建立资产管理流程化体系，实现管理系统架构建立、业务操作体系梳理和流程化的组织建设。

(四) 制定并实施不动产管控模式

1. 首发集团不动产制度化管理

以促进企业不动产管控整体优化为目标完善不动产管理规章制度，认真贯彻落实有关法律文件，建立符合集团实际情况的国有资产管理制度和实施纲要，使资产管理有法可依。完善工作手册，实现岗位全覆盖。建立绩效考评制度，对照工作目标或绩效标准，采用一定的考评方法。

2. 首发集团不动产标准化管理

（1）完成不动产管理平台建设。建设科学合理的资产管理信息化平台，提供强大的数据支持和直观的数据统计，及时反馈资产信息，保证功能完善、使用顺畅、流程规范。

（2）有效建立长效分析机制。对企业财务状况及资产处置的合理性与经济性进行认真分析，建立市场分析长效机制，综合分析处置资产的市场供给情况、市场价格等因素，并持续改进、调节机制，根据工作实际情况不断优化。

（3）建立资产管理的安全和廉政风险防控体系。为加强资产标准化管理，可以在首发集团内部建立经济责任制度。建立健全经济责任体系与内控手册，明确责任人，完善绩效考核制度，实现风险的有效监管。

3. 首发集团不动产信息化管理

建立首发集团信息化管理平台，实现以下功能。

（1）电子围栏监管。通过RTK（Real-Time Kinematic，实时动态载波相位差分技术）测绘设备的点测量与点放样，完善集团管辖界线的电子坐标，并在坐标点上安装首发公路界桩，内置感应芯片，实现在管理平台上的界桩监控，形成电子围栏，做到安全管理，如图3所示。

图3 电子界桩和管理平台监控

（2）GIS（Geographic Information System，地理信息系统）数据库应用。GIS数据库是某区域内关于一定地理要素特征的数据集合，主要涉及对图形和属性数据的管理和组织。建立简单的GIS数据库，录入集团管辖地块的位置与地籍信息，直观地查看与管理宗地数据，实现统一管理。

（3）不动产可视化统计与管理。通过专业技术公司运用三维扫描技术，将首发集团管辖范围内所有不动产进行扫描，形成数据影像，再通过数据统计，建立完整的资产台账。

（4）档案信息化管理。将集团现有档案扫描录入信息管理平台，实现网络化管理，便于档案的查询与信息调取，提高资产管理的效率与质量。

（5）日常管理职能。通过信息化平台对资产进行监管，优化流程，使工作更加高效、便捷。随时查看资产情况，遇到侵权行为及时处理，大大降低风险的发生。

4. 首发集团不动产系统化管理

进行不动产的全生命周期管理，即从不动产的规划设计、采购建设、运营维护、报废处置四个阶段全过程管理。

由集团资产物业部实施顶层设计，与建设公司沟通，新实施项目从建设初期到建设完成按照规范化流程操作，推进全生命周期管理。

录入不动产信息至不动产信息管理平台，全面、高效地掌握资产信息，利用合理的人力、财力、时间等资源，完成资产从增加、扩建、转移至报废的全生命周期管理，使不动产在其生命周期内实现价值最大化。

5. 首发集团不动产市场化管理

首发集团制定运行发展措施和经营战略。由首发集团进行顶层设计，结合相关法规政策和首发集团自身情况，结合市场经济特点和"十三五"整体方案制定资产管理战略。

首发公路资产管理分公司制定管理制度及市场化管理运行模式。针对集团制定的措施与战略，结合市场化运行的特点及国有资产的发展方向，制定集团资产市场化管理制度。

首发集团不动产市场化经营的几种方式：高速公路资产证券化；盘活利用闲置资产，推进市场化经营，如资产租赁、开发利用、拆零拍卖等。

资产证券化是指以基础资产未来所产生的现金流为偿付支持，通过结构化设计进行信用增级，在此基础上发行资产支持证券（Asset Backed Securities，ABS）的过程。它是以特定资产组合或特定现金流为支持，发行可交易证券的一种融资形式。

首发集团资产证券化可行性简析。首发集团作为发行人，需要满足相关发行条件。其中，原始权益人条件有：集团各项经营活动符合法律、行政法规和公司章程规定；集团拥有完善的公司治理结构；集团成立以来业务发展良好，并且拥有良好的风险控制制度，总体风险可控；集团未出现过重大违约或违法违规行为。此外，基础资产要求包括：高速收费收益权合法合规且权属明确；高速收费能够产生独立、稳定、可评估预测的现金流；基础资产池由高速未来几年收费收益权组成。

首发集团资产证券化方案要点。集团资产属于交通类，该类项目设计资产证券化方案是需要关注如下要点：规模、存续期限、发行方式、推广对象、利率类型、付息频率、本金偿付方式、预期收益率、担保安排、评级、托管人、登记机构、流动性安排等。

公路资产证券化案例。1996年8月，广东高速公路股份公司率先发行1.35亿B股，筹集资金4.83亿元，成为国内首家B股高速公路上市公司；1996年11月，安徽皖通高速公路股份公司赴港发行4.93亿H股，筹集资金8.31亿港币，成为国内首家境外上市的高速公路公司；1998年1月，海南高速公路股份公司发行7700万A股，募集资金4.14亿元，成为国内首家A股上市公司。目前我国公路行业有17家A股上市公司、1家B股上市公司、5家H股上市公司，在证券市场共筹集到民间和海外资金200多亿元。

6. 首发集团不动产流程化管理

坚持责权利统一的原则，将职责与流程匹配，即岗位职责的设定由流程中对应的工作任务决定，而权力与职责挂钩，即职责大小决定权力大小，杜绝位高权重责任轻的现象。一是高层领导重视，并积极推进。高层领导以身作则，明确认识到不动产管控的重要性，规范业务流程，起到指导作用。二是运用科学的流程设计方法，设计并调整不动产管控流程，建立一套各层级、各部门间系统、高效运作的流程体系。三是建立学习型组织，提高员工的技能。在流程化管理模式下，优化团队的组建和运作、流程的设计和优化，加强培训和交流，包括流程培训、理念培训、专业技能培训等，鼓励员工参与流程的讨论和设计，边学边干，在实践中提高能力。四是推进信息化系统对流程的管理和支撑。推进不动产管理平台的建设和完善，建立各层级间的办公管理系统以实现工作任务的流转。

（五）大型国有集团化公路企业不动产管控的方法与措施

1. 建立企业设备信息库，实行网络化管理

对土地、房产资源实行分级管理，采用计算机辅助管理，建立信息库，使企业内资产的运作情况（如土地、房产的分布、变动及利用等）及时得到反映，可迅速提供闲置资产清单，有利于设备的盘活和调剂；建立资产管理计算机网络，企业可加入社会上的资产调剂或产权交易网络，旨在收集、汇总、发布产权交易信息，提供产权交易和资产调剂服务，促进信息交流，形成一个迅速、及时、范围广泛、可随时随地提供交换、查询闲置资产及产权转让信息的管理信息系统，从而实现资产优化配置，达到盘活闲置资产的目的。

2. 提升划拨土地利用价值

国有企业通过充分提升划拨土地的潜在价值，实现企业土地资产的保值增值。一方面，可以通过规划调整提高土地资产容积率，建设高层办公场所，可利用企业原有老厂房、旧仓库改造为员工食堂、培训中心、健身中心或企业文化展厅等相关配套设施，最大程度提高土地资产利用强度，使其尽量发挥效益，为企业土地资产的增值发挥作用；另一方面，可通过相关政策对其划拨土地低价取得出让土地使用权，利于土地资产价值显化。

3. 土地资产出租

出租土地使用权，企业可以将自己拥有完整土地使用权的一定年限租给其他企业和个人，从中获取租金。这种方式促使企业将自身闲置土地资产经过市场经营，获得价值效益，使土地资产得到合理配置，通过出租土地使用权，一是不会失去土地，二是可以利用好闲置土地，三是对企业的经济效益有一定的提升。但在经营中，要注意以下几个方面的问题：一是要把握好出租年限，企业出让取得的使用权，要在国家规定的出让年限内进行租赁；二是企业出租土地使用权时，要尽可能考虑企业土地资产的整体规划，避免土地资产碎片化的产生；三是企业出租土地尽可能选择一些具有一定资金实力或具有良好投资业绩的公司合作，确保土地资金价值的增值和保值。

4. 土地资产抵押

土地使用权抵押，是指经债权人和债务人约定，在不转移土地使用权所有者主体及占有状态的前提下，债务人将其土地使用权抵押给债权人，从债权人获取融资或其他资产权；同时，债务人担保在逾期不清偿债务时，债权人有权依法申请将该土地使用权变价并从所得价款中优先受偿的法律行为。土地使用权的抵押是一种不动产的抵押。抵押权的设置有一些明确的要求。一是土地使用权必须是出让土地使用权。二是土地使用权抵押时，不发生土地使用权转移，土地使用者继续享有对土地的占有、收益的权利，但是处分权受到限制。但经过抵押权人同意，被抵押的土地使用权也是可以转让的。当债务人不可能履行债务的，须按法定程序，分配土地使用权，土地使用权才有可能发生转移。三是抵押土地使用权时，地上建筑物及其他附着物随之抵押。四是土地抵押权的设置不能超越土地出让合同规定，比如年期、用途的规定。土地使用权的抵押主要适用一些急需现金流的企业，以及特别急需进行技术改造等项目的企业，并且有一定量的土地资产。通过对企业出让土地使用权进行评估，

以此在银行抵押，实现资金收入。但也存在一些问题，如果企业以土地资产抵押后，取得的资金投入企业生产，企业亏损后，如果还不起银行贷款，这时，企业就面临着土地资产被银行处置的风险。

5. 土地使用权投资

企业将所取得的一定年期的土地使用权资金进行评估，明确资金价值后，以此作为资本按一定股份投入到新的企业中去，享受企业分红或成为新企业股权者的行为。一般来说，主要适用土地稍有富余并希望通过参股取得更多市场竞争力的国有企业。企业由于自身经营范围的限制，难以独立投资经营项目，可积极与政府、第三方投资公司合作联合投资经营项目。根据近年来国家对电子商务、仓储物流、文化产业及民生工程的政策大量出台，企业可根据自身土地资产的现状、投资运营情况，合理规划，适当参与相关产业的发展。例如，可利用土地使用权投资建立中高端零售业、打造城市休闲综合体、开发商住一体化住宅区、建立智能物流园区、建立种植及生态体验园、建立养老服务站等项目。这种模式可提高企业竞争力、开拓新市场、发展新业务，有利于企业在新形势下进行业务转型，是一种较好的土地资产经营方式。

6. 土地使用权转让

转让土地使用权是企业将已取得的出让土地使用权转让给其他使用者，相当于企业资产的转让。转让土地资产方式的情况主要有三种。一是适用于企业闲置土地资产较多的情况。二是适用于企业改制。企业改制时，政府批准对企业员工进行安置，需要转让土地资产的情况。二是随着城市化发展，国家要求一些企业按统一规划进入工业集中区、企业园区等，很多地方实行了推城入园政策，经过政府批准，企业可将地处城市地价较高的土地资产转让，所获收入大部分返还用于企业在工业集中区或企业园区开发建设。随着近年来土地价格的高涨，转让土地资产并从中取得高额的增值收益，已成为不少存在资金困境且有闲置土地资产的企业迅速解决经济问题的捷径。

四、主要创新点

（一）建立数字化管理平台

通过开发和应用数字化管理平台，实现不动产信息的集中管理，涵盖土地、房产、设施等各类资产，提高信息透明度与实效性。利用大数据和可视化技术，将不动产管理数据以图表和地图形式展示，帮助管理者快速识别问题和做出决策。

（二）实现全生命周期管理

从规划、建设、运营到维护，对不动产进行全生命周期管理，确保资源的有效利用，降低运营成本。同时，运用信息化技术，将资产每个阶段的工作流程串联起来，减少脱节和重复，提高流程的效率；完整地考虑资产全生命周期，从而取得最优方案。

（三）提升资产精细化管理

引入精细化管理理念，针对不同类型的不动产制定差异化管理策略，优化资源配置。实时监测不动产的使用情况，及时调整管理策略，确保资产的最佳利用。

（四）风险管理与合规性

建立全面的风险评估体系，对不动产投资、运营中的各类风险进行识别、评估和管控，降低潜在损失。完善不动产管理的合规性体系，确保所有操作符合法律法规，降低法律风险。

五、实施效果

（一）实现不动产管理制度化

结合工作实际对首发集团公路资产管理分公司房产管理工作手册进行多次修订和更新，在原有《工作手册》中的房产接收、房屋及配套设施报废、房屋出租、土地确权、档案管理5项内容修改和完善的基础上，新增房屋土地数据信息化、房产土地日常管理、实物资产转让、土地测绘、土地界桩、权籍调查、土地的涉路施工 7 项不动产管理业务。指导并规范房产、土地的日常管理工作。2020年将《房产管理办法》和《土地管理办法》纳入首发集团公路资产管理分公司制度汇编房产管理篇。

查阅收集房屋土地相关法律法规制度文件，形成《首发集团高速公路土地管理政策汇编》和《首发路产分公司土地房屋管理政策汇编》（见图4），建立健全业务操作理论依据，使各项业务工作有法可依、有规可循。

图 4　首发集团土地及房屋管理政策汇编

（二）实现不动产管理标准化

引进人才，开展必要的培训，成功组建资产管理团队，将人员分为不动产登记组、测绘组、经营开发组和综合管理组。分别负责土地的权籍调查、土地结案和不动产权证的办理工作；确定首发集团管辖范围的界线坐标，完善道路红线信息；做好土地管理、涉路工程管理和规划利用；做好部门的日常管理工作，包括档案管理、信息平台管理、款项报销、房产租赁等。

管理团队专业化水平得到提升，完善工作制度并明确责任人，使不动产管理工作的流程进一步优化，管理效率和规范程度不断提高，向精细化管理迈进。

2020年年初，为完善道路用地手续，首发集团成立土地工作专班，解决土地手续不齐问题。并在下半年，进一步明确工作目标、强化组织保障、优化工作机制、加大工作力度，确保高质量完成既定任务目标。

（三）实现不动产管理信息化

建立 GIS（地理信息系统）数据库，实现资产空间数据与地理要素数据的管理，将高速公路红线叠加至高清卫星图，为测绘工作的前期规划与方案制定提供精准的数据支持，能够及时发现涉路施工是否涉及占地问题，有效防止侵权行为的发生。

研发完成首发集团不动产管理平台，实现线上资产信息的管理与实时更新，能够快速浏览不动产领域新闻，通过大事记板块了解重要事件，由首发集团进行工作任务的分配与监督，随时了解和掌握工作进程与情况，在平台上完成土地和房屋资产的信息统计与统一监管等，大幅度提升管理效率与质量。

（四）实现不动产管理系统化

编制完成《首发集团土地管理办法》（征求意见稿），由首发集团层面实施顶层设计，明确首发集团各部门、分公司、子公司等管理机构与相应职责，由土地取得、确权登记、土地利用与保护、土地处置、土地征占、收益及监督考核等进行全过程管理。

（五）实现不动产管理市场化

积极推进房屋租赁合同签订工作，引入第三方市场评估机制，合同租金较之前增加百万余元。通过市场评估、互联网公开招租等方式，将闲置房屋资产成功盘活，引入租金逐年上浮机制，获取收益数十万元。进一步强化与相关的协作机制，规范涉路施工项目审批流程，引入专业评估机制，提升土地他项权益。紧密配合，加强协调谈判，保障补偿费用及时到账，共计收益上亿元，资产市场化发展已取得一定成效。

（六）实现不动产管理流程化

推进资产管理流程化建设，建立《首发路产分公司房屋管理标准和操作规程》，从房屋建成接收至资产报废处置建立全过程的管理标准；建立《首发路产分公司土地管理标准和操作规程》，从土地取得至资产处置建立全过程的管理标准，确保房屋土地管理工作流程严谨规范。

六、规划与探讨

对于大型国有集团化公路企业的不动产管控体系，下一步可以从多个方面进行深入发展，以提升管理效率、保障资产安全、促进可持续发展。

（一）加速数字化转型

加快推进不动产管理数字化进程，整合现有信息系统，打造统一的数字化管理平台，实现不动产信息的实时更新和共享。利用人工智能技术对不动产数据进行智能分析，预测市场趋势、资产价值，并为决策提供数据支持。

（二）强化全生命周期管理

完善不动产全生命周期管理机制，从项目规划、建设到运营维护，确保每个环节的高效管理和资源的最优配置。定期进行不动产的动态评估，根据市场变化及时调整管理策略，合理规划资产的使用和处置。

（三）优化风险管理与合规体系

进一步加强不动产投资和运营过程中的风险评估，制定有针对性的风险控制措施，确保资产的安全与增值。完善不动产管理的合规性检查制度，确保所有操作符合国家法律法规和行业标准，减少法律风险。

（四）加强多元化投资与市场拓展

积极探索与其他行业的合作机会，进行多元化投资，分散风险并开拓新的收益来源。定期评估和优化不动产资产组合，确保投资的回报最大化，并适应市场变化。

（五）人才培养与团队建设

加大对不动产管理领域专业人才的引进和培养力度，提高团队的专业化水平和管理能力。建立跨部门的协作机制，鼓励不同专业领域的团队共同参与不动产管理，提高整体管理效率。

智能选煤厂"四化"协同运营管理探索与实践

创造单位：陕西陕煤榆北煤业有限公司榆林选煤分公司
主创人：杨勇　叶光森
创造人：丁元　张宝福　马奔　兰天龙

【摘要】 随着全球能源结构的转型和环境保护要求的提高，选煤企业需要适应市场变化和政策要求，通过专业化运营提高资源利用效率、降低环境污染、实现绿色发展。陕西陕煤榆北煤业有限公司榆林选煤分公司（以下简称榆北选煤分公司）坚持以习近平新时代中国特色社会主义思想为指导，深入贯彻党的二十大精神，积极落实国务院国资委国有企业开展对标世界一流企业价值创造行动要求，全面贯彻"持续走向优秀，奔向卓越"整体发展规划，以煤炭洗选精细化运营为主攻方向、以改革创新为根本动力，坚持"稳内拓外"战略布局，确立建设具有行业竞争力的一流选煤技术企业目标。

【关键词】 数字化转型　"四化"协同运营管理　智慧系统赋能

一、实施背景

（一）新质生产力驱动，选煤企业专业化运营成为大势所趋

社会财富的创造来自劳动生产率的提高，劳动生产率的提高依靠技术进步和创新，技术进步和创新又依赖分工和专业化。随着市场经济发展，基于专业化分工的高效运转成为提高效率和快速发展的必由之路。而新质生产力具有高科技、高效能、高质量的特征，并符合高质量发展要求。在新质生产力驱动下，选煤企业专业化运营成为一种大势所趋。第一，选煤行业的专业化运营可以使企业集中优势资源于煤炭的洗选加工，通过引进先进的洗选技术和设备，提高煤炭的洗选效率和品质，从而提升企业的核心竞争力和市场地位。第二，新质生产力的发展也推动了产业升级和结构调整，使选煤企业更加注重产品质量和品牌建设，这也有利于企业实现专业化运营和可持续发展。随着全球能源结构的转型和环境保护要求的提高，选煤企业也需要适应市场变化和政策要求，通过专业化运营提高资源利用效率、降低环境污染、实现绿色发展。这也符合新质生产力所强调的高质量、高效能、高科技特征。

（二）数字经济蓬勃发展，选煤企业数字化转型加速推进

煤炭行业数字化转型是以煤矿智能化建设为基础、数据要素创新驱动为核心，由新一代信息技术引发的煤炭生产方式变革与价值体系重构。近年来选煤企业数字化转型不断加速。首先，在技术应用方面，选煤企业已经广泛采用云计算、大数据、物联网、人工智能等先进技术，实现了生产过程的自动化、智能化；其次，在信息化管理方面，选煤企业已经建立了完善的信息系统，实现了各环节信息的实时共享和高效协同，进而缩短供应链中的需求信息反应周期，降低资源内耗；最后，在绿色发展方面，数字技术也在全面助力选煤企业实现清洁生产和绿色发展。同时，由于历史原因和技术限制，许多选煤企业的信息系统之间存在孤岛现象，导致信息流通不畅，难以实现高效协同工作；在数据管理和分析能力方面还有提升空间。因此，加强信息系统的集成和共享，打破信息壁垒，提升信息的流通效率，加快数字化转型成为选煤企业发展新质生产力、实现高质量发展的必然选择。

（三）价值创造需求迫切，企业管理成果固化提升意义重大

随着煤炭企业数字化转型不断深入，价值创造需求愈发凸显，企业管理成果固化提升变得尤为重要。价值创造需求是国有煤炭企业高质量发展的核心目标之一。价值创造提升并非一蹴而就，需要

企业在发展过程中不断积累经验、优化管理，逐步固化转型成果，确保价值创造提升的可持续性。目前，榆北选煤分公司作为陕煤集团大力发展煤炭清洁高效利用的专业运营公司，近年来在价值化、数智化、专业化及一体化管理领域进行积极探索并积累了一定经验。深入总结提炼其"四化"协同运营管理模式，不仅可以为企业的后续发展提供有力支撑，还可以为其他选煤企业提供借鉴和参考，为做好煤炭清洁高效低碳利用这篇大文章贡献力量。

二、实施目的

榆北选煤分公司坚持以习近平新时代中国特色社会主义思想为指导，深入贯彻党的二十大精神，积极落实国务院国资委国有企业开展对标世界一流企业价值创造行动要求，全面贯彻"持续走向优秀，奔向卓越"整体发展规划，以煤炭洗选精细化运营为主攻方向，以改革创新为根本动力，坚持"稳内拓外"战略布局，确立建设具有行业竞争力的一流选煤技术企业目标。

三、实施过程

价值创造是国有企业实现高质量发展的重要内容，是企业提升全球竞争力的本质要求。价值创造要求国有企业加快实现从数量型、规模型向质量型、效益效率型转变，从注重短期绩效向注重长期价值转变，从单一价值视角向整体价值理念转变。在此背景下，榆北选煤分公司创造性施行"四化"协同运营管理，以长期、系统的提质增效为目标，以顺应数字经济发展为势头，以数智化赋能，打造了"价值化""数智化""专业化""一体化"四个维度为具体做法的前沿体系。

（一）导向明确，提值增效，打造纵向贯通的价值化体系

纵向贯通的价值化体系是企业价值观的集中体现，是企业提质增效、实现高质量发展的精神底蕴和方向指引。榆北选煤分公司价值化体系主要通过企业战略制定促进价值增值，通过流程重构紧跟价值导向，通过协同合作实现价值共享。

1. 价值增值的企业战略

抓住发展机遇，以动态目标实时驱动价值增值。榆北选煤分公司聚焦新一轮国企改革，对照陕煤集团价值创造行动43项重点任务，出台公司价值创造行动方案，持续巩固深化国企改革三年行动成果，推行三项制度改革。榆北选煤分公司抓住机遇，以"再造一个新榆北"为工作主线，秉持"做优存量、做大增量、做强变量"的发展方针，不断动态优化企业发展目标。根据"十四五"规划中期评估情况，企业总体战略目标确定为：到"十四五"末，实现"18752"总体发展目标，即打造一个国内一流智能洗选技术标杆企业、煤炭加工量达到8000万吨、营业收入突破7亿元、拥有5个大型运营服务项目、利润突破2亿元。这种动态调整的做法体现了企业对市场环境和自身能力的深刻认识，有助于确保战略目标的科学性和可行性。通过不断优化战略、提升运营效率，企业实现了价值的持续增长，展现了强大的发展韧性和潜力。

2. 价值导向的流程重构

榆北选煤分公司以价值创造为导向，不断优化管理流程，并根据实际管理需求进行了全方位的以价值为导向的流程设计。

（1）榆北选煤分公司分析了现有流程对价值创造的影响，评估了现有流程在价值创造方面的优势和不足，找出阻碍价值实现的瓶颈和痛点。

（2）新流程设计突现价值观的重构。在现状分析的基础上，榆北选煤分公司以价值最大化为原则设计新流程。在新流程设计过程中，强化员工对价值导向的认同。开展价值导向培训，通过培训让员工深刻理解公司的价值导向，以及流程重构对实现公司价值的重要性。鼓励员工提出基于价值导向的改进建议，鼓励员工积极参与流程重构，提出基于价值导向的改进建议，促进全员参与和价值共创。

（3）建立基于价值导向的评估机制。榆北选煤分公司设定价值导向的评估指标，根据公司的价值

导向，设定具体的评估指标，用于衡量流程重构后的效果。根据评估结果，定期对流程进行调整和优化，确保流程始终与公司的价值导向保持一致。

3. 价值共享的协作体系

榆北选煤分公司是从煤矿企业中剥离选煤业务，独立运营的煤炭加工企业。为了保证分公司的专业性，实现煤炭产品在这一环节的价值增长，榆北选煤分公司构建了一套流畅的内部协作体系。

（1）业务部门间无缝协同，确保资源得到最优配置，从而充分实现价值共享。分公司内部生产、技术、安全等部门借助信息化平台进行业务流转，保证需求实时传递，产品全链跟踪，质量全程监管。分公司部门之间紧密合作，以确保从原煤的洗选、加工到产品输出的整个过程顺畅进行。生产部门主要负责煤炭的洗选和加工，这是煤炭生产的主要环节；技术部门提供必要的技术支持和设备维护，以确保生产的顺利进行；安全部门负责生产过程中的安全监督管理，防止发生安全事故。这种分工协作的方式可以提高生产效率，同时也能确保生产的质量和安全性。

（2）完善部门间信息共享与沟通机制，确保信息的及时传递和准确理解，进一步推动价值共创。一是分公司优化内部工作流程，确保各部门之间的衔接顺畅，减少不必要的摩擦和延误。二是制定标准化的操作规范和管理制度，以提高工作效率和质量。三是建立有效的沟通机制，如定期召开会议、使用内部通信工具等，以便及时分享信息、解决问题和协调工作。

（3）注重技术创新和人才培养，通过不断的技术革新和人才培育，为分公司创造更多价值，同时确保员工和社会深度参与企业的价值共享。分公司管理部门不断引进先进的选煤技术，提升选煤效率和质量；加大生产研发投入，推动洗煤技术的创新和应用。同时，企业还加强人才培养和交流，通过培训、学习等方式提升员工的专业技能和综合素质。

（二）整合升级，系统优化，构建横向赋能的数智化体系

榆北选煤分公司数智化体系以其共享、实时、穿透力强的特点，打破部门间职能设置带来的藩篱，整体提升了分公司运营效率。智能化选煤厂将大数据分析、人工智能、物联网、云计算等最前沿技术融入复杂的选煤工艺中，按照"一平台、四系统"（分别是智能选煤管控平台和智能生产控制系统、智能安全监管联动系统、智能生产辅助系统、智能网络服务系统）整合3D智能管控、人员定位、智能供配电、智慧重介、智能巡检、智能选矸等25个自动化管理系统，实现生产智能感知、设备智能监测、过程智能控制、人员精准管控、产品智能调控，达到产品质量稳定、劳动强度低、经济效益高的目标，岗位实现"无人值守、专人巡视"。

1. 智能系统赋能安全管理

（1）安全双重预防管理信息监管平台。针对榆北选煤分公司的安全管理体系和制度建设，提出了"打造国内一流智能安全洗选技术标杆企业"的战略目标，全力建设安全双重预防信息监管平台。通过安全双重预防管理信息监管平台的建设使用，不断完善榆北选煤分公司模块的双防信息，扩大了榆北选煤分公司对下属企业的安全双重预防监管信息化的覆盖范围，提升了监管水平。

该项目的建设可以分为PC（Personal Computer，个人计算机）端和移动端App开发，如图1所示。

（2）智能安全监管联动系统。该系统由智能视频安全监控、环境安全监控、智能消防、自动除尘等模块组成。可利用智能视频监控、传感器在线监测等技术，实现对人的不安全行为、设备设施不安全状态、作业环境安全状况的实时监测、预警，为实现选煤厂"本质安全"提供智慧力量。

①智能视频安全监控。该系统利用高清网络摄像机，对选煤厂主要设备及重要工作岗位进行实时监控。对人员不安全行为、劳保用品佩戴等事项进行智能分析，实现运行人员安全状况监测。利用红外线保护视频对带式输送机、刮板输送机、浅槽分选机等设备设置联动预警保护。②环境安全监控系

统。该系统通过在选煤厂储煤仓、皮带栈桥、原煤系统等位置部署传感器，实现对重点区域的温度、可燃气体及有毒有害气体进行在线监测，可实现在线或现场超限报警。③自动除尘系统。该系统通过在主要落煤点增加粉尘浓度监测装置，实时监测粉尘浓度，并与选煤厂干雾抑尘装置形成闭锁控制，使现场煤尘浓度控制在合理范围内。④介质回收监测系统。通过在磁尾矿桶出料管路安装磁性物含量监测装置，监测磁选机工作状况，一旦监测数值超限，即判断出现跑介现象，系统及时报警，提示生产人员检查磁选机回收状态。目前选煤分公司6套系统磁选机尾矿磁性物含量监测正常投用，均已接入集控系统。

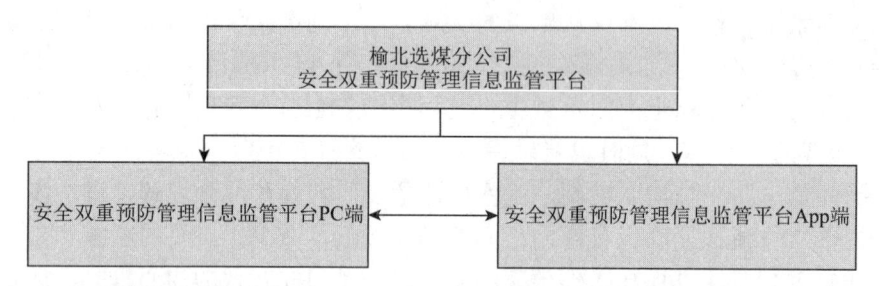

图1 榆北选煤分公司安全双重预防管理信息监管平台整体架构图

2. 智能系统赋能生产管理

榆北选煤分公司所运营的三个选煤厂均属矿井型选煤厂，均采用重介浅槽工艺，选用国际、国内一流的设备，初步形成了运转可靠、自动化程度高、系统智能化的发展运营模式。榆北选煤分公司利用智能化系统，及时掌握原煤煤质情况，有效指导煤质管理工作。

（1）TDS（Threat Discovery System，主机安全检查系统）智慧选矸系统。陕西小保当矿业有限公司小保当选煤厂对人工捡矸工艺进行改造，安装了两套TDS智能选矸机。TDS智慧选矸系统主要由布料系统、识别系统、除尘系统、执行系统、电气系统组成，利用X射线、图像识别、深度学习算法等技术，对煤和矸进行识别并分离，实现了对块煤的精准识别与分选。该系统建成投运以后，小保当选煤厂单班运行人员减少8人，单日减少24人，达到了减员增效的目的。

（2）智慧加介系统。该系统利用激光扫描装置，实现介质堆实时建模，采用电磁吸盘作为介质桶加介执行机构，结合介质堆分布位置实现介质向制备桶的自动添加。该系统投运后，选煤厂介质配备、添加实现无人化作业。

（3）智慧重介系统。该系统以选煤厂原煤和重介生产为基础，通过重介分选特征分析，在线智能给定循环介质密度等分选工艺参数，借助密度自动控制系统实现密度自动调控；以重介精煤测灰仪数据作为反馈量，对实际分选密度进行反馈调整，实现产品灰分的精准控制和智能调节。

（4）智慧浓缩系统。在浓缩池内设置E+H界面仪及浊度计，在底流口设置浓度计。利用界面仪和浊度计对浓缩机澄清水层高度和溢流浊度情况进行动态跟踪，对加药机加药量进行后馈调整，实现浓缩机运行状况（运行、故障、耙压）的在线监测。

（5）智慧压滤系统。实现了压滤机监控、自动补料、自动结束进料、智能排队卸料、压滤生产统计、系统辅助设备监控及状态控制、辅助卸料、滤布自动冲洗功能。

（6）智能鼓风系统。一方面实现了空压机自动加卸载，根据用风点监测压力与设定高低压力比较，实现多台空压机轮换自动加卸载功能；另一方面根据设定排水时间实现了风包自动放水功能。

（7）智能供配电管理系统。实现了对主厂房工艺系统及辅助系统的电能实时监测、分析、判断、报警等功能。

（8）巡检机器人系统。小保当选煤厂共计安装了8套巡检机器人系统，曹家滩选煤厂安装了7套巡检机器人系统。巡检机器人在传动系统的驱动下沿固定区域往复移动，实时采集运行区域中的各项监控数据，并通过无线通信系统传输到远程控制站处，在软件平台上实时显示整个设备运行状况，对机器人进行远程控制。此系统的投运实现了带式输送机司机由固定岗位转变为区域巡检。带式输送机运行故障超前预判、预警，减少故障停机时间，提高了现场巡检效率，降低了现场人员巡检劳动强度。

（9）智能照明及人员定位系统。通过在全厂区内新装智能照明设备，将UWB（Ultra Wide Band，超宽带）精准定位技术与灯具控制相结合，利用现场智能灯具为基站、人员定位卡为信号，打造"以灯定位，以位控灯"的新模式，实现了"人来灯亮、人走灯灭"的目标。

3. 智能系统赋能科学决策

智能选煤决策平台由运行管理执行系统、机电设备全生命周期智能维护及3D可视化系统构成。通过分层次的数据整合、应用整合及信息系统的整合，形成一体化的面向选煤厂的生产管理平台。

（1）运行管理执行系统。该系统将大数据分析、工业互联网、云计算与人工智能等高科技融入复杂的选煤工艺中，以空间数据、监测数据和业务数据为基础，基于自动建模、数字孪生等技术，实现了三维仿真与动态更新，建立了生产智能管控、设备智能监测、产品智能监控的全流程管理"AI"大脑。

（2）机电设备全生命周期智能维护。该系统通过在选煤厂生产系统内所有设备表面布置温振一体传感器及数据采集系统，采集设备运行中的振动、温度等信号，通过智能分析设备运行状态，实现设备状态判别。针对不同设备部件的故障类型，通过数据集成化与可视化分析形成"电子病史"，提前预警，预防排障。员工可通过软件中的分析工具对设备数据进行追踪回溯，判断当前设备状态，并结合设备检维修预警信息，开展预防性检修工作，确保了设备完好率大于95%。

（三）高效响应，精益管理，塑造协同支撑的专业化体系

榆北选煤分公司在运营管理中，通过内部搭建高效管理架构，打通专业部门间沟通协作渠道，设计了基于选煤企业特色的内部响应机制，提升了精益化和专业化管理水平。

1. 专业化的管理架构

榆北选煤分公司在管理架构上是独立于煤炭生产企业的运营公司，具有专业性和独立性。专业化运营选煤厂体现出以下几方面的优势。一是分工明确，优势互补。运营部门和生产部门双方分工明确，各自工作的侧重点不同。运营部门可以充分集中优势，在宏观领域引领公司发展方向；生产中心可以充分发挥机制灵活性和生产管理技能等优势，按照运营部门的规划方向，实现提质增效。二是利益共存，职权明确。运营部门和生产部门双方是利益共同体。运营部门可以将工作范围、生产指标控制、安全风险预控管理体系、岗位标准作业流程等内容进行详细规定，并进行监督、检查、考核；生产部门根据要求履职履责，并加强各生产环节的管理。明确的职权设置能够减少工作冗余，降低企业成本。三是互利互惠，提高效率。监督与检查是实现内部专业化管理的基础与保证，榆北选煤分公司的运营部门根据实际情况对选煤厂生产运营情况进行监督，并制定管理办法。选煤厂根据要求合理优化人员、岗位结构，强化成本管控，加强班组对标管理，积极支持、配合完成修旧利废、科技创新创效及各项技术攻关工作。通过双方通力合作，在降低生产运营成本的基础上，提高工作效率。

2. 专业化的服务响应

（1）榆北选煤分公司采用"技术理论培训、现场作业应用＋外部学习交流"的"2+1"管理模式，打造了一支专业化智能运营队伍。一是在技术理论培训方面，组织运营人员进行系统的技术理论学习，内容涵盖矿业工程、软件工程、信息工程、机器人工程、人工智能等相关领域的基础知识和最新技术进展。培训方式包括线上课程、专题讲座、实践操作等，确保运营人员能够全面掌握相关理论知

识，并具备将其应用于实际工作的能力。二是在现场作业应用方面，将培训的理论知识与实际工作场景相结合，组织运维人员参与现场作业实践。通过实际操作、案例分析等方式，让运维人员深入了解智能化运营的实际应用，掌握智能化设备和系统的操作和维护技能。同时，鼓励运营人员在实践中不断总结经验，提出改进意见，推动智能化运营水平的不断提升。三是在外部学习交流方面，积极寻求与科研院校、行业组织、其他企业的合作与交流机会。通过组织技术研讨会、参观考察、合作研发等活动，让运营人员能够接触到更多的前沿技术和先进经验，拓宽视野，提升专业素养。同时，也可以借助外部资源，解决企业在智能化运营过程中遇到的技术难题和瓶颈问题。

（2）榆北选煤分公司与选煤厂建立了"吹哨报到"式的服务响应机制，如图2所示。在选煤厂"吹哨"阶段，主要包括以下步骤：提出问题或需求；递交问题或需求。在榆北选煤分公司报到阶段，主要包括以下步骤：接到"吹哨"提出的问题；求证并确定优先级；组织专业团队；提供资源解决问题；总结与提升。

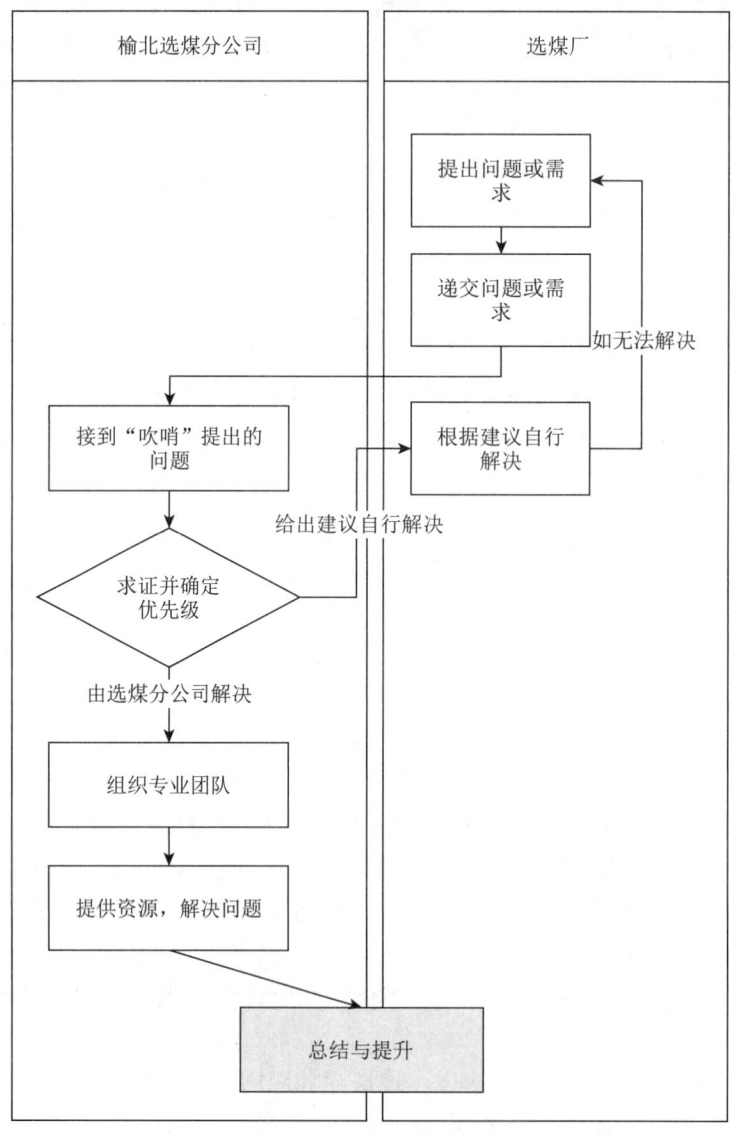

图2 "吹哨报到"模式下的专业化服务响应

3. 专业化的管理工具设计

（1）开展"一营一室一站"，全方位打造精英人才。

"一营"："1236"精英人才孵化营。以打造精英人才为核心，从创新、管理、专业技术、技能操作四个维度发力建立精英人才梯队，以"四个一"精英人才培养为目标，打造适应榆北选煤分公司高质量发展的人才队伍。开展"1236"精英人才孵化营，即：培养1%的科技创新人才，2%的管理人才，3%的专业技术人才和6%的高技能人才。"1236"精英人才孵化营专项计划中还植入"淘汰优化"机制，在年终以"擂台赛"的形式进行比拼，不断引入源头"活水"，增强队伍人员危机感，进而转化为企业发展动力。

"一室"：吴恒劳模创新工作室。工作室围绕榆北选煤分公司科研、生产等环节的技术瓶颈，开展技术创新、技术攻关、技术协作活动，解决工作中的技术难题，推进分公司技术进步；围绕创新创效，产生创新成果，转化应用后提高生产效率和经济效益；围绕人才培育，开展技术交流、技术帮扶及技术培训活动，培养技术骨干，为分公司"智创引领未来"储备人才；围绕挖潜革新，孵化攻关项目，为持续改善、降低创新成本与风险打好基础；围绕引领示范作用，建立创新工作机制，聚力培养"1%"的创新人才，为提升榆北选煤分公司核心竞争力发挥积极作用。

"一站"：工程师站。创建"工程师工作站"，打造专业技术人员培养新平台，畅通专业技术人才交流转换、学习实践通道，培养专家型专业技术人才，不断整合技术力量，各专业优势互补，实现由"分散、封闭"向"集中、开放"模式的转变，打造品牌化人才培养新模式。

（2）公司绩效考核管理办法。一是落实工资总额预算管理、自主分配原则，坚定执行"两总额、两同步"，实现员工收入与企业效益挂钩，充分发挥薪酬分配的激励导向作用；二是推进差异化薪酬管理，依据榆北选煤分公司关于差异化薪酬文件精神，制定年度差异化薪酬管理制度，通过一线技能人员考核定级，差异化落实各级技能人员薪酬待遇，加大薪酬分配向高技能检修人员倾斜，建立明确流动导向；三是进一步加大考核取酬占比，强化"考核工具"与"结果应用"的联动力度，保障考核取酬占比不低于70%，力争提升至75%以上；四是严控人工成本，针对人工成本影响因素员工休假、劳动效率、人工工资，建立月度统计、分析，季度通报、约谈机制，指导各中心开展精细化人工成本管控。

（四）全程全面，扎实强韧，筑牢综合保障的一体化体系

榆北选煤分公司的高效运营得益于其整体性和系统性的特点，尤其是公司的精神底蕴。"党建""文化""底线"三维支撑，一体化发展。企业党建监督管理分公司的安全底线，实现相融互促；党的建设始终引领企业文化建设方向，是企业文化的风向标；而党建和文化建设深度融合发展已成为企业的精神底色，共同助力选煤分公司长期健康成长。

1. 三个"五"党建引领

为打造党建品牌，榆北选煤分公司培养"五项能力"，构筑"五个优势"，打造"五个标杆"。其中，"五项能力"的具体内容是指：高质量党建学习力、高质量党建执行力、高质量党建组织力、高质量党建革新力和高质量党建带动力。"五个优势"的具体内容是指一流企业战略优势、一流企业发展优势、一流企业融合优势、一流企业监督优势和一流企业队伍优势。

"五个标杆"的具体内容：学习贯彻党的二十大精神，打造对党绝对忠诚标杆；重点突破深化党建实干实效，打造先进基层党组织标杆；党建引领创新发展"第一动力"，打造智能技术输出服务标杆；党建引领创新发展"第一动力"，打造智能技术输出服务标杆；党建引领汇聚人才"第一资源"，打造专业运营人才孵化标杆。

2. 导向明确的文化体系

榆北选煤分公司构建了"1+7+N"文化品牌矩阵，打造具有鲜明个性和行业影响力的"智行者"

文化品牌，让"智行者"文化深入人心、植入行为、切入管理，为"再造新榆北"提供强大的内生动力。其中，"1"代表公司的核心价值观，"7"代表支撑这一核心价值观的七个关键文化因素，而"N"则代表基于这些核心因素而衍生出的多种具体文化实践和行为。"1+7+N"文化体系的内涵与架构如图3所示。

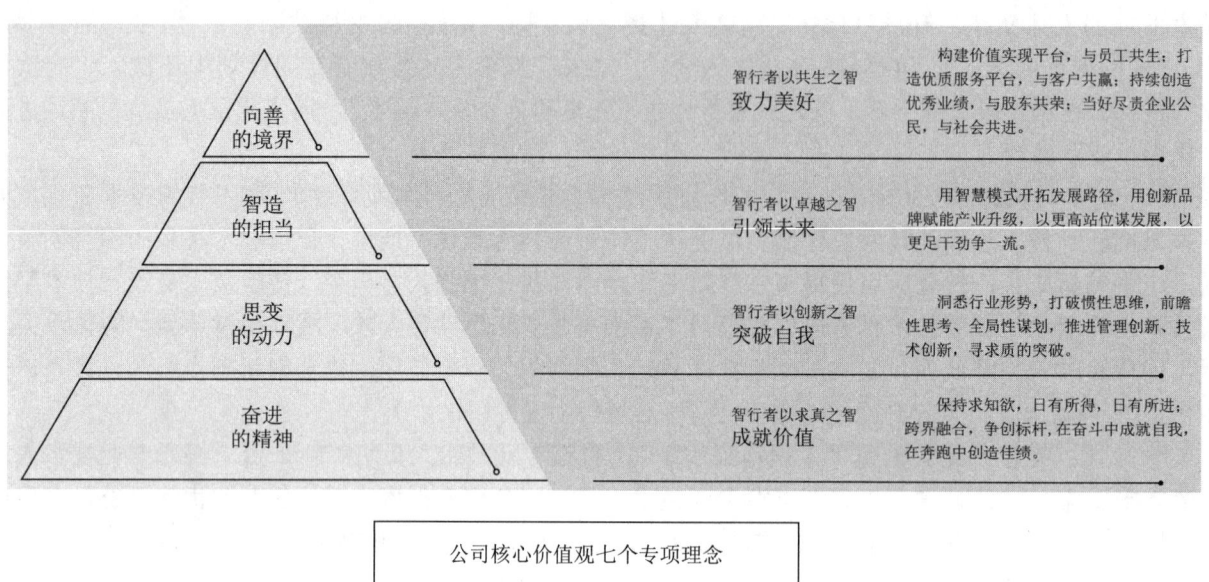

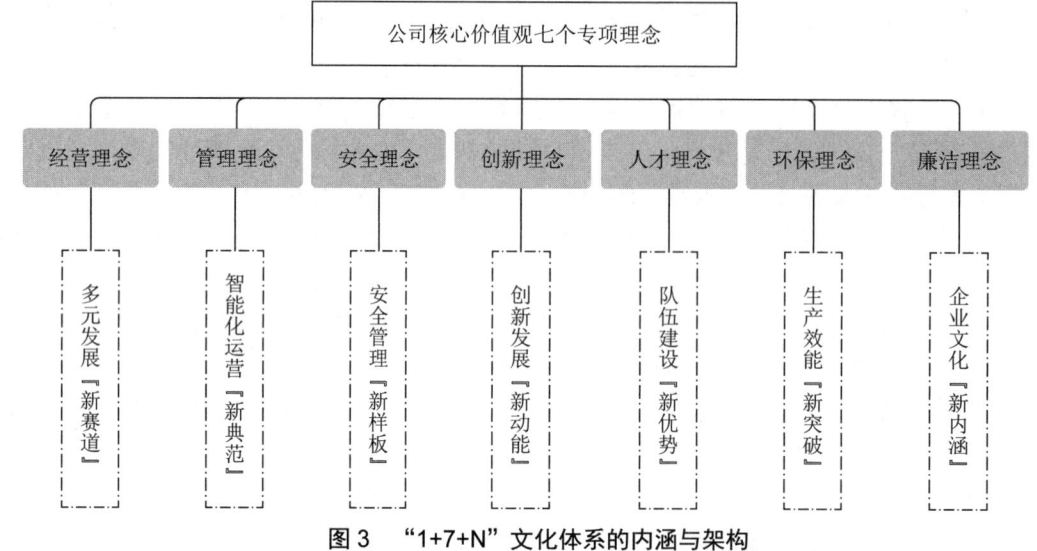

图3 "1+7+N"文化体系的内涵与架构

榆北选煤分公司的核心价值观体现在"行必忠诚，事必尽善"。同时，有七方面的理念进行支撑，分别是："集约、智能、卓越"的经营理念，"科学规范，协同高效"的管理理念，"生命至上，安全第一"的安全理念，"思危求变，敢想擅创"的创新理念，"给所有人跑道，为每个人加油"的人才理念，"绿色开采，低碳发展"的环保理念及"初心不渝，身正行远"的廉洁理念。为了实现7方面的理念，榆北选煤分公司还打造了多重措施进行实现，如以"7新"为代表的路径方向：走向多元发展"新赛道"，"人治"走向"智治"的"新典范"，打造安全管理"新样板"，汇聚创新发展"新动能"、厚植队伍建设"新优势"、实现生产效能"新突破"、打造企业文化"新内涵"等。

3. 以人为本的底线思维

打造以人为本的底线思维，就是要始终把员工的生命安全和身体健康放在首位，确保企业的安全生产和员工的权益得到最大程度的保障。为此，榆北选煤分公司未雨绸缪，从培训教育和现场监管两方面提升安全水平。

（1）为提高安全培训教育实效，保障各环节安全生产，榆北选煤分公司提出"151"安全警示教育培训模式。"151"安全警示教育培训模式内容是"一案五问一改变"：即一个事故案例学习，要问五个问题（一、造成这个事故的主要原因是什么？二、事故案例对我最深的感触是什么？三、如果这个事故发生在我身上，我会如何，我的家庭和亲人会如何？四、事故对我最深的教训是什么？五、通过学习事故案例，我最想对亲人和工友说的是什么），一改变即改变思想理念，如何避免发生同类事故。

（2）建立"110"现场安全监管。"1"：一中心一安检，榆北选煤分公司从业务素质、管理执行力等方面公开竞聘配齐安监人员，成立安检组。"1"：一班组一安全，根据安全管理体系纵向到底要求，每个班组设置安全员岗位，每班至少1人，由所在班组及中心主任双重领导。"0"：现场监管无盲区、排查零死角、隐患零容忍。

四、主要创新点

榆北选煤分公司"价值化、数智化、专业化、一体化"四化协同运营管理模式为专业化洗煤厂提供了全新的管理范本，四个维度互为支撑，以企业实践为原点，以价值化为导向，以数智化为手段，以专业化为支撑，以一体化为保障，共同构建协同高效的运营管理系统。其具体内涵如图4所示。

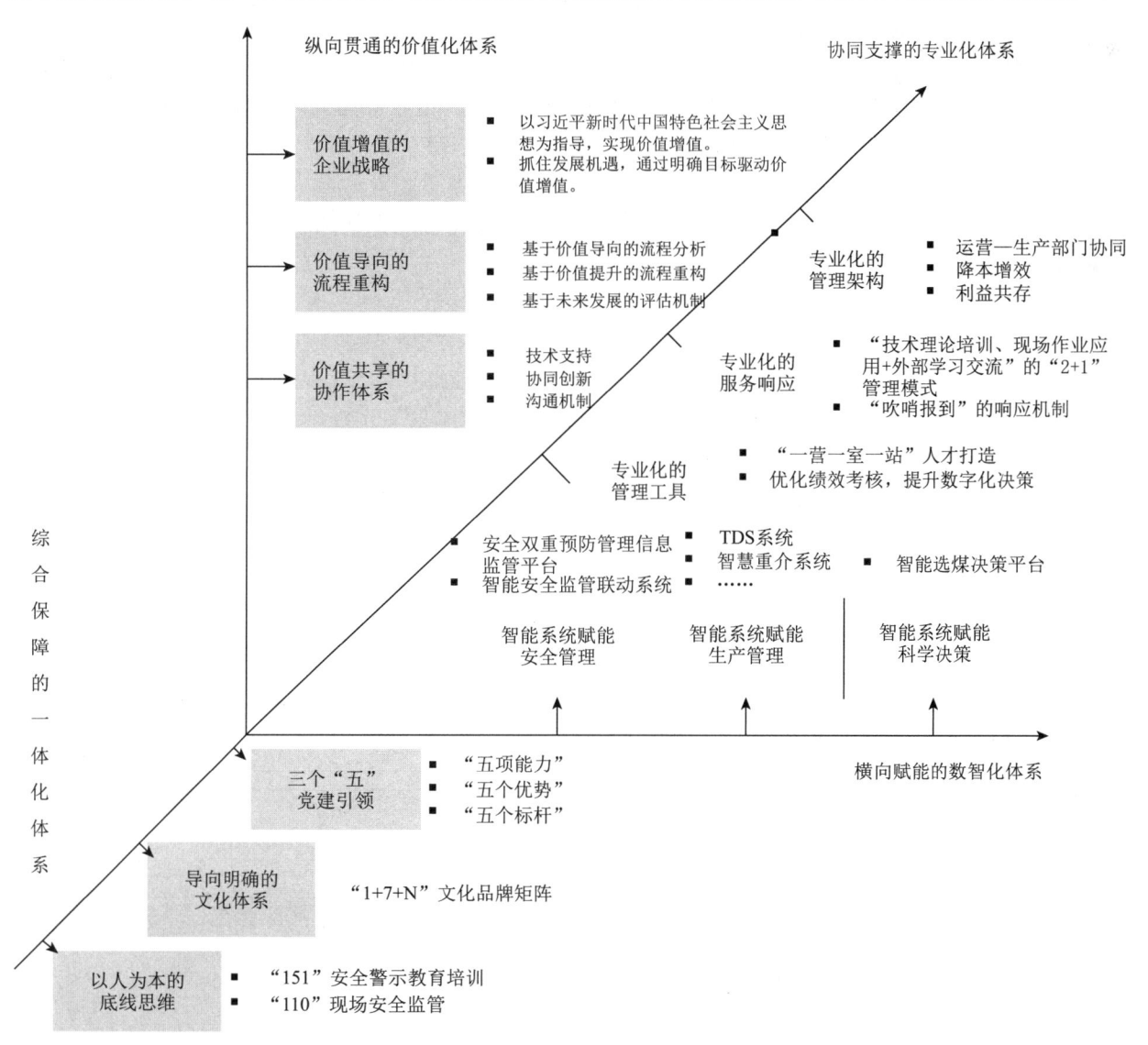

图4　榆北选煤分公司"四化"协同运营管理体系内涵

榆北选煤分公司"四化"协同运营管理体系是一种"目标、流程、协同价值化，安全、生产、决策数智化，组织、运营、考评专业化，党建、文化、人本一体化"的现代洗选企业管控模式。其中：价值化体系以习近平新时代中国特色社会主义思想为指导，以国务院国资委国有企业开展对标世界一流企业价值创造行动要求为导向，从企业实践出发，制订前瞻、科学、动态的战略，助力企业价值增值；以要素识别、流程重构和评估反馈为关键节点，建设全面、全程的优化流程，遵循企业价值导向；以密切无缝的运营部门和生产中心合作、面向未来的人才培训和规范畅通的沟通机制，促成内部协作，打通部门间的业务壁垒，实现价值共享。

数智化体系借助安全双重预防管理信息监管平台实现智能系统和智能安全监管联动系统赋能安全管理，减少潜在的事故；在TDS智慧选矿系统、智慧重介、智慧浓缩等系统加持下，实现数值系统赋能生产管理，显著提升生产效率；利用智能选煤决策平台，实现智能系统赋能科学决策，提高设备使用率，减少人力投入，实现系统优化。

专业化体系构建了利益协同、职责清晰、降本增效的专业化的管理架构，助力企业实现精细化管理；量身定制了"2+1"技术提升策略和"吹哨报到"的响应机制，保证了专业化的服务供给；创新设计了"一营一室一站"人才成长通道，优化了绩效考核方式，提升数字决策水平，打造了专业化的管理工具，实现了有温度、有效率的精益管理。

一体化体系是榆北选煤分公司的精神内核，它培养"五项能力"，构筑"五个优势"，打造"五个标杆"，强化党建整体引领；塑造"1+7+N"文化体系，全面铸造企业强大向心力、凝聚力；不断通过"115"安全警示教育和"110"安全现场监管，筑牢安全底线。

五、实施效果

自"四化"协同运营管理体系建设以来，榆北选煤分公司管理水平和软实力有了显著提升，产生了较大的经济效益和社会效益。

（一）经济效益

第一，从洗选服务能力方面来看，三年来呈现出了持续增长的趋势。2021年的服务量为5306.38万吨，到了2022年增长至5649.38万吨，而到了2023年更是增长至7257.5万吨。

第二，营业收入方面也呈现出类似的增长趋势，如表1所示。2021年的营业收入为4.15亿元，2022年增长至5.62亿元，而到了2023年更是达到了6.51亿元。

第三，利润方面也呈现出逐年增长的趋势。2021年的利润为1.11亿元，2022年增长至1.58亿元，而到了2023年更是达到了1.93亿元。

第四，人均利润呈现出逐步上升的趋势。从2021年的15.12万元增长到2022年的19.40万元，再到2023年的20.75万元，较2021年增长37.2%。

表1　销售指标

年度	销量/万吨	营业收入/万元	利润/万元	人均利润/万元
2021	5306.38	41472.99	11065.41	15.12
2022	5649.38	56184.38	15756.73	19.40
2023	7257.5	65087.94	19340.20	20.75

同时，榆北选煤分公司在过去几年中的总资产贡献率和净资产收益率都保持在一个较高的水平，如表2所示。

表2　资本指标

年度	总资产贡献率 /%	资产负债率 /%	存货周转率 /%	净资产收益率 /%
2021	104.66	29.96	0	109.77
2022	109.36	35.16	0	117.49
2023	99.22	26.83	0	110.21

在生产方面，榆北选煤分公司2021年全年累计装运总量4249.75万吨，累计入洗总量2193.06万吨。2022年累计装运总量5649.38万吨，入洗总量2337.95万吨，装运量同比增长32.93%；控制吨煤完全成本≤6.20元/吨。2023年全年累计装运总量7250万吨，同比增长28.3%；累计入洗总量2837万吨，同比增长21.4%；全年吨煤完全成本6.10元/吨，较考核指标6.20元/吨节支0.10元/吨。榆北选煤分公司近三年的生产数据如表3所示。

表3　榆北选煤分公司近三年的生产数据

年度	入洗原煤/万吨	吨煤完全成本/（元/吨）
2021	2193.06	6.1
2022	2337.95	6.2
2023	2837.00	6.1

（二）社会效益

1. 扶贫助困成果

榆北选煤分公司发挥国企担当，履行社会责任。2022年度购买帮扶产品200余万元，助力乡村振兴发展战略。开展大学生助学及慰问活动，资助金额2.4万元，让榆林市府谷县府谷镇朝阳村16名专科以上学生开启新的大学生活。常态化开展"我为群众办实事"实践活动，职工满意度达100%。组织困难职工慰问、"四季送"等职工关爱活动10余次，慰问资金20余万元。

2. 科研创新成果

榆北选煤分公司重视科技投入，引领选煤企业技术创新，构建了较为完善的科研体系，包括《科学技术研究计划项目管理办法》《科技成果考核奖励办法》《科技资金管理办法》《知识产权管理办法》《职工技术创新成果管理办法》《科技创新工作考核管理办法》《科技引导资金管理办法》《科技论文等成果激励管理办法》等规章制度与管理办法，促进了企业的科研规范化和标准化发展。

自"四化"协同运营管理实施以来，榆北选煤分公司共获批专利10项、软件著作权2项，发表专业学术论文10余篇。

3. 绿色发展成果

榆北选煤分公司践行"双碳"承诺，追求绿色发展。注重粉尘排放控制，小保当选煤厂防尘采用通风除尘系统及超声雾化系统，其中采用通风除尘设施共计157台，超声雾化装置369处，新增11套无动力微动力系统及8套湿式除尘器系统。曹家滩选煤厂防尘系统采用通风及干雾抑尘装置，其中采用通风设施共计60台，干雾抑尘装置共计4套，新增7套无动力微动力系统及5套湿式除尘器系统。涌鑫安山筛分车间为了消除原煤在筛分过程中散发的大量粉尘，在两台原煤振动筛上各设置一套防爆型湿式振弦除尘器进行除尘，总除尘效率在98%以上。

同时，榆北选煤分公司控制煤泥水排放，小保当设置3台Φ35m浓缩机，曹家滩设置2台Φ45m高效浓缩机，涌鑫安山设置1座Φ24m浓缩池。通过技术的革新与设备的投入，在提升经济价值的同时减少环境扰动与污染,真正把生态优先、绿色发展理念落到实处。

4. 地区发展与职工关怀

企业在追求自身高质量发展的同时,也带动当地经济发展。2021年、2022年及2023年分别缴纳税金4809.76万元、6586.05万元和6294.06万元,榆北选煤分公司自成立以来累计缴纳税金1.98亿元。

榆北选煤分公司对内实施"有温度"的职工关怀。扎实做好职工服务,大力推动"我为群众办实事"实践活动,通过召开座谈会、谈心谈话等方式征集职工意见,开展职工权益问题调研4次,办结实事项目21项。强化职工和团员青年素质提升,举办榆北选煤分公司第五届岗位大练兵技能大比武活动,选拔19名职工参加榆北煤业第六届技能比武大赛,取得3个工种1个一等奖、2个三等奖。组织参加榆北煤业各项业务竞赛,荣获工会改革创新项目宣传业务竞赛一等奖。持续推进劳模工作室建设,征集"五小"创新40项,"吴恒劳模创新工作室"获得陕西省能源化学地质系统劳模和工匠人才创新工作室称号。丰富职工文体生活,举办篮球比赛、田径比赛、钓鱼比赛等各类大型活动5次;精心编排,认真筹备,荣获榆北煤业"青年歌手大赛"一等奖;积极筹备榆北煤业第二届运动会,选拔训练各项目运动员共计90名,共获各类奖项16个。凝聚青年力量,重视青年职工思想教育工作,开展新入职大学生座谈会和青年职工座谈会,共调研征集问题23项,已全部整改解决。

5. 所获荣誉

自"四化"协同运营管理体系实施以来,榆北选煤分公司的建设成果得到了多方认可,共获得国家级奖励一项、省部级奖励一项、行业级奖励五项、市级奖励一项、陕煤集团奖励四项。

"四动四抓"工作法在企业接诉即办主动治理中的应用实践

创造单位：北京上庄燃气热电有限公司
主创人：段婷婷　贺珊芳
创造人：邓建平　程宇　倪佳豪

【摘要】作为服务首都"四个中心"建设的市属重要能源企业，京能清洁能源北京上庄燃气热电有限公司（以下简称上庄热电）始终坚持人民至上，将接诉即办工作作为践行"国之大者"、做好民生服务的重要路径，积极开拓"四动四抓"工作法，有效适应北京市接诉即办工作新要求，通过注重先动，抓好用户服务体系搭建及建立企业客户供热服务专线（又称小循环热线），推动服务宣发进社区、到用户；灵活主动，紧盯气象信息和供热参数，做好关键时期用户重点提示，坚持定期上门测温服务，确保节日期间运维能力，全心全意保障居民供热稳定；内外联动，加强与上级主管单位和属地政府、街道沟通协调，形成民意联听、工单联办的工作格局，用心用情解决用户诉求；加强用户互动，建立用户数据库，形成重点用户定期沟通机制，做好未诉先办工作。"四动四抓"工作法优化整合了上庄热电、复售单位、属地政府街道等服务资源，以精细化手段巩固提升接诉即办质效，有效减少了12345市民服务热线（以下简称12345）及北京热力96069热线（以下简称96069）工单数量，缓解了接诉即办工作压力。同时企业小循环工单的有力办理，有效搭建起企业与用户直连服务桥梁，为推动区域综合能源服务企业接诉即办主动治理提供了参考样板。

【关键词】四动四抓　接诉即办

上庄热电作为北京海淀北部区域能源供应中心，承担着该区域的综合能源系统建设和供应。在能源中心区域建设中，上庄热电以"管理智能化、减排清洁化、节能低碳化、景观生态化"的"四化"为理念，致力打造海淀北部区域综合能源示范品牌。上庄热电总占地面积约7.5公顷，以燃气冷热电三联供机组、烟气余热利用、太阳能光伏、地源热泵为基荷热源，以燃气热水炉为调峰热源。其建有1台（套）266MW燃气—蒸汽联合循环机组、2台共计116MW燃气调峰热水炉、6台共32MW制冷机组及配套38千米的热力管网。目前，对外总供热面积为292.45万平方米，总供冷面积为15万平方米。2023年年底上庄热电蓝宝酒业光伏项目成功并网发电，总装机容量为1MW。作为综合能源系统建设单位，上庄热电建设了集供热供冷系统、光伏、充电桩、储能及能源管控于一体的中关村科创生态小镇综合能源服务项目。该项目供热面积约为20万平方米，冷负荷9450kW，热负荷10506kW；该项目建设屋顶分布式光伏总量为423.5kW，采用"自发自用"模式，供园区负荷使用。能源管控系统采用"互联网+"智慧能源管控平台，依托互联网、大数据分析、5G技术，将能源管理、设备监控、远程控制、运维管理纳入一体化，实现了信息化、可视化、智慧化。

一、实施背景

（一）做好接诉即办工作是实施民生保障的本质需要

近年来，北京市深入践行以人民为中心的发展思想，依托12345建立"接诉即办"机制，坚持民有所呼、我有所应，树牢在基层一线解决问题的鲜明导向，形成了解决人民群众急难愁盼问题的长效机制。2021年9月发布的《北京市接诉即办工作条例》充分体现了接诉即办工作的本质规律，建立起了全链条的制度规范，确保群众"说话有人听、困难有人帮、事情办得快"成为常态，接诉即办已成为提高现代化治理能力、增强政府公信力的有效途径。

作为服务首都"四个中心"建设的市属重要能源企业，上庄热电始终坚持人民至上，认真贯彻北京市委市政府、北京市国资委党委、京能集团和清洁能源党委的部署要求，将接诉即办作为践行"国之大者"、做好民生服务的重要路径。因而，建设以问题导向为核心的接诉即办工作体系，拧紧责任链条，充分发挥用户诉求反馈的指针作用，进一步优化供热系统运行、供热服务工作，成为企业履行民生保障义务、提升企业社会形象的本质需求。

（二）强化接诉即办效能是提升服务质量的必然要求

上庄热电供热区域内的居民维护存在点多、面广、运维单位多的特点，每年供热季为接诉即办工单较为集中的时期，12345、96069和上庄热电自建服务热线工单平行出现，居民诉求呈现追求高质量生活品质、提供优质咨询等周边服务、收费维修服务等多元需求，面对新情况、新需求，必须以高品质的服务、高质量的效果满足广大人民群众对美好生活的向往和追求，将供热服务的灵活变量转化为促进人民群众生活水平提升的最大增量。

（三）构建主动治理体系是夯实服务质效的重要基石

北京市委市政府在历次接诉即办会议上提出，在具体工作中关键是把各项要求落到工作面上、落实在一线，切实做到风险排查实、做到底数清情况明；问题整改实，通过解决一个问题带动解决一类问题；工作责任实，把责任压实在操作层面上。供热类接诉即办工单是北京市冬季工单的"主力军"，具有数量多类型杂、办理完成度要求高等特点，通过12345、96069的工单需要经过多次分配才能转至对应的供热单位，占用大量社会公共信息资源，处理时间也相对较长。因此，强化企业自主服务能力、构建清晰的服务架构和完善的服务机制、推动企业客户服务自主循环，是减少社会公共热线服务平台资源占用、促进接诉即办责任下沉、化解基层矛盾的重要基础，也是推动由接诉即办到未诉先办、主动治理的重要一步。目前，上庄热电居民供热服务主要面临以下几项问题。

1. 供热运维服务一体化管理较为困难

上庄热电目前所属居民热力站共计13个，其中自主委托管理的热力站3个，趸售企业管理的热力站10个，辐射12个小区，涉及运维单位7家。由于7家单位均属独立运营单位，不存在隶属关系，在供热运维方面存在管理标准不一、深度不一、精度不同的差异，对于作为供热服务主体的上庄热电来讲，统一协调管理是实现优质服务的基础和重点。

2. 客户服务体系流程不一，难以保证服务时效

北京市"接诉即办"工单的接单、办理、反馈等均有严格流程时效机制，并且实施以"响应率、解决率、满意率"为指标的考核机制。通过调研了解发现，上庄热电管辖范围内各运维单位几乎对"接诉即办"的运转机制了解不多甚至不了解的情况，服务流程和服务机构设置较为简单，对服务电话等宣传不够，各单位客户服务人员素质参差不齐，日常培训缺乏，服务质量难以保证"三率"要求。这种情况下，建立联动协同机制、促进工单有效办理成为当务之急。

3. 用户侧管理深度不够，用户对运维单位信任度不高

各运维单位对用户的管理多数停留在收费和维修层面，缺乏对用户的基础管理，用户名册较多依赖于收费台账，对于用户历年报修情况、测温情况等缺乏有效的档案管理。同时，用户工单处理回访、日常联络方面的工作量不足，对于推动问题从"有一办一"到"举一反三、主动治理、未诉先办"未能发挥有效作用。

二、实施过程

2023年供暖季开始，上庄热电积极满足市级接诉即办工作新要求，经上庄热电党总支细致部署和周密研究，提出打破沟通壁垒，优化整合上庄热电、趸售单位、属地政府街道等服务资源，深入开拓"四动四抓"工作法，以精细化手段巩固提升接诉即办质效，以实际行动践行京能集团"传递光明，

温暖生活"的企业使命，打造让政府放心、让百姓满意的区域综合能源服务商。

（一）注重先动，抓好"一体化运行"工作联合体运转

1. 搭建接诉即办"一体化运行"工作联合体

构建"接诉即办领导小组—接诉即办办公室—上庄热电客户服务中心"三级组织架构，分层次部署职能。领导小组主要发挥领导指挥作用，研究部署方案、落实责任、推动解决；办公室主要承接沟通联络、评定考核职能，负责各级接诉即办机构工作的衔接、研判和责任部门沟通，负责接诉即办组织机构、制度的搭建和完善工作；客服中心为接诉即办用户服务的核心机构，其主要职责是在上庄热电接诉即办领导小组的领导下，承办供热类"接诉即办"工单，负责接办12345工单、96069工单及承办上庄热电内部客服电话工单，做好工单的承接、过程反馈、用户回访、结果上报等，确保在时限范围内完成工作，如图1所示。同时，负责供热用户基础信息和工单系统维护、接诉即办数据统计及客服人员培训工作；各外委及趸售单位为各自用户维护的主体单位，发挥与上庄热电客户服务中心工单对接、承办、反馈等联合运行职能。

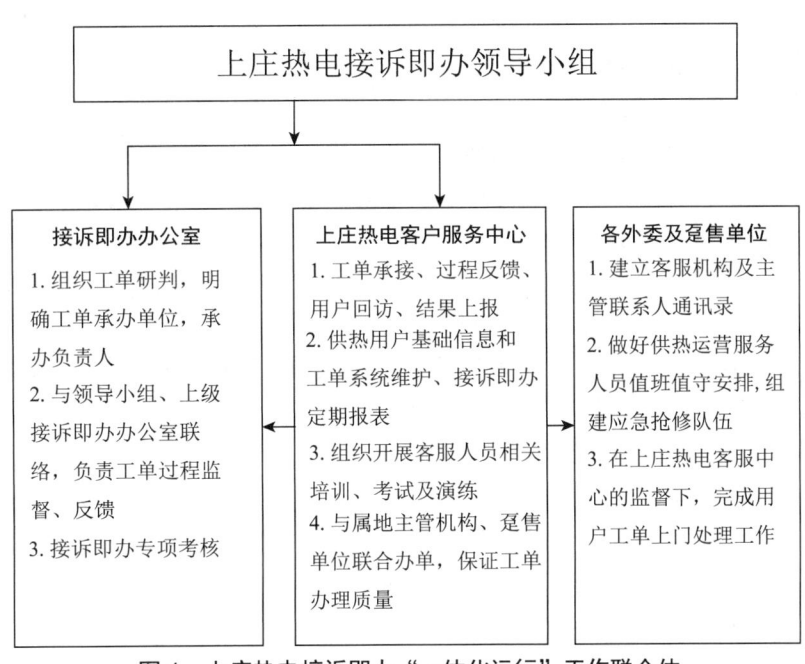

图1 上庄热电接诉即办"一体化运行"工作联合体

2. 搭建服务宣传多维阵地

打造一站式服务阵地，建立供热服务热线（010-68868088）、"至诚服务，温暖到家"服务宗旨及"研判方案要用心，紧跟过程要上心，完成任务要同心，用户感觉要舒心"的"四心"服务理念，制作含供热管家、供热监督等5个小循环电话的客服卡片及供热服务指南宣传册，分发至供热小区。打通全天候线上信息渠道，创办"海北热力"微信公众号，开展供热服务信息共享，扩大服务宣传范围，加强公众沟通互动。充分利用小区业主群，保证每个小区业主微信群除了各运维单位客服人员入群外，至少有一名上庄热电客服中心人员入群，根据天气情况不定期发布供热温馨提醒，及时捕捉供热类诉求，第一时间掌握各小区业主供热问题，打破沟通障碍。

3. 开设服务课堂，分层次开展业务培训

积极与96069客服中心对标学习，每周参加供热研判会，学习先进经验，定期参加相关培训，学习供热类接诉即办工单处理经验及处理方法，举一反三，对上庄热电类似问题及时制定措施，防患

未然。上庄热电客户服务中心积极落实相关工作要求并组织开展内部培训，每两周对各运维单位负责人、客服人员、维修人员三类人群开展针对性培训，强调工作注意事项和典型案例，确保各项工作要求上下贯通、执行一致。

4.成立接诉即办专班，组建服务"智囊团"

接诉即办专班工作人员始终坚持以群众反映诉求为导向，供热季实施24小时待命工作模式。针对工单第一时间签收、第一时间研判并及时向上级汇报。并对回访回复细致严格把关，按时限办结。同时，及时传达北京市城市管理委员会、京能集团、清洁能源重要指示精神，组织开展接诉即办学习培训考试等，帮助提高接诉即办人员素质能力。

（二）灵活主动，抓好区域供热服务全链条保障

1.掌握"晴雨表"，紧盯关键时点，做好重点提示

上庄热电充分结合季节特点、重要节点及天气预报信息，抓好寒潮、两节等重点时期保供工作，严格执行领导干部带班值班和信息报告制度，及时发布预警信息和安全提示。通过微信公众号、小区业主群、单元门口张贴通知、上门发放宣传名片等方式，线上、线下宣传节日假期、寒潮期间上庄热电所采取的工作措施和上庄热电维保电话。

2.用好"指挥棒"，开展供热参数监督，灵活调整消缺

建立基于气象数据的运行参数日调度机制，充分运用智能热网调度系统，运行人员根据气温及时调整参数，保证一次侧供水温度平时不低于80℃，寒潮天气不低于82℃，极寒天气温度不低于85℃。生产人员每天检查换热站运行情况，对参数进行分析，指导运维单位处理故障，对调节异常情况督促调整，对公建用户提出运行建议。确保二次侧供水温度不低于50℃，温差在合理范围内。

3.定好"服务钟"，定期上门测温，深入设备治理

整个供热季期间，维保单位工作人员每星期随机上门测温并记录小区供回水温度、用户房屋室温等情况，通过数据测算管道传热性能，根据测量情况进行调节。

4.织密"保护网"，节点提前谋划，确保保障充分

上庄热电所管小区运维单位全天候时刻待命，备齐工具、设备，全面完成12345等各类服务热线派发的工单任务。春节、元旦等重要节点，在前两周安排小区运维人员交替调休，各运维单位负责人设置AB角，确保24小时人员在岗，电话畅通。同时，保证在京运维应急抢修队伍人数，覆盖各类常用工种，随时处理供热管网突发情况。

（三）内外联动，抓好工单全流程分析与跟踪

1.开展联合研判，推动精准施策

建立健全接诉即办工作制度、接诉即办信息统计表、实施接诉即办工单三级分类管理办法，通过将工单分级整理研判，能够提高接诉即办办事效率，提高上庄热电接诉即办接办速率。上庄热电客服中心接到12345工单后，客服人员与技术人员同步开展用户响应接洽和用户供、用热情况分析。同时，接诉即办办公室组织上庄热电领导班子、客服、生产、市场、办公室、党群等相关责任人形成联合研判组，与清洁能源接诉即办办公室开展12345工单"单单面对面"联合研判、制定举措，最大程度发挥组织联动作用，切实提高接诉即办办事效率。工单办理过程实施逐级联控审核，12345和96069工单办理情况由北京热力96069客服中心和清洁能源公司办公室双向把关指导，进一步提高了工单办理的精准性和科学性。

2.实施工单互较，强化小循环办理质效

秉持上庄热电内部公共服务电话（小循环）工单是96069的未诉先办、96069是12345的未诉先办理念，做好各级工单的交叉分析，紧盯重合用户、强化跟踪办理，紧盯重点小区加强现场巡视，以

12345工单办理标准修正小循环工单办理流程，以小见大、防微杜渐，让用户感受到通过小循环就能又快又好地解决问题，提高用户信任度。

3. 强化地企合作，形成"吹哨报到"区域联动

与海淀区供热办、属地上庄镇、西北旺镇、温泉镇乡镇，各小区所属居委会、物业等单位加强沟通，建立信息网络，开展联合检查、联合办单，节假日提前安排供热服务值班人员，保证沟通网络畅通。

4. 建立趸售单位联络机制，形成小循环联动

指导督促各趸售单位建立供热服务区域小循环电话、每天督促上报各小区小循环问题处理情况并开展分析，上庄热电客服中心隔天进行回访，针对疑难问题召开专题会研判，并提供现场技术支持，防患未然。

5. 定期复盘分析，以案为鉴、办防并举

供热季前，上庄热电组织供热类重难点问题分析研判会，系统梳理近三个供暖季供热类接诉即办工单，对照供热服务合并考核后的新要求、历史问题等逐项排查风险点并提出解决措施。同时，每月组织召开接诉即办研判例会，学习接诉即办工作条例，并结合实际，分析重难点工单和接诉即办典型案例，对上门服务礼仪、服务规范、涉及民生工程项目管理问题，接诉即办专班成员和各部门进行深入探讨，不断巩固强化接诉即办工作。

6. 加强纪检监督，解决重点问题

纪检人员每月对工单办理情况、接诉即办相关责任制落实情况进行检查，进一步促进接诉即办工作人员履职尽责。同时，开展供热领域专项监督工作，针对重要问题制发提示函，督促整改。

（四）用户互动，抓好服务全要素重点跟踪，做好未诉先办

1. 开展定期回访，听取用户建议

强化诉求统筹，开展工单梳理和用户分析，将历次投诉及特殊用户等列入重点用户名单，客服人员持续开展重点用户定期回访，了解服务过后的暖气状态、房屋温度、家庭情况等，持续跟踪后续供热效果，认真听取居民对供热的合理化建议，不断改进工作。

2. 实施"访民问暖"，解决未诉难题

客服人员定期到供热服务小区进行探访，了解居民供暖情况，开展运维单位工作服务监督。加强与用户间的沟通与交流，持续提升供热服务水平，同时让广大用户更加全面地了解上庄热电供热服务工作的实际情况。同时，针对重点用户春节期间上门拜年，听取建议，并开展送春联、送祝福活动，宣传供热服务工作，让用户真实接触到客服人员，加深居民对上庄热电的服务印象，增加供热用户黏度。

三、实施效果

1. "四动四抓"工作法有效提高了工单的办理效率和办理质量

上庄热电"四动四抓"工作法有效解决了接诉即办工作难点问题，发挥先动优势，主动治理，联动解决，互动暖心。同时，"一体化运行"工作联合体进一步拧紧了工单办理链条，夯实各环节责任，进一步促进了接诉即办质效提升。2023—2024供热季共有12345、96069和小循环工单1160件，所有工单均在规定时限内全部办结，三率（响应率、解决率、满意率）达到100%。

2. "四动四抓"工作法有效减少了12345及96069工单数量，缓解了接诉即办工作压力

2022—2023供热季上庄热电共收到12345工单57件，96069工单92件。2023—2024供热季上庄热电共收到12345工单36件，96069工单18件。

相较于上个供热季，本供热季上庄热电12345工单减少了21件，同比下降36.8%，96069工单减少了74件，同比下降80.4%。12345及96069工单数量的降低，在一定程度上缓解了社会公共服务资源的消耗，提升了京能集团和清洁能源接诉即办工作的稳定性和可信度。

3. "四动四抓"工作法有效提高了小循环工单数量占比,进一步提升企业影响力

通过扩大线上线下宣传面、加强小区供热状况巡查、用户面对面交流、政府企业街道联合办单等形式,上庄热电供热名片不断走进小区用户、上庄热电自有供热服务热线(又称小循环电话)"热度"逐年提高。

2022—2023供热季,上庄热电共收到各类工单861件,其中12345工单占比为6.6%,96069工单占比为10.7%,小循环工单占比为82.7%。2023—2024供热季,上庄热电共收到各类工单1160件,其中12345工单占比为3.1%,96069工单占比为1.6%,小循环工单占比为95.3%。这充分说明,上庄热电小循环服务进一步得到居民用户的广泛认可,工单流转时间大幅缩减,在保证办理质效的同时,供热服务的步伐更快、未诉先办更是跑在了前面。随着小循环热线影响面的不断扩大,上庄热电供热服务领域主动治理能力得到了进一步的提升。

4. "四动四抓"工作法为区域综合能源中心接诉即办主动治理提供了参考样板

在京能集团和清洁能源"十四五"规划中提出,燃气发电企业要树立危机意识,加快向区域综合能源中心转型,要加强冷热市场的开拓。这充分表明,清洁能源京内燃气电厂都要从单一热源企业到综合能源企业发展,无论是供热、供冷,还是综合能源、分布式光伏等方式,均可能遇到设备故障、事故维修、供能不足等问题,均会涉及直接面向用户的接诉即办问题,从工单数量、工单类型和用户服务方式均会较之前的能源供应服务模式产生较大变化。上庄热电"四动四抓"工作法为区域综合能源中心用户服务工作提供了有效参考,为企业实施接诉即办主动治理、未诉先办打下了良好基础。

为人民谋幸福,这是中国共产党人的价值追求,也是推进中国式现代化的必然要求。接诉即办,只有进行时,没有完成时。下一步,上庄热电将继续以全心全意为人民服务的责任感和使命感不断巩固深化接诉即办工作成果,努力推动接诉即办工作向纵深发展,全面提升诉求解决率和群众满意度,切实解决群众身边的急难愁盼问题,为推动首都高质量发展进一步贡献国企力量。

供电企业基于数字化转型的财务 BP 体系的构建与实践

创造单位：国网安徽省电力有限公司铜陵供电公司
主创人：朱仁然　汪学兵
创造人：李婷婷　桂鹏　赵月乔　丁婧　叶芳　王文婷　黄雪薇　潘成双

【摘要】电网企业作为关系国家能源安全和国民经济命脉的特大型国有重点骨干企业，近年来受新冠疫情、燃煤电价改革等外部因素影响，同时面临国家"双碳"目标下新型电力系统建设等难题，迫切需要从内部挖潜增效，提高企业整体价值创造能力。随着企业管理的创新变革，财务与业务相结合的价值创造型管理模式成为企业财务管理的新潮流，财务 BP（Business Partner，业务伙伴）作为新时代下企业财务管理制度的重要组成部分，在促进财务管理的业财融合转型中扮演着极其重要的角色。在数字化转型背景下，国网安徽省电力有限公司铜陵供电公司（以下简称铜陵公司）对外开拓基础资源升级运营，对内开发新技术应用，持续提升数字化水平，按照"奠定业财融合基础—推进业财深入融合—发挥业财融合价值"的实施路径，以三大协同保障体系为建设起点、以三大主业经营板块为切入点、以内部五级市场为示范点构建供电企业基于数字化转型的财务 BP 体系，为服务公司提质增效，提升企业价值创造能力做出积极贡献。

【关键词】数字化转型　财务 BP 体系　提质增效

一、实施背景

（一）主动适应外部形势的必然趋势

受新冠疫情、政策减利等因素影响，电网企业经营面临前所未有的压力，经营性现金流出现较大缺口，盈利能力和投资能力显著削弱。加之政策调整以后，电网企业功能和角色面临深刻变革，其业务机构将从"输配服务＋统购统销"的双规制，变为"输配服务＋代理购电"的"单轨两类"制。未来电网企业务必将迎来以下挑战。一是电网配套基础设备建设需求增加。二是电网安全稳定压力增大。三是电网发展方式以大电网为主向大电网、微电网、局部直流电网融合发展。四是综合能源服务向多元化发展。五是电网企业服务模式改变。可见，传统上依靠资源要素投入、规模扩张的发展模式已难以为继，迫切需要从内部挖潜增效。而财务部如何发挥价值引领作用，为公司稳健经营提供财务支撑尤为重要，只懂财务不懂业务已经不能适应当前形势的发展，财务 BP 体系构建迫在眉睫。

（二）补齐内部管理短板的重要举措

在内部管理方面，铜陵公司积极构建"价值守护—价值创造—价值引领"逐层递进的价值管理新格局，但仍然存在各专业之间统筹协同少、数字化建设支撑服务能力不足、持久性基础管理尚需提升等问题。主要问题突出表现在以下两点：一是投资、成本管理精细化程度不高，精准投入缺乏量化数据支撑；二是财务与业务未完全融合，质效责任不能有效传导。通过在供电企业中构建财务 BP 体系，在管理效益方面，财务管理工作会下沉并与业务部门紧密绑定融合，快速理解、支持业务需求；在经济效益方面，财务 BP 体系能发挥财务与业务的协同作用，提升财务的战斗力和对业务的影响力，以达到全面预算管理和精细化管理的要求。

（三）积极推动财务转型的有效方式

当前产融协同、多维精益管理变革、优化经营策略、税收筹划等工作都需要财务从部门内部单循环向内外双循环转变。在数字经济时代背景下，推动财务的智慧升级与数字化转型，对发挥共享增值效应，促进数据资源向数据资产、数据资本转化具有重要意义。构建供电企业基于数字化转型的财务BP体系，培育并牢固树立业财融合思维，让财务人员"讲得清业务、说得透问题、看得清未来"成为常态化要求，才能提升财务管理整合价值，助力公司实现精益管理。

二、实施过程

（一）打造三大协同保障体系，奠定业财融合基础

1. 强化制度保障，赋予财务BP业务参与权

审批权是财务BP与业务部门顺畅沟通的"砝码"，只有构建相关业务流程制度，赋予财务BP能够参与预算、价格、合同审核的职能，才能为财务BP体系的构建提供确有成效的制度保障。铜陵公司通过建立规范《国网铜陵供电公司财务报销手册》《检修成本精益化管理规范》《全面预算管理办法》《合同审批制度》《绩效考核管理办法》等强制性制度或管理措施，保障了财务BP深入了解业务的有效途径，完善了财务与业务沟通平台，关联了业务与财务相关的经济活动，在相关活动中前置财务建议，规避企业风险。

2. 强化人才保障，提升核心资源保障能力

（1）建立专业人才储备机制，保障管理创新有效推进。一是从财务、业务两个角度，勾勒财务BP专业人才的能力图谱，明确不同层级、岗位的素质要求，为人才的引进和培养提供清晰指引。二是根据业务管控数量，对市区县公司财务BP专业人才需求进行筹划，将业财相关专业人员纳入财务BP人才储备队伍。三是统一组织选拔专业领军、优秀专家和专家后备3种人才，组建财务BP专家库，确保有充足人力保障基于数字化转型的财务BP体系的构建落实。

（2）创新专业人才培养模式，提高人才队伍支撑能力。针对财务BP体系构建与企业业务紧密结合的特点，创新开展以轮岗式、培训式为主的人才培养模式。一是推动制订新入职财务员工体系化轮岗计划，提升新员工多岗位轮训实效，加强多专业知识储备，促进财务人员深入了解业务。二是推动公司内部业务专责与财务专职换岗交流，增加对彼此专业背景的了解，有效提升数据敏锐度、专业熟悉度，加快形成复合型人才队伍。三是结合宏观经济发展、公司战略及财务转型对人才的要求，编制年度财务培训大纲，分层分级完善各级财务人员培训课程体系，提高内训的针对性。

（3）制定专业人才激励措施，营造能力提升的积极氛围。一是强化荣誉激励，设立财务BP先进个人奖项，对表现突出的专业人才，推荐参加先进个人、优秀工作者等荣誉评选。二是强化收入激励，将业财融合实施情况作为相关人员个人工作业绩考核重要内容，对业绩突出人员提高业绩评分，收入分配适当倾斜。三是强化成就激励，对于有效提出改进举措、创新业财融合模式的专业人才，推动其牵头申报相关科研、咨询项目，在专业研究上给予资源倾斜，推动相关专利申报、论文编写，助力个人加快成长。

3. 强化平台保障，满足体系构建数字化需求

（1）创新应用智慧移动报账，推进业财数据共享。铜陵公司于2021年4月正式完成移动报账一体化服务上线工作，构建"商旅应用+移动报销+实时代付"的财务共享服务新模式，将报销入口统一在商旅App上，通过差旅业务代支付解决差旅费报销"一人一单一支付"的问题。

智慧移动报账应用构建了一套权责清晰、管理精益、协同高效、广泛适用、安全先进的移动报销流程，统一员工报销业务入口，实现移动报销业务全覆盖。在设计应用功能时，将公司预算管理体系嵌入移动报销流程，从业务前端加强关键因素边界管控。按照公司预算文件要求，固化各类费用审批流程，按照归口管理部门（各类费用归口管理部门见表1）、费用金额大小智慧传递报销流程，严格按照"无预算不发生，有预算不超支"的原则，事前预算校验、承诺预算占用，层层落实预算责任、层层传递经营压力，推进成本精益化管控。

表 1 各类费用归口管理部门

归口管理部门	费用类型
办公室	业务招待费、会议费
党委党建部	党（团）组织工作经费管理、广告宣传费（视频拍摄制作类）
综合服务中心	车辆使用费、租赁费（车辆及房屋建筑物）、物业管理费、水电费、绿化费、清洁卫生费、办公费（包括办公用品费、印刷费、报纸杂志及图书资料费）、低值易耗品费
运维检修部	清障费用
党委组织部（人力资源部）	职工教育经费、福利费、劳动保护费、业务及劳务外包管理费、供电服务费
安全监察部（保卫部）	电力设施保护费、安全费
互联网办公室（信息通信公司）	办公费（包括电脑耗材、通信费）、租赁费－通信线路、信息系统维护费
建设部	大中型基建工程的法人管理费（会议费、招待费等由办公室归口管理）、项目相关的零星服务费、生产准备费
发展策划部	负责大中型基建工程的项目前期费、环评费、水保相关费用
营销部	营销退费、农村电网委托运行维护费、营销类广告宣传费（不含视频）、购电费、业务费（代收电费手续费、代售电费充值卡手续费、停电通知、反窃电奖励等）
审计部	项目外委审计费用
财务资产部	团体会费、差旅费、财产保险费
物资部	设备检测费（不含在营销检修费中核算的检测费）

智慧移动报账应用支持影像智能识别，实现自动核算。通过系统接口改造，实现 ERP（Enterprise Resource Planning，企业资源计划）和商旅云平台内外网系统贯通，业务人员在商旅云平台提报单据时选择拍照上传发票，加入 OCR（Optical Character Recognition，光学字符识别）技术智能并提取发票金额、税额、供应商等结构化信息，打通国税系统通道迅速校验发票真伪，实现财务核算自动化，无缝衔接前端业务填报和财务处理。

（2）搭建智慧工程全过程管理平台，服务精准化投资。为加快推进公司"十四五"规划落地，铜陵公司以价值创造为引领，按照"数字转型、精益管控、共享赋能、智慧应用"的整体思路，建设智慧工程全过程财务管理平台，如图 1 所示。智慧共享工程全过程财务管理平台以提升工程全过程价值创造能力为中心，树立业财数据、分布式作业两个共享理念，坚持服务战略、服务监管、服务业务、服务基层，构建投资决策智慧支撑、预算资金智慧管控、工程竣工智慧决算、投资建设智慧评价四个管理机制，旨在实现管理提质、共享创新、服务赋能，智慧增效。

一是简化预算编报，力促服务共享。统一在 ERP 系统编报和控制单体工程明细费用投资预算，并将项目首层预算数据推送至财务管控、项目管理平台，支撑投资决策及多维经营模型应用，相关数据通过集成实现服务共享，减少重复编报，减轻基层负担。

二是固化成本规则，提高编报质效。充分借鉴基建标准成本管理经验，整合挖掘历年已决算的资本性项目，滚动修编分地区、项目类别、电压等级和费用类别的标准成本库，在智慧竣工决算应用中固化预算管控标准，建立预算自动编报模型。根据项目编码、项目估概算、税率参数，结合分项目类型、电压等级的总投资预算、年度投资预算规律关系，打通与博微系统接口，以工程估概算、WBS（Work Breakdown Structure，工作分解结构）架构为基础，ERP 系统自动匹配、按照"三粗一细"智能编制总投资预算和年度投资预算，实现全口径投资预算智慧编报，提高报表编审效率。

```
         智慧共享工程全过程财务管理平台
一个中心建设            工程全过程价值管理
两个共享理念     业财数据共享           分布式作业共享
四个服务机制    服务战略   服务监管   服务业务   服务基层
四个智慧机制   投资决策智慧  预算资金智慧  工程竣工智慧  投资建设智慧
              支撑          管控         决算         评价
```

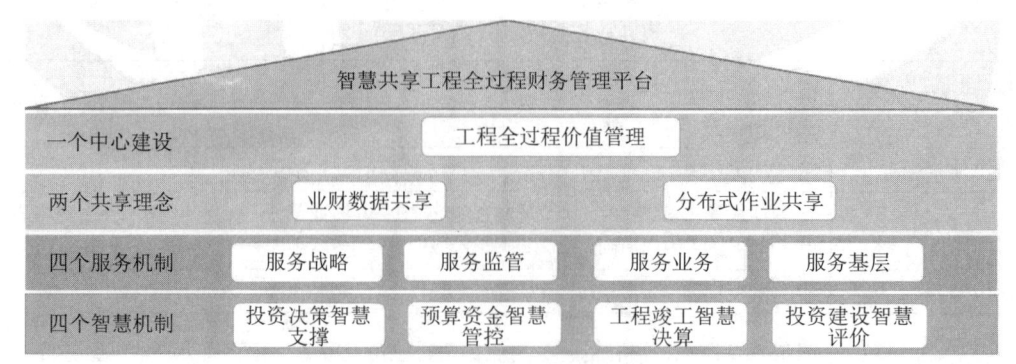

图 1　智慧工程全过程财务管理平台

三是构建周期模型，有效管控流程。为切实提升投资预算编制和执行的准确性，铜陵公司采用工程全周期预算测算法，以工程估概算为参照，结合工程里程碑计划，选定开工前准备、物资申报、物资采购、建设、结算、决算等关键阶段，测算出各关键阶段时间周期与财务成本进度的对应关系，绘制工程全周期月度理论成本曲线，完成工程投资预算全周期模型构建。通过模型深化应用，既能实现总投资预算与年度投资预算无缝衔接，将工程成本总额有效控制贯穿各年度工程管理实施过程中；又为投资预算编制、执行分析、年中预算调整提供有效的量化分析和监控工具，进一步实现业财数据共享共融，为业财智慧管理赋能。

（3）应用光伏扶贫补助资金智慧管控平台，精准助力扶贫。按照"业务驱动、技术先进、减负增效、实用易用"原则，充分发挥电网企业政治特色和行业优势，应用区块链技术和智慧财务管控理念，省公司建设安徽光伏扶贫补助资金服务平台（一个平台），开发网页版与手机 App 多界面操作系统（两大系统）。铜陵公司秉承省公司"敢为人先、实干在先、创新争先"理念，应用项目管理、智慧结算、智慧支付、智慧预警、智慧分析、信息服务功能场景（六大场景），实现存量信息标准匹配、增量业务实时采集、流量资金智能复核、全量信息链上存储、业务变更全程可溯、多方审核在线可控、补助资金精准可测、智慧分析全景可视等功能（八大功能），推进基于区块链技术的光伏扶贫补助资金智慧财务"1268"管控体系（手机 App 名称光伏宝）。

（4）打造智慧内部市场平台，助力挖潜增效。铜陵公司打造智慧内部市场平台，平台集成 SG186、PMS（Power Production Management System，工程生产管理系统）、ERP、财务管控等系统数据，以经营效益为抓手，聚焦收入、成本、资产效率、人员效率，精准反映价值贡献，及时掌握绩效优劣，逐级传导经营压力，推进"花钱问效"管理理念入脑、入心，促进员工比贡献、班组讲质效，满足公司精益化、数字化转型发展的要求。

（二）聚焦三大主业经营板块，推进业财深入融合

紧扣电网企业生产经营特点，立足价值管理全覆盖，将供电企业"规投建运、量价费损"等核心价值创造活动划分为"投资建设""生产运行""营销服务"三大经营板块。财务 BP 体系构建聚焦公司三大主业经营板块，深入推进业财融合。

1. 聚焦投资建设，共建项目生命周期全流程管控

（1）健全项目储备机制，推进业财作业共享。通过前置财务作业至项目储备、项目评审环节，推进业务财务作业共享，从源头上为业财智慧管理赋能。

一是建立健全两级项目储备库。在对项目坚持动态储备、滚动递补、集中安排原则的基础上，实行项目储备分级管理，即"县公司储备—市公司储备"两级项目储备库，项目储备层次清晰。根据经营管理要求、前期工作周期与难易程度、项目实施工期情况等，确保项目储备库库容具有必要的弹

性，最小库容应满足公司下一年度全部项目实施的需要，最大库容不超过公司三年规划的需求，一般按 1.5 到 2 年的需求设置，特殊情况由财务资产部根据资源配置实际需求进行调整。

二是强化项目评审管理。对排入上报库的工程，业务部门对工程的必要性、技术性和可行性方面进行专业审核。财务部门对工程经济性、财务合规性等方面进行价值审核。经济性方面应确保纳入储备的项目符合公司投入产出要求，兼顾社会效益和经济效益，项目投资效益指标评价客观合理，包括投产增加供电能力和供电可靠性、内部收益率、投资回收期等量化指标；合规性方面应确保纳入储备的项目符合国家财经法规和公司财务制度要求，项目投资估算合理、取费标准和依据充分、设备材料价格公允、没有虚列成本现象等。

（2）加强投资能力管控，智慧支撑投资决策。

一是以投资能力核定投资规模。结合公司自身电网发展需求和能力，在目标利润、资产负债率限值约束下，合理预测售电量增长率等关键参数，确定企业财务所能够支撑的投资规模上限。同时，构建电网精准投资管控机制，强化规划、建设、运检、营销等专业协同，紧密跟踪市场变化及需求，优化调整投资规模和时序，以更加灵活高效的方式提高投入产出效率。

二是以投资规模引导投资需求。强化投资预算的目标导向和资源配置功能，实现项目安排有导向、成本支出有标准、应急事项有通道。积极适应输配电价改革，逐步树立"花钱必问效、低效必问责"的理念，突出效益导向，坚持把有限的资金用在刀刃上，重点放在补短板、强结构、增效益、惠民生的电网建设项目上，杜绝无效投资、避免低效投资。

三是以综合计划锁定投资预算。加强综合计划和投资预算管控，以总投资计划作为总投资预算编制上限，以累计下达投资计划减去累计成本支出作为年度投资预算安排上限，从严从紧控制各类成本支出。年度投资预算安排实行各部门会审，结合综合计划、里程碑计划，协调财务支出与形象进度的差异，提升投资预算的融合度。加强业财协同，明确投资预算"节点管控计划"，将工程投资预算细化到月，分解落实到具体责任部门、责任人。

（3）参与投标报价编制，实现业财良性互动。组织项目组成员对相关专业的工程量进行确认，预结算人员、设备专业采购人员对单价进行确认，落实到单位工程；同时需要关注预留资金，充分考虑项目所需流动资金标准；另外，结合当地实际情况和行业特点，将采购物资价格、人力成本、融资利率等造成的价款增减情况考虑进去，熟悉市场需求和发展前景，采取科学的估算方法并收集可靠的数据资料，进行合理的经济效益评估分析，减少由于环境不确定性造成的合同编报不准确带来的不利因素，提高预算质量，增强项目运行过程中的业务人员财务风险意识及控制管控思维。

（4）跟踪项目预算执行，实现业财高度融合。

一是加强预算动态管理。健全"周通报、月分析、季总结"的业务预算分析通报制度，整理业务预算和支出情况，找出问题所在，以权责统一为原则，落实责任；通过高密度、规范化的检查监督，提高执行效率，从机制上避免出现业务预算"重安排、轻跟踪、弱评价"的现象。同时，根据各预算项目的所属预算责任主体、专业、发展阶段、实施顺序等要素，多角度协同开展分析，促进业务与财务的多层次结合，实现预算诊断分析由平面拓展到立体。

二是规范预算调整流程。铜陵公司根据《国家电网有限公司全面预算管理办法》等文件规定，结合公司预算管理实际需求，将公司预算调整规范分类为年度预算调整和日常预算调整，如图 2 所示。年度预算调整由公司统一组织实施，财务资产部结合各部门预算申报情况编制预算调整方案，履行公司内部决策程序后下达执行。日常预算调整由业务部门根据部门年度工作需要，严格履行分级预算调整审批流程，财务资产部将定期汇总报公司主要领导审定，通过后方可组织实施，确保"有预算不超支，无预算不开支"。

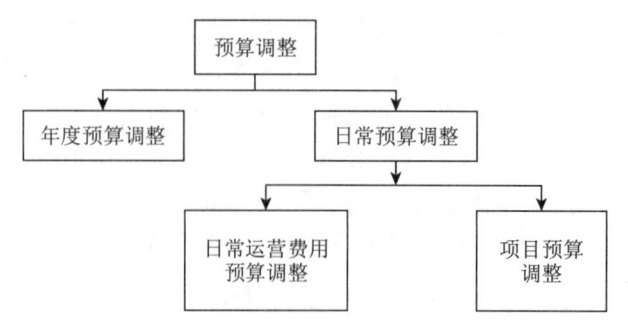

图2　铜陵公司预算调整类型

公司项目预算下达后，各部门因内外部环境发生变化，需要新增项目的，应根据各专业项目管理界面及紧急程度，分别履行如图3所示的程序。

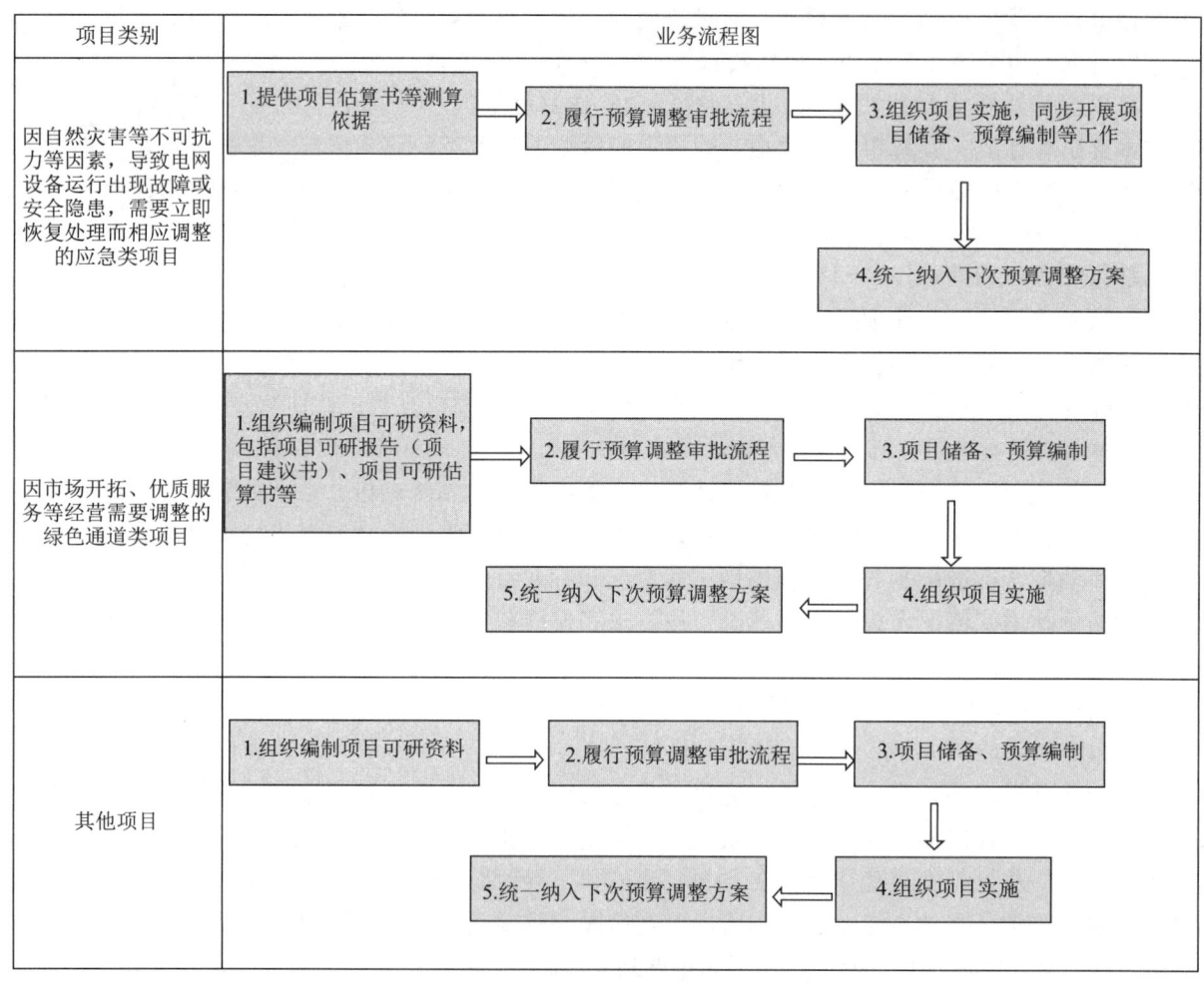

项目类别	业务流程图
因自然灾害等不可抗力等因素，导致电网设备运行出现故障或安全隐患，需要立即恢复处理而相应调整的应急类项目	1.提供项目估算书等测算依据 → 2.履行预算调整审批流程 → 3.组织项目实施，同步开展项目储备、预算编制等工作 → 4.统一纳入下次预算调整方案
因市场开拓、优质服务等经营需要调整的绿色通道类项目	1.组织编制项目可研资料，包括项目可研报告（项目建议书）、项目可研估算书等 → 2.履行预算调整审批流程 → 3.项目储备、预算编制 → 4.组织项目实施 → 5.统一纳入下次预算调整方案
其他项目	1.组织编制项目可研资料 → 2.履行预算调整审批流程 → 3.项目储备、预算编制 → 4.组织项目实施 → 5.统一纳入下次预算调整方案

图3　新增项目预算调整流程图

（5）优化指标闭环评价，确保投资成效精准。健全项目后评价指标体系，实现闭环管理。事后合理评估投入产出情况，对工程目的、执行过程、效益、作用和影响进行系统的、客观的分析和总结，实现闭环管理。对投资绩效、项目管理及经济效益三个方面进行投资绩效分析，从电网的运行效率、设备状态及电网安全方面进行电网运行分析，综合建立后评价体系，对当前的投资策略开展评价，评价是否满足区域经济发展、政府民生工程的用电需求，是否解决电网发展中存在的重过载、低电压、老旧设备等问题，是否符合当前电网发展形势，最终形成全过程闭环评价，总结成效，发现问题，指导后续投资工作的开展。

2. 聚焦营销服务，共建集约化、精益化电费管理系统

（1）抓准"三个度"，提升电费收入预测水平。

一是强化业财协同，提升预测精度。组建电费收入全链条管理柔性团队，精准定位电费收入薄弱环节，逐一分解电量、电价、市场波动情况等关键影响因素，实现压力传导、责任共担，形成齐抓共管、齐心协力的良好局面。

二是强化用户管理，提升预测深度。重点抓住用电量波动较大的企业用户，实行"一户一测"，密切跟踪市场形势变化，研判用电趋势，掌握主要用电增长点和本区域内新增高压电源的发展变化情况，进一步提高预测前瞻性。

三是强化过程管控，提升预测准度。健全常态化管控机制，定期召开地区偏差分析会，及时分析偏差成因，动态调控预测方法，坚持"日碰头＋周研讨"工作模式，依托实时发行数据信息及同比、环比数据，滚动修正日、周资金数据，切实提高预测质量。

（2）创新收款结算方式，探索电费"省级直收"。铜陵公司深入推进国网公司"1233"新型资金管理体系建设应用，开展资金管控优化提升工作。在营销业务板块以电费"省级直收"为重点（见图4），优化电费收入归集级次和路径，扩大智能收费覆盖范围，构建"集约化、精益化、智能化"电费管理体系，实现电费省级直收、资金实时集中、业财高效融合，进一步提升电费收入实时集中和电费回收风险防控水平。

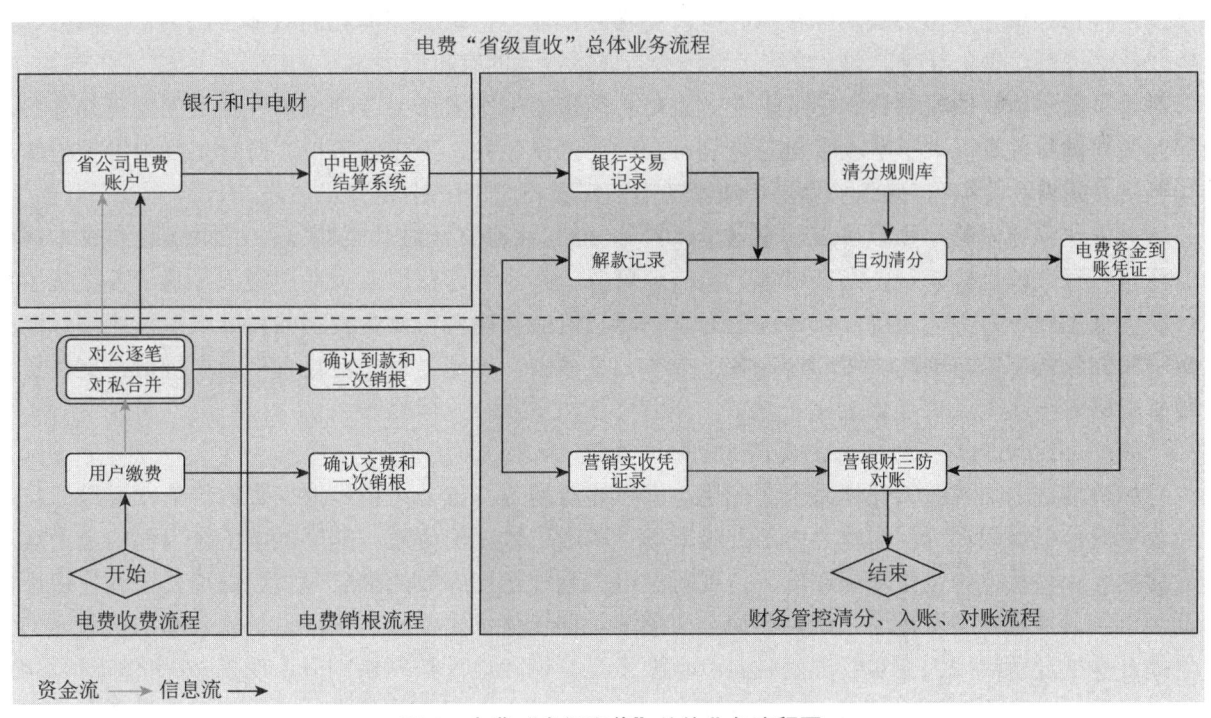

图4　电费"省级直收"总体业务流程图

电费收入流程以用户通过各类渠道交纳电费为起点，交费后由营销SG186系统确认交费记录并进行一次销根；如为外部机构代收，由外部机构按解款规则打款到省级直收电费账户，资金到账后在营销SG186系统确认到款并进行二次销根，生成营销实收凭证。营销SG186系统二次销根后，集成解款

记录和营销实收凭证至财务管控系统,与财务管控系统从中电财获取的电费资金到账流水自动匹配清分,自动推送生成资金到账凭证,并依据对账标识,与营销解款信息、银行资金流水进行"营银财"三方自动对账。

(3)搭建"营银财"三方对账平台,提升对账效率、效果。

一是在途资金监控。建立第三方渠道收费、打款信息与电费户资金到账信息对比,及时发现资金占用情况,提高资金回收效率。

二是服务渠道管理。通过代收或代扣笔数、金额手续费情况收费、打款及时、合规情况对第三方渠道进行考核评价,促进服务渠道不断优化产品与服务。

三是资金清分。支持将交易流水拆分为与营销相同粒度,接收营销清分结果,一笔交易对应多个清分单位,满足集团跨地区合并缴费、代收机构汇总打款等场景下的资金清分要求。

四是资金对账。根据营销二次销根产生的凭证与资金勾兑关系,按照财务汇总凭证对应的营销资金勾兑记录明细参与银企对账,与三方对账全面提高对账双方数据契合度,提升自动对账率。

3. 聚焦生产运行,共建检修运行支出精益化管理

(1)打破专业壁垒,实现业财链路全贯通。坚持业财同源,打破 PMS(工程生产管理系统)与 ERP 系统间的专业壁垒,新增 PMS 与 ERP 专项成本性项目主数据集成接口,实现大修及专项成本性项目均从 PMS 源头与工作任务、工作任务单、检修工单关联,破解各专业数据无法突破"烟囱式"系统壁垒的难题,从而实现检修运维数据跨专业深度融合。

(2)聚焦设备作业,实现工单记录全过程。充分遵循基层一线人员实际操作习惯、贴合实际工作,项目类和非项目类检修运维业务统一从 PMS 系统源端发起工作任务单,通过工作任务单生成检修工单,以检修工单为载体关联实际检修任务,将实际作业与记录资源消耗的载体合二为一,高效、深度融合业财信息,建立电网资产、检修运维作业与成本投入的有机联系。

对于来源于项目的检修计划,要求业务人员必须依据生产大修或专项成本性项目创建工作任务,确保源头与项目关联;对于非项目检修计划,必须在工作任务、工作任务单、检修工单中维护检修对象(整站、间隔、设备),确保检修工单成本精准归集至相应检修对象。

(3)优化系统功能,实现归集分摊全自动。结合实际检修运维作业特征,将检修运维成本解构为检修材料费、外包检修费、人工成本、机械台班费、其他运营费用五项费用类型。基于各类费用特点,以"直接归集为主、间接分摊为辅"为原则,利用检修物料与设备类型的精准映射、检修标准作业成本库固化等手段,构建"每一台设备"成本归集模型,量化"每一台设备"资产价值,支撑资产全寿命周期闭环管理。

(三)深化应用内部五级市场,发挥业财融合价值

为加快推进多维精益管理体系全面应用,聚焦提质增效,省公司积极挖掘数据价值,逐级深化最小经营单元价值贡献评价,构建"内部五级市场"多维质效评价体系。基层供电所作为面向电力客户的最前端组织,承担着优化营商环境、体现新型电力系统建设成效的重要职责。铜陵公司深化应用内部五级市场,推进供电所市场在铜陵公司全面落地,持续强化比贡献、比增量、比效率的价值导向,对于提升基层经营活力、夯实管理基础具有重要意义。铜陵地区按网格划分,明确 26 个供电所、429 个客户经理、7392 个公变台区为 4~5 级市场主体,依托省公司统建供电所 4~5 级市场平台,建立"展示+考核"双维度指标体系,如表 2 所示。

表2　4～5级市场双维度评价指标体系

序号	市场等级	指标类别	指标名称	指标权重/%
1	供电所	考核类指标	供电所户均故障停电时长	8.00
2			供电所公变低电压台区占比	8.00
3			台区综合线损率	20.00
4			供电所人均台区容量	12.00
5			供电所人均服务用户数	12.00
6			供电所公变户均营销服务成本	10.00
7		展示类指标	供电所公变度电利润	20.00
8			供电所综合利润指数	10.00
9	客户经理	考核类指标	责任台区公变低电压台区占比	10.00
10			责任公变台区线损率	10.00
11			责任专变台区线损率	
12			责任台区综合容量	20.00
13			责任台区综合户数	20.00
14		展示类指标	责任台区综合利润指数	15.00
15			责任台区公变度电利润	25.00
16	台区	考核类指标	台区线损率	30.00
17			台区停电损失	15.00
18			台区电费回收率	10.00
19		展示类指标	台区利润	15.00
20			台区度电利润	30.00

1. 关注组织管理，部门覆盖全面化

为推动供电所市场全面落地，铜陵公司成立由总经理为组长，总会计师为副组长，以党委组织部、财务资产部、营销部、阳光公司、互联网办公室、供服中心、党委党建部及区县公司各部门负责人为小组成员的供电所市场推广应用专班，制定《数字化支撑供电所市场深化应用方案》，依托数字化技术，搭建供电所市场任务管理中心，整合供电所人力资源，夯实供电所基础建设，打造一批基础牢、指标优、效益高的标杆乡镇供电所，全力提升供电所管理质效。

2. 关注营配融合，市场拓展多元化

为推进供电所营配业务深度融合，持续开展供电所综合性大班组建设和复合型岗位设置，实现现场业务和供电服务"一支队伍、一次处理"，提升营销、运检服务网格、班组和现场业务一体化管理，铜陵公司梳理供电所当前工作清单，分为运检类作业、营销类作业、专项工作、所务工作四类，共计19项，针对业务种类制定工作量积分，建立业务工单与订单类型对应关系，明确各项业务发生费用属性，体现供电所综合性管理职能，实现供电所市场向计量、输变电等市场拓展延伸。

3. 关注数字赋能，市场管理智能化

聚焦"数字赋能、基层减负、提质增效"，铜陵公司基于内部五级市场、营销2.0平台、i国网移动平台等平台，在省公司数字化供电所工单中心基础上，建立供电所任务管理中心平台，开展供电所人员数据、线路数据、台区数据等基础数据收集工作及全量图模数据采集录入工作，发挥统推工单的汇聚、自主工单的发起、任务智能组合推荐和任务执行管理等功能，实现供电所所有日常任务集中管理、任务编排智能推荐、积分量化、事后评价反馈、积分绩效看板、供电所指标诊断分析等数字化支撑功能，持续提升工作统筹质效，助力基层减负。

4. 关注链路贯通，作业流程规范化

依托供电所任务管理中心平台，铺设"服务一张图"，实现供电所人员位置、基层人员作业负载、供电所作业地理分布、作业执行情况、车辆实时在线等信息实时在线可查；优化供电所作业分派管理模式，提供作业任务发起、任务状态跟踪、任务超时提醒、任务执行评价等线上化分派管理模式，部署线上接单便捷回单功能，通过"点击""定位""语音""拍照"等操作方式即可完成作业任务的执行与回复。

三、实施效果

（一）精准规划投资，经济效益持续提升

一是以投资能力管理为抓手，量化了投资规模上限，合理设定了财务边界、业务边界、行为边界。铜陵公司"十四五"规划编制全面应用投资能力测算结果，规划总规模与投资能力保持一致，年度投资计划安排以投资能力测算结果为依据，各单位投资由管规模向优结构和排时序拓展，"大财务"协同效应凸显。二是自内部五级市场体系应用以来，各业务部门逐步树立经营效益意识，通过眼睛向内挖潜增效，减少非必要外包和低效无效投资，持续压降非生产及一般性支出，在每年固定资产连续增加的情况下，资产运维费率持续下降，将有限资源向保障电网本质安全、优化营商环境倾斜。

（二）防控清欠风险，社会效益显著改善

一是充分利用智慧工程全过程财务管理平台供应商信息和往来款台账，落实各级管理责任，提高财务管理水平和业财协同水平，加快推进存量不明款项清理工作。2023年，暂收不明款余额较上年年末下降77.34%，环比下降82.14%，扎实推进中小企业和民营企业清欠工作。二是建立"刚性执行＋柔性支付"资金支付模式，统筹地区现金流预算，设置应急支付绿色通道，合理评估，重点倾斜，针对民营企业欠款应付尽付、应付快付，2023年累计支付民企款项2583万元。

（三）改进管理效率，电网质效稳步提高

内部五级市场通过晾晒电网各环节质效，支撑各级单位深挖动因、及时补短、持续改善，有效促进管理效率提升，电网质效不断提高，全社会用电满意度持续提升。依托智慧内部市场平台，个性化配置市场经营质效诊断看板，围绕配网资产运维费、台区线损率、故障停电时长等弱势指标，及时发布问题诊断预警和降本增效建议，排查各类疑难问题60余项，总结形成典型案例10余篇，在市县范围推广应用。2023年，铜陵地区公司用户平均停电时间指标值同比压降30.6%。合并口径综合线损率同比下降0.08个百分点。截至2024年6月底，铜陵地区供电所市场排名全省第二，百佳所入选数量由去年同期的3个增加至11个，同比增长了266.67%，百佳所入选率由去年同期11.54%增加至42.31%。

（四）创新数智应用，数字转型有序开展

铜陵公司RPA（Robotic Process Automation，机器人流程自动化）多场景应用，赋能财务管理数字化转型。一是搭建资产自动化处理平台，按照人工操作复现、指令粒度分解、流程设计三个步骤，部署资产异动领域RPA机器人，实时进行数据抓取，实现固定资产卡片信息、固定资产报废信息、资产不规范数据等自动研判、填写、修正，贯通资产全寿命周期数据链路，打通业财数据壁垒，实现工程资产转资、设备资产盘点、用户资产接收、逾龄资产处理、固定资产调拨及报废6个业务场景信息数据共享。二是自行开发往来管控智慧清理RPA，一键清理余额为0的采购订单，实现数据应清尽清，往来管控智慧清理，清账准确率100%，确保应付账款应付尽付，杜绝多付错付，大幅提升工作效率，切实提高会计信息质量。

大型能源集团数字化招标管理体系构建及实施

创造单位：北京京能招标集采中心有限责任公司
主创人：冯宝泉　葛青峰
创造人：项昆　单付　李生龙　田志俊　朱迎春　段珍珍

【摘要】在数字化转型的时代，北京京能招标集采中心有限责任公司（以下简称招标集采中心）围绕北京能源集团有限责任公司（以下简称京能集团）主要业务板块的产业链、供应链和价值链，以贯彻国家"十四五"规划为准则，以推进科学管理为目标，以服务京能集团经营管理和提升供应链服务能力为宗旨，以新技术应用为抓手，立足招投标领域，创新招投标管理手段和运营模式，构建适应京能集团业务融合的数字化招标管理体系。数字化招标管理体系通过强化组织规划、增强战略保障，规范管理体系和指标评价，形成了丰富的创新型管理手段，打造了一体化的招标管理体系、结构化的招标文件制作流程、多样化的防围防串措施、便利化的文件签章认证、规范化的专家评价管理、自动化的评标监控归档方式和智能化的资金管理。招标集采中心不断提升数字化招标管理体系能力，优化竞争机制，扩大公告范围，鼓励最大化的社会竞争，降低了招标采购成本，提高了管理效能，加强了纪检监督和风险管控力度，有力推动了企业高质量发展。

【关键词】大型能源集团　招标管理　数字化

招标集采中心是京能集团的全资子公司，成立于2019年6月。作为京能集团融合改革发展的专业型、服务型功能平台，旨在实现京能集团招标集采业务的规范统一管理，建立"来源可追溯、去向可查证、风险可控制、责任可追究"的管理体系，为京能集团招标、物资集采的安全保驾护航。经过多年发展，招标集采中心形成了以招标代理、物资集采、电子商城为主的三大业务。先后多次获得"中国招标代理优质服务奖""中国工程建设项目招标代理机构30强""中国百佳诚信招标代理机构"等国家级奖项和"北京市招标代理公司10强"奖项，并获得AAA企业信用等级企业评级。

招标集采中心现有10个部室，4个职能部室、3个支撑部室和3个业务部室。现有员工85人，拥有招标师、招标集采从业人员专业技术能力认证、一级建造师、造价工程师等注册类执业资格持证人员共50人。

招标集采中心秉持"以人为本，追求卓越"的价值观，始终坚持用最优服务创造最大价值，正向着阳光招采、责任招采、价值招采的建设目标迈进。

一、实施背景

（一）落实国家战略，以数字化转型推动供应链发展的需要

2021年，商务部发布《"十四五"商务发展规划》，提出顺应数字经济快速发展趋势，以数字化转型推动商务发展创新和治理效能提升。打造数字商务新优势，充分发挥数据要素作用，积极发展新业态、新模式，促进5G、大数据、人工智能、物联网、区块链等先进技术与商务发展深度融合，推动商务领域产业数字化和数字产业化，提升商务发展数字化水平。探索运用大数据分析，加快构建数字技术辅助商务决策机制。

在国家一系列政策的指引下，利用人工智能、机器学习、模型算法等技术手段实现大数据应用场景与招投标的有机融合，提高招投标的交易效能，促进交易监管机制创新与公平交易，推动平台互联共享已成为国内招投标领域发展的必然趋势。

因此，在国家层面，招标采购全流程数字化进程及覆盖程度成为优化营商环境、提升市场主体获得感的重要手段，对深化"放管服"改革、促进产业升级有着重要意义。

（二）打造行业一流，顺应招标采购趋势的需要

目前，能源行业正处于现代智慧供应链建设阶段，以全过程管控、全要素驱动、全周期协同、全方位融合、全链条贯通为导向，将各环节贯通协同，并通过各类信息化、数字化手段进一步解放了人力资源，但招标采购的核心仍然高度依赖人的参与和决策。

随着大数据与人工智能技术的不断发展革新，以自我管理、自我驱动、自我决策为特征的智慧供应链已成为下一阶段的建设目标，将突出解决招标采购传统掣肘和难题：一是采购策略依靠"人为决策"，缺乏科学合理的逻辑支撑体系；二是投标环节需要供应商"人工投标"，耗费大量人力、物力提供相关信息；三是采购评审依赖评审专家"人力评审"，信息分析效率低下；四是风险监督预警普遍采用"人为线下"分析，时效性差、缺少体系化技术支持。新的招标采购模式将打破并重构原有的行业模式、合作关系、用户边界，驱动采购人、供应商、评标专家等供应链伙伴紧密协同，加快营造信息集成、业务协作和数据共享的产业链生态圈。

中国招投标协会在招标采购的数字化转型方面开展了相关研究，先后与国家能源投资集团有限责任公司、中国电力建设集团、国家电网有限公司、中国石油化工股份有限公司等企业合作，开展了数字化转型相关课题研究，取得了一系列成果，构建了一个有效的业务与技术交流的生态平台，共同促进企业数字化转型，并通过数字化转型带动采购向协同采购、服务采购、主动采购、专业化采购、全生命周期采购、集中采购转变。广大能源行业央企在招标采购全流程数字化交易实践方面卓有成效，在智能采购、远程异地评标、移动网络共享 CA（Certificate Authority，证书授权）、评标专家互联共享、智能化辅助评标、移动扫码签章、在线监督等数字化交易等方面取得了前瞻示范性的创新成果。

当前国有企业集团正在从分散采购走向集中采购，并开始探索与之相适应的招标采购体制和机制，大都开始尝试以业务驱动为信息化建设的出发点，以数据资产管理与基础设施架构为基础，以打造一体化应用系统为核心，充分发挥业务功能特色，以信息化治理体系和信息安全为保障，综合考虑管控要求、业务标准化及成本效益等因素，设计应用架构、数据架构、基础设施架构；应用数据结构化规范招标过程数据，实现招投标管理系统功能控制，自动生成各类标准化文档、便于大数据的形成和挖掘，实现自动查询分析对比，提高评审效率；建立智慧评标室，满足不同评标场景的评标需求，实现评标全过程监督；依托"事前防范、事中监管、事后监督"采购监督管理机制和采购监督管理信息系统，将采购风险防控纳入企业内控管理体系，充分运用大数据分析等先进技术，实现平台技术创新与监管体制机制创新同步推进，推动动态监督和大数据监管，进一步提高监管效能。

（三）贯彻阳光采购，契合集团业务融合的需要

京能集团在发展壮大的过程中，在不同阶段也都规划建设相应的采购管理系统，下属企业北京京能电力股份有限公司、北京京能清洁能源电力股份有限公司上线 ERP（Enterprise Resource Planning，企业资源计划）系统辅助物资采购业务询比价管理，北京昊华能源股份有限公司采用浪潮系统物资采购业务，北京热力集团有限责任公司、北京京煤集团有限责任公司、京能置业股份有限公司等企业都有不同的采购管理模式及信息化应用。京能集团内各平台不同的采购管理系统不利于开展集中统一的采购管理，也缺乏对快速业务创新的支持、很难增加风控机制。

根据《北京能源集团有限责任公司"十四五"发展总体规划和二〇三五年远景目标纲要》整体部署，对标世界一流管理提升行动和建设"数字京能、绿色京能、智慧京能"的整体规划，结合云服务、物联网、大数据等新技术进行物资采购业务的数字化转型势在必然。招标采购全流程数字化可以保证招标采购业务流程有效管控，建设供应链运营大脑，汇聚供应链各环节数据进行数据分析和预

测，为供应链运营及采购各环节智能化处理提供数据服务和决策辅助，进一步充分发挥规模采购优势，提高京能集团整体效益，实现合规、效率和效益的有机统一。

二、实施目的

招标集采中心秉持"阳光招采、责任招采、价值招采"高质量发展理念。招投标全流程数字化为统一编码、统一计划、统一采购、统一执行、统一平台等业务标准有效落地提供平台保障；通过打造成本优质、采购规范、运行高效的数字化电子商务交易平台，更好地履行集团赋予的职责，进一步提高招标采购质量，降低招标采购成本。作为招标业务的执行者，要提高"操盘手"式的数智处理能力；作为采购服务的提供者，要强化"谋划人"式的专家把关能力；作为供应链的建设者，要增强"塑造者"式的价值创造能力；作为合规业务的参与者，要提高"守门员"式的风险防控能力。

三、实施过程

（一）强化规划设计和资源保障

加强组织领导，明确各级责任分工，强化规划统领作用，科学拆解主要工作任务，有序开展各项工作，保障招标集采中心招标管理体系数字化规划有效落实，实现推动业务管理、经营决策与新一代信息技术的深度融合，挖掘能源大数据等数据资产管理优势，创新管理模式，提高数字化和智能化程度，全面推动数字化招投标管理体系建设，支持招标集采中心的战略发展目标。

1. 确立需求主导，统筹资源调配

一是招投标管理平台的数字化构建及实施由需求方（业务管理职能部门）主责管理，并且由其主导可行性分析、业务调研、项目验收，在项目过程中由其重点把握管理提升的需求和业务前瞻性，同步开展业务上的配套变革；二是信息化职能部门负责协调技术人员和业务咨询人员配合，以强化业务调研的充分性，确保系统建设满足业务需求，技术方案满足业务可持续发展的要求；三是信息化职能部门负责所有项目的全流程管控，包括统建项目从需求提报、需求调研及分析、项目立项、开发、测试、数据迁移、上线、运维的全流程项目管理。

2. 加强队伍建设，提供人才保障

一是加强招投标领域数字化战略人才保障，持续推进企业招投标业务数字化转型，组织招投标领域数字化转型培训，参加行业协会组织的数字化转型研讨会议。二是加强招投标领域数字科技创新人才保障，重塑员工能力，提高企业全体员工数据素养，打造有竞争力的数字化人才的核心能力。建立"揭榜挂帅"创新机制，针对不同创新课题组建团队。三是加强数字化转型人才队伍培养，在项目中培养一批业务咨询、研发设计、调试运维等骨干人才，形成招投标数字化人才梯队和自主建设力量，支持信息化建设和数字化创新的可持续发展。

3. 加大资金投入，确保资源保障

一是科学制定专项资金，保障研发投入，建立与企业收入、经营成本、行业特点和数字化水平相适应的招投标数字化转型专项资金投入机制；二是以目标、结果、问题为导向，追求效率和效益，做好新一代信息化技术与招投标业务的深度融合，实现降本增效和管理升级。

（二）规范管理体系和指标评价

1. 规范招投标流程，加强标准化建设

招投标涉及多个需求单位、多个执行部门和多个业务环节。这就要求深入梳理各部门的采购业务，建立统一、规范的采购制度，以协调采购工作。通过出台采购管理办法、实施细则、奖惩制度等规范，达到统一采购管理、节约项目成本、提高管理效能的目的。招标流程的规范有助于建立"来源可追溯、去向可查证、风险可管控、责任可追究"的管理体系，有效防范招标风险。

根据京能集团2021年下发的招标采购管理办法及电子化招标工作实际，先后编制和修订了《评标专家和专家库管理办法》《评标委员会招标人代表审核备案管理办法》《招标代理工作行政事务管理规定》《招标代理业务流程管理办法》等制度，制定了《业务人员绩效评价细则》《招评标工作人员工作纪律》《招评标工作人员廉洁自律要求》《评标专家动态监督管理标准》《招标公告及招标文件范本》《工作负面清单》等业务规范性和指导性文件，为实现招标工作中的关键事、关键人及关键场所的规范管理奠定了制度基础。开展标准化招标文件的编制，汇总整理了442条招标典型标段项目，制订了编制工作计划，分批推进。完成了40个招标文件范本及配套编写说明和使用说明的编制工作。

通过加强标准化建设，为招投标管理平台建设提供了导向，构建实施一体化、全过程、标准化的管理系统，需在整体上满足以下原则。

一是全方位一体化管理。能够提供一体化管理的具有个性化、容易配置的概览和单点登陆的门户，实现一次口令认证就可使用各个模块，系统内部模块之间能够无缝连接，各模块和子系统的数据能够相互交换，彼此成为一个有机的整体，形成一个一体化的管理平台。

二是资产全过程管理。各模块间保证高度的信息集成，使各系统间的数据流能流畅地传递。

三是标准化与开放性。在系统设计和开发中，所有软硬件产品的选择必须坚持标准化原则，选择符合标准的产品和技术；在应用软件开发中，开发方法、数据规范、指标代码体系都必须遵循软件开发的规范要求。

此外，系统还要遵循开放的设计思想，具有良好的可移植性、可扩展性、可维护性和互连性。

2. 梳理招投标指标，构建体系化评价

指标体系是重要的数据资产。当前招投标管理平台已积累大量的业务数据，具备了充分利用大数据技术进行价值挖掘分析的前提。指标的梳理将有助于获取更多的信息，或者降低获取信息的成本。但是，分散的指标是不够的，指标体系的建立使获取信息范围更加宽广，同时获取的信息更加有序，目的就是在于获取全局性的、有体系的信息，进而通过这些信息促进业务发展。

不断丰富招标代理业务指标体系，包括招标失败率、公开招标率、电子招标率、有效投诉率、招标成本节资率、招标一挂成功率、弃标率、专家增长率、专家出现频次（抽取次数）、专家爽约频次、专家在同一标段评标次数（2~4人）、专家日常评价得分、专家动态监督管理情况、某专业抽取不到专家次数、归档时间、项目经理节资率、项目经理失败率等23个指标，如表1所示。

表1　招采中心综合绩效考核指标体系（招标代理）

序号	指标名称	指标计算方法	备注
1	招标失败率	招标失败率为招标年度失败标段数与招标年度标段总数的比率	
2	公开招标率	公开招标率=（∑采用公开招标方式采购总金额）/（∑采用招标方式采购总金额）×100%	
3	电子招标率	电子招标率=（∑招标金额中通过电子招标交易的采购金额）/（∑招标总金额）×100%	
4	有效投诉率	有效投诉标段/全部标段数量的比值	
5	招标成本节资率	节约额/定标合同额	数据化
6	招标失败率	失败标段数量/完成标段数量（含失败数量）	数据化
7	招标一挂成功	一次成功标段数与全部开标数量比值	数据化
8	弃标率	由采购人原因导致的供应商弃标不高于全部标段数量的比值	数据化
9	专家增长率	当月专家总数/上月专家总数-100%	

续表

序号	指标名称	指标计算方法	备注
10	专家出现频次（抽取次数）	每年不超过50次	
11	专家爽约频次	以该专家爽约次数/该专家一年参加评标的总次数的比值	
12	专家在同一标段评标次数（2~4人）	以年度或月度实际次数为准	
13	专家日常评价得分	以年度平均分为准	
14	专家动态监督管理情况	以年度出现次数为准	
15	某专业抽取不到专家次数	不能高于X次	
16	归档时间	以电子商务平台季度提交归档流程时间为基准进行统计，倒查中标通知书和成交通知书发放时间，计算项目归档所需时间	效率指标
17	项目经理节资率	以评价当月招标合同额相比标段概算金额减少的百分比计算，未开标成功的不计入统计	质量指标
18	项目经理失败率	以评价当月失败标段数占开标总数的百分比计算，未开标成功的不计入失败标段数	质量指标
19	项目经理全过程周期	以评价当月提交归档流程时间为基准进行统计，倒查招标公告发布时间，计算项目全流程所需时间	效率指标
20	项目经理退还未中标保证金时间	以评价当月提交退还保证金流程时间为基准进行统计，倒查中标通知书发放时间，计算提交退还流程所需时间	效率指标
21	项目经理归档时间	以评价当月提交归档流程时间为基准进行统计，倒查中标通知书发放时间，计算项目归档所需时间	效率指标
22	项目经理标段数量	以评价当月开标时间为基准	工作量指标
23	项目经理招标合同额	以评价当月开标时间为基准	工作量指标
24	项目经理咨询费发放人均额度	以财务管理部提供的数据为基础，用评价当月发放的咨询费总额除以评价当月抽取评标专家人次数，计算平均发放咨询费金额	成本指标

指标库的建立是充分利用大数据技术对指标数据进行价值化挖掘和分析的重要依托，是提升信息价值密度的基础。高质量的指标数据将有效提高招标效率，进一步加强业务流程管控、改进风险防控方式、提升运营能力，从而提高整体效益，实现京能集团对招标工作集中管理和全面监督。

（三）丰富管理手段和管控措施

1. 招标管理体系一体化

从项目立项、投标、定标到归档，整个招标流程清晰，招标代理机构与招标人交互确认节点明确，操作更加规范，如图1所示。在立项阶段，项目经理进行立项信息和招标文件的全过程在线编写，保证了立项流程和标书制作的规范化、智能化。在投标阶段和开标阶段，投标人在线购买招标文件，加密上传投标文件、远程开标、服务端集中解密，并在开标时间远程确认开标结果，享受高效、便捷、安全的投标服务。在评标阶段，实现流程固化、在线评审，评委签到后，按照初步评审、商务评审、技术评审、价格评审和推荐中标候选人的顺序依次进行评标，规范评标过程，保证了评标过程的公平、公正、公开。在定标阶段，根据招标人的定标结果，确定中标人，并进行中标公示和中标通知书的发出。最后，遵从国家档案局的标准，为客户提供电子档案存档服务。数字化招标管理系统实现全流程、一体化的数字化管理，在多维度、多层次进行数据提报、分析和闭环，保证了招投标过程的公开透明、流程规范。

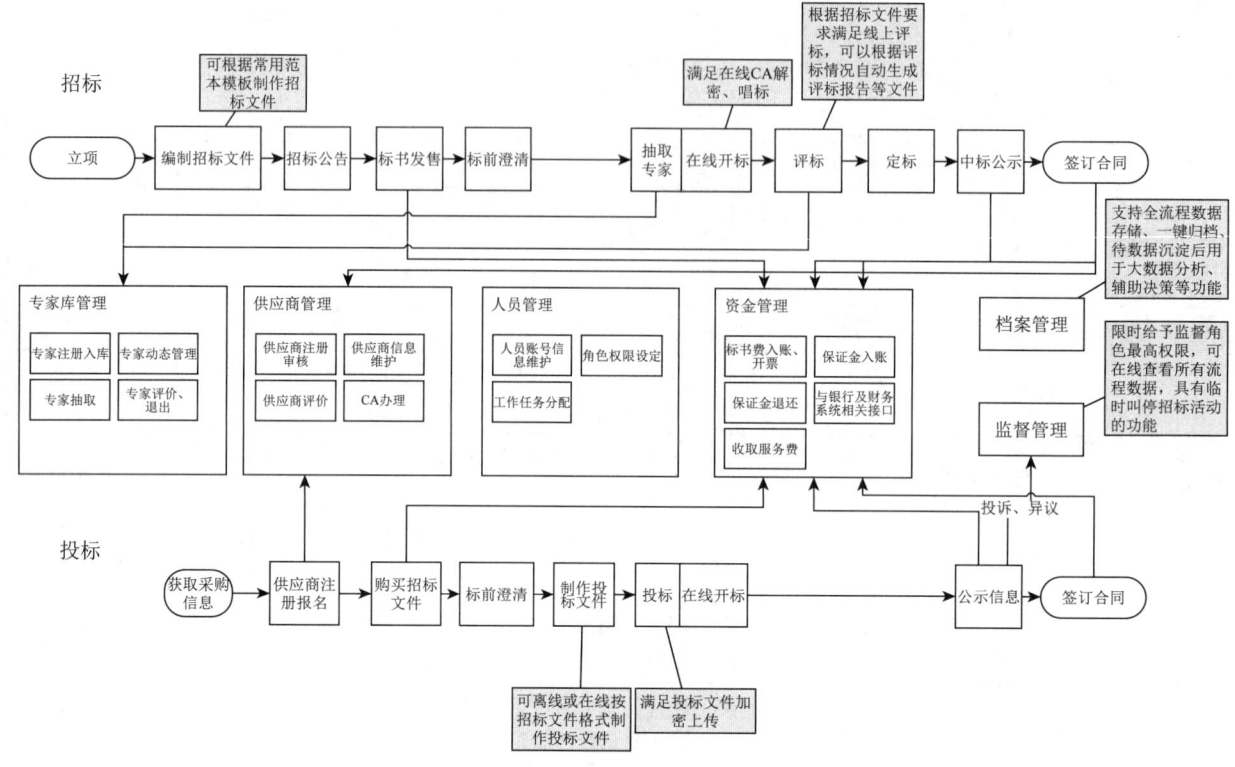

图 1 数字化招投标系统功能需求示意图

2. 招标文件制作结构化

在招标工作中运用业务模型形成各类标准化范本，实现对范本库内各类范本的管理，如图 2 所示。基于结构化招标文件范本快速制作招标文件。投标读取结构化招标文件中规定的投标文件结构，引用资质证明文件，快速生成投标文件，方便专家评标精准定位，价格分数自动计算，辅助评标及评标报告的自动生成，为智能辅助评标奠定基础。

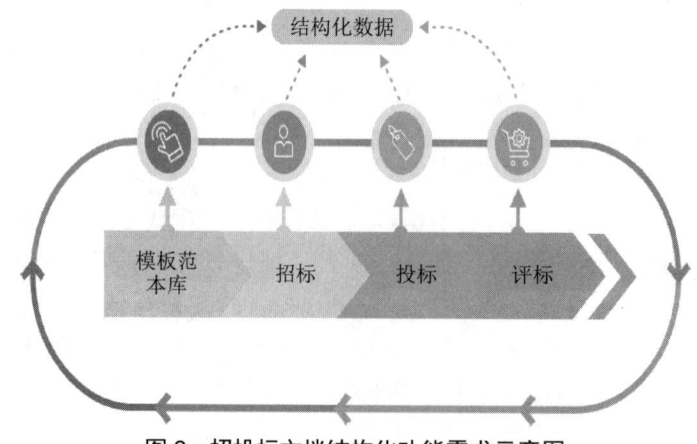

图 2 招投标文档结构化功能需求示意图

3. 防围防串措施多样化

通过对串通投标情形的大量分析和总结，结合业务实际工作条件，采取了股权查验、保证金虚拟账号一对一管理、基本账户自动验证、IP 地址比对、公告公开、打通投标人举报在线通道等识别措施。处罚串标单位，没收投标保证金，并执行了"黑名单"制度，限制其在京能集团范围内再承接业务，有效地威慑了投标人，进一步净化了京能集团的招投标市场。

另外，建立集中的供应商管理体系，通过供应商注册、认证、年审、评价管理，实现京能集团采购供应商的统一管理。从报价、协同、供货、采购配合 4 个维度开展供应商评价。引入天眼查进行信用数据核验，实现供应商信用数据的高效查询及核验，从而加强了对招标采购供应商的统筹管理，为建立供应商信用体系奠定了基础。

4. 文件签章认证便利化

在电子招标投标评标环节，评标报告的电子签名确认是不可或缺的一步。CA 证书已广泛应用于电子招标投标交易平台的交易主体身份识别、数据电文的电子签名及投标文件的加密解密。CA 有国家行业标准数据规范，可以对数字签名的真实性和完整性进行验证，确保签名者的身份是合法和可信的，加密解密过程方案相对成熟。传统的签名方案采取硬件物理介质签署的方式，成本较高，且在管理和使用上存在不安全、不便捷、易损坏的问题。招标集采中心的数字化招标管理平台在 CA 电子签章的基础上创新性地实现了手机 CA 扫码签章，彻底解决了以往传统物理介质 CA 的使用弊端，在符合国家法律法规要求的同时，极大地提高了招标和投标便捷性。

5. 专家评价管理规范化

以法律、法规及京能集团专家管理要求为基础，进一步优化和修订了评标专家及专家库管理制度。规范专家人员的专业分类，建立了与国家《公共资源交易评标专家专业分类标准》专业相一致的专家库，人数有 1616 人，涉及专业有 32 大类。严格审查专家入库，采用集中审查及结果审批相结合的方式。严谨专家抽取机制，淘汰以往的人工随机抽取模式，采用线上全自动抽取，避免人为干预。在抽取过程中，专家不知具体的评标标的物详情，所有人员也不知抽取结果名单。采用全员承诺制，进入评标区的所有人员须签订承诺书，对公平公正的评标进行承诺，对廉洁保密的工作要求进行承诺，对承担相应的法律责任进行承诺。积极开展专家后评价，对专家的评价采用"一标一评价"、周期性评价和淘汰机制。

6. 评标监控归档自动化

评标室的数字化改造升级是招投标管理平台数字化构建和实施的重要环节。通过数字化升级改造，将已有的评标室硬件系统和招标平台软件系统进行融合连接，将录音录像设备的信息根据评标预约情况进行监控和自动归档，减少了人为干预，实现了纪检监察录音录像自动化，降低招标采购监管风险，全面提升监督水平和监管效能。

评标室的数字化改造主要体现在以下方面。一是将摄像头、拾音器、网络等硬件设施的状态进行汇集和自动上报，实现硬件故障自动报警。二是将预约系统与设备系统自动关联，判断录音录像设备检测到的现场情景是否符合评标室的预约情况，进行评标室预约到期预警和非评标时段异常进入预警，实现评标室使用异常情况自动预警。三是按照评标标段，实现视频录制自动启停。在非评标时段，人员进入评标室进行预警，并进行录像，人员离开评标室停止录制。实现自动化的视频录制。四是采用视频结构化管理，将录制视频存储到指定路径，按照项目、评标室、录制日期等信息分类管理录制视频，提高存储效率，实现高效、规范的文件归档。

评标室管理系统（见图 3）提高了归档系统处理、查询效率，解决了传统音视频文件归档的难点和痛点，满足全程留痕和责任可溯的监管要求。

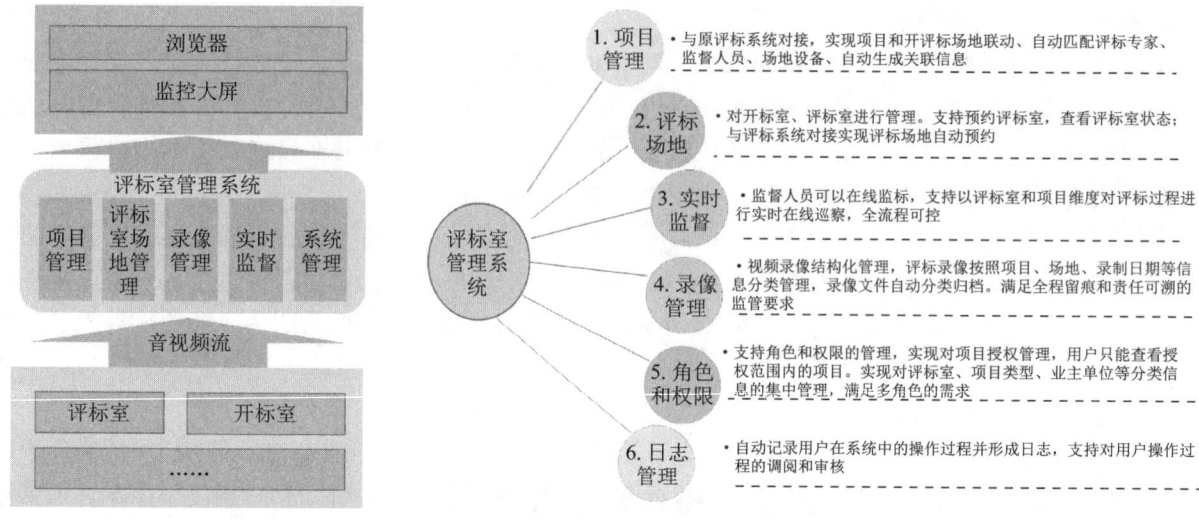

图3　评标室管理系统示意图

7. 资金管理手段智能化

数字化招标管理体系通过优化资金支付管理，实现了收支资金管理信息化，系统支持保证金、标书费在线收取，SAP（System Applications and Products，企业管理解决方案）软件、金税发票系统对接管理等智能化管理，实现电子发票在线开具，实现资金流、业务流、信息流在各个业务系统的自动流转和全过程管理，解决了传统财务痛点，降低了人为核对不准确的风险，大大提高了资金支付效率。

四、实施效果

（一）提高招投标管理效能

在数字化采购的发展趋势下，结合电子商务优势，配套制定相应的招投标管理制度、招投标指标体系，以指导招标业务流程标准化，解决各平台在计划执行、采购执行过程中因标准化程度不足导致的采购效率不高等问题。

通过数字化招标管理系统打造的一体化招标管理体系实现了网络远程开标，投标人利用现代信息化手段，"足不出户"在线参与开标，提高投标效率；实现了投标人购买标书的在线支付、发票自动开取、自主下载、保证金的一对一唯一账户管理、保证金在线退还、专票邮寄跟踪等管理。通过一体化招标管理体系和结构化的招标文件制作手段，员工在线上完成招投标的全流程操作，高效快速，直接降低人力成本。构建了规范化的专家评价管理体系，2023年完成新增集团内部专家226名，评标专家在库人数达2607人，同比增加31.3%，专家抽取、评审等也都由系统完成，极大地提高了采购效率。

（二）加强全流程监管力度

数字化招标管理平台实现招标业务监管线下和线上相结合，风险预警分析由点拓展至链，具备规范化的专家评价管理体系、自动化的评标监控手段和智能化的资金管理手段，实现了立体化的监督，业务、财务、法务、合规和纪检等部门的协同，更好地处理"合规、效率、效益"三者的关系，实现从阳光采购到高效合规采购的升级，保障京能集团采购管理工作高质量发展。

实行规范化的专家评价管理，针对发现的评标专家不良行为及时处理。2023年取消1位专家评标资格、冻结12位专家评标资格3个月、冻结16位专家评标资格一年，16位专家因年龄超标出库。

评标室监督管理平台，实现了评标室线上预约、360度无死角监控、评标过程实时在线监督、开评标音视频"一项一档"存储及设备、录像异常预警等功能，全面提升了招标采购过程监督水平和监管效能。

集成支付平台及银行系统，实现服务费缴费信息的及时获取，保障资金信息准确无误，解决了传统财务痛点问题，降低了人为核对不准确的风险；全过程监督管理，过程文档归档存档，随时备查，降低审计风险。

数字化招标管理系统将数字化监管贯穿招标业务的全部流程中，包括招标范围确定、委托提报与审批、文件编制、评标专家选用与履职、围标串标认定、投标人资信、评标定标等环节。借助数字化招投标管理系统，最大程度地降低人为因素影响，所有流程均由系统自动执行并留痕，公开透明程度进一步得到提升，也便于纪检部门参与全过程监察。

（三）强化全方位风险管控

强化风险防控措施，抵御外部风险。通过电子签章等技术的应用，强化平台风险管控，构建阳光、安全、可靠的招标采购服务。应用电子签章加密供应商报价、投标文件，确保文件的真实性和不可篡改。采购报价截止时间未到不可查看报价响应情况，报价截止时间到后，且满足开启条件方可开启报价；通过供应商IP地址、供应商关联关系等信息，核查供应商串标行为，处罚串标单位，没收投标保证金，严格执行供应商"黑名单"制度，进一步净化了集团的采购市场，全年累计对224家供应商进行了不良行为处置。

（四）优化招投标合作生态

数字化招标管理体系的构建运用互联网思维，借助系统形成供应商规模优势，向供应商提供采购信息、扩大竞争范围，在广大供应商群体中得到充分肯定和认可，降低了采购成本。2023年招标业务每标段投标人数量同比增幅30%以上，年度活跃供应商、投标人约为6000家，累计完成招标标段1208个，资金节约率为17.74%。

招标管理是企业经营管理的一项重要内容，企业能否对其进行有效管理，直接影响企业的供应链运营和经营成本。招标集采中心针对存在的问题，积极创新管理手段和方法，构建数字化招标管理体系并贯彻实施，提高了招投标管理效能，优化了招投标合作生态，加强了风险管控和监管力度，有力推动了企业向创新型企业高质量发展。

区域电网企业基于共建"一带一路"倡议的跨国供电服务管理

创造单位：内蒙古国合电力有限责任公司
主创人：张赞斌　刘玥
创造人：刘明永　杨哲　白亚轩　母卓元　郭立佳

【摘要】内蒙古国合电力有限责任公司（以下简称国合电力公司）为提升跨境供电服务水平，紧紧围绕"一带一路"倡议，立足集团公司"绿色蒙电""开放蒙电"的发展定位，以强化多方协同实现互利共赢为指导思想，启动"区域电网企业基于'一带一路'倡议的跨国供电服务管理"实践，通过深化国际化、市场化理念，完善组织机构建设，建立内外双向联络机制，搭建国际业务沟通平台，建立供电服务运维机制，对蒙古国输送绿色能源。为保障境外供电安全，国合电力公司构建合规、内控、风险、法务一体的多维风险管理体系，建立配套人才保障措施。经此实践，国合电力公司跨境供电获得长足发展，经济效益显著提升，向蒙古国提供绿色能源，成为自治区打造向北开放桥头堡重要支点，助力中蒙两国能源和生态可持续发展。

【关键词】"一带一路"倡议　跨国供电　服务　合作交流

一、实施背景

国合电力公司是内蒙古电力（集团）有限责任公司（以下简称集团公司）于2011年为推进内蒙古自治区与蒙古国电力合作，拓展对周边国家跨境电力进出口业务，注册成立的全资子公司。其依托自身在国际业务领域的丰富经验，发挥在对外业务许可、海关高级认证及技术、资金、人才、管理等方面的综合优势，以拓展投资、运营海外能源项目为核心，持续开发跨境电力进出口业务。

（一）践行共建"一带一路"倡议，推进中蒙全面战略伙伴关系的需要

2024年是共建"一带一路"倡议提出11周年。对外开放是我国的基本国策，推动共建"一带一路"高质量发展的过程是推进高水平对外开放的过程。蒙古国是共建"一带一路"国家的天然伙伴，也是最早支持共建"一带一路"倡议的国家之一。国合电力公司作为集团公司对外开放的重要窗口，面对对蒙跨国供电项目重大合作机遇，必须用好两国地理毗邻、经济互补的优势，着力推进和拓展对蒙互利合作，践行共建"一带一路"倡议，强化市场意识，提升在蒙古国电力市场的竞争力，准确把握新形势、新要求，助力两国能源领域合作的不断深化。

（二）深化对外经营合作，落实集团公司开放蒙电战略的需要

2022年，集团公司提出"责任蒙电、绿色蒙电、数字蒙电、开放蒙电"的发展定位。作为主要承担集团公司国际业务拓展职能的子公司，国合电力公司是打造蒙西电网"内联外通"互联新格局、巩固拓展蒙古国供电业务的关键一环。提高经营管理水平、实现跨国供电稳定运行、充分发挥企业区位优势作为国合电力公司实现高质量发展的重要途径，既有利于维护与现有蒙古国合作伙伴长期友好关系，开拓新的市场，又可助力集团公司开放蒙电建设，保证对蒙高质量安全稳定供电也因此成为落实集团公司发展国际业务的现实需要。

国合电力公司是自治区在能源领域践行共建"一带一路"倡议的重要支点之一，也是建设向北开放桥头堡的重要窗口之一，还是集团公司开拓国际市场的前沿阵地。在开展对蒙跨境供电业务的过程中，有效提高沟通效率、提供优质供电运维服务、构建跨境可靠安全供电、实现企业提质增效成为国

合电力公司各项工作的核心要求。为实现上述目标，国合电力公司高效利用集团公司资源，充分挖掘内在潜力，发挥自身技术、人才优势，提升抗风险能力，实现跨境供电项目的高效管理已势在必行。

二、实施过程

国合电力公司为践行共建"一带一路"倡议，实现互利共赢，成为集团公司国际化战略的实施者，加大多元化市场开拓力度，积极寻求国际合作机遇，在对蒙能源合作上加强创新，自2011年开始不断加深与蒙古国的供电合作，于2017年、2023年先后两次与蒙古国用电客户延长合作期限，期间持续全面提升跨境供电服务水平，建立了常态商务沟通机制，开展技术人员互培，搭建技术服务标准平台，与境外用户建立了长期友好合作关系。

三、主要创新点

（一）深化国际化、市场化理念，完善组织机构建设

1. 加强顶层设计

国合电力公司紧抓国家共建"一带一路"倡议和蒙古国"草原之路"发展战略对接、中蒙新时代全面战略伙伴关系不断深化的战略机遇，按照集团公司战略部署，进一步解放思想，转变原有外经公司业务思维，面对新市场、新业态，树立国际化、市场化理念，增强竞争意识，以强化多方协同实现互利共赢为指导思想，进一步提升自身国际发展合作能力，制订符合自己的中长期战略计划，敞开国际胸怀，开拓国际视野，积极拓宽国际业务领域。

2. 完善组织结构建设

在整体战略目标的指引下，国合电力公司为深入推进跨境供电业务开发，开创性地成立了东部项目部和中部项目部，统一服务边境各口岸，尝试开发拓展蒙古国能源电力市场。为优化专业机构设置，推进国际业务向高效化、专业化发展，在项目部成功运作的基础上，成立了服务境外市场的专业部门——国际业务部，按服务市场需要配备专业力量，通过组织国际项目的前期规划和可研计划，更好地开发和服务境外电力市场，组织多元化投资政策研究、近电项目收集，更好地巩固现有市场并开拓新业务，切实加强了国际业务的专业化管理和集中统一管控，完善跨境供电业务发展机构设置。

此外，为更好地服务境外电力客户，国合电力公司在蒙古国设立了专业的境外代表机构——驻蒙代表处，负责与中蒙政府机构、蒙古国能源企业建立了畅通的沟通渠道，关注、跟踪蒙古国重点电力项目规划建设进展及组织蒙古国境内实地调研，在联通内外、建立高效信息共享响应机制方面起到重要作用，成为在蒙古国寻找合作机遇、开拓近电市场的前沿阵地。

（二）搭建内外国际业务沟通平台，深化合作交流机制

1. 搭建多层级涉外商务沟通平台

国合电力公司在对蒙跨境供电过程中，搭建了涉外的分层级、分领域的商务平台，打造点面结合的全覆盖沟通网络：在战略发展层面，供电方、购电方、用户三方和蒙古国能源部负责人建立了重要事项高层联席会议制度，通过多边洽谈，确定工作总体方向；在协商决策层面，通过供电方、购电方和用户三方每年轮流主持供电项目理事会，评估协议履行情况，深化能源领域战略合作，确定总体合作基调；在业务执行层面，供电方、购电方和用户分别成立谈判工作组，构建多边联络渠道，就专业条款开展沟通谈判；在专业技术层面，共同建立项目运行和维护委员会，由专业技术人员总结上一年度遇到的技术瓶颈，制订下一年度的工作计划，协商解决技术难题。对外合作联络机制如图1所示。

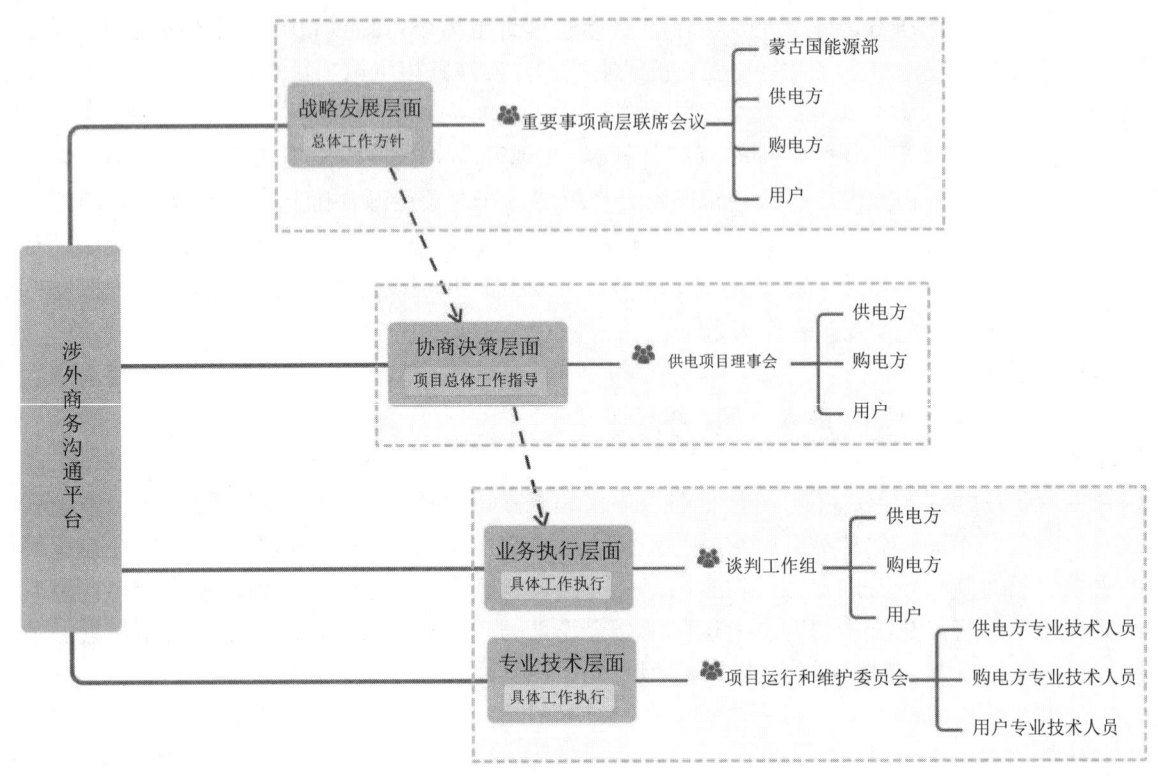

图 1 对外合作联络机制

2. 搭建各单位协同运作平台

为保证跨境供电业务的协调统一，保障对境外电力用户的服务，国合电力公司与巴彦淖尔供电分公司、电力调度控制分公司搭建涉外互联合作协同运作平台，打破区域和单位壁垒，共享跨境供电业务信息，针对蒙方提出的问题集中统一沟通回复；根据实际工作情况，不定期组织专员集中会议，讨论分析跨境供电项目运行状态，查找风险点，排查供电隐患，确保线路、设备的安全稳定运行；专设职能部门按专业指定专门联络员，具体组织对接生产经营事项，实行"小问题由联络员解决、复杂问题由公司专项解决"，切实提高了单位间协同运作的效率。

3. 构建中蒙技术交流和互培机制

为提升专业技术力量，保障供电安全可靠，国合电力公司依托集团公司平台，协调、组织、实施为蒙方提供电力技术人员培训，多次举办中蒙技术人才互培活动，以增进对彼此电力运行系统的了解。2017年，中蒙双方召开了技术交流会，就各自倒闸操作流程及停电安全措施等做了详细介绍。蒙古国OT公司的技术员还参观了巴彦淖尔供电分公司调度中心，详细了解了国奥双回线路所属电网基本情况和停送电电网调度规定。同年，国合电力公司举办了为期一周的蒙古国国家电网公司调度工程师培训班、蒙古国OT调度业务培训班。来自蒙古国国家电网公司5个分公司，14名不同岗位的工程师，蒙古国OT公司的10名调度、运行、安全监督等不同专业的现场工作人员参加了上述培训。通过技术互培，国合电力公司为蒙方提供了更多先进的电力专业技术支持，获得了蒙方参培人员的一致好评，加强了业务交流。

依托上述平台和良好的交流机制，国合电力公司加强与蒙古国国家电网公司、OT公司在供电各领域的沟通协作和业务交流，有效解决了商务合作、人才技术和经营协作等方面的重大问题，并在2018年的OT铜金矿供电项目理事会上，被OT公司称赞为"最好的合作伙伴"。

（三）建立供电服务运维机制，实现跨境安全可靠供电

1. 建立统一技术标准，共克供电运维难题

由于中蒙双方执行的行业制度、标准不同，抢修工作效率受到极大影响。2017年年底，变电站至OT公司传输光路告警，故障点位于蒙方境内。为避免再次出现类似情况，国合电力公司以此次消缺为契机，组织生产技术人员同蒙方来华技术人员交流，参与满足双方国家、行业及企业标准的检修管理流程和方案的编写，形成了《跨境光缆抢修消缺工作标准》。为保证运行设备安全稳定运行，预防设备故障，双方还共同编制了《OT 220kV输电线路继电保护设备检验工作标准》，并依据该标准对蒙古国OT中心南瑞和四方变继电保护装置进行实地校验。上述两个标准的制定为高效跨境检修工作、输电线路继电保护设备检验工作奠定了基础，大大提高了后续跨境技术检修工作的效率，双方合作实现了规则流动的双向性，实现了中蒙双方基础设施"硬联通"与规则制度的"软联通"。

2. 开展智能化供电运维，确保跨境设备安全运行

为实现更稳定地对蒙供电，国合电力公司落实集团公司数字化转型工作方案，致力于将国合开闭站升级为智能变电站：采用无人机巡检的方式代替传统人力巡线，全面提升装备水平；建立生产MIS（Management Information System，管理信息系统），极大地提升了工作效率；采购搭载3D激光导航、机器视觉与图像识别等技术的室内外变电站智能机器人，开展变电站日常巡视，自动生成巡视报告，并将巡视数据与报警信息统一上传到系统主站，减轻运维人员负担；研发设备主人制度在线管理程序，实时更新设备状态信息，设备负责人能通过微信实时了解设备运行动态；利用生产精益化平台，按时记录电力设备的运行情况，及时记录缺陷，线下报检修单位及时处理，保证设备安全稳定运行。根据实际运行情况，不定期将检修、实验等数据上传平台。巴彦淖尔供电分公司消缺后，即可使用虚拟账号登录填报相关信息，实现平台记录闭环。

目前，智能运维平台初具雏形，正处于智能化建设和应用阶段，主要包括在线监测、智能巡视以及数据采集等功能。待完全建成后，站内的设备巡视数据将实现智能化统一管理，使设备信息和作业信息透明，从而实现对设备、作业和管理业务全过程的质量和风险管控，确保跨境供电变电设备的安全稳定。

3. 建立线上会商渠道，实现疫情期间对蒙平稳供电

新冠疫情时期，防控形势严峻，国合电力公司面临着如何保证商务谈判进度和如何在疫情期间保障供电的难题。为克服这些困难，国合电力公司建立了线上会商渠道，积极响应国家、自治区的疫情防控政策，转变原有传统线下谈判方式，着力开展线上谈判，并对会议室进行专项数字化改造，建成两个国际业务洽谈区，配备先进视频通话设备，搭载国际通用线上会议平台，保障与蒙方的沟通效率。同时，国合电力公司充分利用腾讯会议、蒙电e联等电子平台实现外事沟通、文件审批、合同修订等内部工作流程的高效开展。国合电力公司还制定《传染病疫情事件应急预案》《关于新型冠状病毒疫情防控应急处置方案》，成立专项应急领导小组，分别从风险监测、物资供应、人员管控、处置程序、应急保障、后期恢复等方面制定处置措施，保障商务谈判按时进行，运维人员安全到岗。同时，输变电运检部门进一步加大电力设施巡检力度，按时开展每日三次常态巡视，每周一次全面巡视，及时消除安全隐患，确保电网平稳运行。

（四）构建跨境可靠安全供电，提升绿色能源利用效率

1. 打开对外输电通道，对蒙输送绿色电能

在共建"一带一路"倡议及"清洁能源输出基地"发展思路的引领下，国合220kV开闭站及国奥Ⅰ线、国奥Ⅱ线作为国内首个向境外供电的220kV电压等级输电线路，自建设之初便结合清洁能源汇集和向蒙古供电两大功能于一身，汇集了周围4座中方风电场的清洁能源，依托蒙西电网坚强的主网平

台优势，将绿色清洁能源输送至蒙古。截至2022年9月，通过该开闭站汇集上网的风电场数量占乌拉特中旗全部风电场数量的27%。自2012年11月至2022年年底，国合电力公司累计出口电力118.17亿千瓦·时，其中清洁能源近26亿千瓦·时，占乌拉特中旗地区风电项目累计发电量的3.9%。

2. 实现电力市场化供应，创新供电结算方式

国合电力公司响应国家和自治区改革政策要求，争当跨境电力市场化供应排头兵，在短时间内实现了从大电网统购销电到跨境电力市场化供应的转变。在此背景下，为降低用户履约难度和风险，国合电力公司以最大程度降低购电成本为目标，依据客户用电情况和现有政策，为其量身定制最优交易策略，并在《购售电协议》中明确计划负荷曲线、预计电量报送节点、电价调整机制等内容，以用户提交的月度认购电量、设备检修计划为基础，展开中长期交易，适时参与现货交易，有效降低偏差电量考核风险和现货交易风险，形成了顺畅的交易流程，构建了科学的境外代理交易模式。

同时，国合电力公司创新结算方式，与蒙古国电网公司签署供电协议，与电力用户以人民币直接结算，还采用银行保函及预付款担保等手段，整体提高电费回收率，节省了汇兑成本，规避了汇率波动风险，积极促进了集团公司融入"一带一路"倡议，实现高质量发展。通过提供优质国合电力公司跨境供电服务间接推动了中蒙两国在电力能源领域全方位、深层次、多领域合作。

3. 强化供电应急演练，提升应急处理能力

国合电力公司每年都会举办包括消防、设备突发故障等不同形式的应急反事故演练，预设不同故障场景，制订详细演练方案，以桌面演练、实际操作等形式开展，使演练更加贴合实战。为提高现场人员应对突发设备故障的能力，国合电力公司在不事先通知工作人员的情况下，不定期、不定量模拟设备故障情景，在塔基、设备上随机粘贴故障名称，并要求现场人员在规定时间内做出判断与反应，按照故障处理要求，分步骤处理，真正做到演习人员与演习内容的全覆盖，这使自身综合应急保障能力显著增强，为应对突发状况、保障跨境供电安全运行进一步提供了保障。国合电力公司先后获得集团公司"本质安全建设年活动突出贡献奖"、"2018年度自治区质量信得过班组"称号、"集团公司本质安全深化年无违章先进集体"、"安全生产月二等奖"。

（五）构建多维度风险防控体系，保障境外供电安全

1. 构建完善"四位一体"全面风险管理体系

国合电力公司作为自治区内率先开展合规管理体系建设工作的地方电力国企及集团公司合规建设试点单位，自2019年提出合规管理体系建设构想以来，通过前期调研学习和理论宣贯、中期访谈评估以及后期的成果审查和亮点提炼，于2020年正式建立合规管理体系，发布了《合规风险评估报告》《全面合规管理体系建设方案》《合规管理办法（试行）》《蒙古国合经营法律调查报告》《境外能源领域投资合规指引手册》《反商业贿赂合规指引手册》《对外贸易合规指引手册》《诚信合规手册》等成果。合规管理体系正式进入试运行阶段。自试运行以来，国合电力公司始终以实现合规要求为目标，以内控和风险为管理为抓手，将法律分析、合规审查等工作环节作为必要节点嵌入业务流程，同步加强重大经营决策合法性审核，促进常年法律顾问机构全程参与重大事项的谈判和审查，以法律思维为底层连接，在实践中逐步构建了合规、内控、风险、法务"四位一体"全面风险管理体系（见图2），充分实现法律管理、合规管理与主营业务的高度融合，确保境外投资风险可控、在控。

2. 建立跨境供电管理流程

为填补在国际市场开发管理流程上的空白，国合电力公司完成了《蒙古国电力市场客户关系管理标准》《蒙古国公共关系管理标准》《蒙古国前期调研管理标准》《境外投资项目前期工作管理标准》《国际市场研究与开发管理标准》等管理标准的制修订工作，并对尚不足以形成管理标准的办电流程进行了集中梳理，形成《境外用电客户办电管理实施细则》，明确了《境外用电客户用电登记表》《境

外用电客户用电申请函》《境外用电客户用电新增设备统计表》的规范格式，助力国合电力公司进一步优化营商环境，更好地服务于境外用户。

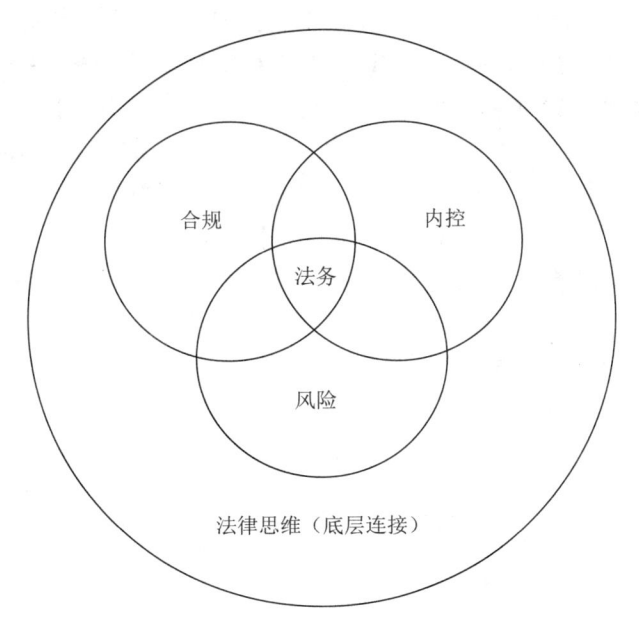

图2 合规、内控、风险、法务"四位一体"全面风险管理体系

3. 建设境外供电服务监管机制

国合电力公司多措并举，努力提升境外供电服务监管水平，同步加强重点环节监管。国合电力公司对项目推进计划的进度落实、执行和相关工作开展情况，联席会议和专题会议确定事项完成情况，以及项目周报等情况进行跟踪督查，并将之直接挂钩部门业绩考核结果；国合电力公司法务与常法顾问定期开展部门法律体检，解决法律难题，预警法律风险；审计部门组织专项审计，对项目全流程进行检查，出具《内控审计签证单》，就各部门在经营活动中存在的问题提出客观意见，实现精准把脉、标本兼治。部门层面，实行周报、月报制度，通过限期申报专项工作任务，确保将项目里程碑关键因素（时间、人员、内容、效果等）落到实处，真正做到一级抓一级、层层有部署。

（六）建立配套人才保障措施，保障跨境供电服务水平提升

1. 开展国际业务人才培养，提供人才支撑

为提升管理层治理水平和治理能力，打造能够参与战略经营和管理决策、把握行业发展趋势、具有国际业务能力的管理团队，国合电力公司与重庆大学、浙江大学、四川大学等高校定期举办人力资源专题培训班，积极组织管理人员参与上海合作组织国际投资贸易洽谈会等国际会议，赴东方电气、中国能建集团等知名央企学习先进管理经验，为保障国合电力公司可持续发展提供了有力支撑。同时，为培养一批具备跨国经营战略、项目、商务、投融资专业素质的市场开发专业人员，国合电力公司与天津大学、浙江大学等国内知名高校及中国电力国际产能合作企业联盟、中国外经贸企业协会等平台合作，联系国内一线专家，通过线上线下等方式，重点在市场开拓、风险防控、文化培育、信用建设等方面对业务人员进行培训，为国际业务开发和供电优质服务提供了源源不断的内生动力。

2. 培养员工创新能力，为跨境供电服务增加效能

企业创新是提高企业核心竞争力的根本途径。一直以来，国合电力公司深入实施创新驱动发展战略，强化创新主体地位，鼓励员工创造创新，持续构建完善管理创新、职工创新体系。围绕企业现场作业存在的问题，国合电力公司成立了QC（Quality Control，质量控制）项目小组，并参加电力行业

QC项目评选：2021年，国合220kV开闭站QC小组携QC项目"设备主人制度在线管理程序的探索及应用"参加集团公司QC成果发布会，荣获集团公司"QC成果发布"三等奖。围绕国合电力公司经营战略和重大项目管理实践经验，把新的管理要素引入公司管理系统，公司各处室总结经验形成多项管理创新优秀成果：综合管理部"国际化企业以提升内控管理水平为导向的大合规体系与运行实践"荣获集团公司2021年"管理创新成果"三等奖；经营管理部"电力体制改革背景下的跨境供电营销服务管理提升"荣获全国2022年"企业管理现代化创新"二等奖。这些成就充分展现了员工创造性思维培训的成果，激发了内部发展活力，为跨境供电业务提质增效增加动能。

3. 建立跨境供电服务薪酬考核激励机制，激发主动服务意识

为提升跨境供电总体服务意识，体现"多劳多得、少劳少得""奖勤罚懒、奖优罚劣"的薪酬分配原则，国合电力公司根据集团公司劳动用工和收入分配制度改革工作部署，制定实施了国合电力公司《岗位绩效工资制度改革实施方案》《员工绩效管理办法》《企业负责人薪酬管理办法》《奖励薪酬管理办法》《超额利润激励工资分配办法》《劳动者工资保障管理办法》6项规章制度和配套措施，与优化跨境供电营商环境实施效果联动，形成衔接配套、协同运作的科学激励机制，激发员工主动服务意识和科学服务能力，大幅提升各部门员工管理运行效率。通过近两年的实践检验，薪酬改革制度执行效果良好，为跨境供电服务提供了基础和保障。

四、实施效果

（一）经济效益显著提升，跨境供电获得长足发展

2018年至2022年国合电力公司连续5年均超额完成集团公司下达的利润预算目标，2019年至2021年连续3年获得集团公司非完全竞争子公司考核第一名，2019年至2022年连续4年荣获集团公司先进单位称号，为集团公司"开放蒙电"发展定位奠定了基础。

国合电力公司对蒙古国OT铜金矿供电是依托中蒙甘其毛都－嘎顺苏海图口岸实现跨境供电的重要项目，双方已再度签署《购售电协议》，开启2022—2030年的新一轮供电周期，并依托原有项目开启了对蒙跨境供电新项目的技术研究，双方合作达到崭新高度，为跨境供电业务长足发展奠定了基础。

（二）保障对蒙稳定供电，助力自治区打造向北开放桥头堡

把内蒙古打造成为我国向北开放重要桥头堡，是习近平总书记站在统筹国内国际两个大局的高度为内蒙古量身定制的战略定位，也是内蒙古推动更高水平对外开放、并以高水平开放促进高质量发展的现实需要。国合电力公司全方位拓展能源国际合作，重点服务和参与共建"一带一路"倡议，助力打造自治区向北开放电力桥头堡，2019年，国合220千伏开闭站被国务院国资委评为北疆"最美变电站"。自2012年11月至2024年6月底，国合电力公司累计出口电力130亿千瓦·时，截至2024年6月30日已实现安全运行4384天。

（三）提高电能利用效率，促进两国生态可持续发展

国合电力公司每年向蒙古国提供超过2亿千瓦·时的清洁能源，占蒙古国年度清洁能源用电量近35%。随着OT铜金矿地下矿项目的开展，国合电力公司将提供更多的清洁能源，在保障用电可靠性和安全性的同时，大幅减少OT公司在传统矿业开采模式下的碳排放量，按火电每度电消耗310克标煤计算，每年可节约标煤约9.1574亿吨，减少二氧化碳排放约22.82万吨，减少二氧化硫排放约0.69万吨，减少碳粉尘6.23万吨，减少氮氧化物0.34万吨，为帮助实现绿色矿业生产，构建绿色发展的中蒙可持续生态体系做出积极贡献。

在推动共建"一带一路"高质量发展的大背景下，国合电力公司跨境供电管理实践实现了在开放发展中促进蒙西电网服务与产业"走出去"，国合电力公司的品牌价值得到显著提升，综合竞争力明显

增强，并实现了国合电力公司其他口岸项目的高效管理，对同类型电网企业进行跨境供电项目管理具有一定的借鉴意义。

五、下一步规划与探讨

国合电力公司依托成功的跨国供电管理服务管理实践，继续加大对国际市场的开发力度，提升跨国供电服务管理水平，推进近电产业合作，深入推动与蒙古国合作协议落实落地，努力形成更大范围、更宽领域、更深层次的对外开放格局。

进一步落实"一带一路"倡议，持续深入打造中蒙电力能源领域深层次交流合作平台，加大全价值链碳管理力度，探索"投资+建设+运营"合作模式，开发跨境新能源项目，通过绿电、绿证交易多途径实现供应端减碳，推动深化与蒙古国电力行业科学技术的交流与合作，共同促进中蒙两国能源领域实现绿色低碳转型，在此过程中推动实现中蒙两国技术标准、技术参数等方面的互认与衔接，提升新质生产力，提高"走出去"的管理水平。

基于管控的集团企业内控体系建设实施

创造单位：北京北燃实业集团有限公司
主创人：李宜民　焦杨
创造人：蔡德强　刘艳宁　王贝贝　张国栩　李爽

【摘要】 为提高企业经营管理水平和风险防范能力，充分发挥内控体系对于企业的强基固本作用，北京北燃实业集团有限公司（以下简称北燃实业集团）持续加强和完善内控体系建设，在内控体系建设过程中，突破传统合规型内控体系的建设方式，融入管控思想和方法，结合风险管理、合规管理要求，通盘考虑、统筹规划，构建了基于管控的集团企业内控体系，并建立一体化运行保障机制，有效提升企业内部控制水平，强化集团整体管控能力，并为其他集团型企业内控体系建设提供了新的视角和思路。

【关键词】 内控体系　管控体系　体系融合　一体化运行

一、实施背景

（一）有效满足外部监管及自身发展的要求

随着市场经济环境越来越复杂、企业之间的竞争越来越激烈，为防范及化解企业风险，国务院国资委、财政部、北京市国资委等监管部门近年来出台了一系列监管措施，对企业建立和实施内部控制提出明确要求和指引，并重点关注企业内部控制体系设计和运行的有效性。北燃实业集团作为市属大型国有企业，应严格按照外部监管部门对内部控制体系建设和运行的要求，建立科学完善的内部控制体系并有效运行。

目前关于企业内部控制及其体系的理论研究及实践主要是基于风险防范、合规经营等消极层面上的内部控制，虽然可以满足企业合法合规经营管理的需要，但是对于承接企业发展战略、提升整体管控能力的作用并不显著。北燃实业集团在现有内部控制理论研究及实践的基础上，构建不仅仅局限于面向监管的合规型内部控制，而是能够承接发展战略、助推企业管理提升的管理型内控体系，即积极层面上的企业内控体系，具有重要的理论和现实意义。

（二）有效满足与管控体系相结合的需要

基于自身产业结构多元化、产品和服务品种多样化的特点，北燃实业集团按照"战略管控型"定位搭建了公司管控体系，明确了各相关主体的管控职能，界定了总部和所属单位的权限范围，形成公司基础管理框架。在管控体系建立的基础上，北燃实业集团按照外部监管要求和自身发展需要，进一步开展内控体系建设。

根据其他企业项目失败案例，企业在内控体系建设过程中往往容易忽视与现有管控体系等核心管理体系的内在联系和相互融合，造成内控体系标准规范与管控体系要求不一致、不协调，导致体系效用难以有效发挥，甚至有可能形成内控体系和管控体系两条主线的排斥效应，造成管理混乱和控制程序失效。

而实际上，管控体系和内控体系作为企业经营管理中的两个重要顶层设计系统，关联性十分密切。一方面，管控体系作为企业组织管理的顶层设计，是内部控制体系建设的基础和重要依据，内控体系建设必须符合管控思想和要求，突出核心管控职能。另一方面，在确保管控事项合法合规的基础上，管控体系要求可以借助内控体系有效落地。建立起一套与现有管控体系相结合的内控体系对于企业的良好运行至关重要，也是保障北燃实业集团实现科学管理和高质量发展的必然要求。

(三)有效满足提升集团整体经营管理水平的需要

作为大型集团型企业,北燃实业集团的业务范围涵盖液化石油气、清洁供热、设计监理咨询、工程施工、科技研发、现代服务业等板块,成员单位包括国有参控股公司、全民所有制企业、专业科研机构等。针对多元化的业务类型、成员单位类型,如何有效落实集团管控思路,实现不同业务板块和成员单位的协同、高效发展,提升集团整体经营管理水平,是北燃实业集团面临的重要管理课题。

内部控制体系作为企业管理的重要手段,与公司的管控体系相配套,能够识别企业经营管理及业务发展中的关键环节并进行有效管控,从整体上提升集团管控能力,实现集团整体利益。为了确保集团健康、稳定发展,实现总体发展战略目标,针对集团企业特点建立科学完善的内控体系并有效运行是北燃实业集团发展到当前阶段的必然选择。

目前北燃实业集团在建设内控体系时一般会以集团总部、所属单位两个层级为主体分别建立内控体系,但从全集团角度考虑得较少,对集团整体内控体系的设计和要求缺少提前谋划,对集团各层级内控体系建设的特点和需求缺少通盘考虑,导致集团总部与所属单位内控体系出现明显的分离性,难以实现上下体系的贯通衔接,从而严重影响集团企业内部控制的效果发挥。北燃实业集团在内控体系建设过程中需针对这个问题,从全局出发,结合集团内部各管理层级的特点和需求进行通盘分析考虑,做好集团内控体系的顶层设计,确保发挥内控体系在提升集团整体经营管理能力中的作用。

二、实施过程

(一)深度融合,实现基于管控的内控体系建设

为避免内控体系、管控体系"两张皮"的问题,确保内控体系与管控体系相融合,北燃实业集团按照"结合管控、整体运作"的工作思路,在内控体系建设各个主要环节与管控体系进行深度融合。内控体系无论是在顶层架构设计还是在流程控制标准梳理方面,全程融入管控思想和要求,并统筹考虑风险管理、合规管理要求。内控体系建设在确保重点管控事项合法合规的基础上,进一步细化管控权责、标准和程序,作为管控体系落地的支撑,实现内控体系与管控体系在宏观与微观层面的高度协同,形成管控与内控相互支撑、相互依托的管理体系。

1. 以管控体系为基础开展内控体系建设

内控流程体系框架设计以管控体系三级管控事项为蓝本,做到内控体系与管控体系在约束范围层面上的一致。与管控体系相匹配,内控流程体系框架充分与管控体系进行衔接,全面覆盖集团22项管控职能(见图1),并重点关注战略管理、投资管理、资金管理、人力资源管理、运营管理、市场管理六项核心管控职能,将战略型管控的思想充分融汇至内控流程体系框架设计中。

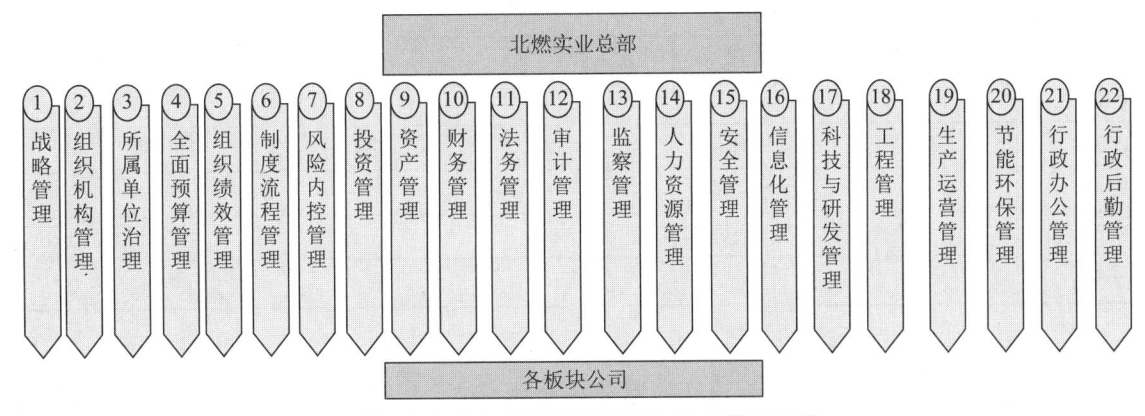

图1 北燃实业集团管控体系22项管控职能

北燃实业总部 → ①战略管理 ②组织机构管理 ③所属单位治理 ④全面预算管理 ⑤组织绩效管理 ⑥制度流程管理 ⑦风险内控管理 ⑧投资管理 ⑨资产管理 ⑩财务管理 ⑪法务管理 ⑫审计管理 ⑬监察管理 ⑭人力资源管理 ⑮安全管理 ⑯信息化管理 ⑰科技与研发管理 ⑱工程管理 ⑲生产运营管理 ⑳节能环保管理 ㉑行政办公管理 ㉒行政后勤管理 → 各板块公司

在此基础上，按照内外部工作要求，进一步涵盖内控方面需要关注的经营管理事项及党建管理事项，形成北燃实业集团内控流程体系框架，涵盖一级流程25个、二级流程95个、三级流程56个、末级流程138个。

借助管控体系搭建起关键职能条线与配套管控流程，进一步开展风险点识别、风险等级评估、风险数据库建设、风险及合规防控措施制定等工作。本次内控体系建设过程中共识别各类风险点136个，共设置针对性控制点686项，如表1所示。

表1 内控风险点及控制点统计表

流程编号	一级流程	风险点数量	控制点数量
P1	议事管理	4	19
P2	组织机构管理	2	11
P3	所属单位治理结构与议事规则管理	3	7
P4	制度流程管理	2	8
P5	战略管理	3	15
P6	人力资源管理	16	104
P7	HSE管理	4	39
P8	投资管理	4	19
P9	采购管理	3	21
P10	资产管理	12	87
P11	工程管理	14	59
P12	财务管理	14	87
P13	科技与研发管理	4	26
P14	行政管理	13	54
P15	宣传管理	2	11
P16	全面预算管理	5	16
P17	组织绩效考核流程	1	6
P18	合同管理	3	14
P19	信息化管理	3	20
P20	法律事务管理	4	21
P21	党建管理	10	20
P22	纪检监察管理	2	13
P23	审计管理	2	8
P24	风险内控管理	1	6
P25	违规经营投资责任追究管理	5	5
合计		136	686

2. 借助内控体系促进管控体系落地

在内控建设过程中，按照内控体系设计的原理与准则，结合风险管理、合规管理要求，通过内控流程实现管控事项和管控流程的进一步细化，将管控体系中权限、标准进一步程序化、流程化，促进集团管控要求的落地。

一是通过内控流程进一步细化管控事项，促进管控体系落地。在管控体系22条职能线的基础上，结合内控、合规及风险管理要求，进一步细化管理事项，明确职责范围、操作信息、流程关注点、合规控制点、操作标准和规范等，形成内控流程描述文档，如表2所示。

表2 党委常委会议事流程描述示例

步骤	主体	活动	详细说明	控制文档
（一）明确议题					
1	党委常委	提出议题意见	党委常委提出议题相关意见，由集团总部相关职能部室准备拟上会议题材料	议题材料
2	相关职能部室主管领导	审核	集团总部相关职能部室主管领导对拟上会议题名称及上会材料提出修改意见	
3	党委常委	审核	党委常委对上会材料进行审核，明确议题名称及议题材料，报送党委办公室	
4	党委办公室	汇总	党委办公室汇总议题名称，明确议题顺序、列席人员、会议时间，形成《党委常委会议题审批表》，提交党委书记审批	《党委常委会议题审批表》
5	党委书记	审批	党委书记对议题进行审批并在《党委常委会议题审批表》上签字确认	审批记录

二是通过内控权限进一步细化管控标准，促进管控体系落地。在管控体系各职能线权责的基础上，结合内控监管要求及企业实际运行情况，在业务流程中进一步细化管控权责、明确管控主体、完善审批层级，形成内控流程权限表，如表3所示。

表3 内控流程权限表示例

编号	业务类型	北京北燃实业集团有限公司												
		董事长	党委书记	党委常委	董事	董事会专委会	领导班子	总经理	董事会秘书	主管领导	党委办公室	董事会办公室	董事会专委会办公室	办公室	相关部室	所属单位
1	党委常委会议题的审批		审批议题	提出意见审核材料						审核（相关）	汇总议题				准备材料	
2	党委常委会会议纪要的签发与督办		审批签发	审核纪要							会议记录，形成纪要，申请印发，决议督办					
3	董事会议题的审批	审批		提出议题审核材料						审核汇总	审核（相关）				准备材料	

3. 按照内控准则规范集团管控

在内控体系建设过程中，按照内控的一般准则，对管控体系中权限、流程环节进行风险点识别与标记（见表4），用内控、合规要求规范管控事项，确保重点管控事项及各项经营管理工作合法合规。

结合北燃实业集团管控模式的特点和要求，内控诊断重点围绕治理结构、机构设置及权责分配、制度体系等进行梳理和诊断，对重点管控事项进行了详细诊断，挖掘北燃实业集团管控方面存在的内控薄弱点51项（见图2），并从职责、权限、制度、表单四个方面分析问题的成因。

表4　风险清单示例

序号	风险编号	风险点	风险点描述	风险一级分类	风险定级	战略目标	报告目标	资产安全目标	合规性目标	效率和效果目标	责任岗位
						影响内控目标类型					风险控制
1	R1.1	党委常委会议事风险	由于会议议题不合理，或未通知到与会人员，与会人员对会议议题不了解，会前准备不充分，或会议记录不完善，可能导致不能如期开会或会议决议宣贯执行不到位；由于会议决议的形成没有得到公正、公开和有效的表决，可能导致会议决议的形成不符合企业管理要求，不能落实执行；由于会议的决策没有得到有效落实，可能导致企业发展遇到的问题没有得到及时有效解决	运营	重大	√			√	√	党委办公室 相关职能部室主管领导 党委常委 党委书记
2	R1.2	董事会议事风险	由于与会人员对会议议题不了解、没有参考相关法律，可能导致会议研讨得出不利于公司发展或者存在法律风险的决议；由于会议决议的形成没有得到公正、公开和有效的表决，可能导致会议决议的形成不符合企业发展需求，不能落实执行；由于没有详细记录并核实会议纪要，可能导致所传达的会议决议不准确、不完整；由于会议的决策没有得到有效落实，可能导致企业发展遇到的问题没有得到有效解决	运营	重大	√			√	√	董事会办公室 职能部室主管领导 董事会秘书 董事 参会董事 董事长

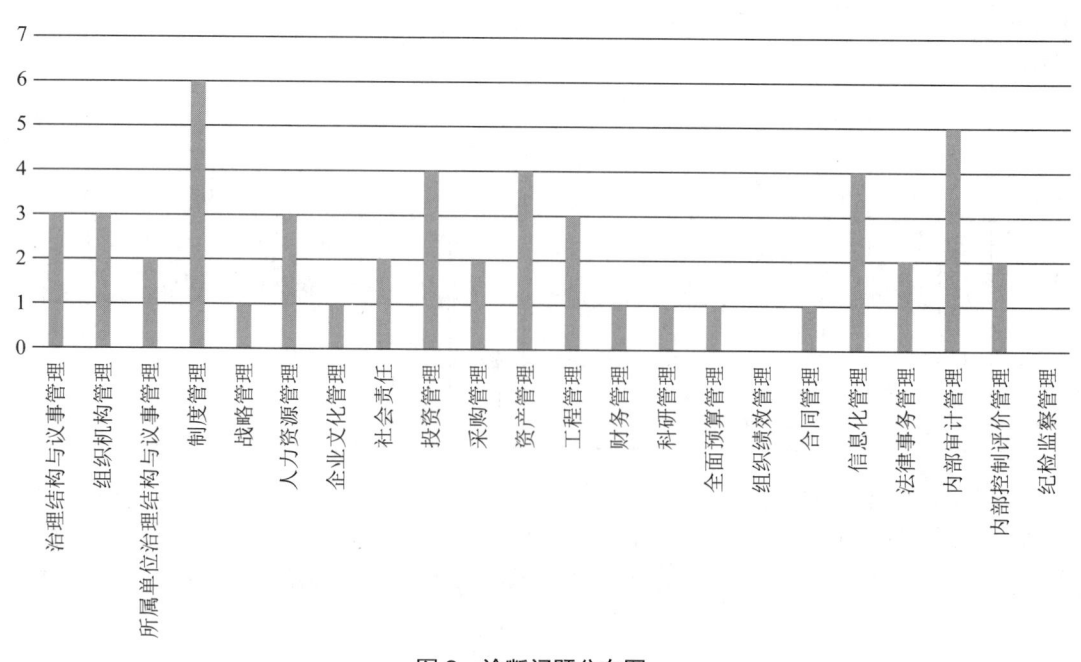

图2　诊断问题分布图

针对各项诊断问题，进一步从组织架构和职责完善层面、制度和流程规范层面、能力提升层面三个层面，提出针对性改进建议85项。

根据问题的性质和特点，管控和内控领域存在的部分问题在内控体系建设中进行优化和完善，其他问题将在管控、内控体系的长期运行中进行调整改善，从而有效提升北燃实业集团内部整体环境。

（二）上下联动，搭建集团三个层级内控体系

为避免集团型企业总部与所属单位内控体系"断层"现象，实现集团上下内部控制"一盘棋"的目标，北燃实业集团结合集团总体发展战略和各层级特点，制定了集团内控体系建设五年规划，确定集团内部控制的导向、原则、目标等。按照"统筹规划、逐层推进、分步实施、持续优化"的原则，依次搭建集团总部、业务板块、业务单位三个层级内控体系，建立分层分级、上下贯通、有效衔接的集团企业内控体系。通过引入业务板块内控指引，有效衔接集团总部与所属单位内控体系，确保上下体系的贯通衔接。

1. 梳理集团总部内控，搭建集团第一层级内控体系

搭建集团总部内控体系，作为集团内控体系第一层级。第一层级内控体系作为集团内控体系的核心，体现集团整体发展战略要求和管控定位，在集团内控体系中发挥基础性统领作用。集团总部内控体系建设主要做法有以下几点。

一是制定集团内控体系建设总体规划。以财政部等五部委发布的内部控制政策法规为理论依据，以公司"十三五"战略规划为导向，制定北燃实业集团内控体系建设总体规划，针对北燃实业集团的发展阶段、管控模式及行业特点，设计集团内控体系整体框架，确定集团内部控制的导向、原则、目标等。

二是广泛进行内外结合，优化完善总部流程控制。依据《企业内部控制基本规范》及应用指引、北京市国资委及上级单位内控体系建设相关要求，结合集团总部经营管理情况，全面识别评估总部经营管理风险，优化完善内控流程控制标准，建立基于风险防范的、覆盖总部主要业务和管理活动的标准化内控流程体系。

三是综合考虑上下衔接，预埋对下管理的流程接口。依据集团管控定位，在梳理集团总部业务管理活动时，综合考虑对所属单位管控事项，在总部内控流程中预留对下管理的流程接口，为实现上下体系有效衔接奠定基础。

2. 梳理业务板块内控指引，搭建集团第二层级内控体系

为有效落实北燃实业集团对各业务板块及所属单位的管控要求，并为所属各单位开展内部控制体系建设提供专业化方向指引，北燃实业集团依据外部监管要求和集团管控定位，结合各板块业务类型及特点，建立业务板块内控体系建设指引，进一步明确集团对下管控要求，针对业务运营主要风险建立防范措施，并有效提炼业务管理标准。在业务板块内控指引搭建过程中，主要做法有以下几点。

一是明确集团对下管控要求。从集团战略角度出发，结合集团对所属单位管控定位及要求，在业务板块内控指引搭建中进一步明确细化集团对下管控标准，同时提出对所属单位内控工作的总体目标、基本原则及要求等，为所属各单位内控管理工作提供统一的指导和依据，确保体系核心内容上下充分衔接，有效发挥集团对各板块业务进行统筹和协调的服务功能。

二是建立业务风险防范措施。结合集团业务发展思路和管控要求，以各板块业务活动为主线，进行业务活动全链条梳理，对业务运营重要风险进行筛查与评估。依据风险评估结果，针对集团重点关注业务风险，建立风险防范措施。按照业务活动前端、中端、后端细化控制环节及控制点，形成各板块业务活动内控指引，有效防范集团各板块业务运营风险，同时为所属单位业务风险防范工作提供指导和参照。

三是有效提炼业务管理标准。通过业务板块资料分析、实地调研访谈等方式，深入了解掌握所属各单位业务管理情况，对同板块内不同单位的管理现状进行充分分析，有效提炼各单位优秀业务管理标准，融入业务板块内控指引文件。通过各单位内控体系建设运行，推广应用优秀业务管理标准，从而缩小同板块内不同单位之间的管理差距，提升业务板块整体管理水平。

3.梳理所属单位内控，搭建集团第三层级内控体系

在第一层级、第二层级内控体系建设基础上，全面推动所属单位内控体系建设，在具体业务操作层面落实集团总部内控体系及业务板块内控指引要求，与第一、第二层级内控体系进行有效衔接，实现内控体系的全面覆盖，形成集团三层级内控体系。所属单位内控体系建设主要做法包括以下三点。

一是参照业务板块内控指引。各所属单位在内控体系建设中，以业务板块内控指引为参照，对本单位业务管理活动进行诊断梳理并建立控制标准，确保业务控制标准全面规范。

二是对接集团总部流程接口。各所属单位在内控体系建设中，内控流程与集团总部流程进行严格对接。按照管控权限，需上报集团审批、报备的事项在本单位内控流程中进行全面反映，与总部对应流程进行有效衔接，形成上下衔接的流程控制标准。

三是立足自身实际情况。鉴于各所属单位类型、规模、发展模式存在较大差异，根据各单位自身特点和发展需求，在集团管控总体要求下，分别以相适应的《企业内部控制基本规范》《行政事业单位内部控制规范（试行）》《小企业内部控制规范（试行）》等外部规范作为基本参照，建立符合自身情况的内控体系。

（三）全面协调，打造一体化运行保障机制

企业始终处于发展变化之中，内部管理体系也应根据企业内外部环境的变化进行及时调整。为确保内控体系在运行过程中能够与管控体系保持协调与一致，实现一体化运行，北燃实业集团通过建立实时性的动态调整机制、多层次的监督机制、持续优化的闭环管理体系、全方位的组织责任体系，打造一体化运行保障机制。

1.建立体系动态调整机制

为保持内控体系、管控体系的有效性、协调性，北燃实业集团建立内控体系、管控体系动态调整机制，并将动态调整机制固化至相关管理制度及信息化流程中，保障动态调整机制落地执行。集团根据外部监管要求和自身管理要求变化，同步优化调整管控体系和内控制度流程，将内控要求嵌入规章制度体系和业务流程中，将内外部要求及时转化为集团内控规定并落实执行，实现集团内控体系、管控体系动态协调更新，为企业经营管理工作提供长期有效的体系保障。

2.建立多层次的监督机制

通过日常监督、专项监督及内控评价等方式，建立持续性、多层次的监督机制，对集团建立与实施内控和管控的情况进行监督检查，重点关注内控、管控体系运行中不协调的情况。通过建立日常监督工作机制，对集团内控、管控体系运行情况进行常规、持续的监督检查。在发展战略、组织结构、经营活动、业务流程、关键岗位员工等发生较大调整或变化的情况下，采用专项监督方式对相应调整后的体系进行有针对性的监督检查。通过内控评价工作，从体系设计有效性和执行有效性两方面查找缺陷，重点关注管控体系变化和调整，及时调整和完善内控制度流程，保持与管控体系的一致性和协调性。

3.建立不断优化和完善的闭环管理体系

通过建立内控体系运行、评价考核与持续优化的闭环管理体系，促进内控、管控机制的有效发挥和良好运转，实现内控体系与管控体系的长效一体化运行。通过日常监督、专项监督及内控评价等方式，持续挖掘集团内控、管控工作中存在的缺陷，对集团重大经营活动、主要风险点等方面开展评价

工作，及时、准确地掌握集团经营管理中存在的问题，通过纠错、防损、避险和改进管理的意见，提出整改建议并监督落实，并将评价结果纳入绩效考核体系，促进体系不断优化完善。

4.建立全方位的组织责任体系

通过明确内控体系建设及一体化运行工作责任，建立跨部门联动、多层级参与的工作机制，建立全方位的组织责任体系，确保责任落实到位，保障工作顺利开展。

强化体系建设组织保障。内部控制体系作为"一把手"工程，各层级领导层作为内部控制及风险责任承担人，全面负责所在单位的内控体系建设与实施工作。内控牵头部门组织本层级各部门具体落实内控体系建设与实施工作。同时，总部对所属单位体系建设情况进行指导、监督和检查。

成立一体化运行协调小组。成员包括集团总部、各所属单位、职能部门整个线条上的负责人，负责协调推进体系一体化运行任务的落实，协调解决体系运行过程中的问题。

建立跨部门联动、多层级参与的工作机制。明确体系建设实施的工作任务与目标，进一步分解落实到对口责任部门，并将责任逐级明确落实到各业务、各环节相关人员，共同推进体系建设、完善和运行工作。

三、实施效果

通过与管控深度融合的内控体系建设实施，北燃实业集团进一步优化了内部控制环境，有效提升了整体经营管理水平和风险防范能力，为实现集团总体战略目标提供了坚实保障。北燃实业集团在内控体系建设方面的探索与实践，为其他集团型企业内控体系建设提供了新的视角和思路，具有一定参考和借鉴意义。

（一）优化内部控制环境，提升风险防范水平

北燃实业集团在内控体系建设及运行过程中，按照外部监管要求，结合集团发展战略和管控要求，累计发现并整改优化职责划分方面问题19项、管控权限设置方面问题15项，使集团"上下左右"组织权责关系进一步理顺和清晰化；整改优化规章制度方面问题37项，使集团管理制度体系更加规范完善；整改优化业务流程方面问题20项，使集团工作规范日趋标准化、流程化。通过内控体系建设，北燃实业集团内部控制环境得到大幅优化提升。

通过全面的风险筛查与评估，针对集团各类管控事项确定风险点并制定相应的控制措施，实现事前防范与预警、事中控制与监督、事后检查与分析，全面提高风险识别与管控能力，大幅提升集团风险防控水平，将风险控制在合理水平。根据内控体系建立前后分别进行的风险调查评估结果显示，集团战略管理、投资管理、安全管理等各类风险的发生可能性、影响程度均有不同程度的降低。

（二）促进管控体系落地，强化集团管控能力

通过内控体系的建设实施，集团管控权责、标准和程序进一步细化，成为管控体系落地的支撑；为重要管理和业务控制活动形成制度化、规范化的文本，成为管控活动的重要依据。借助内控体系，管控体系的理念和要求真正融入集团各项经营管理事项中，有效保障了集团管控体系的落地实施。

与管控相结合的内控体系将业务发展与集团管控、风险防范等形成联动，有效识别集团经营管理及业务发展中的关键环节并进行把控，实时监控管控要求落实情况，从整体上提高了集团管控能力。在内控体系与管控体系一体化运行过程中，通过内控体系的运行、评价与持续优化，管控机制不断完善并得到有效发挥，集团管控能力进一步强化。

（三）提升整体发展能力，保障战略目标的实现

通过内控体系建设实施，北燃实业集团进一步明确了总部、业务板块、业务单元各层级定位，夯实了集团总部、业务板块、业务单元各层级的管理基础和协同能力，促进各层级内控体系形成合力，使公司在不断变化的内外部环境中始终能够保持内部环境的灵活性与适应性，提高运行效率和质量，

提升集团整体发展能力。在内控体系的支撑和保障下，北燃实业集团各项经营指标稳步增长，企业发展动力、核心竞争力、凝聚力不断增强。

通过内控体系建设实施，进一步强化了北燃实业集团上下"一盘棋"的发展思维，有助于各层级主体围绕发展战略目标在各自领域充分利用各种资源，加大工作落实力度，及时识别内外部环境的变化影响并有效应对，确保集团战略在各个层级、各个板块转化为具体的工作行动，确保集团整体战略目标能有效实现。

（四）有效履行社会责任，实现企业协调发展

通过内控体系建设，北燃实业集团进一步履行了社会职责和义务。在安全生产方面，进一步健全安全检查监督机制，确保安全责任层层落实，切实做到安全生产。在产品服务质量方面，通过规范业务流程，建立严格的产品服务质量控制和检验制度，切实提高了产品质量和服务水平，努力为社会提供优质、安全、健康的产品和服务。在节能环保方面，建立了环境保护与资源节约制度，认真履行节能减排责任，员工的环境保护和资源节约意识不断提高。在促进就业方面，依法保护员工的合法权益，贯彻人力资源政策，保持工作岗位相对稳定，积极促进充分就业，切实履行社会责任。通过内控体系建设，北燃实业集团切实做到短期利益与长远利益、自身发展与社会发展相互协调，实现企业与员工、企业与社会、企业与环境的健康和谐发展。

四、下一步规划与探讨

信息化是推进内控体系落地实施的重要工具之一，可以提高企业内部控制效率和质量。近年来，各级国资监管机构关于企业内控工作的指导意见中均提出企业要加强内控信息化建设力度，提高信息化管控能力。按照监管要求，结合当前信息技术发展形势，各类企业积极探索内控信息化建设，取得了一定成效，但在具体实践中关于内控信息化建设的思路、落地措施和实施成效方面还存在一些问题与难点，尤其是将内控体系管控措施、合规管理要求有效地嵌入各项业务信息系统，推进信息系统之间的互联互通、优化整合，实现内控体系与业务信息系统的有机结合等方面值得进一步研究和探讨。北燃实业集团近年正在大力推进信息化建设和数字化转型，在建设过程中需要结合自身情况和特点，针对上述问题进行探索研究。

北燃实业集团将进一步研究确定集团企业内控信息化建设的整体思路、体系框架、标准要求和具体措施等，形成集团内控信息化建设的总体方案并推进实施，将内控措施有效嵌入各业务系统，强化业务系统关键节点的刚性控制，推进大数据、云计算和人工智能等先进技术的应用，推动集团内控体系由"人防人控"向"机防机控"转型升级，提升内部控制效果，进一步提升集团管控能力，为企业持续稳定发展提供重要支撑和有力保障。

"双百"企业围绕新质生产力培育战新产业的综合改革

创造单位：中城院（北京）环境科技股份有限公司
主创人：康智勇
创造人：李爱玲　魏民　刘茹飞　闫佳璐

【摘要】 高质量发展是新时代的硬道理，需要新的生产力理论来指导。习近平总书记关于发展新质生产力的重要论述，为发展新质生产力、培育战新产业提供了根本遵循和行动指南。中城院（北京）环境科技股份有限公司（以下简称中城环境）以国企改革"双百行动"为契机，以实现公司高质量发展为目标，以提高企业核心竞争力和增强核心功能为重点，坚定用新的生产力理论指导改革发展实践，实施了一系列改革措施，实施固废业务战略性重组、开展混合所有制改革和员工持股、强化核心技术攻关、加快布局战新产业、全面完善公司治理、推进三项制度改革等，综合改革取得明显成效，战新产业培育取得突破。

【关键词】 新质生产力　战新产业　综合改革

一、实施背景

中城环境隶属于国务院国资委直属骨干科技型中央企业——中国建科，是国务院国资委"双百"改革试点单位，是中国建科首批创新企业，承载着中国建科落实国企改革行动和优势板块上市的重要使命，由中国建科所属城建院和华北市政院固废业务重组而成，聚焦固废领域，定位生态环境领域具有央企头部设计院基因的科技型领军企业，致力于成为国内领先、技术驱动的生态环境综合服务商，为中关村高新技术企业、北京市企业技术中心、国家高新技术企业。

中城环境自入选国务院国资委"双百行动"以来，深入学习贯彻习近平总书记的相关重要论述，坚持问题导向、目标导向、效果导向，坚定用新的生产力理论指导改革发展实践，稳步推进各项改革任务落地落实，不断激发企业活力，增强核心功能，提高核心竞争力，"双百"改革取得明显成效，赢得多方认可与肯定，在国务院国资委2021年、2022年、2023年"双百行动"专项考核中分别获评为"优秀""优秀""标杆"，改革案例入选国务院国资委《千帆竞渡：基层国有企业改革深化提升行动案例集》。

高质量发展是新时代的硬道理，需要新的生产力理论来指导。习近平总书记关于发展新质生产力的重要论述，指明了未来我国经济发展的新动能和产业发展的新方向，为新时代新征程发展新质生产力、培育发展新动能、推动高质量发展提供了科学指引。

（一）企业应对复杂严峻形势的必然要求

世界正在经历百年未有之大变局，国际经济、政治格局发生深刻变化。从国内形势看，我国经济发展已由高速增长阶段转向高质量发展阶段，经济发展动力正从主要依靠规模扩张转向创新驱动，"碳达峰、碳中和"将带来广泛深刻的经济社会系统性变革。对于环保行业而言，由于外部需求不足，地方公共财政支出承压，行业内竞争主体数量保持上升态势。在市场由增量转向存量的情况下，行业竞争更加白热化，行业平均盈利水平下降，环保产业市场竞争激烈，行业"洗牌"的趋势明显。当前，中城环境面临的国际国内及行业形势错综复杂、异常严峻。在这种背景下，发展新质生产力培育战新产业是企业应对复杂严峻形势的必然要求。

（二）践行科技创新转型升级的应有之义

当今世界，新一轮科技革命和产业变革加速演进，科技竞争空前激烈。物联网、大数据等新兴技术向环境领域不断渗透，带动环保产业数字化、智能化升级。智慧环卫、"互联网＋回收"等智慧环保业态开始出现，成为大型环保企业投资和布局的重点方向。环境治理将更加重视的是源头和过程管理，环保产业与信息化行业的融合发展，利用数字化、精细化、系统化解决环境问题，提升产业智慧化水平和整体效率，更好地支撑打好污染防治攻坚战。技术成为构筑竞争壁垒的重要因素，科技创新将成为行业转型发展的核心驱动力，开辟发展新领域新赛道、塑造发展新动能新优势，从根本上说，还是要依靠科技创新。新质生产力的特点是创新，这种创新突出了高科技、高效能、高质量特征。发展新质生产力，能够通过加强科技创新，催生新产业、新模式、新动能，全面提升科技自主创新能力，推动企业科技创新转型升级。

（三）培育高质量发展新动能的内在需要

环保产业作为国家加快培育发展的战略性新兴产业，行业向着高质量方向加速升级，但目前中城环境以传统设计为主，利润来源较为单一，急需以对标科技型企业要求和高质量发展为导向，实现从单一设计思维向全过程思维转变，从单一利润模式向多元化利润模式转变。环保设备发展基础也较为薄弱，自研设备相对较少，项目设备仍以外部采购为主。项目运营基础薄弱，急需通过示范项目强化运营能力建设，智慧运营运维尚在探索，还未形成应用和推广。同时，还存在劳动生产率偏低、人工成本相对较高、多元化激励机制尚未建立、员工活力有待进一步激发等问题。这些问题成为制约公司高质量发展的难点、痛点和堵点。新质生产力的特点是创新，关键在质优，本质是先进生产力。发展新质生产力，将创新摆在更加突出的位置，有助于发挥创新对生产力的牵引作用，依靠创新驱动产业变革，改造提升传统产业，培育壮大新兴产业，布局建设未来产业，从而获得新动能、新优势，创造新的经济增长点，不断推动企业高质量发展。

二、实施过程

中城环境围绕新质生产力培育战新产业的综合改革，其主要内涵为：深入学习贯彻习近平总书记的相关重要论述，以国企改革"双百行动"为契机，以服务国家战略为导向，以激发企业活力、增强核心功能、提高核心竞争力为重点，着眼于发展新质生产力、培育发展新动能、推动高质量发展的目标，坚持问题导向、目标导向、效果导向，坚定用新的生产力理论指导改革发展实践，稳步推进功能使命性改革和体制机制性改革，通过实施固废业务战略性重组、开展混合所有制改革和员工持股、强化核心技术攻关、加快布局战新产业、全面完善公司治理、推进三项制度改革等，着力打造固废领域的科技尖兵，实现更高质量、更高水平、更有效率和更可持续的发展。

（一）加大内外资源整合，促进要素创新配置

1. 整体谋划，精心策划，推进优势业务战略整合

近年来，国家对于固废问题愈加重视，从"双碳"目标的顶层设计到"十四五"规划的生态文明建设，再到开展"无废城市"建设，固废行业发展整体步入快车道，产业与格局日渐明晰。"双碳"目标和"无废城市"是城市建设中能源和资源最优利用的统一，是生态文明建设中低碳发展、绿色发展和循环发展的统一。

在这样的背景下，中国建科从战略高度审慎研究、精心策划，将内部环卫固废板块进行专业化战略整合，将旗下两家独资企业城建院和市政华北院的环卫固废业务板块全部整合注入中城环境，完成整合后，中城环境成为中国建科内唯一一从事环卫固废业务的企业。这是贯彻落实国企改革要求，积极推动"一业一企""一业一强"，加快建设世界一流企业的重大战略举措；是更好适应市场环境变化，集聚内部优势资源，提升核心竞争力，进一步做强、做优、做大优势业务板块，培育发展新动能的重

大战略举措；也是打造行业领域原创技术策源地，服务行业发展、推动技术进步的重大战略举措。

2022年8月5日，中国建科环卫固废板块业务整合发布会在中国城市环境卫生协会年会上举办。通过专业化战略整合，有利于实现优势互补、强强联合，集聚内部优势资源，提升核心竞争力，进一步做强、做优、做大优势业务板块，培育发展新动能；有利于形成强大的技术攻关能力、产品研发能力、集成整合能力和项目实施能力，产生"1+1＞2"的效果，为环卫固废领域带来新的气象，为生态环境保护贡献更大的力量。

2. 开展混合所有制改革，推进股权多元化管理

中城环境在推进固废业务专业化整合战略性重组过程中，积极开展混合所有制改革评估，研判混合所有制改革可行性和必要性，以转机制、增活力为目标，稳妥推进混合所有制改革。中城环境采取增资扩股方式进场交易引入外部资本，引进外部战略投资者与核心员工股权激励同步实施，外部战略投资者增资交易采用进场公开挂牌方式，员工持股平台及集团内部投资者增资交易采用非公开协议增资方式。

在开展混合所有制改革过程中，坚持问题导向，聚焦制约企业发展的问题短板，引资源、引机制、引能力、引市场，强强联合，通过资本联姻形成协同效益；坚持改革方向，按照"完善治理、强化激励、突出主业、提高效率"的要求，吸引有实力、有活力的外部民营战略投资者，推动产业链、价值链及关键业务重组整合，全面提升经济效益和整体实力；坚持市场化运作，在重点把好科学决策关、审计评估关、法律审查关、民主审议关的基础上，落实产权转让进场交易，充分发挥市场机制作用，把引资本与转机制、优化产权结构与完善公司治理结合起来，推动企业沿着产权混合化、投资主体多元化的方向发展，实现国有资本战略性保值增值。

经过在北京产权交易所公开挂牌交易，最终确定盈峰环境为民营资本战略投资者，同步实施内部增资和员工持股，最终实现股权多元化，混合所有制改革引入资金4.235亿元。通过混合所有制改革，最终形成城建院占56%、投资公司占24%、民营资本占10%、员工持股占10%的多元化、制衡化股权结构，通过股权变革激活发展的"一池春水"，推动资本增值。混合所有制改革完成后，立即启动股份制改造工作，开展股改审计、资产评估、公司更名等并完成股份公司工商变更，为后续登陆资本市场奠定基础。

（二）完善科技创新机制，提升科技创新效能

1. 明确科技创新导向，科学研判研发方向

中城环境积极响应国家科技自立自强的战略要求，加快向科技创新转型，强调科技创新引领未来业务发展方向，突出科技创新绿色化、数字化、产业化。一是突出绿色化，把握绿色技术发展趋势，开展科技含量高、资源消耗低、环境污染少的绿色技术研究。二是突出数字化，把握行业数字化转型、智慧化发展趋势，集中力量，开展数字化、智慧化技术研究，加速技术落地。三是突出产业化，通过在技术资源整合的基础上，将产业化程度高、应用效果好、可复制性强的技术打包封装，形成可复制推广的市场化模式，实现技术的产业化。

2. 加大核心技术攻关，强化科技创新引领

以国家战略需求为导向，以科技创新为引领，始终把科技创新摆在关键位置，构建以成果应用为主导的科技创新链，打通科技研发、技术创新、成果转移链条，高位谋划科技创新工作。重点聚焦"无废城市"巨大市场需求、分类后有机垃圾处理、农业废弃物资源化、小焚烧处理等领域，积极参与国家"十四五"科技攻关项目、科技支撑计划重点项目等相关课题及任务。重点聚焦"小型垃圾焚烧、分类后有机垃圾"等核心专业领域，依托小型焚烧重大技术装备攻关项目，探索装备研发攻关模式，打造自有工艺包和成果转化设备并推动其在项目中的应用，引领公司业务发展。通过采用标准化厂房与模

板化设备，以整体降低工程投资、缩短建设周期为目的，形成可复制、易推广的工程建设经验。

3. 完善科技创新体系，促进科技成果转化

构建多层次科技创新组织体系，形成以科技创新部为组织主体、科技委为支撑主体、科技创新中心为实施主体的科技创新架构。加大与高校、科研机构等合作力度，依托合作项目、外聘专家、外聘技术团队等全方位引进、培养和用好人才，打造高层次科技领军人才和创新团队。构建完备的科技创新制度体系，发布科技创新制度16项，为科技创新提供制度保障，不断优化科技创新过程管理，提高科技创新管理水平和效率。建立研发投入刚性增长机制，在年度预算中加大研发投入，设置研发经费支出最低阈值，保持研发经费支出稳步增长。持续优化研发投入结构，加快推进重大任务攻关，立足国家所需、产业链供应链所困、产业所趋，优化攻关布局，提升基础研究和应用基础研究能力。以公司科技委为引领，以融合型创新团队为成果转化主体，形成从科研方向决策、技术及产品研发到产品应用及反馈的一站式研发体系。建立研发装配一体化基地，加强研发转化和实际成果转化能力。制订《产业化科研项目管理办法》，完善以创新成果转化应用为核心的科技创新保障机制和激励机制。

（三）加快布局战新产业，推动产业转型升级

1. 加强战新顶层设计，明晰战新实施路径

战略性新兴产业具有技术含量高、增长速度快、市场前景广、战略地位突出等特点，是培育发展新动能、获取未来竞争新优势的关键领域。中城环境坚持主责主业，坚持走科技创新与产业发展"双轮驱动"之路，开辟发展新领域、新赛道，不断塑造发展新动能、新优势。抢占产业新赛道，中城环境首先瞄准的是顶层设计。根据公司聚焦的固废领域，制订推动战略性新兴产业发展的战略主线，明确实施路径，通过打造"产业链纵向一体化、科研转化一体化"，将自身"创新链、产业链、资金链、人才链"有机嵌入到行业发展之中，击破内循环中产业链条的痛点、堵点，响应高质量发展需求，构建发展新格局。

一是推进产业链纵向一体化。以设计、装备产品带动工程总承包业务协同发展，推动"规划设计、技术咨询、工程设计、工程总承包、运营运维"等全产业链发展；整合内外部资源，在分类后有机垃圾处理领域，提供包括预处理系统、厌氧系统及高浓度有机废水处理系统、沼渣综合利用等全工艺流程的解决方案，以集成化服务提高市场竞争力。

二是加强科研转化一体化。紧密结合市场实际需求，打通公司研发与市场端，以创新为突破，以市场和客户为导向，构建产研协同的创新体系；通过租赁、收购等方式，建立一体化科技创新基地，高质量完成三河燕郊小焚烧关键核心技术装备平台建设，具备"场景应用功能实验室＋研发＋装备制造"功能，提升研发成果转化、工艺包集成能力。

2. 加强战新优化布局，推动战新落地实施

根据国家政策，结合公司定位，梳理现阶段战略性新兴产业任务，重点布局固废领域中的"2+1+N"业务，即重点布局"小型焚烧、分类后有机垃圾"两个主赛道，实现"运营运维＋"一个业务延伸（如运营运维＋餐厨或厨余垃圾、运营运维＋高浓度有机废水等），培育"N"个赛道（如建筑垃圾资源化、废弃动力电池废物转化、飞灰废物转化、污泥废物转化等）。由公司领导挂帅，成立工作专班，集中优势资源，建立督办机制，突出创优激励，全面推进战略性新兴业务发展，推动自研装备在工程实践中的应用，抢占市场先机，推动公司快速实现业务转型。

一是重点布局"小型焚烧、分类后有机垃圾"两个主赛道。小型焚烧业务以"100吨/日能量自给型模块化垃圾焚烧系统低成本、低排放集成开发技术攻关及产业化项目"为依托，以"降低吨投资成本、运营成本低、技术功能全面、填补县域及以下市场空白"为产品优势，以"装备产品带动工程总承包业务"为商业模式。分类后有机垃圾业务以"分类后有机垃圾高质高效处理工艺集成技术攻关及

产业化"为方向，以"有机质利用率高、出渣率低、运营成本低、自动化程度高、项目运营收益好"为技术优势，以"装备产品带动工程总承包、运营运维业务"为商业模式。

二是推动"运营运维+"一个业务延伸。"运营运维+"业务以"运营运维+餐厨或厨余垃圾、运营运维+高浓度有机废水"为业务发展重点，以搭建"智慧数字化运营平台、智慧数字化监管平台"为研发方向，以"发挥咨询设计优势、结合装备产品及总包业务，实现运营运维业务延伸"为商业模式。

三是培育"N"个赛道。"N"个赛道以"建筑垃圾资源化、废弃动力电池循环利用（梯次利用）及废物转化（原材料）、飞灰废物转化（建材）、污泥废物转化（建材）"为培育方向，通过自主研发、结合对具有核心资源化技术的企业进行股权投资等方式，构建"新理念、新工艺、新设备"，以"发挥咨询设计优势、结合装备产品及总包业务，带动 N 个赛道业务延伸"为商业模式。

（四）全面完善公司治理，构建新型生产关系

1. 坚持党的领导和党的建设，强化党建引领

一是始终坚持政治领导。改革过程中同步谋划党的建设，同步设置党的组织及工作机构、同步配备党组织负责人及党务工作人员、同步开展党的工作，实现体制对接、机制对接、制度对接和工作对接，确保坚持党的领导和党的建设得到充分体现、切实加强。坚持"两个一以贯之"，在"融入"上下功夫，在"内嵌"上做文章，全面完成党建要求进章程、实现"双向进入、交叉任职"和党委书记和董事长"一肩挑"、明确"三重一大"事项权责划分，坚持党组织研究讨论前置程序等制度性要求，充分发挥党委把方向、管大局、保落实的领导作用，切实将党的政治优势转化为企业发展优势、创新优势、竞争优势，以高质量党建引领保障企业高质量发展。

二是始终坚持政治赋能。紧紧围绕公司治理水平和效能稳步提升，坚持把党委会研究作为公司重大生产经营活动决策的前置程序，优化"三重一大"决策实施制度和事项清单，出台合规免责清单，坚持把学习贯彻习近平总书记的重要指示批示和党中央的重大决策部署作为党委会的"第一议题"，进一步明确党委在现代企业制度和法人治理结构中的领导地位，坚决执行民主集中制，进一步提升科学决策、民主决策水平，在全公司凝聚起推动高质量发展的坚实力量。围绕改革上市、生产经营、科技创新、职能管理等重点工作，积极推动党建业务双融入、双促进，积极挖掘典型事迹材料，展现双融入、双促进的工作成效。深入贯彻新时代党的组织路线，坚持党管干部、党管人才原则和市场化选人用人机制相结合，注重在推进高质量发展和完成重大专项工作、重大改革任务中识别干部的政治立场、政治担当，努力建设高质量干部人才队伍。

三是始终坚持政治文化。坚持党管宣传、党管意识形态，深刻领会新时代中央企业意识形态工作的重要地位，提高站位，凝聚共识，加强制度建设，守好主阵地，打好主动仗，充分发挥意识形态工作思想引领、舆论推动、精神激励的重要作用，为企业高质量发展提供坚强思想保证和强大精神动力。建立完善干部员工干事创业的有效机制，尤其是落实容错纠错机制，大力弘扬企业家精神，深入研究和完善尽责合规免责减责事项清单事项、适用情形、认定程序、结果应用、纠错机制等内容，积极营造保护改革者、鼓励探索者的良好创新环境，积极宣传优秀干部员工的先进事迹和突出贡献。

2. 健全现代企业公司治理，夯实改革基础

一是动态完善治理机制。以混合所有制改革及股份制改造为契机，及时修订公司章程，建立以公司章程为核心和公司治理制度、基本制度为基础的公司治理制度体系，从根本上规范公司治理行为。全面落实"两个一以贯之"，把党的领导贯穿到公司治理全过程，进一步细化前置清单，提高前置清单的精准性和可操作性，明确重大经营管理事项，修订《党委前置研究事项清单》及配套制度，实施动态评估回头看。建立多单一表，涵盖"三重一大"决策事项清单、党委权责清单、股东大会权责清单、董事会权责清单及授权清单、经理层权责清单等，从治理架构上确保党委"把方向、管大局、保

落实"、董事会"定战略、做决策、防风险"和经理层"谋经营、抓落实、强管理"有机统一，推动现代企业制度优势转化为治理效能。

二是提高董事会治理效率。优化董事的选聘和构成，董事会成员设7名董事，包括国有股东董事、民营资本董事、职工董事等，专业背景涵盖金融、财务、产业等领域，平均从业年限超过20年，是一支管理经验丰富、熟悉国资监管要求、尽责勤勉的多元董事队伍，保障了董事会对重大事项决策的独立性和专业性。梳理外部董事履职要点，编制外部董事履职指引，强化履职服务保障，深化外部董事报告评价机制。加强专业委员会建设，充分发挥专业委员会的专业优势，特别强化在发展战略、投资决策、风险管理、薪酬、审计等领域的作用，为董事会决策提供有力保障。

三是全面落实董事会职权。制订董事会授放权方案，申请实施"一企一策"差异化管控。动态调整董事会职权，完善落实董事会职权配套管理。根据授放权事项调整情况，同步更新相关制度文件，切实提升履职行权能力。建立授权事项决策落实管理制度，对事后决议进行跟进，对执行情况进行督办，对落实效果评估，形成"一事项、一报告"。优化董事会授权管理办法，明确董事会向董事长、经理层授权清单，实现董事会适度授权，为董事长、经理层依规行权履职留足空间。

（五）推进三项制度改革，构建新型经营机制

1. 完善市场化的经营机制，增强改革动能

一是推行任期制和契约化管理。全面实施经理层成员任期制和契约化管理，以契约化管理为纽带，以赋权配责为核心，构建与业绩贡献相匹配的薪酬体系，推动形成考核、激励、约束经理层成员的竞争机制。着力推进任期制和契约化工作提质扩面，分层分类、更大范围落实中层管理人员经营责任，逐步实现任期制和契约化向中层管理人员纵深覆盖。重新构建更加符合公司当前需要及科技型企业定位的组织架构，重新进行部门定位及相应资源匹配；重新构建以公司级经营为主导、事业部级经营协同的新型经营体系，重新梳理各经营主体的职责，通过系统的经营策略和保障体系，助力经营目标的实现。

二是落实管理人员能上能下。修订干部管理制度、市场化退出制度、绩效考核制度、经营业绩考核制度等，完善管理人员竞聘上岗机制、细化适用范围、资格条件和竞聘程序等，明确考核目标、加强考核结果应用、引入末等调整机制等；通过开展组织架构优化，精简组织和人员，实现管理人员竞聘上岗全覆盖。通过免职、降级、转岗、待岗培训、协商解除劳动合同、强制解除劳动合同等方式，管理人员退出比例逐年提升。

三是建立健全员工退出机制。通过组织调整、业务梳理、流程再造等方式，识别贡献度低的岗位，进行岗位和编制调整。通过刚性绩效考核、强制分布等方式，对绩效较差员工，进行绩效面谈、调岗或淘汰。开展人才盘点，识别能力不足、发展潜力不足、组织文化不匹配、业绩贡献度较小的员工，进行人员优化。完善企业内部人才市场，通过招聘、竞聘、轮岗、大岗制等多种方式建立员工正常流动机制，统筹和盘活人力资源存量，打破人员流动壁垒，提高人力资源使用效率。修订劳动合同，明确退出条件，细化员工行为规范、劳动纪律和奖惩标准，明确劳动合同期满续签标准和员工不胜任要求的认定标准，细化退出管理制度，扩大员工退出通道。

2. 持续优化激励约束机制，激发改革活力

一是建立联动的工资总额管理机制。结合公司发展现状，开展工资总额和人工成本分析，明确工资总额同公司收入、利润、净现金流的关系，实现工资总额管理的科学、准确，向上级单位申请落实"一企一策"工资总管理机制，进一步落实董事会职权，推动实现工资总额备案制管理，建立与效益效率挂钩的机制，形成"高业绩高薪酬、低业绩低薪酬"的工资总额管控体系。持续优化薪酬体系，明确各级干部员工（含经理层成员、业务部门领导班子及员工、职能管理干部及员工等）薪酬发放规

则及标准，强化与经营业绩考核指标的联动。

二是建立健全薪酬内部分配机制。根据生产部门功能定位、行业特点和发展阶段，实施差异化、个性化的工效联动机制，强化工资总额与效益、效率及科技创新等指标挂钩力度，加大向效益和效率高的单位分配力度，向关键核心岗位（如核心项目管理人才、投资管理人才、核心研发人才等做出突出贡献的核心骨干员工）倾斜，合理拉开收入分配差距，必要时对核心岗位建立有针对性的激励机制，明确核心岗位薪酬与业绩贡献挂钩。通过薪酬包、专项奖励等方式，赋予部门负责人二次薪酬分配权，加强对部门内部员工的管控和激励。

三是探索实施多种形式的激励约束机制。综合运用员工持股、专项奖励等多种形式的激励举措，充分调动干部职工干事创业积极性。探索实施员工持股改革，持股比例10%，锁定期5年，实现核心骨干与公司长期利益的协同。以增强业务部门自主盈利能力，强管理、拓市场、创效益，坚持管理提效、降本增效、增收创效为目标，制订全年即时奖惩方案，明确考核内容、考核程序与奖惩措施，激发业务部门积极性，以加强经营运营过程引导，加大正向激励和反向约束。

（六）加强改革保障建设，促进改革全面赋能

1. 加强领导机构建设，全面压实改革责任

完善改革领导机构，建立"改革领导小组＋专项工作组"两级组织保障体系，全面压紧压实任务责任。领导小组由主要负责人挂帅，明确第一责任人职责和各任务分管领导职责，抓好重点任务的研究部署、关键环节的协调推动和落实情况的督导检查。领导小组下设5个专项工作组，包括党建宣传组、业务整合组、法人治理组、市场化改革组、科技创新组，牵头组织、研究推进具体改革领域的重点任务。两级改革领导机构的设立为贯彻落实各项改革部署、统筹公司改革提供了坚实的组织保障。

2. 加强保障机制建设，推动任务落实落地

形成"台账跟踪、系统督办"的改革任务推进机制，落实改革工作的计划、执行、检查和评价，形成循环闭环工作体系。坚持以上率下，将改革任务执行情况纳入经理层任期制和契约化考核指标，将改革任务举措落实情况纳入牵头部门年度考核。日常对每项改革任务的进度情况进行动态监控，根据工作台账和责任清单，对滞后事项进行专项督导，确保改革推进方向、进度、质量等整体可控，努力实现改革主体任务速度、质量双提升。

3. 加强内外宣传保障，全力营造改革氛围

加强企业内外部的宣传工作，营造更加理解和支持改革的良好氛围，通过党委中心组学习、政策宣讲、专题培训、座谈交流会等形式，引导公司干部职工高度重视改革工作，全面了解改革的意义、目标和举措，统一思想和行动，凝聚改革共识。定期对推行的改革举措与成效开展调查，确保相关改革成效得到干部职工普遍认可。围绕业务整合、混合所有制改革、核心技术攻关、发展战新产业等形成的重要改革亮点经验，积极总结撰写改革工作简报和改革案例，分享改革成果，公司改革案例入选国务院国资委《千帆竞渡：基层国有企业改革深化提升行动案例集》。

三、实施效果

（一）企业发展态势向上向好

在改革过程中，全面落实国务院国资委关于国企深化改革要求，在坚持党的领导和加强党的建设、完善中国特色现代国有企业制度、实施业务专业化整合战略性重组、开展混合所有制改革及员工持股、提升企业自主创新能力、布局战略性新兴产业、建立市场化经营管理机制、强化正向激励及反向约束等方面实施了一系列改革举措，有效激发了企业活力，为企业做强、做优、做大奠定了坚实基础。实现了由国有独资向多元化、制衡化股权结构转变，初步构建了党委管方向、把大局、保落实，董事会定战略、做决策、防风险，经理层谋经营、抓落实、强管理的运行机制，初步建立了"干部能

上能下、员工能进能出、收入能增能减"的"三能"市场化经营机制。通过深化改革，企业发展态势向上向好，经济效益逐年提升。

（二）科技创新转型成效明显

高质量完成固废业务专业化整合战略性重组，构建了一支国内规模最大、实力最强的固废领域专业化技术队伍，使新质生产力的生产要素得到创新性配置。整合固废领域最优质技术资源、人才储备和实践经验，有效形成强大的技术攻关能力、产品研发能力、集成整合能力、项目实施能力，勇担国家关键核心技术装备攻关重任，取得丰硕成果。重组后，已获得发明专利授权15项、实用新型专利73项、软件著作权21项；完成主参编标准7项，包括行业导则2项、行业标准2项、地方标准3项；在编标准10项，包括国家标准2项、行业导则2项、全文强制性规范2项、地方标准4项。中城环境获评"中关村高新技术企业""北京市企业技术中心""北京市知识产权试点单位""国家高新技术企业"；高质量完成三河燕郊科技创新基地及小焚烧关键核心技术装备平台建设；在国务院国资委2021年、2022年、2023年"双百行动"专项考核中分别获评为"优秀""优秀""标杆"。

（三）战新产业培育取得突破

面向县域生活垃圾处理需求，中城环境完成国家小型焚烧重大技术装备攻关项目整体验收，通过集成化、模块化和智能化研制，开发县域生活垃圾焚烧处理设施技术及装备7套，形成的"特集约、特绿色、特高效、特智慧、特有感"的"五特"小规模垃圾焚烧系统、装备及全过程解决方案，达到了减少建设成本、降低维护工作量、高效环保的目的。获得首个省部级奖项，成果多元转化取得积极进展，《装修垃圾深度资源化处理技术研究与应用》《大型体育赛事清洁与废弃物管理全周期保障体系研究与应用》获"华夏奖"，自研高浓度有机废水处理工艺及装备在多个项目中应用推广，自研"厨余垃圾高效预处理技术和装备"获新技术新产品新服务认定，自研"厨余垃圾高效热水解装备"入选《国家鼓励发展的重大环保技术装备目录（2023年版）》，战新产业培育取得突破。图1为公司所获部分奖励。

图1 公司所获部分奖励

新征程上，中城环境将继续聚焦固废领域、无废城市领域等，围绕行业的痛点、堵点进行技术升级，以资源化为方向、以科技研发为路径、以产业化为目标，深化国有企业改革，不断激发企业活力、增强核心功能、提高核心竞争力，加快发展新质生产力，培育发展新动能，推动企业高质量发展，努力成为固废领域的科技尖兵，为行业发展发挥更大价值，为美丽中国建设做出更大贡献。

基于业财融合的供热企业绩效管理创新与实践

创造单位：北京北燃绿谷供热科技发展有限公司
主创人：王玄坤　贺登峰　杜冰
创造人：张理兴　李万民　王琼

【摘要】北京北燃绿谷供热科技发展有限公司（以下简称北燃绿谷公司）是北京北燃实业集团有限公司（以下简称北燃实业集团）全资子公司，是落实集团发展战略、实现产业链进一步延伸而成立的专业化供热公司。鉴于国有企业改革的深化趋势，北燃绿谷公司根据市场经济的规律与要求，按照企业化运营方式，充分配置内外部资源，模拟内部市场化机制模式。

北燃绿谷公司通过经营单元独立核算、建立厂长经营目标责任制度等方法模拟内部市场化运营模式，不断细化核算维度，支撑数据管理，落实二级单位责、权、利的管理职能，层层分解指标，传递工作压力，以达到激励员工、把握成本、提高企业市场运作效率和整体经济效益的效果，满足企业对于高质量发展的要求。

【关键词】供热企业　独立核算　绩效管理　节能减排　经济效益　发展要求

一、实施背景

（一）企业简介

北燃绿谷公司成立于2012年，是北燃实业集团下属专业化全资子公司，主要经营范围包括：供热服务；供热技术开发、节能技术开发；供热技术咨询；节能技术服务；工程总承包等。北燃绿谷公司设有9个职能部门、2个专业机构、3个供热厂（中心），在册职工325人。北燃绿谷公司供热面积近840万平方米；热用户66000多户；锅炉房8座（滨河、兴谷、新城、峪口东西、靠山集、金海湖会场、西沥津）、运营管理换热站81个；供热管网200多千米。

2018年3月26日，北燃绿谷公司与北京市平谷区城市管理委员会签订滨河、兴谷两大供热厂"煤改气"项目PPP（政府和社会资本合作）合同。两大供热厂煤改气工程是北京市"蓝天行动"的折子工程，是造福百姓的民生工程，总投资3.6亿元，加上夏各庄新城供热厂"煤改气"应急建设投运后，平谷区三大供热厂共压减燃煤16万吨，减少二氧化碳排放30万吨，减少二氧化硫排放1000吨，减少氮氧化合物850吨。

北燃绿谷公司秉承"让温暖共享，让成长持续，让你我同行"的企业理念，拥有"专注的服务，专长的技术，专业的精神"的企业核心竞争力和践行"智慧能源高效应用的引领者"的企业愿景，肩负建设"绿色北京"的使命，为平谷区百姓提供供热服务，带给千家万户温暖舒适的生活。

（二）项目概况

厂长经营目标责任制度是指按照责、权、利对等的原则，建立厂长经营目标责任考核体系，签订厂长经营目标责任书，细化责任目标，量化经营指标，突出供热厂主体责任，实现压力层层传导；划小核算单位，实现单体锅炉房核算，完整归集各锅炉房的收支情况，详细分析能耗、收费率、利润、补贴等指标；推行年度全成本核算，与全面预算管理相结合，将预算总目标分解到各级市场主体，有力地推动北燃绿谷公司管理手段和经营风格的转变，属北燃实业集团旗下首例。

北燃绿谷公司各供热厂（中心）负责所属锅炉房、换热站、外网、户内等生产运营、服务维修工作、所属供热面积的收费管理工作、接诉即办工作、安全管理及日常管理工作。北燃绿谷公司通过经营指标及收入指标总量控制，实现一级对一级负责的管理考核模式，将控制各项费用指标的工作融入供热厂生产运营、技术管理、质量管理、能源管理、安全管理、接诉即办管理等环节。加强供热厂对各项资金使用、费用开支的合规性管理，做到坚持原则、照章办事；严格审核原始凭证及账表、单证，杜绝浪费及不合理开支；加强对各项费用支出使用的动态管理，随时监督检查计划的执行情况，对于发现的问题，及时采取有效措施进行解决；加强供热厂库房管理，及时清查和清理库存量，使用时要优先选用库存材料，以减少库存占用资金；严控人工费用总额的使用，加强用工、考勤审核，控制人工费的支出，达到降本增效、控制成本的目的。

（三）绩效管理创新的必要性

供热行业作为中国最重要的民生行业之一，一直是中国政府及百姓关注的重点领域，是实现碳达峰、碳中和的重要力量。近年来，随着市场经济进程加快，上游能源价格不断上涨，供热企业成本负担愈发沉重。传统供热企业中能耗成本（燃气、水、电）构成了供热成本的主要部分。集中供热成本居高不下，利润空间极为有限。在此基础上，为提高自身竞争力，顺应市场经济发展趋势，国有企业应着手构建"结构简单、市场接轨、重业绩、强激励"的绩效考核体系，坚持业绩导向、推进分配改革，以确保完成经营任务为目标，做到"事业共创、风险共担、效益共享"。

所以必须推行国企内部市场化运行机制，创新绩效管理机制，释放国企改革活力，形成上下合力，将降本增效落到实处，切实提升国有企业经营效益。

二、实施目的

北燃绿谷公司通过模拟市场化机制，通过经营、收入指标总量控制的管理创新模式，量化水耗、电耗、气耗、收费率、接诉即办工单等重点指标，最终实现一级对一级负责的管理考核模式，达到降本增效、控制成本，以达到激励员工、把握成本、提升企业精细化运营水平、降低投诉、提高企业市场运作效率、提高整体经济效益和企业知名度的目的，形成适合国有企业的市场化运行机制。

三、实施过程

创新是企业进步的根本途径，北燃绿谷公司自2018年成立以来急需建立技术、文化、考核机制等企业创新体系，以提高北燃绿谷公司整体运行的规范化与效益化，实现精益管理与成本控制。实施厂长责任制是搭建考核机制创新的重要举措。

（一）建立供热厂厂长经营目标责任制，创新考核体系

一是完善管理结构，实现组织架构再造。为提升管理效率，实现扁平化管理，2022年4月北燃绿谷公司开展组织机构再优化工作，优化后9个职能部门、2个专业机构、3个供热厂（中心）。管理职能下沉，设置厂级综合管理、生产运营、客户服务专业部门。明确了专业部门的职责，以"下沉"促"提升"，以"调整"促"发展"，加强充实生产一线管理力量。

二是提高管理水平，实现岗位设计再造。持续开展岗位优化，人员下沉，将管理人员充实到供热厂一线，提升生产运行一线的管理水平。突出目标导向，明确管理职责、管理边界，把经营指标、能耗指标、服务指标等量化到供热厂（中心）各岗位，加强基层管理的水平和执行水平，确保北燃绿谷公司各项工作要求和任务落到实处。

三是强化目标考核，实现责任体系再造。通过签订厂长经营目标责任书启动年度考核工作，细化责任目标，量化经营指标，突出供热厂主体责任，实现压力层层传导；目标体系的建立强调收入、成本、满意度、安全等方面平衡控制设置考核指标，在降低成本的同时，不断增加收入与现金流，在降本增效的同时，提升用户满意度与公司安全运行的水平，将相互影响的各类指标形成协作合力；建立责任考核指标清单，各主管部门形成检查监督工作机制，实时记录考核数据；考核期结束启动考核评价工作，汇总各部室考核数据，形成考核意见向北燃绿谷司经营管理层汇报；与被考核责任人进行直

接沟通，沟通考核结果与考核意见；考核结果经过总经理办公会审议通过，传导至人力资源部门落实考核绩效工资的发放。

四是引入市场化奖惩机制，各项目标绩效结果对应奖惩金额，综合确定最终奖励水平，实现了绩效管理的创新与突破。以水、电、气三项能耗为例，完成水耗指标超额部分金额奖励比例为30%、未完成部分扣减未完成金额的30%，完成电耗指标超额部分金额奖励比例为20%、未完成部分扣减未完成金额的20%，完成气耗指标超额部分金额奖励比例为10%、未完成部分扣减未完成金额的10%。通过上述超额完成部分按比例奖励，未完成部分按同样比例扣罚的原则，指标量化清晰，便于实际操作落地。同时，针对少数年度新增观察类指标，体现了设置完成比例门槛，超额部分奖励的管理激励意图。

（二）经营单元独立核算，支持绩效管理创新

提升核算水平，强化预算执行。绩效管理的前提是将绩效考核的指标完整、准确地进行统计，北燃绿谷公司财务部门积极满足管理创新的需要，梳理成本核算体系，确定成本费用归集与分配标准，实现按单体锅炉房核算损益，并按月分析，及时查找、分析整改预算执行中出现的偏差，编写会计核算与业务流程调整规范，形成了日常统计的操作规则。同时，以月为单位定期编制经营单元独立核算的利润报表，每一个锅炉房都对应一张自己的收入、支出、利润数据表格，既是对考核指标的统计呈现，也形成了复盘分析的数据基础，推进全年预算指标的完成。

（三）实行精细化管理

1. 基础管理的精细化

一是编制运营服务工作手册。北燃绿谷公司坚持"目标导向、问题导向、业绩导向"，成立了由主管领导任组长，业务部门、供热厂负责人组成的手册编写领导小组。由企业管理部牵头，各部门、单位骨干人员组成了手册编写小组，编制完成《运营服务工作手册》。手册共分为3部分，分别是《运营服务——锅炉房工作手册》《运营服务——换热站工作手册》和《运营服务——客户服务工作手册》。《运营服务——锅炉房工作手册》《运营服务——换热站工作手册》规定了锅炉房、换热站工作术语和定义、一般规定、基本要求、采暖季锅炉运行、能耗控制、巡检、检修工作等要求，适用于北燃绿谷公司所有锅炉房及换热站，为锅炉房及换热站的运行提供了明确的操作标准。《运营服务——客户服务工作手册》规定了客服人员与服务内容、岗位职责、服务标准、收费人员守则；政策与接诉即办工作流程；宣传与服务推广的工作要求和举措。内容涵盖安全运行、节能降耗、设备维护保养、接诉即办、服务质量等方面，是一线员工的工作指南，为北燃绿谷公司运营服务提出明确的工作要求及工作标准，为供热运营服务工作提供有力支持，确保供热系统安全、稳定运行。

二是建立监督机制，加强责任追究。建立厂长单位第一责任人制度；建立夜查制度；建立北燃绿谷公司级、厂级周例会督办工作制度；成立生产、安全、劳动纪律检查组，基层单位同步建立周检查机制。2022年北燃绿谷公司成立督查组，加大对供暖面积、停暖的督查工作；把对基层单位的督查、督导列入考核体系，重点加强责任追究。

三是多举措多维度，调动一线积极性。部门、专业机构人员下沉管理人员到一线，充实一线力量；划分维修区域，缩小考核单位，实现各区域自主管理；持续修订定岗、定编、定责、定薪、考核体系，全员实行达标上岗；各供热厂之间开展劳动竞赛，通过智慧运营系统的数据每日与兄弟单位进行能耗、收费、服务指标的对标。

四是加强源头控制，科学评估项目。加强投资源头控制，科学评估设备资金投入，避免资源浪费，降低经营成本。金海湖项目、峪口项目在实施前，经技术专家论证，现不具备全面投资条件，需分步实施，大幅度降低了一次性投资的资金压力。

2. 设备管理的精细化

一是抓设备普查和能效测试。供暖季期间对锅炉房、换热站、外网、户内设备进行设备普查，进行重要设备能效测试，为下一年度技改检修工作及更换设备提供重要依据。

二是抓设备设施的维修保养。积极开展"冬病夏治"，2022年涉及项目20项，改造、更换供热管道5231米，惠及供热小区18个，供热面积51.32万平方米。建立1200余平方米的集中备品备件库，提前做好供暖季储备，确保供热厂及时开展维修工作。做好锅炉、热泵等重要设备专业应急维修队伍准备，确保第一时间解决突发情况。

三是抓技术创新及成果应用。"基于尾部烟气含氧量变化自动调节空燃比"项目的应用解决了锅炉频繁启停问题，消除重大安全隐患，提高设备运行效率，大幅降低燃气消耗。

3. 运营管理的精细化

一是按需供热，降低运行成本。制定供热运行方案和应急预案，有序开展供热生产运行。发挥调度职能，核实、修复、校准运行数据，准确下达回水温度指标，及时调整回水温度，精准调控。合理利用智能化系统和一网平衡系统，对供热系统进行精细化调节，使供热系统处于平衡状态。按照房屋性质、供热区域、投诉情况进行二网单独调节，按需供热，使流量分配更加合理均衡，保证了厂、网、站持续、稳定、安全运行，大大地提高了热网输送效率，既保证了用户的优质供热，又降低了供热运行成本。

二是有效控制生产能耗，不断降低运行成本。每日9：00前完成前日各锅炉房的运行情况分析，编制分析图，为锅炉房调节供热量提供依据。特殊时间节点或温度降低时提出预警，根据运行数据、历史数据，给出降温期供热曲线。每两小时统计分析报修工单量，及时修正温度控制偏差。每日将能耗、收费、投诉等指标与集团其他供热企业横向对比，分析偏差原因，及时对系统纠偏。

三是推行无人值守换热站。实现80%换热站无人值守，通过完善远程监控、报警功能，辅以定期巡查制度，无人值守站运行稳定，实现了科学调配、降低了人工成本。

4. 收费服务的精细化

一是提早启动收费工作，优化收费宣传方式，按月阶梯式开展促销，鼓励用户提前缴费。发挥职工主观能动性，通过"1带3""1带5"实现全员收费。推广微信缴费，加大线上缴费促销力度，鼓励用户选择线上无接触方式缴费。进入小区设置临时收费点开展现场收费，方便用户。

二是深入社区，主动服务用户。按照实业集团"企业服务周"工作要求，开展"供热宣传进社区、便民服务暖人心"主题活动，组建服务团队，深入服务用户，拉近与居民的距离，提升服务效率。将"提质降诉、访民问暖"活动作为企业服务周的特色服务活动之一，针对重点用户，重点分析，入户走访，提前"未诉先办"。

三是面积核查，供热服务升级。2022年，为实现供热服务升级管理，对现有用户全面开展供热面积普查、核准工作，精准了解掌握平谷区实际供热需求，共核查面积差值41.02万平方米。供热面积核查后，供热运行统筹合理调配，有效提升了设备运行参数调整的精确度，以用户需求为靶向，为用户提供更优质更准确的服务，实现居民供热节能降耗。同时也为夏季设备设施技术改造、维修保养提供更精确的数据支撑。

四是健全机制，落实接诉即办。建立组织机构，定期研究，专人负责，完善方案，细化流程，加强沟通，协调联动，积极推动落实。在采暖季，每日对前一日运营数据、报修情况、12345工单情况进行成因分析，总结共性问题，提前预警，预判风险，部署重点工作，有针对性地处理诉求，逐天逐件抓落实。

（四）建立智慧隐患预测及应急抢险调度系统

供热系统应急抢险是一项系统性的工作，除现场抢修外，还要提早根据内外部条件的变化及时发现隐患，将该隐患产生事故造成的影响范围进行等级划分，预测不同等级事故恢复供暖所需时间，做好相关申报的准备等。同时，事故发生后，需与权属单位、居委会、小区居民进行沟通协调，以将受影响的范围降至最低。而在现场抢修的具体过程中，抢险人员的协调组织、物资车辆的配备使用、安全检修的现场管理等都需要全面考虑、高效执行。然而在紧急情况下，指挥调度和操作执行都难免发生疏漏，造成抢修前的准备工作考虑不周，以至于降低抢修效率，甚至使事态扩大。

为了规范应急抢险体系，更及时准确地做出预判、协调人员、调动资源，北燃绿谷公司创新采用"供热管网智慧隐患预测及应急抢险调度系统"（以下简称智慧应急系统），实现技术设备和抢险经验的深度融合。通过监控系统、数据库设备台账和抢修经验的结合，完成系统预判及资源调动等工作；并在应急抢险完成后，将工作结果纳入抢修案例数据库，完善管理系统，形成闭环。通过建立智慧应急系统，实现事故隐患预测、重点巡查部署、抢修人员安排、物资车辆调度等具体工作规范化、条理化。

1. 建立两个制度

制度是隐患预测及应急抢险的基础，在搭建工作体系中是必不可少的。因此从供热工作的关键方向着手，制定了"两个制度"：突发事件应急预案管理规定、应急管理办法。

一是突发事件应急预案管理规定。明确应急响应责任人、风险隐患监测、信息报告、预警响应、应急处置、人员疏散撤离组织和路线、可调用或可请求援助的应急资源情况及如何实施等，体现自救互救、信息报告和先期处置特点；并针对突发事件现场处置工作灵活制定现场工作方案，侧重明确现场组织指挥机制、应急队伍分工、不同情况下的应对措施、应急装备保障和自我保障等内容。

二是应急管理办法。针对可能发生的事故，为最大程度减少事故损害而预先制定应急准备工作方案。针对公司生产工作特点，识别导致事件的危害因素，分析事件可能产生的直接后果及次生、衍生后果，评估各种后果的危害程度，并提出控制风险、治理隐患的措施，为应急预案的编制提供依据。

2. 隐患排查措施

以每日的具体条件参数（如室外温度过低、站点失水量增大、管线附近施工）为依据，参照供热系统中设备和管网的建设年限及历年曾出现问题的记录，由系统自动生成重点监测目标。根据监测目标数据，锁定隐患部位，认真将问题落地，强化责任意识，加强措施手段，通过全面排查整治安全隐患并及时检修。

3. 运行参数监控措施

供热管网中遍布温度、压力、流量传感器，调度平台和各供热厂可以通过自动监控系统实时掌握各设备、管道的运行参数。实时监测热力管网的运行状态，传感器实时监测温度、压力、流量等参数，并将数据传输到监控中心进行处理，一旦监测到异常数据，系统会立即发出报警，标示异常部位，提醒管理人员及时处理。

4. 落实巡查、检修措施

调度中心根据系统自动生成的重点监测目标和数据异常位置，对目标责任区巡线人员下达指令，加强对此类设备和管网的巡查，通过数据分析系统准确判断故障发生的位置和原因，维修人员负责准确定位信息，有效提高维修效率和准确性，做好维修检修计划。制订维修检修计划时，需要考虑设备设施的运行情况、维修检修的周期性和紧急性，合理安排维修检修工作的时间节点，排除隐患。

5. 物资、人员调度措施

当供热系统切实出现问题，需要进行应急抢险作业时，抢险系统模块可以对隐患发生部位进行抢修资源的计划配备，并根据本次抢险工作的等级、位置确定所需人员及职责分工。物资和人员调度举措在应对突发事件和特殊情况时显得尤为重要，当某部位出现险情时，系统会进行判断，在主界面显示出需协调部门的人员通信录、外联单位人员的通信录、所需机械设备台账、维修物资、需报送部门及申报表、此类别抢险工作方案等全部资料。通过采用智慧应急系统，可以大大提高调度工作的效率，节省了人为沟通的时间成本，避免人为调度的疏漏。应急抢险结束后，调度平台人员将此次抢修工作进行总结，把现场影像资料进行上传保存至数据库，作为案例进行借鉴。

通过供热管网智慧隐患预测及应急抢险调度系统的建设和投用，北燃绿谷公司在应急抢险工作方面取得了显著成果。

一是完善了基础信息资料。建设智慧应急系统的过程也是完善基础信息资料的过程。北燃绿谷公司开展了全面设备普查、管线确认、库房盘点、人员划分等工作，为智慧应急系统的建设奠定了数据基础。

二是建立健全了应急管理体系。为给智慧应急系统的具体程序逻辑创造理论基础，北燃绿谷公司制定并完善了《北京北燃绿谷供热科技发展有限公司采暖季抢险工作方案》。对应急抢险的组织架构、人员构成、应急启动、物资储备、抢修方式等进行了全面梳理，对每一环节进行规范和要求。可以说，智慧应急系统是抢险预案的数字化体现，充分展现了北燃绿谷公司应急抢险理念。

三是提升了应急抢险工作效率。通过监控预警模块的隐患告知功能和数据异常报警功能，系统及时通知管辖区域负责人，进行巡检和事故早期处理，将多起事故隐患提前排除，减少抢修次数。

四是提升用户满意度。自动生成的报送模板，使无论与主管部门的报送、相关单位的协调，还是与受影响的热用户，以及居委会的沟通都及时、有序。总体上抢修时间的缩短，加上明确到人的沟通机制，使北燃绿谷公司更好地为热用户提供服务，因抢修时间过长导致12345投诉工单大幅度减少。

（五）滨河供热厂烟气冷凝水回收利用改造项目

随着我国环境与能源问题的日益严峻，国家提出"碳达峰、碳中和"的目标，绿色低碳已成为供热系统发展的必然要求。当前的锅炉房烟气余热利用系统是通过尽可能回收锅炉烟气废热提高热源厂能源利用效率，但天然水蒸气后的产物中含有水蒸气，在烟气余热回收过程中，烟气温度低于露点温度时水蒸气冷凝，形成大量偏酸性冷凝水。若对此部分冷凝水未加合理利用，直接排入市政污水管网，必将造成资源浪费。此外，该部分凝结水作为宝贵的水资源利用的同时，还含有一定的热量，将其作为供热系统补水进行回收利用，可以在减少供热系统水耗的同时减少燃气消耗。

为了提高供热系统能源利用效率，推动城市的低碳可持续发展，项目提出锅炉烟气冷凝水回收利用技术，先对供热厂燃气锅炉烟气冷凝水进行最大化集中回收，经过加药处理后作为一次管网补水利用，再将一次网补水量不足以消纳的冷凝水补充到失水量较大换热站的二次管网。通过回收利用烟气冷凝水，减少热源厂及换热站的自来水耗量和燃气耗量，实现供热可持续环保型发展。

项目所在的滨河热源厂是一座燃气锅炉房，项目设计的烟气冷凝水回收利用系统由厂内系统和换热站系统两部分组成，如图1所示。改造项目将锅炉节能器与热泵取热器产生的冷凝水统一回收处理后补充至一次管网水系统，再通过换热站内压力传感装置及电动阀的自动控制将锅炉房产生的冷凝水通过一次管网补充到二次管网。该项目进行了冷凝水补水利用路径创新，实现了冷凝水最大化回收利用，同时进行技术路线创新及设备装置定制化创新，控制系统及装置均根据现场实际情况采用定制模式，便于更好地解决工程实际问题。系统中冷凝水管采用新型塑料管材，抗腐蚀性强。系统运行数据实时上传到智慧供热平台，为供热运行监控和供热数据分析提供有力的信息支撑。

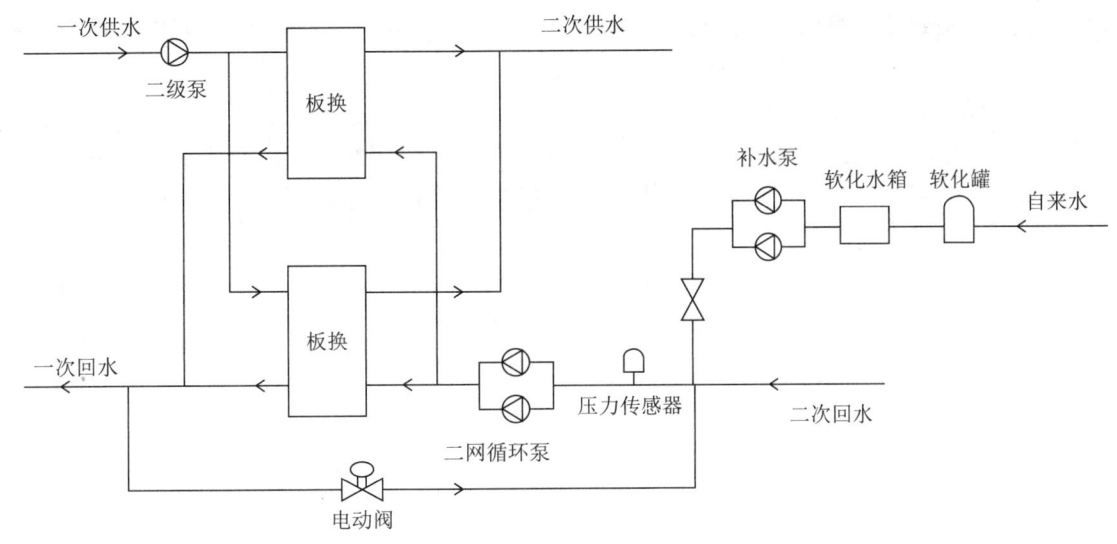

图 1　烟气冷凝水回收利用系统示意图

大量冷凝水回收利用可减少热源厂的自来水耗量，节约运行成本，具有良好的环境效益、社会效益和经济效益。通过对滨河供热厂燃气锅炉烟气中的组分进行分析、计算，结合燃气锅炉烟气余热利用装置运行中存在的问题，提出适合的凝结水回收的技术思路，对提高燃气锅炉热效率、节能减排、保障锅炉房的安全经济运行具有积极意义。

（六）供热系统智能加碱项目

本项目设计建设一套供热系统智能加碱系统，加碱处理过程为：先在加药装置中人工倒入配置好的 pH=12 的碱性溶液，再通过智能加碱监控系统对二次回水进行自动加药，将其 pH 控制在 8～9 的范围内。供热系统传统的加碱方式有两种：一是人工向软化水箱投入碱性药剂，这种方式的缺点是加药不均匀，而且药剂在水箱局部沉积，会造成水箱碱性腐蚀；二是使用加碱设备往软化水箱自动加碱，这种方式的缺点是无法获得系统中循环水的 pH 值，容易使系统中 pH 值过高。而本项目设计的智能加碱系统，通过使用精准的传感设备及定制化自动控制系统，不仅可以保证加药均匀，而且实时监测循环水碱度并自动调节加碱用量，将给水 pH 值控制在合理范围内，达到延长管网设备使用寿命、保障供热系统安全稳定运行的目的。

本项目自动控制系统根据传感器获取的各类参数实时监测各换热站加碱设备运行情况，保障加碱系统安全运行，同时具备数据远传功能，帮助站内运行人员及公司技术人员实时掌控系统状态，了解水箱液位、循环水 pH 值等信息，可及时发现运行问题并做出调整，有效杜绝安全隐患。不仅可防止供热管网氧腐蚀结垢，延长管网使用期限，还可以防止循环水碱度超标后碱性物质经过分解、蒸发浓缩造成的换热站及用户换热器内金属膜破坏、换热器泄漏等危害，有效预防供热运行环节众多安全隐患的发生，使供热系统整体安全性及稳定性大幅提升。

四、主要创新点

（一）形成上下合力，将降本增效落到实处

明确划分下辖运营实体的责任目标，量化三家供热厂共计 9 个锅炉房能耗、收费、接诉即办、二网流量、安全措施等考核指标，将供热企业的生产运营的关键因素在绩效管理中落实。

（二）创新绩效管理机制，释放国企改革活力

通过模拟市场化机制，针对水耗、电耗、气耗、收费率、接诉即办工单等重点指标，在量化目标

的基础上，实现"超额完成有奖励、未能完成有扣罚，奖惩比例保持一致"的双方协商机制，较好地调动了各厂责任人的积极性，实现了绩效管理的模式创新。

（三）业财融合模式创新，获得实效促发展

在财务管理方面，通过规范每一笔业务收入、成本归类归属工作要求，形成 9 个锅炉房的单体财务报表，实现了基于单个经营单元的独立核算，并且不断细化核算纬度，从数据管理层面支持绩效管理模式创新。

同时，财务管理针对单个经营单元进行经营效率月度定期评价，通过分析评价发现经营单元的现实问题、困难，及时反馈生产管理部门与经营管理层，经营部门及时复盘并部署改进方案。

2023 年度厂长责任制主要考核指标及考核标准如表 1 至表 3 所示。

表 1　考核指标

指标名称	考核内容		计划指标
能源费	水指标	夏季	—
		冬季	25 kg/m²
		小计	25 kg/m²
	电指标	夏季	—
		冬季	1.7kWh/m²
		小计	1.7kWh/m²
	燃气指标		≤ 7.6Nm³/m²（以 2022—2023 年度度日数为基准）
接诉即办工单 / 件			310
供暖费 / 万元			2024 年 4 月 30 日完成综合收费率达到 96%

表 2　考核标准

序号	指标	节省（多收）部分奖励	超支（欠收）部分惩罚	备注
1	完成锅炉房水指标	奖节省部分30%	罚超额部分30%	
2	完成锅炉房电指标	奖节省部分20%	罚超额部分20%	
3	完成锅炉房气指标	奖节省部分10%	罚超额部分10%	
4	完成 12345 指标	每减少一单，奖励 300 元	超出一单处罚 300 元	
5	完成综合收费率	每超额完成 1%，奖励 5 万元	每少完成 1%，处罚 5 万元	
6	完成新发现面积	奖收回资金的 20%	未完成每平方米罚 5 元	实际考核面积截止日期到 2024 年 4 月 30 日

表 3　其他奖惩项

序号	指标	结果应用	备注
1	跑水赔偿指标	罚公司承担部分金额的 50%	
2	媒体曝光	①正面报道：区级奖供热厂1000 元 / 次；市级奖5000 元 / 次。②负面报道：区级罚供热厂1000 元 / 次；市级罚5000 元 / 次。同时追究相关人员责任	

续表

序号	指标	结果应用	备注
3	维修服务	维修人员获得表扬信奖励10元/封；维修服务获得表彰锦旗奖励100元/面	
4	投诉（个人原因）	出现1单罚500元，按公司相关规章制度处理，处罚当事人	
5		在工作中未认真贯彻落实有关安全生产、职业健康、环境保护制度及上级指示精神的，罚供热厂（中心）1000元/次	
6		危险作业未办理审批手续，罚供热厂（中心）1000元/次	
7		未按规定组织召开本单位安全工作例会；不按规定上报各种安全报表和无故不参加公司安全例会、安全活动，罚供热厂（中心）1000元/次	
8		发生两次（含）以上轻伤事故；发生工伤事故后隐瞒不报或未及时上报，罚供热厂（中心）10000元/次	
9		未按规定开展安全检查工作；未对排查出的安全隐患制定有效防范措施并及时整改，罚供热厂（中心）1000元/次	
10	水质考核	①处罚供热厂5000元/次 ②水质不合格，处罚水质员500元/次，同时追究责任人责任	
11	二次网流量	①超过的处罚供热厂厂长、主管副厂长各500元 ②对数据弄虚作假的，一经发现处供热厂5000元	

五、实施成效

自2021年开始，北燃绿谷公司连续三年推行厂长责任制绩效考核创新，水、电、气三项主要能耗指标显著下降。

2021年相比2020年：气耗降低11.68%；气耗完成7.88Nm³/m²，下降1.04Nm³/m²。电耗降低4.30%；电耗完成1.81kWh/m²，下降0.15kWh/m²。水耗降低2.04%；水耗完成24.80kg/m²，下降0.52kg/m²。

自新北燃绿谷成立以来，单平方米气耗第一次低于8m³/m²；单平方米电耗第一次低于2kWh/m²，实现了节能降耗新的突破。能源成本同比降低1700余万元。

2022年相比2021年：气耗降低0.63%；气耗完成7.83Nm³/m²，下降0.05Nm³/m²。电耗降低0；电耗完成1.81kWh/m²，下降0。水耗降低4.39%；水耗完成23.71kg/m²，下降1.09kg/m²。整体能耗节省成本613万元。

2023年相比2022年：气耗降低0.07%；气耗完成7.83Nm³/m²，下降0.005Nm³/m²。电耗降低5.39%；电耗完成1.71kWh/m²，下降0.1kWh/m²。水耗降低26.59%；水耗完成17.41kg/m²，下降6.3kg/m²。

北燃绿谷公司整体利润增长明显：2021年相比2020年增长130.48%，2022年相比2021年增长54.93%，2023年相比2022年增长106.91%

整体能耗节省成本显著。随着能耗的降低，北燃绿谷公司在能源方面的支出也大幅减少。据统计，2021年至2023年，仅能源费用一项就节约了超过2793万元。三年奖励三厂120余万元。北燃绿谷公司将节省下来的资金投入研发和技术改造中，进一步提升了公司的竞争力。

通过实施供热企业独立核算的责任制绩效管理，北燃绿谷公司推动各种管理方法有机融合，相互促进，将经营目标责任考核体系导入各项生产经营管理活动中，调动供热厂运行的积极性，建立动态奖励分配机制，激发供热厂职工的积极性，提升企业精细化运营水平，在经济效益、能耗控制、成本控制等方面都取得了巨大成果。

六、下一步规划与探讨

在实施三年的独立核算的责任制绩效管理取得的成效基础上，下一步将在全公司范围内开展各部门的独立核算工作。增强部门独立核算意识，提倡全员经营，培养每位员工的经营意识，使各部门人员的综合实力和应变能力增强，初步完成具有自身特色的经营体系，在运作中不断提高、完善。

通过推行厂长责任制绩效考核标准量化，北燃绿谷公司对考核指标的内容进行细化完善，对计量单位、统计范围、计算方法、数据来源渠道、调查方式、调查频率及统计报表等进行完善，达到降低供热系统能源消耗，减少碳排放的目的。通过节省天然气消耗，北燃绿谷公司每年可减少 CO_2 排放约266吨，保护环境节约能源。这对供热企业的经济运营状况有着非常重要的现实意义，可以提升供热企业的管理水平，使企业逐步进入良性循环和可持续发展的轨道，助力推进国家"碳达峰、碳中和"目标的实现。

"13456"工作法保障风机混塔建设质量

创造单位：淮北华电风力发电有限公司
主创人：杨巨山　杨凯
创造人：郭以永　汝雪雷　孙大伟　俞剑尘　王澜歌

【摘要】为全面加强新能源项目风电机组混塔生产过程及安装工艺质量控制，结合项目实际建设情况，从风机混塔原材料进场开始，对混塔生产、运输、对接、吊装、涂胶、垂直度和水平度，实施动态的全员、全要素、全系统、全覆盖的精细管理，归纳提炼出"13456"工作法，即：以创建精品工程为一个整体目标，从三个维度进行管控，采用四化标准统领，围绕四个阶段，抓住五个关键点，实施六关管理，从而达到优化制度体系、环片产量稳步增长、成品质量大幅提升、混塔吊装施工进度显著加快及可用资源高效利用的效果，全面保障混塔施工工艺质量。

【关键词】风电　混塔　制作　吊装　工艺　质量

一、实施背景

随着风电技术的进步，风力发电系统的主要支撑结构——塔筒的高度、截面尺寸和结构形式也随之变化。经研究和实践发现，塔筒设计高度超过100米时，传统的钢塔筒难以满足平衡振动要求和运输要求，严重制约了风能的进一步开发。新近研制和推广的混合结构塔架，采用预制混凝土代替传统的部分钢塔段，形成上部采用纯钢塔和下部采用预制混凝土的塔筒形式，可充分发挥钢材受拉及混凝土承压的力学性能，同时预制混凝土塔筒具有设计、生产、施工灵活性高，维护要求低等优势，较好地解决了钢结构共振及大件运输等问题。目前，预制预应力钢—混凝土组合塔架已成为风电产业的重点研究和发展方向，且特别适用于风切变较高的平原地区风电场，有利于增加发电量，值得推广和应用。

濉溪县临涣风电场项目位于皖北平原的濉溪县临涣镇，设计安装20台单机容量为5.5兆瓦的风电机组（WD200-5500），总装机容量为110兆瓦。风电机组塔筒采用预应力钢—混凝土混合塔筒，轮毂中心高度166米，叶轮直径200米，混合塔架由34节预制混凝土塔筒、1节钢混转换段和2节钢塔筒组成，是华电安徽区域首个应用混塔新工业技术的风电项目，也是整个华电集团公司在建塔筒高度最高的风电项目。本工程是本轮国企改革后华电安徽区域首个国企与民企合资建设、共同管理的项目。

目前国内建设的混塔风机高度大都在140米上下，少有超过160米的建成项目，在国内只有极少量同等高度的混塔样机的形势下，临涣风电项目一次建设20台166米高的混塔，最大的问题是各参建方没有建设经历、管理经验不足，在高混塔施工质量管控方面更是缺乏可借鉴的经验，增加了建设过程中的风险和未知因素。

作为安徽省首个国企与民企合资建设、共同管理的项目，双方的认知行为、管理理念和管理方式均存在重大差异，工作协调协作困难。

对此，加强风机混塔生产过程及安装工艺质量控制非常必要且迫在眉睫。

二、实施过程

为全面加强风机混塔生产过程及安装工艺质量控制，结合项目实际建设情况，从风机混塔原材料进场开始，对混塔生产、运输、对接、吊装、涂胶、垂直度和水平度，实施动态的全员、全要素、全系统、全覆盖的精细管理，归纳提炼出"13456"工作法，即：以创建精品工程为一个整体目标，从三个维度进行管控，采用四化标准统领，围绕四个阶段，抓住五个关键点，实施六关管理，全面保障混塔施工工艺质量。

（一）一个目标

自项目建设以来，建设团队以"践行初心建精品项目，秉承匠心筑品质工程"为出发点，出台精品工程和四好工程策划方案，严格执行方案标准，全力打造高混塔安装示范工程。

（二）三个维度

牢牢把握安全第一、质量优先、进度可控三个维度。

（1）安全第一。坚持"安全第一"原则，切实落实各项安全规程和制度，定期召开工程安全例会，分析安全状况，查找隐患，处理不安全因素；施工人员接受三级安全教育和安全技术交底，并经考核合格后允许进入施工现场上岗作业；安全设施和安全工器具配置到位。

（2）质量优先。科学指导混塔制作、进场、拼装、吊装全过程的质量控制方案，编制混塔安装质量检查表，模块化控制混塔安装质量，混塔安装完成。组织监理、混塔厂家和安装单位，对项目混塔施工工艺控制情况摸排，发现问题，在完成缺陷整改的同时，对后续施工纠偏，避免同类事件发生，确保混塔安装全程监督、记录，保证管理无盲区。

（3）进度可控。根据项目里程碑节点合理制订一、二级施工计划，每日组织召开混塔吊装工作专题协调会，部署各吊装作业面人员机械投入情况；结合现场实际施工条件，制定并落实"一机一方案"；参建单位设计人员、技术专家驻场指导，定期对照计划节点进行纠偏，确保任务目标如期完成。

（三）四个统领

（1）环片制作标准化，提供质量优良的混塔环片。混塔环片制作过程主要包括钢筋笼绑扎、钢筋笼入模、混凝土浇筑及成型、塔片脱模养护、塔片出场；通过对混塔生产基地的塔片生产流程全过程梳理和再造，建立一套适合本项目特点、可实施的工艺质量控制体系；通过开展定期检查和不定期"四不两直"抽查，促进工艺质量体系有效运转；采取业主和风机厂家双监造机制开展环片生产全过程监造，每日跟进现场生产进度，拍照记录现场混凝土浇筑、振捣、试块制作等工艺，形成监造日志，确保从原材料进场开始到每一片混塔环片质量合格出厂。

（2）安装工艺精品化，创建精品工程。混塔安装主要包括环片进场验收、塔片拼装、灌浆、混塔段吊装、钢过渡段吊装、预应力锚索张拉。全过程开展基础沉降、混塔垂直度测量和水平度测量控制，指导吊装施工优质开展；对不合格环片坚决退场、不合格工艺坚决返工、不符合的数据重新监测，从而确保混塔安装质量优良。

（3）现场管控精准化，有效推进工程建设。从"人机料法环"五个环节精准发力，确保工程建设现场管理（见图1）行为的针对性、有效性和合规性。

（4）监管监督可视化，确保混塔工艺质量行为全过程可追溯。组建混塔吊装、钢塔吊装、塔筒消缺和机组功率放开等微信工作群，采用"微信直播"的方式，对每个机位、每一节环片、每道工序及重点施工作业拍照片和制作视频，并发至工作群内，实现施工作业监管监督可视化，指定专人负责下载保存，实现作业过程可追溯。

图1 工程建设现场管理

（四）四个阶段

（1）场前抓监造：委托监造单位24小时驻守混塔生产基地，编制监造大纲，现场见证钢筋进场验收和取样检验、模板验收、混凝土浇筑、拆模后养护全过程工艺，生成监造日报。

（2）吊中抓指标：回弹法检测每段混塔的混凝土强度是否达到设计标号，严格控制环片水平度、混塔垂直度和锚索预应力值等，保障混塔安装质量。

（3）装后抓检测：第三方检测混塔垂直度、锚索预应力值、环片强度值，开展风机基础沉降观测，掌握混塔安装整体质量。

（4）运行抓监控：风机投运后重点抓好锚索预应力值、混塔垂直度、风机水平振动值、竖向振动值和钢塔水平位移等关键指标的监测和管理，如图2所示。

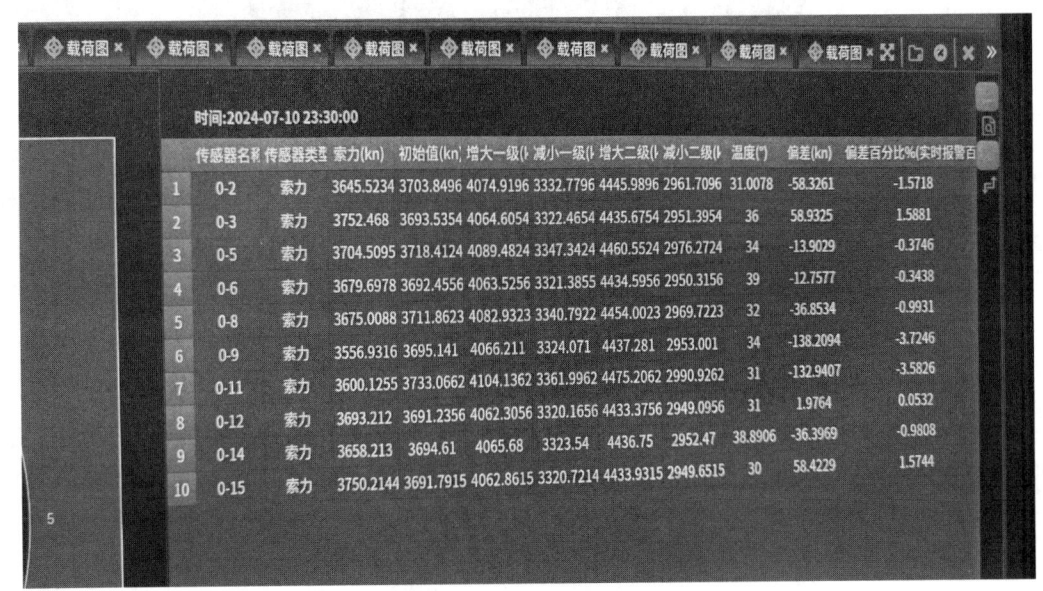

图2 关键指标的检测、管理

（五）五个关键点

（1）双监造：业主单位和风机厂家运达公司双监造常驻现场，确保混塔环片制作质量。

（2）胶管理：各段混塔之间通过高强度环氧AB结构胶进行黏结，因此加强搅拌、注胶全过程监督管控尤为重要，现场采取对灌浆料配比搅拌、AB胶搅拌与混塔结合面用料涂抹等工序进行录像的方式，做到施工过程程序化、公开化和透明化，确保每一桶胶的搅拌质量均有据可查。

（3）垂直度：混塔中心垂直度误差直接影响到整体结构的稳定性和安全性，作为一个关键控制验收环节，组织监理、厂家和施工单位，每段混塔吊装后，均进行校核，超标的一律割除，重新抹胶安装，动态管控混塔垂直度，确保混塔各段和整体垂直度均合格。

（4）水平度：每一节环片的水平度直接决定上一节环片的安装精度，混塔整体水平度决定钢塔和机舱、叶轮垂直度。水平度作为管控重点，每段超平后，经各级验收方可继续安装。

（5）预应力：锚索预应力同样是建设混塔风电项目的控制重点之一，每台机组吊装后均配置一套预应力锚索在线监测系统，对不少于10根锚索进行索力在线监测，可以自由设定索力报警值，如锚索预紧力下降、索股断裂时及时预警、报警，确保锚栓的预紧力满足设计规定，如图3所示。

图3　混塔预应力管控

（六）六道关卡

监造期间——混塔监造验收放行卡；环片入场验收环节——质量验收卡；吊装过程控制环节——吊装安全作业卡；吊装完成后检测——混塔质量检测卡；设备运行期间检查——设备运行监测卡；混塔消缺工作——风机混塔维修检查卡。六道关卡严格保障混塔吊装作业安全，如图4所示。

图4　六道关卡

三、主要创新点

（1）编制混塔吊装工艺手册，发给每一位参加混塔吊装作业人员。

（2）创新混塔环片进场验收，混塔环片进场由规范规定的20%抽查调整为100%全检查，并增设项目经理级抽检。

（3）制定风机并网功率放开方案，指导风电机组安全运行。

（4）制定风机混塔检查维修四措两案，科学开展混塔质量检查和缺陷维修工作。

（5）编制混塔安全施工各种应急预案，各类方案会审、专业交底、技术培训、安全培训和进场培训考核全覆盖。

（6）建立专项检查制度，定期或不定期开展临时用电专项检查、吊具吊带专项检查、安全带专项检查、操作人员及指挥人员专项检查、劳动防护用具专项检查等。

通过以上方式，优化制度体系实现管理创新。

四、实施效果

（1）环片产量稳步增长。在经过技术优化和生产流程重组后，混塔生产效能实现显著提升，每日产量已由原先的3至4节增加至5至6节。此外，通过优化操作流程，混塔环片的生产效率提升50%，增强了生产力，成功缩短生产周期，从而有效提升了整体的建设效率。

（2）成品质量大幅提升。在对混塔环片生产过程中的质量控制进行严格管理后，显著消除了产品外观表面大量存在的蜂窝、麻面、风干裂纹等缺陷。通过提高质量检测频率，成功将产品验收合格率由原来的95%提升至99.5%，确保了每一片混塔环片都能达到高标准的质量要求。

（3）混塔吊装施工进度显著加快。单台混塔吊装平均周期由15天/台提升至10天/台，混塔吊装效率提升33%，大幅缩短吊装工期，项目如期完成全容量并网投产，均安全稳定运行，无重大缺陷及安全隐患。

（4）高效利用可用资源。通过精益生产和资源优化，提升资源利用率，优化原材料使用效率，减少了生产过程中的浪费，混塔生产过程废弃率减少约70%，节约生产成本、保护环境，确保资源利用的最大化，促进可持续发展。

截至目前，临涣风电项目已完成发电量1.46亿千瓦·时，利润总额3887万元，机组均安全稳定运行，无重大缺陷及安全隐患。

五、规划和探讨

（1）持续优化制度体系。根据"13456"工作法实施过程中的反馈及形成的成果，不断调整与完善管理制度，形成一套更加高效、适应性强的质量管理体系，同时，在整个企业内部深化质量意识，从高层到基层员工，形成一种以追求高质量为荣的企业质量文化，确保每个环节都能做到精益求精。

（2）技术创新与人才培养。加大对风机混塔生产及安装工艺的研发投入，引入先进技术与设备，如自动化智能检测技术等，进一步提高生产效率和质量控制水平，加强对关键岗位员工的培训和技能提升，建立一支既懂技术又懂管理的复合型人才队伍，为质量控制提供坚实的人才支持。

（3）环境与可持续发展。在风机混塔的生产和安装过程中，注重环境保护和资源节约，减少生产过程中的废弃物排放，提高材料的利用率，致力于实现生产过程的绿色化和可持续性。

致美斋"广府醋茶荟"项目

创造单位：广州市致美斋酱园有限公司
主创人：周晓伟　张敏英
创造人：庞宗飞　陈彦　潘志辉

【摘要】 食醋是中国传统调味品。调味品协会数据显示，2021年，我国食醋人均消费量为3.6千克；而现代化进程早于我国的美国、日本，年人均消费量分别为6.5千克、7.9千克。对标美、日市场，我国食醋产业成长空间广阔。

"广府醋茶荟"项目通过将广州市致美斋酱园有限公司（以下简称致美斋）传统古法酿造工艺与国际领先的德国深层发酵技术相融合，在发酵菌种等相关核心技术的支持下，解决两种工艺的不足，融合两种工艺的优点，打造国内乃至国际行业中具有特色的液态食醋生产线，在保留古法液态食醋风味的前提下极大提升了生产效率。

醋作为健康食品已为广大消费者熟知。致美斋通过深入挖掘醋产品的应用场景，形成了广府醋茶系列新品，迎合了消费者对时尚和健康的追求，丰富了产品品类，打开了全新的业务领域，实现了老字号品牌的焕新。

【关键词】 传统古法酿造工艺　广府醋茶新品　老字号品牌焕新　高质量发展　新质生产力

一、实施背景

（一）致美斋特有的广式传统酿造技术

我国食醋行业存在几个细分市场，目前已经形成山西陈醋、镇江香醋、四川保宁醋和咏春醋四大名醋割据的市场格局。随着食醋用途和功能的细分开发，南方液态发酵醋份额逐步提升，并已经与陈醋、香醋分庭抗礼。致美斋的食醋属于南方液态发酵醋。

致美斋始终传承广式调味品酿造技艺，坚持在守正基础上寻求创新突破。以甜醋、浙醋为代表的液态食醋是致美斋的拳头产品，一直在传承传统技艺基础上探寻效率的突破。本项目定位为具有广式传统酿造特色的现代深层发酵技术，区别于市场上常见的传统酿造法和深层发酵法。致美斋是广式调味品酿造技艺非物质文化遗产的传承者，本项目通过将致美斋传统古法酿造工艺与处于国际领先水平的德国深层发酵技术相融合，在发酵菌种等相关核心技术的支持下，弥补两种工艺的不足，融合两种工艺的优点，打造国内乃至国际行业中具有特色的液态食醋生产线，在保留古法液态食醋风味的前提下极大提升生产效率，支撑致美斋中高端健康品质调味品的品牌定位。

（二）致美斋面临老字号如何焕发新活力这一时代课题

致美斋品牌是有着400多年历史的"中华老字号"，一直专注于深耕调味品行业，传承和发展广式风味调味品。与许多老字号企业一样，致美斋也面临着老字号品牌如何贴近年轻人、如何焕发新活力的现实问题。

在粤语地区消费者群体中，致美斋与甜醋的关联度极高，致美斋几乎就是甜醋的代名词。消费者提到甜醋，往往联想到"猪脚姜""月子醋"。致美斋作为岭南集团大食品板块的重要经营单元，一直在思考和探索如何在守正发展调味品主业的基础上，在大食品的业务上实现扩围和创新。经过数月的研究分析和产品酝酿测试，致美斋找到了甜醋、茶饮、健康、时尚的完美交点，形成了"广府醋茶荟"项目。

二、实施目的

本项目实施目的包括两个方面：一是要在保留致美斋特有的广式传统酿造特色现代深层发酵核心技术的前提下，大幅度提升生产效能和节约成本，把致美斋特有的广式传统酿造特色现代深层发酵技术发扬光大；二是要把广府醋茶产品推向市场，形成致美斋的新质生产力，为以后广府醋茶产品从现调饮品形态向规模量产的预包装饮品形态发展打下产品储备的基础。为此，致美斋在食醋年销售额、广府醋茶现调产品、广府醋茶预包装产品3个方面制订了如下三个业务目标。

（1）2024年，食醋销售额达到9000万元。

（2）广府醋茶经营门店达到20家。将广东作为直营示范基地，外省开放客户加盟。

（3）到2025年第二季度，推出预包装的广府醋茶产品。到2027年年底，广府醋茶及新派食品系列产品达到年销售5000万元的体量（以零售口径销售额计算），预包装醋茶类产品市场占有率达到80%。

三、主要创新点

（一）"产学研"合作研发，实现技术突破和产品升级

致美斋通过与天津科技大学等"产学研"平台合作，共同在致美斋食醋产品的特征性风味指纹图谱研究、原辅料选择、预处理、发酵菌种、发酵工艺、沉淀物处理、产品配方升级等方面开展了深入的基础研究和产业化应用研究，通过现代科技指导传统调味品升级，开发出更具有致美斋传统酿造特色的食醋产品，提高了致美斋食醋产品的市场竞争力。

（二）广府醋茶现调茶饮新品上市，老字号焕新与预包装产品储备并举

致美斋通过推出广府醋茶新品，丰富了致美斋的产品品类，对全新赛道开展探索，通过与年轻人群的互动实现老字号品牌的焕新。广府醋茶新品先以门店销售方式测试消费者对口味的接受和偏好情况，以此为预包装产品在各渠道上市销售做测试和铺垫。而在门店开设方面，除了拓展常规形态的线下广府醋茶店外，还将打造一到两家"广府特色小吃荟"实体店。店内设置致美斋非物质文化遗产生产性保护示范基地，数家广府名小吃入驻。实体店成为致美斋非遗文化传播和多项时尚体验活动潮流的"打卡地"。

四、实施过程和实施效果

致美斋公司对本项目高度重视。公司党总支书记、董事长、总经理挂帅，并从研发、生产和市场营销等部门抽调骨干人员，以矩阵制的管理模式组建项目团队，稳步推进各项相关工作，使致美斋特色酿造食醋实现了技术升级、产品升级和成本下降。

（1）原辅料创新项目研究。除了大米外，还引入黑米、麦麸、高粱等不同农副产品，以探求风味的优化升级。

（2）预处理方法创新。将传统的浸泡、蒸煮法改为先粉碎，再通过酶进行糖化液化，淀粉利用率从78%提升至96%，淀粉质实际利用率提升23%。原料预处理时间从传统的不少于3天缩短为3小时以内。

（3）发酵菌种创新。通过不断提升总TC（Transaction Count，订单数量）、自然驯化和调整营养盐的方式，提升菌种的产酸浓度、效率和耐酒能力。

（4）工艺创新。工艺路线创新如图1所示。

工艺控制过程实现智能控制，使质量标准化，使产品更稳定，同时节约人工成本。

（5）固液分离方法创新。研究将自然沉降法改为膜过滤去除沉淀物，除杂效率提升80%以上。大幅度降低排污量，提升了产品的澄清度。

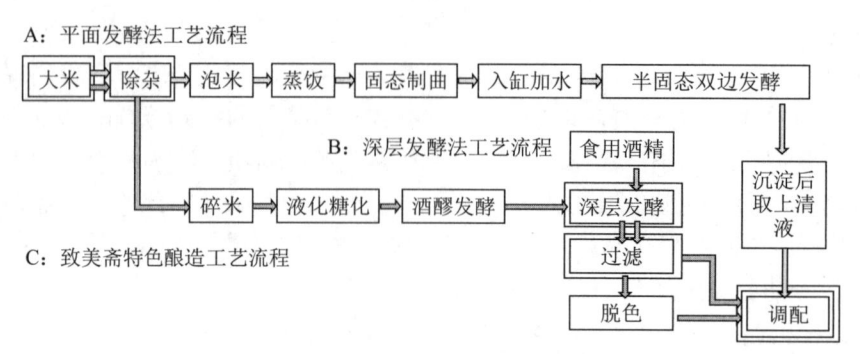

图 1　工艺路线创新

（6）通过与高校合作，开展食醋产品特征性风味指纹图谱研究（见表1），获得致美斋食醋的特征性风味指纹图片研究成果，指导甜醋类产品的创新升级。

表 1　食醋产品特征性风味指纹图谱研究

中文名称	风味特点	气相检测峰面积 /AU		
^	^	平面发酵法	深层发酵法	致美斋特色发酵法
乙酸苯乙酯	蜂蜜香、花香	620942	0	590000
乙酸乙酯	果香、酒香	180000	0	230000
苯乙醇	蜂蜜香、玫瑰香、丁香	512999	0	690000

（7）致美斋食醋发酵预期效率提升5倍，吨产品预期生产成本同比下降29%，甜醋销售额同比增长39%。

（8）在研发技术方面，致美斋取得了多项专利成果，包括发明专利两项，分别为米曲霉菌株及其应用、米曲霉制剂（已获证），一种二次熏醅驱辛丁香甜醋的制作方法及产品（已获证）。

致美斋获得外观设计专利两项，分别为大红浙醋标签（已获证）、糯米甜醋标签（已获证）。

五、下一步规划与探讨

"广府醋茶荟"项目体现了致美斋在产品、商业模式等几个战略维度的大胆创新和突破。在项目推进过程中，致美斋开展了充分的可行性研究和难点分析，采用分阶段稳步推进的战术，这体现了致美斋在项目管理上的科学严谨精神和精细化管理运营的能力。

（一）可行性分析

目前，致美斋在产品、场地、目标合作方等几个方面已具备了项目实施的条件。

（1）首批上市的新品已确定，后续新品储备持续推进。

广府醋茶现调茶饮：以致美斋的醋产品延伸研发而成的4款茶饮——白桃乌龙醋茶、洛神花漾醋茶、老盐柠檬醋茶、醋爆柠茶，口感甜酸可口，清爽怡人，隐隐散发出致美斋醋的风味，又分别呈现出白桃的清甜、玫瑰花的香、话梅酸梅恰到好处的咸、柠檬怡人健康的酸等各自独特的口感。4款醋茶在多次内测和公测中广受好评，不少年轻消费者表示品尝后有一种惊喜的感觉。目前，4款醋茶已被列为上市销售产品。

南乳鸡蛋仔：以致美斋的浙绍南乳延伸研发而成，在2024年5月的"广百之夜"销售活动中，南乳鸡蛋仔受到消费者的欢迎，其与原味鸡蛋仔的销量比例约为8∶2。本品已列为上市销售产品。

点心和雪糕多款：分别以致美斋的浙绍南乳、醋、酸梅风味酱等调味品延伸研发，目前进展顺利，配方定型后将推出市场。

（2）致美斋自营店铺用于销售新品。首家试水店铺为广州市越秀区起义路的门店。该店以"民国风"为装修风格，融合了致美斋经典的传统品牌调性，是致美斋首家"网红店"。该店具备"潮店"特质，并已开展过多次"网红达人"的探店"打卡"活动。

（3）首个"广府特色小吃荟"的选址、目标合作方的接洽工作已紧鼓密锣地展开，目标场地已初步锁定，入驻的特色小吃品牌已有名单池。

（二）难点分析和应对措施

该项目的难点和应对措施可从外部消费趋势、致美斋企业自身两个角度分析。

1. 外部消费趋势

近年来，线下流量和线下实体店的生意受到线上的影响比较大。线下店在导流获客、成本竞争上面临不少困难。致美斋迎难而上，建立线下广府醋茶门店，打造"广府特色小吃荟"实体店，勇于为振兴老字号开辟新路径，尝试新的商业模式。

2. 致美斋企业自身

该项目涉及市场营销跨界的全新实践，属于全新的业务类型。解决新问题需要用新思路，走新的途径，主要包括以下两个方面。

（1）品牌的调味品属性根深蒂固。致美斋品牌的行业标签属性一直都是调味品，这一点在消费者的认知中根深蒂固。因此，在一个时期内，必须在产品推广和宣传传播上做持续投入，以提高致美斋广府醋茶的认知度。

起始阶段，致美斋通过考察市面上的知名连锁茶饮企业，选择合适的项目合作伙伴，通过"销售推广平台互换共享＋品牌流量导流"的合作方式，在年轻消费者群体中发展了第一批粉丝，形成"'吸粉'引流→销售转化→消费者正向评价→影响面扩大"的良性循环，从而不断提升消费者对致美斋品牌、致美斋醋茶产品的认知度和美誉度，使致美斋品牌在饮品领域也形成了自己独特的品牌文化内涵。

（2）企业运营能力的跨界挑战。"广府特色小吃荟"实体店的创办和运营，实质是致美斋从生产型企业运营能力圈向商业项目运营能力圈的延伸和扩围。这对致美斋而言是一个全新的挑战，是老字号企业主动走出舒适区而迈出的又一大步。针对项目的难点，致美斋一方面积极练好"内功"，在产品、团队骨干力量上做好储备；另一方面积极争取上级集团等单位在项目经费等方面的大力支持，以便项目获取到必需的人、财、物资源。

（三）分步骤实施的计划

项目实施分为3个阶段，具体如下所述。

1. 第一阶段（从2024年第二季度开始）

第一阶段，致美斋广府醋茶现调饮品和南乳鸡蛋仔等新品在线下实体店（致美斋自营店、合作店）上市，并开通线上团购和外卖业务。同步配套相关的媒体矩阵宣传和线上线下推广活动。通过推拉结合，夯实现调茶饮的基本盘。

在门店拓展方面，致美斋策划了"致美生活号非遗快车"的落地方案。一方面，积极响应广州市国资委倡导的"国企进公园"项目，已成功在白云山风景区鸣春谷旁开设醋茶专卖店；另一方面，致美斋物色广州市区内年轻人常去的旺街旺点，通过致美斋"致美生活号非遗快车"形式维持品牌高曝光率，做出年轻人喜爱的饮品和食品。

"致美生活号非遗快车"不但是推广销售广府醋茶现调饮品等系列新品的店面，还是开展相关文化宣传活动的阵地。致美斋可依托公园内的"致美生活号非遗快车"开展文化宣传活动，对象为游园群众（包括学生群体），让他们在品尝致美斋醋茶美食的同时，自然而然地接受致美斋醋文化、酿造技艺、非遗传承的文化教育。致美斋通过"致美生活号非遗快车"进公园的形式，积极践行以文塑旅、以旅彰文，推进文化和旅游深度融合发展的精神，成为广州市国资委"国企进公园"项目的加分亮点。

2. 第二阶段（从 2025 年第一季度开始）

第二阶段，启动"广府特色小吃荟"实体店。实体店经营面积约几百平方米，入驻多家特色小吃品牌。各品牌小吃均推出致美斋调味品延伸研发的广府特色食品，形成以致美斋为大主题的融合营销联动。致美斋还在"广府特色小吃荟"实体店内规划公共空间（约 80 平方米）作为非物质文化遗产生产性保护示范基地，并按相关要求开展多项多种形式的文化活动和文创活动，如非遗工艺讲座、"天顶头抽是怎样酿成的"等主题 VR（虚拟现实技术）体验活动、广府非遗饮食文化公开课、非遗创新成果展等。"广府特色小吃荟"实体店将集文创、餐饮、城市漫步、体验式消费等形态于一体，以老字号焕发新活力为出发点和落脚点开展配套传播推广，让"潮品"时尚亲民而又有文化韵味。

3. 第三阶段（从 2025 年第二季度开始）

第三阶段，致美斋选取口味受到消费者欢迎、初具大单品潜质的广府醋茶品种，把它们转型为预包装饮品。届时，将以快消品的营销模式，开展线上电商、线下商超社区店和自动售货机特渠等立体化多渠道的销售铺货活动，使醋茶产品更多更快地进入千家万户，到达消费者的手中。致美斋将同步配套新媒体宣传、广告投放、消费者促销、试饮派发、市场推广秀等多种形式的营销推广活动。操作层面的事项时间表如表 2 所示。

表 2 操作层面的事项时间表

项目实施计划事项	计划达成时间
首批广府醋茶现调产品确定（广府醋茶 4 款，南乳鸡蛋仔 1 款，共 5 款）	2024 年第二季度（备注：已完成）
致美斋起义路店广府醋茶新品上市	2024 年第二季度（备注：已完成）
第二批上市新品确定并上市	2024 年第三季度
广府醋茶经营门店达到 20 家（含"致美生活号非遗快车"）	2024 年第四季度
"广府特色小吃荟"首家实体店建店、运营	2025 年第一季度
预包装新品上市及推广启动	2025 年第二季度
广府醋茶类产品实现年度销售目标	2027 年第四季度

"广府醋茶荟"项目的意义和价值，不仅体现在致美斋在商业运作方面取得的成绩及致美斋在产品创新维度、运营能力维度"双跨界"的创新和突破。更重要的是，该项目体现了致美斋积极响应关于国有企业实现高质量发展的方针和指引，努力践行新质生产力的打造和扩围，在老字号焕发新活力的道路上体现国企的责任和担当，在广州老字号振兴和发展方面勇当火车头、领头羊的创新开拓精神。

以某企业为例探讨"总部去机关化"改革实践问题的解决

创造单位：北京建工集团有限责任公司

主创人：李大钧

创造人：曾鹏　戴晓红　范锐　王俊英

【摘要】 我国现阶段部分国有企业，特别是中央企业和地方大型国有企业集团，存在一定程度的形式主义和官僚主义，导致"总部机关化"问题出现，严重制约了企业高质量发展。本文试图从"总部去机关化"改革大背景入手，揭示"总部机关化"的问题表现，分析问题根源，总结"总部去机关化"改革的总体思路。同时，以某企业为案例，探讨如何解决"总部去机关化"改革实践中遇到的具体难点问题。因篇幅所限，本文将重点讨论"如何明确总部功能定位及合理设计管控模式"及"如何确保总部部门编制调整的依据更科学、更充分"，通过构建管控模式、选择模型、设计部门量化评估工具等尝试，尽一切可能提高改革实践的科学性、严谨性和可操作性。

【关键词】 "总部去机关化"　集团管控　总部定位　部门量化评估

一、实施背景

（一）"总部去机关化"改革

2019年，中央巡视组反馈仍有一定数量的中央企业存在形式主义和官僚主义问题，并指出"总部机关化"问题是形式主义、官僚主义解决不彻底的具体体现。2019年10月24日，国务院国资委党委正式印发《关于中央企业开展"总部机关化"问题专项整改工作的通知》（国资党委〔2019〕161号），要求加快推进市场化改革，进一步整治形式主义、官僚主义。2019年10月31日，国务院国资委召开中央企业开展"总部机关化"问题专项整改工作视频会议。会议指出，中央企业要深入贯彻落实习近平总书记重要指示批示精神和党中央的决策部署，把开展中央企业"总部机关化"问题专项整改作为进一步整治形式主义、官僚主义的重要抓手，作为深入推进市场化改革的必然要求。

（二）"总部机关化"问题表现及根源

"总部机关化"问题总体呈现出"三多两长一低"的特征，即文件多、会议多、检查多，管理链条长、项目审批周期长，办事效率低。具体而言，总部机构设置过多、管理过细，以文件落实文件，以会议落实会议，存在"文山会海"的现象；缺乏体系化设计，以查代管，未能解决源头问题，且各类检查统筹安排不够，出现检查标准不一、重复检查情况；总部事务性工作多，"龙头"作用没有充分发挥，该集中统筹的工作没有完全统起来，该下放的管理权限没有放下去，导致管理层级多，审批流程多采取串行方式，造成流转时间过长的现象；由于部门本位主义，存在"条块化"分割现象，强调分工却忽视了协作，部门间沟通缺乏统筹协调，影响了运作效率。出现"总部机关化"问题的根本原因是市场化改革仍不到位、不彻底。40多年来，国有企业市场化改革的大方向从未改变，在激烈的市场竞争中，国有企业正逐步成为具有独立法人地位的市场主体，但市场化改革仍在路上，仍有部分国有企业不能完全适应市场化竞争要求，还需进一步完善现代企业制度和公司治理机制，彻底摒弃形式主义和官僚主义。

（三）"总部去机关化"改革的总体思路

根据《关于中央企业开展"总部机关化"问题专项整改工作的通知》要求，一是要明确总部功能定位，厘清权责界面，优化集团管控模式，聚焦加快转变职能、落实授权放权两个重点，切实解决总部错位越位、管得过多过细等问题；二是要进一步规范法人治理结构，修订完善党委（党组）会、董事会、总经理办公会决策事项权责清单，规范议事流程，明确决策边界，实现"三会"决策事项信息联动，确保各治理主体功能有效发挥，按照"两个一以贯之"的要求，坚持和加强党的领导，健全和完善既符合中国国情又符合经济发展规律的中国特色现代国有企业制度；三是要进一步调整总部部室设置，细化职责分工，科学定岗定编，合理人员配置，梳理业务流程，提高信息化水平，实行"精兵简政"，有效解决机构臃肿、管理链条长、横向协同差、办事效率低等问题；四是要转变工作作风，切实解决会多、文件多、检查多、不担当不作为等问题，同时要健全长效机制，抓好持续推动，从根本上推动"总部机关化"问题的解决，实现国有企业总部从"政府型管理、行政化运作"到"企业型管理、市场化运作"的转变。

（四）企业"总部去机关化"改革实践

北京建工集团有限责任公司（以下简称集团或集团公司）当前业务领域涉及建安施工、房地产开发和节能环保，有二级单位几十家、全级次法人单位上百家。尽管经历了多年的市场化洗礼，但随着外部环境的不断变化，特别是在建筑行业减量化发展趋势日益明显的情况下，集团逐渐暴露出诸多发展问题。在战略层面，集团虽已根据"十四五"规划制定未来发展方案，但仍有遗留的战略问题待解，如产业结构调整、区域市场布局、有效资源配置等。在组织层面，集团业务呈现跨行业、跨地区态势，股权关系比较复杂，组织架构层级较多；集团总部存在流程过长、职责不清、效能不高、机制不灵活等问题，总部价值体现、管控能力及业务协同效应亟待加强；子企业不能有效承接集团战略，依赖上下级行政管理及特事特办机制，管控事项非条线化、非可视化特征显著；由于历史发展原因及缺乏有效的激励约束机制，部分单位执行力不够，影响战略的落地执行。为响应国资系统改革要求及自身高质量发展需要，集团提出以"总部去机关化"改革为契机，破解战略规划落地和集团管控现状问题。为此，集团专门成立工作领导小组，由集团总经理担任组长，由集团企划管理部门、人力资源管理部门、投资管理部门等共同牵头，相关职能部室参与，组成工作小组，开展"总部去机关化"改革专项行动。

二、实施目的

（一）改革内容及目标

一是进一步明确集团总部及下属企业的功能定位，设计一套符合集团发展并有一定前瞻性和引领性的管控模式，尤其是要打造分板块管控模式，建立内部市场化机制以提升内部资源配置效率。例如，围绕建安板块，明确集团公司建安事业部与二级单位、二级单位总部与项目部之间的管控模式，并建立与集团战略及管控模式要求相匹配的管控权责体系。二是进行总部机构调整，积极探索推行"大部制"。具体措施为完成集团总部部门职能职责优化设计，合理确定部门编制，并结合信息化需要，梳理优化管控及业务流程，重新建立或进一步优化部门绩效考核体系。通过以上工作，进一步优化及完善总部组织机构设置，提升总部管控能力与价值创造能力，缩短指挥链条，保证集团整体组织运行的敏捷性。

（二）改革实践中遇到的难点问题

工作开展过程中遇到的第一个难点问题是如何明确总部功能定位及合理选择管控模式。功能定位基于集团整体发展战略且与总部具备的资源禀赋紧密相关，相对容易解决，但也要注意"定位摇摆"的问题。管控模式设计与诸多因素有关，针对不同业务板块、企业发展的不同时期，有不同的模式可供选择。受所处行业特性、历史因素及领导风格影响，集团总部更偏向于集权管理模式，导致差异化管控体现得不明显。工作开展过程中遇到的第二个难点问题是如何确保总部部门编制调整的依据更科学、更充分。机构设置、定岗定编涉及干部职工切身利益，调整起来会遇到较大阻力，也容易遭受质疑和引发争议。

三、实施过程

(一) 总部定位及管控模式选择难点破解

建筑业发展越来越依赖于科技引领，行业的装配化、智能化、数字化和绿色化趋势明显，未来集团组织架构一定要与"四化"发展趋势相匹配，适应"四化"发展的要旨要在总部定位、机构设置和职能调整的过程中得到强化。

1. 总部定位

"十四五"期间，集团总部定位于战略中心、资源中心、数据中心、决策中心和监管中心。为适应集团转型需要，应进一步发挥"战略设计、协同服务、创新引领"三大平台作用，在原有定位基础上更加强调业务孵化中心、科技创新中心等定位。

2. 集团管控模式选择模型

按照集团管控相关理论，最典型的管控模式主要有3类，即财务管控型、战略管控型和运营管控型。此外还存在两种过渡类型，即财务战略型管控和战略运营型管控。每一种管控类型都与一定程度的集、分权相对应。从集团管控内容看，主要包括战略规划决策、资源配置决策和业务执行决策。如果集团不能掌握战略规划和资源配置决策权，下放业务执行权可能会"一放就乱"；如果集团将3种权力全部集中，则可能造成"一抓就死"。权限划分是管控中必不可少的工具，但也是一把双刃剑，在对子公司做到严格控制的同时，又极易挫伤子公司的经营积极性。所以，管控的先决条件之一就是确定集权、分权程度。为了匹配适合的管控模式，先要研究有哪些因素对集权分权产生影响。以集团建安施工业务板块为例，可利用表1所示的模型分析工具进行分析。

表1 模型分析

影响因素		属性	运营管控型	战略管控型	财务管控型	属性
市场环境	市场变化特征	可预期		★		不确定
	竞争激烈程度	激烈	★			温和
业务结构	多元化程度	低		★		高
	竞争区域	本地	★			全球
	专业化程度	低		★		高
业务关联度	核心资源与能力	相同性	★			差异性
	产业链相关度	高	★			低
发展状态	总部发展状态	强			★	弱
	业务单元发展状态	弱		★		强
管理风格	领导要求	强	★			弱

注：按此模型进行分析，集团建安施工业务板块偏向于战略运营型管控。

通过对各种影响因素的综合考量来选择最适合的管控模式。由此可见，管控模式选择不存在"一刀切"和一成不变的情况。

(二) 部门定编难点破解

从部门职能梳理优化入手，围绕职能进行部门工作量（价值）评估，以评估结果作为主要依据，确定部门编制。尽最大可能做到科学、严谨和公正，最大限度降低因争议带来的负面影响，确保改革顺利推进。

1. 部门职能梳理

（1）工作目标。一是进一步细化职能，使之便于执行和落实；二是尽量划清各部门职责边界，减少职能交叉，提高工作效率，为部门工作量评估、流程优化等后续工作提供条件。

（2）工作原则。一是坚持全覆盖原则。管理范围纵向覆盖集团公司总部、所属单位及项目部，横向覆盖集团各业务板块，推动业务部门实施全产业链穿透性系统管理；地域范围涵盖京内、京外及境外。二是坚持标准化原则。统一职责分级、适用范围标准等，促进部门职能左右衔接、上下贯通，运行顺畅、高效协同。三是坚持管理制衡原则，结合不相容职责分离，尽量避免同一业务的关键管理环节在部门内部形成闭环，防范经营管控风险。四是坚持突出主责和分工协作相结合的原则，坚持以主责职能作为部门职能划分的标准，同时明确协同配合的相关部门。五是坚持"法人管项目"原则，明确集团公司各部门在项目全生命周期主要管理环节中承担的职责。

（3）职能梳理。以对部门职能进行一至三级分解和梳理为主，同时根据集团主业需要，梳理出涉及工程项目管理的四级职能。通过职能分解和完善，将部门应该具备的各项职能细化为独立的、可操作的具体业务活动，同时界定职责适用范围及主责部门与配合部门间的协作分工。本次梳理的一级职能是指从集团公司的战略规划和总体职能出发，描述部门在集团的定位和存在的价值；二级职能是指根据职责定位分解出的工作模块；三级职能是指依照二级职能细化出"任务式"的工作事项。例如：人力资源管理常常被划分为一级职能，六大模块（人力资源规划、招聘与配置、薪酬与福利、绩效与考核管理、人事管理、培训与开发管理）被划分为体现人力资源部依据自身定位分解的二级职能。"负责分析集团人力资源现状，预测人力资源需求及供给""负责集团人力资源专项规划的编制、修订和完善"等工作事项则充当了人力资源规划的三级职能（如表2所示）。四级职能是根据三级职能细分出来的工作清单，主要是围绕工程项目全生命周期管理，梳理出集团公司各部门应承担的与工程项目管理有关的职能。

表2　人力资源部三级职能分解（示意）

一级职能	二级职能	三级职能	涉项目管理四级职能	协助部门
人力资源管理	人力资源规划	负责分析集团人力资源现状，预测人力资源需求及供给		组织部
		负责集团人力资源专项规划的编制、修订和完善		组织部
	招聘与配置	负责集团招聘计划和招聘方案的制订，并组织实施		
		负责集团总部人员的调配、转岗等人事异动管理	监督指导二级单位开展项目部组织架构管理和人员调配	
	培训与开发管理	负责集团培训计划和方案的制订，并组织培训方案的实施与效果评估		
		负责集团青年人才、专业技术人员培养体系建设与培养工作	指导监督二级单位开展项目人才培养与培训工作	
		负责集团职称、执业资格的管理	负责组织项目经理任职资格、职称、培训、评优管理等，指导监督二级单位项目部其他人员职称、职业资格管理	
		负责集团总部人才发展评估及员工职业生涯发展规划管理		
	薪酬与福利	负责集团薪酬体系的建设，并组织实施		
		负责集团工资总额预算工作方案的编制、修订、监督检查和清算		
		负责集团总部员工薪酬的审核、调整与发放	监督指导二级单位项目人员薪酬核定与发放	财务部

续表

一级职能	二级职能	三级职能	涉项目管理四级职能	协助部门
人力资源管理	薪酬与福利	负责集团总部薪酬、福利、社会保险、公积金、企业年金及补充保险等人工成本管理工作		
		负责集团优秀应届毕业生等人才的落户审批、上报工作，集团总部员工工作居住证的审批、申报工作		办公室
	绩效与考核管理	负责集团总部部门绩效管理体系的建设		
		负责集团全员绩效方案的制订		
		组织开展集团总部部室年度绩效考核，以及总部员工（不含领导班子）绩效考核工作		
	人事管理	负责集团总部员工劳动合同和劳务协议的签订、保管、变更和终止等管理		
		负责集团总部员工录用、转正、辞退、离职、退休等劳动关系的建立、维护和终止		
		指导监督二级单位开展员工工伤认定及待遇核准工作，负责集团总部员工工伤待遇支付工作		办公室 安全部
		指导监督二级单位开展劳动争议的内部协商调解，负责集团总部劳动争议的内部协商调解，协助处理劳动仲裁和诉讼		法律部 工会
		指导监督二级单位开展员工人事档案管理，负责集团总部中层以下员工人事档案的建立和保管，并据集团需要及时提供反馈数据信息		
		组织集团员工的考勤、休假管理，负责集团总部考勤、休假管理		
		指导监督二级单位开展综合计算工时和不定时工时制管理，负责集团综合计算工时和不定时工时制的审核及报批		工会

（4）问题研判。基于以上思路和原则，工作小组根据建筑行业职能规范、集团公司原有部门职能文件，对标行业先进企业，起草了《集团公司总部部门三级职能分解》（讨论稿），与集团公司总部各个部门进行了多轮职能分解内容的沟通确认，明确了集团公司部门职责中总体存在的各种问题。

一是部门职能空白，指在目前发布的文件中没有明确主责部门承担的职能。本次共发现职能空白13项。在集团总部管理系统中，仍存在不闭环、不交圈的现象，原因是个别部门职责范围仅界定在总部机关层面，从系统管理角度向下延伸不够，在项目管理方面表现得尤其突出，容易造成职能空白。

二是部门职能弱化，指在目前发布的文件中虽有明确主责部门，但存在没有建立管理标准和制度，或者未有效开展检查、监督、评价等管理活动的情况。本次共发现职能弱化14项。部分职能虽然分工明确，但在实际工作开展过程中未能充分发挥作用，需要进一步强化。

三是部门职能交叉，是指职能重叠或者边界不清造成管理争议的情况。本次共发现职能交叉4项。部门职责划分一方面强调分工，另一方面强调协作，同一管理事项往往涉及多个部门，容易产生部门之间的推诿、扯皮，需要进一步明确主责部门与配合部门之间的协作分工。

对照上述问题，工作小组对各部门职责进行了修订和完善，经过集团公司相关审议程序后，新版部门职能划分方案正式发布，以此为依据进行部门工作量评估。

2. 部门工作量评估

(1) 评估方法选择。主要创新点是借鉴岗位价值评估方法，结合定性和定量分析，对部门工作量进行评估。定性方法主要采取分类排序法，即依据行业经验，按类别（如行政类、职能类、业务类、政工类等）对部门工作量大小做出判断；定量方法主要采用评分法，即选择确定关键评价要素和权重，对各评价要素划分等级并分别赋予分值，然后对每个部门进行评估，使不同职能和业务属性的部门可以根据一个尺度进行横向比较。评分法相对科学和客观，但操作比较复杂，也容易受到评估者主观因素和部门本位主义的影响，因而对于评分结果，可结合分类排序的定性方法适当予以修正。

(2) 评估团队确定。确定为部门打分的评估者也很关键。为保证权威性，通常选取集团公司领导、部门领导、二级单位领导和骨干员工作为评估者，采取"背靠背"的方式进行评估工作。

(3) 评分工具设计。结合集团实际情况，围绕部门三级职能，确定了管理范围、管理责任、职能成果等8个评价要素（如表3所示）。由于缺乏成熟的工具可供借鉴，指标设定和指标评价方面仍有改进的空间。

表3 评分工具设计（评价要素）

要素	要素定义	指标	指标评价
是否为"三重一大"事项	指某职能涉及的工作事项是否为"三重一大"事项。（此项建议由协同发展部根据《"三重一大"事项清单》统一填写）	"三会"都过	指某职能涉及的工作事项为"三重一大"事项，且需要通过"三会"审批
		非"三会"都过	指某职能涉及的工作事项为"三重一大"事项，且需要通过"三会"中任意1～2个会议审批
		不过"三会"	指某职能涉及的工作事项不是"三重一大"事项，不需要通过"三会"审批
是否授权	指某活动的管理权限是否授权给事业部或其他二级单位	未授权	某活动的管理权限未授权给事业部或其他二级单位，由集团公司全权管理
		部分授权	某活动的管理权限按照不同层次授权给事业部或其他二级单位执行
		全部授权	某活动的管理全部权限授权给事业部或其他二级单位
管理责任	指该项职能承担的责任类型，包括负责/组织（跨系统）、负责/组织（本系统）、负责、指导/监督、协助/配合，反映该项职能将要付出的精力	负责/组织（跨系统）	指负责/组织超过两个系统的管理工作
		负责/组织（本系统）	指负责/组织本系统的管理工作，多为向下垂直
		负责	指负责、启动某一活动，并确保该活动的顺利完成
		指导/监督	指为某活动提供指导或监督
		协助/配合	指为某活动提供资源支持，或指根据主责部门要求协调一致地完成某活动
管理范围	指该项职能覆盖的组织管理范围，包括集团、集团公司、集团公司总部＋部分二级单位、集团公司总部	集团	指全集团
		集团公司	指集团公司总部及附属机构
		集团公司总部＋部分二级单位	指集团公司各部门和部分管理的二级单位
		集团公司总部	指集团公司各部门，不含事业部

续表

要素	要素定义	指标	指标评价
职能成果	指该项职能输出的结果或成果，包括制度、报告、方案、策划、表单、活动、审批、会签意见等	集合性成果	指某职能涉及的工作旨在解决系统问题，其最终输出的成果具有综合性，为一套文件，包含但不限于计划、方案、制度、表单等内容；或开展的活动具有闭环性，包含PDCA等环节及相应成果
		独立性成果	指某职能涉及的工作旨在解决单个问题，其最终输出的成果为独立的方案、表单、报告、意见等；或活动的开展具有独立性
		节点性成果	指某职能涉及的工作旨在解决节点问题，主要包含流程节点审核、审批的处理
工作复杂性	指履行该项职能工作的难易程度，包括创新性工作、借鉴性工作、标准性工作等	创新性工作	职能涉及的工作事项具有突发性、紧急性、重要性，没有成熟可借鉴的经验，高度依靠分析、判断、创新
		借鉴性工作	此项工作为触发性工作，规范、标准、流程尚未完全建立，但具有可参考的案例或经验作为工作的借鉴和指引
		标准性工作	具有清晰明确的规范、标准、流程，不涉及复杂的分析、判断、决策
工作发生频次	指履行该职能工作需要执行的具体活动事项的发生频率，分为天、周、月、季度、半年度、年度等时间周期	每天至少发生1次	—
		平均每周至少发生1次	—
		平均每月至少发生1次	—
		平均每个季度至少发生1次	—
		平均每半年至少发生1次	—
		平均每年至少发生1次	—
		5年内至少发生1次	—
单次工作完成时间	指履行该职能工作需要执行的单次具体活动事项的持续时间，分为年度、半年度、季度、月、周、天等时间周期	一年以上	—
		半年至一年	—
		一个季度至半年	—
		一个月至一个季度	—
		一周至一个月	—
		一天至一周	—
		一天以内	—

（4）评估结果应用。应用加权法评分结果，如表4所示。

表4 应用加权法评分结果

序号	部门	三级职能数量	评估总分	总分排序	人均得分（在岗）	人均得分排序（在岗）	人均职能得分（满编）	人均职能得分排序（满编）	均值	中位数	极差
1	部门A	17	365.00	18	121.67	3	121.67	2	21.47	19.80	22.20
2	部门B	40	841.00	5	140.17	2	105.13	3	21.03	21.80	34.00
3	部门C	39	884.42	3	80.40	7	73.70	6	22.68	23.18	19.69
4	部门D	31	628.55	11	69.84	11	69.84	9	20.28	20.28	20.16
5	部门E	39	683.83	7	68.38	12	68.38	10	17.53	18.00	27.45
6	部门F	38	848.88	4	141.48	1	141.48	1	22.34	24.03	34.50
7	部门G	32	752.44	6	57.88	17	57.88	14	23.51	24.15	35.00
8	部门H	22	649.65	8	72.18	8	59.06	13	29.53	31.50	22.63
9	部门I	27	644.11	9	71.57	9	71.57	8	23.86	23.40	16.52
10	部门J	23	625.57	12	44.68	18	44.68	18	27.20	25.60	45.00
11	部门K	53	1077.84	1	97.99	4	71.86	7	20.34	22.40	23.70
12	部门M	33	640.29	10	58.21	16	53.36	16	19.40	18.40	35.20
13	部门N	28	564.40	13	70.55	10	56.44	15	20.16	24.16	41.60
14	部门S	39	956.05	2	86.91	5	86.91	4	24.51	23.40	20.50
15	部门T	22	528.48	14	58.72	15	52.85	17	24.02	27.34	33.30
16	部门U	20	369.28	17	61.55	14	61.55	12	18.46	23.61	29.80
17	部门V	19	454.75	15	37.90	19	32.48	19	23.93	22.40	23.70
18	部门W	15	339.00	19	84.75	6	84.75	5	22.60	19.80	21.60
19	部门X	21	402.84	16	67.14	13	67.14	11	19.18	22.32	29.50

对同一部门的评分，离散程度越低，表明评分意见较为一致；对不同部门的评分，离散程度越高，表明部门之间的差异性越大。从评分结果看，对某一部门的评估总分与该部门三级职能数量有直接联系，在此总量基础上，还应考虑部门人均得分情况，即考虑现有编制在岗人员的效率。综合总分排序和人均排序，大致会出现以下几种典型情况：第一种，总分和人均排名均靠前，例如部门B、部门C、部门F、部门K和部门S；第二种，总分排名靠前但人均排名靠后，例如部门G；第三种，总分排名靠后但人均排名靠前，例如部门A；第四种，总分和人均排名均处中游，例如部门H和部门I；第五种，总分和人均得分排名均靠后，如部门T、部门U、部门V和部门X。针对不同情况，在调整部门编制时，侧重也不同，如表5所示。

表5 基于评分结果的编制调整

评估结果	总分和人均排名均靠前	总分排名靠前但人均排名靠后	总分排名靠后但人均排名靠前	总分和人均排名均处中游	总分和人均得分排名均靠后
编制调整	编制向该类部门倾斜	维持现状或适当减编	维持现状或适当减编	维持现状或适当减编	该类部门应减编

据此，结合其他因素（历史沿革等）综合评判后，对集团总部部门进行了重新定编。

（5）评估改进。在增大样本量、完善评价指标的前提下，通过相关分析、回归分析、建立模型等方式，确定评价要素与部门编制之间的关联关系（如表6所示），为部门定编提供更为科学的依据。

表6 评价要素与部门编制之间的关联关系

部门	A	B	C	D	E	F	G	H	I	J	K	M	N	S	T	U	V	W	X
评估得分	365	841	884	629	684	849	752	650	644	626	1078	640	564	956	528	369	455	339	403
目前编制	3	8	11	9	10	5	14	11	8	14	14	12	9	11	9	5	14	4	6

对本次部门评估得分和调整后的部门编制做回归分析（部门J和部门V由于情况特殊，暂作为干扰项排除），如图1所示。

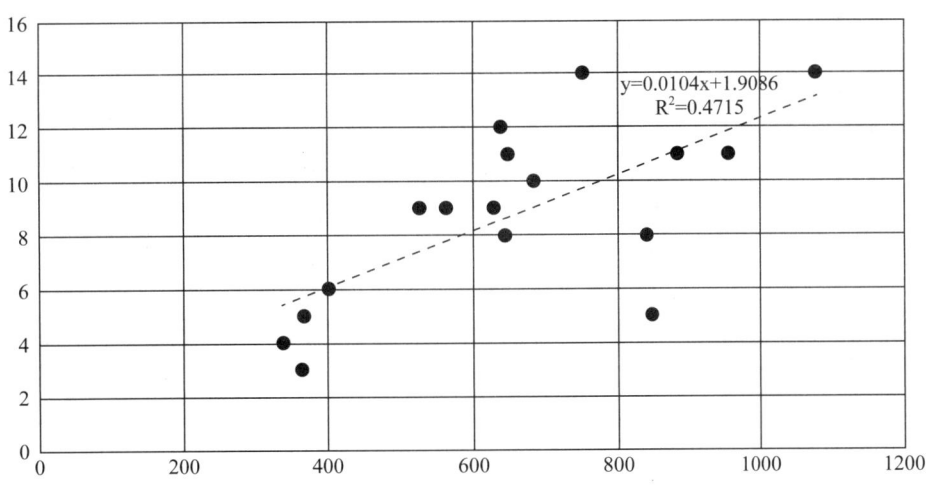

图1 部门评估得分与调整后部门编制回归分析

可以看出，R平方值为0.4715，说明回归效果还不够显著，主要是因为编制调整除了考虑部门职能及工作量之外，还需要考虑人的因素，包括能力素质等。此外，维稳也是需要纳入考虑范围的重要因素，所以后续部门编制还有进一步调整优化的空间。

四、实施效果

（一）总部功能定位及管控模式更加清晰

1. 打造"五型"总部

一是打造"学习型"总部。"学以立德，学以增智，学以致用"，积极培育组织思维能力和组织自我完善能力。二是打造"服务型"总部。优化业务流程，提高运作效率，完善服务体系，改进服务方式，规范服务行为。三是打造"创新型"总部。持续深化改革，大胆创新，推动传统产业转型，推动新产业孵化。四是打造"智慧型"总部。全面推动集团数字化转型，开展企业数据治理、数字驱动的智慧管控体系建设。五是打造"廉洁型"总部。坚持党建引领，强化审计监督大格局，有效防控廉政风险。

2. 集团总部"管总"

集团总部是资源中心。总部业务管理（质量、安全、施工等）职能下沉，行政管理职能上升（人力、财务、科研等），总部核心职能主要是战略管理、组织与制度管理、品牌文化管理、财务管理和人力资源管理。

3. 二级单位/直属项目型事业部"主战"

二级单位/直属事业部是利润中心。核心职能是面向市场、面向客户，以市场为导向，以满足客户需要为前提，加强区域市场营销拓展和客户关系维护管理，加强生产资源组织管理，完善项目管理体系建设，并且在科研创新、产品孵化等方面发挥作用。

4. 项目部"主建"

项目部是成本中心。核心职能是又好又快地履行项目合同，控制并监控项目现场运行，控制成本并取得良好效益。

（二）部门职能更加合理

集团新版部门职能正式发布，填补了13项管理空白，强化了14项弱化的职能，完善了4项管理交叉职能，并重新分配了10项管理职能。部门职能安排与划分更加合理，减少了推诿、扯皮的现象。

（三）总部机构及编制得到有效精简

通过组织机构调整、部门职能梳理和定编定员，初步完成了集团总部"精兵简政"改革，总部部室由原来的24个降到20个，数量压减17%；编制由原来的296个调整至197个，数量压减33%。

五、下一步规划与探讨

本次集团总部部门机构设置、部门职能及编制调整后，需要在一定时期内对新调整的部门职能运行效果进行验证。此外，随着内外部环境的变化，业务管理难度会有相应程度的增加，各部门职能及编制仍会有动态调整。同时，要继续推进总部机构改革，围绕战略决策、市场营销、科技研发、工程管理和组织人事"五大中心"，积极开展"大部制"的探索和实践。

实施"365管理",打造铝工业精益管理新模式

创造单位:中国铝业股份有限公司广西分公司
主创人:田明生　石进军
创造人:江治　文旭东　杨光学　邓蕾

【摘要】 中国铝业股份有限公司广西分公司(以下简称中铝股份广西分公司)以不断创新精益管理为载体,实施"365管理",努力打造铝工业精益管理新模式。通过实施"1+7"总体工作思路,坚持做实战略规划,做好企地融合、资源获取、科技创新、精益管理、队伍建设、安全环保和党建引领等7项重点工作。所谓"365管理",是指:"3",即从"三圈"精益出发,强化"三标准",打造"三平台",实施"三清单",推行"三个一"方法;"6",即实施"六化"管理,坚持"真抓、实干、严管、守正、创新、致善"的企业精神;"5",即实施"5A"管理,十多年如一日,始终如一地坚持精益管理,努力建设世界一流企业。

【关键词】 精益管理　现场管理　标准化管理

一、实施背景

(一)勇于担当国有企业责任的需要

国有企业是国民经济的主导力量,是社会主义经济的重要支柱,铝行业又是国有企业的重要组成部分。中国铝业集团有限公司(以下简称中铝集团)锚定"四个特强"战略愿景,争做世界一流铝业公司"排头兵",打造科技创新特强"主力军"、矿产资源特强"压舱石"、高端先进材料特强"顶梁柱"、绿色低碳低成本和数智化特强"引领者"。中国铝业股份有限公司(以下简称中铝股份)作为中铝集团旗下的上市公司,持续做强做优主业,加快新能源和绿色产业布局,构建"3×5"产业格局,在实现有色金属行业绿色化、数字化、智能化和打造数智化转型"中铝样板"的过程中,需要通过管理创新,全面推进"新中铝"建设。

(二)全面落实改革深化任务的需要

中铝股份广西分公司的三年改革深化行动共有52项任务措施,涉及加快优化布局结构、推动科技自立自强、强化资源保障获取和采购物流降本、推进产业整合重组、完善公司治理和市场化经营机制、加强党的领导和党的建设、以钉钉子精神抓好落实等方面。要想完成这些任务,必须在守正的基础上实施管理创新。

(三)全面促进管理降本、实现可持续发展的需要

1.面临的内部形势

(1)资源储备不足。随着国内铝土矿资源的不断消耗,公司在资源接替上面临一些压力与瓶颈。

(2)基本农田压覆矿解决难度较大。2023年以来,各级自然资源主管部门多次到中铝股份广西分公司调研,探索对基本农田压覆矿进行综合利用模式,同时开展耕地和永久基本农田划定成果核实处置工作。因受政策制约和核实处置调划指标不足的影响,公司在推进基本农田压覆矿综合利用上收效甚微。

(3)相关资源获取造成的成本增加。中铝股份广西分公司正在开展沉积型铝土矿选冶研究及村庄压覆资源综合利用工作,沉积型铝土矿资源在开采模式上与现有露天开采相比,难度增大且规模开采的产量受限,同时生产工艺中需增加脱硫、脱碳环节;而村庄压覆资源综合利用涉及村庄搬迁、新村

建设及大量周边协调工作，并且会增加矿石成本，需要通过管理创新不断降本增效。

2. 面临的外部形势

（1）尚未配置资源竞争激烈。目前，广西壮族自治区内有5家与中铝股份广西分公司一样的铝土矿资源利用型企业，累计氧化铝产能已达到1350万吨/年，同样面临资源接替压力与瓶颈。

（2）资源获取难度大。在一些地方政策上鼓励以招标方式出让铝土矿资源，企业需要通过竞标的方式获取铝土矿资源，同样也需要通过管理手段降低成本。

二、实施目的

公司整体管理层面，从"三圈"精益（运营系统、管理架构、理念能力）出发，在运营方面强化"三标准"（上标准岗、干标准活、出标准产品），打造"三平台"（党建引领平台，精益运营平台，培训、诊断、观摩平台），在管理方面实施"三清单"（问题清单、规划清单、服务清单），在理念能力方面推行"三个一"方法（一单式跟踪、一图式诊断、一站式服务）。

在企业制度管理方面，实施"六化"管理（管理制度化、制度流程化、流程表单化、表单岗位化、岗位信息化、信息系统化），促进"真抓、实干、严管、守正、创新、致善"企业精神落地。

在企业基础管理方面，实施"5A"管理（安全、干净、整洁、有序、精准），十多年如一日坚持精益管理，始终如一。同时打造"四个特强"，争做科技创新特强"主力军"、矿产资源特强"压舱石"、高端先进材料特强"顶梁柱"、绿色低碳低成本和数智化特强"引领者"。

三、实施过程

坚持"1+7"总体工作思路，围绕"新中铝"建设目标，做实1个战略规划，做好企地融合、资源获取、科技创新、精益管理、队伍建设、安全环保和党建引领这7项重点工作，实施"365管理"，护航企业高质量发展。接下来，将针对"365管理"展开全面而深入的阐释与分析。

（一）"3"——坚持"三圈"精益，夯实企业管理，提升组织健康度

"三圈"精益是从运营系统、管理架构和理念能力3个方面夯实企业管理，促进管理有机整合。这是一项复杂、艰巨、长期的工作，要突破传统、突破经验，总结建立起一套科学、简洁、管用的系统。只注重其中任何一个方面的发展，都将会影响企业的健康度。

1. 在运营系统方面，实施"三标准"，促进党建与业务"双融合"

在运营系统方面，实施"三标准"，即上标准岗、干标准活、出标准产品。其中：上标准岗，即明确岗位的管理要求和标准，这是基础；干标准活，即生产岗位严格执行标准，包括点检标准、操作标准、维护标准、检修标准、清洁标准等，实现操作精准、指标稳定等，这是过程；出标准产品，即生产和设备运行高效稳定，这是目标。在实施"三标准"的基础上，促进"双融合"，即党建工作融入业务工作，业务工作融入党建工作，实现党建与业务双向融合。以上标准岗、干标准活、出标准产品为工作主线，追求"设备零非停、现场无泄漏"的终极目标。图1所示为"三标准"管理工作目标。

（1）上标准岗。

一是标准的制度体系。实施设备状态预知维修模式管理导则和公司涵盖全部设备管理工作的42项制度，细化为岗位交接"五不交接、七不走"等执行标准。根据制度要求，以作业规程为依据、日常工作经验总结为基础，筛选制作33份关键作业卡、标准作业卡和各类单点教程。将目视化管理全方位融入岗位各项工作中，在生产管理工作中辅助员工防错纠错，及时处置异常情况，做好维护保持工作，助推业绩提升。

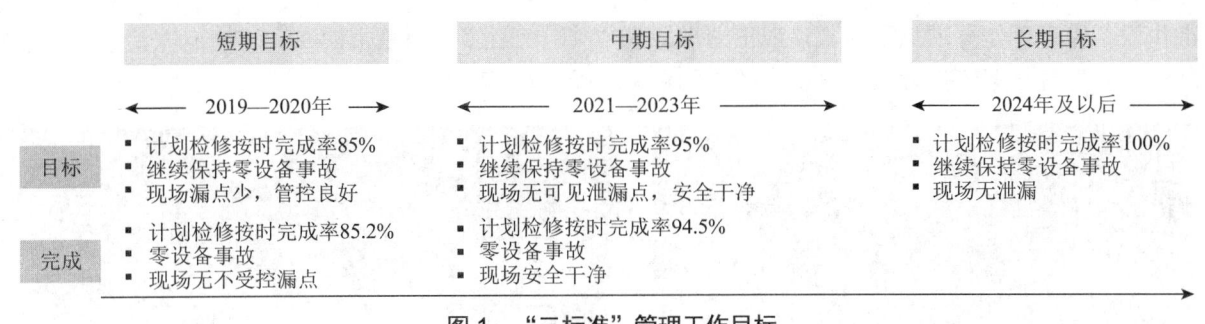

图1 "三标准"管理工作目标

二是标准的问题解决机制。建立高效的问题解决机制，提升员工的快速处置能力，促进问题的有序可控和及时解决。针对重点、难点及重复性问题，专项攻关，通过开展自主改善、合理化建议等形式推动问题解决。

三是标准的责任体系。将管控网格化，责任到人，开展日常运维工作。

四是标准的评价体系。通过检查评比和主题活动，将员工履职情况融入月度绩效；开展"安全干净"班组竞赛和车间劳动竞赛；个人的奖惩与班组绩效挂钩，形成"比学赶超、团结互助"的浓厚氛围。

（2）干标准活。

一是精益管理，理念先行稳方向。思想是行动的先导，为积极推进消灭"非停"和开展"跑冒滴漏"综合治理工作，坚持"'跑冒滴漏'就是浪费、'非停'就是事故、'非停'是可以消除且必须消除的"这3个理念，让理念在一线扎根，确保思想统一和行动一致。

二是用"六定法"精心点检，保设备技术状况。实施"标准化＋点检"，执行公司设备点检"六定法"（定线、定点、定量、定重要度、定时、定汇报原则）。"六定法"是及早发现问题的关键抓手，对降低设备"非停率"、减少指标波动、消除浪费起着决定性的作用。同时，按照"三同时""五落地"做好维护，实现巡检路线轨迹化、点检标准规范化、点检部位可视化，使员工以最直观、最准确、最高效的方式开展设备点检维护。

三是标准化精细操作，保设备运行安全。实施"标准化＋操作"，严格执行涵盖常规操作和应急操作的33类岗位标准作业卡，有效提升操作准确性，杜绝误操作，确保生产设备稳定高效运行。精细操作产效益，流程优化结硕果。以生产过程中的工艺参数调节、设备问题解决为切入口，持续改进各项能源指标，不断优化生产控制流程。蒸汽消耗量是中铝股份广西分公司的重要成本控制指标之一。据测算，每节省一吨蒸汽，就可产生217元的经济效益。公司通过精细操作，多措并举，降低蒸汽消耗。一方面，精准控制循环母液NK（苛性碱）的浓度，在确保循环效率满足要求的条件下，降低循环母液NK的浓度，从而减少新蒸汽使用量；另一方面，控制、跟踪蒸发流程中的碳碱，减少蒸发站强制效的运行数量与时间，通过"三标准"管理降低低压蒸汽单耗，平均每月产生了上百万元的直接经济效益。精细操作有必要，流程优化不可缺。始终秉承"用更少的钱解决更多的生产问题"的降本思维，通过优化真空泵循环水的进水方式及进气管喷淋装置，保证蒸发系统快速达到生产要求的0.12bar真空度，助力生产平稳高效运行等。

四是标准化精致维修，保设备维修质量。实施"标准化＋维修"，严格执行15类检修标准、30项设备维修技术标准、32类设备维修标准作业卡，规范检修过程，确保维修质量，达到"一次就把事情做对、做好"的目的。通过精准施策，多手段开展专项工作，精准推进周期性大修，推进强碱槽橡胶内衬优化，原液槽、母液槽等大型槽罐清理优化，主要设备技术性能明显改善，技术状况持续向好。

标准化设备管理工作开展过程中，涌现出清理除锈"吉祥三宝"、四氟带治漏、装修泡沫治漏和"蒸发器酸洗方法"等典型工作方法和案例。图2所示为标准化检修。

油管维修　　　　　　　　　　　维修工作准备

图2　标准化检修

（3）出标准产品。

采取标准化业绩对话机制。坚持强化全天候的业绩对话，对关键指标，除月度对话、周对话机制外，更有天对话与班对话机制。生产指标一旦出现异常，即刻开展分析讨论，确定调整措施，管理人员及时给予指导，形成绩效正负激励管理机制。

公司、分厂、车间对管理过程和指标严考核、重激励，确保了"人人头上有指标，人人肩上有压力"，形成了"成效好才能收入高"的共识。

（4）打造"三平台"。

一是打造党建引领平台，持续推进"双融合"。中铝股份广西分公司坚持"没有脱离业务的党建，也没有脱离党建的业务"，通过"双融合"不断推动党建与业务双促进。围绕"抓党建从业务出发，抓业务从党建入手"这一主线，拓宽党建工作思路，树立党建工作助生产的理念。思想上，坚持"强党建就是强发展，抓党建就是抓效益"，按照"融入中心抓党建，抓好党建促发展"的思路，把党建与强化基础管理有机融合；工作上，鼓励以"脱鞋下田，冲锋在前；迎难而上，攻坚克难"的工作精神去面对问题，以目标和问题为导向，推进精益管理工作。公司基层党组织连续多年获得"先进基层党组织"荣誉称号，"四有四强"先进事迹入选杂志《国企》编写的《2021庆祝建党百年标杆党支部案例集》。图3所示为"双融合"之活动荣誉。

荣获"先进基层党组织"　　　　　先进事迹入选《国企》标杆支部案例

图3　"双融合"之活动荣誉

通过实施"两带两创"项目（党组织带党员创效、党员带群众创新），促进党建引领作用。首创行业"强制效的碱洗"操作法，实施"蒸发二次水和溶出一次水换热梯级利用"等合理化建议，提出的"蒸发器酸洗方法"等获得国家知识产权局颁发的多项发明专利证书。实施"溶出水热量回收在三蒸发梯级应用流程改造"项目，并首创行业"强制效的碱洗"操作法，节约成本800万元/年。实施"提高一蒸发热效率降低汽耗"项目，创造效益300万元/年。图4所示为中铝股份广西分公司成员在"两带两创"项目发布会颁奖现场。

图4　"两带两创"项目发布会颁奖现场

开展亮承诺、亮项目、亮身份的"三亮"主题活动，建立党建引领平台活动载体。通过主题活动，全体党员亮出承诺，接受党内外监督，让思想"动"起来；每位党员参与一个以上的项目攻关，在"急难险重"中展现责任担当，让行动"实"起来；党员日常佩戴党徽，强化党员身份意识和责任意识，让形象"树"起来。图5所示为"三亮"主题活动。

| 亮承诺 | 亮项目 | 亮身份 |

图5　"三亮"主题活动

开展党员"五包"活动，建立党建引领平台责任机制。以党员先锋模范作用带动员工在生产经营管理工作中主动作为、攻坚克难。

通过主题实践活动，激发党建引领平台活力。扎实开展"勇做排头兵、建强主力军、当好引领者，贯彻党的二十大"等主题实践活动，组织党员和员工聚焦重点、难点问题，悟思想、谈认识、找差距、提措施，主动承接大型原液槽清理、蒸发分离器治漏等外委内干工作，年度节约成本达460.6万元以上。图6所示为主题实践活动现场。

图6 主题实践活动现场

二是打造精益运营平台，提升公司关键业绩指标。以持续改进项目、标准化项目和自主改善项目为载体，促进关键指标改善。针对持续改进项目，采用"五步法"，围绕生产经营、能源效率、质量管理等管理目标开展项目，使持续改进项目年度预估收益超过2500万元，不仅提升了企业业绩，而且提升了一线员工发现问题、诊断问题、解决问题的能力；针对标准化项目，从"立标、执标、评标、提标"4个环节开展诊断，进行措施设计和实施，形成新的标准并执行；针对自主改善项目，通过改善使工作变得有效，员工找到了更好的工作方法，工作价值得以实现，企业的业绩也得到提升，促进了企业改善文化的形成。公司每年组织开展员工自主改善项目超过1300项，评选"自主改善之星"20名/年，激发了员工参与改善的主动性，助推管理提升和业绩改善。

三是打造培训"诊断"观摩平台，提升公司骨干精益管理能力。每年组织骨干320多人次进行培训、观摩、交流活动，组织年度岗位标准化诊断比武、观摩等，进一步促进改善文化形成，增强员工队伍的素质，提升企业精益管理水平。通过培训，促进骨干之间的交流，同时拉动骨干提升精益管理能力。通过诊断，不仅促进了生产线问题的解决，同时拉动了被诊断区域的管理提升。自2012年开始，中铝股份广西分公司每年都组织党员、员工骨干开展标准化问题诊断。图7所示为年度岗位标准化诊断比武类别。

年份	类别
2012年	5S+标准化
2013年	现场管理自主维护
2014年	精益管理基础、装备维护、行为安全、能源效率
2015年	氧化铝粉包装作业
2016年	法兰对接作业
2017年	底流泵双泵单管作业
2018年	推土机作业
2019年	中兴建筑流程堵板作业
2020年	氧化铝焙烧车间更换滤布喷嘴作业
2021年	分析检测中心检斤检测室石油焦制样作业
2022年	氧化铝厂分解车间立盘过滤机滤布更换作业
2023年	工服公司炉修车间消失模区域全流程作业

静态诊断（2012—2014年）　动态诊断（2015—2023年）

图7 年度岗位标准化诊断比武类别

中铝股份广西分公司在2023年组织开展了公司岗位作业标准化诊断和优化设计比武，26名优秀选手进入决赛。由操作人员模拟工服公司炉修车间消失模区域模具切割、粘接、修整、涂抹涂料和晾干、烘干全流程作业，参赛选手从行为安全、浪费识别、操作标准、作业卡标准等方面进行诊断，并运用精益管理工具对问题进行分析，提出优化建议和措施。不仅促进了各单位及员工之间的管理交流，也促进了观摩区域精益管理工作的提升。图 8 所示为年度岗位标准化诊断比武现场，图 9 所示为观摩交流活动现场。

图 8　年度岗位标准化诊断比武现场

定期组织精益管理骨干开展现场观摩诊断学习

组织开展相关方精益管理基础学习观摩活动

图 9　观摩交流活动现场

2. 在管理架构方面，实施"三清单"，促进管理模块化

通过组织实施"三清单"（问题清单、规划清单和服务清单），形成管理合力。问题清单用于推动企业管理工作，规划清单用于拉动企业管理工作，服务清单跟踪指导合力的有效性，形成合力，促进企业管理提升工作。

一是问题清单，以标准为基础。"标准－现状＝问题清单"，中铝股份广西分公司编制形成了一系列标准化手册。为了方便员工的查询和使用，公司将标准查询、问题和改善填报进行数智化处理，开发了"问题清单之全员找问题"标准化模块 App 和小程序。

二是规划清单，以目标为基础。"目标－现状＝规划清单"，先确定目标，再根据目标进行分解，编制形成规划清单。中铝股份广西分公司的工作目标和思路：坚持以习近平新时代中国特色社会主义思想为指导，深入学习贯彻落实党的二十大精神，全面落实中铝集团二届二次职代会、中铝股份一届二次职代会精神，坚持和加强党的全面领导，坚定不移推进"1+7"总体工作思路落地落实，以极致经营不断提升价值创造能力和核心竞争力，高质量完成中铝股份下达的目标任务，在中铝集团"新中铝"建设中奋勇争先。从企业整体管理规划角度出发，查找差距，编制企业发展规划清单；从企业业绩指标角度出发，查找差距，编制业绩指标规划清单。

三是服务清单，以指导为基础。"预期（问题清单、规划清单）效果－实际现状＝服务清单"，对照问题清单、规划清单，进行跟踪服务和下沉指导。

3. 在理念能力方面，实施"三个一"方法，促进能力精益化

在理念能力方面，实施"三个一"方法，即一单式跟踪、一图式诊断、一站式服务。

一单式跟踪即工作清单化，通过清单跟踪企业重点工作任务完成情况。

一图式诊断即思维导图诊断，通过思维导图诊断问题、总结工作、梳理流程。

一站式服务即下沉基层服务。在企业发展过程中，生产流程环节会存在浪费、波动和不良活性，需要用精益管理工具方法诊断、分析和发现问题。在当前的铝行业市场竞争环境下，如何深入基层一线开展下沉服务活动，帮助一线实施价值创造工作，是亟须深入思考的问题。中铝股份广西分公司细化落实上级公司的要求，结合企业实际开展"理清思路、观察诊断、献计献策、听取建议、谈心交流"的"5F下沉服务"。F1是理清思路，要做到"用脑"，主要服务内容是帮助一线梳理工作思路和方法，讲精益课程；F2是观察诊断，要做到"用身心"，主要是开展现场问题诊断；F3是献计献策，要做到"用计"，主要是给一线献计献策；F4是听取建议，要做到"用耳入心"，主要是听取一线员工的建议；F5是谈心交流，要做到"用心触情"，主要是与一线员工谈心沟通，用心交流，促进改善文化形成。通过"5F下沉服务"，编制形成《全要素对标和5C价值创造工作记录卡》，助推优化一线与基层的工作方法、解决管理方面存在的问题和发现一线工作中的亮点。中铝股份广西分公司深入34个车间基层区域开展了"5F下沉服务"，坚持落实"两个100%"：部门100%下沉服务至车间、分厂100%下沉服务至班组。通过"用心"交流，为一线答疑解惑，提高了一线员工满意度，在沟通工作思路方法的同时交流了思想、沟通了意见、解决了问题，一线员工给"5F下沉服务"工作的满意度评价为96.67分，达到了下沉服务的预期效果。图10所示为一站式服务内容。

F1 理清思路	F2 观察诊断	F3 献计献策	F4 听取建议	F5 谈心交流
帮助一线梳理工作思路和方法，讲精益课程	开展现场问题诊断	给一线献计献策	听取一线员工建议	与一线员工谈心沟通，用心交流，促进改善文化形成

部门100%下沉服务至车间

分厂100%下沉服务至班组

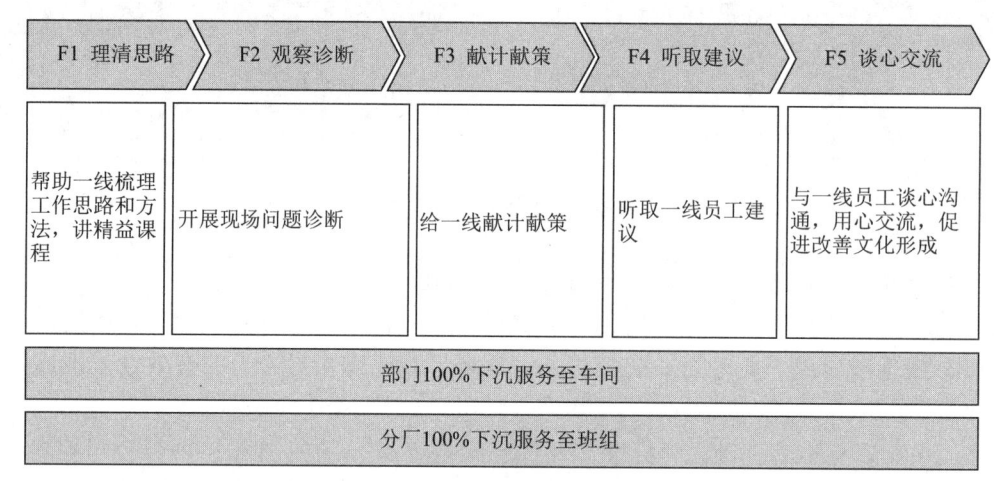

图10 一站式服务内容

（二）"6"——实施"六化"管理，夯实制度管理，促进企业高质量发展

制度管理是企业发展的重要保障。中铝股份广西分公司在制度管理方面，实施管理制度化、制度流程化、流程表单化、表单岗位化、岗位信息化、信息系统化的"六化"管理，促进"真抓、实干、严管、守正、创新、致善"的企业精神落地。针对公司在用的387项制度开展流程梳理和"立改废"工作，按需进行合并、精简、优化并形成了229个制度清单。坚持管理制度化，通过年度计划规划、制度起草、意见征求、制度审核、制度审议签发、制度发布存档的流程，确保制度形成阶段管理的一致性和完整性。实施岗位信息化，落实"一把手"负责制，系统研究和推动智能化、信息化工作，借智能化、信息化的助力要产量、要质量、要成本、要发展动能，加快智能工厂建设。图11所示为岗位智能化、信息化建设情况。

通过制度管理保障，全面推进世界一流企业建设，面对艰巨任务、重大责任、光荣使命，坚持"真抓、实干、严管、守正、创新、致善"。

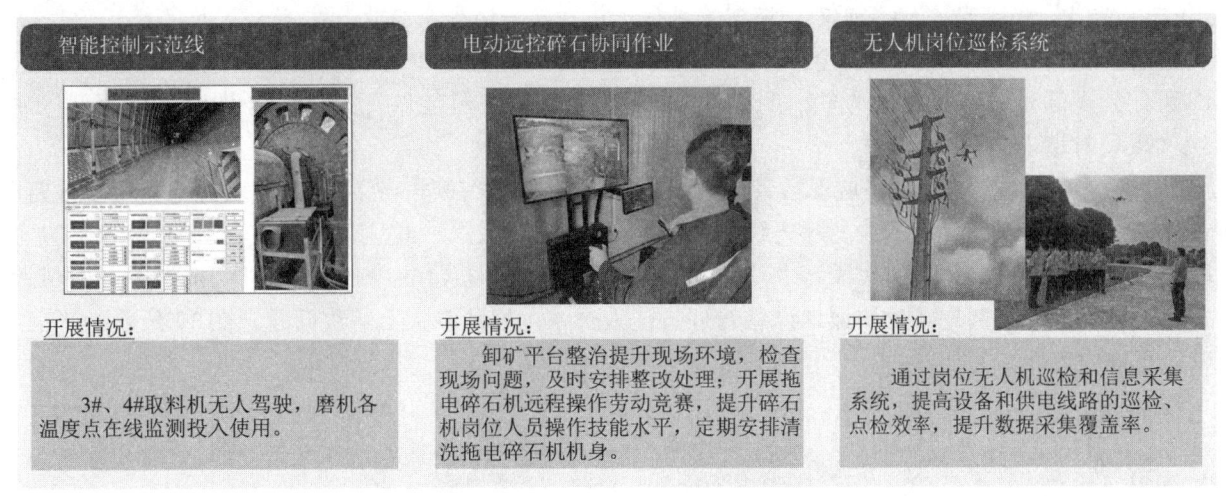

智能控制示范线

开展情况：

3#、4#取料机无人驾驶，磨机各温度点在线监测投入使用。

电动远控碎石协同作业

开展情况：

卸矿平台整治提升现场环境，检查现场问题，及时安排整改处理；开展拖电碎石机远程操作劳动竞赛，提升碎石机岗位人员操作技能水平，定期安排清洗拖电碎石机机身。

无人机岗位巡检系统

开展情况：

通过岗位无人机巡检和信息采集系统，提高设备和供电线路的巡检、点检效率，提升数据采集覆盖率。

图 11　岗位智能化、信息化建设情况

一是真抓，抓出结果。真抓，就要抓严、抓紧。抓而不严，就是放任纵容；抓而不紧，就是消极怠工。抓严、抓紧，就要强调目标导向，各级领导干部要盯住当期生产经营任务、谋划长远发展、完成以建设世界一流企业为目标的各项工作，抓责任落实，抓流程优化，抓措施细化，抓过程控制，抓考核评价，抓目标全面达成，用结果体现真抓。

二是实干，干出结果。实干，就要求真、务实。各级干部深入现场和一线，摸清真实情况、找准真正原因，抓住主要矛盾和矛盾的主要方面，拿出真正管用的解决方案；要亲任"施工队长"，把方案细化为具体实在的措施，一"锤"接着一"锤"敲，坚决把每颗"钉子"钉牢，把每个细节做实；要对照计划，盯住任务、时间、责任人3个要素，每天调度，做到"日事日毕"，用结果体现实干。

三是严管，管出结果。严管，就要较真、碰硬。各级干部模范遵守制度，严格执行标准，坚决落实上级要求。一是一、二是二，对违反制度的人和事坚决说不，对不执行标准的行为和事坚决纠正，对偏离或违背组织要求的人和事坚决反对。不弄虚作假，不同流合污。对违反制度、不合标准、违法乱纪的人，要敢用、善用硬措施。以较真和碰硬纠偏差、刹歪风，提效率、增效益，用结果体现严管。

四是守正，夯实基础。持续加强党建和党风廉政建设，始终保持不畏艰难、顽强拼搏、勇攀高峰的进取状态，坚守安全、环保底线，防范控制风险，紧紧抓住资源和矿山工作，全方位实施精益管理，始终以职工为中心。被实践证明了的好经验、好做法是要守的"正"，不断长期坚持、发扬光大。守正，方能夯实发展之根基。

五是创新，追求突破。高质量发展是新时代的硬道理，科技创新是高质量发展的第一动力。各级干部要主动离开舒适区，敢于直面矛盾和问题，"刀刃"向内自我革命，多一分"闯、冒、试"劲头，少一分"等、靠、要"思想，以内心无限涌动的创意去突破外部有限条件的束缚，打破常规，深挖潜力，拥抱科创，积蓄动能，用持续深耕积累的科技创新突破量变，迎来颠覆性变革的核心竞争力突破质变。

六是致善，不断超越。致善，就要永不满足，始终瞄准更新的目标；永不停歇，始终飞奔在追求更高水平的路上。不断否定过去、否定自我，始终瞄准更新目标，始终保持奔跑状态，始终跑出加速度，避免被市场抛弃。对标行业最好水平、对标自身历史最好水平，不断站在新起点，取得新进步，做强、做优、做大企业。

（三）"5"——实施"5A"管理，夯实基础管理，压实一流发展根基

通过实施"5A"管理，在安全、干净、整洁、有序、精准5个方面夯实企业基础管理。中铝股份广西分公司通过试点先行的方法，明确了14个"5A"标杆示范点（区、线），以点带动面，实施"5A"现场打造。

（1）强化"三线一带"，拓展现场管理方法论。不断强化"三线一带"，是现场管理的一项重要内容。"三线"即通道线、警示线、隔离线，"一带"即生态带。"三线一带"是创一流的起点线，是强履职的责任线，是现场状态的底线。"三线一带"保持不到一周（168小时）就被泄漏破坏掉的，归为设备污染源治理不力问题，处罚属地设备管理责任人员，重视从源头上解决问题。图12所示为"三线一带"管理内容。

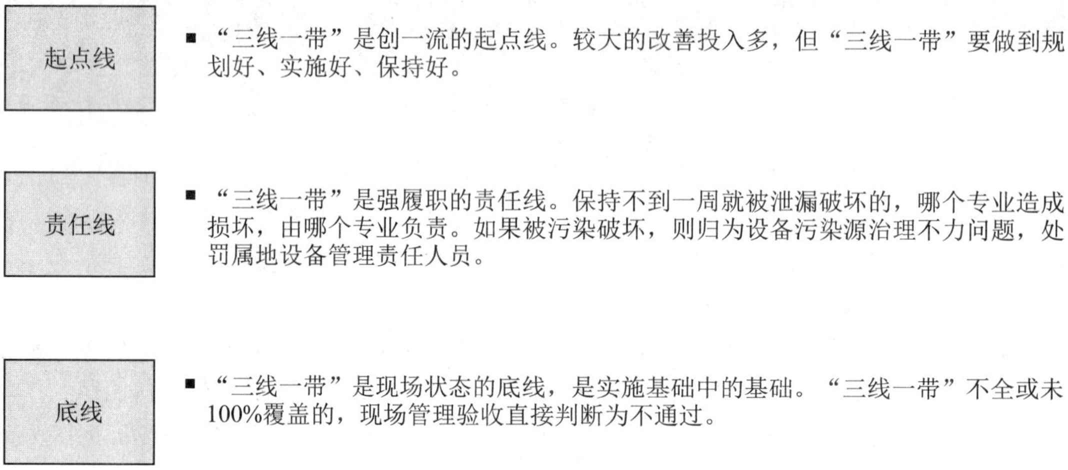

起点线	■ "三线一带"是创一流的起点线。较大的改善投入多，但"三线一带"要做到规划好、实施好、保持好。
责任线	■ "三线一带"是强履职的责任线。保持不到一周就被泄漏破坏的，哪个专业造成损坏，由哪个专业负责。如果被污染破坏，则归为设备污染源治理不力问题，处罚属地设备管理责任人员。
底线	■ "三线一带"是现场状态的底线，是实施基础中的基础。"三线一带"不全或未100%覆盖的，现场管理验收直接判断为不通过。

图12 "三线一带"管理内容

（2）强化网格化管理，促进现场管理持续性。将现场管理网格化分为属地实体网格和类别虚拟网格两个类别，并绘制在一个网格中。通过属地实体网格找到需要改进提升的区域，通过类别虚拟网格找到需要关注的改善类别，以便通过主题活动拉动提升。

（3）着力打造"标杆矿山""最美蒸发车间""铁人选铁"等"5A"级现场管理标杆。从"点"上发力、"线"上延伸再到"面"上覆盖，打造"5A"标杆示范点。具体实施办法如下所述。一是重"点"突破，示范点引领。重点打造"企业文化示范点""设备示范点""操控示范点"，打造设备精细化、操作标准化，探索构建全员维修管理模式。二是全"线"延伸，横向到边、纵向到底。以现场5S为主线，把生产、质量、设备、安全、环保串联起来，通过开展现场5S定置管理、远程目视化监控、自动化操作，助推本质化安全提升；通过推行标准化项目、标准化看板、操作小视频，实施操作、巡检、维修标准化作业；通过开展全员自主改善项目、持续改进项目，对生产流程长期存在的难点、痛点问题进行消缺、改善，消除和治理泄漏及污染源。三是全"面"覆盖，行动汇聚成效。全"员"参与，领导重视、分片区负责，从上到下，四级网格有效落地；全"岗位"覆盖，生产现场、检修现场、人居现场、相关方现场齐抓共管。四是全"过程"管理，抓好"人""机""料""法""环"的动态管理等。按"三位一体"和坚持集成、提升和创新的"三阶式方法"，成功打造"5A"级现场管理标杆矿山。图13所示为矿业公司教美矿"5A"管理示范点，以"三标准"打造"最美蒸发车间"；图

14所示为氧化铝厂"最美蒸发车间";图15所示为以"铁人"精神打造氧化铝厂"5A"选铁车间。同时,编制车间区域"一区一亮点"现场诊断报告,制订专项提升tips表分步实施,车间组织实施自主改善事件25小项,"三线一带"整治共500多米,绿色通道更新200多米等,车间全体员工每年进行示范点现场集中整治工作超过15次,累计参与人数为125人次,达到了"5A"管理标准。

图13 矿业公司教美矿"5A"管理示范点

图14 氧化铝厂"最美蒸发车间"

图15 以"铁人"精神打造氧化铝厂"5A"选铁车间

四、主要创新点

（1）"1+7"总体工作思路：通过1个战略规划和7项重点工作（企地融合、资源获取、科技创新、精益管理、队伍建设、安全环保、党建引领），明确了企业的长期发展方向，特别强调将精益管理作为企业发展的核心手段之一。

（2）"三圈"精益管理模式：将精益管理的理念拓展到企业运营系统、管理架构和理念能力3个层面，分别从标准化操作、平台搭建、问题清单等方面实现企业全方位、全流程的精益管理。

（3）"三平台"与"三清单"机制。"三平台"相结合，增强了企业的整体运营能力和员工的精益管理能力；"三清单"通过明确问题、制订规划和提供服务，形成了持续改进和管理优化的机制。

（4）"六化"管理创新：通过管理制度化、流程表单化、岗位信息化等方式，将复杂的管理流程简化和标准化，确保每个环节高效执行，提升企业的整体管理精细化水平。

（5）"5A"管理：在安全、干净、整洁、有序、精准5个维度上构建"5A"管理体系，以点带面，逐步提升企业各个生产现场的管理水平和效率。

（6）党建与业务融合：党建工作与精益管理深度融合，推动"双融合"机制，充分发挥党建对业务的引领作用，实现管理创新与政治责任的统一。

（7）全员参与的自主改善文化：公司通过持续改进和自主改善项目，推动员工从基层参与到管理创新中，形成了全员参与、上下互动的创新氛围，激发了员工的主动性和责任感。

五、实施效果

（一）实现了精益管理理念的转变

2019—2023年，中铝股份广西分公司共培训新增了272名精益管理标准化骨干；编制了52个新课件，共计283个课时。通过"理论+实操"综合评分，产生了25名精益管理专家骨干。这些精益管理骨干分布在基层一线及各层级管理岗位中，就像一个个优秀的"动力细胞"，有力拉动企业管理提升，实现了精益管理三个方面的理念转变。

一是管理内容的转变。从管5S、标准化，关注问题和结果，转变至关注业绩管理、全要素对标和价值创造，更关注员工素质改善和能力培养。

二是管理方法的转变。从只注重检查、考核，并认为精益管理只有投入费用才能有产出以及管理要按区域整治提升，转变为实施"三清单"和价值创造"5F下沉服务"，并开展"自主改善之星"评比活动，重视培育改善文化，做到按标整治、按类提升、精准管控。

三是管理主体的转变。从以专业的部门推动为主，转变为精益管理是每个人的事情，公司部门和单位配合，共同推进精益管理工作，坚持践行"人人都是管理者，人人都是改善者"。

（二）取得了良好的经济效益和社会效益

一是通过精益管理助力，中铝股份广西分公司的39项关键指标不断优化；氧化铝一级品率达到100%，在中铝股份所属企业中累计排名第一，氧化铝优质优价、降低赤泥附液、提高金属镓回收率3个质量创效项目收益3082万元；通过降低氧化铝综合能耗，实现年度降本8043万元，竞争力稳居中铝股份所属企业前列，已达到行业优秀水平。

二是通过精益管理助力，中铝股份广西分公司坚持发动全员参与改善，基于"5A"管理的运营效益同比持续提升。获得了"国家设备技术创新标杆单位""国家知识产权优势企业""'全国企业员工全面质量管理知识竞赛'优秀组织奖""中铝股份效益贡献奖""广西智能工厂示范企业"等荣誉，两个矿区获评广西壮族自治区级"绿色矿山"，质量管理项目荣获"第48届国际质量管理小组会议金奖"，等等。

（三）为铝工业探索精益管理的理念及工具方法

企业成功没有秘诀可言，必须不断改进，不断提升。精益管理只有开始，没有终点，要坚持去做，永无止境。中铝股份广西分公司实施"365管理"，努力打造铝工业精益管理新模式，100多家铝行业企业或其他冶炼企业到中铝股份广西分公司学习交流精益管理，精益管理工具方法在铝行业得到了很好的推广效果。通过以老带新的方式，发挥青年员工的积极性和作用，是精益管理发展壮大的必经之路。国有企业需要强化精益管理，拉动业绩管理，提升组织成熟度，更加关注员工改善、关注能力培养、关注基础管理，通过精益管理，争创一流企业。图16所示为精益管理促进管理的发展历程。

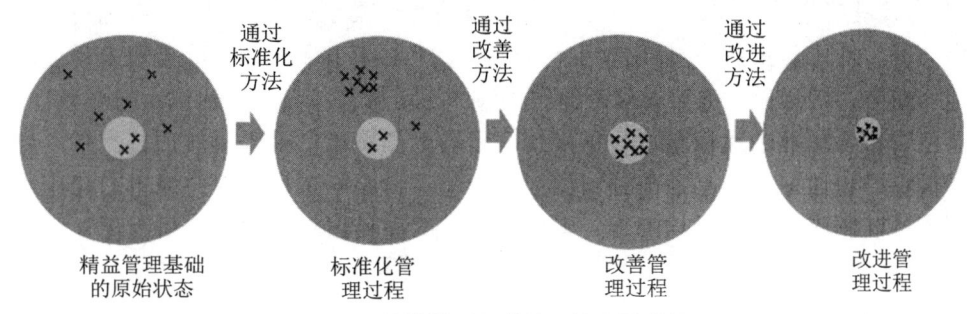

图16　精益管理促进管理的发展进程

六、下一步规划与探讨

一是做实战略规划，强化企地融合、资源获取、科技创新和精益管理，确保长期发展目标落地。二是持续推进"三圈"精益管理，落实"三标准"和"三清单"机制，提升质量和设备管理，打造更多精益管理标杆。三是加强人才培养，完善选拔机制，推动全员自主改善，提升员工的素质和创新的能力。四是深化"六化"管理和"5A"现场管理，推动数字化转型，实现管理精细化。五是强化党建与业务融合，发挥"双融合"引领作用，确保党建与管理同步提升。通过实施"365管理"，助力企业迈向高质量发展之路并实现建设成为世界一流铝业企业的目标。

"科改行动"助力云星宇公司高质量发展

创造单位：北京云星宇交通科技股份有限公司
主创人：邢凯风　郑智忠
创造人：周华铮　孙潇

【摘要】北京云星宇交通科技股份有限公司（以下简称云星宇公司）是全国领先的高速公路智慧交通综合服务商。近年来，云星宇公司紧抓改革契机，围绕改革目标和台账，深入研判、分析内外部环境，以及自身的优势、劣势及竞争力，坚持问题导向，明确改革路径，围绕总体改革目标，聚焦主责主业，实施了一系列颇具特色及亮点的改革举措，开创了"安全平稳有序、效益稳中向好、管理持续提升、改革跨越前行"的良好局面。

【关键词】"科改行动"　问题导向　新型经营责任制　科研体系建设

一、实施背景

云星宇公司于1997年注册成立，隶属于北京市首都公路发展集团有限公司，是国家和中关村高新技术企业、国务院国资委"科改示范企业"。2024年1月，云星宇公司正式在北交所挂牌上市。

云星宇公司是全国领先的高速公路智慧交通综合服务商，业务涉及高速公路工程建设、高速公路维护维修、智能交通与交通信息化、物联网、绿色交通等领域，公司的智慧交通解决方案和产品在高速公路、城市交通两大领域得到广泛应用，并向智慧交通全产业链和多领域服务拓展。云星宇公司承揽、承建的项目覆盖全国，形成以首都为中心的全国业务网络。云星宇公司在全国同行业具有较高的品牌认知度，参建的浙江乍嘉苏高速公路机电工程、双辽至洮南高速公路建设项目均荣获中国建筑工程"鲁班奖"。

云星宇公司是业内较早建立大中型独立研发机构的企业之一，在智能交通系统领域内拥有较强的技术应用实力，并通过独立科研不断强化向相邻领域拓展的能力。在智能交通这一融合计算机软硬件、信息网络、数据处理、通信传输、电子传感、智能控制、系统集成和交通工程等多项技术的复杂行业应用领域不断积累经验，开发并掌握了多项关键专利技术，先后多次获得"北京市科学技术奖"、中国公路学会"领军企业奖""中国高速公路信息化最佳产品奖"、北京市公路学会"科学技术奖"等奖项。

"十三五"期间，云星宇公司基本完成"立足智慧交通大行业，提高生产力"的总目标，在"智慧交通全产业链和多领域综合服务"方面的拓展有所成就。公司完成了股份制改造，健全了法人治理结构；深化现代企业治理改革，初步建立全员绩效考核和差异化薪酬分配体系，并完善了内部监督体系；研发工作各项量化目标几乎全部超额完成；坚持党的领导，不断完善党建工作。但是，市场化程度有限、科技创新能力不足、缺乏核心领军人才仍是制约云星宇公司高质量发展的短板。

2020年4月，云星宇公司入选国务院国有企业改革领导小组组织开展的"百户科技型企业深化市场化改革提升自主创新能力专项行动"（以下简称"科改行动"），成为首批"科改示范"企业。借"科改行动"契机，云星宇公司通过18项改革任务，在完善公司治理、市场化用工、强化激励约束、探索科研创新等方面取得突破。

二、实施过程

在公司治理方面，梳理完善"四会一层"权责界面清单，优化公司章程，全面落实各级领导层职权。加强董事会建设，落实董事会职权，引入高级专业人才任职外部董事，实现外部董事占比50%以上的目标。在优化升级市场化选人用人机制方面，全面落实经理层任期制与契约化管理，全级次企业实现经理层成员签订"岗位聘任协议"和"经营业绩责任书"，所属博宇通达公司市场化选聘职业经理人3人。全面推进市场化用工机制，制定《2020—2022年人员编制规划》，大力推行员工竞聘和业绩考核。在市场化激励约束机制方面，调整优化工资总额管理方式，建立多元化指标挂钩的工资总额管理机制。探索开展中长期激励，通过科技创新大赛遴选出优秀跟投项目，并选择6名技术骨干进行项目试点跟投，激发了技术人员的自主创新能力。在科技创新方面，加强科技创新体制顶层设计，发布《2020—2022年科研发展规划报告》，确定科研"两步走"发展规划。通过制订《科研项目管理办法》《科技创新平台设计方案》，加强科技创新管理制度建设，逐步实现科研全过程科学管理。坚持党建引领，推动党建与业务相融合。修订《党委议事规则》《"三重一大"决策制度》，制定《党建与生产经营融合方案》，坚持重大改革事项党委会前置研究讨论。制订《容错纠错机制操作办法》，推动形成"想干事、能干事、敢干事"的良好氛围。

2022年，云星宇公司再次入选二期"科改行动"，继续以改革促发展、以创新求实效，全面将改革成果稳固化、制度化，着力于释放发展活力、提升发展质量、增强发展后劲。

三、主要创新点

实施"科改行动"以来，云星宇公司紧抓改革契机，围绕改革目标和台账，深入研判、分析内外部环境，以及自身的优势、劣势及竞争力，坚持问题导向，明确改革路径，围绕总体改革目标，聚焦主责主业，实施了一系列颇具特色及亮点的改革举措。

（一）采取项目跟投这一创新型中长期激励机制并进行有效试点

公司于2021年发布《北京云星宇交通科技股份有限公司项目跟投管理办法（试行）》。跟投项目范围原则上为公司科研项目或其他新业务领域，具有项目制、周期性、可收益、高风险、高不确定性的特征。跟投人员分为强制跟投人员及自愿跟投人员，强制跟投人员包括项目核心人员。跟投人员可根据项目实际情况，采取股权跟投或虚拟跟投方式进行。

为营造积极的科技创新氛围、激发技术人员的自主创新能力、发掘优秀跟投项目，云星宇公司主办了科技创新大赛，选拔出"G21RETC打票终端开发项目"作为公司跟投项目。该项目计划开发一款以单片式OBU（On-board Unit，车载单元）为主体、外接打印机模组的一体式车载终端产品。产品适合安装在出租车或者网约车等营运车辆上，车辆在高速公路通行时，在完成ETC交易之后，本产品采用打印通行凭据或二维码的形式给到乘客，乘客通过扫描二维码进行电子发票的获取。这样不仅实现了ETC交易功能，也方便向乘客出具ETC发票，同时缓解收费站拥堵，实现节能减排。

目前，公司研发的多款OBU产品已大量应用，具备批量生产和销售的条件。但是，该产品对出租车行业属于全新的应用场景，相比较传统产品存在一定的风险和未来市场的不确定性，跟投机制中风险共担的原则可以调动员工的工作积极性，激发创造力，使公司与员工项目风险共担、利益共享。本项目设计合理，制度实施效果良好，未来可提高跟投激励力度，定期评估跟投效果。

（二）落实新型经营责任制，对中层管理人员实行任期制和契约化管理

2020年，云星宇公司印发《经理层任期制和契约化管理实施方案》《任期经营业绩责任书》《岗位聘任协议书》及相关配套材料，并于2021年度完成全部经理层成员签署工作。2023年起，在新一轮"科改行动"中，云星宇公司落实新型经营责任制，对中层管理人员进行任期制和契约化管理，以契约形式约定任职期限与目标，实行以业绩和价值为导向的考评激励机制，畅通市场化选人用人渠道，选拔和任用德才兼备、勇于创新、善于管理的中层管理人才，有力促进中层管理人员职位能上能下、薪酬能增能减，激发企业经营活力。该制度面向云星宇公司本级总经理助理、总监、事业部/中心负

责人、大区经理、各职能部门正副职等中层管理人员，共计62人，聘期与经营层任期保持一致。通过《岗位说明书》明确不同岗位中层管理人员的岗位职责、任职资格及权利。契约化管理机制明确了中层管理人员的考核周期、考核内容、考核程序、薪酬管理、退出管理等内容。同时，公司建立和完善了内部监督约束机制，以预防和事前监督为主，建立和健全提醒、诫勉、函询等制度办法，及早发现和纠正不良行为的倾向。

（三）健全科研体系建设，建立科学完备的科研人才培养机制

通过加强科技体制顶层设计，云星宇公司明确了科研发展分步走的思路和目标，确立了重点研究方向，在产品系列化、系统完备化的开发过程中形成"产品带系统、系统促产品"的研发理念，建立起科研全过程科学管理。公司开展"需求导向型"研发，严控研发关键节点，建设产品转化综合体系，提升产品转化率。

科研人员激励方面，云星宇公司的科研人员属于非经营管理序列员工，参照《云星宇公司员工绩效考核管理办法（试行）》相关规定进行季度和年度考核。同时，参与激励的岗位人员按照上级单位批复的公司《岗位分红激励方案》进行确定，主要包括在公司科技成果转化、科学技术创新过程中发挥重要作用的关键核心科研人员和管理序列岗位人员。关于科研人员自主科研成果的转化，符合条件的科研人员，经云星宇公司业绩考核委员会审议、经理办公会审定，给予研发项目奖励，奖励包括项目市场效益奖励、知识产权奖励、论文发表奖励。同时，公司设立"科技创新评审委员会"（聘请外部专家）和评审办公室（研究中心），从技术水平、实施难度、产业化规模、社会经济效益等方面综合评估评选出"科技创新奖"，采取多种方式鼓励科研创新。

公司建立了科学完备的科研人才培养机制，拓宽渠道、灵活选才，对青年人才、高层次科研技术人才、专业技术人才、优秀专家人才做到多类别、多层次、多标准专项选用；重视培养，科学育才，深化推进优秀人才"传帮带"，加大科技创新和人才交流力度；知人善任，合理用才，科学建立用人制度，丰富人才价值评价手段，坚持对优秀人才提拔任用，充分调动人才的积极性和创造性；激励保障，注重留才，落实科技创新激励保障机制。

四、实施效果

自2020年"科改行动"实施以来，云星宇公司开创了"安全平稳有序、效益稳中向好、管理持续提升、改革跨越前行"的良好局面。在国务院国资委开展的"科改示范企业"专项评估中，连续3年被评为年度优秀"科改"企业。公司的改革案例报告《调结构、优管理、重激励，"科改示范行动"助力云星宇实现发展新水平》入选国务院国资委改革办、国资委研究中心联合编著的《改革创新："科改示范行动"案例集》。

（一）增收节支双向发力，企业发展能力进一步提升

2019年，云星宇公司营业收入为22.19亿元。2020年是"科改行动"启动之年，当年营业收入达到24.72亿元。2021年，云星宇公司继续高歌猛进，营业收入突破27.55亿元。在改革工作前期，营业收入以11.42%的年均增长率迅猛增长，改革成效明显。2019—2023年，企业营业收入与利润情况如图1、图2所示。

2022年起，由于客观情况，地方财政资金更趋紧张，导致公司所处行业的下游需求端的投资开支依然偏谨慎。同时，地方保护主义和区域壁垒更甚，公路信息化行业的市场竞争进一步加大，公司收入有所下降，但在同行业企业中仍然处于较高水平。公司通过严控费用开支、加快回收应收款项等多重开源节流措施，利润实现情况保持相对平稳发展。

（二）"三项制度"改革成效凸显，企业活力进一步增强

云星宇公司通过定岗定编、薪酬绩效调整、任期制契约化等改革，进一步激发中层干部和基层员工干事创业热情。2019年，公司全员劳动生产率为43.11万元/人；2020年改革启动后，当年全员劳

动生产率增至 46.86 万元/人，同比增长 8.7%；2021 年再增至 52.32 万元/人，同比增长 11.65%，图 3 所示为公司全员劳动生产率提升情况，此后一直保持在较稳定的高水平。通过岗位竞聘，云星宇公司进一步优化了中层干部结构。目前，公司有 60 名中层管理人员，其中"80 后"26 人，占比 43.33%；4 名职业经理人中有 2 名是"80 后"，占比 50%。干部队伍年轻化，企业活力进一步增强。

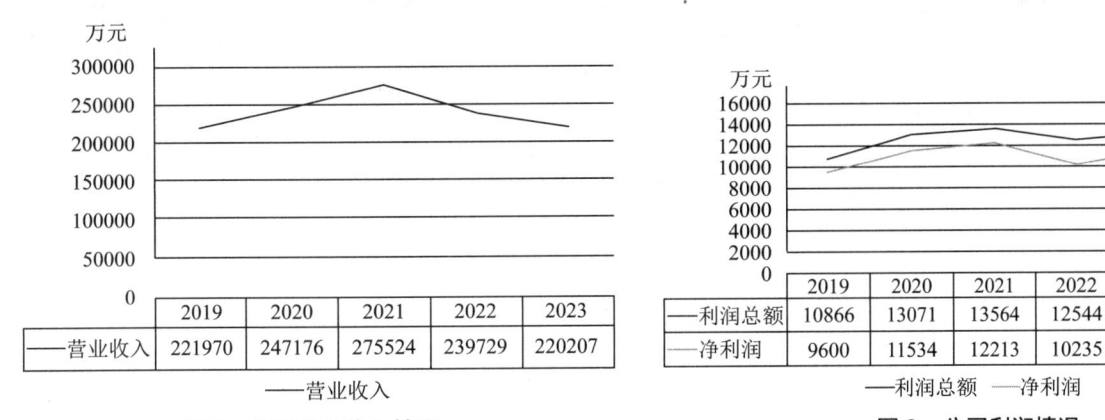

万元	2019	2020	2021	2022	2023
营业收入	221970	247176	275524	239729	220207

图 1　公司营业收入情况

万元	2019	2020	2021	2022	2023
利润总额	10866	13071	13564	12544	13180
净利润	9600	11534	12213	10235	11576

图 2　公司利润情况

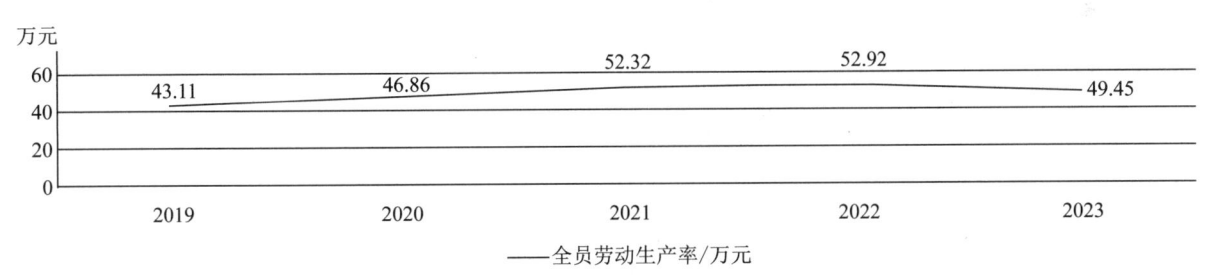

全员劳动生产率/万元：2019 年 43.11，2020 年 46.86，2021 年 52.32，2022 年 52.92，2023 年 49.45

图 3　公司全员劳动生产率提升情况

（三）科研投入逐步加大，科研力量进一步强化

云星宇公司围绕智慧交通主战场，持续推进前沿技术领域探索，研发投入由 2019 年的 3.31% 稳步提升至 2021 年的 5.35%（如图 4 所示），随后均维持在较高的投入水平，切实以技术创新促进了产业发展。2021—2023 年改革期间，公司累计拥有有效发明专利 34 项，新增 II 类知识产权（包括实用新型专利、外观设计专利、软件著作权）181 项。研发定位于行业应用型科研，在智慧高速、智慧城市交通方向开展具体工作，从产品研发、系统研发和前沿课题等方面持续发力。

研发投入强度：2019 年 3.31%，2020 年 4.78%，2021 年 5.35%，2022 年 5.27%，2023 年 4.26%

图 4　公司研发投入情况

未来，云星宇公司将继续以改革促发展、以创新求实效，持续完善公司治理，健全市场化选人用人机制，大胆探索中长期激励模式，提升公司科技创新研发力量，推进党建与业务深度融合；进一步发挥"科改示范"企业的带动作用，体现国企担当、贡献国企力量，打造改革样板和创新尖兵。

科技创新篇

以企业管理提升为目标的数智化融合管理平台建设与应用

创造单位：中铁电气化局集团有限公司
主创人：杨柳　王巍
创造人：庞洁　裴宁　张浩宇　丁彦飞

【摘要】 在国有企业数字化转型驱动下，中铁电气化局集团有限公司（以下简称中铁电气化局）为了助力企业管理提升，在国家政策支持、行业转型驱动和企业管理需要的背景下，建设了中铁电气化局数智化融合管理平台。平台通过制度流程表单信息化，全面开启企业管理创新的新征程，建设过程中采用了信息化手段和顶层设计模式，以"六统一"原则为基础，以"技术＋业务"两条主线共同推进的方式，逐步实现了企业业务全覆盖和业务流程精细化管理；同时，依托先进的数智化技术创新企业管理模式，加强业务数据采集与治理，促进业务与信息化的深度融合，实现业务数据互联互通，助力企业实现业务流程优化和管理效率提升，积累企业数据资产，通过信息技术为企业生产、经营、管理赋能，提升企业竞争能力，打造企业数智化品牌形象，实现企业数字化转型创新实践，以数字化技术助力企业管理水平提升。

【关键词】 数字化转型　管理提升　管理创新　数智化　大数据　人工智能　数据资产

一、实施背景

当今世界，数字化、智能化成为了引领创新和驱动转型的先导力量。同时，在央企数字化转型的大背景下，积极建设企业数智化融合管理平台，推动企业管理创新，将成为中铁电气化局执行国家政策、适应市场变化、提升核心竞争力的重要方式和必要手段。

（一）成果的实施是顺应时代发展、响应国家政策的需要

随着数字经济全球化快速发展，数字技术支撑的新产品、新服务、新业态已经成为经济增长的重要贡献力量，深刻影响着产业端的发展。"十三五"期间，中国经历了从工业经济向数字经济加速转型过渡的大变革时代，国家对于数字经济和数字技术的定位不只局限于新兴产业层面，更是将之提升为驱动传统产业升级的国家战略。

进入新时代，国家对数字化转型的重视程度不断加强。党的十九大报告中提出要"推动互联网、大数据、人工智能和实体经济深度融合"，为国有企业数字化转型指明了方向。2020年9月，国务院国资委印发《关于加快推进国有企业数字化转型工作的通知》，提出要加快推进国有企业数字化转型，推动数字经济与实体经济深度融合，培育具有全球竞争力的世界一流企业。2022年1月，国务院印发了《"十四五"数字经济发展规划》，提出要加快数字化转型，推动数字经济和实体经济深度融合，培育具有全球竞争力的数字产业集群。

中铁电气化局作为国有企业，必须积极响应国家政策，加快数字化转型步伐。通过企业数智化融合管理平台的建设，提升企业管理水平、优化资源配置、提高企业核心竞争力，在国有企业数字化转型中发挥更大的作用。

（二）成果的实施是行业发展趋势、提升竞争力的需要

随着信息化和数字化的深入推进，建筑行业面临着前所未有的挑战和机遇。与全社会数字化经济的蓬勃发展相比，当前建筑业信息化的步伐远落后于其他产业，急需借助数字化对生产力和生产关系的变革，将传统的劳动密集型产业重新构建为数字化的生产方式。数字化转型已成为建筑行业发展的

必然趋势，而央企作为建筑行业的领军企业，更需要在数字化转型中发挥引领作用。而当前行业市场上存在的一些企业管理类、施工管理类、经济管理类、考核管理类等软件业务单一，通常缺乏全面性和扩展性，无法满足企业内部各个业务板块之间的数据互联互通，无法满足企业定制化业务的需求。中铁电气化局数智化融合管理平台的建设正是顺应了行业发展趋势，同时避免了市场上各类业务软件功能过于单一的缺陷，通过数字化技术与企业业务管理全面融合，助力企业提高施工效率、降低生产成本、提升工程质量，全面提升企业管理效能；同时，实现企业内部各项业务的协同发展，优化资源配置，提升企业竞争力和行业影响力，为建筑施工行业的数字化转型提供有力的支持，助力行业的可持续发展。

（三）成果的实施是企业内部管理提升、助力高质量发展的需要

中铁电气化局成立60余年来，经历了从计划经济到市场经济的发展转型，通过股份提质增效、精细化管理及全面管理实验活动，项目管理过程由粗放管理转入精细化管理，并在发展过程中充分利用现代信息技术，逐步将企业带入"互联网+"时代。

随着信息化的逐步推广应用，中铁电气化局已经建立了包括财务管理、人力资源管理、视频会议、档案管理、成本管理和物资管理、OA（Office Automation，办公自动化）等二十余个信息系统，这些系统仍处于部门级应用阶段，初步实现了主要业务的信息化管理。但是，各信息系统之间相对独立，没有实现信息统一与共享；管理方面无法提供企业流程再造能力，制度方面缺少信息化手段支撑的统一管理、高效传播、执行监管。可见，虽然各部门都建立了相应的信息系统，但整体仍处在部门级单体应用阶段，未能支撑企业宏观战略落地和助力管理能力的提升。为了全面提升中铁电气化局管理水平，实现管理制度有效落地、业务流程有效流转、项目管理精准高效、企业发展提质增效，中铁电气化局数智化融合管理平台应运而生。该平台通过数字化技术手段，融合企业实际业务需求，可以有效解决企业当前面临的管理问题和信息化应用初级阶段的一系列问题，实现企业信息和资源共享，持续支持企业管理优化，全方位支撑主业发展，提高企业的信息化水平和管理效率，推动企业创新和发展，实现企业数字化转型升级。

二、实施目的

数智化融合管理平台的实施目的旨在通过采集、整合与优化企业各类业务流程数据资源，实现业务与信息化的深度融合，提升管理效率与运营效率，积累数据资产，驱动业务创新，打造数智化品牌形象，推动企业的数字化转型与可持续发展。

（一）促进管理创新与流程优化，提升管理效率与运营效率

通过制度、流程、表单的信息化，打破传统管理模式的壁垒，实现管理流程的创新与优化。通过"六统一"原则确保平台建设的一致性和高效性，推动企业管理向更加标准化、精细化方向发展。通过业务流程精细化管理，实现企业资源优化配置与高效利用。通过自动化、智能化管理工具，提升管理效率与运营效率，降低企业运营成本。

（二）强化数据采集与治理，实现业务与信息化深度融合

依托先进的数智化技术，对业务数据全面采集、整合与治理，确保数据的准确性、完整性和时效性。通过对数据进行深度挖掘与分析，为企业决策提供有力支撑，提高决策的科学性和效率。同时，通过平台建设，打破业务与IT之间的界限，实现业务与信息化的无缝对接和深度融合，提升业务处理的速度与准确性，促进业务流程的自动化和智能化，减少人为错误，降低业务成本。

（三）积累数据资产，驱动业务创新，打造企业数智化品牌

平台建设过程中，逐步积累企业数据资产，为企业日常运营和管理提供有力支持，为企业业务创新提供数据资源，强化洞察能力，通过数据驱动业务创新，助力企业更好地适应市场变化。通过平台

建设与应用，提升企业内部管理水平和运营效率，向外界展示企业数智化能力和品牌形象，助力企业在激烈的市场竞争中脱颖而出，进一步提升企业的市场竞争力。

三、实施过程

中铁电气化局数智化融合管理平台的建设，以企业管理提升为目标，以企业管理制度体系重塑和精细化管理为起点，在深度理解业务需求的基础上，引入先进的信息化技术和管理理念，建立数据治理体系，实现业务与技术的深度融合，加强业务流程合规管理，持续优化和提升平台功能，为中铁电气化局的数字化转型提供了有力的支持和保障，提升了企业的管理效能，实现了企业管理机制创新。

（一）制度流程表单信息化，开启管理创新新征程

以上提到中铁电气化局数智化融合管理平台的建设始于企业管理制度体系重塑和精细化管理，为了使制度有效落地，流程合规便捷，促进管理机制创新，中铁电气化局开始规划建设数智化融合管理平台，实现全集团各类业务的统一管理，实现信息资源共享，持续支持企业管理升级。

1. 精细化管理，开启管理制度化创新

2015年，中铁电气化局历时6个月，完成了集团历史上最大规模和范围的企业管理制度体系全面重塑工作，出台《规章制度管理规定》（以下简称《规定》）及制度编写的纲领性文件，按照决策审批权限对制度进行分级，完善中铁电气化局制度体系架构。《规定》中明确了制度编写规范、制度立项、起草、评审、发布、运行和维护及检查监督建设程序，确保制度建设的严谨性，提高制度建设质量，全面修订、审核、完善各类企业规章制度340余项，初步形成了符合集团层级职能定位和管理实际的1.0版制度体系。在此基础上，中铁电气化局每年发布集团、各单位年度制度制订、修订计划及有效管理制度清单，建立了管理制度体系动态化管理的常态机制，形成集团规范、有效的管理制度化。

2. 对标台塑集团，明确信息化管理手段

2017年，集团组织领导干部对标学习台塑集团"合理化"管理经验，学习其六大管理技能及管理制度化、制度流程化、流程表单信息化的管理方式。管理制度信息化在一定程度上就是企业的业务流程再造，台塑集团形成了"制度提出方＋信息部门＋制度使用方"三方共同协商制订制度，以及制度和信息化有机融合的运作模式，从而确保了制度不仅"要"信息化，而且"能"信息化，确保通过合理的流程在跨部门间形成有效合作。

信息化是台塑集团高效管理的最重要的手段。台塑集团打破业务鸿沟，建立了统一的信息化管理架构，信息化实行统一管理，建设统一的管理e化系统平台，其他层面的软件开发、运维、升级改造强调规范统一的开发环境和开发接口，规范统一的源头数据输入管理，以实现就源输入、数据共享。

3. 提出"管理三化"，推进数智化管理创新

2018年，中铁电气化局全面开启数智化融合管理平台的建设。为使制度有效落地，中铁电气化局提出"管理制度化、制度表单流程化、表单流程信息化"的"管理三化"平台建设，以管理信息化为基础进行了系统的架构设计，明确组织机构规范化标准和管理制度规范化、标准化为"管理三化"的本质，信息化是"管理三化"实现的工具。以业务为中心，以流程为主线，按照内控管理思路，基于系统流程管理思维，根据现有集团管理制度1.0版，实行自上而下、上下联动的管理实践。中铁电气化局机关23个主要部门、23个子（分）公司全程参与，对业务分类归集梳理，梳理清楚每个业务流程（梳理既有，补充再造）并将其固化，完成了集团管理信息和流程收集及评审。同时与集团信息化建设协调规划、部署、建设，在此基础上，初步完成应用系统架构规划、信息化设计规划工作，为集团数智化融合管理平台的建设奠定基础。

（二）顶层设计全面保障，提供数字化战略支撑

中铁电气化局数智化融合管理平台的建设，坚持顶层设计、总体规划，为平台建设实施提供战略

方向和技术支持；同时加强战略保障和管理责任落实，为平台建设提供全方位保障，从而实现企业管理升级，助力企业数字化转型。

1. 发挥战略引领，统筹落地实施

坚持以建成数字化转型为目标、以企业管理创新为核心，实现职能管理的信息化全覆盖，消除数据孤岛，推动业务互联互通。基于对信息化从分散到集中、从集中到集成、从集成到共享发展阶段规律的认识，不断完善信息化管理体系，实现信息化的统一管理，逐步实现企业数字化转型。

2. 健全组织体系，落实管理责任

加强集团信息化建设的组织领导，健全集团信息化管理组织体系，成立信息技术中心负责集团信息化建设管理工作，强化集团信息化部门的组织与管理职责，同时明确统一的战略思想和战术安排。一是由主要领导总体把控，由既懂业务又懂信息化的分管领导具体负责；二是成立两个专业组，由规划发展部牵头组织各业务部门负责业务标准化工作，由信息技术中心进行信息化规划、架构和技术实施；三是以业务贯通为主线，推动业务流程的标准化和信息化落地。

3. 坚持顶层设计，制订标准体系

按照技术和业务"两条主线"推进思路，以"组织体系、业务体系、编码体系"为核心，以"自我配置、自我迭代、统一就源、数据共享"为原则，统一"技术架构、应用架构、展现架构和部署架构"等信息化标准体系，实现技术为业务提供支撑保障、业务在技术中融会贯通的目标，从而达到信息贯通的技术要求。

4. 全面保障投入，确保建设落地

建立和完善信息化人才引进和激励机制，加强对信息化人才的引入和培养，打造一支致力于信息化管理、建设、运维、应用的高素质、高水平数字化转型人才队伍，为集团公司信息化建设提供坚实的人才保障。提高信息化建设资金使用的规范性和有效性，保障信息化资金投入的增加与经营生产业绩同步提升，优化信息化建设投入预算管理机制，为信息化发展提供有力的资金保障。加强员工信息技能培训，提高企业全体员工信息素养，培育其数据思维，营造数字企业文化氛围。

（三）高度重视业务管理，促进数据资源共享

为实现数字化转型目标，提升企业管理效能，中铁电气化局数智化融合管理平台的建设应在充分明确各个业务主线目标和需求的基础上进行。按照"技术和业务"两条主线共同推进的原则，技术为业务提供后台支撑，业务在技术中实现融会贯通，最终实现业务系统全覆盖、数据资源互联互通的目标。图1所示为数智化融合管理平台架构。

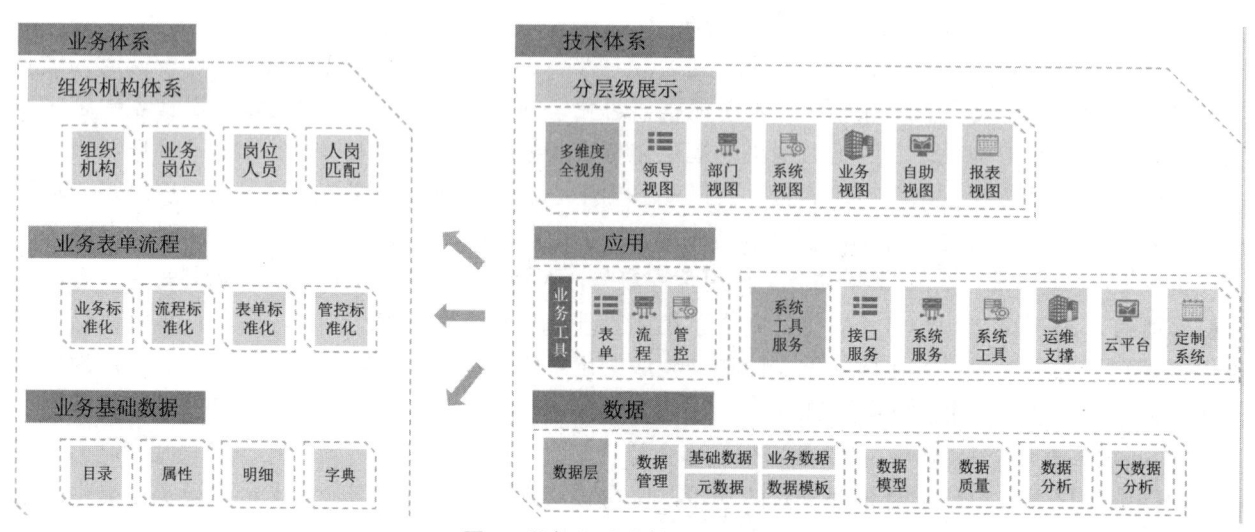

图1　数智化融合管理平台架构

1. 以管理为本，明确业务目标需求

中铁电气化局数智化融合管理平台建设过程中，下属单位设立网络安全和信息化工作领导小组，确定信息化归口管理部门，配齐、配全专职专业人员，落实信息化管理岗位职责。业务部门将业务信息化列为本部门的工作目标，设置兼职信息化专员，梳理完善业务信息化管理需求，负责基础数据业务信息的动态更新和应用系统功能需求的迭代升级。机关23个主要部门、23个子（分）公司全程参与，对业务分类归集梳理，梳理清楚每个业务流程并将其固化，与信息化部门共同合力推进平台建设工作，以企业管理水平提升为出发点，保障平台建设的实效性。

2. 以标准化为基础，打造业务标准化体系

平台建设提出"聚焦标准化、聚焦应用"导向，以"标准化组织机构体系和业务体系全覆盖"为目标，以"组织体系、业务体系、编码体系"为核心，围绕业务体系制订各业态标准化业务、表单、流程，对业务分类归集梳理，理清每个业务流程并将其标准化，实现集团信息化组织体系、业务体系、编码体系的标准化，实现集团信息化技术架构、应用架构、展现架构、部署架构的标准化，打造中铁电气化局全业态标准化体系。

3. 以数字技术为依托，实现业务系统全覆盖

平台建设基于业务实际需要的功能集成，以数字化为依托，技术上融合物联网、大数据、云计算、人工智能等新一代信息技术，采用框架+构件+体系+编程的思路进行软件系统研发，采用Java技术和当前流行的多层体系架构进行分析、设计，对平台数据进行采集、分析、挖掘、服务和信息化展示，实现企业管理信息化、生产智能化、数据共享化，助推企业数字化转型升级。

4. 以数据共享为目标，促进业务资源互联互通

平台整合、改造既有的施工生产管理平台、项目成本管理系统、OA办公系统、物资管理平台等22个系统管理平台，在完善各业务板块信息系统的基础上，构建标准统一的业务管控及应用体系，持续建设生产、运维、安全、大商务等子系统，不断丰富和完善平台的业务类型，加强数据深加工，消除信息孤岛，实现集团、子分公司、项目部三级架构之间的无缝对接，实现各业务板块之间的业务协同和信息联通共享。

（四）依托数智化技术，助力企业管理升级

中铁电气化局数智化融合管理平台的建设依托数智化技术，从数据驱动决策、智能化运维、数字化流程、创新业务模式和安全保障等方面助力企业管理升级。通过这些措施的实施，企业管理水平得到了提高，企业整体运营效率也得到了提升。图2所示为数据治理与持续优化系统。

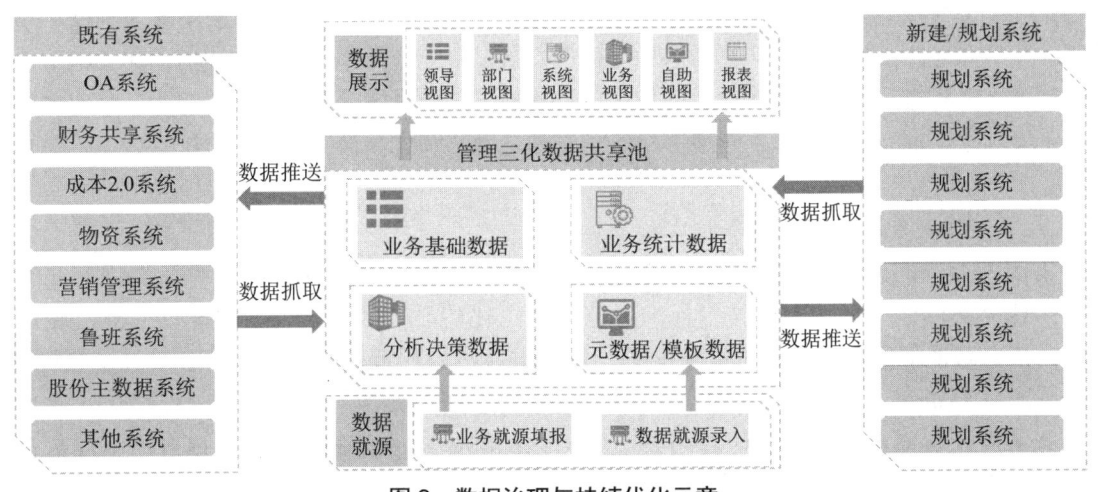

图2 数据治理与持续优化示意

1. 强化业务数据采集，提供数据治理基础

通过收集和分析企业内部生产经营、项目管理等大量数据，为企业管理提供数据支持，利用数据挖掘、数据治理等技术，发现数据背后的规律和发展趋势，助力企业管理给出更加科学准确的决策。

2. 加强业务数据治理，深耕数据治理体系

完善企业数据采集、存储、加工及整合流程，消除数据孤岛，健全完善数据更新长效机制，深化基础数据与各类业务数据治理。通过数据仓库、数据中台等技术应用，以生产经营活动分析为切入点，构建数据分析、智慧决策典型场景，推进基于大数据的业务智能预警和辅助决策。

3. 完善业务数据标准，积累企业数字资产

建设企业统一业务数据编码平台，逐步建立集团数据资产体系。探索建立数据接口服务，强化各业务系统数据的有效协同，持续优化各业务之间的数据关系。开展数据的多维度运用，挖掘数据的业务价值，建设完善面向领导层的可视化大屏，为企业行政管理、生产经营、经济运行、科技创新等业务体系的大数据分析提供基础支撑，助力企业科学决策。

4. 优化业务流程链条，促进管理效率提升

围绕企业管理业务，采用业务主线与技术主线"两条主线"持续优化迭代策略，业务上持续对接各部门，根据需求有序开展表单流程优化，完善各部门、单位业务标准化；技术上对平台不断优化迭代，稳步提升整体技术水平，保障信息系统高质量运行。通过业务统筹分析、优化平台功能，切实解决管理链条长、横向协同差、办事效率低等问题，以达到提升工作效率的目标。通过业务部门与技术部门的协同共创，规范信息化平台线上业务，建立信息化运维长效机制，促进企业管理质量提升。

四、主要创新点

中铁电气化局数智化融合管理平台的建设，创新"统一规划、统一管理、统一标准、统一投资、统一建设、统一运营"的"六统一"建设原则，以"标准化组织机构体系和业务体系全覆盖"为目标，自主研发，灵活配置，构建起规范化、标准化的统一信息化管理体系和标准体系，逐步实现集团所有业务从线下向线上转化，实现"横向联通，纵向贯通"的数字化转型新格局。

（一）统一规划，引领数智化发展方向

兼顾实效性与中远期发展价值，立足实际，全局谋划，明确路径，科学制订集团整体信息化发展规划，明确全面支持集团整体业务的信息化发展总体方向、目标和重点任务，通过信息化手段保障集团发展战略目标的实现。

（二）统一管理，建立有效信息化制度体系

完善集团信息化管理体系，实现信息化统一管理。建设完成统一的信息化整体管理制度，对全局信息化管理进行整体把控；建设完成一整套信息化管理办法，每一个具体管理办法覆盖信息化的一个具体领域。目前信息化体系建设完成的模块包括信息化项目管理、信息系统的开发与推广应用、信息系统运维管理、信息化项目与设备的采购管理、网络信息安全管理、网络和终端设备、机房维护管理、信息化绩效考核评价，覆盖产品运营管理等方面。

（三）统一标准，构建完善业务和技术标准体系

建设集团各业态的业务标准化体系，实现集团信息化业务体系标准化、组织标准化、业务表单流程标准化；建立集团统一的信息化技术标准，包括信息化建设技术规范、软件开发标准、硬件技术要求和规范、信息资源标准（含信息分类和编码、数据层标准、展现层标准、信息存贮及交换标准等）、安全标准、BIM标准等，实现集团技术架构、应用架构、展现架构、部署架构的标准化。逐步建立包括以上的业务应用标准和技术标准的集团统一信息化标准体系，遵循统一标准规范，实现基于业务实际需要的功能集成和数据集成。

（四）统一投资，提高数智化建设效率

在信息化发展规划指导下，统筹安排信息化项目投资，统一由集团下达投资计划，避免低效投资和重复投资。通过规划统一、管理统一、标准统一的整体信息化管控体系，实现全面的投资统一，达到投入集中化、产出一体化的目标。加大数智化建设在信息化基础平台、功能应用、数据采集、互联互通、创新技术等方面的有效投入，保障信息化资金投入的增加与经营生产业绩的提升同步。

（五）统一建设，实现数智化集成互通

本着"前沿技术、自主产权、标准管控、运行经济"的理念，围绕业务和技术"两条主线"，持续推进统一管理数智化集成平台的全局统一建设，实现组织机构体系和业务体系全覆盖，形成以基础平台为核心的"自我配置、自我迭代，就源输入、数据共享"的全局数智化平台，实现数智化建设平台一体化，最大程度消除系统孤岛与数据孤岛，达到数据层面、技术层面、业务层面的互联互通。优化统一的数智化管理平台，建设统一的数智化开发赋能平台，完善数据治理及数据平台建设，加强网络基础设施与安全等级保护。

（六）统一运营，实现产品市场化价值

建立完善的集团信息化运营维护管理体系，建立专业的运营维护团队，健全运营维护管理机制，分级授权，全面运维集团所有业务数据，提升数据质量。统一运营维护系统软件基本应用系统、业务应用系统、桌面平台、基础设施等信息化相关建设项目及其配套设施，保证集团信息系统有序、有效运营及集团信息化的安全。结合业务应用管理情况，持续优化集团数智化管理集成平台及各业务系统，使平台各业务应用达到成熟，对平台中已开发成熟并完善运维的信息系统模块进行不断封装和产品化，达到市场运营的目标。实现从项目化向产品化转变，逐步形成自主产权的信息化产品体系，实现信息化从项目建设到产品的全面覆盖。建立产品运营管理体系，探索数智化产品的价值转化，逐步实现数字化服务及产品的市场化营收，形成产品经济化的运营建设目标。

五、实施效果

（一）业务体系全覆盖，数字化转型效果初现

目前，中铁电气化局数智化融合管理平台已经搭建完毕，涵盖企业所有组织架构及人员管理，覆盖企业各类业务，实现集团、子（分）公司、项目部三级架构之间的无缝对接，实现各业务板块之间的业务协同和信息联通共享。通过业务数据的集中管理，实现大数据分析辅助企业管理决策，实现企业数字化转型升级。

平台形成了以统一登录、数据集成、统一运维、按需扩展为原则的42个业务平台，及以基于组织部门、基于实际业务、基于制度管理、实现自主配置为原则的370个业务系统、1167个业务子系统、3400个业务模块，以就源表单、分析报表、数据看板为原则的6048项业务事项、7792张业务表单、6218个业务流程。平台达成了全局组织机构数据标准化，已有治理组织机构数量8291个，实现统一登录账号43915个。

中铁电气化局构建了面向用户使用的"311"业务配置技术平台，即组织、业务和大屏展示的3个业务配置平台，以及1个业务编码配置平台、1个档案资料存储平台；建立了一个统一的门户应用管理前端平台；打造了一个更快、更便捷、更符合企业特色的"管理三化"App；创建了一个满足集团各层级要求的"网盘式存储+文库式检索"的知识资源集中管理系统。通过手机+电脑+大屏的方式，建立符合企业形象、用户为本、使用方便的架构体系和人机交互界面，实现了平台使用的便捷化，企业数字化转型效果初显。

（二）数智化板块建设助力企业管理提升

在管理基础平台建设的基础上，中铁电气化局数智化融合管理平台还解决了企业业务板块多、基础资源异构分散的难点、痛点，使其成为一个能够涵盖企业生产、管理、经营数智化等多方向的数智化融合系统。目前，已经将企业内部OA综合管理、大商务、施工生产、安全质量、绩效考核、科研管理、智慧党建等各个应用子系统融合成为大数据云平台，解决了各个业务之间重复录入的痛点，实现了预警分析、项目管理、生产经营、科研开发、行政办公等业务信息的有效收集、快速传递与信息资源共享。目前，平台整合了40多个业务平台、400多个业务系统和6000多个业务流程，持续提高全局数智化转型建设的效率和质量。数智化融合管理平台为企业管理提供的助力主要包括以下几个方面。

1. 支撑人力资源管理系统

围绕中铁电气化局人员管理相关工作需求，梳理优化整合当前既有系统模块，聚焦组织机构、岗位、人员信息、薪酬、考核、人才评价、社保等核心业务，持续推动优化完善平台功能，及时掌握全局人员动态，为其他业务提供支撑。

2. 支撑大商务管理系统

围绕中铁电气化局大商务相关工作需求，梳理优化整合既有工程项目经济管理系统模块，聚焦项目各项经济指标管理，整合业务，简化操作，提升工程经济各项业务执行效率，支撑大商务管理平台与预警系统的互联互通。

3. 支撑施工管理系统

围绕施工管理过程中的核心业务，建设并推动"智慧项目管理模块"实施落地；扩展搭建"智能建造模块"，以此为中枢达成"四电"智能化设备之间的数据互联互通；扩展搭建"调度指挥模块"，实现现场实时监控和指挥对讲等；实现与项目部第三方监控平台、摄像头、执法仪、手机、安全帽、无人机等的对接。

4. 支撑运维管理系统

聚焦当前数字化管理平台积累的各类业务数据，掌握一线运维管理模式，逐步开展与运营管理部门的业务梳理与需求对接，推进智能运维模块建设。

5. 支撑科研管理系统

根据中铁电气化局科研管理办法，结合子（分）公司管理需要，打造满足全局各级单位科研管理的科研管理模块，覆盖申请、执行、报奖等功能模块32项、功能点190项。

（三）积累企业数据资产，提升企业竞争能力

中铁电气化局数智化融合管理平台全面覆盖集团所属各部门、各单位的各个业务系统，建立了各个层级的组织机构，统一了全集团用户账号。通过近几年的不断充实完善，平台收集、积累了集团各业务的海量数据，形成了不断充实的企业"数据湖"。同时，平台建立了统一的数据收集、整理和存储的数据仓库，实现了重点管理与业务数据的采集、计算、存储、加工，并建立了统一数据接口平台与交换平台，实现数据在异构系统之间的互联互通，建成满足集团发展方向的数据资产体系。

平台还整合了"四电"专业知识，实现知识共享化能力。对中铁电气化局"四电"专业领域内的技术文档、材料、视频、图片等各类文件进行统一的归纳整理，实现对集团公司的科研成果、技术等档案资料的数字化归集，促进知识共享、保护知识成果、形成知识图谱、打造知识平台，逐步建立起完整的集团核心专业知识体系。

基于数据可视化建立大屏显示系统，用数据赋能决策，实现了"经验决策"向"数据+算法"的

智能决策转变，降低决策风险，提高决策分析的精准化、智能化，促进企业资源配置及经营决策能力升级。通过不断优化数据质量，挖掘数据价值，持续优化输出数据服务能力，满足实时化、多维度、全视角的管理决策需求，为企业精确掌握市场态势变化与出台科学决策提供技术支持，有效提升了企业的竞争能力。

（四）喜获行业各界认可，打造数智化企业品牌

中铁电气化局以"管理三化"为基础的数智化融合管理平台的建设成果，多次得到中国中铁股份公司领导的肯定。

中铁电气化局信息化建设成果也得到了国家信息中心和各行业信息化专家的认可，在国家信息中心项目"后评价"工作中，数智化融合管理平台的建设成果获得"A"级（最高级）评价。

中铁电气化局数智化融合管理平台建设成果多次参加国家、行业等级别的大赛，曾获得由工业和信息化部办公厅举办的"2023金砖国家工业创新大赛优秀项目奖"、国务院国资委主办的首届"国企数字场景创新专业赛"三等奖、中国施工企业管理协会"第三届工程建造微创新技术大赛"一等奖、中国信息协会"第三届信息技术服务业应用技能大赛"团体一等奖等荣誉，入选中国对外承包工程商会"2022年国际工程数字化最佳技术创新实践案例"。

国家信息中心的高度评价、行业大赛的奖项认可、股份公司的领导肯定及业界兄弟单位的赞誉，都体现了中铁电气化局数智化融合管理平台的建设与应用已取得良好预期效果，具有很好的行业示范作用，打造了企业的数智化品牌形象。

六、下一步规划与探讨

随着中铁电气化局数智化融合管理平台的建设与应用初见成效，为了更好地适应企业未来发展需要，持续推动企业管理水平提升，中铁电气化局对平台未来发展方向做出全面规划。

（1）深化数据智能化应用。未来，平台将进一步深化数据智能化应用，利用大数据、人工智能等先进技术，对海量业务数据进行深度挖掘和分析，以发现潜在的市场趋势、业务风险及优化机会。通过构建智能预测模型、决策支持系统等，为企业提供更加精准、高效的决策支持，推动企业管理决策的科学化、智能化。

（2）加强平台集成与扩展能力。为了保持平台的先进性和灵活性，将继续加强平台的集成与扩展能力。通过制订统一的接口标准和协议，实现平台与其他业务系统的无缝集成，确保数据的实时同步和共享；同时，根据企业业务的发展需要，灵活扩展平台功能，满足新的业务场景和管理需求。

（3）提升用户体验与参与度。用户是平台应用的核心，在平台使用过程中将持续关注并提升用户体验。通过优化平台界面设计、简化操作流程、增加用户交互功能等方式，提升用户的使用便捷性和满意度。同时，鼓励员工积极参与平台建设和应用，通过培训、竞赛等形式激发员工的创新精神和参与热情，形成全员共建共享的良好氛围。

（4）强化信息安全与隐私保护。随着数据量的不断增加和应用的深入开发，信息安全与隐私保护成为日益重要的课题。中铁电气化局将继续加强信息安全管理体系建设，采用先进的安全技术和防护措施，确保企业数据和用户隐私的安全。同时，加强员工的信息安全意识教育，提高全员的信息安全素养。

（5）推动平台市场化运营。在保障企业内部管理需求的基础上，积极探索平台的市场化运营模式。通过开放平台接口、提供定制化服务等方式，吸引外部企业的合作伙伴加入平台生态体系，共同推动数智化技术的应用与发展。同时，利用平台积累的数据资产和技术优势，开发新的增值服务和产品，实现平台的经济价值和社会价值最大化。

（6）持续跟踪与评估。为了确保平台建设的有效性和持续改进，中铁电气化局将建立长效的跟踪

与评估机制，定期对平台应用效果进行评估和分析，及时发现并解决存在的问题和不足。同时，根据企业发展战略和外部环境的变化，适时调整平台发展规划和实施方案，确保平台建设始终与企业发展需求保持高度一致。

中铁电气化局数智化融合管理平台通过数字化技术手段，融合企业实际业务需求，实现企业信息和资源共享，持续支持企业管理优化，全方位支撑主业发展，进一步推动信息化与业务深入融合，实现企业数字化转型创新实践，以数字化技术助力企业做强做优做大，向"成为享誉全球的轨道交通系统集成企业集团"持续迈进。

适用军工科研院所改革发展的"1+2+7"科技创新体系建设

创造单位：中电科芯片技术（集团）有限公司
主创人：刘伟　刘凡　张健
创造人：乔江　张颖华　陈良　张黎

【摘要】 为强化管理协同、优化资源配置、提升创新效能，中国电科芯片技术研究院、中电科芯片技术（集团）有限公司（以下简称电科芯片）打破传统模式，大力推进科技创新体系重塑，推动从创新要素管理向创新体系化管理转变。以高效协同为原则，在系统分析、确定目标与策略的基础上开展管理变革，坚持顶层设计，攻克创新要素分散、重复、封闭、低效的"痛点"，成功构建适用于军工科研院所改革发展的"1+2+7"科技创新体系。该体系包括1个高效协同的科技创新整体架构，以战略引领、原始创新、科研攻关、成果转化4个子体系组成创新组织运行体系，以创新人才、创新平台、创新机制组成创新能力支撑体系，配套形成相应的管理机制及业务流程，实现创新要素有效衔接、相互协同，企业创新内生动力充分显现，体系效能有效提升。电科芯片近3年营业收入年均增长10%、营业利润年均增长32%，实现5G通信、汽车电子等产业能力快速跃升，牵头承担集成电路原创技术策源地建设等重大任务，行业地位稳步提升；担任集成电路等4条产业链链主，履行央企责任担当，向"国家战略科技力量"这一愿景迈出坚实的步伐，同时也为国有企事业单位探索出了一条可借鉴的创新管理路径。

【关键词】 军工科研院所　科技创新　创新体系

一、实施背景

电科芯片是中国电子科技集团有限公司（以下简称中国电科）的二级成员单位，立足"军工电子主力军、网信事业国家队、国家战略科技力量"三大定位，着力解决芯片"卡脖子"问题，有效保障产业链供应链安全。同时，电科芯片也是整合中国电科24所、26所、44所、58所等4个国家Ⅰ类研究所研发资源，经中央编办批准设立的高端研发机构。电科芯片立足50多年来的技术、资源积累，成体系布局集成电路、微声电子、半导体光电子、传感器这四大技术领域，重点发展军工电子、先进计算、5G通信、汽车电子、智慧文博、智能传感六大产业，是中国电科"强芯固基"主力军、产业基础中坚力量、国内最主要的军用电子器件供应商。电科芯片现有15个国家级和省部级创新平台、1家上市公司、17家二级控股公司。

（一）深入贯彻落实党中央系列指示精神，以创新塑造发展新动能、新优势

党的十八大以来，党中央深入推进创新驱动发展战略，充分发挥新型举国体制优势，坚持"四个面向"，加强科技创新全链条部署、全领域布局，全面增强科技实力和创新能力；电科芯片要拥有强大的基础研究能力、原始创新能力、关键核心技术攻关能力，加快促进科技成果转化为现实生产力；电科芯片要强化国家战略科技力量建设，优化定位和布局，不断壮大顶尖科技人才队伍，积极响应深化体制机制改革等系列指示要求。作为军工央企，电科芯片充分把握科技创新引领支撑作用，构建内外协调的科技创新体系，加速开辟发展新领域新赛道、塑造发展新动能新优势，为加快建设世界一流企业提供基础性、战略性支撑。

（二）适应军事电子发展和现代化战争，打造新质战斗力和新质生产力

进入21世纪以来，军事装备电子信息系统不断向智能化、无人化、集群化的方向快速迭代发展，

复杂对抗、多任务并行等环境下的新质、新域作战场景对电子元器件的功能、性能要求不断提高。同时，当前正处于新一轮科技革命与产业变革历史性交汇期，电子信息领域技术创新向数字化网络化方向加速变革，落后就要挨打，军工央企亟待推动科技创新成果向新质作战能力、新质生产能力加速赋能转化。

（三）传统军工院所向现代化企业转型，科技创新体系赋能高质量发展

电科芯片由4个军工科研院所及所属产业公司整合而成，主体属于事业单位，但实行企业化运行机制，自2015年深度整合以来，持续推进企业化改革。谋创新就是谋未来，结合整体改革发展要求和趋势，科技管理应当发挥改革先锋作用，对标国内外行业领先企业。目前我国大多数军工科研院所科技管理仍偏向单点状、项目式，科技创新不是一个个单点攻关任务，而是要充分调动起组织管理、政策机制、资金投入、资本运作等各方面力量，共同为科技创新搭好平台。伴随芯片行业竞争加剧、技术封锁、设备禁运等严峻的外部形势，以及电科芯片整合加深、技术方向多元化发展及产品种类大幅增加，导致组织架构、管理幅度与复杂度提升等内部运营需求，迫切需要对科技管理体系进行改革优化。

（四）履行国家战略科技力量使命担当，践行国务院国资委对央企的系列要求

电子信息产业是大国竞争博弈的重点领域，芯片作为电子信息产业的核心，技术、资金、人才高度密集，"赢者通吃"的马太效应明显。面对高端市场被国外领军企业占据的现状，电科芯片作为国家及中国电科在芯片领域的重要布局，亟待有效履行国务院国资委对央企提出的提高企业竞争力和增强核心功能等系列要求，支撑高水平科技自立自强。

面对改革的迫切需求与严峻形势，近年来，电科芯片全面推进科技创新体系重塑，围绕落实国家战略布局、重大专项任务攻关、科技创新周期缩短、创新整体效能提升等方面开展系列探索，成功构建适用于军工科研院所等改革发展的"1+2+7"科技创新体系。

二、实施过程

（一）科学分析，统筹谋划，搭建顶层总体框架

1. 坚持问题导向，启动创新体系管理变革

为了针对性提出改革举措，为体系化改革提供源头依据，全面梳理原有科技管理体系，结合创新链思路，围绕创新卡点、堵点及薄弱环节进行研究，梳理出不限于以下方面的一系列问题。

（1）科技创新工作体系化合力未形成，创新要素离散，体系优势未能有效发挥。具体表现在科技规划布局、纵向项目争取、科研任务攻关、成果转化与产业化、研发资源配置等创新要素及具体工作缺少相互衔接与深度协同的逻辑主线，没有形成完整的创新链条。

（2）创新牵引力度不足，技术布局、攻关、转化缺少体系化布局。一是核心技术顶层布局偏弱，技术发展路线以事业部自主意愿为主，管理方式相对被动，然而在经济指标的压力下，事业部科研投入力度有限，规划转计划的坚决性较弱，不利于技术的系统性攻关与积累。二是缺少技术布局转化为科研任务的落实机制，科技管理主要以抓科研项目为主，但项目主要为纵向科研项目，与公司技术发展路线、创新产品研制关联度相对不高。三是缺少核心技术攻关与转化的高效保障机制，核心技术攻关与资源配置、绩效考核并未紧密挂钩，也缺少相应奖惩机制。

（3）研发投入结构性有效性问题有待改进。电科芯片的每年研发投入比达到30%以上，而中外企业在半导体领域的研发投入强度仅有8%和18%，但高额投入所取得的前沿技术成果、高附加值创新产品较预期仍有差距，主要原因有四点。一是投入不够聚焦，技术领域宽泛，创新投入相对分散，资金投入连续性和集中度不高。二是基础、体系、新域新质等领域资金投入力度不够。三是研发投入超过50%的经费流向外协费和材料费。四是自筹研发项目经费不足，过度偏重纵向科研项目，削弱了自主创新沉淀，导致基础弱化、体系割裂、能力碎片化。

2. 坚持目标导向，搭建创新体系顶层框架

科技创新体系是科技工作运行的系统、技术快速突破的载体，是一个由决策、组织、规则、资源配置等大量要素构成的整体。推进科技创新体系重塑与体制机制变革，核心是实现高效协同，从零散的创新要素管理向创新体系化管理转变。电科芯片整理识别出科技创新涉及的各类创新要素，梳理归纳后形成科技创新的7个子体系，如表1所示。

表1 科技创新要素归类

序	创新要素	整理归纳	管理归类
1	国家战略需求、装备发展需求、专业发展方向、科技规划、技术体系、关键核心技术、技术预测、战略研判与布局等	战略引领	创新组织运行体系
2	原创技术、基础技术、创新特区、未来产业、原创技术策源地、前沿投入、超前布局、技术策源等	原始创新	
3	国家科研项目、重大任务实施、重大工程保障、研发投入、揭榜挂帅、关键核心技术攻关、资源配置、科研保障、产业链、过程管理、项目考核激励等	科研攻关	
4	科技成果授权、转让、作价评估、认定、实施、利润核算、激励、成果库、成果共享、知识产权布局、专利、专有技术、标准等	成果转化	
5	人才梯队、首席科学家、首席专家、科技领军人才、高级专家、专家、青年科学家、青年拔尖人才、博士后工作站、人才工程、人才引进、人才任用、人才培养、人才保留、考核评价、荣誉激励、创新团队等	创新人才	创新能力支撑体系
6	重点实验室、技术创新中心、产业创新中心、设计平台、工艺平台、制造平台、测试平台、科研管理平台、创新联合体等	创新平台	
7	创新文化、制度办法、激励机制、创新管理流程、考核评价机制、转化机制等	创新机制	

电科芯片结合创新链思路，做好顶层设计，攻克体系要素分散、重复、封闭、低效的"痛点"，形成科技创新体系整体架构，实现科研攻关与管理流程有效耦合，为体系化重塑科技创新管理体系及制度流程提供指引。科技创新体系全景示意如图1所示。

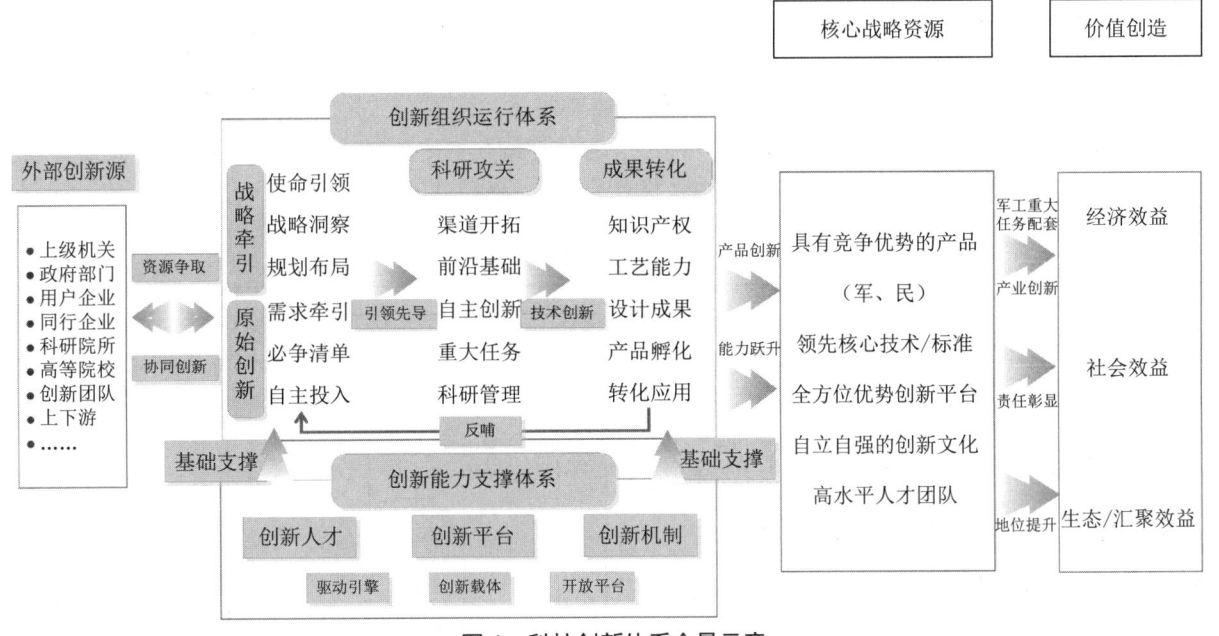

图1 科技创新体系全景示意

3. 明确总体思路，牵引创新体系建设完善

坚持以创新为引领、以市场为导向、以产品为核心、以工艺为支撑，构建战略引领有方向、科技攻关有强度、成果转化有成效、创新资源有支撑、创新生态有活力的自立自强科技创新体系，实现战略引领、原始创新、科研攻关、成果转化、科技人才、创新平台、创新机制7个子体系协调运转，最终实现芯片核心技术和产品自主可控发展，使电科芯片成为我国芯片技术领域自主可控发展的中坚力量。

（二）聚焦主责，紧扣主线，打造两大骨干体系

1. 衔接有效、创新突破，建立创新组织运行体系

从创新源头到创新完成，包括战略引领、原始创新、科研攻关、成果转化4个子体系，共同构成创新组织运行体系。其中，战略牵引体系完成电科芯片使命引领，发展战略洞察和各专业发展规划布局，牵引原始创新和科研攻关体系。原始创新体系激发创新动力，成体系建立原创技术策源攻关体系。科研攻关体系大力拓展内外部项目渠道，承研重大任务和关键技术攻关，强化科研过程管理，解决关键核心"卡脖子"技术问题。成果转化体系完善成果转化机制，提升成果转化效率，推动科技成果应用和知识产权运用。

2. 夯实基础、释放活力，建立创新能力支撑体系

实现创新高效运行需求的必要基础保证，包括创新人才、创新平台、创新机制3个子体系，共同构成创新能力支撑体系。持续完善创新能力支撑体系是确保创新要素充足的保障，能有效推动创新组织运行体系高效协同运转，加快形成特有平台、核心技术、研发体系、创新文化和高水平人才等核心战略资源，通过不断创新实现长期价值创造。

（三）协调联动，突出实效，建强7个创新子体系

1. 强化战略导向，打造战略牵引体系

战略牵引体系重点完成电科芯片使命引领，洞察专业发展方向，把握行业发展趋势，为专业发展提供战略支撑，牵引原始创新和科研攻关两个子体系建设运行。根据国家及集团等的战略需要及市场需求情况，谋划形成发展路线图，策划布局各专业方向的原始创新技术和关键核心技术，支撑电科芯片实现战略目标。打造战略牵引体系主要从三方面入手。

一是以核心技术为抓手，建立健全布局与攻关体系。以规划和技术发展趋势为牵引，组织制订《核心技术清单》，包括未来3～5年形成新经济增量的原创引领技术、面向当期科研生产中"卡脖子"技术及面向重大市场急需的应用技术，结合《核心技术清单》（如表2所示），组织制订《核心技术攻关计划》，作为公司纵向项目争取、自主项目立项、重点工作任务、财务预算编制、自筹设备采购、科技人才招聘的需求输入，牵引各职能部门协作配合，推动技术规划布局落地。

表2 核心技术清单要素示例

领域细分		市场研判	关键核心技术													管控条件				
三级技术领域	四级技术领域	应用前景	产值规模/万元	核心代表产品	主要技术指标	技术先进性	技术类型	重要性	技术名称	技术简介	技术能力	攻关计划	攻关紧急度	依托攻关项目	知识产权布局	是否原创	现有技术成熟度	对应科技规划	技术负责人	工艺制造	测试需求	是否自主可控	是否外协	禁包目录	慎包目录

二是依据科技发展规划与电科芯片实际情况，将规划布局的原创技术策源、核心技术攻关、重大项目实施、创新平台建设、成果转化应用、科技人才建设等重点任务全面转入各部门年度重点工作计划，同时积极推动规划任务与项目纳入国家各部委及集团公司的整体布局。核心技术攻关计划要素包括细分技术领域、技术来源、技术名称、关键指标、重要性、技术类别、必要性、技术先进性、启动时间、计划攻克时间、管控级别、经费来源、项目名称、主体承担部门、责任首席等。

三是完善相关配套机制，出台《关键核心技术管理办法》等制度，健全规范核心技术认定、实施与考核相关的实施细则，确保战略牵引体系有效运行。

2. 激发创新构想，打造原创技术体系

原始创新体系重点健全原创技术策源攻关体系，加强策源能力激发，加大内外部资源投入，强化原创性、引领性和应用基础性技术研究，建设集成电路原创技术策源地，打造芯片技术领域创新特区等。打造原创技术体系主要从两方面入手。

一是提升原创技术策源能力。面向国家所需和产业变革重大方向，加强情报分析研判，瞄准行业发展趋势，着眼未来军事变革和战略科技发展，持续加强科技、军工、产业形势跟踪，在前沿领域超前布局，通过创新特区等机制创新，引导科研人员研究提出原始创新构想。

二是强化原创技术攻关支持。围绕主责主业和技术发展趋势，加大对"人无我无、人有我优"技术的开发力度，加大对能形成技术壁垒的原始创新技术攻关的支持力度，对外积极争取及谋划基础前沿领域国家重点任务，对内加大前瞻性布局和原创性技术投资力度，基于发展资金、实验室基金、创新特区项目及稳定支持经费等推进原创技术孵化。

3. 集聚创新资源，打造科研攻关体系

科研攻关体系重点聚焦国家重大需求和自身长远发展，以提升创新能力为目标，充分集聚内外部创新资源，承担国家及集团、公司等的重大科研任务，开展关键核心技术攻关，解决基础元器件、材料、工艺等"卡脖子"技术问题，持续健全管理机制，推动产生更多高价值科技成果。科研攻关体系的运行如图2所示。

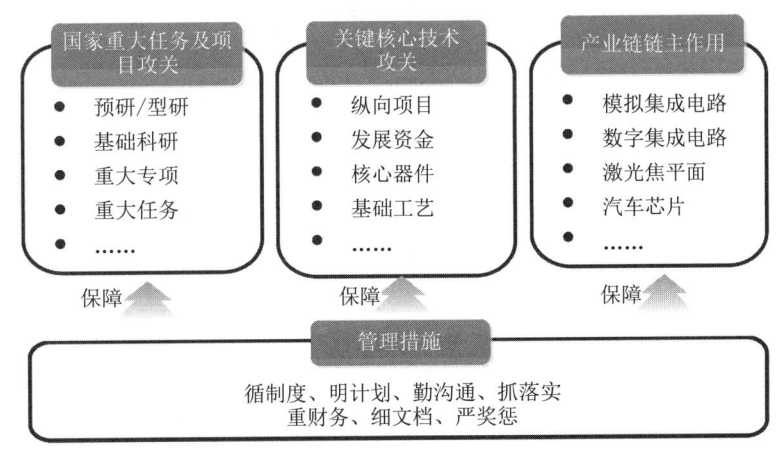

图2 科研攻关体系运行示意

一是以战略牵引体系布局。以《科技规划》《核心技术攻关计划》等为抓手，以提升科技创新能力为核心，瞄准战略性、基础性、前沿性领域，坚持补齐短板、跟踪发展、超前布局谋划重大攻关任务，以年度绩效目标、纵横向科研项目等为载体牵引各职能部门、相关事业部协作配合，共同推进目标完成。

二是加强外部资源争取。定期梳理国家部委任务布局，涵盖各类专项使命定位、总体目标、面向领域、技术方向等关键要素，形成各渠道全景图，结合电科芯片技术发展布局，制订科技项目指南库，针对性开展项目策划与申报工作。

三是加强内部资源集聚。重塑自主投入管理体系，发挥自主投入资金撬动作用，布局关键核心技术攻关、应用提升、创新特区、创新平台等系列专项，兼顾眼前与长远、局部与全局，统筹好资源配置。出台《发展资金项目管理办法》，在投入模式、管理方式、评价体系等方面不断优化，推动科技规划落地、关键核心技术攻关、生产效益和质量水平提升、创新平台建强等目标实现。

四是建立健全科研攻关管理体系。不断完善科技项目管理办法等机制，包括建立项目分级分类评价体系，以价值、贡献、绩效为导向，落实项目分级分类管控；加强重大项目过程管理，加大关键节点把控，对"重点项目、重大节点、重大风险、重大成果"进行重点协调监管；推行技术总师负责制，明晰各方职责，充分赋予项目团队技术路线决定权和经费使用权；健全项目奖惩机制，结合"红黄牌""项目激励"等制度，强化科研项目考核与奖惩力度等，保障攻关任务有序推进。

4. 畅通成果转化渠道，打造成果转化体系

打造成果转化体系的重点是完善成果转化机制，提升科技成果转化效率，搭建成果共享推广平台，促进科技成果应用。加强科技成果归集、评价、分析、运用和管理，开展知识产权贯标，保障成果转化和成果应用顺利实施。成果转化体系运行如图3所示。

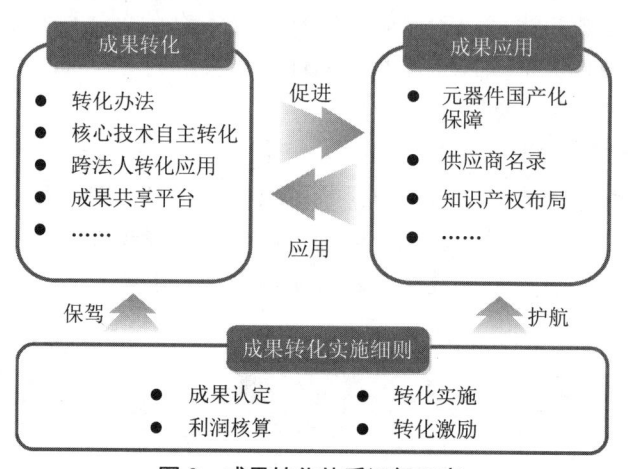

图3 成果转化体系运行示意

一是围绕"促进技术转化与产业化"的目标导向，研究明确成果转化认定范围（如表3所示），在跨法人成果转化之外，将核心技术攻关转化纳入认定范围，构建"技术布局－科研攻关－成果转化"的创新管理链条。

表3 成果转化认定范围

类别	认定范围
自主创新类	面向国家和集团重大战略需求、电科芯片科技发展规划及军民产业需求，聚焦关键核心技术，按照公司《关键核心技术管理办法》确定、实施并创造高经济效益的科技成果
协同创新类	电科芯片各事业部及产业公司与内外部其他单位/部门向他人转化/转让科技成果；以科技成果作为合作条件，与他人共同实施成果转化；以科技成果作价投资，折算股份或者出资比例；其他协商确定的方式

二是畅通成果转化"最后一公里"。出台《科技成果转化办法》，研究并不断细化成果转化、成果认定、价值评估、转化实施、利润核算（如表4所示）等实施细则，破除"不愿转、不能转"等转化

桎梏，顺畅转化实施流程。坚决落实成果转化激励机制，每年从成果创造利润中提取不低于5%的金额奖励成果团队，激活存量成果，引导促进关键核心技术成果规模化应用。科技成果转化激励要素包括研发成本、批产成本、开票收入、销售数量、批产总成本、利润等。

表4 成果转化利润核算体系

利润			
	（收入－成本）* 成果对利润贡献比例		
收入	1. 自主创新类成果转化收入：指核心技术攻关开始至完成后3年内累计形成的新产品销售收入 2. 协同创新类成果转化收入：以转让、许可方式实施成果转化的，转化协议总金额将作为成果转化收入；通过共同实施方式开展的成果转化，以后续形成的销售收入作为成果转化收入		
成本	成本 Q_0	$Q_0=q_1+q_2+q_3$	
	符号	研发投入成本 q_1	产品生产与销售成本 q_2	转化实施成本 q_3
	成本名称	单位自筹研发投入费、维护费、维权费等 自主创新类核算周期：核心技术攻关开始至完成 协同创新类核算周期：成果投产前2～3年	批产攻关成本、产品生产的直接与间接成本、销售成本等	1. 转化过程形成的成本 2. 资产价格评估 3. 审计费 4. 税费 5. 中介机构费用等
成果对利润贡献比例	性能贡献度等级	功能贡献度1级 实现产品部分关键功能	功能贡献度2级 实现产品全部关键功能
	性能贡献度1级 （实现产品部分关键性能）	30%	60%
	性能贡献度2级 （实现产品全部关键性能）	60%	100%

三是搭建科技成果转化与共享平台。电科芯片组建以来，专业方向大幅扩充，覆盖光电、集成电路、微声电子、传感器等诸多领域，存在技术交叉互补、深度融合的潜在优势。目前已建立成果信息化平台，平台包括科技成果发布（电科芯片内部各事业部/产业公司创新能力简介、最新科技成果简介）、技术需求发布、行业成果展示（相关专业方向优势高校、企业、科研院所的创新情况）、专利、奖项、鉴定成果及资源库等功能板块，为科研人员提供能力与需求的展示平台，打破部门信息屏障，畅通信息交互通道，助力科技成果信息化管理。

四是加强知识产权布局管理。建立知识产权管理体系，搭建起从战略规划层面开始的知识产权布局管理工作，针对知识产权管理体系薄弱的短板逐一进行整改完善。持续开展知识产权专项培训，提升科研人员的知识产权意识，实现知识产权体系全覆盖，为未来重大技术方向打造知识产权"护城河"奠定基础。遴选重大产业方向开展知识产权布局，明晰技术发展路线、未来技术趋势、专利热点和空白及竞争对手专业壁垒，为技术路线选择、后续产品研制、市场占领开拓提供有效支撑。

5. 围绕"引、用、预、留"，打造科技人才体系

打造科技人才体系的重点是全方位引进、培养、用好科技人才，在培养使用、考核评价、激励保障等组织体系和管理机制上为科技人才提供有利于高效创新的土壤，为公司发展提供源源不断的优秀科技人才。打造科技人才体系主要从以下六方面入手。

一是加强高层次科技人才引进。聚焦核心技术领域和"卡脖子"问题，建立"稀缺人才目录"，突出"高、精、尖、缺"的引才导向，实施更开放的创新人才引进制度，结合相关引才项目，吸引世界一流科技人才团队。科技人才体系运行如图4所示。

二是加强核心科技人才托举，建立电科芯片"科技人才库"，对科技人才进行分档、分类管理，围绕重要学科领域和创新方向，遴选一批战略科技人才、科技领军人才、青年科技人才和创新团队，纳入重点培养梯队，在项目承担、成果申报、荣誉推荐、对外推举等方面，有意识地进行针对性培养，鼓励科技人才参加各类重大学术交流活动，大力推举后备人才进入各部委专家组，主动融入国家和国防的科技规划体系，开阔视野，同时提升电科芯片在国家级战略研究、规划制度、体系落实过程中的参与度。

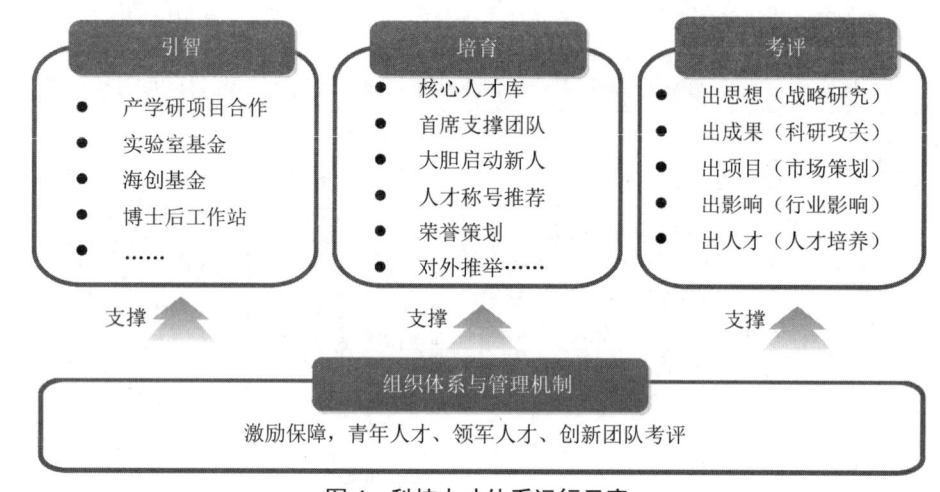

图4 科技人才体系运行示意

三是优化战略科学家支撑机制。首席科学家、首席专家是电科芯片技术的顶层规划者、引领者与参与者。电科芯片创新性设立首席支撑团队，并赋予其相应的考核与激励权，为首席开展前沿技术布局、重大项目策划、核心技术攻关等工作提供强有力支撑，同时发挥首席带团队优势，提升团队成员科技规划、项目策划、科研攻关、技术交流等方面的能力素质；设立首席直通车项目，充分赋予首席技术决策权与项目立项权；配套出台《进一步发挥首席技术引领作用实施方案》，完善相应管理、考核、激励机制，切实加强支撑保障。

四是完善高层次科技人才考评体系，用好、留住科技人才，坚持能力导向、贡献导向，持续优化《首席科学家和首席专家考核管理办法》与《高级专家和专家考核实施细则》，在"出思想、出项目、出成果、出人才、出影响"体系的基础上，平衡分值权重，向重大项目攻关、解决科研生产瓶颈、取得重大科技成果、加速成果产业化等高价值工作倾斜。同时，充分考虑工作质量、难易度、贡献度，不断迭代改进考核指标定义、预付分值、评价方向等，对从事不同科学技术活动的人员实行差异化评价标准和方式，构建有利于科研人员潜心研究和重视创新的评价机制。

五是全面加强青年科技人才培养。青年科技人才创新意识强烈、创新思维活跃、创新活力充沛，电科芯片研究设立了青年科学家项目、科技创新大赛、揭榜挂帅项目等（如表5所示），为青年科技人才提供充分展示科研实力的平台，并赋予其项目研究内容、技术路线、经费使用自主权，设立容错免责、经费包干等机制，解除其后顾之忧；积极为青年科技人才申报博士后基金、"重庆英才计划"等，提升其职业认可度；大胆任用青年科技人才承接重大项目、重大工程任务；在人才称号、荣誉评选等方面为青年科技人才设立"青年拔尖人才"等专属荣誉奖项；优先选拔青年科技人才纳入首席支撑团队，加快个人成长。

表 5　青年科技人才培养机制

项目类型	定位
首席直通车项目	进一步发挥首席科学家/专家技术引领作用，赋予首席技术决策权与立项权，项目由首席组织提出并直接参与，研究内容、技术路线、经费预算、团队成员等由首席决定，每个首席当年度可推荐项目立项一项
青年科学家项目	面向已做出一定创新成效并具备较强创新潜力的35岁及以下青年科技人才，以"能力、绩效、贡献"为标准，每年遴选不超过10人，支持开展原创性、引领性、颠覆性、基础性科技攻关，为公司新技术方向开拓、重大科技项目立项、卡脖子技术攻关等提供前期探索，以项目资助带动人才培养，为青年高潜科技人才提供能力施展平台，逐步培养打造引领科技前沿、具有重要影响力的后备科技领军人才队伍
揭榜挂帅项目	面向关键核心技术攻关等重（难）点任务，为广泛聚集优势研发力量，充分释放创新潜能，切实推进内外部协同创新，加速技术互补与融合，形成揭榜者脱颖而出、才华尽展的良性创新生态，设立揭榜挂帅机制，鼓励有能力、有担当的团队主动担当
科技创新大赛	以引领实现科技赶超、催生发展新动能为导向，面向战略新兴领域，挖掘发现创意火花，推动创新想法孵化。充分鼓励中青年科研人员发挥自身优势，突破传统思维，开展新研究方向和原创技术探索，培育可产生技术突袭效能的高潜项目

六是加强科技人才激励保障，全面落实国家及集团公司、电科芯片在科技人才激励方面的政策。加强与地方政府对接，在医疗保障、子女教育等方面，积极争取科技人才优惠政策，优先向原始创新技术、关键核心技术、颠覆性技术领域科技人才倾斜。

6. 建强基础能力，打造创新平台体系

创新平台体系重点是围绕现有核心能力平台建强、省部级创新平台的升级打造和新型国家级创新平台的谋划布局。有效发挥创新平台在原创技术策源、关键核心技术突破、高水平科技人才集聚、内外部创新资源整合等方面的重要作用。

一是完善创新平台规划布局。按照自身发展战略和技术发展趋势，坚持体系上系统谋划和领域上战略布局有机结合，坚持国家级和省部级及自主级创新平台建设相结合。通过新建、充实、调整、重组、撤销等措施，打造"战略引领、优势突出、特色明显、开放联合"的创新平台格局，同时以平台为媒介，谋划行业、区域级创新链、产业链集群。

二是加强创新平台建设。结合创新主专业发展趋势，加大重点创新平台支持力度，围绕重点平台设立针对性建强举措。例如，针对重点实验室设立稳定支持经费、改革考评目标；积极谋划国家级创新平台，如筹划国家先进感知产业创新中心，成立独立法人公司，加大资源投入与上下游协同等推动目标实现；完善创新平台管理机制，按照平台等级与建设定位，实行分级分类管理，设置相匹配的管理模式与支撑制度，健全目标绩效、协同攻关、成果转化等配套运行机制。

三是建强核心能力平台。重点围绕制造平台进行整体谋划布局，布局建设先进封装和测试等四大共性支撑平台及各类专项研发平台，全面提升创新基础能力。

7. 探索管理创新，打造创新机制体系

创新机制体系重点是贯彻落实国家有关科技创新政策规定，围绕"1+2+7"创新体系高质量运行，建立健全科技创新制度体系，大胆探索、推进创新机制建设与应用实施，先行先试，完善科技创新各子体系运行所需的各项配套机制流程。结合体系建设，不断明晰各子体系间创新要素的衔接关系，更新迭代相关管理办法、实施方案、工作流程，确保体系协同优势发挥。打造创新机制体系主要从四方面入手。

一是围绕体系运行，完善创新管理全过程管理机制。在顶层规划方面，制订《科技创新基本制度》，统筹各子体系科技创新管理制度及业务流程建设，确保子体系间创新要素相互衔接、高效协同；在战略牵引方面，出台关键核心技术等机制，推动战略布局系统化、可实施化；在原始创新方面，出台原创技术策源地、创新特区建设方案等，健全原创技术策源攻关体系；在科研攻关方面，出台发展资金等机制，加快核心技术能力生成；在成果转化方面，出台成果转化办法，激活存量成果，促进成果产业化；在创新平台方面，出台创新专项考核、创新平台管理等机制，推动各层级创新平台有序建设运行；在科技人才方面，持续优化迭代科技人才培育、考核、激励等机制，确保激发创新活力，提升创新内生动力。

二是着力打造电科芯片创新特区。聚力原创引领技术谋篇布局、战略新兴领域能力生成，加大创新体制机制改革、探索实施各类新型科技管理模式等举措，打造鼓励创新、激发活力的创新"试验田"；创新项目立项方式，设立系列新项目类型，充分赋予科研人员项目立项权，研究内容、技术路线自主权；创新项目管理模式，建立并坚决落实"容错免责、经费包干制"等机制（如表6所示），充分鼓励科研人员积极探索、勇于创新。

表6 项目管理新机制及其原则

机制	主要原则
容错免责	已履行勤勉尽责义务，经认可，予以免责
灵活启动	每年集中启动一批项目；面向市场急需，可随时启动新项目
经费包干制	在预算范围内，经费使用权完全放开，物料、外协、工具购置等充分授权，统一走绿色通道；事业部及各职能部门不对必要性进行审核，在符合采购合规性的基础上，原则上一律放行
后补助	一是创新特区项目围绕成果转化开展科研活动，可按一定比例申请奖励性后补助；二是事业部/产业公司通过内部组织的科技创新活动取得突出成效，可申请后补助资金支持

三是实施科技创新专项考核，进一步提升科技创新重要度。持续完善实施细则，引导推动各事业部/产业公司开展原创技术策源、重大项目争取、关键核心技术攻关、成果转化应用等高价值工作。根据公司/部门定位与人员职责的差异，进行分级分类考核并赋予相匹配的创新考核权重（如表7所示）。①创新平台类（一类）：重点实验室作为国家级创新平台，需要充分发挥平台优势，发挥驱动引擎作用，抢占技术制高点，争取发展先机，驱动辐射电科芯片创新发展，权重不低于60%。②创新主体类（二类）：各事业部/子公司作为电科芯片经济目标与创新主体，布局前沿技术，加速核心技术攻关，打造具有市场竞争力的新产品、新动能，是获取市场竞争优势的关键，充分结合各事业部/子公司创新基础条件、所属专业领域及行业地位、主营业务情况、科研人才、项目数量与未来发展对创新资源投入的需求程度，权重为14%～18%。③转化支撑类（三类）：各部门/子公司中，检测中心和外壳事业部及部分子公司主要是以支撑公司产品生产为主要职责，主体工作内容中科技工作占比相对不高，但科技创新对其未来的发展与能力提升具有不可替代的作用，权重为10%。

表7 科技专项考核指标体系及计分办法

指标类别	指标编号	指标	指标说明	分值
战略牵引	KF1	发展规划评价	评价科技规划布局情况	10
科研攻关	JS1	核心技术攻关	评价核心技术攻关任务执行情况	20
	JS2		科技项目执行情况	10

续表

指标类别	指标编号	指标	指标说明	分值
科技市场	SC1	科技新签合同	评价新签项目经费情况，包含集团发展资金及各类纵向、横向科技经费	25
	SC2	科技收入	科技收入完成情况	10
科技成果转化	CG1	科技成果转化	成果转化活动——仅考核权重14%及以上部门/子公司适用	15
	CG2	科技荣誉成果	1. 专利申请、授权目标 2. 学术研究成果和贡献	10
	CG3		争取外部及电科芯片科技奖项	
重大创新成效	加分项		重大任务争取及承接、获取重大人才荣誉等，新获批科技创新平台或取得重大建设成效等	

四是健全科技创新关键过程奖励激励体系。坚持以价值贡献为导向，建立项目类、成果类、荣誉类、人才类科技创新激励体系，鼓励以提升军民核心能力、推动产业链高端跃升、抢占前沿高地为目标，产生更多高质量科技成果。对承担科研攻关项目的团队和人员，按照纵向项目、揭榜挂帅项目、发展资金项目、创新特区项目等管理机制落实相应激励；对核心技术攻关突破并转化应用的团队和人员，按照成果转化机制落实相应激励；对取得重大科技创新成果的团队和人员，按照科技荣誉奖励等机制落实相应激励；对年度突出贡献专家、有力支撑首席团队等高水平科技人才，按照首席团队激励、高专、专家奖励等落实相应激励（如表8所示），不断营造尊重知识、重视人才的良好创新氛围。

表8 创新激励制度汇总

类别	名称	激励方式
项目类	揭榜挂帅项目激励	按项目10%上交风险金，完成予以风险金2倍额外奖励
	纵向项目激励	按"国拨"经费的0.2%～1%进行奖励
	发展资金项目激励	按项目经费4%进行激励
	创新特区项目激励	优秀项目予以1万元至2万元的专项激励
成果类	成果转化激励	提取不低于转化利润的5%进行奖励
	"五小"创新	对"小发明、小创造、小革新、小设计、小建议"创新活动进行奖励
荣誉类	内部科技荣誉奖项	包括最高科技奖、科技进步奖、技术发明奖、专利奖、科技进展奖、创新产品奖、创新团队奖、科技领军人才、青年拔尖人才、创新先进集体等奖项
	外部科技荣誉奖项	包括国家的和国防、军队的及集团、地方、协会、熠星等各类外部奖项
人才类	首席支撑团队激励	支撑团队每年予以15万元或20万元专项奖励
	高专、专家激励	每年奖励卓越高专10万元、卓越专家8万元、突出贡献高专3万元、突出贡献专家2万元
	科技创新类合理化建议	新产品工艺开发及应用、设备仪器、仪表改造维护等，根据实施效果、经济与社会效益，设立特等奖（5000元）、一等奖（3000元）、二等奖（2000元）、三等奖（1000元）

（四）体系实施，实践验证，不断进行优化完善

1. 持续加强新体制机制宣贯培训

定期组织公司级专项培训，深入走访各主要事业部/产业公司，确保科技人员知悉新出台的核心技

术、发展资金、成果转化、奖励激励等制度。同时，在宣贯过程中充分与科研人员进行意见交流，收集大家的想法诉求，确保上下一体，为全面实施各项制度并持续改进提供基础。

2. 大力推进新体制机制实施落地

自体系重塑以来，以体系为牵引推进各项工作，让企业内生的创新力量顺畅高速地流动起来。新体制机制包括但不限于开展关键核心技术梳理工作，形成核心技术攻关计划，牵引创新源头；系统性布局发展资金项目，每年直接投入近3亿元，立项百余项自主投入科研项目，推进核心技术攻关实施；启动首席直通车、青年科学家、科技创新大赛、揭榜挂帅等自主科研项目，打造芯片技术领域创新特区；建立技术布局到成果转化管理体系，落实成果转化激励，引导促进科技成果转化为新质生产力；全面落实项目类、成果类、荣誉类、人才类创新激励体系，每年发放的科技创新专项激励总额超过千万元，奖励均实行单列。

3. 不断总结完善，及时优化改进

结合实施情况，定期开展系统性总结。

一是围绕创新源头，从战略布局本身进行分析，如布局技术转化为科研攻关路径是否明确可行，设计、工艺、测试能力是否需要补全，存在哪些堵点、卡点、风险点，技术突破后成果转化路径是否可行，资源配置、政策流程是否能有效保障。体系问题梳理如图5所示。

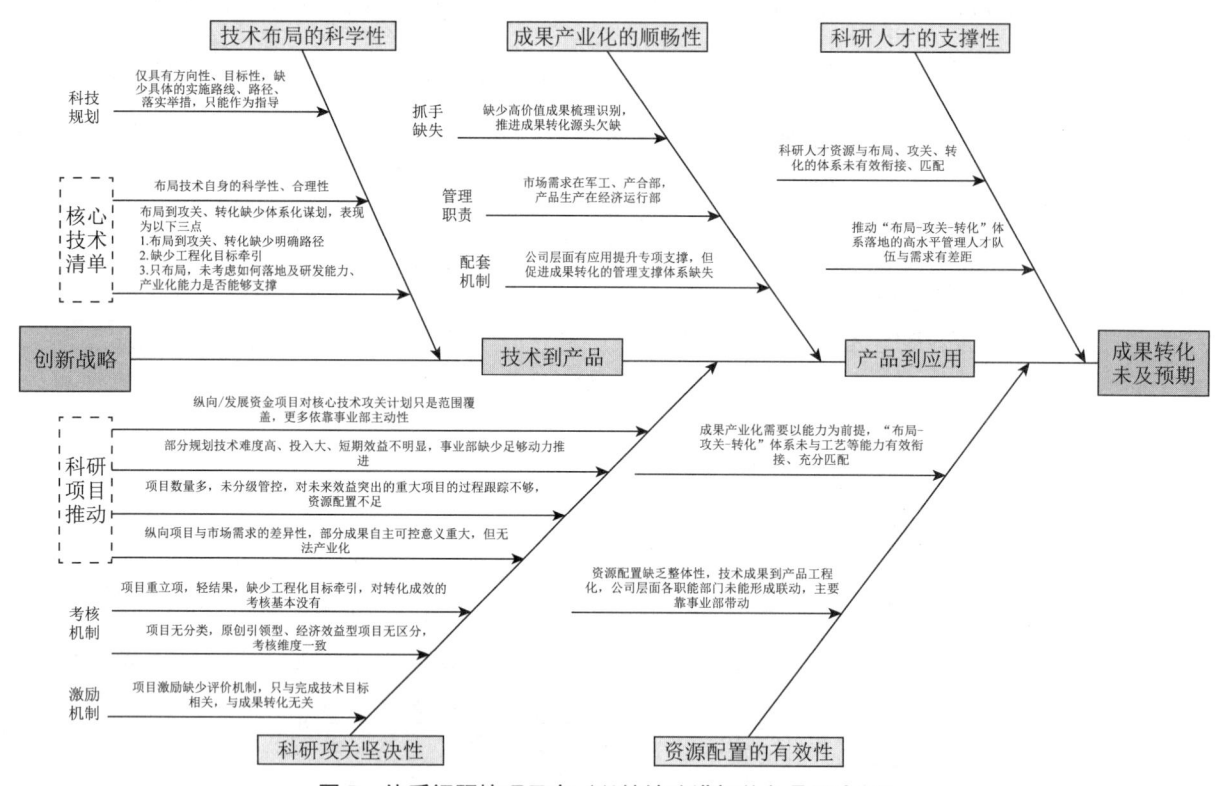

图5 体系问题梳理示意（以持续改进相关鱼骨图为例）

二是围绕战略布局落实进行分析，坚决避免只布局、不落地的问题。以《科技规划》和《核心技术攻关计划》为抓手，定期梳理布局技术未能转至攻关任务的深层原因——是市场需求变化、与自身发展冲突、产值压力太大导致基层意愿不强或缺少工艺条件、缺少研发人员导致的能力不足等客观原因，还是由于缺少项目牵引、公司职能部门间未充分协同，或内外部人、财、物资源争取力度不够、考核奖惩激励机制未跟上等管理问题。

三是围绕成果转化与产业化进行分析，针对《科技规划》与《核心技术清单》"回头看"，根据最新情况梳理分析前期规划布局是否论证充分，是否充分考虑需求输入来源的全面性、资源配置的充分性、配套制度流程的可行性等问题。

三、实施效果

（一）科技创新有力支撑企业高质量发展

在创新体系驱动下，电科芯片的科技创新效能有效提升，企业创新内生动力充分显现，被国务院国资委认定为中央企业"科改行动"优秀企业。近3年，电科芯片的营业收入年均增长10%、营业利润年均增长32%；申请发明专利634项，同比增长135%；授权发明专利409项，同比增长105%；取得省部级及以上科技奖62项，同比增长67%；被重庆市授予"重庆市科技管理系统先进集体"称号；代表中国电科承担集成电路原创技术策源地建设等一系列国家重大任务；成功论证某专项首个平台建设试点项目，推动该平台落地中国电科；一大批关键核心技术加速突破，新产品不断涌现；响应国家需求，发挥自身所能，有力推进5G通信、汽车电子等产业能力快速跃升。

（二）科技创新堵点、卡点问题有效解决

通过体系顶层架构设计与子体系运行体系的持续健全，创新问题不断解决。如针对体系化合力问题，通过体系化重塑科技创新体系，协同效能有效提升；如针对创新牵引力度不足、研发投入结构性有效性问题等，通过战略牵引、核心技术攻关布局、发展资金项目攻关、成果转化激励等举措有效解决；如针对技术策源攻关能力与动力不足的问题，通过创新特区机制、创新激励体系建设等顺利解决。

（三）科技创新各子体系效能持续提升

创新组织运行体系实现高效运转。在战略牵引方面，改革前以科研项目牵引为主，改革后优化为以规划为牵引、以核心技术攻关计划为布局、以纵向科研项目与自主投入保障落地的体系化布局。在原始创新方面，依托创新特区经费包干制、容错免责等机制及项目支持，每年收集原创项目建议近百项，科研人员创新热情大幅激发。在科研攻关方面，年均完成国家及各部委各类科研项目300余项，其中重大工程科研项目完成率100%；面向下一代装备配套的集成电路、光电器件、特种元器件等核心芯片研发周期有效压缩，新产品支撑装备跨越发展与换代升级，装备保障能力得到快速提升，联合上下游龙头企业，牵头推进集成电路等4条产业链建设，有效履行央企使命责任担当，行业地位稳步提升。在成果转化方面，研究解决了认定实施、价值评估、利润核算等卡点问题，通过转化激励落地，科研人员转化动力大幅提升。

创新能力支撑体系保障成效突出。在创新平台方面，从原有零散的平台管理到围绕主专业发展，通过分层、分级、分类谋划管控，实现平台布局与专业发展相互嵌套、协同发展。在科技人才方面，近3年入选"国家引才计划"3人、"国家高层次人才特殊支持计划"6人及省部级"人才支持计划"40余人，成效显著。在创新机制方面，形成了配套体系运行的创新机制体系，各项制度基于体系化思维，打通工作接口，实现创新各环节有效衔接，有效发挥创新合力优势。

（四）企业科技创新主体作用有力彰显

一是实现了战略布局到成果转化的全流程贯通。打造出高效协同的创新主线，以流程设计和制度建设为落脚点，建立起高效协同的一体化科技管理模型，实现创新要素有效衔接，各关键环节融合创新管理系列新制度及工具方法，体系化思维贯穿科技管理全过程。通过实施推进与定期迭代，实现企业创新能力、竞争能力和可持续发展能力快速提升。

二是创新思维成为企业文化，并形成常态化机制。管理变革不仅仅是完成了科技创新体系的重塑，还有一个最重要的收益就是在各项工作推进中显著提高了科技管理水平。由于管理变革覆盖科技创新全过程、各环节，全体领导和员工的创新意识和思维得到显著提升，创新激发、创新攻关、创新激励等机制持续引导全体员工自动自发行动，并形成常态化，提升了企业硬核组织管理能力，实现管理提升、经营提效、发展提质，整体的科技管理水平得到显著提高。

三是沉淀了可广泛复制、推广的科技创新管理实践。企事业单位科技创新体系化管理在国内尚处于探索阶段，具体可操作的实施路径、最佳实践不多。电科芯片在管理变革的推进过程中，通过研究梳理、出台制度、建立流程、实践检验，沉淀了系列管理经验和通用方法，具有可操作性和推广价值，可供行业相关企事业单位广泛学习、复制和借鉴。

四、下一步规划与探讨

军工科研院所是建立在现代科学技术基础上，生产高、精、尖产品的知识、资金密集型企业，在国有企业全面深化改革的大趋势下，既要履行装备科研生产任务，完成政治任务与使命职责，同时又要直面市场竞争、自负盈亏。国企体制决定其无法通过成本战略获取竞争优势，只能依托技术优势，走差异化及高附加值产品道路，这就对科技创新能力较一般的企业提出了更高的要求。管理永远在路上，如何充分利用各类政策资源、大力推进创新体制机制改革、破除创新发展桎梏、建立适用于自身发展的高质量科技创新体系直接决定企业的未来发展。由于科技创新体系涉及战略规划、组织架构、科研平台、资源配置、管理机制等诸多方面，在研究与实践过程中仍存在诸多不足，仍需要结合实际，不断改进、持续优化。

国家级重要会议活动出行服务的平台建设与运营管理模式

创造单位：首约科技集团股份有限公司

主创人：程伟 莫思思 尹钊

创造人：任俊慧 魏燕 吴晓静 安齐男 孙天宇

【摘要】在国家级重要会议活动中，对出行服务要求标准高、应急处理要求严、管理组织跨度大，所以很难在独立的网约形式下实现，必须具备配套的运营管理方式，将"网约"与"调度指挥"相结合，形成一套新的运营管理模式，才可以落地实践。

北京首汽（集团）股份有限公司（以下简称首汽）过去服务重大会议和赛事时，多是采用人工调度、分队管理的传统运营管理方式，对于司机服务任务的指派和记录，是采用车队长口头下达、司机填写纸质"路单"的方式。此种模式灵活性较低，而线上调度和线下运营相结合的模式，不仅能提高效率，也能使用户体验更佳。

基于以上背景和现状，首汽约车出行服务平台+运营管理模式的落地实施，必须遵循管理效率高、保证100%应答、应急处理灵活的原则，才能满足重要会议活动的高级别的定制要求。

在北京2022年冬奥会，首约科技集团股份有限公司（以下简称首约）作为国际奥运会历史上首家提供网约车出行服务的供应商，为冬奥闭环人员提供了高效便捷安全的用车体验，获得了冬奥组委会和国际媒体的高度赞许和认可。

后冬奥时代，首约秉承创新引领的发展理念，积极推动冬奥系统赋能核心业务的价值探索。锚定高净值、服务敏感型、高安全属性等政企客户需求，探索出高价值竞争蓝海并持续发力。首约通过进一步升级冬奥系统的安全、保密属性，提升管控能力和用车保障能力，以高品质定制化的解决方案，满足客户的个性化需求，提升客户黏性，为政企业务长期可持续健康发展建立能量补给站。

【关键词】出行服务平台 运营管理模式 商业化应用

一、实施背景

网络预约打车应用的出行方式，是以互联网技术为依托构建服务平台，接入符合条件的车辆和驾驶员，通过整合供需信息，提供预约出行汽车服务，简称网约车。网约车在全球范围内大众出行领域中的应用已经趋于普及，各国大众用户对于网约车的使用习惯和认知已经培养形成。

在我国，网约车通过先整合出行需求，再分配运力资源的方式，科学地建立供需之间的匹配关系，缩短了乘客、司机之间互相"寻找"的环节，降低了车辆"空驶"巡游获客的成本浪费，响应国家"绿色出行，低碳环保"的倡议和号召。此服务方式在国内各个出行场景当中的应用也非常广泛，例如通勤用车、就医用车、商务用车、旅游用车等。

但目前在国家级重要会议活动中的出行服务，网约车方式还未有实际应用。主要原因是此类活动的服务标准高、应急处理要求严、管理组织跨度大，所以很难在独立的网约形式下实现，必须具备配套的运营管理方式，将"网约"与"调度指挥"相结合，形成一套新的运营管理模式，才可以落地实践。

此类运营管理模式，在其他国家的重要会议活动中已有应用案例，例如2018年的韩国平昌冬奥会、2020年的日本东京奥运会都有落地实践。

首汽作为国内领先的全方位汽车服务提供商，它为党和国家的重要会议活动、国家和首都的国际交往、大型会议、商务活动和观光旅游、大众出行提供安全优质、舒适快捷的交通服务。首汽具有服务特大型会议活动的接待能力，承担历次党代会和历年全国两会的服务工作，近年圆满执行了2014年APEC（Asia-Pacific Economic Cooperation，亚太经济合作组织）系列会议和领导人会议周、2015年亚投行签署仪式、2015年上合组织郑州峰会领导人车队、2015年抗战胜利70周年纪念活动领导人车队、2016年G20杭州峰会领导人车队等交通服务保障任务。

但纵览首汽70年的"上会"成功经验，都是采用人工调度、分队管理的传统运营管理方式，对于司机服务任务的指派和记录仍然采用车队长通过对讲机口头下达，司机填写纸质"路单"的方式记录。相对于大众出行领域来说，这种运营管理方式存在明显的滞后，改进空间巨大。

二、实施目的

为了响应"绿色办奥、开放办奥"的理念，北京冬奥组委要求在北京2022年冬奥会交通出行服务中引入科技元素。为了满足北京冬奥组委的要求，首约需要通过网络预约的方式，为北京2022年冬奥T3的"线上+线下"立体化服务模式量身定制一套运营方案和约车系统，向冬奥期间大量来华的各国媒体、记者、赞助商等利益相关方提供专业的闭环内"点到点"的出行用车服务，解决冬奥期间庞大的出行需求。

三、实施过程

（一）设计要求：管理效率高，保证100%应答，应急处理灵活

（1）服务人员的级别高，且不同国籍。出行作为刚需，此类重要活动最重要的要求就是司机必须100%应答，不允许乘客"叫不到车"，约车方式也应多样便捷，例如乘客手机没电无法约车，则需要提供辅助约车的方式。

（2）服务的地域特点多样性。有可能是跨城市同时服务，也有可能是分时段开放通行，所以需要各区域独立分配，互不影响。

（3）服务方有可能是多家。例如奥运会或者抗战胜利70周年纪念活动等重大活动，因为规模大，所以服务保障的车队是由多家公司提供的，比如首汽、北汽、新月等，每一家都是自己管理车队，但都听从总指挥中心的指令。

（4）疫情防控级别高，带来的"闭环管理"等特殊要求较多。比如专用通道、场馆进出行驶流线、阳性乘客行程追踪溯源等，平台系统在这方面的辅助能力要求比较突出。

（5）全局管控能力要求高。车队是流动的，对于车辆实时的位置情况、事故/故障类发生时现场及自身的实时状况等都需要全面监控，以便运营管理团队和总指挥中心能快速应急处理。

（二）设计思路框架

（1）基于"网约"的互联网技术基础，构建乘客端、司机端两个App。乘客端需要用车时在乘客端App填写用车的时间、地点、乘车人数等用车条件，中/英文两版可切换，适用于不同国籍语种。司机端用于驾驶员接收任务安排并按照服务流程完成服务任务。

（2）构建智能运营调度一体化服务平台，用于指挥中心、车队调度、驻地调度、客服、交通管理单位等各级单位各级部门通过系统实现多级协同管理。

（3）构建约车管理系统，用于车辆管理、司机管理、派单任务分配、服务站点设置、电子地图标记等，协助车队进行数字化管理。

（4）构建智能车载监控系统，用于实时调取车内、车外摄像头视频，在异常事故/故障发生时全面掌握现场情况，及时应急处理解决。

（5）构建数据分析系统，用于大数据分析用车需求的变化情况，提前提醒各服务区域提前增/减调派车辆，提醒地面交通指挥单位疏导交通压力。

（6）设立"场站包点"运营模式，司机服务完成一个出车任务后需回到场站进行"消毒杀菌"等处理，原地待命等待司机端派发新的服务任务。场站即时服务车辆现场调配方案如图1所示。

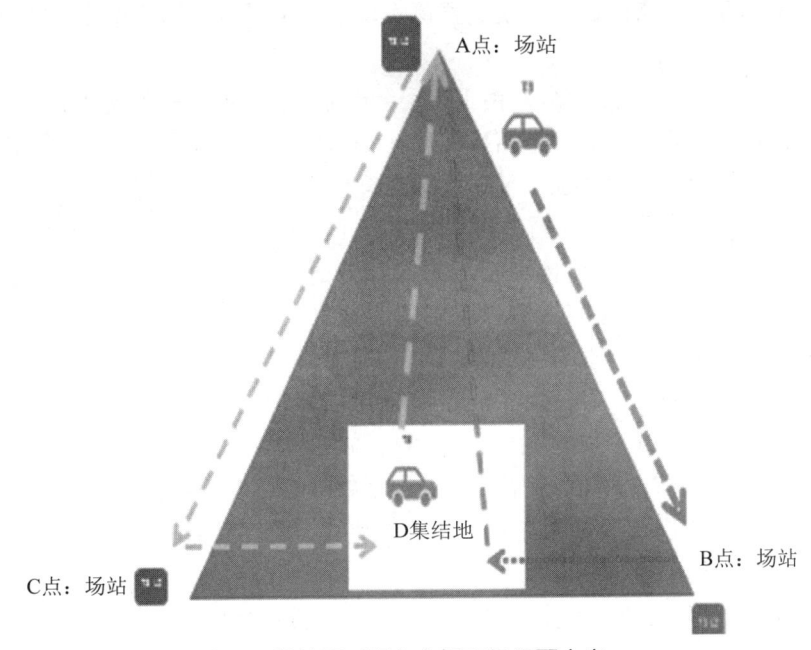

图1　场站即时服务车辆现场调配方案

（三）项目成功案例——圆满服务北京2022年冬奥会&冬残奥会

1. 冬奥会用车背景

为了响应"绿色办奥、开放办奥"的理念，北京冬奥组委在北京2022年冬奥会交通出行服务中引入了科技元素。冬奥服务中的奥运专用出租车、T3贵宾用车都采用了网络预约的方式，解决了在冬奥期间大量来华外国友人的出行需求。这两大网络约车平台，都出自首约技术研发团队。

自2020年10月起，T3管理团队就已经开始与技术团队深度探讨，为本届冬奥T3的"线上+线下"立体化服务模式量身定制一套运营方案和约车系统。而在即将进入赛时的2021年11月，为补充因疫情防控闭环管理导致的运力不足而溢出的用车需求，北京市交通委员会、冬奥组委交通部明确了增加"奥运专用出租车"的出行方式，为来华各国媒体、记者、赞助商等利益相关方提供闭环内"点到点"的出行用车服务。首约作为国内唯一成功服务过国家级集会活动和体育赛事的网约车平台，在当时的情况下是"不二之选"。首汽"临危受命"紧急组建团队，在这仅剩1个月的关键阶段统筹组织安排奥运专用出租车的线上约车平台技术研发与线下车队运营等落地工作。

2."首汽约车冬奥定制约车系统"应运而生

首约自主研发了"首汽约车冬奥定制约车系统"，专门为国际奥委会主席、高级官员、贵宾、各国奥委会秘书长及主办城市市长等奥林匹克大家庭中的重要人群提供出行服务。该系统主要从三方面进行落地实现。第一，采用"三横一纵"的统筹管理模式；第二，网约科技赋能，打造线上+线下立体化服务模式；第三，"三支柱"组织保障各项工作扎实推进。

（1）采用"三横一纵"的统筹管理模式。首汽为冬奥会定向研发的T3网络预约车辆系统，是为国际奥委会具有T3权限的贵宾人群提供专用交通出行服务的平台系统。赛事期间T3实行"三横一纵"的统筹管理模式，T3约车系统针对三赛区独立运营的特性，打造T3三赛区统一管理、分区调度的信息化整合管理方式，并按照冬奥组委和各级政府的管理要求，设立冬奥组委交通指挥中心、北京市交管局指挥中心、张家口交通指挥中心共三级指挥中心。同时，设立24小时双语客服中心，通过人工线上远程辅助实现"三区串联"，做到"接诉即办""有问必答"，通过客服中心人工协同的方式实现临时调度、及时处理应急事件。该统筹管理模式整体实现了三个赛区、四个中心"一张网""一盘棋"的协同联动。

（2）打造线上+线下立体化服务模式。由于组委会内部流程调整，商务手续的办理时间一直延迟，在确定可执行时，2021年11月客服团队发起招募筛选，12月迅速成立双语客服专项团队，进行项目保障精神传达、专业培训、上岗实习、考核检验、情景模拟应急情况的应答等一系列的工作；同时请T3线下运营团队培训实际运行要点，使大家更完整地了解整体线上线下的衔接，掌握了预想问题的统一应答话术。

（3）T3客服中心的功能实现主要体现在以下5个方面：①24小时提供中英文双语言在线服务。②熟练使用T3约车系统，及时转达客人需求及接受调度的派车指令，耐心、准确、及时地提供语言支持，以及对客人提供各种帮助。③对客人手机网络信号故障、"冬奥通"不会升级等问题耐心地帮助排查，引导教会客人使用App；同时，对于三个赛区来电问询的司机师傅、场馆工作人员等进行耐心解答。④帮助客人联系车队找寻丢失物品，指引司机与客人对接归还物品，全程提供语言帮助。⑤每天对接运营团队，随时对即时、预约的车辆属性进行系统调拨、对司机排班进行调整。

冬奥、冬残奥期间，T3出行服务共完成近2万个订单，服务人次2万余次，其中有部分订单为合乘拼车订单，响应了"绿色奥运"的主题。

（4）"三支柱"组织保障各项工作扎实推进。任何一个成功运行的大型赛事，都离不开庞大的组织保障，本次赛事应用的用车保障系统亦不例外。T3管理团队成立奥运约车系统定向研发专项小组、调度人员管理小组、双语客服团队进行"三支柱"组织保障。①2020年10月，首约成立了T3约车系统定向研发的专项小组。系统项目从开发、上云到测试累计投入人力150多人次，定向研发冬奥约车系统；赛事期间，T3系统技术团队始终保持24小时值班保障运维，确保了T3系统在整个赛事都完整流畅地运行。②调度人员负责各自驻地车辆管理调配、司机管理及培训、司机每日排班、酒店及停车场协调等事项，24小时响应各方需求。两地三赛区分为5个驻地，环内配备车队调度人员共29名。其中，牡丹园6人，王佐镇16人，延庆3人，张家口4人。③2021年11月客服团队发起招募筛选，12月迅速成立双语客服专项团队，在2022年1月18日正式进驻到组委会首钢办公区工作，于2022年1月20日与T3系统一起正式启动24小时的双语服务。T3双语客服团队共计33人，每天五个班次倒班，为三个赛区的T3客人群体、司机、调度、场馆工作人员等提供24小时双语问询等服务。客服团队更像一个核心枢纽，连接了T3约车系统、三赛区的运营团队、T3客人群体。

3."首汽约车冬奥定制约车系统"科技赋能

作为一家网约车平台企业，首约按照需求、供给、平台的业务运行模式进行分模块准备工作。

（1）需求侧。首约用了不到40天完成了奥运会历史上首个以纯网约方式使用城市出租车服务的需求体系搭建，包括外卡支付环节，与人民银行营管部、中国银行、VISA中国、万事达网关、中国银联云闪付等金融机构开展了大量对接和开发工作。

出租车服务涵盖了几乎所有闭环内场所，首约还在短时间内设计制作了大量供利益相关方扫码下单的外宣用品，包括易拉宝、桌牌、打车卡，配合网页链接方便客户群使用。

（2）供给侧。一是车辆整备。本次奥运专用出租车车辆全部租用京BZ号段的合规网约车，投入车辆共计665部，另准备备份车辆45部，以防因事故或故障造成服务车辆不足。车辆整备过程中，首先为了达成"奥运清洁赛场"的要求，设计制作了既有冬奥元素又符合市场开发伙伴权益要求的车贴及遮盖物；其次考虑到个别跨赛区订单，为防范破环，车辆全部安装了ETC（Electronic Toll Collection，电子不停车收费）设备。最后是在所有车辆上均安装了首约自主知识产权的车载智能监控终端，该设备在后续运营中发挥了巨大作用。二是司机招募。面对时间紧迫的压力，首约在没有获得大合同、没有明确任务的情况下，从服务大局的角度不等、不靠，主动担当，2021年从12月16日起开始募集司机运力，向募集对象先行明确了服务冬奥会的佣金标准和发放方式。司机运力采取自愿报名的方式，现场面试司机超过1100名，择优录用768名。

（3）平台侧。一是智能硬件保障，首约的全部冬奥出租车辆均安装了车载智能监控设备。2022年1月8日～1月20日，首约对所有闭环车、备份车进行了车载卫星定位监管系统的安装。在短短的两周内，首约团队克服了天气寒冷恶劣、车辆无法启动等困难，迅速完成了710台冬奥出租车辆设备安装绑定的工作，为冬奥期间出租车辆安全与服务的运营管理提供了有力保障，起到了事前提醒、事后分析警示的作用。服务期间，团队多次调用监控设备的音视频对闭环场所及司机服务行为进行分析监控，多次破环误报的故障因此得到澄清。二是通过科技赋能高效完成了复杂的闭环市场化服务任务。首约于2021年11月底接到项目需求，此时距小闭环仅剩40余天，时间紧、任务重。首约产研团队即刻成立专项项目组，投入数十人参与研发和测试，在准备期、小闭环和大闭环时间节点之前，分三期完成了奥运专用出租车约车系统的产品设计、技术研发、功能及压力测试，使系统顺利上线并投入使用。

4. 重中之重——冬奥安全保障

除了高品质的产品护航外，冬奥会服务最关键的就是安全。团队实施的安全管理分线上和线下两部分开展。

线下管理的优势是面对面效果好，5个驻地车队管理人员开展全员安全专项会议3次，开展防疫、服务等业务性会议20余次。驻地车队组织全体司机线下培训20余次，与驻地专班、场馆、酒店等相关领域沟通100余次。首约通过线下会议妥善处理了两次破环，有效遏制交通严重违法行为，预防了交通事故的发生。

但线下管理的弊端是效率低、周期长，为此首约充分发挥互联网公司的优势，积极开展线上安全管理。

（1）自冬奥会召开以来，首约开展特殊安全线上会议共7次，分别对破环、交通安全、治安安全及防疫工作进行部署，参与人员均为环内外管理人员，并要求各驻地会后将会议精神进行传达，进行车队、班组及司机级别的培训。

（2）针对冬奥服务上线了9个司机端课程：《北京首钢滑雪大跳台小闭环期间闭环车辆流线》《媒体中心（MMC）上落客位置图》《更新！OFH已经正式启用大闭环》《北京赛区闭环场馆小闭环期间车辆流线》《北京2022年冬奥会和冬残奥会交通业务领域新冠肺炎疫情防控方案（第二版）》《延庆赛区部分场地流线及上落客示意图》《张家口赛区部分场地流线及上落客示意图》《2022年北京冬奥会、冬残奥会张家口赛区道路交通事故应急处置工作》《冰雪来袭，安全先行》。

（3）安全管理团队更新各场馆、酒店流线图6次，针对培训内容制作专题考题，并在司机端及问卷星进行了6次考试，参考2500余人次，完成率100%。

5. 科技驱动——核心科技适配冬奥会出行环境

首约打造"首汽约车冬奥定制约车系统"，将核心科技适配到冬奥会出行环境，协助判断闭环内出行供求信息，提前实施运力调度，让宾客享受及时的出行服务。系统达到国家对非银行机构信息产品安全最高级认证"等保三级"，达到对接奥组委官方云端水准，最高一天抵挡过千万次国际黑客攻击，有力保障宾客信息安全。

"首汽约车冬奥定制约车系统"价值体现在三个方面：科技赋能、中国服务、精准化管控，这套系统将根据客户的精准化需求打造，可提供个性化、定制化的应用，将多种功能、多方联动的全流程管理方式相融合，打造一站式约车服务的系统解决方案。在未来，首约将为更多国际化高端会议和大型赛事的运输保障工作提供定制化服务。

6. 中国服务——重新定义国际大型体育赛事出行服务标准

首约打造冬奥双语客服系统，打磨定制培训专业课程共计18门，不仅减少了奥运会现场语言志愿者的人力投入，更提供了贴心的线上沟通帮助。冬奥双语客服系统7×24小时为乘客完成服务，冬奥会期间达到客户满意度100%、解决率100%、0投诉、0差评的效果，为每一位宾客带来流畅满意的服务体验。

7. 精准化管控——通过大数据进行统一化管理

首约运营管理团队通过大数据实现精准化车队运营管理，从驾驶员筛选、车辆调度、物资采购、运输分配、后勤安排、线上统筹等方面，全方位保障交通运输任务的圆满完成，保障驾驶员的工作状况和身心状态，确保所有驾驶员以最佳状态服务好每一位宾客。

四、主要创新点

（一）多级管理，统一调控

平台系统的设计支持多级管理，采用统一调控的管理模式，可以针对有多个上级管理和多个服务商的情况，进行各个区块独立管理。

例如：2022北京冬奥会和冬残奥会共有北京、延庆、张家口三个赛区，三个赛区各自管理。北京由北京市交管局统筹管理，首汽集团负责服务运营；延庆由延庆交通局统筹管理，北汽公司负责服务运营；张家口由张家口市交管局统筹管理，新月公司负责服务运营。三级单位横向独立，但都由北京冬奥组委交通指挥中心统一全局管控，形成"三横一纵"的多级管理模式。在四个指挥中心均设有智能运营调度一体化服务平台，三赛区可以看到自己的运营实况，总指挥中心可以看全局（如图2所示）。

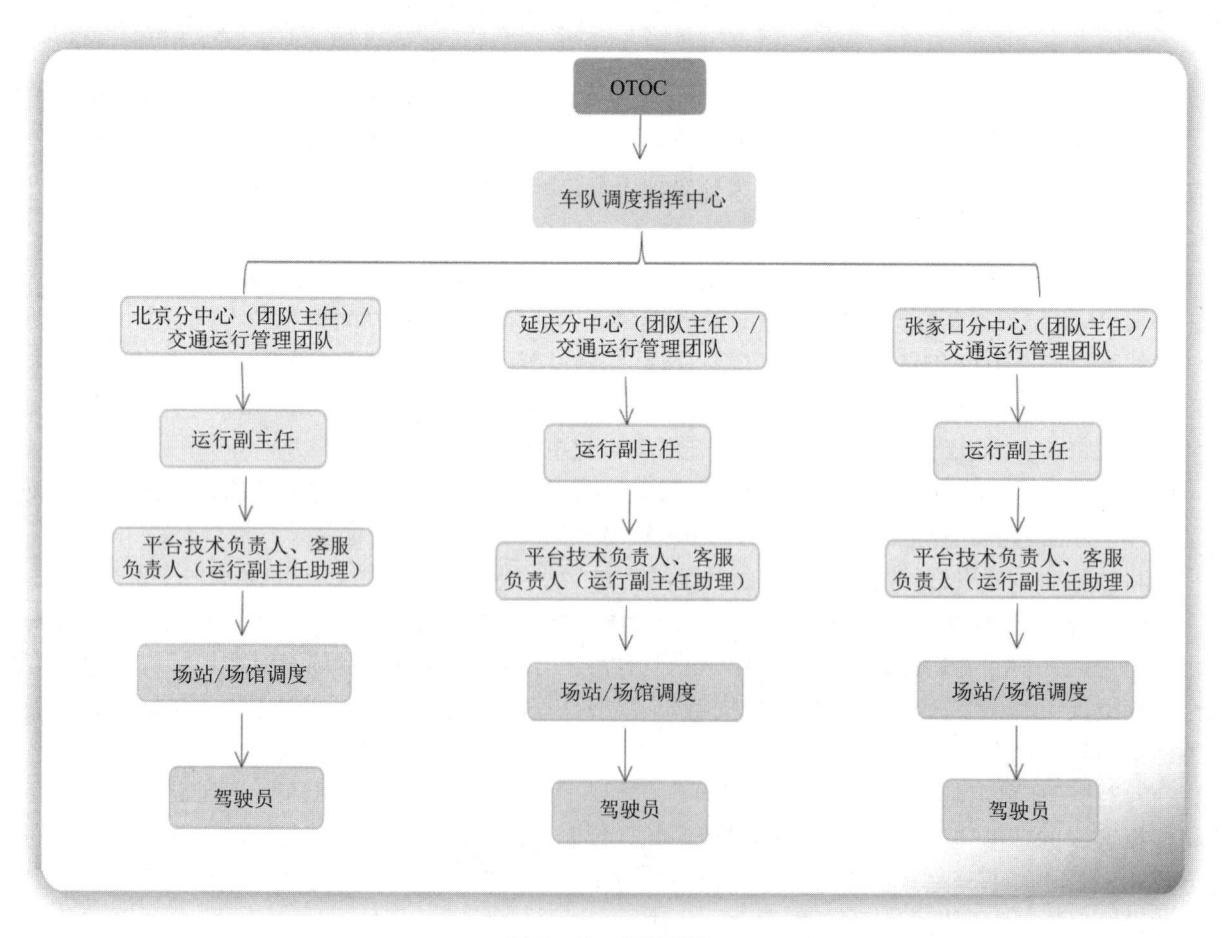

图2 统一调控管理

同时，三家服务商共用同一套系统，各自管理自己的车队，并行不悖。

（1）指挥中心：统筹三赛区运营全局，可随时根据奥组委的指令，将任务下发给赛区管理中心，如遇紧急重要用车需求可直接下发派单任务。

（2）赛区管理：根据本赛区用车供需实况，可灵活切换订单属性。例如将预约用车调整为即时用车，或随时调配多个服务站点之间的备用车辆。对于事故及故障等突发异常情况，可在系统直接改派任务，保障用户及时用车。

（3）车队调度：预约车队和即时车队可在系统内分开管理，分别承接预约订单和即时订单。负责在系统上设置排班计划，为司机安排白班、夜班任务。系统自动派单，单随车走，确保每个订单100%匹配到车辆和驾驶员进行服务。

（二）百分之百用车应答保障

（1）大数据智能预测调度。通过整合赛事安排数据、用户身份权限数据、酒店入住人数数据、抵达离开信息等数据，系统能够提前预测哪些服务地点在次日会有用车高峰，提前一天提醒车队调度增补调派车辆，保障高峰期用车需求。

（2）灵活排班派单。车辆配备驾驶员，可以在系统上设置排班计划，可分设白班、夜班。根据预约用车的时间，系统自动绑定对应值班的司机，保证 7×24 小时有司机值守可用。车队调度可灵活给司机调换订单，应对有临时调度任务时的运力补充，避免漏单差评。

（3）订单池预警。如遇所有车辆占用无法实时应答情况，系统会将用车需求加入"订单池"，订单池内信息会第一时间分发到车队总调度的手机上，总调度可及时增补备用车辆服务，或联系其他交通团队协调出行方式。

（三）大数据应急处理调控手段

（1）全局实时监控。整合全局数据、打造调度监控中心系统功能，实现全局实时监控能力。指挥中心、各赛区管理可查看各个赛区车辆的实时运营状态，直观地了解、掌握全局动态。调度监控中心还可以通过车辆的CI（Car Intelligence，车载智能）设备直播车内实况，结合对讲功能与司机联动实现指令下发，做到了从全局到个体之间的管理。CI设备为全面构建行业最高安全服务标准奠定了坚实的基础。

（2）地面交通疏导。结合乘客即时、预约两种用车方式的订单统计情况，系统会在热点用车区域标示热力预警，提示交通管理部门提前做好该区域的地面交通疏导。

（3）事故/故障应急处理。智能车载设备可以实时对车内、外进行视频录像。当车辆发生事故或故障时，驾驶员可在司机端上进行异常报备；车队调度或指挥中心可以在线查看实况视频，同时结合实际情况在系统上临时改派车辆，直接将改派任务指令下发到司机端App，保证应急处理及时、灵活、高效。

（四）行驶指导

疫情防控期间，在特定的会议或赛事场馆有相应的车辆进出行驶的流线要求。例如2022北京冬奥会期间的五棵松体育馆分设有运动员车辆入场口和贵宾车辆入场口，为了避免"破环"，不到达指定入场位置不允许乘客人员下车，所以对于驾驶员的行驶线路要求非常苛刻。但事实情况是，当驾驶员第一次去某个场馆时，很难知道该如何找到指定线路和规定下车点。

为了保障驾驶员能够准确找到闭环内的各个上、落客位置，项目组技术人员多次进入奥运闭环内各赛事场馆、酒店、指定医院、高铁站等共400多个目的地进行实地踏勘，与百度地图共同研发闭环内车辆导航流线图，100%保证了上、下车位置精准，不绕路、不破环。

平台系统通过对电子地图的定制化导航做了精细化的开发，对驾驶员的行驶指导起到非常大的帮助，也给场馆团队减少了管理压力。

(五)"网络安全云系统"全面保障平台安全运行

在满足网络预约用车功能之外,北京冬奥专用约车线上系统在安全性方面表现出色。针对冬奥会专有云自主设计研发的网络安全云架构,将网络安全能力发挥到极致,保障了赛时的网络信息安全。

除了以上五点,首约在2023年将冬奥用车系统针对更广泛客户的需求进行了完善与创新,推出了重要会议出行服务平台2.0版本,并针对以下两个方面进行重点更新。

(1) 构建实时数据系统架构,优化更复杂的用车需求的匹配度,提高及时率和准确率。首约以往数据的应用和分析主要是"T+1"汇总生成,进行赛事日程、酒店入住、抵离信息、用户身份权限等离线数据的整理,供后续筹备使用。冬奥会期间的用车相对有规律可循,系统收集到更多政企客户数据后,首约根据不同客户的需求,重新构建了实时数据库,既可以对离线数据做整合分析,又可以对秒级数据同步收集和分析。除了订单类需求,其他所有线上数据也可以根据变动相应做出准确、及时的调整。

(2) 结合车联网提供更全面的司机服务行为管控与指导。服务2022年冬奥会的司机均为正式培训过的专职司机,而首约2023年新接洽的客户多为自有司机团队,他们接入首约的系统,旨在提高车辆的运转效率,同时借鉴首约的管理经验,更好地提供用车服务。首约根据客户的需求,将司机的服务要求拆分成多个关键节点,通过车载监管设备搭载的智能算法,对司机人车一致性、着装、驾驶行为、服务行为等维度进行智能分析和场景服务提示,包括工装检测、上车引导、路线确认、行车打电话等不良驾驶行为判断、车辆行驶平稳性判定等,丰富和完善了原车载设备只用于事故判定处理的功能,将后置的判定升级为更实时的识别判定和前置风险管理,让司机服务更规范,乘客出行更安全。

五、实施效果

(一) 经济效益:服务成果的数据体现

本项目的网约车部分是奥运历史上首次使用网络预约的方式提供城市出租车服务,也是首次实现在政府采购的奥运会公共服务项目内结合收费运营的市场化机制。本项目为北京乃至我国今后承接大型活动积累了十分宝贵的经验。

冬奥会期间,首约平台闭环内网约车业务(三类服务模式中占比最大的一类)共累计服务1.2万余人次的利益相关方用户,完成闭环内个性化运输2万余单,运行总里程达300万公里,其中服务里程近100万公里。新增注册用户3513个,其中超过70%为境外手机号注册;3000余名用户进行了绑卡,90%为境外VISA信用卡绑卡,车费流水金额300余万元,有效地减轻了财政负担。在组委会交通部、市交通委的悉心指导和调度下,网约车服务自始至终保持了100%的应答率。

此外,首约基于平台信息和冬奥会项目积累的大数据,成功申请了数据资产登记凭证,成为北京市首家获此凭证资格的出行企业。

(二) 社会效益:荣耀的高光归属于"双奥之城"

在2022年北京冬奥会、冬残奥会总结表彰大会上,首汽集团被授予"北京冬奥会、冬残奥会突出贡献集体"称号。

首约在冬奥会期间通过平台科技赋能,有力保障了各利益相关方、组委会闭环工作人员的个性化特殊出行,受到295篇次媒体报道,包括:CCTV-5体育新闻、CCTV-13晚间新闻、新华社(多次视频报道)、北京卫视、《北京日报》《人民日报》等权威媒体报道;"北京交通"官方微博、人民交通网、北京晚报官网、新浪、搜狐、腾讯、网易等网络媒体报道。其中,新华社的两篇报道《冬奥的年味:奥运赛场里 这样过春节》《北京冬奥会 | 我们是展示北京好客的一面旗》累计浏览量200余万。

冬奥会过后,团队及专用出租车司机师傅收到了来自国际奥委会委员、加拿大奥委会、奥运计时计分技术团队、张家口冬奥村、首钢大跳台、签约闭环酒店等组织机构的表扬信8封。国际奥委会、各利益相关方客户、赛会场馆、签约酒店等均对首约奥运专用出租车的专业服务、科技水平表示了赞赏和感谢。在国际奥组委官员洛伦佐先生转发的邮件中，有IOC（International Olympic Committee，国际奥林匹克委员会）官员对此次专用出租车服务与东京奥运会进行了对比，并对北京冬奥会的网约出租车服务给予了高度评价。

（三）管理水平——引奥运城市学习

2022冬奥会，首汽重新制定了国际贵宾出行服务标准，超越韩国平昌奥运会、日本东京奥运会的服务标准，树立了国际标杆。在冬奥会临近结束时，T3服务得到了国际奥组委官员洛伦佐先生的高度赞扬，被认为是奥运史上"最好的T3"，将作为奥运"标杆"供其他奥运举办国学习参考。此后，T3管理团队陆续接待了来自米兰、伦敦的代表团考察学习。

六、下一步规划与探讨

后冬奥时代，北京作为世界首个"双奥之城"，开启了冬奥资产再利用和可持续发展的新征程，而首约作为国际奥运历史上首家用网络约车方式服务冬奥用车的企业，秉承创新引领的发展理念，以及集团"服务国家，不辱使命；服务百姓，不负期待"的初心，开始了冬奥系统赋能核心业务的价值探索。

根据首约"十四五"规划的发展导向，重点发展政企业务，覆盖全国，精耕北京。未来3年，中国网约车商务市场规模预计达到500亿～600亿元，其中北京占50亿～120亿元，市场空间巨大。

为了更准确地发挥首约的市场潜力，公司按照付费能力及需求体量对客户进行了分层。价格敏感型市场已是一片竞争红海，并不能帮助企业健康长久地发展，所以首约瞄准的是服务敏感型的客户，他们在拥有高付费能力的同时，也需要高品质的创新特色产品，甚至需要提供定制化的全套解决方案。这并不是大多数竞品网约车平台的主要发展方向，目前还是一片蓝海，这也意味着如果我们能建立产品壁垒，提升产品与服务的不可替代性，业务将有很大的发展空间。

在锚定了服务敏感型客户之后，首约进行了需求调研，而安全、保密、管控、保证准时用车，是这类客户最大的需求共性，这刚好与首约冬奥专用约车系统的能力特征高度契合。因此，首约尝试通过这套系统的升级迭代，来为客户提供产品与服务的解决方案。

针对客户管理者及用车员工的痛点，首约对冬奥系统进行了四方面的创新升级，以满足客户的需求。

第一，应答保障能力升级方面，首约对需求分布进行宏观的大数据分析，再以全局最优原则高效分配运力，实现更多订单的应答。

第二，全局监控能力升级方面，结合车联网技术，可随时还原车辆实时位置、历史轨迹等，为管理者提供了有效的远程监管抓手。

第三，在信息安全能力升级方面，首约进行了三个维度的创新：在人的维度，通过保密培训＋签署保密协议的方式防止驾驶员人为泄密；在信息维度，司机端对重要信息进行脱敏，并提示保密要求，防止行程信息泄露；在数据安全维度，通过四重创新技术手段全面升级安全能力，并提供服务器独立部署的增值服务，满足客户的信息安全诉求。

第四，在升级服务定制能力方面，首约也从司机、车辆、导航路线这三个客户体验的关键触点入手：依托于首汽集团积累了20年的强大管理经验，首约制定了一套司机质量分层体系，支持客户对司机、车辆进行多维度的自定义筛选，沉淀增值产品，在满足客户多样化需求的同时，提升司机和平台的效益；实现了导航策略定制；构建实时数据库，实现秒级路线调优，再结合车道级高精定位能力，实现实时躲避拥堵，确保优质乘车体验。

在升级了以上四大产品能力之后，首约经过近一年实际业务应用的验证，获得了多家重要客户的高度认可，同时，验证了首约的创新产品有将高价值客户转化为忠实客户的能力，能够为首约政企业务长期可持续性健康发展建立能量补给站，更坚定了首约持续创新开拓的信心。

首约创新产品有以下具体案例：

（1）接洽中项目案例：华为东莞溪流背坡村园区。

要求：满足高峰期的密集性出行需求，提供定制化解决方案。

产业园区内员工上万人，且员工基本上居住在园区附近5公里范围之内，目的地范围明确，早晚高峰期的通勤需求量巨大。此场景非常适合借助北京冬奥专用约车系统的拼车合乘功能，结合首约线下的运力组织和运营管理能力，提供定制的园区通勤出行服务。此外，首约已经在为华为集团慧通差旅平台提供差旅约车服务。基于此，首约可以为华为整合形成园区内+园区外的整套出行解决方案，解决出行难题。

（2）接洽中项目案例：某省级机关事务管理局、某国有石油工业基地。

要求：公务用车改革。

传统的用车管理、司机调度、车辆运转等都是靠人工管理或记录，缺乏现代化管理办法和手段。对于此类单位，可以借助北京冬奥专用约车线上系统+线下运营管理模式的整套解决方案，实现智能调度，合理分配用车任务，提升车辆使用效率和管理效率。

结合智慧城市发展方向的探索，首约对冬奥用车一体化运营管理系统的能力边界进行了进一步的拓展，正在更加广泛地应用于解决城市核心区、旅游团队、交通运输任务时空分布密集的区域，尝试为城市交通拥堵等问题提供创新、智能、高效的解决方案。

经过北京冬奥会项目的锤炼，首约产研团队更加具备凝聚力，团队的创新能力、协作能力、沟通效率都得到了提升，在后续的项目中将呈现出一支更专业、更高效、更具创新能力的队伍，为企业和用户带来更优质的服务。

"钛融易"钒钛产业互联网平台体系建设

创造单位：攀枝花市国有投资（集团）有限责任公司
主创人：荆建华　魏国民
创造人：刘云　陈世军　向立泉　刘述清　张丹　王峰

【摘要】 攀枝花市国有投资（集团）有限责任公司（以下简称攀枝花国投集团）深入贯彻落实中央关于促进数字经济和实体经济深度融合的决策部署，立足本地资源优势和集团主责主业，建设运营国内首个区块链技术全流程嵌入、全应用场景支持的钒钛产业互联网平台——"钛融易"。平台着眼于"融资难"这个产业最大痛点，借助"业务+数据+场景""金融+物流+交易"模式促进各方信息互通、要素流动、业务协同，构建供应链金融综合服务体系；通过区块链、大数据、金融科技、工业互联网、物联网等技术加持，推动产业链、供应链、价值链重构，帮助中小钒钛企业建立起可信业务数据链、可信资产运营链、可信行为证据链，打造数据共享、协同共赢、共生共荣的产业生态，实现对产业链上下游企业全方位赋能，引领和推动攀枝花钒钛产业提档升级、资源整合与价值提升。

【关键词】 钒钛　产业互联网　区块链

一、实施背景

攀枝花国投集团成立于2014年，是四川省攀枝花市唯一一家以钒钛工业、数字经济、资本金融作为主责主业的地方国企，同时也是全市资产规模最大、投资领域最多、涵盖产业最广、信用等级最高、营业收入能力最强、金融牌照最全、数字化优势最明显的市属国企。攀枝花国投集团主体信用等级为AA^+，旗下有全资、控股企业23家，截至2023年年底，资产总额达到326.8亿元。攀枝花国投集团成立以来，坚持聚焦主责主业，紧紧围绕攀枝花特色优势产业"全产业链服务商"的定位，持续推动产融结合、产数融合，着力破解产业痛点，引领产业提档升级；建设运营"钛融易"钒钛产业互联网平台（以下简称"钛融易"平台），有效破解实体经济融资难题，累计为市（县、区）企业提供金融服务超300亿元，为全市经济及社会发展做出积极贡献。近年来，攀枝花国投集团全力加快由"融资平台"向"产业国企"转型，全力打造地方国企服务攀枝花高质量发展的标杆与旗帜，成为全市唯一一家获评四川省"天府综改企业"A级（标杆）等次的单位，先后荣获"全国AAA级信用企业"、四川省"五一劳动奖状"、四川省"工人先锋号"、四川省"企业文化建设先进单位"等荣誉，并连续两年（2023年、2024年）荣登"四川服务业企业100强"、入围"2024四川数字经济企业100强"，连续多年成为攀枝花企业50强（综合）、纳税30强。

（一）用世界级钒钛资源打造世界级钒钛产业的需要

攀枝花是驰名中外的"中国钒钛之都"，是全国最大的钒钛原料基地。境内钒钛磁铁矿保有储量66亿吨，远景储量超过100亿吨。其中，铁储量占全国的近20%，钒、钛储量分别占全国的63%、93%和全世界的11%、35%，分别居世界第三位和第一位。自建市以来，攀枝花资源开发利用取得了长足进步，钒钛资源综合利用水平逐步提升，破解了利用普通高炉高强度冶炼钒钛磁铁矿等系列技术瓶颈，解决了高炉渣制取富钛料的世界难题，依托钒钛资源优势，初步建成了以攀钢为主的钒钛资源综合利用产业基地。

攀枝花钒钛产业发展仍然存在一些短板，资源优势向发展优势转化还不充分，主要体现在：一是产业链向中高端延伸不足。攀枝花钒钛企业主要集中在产业上中游，产品整体附加值低，市场竞争力弱，一次资源低价外流严重。2023年，全市铁精矿产量2450万吨，外销约1300万吨，占比约53%；钛精矿产量590万吨，外销约392万吨，占比约66%。二是资源规模效应体现不充分。除攀钢集团、龙佰集团之外，地方钒钛企业小而分散、各自为政，钒钛产业的集群效应、规模效应、协同效应未能有效发挥，钒钛产业链供应链整体优化管理的需求迫切。而通过原辅料、备品备件集采以及物流运输方式优化和资源整合等，可显著降低成本、提升效率，增强产业竞争力。仅以生产钛白粉所需重要辅料硫酸为例，按照全市年消耗量约200万吨计算，保守估计通过集采每吨至少可节省成本5%，年增加净利润6000万元以上。三是金融对实体产业支持不够。一方面，攀枝花中小钒钛企业普遍面临融资难的痛点，基于银行机构传统抵押贷款模式，它们很难获得生产经营所需的流动资金。特别是一些高负债的产业主体，在钒钛产品价格上涨、市场行情好转的情况下，却无法取得流动资金支持，丧失了复工复产、清偿债务、转型升级的有利时机。另一方面，在上一轮经济周期中，攀枝花大量矿山、土地、厂房、设备等钒钛产业资源都以金融不良资产形式长期闲置，成为"僵尸企业""沉睡矿山"，亟待处置盘活、重现价值。例如，仅原攀枝花商行非成都地区不良资产包债权本金价值就超过60亿元。

为破解产业痛点，推动传统产业数字化转型升级，助力攀枝花"用世界级的资源打造世界级的产业链"战略目标，攀枝花国投集团从2019年起开始筹备"钛融易"平台建设。平台借助大数据、区块链和物联网等技术，实现合同签订、产品质量、仓储物流、交易结算、金融服务、产品交付、内部审批等全流程数据存证可溯源、不可篡改；实时精准掌握上线企业的"四流"数据，辅以线下配套服务体系，全流程把控企业原辅料和产品物权，实现对中小钒钛企业的信用重构，在风险可控的前提下，帮助其突破融资瓶颈，实现良性生存发展；借助平台大数据，可有效消弭信息壁垒，高效串联产供销各端，促成产业协同，提升产业效率，优化全产业链价值分配，实现对产业链上下游企业全方位赋能，引领和推动钒钛产业提档升级。

（二）以产业数字化转型推动新质生产力发展的需要

当前，人类社会正在经历以数字经济为核心驱动力的第四次产业革命。数字化正深刻改变着人类生产和生活方式，成为重组全球要素资源、重塑全球经济结构、改变全球竞争格局的关键力量，作为经济增长和高质量发展新动能的作用日益凸显。促进数字经济和实体经济深度融合，是以习近平同志为核心的党中央统筹中华民族伟大复兴战略全局和世界百年未有之大变局，深刻把握新一轮科技革命和产业变革新机遇做出的重大决策部署。2020年9月，国务院国资委下发《关于加快推进国有企业数字化转型工作的通知》，要求国有企业充分发挥引领作用，将数字化转型作为改造提升传统动能、培育发展新动能的重要手段。2021年、2022年，四川省和攀枝花市相继出台省、市"十四五"数字经济发展规划，为地方国有企业深入实施产业数字化战略谋篇布局。

攀枝花国投集团坚定不移贯彻落实中央、省、市决策部署，立足本地资源优势和集团主责主业，建设运营"钛融易"平台，为推进攀枝花传统特色优势产业"智改数转"、加快发展新质生产力打造载体。平台采用自主可控多链架构联盟链技术，具备安全、高效、强隐私保护等特性，对推动区块链产业发展将发挥积极的示范效应。平台通过区块链、大数据、金融科技、工业互联网、物联网等技术加持，推动产业链、供应链、价值链重构，帮助中小钒钛企业建立起可信业务数据链、可信资产运营链、可信行为证据链，打造数据共享、协同共赢、共生共荣的产业生态，对于推动攀枝花钒钛资源整合与价值提升具有重要意义。

（三）实现地方融资平台公司向产业国企转型的需要

地方融资平台公司转型是全国地方国有企业面临的普遍性难题，也是防范化解地方债务风险的重大课题。过去的攀枝花国投集团作为一家典型的地方融资平台公司，围绕市场化转型进行了深入的思考和反复的探索。集团清醒地认识到，要转型成为市场主体，加快产业化、实业化、产融化发展是必由之路。但如果以简单直接的方式介入实体产业，既不具备比较优势，也不顺应国有资本、国有经济应退出一般竞争性领域的政策导向，将面临较大的市场风险和政策风险。

为此，攀枝花国投集团先后提出了"平台化、产融化、引领化""平台化、数字化、生态化"的战略构想并加快建设"钛融易"平台，打造良性产业生态体系。从中小钒钛企业的视角看，借助"钛融易"平台可为全产业链加载一套智慧指挥调度系统，通过实时、鲜活、精准的数据串联，能够有效解决供需两侧信息不对称、供应链运转效率不高、要素资源配置低效等问题，让众多产业主体从传统的封闭的线性供应链走向开放的价值协同网，为广大中小钒钛企业在缺乏信息化技改投入资金的情况下，也能充分享受数字经济红利。从攀枝花国投集团的视角看，应用"钛融易"平台有利于开展全产业链服务，不仅不会与现有产业主体抢夺有限的资源、在同一维度恶性竞争，还能通过数字赋能帮助其更好地生存发展，从而引领和推动攀枝花产业转型升级；同时，也为集团风险可控地开展金融服务、资本运营、投资运作、资产管理等主责主业创造有利条件，为地方政府实施产业宏观调控、推动产业转型升级、优化国有经济布局提供有力有效的抓手。

二、实施过程

（一）平台简介

"钛融易"平台是国内首个实现区块链技术全流程嵌入、全应用场景支持的产业互联网平台，于2020年4月正式搭建，2020年10月上线运行。平台以全产业链的视角，通过"业务+数据+场景""金融+物流+交易"的模式促进各方信息互通、要素流动、业务协同，打破了企业与企业之间、实体与金融之间的信息壁垒，优化配置要素资源，构建供应链金融综合服务体系。平台通过资源信息整合、挖掘企业需求，实现金融机构、钒钛生产企业、贸易商的精准对接，建立供应链综合服务体系，深度广泛地服务钒钛产业。平台采用多渠道、多信息源接入，建立了标准化、专业化的供应链管理服务流程，构建协同共享的产业生态。

"钛融易"平台着眼于"融资难"这个钒钛产业最大的痛点，按照"一个核心、两大板块、三类服务对象、五大业务中心"的思路进行构建。即以钒钛产业互联网为核心，拓展仓储物流和金融服务两大业务板块，基于大数据分析为钒钛生产企业、贸易商、金融机构三大类客户提供钒钛产业链一体化服务，并以此为目标推进钒钛交易结算中心、仓储物流中心、金融服务中心、信息数据中心、智能制造中心"五大中心"建设，搭建钒钛全产业链服务体系，促进产业数字化转型、整合产业资源、增强产业协同、打造产业生态、赋能产业主体，引领和推动钒钛产业提档升级。"钛融易"平台总体架构如图1所示。

（1）"钛融易"平台在区块链、物联网等技术加持基础上，实现了合同签订、产品质量、仓储物流、交易结算、金融服务、产品交付、内部审批等全流程区块链存证，确保数据真实可溯源、不可篡改，突破了供应链金融建立信任机制的关键难题。在此基础上，平台引入中金支付"账服通"，确保线上交易支付结算与线下产品交割真实关联，打通上海票交所接口实现票据在线支付，引入"金票"系统对信用流动性赋能，在风险可控前提下，降低资金占用，提高产业效率。

（2）"钛融易"平台通过信息数据完成中小企业信息重构，彻底解决中小企业和金融机构之间信息不对称的难题，引导金融机构信贷资金精准投放到供应链环节中去，解决中小企业融资难题，畅通钒钛全产业链条。促进资源合理配置、高效利用，促进企业良性发展，有力推动地方税收增长及就业岗位增加。

（3）"钛融易"平台通过采集供销两端数据，获取真实鲜活多维的产业数据，实现对传统产业的信用重构与持续赋能，从根本上解决融资难题，同时实现全产业链资源要素的优化配置，让广大企业"原料有保障、质量有保证、产品有销路、定价有话语权"，有效避免恶性竞争，为在条件具备的情况下向智能制造环节延伸奠定基础和创造条件。

图1 "钛融易"平台总体架构

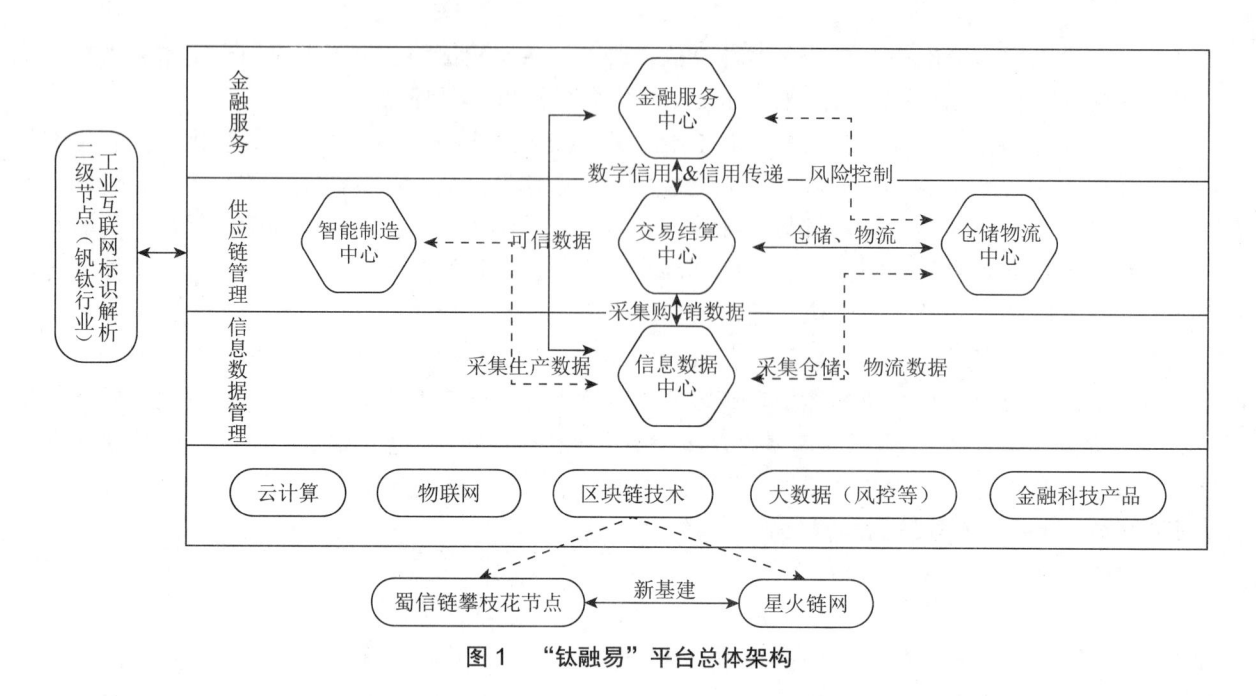

（二）体系架构

"钛融易"平台基于大数据分析为钒钛生产企业、贸易商、金融机构三类客户提供钒钛产业链一体化服务，通过建设交易结算中心、仓储物流中心和金融服务中心去搭建钒钛全产业链服务体系，整合产业资源，促成产业协同，打造产业生态，致力于实现钒钛产业数字化转型。其应用架构和技术分层逻辑视图如图2、图3所示。

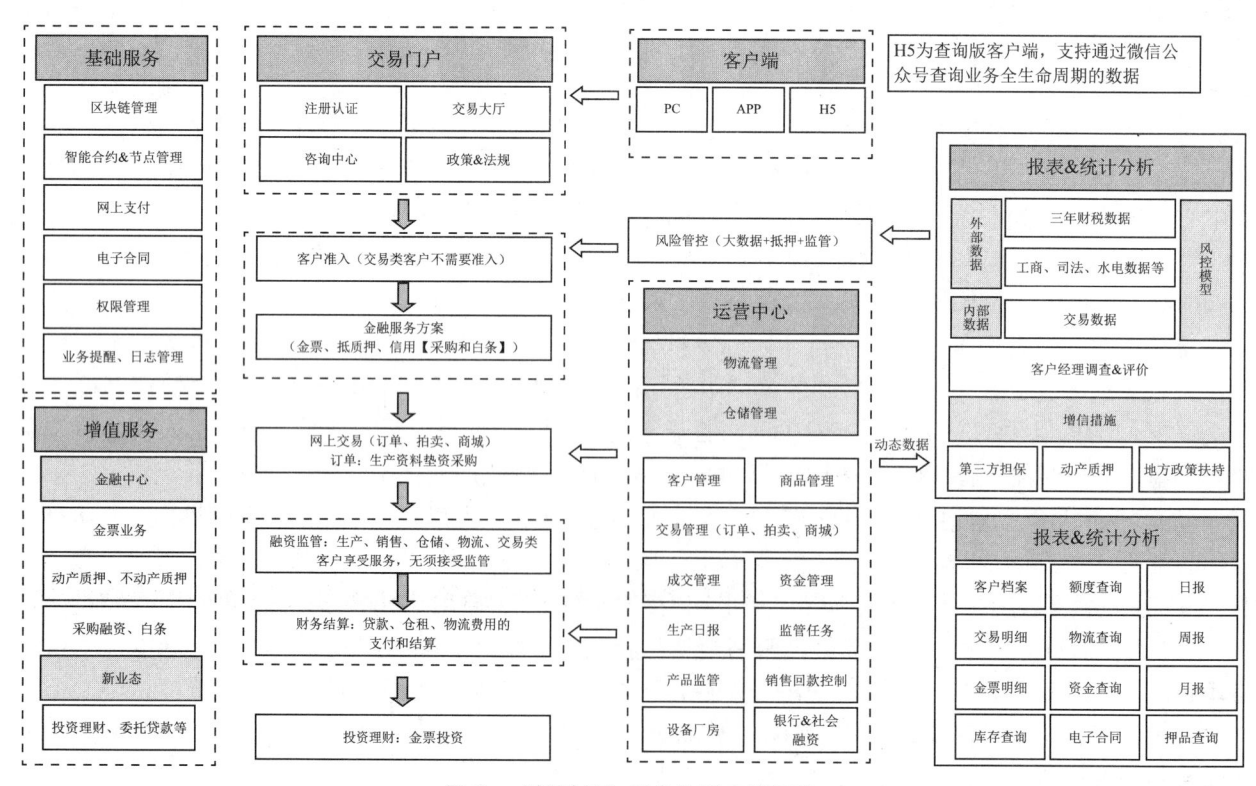

图2 "钛融易"平台体系应用架构

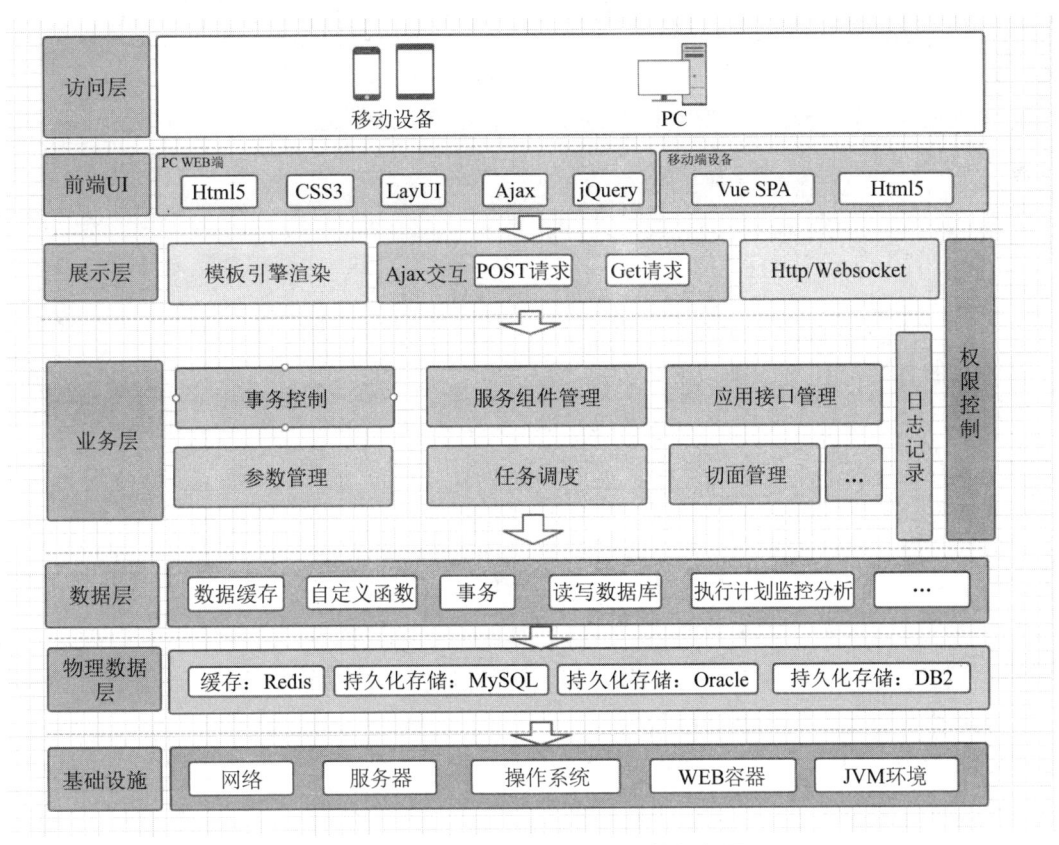

图3 "钛融易"平台技术分层逻辑视图

"钛融易"平台的体系架构、服务功能包括以下几个方面。

1. 交易结算中心

为链上企业提供统一的交易平台和一体化交易服务，包括订单交易、竞价交易、网上商城等交易模式，能够实现线上交易确认、合同签订、结算、货款支付、报表统计等全部环节。链上企业通过中金支付的"账服通"系统，实现交易结算便捷高效，强化资金支付流向管控。平台还链接了上海票交所的线上票据支付产品"票付通"，为链上企业提供线上票据支付功能，安全高效盘活票据资产，提升资金流动性。

2. 仓储物流中心

借助物联网等技术将货物数字化、同步化，实现仓储物流信息协同，实时反馈仓储物流信息，实虚仓结合，保证货物全程可视可控，有效地监管货物价值。此外，仓储物流中心提供仓单质押监管，为金融服务提供快捷通道，实现金融机构对企业的动态贷后控制，如货权控制和货物处理等，从而降低风险、提高效率。

3. 金融服务中心

链接金融机构和实体企业，通过金融科技实现对传统企业的信用重构与持续赋能，改变以固定资产为核心的传统信用体系，建立基于真实交易、全流程监管的以流动资产为核心的供应链金融信用体系。金融服务中心整合多源数据，包括交易、生产、物流及社会信用（税收、权益质押）信息，强化链上企业信用评估，释放交易与存货信用潜力，破解中小企业融资难题。

4. 信息数据中心

直接链接其他几大中心，通过大数据、云计算和区块链等技术采集和整合仓储物流数据、购销数据、生产数据和可信数据等，负责信息数据管控，形成数字信用、构建可信数据生态。

5. 智能制造中心

将在条件成熟时，以攀枝花国投集团自建自营或整合外部资源的形式，在"钛融易"平台体系内接入钒钛制造业智慧工厂的标杆企业，广泛深入使用物联网、人工智能、大数据分析、云计算等技术，实现制造流程中各个环节的数字化改造和智能化升级，形成高度自动化、互联互通、信息透明的生产单元，成为"钛融易"全产业链智慧体系的重要组成部分。

（三）建设进展

1. "钛融易"线上平台体系建设

结合攀枝花地方资源优势、产业发展难点以及新型科技的应用，攀枝花国投集团明确了"钛融易"平台的建设目标。一是将区块链技术全流程嵌入、全场景应用，从供应链出发，变数据链为信任链，促进产融结合。二是在供应链管理的基础上叠加多维的增值服务，促进产业资源整合和优化配置。三是运用SaaS（Software as a Service，软件运营服务）技术赋能中小企业，促进中小企业数字化转型。四是探索产业互联网的生态构建，为资源集聚地的产业提档升级探索出一条具有示范推广效应的道路。

基于建设目标规划，平台构建了以交易中心为基础，金融服务中心、仓储物流中心为驱动，信息数据中心、智能制造中心为枢纽，可灵活接入多元外部环境以丰富业务场景的线上平台体系架构。

（1）平台交易中心建设始于2020年9月，截至目前上线用户企业105家，线上累计交易金额达96.3亿元；目前完成了"账服通""票付通"两大交易产品的对接应用，实现了线上实名认证、电子合同签署、交易结算、内部审批等一体化流程；解决了B端用户企业线上开户、线上B2B（Business-to-Business，商业对商业）转账支付、线上票据支付等难题。

（2）仓储物流中心建设始于2021年8月，并于2022年1月初步上线。目前实现了交易系统与智慧仓储系统连接，在"钛融易"平台可实时共享货物入库、存储、出库等数据信息，实现了监管业务线上化操作，即可全流程线上查看业务执行情况、发布监管任务，通过监管App实现远程执行监管任务，监管结果可导入传送至"钛融易"平台，形成标准化数据。

（3）金融服务中心建设始于2021年4月，2021年年底完成了建设框架搭建工作。初期以设计开发电子债权应用场景为核心，围绕供应链金融服务，以电子债权凭证为载体开展货物质押、应收账款质押等供应链金融产品；后期通过数据积累，丰富企业"主体信用"、交易标的"物的信用"、交易信息产生的"数据信用"，为产业链上下游提供高效、快捷、优惠的综合金融解决方案，真正实现了对传统企业的信用重构与持续赋能。此举破解了金融机构服务实体经济风控难题，以全新的模式为金融机构、实体企业提供多维超值的服务。目前，已初步完成电子债权基础应用设计（开立、拆分、流转），与集团内部金丰小贷公司、金晟保理公司共同完成"货押贷""泛态贷"两个金融产品设计，预计2024年年底上线运行。

（4）智能制造中心目前仍处于初探阶段，该项工作因总体规划建设难度高、资金投入大，尚未形成明确的建设目标和规划。当前，以国家工业互联网标识解析行业型二级节点（黑色金属矿采选业B08）建设为切入点，将标识体系二级节点与"钛融易"平台运营相结合，通过平台逐步为企业用户提供商品标识、大数据分析、商品溯源、SaaS系统等增值服务；通过广泛开展工业互联网标识解析体系的应用，寻求智能制造中心及信息数据中心建设实践发展道路；通过深化探索标识解析服务的应用场景，形成数字化、智能化与实体经济产业链、供应链和价值链相结合的产业发展生态圈。

（5）工业互联网标识解析建设自2021年3月着手准备项目申报，同年9月正式通过省经信厅批准，批准攀枝花钛网互联科技有限公司建设工业互联网标识解析黑色金属矿采选业（钒钛行业）二级节点。节点于 2022 年 1 月建成，同年 6 月和 8 月，分别与国家（重庆）顶级节点、四川省工业互联网安全监测与态势感知平台实现对接。2023 年 3 月，获授四川省通信管理局工业标识注册服务许可证（编号：川 D3.2-20220008），初步具备运营推广基本环境。截至目前，节点已发展了川威集团、德胜集团等 4 家企业用户，累计发布标识数据 579 万余条，标识解析 49 万余次。

2. 线下重要节点项目及产业设施配套

为进一步打通钒钛产业链供应链全流程，更好地提供产业服务、赋能产业主体，攀枝花国投集团按照线上线下相结合的思路，在搭建"钛融易"平台的同时，也加快对产业链重要节点项目、线下产业配套设施的投资建设。集团力争以钒钛资源矿山项目为源头，以仓储物流设施为节点，以钒钛供应链贸易业务为串联，借助平台数据实现在途货物全程可跟踪、货权转移可追溯，为交易方、资金方提供全量物流信息，为金融机构提供可信数字信用。截至目前，集团通过并购重组、盘活不良等举措，已实控 1 家钛渣生产企业、1 个标准化智能交割仓，并以合作租赁等形式，在全国各地整合仓储设施 5 个。集团控股的中梁子矿山项目、参股的红格南矿项目以及配套的洗选、尾矿、物流等产业配套设施相关工作正按计划推进。

三、主要创新点

（1）"数字化"——区块链技术的应用创新。"钛融易"平台是国内首个实现区块链技术全流程嵌入、全应用场景支持的钒钛产业数字化平台，通过区块链、大数据、工业互联网、物联网等技术加持，为区块链技术助推传统产业数字化升级和制造业高质量发展打造了典型应用场景和实践案例。

（2）"全链条"——产业链运营优化的管理创新。"钛融易"平台依托数字化信息化实现钒钛产业全链条垂直贯通，通过数据驱动实现线上平台与线下产业配套服务设施的高效协同，推动产业链、供应链、价值链重构，助力钒钛产业延链补链强链优链作用突出，打破产业主体之间和供需两侧的信息壁垒，提升产业整体运行质量、效率与安全性，引领推动产业转型升级。

（3）"生态化"——产融数结合的服务创新。"钛融易"是全国首个"去核心企业化"的钒钛产业数字经济平台，平台秉持开放共享理念，借助"业务＋数据＋场景""金融＋物流＋交易"模式，促进各方信息互通、要素流动、业务协同；构建供应链金融综合服务体系，为广大产业主体、金融机构多维赋能，显著提升产融数结合效率与效果，旨在推动构建良性产业协同发展生态。

四、实施效果

"钛融易"平台自 2020 年 10 月试运行以来，围绕钒钛产业链供应链的创新服务模式得到市场的充分认可。"钛融易"平台服务钒钛企业超过 100 家，其中攀枝花本地 72% 的钒钛生产、流通企业已上线，2023 年线上平台交易额达 44.75 亿元，2024 年 1—9 月交易额为 18.3 亿元，累计交易额为 96.3 亿元，为保障本地铁精矿、钛精矿、钛白粉等企业持续稳健经营做出突出贡献，也助力夯实攀枝花高质量发展建设共同富裕试验区的产业基础和物质基础。天伦化工、兴中钛业、龙坤电冶、钛都化工等众多本地中小企业在"钛融易"平台的支持下，不仅在新冠疫情防控期间在全市范围内率先复工复产，而且多家企业迎来历史性突破，首次达到产能全释放。"钛融易"平台在支持本地企业发展的基础上，已成功拓展到省内多个市州及重庆、云南、陕西、甘肃、山东、安徽、广东等地，交易品种涵盖铁精矿、钛精矿、钛白粉、海绵钛、钛材、片钒、钒氮合金、硫精砂、石墨负极材料、电力煤、焦炭、钢材、酸渣、高钛渣、硫酸、石灰等产业链条上的各类原辅料及产成品。

截至目前，"钛融易"平台累计完成软件著作权 22 件、商标注册 7 类，多次荣获国家级、省级奖项，主要包括：攀枝花国投集团打造的特色产业互联网赋能数字经济模式荣获 2020 年第十届全球智慧城市大会中国区"数字化转型"入围奖，获评"2020 四川省区块链优秀应用案例""2021 年度中国产业区块链十佳案例""四川省区块链创新应用案例大赛（2023 金链奖）杰出应用案例"，入选 2022 年度四川省数字经济典型应用场景名单、2022 年度国家工业和信息化部区块链典型应用案例名单。依托"钛融易"平台，攀枝花国投集团旗下的攀枝花合聚钒钛资源发展有限公司获得"2022 年度全国优质供应商企业""2023 年度全国钒产业十佳供应商"等荣誉。

以实践科技创新赋能北燃供热高质量发展

创造单位：北京北燃供热有限公司
主创人：郭东　王书文　杨硕
创造人：高峥　郝进科　马晓飞

【摘要】 北京北燃供热有限公司（以下简称北燃供热公司）结合供热企业生产运行实际情况，以"数字驱动、服务创新"为主线，打造成立了科学技术委员会这一组织机构，统筹开展科技创新的组织机构；形成了包含技术技能及科研管理的基础性制度框架、科研创新活动平台支撑文件的两套管理机制，并着力在自主研发、合作攻关、研讨交流等三类实践上下功夫，充分发挥"大工匠"创新工作室、青年创新工作站、首都职工教育示范基地、行业协会四个平台的引领示范作用，形成了赋能北燃供热公司科技创新发展的"1234"体系架构。

【关键词】 科技创新体系建设　管理机制

一、实施背景

习近平总书记在党的二十大报告中指出，"必须坚持科技是第一生产力、人才是第一资源、创新是第一动力，深入实施科教兴国战略、人才强国战略、创新驱动发展战略，开辟发展新领域新赛道，不断塑造发展新动能新优势。"《北燃实业集团"十四五"科技发展规划》明确科技创新目标、任务和发展举措，指出在现有科研管理基础上，建立健全科研创新体系，以更好地服务于企业的科研创新，从而实现创新驱动发展。北燃供热公司党总支始终高度重视公司科技创新工作，坚持以科技创新赋能北燃供热公司高质量发展。

二、实施目的

赋能北燃供热公司科技创新发展的"1234"体系架构，即1个组织机构、2套管理机制、3个着力点，4个平台。

三、实施过程

1. 技术赋能，科学决策，成立一个组织机构

以北燃供热公司"五维联动、六常赋能"党建品牌为引领，依据北燃供热公司科技创新顶层设计，成立以公司党总支书记为主任的科学技术委员会，成员涵盖公司各单位（部室）的技术骨干和业务负责人，更好助力公司科学、高效做决策。科学技术委员会作为公司最高层的技术咨询机构，主要任务是聚焦技术决策分析和建议、建立完善技术标准服务体系、强化科研技术人才培养、推广应用公司的新技术、新产品，进一步助力企业高效开展各项科技创新工作。

2. 高度适配，正向引导，形成两套管理机制

按照制度先行、高度适配的原则，北燃供热公司技术技能及科研管理相关基础性制度框架已基本确立形成，主要包括《北京北燃供热有限公司科研管理办法》《北京北燃供热有限公司科研奖励实施细则》《北京北燃供热有限公司职工能力和技能提升实施细则》等；同时，还形成了科研创新活动平台相关支撑文件，主要包括《北京北燃供热有限公司大工匠创新工作室、工作站管理办法》《北京北燃供热青年创新工作站创建工作指引》《北京北燃供热有限公司青年创新工作站工作方案》等。

3. 聚焦实践，赋能发展，围绕三个着力点

（1）自主研发。北燃供热公司科研创新自主研发紧紧围绕北燃实业集团总体发展战略，由安全技

术部负责组织实施，包括科研项目征集、论证、立项、验收等环节；依据科研项目管理办法组织承担企业实施科研项目；对执行中的科研项目进行指导评估、监督检查、信息公开和档案管理，协调并处理项目执行中的重大问题。

（2）合作攻关。通过联合研发、学科交叉研究和技术引进等方式，与行业协会、高等院校、科研机构、内外部企业等积极开展各类技术技能交流及科研创新合作，充分发挥关键需求凝练、人才团队引培、资金高效使用的体制机制优势，从而实现项目、人才、基地、资金一体化配置。

（3）研讨交流。充分利用集团搭建的科技日、创新周平台，鼓励技术骨干展示科技成果、普及创新效能，形成了员工参与度高、范围覆盖面广、影响力较大的"大众创新"活动载体。同时，充分发挥创新竞赛的引领示范作用，鼓励职工积极参加北京市、区、集团及公司各类科技创新竞赛，凡取得名次并获奖的，经科学技术委员会研究决定给予相应表彰或奖励。

四、主要创新点

1. "大工匠"创新工作室

为落实"十四五"经济社会发展和能源结构调整的目标要求，坚定不移贯彻新发展理念，以高质量发展为主题，以智慧化运营为目标，以满足新时期清洁多元的能源需求为目的，北燃供热公司坚持以创新为核心的新发展理念，努力实现节能降耗、智慧供热、技术创新、管理创新、运行创新。围绕企业生产经营、节能减排、科研创新、安全管理、人才培养等主要工作内容，北燃供热公司创建"大工匠"工作室，探索建立自主创新、协同创新的新机制，开展技术攻关、技术革新、技能培训、科学研究、学习交流、管理革新和发明创造等活动，推广普及先进的创新理念、技术方法，解决生产、服务、技术发展难题，促进企业科技进步、安全生产。

2. 青年创新工作站

依托公司团支部，致力于打造一支以集智创新、协同攻关、传承技能、培育精神为目标的青年创新团队，为此搭建了公司级创新交流平台。工作站设立了技术部、宣传部、组织部、外联部，鼓舞广大青年员工在科技创新领域的工作热情，发掘青年人的潜力和创新能力，推动技术和科学的进步，持续掀起创新创效活动热潮，为推动北燃供热公司高质量发展贡献力量。

3. 首都职工教育示范基地

由公司自主研发、自主设计、自主施工建设完成的"北京市专项类公共安全教育基地"。基地的有限空间作业教学培训设施可以实现不同作业环境下的有限空间作业模拟沉浸式教学，完成有限空间预案编制、作业审批、安全交底、设备设施配置与检查、作业安全、监护等34项操作要点的评比，达到贴近实际工作环境的安全教育目的。该平台还具备开展计时型比赛、对抗型比赛、网络视频远程观摩点评等功能。

4. 行业协会

作为中国城镇供热协会理事单位、北京市供热协会常务理事单位、北京市应急管理青年人才促进会会员单位，可依托行业协会搭建各类业务对接交流平台，对清洁能源服务技术、行业发展现状、商业模式、市场需求、安全管理等开展研究工作。

近年来，北燃供热公司已成功立项科研课题12项，其中7项顺利结题，锅炉与换热站智能控制系统的研究与应用、多能耦合互补能源综合利用的研究、智能化供热的研究与应用、和平村锅炉房加装群控系统建设研究和PE-RT II耐热聚乙烯保温管道在供热系统二次网的应用这5项课题正有序推进。同时，北燃供热公司已获得"双高新"认证，共计申请专利36件，取得授权27项，其中包括发明专利2件，实用新型25件；申请软件著作权9件，获得授权9项；建立供热行业相关国家或行业标准3项。公司在2017年、2020年连续获批为"国家高新技术企业"，2021年获批为"中关村高新技术企业"，成为具有"双证"的高新技术企业。

五、实施效果

（一）智慧供热方向

1. 打造智慧供热管理平台，实现节能降耗与提质增效

北燃供热公司智慧供热管理平台由客户服务、能源管理、收费管理、安全生产等子系统支撑构成。各二级系统之间通过综合智慧管理的方式实现运营模式由经验驱动变为数据驱动；服务模式由被动服务变为主动服务；管控模式由事后处理变为事前数据预判，最终达到数字化信息管理水平提升的目标。

（1）能耗管理系统助力公司节能降耗。利用能耗管理系统对各项目能耗数据超标预警、考核动态更新，使北燃供热公司平台燃气单耗每平方米均在7立方米以下，达到行业内优秀水平，充分体现能耗管理系统在节能降耗方面发挥的巨大作用。

（2）客服报修系统提质增效供热服务。客服报修系统通过报修、筛选工单、派单、返单、回访、生成报表等形成精准高效的服务闭环，达到了提升报修速度和服务质量的智慧化服务目标，同时开通53912345短号码报修投诉热线，有效分流12345投诉线。

2. "大工匠工作室自主研发成果"获2022年度"首都职工自主创新成果"三等奖

自2021年5月北燃供热大工匠工作室创建伊始，技术攻坚团队便立足打破困扰供热企业自控改造的"困局"，遵循"量身定制，自主开发"的思路，聚焦自控改造"实战"效能，自主研发兼具初投资小、操控便捷、兼容性强特点的锅炉自控系统。目前该系统已在北燃供热、北燃房山供热、北燃通州供热相关项目投入运行，经过供暖季运行验证，系统兼具节能环保效益和安全可靠性。

目前大工匠工作室团队形成了获"中国城镇供热协会优秀论文"的《居民供热系统仿真与分析》阶段性成果，固化了1项配套管理制度，申请了2项实用新型专利、4项软件著作权，并产出了1套集成锅炉自控柜和内置自控系统的智能控制产品。北燃供热公司大工匠工作室设计的"自主研发的锅炉自控系统"因兼具经济性和实用性，荣获2022年度"首都职工自主创新成果"三等奖。

（二）安全管理方面

1. 职工教育实训基地获评"北京市专项类公共安全教育基地"

北燃供热公司职工教育实训基地被评为"北京市专项类公共安全教育基地"。

其自主设计搭建了水力平衡调整模型、锅炉自控设备组装工作室、职工培训教室创建职工实训基地，于2021年7月投入使用，截至目前已多次圆满完成北燃供热公司年度职工技能培训任务。

2. 安全管理创新案例荣获"首都应急管理创新案例征集评选"一等奖及最佳应用奖

2021年2月，北燃供热公司申报的"借助现代化手段，推进企业安全生产主体责任落实"项目获得"首都应急管理创新案例征集评选"一等奖，而且是唯一获得一等奖的供热企业。北燃供热公司借用信息化手段，通过隐患排查系统可查询各单位、部门、岗位情况，及时给予督促指导，远程、高效管理基层，有效延伸至"四个末端"。运用信息管理系统后，排查范围增大，落实到各岗位；排查频次增多，强化了隐患排查力度；排查水平提高，提升了风险管理能力。排查系统多维度抓取数据，横向、纵向进行统计分析，利用信息化实现监督检查，信息技术服务HSE管理[即健康（Health）、安全（Safety）和环境（Environment）三位一体的管理体系]。经过实践创新，2022年12月，北燃供热公司申报了"应用隐患排查信息化系统打通安全管理最后一公里"创新案例，获"首都应急管理最佳应用奖"。

3. 持续增强深入学习，以党性学习，促进安全管理工作，紧密围绕公司实际开展HSE管理工作

（1）圆满完成公司安全生产指标。经北燃供热公司全体员工的共同努力，在圆满完成生产经营活

动并有效保障各项活动开展的同时，未发生较大及以上各类安全责任事故，未发生生产性工伤事故；未发生较大以上交通安全责任事故；全年车辆交通违法率控制在18%以内。

（2）PDCA循环[即Plan（计划）、Do（执行）、Check（检查）和Act（处理）的循环]推陈出新，有效管理关键点，精准推动制度落地。自2021年年底正式启动HSE管理体系创建工作以来，北燃供热公司结合公司实际，将HSE管理方针、目标分解到部室岗位。2023年，北燃供热公司为新入职员工及调岗员工配备岗位安全卡片，新增卡片约30份；同时进行安全环保制度和应急预案的更新，包括新增环保制度1项，新增环保应急预案1项，废止制度1项，修订制度10项，修订应急预案及安全操作规程10项，并完成正式发布。现共有HSE管理制度36项，应急预案及安全操作规程17项。通过完善HSE制度文件，特别是对公司环保管理流程图及现场应急预案的巡检具体要求进行量化，做到决策有依据，管理有标准，操作有规程，应急能响应，使HSE管理体系更精准地落地，全面保障HSE管理体系在PDCA循环运行中取得显著效果。

（3）以安全专项排查整治保障公司形势稳定。本年度，在日常安全管理的基础上，北燃供热公司按集团要求，开展了安全生产和火灾隐患大排查大整治、城镇燃气专项整治及"深化年"等专项工作。公司认真分析研判公司在安全生产各环节的突出问题，聚焦消防安全、燃气安全、施工安全、供热安全、地下管线安全等领域的顽固隐患，将专项行动和日常工作相结合，同步推进、同步实施，持续开展安全风险排查和隐患治理。

2023年，北燃供热公司累计组织领导班子进行安全检查40余次，积极启用京通"企安安"北京市安全生产和火灾隐患排查治理系统。截至目前，公司各锅炉房项目累计使用"企安安"进行隐患自查1038次，自查自纠隐患整改完成率100%。结合生产实际情况，公司制定燃气专项安全自查、消防专项安全自查以及综合安全自查自纠清单，综合安全自查自纠清单涉及安全生产责任制、用电安全、特种设备安全等13项内容，将安全管理延伸至"四个末端"；对安全检查内容进行生产区、生活区和办公区划分，做到区域全覆盖。参与检查人员包括公司领导、安委会成员、纪检等，调动全员参与安全检查，严格落实隐患风险闭环整改措施，推进"全员、全过程、全方位"安全管理，同时每月对工作开展情况进行总结分析，加固薄弱环节，不断强化全员安全主体责任落实。

（4）积极开展安全二级标准化复审。结合工作实际，公司高效开展HSE管理与公司安全生产标准化建设工作，使两项重点工作呈现相互补充、相互融合、相互促进、相得益彰的新局面，组织制定专项工作方案，细化排查整治具体内容和标准，专项行动与日常工作有机融合、统筹推进，突出解决主体责任落实不到位的问题，坚决消除重大安全生产和火灾隐患。

自2023年10月起，北燃供热公司正式启动安全生产标准化复评工作。该项工作分为三个阶段，自评阶段、评审阶段及复核阶段。自评阶段涵盖公司所有锅炉房，结合标准就基础管理、场所环境、生产设备设施、用电、消防、危险化学品等方面开展检查，立查立改，同时举一反三，提升现场安全管理水平。正式评审阶段邀请第三方安全专家共同开展，同时，以此为契机，将此次检查出的问题为重点开展集中学习促提升工作，将问题分类整理，分阶段分类别在公司全范围内开展自查自纠工作，逐步建立标准化锅炉房。公司计划下一步将其余未备案锅炉房纳入标准化范围，进一步夯实公司安全管理之基。

（5）深入开展地下锅炉房安全专项隐患治理。北燃供热公司各锅炉房分布较为分散，点多面广，针对地下锅炉房等重点风险区域，公司建立地下锅炉房信息台账。今年供暖季初期，公司对39座地下锅炉房进行全面的隐患排查工作，坚持问题导向，重点对CO（一氧化碳）报警器安装、锅炉房违规住人以及通风设施等情况进行检查，目前已有77座锅炉房安装CO报警器，共计安装报警器378个。

（6）全面开展"安全+信息化、安全+人才、安全+文化"活动。

北燃供热公司承办了市级应急交流会议，展示公司安全管理信息化成果。2023年3月，北燃供热公司在获得"2022年首都应急管理创新案例最佳应用奖"的基础上，成功协办"发挥优秀案例示范作用，引领首都应急管理水平提升"交流会。该活动由北京应急管理学会主办，北京燕山石化液化空气气体有限公司及北京北方车辆集团有限公司两家交流单位到场进行交流，公司领导与北科院研究员、北京应急管理学会秘书长对借助信息化手段助力安全管理工作进行了深入探讨。通过典型案例的交流学习，展示创新成果的方式，发挥优秀创新案例的示范引领和辐射带动作用，学习安全管理宝贵经验，推动公司应急管理能力水平进一步提升。

北燃供热公司多措并举拓展培训维度，"安全+人才"建设效果显著。北燃供热公司不断夯实安全生产基础，进一步强化安全是发展之本、安全技能是基本技能的价值导向，各项活动开展效果良好，固本强基共同助推企业健康平稳发展。

第一，积极做好"安全生产月"宣传活动。2023年5月31日，在第22个全国"安全生产月"即将到来之际，北燃供热公司召开主题为"人人讲安全，个个会应急"的安全生产月活动启动会，对《北京北燃供热有限公司2023年"安全生产月"活动方案》进行了宣贯，组织各单位及公司青年安全管理团队开展一系列宣传、培训活动，购置37幅"安全生产月"主题条幅和160张宣传挂图，同时利用前台电子屏循环播放安全警示教育宣传片4部，大力营造"关爱生命、关注安全"的浓厚氛围。

第二，开展安全隐患排查和安全风险辨识实战化培训。2023年北燃供热公司组织20余名安全管理人员前往北京市安全生产实训基地，开展安全隐患排查和安全风险辨识实战化培训。培训中，分别对有限空间作业、动火作业、燃气储存区、仓库贮存安全等领域安全场景进行实景隐患排查学习，全流程全要素模拟真实的隐患执法检查过程，以实景服务实战。培训过程中，各位安全管理人员与专家老师进行积极交流互动，以进一步增强职工安全技能，推进公司安全管理水平提升。

第三，开展企业"主要负责人讲安全"培训。为统筹抓好安全和发展，推动企业全面落实安全生产主体责任，北燃供热公司组织开展"主要负责人讲安全"培训。培训中，由公司总经理围绕深入学习习近平总书记关于安全生产的重要论述、《中华人民共和国安全生产法》宣贯、安全生产体会和要求等方面，深入浅出、贴近实际地为公司员工讲授了一堂生动的安全课，在公司上下掀起了深刻思考、认真领悟安全管理工作重要性的热潮。怀柔分公司和丰台分公司分别开展了基层单位"一把手"带头讲安全活动，层层压紧压实安全生产主体责任。

第四，开展第三方"专家专业讲安全"培训。北燃供热公司邀请第三方专家对《北京市生产经营单位安全主体责任规定》进行解读，同时结合公司安全检查过程中要点、难点及关键点等进行专业讲解，深入了解大排查大整治政策和隐患自查自纠方法，提升员工发现问题和解决问题的能力。

第五，开展消防、有限空间救援应急演练。北燃供热公司开展消防、有限空间救援应急演练活动，以进一步提升职工面对突发事件时的应急响应和处置能力。活动中，北燃实业集团领导到场指导，市应急局基础处、市城管委供热办以及怀柔区城管委能源中心受邀参加，北燃供热公司班子成员及公司干部职工60余人参加，安全管理团队成员积极参与并做好各项应急保障工作。演练结束还设置了火灾疏散逃生训练舱体验活动，包括心肺复苏、AED（Automated External Defibrillator，自动体外除颤器）正确使用等急救知识，广大职工积极参与其中。演练活动后形成了公司应急演练宣传片、应急演练教程素材及应急预案演练评估报告，宣传片及教程素材在公司总部及一线进行广泛宣传和学习，进一步提升职工面对突发事件时的应急响应和处置能力。

第六，弘扬安全文化建设，持续推进安全+文化活动。在获得"北京市安全文化建设示范企业（集团）"的基础上，持续开展安全文化建设活动。

第七，以党建引领，持续培育安全文化氛围。2023年11月，以"党建+安全生产，护航企业安全发展"为主题开展互动式党课分享，深入学习党中央关于安全生产的重要论述精神，并对典型事故案例进行了分析。通过党支部的集中学习，进一步增强全体党员责任意识，切实发挥党建引领作用，以党员带动群众，一体化推进安全文化建设，厚植安全理念，培养安全自觉，让安全文化入脑入心入行动。

第八，开展"美好生活从安全开始"活动。号召员工及其家庭积极参与安全文化书画摄影活动，让员工家属参与到公司安全活动中，感受公司发展及安全文化建设带给每个家庭的幸福感。通过本次活动，共征集书画摄影作品21份，充分诠释了员工对安全的理解，也表达了对美好生活的赞美。

第九，开展安全合理化建议征集活动。组织团青年及安委会成员、公司各部室分子公司及一线人员进行头脑风暴，积极为公司安全管理献言献策，进行安全方面的合理化建议征集，收取符合报送要求的安全合理化建议20条。

第十，积极组织"安康杯"评比。积极组织"安康杯"劳动竞赛，开展规范班组建设活动，号召全体职工参与到活动中来。通过竞赛，进一步细化完善基层班组须具备的各项安全管理内容，规范班组安全管理，发挥优秀班组示范引领作用，将班组安全标准化建设工作向前推进。竞赛最终评选出公司级"安全先进个人"3名，"安全先进集体"4个，以表彰先进的形式，激励广大一线职工积极关注安全，重视安全，践行"知冷暖，有感动"的企业使命，从而推动公司安全管理的系统化、规范化、标准化。

（7）试点安全管理咨询业务，提升企业安全团队专业水平。为进一步发挥供热平台协同优势，在总结提炼安全文化建设、HSE管理体系构建与实践等管理经验的基础上，北燃供热公司紧密结合供热行业安全生产实际，持续开展好安全咨询服务工作。公司根据前期确定的安全咨询内容与咨询实施方案，持续跟进子公司安全咨询业务有序开展。4月初，公司与北京北燃建工能源有限公司就申报一系列工作进行沟通交流并组织材料，5月指导北京北燃建工能源有限公司自行进行北京市安全文化企业申报，8月与北京市安全生产联合会就北京市安全文化评审结果进行沟通交流，并顺利完成本年度安全管理咨询业务公司级重点工作结项。

（8）落实考核激励长效机制，强化日常安全主体责任落实。2023年，北燃供热公司安委会办公室成员积极参与一线安全检查，传达各类安全相关通知文件100余份，确保文件精神传达至公司每一名员工，做到宣贯全覆盖，努力实现队伍不乱，思想不散，战斗力不减，为企业安全发展打好坚实基础。根据《北京北燃供热有限公司安全委员会执行方案》，每月对安委会办公室成员进行考核打分，完成2023年度安委会办公室成员工作考核奖励，评选出"安全先进工作者"，调动员工安全管理积极性，全力推进考核激励制度落地实施。

（三）技术改造领域

1. 以技术创新探索供热设备节能减排新路径

2022年非采暖季，北燃供热公司对烟气排放温度较高的CDD嘉悦广场、郭公庄五期及熙悦春天三个项目进行技术论证。其中包括在2021～2022年采暖季运行期间，以上项目锅炉排烟温度高于正常排放温度，因烟温过高带来燃烧不充分、氮氧化物排放值超标等问题，且锅炉自带节能器内部翅片管清理困难，运行多年导致效率低下，维护保养困难。

2022年通过市场调研及论证实施，北燃供热公司通过对锅炉尾部加装一体化智能烟气余热回收系统，经过技术革新实现效果如下：排烟温度由最高的102.2℃降至40℃左右，整体节能64358.2吉焦，且经过技术革新项目的热用户反映供热效果均好于往年。

2."五小"成果源自转化,"创新"赋能企业发展

北燃供热公司每年结合工作实际开展"五小创新"劳动竞赛。创新活动围绕公司生产设备的使用维修、新技术应用和安全运行、节能降耗、用户服务、环保治理中存在的重点、难点等问题,开展"小革新、小创造、小改进、小设计、小制作"等五项活动。从公司会议室智能化控制改造至锅炉房项目自制的点火枪、电子眼非标拆装工具,创新的活力覆盖在北燃供热公司的方方面面,从细微之处不断赋能企业高质量发展。

(四)供热场景应用方面

1.多能耦合技术在供热场景中的应用

在践行"双碳"目标下,潞县中心区西区供热项目烟气余热回收综合利用建设项目探索由多能源耦合方式供热(冷)途径。项目以潞县中心西区热源厂为场景,研究光-电-余热多能耦合系统最佳配置,打造高效用能系统,实现低排放、低能耗的供热(冷),逐步实现三能深度耦合。第一阶段光-电项目已于2021年年底成功并网发电,累计实现发电量逾34万度(截至2023年7月底)。现拟开展项目的第二阶段电-余热回收(热泵),以光伏所产生的绿电,耦合热泵回收的烟气余热,实现三能耦合。公司通过建立创新型绿色技术及应用场景,打造能源供给侧结构优化探索的示范工程,实现供热系统能源供应结构优化,同时,打造低碳绿色建筑的目标。

2.模拟仿真技术在供热运行中的应用

北燃供热公司根据供暖项目特点,采用MATLAB/Simulink为仿真系统开发平台,搭建集中供热系统的仿真模型。模拟仿真系统投入当年,同比上个采暖季节约燃气78万立方米,减少碳排放1495吨,研究成果《居民供热系统仿真分析》被评为"2020年中国供热学术年会优秀论文"。

(五)信息化数字创新成果方面

新冠疫情防控期间,北燃供热公司的大工匠创新工作室完成实业集团防疫信息动态采集平台,动态收集集团及公司人员的涉疫信息,累计处理信息上亿人次,助力打赢疫情阻击战。该系统成功申报1项软件著作权。

2023年北燃供热公司负责独立开发面向集团体系的全面预算系统,利用自动化办公等数字化手段减轻体系内财务与企业管理人员每年预算汇总统计和分析的工作压力,初期结果已得到了集团领导的肯定。

(六)专业技术人才技能提升方面

为提升公司人才队伍的专业技术能力,同时满足公司发展需要,调动职工取得职称证书、公司所需职业资格证书、技能人员特种操作证书及职业技能等级的积极性,北燃供热公司于2022年9月份发布了《北京北燃供热有限公司职工能力和技能提升实施细则》。本实施细则发布后,北燃供热公司取得职称的人员自2021年的38人增加至2023年的53人,实施激励机制后的公司员工职称持证率上升约40%。

六、下一步规划与探讨

一是加强合作,以科技创新打造公司新的增长极。以资源交互、信息共享、技术示范和人才培养为基础,与同行业企业密切合作,形成长期、稳定的沟通交流渠道,使知识分享和跨界交流合作成为常态,拓展科研合作和人才交流新渠道。根据优势互补、利益共享的原则,开展与国内科研机构、高等院校、生产厂家和兄弟单位等的合作交流,联合承接横向科研课题,参与课题研究,使内部供热经验丰富的技术人员走出去,以科技创新打造公司新的增长极。

二是多角度全方位建立健全科研创新激励机制。物质激励是基础,也是激励体系中的首要激励,如薪酬、奖金等,具体可参照公司科研奖励制度执行,并在实施过程中及时调整制度以激发科技创新

活力；精神激励是关键，如公开表彰科研创新先进个人，定期公示专利、论文等科研成果；成长激励是保障，如对于积极投稿各协会论文征集并获得录用的员工，可获得参加供热学会年会学习培训机会等。

三是充分发挥公司科学技术委员会的技术支持及咨询作用，构建以企业一线需求为导向的创新成果协同转化。以解决企业发展中痛点、难点为切入点，深挖企业一线科研创新需求，以项目为纽带，以新技术、新设备应用为重要途径，以使用效果为评价依据，促进科研创新成果落地生根。建立健全科研成果权属、转化收益分配方式，明确成果转化责任人，探索实施以价值为导向的成果转化激励机制，逐步探索建立职务发明权益和成果收益分红奖励制度，充分调动科研人员转化科研成果的积极性，规范成果转移转化行为，加快促进科研成果产业化。

四是确保"五小创新"等竞赛活动取得实效。对每年"五小创新"等竞赛作品进行后评价管理，评估其是否具有推广价值或产出科研成果等，对于可产出科研成果的，由公司安全技术部负责帮助其进行专利申请工作；对于具有推广价值的，由公司安全技术部牵头做好其成果转化、推广应用工作。

未来，北燃供热公司将持续加大科研资金投入，不断提升供热业务创新策源和科技成果转化能力，在政府及集团的引领下，以"科创新生，'碳'索未来"的发展理念为指引，进一步谋划布局新型供热产业体系，力争将北燃供热公司打造成行业一流、领跑供热行业数字化变革的高新技术平台，为推动供热行业产业升级贡献力量。

数字赋"廉"

——"清廉重咨阳光运行平台"助推企业高质量发展

创造单位：重庆国际投资咨询集团有限公司
主创人：黄宗山　高勇
创造人：谢立　朱艳　王颜龄　袁华澧　蔡笑

【摘要】"清廉重咨阳光运行平台"是重庆国际投资咨询集团（以下简称重咨集团或集团）为全面落实数字重庆、清廉市场、清廉企业建设要求，围绕"权力制度化、制度流程化、流程数字化、风险卡口化、预警智能化、评价数字化"的目标，利用数字化技术、数字化思维、数字化认知，建设集风险管理、合规管理、预警管理、大数据分析及决策支持于一体的数字化平台。该平台以闭环管理、阳光透明为核心，充分利用大数据、云计算、人工智能等先进技术，实现企业运营的全程数字化、流程化、透明化，从而有效防止腐败行为的发生，营造风清气正的经营环境。

【关键词】 清廉企业　阳光运行　数字赋能　闭环联动

一、实施背景

重咨集团是重庆市属重点国有企业、大型综合性咨询产业集团、国务院国资委国企改革"双百企业"。集团立足工程咨询全产业链领域，提供从政策及课题研究、投资决策综合性咨询、投融资创新服务、工程建设全过程咨询的一站式综合咨询服务，深耕项目策划包装、投融资模式创新、政府采购、招标代理、低碳节能等领域，锚定数字化赋能"双碳"管理和工程建设，致力构建新兴咨询服务体系。2023年5月，集团被重庆市发展改革委评定为"重庆市首批清廉市场建设试点示范单位"；2023年7月，集团被重庆市国资委评定为"重庆市首批清廉国企建设试点示范企业"。试点示范企业建设的重点任务之一即"健全数字赋能、闭环联动的腐败防范体系建设"。

集团全面落实数字重庆建设要求，以推动清廉企业、清廉市场试点示范建设为契机，着力构建"清廉重咨阳光运行平台"，充分利用大数据、云计算、人工智能等先进技术，全面推动集团各领域工作体系重构、业务流程再造、体制机制重塑，实现企业运营的全程数字化、流程化、透明化，有效防止腐败行为的发生，营造风清气正的经营环境。

二、实施目的

全面落实数字重庆、清廉市场、清廉企业建设要求，坚持"数字赋能+闭环管理"，围绕"权力制度化、制度流程化、流程数字化、风险卡口化、预警智能化、评价科学化"的目标，利用数字化技术、数字化思维、数字化认知，建设一个集风险管理、合规管理、预警管理、大数据分析及决策支持于一体的数字化平台。同时，基于体系制度标准，打通集团现有数字化系统"数据壁垒"，进行流程再造，形成合规管理闭环，并预设风险流程节点的卡口和预警提醒，实现风险管理的同时对集团管控和业务运行进行事前、事中智能预警和事后大数据分析，支撑集团基于数据科学做评价和科学决策。

三、实施过程

（一）确定建设思路

根据清廉市场、清廉企业试点示范建设要求，"清廉重咨阳光运行平台"不仅使权力在法律和制度规定下合规高效运行，还要通过数字化赋能实现提质增效。平台建设的基本思路为"基于体系定标准、基于风险设卡口、基于数据做评价"，围绕企业运行的管理链、决策链和业务链，绘制集团完整规范的管理和业务运行流程图，并将内控要求嵌入各类业务信息系统，以数据流整合决策流、执行流、业务流，推动集团经营管理的全过程数字化转型。

1. 基于体系定标准

立足集团主责主业框架，完善制度机制，确定标准要求，绘制集团完整规范的管理和业务运行流程图，搭建智能化一体化数字平台，将监管要求和内控制度嵌入各信息系统，做到"制度刚性执行、风险及时预警、数据及时抓取、情况及时掌握"。

2. 基于风险设卡口

围绕管理链、决策链和业务链，以管理和业务流程图为基础，从制度刚性要求、各项监督披露问题和国资系统发生的典型案例中梳理风险点，针对财务管理、市场运行、资产管理、"三重一大"决策、供应链采购、选人用人等风险点实行数字化卡口管理。不符合制度要求的，流程自动停止流转；超过设置指标阈值的流程，进行"红灯"预警；"红灯"预警次数超过一定标准，自动推送至相关领导和监督部门作为重点关注目标。

3. 基于数据做评价

通过大数据分析，立足流程的运行状况，对每位员工分别进行履职评价，对业务质量和风险管控情况等进行综合评价。对"红灯"出现较多的事项，从源头上分析原因，提出处理意见，倒逼完善既有流程，实现闭环管理。

（二）工作流程及风险点梳理与流程再造

集团领导班子全程深度参与总部各部门、各岗位及所属企业的工作流程和风险点的梳理。在梳理过程中，不仅关注流程的效率，更要注重合规性及潜在风险的识别和防控。

根据流程梳理结果，对需要优化修改的流程进行重新设计，主要包括三种类型：一是流程简化，如合并相似的工作步骤，去除不必要的环节；二是流程创新，如引入新的技术或工具，以提高效率和准确性；三是流程跨系统融合形成闭环，如原先互相独立的"采购费用财务系统报销流程、OA（Office Automation，办公自动化）系统采购合同审批流程、OA系统采购审批流程，决策管理系统采购决策流程、年度采购计划审批流程、年度固定资产投资审批流程"等多个流程融合为一个跨系统串行流程，形成闭环。

（三）建立预警模型

根据流程的深度梳理和再造结果，精准识别需要特别关注的流程节点，并预置提醒预警触点。一是明确触发提醒和预警的条件。基于时间、任务状态、数据变化等多种因素，当某个关键数据指标超过预设的阈值时，系统自动发出警告。二是触发预警后，将预警通知以电子邮件、短信、电话、系统消息等方式，及时准确推送至包括直接负责人、项目经理、部门主管、分管领导等管理条线和监事、纪检等监督部门。三是预先规划处置策略。根据预警问题的紧急程度、可能的影响范围、需要的资源和权限等，规划不同的处理方式。如对于一些轻微的预警，只需要提醒相关人员注意并采取纠正措施即可；而对于严重的预警，则需要启动应急响应机制，调动更多的资源进行处理。在"清廉重咨阳光运行平台"建设过程中，结合集团历史数据和案例，分别建立了不同的预警模型。已建模型具有一定的灵活性和可调整性，以适应不断变化的业务环境和需求。

（四）平台设计与软件开发

"清廉重咨阳光运行平台"规划设计包括三个方面的内容：一是已有数字化系统功能和流程再造，二是新建大数据分析展示平台，三是多系统融合设计。软件开发涵盖两个关键领域：一是对现有数字化系统的二次开发，以确保其功能与流程和梳理结果一致，并在可能存在风险的流程节点设置卡口及提醒预警;二是构建大数据分析展示平台软件,以直观的方式呈现复杂数据。

(五)应用推广

该平台首先是在集团本部推广应用,在集团应用过程中不断优化完善,由于流程优化和再造,进一步发现集团原有的部分制度已无法完全适应这些新的、更高效的流程,亟需推动相关制度的再优化。该平台在本部应用成熟后,向全级次企业全面推广应用。

四、主要创新点

(一)平台建设思路创新

该平台设计之初就抛弃了传统数字化系统"就建系统而建系统"的建设思路,跳出技术思维,创新性地提出"基于体系定标准、基于风险设卡口、基于数据做评价"的思路。一是全面梳理了集团管控、业务运营、财务、市场、质量、法务风控、审计和纪检监察等多维度的体系标准、流程和风险点。二是对流程进行再造,实现跨数字化系统、跨组织的深度融合,构建起流程的闭环机制,确保风险在流程节点处得到预警和阻断,有效防止风险流程的继续流转。三是依据流程梳理和优化的结果,对涉及的所有数字化系统进行功能和流程的再造。四是对数字化系统运行过程中自动沉淀积累的数据进行深度挖掘和分析,为科学决策提供强有力的数据支持,从而实现更加清廉、智慧、安全、高效的运营模式。

(二)管理创新

1. 突出数字赋能,构筑"权力运行防火墙"

坚持"基于体系定标准、基于风险设卡口、基于数据做评价",通过"人(人工)防+技(技术)防"实行卡口管理,对权力运行进行实时监控、"红灯"预警,智慧化防范廉洁风险。同时,秉持及时性与精细化原则抓数据分析,通过大数据系统,对员工履职情况、业务管理和风险管控等情况进行综合分析。对"红灯"出现较多的事项,从源头上分析原因,提出处理意见,持续完善既有流程,实现闭环管理,不断提升权力运行监测预警智能化水平。

2. 突出全员参与,激活试点示范"廉细胞"

始终秉持着透明化、规范化和预防为主的原则,构建无死角、无盲区的管理体系。实现整体谋划、全员参与,确保体系标准的全面覆盖和深入实施。

3. 突出从严执纪,拧紧廉洁从业"安全阀"

集团纪检、审计等监督部门通过"清廉重咨阳光运行平台"的卡口闯关数据、提醒预警等数据,抓查处、强问责,充分发挥纪检部门监督保障执行、促进完善发展的作用,对资金管理、招标、咨询、政采等领域开展专项监督,实现数据赋能清廉企业、清廉市场建设的目标。

五、实施效果

实现集团整体智治,是数字化转型的最终目标。"清廉重咨阳光运行平台"建成并投用,不仅实现了数字赋能清廉市场、清廉企业建设,而且通过数智化推动各领域工作体系重构、业务流程再造、体制机制重塑,从整体上推动集团发展质量变革、效率变革、动力变革,实现全局"一屏掌控"、制度"一键智达"、执行"一贯到底"、监督"一览无余"。

通过边探索、边实践、边总结、边提升,以"清廉重咨阳光运行平台"为抓手,集团厘清了清廉国企建设的工作方法、路径,实现从"为什么、干什么、怎么干"的思路向"可量化、可评价、可复制"的目标转变,为推动清廉国企建设整体跃升提供建设思路。

围绕产权关系、岗位责任、业务链和"三重一大"等决策事项,建立健全长效机制。通过"清廉重咨阳光运行平台"建设,用智能流程对廉洁风险进行源头管控,实现权力运行制度化、制度流程化、流程信息化,把权力彻底关进制度的"笼子"。

通过对集团管控及业务流程的全面梳理和卡口、预警设置，重咨集团实现了风险早发现、早处置，达到了数智赋能风险管控目标。

该平台运行后，集团的管控和业务流程处理效率提升了30%，投诉量下降了40%，充分体现了该平台在推动企业清廉建设中的强大效能。

六、下一步规划与探讨

"清廉重咨阳光运行平台"的建成投用，已全面实现了集团数字赋能、数字赋"廉"目标。下一步，集团将对"清廉重咨阳光运行平台"不断迭代升级，持续不断对平台功能进行改进和创新。

（一）智能化

重点是将人工智能（Artificial Intelligence，AI）技术深度融合到平台的各个层面，以期达到数智赋能、数智赋廉的愿景，进一步提升平台的效能和透明度。一是以AI技术提升平台的数据处理和分析能力。自动识别和挖掘海量数据中潜在的风险和趋势，帮助决策者更准确地把握廉政建设的动态，提前预判潜在的风险和问题。二是以AI技术推动监督工作更加智能化。利用自然语言处理技术，自动分析和理解各种报告、文件甚至社交媒体上的信息，帮助监督机构更全面、深入地了解情况，提高监督的覆盖面和精确度。同时，AI的24小时不间断工作能力将实现对廉政状况的全天候监控，无死角、无遗漏。三是以AI技术推动平台的公共服务能力升级。通过个性化推荐算法，平台可以根据用户的需求和行为习惯，为其提供更精准、更个性化的信息服务，如制度解读、咨询服务等，提高全员的参与度和满意度。

（二）产品化

在"清廉重咨阳光运行平台"进一步迭代完善后，将平台与内部系统解耦，形成一个可复制推广的标准产品和解决方案，实现一地创新而全国共享的目标，让平台赋能更多企业。

（三）推广应用

"清廉重咨阳光运行平台"作为一个独具前瞻性和通用性的创新产品，计划将该产品向全国推广应用，为更多的企业赋能，同时也为发展新质生产力助力。

北京轨道交通互联网票务平台

创造单位：北京如易行科技有限公司
主创人：孙方　张振华　方琳　高伟
创造人：王博　孟照云　宋泽尧　张利全　于林　孟德超　刘朋辉　丁亮　赵玄　宋博

【摘要】北京如易行科技有限公司（以下简称如易行公司）通过整合二维码扫描、NFC技术和非现金支付等功能，使地铁票务平台实现高效通行、成本优化、服务体验升级和科技驱动。这种创新不仅提升了公共交通服务水平，也推动了城市交通的现代化发展。智慧支付技术提高了通行效率，通过精细化运营管理和创新服务模式拓展了公共交通的未来发展蓝海，同时强化了安全环保意识，构筑了可持续发展的愿景。

【关键词】二维码扫描　NFC技术　非现金支付　成本优化

一、实施背景

随着中国的城市化进程不断加快，城市人口飞速增长，给城市交通带来了前所未有的压力。北京作为全国的政治、经济、文化中心及交通枢纽，其公共交通压力更是处于高位。为有效缓解这一压力，地铁作为城市公共交通的骨干力量，其便捷性和高效性在提升公共交通分担率方面发挥了关键作用。据统计，目前北京市的公共交通分担率中，轨道交通占比已超过60%，成为市民出行的首选方式，而地面公交占比则相应调整至低于40%，显示出轨道交通在缓解城市交通拥堵方面的显著成效。

如易行公司作为北京轨道交通互联网票务平台的建设单位，积极践行企业责任。政治责任方面，公司始终以服务好政府与业主为己任，确保票务平台的政策合规性，助力政府实现城市交通管理的智能化与精细化；社会责任方面，努力提升乘客与市民的出行体验，通过技术创新与服务优化，让每一位乘客都能享受到便捷、高效、舒适的出行服务；经济责任方面，致力于实现企业的可持续发展，为股东创造长期价值的同时，也为城市公共交通事业贡献了自己的力量。2017年8月20日，"亿通行"App的发布，标志着北京市轨道交通互联网票务服务平台正式上线运行。平台主要围绕轨道交通提供创新服务，特别是通过二维码技术极大简化了乘客的购票与乘车流程，在节假日期间其服务占比更是高达63%~65%，充分证明了其在提升地铁运营效率与乘客出行体验方面的卓越贡献。该平台不仅集成了购票、支付、进站等一站式服务，还通过不断优化技术，实现了更加流畅的用户体验。尤为值得一提的是，北京轨道交通互联网票务平台目前每日稳定服务于超过1200万的轨道交通客流人次，且在过去的几年中始终保持零重大故障的记录，这背后是公司对票务平台安全、稳定地运维运营的极致追求与不懈努力。

未来，随着人们生活水平的提高和出行需求的多样化，乘客对地铁票务平台的要求也会越来越高。人们希望购票更加便捷、支付更加多样、出行体验更加舒适。因此，北京轨道交通互联网票务平台的发展应当紧密围绕乘客的核心需求，不断创新与升级。如易行公司也将继续秉持责任与担当，为构建更加智能、绿色、高效的城市交通体系贡献力量。

二、实施目的

在当代城市轨道交通的快速发展中，地铁票务平台系统通过整合二维码扫描与NFC（Near Field Communication，近场通信）技术，以及深度嵌入非现金支付等相关解决方案，彰显了科技进步与日常生活深度融合的典范，标志着公共交通服务模式的一次里程碑式跃进。此系列创新不仅代表着技术前沿的实践，也深刻体现了如易行公司革新及优化乘客体验的不懈追求。

1. 加速通行效率，重塑流畅旅程

智慧支付技术的实施极大地精简了乘车流程，乘客仅需迅速扫描二维码或利用 NFC 技术进行触碰感应，即可瞬间完成进站或出站验证，彻底摒弃了传统购票环节的耗时等待与人工操作的低效，实现了"即时"通行的高效出行愿景。这一转变不仅是时间资源的有效释放，更是现代社会对时间经济性和提升生活质量的直接响应。

2. 精细化运营管理，实现成本效益优化

从运营管理的维度分析，智慧支付体系的引入大幅削减了地铁运行的成本负担。传统票务系统对人力和物理介质的高度依赖在智能支付技术的广泛应用下得以缓解，显著减少了现金处理的复杂度与人力成本，为运营商开辟了成本控制与效率提升的新路径。此策略不仅体现了经济效益的最大化，也是现代管理科学与技术创新融合的典范，预示着公共交通管理体系向更高层次的智能化、精细化转型。

3. 服务模式创新，重塑乘客体验新标杆

智慧支付技术的融入，推动地铁服务进入了体验驱动的新纪元。不仅操作流程得到了根本性简化，更重要的是，它从根本上重塑了乘客的出行体验，将便捷性与舒适度推向新高，体现了以乘客为中心的服务设计理念。这种服务模式的革新显著提升了乘客的满意度与忠诚度，使每次出行成为愉悦的体验，有力地推动了公共交通文化向更加人性化、高品质的方向演进。

4. 科技驱动未来，探索公共交通新蓝海

地铁与最前沿科技的深度融合，是科技进步与时代需求交汇的必然结果，预示着对未来城市交通模式的前瞻探索。二维码与 NFC 技术的应用，不仅是对现有技术边界的拓展，更催化了公共交通领域技术革新与应用场景的多元化发展，为城市空间注入了浓厚的科技创新氛围，显著增强了城市的全球竞争力与可持续发展潜力。

5. 强化安全环保，共同实现可持续发展愿景

在确保安全与促进环保的双轮驱动下，智慧支付技术展现出其独特的价值。减少现金交易不仅强化了财务安全，降低了诸如遗失、被盗窃等风险，还积极响应了无接触支付趋势，特别是在后疫情时期，为公共卫生安全提供了重要保障。同时，减少纸质车票的依赖，是对自然资源的节约与环境保护的积极行动，进一步巩固了地铁作为低碳环保出行方式的地位，引领社会向绿色、可持续的交通生态系统迈进。

综上所述，地铁系统中二维码过闸、NFC 技术应用及非现金支付体系的构建，不仅是技术层面的突破，更是对城市治理智慧、居民生活质量及未来城市发展路径的全面重塑，共同织就了一幅智慧高效、绿色可持续的现代城市交通图景。

三、实施过程

在构建地铁二维码过闸、NFC 过闸及非现金支付体系的实践路径中，每一环节都蕴含着技术与管理的深度融合，旨在为公众提供更加便捷、安全的出行体验。

1. 地铁闸机革新：不断探索，百炼成钢

地铁闸机端盖改造工作是一项庞大且关键的工程，为后续实现二维码过闸支付功能奠定了坚实的基础。改造工程的实施要求技术团队在每一个细节上都做到尽善尽美。从最初的实验室检测阶段开始，专业技术人员就利用最先进的设备和方法，对闸机端盖上的二维码进行了全方位、多角度的评估测试，以确保它们能在各种极端条件下依然能够高效稳定、准确识别。这一过程不仅考验了技术的先进性，更体现了对乘客出行体验的深切关怀。

与此同时，项目还进行了严格的功能验证，这一环节聚焦于二维码在实际应用中的各项功能表

现。通过大量的测试用例和实际操作模拟，技术人员不断调试和优化，直到二维码的每一项功能都达到预期的最佳状态。最终项目团队成功完成了19条线路、337个站点共计11030个二维码端盖的改造工作后，不仅为二维码过闸支付功能的实现提供了必要的基础设施，也为后续地铁系统的智能化升级筑牢了稳固的根基。

2. 服务器部署：增加系统冗余，稳步前行

为了确保北京轨道交通二维码业务能够稳定且有序地开展，切实提升系统应对各类风险的能力，轨道交通采取了一系列重要举措。其中，在口岸站以及景点站这类客流量较大且对系统稳定性要求极高的站点，均配备了主备双活站点服务器。这种配置方式能够在一台服务器出现故障时，迅速切换到备用服务器，确保业务不受影响，从而极大地提高了系统的可靠性和稳定性。在全网范围内共计在337个站点部署了456台二维码专用服务器，充分考虑了各站点客流特性、业务负载需求及网络环境等因素，不仅能够有效降低系统风险，还为系统提供了重要的冗余保障，确保持续为广大的乘客群体提供不间断、高度稳定的二维码出行服务。

3. 主备灾三重保障：不断创新，服务至上

互联网票务业务构建了主备灾三重保障机制，确保系统稳定应对各类突发状况。主系统作为业务核心，高效处理用户访问；备用系统实时同步主系统数据，在主系统故障时无缝接替，保障业务连续。而灾备系统则独立于主备系统，部署于不同地域及云服务提供商，提供终极保障。这一机制全面覆盖云服务故障、网络中断乃至自然灾害等复杂情况，确保在极端环境下，互联网票务业务依然能够稳定运营，为用户提供不间断的服务体验，彰显其高度可靠性和强大的应对能力。

4. 二维码过闸全网启用：精细部署，智启未来

二维码过闸技术在北京轨道交通的实施经历了细致且复杂的部署流程，旨在提升乘客出行体验并促进智能交通发展。随着MISS2.0后台管理系统完成测试与上线，强化了系统的登录授权、业务开通等基础管理能力，为系统提供了强大的技术支持。与此同时，地铁系统还进行了全面的硬件升级，包括在所有站点安装并调试互联网认证服务器，以及对闸机端盖进行现场施工改造，以适应二维码扫描的需求。

在硬件升级完成后，随即展开了系统的验证与测试工作。通过组织多方合作进行现场测试，确保了系统的稳定性、安全性和功能性均达到设计要求。为了进一步验证系统的实际表现，北京轨道交通互联网票务平台系统还进行了全路网公测，邀请特定用户参与体验，并收集了大量反馈意见。这些反馈为系统的正式运营和后续优化提供了重要参考。

经过一系列精心准备和严格测试后，二维码过闸服务于2018年4月正式全面启用。乘客只需通过手机应用即可轻松刷码进出站，享受更加便捷、高效的出行体验。这一变革不仅标志着北京轨道交通全面进入了刷码乘车的"新时代"，也展现了城市公共交通在数字化转型方面的卓越成就。随着二维码过闸技术的广泛应用，北京轨道交通互联网票务平台将继续推动智能化服务的深入发展，为乘客提供更加优质、便捷的出行服务。

5. 非现金支付系统：便捷票务新体验

自2017年8月20日推出互联网票务服务以来，分步实现了线上购票车站取票、二维码乘车、电子定期票、电子发票等功能，为乘客提供了方便、快捷、多样化的票务服务，同时也对缓解车站长时间排队购票、人员聚集等问题发挥了积极作用。为全面贯彻以乘客为中心的服务理念，如易行公司再次聚焦乘客对通过移动支付进行购票、补票、充值的迫切需求，启动专项技术方案研究，将其列入2019年度工作目标推动落实。

经过精心筹备，非现金支付系统于2019年8月在北京轨道交通的55个重点车站率先试点。这

些车站覆盖了热门旅游景点、交通枢纽等区域，通过真实场景下的测试，验证了系统的稳定性和便捷性。试点期间，非现金支付受到乘客热烈欢迎，使用率显著提升，有效减少了找零和排队花费的时间，提升了购票效率。

基于试点的成功，2019年8月31日起，北京轨道交通全路网开通非现金支付服务，覆盖所有线路和车站，乘客在购票、补票及充值时均可选择微信、支付宝等移动支付方式，享受更加便捷、高效的票务服务。这一举措不仅标志着北京轨道交通互联网票务服务的全面升级，也进一步提升了乘客的出行满意度，为城市交通的智能化发展树立了新标杆。

6. NFC过闸：引领便捷出行新风尚

随着NFC技术的成熟和广泛应用，使手机可以作为交通卡使用，实现更加便捷的支付方式。"亿通行Pay·秒通卡"正是基于这一技术实现的。同时政府对于数字化出行和新型支付方式的积极支持，也为"亿通行Pay·秒通卡"的实施提供了政策保障和市场机遇。

如易行公司与相关技术服务商及硬件厂商进行合作，共同开发基于NFC技术的手机交通卡功能。同时，与支付机构（如支付宝、微信、京东支付等）进行对接，确保支付功能的顺畅实现。"亿通行Pay·秒通卡"功能于2021年6月28日推出，以其无须充值、即开即用、支持多种扣款方式等创新特性，赢得了广大乘客的青睐。用户只需在App内简单操作，即可免费开通并绑定个人支付方式，轻松享受一"机"在手的便捷出行。同时，公司还通过App内提示、社交媒体宣传等渠道，积极引导用户尝试并反馈使用感受。随着市场的逐步接受与认可，"亿通行Pay·秒通卡"的应用范围也在不断扩大，从最初的北京轨道交通扩展到更多城市的轨道交通系统，甚至可能覆盖公交、出租车等更多出行领域，为乘客带来更加全面、便捷的数字化出行体验。

四、主要创新点

互联网票务平台在建设二维码过闸、NFC过闸非现金支付以及乘车码平台方面展现出了多项创新点，这些创新不仅提升了乘客的出行体验，也推动了地铁票务系统的智能化发展。

1. 高性能实时交易匹配与计费技术：实现高峰期秒级进出交易处理

秒级事务处理匹配技术：依托Redis集群的高性能缓存机制，确保在高峰时段实现乘客交易的即时定位与处理，达到秒级进出站交易匹配精度。

海量数据存储与高效检索：采用分布式数据库架构，为日均千万量级的交易提供安全存储与快速检索能力，确保数据处理效能与系统稳定性。

精准计费零失误：设计参数化计费体系，灵活支持多样化的优惠策略。自投入运营以来，系统保持计费无误差记录，彰显了系统的精确度与可靠性。

2. 多云架构的离线二维码生成技术：实现乘车码任何场景下的最高可用

高可用发码平台架构：借助多云部署策略，构建"多活"系统，实现故障秒级切换及预警机制，确保服务连续性。

多层次离线认证机制：通过短证书、长证书及灾备证书的分级体系，确保即使在长期离线状态下也能稳定生成乘车码，提升用户体验的连续性和安全性。

乘车码安全防护体系：集成国密算法与分散式安全组件存储策略，结合App代码混淆技术和核心代码封装，有效防御代码被复制与篡改风险，并自主研发实时风控平台，有效抑制非法分发行为。

3. 基于NFC的后付费交通卡技术：实现多项业务及技术方案创新

NFC+后付费模式的开创性融合：在国内首推结合后付费体系的NFC交通卡解决方案，实现无须预充值、自动扣费、免退款的便捷体验。

全国首创统一账户体系：建立统一账户体系，支持多级卡号管理，满足"一人多卡"的多样化需求，同时实现跨设备（如手机、智能手表）的无缝对接，以及"卡/码/人脸"混合验证功能，极大地提升用户使用的灵活性和便利性。

增强型卡安全防护设计：整合国际标准密钥管理体系与自研加密算法，形成严密的卡安全防护网，有效防止信息被复制或篡改。

4. 标准化乘车码输出技术：实现乘车工具的多样化

标准化开放平台能力：构建了一个安全稳定且统一输出标准的乘车码输出开放平台，不同类型的乘客服务平台均能够以相同的方式接入平台。这不仅简化了合作方的技术对接过程，也为乘客提供了多样化的乘车工具选择及跨工具的一致性乘车码使用体验。无论他们选择哪种交通工具出行，都能享受到同样的便捷服务。

面向未来的扩展性：一致化的接入标准充分考虑到了未来的技术发展和服务需求变化。平台架构具有良好的可扩展性，能够快速适应新的票务功能和乘客服务，例如新票务产品的引入、票务产品的使用升级、智能乘客服务推荐、出行路线规划等，能有效保持系统的服务质量和乘客体验。

综上所述，北京轨道交通互联网票务平台中二维码过闸、NFC 过闸、非现金支付以及乘车码平台方面的创新点主要体现在便捷性提升、跨交通方式互联互通、安全性与稳定性、高效性与灵活性、硬件兼容性广以及支付方式多样化等方面。这些创新不仅为乘客带来了全域覆盖、畅行无阻的出行体验，也推动了地铁票务系统的智能化发展。

五、实施效果

"亿通行" App 作为北京轨道交通互联网票务平台，在过去几年中取得了显著成果。2018～2024 年，平台注册用户数由早期的 900 万上升到 2024 年 8 月的 1.1 亿，且仍在持续增长中。另外，互联网票务平台支付比例也由 2020 年 12 月的 32% 提升至 63%，节假日比例超过 65%。互联网票务占比逐渐提升，切实为乘客提供了方便且实惠的乘车体验，吸引了更多乘客使用。这一提升表明，更多用户选择通过"亿通行" App 进行支付，体现了平台支付功能的便捷性和安全性得到了用户的广泛认可，进一步证明了"亿通行" App 在公共交通领域的领先地位和广泛影响力。

北京轨道交通互联网票务平台作为一款创新的公共交通出行工具，通过其先进的二维码扫描技术和近场通信（NFC）技术，彻底革新了乘客的地铁进出站体验，不仅显著提升了地铁系统的运行效率，更为全球城市轨道交通的现代化转型提供了宝贵的实践经验。该应用的成功实施，标志着从传统的、以现金交易和实体票务为主的运营模式，向高度数字化、便捷化的互联网票务平台转变的里程碑式跨越。

（1）二维码过闸：无缝衔接的出行新体验。二维码过闸功能是互联网票务平台的核心亮点之一。乘客只需在手机上生成专属乘车码，对准地铁闸机上的扫描区轻轻一扫，即可快速完成身份验证与扣费，全程无接触，大大减少了排队购票、找零的时间消耗。这一技术的应用，不仅简化了乘客的出行流程，提高了进站效率，还有效缓解了高峰时段的客流压力，使得地铁服务更加高效、流畅。此外，二维码技术的高安全性特征，也为用户的资金安全提供了有力保障，增强了公众对于数字支付方式的信任度。

（2）NFC 过闸：科技赋能的未来出行趋势。除了二维码技术，互联网票务平台还支持 NFC 近场通信功能，允许用户直接使用具备 NFC 功能的智能手机或智能穿戴设备触碰闸机完成进出站，进一步提升了出行的智能化水平。NFC 技术以其快捷响应和高度集成的特点，使"手机即票卡"的概念得以实现，为乘客带来了前所未有的便捷体验。这种无缝衔接的支付方式，不仅展现了科技如何深度融入日常生活，也预示着未来智慧城市交通的发展方向。

（3）非现金支付：推动绿色出行，促进数字经济。互联网票务平台通过推广非现金支付方式，不仅顺应了全球数字经济发展的大潮，也积极促进了环保理念的实践。减少现金交易不仅能够提升交易效率，降低管理成本，还有助于减少纸币流通带来的资源消耗和环境污染，符合可持续发展的要求。此外，非现金支付数据的积累，也为城市交通规划提供了宝贵的数据支撑，助力政府和运营方更精准地分析客流分布，优化线路配置和服务质量，从而在整体上提升城市公共交通系统的效能。

综上所述，如易行公司凭借其在二维码过闸、NFC 过闸以及非现金支付方面的创新实践，不仅极大地改善了乘客的出行体验，提升了地铁系统的运营效率，还为传统票务体系向现代互联网票务平台的转型升级树立了典范。这一系列变革不仅加速了城市轨道交通的现代化进程，还为构建智慧、绿色、高效的公共交通体系奠定了坚实基础，充分体现了科技创新在推动社会进步中的关键作用。随着技术的不断进步和应用的持续深化，互联网票务平台及其所代表的智能出行解决方案，将继续为全球城市的可持续发展贡献力量。

六、下一步规划与探讨

北京轨道交通互联网票务平台的未来发展蓝图将以深化智能化应用、强化便捷性服务、构建高效运营体系及可持续发展模式为核心导向，具体策略如下。

1. 灵活便捷的通行方式

在探索未来交通出行方式的道路上，如易行公司不断致力于将最便捷、最安全、最高效的出行方式带给乘客。生物识别技术（比如人脸识别、掌纹识别等）作为前沿科技的代表，正被深度探索并逐步应用于轨道交通过闸系统。同时，为提升出行服务的便捷性，逐步拓展"一码通乘"业务服务范围，从现有的轨道交通和公交系统，逐步整合出租车、共享单车等多元化交通方式，真正实现"一码通乘"全面覆盖。这一举措不仅让乘客在城市内部能够自由切换交通方式，更有望在未来实现跨城市的无缝对接，极大地促进了区域经济的交流与发展。

此外，如易行公司还注重提升通行系统的智能化水平。通过物联网技术，闸机能够实时获取乘客流量、设备状态等关键信息，并根据这些信息自动调整闸机的开放数量和速度，从而优化通行效率。

2. 持续优化乘客体验

为全面提升乘客服务体验，在原有乘车和票务服务的基础上，逐步增加丰富的乘客服务功能。如易行公司旨在打造一个集"出行"与"服务"于一体的综合性、一站式地铁互联网票务服务平台，使乘客通过"亿通行"App 单一入口，轻松享受包括地铁出行、票务处理、行程规划、实时导航、信息推送等全方位、便捷化的出行服务，从而极大地提升地铁出行的便利性和满意度。

在此基础上，积极推动轨道交通行业的数智化进程，聚焦于城市内外轨道交通网络的紧密衔接，实现跨市域（郊）铁路与城市轨道交通的深度融合，通过跨网出行路径规划与列车运行信息的整合，为乘客提供无缝衔接的出行方案与实时引导服务，显著提升出行效率与便捷性。同时，围绕轨道交通行业移动线上端服务及车站线下场景，致力提升地铁站域多方式接驳设施效能，通过轨道交通全线网通道级客流汇算，构建站域单车/网约车预约、支付、管理的一体化出行服务，实现站域接驳资源与实时客流动态的精准匹配。除此外，积极推动轨道交通智慧安检应用探索，通过智能化手段优化安检流程，提升安检效率与准确性，为乘客创造更加安全、高效的乘车环境，全面提升乘车体验标准，为未来新建轨道设施规划、建设与管理提供坚实的数据支撑与技术支持。

3. 加强城市生活服务

如易行公司依托轨道交通场景，通过线上票务服务平台，引入便民生活服务，打造"地铁+本地生活"服务平台。首先，与运营企业联合在地铁站内推出地铁小站、地铁早餐等创新项目，引入微银行、早餐、互动展台等便民服务形态，站内便民服务能有效提升站内运营服务水平、丰富服务功能、改善站内营商环境。其次,与头部互联网企业深入合作,推出网约车、共享单车、外卖、电商、优惠到店等站外服务,基于乘客进出站场景为用户推荐周边高品质、有性价比的商户服务资源。最后,紧密配合轨道微中心设计规划,综合以轨道交通出行为核心的多元化融合能力,整合站内、站外多方本地生活服务资源,构建站前广场开发、接驳停车、商业经营的数字化、智能化"地铁+本地生活"服务平台。

4. 数据要素驱动价值新引擎

北京轨道交通互联网票务平台自成功上线以来,已构建起一个庞大的数据资源体系,累计存储量达到惊人的 23.5TB。其中尤为显著的是包含了 45 亿条二维码过闸配对交易记录,这些海量数据共同构成了平台独有的数据资产库。如易行公司积极响应国家关于数据资产化的战略导向,不断探索和实践数据资产化的创新路径,致力于深度挖掘数据潜力,实现其价值的最大化释放。

在数据应用层面,平台通过数据分析,为不同领域提供定制化解决方案,为线下商户和消费品牌提供市场洞察,助力精准营销,并利用 LBS(Location Based Services,基于位置服务)和时间属性数据,为商家提供精准选址建议。同时,平台结合线上线下资源,实现客流的高效引导与消费转化,并通过个性化推荐和差异化促销等策略,提升用户体验与品牌忠诚度。通过数据要素价值的不断挖掘,北京轨道交通互联网票务平台为企业带来显著的经济效益和社会效益,提升了企业的市场竞争力和社会影响力。

5. AI 赋能,轨交智行

未来如易行公司将聚焦于乘客体验的全面提升,通过 AI(Artificial Intelligence,人工智能)技术的深度应用,为乘客带来前所未有的流畅与高效出行享受。从语音购票到票务异常自助处理,从国产鸿蒙系统的自主化建设到国际化通行的支付与过闸方案,再到便捷的生物识别过闸技术,不断突破创新边界,致力于为乘客提供更加多元化、智能化、无缝的出行体验。

如易行公司通过大数据与实时信息的深度融合,构建精细化预测模型,精准预测客流变化,并基于预测结果优化地铁设备的开关机计划以节约能源。同时,提前预判设备故障,制定高效的维修计划以确保运营的稳定性与安全性。这一系列举措不仅推动轨道交通行业朝着绿色可持续方向发展,也为如易行公司实现高效运营管理筑牢了坚实基础。

科技引领，创新驱动：科改赋能企业科技实力全面提升

创造单位：北京市市政工程设计研究总院有限公司

主创人：刘江涛　艾凌

创造人：刘子健　雷志军　王楠　李纪萱　高守有　张晓娟　方恒堃　郭淑霞　杨扬

【摘要】实施国有企业改革深化提升行动，是以习近平同志为核心的党中央站在党和国家工作大局的战略高度，面向新时代新征程做出的又一全局性、战略性重大决策部署。北京市市政工程设计研究总院有限公司（以下简称北京市政总院）顺应时代发展需求，以科改为主线，构建了"投入—过程—产出"全过程链条覆盖的科技创新体系，提出了体系导向统筹规划科技创新活动方法，实践了科技创新、企业育成、人才成长"三链"共振的企业发展范式，培育面向市场应用的"1+6+X+N"数智业务体系，打造企业转型过程中的核心竞争力。面向科技创新体制机制建设、人才培养、新质生产力培育的做法，全面提升了企业的科技实力，助力公司向现代城市科技企业转变，打造国有科技企业创新样板和自主创新尖兵。

【关键词】勘察设计　科改企业　城市科技　数智　三链共振

一、实施背景

（一）国家层面：新一轮国企改革深化提升的要求

1. 党的二十大以来党中央对国企改革的要求

实施国有企业改革深化提升行动，是以习近平同志为核心的党中央站在党和国家工作大局的战略高度，面向新时代新征程做出的又一全局性、战略性重大决策部署。党的二十大报告明确要求："深化国资国企改革，加快国有经济布局优化和结构调整，推动国有资本和国有企业做强做优做大，提升企业核心竞争力。"二十届中央全面深化改革委员会第一次会议、2022年中央经济工作会议和2023年中央经济工作会议均强调，要深化国资国企改革，提高国企核心竞争力；强化企业科技创新主体地位。

国有企业改革赋能，推动企业从制度建设着眼，对技术创新决策、研发投入、科研组织、成果转化全链条整体部署，对政策、资金、项目、平台、人才等关键创新资源系统布局，一体推进科技创新、产业创新和体制机制创新。

2. 国务院国资委部署新一轮国企改革深化提升行动

2023年9月，国务院国资委召开国有企业改革深化提升行动专题推进会，新一轮国企改革以增强核心功能、提高核心竞争力为重点，聚焦国之大者、围绕国之所需，推动国有企业在建设现代化产业体系、构建新发展格局中切实发挥科技创新、产业控制、安全支撑作用，更好实现经济属性、政治属性、社会属性有机统一。2024年2月，北京市国资委召开北京市国企改革深化提升行动动员部署会，要求各市属企业要持续加大科技创新工作力度，打造高质量发展引擎，大力提升创新整体效能，完善鼓励创新的体制机制。

按照党中央、国务院国资委关于国企改革深化提升的要求，国有企业要围绕增强核心功能、提高核心竞争力，突出重点、把握关键，加快转向创新驱动的内涵式增长，加大力度发展新质生产力；要把科技创新摆在"头号工程"位置，全力突破关键核心技术难题，大幅增强国有经济的产业控制力、安全支撑力、科技创新力，成为国家战略科技力量的主力军、科技创新的国家队和众多原创技术的策源地；要强化科技创新和成果转化应用，更好服务实现高水平科技自立自强。

(二)行业层面:勘察设计行业突破困局的需求

近年来,勘察设计行业在复杂的环境中基本保持了稳定发展,同时也显示了行业增长乏力的现实状况,随着市场有效需求减少,普遍性的高速增长时代已经渐行渐远。行业发展形势迫切需要创新赋能、技术引领,为行业注入新的增长动力。

1. 行业发展现状分析

根据住房城乡建设部发布的《2023年全国工程勘察设计统计公报》数据统计,2023年勘察设计行业各项主要业务板块(勘察设计、工程总承包和其他工程咨询)的整体营业收入为53141.9亿元,比上年增长0.6%,增速持续下滑(见图1)。

图1 2014—2023年工程勘察设计行业主营业务营业收入变化

此外,从28家勘察设计行业上市公司近十年的营业收入、净利润统计结果,可以看出:"十三五"期间上市公司营业收入、净利润呈现较快增长,但存在增速逐渐放缓的现象;"十四五"以来,受新冠疫情等各方面因素的影响,净利润自2020年转为负增长,营业收入自2022年也转为负增长,2023年净利润及营业收入较2022年有所提升,但仍未达到2021年的水平,行业发展整体承压(见图2)。

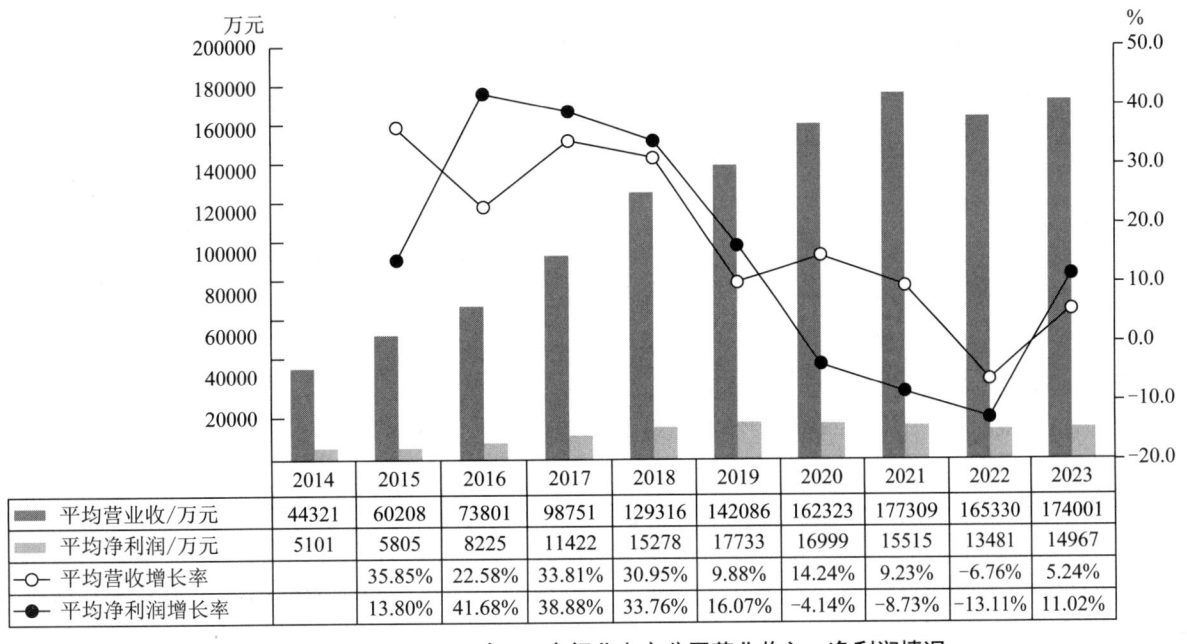

	2014	2015	2016	2017	2018	2019	2020	2021	2022	2023
平均营业收/万元	44321	60208	73801	98751	129316	142086	162323	177309	165330	174001
平均净利润/万元	5101	5805	8225	11422	15278	17733	16999	15515	13481	14967
平均营收增长率		35.85%	22.58%	33.81%	30.95%	9.88%	14.24%	9.23%	-6.76%	5.24%
平均净利润增长率		13.80%	41.68%	38.88%	33.76%	16.07%	-4.14%	-8.73%	-13.11%	11.02%

图2 2014—2023年28家行业上市公司营业收入、净利润情况

2. 行业转型发展研判

通过对勘察设计行业的数据统计分析，可以看出，行业经过几十年的快速发展之后，正进入低速增长的非常时期，行业发展步入"淘汰赛"阶段。行业持续增长与竞争加剧的挑战并存、市场需求驱动与企业内生变革驱动并存、竞争格局深化演进与企业商业模式创新加速并存，勘察设计行业正处在一个动态、复杂、模糊、交融的大变局中。

面对相对困难的市场形势，勘察设计行业需要做好"人才—科技—激励"三协同，深化企业体制机制建设。一方面要提升人才吸引力，做好人才规划，在内部人才盘点的基础上，明确未来育人和引人重点；另外，要深化三项制度改革，强化绩效导向，从平均激励转向精准激励，采用岗位分红或者股权激励，探索推进中长期激励，追求长期共赢；同时，要深化科技创新，培育核心竞争力，以打造业务竞争力为中心聚焦主航道，以提升效率和质量为中心鼓励微创新，加强创新投入保障，完善创新体系建设，以创新引领企业发展。

（三）企业层面：提升自主创新能力的需要

北京市政总院创建于 1955 年，2013 年完成转企改制，2016 年与北京控股集团有限公司合并重组，旗下拥有 14 家全资及控股企业。北京市政总院具有工程设计综合甲级、工程勘察综合甲级、城乡规划编制甲级资质和市政公用工程施工总承包一级资质，在城市基础设施领域，持续服务于国家战略及首都功能定位，提供行业卓越水准的"一站式、多领域、全方位"综合解决方案。

2022 年 3 月，北京市政总院入围国务院国资委"科改企业"，以科改为契机，北京市政总院围绕"深化市场化改革和提升自主创新能力"目标，务实推进各项改革举措，完善公司治理体系，提高公司治理能力，增强科技创新动能，为企业发展提供配套完善的体制机制，不断推动实现市场化的机制改革突破和科技创新能力提升突破，不断增强自我创新能力和自我驱动活力，助力公司由传统的勘察设计企业向现代城市科技企业转变。

面对党中央、国务院国资委对国有企业改革发展提出的新要求，面对勘察设计行业发展遭遇的新困局，面对企业高质量发展的内在需求，创新驱动、数智化转型是北京市政总院持续、健康、稳定发展，进而突破困局、逆势而上的必由之路，也是其打造世界一流现代城市科技企业的必然选择。

二、实施目的

面对以上挑战，聚焦"科改行动"，坚持问题导向、目标导向、结果导向，抓重点、补短板、强弱项，始终坚持市场化改革和激发科技创新动能，始终坚持体制机制创新与科技创新互动互促，认真落实科改各项政策，围绕数字中国、"双碳"目标，大力发展新质生产力，助力公司由传统的勘察设计企业向现代城市科技企业转变，力争打造国有科技企业创新样板和自主创新尖兵。

北京市政总院具体目标包括：

一是不断完善创新管理体制机制：强化科技创新的顶层设计，建立完善的技术支撑体系，支持公司科技创新活动；分类施策，形成"两级三类"的科研项目分类体系，助力市场拓展；加强内外联动，建设高层次科技创新平台。

二是构建数智产品，打造核心竞争力：围绕城市基础设施核心业务，加强顶层设计，构建生态圈，推动数智产品融入生产业务及迭代升级，打造"数智品牌"，实现由咨询设计向建造、运维阶段业务链条延伸。

三是通过"选、培、用"全面锻造科技人才新高地：科学规划职业发展路径，实现员工职业发展的纵向贯通，激发员工自驱动力。建立各岗位序列的横向流动机制，打破传统职业路径壁垒，为员工提供多元化的职业选择和发展空间，激发员工的内在潜能和创造力，促进团队间的知识共享与协作，最终实现员工的多通道发展，实现"让有才者有为"。

三、实施过程

（一）顶层设计，搭建科创新架构

1. 强化顶层设计，完善创新体系

北京市政总院发布"十四五"科技发展规划，明确"十四五"期间科技发展的指导思想、发展目标和科技目标，对未来五年公司科技发展进行了顶层谋划部署。科学技术委员会统筹研究、制定发布《智慧城市科技行动纲要1.0》。践行国家"数字中国"和"双碳"目标，支撑集团"城市科技"产业板块建设，研究城市基础设施"智慧+"全生命周期一体化综合解决实施方案，积极开辟新赛道，加速布局数字化产业发展。

2021—2023年，在北京市政总院科学技术委员会的领导下，遵循"板块化建设、区域化发展"的发展主线，先后组建了5个板块技术委员会和5个区域技术委员会，道路交通、水资源与环境等13个专业委员会，最终形成了"1+13+5+5"的科技创新管理体系（见图3）。

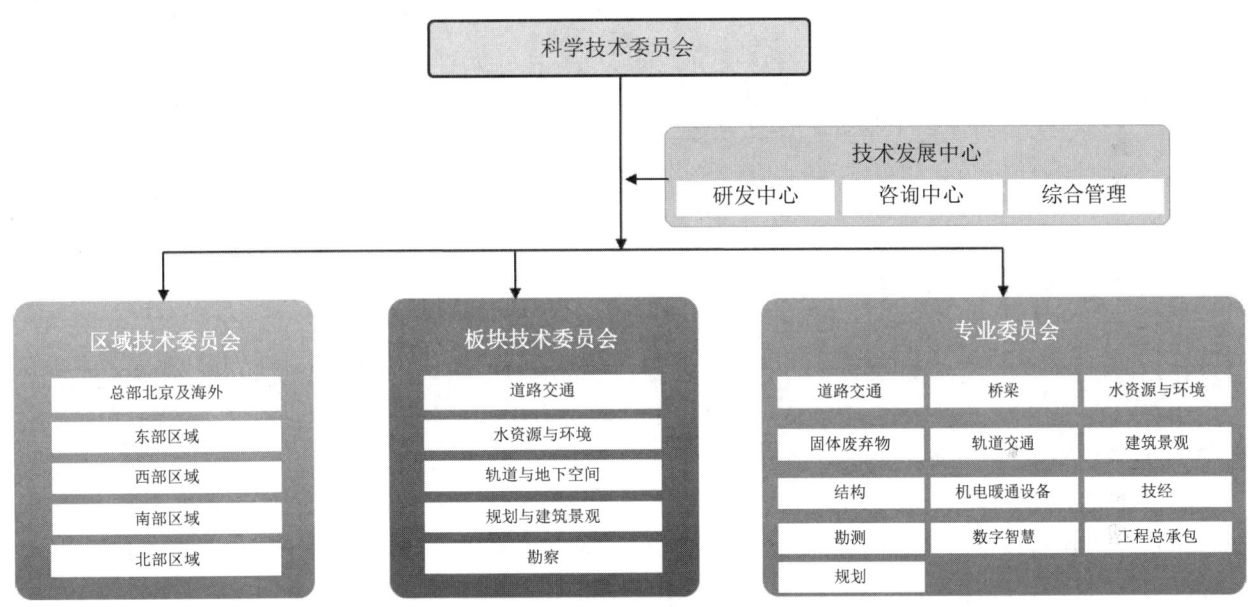

图3 公司科技创新管理体系

推动各板块院成立板块技术/创新中心，落实组织机构和人员，推动板块技术/创新中心持续做实，落实板块院科技创新务实投入、强化过程管理。结合业务发展方向，板块技术/创新中心共策划专精中心16个（见图4）。

发挥技术发展中心统筹统领作用，结合北京市政总院自立的应用类、数字智慧类课题和板块专精中心业务方向，在自立课题立项、开题评审等各阶段，引入研究院公司科技成果转化团队，与研发团队共同实施科技成果转化。编制并发布《科技成果转化及激励管理办法》《研发投入管理办法》《科技创新成果奖励办法》《"揭榜挂帅"科研项目管理办法》，不断完善公司科技创新管理制度建设。

2. 推进分级管理，支撑市场开拓

（1）科研课题分级管理。为持续提升公司的科技实力，激发科研人员的创新动力，公司支持员工以创新团队的形式自行组队，承接内、外部的科研项目。根据项目来源、管理层级的不同，形成了"两级三类"的科研项目分类体系。

（2）发挥场景优势，加强重大项目创新创优策划。将项目的创新创优策划提前至项目立项阶段，在项目开展过程中持续引入高端技术人员与专家团队的力量，将科技创新深度融入生产项目的开展过程中，探索关键技术研发，打造标志性成果，为高端奖项申报做好充足准备。加强与外部高层级科研团队的深度合作，促进形成"承接外部高层级课题—凝练标志性成果—获得高层级奖项—打造精品工程—培养行业领军人物"的良性循环。

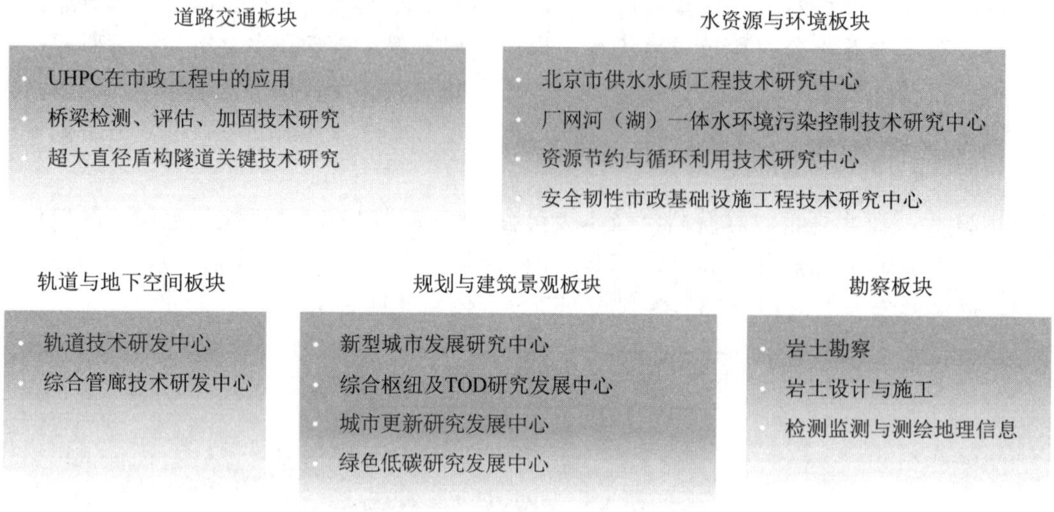

道路交通板块
- UHPC在市政工程中的应用
- 桥梁检测、评估、加固技术研究
- 超大直径盾构隧道关键技术研究

水资源与环境板块
- 北京市供水水质工程技术研究中心
- 厂网河（湖）一体水环境污染控制技术研究中心
- 资源节约与循环利用技术研究中心
- 安全韧性市政基础设施工程技术研究中心

轨道与地下空间板块
- 轨道技术研发中心
- 综合管廊技术研发中心

规划与建筑景观板块
- 新型城市发展研究中心
- 综合枢纽及TOD研究发展中心
- 城市更新研究发展中心
- 绿色低碳研究发展中心

勘察板块
- 岩土勘察
- 岩土设计与施工
- 检测监测与测绘地理信息

图4　五大板块专精中心建设

3. 加强内外联动，共建创新平台

（1）聚集创新要素，整合外部创新力量。对接国家和省部级实验室平台开展联合研发，申报重点研发计划项目；与交通运输部重点实验室联建"智慧交通中心"，推动产学研用协同创新；与北京市燃气集团有限责任公司开展技术合作，共建"低碳能源综合应用技术创新中心"；与桥梁工程安全与韧性全国重点实验室联合成立城市桥梁安全与韧性研究中心。

（2）促进交流合作。公司每年举办一次科技交流周活动，邀请内外部专业技术人员和行业专家作技术报告，搭建科技创新成果的交流平台。2024年，成立公司"总师讲堂"，定期邀请全国工程勘察设计大师在课堂上为设计人员进行行业前沿与关键技术的讲解与交流。

（二）数智引领，打造核心竞争力

北京市政总院作为城市建设先进理念的践行者，是北控集团"城市科技"产业板块的核心企业，"十四五"期间紧抓国家"数字中国"和"双碳"目标，响应新时代发展、适应行业变革要求，大力推进数智业务，助力企业数字化转型升级。

1. 注重系统谋划，开启数智转型

北京市政总院高度重视智慧城市业务系统性谋划工作，《智慧城市科技行动纲要1.0》于2022年4月17日正式发布。纲要全面阐述了公司智慧城市业务的发展定位和目标，提出未来三年主要行动，明晰实施路径，是公司开展智慧城市行动的纲领性文件。按照"1条主线、1个平台、3大能力"的工作思路，以市场需求为导向，以业务场景为载体，围绕"板块化建设、区域化发展"主线，依托智慧专业化支撑平台，打造"场景智慧化、智慧平台化和服务智慧化"能力。智慧城市科技行动纲要技术路线如图5所示。

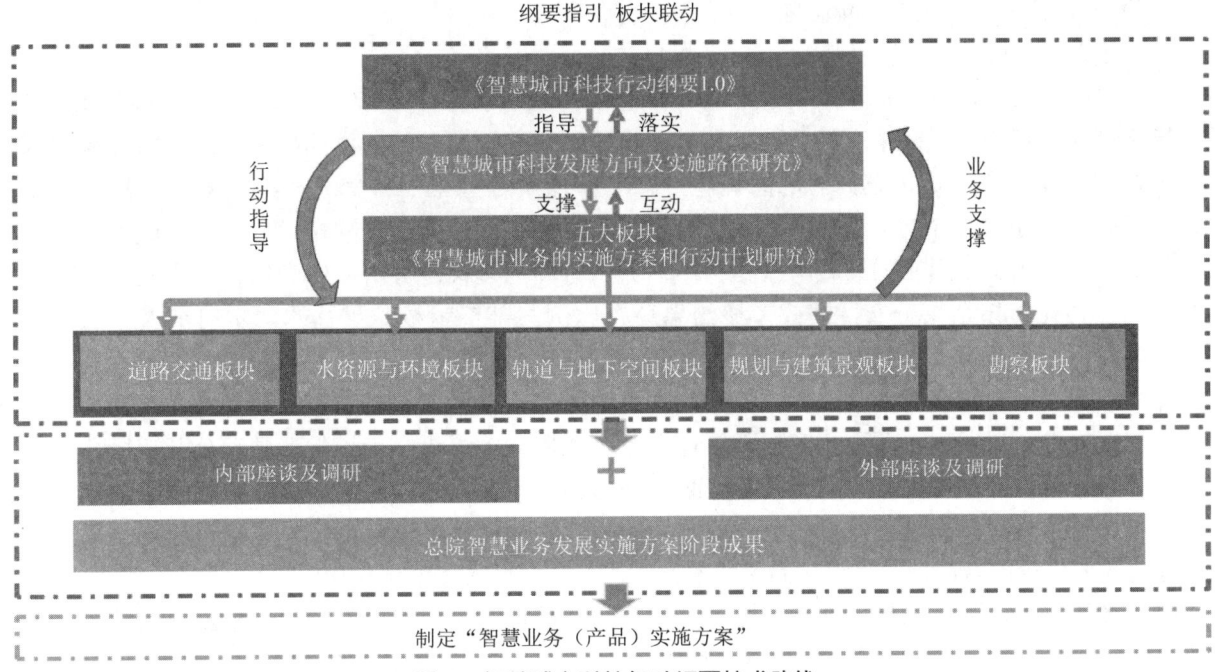

图5　智慧城市科技行动纲要技术路线

2. 明确实施路径，确保规划落地

2022年编制完成"1+5"课题，即1个总课题"智慧城市科技发展方向及实施路径研究"和5个板块课题"智慧城市业务的实施方案和行动计划"。为了科学合理、快速有效地推进数智课题的研究和开发工作，2023年编制发布《数字智慧课题的工作组织及实施方案（试行草案）》。该实施方案规定了数智课题的分级及分类、研发及运维管理模式、内部协同组织模式及实施方案和外部合作组织模式及实施方案。

3. 打造数智产品，构建特色体系

围绕城市基础设施领域，聚焦业务数字化和数字业务化两个方向，针对设计、建造及运维等阶段，提出"1+6+X+N"的公司数智业务体系框架，其中："1"个数智底座，"6"大产品线（包括数字孪生、智能建造、交通治理、安全韧性、生态环保和智慧园区），"X"个平台产品，"N"套解决方案。积极承揽国家、行业、地方等外部课题，参与工业和信息化部牵头的《建筑信息模型（BIM）软件开发及产业化》国家重大项目，实现BIM模型跨专业、跨阶段的传递复用，开放数据接口等关键技术，该项目成果将成为国家首推两大BIM国产化平台之一；系统谋划公司课题20余项，包括数字化模型管理及应用平台、基于UE三维项目展示应用平台、多尺度数据管理平台、城市综合交通数据分析及仿真平台、道桥隧运管养一体化数据分析及服务平台、智慧水务平台等。

依托典型项目工程，打造数智示范项目，并迭代升级数智产品。针对复杂钢桥的智能建造一体化服务，基于首钢大桥、永定河大桥、洪梅大桥，分别完成了1.0、2.0和3.0桥梁智能建造产品；推进北京市市政基础设施电子报建图则及软件研发，服务政府决策；推进北京城市副中心枢纽智能建造平台开发及应用，贯通各参建方之间的数据，推动工程设计、采购、施工、调试、运营等环节无缝衔接、高效协同；推进汕头市中心城区排水信息管理系统的交付与运维，通过构建排水物联监测体系，提高城市排水防涝应急响应效率，辅助"厂—网—河"联合调度管理，提高城市排水系统整体运行效能。

（三）一体推进，锻造人才新高地

1. 强化人才战略，筑牢发展基石

（1）内部选拔，识别价值创造者。北京市政总院出台《员工绩效考核管理办法》，同步开展绩效考核指标设计培训，加强对个人绩效工具和方法指导，增强全员绩效考核的实效性，有效识别优秀人才。一是实施差异化考核，充分考虑岗位特点、工作性质等因素，科学选择绩效考核方法和评价工具；二是突出指标战略导向，绩效考核指标设置，一方面全面承接企业战略目标，推动组织的年度重点任务层层分解到每个员工的绩效考核指标中，另一方面通过岗位分析，做到岗位职责与绩效考核相匹配；三是强化考核结果分布，绩效考核结果分布比例与部门考核结果挂钩，实现个人与组织荣辱与共。

（2）外部引进，甄选能力卓越者。打开人才引进思路，以开放的姿态，广开进贤之路、招揽各方之才，加速推进公司发展。不断拓宽招聘渠道，综合运用人才引进、市场化选聘、公开招聘、内部招聘等方式多方位引进优秀人才。实施猎英计划，强力猎取高端人才，持续引进有数智思维的高端复合人才，增加数智化创新引领者，增强全过程数智服务能力。实施英才计划，引进优秀毕业生，加强区域属地化人才供给能力，提升属地化人才基本素质，支撑区域人才发展建设。

（3）多维培育，孵化未来可期者。构建人才职业发展通道，畅通员工发展。根据公司特点，梳理岗位类型、岗位价值和人才发展规律，规范公司职位体系管理，优化公司《职位体系管理办法》，科学合理划分岗位序列和层级，形成管理、专业两大类人才明晰的职业发展通道，根据各岗位的独特性质与要求，细化岗位序列体系，旨在为不同领域的人才铺设清晰、明确的发展路径，引导各类人才实现职业发展。根据公司岗位能力要求设置岗位层级，梳理岗位职责，明确岗位职责边界，撰写标准化岗位说明书，并根据各序列能力要求建立岗位职级管理体系。分阶段逐步建立包含勘察设计序列、研发序列、IT序列、数智序列、项目管理序列、职能序列、市场序列在内的任职资格等级标准，建立多维度任职资格模型，建立基于学历、职称、工作经验、岗位职责、绩效考核、知识技能、能力素质及加分项的多维度任职资格模型。为员工畅通职业发展通道，科学规划职业发展路径，实现员工职业发展的纵向贯通，让员工明确个人发展方向及所需能力，激发员工自驱动力，引导员工通过工作实践及主动学习提升自身专业技能和工作能力，让脱颖而出的价值创造者获得职级动态晋升，提升工作积极性，实现"让有为者有位"。同时建立各岗位序列的横向流动机制，打破传统职业路径的壁垒，为员工提供多元化的职业选择和发展空间，激发员工的内在潜能和创造力，促进团队间的知识共享与协作，最终实现员工的多通道发展，实现"让有才者有为"。

2. 支撑人才培养，激发企业动力

科技创新人才的培育与发展，关键在于实现"吸引入企"、"精心培育"与"稳固留任"的三位一体策略，北京市政总院厚植人才成长沃土，不断壮大人才队伍。持续优化全层次人才多维成长通道，实施"5-3-3"人才发展规划（见图6），打造领军型领导干部队伍、创新型专业技术队伍、敏锐的市场经营队伍、职业化项目经理队伍、高效职能管理队伍5支队伍；建立激发活力的人才发展体系、价值导向的评价激励体系、高效赋能的人才培训体系3大体系；实施人才梯队工程、板块及区域人才工程、数字化人力资源管理工程3个专项工程，在团队组建、薪酬激励、中长期激励、户口保障等方面大力支持，引导科技人才专注创新工作。

（1）差异化薪酬机制，及时激励价值创造者。建立以能力和业绩为导向的激励体系，贯彻"以岗位定薪、以绩效定薪、以能力定薪"的市场化付薪模式和理念，薪酬分配向"岗位价值高、市场价位高、人员能力高、绩效贡献高"的"四高"人才倾斜，建立与北京市政总院管理特点相匹配、以市场为导向、能高能低的薪酬管理体系。

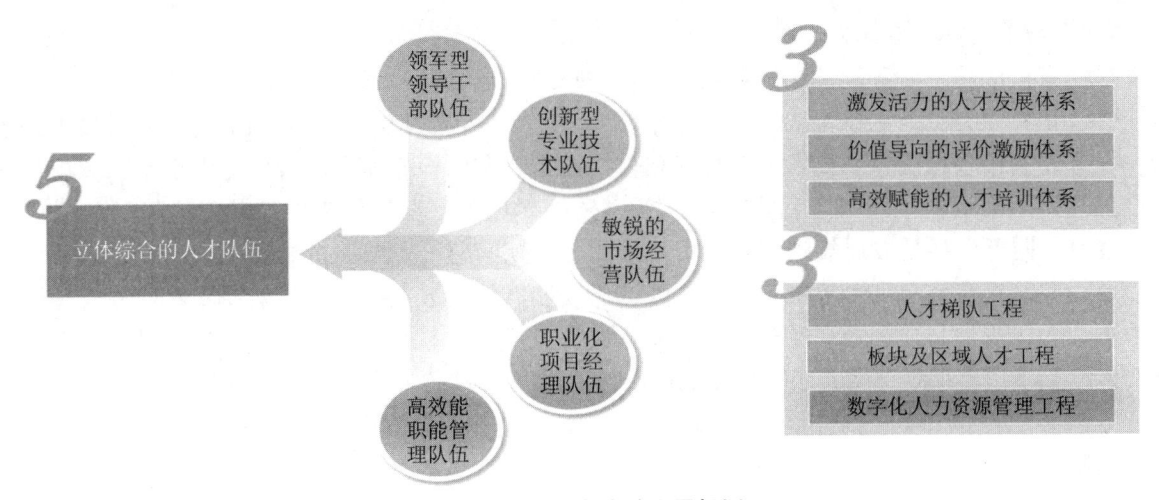

图6 "5-3-3"人才发展规划

推进各类人才收入分配制度改革，差异化设计不同序列薪酬制度。建立"序列—职级"固定薪酬体系，员工固定薪酬由所在岗位序列和职级决定。针对不同业务板块专业人才特点，研究建立以岗位、能力和业绩为导向的差异化薪酬分配制度体系。

（2）中长期激励机制，持续激励卓越贡献者。加强对北京市政总院科技人员的正向激励，充分调动积极性和创造性，激发创新创业动能，增强核心人才对企业的责任感和归属感，凝聚力量，构建核心人才与企业风险共担、利益共享的中长期激励机制，推动企业快速成长，以实现企业的战略发展目标。发布《岗位分红激励计划》，根据实施效果、企业发展阶段和市场环境变化适时调整激励方案，每年根据公司及员工情况开展岗位分红激励的授予工作，鼓励科技人才共享企业超额利润分红，不断激发科技骨干的积极性和创造力。

四、主要创新点

（一）全过程式科技创新体系

北京市政总院科技创新体系聚焦科技创新投入、影响力和产出重要环节，实行多措并举，构建全面覆盖科技创新活动全流程的体系。主要创新性内容具体如下。

提高科技创新投入。组织架构层面，建设"1+13+5+5"科技创新管理体系，包括1个科学技术委员会，作为公司科技活动顶层决策机构；13个专业委员会纵深推进公司各专业前沿技术；5个板块技术委员会和5个区域技术委员会横向推进板块和区域综合性技术提升。体系完善层面，发布公司《研发投入管理办法》《研发投入财务管理办法》等，从研发预算、过程管理等方面，规范公司研发活动。北京市政总院整体研发投入从"十三五"期间的3%提高至5%，专业委员会对公司项目创新创优、市场开拓的助力作用逐步凸显。

提升科技创新影响力。体系完善层面，发布公司《科技创新成果奖励办法》《"揭榜挂帅"科研项目管理办法》等，对承接高层级的课题、标准的创新活动进行激励。提升影响力方面，对接国家和省部级实验室平台开展联合研发，与交通运输部重点实验室联建"智慧交通中心"，与北京市燃气集团有限责任公司开展技术合作，共建"低碳能源综合应用技术创新中心"，与桥梁工程安全与韧性全国重点实验室联合成立城市桥梁安全与韧性研究中心等，推动产学研用协同创新。

鼓励科技创新产出。发布公司《科技成果转化及激励管理办法》等，设立针对个人和团队的专项奖励10余项，对有突出成果产出的创新活动进行激励；设立公司专业转化平台，推进公司科技成果的落地应用和产业化。

（二）全场景式科技创新活动

针对北京市政总院业务领域广、专业覆盖多、外地市场分散等特点，近年来，陆续编制了《科技发展纲要》《"十四五"科技发展规划》《智慧城市科技行动纲要1.0》等顶层规划。《科技发展纲要》强调，发挥北京市政总院科学技术委员会谋划科技创新方向的核心作用，聚焦能力培育，突出需求导向、产品思维，布局把关科技创新方向、部署科技创新任务，以创新成果推动形成发展新模式、新动能。《"十四五"科技发展规划》明确了"十四五"期间科技发展的指导思想、发展目标和科技目标，以及适应北京市政总院"板块化建设、区域化发展"的发展主线，道路交通、水资源与环境、轨道与地下空间、规划与建筑景观及勘察五大业务板块在"十四五"期间的重点任务，对未来五年公司科技发展进行了顶层谋划部署。《智慧城市科技行动纲要1.0》全面阐述了公司智慧城市业务的发展定位和目标——提供"智慧+"城市基础设施全生命周期一体化综合解决方案，提出未来三年主要行动，明晰实施路径。

落实以上规划，北京市政总院近年来陆续设立了各板块"双碳"和"数智"实施路径研究课题，探索各业务领域的前沿技术，深挖公司潜力。

围绕"双碳"目标，北京市政总院积极开展主营业务相关标准规范梳理及课题研究储备工作，近两年策划自立了11项科研课题，基于前期研究，陆续承接了河北省住房城乡建设厅委托的"雄安新区城镇供水工程碳排放过程量化分析与调控技术研究"，中国中铁股份有限公司国道109高速公路工程总承包部委托的"公路隧道碳排放量计算方法及低碳建造新技术开发应用"；主编北京市地方标准《城市综合客运交通枢纽低碳技术标准》，参编中国环境保护产业协会《污水处理厂（站）低碳运行评价标准》。课题研究成果已经在公司承担的北京高安屯再生水厂、宜兴概念水厂、江南污水处理厂一期工程初沉池改造项目、北京城市副中心站综合交通枢纽中深层地热热泵系统工程等工程项目中应用。

围绕"数智"规划，聚焦业务数字化和数字业务化两个方向，针对设计、建造及运维等阶段，提出"1+6+X+N"的公司数智业务体系框架。积极承揽国家、行业、地方等外部课题，参与工业和信息化部牵头的《建筑信息模型（BIM）软件开发及产业化》国家重大项目，该项目成果将成为国家首推两大BIM国产化平台之一，标志着北京市政总院加入BIM国家队行列；系统谋划公司课题20余项，包括数字化模型管理及应用平台、基于UE三维项目展示应用平台、多尺度数据管理平台、城市综合交通数据分析及仿真平台、道桥隧运管养一体化数据分析及服务平台、智慧水务平台等。

（三）全覆盖式科技创新范式

在生产力从量变到质变的过程中，科技创新是核心动力；企业是关键主体，从结构承载上推动形成以新质生产力为内核的现代化产业体系；人才是主导资源，在实践活动中引领生产要素同步进化，实现新质生产力的可持续发展。北京市政总院探索科技创新链、企业育成链、人才成长链相辅相成、协同递进，通过链条间的"共振效应"系统推进生产要素的革新优化，为探索发展新质生产力提供了一条多维支撑的实践路径。

北京市政总院以集聚创新资源、激发创新活力为目标，从顶层设计、体系建设、制度保障等方面开展体制机制设计，全面激活企业创新活力。形成以技术发展中心、板块院技术创新中心、自主/合作创新平台为基础，包含"众创团队"在内的四类创新团队的多层次创新工作载体。板块院技术创新中心的设立，由公司顶层统筹，各板块院院长亲自决策和部署，聚焦板块院业务发展方向和专精能力培养，课题"策划—立项—过程—应用"全过程以支撑业务发展、提升行业竞争力为导向，成果产出以生产所需的专有技术、专有产品和科技成果转化为目标，拓展应用场景、创造业务增值，科技创新助力板块院盈利的价值更趋显性化；科技人员务实投入、科技激励有效落实得到保障，有效缓解"抢人""抢资源"的矛盾。

（四）全链条式数智业务体系

围绕城市基础设施领域，聚焦业务数字化和数字业务化两个方向，针对设计、建造及运维等阶段，创建"1+6+X+N"的公司数智业务体系。

2023年荣获"龙图杯"一等奖、"创新杯"特等奖等数字智慧类奖项共计15项；基于公司智能建造技术创新研发和应用能力，2024年入选北京市"十四五"期间第一批智能建造领军企业、第一批智能建造创新中心。

五、实施效果

（一）整体成效

自2022年3月入选"科改企业"以来，聚焦科改目标，北京市政总院在完善治理体系、市场化选人用人、强化激励约束、激发科技创新动能方面进行了全方位、立体式、综合化改革，持续提升企业自驱活力、科技实力和盈利能力。在国务院国资委公布的地方"科改企业"2023年度专项考核结果中，北京市政总院获评科改企业标杆，在纳入国务院国资委评估的302家地方"科改企业"中，58家获评标杆，占比19.2%。

北京市政总院探索实践的"立体多维科技创新管理体系"获得2021（第七届）国企管理创新成果一等奖。

（二）科技创新活动成效

一是新承接项目源源不断。承接北京市科委"2023年科技服务业专项：科技服务品牌机构专项"，承接广西壮族自治区科技厅重点研发项目"厌氧/好氧/缺氧/复氧低耗高效处理新技术的开发与工程示范"。承接科技部2022年度国家重点研发计划"城镇可持续发展关键技术与装备"重点专项、2022年度"揭榜挂帅"项目"历史文化街区保护更新方法与技术体系"，负责课题"历史文化街区市政公用设施及公共服务设施集成化改造提升技术"。成功申报住房城乡建设部2022年度"科学技术计划项目"三项，分别是"面向车路协同运行的城市智慧道路建设技术研究""大型地下综合交通枢纽防淹涝模拟仿真技术研发及应用""构建驾驶模拟器本地化道路交通基础设施数据资源体系的关键技术研发与应用"等。

组织申报2023年第一批（总第18批）北京新技术新产品（服务）认定，北京市政总院两项项目入选。"弹性长枕无砟轨道"获得绿色能源与节能环保领域新产品认定，"封闭半封闭水体城镇污水厂主要污染物总量减排关键技术"获得绿色能源与节能环保领域新技术认定。

二是科技成果转化持续加力。北京市政总院自主研发的"基于BP神经网络的隧道碳排放模型设计分析软件"在东六环隧道数字孪生智慧能碳管理平台研发项目中应用；专利"一种便捷式安装减震垫连接装置"在北京地铁22号线第一标段应用、"一种整体式锚杆土工格室"在通州副中心剧院南侧路应用；2021年"北京平原区重大地下线性工程建设与地下水相互影响研究"课题研发的"地下水三维数值模型"，在"北京市地下水战略储备区蓄采能力动态评价研究"项目中应用；2022年"浅层地温能勘查评价关键技术研究"课题研发的土壤热物性测试仪，通过设备租赁的形式，在"首都医科大学项目原始地温及土壤热物性测试"项目中应用。

三是奖项成果丰富。2021—2023年北京市政总院获得各类奖项近300项。肇庆新区城市地下综合管廊及同步建设工程一工区和南宁市江南污水处理厂水质提标及三期工程等项目获得国家优质工程奖8项；"高水压越江海大直径盾构隧道开挖面稳定控制关键技术研究及应用""城市轨道交通隧道机械化暗挖技术研究与应用"等5个项目获"北京市科技进步奖"；北京市政总院设计的长安街西延（古城大街—三石路）道路工程新首钢大桥、高安屯污泥处理中心及再生水厂工程、合肥王小郢污水厂提标改造及除臭降噪工程获得"中国土木工程詹天佑奖"；槐房再生水厂荣获2021年度"菲迪克工程项目"

优秀奖,这是继该项目获得"国际水协全球项目创新奖"金奖及"中国土木工程詹天佑奖"等荣誉后的又一重量级奖项;"空间弯扭组合结构体系钢桥关键技术研究与应用"获得"中国钢结构协会科学技术奖"特等奖,"长安街西延(古城大街~三石路)道路工程8#标段"获得第十四届"第一批中国钢结构金奖工程"。

(三)数智品牌建设成效

建立健全公司级BIM应用标准体系,编制企业标准3项,积极参与国家、行业及地方11项BIM标准制定工作;完成"ISO 20000信息技术服务管理体系认证"和"ISO 27001信息安全管理体系认证"工作。构建"1+6+X+N"的公司数智业务体系,着力打造6大产品线(见图7)。

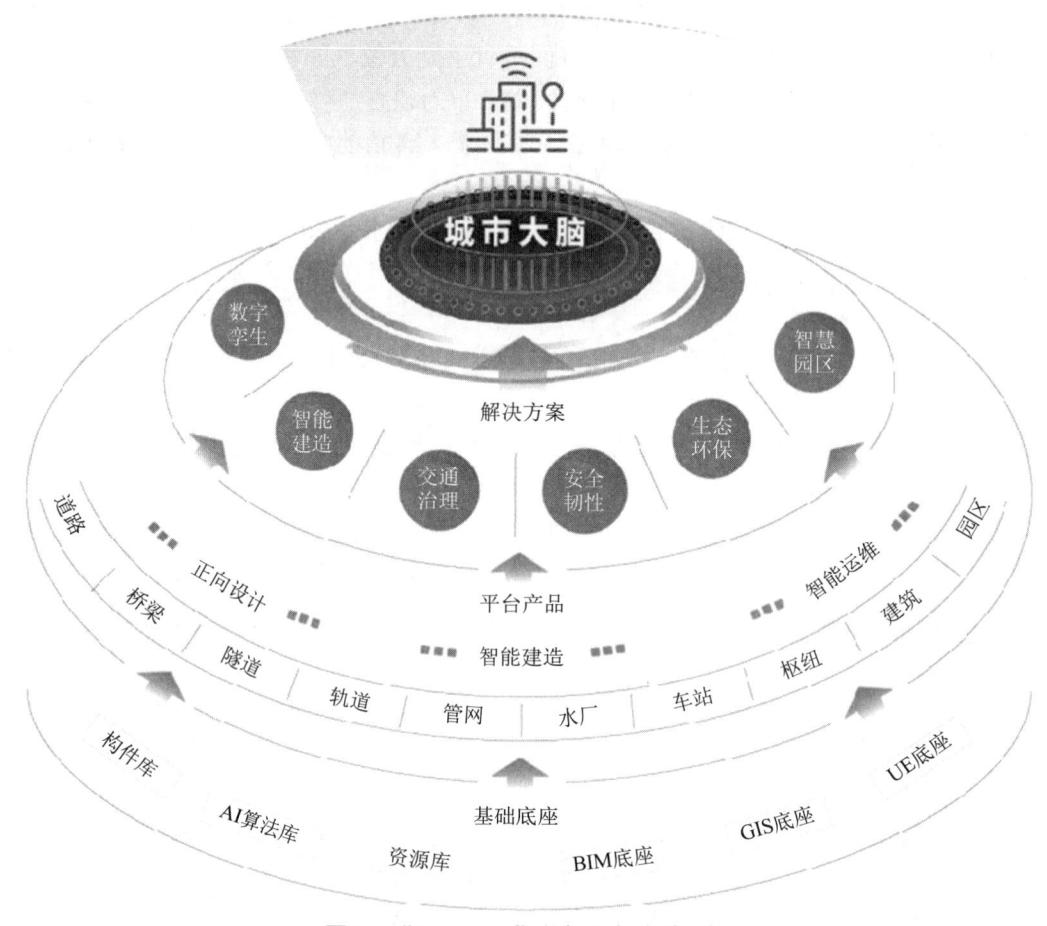

图7 "1+6+X+N"数智业务体系框架

在数字孪生方面,推进6款BIM设计软件研发及使用;基于GIS+BIM融合技术,打造多尺度数据管理平台;打造数字化模型管理及应用平台,2023年上线,汇集了40余个项目,900多个数字化模型,积累数据资产;打造基于UE引擎的三维方案汇报软件,已经进入试用阶段,服务于多个典型项目,取得良好效果。

在智能建造方面,开展北京市市政基础设施电子报建图则、软件测试工作及试运行工作;实现复杂钢桥智能建造软件从1.0到3.0的迭代;打造北京城市交通副中心站综合交通枢纽智能建造平台,使工程决策由"经验驱动"向"数字驱动"转变,助力工程建设提质增效。

在交通治理方面,打造综合交通数据分析及仿真平台,以赋能核心交通业务、服务科学决策为目标,按照交通业务闭环管理流程,汇聚数据资源,打造集"交通一张图、现状体检、宏观模型、方案决策"等功能于一体的集成应用类产品，可服务于交通业务的规划、设计、运维等多个阶段。

在安全韧性方面，打造道桥隧运管养一体化数据分析及服务平台，以多源数据融合汇聚、贯穿全生命周期业务链条、服务科学决策分析为目标，全面提升基础设施的安全稳定运行；聚焦城市生命线安全工程，打造地下管网运维平台，实现管网设施的"一张图"管控、运行状态的有效感知、辅助"厂—网—河"联合调度管理，大大提高城市排水管理效能和应急响应速度。

在生态环保方面，提供"智慧水务＋智慧环卫＋智慧能源"多场景系统技术和行业专业管理服务，打造覆盖水源、水厂、管网、用户的运营体系，实现节能、降污、保质，助力行业监控智能化、管理精细化、决策智慧化和服务便捷化。

在智慧园区方面，实现对园区中人、事、物全方位的多场景化应用和体验，面向公众、运营方、经营者和主管单位等提供一体化的综合管理应用，推动园区基础设施更加完善、运行态势实时感知、管理服务更加高效。

基于公司智能建造技术创新研发和应用能力，2024年入选北京市"十四五"期间第一批智能建造领军企业、第一批智能建造创新中心。

（四）科技人才培养成效

北京市政总院已开展实施"5-3-3"人才发展规划，通过强班子、建队伍，以内部选拔、交流轮岗、人才引进等方式强化各级领导班子建设，搭建公司干部人才梯队，建立健全特色职级体系，着力打造高效多元培训机制，重点支持区域发展、数字化转型、新兴业务等方面的人才队伍建设，一体推进"选育管用"。加大考核与激励力度，全面落实领导人员任期制和契约化管理，推动薪酬、岗位与业绩联动挂钩；探索中长期激励手段，实施岗位分红激励，以价值创造为导向激发内生动力。

近年来，北京市政总院被授予"北京市优秀青年人才"1人，"北京市优秀人才培养资助人员"3人，"科技北京百名领军人才"1人，"北京市科技新星"4人，"北京市有突出贡献的科学、技术、管理人才"等省部级以上高端人才6人，同时荣获"北京市优秀人才培养资助项目""北京市人才工作集体项目""首都劳动奖章""盾构工匠""中国交通运输协会科技创新青年奖""首都市民学习之星"等荣誉。

六、下一步规划与探讨

（一）对标行业标杆评价

选择美国AECOM公司、国内深圳市城市交通规划设计研究中心股份有限公司（以下简称深城交）作为对标企业，从企业发展、数字化服务等方面进行对标分析。

1. 国际创新标杆企业AECOM公司

AECOM公司是一家著名的美国专业技术和管理服务公司，提供规划、咨询、建筑设计、工程设计和施工管理服务。AECOM多年来通过多个战略性并购实现了新市场、新业务领域的拓展，业务规模迅速扩大。2023年，AECOM营业收入达到144亿美元，同比增长9.36%。根据ENR在2023年的最新榜单，AECOM是全球第二大通用建筑和工程设计公司，在交通设计、基建设计、环境咨询等细分领域均排名全球第一。

2. 国内数字化标杆企业深城交

深城交成立于1996年，于2021年在深交所创业板上市，是全球领先的未来交通系统建设与运营科技公司，业务聚焦城市交通领域，以交通大数据分析为基础，为客户提供城市交通整体解决方案，具体业务包括规划咨询、工程设计和检测、大数据软件及智慧交通等。深城交大力推进基于数字化平台的研发应用，持续开展新基建建设及数字化运营业务创新，2023年，深城交营业收入14亿元，同比增长15.77%；智慧交通业务营业收入占比首次超过规划咨询业务达到41%；研发投入占比为9.49%；研发人员数量占比为21.4%。

3. 公司对标总结

与国内外行业标杆企业相比，北京市政总院目前的创新模式以"引进、消化、吸收、再创新"和"集成创新"模式为主，在工程技术、科研、组织管理方面均建立了适应目前发展阶段的科技创新管理体系，总体框架灵活可拓展，形成了科技创新、企业育成、人才成长三链共振的企业发展范式，具有典型特色。

（二）规划思路

未来北京市政总院的科技发展模式会逐步步入以"集成创新"和"原始创新"为主的发展阶段，在公司科技创新管理体系框架下，主要从以下几个方面发力。

一是聚焦改革发展，全面发挥公司高端人才优势，推动做实咨询中心，发挥高端咨询价值；加强科研业务建设，加快推进科研成果转化；培育新业务，发展新质生产力。对接服务国家部委和北京城市建设，加强对城市更新、韧性城市、绿色低碳等方向的高端策划研究工作。提升板块业务核心竞争力，加强板块标准化、专业化、知识化、数字化建设；加强项目评优策划，打造标杆工程；完善人才梯队建设，注重人才培养；积极参与学会、协会活动，扩大行业影响力。针对各业务板块院重点任务内容，实施动态反馈机制，推动各项工作有序开展。

二是深化数智产品研发，打造示范标杆，助力城市高质量发展。构建起"支撑层－数据层－应用层"的数智业务技术体系框架。多模式打造数智化产品，面向市场需求，以"专业+数据"融合的理念，探索人工智能在市政领域的应用，构建数据治理平台。多渠道开拓数智业务，统筹推进BIM设计、咨询业务市场，实现新业务的突破；围绕核心业务板块，推进数智产品的应用转化，聚力打造车路云一体化、基础设施智慧运维等示范标杆项目。推动数智化服务的标准化与规模化，制定一系列服务标准和操作流程，对服务流程进行精细化管理，确保数智化产品与服务的质量与安全；同时通过制定国家、行业及地方标准等措施，提升整个行业的规范化水平，增强客户对数智化产品的满意度。

三是育才赋能，升级人才引擎2.0。加快培养引进领军公司高质量发展的高层次专家和科技创新、数字智慧、新业务培育等领域急需的专业人才。完善以创新价值、能力、贡献为导向的人才评价体系，细分赛道，为各类人才提供多元发展空间和成长路径，鼓励到市场经营前沿、重大项目现场、技术创新平台锻炼交流。分层分类，完善各通道领军人才、骨干人才、青年英才培养，着重抓好专业技术、科技创新人才培养使用，加快推进"五支队伍"建设，进一步打通人才成长通道，把发展科技第一生产力、培养人才第一资源、增强创新第一动力有机融合，为公司高质量发展提供坚强有力的人才保障。强化激励，深入优化资源分配机制，多维度激励价值创造者，让干事者受尊重、不干事者有危机。

（三）可推广性探讨

北京市政总院所做的科技创新探索和实践围绕国家战略方向、聚焦行业发展、面向企业需求，构建的"投入－过程－产出"全过程链条覆盖的科技创新体系，探索的体系导向统筹规划科技创新活动方法，科技创新、企业育成、人才成长"三链"共振的企业发展范式适用于勘察设计行业及其他智力密集型和技术密集型的服务行业，培育的面向市场应用的"1+6+X+N"数智业务体系可为行业数字化转型提供借鉴。

科技领航，创新赋能

——中武电商综合改革创新成果

创造单位：中武（福建）跨境电子商务有限责任公司
主创人：郭珅　李国新
创造人：王将杰　傅丽真　黄文浩　钟若漪　傅敏宏

【摘要】 中武（福建）跨境电子商务有限责任公司（以下简称中武电商）作为福建省国资委首批"八闽国有企业综合改革专项行动"（以下简称"八闽综改"）的企业之一，2017年成立以来一直致力于供应链运营及科技服务领域的创新发展。

中武电商以"科技领航，创新赋能"为核心，实施了一系列改革措施，包括完善公司治理结构、推行经理层任期制和契约化管理、推动混合所有制改革、建立市场化用工和薪酬分配制度、建立中长期激励约束机制等。改革实施后成效显著，公司营业收入从2020年的7.47亿元增长至2023年的17.23亿元，年复合增长率达到32.12%。对比改革前3年，累计资产总额增长38.86%，累计净利润增幅达148.27%，全员劳动生产率超过40万元/人。

【关键词】 国际工程供应链管理平台　治理创新　数字驱动　市场化用工　科技服务

一、实施背景

（一）改革背景

国企改革是党中央、国务院的重大决策部署，是推动国有企业高质量发展的重要举措。为加快推进福建省国有企业体制机制创新和市场化改革，2021年11月，福建省国资委公布首批"八闽综改"企业名单，旨在打造一批治理结构优、经营机制活、创新能力和市场竞争力强、成长性突出的国企改革尖兵，形成梯次展开、纵向推进的福建省国企改革新局面。福建省共有32家企业入选该名单，中武电商位列其中。

在此背景下，中武电商根据"八闽综改"总体部署，于2022年2月完成综合改革方案在福建省国资委的备案，全面启动改革试点工作，在2021—2023年国企综改期间，推动改革方案落实落地，积极探索国有企业高质量发展道路。

（二）企业概况

中武电商成立于2017年12月，注册资金6亿元，系福建建工集团有限责任公司（以下简称福建建工集团）下属上市公司中国武夷实业股份有限公司（以下简称中国武夷）的全资子公司（见图1）。中武电商承担着福建建工集团和中国武夷在供应链运营及科技服务板块的创新发展任务，近年来已将国际供应链业务拓展延伸至20多个共建"一带一路"国家。

公司始终秉承产业互联网发展理念，积极打造以国际工程供应链运营为龙头，以跨境仓储物流服务为配套，以信息科技服务能力为助推，集商流、物流、信息流、资金流于一体的、全生命周期的供应链运营服务平台。公司主要经营范围包括工程机械设备及备品备件、建材、室内装饰材料、家具泛家居产品、农产品、稀散金属的批发、仓储、物流服务与信息技术服务、各类商品和技术的进出口等。

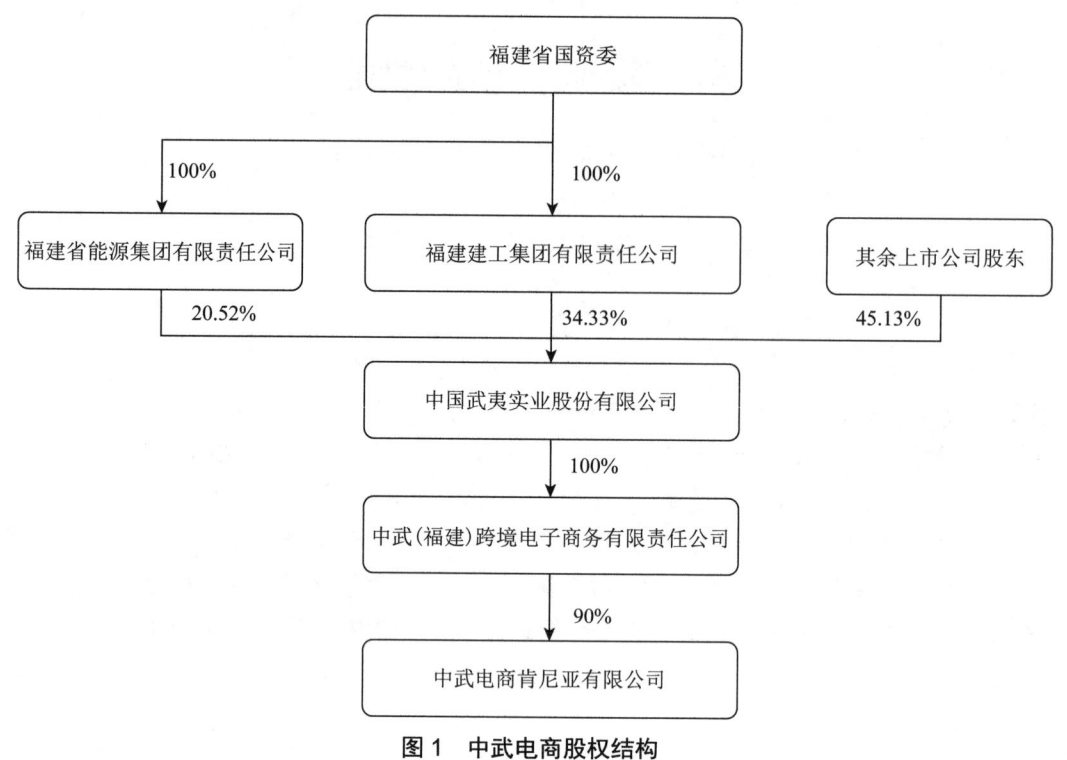

```
                        福建省国资委
                    ┌──────┴──────┐
                  100%           100%
                    ↓             ↓
        福建省能源集团有限责任公司  福建建工集团有限责任公司   其余上市公司股东
                  20.52%         34.33%              45.13%
                        ↓         ↓         ↓
                        中国武夷实业股份有限公司
                              ↓
                            100%
                              ↓
                    中武（福建）跨境电子商务有限责任公司
                              ↓
                            90%
                              ↓
                        中武电商肯尼亚有限公司
```

图 1　中武电商股权结构

二、实施目的

中武电商作为福建省国资委首批国企综合改革试点（科技型）企业，参照国务院国资委发布的关于"双百企业"和"科改企业"的相关政策，结合公司"十四五"发展规划，以国企综改为契机，通过3年的改革，改善生产关系，解放生产力，促使中武电商的劳动生产率、经营规模、盈利能力、收益率等经营指标及公司的知名度、公司价值等发展指标较改革前3年有显著的提升，进而为建设国际一流的国际工程供应链平台和实现"十四五"跨越发展奠定良好的基础。

（一）总体改革目标

愿景：成为具有全球竞争力的供应链综合运营与服务商。

使命：链全球、供天下。

价值观：共创、共生、共赢、共同。

中武电商在"十四五"规划战略愿景、使命和价值观的指引下，坚持公司"十四五"的发展定位，实现中武电商作为上级单位中国武夷乃至福建建工集团推进国企改革的试验田，在为中国武夷的发展提供规模支持的同时发展成为中国武夷甚至是福建建工集团的新增长极。公司力争在改革期间，各项经营业绩目标有所拔高，其中营业收入以年复合增长率不低于30%的增速持续增长。

（二）改革目标任务

（1）完善公司法人治理结构。以实质重于形式为目标导向，按照现代企业制度，优化重组董事会成员，制定"三会"议事规则，规范法人治理结构下的各方权利与义务，提高董事、监事的履职能力和履职效果，也充分释放经理层的履职动力和履职效能。

（2）推行经理层成员任期制和契约化管理。公司董事会基于公司发展的实际需要，聘任各级经理层人员。董事会以岗位聘任协议约定为基础，以经营业绩责任书具体约定经理层人员的绩效考核指标，实施任期制。

（3）建立健全市场化用工制度。完成公司组织架构的优化，完成各岗位的价值评估，设计能岗匹配的实施方案，明确岗位的任职资格，构建差异化绩效考核机制。完成中层管理人员与80%以上的重要管理岗位竞聘上岗，同时修订劳动合同，明确退出条件，建立退出通道，实现最佳的人力资源利用率。改革期间，公司主动辞退与劝退的人员数对比前3年增加20%。

（4）优化创新机制，转化科技成果。公司创新体制不断优化，科技成果持续出现，成果不断转化，公司国际工程供应链平台服务能力显著增强，平台客户数和平台流量持续增加，平台创造的价值不断提升。

（5）提升党建实效，支持企业发展。突出党支部建设的重要性和系统性，全面提升党支部的组织力和宣传力，把党支部建设成为团结员工攻坚克难的坚强战斗堡垒，激发企业发展活力。

（三）科技创新能力与科技成果转化提升目标

中武电商作为科技型企业，能否实现发展的关键在于能否持续提升科技创新能力与科技成果的转化能力。考虑到中武电商所处国际工程供应链行业的特性，在确定科技创新能力与科技成果转化能力提升目标时，主要选取研发投入增长率、自主知识产权增加值（含数量与质量）、平台研发成果转化率等指标作为考核标准。

（1）研发投入目标。改革期间，公司的年研发投入将以年均复合增长率不低于30%的增速增长，自主知识产权申请获取数量3年合计不少于47件，其中发明专利申请数量3年同比增长56.67%。

（2）科技队伍建设目标。进一步完善人才梯队建设，实现改革期末（2023年）研发人员占比相比2020年提升15%，建成一支结构更合理、素质更优秀、创新能力更强的科技人才队伍。

（3）科技成果转化目标。通过持续的研发投入和架构升级、迭代并完善，逐步为公司的主营业务提供强有力的数智化支撑，力争到改革期末实现已有科技成果转化率超过30%，国际工程供应链管理平台可覆盖20个以上共建"一带一路"国家和地区。

三、实施过程

为实现以上的改革目标，公司着重在完善公司治理结构、推行经理层成员任期制和契约化管理、建立健全市场化用工制度、建立更加灵活的市场激励机制、不断优化科技创新机体系、坚持党的领导和加强党的建设等方面进行改革。

在2021—2023年国企综改期间，公司坚持以"平台+生态"的发展理念，坚持"1+3"发展模式，其中："1"是指秉承产业互联网理念，"3"是指夯实基础业务、打造核心业务、着手创新业务这3个业务层次、3条业务主线。要在产业互联网理念和框架下，在全面推进供应链数字化的基础上，夯实以供应链运营服务为主的基础业务，发展以国际工程供应链平台服务为主的战略核心业务，拓展产业供应链和增值服务作为战略创新业务，构建以聚合需求为导向的供应链综合运营与服务平台，实现中武电商业务的快速发展和公司价值的稳步提升，全面打造"创新引领、数字驱动的全球供应链综合运营与服务提供商"。

（一）持续完善公司治理结构，提高决策效率

（1）健全现代企业制度，加强董事会的建设。一是提高董事的任职资格标准，明确董事的专业方向，优化董事会的成员结构；二是推行董事契约化管理，加强对董事会成员的考核，确保公司董事能勤勉尽职、忠实履职。

（2）明晰权责边界，提高运营效率。一是进一步明晰股东会、董事会、党组织和经理层的权责边界，制订各治理主体的"三会一层"议事权责清单，提高决策规范性并降低决策风险；二是实现权责清单流程化、流程信息化、信息自动化，提高公司整体的运营效率；三是明确"三重一大"事项清单，充分发挥党组织在"把握方向、管控大局、保障落实"等方面的重要指引作用。

（3）优化授权体系，增强经营活力。推动股东会、董事会因地制宜、因时制宜地对公司经理层实施差异化授权，创建更加适应市场且合理、开放的授权体系，授予公司在经营层面的更多自主决策权，着实提高经营决策效率。

（二）全面推行经理层成员任期制和契约化管理

（1）推行任期管理。按照现代企业制度，由公司董事会聘任经理层正职并签订《聘用协议》，根据公司经理层正职的提名，由公司董事会聘任公司经理层副职并签订《聘用协议》，明确任期期限和合同主体双方的责任、权利和义务，明确包括但不限于经理层成员所聘的职务、聘期、岗位职责权限清单、岗位说明书、任职承诺、履职行为规范、薪酬和业绩考核制度、协议解除或者终止、违约责任及追究、离职后的义务约定等，作为保障双方合法权益的法定依据。

（2）推行契约管理。由董事长代表董事会与公司经理层正职签订《年度经营目标责任书》和《聘任期经营目标责任书》，明确总体经营目标；授权经理层正职与经理层副职签订《年度绩效合约》和《聘任期绩效合约》，合理分解落实年度和聘期经营目标，形成压力层层传递、责任层层落实的经营目标责任体系。经营目标责任书和绩效合约内容包括但不限于绩效考核周期、绩效考核指标及其目标值、考核计分方法、等级评定标准及奖罚、合约变更、解除或者终止等必备条款。

（3）规范退出管理。公司董事会严格按照《经营目标责任书》和经理层正职总体经营目标的履行情况，决定经理层正职的年度和任期的绩效考核结果；根据经理层副职绩效合约履行情况和经理层正职的提议，决定经理层副职的年度、聘期绩效考核结果，并将考核结果作为其是否留任或继续聘用的依据。考核不合格或者不适宜继续任职的，及时解聘或者不再续聘；聘期届满，聘用合同自然终止。

（三）构建科技创新能力，持续推动科技成果转化

中武电商成立以来，始终坚持打造公司的科技创新能力，为公司的创新发展构建核心竞争力。3年来，公司围绕国际工程供应链业务生态的应用场景，推进国际工程供应链管理平台的研发工作，重点投入科路通系统与国际工程物资管理系统的研发，运用大数据、云计算、物联网、区块链等信息技术，在智慧干线物流、智能海外仓储、电子口岸数据传输、跨境供应链数字平台、仓配感应技术、电子商务数字技术等方面积累了一批自主知识产权，在我国国际工程供应链领域取得了一定的技术领先优势。

公司以市场需求定研发方向，持续推动研发水平与科技成果转化能力的提升。把"科技是第一生产力"作为企业发展的重要指引，持续提升研发人员占比。同时，坚持以市场需求导向推动科技创新，持续不停地围绕全球市场需求与行业痛点，加大研发投入力度，重点推进国际工程供应链数字平台的持续研发工作，打造国际工程供应链核心技术，实现国内首个真正意义提供国际工程供应链全流程可视化控制塔的平台建设，带动行业技术持续发展。

（四）建立健全市场化用人机制

中武电商结合了现代企业管理制度的优势，通过不断建立健全人力资源相关制度，将选人用人工作标准化、制度化。

（1）组织架构精简化。根据阶段重点工作任务，建立精简高效的组织结构，坚持一岗多责原则，形成公司组织结构图、部门职能说明书和岗位职责说明书，快速用人决策并积极响应市场变化。

（2）用人机制市场化。一是面向人才市场，以市场化方式，持续优化人才选用机制，坚持公开招聘因岗择人，综合"校招"、"社招"、内部推荐、猎头推荐等招聘方式，打通了复合的招聘渠道，建立了人才数据库，对市场稀缺人才和企业急需人才等进行重点跟踪、关注并锚定；二是实现合同用工、劳务派遣用工等多种灵活用工方式，并以员工劳动关系契约化为基础，规范公司劳动用工管理，实现全员劳动合同市场化，阶段性满足公司人才梯队建设的需求。

（3）绩效考核合理化。以部门职能、岗位职责和年度任务为基础，对不同层级和不同类型人员实施差异化的考核。一是通过业绩指标层层分解，构建从公司到部门，从部门再到个人的层层分解目标传递机制，部门强调OKR（Objectives and Key Results，目标与关键成果法）绩效考核结果，员工强调KPI（Key Performance Indicator，关键绩效指标）工作绩效结果；二是考核结果采用强制正态分布法，适度拉开绩效考核差距，从而鼓励员工更加关注绩效和能力的提升。鼓励员工关注绩效、提升能力，促进个人与公司目标的整体达成。

（五）健全市场化激励约束机制

中武电商坚持绩效导向、价值导向和竞争性原则，在每年工资总额预算范围内控制费用支出，在努力控制费用的同时促进各项业务的持续发展和公司管理水平的提升。

（1）合理定岗与定薪。一是适应行业个性化需求，遵循简化导向，确立以岗付薪理念，采用岗位绩效工资制；二是根据部门岗位设置，规划设计了管理序列和专业序列双通道的职级体系，为公司内部人员流动和员工晋升提供路径；三是强调结构合理、体系贯通和差异化薪酬，坚持薪酬分配向关键人才和技术专家倾斜，保持一定程度的竞争性。

（2）工效联动激励。一是通过业绩指标层层分解，构建从公司到部门，从部门再到个人的层层分解目标传递机制，实现部门负责人和公司经营效益捆绑，部门员工与部门绩效捆绑；二是试行工资总额单列管理，印发业绩提成管理办法；三是强化薪酬与绩效结果的刚性兑现，推动公司战略目标落地。

（3）市场化调适。根据公司发展的情势，积极关注、学习、研究并探索了市场化激励约束机制的建设路径与方法，主动根据人才市场行情做出适当调整。

（六）加强国有企业党的领导和党的建设

中武电商党支部在上级党委的统一部署和正确领导下，坚持贯彻执行党的二十大精神，以习近平新时代中国特色社会主义思想为指导，不断加强党支部的标准化、规范化建设，推动全面从严治党工作，不断提升党支部的执行力。公司通过完善"987党旗红"考评制度，与公司生产经营业务深度融合，调动党员积极性、主动性和创造性，促进各部门沟通协作。在原有"987党旗红"党建品牌发挥重要作用的基础上，总结提升打造"3+3链上党建"机制，引领供应链上"企、政、校"各方共同构筑党建堡垒，将党建与公司生产经营业务进一步深度融合，充分发挥基层党组织的战斗堡垒作用和党员的先锋模范作用。

四、主要创新点

中武电商国企改革之所以取得成功，关键是实现了科研、治理、人才的有机统一。治理现代化为企业提供了清晰的决策框架和稳定的运行环境，人才市场化激发了企业的创造力和发展动力，科技创新则成为推动企业不断向前发展的核心引擎。三者相互融合、相互促进，构建了一个充满活力、适应性强、具有竞争力的现代企业体系。

（一）科技创新

为推动企业数字化转型、实现高质量发展，中武电商始终坚持"创新引领、数字驱动"的改革创新战略定位，持续加大科研投入，强化科技人才激励机制，以大数据、云计算、物联网、区块链等先进技术为引擎，全力打造科路通国际工程供应链管理平台，实现了国际工程建设项目供应链系统的全程智能化、协同化管理，有效降低运营成本，增强数据透明度，提升物资供应效率，同时增强了跨境交易风险管控。这一平台的成功研发，不仅填补了国内技术空白，更为企业赢得市场的广泛认可。目前，该平台运行已覆盖20个以上共建"一带一路"国家和地区。

（二）治理创新

中武电商以"脱虚向实"为目标，不断完善法人治理结构，提升决策效率，降低决策成本。一是积极推进董事会建设，通过推动《落实公司董事会职权及董事会优化重组方案》，成功完成董事会重组优化并顺利完成两名外部董事的选聘工作，有效提高了董事履职客观性与专业性，同时建立了董事间的沟通桥梁，提高了董事履职效率。二是建立健全现代企业制度，制订了《中武电商党组织、董事会、经营层、股东权责清单（议事清单）》，明确了公司各治理主体的权责边界，确保了决策的科学性和规范性。三是积极推动落实董事会职权，按照"简政、高效"原则，完善董事会工作流程，建立工作跟踪台账，有效提升了公司治理效能。

（三）人才创新

为进一步激发员工的潜力与活力，加强人才合理流动和有效配置，充分发掘公司内部优秀人才，中武电商推出两项举措。一是积极推行"全体起立、竞争上岗"的全员竞聘机制，以"管理规范、结构合理、责任明确、精干高效"为指导思想，以建立一支战斗力强、业务精、素质高的员工队伍为目标，在全公司范围内开展了全员竞聘工作。全员竞聘工作真正做到了公平公正和优胜劣汰，进一步促进了人才在岗位间的合理流动和能岗匹配，优化了员工队伍结构，营造了员工"能进能出、能上能下"的内部竞争环境和干事创业的良好氛围，促进公司健康、和谐、稳定、持续发展。二是建立多层次的人才梯队，通过内部人才培养和市场化人才引进，畅通"业务+职能"的人才流动渠道，完善绩效考核体系与业绩提成机制，持续激发员工潜能，打造了一支高素质、能干事的人才队伍。

五、实施效果

自2017年成立以来，中武电商就积极探索市场化发展道路，2019年全面启动供应链运营及服务业务后，公司发展迅速。2021—2023年改革期间，公司始终坚持改革创新引领策略，在组织建设、体系构建、选人用人、科技研发等方面做了大量改革创新工作，取得了一定成效。

（一）经营质效显著提升

改革举措的落地见效，为实现中武电商高质量发展注入新动能，规模和效益持续增强。经过3年时间改革，公司经营业绩相较于改革前取得了显著增长，营业收入从2020年的7.47亿元增长至2023年的17.23亿元，年复合增长率32.12%；改革后3年较改革前3年的累计资产总额增幅为38.86%，累计净利润总额增幅达148.27%，全员劳动生产率超过40万元/人。

（二）内生动力加速释放

一是以建立健全现代企业制度和市场化经营机制为着力点，公司治理、选人用人、激励约束等关键环节难点、堵点全面打通。强化执行效率变革以来，综合管理上更加突出精简高效，横向上实现员额管理，纵向上推行扁平管理，信息流动速率、干事创业效率得到长足提升。二是公司通过党建与经营深入融合，激发了员工干事创业的向心力与热情，公司连续3年获评福建建工集团"五星党支部"荣誉称号，为中武电商主业发展提供坚强的政治保障，助力公司高质量发展。

（三）科技创新能力大幅提升

2021—2023年，公司在技术研发上共计投入2593.63万元，构建了国际工程供应链运营、服务及风控、数字指标体系的基础架构和技术应用平台，完成了业务管理数字化平台建设优化，实现公司所有业务、财务一体化和全数字化管理。近3年来，公司研发工作已取得了7项发明专利和63项软件著作权，超额完成目标任务。

目前，公司自主研发的科路通国际供应链平台已正式上线，平台覆盖20个以上共建"一带一路"国家和地区。该平台是国内首个真正意义提供国际工程供应链全流程可视化控制塔的平台，平台的成功应用，对于降低国际工程供应链运营成本、提高国际工程企业协同效率、增强数据透明度、提升物资供应时效、增强跨境风险管控等方面都发挥着显著的作用。

基于公司的研发与应用成就，公司先后获得以下重要荣誉：2021年，获评"福州市第一批平台企业""福建省数字经济领域'瞪羚'企业",入选"全球产业链、供应链数字经济典型案例",获得工程建设行业"供应链创新应用优秀成果";2022年,获得工程建设行业"供应链创新应用优秀成果";2022—2023年,获评"福建省数字经济领域'未来独角兽'企业""福建省战略性新兴产业企业100强";2023年,入选"产业链、供应链数字经济创新案例典型案例""产业物流与供应链数字化转型优秀案例"。

六、下一步规划与探讨

中武电商将在公司愿景、使命和价值观的指引下,坚持"创新引领、数字驱动的全球供应链综合运营与服务提供商"的战略定位,抓住福建省国资委第二批"'八闽综改'专项行动"的契机,进一步深化改革,力争在2024—2026年改革期间,各项经营业绩目标持续提升,其中营业收入和利润总额均以年复合增长率不低于15%的增速持续增长。

（一）改革目标任务

（1）推进混改工作。2025年内,推进公司本级或子公司混合所有制改革相关工作。以混改促进引资、引智、引治,促进体制与机制的创新和优化,进一步完善激励与监督机制,迈开中武电商走向全球市场的步伐,为公司未来的资产证券化工作奠定良好的基础。

（2）推行职业经理人制度。公司董事会基于公司发展的实际需要,选聘公司高级职业经理人。董事会以聘任协议约定为基础,以经营业绩责任书具体约定职业经理人的绩效考核指标,实施3年任期制,真正做到强考核、强激励、强约束。

（3）优化分配机制。结合中武电商的发展历程、阶段任务、发展成果和发展目标等,在公司工资总额进行单列管理的基础上,实行与经营业绩和管理成效挂钩的,更加市场化、更加灵活的二次分配,彻底打破"平均主义"和"大锅饭"。

（4）建立中长期激励约束机制。根据公司业务特点,制订适合公司实际的中长期激励约束管理办法,落实超额利润提成、经理层和核心员工持股等中长期激励约束机制,实现核心骨干人员与企业共担风险、共享利益、共同发展。

（二）科技创新能力与科技成果转化提升目标

中武电商作为科技型企业,能否发展的关键在于能否持续提升科技创新能力与科技成果的转化能力。考虑到中武电商所处国际工程供应链行业的特性,在确定科技创新能力与科技成果转化能力提升目标时,主要选取研发投入增长率、自主知识产权增加值（含数量与质量）、平台研发成果转化率等指标作为考核标准。

（1）研发投入目标。2024—2026年,公司的年研发投入将以年均复合增长率不低于3%的增速增长,自主知识产权申请获取数量——3年合计不少于30件,其中发明专利申请数量是3年合计不少于10件,在知识产权中的占比提高到33%。

（2）科技队伍建设目标。进一步完善人才梯队建设,实现改革期末研发人员占比稳定,提高研发人员产出比,建成一支结构更合理、素质更优秀、创新能力更强的科技人才队伍。

（3）科技成果转化目标。通过持续的研发投入和架构升级、迭代并完善,逐步为公司的主营业务提供强有力的数智化支撑,力争到2026年年底,实现已有科技成果转化率超过30%,国际工程供应链管理平台管理与服务的项目覆盖50个以上共建"一带一路"国家和地区。

未来,中武电商将积极响应国家的发展战略,持之以恒探索改革发展新思路、新路径,加快构建新质生产力,为国企深化改革贡献"中武电商智慧",为推动"一带一路"和国际工程供应链产业发展贡献中武电商力量。

国有特大型企业自动驾驶公交发展实践

创造单位：北京公共交通控股（集团）有限公司
主创人：晋秋红　徐正祥　冯帅

【摘要】 人工智能时代已经到来，顺应时代变革，加快推进"数字＋公交"将有效提升运营效率和安全防范能力。北京公共交通控股（集团）有限公司（以下简称北京公交）专门成立高级别自动驾驶建设专班，加快发展新质生产力，高质量推进公交自动驾驶，加速科技成果向现实生产力转化，加强与利益相关方合作，在整车厂、自动驾驶技术公司、运营企业"金三角"模式中充分发挥"链主"牵引作用，首次由公交企业、整车厂、自动驾驶套件供应商组成联合体，实现"政产学研用"一体化；首次由公交企业牵头主导；首次将8.5米车型投入城市公开道路测试，打造了行业新质生产力典范，具有较强的示范效应和推广价值。

【关键词】 北京公交　自动驾驶　链主　"金三角"模式

一、实施背景

（一）数字技术变革的必然选择

当前，全球科技已经从以计算机信息化技术为代表的第三次科技革命发展到以数字化技术为代表的第四次科技革命。人工智能、大数据、物联网、云计算、区块链等新技术的快速兴起，数字经济异军突起、方兴未艾，已经成为国际竞争的新高地，正在驱动着百行百业的变革新生，重塑要素资源、组织形态、产业体系、商业模式和市场规则。自动驾驶产业作为提升国家经济社会智能化水平的重要突破口，受到了国家的高度重视和大力支持。近年来，党中央、国务院相继出台《交通强国建设纲要》《国家综合立体交通网规划纲要》等文件，将自动驾驶汽车研发应用列为重点工作。党的二十大报告明确提出要加快建设交通强国，并强调加快实施创新驱动发展战略，加快实现高水平科技自立自强。2023年11月，工业和信息化部、公安部、住房和城乡建设部、交通运输部决定开展智能网联汽车准入和上路通行试点工作，加快智能网联汽车产品推广应用。智能网联、自动驾驶等新业态、新模式快速发展，正推动传统城市公共交通行业向数字化、网络化、智能化发展，引领客运出行新变革。

（二）行业高质量发展的必由之路

地面公交拥有极为丰富的应用场景，每天运送数百万乘客行驶在城市各个角落。发展自动驾驶公交已成为公交行业促进新旧动能转换、高质量发展的必由之路和战略抉择，是自动驾驶产业规模化、商业化落地的先行先试场景，是改善城市公共交通治理、公共出行安全和空气污染的最佳方式。面对超大城市交通治理长期困扰的难题，发展自动驾驶公交，将大大提升公共交通通行效率，通过精确控制车速和间距，自动驾驶车辆可以更有效地管理交通流量，减少拥堵，并提高道路的使用效率。面对公交行业驾驶员短缺、安全生产压力巨大等难题，发展自动驾驶公交将有效降低驾驶员的劳动强度，提高行车安全水平。《中国统计年鉴（2023）》显示，2022年全国共发生交通事故25万多起。持续增加的交通事故成为国民经济、交通事业发展的一大隐患，直接威胁到公共出行安全。在引发交通事故的原因中，九成以上交通事故是由未按规定让行、车速过快、违规使用车道、酒驾、违反交通信号及疲劳驾驶等人为因素引起的。而不受疲劳和情绪影响的自动驾驶公交车，其相对完善的决策规划能确保车辆按照交规行驶，避免人类驾驶的主观错误，通过激光雷达在光线不佳的情况下"看到"人眼分辨不清的障碍物，提前规划车辆行为决策，交通安全将得到较大的提升，也将降低驾驶员的工作强度,把驾驶员的双手解放出来,实现"沉浸式"交互。

(三)新时代企业转型升级的内在要求

北京公交作为百年企业,历来都是新技术、新工艺、新材料、新设备先行先试的应用场景,正在推动企业从传统劳动密集型公共交通企业向高新技术密集型现代化出行综合服务企业转型。经过100多年的发展,北京公交已经具有显著的规模优势、运营优势、线路资源优势和统筹组织优势,可充分发挥作为公交产业链、供应链、创新链的"链主"牵引作用,以公交自动驾驶的"加法"带来北京公交高质量发展的"乘法"。作为一家有着近8万名员工的传统企业,发展自动驾驶公交意义重大,将推动公交"人、车、站、线、网、云、数"等运营生产要素精准衔接和高度匹配,将大力促进劳动者、劳动资料、劳动对象优化跃升和全要素生产率大幅提升,真正实现企业科技赋能、"瘦身健体"和降本提质增效,真正实现传统公交服务转型升级和智慧发展,精准感知、精确分析、精细管理和精心服务,不断丰富首都公共交通科技元素,为首都打造全球科技创新中心贡献北京公交智慧和力量。

二、实施目的

北京公交充分发挥百年公交先进业态和新质生产力应用场景优势,加快推进高级别自动驾驶公交试点应用,加强科技赋能,致力于打造"聪明的车""智慧的站""数字的线""动态的网",有效促进地面公交数字化、网络化、智能化发展,大力推动劳动者、劳动资料、劳动对象优化跃升和全要素生产率大幅提升,有效提升公交安全运营水平,积极引领城市客运出行新变革,持续推动新时代首都地面公交高质量发展,更好满足人民群众对美好出行的需要。

三、实施过程

北京公交不断聚焦前沿科技领域提前布局,围绕自动驾驶项目充分发挥各方协同作用,密切公交上下游产业协作,促进"政产学研用"协同创新,推动创新链、产业链、资金链、人才链深度融合,与相关方一步一个脚印地推进自动驾驶公交在京华大地落地生根,从听故事、讲故事变成了生动实践。

(一)与清华大学等联合打造自动驾驶公交

2019年,北京公交与清华大学、北汽福田、智行者等联合打造L4级自动驾驶公交车,开展自动驾驶公交研发、测试、运行,围绕北京冬奥会接驳场景,在首钢工业园测试运行(见图1)。整车可在园区内实现固定站点间自动驾驶,具备无线充电、L4级自动驾驶、通勤班次智能调度、路径规划、智能监控等功能,与安检结合,可以支持冬奥会场快速通关检查。该款车辆基于成熟的6.8米液化天然气(Liquefied Natural Gas,简称LNG)气电混合动力产品平台设计,全新开发适应自动驾驶系统的转向系统、制动系统、整车控制系统,深入进行电控冗余设计,增加无线充电系统及相关传感器。整车电量54.55千瓦·时,续驶里程200千米。无线充电电压550~650伏,功率≥30千瓦,无线能量传输效率≥92%。车辆传感器采用3个40线激光雷达、2个毫米波雷达、16个超声波雷达、2个摄像头,定位系统采用差分组合导航系统。线控转向系统输入响应超调量≤10%,稳态误差角度≤1°,转向响应延时≤300ms;制动响应延时≤500ms。在首钢工业园测试运行期间,累计自动驾驶测试里程2000千米以上,这为后续进一步拓展更加复杂的自动驾驶公交场景进行了积极探索和实践。

(二)与丰田汽车公司开展自动驾驶委托运营合作

2021年4月,北京公交与丰田汽车公司开展自动驾驶委托运营合作,在北京2022年冬奥会赛区首钢园区开展载客运营(见图2)。此次合作,丰田汽车公司负责提供自动驾驶车辆、确定线路走向、建设站点设施、系统开发、协调停车场站和充电设施设备、审批报备等;北京公交负责输出大型赛事保障服务经验,设计运营方案,开展运营服务,并提供车内乘务安全员、调度员、点检员,北京公交所属客一分公司负责自动驾驶委托运营。合作期间,北京公交客一分公司成立工作专班,组建包括运营调度人员、安全服务人员、科技信息人员和一线职工共120人的工作团队。北京公交克服迎保北京2022年冬奥会人员调配难、语言障碍等问题，经过一年努力，出色完成项目策划、流程制订、时刻表编制、人员培训、各工种模拟和实车训练、线路确定、非载客和载客运营等事项。运营期间，累计发班293车次、运营2057千米，载客13451人次，实现了零隐患、零事故。通过与丰田汽车公司开展自动驾驶运营合作，北京公交为国内外乘客提供了高品质的自动驾驶运营体验，践行了绿色冬奥、科技冬奥、人文冬奥理念，展示了优质服务和品牌形象，积累了公交自动驾驶运营经验，培养和锻炼了一支公交自动驾驶运营队伍。

图1　与清华大学等打造的自动驾驶公交

图2　与丰田汽车公司合作自动驾驶载客试运营

（三）发挥"链主"作用推动自动驾驶落地

北京公交高度重视公交自动驾驶项目，成立由党委书记、董事长和总经理为组长的自动驾驶工作专班，加强定期调度、统筹协调、专项推进，督促落实北京公交自动驾驶测试运行和推广应用的重难点问题。

1.聚力打造"聪明"的公交车辆

2022年，北京公交积极组织策划参加北京市经信局与北京市自驾办联合组织的北京亦庄公交车辆的自动驾驶示范推广工作，采用"揭榜挂帅"的方式，率先联合中信科移动、华录智达打造8.5米级的纯电动公交示范样车，共同开展示范运营。北汽福田负责以8.5米成熟电动车型为平台，开发适应无人驾驶系统的转向系统、制动系统、整车控制系统，深入进行电控冗余设计，预留车联网接口，增加车载单元设备，开发L4级自动驾驶电动客车。与基础平台相比，两台公交自动驾驶车辆安装了2个主激光雷达、2个毫米波雷达、3个补盲激光雷达、5个摄像头，通过摄像头视觉感知和激光多传感器（见

图3）融合方法，实现无盲区感知周围的行人、车辆、障碍物并自动做出反应，依托智能算法确保车辆正常行驶。取消传统后视镜，安装电子后视镜。使用电子制动系统，响应自动驾驶系统请求。此车具备"单车智能＋网联赋能"双重功能。车长8.5米、宽2.4米、高3.1米，共19个座位（含安全员），每个座位均配备安全带。车辆充满电后可行驶310千米。北京公交自动驾驶1路公交车如图4所示。

图3 自动驾驶公交车传感器布置

图4 北京公交自动驾驶1路公交车

2. 着力构建可靠的自动驾驶

公交自动驾驶系统基于高精度地图对交通标志和路面特征进行识别，通过自身装载的激光雷达、毫米波雷达、摄像头等传感器感知周围信息，通过控制器规划车辆运行路线及对车辆控制发出指令，通过线控信号控制车辆底盘。

一是高精度地图方面。高精度地图依赖专业采图车（装有惯导系统、激光雷达、摄像头等传感器）进行信息采集，其地图精度达到厘米级别，包含车道坡度、道路边缘、交通信号灯、道路和节点、车道中心线、杆状物、地面标志等元素。高精度地图制作包括地图采集、点云地图制作、地图标注、地图保存等流程。具体制作流程如表1所示。

表 1　高精度地图制作流程

序号	流程	内容
1	地图采集	使用装有激光雷达、摄像头等传感器的数据采集车收集数据
2	点云地图制作	收集原始数据后，通过激光雷达对道路扫描，建立街道的三维模型。因激光雷达扫描范围有限，通常需将多帧激光雷达数据拼接才能覆盖整条道路。此过程涉及点云注册，即将各个帧的点云数据进行配准，形成一个连续的三维空间模型
3	地图标注	在点云地图基础上，添加车道线、交通标志、红绿灯等道路结构化信息
4	地图保存	将处理完毕的高精度地图保存在合适的数据存储系统中，以便后续使用

二是高精度定位方面。通过全球卫星导航系统定位技术和惯导设备对两台公交自动驾驶车辆实时位置和运行轨迹进行精准判定，并结合高精度地图对车辆位置实现精准定位。

三是高效率感知方面。构建视觉、激光雷达和毫米波雷达特征和时序融合的大模型，以一个神经网络实现视觉、激光雷达、毫米波雷达在感知模型空间和图像空间上输出多任务结果，具备"感知更精准、车端更适配、迭代更高效"的多种优势。其中，感知更精准是指通过多传感器、多层级、时序融合的方式，大模型使多传感器信息相互补充，充分发挥各传感器优势，输出准确的环境感知结果；车端更适配是指大模型让原本独立的各个计算任务进行高效的多任务统一计算，节省2/3的算力，更好满足车规级芯片的应用需求；迭代更高效是指大模型采用数据驱动开发模式，不仅显著缩短算法迭代周期，结果也更可靠。

四是高质量规划与控制方面。运用接近实际公交驾驶行为的时空联合规划算法，更加适应北京的复杂道路情况，更加符合驾驶员驾驶习惯，更加适合数据驱动。可直接在空间和时间上求解最优轨迹，如同能够同时控制车辆方向和速度的"老司机"，更加接近驾驶员实际驾驶行为，灵活应对各种复杂路况，让车辆行车更聪明、效率更高效、体验更舒适。

3. 全力保障安全的测试运行

一是线路设计方面。公交集团设计了测试运行线路。线路为荣昌东街地铁站（开发区交通服务中心）始发，沿荣昌东街、荣华路、天宝东街、中和街、永昌路至荣昌东街地铁站的顺时针环形线路（见图5），全程途经17处交通路口、16个交通指示灯，全程6.5千米，运行时间从9:00至16:00，车速保持在大约30千米/小时，高于常规公交平均运送速度（约20千米/小时）。

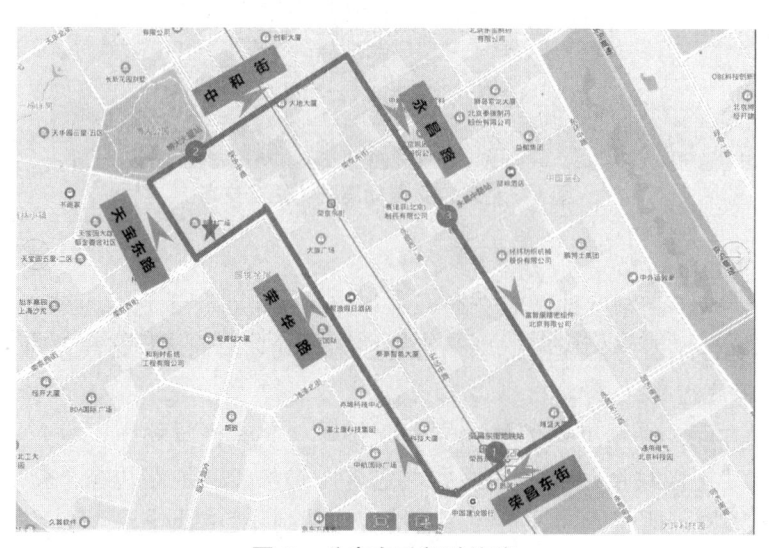

图 5　公交自动驾驶线路

二是测试运行方面。2023年7月7日,北京公交两台自动驾驶公交车辆在交通运输部公路交通试验场顺利通过封闭场地测试。北京公交与北京市自驾办进行多轮磨合,经过申报和现场答辩,在2023年9月13日取得第一张自动驾驶大型普通客车路测牌照(见图6)。按照《智能网联客运巴士管理实施细则》,2023年9月22日,两台自动驾驶公交车辆开启城市公开道路空载测试。2024年1月3日,两台自动驾驶公交车辆进入模拟载荷测试阶段,开展模拟载荷半载和满载试验。2024年6月24日,进入示范应用阶段,开始积累服务人次和示范应用里程。

图6　北京公交首张自动驾驶大型普通客车路测牌照

三是安全保障方面。线路进行公开道路测试前,经过感知系统标定、线控适配、控制调优、封闭场地考试、可靠性测试、专家评审、应急演练等一系列精心准备,筑牢安全根基。通过高精度传感器360度无盲区感知、200米超远距离感知、智能化驾驶、强安全冗余、专业运营等多种举措确保运行安全。同时,公交集团在全系统抽调经验丰富驾驶员作为自动驾驶安全员。每名安全员均具备紧急状态下的应急处置能力,能随时接管自动驾驶车辆,全力保障人员和车辆安全。安全员的主要职责是实时监测自动驾驶车辆表现,测试时,手放在膝盖上,做好随时接管准备。如遇特殊情况,安全员立即切换为人工驾驶模式,确保万无一失。

(四)运营雄安新区自动驾驶小巴

2022年9月20日,河北省委专题会研究通过901路智能网联公交测试与示范应用方案。2022年9月23日,雄安新区智能网联汽车道路测试与示范应用联合工作组等发布《关于雄安新区901路智能网联公交测试道路的通告》,至此,雄安新区容畅公交公司(北京公交和中国雄安集团交通有限公司合资成立)开启测试自动驾驶小巴(由东风悦享公司研发的L4级别自动驾驶巴士,长5.8米)。首批7台自动驾驶车辆于2023年7月31日投入901路运营。此线路全程为4.8千米,中途设站8处,营业时间为6:00—21:00,日均计划车次120次,运营576千米,平均发车间隔15分钟。之后陆续开展了902、903路自动驾驶巴士道路测试工作。目前,在公开道路、居民区、办公区、封闭园区、景区接驳等多场景结合开展示范应用。截至2024年7月,自动驾驶巴士在雄安新区累计运营里程超过22万千米,累计测试超过8500小时,累计发车3万班次,接待参观场次560多次,道路测试情况良好,测试过程中无安全事故发生,车辆技术水平及安全性能得到充分验证。此外,雄安新区容畅公交公司与悦享雄安建立了一套完整的运营管理体系,包括18个标准管理办法、1本自动驾驶巴士管理手册、1套运营服务管理制度及自动驾驶巴士安全管理规范、安全员评级管理办法等。

北京公交自动驾驶一系列生动实践引起了社会各界和媒体的广泛关注,人民网、北京交通等多家权威媒体报道了北京公交自动驾驶发展实践，相关内容登上抖音同城榜第9位。行业同仁纷纷与北京公交探讨公交自动驾驶发展经验，为行业发展注入了智慧公交新动能。2024年6月，北京公交受邀在中国道路运输协会组织的会议上分享自动驾驶公交发展实践，得到与会人员高度评价。北京公交自动驾驶拓展了北京市高级别自动驾驶示范区应用场景，填补了示范区大型普通客车自动驾驶常态化测试的空白，也为行业高质量发展树立了典范。

四、主要创新点

北京公交自动驾驶在实践中勇于探索，在探索中不断前进，积累了许多宝贵经验，实现了首都公交自动驾驶从零到一的重大突破，实现了模式创新、"链"上创新、技术创新和场景创新。

（一）模式创新

北京公交自动驾驶构建了牢固的"金三角"模式，首次由公交企业（北京公交）、整车厂（北汽福田）、自动驾驶套件供应商（轻舟智航公司）组成联合体，推进创新链、产业链、资金链和人才链"四链"一体谋划、一体部署、一体落实，实现从项目策划到落地运营高效运转。这是"政产学研用"一体化发展的典型案例，也是以公交企业为主导的"产学研"深度融合的成功实践。

（二）"链"上创新

北京公交坚持"链主"引领，跨越发展，首次由公交企业作为牵头单位，以公交"链主"企业为牵引，加快企业转型升级，深入推进高级别自动驾驶公交车落地应用，推动公交"人、车、站、线、网、云、数"等各生产要素有效衔接、互联互通和高度匹配，打造公交自动驾驶运营的全国示范样板，提供行业高质量发展新范式，推动"链主"企业引领上下游共生发展，促进产业链、供应链质量联动提升。

（三）技术创新

北京公交首次将8.5米自动驾驶公交车型投入城市公开道路进行常态化测试运营，完全契合地面公交实际运营场景，符合常规公交发展的定位。综观国内外自动驾驶巴士现状，车身长度多在6米左右。车身长度的增加对自动驾驶车辆加速、制动、转向、换道等方面及对自动驾驶系统规划、控制和决策等过程要求极高，大大增加了技术难度，需要采用更复杂的算法、更强大的计算能力和更严格的测试程序，才能确保车辆安全测试运行。

（四）场景创新

北京公交首次在城市地面公交实际运营生产场景先行先试，打破了传统公交的运营组织模式。纯电动L4级高级别自动驾驶公交车在北京市高级别自动驾驶示范区开展城市公开道路常态测试，运营场景更为开放、更为全面、更为复杂，填补了示范区大型普通客车自动驾驶常态化测试的空白。综观整个行业发展，自动驾驶巴士多是在封闭环境或者工业园区开展测试，是较为理想的测试平台。北京公交自动驾驶无疑是实现了从封闭环境到公开道路的跨越，具有较强的引领性。

五、实施效果

自2022年8月北京公交与北汽福田、轻舟智航公司、准点公共交通研究院、亦庄运营公司共同签订《北京公交自动驾驶示范运营项目合作协议》以来，北京公交加强与北京市自驾办等单位对接，加强与项目合作单位协同配合，统筹推进公交自动驾驶，加快自动驾驶公交上路测试。

历时一年多的艰辛努力，经过感知系统标定、线控适配、控制调优、封闭场地考试、可靠性测试、申请进入北京市高级别自动驾驶示范区、专家评审、应急演练等一系列工作，2023年9月，北京公交作为牵头单位，取得第一张大型普通客车自动驾驶路测牌照，意味着北京公交高级别自动驾驶车辆正式跨过封闭场地测试阶段，进入地面公共交通实际运营场景的开放道路测试阶段。2023年9月22日，两台自动驾驶公交车辆开启空载测试，积累自动驾驶里程。2024年1月3日，两台自动驾驶公交车辆进入模拟载荷测试阶段。经过为期10个月的测试，两台自动驾驶大型客车测试运行状态良好，累计自动驾驶测试（空载和模拟载荷测试）里程超过12000千米，期间未发生交通事故或交通违法行为。

根据北京市自驾办的综合评估和审核认定，2024年6月24日，北京公交已取得北京市自驾办颁发的示范应用通知书，正式具备载人测试资格，进入了示范应用阶段，正在积累示范应用里程和服务人次，为早日开展自动驾驶公交商业化试点打下了坚实基础。同时，北京公交也已取得特殊天气和特殊时段（早晚高峰）测试资质，可在早晚高峰特殊时段和雨雪等特殊天气开展测试活动，更加符合常规公交实际运营场景，更加具有现实意义。

六、下一步探讨与规划

北京公交将加强统筹调度，与相关方一道，认真贯彻落实北京市委、市政府的要求，结合北京市高级别自动驾驶示范区4.0阶段扩区，稳妥推进北京公交自动驾驶工作，力争在上路数量、车型及运营场景上取得新进展，努力在发展公共交通新质生产力应用方面走在前列。

（一）深耕现有自动驾驶示范项目

有序开展自动驾驶公交示范应用，有序组织内外部乘客试乘高级别自动驾驶公交车。加强对特殊天气（如雨天、雪天）和早晚高峰情况下的自动驾驶公交车辆测试。稳妥开展两台自动驾驶公交车辆的商业化探索和应用，明确线路类型和票制票价，为在其他公交线路推广奠定坚实基础。

（二）持续推进公交自动驾驶规模化

一是打造现代科技的自动驾驶公交车辆。与整车厂加快设计研发制造符合准入标准和公交运营需求的自动驾驶车辆。车辆坚持小型化路线，外观时尚、简洁、大气。研究开发氢能与自动驾驶叠加公交车。努力打造面向未来的高级别自动驾驶公交车，在"智能大工具"上打造"智能空间"。

二是构建更加可靠的自动驾驶系统。车辆定位精度能够实现厘米级别组合导航定位，支持短暂GNSS（Global Navigation Satellite System，全球导航卫星系统）信号丢失情况下定位。车辆具备深度融合车路协同和L4级纯电动自动驾驶能力。搭载主激光雷达、补盲激光雷达等传感器，实现车辆360度无感知盲区和强安全冗余智能驾驶。通过专网实时传输各类道路信息，实现"车、路、云"一体化智能调度，提高通行效率与运营安全。

三是打造更具特色的自动驾驶公交线路。精心遴选设计线路，深入开展现场踏勘，围绕大型社区、商业中心、地铁站、工业园区等区域规划设计自动驾驶公交线路。除在经开区外，在北京城市副中心等重点区域也将设计具有代表性的自动驾驶公交线路，充分彰显北京城市形象和崭新风貌。

（三）积极探索出租车自动驾驶场景应用

参照现有自动驾驶示范项目经验，将车辆技术装备服务商、自动驾驶套件服务商、北汽出租集团运营商组成联合体，遴选优质合作伙伴，研究自动驾驶出租车具体实施方案和实现路径，加快推进出租车自动驾驶试点应用。

基于蒸汽一网的智慧供热多环联控体系

创造单位：京能东风（十堰）能源发展有限公司
主创人：杜占强　马琳
创造人：何强　戴思宇　罗勇　黄仰来

【摘要】 京能东风（十堰）能源发展有限公司（以下简称京能东风）在受到内外部环境影响，面临企业转型和巨大的市场竞争压力，供热主业运营成本过高且人工成本过大，组织机构冗余复杂的背景下，通过改革与创新供热管理总体思路、优化业务部门框架，建立以数字化为基础的基于蒸汽一网的智慧供热多环联控体系，实现供热综合能耗总体降低，供热人工成本明显下降，管理效能明显提升。

【关键词】 企业转型　供热管理　数字化　多环联控

一、实施背景

（一）顺应"双碳"发展趋势，发展智慧化转型的战略需要

随着全球气候变化日益严峻，我国提出了"碳达峰、碳中和"的"双碳"目标。2021年中共中央、国务院联合发布《中共中央 国务院关于完整准确全面贯彻新发展理念做好碳达峰碳中和工作的意见》指导文件，明确提出通过产业结构调整、能效提升、碳排放权交易等方式，实现2030年"碳达峰"、2060年"碳中和"目标。城市供热是节能减排的重点行业，传统方式已无法满足国家节能减排的要求，实现国家"双碳"发展的目标，利用物联网、大数据、人工智能、大数据模型、云计算等先进技术对供热系统升级改造、提高供热效率、优化资源配置、精准控制，实现供热行业的智慧化管理成为必然选择。

（二）响应产业发展需要，适应工业变革趋势的必然选择

随着智慧城市与行业改革的推进，供热企业也面临着日趋激烈的竞争，降低成本，提高生产效率是企业不断追求的目标。过去，由于管理模式、投资及技术条件限制等因素的影响，我国供热企业一直缺少现场控制功能的应用，而对于全网生产过程的实时监控、集中调度方面重视不足，缺少在整个热网范围内的优化与智能管控手段。供热企业信息化形式当前，利用计算机技术来提高现代供热企业的管理效率、降低生产成本正在不可避免地成为一种趋势，越早进行供热企业信息化、智能化建设，就会越早享受到现代信息科技及工业互联网带来的收益。当前，我国经济已步入新常态。在新常态下，科技创新已成为能源企业提高竞争力的重要抓手，为此，国家也陆续出台了"互联网+""两化融合""中国制造2025"等国家战略，云计算、大数据、物联网、移动计算、人工智能、大数据模型、三维可视化等信息技术飞速发展，工业互联网平台技术在国内外能源企业已成功实践。国家发展改革委等10部委在冬季清洁取暖规划中重点提出"因地制宜选择供暖热源、全面提升热网系统效率、有效降低用户取暖能耗"。在此背景下，京能东风提出自己的总体发展及规划思路：作为首都国企，充分履行供热民生责任，京能东风应势建设"源、网、站、户"全供热链管理系统，优化控制管理，大力运用人工智能技术，提升供热系统效率，打造京能东风优质服务品牌。

（三）贯彻数字京能目标的实现，促进企业新发展

在国家节能减排和近年数字化技术发展的背景下，贯彻落实集团数字化建设要求，智慧热网系统孕育而生。京能东风进行统一规划，建设热源/热网一体化的调度数据中心，利用云计算、大数据等最新技术，完成城市供热热源、热网、换热站、用户之间的数据交换，并基于智慧平台的AI（Artificial

Intelligence，人工智能）分析与数据挖掘工具，实现供热系统的全过程协调与优化调度。以京能东风及其相关单位为实施范围，优化组织功能，建立一体化调度中心，对热源、热网生产信息进行实时监视、对关键经营信息进行及时采集与综合分析展示。通过大屏显示系统，展示公司基本情况、能源分布发展等信息，满足公司对外宣传需要；同时实现所属各单位生产控制系统状态、重要生产现场画面的实时显示，接驳事故单位或现场视频监控信号，实现远程视频应急指挥。最终实现经营指标智慧化分析，辅助企业智慧调度，供热流程全自动无人控制管理，促进企业数字化发展。

二、实施过程

（一）秉持集团使命，系统规划数字化改造框架

京能东风通过建设智慧热网系统，对"源、网、站、户"进行综合系统管理，通过建设企业可控、政府部门可管、居民用户可调的智慧供热一体化监控与调度平台，实现全网动态水力、热力平衡，逐步降低供热能耗、保证供热质量、实现科学供热。

通过建设京能东风热网调度数据中心，采集从热源到用户的全流程参数，完成热源/热网参数的协调控制，实现一、二次管网的多闭环管理。

通过本管理体系，京能东风将建立起一套高效、稳定的数据采集、监测、管理、分析与应用系统，并分步实现集生产管理、在线节能分析、设备故障诊断、运营调度数据挖掘于一体的深层次应用与开发，从而为公司供热生产提供可靠、经济、高效的运行支持。

本管理体系的核心建设内容包括：一个平台和两个应用，一个平台指的是工业互联网平台；两个应用指的是生产系统和客服系统。

根据企业的实际需要和技术发展，总体规划，分步实施，并能不断更新、完善和升级，实现热网信息系统的无缝结合。整个平台采用分布式、多层体系架构，自顶向下分为发布层、业务层、数据层、接口层、控制层，是一个相互联系，有机统一的功能整体，建立在统一的标准规范体系、安全管理体系、运维保障体系之下。京能东风多层架构系统如图1所示。

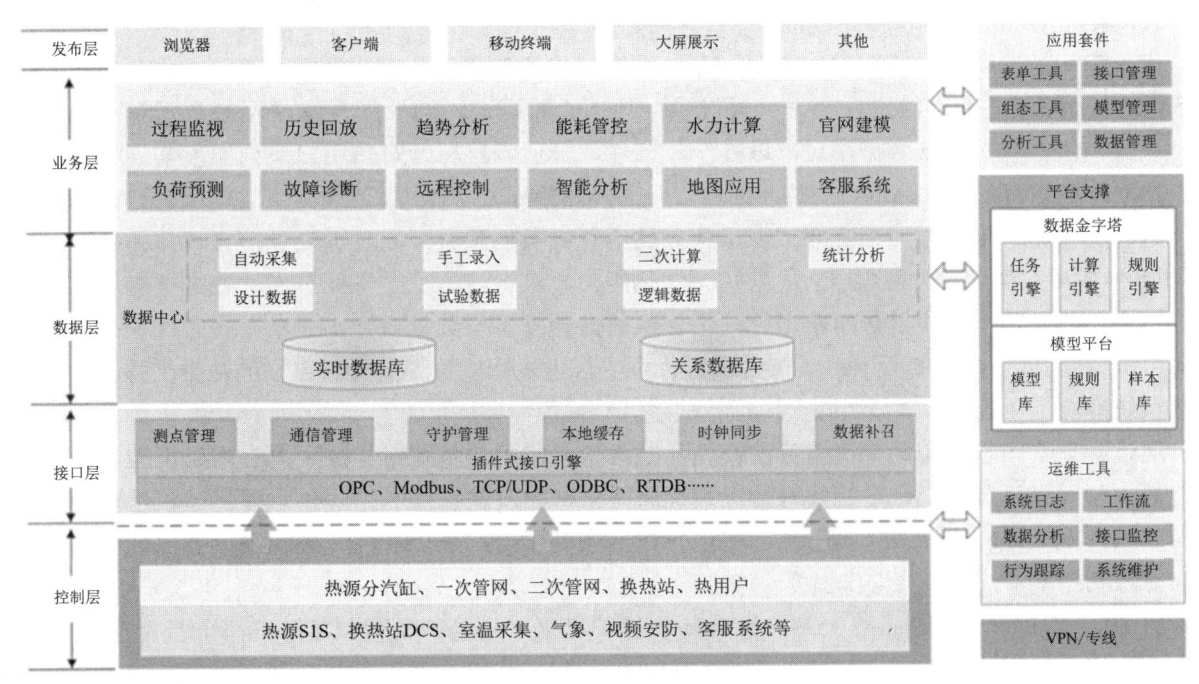

图1 京能东风多层架构系统

因此，在"统一数据平台、统一软件架构、统一编码规则、统一展示风格"的原则基础上，建设京能东风的智慧热网系统，主要设计原则包括：一是保证系统的开发与建设具有针对性，平台建设遵循整体规划、统一管理、分步实施，将该系统建成一个资源共享、统一管理、分级权限、安全可靠的智慧供热调度中心。二是从整个公司生产管理的角度考虑，以"一个系统"的概念来建立数据中心，将热网的各分散系统集成到该平台，实现数据共享，以消除大量的冗余数据。三是调度中心的各个功能模块适宜分步实施，持续建设并不断优化。一般来说，常用的方法是先建网络、数据库，以及一些相对成熟的应用软件，并留有将来扩充的接口，然后再根据实际情况逐步扩展。四是与电力行业其他信息系统比较，热网调度中心拥有多项关键技术（见图2）。

数据采集通信
基于实时历史数据平台，部署相关的数据采集与分析软件，实现各种设备的接入

调度分析软件
借助专业的软件工具，实现各类生产数据的自动汇总、统计、分析，可以克服由于人工收集导致的管理信息的数据不全、误差，以及滞后等缺点

工业互联网
基于互联网的工业云平台集设备建模、计算机图形处理、空间数据库等技术于一体，为企业信息化管理带来质的飞跃

人工智能算法
智慧热网把人工智能AI算法等运用到工业领域，方便监控现场、事故预报与诊断，实现了从数字化到智能化的跨越

图2　京能东风关键技术分布

（二）分布式系统调配与云数据融合

1. 制定最佳参数、确保供配最优

京能东风智慧供热系统通过物联网、专线网络＋移动云，以及工业大数据平台，将分布在全市各处56个热力站设备的实时运行数据、天气预报数据、热用户户阀数据、室内温度数据等基础信息，统一采集到智慧供热系统数据平台，以安全、节能、舒适为目标，对热用户室内温度实现数据精准测算、自动调控，有效降低热用户的热能损耗，提高供热效率。

这种集中化的部署方式，有效减少了各分站运行人员的配置，同时提高调度效率；另外，采用大数据分析与人工智能算法相结合，根据热力站热用户建筑特性、二次管网分布、当期（当年供暖期）各个热力站供热用户面积及热用户用热习惯，系统共建立各类数据模型168个，实时对各个热力站和每栋楼的未来24小时及5天供热负荷需求进行预测，为运行决策人员提供可靠的数据支撑，助力提升供热系统能源利用效率，降低供热系统运行成本。

通过建立学习型的一站一策略算法模型，结合未来需求热负荷量、热用户室内温度控制目标值和当前热力站设备运行工况，系统实时给出最优采暖供水温度建议值和采暖供水差压建议值，依托闭环自动控制功能，进一步减少人员干预，实现热量的按需供给，减少能耗，最大限度地保证供热效果，提高能源利用率，减轻人员操作强度，增加安全系数。

自2021年供暖季全面推行一站一策略闭环控制以来，系统的负荷预测准确率一直保持在90%以上，对比相似气候条件下，按用热需求能将室内温度调控在18±2℃区间，控制精度达到2℃，大大减少了因室内温度异常导致的用户投诉，充分证明了该智慧供热系统在保障区域供暖稳定性、节能性和低碳性方面的卓越成效，为民用热用户营造出一个恒温宜人、节能环保的室内环境。

2. 全方位监控状态，为服务过程提供解决方案

京能东风搭载智慧化、数字化、网络化的信息快车，旨在全面提升公司服务部门服务质量，推动生产管理部门高效运营，以及强化各部门间的协同作业效能，构建起精细化、动态化的热力供应服务体系，确保居民享受稳定、舒适的供暖体验。

一是打通热用户缴费数据链。将4万多户供暖用户数据和缴费数据与户阀联动，用户足不出户可在线上支付宝或线下银行灵活缴费，并实现户阀"随缴随开"的人性化功能。同时，对系统登记有65岁老人、孕妇、病患等的特殊用户，自动调高户阀开度，保证用户个性化人文关怀。

二是设备运行参数全程监控。通过对大量户阀数据的深度挖掘和分析，发现区域内的热负荷分布规律、用户用热习惯等有价值的信息，总结出"四时段"供热法，为热网调度、节能策略制定提供科学依据。同时，从一次管网到热力站再到二次管网、热用户，每个环节均有供暖参数支撑，实时展示在供热中心信息化平台，通过合理的限制告警阈值设置、专家故障诊断功能，及时发现潜在故障或异常波动，为运维人员提供预警信号，便于迅速响应、精确排障，从而保障整个供热系统的安全稳定运行，降低运行人员的监盘强度，提高监盘效率。

三是立体化安全保障与气候适应性优化。通过热力站视频数据监控，建立起全方位、无死角的监控网络，一旦发生人员入侵、人员倒地和人员的不安全行为，能够即时通知（信息推送、声光报警提示）监控人员，有力保障供热设施及现场工作人员人身安全。此外，公司依据天气变化对热负荷的影响，科学指导热源输出与管网调控决策，确保即使在极端气候条件下，供热管网仍能保持高品质的稳定运行。同时，结合历史天气数据，公司定期进行季节性、周期性的热网性能评估与优化工作，持续提升整体能效，为供暖期的连续、稳定供热提供坚实保障。

（三）泛化专家大模型，实施供热体验及成本智能管控

1. 泛化水力大模型，实现供热区域均衡化管理

十堰坐落山区是典型的山城，由于客观地理原因导致蒸汽主管线长、管路弯曲多、落差大、支线密、组网复杂。整个管网供热特性差异化大，管网失调导致的热网能耗异常严重。

通过分析实验给出热网解列或区域调整方案，提出"一种基于区域节点并联迭代与耦合的蒸汽管网水力计算模型"的专利算法（即采用分支分段，进行管网迭代方法完成所有管线的参数计算），建立在线水力模型。

通过建立在线水力模型，实现压降/温降的在线计算与实时显示，自动分析整个热网系统中热损较大的主管网和分支管网，判断异常原因，生成降损策略及现场应急处置措施，指导故障处理。

综合考虑热网安全性、达成新水力平衡的效率、经济性等因素，辅助供热优化与调度，平台可以采取以下三点措施。

（1）管网基础信息录入与水力建模，实现GIS（Geographic Information System，地理信息系统）地图功能，包括管网的自由拓扑、地理分布、热用户信息，设备台账信息与地图的关联等。

（2）在线水力/热力计算与离线模拟，找到最不利回路、最大压差点、最大温差点，为供热调度提供依据，为一网平衡和管网优化设计提供支撑。

（3）一次网动态平衡，将热源生产的热量合理平衡地分配到换热站里，使用户达到同时增温、同时减温的效果，即调度热源即可控制全网，达到全网均匀性控制，减小水力及热力失调，消除热网的过热端及冷端。

基于以上措施和在线水力计算模型，在全网范围内寻找压力/温度/焓值/流速最低，或者压降/温降最大，排列出最不利回路或管段，控制供热区域的均衡率，确定末端用户的供热需求，延长供热长度。

2. 搭建用户数据库、实现户栋室温精准调控

京能东风历史供热系统各换热站及二级网采暖用户都是手动人工调节，精细化供热水平低，导致近端用户温度很高，而末端用户温度不达标的问题尤为严重。为了保证末端用户的供热质量，只有采用加大供水量的做法，这样做的结果是，更加增大了热网的水力、热力失调度不平衡，因此二级管网采暖用户室温调节难的问题最为严重，单位面积供热能耗较高。

为实现二级网采暖用户精准控制，以户平衡为主，免费为采暖用户安装1000多个室温计、40000多个户阀，通过物联网实时采集采暖用户室温信息、进水温度、回水温度，上传TECO数据平台和DataKeeper时序数据库。通过大数据平台对能耗指标进行计算、分析、诊断，对采暖用户室温和热量通过调整户阀流量大小进行精准控制，采用楼栋平衡＋用户平衡相结合的方案构成二级网智能平衡系统，接入换热站智能调控平台，通过数据通信网络，对就地设施下达调整指令，进行二次网智能平衡调控。

二级网精准调控能根据用户随天气的负荷波动或用户的分时分区控制的需求，实施对应工况的水力平衡调节，支持质调节、量调节及质量并调，在采暖季不同阶段，计算用户及单元所需不同的负荷需求，给出调控策略，配合自控系统实现二级网的闭环控制。解决了供热不平衡、调节不精准、温度忽高忽低的问题，大大降低了客户投诉率。同时由于采用先进的数据化、定制化技术管理方式，有效降低了热量损耗量，既保证了供热用户的供热需求，又最大限度地做到了节能降耗。

3. 实施数字化成本管控，科学降本增效

实现对"热源—热网—热力站—热用户"运行成本的动态采集，对比分析能源消耗数据和供热质量，形成供热系统计量、能耗统计、质量监测和评价体系，进一步加强、提高监管和运行手段。建立热力站供热成本大数据平台，结合监测系统、分析系统的历史数据，利用智慧供热平台数据挖掘工具，可以按热指标、水耗、电耗、回水温度等对热力站进行考核。通过本管理体系，及时发现和矫正问题，有效提高节能效果。2023年度供暖季通过本平台的监督管理，换热站能耗与本管理体系实施前相比汽耗下降了21.95%、电耗下降了32.19%，水耗下降了65.88%。

采用供热全口径成本，参考蒸汽趸购成本、固定成本、其他变动成本、设备折旧、人工成本、税费、利润等，以及热源侧供热量及趸售价格，基于水力计算与能耗计算结果，进行实时在线供热成本的测算。开发经营分析软件，为降低供热生产成本、提升经营利润提供辅助分析工具，结合财务及全面预算数据，完成成本核算与利润分析，与本管理成果实施前相比热力站供热成本减少了5895.36万元。

（四）弱化领域壁垒，促进多领域数据共享

1. 协同内外部部门业务，简化供热整体流程

基于公有云技术打造的智慧热网平台，实现了银行、支付宝、客服系统、税票系统、生产系统等内外部系统的互联互通，对外，客户可以享受一站式服务，在手机App即可实现缴费开阀联动、线上自助电子开票、用热问题客服咨询。对内，供热企业可享受一体化的数据服务，收费阶段，可以自动群发缴费、优惠、公告通知，实时查看热费缴费和对账情况，系统根据缴费到账情况，匹配用户信息自动控制户阀开关。供热阶段，可实时掌握全网供热状态和客户反馈情况，实现基于水力计算和负荷预测模型的动态平衡调控、远程指令下发控制和智能诊断预警，工单快速流转、执行和反馈等。达到实时可见、实时可控、实时反馈的全流程闭环管理，大大简化了业务协作流程，提高工作效率，提升供热质量，降低供热成本，达到供热企业节能高效，用户满意舒心的双赢。

基于系统统一的审批流程服务，实现不同部门、不同业务条线、不同岗位人流程线上申请、审批和状态查询，打破各部门推诿扯皮和各系统不统一的技术壁垒，极大地提高了办公效率和审批流程。

2. 嵌入控制平台，实现智能化报表

京能东风在智能化报表投入使用前，数据报表的统计、整理、分析和整合都依靠各个部门统计人员在 Excel 表格中手动处理。随着业务数据量的增加，处理的各类业务数据越来越多，工作量越来越繁重，存在报表出表效率低、任务重、数据计算复杂等问题。

为解决以上问题，基于统一的数据底座，打通业务数据壁垒，将多源数据进行预处理，打造企业指标体系和智能化报表系统。采用零编码开发理念，业务人员根据需求快速构建、发布和生成综合业务数据报表，实现数据的快速流转和协同共享，充分挖掘数据潜能，提高企业的经营管理效率，提质增效，为企业综合管理赋能。

（五）双向安全管理，全流程步骤响应

随着国家对生产实施安全要求越来越高，传统安全管理方式已经无法满足企业精准定位设备故障、提前预警、快速介入的安全要求，另外企业老员工还以传统的安全观念管理设备和施工，导致生产过程中安全隐患不能及时发现并处理，易引发安全事故。京能东风利用先进的数字媒体和安全巡检制度方式，提高企业管理安全性和设备安全性。

1. 运用数字媒体方式，提高供热安全意识

京能东风通过建设 DCS（Distributed Control System，集散控制系统）、大数据、GIS 大屏、三维管网、智能服务调度中心等平台，实现安全管理智能化、数字化。其中智能设备全面实时监控，DCS 实时数据采集，大数据分析识别设备故障给出报警，设备、管网故障点位、故障信息，GIS 大屏三维管网通过数字化方式实时展示，智能服务调度中心自动给值班人员派单。

通过把报警的触发条件（如开关量变位报警）、参数（如模拟量报警：模拟量高限、高高限、低限、低低限、偏差、速率）、报警精确时刻（精确到秒的时标报警）等输入报警数据库中，为系统预设多条报警条件；DCS 平台每天采集温度、压力、流量、流速、电量等各项指标信息 10 万条以上；大数据平台根据预设故障报警条件，结合故障分析模型和人工智能 AI 算法实时地对上报数据进行整理分析诊断，定位故障事件的发生时间、位置、严重程度。利用不同的颜色表示不同严重级别的故障在监控屏一对一映射闪烁展示，通过语音循环播报方式报警提醒。值班调度人员根据报警等级和位置，通知运维人员尽快到达事故现场进行排查检修。待检修人员将故障修复时，调度人员将报警点和报警语音同步删除，数据点显示恢复正常。

通过利用自动化实时监控、故障模型、大数据平台、AI 智能分析，实现故障精准定位，解决了以往故障排查难题。实时报警极大地提高了故障暴露的时效性，从而及时对故障进行修复。

2. 融合安全巡检制度，提高工作执行质量

京能东风响应京能集团要求，提高人员和设备装置安全性要求，改变人为疏忽、巡检效率低下和设备巡检覆盖低的状况，采取优化线上巡检制度、增加自动化检测设备、使用智能分析软件等多项措施。

建立优化线上巡检制度，设置巡检路线，全面覆盖小到阀门大到热力站的全部设备装置。每日自动定时生成巡检任务，巡检人员每日每周每月定时定点检测设备，并上传检修结果和图片。系统定时对巡检数据进行分析，对巡检任务完成情况进行打分排名，对未达标给予处罚考核，从而提高检修人员主动性和执行力。

在巡检过程中，京能东风采用国内先进的智能巡检新利器：巡检无人机。通过巡检无人机高效、精准的巡检能力，以及搭载多种传感器和检测设备，实现对各类设施和设备的全方位、无死角检测，提高巡检效率和精准定位，并通过机器视觉技术分析，识别、检测设备的运行状态。同时将获取的数据实时反馈给操作人员，以便及时采取措施进行修复或调整。通过红外摄像和图像智能对比分析等智

能分析手段，判断是否漏气、漏水。

通过巡检制度极大地提高了检修人员能动性，通过使用先进的智能装备提高巡检覆盖率。通过巡检和精准分析，设备隐患和故障点被及时发现、快速修复，设备事故率有效降低，减少停气停供事故的发生。

（六）变革业务部门框架，促进生产管理升级

1. 调整生产组织机构

在改革重组战略的引领下，统筹推进管理组织机构优化，确定了"两分一交融"的机构设置框架，将原本分工较为混淆的职责部门分割成供热改善和新能源发展两大板块。供热改善板块下辖工程管理部、运维检修部、生产技术部、供热中心。新能源发展板块下辖新能源部门、光伏电站。其中生产技术部负责处理两大板块中遇到的技术问题。通过组织机构的调整，将公司的主营业务进行划分，使得生产业务的两驾马车齐头并进，促进公司提质增效、做强两大主业，推动各类要素向价值集中，不断提升核心竞争力和盈利能力。

2. 轮岗激发团队活力

组织结构的动态调整被视为促进企业持续成长与创新的关键策略。京能东风采取了一种创新的轮岗管理模式，旨在打破传统的部门界限，实现知识与技能的跨部门流动。这种模式不仅为基层员工提供了宝贵的学习机会，使他们能够全面理解企业的多元职能和专业知识，而且还通过关键业务部门领导层的轮换，促进了组织内部的协调与整合。通过对领导层进行有计划的岗位对调，京能东风不仅优化了管理层的决策视野，还增强了跨部门间的沟通与合作。这种做法有效打破了部门间的信息孤岛，促进了资源共享和协同工作，从而在组织内部激发了深层次的创新活力。这种管理实践不仅提升了企业的运营效率，也为探索更为灵活和适应性强的组织结构提供了实证基础。

三、实施效果

（一）供热管理成本明显下降

通过使用远程控制、无人机巡检、智能调度等先进的技术，极大地降低了人力的成本。56个自管站由原1站至少2人24小时值班值守，调整为无人值守加间断巡检方式，人力资源大幅度降低。

由于采用了智能分析实时精准控制，采暖季网损率由原来的32.65%降低到如今的16.97%。按照2024年200万吨汽量计算减少热量损耗约31.36万吨汽量，折合标准煤约38154.08吨。节能减排成效显著，大大地提高了供热企业的经营效益。为改善城市环境，履行"双碳"目标提供了有力的支撑。

（二）现代化管理效能明显提升

在京能东风的转型之旅中，构建智慧供热管理多环联控体系成为提升管理效能的核心策略。该体系的实施不仅标志着技术革新的步伐，更是企业管理理念现代化的体现。通过这一体系，企业实现了对大型蒸汽管网的全面智能化监控、调度和维护，极大地提升了供热服务的效率和质量。

该体系的核心在于物联网技术的应用，它使得供热系统中的各个节点都能够实时传输运行数据，为智能分析和决策提供了坚实的数据基础。云计算平台的引入进一步强化了数据处理能力，使得管理者能够迅速响应各种供热需求和变化，优化资源配置，而人工智能算法的融入，使得系统能够自动调整供热参数，精确控制供热过程，从而显著降低了能耗和排放。

通过这一多环联控体系，京能东风在人力资源管理上取得了显著成效。原本需要大量人力值守的供热站点，现在可以通过远程控制和智能巡检来维护，大幅减少了人力成本。智能报表的自动化生成，使数据分析和报告的编制效率大幅提升，管理层能够更快地获取关键信息，做出决策。此外，智慧供热管理多环联控体系还显著提升了供热的可靠性和用户满意度。系统能够实时监控供热状态，及时发现并解决问题，确保了供热服务的连续性和稳定性。用户现在可以享受到更加精准和个性化的供

热服务，大大地提高了生活质量。

（三）智慧供热管理多环联控体系国内行业领先

智慧热网平台建立基于全网平衡及"源、网、站、户"联动的TECO（东元电机）工业互联网，采用大数据、云计算、人工智能等先进技术，建设供热信息化、管控精细精准化、调度智能化、无人值守的智慧化平台，形成"热源——一次网—热力站—二次网—用户"五级联动的系统，对供热系统进行数据采集、分析、诊断、优化运行、能耗定额管理、指挥调度，实现"生产系统、管控系统、客服系统、收费系统"的数据互联互通，促进供热系统的精细化节能运行，最大限度地挖掘节能潜力，提高供热管理效率，为对外拓展供热用户提供基础条件。

在建设过程中，公司团队致力于将研究成果转化为知识产权，通过撰写专利、论文、软著，深入探索智慧热网平台的核心技术和创新应用。目前已申请6项发明专利、7项实用新型专利并授权5项，已发表5篇论文，已获得3项软著。这些知识产权成果被多个国内外学术平台收录，并在行业内引起了广泛关注，为智慧热网技术的发展提供了宝贵的理论支持和实际指导。

平台建设成效显著获得集团公司肯定，并在集团内部兄弟公司推广学习，给同行业提供有力参考和借鉴。

四、下一步规划与探讨

京能东风在智慧供热多环联控体系方面的成功实践，为公司未来的发展奠定了坚实的基础。展望未来，京能东风将继续深化技术创新，整合5G、物联网等新兴技术，提升系统的智能化水平和数据安全性。同时，公司将扩大智慧供热系统的覆盖范围，探索与城市其他智能系统的整合，构建综合性智慧城市管理系统。

在环境与能源效率方面，京能东风将持续优化供热过程，减少能源浪费，提高能源利用效率，并探索集成可再生能源的供热解决方案。在用户服务方面，京能东风将提供更加个性化的供热服务，建立完善的用户反馈系统，以用户需求为导向，不断优化服务体验。

安全与可靠性是京能东风始终关注的重点。京能东风将加强系统安全监控，完善应急响应机制，确保系统的稳定运行。在经济性与成本效益方面，京能东风将持续优化成本结构，提高运营效率，进行定期的经济效益分析，以评估和提升智慧供热系统的经济贡献。

遵循政策与法规是京能东风稳健运营的保障。京能东风将密切关注相关政策动向，确保系统升级与政策同步，并参与行业标准的制定。人才培养与团队建设也是京能东风发展的关键，公司将加强员工培训，构建跨学科团队，促进知识共享和创新。

多方合作与交流将进一步拓展京能东风的视野。京能东风将寻求知名科研院所的合作，引入先进技术和管理经验，并通过集团平台分享成功经验，提升自身影响力。最后，京能东风将制定长期的战略规划，明确愿景目标，建立持续创新的企业文化，鼓励员工在日常工作中不断寻求创新和改进，为实现更加绿色、高效、智能的城市供热系统贡献力量。

研究如何推进存量枢纽升级改造，探索高质量发展新路径

创造单位：北京公联交通枢纽建设管理有限公司

主创人：刘念　程金峰

创造人：陈旭　姚珧　颜子谦　戴泽　王京辉　靳猷　施一石　刘栩荧

【摘要】随着我国城市化进程的不断加快，城市已逐渐由粗放式发展转向精明式的发展，也逐步由增量式转为存量式，城市更新成了当今城市发展的必然路径和重要手段。当前的发展模式已不再是一味地追求高速度，而是强调高质量发展。如何优化存量空间的资源配置是存量更新背景下必须思考的问题。

本课题以西苑枢纽和东直门枢纽为例，研究如何推进存量交通枢纽升级改造，通过盘活存量资产有效提升公共服务水平，提高项目收益，实现国有资产保值增值。

【关键词】综合交通枢纽　盘活存量资产　公共服务

一、实施背景

随着城市化发展迈进稳步上升阶段，经济发展进入"新常态"，城市发展由增量发展转入存量规划的阶段，粗放式的发展已经不被认同，城市布局的优化完善和高强度更新才是首都高质量发展的方向。2022年，国务院办公厅发布《国务院办公厅关于进一步盘活存量资产扩大有效投资的意见》（国办发〔2022〕19号），明确提出要统筹盘活存量和改扩建有机结合的项目资产，包括综合交通枢纽改造。因地制宜积极探索交通枢纽地上地下空间综合开发，提升项目收益水平。文件的发布为全国存量交通枢纽未来发展指明了方向。北京公联交通枢纽建设管理有限公司（以下简称枢纽公司）现运营管理8座交通枢纽项目，其中5座枢纽建成运营已十余年之久，存在着设备设施老旧、使用效率下降、智能化水平不高等问题，已无法满足群众多样化、高标准的换乘需求，亟须提升改造。

本项目以西苑枢纽和东直门枢纽为例，研究如何推进存量交通枢纽升级改造，通过盘活存量资产有效提升公共服务水平，提高枢纽的收益，实现国有资产保值增值。

（一）西苑枢纽

《北京城市总体规划（2016年—2035年）》提出了"2＋10＋X"的客运枢纽格局。西苑枢纽定位为"X"所代表的城市内部客运服务枢纽，位于中心城区西北部，地处三山五园核心腹地交通分流圈层，紧邻圆明园遗址公园与中央党校，距离颐和园东宫门、中关村论坛会址不到1千米，是保障三山五园地区国家政务、国际交往、旅游组织，服务海淀山前山后城市生活、交通出行的关键交通节点。西苑枢纽建成多年，随着三山五园地区整体保护规划、海淀区北部规划和周边街区控规的落地实施，枢纽现状功能布局和配套设施已无法满足区域需求，未来随着周边文旅产业的发展，枢纽接驳量将会显著增加，急需优化提升交通枢纽功能，实现快速集散和高效换乘。

（二）东直门枢纽

东直门枢纽是北京的城市门户节点，是展示国家首都形象的重要窗口地区，位于东城区东直门街道。2021年9月3日，原北京市委书记蔡奇到东城区东直门交通枢纽调研提出：东直门枢纽项目作为东城区东北部最大体量的新建经济体，是承接西城、朝阳金融产业外溢的桥头堡，是全区产业增量发展的重要战略空间，加快推进项目是落实市委要求的一项重要举措。目前东城区致力于将东直门枢纽及周边地区打造成为东城区经济高质量发展的新亮点。

二、实施目的

(一) 研究目的

存量枢纽的升级改造，不仅关系到枢纽公司所运营的枢纽本身的运营效率和服务水平提升，更关系到区域经济的整体发展、城市功能的优化及居民生活质量的改善。

一是优化城市空间布局。北京市城市空间布局正在不断优化，存量枢纽的升级改造有助于实现这一目标。通过改造升级，可以优化枢纽周边的交通网络、商业布局和公共服务设施，提高土地利用效率，缓解城市拥堵问题，提升城市整体功能和品质。

二是满足居民生活需求。随着居民生活水平的提高，对交通、商业、文化等公共服务设施的需求也日益多样化。存量枢纽的升级改造可以更好地满足居民的生活需求，提供更加便捷、高效、舒适的公共服务设施，提升居民的生活品质和幸福感。

三是推动产业升级和转型。存量枢纽的升级改造往往伴随着周边产业的转型升级。通过引入新兴产业和高端服务业，推动传统产业改造升级，可以形成新的经济增长点，推动北京市产业结构的优化和升级。

四是实现可持续发展目标。在现有可经营配套服务面积紧缺的背景下，更加关注对存量资源的利用。通过深入研究存量枢纽的升级改造路径，可以探索出更加符合时代要求和城市发展实际的高质量发展模式。

(二) 研究思路

1. 确定研究目标

查找分析各枢纽站存在的共性、紧迫性、突出性的问题并进行专题研究，依托区发展改革委重大项目谋划工作的支持和北京市城市更新行动计划要求，选择并确定以西苑枢纽和东直门枢纽为例，深入研究如何推进存量枢纽升级改造，探索高质量发展新路径的课题方向。

2. 制定研究路线

本次课题研究按照"确定选题－明确思路－开展调研－问题剖析－撰写报告"的技术路线进行，有针对性地开展课题研究工作。

3. 开展具体研究工作

制订具体的研究计划，做好各部门的组织协调工作，组织业内相关专家，共同开展好课题研究工作。

4. 撰写研究报告

根据现有资料，结合调研过程中发现的问题和实施提升改造的鼓励政策背景，编写课题研究报告，形成初步研究成果。

(三) 研究方法

采用资料梳理、实地调研、集中座谈、专家咨询等方式深入开展调研工作，更加全面地了解和分析相关交通枢纽的实际运营情况、提升改造基础条件及存在的问题。

1. 资料收集与数据填报

调研工作开展前通过资料收集与数据填报，向运营一中心、东直门枢纽站、西苑枢纽站运营部室等收集相关资料。

2. 实地调研

通过询问、核对、勘查、检查等方法对西苑枢纽进行现场踏勘，获取课题研究需要的基础资料。调研结束后对调研记录进行整理与分析。

3. 座谈会

从东直门枢纽、西苑枢纽建设运营相关方中确定座谈对象，包括枢纽管理人员、业务人员，以及参与项目前期立项、设计、建设、管理的相关人员。根据调查的内容范围和主要问题，设计调研提纲并开展访谈，访谈内容通常为开放式提问，问题一般简明扼要、具体直接。

4. 数据统计分析

将资料梳理及现场调研收集的信息进行分类整理。采用定性与定量相结合的方法，将历史数据和现状数据对比、同类枢纽数据对比，发现枢纽的共性集中问题和特异性问题并进行有效分析，采取有针对性的普适化、个性化措施。

三、实施过程

（一）项目现状

1. 东直门枢纽

东直门枢纽位于东直门立交桥东北角，是实现北京地铁2号线、13号线、机场快轨线与城市公交多线换乘的综合枢纽站点。东直门枢纽内现有进站公交线路14条，接驳轨道交通线路3条。2023年4月平均客流12万人次，日最高峰客流17万人次，历史最高峰客流35万人次。

目前现有的14条公交线路分布在场站南北站台区域便捷乘客集中换乘，其中枢纽大厅南区站台集中为市区换乘线路，共计8条（401路、132路、404路、416路、107路、418路、3路、106路），枢纽大厅北区站台为集中市郊换乘线路，共计6条（916快、918路、852路、852大站快、980路、980快），年总发车量100万辆次，是市郊（顺义、怀柔、密云、平谷）公路客运的始发站；与轨道交通2号线、13号线、首都机场线接驳，多种交通方式的立体换乘，充分满足北京城区与顺义、怀柔、平谷、密云等郊区的城市交通换乘需求。

2. 西苑枢纽

西苑枢纽地处"三山五园"的中心，是连接中心城与海淀山后地区的重要客运交通节点，主要功能：公交换乘、公交线路中转、公交驻车与能源补给、三山五园旅游配套、重点时期安全保障。总占地面积14.3万平方米，建设用地8.7万平方米，代征地5.6万平方米，总建筑面积18067平方米。2009年2月，北京市公联公路联络线有限责任公司获得"一亩园公交枢纽站（二期）"（京政地〔2008〕13号）用地批复，批复土地性质为国有划拨用地，用途为市政公用设施用地。以万泉河桥为界，南地块主要为枢纽主体建筑及地铁4号线、16号线西苑站；北地块主要为公交停车场和枢纽应急指挥中心。

目前，枢纽日均客流2.2万人次，进驻公交线路8条，周边过境线路19条，公交夜间驻车110辆左右，与轨道交通4号线、16号线接驳。

（二）调研过程

带领工作组分别于2023年6月6日、6月20日、9月10日前往西苑枢纽站、东直门枢纽站，深入一线了解枢纽具体情况。此次调研，枢纽公司组织第三方专业机构北咨公司、北建院共同参与，结合市领导调研提出的工作要求和重要指示，以及海淀区发展改革委重大项目谋划工作背景，为西苑枢纽、东直门枢纽如何提升改造建言献策。现场调研后，召开集中座谈会，枢纽公司、运营中心、北咨公司、北建院分别就主要调研内容展开讨论，提出想法和建议。

（三）枢纽存在的问题分析

1. 站内设备设施老旧，日常维修无法满足运营需要

西苑枢纽和东直门枢纽自建成运营至今，日常运营维护除规范标准所强制要求的维修保养问题外，从未系统性开展建筑、设备设施大中修及更新改造工作，受制于老枢纽建设年代的技术条件，其部分设施功能已无法满足目前新的法规与公众服务标准。调研中发现，枢纽站内空调系统、消防系统、配电系统的部分功能都已经达到使用寿命，且经过多次维修仍无法恢复其功能，不利于保障站内安全，急需更新重置。

2. 枢纽交通组织有待优化

随着区域经济高速发展,枢纽周边规划更加科学化、人性化,而西苑枢纽、东直门枢纽等早期建成枢纽的规划、交通组织仍维持多年前的流线设计,使得乘客、周边居民、过境车辆出行效率降低。尤其是东直门枢纽定位为"城市客运＋航空服务"综合性交通枢纽,轨道换乘流线复杂曲折,内部仍承载6条市域公交线路运营,公交进出与外部车辆流线交织严重,影响区域交通运行效率,与城市枢纽门户定位不相匹配。根据核心区控规的要求,有必要调整优化东直门枢纽的集散功能,疏解外迁保养维修、近远郊区县联络功能,枢纽交通功能面临重大调整。

西苑枢纽西邻圆明园西路,南与颐和园路相邻,用地内有城市快速路(万泉河路高架桥)自东南向西北纵贯枢纽。枢纽内部原规划三个到发区域,分别承接经由万泉河路前往市区、经由颐和园路前往市区,以及前往北部地区的线路;外部规划一条连通枢纽主体与万泉河路的匝道。枢纽现状只包括两个到发区域的建设,预留连接万泉河路的匝道,导致由万泉河路方向到达枢纽的公交线路的绕行距离增加。枢纽到发功能外溢,进驻枢纽的线路在场站外部进行落客,造成与过境公交流线交织、与地铁换乘距离增大、颐和园路车辆停放混乱及道路负担增加等问题。轨道交通4号线、16号线换乘通道与枢纽衔接,与枢纽非机动车路线换乘距离较长、路线复杂且导向标识不清晰。首层机动车落客区及地库出入口与场地外围交通关系引导性较弱,交通组织有待优化。

3. 站内配套及商业设施较少且业态品质较低,便利性和舒适性不足

东直门商圈已初具规模,但低端商业餐饮、零售业态占比超80%,区域南北设施连通不便,枢纽内部配套服务设施不足10%,业态品质较低,商圈综合竞争力有待进一步提升。在国家实施扩大内需战略背景下,东直门区域作为84个地区活力消费圈之一和东城区五大商圈之一,发展潜力巨大,消费客群涵盖高净值商务人士、使馆区驻京人员和高品质家庭等高收入客群,枢纽日均客流量超20万人次,对于东直门商圈打造站城融合商业新标杆具有一定的带动作用。

西苑枢纽规划建设较早,既有枢纽建筑缺乏便民服务设施,早期未规划设计该部分,长期以来,便民设施不足,导致乘客换乘的便利性和舒适性较差。同近期建成枢纽如天通苑北、清河站相比,西苑枢纽站内缺少综合信息提示屏、智能化导行牌、便民服务站、母婴室及餐饮服务等;此外,枢纽候车大厅为敞开式,受天气因素影响较大,相比封闭式换乘站及地铁全地下式候车环境,乘客体验感较差。

4. 西苑枢纽站内线路与地铁站点重合度高,换乘客流下降

早期建设西苑枢纽意在承接北京市西北部地区与市区、铁路线等重要站点的接驳和换乘,弥补轨道交通无法覆盖的空缺区域,多年来为海淀西北部、昌平南部居民及旅游客群提供了极大的便利。但随着北京轨道交通的高速发展,地铁线路密集建设,先后建成4号线、16号线,提高群众出行效率的同时也对枢纽换乘客流产生了影响。经调研,西苑枢纽站多条公交线路站点与地铁站点高度重合,如129路、671路、特19路等,这就导致了乘客选择在西苑枢纽换乘公交的意愿大幅降低,2021年客流人次较建设初期下降52.57%(见表1)。

表1 西苑交通枢纽站2012—2021年客流量统计

年度	2012年	2013年	2014年	2015年	2016年
客流量/万人次	1618.40	1790.83	1736.75	1385.12	1373.40
增长率		10.65%	7.31%	-14.41%	-15.14%
年度	2017年	2018年	2019年	2020年	2021年
客流量/万人次	1845.16	1408.27	1220.65	511.21	767.68
增长率	14.01%	-12.98%	-24.58%	-68.41%	-52.57%

5.西苑站内闲置面积过多,利用效率较低

西苑枢纽规划占地面积14.3万平方米,是8座交通枢纽中规模体量最大的一个,容积率仅为0.13,用地强度较低;规划公交停车占地面积为4.17万平方米,占总用地面积29%。经调研,枢纽站内地上地下空间利用不足,地上多块土地、绿地闲置待用,地下空间充足。从需求端来看,随着区域经济发展、枢纽功能丰富及人员结构优化等情况,西苑枢纽站面临着办公用房面积不足、周边停车需求强烈,以及环境有待提升整治等问题,应充分利用现有闲置空地进行升级改造,有效盘活存量资产,使其发挥更大的效益。

(四)枢纽需求分析情况

1.西苑枢纽

(1)枢纽交通功能及配套服务需求。项目对周边工作或居住的人群、旅游客群、旅游大巴车司机等人群的枢纽换乘功能需求、客车停放、配套设施需求等进行调研并进行了需求分析,具体情况如图1—图4、表2所示。

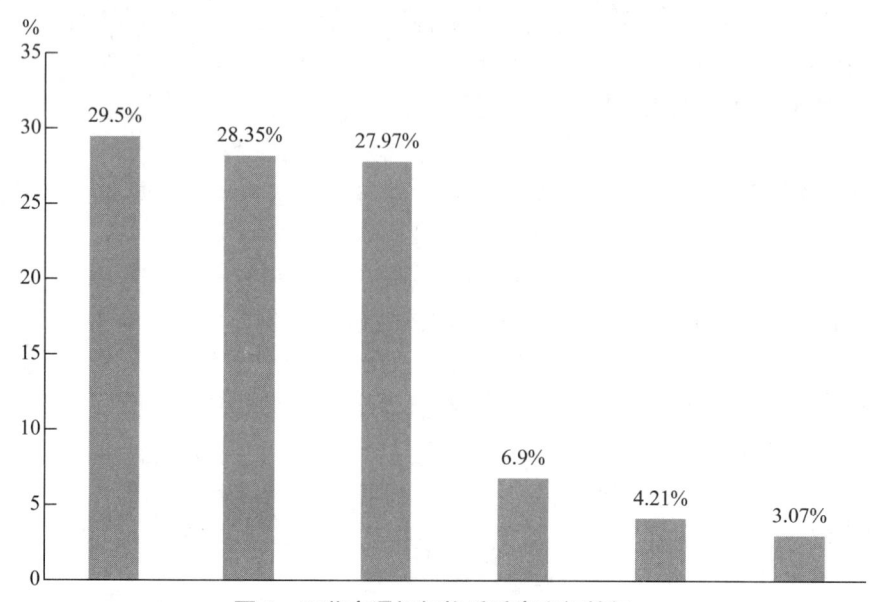

图1 西苑交通枢纽换乘乘客出行特征

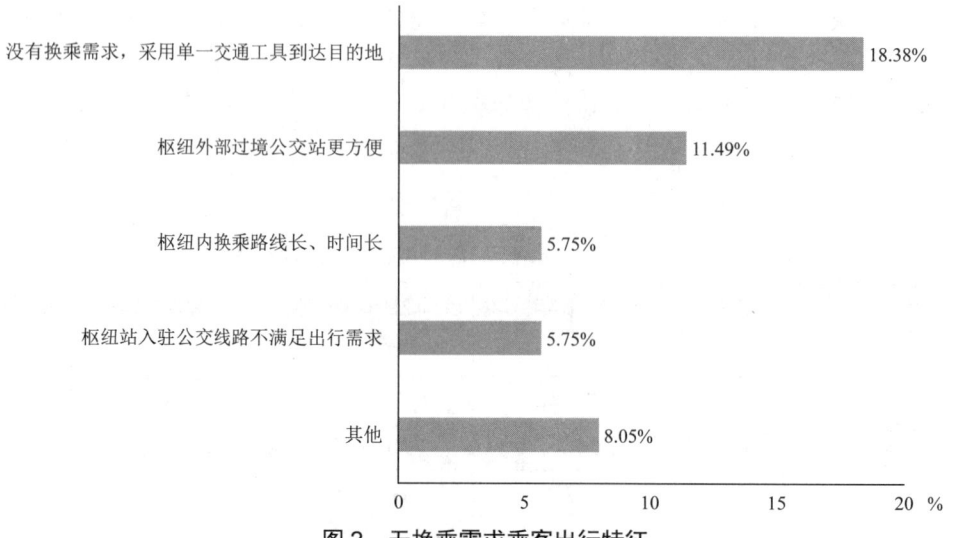

图2 无换乘需求乘客出行特征

不同交通方式选择的入口

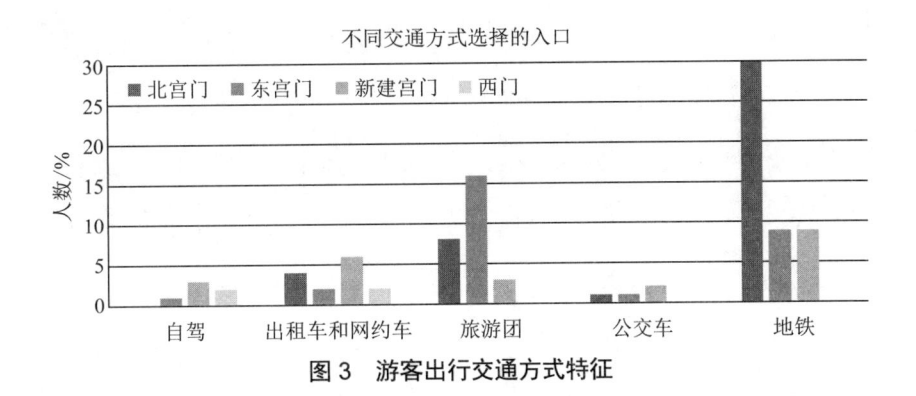

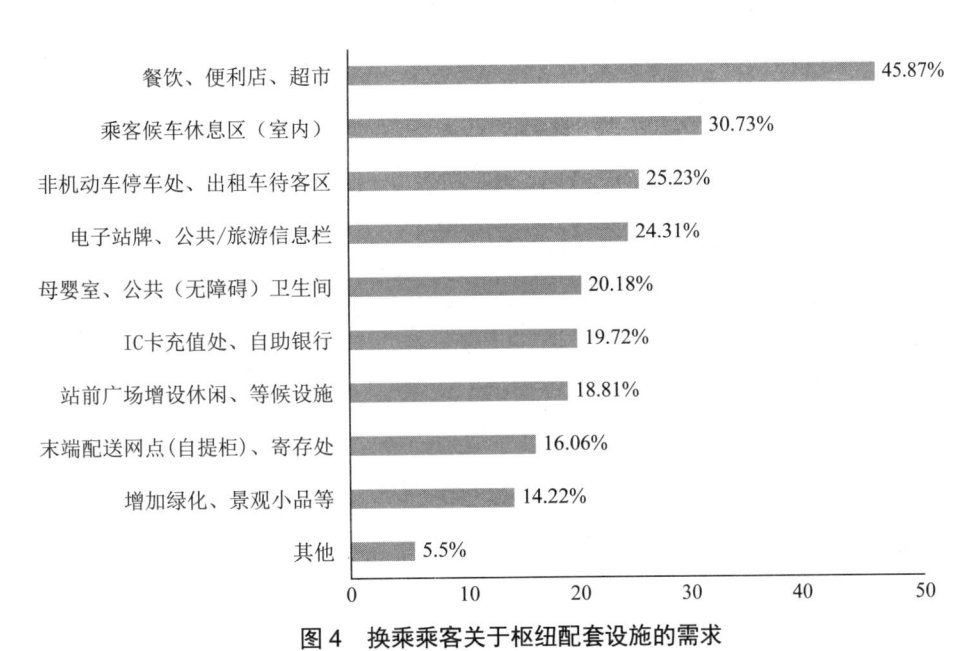

图3 游客出行交通方式特征

图4 换乘乘客关于枢纽配套设施的需求

- 餐饮、便利店、超市 45.87%
- 乘客候车休息区（室内） 30.73%
- 非机动车停车处、出租车待客区 25.23%
- 电子站牌、公共/旅游信息栏 24.31%
- 母婴室、公共（无障碍）卫生间 20.18%
- IC卡充值处、自助银行 19.72%
- 站前广场增设休闲、等候设施 18.81%
- 末端配送网点(自提柜)、寄存处 16.06%
- 增加绿化、景观小品等 14.22%
- 其他 5.5%

表2 不同时段旅游大巴停放情况

位置	入园宫门	选择情况	现状问题
新建宫门路侧	新建宫门	极低（<10%）-开车距离较远	
二龙闸路路侧	东宫门	较低（<20%）-游客步行距离长	
二龙闸路与昆明湖东路交叉口	东宫门	极多（>50%）-距离东宫门近，游客步行距离短	二龙闸路车道较少，在此上下客极容易造成拥堵且安全性较差
新建宫门6号、7号停车场	新建宫门	较低（<20%）-停车价格高，多为一日游游客	游客需过马路，有安全隐患，并且有随意闯红灯的现象，导致拥堵加剧

（2）枢纽商业业态分析。通过对北京市商业市场、西苑周边市场进行调研（如区域人口情况、周边旅游客群、区域商业业态等），合理地对西苑枢纽商业设施面积进行估算分析，情况如图5—图8所示。

区域内人口月收入情况

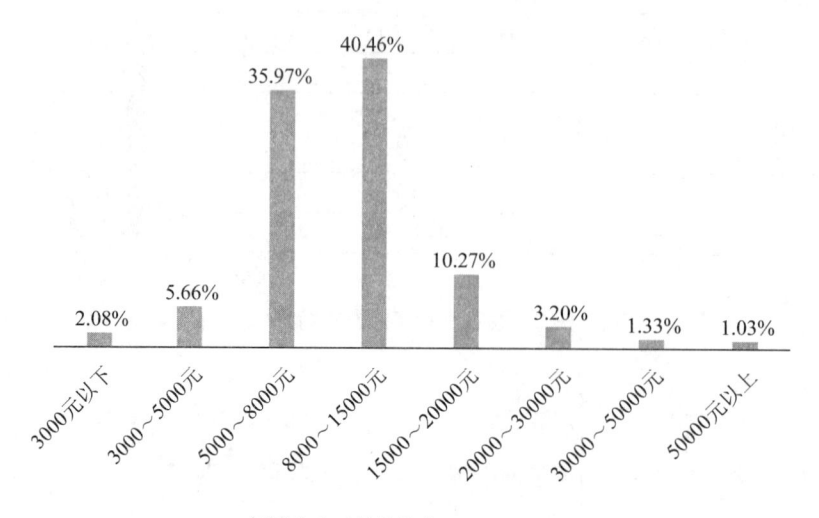

- 3000元以下: 2.08%
- 3000~5000元: 5.66%
- 5000~8000元: 35.97%
- 8000~15000元: 40.46%
- 15000~20000元: 10.27%
- 20000~30000元: 3.20%
- 30000~50000元: 1.33%
- 50000元以上: 1.03%

区域内人口行业构成

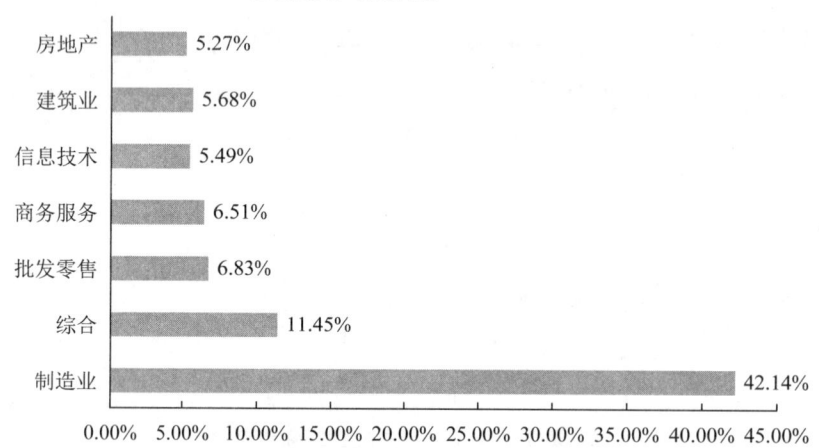

- 房地产: 5.27%
- 建筑业: 5.68%
- 信息技术: 5.49%
- 商务服务: 6.51%
- 批发零售: 6.83%
- 综合: 11.45%
- 制造业: 42.14%

图5 西苑地区人口月收入及行业构成

区域旅游游乐项目数量分布（个）

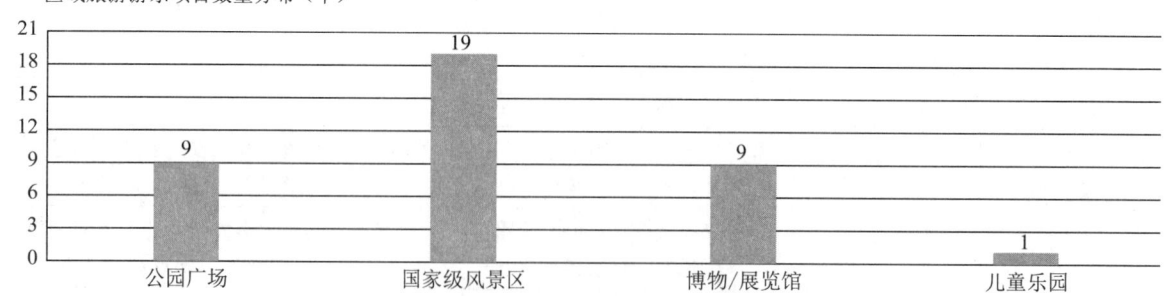

- 公园广场: 9
- 国家级风景区: 19
- 博物/展览馆: 9
- 儿童乐园: 1

图6 西苑地区旅游景点分布情况

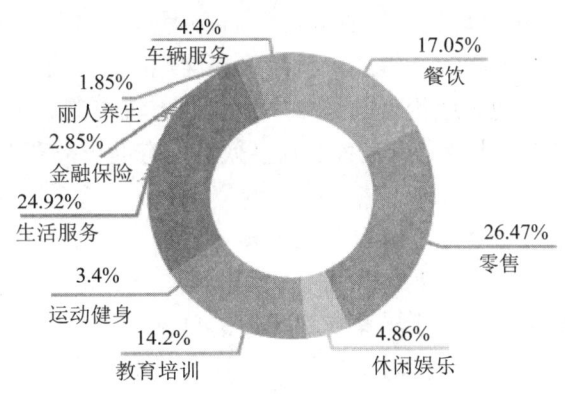

图7 西苑周边商业业态布局情况

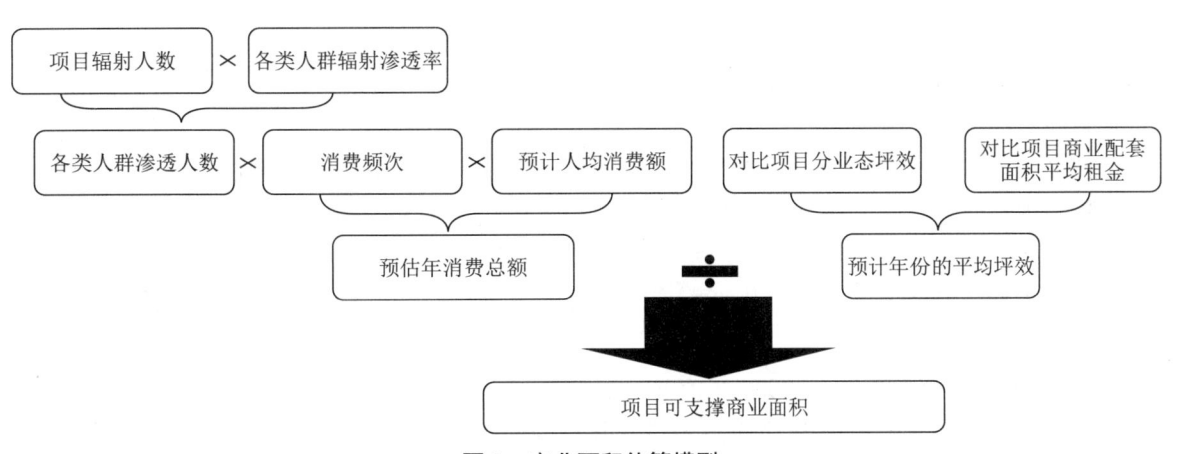

图8 商业面积估算模型

2. 东直门枢纽

东直门枢纽对其周边地区重点区域进行基础评估并启动居民问卷调查工作，受访人群最认可和满意的内容分别是：文化底蕴深厚、邻里关系融洽和公共服务便捷；最关心、最需改善的内容分别是：居住空间环境、交通出行停车、文化遗产保护、公共服务设施、绿化公共空间。

据统计，东直门街道人口老龄化严重（占比26%），适老设施、生活性服务业设施存在短板。本项目处于更新发展地区，不同居住形态风貌差异较大，有待协调。

另外，东直门交通枢纽地块金融商务规模仅14万平方米，与各国际金融中心存在较大差距。

四、实施方案

（一）枢纽改造必要性

结合上位规划及区域定位，西苑枢纽和东直门枢纽进行整体升级改造具有较强的必要性。

1. 西苑枢纽

一是立足交通服务功能。项目建设是做好"三山五园"交通配套的有力支撑，需要整体提升枢纽内部用地的充分利用，改善换乘接驳设施一体化建设水平，增设微循环的公交线路。二是响应北京市城市更新政策。项目建设是落实专项规划的具体行动，通过此次升级改造，进一步落实北京市城市更新政策，也将最大限度地提升西苑枢纽的公共服务效率，实现枢纽高质量发展。三是聚焦"七有""五性"要求。项目建设是提升民生"三感"的迫切需要，随着西苑枢纽及周边环境提升改造工程的推进与实施，将助力区域完善相关配套服务，改善人居环境，增强周边居民的获得感、幸福感、安全感。

四是激发区域消费活力。项目建设是促进旅游人群及居民消费的重要抓手，本项目谋划阶段提出以"文化、旅游、商服带枢纽"的升级改造模式，将最大限度地融合枢纽换乘与城市功能。五是优化完善功能配套。项目建设是提升周边土地价值的必要举措，城市轨道交通作为大运量、速度快、安全、准点、绿色低碳的公共交通方式，本身具有较大的社会效益，有助于提升沿线及站点周边土地价值。

2. 东直门枢纽

一是东直门交通枢纽城市综合体在北京首都功能核心区内，紧邻二环路文化景观环线，对首都政务环境、二环空间秩序与城市格局具有重要作用；二是枢纽属于机场高速核心区尽端，机场快轨18分钟直达东直门站，是城市门户节点，展示国家首都形象的重要窗口地区，对支撑首都国际交往中心具有重要作用；三是东直门交通枢纽城市综合体位于东二环金融商务集聚发展带、中关村东城园、东直门特色商圈内，是全区产业增量发展的重要战略空间，对东城区产业发展具有重要作用；四是项目的建设有利于区域"首善国际金融城，枢纽门户新起点"定位的打造，对推动东直门枢纽项目发挥东城区经济亮点、促进商圈发展、城市风貌营造、人居环境提升有重要的作用。

（二）西苑枢纽项目建设内容及方案

1. 项目建设内容

（1）西苑枢纽提升改造工程。①近期方案。西苑交通枢纽提升改造后总建筑面积24686平方米，以改造工程为主，部分新建工程及室外工程（绿化、铺装等），具体分项工程指标：枢纽南地块建筑规模20837平方米，包括公交及枢纽办公用房、候车站台、配套服务设施等；枢纽北地块建筑规模3849平方米，包括枢纽应急指挥中心、大巴车配套设施及充电桩等。②远期方案。西苑交通枢纽提升改造后总建筑面积28156平方米，以改造工程为主，部分新建工程及室外工程（绿化、铺装等），具体分项工程指标：枢纽南地块建筑规模20837平方米，包括公安办公用房、候车站台、配套服务设施、商业经营设施等；枢纽北地块建筑规模7319平方米，包括公交办公用房、枢纽应急指挥中心、大巴车配套设施及充电桩等。

（2）枢纽内部道路改造。优化西苑枢纽公交进出路径，减少枢纽循环对市政路的占用。新建枢纽内道路，在节点处增加出入口，原在西苑桥左转的公交车可以直接在新出入口进出。新增出入口仅支持公交车左转，不影响原交通组织。周边颐和园路等几条市政道路改造及交通组织优化。颐和园路枢纽围墙形象提升及环境优化，结合景观建设打造青砖灰瓦的小微城市街道空间。

2. 项目建设方案

（1）近期方案：枢纽提升改造工程。项目近期方案如图9所示。

具体来说，近期方案包括：①枢纽主体建筑改造方案。通过改造一层平面，提升枢纽服务水平。既有枢纽建筑候车站台加建围护结构，以玻璃隔断为主，封闭站台为室内空间，为乘客提供优良的候车环境。同时增设补足功能，提升旅客出行服务水平。②应急指挥中心改造方案。落实枢纽应急指挥中心管理需求，设置3279平方米枢纽业务用房。既有建筑共计2223平方米，拟新扩建筑共计1056平方米。③枢纽停车设施。本项目改造配建公交停车位、旅游大巴停车位、应急社会停车场。④枢纽配套服务设施。考虑区域旅游客群，充分利用枢纽交通便捷优势，建议枢纽增加旅游集散服务台，包括寄存服务、旅游咨询服务、组团及购票服务、文创纪念品售卖服务、特产产品售卖服务；考虑枢纽换乘客群和区域客群，可在枢纽内增加便利店、水饮、轻简餐饮、快递驿站等业态；考虑增加物流中转服务、送菜仓储服务等。

（2）远期方案：枢纽提升改造工程。远期方案充分考虑西苑枢纽南北地块功能分区，以万泉河桥为分界，南地块主要以增加商业功能为主，沿颐和园路打造集旅游、文创、休闲、娱乐为一体的商业店铺，充分利用旅游带来的商业价值，同时也为该区域居民、乘客补充具有一定品质的便民服务场所；北地块重新规划布置公交车停放、旅游大巴停放区域及相应配套用房等，提高土地利用效率，整体提升场站内环境品质。

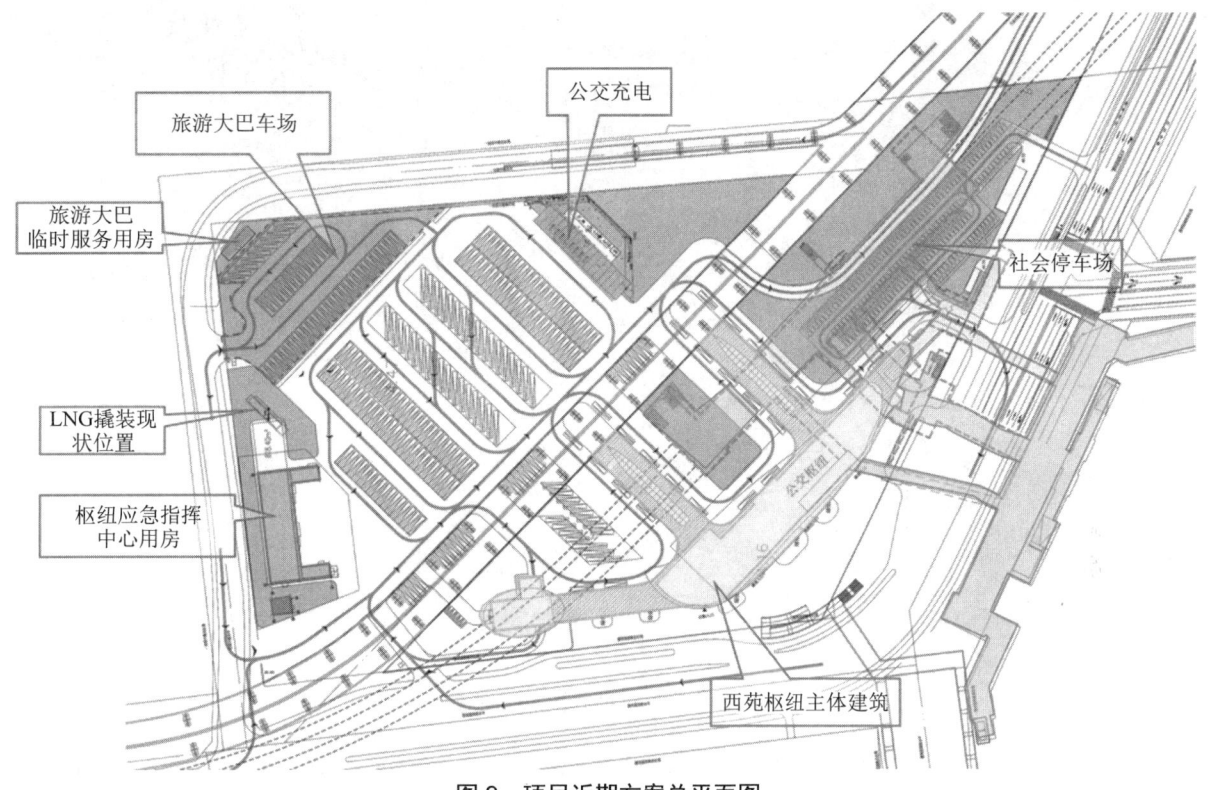

图9 项目近期方案总平面图

项目远期方案如图10所示。

具体来说，远期方案包括：①枢纽主体建筑改造方案。考虑到西苑枢纽地下布有地铁4号线和16号线，为尽量避让在运营的16号线轨道交通站，以保证西苑枢纽改造不会对其产生安全性影响，同时考虑到该区域的用地限高情况，最终确定基于现有枢纽进行商业改造。②应急指挥中心改造方案。枢纽应急指挥中心方案同上述近期方案布置一致。③北地块公交配套用房方案。该方案下考虑公交配套用房整体挪到项目北侧地块，新建办公用房约3350平方米，其中首层面积约610平方米，二层面积约2740平方米。④配套停车设施。配套停车设施方案同上述近期方案布置一致。⑤枢纽内部道路改造工程。新增枢纽南侧出入口、枢纽北侧公交匝道，实施枢纽周边市政道路提升改造工程。⑥枢纽外部颐和园路环境提升改造工程。主要从社区临街商业街、街角空间节点、轨道交通站、商业空间、绿地空间、高架桥下空间及道路景观提升等方面进行综合改造。

（三）东直门交通枢纽项目建设内容及方案

1. 项目建设内容

基于东直门交通枢纽亟须开展内部改造提升的诉求，统筹考虑东直门区域发展中存在的各项问题，初步形成以片区式城市更新为引领，以周边公共空间为配套，重点突出交通枢纽与城市功能融合理念的整体工作思路。建议以枢纽为核心，在枢纽内部改造提升的同时，带动周边800米范围（一期以东二环东侧区域为主）提质更新，构建形成"一核、一轴、两片"的总体布局，激发片区活力，促进东直门区域一体化提升。

一核：以东直门交通枢纽为核心，集聚区域功能要素，引领区域发展。

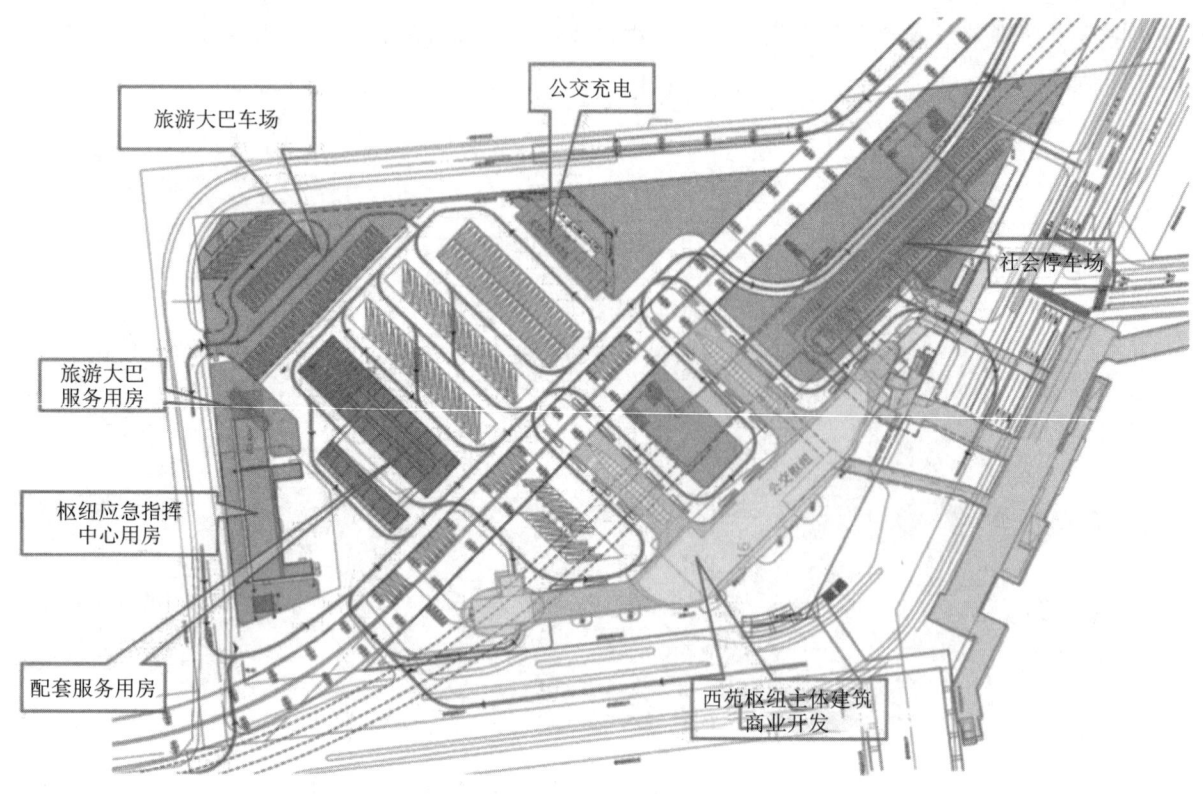

图10　项目远期方案总平面图

一轴：以空中连廊为轴带，串联南北地块的商业、交通、办公和休闲功能，带动南北地块一体发展。

两片：以枢纽北侧公共空间和枢纽周边线性公共空间两个片区城市更新为支撑，补充周边区域公共服务设施，激活东直门区域发展活力，重塑城市功能。

2. 项目建设方案

（1）一核——枢纽内部改造提升。项目用地范围东至东直门外斜街，西至东二环，南至东直门外大街，北至香河园路。项目紧邻信达广场城市综合体及京投快轨大厦，交通枢纽部分用地约3公顷，建筑面积7.8万平方米，是一座集航空、轨道、公交及小汽车等交通方式于一体的现代化综合交通枢纽工程。枢纽内部目前存在交通流线混乱、枢纽功能不满足使用需求、配套服务设施不足、环境品质低、外立面枢纽形象较差及设备设施老旧等问题，影响枢纽出行体验和整体形象展示，亟须对枢纽进行改造提升。

项目建设内容包括：一是交通枢纽功能提升，包含配合公交线路外迁计划对枢纽规模和布局进行优化调整、公交场站和集散大厅功能及环境提升、补充枢纽接驳与公共服务、完善综合配套服务设施等；二是航空功能优化提升，包含值机厅、行李托运及民航弱电系统等航空工艺、航空服务楼优化升级等；三是轨道交通优化，包含M2、M13和机场线换乘通道优化，M28远期换乘条件预留等。考虑到项目实施成熟度和紧迫性，先行启动交通枢纽功能提升部分，同步加快研究航空功能优化提升和轨道交通优化工作。

通过枢纽内部改造提升项目，将提高枢纽接驳换乘服务水平，增补公共服务设施，加快站点与周边区域的一体化融合发展，有力助推首都国际交往中心建设。

（2）一轴——空中连廊。目前，区域内南北过街主要依靠地下通道及地面绕行过街，过街体验较差，考虑到区域现状对内出行步行比例高达 81.9%，随着枢纽及东直门外大街南侧商业楼宇的改造升级，周边产业业态将实现升级优化，空间连通需求增强，区域交通出行总量及南北地块过街需求将进一步增加，急需解决南北过街问题，强化地块联系，激发区域整体活力。

项目建设内容包括：一是跨越东直门外大街的南连廊，通过方案比选，初步考虑将连廊北侧接入交通枢纽二层，南侧接入银座三层，总长度约 138 米，设计通行能力 7200 人/小时；二是跨越香河园南街的北连廊，初步考虑以架设连桥（长度约 50 米）或采用"地面过街＋垂直交通"方式连接屋顶公园和体育公园。

（3）两片——枢纽北侧公共空间＋枢纽周边线性公共空间。一是枢纽北侧公共空间。项目北邻亮马河公园，东临东外斜街，南邻香河园南街，西邻香河园路，规划用地性质为绿地、广场及室外公共体育用地。现状用地约 1.79 公顷，场地拆分为两部分，一部分为公交场地，停放约 40 辆公交车，另一部分为环卫服务中心，停放约 140～160 辆环卫车。目前，地块及周边区域存在公共配套设施缺乏、绿化开放空间不足等问题，亟须对该地块进行功能再明确和整体改造提升。通过枢纽北侧公共空间项目建设，将加强区域与自然衔接，塑造全龄共享的户外活动社交场所，同时解决环卫车辆停放问题，改善市容市貌。二是枢纽周边线性公共空间。项目涉及 7 条街巷和 2 个小微空间，存在道路空间有限、停车矛盾突出、绿化空间封闭、步道空间不连续、空间舒适度差、缺少交往互动空间等问题，极大地影响了周边企事业单位和居民日常生活工作的便利性、安全性和幸福感，亟待进行综合提升，以匹配区域功能定位。通过枢纽周边线性公共空间改造提升项目，将改善周边交通状况，疏通背街小巷当前的无序和拥挤问题，加强街区联系，打造宜居的高品质生活空间。

五、主要创新点

1. 积极利用市级资金谋划和实施项目，改造枢纽及周边环境

枢纽公司积极对接市区相关委办局，如在 2023 年对接海淀区发展改革委，成功申请到 2023 年重大投资项目谋划经费 70 万元，谋划形成西苑枢纽及周边一体化升级改造方案，对西苑枢纽及周边的问题及需求、可改造提升方案进行了系统梳理，并成功通过市区发展改革委等部门验收。

2. 积极谋划一体化改造项目，以枢纽为核心带动周边发展

西苑枢纽通过对枢纽周边现状问题的挖掘，分析出该区域交通组织有待优化，通过项目谋划，联合交通委等相关部门，对枢纽内部道路及周边市政道路提出了提升改造的方案。通过新增出入口、补充公交匝道、实现双车道通行等方式对周边交通组织进行调整。东直门交通枢纽，针对东直门枢纽周边的改造提升，延伸至周边老旧小区的改造工程，建设内容涉及周边小区的楼本体、第五立面，室外公共区域等的改造，将完善社区功能和配套，提升东直门区域整体环境，将东直门枢纽及周边打造成"首善国际金融城，枢纽门户新起点"，推动区域成为东城区经济亮点、城市风貌亮点。

3. 着眼长远、积极谋划，带动枢纽公司工作的高效开展

枢纽公司在保证枢纽运营质量和安全的基础上，未雨绸缪、积极谋划，从枢纽公司服务质量提升及长效运营安全考虑，针对枢纽设施破旧、系统老化等问题进行系统梳理，形成改造建议和改造内容，并形成具体项目，可供相关部门研究，从而通过积极项目带动运营质量和效益的提升，带动枢纽公司工作的高效开展。

此次优化升级通过建立跨部门协作机制，实现资源共享和信息互通，增强团队协作和整体效率。通过引入灵活用工模式，合理优化人力资源配置，实现降本增效。

六、实施效果

1. 西苑枢纽

枢纽公司以西苑枢纽改造提升为主要内容，已成功申请到 2023 年海淀区发展改革委重大投资项目

谋划经费70万元，委托第三方专业机构谋划形成西苑枢纽及周边一体化升级改造项目，项目成果得到了北京市规划和自然资源委员会、海淀区等相关领导的高度认可，经过多次调度，在领导多轮提出要求并肯定工作后，形成了最终的项目成果。目前成果涉及的部分项目（如颐和园路改造提升）已纳入海淀区近期推进项目名单。

2. 东直门枢纽

枢纽公司会同东直门街道，以枢纽为中心，梳理形成"东直门枢纽改造及周边一体化提升项目"，多次向东城区领导进行汇报，迎接市领导调研工作。目前已确定该项目改造以枢纽公司牵头统筹整体改造，相关工作正在顺利进行。同时枢纽公司积极配合东直门街道向市区相关部门申请资金，用于该片区改造，项目已争取2023年、2024年市级疏整促专项资金支持，申请重点区域专项经费共7757万元，用于东直门文化广场空间的改造工程和周边市政交通路网、慢行空间进行整体提升。项目的逐步实施，将极大地改善东直门枢纽内外部环境，提升枢纽来往旅客、周边居民的体验，在促进枢纽成为东城区经济亮点、东直门商圈形成中发挥重要作用。

本项目在改造后将通过合理配置岗位，优化岗位设置，确保人力资源配置更加合理，提高员工的工作效率和专业水平。通过引进具有专业知识和技能的人才，特别是在交通枢纽管理、城市规划和公共服务领域，增强团队的整体实力。通过团队建设活动，增强员工之间的合作意识和团队精神，提高团队的凝聚力和战斗力。

七、下一步规划与探讨

一是建议加强高位统筹，通过与市级领导、市级相关部门的积极沟通，从顶层设计层面重视交通枢纽未来高质量转型发展。市级部门对于存量交通枢纽如何转型发展尚未形成明确的系统的思路和路径，通过此次专题研究及东直门枢纽、西苑枢纽重大项目谋划工作契机，加强与北京市发展改革委、市规划自然资源委、市财政局、市交通委的沟通，进一步争取市级部门对存量枢纽发展的支持和统筹。

二是针对存量枢纽设施破旧、系统老化等共性问题应进一步加大工作力度，落实好现有大中修及更新改造工作机制，按计划分批次推进各枢纽更新改造，同步建立起内部制度和维修标准。此次调研的东直门枢纽、西苑枢纽设备设施老化问题比较突出，为保障枢纽运营安全、服务高效、环境舒适，设备设施大中修及更新改造工作刻不容缓，下一步按照行业主管部门及枢纽公司要求落实好具体工程实施工作，大力推进大中修及更新改造事项，形成系统化、标准化的工作机制。此外，针对其他存量枢纽的大中修及更新改造问题，枢纽公司将进一步编制年度维修计划、中长期维修计划，确保各枢纽能够按期进行更新改造，保障枢纽平稳高效运行。

三是牢牢抓住北京市发展改革委、海淀区发展改革委重大项目谋划支持和北京市城市更新行动计划等政策机遇期，系统性梳理分析存量枢纽提升改造的必要性和可实施性，做好项目谋划储备工作。自2022年起北京市发展改革委组织发起重大项目谋划工作，鼓励各单位积极谋划论证近远期可能实施的项目，枢纽公司将积极争取各区谋划机会梳理存量枢纽提升改造的必要性，从优化提升交通组织和换乘功能、增加配套服务设施、配合街道进行环境整治、整合资源探索复合型功能开发等方面展开谋划，实现存量枢纽高质量转型发展。

四是加强枢纽运营机制理论研究，结合北京城市发展的不同阶段，分析不同区域枢纽客流、设施布设变化情况，做好阶段性、动态性分析并适时调整，有利于枢纽的高效运营。枢纽客流的变化与区域规划、社会经济发展息息相关，从枢纽一线运营层面来看，实际客流会随着城市发展与规划客流发生一定偏差，有必要对各枢纽客流、乘客需求的变化进行定期分析，运用大数据分析、信息系统监测等手段，加强枢纽运营理论机制研究，促进未来交通枢纽高效高质量运营发展。

Mr.Car 以科技推动公车改革，打造用车模式的新场景、新应用

创造单位：首汽租赁有限责任公司
主创人：杨军伟　杨林
创造人：韩基鑫　张旭龙　刘浩田　李晓东　武青　王化涛

【摘要】公务用车（以下简称公车）作为国家机关日常运作与履行公共服务职能不可或缺的一部分，其管理效率与透明度直接关系到政府机关的运营效率与成本控制。近年来，在公车新能源化、市场化、社会化的整体趋势指引下，越来越多企业开始意识到数字化转型的重要性和紧迫性。

首汽租赁有限责任公司（以下简称首汽租车）作为车辆租赁行业的领先者，坚持以市场为主导，针对不断升级的个性化、多样化需求，积极运用5G技术，自主研发Mr.Car一站式数字化车管服务平台，为客户提供"一站式分时租赁用车解决方案"，实现以更高效便捷的出行方式、更规范科学的监督管理、更集约透明的成本管控，帮助客户破解基层公务出行难点、痛点。此模式一经推行，仅用5个月时间，就有效保证了云南省丽江市及8个乡镇的公务出行需求。

Mr.Car项目的运用为"新能源车＋分时租赁"公车改革市场化探索，以及公车管理体系的现代化转型提供了新思路、新实践。

【关键词】数字化转型　车管服务平台　公务出行

一、实施背景

首汽租车成立于1992年，是首旅集团、首汽集团旗下的国有控股企业，业务涵盖企业长租、短租自驾、国际租车，直营分（子）公司覆盖国内150个城市，车队规模超过4万辆，为全国及海外用户提供自驾、企业车队服务，成功搭建覆盖国内外用户便捷、高效的自驾与企业车队服务出行网络体系。

首汽租车凭借租赁行业30余年的数据资产和生态资源的整合能力，将线下租赁业务与线上软件系统融合创新，为千行百业用户提供高品质、高效率、定制化的数字化车辆运营解决方案，以此构建了差异化的竞争壁垒，进一步巩固了首汽租车在行业中的领先地位，成为国内企业用车服务平台的领跑者，全面带动企业数字化生长，为数字化转型持续发力。其中，针对企业用车管理痛点、需求打造的企业用车服务平台Mr.Car，基于全场景、全链条的服务模式已成功帮助1700多家企业实现了用车智能化、管车数字化，广泛服务于政府、能源、金融等60个重点行业和关键领域。目前，Mr.Car管理车辆约20000辆，日活400+。

在我国公务出行领域，交通补贴作为一项庞大的财政支出，其年度增幅已轻松跨越千亿元大关，凸显了优化资源配置、控制成本的紧迫性。尤为引人注目的是，单台公务车辆的年度运营维护费用居高不下，平均耗资超过10万元，这无疑给财政管理带来了严峻挑战。在此背景下，削减不必要开支、降低改革成本及合理缩减公车规模，自然而然地成了公车改革浪潮中的核心议题与迫切任务。

首汽租车作为行业内的先行者，敏锐捕捉到市场变革，积极投身于公车改革之中，面对基层工作繁重、公车资源供不应求的严峻现实，以及"车轮腐败"这一顽疾屡禁不止、让管理者头疼不已的难题，不仅洞察了问题的本质，更以创新思维提出了解决方案。

为了在确保公务出行顺畅无阻的同时，又能有效节约"三公"经费，首汽租车依托自主研发的Mr.Car数字化用车服务平台，开创性地推出了"分时租赁"这一公车新模式。这一模式的推行，仅用

了5个月的时间，就保证了云南省丽江市及8个乡镇的公务出行。"分时租赁"模式不仅精准击中了公车改革的痛点与难点，更为构建一个更加高效、透明、廉洁的公车体系提供了强有力的支撑。通过数字化手段优化资源配置，实现按需分配、灵活调度，既满足了公务出行的实际需求，又有效遏制了公车私用、浪费资源等不正之风，真正实现了经济效益与社会效益的双赢。

二、实施过程

（一）项目调研

项目初期调研阶段，了解到"车少事多、出行难、出行贵"是长期困扰基层干部服务群众的"老大难"问题。与此同时，党政机关公车改革后，公车管理使用面临"老、重、高、难"的新困境。一是"车况老"，丽江全市党政机关事业单位1234辆机要通信和应急、业务用车中，车龄8年以上达84%。二是"任务重"，2022年，仅丽江市级平台保障公务出行3786车次、72.49万千米，车辆使用率98.73%，日平均使用率25.13%；县、乡两级公车保留数量少、使用频率高，车况较好的车辆时常处于高强度运行状态。三是"成本高"，2022年，仅丽江市级平台79辆公车支出保险、维修、燃油等运维费110.14万元；县、乡保留车辆老化问题更加突出，车辆维修保养、燃油等费用更高，难以承受昂贵的养车成本。同时，大部分车辆使用年限久、行车里程长，潜在的安全隐患不容忽视。四是"更新难"，丽江全市公车空编211辆，还有老旧车辆需要更新，但由于各级财政保运转压力大，公车更新困难，公务出行需求与保障能力不足的矛盾异常突出。

基于深入的实地调研，首汽租车与丽江市政府进行了多轮深入交流与探讨，旨在结合丽江市经济与社会环境，创新性地构建公车保障体系。经过精心策划与反复论证，正式推出《丽江市新能源汽车"分时租赁"保障公务出行试点工作方案》，为该市公务出行领域带来一场绿色、高效的变革。该方案以"绿色出行、高效服务、创新驱动"为指导思想，坚持"政府引导、市场运作、试点先行、逐步推广"的基本原则，明确了以新能源汽车"分时租赁"为核心，优化公车资源配置，提升出行效率与服务质量的工作目标。经过综合评估，最终选定华坪县中心镇、荣将镇等8个具有代表性的乡镇作为首批试点区域。这些地区不仅地理位置优越，且公务出行需求旺盛，为新能源汽车"分时租赁"模式的推广提供了良好的试验环境。

（二）方案制订

在实施新能源汽车"分时租赁"保障公务出行的策略中，首汽租车以其前瞻性的视角和创新的思维，构建了"保留车辆+Mr.Car平台+定点租赁"这一综合性、高效能的组合模式，为公车领域带来了深刻变革。

（1）保留车辆，确保应急之需，稳定过渡。面对公务出行的多元化需求，尤其是紧急情况下的用车保障，首汽租车采取了审慎而必要的措施——合理保留一定数量的传统公车。这些车辆作为应急储备，能够在关键时刻迅速响应，确保重要公务活动的顺利进行。此举不仅是对现有公车体系的有效补充，也是向全面新能源汽车转型过程中的稳定过渡，为整个改革进程提供了坚实的后盾。

（2）Mr.Car数字化用车服务平台赋能智慧管理。在新能源汽车的"分时租赁"与高效管理方面，首汽租车深度依托自主研发的Mr.Car这一先进的数字化用车服务平台。该平台通过大数据、云计算、移动互联、物联网等现代信息技术，实现了对车辆资源的精准调度与智能管理。用户只需通过手机App或网页端，即可轻松完成车辆预约、调度、归还等全流程操作，极大地提升了用车便捷性与灵活性。同时，Mr.Car平台还具备强大的数据分析功能，能够实时监测车辆运行状态、分析用车需求趋势，为优化资源配置、提升服务质量提供有力支持。

（3）定点租赁点布局合理，便捷高效。为了进一步提升公务人员的用车体验，首汽租车在试点区域内精心布局了多个定点租赁点。这些租赁点选址合理，交通便利，覆盖了主要的办公区域、交通枢纽及重要活动场所，确保了公务人员能够随时随地取还车辆。此外，定点租赁点还配备了专业的服务团队和完善的设施设备，为公务人员提供全方位、一站式的用车服务。通过这一布局，不仅降低了用车成本，提高了资源利用效率，还促进了公务出行的绿色化、低碳化进程。

这一组合拳模式是首汽租车在新能源汽车"分时租赁"保障公务出行领域的一次成功探索与实践。它不仅有效解决了公务出行中的实际问题，还为推动公车制度的绿色转型与高质量发展提供了有力支撑。

（三）试点实施

华坪县"分时租赁"公务出行模式经过4个月的试点运行，其成效显著，深刻体现了该模式在提升公务出行效率、降低成本、改善用车条件及促进绿色出行方面的独特优势。以下是对该模式实施效果及其背后机制的详细阐述。

1. 灵活高效的用车体验

华坪县"分时租赁"试点通过实施"一事一租、一租一还、一还一结"的精细化管理模式，彻底打破了传统公车固定分配、使用效率低下的局限。基层工作人员可以根据实际工作需要，随时在 Mr.Car 平台进行预约、随时使用、即时结算，极大地提升了公务出行的灵活性和便捷性，日均实现 3～5 单的出行订单量。这种按需分配的方式，不仅满足了多样化的出行需求，还有效减少了车辆闲置时间，提高了整体用车效率，打破一辆车只服务一个人的公务出行传统用车方式。

2. 成本节约与用车条件改善

从经济角度来看，华坪县的"分时租赁"模式带来了显著的成本节约。相比公车改革后定点租赁一天至少 400 元（不含油费）的费用，通过 Mr.Car 平台分时租赁同样规格的 5 人座汽车，按小时计费，最高不超过 200 元/天，用车成本直接降低了一半。这一变化不仅减轻了财政负担，还使得各乡镇在有限的预算内能够更合理地安排公务出行，从而有更多的资源投入其他关键领域。同时，新能源汽车的引入也改善了乡镇的用车条件，减少了尾气排放，促进了环境的可持续发展。

3. 数字化管理的优势与转型

"分时租赁"模式的成功推行，离不开 Mr.Car 数字化平台的强大支撑。该平台不仅实现了用车流程的在线化、自动化，还促进了政府机关从纸质化管理向信息化、数字化的深刻转型。通过数据分析与智能调度，Mr.Car 能够精准预测用车需求、优化资源配置、提高服务效率。这一转型不仅提升了基层公务出行的社会化、市场化保障水平，还为建设绿色低碳公务出行体系树立了典范。

在享受数字化管理带来的便利的同时，首汽租车深知数据安全的重要性。Mr.Car 平台融入了先进的数据加密和安全防护技术，构建了全方位、多层次的安全防护体系，确保客户数据的绝对安全及用户隐私的严格保护。这一举措不仅增强了政企客户对平台的信任度，还有效避免了因数据泄露或不当使用而导致的国有资产流失风险，为政企合作提供了坚实的安全保障。

华坪县"分时租赁"公务出行模式的成功试点，不仅为基层工作人员带来了更加便捷、高效、绿色的出行体验，更以其显著的成效和创新的实践，为丽江市乃至云南省等多个党政机关的公车改革树立了典范，短短 5 个月内即实现了成功复制与推广，彰显了其强大的生命力和适应性。未来，随着数字化管理的不断深化和技术创新的持续推进，"分时租赁"模式将在更多领域发挥重要作用，推动社会经济的绿色、低碳、可持续发展。

三、主要创新点

（一）模式创新

首汽租车自主研发的 Mr.Car 数字化用车服务平台，以"高效驱动、安全护航、便捷体验"为核心理念，深度融合了在线预订、精准定位监控、智能维修保养、一键违章处理及精细化成本分析等多元化功能模块，构筑了一个全方位、一站式的车辆管理生态系统。不仅仅是一个车辆管理工具的革命性飞跃，更是企业资产优化与高效运营的强力引擎，无缝连接企业与其宝贵的车辆资源，实现资产价值的最大化释放。

紧跟公车改革步伐，Mr.Car平台秉持"用户至上，持续创新"的原则，以"人无我有，人有我优，人优我新"的卓越追求，不仅聚焦于提升用车体验，更深度介入车辆管理领域，彻底解决了公务出行中传统管理模式下的盲区与瓶颈，如信息不透明、管理不精细、控制不力的难题。通过创新"分时租赁"这一前沿模式，平台不仅为公车改革注入了新活力，更实现了管理效能的全面跃升，全方位赋能企业用车、管车及运营的每一个环节，构建起一个从需求到执行、从监控到优化的全生命周期闭环管理体系，引领公车管理迈向智能化、精细化、高效化的新时代。

在用车服务的设计上，首汽租车深入洞察基层人员工作的独特性质，充分考量其面临的临时性、紧急性任务挑战，以及对高效便捷服务的迫切需求。平台由单一的用车方式创新为多种用车方式，实现更高效的用车服务。支持司机自助下单、车管员派单和紧急出车补单，无论哪种用车方式，用户只需要通过Mr.Car App或PC端线上下单，就可以实现立即申请、立即审批、立即使用，从接受任务到出行，最快1分钟即可实现。Mr.Car是24小时待命，在应急、突发状况时发挥着巨大作用，主打的就是便捷高效，可以全面提升用车体验的灵活性与响应速度。自助下单功能允许基层人员根据自己的实际需求，通过App自主选择车辆类型、出发地、目的地、用车时间等信息，直接提交用车申请。这种方式极大地简化了用车流程，减少了等待审批的时间，提高了工作效率。车管员派单模式则由管理人员根据当前的车辆资源、司机状态、用户需求优先级等因素，进行智能或人工的派单操作。这一模式在保障用车效率的同时也确保了资源的合理分配和调度。紧急出车补单功能是针对突发或者临时的用车需求而设计的。当基层人员遇到计划外的任务或紧急情况，需要立即用车时，可通过该功能快速提交补单申请，平台将根据实际情况迅速响应并安排车辆。这3种用车方式相辅相成，共同构建了一个高效、便捷、灵活的用车服务体系，不仅满足了基层人员多样化的用车需求，还提升了整个用车服务的智能化水平和用户体验。

针对审批流程相对严格的政府机关用户，该平台创新性地融入了自定义审批功能模块。这一功能不仅覆盖了日常工作日，更延伸至节假日等特殊时段，实现了审批流程的全方位灵活配置。用户可根据实际需求，自定义审批层级、审批人及审批条件，从而在确保合规性的同时极大地提升审批效率与便捷性，让车辆资源得以更加高效地服务于政府机关的各项公务活动。

在车辆管理领域，该平台深度融合了物联网、辅助驾驶技术与先进算法，构建了一个全方位、一体化的驾驶安全监控生态系统。这一系统不仅实现了车内外环境的无缝对接与实时监控，更赋予了远程监控、即时预警、精准风险评估及智能语音提示等前沿功能，从根本上解决了车辆分布广泛、监管难度大、核查依据缺失等长期困扰客户的难题，为驾乘人员的安全筑起了一道坚实的防线。

该平台通过引入电子围栏技术与远程控制系统，进一步强化了公车使用的规范性，有效遏制了公车私用等不当行为，确保了公共资源的合理使用与高效配置。相较于传统管理模式，Mr.Car数字化用车服务平台以更高的智能化水平实现了对公车的全方位、精细化管控，不仅填补了传统管理中的盲区与漏洞，更显著提升了管理效率与效能。

该平台融合了图片自动智能识别技术，构建了一个高效精准的票据自动化处理体系。这一体系能够无缝对接加油、ETC、过路桥费等常见财务票据，实现即时识别与真伪验证，彻底打通了用车流程中纸质票据向数字化转变的快捷路径。此举不仅极大地缓解了票据存储空间的压力，还彻底解决了传统模式下票据录入烦琐、管理混乱的难题，显著提升了工作效率与数据处理的准确性。用户得以从烦琐的票据管理中解脱出来，专注于核心业务的开展，享受更加流畅、高效的用车体验。

此外，Mr.Car 创新团队研发了 BI（Business Intelligence，集团商业智能）数据分析模块，把车辆状态、耗油量、里程、驾驶行为等数据升级为数据资产，以图形化的方式呈现出来，便于用户理解和掌握车辆使用情况，同时为用户提供管理优化策略，为企业带来更有价值的决策支撑。

（二）项目亮点

"分时租赁"作为公务出行领域的一次革新，平台构建了一个智能、高效的车辆远程监控与管理体系。用户仅凭手机 App 便能轻松、实时掌握车辆状态、追踪行驶轨迹，确保每一次出行都安心无忧。这一变革不仅提升了用车安全性，更彰显了公务出行管理的现代化水平。

Mr.Car 将车载互联与移动互联技术无缝对接，打造出数字钥匙这一革命性产品。传统物理钥匙的束缚被彻底打破，取而代之的是便捷、安全的虚拟数字信号。用户只需指尖轻点，即可实现一键开锁、关锁，甚至远程控制车辆的油电供应与定位寻车，极大地简化了操作流程，缩短了出行准备时间，让驾驶者尽享高效便捷的出行体验。这一创新不仅解决了车钥匙易丢失、归还烦琐等管理难题，更体现了对用户体验的极致追求。

此外，Mr.Car 平台还紧密结合客户实际使用场景，实施了一系列精准有效的管理措施。将车辆、审批单与固定区域智能关联，构建起多级管控体系。通过围栏报警与固定还车校验功能，实现了对公车使用的严格监控与精准管理，有效防止了公车私用与非法使用的行为，保障了公共资源的合理合法使用。这一系列创新举措不仅填补了传统管理模式的空白，更为公务出行管理树立了新的标杆。

Mr.Car 采用的"时间+里程"组合计费方式，更是为政府机关量身定制的降本增效利器。它综合考量了用车时长与行驶距离两大关键因素，既保证了费用的合理性，又有效避免了资源的无谓浪费。打破常规单一收费模式，转而采用与围栏技术紧密耦合的智能化计费系统，实现出栏启动计费，当车辆跨越围栏界限，自动启动计费机制；而一旦车辆返回围栏之内，计费则即刻停止。这种即时响应的计费模式，确保了费用的精准无误，让每一分钱都花得明明白白，大幅降低运营成本，实现了经济效益与社会效益的双赢。

四、实施效果

（一）经济效益

随着"分时租赁"模式的深入推行，数字化管理带来的巨大优势不断显现。目前，Mr.Car 已成功携手 40 余家政府机关，完成了从传统纸质化管理向信息化乃至数字化管理的转型，为基层公务出行迈入更加社会化、市场化的新阶段提供了坚实支撑。

在精准匹配用车需求与车辆资源方面，Mr.Car 有效减少了车辆使用过程中的空驶与无效等待时间，实现了车辆使用效率跃升 25%、管理效能提升 80% 的良好效果。在经济效益方面，结合长租的稳定性与短租的灵活性，"分时租赁"的节约优势更加直观。以丽江市为例，公车改革后，丽江市党政机关公车采取"保留车辆+Mr.Car 平台+定点租赁"的方式来保障，定点租赁一辆 5 人座汽车一天的费用最低为 400 元，油费自付；采用"分时租赁"方式，一般按照每小时 25～50 元收费，一天封顶收费为 200 元左右，用车单位可节约一半成本，经济效益极为可观。

（二）社会效益

Mr.Car"分时租赁"作为一种创新出行模式，以其独特优势为基层公务出行提供了全面而高效的保障，成功破解了长期以来困扰政府机关的出行难题，极大促进了公共资源的共享与利用，创造了显著的共享价值。同时，驾驶行为监控等先进技术手段的运用，有效提高了道路安全性，降低了事故发生率。新能源车的推广应用和管控的科学高效，亦有力降低了车辆能耗与碳排放，在构建绿色低碳公务出行体系中树立了鲜明标杆，积极响应了国家绿色低碳发展号召。

业内人士认为，首汽租车"新能源车+'分时租赁'"的精细化、智慧化运营模式，为公车资源优化配置与保障方式创新提供了极具参考价值的实践案例。该项目也吸引了云南省电台、丽江市电台、今日头条、腾讯新闻等主流媒体的主动报道，"分时租赁"就此火速"出圈"。

首汽租车凭借前瞻性的战略视野和卓越的执行力，成为行业领航者，有效推动了整个公务出行行业的转型升级，并于2024年4月在"中国软件新质生产力发展高峰论坛"上获评"中国软件新质生产力2024年度独角兽企业"，Mr.Car数字化用车服务平台获评"中国软件新质生产力2024年度创新实践"。

五、下一步规划与探讨

未来，Mr.Car将与更多的客户携手共进，将数字资产管理作为长期目标，帮助企业实现数字化、可视化和统一化，加速数字化转型的再升级，充分发挥行业引领作用，不断赋能中小型租赁公司，并将各大租赁协会资源进行整合，积极践行社会责任。保持敏锐的市场洞察力，不断创新企业用车场景，积极拓展汽车后服务市场。利用其30余年的行业垂直经验，扩大在维修保养、汽车金融、汽车用品、二手车交易等领域的服务范围。致力于打造用户在汽车后市场中的首选服务平台，为用户提供更全面、便捷、高效的服务体验，满足用户在汽车售后使用环节中的各种需求。通过不断创新和优化服务，将继续引领行业的发展，为用户和企业带来更多的价值和效益。

Mr.Car将车辆资产+SaaS（Software as a Service，软件运营服务）运营模式进行独立运作，通过轻资产的商业模式进行变现，持续锻造科技应用与创新能力，从而加速产业互联网应用转化，激发行业创新发展新动能。

东铜铁路铁路专用线到发线防溜装置智能系统升级

创造单位：鄂尔多斯市东铜铁路物流有限公司
主创人：彭伟　杨伟东
创造人：李伟　刘志军

【摘要】目前，我国铁路运输行业高速发展，对行车安全生产提出了更高的要求。推广使用新技术、新设备是安全、高效、节省人力、降低劳动强度的有效手段，也是逐步实现铁路综合自动化进程的科学方法。为了确保铁路运输的安全和高效，鄂尔多斯市东铜铁路物流有限公司（以下简称东铜铁路物流公司）在东铜铁路铁路专用线实施到发线防溜装置智能系统升级，替代传统的人工上、下鞋等防溜工具，通过自动化和智能化的手段，提高防溜的可靠性和效率，取得了良好效果。

【关键词】防溜装置　自动化　智能化

一、实施背景

（一）项目概述

王家塔站位于内蒙古自治区伊金霍洛旗纳林陶亥镇境内，本站中心里程位于东铜线自东胜西站起下行14km+770m处，铜匠川作业场位于东铜线自东胜西站起下行21km+936m处，隶属东铜铁路物流公司管辖。

车站的技术性质为中间站，业务特点主要是办理煤炭列车装车、发运，到达列车的检修车、坏车挑车作业。

1. 王家塔站

王家塔站的基本情况如表1所示。

表1　王家塔站的基本情况

线别	方向	邻站	站间距离/km	区间正线数	站界名称	站界里程	进站信号机外制动距离内平均换算坡道/‰ 800	1100
东铜线	下行	东胜西	13.260	单	X	K13+208	12.0上坡	12.0上坡
东铜线	上行	铜匠川	7.166	单	S	K16+071	8.91下坡	8.65下坡

王家塔站共有12台设备（50轨型）：王家塔车站安装到发线防溜装置智能系统1套，其中2道安装到发线自动防溜装置4台，3道安装到发线自动防溜装置2台，4道安装到发线自动防溜装置4台，5道安装到发线自动防溜装置2台。

王家塔站的列车牵引定数为10000吨。

2. 铜匠川站

铜匠川站的基本情况如表2所示。

铜匠川站共有2台设备（60型）：铜匠川车站安装到发线防溜装置智能系统1套，其中1道安装到发线自动防溜装置2台。

表2 铜匠川站的基本情况

线别	方向	邻站	站间距离/km	区间正线数	站界名称	站界里程	进站信号机外制动距离内平均换算坡道/‰ 800	进站信号机外制动距离内平均换算坡道/‰ 1100
东铜线	下行	王家塔	7.166	单	X	K20+050	10.7 上坡	11.2 上坡

（二）项目任务及改造的必要性

目前，我国铁路运输行业高速发展，对行车安全生产提出了更高的要求。推广使用新技术、新设备是安全、高效、节省人力、降低劳动强度的有效手段，也是逐步实现铁路综合自动化进程的科学方法。

现阶段，东铜铁路车辆防溜主要依赖防溜铁鞋和紧固器这两种手段，然而这两种方法均存在一定的不足。首先，铁鞋作为防溜工具，容易在使用过程中丢失，这不仅增加了维护成本，还可能导致列车在未被有效制动的情况下发生溜逸事故；其次，铁鞋的管理也是一大难题，由于其数量庞大且分布广泛，容易出现管理混乱的情况，进一步增加了安全隐患。此外，防溜紧固器虽然在一定程度上提高了防溜效果，但其自身也存在一些问题。例如，防溜紧固器在长期使用过程中容易发生疲劳性断裂，这种断裂往往不易被及时发现，从而导致防溜效果大打折扣。同时，防溜紧固器在使用后若未能及时撤除，也会给后续作业带来麻烦，甚至可能引发事故。这些问题的存在，无疑给铁路现场作业带来了诸多不利因素和安全隐患。针对这些不足，东铜铁路物流公司正积极寻求新的防溜技术。因此，为了确保铁路运输的安全和高效，加装到发线防溜装置显得尤为重要。

到发线防溜装置能够在很大程度上替代传统的人工上、下鞋等防溜工具，通过自动化和智能化的手段提高防溜的可靠性和效率。这样一来，不仅可以减少因人为因素导致的失误，还能有效降低因设备故障或管理不善引发的安全事故，从而为企业安全生产提供坚实的保障。

二、实施过程

TFD-06型到发线防溜装置2008年经原铁道部运输局和科技司鉴定以来，在全路安装2800余台，典型安装在呼铁局（古城湾站、十八台、堡子湾、罕台川北、集通公司、白因库伦站、曹不罕站）万吨线上，如长大坡度的集宁车务段古营盘站（坡度为6‰），给铁路运输安全生产、文明生产及提高铁路车站综合作业能力带来更大的经济效益和社会效益。对于主动解决防止车辆溜逸问题，具有现实和深远的意义。

1. 基本结构

TFD-06型到发线防溜装置主要由制动部分、传动部分、升降部分和电控部分四大部分组成。整个设备由6组支撑臂总成、两根制动轨、4组纵向支撑梁、一组纵向拉杆传动装置、一组传动表示装置、一组动力箱等组成（见图1）。

（1）制动轨。制动轨由50kg/m再用轨加工而成，轨底为制动面，两端设有引导口，全长7.7m。

（2）支撑臂总成6组。支撑臂由游动支臂、游动支架、弹簧组、传力耳环、导向轮、传力方箱、左传力板、右传力板、中心拉板、销轴、固定支臂、连杆组件、底梁（由两根槽钢相对焊接而成）、底梁吊耳、轨卡、绝缘垫板及紧固件等组成。

（3）纵向支撑梁。纵向支撑梁由支撑槽钢、拉杆总成、连杆护罩及紧固件等组成。

（4）动力箱（即驱动装置）。动力箱由电动机、蜗杆减速装置、滚珠丝杆、表示装置等组成。

（5）纵向拉杆传动装置。纵向拉杆传动装置由导轨、纵向拉板、导向滚轮、滚轮销轴、左右拉杆、纵向连杆及支撑槽钢等组成。

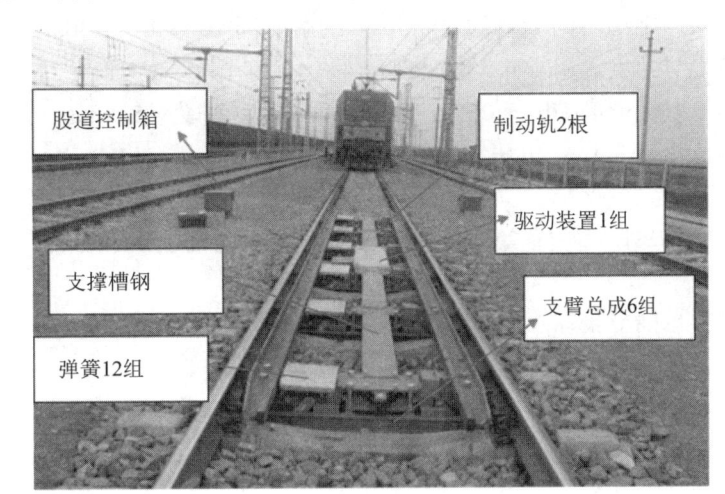

（6）传动表示装置。传动表示装置由两组防尘防水竿簧开关和永磁钢组件组成。

图 1　TFD-06 型到发线防溜装置结构

2. 工作原理

TFD-06 型到发线防溜装置是一种以电机为动力，内撑式双轨底制动，弹簧施压，机械传动，具有自锁功能的静、动态防溜装置。

防溜装置定位在缓解位。当防溜装置在缓解位时，其上部限界符合《技规》关于限界的要求，列车可以按规定速度运行。当列车（车辆）进入该股道定点停稳后，将防溜装置操纵到制动位（即反位），此时制动轨及支撑臂升起，制动轨工作面夹紧停留车辆车轮，阻止停留车辆自行溜逸。如果防溜装置制动位没有夹上车辆车轮位置，由于防溜装置制动位时两根制动轨作用面间距 1365±2mm，大于车轮内侧距离 1353±3mm，处于等待制动状态。此时，如果车辆发生移动，就可以通过制动轨引导口进入防溜装置，强行制动。即车轮通过制动轨压缩弹簧，制动弹簧的反作用力使制动轨与车轮间产生强大的摩擦力，阻止车辆溜逸。

3. 设备特点

（1）防溜装置采用电动机直接驱动，具有传动可靠、制动力稳定的特点。

（2）防溜装置采用平行双连杆式升降机构，具有运动阻力小、功率损失小、部件磨损少、使用寿命长等特点。

（3）防溜装置机械结构简单，动作可靠，具有故障率低、便于维修、维修量小等优点。

（4）可升降式防溜装置处于缓解位（定位）时，所有零部件均在建筑限界 25mm 以下，有利于机车车辆的安全运行。

（5）防溜装置采用弹性制动，制动力可适当调整且稳定，防止了钢性制动对轮轨的损伤，有利行车安全。

（6）在到发线应用时采用计算机独立控制系统。

（7）该设备状态表示清晰，制动位（反位）、缓解位（定位）和故障状态表示一目了然。

（8）该防溜装置制动力稳定可靠。

（9）在停电或发生故障时，可手动进行转换操作。

4. 主要技术指标

（1）制动轨。全长 L_q=7700mm，有效长 L_y=7000mm。

（2）两根制动轨作用面间距。制动位 L_z=1365±2mm，缓解位 L_h ≤ 1320mm。

（3）限界高度。制动位 hz ≤ 60mm，缓解位 hh ≤ 25mm。
（4）制动、缓解时间。制动时间 16 ≤ tz ≤ 30s，缓解时间 16 ≤ th ≤ 30s。
（5）制动轨引导口引导角度。引导角 α ≤ 5°。
（6）单台制动能高。制动能高 Hb ≥ 0.25～0.35m（即制动力为 55.08KN）。
（7）电动机。交流，电流 3.4A；电压，3 相交流 380V；功率，1.5kW。

5. 防溜装置机械结构技术条件

（1）符合《铁道车辆停车防溜装置第 1 部分：内撑式停车防溜器》（TB/T3162.1—2007）技术标准及相关规范的要求。
（2）满足机车车辆限界的要求（车限—1）。
（3）满足列车运行及本务机车和调车机车作业的要求。
（4）具有较大的制动能力，满足车辆或车列静态防溜制动要求。
（5）制动位时有自锁功能。

6. 防溜装置控制系统技术条件

（1）防溜装置采用计算机独立控制系统控制。
（2）信号楼设置控制柜、计算机操作系统。正常状态下由车站（车场）值班员（或信号员）通过鼠标操作（非正常情况下由室外人员手动操作）。
（3）防溜装置表示状态分为两种：制动状态即制动位、缓解状态即缓解位。
（4）列车停稳后，防溜装置应处于制动状态（即制动位）。
（5）每股道防溜装置可同步操作，也可单台操作。

防溜装置设置的位置，距信号机或警冲标的距离是根据安全距离 30m 与单、双机车最小距离 74～120m 确定的（见图 2）。为了电缆走向顺直、施工方便及维修管理，同一场防溜装置的横向布局尽量布置在一条直线上，所以距信号机距离可适当。防溜装置的具体安装位置以与车站商定的施工图纸为准。

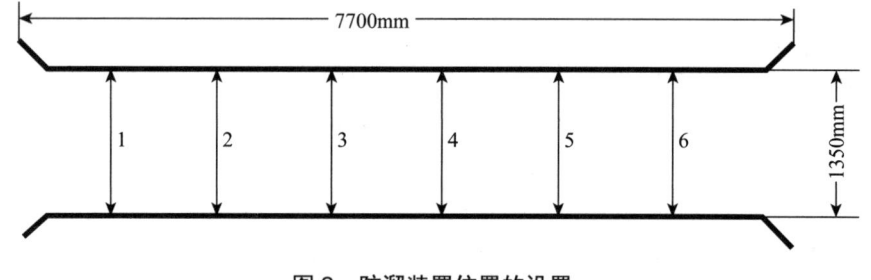

图 2　防溜装置位置的设置

7. 站场控制箱布置

控制箱内主要设备由通信设备、可编程控制器、线性电源、空气开关、继电器、加热电阻等组成。通过控制系统，实现室内微机控制和室外手动控制。

8. 电力电缆、通信光缆的埋设

电力电缆运转室内引出，直接接入现场控制箱内，再经控制箱分别引入本股道防溜装置的接线盒内，给防溜装置电机供电。通信光缆由运转室楼内引出，直接接入现场股道控制箱内的光端机上，实现对防溜装置的控制。电力和通信电缆应分开埋设，埋设深度及通过站台时，应按有关技术规范执行，确保线路维修作业时电缆应得到有效的保护。

9. 信号楼内控制设备

信号楼是车站行车和调车作业的指挥中心，同时也是防溜装置的控制中心，由车站（车场）值班员统一指挥、信号员具体操作，确保行车和调车作业安全畅通。

信号楼内主要设控制柜两套，分别控制王家塔站、铜匠川站的防溜设备。每套配备两台工控机，其中一台为主机、另一台为备用机。主机发生故障时，人工转备用机启动工作。同时还配备 22 英寸显示屏一台、UPS（Uninterruptible Power Supply，不间断电源）、一个键盘和一个鼠标。

三、主要创新点

该站安设电动机械升降式 TFD-06 型到发线防溜装置是在充分调查研究与分析的基础上，特别是认真研究了该站设备和作业组织方式，经过踏勘分析，提出了该场到发线防溜装置布局方案。到发线防溜装置布局方案具有安全可靠、操作简单、投资节省、设备维修量少、使用寿命长等优点。

四、实施效果

将到发线防溜装置的布局方案投入实际操作，并经过一段持续运营的周期之后，潜在运营效益显著。这种效益将会明显地展现出它在铁路运输领域安全生产中的极其重要的作用。这一布局方案能够有效避免列车在到发线区域发生溜车事故，从而保障了列车行驶的安全性。这不仅有助于降低由于事故引起的经济损失，还能显著提升铁路运输的整体效率和信赖度。另外，防溜装置的部署还能够缓解铁路工作人员的工作负担，让他们能够更加集中精力去处理其他关键性的运营管理工作。因此，到发线防溜装置布局方案的实际应用对于加强铁路运输安全生产具有重大的意义，并且能够全面提升铁路系统的运营品质。

"竖向盾构"新技术推动地下空间产业链变革

创造单位：北京建工土木工程有限公司
主创人：马云新　马千里
创造人：王利民　吴传巧　张大健　赵洪岩　阚宝存　陈汇鋆

【摘要】城市地下空间以地下轨道交通系统为中心点向四周呈放射状发散，主要以地铁为主，与地下综合体有机衔接，全方面覆盖。北京建工土木工程有限公司（以下简称土木公司）为提升地下空间施工的安全性，降低劳动成本投入，增强地下结构的耐久性，通过数值模拟工况，首次展开1∶1试验验证了地铁区间竖向分支隧道机械化施工水下封底、刀盘折叠、机体回退等关键环节的可行性，在此基础上研发出竖向分支隧道全机械化、模块化掘进装备，形成了"竖向盾构"新技术。本技术已应用于北京地铁某区间，成功施作多座机械法废水泵房。"竖向盾构"技术具有独特的施工方式和高效的作业能力，提高了地下空间施工的效率和质量，带动了整个地下空间产业链的变革；促进了盾构机械从终到处回收转向始发处回收的研发，推动了相关制造业的发展；带动了地下空间设计、施工等各个环节的创新和发展。

【关键词】城市地下空间　竖向微盾　分支隧道　机械化

一、实施背景

城市地下空间的开发是协调和整合城市功能、解决城市问题、改善城市环境的重要途径，同时具有重要的战略意义。2020年，"十四五"规划对城市地下空间的发展发布新的意见，主要集中在提升管理的智慧化水平及实现一网统管，避免以往深度开发的地下综合管廊和大规模的单一功能的地下空间设施与地下空间资源合理开发利用的要求出现矛盾。平战、平灾结合体系，危急时刻，各类地下空间设施可以有效地转作人民防空所，及时进行地下救护。城市地下空间的开发选址以地下轨道交通系统为中心点向四周呈放射状发散，主要以地铁为主，与地下综合体有机衔接，全方面覆盖。

根据地铁规范要求，需在区间线路最低点设置废水泵房。传统的地铁上下行区间联络通道与废水泵房往往采用一体化设计，废水泵房多为现浇结构，普遍采用降水、注浆加固或冷冻土体后再用矿山法开挖，存在风险高、工期长、造价高等不利因素，泵房需在联络通道施工完成后再向下开挖，施工风险更高。随着城市地下空间的开发利用，隧道越埋越深，传统工法存在造价高、工期长、对周边环境影响大、安全隐患多等问题。在部分软弱土层地区施工时，开挖深度大，地层加固效果差，施工期间可能造成隧道塌方。

随着施工安全性要求和劳动力成本的提高，盾构等机械化施工方法越来越普遍，采用机械化施工的方法引起了学术界与工程界的广泛关注。截至2022年，国内无机械法施工竖向分支隧道（废水泵房）的技术。为解决施工安全性，降低劳动成本，提高隧道耐久性，2023年，北京地铁某区间项目应用"竖向盾构"技术，通过主隧道采用特殊钢－玻璃纤维筋砼复合管片＋隧道微注浆加固＋套筒始发＋竖向盾构掘进＋封底注浆＋脱壳回退＋特殊封端施工的技术措施在主隧道最低点施工废水泵房，解绑了联络通道与废水泵房的位置关系，减少联络通道设置数量，也可以有效解决道心积水式泵房存在的道床病害问题，有效缩短施工周期、降低施工成本。

二、实施过程

"竖向盾构"施作废水泵房技术提出解绑联络通道与废水泵房的位置关系，在盾构主隧道内机械化施工废水泵房的方法。采用机械法施工可以应对更大的地下水压和更复杂的地质条件，地层适应性强，可用于稳定性较差的软土地层中。另外，在主隧道内设置废水泵房，可以扩大结构的外径尺寸，为顶进设备留有作业空间，与机械法水平向施工不同，竖向施工无法设置接收井回收机械设备。因此，在机头顶进到设计深度后，须从始发处提升回收机械设备并同步进行注浆封底，以平衡水土压力、保证施工安全。

（一）竖向分支隧道结构设计研究

不同于将废水泵房与联络通道合并建设的传统模式，提出将泵房结构采用机械法设置在隧道主体结构的下方。隧道和泵房相接处布置检修孔，供检修人员进行检修维护。下沉式泵房的主体结构内部空间分为两层，布置滑轨，方便人员进出泵房。

区间排水泵站的集水池有效容积不应小于1台排水泵15～20分钟的最大出水量。实际设计中，区间废水泵房的有效容积达到6～10立方米即可满足规范要求。考虑到事故或水泵检修时需预留一定的缓冲容积，以减少对列车正常运行的影响，正常情况下对区间废水泵房集水池有效容积的要求为：盾构法和明挖法施工的区间废水泵房集水池有效容积不应小于15立方米，矿山法施工的区间废水泵房集水池有效容积不应小于20立方米，位于水域下的区间泵房有效容积不应小于30立方米。

设备顶进过程中，可回收刀盘与竖向微盾外盾的相对位置保持不变，且封底混凝土须与外盾结合形成密闭储水空间。因此，封底混凝土的最小厚度等于可回收刀盘底部中心与竖向微盾外盾角部的高度差。

1. 上部接口

废水泵房接口处管片采用特制钢-混凝土复合衬砌管片，洞门范围内为可切削的玻璃纤维筋混凝土结构。工程中采用钢套筒始发，施工前在主隧道开洞范围内注浆加固。拆除管片连接螺栓，掘削纤维筋混凝土破除洞门，向下顶进。

为明确连接处管片的受力情况，建立了三维数值模型。模拟分析，可知破洞处为双曲面，在结构连接处出现应力集中现象，其余部位应力较小。另外，已有学者通过现场试验验证了隧道局部破洞以后整体上隧道裂缝较小、整体性完好。因此，结构连接处受力安全。

切削范围内采用特殊管片，对切削面与管片接缝T字形接头附近进行特殊设计，径向设置遇水膨胀止水胶。洞门接头处防水构造采用注浆+钢板封堵及后浇带防水设计，能够有效解决高承压水喷涌的问题。

2. 下部封底

竖向微盾向下顶进到设计深度后，解绑竖向微盾盾体与刀盘隔舱板，通过液压油缸从始发处提升刀盘，同时向刀盘前方灌注混凝土。在实际施工中，可通过调节掌子面处的压力平衡或采用体积置换的原则，控制一个微小时间段内刀盘回撤让出体积与混凝土注入方量相等。此工序保证封底混凝土不被地下水土压力顶起，确保施工安全。

3. 数值模拟

为验证混凝土封底的效果及封底混凝土板的受力变形规律，利用有限差分软件FLAC3D进行数值模拟。在模拟过程中，重点关注封底混凝土板的力学行为，研究地层水压对废水泵房下部封底结构力学性能的影响规律。数值模拟结果表明，地层水压增大，并不影响封底混凝土竖向位移与竖向剪应力的分布规律。

（二）竖向分支隧道封端技术及实验研究

盾构隧道内机械化施工废水泵房的关键技术在于主隧道与废水泵房的上部连接及废水泵房下部注浆封底。为更好、更直观地展现封底效果，验证注浆封底工序的可行性，采用室内试验和数值模拟进行研究，根据试验现象和结果得出初步结论，并据此对工艺及设备参数进行优化。

开展1∶1试验，验证封端技术。研发了刀盘可回收泥水平衡顶管简易机头和地层模拟系统，模拟试验刀盘折叠和不同工况下的封底情况，研究了机械化水下带压注浆封底混凝土的受力特性，验证了机械化施工泵房在回退刀盘的同时进行下部封底的工艺应用于实际工程中具有可行性。

综合试验现象与数值模拟计算可认为室内试验灌注混凝土封底，抗渗性能良好，且混凝土封底与外盾结合良好，能够有效阻隔地下水，形成密闭的储水空间。在实际工程中，地下水压远低于试验设定水压，室内试验和数值模拟结果具有一定的安全储备。因此，机械化施工泵房封底工艺应用于实际工程中具有可行性。

（三）竖向分支隧道施工成套设备研发

项目组对盾构隧道内机械化施工泵房进行了研究。针对工程特点，研发了泥水平衡的"竖向盾构"。"竖向盾构"由刀盘系统、主驱动系统、泥水环流系统、后配套系统、推进系统、密封润滑系统、循环水系统、工业空气系统、注浆系统、液压系统、动力供电系统、PLC（Programmable Logical Controller，可编程逻辑控制器）控制系统及数据采集、消防系统、通信照明与监视系统等组成。

（四）竖向分支隧道施工工法及关键技术

在盾构隧道内，竖向微盾向下顶进到位后，竖向微盾壳体与刀盘隔仓板解绑，准备开始刀盘回撤与灌注混凝土。通过刀盘中心轴预设的混凝土管向刀盘前方灌注混凝土，保证地下水不破坏泥膜而涌入竖向微盾泥水仓，当混凝土凝固后，拆除刀盘，混凝土与竖向微盾外壳及顶管管道、盾构法隧道共同形成一个不漏水的整体，再在竖向微盾外壳内施作二衬，形成泵房储水空间。

（五）施工过程困难及解决措施

在施工项目中，封底、砂浆封底及防喷涌是关键的技术难题，需要从多方面着手确保安全与质量。封底时，通过精准的水头压力监控、可调压力注浆设备及管道检查，确保施工过程稳定无泄漏；在砂浆封底环节，则通过设备与管路的准备、混凝土外加剂的科学选择、合理的施工节奏调度及现场监督，保证施工的顺利进行；而在防喷涌方面，依靠泥水平衡法、合理的管路设计及高差控制，以及应急预案的及时启动，有效避免了施工中的突发风险。通过这些综合措施，确保工程的高效推进与安全完工。

（六）施工全过程数智化监控

建立盾构施工监控指挥中心，采用数字化＋物联网等技术，对盾构设备施工全方位监控，监测盾构机掘进姿态、盾构机情况及地层变化，为现场施工安全保驾护航。

三、主要创新点

（1）通过竖向分支隧道水下封底、刀盘折叠、机体回退1∶1试验，研发了竖向分支隧道全机械化掘进装备。总结形成了高水压透水地层机械化竖向分支隧道施工技术。

（2）针对地铁盾构区间废水泵房采用传统矿山法存在安全风险高、工期长等问题，提出了盾构分支隧道机械化施工新思路，形成了盾构结构及机械设计、施工技术、工程验收完整体系，完成了工程建设，并进行了推广应用。

四、实施效果

"竖向盾构"技术不仅提高了地下空间施工的效率和质量，也带动了整个地下空间产业链的变革。一方面，"竖向盾构"技术的应用带动了地下空间设计、施工、运营等各个环节的创新和发展；另一方面，"竖向盾构"技术的推广促进了盾构机械回收技术的研发，推动了相关制造业的发展，形成了完整的地下空间产业链。

（一）技术变革

"竖向盾构"技术作为现代地下空间开发的关键手段，不仅推动了地下空间行业的智能化发展，更在地铁隧道装配式建设方面发挥了重要作用。土木公司每年投入大量科研经费进行新技术研发应用。首次开展了竖向分支隧道机械法施工1∶1试验，揭示了竖向分支隧道水下封底、机体回退等关键环节的机械化施工机理，验证了竖向分支隧道机械化施工水下封底、机体回退等关键环节的可行性。开发了富水地层竖向分支隧道机械化施工水下封底技术，提出了带压环境水下封底混凝土浇筑压力控制方法，实现了竖向分支隧道高质量封底施工。"竖向盾构"技术的引入，使得挖掘过程更加自动化和智能化。"竖向盾构"促进地下空间行业智能化，提高地铁隧道装配式建设的发展。"竖向盾构"技术能够实现隧道管片的快速、精准装配，大大提高了建设效率。

（二）设计变革

"竖向盾构"技术将废水泵房设置在隧道主体结构的下方。解绑泵房和联络通道的位置关系，联络通道无须考虑隧道纵坡最低点，可按照规范要求最大间距设置，减少联络通道数量，避免道心积水式泵房可能存在的风险。

（三）施工装备变革

开发竖向分支隧道全机械化掘进装备，设备采用模块化设计，具有核心部件整体回退、无损快速回收等特征，可重复多次使用。

（四）经济社会效益

施工过程中，隧道无涌水涌砂现象，地面沉降量在设计要求范围内，避免了传统废水泵房人工开挖施工工期长、沉降不易控制等缺点。可以有效缩短施工周期，工期由42天缩短为20天；降低施工成本，施工人员数量从30人降到12人；项目应用"竖向盾构"技术开挖深度达6米，废水泵房容积可达22立方米，单个泵房节约成本300万元，为工程带来了很大的经济效益和社会效益，填补了北京地区"竖向盾构"施工废水泵房的空白，为北京市内"竖向盾构"施作废水泵房提供了一种新的施工工法，为其他地区的盾构区间分支隧道机械化建造提供借鉴与参考，为行业的发展奠定了基础。该施工办法减少了暗挖工程人工需求，顺应建设工程机械化、装配化趋势，响应了北京市"不降水、少降水"政策，提高了有限空间内不良地层施工的安全性。

成立盾构业务的人才培养科研创新中心，并以核心专利为中心打造专利群，取得发明专利7项、实用新型专利1项，发表论文2篇。经专家鉴定，本技术达到了国际领先水平。

五、下一步规划与探讨

随着科技的不断进步和地下空间开发利用需求的日益增长，"竖向盾构"技术不仅局限于当前的应用范围，还将继续向智能化、绿色化、高效化方向发展。未来，"竖向盾构"技术将更加注重施工过程中的环境保护和能源利用，推动地下空间建设的可持续发展。同时，"竖向盾构"技术也将与其他先进技术相结合，如机器人技术、物联网技术等，共同推动地下空间产业链的升级和变革。

未来，随着技术的不断进步和应用场景的不断拓展，"竖向盾构"技术将在地下空间建设中发挥更加重要的作用，还可以应用于地下管道的铺设、地下储水设施的建设等领域，进一步拓展地下空间的应用范围，为城市发展和人民生活提供更加安全、高效、便捷的地下空间环境。